Lisken / Denninger (Hrsg.)

HANDBUCH DES POLIZEIRECHTS

3. Auflage

Handbuch des Polizeirechts

Herausgegeben von

DR. HANS LISKEN
Polizeipräsident a. D.,
Honorarprofessor an der Heinrich-Heine-Universität Düsseldorf

DR. ERHARD DENNINGER
em. Professor an der
Johann Wolfgang Goethe-Universität
Frankfurt am Main

Bearbeitet von

DR. HELMUT BÄUMLER
Ministerialdirigent, Kiel
Landesbeauftragter für den Datenschutz
in Schleswig-Holstein

DR. HANS BOLDT
em. Professor an der
Heinrich-Heine-Universität Düsseldorf

DR. ERHARD DENNINGER
em. Professor an der
Johann Wolfgang Goethe-Universität
Frankfurt am Main

HANS-GÜNTER HILSE
Leitender Polizeidirektor a. D.
an der Polizei-Führungsakademie
Münster-Hiltrup

MICHAEL KNIESEL
Rechtsanwalt, Staatsrat a. D.,
Königswinter

DR. HANS LISKEN
Polizeipräsident a. D.,
Honorarprofessor an der Heinrich-Heine-Universität Düsseldorf

REINHARD MOKROS
Polizeidirektor,
Polizeipräsidium Aachen

DR. FREDERIK RACHOR
Richter am Verwaltungsgericht,
Frankfurt am Main

WOLFGANG SAILER
Richter am Bundesverwaltungsgericht
Berlin

3., neubearbeitete und erweiterte Auflage

Verlag C. H. Beck München 2001

ISBN 3 406 47381 4

Wilhelmstraße 9, 80801 München

Druck: C. H. Beck'sche Buchdruckerei Nördlingen
(Adresse wie Verlag)

Gedruckt auf säurefreiem, alterungsbeständigem Papier
(hergestellt aus chlorfrei gebleichtem Zellstoff)

Vorwort zur dritten Auflage

Die innerstaatliche wie die europäische Entwicklung des Polizeirechts der letzten fünf Jahre haben eine gründliche Überarbeitung und zahlreiche Ergänzungen erforderlich gemacht. Charakteristisch und offenbar unaufhaltsam ist die Zunahme polizeilicher Tätigkeit *im Vorfeld* herkömmlich rechtsstaatlicher Gefahrenabwehr oder Strafverfolgung. In der Logik der „vorbeugenden Bekämpfung von Straftaten" liegt die gesetzliche Normierung von Eingriffsbefugnissen, die sich von elementaren Tatbestandsmerkmalen liberalen Polizeirechts wie „konkreter Gefahr" und „Anfangsverdacht" einer Straftat lösen. Die anlaß- und verdachtsunabhängige „Jedermannkontrolle" („Schleierfahndung"), die Videoüberwachung öffentlicher Räume (vom „Lauschangriff" in Wohnungen ganz zu schweigen), Unterbindungsgewahrsam, Aufenthaltsverbote und „genetischer Fingerabdruck" bestimmen mehr und mehr die alltägliche Polizeiarbeit. Die Grenze zwischen Störer und Nichtstörer verschwimmt, die Konturen des Übermaßverbotes werden undeutlich

Ein Handbuch des Polizeirechts, dessen Verfasser sich den Verfassungsprinzipien unserer rechtsstaatlichen Demokratie verpflichtet wissen, muß über diese neueren Entwicklungen mit Sorgfalt, aber auch mit Sorge informieren und, wo es nötig erscheint, an die grundgesetzlichen Grenzen eines ausufernden Präventionsdenkens erinnern.

Besondere Aufmerksamkeit nehmen die Fortschritte in der Informationsverarbeitung und dem damit notwendig werdenden Datenschutz in Anspruch. Vor allem gilt dies für die polizeiliche Zusammenarbeit auf der europäischen Ebene, die seit dem EUROPOL-Übereinkommen vom 26. Juli 1995 kräftige Impulse empfangen hat.

Neu aufgenommen wurde ein Kapitel (D), welches die gesetzlichen Grundlagen und Grundbegriffe zentraler Materien der *Ordnungsverwaltung* erläutert, deren Herkunft aus dem Polizeirecht auf Schritt und Tritt hervorscheint. Vollständigkeit konnte hier nicht das Maß setzen; für die Auswahl von Ausländerrecht, Bau(ordnungs)recht, Gewerbe-, Waffen- und Umweltrecht waren Gesichtspunkte praktischer Nützlichkeit (für eine rasche Orientierung) und dogmatischer Nähe zur Kernaufgabe der „Gefahrenabwehr" leitend.

Das Stichwortverzeichnis wurde verbessert; Rechtsprechung und Schrifttum konnten bis Ende 2000 und teilweise darüber hinaus berücksichtigt werden. Die Herausgeber sind auch künftig für Anregungen und Kritik dankbar; ihr Dank gilt heute den Mitverfassern und dem Verlag, die diese wesentlich überarbeitete Auflage verwirklicht haben.

Düsseldorf, Frankfurt a. M., im April 2001 — Die Herausgeber

Vorwort zur ersten Auflage

Der aus den Freiheitsverbürgungen der Grundrechte folgende staatliche Schutzauftrag richtet sich gemäß Art. 20 GG an alle Zweige der Staatsgewalt. Die spezialgesetzlichen Voraussetzungen hat der Gesetzgeber zu schaffen. Der Vollzug obliegt den Ordnungsbehörden, zu denen die Vollzugspolizei zählt. Für die Schlichtung von Sozialkonflikten bedarf es der Justiz. Mit der zunehmenden „Entpolizeilichung" der Verwaltung ist der Aufgabenbereich der „Polizei" reduziert worden auf die Abwehr unmittelbar drohender Rechtsgefahren, soweit nicht andere Behörden primär zuständig und erreichbar sind. Dennoch ist – nicht zuletzt wegen der zeitweiligen Unerreichbarkeit vieler Sonderordnungsbehörden – das tatsächliche Arbeitsfeld der Polizei (im engeren Sinne) nicht geringer, sondern eher breiter geworden. Zugleich haben die Probleme in tatsächlicher und rechtlicher Hinsicht zugenommen. Routine ist nicht mehr die Regel. Im Vordergrund stehen sowohl im präventiven als auch in dem zugewiesenen repressiven Bereich die Problemanalyse und die konstruktive Suche nach jeweils sachgerechten praktischen Lösungen.

Dieses Buch versteht sich als Hilfe bei der Suche nach Lösungen im Rahmen der grundgesetzlichen Vorgaben. Darauf legen die Autoren Wert: Es geht nicht allein um die perfekte „Lagebewältigung", sondern allzeit auch um die dauerhafte Sicherung der grundgesetzlichen Freiheitsordnung. Das bedeutet, daß die Verfahrensgesetze, zu denen die Polizeigesetze zählen, nicht nur als Ermächtigung zu Grundrechtseingriffen, sondern – wie die Verfassung selbst auch – zugleich als Schutz vor der Staatsgewalt zu verstehen sind, weil die Freiheit in unserer Geschichte stets mehr von der „Obrigkeit" als von Außenseitern der Gesellschaft bedroht war. Das ist der Ursprung unserer Verfassungen und unserer Polizeigesetze. An der Neigung, dem „guten Zweck" normative Grenzen zu opfern, hat sich nichts geändert und wird sich nichts ändern. Sonst bedürften wir keiner Gesetze.

Unsere Arbeit fiel in eine Zeit des Umbruchs in beiden Teilen Deutschlands: In den alten Bundesländern bot die notwendige Neuregelung der polizeilichen Informationsverarbeitung Anlaß zu mehr oder weniger intensiver Novellierungsarbeit; in den neuen Bundesländern mußte und muß überhaupt Grund gelegt werden für eine rechtstaatliche Polizei.

Wegen dieser besonderen Situation konnte die Darstellung nicht sämtliche Polizeigesetze bis auf den jüngsten Stand gleichmäßig berücksichtigen. In erster Linie, aber nicht ausschließlich, beruht sie auf den Gesetzen der Länder Bayern, Hessen, Nordrhein-Westfalen und Saarland. Diese vier Länder haben 1989/1990 den großen Novellierungsschub eingeleitet, ihre Gesetze bilden wichtige Maßstäbe für die bis heute noch nicht abgeschlossene Neuordnung des Polizeirechts in Deutschland.

Das Buch will also durch problemorientierte Darstellung der Aufgaben und Befugnisse der Vollzugspolizeien in Bund und Ländern – einschließlich einer Übersicht über die Lage in Europa – eine Handreichung für den Polizeipraktiker, aber auch eine Hilfe für die Studierenden sein, wobei auf Übersichtlichkeit und Klarheit Wert gelegt wurde. Dem soll auch der Gesetzesanhang dienen, der freilich aus Platzgründen und je nach dem Stand der Novellierungen auf eine Auswahl beschränkt werden mußte.

Für kritische Hinweise aus der Leserschaft sind wir dankbar, weil das Recht nie ruht und alle Erkenntnisse nur begrenzt sind.

Düsseldorf, Frankfurt im Mai 1992 — Die Herausgeber

Inhaltsübersicht

Inhaltsverzeichnis

Inhaltsverzeichnis

Literaturverzeichnis

I. Allgemeine Darstellungen zum Polizeirecht

Albers, Die Determination polizeilicher Tätigkeit in den Bereichen der Straftatenverhütung und der Verfolgungsvorsorge, 2001

Alberts, Das neue Bremische Polizeigesetz, NVwZ 1983, 585 ff.

Arbeitskreis Polizeirecht (*Denninger, Dürkop, Hoffmann-Riem, Klug, Rittstieg, H.-P. Schneider, Seebode*), Alternativentwurf einheitlicher Polizeigesetze des Bundes und der Länder (AE PolG), 1979

Aulehner, Polizeiliche Gefahren- und Informationsvorsorge, 1998

Baldus, Transnationales Polizeirecht, 2001

Berg/Hein, Allgemeines Polizei- und Ordnungsrecht für Berlin, 6. Aufl. 1990

Berner/Köhler, Polizeiaufgabengesetz, 13. Aufl. 1994

Bernet/Groß/Mende, Polizeirecht in Hessen (Loseblatt, Stand: 1995)

Bull, Perspektiven für eine moderne Polizei, 1991

ders., Visionen und Wirklichkeit einer Kriminalpolitik für Europa, KritV 1995, Heft 3

Busch/Funk/Kauß/Narr/Werkentin, Die Polizei in der Bundesrepublik, 1985

Chemnitz, Polizeirecht in Nordrhein-Westfalen, 2. Aufl. 1990

de Clerck/Schmidt, Polizeiverwaltungsgesetz Rheinland-Pfalz (Loseblatt, Stand: 1995)

Denninger, Polizei in der freiheitlichen Demokratie, 1968

ders., Polizeirecht, in: Meyer/Stolleis (Hrsg.), Staats- und Verwaltungsrecht für Hessen, 5. Aufl. 2000

Denninger/Lüderssen, Polizei und Strafprozeß im demokratischen Rechtsstaat, 1978

Dietel/Gintzel, Allgemeines Verwaltungs- und Polizeirecht für Nordrhein-Westfalen, 11. Aufl. 1984

Dittmann, Polizeirecht, in: Maurer/Hendler (Hrsg.), Baden-Württembergisches Staats- und Verwaltungsrecht, 1990, S. 264 ff.

Doding, Die Polizei im demokratischen Rechtsstaat, 1990

Drews/Wacke/Vogel/Martens, Gefahrenabwehr, 9. Aufl. 1986

Ebert/Honnacker, Thüringer Gesetz über die Aufgaben und Befugnisse der Polizei – PAG, 1993

Fischer, Allgemeines Polizei- und Ordnungsrecht des Bundes, 1982

Fischer/Hitz/Laskowski/Walter, Bundesgrenzschutzgesetz, 2. Aufl. 1996

Friauf, Polizei- und Ordnungsrecht, in: Schmidt-Aßmann (Hrsg.), Besonderes Verwaltungsrecht, 11. Aufl. 1999

Gallwas/Mössle, Bayrisches Polizei- und Sicherheitsrecht, 2. Aufl. 1996

Gnant, Polizeigesetz des Freistaates Sachsen, 1995

Götz, Allgemeines Polizei- und Ordnungsrecht, 12. Aufl. 1995

ders., Die Entwicklung des allgemeinen Polizei- und Ordnungsrechts (1990–1993), NVwZ 1994, S. 652; desgleichen 1994–1997, NVwZ 1998, S. 679 ff.

ders., Innere Sicherheit, in: Isensee/Kirchhof (Hrsg.), HdbStR III, 1988, § 79, S. 1007 ff.

Gornig/Jahn, Fälle zum Sicherheits- und Polizeirecht, 1994

Graulich, Das neue Gesetz über die öffentliche Sicherheit und Ordnung, NVwZ 1991, S. 648 ff.

Gusy, Polizeirecht, 4. Aufl. 2000

ders., Vom Polizeirecht zum Sicherheitsrecht, Staatswissenschaften und Staatspraxis 1994, S. 187 ff.

Habermehl, Allgemeines Polizei- und Ordnungsrecht, 2. Aufl. 1993

ders., Das neue Polizeirecht in Nordrhein-Westfalen, JA 1990, S. 331 ff.

Heesen/Hönle, Gesetz über den Bundesgrenzschutz, 2. Aufl. 1989

Heise/Riegel, Musterentwurf eines einheitlichen Polizeigesetzes, 2. Aufl. 1978

Heise/Tegtmeier, Polizeigesetz Nordrhein-Westfalen, 7. Aufl. 1990

Hillmann/Fritz, Polizei- und Ordnungsrecht, in: Friauf (Hrsg.), Handbuch für die öffentliche Verwaltung, Band 2, 1984, S. 81 ff.

Hoffmann-Riem, Polizei- und Ordnungsrecht, in: Hoffmann-Riem/Koch (Hrsg.), Hamburgisches Staats- und Verwaltungsrecht, 2. Aufl. 1998, S. 147 ff.

Hornmann, Hessisches Gesetz über die öffentliche Sicherheit und Ordnung (HSOG), Kommentar, 1997 mit Nachtrag 2001

Ipsen, Niedersächsisches Gefahrenabwehrrecht, 1995

Kay/Böcking, Polizeirecht Nordrhein-Westfalen, 1992

Knemeyer, Polizei- und Ordnungsrecht, 8. Aufl. 2000

ders., Polizei- und Ordnungsrecht – Prüfe Dein Wissen, 2. Aufl. 1994
ders., Polizei- und Sicherheitsrecht, in: Maunz/Obermeyer/Berg (Hrsg.), Staats- und Verwaltungsrecht in Bayern, 5. Aufl. 1988, S. 329 ff.
Knemeyer/Müller, Neues Polizeirecht in den jungen Bundesländern, NVwZ 1993, S. 437 ff.
Kniesel, Neufassung des Polizeirechts in Nordrhein-Westfalen, NVwZ 1990, S. 743 ff.
ders., Polizeirecht in den neuen Bundesländern (Textausgabe), 1991
König, Bayrisches Polizeirecht, 1980
Kraft/Kay/Böcking, Eingriffsmaßnahmen der Polizei, 2. Aufl. 1994
Kunkel/Pausch/Prillwitz, Hessisches Gesetz über die öffentliche Sicherheit und Ordnung, 1991
Lange/Wilhelm, Recht der Gefahrenabwehr, 1982
Laux/Kasehagen, Polizeiverwaltungsgesetz Rheinland-Pfalz, 6. Aufl. 1988
Lisken, GG und neues Polizeirecht, ZRP 1980, S. 145 ff.
ders., Über die Aufgaben und Befugnisse der Polizei im Staat des Grundgesetzes, ZRP 1990, S. 15 ff.
ders., Polizeigesetz NW 1990 – Neue Aufgaben, Befugnisse und Anwendungsfragen, NWVBl. 1990, S. 25 ff.
Meixner, Hessisches Gesetz über die öffentliche Sicherheit und Ordnung, 8. Aufl. 1998
Meixner/Martell, Gesetz über die öffentliche Sicherheit und Ordnung Sachsen-Anhalt SOG LSA, 1992 (Ergänzungsband 1994)
Möller/Wilhelm, Allgemeines Polizei- und Ordnungsrecht, 4. Aufl. 1995
Mußmann, Allgemeines Polizeirecht in Baden-Württemberg, 4. Aufl. 1994
Oldiges, Polizei- und Ordnungsrecht, in: Grimm/Papier (Hrsg.), Nordrhein-Westfälisches Staats- und Verwaltungsrecht, 1986, S. 236 ff.
Pauly, Die Entstehung des Polizeirechts als wissenschaftliche Disziplin, 2000
Pausch/Prillwitz, Polizei- und Ordnungsrecht in Hessen, 2. Aufl. 1995
Pitschas, Integrationsprobleme des Polizeirechts in Europa, NVwZ 1994, S. 625 ff.
ders., Innere Sicherheit und internationale Verbrechensbekämpfung als Verantwortung des demokratischen Verfassungsstaates, JZ 1993, S. 857 ff.
ders., Polizei und Sicherheitsgewerbe, BKA-Forschungsreihe Bd. 50, 2000
ders., „Neues" Polizeirecht, Speyerer Arbeitshefte 121, 1999
Prümm, Polizeirecht, in: Ley/Prümm (Hrsg.), Staats- und Verwaltungsrecht für Rheinland-Pfalz, 3. Aufl. 1992, S. 455 ff.
Prümm/Stubenrauch, Polizeiverwaltungsgesetz von Rheinland-Pfalz, 1986
Rasch, Allgemeines Polizei- und Ordnungsrecht, 2. Aufl. 1982
ders., Polizei und Polizeiorganisation, 2. Aufl. 1980
ders./Schulze, Hessisches Gesetz über die öffentliche Sicherheit und Ordnung, 5. Aufl. 1995
Reichert/Ruder, Polizeirecht, 4. Aufl. 1994
Reiff/Wöhrle/Wolf, Polizeigesetz für Baden-Württemberg, 4. Aufl. 1995
Riegel, Bundespolizeirecht, 1985
ders., Entwicklung und grundlegende Aspekte des Polizei- und Ordnungsrechts in den neuen Bundesländern, LKV 1993, S. 1 ff.
ders., Polizei- und Ordnungsrecht des Bundes und der Länder (Loseblatt, Stand: 1991)
ders., Das Gesetz zur Fortentwicklung des Datenschutzes im Bereich der Polizei- und Ordnungsbehörden in Nordrhein-Westfalen: Anspruch und Wirklichkeit, DÖV 1990, S. 651 ff.
Riotte/Tegtmeyer, Das neue Polizeigesetz des Landes Nordrhein-Westfalen, NWVBl. 1990, S. 145 ff.
Roos, Polizei- und Ordnungsbehördengesetz Rheinland-Pfalz – POG, 1995
Saipa, Niedersächsisches Gesetz über die öffentliche Sicherheit und Ordnung (Loseblatt, Stand: 1991)
ders., Polizei- und Ordnungsrecht im neuen Gewand: Das Niedersächsische Gefahrenabwehrgesetz, NdsVbl. 1995, 49 ff.
ders., Polizeirecht, in: Faber/Schneider, Niedersächsisches Staats- und Verwaltungsrecht, 1985, S. 350 ff.
Samper/Honacker, Polizeiaufgabengesetz, 15. Aufl. 1992
Schenke, Polizei- und Ordnungsrecht, in: Steiner (Hrsg.), Besonderes Verwaltungsrecht, 6. Aufl. 1999
Schild, Die Novellierung des hessischen Gesetzes über die öffentliche Sicherheit und Ordnung, NVwZ 1990, S. 738 ff.
Schipper, Gefahrenabwehr und Zwangsmittel der Polizei, 1984
Schipper/Bock/Kobza/Kripgans/Schneider, Polizeirecht in Schleswig-Holstein, 3. Aufl. 1994
Schleberger, Das Ordnungs- und Polizeirecht des Landes Nordrhein-Westfalen, 5. Aufl. 1981
Schmidbauer/Steiner/Roese, Bayerisches Polizeiaufgabengesetz mit Polizeiorganisationsgesetz, Kommentar, 1999

Schupp, Niedersächsisches Gesetz über die öffentliche Sicherheit und Ordnung, 4. Aufl. 1985
Schoch, Grundfälle zum Polizei- und Ordnungsrecht (zahlreiche Fortsetzungen ab JUS 1994, S. 391 ff.; zuletzt JUS 1995, S. 307 ff.)
Scholler/Schloer, Grundzüge des Polizei- und Ordnungsrechts in der Bundesrepublik Deutschland, 4. Aufl. 1993
Scholz, Bayrisches Sicherheits- und Polizeirecht, 7. Aufl. 1994
Schütz, Polizeiverwaltungsgesetz von Rheinland-Pfalz, 4. Aufl. 1987
Schumann, Grundriß des Polizei- und Ordnungsrechts, 1978
Semerak, Die Polizei in der Bundesrepublik Deutschland, 1988
Stephan, Allgemeines Polizeirecht in Baden-Württemberg, 1988
Strahlendorf, Eingriffsrechte der Polizei, 4. Aufl. 1990
Suckow, Allgemeines Niedersächsisches Recht der Gefahrenabwehr, 10. Aufl. 1991
Tettinger, Besonderes Verwaltungsrecht, 5. Aufl. 1998
Wagner, PolG NRW – Kommentar zum Polizeigesetz Nordrhein-Westfalen und zum Musterentwurf, 1987
ders., Polizeirecht, 2. Aufl. 1985
Wöhrle/Belz/Mußmann, Polizeigesetz für Baden-Württemberg, 5. Aufl. 1995 (in Vorbereitung)
Wolff/Bachof, Verwaltungsrecht III, 4. Aufl. 1978, §§ 121 ff.
Würtenberger, Polizei- und Ordnungsrecht, in: Achterberg/Püttner (Hrsg.), Besonderes Verwaltungsrecht II, 1992, S. 329 ff.
Würtenberger/Heckmann/Riggert, Polizeirecht in Baden-Württemberg, 4. Aufl. 1999

II. Allgemeine Literatur aus dem Verfassungs-, Verwaltungs- und Strafverfahrensrecht (Auswahl)

Achterberg, Allgemeines Verwaltungsrecht, 2. Aufl. 1986
Arndt, Gesammelte Juristische Schriften, 1976
Badura, Staatsrecht, 2. Aufl. 1996
Benda/Maihofer/Vogel (Hrsg.), Handbuch des Verfassungsrechts, 2 Bde., 2. Aufl. 1994
Bleckmann, Staatsrecht I – Staatsorganisationsrecht, 1993
ders., Staatsrecht II – Die Grundrechte, 3. Aufl. 1989
Böckenförde, Staat–Verfassung–Demokratie, 1991
Bull, Allgemeines Verwaltungsrecht, 4. Aufl. 1993
Denninger, Der gebändigte Leviathan, 1990
ders., Menschenrechte und Grundgesetz, 1994
ders., Staatsrecht, 2 Bde., 1973 und 1979
Denninger (Hrsg.), Freiheitliche demokratische Grundordnung, 2 Bde., 1977
Dreier (Hrsg.), Grundgesetzkommentar, 3 Bde., 1996–2000
Erichsen (Hrsg.), Allgemeines Verwaltungsrecht, 10. Aufl. 1995
Faber, Allgemeines Verwaltungsrecht, 4. Aufl. 1995
Frowein/Peukert, Europäische Menschenrechtskonvention, 1985
Grimm, Die Zukunft der Verfassung, 1991
Göhler, Ordnungswidrigkeitengesetz, 12. Aufl. 1998
Hesse, Grundzüge des Verfassungsrechts der Bundesrepublik Deutschland, 20. Aufl. 1995
Hufen, Verwaltungsprozeßrecht, 4. Aufl. 2000
Isensee/Kirchhof, Handbuch des Staatsrechts der Bundesrepublik Deutschland, Bde. I–X, 1987–2000
Jarass/Pieroth, Grundgesetz für die Bundesrepublik Deutschland, 5. Aufl. 2000
Jeserich u. a. (Hrsg.), Deutsche Verwaltungsgeschichte, 6 Bde., 1983
Karlsruher Kommentar zur Strafprozeßordnung, 3. Aufl. 1993
Kleinknecht/Meyer-Goßner, StPO, 44. Aufl. 1999
Kloepfer, Umweltrecht, 2. Aufl. 1998
Kommentar zum Grundgesetz für die Bundesrepublik Deutschland, Reihe Alternativkommentare, hrsg. von *Denninger/Hoffmann-Riem/Schneider/Stein,* 3. Aufl. (Loseblatt) 2001
Kopp/Ramsauer, Verwaltungsverfahrensgesetz, 7. Aufl. 2000
Kuhla/Hüttenbrink, Der Verwaltungsprozeß, 1995
Lange (Hrsg.), Staat, Demokratie und Innere Sicherheit in Deutschland, 2000
Maunz/Dürig, Kommentar zum Grundgesetz (Loseblatt, Stand: 2000)

Literaturverzeichnis

Maurer, Allgemeines Verwaltungsrecht, 13. Aufl. 2000
Meyer/Borgs-Maciejewski, Verwaltungsverfahrensgesetz, 2. Aufl. 1982
v. Münch/Kunig, Grundgesetz – Kommentar, Bd. 1 (Art. 1–20), 5. Aufl. 2000, Bd. 2 (Art. 21–69), 3. Aufl. 1995, Bd. 3 (Art. 70–146), 4. Aufl. 1996
Ossenbühl, Staatshaftungsrecht, 5. Aufl. 1998
Peters, Strafprozeß, 4. Aufl. 1985
Pieroth/Schlink, Grundrechte – Staatsrecht II, 15. Aufl. 1999
Roxin, Strafverfahrensrecht, 25. Aufl. 1998
Rudolphi/Frisch/Rogall/Schlüchter/Wolter, Systematischer Kommentar zur Strafprozeßordnung (Loseblatt, Stand: 1994)
Sachs (Hrsg.), Grundgesetz – Kommentar, 2. Aufl. 1999
Schenke, Verwaltungsprozeßrecht, 7. Aufl. 2000
Schmidt, Staats- und Verwaltungsrecht, 3. Aufl. 1999
Schmidt-Bleibtreu/Klein, Kommentar zum Grundgesetz, 8. Aufl. 1995
Stein/Frank, Staatsrecht, 17. Aufl. 2000
Steinberg/Lubberger, Aufopferung – Enteignung und Staatshaftung, 1991
Stern, Das Staatsrecht der Bundesrepublik Deutschland, Bd. 1, 2. Aufl. 1984; Bd. 2, 1980; unter Mitarbeit von *Sachs*: Bd. 3/1, 1988; Bd. 3/2, 1994; Bd. 5, 2000
Wolff/Bachof, Verwaltungsrecht, Bd. 3, 4. Auflage 1978; neubearbeitet von *Stober*: Bd. 1, 11. Aufl. 1999; Bd. 2, 6. Aufl. 2000

Abkürzungsverzeichnis

a. A.	anderer Ansicht, Auffassung
aaO	am angegebenen Ort
ABGB	Österreichisches Allgemeines Bürgerliches Gesetzbuch
abgedr.	abgedruckt
Abh.	Abhandlungen
Abk.	Abkommen
ABl	Amtsblatt
abl.	ablehnend
Abs.	Absatz
abw.	abweichend
AbzG	Abzahlungsgesetz
AcP	Archiv für die civilistische Praxis
a. E.	am Ende
a. F.	alte Fassung
AfP	Archiv für Presserecht
AG	Amtsgericht, Aktiengesellschaft
AG	Ausführungsgesetz
Ag.	Antragsgegner
AGB	Allgemeine Geschäftsbedingungen
AGJWG	Erstes Landesgesetz zur Ausführung des Gesetzes für Jugendwohlfahrt
AH-Dr	Abgeordnetenhaus-Drucksache (Berlin)
AK, AK-GG	Kommentar zum Grundgesetz für die Bundesrepublik Deutschland, Reihe Alternativkommentare
AKB	Allgemeine Bedingungen für die Kraftverkehrsversicherung
AktG	Aktiengesetz
allg.	allgemein
allg. Begr.	allgemeine Begründung
allg. M.	allgemeine Meinung
ALR	Allgemeines Landrecht für die Preußischen Staaten
Alt.	Alternative
a. M.	andere Meinung
AMG	Arzneimittelgesetz
amtl.	amtlich
Amtl. Begr.	Amtliche Begründung
Amtl. Slg.	Amtliche Sammlung
Änd.	Änderung
ÄndG	Änderungsgesetz
Angkl.	Angeklagte(r)
Anh.	Anhang
Anl.	Anlage
Anm.	Anmerkung
AnwBl.	Anwaltsblatt
AO	Reichsabgabenordnung
AöR	Archiv des öffentlichen Rechts
APC	Arbeitsplatzcomputer
APIS	Arbeitsdatei PIOS Innere Sicherheit
ArbGG	Arbeitsgerichtsgesetz
ArbR	Arbeitsrecht
Arch	Archiv
arg.	argumentum
Art.	Artikel
ASiV	Verordnung über Zuständigkeiten auf dem Gebiete des Arbeitsschutzes und der Sicherheitstechnik
ASOG	Allgemeines Gesetz zum Schutz der öffentlichen Sicherheit und Ordnung
Ast.	Antragsteller(in)

Abkürzungsverzeichnis

AsylVfG	Gesetz über das Asylverfahren
AT	Allgemeiner Teil
AtG	Atomgesetz
Auff.	Auffassung
Aufl.	Auflage
AuR	Arbeit und Recht
ausf.	ausführlich
AusfVO	Ausführungsverordnung
ausl.	ausländisch
AuslG	Ausländergesetz
Aussch.	Ausschuß
Az.	Aktenzeichen
B-	Bundes-
Bad., bad.	Baden, badisch
BadWürtt., bad.-württ.	Baden-Württemberg, baden-württembergisch
BAG	Bundesarbeitsgericht
BAGE	Amtl. Sammlung der Entscheidungen des BAG
BAnz	Bundesanzeiger
BAT	Bundesangestelltentarifordnung
BauGB	Baugesetzbuch
Bay., bay.	Bayern, bayerisch
BayAGVwGO	Bayerisches Gesetz zur Ausführung der Verwaltungsgerichtsordnung
BayKG	Bayerisches Kostengesetz
BayObLG	Bayerisches Oberstes Landesgericht
BayPAG	Bayerisches Polizeiaufgabengesetz
BayPolKV	Bayerische Polizeikostenverordnung
BayRS	Bayerische Rechtssammlung
BayVBl	Bayerische Verwaltungsblätter
BayVerfGH	Bayerischer Verfassungsgerichtshof
BayVGH	Bayerischer Verwaltungsgerichtshof
BB	Der Betriebs-Berater
BBauG	Bundesbaugesetz
BBG	Bundesbeamtengesetz
BBahnG	Bundesbahngesetz
Bd.	Band
BDH	Bundesdisziplinarhof
BDHE	Amtliche Sammlung der Entscheidungen des BDH
BDiszG	Bundesdisziplinargericht
BDO	Bundesdisziplinarordnung
BDSG	Bundesdatenschutzgesetz
bearb.	bearbeitet
Bearb.	Bearbeitung
BEG	Bundesentschädigungsgesetz
Begr.	Begründung
Beigel.	Beigeladene(r)
Beil.	Beilage
Bekl., bekl.	Beklagte(r), beklagt
Berl.	Berlin
BerlASOG, ASOG Berl	Berliner Allgemeines Gesetz zum Schutz der öffentlichen Sicherheit und Ordnung
bes.	besonders
Beschl.	Beschluß
Beschw.	Beschwerde
BeschwGer.	Beschwerdegericht
bestr.	bestritten

Bet.	Beteiligte(r)
betr.	betreffend
Betr	Der Betrieb
Betr.	Betroffene(r)
BetrVG	Betriebsverfassungsgesetz
Bf.	Beschwerdeführer(in)
BfA	Bundesversicherungsanstalt für Angestellte
BfD	Bundesbeauftragter für Datenschutz
BfV	Bundesamt für Verfassungsschutz
BFH	Bundesfinanzhof
BFHE	Amtliche Sammlung der Entscheidungen des BFH
BGB	Bürgerliches Gesetzbuch
BGBl	Bundesgesetzblatt
BGH	Bundesgerichtshof
BGHSt(Z)	Amtl. Slg. der Entscheidungen des BGH in Strafsachen (Zivilsachen)
BGS	Bundesgrenzschutz
BGSG	Bundesgrenzschutzgesetz
BImSchG	Bundesimmissionsschutzgesetz
BinnSchG	Binnenschiffahrtsgesetz
bish.	bisher(ig)
BJagdG	Bundesjagdgesetz
BK	Bonner Kommentar
BKartA	Bundeskartellamt
BKA	Bundeskriminalamt
BKAG	Gesetz über die Errichtung eines Bundeskriminalpolizeiamtes
BlPMZ	Blatt für Patent-, Muster- und Zeichenwesen
BLG	Bundesleistungsgesetz
BMF	Bundesminister der Finanzen
BMI	Bundesminister des Innern
BMJ	Bundesminister der Justiz
BMV	Bundesminister der Verteidigung
BMW	Bundesminister der Wirtschaft
BNatSchG	Bundesnaturschutzgesetz
BNDG	Gesetz über den Bundesnachrichtendienst
BNotO	Bundesnotarordnung
BPolBG	Bundespolizeibeamtengesetz
BR	Bundesrat
BRAGO	Bundesrechtsanwaltsgebührenordnung
BRAO	Bundesrechtsanwaltsordnung
Brbg	Brandenburg
BR-Dr	Bundesratsdrucksache
BReg.	Bundesregierung
Brem., brem.	Bremen, bremisch
BremGebBeitrG	Bremisches Gebühren- und Beitragsgesetz
BremPolG	Bremisches Polizeigesetz
BRep. Dtschld.	Bundesrepublik Deutschland
brit.	britisch
BR-Prot.	Sten. Berichte des Bundesrates
BRRG	Beamtenrechtsrahmengesetz
BRS	Baurechtssammlung
BSeuchG	Bundesseuchengesetz
BSG	Bundessozialgesetz
BSGE	Amtl. Slg. der Entscheidungen des BSG
BSHG	Bundessozialhilfegesetz
BT	Besonderer Teil
BT	Bundestag
BT-Dr., -Drucks.	Bundestagsdrucksache
BtMG	Gesetz über den Verkehr mit Betäubungsmitteln (Opiumgesetz)

Abkürzungsverzeichnis

BT-Prot. . . . . Sten. Berichte des Bundestages
Buchholz . . . . Sammel- und Nachschlagewerk der Rspr. des BVerwG, hrsg. v. Buchholz
BundesbahnG . . . . Bundesbahngesetz
BVerfG . . . . Bundesverfassungsgericht
BVerfGE . . . . Amtl. Slg. der Entscheidungen des BVerfG
BVerfGG . . . . Bundesverfassungsgerichtsgesetz
BVerfSchG . . . . . . Bundesverfassungsschutzgesetz
BVerwG . . . . Bundesverwaltungsgericht
BVerwGE . . . . . . Amtl. Slg. der Entscheidungen des BVerwG
BW PolG . . . . Baden-Württembergisches Polizeigesetz
BZR . . . . Bundeszentralregister
BZRG . . . . Bundeszentralregistergesetz
bzw. . . . . beziehungswseise

C. C. . . . . Code Civil
CCC . . . . Constitutio Criminalis Carolina
CIC . . . . Codex juris canonici
CiLip . . . . Civil Liberties and Police
CR . . . . Computer und Recht

DAG . . . . Deutsches Auslieferungsgesetz
dän. . . . . dänisch
DAR . . . . Deutsches Autorecht
DDB . . . . Der Deutsche Beamte
DDR . . . . Deutsche Demokratische Republik
DDR-PolG . . . . . DDR-Gesetz über die Aufgaben und Befugnisse der Polizei von 1990
ders. . . . . derselbe
dgl. . . . . dergleichen
d. h. . . . . das heißt
Die AG . . . . Die Aktiengesellschaft
dies. . . . . dieselben
Dig . . . . Digesten
Diss. . . . . Dissertation
DiszH . . . . Disziplinarhof
DiszO . . . . Disziplinarordnung (der Länder)
DJ . . . . Deutsche Justiz
DJT . . . . Deutscher Juristentag
DJZ . . . . Deutsche Juristenzeitung
DNotZ . . . . Deutsche Notar-Zeitschrift
DöD . . . . Der öffentliche Dienst
DÖV . . . . Die öffentliche Verwaltung
DPoBl, DPBl. . . . . Deutsches Polizeiblatt
DR . . . . Deutsches Recht
DRiG . . . . Deutsches Richtergesetz
DRiZ . . . . Deutsche Richter-Zeitung
Drucks . . . . Drucksache
DStG . . . . Dienststrafgericht
DStH . . . . Dienststrafhof
DStK . . . . Dienststrafkammer
DStR . . . . Deutsches Steuerrecht
DStrR . . . . Deutsches Strafrecht
DStrZ . . . . Deutsche Strafrechts-Zeitung
DSWR . . . . Datenverarbeitung in Steuer, Wirtschaft und Recht
dt. . . . . deutsch
Dtld., Dtschld. . . . Deutschland
DuR . . . . Demokratie und Recht
DV . . . . Deutsche Verwaltung
DVBl. . . . . Deutsches Verwaltungsblatt

DVO . . . . Durchführungsverordnung
DVR . . . . Datenverarbeitung im Recht
DVWG . . . . Deutsche Verwaltungsgeschichte, 6 Bde., hrsg. v. Kurt G. A. Jeserich u. a., 1983

E . . . . Amtl. Sammlung der Entscheidungen des jeweils angesprochenen Gerichts
E . . . . Entwurf
ebda. . . . . ebenda
ED . . . . Erkennungsdienst, erkennungsdienstlich
EDV . . . . Elektronische Datenverarbeitung
EFG . . . . Entscheidungen der Finanzgerichte
EG . . . . Einführungsgesetz
EGMR . . . . Europäischer Gerichtshof für Menschenrechte
Einf. . . . . Einführung
einh. . . . . einhellig
einh. M. . . . . einhellige Meinung
Einl. . . . . Einleitung
einschl. . . . . einschließlich
einschr. . . . . einschränkend
EKMR . . . . Europäische Kommission für Menschenrechte
Entsch. . . . . Entscheidung
entspr. . . . . entsprechend
Erg. . . . . Ergebnis
Erg.-Bd. . . . . Ergänzungsband
Erl. . . . . Erläuterung
etc. . . . . et cetera
EuGH . . . . Gerichtshof der Europäischen Gemeinschaften
EuGHE . . . . Amtl. Sammlung der Rechtsprechung des EuGH
EuGRZ . . . . Europäische Grundrechte – Zeitschrift
EuR . . . . Europarecht
europ. . . . . europäisch

f. . . . . folgende, für
FamR . . . . Familienrecht
FamrZ . . . . Zeitschrift für das gesamte Familienrecht
FAZ . . . . Frankfurter Allgemeine Zeitung
FernmAnlG . . . . . Ges. über Fernmeldeanlagen
Festg. . . . . Festgabe
Festschr., FS . . . . . Festschrift
ff. . . . . fortfolgende
FG . . . . Finanzgericht
fG . . . . freiwillige Gerichtsbarkeit
FGG . . . . Gesetz über Angelegenheiten der fG
FGO . . . . Finanzgerichtsordnung
FISH . . . . Forensisches Informationssystem Handschriften
fläm. . . . . flämisch
FluglärmSchG . . . . Gesetz zum Schutz gegen Fluglärm
FlurBG . . . . Flurbereinigungsgesetz
franz. . . . . französisch
FStrG . . . . Bundesfernstraßengesetz
Fußn., Fn. . . . . . . Fußnote

G . . . . Gesetz
GA . . . . Goltdammers Archiv für Strafrecht
GAN . . . . Grenzaktennachweis
GaststG . . . . Gaststättengesetz
GBA . . . . Grundbuchamt
GBl . . . . Gesetzblatt

Abkürzungsverzeichnis

GBO . . . . Grundbuchordnung
GDVP . . . . Gesetz über die Datenverarbeitung der Polizei
geänd. . . . . geändert
GebGNW . . . . . . Gebührengesetz Nordrhein-Westfalen
GebO . . . . Gebührenordnung
GefahrengutG . . . . Gefahrengutgesetz
GEDPol . . . . Gesetz zur Fortentwicklung des Datenschutzes im Bereich der Polizei und der Ordnungsbehörden
gem. . . . . gemäß
Gemeinsamer Senat . . . . Gemeinsamer Senat der Obersten Gerichtshöfe des Bundes
GenfKonv. . . . . . . Genfer Flüchtlingskonvention
GenStA . . . . Generalstaatsanwalt
ges. . . . . gesamt
Ges. . . . . Gesetz
GeschO . . . . Geschäftsordnung
GeschlKG . . . . . . Gesetz zur Bekämpfung der Geschlechtskrankheiten
GewAR . . . . Gewerbe- und Arbeitsschutzrecht
GewO . . . . Gewerbeordnung
GewVerbrG . . . . . Gewohnheitsverbrechergesetz
GG . . . . Grundgesetz
ggf. . . . . gegebenenfalls
GjS . . . . Gesetz über jugendgefährdende Schriften
GKG . . . . Gerichtskostengesetz
GleichberG . . . . . Gleichberechtigungsgesetz
GLKA . . . . Gemeinsames Landeskriminalamt
GmbH . . . . Gesellschaft mit beschränkter Haftung
GmbHG . . . . GmbH-Gesetz
GMBl . . . . Gemeinsames Ministerialblatt
GO . . . . Gemeindeordnung (der Länder)
GOBR . . . . Geschäftsordnung des Bundesrates
GOBT . . . . Geschäftsordnung des Deutschen Bundestages
grdl. . . . . grundlegend
grds. . . . . grundsätzlich
GS . . . . Großer Senat
GSSt(Z) . . . . Großer Senat in Strafsachen (Zivilsachen)
GVBl, GV . . . . . . Gesetz- und Verordnungsblatt
GVG . . . . Gerichtsverfassungsgesetz
GVNRW . . . . Gesetz- und Verordnungblatt des Landes Nordrhein-Westfalen

H . . . . Heft
h. A. . . . . herrschende Ansicht
Halbs. . . . . Halbsatz
HambOVG . . . . . Hamburgisches Oberverwaltungsgericht
HandwO . . . . Handwerksordnung
Hbd. . . . . Halbband
HBG . . . . Hessisches Beamtengesetz
Hbg., hbg. . . . . . . Hamburg, hamburgisch
HbgPolDVG . . . . . Hamb. Gesetz über die Datenverarbeitung der Polizei
HbgSOG . . . . Hamb. Gesetz über die Sicherheit und Ordnung
HChE . . . . Herrenchiemseer Entwurf
Hdb . . . . Handbuch
HdbDStR . . . . . . Handbuch des Deutschen Staatsrechts
HEPOLIS . . . . . . Hessisches Polizeiinformationssystem
hervorh. . . . . hervorhebend
Hess., hess. . . . . . . Hessen, hessisch
HessBauO . . . . . . Hessische Bauordnung
HessDSchG . . . . . Hessisches Denkmalschutzgesetz

HessLärmbekämpfungs-VO . . . . . . Hessische Lärmbekämpfungsverordnung
HessVGH . . . . Hessischer Verwaltungsgerichtshof
HGB . . . . Handelsgesetzbuch
histor. . . . . historisch
h. L. . . . . herrschende Lehre
HLKO . . . . Haager Landkriegsordnung
h. M. . . . . herrschende Meinung
holl. . . . . holländisch
HRR . . . . Höchstrichterliche Rechtsprechung
HRG . . . . Hochschulrahmengesetz
HSOG . . . . Hessisches Gesetz über die öffentliche Sicherheit und Ordnung
Hrsg., hrsg. . . . . . . Herausgeber, herausgegeben

i. d. F. . . . . in der Fassung
i. d. R. . . . . in der Regel
i. E. . . . . im Ergebnis
i. e. S. . . . . im engeren Sinne
IGH . . . . Internationaler Gerichtshof
IMK . . . . Innenministerkonferenz
inkl . . . . inklusive
INPOL . . . . Informationssystem der Polizei
insb. . . . . insbesondere
int. . . . . international
INTERPOL . . . . . Internationale Kriminalpolizeiliche Organisation
i. S. des (von) . . . . . im Sinne des (von)
isländ. . . . . isländisch
ital. . . . . italienisch
i.V. mit/i.V. m. . . . . in Verbindung mit
i. w. S. . . . . im weiteren Sinne

JA . . . . Juristische Arbeitsblätter
JArbschG . . . . Jugendarbeitsschutzgesetz
Jb. . . . . Jahrbuch
JGG . . . . Jugendgerichtsgesetz
Jhdt. . . . . Jahrhundert
JMBlNRW . . . . . . Justizministerialblatt für Nordrhein-Westfalen
JO . . . . Journal officiel
JöR . . . . Jahrbuch für öffentliches Recht
JR . . . . Juristische Rundschau
JSchG . . . . Jugendschutzgesetz
JÖSchG . . . . Gesetz zum Schutze der Jugend in der Öffentlichkeit
JuS . . . . Juristische Schulung
Justiz . . . . Die Justiz
JWG . . . . Jugendwohlfahrtsgesetz
JW . . . . Juristische Wochenschrift
JZ . . . . Juristenzeitung

KAG . . . . Kommunalabgabengesetz
KAN . . . . Kriminalaktennachweis
Kap. . . . . Kapitel
kath. . . . . katholisch
KatSchG . . . . Katastrophenschutzgesetz
Kfz . . . . Kraftfahrzeug
KG . . . . Kammergericht
KG . . . . Kommanditgesellschaft
KG . . . . Kostengesetz (der Länder)
KGaA . . . . Kommanditgesellschaft auf Aktien

Abkürzungsverzeichnis

KJ, KritJ .... Kritische Justiz
KJB .... Karlsruher Juristische Bibliographie
KK .... Karlsruher Kommentar
Kl. .... Kläger(in)
KO .... Konkursordnung
Komm. .... Kommentar
KpS .... Kriminalpolizeiliche personenbezogene Sammlung
KreisO .... Kreisordnung (der Länder)
krit. .... kritisch
KritV .... Kritische Vierteljahresschrift für Gesetzgebung und Rechtswissenschaft
KSchG .... Kündigungschutzgesetz
KunstUrhG ..... Kunsturhebergesetz
KWG .... Gesetz über das Kreditwesen

LAG .... Landesarbeitsgericht, Lastenausgleichsgesetz
LBG .... Landesbeamtengesetz
LDO .... Landesdisziplinarordnung
Lehrb. .... Lehrbuch
LfD .... Landesbeauftragter für Datenschutz
Lfg. .... Lieferung
LG .... Landgericht
LGebGBW ...... Landesgebührengesetz Baden-Württemberg
lit. .... Buchstabe
Lit. .... Literatur
LKA .... Landeskriminalamt
LKO .... Landeskreisordnung (der Länder)
LKV .... Landes- und Kommunalverwaltung
LM .... Lindenmaier-Möhring, Nachschlagewerk des BGH
LMBG .... Lebensmittel- und Bedarfsgegenständegesetz
LOWIG .... Landesordnungswidrigkeitengesetz
LReg. .... Landesregierung
LRiG .... Landesrichtergesetz
LSG .... Landessozialgericht
LT .... Landtag
Lt-Dr, -Drucks. ... Landtagsdrucksache
LuftKostV ...... Kostenverordnung der Luftfahrtverwaltung
LuftVG .... Luftverkehrsgesetz
luxemb. .... luxemburgisch
LVG .... Landesverwaltungsgesetz
LVGSH .... Landesverwaltungsgesetz von Schleswig-Holstein
LVwVGBW ..... Verwaltungsvollstreckungsgesetz Baden-Württemberg
LVwVGKOBW ... Verwaltungsvollstreckungskostenordnung Baden-Württemberg

m .... Meter
MABl .... Ministerial- und Amtsblatt
MADG .... Gesetz über den Militärischen Abschirmdienst
masch.schr. ...... maschinenschriftlich
Mat. .... Materialien
m. a. W. .... mit anderen Worten
MBl .... Ministerialblatt
MDR .... Monatsschrift für Deutsches Recht
m. E. .... meines Erachtens
MEPolG, ME .... Musterentwurf eines einheitlichen Polizeigesetzes
MiStr .... Mitteilungen in Strafsachen
MonSchrKrim ... Monatsschrift für Kriminologie und Strafrechtsreform
MitbestG .... Mitbestimmungsgesetz
Mot. .... Motive zum Entwurf eines BGB
Mrd. .... Milliarde

MRK . . . . Menschenrechtskonvention
MRRG . . . . Melderechtsrahmengesetz
MRVO . . . . Militärregierungsverordnung
m. w. Nachw. . . . . mit weiteren Nachweisen

Nachw. . . . . Nachweis(e, en)
Nds., nds. . . . . Niedersachsen, niedersächsisch
NdsSOG . . . . Niedersächsisches Gesetz über die Sicherheit und Ordnung
NdsVollzBeaV . . . . Verordnung über Verwaltungsvollzugsbeamte des Landes Niedersachsen
NebVO . . . . Nebentätigkeitsverordnung
n. F. . . . . neue Fassung, neue Folge
niederl. . . . . niederländisch
NJ . . . . Neue Justiz
NJW . . . . Neue Juristische Wochenschrift
NK . . . . Neue Kriminalpolitik
NN . . . . Normalnull
norw. . . . . norwegisch
Nr., Nrn. . . . . Nummer(n)
NRW, NW . . . . . . Nordrhein-Westfalen, nordrhein-westfälisch
NStZ . . . . Neue Zeitschrift für Strafrecht
NVwKostG . . . . . Niedersächsisches Verwaltungskostengesetz
NVwZ . . . . Neue Zeitschrift für Verwaltungsrecht
NVwZ-RR . . . . . Neue Zeitschrift für Verwaltungsrecht-Rechtssprechungsreport
NVZ . . . . Neue Zeitschrift für Verkehrsrecht
NWVBl . . . . Nordrhein-Westfälische Verwaltungsblätter
NZWehrR . . . . . . Neue Zeitschrift für Wehrrecht

o. . . . . oben
O . . . . Ordnung
o. ä. . . . . oder ähnliches
OBG . . . . Ordnungsbehördengesetz
OG (DDR) . . . . . Oberstes Gericht der DDR
OGHBtZ . . . . Oberster Gerichtshof für die britische Besatzungszone
OGHSt(Z) . . . . . . Amtl. Sammlung der Entscheidungen des OGHBtZ in Strafsachen (Zivilsachen)
OHG . . . . offene Handelsgesellschaft
OK . . . . Organisierte Kriminalität
OLG . . . . Oberlandesgericht
OLGE . . . . Rechtsprechung der Oberlandesgerichte
OLGZ . . . . Entscheidungen der OLGe in Zivilsachen
öst., öster. . . . . . . österreichisch
ÖstJZ . . . . Österreichische Juristenzeitung
ÖstOGH . . . . Österreichischer Oberster Gerichtshof
ÖVD . . . . Öffentliche Verwaltung und Datenverarbeitung
OVG . . . . Oberverwaltungsgericht
OVGE . . . . Amtl. Sammlung der Entscheidungen der OVGe Lüneburg und Münster
OWiG . . . . Ordnungswidrigkeitengesetz

PAD . . . . Personenauskunftsdatei
PAG . . . . Polizeiaufgabengesetz (der Länder)
PAG DDR . . . . . . Polizeiaufgabengesetz der (ehemaligen) DDR
PED . . . . Polizeiliche Erkenntnisdatei
PERES . . . . Personenerkennungssystem
PersBefG . . . . Personenbeförderungsgesetz
PersVG . . . . Personalvertretungsgesetz
PIKAS . . . . Polizeiliches Informations-, Kommunikations- und Auswertungssystem
PIOS . . . . Personen, Institutionen, Objekte, Sachen
PKKG . . . . Gesetz über die parlamentarische Kontrolle nachrichtendienstlicher Tätigkeit des Bundes von 1978

Abkürzungsverzeichnis

Pkw	Personenkraftwagen
POG	Polizeiorganisationsgesetz
PolG	Polizeigesetz (der Länder)
PolG BW	Polizeigesetz von Baden-Württemberg
PolG NW	Polizeigesetz von Nordrhein-Westfalen
PolGO (Nds)	Polizeigebührenordnung (Niedersachsen)
PolZustG	Gesetz über die Zuständigkeit der Polizeibehörden (der Länder)
pr., Pr.	preußisch, Preußen
PrALR	Preußisches allgemeines Landrecht
PresseG	Pressegesetz (der Länder)
PrGS	Preußische Gesetzessammlung
PrLVG	Preußisches Landesverwaltungsgesetz
PrOVG	Preußisches Oberverwaltungsgericht
PrOVGE	Amtl. Sammlung der Entscheidungen des PrOVG
PrPVG	Preußisches Polizeiverwaltungsgesetz
PrVerf	Preußische Verfassung
PVG	Polizeiverwaltungsgesetz
PVG RhPf, RP	Polizeiverwaltungsgesetz Rheinland-Pfalz
-R	Recht
RA	Rechtsanwalt
RdA	Recht der Arbeit
RdErl.	Runderlaß
Rdn.	Randnummer(n)
RdSchr.	Rundschreiben
Recht	Das Recht
rechtskr.	rechtskräftig
RefE	Referentenentwurf
Reg.	Regierung
RegE	Regierungsentwurf
RevGer	Revisionsgericht
RG	Reichsgericht
RGBl	Reichsgesetzblatt
RhPf., rhpf., RP	Rheinland-Pfalz, rheinland-pfälzisch
RiA	Das Recht im Amt
Richtl	Richtlinie
RiDiszS	Richterdisziplinarsenat
RiS	Recht auf informationelle Selbstbestimmung
RiStBV	Richtlinien für das Strafverfahren und das Bußgeldverfahren
ROHG	Reichsoberhandelsgericht
Rpfleger	Der Deutsche Rechtspfleger
RPflG, RPflegerG	Rechtspflegergesetz
Rspr.	Rechtsprechung
RuG	Recht und Gesellschaft
RuP	Recht und Politik
russ.	russisch
RuStG	Reichs- und Staatsangehörigkeitsgesetz
s.	siehe
S.	Seite, Satz (bei Rechtsnormen)
SaarlGebG	Saarländisches Gebührengesetz
Saarl., saarl.	Saarland, saarländisch
SaBl	Sammelblatt
SBZ	Sowjetische Besatzungszone
ScheckG	Scheckgesetz
SchlH, SH	Schleswig-Holstein
-schr.	-schrift
SchulpflG	Schulpflichtgesetz

schwed. . . . . schwedisch
schweiz. . . . . schweizerisch
SchweizBG . . . . . . Schweizer Bundesgericht
SchweizBGE . . . . . Amtl. Slg. der Entscheidungen des SchweizBG
SchwurGer . . . . . . Schwurgericht
SeemannsG . . . . . Seemannsgesetz
SEK . . . . Spezial-Einsatz-Kommando
Sen.-Drucks . . . . . Senatsdrucksache
SG . . . . Sozialgericht
SGG . . . . Sozialgerichtsgesetz
SJZ . . . . Süddeutsche Juristenzeitung
Slg. . . . . Sammlung von Entscheidungen, Gesetzen etc.
s. o. . . . . siehe oben
sog. . . . . sogenannte(r)
SOG . . . . Gesetz über die öffentliche Sicherheit und Ordnung
SOGHa, Hbg. . . . . Gesetz zum Schutz der öffentlichen Sicherheit und Ordnung Hamburg
SoldG . . . . Soldatengesetz
SozR . . . . Sozialrecht
Sp. . . . . Spalte
span. . . . . spanisch
SPolG . . . . Saarländisches Polizeigesetz
SprengstG . . . . . . Sprengstoffgesetz
SPUDOK . . . . . . Spurendokumentationssystem
st. . . . . ständig
StA . . . . Staatsanwalt, Staatsanwaltschaft
Sten. Ber. . . . . Stenographische Berichte
StFG . . . . Straffreiheitsgesetz
StGB . . . . Strafgesetzbuch
StGH . . . . Staatsgerichtshof
StHG . . . . Staatshaftungsgesetz
StIG . . . . Ständiger Internationaler Gerichtshof
StPÄndG . . . . Gesetz zur Änderung der StPO
StPO . . . . Strafprozeßordnung
str. . . . . streitig
StrEG . . . . Gesetz über die Entschädigung für Strafverfolgungsmaßnahmen
StrK . . . . Strafkammer
StrlSchVO . . . . . . Verordnung über den Schutz vor Schäden durch Strahlen radioaktiver Stoffe
StrRÄndG . . . . . . Strafrechtsänderungsgesetz
StrRG . . . . Strafrechtsreformgesetz
st. Rspr. . . . . ständige Rechtsprechung
StrVert, StV . . . . . Strafverteidiger
StrWG . . . . Straßen- und Wegegesetz (der Länder)
StS . . . . Strafsenat
StVÄG . . . . Gesetz zur Änderung und zur Ergänzung des Strafrechts
StVG . . . . Straßenverkehrsgesetz
StVO . . . . Straßenverkehrsordnung
StVollStrO . . . . . . Strafvollstreckungsordnung
StVollzG . . . . Gesetz über den Vollzug der Freiheitsstrafe und der freiheitsentziehenden Maßregeln der Besserung und Sicherung
StVRG . . . . Gesetz zur Reform des Strafverfahrensrechts
StVZO . . . . Straßenverkehrszulassungsordnung
s. u. . . . . siehe unten
südd. . . . . süddeutsch
s. vor. Bem. . . . . . . siehe vorherige Bemerkung
SZ . . . . Süddeutsche Zeitung

teilw. . . . . teilweise
TESCH . . . . Dokumentationssystem für terroristische und extremistische Schriften

Abkürzungsverzeichnis

TierschutzG	Tierschutzgesetz
TV	Tarifvertrag
TVG	Tarifvertragsgesetz
Tz.	Textziffer
u.	unten
u. a.	unter anderen(m), und andere
u. ä.	und ähnliche(s)
Übers.	Übersetzung
umstr.	umstritten
unstr.	unstreitig
unveröff.	unveröffentlicht
u. ö.	und öfter
UrhRG	Urheberrechtsgesetz
Urt.	Urteil
usw.	und so weiter
u. U.	unter Umständen
UVollzO	Untersuchungshaftvollzugsordnung
UZwG	Gesetz über die Anwendung unmittelbaren Zwanges
v.	vom, von
VA(e)	Verwaltungsakt(e)
VBlBW	Verwaltungsblätter für Baden-Württemberg
VE/ME	Vorentwurf zur Änderung des Musterentwurfs eines einheitlichen Polizeigesetzes
VereinsG	Vereinsgesetz
Verf.	Verfasser, Verfassung
VerfGH	Verfassungsgerichtshof
VerfR	Verfassungsrecht
VerfSchG	Verfassungsschutzgesetz (der Länder)
Verh.	Verhandlungen
VerkBl., Vkbl.	Verkehrsblatt, Amtsblatt des Bundesministers für Verkehr
VerkMitt.	Verkehrsrechtliche Mitteilungen
VerkRR	Verkehrsrechtliche Rundschau
Veröff.	Veröffentlichungen
Vers.	Versicherung
VersammlG, VersG	Versammlungsgesetz
VerwArch	Verwaltungsarchiv
VerwarnVwV	Allgemeine Verwaltungsvorschrift für die Erteilung einer Verwarnung
VerwGebG	Verwaltungsgebührengesetz (der Länder)
VerwGebO	Verwaltungsgebührenordnung (der Länder)
VerwProzR	Verwaltungsprozeßrecht
VerwR	Verwaltungsrecht
VerwRspr	Verwaltungsrechtsprechung
VerwVerfR	Verwaltungsverfahrensrecht
VG	Verwaltungsgericht
VGH	Verwaltungsgerichtshof
VGHBW	Verwaltungsgerichtshof Baden-Württemberg
VGHE	Entscheidungen des VGH
vgl.	vergleiche
VglO	Vergleichsordnung
v. H.	vom Hundert
VO	Verordnung
VollzGLmR	Gesetz über den Vollzug des Lebensmittelsrechts
VOR	Zeitschrift für Verkehrs- und Ordnungswidrigkeitenrecht
Vorb.	Vorbemerkung
vorl.	vorliegend
VormG	Vormundschaftsgericht

VPr	Verwaltungspraxis
VRS	Verkehrsrechts-Sammlung
VVDStRL	Veröffentlichungen der Vereinigung der Deutschen Staatsrechtslehrer
VVG	Versicherungsvertragsgesetz
VwGO	Verwaltungsgerichtsordnung
VwGOKostO	Verwaltungsgerichtskostenordnung (der Länder)
VwKG	Verwaltungskostengesetz (der Länder)
VwVfG	Verwaltungsverfahrensgesetz (des Bundes bzw. der Länder)
VwVG	Verwaltungsvollstreckungsgesetz
VwVO	Verwaltungsvorschriften
VwZG	Verwaltungszustellungsgesetz
VwZVG	Verwaltungszustellungs- und Vollstreckungsgesetz (der Länder)
VZR	Verkehrszentralregister
w.	weitere
WaffG	Waffengesetz
wall.	wallisisch
WassG	Wassergesetz (der Länder)
WassHG	Wasserhaushaltsgesetz
WaStrG	Wasserstraßengesetz
WBO	Wehrbeschwerdeordnung
WDO	Wehrdisziplinarordnung
WiKG	Gesetz zur Bekämpfung der Wirtschaftskriminalität
WirtschR	Wirtschaftsrecht
wiss.	wissenschaftlich
WiStrG	Wirtschaftsstrafgesetz
WK	Wiener Konvention
WPflG	Wehrpflichtgesetz
WRV	Weimarer Reichsverfassung
WStG	Wehrstrafgesetz
ZA-NTS	Zusatzabkommen zum NATO-Truppenstatut
z. Änd.	zur Änderung
ZaöRV	Zeitschrift für ausländisches öffentliches Recht und Völkerrecht
ZAR	Zeitschrift für Ausländerrecht und Ausländerpolitik
z. B.	zum Beispiel
ZBR	Zeitschrift für Beamtenrecht
ZDG	Gesetz über den Zivildienst der Kriegsdienstverweigerer (Zivildienstgesetz)
ZEVIS	Zentrales Verkehrsinformationssystem
ZfP	Zeitschrift für Politik
ZfStrVo	Zeitschrift für Strafvollzug
ZGeschRW	Zeitschrift für geschichtliche Rechtswissenschaft
zit.	zitiert
ZNR	Zeitschrift für Neuere Rechtsgeschichte
ZöR	Zeitschrift für öffentliches Recht
ZParl	Zeitschrift für Parlamentsfragen
ZPO	Zivilprozeßordnung
ZPR	Zivilprozeßrecht
ZRP	Zeitschrift für Rechtspolitik
ZS	Zivilsenat
ZSchwR	Zeitschrift für Schweizerisches Recht
ZStaatsW	Zeitschrift für die gesamte Staatswissenschaft
ZStW	Zeitschrift für die gesamte Strafrechtswissenschaft
z. T.	zum Teil
Ztschr.	Zeitschrift
zul.	zuletzt
ZuSEG	Gesetz über die Entschädigung von Zeugen und Sachverständigen
zust.	zustimmend

Abkürzungsverzeichnis

ZustVO . . . . Zuständigkeitsverordnung
zutr. . . . . zutreffend
ZVG . . . . Gesetz über die Zwangsversteigerung und Zwangsverwaltung
ZVS . . . . Zeitschrift für Verkehrssicherheit
ZWehrR . . . . Zeitschrift für Wehrrecht
z. Z. . . . . zur Zeit
ZZP . . . . Zeitschrift für Zivilprozeß

Fundstellen der deutschen Polizeigesetze

I. Polizeigesetze des Bundes

BKAG
Gesetz über das Bundeskriminalamt und die Zusammenarbeit des Bundes und der Länder in kriminalpolizeilichen Angelegenheiten (Bundeskriminalamtgesetz – BKAG)
vom 7. Juli 1997 (BGBl. I S. 1650), zuletzt geändert durch Art. 10 Strafverfahrensänderungs G 1999 vom 2. August 2000 (BGBl. I S. 1253)

BGSG
Gesetz über den Bundesgrenzschutz (Bundesgrenzschutzgesetz – BGSG)
vom 19. Oktober 1994 (BGBl. I S. 2978), zuletzt geändert durch Art. 1 Haushaltssanierungs G vom 22. Dezember 1999 (BGBl. I S. 2534)

II. Landespolizeigesetze

BayPAG
Gesetz über die Aufgaben und Befugnisse der Bayerischen Staatlichen Polizei (Polizeiaufgabengesetz – PAG)
in der Fassung der Bekanntmachung vom 14. September 1990 (GVBl. S. 397), zuletzt geändert durch Gesetz vom 27. Dezember 1999 (GVBl. S. 541)

BbgPolG
Gesetz über Aufgaben und Befugnisse der Polizei im Land Brandenburg (Brandenburgisches Polizeigesetz – BbgPolG)
vom 19. März 1996 (GVBl. S. 74), zuletzt geändert durch Gesetz vom 19. Dezember 2000 (GVBl. S. 179)

ASOGBln
Allgemeines Gesetz zum Schutz der öffentlichen Sicherheit und Ordnung in Berlin (Allgemeines Sicherheits- und Ordnungsgesetz – ASOGBln)
vom 14. April 1992 (GVBl. S. 119), zuletzt geändert durch Gesetz vom 8. Dezember 2000 (GVBl. S. 515)

PolGBW
Polizeigesetz Baden-Württemberg
in der Fassung vom 13. Januar 1992 (GVBl. S. 1), zuletzt geändert durch Gesetz vom 19. Dezember 2000 (GVBl. S. 752)

BremPolG
Bremisches Polizeigesetz
vom 21. März 1983 (GVBl. S. 141), zuletzt geändert durch Gesetz vom 22. Dezember 1998 (GVBl. S. 361)

HbgSOG
Hamburgisches Gesetz zum Schutz der öffentlichen Sicherheit und Ordnung
vom 14. März 1966 (GVBl. S. 77), zuletzt geändert durch Gesetz vom 14. Juli 2000 (GVBl. S. 146)

Fundstellen

HSOG
Hessisches Gesetz über die öffentliche Sicherheit und Ordnung
in der Fassung vom 31. März 1994 (GVBl. S.174, ber. S. 284), zuletzt geändert durch Gesetz vom 22. Dezember 2000 (GVBl. S.577)

SOG M-V
Gesetz über die öffentliche Sicherheit und Ordnung in Mecklenburg-Vorpommern
in der Fassung vom 25. März 1998 (GVBl. S. 335), siehe aber auch Entscheidung des Landesverfassungsgerichts vom 21. Oktober 1999 (LKV 2000, 149)

NGefAG
Niedersächsisches Gefahrenabwehrgesetz (NGefAG)
in der Fassung vom 20. Februar 1998 (GVBl. S.101)

PolGNW
Polizeigesetz des Landes Nordrhein-Westfalen
in der Fassung der Bekanntmachung vom 24. Februar 1990 (GV. NW. S. 70), zuletzt geändert durch Art. 3 des Gesetzes zur Änderung des Datenschutzgesetzes vom 9. Mai 2000 (GV. NW. S. 452)

POG Rheinland-Pfalz
Polizei- und Ordnungsbehördengesetz (POG)
in der Fassung vom 10. November 1993 (GVBl. S. 595), zuletzt geändert durch Gesetz vom 6. Februar 2001 (GVBl. S. 29)

SPolG
Saarländisches Polizeigesetz
Gesetz Nr. 1252 zur Neuordnung des Saarländischen Polizeirechts vom 8. November 1989 (ABl. S. 1750), zuletzt geändert durch Gesetz Nr. 1452 vom 25. Oktober 2000 (ABl. 2001 S. 146)

SächsPolG
Sächsisches Polizeigesetz
in der Fassung vom 15. August 1994 (GVBl. S. 929), zuletzt geändert durch Gesetz vom 21. Juni 1999 (GVBl. S. 330), Bekanntgabe am 13. August 1999 (GVBl. S. 466)

SOG LSA
Gesetz über die öffentliche Sicherheit und Ordnung des Landes Sachsen-Anhalt
in der Neufassung vom 1. Januar 1996 (GVBl. S. 2), zuletzt geändert durch Gesetz vom 20. Juli 2000 (GVBl. S. 444)

LVwG SH
Allgemeines Verwaltungsgesetz für das Land Schleswig-Holstein (Landesverwaltungsgesetz – LVwG)
in der Fassung vom 30. Januar 1992 (GVOBl. S. 243), zuletzt geändert durch Gesetz vom 11. Dezember 1998 (GVOBl. S. 370)

ThürOBG
Thüringer Gesetz über die Aufgaben und Befugnisse der Ordnungsbehörden (Ordnungsbehördengesetz – OBG)
vom 18. Juni 1993 (GVBl. S. 323)

ThürPAG
Thüringer Gesetz über die Aufgaben und Befugnisse der Polizei (Polizeiaufgabengesetz – PAG)
vom 4. Juni 1992 (GVBl. S.199), zuletzt geändert durch Gesetz vom 27. Juli 1999 (GVBl. S. 454)

A. Geschichte der Polizei in Deutschland

Übersicht

Schrifttum: *Hans Boldt,* Deutsche Verfassungsgeschichte, 2 Bde., 1994, 1993; *Georg Brunner,* Die Verwaltung in der SBZ und DDR. Die Deutsche Volkspolizei, DVWG V, S. 1264; *Heiner Busch* u. a., Die Polizei in der Bundesrepublik, 1985; *Albrecht Funk,* Polizei und Rechtsstaat. Die Entwicklung des staatlichen Gewaltmonopols in Preußen 1848–1914, 1986; *F. X. Funk,* Die Auffassung des Begriffs der Polizei im vorigen Jahrhundert, ZStaatsW 19 (1863), 480 und 20 (1864), 320 (zit.: ZStaatsW); *Volkmar Götz,* Die Sorge für die öffentliche Sicherheit und Ordnung, DVWG, V, S. 426 ff.; *ders.,* Allgemeines Polizei- und Ordnungsrecht, 10. Aufl., 1991; *ders.,* Polizei und Polizeirecht, DVWG III, S. 397, 1017; *Christoph Graf,* Politische Polizei zwischen Demokratie und Diktatur, 1983; *Klaus von der Groeben,* Die Erfüllung von allgemeinen und besonderen polizeilichen Aufgaben, DVWG IV, S. 435; *Karl Härter* (Hrsg.), Policey und frühneuzeitliche Gesellschaft, 2000; *Robert Harnischmacher/Arved Semerak,* Deutsche Polizeigeschichte. Eine allgemeine Einführung in die Grundlagen, 1986; *Franz-Ludwig Knemeyer,* Artikel „Polizei", in: Geschichtliche Grundbegriffe. Historisches Lexikon zur politisch-sozialen Sprache in Deutschland, hrsg. v. Otto Brunner u. a., Bd. 4, 1978, S. 875 (zit.: „Polizei"); *ders.,* Polizeibegriffe in Gesetzen des 15. bis 18. Jahrhunderts, AöR 92 (1963), 153; *Hans Jürgen Lange* (Hrsg.), Staat, Demokratie und Innere Sicherheit in Deutschland, 2000; *Peter Leßmann,* Die preußische Schutzpolizei in der Weimarer Republik. Streifendienst und Straßenkampf, 1989; *Hans Maier,* Die ältere deutsche Staats- und Verwaltungslehre (Polizeiwissenschaft), 2. Aufl. 1980; *Peter Nitschke,* Von der Politeia zur Polizei. Ein Beitrag zur Entwicklungsgeschichte des Polizei-Begriffs und seiner herrschaftspolitischen Dimensionen von der Antike bis ins 19. Jahrhundert, ZfHF, 19 (1992), S. 1; *ders.* (Hrsg.), Die deutsche Polizei und ihre Geschichte, 1996; *Hans-Hugo Pioch,* Das Polizeirecht einschließlich der Polizeiorganisation, 2. Aufl. 1952; *Peter Preu,* Polizeibegriff und Staatszwecklehre. Die Entwicklung des Polizeibegriffs durch die Rechts- und Staatswissenschaften des 18. Jahrhunderts, 1983; *Ernst Rasch,* Allgemeines Polizei- und Ordnungsrecht, 2. Aufl. 1982 (M. von Brauchitsch, Verwaltungsgesetze des Bundes und der Länder Bd. III, 1); *Udo Reifner/Bernd-Rüdiger Sonnen,* Strafjustiz und Polizei im Dritten Reich, 1984; *Wolfgang Rüfner,* Die Verwaltungstätigkeit unter Restauration und Konstitution: Allgemeine innere Verwaltung, insbesondere Polizei, DVWG II, S. 470; *Reiner Schulze,* Policey und Gesetzgebungslehre im 18. Jahrhundert, 1982; *Hans-Harald Scupin,* Die Entwicklung des Polizeibegriffs und seine Verwendung in den neuen deutschen Polizeigesetzen, jur. Diss. Marburg 1970; *Wolfram Siemann,* „Deutschlands Ruhe, Sicherheit und Ordnung". Die Anfänge der politischen Polizei 1806–1866, 1985; *Michael Stolleis,* Geschichte des öffentlichen Rechts in Deutschland, 3 Bde., 1988, 1992, 1999; *Georg Christoph von Unruh,* Polizei, Polizeiwissenschaften und Kriminalistik, DVWG I, S. 388; *Bernd Wehner,* Dem Täter auf der Spur. Die Geschichte der deutschen Kriminalpolizei, 1983; *Falco Werkentin,* Die Restauration der deutschen Polizei. Innere Rüstung von 1945 bis zur Notstandsgesetzgebung, 1984.

I. Die Polizei im frühmodernen Staat (15. bis 18. Jahrhundert)

1. „Policey“ und Polizeiordnungen im 15. und 16. Jahrhundert

1 Polizeiliche Tätigkeit wie Verbrechensverfolgung, Schutz von Märkten und Straßen oder die Aufrechterhaltung von Sicherheit und Ordnung überhaupt hat es schon immer gegeben, solange sich Menschen in größeren Gesellschaften zusammenfanden. Nicht immer gab es dagegen besondere Träger der Polizeigewalt. Das Auftreten römischer Ädile, französischer Gendarmen oder preußischer Schutzmänner setzt vielmehr eine arbeitsteilig organisierte Gesellschaft mit hoheitlichen Funktionsträgern, einen Staat im weiteren Sinne, voraus, wie wir ihn erst von einem bestimmten Entwicklungsstand an vorfinden. Doch nicht nur die Entstehung der **Polizei,** sondern auch ihre Entwicklung, ja sogar das, was man unter diesem Begriff verstand, ist **historisch bedingt** und vom Wandel der Staaten und ihrer Verfassungen, von der Veränderung des Staatszwecks abhängig gewesen.[1] Die **Polizeigeschichte** kennt daher **keinen eindeutigen Polizeibegriff.**[2] Zwar ließe sich eine Geschichte der Polizei im modernen Verständnis schreiben, indem man nur das, was man heute darunter versteht, in seiner Entstehung zurückverfolgt, doch würde man dann darauf verzichten, was eine Polizeigeschichte gerade für die Gegenwart bedeutsam macht: auf die Konfrontation mit andersartigen Polizeivorstellungen und anderen historischen Formen von Polizei, aus der heraus erst die moderne Sichtweise in ihrer Eigenart verständlich und zugleich im besten Sinne „fragwürdig“ wird. Es soll daher im folgenden die ganze Breite dessen, was früher unter Polizei verstanden wurde, und die allmähliche Entwicklung zur Polizei im heutigen Sinne dargestellt werden.

2 Übereinstimmend mit einer schon im 18. Jahrhundert vertretenen These, wonach es Aufgabe der Polizei sei, die durch „Zusammenrücken“ (das heißt die allmähliche Bevölkerungsverdichtung) und „Trennen“ (das heißt durch Arbeitsteilung) entstandenen Unbequemlichkeiten des gesellschaftlichen Zusammenlebens zu beseitigen,[3] wird die Polizei als spezifisches Ordnungsphänomen in Deutschland, wie anderswo auch, erst mit dem Aufkommen und der Entwicklung der Städte im Laufe des Mittelalters greifbar. Die immer wieder betonte **Stadtbezogenheit der Polizei**[4] erklärt sich aus den vielen neuen Aufgaben wie Marktregulierung, Reinhaltung der Straßen, Bauaufsicht, Feuerschutz, Innehaltung der Nachtruhe,[5] die das verdichtete Wohnen und eine auf ständige Kommunikation angewiesene Lebensweise in den Städten mit sich brachte. Die ältesten polizeilichen Ordnungsvorschriften, die wir kennen, sind daher städtischer Herkunft.[6] Sie wurden erlassen vom städtischen Magistrat, der sich bei seiner polizeilichen Tätigkeit einer Reihe von Helfern, „Stadtknechten“, „Bütteln“ und „Häschern“, bediente.[7]

3 Doch hatte sich mit der immer unerträglicher werdenden Unsicherheit der Straßen in jener Zeit des aufblühenden Handels auch auf dem **Land** ein polizeiliches Ordnungsproblem ergeben, das man ebenfalls bereits im späten Mittelalter mit fürstlichen Landesordnungen, mit Landfriedensgeboten und einem vermehrten Einsatz „reisiger Knechte“ in den Griff zu bekommen suchte.[8] Daher kann man ausgangs des Mittelalters ganz allgemein von einer **neuartigen Ordnungsproblematik** sprechen, die oft auf den Verfall der überkommenen Lebensverhältnisse zurückgeführt wird, die aber mehr noch mit der Her-

---

[1] Vgl. *Kurt Wolzendorff,* Der Polizeigedanke des modernen Staats, 1918; *Peter Preu,* Polizeibegriff und Staatszwecklehre, 1983; s. auch *Karl Härter* (Hrsg.), Policey und frühneuzeitliche Gesellschaft, 2000.

[2] *Knemeyer,* „Polizei“, S. 875.

[3] *August Ludwig Schlözer,* Allgemeines Staatsrecht und Staatsverfassungslehre, Göttingen 1793, S. 25.

[4] *Funk* ZStaatsW (1863), 493; *Preu* S. 31 f.

[5] DVWG I S. 122 f., 405 ff.

[6] *Maier* S. 78 f., *ders.,* DVWG I S. 389.

[7] DVWG I S. 400.

[8] DVWG I S. 391, 395, 401.

aufkunft neuer städtischer Lebensformen zusammenhängt.[9] Die Polizei ist weniger eine aus dem Zusammenbruch alter als aus dem Aufkommen neuer, gesellschaftlich komplexer Verhältnisse resultierende Erscheinung.

Daß sie vor einer neuen Ordnungsproblematik standen, dessen waren sich auch die Zeitgenossen bewußt. Nicht von ungefähr kam damals im 15. Jahrhundert dafür auch ein neuer Begriff auf, die **„Polizei"**.[10] Das Wort ist offenbar dem Vokabular der seinerzeit hochmodernen burgundischen Verwaltung entlehnt worden, doch bezeichnete man mit „Policey", „Pollitzey" oder „Polluzey" und ähnlichen Ausdrücken zunächst nicht eine Behörde oder deren Tätigkeit, sondern einen **Zustand,** nämlich den der **„guten Ordnung eines Gemeinwesens"**. So hieß es schon 1464 in einem kaiserlichen Privileg für die Stadt Nürnberg, daß sie „pollitzey und regirung... in allen Sachen ordnen, setzen und fürnemen" solle. Über Würzburg wurde 1467 gesagt, daß „dise stat mit vil loblichen polliceyen und guten ordnunge versehen" sei. Auch im 16. und 17. Jahrhundert wurden zahlreiche Vorschriften zur „Erhaltung guter Policey" erlassen, und noch 1745 definierte einer der ersten Polizeiwissenschaftler, *Justus Christoph Dithmar,* „Policey" einfach als den Zustand „guter Ordnung und Verfassung der Personen und Sachen eines Staats".[11] 4

Die **Ordnungsidee,** von der man sich damals hat leiten lassen, war zunächst durchaus **traditionell** geprägt. Das zeigen die vielen **Polizeiordnungen** des Reichs, der Länder und Städte, die ein gottgefälliges Leben sichern wollten und daher Gotteslästerung, Fluchen und Völlerei, allzu aufwendigen Luxus bei Festen, Kuppelei, Konkubinat und Ehebruch mit Strafe bedrohten. Andere Bestimmungen schärften die überkommene Standesordnung ein, ordneten an, welche Tracht jemand tragen durfte und wie sich das Gesinde gegenüber der Herrschaft oder Gesellen gegenüber ihren Meistern zu verhalten hatten. Wieder andere Vorschriften waren gegen den Mißbrauch von Handel und Gewerbe gerichtet, gegen Wucher und das Verfälschen von Lebensmitteln oder das Betrügen mit falschen Maßen und Gewichten. Auch vieles von dem, was man heute dem Privatrecht zuordnen würde, wurde in Polizeiordnungen geregelt. Neben der Bücherzensur und Maßnahmen gegen landschädliche Leute und Landfriedensbruch sowie gegen die Bettelei standen zum Beispiel Regelungen von Vormundschafts- und Erbschaftssachen.[12] Ganz generell zeigte sich die Obrigkeit darum bemüht, die Einhaltung der guten alten Ordnung oder, wie man auch sagte, eine „christliche Polizei"[13] zu gewährleisten. Und es gab dabei weniges wie das Münzwesen, die auswärtigen Belange, das Militär, die staatliche Grundverfassung oder die Finanzen, was nicht der „Polizei" zugerechnet wurde und deshalb auch nicht ihren Regelungen unterlag.[14] 5

Das, was man zur „Polizei" zählte, war nicht eigentlich sachgebietsmäßig bestimmt; die oben genannten Aufzählungen besaßen eher illustrativen Charakter, stellten in der Regel keine abschließende Enumeration dar. Die „Polizei" erstreckte sich vielmehr auf all das, was in einer sich wandelnden, unsicheren Zeit **ordnungsbedürftig** wurde; der Bereich des Polizeilichen war insofern schon damals eher funktionell als bereichsmäßig bestimmt. So wurden zum Beispiel Polizei und geistliche Angelegenheiten grundsätzlich voneinander geschieden, aber die äußere Ordnung kirchlicher Angelegenheiten wie auch das ursprünglich der Kirche zugeordnete Schulwesen konnten durchaus Angelegenheiten der „Polizei" werden.[15] 6

---

[9] Vgl. *Maier* S. 63 ff.; s. allgemein zur Entwicklung auch *Stolleis* S. 394 ff.

[10] *Knemeyer,* „Polizei", S. 875.

[11] Nachw. bei *Knemeyer,* „Polizei", S. 878 f.; *ders.* AöR 92 (1963), 153 ff. und DVWG I S. 389 f.

[12] *Preu* S. 16 f. und DVWG I S. 392 ff.; s. auch *Gustav Klemens Schmelzeisen* (Hrsg.), Polizei- und Landesordnungen, 2 Bde., 1968/69 sowie *ders.,* Polizeiordnungen und Privatrecht, 1955. Zur Ordnungsidee der „Polizei" s. auch *Peter Nitschke,* Die Polizierung aller Lebensbereiche: Sozialdisziplinierung und ihre polizeilichen Implikationen in der Prämoderne, in: Nitschke (Hrsg.), S. 27 ff.

[13] *Knemeyer,* „Polizei", S. 878.

[14] *Preu* S. 21 f.; *Knemeyer* AöR 92 (1963), 168 ff.

[15] *Harnischmacher* S. 3; *Preu* S. 43 Anm. 38.

7 Da das, was ordnungsbedürftig ist, sich mit der Zeit ändert, blieb der **Bereich der Polizei** grundsätzlich **unbestimmt.** Zusammen mit dem permanenten Anwachsen der polizeilichen Regelungen führte das bald zu Klagen.[16] Andererseits haben die vielen Regelungen offenbar nur mäßige Beachtung gefunden, wie die spöttische Bemerkung des Hallenser Rechtsgelehrten *Christian Thomasius* im Jahr 1717 zeigt, wonach „Policey-Ordnungen von niemand als von den Kirchthüren und anderen Örtern, darin sie wegen der Publikation angeschlagen und feste gemacht werden, gehalten" würden.[17]

8 **Grenzen der polizeilichen Tätigkeit** gab es nur insofern, als die sogenannten **iura quaesita,** die „wohlerworbenen", das heißt auf einem speziellen Rechtstitel fußenden Rechte der Untertanen, der Privatleute und der überkommenen mittelalterlichen Korporationen im dualistisch aufgebauten Ständestaat der frühen Neuzeit[18] einen eigenen (Herrschafts-)Bereich bildeten, in den ein Fürst nicht einfach eingreifen durfte. Gegen solche Eingriffe war vielmehr gerichtliche Gegenwehr möglich.[19]

9 Da es bei der „Polizei" im älteren Sinne um die zu erhaltende öffentliche Ordnung ging, äußerte sich die darauf gerichtete staatliche Tätigkeit in erster Linie in Form der **Gesetzgebung.** Als „Polizei" wurde deshalb gelegentlich auch das Gesetz selbst, das eine bestimmte polizeiliche Ordnung vorschrieb, bezeichnet.[20] Nicht dagegen wurden die mit der Durchführung solcher Anordnungen betrauten Personen, die Amtsleute und Stadtdiener, damals schon so genannt.[21] Auf sie ist der Begriff vielmehr erst später angewandt worden.

10 **Polizeiordnungen** gab es zunächst in den Städten und in den Territorien des Reichs. Regelungen polizeilichen Inhalts tauchten schon vor dem 16. Jahrhundert auf. Seit der Reichsreform des *Kaisers Maximilian* und der Verkündigung des Ewigen Landfriedens auf dem Wormser Reichstag von 1495 sowie der dazu gehörenden Ausführungsverordnung über die „Handhabung Friedens und Rechts"[22] trat jedoch auch das Heilige Römische Reich als Träger der Polizeigewalt in Erscheinung. In drei großen **Reichspolizeiordnungen** von 1530, 1548 und 1577 versuchte es, die neue Materie gesetzgeberisch zu bewältigen.[23] Dabei wurde den Landesfürsten zunächst untersagt, eigenmächtig über die Reichsregelungen hinauszugehen (sogenanntes Mehrungsverbot). Doch fehlte dem Reich trotz der neu eingerichteten Reichskreise, die mit einer Reihe von Ordnungsaufgaben betraut worden waren, ein eigenständiger Apparat, mit dem es seine Anordnungen hätte durchsetzen können. So blieb die Festlegung polizeilicher Zustände in Deutschland nach wie vor im wesentlichen eine Aufgabe der fürstlichen Territorialherren. Neben der **„niederen Polizei"**, die von den Städten und den Grundherren auf dem Lande noch lange bis ins 19. Jahrhundert ausgeübt wurde,[24] ist es vor allem die Tätigkeit der **Landesherren** gewesen, die das, was man künftig unter „Polizei" verstand, bestimmt hat.

2. Polizei und Polizeiwissenschaft im Zeitalter des Absolutismus (17. und 18. Jahrhundert)

11 Die Fülle der polizeilichen Vorschriften des Ständestaats wurde noch überboten von den Polizeireglements im Zeitalter des **Absolutismus.**[25] Dabei kam es zu einer bedeutsa-

---

[16] Beispiele bei *Knemeyer* AöR 92 (1963), 155, 170.

[17] DVWG I S. 397.

[18] Dazu *Boldt,* Bd. 1, S. 178 ff.

[19] *Preu* S. 47 ff., *Hans-Uwe Erichsen,* Verfassungs- und verwaltungsrechtsgeschichtliche Grundlagen der Lehre vom fehlerhaften belastenden Verwaltungsakt und seiner Aufhebung im Prozeß, 1971, S. 42 ff.

[20] *Knemeyer,* „Polizei", S. 879 f. Zum Verhältnis von Polizei und Gesetzgebungslehre vgl. die gleichnamige Schrift von *Schulze.*

[21] *Knemeyer* AöR 92 (1963), 162.

[22] *Boldt,* Bd. 1, S. 256 f.

[23] DVWG I S. 393 f.

[24] *Preu* S. 51 ff.

[25] *Boldt,* Bd. 1, S. 224 ff.; *Karl Härter* (Hrsg.), Policey und frühneuzeitliche Gesellschaft, 2000; *Reiner Schulze,* Die Polizeigesetzgebung zur Wirtschafts- und Arbeitsordnung der Mark Brandenburg in der frühen Neuzeit, 1978; s. auch die Nachweise von Spezialliteratur bei *Nitschke* ZfHF 19 (1992), 19 ff.

men Erweiterung und Veränderung des Polizeibegriffs. Sie stand im Zusammenhang mit der Zunahme der staatlichen Tätigkeit nach dem Dreißigjährigen Krieg. Galt es nun doch, die zerstörten Lande wieder herzurichten, sie zu „peuplieren", das heißt, die Bevölkerung zu mehren, die Wirtschaft zu beleben, für die Armen zu sorgen, Bildung und Arbeitsmoral zu heben sowie Maßnahmen für die künftige Sicherheit des Staates und seiner Bürger zu treffen. Eine „gute Ordnung" war unter diesen Umständen nicht mehr das, was erhalten werden sollte, sondern was vom Staat **gestaltet** werden mußte. Dementsprechend meinte „Polizei" nun nicht mehr den Zustand einer in erster Linie moralischen Ordnung, in der die Bürger angewiesen waren, ein ehrbares und gottgefälliges Leben zu führen, sondern eine vom Staat herzustellende materielle Lage, die seinen und der Untertanen Wohlstand sicherte.[26] In den Vordergrund polizeilicher Fürsorge traten **Bevölkerungsfragen** und die **Ökonomie:** die Förderung der Gewerbe, des Verkehrs, später auch der Landwirtschaft, der Jagd und Fischerei, des Bergbaus, aber auch des Bildungswesens und der Künste.[27] Im Zeitalter des **Merkantilismus,** einer auf den Reichtum des Staates bedachten Handels- und Wirtschaftspolitik, erhielt der **Polizeibegriff** zusehends **ökonomische Züge,** wurde er nahezu allumfassend.[28] Tendenziell begann er die **gesamte innere Verwaltung** eines Staates zu umspannen.[29]

In dem Maße, in dem sich die polizeiliche Tätigkeit auf alle Lebensbereiche der Bürger **12**
erstreckte, wurden auch der **Eigenbereich der Stände** dem staatlichen Zugriff unterworfen und ihre Mitwirkung an staatlichen Maßnahmen zurückgedrängt. Das zeigte sich erstens daran, daß der Erlaß von Polizeiordnungen jetzt anders als früher ohne das Einverständnis der Stände erfolgte.[30] Zweitens begann die staatliche Tätigkeit in den lokalen Bereich einzugreifen. So wurde 1742 nach Pariser Vorbild in Berlin und später auch in anderen Großstädten eine staatliche Polizeiverwaltung eingerichtet, um den dortigen Gefährdungen der öffentlichen Ordnung zu begegnen.[31] Dies wiederum führte zu einer bemerkenswerten **Ausweitung des Polizeibegriffs.** Da die sicherheitspolizeiliche Aufgabe in den Großstädten „Polizeidirektoren" übertragen wurde, die ihre Tätigkeit mit Hilfe von „Polizeikommissaren" für einzelne Polizeibezirke ausübten, begann man nun unter „Polizei" auch bestimmte Personen und Behörden zu verstehen. Zur älteren Ordnungsvorstellung von Polizei trat ein moderner **institutioneller Polizeibegriff** hinzu. Mit dem Auftreten dieser „Polizei in specie" zeichneten sich die ersten Ansätze für ein neues Polizeiverständnis ab.[32]

Die Ausweitung der staatlichen Polizei in den städtischen Bereich ging Hand in Hand **13**
mit einer Ablösung der herkömmlichen gerichtlichen Kontrolle polizeilicher Anordnungen, mit der sogenannten **„Trennung von Polizei und Justiz".** Das war eine dritte antiständische Maßnahme des Absolutismus. Streitigkeiten über sogenannte **Polizeisachen,** das heißt das Gemeinwohl (salus publica) betreffende Angelegenheiten, wurden den überkommenen, ständisch zusammengesetzten Justizkollegien entzogen und neu eingerichteten staatlichen Behörden (zum Teil auch der städtischen Obrigkeit bzw. den königlichen Polizeidirektoren) zur Aburteilung in einem verkürzten summarischen Prozeß übertragen. Die alten Justizkollegien blieben dagegen auf die Erledigung herkömmlicher („privater") Rechtsstreitigkeiten beschränkt. Mit der Herausnahme der Polizeisachen aus der justiziellen Zuständigkeit wurde zugleich die Appellation gegen Übergriffe der fürstlichen Obrigkeit an die Reichsgerichte unterbunden.[33]

---

[26] *Preu* S. 17 f.; *Funk* ZStaatsW 1863, S. 406; *Knemeyer* AöR 95 (1963), 179.

[27] Vgl. z. B. *Josias Ludwig Gosch,* Philosophische Aphorismen über Staatswirtschaft, Kopenhagen 1789, S. 92; *Knemeyer,* „Polizei", S. 886.

[28] Dazu im Gegensatz zur älteren Literatur *Preu* S. 7; *Knemeyer* AöR 92 (1963), 165 f.

[29] So etwa bei *Johann Christian Majer,* Teutsches weltliches Staatsrecht, Bd. 1, Leipzig 1775, S. 102; *Knemeyer,* „Polizei", S. 885.

[30] DVWG I S. 397 f.

[31] DVWG I S. 402.

[32] *Knemeyer* AöR 92 (1963), 163 ff.; *ders.,* „Polizei", S. 887.

[33] *Preu* S. 59 ff.; *Knemeyer* AöR 92 (1963), 171 ff. und DVWG I S. 403 f.; *Erichsen* (o. Fußn. 19), S. 64 ff.

14 Seine Rechtsgrundlage fand dieses Ausgreifen der landesfürstlichen Gewalt im **„ius politiae"**, das heißt im fürstlichen Vorrecht, Anordnungen zur Förderung des Gemeinwohls zu treffen, das den Territorialherren seit dem Westfälischen Frieden von 1648 allgemein zuerkannt worden war. Was zunächst eher eine Befugnis zur Regelung neuer, rechtlich bis dahin nicht erfaßter Verhältnisse darstellte, wurde mit der Zurückdrängung gerichtlicher Kontrolle zu einem Mittel, mit dem unter der Devise „salus publica suprema lex esto" in traditionelle Rechtspositionen eingegriffen und eine **neue polizeiliche Ordnung** an die Stelle der alten ständischen gesetzt wurde.[34] Dabei blieb bemerkenswerterweise das, was „Polizeisache" im Gegensatz zur „Justizsache" war, auch weiterhin weitgehend unbestimmt.[35] Das führte gerade im 18. Jahrhundert zu vermehrten Klagen über die mit den staatlichen Eingriffen verbundene rechtliche Unsicherheit (vgl. Rdn. 7).

15 Unterstützt und entfaltet wurde das neue Polizeiverständnis von einer im 18. Jahrhundert aufblühenden Polizeiwissenschaft; von ihr gingen bald auch Impulse auf die Praxis aus, wie die Wirkung der Lehren des Wiener Polizeiwissenschaftlers *Joseph von Sonnenfels* auf die Reorganisation des österreichischen Polizeiwesens am Ende des 18. Jahrhunderts zeigt.[36] **Gegenstand wissenschaftlicher Betrachtung** ist die Polizei bereits im 16. Jahrhundert gewesen; schon 1530 veröffentlichte der Rostocker Stadtsyndikus *Johannes Oldendorp* „Ratschläge, wie man gute Polizei und Ordnung in Städten und Landen erhalten möge". Die in den Regierungs- und Verwaltungslehren des 16. und 17. Jahrhunderts, den sogenannten **Regimentstraktaten,** über die Polizei geäußerten Ansichten entsprachen dabei zunächst den frühen Polizeiordnungen mit ihren am ständischen Leben orientierten Vorstellungen.[37] Auffällig war jedoch auch hier die allmähliche Ausdehnung des der Polizei zugerechneten Bereichs auf die **gesamte innere Verwaltung,** das Kirchen- und Erziehungswesen eingeschlossen, wozu offenbar die Orientierung der älteren Staatswissenschaftler an der „Politik" des *Aristoteles* beitrug. Ging man nämlich von der bis weit in das 18. Jahrhundert hinein maßgebenden **aristotelischen Staatslehre** aus, dann lag es nahe, „Polizei" im Sinne ihres griechischen Stammworts „politeia" zu verstehen, das bei Aristoteles zur Bezeichnung der Staatsverfassung schlechthin diente. Zum anderen rückte die Beschäftigung mit der aristotelischen Politik den dort formulierten **Staatszweck,** das „bene vivere" oder die Besorgung der Glückseligkeit (Eudaimonie) der Bürger, in den Mittelpunkt der Reflektion auch über polizeiliche Fragen.[38]

16 Die von den Aristotelikern für den frühmodernen Staat entwickelten Ansichten sind zu Beginn des 18. Jahrhunderts in Deutschland von der **Naturrechtsphilosophie** aufgegriffen und systematisiert worden. Als Ausgangspunkt der Staatskonstruktion diente dabei die für eine ganze Generation maßgebliche Bestimmung des Staatszwecks durch den Philosophen *Christian Wolff,* die „Beförderung der gemeinen Wohlfahrt und Erhaltung der Sicherheit".[39] Sie stellte nach *Wolff* die Voraussetzung dafür dar, daß die Bürger dem natürlichen Endzweck ihres Lebens, sich selbst zu vervollkommnen, sinnvoll nachstreben konnten. Daraus leitete sich eine Polizeivorstellung ab, die – dem Verständnis der Zeit folgend – gerade nicht die Sicherheit des Staates und seiner Untertanen zum Ziele hatte, sondern ihre **„Wohlfahrt"**. Der Polizei kam es nach diesem philosophischen Ansatz zu, die positiven Voraussetzungen für die Vervollkommnung der Menschen zu schaffen, das heißt zur Bewältigung der **Notdurft** (necessitas) des Lebens, zu seiner **Bequemlichkeit** (commoditas) und zur **Annehmlichkeit** (iucunditas) beizutragen.[40] Polizeidefinitionen dieser und ähnlicher Art findet man im 18. Jahrhundert allenthalben. So heißt es in

---

[34] DVWG I S. 397 ff.; *Preu* S. 39 ff.

[35] *Erichsen* (o. Fußn. 19), S. 73 ff.; *Preu* S. 47ff., 68 ff., 90.

[36] *Preu* S. 157.

[37] *Maier* S. 105 ff.; *Preu* S. 23 ff.; *Schulze* S. 37 ff. sowie *Stolleis*, Bd. 1, S. 345 ff.

[38] *Maier* S. 98 ff.; *Preu* S. 26 ff.; zum Verhältnis von „Politeia" und „Polizei" vgl. *Nitschke,* ZfHF 19 (1992), 1 ff.

[39] *Christian Wolff,* Vernünfftige Gedanken von dem Gesellschaftlichen Leben der Menschen und insonderheit dem gemeinen Wesen, 1. Aufl. Frankfurt a. M.–Leipzig 1721; 4. Aufl. 1736, §§ 214 ff.; *Preu* S. 108 f.

[40] So bei dem Wolff-Schüler *Daniel Nettelbladt;* vgl. *Preu* S. 138.

einem Lexikon um die Mitte des Jahrhunderts, die Polizei sei „eine Einrichtung, damit die Untertanen gute Nahrung und Bequemlichkeit haben mögen, und insofern ist sie von dem Justiz-, Staats- und Kriegswesen unterschieden, denn dieses hat die Sicherheit, die Polizei aber die Bequemlichkeit zum Zweck".[41] An anderer Stelle wurde formuliert:

„Polizei (sei) eine Anordnung alles desjenigen, was zur Notwendigkeit und Bequemlichkeit des Lebens, zum Wohlstande, zur Zierde, zur Reinlichkeit, guten Ordnung und Erhaltung des Staates gehört."[42]

Etwas anders als die Aristoteliker und die Naturrechtler haben zur gleichen Zeit die **Kameralisten** die Aufgabe der Polizei interpretiert. Für sie, die Vertreter einer modernen, auf Mehrung der Staatseinkünfte (der fürstlichen Kasse oder „Kammer") zielenden Staatswirtschaftslehre, stand weniger die Wohlfahrt der Bürger als der Reichtum des Staates im Zentrum der Überlegungen. Für eine „wohleingerichtete Polizei" zu sorgen, war daher in erster Linie im **Staatsinteresse** wichtig. So sollte „der Untertanen Land- und Stadtwirtschaft durch eine gute Polizei befördert werden", damit mehr Steuern in die Staatskasse flössen.[43] Durch ihre Förderung des Wirtschaftslebens „säe" die Polizei, was der Kameralist später in Form von Steuereinkünften „ernte".[44] Zwar ging es auch den Kameralisten bei der Polizei noch immer um eine, wenn nunmehr auch stark ökonomisch definierte „gute Ordnung" des bürgerlichen Lebens, doch dies vorzugsweise, um das staatliche „Finanzien-Gebäude" zu sichern. Ganz offensichtlich tat sich damit in der Wohlfahrtsphilosophie jener Zeit ein **Spannungsverhältnis** zwischen dem **„Gemeinwohl"**, insofern es die Förderung des Wohlstands aller Bürger meinte, und seinem Verständnis als **„Staatswohl"** auf. Beide Sichtweisen ließen sich zwar bis zu einem gewissen Grade miteinander vermitteln, weil man das eine als Voraussetzung für das andere betrachten konnte, doch ist es unverkennbar, daß in der Praxis die eine Zielvorstellung die andere oft beeinträchtigte und das Wohl der Untertanen dann zurücktreten mußte, wenn es das Wohl des Staates erforderte. 17

Ebendieses Spannungsverhältnis zwischen Staatswohl und Bürgerglück findet sich auch in der **Polizeiwissenschaft** jener Zeit. Von ihr war erstmals die Rede, nachdem der preußische *König Friedrich Wilhelm I.* 1727 an den Universitäten in Halle und Frankfurt an der Oder Lehrstühle für „Ökonomische-, Policey- und Cameralwissenschaft" hatte errichten lassen.[45] Erschien die Polizeiwissenschaft hier zunächst noch im Verbund mit einer allgemeinen Wirtschafts- und Finanzwissenschaft, so erhielt sie bald darauf eine selbständige Gestalt durch *Johann Heinrich Gottlob von Justi,* der sie in seinen 1756 erschienenen „Grundsätzen der Policey-Wissenschaft" von den anderen Staatswissenschaften abgrenzte und systematisch aus dem Staatszweck der „Beförderung der gemeinschaftlichen Glückseligkeit" entwickelte.[46] *Justi* ist das im Begriff des Gemeinwohls liegende Spannungsverhältnis dabei durchaus bewußt gewesen, wenn er die Aufgabe der Polizeiwissenschaft dahin gehend bestimmte, 18

„die inneren Verfassungen eines Staats solcher Gestalt einzurichten, daß die Wohlfahrt der einzelnen Familien mit dem allgemein Besten beständig in einer genauen Verbindung und Zusammenhang sich befindet".[47]

Im übrigen finden wir bei *Justi* all das, was die Kameralisten für die Voraussetzung einer guten polizeilichen Ordnung hielten: die Vermehrung der Bevölkerung, die Pflege von Landwirtschaft, Bergbau und Forsten, die Förderung der Gewerbe und die Heranbildung der Untertanen zu tüchtigen Bürgern.

---

41 *Knemeyer,* „Polizei", S. 885.

42 *Preu* S. 128 m. w. Nachw.

43 So *Chomels* „Ökonomisch-physikalisches Lexikon" von 1750; vgl. *Preu* S. 55 Anm. 5.

44 So *Johann Heinrich von Justi* in der Vorrede zu seinen „Grundsätzen der Policey-Wissenschaft", 2. Aufl. 1959, S. 5; vgl. *Preu* S. 156 sowie *Funk* ZStaatsW 1864, 357.

45 *Maier* S. 177; Überblick bei *Stolleis,* Bd. 1, S. 366 ff. und *Schulze* S. 60 ff., 79 ff..

46 *Maier* S. 181 ff.; *Preu* S. 149 ff.; *Schulze* S. 87 ff.; DVWG I S. 416 ff.

47 *Johann Heinrich von Justi,* Die Grundfeste zu der Macht und Glückseligkeit der Staaten; oder ausführliche Vorstellung der gesamten Policey-Wissenschaft, Bd. 1, Königsberg–Leipzig 1760, § 3.

19 Mit *Justi* und seinem Nachfolger an der Wiener Universität, *Sonnenfels,* begann jene bis weit in das 19. Jahrhundert hineinreichende **Tradition der Polizeiwissenschaft,** der es um die Herstellung einer Wohlstand vermittelnden Ordnung ging.[48] Sie ist ursprünglich das wissenschaftliche Pendant zu jener in Rdn. 10 erwähnten, weit ausgreifenden polizeilichen Tätigkeit des absolutistischen Staates gewesen, der die Beförderung der Wohlfahrt und Glückseligkeit der Untertanen auf seine Fahnen geschrieben hatte, diese dabei aber in einer manchmal unerträglichen Weise bevormundete und das nicht zuletzt um des eigenen Reichtums und der fürstlichen Machtstellung willen tat. So kam es dazu, daß die Polizei, an sich „einem wohlthätigen Genius" gleichend, zur „fürchterlichsten Plage und einem gefährlichen Werkzeug der Unterdrückung" werden konnte,[49] und ein Polizeiwissenschaftler am Ende des Jahrhunderts konstatierte, daß es „für manche Gegend ein Glück gewesen (wäre), niemals von Polizei gehört noch erfahren zu haben".[50]

II. Die Polizei in der konstitutionellen Monarchie des 19. Jahrhunderts

1. Wandel des Polizeibegriffs

20 Der Übergang zum **Verfassungsstaat,** in Deutschland zunächst zur konstitutionellen Monarchie seit Beginn des 19. Jahrhunderts, hatte eine bedeutsame, bis heute noch wirkende **Veränderung in der Vorstellung von „Polizei"** zur Folge. An ihrem Ende stand der moderne Polizeibegriff, wie wir ihn in klassischer Formulierung in § 14 des Preußischen Polizeiverwaltungsgesetzes von 1931 finden (vgl. Rdn. 51). Ansätze zu diesem Wandel lassen sich bereits Ende des 18. Jahrhunderts beobachten, als eine Reihe von Autoren, allen voran der bedeutende Polizeiwissenschaftler *Joseph von Sonnenfels,* die **Sicherheit** und nicht mehr die Wohlfahrt als Zweck polizeilicher Tätigkeit bestimmten.[51] Und ganz ähnlich hat das **Allgemeine Landrecht für die Preußischen Staaten von 1794** in **§ 10 II 17** formuliert:

„Die nöthigen Anstalten zur Erhaltung der öffentlichen Ruhe, Sicherheit und Ordnung und zur Abwendung der dem Publiko oder einzelnen Mitgliedern desselben bevorstehenden Gefahr zu treffen, ist das Amt der Polizey."

Diese Betonung des Sicherheitsaspektes und der Gefahrenabwehr ist indessen nicht ohne weiteres im Sinne einer modern-liberalen Polizeiauffassung zu verstehen. Bei *Sonnenfels* schloß die Bestimmung der Polizei, für die innere Sicherheit des Staates und seiner Bürger zu sorgen, weder eine eingehende Reglementierung des sittlichen Verhaltens der Untertanen noch die herkömmliche Bevölkerungspolitik, eine intensive polizeiliche Pflege des Bildungs- und Gesundheitswesens oder eine Aufsicht über die Gestaltung städtischer Bauten aus. Auch die generelle Bekämpfung von Gefahren, die den Bürgern aus ihrer Umwelt drohten, oder die Besorgung der notwendigen Mittel für ihre Existenz ist dieser, auf die Herstellung der öffentlichen Sicherheit bedachten Polizeivorstellung keineswegs fremd gewesen. Nur die Wirtschaftsförderung im engeren Sinne hörte auf, Polizeiaufgabe zu sein.[52] Was das preußische Allgemeine Landrecht betrifft, so wird man – der neueren Forschung folgend – davon ausgehen müssen, daß es sogar ganz generell der überkommenen wohlfahrtsstaatlichen Vorstellung von Polizei huldigte und daß der berühmte § 10 II 17 im Abschnitt „Von der Gerichtsbarkeit" nur eine Abgrenzung der Angelegenheiten, die der Polizei- und nicht der Kriminalgerichtsbarkeit unterliegen sollten, bezweckte, nicht aber, wie später angenommen wurde, eine vollständige Definition der Aufgaben der Polizei enthielt.[53]

---

48 Allgemein dazu *Maier* S. 92 ff., 191 ff.

49 *Günther Heinrich von Berg,* Handbuch des teutschen Policeyrechts, 7 Bde., Hannover 1799–1809, Bd. 1, S. 1 f.

50 *Johannes Friedrich von Pfeiffer,* Natürliche von dem Endzweck der Gesellschaft entstehende allgemeine Policey-Wissenschaft, 2 Bde., Frankfurt a. M. 1779, Bd. 1, S. 9 f.; vgl. *Funk* ZStaatsW 1864, 379.

51 *Preu* S. 157 ff.

52 *Preu* S. 162.

53 *Preu* S. 274 ff.; *Scupin* S. 19 ff.; DVWG I S. 423 ff.; s. aber DVWG II S. 470.

Darüber hinaus läßt sich ganz allgemein konstatieren, daß dort, wo im 18. Jahrhundert die **öffentliche Sicherheit** als primärer Staatszweck ausgegeben wurde, dies zunächst nicht in einem modernen, rechtsstaatlichen Sinne gemeint war, sondern im deutlichen Gegensatz zur *Wolffschen* Wohlfahrtsphilosophie eher auf den Vorstellungen des Engländers *Hobbes* fußte, der – ausgehend von der Idee, daß die Menschen Staaten gründen, um ihre Existenz zu wahren – ein rigoroses Unterwerfungskonzept der Bürger unter die absolute staatliche Gewalt zur Sicherung ihres Lebens entworfen hatte.[54] So verstanden, konnte eine polizeiliche Sicherheitskonzeption zu schärferen Reglementierungen des Lebens der Untertanen führen als die „väterliche" Bevormundung durch den Wohlfahrtsstaat.[55] Das zum einen. Zum anderen sind durch die Zuordnung der Polizei zum Sicherheitszweck damals wie später wohlfahrtsstaatliche Vorstellungen keineswegs ausgeschlossen worden. **Wohlfahrtsaufgaben** wurden in der neuen Perspektive allerdings **zweitrangig.** Sie waren nur noch insoweit zu berücksichtigen, als sie dem **Hauptzweck,** der **öffentlichen Sicherheit,** dienten.[56] So konnte der Göttinger Staatsrechtler *Johann Stephan Pütter* in seinen Institutiones iuris publici Germanici 1770 mit einer berühmt gewordenen Wendung sagen, daß die Aufgabe der Polizei die „cura avertendi mala futura" sei, die „promovendae salutis cura" jedoch nicht eigentlich vom „ius politiae" des Fürsten umfaßt werde, es sei denn, daß die Wohlfahrtsförderung mit der Bekämpfung der Übel zusammenhänge.[57] Mit anderen Worten: Im Dienste der öffentlichen Sicherheit ließen sich nach wie vor der Polizei Wohlfahrtsaufgaben zuschreiben. Diese ließen sich auf die Gewährleistung existentieller Mindeststandards und die Abwendung von „Übeln" beschränken, sie mußten nicht mehr eine positive Förderung der Wirtschaft und der sittlichen Lebensumstände der Untertanen mit umfassen.[58] Polizeiliche Wohlfahrt wurde, so gesehen, zur Sicherheitsprävention. 21

Gegen Ende des 18. Jahrhunderts begann sich aber auch das zu ändern. Die **jüngere Naturrechtslehre** rückte die Wahrung der natürlichen Freiheit der Bürger in den Mittelpunkt der Staatsbetrachtung.[59] Vertrauen auf die individuelle Vernunft und eine gegen jegliche staatliche Bevormundung gerichtete Forderung nach Selbstbestimmung führten unter dem Eindruck der Lehren von *Immanuel Kant* und *Adam Smith* sowie angesichts der Französischen Revolution zu einer lebhaften Diskussion über die **„Grenzen der Wirksamkeit des Staats"**, die auch auf die Vorstellung von der Polizei ausstrahlte. In diesem Zusammenhang hat insbesondere *Wilhelm von Humboldt* den Begriff der öffentlichen Sicherheit als Zustand des ungestörten Rechtsgenusses der Bürger neu zu bestimmen und den Zweck des Staates auf den individuellen Rechtsschutz zu reduzieren versucht. Aufgabe der Polizei war es in dieser Sichtweise, „Kränkungen" des Rechts vorzubeugen.[60] Die Sorge für materielle Wohlfahrt, für Kultur und Sittlichkeit sollte künftig weder Angelegenheit der Polizei noch des Staates überhaupt sein. Auch von **„Freyheits-Polizei"** ist in jener Zeit gesprochen worden.[61] In dem nach Frankreich hin orientierten Rheinbund betonte man den Sicherheitszweck der Polizei und verband dies mit Ten- 22

---

[54] Zur Wirkung Hobbes' auf die Wolffsche Schule vgl. *Preu* S. 112.

[55] *Preu* S. 163 f.

[56] *Preu* S. 112 f.

[57] *Johann Stephan Pütter,* Institutiones iuris publici Germanici, 1. Aufl. Göttingen 1770, § 321; (sinngemäß: Polizeiaufgabe sei die Abwendung künftiger Übel, aber nicht die Mehrung des Wohlstands); vgl. *Preu* S. 167 ff.; *Schulze* S. 99 ff.

[58] Vgl. in diesem Sinne etwa das die ältere Polizeiwissenschaft abschließende Werk von *Günther Heinrich von Berg,* Handbuch des Teutschen Policeyrechts, 7 Bde., Hannover 1799–1809; über ihn *Maier* S. 207 ff.; *Erichsen* (o. Fußn. 19) S. 38; *Preu* S. 258 ff.; *Schulze* S. 176 ff.; *Stolleis,* Bd. 2, S. 243 ff. und DVWG I S. 420.

[59] Vgl. *Diethelm Klippel,* Politische Freiheit und Freiheitsrechte im deutschen Naturrecht des 18. Jahrhunderts, 1976.

[60] *Wilhelm von Humboldt,* Ideen zu einem Versuch, die Grenzen der Wirksamkeit des Staats zu bestimmen, 1792; vgl. *Preu* S. 231 ff., 246.

[61] So *Jung-Stilling;* vgl. *Georg-Christoph von Unruh,* Die „Schule der Rechts-Staats-Lehrer" und ihre Vorläufer in vorkonstitutioneller Zeit, in: Recht und Staat im sozialen Wandel. Festschrift für Hans Ulrich Scupin zum 80. Geburtstag, 1983, S. 267; *Schulze* S. 194 ff.

denzen, die wirtschaftliche Tätigkeit und Wohlstandsförderung aus ihrem Bereich auszuschließen.[62]

23 Doch darf man diese Stellungnahmen nicht überbewerten. Sie sind zwar signifikant für das Aufkommen neuer Anschauungen, aber in jener Zeit nicht repräsentativ gewesen. Vielmehr behaupteten Vorstellungen das Feld, die die Wahrung der **Sicherheit** und die Förderung der **Wohlfahrt** als Aufgabe der Polizei, wenn auch jetzt mit deutlicher Betonung des Sicherheitszweckes des Staates, nebeneinanderstellten. Sowohl für die Wissenschaft als auch für die Praxis waren Stellungnahmen wie die des Altmeisters des frühkonstitutionellen Staatsrechts, *Johann Ludwig Klüber,* signifikant:

„Die StaatsPolizei ... hat zwei Hauptgegenstände: Sicherheit und Wohlfahrt oder Vervollkommnung der Staatsgenossen. Die SicherheitsPolizei dient wider Rechtsverletzungen und schädliche Ereignisse, die von der Natur oder sonst veranlaßt werden. Die Bestimmung der Wohlfahrt- oder VervollkommnungsPolizei ist Erlangung und Erhöhung des physischen, sittlichen und geistigen Gesellschaftswohls. Die erste ist StaatsPolizei in dem engeren Sinn wegen ihrer unmittelbaren Beziehung auf den Staatszweck: Die andere ist StaatsgesellschaftsPolizei wegen ihres mittelbaren Verhältnisses zu dem Staatszweck und ihrer unmittelbaren Beziehung auf das Wohl der allgemeinen Gesellschaft der Einwohner in dem Staat ...“[63]

Formulierungen dieser Art deckten auch die in Preußen zu beobachtende Praxis, polizeiliche Wohlfahrtsförderung und *Smith*sche Wirtschaftsmaximen miteinander zu verbinden.[64] Das war in jener Zeit nicht weiter verwunderlich. Hatte doch auch *Kant,* ungeachtet seiner Polemik gegen den die Glückseligkeit der Bürger autoritativ festlegenden Wohlfahrtsstaat, den Bereich der Polizei noch ganz in herkömmlicher Weise als Sorge für „öffentliche Sicherheit, Gemächlichkeit und Anständigkeit“ bestimmt und in dem Zusammenhang insbesondere die polizeiliche Sittenaufsicht bewahrt wissen wollen.[65] Die Beibehaltung des Wohlfahrtszwecks ist daher nicht einfach als Rückschlag älterer polizeistaatlicher Vorstellungen in der Restaurationsepoche anzusehen.[66] Sie erfolgte vielmehr im Bewußtsein, daß auch der Verfassungsstaat sich der Sorge um den Wohlstand seiner Bürger nicht ganz entschlagen könne. Dies aber war Aufgabe der Polizei, die zum Beispiel als Gesundheitspolizei mit einer Verbesserung der sanitären Verhältnisse sowohl die Wohlfahrt der Bürger förderte als auch Gefahren für die öffentliche Sicherheit abwandte. Theoretisch, so hieß es, lasse sich wohl zwischen **„Sicherheits-“** und **„Wohlfahrtspolizei“** unterscheiden, nicht aber „in der Praxis des Lebens“.[67]

24 In dieser Weise hat man die Dinge auch nach der Revolution von 1848 noch betrachtet, sowohl in der Praxis, wie das Preußische Polizeiverwaltungsgesetz von 1850 zeigt,[68] als auch in der Theorie.[69] *Robert von Mohl,* dem wir das letzte große Werk über die **Polizeiwissenschaft** verdanken, hat in dessen 3. Auflage 1866 noch an jener älteren Auffassung von der Polizei festgehalten, wonach sie „die äußeren Hindernisse zu entfernen (habe), welche der allseitigen erlaubten Entwicklung der Menschenkräfte im Wege stehen ...“, die „Abwehr drohender Rechtsbeeinträchtigungen“ dagegen dem Bereich der Rechtspfle-

---

[62] Siehe z. B. *Nicolaus Thaddäus Gönner,* Teutsches Staatsrecht, Landshut 1804, § 275, vgl. auch die Bayerische Verordnung über Landesverwaltung durch Deputationen vom 15. 8. 1803.

[63] *Johann Ludwig Klüber,* Öffentliches Recht des Teutschen Bundes und der Bundesstaaten, 3. Aufl. 1831, § 381; vgl. DVWG II S. 286.

[64] Vgl. *Preu* S. 316 ff.

[65] *Immanuel Kant,* Metaphysik der Sitten. Rechtslehre (Das Staatsrecht. Allgemeine Anmerkung B).

[66] Vgl. dazu *Preu* S. 315 ff.; *Scupin* S. 21 ff. und DVWG II S. 471.

[67] *Ludwig von Rönne,* Das Staatsrecht der Preußischen Monarchie, 3. Aufl., 2 Bde., 2. Abt., Leipzig 1872, S. 108 f.; vgl. *Alf Lüdtke,* Von der „Tätigen Verfassung“ zur Abwehr von „Störern“. Zur Theoriegeschichte von „Polizei“ und staatlicher Zwangsgewalt im 19. und frühen 20. Jahrhundert, in: Der Staat 20, 1981, S. 203 sowie *Ralph Jessen,* Polizei im Industrierevier. Modernisierung und Herrschaftspraxis im westfälischen Ruhrgebiet 1848–1918, 1991. Vgl. dazu unten Kap. E Rdn. 2.

[68] Preußisches Gesetz über die Polizeiverwaltung vom 11. 3. 1850, insbesondere § 6, das Verordnungsrecht der Ortspolizeibehörden betreffend; vgl. *Preu* S. 322 ff.

[69] Vgl. z. B. *J. Pözl,* Grundriß zu Vorlesungen über Polizei, München 1866, S. 1; vgl. *Knemeyer,* „Polizei“, S. 894.

ge als „Präventivjustiz" zugeschlagen. Auch bei ihm hatte Polizei noch mit der Sorge für die Bevölkerung und ihre Gesundheit, für den Unterricht und die sittliche Bildung der Bürger sowie mit der Sicherung ihres Eigentums gegen die Zerstörung durch Elementarereignisse zu tun. Sowohl die wirtschaftliche als auch die sittliche Förderung gehörte seiner Meinung nach zu ihrer Aufgabe, allerdings mit der Einschränkung, daß die Polizei nur die „Hindernisse" für eine „Entwicklung der Menschenkräfte" zu entfernen habe, „welche der Einzelne nicht wegräumen kann". Das war für ihn die Restriktion, die der Rechtsstaat der Polizei auferlegte.[70]

Zu einer nachhaltigen Ausmerzung der Wohlfahrtsaufgabe aus dem Bereich der Polizei 25 und ihre **Beschränkung auf Sicherheit und Ordnung** ist es erst in der späteren Zeit, nicht zuletzt durch die Rechtsprechung der Verwaltungsgerichte, gekommen. Noch 1889, nach dem berühmten Kreuzbergurteil des Preußischen Oberverwaltungsgerichts (vgl. Rdn. 49), hieß es jedoch in der 4. Auflage von Meyers Lexikon:

„Polizei ... ist die gesamte staatliche Tätigkeit, welche im inneren Staatsleben zur Sicherung und Förderung der Wohlfahrt des Staats und seiner Angehörigen entwickelt wird ... Manche ... verstehen unter Polizei die zwangsweise Förderung der öffentlichen Sicherheit und Wohlfahrt. Andere wollen die Tätigkeit der Polizei auf die Verhütung drohender Rechtsverletzungen (Sicherheitspolizei) beschränkt wissen ..., diejenigen dagegen, die den Begriff Polizei in jenem weiten Umfang nehmen, pflegen dieselbe in Sicherheitspolizei und Wohlfahrtspolizei zu unterteilen ...".

Der Verfasser des Artikels urteilt dann weiter:

„Eine zu weitgehende Wohlfahrtspolizei führt zu einem Zuvielregieren, zu einem polizeilichen Bevormundungssystem, welches man als Polizeistaat zu charakterisieren pflegt. Ihm steht gegenüber das Streben nach der Verwirklichung des Rechtsstaates, welches freilich zu weit geht, wenn die gesamte Tätigkeit des Staates und seiner Organe ausschließlich auf den Rechtsschutz beschränkt werden soll, aber insofern ein berechtigtes ist, als das Recht die Grundlage des Staats sein und das gesamte staatliche Leben in den Angeln des Rechts sich bewegen soll."[71]

2. Entwicklung der Polizei im 19. Jahrhundert

Wenn das ganze 19. Jahrhundert über der Wohlfahrtszweck der Polizei neben dem 26 Sicherheitsaspekt betont wurde, so kam darin das Bewußtsein einer **neuen** und **verschärften Ordnungsproblematik** zum Ausdruck, die ganz allgemein zu einer bis heute nicht enden wollenden Zunahme der Staatstätigkeit geführt hat.[72] Die explosionsartige **Bevölkerungsvermehrung** und die mit der technischen und wirtschaftlichen Entwicklung, insbesondere seit der sogenannten **industriellen Revolution** um die Jahrhundertmitte einsetzende Veränderung der gesellschaftlichen Verhältnisse warfen völlig neue Probleme für das Zusammenleben und seine Ordnung auf. Die Verelendung breiter Kreise der Bevölkerung, der „Pauperismus", und die daraus resultierende **soziale Frage** waren nur ein, wenn auch zentraler Aspekt der Problemsituation, zu der das Entstehen einer neuen Klasse der Arbeiterschaft, die Landflucht und das spektakuläre Anwachsen der Großstädte ebenso gehörten wie die **Zunahme der Kriminalität** und neuartige Gefährdungen durch die aufkommende Industriewelt. Damit war eine Entwicklung in Gang gesetzt, die sehr bald die Erwartungen der liberalen Zeitgenossen auf eine Zurückdrängung staatlicher Repressionsgewalt zugunsten bürgerlicher Freiheit (im sogenannten „Nachtwächterstaat") zunichte machten. Daß die Polizei „auch in ihren schärfsten Zügen" zukünftig unentbehrlich sein werde, solange die Welt nicht den Vorstellungen der „liberalen Volksbeglücker" entspreche, wurde schon im Vormärz ausdrücklich vermerkt.[73]

---

70 *Robert von Mohl*, Die Polizei-Wissenschaft nach den Grundsätzen des Rechtsstaats, 3 Bde., 3. Aufl. Tübingen 1866, Bd. 1 bes. § 4 f.; vgl. *Maier* S. 219 ff.; *Stolleis*, Bd. 2, S. 258 ff.

71 Meyers Lexikon, 4. Aufl., Bd. 13, 1889, Artikel „Polizei" S. 185.

72 Vgl. dazu *Boldt*, Bd. 2, S. 25 ff.

73 *Friedrich Bülau* in den Neuen Jahrbüchern für Gesellschaft und Politik 1845 Teil II S. 461; vgl. *Lüdtke* (o. Fußn. 67) S. 202.

27 Die Auswirkungen dieser Entwicklung auf die Polizei, das heißt auf damals noch fast die gesamte innere Verwaltung des Staates, lassen sich am Aufblühen von **Fachpolizeien** ablesen. Der mit der Bevölkerungsexplosion und dem Zusammenbruch der alten Wirtschaftsformen eingetretene „Pauperismus" stimulierte das Armenwesen, die Armen- und Gesundheits- oder Medizinalpolizei. Die technische Entwicklung rief polizeiliche Tätigkeiten in ganz neuen Bereichen hervor. So machte das Aufkommen der Eisenbahnen zum Beispiel eine besondere „Bahnpolizei" notwendig. Seit 1850 war es in Preußen gesetzliche Aufgabe der Polizei, auch für die „Leichtigkeit des Verkehrs auf öffentlichen Wegen" zu sorgen.[74] Die Zunahme der Kriminalität, von der man trotz aller Fragwürdigkeiten der Kriminalstatistik sprechen kann,[75] führte zu einer neuartigen Organisierung der Verbrechensverfolgung in Gestalt der Kriminalpolizei und darüber hinaus zur Einrichtung der für das 19. Jahrhundert typischen „geheimen" oder „politischen Polizei".[76] Angesichts dieser Entwicklung konnte die preußische Regierung in ihren Erläuterungen zum Polizeiverwaltungsgesetz von 1850 mit Recht vermerken, daß „das Gebiet der Polizei ... überhaupt ein fast unbegrenztes" sei.[77] Nach wie vor ließ sich die Zuständigkeit der Polizei nur im Subtraktionsverfahren bestimmen; Polizei war alles, was nicht zur „Rechtspflege, Finanz- oder Kriegsverwaltung" gehörte.

28 Auch quantitativ fällt die **Zunahme der Polizei** im 19. Jahrhundert ins Gewicht. Man kann das mit Zahlen für die Beamten der polizeilichen Exekutive, der Polizei im engeren Sinn, belegen. Während in den 20er Jahren in Berlin, einer Stadt mit immerhin schon mehr als 200 000 Einwohnern, nur etwas über 100 „Polizeibeamte" tätig waren, belief sich deren Zahl zu Beginn der 70er Jahre schon auf 2000.[78] Nach der Reichsgründung nahm die **Polizeidichte** (das Verhältnis von Einwohnerzahl zu polizeilichen Exekutivbeamten) laufend zu. Anfangs der 70er Jahre ging man für die staatlichen Polizeidirektionen in Preußen noch von einem Richtwert 1:1500 aus. Zu Beginn des 20. Jahrhunderts war ein Richtwert von 1:700 fast erreicht und auch für die kommunale Polizei der Richtwert von 1:1500 schon überschritten. Während zur Zeit der Reichsgründung das gesamte Exekutivpersonal der Polizei in Preußen noch weniger als 10 000 Mann umfaßte, belief es sich bei Ausbruch des Ersten Weltkriegs bereits auf etwa 30 000 Beamte.[79]

29 Wie schon in absolutistischer Zeit (vgl. Rdn. 11) bedeutete das Anwachsen der polizeilichen Tätigkeit zugleich eine **qualitative Veränderung.** Die Zunahme mit sicherheitspolizeilichen Aufgaben betrauter Exekutivbeamter, die Einrichtung einer Kriminalpolizei und der politischen Polizei, signalisierten eine deutliche Verlagerung der polizeilichen Tätigkeit auf den Bereich der **Gefahrenabwehr** und speziell des **Staatsschutzes** – im Gegensatz zur Förderung und Verhaltensreglementierung der Bürger durch polizeiliche Anordnungen und Leistungen in der vergangenen Zeit. Auch wenn die Wohlfahrtspflege noch ausdrücklich zum polizeilichen Aufgabenfeld gerechnet wurde, war zum Beispiel in Preußen die Polizei im Einklang mit dem neu eingeführten Prinzip der Gewerbefreiheit gehalten, „niemanden in dem Genuß seines Eigentums, seiner bürgerlichen Gerechtsame und Freiheit ... weiter ein(zu)schränken als es zur Beförderung des allgemeinen Wohls nötig ist"; vielmehr hatte sie jedem Bürger „die möglichst freie Entwicklung und Anwendung seiner Anlagen, Fähigkeiten und Kräfte in moralischer sowohl als in physischer Hinsicht zu gestatten und alle dagegen noch obwaltende Hindernisse baldmöglichst auf eine legale Weise hinwegzuräumen".[80] Die Akzentverlagerung ist deutlich: Fortan sollte

---

74 § 6 b PPVG v. 11. 3. 1850.

75 Vgl. *Funk* S. 250 f. sowie *Siemann,* Polizei in Deutschland im 19. Jahrhundert. Institutionen, Operationsebenen, Wirkungsmöglichkeiten. Mit neuen Dokumenten, in: Literatur und Kriminalität. Die gesellschaftliche Erfahrung von Verbrechen und Strafverfolgung als Gegenstand des Erzählens. Deutschland, England und Frankreich 1850–1880, hrsg. von Jörg Schönert, 1983, S. 69 f.

76 *Funk* S. 241 ff., 256 ff.; *Siemann,* „Deutschlands Ruhe, Sicherheit und Ordnung".

77 Siehe DVWG III S. 436.

78 *Funk* S. 46, 207.

79 *Funk* S. 211 ff.

80 So § 34 und 50 der Geschäftsinstruktion für die Regierungen in sämtlichen Provinzen v. 26. 12.

es keine bevormundende Reglementierung der Gewerbetätigkeit mehr geben, sondern nur noch eine polizeiliche Vorsorge, die insbesondere darin bestand, Hindernisse für die Entfaltung bürgerlichen Erwerbsstrebens aus der Welt zu schaffen. Dies sowie der Rückzug auf eine allgemeine Aufsichtsfunktion – etwa im Bereich des Schulwesens – stellte ein neues Verständnis von der polizeilichen Wohlfahrtsaufgabe dar, die mehr und mehr hinter dem Sicherheitsaspekt zurücktrat, was freilich nicht bedeutete, daß die polizeiliche Eingriffstätigkeit abnahm.[81]

Die eintretende Veränderung läßt sich am besten am Ausbau der Exekutivpolizei sowie der Einrichtung der Kriminalpolizei und der politischen Polizei in Deutschland demonstrieren. Zunächst wurde zu Beginn des Jahrhunderts im Gefolge der napoleonischen Wirren allenthalben in Deutschland auf dem Lande ein militärisch organisiertes Polizeikorps, die **Gendarmerie,** nach französischem Vorbild aufgestellt.[82] Dem folgte nach der Revolution von 1848 in Berlin und später auch in anderen Großstädten die militärisch organisierte **Schutzmannschaft.**[83] Für die Verbrechensverfolgung, an sich eine Aufgabe der Justiz, wurden seit Beginn des Jahrhunderts spezielle Kriminalbeamte eingesetzt; als Sonderpolizei mit eigener Personalrekrutierung, Ausbildung und Laufbahn gibt es die **Kriminalpolizei** in Deutschland seit den 70er Jahren. Wie entsprechende Entwicklungen in Frankreich und England zur gleichen Zeit zeigen, handelt es sich dabei nicht um ein auf Deutschland beschränktes Phänomen.[84] 30

Ebenfalls der unruhigen Situation nach den Freiheitskriegen mit ihren revolutionären Stimmungen verdankte die **politische Polizei** ihre Entstehung. Zwar hat es in einigen Ländern, wie schon unter *Fouché* in Frankreich, bereits Ende des 18. Jahrhunderts Ansätze zur Observation der sich in vielen literarischen Zirkeln und „Geheim-Gesellschaften" politisch betätigenden Öffentlichkeit gegeben, doch kam es erst nach 1815 zur Organisation einer „geheimen, höheren Staatspolizei" in größerem Umfang. Man kann darin den Beitrag der Restauration zur Polizeigeschichte erblicken. Die politische Polizei, im Gegensatz zur Kriminalpolizei nicht für das „gemeine", sondern das „politische Verbrechen" zuständig, das heißt für Unternehmen, die sich „gegen den Souverän oder gegen die Existenz, Integrität, Verfassung oder Sicherheit eines... Bundesstaates" richteten,[85] ist bald zur Erhaltung der inneren Sicherheit des Deutschen Bundes über die Landesgrenzen hinaus ausgedehnt worden. Verschiedene zentrale Untersuchungskommissionen wurden zur Überwachung der damals aufkommenden politischen Bewegungen eingesetzt. Sie hielten sich in wechselnder Gestalt bis zum Ende des Bundes 1866.[86] Später fand die politische Polizei, in einer Abteilung des Berliner Polizeipräsidiums zentralisiert, insbesondere zur Untersuchung „sozialdemokratischer Umtriebe" ihre Fortsetzung.[87] Exekutivgewalt besaß sie im 19. Jahrhundert nicht; ihre Aufgabe bestand im wesentlichen in der „Bespitzelung", der Sammlung von Informationen. 31

1808. Vgl. auch § 3 der Verordnung wegen verbesserter Einrichtung der Provinzial-, Polizei- und Finanzbehörden vom selbigen Tage sowie *Preu* S. 315 ff.; *Scupin* S. 21 ff.; DVWG II S. 471.

[81] Vgl. dazu die jüngeren Untersuchungen durch Historiker, die sich gegen die Rechtfertigungs- und Beschönigungstendenzen der traditionellen Polizeigeschichte wenden, die Gechichte dieser Literaturgattung aufarbeiten und rechtsvergleichende Aspekte aufweisen, u. a.: *Alf Lüdtke,* „Gemeinwohl", Polizei und „Festungspraxis". Staatliche Gewaltsamkeit und innere Verwaltung in Preußen, 1815–1850, 1982; *ders.* (Hrsg.), „Sicherheit" und „Wohlfahrt". Polizei, Gesellschaft und Herrschaft im 19. und 20. Jahrhundert, 1992; *Herbert Reinke* (Hrsg.), „... nur für die Sicherheit da..."? Zur Geschichte der Polizei im 19. und 20. Jahrhundert, 1993. S. dazu jetzt auch die neuesten Sammelbände von *Peter Nitschke* (Hrsg.), Die deutsche Polizei und ihre Geschichte. Beiträge zu einem distanzierten Verhältnis, 1996 sowie *Hans-Jürgen Lange* (Hrsg.), Staat, Demokratie und Innere Sicherheit in Deutschland, 2000.

[82] *Siemann* (o. Fußn. 75) S. 74; DVWG II S. 460.

[83] *Funk* S. 61 ff., 274 ff.

[84] *Funk* S. 241 ff.

[85] Vgl. Art. 1 des Bundesbeschlusses über Bestrafung von Vergehen gegen den Deutschen Bund und Auslieferung politischer Verbrecher v. 18. 8. 1836, abgedr. bei *Ernst Rudolf Huber,* Dokumente zur Deutschen Verfassungsgeschichte, Bd. 1, 1961, S. 137 f.

[86] Einzelheiten bei *Siemann*, „Deutschlands Ruhe, Sicherheit und Ordnung".

[87] *Funk* S. 255 ff.; *Reinhard Wilms,* Politische Polizei und Sozialdemokratie im Deutschen Kaiserreich, 1992.

32 Probleme, wie die zunehmenden Schwierigkeiten der Verbrechensverfolgung und die politische Überwachung der Bevölkerung mit ihrer deutlichen Präferenz des Staatsschutzes vor der Beförderung der „Glückseligkeit" der Bürger, führten nicht nur zum Aufbau neuer Polizeiverwaltungen, sondern auch zu einer verstärkten **Verstaatlichung** der Polizei. Sie ist schon zu Beginn des Jahrhunderts von der **preußischen Reformbürokratie** intendiert worden, die mit einer staatlichen, gegenüber Justiz und Militär verselbständigten und über Stadt und Land ausgedehnten Polizeigewalt ihre Reformziele durchzusetzen hoffte. An die Stelle des älteren, fürstlichen Absolutismus trat damals ein „bürokratischer Absolutismus", der die Förderung des Staatsreichtums nicht mehr durch merkantilistische und kameralistische Maßnahmen, sondern durch eine Emanzipation der Gesellschaft aus feudalen Bindungen, durch Gewerbe- und Handelsfreiheit und eine aufgrund deren Einführung wachsende Steuerkraft zu erreichen suchte.[88] Selbst in der die kommunale Selbstverwaltung erneuernden *Stein*schen Städteordnung vom 19. 11. 1808, ist „dem Staate vorbehalten" geblieben, „eigene Polizeibehörden anzuordnen oder die Ausrüstung der Polizei dem Magistrat zu übertragen, welcher sie dann vermöge Auftrag ausübt".[89] Das führte zur Einrichtung erstmals wirklich funktionierender staatlicher Polizeipräsidien und -direktionen in Großstädten, wie in Berlin (1809), sowie zu einer durchgängigen Aufsicht der neugeschaffenen Regierungspräsidien als **Landespolizeibehörden** über die kommunale Ortspolizei. Zwar besaßen die Kommunen auch dort, wo es staatliche Polizeidirektionen gab, noch eigene Polizeizuständigkeiten im Wohlfahrtsbereich, doch war die Kompetenzaufteilung nicht eindeutig; Übergriffe von staatlicher Seite, oft zur Verbesserung der lokalen Infrastruktur, kamen vor, wie das Beispiel des berühmten Berliner Polizeipräsidenten *von Hinckeldey* in den 50er Jahren zeigt.[90]

33 Während die Ortspolizei in Süddeutschland zunächst in der Regie der allerdings unter staatlicher Aufsicht stehenden Gemeinden verblieb, ist auch dort auf dem Lande mit der **Gendarmerie** oder **Landjägerei** eine staatliche Polizeitruppe aufgestellt worden. Nach den Vorstellungen der preußischen Reformer sollte durch sie die überkommene ständische, das heißt gutsherrliche Polizeigewalt abgelöst werden.[91] Dies scheiterte allerdings am Widerstand des Landadels. Die gutsherrliche Polizei konnte in Preußen daher erst durch die Kreisordnung von 1872 beseitigt werden.[92] Die Frage: staatliche oder kommunale Polizei blieb abgesehen davon noch lange im Streit (vgl. Rdn. 41).

34 Die Einführung einer militärisch organisierten Ordnungspolizei, zunächst der Gendarmerie auf dem Lande, später der Schutzmannschaft in den Städten, wirft die Frage nach dem **Verhältnis von Militär und Polizei** auf. Eine klare Aufgabentrennung zwischen Polizei und Militär gab es bis weit in das 20. Jahrhundert nicht. Das Militär wurde traditionell nicht nur zur Wahrung der äußeren, sondern auch der inneren Sicherheit eingesetzt, wobei sich mit der zunehmenden Konzentrierung der Polizei auf diesen Bereich die Kompetenzen allerdings zu überschneiden begannen.[93] Die militärische Gewalt aus den inneren Angelegenheiten möglichst herauszuhalten, ist ebenfalls ein zentrales Anliegen der preußischen Reformbürokratie gewesen.[94] Das setzte allerdings den Aufbau einer bewaffneten und schlagkräftigen Polizeitruppe voraus, wofür man wiederum auf die Hilfe des Militärs angewiesen war. Wie schon im 18. Jahrhundert die spärlichen polizeilichen Vollzugsbeamten, so ließen sich auch im 19. Jahrhundert die Gendarmerie und später die Berliner Schutzmannschaft um ihrer militärischen Qualität willen nicht anders als

---

[88] *Funk* S. 26 ff.; allgemein *Boldt,* Bd. 2, S. 69 ff.

[89] Vgl. § 166 der Städteordnung; zu ihr s. DVWG II S. 416 ff.

[90] *Heinz Puschnus,* Karl Ludwig Friedrich von Hinckeldey – Ein umstrittener preußischer Polizeipräsident, DÖV 1981, 568 ff.

[91] Vgl. das Gendarmerie-Edikt v. 30. 7. 1812; *Funk* S. 29.

[92] Vgl. § 46 der Kreisordnung v. 13. 12. 1872; DVWG III S. 698 f.

[93] *Rudolf Liepmann,* Die polizeilichen Aufgaben der Wehrmacht, Leipziger jur. Diss. 1926; *Alf Lüdtke,* „Gemeinwohl", Polizei und „Festungspraxis", Staatliche Gewaltsamkeit und innere Verwaltung in Preußen 1805 bis 1850, 1982.

[94] *Funk* S. 30 f.

aus Unteroffizieren und Offizieren der Armee rekrutieren. In Preußen unterstand die Gendarmerie sogar dem Kriegsministerium; ihr Einsatz erfolgte allerdings auf Ersuchen und unter der Aufsicht ziviler Behörden. Da die Polizeikräfte auch nach der Aufstellung der Gendarmerie und der Schutzmannschaft nicht ausreichten, mußte man bei größeren Unruhen weiterhin auf das Militär zurückgreifen. Dies geschah zwar grundsätzlich ebenfalls durch Requisition von ziviler Seite, aber einmal angefordert, wurden die Soldaten auf ihre Weise tätig.[95] Außerdem war das Militär unter bestimmten Voraussetzungen auch ohne Anforderung zum Einschreiten, das heißt zum Waffengebrauch im Innern, berechtigt, was zu problematischen Übergriffen wie in der berüchtigten Zabern-Affäre 1913 führte. Schließlich konnte das Militär im Ausnahmezustand, das heißt im sogenannten **Kriegs-** oder **Belagerungszustand,** zur Niederschlagung eines Aufruhrs und zur Wiederherstellung der öffentlichen Ordnung sogar so eingesetzt werden, daß es sich zur Durchführung seiner Maßnahmen die zivile Gewalt samt der Polizei unterordnete.[96] Erst unter der Herrschaft des Grundgesetzes ist der militärische Einsatz im Innern an enge Voraussetzungen gebunden worden (vgl. Rdn. 83).

Wie gegenüber dem Heer, versuchten die preußischen Reformer auch gegen die **Justiz** 35
die Eigenständigkeit der Polizei durchzusetzen. Sie konnten hier an Traditionen der absolutistischen Zeit anknüpfen (vgl. Rdn. 13), doch hatte der Widerstand der Justiz gegen eine Beschneidung ihrer Kontrollmöglichkeiten insoweit Erfolg, als 1808 im Zuge einer Aufhebung der Kammerjustiz die Jurisdiktionsgewalt den inzwischen modernisierten Justizkollegien wieder übertragen wurde.[97] Das schützte zunächst vor allem jene überkommenen „wohlerworbenen Rechte", um deren Abschaffung sich die Reform im Sinne einer Modernisierung der gesellschaftlichen Verhältnisse bemüht hatte. Die gerichtliche Kontrolle konnte aber auch zum Ansatzpunkt für den Schutz der „natürlichen Freiheiten" werden, die damals, in der Zeit des aufkommenden Verfassungsstaates, Grundrechtscharakter erhielten. Generell gesehen war indessen in der ersten Hälfte des 19. Jahrhunderts die **judizielle Kontrolle** der Polizeigewalt eher **rückläufig,** nicht nur in Preußen, sondern auch in den süddeutschen Staaten, die eine sogenannte **Administrativjustiz** nach französischem Vorbild einrichteten.[98] Bessergestellt waren die Untertanen dagegen bei der **Regulierung von Schäden,** die durch polizeiliche Eingriffe hervorgerufen wurden. Hier stand ihnen in Preußen nach der Grundsatzentscheidung des Allgemeinen Landrechts, daß „einzelne Rechte und Vorteile der Mitglieder des Staates" der „Beförderung des gemeinschaftlichen Wohls" nachzustehen hätten, ein sogenannter „Aufopferungsanspruch" zur Seite; ratsam erschien es daher, der Devise zu folgen: „Dulde und liquidiere".[99]

Mit der Zunahme der Staatstätigkeit ging ihre **Aufgliederung in verschiedene Verwaltungszweige** Hand in Hand; auch das betraf die Polizei. Bis dahin geläufige Polizeibegriffe wie die Unterscheidung von „Sicherheits- und Wohlfahrtspolizei" hatten eine solche Aufteilung ursprünglich nicht ins Auge gefaßt. Zu ihr kam es erst aufgrund der Bildung verschiedener Ministerien nach neuartigen, fachlichen Gesichtspunkten, wie wir sie, wiederum dem französischen Vorbild folgend, in Deutschland zu Beginn des 19. Jahrhunderts finden.[100] So wurde zum Beispiel in Preußen die Gesundheitspolizei dem Kultusministerium, die Gewerbepolizei dem Handelsministerium, die Baupolizei 36

---

95 *Harald Klückmann,* Requisition und Einsatz bewaffneter Macht in der deutschen Verfassungs- und Militärgeschichte, in: Militärgeschichtliche Mitteilungen, 1978, S. 7 ff.

96 *Hans Boldt,* Rechtsstaat und Ausnahmezustand. Eine Studie über den Belagerungszustand als Ausnahmezustand des bürgerlichen Rechtsstaates im 19. Jahrhundert, 1967; *Funk* S. 141 ff., 305 f.

97 § 14 der Verordnung wegen verbesserter Einrichtung der Provinzial-, Polizei- und Finanzbehörden v. 26. 12. 1808; vgl. *Henning Schrimpf,* Die Auseinandersetzung um die Neuordnung des individuellen Rechtsschutzes gegenüber der staatlichen Verwaltung nach 1807, in: Der Staat 18, 1979, S. 59 ff., 66.

98 DVWG III S. 910; vgl. auch *Wolfgang Rüfner,* Der Verwaltungsrechtsschutz in Preußen von 1749 bis 1842, 1962, S. 146 ff.; *Erichsen* (o. Fußn. 19) S. 206 ff., 280–282 (mit Hinweis auf das preuß. Gesetz über die Zulässigkeit des Rechtsweges in bezug auf polizeiliche Verfügungen v. 11. 5. 1842).

99 §§ 74f. EALR.

100 *Boldt,* Bd. 2, S. 55 ff., 61.

dem Ministerium für öffentliche Arbeiten und die Landwirtschafts-, Jagd-, Forst- und Fischereipolizei dem Landwirtschaftsministerium zugewiesen.[101] Der Rest blieb beim Innenministerium, wobei zu dessen Obliegenheiten außer der Sicherheitspolizei im engeren Sinn Materien wie die Fremden- und Freizügigkeitspolizei, die Kriminalpolizei und die politische Polizei, die Preßpolizei und die Verkehrspolizei zählten.[102]

37 Die Aufgliederung der Polizei wurde begünstigt durch den Umstand, daß angesichts des **wissenschaftlich-technischen Fortschritts** für viele Sparten der Polizei besondere Fähigkeiten, Kenntnisse und Apparaturen notwendig geworden waren, so daß man, wie das Beispiel der Kriminalpolizei zeigt, zur Erfüllung der anfallenden Aufgaben unter Umständen sogar eine besondere Ausbildung benötigte. Auch das machte in zunehmendem Maße die Einrichtung von „Sonderpolizeien" erforderlich.[103] Des weiteren trug zu Unterscheidungen dieser Art die Aufteilung von Polizeiaufgaben zwischen staatlichen Polizeibehörden und den Gemeinden in den Großstädten bei. Man gewöhnte sich daran, nicht nur materiell, sondern auch behördenmäßig zwischen **staatlicher Sicherheitspolizei** und **kommunaler Wohlfahrtspolizei** oder, wie man später sagte, **„Verwaltungspolizei"** zu unterscheiden.[104]

38 All das hatte für den **Polizeibegriff** weittragende Folgen. Der sich damals in der Bevölkerung abzeichnende Trend zu einem engeren Polizeibegriff, geformt durch die tägliche Begegnung mit uniformierten Amtsträgern, die sicherheitspolizeiliche Aufgaben wahrzunehmen hatten, mit sogenannten „Polizisten", wurde dadurch unterstützt, daß nunmehr bestimmte staatliche Behörden amtlich als „Polizei" firmierten, während andere, ungeachtet dessen, daß auch sie, zum Beispiel im Gesundheitswesen, zur Gefahrenabwehr beitrugen, jetzt einen von der Polizei im engeren Sinne getrennten Teil der „Staatsverwaltung" darstellten. Allmählich kam so der ältere, umfassendere Polizeibegriff des 18. Jahrhunderts außer Mode. Er wurde durch den der **„öffentlichen Verwaltung"** verdrängt.[105] Auch die ältere Verwaltungswissenschaft, die Polizeiwissenschaft, nahm nun die korrekter klingende Bezeichnung **„Verwaltungslehre"** an, so bei *Lorenz von Stein,* dessen achtbändiges Werk zur selben Zeit zu erscheinen begann, zu der *Robert von Mohl* die letzte Auflage seiner „Polizeiwissenschaft" publizierte.[106]

39 Bei der hier beginnenden, sich im 20. Jahrhundert fortsetzenden **„Entpolizeilichung"** der Verwaltung hat es sich, abgesehen von der Herausnahme der Wirtschaftsförderung, nicht um eine Zurücknahme der staatlichen Tätigkeit, sondern um einen Begriffswandel im Zuge einer institutionellen Reform gehandelt. Der hat allerdings zu keinen klaren Resultaten geführt.[107] Durchgesetzt hat sich im weiteren Verlauf jedoch der sogenannte **institutionelle Polizeibegriff,** welcher sich auf bestimmte, als „Polizei" firmierende Behörden bezieht.[108] Er deckte sich allerdings nicht mit dem auf den sachlichen Umfang polizeilicher Tätigkeit bezogenen **„materiellen Polizeibegriff"**, der, einer von der Rechtsprechung geforderten Vorstellung (vgl. Rdn. 49) folgend, seit Ende des 19. Jahrhunderts nur noch die Aufgabe der Abwehr von Gefahren, die der öffentlichen Sicherheit und Ordnung drohten, meinte, aus dem sich aber nicht ohne weiteres solche Verwaltungsbehörden ausschließen ließen, die – wie zum Beispiel die Gesundheitsämter – ebenfalls derartige Aufgaben wahrnahmen. Hinzu kam, daß man sich angewöhnte, den Polizeibehörden auch andere Aufgaben als die der bloßen Gefahrenabwehr zu übertragen,

[101] DVWG II S. 459 f.
[102] *Pioch* S. 46.
[103] *Scupin* S. 65 ff.
[104] *Scupin* S. 78 ff.
[105] *Wulf Damkowski,* Die Entstehung des Verwaltungsbegriffs, 1969.; *Hans Erich Bödeker,* „Verwaltung", „Regierung" und „Polizei" in deutschen Wörterbüchern und Werken des 18. Jahrhunderts, JEV Nr. 1, 1989, S. 5 ff.
[106] *Lorenz von Stein,* Verwaltungslehre, 8 Bde., Stuttgart 1866 ff.; vgl. *Stolleis,* Bd. 2, S. 419 ff.
[107] *Scupin* S. 65 ff.
[108] Zuerst bei *Gustav Zimmermann,* Die deutsche Polizei im 19. Jahrhundert, 3 Bde., Hannover 1845–1849.

beispielsweise für die „Leichtigkeit des Verkehrs" oder, als Kriminalpolizei, für die Aufklärung geschehener Verbrechen zu sorgen. Das wiederum machte es notwendig, zusätzlich einen sogenannten **„formellen Polizeibegriff"** einzuführen, der etwa besagt, daß alles das Polizei im inhaltlichen Sinne ist, was die „Polizei" genannten Behörden tun. Die Unklarheit, die sich hierin letztlich bis in die Gegenwart manifestiert, beruht darauf, daß die Polizei Produkt einer geschichtlichen Entwicklung und nicht einer rationalen Konstruktion von Staatsverwaltung ist und daß alle Versuche, ihre Zuständigkeit theoretisch befriedigend abzugrenzen, vorhandene Lebenszusammenhänge und praktisch sinnvolle Tätigkeitsakkumulationen zu zerreißen drohen. Dies zeigt auch die **„funktionale"** Bestimmung der Polizei, wie sie bei dem Staatswissenschaftler *Lorenz von Stein* und anderen Autoren in der zweiten Hälfte des 19. Jahrhunderts in Gebrauch kam und zeitweise vorherrschend wurde. Angesichts dessen, daß eine inhaltliche Reduzierung der Polizei auf Sicherheits- und Ordnungsaufgaben zu keinen befriedigenden Abgrenzungen führte, versuchte man, sie mit Hilfe der ihr typischen Befugnis zu charakterisieren, etwas mit **Zwang** durchsetzen zu dürfen.[109] In dieser Perspektive erschien die Polizei als eine Art Vollzugsbehörde des Staats für den äußersten Fall. Aber abgesehen davon, daß auch andere Behörden, wie zum Beispiel Finanzämter, mit Zwangsgewalt ausgestattet sind, litt diese Bestimmung offensichtlich darunter, daß bei ihrer konsequenten Durchführung alles das, was man inhaltlich der Polizei zugeordnet hatte, anderen Behörden zu übertragen gewesen wäre und die Polizei selbst nur noch zur „Amtshilfe" bei der zwangsweisen Durchsetzung staatlicher Ansprüche – einem Gerichtsvollzieher ähnlich – hätte tätig werden können.

3. Liberale Polizeikritik

Gegen den Aufbau eines umfangreichen Polizeiapparates und die traditionell weite Erstreckung der polizeilichen Tätigkeit hat sich im 19. Jahrhundert vor allem der **Liberalismus** gewandt. Ihm erschienen Wohlfahrts- und politische Polizei als unmittelbare Bedrohung der individuellen Freiheit, als Ausdruck eines zu überwindenden **„Polizeistaats"**.[110] Anstelle der üblich gewordenen internen Verwaltungskontrolle, der sogenannten Administrativjustiz, wurde die Überprüfung polizeilichen Handelns durch ordentliche Gerichte gefordert. Gegen die zunehmende Verstaatlichung des Polizeiapparats führte man ins Feld, daß es sich bei der Polizei in erster Linie um ein Schutzinstrument für die bürgerliche Gesellschaft und nicht für den Staat handele und sie daher in die Hände der Bürger selbst gehöre.[111] **40**

Mit ihrer Opposition gegen den Ausbau sowie die Verstaatlichung und Bürokratisierung der Polizei hatten die Liberalen allerdings nur bedingt Erfolg. Das lag unter anderem daran, daß ihre Haltung zu den verschiedenen Fragen selbst ambivalent war.[112] So gelang es zwar, im Einklang mit den Intentionen der Reformbürokratie, in Deutschland den wohlfahrtsstaatlichen Charakter der Polizei zurückzudrängen, nicht dagegen jedoch die politische Polizei zu beseitigen. Dabei mögen bürgerliche Ängste vor den „revolutionären Umtrieben der Sozialisten und Kommunisten" eine Rolle gespielt haben, die bürokratischen Kontrollinteressen Vorschub leistete. Ähnliches gilt für den in Unruhezeiten immer wiederkehrenden Versuch, selbst durch rasch gebildete **Bürgerwehren** für die Aufrechterhaltung der Ordnung in den Städten zu sorgen.[113] So etwas blieb kurzfristige **41**

---

109 So *Bluntschli, Stein* u. a.; zu Stein vgl. *Lüdtke* (o. Fußn. 67) S. 215; allgemein *Richard Thoma,* Der Polizeibefehl im Badischen Recht, 1906, S. 4 f.

110 Typisch für die liberale Haltung *Aretin-Rotteck,* Staatsrecht der constitutionellen Monarchie, 2. Aufl., Bd. 2, Leipzig 1839, S. 165 f. („Keine Regierungsgewalt für die Freiheit gefährlicher... als die Polizei"). Zum Begriff „Polizeistaat" vgl. *Knemeyer,* „Polizei", S. 893.

111 Vgl. z. B. *Zimmermann* (o. Fußn. 108) 1845 und *Friedrich Christian Benedict Avé-Lallemant,* Die Krisis der deutschen Polizei, Leipzig 1861 (Hinweise bei *Funk* S. 344 Anm. 228).

112 *Funk* S. 34 ff. und passim. Zur Polizeipraxis s. die Literaturangaben o. Fußn. 81.

113 *Funk* S. 43 ff., 62. Über neueste Bildungen in Mecklenburg-Vorpommern berichtet die SZ Nr. 178 vom 3./4. 8. 1991, S. 2.

Aushilfe. Mehr Geborgenheit versprach am Ende doch die uniformierte und militärisch organisierte staatliche **Schutzmannschaft,** wie man sie in Berlin im Revolutionsjahr 1848 – anfangs noch ganz als zivile Polizei – aufgestellt hatte.[114] Das Bild dieser ursprünglich dem englischen Constabler nachgebildeten Polizei änderte sich jedoch rasch. So konnte am Ende der „blaue Schutzmann" mit Pickelhaube zum Signum für eine ganze Epoche werden, ungeachtet dessen, daß das politische Auf und Ab der folgenden Jahrzehnte auch in der Entwicklung dieses Polizeikörpers deutliche Spuren hinterlassen hat.[115]

42 Zum Abbau der Spannungen zwischen Polizei und Bürgertum dürfte die oft geforderte, allmählich zunehmende **Professionalisierung der Polizeikräfte** beigetragen haben; um die Jahrhundertwende wurden die ersten **Polizeischulen** eingerichtet.[116] Damit verlor die Frage, **bürgerlich-kommunale** oder **bürokratisch-staatliche Polizei,** an Brisanz. In der zweiten Hälfte des 19. Jahrhunderts handelte es sich bei ihr eher um ein Problem der Kostentragung. Das war allerdings seit Beginn des 19. Jahrhunderts ein Dauerstreitpunkt zwischen Staat und Kommunen mit unterschiedlichen Lösungsversuchen. So führte anfangs der 60er Jahre die staatliche Kostentragungspflicht zum Beispiel zu einer Rekommunalisierung der städtischen Polizei in Preußen, doch nur vorübergehend.[117] Nach 1866 setzte eine erneute Verstaatlichungswelle ein. Aufgrund einer für den Staat günstigen Neuregelung der Polizeikosten konnten nach 1908 sogar neue königliche Polizeidirektionen im Ruhrgebiet eingerichtet werden, wo dies angesichts immer wieder aufflackernder Arbeiterunruhen besonders wünschenswert erschien.[118]

43 Am erfolgreichsten ist der Liberalismus in der Frage der **gerichtlichen Kontrolle** der Polizeigewalt gewesen. Hier konnte der in der ersten Hälfte des Jahrhunderts beobachtbare Trend (vgl. Rdn. 35) zur reinen Administrativjustiz gestoppt werden. Zwar erreichten die engagierten Vorkämpfer für eine Kontrolle der Polizeigewalt durch die ordentlichen Gerichte ihr Ziel nicht, doch wurden in Deutschland seit den 60er Jahren – und zwar erstmals 1863 in Baden – allenthalben besondere **Verwaltungsgerichte** eingerichtet,[119] mit echten Spruchkörpern zunächst in der zweiten Instanz, die bei der allmählichen Einfügung der Polizeigewalt in den modernen Rechtsstaat eine kaum zu überschätzende Rolle spielen sollten (vgl. Rdn. 49).

4. Polizei und Rechtsstaat

44 Es fällt auf, wie wenig trotz aller liberalen Kritik die Polizeipraxis der ersten Hälfte des 19. Jahrhunderts von der damals zunächst in Süddeutschland etablierten Verfassungsstaatlichkeit berührt worden ist. Der **Übergang zum Konstitutionalismus** intendierte eigentlich eine Beschränkung staatlicher Gewaltausübung durch Gewährung bürgerlicher Freiheiten in Form von Grundrechten und durch eine Aufteilung der staatlichen Gewalt in einer schriftlich fixierten Verfassung.[120] Diese Idee der **Beschränkung** und internen gegenseitigen **Kontrolle** der Staatsgewalt konkurrierte indessen mit den sich zu Beginn des 19. Jahrhunderts in Deutschland gerade erst abzeichnenden Möglichkeiten zu einer **souveränen Entfaltung** ebendieser Gewalt, die sich durch ältere, entgegenstehende Rechtspositionen in ihrem Vorhaben einer Entfeudalisierung der Gesellschaft nicht beirren lassen wollte.[121] So gab es zwar schon bald **Bürgerausschüsse,** die – vor allem in Preußen – bei dem Erlaß von Polizeiverordnungen auf lokaler, Kreis- oder Bezirksebene

---

[114] *Funk* S. 61 ff.
[115] *Funk* S. 100 ff., 275 ff.
[116] *Harnischmacher* S. 70.
[117] *Funk* S. 110.
[118] *Funk* S. 216 ff., 237; *Ralph Jessen,* Polizei im Industrierevier. Modernisierung und Herrschaftspraxis im westfälischen Ruhrgebiet 1848–1914, 1991.
[119] *Axel Görlitz,* Verwaltungsgerichtsbarkeit in Deutschland, 1970, S. 31 ff. und DVWG III S. 913 ff.
[120] *Boldt,* 2. Bd., S. 11 ff., 75 ff.
[121] *Funk* S. 32 f.; vgl. auch das Beispiel bei *Rüfner* (o. Fußn. 97) S. 149.

mitwirkten,[122] doch setzte sich der Gedanke einer Beschränkung der staatlichen Gewalt und der Kontrolle der Verwaltung durch Gerichte nur allmählich, endgültig erst nach der Revolution 1848 durch.[123]

In Deutschland ist dabei unter dem Stichwort **„Rechtsstaat"** insbesondere die Bindung der Gerichte und der Verwaltung an das Recht, das heißt an ein vernünftiges, die Freiheit wahrendes Gesetz, betont worden.[124] Die Idee eines freiheitlichen Rechtsstaates wurde dem Polizeistaat fürstlicher Willkür und Bevormundung gegenübergestellt. Alle Eingriffe in Freiheit und Eigentum sollten ihr zufolge – so formulierten es schon die ersten Verfassungen – nur aufgrund eines Gesetzes, das der Zustimmung durch die Volksvertretung bedurfte, vorgenommen werden.[125] 45

Diese neue Sichtweise, die die Betätigung der souveränen Staatsgewalt einschränkte und sie wenigstens bei Eingriffen in die den Bürgern gewährte Freiheitssphäre einer gesetzlichen, von der Volksvertretung zu bestätigenden **Ermächtigung** unterwarf, hatte gerade für den Bereich der Polizei gravierende Folgen.[126] Da der Schutz der öffentlichen Sicherheit und Ordnung im allgemeinen nur über Eingriffe der genannten Art zu gewährleisten war, mußten nun für diese Tätigkeit der Polizei besondere gesetzliche Voraussetzungen geschaffen werden, wie wir sie zum Beispiel in den **süddeutschen Polizeistrafgesetzbüchern** um die Mitte des Jahrhunderts finden, in denen bestimmte Handlungen unter Polizeistrafe gestellt bzw. Polizeibehörden zum Erlaß von strafbewehrten Verordnungen ermächtigt wurden.[127] Eine entsprechende Funktion kam dem **preußischen „Gesetz zum Schutz der persönlichen Freiheit"** vom 24. 9. 1848 zu.[128] Gesetze dieser Art stellten den Beginn des **modernen Polizeirechts** dar. Sie enthielten erste Regelungen der besonderen Polizeibefugnis, zum Beispiel Verhaftungen, Durchsuchungen und Beschlagnahmen vornehmen zu können. 46

Schwierig gestaltete es sich allerdings, für alle erdenklichen Eingriffe in die bürgerliche Freiheitssphäre gesetzliche Grundlagen zu schaffen. In der sich damals entfaltenden **Polizeirechtsdogmatik** behalf man sich damit, auf weitergeltendes **vorkonstitutionelles Recht,** das heißt in Preußen auf das Allgemeine Landrecht, auf Gewohnheitsrecht oder gar auf die unbestrittene Aufgabenstellung der Polizei als Rechtsgrundlage für Eingriffe zu verweisen.[129] Andererseits bot auch die **Gesetzgebung** trotz ihrer Bindung an die Zustimmung der Volksvertretungen keineswegs eine hinreichende Gewähr dafür, daß die polizeiliche Tätigkeit nach rechtsstaatlichen Grundsätzen eingeschränkt wurde, wie die Ausnahmegesetzgebung jener Zeit, vor allem das Sozialistengesetz, von *Gneist* als „Polizeiverordnung gegen die jetzige Organisation der Sozialdemokratie" apostrophiert, zeigt.[130] Die Tatsache, daß damals in der Rechtsdogmatik „keine genügende Sicherheit in den Forderungen an den Rechtsstaat herrscht(e), für dessen polizeiliche Tätigkeit die Grundsätze festzustellen gesucht" wurden,[131] gab bürokratischen Regelungsinteressen bei der einschlägigen Gesetzgebung breiten Raum.[132] Es nimmt daher nicht wunder, daß 47

---

122 DVWG III S. 444 f.

123 Die Reichsverfassung v. 28. 3. 1849 sah in § 182 die Abschaffung der Administrativjustiz (und in § 184 die Zuständigkeit der Gemeindeselbstverwaltung für die Ortspolizei) vor.

124 *Ernst-Wolfgang Böckenförde,* Entstehung und Wandel des modernen Rechtsstaatsbegriffs, in: Festschrift für Adolf Arndt, 1969, S. 53 ff.

125 *Dietrich Jesch,* Gesetz und Verwaltung, 1961, S. 108 ff., 211; *Erichsen* (o. Fußn. 19) S. 135 ff.

126 Dazu grundsätzlich *Richard Thoma* (o. Fußn. 108) S. 98 ff.; *Jesch* (o. Fußn. 125) S. 156 ff.

127 *Harnischmacher* S. 64; für Bayern vgl. *Franz Mayer,* Die Eigenständigkeit des bayerischen Verwaltungsrechts, dargestellt an Bayerns Polizeirecht, 1958, S. 71 ff., 81 ff.

128 *Funk* S. 80 ff.

129 Vgl. z. B. *Georg Meyer,* Lehrbuch des deutschen Staatsrechts, 6. Aufl. 1905, S. 649 f. (mit krit. Anm. des neuen Hrsg. *Georg Anschütz*).

130 *Rudolf von Gneist,* Das Reichsgesetz gegen die gemeingefährlichen Bestrebungen der Sozialdemokratie, staatsrechtlich erörtert, Berlin 1878, S. 100; allgemein dazu *Funk* S. 149 ff.

131 *Ludwig von Roenne/Heinrich Simon:* Das Polizeiwesen des preußischen Staates, Bd. 1, Breslau 1840, S. 5.

132 *Funk* S. 157 ff.

rechtsstaatliche Maximen für ein polizeiliches Handeln weniger vom Gesetzgeber als von der Rechtsprechung entwickelt wurden.

48 Daß die Rechtsprechung dermaßen an Boden gewinnen konnte, lag letztlich in der neuen Verbindung von polizeilichem Handeln und gesetzlicher Ermächtigung dazu begründet. Der sich allmählich durchsetzende Grundsatz der **Gesetzmäßigkeit der Verwaltung**[133] erforderte, konsequent zu Ende gedacht, eine Instanz, die die Einhaltung der Gesetze kontrollierte. Eine solche Instanz ist 1846 zunächst mit der **Staatsanwaltschaft** eingeführt worden. Sie sollte nicht nur in Straftaten ermitteln und gegebenenfalls Anklage erheben, sondern zugleich als „Wächter der Gesetze" über Gericht und Polizei tätig werden.[134] Da gleichzeitig jedoch die Polizei mit der Verfolgung von Verbrechen betraut blieb, kam es in der folgenden Zeit zu erheblichen Konflikten zwischen ihr und der neuen Institution. Sie sind grundsätzlich erst durch das GVG und die StPO von 1877 beigelegt worden. Seitdem werden Polizisten in Strafverfolgungsangelegenheiten als „Hilfsbeamte" der Staatsanwaltschaft, in deren Auftrag und unter deren Aufsicht, daneben allerdings auch auf eigene Initiative, tätig.[135]

49 Wichtiger als dies war indessen die erwähnte **Einführung der Verwaltungsgerichtsbarkeit.** Für die Verwaltungsgerichte ging es angesichts der unübersichtlichen Rechtslage nicht nur darum, bei Klagen zu prüfen, ob sich die Polizei innerhalb des vorgegebenen gesetzlichen Rahmens gehalten habe, sondern sie war gezwungen, überhaupt erst einmal festzustellen, auf welcher gesetzlicher Grundlage das kritisiertes Handeln, eine Polizeiverordnung oder später auch die einzelne Polizeiverfügung, beruhte.[136] Schon das Preußische Obertribunal und im Anschluß daran das Preußische Oberverwaltungsgericht haben zu diesem Zweck auf den **§ 10 II 17** des **Allgemeinen Landrechts** (vgl. Rdn. 20) zurückgegriffen,[137] so vor allem im berühmten **Kreuzbergurteil** vom 14. 6. 1882.[138] In ihm ging es um die Frage der Rechtsgültigkeit einer Polizeiverordnung und einer darauf gestützten Verfügung, die eine bestimmte Bebauung der Umgebung eines auf dem Berliner Kreuzberg errichteten Siegesdenkmals untersagten, weil dadurch die Aussicht auf das Denkmal beeinträchtigt wurde. Das OVG stellte fest, daß es für ein derartiges Verbot keine spezielle gesetzliche Grundlage gebe. Auch die in § 10 II 17 ALR formulierte allgemeine Ermächtigungsgrundlage für polizeiliches Handeln greife hier nicht, da sie der Polizei nicht erlaube, aus ästhetischen Gründen die Nutzung von Grundeigentum einzuschränken. Damit hatte sich in Preußen folgende Auffassung durchgesetzt:

- Die in § 10 II 17 ALR genannte „Erhaltung der öffentlichen Ruhe, Sicherheit und Ordnung" sowie die „Abwendung der dem Publiko oder einzelnen Mitgliedern desselben bevorstehenden Gefahren" wurde nunmehr endgültig als die eigentliche Aufgabe der Polizei angesehen.
- § 10 II 17 ALR galt gleichzeitig als allgemeine Ermächtigungsgrundlage **(Generalklausel)** für polizeiliches Einschreiten. Aus der Aufgabenstellung folgte unmittelbar die Handlungsermächtigung.
- Durch § 10 II 17 ALR wurde – der Doppelnatur des konstitutionellen Gesetzes entsprechend, Ermächtigung und Einschränkung in einem zu sein – die Handlungsbefugnis der Polizei zugleich eingeschränkt. Eine nicht mehr im Rahmen des § 10 II 17 ALR erfolgende Inanspruchnahme der Polizei war damit nicht ausgeschlossen, bedurfte aber einer anderweitigen, speziellen gesetzlichen Regelung.

Generalklauselartige Ermächtigungen – wenn auch meist geringeren Umfangs – wies auch das Polizeirecht anderer deutscher Staaten auf; in Bayern dominierte dagegen das Prinzip der Spezialermächtigung.[139]

---

133 *Dietrich Jesch* (o. Fußn. 125) bes. S. 141 ff., 157.
134 *Harnischmacher* S. 69 f. und DVWG III S. 459 f.
135 §§ 152 GVG, 161, 163 StPO.
136 *Erichsen* (o. Fußn. 19) S. 148 ff.; *Preu* S. 324 ff.; *Jesch* (o. Fußn. 125) S. 162 f.
137 *Preu* S. 325 ff.; *Scupin* S. 49 ff.
138 *Preuß. OVG E* 9, 353 ff.
139 DVWG III S. 441 ff.; für Bayern s. *Franz Mayer* (o. Fußn. 127) S. 97 ff. und passim.

Von der Rechtsprechung sind im Laufe der Zeit zusätzliche **rechtsstaatliche Präzisierungen** der polizeilichen Eingriffsbefugnisse vorgenommen worden. So wurde die in § 10 II 17 ALR als selbständiges Tatbestandsmerkmal erscheinende „Gefahrenabwehr" auf die öffentliche Sicherheit und den Eintritt eines echten Schadens (im Gegensatz zu bloßen „Nachteilen") bezogen sowie vom Vorliegen einer konkreten **„drohenden Gefahr"** abhängig gemacht. Mit Hilfe der Idee einer allgemeinen Polizeipflichtigkeit der Bürger ließ sich die (Verursacher- und Zustands-)Haftung sogenannter **„Störer"**, in Notfällen auch von Nicht-Störern begründen. Grundsätzlich wurde der Eingriff an die Voraussetzung gebunden, daß die dabei verwandten Mittel geeignet und notwendig seien, um die konstatierte Gefahr abzuwenden, und daß ihr Einsatz **„verhältnismäßig"** erfolge. 50

Die Ergebnisse der Rechtsprechung sind von der Wissenschaft aufgegriffen und systematisiert worden.[140] Sie fanden schließlich im **Preußischen Polizeiverwaltungsgesetz vom 1. 6. 1931** ihren Niederschlag, dessen **§ 14 I** die Aufgabenstellung und allgemeine Handlungsermächtigung der Polizei noch einmal präzisierte: 51

„Die Polizeibehörden haben im Rahmen der geltenden Gesetze die nach pflichtgemäßem Ermessen notwendigen Maßnahmen zu treffen, um von der Allgemeinheit oder dem Einzelnen Gefahren abzuwehren, durch die die öffentliche Sicherheit oder Ordnung bedroht wird."

Dieser allgemeinen Formulierung wurde in Abs. 2 eine Klausel hinzugefügt, wonach die Polizeibehörden auch die Aufgaben zu erfüllen hätten, „die ihnen durch Gesetz besonders übertragen sind". Damit blieb die Möglichkeit erhalten, daß staatliche Polizeibehörden auch außerhalb des ihnen durch den sogenannten „materiellen Polizeibegriff" in § 14 I zugeordneten Aufgabenkreises tätig werden konnten. In den Bestimmungen des PrPVG von 1931 hat das Polizeirecht seine klassische Gestalt gewonnen, in der es später auf die Bundesrepublik erheblichen Einfluß ausüben sollte.

III. Die Polizei in der Weimarer Republik und unter dem nationalsozialistischen Regime

1. Organisation der Polizei in der Weimarer Republik

Der **Übergang von der Monarchie zur Republik** hat die Kontinuität des materiellen Polizeirechts, wie die Entwicklung bis zum Preußischen Polizeiverwaltungsgesetz von 1931 zeigt, nicht unterbrochen, wohl aber die der Polizeiorganisation. An die Stelle der in der Novemberrevolution von 1918 zum Teil einfach von der Bildfläche verschwindenden monarchischen Polizeibeamten traten von Arbeiter- und Soldatenräten gebildete **„Sicherheitswehren"**, um die öffentliche Ordnung aufrechtzuerhalten.[141] Da sie zu schwach waren, um den seit Anfang 1919 ausbrechenden Unruhen und Aufständen zu begegnen, wurde jedoch bald eine neue **„grüne Sicherheitspolizei"** aufgestellt, zuerst in Preußen, dann auch in den anderen Ländern. Sie war wie die alte Schutzmannschaft militärisch organisiert, überdies aber gleich dem Militär, dessen Einsatz im Innern sie überflüssig machen sollte, in größeren Truppeneinheiten zusammengefaßt, kaserniert und mit Maschinengewehren, Handgranaten und Minenwerfern ausgerüstet. Verwundert konstatierte man die Ironie des Schicksals, die darin läge, daß das revolutionäre Volk „den Schutzmann als altgedienten Beamten, bewaffnet mit Säbel und Pistole, nur im Ausnahmefall mit Karabiner, beseitigt (habe), um sich von der Herrschaft der Polizei zu befreien" und ihm daraufhin prompt „eine Polizeimacht von jungen, waffenerprobten Mannschaften mit Maschinengewehren, Geschützen, Minenwerfern und Handgranaten" gegenübertrete.[142] 52

140 Siehe vor allem *Bill Drews*, Preußisches Polizeirecht, Allgemeiner Teil, 1927.
141 *Leßmann* S. 11 ff., 17 ff.
142 So der Staatsrechtler *Hans Helfritz*, vgl. *Leßmann* S. 11.

53 Da die zur Überwachung des Versailler Friedensvertrages eingesetzte Alliierte Militärkontrollkommission in der grünen Sicherheitspolizei jedoch eine Umgehung der in diesem Vertrag festgesetzten Höchststärke der Reichswehr sah, mußte sie alsbald wieder aufgelöst werden.[143] An ihre Stelle trat die **„blaue Schutzpolizei“.** Sie bildete den Grundstock des künftigen Polizeiapparats in der Republik. In ihr gingen die alten Schutzmannschaften auf. Auch diese Polizeieinheit ist zum Teil noch kaserniert gewesen, zum Teil aber in den Großstädten im Revierdienst eingesetzt worden. Jeder Polizeibeamte begann seine Laufbahn bei ihr und wechselte erst später in den Dienst zum Beispiel bei den Landjägern (Gendarmerie) oder in der kommunalen Polizei über. Insofern sorgte die Schutzpolizei für eine Vereinheitlichung des Polizeidienstes in Staat und Gemeinden.[144]

54 Der an der Organisation der Schutzpolizei, dem historischen Vorbild für die Bereitschaftspolizei in der Bundesrepublik, sichtbar werdende **Trend zur Verstaatlichung** setzte sich auch in anderen Sparten der Polizei fort. Es wurden nicht nur die Polizeien in Großstädten in vermehrtem Maße verstaatlicht, sondern weithin auch die **politische Polizei**[145] und – zuerst in Sachsen – die **Kriminalpolizei.**[146] Zwar hat man auch in der Weimarer Republik eine Rekommunalisierung der Polizei erwogen, doch waren die Gemeinden im allgemeinen zu einer Übernahme der für sie damit entstehenden Kosten nicht bereit.[147] Neben der verstaatlichten Schutzpolizei, der Kriminalpolizei und den Landjägern blieben die alten **Ortspolizeien** mit vorwiegend verwaltungspolizeilichen Aufgaben bestehen; in Bayern galt nach wie vor der Grundsatz, daß die Erledigung polizeilicher Aufgaben in erster Linie Gemeindeangelegenheit sei.[148]

55 Ebenso wie im 19. Jahrhundert ist auch in der Weimarer Republik eine **Zunahme polizeilicher Aufgaben,** dem allgemeinen Anwachsen staatlicher Tätigkeit im Sozialstaat entsprechend, zu bemerken. So sind die Anfänge städtebaulicher Regelungen sowie der beginnende Denkmal- und Naturschutz anfangs dem Polizeirecht zugerechnet worden.[149] Allerdings setzte sich gleichzeitig der Trend zur Herausnahme verwaltungspolizeilicher Materien aus dem Zuständigkeitsbereich der allgemeinen Polizei fort.[150]

56 Auffälliger noch war die **quantitative Zunahme der Polizei.** Während im Kaiserreich die Zahl der Polizeibeamten bei etwa 80 000 lag und damit weit höher war als am Anfang des 19. Jahrhunderts, stieg sie in der Weimarer Republik auf annähernd 150 000 Mann an; nach einer Übersicht aus dem Jahre 1929 fielen darunter etwa 90 000 Angehörige der Schutzpolizei.[151] Von ihnen waren allein in Preußen über 50 000 stationiert. In diesen ansteigenden Zahlen spiegelte sich sowohl die Zunahme der Bedeutung sicherheitspolizeilicher Erfordernisse wider als auch das Bestreben, inneren Unruhen möglichst ohne Militäreinsatz zu begegnen.

57 Zum Verstaatlichungstrend kamen in der Weimarer Republik erste Ansätze, Polizeifragen auf **Reichsebene** zu lösen, hinzu. Art. 4 der Reichsverfassung von 1871 hatte dem Reich nur in einem bescheidenen Maße Gesetzgebungszuständigkeiten polizeilicher Art übertragen, so zum Beispiel für das Freizügigkeits- und Paßwesen oder die Fremdenpolizei. Die Weimarer Reichsverfassung hatte in **Art. 9** dagegen dem Reich die Gesetzgebung

143 Vgl. die Boulogner Note der Interalliierten Militärkontrollkommission v. 22. 6. 1920; *Leßmann* S. 89.

144 DVWG IV S. 402 f.; *Leßmann* S. 91 (zur Planung einer „Einheitspolizei“) und passim; speziell dazu *Johannes Buder,* Die Reorganisation der preußischen Polizei 1918–1923, 1986.

145 DVWG IV S. 415 und *Christoph Graf,* Politische Polizei zwischen Demokratie und Diktatur, 1983.

146 DVWG IV S. 408 f.

147 *Ernst Rasch,* Die Organisation der Polizei. Geschichtliche Entwicklung und jetziger Stand, DÖV 1960, 81–83.

148 Vgl. Art. 51 I 1 der Bayerischen Gemeindeordnung v. 17. 10. 1927, *Mayer* (o. Fußn. 127) S. 156 ff.

149 DVWG IV S. 410.

150 *Scupin* S. 65 ff.

151 *Leßmann* S. 12; *Eugen Raible,* Geschichte der Polizei. Ihre Entwicklung in den alten Ländern Baden und Württemberg und in dem neuen Bundesland Baden-Württemberg unter besonderer Berücksichtigung kasernierter Polizei (Bereitschaftspolizei), 1963, S. 187.

über „den Schutz der öffentlichen Ordnung und Sicherheit“ insgesamt anvertraut, „soweit ein Bedürfnis für den Erlaß einer dieser Vorschriften vorhanden ist“. Von dieser praktisch das ganze Polizeirecht umfassenden Befugnis zur Bedarfsgesetzgebung wurde allerdings nur sehr zurückhaltend Gebrauch gemacht. Außer in Fällen wie der Übernahme der Filmzensur – einer Folge des in jenen Jahren aufkommenden Lichtspielwesens[152] – gab es nur zwei Versuche des Reichsgesetzgebers, zentrale polizeiliche Materien zu regeln. Der eine betraf die Einrichtung eines Reichskriminalpolizeiamtes durch das **Reichskriminalpolizeigesetz vom 21. 7. 1922.** Dieses nach den Morden an den Reichsministern Erzberger und Rathenau im Zusammenhang mit der Republikschutzgesetzgebung erlassene Gesetz ist indessen nie in Kraft getreten, weil die bayerische Landesregierung erhebliche Bedenken gegen seine Bestimmungen geltend machte.[153] Der andere Ansatz galt der Schutzpolizei. Im **Reichsgesetz über die Schutzpolizei der Länder vom 17. 7. 1922** wurden die Anstellungs- und Versorgungsverhältnisse der Angehörigen dieser Polizei nach dem Vorbild der für die Reichswehr geltenden Bestimmungen geregelt.[154] Das Gesetz mußte 1926 aufgrund von Einwendungen der Alliierten wieder aufgehoben werden; es gelang dem Reich jedoch, einheitliche Regelungen auch weiterhin durchzusetzen, indem es den Ländern Zuschüsse zu den Unterhaltungskosten der Schutzpolizei zahlte und sie dafür verpflichtete, bestimmte Grundsätze, besonders im Hinblick auf die Personalstärke der Polizei, zu beachten. Das war ein frühes Beispiel von **„kooperativem Föderalismus“**, wie er später in der Bundesrepublik Deutschland auch im Bereich des Polizeiwesens üblich werden sollte. Im übrigen ist eine weitgehende Einheitlichkeit der Polizei in der Weimarer Republik allein schon durch die **Dominanz Preußens** bewirkt worden. Wie im Kaiserreich war Preußen auch in der Republik aufgrund seiner überragenden Größe mit über drei Fünfteln des Reichsgebiets und der Bevölkerung das in vielen Dingen und so auch in der Polizeiorganisation maßgebende Land.[155]

Im Gegensatz zur Polizeiorganisation blieb das **materielle Polizeirecht** aus der Zeit 58
der Monarchie im allgemeinen bestehen. Nur wenige Länder gaben ihm in der Weimarer Republik eine neue Grundlage, so Thüringen mit der Landesverwaltungsordnung vom 10. 6. 1926 (und einem vieldiskutierten Polizeibegriff in § 32)[156] und Preußen mit dem bereits erwähnten Polizeiverwaltungsgesetz vom 1. 6. 1931. Das mag angesichts des grundlegenden Verfassungswandels von der Monarchie zur Republik überraschen, doch waren schon im Kaiserreich rechtsstaatliche Polizeivorstellungen in einem Maße entwickelt worden (vgl. Rdn. 50), daß die Republik davon zehren konnte.

Da das Verwaltungsrecht schon in der konstitutionellen Monarchie vom Grundsatz der 59
Gesetzmäßigkeit der Verwaltung, das heißt von einer vorgegebenen Freiheitssphäre der Bürger ausgegangen war, in die nur durch oder aufgrund eines Gesetzes eingegriffen werden durfte (sogenannter Vorbehalt des Gesetzes), hatte auch die Aufnahme von **Reichsgrundrechten** in die Weimarer Verfassung keine prinzipielle Änderung der Struktur des Polizeirechts erforderlich gemacht.[157] Durch die Demokratisierung des politischen Systems war die Idee der Souveränität des Gesetzgebers sogar noch gestärkt worden. Nach wie vor konnte der Landesgesetzgeber daher Bestimmungen, zum Beispiel über die Entziehung der persönlichen Freiheit oder die Durchsuchung von Wohnungen (vgl. Art. 114 f. WRV), unbeschränkt erlassen. Auch gewohnheitsrechtliche Polizeiermächtigungen sollten für solche Eingriffe genügen.[158] Zwar galten einige Reichsgrundrechte

152 DVWG IV S. 414.
153 DVWG IV S. 409.
154 DVWG IV S. 399.
155 *Boldt,* Bd. 2, S. 182 f., 231, 234.
156 *Scupin* S. 108 ff.
157 Daher konnte der Staatsrechtler *Otto Mayer* 1924 im Vorwort zur 3. Aufl. seines zuerst im Kaiserreich erschienenen „Deutschen Verwaltungsrechts“ konstatieren: „Verfassungsrecht vergeht, Verwaltungsrecht besteht“.
158 Vgl. *Gerhard Anschütz,* Die Verfassung des Deutschen Reiches vom 11. August 1919, 14. Aufl. 1933, S. 545. Zur Weimarer Praxis s. auch *Lüdtke* und *Reinke* (o. Fußn. 81).

als **„polizeifest"**,[159] weil sie allenfalls durch Reichsgesetze eingeschränkt werden durften oder aber bestimmte Maßnahmen, wie zum Beispiel die Zensur der Presse, überhaupt untersagten (vgl. Art. 118 I 1 WRV). Doch gab es auch hier eine Durchbrechungsmöglichkeit: Art. 48 WRV erlaubte in Abs. 2 dem Reichspräsidenten, das heißt der Reichsregierung, und in Abs. 4 auch den Landesregierungen die vorübergehende Suspension von Grundrechten im Ausnahmefall.

60 Außer hierfür ist der **Art. 48 WRV** noch in anderer Hinsicht bedeutsam gewesen. Gemäß dieser, den alten Belagerungszustand (vgl. Rdn. 34) ersetzenden Regelung durfte der Reichspräsident bei einer erheblichen Störung oder Gefährdung der „öffentlichen Sicherheit und Ordnung" die zu ihrer Wiederherstellung nötigen Maßnahmen treffen. Er konnte für diesen Zweck die **Polizei** der Länder **dem Reich unterstellen** und sogar – ungeachtet der Existenz von Schutzpolizeieinheiten – die **Reichswehr** zur Niederschlagung von Aufständen **einsetzen.** Wie im klassischen Ausnahmezustand konnte in diesem Fall die vollziehende Gewalt dem Militär in toto übertragen, mithin auch die Polizei seiner Befehlsgewalt untergeordnet werden, was denn auch vorkam.[160] Auch in der Weimarer Republik blieb das **Verhältnis von Polizei und Militär** prekär. Desungeachtet sind viele Polizeioffiziere anfangs aus dem kaiserlichen Heer übernommen worden. Erst allmählich ging ihre Zahl zurück, doch betrug sie noch 1928 in der preußischen Polizei etwa 45 %.[161]

2. Die Polizei als Instrument der nationalsozialistischen Diktatur

61 Die nationalsozialistische Machtergreifung im Januar 1933 hatte auch für die deutsche Polizei eine relativ rasche **Auflösung der rechtsstaatlichen Strukturen** zur Folge.[162] Es wurden nicht nur schon in der Weimarer Republik beobachtbare Zentralisierungsansätze fortgesetzt, sondern die Polizei nunmehr aus der inneren Verwaltung herausgelöst, mit der Parteipolizei der NSDAP, der SS, verbunden und so weitgehend zu einem persönlichen Machtinstrument in der Hand ihres Chefs *Heinrich Himmler.*[163] Auch zu einer Ideologisierung des Polizeirechtes im nationalsozialistischen Sinne ist es in jenen Jahren gekommen.[164] Der Polizeiapparat ist dabei in einer sehr viel umfassenderen Weise in die Botmäßigkeit der nationalsozialistischen Machthaber geraten und von ihnen als Instrument ihrer Gewaltherrschaft mißbraucht worden, als man dies nach 1945 vielfach angenommen und dargestellt hat.[165]

62 Während der Gesetzgeber in der Weimarer Zeit sich mit Zentralisierungsmaßnahmen weitgehend zurückgehalten hatte (vgl. Rdn. 57), setzte mit dem Jahre 1933 eine ungestüme **„Verreichlichung"** des Polizeiwesens ein, die mit dem allgemeinen Abbau der föderativen Strukturen und der Selbstverwaltung in Deutschland Hand in Hand ging. Dieser Vorgang erstreckte sich zum einen auf polizeirechtliche Materien wie das Meldewesen oder die Ausländerpolizei,[166] in ungleich bedeutsamerer Weise jedoch auch auf die Polizeiorganisation. Hierin war die konservative Reichsregierung *von Papen* 1932 mit dem

---

159 *Anschütz* (o. Fußn. 158) S. 519.

160 *Fritz Pötzsch,* Vom Staatsleben der Weimarer Republik, JöR 13 (1925), S. 92, 150.

161 *Hagen Schulze,* Otto Braun oder Preußens demokratische Sendung, S. 565.

162 *Boldt,* Bd. 2, S. 258 ff.

163 *Rasch* (o. Fußn. 147) S. 83 f.; *Heinz Wagner,* Die Polizei im Faschismus, in: *Udo Reifner/Bernd-Rüdiger Sonnen* S. 161 ff.; *Michael Kilchling,* Begriff und Aufgabe der Polizei, und *Stefan K. Pinter,* Organisatorische Veränderungen im Bereich der Polizei und die Verklammerung von Polizei und SS, in: *Ernst-Wolfgang Böckenförde,* Staatsrecht und Staatsrechtslehre im Dritten Reich, 1985, S. 167 ff., 178 ff.; Recht, Verwaltung und Justiz im Nationalsozialismus. Ausgewählte Schriften, Gesetze und Gerichtsentscheidungen von 1933 bis 1945, hrsg. von Martin Hirsch u. a., 1984.

164 Siehe dazu *Helmut D. Fangemann,* Faschistische Polizeirechtslehren, in: *Udo Reifner/Bernd-Rüdiger Sonnen* S. 173 ff.

165 Vgl. z. B. *Bill Drews/Gerhard Wacke,* Allgemeines Polizeirecht, 7. Aufl. 1961, S. 8. S. dazu auch *Lüdtke* und *Reinke* sowie *Lange* (o. Fußn. 81).

166 DVWG IV S. 1028.

sogenannten **Preußenschlag,** das heißt der Absetzung der sozialdemokratischen Landesregierung in Preußen und der Unterstellung der dortigen Polizei unter die Reichsgewalt, vorangegangen. Diese Maßnahme ermöglichte nach dem Regierungswechsel im Reich einem der führenden Nationalsozialisten, *Hermann Göring,* zunächst als kommissarischem Leiter des preußischen Innenministeriums den Zugriff auf diesen wichtigsten Polizeikörper des Reiches. Mit Hilfe der im Februar 1933 aufgrund des Art. 48 II WRV erlassenen **Notverordnungen** zum Schutz des deutschen Volkes und Staates, insbesondere mit der sogenannten Reichstagsbrandverordnung vom 28. 2., gelang die Unterstellung auch der Polizei anderer Länder. In sie wurden Polizeibeauftragte des Reichs entsandt. Das Gesetz über den Neuaufbau des Reichs vom 30. 1. 1934, das den föderativen Aufbau Deutschlands beseitigte, übertrug die Hoheitsrechte der Länder dauerhaft auf das Reich; die Landespolizeibehörden wurden dem Reichsinnenminister unterstellt. Gut die Hälfte der Schutzpolizei ist ein Jahr später im Zuge der Wiederaufrüstung in die Reichswehr übergeführt worden, fehlende Polizeibestände wurden durch SA-Truppen aufgefüllt. 1936 wurden im Zusammenhang mit der Etablierung des „Chefs der Deutschen Polizei" beim Reichsinnenministerium die politische Polizei der Länder zu einer reichseinheitlichen **Geheimen Staatspolizei** (Gestapo) zusammengefaßt sowie ein **Reichskriminalpolizeiamt** eingerichtet. Die beamtenrechtliche Übernahme der Polizei in den Reichsdienst erfolgte wenig später.[167]

Parallel zu dieser Verreichlichung verlief die **Herauslösung der Polizei aus der allgemeinen inneren Verwaltung** und dem überkommenen Staatsapparat überhaupt. In gewisser Weise ist die Polizei damals „entstaatlicht" worden.[168] Das begann mit der **politischen Polizei,** für die schon 1933 in Preußen ein selbständiges Geheimes Staatspolizeiamt eingerichtet wurde.[169] Es setzte sich fort mit dem Aufbau eines reichseinheitlichen Polizeiapparats aufgrund eines Führererlasses vom 17. 6. 1936, der es ermöglichte, einen eigenen Befehlsstrang für die nunmehr mit der SS vereinte Polizei auszubauen.[170] Auch eine **Trennung von Polizei und Gerichtsbarkeit** wurde erneut vorgenommen. Schon durch das Gesetz über die Gestapo vom 10. 2. 1936 sind Verfügungen der politischen Polizei, insbesondere die berüchtigten Verhängungen von Schutzhaft und die Einweisung in Konzentrationslager, der Kontrolle durch die Verwaltungsgerichte entzogen worden. 1939 wurde die Verwaltungsgerichtsbarkeit durch einen Führererlaß überhaupt aufgehoben. Auf der anderen Seite drang die Polizei mit ihren Maßnahmen mehr und mehr in den Bereich der Strafgerichtsbarkeit ein.[171] Sie selbst wurde, jedenfalls soweit sie sich im „Sondereinsatz" befand, der normalen Strafjustiz entzogen und einer speziellen SS- und Polizeigerichtsbarkeit unterworfen.[172] 63

Das alles war Ausdruck des Bemühens, die Polizei zu einem gefügigen **Werkzeug der Nationalsozialisten** zu machen. Dazu gab es mehrere Ansätze: Gleich nach der Übernahme der preußischen Polizei durch *Göring* wurden 1933 zahlreiche SA-Leute als „Hilfspolizisten" eingesetzt. Die Möglichkeit, während des Ausnahmezustands auch in den Ländern Polizeibeauftragte des Reichs einzusetzen, wurde ebenfalls genutzt. Auf diese Weise avancierte *Heinrich Himmler,* seit 1929 „Reichsführer SS", zunächst zum Politischen Polizeikommandeur in Bayern, bevor er 1934 die politische Polizei überhaupt übernahm und durch den Führererlaß vom 17. 6. 1936 zum **„Chef der Deutschen Polizei"** im Reichsinnenministerium aufstieg. Von ihm ist die Polizei im Reich in zwei Hauptämter gegliedert worden. Das **„Hauptamt Ordnungspolizei"** erhielt die traditionelle Schutz- 64

[167] DVWG IV S. 1024.

[168] *Wagner* (o. Fußn. 163) S. 163.

[169] DVWG IV S. 1019 f., allgemein dazu *Christoph Graf,* Politische Polizei zwischen Demokratie und Diktatur, 1983.

[170] *Wagner* (o. Fußn. 163) S. 162.

[171] *Gerhard Werle,* Justiz-Strafrecht und polizeiliche Verbrechensbekämpfung im Dritten Reich; 1989; *Diemut Majer,* Zum Verhältnis von Staatsanwaltschaft und Polizei im Nationalsozialismus, in: Udo Reifner/Bernd-Rüdiger Sonnen S. 121 ff.; Recht, Verwaltung und Justiz (o. Fußn. 163), S. 520 ff.

[172] DVWG IV S. 1023.

polizei, die Gendarmerie und Gemeindepolizei zugeordnet. Im **„Hauptamt Sicherheitspolizei"** wurde dagegen die aus der Schutzpolizei herausgelöste Kriminalpolizei mit der Gestapo und ab 1939 mit dem Sicherheitsdienst (SD) der SS (nunmehr als sogenanntes **„Reichssicherheitshauptamt"**) unter dem berüchtigten *Reinhard Heydrich* vereint. Die von Anfang an intendierte **Verschmelzung von Polizei und SS** fand in der Übertragung hoher Polizeifunktionen an SS-Chargen und umgekehrt durch Verleihung von SS-Rängen an zuverlässige Polizeioffiziere ihre Fortsetzung. *Himmler* schuf sich auf diese Weise ein für die nationalsozialistische Diktatur typisches, zum Teil aus dem überkommenen Staatsapparat, zum Teil aus der Parteiorganisation zusammengesetztes Machtinstrument, durch das die Polizei vor allem im Krieg immer stärker in die Vernichtungsaktionen und Verbrechen des Regimes einbezogen wurde.[173]

65 Raum für Polizeieinsätze im Sinne der nationalsozialistischen Diktatur bot zunächst die **Aufhebung von Grundrechten** durch die auf Art. 48 II WRV gestützte Notverordnung vom 28. 2. 1933. Unter Berufung auf sie ließen sich die zahllosen Rechtsbrüche der Gestapo, die Inhaftierungen, Überweisungen in die Konzentrationslager und – seit 1937 – die sogenannte Vorbeugehaft rechtlich umkleiden.[174] Ergänzend zu diesem bis 1945 nicht aufgehobenen Ausnahmezustandsrecht trat die **Umdeutung des überkommenen Polizeirechts im nationalsozialistischen Sinne,** insbesondere der polizeilichen Generalklausel im § 14 PrPVG von 1931. Danach sollte eine „Störung der öffentlichen Sicherheit" nunmehr schon dann vorliegen, wenn etwas „dem nationalsozialistischen Staat gegenüber untergrabend, hemmend, verstimmend oder auch nur staatsentfremdend" wirkte und so dem neuformulierten „Zweck des PVG", der „Sicherung und Förderung der deutschen Blutsgemeinschaft" zu dienen, widersprach.[175] Zur Abfassung eines neuen nationalsozialistischen Polizeirechts ist es, trotz mancher Ansätze dazu,[176] dagegen nicht gekommen. Die damit notwendigerweise verbundene Festlegung polizeilichen Handelns und polizeilicher Organisationsformen lag nicht im Sinne der Machthaber im Dritten Reich. Sie bevorzugten es, ohne Rechtsbindungen zu handeln und in der Polizei einen Repressionsapparat zu besitzen, der durch seine weitgehende Verquickung mit der Partei bzw. der SS so manipuliert werden konnte, daß er der Diktatur bei der Unterdrückung auch fremder Völker, insbesondere durch sogenannte „Einsatzgruppen", in Osteuropa zu Gebote stand.[177]

IV. Die Polizei nach 1945

1. Die Polizei unter der Besatzungsherrschaft

66 Das Ende des Zweiten Weltkriegs führte mit der vollständigen Besetzung Deutschlands zur Okkupation der gesamten staatlichen Gewalt durch die **Alliierten Besatzungsmächte.**[178] Damit ging auch die Polizeihoheit auf die Kriegsgegner über. Sie wurde zunächst durch deren **Militärpolizei** und von den Alliierten eingestellte deutsche Hilfspolizisten ausgeübt.[179] Die steigende Nachkriegskriminalität machte indessen die **Aufstellung deutscher Polizeieinheiten** bald wieder erforderlich, wobei man auf 1933 entlassene Beamte, zum Teil aber auch auf umgeschulte deutsche Kriegsgefangene zurückgriff. Schon im Mai 1945 wurde von der britischen Besatzungsmacht eine Polizei-

[173] DVWG IV S. 1022 f.; allgemein auch *Heinz Wagner* (o. Fußn. 163).

[174] DVWG S. 1020 f.

[175] *Fangemann* (o. Fußn. 164) S. 181 f.; s. auch Recht, Verwaltung und Justiz (o. Fußn. 163), S. 317 ff., 322.

[176] DVWG IV S. 1029.

[177] Vgl. *Wagner* (o. Fußn. 163) S. 172; *Martin Broszat,* Der Staat Hitlers. Grundlegung und Entwicklung seiner inneren Verfassung, 12. Aufl. 1989, S. 422.

[178] Vgl. die „Deklaration in Anbetracht der Niederlage Deutschlands und der Übernahme der obersten Regierungsgewalt hinsichtlich Deutschland" v. 5. 6. 1945; *Boldt,* Bd. 2, S. 293.

[179] *Pioch* S. 78 f.

schule in Hiltrup bei Münster eingerichtet; aus ihr ging 1973 die Polizeiliche Führungsakademie Hiltrup hervor.[180]

Ein spezielles Konzept für die Reorganisation der deutschen Polizei haben die Alliierten nicht entwickelt. Auf die Polizei wurden vielmehr die allgemeinen, auf den **Konferenzen von Jalta und Potsdam** entwickelten Grundsätze angewandt, die eine **Entmilitarisierung, Entnazifizierung, Demokratisierung** und **Dezentralisierung** Deutschlands vorsahen.[181] Für die Polizei bedeutete das zum einen den Wegfall der militärisch organisierten und kasernierten Polizeieinheiten sowie eine grundsätzliche Reduzierung ihrer Bewaffnung, zum anderen die Entlassung ehemaliger Angehöriger der NSDAP – so besonders in der amerikanischen Zone – und drittens die Wiederherstellung der Länderhoheit über das Polizeiwesen. Die Intentionen der Briten und Amerikaner gingen dabei noch weiter. Sie strebten eine **Rekommunalisierung** der Polizei an, entsprechend der angelsächsischen Vorstellung, daß die Polizei weniger dem Schutz des Staates als der Bürger zu dienen habe. In dem Zusammenhang versuchten sie, auch in diesem Bereich eine strenge Gewaltenteilung durchzusetzen durch **Abschaffung des Verordnungsrechts der Polizei und ihrer Befugnis, Strafverfügungen** zu erlassen. Darüber hinaus bemühten sie sich, die **Entpolizeilichung der Verwaltungstätigkeit** weiterzuführen. Polizei sollte, der angelsächsischen Tradition gemäß, nur noch die **Vollzugspolizei** sein. **67**

Wie in anderen Bereichen auch haben sich die Besatzungsmächte in ihrer Polizeipolitik nicht auf ein einheitliches Vorgehen einigen können. Die Reorganisation der Polizei ist daher in den einzelnen Besatzungszonen in unterschiedlicher Weise erfolgt: **68**

(1) In der **amerikanischen Zone** wurde die Polizei in allen Orten mit über 5000 Einwohnern kommunalisiert. Neben der neuen kommunalen Einheitspolizei gab es jedoch Landespolizeieinheiten und in Bayern und Hessen eine besondere Grenzpolizei. Das Recht, Polizeiverordnungen und polizeiliche Strafverfügungen zu erlassen, wurde der Polizei genommen. Die Entpolizeilichung wurde hingegen nicht strikt durchgeführt. Traditionell der allgemeinen Polizei zugeordnete Materien wie das Paß- und Meldewesen blieben ihr erhalten.[182]

(2) In der **britischen Zone** ist dagegen die Entpolizeilichung rigoros vorangetrieben worden.[183] Die Verwaltungspolizei erhielt bis dahin der Sicherheitspolizei zugeordnete Materien wie das Meldewesen, die Fremden-, Vereins- und Versammlungspolizei und wurde in neuer Form als **Ordnungsverwaltung** etabliert. Stadtkreise mit über 100 000 Einwohnern und Regierungspräsidien faßte man zu selbständigen Polizeibezirken zusammen. Ihre Träger waren aus Repräsentanten der Bevölkerung gebildete sogenannte **Polizeiausschüsse.** Sie hatten, dem englischen Vorbild folgend, ihre Polizei zu kontrollieren, das heißt, die Polizeistärke festzusetzen, den Polizeichef und, zum Beispiel in Nordrhein-Westfalen, auch weitere Polizeibeamte zu ernennen sowie im Vollzug ihrer Überwachungsfunktion gegebenenfalls zu entlassen.[184] Auch in der britischen Zone war der Polizei die Befugnis zum Erlaß von Verordnungen und Strafverfügungen genommen worden.

(3) Im Gegensatz dazu hat die **französische Besatzungsmacht** nach anfänglichen Kommunalisierungsansätzen in unterschiedlicher Weise an der staatlichen, den Innenministerien der Länder unterstehenden Polizei festgehalten. Auch die Verwaltungspolizei blieb neben der Vollzugspolizei bestehen.[185]

(4) Ganz anders entwickelten sich die Verhältnisse in der **sowjetischen Besatzungszone.** Hier wurde die **Deutsche Volkspolizei** zunächst ländermäßig aufgebaut, allerdings bereits 1949 als einheitliche, dem Innenministerium unterstehende staatliche Polizei weitergeführt.[186] Seit dem Juli

---

180 DVWG V S. 427; *Herbert Reinke/Gerhard Fürmetz*, Polizei-Politik in Deutschland unter alliierter Besatzung, in: Lange, S. 67 ff.

181 *Werkentin* S. 14 ff.; s. auch „Die Gestaltung des Polizei- und Ordnungsrechts in den einzelnen Besatzungszonen" mit Berichten von *Hans J. Wolff* und *Otto Gönnenwein*, VVDStRL 9 (1952), S. 134 ff., 137; *Harnischmacher* S. 135 ff.

182 *Pioch* S. 126 ff.; *Werkentin* S. 25 ff.; VVDStRL 9 (o. Fußn. 181) S. 181 ff.

183 *Pioch* S. 79 ff.; *Werkentin* S. 39 ff.; VVDStRL 9 (o. Fußn. 181) S. 137 ff.; *Hans Schneider*, Die Umgestaltung des Polizeirechts in der britischen Zone, in: Festschrift für Julius von Gierke, Berlin 1950, S. 234 ff.

184 *Pioch* S. 88 ff.

185 *Pioch* S. 141 ff.; *Werkentin* S. 41 ff.; VVDStRL 9 (o. Fußn. 181), S. 187 ff.

186 Vgl. das Volkspolizeigesetz v. 11. 6. 1968; DVWG V S. 1219 ff.; *Thomas Lindenberger*, Öffentliche Polizei im Staatssozialismus. Die Deutsche Volkspolizei, in: Lange, S. 89 ff.

1948 sind Teile der Volkspolizei kaserniert worden. Sie bildeten bereits 1951 eine einsatzfähige Armee von etwa 65 000 Mann, die man 1956 als „Nationale Volksarmee“ aus der Polizei herauslöste. Doch verfügte die Volkspolizei auch weiterhin über kasernierte Bereitschaftseinheiten und daneben bis 1961 über eine besondere Grenzpolizei. Andere Sondereinheiten existierten in Form der ebenfalls militärähnlich organisierten Transportpolizei – zur Kontrolle der Bahnhöfe, Eisenbahnen und Reisenden – sowie des Betriebsschutzes A der Volkspolizei, dem die Ausbildung der sogenannten Betriebskampfgruppen oblag. Die Stärke der Volkspolizei in der DDR belief sich auf etwa 100 000 Mann.

69 Schon 1950 ist aus ihr die politische Polizei, der sogenannte **Staatssicherheitsdienst** (SSD oder „Stasi“) ausgegliedert und einem besonderen Ministerium für Staatssicherheit unterstellt worden. Der Ende der 50er Jahre etwa 13 000 und später weit mehr als 100 000 hauptamtlich Beschäftigte umfassende SSD unterhielt ein ausgedehntes Spitzelsystem mit zum Teil unter Druck angeworbenen „geheimen Informanten“ und „geheimen Mitarbeitern“, die unter Decknamen für ihn arbeiteten und eine fast lückenlose Gesinnungskontrolle der Bevölkerung in der DDR ermöglichten. Obwohl an sich ein Spionage- und Informationsdienst, ist der SSD auch als exekutives Organ tätig geworden, das Verhaftungen und Vernehmungen vornahm und für die Unterdrückung jeglicher Opposition in der DDR sorgte.[187] Nach der Revolution von 1989 wurde diese in der Linie der nationalsozialistischen Diktatur liegende Polizeientwicklung abgebrochen. Der SSD wurde aufgelöst; die DDR erhielt am **13. 9. 1990** ein **Polizeigesetz** nach westlichem Muster, das zwischen 1992 und 1996 durch **Landespolizeigesetze** abgelöst wurde.

70 Als Fazit läßt sich festhalten: Mit rund 78 000 Mann in den Westzonen, das heißt einer Polizeidichte von 1:800, und ca. 60 000 Mann in der sowjetischen Besatzungszone (= 1:370)[188] hatte die Polizei in Deutschland zwar schon Ende 1946 wieder eine respektable Stärke erreicht, doch war ihre Organisation **uneinheitlicher** als zuvor. Das lag insbesondere an den divergierenden Polizeikonzeptionen der Besatzungsmächte, deren Richtlinien auch dann noch galten, als die Polizei bereits der Hoheit der neugebildeten Länder unterstellt worden war. Sieht man einmal von den besonderen Verhältnissen in der sowjetischen Besatzungszone ab, so läßt sich feststellen, daß die Polizei, wie früher auch, jedoch nunmehr in einer vielfältigeren Weise, **teils staatlich, teils kommunal** organisiert war. Anders als in der deutschen Tradition besaßen jetzt gerade die Großstädte eigene Vollzugspolizeibehörden.

71 Auch die **Entpolizeilichung** war in unterschiedlicher Weise vorangetrieben worden. Dort wo sie, wie in der britischen Zone, besonders rigoros durchgeführt worden war und man der Polizei auch das Verordnungsrecht genommen hatte, begann man in ihr nur noch ein staatliches (oder kommunales) Vollzugsorgan zur **„unmittelbaren Gefahrenabwehr“** zu sehen. Das entsprach indessen weitgehend dem Verständnis der Bevölkerung von „Polizei“ und konnte als ein Aspekt der erwünschten „Demokratisierung“ empfunden werden. Doch läßt sich nicht verkennen, daß es sich bei der Bildung von **Ordnungsbehörden** wie bei den besonderen „Verwaltungspolizeien“ im 19. Jahrhundert in erster Linie um einen semantischen Vorgang handelte. Daß man in der britischen Zone zum Beispiel die „Baupolizei“ künftig „Bauaufsicht“ nannte,[189] berührte deren Befugnis, „polizeiliche“ Anordnungen zur Wahrung der öffentlichen Sicherheit und Ordnung zu geben, nicht. Im inhaltlichen Sinne der Gefahrenabwehr wurde auch von den Ordnungsbehörden „Polizeigewalt“ ausgeübt. Allerdings konnte ihre Anordnungsbefugnis kraft spezialgesetzlicher Ermächtigung über rein „polizeiliche“ Funktionen hinausgehen, im Bereich der Bauaufsicht zum Beispiel planerische und bauästhetische Gesichtspunkte mit umgreifen. In Bereichen wie der Gewerbeüberwachung, der Gesundheitsaufsicht, der Lebensmittelüberwachung und der Veterinäraufsicht oder im Immissionsschutz setzte

---

[187] *Karl Wilhelm Fricke*, Die DDR-Staatssicherheit, 3. Aufl. 1989.; *Jens Gieseke*, Das Ministerium für Staatssicherheit – ein Kapitel dutscher Polizeigeschichte?, in: Lange, S. 111 ff.

[188] Angaben bei *Gerhard Wettig*, Entmilitarisierung und Wiederbewaffnung in Deutschland 1943–1955, 1967, S. 109, 114.

[189] *Knemeyer*, „Polizei“, S. 896 m. w. Bsp.

sich der moderne Sozialstaat mit seinen wohlfahrtsstaatlichen Anklängen kräftig durch, nur daß man dies jetzt nicht mehr „Polizei" nannte.[190] Es handelte sich bei dieser Art von „Entpolizeilichung" keineswegs um einen Verzicht des Staates auf eine reglementierende Tätigkeit, sondern eher um eine Reduzierung speziell der Polizei auf vollzugspolizeiliche Aufgaben, auf Verbrechensverfolgung und Verkehrsüberwachung. Damit war auch der Entzug des Verordnungsrechts für sie belanglos geworden.[191] Was die polizeilichen Strafverfügungen anlangt, so wurden sie im **Gesetz über Ordnungswidrigkeiten vom 25. 3. 1952** durch die Befugnis zur Verhängung von Geldbußen und gebührenpflichtigen Verwarnungen ersetzt.[192]

Die neuen Ansätze im Polizeirecht, insbesondere in der britischen und in der amerikanischen Zone, stellten **keinen Bruch mit der deutschen Tradition** dar. Die Frage, ob staatliche oder kommunale Polizei, ist auch in Deutschland umstritten gewesen. Ebenso entsprach die Reduzierung der Polizei auf Vollzugsaufgaben, die sogenannte „Entpolizeilichung", einem in Deutschland seit dem 19. Jahrhundert beobachtbaren Trend. Selbst die Einsetzung von Polizeiausschüssen in der britischen Zone läßt sich nicht als dem deutschen Polizeirecht völlig wesensfremd bezeichnen. Zwar hat es in der deutschen Polizeitradition keine Bürgergremien zur Einstellung und zur Kontrolle von Polizeibeamten gegeben, wohl aber diverse Ausschüsse, die die polizeiliche Verordnungstätigkeit kontrollierend begleiteten (vgl. Rdn. 44). Die Idee einer Bürgerbeteiligung an staatlicher Tätigkeit war auch hier seit den Anfängen des vorigen Jahrhunderts vorhanden. 72

2. Die „Restauration" der Polizei in der Bundesrepublik Deutschland (1949 bis 1968)

Die **Gründung der Bundesrepublik** im Jahre 1949 ergab eine neue Situation. Zwar dauerte die Besatzungsherrschaft – mit nunmehr im Besatzungsstatut fixierten Vorbehaltsrechten der Alliierten[193] – bis 1955 fort, auch haben die Besatzungsmächte gerade in Polizeiangelegenheiten noch nach 1949 Richtlinienbefugnisse nachdrücklich in Anspruch genommen, doch war der Weg für eine eigene Gestaltung des Staates jetzt grundsätzlich frei.[194] Damit konnte auch über die Polizeiorganisation wieder von deutscher Seite entschieden werden. Dies geschah zunächst im Grundgesetz. 73

Im Gegensatz zur Weimarer Reichsverfassung (vgl. Rdn. 57) hat das **Grundgesetz** eine generelle Gesetzgebungshoheit des Bundes im Bereich der Polizei nicht vorgesehen.[195] Dem Bund sind, wie in der alten Reichsverfassung von 1871, nur einzelne polizeiliche Materien wie die Freizügigkeit und das Paßwesen zur Regelung übertragen (vgl. Art. 73 Nr. 3 GG). Einige weitere Bereiche wie das Vereins- und Versammlungsrecht darf er im Bedarfsfall ordnen (Art. 74 Nr. 3 i. V. m. Art. 72 II GG). Darüber hinaus ist aber aufgrund der Weimarer Erfahrungen und damals angestellter Überlegungen schon 1949 festgelegt worden, daß er seine Gesetzgebung auch über „die Zusammenarbeit des Bundes und der Länder in der Kriminalpolizei und in den Angelegenheiten des Verfassungsschutzes, die Einrichtung eines Bundeskriminalpolizeiamtes sowie die internationale Verbrechensbekämpfung" erstrecken dürfe **(Art. 73 Nr. 10 GG).** Dementsprechend verfügte **Art. 87 I GG,** daß „durch Bundesgesetz ... Bundesgrenzschutzbehörden, Zentralstellen für das polizeiliche Auskunfts- und Nachrichtenwesen zur Sammlung von Unterlagen für Zwecke des Verfassungsschutzes und für die Kriminalpolizei eingerichtet werden" können.[196] Schließlich sah **Art. 91 GG** vor, daß „zur Abwehr einer drohenden Gefahr für den 74

---

[190] *Drews/Wacke* (o. Fußn. 165) S. 22, 482 ff.; *Götz* S. 217 ff.; DVWG V S. 444 ff. mit Hinweis auf die gefahrenabwendende Tätigkeit auch privater Vereine wie der Technischen Überwachungsvereine S. 496.

[191] DVWG V S. 431.

[192] Vgl. Kap. E Rdn. 29.

[193] *Boldt,* Bd. 2, S. 311 ff., 327.

[194] *Werkentin* S. 56 ff.; *Pioch* S. 149 ff.; DVWG V S. 431 ff.

[195] Vgl. das GG in der alten Fassung v. 23. 5. 1949 bei *Angela Bauer/Matthias Jestaedt* (Hrsg.), Das Grundgesetz im Wortlaut. Änderungsgesetze, Synopse, Textstufen und Vokabular zum Grundgesetz, 1997.

[196] *Christoph Gusy,* Die Zentralstellenkompetenz des Bundes, DVBl. 1993, 1117 ff.

Bestand oder die freiheitliche demokratische Grundordnung des Bundes oder eines Landes" ein Land notfalls die Polizeikräfte anderer Länder anfordern bzw. die Bundesregierung Polizeikräfte der Länder ihren Weisungen unterstellen könne, falls das betroffene Land nicht selbst zur Bekämpfung der Gefahr bereit oder in der Lage sei. Auch bei diesem Artikel hatten Weimarer Erfahrungen offensichtlich Pate gestanden.

75 Manche Abgeordnete im Parlamentarischen Rat wären gern über diese zurückhaltenden Regelungen hinausgegangen. Unter dem Eindruck der Aufstellung einer militärisch organisierten und kasernierten Volkspolizei in der sowjetischen Besatzungszone sowie in Erinnerung an die Weimarer Vergangenheit forderten sie die Einrichtung einer schlagkräftigen Bundespolizei. Sie scheiterten damit freilich am Widerstand der Alliierten und der föderalistisch gesinnten Mitglieder des Parlamentarischen Rates in der CDU und CSU.[197] Im sogenannten **„Polizeibrief" vom 14. 4. 1949**[198] umrissen die alliierten Militärgouverneure ihre Vorstellungen von der Zuständigkeit des Bundes für Polizeisachen vielmehr in einer Weise, die dem Verfassungsgeber keinen großen Spielraum ließ und die endgültige Fassung des Grundgesetzes offensichtlich beeinflußt hat. Diesen Richtlinien folgend haben die Militärgouverneure in ihrem **Genehmigungsschreiben zum Grundgesetz vom 12. 5. 1949** den Art. 91 II GG suspendiert, um eine auch nur vorübergehende Unterordnung der Landespolizei unter die Weisungsgewalt der Bundesregierung zu unterbinden.[199] In einer weiteren **Anweisung vom 21. 9. 1949**[200] schärften die Alliierten Hohen Kommissare nach dem Inkrafttreten des Besatzungsstatuts den Ländern noch einmal ihre Vorstellungen von einer nichtmilitärischen, dezentralisierten und sich allein auf die Aufrechterhaltung der öffentlichen Sicherheit und Ordnung sowie die Verfolgung von Verbrechen konzentrierenden Polizei ein. Ihre Politik änderten die Alliierten erst 1950.

76 Der 1950 eintretende **Kurswechsel** war die Folge des Ausbruchs des Koreakriegs und der Verschärfung des Kalten Krieges in Europa. Die Alliierten zeigten sich nun geneigter, den deutschen Wünschen, militärisch organisierte Polizeieinheiten aufzustellen, entgegenzukommen;[201] auch die Suspendierung des Art. 91 II GG wurde aufgehoben.[202] Das machte eine Reorganisation der Polizei möglich, die weitgehend den Vorstellungen der Weimarer Zeit folgte, obwohl eine den Weimarer Verhältnissen entsprechende Situation, die dies erfordert hätte, in jenen Jahren in der Bundesrepublik nicht vorhanden war.[203] Befürchtungen, daß es wie in den 20er Jahren zu Unruhen kommen könnte, hat es neben der Beunruhigung, die der Ausbau der kasernierten Volkspolizei in der DDR verursachte, jedoch in hohem Maße gegeben. So kam es zu dem, was man die **„Restauration"** der deutschen Polizei in den 50er Jahren genannt hat. Diese allgemeine, auch sonst oft benutzte Charakterisierung der damaligen Entwicklung darf allerdings nicht übersehen lassen, daß es von Anfang an in ihr auch weiterführende Ansätze gegeben hat, wie zum Beispiel die Debatte um den Polizeibegriff zeigt.[204] Im übrigen lassen sich auch für die Zeit nach 1950 nur bestimmte Tendenzen aufzeigen; auch damals ist die Polizeipolitik in der Bundesrepublik nicht einheitlich gewesen.[205]

77 Auffällig war vor allem der erneute Abbau der kommunalen Polizei in jenen Jahren, ihre erneute **Verstaatlichung** im Zusammenhang mit einer Renaissance der Vorstellungen

---

197 *Werkentin* S. 63 ff.

198 Abgedr. bei *Pioch* S. 289 f.

199 Abgedr. bei *Pioch* S. 290.

200 Abgedr. bei *Pioch* S. 298 ff.

201 DVWG V S. 432 f. (zur New Yorker Außenministerkonferenz v. 12.–14. 9. 1950); *Pioch* S. 292 f. (Instruktionsschreiben der Alliierten Hohen Kommissare v. 13. 11. 1950).

202 Schreiben der Alliierten Hohen Kommissare vom 30. 1. 1951 (abgedr. bei *Pioch* S. 293).

203 *Werkentin* S. 58 ff., 117 ff. (Rückkehr zum „Weimarer Modell"). Allgemein auch *Reinhard Haselow/Stefan Noehten/Klaus Weinhauer*, Die Entwicklung der Länderpolizeien, in: Lange, S. 131 ff. sowie *Hans Lisken/Hans-Jürgen Lange*, Die Polizeien des Bundes, in: Lange, S. 151 ff.

204 Vgl. die Debatte im Deutschen Verwaltungsblatt in den 50er Jahren, u. a. *Alfons Galette*, Zur Entwicklung des „Polizei- und Ordnungrechts", DVBl. 1955, 176 ff.; *Fritz Werner*, Wandlung des Polizeibegriffs?, DVBl. 1957, 806 ff.; *Georg Berner*, Wandlungen des Polizeibegriffs seit 1945, DVBl. 1957, 810 ff.

205 Vgl. *Galette* (o. Fußn. 204) S. 277 ff.; *Rasch* (o. Fußn. 147) S. 84 ff.

vom Staatsschutz als Zweck polizeilichen Handelns. Auch in den Großstädten wurde die kommunale Vollzugspolizei allmählich wieder abgeschafft, zuletzt in München 1975. Außer in Art. 83 der Bayerischen Verfassung ist die örtliche Polizei nirgendwo mehr als eine Aufgabe der Gemeindeselbstverwaltung deklariert worden; gelegentlich wurde sie, wie in der preußischen Tradition, den Kommunen als staatliche Auftragsangelegenheit anvertraut. Regelmäßig hat man die Polizei wieder in den allgemeinen Verwaltungsaufbau integriert; die Polizeiausschüsse in den Ländern der ehemaligen britischen Zone verloren demzufolge ihre Funktion und wurden durch sogenannte „Polizeibeiräte" ersetzt.[206]

Nach dem Vorbild der Weimarer Republik (vgl. Rdn. 53) richteten die **Länder Bereitschaftspolizeien** ein. Diese Polizeieinheiten umfaßten bereits in den 50er Jahren 15 000 Mann. Sie waren militärisch organisiert und ausgerüstet, kaserniert, und wurden wieder allgemein zur Ausbildung von Polizeianwärtern verwandt. Der Bund, dem die Alliierten die Einrichtung einer eigenen Bereitschaftspolizei weiterhin untersagten, übernahm in einem **Verwaltungsabkommen vom 27. 10. 1950**[207] die Kosten für die Ausrüstung der neuen Einheiten; dafür machte er ein Mitspracherecht bei der Ausbildung und Standortwahl sowie bei Ernennungen und Beförderungen geltend. Außerdem traf er Vorsorge für den nun möglich gewordenen Fall einer Requisition der Landespolizei gemäß Art. 91 II GG. 78

Beachtlich ist die **quantitative Zunahme** der Polizeikräfte ab jener Zeit. Inklusive der neuen Bundespolizei (vgl. Rdn. 82) belief sich die Zahl der Polizeibeamten 1955 auf fast 150 000 Mann gegenüber 112 000 im Jahre 1950. Die Polizeidichte in den Ländern betrug 1964 1:430; damit blieb die Bundesrepublik zwar gegenüber der DDR deutlich zurück, doch wurden die Weimarer Verhältnisse überboten.[208] Gegliedert war die **Landespolizei** in die Dienstzweige **Schutzpolizei** (inklusive der in ihr aufgegangenen Gendarmerie), **Wasserschutzpolizei, Bereitschaftspolizei** und **Kriminalpolizei.** Eine politische Polizei ist nicht wieder eingerichtet worden, wohl aber errichteten die Länder **Ämter für Verfassungsschutz** zur Sammlung und Auswertung einschlägiger Informationen. Ihnen wurde die Ausübung polizeilicher Befugnisse ausdrücklich verwehrt, doch waren die Verwaltungsbehörden und die Polizei gehalten, mit den Verfassungsschutzämtern zusammenzuarbeiten und erbetene Auskünfte zu erteilen.[209] 79

In der folgenden Zeit haben alle Länder **Polizeigesetze** erlassen; das Polizeirecht ist auf diese Weise erstmals auch in Süddeutschland kodifiziert worden.[210] Die Gesetze der 50er und 60er Jahre gingen allgemein von der traditionellen Generalklausel aus, die der Polizei die Abwehr von Gefahren für die öffentliche Sicherheit und Ordnung überantwortet.[211] Einige Länder haben dabei ihrer Legislation den im angelsächsischen Bereich favorisierten engeren Begriff der Vollzugspolizei zugrunde gelegt, dieser zum Teil aber auch „verwaltungspolizeiliche" Aufgaben übertragen. Strikt ist die **„Entpolizeilichung"** selten durchgeführt worden. Die **Grenzlinie** zwischen der **Polizei** im engeren Sinne und der Verwaltungspolizei bzw. den **Ordnungsbehörden** wurde unterschiedlich gezogen. Verwaltungspolizeiliche Aufgaben blieben oft den Gemeinden nunmehr als Pflichtaufgaben zur Weisung überlassen.[212] 80

Auch der **Bund** hat von der ihm im Grundgesetz eingeräumten Möglichkeit, eigene Polizeieinheiten aufzustellen, nach 1950 Gebrauch gemacht. So errichtete er mit Gesetz vom 8. 3. 1951 ein **Bundeskriminalamt,** das jedoch zunächst nur der zentralen Informa- 81

---

206 Vgl. Kap. D, *Pioch* S. 161; allgemein DVWG V S. 436, 442.

207 Abgedr. bei *Pioch* S. 287 f.; vgl. auch DVWG V S. 432 f.

208 *Werkentin* S. 128; DVWG V S. 437.

209 Vgl. z. B. das schleswig-holsteinische Gesetz über die Errichtung eines Landesamtes für Verfassungsschutz v. 30. 5. 1950 (GOBl. S. 223).

210 DVWG V S. 447.

211 Siehe jetzt auch Bayern; vgl. das Gesetz über Aufgaben und Befugnisse der Bayerischen Staatlichen Polizei v. 24. 8. 1978 (GVBl. 561) §§ 2 und 11.

212 DVWG V S. 444 f.; Überblick bei *Götz* S. 24 ff.

tionssammlung diente, während der Schwerpunkt der Verbrechensaufklärung bei den Kriminalpolizeiämtern der Länder verblieb.[213] Polizeiliche Tätigkeiten übernahm der Bund – teilweise unter Reklamation seiner Zuständigkeit aufgrund der „Natur der Sache" – unter anderem auch im Bereich der Bahnpolizei, des „Ordnungsdienstes des Deutschen Bundestags" und – ein Beispiel für die erneute Zunahme polizeilicher Tätigkeit infolge der allgemeinen gesellschaftlichen und technischen Entwicklung – im Bereich der Luftpolizei.[214] Wie in den Ländern wurde auch auf Bundesebene ein **Bundesamt für Verfassungsschutz** eingerichtet, jedoch ebenfalls ohne polizeiliche Befugnisse.[215] Als eine Art Ersatz für die im Grundgesetz nicht vorgesehene Bundesbereitschaftspolizei ist ebenfalls 1951 der **Bundesgrenzschutz** aufgestellt worden, eine militärisch organisierte und bewaffnete sowie kasernierte Sonderpolizei von 20 000 Mann, deren Führungspersonal zum großen Teil aus Offizieren der ehemaligen Wehrmacht stammte.[216] Etwa die Hälfte seiner Angehörigen trat 1956 in die Bundeswehr über.

82 Der Aufbau der **Bundeswehr,** dem zwei Verfassungsänderungen am 26. 3. 1954 und am 19. 3. 1956 im Zuge der Beendigung der Besatzungsherrschaft vorangegangen waren, hat die polizeiliche Situation in der Bundesrepublik zunächst nicht berührt. Ein Einsatz der Streitkräfte im Innern war ursprünglich nicht vorgesehen.[217] Sowohl die Einbindung der Bundeswehr in die NATO als auch die nicht auf eine Bekämpfung von Unruhen angelegte Ausbildung und Bewaffnung der Soldaten sprachen dagegen. Das änderte sich erst, als speziell zur Territorialverteidigung abgestellte Einheiten einsatzfähig wurden.[218] Jetzt wurde im Zusammenhang mit der Notstandsgesetzgebung von 1968 der Einsatz von Bundeswehr und Bundesgrenzschutz neu geregelt:[219]

- **Bundesgrenzschutz und Bundeswehr** können nunmehr im Falle einer Naturkatastrophe oder eines besonders schweren Unglücksfalles unter bestimmten Bedingungen zur Unterstützung der Polizeikräfte angefordert werden (Art. 35 II und III GG).
- Im Verteidigungs- und Spannungsfall (vgl. Art. 80 a, 115 a GG) dürfen die Streitkräfte den Schutz ziviler Objekte zur Unterstützung polizeilicher Maßnahmen übernehmen (Art. 87 a III GG).
- Zur Abwehr einer drohenden Gefahr für den Bestand oder die freiheitliche demokratische Grundordnung des Bundes oder eines Landes darf schließlich neben der Polizei auch der Bundesgrenzschutz eingesetzt (Art. 91 GG) und notfalls auf die Streitkräfte zur Bekämpfung organisierter und militärisch bewaffneter Aufständischer zurückgegriffen werden (Art. 87 a IV GG). In diesen Bestimmungen ist der bereitschaftspolizeiliche Charakter des Bundesgrenzschutzes deutlicher als bisher zum Ausdruck gekommen. Dagegen blieb die Möglichkeit, Bundeswehreinheiten im Innern einzusetzen, gemessen an früheren Usancen, eng begrenzt.

3. Polizeireform in den 70er und 80er Jahren

83 Das Ende der 60er Jahre bedeutet einen gewissen Einschnitt in der Polizeigeschichte der Bundesrepublik.[220] **Studentische Demonstrationen** und **Bürgerproteste** mit friedlichen Zielen, aber gelegentlich auch mit der Bereitschaft zum kalkulierten Regelverstoß und von kleinen Gruppen als Plattform für militante Angriffe auf die Polizei benutzt, stellten ebenso wie das Anwachsen der Kriminalität mit ihren neuen Erscheinungsformen des **Terrorismus** und des im großen Umfang **organisierten Verbrechens** Herausfor-

---

[213] DVWG V S. 434 f.; *Paul Dickopf/Rolf Holle,* Das Bundeskriminalamt, 1971; Kap. C Rdn. 197 ff. Zur Mitgliedschaft des BKA in der „Internationalen Kriminalpolizeilichen Organisation" (Interpol) seit 1952 vgl. Kap. O Rdn. 168 ff.

[214] Vgl. *Drews/Wacke* (o. Fußn. 165) S. 535 ff., 555.

[215] Gesetz über die Zusammenarbeit des Bundes und der Länder in Angelegenheiten des Verfassungsschutzes v. 27. 9. 1950 (BGBl. I S. 682); DVWG V S. 435 f.

[216] Gesetz über den Grenzschutz und die Einrichtung v. Grenzschutzbehörden v. 16. 3. 1951 (BGBl. I S. 201); DVWG V S. 433 f.; *Werkentin* S. 86 ff.; *Ludwig Dierske,* Der Bundesgrenzschutz, 1967. Weiteres u. Kap. C Rdn. 138 ff.

[217] Vgl. Art. 143 GG i. d. F. v. 19. 3. 1956.

[218] *Werkentin* S. 150 ff.

[219] Vgl. das 17. Gesetz zur Ergänzung des GG v. 24. 6. 1968.

[220] Vgl. DVWG V S. 438; *Busch* S. 23 und passim; *Werkentin* S. 185 ff.

derungen für die Polizei dar, die zu unterschiedlichen Reaktionen führten. Erste Ansätze zu einer Reform hat es schon in den 60er Jahren gegeben.[221] Für sie war lange Zeit die damals aufkommende Vorstellung maßgeblich, daß man mit modernen Planungstechniken die Effektivität und das demokratische Potential des Staates und damit auch der Polizei steigern könne,[222] wobei für die einen die terroristischen Anschläge und studentischen Tumulte den Aufbau der Bereitschaftspolizei und des Bundesgrenzschutzes in den 50er Jahren nachträglich rechtfertigten, während andere die Notwendigkeit einer Reform dieser Organisationen und ihrer Einsatztechnik betonten.

Die **Massendemonstrationen** der 70er Jahre hatten zum einen den **vermehrten Einsatz der Polizei,** auch über die Ländergrenzen hinweg, zur Folge. Zum anderen wurde durch sie die Frage aufgeworfen, wie sich die Polizei Protesten gegenüber verhalten sollte, die nicht den Umsturz des Systems bezweckten, sondern auf bestehende Mißstände zum Beispiel in der Rüstungspolitik und im Umweltschutz aufmerksam machen wollten, dabei dennoch leicht zu Gewalttätigkeiten führten. Ganz grundsätzlich wurde in dem Zusammenhang die Frage nach der Rolle der Polizei in einem demokratischen Staatswesen aufgeworfen.[223] Für die Praxis war dies mehr ein technisches Problem. Ihr ging es in erster Linie darum, den Polizeieinsatz den neuen Formen des Protestes anzupassen. Schon Ende der 50er Jahre hatte die Polizeigewerkschaft für eine **adäquate Ausrüstung** der Polizei plädiert mit **Waffen,** die **angriffs- und fluchtunfähig** machen und zur Verteidigung, nicht aber zur Tötung dienen. Diese Vorstellungen wurden nun aufgegriffen und die Bewaffnung von Bereitschaftspolizei und Bundesgrenzschutz entsprechend umgestellt.[224] Der **Bundesgrenzschutz,** nunmehr offiziell als „Polizei des Bundes" apostrophiert,[225] wurde immer häufiger von den Ländern angefordert, um die Landespolizei bei der Aufrechterhaltung und Wiederherstellung der öffentlichen Sicherheit und Ordnung zu unterstützen – eine Aufgabe, zu der er durch eine erneute Änderung des Grundgesetzes im Jahre 1972 ausdrücklich ermächtigt worden war.[226] Länderpolizeien und Bundesgrenzschutz sind seitdem enger zusammengerückt; eine Ausbildungsreform ermöglicht seit 1976 die Übernahme von Beamten des Grenzschutzes in den Landespolizeidienst.[227] 84

Ebenso wie die zunehmenden Demonstrationen und die gewalttätigen Proteste wirkten sich auch der **Terrorismus** der 70er Jahre und die neuen Erscheinungsweisen des **organisierten Verbrechens** auf Einsatz und Organisation der Polizei aus. Mit einem **„Sofortprogramm** zur Modernisierung und Intensivierung der Verbrechensbekämpfung" versuchte die sozialliberale Koalition im Bund bereits 1969, Bundesgrenzschutz und Bundeskriminalamt zu stärken und den Schwerpunkt der polizeilichen Tätigkeit auf die Verhütung von Verbrechen als der „ureigenen polizeilichen Aufgabe" zu verlagern.[228] Bund und Länder entwickelten auf den Konferenzen der Innenminister 1972 und 1974 ein **Sicherheitsprogramm für Organisation und Einsatz der Polizei;**[229] Bundeskanzler und Ministerpräsidenten einigten sich ebenfalls 1972 über ein verstärktes Vorgehen gegen Extremisten im öffentlichen Dienst.[230] Strafrecht und Strafverfahrensrecht wurden in 85

[221] *Busch* S. 440.

[222] *Busch* S. 63 f.

[223] *Erhard Denninger,* Polizei in der freiheitlichen Demokratie, 1968; *ders.* und *Klaus Lüderssen,* Polizei und Strafprozeß im demokratischen Rechtsstaat, 1978. Kritisch dazu *Hans H. Klein,* Zur Auslegung des Rechtsbegriffs der „öffentlichen Sicherheit und Ordnung", DVBl. 1971, 233 ff.; s. auch *Klaus Vogel,* Über die Herkunft des Polizeirechts aus der liberalen Staatstheorie, in: Verfassung, Verwaltung, Finanzen. Festschrift für Gerhard Wacke zum 70. Geburtstag, hrsg. von Klaus Vogel und Klaus Tipke, 1972, S. 375 ff. Siehe aus der Sicht des Praktikers *Tönis Hunold,* Polizei in der Reform, 1968.

[224] *Busch* S. 182 ff.; *Werkentin* S. 186, 204.

[225] § 42 BGSG v. 28. 8. 1972 (BGBl. I S. 1834).

[226] Art. 35 Abs. 2 GG i. d. F. v. 28. 7. 1972.

[227] DVWG V S. 441 f.; *Busch* S. 99 ff.

[228] *Werkentin* S. 191.

[229] DVWG V S. 439.

[230] Vgl. den sog. „Radikalenerlaß" v. 28. 1. 1972; abgedr. bei *Erhard Denninger* (Hrsg.), Freiheitliche demo-

jenen Jahren verschärft.[231] In dem Zusammenhang sind nicht nur die Verfassungsschutzämter, sondern ist auch das **Bundeskriminalamt** erheblich ausgebaut worden. Unter Ausnutzung der neu aufkommenden elektronischen Datenverarbeitung wurde es zu einer Zentralstelle der Verbrechensbekämpfung in Bund und Ländern. In dem nunmehr geschaffenen Computerverbund INPOL liefen Informationen nicht nur über gesuchte Straftäter, sondern auch über allgemein verdächtige Personen zusammen, wurde mit Hilfe sogenannter „Vorfeld"-Untersuchungen eine vorbeugende Verbrechensbekämpfung möglich. Zum Zweck einer verbesserten Ermittlungstätigkeit sind auch die exekutivpolizeilichen Befugnisse des BKA erweitert worden.[232]

86 Bei alldem blieb die **Länderhoheit** über die Polizei bestehen, doch bemühte man sich, jetzt auch das Polizeirecht im Wege der **freiwilligen Selbstkoordination** mit Hilfe eines **Musterentwurfes** (ME) 1976/77 zu vereinheitlichen.[233] Dies schien vor allem angesichts der zunehmenden länderübergreifenden Polizeieinsätze notwendig zu sein. Dabei wurde nunmehr grundsätzlich zwischen einer Festlegung der Aufgaben der Polizei und den ihr dafür eingeräumten Befugnissen unterschieden (§§ 1 und 8 ME). Genau fixiert wurden insbesondere sogenannte **Standardmaßnahmen** der Polizei wie die Identitätsfeststellung oder die Durchsuchung von Personen, Sachen und Wohnungen (§§ 9 ff. ME). Hinter diesen Regelungen trat die allgemeine Eingriffsbefugnis zur Abwendung von Gefahren für die öffentliche Sicherheit und Ordnung (vgl. § 8 I ME) deutlich zurück. Andererseits erlaubte § 9 ME der Polizei, auch ohne Vorliegen einer konkreten Gefahr einzuschreiten, zum Beispiel sogenannte Kontrollstellen zu errichten und Razzien vorzunehmen. Diese Ausweitung polizeilicher Handlungsmöglichkeiten stieß, ebenso wie die Regelung des sogenannten finalen Rettungsschusses in § 42 II ME, auf grundsätzliche Kritik. In einem **Alternativentwurf zu einem einheitlichen Polizeigesetz** wurde vorgeschlagen, die Befugnisse der Polizei stärker einzugrenzen und ihr keine besonderen, über den Polizeizweck im engeren Sinne hinausgehenden Waffen, wie Handgranaten oder Maschinengewehre, zuzubilligen.[234]

87 Zusammenfassend läßt sich feststellen:[235] Die neue Situation hatte eine erhebliche **Aufstockung der Polizeikräfte** zur Folge. Zu Beginn der 80er Jahre war die Zahl der Polizeibeamten auf über 200 000 angestiegen. Die Landespolizei hat sich gegenüber 1960 annähernd verdoppelt. Besonders stark war die Zahl der Kriminalbeamten im BKA angewachsen, von etwa 500 in den 60er Jahren auf 1500 in den 80er Jahren.[236] Von größerer Bedeutung ist allerdings die Einführung der modernen Technik, der **elektronischen Datenverarbeitung,** gewesen. Sie führte zu grundlegenden Neuerungen beim Einsatz und in der Organisation der Polizei.[237] Nach der in den 70er Jahren abgeschlossenen Verstaatlichung der Polizei (vgl. Rdn. 78) ist es nicht zuletzt aufgrund technischer Überlegungen nun zu einer weitergehenden **Vereinheitlichung** und **Zentralisierung** gekommen: Der in den 70er Jahren formulierte Musterentwurf wurde zur Grundlage für eine neue Generation von Polizeigesetzen. Die alte Unterscheidung zwischen preußischem und süddeutschem Polizeisystem, die vor allem auf der Unterscheidung von genereller Vollmachterteilung und Spezialermächtigung (in Bayern) beruhte, wurde damit hinfällig.[238] Bundesgrenzschutz und Landespolizeien sind einander angenähert worden. Die Verbrechensbekämpfung erhielt eine zentrale Leitstelle im BKA.

---

kratische Grundordnung. Materialien zum Staatsverständnis und zur Verfassungswirklichkeit in der Bundesrepublik, Teil 2, 1977, S. 518 f.

[231] Vgl. das „Anti-Terrorismusgesetz" v. 18. 8. 1976 (BGBl. I S. 2184) sowie die Änderung der StPO v. 14. 4. 1978 (BGBl. I S. 497) und dazu *Hans-Jochen Vogel,* Strafverfahrensrecht und Terrorismus. Eine Bilanz, NJW 1978, S. 1217 ff. Zur Ausdehnung der Befugnisse des Verfassungsschutzes 1972 vgl. *Götz* S. 179 ff.

[232] DVWG V S. 439 ff.

[233] DVWG V S. 448 ff.

[234] *Erhard Denninger* u. a., Alternativentwurf einheitlicher Polizeigesetze des Bundes und der Länder, 1979.

[235] *Werkentin* S. 194–197.

[236] *Werkentin* S. 198; *Busch* S. 76 ff.; DVWG V S. 439, 444; vgl. auch Kap. B Rdn. 76

[237] *Busch* S. 115 ff.

[238] DVWG V S. 450.

In dem Zusammenhang ist darauf hinzuweisen, daß nunmehr auch die **europäische Integration** einen Grad erreicht hat, der – insbesondere angesichts des Wegfalls der Grenzkontrollen bei der Vollendung des Binnenmarkts – eine Abstimmung und Vereinheitlichung polizeilicher Maßnahmen unter den Mitgliedstaaten der Europäischen Gemeinschaft unabdingbar erscheinen läßt. Infolgedessen ist bei der Gründung der Europäischen Union im Vertrag von Maastricht vom 9. Februar 1992 in einem neuen Bereich „Justiz und Inneres" (Art. K–K_9) die polizeiliche Zusammenarbeit zur Bekämpfung verschiedener Arten der internationalen Kriminalität, des Terrorismus und des Drogenhandels sowie die Errichtung eines europäischen Polizeiamtes (Europol) zum Austausch kriminalpolizeilicher Informationen vereinbart worden. Bereits 1985 haben Deutschland, Frankreich und die Beneluxländer in Schengen in Luxemburg grundsätzliche Vereinbarungen über den Abbau von Grenzkontrollen getroffen und sie 1990 durch ein Abkommen über die Zusammenarbeit der Polizei ergänzt. Dem **Schengener Abkommen** sind inzwischen weitere Staaten beigetreten. Zu den nunmehr realisierten Maßnahmen des Abkommens gehören das Recht zur Nacheile der Polizei bei der Verbrechensverfolgung in die Nachbarstaaten und eine zentrale Datensammlungsstelle, das Schengener Informationssystem (SIS) in Straßburg, bei dem Fahndungsdaten auch des Auslandes abgerufen werden können.[239] 88

Auf der anderen Seite bedeutete diese Zentralisierung aber trotz zunehmender Polizeidichte[240] einen **Verlust an Bürgernähe,** wie er auch anderswo, zum Beispiel bei der Gemeindereform, die Folge des Zusammenschlusses kleinerer Einheiten aus Gründen administrativer Effektivität gewesen ist. So wurde die Polizei aus dem Einzel- und Revierdienst abgezogen.[241] Gravierender aber scheint die aus Effektivitätsgründen vorgenommene Verlagerung der Polizeitätigkeit in den Bereich der **Verbrechensprävention** zu sein. Neue Techniken, wie die „beobachtende Fahndung" oder die Rasterfahndung, verlagerten die polizeilichen Ermittlungen in einen Bereich, in dem es nicht um die Abwendung konkret bestehender Gefahren ging, sondern um ein allgemeines präventives „screening", wie ein bezeichnenderweise aus der sozialmedizinischen Prophylaxe übernommener Ausdruck lautet. Diese Technik sollte der Polizei in der Vorstellung mancher Reformer künftig die Wahrnehmung einer „gesellschaftssanitären" Aufgabe ermöglichen und letztlich zur Beseitigung der Kriminalität überhaupt führen.[242] Die damit denkbar werdende Erstreckung der polizeilichen Tätigkeit auf eine generelle Überwachung der Öffentlichkeit und ihre Durchleuchtung nach verdächtigen Personen, um Verbrechen von vornherein zu unterbinden, stieß jedoch auf grundsätzliche rechtsstaatliche Bedenken.[243] Sie lassen abschließend nach der Aufgabe der Polizei in der heutigen Zeit fragen. 89

4. Zur Aufgabe der Polizei heute

Zu den Merkwürdigkeiten der gegenwärtigen Situation gehört es, daß sich auf der einen Seite eine bedeutsame Zunahme polizeilicher Tätigkeit feststellen läßt, während andererseits die Entpolizeilichung der Verwaltung so vorangeschritten ist, daß die Frage aufgeworfen werden kann, welche **originären Aufgaben** die Polizei eigentlich noch besitzt neben der **Vollzugshilfe** für andere Behörden, neben einer Art **Notkompetenz** beim 90

---

239 Einzelheiten vgl. Kap. O Rdn. 102 ff. sowie *Albrecht Funk*, Das deutsche System der Inneren Sicherheit im Prozeß der Europäisierung, in: Lange, S. 291 ff. und *Andreas Maurer/Jörg Monar*, Parlamentarische Kontrolle und Innere Sicherheit im Prozeß der Europäisierung, ebda., S. 311 ff.

240 *Busch* S. 84.

241 *Busch* S. 94 ff., 287 ff.; gleichzeitig nehmen die privaten Sicherheitsdienste zu, *Busch* S. 41 ff.; s. u. Kap. C Rdn. 161 ff.

242 *Horst Herold*, Gesellschaftlicher Wandel – Chance der Polizei? in: Grundlagen der Kriminalistik, Bd. 11, 1973, S. 13 f.

243 *Hans Peter Bull* (Hrsg.), Sicherheit durch Gesetze?, 1978; *Hans Lisken*, Polizei zwischen Recht und Politik, Krit. Vjschr. 1988, S. 314 ff.

Eintritt einer unmittelbaren Gefahr in Angelegenheiten, die ebenfalls in der Zuständigkeit anderer Behörden liegen, und neben den Aufgaben, die ihr **besonders übertragen** wurden, wie die Verbrechensverfolgung durch die StPO oder die Regelung des Verkehrs durch die StVO.[244] Prekär bleibt die ihr angesonnene allgemeine Gefahrenabwehr, die vorbeugende Verbrechensbekämpfung (vgl. Rdn. 95). Der Wandel des Polizeibegriffs hatte zugleich eine Erosion der von der Polizei im engeren Sinne wahrgenommenen Tätigkeiten zur Folge, was schon am Ende des 19. Jahrhunderts dazu führte, die Polizei nicht mehr von einem Aufgabenbereich, sondern von ihrer Vorgehensweise her zu bestimmen (vgl. Rdn. 39).

91 Das sei noch einmal im historischen Rückgriff deutlich gemacht: Mit der Wirtschaftsförderung entfiel im 19. Jahrhundert die erste große Aufgabe aus der vorverfassungsstaatlichen Trias, der Sorge der Polizei für **Wohlfahrt** (Bequemlichkeit), Sicherheit und Anstand (vgl. Rdn. 16, 23). Anstelle von Sicherheit und Anstand sprach man nun von **„Sicherheit und Ordnung"**, wobei jedoch die Übertragung spezieller Sicherheits- und Ordnungsaufgaben auf die sogenannte Verwaltungspolizei und heute die Ordnungsbehörden das polizeiliche Verständnis von „Ordnung" auf eben jene Wahrung des **öffentlichen Anstands** beschränkte, die seit je im Mittelpunkt der polizeilichen Ordnungsbegrifflichkeit gestanden hat.[245]

92 Die Vorstellung, daß die Sorge für die **„öffentliche Sicherheit und Ordnung"** originäre, wenn auch nicht alleinige Aufgabe der Polizei sei (unter einer offenbar vorschnellen Aufgabe des dritten Begriffs in der neuen verfassungsstaatlichen Trias, der „Ruhe", wie sich heute angesichts zunehmender Lärmbeeinträchtigungen herausstellt),[246] setzte sich gegen Ende des vorigen Jahrhunderts durch. Sie fand ihre klassische Formulierung in **Art. 14 PrPVG** von 1931 (vgl. Rdn. 51). Von dort wurde sie in die Bundesrepublik tradiert. Ungeachtet der fortschreitenden Entpolizeilichung, insbesondere des Ordnungsbereichs, prägte sie die Restaurationsphase in den 50er Jahren und fand schließlich Aufnahme im **Musterentwurf** als Aufgaben- und (subsidiäre) Befugnisnorm (§ 1 I und § 8 I ME). Dabei wird zur Charakterisierung dessen, was „öffentliche Sicherheit und Ordnung" im polizeilichen Sinne bedeuten, noch immer auf die **amtliche Begründung zum Entwurf des § 14 PrPVG** zurückgegriffen. So kann man noch heute lesen, daß die Aufrechterhaltung der öffentlichen Sicherheit zu bestimmen sei als „der Schutz vor Schäden, die entweder den Bestand des Staates oder seiner Einrichtungen oder das Leben, die Gesundheit, Ehre oder das Vermögen der Einzelnen bedrohen". Öffentliche Ordnung bedeute dagegen: „den Inbegriff der Normen, deren Befolgung nach den jeweils herrschenden sozialen und ethischen Anschauungen als unentbehrliche Voraussetzungen für ein gedeihliches Miteinanderleben der innerhalb eines Polizeibezirks wohnenden Menschen angesehen wird".[247]

93 Diese **traditionelle Aufgabenbestimmung** erfuhr anfangs der 50er Jahre insofern sogar noch eine Aufwertung, als man in ihr eine **allgemeine Eingriffsermächtigung** auch in Grundrechte, die das Grundgesetz ohne Gesetzesvorbehalt versehen hatte, sah.[248] Die schon die Staatsrechtslehre in der Weimarer Republik bewegende Frage nach der Existenz **„polizeifester" Grundrechte** (vgl. Rdn. 59) wurde auf diese Weise negativ im Sinne eines generell möglichen polizeilichen Eingriffs beantwortet: Da jedes Grundrecht immanente Schranken aufweise, die im konkreten Fall, insbesondere bei einer Kollision mit anderen Grundrechten, zutage träten, und der Verweis in Art. 2 I GG auf die „verfassungsmäßige Ordnung" eine solche, den polizeilichen Ordnungsbegriff mit beinhaltende allgemeine Schranke darstelle, seien alle Grundrechte nur im Rahmen polizeilicher Sicherheits- und Ordnungsvorstellungen ausübbar.[249]

---

[244] Vgl. § 1 ME; *Lisken* (o. Fußn. 243) S. 316 ff.
[245] Vgl. *Rasch* Rdn. 45 zu § 1 ME; Beispiele bei *Klein* (o. Fußn. 223), S. 238.
[246] *Rasch* Rdn. 36 zu § 1 ME.
[247] *Rasch* Rdn. 33, 38 zu § 1 ME.
[248] *Günter Dürig,* AöR 79 (1953/54), 57 ff.
[249] So heute noch der Grundgesetzkommentar von *Maunz/Dürig/Herzog/Scholz* Rdn. 79 ff. zu Art. 2 II GG; vgl. auch *Josef Isensee,* Das Grundrecht auf Sicherheit, 1983.

Diese insbesondere im Hinblick auf die gängige Definition von „öffentlicher Ordnung" in ihren Konsequenzen nicht unproblematische Auffassung stieß indessen sofort auf **Kritik.**[250] Sie richtete sich bald auch gegen die Eignung der **polizeilichen Generalklausel** überhaupt, einen gesetzlichen Eingriffsvorbehalt in Grundrechte abzugeben. Zumindest sei die **„öffentliche Ordnung"** ein zu vager Begriff, um der Forderung nach hinreichender Bestimmtheit des Eingriffsvorbehaltes zu genügen.[251] Dagegen wurde eingewandt, daß es kaum möglich sei, alle denkbaren Verletzungen der öffentlichen Ordnung im vorhinein gesetzlich präzise zu umreißen, und daß auf Generalklauseln, die durch gerichtliche Kontrolle hinreichend präzisiert würden, auch im Rechtsstaat nicht verzichtet werden könne.[252] Hinter diesem mit zahlreichen juristischen Argumenten ausgetragenen Streit stand gesellschaftspolitisch die Frage, inwieweit es überhaupt Aufgabe einer sich liberalisierenden, auf Toleranz setzenden Gesellschaft sei, Anstandsregeln festzulegen und deren Einhaltung polizeilich überwachen zu lassen. Das Problem ist heute insofern entschärft, als entsprechende Eingriffe in der Regel nicht mehr aufgrund der polizeilichen Generalklausel, sondern gestützt auf §§ 116ff., insbesondere § 118 I, des **Gesetzes über Ordnungswidrigkeiten** vorgenommen werden.[253] Manche Polizeigesetze haben daher im Gegensatz zum Musterentwurf den Tatbestand der öffentlichen Ordnung in die Aufgabenbestimmung der Polizei gar nicht mehr aufgenommen. 94

In den Mittelpunkt der Diskussion ist dagegen die bisher allgemein akzeptierte Aufgabe der Polizei getreten, für die **Aufrechterhaltung der öffentlichen Sicherheit** zu sorgen. Dies, die Verhütung von Verbrechen, scheint als originäre Aufgabe der Polizei übriggeblieben zu sein – eine Entwicklung, die der technisch gebotenen Spezialisierung der staatlichen Tätigkeit entspricht, die nun aber angesichts des Versuches, das polizeiliche Handeln auf diesem Gebiet über bislang geltende rechtsstaatliche Grenzen hinaus auszudehnen, zunehmend auf Bedenken stößt. Problematisch sind dabei nicht nur bestimmte Maßnahmen einer **präventiven Gefahrenabwehr,** die das Eintreten einer konkreten Gefahrenlage nicht abwartet, sondern Vorsorge schon gegen ihr Entstehen zu treffen sucht, ohne dabei notwendig werdende Eingriffe in die Freiheitssphäre der Bürger präzise begrenzen zu können, wie z.B. bei den „verdachtsunabhängigen Kontrollen" und der geplanten Video-Überwachung öffentlicher Plätze.[254] Problematisch ist vor allem eine in dem Zusammenhang spürbar werdende allgemeine Tendenz, moderne technische Überwachungsmöglichkeiten auszunutzen, ohne die möglichen Konsequenzen eines solchen Vorgehens zu bedenken. So werden der Polizei zur Perfektionierung ihrer Tätigkeit sogar gesellschaftsgestalterische Aufgaben angesonnen, die ihr in einem Rechtsstaat nicht zukommen. Selbstredend ist es das Recht jeden Bürgers und die Pflicht der Beamten, auf Mißstände aufmerksam zu machen und Vorschläge zur Verbesserung des gesellschaftlichen Zusammenlebens zu unterbreiten; selber **Gesellschaftsgestaltung aus dem Blickwinkel der Verbrechensverhütung** zu betreiben, kann dagegen **nicht Amt der Polizei** 95

---

[250] Vgl. *Karl Zeidler* NJW 1954, 1068; dagegen wiederum *Dürig* NJW 1954, 1394f.

[251] Vgl. Kap. E Rdn. 25–28.

[252] Vgl. z. B. *Klein* und *Vogel* (o. Fußn. 223); allgemeiner Überblick bei *Rasch* Rdn. 38–49 zu § 1 ME und *Hermann Hill,* Abschied von der öffentlichen Ordnung im Polizei- und Ordnungsrecht?, DVBl. 1985, 88ff. sowie *Rainer Störmer,* Renaissance der öffentlichen Ordnung?, Die Verwaltung, 1997, 233ff.

[253] *Rasch* Rdn. 44 zu § 1 ME; *Hans Lisken,* Polizeigesetz NW 1990, NWVBl. 1990, 325ff. mit Verweis auf die Aufnahme des Begriffs der „öffentlichen Ordnung" in das nordrhein-westfälische Ordnungsbehördengesetz i. d. F. v. 13. 5. 1980.

[254] Vgl. dazu *Heinz Wagner,* Die Entwürfe zur Novellierung der Polizeigesetze oder Die nicht normierenden Normen, in: Demokratie und Recht 17, 1989, S. 165ff.; speziell zum Datenschutz vgl. *BVerfGE* 65, 1, bes. 44ff. (sog. Volkszählungsurteil) und Kap. J sowie *Martin Kutscha,* Innere Sicherheit und informationelle Selbstbestimmung, in: Lange, S. 335ff. Grundsätzlich zum Verhältnis von Verfassungsschutz und Polizei in dem Zusammenhang auch *Erhard Denninger,* Die Trennung von Verfassungsschutz und Polizei und das Grundrecht auf informationelle Selbstbestimmung, ZRP 1981, 231ff. Zum Verhältnis von Polizei und Geheimdiensten vgl. Kap. C Rdn. 109ff. Zum Ganzen auch *Hans-Uwe Erichsen/Franz-Ludwig Knemeyer,* Der Schutz der Allgemeinheit und der individuellen Rechte durch die polizei- und ordnungsrechtlichen Handlungsvollmachten der Exekutive, in: VVDStRL 35, S. 171ff.

sein, ebensowenig wie es Amt einer anderen, mit speziellen Aufgaben betrauten und einer spezifischen Zwecklogik folgenden staatlichen Institution ist.

96 Indes, auch auf die Aufgabe reduziert, die **öffentliche Sicherheit nur zu wahren,** stellt die Polizei heute mehr noch als früher einen von der Größenordnung und von ihren technischen Möglichkeiten her gesehen beachtlichen Machtapparat dar. Angesichts neuer, organisierter Formen des Verbrechens wird man ihr die Erweiterung ihres Tätigkeitsfeldes unter Nutzung vorhandener technischer Möglichkeiten nicht verweigern wollen, genausowenig wie man dem Militär, das vor einem hochgerüsteten Gegner schützen soll, eine moderne Bewaffnung vorenthalten kann. Um so bedeutsamer wird dann aber die Frage der **Kontrolle** dieses Machtapparates – eine Frage, die heute unter anderem im speziellen Verhältnis von **Polizei und Staatsanwaltschaft** erörtert wird in einer Situation, in der diese mit ihrem beschränkten Verbrechensermittlungsauftrag gegenüber der modernen Technik und der weitgespannten Tätigkeit ihrer „Hilfsmannschaft" immer mehr ins Hintertreffen gerät.[255] Auch eine **gerichtliche Kontrolle** scheint kaum das adäquate Mittel zu sein, allgemeinen Vorfelduntersuchungen zu begegnen, von denen einzelne Bürger, ohne es zu wissen, betroffen werden. Die Veränderung der Sachlage macht offenbar andere Vorkehrungen zur Abwendung von Verbrechen und zur Kontrolle des Polizeiapparats notwendig, als sie der Rechtsstaat des 19. Jahrhunderts kannte. Die gegenwärtige Polizeigesetzgebung behilft sich hier mit sogenannten **Richter-** und **Behördenleitervorbehalten.**[256] Das ist insofern problematisch, als dadurch Richter von vornherein in ein Geschehen hineingezogen werden, über das sie später aufgrund einer Klage unparteiisch zu Gericht sitzen sollen. Sinnvoller wäre der Einsatz spezieller **politischer Kontrolleure,** wie sie die **Datenschutzbeauftragten** in Bund und Ländern darstellen.[257] Im Ruf nach solchen Kontrolleuren liegt kein spezifisches Mißtrauen gegenüber der Polizei. Es entspricht vielmehr der Logik unseres, die Kontrolle auch der demokratischen Staatsgewalt und der mit ihrer Ausübung betrauten Behörden für unverzichtbar haltenden Systems, gerade dann, wenn die Macht der Apparate erhöht wird, auch deren Überprüfung zu steigern. Nur mit beidem zusammen läßt sich der Aufgabe gerecht werden, die rechtsstaatliche Demokratie vor Bedrohungen zu schützen, die aus dem Bereich der Gesellschaft wie des Staates selbst kommen können.

---

[255] Vgl. Kap. J Rdn. 550–553; *Bull* (o. Fußn. 243) S. 30 f., 120 f.; *Lisken* (o. Fußn. 243) S. 317.

[256] *Hans Lisken/Reinhard Mokros,* Richter- und Behördenleitervorbehalte im neuen Polizeirecht, NVwZ 1991, 609 ff.

[257] Vgl. in dem Zusammenhang den der preußischen Polizeitradition entsprechenden Vorschlag von *Hill* (o. Fußn. 252) S. 93 f., polizeirechtliche Regelungen der öffentlichen Ordnung durch besondere, demokratisch legitimierte Gremien vornehmen zu lassen. (Dabei wäre für eine hinreichende Bestimmtheit der gesetzlichen Ermächtigung zu sorgen, weil der Rechtsgedanke des Art. 80 I 2 GG über Art. 28 I 1 GG auch auf die verfassungsmäßige Ordnung in den Ländern Anwendung findet.) Zum Ganzen s. jetzt auch *Hans Lisken,* Für eine demokratische Polizeiverfassung, ZRP 1998, 270 ff.

B. Polizeiorganisation in Deutschland

Übersicht

Schrifttum: *Bundeskriminalamt,* „Das Bundeskriminalamt am Ausgang des 20. Jahrhunderts", in: Festschrift für Horst Herold zum 75. Geburtstag, Beiträge von Mitarbeiterinnen und Mitarbeitern des Bundeskriminalamtes, Bundeskriminalamt Wiesbaden, 1998; *Bundesministerium des Innern,* Organisation und Aufgaben der Polizei in der Bundesrepublik Deutschland, 1999; *Diederichs,* Stand des Polizeiaufbaus in den neuen Bundesländern, in: CILIP, „Bürgerrechte & Polizei", 38; *Gornig/Jahn,* Sicherheits- und Polizeirecht, 1994; *Hilse/Schneider,* Verkehrssicherheit – Handbuch zur Entwicklung von Konzepten, 1995; *Hitzler,* Europa-Handbuch 1989; *Höger,* Offene Grenzen – engere Zusammenarbeit, DPlBl. 2/1994, S. 26; *Kniesel/Kube/Murck,* Handbuch für Führungskräfte der Polizei – Wissenschaft und Praxis –, 1996; *Läufer,* Europäische Gemeinschaft / Europäische Union – Die Vertragstexte von Maastricht, 1992; *Morie/Murck/Schulte,* Auf dem Weg zu einer europäischen Polizei, 1992; *Polizei-Führungsakademie der Bundesrepublik Deutschland,* Polizeigeschichtliche Sammlung, 1994; *Polizei-Führungsakademie der Bundesrepublik Deutschland,* Transformation – Zur Entwicklung in den neuen Bundesländern, in: PFA-Schriftenreihe, 1/1991; *Rasch,* Polizei und Polizeiorganisation, Bd. 22, 1980; *Schulte,* Polizeiliche Zusammenarbeit in Europa, DPBl. 2/1994, S. 2, *SPD-Bundestagsfraktion,* Aufbruch und Erneuerung – Deutschlands Weg ins 21. Jahrhundert, Koalitionsvereinbarung zwischen der SPD und Bündnis 90/DIE GRÜNEN, Bonn, 20. 10. 1998; *Statistisches Bundesamt,* Datenreport 1992 – Zahlen und Fakten über die Bundesrepublik Deutschland, Schriftenreihe, Bd. 309; *H. Wolf,* Auswahl, Aus- und Fortbildung der Polizei in den Nachbarstaaten, CDU-Arbeitskreis „Sicherheitsforum", 1990.

I. Grundsätzliches

1. Polizeibegriff

„Innere Sicherheit" umfaßt ein weites Feld staatlicher Tätigkeit. Nach der Verfassung ist die Sorge für die Sicherheit der Rechte der Bürger und für den Schutz der verfaßten Freiheitsordnung vor rechtswidrigen Angriffen, insbesondere vor Kriminalität, vor Verletzungen der Grundrechte und vor Beeinträchtigungen der freiheitlich-demokratischen Grundordnung originäre Aufgabe des Staates. Das Polizeirecht des Bundes und der Länder der Bundesrepublik Deutschland muß also als Mittel dieses Rechtsgüterschutzes konkretisiertes Verfassungsrecht sein; es soll bei Wahrung größtmöglicher Freiheiten der Bürger Sicherheit gewährleisten. Deswegen unterliegen die Eingriffe in die Grundrechte dem Vorbehalt des Gesetzes und dem Gebot der Verhältnismäßigkeit. 1

„Polizei" steht begrifflich für jene staatliche Tätigkeit, die geeignet ist, Gefahren von einzelnen Menschen oder von der Allgemeinheit abzuwehren; das Polizeirecht ist damit das **Gefahrenabwehrrecht** im Rahmen des Verwaltungsrechts. 2

„Polizei" ist eine spezifische Funktion öffentlicher, meist unmittelbarer staatlicher Verwaltung, die ihrem Tätigkeitsgehalt nach zur ordnenden, ihrer Tätigkeitsform nach in der Regel zur eingreifenden Verwaltung gehört. Der Polizeibegriff ist heute – anders als im absoluten „Polizeistaat" – nur noch für die Abgrenzung der überwachenden Tätigkeit innerhalb der allgemeinen inneren Verwaltung von Bedeutung; diese Abgrenzung ist allerdings theoretisch und praktisch wesentlich wegen der weitgehenden Eingriffs- und Zwangsbefugnis der Polizei.

3 Der Polizeibegriff hat unterschiedliche Dimensionen, so daß verschiedene Definitionen möglich sind; mit verschiedenen Begriffen von „Polizei" soll den Aspekten von Aufgaben, Zuständigkeiten und Organisation Rechnung getragen werden.

4 **„Polizei" im materiellen Sinne** meint Zielsetzung und Qualität jener staatlichen Tätigkeit, die inhaltlich durch den Dienst zur Abwehr von Gefahren für die öffentliche Sicherheit gekennzeichnet ist.

Der materielle Polizeibegriff ist also **funktionell bestimmt,** wonach die Polizei, mit ihren Befugnissen und Zwangsmitteln ausgestattet, subsidiär und auf Grund gesetzlicher Bestimmungen in öffentlicher Verwaltungsfunktion zur Abwehr von Gefahren für die öffentliche Sicherheit und Ordnung eingreift; nach dem rechtsstaatlichen Grundsatz der Gesetzmäßigkeit der Verwaltung bedarf die Polizei stets einer gesetzlichen Ermächtigung für Eingriffe. Der materielle Polizeibegriff als Ergebnis eines langen geschichtlichen Entwicklungsprozesses kann heute nur noch die Gewährleistung der öffentlichen Sicherheit und Ordnung und nicht mehr die umfassende allgemeine (Wohlfahrts-)Fürsorge und Vorsorge beinhalten (vgl. Kap. A Rdn. 39, Kap. E Rdn. 4).

5 **„Polizei" im institutionellen Sinne** fordert die Zugehörigkeit zu einer bestimmten oder hinreichend bestimmbaren Kategorie staatlicher Behörden; sie bezeichnet diejenigen Stellen, die dem „Organisationsbereich Polizei" zuzurechnen sind und deren Umfang in den einzelnen Ländern der Bundesrepublik Deutschland verschieden sein kann und ist.

Grundsätzlich zu unterscheiden ist das System der „Trennung" der „Ordnungsbehörden", in dem die Abwehr von Gefahren überwiegend von Behörden der allgemeinen (inneren) Verwaltung wahrgenommen wird, von dem sogenannten „Einheits"-System, in dem sämtliche Behörden, die polizeiliche Aufgaben im Sinne des materiellen Polizeibegriffs wahrnehmen, zusammengefaßt sind; gleichwohl sind auch in diesem „Einheits"-System innere Differenzierungen in „Verwaltungspolizei" und „Vollzugspolizei" möglich und werden praktiziert.

6 **„Polizei" im formellen Sinne** umschreibt alle Aufgaben, die die Polizei innerhalb ihrer Organisation wahrnimmt; dazu zählen nicht nur die Aufgaben zur Abwehr von Gefahren für die öffentliche Sicherheit im engeren Sinne, sondern auch und gerade die Feststellung, Verhinderung und Verfolgung von strafbedrohten Handlungen und Ordnungswidrigkeiten sowie andere Verwaltungstätigkeiten. Der formelle Polizeibegriff ergibt sich aus der sachlichen Dimension und umfaßt die Summe aller sachlichen Zuständigkeiten, die von den institutionell als Polizeibehörden bestimmten, in den einzelnen Ländern unterschiedlich bezeichneten (Polizei-)Dienststellen wahrgenommen werden. Der formelle Polizeibegriff ist insofern in den Ländern, die eine in Polizei- und Ordnungsbehörden geteilte Überwachungsverwaltung eingerichtet haben, im Bund und meist auch in den Staaten der Europäischen Union enger als in den Ländern, die nur Polizeibehörden bzw. -dienststellen kennen.

7 Da materieller und formeller Polizeibegriff auf verschiedenen Ebenen liegen, überschneiden sie sich teilweise. So gibt es materiell-polizeiliche Funktionen, die nicht von institutionellen Polizeibehörden, sondern von „Sonder"-Behörden (z. B. von den Bergämtern) oder in einzelnen Ländern auch von Ordnungsbehörden wahrgenommen werden; andererseits gibt es polizeiliche Zuständigkeiten (z. B. auf dem Gebiet der Strafverfolgung), die nicht der Gefahrenabwehr dienen und demzufolge nur unter den formellen Polizeibegriff fallen. Formell-polizeiliche Zuständigkeiten sind also alle materiell-polizeilichen Tätigkeiten, die nicht Sonderbehörden oder – in Ländern mit geteilter Überwachungsverwaltung – Ordnungsbehörden übertragen sind.

In allen Ländern gehören der erste Zugriff und die Vollzugstätigkeit zu den formell-polizeilichen Zuständigkeiten; „erster Zugriff" beinhaltet die notwendigen Maßnahmen, die zur Beseitigung einer bereits eingetretenen Störung der öffentlichen Sicherheit sowie zur Abwehr einer unmittelbar bevorstehenden Gefahr zu treffen und solange aufrechtzuerhalten sind, bis die Maßnahmen von der sachlich zuständigen Behörde getroffen werden (vgl. auch Kap. D).

Kernbereich der Aufgaben, die die Polizeibehörden wahrnehmen, ist die Abwehr von Gefahren für die öffentliche Sicherheit; die Abwehr von Gefahren für die öffentliche „Ordnung" ist im Laufe der letzten Jahrzehnte immer stärker in den Hintergrund getreten und als polizeiliche Aufgabe aus den Polizeigesetzen der Bundesländer Bremen, Niedersachsen, Nordrhein-Westfalen, Saarland und Schleswig-Holstein gestrichen worden (vgl. Kap. E Rdn. 25). Im Saarland wird sie derzeit wieder eingeführt. 8

Die von dieser Gefahrenabwehr idealtypisch zu unterscheidenden Aufgaben der „wohlfahrtspflegenden Gefahrenvorsorge" führen in der Praxis wiederum zu größeren Abgrenzungsproblemen: Eine effiziente Gefahrenabwehr setzt im Grunde möglichst frühzeitige Interventionen im „Vorfeld" der Gefahrenentstehung voraus. Je mehr aber der Staat zur Wahrnehmung seiner Schutzaufgaben – etwa zur Erfüllung des Sozialstaatsgebots oder zur Schaffung von mehr Sicherheit im Straßenverkehr – vorsorglich reglementiert, desto größer wird zugleich die Gefahr, daß es zu (oft massenhaften) Verstößen gegen eben jene „Regelungen" kommt. So kann bei einem Übermaß an Normen, einer **„Übernormierung"**, die zum Schutz der Bürger wohlgemeinte Vorschrift zu einem Problem der Zweckerreichung werden und ihrerseits die „Rechts"-Sicherheit tangieren, wenn unter jeder Normverletzung eine Beeinträchtigung der Sicherheit verstanden wird. Für die Systemverträglichkeit und Wirksamkeit der Polizeiarbeit kommt es bei der Schaffung und Anwendung von Normen entscheidend auf die Beachtung des **Maßgebots** an; es kann nicht im Sinne der Produktion von Sicherheit sein, wenn unter den Augen des Staates statt der Ächtung der Straftaten und Ordnungswidrigkeiten die Diskriminierung der Normen erschreckende Dimensionen erreicht. Führung und Einsatz der Polizei können leiden, wenn es bei der Bestimmung der Hauptaufgaben der Polizei und bei der Zuweisung der erforderlichen Mittel zu Konflikten im Bereich der Politik kommt; jede Überforderung im „Vollzugs"-Alltag wird die Frage nach den „polizeilichen" Zuständigkeiten aufwerfen. 9

2. Zuständigkeiten

Zuständigkeitsabgrenzungen zwischen **„Polizeibehörden"** und **„Ordnungsbehörden"** erfolgen aus dem allgemeinen Organisationsrecht unter dem Gesichtspunkt einer sachlichen, einer örtlichen und einer instanziellen Zuständigkeit. 10

„Sachliche" Zuständigkeit ist die Berechtigung und Verpflichtung zur Wahrnehmung bestimmter Aufgaben, wobei die Verteilung der Aufgaben zur Gefahrenabwehr zwischen „Polizeibehörden" und „Ordnungsbehörden" in Polizeigesetzen und in Ordnungsbehördengesetzen der Länder der Bundesrepublik Deutschland geregelt ist. Sachliche Zuständigkeit ist die **Zuweisung einer Aufgabe** an ein bestimmtes (Rechts-)Subjekt; gesetzestechnisch wird deshalb regelmäßig zunächst die Aufgabe bezeichnet und danach bestimmt, welche Glieder der Verwaltungsorganisation diese Aufgabe wahrzunehmen haben. Weil Aufgaben immer der Erfüllung durch handlungsfähige Subjekte bedürfen und handlungsfähige Subjekte ohne Aufgaben sinnwidrig wären, gibt es keine (Polizei-)Aufgabe ohne Zuständigkeit und keine Zuständigkeit ohne Aufgabe. 11

Im Bereich der öffentlichen Verwaltung werden Aufgaben regelmäßig Behörden zur Wahrnehmung zugewiesen; sachliche Zuständigkeit bedeutet deshalb konkret die Bezogenheit bestimmter Aufgaben auf bestimmte Behörden. Mit der Aufgabenzuweisung wird die Pflicht zur Wahrnehmung der Aufgabe und das Recht zur Vertretung desjenigen begründet, der die Aufgabe zugewiesen hat; Zuständigkeit umfaßt deshalb einerseits die Wahrnehmungspflicht und andererseits die Vertretungsmacht. 12

Dem Rechtssatz folgend, daß „speziellere" Gesetze den „allgemeinen" vorgehen, aber auch zur Vermeidung von Doppelzuständigkeiten, die rechtsstaatlich eher bedenklich wä- 13 ren, schließen die Befugnisse der „besonderen Behörden zur Gefahrenabwehr" jene der „allgemeinen" regelmäßig aus.

14 **„Örtliche" Zuständigkeit** beschreibt den räumlichen Bereich, innerhalb dessen eine sachlich zuständige Behörde tätig zu werden befugt ist. Erscheint bei Gefahr im Verzug ein rechtzeitiges Eingreifen einer örtlich zuständigen (Polizei-)Behörde nicht möglich, so ist in der Regel auch die benachbarte (Polizei-)Behörde befugt, die erforderlichen – oft nur vorläufigen – Maßnahmen zu treffen. Das Tätigwerden von (Polizei-)Beamten einer (Polizei-)Behörde im Bereich einer anderen innerhalb ihres Landes ist, wenn auch auf Ausnahmefälle beschränkt, zulässig.

15 Innerhalb eines Bundeslandes gilt der Grundsatz, daß eine „sachliche" Zuständigkeit an der „örtlichen" nicht scheitern darf; unter bestimmten, gesetzlich genau festgelegten Voraussetzungen können örtliche Zuständigkeiten im ganzen Land gelten. Von diesen Fällen zu unterscheiden sind Vorschriften, die es (Polizei-)Vollzugsdienstkräften eines Bundeslandes oder auch des Bundes gestatten, in einem anderen Bundesland oder in den Bundesländern tätig zu werden.

Während sich bundesrechtliche Regelungen in Art. 35 II und III und in Art. 91 II GG finden, hat die Polizei auf dem Gebiet der Verfolgung von Straftaten und – eingeschränkt – auch bei der Feststellung, Verhinderung und Verfolgung von Ordnungswidrigkeiten die Befugnis, die Verfolgung eines Flüchtigen in den Zuständigkeitsbereich eines anderen Bundeslandes fortzusetzen und den Flüchtigen dort zu ergreifen; es handelt sich um das Institut der **„Nacheile"**. Im übrigen bestimmen die Landesgesetze, in welchen Fällen auswärtigen Polizeikräften anderer Länder oder des Bundes ein Tätigwerden gestattet ist.

16 **„Instanzielle" Zuständigkeit** regelt zum einen die Verteilung der Polizeiaufgaben – und auch der Ordnungsaufgaben – zwischen den sachlich zuständigen Polizeibehörden und den Ordnungsbehörden; sie findet sich in den Polizei-(Aufgaben- und Organisations-)Gesetzen und in den Ordnungsbehördengesetzen der Länder. Zum anderen geht es um die (gebotene) Funktionsverteilung innerhalb des Behördenaufbaus (zum Problem des „gesetzlichen Amtswalters" vgl. Kap. G).

17 Instanzielle Zuständigkeit bedeutet, daß die Ausübung der Polizeigewalt auf einander nachgeordnete Behörden verteilt ist; es liegen mehrere horizontale Schichten von (Polizei-)Behörden als „Instanzen" vertikal übereinander. Aus dieser Gliederung ergeben sich einerseits Kompetenzen hinsichtlich der Aufsicht und der Rechtsmittel gegenüber den unteren Instanzen innerhalb der Hierarchie, zum anderen beinhaltet sie die selbständige Wahrnehmung bestimmter polizeilicher oder auch ordnungsbehördlicher Funktionen nach außen. Die instanzielle Gliederung ist in den einzelnen Bundesländern unterschiedlich; sie richtet sich nach der jeweiligen Organisation der (Überwachungs-)Verwaltung. Vorherrschend existieren nach dem Vorbild des Preußischen Polizei-Verwaltungs-Gesetzes vier Stufen, nämlich Gemeinde-/Stadt-Instanz, Kreis-Instanz, Bezirksregierungs-Instanz und Ministerial-Instanz.

18 Die Zuständigkeit der einzelnen Instanzen kann in materieller und formeller Hinsicht voneinander abgegrenzt werden. Materiell hängt die instanzielle Zuständigkeit davon ab, in welchem räumlichen Bereich die polizeilichen Zuständigkeiten wahrzunehmen sind; unter diesem Gesichtspunkt ist jede Instanz zuständig, wenn das polizeiliche Interesse die einheitliche Regelung eines Sachverhalts für ihren Bezirk erfordert.

19 Die Abgrenzung des formellen Aufgabenbereichs der einzelnen Instanzen ergibt sich aus der Zusammenfassung aller gesetzlichen Vorschriften, die ihre Zuständigkeiten regeln. Auch wenn durch die Funktionsverteilung den einzelnen Instanzen ein fest umrissener Aufgabenbereich zugewiesen ist, so darf doch der Erfolg polizeilichen Eingreifens nicht beeinträchtigt werden; aus diesem Grund kann bei Gefahr im Verzug jegliche Trennung der Instanzen, sei es in materieller oder in formeller Hinsicht aufgehoben sein. Diese Kompetenz- oder Instanzenverschiebung erstreckt sich allerdings in aller Regel nur auf konkrete Verfügungen zur Gefahrenabwehr.

3. Organisation und Aufgaben der Polizei im Überblick

20 Rechtliche Grundlage für das Handeln der Polizeien der Länder und des Bundes sind im demokratischen Verfassungsstaat Bundesrepublik Deutschland grundsätzlich die Polizeigesetze; die Organisation der Polizei ist in aller Regel in Polizei-Organisations-Gesetzen festgelegt.

21 Die Gewährleistung einer verläßlichen „Öffentlichen Sicherheit" – und in Teilen auch einer „Öffentlichen Ordnung" – gehört zu den wichtigsten Regierungs- und Verwaltungsaufgaben eines Staates; in der Bundesrepublik Deutschland obliegen diese Aufgaben den (Bundes-)Ländern und dem Bund. Die Polizei ist dabei grundsätzlich Ländersache; nur in einigen Bereichen weist das Grundgesetz dem Bund Zuständigkeiten zu.[1]

22 Die Struktur der Polizei orientiert sich am **föderativen Aufbau** der Bundesrepublik Deutschland: Jedes Land hat seine eigene Polizei; es bestehen also 16 Länderpolizeien, und zusätzlich existiert eine „Polizei des Bundes". Die Organisation der Polizei liegt damit in der Hoheit der Länder bzw. beim Bund; sie ist gekennzeichnet von sehr großen Unterschieden.

23 Die Polizeien der meisten Länder sind dabei, die Sparten „Schutzpolizei" und „Kriminalpolizei" zu einer einheitlichen Polizei zusammenzufügen und passen die „Bereitschaftspolizei" zeitgemäßen Bedürfnissen an; die Länder mit „Wasserschutzpolizei" sind bemüht, den gestiegenen Aufgaben auf den (Binnen-)Wasserstraßen gerecht zu werden.

24 Zur Polizei des Bundes gehören das auf eine Aufgabenerfüllung innerhalb der Europäischen Union ausgerichtete und weltweit operierende „Bundeskriminalamt" und der neuorganisierte „Bundesgrenzschutz".

25 Seit dem 1. 8. 1997 ist das „Gesetz über das Bundeskriminalamt und die Zusammenarbeit des Bundes und der Länder in kriminalpolizeilichen Angelegenheiten (Bundeskriminalamtgesetz – BKAG)"[2] in Kraft; es enthält die gesetzlichen Grundlagen für ein Tätigwerden des Bundeskriminalamtes in seinen unterschiedlichen Funktionen als **Zentralstelle für das polizeiliche Nachrichten- und Auskunftswesen** und für die **Kriminalpolizei** sowie die Zusammenarbeit mit den für die polizeiliche Verbrechensbekämpfung zuständigen Behörden und Stellen anderer Staaten, für die eigene Strafverfolgung und den damit verbundenen Zeugenschutz sowie als Präventions-Behörde für den Schutz der Verfassungsorgane.

26 Das Gesetz folgt dem Urteil des Bundesverfassungsgerichts vom 15. 12. 1983 zum Volkszählungsgesetz („Volkszählungs-Urteil"),[3] nach dem Einschränkungen des Rechts auf „informationelle Selbstbestimmung" unter dem Gebot der Erforderlichkeit einer verfassungsmäßigen gesetzlichen Grundlage stehen, aus welcher sich die Voraussetzungen der Beschränkungen klar und für den Bürger erkennbar ergeben müssen. Wegen der Fülle der gebotenen Änderungen war eine Neufassung des „Bundeskriminalamtgesetzes" erforderlich, die – der Konzeption neuerer Polizeigesetze und dem seinerzeitigen „Musterentwurf" folgend – streng zwischen „Aufgaben" und „Befugnissen" des Bundeskriminalamtes unterscheidet (zu den verfassungsrechtlichen Regelungsgrenzen vgl. Kap. G).

27 Der „Bundesgrenzschutz-Jahresbericht 1996/97"[4] stellt Organisation und Tätigkeiten des Bundesgrenzschutzes in zwei Kalenderjahren dar und zielt dabei auf eine zum 1. 1. 1998 in Kraft getretene Neuorganisation ab. Kernpunkte dieser Neuorganisation sind: Die Verlagerung des Tätigkeitsschwerpunktes des **Bundesgrenzschutzes** auf den polizeilichen Einzeldienst an den Außengrenzen und **im bahnpolizeilichen Aufgabenbereich**

---

1 GG Art. 35, 73 Nr. 5, 87, 91.

2 BGBl. I S. 1650.

3 BVerfGE 65, 1 ff.

4 http:/www.BMI-Intranet/Info/BGS/allgem/öp//12.4.1999. Die Rechtsgrundlage für die Neuorganisation bilden die §§ 57, 69 BGSG-Neuregelungsges. v. 19. 10. 1994 mit den Novellen v. 7. 7. 1997, 25. 8. 1998 und 17. 6. 1999

bei gleichzeitiger personeller Verstärkung, die Einrichtung von 98 Inspektionen, die bundesweit alle einzeldienstlichen Aufgaben – **„Grenzpolizei“, „Bahnpolizei“, „Luftsicherheit“** – in ihren jeweiligen Bereichen integrativ wahrnehmen und damit eine Abkehr vom Spartendenken der Vergangenheit und dem isolierten Nebeneinander verschiedener Organisationsteile des Bundesgrenzschutzes vollziehen, die Neustrukturierung der Grenzschutz- und Bahnpolizeiämter mit der künftigen Integration allgemeiner Verwaltungsaufgaben und einzeldienstlicher Aufgaben, die Einrichtung von Inspektionen „Verbrechensbekämpfung“ auf der Ebene der Bundesgrenzschutzämter unter Beachtung der in Paragraph 12 BGSG festgelegten Strafverfolgungs-Kompetenz des Bundesgrenzschutzes mit klar umrissener Koordination aller internen und externen Fahndungs- und Ermittlungshandlungen für den jeweiligen Zuständigkeitsbereich, die Auflösung von 11 Einsatz-Abteilungen und die Neustrukturierung von 10 effizienten und personalstarken Einsatz-Verbänden zur Bewältigung von polizeilichen Groß- und Sonderlagen im Aufgabenbereich des Bundesgrenzschutzes und zur Unterstützung der Länderpolizeien, die Neustrukturierung der Laufbahnausbildung des mittleren Polizeivollzugsdienstes und der regionalen Fortbildung und die Anpassung der Organisationsstrukturen und der Personalausstattung des Flugdienstes des Bundesgrenzschutzes und der Fernmeldedienste an die veränderten Aufgaben.

28 Hauptaufgaben der aus Schutz- und Kriminalpolizei bestehenden Polizeien des Bundes und der Länder sind die Abwehr von Gefahren, die dem Einzelnen oder der Allgemeinheit drohen, die Bekämpfung der Kriminalität und die Verkehrssicherheitsarbeit.

29 Die **Bereitschaftspolizeien** der Länder werden vorrangig eingesetzt zur Bewältigung von Krisenlagen, bei größeren Unglücksfällen, bei Katastrophen und bei inneren Gefahren; geschlossene Einsätze zum Schutz von Demonstrationen und Großveranstaltungen gehören ebenso zu den Aufgaben wie die Unterstützung des Polizeivollzugs-(Einzel-) Dienstes bei der Bekämpfung der Kriminalität und der Verkehrsunfälle.

In Ländern, die nicht über eigene (Landes-)Polizeischulen verfügen bzw. das Studium an Fachhochschulen vorschreiben, obliegt der Bereitschaftspolizei noch die Ausbildung des Nachwuchses.

Die Bereitschaftspolizeien der Länder werden nach Maßgabe vorhandener Haushaltsmittel vom Bund ausgestattet, der sich in besonderen, verfassungsrechtlich geregelten Fällen die Bereitschaftspolizeien unterstellen kann.[5]

30 Zur Bewältigung besonderer Fälle der Gewaltkriminalität – wie Geiselnahmen und Entführungen – und anderer Fälle der Schwerstkriminalität – vor allem schlimmer Tötungsdelikte – existieren **Spezialeinheiten;** diese werden insbesondere dann eingesetzt, wenn von einer stark ausgeprägten Gewaltbereitschaft des Täters oder der Täter ausgegangen werden muß und/oder die Bewaffnung eine besondere Gefährlichkeit ausmacht.

31 Die **Wasserschutzpolizei** in den Ländern überwacht die gewerbliche Binnenschiffahrt und den Verkehr von Sportbooten; sie sichert den Verkehr auf den Wasserstraßen, kontrolliert den Transport gefährlicher Güter und verfolgt Umweltdelikte. In den Küstenländern geht es – neben dem BGS gem. §§ 2, 6 BGSG – auch um den Schutz in den Küstengewässern.

32 **Private Sicherheitsunternehmen** haben grundsätzlich keine öffentlich-rechtliche Stellung; ihnen stehen für Aufgaben der Öffentlichen Sicherheit keine Handlungsrechte gegenüber Dritten zu. Sie haben allein das Recht, solche privaten Rechte auszuüben, welche ihrem privaten Auftraggeber – was jeder Bürger sein kann – zustehen; dazu zählen vor allem Hausrecht und Notwehr-/Nothilferecht (vgl. Kap. G).

33 Die Polizeien der Länder und des Bundes setzen sich aus dem (Polizei-)**Vollzugsdienst** und dem (Polizei-)**Verwaltungsdienst** zusammen. Der (Polizei-)Vollzugsdienst umfaßt in den Ländern und beim Bund derzeit rund 262 000 Beamtinnen und Beamte;

---

[5] GG Art. 35 III, 91; vgl. auch Kap. G.

auf die Länder entfallen dabei 229 000, auf den Bund 33 000. Der Frauenanteil liegt bei den Polizeivollzugskräften bei 10,5 %.[6]

Der (Polizei-)Verwaltungsdienst trägt mit etwa 52 000 Beamten, Angestellten und Arbeitern für die innerbetrieblichen Abläufe wie Liegenschaften, Beschaffung, Personal-, Budget- und Sachmittelverwaltung Sorge. Der Frauenanteil ist in der Verwaltung deutlich höher; er beträgt zum Beispiel beim Bundesgrenzschutz rund 40 %.[7] 34

Die Laufbahn des Polizeivollzugsdienstes ist noch überwiegend als sogenannte **„Einheitslaufbahn“** ausgestaltet; dieses Prinzip eröffnet die Möglichkeit, im Laufe des Berufslebens bei entsprechender Befähigung, Eignung und Leistung in die nächst höhere Laufbahn „aufzusteigen“ (zu den „Regelungsgrundlagen“ vgl. Kap. G). 35

Die Polizeien der Länder und des Bundes gliedern sich in drei Laufbahngruppen; auf den mittleren Dienst entfallen 47,40 % der Beamtinnen und Beamten, auf den gehobenen Dienst 51,16 % und auf den höheren Dienst 1,44 %.[8] 36

Einige Länder der Bundesrepublik Deutschland wollen die Gliederung in drei Laufbahngruppen überwinden und streben eine zweigeteilte Laufbahn mit Vollzugsdienst und Führungsdienst an; dem Verzicht auf den mittleren Dienst und dem Einstieg in den gehobenen Dienst dürfte die Zukunft gehören.

Das Rechtsverhältnis zwischen den einzelnen Polizeibeamtinnen und -beamten und ihrem Dienstherrn unterliegt den Grundsätzen und Regelungen, die für alle Beamten der öffentlichen Verwaltung der Bundesrepublik Deutschland gelten. Der Bund hat dafür im „Beamtenrechtsrahmengesetz“ vorgegeben, was die Länder in „Landesbeamtengesetzen“ konkretisiert haben. Im Falle von Disziplinarverfahren werden Verfahren und mögliche Sanktionen durch Beamtengesetze und Disziplinarordnungen geregelt. 37

Für Rechtsstreitigkeiten aus dem Beamtenverhältnis ist – abgesehen von Disziplinarmaßnahmen – der Rechtsweg vor die Verwaltungsgerichte gegeben; derartige Klagen sind allerdings grundsätzlich nur dann statthaft, wenn der Betroffene gegen die ihn belastende Maßnahme vorher Widerspruch eingelegt und die verwaltungsinterne Prüfung stattgefunden hat.

Wegen der angespannten Haushaltslage bei den Ländern und zur Verfolgung des Zieles einer Verbesserung der Effektivität polizeilicher Arbeit waren die letzten Jahre gekennzeichnet von erheblichen Anstrengungen zur Straffung der Organisation und zur Vereinfachung der Arbeitsabläufe; „Verschlankung“ der Führungsstrukturen, Einführung neuer „Steuerungsinstrumente“, dezentrale Ressourcenverwaltung, umfassender EDV-Einsatz, Privatisierung von Servicebereichen und einheitliche Beschaffung gehören dazu. 38

Generell hat die Polizei die Aufgabe, vom Einzelnen und von der Allgemeinheit Gefahren abzuwehren, durch die die „Öffentliche Sicherheit“ – in einzelnen Ländern auch die „Öffentliche Ordnung“ – bedroht wird und Störungen zu beseitigen, soweit es im öffentlichen Interesse geboten ist. 39

Der **Schutz privater Rechte** obliegt der Polizei nur auf Antrag der Berechtigten und auch nur dann, wenn gerichtlicher Schutz nicht rechtzeitig zu erlangen ist und wenn ohne polizeiliche Hilfe die Gefahr besteht, daß die Verwirklichung des Rechts vereitelt oder wesentlich erschwert wird. 40

Im Bereich der **Prävention** wird überwiegend die uniformierte Polizei tätig; nicht uniformierte Kräfte der (Kriminal-)Polizei werden zur „Kriminalpolizeilichen Beratung und Vorbeugung“ eingesetzt. Aufgaben und Zuständigkeiten für die Präventionsarbeit richten sich nach den jeweiligen Polizeigesetzen der Länder bzw. nach dem Bundesgrenzschutzgesetz; sie stimmen in den Grundzügen weitgehend überein. 41

---

[6] BMI „Organisation und Aufgaben der Polizei in der Bundesrepublik Deutschland“ / P-IBP 636 114 II H vom 22. 4. 1999.

[7] Ebenda.

[8] Zahlen von Ländern und Bund aus dem Haushaltsjahr 1998.

42 Die wichtigsten polizeilichen Befugnisse der Gefahrenabwehr sind: Auskunftsverlangen, Identitätsfeststellungen, erkennungsdienstliche Maßnahmen, Vorladungen, Platzverweise, Ingewahrsamnahmen, Durchsuchungen von Personen und Sachen, Sicherstellungen sowie Datenerhebung und Datenverarbeitung (vgl. Kap. F und J).

43 Im Bereich der **Feststellung und Verfolgung von Ordnungswidrigkeiten und Straftaten** wird die Polizei aufgrund des Ordnungsbehördengesetzes oder der Strafprozeßordnung tätig.

44 Auch wenn die **Betreuung von „Opfern"** nicht zu den unmittelbaren Aufgaben der Polizei gehört, so sind dennoch Vorkehrungen zur Opferbetreuung unternommen worden. Große Bedeutung hat dabei die unmittelbare psychologische Betreuung von Opfern einer Straftat; in einer Reihe von Ländern werden bereits besonders ausgebildete Polizeivollzugsbeamte zur Betreuung von Opfern schwerer Straftaten eingesetzt. Beachtung verdient in diesem Zusammenhang das „Gesetz über die Entschädigung für Opfer von Gewalttaten (Opfer-Entschädigungs-Gesetz)"[9]; dieses Gesetz sieht vor, daß derjenige, der infolge eines vorsätzlichen, rechtswidrigen tätlichen Angriffs gegen seine oder eine andere Person oder durch dessen rechtmäßige Abwehr eine gesundheitliche Schädigung erlitten hat, wegen der gesundheitlichen und wirtschaftlichen Folgen auf Antrag Versorgung erhält. Zur Gewährung ist das Land verpflichtet, in dessen Hoheitsbereich die Schädigung eingetreten ist (Kap. L Rdn. 43).

45 Zunehmend wichtiger geworden ist auch die **„Presse- und Öffentlichkeitsarbeit"** der Polizei. Die Medien wollen die Allgemeinheit über Ereignisse von öffentlichem Interesse unterrichten; die Behörden tragen diesem Bedürfnis Rechnung.

46 Im Spannungsfeld zwischen Wahrnehmung von Aufgaben der Gefahrenabwehr oder der Strafverfolgung durch die Polizei und journalistischen Absichten oder Pflichten sind zur Vermeidung von Behinderungen von der Ständigen Konferenz der Innenminister und -senatoren der Länder **Verhaltensgrundsätze für Presse/Rundfunk/Fernsehen und Polizei** beschlossen worden.[10] Diese Grundsätze sollen Medien und Polizei helfen, ein auf gegenseitiges Verständnis angelegtes Verhalten im Rahmen der **pressegesetzlichen Vorgaben** zu fördern.

47 Eine in einzelnen Ländern bestehende **Bürgerbeteiligung** durch (Polizei-)Beiräte ist bisher noch auf Anhörung und Beratung begrenzt (vgl. Kap. G).

II. Struktur des Polizeiaufbaus

1. Polizei im Staat

48 Nach der Verfassung ist die Bundesrepublik Deutschland ein demokratischer und sozialer Bundesstaat. In diesem föderalistischen Verfassungssystem liegt die Polizeihoheit mit dem Recht der Gesetzgebung und der Ausübung staatlicher Befugnisse bei den **Ländern,** soweit nicht dem Bund durch das Grundgesetz besondere Aufgaben zugewiesen sind. Die Innenminister/-senatoren der Bundesländer Baden-Württemberg, Bayern, Berlin, Brandenburg, Bremen, Hamburg, Hessen, Mecklenburg-Vorpommern, Niedersachsen, Nordrhein-Westfalen, Rheinland-Pfalz, Saarland, Sachsen, Sachsen-Anhalt, Schleswig-Holstein und Thüringen tragen gegenüber den Landesparlamenten die Verantwortung für die Polizei. Die Innenminister/-senatoren sind „Dienstherr" und damit oberste Vorgesetzte aller Polizeibeamten; sie führen die Dienstaufsicht über alle Polizeibehörden und -einrichtungen. Die Notstandsgesetzgebung sieht bei Gefahren für die innere Sicherheit, bei Unglücks- und Katastrophenfällen und im Spannungs- und Verteidigungsfall Befugnisse des Bundes anstelle der Länder vor.

---

[9] Gesetz über die Entschädigung für Opfer von Gewalttaten (OEG), 1976.
[10] Beschluß der Ständigen Konferenz der Innenminister und -senatoren, 1995.

2. Organane

Organe der Länderpolizeien sind die Innenministerien bzw. Senatsverwaltungen, die Landeskriminalämter, die Direktionen der Bereitschaftspolizei, die Polizeibehörden und die Polizeieinrichtungen sowie die (Landespolizei-)Schulen. **Organe des Bundesgrenzschutzes** (BGS) sind die Grenzschutzpräsidien als Mittelbehörden mit den ihnen unterstehenden Grenzschutz- und Bahnpolizeiämtern als Unterbehörden. Den Grenzschutzpräsidien sind Verbände und Einheiten zugeordnet. Diese werden bedarfsweise von den Präsidien eingesetzt, während die Ämter ihre Aufgaben „grundsätzlich einzeldienstlich" wahrnehmen. Die Präsidien unterstehen dem BMdI unmittelbar (§§ 57 ff. BGSG). Daneben gibt es die Grenzschutzschule und die Grenzschutzdirektion (in Koblenz), die zentrale Unterstützungsaufgaben in überregionalen Angelegenheiten erledigt (§ 57 III BGSG) und ebenfalls unmittelbar dem BMdI untersteht. Im übrigen regelt der BMdI durch RVO die örtliche und sachliche Zuständigkeit der einzelnen BGS-Behörden. 49

3. Aufgaben

Neben dem **Gefahrenabwehrauftrag** nehmen die Polizeibehörden diejenigen Aufgaben wahr, die ihnen durch Gesetze oder Rechtsverordnungen besonders übertragen sind. Hinzu kommt, daß die Polizeien anderen Behörden **Vollzugshilfe** leisten. Die in der Zuständigkeit der Länder liegende Überwachung des Verkehrs auf den Bundesautobahnen wird zumeist von Verkehrsüberwachungsbereitschaften oder Autobahnpolizeidirektionen auf der Ebene der Regierungspräsidien bzw. der Landespolizeidirektionen wahrgenommen. 50

Die Landeskriminalämter sind als Zentraldienststellen für internationale kriminalpolizeiliche Zusammenarbeit gem. § 3 I BKAG zuständig. Sie sind auch Nachrichtensammel-, Auswertungs- und Informationsstellen, Koordinationsstellen für überörtliche Ermittlungen und Fahndungen und kriminaltechnische Untersuchungsstellen. Die Schwerpunkte ihrer Tätigkeiten liegen im Bereich der besonders schweren Wirtschafts- und Umweltkriminalität, der Organisierten Kriminalität (OK) einschließlich der Drogenkriminalität, der Falschgelddelikte, der Waffen- und Sprengstoffdelikte und im Bereich des Staatsschutzes. 51

4. Organisation

Die **Länderpolizeien** haben in ihren Innenministerien bzw. Senatsverwaltungen Polizeiabteilungen – überwiegend mit Lagezentren und Nachrichten-, Führungs- und Verkehrswarndienstzentralen – als oberste Führungsebene; die Landeskriminalämter sind landesunmittelbare Oberbehörden. Mittlere Integrationsebene können Regierungspräsidien, Landespolizeidirektionen oder vergleichbare Behörden sein; untere Integrationsebene sind die Polizeibehörden. Nach einem Verwaltungsabkommen zwischen dem Bund und den einzelnen Bundesländern unterhalten die Länder zur Erfüllung der Aufgaben nach dem Grundgesetz **Bereitschaftspolizeien.** Die Bereitschaftspolizeien sind bundeseinheitlich gegliedert und ausgerüstet. In dem Verwaltungsabkommen sind die Stärken, die sich nach dem Sicherheitsbedürfnis und dem Nachwuchsbedarf für die Polizei des jeweiligen Landes bestimmen, sowie die gegenseitig zu erbringenden Leistungen festgelegt. Verfügt ein Bundesland über mehrere Bereitschaftspolizei-Abteilungen (mit je vier Einsatz-Hundertschaften), so existiert als Organisationseinheit und Führungsebene eine Bereitschaftspolizei-Direktion als landesunmittelbare Einrichtung nach Art der Oberbehörden. 52

Das Vorhalten von geschlossenen Einheiten der Bereitschaftspolizeien geschieht zur Unterstützung der Polizeibehörden innerhalb des jeweiligen Landes oder eines anderen Landes oder auf Ersuchen des Bundes (vgl. Kap. C). Die Einsätze erfolgen grundsätzlich in geschlossenen Einheiten im Wege der Unterstellung unter die Weisungsbefugnisse der 53

Länderinnenminister bzw. -senatoren. Als einziges Bundesland besitzt der Freistaat **Bayern** eine **Grenzpolizei** mit einem Präsidium, 18 Inspektionen und über 90 Stationen. Die Grenzpolizei hat die Aufgabe, die Grenzen des Freistaats als Außengrenzen der Bundesrepublik Deutschland zu überwachen und den grenzüberschreitenden Personen- und Güterverkehr zu kontrollieren, Aufgaben, die in den anderen Bundesländern der Bundesgrenzschutz wahrnimmt (vgl. auch Kap. C VI und N).

54 Dem **Bundesgrenzschutz** obliegt der grenzpolizeiliche Schutz des Gebietes der Bundesrepublik Deutschland („Grenzschutz"), soweit nicht ein Land im Einvernehmen mit dem Bund Aufgaben des grenzpolizeilichen Einzeldienstes mit eigenen Kräften wahrnimmt. Der „Grenzschutz" umfaßt die polizeiliche Überwachung der Grenzen, die polizeiliche Kontrolle des grenzüberschreitenden Verkehrs, einschließlich der Überprüfung der Grenzübertrittspapiere und der Berechtigung zum Grenzübertritt, der Grenzfahndung und der Abwehr von Gefahren und im Grenzgebiet bis zu einer Tiefe von dreißig Kilometern die Abwehr von Gefahren, die die Sicherheit der Grenzen beeinträchtigen.

55 Das Einvernehmen eines Bundeslandes mit dem Bund, Aufgaben des grenzpolizeilichen Einzeldienstes mit eigenen Kräften wahrzunehmen, ist in einer schriftlichen Vereinbarung zwischen dem Bundesministerium des Innern und dem beteiligten Land herzustellen, die im Bundesanzeiger bekanntzugeben ist; in der Vereinbarung ist die Zusammenarbeit zwischen dem Bundesgrenzschutz und der Polizei des Landes zu regeln. Nimmt die Polizei eines Landes Aufgaben des grenzpolizeilichen Einzeldienstes im Einvernehmen mit dem Bund mit eigenen Kräften wahr, richtet sich die Durchführung der Aufgaben nach dem für die Polizei des Landes geltenden Recht.

56 Der Bundesgrenzschutz hat auch die Aufgabe, auf dem Gebiet der Bahnanlagen der Eisenbahnen des Bundes Gefahren für die öffentliche Sicherheit oder Ordnung abzuwehren, die den Benutzern, den Anlagen oder dem Betrieb der Bahn drohen oder beim Betrieb der Bahn entstehen oder von den Bahnanlagen ausgehen.

57 Dem Bundesgrenzschutz obliegt der Schutz vor Angriffen auf die Sicherheit des Luftverkehrs (§§ 29c und 29d des Luftverkehrsgesetzes), soweit diese Aufgaben nach § 31 Abs. 2 Nr. 19 des Luftverkehrsgesetzes in bundeseigener Verwaltung ausgeführt werden; der Schutz durch den Bundesgrenzschutz beschränkt sich insoweit auf das jeweilige Flughafengelände.

58 Der Bundesgrenzschutz kann Verfassungsorgane des Bundes und Bundesministerium gegen Gefahren, die die Durchführung ihrer Aufgaben beeinträchtigen, schützen, wenn diese darum ersuchen und Einvernehmen zwischen dem Bundesministerium des Innern und dem beteiligten Land besteht, daß deren angemessener Schutz nicht gewährleistet werden kann. Über die Übernahme des Schutzes durch den Bundesgrenzschutz entscheidet das Bundesministerium des Innern; die Übernahme ist im Bundesanzeiger bekanntzugeben. Der Schutz durch den Bundesgrenzschutz beschränkt sich auf die Grundstücke, auf denen die Verfassungsorgane oder die Bundesministerien ihren Amtssitz haben.

59 Unbeschadet der Zuständigkeit anderer Behörden oder der Streitkräfte hat der Bundesgrenzschutz auf See außerhalb des deutschen Küstenmeers die Maßnahmen zu treffen, zu denen die Bundesrepublik Deutschland nach dem Völkerrecht befugt ist. Dies gilt nicht für Maßnahmen, die durch Rechtsvorschriften des Bundes anderen Behörden oder Dienststellen zugewiesen oder die ausschließlich Kriegsschiffen vorbehalten sind.

60 Setzt die Bundesregierung den Bundesgrenzschutz nach Art. 91 Abs. 2 GG zur Abwehr einer drohenden Gefahr für den Bestand oder die freiheitlich-demokratische Grundordnung des Bundes oder eines Landes ein, so hat der Bundesgrenzschutz bei diesem Einsatz Gefahren von der Allgemeinheit oder dem Einzelnen abzuwehren; Entsprechendes gilt, wenn der Bundesgrenzschutz nach Art. 115f. Abs. 1 Nr. 1 GG (Einsatz des Bundesgrenzschutzes im gesamten Bundesgebiet im Rahmen der „Außerordentlichen Befugnisse der Bundesregierung im Verteidigungsfall") oder nach Art. 115i Abs. 1 GG („Außerordentliche Befugnisse der Landesregierungen") eingesetzt wird.

Der Bundesgrenzschutz kann zur Mitwirkung an polizeilichen oder anderen nichtmilitärischen Aufgaben im Rahmen von internationalen Maßnahmen auf Ersuchen und unter Verantwortung der Vereinten Nationen, einer regionalen Abmachung oder Einrichtung gemäß Kapital VIII der Charta der Vereinten Nationen, der die Bundesrepublik Deutschland angehört, der Europäischen Union oder der Westeuropäischen Union **im Ausland** verwendet werden.[11] Die Verwendung des Bundesgrenzschutzes darf nicht gegen den Willen des Staates erfolgen, auf dessen Hoheitsgebiet die Maßnahme stattfinden soll. 61

Die Entscheidung über eine derartige Verwendung trifft die Bundesregierung. Der Deutsche Bundestag ist über die beabsichtigte Verwendung zu unterrichten; er kann durch Beschluß verlangen, daß die Verwendung beendet wird.

Der Bundesgrenzschutz kann ferner im **Einzelfall zur Rettung von Personen** aus einer gegenwärtigen Gefahr für Leib oder Leben **im Ausland** verwendet werden. Die Verwendung ist nur für humanitäre Zwecke oder zur Wahrnehmung dringender Interessen der Bundesrepublik Deutschland und im Einvernehmen mit dem Staat, auf dessen Hoheitsgebiet die Maßnahme stattfinden soll, zulässig. Die Entscheidung trifft der Bundesminister des Innern im Einvernehmen mit dem Auswärtigen Amt. Die Wahrnehmung der genannten Aufgaben durch den Bundesgrenzschutz richtet sich nach den dafür geltenden völkerrechtlichen Vereinbarungen oder den auf Grund solcher Vereinbarungen getroffenen Regelungen. 62

Der Bundesgrenzschutz unterstützt den Präsidenten des Deutschen Bundestages bei der Wahrnehmung des Hausrechts und der Polizeigewalt im Gebäude des Bundestages, das Auswärtige Amt bei der Wahrnehmung von Aufgaben zum Schutz deutscher Auslandsvertretungen, das Bundeskriminalamt bei der Wahrnehmung seiner Schutzaufgaben nach § 5 des Bundeskriminalamtgesetzes. Die Unterstützung durch den Bundesgrenzschutz richtet sich nach dem für die zu unterstützende Stelle maßgeblichen Recht. Die Entscheidung über derartige Unterstützungen trifft das Bundesministerium des Innern. 63

Die Polizeivollzugsbeamten des Bundesgrenzschutzes unterliegen bei der Wahrnehmung dieser Unterstützungsaufgaben den fachlichen Weisungen der unterstützten Stelle; übernimmt der Bundesgrenzschutz im Rahmen der Unterstützung des Bundeskriminalamtes Aufgaben zur eigenständigen Wahrnehmung, richtet das Bundeskriminalamt seine fachlichen Weisungen an die vom Bundesgrenzschutz hierfür benannte Stelle. Die Verpflichtung zur Amtshilfe bleibt unberührt. 64

Der Bundesgrenzschutz nimmt **für das Bundesamt für Verfassungsschutz** auf dessen Anforderung Aufgaben nach § 3 Abs. 1 des Bundesverfassungsschutzgesetzes auf dem Gebiet der **Funktechnik und funkbetrieblichen Auswertung** wahr, soweit der Funkverkehr nicht dem Fernmeldegeheimnis unterliegt, durch: 65

Erfassung des Betriebs von Funkanlagen durch fremde Nachrichtendienste oder die vom Bundesamt für Verfassungsschutz beobachteten Personenzusammenschlüsse und Einzelpersonen, funkbetriebliche Auswertung der Funkverkehre fremder Nachrichtendienste oder der vom Bundesamt für Verfassungsschutz beobachteten Personenzusammenschlüsse oder Einzelpersonen, funkbetriebliche Auswertung von Unterlagen, Geräten und Aufzeichnungen, die bei dem Betrieb von Funkanlagen durch fremde Nachrichtendienste oder die vom Bundesamt für Verfassungsschutz beobachteten Personenzusammenschlüsse oder Einzelpersonen verwendet werden. Die Wahrnehmung der genannten Aufgaben richtet sich nach dem Bundesverfassungsschutzgesetz; sie darf nicht mit der Erfüllung polizeilicher Aufgaben verbunden werden. Der Bundesgrenzschutz darf Befugnisse des Bundesamtes für Verfassungsschutz nur so weit in Anspruch nehmen, als dies zur Wahrnehmung dieser Aufgaben erforderlich ist; er darf die bei der Aufgabenwahrnehmung erlangten personenbezogenen Daten nur für Zwecke des Bundesamtes für Verfassungsschutz verwenden. Die Daten dürfen beim Bundesgrenzschutz nur solange aufbe-

[11] BGSNeuRegG vom 19. 10. 1994, BGBl. I S. 2979 ff., § 8 Abs. 1.

wahrt werden, wie dies zur Wahrnehmung der Verfassungsschutzaufgaben erforderlich ist. Das Bundesministerium regelt die Einzelheiten der Aufgabenwahrnehmung in diesem Tätigkeitsfeld, insbesondere Art und Umfang der Aufgaben sowie die erforderliche technische und organisatorische Abgrenzung zu den sonstigen Aufgaben des Bundesgrenzschutzes in einer Dienstanweisung und unterrichtet hierüber sowie über erforderliche Änderungen die Parlamentarische Kontrollkommission (§ 10 BGSG).

66 Der Bundesgrenzschutz kann zur Unterstützung eines Landes verwendet werden: Zur Aufrechterhaltung oder Wiederherstellung der öffentlichen Sicherheit oder Ordnung in Fällen von besonderer Bedeutung nach Art. 35 Abs. 1 Satz 2 GG **(„Rechts- und Amtshilfe")**, zur Hilfe bei einer Naturkatastrophe oder bei einem besonders schweren Unglücksfall nach Art. 35 Abs. 2 Satz 2 und 3 GG **(„Katastrophenhilfe")** und zur **Abwehr einer drohenden Gefahr für den Bestand oder die freiheitlich-demokratische Grundordnung des Bundes oder eines Landes nach Art. 91 Abs. 1 GG,** soweit das Land ohne diese Unterstützung eine Aufgabe nicht oder nur unter erheblichen Schwierigkeiten erfüllen kann; die Unterstützung eines Landes durch den Bundesgrenzschutz richtet sich dann nach dem für das Land geltenden Recht. Vorbehaltlich des Art. 35 Abs. 3 GG unterliegt der Bundesgrenzschutz dabei den fachlichen Weisungen des Landes; die Entscheidung über eine Verwendung des Bundesgrenzschutzes zur Unterstützung eines Landes trifft im Falle von Art. 35 Abs. 3 GG die Bundesregierung, im übrigen das Bundesministerium des Innern auf Anforderung des Landes. Das Bundesministerium des Innern kann seine Entscheidungsbefugnis in bestimmten Fällen auf die Grenzschutzpräsidien übertragen. Einer Anforderung des Bundesgrenzschutzes ist zu entsprechen, soweit nicht eine Verwendung des Bundesgrenzschutzes für Bundesaufgaben dringender ist als die Unterstützung des Landes. Die Anforderung soll alle für die Entscheidung wesentlichen Merkmale des Einsatzauftrages enthalten. Die durch die Unterstützung eines Landes entstehenden (Mehr-)Kosten trägt das Land, sofern nicht im Einzelfall aus besonderen Gründen in einer Verwaltungsvereinbarung etwas anderes bestimmt wird (§ 11 BGSG).

67 Das **Bundeskriminalamt** (BKA) hat als bundesunmittelbare Oberbehörde des Bundesministers des Innern durch das am 1. 8. 1997 in Kraft getretene „Gesetz über das Bundeskriminalamt und die Zusammenarbeit des Bundes und der Länder in kriminalpolizeilichen Angelegenheiten (Bundeskriminalamtgesetz – BKAG)" vom 7. 7. 1997, veröffentlicht im BGBl. I, S. 1650 ff., die gesetzlichen Grundlagen erhalten, die für ein Tätigwerden in den unterschiedlichen Funktionen als Zentralstelle für das polizeiliche Auskunfts- und Nachrichtenwesen und für die Kriminalpolizei, für den zur Verhütung und Verfolgung von Straftaten erforderlichen Informationsaustausch mit den für die polizeiliche Verbrechensbekämpfung zuständigen Behörden und Stellen anderer Staaten, für die eigene Strafverfolgung und den damit verbundenen Zeugenschutz sowie als präventive Polizeibehörde für den Schutz von Mitgliederun der Verfassungsorgane des Bundes erforderlich sind und den Organisationsrahmen bestimmen.

68 Das Bundeskriminalamt, das von einem Präsidenten geleitet wird, hat durch innere Organisation über drei Hauptabteilungen sichergestellt, die Aufgaben als Informationszentrale auf dem Gebiet der Verbrechensbekämpfung für alle Bundesländer wahrzunehmen, den elektronischen Datenverbund herzustellen und zu halten und als Zentralstelle für die internationale Zusammenarbeit der Polizeien im Rahmen der INTERPOL-Organisation (vgl. auch Kap. C) zu operieren; dabei galt und gilt es, einen tragfähigen Kompromiß zu finden zwischen den Erfordernissen einer möglichst effektiven Verbrechensbekämpfung und der Polizeihoheit der Länder.

69 Hinzu kam die Zuweisung eigener Ermittlungszuständigkeiten bei Delikten, die typischerweise von internationalen Banden begangen werden.

70 Nicht zuletzt die bei den Polizeien zur Bearbeitung anfallenden Daten und Informationen über Tatverdächtige, der Zwang zum schnellen Erkennen von Zusammenhängen und das für eine erfolgreiche Kriminalitätsbekämpfung unverzichtbare zeitgerechte Bereitstellen von Auswertungsergebnissen machten die **automatisierte Datenverarbeitung**

und ihre ständige Verfeinerung und Anpassung an aktuelle Bedürfnisse erforderlich. Dabei war zu beachten:

71 Das Bundesverfassungsgericht hat in diesem Zusammenhang zum Ausdruck gebracht, daß unter den Bedingungen der modernen Datenverarbeitung der Schutz des Einzelnen gegen unbegrenzte Erhebung, Speicherung und Weitergabe seiner persönlichen Daten vom allgemeinen Persönlichkeitsrecht aus Art. 2 Abs. 1 i. V. m. Art. 1 Abs. 1 GG umfaßt wird.[12]

72 Nachdem die Polizeigesetze der Bundesländer nach den Vorgaben des Bundesverfassungsgerichts novelliert worden waren, hat der Bundesgesetzgeber nach der Einführung neuer gesetzlicher Grundlagen für den Bundesgrenzschutz[13] auch die Aufgaben und Befugnisse des Bundeskriminalamtes rechtlich neu geregelt und den vorgegebenen verfassungsrechtlichen Erfordernissen angepaßt.[14]

73 Die Zusammenarbeit zwischen Bund und Ländern im Polizeilichen Informationssystem „INPOL" ist in den §§ 2 Abs. 3, 11 und 12 BKA-Gesetz geregelt; das Bundeskriminalamt unterhält als Zentralstelle das Polizeiliche Informationssystem, und die in dieses System einzubeziehenden Dateien bestimmt das Bundesministerium des Innern im Einvernehmen mit den Innenministern/-senatoren der Länder. Außer dem Bundeskriminalamt sind teilnahmeberechtigt die Landeskriminalämter, die Polizeibehörden der Länder, der Bundesgrenzschutz sowie die mit der Wahrnehmung grenzpolizeilicher Aufgaben betrauten Behörden der Zollverwaltung und das Zollkriminalamt.

74 Die **internationale Zusammenarbeit** ist in den §§ 3, 14 und 15 des Bundeskriminalamtgesetzes geregelt; über die Tätigkeit des Bundeskriminalamtes als Nationales Zentralbüro der Bundesrepublik Deutschland für die Internationale Kriminalpolizeiliche Organisation (IKPO) hinaus legt das BKA-Gesetz fest, daß der zur Verhütung oder Verfolgung von Straftaten erforderliche Dienstverkehr der Polizeien des Bundes und der Länder mit den Polizei- und Justizbehörden sowie sonstigen insoweit zuständigen Stellen anderer Staaten dem Bundeskriminalamt obliegt; besondere bundesgesetzliche Vorschriften, insbesondere die Bestimmungen über die internationale Rechtshilfe in Strafsachen gehen allerdings dieser allgemeinen Regelung vor.

75 Das Bundeskriminalamt kann an Polizei- und Justizbehörden und an sonstige für die Verhütung und Verfolgung von Straftaten zuständige öffentliche Stellen anderer Staaten sowie zwischen- und überstaatliche Stellen, die mit Aufgaben der Verhütung und Verfolgung von Straftaten befaßt sind, personenbezogene Daten übermitteln. Die Datenübermittlung ist beschränkt auf die Übermittlungszwecke: Erfüllung einer dem Bundeskriminalamt obliegenden Aufgabe, Verfolgung von Straftaten/Strafvollstreckung nach Maßgabe der Vorschriften über die internationale Rechtshilfe in strafrechtlichen Angelegenheiten, Abwehr einer im Einzelfall bestehenden erheblichen Gefahr für die öffentliche Sicherheit und Vorliegen von Anhaltspunkten, daß Straftaten von erheblicher Bedeutung begangen werden sollen.

Diese Vorschrift ist auch Rechtsgrundlage für den Informationsaustausch über die **Verbindungsbeamten des Bundeskriminalamtes mit den ausländischen Polizeidienststellen.** Die formale Abordnung dieser Beamten zu den deutschen Auslandsvertretungen hat insoweit nur organisatorische Bedeutung; sie ändert nichts an den materiell-rechtlichen Übermittlungsbefugnissen.

Zunehmende Bedeutung gewinnt die Arbeit des BKA als „nationale Stelle" bzw. „nationale Behörde" i. S. d. Art. 4 und 19 des EUROPOL-Übereinkommens vom 26. 7. 1995. (Vgl. dazu § 1 Europol-Gesetz vom 10. 10. 1997 [BGBl. 1997 II, S. 2150] sowie Kap. N.)

---

12 BVerfGE 65, 1 ff. vom 15. 12. 1983.
13 BGSNeuRegG vom 19. 10. 1994, BGBl. I S. 2978 ff.
14 BKAG vom 7. 7. 1997, BGBl. I S. 1650 ff. Vgl. im übrigen Kap. G.

5. Personal

76 Die **Personalstärke** der Länderpolizeien liegt bei etwa 200 000 Polizeibeamtinnen und -beamten, von denen etwa 30 000 der Kriminalpolizei angehören. Die Stärke der Bereitschaftspolizeien beträgt etwa 25 000 Beamtinnen und Beamte. Die Personalstärke des Bundesgrenzschutzes liegt derzeit bei etwa 24 000. Das Bundeskriminalamt hat etwa 4000 Kriminalbeamtinnen und -beamte sowie Angestellte; etwa ein Viertel davon sind Frauen. Im übrigen stellen die Frauen in den Ausbildungseinheiten der Länder, z. B. in Nordrhein-Westfalen, bis zu 50 % des Nachwuchses.

77 **a) Auswahl und Einstellung.** Bewerberinnen und Bewerber mit deutscher Staatsangehörigkeit können im Alter von 16 bis 25 Jahren und einer Mindestgröße von 1,65 m mit mittlerem Bildungsabschluß („Mittlere Reife") in die Polizeien der Bundesländer eintreten. Die Einstellungsbedingungen für Bewerber des Bundesgrenzschutzes unterscheiden sich nicht von denen für die Länderpolizeien. Die Einstellung in den Dienst des Bundeskriminalamtes erfolgt nach anderen Kriterien.

78 **b) Aus- und Fortbildung.** Die Ausbildung in den Länderpolizeien und beim Bundesgrenzschutz folgt nach Laufbahnen für den mittleren, gehobenen und höheren Dienst. Grundsätzlich traten die Bewerberinnen und Bewerber in der Vergangenheit in den **mittleren Dienst** ein; die Ausbildung dauerte hier in der Regel drei Jahre, wovon ein Jahr Grundausbildung war. Nach entsprechenden Berufspraktika und einem sechsmonatigen Lehrgang legten die Beamten die Laufbahnprüfung für den mittleren Dienst ab. Im Zuge der Umwandlung in eine sogenannte „zweigeteilte Laufbahn" studieren heute größere Anteile von Bewerberinnen und Bewerbern für den **gehobenen Polizeivollzugsdienst** der Länderpolizeien drei Jahre an den Fachhochschulen ihrer Länder, die des Bundesgrenzschutzes und des Bundeskriminalamtes drei Jahre an den Fachhochschulen des Bundes. Die Ausbildung für den **höheren Polizeivollzugsdienst** ist nach einem Staatsvertrag der Länder und des Bundes für die Anwärter der Länderpolizeien, des Bundesgrenzschutzes und des Bundeskriminalamtes gleich. Das Studium dauert zwei Jahre; das erste Studienjahr wird nach einem einheitlichen Studienplan in den Bundesländern bzw. beim BGS und dem BKA absolviert, das zweite Studienjahr findet an der Polizei-Führungsakademie (in Münster-Hiltrup) statt. Ziel dieser Ausbildung ist eine Befähigung der Führungskräfte der deutschen Polizei nach einheitlichen Grundsätzen. Die Umwandlung der Polizei-Führungsakademie in eine Hochschule steht bevor. Obwohl für die Polizeien der Bundesrepublik Deutschland die sogenannte **„Einheitslaufbahn"** gilt, können in begrenztem Umfang Hochschulabsolventen mit der zweiten juristischen Staatsprüfung in den höheren Polizeivollzugsdienst eingestellt werden. Diese werden dann in einem sechsmonatigem „Sonderkurs" an der Polizei-Führungsakademie auf ihre Aufgaben im Führungsdienst der deutschen Polizei vorbereitet. Die Länderpolizeien, der Bundesgrenzschutz und das Bundeskriminalamt betreiben in allen Laufbahngruppen intensiv Fortbildung, und zwar funktions-, anlaß- und projektbezogen. Die Bundesländer und der Bund lassen sich dabei davon leiten, daß bei knappen Ressourcen nur über ständige Weiterbildung die erforderliche Qualität zur Gewährleistung der inneren Sicherheit zu erhalten bzw. zu steigern ist.

6. Kommunikation, Mobilität und Bewaffnung

79 Die Länderpolizeien verfügen über **Informations- und Kommunikationsnetze** mit Sprechfunk-, Fernsprech-, Fernschreib- und Datenverarbeitungssystemen. Die (Einsatz-) Leitstellen arbeiten überwiegend rechnergestützt. Der Bundesgrenzschutz ist mit Sprechfunk-, Fernsprech- und Fernschreibverbindungen in die länderübergreifenden Informations- und Kommunikationssysteme integriert. Das Bundeskriminalamt verfügt über modernste Nachrichtenverbindungen und elektronische Daten-(Verbund-)systeme.

Die **Mobilität** der Länderpolizeien, des Bundesgrenzschutzes und des Bundeskriminalamtes ist über Funkstreifenkraftwagen, Funkkräder, (Mannschafts-)Transportfahrzeuge und Spezialfahrzeuge sowie Sonderwagen sichergestellt. Boote für Wasserschutzpolizei und BGS-See sowie Hubschrauber für die Länderpolizeien und (Groß-/Transport-)Hubschrauber für den BGS komplettieren die Ausstattung. Die **Bewaffnung** der Länderpolizeien und des BGS besteht aus Pistolen Kal. 9 mm, (Sig/Sauer, Walther, Heckler & Koch), Maschinenpistole MP 5, Kal. 9 mm, (Heckler & Koch) und Schlagstock. Spezialeinheiten wie SEK und GSG 9 verfügen über eine Vielzahl von Spezialwaffen. Die zum Schutz der Mitglieder der Verfassungsorgane und zur Wahrnehmung kriminalpolizeilicher Aufgaben auf dem Gebiet der Strafverfolgung eingesetzten Kriminalbeamtinnen und -beamten sind mit Pistolen und Maschinenpistolen ausgerüstet; die Art der Bewaffnung richtet sich nach dem Schutz- bzw. Einsatzzweck.

C. Die Polizei im Verfassungsgefüge

Übersicht

Schrifttum: *Achterberg,* Allgemeines Verwaltungsrecht, 2. Aufl. 1986; *Albrecht,* Grenzen „geheimer Verbrechensbekämpfung"? Die G10-Entscheidung des Bundesverfassungsgerichts (BVerfGE 100, 313ff.), KritV 2000, 273; *Alexy,* Theorie der Grundrechte, 1985; *Alternativkommentar* zum GG, Gesamthrsg. Wassermann, Bd. 1 und 2 1984, 2. Aufl. 1989; *Arndt,* Gesammelte juristische Schriften, hrsg. v. Böckenförde/Lewald, 1976; *ders.,* Politische Reden und Schriften, hrsg. v. Ehmke und Schmid, 1976; *Bäumler,* Polizei und Datenschutz, 1999, S. 1; *Benda/Maihofer/Vogel* (Hrsg.), Handbuch des Verfassungsrechts, 1. Aufl. 1984 und 2. Aufl. 1994; *Benda,* Die Notwendigkeit bereichsspezifischer Regelungen für Informationseingriffe der Sicherheitsbehörden, Vortrag i. d. PFA vom 21. 2. 1994, Schriftenreihe d. PFA 1/1995 S. 21; *ders.,* Gefährdungen der Menschenwürde, 1975; *Bizer,* Die zweite Novelle zum Sächs. Polizeigesetz, Leipziger Jur. Vorträge, Heft 39/1999; *ders./Koch* (Hrsg.), Sicherheit, Vielfalt, Solidarität, Ein neues Paradigma des Verfassungsrechts?, 1998; *Blasius,* Geschichte der politischen Kriminalität 1800–1980, 1983; *Bockenförde,* Ausnahmerecht und demokratischer Rechtsstaat, in: FS f. Martin Hirsch, 1981, S. 259; *ders.,* Der verdrängte Ausnahmezustand, NJW 1978, 1882; *ders.,* Staat, Gesellschaft, Freiheit, 1976; *Boldt,* Deutsche Verfassungsgeschichte, Bd. 2, Von 1806 bis zur Gegenwart, 1990; *ders.,* 50 Jahre GG, 1999; *Bull,* Allgemeines Verwaltungsrecht, 4. Aufl. 1993; *ders.* (Hrsg.), Sicherheit durch Gesetze?, 1987; *ders.,* Datenschutz und Ämter für Verfassungsschutz, in: BMI (Hrsg.), Verfassungsschutz und Rechtsstaat, 1981, S. 133; *ders.,* Staatsaufgabe Sicherheit, Erfüllungsmöglichkeiten und Defizite, Leipziger Jur. Vorträge 3/1994; *Busch/Funk/Kauß/Narr/Werkentin,* Die Polizei in der Bundesrepublik, 1985; *Cardozo,* Ausgew. Schriften, hrsg. v. Hall/Patterson, 1957; *Denninger,* Polizei in der freiheitlichen Demokratie, 1968; *ders.,* Staatsrecht Bd. 2, Einführung in die Grundprobleme des Verfassungsrechts der Bundesrepublik Deutschland, 1979; *ders.,* Amtshilfe im Bereich der Verfassungsschutzbehörden, in: BMI (Hrsg.), Verfassungsschutz und Rechtsstaat, 1981, S. 19; *ders.,* Der gebändigte Leviathan, 1990; *ders.,* Verfassungsschutz, Polizei und die Bekämpfung der Organisierten Kriminalität, KritV 1994, 232; *ders.,* Normbestimmtheit und Verhältnismäßigkeitsgrundsatz im Sächs. Polizeigesetz, Leipziger Jur. Vorträge Heft 10/1995; *ders.,* Das Recht auf informationelle Selbstbestimmung, in: Hohmann (Hrsg.), Freiheitssicherung durch Datenschutz, 1987

S. 127; *ders.*, Menschenrechte und Grundgesetz, Zwei Essays, 1994; *ders.*, Menschenrechte und Staatsaufgabe – ein „europäisches" Thema, JZ 1996, 585; *ders./Lüderssen*, Polizei und Strafprozeß im demokratischen Rechtsstaat, 1978; *ders./Petri*, Normenklarheit und Normenbestimmtheit im Polizeirecht – Sieben Thesen, in: Bäumler (Hrsg.), Polizei und Datenschutz, 1999, S. 13; *Dietel/Gintzel*, Allg. Verwaltungs- und Polizeirecht in NRW, 11. Aufl. 1984; *Dietlein*, Die Lehre von den grundrechtlichen Schutzpflichten, 1992; *Drews/Wacke/Vogel/Martens*, Gefahrenabwehr, 9. Aufl. 1986; *Ellwein*, Gesetzgebung, Regierung und Verwaltung, in: Benda/Maihofer/Vogel (Hrsg.), Handbuch des Verfassungsrechts, Bd. 2, 1984, S. 1693; *Engel*, Zur Normverwerfungskompetenz einer Behörde, NVwZ 2000, 1258; *Erbel*, Das Sittengesetz als Schranke der Grundrechte, 1971; *Evers*, Verfassungsschutz und Polizei, in: BMI (Hrsg.), Verfassungsschutz und Rechtsstaat, 1981, S. 65; *Fischer/Hitz/Laskowski/Walter*, BGSG 2. Aufl. 1996; *Friedrichs*, Das Polizeigesetz (Ges. vom 11. März 1850), 1911; *Friedr.-Ebert-Stiftung* (Hrsg.), Nachrichtendienste, Polizei und Verbrechensbekämpfung im demokratischen Rechtsstaat, 1994; *Frister*, Der (bayerische) Verfassungsschutz als Strafverfolgungsbehörde? in: FS für Günter Bemmann, 1997, S. 542; *Funk*, Polizei und Rechtsstaat, 1986; *Gintzel/Möller*, Das Berufsbild der Polizei, Die Polizei 1987, 1; *Götz*, Allg. Polizei- und Ordnungsrecht, 12. Aufl. 1995; *ders.*, Die Entwicklung des allg. Polizei- und Ordnungsrechts (1994–1997), NVwZ 1998, 779; *Gusy*, Polizeirecht, 4. Aufl. 2000; *ders.*, Die Zentralstellenkompetenz des Bundes, in: DVBl. 1993, 1117; *ders.*, Vom Polizeirecht zum Sicherheitsrecht, StWStP 1994, 187; *ders.*, Beobachtung organisierter Kriminalität durch den Verfassungsschutz, StV 1995, 320; *ders.*, Organisierte Kriminalität zwischen Polizei und Verfassungsschutz, GA 1999, 319; *ders.*, Rechtsgüterschutz als Staatsaufgabe, DÖV 1996, 573; *ders.*, Fernmeldegeheimnis für Auslandsgespräche?, NJ 1995, 461; *ders.* (Hrsg.), Privatisierung von Staatsaufgaben: Kriterien – Grenzen – Folgen, 1. Aufl. 1998; *ders.*, Rechtliche Grenzen des Einsatzes privater Sicherheitsdienste im Strafvollzug, StV 2001, 46; *Habermehl*, Polizei- und Ordnungsrecht, 2. Aufl. 1993; *Hamm*, Bürger im Fangnetz der Zentraldateien, NJW 1998, 2407; *ders.*, Der Einsatz heimlicher Ermittlungsmethoden und der Anspruch auf ein faires Verfahren, StV 2001, 81; *ders./Möller*, Strafrecht und Datenschutz – ein Widerspruch in sich?, 1997; *Hassemer*, Unverfügbares im Strafprozeß, in: FS für Werner Maihofer, 1988, S. 183; *ders.*, Datenschutz und Datenverarbeitung heute, 1995; *ders.*, Perspektiven einer neuen Kriminalpolitik, StV 1995, 483; *ders.*, „Corpus Juris": Auf dem Weg zu einem europäischen Strafrecht?, KritV 1999, 133; *ders./Starzacher* (Hrsg.), Organisierte Kriminalität – geschützt vom Datenschutz?, 1993; *Hefendehl*, Observationen im Spannungsfeld von Prävention und Repression, StV 2000, 270; *H. A. Hesse*, Der Schutzstaat, 1994; *ders.*, Der Staat will schützen un nutzt dazu das Recht – vernutzt er es dabei?, AnwBl. 2001, 189; *K. Hesse*, Grundzüge des Verfassungsrechts der Bundesrepublik Deutschland, 20. Aufl. 1995; *ders.*, Ausgewählte Schriften, hrsg. v. Häberle und Hollerbach, 1984; *Heussner*, Datenverarbeitung und Grundrechtsschutz, in: Hohmann (Hrsg.), Freiheitssicherung durch Datenschutz, 1987 S. 110; *Hillgruber*, Der Schutz des Menschen vor sich selbst, 1992; *Hirsch/Majer/Meinck*, Recht, Verwaltung und Justiz im Nationalsozialismus, 1984; *Hoffmann-Riem/Koch*, Hamburgisches Staats- und Verwaltungsrecht, 2. Aufl. 1998; *Hofmann*, Einführung in die Rechts- und Staatsphilosophie, 2000; *Hornmann*, Hesssisches Gesetz über die öffentliche Sicherheit und Ordnung (HSOG), 1997; *Hösle*, Moral und Politik, Grundlagen einer politischen Ethik für das 21. Jahrhundert, 1997; *Isensee*, Das Grundrecht auf Sicherheit, 1983; *Jarass/Pieroth*, Das Grundgesetz der Bundesrepublik Deutschland, 5. Aufl. 2000; *Jeand'Heur*, Von der Gefahrenabwehr als staatlicher Angelegenheit zum Einsatz privater Sicherheitskräfte, AöR 119 (1994) L. 107; *Jens/Küng*, Menschenwürdig sterben, Ein Plädoyer für Selbstverantwortung, 1995; *Kägi*, Rechtsstaat und Demokratie, in: Matz (Hrsg.), Grundprobleme der Demokratie, 1973, S. 107; *Kahlo*, Soll es dem Staat im Strafprozeß rechtlich erlaubt sein, Verdachtsklärung durch Täuschungshandlungen zu unternehmen?, in: FS für E. A. Wolff, 1998, S. 153; *Kant*, Werkausgabe in 12 Bänden, hrsg. v. Weischedel, 1977; *Katz*, Staatsrecht, 12. Aufl. 1994; *A. Kaufmann*, Das Widerstandsrecht in Geschichte und Grundgesetz, in: Rill/Scholz (Hrsg.), Der Rechtsstaat und seine Feinde, 1986, S. 57; *ders.*, Rechtsphilosophie, 2. überarb. Aufl. 1997; *ders. in Verb. m. Backmann* (Hrsg.), Widerstandsrecht, 1972; *Knemeyer*, Polizei- und Ordnungsrecht, 6. Aufl. 1995; *Kniesel*, „Innere Sicherheit" und Grundgesetz, ZRP 1996, 482; *ders.*, Gefahrenvorsorge, operatives Polizeirecht und Kriminalitätskontrolle, in: Schriftenreihe der PFA 3/1996, S. 77; *Küng*, Projekt Weltethos, 3. Aufl. 1991; *Kutscha*, Polizeirecht auf dem Prüfstand der Landesverfassungsgerichte, NJ 2000, 63; *ders.*, „Schleierfahndung" und Aufenthaltsverbot, LKV 2000, 134; *H. G. Lange* (Hrsg.), Staat, Demokratie und innere Sicherheit in Deutschland, 2000; *Leisner*, Von der Verfassungsmäßigkeit der Gesetze zur Gesetzmäßigkeit der Verfassung, 1964; *Lenk/Prätorius* (Hrsg.), Eingriffsstaat und öffentliche Sicherheit, Beiträge zur Rückbesinnung auf die hoheitliche Verwaltung, 1998; *Leßmann*, Die Preussische Schutzpolizei in der Weimarer Republik, 1989; *Lisken*, Polizeigesetz NW 1990 – Neue Aufgaben, Befugnisse und Anwendungsfragen, NWVBl. 1990, 325; *ders.*, Rechtsstaat – was sonst? Ausgew. Schriften, hrsg. v. Denninger/Mokros, 1996; *ders.*, Freiheitsentziehungsfristen im Polizeirecht, ZRP 1996, 332; *ders.*, „Verdachts- und ereignisunabhängige Personenkontrollen zur Bekämpfung der grenzüberschreitenden Kriminalität"?, NVwZ 1998, 22; *ders.*, Zum Vollzug verdachtloser Jedermannkontrollen, Polizei – heute 1998, 41; *ders.*, Jedermann als Betroffener, in: Bäumler (Hrsg.), Polizei und Datenschutz, 1999, S. 32; *ders.*, Für eine demokratische Polizeiverfassung, ZRP 1998, 270; *Mahlberg,* Gefahrenabwehr durch gewerbliche Sicherheitsunternehmen, 1988; *Marcic,* Der unbedingte Rechtswert des Menschen, in: FS für Eric Voegelin, 1962, S. 360; *Martini/Eco,* Woran glaubt, wer nicht glaubt?, 1999; *Masing,* Politische Verantwortlichkeit und rechtliche Verantwortlichkeit, ZRP 2001, 36; *Maurer,* Allg. Verwaltungsrecht, 12. Aufl. 1999; *Montaigne,* Essais, hrsg. v. Enzensberger, 1998; *O. Müller,* Der Abschied von der konkreten Gefahr als polizeiliche Eingriffsbefugnis, StV 1995, 602; *R.-G. Müller,* Polizeiliche Datenerhebung durch Befragung, zugleich eine Analyse des § 9 NW PolG, 1997; *Oberndörfer/Jäger,* Klassiker der Staatsphilosophie, 2 Bde., 1971; *H. Otto,* Recht auf den eigenen Tod?, Gutachten für den 56. Deutschen Juristentag, 1986; *V. Otto,* Das Staatsverständnis des Parlamentarischen Rates, 1971; *Peters,* Die ethischen Grundlagen des Strafprozesses, in: FS für Würtenberger, 1977, S. 77; *Pfeiffer,* Grundzüge des Strafverfahrernsrecht, 2. Aufl. 1993; *Popper,* Die offene Gesellschaft und ihre Feinde, 2 Bände, 3. Aufl. 1973; *Preuß* (Hrsg.), Zum Begriff der Verfassung, 1994; *Rachor,* Vorbeugende Straftatenbekämpfung und Kriminalakten, 1989; *Rebentisch,* Führerstaat und Verwaltung im Zweiten Weltkrieg, 1989; *Reiche,* Vom bewaffneten Hausmann zum Polizisten, 1997; *Riegel,* Polizei- und Ordnungsrecht in der Bundesrepublik Deutschland, 1981; *ders.*, BGSG, 1996; *ders.*, Datenschutz bei den Sicherheitsbehörden, 2. Aufl. 1992; *ders.*, Gesetz z. Beschränkung des Brief-, Post- u. Fernmeldegeheimnisses, 1997; *Roewer,* Nachrichtendienstrecht in der Bundesrepublik, 1987; *Roggan,* Auf legalem Weg in einen Polizeistaat, 2000; *ders.*, Die Videoüberwachung von öffentlichen Plätzen, NVwZ 2001, 134; *Ronellenfitsch,* Der Bundesgrenzschutz als Bahn- und Flughafenpolizei, VerwArch 1999, 139; *Roxin,* Strafverfahrensrecht, 25. Aufl. 1998; *Rüthers,* Entartetes Recht, 1988; *ders.*, Rechtstheorie, Begriff, Geltung und Anwendung des Rechts, 1999; *Rupp,* Rechtsschutz und Verfassungsschutz, in: BMI (Hrsg.), Verfassungsschutz und Rechtsstaat, 1981, S. 157; *Sachs* (Hrsg.), Grundgesetz, 2. Aufl. 1998; *Schieder,* Die richterliche Bestätigung polizeilicher Ingewahrsamnahmen/Festnahmen, Seminararbeit „Aufgabenfelder der Vollzugspolizeien" d. PFA Münster-Hiltrup, 1999; *Schlink,* Die Amtshilfe, 1982; *Schmidbauer/Steiner/Roese,* Bayerisches Polizeiaufgabengesetz mit Polizeiorganisationsgesetz, 1999; *Schmidt-Aßmann,* Der Rechtsstaat, in: Isensee/Kirchhof (Hrsg.), Handbuch des Staatsrechts Bd. I, 1987, § 24 (S. 987); *Scholler/Schloer,* Grundzüge des Polizei- und Ordnungsrechts in der Bundesrepublik Deutschland, 4. Aufl. 1993; *M. Schreiber* (Hrsg.), Polizeilicher Eingriff und Grundrechte, FS für Samper, 1982; *W. Schreiber,* Das BKA-Gesetz vom 7. 7. 1997 – ein „überfälliges" Gesetz, NJW 1997, 2137; *Schulte,* Gefahrenabwehr durch private Sicherheitskräfte im Lichte des staatlichen Gewaltmonopols, DVBl. 1995, 130; *Schwagerl,* Verfassungsschutz in der Bundesrepublik Deutschland, 1985; *Seebode,* Schleierfahndung, Zum Spannungs- und Abhängigkeitsverhältnis von Freiheit und Sicherheit im sich einigenden Europa, in: FS für Mangakis, 1999; *Staff,* Öffentlichkeit als Verfassungsprinzip, ZRP 1992, 384; *dies.*, Sicherheitsrisiko durch Gesetz, Anm. z. Urteil d. BVerfG z. G-10-Gesetz, KritJ 1999, 586; *Stober,* Staatliches Gewaltmonopol und privates Sicherheitsgewerbe, NJW 1997, 889; *Stolleis,* Recht im Unrecht, 1994; *ders.*, „Staatsethik", oder: Vom sittlichen Staat zu den Bürgertugenden, KritV 1995, 58; *Tettinger,* Besonderes Verwaltungsrecht 1, 4. Aufl. 1995; *Waechter,* Probleme des neuen niedersächsischen Gefahrenabwehrgesetzes, Zeitschr. f. Gesetzgebung 1995, 142; *ders.*, Die „Schleierfahndung" als Instrument der indirekten Verhaltenssteuerung durch Abschreckung und Verunsicherung, DÖV 1999, 138; *Wagner,* AK-PolG NRW und zum ME, 1987; *Walden,* Zweckbindung und -änderung präventiv und repressiv erhobener Daten im Bereich der Polizei, 1996; *Walter,* Erweiterte Befugnisse der Polizei zur Bekämpfung der illegalen Einreie und der grenzüberschreitenden Kriminalität. Eine unabdingbare Notwendigkeit nach dem Wegfall der allgemeinen Grenzkontrollen in Westeuropa, Die Polizei 1999, 33; *Wehner,* Dem Täter auf der Spur, Die Geschichte der deutschen Kriminalpolizei, 1983; *Weßlau,* Vorfeldermittlungen, Probleme der Legalisierung „vorbeugender Verbrechensbekämpfung" aus strafprozessualer Sicht, 1989; *E. Wolf,* Recht des Nächsten, 1958; *Würtenberger/Heckmann/Riggert,* Polizeirecht in Baden-Württemberg, 3. Aufl. 1997; *Würtenberger,* Über Freiheit und Sicherheit, in: FS für Welzel, 1974, S. 23; *Zippelius,* Allgemeine Staatslehre, 13. Aufl. 1999.

I. Die Funktion der Polizei

1 Das Grundgesetz als politische Grundentscheidung des Volkes enthält in seinem Grundrechtsteil eine **Staatszielbestimmung,** nämlich die Sicherung der Menschenwürde und Menschenrechte in Gerechtigkeit und Frieden.[1] Als **Methode** bestimmt Art. 20 GG, daß nur ein demokratisch legitimierter Gesetzgeber befugt ist, die Aufgaben und Kompetenzen der Verwaltung zu bestimmen, und daß die den unabhängigen Richtern anvertraute Rechtsprechung zur Streitschlichtung berufen ist. Dabei sind alle „Staatsgewalten" an Recht und Gesetz gebunden. Der Gesetzgeber selbst ist an die Verfassungsvorgaben gebunden. Er kann nicht nach politischem Belieben den Inhalt und den Schutz grundrechtsrelevanter Rechtspositionen bestimmen.[2] Er hat sich primär um normative Konkordanz vorgegebener Rechtsgüter zu kümmern und deren Schutz zu operationalisieren. Dazu gehören Justizgewährung und deren Vollzug[3] sowie die exekutivische Abwehr unmittelbar drohender Gefahren.[4] Polizeiarbeit dient – wie Justizgewährung – dem Verfassungsvollzug.[5]

2 Aber so wie die **Justizgewährung** verschiedenen Fachorganen der „Rechtsprechung" i. S. v. Art. 20 III GG nach Maßgabe der Art. 92 bis 104 GG „anvertraut" ist, obliegt die vorsorgliche und akute **Gefahrenabwehr** in der Regel den Behörden, die vom zuständigen Gesetzgeber mit der „Verwaltung" des jeweiligen Rechtsgebietes betraut worden sind. Es gibt also nicht mehr „die Polizei", die alle Staatstätigkeiten umfaßt, um „die nötigen Anstalten zur Erhaltung der öffentlichen Ruhe, Sicherheit und Ordnung, und zur Abwendung der dem Publico, oder einzelnen Mitgliedern desselben, bevorstehenden Gefahr zu treffen" (Allgemeines Landrecht für die Preussischen Staaten, 1794, § 10 II 17). Aus der **„Baupolizei"** ist z. B. das Bauaufsichtsamt, aus der **„Fremdenpolizei"** das (kommunale) Meldeamt und Ausländeramt, aus der **„Gesundheitspolizei"** das Gesundheitsamt, aus der **„Gewerbepolizei"** das Gewerbeaufsichtsamt neben vielen anderen öffentlichen Stellen der Wirtschaftsverwaltung geworden (vgl. Kap. A, D und E). Ihnen sind zur Erfüllung ihrer Aufgaben jeweils spezifische Befugnisse zugewiesen. Ausdruck ihrer **„Entpolizeilichung"** ist ihre Bezeichnung als **„Ordnungsbehörden"** oder **„Sonderordnungsbehörden"**, soweit ihre Funktion auf bestimmte Regelungsbereiche beschränkt ist. Daneben gibt es – z. B. in NRW nach dem Ordnungsbehördengesetz NW, in Sachsen-Anhalt nach dem SOG LSA, in Hessen nach dem HSOG, in Mecklenburg-Vorpommern nach dem SOG M-V, in Schleswig-Holstein nach dem LVwG SH – kommunale (Ordnungs-)Behörden mit einer originären Auffangzuständigkeit für alle „notwendigen Maßnahmen, um eine im einzelnen Falle bestehende Gefahr für die öffentliche Sicherheit und Ordnung (Gefahr) abzuwehren" (§ 14 OBG NW). Sie können sich eigener Vollzugskräfte bedienen, aber auch die „polizeiliche Vollzugshilfe" nach Maßgabe des Polizeigesetzes in Anspruch nehmen. Es wird also die Existenz einer besonderen, gesetzlich organisierten **Polizeimacht sui generis** vorausgesetzt, obwohl es sie dort, wo eine solche „Ordnungsbehörde" besteht, nicht geben müßte. Da es aber rechtlich und tatsächlich weithin an einer Vollzugsmacht mit allen erforderlichen Zwangsmitteln fehlt, gibt es in allen Bundesländern eine eigene (staatliche) **Vollzugspolizei,** der neben spezialgesetzlich zugewiesenen Aufgaben, wie z. B. der **Wahrheitsermittlung** beim Verdacht strafbarer

---

[1] *BVerfGE* 1, 14; 7, 198; 6, 32; 12, 45; 21, 362; 33, 303; 42, 312. Zum Wandel der Verfassungsfunktionen vgl. *Denninger,* in: Preuß (Hrsg.), Zum Begriff der Verfassung, 1994, S. 95 ff.; vgl. auch *Kant,* Zum ewigen Frieden, Werkausg. Bd. XI, hrsg. v. Weischedel, 1977, S. 195; außerdem *von Unruh,* Grundzüge der Verfassungsentwicklung europäischer Staaten, DVP 1995, 179; *Stolleis* KritVjschr 1995, 58.

[2] *BVerfGE* 4, 7; 7, 198; 8, 71; 16, 194; 17, 306; 27, 1.

[3] *BVerfGE* 35, 348; 39, 1; 45, 187; 56, 54; 57, 70.

[4] *BVerfGE* 8, 143.

[5] *Werner* DVBl. 1959, 527; *Achterberg,* Allg. Verwaltungsrecht, 2. Aufl. 1986 S. 91 ff.; *Maurer,* Allg. Verwaltungsrecht, 12. Aufl. 1999, § 2 Rdn. 1.

Handlungen (§§ 161, 163 StPO), auch die Aufgabe der **Gefahrenabwehr** neben anderen oder für andere Ordnungsbehörden obliegt.

§§ 1, 2 PolG BW; Art. 2, 3 BayPAG; §§ 1, 2 HSOG; § 1 PolG NW; § 1 SPolG; §§ 1, 2 SOG LSA; §§ 162, 163 LVwG SH; § 3 HbgSOG; § 1 NGefAG; § 1 SächsPolG; §§ 1, 4 ASOG Bln; §§ 1, 2 PolG Bbg; §§ 1, 2, 7 SOG MV.

Dazu gehört in jedem Falle die **„obrigkeitliche Hilfe"** bei privater Rechtsnot i. S. v. § 229 BGB. Trotz dieser **„positiven Kompetenzkonkurrenz"** zwischen der Vollzugspolizei und den verschiedenen Ordnungs- und Sonderordnungsbehörden liegt das Schwergewicht des Vollzuges, also die Durchsetzung des Verwaltungswollens, insbesondere wenn Gewalt anzuwenden ist, bei der – sachlich nur noch relativ selten zuständigen – Vollzugspolizei. Ihre theoretisch dienende Funktion hat sich aber – nicht zuletzt wegen des Fehlens einer ständigen Erreichbarkeit jener (kommunalen) ordnungsbehördlichen Ämter und einer entsprechenden sachlichen Ausstattung – praktisch zu einer weithin führenden Funktion entwickelt, weil sie – zumindest hilfsweise – fast allzuständig und jederzeit zugriffsbereit ist. Eine einstweilige Verfügung oder Einweisung (in ein Krankenhaus) ist nachts z. B. nicht zu erreichen.

Das alte **„Ordnungsrecht"** gliedert sich also heute in Untergebiete des besonderen 3 Verwaltungsrechts, während die Exekution des Schutzhandelns sich weitgehend nach den (Verfahrens-)Regeln des Polizeirechts im engeren Sinne vollzieht. Dieser Teil der Polizeiarbeit ist gem. Art. 20 III GG nicht weniger an Recht und Gesetz gebunden als andere Verwaltungstätigkeit. Erst recht bedarf das Eingriffshandeln, das unter grundrechtlichem Gesetzesvorbehalt steht, einer normativen Regelung, die dem Gebot der **Klarheit** und **Bestimmtheit** – zum Schutz der Betroffenen ebenso wie zum Schutz der Amtswalter – genügt. Die Beachtung dieser Gebote ist für einen Rechtsstaat konstitutiv. Dabei geht es nicht nur um eine klare und unmißverständliche Wortwahl, sondern – wie *Denninger* und *Petri*[6] in sieben Thesen unter Bezug auf die Rechtsprechung des BVerfG kurz und bündig dargelegt haben – auch um eine in sich **widerspruchsfreie Gesetzgebung,** sodann um die **Vermeidung von verwirrenden Verweisungsketten,** von **Irreführungen durch Scheintatbestandlichkeiten** und **Kompetenzverlagerungen,** die klare Eingriffsschwellen vortäuschen.

Aus dem **Rechtsstaatsgebot** ergibt sich – neben der Beachtung der grundgesetzlichen 4 Kompetenzgrenzen – auch eine strikte Bindung der jeweiligen Befugnisse an die Aufgabenzuweisung. So können Befugnisse der Vollzugspolizei nicht ohne spezifische gesetzliche Erlaubnis zur Erfüllung anderer Verwaltungsaufgaben genutzt werden. Art. 35 GG gilt der **Amtshilfe** zwischen Behörden mit zumindest teilidentischer Aufgabenzuweisung, **nicht der Befugnisaushilfe** zwischen unterschiedlichen Behörden (vgl. Kap. E und K zum Thema Amtshilfe). Die ersuchende Behörde kann ihren Aufgabenkreis nicht im Wege der Amtshilfe erweitern.

Daß die **Polizei als Teil der Schutzmacht der Verwaltung** nicht ähnlich den Struktur- 5 vorgaben für die Justiz im GG erwähnt ist, erklärt sich aus der geschichtlich übernommenen Grundsatzregelung, daß die Polizei **Länderangelegenheit** ist (vgl. Art. 4 Reichsverf. v. 1871, Art. 6 ff. WRV v. 1919, Art. 70 ff. GG v. 1949). Eine „ordnungspolizeiliche" Regelungskompetenz wird dem **Bund** nur im engen Sachzusammenhang auf den Gebieten zugestanden, wo er eine sachliche Gesetzgebungszuständigkeit hat. So konnte er z. B. eine eigene **Eisenbahnpolizei** einrichten, solange es eine bundeseigene Staatsbahn gegeben hat.

Die Frage, ob er mit der Privatisierung der Bahn noch mit Hilfe einer früheren 6 **Annexkompetenz** deren polizeilichen Schutz regeln durfte, ist vom Bundesverfassungsgericht[7] dahin beantwortet worden, daß die Bundeszuständigkeit für die „Eisenbahnver-

---

[6] In: *Bäumler,* Polizei und Datenschutz, 1999, S. 13 ff.

[7] *BVerfGE* 97, 198–222.

kehrsverwaltung“ gem. Art. 87e GG auch die Ordnungsaufgaben umfasse und insoweit der Schutzauftrag dem „Grenzschutz“ noch zugerechnet werden dürfe. Dieser Entscheidung, die sich wie ein Kompromiß liest, ist immerhin die klare Aussage zu entnehmen, daß eine weitere Ausdehnung allgemeiner polizeilicher Kompetenzen auf Bundespolizeibehörden nicht zulässig ist. Dennoch erweiterte der Bundesgesetzgeber wenige Monate später die **Aufgaben und Befugnisse des Bundesgrenzschutzes** durch Gesetz vom 25. 8. 1998 (BGBl. I S. 2486) dahin, daß er **jedermann** ohne jeden Anlaß auf Bahn- oder Flugreisen „anhalten, befragen und verlangen kann, daß mitgeführte Ausweispapiere oder Grenzübertrittspapiere zur Prüfung ausgehändigt werden, sowie mitgeführte Sachen in Augenschein nehmen“ darf (§ 22 II BGSG). Abgesehen davon, daß damit die Erforderlichkeit der Abwehr einer Gefahr als Kontrollvoraussetzung überall, also auch außerhalb des Grenzbereiches, entfällt, wird der Bundesgrenzschutz damit auch auf dem Gebiet der allgemeinen Prävention eingesetzt, die **nach der Kompetenzordnung des GG** gem. Art. 70 GG **allein Aufgabe der Länder** ist. Daß die Kontrollbefugnis faktisch der strafprozessualen **Fahndung** dient und deswegen vom damaligen Bundesminister des Innern auch als **„Schleierfahndung“** bezeichnet worden ist, ändert an dem Verstoß gegen die Kompetenzverteilungsregeln der Verfassung nichts. Der Bund hat zwar die Gesetzgebungskompetenz für das Strafverfahren (Art. 74 Nr. 1 GG), aber er darf nicht einer Grenzpolizeibehörde aufgabenfremde Befugnisse zuweisen.

Das Fehlen eines eigenen Polizeikapitels im GG unterstreicht den machtbegrenzenden Zweck der Kompetenzregelungen der Verfassung.

7 Auch die Sonderkompetenz des Bundes zur Errichtung eines **Bundeskriminalamtes** als zentrale Servicestelle für die Länderpolizeien bei länderübergreifenden Kriminalfällen und bei der internationalen Aufklärung von Verbrechen (Art. 73 Nr. 10 GG) befugt nicht zur Errichtung einer den Landespolizeien ähnlichen Schutzpolizeimacht der Bundesexekutive. **Die Polizei im engeren Sinne ist also im Verfassungsgefüge des GG ein Teil der originären Exekutivmacht der einzelnen Bundesländer.** Diese Exekutivmacht steht neben anderen Staatsorganen (Legislative und Judikative) und neben anderen Verwaltungsbehörden (Ordnungs- und Sonderordnungsbehörden einschließlich jener der Kommunen) und neben den Geheimdiensten. Sie bietet immer noch auf vielen Bereichen „dem Publico oder einzelnen Mitgliedern desselben“ Schutz vor Rechtsgutgefahren, zumal sie häufig hilfsweise tätig wird. Aber auch insoweit arbeitet sie allein nach Maßgabe der ihr gesetzlich zugewiesenen Kompetenzen und Befugnisse. Eine **Mischverwaltung** ist ausgeschlossen.

Ob darüber hinaus zur Aufgabe der Polizei auch die **„Vorbeugung“**, also eine Art **Risikovorsorge** zur Vermeidung von Gefahreneintritten, gehören kann und darf, ist umstritten. Dabei geht es weniger um die eigene Schutzvorbereitung als vielmehr um die Frage, ob auch **vorsorgliche Informationseingriffe bei jedermann,** der potentiell zum Zustands- oder Verhaltensverantwortlichen werden kann, verfassungsrechtlich erlaubt sind. In etlichen neueren Polizeigesetzen ist die Kompetenz zum Zugriff auf den einzelnen ohne Rücksicht auf die Vermutung der Rechtstreue (Art. 1 GG und Art. 6 II MRK) versucht worden (zum Zugriff auf jedermann einerseits und auf den Betriebsverantwortlichen andererseits vgl. Kap. A, C, D, E, F und J speziell). Hierbei handelt es sich jedoch nicht um ein Strukturproblem der Polizei, sondern um eine grundrechtliche Grenzziehung für jede Eingriffstätigkeit und „nur“ insoweit auch für die Polizeiarbeit. Die Polizei ist also nicht, wie die Innenministerkonferenz 1993 mißverständlich formuliert hat, der allmächtige **„Garant der inneren Sicherheit“**, sondern eine Vollzugsmacht, die in Teilbereichen für einen einstweiligen Rechtsgüterschutz zuständig ist.[8]

---

[8] Vgl. auch *Kniesel* ZRP 1996, 482; *Gusy* DÖV 1996, 573; zum Paradigmenwechsel von der Herstellung „öffentlicher Sicherheit“ zur „inneren Sicherheit“ vgl. auch *Denninger* JZ 1996, 585; *Hansen* KritJ 1999, 231 (239 f.). Zur Wahl von Wörtern wie „Garant“, „Einsatz“, „durchführen“ usw. vgl. *Haffner*, Geschichte eines Deutschen, 2. Aufl. 2000, S. 81 und *Sternberger/Storz/Süskind*, Aus dem Wörterbuch des Unmenschen, 1962.

II. Rechtsstaatliche Grundlagen der Polizeiarbeit

Unbeschadet der durch die Kompetenzregeln der Verfassung bestimmten Funktionsgrenzen der allgemeinen Schutzpolizei bedarf ihre Arbeit einer gesetzlichen Grundlegung, die formell und materiell der Grundrechtsordnung entspricht. Das heißt, die Polizei muß **gesetzlich** so **organisiert** sein, daß sich die **Verantwortlichkeiten** für Amtswalter und Betroffene verbindlich feststellen lassen. Außerdem müssen die **Aufgabengebiete** und die zugehörigen **Handlungsbefugnisse** gesetzlich bestimmt sein. Dies folgt aus dem Gesetzlichkeitsgebot von Art. 20 III GG, damit jeder potentiell Betroffene Grund und Ausmaß seiner etwaigen **„Polizeipflichtigkeit"** von vornherein erkennen kann. Dabei müssen Gesetzgeber und Bürger wissen, daß es **Grenzen der Methodenwahl** gibt. Die Gesetzgebungsbefugnis gilt nicht grenzenlos. Gesetzesvorbehalte bei einzelnen Grundrechtsgarantien eröffnen keine politisch beliebige Grundrechtsverkürzung (vgl. u. a. Art. 19 II GG). Schließlich gibt es rechtstatsächlich Grenzen der Polizeimacht. **Die Polizei darf also nicht alles, was sie könnte,** und **sie kann nicht immer alles, was sie dürfte.** 8

1. Die organisationsrechtliche Bindung

Wenn die Grundrechte eine geltende Ordnung darstellen und nicht nur politische Programmsätze sein sollen,[9] müssen sie eine effektive **Garantiefunktion** haben. Die Operationalisierung dieser Funktion obliegt nach den in Art. 20 GG festgelegten Strukturprinzipien den Verfassungsorganen im Rahmen ihrer Kompetenzen. Aus der Bindung von Judikative und Exekutive an „Recht und Gesetz" ergibt sich die **vorrangige Pflicht des demokratisch legitimierten Gesetzgebers,** die grundrechtlich geschützten Rechtspositionen in ihrem Verhältnis zueinander zu ordnen und für eine verträgliche Konkordanz bei der Ausübung dieser Rechte zu sorgen. Dazu bedarf es normativer Sicherungen zum Schutz vor Störungen und konkreten Gefahren.[10] Dieser Schutz muß umfassend sein. Eine **Ausgrenzung** bestimmter Lebensbereiche zugunsten oder zu Lasten eigener Gefahrenvorsorge des Bürgers ist dem Gesetzgeber nicht gestattet, soweit nicht die Verfassung selbst – wie bei der kirchlichen Autonomie gemäß Art. 140 GG[11] – eine gewisse Exemtion vom staatlichen Grundrechtsschutz gestattet. Sonstige **„rechtsschutzfreie Räume"** für **„besondere Gewaltverhältnisse"** gibt es nicht (mehr).[12] Auch im Bereich der gesamten öffentlichen **Selbstverwaltung** (Kommunen, Kammern, Universitäten etc.) muß Grundrechtsschutz gewährleistet sein.[13] 9

Von dieser prinzipiellen **Schutzpflicht** ist die Frage zu unterscheiden, wie der Gesetzgeber den Schutz regelt. Die verfassungskräftige Zuweisung von Streitentscheidungen an die **Judikative** gemäß Art. 20 II und 92 ff. GG verbietet zum Beispiel nicht, den Richtern auch Aufgaben der Verwaltung zuzuweisen, wie es im Bereich der sogenannten freiwilligen Gerichtsbarkeit traditionell geschehen ist und wie es das Grundgesetz selbst in Art. 13 II und 104 II vorgegeben hat.[14] Die neueren Polizeigesetze[15] sehen bei der Nut- 10

---

9 Vgl. Art. 1 III GG. Vgl. *BVerfGE* 7, 198 (204 ff.); 21, 362 (371 f.); 73, 261 (269).

10 Vgl. *BVerfGE* 17, 108; 39, 1; 45, 187; 46, 160; 51, 324; 53, 30; 56, 54; 57, 70; 70, 297; 76, 171 (184); 88, 203 (258). Vgl. auch wegen der Folgen *VGH Kassel* NVwZ 1990, 276, mit Anm. von *Sendler* NVwZ 1990, 23; *Benda* NJW 1985, 1730.

11 Zur Auslegung von Art. 140 GG mit einer bedenklichen Versagung jeden Grundrechtsschutzes vgl. *BVerfGE* 18, 385 (387 f.); 33, 23 (30 f.); 42, 312 (332 ff.); 53, 336 (392); 70, 138 (162 ff.) mit den jeweiligen Fallgestaltungen und höchstrichterlichen Judikaten. Zum Gesamtproblem und den verfassungsrechtlich bedenklichen Grenzüberschreitungen der Judikative vgl. insbes. *Weber* NJW 1989, 221. Zur kirchlichen Grundrechtsbindung vgl. Urt. d. *BVerfG* v. 19. 12. 2000 – 2 BvR 1500/97 –; NJW 2001, 429.

12 *BVerfGE* 33, 1. Vgl. auch *Achterberg,* Allg. Verwaltungsrecht, 2. Aufl. 1986, S. 394 f.

13 Vgl. *BVerfGE* 18, 302 (213); 18, 241 (252 f.); 26, 186 (195 ff.); 48, 300 (315 ff.); 58, 1 (126 ff.).

14 Vgl. *Maunz/Dürig/Herzog/Scholz,* GG, Art. 104 II Rdn. 25; *Lisken/Mokros* NVwZ 1991, 609; *BVerfG* NJW 2001, 1121.

15 Vgl. z. B. §§ 17 ff. PolGNW.

zung gravierender und normativ unbestimmter Eingriffsbefugnisse ebenfalls vermehrte **Kompetenzverschiebungen auf den Richter vor,** während sie zugleich versuchen, verfassungskräftige Richtervorbehalte bei Eingriffen in das Wohnrecht und in die Freiheit zu reduzieren.[16]

11 Abgesehen von diesen verfassungskräftigen Kompetenzzuweisungen bestehen keine Verfassungsvorgaben zur Regelung der **Schutzorganisation.** Die den Rechtsgüterschutz regelnde **Ordnungsgewalt** wird als „Annex" des jeweiligen Sachgebietes angesehen, für das der Gesetzgeber die Gesetzgebungsbefugnis hat.[17] Es bestehen also keine Bedenken, die Sicherung gewerblicher Anlagen im Bereich des einschlägigen Wirtschaftsverwaltungsrechts zu regeln.[18] Auch die Landeskompetenz zur Regelung des Polizeirechts „im engeren Sinne"[19] zwingt nicht zur Schaffung einer **staatlichen Polizeiorganisation.** Es kommt auf die Gewährung von Polizeischutz an. Dieser konnte und kann unter staatlicher Aufsicht beispielsweise kommunalen Selbstverwaltungskörperschaften übertragen werden. Die **Verstaatlichung der Polizei** in den Ländern nach 1949 (1953 in Nordrhein-Westfalen, 1976 in Bayern) war kein Verfassungsgebot, sondern lediglich eine politische Entscheidung zugunsten einer „starken" Exekutive, eine Rücknahme der Mediatisierung staatlicher Macht.

12 Diese Wiederherstellung der staatlichen Polizeimacht hat sich bisher allerdings im wesentlichen darauf beschränkt, dem Innenressort jeweils die **Polizeihoheit** zuzuweisen und die Bestimmung der weiteren **Polizeiorganisation** einschließlich der **instanziellen Zuständigkeiten** der Exekutive zu überlassen. Es gibt zwar gesetzliche Gliederungsvorgaben, in denen obere, mittlere und untere Polizeiinstanzen, z. B. **Bürgermeister, Landräte, Präsidien, Bezirksregierungen** und **Ministerien** als polizeiliche Funktionsträger benannt werden. Eine verbindliche **Kompetenzabgrenzung** ist jedoch weithin unterblieben, so daß **Entscheidungsebenen** beliebig verlagert werden können. Damit folgt die innere Organisation der Polizei weitgehend tradierten monokratischen Strukturvorstellungen mit **Weisungsgebundenheit** und **Selbsteintrittsrecht** der höheren Instanzen ohne Bürgerbeteiligung und unabhängige Rechtskontrolle. Die Mitbestimmung der **Personalvertretungen** ist auf Statusfragen beschränkt. Die **Bürgerbeteiligung** durch **Beiräte,** wie in Nordrhein-Westfalen und Schleswig-Holstein, ist auf Anhörung und Beratung begrenzt.[20] Eine aufgabenorientierte **Selbstverwaltung der Polizei** in Analogie zu den Verfassungsvorschriften für die Gerichte oder Kommunen ist nie versucht worden. Dies beruht mit allen Folgen[21] auf dem „Fehlen einer freiheitlich-**demokratischen** Theorie der Polizei".[22] Kennzeichnend ist die durchgängige Bündelung einer inhaltlich weithin offenen **Organisationsbefugnis** mit einer **Dienst- und Fachaufsicht,** die sich auf der Grundlage normativer „Blankovollmachten" von der behördeninternen Ordnung über

---

16 Vgl. § 14 ME 1977 und sinngemäß alle PolG; teilweise anders jetzt Art. 18 II BayPAG. Nach § 20 III PolGNW soll ein „verdeckter Ermittler" sich ohne richterliche Gestattung Zugang zu einer Wohnung erschleichen dürfen, obwohl es ggf. um Auskundschaftung, also um Durchsuchung gehen kann. Vgl. dazu *BVerfGE* 51, 97; 75, 318. Bei solcher Nichtregelung im Verfahrensgesetz ist der Richtervorbehalt gem. Art. 1 III GG unmittelbar aus Art. 13 II GG zu beachten (*BVerfGE* 51, 97 [114]; 57, 346 [355]); ebenso *Jarass/Pieroth,* GG, 5. Aufl. 2000, Art. 13 Rdn. 8. Andernfalls sind etwaige Informationen, die so gewonnen wurden, nicht verwertbar, weil der inkompetente Amtswalter gehandelt hat; so auch *Jarass/Pieroth* wie vor Rdn. 9a; ebenso *Berkemann,* AK-GG 1984, Art. 13 GG Rdn. 58; *Wagner,* AK-PolGNW, 1987, vor § 8 Rdn. 46ff. m. w. Nachw. Zur strikten Beachtung des Richtervorbehaltes bei Durchsuchungen vgl. Urt. d. *BVerfG* v. 20. 2. 2001, NJW 2001, 1121.

17 *BVerfGE* 3, 407 (433); 8, 143 (150). Vgl. auch *Hesse,* Grundzüge des Verfassungsrechts der BR Deutschland, 19. Aufl. 1993, Rdn. 236.

18 Z. B. GewO, AtomG etc. Zu den Regelungsproblemen vgl. *Hansen-Dix,* Die Gefahr im Polizeirecht, im Ordnungsrecht und im techn. Sicherheitsrecht, 1982; m. w. Nachw. *Breuer* NVwZ 1990, 211. Vgl. auch Kap. D.

19 *BVerfGE* 8, 143 (150).

20 Vgl. §§ 15ff. POG NW; früher auch in Niedersachen.

21 Zu erinnern ist an die öffentlichen Forderungen nach einem ministeriellen Schießbefehl anläßlich des Gladbecker Geiselfalles mit dem als Vorbild gedachten „Nachspiel" in Bayern. Zu den Vorstellungen über die Polizeiführungsfunktion eines Innenministers im Gefahrenfall vgl. die Debatte im Landtag NW vom 29. 3. 1990, Plenarprotokoll 10/136, S. 12526ff.

22 *Denninger,* in: Denninger/Lüderssen, Polizei und Strafprozeß im demokratischen Rechtsstaat, 1978, S. 103.

die Personalangelegenheiten bis zur rechtmäßigen und zweckmäßigen Aufgabenerfüllung erstreckt und damit – mangels Binnenrechtsschutzes und Bürgerkontrolle – im Grunde der „Rechtsstaatsidee der konstitutionellen Monarchie"[23] folgt.

Beispiel: §§ 82, 83 SPolG: „Die Aufgabenverteilung und Gliederung der Polizeivollzugsbehörden ... regelt der Minister des Innern... Der Minister des Innern führt die Dienst- und Fachaufsicht..." Art. 1 Abs. 3 Satz 2 BayPOG: „Oberste Dienstbehörde und Führungsstelle der Polizei ist das Staatsministerium des Innern." § 65 PolG BW: „Die zur Dienstaufsicht oder zur Fachaufsicht zuständigen Behörden können den allgemeinen Polizeibehörden im Rahmen ihrer Zuständigkeit unbeschränkt Weisungen erteilen. Die allgemeinen Polizeibehörden haben diesen Weisungen Folge zu leisten... Leistet eine Polizeibehörde... keine Folge, kann an Stelle der Polizeibehörde jede zur Fachaufsicht zuständige Behörde die erforderlichen Maßnahmen treffen." Erheblich eingeschränkter § 13 Abs. 3 LOG NW: „In Ausübung der Fachaufsicht können sich die Fachaufsichtsbehörden unterrichten, Weisungen erteilen und bei Gefahr im Verzuge oder aufgrund besonderer gesetzlicher Ermächtigung die Befugnisse der nachgeordneten Behörden selbst ausüben."

Die Idee einer **sich selbst verwaltenden Polizeimacht,** die allein dem Gesetz verpflich- 13
tet wäre und deswegen auch nur der Rechtsaufsicht bedürfte, ist noch nie politisch-parlamentarisch diskutiert worden. Es fehlt anscheinend die Vorstellungskraft, sich als gewählter Repräsentant des Volkes der unmittelbaren Vollzugsmacht zu begeben und über die – in Art. 20 III GG vorgeschriebene – gesetzliche Mediatisierung der eigenen Zielvorstellungen hinaus auch eine **institutionelle** und damit **personelle Mediatisierung** zu wagen.

Die bestehende Rechts- und Bewußtseinslage wird anschaulich, wenn nach spektaku- 14
lären „Mißerfolgen" der Polizei der Rücktritt des „politisch" verantwortlichen Ministers gefordert wird, so als ob das Auswechseln des Inhabers der Polizeimacht irgendeine Rehabilitierungs- oder Restitutionswirkung hätte. Für den Betroffenen ist es jenseits aller „politischen" Debatten allein wichtig, ob er sein Recht bekommt. Folglich kommt es nur auf die **rechtliche Verantwortlichkeit** an, die sich – wie *Masing* (ZRP 2001, 36) näher darlegt – „fundamental" von der „politischen" unterscheidet. Dies vor allem spricht für eine klare Verrechtlichung der Polizeiorganisation und -verantwortung.

Die bestehenden Organisationsnormen in besonderen Organisationsgesetzen oder in 15
Polizeiaufgabengesetzen schöpfen keineswegs den Gesetzesvorbehalt des Art. 20 III GG für die Organisation der Polizeimacht aus, weil sie nur äußere Zuständigkeitsadressen schaffen, nicht aber den **„gesetzlichen Amtswalter"** bestimmen. Was z. B. die Behördenleiter instantiell zu sagen haben, wird weitgehend vom jeweiligen „Polizei"-Minister kraft einer in allen Polizei(organisations)gesetzen ähnlichen Generalermächtigung im Erlaßwege bestimmt. Dabei wird die Organ**ein**richtungsbefugnis (z. B. in §§ 82, 83 SaarlPolG, §§ 3, 7 POG NW) kurzerhand wie eine Organ**er**richtungsbefugnis, nämlich zur Bestimmung von Zuständigkeit, Dienststellen und Amtswalterstellen genutzt.

Auch Fragen der **Fachkompetenz,** die für bestimmte Funktionen erforderlich ist, wer- 16
den ebenso wie die **Personalauswahl** und die Personalausbildung ohne gesetzliche Vorgaben beantwortet. Es gibt z. B. keine gesetzlichen **Qualitätsanforderungen**, nicht einmal

[23] *Denninger,* in: Denninger/Lüdersen, Polizei und Strafprozeß im demokratischen Rechtsstaat 1978, S. 103. Zu der exemplarischen traditionellen Regelung im Berliner ASOG vgl. *Lisken* KritJ 1992, 472. Zu bundesweiten **„Neuorganisationen"** der Länderpolizeien, speziell in Nordrhein-Westfalen, auf der Grundlage von „Blancoermächtigungen" im Organisationsrecht vgl. *H. J. Lange,* in: Gusy (Hrsg.), Privatisierung von Staatsaufgaben: Kriterien – Grenzen – Folgen, 1998, S. 215 ff.; *Lange* befaßt sich eingehend mit den Ursprüngen und den weitgehenden Folgen wechselnder **„Neuorganisationen"**, die wegen ihrer strukturellen Veränderungen Publikum und Polizei gleichermaßen angehen. Das „Untermaß" an gesetzlichen Vorgaben im Sinne von Art. 20 III GG war und ist danach unübersehbar. Kritische Stimmen, etwa von Polizeipräsidenten, führten bereits zu internen Diskussionen. Nach § 58 BGSG „regelt" der BMdI durch RVO die „sachliche und örtliche Zuständigkeit" der einzelnen Grenzschutzbehörden. Die „instanzielle Zuständigkeit" wird also nach wie vor verwaltungsintern geregelt; vgl. dazu *Fischer/Hitz/Laskowski/Walter,* BGSG, 2. Aufl. § 58 Rdn. 3. Zur untergesetzlichen Neuorganisation der Polizei in Brandenburg vgl. beispielhaft INFO 110 des IM Bbg. Zu den ministeriellen Versuchen in den Ländern, mit Hilfe der Organisationsbefugnis **„Neue Steuerungsmodelle"**, die dem wirtschaftlichen Kosten-Nutzen-Prinzip folgen, bei der Rechtsanwendung nutzbar zu machen, vgl. *Papier* NJW 2001, 1089 (1093 ff.) unter Bezug auf *Dieckmann* und *Hassemer.*

für Behördenleiter, ein Zustand, der in weiten Bereichen anderer Verwaltungen und erst recht im Bereich der Judikative als rechtsfehlerhaft angesehen würde. Jede Reduzierung des Rechtskundeunterrichts (zugunsten anderer Studienfächer) trotz neuer und oft zweifelhafter Zugriffsbefugnisse zeigt die latente innere Gefährdung des Rechtsstaates durch die „Allmacht" der Polizeiminister. Die mit diesen Defiziten verbundenen **innerpolizeilichen Abhängigkeiten** und die **tradierten monokratischen Befehlsstrukturen** bis zum jeweiligen Minister können mangels jeder parlamentarischen Vorgabe und Kontrolle schwerlich der freiheitlich-demokratischen Idee, also den Normzwecken von Art. 20 II und III GG, entsprechen. Diese Folgen werden nach außen erkennbar, wenn man einmal die vergleichsweise mageren institutionellen Vorgaben für eine hoheitliche Körperverletzung bis zum **Todesschuß** mit den subtilen Regelungen für einen **Lauscheingriff** vergleicht.

17 Die polizeiliche Arbeit mit ihren unmittelbaren Eingriffsmöglichkeiten legt es besonders nahe, den Gedanken einer aufgabenorientierten Organisationsverrechtlichung und einer weitgehend weisungsfreien Rechtsgebundenheit[24] der Polizei näher zu verfolgen, um dem Gesetzmäßigkeitsgebot durch die Schaffung einer **„Polizeiverfassung"** zu entsprechen. Warum sollte das Legalitätsprinzip, das die Staatsanwälte und ihre polizeilichen Hilfsbeamten bindet, nicht auch für die polizeiliche Präventionsarbeit brauchbar sein? Für den Bereich der Gefahrenabwehr käme es – neben der instanziellen Kompetenzregelung – darauf an, daß alles „Wesentliche soweit gesetzlich geregelt ist, daß bloße Rechtsaufsicht für seine Durchsetzung ausreicht".[25] Es dürfte dann allerdings keine polizeilichen Kontroll- und Eingriffsbefugnisse ohne tatsächliche und damit verifizierbare Tatbestandsvoraussetzungen geben. Jedermannkontrollen ohne Verdachtsgründe[26] wären – ebenso wie verdachtslose „Initiativ"- oder „Strukturermittlungen"[27] unzulässig, weil es keine gesetzlich ungebundene Polizeimacht geben dürfte. Eine „entfesselte Polizei", wie sie bei uns – neben und mit Europol – entsteht,[28] verstößt ohnehin gegen Art. 1 III und Art. 20 III GG. Auch die sogenannte Gefahrenvorsorge bliebe im Bereich der schlichten Hoheitsverwaltung. Eine Datenerforschung auf Vorrat wäre unzulässig. Wie in früheren Zeiten unserer Grundrechtsordnung wären Gefahr und Störungsverdacht unabdingbare Eingriffsschwellen, so daß auch der Rechtsschutz wieder weniger oft gefragt und zugleich effektiver sein könnte. Nicht die Abschaffung der Kriminalpolizei oder ihre Vermengung mit der Schutzpolizei wäre dann Gegenstand ministerieller Planungen, sondern die sachgerechte Ausstattung der „selbstverwalteten" Polizei mit Fachwissen und Material. Daneben bliebe die Rechtsaufsicht, damit Rechtsfehler auch ohne Gerichtshilfe korrigiert werden könnten, wie es auch die §§ 69 ff. VwGO vorsehen. Diese Rechtsaufsicht würde keine Beschränkung der Staatsverantwortung bedeuten, da sie – nach richtiger Auffassung – nach wie vor auch die Methodenkontrolle umfaßt; denn ungeeignete Mittel sind unverhältnismäßig und daher stets rechtswidrig. In § 9 OBGNW findet sich ein Beispiel einer solchen Rechtsaufsicht, die Weisungen erteilen kann, „um die gesetzmäßige Erfüllung der ordnungsbehördlichen Aufgaben zu sichern".

18 Das überlieferte Mittel der Fachaufsicht, das nie genau definiert, aber immer genutzt worden ist, um „totalen Gehorsam" in der Sachbearbeitung[29] ohne Verlagerung der Verantwortung zu verlangen, wäre überflüssig. An seine Stelle könnte als Ausfluß der

[24] Vgl. *Achterberg,* Allg. Verwaltungsrecht 1982, § 11 I. Am 24. 11. 2000 hat die (165.) Innenministerkonferenz dem Entwurf eines Gesetzes über die **„Deutsche Hochschule der Polizei"** (= Umwandlung der Polizei-Führungsakademie) nebst einem „Abkommen" über die „einheitliche Ausbildung für den höheren Polizeivollzugsdienst" zugestimmt (NJW-Inform. 1/2001). Für das Organisationsrecht wesentlich werden die Inhalte und deren Verbindlichkeit sein. Zur Ausbildung des höheren Polizeivollzugsdienstes vgl. die krit. Anm. v. *Vogel/Petersen* Kriminalistik 2000, 821.

[25] *Wolff/Bachof,* VerwR II, 4. Aufl. (1976), § 77 II c = S. 105.

[26] *Lisken* NVwZ 1998, 22. Vgl. auch unten Rdn. 30 ff.

[27] *Lisken* ZRP 1994, 264.

[28] *Bull* DRiZ 1998, 32; *Hirsch* ZRP 1998, 10; *Lisken* DRiZ 1998, 75; *Heuer* Polizei – heute 1998, 47; *Lisken/Mokros,* in: Grundrechte-Report 1998 (rororo aktuell 22337), S. 200.

[29] *Wolff/Bachof* (o. Fußn. 25), S. 104.

Rechtsaufsicht eine Selbsteintrittsbefugnis treten, wo die nachgeordnete Instanz rechtlich oder tatsächlich den konkreten Rechtsgüterschutz nicht leisten könnte oder wollte.

Ein zusätzliches Instrument zur Sicherung der grundrechtlichen Belange von jedermann könnte – neben und auch zur Entlastung der Justiz – **der Datenschutzbeauftragte als Ombudsmann in Polizeiangelegenheiten** sein. An ihn könnten sich Bürger wie Polizisten gleichermaßen wenden, wenn sie Fragen und Beschwerden haben, die sie offen oder vertraulich behandelt wissen wollen. Nicht jeder Bürger findet im Instanzenzug Gehör, wie er sich das vorstellt. Nicht jeder Polizist will beim Vorgesetzten remonstrieren und die Mühsal eines **„Widerstandes für das Recht"**[30] und eines etwaigen Disziplinarverfahrens auf sich nehmen. Manches ist auch politisch heikel. Der ohnehin vorhandene Datenschutzbeauftragte wäre als „Polizeibeauftragter" – wenn er vom Parlament bestellt wird – mit seinen Informationsmöglichkeiten hinreichend unabhängig. Allerdings müßte ihm bei schwerwiegenden Rechtsbeeinträchtigungen, die er für bedenklich hält, ein vorläufiges **Interventionsrecht** zustehen, das notfalls zwingend eine Regierungsentscheidung herbeiführt. Daneben könnte ihm – zur gebotenen Effektuierung der genannten **„Normenkontrolle der Verwaltung"** – eine Anrufung des (Landes-)Verfassungsgerichts in Analogie zu Art. 100 GG ermöglicht werden.[31] Damit wäre ein gutes Stück Bürgerschutz realisiert, ohne daß die bestehende Gewaltenteilung in Frage gestellt wäre. 19

Vor allem gewänne auch die Polizei an Ansehen und Vertrauen, wenn sie sich strukturell einer bürgernahen Verfassung und der Mitarbeit des Polizei- und Datenschutzbeauftragten versichern würde.

Aber noch fehlt der Wille der Mehrheit mit Regelungsmacht, sich selber inhaltlich stärker zu binden und die Polizeimacht im Interesse der Bürgerrechte stärker zu mediatisieren. Noch ist der jeweilige Innenminister – unbeschadet aller gesetzlichen und untergesetzlichen Regelungen – letztlich die **Landespolizeibehörde.** Ihm steht – wie dem Preußischen König gem. Art. 45 PrVerf. v. 1850 – „allein die vollziehende Gewalt" zu. In seiner herausgehobenen Stellung beim Erlaß von landesweiten Gefahrenabwehrverordnungen – wie bei den im Jahre 2000 eilfertig verfaßten Verordnungen zum Schutz vor gefährlichen Hunden – wird dies heute noch sichtbar (vgl. z. B. § 72 HSOG). Auch die Errichtung von besonderen **Kriminalpolizeidienststellen** in den Ländern im Laufe des vorigen Jahrhunderts, die Ausgliederung der **„politischen Polizei"** in Preußen in ein „Präsidialbureau" in Berlin im Jahre 1851, die Schaffung einer besonderen **Sicherheitspolizei** in Preußen 1919 und die organisatorische **Wiederzusammenführung von Schutzpolizei und Kriminalpolizei** in den letzten Jahren – weitgehend zeitgleich mit der staatsrechtlichen Wiedervereinigung Deutschlands – beruhten fast ausschließlich auf ministeriellen Anordnungen. 20

Die Errichtung eines „Geheimen Staatspolizeiamtes" (1933) und einer „Geheimen Staatspolizei" (1936) in Preußen beruhten zwar der Form nach auf Gesetzen, diese überließen aber die Kompetenzregelungen dem „Minister des Inneren".[32] Innere Grenzen der Regelungsmacht setzten nur die gesetzlichen Haushaltsvorgaben (vgl. Kap. A Rdn. 26 ff. und 52 ff.). Die organisatorische, personelle und sachliche **Polizeimacht** liegt also nach wie vor beim jeweiligen **Innenminister.** 21

Dieses normativ-rechtsstaatliche Strukturdefizit in der polizeilichen „Funktionenordnung" *(Achterberg)* wird durch das Fehlen jeder **bürgerschaftlichen Mitbestimmung** im Bereich der Schutzfunktion verstärkt. Selbst wo Zivilisten – ehrenamtlich oder neben- 22

---

[30] Vgl. *Dietel/Gintzel,* Allg. Verwaltungs- und Polizeirecht in NRW, 10. Aufl. 1982, S. 13. Zum „Widerstandsrecht im Rechtsstaat" vgl. auch *A. Kaufmann,* in: Rechtsphilosophie, 2. Aufl. (1997), S. 209 ff.

[31] Art. 77 a NRWVerf. würde dies ebenso ermöglichen wie Art. 37 M-V Verf. Zur Einrichtung eines „Polizeibeauftragten" vgl. auch *Wieland/Diederichs,* in: Hilfe Polizei, hrsg. von Diederichs, 1995, S. 129 ff.; *Waechter* ZRP 1986, 293; abl. *Freiberg* Deutsche Polizei 1995, 20. Hamburg hat den Anfang mit der gesetzlichen Einsetzung einer „unabhängigen Polizeikommission" gemacht (1998). Zur Nichtanwendung (verfassungs-)rechtswidriger Normen vgl. unten Kap. C Rdn. 36 mit Fn. 64.

[32] Vgl. Ges. v. 26. 4. 1933, Pr. GS S. 122, mit Rd. Erl. d. Pr. MdI v. selben Tage, MinBl. d. Pr. inneren Verw. 1933 I S. 503, und Ges. v. 10. 2. 1936 mit Ausf.VO v. selben Tage, Pr. GS, 1936 S. 21.

beruflich – zur Erfüllung polizeilicher Aufgaben herangezogen werden (können), gibt es keine bürgerschaftliche Kontrollbeteiligung.

Insgesamt bleibt für den organisationsrechtlichen Bereich festzustellen: Das Prinzip der Gesetzesgebundenheit in Art. 20 III GG wird nach wie vor rechtstechnisch so gehandhabt, als sei das, was der Gesetzgeber regelt oder auch nicht regelt, rechtens (zum heutigen Organisationsstand der Polizei in Deutschland vgl. Kap. B). Das Untermaß an gesetzlicher Regelung entspricht nicht (mehr) dem verfassungsrechtlichen Erkenntnisstand.

2. Die verfahrensrechtliche Bindung

23 Das Rechtsstaatsprinzip des GG will nicht lediglich eine rechtstechnisch perfekte Sicherung vorgegebener Freiheiten gewährleisten, sondern die in der Grundrechtsordnung konstituierten Freiheiten durch **Verfahrensregeln** ermöglichen.[33] Es geht um **Rationalisierung, Rechtsklarheit** und **Rechtssicherheit** sowohl bei der Bestimmung der Rechtsinhalte als auch bei der Wahrnehmung privater Rechte und staatlicher Kompetenzen. Der Primat des Rechts bedeutet gemäß Art. 20 III und 1 III GG nicht nur Legalisierung der Herrschaftsmacht, sondern auch durchgängige **Gesetzmäßigkeit** jeglicher Herrschaftsausübung. Es geht um die „feste **Rechtsbindung nicht nur der Regierten, sondern auch der Regierenden,** nicht nur der Minorität, sondern auch der Majorität".[34] Nicht die Raison der Macht oder eine wie auch immer außerhalb der Verfassung gedachte **„Staatsräson"**, sondern die Verfassung selbst soll sich im Handeln aller Amtswalter konkretisieren.[35] Zugleich soll mit Hilfe des Rechts **Gleichmäßigkeit** und **Neutralität** im Widerstreit der Interessen gesichert werden. Eine normative Zielvorgabe allein schafft solche grundrechtssichernde Gebundenheit nicht. Für Kaiser *Karl V.* war die Sicherung von **Strafverfahrensregeln** in der Peinlichen Halsgerichtsordnung von 1532 wichtiger als die Vereinheitlichung von Strafnormen. Nur die Reste einer sogenannten freien Ermittlungsbefugnis in der StPO haben die Nutzung der Genomanalyse (vor Schaffung von §§ 81e ff. StPO d. StVÄG v. 17. 3. 1997) und die Verwertung von Tagebuchaufzeichnungen des Beschuldigten[36] mit unterschiedlichen Bedenken ermöglicht. Ähnlich verhält es sich mit der Nutzung heimlicher Informanten.[37] **Generalzuweisungen** wie in § 14 PrPVG (= § 8 ME) oder in § 163 StPO haben sich in der Geschichte stets als „manipulierbare Leerformeln"[38] erwiesen. Sie laufen dem vorrangigen Verfassungszweck des GG zuwider, nämlich vor der Unberechenbarkeit staatlichen Eingriffshandelns zu schützen und zu verhindern, daß der Mensch zum Objekt des Staates werden kann.[39] Eine Bestrafung

---

[33] Vgl. *Hesse,* Grundzüge des Verfassungsrechts der BR Deutschland, 20. Aufl., Rdn. 186, 358 ff.; *Achterberg,* Allg. Verwaltungsrechts, 2. Aufl. 1986, S. 101 ff.; *Denninger,* in: Isensee/Kirchhof (Hrsg.), Handbuch des Staatsrechts, V, § 113.

[34] *Hesse,* Grundzüge des Verfassungsrechts der BR Deutschland, 20. Aufl., Rdn. 195; *Tettinger,* Bes. Verwaltungsrecht, 3. Aufl. 1993, Rdn. 197.

[35] *Werner* DVBl. 1959, 527; *Arndt,* Ges. jur. Schriften, 1976, S. 162.

[36] *BVerfGE* 80, 367 = NJW 1990, 563 (mit vier abw. Meinungen) mit Anm. *Amelung* NJW 1990, 1753; beachtl. insoweit auch *BGH* StV 1994, 28.

[37] Vgl. *BVerfG* (Vorprüfungsausschuß) NJW 1985, 1767 (Lockspitzel); *BVerfGE* 57, 250 (284) = NJW 1981, 1719 (Verwertung von Zeugenangaben außerhalb der Hauptverhandlung); *BVerfG* (3. Kammer des 2. Senats) NJW 1987, 1874 (Einsatz von V-Leuten in der „kriminellen Szene"). Erheblich zurückhaltender *BGHGSSt* 32, 115 = NJW 1984, 247, der anders als die damalige Richtermehrheit im 2. Senat des *BVerfG* weniger auf den Nutzen für eine „funktionstüchtige Strafrechtspflege", also weniger auf den so umschriebenen Überführungsnutzen, als vielmehr auf den Zweck des offenen Beweisverfahrens abstellt und nur den „erreichbaren" Zeugen als Beweismittel zuläßt. Vgl. auch *BGHSt* 40, 211; 41, 42; 42, 139; dazu *Nehm,* in: Bäumler (Hrsg.), Polizei und Datenschutz 1999, S. 43 ff.; krit. *Kempf,* in: Bäumler a. a. O., S. 59 f. Für die 3. Kammer des 2. Senats d. *BVerfG* ist der Einsatz von **V-Leuten gegen aussageverweigerungsberechtigte Angehörige** eines Besch. nunmehr auch ein gesetzloser und rechtsstaatswidriger Verstoß gegen das Fairneßgebot im Strafprozeß (Beschl. v. 1. 3. 2000 – 2 BvR 2017 + 2039/94 –) StV 2000, 233.

[38] *Denninger,* in: Denninger/Lüderssen, Polizei und Strafprozeß im demokratischen Rechtsstaat, 1978, S. 105 f. m. w. Nachw.

[39] *BVerfGE* 1, 14 (36); 6, 55 (83); 7, 198 (204); 21, 3621 (369); 27, 1 (6); 39, 1 (41); 50, 290 (327 f.); *Hesse,* in: Benda/Maihofer/Vogel (Hrsg.), Handb. d. Verfassungsrechts, 2. Aufl. 1994, Rdn. 9 ff.; *Denninger,* in: AK-

nach dem StGB ohne gesetzlich geregelte Wahrheitsermittlung ist ebenso unzulässig wie eine Steuererhebung ohne Abgabenordnung. Ebenso muß die **Polizeiarbeit** zum Zweck des Rechtsgüterschutzes gesetzlich so geregelt sein, daß sie **methodisch klar und kontrollierbar** bleibt. Die Anwendung undefinierter **„nachrichtendienstlicher Mittel"** im Sinne von § 3 BVerfSchG a. F. stellte eine nicht erweiterungsfähige Ausnahme vom Gebot präziser Gesetzesbindung[40] dar. Auch die etwas präzisere Befugnisumschreibung im neuen BVerfSchG ist innerlich untrennbar mit der Aufgabenbestimmung verbunden. Dies wird von den Befürwortern heimlicher Ermittlungsmethoden bei der Novellierung der Polizeigesetze und der StPO verkannt, wenn sie zur Abwehr konkreter Gefahren „erst recht" die Befugnisse verlangen, die Nachrichtendienste zur Abwehr nur potentieller Gefahren im „Vorfeld" haben sollen.[41]

Arndt hat mit Recht betont, daß die sogenannte Unentbehrlichkeit heimlicher Metho- 24
den für sich allein den Gebrauch nicht decken kann,[42] weil der **Erfolg** an sich **keinen Rechtswert** hat. Richtig ist, daß die Positivierung staatlicher Handlungsmethoden weder vor „Überdehnungen" noch vor Auslegungsperversionen schützt, weil sich normativ nicht fixieren läßt, was eine Norm besagt.[43] Auch eine Verfassungsnorm kann aus sich nicht Hüter einer anderen Norm sein.[44] Insoweit hängt alles vom Rechtswillen der Amtswalter ab.[45] Je genauer aber das Recht nach Inhalt, Ausübung und Sicherung beschrieben ist, desto offensichtlicher und schwieriger wird bei einer demokratischen **Öffentlichkeit des Staatshandelns** der Rechtsbruch. Selbst die **Legitimität** politischen Strebens muß die Transformation zur **Legalität** abwarten.[46] Ohne Kompetenz- und Befugniszuweisung fehlte zum Beispiel dem polizeilichen Schußwaffengebrauch zur Rettung einer Geisel aus Lebensgefahr das „Gesetz", das der Polizei diesen Eingriff in das Leben des Geiselnehmers gestattet. Die Lebensrettung durch Selbst- oder Nächstenhilfe wäre zwar gemäß Art. 2 II GG legitim, aber nur gemäß §§ 227 ff. BGB gestattet. Art. 2 i. V. m. Art. 20 III GG zwingt daher zur polizeirechtlichen **Verfahrensregelung,** das heißt zur Handlungsermächtigung und näheren Ausübungsbestimmung, falls die Polizei für diese Staatshilfe zuständig sein soll. Die **Gesetzesgebundenheit** gemäß Art. 20 III GG meint also nicht nur den **Gesetzesvorrang** gegenüber allen anderen staatlichen Willensäußerungen, sondern auch den **Gesetzesvorbehalt** im Sinne einer ausschließlichen Gebundenheit an die gesetzlichen Vorgaben auf allen Gebieten staatlichen Eingriffshandelns. Nur so kann auch der für alle Fälle denkbarer Betroffenheit garantierte gerichtliche Rechtsschutz gemäß Art. 19 IV GG hinreichend wirksam werden.

Mit einer solchen **funktionalen Betrachtung** des Gesetzesvorbehaltes erübrigt sich der 25
Streit, ob jede **polizeiliche Kommunikation** mit Betroffenen der spezialgesetzlichen Ermächtigung bedarf. Wo es am „Eingriff" fehlt, weil der Betroffene nicht antworten und sich nicht ausweisen muß oder weil er **freiwillig** kooperationsbereit ist, fehlt der Sicherungszweck für eine normative Regelung solcher Rechtsbeziehung. Erst wo die polizeiliche Präsenz zur Belästigung werden kann, ist Regelung geboten, wie zum Beispiel durch § 12 VersammlG bei der Entsendung von Polizisten in Versammlungen. Ebenso

---

GG, 1989 Vor Art. 1 Rdn. 1 f. m. w. Nachw. Über „Unverfügbares im Strafprozeß" vgl. auch *Hassemer,* in: FS f. Maihofer, 1988, S. 183 ff.

40 Vgl. *BVerfGE* 30, 1 mit abw. Meinungen. Keine „ernsthaften Zweifel" an einer Ausforschungsbefugnis haben *Borgs/Ebert,* Das Recht der Geheimdienste, 1986, S. 109, jedoch ohne nähere Begründung; ebenso *Roewer,* Nachrichtendienstrecht der BR Deutschland, 1986, S. 112. Krit. *Schwagerl,* Der Verfassungsschutz i. d. BR Deutschland, 1985, S. 128 f.; ebenso *Riegel,* Datenschutz bei den Sicherheitsbehörden, 1980, S. 8 f. Nunmehr präziser geregelt im BVerfSchG vom 20. 12. 1990, auf das MADG und BNDG Bezug nehmen, wobei diese Befugnisse streng aufgabenbezogen sind. Krit. dazu *Riegel* ZRP 1991, 392; *Lisken* ZRP 1994, 264; *Bull,* Allg. Verwaltungsrecht, 4. Aufl. 1993, Rdn. 241.

41 Zu diesem inadäquaten Fehlschluß vgl. *Lisken* ZRP 1990, 20.

42 Ges. jur. Schriften, 1976, S. 162.

43 Zum Irrtum des Positivismus vgl. *Arndt,* Ges. jur. Schriften, 1976, S. 60.

44 Vgl. *Carl Schmitt,* Verfassungsrechtl. Aufsätze, 1958, S. 68.

45 Vgl. *Lisken* KritVjschr 1988, 334.

46 *Hesse,* Grundzüge des Verfassungsrechts der BR Deutschland, 20. Aufl. 1995, Rdn. 197.

muß das Sammeln personenbezogener Informationen in den Händen öffentlicher Gewalt geregelt werden, weil der **Datenbesitz** Macht vermittelt und damit die Entschließungsfreiheit des Betroffenen erheblich beeinträchtigen kann.[47] Es bedarf also der gesetzlichen Aufgaben- und Befugniszuweisung, soweit durch polizeiliches Handeln in die positive und negative **Handlungsfreiheit** oder in sonstige **rechtlich geschützte Positionen** von Personen durch Beschränkung oder Entziehung eingegriffen werden soll. Jemanden zum **Verlassen** eines Ortes oder zum **Bleiben** zu veranlassen, bedarf der gesetzlichen Ermächtigung für den Fordernden. Gleiches gilt für Eingriffe in die **Reisefreiheit,** die **Versammlungsfreiheit,** das **Hausrecht,** das **Recht auf Privatheit** und **„In-Ruhe-gelassen-zu-werden“;**[48] in die **Freiheit von Furcht,** die **Willensfreiheit,** in das **Recht zu schweigen** und **allein gelassen zu werden,** unbeobachtet zu bleiben, gesetzliche **Erlaubnisse nutzen** zu dürfen usw.[49]

26 Auch der Wunsch, selbstbestimmt und **unbeobachtet** zu leben, wird als Freiheitsrecht definiert werden, wenn die allgemeine **(Video-)Überwachung** als lästig und letztlich indiskret erfahren wird. Niemand wird auf Dauer in einem Gefängnishof leben wollen, selbst wenn er als Paradiesgarten gestaltet wäre. Die Richter des BVerfG haben sogar einen Schutzzaun für ihr Gericht abgelehnt, um nicht „wie in einem Gefängnis“ richten zu müssen. Was damals angesichts aktueller Attentatsbedrohungen galt, wird erst recht ohne notstandsähnliche Gefahrenlage gelten. Wer sich allerdings vor Kriminalität schlechthin und überall fürchtet, wird eine Totalüberwachung an allen Orten und von jedermann anstreben oder sich selber nur in überwachten Gebieten bewegen wollen. Zum Alptraum wird ihm jedoch die eigene Überwachtheit werden, wenn er erkennt, daß Mißtrauen gegenüber jedermann zu einer praktischen **Schuldvermutung** führt, die – wie bei den verfassungswidrigen **Jedermannkontrollen** (vgl. Rdn. 30 ff.) – nur noch durch den Beweis der eigenen Ungefährlichkeit widerlegt werden kann. Dies würde alsbals als Eingriff begriffen.

27 Die Bestimmung, wann ein Eingriff gegeben ist, hängt also von der Bestimmung der rechtlichen Betroffenheit dessen ab, gegen den sich der Eingriff richtet. Damit ist eine gewisse Unsicherheit verbunden, aber unvermeidlich, weil letztlich „nur derjenige entscheiden kann, was Freiheit ist, der frei sein will. Sonst ist es mit der Freiheit schnell zu Ende.“[50] Insbesondere die Bestimmung dessen, was die **Menschenwürde** und den **Innenbereich** einer Person berührt, hängt maßgeblich vom „Lebensgefühl“ des Betroffenen[51] ab. Das Einsperren auf engstem Raum kann die Menschenwürde verletzen, während die Benutzung einer überfüllten Straßenbahn allenfalls als lästig empfunden wird. Wertausfüllungsbedürftige Normen bedürfen der Wertung. Da Werte aber nicht **er**kannt, sondern nur **be**kannt werden können, bleibt bei der Normanwendung ein Rest an Subjektivität. Deswegen sind Grundrechtsnormen im Sinne ihrer „stärksten Wirkungskraft“

[47] *BVerfGE* 65, 1. *Heußner,* in: Hohmann, Freiheitssicherung durch Datenschutz, 1978, S. 110 ff. Vgl. auch Kap. F und Kap. J.

[48] *BVerfGE* 27, 1. Zum Recht auf ungestörte Häuslichkeit vgl. auch LVerfG M-V, Urt. v. 18. 5. 2000, Polizei – heute 5/2000 = VwRR-MO Nr. 7/2000 = LKV 2000, 345.

[49] Vgl. *BVerfGE* 19, 32; 27, 1; 34, 238; 35, 202; 65, 1. *Marcic,* in: FS Voegelin, 1962, S. 389 ff.; *Benda,* Gefährdungen der Menschenwürde, 1975, S. 20; *ders.,* in: FS Geiger, 1974, S. 23; *ders.,* in: Benda/Maihofer/Vogel (Hrsg.), Handb. d. Verfassungsrechts, 2. Aufl. 1994, § 6 Rdn. 14 ff.; *Denninger,* Der gebändigte Leviathan, 1990, S. 288 ff., 301 ff.; *Backes* KritVjschr 1986, 315 ff.; *Lisken* ZRP 1980, 149. Über die polizeiliche **Videoüberwachung** der Menschen auf den Straßen Leipzigs berichtet *Müller,* in: Die Polizei 3/1997, 77 f. Vgl. auch *Hefendehl,* StV 2000, 270, mit einer Analyse der grundrechtl. Betroffenheiten. Zu den verfassungsrechtlichen Regelungsvoraussetzungen für ein Beobachten von jedermann im „Vorfeld“ von Gefahr und Verdacht sowie für die „Doppelfunktion“ von Prävention und Überführung mit den kriminalpolitischen Folgen vgl. *Roggan* NVwZ 2001, 134; vgl. auch *Vahle* NVwZ 2001, 165. Zu den Folgen der Videoüberwachung vgl. *Simon Davis,* Index of Censorship, teilveröff. in FR v. 30. 6. 2000, S. 9; vgl. auch *Hassemer,* SZ v. 28. 2. 2000, S. 17, mit dem Befund: „Privatheit ist kein öffentliches Gut mehr ... Mehr noch, wer auf Privatheit besteht, wer nicht alles zeigen will, was er hat, macht sich verdächtig ..“

[50] *Carl Schmitt,* Verfassungsrechtliche Aufsätze, 1958, S. 140 (167). Ebenso *Pedlech* zum „Problem der Gewissensfreiheit ..“, 1969, S. 30. Vgl. auch *Martin Morlok,* Selbstverständnis als Rechtskriterium, 1993.

[51] *Benda,* in: Benda/Maihofer/Vogel (Hrsg.), Hand. d. VerfR, 2. Aufl. 1994, § 6 Rdn. 23 ff., 53 ff.

und „unter Beachtung der grundsätzlichen Freiheitsvermutung“ auszulegen.[52] Insoweit kann „Recht“ – wie Art. 103 I GG methodisch veranschaulicht – nur fragend gewonnen werden. Deswegen kann der Gesetzgeber sich nicht damit bescheiden, nur das zu regeln, was ihm politisch wesentlich erscheint. Schon aus Art. 19 I GG folgt, daß jede Methode staatlichen Handelns, die **geeignet** sein kann, Rechtsbetroffenheit auszulösen, normativ geregelt sein muß, wenn sie genutzt werden soll.[53] Polizeieingriffsmöglichkeiten sind daher immer „wesentlich“ im Sinne der **Wesentlichkeitstheorie**[54] und vom Gesetzgeber zu regeln.[55]

3. Die grundrechtlichen Bindungen und Begrenzungen

Die Polizeigesetze sind **Verfahrensgesetze.** Sie regeln Kompetenzen und Befugnisse der 28 Ordnungsverwaltung zum Schutz gefährdeter Rechtsgüter. **Sie setzen die zu schützenden Rechtsgüter voraus.** Es ist nicht Aufgabe der Polizei, neue Rechtsgüter zu schaffen. Die Kompetenz zur Abwehr von Rechtsgefahren kann also nur genutzt werden, soweit Gefährdungen eines vorgegebenen Rechts festgestellt werden können. So wie die StPO auch nur genutzt werden kann, wenn der Verdacht einer strafbaren Handlung besteht, die das StGB definiert, kann auch ein Polizeigesetz nur angewendet werden, wenn anderweitig definierte Rechtsgüter gefährdet sind. Das Polizeigesetz kann also selbst keine Rechtsgüter bestimmen, sondern nur **Schutzmethoden.** Es kann daher auch keine **Polizeipflichten** konstatieren, die sich nicht aus vorgegebenen rechtlichen Bindungen der Betroffenen ergeben. Auch eine als **Mittel der Gefahrenabwehr** definierte Hilfspflicht setzt eine rechtliche Beziehung dessen, der in Anspruch genommen werden soll, zum Inhaber des gefährdeten Rechtsgutes voraus. So ist der Störungsverantwortliche in der Regel durch Vertrag oder Gesetz zur Vermeidung oder Behebung der Störung verpflichtet.

Daneben gibt es öffentlich-rechtliche **Hilfspflichten,** die sich aus der Gemeinschafts- 29 gebundenheit des einzelnen[56] in der auf Schutz vor Unrecht und Not verfaßten Gesellschaft ergeben. Zu diesen **sozialen Grundpflichten** gehört die **Pflicht zur Nächstenhilfe,** wie sie § 323c StGB voraussetzt. Auch die **Zeugenpflicht** zur Mithilfe bei der Wahrheitsfindung und die **Richterpflicht** als Schöffe entspringen der sozialen Grundpflicht, dem Nächsten, der in Rechtsnot geraten ist, zu helfen. Die **Pflicht zur Nothilfe** setzt aber die persönliche und räumliche Beziehung zum Notfall voraus. Das Polizeirecht kann sie nicht schaffen, sondern nur operationalisieren. Demgemäß haben die früheren Polizeigesetze auch ausdrücklich nur den Störungs- oder Zustandsverantwortlichen und den Nothelfer als polizeipflichtig definiert.

Die neueren Polizeigesetze versuchen, im Anschluß an § 9 ME 1977 (Kontrolle von 30 jedermann an gefährlichen Orten und Kontrollstellen) zur „Erleichterung der Polizeiarbeit“[57] zunehmend **jedermann polizeipflichtig** zu machen, sei es zur Mitwirkung durch **Auskünfte,** sei es zur Duldung von **Kontrollen,** wenn es zur Abwehr einer Gefahr oder wenn es zur Gefahrenvorsorge opportun erscheint. Auch die **Videoüberwachung und -aufzeichnung** von jedermann, der sich auf **öffentlichen Straßen und Plätzen** bewegt, also sein Verkehrsrecht und sein Recht auf unkontrollierte Selbstbestimmung ausübt, gehört zu diesem Versuch, im Interesse der Risikoreduzierung bereits im „Vorfeld“ täglicher Gefahren auf Kosten der Grundrechte zu operieren. Was an gefährlichen Kreuzungen und Unterführungen oder auf Bahnsteigen zur unmittelbaren Überlebenssiche-

---

[52] *BVerfGE* 6, 55 (72); 32, 54 (72); 55, 159 (165).

[53] Dem entspricht die zwingende Zulassung gerichtlichen Rechtsschutzes gem. § 42 II VwGO, sofern eine Rechtsverletzung – nach dem Vortrag des Betroffenen – „möglich“ ist; st. Rspr. d. *BVerwG.*

[54] Vgl. *BVerfGE* 40, 237 (249); 47, 46 (79); 83, 130 (152). *Umbach,* Das Wesentliche an der Wesentlichkeitstheorie, in: FS Faller (1984), S. 111 ff. Zu der ähnlich problematischen „Kernbereichstheorie“ vgl. *Storost,* in: FS Nagelmann, 1984, S. 462 ff. Wie hier auch *Hesse,* Grundzüge des Verfassungsrechts der BR Deutschland, 20. Aufl., Rdn. 509.

[55] Zum Gebot vollständiger Regelungen = Untermaßverbot vgl. *BVerfGE* 88, 203 = NJW 1993, 1751, insbes. Leits. Nr. 6.

[56] Vgl. *BVerfGE* 4, 7 (15 f.); 6, 389 (422); 65, 1 (44). Vgl. dazu auch *Erik Wolf,* Recht des Nächsten, 1958.

[57] *Riegel* DVBl. 1979, 711.

rung notwendig sein kann, läßt sich nicht deswegen zur Standardmethode machen, weil es vielleicht effektiver und billiger als menschliche Polizeipräsenz ist. Die Videoüberwachung bedeutet permanente Beobachtung, die je nach Örtlichkeit zwischen Gefahrenabwehr und Gefahrenvorsorge wechselt, also die Kontrolle ganz Unverdächtiger in Kauf nimmt.[58]

31 Diese **Inanspruchnahme Nichtbeteiligter,** also von **jedermann,** läßt sich aber nur in engen Grenzen und auch nur aus dem Gedanken der Gemeinschaftsgebundenheit der Person (s. vor. Rdn.) rechtfertigen. Der Inanspruchgenommene muß also in irgendeiner, und sei es auch nur in einer schwachen Weise, in einer besonderen räumlichen und/oder zeitlichen Nähe zu der polizeilichen Situation stehen – z. B. indem er sich an einem „gefährdeten" Ort aufhält oder indem er eine Ausfallstraße passiert, die auch die Geiselnehmer möglicherweise benutzen. Bei dieser präventiven oder repressiven Polizeiarbeit – meistens wird es sich um die Erhebung personenbezogener Daten handeln – ist das Übermaßverbot besonders streng zu beachten. Der Gesetzgeber erkennt das Recht Unbeteiligter, „unbehelligt" zu bleiben, indirekt auch an (indem er es negiert), wenn er Datenerhebungen durch technische Mittel ausdrücklich auch zuläßt, „wenn dritte Personen unvermeidbar betroffen werden" (z. B. § 15 III 2 HSOG, § 39 II SächsPolG).

32 Das Maß des Zulässigen, also die **Grenze der Solidarpflicht,** wird jedoch überschritten, wenn sich **jedermann** auch ohne konkrete oder sich abzeichnende Gefahrenlage ausweisen und kontrollieren lassen muß, weil die Polizei dies für opportun hält. Solche Befugnisse zur **Kontrolle von jedermann** finden sich sinngemäß übereinstimmend in Art. 13 I Nr. 5 BayPAG, § 26 I Nr. 6 BWPolG, § 19 I Nr. 5 SächsPolG, § 14 I Nr. 5 ThürPAG, § 29 I Nr. 5 MV SOG – inzwischen vom Landesverfassungsgericht von Mecklenburg-Vorpommern durch Urteil vom 21. 10. 1999[59] für verfassungswidrig erklärt – und mit gewissen Einschränkungen in § 12 VI NdsGefAG und § 22 I a BGSG.[60] Dem folgen – unter lapidarer Leugnung der grundrechtlichen Grenzen – Hessen (Nov. v. 22. 5. 2000, GVBl. I S. 278, zu § 18 HSOG) und Sachsen-Anhalt (gem. § 14 III SOG LSA für den Bereich der Bundesfernstraßen).

33 **Bei solcher Kontrolle von jedermann** ohne Anlaß und Verantwortlichkeit geht es also nicht (mehr) um den Schutz eines gefährdeten Rechtsgutes oder wie bei **Verkehrskontrollen** gem. § 36 V StVO um die Abwehr einer latenten Gefahr, die vom motorisierten Verkehrsteilnehmer ausgeht, sondern um eine allgemeine **Risikovorsorge** durch „vorbeugende" Vergewisserung der Ungefährlichkeit des Kontrollierten. Da aber dessen Wollen ohne seine Mitwirkung nicht erforschbar ist, bleibt als Gefährlichkeitsindiz allenfalls die Möglichkeit, daß er bereits staatlich gesucht wird. So wird die Kontrolle zum **Fahndungszugriff.** Zutreffend hat ein früherer Bundesinnenminister, der diese vom Innenressort in Bayern aufgegriffene vorkonstitutionelle Methode bundesweit propagiert hat, die

[58] Vgl. *Müller,* in: Die Polizei, 1997, 77 über die Praxis in Leipzig; ebenfalls über Leipzig, aber auch über Großbritannien, Berichte in CD-Sicherheits-Management, 3/1999, S. 68 ff.; ähnlich *Gelinsky* in FAZ vom 7. 12. 1999; krit. differenzierend wie hier ebenfalls *Vetter,* Der bayr. Datenschutzbeauftragte, in SZ v. 25. 1. 2000, S. 44; grdl. auch *Hefendehl* StV 2000, 270.

[59] LVerfG M-V, NJ 1999, 645 (Leitsätze) = Polizei – heute 2/2000, 69 = LKV 2000, 149.

[60] Krit. zur Aufgabe des Störer- bzw. Verantwortlichkeitsprinzips im Polizeirecht bereits *SächsVerfGH,* Urteil v. 14. 5. 1996, JZ 1996, 957 = SächsVBl. 1996, 160 = LKV 1996, 273 = DVBl. 1996, 1423; früher schon *Alberts* ZRP 1990, 147; krit. auch *Lisken/Denninger,* HbPolR, 2. Aufl. 1996, Kap. D Rdn. 10; außerdem *Lisken* NVwZ 1998, 22; *Stephan* DVBl. 1998, 811; *Denninger,* in: Müller-Heidelberg u. a. (Hrsg.), Grundrechtereport 1998, 216; bes. eingehend auch *Bizer,* in: Die zweite Novelle zum Sächsischen Polizeigesetz, Leipziger jur. Vorträge Heft 39, 1999 mit weit. Nachw.; a. A.: aber alle ohne nähere grundrechtliche Auseinandersetzung, *Beinhofer* BayVBl. 1995, 193; *Moser v. Filseck* Die Polizei 1997, 70; *Spörl* Die Polizei 1997, 217; *Schwabe* NVwZ 1998, 709; *Walter* Die Polizei 1999, 33; *Schmidbauer/Steiner/Rose,* BayPAG 1999 Art. 13 Rdn. 13 ff.; *Engelken* DVBl. 2000, 269; dgl. BayMdI am 24. 9. 1991 im BayLT (Prot. z. LTDrs. 11/1986); krit. zu dieser Auffassung wiederum *Seebode,* FS f. Managakis, 1999, S. 693 ff.; ebenso *Kutscha* LKV 2000, 134. Über die „Trefferquote" als Sucherfolg vgl. *Richter/Dreher* Die Polizei 1998, 277. Zur „Trefferquote" von 6,1 % beim BGS und zu den Zugriffskriterien vgl. SZ v. 14. 10. 2000, S. 1 und S. 13. Vgl. hierzu auch die Antwort der BReg. v. 14. 8. 2000 – BT-Drucks. 14/3990 – auf die parl. Anfrage und die weit. Nachfrage v. 18. 10. 2000 – BT-Drucks. 14/4346 –; weit. „Erfolgs"-Nachw. b. *Herrnkind* KJ 2000, 188.

Jedermannkontrolle auch **„Schleierfahndung"** genannt. Da aber die Fahndung zur Regelungskompetenz des Bundes gehört, kann sie nicht landespolizeilich geregelt werden.

Unbeschadet dieser Kompetenzfrage stellt sich in jedem Falle das Problem der normativ zu bestimmenden **Tatbestandsvoraussetzungen für eine Kontrollbefugnis.**[61] Der Bürger muß wissen können, unter welchen für ihn vorhersehbaren Umständen eine Kontrolle zulässig ist. Beim **„Grenzschutz"** und bei der **„Grenzfahndung"** nach dem BGSG steht jede Kontrolle unter der Voraussetzung des Aufenthaltes in einer bestimmten **Grenznähe.** Ähnliches gilt für die Fluggastkontrollen und die Kontrollen an gefährlichen oder gefährdeten Orten. Fehlt aber jeder lokale Bezug oder sonstige Anlaß als Eingriffsvoraussetzung, dann stellt sich eine solche tatbestandslose Kontrollbefugnis als **Blankoermächtigung** dar. Beispiele bieten bereits die bisher kaum problematisierten Befugnisse zum **Vergleich („Abgleich") von anderweitig erlangten Personendaten mit dem „Fahndungsbestand"** (vgl. § 34 I S. 2 BGSG, § 25 I S. 3 PolG NW, Art. 43 I S. 3 BayPAG, § 43 I S. 2 SOG MV, § 30 I S. 3 SOG LSA, § 25 I S. 3 HSOG, § 22 I S. 3 HambPolDVG u. a.). Ohne eine verfassungskonforme Auslegung und Anwendungsbeschränkung auf Fälle einer konkreten Gefahrenabwehr – wie sie *Alberts/Merten* (zum Gesetz über die Datenverarbeitung der Polizei, 1995, S. 243) und *Bäumler* (hier im Kap. J zum „Datenabgleich") nahelegen – könnte selbst der harmlose Diebstahlsanzeiger oder der arglose Unfallmelder voraussetzungslos daraufhin kontrolliert werden, ob nach ihm gefahndet wird. Er wird nicht gefragt. Eine Mitteilung oder Rechtsbehelfsbelehrung ist nicht vorgeschrieben. Er muß die Kontrolle nicht einmal – anders als der Reisende – bemerken, so daß die Rechtsschutzgarantie ins Leere geht. Die Verletzung von Art. 19 IV GG wäre bei solcher Praxis evident. Es handelt sich – wie die Befugnis beweist – um einen Eingriff, dem der Betroffene in der Praxis auch bei störungsfreiem und gesetzmäßigem Verhalten gar nicht ausweichen könnte. Es geht ihm bei dieser **„verschleierten Schleierfahndung"** wie dem Reisenden bei der **offenen „Schleierfahndung"**: Niemand, der im Binnenland auf Reisen geht, kann sich der Kontrollmöglichkeit entziehen. Mit Hilfe der Feststellung seiner Personalien kann seine polizeirelevante Lebensführung geprüft werden. Die Polizei kann „anlaßlos", also grundlos in seine Privatheit eingreifen; es sei denn, man sieht den „Grund", also die Eingriffslegitimation, nicht mehr in einem rechtserheblichen Verhalten, sondern in dem immanenten Sicherheitsrisiko, das jeder Mensch in der Freiheit darstellt, wenn man ihm nicht mehr den verantwortlichen Umgang mit der Freiheit unter Achtung der Rechte des Nächsten a priori zutraut. Aus dieser Bewertung des Menschen folgt, was die Jedermannkontrolle gedanklich voraussetzt: Seine **Existenz** gilt, wenn er sein Haus verlassen hat und sich auf einer der „Durchgangsstraßen" bewegt, als **Risiko.** Solche „grenzenlose", also tendenziell totale Kontrollmöglichkeit macht den Kontrollierten rechtslogisch zum **„potentiellen" Rechtsbrecher** und **Störer.** Schon die Einführung der totalen **Fluggastkontrollen** – zunächst freiwillig, dann aufgrund des Luftverkehrsgesetzes – ließ sich nur mit einer „notstandsähnlichen Situation" (Benda)[62] rechtfertigen, obwohl man theoretisch auf das Fliegen verzichten könnte. Die Jedermannkontrolle auf jeder beliebigen oder notwendigen Reise geht weit darüber hinaus und wird vom Zweck des Gesetzesvorbehaltes in Art. 2 II 3 GG nicht 34

---

[61] *BVerfGE* 65, 1 (44). Zum Gebot klarer u. vollständiger Regelungen vgl. auch *BVerfGE* 88, 203 = NJW 1993, 1751.

[62] *Benda*, in: Benda/Maihofer/Vogel (Hrsg.), Hb. d. VrrfR, 1. Aufl. 1984, S. 121, ähnl. 2. Aufl. 1994, § 6 Rdn. 37: „... Der Fortschritt der Technik bewirkt erhöhte Gefährdungen, denen bislang nicht anders als durch den Rückgriff auf die primitive Vermutung begegnet werden kann, daß jedermann potentiell ein Flugzeugentführer oder ein Terrorist sei. Solange man von einer ernsthaften Gefahrenlage ausgehen muß, gegen die eine wirksame Abhilfe nicht gefunden ist, werden solche Eingriffe hinzunehmen sein."; *ders.* speziell zu den Regelungsgrenzen, die sich aus der Freiheit des Bürgers ergeben und dadurch bestimmt sind, daß der Staat eben nicht jeden seiner Bürger als potentiellen Rechtsbrecher behandeln darf, in seinem Vortrag v. 21. 2. 1994 in der Polizei-Führungsakademie Münster-Hiltrup über die „Notwendigkeit bereichsspezifischer Regelungen für Informationseingriffe der Sicherheitsbehörden", veröff. in: Schriftenreihe d. PFA 1/1995 S. 21 ff.

mehr gedeckt. Sie setzt nämlich an die Stelle des den Staat des Grundgesetzes konstituierenden Vertrauens in die Rechtstreue des einzelnen (bis zu den Anzeichen normabweichenden Verhaltens) das generelle **Mißtrauen** in die Rechtstreue dessen, der von seinem Freiheitsrecht Gebrauch macht, ohne seinerseits Anzeichen rechtsstörenden Verhaltens zu setzen. Steht aber die Grundrechtsausübung, hier also die freie und unkontrollierte **Reisemöglichkeit,** von vornherein unter einem generellen Exekutivvorbehalt, der nicht an normativ bestimmte und verifizierbare (Gefahren-)Tatbestände gebunden ist, so hebt sich die Freiheitsgarantie des GG selbst auf. Dürig[63] hat einen denkbaren Polizeivorbehalt bei der Grundrechtsausübung zumindest noch von einer sozialverträglichen Verhaltensweise der Grundrechtsinhaber abhängig gemacht.

35 Die **Befugnis zur anlaßunabhängigen Kontrolle** hat indes damit nichts zu tun. Sie hebt die Freiheit auf, um den möglichen Mißbrauch der Freiheit von vornherein zu verhindern. Dieser „Preis“ für eine (vermeintlich höhere) Sicherheit vor dem Freiheitsmißbrauch ist verfassungsrechtlich „unbezahlbar“. Wer im Rahmen der Freiheitsordnung des Grundgesetzes (steigende) Lebensrisiken reduzieren will, muß neben einer besseren Ursachenprophylaxe ggf. mehr Polizeipräsenz aufbieten. Statt dessen zur „Erleichterung der Polizeiarbeit“ jedermann zum polizeilichen „Einsatzmittel“ zu machen, verstößt gegen die Freiheitsgarantie, vom **Staat** „in Ruhe gelassen zu werden“ (BVerfGE 27, 1), solange und soweit es an einer materiellrechtlichen Verantwortlichkeit oder an der besonderen Nähe zu einer Gefahrensituation fehlt.

36 Das hier – auch schon in den früheren Auflagen – dargelegte Problem der **Bindung und Begrenzung der Polizeimacht** durch die Grundrechtsordnung ist bemerkenswerterweise in keiner Gesetzesbegründung zur Einführung solcher Jedermannkontrollen erörtert worden. Auch nach den parlamentarischen Anhörungen gab es keine für den Gesetzesanwender hilfreichen Motivaufzeichnungen, so daß neben der **„Normenkontrolle durch die Verwaltung“** selber[64] die Hilfe der Dritten Gewalt unvermeidbar geworden ist. Insoweit haben einige Landesverfassungsgerichte inzwischen für jeden, der die Gesetze verfassungskonform angewendet wissen will, **Handhabungsmaßstäbe** geliefert, deren Beachtung in der Praxis hilfreich und unangreifbar **(„disziplinierungsfest“)** sein dürfte.

37 Schon vor 30 Jahren hat das BVerwG[65] anläßlich einer „erkennungsdienstlichen Behandlung“ judiziert, daß „nach dem Menschenbild des GG die Polizeibehörde nicht jedermann als potentiellen Rechtsbrecher betrachten ... darf“. In dieser Tradition hat der **SächsVerfGH**[66] die „generelle Überwachung von unbeteiligten Personen“ und die Gleichstellung von Störern und Nichtstörern als nicht vereinbar mit der Sächsischen Verfassung erklärt. Ähnlich hat das **Verfassungsgericht des Landes Brandenburg** im Urteil vom 30. 6. 1999 – VfGBbG 3/98 – zur Datenerhebung bei unverdächtigen „Kontakt- und Begleitpersonen“ gem. § 33 I Nr. 3 BbgPolG eine **„restriktive“** Anwendung dahin gefordert, daß „als Kontakt- und Begleitpersonen nur Personen mit strafrechtsrelevanten Beziehungen zum Störungsverdächtigen“ erfaßt werden dürften. Bei ihnen müßten **„konkrete Tatsachen für einen objektiven Tatbezug sprechen“. Jede Informationsgewinnung** sei **„tatbestandlich an das Vorliegen einer konkreten Gefahr geknüpft“.**[67]

38 Ebenso hat das **Landesverfassungsgericht Mecklenburg-Vorpommern** speziell zur Frage der Zulässigkeit von Jedermannkontrollen gem. § 29 I Nr. 5 MV SOG im Urteil vom 21. 10. 1999[68] – LVerfG 2/98 – festgestellt, daß „für die polizeiliche Befugnis, jeder-

---

63 AöR 79, 57 ff. Vgl. auch *Isensee,* Das Grundrecht auf Sicherheit, 1983, S. 46.

64 Vgl. *Bachof* AöR 87, 1 und *Engel* NVwZ 2000, 1258; vgl. auch Kap. K Rdn. 176 ff. m. w. N.

65 *BVerwGE* 26, 169 (170 f.). Ebenso für den Bereich der Steuerfahndung *BFH* NJW 2000, 3157.

66 SächsVBl. 1996, 160 (174), mit Anm. v. *Bäumler* NVwZ 1996, 765.

67 *VfGBgb* NJW 1999, 3703 (Leitsätze), kompl. in LKV 11/1999, 450 ff. mit krit. Anm. v. *Kutscha* NJ 2/2000, S. 63.

68 *LVfG M-V* NJ 1999, 645 (Leitsätze) = LKV 2000, 149 = Polizei – heute 2/2000, 69 ff. mit Anm. v. *Bizer* Polizei – heute 3/2000, 96; krit. zust. auch *Roggan* NordÖR 3/2000, 99 ff.; ebenso *Kutscha* – Fn. 67. – Teils zustimmend, teils krit., aber in sich widersprüchl. *Möllers* NVwZ 2000, 382, der einerseits in der Jedermannkontrolle einen Eingriff in das Persönlichkeitsrecht der informationellen Selbstbestimmung sieht,

mann ohne weiteres auf Durchgangsstraßen außerhalb des Grenzgebietes einer Identitätsfeststellung... zu unterziehen, und für die korrespondierende Pflicht des einzelnen, seine Identität zu offenbaren, der **verfassungsrechtlich notwendige Zurechnungszusammenhang zwischen dem Verhalten des einzelnen und einer Gefährdung eines zu schützenden Rechtsgutes"** fehle. Die Grenzen des nach Art. 2 I GG garantierten Selbstbestimmungsrechts seien „überschritten, wenn ohne Differenzierung eine Eingriffsbefugnis gegen jeden, der sich auf Durchgangsstraßen außerhalb des Grenzgebietes" aufhalte, gegeben werde. Art. 2 I i. V. m. Art. 1 I GG verbiete staatliche Maßnahmen, die die Freiheit der Person über die in Art. 2 I GG gezogenen Schranken hinaus beeinträchtigten. Aus Art. 2 I GG folge **das Recht eines jeden zu eigenem selbstbestimmten Verhalten.** „Das schließt die beliebige Vereinnahmung zu staatlicher Zweckverfolgung aus." Das verbiete keineswegs **Vorsorgekontrollen** im Sonderordnungsrecht, wenn es gelte, „potentiell beträchtliche Schäden zu vermeiden". Solche Eingriffsmöglichkeiten knüpften jedoch stets an die **Verantwortlichkeit** des Pflichtigen für die Störungsfreiheit an, wie z. B. bei den Kontrollen gem. § 36 V StVO. Wo aber ein solcher Zurechnungszusammenhang zwischen dem einzelnen und einer Rechtsgutgefährdung oder Gefahrennähe fehle, gebiete

---

andererseits eine **„verfassungsgemäße Jedermannpflicht zur Selbstidentifikation"** (gemeint ist vermutlich nicht die Selbstfindung, sondern der Verzicht auf Anonymität) annimmt, weil das GG „einen grundrechtlich geschützten Naturzustand der Verantwortungsfreiheit" (?) nicht kenne. „Eine polizeiliche Belangung von Nichtstörern zur Personenidentifikation" sei „verfassungsrechtlich zulässig, weil sie nur punktuell in ein unter einfachem Vorbehalt gewährtes Grundrecht" eingreife „und weil die Rechtstreue des Überprüften ihrerseits nur ermittelt werden" könne, „wenn seine Identität aufgeklärt" werde. Gleichwohl soll ggf. mangels Ausweispflicht Anspruch auf den „Ersatz entstandener" (!) „Schäden" gegeben und mangels Unterscheidbarkeit einer „gezielten Kontrolle von einer willkürlichen" eine „intensivere verwaltungsgerichtliche Kontrolle" geboten sein! *Möllers* erklärt seine Sprachbilder nicht, obwohl es erstmals um den Versuch geht, die Jedermannkontrolle verfassungsrechtlich und nicht nur verfassungspolitisch zu rechtfertigen. Mit der verlangten Angabe der Personaldaten allein läßt sich allerdings nichts klären. Auch *Gallwas* (Polizeispiegel 2/2001, S. 39) verkürzt das Problem auf die Identitätsfeststellung, die indes für sich allein nie den Normzweck erfüllen könnte, also sinnlos und schon deswegen unzulässig wäre (vgl. Kap. E Rdn. 190 und Kap. J Rdn. 58; zur „Geeignetheit" poliz. Handelns vgl. Kap. F Rdn. 222 und *Kopp/Ramsauer*, VwVfG, 7. Aufl. 2000 zu § 44). Die Personaldaten sollen vielmehr stets mit anderen polizeilichen Datenbeständen, wie z. B. mit Beobachtungs-, Such- oder Gefahrenregistern, verknüpft werden. Über dieses Ziel und den Umfang des konkreten Kontrolleingriffs mit seinen Folgen erfährt der Betroffene in der Regel aber nichts; es sei denn, er wird festgenommen. Ohne Kenntnis der konkreten Betroffenheit muß auch die Rechtsschutzgarantie ins Leere gehen. Ohne konkrete Aufklärung und Klagemöglichkeit kann es also auch nicht zu der von *Möllers* an sich zu Recht geforderten „intensiveren verwaltungsgerichtlichen Kontrolle" kommen. Selbst die Belehrung über die Widerspruchsmöglichkeit mit ihrem Suspensiveffekt (vgl. *Lisken*, Polizei – heute, 1998, 41) wird in der Praxis nicht als nobile officium im Sinne von § 59 VwGO angesehen. Es kommt hinzu, daß ein voraussetzungsloser Zugriff sich kaum näher begründen läßt, wie es rechtsstaatlich geboten wäre (*BVerfGE* 6, 32–44) und deswegen polizeiintern problematisiert worden ist. Die faktische Hinnahme der Kontrolle kann daher keineswegs als wirkliche Zustimmung des Publikums gewertet werden. Das gleiche gilt für das Fehlen von Schadensersatzforderungen. Außerdem würde ein Ausgleich durch eine „Sonderopferentschädigung", wie sie *Möllers* bei nachteiligen Folgen einer Kontrolle, etwa durch Zeitverlust, dankenswerterweise ins Gespräch bringt, im Sinne von § 75 PrALR voraussetzen, daß solche Folgen eben nicht sozialadäquat sind wie bei einer Zoll- oder Grenzkontrolle, sondern Ausnahmen, wie z. B. bei der Heranziehung eines Nichtstörers im polizeilichen Notstand. Dieser Weg ist indes versperrt, wenn man – wie *Möllers* selber einräumt – den bisherigen Ausnahmezustand praktisch zum Regelfall macht, indem man in der Jedermannpflicht zur „Selbstidentifikation" den Ausfluß einer umfassenden Sozialgebundenheit sieht, die auch ohne konkreten Sozialbezug zur Mitwirkung an der „Ermittlung" der eigenen „Rechtstreue" verpflichten soll. Der damit naheliegende Konflikt mit dem „Nemo-tenetur-Prinzip" (*BVerfGE* 56, 37) spricht jedoch ebenso wie der Normzweck des Gesetzesvorbehaltes in Art. 2 I GG gegen *Möllers* Pflichtbestimmung. Das GG „gewährt" nicht wie die Preußische Verfassung von 1850 die Grundrechte nach Maßgabe der Gesetze, sondern „gewährleistet" sie – durch Konkordanzregelungen (*BVerfGE* 7, 198; 12, 113; 17, 108; 80, 137; *Hesse*, Grundzüge ..., 20. Aufl., Rdn. 317 ff.) – bis zur Grenze der Grundrechtsbelange anderer. Niemand muß also ein Namensschild tragen, um die Risiken der Freiheit im Vorfeld aller möglichen Gefahren zu minimalisieren. Erst ein konkreter Zurechnungs- oder Verantwortungszusammenhang, wie er vom *LVerfG M-V* verlangt worden ist, erlaubt einen Kontrollzugriff mit effektivem (Grund-)Rechtsschutz und (Sonderopfer-)Entschädigungsmöglichkeiten. In Übereinstimmung mit *LVerfG M-V*, aber auch mit *BVerfGE* 27, 1 und *BVerwGE* 26, 169 hat jüngst auch der *BFH* NJW 2000, 3157 eine verdachtlose (Raster-)Fahndung (mittels Vergleichs von „Tafelgeschäften" bei einer Bank mit Barabhebungen zur selben Zeit) als unzulässige (Jedermann-)Ausforschung qualifiziert.

der Freiheitsanspruch des einzelnen, „daß er von polizeilichen Maßnahmen verschont" bleibe.

39 Die Verfassungsgerichte halten also strikt an der rechtserheblichen Unterscheidung zwischen dem **Verantwortlichen** für eine latente oder konkrete Störung einerseits und dem unbeteiligten **Nichtstörer** andererseits fest. Sie zeigen insgesamt die Grenzen auf, die allen rechtspolitischen und gesetzlichen Versuchen, im Interesse einer möglichst totalen Risikovorsorge die „klassische Unterscheidung von Störer und Nichtstörer" zu „überwinden", von Verfassungs wegen gesetzt sind.

40 Ähnlich kategorisch liest sich auch die Entscheidung des **BVerfG** vom 14. 7. 1999 – 1 BvR 2226/94 u. a. – zur elektronischen Überwachung aller Auslandsferngespräche durch den Bundesnachrichtendienst.[69] Das Gericht geht ersichtlich davon aus, daß **für den Aufgabenbereich der Vollzugspolizei Grundrechtseingriffe ohne eine verifizierbar Rechtsgutgefahr, also im „Vorfeld" von Gefahren für die öffentliche Sicherheit, unzulässig seien;** denn „nur die Auslandsaufklärung im Hinblick auf bestimmte außen- und sicherheitspolitische Gefahrenlagen durch den Bundesnachrichtendienst" könne es „rechtfertigen, daß die Eingriffsvoraussetzungen im G-10 anders bestimmt werden als im Polizei- und Strafprozeßrecht". Die **Ausforschung ohne Gefahr und Verdacht** nach dem G-10-Gesetz soll also exklusiv nur dem Geheimdienst für seine spezifischen Aufgaben zur Abwehr denkbarer Staatsgefahren – und ohne generelle Sekundärverwertung durch Polizei und Staatsanwaltschaften – als Befugnis zustehen. Insoweit wiederholt der 1. Senat des BVerfG gleichlautende Erkenntnisse des 2. Senats im früheren **Abhörurteil**,[70] das rechtspolitisch als „überholt" galt.

41 Ob sich die „regierenden" Mehrheiten an diesen Erkenntnissen orientieren, ist für die Praxis irrelevant. Die Angehörigen der Exekutive sind gem. Art. 1 III GG und kraft ihres Diensteides **unmittelbar an die Verfassung gebunden.** Ist deren Auslegung zweifelhaft, sind **nicht Meinungen und Ministererlasse, sondern die Entscheidungen der Verfassungsgerichte maßgebend**.[71]

42 Die bisherigen Erkenntnisse sprechen jedenfalls – unabhängig vom rechtspolitischen Wollen – für ein Festhalten an der tradierten „klassischen" Begrenzung der polizeilichen Kontrollmacht: Danach ist die **„Grenzlinie rechtsstaatlichen Polizeirechts" überschritten, wenn mit der Befugnis zur „Jedermannkontrolle" die prinzipielle Unterscheidung von Störer und Nichtstörer faktisch aufgegeben wird**.[72]

43 Eine **Ausweis-** und **Auskunftspflicht** läßt sich polizeirechtlich also nur begründen, soweit der Betroffene nach den Gefahrenindizien als Störungsverantwortlicher oder Zeuge oder Nothelfer in Betracht kommt. Darüber hinaus läßt sich eine Ausweispflicht auch nicht – wie oft unbesehen angenommen – aus § 111 OWiG herleiten und polizeirechtlich nutzbar machen. Das OWiG[73] begründet keine Ausweispflicht, sondern setzt sie vor-

---

[69] *BVerfGE* 100, 313 = EuGRZ 1999, 389 ff. = NJW 2000, 55.

[70] *BVerfGE* 30, 1 (22 f).

[71] Zur Bindungswirkung verfassungsgerichtlicher Entscheidungen für Gesetzgeber und Behörden vgl. *BGH* 7, 377 (403); 19, 377 (392) = NJW 1966, 723 (725). Vgl. auch *Dürig,* in: Maunz/Dürig/Herzog/Scholz, GG, Art. 1 III Rdn. 103 ff. nebst Fußnoten. Systemkrit. *Bäumlin/Ridder,* AK-GG, Art. 20 I–III Rdn. 41 ff. Für Nichtanwendung verfassungswidriger Normen *Jarass/Pieroth,* GG, 5. Aufl., Art. 20 Rdn. 27; vgl. auch Kap. K zum Thema Beamtentreue und Widerspruch m. w. N. zu den beamtenrechtlichen Konsequenzen.

[72] *Bizer,* Die zweite Novelle zum SächsPolG, Leipziger jr. Vorträge Heft 39, 1999, S. 57 unter Bezug auf den *SächsVerfGH* SächsVBl. 1996, 160 (174) und *Denninger,* in: Müller-Heidelberg u. a. (Hrsg.), Grundrechtereport 1998, 217 f.; ebenso *Waechter* ZG 1995, 142 (163); *O. Müller* StV 1995, 602 (605); ebenso eindeutig zur „Inanspruchnahme eines Nichtstörers als ultima ratio" *Dürig,* in: Maunz/Dürig, GG, Art. 2 I Rdn. 85 mit Fn. 2.

[73] Vgl. *BVerfGE* 92, 191 (197 ff.) = NJW 1995, 3110. Danach hängt die Ahndung einer **Auskunftsverweigerung** nicht allein von einem Verlangen der Exekutive ab, sondern davon, daß – in der Rückschau – ein rechtmäßiges Auskunftsverlangen gestellt worden ist. Für ein Auskunftsverlangen gem. § 163 b StPO sei also Voraussetzung, daß ein aufklärungsbedürftiger Tatverdacht und eine Beziehung des Befragten zu diesem Verdacht indiziert gewesen sei. Ohne diese Voraussetzung für ein Fragerecht sei für eine Ahndung nach dem OWiG kein Raum.

aus. Die Bußgeldbewehrung soll nur ihre Erfüllung sichern. Genauso verhält es sich mit § 323c und anderen Bestimmungen des StGB. Nicht die Strafbarkeit des Diebstahls begründet ein besseres Besitzrecht gegenüber dem Dieb, sondern das Zivilrecht. Das materielle Recht bestimmt die Verantwortlichkeit nach dem StGB oder OWiG. Das gleiche gilt für die polizeiliche Verantwortlichkeit. Deswegen bestimmt beispielsweise § 9 PolGNW, daß nur derjenige, der als sachlich-rechtlich Beteiligter für eine Gefahrabwehr in Betracht kommt, persönlich und sachlich befragt werden darf. Soweit verfahrensregelnde Polizeigesetze über diese Grenze hinausgehen, indem sie Polizeipflichtigkeiten sui generis normieren, fehlt ihnen die Legitimation. Sie beruhen auf einer Überschreitung der Kompetenz der Polizeigesetzgeber (vgl. zur Kompetenzfrage auch die Kap. E, F und J).

Innerhalb des danach zulässigen Regelungsbereiches liegen die **zweckbezogene Ausgestaltung der vorgegebenen persönlichen Hilfspflichten** und die **Auswahl der sachlichen Hilfsmittel,** von den Möglichkeiten der Kommunikation bis zum Gebrauch tödlich wirkender Abwehrmittel. Dabei können persönliche Hilfspflichten mit sachlichen Befugnissen der Polizei korrespondieren. Wer als Zeuge Auskunft über die Entstehung einer Gefahr geben kann, muß gegebenenfalls befragt werden dürfen. Folglich ist die **Fragebefugnis** zu normieren. Zugleich ist die **Antwortpflicht** subjektiv und inhaltlich zu begrenzen. So bestimmen zum Beispiel § 9 PolGNW und ihm folgend Art. 12 BayPAG, daß jeder denkbar Beteiligte befragt werden darf, aber nur der sachlich-rechtlich Verpflichtete antworten muß, „soweit gesetzliche Handlungspflichten bestehen". Eine solche Regelung stellt sicher, daß sowohl „belanglose" oder aufklärende **Gespräche** zwischen Bürger und Polizei als auch freiwillige **Kooperationen** möglich sind, aber auch sachverhaltsbezogene, gezielte **Befragungen.**[74] 44

Soll der Befragte eine Sachauskunft geben, obliegt es der Polizei, seine Handlungspflicht als Verantwortlicher, Zeuge, Hilfspflichtiger etc. darzulegen. Das Risiko der Fehlbelehrung liegt also bei der Polizei. Wer zum Beispiel im Hinblick auf § 138 StGB über eine Anzeigepflicht belehrt, um eine Sachauskunft zu erhalten, muß auch die Fälle kennen, die von der sozialen Grundpflicht, besonders bedrohte Rechtsgüter durch Anzeige zu schützen, befreien (Täter, Teilnehmer, gegebenenfalls Angehörige, Vertrauenspersonen, vgl. § 139 StGB). Wo eine Aussage erzwungen werden könnte, bedürfte es wie in anderen Verfahrensordnungen auch einer normativen Regelung etwaiger Diskordanzen zwischen dem **Recht zu schweigen,** wo reden zu unzumutbarer Belastung führen könnte, und dem **Recht auf Schutz** bei drohender Gefahr für ein grundrechtlich relevantes Rechtsgut. **Der gelegentlich zu findende Hinweis auf Aussageverweigerungsrechte in der StPO greift zu kurz, weil dort nur einige Konkordanzprobleme mit einem anderen Verfahrensziel geregelt sind.** Im nichtstrafrechtlichen Bereich, etwa bei Störungen im familiären Bereich oder bei Störungen im Umweltschutzbereich, bei Katastrophenfällen stellen sich andere Abwägungsfragen (vgl. Kap. F). Zugleich wäre zu prüfen, ob erzwungene, also mit zeitlicher Verzögerung einholbare Auskünfte noch ein geeignetes und zulässiges Mittel zur Abwehr dringender Gefahren sein können. Schließlich müßte die Frage der **Verwertbarkeit** solcher Auskünfte **für andere Zwecke** bedacht werden. Die Verwertbarkeit im Strafprozeß hat nicht nur der für das Strafverfahren zuständige Gesetzgeber zu bedenken, sondern jeder Gesetzgeber, der Befugnisse zur Erhebung personenbezogener Daten regelt, weil Eingriffe in grundrechtlich geschützte Rechtspositionen nicht ohne Abwägung der Folgen normiert und praktiziert werden dürfen.[75] Analoges gilt für anderweitige Verwertungsmöglichkeiten. 45

Auch bei der normativen **Auswahl polizeilicher Einsatzmittel** ist – soweit sie zu Grundrechtseingriffen geeignet und bestimmt sind – das Gebot der Verhältnismäßigkeit 46

---

[74] Zur Auslegung des Begriffs „gesetzliche Handlungspflichten" vgl. *Müller,* Polizeiliche Datenerhebung durch Befragung, Berlin 1997; *Lisken* NWVBl. 1990, 325 (327). Das Thema ist auch eingehend behandelt von *Rachor* im Kap. F Rdn. 254ff. m. w. N.

[75] *BVerfGE* 17, 108 (117f.); 17, 306 (313f.); 65, 1 (54); 67, 157 (173ff.); 76, 1 (51). Zur strafprozessualen Nutzung anderweitig erhobener Daten vgl. Kap. F und Kap. J.

zu beachten. Der Gesetzesvorbehalt des Art. 20 III GG bedeutet keine „Blankovollmacht zu beliebigen Einschränkungen“[76] von Grundrechten. Das aus dem Rechtsstaatsprinzip folgende Gebot der **Verhältnismäßigkeit**[77] bedeutet zum einen, daß die Rechtsgeltung (Rechtsverschaffung) nicht mit einem Rechtsverlust erkauft werden darf, dessen Höhe den Wert des „Gewinns“ weit übersteigt (Prinzip der Verhältnismäßigkeit im engeren Sinne). Dieses Prinzip gilt vom Selbsthilferecht[78] über das private Reklamationsrecht[79] bis zum Eingriffsrecht.[80] Deswegen sind beispielsweise gemäß § 46 OWiG **Festnahmen** zur Verfolgung von Verwaltungsunrecht unzulässig. Auch das **„Anhalten“** eines Menschen zur polizeilichen Befragung darf nicht zur faktischen Freiheitsentziehung führen. Zum andern enthält das Verhältnismäßigkeitsprinzip die Teilgrundsätze der Geeignetheit und Erforderlichkeit, also ein **Maßgebot** hinsichtlich der Mittel. Eingriffs-„Maßnahmen“ haben angemessen zu sein, um die Rechte des Betroffenen soweit wie möglich zu schonen.[81]

47 Der Gesetzgeber hat also aus dem Arsenal aller denkbaren polizeilichen Einsatzmittel alle Mittel auszuschließen, die ungeeignet sind oder von vornherein zu unübersehbaren Schäden führen können, wie zum Beispiel militärische **Sprenggranaten.** Andererseits kann er die **Verwendung tödlich wirkender Schußwaffen** nicht wegen ihrer ungewollten oder gegebenenfalls gewollten Wirkung untersagen oder ungeregelt lassen. Bei allen Gefahren für rechtlich geschützte Rechtsgüter, erst recht für Leben, Leib oder Freiheit eines Menschen, richtet sich der grundrechtliche Schutzanspruch des Bedrohten[82] auf möglichst **effektive** Hilfe. Wo diese Hilfe aus rechtlichen oder tatsächlichen Gründen versagt, lebt die aus der Rechtsinhaberschaft folgende Berechtigung zur Rechtsverschaffung durch **Selbsthilfe** – notfalls bis zur Tötung – wieder auf. Daher liegt in der Aggression zugleich die Selbstgefährdung des Aggressors durch Gegenwehr. Der **Tod des Aggressors** ist also nicht von vornherein rechtsstaatlich „undenkbar“. Er muß unter Umständen in Kauf genommen werden, um effektiv helfen zu können, weil sofortige Angriffsunfähigkeit nach bisheriger medizinischer Erkenntnis nur mittels gezielten Kopfschusses erreicht werden kann. Der Polizeigesetzgeber kann daher dieses Mittel nicht ausschließen.[83] Es bleibt ihm nur die Möglichkeit, das verfassungskräftige Maßgebot normativ zu konkretisieren, also Handlungsmaßstäbe für den Einsatz der möglichen und jeweils geeigneten Mittel zu liefern.[84] Ähnlich „proportional“ in bezug auf den Zweck und „maßgerecht“ ist das Mittel der **Freiheitsentziehung** zur Gefahrenabwehr zu verordnen. Es darf nur für Fallgestaltungen zugelassen werden, die unabweisbar ein Einsperren erfordern, um Gefahren für bedeutende Rechtswerte abzuwehren. **Die personelle Mediatisierung der Befugnis zum Einsperren durch Kompetenzverlagerung auf den Richter** mittels des **Richtervorbehaltes** in Art. 104 II GG unterstreicht den Wert der Freiheit,[85] wenn es um die Beurteilung des Zweck-Mittel-Verhältnisses und um die Mittelauswahl geht. Insoweit ist auch die Frage, wie lange eine polizeiliche Freiheitsentzie-

---

[76] Vgl. *Hesse,* Grundzüge des Verfassungsrechts der BR Deutschland, 20. Aufl. 1995, Rdn. 319.

[77] *BVerfGE* 19, 342 (348 f.); st. Rspr. s. *BVerfGE* 76, 1 (50 f.).

[78] Vgl. *BGH* NJW 1965, 920 u. NJW 1975, 62; *BayObLG* NJW 1954, 1377.

[79] §§ 459, 537, 616, 633, 904 etc. BGB.

[80] Ausdrückl. in allen PolG und in Art. 2 II EMRK.

[81] *BVerfGE* 63, 88 (115). Vgl. auch *Götz,* Allg. Polizei- und Ordnungsrecht, 11. Aufl. 1993, Rdn. 249; *Denninger,* in: Meyer/Stolleis, 1994, S. 281 f.; *Gusy,* Polizeirecht, 4. Aufl. 2000, Rdn. 316.

[82] Vgl. *BVerfGE* 17, 108; 31, 3; 45, 187; 46, 160; 51, 324; 53, 30; 56, 54; 57, 70; 70, 297; weitere Nachweise bei *Klein* NJW 1989, 1633. *Isensee,* Das Grundrecht auf Sicherheit, 1983, S. 27 ff.

[83] Der hier oft zitierte Art. 102 GG ist nicht maßgebend, da er das Töten als **Strafe** verbietet. Es ist also auch als Mittel der „Strafverfolgung“ ausgeschlossen, nicht aber als „letztes“ Mittel unmittelbarer Gefahrenabwehr. Vgl. auch AEPolG, *Denninger* u. a., 1979, § 64.

[84] Zur Tötungsbefugnis *Lisken* DRiZ 1989, 401. Krit. *Weßlau/Kutscha* ZRP 1990, 169. Vgl. auch Kap. F Rdn. 842 ff.

[85] A. A.: *Knemeyer* NVwZ 1990, 140: „Art. 104 II gilt ... ausschließlich im Bereich der Strafverfolgung, nicht jedoch für präventive Maßnahmen nach dem Polizeiaufgabengesetz!“ Anders die Motive zu Art. 104 GG. Wie hier auch *BVerfGE* 10, 302 u. *BVerfG* NJW 1991, 1283. Zum Zweck der Kompetenzverlagerung vgl. auch *Lisken,* in: Polizei – heute 1995, 126; außerdem Kap. K zum Richtervorbehalt.

hung dauern darf, von verfassungsrechtlicher Bedeutung. Der Verzicht des Gesetzgebers auf die Festlegung einer **Höchstfrist**[86] begegnet – unbeschadet einer Beachtung des Richtervorbehaltes – erheblichen Bedenken.[87]

48 Auch bei akuter **Suizidgefahr** kann es einen dauernden polizeilichen Gewahrsam aufgrund einer polizeirechtlichen Verfahrensnorm nicht geben. Es kann nur um die vorläufige Abwehr einer akuten Lebensgefahr gehen, bis spezifische Hilfen zuständiger Instanzen erreichbar sind[88] oder feststeht, daß die gefährdete Person uneingeschränkt zur selbstverantwortlichen Entscheidung fähig ist.[89] Das Polizeirecht kann **nicht zur Hilfe zwingen,** soweit der Inhaber des gefährdeten Rechtsgutes die Hilfe verweigert und selbst berechtigt ist, über dieses Rechtsgut zu verfügen. Art. 2 II GG verpflichtet nicht zum eigenen Leben, soweit Dritte rechtlich unberührt sind. Da nur die Drittgefährdung zum staatlichen Schutzeingriff befugt, ist das Spiel mit dem eigenen Leben von Dompteuren, Seiltänzern, Bergsteigern, Rauchern, Raubtierhaltern, Rennfahrern, soweit sie Dritte nicht gefährden, dem staatlichen Zugriff entzogen.[90] Auch die letzte Freiheit, **die Freiheit, sterben zu dürfen,** ist polizeifest, da sie nicht vom Staat „gewährt" wird, sondern – wie alle Grundrechte – zum Staat des Grundgesetzes gehört.[91] Das Grundgesetz will die Freiheit sichern. Folglich kann die je eigene Selbstbestimmung nicht um ihrer selbst willen unter Polizeivorbehalt stehen. Polizeiliche Hilfe ist also nur zulässig, aber insoweit auch geboten, solange Zweifel an einer autonomen Entscheidung bestehen und deswegen Hilfsbedürftigkeit zu vermuten ist. Dem dienen die polizeilichen Gewahrsamsvorschriften (vgl. Kap. E).

49 Dieser **Normzweck** wird verkannt, wenn die Befugnis zur Ingewahrsamnahme von Suizidgefährdeten ohne Rücksicht auf die erkennbare geistige Entscheidungsfähigkeit des Betroffenen angewendet wird. Die Erfahrung lehrt zwar, daß die Frage der Entscheidungsfreiheit in der konkreten Gefährdungslage oft oder fast nie sicher beantwortet werden kann, so daß die Suizidverhinderung das gebotene Mittel ist.[92] Aber diese Erfahrungstatsache darf nicht zur Annahme einer polizeilichen Rechtspflicht führen, ausnahmslos jedes Suizidvorhaben von vornherein zu unterbinden und ggf. sogar durch Polizeiverfügung zu verbieten. Der Mangel an Vorstellungskraft, daß ein Mensch genug

---

[86] § 18 BremPolG.

[87] Zur bayerischen „Fristenlösung" in Art. 20 PAG vgl. *Hirsch* ZRP 1989, 81; *Lisken* ZRP 1989, 191; *Beckstein* ZRP 1989, 287; jeweils m. w. Nachw. Unbegrenzte Polizeihaft will Art. 104 GG nach seiner Entstehungsgeschichte verhindern! Insbesondere sollen dem Gesetzgeber „Schranken gesetzt" werden (so im Parl. Rat, zit. bei *Otto,* Das Staatsverständnis des Parl. Rates 1971, S. 72). Vgl. auch *Baumann* ZRP 1990, 109, über den Vorschlag Nr. 130 der „Gewaltkommission" vom Jan. 1990 (S. 295 des Endgutachtens der Kommission), nach dem die „Höchstfrist der Präventivhaft in den Polizeigesetzen ... auf ‚maximal vier Tage' begrenzt werden soll". So jetzt § 42 I BGSG 1994. Zu weitergehenden Länderregelungen vgl. *Lisken* ZRP 1996, 332, unter Hinweis auf die Bundesregelung in § 112a StPO. Vgl. zum Problem auch *Rachor,* Kap. F Rdn. 554.

[88] Vgl. *BayObLG* NJW 1989, 1815; *BayVGH* NJW 1989, 1790. Vgl. ferner *BVerfGE* 70, 297 (311 ff) (psychiatr. Unterbringung).

[89] Zur menschlichen Selbstbestimmung und Eigenverantwortung vgl. *BVerfGE* 41, 29 (50); 65, 1 (41, 43). *Kant,* Über den Gemeinspruch, Werkausgabe hrsg. v. Weischedel, 1977, S. 145 f.

[90] Zum Gebot des Selbstschutzes zugunsten Dritter vgl. *BVerfGE* 59, 275 (277 ff.) betr. Tragen von Schutzhelmen. Vgl. auch *AG Albstadt* NJW 1985, 927, zur Gurtpflicht; vgl. hierzu *VGH Wien* EuGRZ 1990, 158 (161). Zum Risiko-Alpinismus vgl. Kap. E. Grundl. Kritik am zunehmenden Zwang zum Selbstschutz bei *H. A. Hesse,* Der Schutzstaat, 1994, insbes. S. 109 ff.; *ders.* AnwBl. 2001, 189. Kritisch zum staatlichen Schutz bei Selbstgefährdungen (ohne Verletzung von Rechtsgütern Dritter) auch *Dietlein,* Die Lehre von den grundrechtlichen Schutzpflichten, 1992, S. 223.

[91] Zum Recht auf den eigenen Tod oder auf den Anspruch, am Sterben nicht gehindert zu werden, vgl. *Otto,* Gutachten zum 56. DJT (1986). Zur Autonomie des Menschen vgl. auch die Hinw. bei *Lisken* NJW 1985, 3054 f. Vgl. insbes. *Hillgruber,* Der Schutz des Menschen vor sich selbst, 1992. Beachtlich auch *Jens/Küng/Niethammer/Eser,* Menschenwürdig sterben. Ein Plädoyer für Selbstverwantwortung, 1995. Das *BVerfG* hat solches Selbstbestimmungsrecht anerkannt, dem auch das Strafrecht „weichen" müsse (*BVerfGE* 32, 98). Wie hier auch *Jarass/Pieroth,* GG, 3. Aufl. 1995, Art. 2 Rdn. 7a und 53, 56. Zur Selbstschädigung durch Drogen vgl. *BVerfG* NJW 1994, 1577, mit krit. Anm. v. *Kreuzer* NJW 1994, 2400. Krit. auch *Lüderssen* StV 1994, 508. Zum Konflikt zwischen Selbstbestimmungsrecht und staatlicher Schutzpflicht vgl. *BVerwGE* 82, 45 (49).

[92] Vgl. *Huber,* Psychiatrie, 4. Aufl. 1987, Zur Suizidität, S. 435 ff.

von seinem Leben und Leiden haben könnte, führt leicht zu der Auffassung, daß die **Freiheit der Selbstbestimmung** nicht die **Freiheit zum Tode** umfasse, der Mensch also insoweit vor sich selber von Staats wegen geschützt werden müsse. Es ist daher verfassungsrechtlich höchst bedenklich, wenn § 22 I Nr. 2b SächsPolG vorsieht, jeden, der „Selbstmord begehen will", in Gewahrsam zu nehmen.

50 Diese Schutzpflichtvorstellung liegt ersichtlich der Entscheidung des BVerwG[93] zugrunde, daß sog. peep-shows zum Schutz der **Menschenwürde** der Darsteller(innen) untersagt sein müssen. Die Würde sei ein objektiver und unverfügbarer Wert, auf dessen Beachtung der einzelne nicht wirksam verzichten können. Mit demselben rechtsethischen Vorverständnis hat das VG Karlsruhe[94] einmal gemeint, daß „das GG auch über das eigene Leben kein Verfügungsrecht gewährt". Mit diesem Glaubenssatz hat das Gericht das polizeiliche Verbot zur Beihilfe eines Arztes bei einem zurechnungsfähigen Suizidwilligen bestätigt.

51 Aus tradierter christlicher Lebenssicht kann man solche Auffassung privat vertreten, sie läßt sich aber unter der Freiheitsordnung des GG nicht staatlich exekutieren, weil die Freiheitsgarantien des GG nicht eine **„Diktatur der Werte"** gegenüber denen legitimieren, die eben jene Freiheitsrecht ausüben wollen. Der **Kern der Menschenwürde ist die Autonomie** im Sinne von Kant. Die Ausübung einer autonomen Entscheidung von Staats wegen zu unterbinden, obwohl sie keines anderen Rechtsgut beeinträchtigt, ist ein Verstoß gegen Art. 2 I i. V. m. Art. 1 I und III GG, eine Zweckverkehrung der Grundrechtsordnung durch Instanzen, die sich selber über ihre Zuständigkeiten und auch insoweit über das GG erheben.

52 Das **Bundesverfassungsgericht,** auf das sich das BVerwG und das VG Karlsruhe jeweils berufen,[95] hat an keiner Stelle Würde und Leben des Menschen in der Weise verabsolutiert, daß der Mensch insoweit ggf. vor sich selbst geschützt werden müsse. Sowohl in dem angeführten Urteil zur Strafbarkeit der Abtreibung als auch in dem Urteil zur lebenslangen Strafe hat das BVerfG **Würde und Leben als höchste Rechtsgüter im Hinblick auf die Eingriffsgrenzen des Staates** herausgestellt. Das BVerfG sagt (im 45. Band = NJW 1977, 1526) ausdrücklich: „Der Satz, ‚der Mensch muß immer Zweck an sich selbst bleiben', gilt uneingeschränkt für alle Rechtsgebiete; denn die unverlierbare Würde des Menschen als Person besteht gerade darin, daß er als selbstverantwortliche Persönlichkeit anerkannt bleibt."

53 Wäre es anders, müßte die Polizei tatsächlich jedem würdelosen Treiben entgegentreten. Sie müßte erkennen (können), was unwürdig ist. Nicht mehr die **Abwehr von Drittgefahren** wäre allein ihre Aufgabe, sondern auch die **Abwehr der Selbstgefährdung,** soweit es um Leben und Menschenwürde geht. Dabei ließe sich die Lebensgefährdung – wie bisher – noch relativ leicht feststellen. Die Selbstgefährdung der Menschenwürde läßt sich vergleichsweise schwerer ermitteln. Für die genannten Gerichte war es anscheinend keine Frage, daß Suizid und Selbstentblößung zum **Grundrechtsverlust** führen. Aus diesem Fehlschluß folgt die scheinbar plausible Folgerung, daß niemand auf sein Leben und auf seine Würde **„verzichten"** könnte. Wer in Würde sterben will, verzichtet aber gar nicht auf sein ohnehin vergängliches Leben. Er übt sein **Selbstbestimmungsrecht** aus. Er widersetzt sich allenfalls einer Freiheitsbeschränkung. Ebensowenig verzichtet jemand auf seine Würde, wenn er sich freiwillig enthüllt, sein Seelenleben offen-

---

[93] *BVerwGE* 64, 274 = NJW 1982, 664 m. krit. Anm. v. von *Olshausen* NJW 1982, 2221 mit umfangr. w. N. Grundl. Kritik auch bei *Drews/Wacke/Vogel/Martens,* Gefahrenabwehr, 9. Aufl. 1986, S. 257, ferner bei *Denninger,* in: Meyer/Stolleis, Staats- und Verwaltungsrecht für Hessen, 4. Aufl. 1996, S. 263 f. S. auch *BVerwGE* 84, 314. Das Truppendienstgericht beim *BVerwG* (NVwZ 2000, 683) hält indes – in einem obiter dictum – an der nicht näher belegten These fest, daß die körperliche Selbstentblößung (eines Soldaten) zum unzulässigen Verlust seiner Menschenwürde führe. Krit. zu solchem „staatlichen Paternalismus" *Huster* NJW 2000, 3477, der zutr. auf *BVerwGE* 87, 209 = NJW 1993, 1457 hinweist.

[94] NJW 1988, 1536. Ganz anders hingegen *Bonhoeffer,* Ethik, hrsg. v. Bethge, 1985, S. 176 ff. über die „Freiheit des Menschen zum Tode".

[95] *BVerfGE* 39, 1 (Strafbarkeit der Abtreibung) und *BVerfGE* 45, 187 (lebenslange Strafe).

bart oder eine überfüllte Bahn benutzt. Würde er von anderen dazu gezwungen, hätte er einen Anspruch auf Schutz seiner Würde. Es geht um ihre Verletzung und ihren Schutz, nicht um ihren Verlust. Die Würde des Menschen ist – wie das BVerfG a. a. O. sagt – **„unverlierbar"**. Sie kann weder genommen, noch gewährt werden.

Der **Gefolterte** verliert also nicht seine Würde, eher der Folterer, der die Würde des andern mißachtet. Ebensowenig verliert die **Prostituierte** ihre Würde, wenn sie ihr Gewerbe freiwillig ausübt.

Die Polizei hat also nicht den Menschen vor dem eigenen „Verzicht" auf seine Grund- 54
rechte zu bewahren, sondern vor der **Schutzlosigkeit** bei Gefährdungen durch Dritte. Wer solchen Schutz nicht will, verzichtet nicht auf seine Rechte, sondern nur auf den **Schutzanspruch.**

Wer sein Leben beenden oder gefährden will, handelt nicht rechtswidrig oder „polizei- 55
widrig", wenn er bei klarem Verstand ist.[96] Er bringt allenfalls Dritte in Gefahr, wenn diese auf ihn angewiesen sind oder ihr Leben für ihn riskieren.[97] Aber daß **Beihilfe zur Selbsttötung** strafbar sein könnte, wie das VG Karlsruhe a. a. O. gemeint hat, setzt rechtslogisch die Möglichkeit der Strafbarkeit und damit die Annahme der **Rechtswidrigkeit des Suizids** voraus. Ein Arzt, der wunschgemäß nicht operierte, wäre also wegen Tötung strafbar. Wer das Leben als absolutes Rechtsgut sieht, muß annehmen, daß auch **Seneca, Rommel** und **Harras** („Des Teufels General" von Zuckmayer) sich rechtswidrig und damit „polizeiwidrig" verhalten haben. Wenn niemand „auf sein Leben verzichten" darf, hätte **Sokrates** ins Exil gehen müssen. **Hus** hätte seinen Überzeugungen abschwören und **Galilei** sein Wissen verleugnen müssen. Der **Forscher,** der im **Selbstversuch** nur sich selber gefährden würde, dürfte polizeilich daran gehindert werden. Er hätte keinen Anspruch auf Schutz seines Tuns, wenn andere ihn gewaltsam daran hindern wollten. Sein Leben würde dem „Staat gehören", obwohl es – aus religiöser Sicht – allenfalls „Gott" gehören kann, der aber nicht der polizeilichen Hilfe bedarf. Solche abwegigen Konsequenzen zeigen die Fragwürdigkeit der gerichtlichen Ausgangsthese von der „Unverzichtbarkeit" auf das Leben und die Würde des Menschen und von der absoluten Schutzpflicht des Staates bis zum Schutz des Menschen vor sich selber.

Unreflektiert gefördert wird die **These vom staatlichen Schutz des Menschen vor sich** 56
selber durch die modernen **Sicherheitsprogramme.** Mit der Angst vor Unbill lassen sich politisch und geschäftlich Gewinne machen. Dabei wird der Unterschied zwischen Selbstschutz und Staatsschutz leicht verwischt. Auch die **Obliegenheitsvorschriften der Versicherer** für gefährliches Verhalten fördern die Vorstellung von der „patriarchalischen" Staatsfürsorge. Sie haben in der verkehrsrechtlichen Pflicht zum **Gurtanlegen** im Auto und zum **Helmtragen** auf dem Motorrad Ausdruck und Bestätigung gefunden. Selbst die Polizei hat sich hier unkritisch von dem von der Versicherungswirtschaft propagierten Sicherheitsdenken anregen lassen. Die **Bußgelderhebungen bei Zuwiderhandlungen** stoßen in der Polizei auf wenig Bedenken, weil jener Selbstschutz „vernünftig" erscheint.[98]

Diese „vernünftig" erscheinende Einstellung wird – je nach **Opportunität** und poli- 57
tischer **Stimmungslage** – in weiteren Verboten der Selbstgefährdung Ausdruck finden (können), wenn die verfassungsrechtlichen Grenzen der staatlichen Regelungsmacht weiterhin unbeachtet bleiben. **Verbote** des **Rauchens,** des **Trinkens,** des **Risikosports,** des **Motorradfahrens,** des **ungeschützten Sexualkontaktes** und des **Haltens wilder Tiere** ließen sich leicht mit Leerformeln wie „Schutz der Volksgesundheit" oder „Schutz der

---

[96] So auch *Zöller* ZRP 1999, 317 im Hinblick auf die **„passive Sterbehilfe"** und das **„Patiententestament"** im Anschluß an *OLG Frankfurt* NJW 1998, 2747 m. w. N. Wie hier auch *Murswiek*, in: Sachs, GG, 1996, Art. 2 Rdn. 211.

[97] Zum Risikosportler und anderen Selbstgefährdungen vgl. Kap. E und *VGH Mannheim* NJW 1998, 2235.

[98] Vgl. *AG Albstadt* NJW 1985, 927, mit Anm. v. *Lisken* NJW 1985, 3053; leider hat das *BVerfG* es abgelehnt, sich zu dieser „geringfügigen" Freiheitsbeschränkung grundlegend zu äußern (vgl. *BVerfGE* 59, 275 ff.; *BVerfG* NJW 1987, 180); krit. dazu *H. A. Hesse,* Der Schutzstaat, 1994, S. 109 ff.; *ders.* AnwBl. 2001, 189. Das oft angeführte Kosteninteresse rechtfertigt seit jeher eine Kostenabwälzung (wegen des „Verschuldens" gegen sich selber), aber ohne Drittgefährdung eben keine vorsorgliche Repression.

Solidargemeinschaft" begründen. Schon das **Verbot des Drogen- oder Waffenbesitzes** steht – wie der Cannabisbeschluß *BVerfGE* 90, 145 = NJW 1994, 1577 deutlich zeigt – auf rechtlich schwankendem Boden. Jedenfalls fällt eine sichere Grenzziehung staatlicher Regelungsmacht schwer, wenn wir nicht konsequent an der von Art. 2 I GG verbürgten Freiheit unter Inkaufnahme ihrer Mißbrauchsmöglichkeiten festhalten, nämlich an der vom Verfassungsgeber beabsichtigten Grundregel, daß **jeder „tun und lassen kann, was die Rechte anderer nicht verletzt"**.[99] Der zugleich ausgesprochene Vorbehalt zu Gunsten der **Verfassungsordnung** und des **Sittengesetzes** sollte dabei nicht als Einfallstor politischer Beliebigkeitsregelungen, sondern als Schutzwall gegen eben solche gesetzgeberischen Versuche verstanden werden. **Die Freiheit sollte nicht unter dem Vorbehalt freiheitsgewährender Gesetze stehen.** Sie ist vielmehr konstitutiver Bestandteil einer Grundrechtsordnung, die das GG **„gewährleistet"** und nicht – wie das VG Karlsruhe mißverständlich a. a. O. formuliert hat – „gewährt".[100] Nicht die **Freiheit** steht unter Vernunft- oder Kostenvorbehalten, sondern das **Wagnis,** das der einzelne mit seiner konkreten Freiheitsausübung auf sich nimmt. Wer also z. B. ohne Helm Motorrad fährt, kann seinen Versicherungsschutz verlieren, aber nicht das Recht, sich tödlich zu gefährden. Wer hingegen den **Schutz des Menschen vor sich selber als Staatsaufgabe** ansieht, wird zwangsläufig bei der **Zensur** und im **Wächterstaat** Platons enden.[101] Die Polizeiarbeit würde grenzenlos.

58 Der Ursprung solcher Perversion der Grundrechtszwecke liegt in der (planvoll angelegten) **Umdeutung der Grundrechtsordnung in eine „Werteordnung"**, die sich zur Relativierung der Bürgerfreiheiten nutzen läßt. Das BVerfG hat im bekannten **Lüth-Urteil**[102] die Grundrechte auch als Ausdruck einer „Werteordnung" bezeichnet, soweit es – etwa im Zivilrecht – um die Ausfüllung **wertausfüllungsbedürftiger Generalklauseln** gehe und justitiable Wertstellungen zu finden seien. Aus der **Wertfindungsfunktion** ein **Mittel zur Begrenzung** eben jener „wertvollen" Freiheitsrechte zu machen, war ein abwegiger, aber naheliegender Schritt, wenn es um den **Vorrang der Staatsinteressen** oder der Interessen ging, die von der Mehrheit als solche definiert wurden und werden. Die Entwicklung des Polizei- und Strafverfahrensrechts seit 1968 ist dafür ein Beweis, wie sich bei der Erörterung der Befugnisnormen noch zeigen wird.

59 Der **Zweck der Verfassung** ist der Schutz vor dem ungezügelten politischen Wollen in uns selber, vor der **„Diktatur der Mehrheiten"**. Insofern schützen die Grundrechte rechtslogisch zwingend ganz überwiegend die Rechte von **Minderheiten.** Das belegen die oft kritisierten Entscheidungen des BVerfG in Grundrechtsfragen. Wären die Grundrechte nicht täglich durch uns gefährdet, bräuchten wir keine Verfassung und keine Verfassungsgerichte. Ist aber jeder Satz des GG gefährdet und deswegen notwendig, dann ist strikter **Verfassungsgehorsam** gefordert, insbesondere von Gesetzesmachern und -anwendern, soweit Grundrechte betroffen sein können.

Deswegen kann die **Polizeirechtslehre** sich nicht mit der Vermittlung rechtstechnischer Fertigkeiten begnügen. Vielmehr ist bei jedem Eingriff das verfassungsrechtliche Umfeld der Regelung und ihre **Verfassungsverträglichkeit** zu prüfen.

60 Neben der zuvor erörterten Frage der **Verhältnismäßigkeit** und des **Übermaßverbotes** sind auch die Grundrechte selber als Grenzen der Regelungsmacht zu beachten. Die Gesetzesvorbehalte bei bestimmten Grundrechten erlauben keine politisch beliebigen Einschränkungen durch den Gesetzgeber, sondern nur solche normativen Begrenzungen, die zur Sicherung der Rechtsgüter anderer überlebensnotwendig sind.[103] Sie müssen „im

[99] Vgl. zur Textwahl und zur Entstehungsgeschichte JöR NF Bd. 1 S. 54 ff.

[100] Vgl. *Hesse,* Grundzüge des Verfassungsrechts der BR Deutschland, 20. Aufl., Rdn. 279 ff. und 290.

[101] Vgl. *Platon,* Der Staat; krit. dazu *Popper,* Der Zauber Platons, Die offene Gesellschaft und ihre Feinde, Bd. 1, 3. Aufl. 1973, S. 126 ff.

[102] *BVerfGE* 7, 198; zur Umdeutung und Kritik an Grundrechtsjudikaten vgl. *Lamprecht,* Zur Demontage des *BVerfG,* 1996.

[103] Vgl. *BVerfGE* 17, 108 = NJW 1963, 2368; *BVerfGE* 17, 306 = NJW 1964, 1219; *BVerfGE* 49, 89 = NJW 1979, 359; *BVerfGE* 56, 54 = NJW 1981, 1655; *BVerfGE* 61, 260; 65, 1 = NJW 1984, 419; *BVerfGE* 67, 167 = NJW 1985, 121.

Lichte der Bedeutung des Grundrechts", in das eingegriffen werden kann, zumutbar sein,[104] und sie müssen als Verfahrensmittel dem „Prozeßrecht auf ein faires, rechtsstaatliches Verfahren" entsprechen,[105] damit der Betroffene mit „Waffengleichheit" und ohne „erheblichen bleibenden Nachteil" seine „Rechte und Möglichkeiten" wahrnehmen kann.[106] Die heimliche polizeiliche **„Beobachtung"** und **„Ausforschung"** (mit technischen Mitteln) kann also nicht „blanko" zur Gefahrenabwehr gestattet werden. Wegen des gravierenden Grundrechtseingriffs, der mit der Anwendung solcher Methoden verbunden ist, können nur vergleichbar schwerwiegende Grundrechtsstörungen zur Anwendung befugen. Außerdem ist schnellstmögliche **Offenbarung** gegenüber dem Betroffenen nach Abwehr der Gefahr geboten. Nur mit diesen Kautelen kann eine solche Befugnisnorm verfassungskräftigen Bestand haben. Andernfalls liefe der verbürgte Grundrechtsschutz faktisch ins Leere.

Aus diesen – hier schon früher vertretenen – Gründen hat das LVerfG Mecklenburg-Vorpommern im Urteil vom 18. 5. 2000 – LVerfG 5/98[107] – die **präventive Lauschbefugnis** in § 33 IV SOG M-V i. d. F. der Novelle vom 9. 2. 1998 (GBOBl. 126) teilweise für verfassungswidrig erklärt und (wieder) auf die **„Abwehr einer gegenwärtigen Gefahr für Leib, Leben oder Freiheit einer Person"** begrenzt und eine **unbedingte Unterrichtungspflicht gegenüber allen Betroffenen** zur Rechtsschutzsicherung verfügt. Damit hat das Gericht – wie schon im Urteil vom 21. Oktober 1999 über die Befugnis zur **„Jedermannkontrolle"** („Schleierfahndung") – vgl. oben Rdn. 30 ff. – die staatliche Methodenwahl für die Polizei unter den Vorbehalt der Grundrechtsverträglichkeit gestellt. Das ist in der **„res publica"** der Grund prinzipieller **Offenheit** staatlichen Eingriffshandelns: Es geht beim Grundrechtsschutz – aus historischer Erfahrung – primär um die Sicherheit der Bürger vor der Staatsmacht, weil „die Selbstgefährdung des Rechtsstaates immer größer gewesen ist als seine Gefährdung von außen".[108] 61

Deswegen erscheint eine Befugnis bedenklich, die es der Polizei erlaubte, sich durch **aktive Täuschung** – etwa mittels Legendenbildung und falscher Papiere – zum Nachteil des andern Auskünfte zu verschaffen, die man anders nicht bekäme. Hier handelt es sich um strafbares Tun,[109] das auch nicht durch eine Befugnisnorm ohne weiteres gerechtfertigt werden kann. Die Täuschung im Rechtsverkehr wird nämlich nicht deswegen bestraft, weil sie verboten ist, sondern weil sie Unrecht ist. Dieses Unrecht wird nicht zum Recht, weil der Staat handelt. Zwar gibt es auch andere Eingriffsmethoden, die für den Privaten verboten und gegebenenfalls strafbar sind, wie zum Beispiel die Freiheitsberaubung. Aber alle staatlichen Handlungsweisen, die für den Privaten ohne Notrecht Unrecht wären, sind durch ihre **Kenntlichkeit** ausgewiesen[110] und deswegen 62

---

104 Vgl. *BVerfGE* 7, 198 = NJW 1958, 257; *BVerfGE* 17, 108 = NJW 1963, 2368; *BVerfGE* 70, 297 = NJW 1986, 767.

105 *BVerfGE* 70, 297 = NJW 1986, 767.

106 *BVerfGE* 38, 105 = NJW 1975, 103 (ständ. Rspr.).

107 Polizei – heute Nr. 5/2000 = VwRR-MO Nr. 7/2000 = LKV 2000, 345 (zur Unterrichtungspflicht S. 354 ff.). Speziell zur Unterrichtungspflicht sagt auch *BVerfGE* 100, 313 = NJW 2000, 55, daß Art. 19 IV GG umfassenden Rechtsschutz garantiere. Ausnahmen gebe es nur gem. Art. 10 II 2 GG, aber sogar daneben könne Benachrichtigung geboten sein, wenn sie Voraussetzung für gerichtl. Rechtsschutz sei (*BVerfGE* 65, 1 [70]).

108 *Blasius,* Geschichte der politischen Kriminalität in Deutschland 1800–1980, 1983, S. 140. Ähnl. *A. Kaufmann,* in: Der Rechtsstaat und seine Feinde, hrsg. von Rill/Scholz, 1986, S. 65. Vgl. auch *Kant,* Zum ewigen Frieden, Werkausg. Bd. XI, hrsg. v. Weischedel, 1977, S. 245: „Alle auf das Recht anderer Menschen bezogene Handlungen, deren Maxime sich nicht mit der Publizität verträgt, sind unrecht." Ihm folgend *Köhler,* Prozeßrechtsverhältnis und Ermittlungseingriffe, ZStW 107 (1995), S. 10 ff., insbes. S. 29 f. *Staff* ZRP 1992, 384 zum Verlust an Rechtsstaatlichkeit durch Geheimmethoden. *Adolf Arndt,* Ges. jur. Schriften 1976, S. 413, zur Öffentlichkeit als Teilhabe an der vom Volk ausgehenden Staatsgewalt. Vgl. auch *Weßlau,* Vorfeldermittlungen, 1989, S. 204 ff.

109 Vgl. §§ 263, 267 StGB zum Schutz des redlichen Rechtsverkehrs einerseits und § 110 a StPO mit der Befugnis zur Täuschung im Rechtsverkehr andererseits. Krit. auch *Dencker* StV 1994, 667. Vgl. auch die Thesen des „Frankfurter Arbeitskreises Strafrecht" zur „Organisierten Kriminalität" in StV 1994, 693 f.

110 Vgl. *Arndt,* Ges. jur. Schriften, 1976, S. 165 ff.

abwehrfähig. Mit der heimlichen Informationsverschaffung durch **aktive Täuschung** im Rechtsverkehr ist es anders. Sie unterscheidet sich von der **Selbsttäuschung** gegenüber einem Unbekannten (Kripo in Zivil), soweit dieser nicht aus Ingerenz oder prozessualer Fürsorgepflicht (vgl. Kap. K zum Zeugen unter falschem Namen) zur Offenbarung seiner Identität verpflichtet ist, durch das Fehlen eines inquisitorischen Eingriffs. Wird aber der Irrtum durch positives Tun, also durch aktive Täuschung, bewirkt, so wird das verfassungskräftige **Recht des Schweigens** und **des Schutzes vor unlauteren Vernehmungsmethoden**[111] außer acht gelassen.

63 Wenn der Große Senat des BGH in Strafsachen[112] nach einer bislang sehr wechselhaften und ergebnisorientierten Rechtsprechung die These aufstellt, daß sich dem Gesetz **„kein Grundsatz der Offenheit staatlichen Handelns"** entnehmen lasse, dann fehlt ihr ohne nähere Begründung jede Überzeugungskraft. Die Heimlichkeit staatlichen Handelns kann jedenfalls in der auf Offenheit angelegten und gegründeten demokratischen **res publica** nur die **Ausnahme** sein.[113] Folglich wäre sie z. B. für das Strafverfahren und für das Polizeiverfahren jeweils aufgaben- und befugnisbezogen zu regeln, wobei die jeweilige Regelung wiederum verfassungsrechtlich legitimiert sein müßte. Fehlt es hieran, ist sie wegen des Vorrangs effektiver Grundrechtssicherung[114] unzulässig. Die Heimlichkeit zielt, wie die Erfindung des Geheimagenten und seine Legalisierung als **„Verdeckter Ermittler"** zeigen, auf die Täuschung des Beschatteten ab. Die **Täuschung im Rechtsverkehr** ist aber traditionell stets als sittenwidrig bewertet worden.[115] Deswegen sind auch alle bemühten Versuche, im Verfahrensrecht zwischen **erlaubter List** und **unlauterer Täuschung** zu unterscheiden, nie gelungen. Adolf Arndt hat dazu schon 1961[116] im Anschluß an Evers[117] und mit Blick auf die Rechtsprechung des BGH zum Einsatz von „Spitzeln" gesagt, daß man sich – unbeschadet der etwaigen Notwendigkeit der Täuschung in extremen Gefahrenlagen – „ehrlich zugestehen muß, daß hier die rechtliche Grenze zwischen erlaubter List und Rechtsbruch ‚letztlich rational kaum erfaßbar' ist".

64 Letztlich folgt auch der **Große Strafsenat** des BGH a. a. O. dieser Einsicht, wenn er – im logischen Widerspruch zur eigenen Ausgangsthese, daß es kein gesetzliches Heimlichkeitsverbot gebe – am Ende seiner Entscheidungsbegründung auf den **Einzelfall** abstellt und zu der angeblich „gebotenen **Abwägung**" sagt, die heimliche Ausforschung sei dann

[111] Vgl. Art. 3 und 6 MRK und § 136 a StPO. Zum Problem planmäßigen treuwidrigen Verhaltens öff. Gewalten im Staat des GG vgl. *Lisken* ZRP 1994, 264; *ders.* NJW 1994, 2069 zum telefonischen Überlisten; krit. insoweit auch *BGH* (5. Strafsenat) NStZ 1995, 410. Vgl. auch *Dencker* StV 1994, 667. Grundl. Kritik an jeder Positivierung unredlicher Pflichten und Methoden bei *Marcic,* FS f. Voegelin, 1962, 360 (367). Vgl. demgegenüber die viel zitierte, aber weniger differenzierte Begründung von *BVerfGE* 57, 250 = NJW 1981, 1719. Ähnl. Zweckargumentation bei *BGH* (1. Strafsenat) NJW 1994, 2904 = StV 1994, 521 (V-Mann-Aussage im Mordfall Sedelmayr). Zum „heimlich herbeigeführten Stimmenvergleich" vgl. *BGH* StV 1994, 282 mit krit. Anm. v. *Achenbach/Perschke* StV 1994, 577, vgl. auch Anfragebeschl. *BGH* NStZ 1995, 410 m. grundl. Anm. v. *Roxin* NStZ 1995, 465; *ders.,* Strafverfahrensrecht, 25. Aufl. 1998, §§ 10, 19, 24, 25. Im Grundsatz krit. auch *Hanack,* in: Löwe/Rosenberg, StPO, 25. Aufl. 1997, § 136 a Rdn. 33: Die Differenzierung zwischen List und Täuschung sei „unscharf und problematisch". Zum Lockspitzel als „agent provocateur" und zu den Verfahrensfolgen gem. Art. 6 I 1 *EMRK* vgl. *BGH* NJW 2000, 1123, im Anschl. an *EGMR* StV 1999, 127, mit Anm. v. *Kempf.* Weit. Nachw. bzgl. Täuschung als Verfahrenshindernis in Kap. K. Zur heiml. Ausforschung Angehöriger vgl. *BVerfG* 3. Kammer d. 2. Senats StV 2000, 466 m. Anm. v. *Weßlau,* S. 468 ff.: Rechtswidriges könne kein „Abwägungsgrund" sein! Wie hier auch *Schneider* NStZ 2001, 8 u. Bez. auf *BGHSt* 34, 362 und *BGHSt* 44, 19.

[112] GSSt 1/96 – StV 1996, 465, auf Vorlagebeschl. des 5. Strafsenates v. 20. 12. 1995 – 5 StR 680/94 – StV 1996, 242 zur „Hörfalle"; vgl. dazu aber *BVerfG* – Fn. 111 am Ende –.

[113] Vgl. *BVerfGE* 30, 1.

[114] *BGH* 6, 55 (72); 31, 58 (73, 85); 32, 54 (72); 52, 380 (389 f.);, 63, 131 (143).

[115] Vgl. z. B. *Montaigne,* Essais, hrsg. v. Enzensberger, 1998, Drittes Buch, S. 391 ff., Über das Nützliche und das Rechte; vgl. auch *Kant,* Zum ewigen Frieden, in: Werkausgabe Bd. XI, hrsg. v. Weischedel, 1977; gleichfalls *Thomas v. Aquin,* Summe der Theologie, hrsg. v. J. Bernhart, 3. Band (1938), 40., 70. und 71. Untersuchung zur Täuschung im Prozeß wie im Kriege. Zum **„V-Mann"** und **„belohnten Zeugen"** (heute fälschlich **„Kronzeuge"** genannt) bestimmte die CCC von 1532, sie seien „verworfen" und nicht zulässig, sondern „peinlich zu bestrafen" (zit. b. *Eschelbach* StV 2000, 391).

[116] In: Ges. jur. Schriften, 1976, S. 168.

[117] Privatsphäre und Ämter für Verfassungsschutz, 1960.

zulässig, „wenn es sich bei der den Gegenstand der Verfolgung bildenden Tat um eine Straftat von erheblicher Bedeutung handelt und wenn der Einsatz anderer Ermittlungsmethoden – für deren Auswahl wiederum der Grundsatz der Verhältnismäßigkeit gilt – erheblich weniger erfolgversprechend oder wesentlich erschwert wäre".

Dem praktischen Rechtsanwender ist mit einer solchen semantisch und systematisch verfehlten Argumentation **nicht geholfen.** Es fehlt die klare rechtssystematische Deduktion, die vom **Strafprozeßrecht als Mittel der Operationalisierung des Strafrechts unter Beachtung der Grundrechte der Prozeßbeteiligten** ausgeht. Wer allerdings – extra legem – im Strafrecht primär ein Mittel zur **„Kriminalitätsbekämpfung"** und im Prozeßrecht den Standort möglichst **effektiver Zugriffsmöglichkeiten** sieht,[118] wird die vom BGH „gebotene Abwägung" vorzugsweise wie eine **Zauberformel** nutzen, **um dem staatlichen Verfolgungsinteresse Vorrang vor den betroffenen Grundrechten einzuräumen.** Es sind jedenfalls bisher keine „Abwägungen" bekannt geworden, die zugunsten der Grundrechtspositionen ausgegangen sind. Es fehlt nämlich in Wahrheit an Abwägungskriterien und legal definierten Gewichtseinheiten. Worte wie „erfolgversprechend" oder „Straftaten von erheblicher Bedeutung" sind Leerformeln, die sich beliebig füllen lassen.[119] 65

Wer sich angesichts einer Rechtsprechung, die **Steine statt Brot** bietet, und angesichts widersprüchlicher Normsetzungen – man betrachte nur beispielhaft das Verhältnis von § 110a zu §§ 136, 136a StPO – auf das **Schuldstrafrecht** besinnt, seine **Zweckbegrenzung** durch § 2 StrVollzG beachtet und für das Verfahren an der **Unschuldsvermutung** sowie an den verfassungskräftigen **Offenheits-, Anhörungs-** und **Fairneßgarantien** festhält, wird sich im Zweifel bei der Methodenwahl nicht an der **„Überführungstüchtigkeit"**, sondern an der **Grundrechtsverträglichkeit** des Vorgehens orientieren. Darin läge keineswegs ein Erfolgsverzicht, weil der „Erfolg" eben nicht in der Überführung des Täters um jeden Preis liegt, sondern in der **Verfahrensrichtigkeit.** Denn **sie konstituiert den Rechtsstaat.** Der Erfolg hat keinen Rechtswert. 66

Indirekt wird dieses so verstandene **Rechtsstaatprinzip** auch durch die Rechtsprechung bestätigt, wenn sie staatlichen Belangen, etwa dem Ziel, einen Verdächtigen zu überführen, Verfassungsrang verleiht, um auf diese Weise eine vermeintlich gebotene **Abwägung zwischen divergierenden Verfassungsgütern** zu ermöglichen. So wird der vom BVerfG als Verfassungsaufgabe definierte **Rechtsschutzauftrag**[120] kurzschlüssig und ganz unproblematisiert dahin gedeutet, daß jeder Strafverfolgung, also der Wahrheitssuche im Einzelfall, Verfassungsrang zukomme und zur Relativierung der Grund- und Menschenrechte legitimiere. Dabei hat das BVerfG nur der **„funktionstüchtigen Strafrechtspflege"** an sich einen Abwägungswert im Zusammenhang mit der Gestaltung des Verfahrensrechts zugewiesen, nicht aber den Überführungserfolg im Einzelfall zum Qualitätsmerkmal der „Funktionstüchtigkeit" der Strafrechtspflege erhoben.[121] Dies folgt schon aus der schlichten Erkenntnis, daß z. B. die Einstellung eines Ermittlungsverfahrens, auch aus prozessualen Gründen, keineswegs ein Indiz mangelnder Funktionstüchtigkeit sein muß, sondern genau das Gegenteil belegen kann. Die „Behinderungen" durch **Beweiserhebungs-** und **-verwertungsverbote, Aussageverweigerungsrechte** und andere grundrechtliche Schutzgarantien sind keine „Funktionsbehinderungen", sondern Funktionsbedingungen. Der so konditionierte Ermittlungsauftrag dient dem Rechtsgüterschutz, ist 67

---

118 Vgl. *Hilger* NStZ 1992, 457 und 523; ihm folgend *Lorenz* JZ 1992, 1000; krit. hiergegen *Hassemer* KritJ 1992, 67; *ders.*, KritV 1999, 133 ff.

119 Vgl. die grundl. Kritik von *Kahlo,* in: FS f. E. A. Wolff, 1998, 153: Soll es dem Staat im Strafprozeß rechtlich erlaubt sein, Verdachtsklärung durch Täuschungshandlungen zu unternehmen? Zur „Karriere" der „Straftat von erheblicher Bedeutung" vgl. auch die Kritik von *Lindemann* KritJ 2000, 86; grundl. Kritik auch bei *Hamm* StV 2001, 81.

120 *BVerfGE* 46, 214 (222 ff.); 80, 367 (375 ff.) = NJW 1990, 563; ähnlich unter lapidarem Bezug auf das *BVerfG* auch *BGHSt* 19, 325 = NJW 1964, 1139 und *BGHSt* 34, 397 = NJW 1988, 1037 mit krit. Anm. v. *Amelung* NJW 1988, 1002 ff.

121 Vgl. *BVerfGE* 51, 324 (345 f.); 56, 37 (43 ff.).

also **Mittel** zum Rechtsgüterschutz und nicht ein Rechtsgut, das grundrechtsgleiche Qualität beanspruchen und mit den Grundrechten Betroffener und deren grundrechtsgleichen Verfahrensgarantien „abgewogen“ werden könnte. Nur konkurrierende Grundrechtsbelange können zur **Konkordanzsuche** legitimieren.

68 Der einzelne „Störfall“ tangiert also in der Regel nicht die „Funktionstüchtigkeit“ der betroffenen staatlichen Stelle. Deswegen irrt auch das OVG Münster,[122] wenn es die Warnung vor einer „Radarkontrolle“ als Gefahr für die öffentliche Sicherheit ansieht, weil „Schutzgut der öffentlichen Sicherheit u. a. die Funktionstüchtigkeit der staatlichen Einrichtungen“ sei. Die Warnungen beeinträchtigten die ordnungsgemäße Durchführung präventiv-polizeilicher Aufgaben auf dem Gebiet der Verkehrsüberwachung und stellten eine konkrete Gefahr für die öffentliche Sicherheit dar. Hilse hat dazu zutreffend gesagt,[123] daß der Warner nicht die Polizeitechnik und schon gar nicht die Polizeiarbeit an sich außer Betrieb setze, sondern eine Überführung **„durch gesetzmäßiges Verhalten am Kontrollpunkt“** verhindere. Niemand käme auf die Idee, im Hinweis auf einen Privatdetektiv und dem Unterlassen eines Ladendiebstahls eine Gefahr für das Warenhaus oder die Detektivarbeit zu sehen. Das Bewirken eines gesetzmäßigen Verhaltens, sei es durch eine Radiomeldung oder durch private Warnungen vor einer Kontrolle, muß also als „Störung“ der polizeilichen „Funktionstüchtigkeit“ definiert werden, wenn sich der erwartete Repressionserfolg selber nicht als schutzfähiges Rechtsgut qualifizieren läßt, aber dennoch gesichert werden soll. Insoweit ähnelt diese Zweckargumentation jener Judikatur, die im Ausschluß umstrittener Überführungsmethoden ebenfalls eine Gefahr für die „Funktionstüchtigkeit“ der Aufgabenerfüllung schlechthin sieht (vgl. unten Rdn. 85). Der Zwang zu solcher Übertreibung zeigt die Schwäche der Begründung ebenso wie das auffällige Fehlen jeder Frage nach dem Recht zur Anwendung heimlicher Überführungsmethoden auf dem Gebiet des Ordnungswidrigkeitenverfahrens. Die Techniken der „Verkehrsüberwachung“ (vgl. dazu Kap. G) werden wie selbstverständlich als Beweismöglichkeiten im Bußgeldverfahren genutzt, auch wenn die jeweils eingesetzte Technik noch gar nicht als Ermittlungsmethode gesetzlich geregelt ist. Es wäre also zu fragen, ob die **„Radarfalle“** – wie sie im Volksmund genannt wird – nicht ähnlich wie die „Rasterfahndung“ geregelt werden müßte, wenn sie nicht der präventiven „Verkehrsüberwachung“, sondern primär der Suche nach etwaigen „Verkehrssündern“ und ihrer Überführung dienen soll. Insoweit bestehen dieselben Bedenken wie bei der Nutzung präventiv-polizeilicher „Jedermannkontrollen“ zu Fahndungszwecken (Stichwort: **„Schleierfahndung“;** vgl. oben Rdn. 30 ff.). Die Primärintention wird durch die Heimlichkeit des Handelns bestätigt. Sie soll die (Selbst-)Überführung erleichtern. Das Wort „Radarfalle“ zeigt die Wirkung im Publikum, das die Repression nicht als Annex einer „Verkehrsüberwachung“, sondern als Hauptzweck der Geschwindigkeitsmessung betrachtet. Diesem Zweck mißt das OVG Münster a. a. O. einen eigenen Rechtswert zu, um den erlaubten **Selbstschutz vor der Überführung** als „polizeiwidrige“ Rechtsstörung qualifizieren zu können.

69 **Das aus Art. 20 III GG folgende Gebot rechtmäßigen Verwaltungshandelns** zwingt die Polizei, bei allen Eingriffshandlungen solchen und allen anderen (Zweck-)Argumentationen auf den Grund zu gehen, damit nicht rechtspolitische Plausibilitäten die **Rechtfertigung aus dem Recht** ersetzen. Selbst die Legitimität eines Regelungsbedürfnisses erlaubt keine Umgehung des Legalitäts- und Rechtsstaatsprinzips im Sinne des Grundgesetzes.[124]

70 Die Sorge, daß der Rechtsgüterschutz deswegen versagen könnte, beruht vermutlich auf einer undifferenzierten Zielvorstellung. Bei einer akuten Lebensgefahr, etwa bei einer Geiselnahme, vollzieht sich eine etwaige Hilfe mittels Täuschung über die Person, die als

[122] NJW 1997, 1596 mit zust. Anm. v. *Roos,* Polizei – heute 3/97, 84. Differenzierter zur Radarwarnung *Denninger* in Kap. E Rdn. 16.

[123] Polizei – heute 3/97, 75 ff.

[124] Zum Problem der innerdienstlichen Weisungsgebundenheit vgl. Kap. K Rdn. 174 ff.

Helfer getarnt sich dem Störer nähert, in aller Regel öffentlich und kontrollierbar, auch wenn der Störer selbst irrt. Für ihn selber ist diese Methode der Gefahrenabwehr „maßgerecht". Seine Grundrechtsbelange haben angesichts seiner Aggression zurückzutreten. Diese Rechtfertigung fehlt aber beim Einsatz eines **„Perspektivagenten"** gegenüber Personen, gegen die (noch) kein konkreter Störungsverdacht vergleichbarer Qualität vorliegt, die ganz unbescholten sein können und gegebenenfalls nur als **Mittel zur Kontaktaufnahme** im Störermilieu genutzt werden sollen oder auch über ihre Absichten und Pläne ausgeforscht werden sollen. Solche Methoden der **Gefahrenerforschung** (oder der **Verdachtsgewinnung** im Bereich der Strafverfolgung) gehen über die konkrete Gefahrenabwehr hinaus, so daß es an der Legitimation zur Anwendung solcher nichtöffentlichen Eingriffsmethoden fehlt. Dies gilt erst recht für die heimliche Ausforschung in fremdem Wohnbereich.[125] Der Einsatz von *„Wallraff"*-Methoden ist für niemanden erkennbar und daher nicht „abwehrfähig". Auch eine „enge Führung" eines solchen Agenten wäre kein Ersatz für die gebotene „Kenntlichkeit", die Art. 19 IV GG fordert. Denn auch die „Führung" selbst steht unter diesem Verfassungsprinzip der Offenheit. Und anders als bei einem **relativen Kenntlichkeitsverzicht** im Einzelfall – zum Beispiel bei einer konkreten Gefährdung höchster Rechtsgüter – fehlt es beim Einsatz von Perspektivagenten („verdeckter Ermittler") in der Regel an der verifizierbaren Gefahr. Die Methode dient insoweit auch weniger dem Zweck konkreter Hilfe in Rechtsnot, sondern eher einer Art prophylaktischer Sozialhygiene.

Die in einzelnen Ländern praktizierte Methode, **„verdeckte Ermittler"**, also geheim 71
arbeitende Polizeibeamte mit falschen Papieren und einer auf Täuschung angelegten Legende in kriminogenes Milieu einzuschleusen und potentielle Täter auszuforschen, wird im „Vorfeld" einer Gefahr oder Tatausführung auf das jeweilige Polizeirecht und nach der etwaigen Tatausführung auf § 110a StPO gestützt. Solche sog. operativen „Initiativermittlungen" begegnen rechtlichen Bedenken. So setzt § 20 II PolGNW voraus, daß der Einsatz eines VE „zur Abwehr einer gegenwärtigen Gefahr für Leib, Leben oder Freiheit" oder zur „vorbeugenden Bekämpfung" bestimmter Straftaten „erforderlich" ist, die „begangen werden sollen", und daß „Tatsachen" eine solche „Annahme rechtfertigen". Ähnlich eng sind die Voraussetzungen in § 16 HSOG gefaßt. In Baden-Württemberg muß es gem. § 22 III PolG um die „Abwehr einer Gefahr für den Bestand oder die Sicherheit des Bundes oder eines Landes oder für Leben, Gesundheit und Freiheit einer Person oder für bedeutende fremde Sachen- und Vermögenswerte oder... zur vorbeugenden Bekämpfung von Straftaten mit erheblicher Bedeutung" gehen, „wenn andernfalls die Wahrnehmung" dieser polizeilichen „Aufgaben gefährdet oder erheblich erschwert würde". Dem entspricht ähnlich Art. 33 BayPAG. Aber selbst wo die Eingriffsschwellen fließend zwischen konkreter Gefahr für lebenswichtige Rechtsgüter und dem uferlosen „Vorfeld" potentieller Gefahren ungenannter strafbarer Handlungen von „er-

[125] Vgl. *BGHSt* 31, 296 = NJW 1983, 1569; *Seifert,* in: Lohmann, Feiheitssicherung durch Datenschutz (1987) S. 261 ff. Vgl. auch *BVerfGE* 32, 54 = NJW 1971, 2299; *BVerfGE* 37, 132 = NJW 1974, 1499; *BVerfGE* 44, 353 = NJW 1977, 1489; *BVerfGE* 76, 83 = NJW 1987, 2499. Vgl. die solche Bedenken zu leicht nehmende Regelung des § 100c StPO, eingef. durch das sog. OrgKG v. 15. 7. 1992 (BGBl. I 1302). Krit. dazu *Weßlau,* CILIP 3/1991, S. 42; *Strate* ZRP 1990, 143; *ders.* StV 1992, 29; *Hassemer* KritJ 1992, 64; *ders.* StV 1994, 333; *Staff* ZRP 1992, 384; *Hund* NJW 1992, 2118; *Gusy* StV 1993, 269; *Zaczyk* StV 1993, 490; *Albrecht* StV 1994, 265; *Kutscha* NJW 1994, 85; *Ransiek* GA 1995, 23; *Köhler* ZStW 107 (1995), 37; *Hamm* StV 2001, 81; zur Umwandlung der StPO in ein „Operativ-Gesetz der Strafverfolgungsbehörden" (*Hilger*) vgl. die Regelungsübersicht bei *Pfeiffer,* Grundzüge des Strafverfahrensrechts, 2. Aufl. 1993, Rdn. 22b. Angesichts des Schweigens zum Verhältnis von § 110a und § 136a StPO bei der Gesetzesberatung kritisch differenzierend und unter Bezug auf *BGHSt* 38, 214 = NJW 1992, 1463, und *BGHSt* 38, 372 = NJW 1993, 338, für ein „Beweisverwertungsverbot für Bekundungen aus vom VE... initiierten vernehmungsähnlichen Gesprächen über bereits begangene Taten", *Nack,* in: Karlsr. Ktr. zur StPO, 3. Aufl. 1993, § 110a Rdn. 5 ff.; zurückhaltend (= „nicht unbedenklich") *Kleinknecht/Meyer-Goßner,* StPO, 43. Aufl. 1997, § 110a Rdn. 5 u. 16, § 136a Rdn. 12 ff.; kritischer mit weit. Nachw. *Roxin,* Strafverfahrensrecht, 25. Aufl. 1998, § 10; Näheres Kap. J Rdn. 364 ff. Überblick über die Zulässigkeit des Abhörens in den Ländern der EU in DRiZ 1995, 155. Über die Zahl der Abhörfälle in Deutschland gem. § 100a StPO im Jahre 1994 vgl. die Dokumentation in NJW 15/1995 S. XXVII.

heblicher Bedeutung" verlaufen, kann es bei **verfassungskonformer Normanwendung** nur bei **konkreten Gefährdungen höchster Rechtsgüter** zum Einsatz „verdeckter Ermittler" mit Eingriffstätigkeiten kommen. Nach der aus Art. 1 GG folgenden **Vermutung der Rechtstreue** ist jeglicher Zugriff ohne ein konkret drohendes Störungsverhalten untersagt.[126] Auch die „schillernde" und nirgends genauer definierte Kompetenz zur **„Vorbeugung"** in den Polizeigesetzen hat an den **grundrechtlichen** Befugnisgrenzen nichts geändert. **Die Freiheit des einzelnen ist ohne Störungsindiz „polizeifest".** Auch das Ermitteln durch einen VE nach der StPO (§ 110 a I) setzt das Vorhandensein eines entsprechenden Tatverdachts gem. § 152 II StPO voraus. Der VE ist insoweit ein Beweismittel zur **Verdachtsaufklärung,** nicht zur **Verdachtsverschaffung.** Nur wo eine konkrete Gefahr für bestimmte Rechtsgüter den Einsatz eines VE nach Polizeirecht rechtfertigt, kann der VE ggf. auch **doppelfunktional** strafprozessual tätig werden, weil hier der Eintritt der konkreten Gefahr in der Regel auch den Beginn der Ausführungshandlung im strafrechtlichen Sinne (§ 22 StGB) darstellt.

72 Der Einwand, daß nur mit Hilfe von „verdeckt" arbeitenden **Perspektivagenten** die Strukturen der sogenannten Organisierten Kriminalität erhellt werden könnten, klingt zwar plausibel, berücksichtigt aber nicht, daß die verfassungskräftigen Aufgabenzuweisungen an die Polizei weder der Strukturerhellung noch der Sozialhygiene dienen, sondern allein der **Abwehr konkreter Rechtsgutgefahren** und der **Aufklärung konkreter Tatverdachte.** Außerdem fehlt der Annahme, daß die Polizei das (organisierte) Verbrechen eliminieren könnte, jede gesicherte kriminologische Grundlage. Nur der Einzeltäter kann ggf. dingfest gemacht werden; eine auf dauernden (illegalen) Gewinn angelegte Organisation „stirbt" nicht, wenn einzelne Mitglieder ausfallen. Notfalls „gebiert" der „Markt" neue „Unternehmen". Zu der also notwendigen Änderung der **Marktbedingungen** – etwa beim Waffen- und Drogenhandel – ist die Polizei weder berufen noch fähig. Dennoch hat nicht zuletzt die rechtspolitische Vorstellung über die Polizei als **„wesentlicher Garant der Inneren Sicherheit"** (Programm der Innenministerkonferenz vom Dezember 1993) jene Operationen im „Graubereich" zwischen der „Gewinnung stärkerer Beweise" durch Lockspitzel und der Erlangung handfester Verdachtsindizien durch VE im Sinne der Anlage D zu den **Richtlinien für das Strafverfahren** vom 1. 1. 1977 und 1. 10. 1992 maßgeblich begünstigt. Auch die höchstrichterliche Rechtsprechung erschöpfte sich bislang darin, die Notwendigkeit solcher Methoden zu behaupten und Abgrenzungen zur Anstiftung mit Folgen für das Strafmaß zu finden.[127] Der Umgang mit

---

[126] Vgl. *BVerfGE* 27, 1; 32, 54 (72); 65, 1; ferner auch schon *BVerwGE* 26, 169, 170 (1967): „... daß auch nach dem Menschenbild des Grundgesetzes die Polizeibehörde nicht jedermann als potentiellen Rechtsbrecher betrachten ... darf." *Benda,* in: Benda/Maihofer-Vogel (Hrsg.), Hdb. d. VerfR, 2. Aufl. 1994, § 6 Rdn. 19 ff.; *ders.* speziell zur Abhängigkeit der Methodenwahl, insbes. des VE-Einsatzes, von der Qualität des gefährdeten Rechtsgutes, in „Notwendigkeit bereichsspezifischer Regelungen ...", Vortrag vom 21. 2. 1994, s. oben Fn. 62; *Marcic,* in: FS f. Voegelin, 1962, S. 388 ff.; *Weßlau,* Vorfeldermittlungen, 1989, S. 337 zur Vermutung der Rechtstreue der Bürger als Konstitutionsmerkmal des Staates des GG. Vorbeugekontrollen, wie „die körperliche Durchsuchung jedes Flugreisenden, ohne daß dieser durch sein Verhalten irgendeinen Verdacht erregt hätte", ... setzen demgegenüber – wie *Benda* i. vorgen. Hdb. d. VerfR Rdn. 37 beispielhaft sagt – „die primitive Vermutung" voraus, daß „jedermann potentiell ein Flugzeugentführer oder ein Terrorist sei". Zur Vorbeugungskompetenz vgl. auch Kap. E, Kap. F und Kap. J. Zum „Vorrang" der „grundsätzlichen Freiheitsvermutung im Grundrechtsbereich" vgl. (grundl.) *Denninger,* AK-GG Art. 1 Rdn. 11 ff. Ebenso *LVerfG M-V* – Fn. 59 oben –.

[127] Vgl. *BVerfGE* 57, 250 (287) = NJW 1981, 1719; besonders weitgehend *BVerfG,* 3. Kammer des 2. Senats, NJW 1987, 1874; zurückhaltender *BGHGSSt* 32, 115; *BGH* StV 1999, 631 m. krit. Anm. von *Taschke;* strikt gegen Lockspitzel *EGMR* StV 1999, 127; ihm folgend jetzt auch *BGH* StV 2000, 57, mit beachtl. Anm. v. *Kreuzer* StV 2000, 114; strikt ablehnend zum Einsatz von VE und V-Personen ohne Verdacht i. S. v. § 160 I StPO *BGH* (4. Senat) StV 1995, 364; differenzierend beim polizeirechtl. Einsatz eines VE *VG Stuttgart,* Urt. v. 30. 9. 1993 1 K 3212/92; krit. über die verfahrensrechtl. Voraussetzungen und Folgen *LG Berlin* StV 1991, 371 (Schmücker-Fall); ebenso *Hund* StV 1993, 379; vgl. auch das „Geständnis" von *Koriath* Kriminalistik 1992, 370; nebst dem Plädoyer für eine Vorfeldausforschung von *Walter* Kriminalistik 1992, 365, mit der Erwiderung von *Kerner* Kriminalistik 1992, 601. Zur schwankenden Rechtspr. vgl. *Roxin,* Strafverfahrensrecht, 25. Aufl. 1998, § 10; krit. auch *LG Frankfurt* StV 1994, 475; keine Bedenken gegen „Heimlichkeit" bei der „Aushorchung" durch staatlich beauftragte Privatpersonen, wenn es darum geht, „die Wahrheit zu erfor-

§ 110 a StPO wird zu grundsätzlichen Klärungen der grundrechtlichen Befugnisgrenzen zwingen.

Außer acht gelassen wird zudem die **innere Seite solcher untypischen, geheimen Polizeitätigkeit.** Die Fälle, in denen ein Beamter das innere Spannungsverhältnis zwischen seinem Auftrag zur Täuschung und zum Verrat einerseits und dem Werben und Erringen einer Vertrauensstellung andererseits nicht ertragen hat, sind öffentlich (noch) nicht bekannt. Gleiches gilt für das Abgleiten in das kriminelle Umfeld mit nachfolgender Bestrafung. Auch die Auswirkungen auf das bisher ungetrübte **Vertrauensverhältnis zwischen Polizei und Publikum** sind noch nicht abzusehen. Zu fragen aber ist im Hinblick auf das für alle sozialbezogenen Tätigkeiten bindende Gebot aus Art. 2 GG, das **Sittengesetz** zu beachten, ob sich der Staat unlauterer Methoden zur Erreichung seiner Ziele bedienen darf und ob Ausnahmen, die sonst nicht gestattet sind, die **Auflösung der Legalstruktur** unseres Gemeinwesens fördern. Oder ist die Zuflucht zu solchen Methoden selber ein Symptom jenes Rechtsverlustes? Die Parallele zur Einführung der „Kronzeugen"-Regelung liegt nahe, weil sie auch ein Verfassungsprinzip, nämlich das Gleichbehandlungsgebot, dem Erfolgsdenken geopfert hat. Auch dieser Schritt war „rechtsethisch bedenklich".[128] Damit werden die Grenzen rechtsstaatlicher Polizeimacht sichtbar. 73

4. Die Grenzen polizeilichen Könnens

Dem polizeilichen Können sind – neben den Grundrechtsschranken und dem Maßgebot – weitere rechtliche und auch tatsächliche Grenzen gesetzt. Aus dem **Schutzauftrag** des GG ergibt sich die staatliche Aufgabe des Rechtsgüterschutzes vor rechtswidrigen Angriffen. Der Polizei „im engeren Sinne" fällt dabei die Aufgabe der unmittelbaren, akuten Gefahrenabwehr zu, seitdem sie nicht mehr (etwa im Sinne der Kgl. PrVO vom 26. 12. 1808) für das Gemeinwohl des Publikums insgesamt zu sorgen hat. Mit der fortschreitenden **„Entpolizeilichung"** der inneren Verwaltung, die mit der Ausweitung der Justizaufgaben im vorigen Jahrhundert begonnen hat und sich mit der Schaffung neuer Sonderordnungsbehörden im Zuge der komplizierter werdenden Lebens- und Gefahren- 74

schen", *BGH* (1. Strafsenat) NStZ 1994, 593, unter lapidarem Hinweis auf die neuen §§ 110 a, 100 b StPO, so als ob der Zweck die Methode rechtfertigen könnte. Vgl. dazu wiederum *Marcic,* o. Fn. 111. Die oft wiederholte polizeiliche Forderung nach „Waffengleichheit" mit dem Verbrecher verkennt den Verfahrenszweck von Polizei- und Strafverfahrensrecht und übersieht die Paradoxie der Idee, mit verbrecherischen Mitteln Recht zu schaffen. Die Polizei als „besserer" Verbrecher pervertiert die Idee des Rechtsstaates, der sich speziell in der Methodenwahl als Staat des Rechtes qualifiziert. Wo z. B. „gläserne Portemonnaies" helfen könnten, braucht man keine „verdeckten Ermittler" als Geldwäscher.

[128] *Pfeiffer,* Grundz. d. Strafverfahrensrechts, 2. Aufl. 1993, Rdn. 32 b. Bedenken wegen solcher „Grenzüberschreitung" durch den Einsatz „verdeckter Ermittler" äußerte Innenminister *Schnoor* NW am 15. 3. 1990 vor der IMK in Hiltrup: „Ich will nicht verhehlen, daß mir diese Entscheidung (die Befugnis zum Einsatz verdeckter Ermittler zu schaffen) nicht leichtgefallen ist und daß ich mich oft gefragt habe, ob ich in dem Spannungsverhältnis zwischen Freiheit und Sicherheit richtig abgewogen habe." Vgl. auch *Geiger,* Gewissen Ideologie Widerstand Nonkonformismus, 1963 (S. 59 f.). „Recht kann von vornherein nicht verlangen, was dem Sittengesetz strikt widerspricht..." Zu den sozialpsychologischen Folgen beim „Verrat der Polizei" vgl. *Waechter* KritJ 1989, 440; ähnlich *Lisken* DRiZ 1987, 184 ff. Vgl. auch *Hassemer,* Datenschutz und Datenverarbeitung heute, 1995 S. 18 f.: **Wo in den „Köpfen und Herzen der Menschen" ... „Sicherheit als Rechtsgut" und „Freiheit als Gefährdung" erscheint, „nehmen wir abwägend in Kauf, daß wir auf eine geheime Polizei zusteuern...", mit den „Möglichkeiten der Inspektionen in das Innenleben von Personen...".** Die Folgen der ethisch nicht weniger bedenklichen **„Pentiti"-Regelung** (Zeugenkauf durch Strafnachlaß) haben sich öffentlich im Fall **Andreotti** in Italien 1999 gezeigt: Eine gesicherte Wahrheitsfindung wird unmöglich, wenn die Unlauterkeit zur Methode wird. Die italienischen Besorgnisse waren der Bundesregierung (durch einen geheim gehaltenen Bericht) schon bei der Beratung und Verabschiedung der deutschen **„Kronzeugen"-Regelung** bekannt (s. Prot. Nr. 101 nebst Anl. zur BT-Drucks. 1062/86 über die Sachverständigenanhörung im Rechtsausschuß). Inzwischen ist zumindest die Nutzlosigkeit erkannt. Die Regelung ist **am 31. 12. 1999 außer Kraft** getreten. Insoweit gilt also wieder das **Fairneßgebot** im Sinne der CCC von 1532 (Art. 64) und des „reformierten Strafprozesses" von 1877 sowie der EMRK von 1950 (Art. 6). Näheres im Kap. K Rdn. 96. Damit vertrüge sich auch der Vorschlag des **Verf.** (bei der vorgen. Sachverständigenanhörung i. BT-Rechtsaussch.), **für wahrhaft reuige Mittäter und Gehilfen eine Strafmilderungsmöglichkeit analog § 24 StGB zu schaffen.**

verhältnisse fortsetzt, reduziert sich der **Kompetenzbereich der Polizei** im Sinne der Polizeiorganisationsgesetze weithin auf eine Aushilfsfunktion für andere Amtswalter.

75 Insoweit haben – auch wenn die Polizei Nothilfe leistet – spezialgesetzliche Schutzregelungen Vorrang vor den Verfahrensregeln, die in den Polizeigesetzen enthalten sind (Beispiele: Verkehrsrecht, Gesundheitsrecht, Jugendschutzrecht, Gewerbeaufsichtsrecht usw. vgl. Kap. D und E). Die Kompetenzzuweisungen in den Polizeigesetzen tragen dem ausdrücklich Rechnung. Die „Kasernierung" von Infizierten mit ansteckenden Krankheiten ist also nicht (mehr) Sache der Vollzugspolizei, sondern – je nach Gesetzeslage – Sache der Gesundheitsbehörden. Die Sorge für Nichtseßhafte ist Sache der Sozialämter; für entlaufene und verstoßene Jugendliche haben die Jugendämter zu sorgen. Zivile Rechtsstreitigkeiten sind vor den zuständigen Gerichten auszutragen. Selbst in akuten Fällen der Rechtsnot ist in erster Linie die **Hilfe der Dritten Gewalt** durch **Einstweilige Verfügungen** oder **Anordnungen** gefordert. Sie muß daher – so das *BVerfG* (NJW 2001, 1121) – auch erreichbar sein!

76 Nur soweit die zuständigen Instanzen nicht sofort erreichbar sind, bleibt die **Polizei als Nothelfer** zuständig. Sie kann also bei Störungen des Hausrechts zur Nachtzeit durch rechtswidrigen Lärm oder durch Hausfriedensbruch das zur Sicherung der bedrohten Rechte sofort Erforderliche veranlassen. Sie kann und darf aber nicht rechtliche und tatsächliche Defizite im speziellen Rechtsschutzbereich auf Dauer mit polizeilichen Mitteln ausgleichen. So endet die **Kompetenz des Richters** für Einstweilige Anordnungen bei **Hausfriedensbruch** oder **Entwendungen** nicht deswegen, weil die unrechtmäßigen Besitzer nicht namentlich gemäß § 253 ZPO benannt werden können. Die mögliche Namhaftmachung des Passivlegitimierten soll lediglich verhindern, daß **Unverantwortliche in ein Prozeßrechtsverhältnis gezogen** werden. Das Unvermögen, den Besitzstörer namentlich zu benennen, macht die Vollstreckung gegen noch Unbekannte zumindest dann nicht unzulässig, wenn sie nur die Besitzstörer treffen kann.[129] Mit der verfahrensrechtlichen **Verweigerung des möglichen Rechtsschutzes** durch die zuständige Judikative lebt die Eilkompetenz der Polizei nicht wieder auf. Sie könnte allenfalls die Namen der Störer ermitteln, was aber zum Beispiel bei **ständig wechselnden illegalen Hausbesetzern** sinnlos und deswegen unzulässig wäre. Fehlt es aber an „obrigkeitlicher Hilfe", weil die allein zuständige Instanz sich jeder Sachentscheidung entzieht und den Rechtsuchenden schutzlos läßt, könnte sich der rechtsschutzlose Verletzte gemäß § 229 BGB sein Recht im Wege der **Selbsthilfe** selbst verschaffen, ohne daß die Polizei ihn daran hindern dürfte, solange kein **Selbsthilfeexzeß** geschieht.

77 Ebenso sind die **Grenzen rechtlichen Könnens** der Polizei erreicht, wenn der für **Freiheitsentziehungen** oder **Hausdurchsuchungen** primär zuständige und erreichbare Richter ein entsprechendes Ersuchen der Polizei ablehnt. Gleiches muß gelten, wo die Polizeigesetze weitere **Richtervorbehalte** installiert haben,[130] weil es sich nicht um Ordnungsregeln, sondern um **Kompetenzverschiebungen** handelt, wie sie auch für den Erlaß Einstweiliger Verfügungen und Anordnungen vorgesehen sind. In allen Fällen handelt es sich um Entscheidungen, die – **wenn die vorherige Anhörung des Betroffenen gemäß Art. 103 I GG unterbleiben muß** – keinen streitentscheidenden, sondern verwaltenden Charakter haben. Dennoch gibt es keine Hilfszuständigkeit und Eingriffsmacht der Polizei, wenn der allein zuständige Amtswalter seine mögliche Hilfe versagt.

78 Das gilt in gleicher Weise für den Bereich der sogenannten **Strafverfolgung.** Die Eilkompetenz der Polizei gemäß § 163 StPO endet mit der Erreichbarkeit des **Staatsan-**

[129] Vgl. *Raeschke-Kessler* NJW 1981, 663, unter Bez. auf *LG Düsseldorf. Lisken* NJW 1982, 1136 gegen *LG Krefeld* NJW 1982, 289. *AG Düsseldorf* hat seit 1981 wiederholt einstw. Räumungstitel gegen unbekannte „Besetzer" bestimmter Objekte erlassen. Vgl. hierzu auch Kap. F Rdn. 726. Zum Selbsthilferecht, „wenn die staatliche Hilfe zu Unrecht verweigert wird", vgl. *Heinrichs,* in: Palandt, BGB, 52. Aufl. 1993, § 229 Rdn. 4.

[130] Z. B. gem. §§ 21 (Polizeiliche Beobachtung), 31 (Rasterfahndung) PolGNW. Insoweit hat die Polizei auch kein Rechtsmittel, da sie nicht „rechtlich betroffen" ist, sondern nur als Organ an einer Verwaltungsentscheidung mitwirkt, die andere betrifft. Sie kann nur Gegenvorstellungen erheben oder – mit neuem Tatsachenvortrag – einen neuen Antrag stellen. Vgl. auch *Lisken/Mokros* NVwZ 1991, 609.

waltes. Sein Fortsetzungsauftrag an die Polizei begründet für sie eine neue, eine staatsanwaltschaftliche Hilfskompetenz gemäß § 152 GVG und § 161 StPO, die mit dem Rückruf oder der Erledigung des Auftrages endet, so daß der Polizei in diesem Falle keine weiteren Handlungskompetenzen zustehen. So ist auch der Einsatz von sogenannten **V-Leuten,** also von Privaten, in Abstimmung mit der Staatsanwaltschaft keine Angelegenheit, die in die originäre polizeiliche Kompetenz fällt, sondern eine Auftragsangelegenheit der Staatsanwaltschaft. Sie trägt das Risiko des ggf. verfassungswidrigen Verstoßes gegen das Fairneßgebot beim Einsatz gegen Angehörige (BVerfG, Beschl. v. 1. 3. 2000 – 2 BvR 2017 + 2037/94 – StV 2000, 233). Gleiches hat zu gelten, wenn – unbeschadet aller verfassungsrechtlichen Bedenken – gem. § 110a StPO der Einsatz von Polizisten als **„verdeckte Ermittler"** für die Staatsanwaltschaft stattfinden sollte. Die Frage der **Rechtmäßigkeit der Methode** wäre ebenso wie die **Art und Weise** ihres Einsatzes von der zuständigen Staatsanwaltschaft zu beantworten, soweit die Polizei ihrerseits zur „Anordnung eines solchen Einsatzes" (BGH, StV 1995, 226) bereit ist.

Von der Hilfskompetenz der Polizei bei der Aufklärung strafbarer Handlungen zu 79
unterscheiden ist ihre originäre Kompetenz zur **Verhinderung strafbarer Handlungen.** Dabei geht es – entgegen dem Sprachgebrauch – nicht in erster Linie um die Vermeidung der Strafbarkeit eines Menschen, sondern um die Abwehr einer Rechtsgutgefahr (vgl. Kap. E zur „Vorbeugung"). Die Vermeidung der Strafbarkeit ist Nebenfolge. Die Strafbewehrung kennzeichnet lediglich den Wert des Rechtsgutes, um dessen polizeilichen Schutz es geht. Diese Unterscheidung wird in der polizeirechtlichen Terminologie dadurch verwischt, daß **mehrdeutig** von der **„vorbeugenden Bekämpfung von Straftaten"** die Rede ist, obwohl nicht die Strafbarkeit, sondern die Sozialschädlichkeit eines Verhaltens, das strafbar ist, „bekämpft", also abgewehrt werden soll. Erst wenn die Prävention versagt und „tatsächliche Anhaltspunkte" im Sinne von § 152 II StPO den Verdacht eines strafbaren Verhaltens nahelegen, beginnt die **Kompetenz der Staatsanwaltschaft** mit der **Eilkompetenz der Polizei** gemäß § 163 StPO zur Ermittlung des wahren Sachverhaltes mit dem Ziel strafrechtlicher Klärung. Die Strafverfolgung selbst ist auch nur **Mittel des Rechtsgüterschutzes**[131] und kein Selbstzweck mit Verfassungsrang,[132] so daß die **„vorbeugende Bekämpfung von Straftaten"** kein dritter Kompetenzbereich – neben Gefahrenabwehr und Strafverfolgung – ist, sondern Teil der Präventionsaufgabe, bei der sich die Befugnisse allein aus dem Polizeirecht ergeben. Die **StPO** kann nur das **Verfahren zur Verfolgung strafbarer Handlungen,** also zur Klärung konkreter Verdachtsfälle, regeln.

Dazu gehört zwangsläufig auch die Regelung der Behandlung personenbezogener Da- 80
ten, die bei der Verfolgung konkreter Verdachtsfälle anfallen und für die aktuelle und

---

[131] *BVerfGE* 39, 1, (46); 88, 203 (258); weniger klar *BVerfG* (2. Senat) NJW 1994, 1577, mit abw. M. (*Sommer*) daselbst und krit. Anm. *Böllinger* KritJ 1994, 405. Vgl. auch *Köhler* ZStW 107 (1995), 10 (12). Problematisch ist insoweit die Pönalisierung der **„Vermummung"** gem. § 17a II VersammlG. Das Verbot soll die Identifizierung für den Fall der Strafverfolgung sichern. Mittelbar sichert es ein strafloses Demonstrationsverhalten. Die Verhüllung des Gesichts verletzt aber kein Rechtsgut; sie kann sogar, wie der Erlaubnisvorbehalt in § 17a III zeigt, dem Selbstschutz dienen, ohne sozialschädlich zu sein. Eine Strafbewehrung ohne Sozialschädlichkeit ist verfassungsrechtlich bedenklich. Vgl. *Lisken* ZRP 1988, 193. Zu weiteren verfassungsrechtlichen und praktischen Problemen vgl. *Braun*, in: Die Polizei 1990, 73. Die Strafbarkeit der Vermummung ist auch nicht mit der Strafbarkeit der Unfallflucht gem. § 142 StGB zu vergleichen, da letztere allein der Sicherung konkret gefährdeter Drittinteressen dient, vgl. *BVerfGE* 16, 161 = NJW 1963, 1195. Vgl. auch Kap. H zum **Vermummungsverbot**.

[132] Irreführend die Judikate, die unproblematisiert die „Funktionstüchtigkeit der Strafrechtspflege" mit grundrechtlichen Belangen „abwägen", so als ob der konkrete staatliche Strafanspruch einen grundrechtgleichen Verfassungswert an sich habe und nicht nur – wie die polizeiliche Gefahrenabwehr – Mittel zum Rechtsgüterschutz i. S. v. *BVerfGE* 39, 1 wäre. Vgl. z. B. *BVerfGE* 44, 353 (373); 46, 214 (222f.); *BVerfGE* 80, 367 = NJW 1990, 563; ähnlich unter lapidarem Bezug auf *BVerfG* auch *BGHSt* 19, 325 = NJW 1964, 1139; *BGH* NJW 1987, 2525; *BGH* NJW 1988, 1037 mit krit. Anm. v. *Amelung* NJW 1988, 1002ff., der ebenfalls davor warnt, die Rechtspflege als Eigenwert ins Spiel zu bringen, weil sich auf diese Weise alle Grundrechte im Staatsinteresse relativieren ließen. Ebenso *Arndt,* Ges. jur. Schriften, 1976, S. 185ff. *Hassemer* KritV 1988, 341f. Kritisch auch *Denninger,* Der gebändigte Leviathan, S. 171f., 359. Ähnl. krit. *Köhler,* Fn. 131, S. 14ff. Ausführlicher oben Rdn. 64ff. und Kap. K Rdn. 69 m. w. Nachw.

künftig zu besorgende „Strafrechtspflege" nötig sind.[133] Das Strafrecht bietet aber keine Legitimation zur Installation strafprozessualer Eingriffsbefugnisse, um strafbare Handlungen „vorbeugend" abzuwehren. Das Strafrecht hat nur durch seine Geltung und Anwendung bei strafprozessual erwiesenem strafbarem Verhalten eine präventive Wirkung. Daher können weder die Mittel des Ermittlungsverfahrens noch die des Hauptverfahrens zur unmittelbaren Straftatenverhinderung nutzbar gemacht werden. Auch die sogenannte **Verdachtssuche** im **„Vorfeld"** tatsächlicher Anhaltspunkte für ein strafbares Verhalten kann nicht in die Kompetenz der Strafverfolgungsorgane fallen, wenn es in der praktischen Zielsetzung gar nicht mehr um die Wahrheitssuche im Hinblick auf die konkrete Anwendung des StGB geht, sondern um die sogenannte **„operative" Beseitigung der „Kriminalität schlechthin"**.[134] Die StPO ist nämlich nicht ein Mittel kriminalpolitischer Hygiene, sondern ein gesetzliches **Sicherungsmittel** bei der Verfolgung eines personenbezogenen Verdachts strafbaren Verhaltens. Ausgangspunkt ist allein der Zweck des Strafgesetzes. Die Vorstellung, man könne das strafprozessuale Ermittlungsverfahren vom Hauptverfahren „abkoppeln"[135] und strafprozessuale Methoden zur Verdachtsgewinnung schaffen, um sie im kriminogenen „Vorfeld" zu nutzen, beruht ersichtlich auf einem polizeilichen Selbstverständnis, das durch die herkömmliche **doppelfunktionale Tätigkeit** geprägt ist.

81 In dieser **„Gemengelage"** von Prävention und Repression überschneiden sich oft die Kompetenzbereiche, so daß auch die unterschiedlichen Befugnisse als ähnlich oder sogar substituierbar angesehen werden. Dazu kommen die Erfolge im Einzelfall, die den Blick auf die freiheitssichernde Funktion aller Eingriffsnormen und die unterschiedlichen Aufgaben der Polizei im Staat des Grundgesetzes verstellen können. Die Aufgabe, fallbezogen für den Schutz gefährdeter Rechtsgüter zu sorgen, schafft das Bewußtsein, für die **Sicherheit schlechthin zuständig** zu sein. Tradierte Kompetenznormen fördern dies. Auch aus der Summe polizeilicher Erfolge bei der Abwehr konkreter Einzelgefahren und der Aufklärung konkreter Verdachtsfälle erklärt sich das **verfassungsferne Selbstverständnis,** die Polizei müsse sich „vom gewaltunterworfenen Objekt bloßer Vollstreckung zum Subjekt gesellschaftlicher Veränderungen, zu einem Beratungs- und Konsultativorgan für Politik und Gesetzgebung wandeln... Das Recht der Polizei, die öffentliche Sicherheit und Ordnung zu erhalten, schließt die Befugnis ein, sie mitzugestalten."[136] Die „Mehrfachverwendung" personenbezogener Daten unterschiedlichster Behörden in einem „durch die EDV bewirkten Informationsverbund" könne „die Polizei in die Lage versetzen, ihr Augenmerk immer stärker der Verbrechensvorbeugung und Verbrechensverhütung als der heute vernachlässigten, aber wichtigsten Form der Verbrechensbekämpfung zuzuwenden...". Dazu bedürfe es „einer umfassenden Erhebung aller sich auf den Verbrecher

---

[133] Vgl. *Rachor,* Vorbeugende Straftatenbekämpfung und Kriminalakten, 1989, S. 72 ff. m. w. Nachw. A. A. ohne Begründung *BVerwG* NJW 1990, 2761 ff. mit krit. Anm. v. *Simitis* und *Fuckner* NJW 1990, 2713. Grundlegende Krit. ebenfalls bei *Bäumler* DVBl. 1990, 865 und *Paeffgen* JZ 1991, 437. Vgl. auch Kap. J m. w. Nachw.

[134] *Stümper* Kriminalistik 1975, 49 ff. Vgl. dazu krit. *Weßlau,* Vorfeldermittlungen, 1988, S. 49 ff. *Backes* KritVjschr. 1986, 315 ff., spricht von „Kriminalpolitik ohne Legitimität". Bedenklich daher auch die Idee **„ereignis- und verdachtsunabhängiger Fahndungskontrollen im Binnenland"** (Vorschlag des Bay. MI v. 24. 9. 1991 im Bay. LT, Prot. z. LT-Drucks. 11/11986) und ihre Realisierung in Art. 13 I Nr. 5 BayPAG durch Novelle v. 16. 12. 1994 (GVBl. S. 1050); vgl. dazu oben Rdn. 30 ff. Zu solcher Ausnahmebefugnis früher und heute vgl. *Hase,* in: AK-GG, Art. 91 GG, Rdn. 3 ff. Gegen heimliches Ermitteln ohne Verdacht i. S. v. § 160 I StPO nachdrücklich auch *BGH* StV 1995, 364 und *BFH* NJW 2000, 3157. Zur Ausforschung ohne Verdacht vgl. auch oben Rdn. 38.

[135] *Burghard* Kriminalistik 1990, 115. Zum Gebot vollständiger Beweiserhebung und -darlegung gem. § 244 StPO im Hinblick auf Art. 103 I GG vgl. *BVerfGE* 17, 86 (95); 63, 332 (337 f.). Zu den Folgen unterschiedlicher Beweiserhebungen im polizeilichen und justitiellen Bereich beim sog. Schmückerverfahren in Berlin von 1974 bis 1990 mit drei erfolgreichen Revisionen wegen Beweisunterdrückung vgl. *BVerwGE* 75, 1 = NJW 1987, 202, Die Zeit v. 28. 2. 1990, SZ v. 5. 4. 1990, S. 6 und Der Spiegel Nr. 13/1990. Zur endgültigen Verfahrenseinstellung wegen „unfairer" Beweisführung vgl. Urteil des *LG Berlin* v. 28. 1. 1991 (518) 2 P KLs 8/75 (35/89), veröff. in Schriftenreihe der Vereinigung Berliner Strafverteidiger e.V. 1991 = StV 1991, 371.

[136] *Herold* Die Polizei 5/1972, 133 ff.; *ders.,* aber moderater, Die Nutzung von Polizeidaten für präventive Zwecke, in: Polizei und Datenschutz, hrsg. v. Bäumler, 1999, S. 329 ff.

und das Verbrechen beziehenden Daten in einer systematisierten, maschinengerechten Form von ‚Tat- und Tätersätzen', die von den Personalien, Familien-, Wohn-, Rechts-, Besitz- und Sozialverhältnissen bis zu kriminalbiologischen und kriminalsoziologischen Daten reichen ...", um „das Verbrechen buchstäblich in den Zangengriff zu zwingen".[137]

Für einen solchen „andersartig gestalteten Staat" mit einer „Prävention neuen Stils" 82
fehlt es – wie *Herold* später selbst erkennt[138] – an den entsprechenden Normen. Das liegt aber nicht am Gesetzgeber, sondern am Grundgesetz selbst. Das Strafrecht richtet sich mittels der StPO „nur" an den einzelnen, gegen den konkreter Tatverdacht vorliegt. Wenn es hingegen „in erster Linie nicht mehr um den Täter und seine Tat, sondern – soweit eben möglich – um die **Beseitigung der Kriminalität schlechthin** geht"[139] oder je gehen sollte, dann könnte der für das Strafverfahren zuständige Gesetzgeber auch nur mittelbar helfen, indem er die Methoden der Wahrheitsfindung normativ besser regelt, also zum Beispiel die Frage der Genomanalyse verfassungskonform beantwortet (zu den Problemen des § 81g StPO vgl. Kap. K). Zu Eingriffen im „Vorfeld" eines konkreten Verdachts fehlt die Gesetzgebungskompetenz. Aber auch der Polizeigesetzgeber kann nicht über seine Kompetenzgrenzen hinausgehen. Seine Pflicht und Befugnis, die Gefahrenabwehr zu regeln, ist einmal dadurch begrenzt, daß die spezielle Regelung der Gefahrenabwehr primär bei dem für das jeweilige Sachgebiet zuständigen Gesetzgeber liegt,[140] zum anderen dadurch, daß auch generelle Befugnisse zur vorläufigen Abwehr von Rechtsgutgefahren nur zu Eingriffen bei konkret Verantwortlichen und Hilfspflichtigen legitimieren können. Der Grundrechtsschutz garantiert jedermann, „in Ruhe gelassen zu werden", solange und soweit er Dritte nicht behelligt oder Dritte ihn nicht notwendig brauchen.[141]

Die Einführung von **„Verdachtsgewinnungsmethoden"** in der StPO oder von 83
„Gefahrenermittlungsmethoden" in den Polizeigesetzen, also das heimliche Suchen im Nebel des sogenannten Vorfeldes mit Befugnissen, die zum Eingriff in grundrechtlich geschützte Bereiche von jedermann berechtigen, ist den zuständigen Verfahrensgesetzgebern kompetenz- und grundrechtlich nicht gestattet.[142] Heimliche „Vorfeldeingriffe" sind ausnahmslos nur den Ämtern für Verfassungsschutz gestattet worden.[143] Deswegen gibt es auch zur vorbeugenden Abwehr von Steuerhinterziehungen (noch) keine **Ausforschungsbefugnisse in der AO und keine „gläsernen" Bankkonten.** Ebensowenig gibt es bisher eine Art der **„Beweislastumkehr"** für Rechtsinhaber gemäß §§ 793, 863, 1006 BGB dahin, daß sie „zur Erleichterung der Polizeiarbeit" auf Verlangen der Polizei die „saubere" Herkunft ihrer Rechtstitel darlegen müssen. Noch sind **Redlichkeitsvermutung** und **Eigentumsgarantie** gemäß Art. 1 und 14 GG zugunsten des Nichtverurteilten stärker als das Sicherheitsdenken.[144] Auch die **Mandanten- und Patientenakten** der

---

[137] *Herold,* Taschenbuch für Kriminalisten Bd. 18, 1968, S. 240 ff. Dagegen *Bull,* Datenschutz oder die Angst vor dem Computer, 1984, S. 218 ff. Vgl. auch Kap. J. Zu den Gefärdungen durch eine solche kriminalsoziologische Datenerfassung (Stichwort: **„Kriminalatlas")** vgl. *Hamm* NJW 1998, 2407.

[138] Die Polizei 5/1972, 133 ff. Krit. dazu *Backes* KritVjschr. 1986, 327; ebenso krit. *Hamm* StV 2001, 81.

[139] *Stümper* Kriminalistik 1975, 49 ff.

[140] Vgl. zum Schutz im Kernenergiebereich *BVerfGE* 49, 89 (Kalkar); 53, 30 (Mülheim-Kärlich); zur Postkontrolle *BVerfGE* 67, 157; zur (fehlenden) Regelung des Streikrechts *BVerfGE* 28, 295 und 50, 290; zum Schutz im Bereich der Gentechnik *VGH Kassel* NVwZ 1990, 276; dazu auch *Benda* NJW 1985, 1730.

[141] *BVerfGE* 27, 1; 35, 202. So schon in Preußen, vgl. *Friedrichs,* Das Polizeigesetz v. 11. 3. 1850, Berlin 1911, § 10 ALR, Anm. 11 und 15. Zum Diskussionsstand vgl. auch *Alberts* ZRP 1990, 147 und oben Rdn. 23 ff.

[142] *Weßlau,* Vorfeldermittlungen, 1989, S. 337: Im „Verbot von Ausforschungsermittlungen manifestiert sich die normativ begründete **Vermutung der Rechtstreue** des Bürgers, die den Rechtsstaat gegenüber dem ‚Polizeistaat' kennzeichnet. Diesem Prinzip kommt eine rechtsstaatlich bedeutsame Schutzfunktion für die Freiheitsrechte der Bürger zu. Vgl. Kap. E zum „favor civis". Vgl. auch *Strate* ZRP 1990, 143 m. w. Nachw. Krit. auch *Hassemer* ZRP 1991, 121. Zum **Verbot der Verdachtssuche** und **Ausforschung** „ins Blaue" vgl. *BGH* StV 1995, 364 und *BFH* NJW 2000, 3157 und oben Rdn. 38.

[143] *BVerfGE* 30, 1 mit abw. Meinungen und *BVerfGE* 100, 313 = NJW 2000, 55 = EuGRZ 1999, 389.

[144] Zu den Problemen der Abschöpfung illegaler oder vermutlich illegaler Gewinne vgl. *Meyer* ZRP 1990, 85. Verfassungsrechtl. bedenkl. daher § 73 d StGB i. d. F. v. Art. 1 „OrgKG" v. 25. 7. 1991 BT-Drucks. 12/989. Krit. dazu *Weßlau,* in: CILIP 3/1991, S. 42. Zum Entwurf eines „Vermögenseinziehungsgesetzes" der SPD im BT (BT-Drucks. 12/6784) mit einem Vermögensverfall, wenn „aufgrund hinreichender tatsächlicher

Anwälte und Ärzte unterliegen (noch) nicht zum Zweck der „vorbeugenden Verbrechensbekämpfung" der Offenlegung bei „Vorfeldermittlungen".[145]

84 Eine (erste) verfassungsrechtlich bedenkliche **gesetzliche** „Grenzüberschreitung" ins „Vorfeld" brachte der nahezu **voraussetzungslose Datenverbund** zwischen dem Kraftfahrtbundesamt (mit allen personenbezogenen Daten) und allen Polizei- und Geheimdienstbehörden – auch zu nicht verkehrsrechtlichen Zwecken.[146] Das vom BVerfG betonte **Zweckbindungsgebot** (Datenverwertung zum Zweck der Erhebung)[147] wird dadurch „befolgt", daß als Verwendungszweck des Registers die „Erteilung von Auskünften" über „Halter von Fahrzeugen" genannt wird. Mit Hilfe von „Vorfeldbefugnissen" lassen sich also für die unterschiedlichsten Zwecke **„Bewegungsbilder"** fertigen, auch wenn (noch) keine tatsächlichen Anhaltspunkte für eine Rechtsgutgefahr vorliegen.

85 Es gibt auch „Grenzüberschreitungen" durch **Auslegung:** Die §§ 93 I und 208 I Nr. 30 AO sollen sich angeblich als Befugnis zu **„Vorfeldermittlungen der Steuerfahndung"** nutzen lassen, wenn „dies zum Schutz öffentlicher Interessen mit Verfassungsrang – hier der **finanziellen Sicherheit des Staates** und der Gleichmäßigkeit der Besteuerung – unerläßlich ist".[148] Der Fahndungserfolg wird hier kurzerhand mit der „finanziellen Sicherheit des Staates" gleichgesetzt, um ihm so – wieder ganz unproblematisiert – vermeintlichen Verfassungsrang einzuräumen. Dies soll dann eine „Abwägung" mit den Grundrechten des Betroffenen, also eine Relativierung des Grundrechtsschutzes erlauben. Bis dahin war wiederholt der **„Funktionstüchtigkeit der Strafrechtspflege"** dieser Wert zuerkannt worden, obwohl es immer nur um die Zulässigkeit umstrittener Überführungsmethoden und nie um das Schicksal der „Strafrechtspflege", also der Gerechtigkeit schlechthin ging.[149] Ähnlich war einem anderen Mittel des Rechtsgüterschutzes, nämlich der **„Einrichtung und Funktionsfähigkeit der Bundeswehr"** ein „verfassungsrechtlicher Rang" zugesprochen worden.[150] Für das BVerwG war es im Jahre 1978 – mit einer ähnlich verkürzenden Argumentation – „nicht klärungsbedürftig, daß die **Institution des Berufsbeamtentums** gegenüber dem Grundrecht der Gewissensfreiheit Vorrang hat".[151] Mittel der Verwaltungsausübung sollen also überragenden Verfassungsrang haben und den Grundrechten, zu deren Schutz sie bestimmt sind, vorgehen!

86 Bei solcher normzweckwidrigen Verfassungsinterpretation entbehrt es nicht der inneren Konsequenz, wenn neuere Polizeigesetze letztlich der **„Funktionstüchtigkeit der Polizei"** – in Wahrheit der Arbeitseffektivität – Vorrang vor den Grundrechten der Nichtstörer einräumen und im Interesse der „Sicherheit" jedermann als polizeipflichtig ansehen. Das *BVerwG* hat bereits (de lege lata) „das Bestehen und Funktionieren eines polizeilichen Auskunfts- und Nachrichtenwesens" und „das staatliche Interesse an einem wirksamen Verfassungsschutz" zugunsten eines „staatlichen Geheimhaltungsbedürfnisses" mit dem grundrechtlichen Auskunftsanspruch – abstrakt und ohne nähere Begründung der

---

Anhaltspunkte die hohe Wahrscheinlichkeit besteht", daß es aus schweren Straftaten herrührt . . ., vgl. die Kritik v. *Heckmann* ZRP 1995, 1, mit erheblichen verfahrens- und verfassungsrechtlichen Bedenken.

[145] Vgl. *BVerfGE* 44, 353 (378 ff.), wo indes nicht auf den Mangel konkreten Verdachts, sondern auf die Unverhältnismäßigkeit des Eingriffs abgestellt wird!

[146] Gem. §§ 32 ff. StVG i. d. F. der sog. ZEVIS-Novelle vom 28. 1. 1987 (BGBl. I 486).

[147] *BVerfGE* 65, 1 (46).

[148] *BVerfG*, 1. Kammer des Ersten Senats, NJW 1990, 701; anders aber *BFH* NJW 2000, 3157.

[149] Vgl. *BVerfGE* 44, 353 (373); 46, 214 (222 f.); *BVerfG* NJW 1990, 563; *BGHSt* 19, 325 = NJW 1964, 1139; *BGH* NJW 1987, 2525; *BGH* NJW 1988, 1037 mit krit. Anm. v. *Amelung* NJW 1988, 1002; *ders.* NJW 1990, 1753. Vgl. auch Kap. K Rdn. 69 zur „Abwägung". Vgl. zur Kritik ferner: *Denninger,* Der gebändigte Leviathan, S. 19, 171, 175, 359. Krit. auch *Hassemer,* Unverfügbares im Strafprozeß, in: FS f. Maihofer, 1988, 183 ff. Krit. zum wissenschaftlich so genannten „gegenreformatorischen Topos" von der notwendigen „Funktionstüchtigkeit der Rechtspflege" mit dem Ziel der Grundrechtsbeschneidung in höchstrichterlichen Entscheidungen (die dann fortlaufend aufeinander verweisen) *Limbach* b.20. Strafverteidigertag am 22. 3. 1996, veröff. in FR v. 23. 3. 1996. Ebenso *Weßlau* StV 2000, 468. A. A. unter Auflistung von 9 Entscheidungen des *BVerfG,* aber ohne nähere Problemanalyse, *Kröpil* AnwBl. 2001, 198.

[150] *BVerfGE* 48, 127 mit abw. Meinungen; 69, 1 mit abw. Meinungen.

[151] *BVerwGE* 56, 227. Krit. *Lisken* DRiZ 1979, 213 und Polizei – heute 1995, 58. Vgl. auch Kap. K Rdn. 177 ff.

konkreten Belange des Falles – abgewogen.[152] Auch das, was von 1882 (Kreuzbergurteil) bis 1977 (ME) als **Ausnahmebefugnis** gegenüber dem Nothelfer galt, wird zunehmend zur **Standardbefugnis** für die Polizei, um ein mißverstandenes „Grundrecht auf Sicherheit"[153] zu gewährleisten. Hängt zugleich die Antwort auf die politische Sicherheitsfrage nicht mehr von einer verifizierbaren konkreten Gefahr für ein Rechtsgut ab, steht die Ausübung der Grundrechte aller unter einem nahezu voraussetzungslosen **Exekutivvorbehalt.**[154] An die Stelle der (berechenbaren) Rechtssicherheit tritt die Interessensicherung. Damit werden die durch die Grundrechtsschranken und das Rechtsstaatsprinzip des Grundgesetzes gesetzten Zugriffsgrenzen überschritten. Außerdem stehen der Einführung von Sicherheitsgesetzen, die wieder zum vorkonstitutionellen „Präventionsstaat"[155] führen und ideengeschichtlich dem „Wächterstaat" *Platons* folgen, die Kompetenzgrenzen des Grundgesetzes entgegen. Der Mangel an vermeintlicher „Verwaltungseffektivität" und „Sicherheit" ist der Preis, den die Verfassungsgeber – aus Erfahrung – für die Freiheit und Rechtssicherheit zahlen wollten.[156] Denn: **Kompetenzfragen sind nicht zuletzt Machtfragen.** Auch die Frage, ob der Polizei Befugnisse im „Vorfeld" einer denkbaren Gefahr zukommen sollen, ist eine Machtfrage, die nicht nach sicherheitspolitischem Belieben oder „Bedürfnissen" ohne Rücksicht auf verfassungsrechtliche Vorgaben entschieden werden darf.

Fazit: Die Polizei **darf nicht alles,** was sie könnte. Es gibt nämlich kein **„Grundrecht auf Sicherheit"** im Sinne eines Anspruchs auf Schutz vor den allgemeinen Lebensrisiken. Das GG garantiert „nur" den **Schutz der Rechtssicherheit,** also den Schutz vor konkreten Rechtsgutverletzungen, also vor *Störungen* durch den **Störer** und vor latenten Gefahren aus Betriebsrisiken.

Andererseits: **Die Polizei kann nicht alles,** was sie darf. Sie könnte zum Beispiel bei **87**
entsprechender finanzieller Ausstattung – dies ist eine Frage an Steuerzahler und Steuerverwalter – jedem einzelnen Hinweis auf eine Gefahr und jedem einzelnen Tatverdacht so gründlich und umfassend nachgehen, daß sich – neben einer legislativen und administrativen Ursachenbekämpfung – eine erhebliche präventive und repressive Wirkung im Sinne einer **Generalprävention** einstellen könnte. Übersteigt aber beispielsweise die Zahl der gemeldeten Einbruchanzeigen die **Arbeitskapazität** der Polizei, dann leidet das **Legalitätsprinzip** Not, ohne daß dies von der Polizei zu vertreten wäre. Das gleiche gilt, wenn Bereiche besonderer Sozialschädlichkeit vorrangig bearbeitet werden (müssen). Eine **„faktische Verfahrenseinstellung"** nach (politischer) Opportunität wäre indes rechtsstaatswidrig. Auch bei der Gefahrenabwehr kann die Fülle der akuten Einsatzanforderungen zu Verzögerungen und notfalls auch zur Hilflosigkeit führen. Wo es an Ret-

---

[152] *BVerwG* NJW 1990, 2761 ff. mit Krit. von *Simitis* und *Fuckner* NJW 1990, 2713. Grundlegende Krit. v. *Bäumler* DVBl. 1990, 865. Wiederum grundrechtsrelativierend *BVerwG* (1. Senat) NJW 1992, 451, zugunsten der „Bekämpfung besonders gefährlicher Kriminalität" als angeblicher Sicherheitsaufgabe des Bundesgrenzschutzes durch Geheimhaltung der Identität eines (rufschädigenden) Informanten.

[153] Zum sog. polizeilichen Notstand vgl. die Belege bei *Drews/Wacke/Vogel/Martens,* Gefahrenabwehr, 9. Aufl., S. 331 ff. Weitere Problemfälle bei *Wagner,* AK-PolGNW, 1987, § 6 Rdn. 1 ff. und 16 ff. Zum Zugriff auf „jedermann" vgl. *Riegel,* Polizei- und Ordnungsrecht i. d. BR Deutschland, 1981, S. 102. Zum Schutzanspruch als konkretem Sicherungsanspruch vgl. *Isensee,* Das Grundrecht auf Sicherheit, 1983. Zur Interpretation vgl. *Scholz,* in: Der Kriminalist 2/1988, S. 53 f. Zu dem politischen Begriff Sicherheit vgl. *Dietel,* in: Bull: Sicherheit durch Gesetze?, 1987, S. 57 ff. Krit. zum sog. Grundrecht auf Sicherheit insbes. *H. A. Hesse,* Der Schutzstaat 1994, S. 192 ff.

[154] *H. Wagner* DuR 1988, 165 ff. Zur Methode vgl. auch *Rüthers,* Entartetes Recht, 1988, S. 183. Wegweisend war *Dürig* AöR 79, 57. Krit. dazu *Beyer* NJW 1954, 713 und *K. Zeidler* NJW 1954, 1068 u. a. Die demgegenüber von *Dürig,* in: Maunz/Dürig/Herzog/Scholz, GG, Art. 2, I Rdn. 81 Fn. 3 vermißte „Lösung" für die „Abwehr eines sich hemmungslosen Austobens vor allem bei Grundrechten, denen ein Gesetzesvorbehalt fehlt", bietet *Hesse,* in: Benda/Maihofer/Vogel (Hrsg.), Hdb. d. Verfassungsrechts, 2. Aufl. 1994, Rdn. 64 ff.; *ders.,* i:n Grundzüge des Verfassungsrechts d. BR Deutschland, 20. Aufl., Rdn. 308 ff. Ebenso *Jarass/Pieroth,* GG, 3. Aufl. 1995, Vorbem. vor Art. 1 Rdn. 30 ff. Zur neueren Rechtspr. vgl. oben Rdn. 30 ff.

[155] *Denninger* KritJ 1988, 1. Vgl. auch die Kritik von *Gusy,* Polizeirecht, 4. Aufl. 2000, Rdn. 78, an einer grenzenlos verstandenen „Staatsaufgabe Sicherheit".

[156] *Bäumler,* Polizei und Datenschutz, 1999, S. 1 ff.

tungswegen oder -wagen fehlt, versagt polizeiliche Hilfe ebenso wie die des Notarztes. Bei **Verkehrsblockaden,** die mit polizeilichen Mitteln gar nicht mehr zu beheben sind, versagt der Schutz der Betroffenen. Ähnlich können die **Grenzen polizeilicher Macht** erreicht sein, wenn 100 000 Menschen demonstrieren und gewalttätig werden. Hier kann es sich nahelegen, auf den Anlaß des Protestes Einfluß zu nehmen und das Vorhaben – wie einmal von der Niedersächsischen Landesregierung praktiziert – zeitweilig zu stornieren. Ähnlich wurde im Raum Düsseldorf ein NATO-Manöver zeitlich verlegt. Auch bei den Blockaden von Rheinbrücken durch Arbeiter (1988) stand die Polizei vor der Frage, ob das nahe Ende der Blockade (durch Annahme einer Petition und Selbstauflösung der Demonstration) schneller zum Ende der Störung führe als der langwierige und aufwendige Zugriff. Bei **bürgerkriegsähnlichen Konfrontationen,** wie sie aus Anlaß der Errichtung von Kernenergieanlagen stattgefunden haben, haben sich ebenfalls die Grenzen der Polizeimacht im Rechtsstaat gezeigt.[157] Ein anderes Beispiel haben die **„Castor"-Transporte** (von Kernenergieelementen) geboten, wo die Grenzen der personellen und finanziellen Möglichkeiten der Polizei sowie die Zumutungen an die gesundheitliche Risikobereitschaft der Transportbegleiter öffentlich erkennbar geworden sind. Politik und Publikum erfahren die Grenzen des Wollens und Könnens. Macht und Gewalt können nie alle Probleme lösen.

88 Auch bei der **illegalen Besetzung und Nutzung ungenutzter Fabrikhallen und Häuser** kann die Polizeimacht an Handlungsgrenzen stoßen. Es können die polizeilichen Mittel fehlen. Es kann aber auch an der Möglichkeit der Nachsorge fehlen, wenn weder der Verbleib der Exmittierten noch die Sicherung der geräumten Lokalitäten gewährleistet ist (vgl. Kap. F zur „Hausräumung"). Ähnliche Problemlagen können sich bei **Massenkrawallen** – zum Beispiel aus Anlaß emotional begleiteter Sportveranstaltungen – ergeben. Die großräumige Umschließung und Separierung vieler Menschen ist, auch abgesehen von verfassungs- und versammlungsrechtlichen Bedenken, keine polizeiliche Problemlösung, weil Justiz und Polizei nicht in der Lage sind, das Störungsverhalten jedes einzelnen Betroffenen zu verifizieren.[158] Bei **Massenunruhen** aus Anlaß politischer oder sozialer Notlagen wird es nicht anders sein können.[159]

89 Die **Heranziehung zusätzlicher Polizeikräfte** gem. Art. 35 II und 91 I GG enthebt nämlich nicht von der Einhaltung der jeweils einschlägigen Eingriffsnormen. Eine Massenseparierung gewaltbereiter Gruppen müßte nach den Kompetenz- und Befugnisregeln der jeweiligen Freiheitsentziehungsvorschriften vollzogen werden. Allein die Fristwahrung zur Herbeiführung der richterlichen Entscheidungen gem. Art. 104 II GG könnte unmöglich werden, von der lebensnotwendigen Versorgung der Betroffenen ganz abgesehen. Der Rückgriff auf **Notstandsbefugnisse** analog Art. 48 WRV ist angesichts der für eben solche Fälle gedachten Regeln des GG untersagt.[160]

90 Eine **Regelungslücke** (Stern) kann man angesichts der Regelungsdichte im GG nicht annehmen. Es ist eher zu besorgen, daß – ähnlich wie bei der Behandlung der ersten terroristischen Gefahren 1977/78[161] – die bei den Innenministern als Landespolizeibehörden konzentrierte Polizeimacht genutzt wird, um über die speziellen Befugnisgrenzen hinaus auf der Grundlage der subsidiär geltenden Generalklauseln das „Erforderliche" zu

---

[157] So war am Ende der körperlichen Auseinandersetzung zwischen Hunderten von Störern und Polizisten am 7. 6. 1986 bei Kleve in SchlH kein Polizist mehr im Stande, einen Störer festzunehmen oder zu identifizieren (Bericht der Beteiligten bei Arbeitstagung in der PFA 26./27. 6. 1986).

[158] So beim „Hamburger Kessel". Vgl. *VG Hamburg* NVwZ 1987, 829; *LG Hamburg* NVwZ 1987, 833. Vgl. auch das Strafurteil des LG Hamburg v. 23. 10. 1991 (32) 4/88 KLs/830 Js 182/86 zum Unvermögen von Polizei und Justiz.

[159] Vgl. die Unruhen in London am 31. 3. 1990 wegen der neuen Gemeindesteuer (poll tax) mit 40 000 Demonstranten und 3000 Gewalttätern, 340 Festgenommenen und 133 Verletzten lt. SZ v. 2. 4. 1990, S. 6 und RP v. 2. 4. 1990.

[160] Vgl. *Hesse,* Grundz. d. VerfR d. BR Deutschl., 20. Aufl. 1995, Rdn. 753 ff. und 765 ff.; *Böckenförde,* in: FS f. Martin Hirsch, 1981, S. 259 ff.; *Stern,* in: BMdI (Hrsg.), Verfassungsschutz und Rechtsstaat, 1981, S. 171 ff.; *Bull,* Allg. Verwaltungsrecht, 4. Aufl. 1993, Rdn. 238 ff.

[161] Vgl. *Böckenförde* NJW 1978, 1882. Weit. Nachw. Kap. K Rdn 137 m. Fn. 200.

tun, auch wenn damit verfassungsrechtliche Grenzen überwunden werden. Solcher **Verfassungsbruch**[162] ist vom BGH für eine weit geringere Gefahrenlage gebilligt worden.[163] Der Ablauf folgt dem Bismarck-Wort im Etatkonflikt von 1863: Wer die Macht in den Händen hält, geht in seinem Sinne vor.

Beim Einsatz solcher Macht zur Definition und Bewältigung **außergewöhnlicher Situationen** stellt sich nicht die Frage nach der rechtlichen Qualität polizeilichen Unvermögens. Erst bei einem **Unvermögen der Polizei** im Alltag, mit den rechtlich und tatsächlich verfügbaren Mitteln ausreichend helfen zu können, wird die Frage der Verantwortlichkeit gestellt. Das Unvermögen der Polizei, einer Unrechtslage Herr zu werden, wird im doppelten Sinne für „unmöglich" gehalten. Der Polizist kennt die Rufe nach (übergesetzlichem) „Durchgreifen" und „Umlegen". 91

Demgegenüber ist festzuhalten: Die polizeiliche Hilfspflicht endet mit der Erschöpfung ihrer rechtlichen und tatsächlichen Ressourcen,[164] ohne daß damit der prinzipielle **Schutzanspruch** des einzelnen[165] erlischt. Er ist – zumindest zeitweilig – nur nicht erfüllbar. Insoweit bleibt es Aufgabe der für die Ausstattung der Polizei (und der Justiz) zuständigen Verfassungsorgane, die personellen und sächlichen Mittel bereitzustellen, die für eine Erfüllung der verfassungskräftigen Schutzaufgabe erforderlich sind. Es liegt nicht im freien Ermessen des zuständigen Gesetzgebers, den Rechtsgüterschutz unter **„Etatvorbehalt"** zu stellen.[166] **Polizei und Justiz sind von der Verfassung selbst geforderte Mittel zur „Gewährleistung" der Grundrechtsordnung.**

Andererseits sind die danach verbleibenden rechtlichen und tatsächlichen Grenzen der Eingriffsmacht der Polizei kein Zeichen staatlicher Schwäche, sondern Folge legal verfaßter **Macht- und Funktionsverteilung** im demokratischen Staat, in dem eben nicht jeder Machtspruch ohne weiteres vollstreckbar ist. Nicht der „kurze Prozeß" ist Sache der Polizei, sondern der rechtsstaatlich mögliche. Wo die Polizei von vornherein alles könnte, gäbe es keine Freiheit.[167] Der prinzipiellen Hilfspflicht der Polizei sind unvermeidliche rechtsstaatliche Grenzen gesetzt, auch auf die Gefahr hin, daß Rechtsverluste im Einzelfall in Kauf zu nehmen sind, um der ungleich größeren Gefahr, dem Freiheitsverlust aller, „vorzubeugen". 92

III. Polizei und Justiz

Das Verhältnis von Polizei und Justiz ist nicht durch Konkurrenz bestimmt, sondern durch **Ergänzung** bei der Erfüllung des vom Gesetzgeber konkretisierten Schutzauftrages. Die Rechtsordnung kann durch rechtswidriges Verhalten gegenüber einzelnen, aber auch gegenüber der Allgemeinheit gefährdet oder gestört sein. Der Polizei obliegt dabei die **vorläufige Abwehr der Gefahr und die Sicherung der gefährdeten Besitzstände,**[168] 93

---

162 *Ad. Arndt,* Ges. jur. Schriften, 1976, S. 157 (163).

163 *BGHSt* 27, 260, jedoch ohne nähere Begründung; krit. *Amelung* NJW 1977, 833; *ders.* NJW 1978, 632. Grundl. krit. auch *H. J. Hirsch,* Strafrechtliche Probleme, hrsg. v. Kohlmann, 1999, S. 577 ff.

164 Vgl. Kap. F Rdn. 131 ff. Kritisch *Gusy,* Polizeirecht, 4. Aufl. 2000, Rdn. 312.

165 Vgl. *Götz,* Allgemeines Polizei- und Ordnungsrecht, 11. Aufl. 1993, Rdn. 272 ff. mit weit. Bel.

166 Vgl. *BVerfGE* 33, 303.

167 Vgl. *Platon,* Der Staat, Rdn. 376 ff., in: Sämtliche Werke, hrsg. v. Grassi/Hess, 1958, Bd. 3. *Hobbes,* Leviathan II, 18, in: Klassiker der Staatsphilosophie, hrsg. v. Bergstraesser/Oberndörfer, 2. Aufl., S. 174 ff. Vgl. dazu *Hans Maier,* in: Politische Denker, hrsg. v. Rausch, 4. Aufl., S. 132 ff. Vgl. auch *Carl Schmitt* über die „Weiterentwicklung des totalen Staats in Deutschland (1933)", in: Verfassungsrechtl. Aufsätze, 1958, S. 359. Über die „totalitäre Gerechtigkeit" im „vollkommenen Staat" Platons vgl. *Popper,* Der Zauber Platons (Die offene Gesellschaft und ihre Feinde) I, 3. Aufl. 1973, S. 126 ff. und 228 ff.; *Funk,* Polizei und Rechtsstaat, Die Entwicklung des staatlichen Gewaltmonopols in Preußen 1848–1914, 1986; *Leßmann,* Die Preußische Schutzpolizei in der Weimarer Republik, 1989; *Hirsch/Majer/Meinck,* Recht, Verwaltung und Justiz im Nationalsozialismus, 1984, S. 317 ff.; *Boldt,* Rechtsstaat und Ausnahmezustand ... im 19. Jahrhundert, 1967. Vgl. auch Kap. A.

168 Vgl. § 10 II 17 PrALR, § 14 PrPVG usw.; anschaulich *Weiß,* Die Polizeischule, System. Darstellung u. Erläuterung des deutschen Polizeirechts, 4. Aufl. 1921, S. 1 ff.: „Unter **Polizei** versteht man 1. diejenige

bis Rechtsschutz durch die zuständigen Gerichte[169] erreichbar ist (Beispiel: Ruhestörender Lärm, Freiheitsberaubung, tätliche Auseinandersetzung, drohender Überbau, Entwendung etc.). Die Polizei hat nicht „kurzen Prozeß" zu machen, sondern die gewaltsame Eigenmacht zur Rechtsverschaffung zu verhindern, bis der Richter im Wege der Einstweiligen Verfügung oder Anordnung nach der ZPO oder VwGO oder nach den Polizeigesetzen – etwa bei Freiheitsentziehungen, soweit nicht die StPO anzuwenden ist – über die weitere Rechtssicherung entschieden hat. Speziell bei Freiheitsentziehungen ist die Kompetenz der Polizei nur bedingt gegeben, weil sie gemäß Art. 104 II GG unter Richtervorbehalt steht. Dieser Vorbehalt bedeutet wie bei Art. 13 II GG eine **prinzipielle Kompetenzverlagerung** zum Zweck der personalen Mediatisierung der staatlichen Eingriffsmacht.[170] Insoweit ist den Richtern als weisungsunabhängigen Staatsorganen eine **Exekutivfunktion** übertragen. Sie üben insoweit also **keine streitentscheidende Rechtsprechung** aus. Etwas anderes kann allenfalls dann gelten, wenn sie „doppelfunktional" bei einem vorgreiflichen Eingreifen der Exekutive wegen Gefahr im Verzuge zur Bestätigung des Exekutivhandelns und gleichzeitig zur Anhörung des Betroffenen gemäß Art. 103 I GG tätig werden, wie dies zum Beispiel bei der Haftvorführung nach der StPO oder bei der Vorführung des Störers nach dem einschlägigen Polizeigesetz geschieht. In beiden Fällen ist die Polizei an die Entscheidung des Richters gebunden.

94 **Im Bereich der Strafprozeßordnung** – also bei der Verfolgung strafbarer Handlungen – ist die Polizei ebenfalls „Erfüllungsgehilfe" der Justiz. Zum einen sind Vollzugsbeamte der Polizeien durch Landesverordnungen **gemäß § 152 GVG „Hilfsbeamte"** der Staatsanwaltschaften, also im Rahmen der staatsanwaltschaftlichen Weisungen ermittlungsbefugt, zum andern sind sie **gemäß § 163 StPO auch selbständig** zu eilbedürftigen strafprozessualen Ermittlungen befugt. Diese **kompromißhafte Regelung** ist der Versuch, eine Konkurrenzsituation in der Mitte des vorigen Jahrhunderts zu überwinden, als die Einführung des **staatsanwaltschaftlichen Anklageverfahrens** und des **Richtervorbehaltes bei Freiheitsentziehungen** auf Widerstand bei der Exekutive, besonders bei der damaligen Polizei, stieß.[171]

95 Die faktische **Ermittlungsdominanz** beruht maßgeblich auf der unterschiedlichen Ausstattung der Behörden. Selbst wo polizeiliche „Überlegenheit" nicht notwendig und auch nicht zu vermuten wäre, wie bei der Aufklärung sogenannter Wirtschaftsstraftaten, übersteigt die Zahl der Sachbearbeiter bei der Polizei oftmals die der Staatsanwaltschaft. Schließlich beeinflußt die Zahl der Wirtschaftsstrafkammern und der zuständigen Staatsanwälte nicht unerheblich die Zahl und womöglich auch den Ausgang einzelner Verfahren. Die Intensität der Ermittlungen, die Wahl der Ermittlungsmethoden und die Bewertung der Ergebnisse können von der Polizei – je nach Arbeitslast der Justiz – vorbestimmt werden. Zunehmend bietet der **„deal"** mit dem Beschuldigten die schnellere prozeßökonomi-

Tätigkeit des Staates, die zur Sicherheit und Wohlfahrt der Staatsbürger ausgeübt wird, und 2. diejenigen Behörden, die diese Tätigkeit ausüben ... Die **Aufgabe** der Polizei ist: der Schutz der öffentlichen Ruhe, Ordnung und Sicherheit ... Die Polizei darf und muß bei Verletzung von ... Privatrechten z. B. dann einschreiten ..., wenn der gerichtliche Schutz nicht rechtzeitig zu erlangen ist und dadurch ein Notstand entsteht ..."; vgl. auch Kap. E Rdn. 4 ff. Aus der Geschichte vgl. *Merker,* Handbuch für Polizeybeamte, Erfurt 1818, S. 2 ff.

[169] Vgl. §§ 920 ff. ZPO; § 123 VwGO.

[170] Vgl. *BVerfGE* 10, 302; 51, 97; 83, 24 = NJW 1991, 1283; *BVerfG* Urt. v. 20. 2. 2001 – NJW 2001, 1121 – mit nachdr. Betonung der grunds. vorrangigen **Richterzuständigkeit rund um die Uhr**. Vgl. auch *Franz* NJW 1966, 240; *Rohmeyer,* Geschichte und Rechtsnatur der einstweiligen Anordnung im Verwaltungsprozeß, 1967, S. 146 ff. mit rechtshistorischer und rechtsvergleichender Sicht; *Maunz/Dürig/Herzog/Scholz,* GG, Art. 104 II Rdn. 23 ff.; *Wagner,* AK-PolGNW, 1987, vor § 8 Rdn. 46 ff. m. w. Nachw.; AEPolG vom AK Polizeirecht, *Denninger* u. a., 1979, § 21 mit Begr.; *Lisken* ZRP 1980, 145, NJW 1982, 1268, ZRP 1990, 18, Polizei – heute 1995, 126; *Lisken/Mokros* NVwZ 1991, 609; *Schnarr* NStZ 1991, 209. Zur „konstitutiven Bedeutung" des Richtervorbehaltes vgl. auch *Rachor,* hier in Kap. F Rdn. 531 ff., und *Hornmann,* HSOG § 33 Rdn. 8. Skeptisch zur Effektivität der „inflationären" einfachgesetzlichen Richtervorbehalte *Meyer-Goßner* ZRP 2000, 345.

[171] *Blankenburg/Treiber,* Die Einführung der StA in Deutschland, in: Leviathan 1978, 161 ff.; *Funk,* Polizei und Rechtsstaat, 1986, S. 84 ff. und 173 m. w. Nachw.

sche Lösung. Diese Entwicklung wird sich – nicht ohne rechtspolitische Absichten – fortsetzen, wenn die originären Ermittlungsbefugnisse der Polizei wachsen, von der Verdachtsgewinnung bis zum „Schlußbericht" an die Staatsanwaltschaft. Die Ermittlungstechniken waren schon immer bei der Polizei angesiedelt, obwohl das gesetzlich nicht geboten war.

Mit der Novellierung der StPO vom 15. 7. 1992 erwarb die Polizei sogar eine **erste exklusive strafprozessuale Zuständigkeit.** Als sogenannte **Verdeckte Ermittler,** also als geheim und unter falschem Namen, mit der Methode der Täuschung arbeitende Beamte, dürfen gem. § 110 a StPO nur „Beamte des Polizeidienstes" eingesetzt werden. Gem. § 110 b StPO ist auch nur die „Zustimmung" der Staatsanwaltschaft erforderlich. Diese Exklusivbefugnis hat kaum Kritik gefunden. Die einen brauchen sich nicht „die Finger schmutzig" zu machen, und die andern fühlen sich einmal mehr „aufgewertet". Die nächste einschlägige Befugniserweiterung ist im „Strafverfahrensänderungsgesetz 1999" umschrieben: Die Polizei kann – wie die Staatsanwaltschaft – **eigenständig** von allen Behörden gem. § 163 I S. 2 StPO **Auskünfte einholen.** Außerdem kann sie – mit Einschränkungen gem. § 161 II StPO (n. F. v. 2. 8. 2000 BGBl. I S. 1253; zur Auslegung vgl. *F. Herzog* StV 2000, 444; *Brodersen* NJW 2000, 1999; dazu krit. *Wollweber* NJW 2000, 3623) – ihre **präventiv-polizeilich erlangten Kenntnisse** (Sach- und Personendaten) **strafprozessual nutzen.** Der BGH hat dies – extra legem (vgl. Rdn. 117 ff. m. Fn. 202) – schon früher als „selbstverständlich" zulässig deklariert, obwohl das Polizeiverfahrensrecht anderen Zwecken als das Strafverfahrensrecht dient und deswegen auch andere Methoden vorsieht. Es ist zu besorgen, daß die Praxis die jeweils effektivste Methode wählen wird, wie es die Polizeiausbildung mit der Zusammenfassung von Polizei- und Strafverfahrensrecht und der Reduzierung dieser verschiedenartigen Verfahrensordnungen auf ein **„Eingriffsrecht"** nach Art eines Zugriffskatalogs längst nahegelegt hat. Die Diskussion über die unzulässige „Jedermannkontrolle" (vgl. Rdn. 30 ff.) zeigt anschaulich die Neigung, wechselweise Polizeiverfahrensrechte und Strafverfahrensbefugnisse kombiniert einzusetzen; denn die Befürworter der **„Schleierfahndung"**, wie sie ungeniert von Politikern und Polizisten genannt wird, argumentiert mit Fahndungserfolgen, nicht mit Präventionserfahrungen, so als ob das Polizeiverfahrensrecht scheinbare oder unüberwindliche „Regelungsdefizite" in der StPO ausgleichen könnte. Mit dem **akustischen** und **optischen Überwachen** geht es praktisch nicht anders. 96

Diese **Vermischung von Prävention und Repression** hat schon seit der Reform des Strafverfahrens durch die StPO von 1877 die Köpfe der Polizeioberen fasziniert und 100 Jahre später zu der rechtspolitisch problematischen, aber plausibel erscheinenden Zweckvorstellung geführt, die (undefinierte) „innere Sicherheit" am besten durch einen gemeinsamen „Kampf" von Polizei und Justiz gegen die „Kriminalität" an sich zu „garantieren" (vgl. Rdn. 80 ff.). Die Rüge eines Bundesinnenministers wegen justitieller Arbeitsversäumnisse in diesem „Kampf" (*Kanther* beim BKA am 19. 11. 1996, Bulletin Nr. 98 v. 3. 12. 1996 S. 1064 ff. = NJW-Informationen 1/1997 S. XII ff.) ist signifikant für diese Umdeutung der Verfahrenszwecke und der Verfahrenskompetenzen. 97

Die **Folgen** sind absehbar: Die faktische Abkehr von der Unschuldsvermutung zu einer diffusen, allgemeinen **Delinquenzvermutung** durch polizeiliche Jedermannüberwachungen und die Nutzung präventiver Ausforschungsmethoden, auch aus dem geheimdienstlichen Bereich (vgl. Rdn. 109 ff.), zu strafprozessualen Zwecken werden in Verbindung mit der **Aufweichung des Legalitätsprinzips** (durch „Prozeßsteuerung" mittels Material- und Methodenwahl oder durch „deals" im Sanktionenbereich) am Ende vom **Schuldstrafrecht,** wie es dem Glauben an die Freiheits- und Schuldfähigkeit des Menschen gem. Art. **1 I GG entspricht, zu einem Maßnahmen- und Sicherheitsrecht** führen, das verfahrensrechtlich weitgehend von der Polizei bestimmt wird. Auf dem Weg zum totalen **„Präventionsstaat"**[172] liegt folgerichtig die Wiedergeburt der Idee einer 98

[172] *Denninger,* Der gebändigte Leviathan 1990 S. 33. Über den damit verbundenen Verlust an „Recht" vgl. *H. A. Hesse* AnwBl. 2001, 189 (192 ff.).

polizeilichen „Sicherungsverwahrung“.[173] „Effektiv“ würde auch die „vorsorgliche“ **Registrierung von unverwechselbaren, individuellen Kennzeichen** sein, wie Fingerlinien und Gen-Merkmale. Der Anfang ist mit § 81g StPO gemacht (vgl. Kap. K zur DNA-Analyse). In Estland wird bereits (lt. SZ v. 4. 10. 2000, S. 8) die erste Gen-Datei über alle Bürger erstellt.

99 Der **Preis** besteht in weiteren Verlusten an Freiheitsrechten. Sie gelten stets als Ergebnis einer **„Abwägung“**, bei der die Gewichte eher rechtspolitisch als rechtssystematisch bestimmt sind. Es fragt sich, ob die Polizei diesem schleichenden Verfassungswandel kraft ihrer Bindung an das Grundgesetz (Art. 1 III) problembewußt und praktisch widerstehen wird. Sie wird auf den Widerstand des Publikums nicht warten können, weil der Publikumsprotest von der Erfahrung der Selbstbetroffenheit abhängt und weil die **Freiheit als überragendes Rechtsgut** in Deutschland keine Tradition hat.[174] Die Polizei hingegen kann sich gemäß § 163 StPO konziliant und korrekt zugleich – unbeschadet aller weitergehenden Befugnisse – darauf beschränken, im **konkreten** Verdachtsfalle „alle keinen Aufschub gestattenden Anordnungen zu treffen“ und „ihre Verhandlungen ohne Verzug der Staatsanwaltschaft“ zu übersenden.

100 Ein **verfassungskonformes, rechtsstaatliches Verfahren** ist möglich. Danach hat auch die „beschränkte“ Heranziehung präventiv erhobener (!) Daten ihre Grenzen, wo sie strafprozessual nicht hätten erhoben werden dürfen. So muß z. B. die Aussage einer Ehefrau eines Geiselnehmers im Verlauf der Geiselbefreiung im Strafverfahren ihres Mannes unverwertbar bleiben, wenn sie hier nicht aussagen will. Für geheimdienstlich erlangtes Wissen kann wegen der Exklusivität der Ausforschungsmethoden (vgl. Rdn. 109ff.) nichts anderes gelten. Auch die polizeirechtlich geregelte „Jedermannkontrolle“ muß –

---

[173] Vgl. *Peglau* ZRP 2000, 147; zur Geschichte *Wehner,* s. Kap. K Fn. 1.

[174] Vgl. statt vieler *Thomas Mann,* Deutschland und die Deutschen, Rede am 6. 6. 1945 in der Library of Congress in Washngton, in: Peter (Hrsg.), Berühmte politische Reden des zwanzigsten Jahrhunderts, o. D., S. 137 (146): „... Freiheit ist, politisch verstanden, vor allem ein moralisch-innerpolitischer Begriff... Der deutsche Freiheitsbegriff war immer nur nach außen gerichtet; er meinte das Recht, deutsch zu sein und nichts anderes, nichts darüber hinaus, er war ein protestierender Begriff selbstzentrierter Abwehr gegen alles, was den völkischen Egoismus bedingen und einschränken, ihn zähmen und zum Dienst an der Gemeinschaft, zum Menschheitsdienst anhalten wollte. Ein vertrotzter Individualismus nach außen ... vertrug sich im Innern mit einem befremdenden Maß an Unfreiheit, Unmündigkeit, dumpfer Untertänigkeit... Warum muß immer der deutsche Freiheitsdrang auf innere Unfreiheit hinauslaufen? ... Der Grund ist der, daß Deutschland nie eine Revolution gehabt und gelernt hat, den Begriff der Nation mit dem der Freiheit zu vereinigen...“. Weitere zeitkritische Belege z. B.: *Kant,* Idee zu einer allgemeinen Geschichte, Beantwortung der Frage: Was ist Aufklärung?, Über den Gemeinspruch..., Der Streit der Fakultäten (Drohung mit Berufsverbot und Kants Antwort), in: *Kant,* Schriften, Werkausg. Bd. XI, hrsg. v. Weischedel, 1977, S. 33ff., 127ff.; *Hegel,* Die Vernunft in der Geschichte, veröff. 1837, hrsg. v. Hoffmann, 5. Aufl. 1955; *Heine,* Zur Geschichte der Religion und Philosophie in Deutschland, in: ders., Schriften über Deutschland, hrsg. v. Schanze, 1968, S. 44ff.; *Heinrich Mann,* Der Untertan, 1918, 33. Aufl. 1991; *Schädlich,* Tallhover, 1992; *von Ossietzky,* Zum Geburtstag der Verfassung am 6. 8. 1929, in: ders., Rechenschaft, hrsg. v. Frei, 1972, S. 17ff.; *Craig,* Über die Deutschen, 1983, S. 39; *von Schwerin,* „Dann sind's die besten Köpfe, die man henkt“, 2. Aufl. 1994; *Mommsen,* Alternative zu Hitler – Studien zur Geschichte des deutschen Widerstandes, 2000 (spez. z. Demokratie- und Freiheitsverständnis der Hitlergegner); vgl. auch *Max Picard,* Hitler in uns selbst, 3. Aufl. 1946; zur Rechtsgeschichte vgl. u. a. auch: hier Kap. A Rdn. 20ff.; *Boldt,* Deutsche Verfassungsgeschichte, Band 2, Von 1806 bis zur Gegenwart, 1990, S. 17ff.; *Funk,* Polizei und Rechtsstaat, Die Entwicklung des staatlichen Gewaltmonopols in Preußen 1848–1914, 1986, S. 32ff., 48ff., 172ff.; *Lüdtke* (Hrsg.), „Sicherheit“ und „Wohlfahrt“, Polizei, Gesellschaft und Herrschaft im 19. und 20. Jahrhundert, 1992; *Scheuner,* Die nationale Revolution. Eine staatsrechtliche Untersuchung, AöR NF 24. Bd. (1933), S. 166ff., 261ff. (271); *Kollreuther,* Vom Sinn und Wesen der nationalen Revolution, 1933, S. 25ff.; *Hirsch/Mayer/Meinck,* Recht, Verwaltung und Justiz im Nationalsozialismus, 1984, S. 317ff., 470ff., 520ff. (jeweils mit umf. Originalbelegen); *Steinert,* Deutsche im Krieg: Kollektivmeinungen, Verhaltensmuster und Mentalitäten, in: Bracher/Funke/Jacobsen (Hrsg.), Deutschland 1933–1945, Neue Studien zur nationalsozialistischen Herrschaft, 2. Aufl. 1993, S. 474ff. m. w. Nachw.; *Peschel-Gutzeit,* Das Nürnberger Juristenurteil von 1947, Historischer Zusammenhang und aktuelle Bezüge, 1996; *Ad. Arndt,* Das nicht erfüllte Grundgesetz, in: ders., Ges. jur. Schriften, 1976, S. 141ff.; *Popitz,* Phänomene der Macht, 2. Aufl. 1992; *Denninger,* Vielfalt, Sicherheit und Solidarität: Ein neues Paradigma für Verfassungsgebung und Menschenrechtsentwicklung?, in: ders., Menschenrechte und Grundgesetz, Zwei Essays, 1994, S. 7ff., 23ff.; *Alberts,* Unser aller Grundgesetz? Streifzüge durch die Verfassungswirklichkeit, 1999, S. 23ff.

unbeschadet der Frage ihrer Verfassungswidrigkeit (vgl. Rdn. 30 ff.) – keineswegs zum Zweck der strafprozessualen Fahndung eingesetzt werden. Ebensowenig kann die Polizei gezwungen werden, die unsittliche Methode des Vertrauensbruchs durch „Verdeckte Ermittler" anzuwenden (vgl. Rdn. 186 ff.). Solche verfassungsorientierte „Selbstbeschränkung" wäre praktischer **„Widerstand für das Recht"** in „kleiner Münze" im Sinne von Arthur Kaufmann (vgl. Kap. K z. „Widerstand" mit Bezug auf *Kaufmann*).

Ein „weites Feld" für die Polizei ergibt sich seit jeher aus **unbestimmten Ermittlungsaufträgen** der Staatsanwaltschaft, wenn z. B. Anzeigen mit der Bitte um „weitere Ermittlungen" übersandt werden, obwohl weder das Ermittlungsziel noch die Ermittlungsmethoden genannt sind. Auch rechtliche Vorfragen sind oft noch offen. Mit dem Ende der **„freien Ermittlungstätigkeit"**[175] ist eine striktere Befugnisbestimmung verbunden. 101

Hier kann sich zunehmend die **Rückgabe der Akten** mit der Bitte um Präzisierung gemäß §§ 161, 163 StPO nahelegen, wobei im Konfliktfall die beiderseitige Hilfe der Dienstaufsicht geboten ist.[176] Diese hat sich formell an der Leitungspflicht der Staatsanwaltschaft und materiell am Gesetz und, soweit das Gesetz unvollkommen ist, an der Verfassungslage zu orientieren.[177] Normativ bedingte Aufklärungsnöte können dabei nicht zu **„übergesetzlichen" Eingriffen** legitimieren.[178] **Notfalls ist die unzulässige Ermittlungshandlung zu unterlassen. Die Exekutive ist nicht zum Ausgleich normativer Defizite berufen.** Der Preis der **Gewaltenverteilung** im Rechtsstaat des Grundgesetzes besteht in Effektivitätsgrenzen aller Amtswalter. Auch die „Funktionstüchtigkeit der Strafrechtspflege"[179] ist kein Verfassungswert, der zu Konkordanzabwägungen wie bei der legalen Diskordanz verschiedener Freiheitsrechte führen könnte.[180] 102

Soweit die Justiz über Streitigkeiten des Bürgers oder Betroffenen mit der Polizei zu befinden hat, liegt ebenfalls keine Schutzkonkurrenz vor, sondern ein durch Art. 19 IV GG besonders garantierter Fall der **„Justizgewährung"**, bei dem die Exekutive schlicht Prozeßpartei ist. Es geht um die Suche nach dem besseren Recht im Einzelfall. Das gilt sowohl für die verwaltungsgerichtliche als auch für die strafprozessuale Prüfung polizeilicher Eingriffe (vgl. Kap. K). 103

IV. Polizei und andere Ordnungsbehörden

Mit der zunehmenden „Entpolizeilichung" der hoheitlichen Gefahrenabwehr durch Schaffung von verschiedenen **Ordnungsbehörden** (kommunale **Bauämter, Ordnungsämter, Gewerbeaufsichtsämter, Meldeämter, Ausländerbehörden, Straßenverkehrsämter, Jugendämter, Gesundheitsämter, Untersuchungsämter, Prüfanstalten** usw.) sind der Vollzugspolizei nur wenige originäre Zuständigkeiten im Bereich der Gefahrenabwehr geblieben.[181] Die Überwachung des fließenden Straßenverkehrs gemäß § 44 II StVO ist eine solche gesetzlich zugewiesene Aufgabe. Gleiches gilt für die **Kontrolle des Vereinswesens** (§ 4 VereinsG), zum Teil für das **Waffenrecht** (§ 50 WaffG) und für das **Versammlungsrecht** (§§ 12 ff. VersammlG). 104

---

175 So noch *Rebmann* NJW 1985, 1 trotz *BVerfGE* 65, 1 = Urt. zum VolkszählungsG.

176 *Kleinknecht/Meyer-Goßner*, StPO, 44. Aufl., § 161 Rdn. 11.

177 Vgl. *BVerfGE* 8, 210 (221); 49, 220, mit abw. Mein. S. 228 (235).

178 Irrig *BGHSt* 27, 260; vgl. auch *Amelung* NJW 1978, 623; *Lisken* KritVjschr 1988, 321; *Böckenförde* NJW 1978, 1831; *ders.* in: FS M. Hirsch, 1981, S. 259 ff.; *Hesse*, Ausgew. Schr., S. 222; *ders.*, Grundzüge des Verfassungsrechts, Rdn. 723 ff.; *Schönke/Schröder*, StGB, 24. Aufl., § 34 Rdn. 7. Grundl. krit. *H. J. Hirsch*, Strafrechtliche Probleme, hrsg. v. Kohlmann, 1999, S. 577 ff.

179 *BVerfGE* 32, 373; 34, 238; 41, 246; 46, 214; 80, 367 mit abw. M.; *BGHGSSt* NJW 1984, 247; *BGH* NJW 1989, 96. Vgl. dazu *Arndt*, Ges. jur. Schr., S. 185 ff.; *Hassemer* KritVjschr 1988, 341. Vgl. auch Kap. K Rdn. 69 m. w. N.

180 *Amelung* NJW 1988, 1002; *ders.* NJW 1990, 1753; *Lisken* ZRP 1990, 20; *ders.* ZRP 1994, 268. Weit. Nachw. oben Rdn. 79 mit Fn. 132 und Rdn. 85 mit Fn. 149.

181 Vgl. auch *Götz*, Allg. Polizei- und Ordnungsrecht, 11. Aufl. 1993, Rdn. 27 ff. Einen engeren Begriff „Sonderordnungsbehörde" verwendet § 90 HSOG. Dieser umfaßt z. B. Bergämter, Gewerbeaufsichtsämter, Eichämter, Luftfahrtbehörden. Vgl. Kap. D.

105 Trotz der wenigen originären Polizeizuständigkeiten liegt das Schwergewicht vollzugspolizeilicher Tätigkeit in Bereichen, in denen andere Behörden zuständig sind, aber rechtlich und tatsächlich nicht in der Lage sind, akuten Rechtsgefahren zu begegnen. **Einen Schutzdienst rund um die Uhr** bieten neben der Vollzugspolizei nur noch die Feuerwehren und ärztlichen Notfalldienste. Weder bei der Justiz noch bei den Sonderordnungsbehörden gibt es über eine sogenannte Rufbereitschaft hinaus sofort verfügbare Hilfsmöglichkeiten. Dies beruht nicht zuletzt auf den unterschiedlichen Finanzausstattungen und der herkömmlichen Allzuständigkeit der Polizei, die sich als **Notfallzuständigkeit** in allen Polizeigesetzen der Länder erhalten hat.[182] Bei Unfällen, Einsturzgefahren, Gesundheitsgefahren und Katastrophen aller Art ist die Polizei faktisch erstzuständig und als erste „vor Ort". Das gleiche gilt **in dem der Justiz zugewiesenen Exekutivbereich der strafprozessualen Ermittlungen.** Nicht der an sich zuständige **Staatsanwalt** ist als erster am Tatort, sondern die gemäß §§ 161, 163 StPO hilfsweise zuständige Polizei.

106 Hier wie bei der Hilfe für die Sonderordnungsbehörden wird die Existenz einer Vollzugspolizeiorganisation vorausgesetzt, die entsprechend ausgestattet ist. Dabei wäre es rechtstheoretisch möglich, auf eine spezielle Vollzugspolizei zu verzichten, wenn alle anderen Sonderordnungsbehörden eigene Vollzugskräfte und -mittel vorhielten. Das gilt insbesondere für die sogenannten **Ordnungsämter,** soweit deren Gefahrenabwehrzuständigkeit mit der den staatlichen Polizeien zugewiesenen Kompetenz identisch ist.

107 Aber seit fast 200 Jahren haben die für die **örtliche Gefahrenabwehr** zuständigen Selbstverwaltungskörperschaften kein Interesse an einem selbst zu finanzierenden Selbstschutz.[183] Sie überlassen ihre Bürger lieber dem „Staatsschutz", bei dem sich faktisch die „öffentliche Gewalt" im Vollzugsbereich konzentriert, zumal die Zugriffsbefugnisse der Polizeien mittels der Polizeiverfahrensgesetze zunehmend weiter ausgestaltet und ausgedehnt werden, als sie den anderen Ordnungsbehörden gestattet sind. **Den Ordnungsbehörden sind weder „Lauschangriffe" noch „Observationen" noch „Ausschreibungen" oder „Rasterfahndungen", geschweige denn der Einsatz „verdeckter Ermittler" mit falschen Papieren gestattet,** obwohl ihre Kompetenz zur Gefahrenabwehr nicht geringer ist.

108 Die von den Alliierten nach 1945 initiierte **Verlagerung der Gefahrenabwehr** auf die kommunalen Ordnungsinstanzen ist einerseits im Zuge der technischen Entwicklung durch **Schaffung neuer „Überwachungsbehörden" für spezifische Fachbereiche** fortgesetzt worden, andererseits ist sie durch die **Erschließung neuer Polizeibereiche,** die über die Gefahrenabwehr hinausgehen (sollen), und die Belassung einer umfassenden **Hilfszuständigkeit** bei gleichzeitiger **Erweiterung der Eingriffsbefugnisse und -möglichkeiten** teils „überholt", teils ins Gegenteil verkehrt worden. Die Polizei der Zukunft wird zunehmend das **Hilfsorgan** anderer Amtswalter sein, die auf eigene Vollzugskräfte verzichten. Diese faktische Machtkonzentration könnte dem auf Machtverteilung angelegten **„Ressortprinzip"** widersprechen.

V. Polizei und Geheimdienste

109 Das Verhältnis von Polizei und Geheimdiensten ist ebenfalls einer Wandlung unterworfen. Durch die besatzungsrechtliche Entscheidung vom April 1949,[184] die durch die Bezugnahme im Genehmigungsschreiben der Alliierten zum Grundgesetz[185] verfas-

---

[182] Vgl. z. B. Art. 2 BayPAG; § 2 PolG BW; § 1 BremPolG; § 1, 2 HSOG; § 1 NGefAG; § 1 PolGNW; § 1 POG RP; § 1 SPolG; § 3 HbgSOG; § 1 PolG Bbg; § 163 LVwG SH; §§ 1 ff. Sächs.PolG; § 1 ASOG Bln; § 7 SOG M-V.

[183] *Funk,* Polizei und Rechtsstaat, 1986, S. 43 ff. und S. 110.

[184] Vgl. Polizeibrief vom 8. 4. 1949, in: *Huber,* Quellen z. StaatsR d. Neuzeit II, 1951, S. 216 ff. *Roewer,* Nachrichtendienstrecht in der BRep. Deutschland, 1987, S. 135 f.; *Bull,* in: Verfassungsschutz u. Rechtsstaat, S. 149; dort auch *Denninger,* S. 36 ff.; *ders.,* in: Benda/Maihofer/Vogel (Hrsg.), Hdb. d. VerfR, 2. Aufl. 1994, § 16 Rdn. 53; *Lisken* NJW 1982, 1481; *Simitis* NJW 1986, 2795; a. A. *Roewer* DVBl. 1986, 205; krit. *Albert* ZRP 1995, 105.

[185] Vom 12. 5. 1949.

sungsrechtliche Qualität bekommen hatte,[186] war die **Trennung** von Vollzugspolizei und Geheimdiensten aller Art zwingend geboten. Darüber hinaus ergibt sich der **Verfassungsrang des Trennungsgebotes aus dem Rechtsstaatsprinzip** der Kompetenzverteilung und Zweckbindung.[187] Dies bedeutet nicht nur eine organisatorische Trennung, sondern durch das ausdrückliche Exekutivverbot für die Geheimdienste auch eine sachliche Trennung. Das hat zur Folge, daß zwischen Polizei und „Staatsschutz" (im geheimdienstlichen Sinne) prinzipiell weder ein Konkurrenz- noch ein Ergänzungsverhältnis besteht, sofern sich die Aufgabe der Polizei auf die Abwehr konkreter Gefahren und die Aufklärung strafbarer Handlungen bei tatsächlichen Anhaltspunkten (§ 152 II StPO) beschränkt und die Aufgabe der „Dienste" auf die Beobachtung von abstrakt staatsgefährlichen „Bestrebungen" und Ausspähungen etc. beschränkt ist, wobei den „Diensten" auch keine polizeilichen Eingriffsbefugnisse zustehen (sollen).

Die rechtstatsächliche Entwicklung ist von der Trennung über die zum Teil unerlaubte Zu- 110
sammenarbeit bis zur Informationsverschränkung und Aufgabenüberschneidung verlaufen, ohne daß sich an der verfassungsrechtlichen Lage etwas geändert hätte. Es begann mit der Zubilligung einer **Befugnisgeneralklausel** polizeirechtlicher Art in § 3 des BVerfSchG i. d. F. bis zum 29. 12. 1990 (gleichlautend in allen Landesgesetzen), die schon bei ihrer Schaffung nicht weniger problematisch war als die gleichartige Klausel in den älteren Polizeigesetzen (§ 14 PrPVG, § 8 ME für bundeseinheitliche Polizeigesetze, § 8 PolGNW 1980, § 10 BGSG 1972 usw.) und in der StPO (§§ 161, 163).[188] Mit der Novellierung des BVerfSchG im Jahre 1972 wurde der Gebrauch **„nachrichtendienstlicher Mittel"** erlaubt,[189] also der Eingriff in Persönlichkeitsrechte unter Zurückdrängung des für alle Staatsgewalten geltenden Öffentlichkeitsprinzips gestattet. Das war die Folge der Entscheidung des BVerfG zur Änderung von Art. 10 GG,[190] durch die der Ausnahmezugriff im Vorfeld staatlicher Gefahren für bestimmte Zwecke und mit begrenzten Folgen legitimiert worden war.

Diesen Ausnahmecharakter der nachrichtendienstlichen Eingriffsbefugnis hat das 111
BVerfG in seiner Entscheidung über den Einsatz des **„elektronischen Staubsaugers"**, also über das Mithören von telefonischen Auslandsgesprächen,[191] ausdrücklich wiederholt. Aber mit der partiellen Überwindung des von den Alliierten verfügten Exekutivverbots[192] mußten die „Dienste" auf längere Sicht Informationsvorsprünge gegenüber der mit herkömmlichen Mitteln operierenden Polizei gewinnen. Ohne eine Pflicht zur Abwehr „konkreter Gefahren" und ohne Bindung an das **Legalitätsprinzip** des § 163 StPO lag es faktisch im Belieben der „Dienste", ihre jeweiligen „Erkenntnisse" über die Bewegungen von „Zielpersonen" der Polizei mitzuteilen. Zwar stellte sich die Frage der Befugnis zu solcher „Datenübermittlung", da der Polizei solche Ermittlungsmethoden versagt waren und sind.[193] Aber gleichwohl kam es „selbstverständlich" zu solchen **Informationshilfen** und damit auch zur Zusammenarbeit wie im Fall Schulz/Klar, bei dem die informierte Hamburger Polizei weder polizeirechtlich noch strafverfolgend zugriff, weil der „Dienst" an weiteren Beobachtungen interessiert war. Die Verdächtigen konnten entkommen und weiteres Unheil anrichten, bis sie später gefaßt wurden.[194]

---

[186] *Denninger,* vgl. Fußn. 184; *Lisken,* vgl. Fußn. 184; a. A. ohne nähere Begründung *Borgs/Ebert,* Das Recht der Geheimdienste, 1986, Rdn. 120 ff.; ähnlich *Koch* ZRP 1995, 24.

[187] *BVerfGE* 65, 1; *BVerfGE* 100, 313 = *BVerfG* NJW 2000, 55); ausdrücklich normiert in Art. 97 ThürVerf v. 1993.

[188] Vgl. *BVerfGE* 65, 1. Ursprung der Befugnisgeneralklausel § 89 Einl. PrALR: „Wem die Gesetze ein Recht geben, dem bewilligen sie auch die Mittel, ohne welche dasselbe nicht ausgeübt werden kann."

[189] Bewußt unklar der schriftl. Bericht des Innenausschusses des BT v. 15. 6. 1972, BT-Drucks. VI/1179: „Eine inhaltliche Präzisierung ... erwies sich als untunlich ... Die nachrichtendienstliche Arbeitsweise ... ergibt sich ... aus ihrem gesetzlichen Auftrag."

[190] *BVerfGE* 30, 1.

[191] *BVerfGE* 100, 313 = *BVerfG* EuGRZ 1999, 389 = NJW 2000, 55.

[192] Vgl. auch *Roewer,* Nachrichtendienstrecht in der BRep. Deutschland, 1987, S. 217 ff.; *C. Arndt* ZParl 1993, 621.

[193] *Lisken* NJW 1982, 1488; DRiZ 1987, 184; NJW 1991, 1658 (1660); ZRP 1994, 264.

[194] „Grundlage" waren die RiStBV v. 1. 1. 1977 Nr. 205: „... In Fällen von besonderer Bedeutung empfiehlt es sich, schon vor dem ersten Zugriff mit den bezeichneten Dienststellen in Verbindung zu treten." Vgl. zum Fall und zur Praxis auch Der Spiegel 7/92 v. 10. 2. 1992, S. 36.

112 Ein neueres Beispiel verfassungs- und verfahrensrechtlich bedenklicher Zusammenarbeit zwischen einem Geheimdienst (BND) und einer Staatsanwaltschaft (München) bietet der Fall des **Plutoniumschmuggels** vom August 1994 (näheres in der SZ v. 15. 4. 1995 S. 1 und Der Spiegel v. 10. 4. 1995 S. 36), bei dem der Präsident des BND sich darauf berief, nur **„Amtshilfe"** geleistet zu haben. Um „Amtshilfe" ging es angeblich auch immer, als die Dienste extra legem von der Polizei Auskünfte verlangten. Dabei wurde verkannt oder verdrängt, daß die **Amtshilfe kein Institut zur Befugnisleihe,** sondern nur ein Hilfsgebot für Behörden mit (teil-)identischer Aufgabenstellung und Verfahrensweise ist (so wie die **Rechtshilfe** der Gerichte).[195] Der Bundesminister des Innern hatte demgemäß 1982 auch die sogenannte **Amtshilfe der Grenzschutzbehörden** für die „Dienste" dahin reduziert, daß nur aus polizeilichen Gründen erlangte Informationen weitergegeben werden dürfen. Das entspricht den Regelungen in den Verfassungsschutzgesetzen, die den Polizeien erlauben, relevant erscheinende **Informationen, die sie haben,** weiterzugeben, aber polizeiliche **Ermittlungen** im Auftrage oder für Zwecke der „Dienste" nicht erlaubt. Das gilt gemäß BVerfSchG vom 20. 12. 1990 auch weiter. Eine Ausnahme gilt für die „grenzpolizeiliche Ausschreibung" gem. § 31 VII BGSG i.V. m. § 17 II BVerfSchG, wenngleich § 17 II BVerfSchG nur Fragen nach Daten erlaubt, die „bei der Wahrnehmung grenzpolizeilicher Aufgaben", also nur **gelegentlich** einer Kontrolle, „bekannt werden". Auch der BMdI kann nicht gem. § 31 I 2 BGSG die „Zulässigkeit derartiger Ersuchen" regeln.[196]

113 Unerkannt bleibt und nicht auszuschließen ist die Möglichkeit, durch Anzeigenverhalten die Polizei zu Ermittlungen zu veranlassen, bei denen Erkenntnisse anfallen könnten, die dann abrufbar wären. Auch **Militärischer Abschirmdienst (MAD)** und **Bundesnachrichtendienst (BND)** ersuchten unter Hinweis auf eigene Sicherheitsbelange um polizeiliche Auskünfte. Im Rahmen ihrer seit dem 30. 12. 1990 gesetzlich bestimmten Aufgaben- und Befugniszuweisung[197] gelten für den Informationsaustausch neben den einschlägigen Vorschriften in den Polizeigesetzen die §§ 18 ff. BVerfSchG, 10 ff. MADG und 8 ff. BNDG.

114 Unbeschadet dieser gesetzlichen Regelungen bleibt das Problem des **Austausches** von personenbezogenen Daten, die jeweils **für andere Zwecke** und **mit anderen spezifischen Befugnissen und Methoden** erlangt sind. Die gesetzgeberischen Planungen hatten ursprünglich zum Ziel, zwischen „Diensten" und Polizeien einen unbeschränkten Informationsaustausch zu sichern. Das Vorlaufmodell war der Datenverbund zwischen dem **Kraftfahrtbundesamt** in Flensburg mit allen Polizeien und „Diensten" gemäß §§ 31 ff. StVG, eingeführt im Jahre 1987.[198] Die Kritik hat bei der Regelung des **„Datenverbundes"** zwischen Polizei und Nachrichtendiensten zu einer auf Zwecke des „Staatsschutzes" und der „öffentlichen Sicherheit" begrenzten Übermittlungsbefugnis geführt.

115 Das BVerfG[199] hat diese Datenübermittlung nunmehr substantiell genauer eingegrenzt und nur **zum Schutz überragender Rechtsgüter** für zulässig erachtet. Damit sind aber die **Folgeprobleme,** die sich im polizei- und strafverfahrensrechtlichen Bereich aus der Verwendung anderweitig erhobener Daten ergeben, nicht gelöst. Das **Zweckbindungsprinzip,** also die Beschränkung der Datennutzung auf den Zweck der Datenerhebung, ist kein Selbstzweck. Dies hat das Bundesverfassungsgericht im Urteil über das Volkszählungsgesetz[200] am Beispiel der Nutzung von Daten, die für die Erstellung einer anony-

---

195 *Bull,* in: AG-GG, 1984, Art. 35 Rdn. 12 ff.

196 *Fischer/Hitz/Laskowski/Walter,* BGSG, 2. Aufl., § 31 Rdn. 8

197 G. v. 20. 12. 1990, BGBl. I, 2954. Zu den verfassungsrechtlichen Problemen des Datenverbundes vgl. *Simitis* KritJ 1989, 335 ff.; krit. auch *Bäumler* NVwZ 1991, 643. Zum Verbot der Datenübermittlung vom Verfassungsschutz an den „parlamentarischen Raum" vgl. *OVG Münster* NJW 1995, 1979.

198 G. v. 28. 1. 1987, BGBl. I S. 486. Zu den verfassungsrechtl. Problemen vgl. BT-Aussch.-Drs. 10/155 v. 15. 4. 1986 mit den Sachverständigenanhörungen; vgl. auch *Lisken* KritVjschr 1988, 324. Zu den datenschutzrechtl. Fragen vgl. Kap. J und oben Rdn. 84.

199 *BVerfGE* 100, 313 = EuGRZ 1999, 389 = NJW 2000, 55.

200 *BVerfGE* 65, 1.

misierten Sozialstatistik erhoben werden, aber zugleich der Verifizierung der Daten bei den Meldeämtern dienen sollten, anschaulich gemacht. Die **grundrechtssichernde Begrenzung von Eingriffsbefugnissen für bestimmte Datenerhebungen** verliert ihre Schutzfunktion, wenn die so gebundenen Befugnisse auch **ganz anderen Zwecken** nutzbar gemacht werden können, die ihrerseits nur **anders geartete** oder **begrenztere Befugnisse** gestatten. Deswegen ist der legalisierte Versuch in § 31 VII BGSG, **polizeiliche Befugnisse zur Datenerhebung für geheimdienstliche Zwecke** nutzen zu dürfen, verfassungsrechtlich bedenklich. Der BGS ist kein „Erfüllungsgehilfe" bei der Datenerhebung (arg. aus § 32 BGSG).

Ein **Ermittlungsverfahren** darf gem. § 152 II StPO z. B. nur betrieben werden, wenn **116** **„tatsächliche Anhaltspunkte"** für ein (begangenes) strafbares Verhalten vorliegen. Grundrechtseingriffe sind also im „Vorfeld" eines Verdachtes grundsätzlich verboten, damit die **psychische Integrität** eines Menschen nicht ohne von ihm zu vertretende Umstände verletzt wird. Darf dennoch im Vorfeld jeden Verdachts zu ganz anderen (Staats-)Zwecken heimlich geforscht werden, so bleibt der Schutz des Unverdächtigen nur erhalten, wenn jene außerhalb des Strafverfahrens erlangten Kenntnisse eben nicht gegen ihn verwendet werden dürfen. Dies hat das BVerfG im **„Abhörurteil"**[201] ebenfalls bestätigt.

Das so begründete Verbot des **„Befugnisshopping"** und des **unbegrenzten Datenverbundes** können weder „Amtshilfe" noch Legalisierungsversuche überwinden. Jede gesetzliche Erlaubnis der Mehrfachverwendung von spezifisch erhobenen Daten muß sich erhebungs- und verwendungsmethodisch in das Nutzungssystem, das angewendet werden soll, einfügen lassen. Was also strafprozessual nutzbar sein soll, müßte auch nach der StPO erhoben und verwendet werden dürfen. Das betrifft die polizeirechtlich erhobenen Daten ebenso wie die geheimdienstlich erlangten Daten. Sind die Methoden im Polizei- und im Strafverfahren gleichartig, wird man die **Doppelnutzung** zulassen können, weil die Neuerhebung eine leere Förmelei wäre. Fehlt es aber an einer gleichen Befugnis, kommt die Doppelverwendung nicht in Betracht. Das **Verbot des Telefonab- und -mithörens im Polizeirecht** befugt die Polizei also **nicht,** sich **über § 100a StPO die erwünschten Informationen** zu holen. Ebensowenig kann sich die Staatsanwaltschaft polizeilicher **Observationen** bedienen, soweit es an einer analogen Befugnis in der StPO fehlt. Der gegenteilige Standpunkt des BGH[202] ist durch nichts belegt. **117**

Vollends deutlich wird das Problem, wenn es um die **Verwendung von geheimdienstlich erlangten Informationen im Strafverfahren** geht. Gem. § 19 I BVerfSchG darf die Verfassungsschutzbehörde personenbezogene Daten an andere inländische Behörden übermitteln, wenn ... der Empfänger diese „für Zwecke der öffentlichen Sicherheit benötigt". Der Empfänger darf sie zwar nur „zu dem Zweck verwenden, zu dem sie ihm übermittelt worden sind" (§ 19 I Satz 2 BVerfSchG), aber seitdem Präventivdaten wie „selbstverständlich" auch strafprozessual genutzt werden, steht der **Zweckbindungsvorbehalt** eher auf dem Gesetzespapier als auf den Akten (s. BGH – Fn. 202 –). Eine besondere, als **Ausnahme** gedachte Übermittlungsbefugnis ist in §§ 20, 21 BVerfSchG geregelt. Danach dürfen die Verfassungsschutzbehörden den Staatsanwaltschaften und – vorbehaltlich deren Sachleitungsbefugnis – auch den Polizeibehörden Informationen übermitteln, wenn zu vermuten ist (aufgrund tatsächlicher Anhaltspunkte), „daß die Übermittlung zur **Verhinderung** oder **Verfolgung** von Staatsschutzdelikten erforderlich ist". Ob die Staatsanwaltschaften damit auch als „Filter" für die Weitergabe von präven- **118**

---

201 *BVerfGE* 30, 1 (22).

202 *BGH* NStZ 1992, 44 mit Anm. v. *Rogall; BGH* NJW 1996, 405 = NStZ 1995, 601 mit Anm. v. *Welp;* krit. auch *Köhler* StV 1996, 185. Gegen diese **„Osmose" von Prävention und Repression** auch *Kempf,* in: Bäumler (Hrsg.), Polizei und Datenschutz, 1999, S. 61. Ebenso strikt (im Anschl. an *BVerfGE* 65, 1) gegen die Verwendung strafprozessual erlangter Telefondaten durch die Finanzverwaltung *BFH* – VII B 265/00 – lt. SZ v. 14. 4. 2001, S. 22. Zu den **rechtssystematischen Fragen,** die der *BGH* nicht näher erörtert, vgl. *Walden,* Zweckbindung und -änderung präventiv und repressiv erhobener Daten im Bereich der Polizei, 1996. Sehr krit. auch *Staechelin* ZRP 1996, 430. Zum Problem vgl. die durch das StVÄG vom 2. 8. 2000 eingefügten §§ 161 I, 163 f und 483 ff. StPO mit speziellen Voraussetzungen.

tionsbestimmten Daten dienen sollen, ist zwar nach dem Gesetzeswortlaut anzunehmen, verfassungsrechtlich aber allenfalls für die **„Bundespolizeibehörden"** verbindlich, weil dem Bundesgesetzgeber für die Aufgabenzuweisungen der Landespolizeien keine Gesetzgebungskompetenz zusteht. Außerdem bietet § 19 I BVerfSchG ohnehin die Globalermächtigung zur Übermittlung von Präventivdaten an die Polizeien. Der Mangel an gesetzgeberischer Sorgfalt ist eklatant. Das zeigt sich auch beim **Regelungsdefizit über die strafprozessuale Verwendung geheimdienstlich erlangter Informationen,** die nicht unter den grundrechtsschützenden Ermittlungsvoraussetzungen der StPO erhoben worden sind. Das auf Öffentlichkeit und umfassende Beweiserhebung und Beweiswürdigung angelegte Strafverfahren (vgl. §§ 244ff. StPO i.V. m. Art. 103 I GG und Art. 6 EMRK) verträgt **keine Zweiteilung in ein geheimes Vorverfahren und ein öffentliches Hauptverfahren,** sondern nur ein in sich vollständiges Ermittlungs- und Erkenntnisverfahren, bei dem alle für die Wahrheitsfindung relevanten Tatsachen und Beweise erörtert werden müssen, also ggf. auch die ersten geheimdienstlichen Hinweise und ihre Quellen. Andernfalls bestünde ein durchgreifendes **Verfahrenshindernis.** Alle bemühten Versuche, mit **Vertraulichkeitszusagen** oder **Ausklammerung der Erstinformationen** einen Verfahrensfortgang zu ermöglichen, ändern nichts an dem Verstoß gegen den **Normzweck der StPO,** nämlich ein grundrechts-orientiertes Verfahren zur **Schuldfeststellung** zu garantieren. Dies ist seit der **Peinlichen Gerichtsordnung** Karls V. von 1532 mit allen Beweiserhebungsge- und -verboten Gemeingut (gewesen). Erst recht wollte die reformierte StPO von 1877 dieses Ziel erreichen.

119 Wer also **geheimdienstliche Informationen polizeilich oder strafprozessual nutzbar machen** will, müßte die Erhebungsmethoden im Polizeirecht und Strafprozeßrecht denen der „Dienste" angleichen und die dafür erforderlichen **Verfassungsvorgaben** schaffen. Es müßte – wie in einigen Polizeigesetzen bereits versucht – ein **Zugriffsrecht auf jedermann ohne Verdacht oder Gefahrenindiz** geschaffen und das **Legalitätsprinzip** weitgehend abgeschafft werden. Denn wenn der Zugriff auf jedermann vom Belieben der Exekutivbehörden abhängt und die Geheimdienste gem. §§ 19, 20, 21 BVerfSchG weitgehend nach ihrer Interessen- und Quellenlage entscheiden (können), ob und welche Informationen sie an die Polizeien und Staatsanwaltschaften weitergeben, dann liegt das **Anklagemonopol** nur noch formal bei der Staatsanwaltschaft, während das **Legalitätsprinzip** partiell unter Exekutivvorbehalt steht. Damit wäre das Gleichbehandlungsgebot, das eine **„Prozeßsteuerung" durch Dritte,** insbesondere durch die Inhaber der Regierungsmacht, verhindern soll, verletzt.

120 Das so skizzierte Dilemma besteht in Bayern schon seit 1994, seitdem der **bayerische Verfassungsschutz** „auch dem Schutz vor Organisierter Kriminalität" dienen und über Beobachtungsergebnisse den Strafverfolgungsbehörden und Gerichten „amtliche Auskünfte" erteilen soll (Art. 1 und 3 BayVSG – BayGVBl. 1994, 551). Die Praxis nimmt keinen öffentlich bemerkbaren Anstoß, auch wenn der damalige bayerische Datenschutzbeauftragte wegen dieser Gesetzesnovellierung von seinem Amt zurückgetreten ist.[203]

121 Kurz nach der Regelung in Bayern hat der Bundestag durch das **„Verbrechensbekämpfungsgesetz"** vom 28. 10. 1994[204] den **BND ermächtigt,** die „international nicht leitungsgebundenen Telekommunikationsbeziehungen ... zu überwachen und aufzuzeichnen", um die Gefahr bewaffneter Angriffe, die Begehung internationaler terroristischer Anschläge, die internationale Verbreitung von Kriegswaffen, den unerlaubten Außenwirtschaftsverkehr, die unbefugte Verbringung von Betäubungsmitteln, Geldfälschungen im Ausland und Geldwäsche im Zusammenhang mit den drei zuletzt genannten Handlungen abwehren zu können. Die so erlangten Daten sind vollständig den **Ver-**

---

[203] Vgl. *Frister,* Der (bayerische) Verfassungsschutz als Strafverfolgungsbehörde, in: FS f. Bemmann, 1997, S. 542ff. mit weit. Nachw. Behutsam krit. auch *Schaefer* NJW 1999, 2572, insbes. in bezug auf „Initiativermittlungen". Grundl. kritisch hingegen *Ostheimer/Lange,* in: Lange (Hrsg.), Staat, Demokratie und innere Sicherheit ... (2000), S. 167ff.

[204] BGBl. I 1994 S. 3186.

fassungsschutzbehörden, dem **MAD,** dem **Zollkriminalamt,** dem **Bundesausfuhramt** und den **Staatsanwaltschaften** zu übermitteln, soweit dies für die Erfüllung ihrer Aufgaben erforderlich ist. Als Aufgabe ist definiert die **Verhinderung, Aufklärung** oder **Verfolgung** von Straftaten, die in den §§ 2 und 3 III des G-10-Gesetzes genannt sind, wobei es genügt, daß „tatsächliche Anhaltspunkte für den Verdacht bestehen, daß jemand eine der vorgenannten Straftaten **plant, begeht** oder **begangen** hat".

Das Bundesverfassungsgericht hat dazu[205] festgestellt, daß der Bund **keine Gesetzgebungsbefugnis** habe, den BND mit Befugnissen auszustatten, „die auf die Verhütung, Verhinderung oder Verfolgung von Straftaten als solche gerichtet sind". Außerdem falle „das **Polizeirecht als Gefahrenabwehrrecht** in die **Zuständigkeit der Länder**". Allerdings dürften die zur Erfüllung des nachrichtendienstlichen **„Primärzwecks"** erlangten „Erkenntnisse" auch anderen Behörden zur Erfüllung ihrer Aufgaben zur Verfügung" gestellt werden, soweit dies die Gesetzgebungskompetenz des Bundes zulasse und „die anderweitigen Verwendungsmöglichkeiten die Primärfunktion nicht überlagere". **Der Einzelne müsse also bei jedem Fernmeldekontakt mit dem Ausland mit der Möglichkeit einer Erfassung durch den BND rechnen.** Das falle als Grundrechtsbeeinträchtigung „ins Gewicht" und könne schon im „Vorfeld" jeder Verwendung „zu einer Befangenheit in der Kommunikation, zu Kommunikationsstörungen und zu Verhaltensanpassungen ... führen". So „kann jedermann ohne weiteres Objekt von Überwachungsmaßnahmen werden". Aber die unterschiedlichen Zwecke rechtfertigten es, „daß die **Eingriffsvoraussetzungen** im G-10-Gesetz **anders** bestimmt werden **als im Polizei- und Strafprozeßrecht.** 122

Deswegen dürften nicht schlechthin alle für die anderen Behörden nützlichen Informationen weitergegeben werden, sondern nur solche, die wirklich nachrichtendienstliche Relevanz haben und als solche entsprechend **gekennzeichnet** sind. Sie müßten für den Grundrechtsschutz im weiteren Verfahren **identifizierbar** bleiben. Die verdachtslose Fernmeldeüberwachung, die der BND vornehmen dürfe, sei an sich nur zur strategischen Kontrolle zulässig. Nur dieser Zweck **rechtfertige die Breite und Tiefe der Grundrechtseingriffe. Zielten sie von vornherein auf die Verhinderung und Verfolgung von Straftaten, ließe sich die Befugnis nicht mit Art. 10 GG vereinbaren! „Grundrechtsgebotene Begrenzungen des Einsatzes bestimmter Erhebungsmethoden dürfen nicht dadurch umgangen werden, daß Daten, die mit einer solchen Methode rechtmäßigerweise zu bestimmten Verwendungszwecken erhoben worden sind, in gleicher Weise auch für Zwecke zugänglich gemacht werden, die einen derartigen Methodeneinsatz nicht rechtfertigen würden." Ausnahmen** könne es daher nur geben, wenn das zu wahrende Rechtsgut **„überragend wichtig"** sei. Deswegen müsse der Gesetzgeber die Überleitungsbefugnis dahin modifizieren, daß **nicht** schon „tatsächliche Anhaltspunkte für ein **Planungsstadium,** also für ein **„kaum begrenztes Vorfeld"**, für eine Datenweitergabe genügten. Es müsse vielmehr **„eine Tatsachenbasis für den Verdacht"** vorgeschrieben sein, „die der in § 100a StPO entspricht". Nicht Vermutungen, sondern **„konkrete und in gewissem Umfang verdichtete Umstände"** müßten „als Tatsachenbasis für den Verdacht vorliegen". Gerügt wird außerdem der weitgehende Verzicht auf eine **nachträgliche Mitteilung** über die Datenerhebung an den Betroffenen, weil dies den **Rechtsschutz** unzulässig verkürze. 123

Diese so ausgewogen erscheinende Entscheidung löst – unbeschadet der Legitimitätserwägungen – nicht das **Hauptproblem,** das in der Verwendung personenbezogener Daten liegt, die von Staatsanwaltschaften und Polizeien **so** nicht erhoben werden dürften. Selbst wenn und soweit geheimdienstliche Methoden in die Verfahrensgesetze Einzug halten, bleibt das **Ausforschungsverbot.** Mag auch **präventive Ausforschung** je nach Schadenspotential das gebotene Mittel der Wahl sein (vgl. Kap. E), so kann dies – entge- 124

[205] *BVerfGE* 100, 313 = EuGRZ 199, 389 = NJW 2000, 55. Grundl. verfassungsrechtl. Kritik bei *Staff* KritJ 1999, 586. Krit. zu der in sich widersprüchlichen Aufgabenerweiterung auch *Huben* NVwZ 2000, 393. Vgl. auch *Albrecht* KritV 2000, 273 zur Aufweichung verfassungskräftiger Kompetenzgrenzen mit dem Ergebnis einer im In- und Ausland agierenden **„Bundesgeheimpolizei"**.

gen verbreiteter Praxis – im Strafverfahren – wenn es entdeckt wird – zu einem unüberwindbaren **Verfahrenshindernis** werden (vgl. Kap. K). Insoweit bietet die **Entscheidung des BVerfG für die Praxis keine rechtliche Hilfe.** Hier bleibt der Gesetzgeber nach wie vor in der Pflicht, – am besten zugleich mit der vom BVerfG geforderten Nachbesserung des G-10-Gesetzes – auch die Frage zu regeln, wie solche **BND-Informationen als Beweismittel** verwendet werden dürfen und welcher **Rechtsschutz** in den verschiedenen Verfahrensstadien gegeben sein soll. Soll etwa der weitgehende Verzicht auf eine Rechtsschutzregelung im Ermittlungsverfahren fortbestehen und sollen auch die Datenzulieferung vom BND und die weitere Datenverwendung dem **Rechtsschutz durch den Ermittlungsrichter in Analogie zu § 98 II StPO unterliegen**?[206]

Inwieweit lassen sich die Voraussetzungen der Überleitungsbefugnis richterlich nachprüfen, da es ein **Auswahlermessen nach Opportunität** von Gesetzes wegen nicht geben darf?

125 Ein spezielleres Problem stellt sich mit der Regelung, daß BND-Informationen nur „vorbehaltlich der **staatsanwaltschaftlichen Sachleitungsbefugnis** den Polizeien zu übermitteln“ sind (§ 3 V G-10-Gesetz). Mangels einer Sachleitungsbefugnis im Präventionsbereich kann die Regel nur so verstanden werden, daß strafrechtlich relevante Sachverhalte gemeint sind. Wenn aber gem. § 3 I G-10-Gesetz **Hauptzweck** der Datensammlung die **Gefahrenabwehr** sein soll, dann spricht die Logik der Überleitungsregel dafür, daß insoweit die Polizeien bei einer „verdichteten Tatsachenbasis“ unmittelbar informiert werden dürfen. Eine andere Frage wäre, ob diese danach ggf. auch die Staatsanwaltschaften informieren dürfen.

126 Diese Unverträglichkeiten mit den Grundrechten und grundrechtsgleichen Verfahrensrechten bei der Einbeziehung geheimdienstlicher Ermittlungsmöglichkeiten in die Polizeiarbeit zeigen den inneren Grund sowohl des **Exekutivverbots** für die Geheimdienste als auch des **Gebots der Trennung von Geheimdiensten und Polizei** im Kompetenz- und Befugnisbereich. Nur in Verbindung mit der spezifischen Aufgabenzuweisung hatte das BVerfG bisher die faktisch exempten und verfassungsfernen **„Vorfeldbefugnisse“** der Nachrichtendienste toleriert: **Etwaige geheimdienstliche Methoden sollten nur zur vorbeugenden Abwehr existentieller Staatsgefährdungen erlaubt sein** und keinesfalls zu anderweitigen Eingriffszwecken mit Nachteilen für die unvermeidlich Betroffenen genutzt werden. (Diese partielle Ausnahme vom rechtsstaatlichen Kompetenz- und Befugnisgefüge des GG war der Preis für die Ablösung des bis dahin geltenden „verfassungsfremden“ **Besatzungsrechts** mit einer ungeregelten Abhörpraxis durch die Alliierten selber oder in ihrem „Auftrag“ zugunsten einer „verfassungsnäheren“ Regelung, die einer alliierten Zustimmung sicher sein konnte.)[207]

127 Der Einwand, daß sich „der Staat“ auf diese Weise **„künstlich dumm“** mache, übergeht die Rechtstatsache, daß der Staat des GG kein Herrschaftsgebilde mit einer monokratisch gebündelten Regierungsmacht ist, sondern eine politische Vereinigung, ein Zusammenschluß souveräner Menschen, die sich zur Regelung ihrer rechtlich relevanten Bedürfnisse **(„Daseinsvorsorge“)** eines Geflechtes öffentlicher Stellen mit je eigenen Kompetenzen und Befugnissen bedienen.[208] Der **Datenverbund** zwischen diesen Stellen zur

---

[206] Zum „einheitlichen Rechtsschutz im Ermittlungsverfahren“ vgl. *Bachmann* NJW 1999, 2414. Vgl. auch *Rieß/Thym* GA 1981, 189. Zur rechtssystem. Unvereinbarkeit von geheimdienstl. Quellenschutz und gerichtlicher Verwertbarkeit geheim erlangter Informationen vgl. *Staff* KritJ 1999, 586 ff.; ähnl. krit. *Rzepka* KritV 1999, 312 (327): „Letztlich ändern die vom *BVerfG* konkretisierten Bedingungen ... nichts daran, daß der BND faktisch als Ermittler für die Polizei ... tätig wird.“ Besonders krit. zur strafproz. Nutzung geheimdienstl. gewonnener Daten *Roggan*, Auf legalem Weg in einen Polizeistaat, 2000, S. 159 ff.

[207] So die damalige parlam. Auskunft gegenüber dem Verf., die auch dem *BVerfG* gegeben war. Vgl. *BVerfGE* 30, 1 mit den Minderheitsvoten von *Geller, v. Schlabrendorff, Rupp* = teilw. NJW 1971, 275; bestätigt durch *BVerfGE* 67, 157 = NJW 1985, 121. *Riegel* ZRP 1993, 468; *Schuppert,* in: AKGG 1984, Art. 10 Rdn. 7 ff. und 25 ff. *Denninger,* in: BMdI (Hrsg.), Verfassungsschutz und Rechtsstaat, 1981, S. 36 ff.; *Bull,* dorts. S. 149; *Simitis* NJW 1986, 1481. And. Ansicht ohne näh. Begr. *Borgs/Ebert,* Das Recht der Geheimdienste, 1986, Rdn. 120 f.; zur Praxis vgl. *C. Arndt* ZParl 1993, 621.

[208] *Hesse,* Grundz. d. VerfR d. BR Deutschl., 20. Aufl. 1995, Rdn. 9; *Haverkate,* Verfassungslehre, 1992, S. 144 ff.

Regelung verschiedener Aufgaben ist daher **nicht die Regel, sondern die Ausnahme** vom grundrechtssichernden Prinzip der Aufteilung öffentlicher Gewalt auf verschiedene „Hoheitsträger". Zur „Überwindung" dieser Schranken genügt also nicht eine opportune rechtstechnische Verbundregelung. Vielmehr bedarf es für jede „zweckfremde", also vom Erhebungszweck abweichende Nutzung eines Datenbestandes einer grundrechtlichen Legitimierung. Die neuerliche Nutzung derselben, bereits anderweitig erhobenen Daten müßte also zum Schutz gleich- oder höherrangiger Rechtsgüter unabweisbar notwendig sein und dieselben Erhebungsmethoden rechtfertigen, die bei der Erstgewinnung der Daten genutzt werden durften.[209] Die gebotene gesetzliche **Ergänzungsregelung** und die – vom Rechtswillen abhängige – **Rechtspraxis** werden zeigen, ob es zu einer verfassungskonformen Problemlösung kommt, wie sie dem BVerfG nunmehr anscheinend vorschwebt.

Die **rechtsstaatlich gebotene Trennung von Polizei und Geheimdiensten** verliert 128
jedoch – zumindest in Teilbereichen – durch die kontinuierliche Erweiterung der Polizeikompetenzen und -befugnisse im „Vorfeld" konkreter Gefahren und Verdachte, also mit dem Zugriffsrecht auf jedermann ohne die Eingriffsschwelle der Verantwortlichkeit, an Bedeutung. Symptomatisch ist die Einführung der **„Vorbeugungs"-Kompetenz** mit den Befugnissen zu **Jedermann-Kontrollen** an „gefährlichen" Orten oder bei anderen Begegnungen mit der Polizei. Auch mit der Befugnis zur Anwendung bestimmter, bisher den Geheimdiensten vorbehaltener Methoden wird die Arbeitsweise der Polizei der geheimdienstlichen Praxis angenähert. So werden sich die Arbeitsbereiche zunehmend überschneiden und die Methoden ähneln. Polizei und „Dienste" werden sich allenfalls in den Zielen noch unterscheiden, bis – **in einem anderen Staat** – Gefahrenabwehr, Vorbeugung, „Strafverfolgung" (statt strafprozessualer Ermittlung) und geheimdienstliche Aufklärung normativ unter dem Sammelbegriff **„Gewährleistung der Inneren Sicherheit"** einer einheitlichen Zweckbestimmung zugeführt werden (zu den verfassungs- und verfahrensrechtlichen Problemen im einzelnen vgl. Kap. E, Kap. F und Kap. J). Noch aber ist die Unterscheidung von Polizei und Geheimdiensten mit ihren spezifischen Organisations- und Kompetenzregelungen nicht obsolet.

VI. Polizei als Hilfsorgan

Als Hilfsorgan wird die Vollzugspolizei für andere Behörden tätig, die zu entsprechen- 129
den Eingriffen befugt sind, aber aus rechtlichen oder tatsächlichen Gründen keinen Zwang anwenden können. Diese Hilfe als Hilfsorgan hat nichts mit der „Organleihe" zu tun. Bei der **Organleihe,** wie sie vielfältig im Verhältnis zwischen staatlicher Exekutive und Kommunalbehörden geregelt ist, obliegt der betrauten Behörde die gesamte Erledigung der übertragenen Aufgabe. Bei der Amtshilfe fehlt jede gesetzliche Auftrags- oder Befugnisübertragung. Es besteht nur eine grundsätzliche, aus Art. 35 GG abgeleitete Unterstützungspflicht im Rahmen eigener Kompetenzen und Befugnisse, die versagt werden kann.

---

[209] Vgl. *BVerfGE* 27, 1; 65, 1; bestätigt und erläutert von *Benda,* Vortrag vom 21. 2. 1994, in: Schriftenreihe d. PFA 1/1995 S. 21. Vgl. auch *Lisken* DRiZ 1992, 250; *ders.* ZRP 1994, 264 (267 ff.); *Köhler* StV 1994, 386. Vgl. auch Kap. J. Das Problem der strafprozessualen Nutzung von Informationen anderer öffentlicher Stellen, die diese für eigene, also andere Zwecke mit spezifischen Methoden gewonnen haben, wird durch die Neuregelungen des Strafverfahrensänderungsgesetzes vom 2. 8. 2000 nur begrenzt gelöst. Vgl. oben Rdn. 96 mit Verw. auf *Herzog, Brodersen* und *Wollweber.* Gegen die Annahme einer allumfassenden Befugnis, anderweitig erhobene Daten „zweckfremd" zu nutzen, spricht u. a. die spezielle Novellierung von § 3 des G-10-Gesetzes durch das sog. Verbrechensbekämpfungsges. v. 28. 10. 1994 (BGBl. I 3186). Eingehend auch *Kutscha* ZRP 1999, 156. Ein weit. Beisp. für d. Notwendigkeit einer speziellen Datenübermittlungsbefugnis bietet das **Justizmitteilungsgesetz** v. 18. 6. 1997 (BGBl. I S. 1430). Zu den Gefahren eines totalen Datenverbundes vgl. *Hamm* NJW 1998, 2407.

Wo hingegen durch spezialgesetzliche Bindung **Vollzugshilfe** geleistet werden muß, handelt es sich um ein **gesetzliches Mandat,** bei dem die Eingriffsbefugnisse sich jeweils nach den Normen richten, die für den Vollzug der Aufgaben vorgegeben sind. Fehlt es hieran, hat die Polizei die für sie sonst maßgebenden Eingriffsregeln zu beachten, insbesondere etwaige Vollzugshilfevorschriften. So ist trotz der Befugnis der Kreiswehrersatzämter gemäß § 44 WPflG, eine Vorführung anzuordnen, der Vollzug dieser Anordnung ausschließlich der Polizei übertragen. Hier handelt die Polizei als gesetzlich bestimmtes Vollzugsorgan, wobei das Ob des Zugriffs vom gesetzlichen Mandanten, das Wie des Zugriffs vom Mandatar, von der Polizei, bestimmt wird.

§ 47 PolG NW; §§ 37 ff. BremPolG; §§ 29 ff. NGefAG; §§ 44 ff. HSOG; § 60 PolG BW; Art. 50 ff. Bay PAG; §§ 52 ff. ASOG Bln; § 168 LVwG SH; §§ 99 ff. POG RP; §§ 41 ff. SPolG; § 7 II SOG MV.

Es handelt sich weder um einen Fall gesetzlicher Organleihe noch um Amtshilfe im Sinne von § 4 VwVfG.

130 Ein gesetzliches Mandat ergibt sich für Polizeivollzugsbeamte auch aus § 152 GVG, wenn sie als **Hilfsbeamte der Staatsanwaltschaft** in Anspruch genommen werden. Die Eingriffsweisen ergeben sich danach allein aus der StPO. Das gleiche gilt für die Wahrnehmung der durch §§ 161, 163 StPO der Polizei zugewiesenen **Aufklärungsarbeit**.

Ein gesetzliches Mandat ergibt sich auch aus § 758 III ZPO und § 33 II FGG, wobei mangels spezieller Befugnisnormen das jeweilige Polizeirecht anzuwenden ist. Gleiches gilt zum Beispiel für den gegebenenfalls erforderlichen Vollzug des BSeuchG oder des GeschlKrG und die Vorführungsvorschriften der Verfahrensgesetze,[210] soweit die Polizei unmittelbar oder aufgrund einer Weisungsbefugnis der zuständigen Behörde (Gerichtsvollzieher, Staatsanwalt, Richter) hilfspflichtig ist.

131 Der (vorbeugende) Schutz von Gerichten und Gerichtsverhandlungen (auf Ersuchen des Gerichtspräsidenten oder des Gerichtsvorsitzenden) obliegt zwar primär der Justizverwaltung, kann aber von der Polizei aufgrund ihrer eigenen (Hilfs-)Zuständigkeit zur allgemeinen Gefahrenabwehr wahrgenommen werden. In diesem Falle handelt es sich nicht um die Erfüllung eines Mandates, sondern entweder um eigenverantwortliches Tun oder gegebenenfalls auch um **Amtshilfe.**[211]

132 Eine Sonderart der Amtshilfe ist die **Vollzugshilfe** (vgl. Kap. E), bei der die Polizei einer anderen Behörde Hilfe zur Anwendung unmittelbaren Zwanges leistet, weil sie **trotz eigener Zwangsbefugnis** an die Grenzen ihrer tatsächlichen Möglichkeiten gestoßen ist. Ordnungsbehörden bedienen sich oft dieser polizeilichen Vollzugshilfe. Ähnlich verfahren die Straßenverkehrsbehörden bei der Exekutierung ihrer Verwaltungsakte. Dabei obliegt der Polizei – mangels eigener übertragener Zuständigkeit – nicht die Prüfung der materiell-rechtlichen Voraussetzungen für den Zwangseingriff, wohl aber die Prüfung, ob die formalen Voraussetzungen gegeben sind. Es muß also die **Vollzugsfähigkeit** der zu vollstreckenden Anordnung vorliegen. Dazu gehört gegebenenfalls der vollstreckbare Titel, bei Freiheitsentziehungen die richterliche Entscheidung im Sinne von Art. 104 II GG.[212] Dies gilt auch bei sogenannten **Vorführungen,** die sich über Stunden erstrecken können. Die Auffassung des BGH,[213] der sich das BVerwG lapidar angeschlossen hat,[214] daß Vorführungen mangels hinreichenden „Gewichts" nicht als **Freiheitsentziehungen** zu werten seien, kann so undifferenziert nicht überzeugen. Das **Anhalten** bei einer Grenz-, Zoll- oder Verkehrskontrolle mag in der Regel nur Minuten dauern und auch keine totale Bewegungseinschränkung bewirken. Die **Vorführung,** die hingegen

---

210 Vgl. § 10 BSeuchG; §§ 10 ff. GeschlKG, § 51 StPO, § 380 ZPO, § 176 GVG.

211 *OVG Berlin* NJW 1973, 1246 mit Anm. von *Leinius* NJW 1973, 448; *Drews/Wacke/Vogel/Martens,* S. 146.

212 *BVerfGE* 10, 302.

213 NJW 1982, 753.

214 NVwZ 1990, 69.

eine Festnahme voraussetzt und ein Festhalten bedeutet, so daß – anders als bei der reinen Freiheitsbeschränkung – auch kein Ausweg durch Wegänderung oder Handlungsverzicht oder durch freiwillige Erfüllung gesetzlicher Ausübungsbedingungen wie beim Erwerb einer Bau- oder „Fahrerlaubnis" gegeben ist, kann nur als „Entzug" der Freiheit qualifiziert werden. Auch für die **Freiheitsberaubung** gemäß § 239 StGB genügt das kurzzeitige Einsperren in einen Raum, selbst in ein Auto etc., sofern nur das Verlassen verhindert wird.[215] Jede Art von „Freiheitsberaubung" soll gemäß Art. 104 GG nur mit richterlicher Erlaubnis gestattet sein.[216]

Wer statt dessen – wie der BGH – auf das **„Gewicht"** der Entziehung der Freiheit abstellt, gibt dem exekutiven und judikativen Dezisionismus Raum. Vor allem fehlt es an einem normativen **Maßstab,** der für die zu Hilfe gerufene Polizei erkennen läßt, ob sie **rechtmäßig** oder **rechtswidrig** einschreiten soll. Dies ist wegen der Folgen nicht unerheblich. Insoweit trifft die Verantwortung auch nicht die ersuchende Behörde, sondern die ausführende Polizei, weil der Richtervorbehalt in Art. 104 GG eine **Kompetenzverschiebung** bedeutet. Erst das Richterwort – vorher oder bei Gefahr im Verzug nachher – bildet die verfahrensrechtliche Grundlage für die Freiheitsentziehung durch Zwangsanwendung.[217] 133

Einige Polizeigesetze ziehen aus dieser Verfassungs- und Verfahrensrechtslage auch die **Konsequenz,** indem sie ausdrücklich klarstellen, daß bei **Vollzugshilfe zur Freiheitsentziehung** dem Vollzugshilfeersuchen die „richterliche Entscheidung über die Zulässigkeit der Freiheitsentziehung" beizufügen ist.[218] 134

Neben diesen gesetzmäßigen Polizeihilfen gibt es Fälle, bei denen sich die Amts- oder Vollzugshilfe zu einer **faktischen Organleihe** oder Unterstellung entwickelt hat, die weder nach den speziellen Vollzugshilfevorschriften noch nach den Amtshilferegeln[219] zulässig sind. Hilfe kann es in Einzelfällen, gegebenenfalls auch in einer Vielzahl von Einzelfällen geben. Wo aber die Serienhilfe zur unabsehbaren Dauerhilfe wird, verschiebt sich faktisch das Kompetenzgefüge, das durch Verfassung und Gesetze vorgegeben ist. Das Gesetzmäßigkeitsgebot des Grundgesetzes (Art. 20 Abs. 3) wird verletzt. Die Praxis bietet Beispiele: So fand auf einigen Flugplätzen die **Passagierkontrolle** gemäß § 29c LuftVG durch Polizeikräfte statt, obwohl es sich um eine Aufgabe der Luftsicherheitsbehörden handelte. Der Vollzugspolizei fehlten Kompetenzen und Befugnisse, so daß die Durchsuchungen auch nur auf der Grundlage der Freiwilligkeit der Passagiere möglich waren. Die Rechtslage war erkannt, dennoch wurde die Fortsetzung der Praxis auf „Amtshilfe" gestützt und mit Stellenzuweisungen an die Polizei finanziert. Die Folgen im Konflikt- oder Versagensfall wurden der Polizei zugemutet. 135

Ähnlich ist die Rechtslage bei wiederkehrenden **Durchsuchungen von Prozeßbeteiligten** bei „gefahrengeneigten" Strafprozessen durch Polizisten. Es handelt sich um eine Aufgabe der Justizverwaltung, wie sie auch bei Haftanstalten zu bewältigen ist. Solange solche Prozesse die Ausnahme waren, lag es nahe, polizeiliche Amtshilfe ergänzend heranzuziehen. Wo aber diese Hilfe zur Dauerbelastung wird, kann selbst bei etwaiger Verstärkung der Polizeimannschaften nicht mehr von Amtshilfe die Rede sein. Das gewaltenteilende **Ressortprinzip,**[220] das auch zwischen Innen- und Justizverwaltung sinnvoll ist und gilt, wird überspielt.

---

215 *BGHSt* 21, 188 = NJW 1967, 789; *BGH* NJW 1967, 941.

216 *BVerfGE* 10, 302; grundlegend m. w. N. *Schieder,* Die richterliche Bestätigung polizeilicher Ingewahrsamnahmen/Festnahmen, Seminararbeit bei der PFA, 1999; vgl. auch Kap. K Rdn. 48ff.

217 *Lisken* ZRP 1982, 145; *ders.* NJW 1982, 1268 m. w. Nachw.; *ders.* Polizei – heute 1995, 126; *Degenhardt,* in: Sachs, GG, 1996, Art. 104 Rdn. 19; *BVerfG* NJW 1991, 1283; vgl. auch oben Rdn. 93 u. Kap. F zum Richtervorbehalt m. weit. Nachw. Wie hier auch *BVerfG,* Urt. v. 20. 2. 2001 – 2 BvR 144/00 – NJW 2001, 1121.

218 Vgl. §§ 10 und 49 PolGNW; § 39 BremPolG.

219 Vgl. § 5 VwVfG.

220 Vgl. Art. 62ff. GG und die analogen Regelungen der Landesverfassungen. Zum Ressortprinzip vgl. auch *Achterberg,* Allg. Verwaltungsrecht, 2. Aufl., S. 234; *Herzog,* in: Maunz/Dürig/Herzog/Scholz, GG, Art. 62 Rdn. 8ff. mit umfangr. Literaturnachw.; *Ellwein,* in: Benda/Maihofer/Vogel (Hrsg.), Handbuch des

136 Eine neue Frage nach der Rechtsqualität wechselseitiger Hilfe könnte sich stellen, wenn die politische Idee einer **„Zusammenarbeit" von Polizei und Militär** realisiert werden sollte. Die sprachliche Nähe der Begriffe „innere" und „äußere Sicherheit" und die Übernahme der „Bekämpfung" in den Sprachschatz derer, die (nur) mit Polizei- und Strafverfahren zu tun haben (sollten), könnten ein bedarfsorientiertes Zusammenwirken als rechtlich problemlos erscheinen lassen. Aber so wie kein Polizist durch beamtenrechtliche Abordnung zum Soldaten (mit seinem besonderen Status) gemacht werden kann, so wenig kann ein Soldat für den Polizeidienst abgestellt werden. Es können auch keine Befugnisse „übertragen" oder „entliehen" werden, weil sie für jeweils andere Zwecke verliehen sind. Deswegen scheiden Amtshilfe oder Organleihe gänzlich aus, soweit Eingriffshandeln in Betracht kommen könnte. Es bleibt allenfalls eine Behördenhilfe ohne „Ausübung hoheitlicher Befugnisse", wie z. B. die Hilfe bei **Transportnöten** oder **Naturkatastrophen.**

VII. Landes- und Bundespolizei

137 Die Regelung der **allgemeinen Polizeimacht** hat in der neueren deutschen Verfassungsgeschichte stets in der Kompetenz der **Länder** gelegen.[221] Eine Regelungskompetenz im Bereich der allgemeinen polizeilichen Gefahrenabwehr steht daher dem **Bund** nicht zu. Die Bundesregierung hat lediglich in Notlagen eine begrenzte Anordnungskompetenz gem. Art. 35 III, 87a IV und 91 II GG. Zur Gesetzgebungskompetenz des Bundes können jedoch **kraft Sachzusammenhangs** Regelungen zur Gefahrenabwehr gehören, soweit eine dem Bund „zugewiesene Materie verständigerweise nicht geregelt werden kann, ohne daß zugleich eine nicht ausdrücklich zugewiesene andere Materie mitgeregelt wird".[222] So ist das Polizeirecht zwar „nach wie vor Sache der Landesgesetzgebung"; ist aber „die Ordnungsgewalt ein **Annex** des Sachgebietes, auf dem sie tätig wird, umfaßt die Zuständigkeit zur Gesetzgebung in einem Sachbereich auch die Regelung der Ordnungsgewalt (Polizeigewalt) in diesem Sachgebiet".[223] „Einen selbständigen, in die Gesetzgebungskompetenz der Länder fallenden Sachbereich bildet nur das Polizeirecht im engeren Sinne, es umfaßt die Regelungen, bei denen die Aufrechterhaltung der öffentlichen Sicherheit und Ordnung der alleinige und unmittelbare Gesetzeszweck ist."[224]

1. Die Stellung des Bundesgrenzschutzes

138 Mit der Kompetenz des Bundes zur Regelung des **Grenzschutzes** gem. Art. 73 Nr. 5 GG ist also das Recht verbunden, eine aufgabenbezogene Schutzorganisation mit eigenen Vollzugskräften und entsprechenden Befugnissen einzurichten. Der Bund hat von dieser Kompetenz erstmals durch das Gesetz über den Grenzschutz und die Einrichtung von Grenzschutzbehörden v. 16. 3. 1951[225] Gebrauch gemacht. Das GG setzt in den Art. 35, 87a und 91 die Existenz eines solchen „Bundesgrenzschutzes" ausdrücklich voraus, **begrenzt** damit aber zugleich auch die Einsatzzwecke im innerstaatlichen Bereich, soweit es nicht unmittelbar um die Grenzsicherung geht.[226] Deswegen ist im BGSG der Notstandseinsatz des BGS gem. Art. 91 GG ausdrücklich geregelt worden (§ 7 BGSG).

Verfassungsrechts, 1. Aufl. 1984, Bd. 2, S. 1093 ff.; *Hesse,* Grundz. d. VerfR d. BRep.-Deutschland, 20. Aufl. 1995, Rdn. 639 ff., 481 ff.

[221] Art. 26, 27 Rheinbund-Akte von 1806; Art. XIV Deutsche Bundesakte von 1815; Art. XXV Wiener Schlußakte von 1820; § 54 Paulskirchenverfassung von 1849; Art. 2 und 4 Reichsverfassung vom 1871; Art. 9 WRV von 1919; Art. 30, 70 ff. GG.

[222] *BVerfGE* 3, 407 (421); *Götz,* Allg. Polizei- und Ordnungsrecht, 11. Aufl. 1993, Rdn. 42.

[223] *BVerfGE* 3, 407 (433).

[224] *BVerfGE* 8, 143 (150).

[225] BGBl. I 201; vgl. auch Kap. A Rdn. 82.

[226] *Hellenthal* Die Polizei 1995, 1; *Staffen* Die Polizei 1994, 320; vgl. auch Kap. K.

Eine vergleichsweise ähnlich starke Legitimation läßt sich für die Zuweisung von allgemeinen **Schutzaufgaben an den BGS im Bereich der Flugsicherung** und **des Eisenbahnbetriebes** nicht finden.[227] Es fragt sich sogar, ob sich ein eigener bundespolizeilicher Schutz der Flughäfen und Eisenbahnanlagen aus der **„Natur der Sache"** zwingend nahelegt. Wer die **Gemengelage bei der Benutzung** der jeweiligen Anlagen durch Reisende und andere Personen betrachtet, wird eher Zweifel an der Zweckmäßigkeit einer bundespolizeilichen Zuständigkeit neben der örtlichen Polizeizuständigkeit haben müssen. Bei der reinen Flugsicherung nach dem Luftverkehrsgesetz ist diese Besorgnis nicht gegeben, wohl aber im Bodenbereich, wo sich nicht selten Störungen und kriminelle Taten zugleich innerhalb und außerhalb des **Flughafenbereichs** abspielen. Das gleiche gilt für die **Bahnhofsbereiche,** bei denen sich seit der Privatisierung der ehemals staatlichen Bundesbahn ohnehin die Frage stellt, ob eine Bundeskompetenz zur allgemeinen Gefahrenabwehr fortbestehen kann. Jedenfalls fehlt im GG jeder Hinweis dafür, daß der Bund den für spezielle verfassungskräftige Schutzaufgaben bestimmten BGS für andere allgemeine Polizeiaufgaben einsetzen darf, die unstreitig in die originäre Polizeizuständigkeit der Länder fallen. 139

Diese verfassungsrechtliche Kompetenzgrenze hat das BVerfG[228] ausdrücklich bekräftigt: „Der Bundesgrenzschutz darf nicht zu einer allgemeinen, mit den Landespolizeien konkurrierenden Bundespolizei ausgebaut werden und damit sein Gepräge als Polizei mit begrenzten Aufgaben verlieren." 140

Angesichts dieser Verfassungsvorgabe hat das BVerfG die Ausweitung der **BGS-Kompetenzen auf den Eisenbahn- und Luftverkehrsbereich** wegen der tradierten Verwaltungskompetenz des Bundes auf diesen Gebieten nur als Ausübung einer entsprechenden **Annexkompetenz** angesehen. Diese Aufgabenerweiterung des BGS ist danach als verfassungskonform hinzunehmen. Wenn aber der BGS nicht zu einer „allgemeinen, mit den Landespolizeien konkurrierenden Bundespolizei" mutieren darf, dann muß die exklusive **„Unterstützung" anderer Behörden, soweit es um allgemeinen Polizeischutz geht, auf dem Gewaltmonopol** der „unterstützten Stelle" beruhen und **allein ihrem Recht folgen** (§ 9 I 2 BGSG). Gleiches gilt gem. § 11 BGSG, wenn und soweit der BGS als **„Reservepolizei"** zur Unterstützung der Länderpolizeien gebraucht wird. Die daneben normierte **„eigenständige Wahrnehmung"** der Schutzaufgaben des BKA (§ 5 BKAG i.V.m. § 9 II 3 BGSG) setzt hingegen eine eigene **„allgemeine Polizeikompetenz" voraus. Insoweit ist nämlich keine Bindung des BGS an das Recht des BKA, sondern nur an dessen „fachliche Weisungen"** – falls sie ergehen – normiert. Es wird wie beim Bahn- und Flugschutz so getan, als ob der BGS eine einer Landespolizei vergleichbare (Bundes-)Polizei wäre. 141

Die Länder werden diesen Streitpunkt vermutlich nicht aufgreifen, weil sie auf diese Weise eigene Aufwendungen sparen (können). Deswegen liegt auch die Versuchung nicht fern, dem BGS (als „Bundespolizei") auf gleiche Weise weitere Aufgabenbereiche zuzuweisen, etwa die Aufgaben der **Wasserschutzpolizeien** und der **Autobahnpolizeien**, und darauf zu vertrauen, daß niemand, der klagebefugt wäre, das *BVerfG* anruft. Ebenso „kostengünstig" für die Länder wäre eine **„Kriminal(justiz)polizei"** des Bundes – unter der Fachaufsicht der Staatsanwälte – bei (unkritischer) Annahme einer Regelungsbefugnis des Bundes gem. Art. 74 Nr. 1 GG (vgl. *Maunz/Dürig*, GG, Art. 74 Rdn. 82; *BVerfGE* 56, 110 = NJW 1981, 1033; krit. *Leisner*, Von der Verfassungsmäßigkeit der Gesetze zur Gesetzmäßigkeit der Verfassung, 1964, insbes. S. 52 u. 59). Die Gefahr, daß das **föderale Machtverteilungsgefüge** einmal mehr Schaden nimmt, falls sich die rechtliche und faktische Polizeimacht „schleichend" weiter verschiebt, ist – wie die Entwicklung, auch im Hinblick auf den Weg zu EUROPOL (vgl. Kap. O), zeigt – latent vorhanden. Die Gefahr 142

[227] Vgl. §§ 3 und 4 BGSG v. 19. 10. 1994 (BGBl. I 2978); vorher §§ 2 a, 4 a BGSG und § 31 LuftVG i. d. F. der ÜbertragungsG v. 23. 1. 1992 (BGBl. I 178); zur Begr. vgl. BT-Drs. 12/1091 und *Schreiber* DVBl. 1992, 589; krit. insb. *Papier* DVBl. 1992, 1.

[228] *BVerfGE* 97, 198 (218).

liegt um so näher, je mehr die Finanznot der Länder dazu verführt, dem Bund kostenträchtige Aufgaben, die er übernehmen will, auch zu überlassen. Dem steht aber der Zweck der Kompetenzverteilung im GG entgegen, wobei sich zusätzlich die Frage stellt, ob eine Veränderung der föderalen Polizeistruktur nicht auch gegen das Föderationsprinzip in Art. 20 GG verstößt. Die Polizeimacht wird man mit Blick auf die Verfassungsgeschichte[229] zum wesentlichen Bestandteil eines Landes mit eigener Staatlichkeit rechnen müssen.

143 Eine Art stillschweigend begründete **faktische Bund-Länder-Vereinbarung** als verfassungsrechtliche Regelungsgrundlage genügt für eine Kompetenzverlagerung ebensowenig wie die Annahme, die Länder könnten nach Art eines Gesetzgebungsvorbehaltes auf ihre **Kompetenz in Polizeidingen** (teilweise) **verzichten.** Das Föderationsprinzip dient auch der Machtverteilung und -begrenzung. Kompetenzfragen sind Machtfragen. Eine staatsrechtlich wichtige Kompetenzregelung ist also nicht disponibel.[230] Andernfalls könnte sich der BGS „dergestalt auf dem Weg zu einer Art allgemeinen **Bundespolizei** für die Exekutivbereiche des Bundes sehen".[231]

144 Auf der anderen Seite stellt sich die Frage, ob die dem Bund „obliegende" **Grenzsicherung** auch als **eigenständige Landesaufgabe** angesehen oder zugewiesen werden kann. Diese Auffassung liegt anscheinend – wenn man die Entstehungsgeschichte der Norm betrachtet – der Formulierung in § 2 I BGSG („..., soweit nicht ein Land im Einvernehmen mit dem Bund...") zugrunde. Die Formulierung geht auf eine bayerische Initiative zurück. In § 16 b HbgSOG und Art. 28 BayPAG sind entsprechende Grenzkontrollkompetenzen ausdrücklich normiert. Diese Praxis der Gesetzgebung zeigt, daß über die grundlegende Frage der Gesetzgebungskompetenz keine sichere Vorstellung besteht. Die Gesetzgebung geht eher pragmatisch als systematisch vor. Andernfalls ließe sich nicht erklären, daß die **strafprozessualen Polizeiaufgaben** in § 1 BGSG nicht erwähnt sind, obwohl dort eine Fülle anderer polizeilicher Aufgaben ausdrücklich aufgezählt war und ist. Die Befugnis zur Anwendung von §§ 161, 163 StPO ist nur in § 12 I BGSG erwähnt. Systematisch spräche dies für eine exklusive Befugnis. Faktisch wurden und werden die **strafprozessualen Befugnisse** umfassend auf allen Gebieten genutzt, auf denen der BGS als Bundespolizei gem. § 1 I BGSG Schutzaufgaben zu erfüllen hatte und hat.[232] Mit der Novellierung von 1994[233] sind die schutz- und kriminalpolizeilichen **Befugnisse im Grenzbereich** umfassend und in sich stimmig geregelt worden. Zugleich ist aber auch klargestellt, daß diese Gesamtkompetenz des BGS **in sachlichem Bezug zur Grenze** steht. Jedem Eingriff muß also ein sachlicher und nicht nur örtlicher Bezug zum Grenzverkehr zugrunde liegen.

145 Wo sich – wie im Grenzbereich oder auf Bahnanlagen und Flughäfen – Landes- und Bundespolizei aus je eigener Kompetenz begegnen können, stellt sich die Frage der **„Kompetenzkompetenz"**. In § 12 BGSG ist dem BGS zwar eine eigene Zuständigkeit für „die polizeilichen Aufgaben auf dem Gebiet der Strafverfolgung" im Bereich der „Bahnanlagen" zugewiesen; diese ist aber gem. § 12 BGSG nicht dergestalt begrenzt, daß die Verfolgung eines Taschendiebs aus einem Kaufhaus bis in einen Bahnhof oder umgekehrt an der Schwelle des Bahnhofsportals jeweils enden müßte. Bundes-(Bahn-)polizei

---

229 Vgl. *BVerfGE* 3, 407 (414 ff.); 41, 205 (220); 61, 149 (175 f.). „Hausgut" der Eigenstaatlichkeit der Länder, vgl. *BVerfGE* 34, 9 (20).

230 *Bull*, AKGG 1984, Art. 87 Rdn. 80 ff.; *Gusy*, Polizeirecht, 4. Aufl. 2000, Rdn. 40 ff. Vgl. auch *Hesse*, Grundz. d. VerfR der BR Deutschland, 20. Aufl. 1995, Rdn. 219 ff. und 235 ff. Insbes. *Vogel*, in: Benda/Maihofer/Vogel (Hrsg.), Hdb. d. VerfR, 2. Aufl. 1994, § 22 Rdn. 12 ff. mit w. Nachw.

231 *Lerche*, in: Maunz/Dürig/Herzog/Scholz, GG, Art. 87 Rdn. 125. Unkritisch *Gröpl* DVBl. 1995, 329; *Schreiber* NVwZ 1995, 521, sieht eine „kontinuierliche Fortentwicklung" des Polizeirechts, was indes nichs darüber aussagt, ob diese „Entwicklung" auch verfassungskonform ist.

232 *Einwag/Schoen*, BGSG, 1988 § 1 Rdn. 35. *Fischer/Hitz/Laskowski/Walter*, BGSG, 2. Aufl. § 1 Rdn. 11 folgern denn auch aus der Benennung des BGS als „Polizei" die Zuweisung strafprozessualer Befugnisse – eine eher linguistische als juristische Argumentation, die den Gesetzgebungsmangel kaum verdeckt.

233 G. v. 19. 10. 1994 (BGBl. I 2978).

und Landespolizei sind vielmehr nebeneinander und gleichermaßen zuständig, da gem. § 12 II BGSG die Zuständigkeit der Landespolizei „unberührt" ist. Die Gefahren einer **Kompetenzüberlagerung ohne Vorrangsregelung** können und müssen ggf. gem. § 12 II 3 BGSG mittels der Verfahrensherrschaft der örtlich zuständigen **Staatsanwaltschaft** überwunden werden, damit solche Doppelzuständigkeit sich nicht zum Nachteil des Betroffenen auswirkt. **Im schutzpolizeilichen Bereich** verbieten sich **„negative" Kompetenzkonflikte** ebenfalls, da die Aufgabenzuweisung zum (helfenden) Einschreiten verpflichtet (vgl. Kap. F zum Anspruch auf ein Einschreiten). Bei einem **„positiven" Kompetenzkonflikt** müßte die beiderseitige **Dienstaufsicht** schlichten, wie es auch für den Fall einer Aufgabenüberschneidung gem. § 1 VI BGSG vorgesehen ist. Dies kann z. B. dann erforderlich werden, wenn sich konzeptionelle Lagevorbereitungen widersprechen.

Beispiel: Gewaltgeneigte Störergruppen werden auf dem Schienenwege erwartet. Die Bahnpolizei will sie im Zug für die Dauer der Veranstaltung, die den Anlaß der Fahrt bildet, festhalten, während die örtliche Polizei eine „hautnahe" Eskortierung und etwaige Einweisung ins Polizeigewahrsam unter Mitwirkung der örtlichen Polizeirichter bevorzugt. Könnte die örtliche Polizei die problemlösende Entscheidung des Polizeirichters „herbeiführen", falls die Bundes-(Bahn)polizei die Störer im Zuge festhielte? Und wenn der Richter seine Mitwirkung verweigerte?

Eine faktisch einvernehmliche Regelung setzt auch die Verwendung des **BGS zur** 146
Unterstützung einer Landespolizei gem. Art. 35 GG und § 9 BGSG voraus. Zum Streitfall kann die Hilfe nur werden, wenn die Hilfspflicht selbst oder der Umfang der Hilfe in Frage stehen (vgl. Kap. K zu Organstreitigkeiten). Die Praxis hat sich längst dahin entwickelt, daß die Polizeireserven aller Länder und des Bundes wie ein gemeinsamer Pool behandelt werden, ohne daß die Indikation einer Notlage im Sinne von Art. 35 GG gestellt wird. Eine solche Praxis fördert naturgemäß die Vorstellung, daß auch die Aufgabenzuweisungen bedarfsweise geregelt und verändert werden können. Ein Beispiel einer vorweggenommenen Begründung für einen künftigen „Regelungsbedarf" stellen die wiederholten Sicherungen von „Castor"-Transporten oder die langfristig angelegten „Betreuungen" von gewaltbereiten Extremisten durch Teile des BGS dar. Mit nicht geringerer Plausibilität ließe sich der Schutz vor bestimmten Verbrecherbanden durch den BGS begründen. Solche Praxis würde alsbald das Bild einer **„Bundespolizei"** mit umfassenderen Kompetenzen schaffen, dessen Entstehen sich danach leicht als Ausdruck eines „stillen Verfassungswandels" deklarieren ließe. Das Auftreten des Bundesministers des Innern als „Polizeiminister" würde nicht mehr als absonderlich, sondern als „verfassungskonform" angesehen. Die **faktische Änderung der Verfassung** ohne „ein Gesetz ..., das den Wortlaut des Grundgesetzes ausdrücklich ändert ..." (Art. 79 I S. 1 GG), würde ebenso hingenommen wie die schleichende „Erosion" unserer parlamentarisch-demokratischen Verfassungsstruktur über die Artikel 23 und 24 GG (vgl. die Belege bei Rdn. 158 mit Fn. 248 ff. und Kap. K Rdn. 229 ff.). In der Praxis käme es daher einmal mehr auf die **„Verfassungstreue"** der Beamten (*BVerfGE* 39, 334) an, um unsere Verfassung letztlich vor uns selber mit unseren abweichenden Neigungen zu schützen (vgl. Art. 20 GG und § 35 I S. 3 BRRG nebst § 1 BVerfSchG).

2. Die Stellung des Bundeskriminalamtes

Für die Vorstellung einer variablen Gestaltung der Polizeistrukturen im Bund und in 147
den Ländern spricht nicht nur die „Fortschreibung" des BGSG, sondern auch die des **BKAG.** So ist auf dem Gebiet der **kriminalpolizeilichen Arbeit** die Gesetzgebung schon mit der Schaffung des BKAG und erst recht bei seinen Novellierungen über die verfassungskräftige Zuweisung einer **Servicefunktion des BKA** für die Länderpolizeien[234] weit hinausgegangen.

[234] Vgl. BKAG v. 8. 3. 1951 (BGBl. I 165) mit der Fass. v. 29. 6. 1973 (BGBl. I 704) einschl. der Änderungen durch G. v. 9. 12. 1974 (BGBl. I 3393). Krit. dazu *Denninger,* Der gebändigte Leviathan, 1990, S. 441.

148 Der semantisch und systematisch verfehlte Wortlaut von Art. 73 Nr. 10 GG erschwert eine präzise Kompetenzbestimmung. Aus Art. 87 GG folgt lediglich das Recht des Bundes zur Errichtung von **Zentralstellen** für das polizeiliche Auskunfts- und Nachrichtenwesen und für die Kriminalpolizei. Aus dieser Organisationsbefugnis ergibt sich aber noch nicht der sachliche Zuständigkeitsbereich. Insoweit sind die sachlichen Gesetzgebungskompetenzregeln heranzuziehen. Allenfalls lassen sich aus dem Begriff der „Zentralstelle", einem neuen „Sonderbehördentyp", bestimmte sachbezogene Funktionen als notwendig herleiten.[235]

149 Die Erfindung der Zentralstellen in Art. 87 GG geht ersichtlich auf die Erkenntnis zurück, daß bei einer föderalen Kompetenzverteilung für identische Sachgebiete eine sachliche, länderübergreifende Zusammenarbeit unabdingbar notwendig ist, die allein durch das Amtshilfegebot des Art. 35 GG nicht sicherzustellen ist. Insbesondere die zentrale Zusammenfassung und Auswertung von Informationen auf polizeilichem Gebiet, die über eine örtliche Bedeutung hinausgehen, war und ist unerläßlich. Das gilt erst recht, wo es um Sachverhalte geht, die Auslandsbezüge haben. Insofern ergibt sich aus der Zentralstellenfunktion nahezu von selbst eine Koordinierungsfunktion, die indes, wie die Erfahrung lehrt, sehr schnell in eine faktische Weisungsfunktion übergehen kann. Hier wäre dann zu fragen, ob sich nicht aus der Beschränkung auf eine „Zentralstellen"-Funktion gem. Art. 87 GG zugleich auch eine Kompetenzbegrenzung ergibt; denn eine für die **Kooperation bestimmte Zentralstelle** ist etwas anderes als eine Aufsichtsbehörde innerhalb eines ressortgebundenen Regierungsbereichs oder als eine bundesunmittelbare Verwaltungsbehörde mit eigenen Eingriffskompetenzen. Die Zentralstellenkompetenz darf nicht die „grundgesetzlich vorgenommene Kompetenzverteilung ... unterlaufen".[236]

150 Eine solche abstrakte „Grenzlinie" sichert jedoch nicht gegen Versuche, einer Zentralstelle auch originäre Kompetenzen und Eingriffsbefugnisse dort einzuräumen, wo es schlicht zweckmäßig erscheint. Dies wird durch die Befugnis des Bundes zur Errichtung eines **Kriminalpolizeiamtes** in Art. 73 Nr. 10 GG begünstigt, das für die Zusammenarbeit des Bundes und der Länder auf dem Gebiet der „Kriminalpolizei" und für die „internationale Verbrechensbekämpfung" zuständig sein darf. Ist mit letzterem auch nur die „Strafverfolgung" im Sinne der Aufklärung von konkreten Verdachtsfällen gem. §§ 152 II, 163 StPO gemeint,[237] so impliziert die Kompetenzbeschreibung jedoch unausgesprochen auch die Befugnis, die in diesem Rahmen erforderlichen **Befugnisse nach der StPO** auch selbst auszuüben. Aus der „unglücklichen",[238] juristisch unklaren Wortwahl „Verbrechensbekämpfung" läßt sich allenfalls eine Gesetzgebungsbefugnis zur Regelung einer vorbeugenden Schutzzuständigkeit mit einschlägigen Eingriffsbefugnissen ableiten, soweit der Umfang auf die „Verhütung von Verbrechen" begrenzt und nicht auf die allgemeine Gefahrenabwehr erstreckt wird.[239] Aber selbst wenn man das Bundeskriminalpolizeiamt auf eine reine **Servicefunktion im Verkehr mit ausländischen Kriminapolizeien** reduzieren wollte, bliebe die Notwendigkeit, das so tätige BKA mit entsprechenden Eingriffsbefugnissen auszustatten, weil jede Datenverarbeitung auf diesem Gebiet einen Eingriff darstellt, so daß sich die Einräumung der erforderlichen **Befugnisse nach der StPO** nahelegt. Nicht die Begrenzung der Befugnisse, sondern die strikte Beachtung der Kompetenzen sichert die Beschränkung des BKA auf die notwendige **Hilfsfunktion** im Staat des GG.

---

235 Vgl. *Bull,* AKGG 1984, Art. 87 Rdn. 33 ff. und 85 ff.; *Gusy* DVBl. 1993, 1117; *Becker* DÖV 1978, 551.

236 *Maurer,* Allg. Verwaltungsrecht, 8. Aufl. 1992, S. 501. Eingehend auch *Gusy* DVBl. 1993, 1117 m. w. Nachw.; *Becker* DÖV 1978, 551 (553 ff.).

237 *Riegel,* Bundespolizeirecht, 1985, § 5 BKAG Anm. 1.

238 *Riegel* – s. Fn. 237 –. Über den Mangel an Begriffsklarheit vgl. auch *Denninger,* Der gebändigte Leviathan, 1990, S. 443 ff.

239 *Jarass/Pieroth,* GG, 3. Aufl. 1995, Art. 73 Rdn. 22, 25; *Lerche,* in: Maunz/Dürig/Herzog/Scholz, GG, Art. 87 Rdn. 137 mit der salvatorischen Einschränkung, daß ein „hinreichender Bundesbezug in der Sache erkennbar" sein müsse, soweit das BKA mit Ermittlungsbefugnissen ausgestattet werde. Zur „Vorbeugung" vgl. Kap. E und Kap. F.

Die gesetzgeberischen Aktivitäten sind bei der Schaffung und den Novellierungen des BKAG über diese Begrenzung stets hinausgegangen, weil die Kriminalitätsentwicklung die Vorstellung begünstigt hat, mit möglichst effektiven polizeilichen Mitteln zur „Verbrechensbekämpfung" beitragen zu können.[240] Insbesondere § 4 BKAG ist Ausdruck dieses Glaubens an die Effektivität einer möglichst umfassenden **Bundeskompetenz zur „Strafverfolgung"**. Der rein deklaratorische Vorbehalt zugunsten der Länderkompetenz in § 1 III BKAG kann nicht verschleiern, daß speziell in den Fallgestaltungen, die § 4 Abs. 2 Nr. 2 BKAG beschreibt, eine Bundeskompetenz sachlich durch nichts geboten ist, solange die Länder ihrer einschlägigen Aufgabe nachkommen können und nicht ihrerseits – wie in § 4 II Nr. 1 BKAG – um Übernahme der „Strafverfolgung" ersuchen. Letzteres kann sich bei komplexen Sachverhalten mit Auslandsbezügen nahelegen. Daß aber **der für die „Strafverfolgung" ganz und gar unzuständige Bundesinnenminister** gem. § 4 Abs. 2 Nr. 2 BKAG „aus schwerwiegenden Gründen", die nirgends definiert sind, die Zuständigkeit der Landesbehörden ausschließen und auf das BKA übertragen kann, widerspricht allen föderalen und verfahrensrechtlichen Strukturprinzipien. Der bisherige Mangel an Problematisierung liegt allein in dem Umstand begründet, daß die Anordnung des BMdI ggf. als Entlastung und nicht als Zumutung für die Länder empfunden worden ist. Der Mangel an Klärungsbedarf bedeutet also nicht, daß die Regelung verfassungsgerichtlicher Prüfung standhielte.[241] 151

Nicht anders beurteilt sich die **Zuweisung schutzpolizeilicher Kompetenzen an das BKA** gem. § 5 BKAG. Weder Art. 87 I noch Art. 73 Nr. 10 GG rechtfertigen diese Aufgabenzuweisung, weil es sich nicht um kriminalpolizeiliche Aufgaben handelt. Aus der „Natur der Sache" folgt nur die Polizeihoheit des Bundestagspräsidenten, wie auch Art. 40 II GG belegt. Zum Schutz anderer Bundesorgane und ihrer Mitglieder bedarf es angesichts der allgemeinen Polizeizuständigkeit keiner eigenen oder besonderen Polizeigewalt.[242] Der Gesetzgeber hat das Gewollte und Praktizierte und nicht das rechtlich Statthafte beschlossen.[243] Die innere Systemlosigkeit zeigt sich schon darin, daß diese Schutzaufgaben nicht etwa dem BGS als Bundespolizei übertragen worden sind, sondern einem Kriminalpolizeiamt, dem deswegen BGS-Befugnisse eingeräumt (§ 9 III BKAG) und BGS-Kräfte „zur Unterstützung" unterstellt werden müssen (§ 9 BGSG). 152

3. Die Bereitschaftspolizeien

Die mit der Zuständigkeitsverlagerung verbundene Kostenübernahme durch den Bund hat in allen bisherigen Fällen die Ausweitung der Kompetenzen der Bundespolizeibehörden zu Lasten der Länder begünstigt. Ähnlich „förderlich" für die Stärkung einer faktischen Bundeskompetenz war die Installierung eines **Inspekteurs der Bereitschaftspolizeien der Länder** beim Bundesinnenminister auf der Grundlage eines einschlägigen Abkommens der Länder mit dem Bund vom 10. 12. 1970/26. 3. 1971.[244] 153

Die Länder haben danach zur Ausbildung und zur Erfüllung ihrer Polizeiaufgaben nach Weisung des Innenministers sog. **Bereitschaftspolizeieinheiten** zu schaffen. Der Inspekteur des Bundes soll über sie ggf. die Befugnisse des Bundes gem. Art. 35, 91 und 115 f GG ausüben und sich vorsorglich jederzeit über die Einhaltung der gemeinsamen „Vertragsrichtlinien" über die Organisation und Ausstattung der Bereitschaftspolizeieinheiten in den Ländern informieren. Für die erforderliche Sachausstattung kommt der

240 Zu diesem Irrtum vgl. *Lisken* ZRP 1994, 49 und 264, jeweils mit w. Nachw. Vgl. auch *Steinke* ZRP 1995, 212, zum BKAG Entwurf vom 17. 2. 1995 (BR-Drs. 94/95, jetzt BT-Drs. 13/1550 vom 31. 5. 1995 mit Stellungen. d. BRates).

241 So auch eingehend *Gusy* DVBl. 1993, 1117.

242 So auch *Riegel*, Bundespolizeirecht, 1985 § 9 BKAG Anm. I.

243 Vgl. *Riegel* DVBl. 1982, 720 (722); a. A. kraft „stillschweigend zugelassener Zuständigkeit" und „gewohnheitsrechtlich" rezipierten „allgemeinen Polizeirechts" *Drews/Wacke/Vogel/Martens*, Gefahrenabwehr, 9. Aufl. 1986, S. 65 f. Wie hier wiederum *Gusy* DVBl. 1993, 1117.

244 Veröff. für NRW im MBl. 1971, 906; für Hessen im StAnz. 1970, 44.

Bund auf. Es werden also Bundesmittel verwendet, die auch den Ländern bei eigenen Einsätzen der Bereitschaftspolizei nützen. Auf diese Weise ergibt sich ein faktischer Bundeseinfluß auf die Polizeistärke und die Polizeiarbeit der Länder, der ihre „Polizeihoheit" zumindest berührt. Zwar bleibt den Ländern die Anrufungs- und Hilfskompetenz gem. Art. 35 II GG erhalten, aber die Bundeskompetenz gem. Art. 35 III, 91 II und 115f GG wird faktisch auf die Einsatzvorbereitung erstreckt. Es handelt sich insoweit also um eine Art partieller Zuständigkeitsverlagerung durch einen **Staatsvertrag extra constitutionem,**[245] dessen Nutzen allein zur Legitimation nicht genügt. Ihm kommt eher die „normative Kraft des Faktischen" zugute, wie sie auch von den traditionellen Beschlüssen der in der Verfassung nicht vorgesehenen **Ständigen Konferenzen** der Innenminister, Justizminister, Kultusminister etc. ausgeht.

154 Die in den letzten Jahren – nach einer Modifizierung des Bund-Länder-Abkommens – zum Teil begonnene **Integration der Bereitschaftspolizeieinheiten in größere Polizeibehörden** mit allgemeinpolizeilichen Aufgaben – ähnlich den **Einsatzhundertschaften** für größere Gefährdungslagen – hat an ihrer Verwendung bei länderübergreifenden Gefahrenlagen im Grundsatz nichts geändert. In der Praxis kann es allerdings zu Einsatzverzögerungen kommen. Außerdem sind Führungs- und Kommunikationsprobleme zu besorgen, wenn die Führung je nach Einsatzaufgabe wechselt. Auf der anderen Seite wächst mit der Finanznot der Länder die Versuchung, **die mit Bundesmitteln ausgestattete „Bereitschaftspolizei"** stärker für den alltäglichen Schutzpolizeidienst zu nutzen und die „Einheiten" entsprechend zu dislozieren. Der Bundesminister des Innern hat deswegen bereits die Ausrüstungsfinanzierung durch den Bund in Frage gestellt, wenn und soweit die Bereitschaftspolizeieinheiten in ihren Ländern für den allgemeinen Polizeidienst verwendet werden. Die „Vertragstreue" auf der Ebene von Verwaltungsabkommen erlaubt solche Flexibilität.

4. Die Zusammenarbeit bei der „Strafverfolgung"

155 Von anderer Qualität sind jene Staatsverträge, die auf eine bessere **Zusammenarbeit der Länder** untereinander gerichtet und in den beteiligten Ländern durch Gesetz ratifiziert und legalisiert worden sind. Sie tangieren nicht die föderative Gewaltenverteilung, sondern stärken die Funktion der Länder auf dem sachlich identischen, aber je originär bestehenden Aufgabengebiet.[246] So wurde z. B. die Zuständigkeit der Polizeien der Länder **auf dem Gebiet der Strafverfolgung** durch das Abkommen vom 6. 11. 1969, das in allen damaligen Bundesländern ratifiziert worden und nach der Wiedervereinigung 1991 durch ein neues Abkommen aller 16 Bundesländer ersetzt worden ist,[247] dahingehend erweitert, daß die Polizeivollzugsbeamten jedes Landes befugt sind, erforderlichenfalls auch in anderen Bundesländern zu ermitteln. Die Zulässigkeit und Wirksamkeit solcher Zuständigkeitsregelung streitet im übrigen gegen die Notwendigkeit, dem BKA innerstaatliche Ermittlungskompetenzen ohne Auslandsbezug zuzuweisen.

5. Die Zusammenarbeit der „Spezialeinsatzkommandos"

156 Ohne vergleichbare staatsvertragliche Regelung vollzieht sich die praktische **Zusammenarbeit der sog. Spezialeinsatzkommandos** der Länder untereinander und mit der sog. **GSG 9** des BGS. Es handelt sich um Einheiten, die zu einzelnen Polizeibehörden gehören und landesweit, im Bedarfsfalle auch bundesweit zur Bewältigung besonders gefährlicher Notlagen herangezogen werden. Die Zusammenarbeit vollzieht sich auf der Grundlage der einschlägigen Polizeigesetze und des Art. 35 II GG (vgl. auch Kap. B). Hier kann allenfalls die arbeitsteilige Spezialisierung bestimmter Einheiten auf be-

[245] Ebenso *Drews/Wacke/Vogel/Martens,* Gefahrenabwehr, 9. Aufl. 1986, S. 70.

[246] So auch *Drews/Wacke/Vogel/Martens,* Gefahrenabwehr, 9. Aufl. 1986, S. 113; *Götz,* Allg. Polizei- und Ordnungsrecht, 11. Aufl. 1993, Rdn. 414f.

[247] Abk. v. 8. 11. 1991, veröff. a. 20. 1. 1992 (GVBl. NW 58).

stimmte „Einsatzlagen" zu einer Art Regelzuständigkeit über die Landesgrenzen hinaus führen. Wer sich z. B. bei der Bewältigung von Fällen einer Flugzeugentführung in der Vorbereitung und Ausführung bewährt hat, wird schnell bei vergleichbaren Fallgestaltungen zu Hilfe gerufen, auch wenn es an „erheblichen Schwierigkeiten" im Sinne von Art. 35 II GG (noch) fehlen sollte. Rechtsbedenken bestehen aber erst dann, wenn die Praxis zu einer faktischen Kompetenzverschiebung zwischen Bundes- und Länderpolizei führen sollte, auf den BGS also beispielsweise gar nicht mehr verzichtet werden könnte. Am Ende stünde womöglich die „Notwendigkeit" der Legalisierung.

6. Polizeiarbeit im Ausland

Eine ähnliche, schon im Gesetzgebungsverfahren umstrittene, aber im Grunde nicht **157**
gelöste Kompetenzfrage wirft die durch § 8 BGSG legalisierte **„Verwendung" des BGS „im Ausland"** auf. Der Einsatz des BGS in Mogadischu und andernorts extra legem (s. BT-Drucks. 12/7562) hat die Regelung nahegelegt, obwohl der Bund außerhalb der ihm speziell zugewiesenen Kompetenzbereiche keine Polizeihoheit hat. Mit der dem „Bundesgrenzschutz" allein obliegenden Aufgabe der Grenzsicherung haben Auslandseinsätze i. S. v. § 8 BGSG jedenfalls nichts zu tun; es fehlt auch jeder „Sachzusammenhang", wie er für militärische Einsätze vergleichsweise durch Art. 24 GG geschaffen ist. Wo es um den nichtmilitärischen Schutz deutscher Rechtsgüter im Ausland geht, kommt allenfalls eine Hilfe – auf Ersuchen des ausländischen Staates oder einer übergeordneten internationalen Organisation – der Polizei in Betracht, die bei vergleichbarer Lage im Inland zuständig wäre. Auf dem Gebiet des internationalen Rechtshilfeverkehrs wird ähnlich verfahren. Das Nähere ließe sich in einer Bund-Länder-Vereinbarung – ähnlich jener über die Zusammenarbeit der Bereitschaftspolizeien – regeln.

Die ausschließliche Zuweisung an den BGS – in Anlehnung an den Notfall Moga- **158**
dischu – läßt sich kompetenzrechtlich – ähnlich wie die Installierung des BND – nur damit begründen, daß man solchen **Polizeieinsatz im Ausland** gem. Art. 73 Nr. 1 und Art. 87 GG zum Bereich der **„auswärtigen Angelegenheiten"**[248] zählt und auch hier – wie bei der Eisenbahn- und Luftverkehrsverwaltung[249] eine **Annexkompetenz** annimmt, die es erlaubt, von Bundes wegen für Polizeihilfe im Ausland zu sorgen. Die „auswärtige Gewalt" des Bundes ist danach in der Lage, unter den Voraussetzungen des § 8 BGSG **Polizei** im Ausland einzusetzen, während jeder **Bundeswehreinsatz** im Ausland **unter Parlamentsvorbehalt** steht, selbst wenn Kautelen analog § 8 BGSG zu beachten sind.[250] Diese Folge unterstreicht das Neue der Regelung, die der Gesetzgeber ge-

---

[248] Vgl. *BVerfGE* 100, 313 = EuGRZ 1999, 389 = NJW 2000, 55. Der judikative Kunstgriff, aus der Kompetenz zur Regelung „auswärtiger Angelegenheiten" gem. Art. 73 Nr. 1 i.V.m. Art. 87 I GG – und in Abkehr von *BVerfGE* 33, 52 (60) = NJW 1972, 1934 – eine bundeseigene Exekutivgewalt im Ausland abzuleiten, beantwortet weder die Frage nach den innerstaatlichen Kompetenzabgrenzungen noch die Fragen nach den völkerrechtlichen und statusrechtlichen Folgen solcher „Grenzüberschreitungen". Zudem fragt es sich, ob das *BVerfG* den Einsatz deutscher Polizisten oder Agenten im Ausland ebenso lapidar wie das elektronische Mithören fremder Gespräche als Ausübung „auswärtiger Gewalt" qualifiziert hätte. Grundl. Kritik an der auch hier erkennbaren Auflösung des verfassungskräftigen Kompetenzgefüges bei *Albrecht* KritV 2000, 273. Zur „Erosion" unserer parlamentarisch-demokratischen Verfassungsstruktur über Art. 23, 24 GG vgl. auch *Boldt*, 50 Jahre GG, 1999, S. 18 ff.

[249] *BVerfGE* 97, 198 (218 ff.). Zur Ausübung der „auswärtigen Gewalt" können Länderpolizisten also nur im Wege der Integration in den BGS (Abordnung) herangezogen werden. Über Einsätze von 493 Polizisten im Ausland i. J. 2000 vgl. IM NW „Streife" Nr. 9/2000, S. 23.

[250] *BVerfGE* 68, 1 (78 ff.); 90, 286 (358 ff. und 381 ff.). Dies sehen auch *Fischer/Hitz/Laskowski/Walter,* BGSG, 2. Aufl. 1996, § 8 Rdn. 3 so. Zum Status und zum Recht der deutschen Polizei bei internationalen Missionen vgl. *Sonnenschein* Polizei – heute 1/2000, 14 ff. *Sonnenschein* stützt den Einsatz bei „Friedensmissionen" – unter Aufzählung der Einsätze in Namibia (1989), Kambodscha (1992/93), Westsahara (1993/94), Jugoslawien (seit 1993), Albanien (seit 1997) – auf **§ 8 BGSG i.V. m. Art. 24 II GG,** da Polizeieinsätze „typischerweise" mit militärischen Sicherheitseinsätzen verbunden seien. Damit hätten die Polizisten in UN-Friedensmissionen den Status „expert on mission", der ihnen „Immunität und Privilegien gewährt". *Sonnenschein* ist der zuständige Referent im BMdI für Auslandseinsätze der Polizei. Der völkerrechtliche Begriff des „Systems kollektiver Sicherheit" ist seit dem Verfassungsentwurf von Herrenchiemsee von 1948

wagt hat. Die Unterrichtung und das **Rückholrecht** des Bundestages in § 8 I 4 BGSG können zumindest eine nachträgliche parlamentarische Befassung sichern. Für den Einzelfall der **Abwehr einer Gefahr für Leib oder Leben** bleibt es indes bei der Alleinverantwortung der Exekutive (§ 8 II BGSG). Die Haftung für die Folgen einer möglichen Verletzung fremder Souveränität tragen hingegen alle.

159 Da die „Mitwirkung an polizeilichen oder anderen nichtmilitärischen Aufgaben" gem. § 8 III BGSG unter **Völkerrechtsvorbehalt** steht, stellt sich die Frage nach den jeweiligen Aufgaben und Befugnissen am Ort des Einsatzes, nach der persönlichen Verantwortung und nach dem Status. Sowohl die innerstaatliche **Entsendebefugnis** gem. § 8 BGSG als auch die beamtenrechtliche **Fürsorgepflicht** verlangen die Prüfung und Feststellung der **Rechtsgrundlagen der Entsendung,** der **Aufgaben- und Mittelzuweisung** sowie des internationalen **Status der Beamten.** Die Statusfrage ist insbesondere bei Entsendungen im Gefolge militärischer Aktionen wichtig.

7. Aussichten

160 Insgesamt wird das Verhältnis von Bundes- und Landespolizeien von einem diffizilen Geflecht teils sich ergänzender, teils sich überschneidender Zuständigkeiten bestimmt, wobei die Entwicklung bisher stetig auf eine Stärkung und Ausweitung der Bundeskompetenz hinausgelaufen ist. Begünstigt wird diese Entwicklung durch die Finanznot der Länder, denen damit die Kraft fehlt, einem Machtverlust auf einem wesentlichen Bereich ihrer Eigenstaatlichkeit entgegenzuwirken. Der Verlust an **Freiheitssicherung,** die wesentlich durch das Föderationsprinzip bezweckt werden soll, wird in Kauf genommen, weil das Maß an Freiheit für unerschöpflich gehalten wird. Zugleich überlagert das Verlangen nach umfassender „Sicherheit" vor den Risiken der Freiheit das Streben nach Freiheitssicherung,[251] wie es das GG aufgibt.

VIII. Polizei und private Sicherheitsdienste

1. Rechtsgrundlage privater Nothilfe

161 Aus der **Garantiefunktion der Grundrechte** folgt die staatliche Verpflichtung zum Schutz der Rechtsgüter des einzelnen (vgl. oben Rdn. 1). Die Operationalisierung obliegt den nach Art. 20 GG berufenen Staatsorganen. Also muß der Gesetzgeber die grundrechtlich geschützten Rechtsgüter in ihrem Verhältnis zueinander ordnen und für eine verträgliche **Konkordanz** sorgen. Dazu bedarf es normativer Sicherungen zum

---

als Ausdruck einer Absage an den Krieg als Mittel der Politik verstanden worden. Demgemäß wird die **UNO** als kollektives Sicherheitssystem angesehen. Die **NATO** war anders konzipiert. Das *BVerfG* hat sie demgemäß zunächst auch als zwischenstaatliche Einrichtung im Sinne von **Art. 24 I GG** qualifiziert (*BVerfGE* 68, 1 = NJW 1985, 603), später aber (*BVerfGE* 90, 286 = NJW 1994, 2207–2210) auch „als System gegenseitiger kollektiver Sicherheit i. S. d. Art. 24 II GG" bewertet. Im Einsatzfall wäre also nicht mehr die Systemfrage zu prüfen, sondern das Einsatzziel nebst der Methodenwahl, um entscheiden zu können, ob es sich um einen „polizeitypischen" Einsatz handelt. Daß der polizeiliche „Friedenseinsatz" anders als der militärische nicht unter Parlamentsvorbehalt steht, ist international belanglos. Insgesamt handelt es sich um juristisches Neuland, dessen Tragfähigkeit sich im Konfliktfall erweisen wird. Zu den – auch polizeilich relevanten – Völkerrechtsproblemen bei militärischen Aktionen von Staaten, die zur NATO gehören, aber nicht zu ihrer Verteidigung und auch nicht im Auftrage der UNO handeln, vgl. *Denninger* ZRP 2000, 192 m. w. N. Der Deutsche Bundestag hat sich mit diesen Grundsatzfragen bisher – leider – nicht näher (vgl. Rdn. 199) befaßt. Zu den strafrechtlichen Fragen vgl. *Busse* NStZ 2000, 631 m. w. Nachw. Über strafgerichtliche Beurteilungen des Kosovokrieges berichtet *Jahn* KritJ 2000, 489. Krit. zur „Grenzüberschreitung" des NATO-Vertrages *Helmut Schmidt,* Die Selbstbehauptung Europas, 2000. Die – nach Presseberichten vom August 2000 – vom Verteidigungsminister geplante Aufstellung einer **militärischen Truppe für polizeiliche Einsätze im Ausland**, z. B. zur Geiselbefreiung, wirft neue Verfassungsfragen auf, könnte aber dazu führen, daß Polizisten nicht entsandt werden (müssen).

[251] *Lisken* ZRP 1994, 49; *Gusy* StWStP 1994, 187 (207 f.); *Preus* JZ 1991, 265; *H. A. Hesse,* Der Schutzstaat, 1994, insbes. S. 192 ff. Vgl. auch *Denninger,* Menschenrechte und Grundgesetz, 1994, S. 47 ff.; *Bockenförde* SZ v. 8. 11. 1999, S. 12 unter Bezug auf *de Tocqueville,* Über die Demokratie in Amerika II, 1835.

Schutz vor Störungen und Gefahren.[252] Nur wenn und soweit der staatliche Schutz gegeben ist, kann vom **Rechtsinhaber** verlangt werden, daß er die Verfolgung seiner Rechtsinteressen bei etwaigen rechtswidrigen Störungen nicht selber in die Hand nimmt (vgl. § 229 BGB).

Aus der Rechtsinhaberschaft folgt der Anspruch auf Rechtsgeltung, also auch die Befugnis zur Verschaffung der Voraussetzungen, die eine Rechtsrealisierung ermöglichen.[253] Dieser **Rechtsgeltungsanspruch** wird nicht von Staats wegen gewährt, sondern **gewährleistet,** wenn er die Rechtsverschaffung betreibt. Das Selbsthilferecht des Rechtsinhabers gem. §§ 226ff. BGB nebst den Strafbefreiungsregeln der §§ 32ff. StGB steht also unter dem Vorbehalt staatlichen Unvermögens. Es ist **kein Surrogat staatlicher Machtbefugnis** und keine vom Staat „verliehene" Befugnis, sondern Ausfluß des Rechts, das gestört wird (z. B. das Recht zur „Besitzumkehr" gem. § 859 BGB, das aus dem Recht der Sachherrschaft folgt). Der Staat als Inhaber des (friedensstiftenden) **Gewaltmonopols** exekutiert also ggf. das private Recht. Seine Funktion ist insoweit mit einer **Prozeßstandschaft** zu vergleichen, bei der fremde Rechte vermöge eigener Handlungsbefugnis verfolgt werden. Die Regelung der staatlichen **Zwangsvollstreckung** privater Rechte ist Ausfluß dieses Prinzips. Nicht das materielle Recht, sondern seine **Geltung** ist Inhalt des „Vollstreckungsanspruchs".[254] 162

Diese Unterscheidung ist geboten, um die Frage beantworten zu können, auf welcher rechtlichen Grundlage und in welchen rechtlichen Grenzen mehr oder weniger **professionelle private Helfer** in Rechtsnot handeln dürfen. Denn wenn ihnen keine staatliche Rechtverschaffungsmacht verliehen worden ist, können ihre Rechte nicht weitergehen als die ihrer Auftraggeber. 163

2. Besonderheiten professioneller Nothilfe

Daß es überhaupt private Rechtshelfer gibt, ist keine neue Erfindung. Private Schutzleute hat es immer gegeben. In der Neuzeit traten mehr und mehr Militär und Polizei an ihre Stelle.[255] Neu ist allenfalls ihre rapide zahlenmäßige Vermehrung – trotz und neben der Polizei – in den letzten 20 Jahren. Sie mögen mit nahezu 200 000 die Zahl der Polizisten erreicht oder gar überflügelt haben. Knemeyer[256] nennt für das Jahr 1980 z. B. 164

[252] *BVerfGE* 7, 198 (204ff.); 17, 108; 21, 21, 362 (371f.); 38, 1; 45, 187; 46, 160; 51, 324; 56, 54; 70, 297; 73, 261 (269); 76, 171 (184); 88, 203 (258); *Alexy,* Theorie der Grundrechte, 1986, S. 410ff.; vgl. auch *Dietlein,* Die Lehre von den staatlichen Schutzpflichten, 1992; *Hesse,* Ausgew. Schriften, hrsg. v. Häberle u. Hollerbach, 1984, S. 291ff.; *ders.,* Grundzüge des Verfassungsrechts der Bundesrepublik Deutschland, 20. Aufl. 1995, Rdn. 349ff.

[253] Vgl. *Kant,* Metaphysik der Sitten, Werkausg. Bd. VIII, hrsg. v. Weischedel, 5. Aufl. 1982, S. 338f.: „... mithin ist mit dem Recht zugleich eine Befugnis verknüpft, den, der ihm Abbruch tut, zu zwingen...". Zur Macht als Rechtsbedingung vgl. *Wesel,* Aufklärungen über Recht, 1981, S. 142ff.; *H. Wagner,* Normbegründungen, 1982. „Zum Verhältnis von Rechtstheorie und Rechtsdogmatik" im Hinblick auf die „Geltung eines Rechtssatzes" vgl. *Jahr,* in: Jahr/Maihofer (Hrsg.), Rechtstheorie, 1971, S. 301ff. *Hösle,* Macht und Politik, 1997, S. 836; *Comte-Sponville,* Ermutigung z. unzeitgemäßen Leben, 1998, S. 103ff.; vgl. zur Rechtsnatur der Selbsthilfe auch *Lehmann,* Allg. Teil des BGB, 13. Aufl. 1962, S. 108; *H. Lange,* BGB Allg. Teil, 14. Aufl. 1973, S. 114; neuere grundlegende Zusammenfassung bei *Schulte* DVBl. 1995, 130 mit weit. Nachw. Zur Erinnerung aus dem Pr. ALR v. 1794:
Einl. § 88: Soweit jemand ein Recht hat, ist er, dasselbe in den gesetzlichen Schranken auszuüben, befugt.
Einl. § 89: Wem die Gesetze ein Recht geben, dem bewilligen sie auch die Mittel, ohne welche dasselbe nicht ausgeübt werden kann.
Einl. § 76: Jeder Einwohner des Staates ist den Schutz desselben für seine Person und sein Vermögen zu fordern berechtigt.
Einl. § 77: Dagegen ist niemand sich durch eigene Gewalt Recht zu schaffen befugt.
Einl. § 78: Die Selbsthülfe kann nur in dem Falle entschuldigt werden, wenn die Hülfe des Staats zur Abwendung eines unwiederbringlichen Schadens zu spät kommen würde.

[254] Vgl. *Schulte* DVBl. 1995, 130; *Stober* NJW 1997, 889 (894) m. w. N.; krit. und gegen eine private „Professionalisierung der Notrechte" *Hoffmann-Riem* ZRP 1977, 265; ähnl. *Jeand'Heur* AöR 119 (1994), 107.

[255] Zur Geschichte vgl. *Reiche,* Vom bewaffneten Hausmann zum Polizisten – Ein neuer Beruf entsteht –, 1997.

[256] Polizei- und Ordnungsrecht, 7. Aufl. 1998, S. 29.

61 600 „Beschäftigte" bei den „privaten Sicherheitsdiensten", für 1998 ca. 110 000. Würtenberger/Heckmann/Riggert[257] geben für 1984 über 60 000 „Arbeitnehmer bei weit über 600 privaten Sicherheitsunternehmen" an, für 1995 mehr als 110 000. Habermehl[258] zitiert die Gewerkschaft der Polizei, die 130 000 „beschäftigte Menschen" geschätzt habe. Bei Jeand'Heur[259] wird für 1993 unter Bezug auf Klingst eine Zahl von 200 000 genannt, wobei der Umsatz auf rd. 4 Milliarden DM pro anno gestiegen sein soll, während er 1973 nach Hoffmann-Riem[260] erst bei 450 Millionen DM gelegen haben soll. Nach Stober[261] „zählt der Bundesverband der Wach- und Sicherheitsunternehmen gegenwärtig 112 000 dauerhaft Beschäftigte, die einen Umsatz von 4,5 Mrd. DM erwirtschaften". Der Bundesverband Deutscher Wach- und Sicherheitsunternehmen in Bad Homburg hat in seiner BDWS-Information 1/98 vom 31. 3. 1998 für 1999 eine Umsatzerwartung von 5 Milliarden DM bei 400 Mitgliedsunternehmen mit 85 000 Mitarbeitern und „weiteren 1400 vorwiegend kleineren Firmen der Privaten Sicherheitsleister mit 30 000 Beschäftigten am Markt" bekanntgegeben.

3. Regelungsbedarf für Sicherheitsgewerbe

165 Die zahlenmäßige Stärke führt zu der **politischen Besorgnis,** daß sich neben der staatlichen Polizei eine **private Gruppierung professioneller Gewaltanwender** etabliert, die faktisch das staatliche Gewaltmonopol in Frage stellen könnte.[262] Die Frage mag in friedlichen Zeiten akademisch erscheinen. In Krisenzeiten oder in Zeiten, die als krisenhaft empfunden werden, kann man sich eine **Konfrontation im Dienste von Demagogen** jedenfalls vorstellen. Außerdem kann die vermehrte Hilfe professioneller Nothelfer zu einer schleichenden **Erosion des Rechtsschutzgefüges** führen, wenn private Nothilfe schneller verfügbar ist als polizeiliche Hilfe. Die alltäglich gewordene **private Bewachung** von nobleren Einkaufspassagen und anderen Etablissements deutet die mögliche Entwicklung an. Die Ursprünge liegen in den **gewerberechtlichen Auflagen** zur privaten Sicherheitsvorsorge bei **gefährlichen Anlagen.** Aber auch im **versicherungsrechtlichen Obligationsbereich** hat sich die Pflicht zur privaten Vorsorge (zur Minimalisierung der Versicherungsrisiken) ausgedehnt. Dazu kommt ein gesellschaftspolitischer **Antagonismus,** der sich einerseits in dem Ruf nach dem **„schlanken Staat"**, der von weniger Steuern leben soll, ausdrückt, sich aber andererseits in dem Verlangen nach einem **„starken Staat"** mit größerer Polizeimacht wiederfindet. Die auf Stimmengewinn angelegte Politik fördert oder nutzt selber diese Stimmungsentwicklungen, hinter denen die Neigung zur Besitzstandsmehrung und -sicherung – sogar auf Kosten der Freiheit[263] – steckt.

166 Die Abwehr der so gesehenen **Gefahr für die verfaßte Friedensordnung** hat also nicht erst bei der „Domestizierung" der privaten Sicherheitsdienste anzusetzen, sondern bei der Sensibilisierung des **Rechtsbewußtseins** durch eine sachgerechte **Rechtspolitik** und Rechtsetzung. Dazu gehört eine wirksame **Rechtspflege** durch eine **intakte Justiz und Polizeimacht.**[264]

---

257 Polizeirecht in Baden-Württemberg, 3. Aufl. 1997, S. 15.

258 Polizei- und Ordnungrecht, 2. Aufl. 1993, S. 37.

259 AöR 119 (1994), S. 107 ff.

260 ZRP 1977, 277.

261 NJW 1977, 890; *Beste,* in: Gusy (Hrsg.), Privatisierung von Staatsaufgaben: Kriterien – Grenzen – Folgen (1989), S. 180 ff. bietet eine umfangreiche und detaillierte Übersicht über die Art und Zahl der „Sicherheitsunternehmen" mit ihren speziellen Umsätzen und Ausstattungen.

262 So schon frühzeitig *Hoffmann-Riem* ZRP 1977, 265; dazu ironisch-kritisch *Schwabe* ZRP 1978, 165; grundl. hingegen aus wirtschafts-, politik-, sozial- und rechtswissenschaftlicher Sicht die Beiträge von *Budäus, Grande, Kißler, Schuppert, Beste, Lange* und *Steegmann,* in: Gusy (Hrsg.), Privatisierung von Staatsaufgaben: Kriterien – Grenzen – Folgen, 1998. Aktuell auch *Beste,* in: Lange (Hrsg.), Staat, Demokratie und innere Sicherheit... (2000), S. 385.

263 Vgl. *de Tocqueville,* Über die Demokratie in Amerika, 1835 II, 157, in: Klassiker der Staatsphilosophie, hrsg. v. Oberndörfer/Jäger, 1971, S. 138 f. Ähnl. auch *Hoffmann-Riem* ZRP 1977, 2799 zum „Angstmarkt"; *Lisken* ZRP 1994, 49.

264 So auch *Sailer,* Kap. M. Für eine „angemessene Personalausstattung der Gerichte" zur Sicherung einer „funktionstüchtigen Rechtspflege" *BVerfG* NJW 2000, 797.

Erst danach kann eine **gesetzliche Regelung der „Sicherheitsdienste"** legitimiert werden; denn solange und soweit diese privaten Helfer sich strikt an die Nothilfevorgaben halten, kann es gem. Art. 12 GG **keine Berufsbeschränkung** geben. Es läßt sich auch rechtsdogmatisch keine Minimalisierung ihrer Befugnisse dadurch rechtfertigen, daß man die privaten Notrechte zu fragwürdigen **Ausnahmerechten** umdeutet[265]. Um dem **Exzeß von Notwehr und Nothilfe** zu begegnen, bedarf es nur der effektiven Legalitätsverfolgung. Sie hängt allein vom Maß der (verbliebenen) Staatsmächtigkeit ab. 167

Was zu besorgen bleibt, ist die oft schnellere und – im Vergleich zur Staatsmacht – ggf. rigorosere Eingriffsmöglichkeit professioneller Nothelfer. Sie haben sich zwar wie die Inhaber der Rechte, die sie schützen wollen, auf das **„Erforderliche"** bei einer Abwehr von Rechtsgutbedrohungen zu beschränken, aber sie brauchen bis zur **Mißbrauchsgrenze** nicht auf das Verhältnis zwischen gefährdetem Rechtsgut und schutzwürdigen Angreiferbelangen Rücksicht zu nehmen. Das die Staatsmacht begrenzende **„Verhältnismäßigkeitsgebot"** gilt nicht im Privatrecht. Das ergibt sich aus § 228 BGB, wo anders als in § 227 BGB (Notwehr) die Verhältnismäßigkeit von angegriffenem und verletztem Rechtsgut gefordert ist. Deswegen konnte das BSG (NJW 1999, 2301f., im Zusammenhang mit der Frage der „Opferentschädigung" bei privater Notwehr) feststellen: „Einer Verhältnismäßigkeit zwischen angegriffenem und verletztem Rechtsgut bedarf es nicht." Das **Maßgebot,** das sich aus dem Tatbestandsmerkmal der „Erforderlichkeit" gem. § 227 BGB ergibt, verpflichtet (lediglich), bei einer möglichen Mittelauswahl zum moderatesten Mittel unter den effektiven Mitteln zu greifen (BGH NJW 1989, 3027). Es darf also nicht „mit Kanonen auf Spatzen geschossen" werden, aber einem Prügelangriff darf mit Messer oder anderer Waffe widerstanden werden. Flucht ist nicht verlangt, weil „das Recht nicht dem Unrecht zu weichen braucht" (BSG a.a.O., S. 2302). Da der Notwehrende nicht an Stelle des Staates handelt, sondern die Geltung seines Rechts selbst verfolgt, unterliegt er nicht dem staatlichen Gebot der Abwägung des Wertes der kollidierenden Rechtsgüter (Verhältnismäßigkeit der Folgen). Das „Waffenarsenal" der Staatsmacht wird als umfassend genug gedacht, um dem Recht – ggf. auch schon vor einem unmittelbar drohenden Angriff – Geltung zu verschaffen, während den Privaten im Notfall – wenn es an der kompetenteren Staatsmacht fehlt – eben nur das „Faustrecht" nach Maßgabe des „Erforderlichen" (= Übermaßverbot bei Mittelwahl) übrigbleibt.[266] 168

4. Kooperationsmöglichkeiten

Unter diesem Aspekt könnte man den professionellen Nothelfern, wenn sie gut ausgebildet und ausgestattet sind, eine zurückhaltendere Zugriffsmethodik, also eine höhere **„Eingriffsschwelle"** und ein strengeres **„Maßgebot"** verordnen, als sie dem Laien vorgegeben sind. Ob sich dies schon unter Bezug auf **§ 34a GewO** in Verbindung mit der **Verordnung über das Bewachungsgewerbe** vom 7. 12. 1995 (BGBl. I 1602) rechtfertigen ließe, erscheint fraglich, weil die in § 3 der VO vorgeschriebenen Mindestausbildungszeiten von 24 und 40 Stunden für einen gewerblichen Bewacher mit Sicherheit nicht ausreichen, um mit den „notwendigen rechtlichen Vorschriften und fachspezifischen Pflichten und Befugnissen sowie deren praktischer Anwendung **vertraut**" zu sein. Eine weitergehende Regelung der Berufsausübung würde indes Art. 12 I GG berühren, weil die privaten Bewachungsunternehmen sich allein im Bereich der Jedermannrechte bewegen (dürfen). Insoweit bedarf es keiner zusätzlichen Reglementierung zum Schutz Dritter. 169

Nur bei einer Annäherung der privaten Bewachungstätigkeit an die (hoheitliche) Polizeiarbeit wäre die Einführung entsprechender Qualifizierungsbedingungen vertretbar. Das Streben der etablierten Bewachungsunternehmen zielt auf die Schaffung eines sol- 170

---

[265] Vgl. *Hoffmann-Riem* ZRP 1977, 279; dagegen *Schulte* DVBl. 1995, 130ff.; ebenso *Dietlein,* Die Lehre von den grundrechtlichen Schutzpflichten, 1992.

[266] Vgl. dazu *Kirchhof* NJW 1978, 969. Vgl. auch die weit. Nachw. bei *BGH* NJW 1989, 3027 und *BSG* NJW 1999, 2301 sowie bei *Lenckner,* in: Schönke/Schröder, StGB, 26. Aufl. 2000, § 32 Rdn. 34ff.

chen **gesetzlich beschriebenen Berufsbildes,** weil es umsatzförderlich wäre. Aber auch ohne gesetzliche Hilfe ließe sich der Umsatz steigern, wenn sich eine partielle Zusammenarbeit mit der Polizei auf gemeinsam interessierenden Arbeitsfeldern durch **Vereinbarung** institutionalisieren ließe. Bekannte Angebote gehen demgemäß auch in die Richtung, etwa mit Hilfe einer sogenannten gemeinsamen **Leitstelle** Observationen, Fahndungen oder Gefahrenerforschungen zu „koordinieren", wobei die gewerblichen Ressourcen wie ein Reservepool der Polizei kostenlos zur Verfügung stehen würden. Der Bürger sähe sich alsbald einer Art von **Hilfspolizei** gegenüber, die sich als **„Privater Sicherheitspartner der Polizei"** gerieren würde.

171 Einer solchen gesetzlichen oder außergesetzlichen **Kooperation** sind indes rechtliche Grenzen gesetzt. Da die Polizei nicht mit jedem Wettbewerber auf dem „Sicherheitsmarkt" kooperieren könnte, wären **Unterlassungsklagen** gem. § 1 UWG wahrscheinlich. Ein unmittelbares Kooperationsverbot würde sich aus dem **„Gewaltmonopol"** des Staates ergeben, soweit die „Vereinbarung" und ihre praktische Umsetzung sich auf „hoheitliche" Tätigkeiten erstrecken würden, die gemäß Art. 20 III GG den öffentlichen Gewalten gemäß speziellen gesetzlichen Ermächtigungen vorbehalten sind. Mögen sich „schlicht hoheitliche" Tätigkeiten gelegentlich durch die **Indienstnahme Privater** (Beispiele: Fahrzeugabschleppen, Türöffnen, Reparieren, Grundstücksbewachung) ausführen lassen, so kann diese „Indienstnahme" sich jedenfalls nicht auf Eingriffstätigkeiten erstrecken. Observationen und Fahndungen, aber auch Gefahrenerforschungen sind weithin mit Grundrechtseingriffen verbunden. Einschlägige Befugnisregelungen, etwa in den Polizeigesetzen oder in der StPO, markieren im Zweifel die Grenzlinie.[267]

172 Neben dieser kompetenzrechtlichen Grenze sind datenschutzrechtliche Begrenzungen zu beachten. Die Weitergabe personenbezogener Daten, die von der Polizei erhoben worden sind, darf nicht über die zulässige und notwendige Regelung des Einzelfalles hinausgehen. Ein **Datenverbund,** wie er beim Betreiben einer gemeinsamen „Leitstelle" unvermeidbar wäre, läge für die Polizei außerhalb des nach Art. 2 I i. V. m. Art. 1 I GG Zulässigen. Ob den privaten Wachunternehmen ihrerseits die Weitergabe ihrer Kundendaten an die Polizei gestattet wäre, wäre eine Frage, die nach Maßgabe der jeweiligen Bewachungsverträge zu beantworten wäre. Die faktische Verfügungsmacht würde jedenfalls nicht ausreichen.

173 Eine **Kooperationsvereinbarung,** die sich pauschal und allgemein auf Arbeitsgebiete erstrecken würde, die in der Regel oder möglicherweise die Anwendung hoheitlicher Befugnisse erfordern, würde folglich auf eine rechtlich „unmögliche" Leistung gerichtet sein. Daraus ergäben sich zudem interne (vgl. § 309 BGB) und externe (vgl. Art. 34 GG) Haftungsprobleme, die von der Polizei nicht unbeachtet gelassen werden dürften.

174 Im Rahmen des rechtlich Zulässigen liegen hingegen alle Verbindungen, die z. B. ein schnelleres Eingreifen der Polizei im Gefahren- oder Notfall sichern sollten, also direkte **Notrufeinrichtungen** zwischen Polizei und Bewachungsunternehmen, die ihrerseits ihre Kunden betreuen und **Notrufe** entgegennehmen oder **Fehlalarme** aufklären. Ebenso unbedenklich sind **Jedermannhilfen,** wenn die Polizei z. B. über die Medien um Mithilfe bei der Suche nach einem Menschen bittet. Jedermann kann schließlich auch die Polizei informieren, wenn er Zeuge einer Gefahr, eines Unfalls oder einer Untat geworden ist. In

---

[267] Vgl. zum Kompetenzkomplex *Kirchhof* NJW 1978, 969 (972); vgl. auch *Denninger,* Zehn Thesen zum Ethos der Polizeiarbeit, in: ders., Der gebändigte Leviathan, 1990, S. 434; ähnlich *Gusy,* Polizeirecht, 4. Aufl. 2000, § 3 Rdn. 158 ff.; noch eingehender *ders.,* Privatisierung von Polizeikosten?, Vortrag v. 6. 2. 1996, veröffentl. in: Jur. Studienges. Hannover Bd. 26 (1996); *ders.,* Zu den rechtl. Grenzen privater Dienste bei hoheitl. Aufgaben, StV 2001, S. 46: *ders.* (Hrsg.), Privatisierung von Staatsaufgaben: Kriterien – Grenzen – Folgen, 1998, u. a. mit einem Beitrag von *Schuppert* (S. 72 ff.) zu den nicht „privatisierten" Verantwortungsbereichen und von *Beste* (S. 180 ff.) zum personellen und sächlichen Ausstattungsniveau der verschiedenen Sicherheitsunternehmen mit den sich daraus ergebenden Leistungsunterschieden; zur Unzulässigkeit der Übertragung polizeilicher Aufgaben (Verkehrsüberwachung, Beweissicherung) auf private Unternehmen vgl. *KG* StV 1997, 174 mit weit. Nachw.; ebenso *Steegmann* NJW 1997, 2157; ähnl. *Rzepka* KritV 1999, 312 (325). Zur Frage der Finanzierung vgl. *Sailer,* unten Kap. M; vgl. auch *Majer* VerwArch 73 (1982), S. 167 ff.

diesem Rahmen bewegt sich z. B. die Kooperation der Polizei mit **Taxifahrern, Mitarbeitern von Verkehrs- und Versorgungsbetrieben, Rettungsdiensten** usw. Die **sozialen Grundpflichten,** deren Erfüllung gem. §§ 138 und 323 c StGB sogar strafbewehrt ist, gelten ohnehin für jeden, der helfen kann, also erst recht für den professionellen Nothelfer.

Die **Kooperationsmöglichkeiten** sind also beachtlich, aber begrenzt.

5. Polizeihelfer

Einen anderen Weg gehen einige Bundesländer, wenn sie **Private in den Polizeidienst einbeziehen** und mit begrenzten Polizeiaufgaben betrauen. Baden-Württemberg kennt den **„Freiwilligen Polizeidienst"** zur Unterstützung der regulären Polizei (Ges. v. 12. 4. 1985), Bayern den **„Sicherheitswachdienst"** (Ges. v. 24. 12. 1993), Berlin die **„Freiwillige Polizeireserve"** (Ges. v. 23. 6. 1993). Schleswig-Holstein und Niedersachsen können Private zur Unterstützung in Notfällen verpflichten. Die **Inanspruchnahme von Nichtstörern** in extremen Notlagen erlauben alle Polizeigesetze. Der BGS kann für bestimmte Aufgaben „geeignete **Hilfspolizeibeamte**" bestellen (§ 63 BGSG). Der Unterschied zum privaten Gewerbe liegt im Verbleib der originären Polizeimacht beim Staat. Die Verpflichteten handeln unmittelbar für den Staat, in dessen Polizei sie dienen. 175

Der Staat, der sich solcher Hilfswilligen auf Zeit bedient, trägt die **Verantwortung und Haftung** für deren „amtliches" Tun. Sie sind den „Erfüllungsgehilfen" gem. § 278 BGB vergleichbar, weil sie bei der Erfüllung „hoheitlicher" Aufgaben helfen (sollen). Mag sich intern ihr Status nach den Regeln des Arbeitsrechts beurteilen, so sind sie dennoch nach außen – durch Betrauung und Verpflichtungserklärung – **beamtengleiche Polizeiamtswalter.**[268] Insoweit müssen sie den Anforderungen genügen, die der Bürger in Rechtsnot an einen Polizisten, der zu seinem Schutz bestellt oder entsandt wird, stellen darf. 176

Ebenso hat der „Störer" Anspruch auf korrekte „polizeiliche" Behandlung. Mit einem Mangel an Fachkompetenz wird sich der Staat im Rahmen seiner Haftung gem. Art. 34 GG nicht exkulpieren können. Hier wird auch keine öffentliche Polizeierklärung über die begrenzte „Zuständigkeit" der „Hilfspolizisten" zu einer „vorbeugenden" Haftungsbeschränkung führen können, weil niemand die künftigen konkreten „Einsatzlagen" übersehen kann. Aus einem schlichten (hoheitlichen) Bewachungsgang kann unvermittelt eine Notlage werden, bei der ein Wachmann nicht untätig bleiben und sich aufs Telefonieren beschränken kann. Seine weitergehende **„Nothilfe"** kann sich dann aber nicht allein nach den privatrechtlichen Nothilferechten mit ihren Haftungsrisiken beurteilen. Seine Handlungskompetenz folgt ggf. aus den polizeilichen Hoheitsbefugnissen. Der Bürger hat einen Schutzanspruch, der rechtlich und tatsächlich „hoheitlichen" Regeln folgt. 177

Dem Einsatz privatrechtlich angestellter „Hilfspolizisten" ohne volle polizeiliche Ausbildung sind also rechtlich und tatsächlich Grenzen gesetzt. Die Gesetze sehen deswegen vor, daß solche Hilfswilligen „geeignet" sein müssen. Müssen sie aber polizeilich ausgebildet sein und vom Staat bezahlt werden, ist die im Hintergrund stehende „Spartendenz" letztlich ebenso illusorisch wie der Glaube an „mehr Sicherheit" durch mehr „Bürgerwacht" im Polizeidienst. 178

6. Die Beleihung Privater

Davon zu unterscheiden sind die (privaten) Stellen, die nicht zur Polizei gehören, aber kraft staatlichen Auftrags zur Verhinderung oder Abwehr konkreter Gefahren in einem gesetzlich fixierten Schutzbereich bestellt und insoweit **mit Vollzugsgewalt beliehen** 179

[268] Einen Länderüberblick über die Modalitäten vom privaten „Polizeihelfer" bis zur beamtengleichen „Polizeireserve" (Berlin) bietet *Habermehl,* Polizei- und Ordnungsrecht, 2. Aufl. 1993, Rdn. 440 ff.; zu § 63 BGSG vgl. *Fischer/Hitz/Laskowski/Walter,* 2. Aufl. 1996, insbes. zu Statusfragen. Die Eignungsfrage ist (vermutlich mangels Erfahrung) nicht behandelt. Ebenso *Einwag/Schoen,* BGSG, zum früheren § 47.

sind.[269] Dazu gehören z. B. Seeschiffskapitäne, Piloten, bestätigte Jagdaufseher, Schiedsmänner, Prüfingenieure (TÜV, DEKRA etc.), Bezirksschornsteinfeger, Lehrer an staatlich anerkannten Privatschulen und -universitäten (die staatlichen Lehrkräfte üben unmittelbare Staatsgewalt aus, etwa bei Versetzungen, Relegationen etc.), auch die Notare bei gesetzlich vorgeschriebenen Beurkundungen. Sie üben ähnlich wie die mit staatlicher Hoheitsmacht ausgestatteten öffentlich-rechtlichen Anstalten (Kammern, Universitäten) zum Teil **„hoheitsrechtliche Befugnisse"** im Sinne von Art. 33 IV GG aus und stellen insoweit eine Ausnahme von der verfassungskräftigen „Regel" dar,[270] hierfür Beamte zu betrauen.

7. Organleihe der Polizei

180 Von den „beliehenen" Instanzen sind wiederum jene Verwaltungskörperschaften zu unterscheiden, die über eine eigene, **originäre** öffentliche **Regelungs- und Vollzugskompetenz** verfügen, wie z. B. die **Kommunen.** Soweit der Staat, also in der Regel das Land, dem sie angehören, ihre Zwangskompetenz nutzen will, bedient er sich vorzugsweise der **Organleihe,** z. B. im Meldebereich, im Ausländerrecht, in der Jugendfürsorge, aber auch – wie z. B. in Bayern und Nordrhein-Westfalen – im Polizeibereich, wo die kommunalen **Ordnungsämter** – neben der Polizei – immer noch für die „öffentliche Sicherheit und Ordnung" zu sorgen haben.[271] Diese Errichtungs-, Einrichtungs- und Vollzugsbefugnis, die inzwischen weiter hinter den spezielleren und weitergehenden Polizeibefugnissen zurückgeblieben ist, stammt aus der Zeit der ausschließlich kommunal organisierten Polizei, wie sie die Alliierten nach der debellatio 1945 in ihren Besatzungszonen verfügt hatten. Die **Rückholung der staatlichen Polizeimacht** dauerte in Westdeutschland von 1953 bis 1976 (zuletzt in Bayern). Sie gilt – unbeschadet der kontinuierlichen Verlagerung der Polizeimacht **von den Ländern auf den Bund** – wieder und noch als Ausdruck der Eigenstaatlichkeit der Länder.

181 Es wäre also rechtlich nicht ausgeschlossen, den Kommunen wiederum verstärkt die Erledigung von (begrenzten) Polizeiaufgaben zuzuweisen. Die normative **Zuständigkeitsverlagerung** auf dem Gebiet der Verkehrsüberwachung (vgl. Kap. G), einschließlich der **Kontrolle des ruhenden Verkehrs,** beruht auf dieser Kompetenz. Allerdings ist die Neigung der Kommunen – wie schon vor der Reichsgründung – von einer Kosten-Nutzenrechnung abhängig. Der Gewinn an Unabhängigkeit zählt nicht (mehr),

8. „Sicherheitspartnerschaften"

182 Auch die Versuche in den letzten Jahren, eine **informelle Zusammenarbeit von Polizei und kommunalen Stellen der Daseinsvorsorge** (Bauämter, Gesundheitsämter, Jugendämter, Ordnungsämter) zu organisieren, um mehr „Sicherheit" zu „produzieren", gründen sich letztlich auf die Verantwortlichkeit und die Ressourcen der Polizei. Der sachliche Gewinn mag je nach Kompetenz und Engagement in der „zielgerichteten" Bündelung der je eigenen Aufgabenerfüllung liegen. Es handelt sich hierbei also um eine praktische Zusammenarbeit, wie sie seit langem z. B. aus den **Niederlanden** und **Dänemark** bekannt ist und auch in **Deutschland** weithin ohne politische Propagierung Praxis war und ist. Auch die Einbeziehung der **Justiz,** etwa zur Sicherung der **Richterbereit-**

---

[269] Vgl. die Auflistung bei *Wolff/Bachof/Stober,* Verwaltungsrecht II, 5. Aufl. 1987, § 104 Rdn. 2. Zur Beleihung vgl. auch *Achterberg,* Allg. VerwR, 1982, § 19 Rdn. 53 ff.; *Bull,* Allg. VerwR, 1982, S. 48; *Maurer,* Allg. VerwR, 8. Aufl. 1992, § 23 Rdn. 56 ff.; *Schweickardt,* Allg. VerwR, 3. Aufl. 1983, Rdn. 83 ff.

[270] Vgl. die Vorbehalte gegen die ausufernde Abweichung von der Regel in der „Verwaltungswirklichkeit" bei *Jarass/Pieroth,* GG, 5. Aufl. 2000, Art. 33 Rdn. 10; zur Auslegung des Begriffs „hoheitliche Befugnisse" vgl. *Battis,* in: Sachs, GG, 1996, Art. 33 Rdn. 55 ff.; zum Normzweck des Beamtenvorbehaltes, nämlich die Sicherung von Fachkompetenz und Unabhängigkeit, insbesondere im Bereich des mit Zwangsgewalt ausgestatteten Vollzuges, vgl. *Schuppert,* in: Alternativkommentar zum GG, 2. Aufl. 1989, Art. 33 IV, V, Rdn. 34 ff.

[271] Vgl. die Auflistung bei *Tettinger,* Bes. Verwaltungsrecht 1, 4. Aufl. 1995, S. 178 ff.

schaften und **Verfahrensgarantien,** war und ist eine Frage der Personen, die es angeht. Solche **„Sicherheitspartnerschaft“** kann und darf jedoch die je eigenen Verantwortlichkeiten nicht verdecken. Es geht auch nicht um „Sicherheit“ als „Produkt“, dessen Qualität und Quantität der „Markt“ bestimmt, sondern um die Erfüllung gesetzlich bestimmter Aufgaben des Rechtsgüterschutzes.

Soweit daneben oder im Zusammenhang mit solchen „Sicherheitspartnerschaften“ das örtliche Publikum in eine **„kriminalpräventive“ Mitarbeit** einbezogen werden soll, wird darauf zu achten sein, daß es bei einer Aktivierung der mitmenschlichen **Nachbarschaftshilfe** sein Bewenden hat und nicht eine organisierte **Überwachungsgesellschaft** entsteht. Denn wo die (gutgemeinte) Bewachungshilfe zum System wird, ist sozialpsychologisch der Schritt zum Ausspähen und zur prozessualen Nutzung etwaiger „verdeckt“ erlangter Informationen nicht weit. Die „gefahrenvorsorgende“ Betreuung der Nachbarswohnung oder die Betätigung als „Tagesmutter“ und ähnliche Gefälligkeiten verlieren ihren privatnützigen Charakter, wo sie der personenbezogenen Beobachtung, Registrierung, Aufzeichnung und Ausforschung zur systematischen Weitergabe an die Polizei dienen (sollen); denn wo solche „private“ Hilfe polizeilich erwartet oder erwünscht wird, beginnt die Ausübung **„hoheitlicher Befugnisse“** (im Sinne von Art. 33 IV GG) jeweils mit dem unerlaubten Überschreiten der grundrechtlich verbürgten Freiheitsgrenzen. Die Zustimmung des Nachbarn zum Betreten seiner Wohnung im Notfall wird man gem. § 677 BGB vermuten dürfen, nicht aber zur Postkontrolle, zur Besucherregistrierung, zum Belauschen im Haus oder Garten, zum Ausfragen der Kinder oder zu ähnlichen „Ermittlungen“ im „hoheitlichen“ Interesse. Mögen die **Namensschilder an der Haustür** auch ähnlich wie **Autokennzeichen** „offene“ Daten sein, so ist das häusliche Kommen und Gehen jedoch ebenso tabu wie die Post im (offenen) Briefkasten. Im Zweifel bestimmt der Betroffene den Freiraum, den er zum Atmen braucht. Wer unter systematischer Beobachtung steht, ist nicht frei, auch wenn er (zunächst) nichts merkt.[272] **183**

Deswegen steht es auch nicht im Belieben solcher Partnerschaftsteilnehmer, sich über die Einrichtung von **Videogeräten** zur Überwachung von Straßenzügen, Parks oder Hauseingängen zu verständigen. Der Nutzen besteht – nach den britischen Erfahrungen – ohnehin allenfalls in einem Verdrängen öffentlich sichtbarer Kriminalität. Rechtlich relevant ist die Tatsache, daß sich kein Passant einer solchen Bewegungskontrolle entziehen kann. Die Beobachtung in einem Kaufhaus nimmt er – wenn er die Kameras erkennen kann – zustimmend in Kauf. Wer aber den Allgemeingebrauch auf Wegen nutzt, die dem öffentlichen Verkehr gewidmet sind, hat Anspruch, „vom Staat in Ruhe gelassen zu werden“,[273] nicht ohne Störungsverdacht kontrolliert oder gar bildlich fixiert zu werden. Hier stößt selbst Polizeiarbeit an ihre rechtsstaatlichen Grenzen (vgl. oben Rdn. 25, 26). Jedenfalls wird das Maß schlicht hoheitlichen Handelns, wie z. B. bei der präventiven „Verkehrsüberwachung“ (vgl. dazu *Hilse* im Kap. G) oder beim „Streifengang“ dann überschritten, wenn aus der polizeilichen Zufallsbegegnung eine Dauerbeobachtung wird, die jederzeit und nicht nur zufällig anläßlich der Begegnung zum Zugriff werden kann. Bei einer solchen Dauerüberwachung wird die Unbefangenheit des Menschen, der sich in der Regel unbeobachtet wissen möchte und nicht jede Bewegung unter dem Ge- **184**

---

[272] Auch die Freiheitsberaubung gem. § 239 StGB setzt nicht die positive Kenntnisnahme des Betroffenen voraus. Deswegen bedarf die heimliche Observation ebenso wie die offene der verfahrensrechtlich normierten Befugnis. Zu den verfassungsrechtlichen Grenzen der Datenerhebung vgl. auch *Bäumler,* Kap. J. Über die Gefahr einer schleichenden Entwicklung zur „überwachten Gesellschaft“, von der Aktivierung sozialer Kontrolle über die Einrichtung von **„Präventionsräten“** als Akt rechtlich unerheblicher, also „symbolischer“ Politik, bis zur privat-öffentlichen „Partnerschaft“, mit einer auf präventiv-polizeiliche Wirkung ausgerichteten Ausstattung (Streifengänge, Videoüberwachung), schreibt *Beste,* in: Lenk/Prätorius (Hrsg.), Eingriffsstaat und öffentliche Sicherheit (1998), S. 53 ff. Über die **Videoüberwachung in Los Angeles** schreibt *Mike Davis* in „Ökologie der Angst. Los Angeles und das Leben mit der Katastrophe“, München 1999. Zu den Grenzen **polizeilicher Videoüberwachung** (bei Verdacht oder Gefahr) vgl. *BGH* NJW 1991, 2651 mit krit. Anm. von *Merten* NJW 1992, 354. Grundl. auch *Roggan* NVwZ 2001, 134 m. weit. Nachw.

[273] *BVerfGE* 27, 1.

sichtspunkt, nichts Mißverständliches zu tun, kontrollieren möchte, von vornherein gestört. Erst recht kann und darf es daher **keine versteckten Kameras** geben. Auch Private können und dürfen so nicht ihre Nachbarn „überwachen"[274]. Das gilt für die offene Überwachung ebenso wie für die „verdeckte" Aufzeichnungsmöglichkeit, bei der die Heimlichkeit als zusätzliches Mittel der Effektivitätssteigerung bei der Beweismittelerstellung genutzt werden soll. Die Arglosigkeit soll ausgenutzt werden, um dem „Fallensteller" die Arbeit zu erleichtern.

185 Die Gefahr des **„Sykophantenstaates"**, wie ihn Adolf Arndt aus der Erfahrung der Polizeigeschichte genannt hat,[275] ist real, wenn der Mensch auf staatlich geförderte oder gar praktizierte „Fallenstellerei" gefaßt sein muß. Wo **Mißtrauen** zur Regel wird, möchte niemand mehr leben. Im Wunsch nach Vertrauen und nach Schutz des **„guten Glaubens"** im privaten und öffentlichen Rechtsleben[276] zeigt sich das innere Festhalten der Menschen an den **„guten Sitten"**, wie sie in Art. 2 I GG als Grenze jeglicher Handlungsmacht (für private und öffentliche Hände) normiert sind.[277]

IX. Anhang: Die Polizei und die „guten Sitten"

186 Die Polizei hat in der Praxis mit den „guten Sitten" vornehmlich unter zwei Aspekten zu tun: Zum einen kann ein Verhalten gegen die „guten Sitten" eine Rechts- oder Ordnungsstörung sein, so daß sich die Frage stellt, **ob** ein Einschreiten geboten ist. Der andere Aspekt betrifft die Frage, **wie** bei einer Störung eingeschritten werden kann, wenn die Methode zur Gefahrenabwehr oder Verdachtsklärung zwar „Erfolg" verspricht, aber aus sich sittlich bedenklich ist.

187 Art. 2 I GG bestimmt als **Grenze der Handlungs- und Regelungsfreiheit** neben den **Rechten Dritter** und neben der **verfassungsmäßigen Ordnung** ausdrücklich das **„Sittengesetz"**, also das **ethische Minimum,** das in der verfaßten Gemeinschaft durchgängig gilt. In einer „offenen Gesellschaft", die nicht durch ihre „Geschlossenheit" untergehen will, sondern für Veränderungen offen sein soll,[278] ist wegen der unterschiedlichen Werthaltungen die Feststellung des ethischen Minimums oft schwierig oder fast unmöglich. Deswegen hat das Sittengesetz als normative Schranke der Handlungsfreiheit für einige Rechtsdenker „keine praktische Bedeutung".[279] Für andere[280] „entfaltet das ‚Sittengesetz' vornehmlich durch die **Generalklauseln** der Rechtsordnung Wirksamkeit". In der Tat, also rechtstatsächlich, spielen Schutznormen wie die §§ 138, 226, 242, 817, 826, 847 BGB oder § 1 UWG und §§ 263, 267 StGB und § 136a StPO – um nur einige zu nennen – eine nicht geringe Rolle. Ob **Kreditерschleichung** oder **Werksspionage, „Hörfalle"** oder **„V-Mann"**, gekaufter **(„Kron-")Zeuge** oder **„Scheinkäufer"** – stets geht es um die rechtsethische Bewertung der Ziele oder der Methoden.

188 Schwindende Bedeutung mag den Ordnungsfragen zukommen, bei denen die polizeirelevante Störung in einem sittenwidrigen Verhalten außerhalb des normierten Rechts liegen könnte. Die früher noch öfters gestellten Fragen nach der **Kleiderordnung,** nach

---

[274] *BGH* NJW 1995, 1955 ff.

[275] Ges. jur. Schriften, 1976, S. 168. Zum Thema gesetzlich erlaubter Täuschungen durch „Verdeckte Ermittler" vgl. Kap. K betr. Zeugen und oben Rdn. 62 ff. und 71 ff.

[276] Vgl. *Denninger,* Kap. E zur Vermutung für die Rechtstreue des Bürgers im „Vorfeld" von Verdacht und Gefahr. Ebenso *Weßlau,* Vorfeldermittlungen, 1989, S. 337. Kritisch-distanzierter zu einer solchen „Redlichkeitsvermutung" *LVerfG M-V* (Urteil v. 21. 10. 1999, s. o. Rdn. 38), allerdings ohne nähere Begründung.

[277] Einzelheiten bei Rdn. 187 ff.

[278] Vgl. *Popper,* Die offene Gesellschaft und ihre Feinde, Bd. 1, 3. Aufl. 1973, S. 264 ff. *Ad. Arndt,* Ges. jur. Schriften, 1976, S. 207 ff.

[279] Vgl. *Jarass/Pieroth,* GG, 5. Aufl. 2000, Art. 2 Rdn. 16; *Murswiek,* in: Sachs, GG, 2. Aufl. 1998, Art. 2 Rdn. 99. Nach *Schwabe* NJW 1999, 3615, „weiß zu Recht fast niemand mit dem ‚Sittengesetz' als Grundrechtsschranke etwas anzufangen".

[280] Z. B. *Podlech,* in: AK-GG, Bd. 1 (1989), Art. 2 I Rdn. 66.

Lustbarkeits- und **Trauerregelungen,** also nach Störungen des seelischen Friedens im jeweiligen sozialen Umfeld, spielen praktisch keine polizeiliche Rolle mehr.[281] Es sind kaum noch Fallgestaltungen denkbar, bei denen „ungeschriebene“ Schutznormen verletzt werden könnten. Wo Rechtsgüter nicht speziell normiert sind, bieten die Grundrechte ausreichende Schutzräume, um wegen „Rechtsstörungen“ Schutz zu gewähren.[282] Besondere **Gemeinlästigkeiten** sind zudem in den §§ 116ff. OWiG mit Sanktionen bedroht, also ebenfalls als Rechtsstörungen qualifizierbar.

Die Sittlichkeit an sich, also ohne mitmenschlichen Bezug, ist ohnehin kein Schutz- 189
gut. Deswegen dient auch das Strafrecht nicht (mehr) der Aufrechterhaltung der „guten Sitten“ allein, sondern dem Schutz der Mitmenschen vor rechtswidrigen Verletzungen. Dabei kann die Rechtswidrigkeit sich auch oder insbesondere aus der sittlichen Verwerflichkeit des Handelns des Täters ergeben. Aber sie allein führt nicht zur Strafwürdigkeit. Eine konkrete **Rechtsgutverletzung** ist unabdingbar.[283] Deswegen ist nicht die Lüge strafbar, sondern (erst) der Betrug.

Die Frage, was die „guten Sitten“ sind, stellt sich also weniger zur Feststellung einer 190
Ordnungsstörung im Sinne der überlieferten polizeilichen Generalklausel, sondern eher **im Rahmen der Ausfüllung auslegungsbedürftiger Wertungsnormen,** z. B. bei § 228 StGB oder bei § 33a GewO oder aber – zunehmend – **bei der unmittelbaren Beachtung des Sittlichkeitsvorbehaltes** gem. Art. 2 I in Verbindung mit Art. 1 III GG. Denn wo der erfolgsorientierte Gesetzgeber oder Polizeiobere zum Zweck der Effektivitätssteigerung zur Schaffung und Anwendung sittlich bedenklicher Methoden neigt, stellt sich für den betroffenen Polizeibeamten die Frage nach den **sittlichen Grenzen seines Dürfens** im konkreten Falle, also nach seiner **Verfassungstreue.** Sie hat Vorrang vor dem einfachen Gesetzesgehorsam. Das ergibt sich aus dem Wortlaut des Beamteneides ebenso wie aus Art. 1 III GG.

Die **Definition des „Sittengesetzes“** in Art. 2 I GG hat für den, der sich nicht als „wil- 191
liger Vollstrecker“ mehrheitskonform verhält, erhebliche praktische Bedeutung.[284] Dabei kommt diesem Verfassungsgehorsam kein Selbstzweck zu. Es geht um den jeweils betroffenen Bürger und seinen Anspruch, **im Rahmen des Prozeßrechtsverhältnisses,** in das er gezogen worden ist, verfassungskonform behandelt zu werden. Zur **prozeßrechtlichen Fürsorge** gehört sowohl im Strafprozeß als auch im polizeirechtlichen Verfahren die Sicherung seiner Grundrechte und der grundrechtsgleichen Verfahrensrechte. Dazu zählt, wie Art. 103 I GG und die §§ 28, 29 VwVfG sowie die §§ 136, 136a, 244 StPO nebst Art. 5 und 6 EMRK belegen, die **Offenheit des Verfahrens** ebenso wie der **Schutz vor Selbstüberführung** und **Täuschung.** Es gilt das **Fairneßgebot** als Kern des Gerechtigkeitsprinzips.[285] Nicht das gewünschte Ergebnis des Verfahrens bestimmt die Verfahrensmethoden, sondern **die Gerechtigkeit, wie sie sich aus einem gerechten Verfahren ergibt.** Das Verfahren selber ist bereits der erste Teil der wieder herzustellenden Gerechtigkeit. Folglich kann es sich nicht auf ungerechte oder sittlich bedenkliche Grundlagen stützen.

Es entbehrt also nicht der inneren Logik, wenn z. B. im **Zivilprozeß** die **Verwertung** 192
unbefugt beschaffter Beweismittel, etwa heimlicher Tonbandaufnahmen, untersagt ist.[286] Nur im Notstand soll anderes gelten können. Für das **Strafverfahren** und das **Polizeiverfahren** als **Zwangsprozeßrechtsverhältnisse** kann es erst recht keine Ausnahmen geben. Auch eine scheinlegale Befugnis zum heimlichen Ausspionieren oder Täuschen

---

281 Vgl. die Beispiele bei *Drews/Wacke/Vogel/Martens,* Gefahrenabwehr, 9. Aufl. 1986, S. 251ff.

282 Vgl. die insoweit maßgebende Elfes-Entscheidung *BVerfGE* 6, 32. Vgl. auch *Gusy,* Polizeirecht, 4. Aufl. 2000, Rdn. 100ff.; *Wagner,* AK-PolGNRW 1987, § 1 Rdn. 59ff.

283 Vgl. *BVerfGE* 39, 1 (44ff); *Ad. Arndt,* Ges. jur. Schriften, 1976, S. 207 (210).

284 Zu den beamtenrechtlichen Fragen vgl. Kap. K.

285 *BVerfGE* 26, 66 (71); 30, 1 (27); 38, 105 (111); 56, 37 (43ff.); *John Rawls,* Der Hauptgedanke der Theorie der Gerechtigkeit, in: Münkler (Hrsg.), Politisches Denken im 20. Jahrhundert, 2. Aufl. 1997, S. 143ff.

286 Vgl. *BGH* NJW 1982, 277; *BGH* NJW 1988, 1016; *BGHZ* 110, 30 (35) = NJW 1990, 1289.

kann das rechtsethische Verdikt nicht ausräumen. Sittenwidrige Normen haben nicht die Vermutung der Rechtmäßigkeit für sich, auch nicht solange, bis das Bundesverfassungsgericht – auf einen Hilferuf eines Betroffenen – gesprochen hat.[287]

193 Es gibt ohnehin keine Vermutung der Rechtmäßigkeit oder der Rechtsgebrochenheit staatlichen Handelns (vgl. Kap. K Rdn. 3). Es gilt das Gebot offenen und begründeten Handelns in der res publica. Dabei hat jeder Beteiligte das Risiko des eigenen Irrens für sich zu tragen. So hat der Amtswalter „nach bestem Wissen und Gewissen" zu entscheiden. Es ist ihm nicht erlaubt, seine Zweifel zu Lasten des Betroffenen zurückzustellen, weil jener ggf. das Gericht, notfalls auch das Bundesverfassungsgericht anrufen kann. Denn die Gerichte sind nicht dazu berufen, die Zweifel der Amtswalter auf Kosten der Betroffenen zu klären, sondern den Streit zwischen den Betroffenen und den Ämtern zu entscheiden. Die Amtswalter haben also zuvor die Rechtmäßigkeit ihres Tuns erschöpfend zu prüfen und ihre Erwägungen vollständig und offen darzulegen.[288]

194 Das in diesem Zusammenhang oft angeführte Argument, die Amtswalter verdienten im Staat des Grundgesetzes grundsätzlich ein vorgreifliches Vertrauen in ihre **Redlichkeit,** trifft nicht das Problem der Normgültigkeit und der Richtigkeit der Normanwendung. Die Redlichkeit gewährleistet nicht die Richtigkeit. Das gilt für die Repräsentanten der Legislative ebenso wie für die Amtswalter der Exekutive. Den Verdikten des Bundesverfassungsgerichts kann keineswegs stets böser Wille der Gesetzesmacher oder -anwender entnommen werden. Wo hingegen von Gesetzes wegen die Redlichkeit schon von vornherein – also positivrechtlich – ausgeschlossen sein soll, wie z. B. beim Einsatz **„verdeckter Ermittler",** die sich **Vertrauen erschleichen** sollen, **um es zu mißbrauchen,** kann die „Rechtmäßigkeit" schwerlich aus der „Redlichkeit" der Akteure abgeleitet werden. Der **Arzt,** der **Abgeordnete,** der **Anwalt,** sie alle mögen im **unverschuldeten Widerstreit höchster Rechtsgüter** zum Vertrauensbruch gezwungen sein und redlich handeln. Wer aber das Vertrauen sucht, um es zu brechen, kann allenfalls im **akuten Notstand,** wenn es – wie beim Geiselfall – um die Abwehr konkreter Gefahren für Leib, Leben und Freiheit geht, das operative Ziel zur Rechtfertigung anführen. Im übrigen enden alle Redlichkeits- und Rechtmäßigkeitsvermutungen, wenn es sie gibt, dort, wo staatliches Handeln gegen das „Sittengesetz" gem. Art. 2 I GG verstößt.

195 Auch ein besonders anerkennenswerter **Gemeinschaftszweck** wie die angebliche „Kriminalitätsbekämpfung" kann unsittliche Methoden nicht rechtfertigen. Zum einen geht es im Strafverfahren nicht um „Kriminalitätsbekämpfung", sondern um **Schuldfeststellung** und **Strafe** mit ihren durch § 2 StrVollzG bestimmten Zwecken. Zum anderen kann auch der beste Zweck nicht unsittliche Methoden „heiligen".[289] Das Bundesverfassungsgericht[290] hat in einer im übrigen umstrittenen Entscheidung (zur Strafbarkeit der homosexuellen Betätigung) gesagt: „Unsittliche Gesetze gehören nie zur verfassungsmäßigen Ordnung". Aber im Widerstreit von Anstands- und Erfolgserwartung sind auch Staatsgewalten schwankend und nicht frei von Widersprüchen. So sollen die Bürger einander und auch den öffentlichen Gewalten vertrauen, die Polizei aber soll dem unbescholtenen Bürger mißtrauen, ihn kontrollieren **(Jedermannkontrollen)** und aushorchen **(Lauscheingriffe)** dürfen (s. Rdn. 30ff. oben). Deswegen bedarf es sowohl der verfassungsrechtlichen Grenzziehungen als auch der Amtswalter, die mit Blick auf Art. 1 III und Art. 20 IV GG **„Widerstand für das Recht"** auf sich nehmen und jene **Grenzen** in ihrer Praxis **beachten.**

---

[287] Vgl. dazu Kap. K Rdn. 1ff. mit w. Nachw.

[288] *BVerfGE* 6, 32 (44). Zur Publizität vgl. *Kant,* Werkausgabe Bd. XI, hrsg. v. Weischedel, 1997, S. 245.

[289] *Thomas v. Aquin,* Summe der Theologie, Die sittliche Weltordnung, hrsg. v. Bernhart 1935, 18. Unters., 4. Art.; *Kant,* Werkausgabe, hrsg. v. Weischedel, 1977, Bd. VIII, Über das vermeintliche Recht, aus Menschenliebe zu lügen, S. 637ff.; *Rahner/Vorgrimler,* Kleines Theol. Wörterbuch, 1961, S. 102. Beispiele auch bei *de Montaigne* (1533–1952), Essais, hrsg. v. Enzensberger, 1998, S. 391ff. „Über das Nützliche und das Rechte". Zum aktuellen Umgang mit dem Redlichkeits- oder Fairneßprinzip vgl. *Hamm* StV 2001, 81.

[290] *BVerfGE* 6, 389 (434).

Dabei bleibt allerdings – wenn die Rechtslage nicht so offensichtlich ist wie bei § 110 a StPO – die Mühsal, die **Sittenwidrigkeit der Methodenwahl** ähnlich substantiell zu ergründen, wie es der Richter bei einer Vorlage gem. Art. 100 GG tun muß. Erst mit der Erfüllung dieser Kommunikationspflicht kann die etwaige Pflicht zur Anwendung der umstrittenen Norm entfallen.[291] Die spezifische Schwierigkeit liegt also darin, daß sich die Kriterien dessen, was die Sittenwidrigkeit ausmacht, im Einzelfall möglicherweise schwer bestimmen lassen. Die Suche unterscheidet sich aber nicht wesentlich von der Richteraufgabe, im Streitfall z. B. **„Arglist"**, **„Verwerflichkeit"** und **„Sittenwidrigkeit"** anhand von Sachverhaltsmerkmalen zu bezeichnen, die ethischen Prinzipien widersprechen. Diese Prinzipien müssen gefunden und benannt werden, um sie operationalisieren zu können. Der Rückgriff auf **tagespolitische Meinungen** wird nicht genügen, weil sie meistens vom Wunsch- und Zweckdenken bestimmt sind. Eine wertende Betrachtung wird mit der Suche nach dem **Normzweck** beginnen müssen. Es muß um den Menschen gehen. Wo es aber um den Mitmenschen geht, können nur mitmenschlich vertretbare Methoden Anwendung finden. Deswegen sagt Peters zu den **„ethischen Grundlagen des Strafprozesses"**:[292] 196

„Soll das Strafrecht vermenschlicht werden, ist eine Bindung an die ethische Wertordnung unumgänglich ... Das menschlich Tragende sind die zwischenmenschlichen Beziehungen. Sie können sich nur ungestört vollziehen, wenn **Wahrhaftigkeit, Vertrauen, gegenseitige Rücksicht** und **Anerkennung** sowohl des jeweiligen **Persönlichkeitsbereichs** als auch der gemeinsamen Verbundenheit die Gemeinschaft prägen. Alles das findet sein Fundament in der Liebe ... Wie das Strafrecht in seiner Zielordnung auf die Sichtbarmachung der die Gemeinschaft tragenden Werte gerichtet ist, so ist auch das dem **Strafrecht dienende Verfahren** den ethischen Grundnormen unterworfen. Die das Strafrecht tragende ethische Grundordnung kann nicht in einem Verfahren verwirklicht werden, das nicht selbst den ethischen Normen entspricht ...". Für Peters sind also **Wahrhaftigkeit, Vertrauen, gegenseitige Rücksichtnahme** und **Anerkennung des Persönlichkeitsrechts** wesentliche **Kategorien einer Rechtsethik.**

Ähnlich äußert sich Marcic zum **„unbedingten Rechtswert des Menschen"**:[293] 197
„Keine wie immer geartete Rechtsordnung kann rechtens den Rechtsgenossen die Pflicht aufzwingen: **falsches Zeugnis zu geben, Versprechen nicht einzulösen ... zu lügen ...** Die **Menschenwürde**, die **Freiheit der Person**, die **Gleichheit**, das **Gemeinwohl, Treu und Glauben (bona fides)** – das sind präpositive Strukturelemente jeder positiven Rechtsordnung ... Die dignitas humana als dignitas homini untersagt es, den konkreten Einzelmenschen jemals zum **Objekt**, zu einem bloßen **Mittel** herabzuwürdigen ... Alexis de Tocqueville und F. M. Dostojewski haben in ihren Visionen scharf vorausgesehen, woran die Menschenwürde im Zukunftsstaat zerschellen könnte: Sie löscht man am besten aus, wenn man **alle Wünsche erfüllt, allen Bedarf deckt, volle Sicherheit gewährt ... Jeder Griff nach der Freiheit ...**, von der öffentlichen Gewalt oder von privaten Gewalten, der Griff muß **immer rechtlich berechenbar, meßbar, voraussehbar** sein ..." Es gelte, „Menschenwürde und Freiheit zeitgerecht zu artikulieren; das **Recht auf Integrität der Psyche,** auf die Unversehrtheit des Vernunftvermögens und der Willenskraft ...; das **Recht auf eigene Verantwortung,** auf **Nächstenliebe,** auf **Nächstenhilfe...** Der ontologische Eigenwert des Menschen, sein Stellenwert in der Seinsordnung, seine **Autonomie** in der Schöpfungsordnung, sie ergeben die Würde des Menschen". Für Marcic darf also die Autonomie nicht an einem Übermaß an Sicherheit ersticken, weil die Autonomie den **Kern der Menschenwürde** ausmacht und ohne sie ein menschenwürdiges Leben nicht möglich ist.

Für **Radbruch** heißt dies – in der Sprache eines Paulus (1 Kor. 13) –: „Es ist die Todsünde des Rechts und seiner Vertreter, zu glauben, es gebe im Leben Situationen, in 198

[291] Vgl. *Bachof* AöR 87, 1; *BVerwG* NJW 2000, 88 (89).
[292] In: FS f. Würtenberger, 1977, S. 77 ff.
[293] In: FS f. Voegelin, 1962, S. 367 ff.

denen man mit einem Menschen ohne Liebe verkehren könnte!" **Camus** sagt noch kürzer, daß die Welt ohne Liebe eine tote Welt sei.[294] Die Freiheits- und Liebesfähigkeit wird als Ausdruck der Autonomie gesehen. Für **Kant**[295] ist daher die Autonomie der „Grund der Würde der menschlichen und jeder vernünftigen Natur". Und er fährt fort: „Handle nach der Maxime, die sich selbst zugleich zum allgemeinen Gesetz machen kann." Oder: „Handle nach Maximen, die sich selbst zugleich als allgemeine Naturgesetze zum Gegenstand haben können" ... „Mit der Idee der Freiheit ist nun der Begriff der Autonomie unzertrennlich verbunden, mit diesem aber das allgemeine **Prinzip der Sittlichkeit,** welches in der Idee allen Handlungen vernünftiger Wesen eben so zum Grunde liegt, als das Naturgesetz aller Erscheinungen". Zu den „Mißhelligkeiten zwischen Moral und Politik" sagt Kant sodann:[296] „... die empirische Politik mag einwenden, was sie wolle: **Die wahre Politik kann keinen Schritt tun, ohne vorher der Moral gehuldigt zu haben,** und ob zwar Politik für sich selbst eine schwere Kunst ist, so ist doch Vereinigung derselben mit der Moral gar keine Kunst; denn diese haut den Knoten entzwei, den jene nicht aufzulösen vermag, sobald beide einander widerstreiten. Das Recht der Menschen muß heilig gehalten werden, der herrschenden Gewalt mag es noch so große Aufopferung kosten. Man kann hier nicht halbieren, und das Mittelding eines pragmatischbedingten Rechts (zwischen Recht und Nutzen) aussinnen, sondern alle Politik muß ihre Knie vor dem erstern beugen, kann aber dafür hoffen, ob zwar langsam zu der Stufe zu gelangen, wo sie beharrlich glänzen wird."

199 Man mag diesen rigorosen **kategorischen Imperativ** für wenig zeitgemäß halten, aber das Gebot in Art. 2 I GG, die Grenzen des Sittengesetzes – insbesondere im staatlichen Aktionsbereich – zu beachten, meint nicht die Beachtung der **jeweils „herrschenden Volksmeinung";** denn die Definition des „Zeitgeistes" könnte man den Betroffenen und notfalls der Judikative überlassen, die sich teils am „sittlichen Empfinden eines gerecht Denkenden" (der nicht genannt wurde), teils auch an der „nationalsozialistischen Weltanschauung" (die es als solche gar nicht gab), orientiert hat.[297]

Das ungeschriebene „Sittengesetz", das in Art. 2 I GG den Rang des Verfassungsrechts erhalten hat, um es – versuchsweise – einer nur zeitgenössischen Interpretation zu entziehen, meint den **ethischen Grundkonsens,** der in unserem Kulturkreis gewachsen und in den Herzen der Menschen lebendig geblieben ist. Die weltweite Einforderung der **Menschenrechte,**[298] ihre Heranziehung zum Maßstab für neue gentechnische Regelungen oder für Waffenexportgenehmigungen durch die Bundesregierung oder auch zum Rechtfertigungsgrund für eine militärische Intervention, etwa im Kosovokonflikt im Jahre 1999, widersprechen offensichtlich der Annahme eines totalen **Immoralismus.** Dem Vorwurf, einen gem. Art. 26 GG und § 80 StGB verbotenen **„Angriffskrieg"** (im Sinne des Briand-Kellog-Paktes von 1928, der Londoner Verträge von 1933 mit der Definition des Angriffskrieges, der UN-Charta von 1945 und des NATO-Vertrages von 1949) unternommen zu haben, stellte der Generalbundesanwalt in seiner Einstellungsverfügung vom 15. 5. 1999 (3 ARP 212/99-3) das Fehlen einer Absicht zur Friedensstörung und das Motiv der Regierung, „eine völker- und menschenrechtswidrige Unterdrückung und Vertreibung der Kosovo-Albaner abzuwenden", entgegen. Der militärische NATO-Einsatz erweise sich als „Ultima ratio" gegen eine Friedensstörung. Dieser Militäreinsatz werde vom Tatbestand des § 80 StGB „nicht erfaßt". Auch die Bundesregierung hatte sich mit Zustimmung des Bundestages – jedoch ohne jede rechtsgrundsätzliche Erörterungen – auf die Wahrung der Menschenrechte berufen. Faktisch wurde der neueren völkerrecht-

---

[294] *Radbruch,* zitiert nach Amelunxen, in: Gerechtigkeit – gibt's die?, hrsg. v. Düsseldorfer Gesellschaft f. Rechtsgeschichte, 1990, S. 18; *Camus,* Die Pest, rororo 1950, S. 212.

[295] Grundlegung der Metaphysik der Sitten, in: Werkausgabe, hrsg. v. Weischedel, Bd. VII, 1974, S. 69.

[296] Zum ewigen Frieden, in: Werkausgabe, hrsg. v. Weischedel, Bd. XI, 1977, S. 243.

[297] Vgl. *BGHSt* 4, 88 (91) = NJW 1953, 912 einerseits und RGZ 150, 1 (4) andererseits.

[298] Vgl. *Denninger* ZRP 2000, 192. Vgl. auch *Busse* ZRP 1999, 416 und NStZ 2000, 631 zum „Angriffskrieg".

lichen Ächtung des „Angriffskrieges" die ältere Lehre vom **„gerechten Krieg"** im Sinne von Thomas von Aquin entgegengesetzt und damit wieder ein **präpositiver Sittlichkeitsmaßstab** herangezogen. Die naheliegende Kontrollfrage, ob die Alliierten auch wegen Auschwitz und Treblinka, also wegen der staatlichen Massenmorde nach 1933, Deutschland hätten den Krieg erklären können, wenn ihnen der Unmensch nicht mit seinen Angriffskriegen zuvorgekommen wäre, wurde allerdings nicht gestellt. Jedenfalls bleibt – sogar bei den Versuchen, Annexionen mit „Hilfeersuchen" zu rechtfertigen – die Anerkennung eines Restes an **ethischer Verantwortlichkeit** sichtbar. Selbst jene, die in ihrer Politik- oder Geschäftspraxis einen „modernen Immoralismus" betreiben, fordern in bemerkenswertem Widerspruch zum eigenen Tun ihrerseits mit moralischer Attitüde die Beachtung ihrer Rechts- oder Politikpositionen ein, sei es, daß sie z. B. „political correctness" fordern, sei es, daß sie Wortbruch oder Korruption (zu ihrem Nachteil) bedauern.[299]

Es kommt also nicht auf den „Zeitgeist" an, wenn es um das „Sittengesetz" geht, sondern mangels normativer Faßbarkeit **auf die überlieferten Zeugnisse rechtlich denkender Menschen.** Adolf Arndt hat insoweit treffend gesagt,[300] „daß es auf der Erde nicht mehr Recht gibt als rechtliche Menschen". Für Erik Wolf[301] wird die **Idee der Gerechtigkeit** durch **„gerechte Menschen"** bestimmt. „Juristische Größe als menschliche Größe ist das Werturteil des Lebens über die unersetzbare Vorbildlichkeit eines Menschen, für den die Gerechtigkeit das konstituierende Prinzip des Daseins bedeutet und dessen geistig-leibliche Gestalt diese Idee in andern zu entzünden vermag". Als Beispiele nennt Wolf Cato und Sokrates. 200

Solche Wertschätzung kann wiederum nur die Folge einer permanenten Suche nach Gerechtigkeit, nach Hilfe in einem ethisch fundierten Recht sein. Was als Tugend galt und gilt, soll Regelungsziel sein. Deswegen kann Wolf[302] auch sagen: „Das Recht ist der Inbegriff aller Tugenden und gilt als constituens, nicht als accidens eines sinnvollen Lebens." 201

Mit dieser Erkenntnis ist allerdings noch nicht erfaßt, was denn als **rechtsethische Grundprinzipien** ausgedrückt werden könnte, um rechtsethisch zweifelhafte Regelungen an ihnen konkret messen zu können. Aber auch insoweit können **Zeugnisse großer Rechtsdenker** helfen, wie sie u. a. Arthur Kaufmann aufgelistet hat:[303] 202

1. Das **Prinzip des suum cuique tribuere** (Cicero): Jedem ist das Seine zu gewähren. Das mindeste ist... sein eigenes individuelles, unverwechselbares Leben, ist seine Identität...
2. Die **Goldene Regel** (Bergpredigt Jesu). In ihrer positiven Form: Was du willst, daß dir die andern tun, das tu du ihnen auch...
3. Der **Kategorische Imperativ** (Kant): Handle nach solchen Maximen, von denen du wollen kannst, daß sie zum allgemeinen Gesetz erhoben werden...
4. Das **Fairneßprinzip** (John Rawls): Handle so, daß alle Betroffenen sowohl an den Vorteilen wie an den Lasten gleichermaßen beteiligt werden...
5. Das **Prinzip Verantwortung** (Hans Jonas): Handle so, daß die Folgen deiner Handlung nicht die Möglichkeit menschlichen Lebens und seiner Umwelt jetzt und in Zukunft zerstören, gefährden oder mindern können...
6. Das **Prinzip Toleranz** (Arthur Kaufmann): Handle so, daß die Folgen deiner Handlung verträglich sind mit der größtmöglichen Vermeidung oder Minderung menschlichen Elends...

---

299 Vgl. *Hösel,* Moral und Politik, 1997, S. 999; zu den Möglichkeiten einer universalen Begründung der Menschenrechte vgl. *Denninger,* Der gebändigte Leviathan, 1990, S. 251 ff. Zum Bedürfnis nach „geistiger Beheimatung" vgl. *Zippelius,* Allg. Staatslehre, 11. Aufl. 1991, S. 40 ff.

300 Ges. jur. Schriften, 1976, S. 17.

301 Rechtsphilosophische Studien, hrsg. v. Hollerbach, 1972, S. 129.

302 Rechtsphilosophische Studien, hrsg. v. Hollerbach, 1972, S. 121.

303 Rechtsphilosophie, 2. Aufl. 1997, S. 185 f. Vgl. auch die krit. Übersicht v. *Hofmann,* Einführung in die Rechts- und Staatsphilosophie, 2000, S. 34 ff. u. 60 ff. u. 204 ff.

203 Auch Hans Küng verweist in seinem **„Projekt Weltethos"**[304] auf „große Leitfiguren", weil das Wissen vom Guten eben nur sozial vermittelt werden könne: **Buddha, Jesus Christus, Konfutse, Lao-tse, Muhammad.** Alle großen Religionen forderten eine **„Goldene Regel"** – eine nicht nur hypothetische, bedingte, sondern eine kategorische, apodiktische, **unbedingte Norm.** Diese „Goldene Regel" sei schon bei Konfuzius bezeugt: „Was Du selbst nicht wünschst, das tue auch nicht andern Menschen an" (Konfuzius 551–489 v. Chr.); aber auch im Judentum: Tue nicht andern, was du nicht willst, das sie dir tun" (Rabbi Hillel 60 v. Chr.–10 n. Chr.) und schließlich auch im Christentum: „Alles, was ihr wollt, das euch die Menschen tun, das tut auch ihr ihnen ebenso" (Mt 7,12; Lk 6,31). Kants kategorischer Imperativ könne als eine Modernisierung, Rationalisierung und Säkularisierung dieser Goldenen Regel verstanden werden.

204 Im Ergebnis endet alles Suchen nach vorgesetzlichen ethischen Prinzipien immer noch bei der **„Goldenen Regel".** Wir nehmen zwar – wie Helmut Schmidt es formuliert hat[305] – eine „Vielzahl von weltanschaulichen Begründungen als gegeben" an und betrachten „den prinzipiellen Verzicht auf Totalkonsens" als Verfassungsbestandteil, erkennen aber andererseits an, daß auch „die Demokratie keineswegs ohne Grundwertekonsens die Würde des Menschen bewahren kann".

205 Die Verständigung hierüber belegt anschaulich der Anspruch von jedermann, Autonomie, also das **Recht auf freie Selbstbestimmung,** für sich geltend machen zu dürfen. Prinzipiell wird auch dem Nächsten dieses Recht zuerkannt. Das **Recht des Nächsten** gehört ebenso wie das Autonomieprinzip zum ethischen Grundstandard unserer Kultur. Wenn **Denninger** in seiner Staatsphilosophie über neue Verfassungsfunktionen[306] **„Sicherheit, Vielfalt** und **Solidarität"** als denkbares **neues Paradigma** für eine Verfassungsgebung und Menschenrechtsentwicklung vorstellt, so greift er damit ebenfalls auf das „Recht des Nächsten" zurück, von dem **Erik Wolf** sagt: „Das Nächste ist im Recht zu lassen... Der Nächste muß im Recht bleiben, darf nicht entpersonalisiert (versachlicht) werden. Dem Nächsten ist sein Recht zu geben... Der Nächste muß zu seinem Recht kommen, er muß darin jedem der Nächste sein dürfen und bleiben können – auch gegenüber den Funktionären sozialer Machtpositionen...". Die Grundpflichten gebieten, „daß der Mensch in allen sozialen Lagen als Mitmensch geachtet und in seiner Würde ungekränkt bleibe; deswegen gehören Schutzbestimmungen für die sozial, wirtschaftlich oder politisch Schwächeren zum Bestand jeder Rechtsordnung".[307]

206 Angesichts dieses kulturgeschichtlich gewachsenen und durch vielseitige Unrechtserfahrung gefestigten **Grundkonsenses über ein rechtsethisches Minimum** als **Voraussetzung für ein Überleben in einer verfaßten Freiheitsordnung** wird es beispielsweise nur eine Frage der (Leidens-)Zeit sein, bis die um sich greifende **Reduzierung notwendiger Kommunikationen** auf das Abrufen von Nummern und kodierten Botschaften oder die Benutzung von Automaten für Zugangsberechtigungen oder Transferleistungen als menschenunwürdig und rechtsethisch bedenklich bewertet werden wird. Ebenso werden spätere Generationen den zeitweiligen **Rückfall in vordemokratische Verfahrensmethoden** durch die Wiedererfindung heimlicher und arglistiger Überführungsmethoden als menschenverachtende Sittenwidrigkeit ansehen; sie werden allerdings erst den Preis der Negativerfahrung gezahlt haben müssen; es sei denn, daß einzelne schon vorher die Last und das Risiko auf sich nehmen, eine konkrete rechtsethisch bedenkliche Regelung unter die überlieferten Aspekte sittlicher Anschauungen zu subsumieren, und

---

[304] 3. Aufl. 1991, S. 84 f., fortgef. u. zusammengef. in *Küng/Kuschel*, Wissenschaft und Weltethos, 1998, S. 33 ff.; mit Bezug darauf *Martini/Eco,* Woran glaubt, wer nicht glaubt?, 1999, S. 74 ff. und 82 ff. über das „Unbedingte" und „den andern in uns" als universelle Grundlage ethischen Handelns.

[305] Grundwerte in Staat und Gesellschaft, hrsg. v. Gorschenek, 1977, S. 16.

[306] Menschenrechte und Grundgesetz, Zwei Essays, 1994, S. 23 ff.

[307] Rechtsphilosophische Studien, hrsg. v. Hollerbach, 1972, S. 81, 87 f. Im Ergebnis ebenso *Stegmüller,* Hauptströmungen der Gegenwartsphilosophie, Bd. IV, 1989, S. 289 ff.; *Wilh. Schmid,* Philosophie der Lebenskunst, 1999, S. 177 ff.

ethisch unbedenkliche Alternativen aufzeigen (über die prozessualen Möglichkeiten vgl. Kap. K).

Solcher Schritt aus der Konformität erfordert im Anfang einen gewissen Mut. Aber die Schöpfer des GG wußten aus eigener (Un-)Rechtserfahrung, daß auch die verfaßte Freiheitsordnung nicht ohne solchen täglichen **Mut zur Freiheit mit ihren Risiken** überleben kann und daß die Leugnung einer ethischen Rechtsbegründung mit der Erkenntnis des totalen Nichtwissens zu einer **„Furcht vor der Freiheit"**[308] führt, die über das ständig zunehmende Streben nach **„Sicherheit"** im **Totalitarismus** endet. Deswegen hatte schon **v. Mangoldt** im Parlamentarischen Rat für einen ausdrücklichen „Hinweis" auf das **„ethische Grundgesetz"** in Art. 2 GG plädiert.[309] Auch die umstrittene **Anrufung Gottes** in der Präambel des GG soll die rechtsethische Gebundenheit der Macht im Staat des GG unterstreichen und Mut machen, an Rechtsvoraussetzungen festzuhalten, die das GG selber nicht gewährleisten kann.[310] Für **Cardozo**[311] liegt die rechtsethische Bindung in der Daueraufgabe menschlicher Existenz, nach dem „gerechten Recht" mit einem „Minimum an Ethik" zu suchen und zu erkennen, daß „das Suchen von höherem Wert ist als das Gesuchte". Denn: „Das Recht kann die Menge nicht zu der Sittlichkeit von Heiligen und Propheten anhalten." Ähnlich formuliert **Adolf Arndt**:[312] „Gegeben ist uns nicht das Recht, sondern die Rechtlosigkeit; das Recht ist uns **auf**gegeben." „Wer erkennt, daß es der Mensch ist, der das Recht als seine geistige Leistung erst hervorbringt, wird ... begreifen müssen, daß das jeweilige Recht so aussieht, wie jeweils die Menschen aussehen oder – mit anderen Worten – daß es auf der Erde nicht mehr Recht gibt als rechtliche Menschen." Arndt appelliert also auch an die Vorbilder, und er fügt hinzu: „Maß zu halten, ist ein sittliches Prinzip unseres Rechtsdenkens. Dieses sittliche Prinzip des Maßhaltens" ... folgt aus der „einander geschuldeten Mitmenschlichkeit". Denn nur die permanente Suche nach dem Maß sichert die Selbstbestimmungsmöglichkeiten in der freiheitlich verfaßten Gemeinschaft. 207

Zu solcher **Staatszielbestimmung** der **Mitmenschlichkeit** „im Namen Gottes" bekennen sich neben dem GG auch Landesverfassungen wie BaWüVerf. in Art. 1, BerlVerf. in Art. 7, BremVerf. in Art. 1, RhPfVerf. in Vorspruch und Art. 1, SächsVerf. in Art. 15, SaAnhVerf. in Präambel und Art. 5 und ThürVerf. in Präambel. Die BayVerf. stellt in Art. 101 die allgemeine Handlungsfreiheit unter den Vorbehalt der „guten Sitten" und 208

---

[308] Vgl. *Majer,* Der lange Weg zu Freiheit und Gleichheit, 1995, S. 222 unter Bezug auf *Erich Fromm,* Die Furcht vor der Freiheit, 1966. Zum Menschen, „der die Angst der Freiheit kennt", aber dennoch „will, daß jeder frei sei ...", vgl. *Jaspers,* in: Münkler (Hrsg.), Politisches Denken im 20. Jahrhundert, Ein Lesebuch, 2. Aufl. 1997, S. 62 ff. – zitiert aus *Jaspers,* Wohin treibt die Bundesrepublik?, 1988, S. 117 ff. – Zum Problem der „Freiheitsfähigkeit des Menschen" wegen der „Angst vor der Freiheit" (für die Jesus eingetreten ist), vgl. auch *Dostojewski,* Die Brüder Karamasow, 5. Buch, 6. Kapital (mit der Szene des Großinquisitors vor IHM). Zum Streben nach Sicherheit auf Kosten der Freiheit vgl. *Alexis de Tocqueville,* Über die Demokratie in Amerika II, 1835, S. 154 f. Zur Last der Freiheit in der „offenen Gesellschaft" mit ihrem Verlust an „Gewißheit" und „Sicherheitsgefühl" s. auch *Popper,* Der Zauber Platons, Die offene Gesellschaft und ihre Feinde, Bd. 1, 3. Aufl. 1973, S. 228 (237 ff.). Zum Glauben an die Freiheitsfähigkeit des Menschen als Schuldvoraussetzung vgl. *H. J. Hirsch,* Strafrechtl. Probleme, Schr. aus 3 Jahrzehnten, hrsg. v. Kohlmann, 1999, S. 637 ff. Über die Krise des Rechts aus der Erkenntnis d. Nichtwissens z. Zt. d. WRV vgl. *Boldt,* in: Gusy (Hrsg.), Demokratisches Denken i. d. Weimarer Republik, 2000, S. 608 (617 ff.). Zum „Schleier des Nichtwissens" i. S. v. *Rawls* vgl. die krit. Anm. v. *Lindner* NJW 2000, 3757, zu *BVerfG* NJW 2000, 1097 mit nahel. Ausführungen.

[309] JöR NF 1 (1951), S. 57.

[310] Vgl. die Belege JöR NF 1 (1951), S. 29; *Otto,* Das Staatsverständnis des Parlamentarischen Rates, (1971), S. 63 ff.; *Hamann/Lenz,* GG, 3. Aufl. 1956, Präambel Anm. B; ähnl. auch *Huber,* in: Sachs, GG, 1998, Präambel, Rdn. 36; widersprüchl. *Zulegg,* in: AK-GG Bd. 1, 1984, S. 139: „Die Formel leitet in die Irre und entbehrt eines rechtlichen Sinngehaltes." Andererseits: Sie habe „rechtlichen Gehalt" und sei für „die Auslegung des Grundgesetzes und anderer Gesetze heranzuziehen". Zur Neigung der Praxis, „überpositives Recht", das der Verfassung „übergeordnet" ist, aus den „Tiefen des Alltags" abzuleiten, vgl. *Leisner,* Von der Verfassungsmäßigkeit der Gesetze zur Gesetzmäßigkeit der Verfassung, 1964, S. 67.

[311] Ausgew. Schriften, hrsg. v. Hall/Patterson, 1957, S. 244 f. und S. 376; ganz ähnlich *Rüthers,* Rechtstheorie, 1999, Rdn. 401 ff.

[312] Ges. jur. Schriften, 1976, S, 12, 17, 50.

nennt als „oberste Bildungsziele" in Art. 131 „Ehrfurcht vor Gott, Achtung vor religiöser Überzeugung und vor der Würde des Menschen, Selbstbeherrschung, Verantwortungsgefühl und Verantwortungsfreudigkeit, Hilfsbereitschaft, Aufgeschlossenheit für alles Wahre, Gute, Schöne und Verantwortungsbewußtsein für Natur und Umwelt".

209 Es fehlt also nicht an positiven und präpositiven Hinweisen auf einen rechtsethischen Wertekanon, der zur Inhaltsbestimmung der „guten Sitten" im Sinne von Art. 2 I GG herangezogen werden kann, um Handlungsmaßstäbe, auch für die Polizeiarbeit, zu finden. Voraussetzung hierfür ist indes der unbedingte Wille zum Recht.[313]

---

[313] Vgl. statt vieler die Belege bei *Hofmann*, Einführung in die Rechts- und Staatsphilosophie, 2000.

D. Gefahrenabwehr durch Ordnungsverwaltung

Teil I: Ausländerrecht

Übersicht

Allgemeines Schrifttum: *Bamberger,* Ausländerrecht und Asylverfahrensrecht, 2. Aufl. 1997; *Barwig/Brinkmann/Huber/Lörcher/Schumacher,* Ausweisung im demokratischen Rechtsstaat, 1996; *Barwig/Sieveking/Brinkmann/Lörcher/Röseler,* Sozialer Schutz von Ausländern in Deutschland, 1997; *Gemeinschaftskommentar* zum Ausländerrecht (Loseblatt), 2000; *Hailbronner,* Ausländerrecht (Loseblatt), 1999; *Huber,* Handbuch des Ausländer- und Ayslrechts (Loseblatt), 1999; *Kloesel/Christ/Häußer,* Deutsches Ausländerrecht, 3. Aufl. (Loseblatt), 1999; *Renner,* Ausländerrecht, 7. Aufl. 1999; *Renner,* Ausländerrecht in Deutschland, 1998; *Schiedermair/Wollenschläger,* Handbuch des Ausländerrechts der Bundesrepublik Deutschland (Loseblatt), 1992; *Schlewig/Schuhmann/Heinz,* Ausländische Arbeitnehmer, 1998; *Welte,* Ausländerrecht, 2000; *Westphal/Stoppa,* Ausländerrecht für die Polizei, 1997.

I. Historische Entwicklung und aktuelle gesetzliche Grundlagen

1. Verhältnis zum allgemeinen Gefahrenabwehrrecht

Das Ausländerrecht als das Sonderrecht für Menschen ohne deutsche Staatsangehörigkeit hat **materielle Polizeiaufgaben** zum Gegenstand, also Tätigkeiten, die inhaltlich der Abwehr von Gefahren für die öffentliche Sicherheit und Ordnung in diesem speziellen Bereich zuzuordnen sind; so dient das Ausländerrecht nach dem Willen des Gesetzgebers[1] u. a. der Wahrung der sicherheitspolitischen, wirtschaftlichen, arbeitsmarktpolitischen und entwicklungshilfepolitischen Interessen des Bundes und der Länder. Es regelt Einreise, Aufenthalt, Niederlassung, Erwerbstätigkeit und soziale Sicherung, aber nunmehr auch Einbürgerungsansprüche. Die Wahrnehmung dieser Aufgaben obliegt jedoch nicht mehr der **Polizei im formellen und organisatorischen Sinn,** sondern besonderen **Ordnungsbehörden,** den **Ausländerbehörden** (§ 63 AuslG; s. u. zu II.). 1

Angesichts der nunmehr sehr detaillierten Regelungen im Ausländergesetz ist der **Rückgriff auf die allgemeinen Vorschriften** des Gefahrenabwehrrechts in der Regel ausgeschlossen; er setzt jedenfalls eine unbeabsichtigte Regelungslücke voraus.

2. Historische Entwicklung und aktuelle Rechtsgrundlagen

In sämtlichen Staaten der Welt haben Ausländer grundsätzlich weder ohne weiteres einen Anspruch auf Einreise noch auf Aufenthalt. Seit alters her ist ihr Recht deshalb be- 2

[1] Vgl. BT-Drucks. 11/90, S. 40.

sonderen Regelungen unterworfen. Auch nach Inkrafttreten des Grundgesetzes galten zunächst die **Ausländerpolizeiverordnung** vom 22. 8. 1938 (RGBl. I S. 1053) und das **Gesetz über das Paß-, Ausländerpolizei- und das Meldewesen...** vom 11. 5. 1937 (RGBl. I S. 589) im wesentlichen als Bundesrecht fort.[2] Diese Regelungen wurden erst durch das **Ausländergesetz vom 28. 4. 1965** (BGBl. I S. 353) abgelöst, nachdem sie den Anforderungen der im Gefolge des Wirtschaftsaufschwungs zunehmenden gezielten Anwerbung ausländischer Arbeitskräfte nicht mehr genügt hatten. Das Ausländergesetz 1965 selbst enthielt nur wenige ausländerpolitische Entscheidungen; es überließ vielmehr die Erteilung und Verlängerung von Aufenthaltserlaubnissen sowie die Beendigung des Aufenthalts durch Ausweisung **weitgehend** dem **Ermessen** der Ausländerbehörde. Diese weitreichende **„Blankoermächtigung an die Verwaltung"**[3] blieb trotz mehrfacher Gesetzesänderungen im wesentlichen bestehen und wurde lediglich im Wege von **Verwaltungsvorschriften der Länder** – also ohne den Gesetzgeber – konkretisiert und inhaltlich gebunden;[4] auf bloßen Verwaltungsentscheidungen beruhten deshalb u. a. der Anwerbestopp für Arbeitnehmer aus Nicht-EG-Staaten und die gravierenden Beschränkungen des Familiennachzugs im Jahre 1981.[5] Demgegenüber trifft das **Ausländergesetz vom 9. 7. 1990** (BGBl. I S. 1354)[6] in weitem Umfang inhaltliche Entscheidungen über den Aufenthalt von Ausländern selbst; es ist erheblich detaillierter und komplizierter geworden und läßt den Ausländerbehörden **weniger Spielraum.** Es unterwirft das Ermessen oft zusätzlichen Bindungen durch gesetzliche Vorgaben. Im übrigen haben die Länder **Verwaltungsvorschriften** erlassen; Allgemeine Verwaltungsvorschriften der Bundesregierung werden zur Zeit mit dem Bundesrat abgestimmt. Das neue Ausländergesetz erleichtert die – mit Wirkung vom 1. 1. 2000 neugefaßte – **Einbürgerung** junger Ausländer und von Ausländern mit langem Aufenthalt in Deutschland (§§ 85 ff. AuslG) und verfolgt das **Ziel,** durch Anspruchstatbestände den Aufenthaltsstatus von rechtmäßig und dauerhaft in Deutschland lebenden Ausländern zu sichern. Es enthält umfangreiche Vorschriften über Erhebung, Übermittlung, Speicherung und Löschung **personenbezogener Daten** (§§ 75 ff. AuslG).[7] In der Folgezeit wurden u. a. Bestimmungen über den **Familiennachzug,** das eigenständige Aufenthaltsrecht des **Ehegatten** und die Aufenthaltsgenehmigung für Kinder aus ehemaligen **„Anwerbestaaten"** verbessert sowie **Ausweisung und Abschiebung** erleichtert (Ges. v. 29. 10. 1997 [BGBl. I S. 2584]).[8]

3 Die ausländerrechtlichen Vorschriften der **ehemaligen DDR** – Ausländergesetz vom 28. 6. 1979, Ausländeranordnung vom 28. 6. 1979, Wohnsitzverordnung vom 11. 7. 1990 und Asylverordnung vom 11. 7. 1990 –[9] galten mit bestimmten Maßgaben bis zum 31. 12. 1990; danach wurden sie durch Bundesrecht abgelöst.

4 Gleichzeitig mit dem Ausländergesetz **1990 traten mehrere Verordnungen zum Aufenthaltsrecht und zum Arbeitserlaubnisrecht** in Kraft:[10]

- Verordnung zur Durchführung des Ausländergesetzes (DVAuslG) vom 18.12.1990 (BGBl. I S. 2983) i. d. F. v. 21. 5. 1999 (BGBl. I S. 1038);
- Arbeitsaufenthaltsverordnung (AAV) vom 18. 12. 1990 (BGBl. I S. 2994) i. d. F. v. 24. 3. 1997 (BGBl. I S. 594);

---

[2] Vgl. *BVerwGE* 3, 58 und 235.

[3] *Rittstieg,* Deutsches Ausländerrecht, Textausgabe, 13. Aufl. (2000), Einführung, Anm. 4.

[4] Vgl. hierzu *Renner,* FS f. Zeidler, 1987, 1003.

[5] Vgl. dazu Bericht in ZAR 1981, 159; *BVerfGE* 76, 1.

[6] Vgl. zur Entstehungsgeschichte und zu den vielfältigen Anregungen und kritischen Beiträgen in der Literatur Nachweise bei *Renner,* AuslR, 7. Aufl. 1999, Vorbem. Rdn. 4 f.

[7] Vgl. zur Neuregelung u. a. *Brühl* JuS 1991, 314; *Hailbronner* NJW 1990, 2153; *Huber* NVwZ 1990, 1113; *Marx* ZAR 1991, 135; *Rittstieg* InfAuslR 1990, 221; *Wollenschläger/Schraml* ZAR 1991, 59 und ZAR 1992, 67; *Zimmermann* DVBl. 1991, 185 und DÖV 1991, 501.

[8] Vgl. Berichte in ZAR 1996, 102 und ZAR 1997, 152 sowie Übersicht bei *Renner,* AuslR, 7. Aufl., Vorbem. Rdn. 11 ff.

[9] Vgl. hierzu u. a. *Berger* ZAR 1990, 155; *Elsner* ZAR 1990, 157; *Haedrich* LKV 1993, 83.

[10] Vgl. Bericht in ZAR 1991, 2.

- Anwerbestoppausnahmeverordnung (ASAV) vom 21. 12. 1990 (BGBl. I S. 3012) i. d. F. v. 17. 9. 1998 (BGBl. I S. 2893);
- Ausländergebührenverordnung (AuslGebV) vom 19. 12. 1990 (BGBl. I S. 3002) i. d. F. v. 30. 7. 1998 (BGBl. I S. 1992);
- Ausländerdatenübermittlungsverordnung (AuslDÜV) vom 18. 12. 1990 (BGBl. I S. 2997) i. d. F. v. 26. 5. 1997 (BGBl. I S. 1130);
- Ausländerdateienverordnung (AuslDatV) vom 18. 12. 1990 (BGBl. I S. 2999);
- anstelle der ebenfalls zu diesem Zeitpunkt erlassenen 9. Arbeitserlaubnisänderungsverordnung gilt nunmehr die Arbeitsgenehmigungsverordnung (ArGV) vom 17. 9. 1998 (BGBl. I S. 2899).

Von Bedeutung sind ferner: 5

- Gesetz über Maßnahmen für im Rahmen humanitärer Hilfsaktionen aufgenommene Flüchtlinge vom 22. 7. 1980 (BGBl. I S. 1057) i. d. F. v. 29. 10. 1997 (BGBl. I S. 2584);
- Gesetz über das Ausländerzentralregister (AZR-Gesetz) vom 2. 9. 1994 (BGBl. I S. 2265) mit Durchführungsverordnung vom 17. 5. 1995 (BGBl. I S. 695);
- Aufenthaltsgesetz/EWG vom 31. 1. 1980 (BGBl. I S. 116) i. d. F. v. 24. 1. 1997 (BGBl. I S. 51) mit einer erheblichen Einschränkung der Möglichkeiten zur Aufenthaltsbeendigung von EG-Ausländern (Arbeitnehmer);
- Freizügigkeitsverordnung/EG (FreizügV/EG) vom 17. 7. 1997 (BGBl. I S. 1810) in Umsetzung der RiLi 90/364/EWG v. 28. 6. 1990 (– allg. –), RiLi 90/365/EWG v. 28. 6. 1990 (– Rentner und Selbständige –) und RiLi 93/96/EWG v. 29. 10. 1993 (– Studenten –);
- Beschluß Nr. 1/80 des Assoziationsrats EWG-Türkei über die Entwicklung der Assoziation (mit speziellen aufenthalts- und arbeitserlaubnisrechtlichen Vorschriften für türkische Arbeitnehmer);[11]
- Europäisches Niederlassungsabkommen vom 19. 12. 1955 (BGBl. II 1959 S. 997)[12] mit erheblicher Einschränkung der Ausweisungsbefugnisse.

Der Zugang zu **Sozialleistungen** für Ausländer wird u. a. in folgenden gesetzlichen Bestimmungen geregelt: 6

- **Erziehungsgeld:** Voraussetzung ist der Besitz einer Aufenthaltsgenehmigung oder Aufenthaltserlaubnis und die nicht nur vorübergehende Entsendung des ausländischen Arbeitnehmers durch einen im Ausland ansässigen Arbeitgeber nach Deutschland (§ 1 I a BErziehungsgeldG v. 31. 1. 1994 [BGBl. I S. 180] i. d. F. v. 21. 9. 1997 [BGBl. I S. 2390]).
- **Kindergeld:** Voraussetzung ist der Besitz einer Aufenthaltsberechtigung oder Aufenthaltserlaubnis[13] und die nicht nur vorübergehende Entsendung des ausländischen Arbeitnehmers nach Deutschland; Sonderregelung für den Ehegatten (§ 1 III BKindergeldG v. 22. 4. 1999 [BGBl. I S. 770]).
- **Unterhaltsvorschuß:** Voraussetzungen und Einschränkung wie oben (§ 1 II a UnterhaltsvorschG v. 19. 1. 1994 [BGBl. I S. 165]).
- **Ausbildungsförderung:** Voraussetzung ist gem. § 8 BAusbildungsfördG – BAföG – v. 6. 6. 1983 (BGBl. I S. 645) i. d. F. v. 7. 5. 1999 (BGBl. I S. 850) die Rechtsstellung als:
  - heimatloser Ausländer i. S. d. Ges. v. 25. 4. 1951 (BGBl. I S. 2699 i. d. F. v. 13. 6. 1980 (BGBl. I S. 677),
  - anerkannter Asylberechtigter mit gewöhnlichem Aufenthalt in Deutschland,
  - im Rahmen humanitärer Hilfsaktionen aufgenommener Flüchtling (Ges. v. 22. 7. 1980 [BGBl. I S. 1057] i. d. F. v. 9. 7. 1990 [BGBl. I S. 1354]) mit gewöhnlichem Aufenthalt in Deutschland,
  - anerkannter Flüchtling nach der Genfer Konvention v. 28. 7. 1951 (BGBl. II 1953 S. 559) mit gewöhnlichem Aufenthalt in Deutschland,
  - Ausländer mit ständigem Wohnsitz im Inland und einem deutschen Elternteil,
  - EG-Ausländer mit Freizügigkeitsanspruch nach dem Aufenthaltsgesetz/EWG (s. o.) unter bestimmten Voraussetzungen,
  - andere Ausländer nach fünfjährigem Aufenthalt im Inland und rechtmäßiger Erwerbstätigkeit oder mit zumindest einem Elternteil, das sich während der letzten sechs Jahre mindestens drei Jahre im Inland aufgehalten hat und rechtmäßig erwerbstätig war.

---

[11] Vgl. hierzu *Mallmann* JZ 1995, 916; *Bamberger,* Rdn. 62; *EuGH* NVwZ 1995, 53, InfAuslR 1993, 41, InfAuslR 1991, 2 und InfAuslR 1987, 305.

[12] Vgl. hierzu *Bamberger,* Rdn. 320 m. w. N.; *BVerwG* InfAuslR 1994, 45 und 98 sowie InfAuslR 1997, 8.

[13] Wegen verfassungsrechtlicher Bedenken hiergegen vgl. *BFH* NVwZ 2001, 239; allg. zum Kindergeldanspruch *Hildesheim* DStZ 2000, 25.

– **Sozialhilfe:** Voraussetzung für die Gewährung von Hilfe zum Lebensunterhalt und von Krankenhilfe ist der tatsächliche Aufenthalt in Deutschland; Asylbewerber sind hiervon ausgenommen und auf Leistungen nach dem Asylbewerberleistungsgesetz beschränkt. Keine Sozialhilfe erhalten ferner Ausländer, die zum Zwecke des Sozialhilfebezugs eingereist sind. Eine Begrenzung auf die „unabweisbar gebotene Hilfe" ist vorgesehen, wenn sich ein Ausländer mit einer räumlich beschränkten Aufenthaltsbefugnis nicht an diese Auflage hält (§ 120 BSozHilfeG – BSHG – v. 23. 3. 1994 [BGBl. I S. 646] i. d. F. v. 21. 7. 1999 [BGBl. I S. 1656]).[14]

II. Zuständigkeiten

1. Sachliche Zuständigkeit

7 Gem. § 63 I AuslG 1990 sind „generalklauselartig" für alle aufenthalts- und paßrechtlichen Maßnahmen „die Ausländerbehörden" und für die Einbürgerung „die Einbürgerungsbehörden" zuständig. Für Paß- und Visaangelegenheiten im Ausland erklärt § 63 III AuslG die Auslandsvertretungen für zuständig. Bestimmte, mit den Grenzkontrollen zusammenhängende Aufgaben sind gem. § 63 IV und V AuslG den „mit der polizeilichen Kontrolle des grenzüberschreitenden Verkehrs beauftragten Behörden" zugewiesen. Die Polizeien der Länder schließlich sind neben[15] den Grenz- und Ausländerbehörden gem. § 63 VI AuslG für die Zurückschiebung nach unerlaubter Einreise (§ 61 AuslG), die Durchsetzung der Verlassenspflicht bei räumlicher Beschränkung der Aufenthaltsbefugnis (§ 36 AuslG) – d. h. alle faktischen Maßnahmen des Verwaltungszwangs sowie etwa erforderliche Verwaltungsakte[16] – und die Durchführung der Abschiebung (§ 49 AuslG) – d. h. (nur) deren tatsächlichen Vollzug (Transport, Vorführung zum Haftrichter, Beschaffung von Reisedokumenten)[17] – sowie erforderliche Festnahmen und erkennungsdienstliche Maßnahmen (§ 63 V AuslG) zuständig.

§ 63 I 1 AuslG beantwortet nicht die Frage, welche konkrete Behörde als Ausländerbehörde anzusehen ist. Anders als § 20 AuslG 1965 regelt das Ausländergesetz 1990 die sachliche Zuständigkeit nur **unvollständig** und die örtliche Zuständigkeit überhaupt nicht. Dies ist der **Regelungsbefugnis der Länder** überlassen (vgl. Art. 83, 84 I GG).

8 Danach sind in den **Flächenstaaten** für die meisten Maßnahmen die **unteren Verwaltungsbehörden auf Kreisebene** – z.T. in ihrer Funktion als Polizei- bzw. Ordnungsbehörden – zuständig (Brandenburg, Hessen, Nordrh.-Westf., Rheinl.-Pfalz, Schleswig-Holst.). Bestimmte Aufgaben sind gelegentlich – z. B. in Baden-Württemberg, Niedersachsen und Sachsen – den **Mittelbehörden (Regierungspräsidium)** zugewiesen; einzelne Aufgabenbereiche, insbesondere Abschiebungen oder bestimmte ausländerrechtliche Maßnahmen gegenüber Asylbewerbern, sind in einigen Ländern (Brandenburg, Mecklenburg-Vorpommern, Saarland, Schleswig-Holstein) aber auch speziellen **Landesämtern** als Sonderbehörden übertragen worden. In Nordrhein-Westfalen gibt es in bestimmten kreisfreien Städten **Zentrale Ausländerbehörden,** in Thüringen eine **Zentrale Abschiebestelle.**[18] Außerdem haben einige Länder (Brandenburg, Hessen, Sachsen und Sachsen-Anhalt) **Zuständigkeitskonzentrationen** gem. § 63 I 2 AuslG bei bestimmten Ausländerbehörden vorgenommen.

9 Welche Behörde zur **Fachaufsicht** befugt ist, richtet sich i. d. R. nach dem allgemeinen Verwaltungsorganisationsrecht der Länder; lediglich Baden-Württemberg und Sachsen haben den Behördenaufbau im Ausländerrecht besonders geregelt.

---

[14] Vgl. hierzu *BVerwG* NVwZ 2000, 1414.
[15] Vgl. *VGH München* BayVBl. 1994, 243 (244).
[16] *Renner,* AuslR in Deutschland, § 44 Rdn. 58.
[17] *Renner,* aaO, § 44 Rdn. 57.
[18] Vgl. die detaillierte Übersicht über die Zuständigkeitsregelungen der einzelnen Bundesländer in *Gemeinschaftskommentar* zum Ausländerrecht, Bd. II, § 63 AuslG Rdn. 13 f., 20 ff.

Im einzelnen gelten folgende **Zuständigkeitsvorschriften:** 10

- **Baden-Württemberg** (AAZuVO v. 19. 7. 1995 [bw GBl. S. 586] i. d. F. v. 21. 10. 1996 [bw GBl. S. 646]): u. a. besondere Zuständigkeiten der Regierungspräsidien bei Maßnahmen gegenüber Asylbewerbern und deren Familienangehörigen sowie in bestimmten Ausweisungsfällen;
- **Bayern** (AVAuslG v. 3. 12. 1990 [bay GVBl. S. 531]): Ausländerbehörden sind die Kreisverwaltungsbehörden;
- **Berlin** (OrdZG) v. 19. 7. 1994 [bln GVBl. S. 241] i. d. F. v. 11. 2. 1999 [bln GVBl. S. 78]): Landeseinwohneramt als Sonderbehörde für das Aufenthaltsrecht der Ausländer;
- **Brandenburg** (AAZV v. 16. 9. 1996 [bbg GVBl. S. 748]): Ausländerbehörden sind die Landkreise und kreisfreien Städte als Kreisordnungsbehörden, außerdem die Städte Schwedt und Eisenhüttenstadt als örtliche Ordnungsbehörden; für die Abschiebung von abgelehnten Asylbewerbern ist die Zentrale Ausländerbehörde für Asylbewerber und für jüdische Emigranten zentral die Ausländerbehörde der Stadt Potsdam zuständig;
- **Bremen** (VO über die Zuständigkeit der Verwaltungsbehörden ... v. 10. 12. 1990 [brem GBl. S. 525]): Ausländerbehörde ist die Ortspolizeibehörde;
- **Hamburg** (Anordnung über Zuständigkeit ... v. 23. 3. 1993 [hbg Amtl.Anz. S. 609] i. d. F. v. 25. 1. 1995 [hbg Amtl.Anz. S. 249]): Ausländerbehörde ist die Behörde für Inneres;
- **Hessen** (VO über die Zuständigkeiten ... v. 21. 6. 1993 [hess GVBl. I S. 260] i. d. F. v. 23. 9. 1994 [hess GVBl. S. 428]): In den Landkreisen und kreisfreien Städten ist Ausländerbehörde die Kreisordnungsbehörde, in kreisangehörigen Gemeinden über 50 000 Einwohner die örtliche Ordnungsbehörde; drei Kreisordnungsbehörden (Main-Kinzig-Kreis, Main-Tauber-Kreis, Gießen) sind für bestimmte Maßnahmen gegenüber Asylbewerbern gesondert zuständig;
- **Mecklenburg-Vorpommern** (VO über die zuständigen Behörden ... v. 18. 7. 1994 [m-v GVOBl. S. 779]): Ausländerbehörden sind die Landräte der Kreise und die (Ober-)Bürgermeister der kreisfreien Städte sowie – für bestimmte Maßnahmen gegenüber Asylbewerbern – das Landesamt für Asyl- und Flüchtlingsangelegenheiten;
- **Niedersachsen** (AllgZustVO-Kom v. 19. 12. 1990 [nds GVBl. S. 521] i. d. F. v. 7. 3. 1997 [nds GVBl. S. 65]): Ausländerbehörden sind die Landkreise und kreisfreien Städte außer für Ab- und Zurückschiebungen sowie für Maßnahmen gegenüber Asylbewerbern in Aufnahmeeinrichtungen gem. § 44 AsylVfG, für die die Bezirksregierungen zuständig sind (nds MBL 1994, 396);
- **Nordrhein-Westfalen** (VO über Zuständigkeiten ... v. 6. 12. 1990 [nw GVBl. S. 661]; AsylVfG-DVO): Ausländerbehörden sind in den großen Städten die örtlichen Ordnungsbehörden, ansonsten die Kreisordnungsbehörden; für bestimmte ausländerrechtliche Maßnahmen gegenüber Asylbewerbern und Kriegsflüchtlingen sind Zentrale Ausländerbehörden in Bielefeld, Dortmund, Düsseldorf, Köln und Münster zuständig;
- **Rheinland-Pfalz** (VO über die Zuständigkeit ... v. 31. 10. 1978 [rp GVBl. S. 695] i. d. F. v. 8. 6. 1993 [rp GVBl. S. 314]): Ausländerbehörden sind die Kreisordnungsbehörden;
- **Saarland** (AusländerzuständigkeitsVO v. 30. 3. 1993 [saarl ABl. S. 252] i. d. F. v. 19. 12. 1996 [saarl ABl. S. 1407]): Ausländerbehörden sind die Landräte bzw für den Stadtverband Saarbrücken der Stadtverbandspräsident und für die Stadt Saarbrücken der Oberbürgermeister; für ausländerrechtliche Maßnahmen gegenüber Asylbewerbern und ihren Ehegatten sowie für Abschiebungen ist das Landesamt für Ausländer- und Flüchtlingsangelegenheiten zuständig;
- **Sachsen** (AAZuVO v. 13. 7. 1993 [sächs GVBl. S. 590]): Ausländerbehörden sind grundsätzlich die Landratsämter und die Bürgermeister der kreisfreien Städte; für bestimmte ausländerrechtliche Maßnahmen gegenüber Asylbewerbern sind die Regierungspräsidien zuständig. Für aufenthaltsbeendende Maßnahmen gegen abgelehnte Asylbewerber und Entscheidungen gem. § 41 II, § 42 S. 2, § 43 II AsylVfG ist allein das RegPräs. Chemnitz als Zentrale Ausländerbehörde zuständig;
- **Sachsen-Anhalt** (AllgZustVO-Kom v. 7. 5. 1994 [s-a GVBl. S. 568] i. d. F. v. 12. 3. 1997 [s-a GVBl. S. 440]): Ausländerbehörden sind die Landkreise und kreisfreien Städte; für Abschiebungen und Zurückschiebungen ist der Landkreis Halberstadt zentral für das gesamte Land zuständig;
- **Schleswig-Holstein** (AuslAsylVO v. 17. 3. 1993 [s-h GVBl. S. 142] i. d. F. v. 10. 2. 1994 [s-h GVBl. S. 145]): Ausländerbehörden sind grundsätzlich die Landräte und Oberbürgermeister als Kreisordnungsbehörden; für Asylbewerber in Aufnahmeeinrichtungen (§ 44 AsylVfG) ist jedoch das Landesamt für Ausländerangelegenheiten zuständig;
- **Thüringen** (2. VO zur Bestimmung von Zuständigkeiten ... v. 12. 2. 1993 [th GVBl. S. 66] i. d. F. v. 1. 9. 1993 [th GVBl. S. 600]): Ausländerbehörden sind die Landräte als Kreisverwaltungsbehörden und die kreisfreien Städte; für Abschiebungen ist die Zentrale Abschiebestelle beim Landesverwaltungsamt zuständig.

2. Örtliche Zuständigkeit

11 Anders als noch § 20 AuslG 1965 enthält § 63 AuslG 1990 **keine Bestimmungen über die örtliche Zuständigkeit.** Dies ist komplett den Ländern überlassen. **Spezielle ausländerrechtliche Regelungen** gibt es in:
- **Baden-Württemberg** (vgl. Nachw. der Rechtsgrundlage bei 1.): Zuständigkeit der Ausländerbehörde, in deren Bezirk sich die Notwendigkeit der Anordnung ergibt, bei Aufenthaltsgenehmigungen diejenige des gewöhnlichen Aufenthaltsorts; für Ausweisungen und Abschiebungen sowie für Maßnahmen gegenüber Asylbewerbern sind die örtlichen Regierungspräsidien zuständig.
- **Bayern** (Rechtsgrundlage: vgl. zu 1.): Örtlich zuständig ist i. d. R. die Ausländerbehörde des gewöhnlichen Aufenthaltsorts, bei Ausweisungen diejenige, in deren Bereich das Einschreiten notwendig wird.
- **Saarland** (Rechtsgrundlage: vgl. zu 1.): Örtlich zuständig ist die sachlich zuständige (vgl. zu 1.) Ausländerbehörde des gewöhnlichen Aufenthaltsorts, hilfsweise des Orts, wo das Einschreiten notwendig wird.
- **Sachsen** (Rechtsgrundlage: vgl. zu 1.): Örtlich zuständig ist i. d. R. die Ausländerbehörde des Orts, an dem sich die Notwendigkeit des Einschreitens ergibt, für Aufenthaltsgenehmigungen diejenige des gewöhnlichen Aufenthaltsorts; Sonderregelungen für Asylbewerber (vgl. zu 1.).
- **Übrige Länder** (Rechtsgrundlagen: vgl. zu 1.): In allen übrigen Ländern bestimmt sich die örtliche Zuständigkeit entweder wegen der Zuweisung der ausländerbehördlichen Aufgaben an die Ordnungsbehörde nach den ordnungsrechtlichen Vorschriften oder nach allgemeinem Verwaltungsverfahrensrecht;[19] i. d. R. ist danach diejenige Ausländerbehörde zuständig, in deren Bezirk die zu schützenden Interessen gefährdet sind, das Einschreiten also notwendig wird, bzw. diejenige des gewöhnlichen Aufenthalts.
- **Stadtstaaten Berlin und Hamburg:** Da in beiden Ländern nur eine Behörde sachlich zuständig ist (s. o. zu 1.), bedarf es innerhalb der beiden Stadtstaaten keiner Regelung der örtlichen Zuständigkeit.

3. Zuständigkeitswechsel

12 Tritt der Zuständigkeitswechsel nach bestandskräftigem Abschluß des Verwaltungsverfahrens ein, ist für weitere Maßnahmen, also auch für Rücknahmen, Widerrufe etc., die neue Behörde – u. U. im Einvernehmen mit der früheren (vgl. § 63 II 1 AuslG) – zuständig. Ändern sich die maßgeblichen Umstände während des Verfahrens, entfällt die Zuständigkeit der bisher tätigen Behörde, es sei denn, die nunmehr zuständige Behörde stimmt der Fortführung wegen Sachdienlichkeit zu (§ 3 III VwVfG);[20] der Grundsatz der „perpetuatio fori" gilt für das Verwaltungsverfahren nicht.[21] Der Zuständigkeitswechsel während des gerichtlichen Verfahrens ist regelmäßig nur von Bedeutung bei Verpflichtungsklagen – und auch nur dann, wenn die Behörden Verfahrensbeteiligte sind (§ 78 I Nr. 2 VwGO) –, weil eine Verpflichtung der früher zuständigen Behörde nur unter den Voraussetzungen des § 3 III VwVfG möglich ist.[22]

III. Begriffe und Regelungsbereiche des Ausländergesetzes

1. Ausländer

13 Ausländer i. S. d. Ausländergesetzes ist jeder, der nicht die deutsche **Staatsangehörigkeit** oder die **Volkszugehörigkeit i. S. d. Art. 116 I GG** hat (§ 1 II AuslG); darunter fallen demzufolge auch viele seit Geburt in Deutschland lebende Menschen, die sich selbst als Inländer empfinden.

---

[19] Vgl. wegen des Streitstands und wegen der Einzelheiten. *Gemeinschaftskommentar* zum AuslR, Bd. II, § 63 Rdn. 61 ff., 80 ff., 84; *OVG Münster* NVwZ-RR 1998, 201; *VGH Kassel* DVBl. 1997, 913 f.

[20] Vgl. *BVerwG* NVwZ 1995, 1134.

[21] *Renner,* AuslR in Deutschland, § 44 Rdn. 93.

[22] *Renner,* aaO, Rdn. 95; vgl. a. *BVerwG* NJW 1987, 2179.

2. Sonderregelungen

Das in der Bundesrepublik Deutschland tätige **diplomatische und konsularische Personal** sowie **Repräsentanten anderer Staaten** und deren Begleitung sind von den Regelungen des Ausländergesetzes generell – z. T. allerdings unter bestimmten Voraussetzungen – ausgenommen (§ 2 I AuslG). Das gleiche gilt nach dem Nato-Truppenstatut für Mitglieder der **Nato-Stationierungsstreitkräfte.** Für **EG-Ausländer** gilt das Ausländergesetz nur insoweit, als das Aufenthaltsgesetz/EWG nicht zugunsten dieses Personenkreises abweichende Vorschriften enthält (§ 2 II AuslG). Schließlich sind auch **Sonderregelungen** in zwischenstaatlichen oder internationalen Abkommen zu beachten, die den ausländerrechtlichen Regelungen vorgehen können (vgl. u. a. die Vergünstigungen für türkische Staatsangehörige nach dem **Beschluß Nr. 1/80 des Assoziationsrats EWG-Türkei** [s. o. zu I.2 m. w. N.]). 14

3. Einreise

Nichtprivilegierte Ausländer benötigen zur rechtmäßigen Einreise grundsätzlich eine Aufenthaltsgenehmigung (§ 3 I AuslG), die **vor der Einreise** bei der deutschen Auslandsvertretung im Heimatstaat einzuholen ist (**„Visum“**; § 3 III AuslG). Von der Visumspflicht ausgenommen sind Ausländer aus Staaten der **Positivliste** (Anlage 1 zur DVAuslG), wenn nur ein Besuchsaufenthalt – also ohne Erwerbstätigkeit – von max. 3 Monaten beabsichtigt ist (§§ 1, 11 DVAuslG). Bei Zweifeln über die Visumspflicht kann zur Vermeidung von Schwierigkeiten bei der Grenzkontrolle eine **Unbedenklichkeitsbescheinigung** bei der deutschen Auslandsvertretung beantragt werden. **Verstöße** gegen die Visumspflicht sind mit der grundsätzlichen Versagung der Aufenthaltsgenehmigung sanktioniert (§§ 8, 13 II AuslG); die Ausnahmevorschrift des § 9 II DVAuslG bereitet große praktische Probleme.[23] Bei einer **nachträglichen Änderung des Einreisezwecks** oder der erst nach Einreise erforderlich gewordenen **Verlängerung der Aufenthaltsgenehmigung** muß der Ausländer zur Vermeidung der Folgen der §§ 8, 13 II AuslG beweisen, daß die maßgeblichen Umstände erst nach Einreise eingetreten sind (§ 71 II AuslG).[24] Gem. § 74 AuslG sind die Beförderungsunternehmen (**Fluglinien** etc.) zur Überprüfung der Visumspflicht verpflichtet; bei Verstößen müssen sie den Ausländer **auf eigene Kosten zurückbefördern** (§ 72 AuslG) und dabei auch die mit der Zurückweisung des Ausländers verbundenen Kosten der Ausländer- oder Grenzbehörde erstatten (§ 83 II AuslG).[25] 15

Die Einreise setzt die Überschreitung der Grenze und das Passieren der Grenzübergangsstelle voraus (§ 59 II AuslG). Solange der Ausländer sich noch im Transitbereich eines Flughafens befindet, ist die Einreise somit noch nicht abgeschlossen; er unterliegt deshalb noch der **Zurückweisung** (§ 60 AuslG), mit der der Versuch einer unerlaubten Einreise zu verhindern ist oder einer unerwünschten Einreise verhindert werden kann.[26] Die Zurückweisung wird **ohne vorherige Androhung** und **ohne gesonderte Anordnung durch Verwaltungsakt** sofort vollzogen und im Reisepaß des Ausländers vermerkt (faktische Einreisesperre). 16

Ist die illegale Einreise vollzogen, so soll der Ausländer innerhalb von sechs Monaten **zurückgeschoben** werden (§ 61 AuslG); in zwischenstaatlichen Abkommen ist häufig eine kürzere Frist vorgesehen. Für sie gelten vollstreckungsrechtlich die Ausführungen zur Zurückweisung entsprechend;[27] zu ihrer Sicherung ist auch Abschiebungshaft möglich.[28] 17

---

23 Vgl. *BVerwG* DVBl. 1984, 788; InfAuslG 1997, 21 und InfAuslR 1997, 352.

24 Vgl. die strengen Anforderungen schon zur alten Rechtslage: *BVerwG* InfAuslR 1987, 1.

25 *VGH Kassel* GewArch 2000, 21, bestätigt durch *BVerwG* NVwZ 2000, 1424; *BVerwG* NVwZ 2000, 448.

26 Vgl. *Bamberger,* Rdn. 333 f.

27 Vgl. *Bamberger,* Rdn. 330.

28 Zu den verfassungsrechtlichen Grenzen der Abschiebehaft vgl. *BVerfG* DVBl. 2000, 695; zur Unzulässigkeit der Abschiebung in einen Staat, der nicht Mitglied des Europarats und nicht Unterzeichner der

4. Regelungen des Aufenthaltsstatus

18 Das Ausländergesetz 1990 sieht **differenzierte Aufenthaltsregelungen** vor, die unter dem Oberbegriff der **Aufenthaltsgenehmigung** mehrere „Aufenthaltstitel" mit unterschiedlicher Zielsetzung und unterschiedlichem Status zusammenfassen (§ 5 AuslG) und der anschließenden Differenzierung allgemeine Vorschriften über Anspruch (§ 6 AuslG), Ermessen und Versagung (§§ 7–9 AuslG) sowie besondere Aufenthaltszwecke (§§ 10, 11 AuslG), Geltungsdauer, Verlängerung und Nebenbestimmungen (§§ 12–14 AuslG) voranstellen.

19 Die **Aufenthaltserlaubnis** (§ 15 AuslG) genehmigt den befristeten oder unbefristeten Aufenthalt ohne Bindung an einen bestimmten Aufenthaltszweck. Sie wird erteilt bei **Familiennachzug** (§ 17 AuslG), bei sog. **Wiederkehr** von Ausländern, die als Minderjährige ihren gewöhnlichen Aufenthalt in Deutschland gehabt hatten (§ 16 AuslG), bei **Erwerbstätigkeit** (§ 10 II AuslG) und eigenständigem **Ehegattenaufenthalt** (§ 19 AuslG). Die Voraussetzungen für die Erteilung sind in den jeweiligen Vorschriften im einzelnen aufgeführt. Sie wird grundsätzlich **befristet** (§ 12 II AuslG) und nur bei ausdrücklicher gesetzlicher Bestimmung **unbefristet** erteilt (z. B. § 68 I AsylVfG: Asylberechtigte; § 24 AuslG: Aufenthaltserlaubnis seit 5 Jahren, Arbeitsberechtigung, Sprachkenntnisse, Wohnraum, kein Ausweisungsgrund; §§ 25, 26 AuslG: Ehegatten und nachgezogene Kinder; § 7 a AufenthaltsG/EWG: EG-Angehörige).

20 Die **Aufenthaltsberechtigung** (§ 27 AuslG) ist darüber hinaus auch noch zeitlich und räumlich unbeschränkt sowie von Bedingungen und Auflagen frei. Sie stellt die **höchstmögliche Aufenthaltsverfestigung** mit einem Deutschen angenäherten Status dar.

21 Die **Aufenthaltsbewilligung** (§ 28 AuslG) wird für einen bestimmten, nur einen vorübergehenden Aufenthalt erfordernden Zweck erteilt; typischerweise ist sie für Auszubildende, Studenten, Besucher, Werkvertrags- und Saisonarbeiter bestimmt. Sie ist durch **Befristung** und den gesetzlichen **Ausschluß der Verlängerung** (§ 28 II, III AuslG) gekennzeichnet und kann mit Nebenbestimmungen versehen werden (§ 14 AuslG). Der **Familiennachzug** ist nur eingeschränkt möglich (§ 29 AuslG).

22 Die **Aufenthaltsbefugnis** (§ 30 AuslG) wird zur Genehmigung eines Aufenthalts aus völkerrechtlichen oder dringenden humanitären Gründen oder zur Wahrung politischer Interessen der Bundesrepublik erteilt, und zwar vom Ausland aus als Visum (§ 30 I AuslG) oder vom Inland aus (§ 30 II AuslG). **Familiennachzug** ist nur eingeschränkt möglich (§ 31 AuslG). Die Aufenthaltsbefugnis ist auf zwei Jahre **befristet,** kann aber **verlängert** werden (§ 34 AuslG); nach acht Jahren kann sich unter bestimmten Voraussetzungen eine unbefristete Aufenthaltserlaubnis anschließen (§§ 35, 24 AuslG). Die Aufenthaltsbefugnis ist der Aufenthaltsstatus der Asylbewerber (vgl. § 70 I AsylVfG) und der Kriegsflüchtlinge (§ 23 a AuslG), aber auch der De-facto-Flüchtlinge.[29]

23 Letzteren wird aber auch weiterhin oft nur eine **Duldung** (§ 55 f. AuslG) erteilt. Diese ist **keine Aufenthaltsgenehmigung,** sondern besagt lediglich, daß die Abschiebung zeitweilig ausgesetzt wird, setzt also die **Illegalität des Aufenthalts** voraus.[30] Dementsprechend ist sie an sich auf höchstens ein Jahr **befristet** (§ 56 II AuslG), kann aber **verlängert** werden; ein Daueraufenthalt soll sich daraus jedoch nicht entwickeln. Sie ist demzufolge für Fälle vorübergehender Reiseunfähigkeit oder anderer rechtlicher oder tatsächlicher Ausreisehindernisse gedacht. Die Ausländerbehörde ist bei der Entscheidung über einen Duldungsantrag eines erfolglos gebliebenen Asylbewerbers an die Feststellung des Bundesamts für die Anerkennung ausländischer Flüchtlinge über die Nichtexistenz von **Abschiebungshindernissen i. S. v. § 53 AuslG** auch bei neuem Vorbringen gebunden, das Bundesamt darf das Verfahren dann aber nach Ermessen wieder aufgreifen.[31]

EMRK ist, vgl. *BVerwG* NVwZ 2000, 1302; zur Abschiebung von **Kindern,** deren Eltern Abschiebungsschutz genießen, vgl. *BVerwG* DVBl. 2000, 419.

[29] *Rittstieg,* AuslR (Textausgabe), 13. Aufl. 2000, Einf. Anm. 6.

[30] Vgl. *Bamberger,* Rdn. 360 ff.

[31] *BVerwG* DVBl. 2000, 417.

Nicht zu den Aufenthaltsgenehmigungen gehört auch die **Aufenthaltsgestattung** (§ 55 I AsylVfG), die Asylbewerber vor bestandskräftigem Abschluß des Asylverfahrens erhalten. Sie ist zweckbezogen (§ 55 I AsylVfG), räumlich beschränkt (§ 56 AsylVfG) und kann mit Auflagen versehen werden (§ 60 AsylVfG). 24

Ein **Anspruch** auf die Erteilung der Aufenthaltsgenehmigung besteht für die **Wiederkehr junger Ausländer** (§ 16 I AuslG), **Ehegatten und Kinder** von Deutschen (§ 23 I Nr. 1 und 2 AuslG) sowie Ausländern mit Aufenthaltserlaubnis oder Aufenthaltsberechtigung (Art. 6 GG, §§ 17 f. AuslG)[32] und ausländische **Eltern** eines minderjährigen Deutschen (§ 23 I Nr. 3 AuslG), jeweils unter den im einzelnen geregelten Voraussetzungen (i. d. R. insbesondere ausreichender Wohnraum und Sicherung des Lebensunterhalts). 25

Das Ausländergesetz sieht daneben den **„Regel-Anspruch“** – also den grundsätzlichen Anspruch mit Ausnahmemöglichkeit bei besonderen Umständen – vor, beispielsweise bei der Wiederkehr von ausländischen Beziehern einer deutschen Rente (§ 16 V AuslG). 26

Im übrigen entscheidet die Ausländerbehörde nach **Ermeseen** (§ 7 AuslG). Die Ermessensentscheidung ist nur rechtmäßig, wenn sie von einem vollständigen Sachverhalt ausgeht und die öffentlichen und privaten Interessen unter Beachtung der gesetzlichen Zielsetzung vertretbar abwägt. Der Ermessensbereich ist „in der Regel“ nicht eröffnet **(Regelversagungsgründe),** wenn die **Negativschranke** des § 7 II AuslG eingreift, also ein Ausweisungsgrund i. S. eines Ausweisungstatbestandes[33] vorliegt, der Lebensunterhalt nicht mehr aus eigenen Mitteln bestritten werden kann oder der Aufenthalt aus sonstigen Gründen Interessen der Bundesrepublik Deutschland beeinträchtigt oder gefährdet. Das entgegenstehende öffentliche Interesse an der Verwirklichung der **Entwicklungshilfepolitik** sowie an der **Begrenzung der Zuwanderung** muß im Falle des **Familiennachzugs** mit dem ebenfalls öffentlichen Verfassungswert des Schutzes von Ehe und Familie abgewogen werden; auch Rechtsstaatlichkeit und Vertrauensschutz sind öffentliche Belange, die bei der Beurteilung der Negativschranke zu berücksichtigen sind. 27

5. Nebenbestimmungen

Gem. § 12 AuslG können Aufenthaltsgenehmigungen **räumlich beschränkt** und **zeitlich befristet** werden; § 14 AuslG gestattet die Beifügung von **Bedingungen** (z. B. Nachweis der Unterhaltssicherung) und **Auflagen** (z. B. Verbot der Erwerbstätigkeit). Für die einzelnen Aufenthaltstitel ist die Zulässigkeit dieser Nebenbestimmungen **differenziert geregelt** (s. o. zu III.4.); nur die Aufenthaltsberechtigung ist gänzlich nebenbestimmungsfrei (§ 27 I AuslG). 28

Die unselbständige **Erwerbstätigkeit** von Ausländern setzt neben der ausländerrechtlichen Gestattung zusätzlich die **arbeitsrechtliche Genehmigung** voraus (vgl. §§ 284–288 SGB III, Arbeitsgenehmigungsverordnung – ArGV –, s. o. zu I.2.). Das gilt nicht für EG-Angehörige, Inhaber einer Aufenthaltsberechtigung oder einer unbefristeten Aufenthaltserlaubnis. Ohne die aufenthaltsrechtliche Gestattung der Erwerbstätigkeit darf i. d. R. keine Arbeitsgenehmigung erteilt werden (§ 284 IV SGB III, § 5 ArGV). 29

6. Aufenthaltsbeendigung

Der häufigste Grund für die Beendigung des Aufenthalts ist das Erlöschen der Aufenthaltsgenehmigung durch **Widerruf** (§ 43 AuslG),[34] Eintritt einer **auflösenden Bedingung, Ablauf der Geltungsdauer** und **Nichtverlängerung** sowie durch nicht nur vorübergehende **Ausreise** (vgl. § 44 AuslG). Ein vor Ablauf der Geltungsdauer gestellter Ver- 30

---

[32] Vgl. *OVG Hamburg* DVBl. 2000, 436; *OVG Münster* DVBl. 2000, 437; *BVerfG* NVwZ 2000, 59 (Vater-Kind-Beziehung); *Kiehl* NVwZ 2000, 282.

[33] Str., vgl. Nachw. bei *Renner,* AuslR, § 7 AuslG Rdn. 13 ff.

[34] Vgl. *BVerwG* InfAuslR 1995, 349: Neben § 43 AuslG kein Rückgriff auf § 49 VwVfG zulässig, wohl aber auf § 48 VwVfG; a. A. *Rittstieg,* AuslR (Textausgabe), 13. Aufl. 2000, Einf., Anm. 17.

längerungsantrag bewirkt bis zur Entscheidung darüber eine **fiktive oder vorläufige Aufenthaltsgenehmigung** (§ 69 III AuslG). Die Ablehnung der Verlängerung einer Aufenthaltsgenehmigung richtet sich nach denselben Kriterien wie bei der beantragten erstmaligen Erteilung (§ 13 I AuslG).

31 Die Aufenthaltsgenehmigung erlischt ferner durch eine **Ausweisung** (§ 44 I Nr. 1 AuslG).[35] Die Ausweisungsgründe sind in §§ 45–47 AuslG detailliert geregelt. Voraussetzung ist eine Beeinträchtigung der öffentlichen Sicherheit und Ordnung oder sonstiger erheblicher staatlicher Interessen (§ 45 I AuslG), insbesondere u. a. die Gefährdung der staatlichen Sicherheit, nicht nur vereinzelte oder geringfügige Rechtsverstöße,[36] Verbrauch bestimmter Betäubungsmittel, längerfristige Obdachlosigkeit, Sozialhilfebezug etc. (§ 46 AuslG). Bei der Ermessensentscheidung über die Ausweisung müssen die individuellen schutzwürdigen Umstände berücksichtigt werden (§ 45 II AuslG); das Ermessen kann auch **vorsorglich ausgeübt** werden.[37] Es ist durch § 47 AuslG **beschränkt,** wenn dort für bestimmte, i. e. aufgezählte Fälle „besonderer Gefährlichkeit" des Ausländers die Ausweisung vorgeschrieben wird („wird ausgewiesen") – nämlich bei bestimmten rechtskräftigen strafrechtlichen Verurteilungen – oder sie „in der Regel" vorzusehen ist. § 48 AuslG gewährt bestimmten Ausländern mit einem verfestigten Aufenthaltsstatus und bestimmten minderjährigen Ausländern einen **besonderen Ausweisungsschutz** durch die Heraufsetzung der Ausweisungsvoraussetzungen („nur aus schwerwiegenden Gründen der öffentlichen Sicherheit . . .").

32 Das Erlöschen der Aufenthaltsgenehmigung führt von Gesetzes wegen zur **Ausreisepflicht** (§ 42 I AuslG). Sie ist zwangsweise vollziehbar – nämlich durch **Abschiebung**[38] –, wenn der Ausländer unerlaubt eingereist ist, nicht rechtzeitig einen Verlängerungsantrag gestellt hat oder die Versagungsverfügung bzw. die Ausweisungsverfügung vollziehbar sind. Widerspruch und Klage gegen die Ablehnung der Erteilung oder Verlängerung einer Aufenthaltsgenehmigung haben **keine aufschiebene Wirkung** (§ 72 AuslG); der Ausländer muß insoweit ggf. vorläufigen Rechtsschutz gem. § 80 V VwGO in Anspruch nehmen. Der Abschiebung hat i. d. R. („soll") eine schriftliche **Androhung** vorauszugehen; sie kann mit dem die Ausreisepflicht begründenden Verwaltungsakt verbunden werden. **Abschiebehaft** ist unter den Voraussetzungen des § 57 AuslG zulässig.[39] Die zielstaatsbezogenen **Abschiebungshindernisse des** § 53 I–IV und VI AuslG sind zwingend zu beachten; soweit im Rahmen eines Asylverfahrens das Bundesamt für die Anerkennung ausländischer Flüchtlinge auch über § 53 AuslG entschieden hat, ist die Ausländerbehörde daran **gebunden** (§ 42 AsylVfG).[40]

33 Die **Auslieferung** (vgl. a. § 53 III AuslG) ist sowohl von der Ausweisung als auch von der Abschiebung zu unterscheiden. Sie beruht auf dem Gesetz über die internationale **Rechtshilfe** in Strafsachen vom 23. 12. 1982 (BGBl. I S. 2071) i.V. m. zumeist zweiseitigen Staatsverträgen und betrifft die Überstellung von Straftätern. Problematisch ist bei politischen Bezügen das Verhältnis der Auslieferung zum Asylverfahren, auch wenn „politische Verbrecher" grundsätzlich von der Auslieferung ausgenommen sind. Die Problematik ergibt sich bereits daraus, daß für das Auslieferungsverfahren die **Oberlandesgerichte** (Strafsenat) zuständig sind und die Anerkennung als Asylberechtigter nicht ohne weiteres vor der Auslieferung schützt (§ 4 AsylVfG). Vgl. hierzu auch EMRK und Genfer Flüchtlingskonvention.

---

[35] Vgl. zum Verhältnis der Ermessens-, Regel- und Ist-Ausweisung: *BVerwG* DVBl. 2000, 425.
[36] Vgl. zum Handel mit Heroin: *BVerfG* DVBl. 2000, 697.
[37] *BVerwG* DVBl. 2000, 425 (428) und DVBl. 2000, 429.
[38] Vgl. hierzu Nachw. bei Fußn. 28.
[39] Zu den verfassungsrechtlichen Grenzen vgl. *BVerfG* DVBl. 2000, 695.
[40] Vgl. *BVerfG* DVBl. 2000, 417 (418).

7. Soziale Sicherung

Hierzu wird auf die Ausführungen zu I.2. verwiesen. Die soziale Sicherung ist wesentlich von dem Status des jeweiligen Ausländers abhängig (– EG-Angehöriger, Art der Aufenthaltsgenehmigung, zwischenstaatliche Sonderregelungen –); zu beachten ist auch das Europäische Fürsorgeabkommen, das für seinen Geltungsbereich die Ausweisung wegen Sozialhilfebedürftigkeit ausschließt.[41] Ansonsten kann die Inanspruchnahme von **Sozialhilfe** zur Ausweisung führen (§ 46 Nr. 6 AuslG). 34

8. Flüchtlinge

Die Rechtslage ausländischer Flüchtlinge ist je nach Anlaß der Flucht unterschiedlich rechtlich ausgestaltet. Für **Asylbewerber** gilt Art. 16a GG i.V.m. den Vorschriften des Asylverfahrensgesetzes. Sie unterliegen den besonderen Beschränkungen der §§ 44ff. (Unterbringung) und §§ 55ff. AsylVfG (bloße Aufenthaltsgestattung mit räumlicher Beschränkung und dem zunächst bestehenden Verbot der Erwerbstätigkeit). Nach Anerkennung als Asylberechtigter erhält der Flüchtling eine unbefristete Aufenthaltserlaubnis (§ 68 AsylVfG). 35

Unter **kleinem Asyl** versteht man die Zuerkennung bloßen Abschiebungsschutzes gem. § 51 I, II AuslG. Diese Flüchtlinge haben lediglich eine Rechtsstellung, die Art. 33 GK entspricht („Nonrefoulement"). 36

Für **Bürgerkriegsflüchtlinge** gilt die Sonderregelung des § 32a AuslG. Sie erhalten entweder eine Aufenthaltsbefugnis (§§ 30, 32 AuslG) oder eine Duldung (§§ 54, 55 AuslG). **Kontingentflüchtlingen** (§ 33 AuslG) wird eine Aufenthaltsbefugnis erteilt. 37

De-facto-Flüchtlinge haben von Gesetzes wegen kein Aufenthaltsrecht, sondern genießen nur Abschiebungsschutz gem. §§ 53, 54 AuslG. Sie erhalten Duldungen.[42] 38

9. Rechtsschutz

Gegen ausländerrechtliche **Verwaltungsakte** ist i.d.R. **Widerspruch** möglich (außer wenn es sich um den Bescheid einer obersten Landesbehörde handelt, § 68 I VwGO). Bleibt das Vorverfahren erfolglos, so ist gegen belastende Verwaltungsakte – wie z. B. die Ausweisung – die **Anfechtungsklage** bzw. – wenn es um begünstigende Verwaltungsakte, wie z. B. die Aufenthaltsgenehmigung geht – die **Verpflichtungsklage** vor den **Verwaltungsgerichten** eröffnet. Widerspruch und Klage gegen die Ablehnung der Erteilung oder Verlängerung der Aufenthaltsgenehmigung haben **keine aufschiebende Wirkung** (§ 72 I AuslG); das gleiche gilt, wenn eine Ausweisung für **sofort vollziehbar erklärt** worden ist (§ 80 II 1 Nr. 4 VwGO). In diesen Fällen muß beim Verwaltungsgericht die Anordnung bzw. Wiederherstellung der aufschiebenden Wirkung beantragt werden (§ 80 V VwGO). Zum Verfahren vgl. Kap. K. 39

---

[41] Vgl. hierzu *BVerwG* NVwZ 2000, 1414 sowie *BVerwGE* 66, 29.

[42] Vgl. zu allem *Welte,* Rdn. 14–21.

Teil II: Baurecht

Übersicht

Allgemeines Schrifttum: *Battis,* Öffentliches Baurecht und Raumordnungsrecht, 4. Aufl. 1999; *Brohm,* Öffentliches Baurecht, 2. Aufl. 1999; *Finkelnburg/Ortloff,* Öffentliches Baurecht, Bd. I – Bauplanungsrecht –, 5. Aufl. 1998, Bd. II – Bauordnungsrecht, Nachbarschutz, Rechtsschutz –, 4. Aufl. 1998; *Hoppe/Grotefels,* Öffentliches Baurecht, 1995; *Hoppenberg,* Handbuch des öffentlichen Baurechts (Loseblatt); *Krebs,* Baurecht, in: *Schmidt-Aßmann,* Besonderes Verwaltungsrecht, 11. Aufl. 1999; *Oldiges,* Baurecht, in: *Steiner,* Besonderes Verwaltungsrecht, 6. Aufl. 1999; *Peine,* Öffentliches Baurecht, 3. Aufl. 1997; *Schenke,* Bauordnungsrecht, in: *Achterberg/Püttner/Würtenberger,* Besonderes Verwaltungsrecht, Bd. I, 2. Aufl. 2000.

Schrifttum zu den Landesbauordnungen: ***Baden-Württemberg:*** *Dürr,* Baurecht – Bes. Verwaltungsrecht für B.-W., 9. Aufl. 1998; *Sauter/Imig,* LBO für B.-W. (Loseblatt); *Schlez,* LBO für B.-W., 4. Aufl. 1996, mit Nachtrag 1997; *Schlotterbeck/v. Arnim,* LBO für B.-W. (Loseblatt). ***Bayern:*** *Busse,* Die neue bayerische Bauordnung, 2. Aufl. 1997; *Dürr/König,* Baurecht für Bayern, 3. Aufl. 1995; *Knemeyer* in: *Berg,* Staats- und VerwR in Bayern, 6. Aufl. 1996; *Schwarzer/König,* BayBo, 3. Aufl. 2000; *Simon,* BayBO (Loseblatt). ***Berlin:*** *Dürr/Korbmacher,* Baurecht für Berlin, 1996; *Hahn/Radeisen,* BauO für Berlin, 1998; *Wilke/Dageförde/Knuth/Meyer,* BauO für Berlin, 5. Aufl. 1999. ***Brandenburg:*** *Gröger,* Bbg. Bauordnung 1998, 1998; *Jäde/Weinl/Dirnberger,* Bauordnungsrecht Bbg. (Loseblatt); *Reimus/Semtner/Langer,* Die neue BbgBauO, 1998; *Schlotterbeck/Schroeder-Printzen/Koppitz,* BbgBauO (Losebl.). ***Hamburg:*** *Alexejew/Haase/Großmann/Möhl,* Hamburg. BauordnungsR (Loseblatt); *Lechelt,* Baurecht in Hamburg, 1994. ***Hessen:*** *Allgeier/v. Lutzau,* Die neue BauO für Hessen, 6. Aufl. 2000; *Rasch/Schaetzell,* HessBauO, 1997; *Hermes* in: *Meyer/Stolleis,* Staats- und VerwR für Hessen, 5. Aufl. 2000. ***Mecklenburg-Vorpommern:*** *Dürr/Seiler,* BauR für die neuen Bundesländer, 1992; *Viehweg/Strauch,* Bauordnungsrecht M.-V., 4. Aufl. 1998. ***Niedersachsen:*** *Barth,* NBauO, 1995; *Große-Suchsdorf/Lindorf/Schmaltz/Wiechert,* NBauO, 6. Aufl. 1996; *Müller/Fettin,* Bauordnungsrecht Nds., 6. Aufl. 1990. ***Nordrhein-Westfalen:*** *Boeddinghaus/Hahn/Schulte,* BauO N.-W. (Loseblatt); *Dürr/Middeke,* Baurecht N.-W., 2. Aufl. 1999. *Gädtke/Böckenförde/Temme/Heintz,* BauO N.-W., 9. Aufl. 1998; *Thiel/Rößler/Schumacher,* BauR in N.-W. (Loseblatt). ***Rheinland-Pfalz:*** *Dürr/Seiler,* Baurecht für R.-P. und das Saarl., 2. Aufl. 1995; *Stich/Gabelmann/Porger,* LBauO R.-P. (Loseblatt). ***Saarland:*** *Seiler/Dürr,* Saarländisches Baurecht, 1999. ***Sachsen:*** *Dammert/Kober/Rehak/Wieth,* SächsBO, 1999; *Degenhart,* SächsBO (Loseblatt); *Dürr/Dahlke-Piel,* Baurecht für Sachsen, 1996; *Jäde/Weinl/Dirnberger/Böhme,* Bauordnungsrecht Sachsen (Loseblatt); *Schlotterbeck/Büchner/Musall,* SächsBO (Loseblatt). ***Sachsen-Anhalt:*** *Bielenberg/Roesch/Giese,* Baurecht für LSA; *Jäde/Weinl/Dirnberger/Weber,* Bauordnungsrecht Sa.-Anh. (Loseblatt); *Schlotterbeck/Meyer-Bockenkamp,* BauO LSA (Loseblatt). ***Schleswig-Holstein:*** *Domning/Möller/Suttkus,* Bauordnungsrecht S.-H. (Loseblatt). ***Thüringen:*** *Jäde/Weinl/Dirnberger/Michel,* Bauordnungsrecht Th. (Loseblatt); *Langlotz,* ThürBO, 1994; *Meißner,* ThürBO, 1999.

I. Regelungsbereiche, Entwicklung und aktuelle gesetzliche Grundlagen

1. Regelungsbereiche des Baurechts

In einem umfassenden Sinne erstreckt sich das Baurecht auf das 1

- **private Baurecht,** also das Bauvertragsrecht und das private Nachbarrecht (vgl. §§ 906 ff. BGB und die verschiedenen Nachbarrechtsgesetze der Länder), und das
- **öffentliche Baurecht,** d. h. die Gesamtheit der Rechtsvorschriften, die die Zulässigkeit sowie die Ordnung und Förderung der baulichen Nutzung des Bodens regeln (vgl. u. a. BauGB, BauNVO, Bauordnungen der Länder).

Das hier allein interessierende öffentliche Baurecht seinerseits umfaßt das

- **Bauplanungsrecht,** also die Vorschriften über die Nutzbarkeit und die rechtliche Qualität des Bodens, insbesondere die Bauleitplanung, mit dem Städtebauförderungs- und dem Raumordnungsrecht und das
- **Bauordnungsrecht,** also die Bestimmungen über den konkreten Standort von Bauwerken auf dem Grundstück, ihre technische und gestalterische Ausführung, das Verfahren der Genehmigung oder Anzeige und die Sanktionen gegen rechtswidriges Bauen oder Nutzen.

Das **Bauplanungsrecht**, das das Polizeirecht ebenfalls nicht unmittelbar berührt und 2
deshalb hier zu vernachlässigen ist, ist im wesentlichen Bundesrecht und insbesondere im **Baugesetzbuch** i. d. F. vom 27. 8. 1997 (BGBl. I, 2141), aber auch im **Raumordnungsgesetz** vom 18. 8. 1997 (BGBl. I, 2081) geregelt. Das **Bauordnungsrecht** hingegen ist Ländersache.[1] Dementsprechend unterschiedlich sind die **16 Landesbauordnungen** formuliert, obwohl sie weitgehend auf sogenannten **Musterbauordnungen**[2] – die letzte stammt aus dem Jahr 1997 – fußen. Daneben finden sich materielle bauordnungsrechtliche Regelungen in einer Vielzahl von **Verordnungen** auf der Grundlage der Landesbauordnungen, in den **Landesdenkmalschutzgesetzen** und **Spielplatzgesetzen** sowie in den Vorschriften zum **Gewerbe- und Arbeitsschutzrecht.**[3]

Das **Bauordnungsrecht** ist seinem Wesen nach **besonderes Polizeirecht** (sog. **Baupoli-** 3
zeirecht[4]). Es ist das Recht der öffentlichen Sicherheit und Ordnung auf dem Gebiet des Bauens. Es hat – u. a. mit der Überwachung von Bauwerken im Interesse der Allgemeinheit und den daraus ggf. resultierenden Beseitigungsverfügungen oder Nutzungsuntersagungen – **materielle Polizeiaufgaben** zum Gegenstand, die der Gefahrenabwehr dienen. Die Wahrnehmung dieser Aufgaben obliegt jedoch nicht mehr der Polizei im formellen und organistorischen Sinne, sondern den **Bauaufsichtsämtern, Baurechtsbehörden** oder **Bauordnungsämtern**[5] als besonderen Ordnungsbehörden. Darüber hinaus will das Bauordnungsrecht verunstaltende bauliche Anlagen unterbinden und ggf. auch positiv gestalterisch wirken. Diese Wahrung **ästhetischer Belange** (vgl. § 12 MBO) geht – ebenso wie die verbindliche Vorgabe bestimmter **ökologischer** und **sozialer Standards** u. a. bei der Bauausführung (§§ 9 I, II, 11, 44 MBO) – über die bloße Gefahrenabwehr hinaus;[6] die Berücksichtigung solcher städtebaulicher Aspekte im Rahmen des Bauordnungsrechts setzte daher – was seit dem **„Kreuzberg-Urteil"** des Preußischen Oberverwaltungsgerichts[7] Allgemeingut ist – besondere, über die polizeiliche Generalklausel hinausgehende gesetzliche Regelungen voraus.

---

1 Vgl. *BVerfGE* 3, 407 ff.
2 Vgl. hierzu *Peine,* Rdn. 360; *Böckenförde/Temme/Krebs,* Musterbauordnung, 6. Aufl. 1999.
3 Vgl. die Übersicht bei *Große-Suchsdorf/Lindorf/Schmaltz/Wiechert,* NdsBauO, 6. Aufl. 1996, S. 17 ff.
4 *BVerfGE* 3, 407 ff.; *Peine,* Rdn. 359; *Lechner* in Simon, BayBO, Art. 1 Rdn. 2.
5 Die Bezeichnungen wechseln je nach Bundesland.
6 *Peine,* Rdn. 359; *Schenke,* § 9 Rdn. 4 f.
7 *PrOVGE* 9, 353; nachgedruckt in DVBl. 1985, 216.

2. Verhältnis des Bauordnungsrechts zu anderen Gesetzen

4 Das Bauordnungsrecht ist für den von ihm geregelten Bereich **lex specialis;** insbesondere die Frage der Verantwortlichkeit der am Bau Beteiligten – und damit die „Störereigenschaft" – ist im einzelnen speziell ausgestaltet,[8] wobei es auf das Eigentum in der Regel nicht ankommt.[9] Die bauordnungsrechtlichen Bestimmungen gehen dem **allgemeinen Gefahrenabwehrrecht** vor; der Rückgriff auf dessen Regelungen setzt eine unbeabsichtigte **planwidrige Lücke** voraus.[10]

5 Soweit in den erwähnten **Spezialvorschriften** des Landesrechts zum Denkmalschutz, zum Gewerbe- und Arbeitsschutz etc. (s. o. zu 1.) besondere Anforderungen an die Bauwerksgestaltung gestellt werden, gehen diese ihrerseits dem allgemeinen Bauordnungsrecht vor.

3. Historische Entwicklung

6 Die Errichtung von Gebäuden war bereits im **Mittelalter** – parallel zu der Entstehung von Städten – zahlreichen „baupolizeilichen" Einzelvorschriften, allerdings noch ohne systematische Ordnung, unterworfen.[11] Während im Zeitalter des **Absolutismus** – dem damaligen umfassenden Polizeibegriff entsprechend – zu der bauordnungsrechtlichen Gefahrenabwehr weitgehende baurechtliche Gestaltungsvorschriften hinzutraten, beschränken sich seit der **Mitte des 19. Jahrhunderts** die baurechtlichen Regelungen im wesentlichen wieder auf die bauordnungsrechtliche Gefahrenabwehr (vgl. § 10 Teil II Tit. 17 PrALR) und gingen im übrigen von dem Grundsatz der **Baufreiheit** auf (vgl. § 65 Teil I Tit. 8 PrALR);[12] dabei blieb es trotz der sprunghaften Bevölkerungsentwicklung und der im Gefolge der Industrialisierung zunehmenden Verstädterung im 19. Jahrhundert. Erst im **20. Jahrhundert** wurden vereinzelte Bauvorschriften erlassen, die ansatzweise Regelungen über die Straßenplanung und die reine Gefahrenabwehr hinaus enthielten;[13] eine einheitliche und um planerische sowie gestalterische Normierungen erweiterte Regelung sahen erstmals die Bauregelungsverordnung vom 15. 2. 1936 (RGBl. I, 104) und die Baugestaltungsverordnung vom 30. 11. 1936 (RGBl. I, 938) vor. Seither galt das bauplanungsrechtliche Prinzip, daß Baufreiheit nur nach Maßgabe der Planung besteht.

Nach 1945 regelten zunächst **Aufbaugesetze** der Länder den Wiederaufbau der zerstörten Städte. 1960 faßte das **Bundesbaugesetz** vom 23. 6. 1960 (BGBl. I, 341) die planungsrechtlichen Regelungen der Nutzung von Grund und Boden einschließlich des Planungsinstrumentariums zusammen; 1971 trat das **Städtebauförderungsgesetz** vom 27. 7. 1971 (BGBl. I, 1125) hinzu, das die Steuerungsmöglichkeiten des **Raumordnungsgesetzes** vom 8. 4. 1965 (BGBl. I, 306) in der kommunalen Entwicklungsplanung wesentlich erweiterte. Beide Regelungsbereiche wurden in das 1987 in Kraft getretene **Baugesetzbuch** aufgenommen, das heute – nach dem Auslaufen verschiedener befristeter Sonderregelungen im Zusammenhgang mit der Wiedervereinigung – in der Fassung der Bekanntmachung vom 27. 8. 1997 (BGBl. I, 2141) wieder bundeseinheitlich gilt. Die Regelung des Bauordnungsrechts ist nach der Kompetenzordnung des Grundgesetzes den Ländern überlassen;[14] **16** – als förmliche Gesetze erlassene – **Landesbauordnungen** wei-

---

[8] *Peine,* Rdn. 366 f.

[9] Vgl. §§ 56 ff. BauO NW; zusätzliche Haftung des Eigentümers (nur) in Bremen (§ 59 LBO) und Nieders. (§§ 61 f. NBauO).

[10] *Peine,* Rdn. 359; *Schenke,* Rdn. 3.

[11] Vgl. zur historischen Entwicklung insgesamt: *Schenke,* § 9 Rdn. 15 ff. m. w. N.; *Hoppe/Grotefels,* § 1 Rdn. 14 ff.

[12] Vgl. hierzu *PrOVGE* 9, 353 = DVBl. 1985, 216 – Kreuzberg-Urteil –: Rechtswidrigkeit einer Polizeiverfügung, die aus ästhetischen Gründen (Aussicht auf das Kreuzberg-Denkmal) die Bebaubarkeit eines Grundstücks einschränkte.

[13] Vgl. im einzelnen Nachweise bei *Hoppe/Grotefels,* Rdn. 16.

[14] *BVerfGE* 3, 407.

sen dementsprechend neben vielen übereinstimmenden, auf die Musterbauordnungen zurückgehenden Vorschriften z. T. auch stark abweichende Bestimmungen auf. Das Bauordnungsrecht ist in jüngster Zeit insbesondere mit dem Ziel der **Verfahrenserleichterung und Verfahrensbeschleunigung** fortentwickelt worden; diesem Ziel dienen die in den Ländern unterschiedlich ausgestaltete Einschränkung oder Streichung des Baugenehmigungsverfahrens sowie der Abbau staatlicher Überwachungstätigkeiten zugunsten der Verstärkung der Eigenverantwortung u. a. des Bauherrn.[15]

4. Aktuelle Rechtsgrundlagen des Bauordnungsrechts

Das erwähnte Deregulierungsziel hat in jüngster Zeit zur z. T. grundlegenden Novellierung einiger Landesbauordnungen geführt (z. B. Nordrhein-Westfalen, Sachsen, Schlesw.-Holst.). Im einzelnen gelten in den Bundesländern die nachstehenden gesetzlichen Regelungen: 7

- **Baden-Württemberg: LBO** i. d. F. vom 8. 8. **1995** (GBl. S. 617) mit späteren Änd.;
- **Bayern: BayBO** i. d. F. vom 4. 8. **1997** (GVBl. S. 434) m. spät. Änd.;
- **Berlin: BauO für Berlin** i. d. F. vom 3. 9. **1997** (GVBl. S. 421) m. spät. Änd.;
- **Brandenburg: BbgBauO** i. d. F. vom 25. 3. **1998** (GVBl. I, 82) m. spät. Änd.;
- **Bremen: BremLBO** i. d. F. vom 27. 3. **1995** (GBl. S. 211) m. spät. Änd.;
- **Hamburg: HbgBO** vom 1. 7. **1986** (GVBl. S. 183) m. spät. Änd.;
- **Hessen: HessBauO** i. d. F. vom 20. 12. **1993** (GVBl. I, 655) m. spät. Änd.;
- **Mecklenburg-Vorpommern: LBO M.-V.** i. d. F. vom 6. 5. **1998** (GVOBl. S. 468) m. spät. Änd.;
- **Niedersachsen: NBauO** i. d. F. vom 13. 7. **1995** (GVBl. S. 199) m. spät. Änd.;
- **Nordrhein-Westfalen: BauO N.-W.** vom 1. 3. **2000** (GVBl. S. 255) m. spät. Änd.;
- **Rheinland-Pfalz: LBauO** vom 24. 11. **1998** (GVBl. S. 365) m. spät. Änd.;
- **Saarland: LBO** vom 27. 3. **1996** (Amtsbl. S. 477) m. spät. Änd.;
- **Sachsen: SächsBO** i. d. F. vom 18. 3. **1999** (GVBl. S. 86) m. spät. Änd.;
- **Sachsen-Anhalt: BauO LSA** vom 23. 6. **1994** (GVBl. S. 723) m. spät. Änd.;
- **Schleswig-Holstein: LBO S.-H.** i. d. F. der Bek. v. 10. 1. 2000 (GVOBl. S. 47);
- **Thüringen: ThürBO** i. d. F. vom 3. 6. **1994** (GVBl. S. 553) m. spät. Änd.

Die Landesbauordnungen werden durch **untergesetzliches Bauordnungsrecht** in Gestalt einer Vielzahl von landesrechtlichen Rechtsverordnungen – z. B. über den Bau und Betrieb von Garagen oder Versammlungsstätten sowie über das Verfahren – und örtlichen Satzungen – z. B. zur äußeren Gestaltung von baulichen Anlagen – ergänzt.[16] Daneben gibt es in allen Ländern eine Reihe von **Verwaltungsvorschriften** (Erlasse, Ausführungsvorschriften, Richtlinien). Soweit diese die Interpretation der Landesbauordnungen betreffen, besitzen sie keine Außenwirkung und binden beispielsweise die Gerichte nicht;[17] Bindungswirkung kann ihnen jedoch über Art. 3 GG zukommen, soweit sie die Ausübung des Ermessens oder das Verfahren regeln. 8

Die Landesbauordnungen knüpfen die baulichen Erfordernisse häufig an die **allgemein anerkannten Regeln der Baukunst/Technik** (vgl. z. B. § 3 III BauO Bln, Art. 3 II BayBO). Dabei handelt es sich nicht um Rechtsnormen im eigentlichen Sinne; auch die Bezugnahme vermittelt ihnen keinen Rechtscharakter. Der zulässige[18] gesetzliche Verweis auf außerrechtliche Maßstäbe soll neue technische Erkenntnisse flexibel einbeziehen, ohne jeweils eine Gesetzesänderung erforderlich zu machen. Der Begriff meint Regeln, die auf dem jeweiligen Gebiet **von der großen Mehrheit der Fachleute** im Sinne eines Konsenses – und zwar in Theorie und Praxis – **anerkannt** sind.[19] Solche technischen Regelwerke sind – indiziell – beispielsweise die **DIN-Normen, VDI-Vorschriften** 9

---

15 Vgl. *Jäde* UPR 1994, 201 ff. sowie Amtl. Begründung zur BauO NW v. 1. 3. 2000 (LT NW-Drs. 12/3738, Allg. Teil, A. und B.).

16 Vgl. die Nachweise für Berlin bei *Peine,* Rdn. 361; *Schenke,* Rdn. 21 ff.

17 Zum Rechtsschutz gegen Verwaltungsvorschriften vgl. *Schenke* DÖV 1979, 622.

18 *BVerfGE* 49, 135.

19 Vgl. RGSt 44, 76; *Peine,* Rdn. 364.

und **VDE-Vorschriften.**[20] In ihnen können **antizipierte Sachverständigengutachten** gesehen werden, die eine – allerdings widerlegbare – Vermutung für die Richtigkeit ihrer Aussage begründen.[21] Die allgemein anerkannten Regeln der Baukunst/Technik sind von dem in verschiedenen Gesetzen verwandten Begriff des **Stands von Wissenschaft und/oder Technik** (vgl. z. B. § 22 I 1 Nr. 1 BImSchG, § 7 II Nr. 3 AtG) zu unterscheiden, der die „Front der technischen Entwicklung" anspricht.[22]

II. Zuständigkeiten im Bauordnungsrecht

10 Die staatlichen Aufgaben bei der Ausführung des Bauordnungsrechts werden von den **Bauaufsichtsämtern** – je nach Bundesland auch als **Baurechtsbehörden** oder **Bauordnungsbehörden** bezeichnet – wahrgenommen. Diese staatliche **Überwachung der Bautätigkeit** umfaßt Entscheidungen über
- **Baugenehmigungen,**
- **Befreiungen, Ausnahmen** und **Abweichungen,**
- **Teilungsgenehmigungen,**
- Genehmigungsanträge zur Begründung von **Wohnungseigentum** etc.,
- **Nutzungsuntersagungen,**
- **Stillegungsverfügungen** nebst **Versiegelung** von Baustellen,
- **Beseitigungs- oder Abbruchanordnungen.**

11 Die Bauaufsichtsämter üben bei ihrer Tätigkeit hoheitliche Gewalt aus. Dabei unterlaufene **Amtspflichtverletzungen** – z. B. durch unklare oder falsche Auskünfte, durch Erteilung rechtswidriger und deshalb später aufgehobener Baugenehmigungen etc. – können **Amtshaftungsansprüche** (Art. 34 S. 3 GG, § 839 BGB) begründen.[23]

12 Der **Behördenaufbau** ist – außer in Berlin und Hamburg, die dafür eigene Zuständigkeitsgesetze haben – in den Bauordnungen geregelt. In Ländern ohne Mittelinstanz (Brandenburg, Mecklenburg-Vorpommern, Saarland, Schleswig-Holstein) sowie in den Stadtstaaten ist er **zweistufig** (untere Behörde/Ministerialebene), in den übrigen Ländern **dreistufig** gestaltet (vgl. z. B. Art. 59 BayBO, § 46 I LBO BW, § 57 I LBO RP, § 59 I ThürBO):
- **Untere Bauaufsichtsbehörde** ist die Kreisverwaltung (Landratsamt) oder Verwaltung der kreisfreien Städte sowie der großen und mittleren kreisangehörigen Städte (ab einer bestimmten festgelegten Einwohnerzahl).
- **Obere** oder **höhere Bauaufsichtsbehörde** ist für die Kreise und kreisfreien Städte der Regierungspräsident (Bezirksregierung), i. ü. der Oberkreisdirektor.
- **Oberste Bauaufsichtsbehörde** ist das zuständige Landesministerium.

13 **Sachlich zuständig** ist grundsätzlich die untere Bauaufsichtsbehörde (vgl. Art. 61 BayBO, § 61 LBO M-V, § 67 LBO S-H, § 61 ThürBO). **Örtlich zuständig** ist diejenige Behörde, in deren Verwaltungsbereich sich das betreffende Grundstück befindet.

III. Begriffe und Regelungsgegenstand des Bauordnungsrechts

1. Allgemeine Gesetzesübersicht

14 Die in ihrer Struktur und in wesentlichen Sachfragen übereinstimmenden Landesbauordnungen teilen sich jeweils in zwei große Regelungsbereiche:

---

[20] Vgl. Nachw. bei *Finkelnburg/Ortloff,* Bd. II, S. 19; *VGH Mannheim* BRS 60 Nr. 137 zu techn. Bauvorschriften.

[21] Vgl. *Battis,* S. 204; *Schenke,* Rdn. 30; *Finkelnburg/Ortloff,* Bd. II, S. 19 f.; *BVerwG* NVwZ-RR 1997, 214 (215 f.); *BVerwGE* 55, 250; 77, 285 (290); 107, 338 (340) ff.).

[22] Vgl. *BVerfGE* 49, 89 (135 f.); *Schenke,* Rdn. 33 m. w. N.

[23] Vgl. *BGH* NJW 1994, 2087 f.; BauR 1995, 381; ZfBR 2000, 49.

– einen **materiellrechtlichen Teil** mit einer Reihe von **Begriffsbestimmungen** – etwa der baulichen Anlage, des Gebäudes, des Vollgeschosses, des Aufenthaltsraumes, des Stellplatzes etc.[24] – und der Regelung der sicherheitsrechtlichen, sozialen und gestalterischen **Anforderungen an die baulichen Anlagen** und das **Baugrundstück** sowie
– einen **formellrechtlichen Teil** mit den Bestimmungen über das (normale und vereinfachte) **Genehmigungsverfahren** und die Maßnahmen zur **Durchsetzung der** bauordnungs- und bauplanungsrechtlichen **Vorschriften.**

15 **a)** Das materielle Bauordnungsrecht verdeutlicht seine polizeirechtliche Abstammung durch die in den meisten Landesbauordnungen im wesentlichen gleichlautende **bauordnungsrechtliche Generalklausel.** Danach sind bauliche Anlagen – d. h. mit dem Erdboden, ggf. durch das bloße Eigengewicht, „verbundene" oder ortsfest genutzte, aus Bauprodukten hergestellte sowie solchen durch Fiktion gleichgestellte Anlagen[25] – so herzustellen, zu unterhalten und zu nutzen, daß die öffentliche Sicherheit und Ordnung nicht gefährdet werden.[26] Im Unterschied zum allgemeinen Polizeirecht ist die bauordnungsrechtliche Generalklausel aber mangels Zuweisung konkreter Befugnisse **keine unmittelbare Eingriffsgrundlage.**[27] Sie wird i. ü. durch – insoweit vorrangige – spezielle Regelungen z. B. zum Brandschutz, zum Schallschutz etc. näher ausgestaltet; diese regeln im einzelnen die **Anforderungen an das Grundstück**[28] – wie z. B. die notwendigen **Abstandsflächen**[29] zwischen baulichen Anlagen oder die erforderlichen **Zugänge und Zufahrten**[30] – sowie die **Anforderungen an das Bauwerk**[31] – insbesondere die **Bauausführung** (Mauerstärke, Deckenhöhe, Aufenthaltsräume, haustechnische Anlagen, Rettungswege etc.) –.

16 Dabei nehmen die Landesbauordnungen gelegentlich Bezug auf die **anerkannten Regeln der Baukunst/Technik**[32] und beziehen dadurch außerrechtliche Maßstäbe flexibel in das Anforderungsprofil ein (s. o. zu I.4.).

17 Der Sicherung bestimmter **sozialer** – und z. T. zugleich **ökologischer – Standards** als Ausdruck der **Sozialpflichtigkeit des Eigentums** (Art. 14 II GG) dienen z. B. Vorschriften über die gärtnerische Anlage nicht überbaubarer Flächen,[33] über die Pflicht zur Erstellung von Kinderspielplätzen,[34] über die Mindestanforderungen an die Beschaffenheit von Wohnungen,[35] über die benutzerfreundliche – insbesondere behindertengerechte – Herstellung von Verwaltungsgebäuden, Schulen, Gaststätten o. ä.,[36] aber auch über die Stellplatzpflicht[37] etc.

---

24 Vgl. § 2 BauO NW, Art. 2 BayBO; *Finkelnburg/Ortloff,* Bd. II, S. 13 ff.

25 Vgl. § 2 I BauO NW, Art. 2 I BayBO; Nachw. zur vielfältigen Rspr. bei *Finkelnburg/Ortloff,* Bd. II, S. 13.

26 § 3 I, IV BauO NW, Art. 3 I, III BayBO.

27 *Finkelnburg/Ortloff,* Bd. II, S. 17.

28 Vgl. §§ 4–11 BauO NW; Art. 4–10 BayBO; *Schenke,* Rdn. 50 f.

29 Das Abstandsflächenrecht ist in den Ländern uneinheitlich geregelt, z. T. (Bremen, Nieders.) sind die Regelungen über Grenzabstände („Bauwich") beibehalten worden; vgl. *Battis,* S. 200; *Mampel* UPR 1996, 276; *Ortloff* NVwZ 2000, 750 (751) m. Rspr.-Nachw.

30 Vgl. *OVG Münster* NWVBl. 1999, 464: Notwegerecht für Hinterliegergrundstück reicht nicht als Erschließung.

31 Vgl. §§ 12–55 BauO NW; Art. 12–54 BayBO; *Schenke,* Rdn. 56 ff.; Rspr.-Nachw. bei *Ortloff* NVwZ 2000, 750 (751).

32 Vgl. § 3 I 2, III, § 20 I 2 BauO NW; Art. 3 II, 19 I BayBO.

33 Vgl. § 9 I BauO NW, Art. 5 I BayBO; rein ökologischen Anforderungen dienen z. B. Versiegelungsverbote (§ 8 II BauO Bln) und das allgemeine Gebot, die natürlichen Lebensgrundlagen nicht zu gefährden (§ 3 I 1, 5 BauO NW, §§ 21–24 BauO Saarl.)

34 Vgl. § 9 II BauO NW; Art. 8 BayBO.

35 Vgl. §§ 49 f. BauO NW; Art. 49 ff. BayBO.

36 Vgl. § 51 BauO NW, Art. 51 BayBO; *Battis,* S. 209.

37 Vgl. § 51 BauO NW; Art. 52 f. BayBO; *Battis,* S. 200 f.; zur Verfassungsmäßigkeit: *BVerwG* UPR 1992, 445; *OVG Hamburg* NVwZ-RR 2000, 106; *VGH Mannheim* BauR 1999, 1452.

18 **Gestalterisch-ästhetische Ziele**[38] verfolgt das Verbot verunstalteter Beschaffenheit sowie verunstaltender Wirkung baulicher Anlagen.[39] Dieses generelle Verbot wird durch Einzelregelungen – etwa für Werbeanlagen[40] – näher konkretisiert. Als Maßstab dient das ästhetische Empfinden eines „gebildeten **Durchschnittsbetrachters**", der weder besonders empfindsam noch ästhetischen Eindrücken gegenüber gleichgültig ist.[41] Der mit diesem Inhalt verfassungsgemäße Verunstaltungsbegriff ist ein gerichtlich nachprüfbarer **unbestimmter Rechtsbegriff** und zielt auf die Abwehr **optisch störender Anlagen,** nicht auf die Durchsetzung einer „Geschmacksdiktatur der Oberbauräte".[42] Die auch im Baurecht geltende Wirkkraft der **Kunstfreiheit** (Art. 5 III GG)[43] hat die verfassungsrechtliche Frage etwaiger **immanenter Schranken** der (Bau-)Kunstfreiheit aufgeworfen.[44] Im Wege von **Gestaltungssatzungen,** die über das bloße Verunstaltungsverbot hinausgehen, können die Gemeinden besondere Anforderungen an die äußere Gestaltung für bestimmte Gemeindegebiete stellen und dadurch eine **positive Baupflege** betreiben.[45]

19 Den Übergang zum formellen Teil bilden regelmäßig Bestimmungen über die **am Bau Beteiligten**[46] – also Bauherren, Entwurfsverfasser, Bauunternehmer und Bauleiter –; sie legen die jeweiligen **Verantwortungsbereiche** fest. Ferner finden sich dort Vorschriften über die **Bauaufsichtsbehörden,** ihre Aufgaben und Befugnisse.[47]

20 **b)** Das formelle Bauordnungsrecht regelt zunächst Notwendigkeit, Voraussetzungen und Inhalt der **Baugenehmigung** (vgl. § 63 BauO NW), also der grundsätzlich erforderlichen Kontrollerlaubnis, ein Bauvorhaben umsetzen zu dürfen, das den öffentlich-rechtlichen Vorschriften entspricht. Eine Baugenehmigung ist außer für die **Errichtung** auch erforderlich für **Änderung** und **Abbruch baulicher Anlagen** sowie für **Nutzungsänderungen.** Auf sie besteht bei Erfüllung der bauplanungs- und bauordnungsrechtlichen Voraussetzungen von Verfassungs wegen ein Rechtsanspruch; deshalb darf sie nicht von einer Gegenleistung abhängig gemacht werden **(Koppelungsverbot). Ausnahmen** vom Erfordernis einer Baugenehmigung bestehen,
- wenn sie kraft Gesetzes durch eine andere Genehmigung – z. B. in Planfeststellungsverfahren, § 17 FStrG, oder gem. § 13 BImSchG – **ersetzt** wird (**Konzentrationswirkung**[48]);
- wenn die Landesbauordnungen die **Freistellung** ausdrücklich vorsehen.[49]

21 Die gesetzlichen Aufgaben der **Bauaufsichtsbehörde**[50] erstrecken sich generalklauselartig – in Bayern gibt es zusätzlich einen Katalog von Spezialeingriffsnormen (vgl. Art. 81 f. BayBO) – auf alle Maßnahmen zur Einhaltung öffentlich-rechtlicher Vorschriften im Zusammenhang mit Errichtung, Änderung, Abbruch und Nutzung baulicher Anlagen und umfassen damit nach **Ermessen**[51] die Entscheidung

---

[38] Vgl. hierzu *Battis,* S. 205 sowie *PrOVGE* 9, 353 = DVBl. 1985, 219 – „Kreuzberg-Urteil" –; siehe auch oben zu A.1.

[39] Vgl. § 12 BauO NW; Art. 11 BayBO; zur Abgrenzung beider Tatbestände vgl. *VGH Kassel,* BRS 40 Nr. 155.

[40] Vgl. § 13 II BauO NW; Art. 11 BayBO; *Battis,* S. 208 mit Rspr.-Nachw.; *Friedrich* BauR 1996, 504.

[41] StRspr., vgl. *BVerwGE* 2, 172 (175, 177); 17, 322; *BVerfG* NVwZ 1985, 819; *Finkelnburg/Ortloff,* Bd. II, S. 37 ff. m. w. N.

[42] *Battis,* S. 205.

[43] *BVerwG* NJW 1995, 2648 (Breker-Plastiken); *VG Berlin* NJW 1995, 2650 (Reichstagverhüllung); *OVG Koblenz* NJW 1998, 1422 (Fassadenbemalung).

[44] Vgl. *Koenig/Zeiss* Jura 1997, 225; *Voßkuhle* BayVBl. 1995, 613; *Zeiss* ZfBR 1997, 286.

[45] Vgl. § 86 BauO NW, Art. 91 BayBO; *Battis,* S. 207 m. Nachw. zur Rspr.; *VG Darmstadt* NVwZ-RR 1999, 165; *Dolderer* BauR 1999, 691.

[46] Vgl. §§ 56–59 a BauO NW; Art. 55–58 BayBO; *Peine,* Rdn. 367 ff.

[47] Vgl. §§ 60–62 BauO NW; Art. 60 f. BayBO.

[48] Vgl. *Battis,* S. 217 f.

[49] Vgl. §§ 65–68 BauO NW; Art. 63 f. BayBO; zur Entwicklung vgl. *Ortloff* NVwZ 2000, 750 (752).

[50] Vgl. §§ 60–62 BauO NW, Art. 59–61 BayBO.

[51] Vgl. § 61 I 2 BauO NW, Art. 60 II 2 BayBO.

– über **Baugenehmigungen** etc.,
– über **Beseitigungsanordnungen,**
– über **Stillegungsverfügungen,**
– über **Nutzungsuntersagungen.**

Daneben ist die **Bauüberwachung** eines genehmigten Vorhabens im einzelnen geregelt;[52] hierfür gewähren die Gesetze Betretungs-, Prüfungs- und Einsichtsrechte.[53] Diese repressive Baukontrolle wird im Zuge der Abschwächung der präventiven Bauaufsicht an Bedeutung gewinnen.

Vorschriften über die **Baulast**[54] – also die durch dingliche Last öffentlich-rechtlich gesicherte und im Baulastenverzeichnis eingetragene grundstücksbezogene Verpflichtung des Grundstückseigentümers gegenüber der Baubehörde; Hauptanwendungsfall ist die Übernahme von Abstandsflächen – und **Bußgeldbestimmungen** schließen die Landesbauordnungen ab. 22

2. Einzelfragen[55]

a) Baugenehmigung, Freistellung, vereinfachtes Verfahren

Die Genehmigungspflicht für bauliche Vorhaben ist nach der Gesetzessystematik die Grundregel. Die Baugenehmigung **muß** erteilt werden, wenn das Vorhaben den öffentlich-rechtlichen Vorschriften entspricht; sie besteht deshalb insoweit aus einem **feststellenden Teil,** der um eine **verfügende Regelung** – Freigabe des Baus – ergänzt wird. Mit Blick auf die Nachbarn stellt sie einen **Verwaltungsakt mit Doppelwirkung** (§ 80 a VwGO) dar, der der **Schriftform** bedarf (vgl. § 75 I BauO NW) und grundsätzlich **nicht begründet** werden muß.[56] Ob sie erteilt werden darf, obwohl weitere erforderliche Genehmigungen noch ausstehen **(Separations-Theorie),** oder erst nach deren Vorliegen **(Schlußpunkt-Theorie),**[57] hängt maßgeblich von der jeweiligen Landesbauordnung ab.[58] 23

In der Baugenehmigung muß ggf. zugleich über die Erteilung von **Befreiungen** (§ 31 II BauGB), **Ausnahmen** (§ 31 I BauGB) oder **Abweichungen** (vgl. § 73 BauO NW, Art. 70 BayBO) entschieden werden, wobei der letztgenannte Begriff nur in einigen Landesbauordnungen – und überdies mit unterschiedlichem Inhalt – verwendet wird.[59] 24

Die Baugenehmigung kann mit **Nebenbestimmungen** versehen werden, insbesondere um die Erfüllung der Erteilungsvoraussetzungen sicherzustellen (§ 36 I VwVfG). In diesem Zusammenhang ist vor allem die so genannte **modifizierende Auflage**[60] problematisch. Da es bei ihr um eine Inhaltsänderung der erteilten Baugenehmigung gegenüber dem Bauantrag geht (– „Maßgabe, statt des Satteldachs ein Flachdach zu bauen" –), stellt sie in Wahrheit keine Nebenbestimmung zur Baugenehmigung dar, sondern eine teilweise Ablehnung verbunden mit der Erteilung einer so z. T. nicht beantragten Baugenehmigung. Sie ist deshalb mit der Verpflichtungsklage anzugreifen. Die **Rücknahme** der Baugenehmigung richtet sich nach § 48 VwVfG; damit gilt für sie die Jahresfrist, die erst mit Kenntnis aller wesentlichen Tatsachen und der Rechtswidrigkeit zu laufen beginnt.[61] 25

---

52 Vgl. § 81 BauO NW, Art. 78 BayBO; *Battis,* S. 229 f.

53 Vgl. *OVG Berlin* LKV 1999, 372.

54 Vgl. § 83 BauO NW; in Bayern und Brandenburg bedient man sich statt dessen einer Grunddienstbarkeit zugunsten der Gemeinde. Vgl. i. ü. *Peine,* Rdn. 379 m. w. N.; *Schwarz* BauR 1998, 446; *OVG Saarl.* NJW 1999, 1348 (Grenzbebauung); *OVG Lüneburg* NVwZ 1999, 1364 (Überbau).

55 Vgl. i. e. die jährlichen Berichte zur Entwicklung des Bauordnungsrechts von *Ortloff* NVwZ 2000, 750; NVwZ 1999, 955; NVwZ 1998, 581; NVwZ 1997, 333; NVwZ 1996, 647; NVwZ 1995, 436.

56 Vgl. § 75 I 2 BauO NW; einige Bauordnungen sehen eine Begründungspflicht vor, soweit von nachbarschützenden Vorschriften abgewichen wird (Art. 72 II 2 BayBO).

57 Vgl. zum Streitstand *Battis,* S. 219; *Finkelnburg/Ortloff,* Bd. II, S. 101.

58 *BVerwGE* 99, 351.

59 Vgl. *Finkelnburg/Ortloff,* Bd. II, S. 8 f.; in Nordrh.-Westf. und Bayern bezieht er sich nur auf Abweichungen von der BauO.

60 *Weyreuther* DVBl. 1984, 365; *Finkelnburg/Ortloff,* Bd. II, S. 135 f.; vgl. a. *Battis,* S. 216 mit Nachw. der Rspr. zur Anfechtbarkeit von Auflagen.

61 *BVerwG* BauR 1985, 669; *BVerwGE* 70, 356.

26 Alle Landesbauordnungen nehmen Vorhaben **öffentlicher Bauherren** vom Genehmigungserfordernis aus.[62] Sie sehen ferner – in im einzelnen sehr unterschiedlicher Ausgestaltung – die **Genehmigungsfreiheit**[63] zahlreicher, detailliert aufgelisteter Vorhaben und Anlagen geringerer Bedeutung vor, in Nordrhein-Westfalen u. a. für Wohngebäude mittlerer und geringer Höhe im Bereich eines Bebauungsplans, für bestimmte Gebäude ohne Aufenthaltsräume, Einfriedungen einer bestimmten Höhe, Antennen, Stellplätze, Pergolen, bestimmte Feuerungs-, Lüftungs- und Abwasseranlagen etc. (vgl. §§ 65–67 BauO NW). Für **Wohngebäude** gilt dies allerdings z. B. in Nordrhein-Westfalen und Bayern nur dann, wenn die Gemeinde nicht innerhalb einer bestimmten Frist (1 Monat) auf der Durchführung des Genehmigungsverfahrens besteht.[64] Die Genehmigungsfreiheit entbindet selbstverständlich nicht von der Beachtung der materiellen öffentlich-rechtlichen Vorschriften (vgl. §§ 65 IV, 66 II BauO NW).

27 Schließlich kennen einige Landesbauordnungen auch noch das so genannte **vereinfachte Genehmigungsverfahren**[65] für die Errichtung und Änderung baulicher Anlagen einer bestimmten, mittleren Größe, z. B. in Nordrhein-Westfalen bis zu einer Höhe von 30 m oder einer nutzbaren Fläche von 1600 m^2, kleinere Gaststätten etc. Dabei ist einerseits die **Prüfungspflicht** der Baubehörde eingeschränkt (§ 68 I 4 BauO NW), andererseits die **Frist** für die **Entscheidung** über den Bauantrag sehr knapp bemessen (§ 68 VIII BauO NW: 6, max. 12 Wochen) und gelegentlich bei Fristablauf mit einer Genehmigungsfiktion sanktioniert.[66]

28 Daneben oder statt dessen gibt es auch eine Art **Anzeigeverfahren,** ebenfalls mit **Baugenehmigungsfiktion** bei behördlicher Untätigkeit nach Ablauf einer bestimmten Frist (vgl. §§ 62 b IV ThürBO).[67]

29 Als **besondere Genehmigungen** sind ferner zu erwähnen:
- der **Bauvorbescheid,**[68] der auf eine Bauvoranfrage des Bauherrn ergeht und zu einzelnen Fragen des Vorhabens – z. B. zu dessen planungsrechtlicher Zulässigkeit **(„Bebauungsgenehmigung")** – eine verbindliche Entscheidung trifft;
- die **Teilbaugenehmigung,**[69] die den vorzeitigen Beginn der Bauarbeiten gestattet;
- die **Typengenehmigung**[70] für bestimmte gleichartige bauliche Anlagen.

30 Die Ausweitung der Genehmigungsfreiheit hat neue Fragen zum **Rechtsschutz** insbesondere der Nachbarn aufgeworfen.[71] Da der Verwaltungsakt der Baugenehmigung fehlt und die Nachbarbeteiligung teilweise geringer ausgestaltet ist, wird der Rechtsschutz möglicherweise verstärkt vor den **Zivilgerichten**[72] ausgetragen werden, zumal der Nachbar im öffentlich-rechtlichen Eilverfahren auf Einschreiten der Baubehörde neben der objektiven Rechtswidrigkeit des Vorhabens zusätzlich noch die **Ermessensreduzierung auf Null** darlegen muß.[73] Die Auffassung, auch bei der Klage zwischen Nachbar und Bauherrn handele es sich um eine Verwaltungsrechtsstreitigkeit, bei der vor dem Verwal-

---

[62] Vgl. § 80 BauO NW, Art. 86 BayBO; *Battis,* S. 217; zur Unanwendbarkeit der Landesbauordnungen auf öffentliche Verkehrsanlagen vgl. *Kraft* DVBl. 2000, 1326 (1328).

[63] Vgl. *Held* UPR 1999, 210; *Retzlaff* NJW 1999, 1224; *Ortloff* NVwZ 2000, 750 (752) m. Nachw. der neueren Rspr.

[64] Vgl. § 67 I 1 BauO NW, Art. 64 I 1 BayBO.

[65] Vgl. § 68 BauO NW; *Jäde,* GewArch 1995, 187.

[66] *Peine,* 395, 399 m. w. N.

[67] Vgl. den Überblick über die verschiedenen Regelungsmodelle bei *Finkelnburg/Ortloff,* Bd. II, S. 86 ff.; *Preschel,* DÖV 1998, 45.

[68] Vgl. § 71 BauO NW, Art. 75 BayBO; *Battis,* S. 221; *Finkelnburg/Ortloff,* Bd. II, S. 138 ff.; *BVerwG* NVwZ-RR 1998, 542 (unzulässiger Vorbehalt). Zum Verhältnis von Vorbescheid zur Baugenehmigung und zur Wirkung von Rechtsbehelfen vgl. *BVerwG* NVwZ 1989, 863; NVwZ 1995, 894; *Redeker* NVwZ 1998, 589; *Peine,* Rdn. 416.

[69] Vgl. § 76 BauO NW, Art. 76 BayBO; *Finkelnburg/Ortloff,* Bd. II, S. 142 f.; *Battis,* S. 222.

[70] Vgl. § 78 BauO NW; *Finkelnburg/Ortloff,* Bd. II, S. 143.

[71] Vgl. *Degenhart,* NJW 1996, 1433; *Uechtritz,* NVwZ 1996, 640; *Peine,* Rdn. 400; *Finkelnburg/Ortloff,* Bd. II, S. 286, 291 zu freigestellten Vorhaben und zu fertigen rechtswidrigen Bauten; *Kruhl,* Schr. z. ÖffR, Bd. 797 (1999) zum Anzeigeverfahren; *Schmaltz* NdsVBl. 1995, 241.

[72] Zur privatrechtlichen Nachbarklage vgl. *Schäfer,* in: Hoppenberg, Kap. J.

[73] Vgl. *BVerwG* NVwZ 1998, 395: möglicher zivilrechtlicher Rechtsschutz ist ermessensrelevanter Gesichtspunkt; vgl. i. ü. *OVG Bautzen* SächsVBl. 1997, 33; *OVG Münster* NVwZ-RR 1998, 218; *VGH Mann-*

tungsgericht ausnahmsweise zwei Privatpersonen gegeneinander aufträten, hat sich nicht durchsetzen können.[74]

Problematisch ist auch die Frage des **Bestandsschutzes** bei bloßer Genehmigungsfiktion[75] oder Genehmigungsfreiheit nach Feststellung der Nichtigkeit eines Bebauungsplans (vgl. hierzu die spezielle Schutzvorschrift des § 67 VIII BauO NW).

Ziel aller dieser Verfahrenserleichterungen mit der Verlagerung von Verwaltungsaufgaben einschließlich des Haftungsrisikos auf Private (vgl. § 67 IV BauO NW) ist neben der erhofften **Verfahrensbeschleunigung** die Annäherung an das erwünschte Modell des **„schlanken Staates“**.[76]

b) Maßnahmen gegen illegale bauliche Anlagen

Zur Beseitigung oder Verhinderung von Verstößen gegen öffentlich-rechtliche Vorschriften kann die Baubehörde nach Ermessen eine **Abbruchverfügung,** eine **Stilllegungsanordnung** oder ein **Nutzungsverbot** erlassen.[77] Welche dieser Maßnahmen von Rechts wegen in Betracht kommt, wird zum einen durch das Gebot der **Verhältnismäßigkeit** bestimmt, hängt zum anderen aber auch von der **Art der Illegalität** – formelle und/oder materielle Illegalität – ab.[78] 31

- Ist die bauliche Anlage materiell rechtswidrig, liegt aber eine Genehmigung oder Genehmigungsfiktion (rechtswidrig) vor oder ist das Vorhaben genehmigungsfrei (ausschließlich **materielle Illegalität**), so muß vor dem bauaufsichtlichen Einschreiten zunächst die (fiktive) Baugenehmigung zurückgenommen werden; dies ist innerhalb eines Jahres ab Kenntnis der Rechtswidrigkeit möglich (§ 48 IV VwVfG). Bei genehmigungsfreien Vorhaben genügt die materielle Illegalität ohne weiteres.[79]
- Bei ausschließlich **formeller Illegalität,** d. h. bloßem Fehlen der an sich erforderlichen Genehmigung, aber Übereinstimmung des **„Schwarzbaus“** mit materiellem Recht, ist eine **Abrißverfügung** im Hinblick auf Art. 14 GG und die Genehmigungsfähigkeit des Bauwerks rechtswidrig.[80] Es kommt dann lediglich eine **Stillegungs- oder Baueinstellungsanordnung** in Betracht,[81] um ggf. das Genehmigungsverfahren durchführen und die materielle Rechtmäßigkeit prüfen zu können. Wird trotz einer solchen Stoppverfügung weitergebaut, kann die Baustelle **versiegelt** werden, was als eigenständiges bauordnungsrechtliches Zwangsmittel gelegentlich besonders geregelt ist (vgl. Art. 81 II BayBO). Ob für **Nutzungsverbote** bei bereits fertiggestellten Schwarzbauten die formelle Illegalität ausreicht oder nicht, ist streitig.[82]
- Grundsätzlich ist deshalb die **doppelte Illegalität** Voraussetzung jedenfalls für Beseitigungsverfügungen, wohl aber auch für vergleichbar gravierende Nutzungsuntersagungen.

Die genannten bauaufsichtlichen Maßnahmen scheiden überdies dann aus, wenn die bauliche Anlage **Bestandsschutz** genießt,[83] also zwar ohne Genehmigung erstellt wurde und gegen das gegenwärtige Gesetzesrecht verstößt, aber zu einem früheren Zeitpunkt 32

---

heim NVwZ-RR 1998, 613; *VGH München* NVwZ-RR 1998, 685; zum ö.-r. Nachbarschutz vgl. i. ü. *Kraft* VerwArch 1998, 264.

[74] So *Ortloff* NVwZ 1998, 932; a. A.: *Mampel* NVwZ 1999, 385 und DVBl. 1999, 1403; *Oeter* DVBl. 1999, 189; *Sacksofsky* DÖV 1999, 946.

[75] *Peine,* Rdn. 396; *Jäde* UPR 1996, 12 (13); vgl. allg. zum Bestandsschutz: *Gehrke/Brehsan* NVwZ 1999, 932; *Mampel* NJW 1999, 975; *BVerwGE* 106, 228 (233) unter Aufgabe von *BVerwGE* 72, 362.

[76] Zum Für und Wider vgl. *Battis,* S. 212.

[77] Vgl. § 61 I 1 BauO NW, Art. 60 II 2, 81, 82 BayBO.

[78] Vgl. hierzu *Finkelnburg/Ortloff,* Bd. II, S. 168 ff.; *Battis,* S. 230 f.

[79] *Battis,* S. 234; *Finkelnburg/Ortloff,* Bd. II, S. 170.

[80] H. M. vgl. *Finkelnburg/Ortloff,* Bd. II, S. 170 m. w. N.

[81] *OVG Bautzen* LKV 1993, 427; *VGH Mannheim* BauR 1995, 219; *VGH München* NVwZ 1997, 928; zur Baueinstellungsverfügung vgl. *Volkmann* JuS 1999, 544.

[82] Bejahend: *OVG Koblenz* BauR 1997, 103; *VGH Kassel* NVwZ-RR 1996, 487; *OVG Bautzen* LKV 1994, 296; *OVG Lüneburg* NVwZ-RR 1995, 6; verneinend: *OVG Berlin* UPR 1997, 119; *VGH Mannheim* DÖV 1996, 150; *Finkelnburg/Ortloff,* S. 197; vgl. i. ü. Rspr.-Nachw. bei *Ortloff* NVwZ 2000, 750 (757).

[83] *Peine,* Rdn. 420; *Finkelnburg/Ortloff,* Bd. II, S. 172 ff. und 198 m. w. N.; *Gehrke/Brehsan* NVwZ 1999, 932; *Uechtritz* DVBl. 1997, 347; *Mampel* NJW 1999, 975; *BVerwGE* 106, 228 (233).

materiell rechtmäßig war. Die Aufgabe der Rechtsprechung zur verfassungsrechtlichen Gewährleistung eines **erweiterten oder überwirkenden Bestandsschutzes**[84] durch das Bundesverwaltungsgericht[85] hat daran nichts geändert. Art. 14 I GG schützt jedenfalls vor Eingriffen in das zwar formell rechtswidrig geschaffene, aber vorübergehend für nicht ganz unerhebliche Zeit[86] mit dem Baurecht übereinstimmende Eigentum. Der „Schwarzbauer" wird dadurch gegenüber dem gesetzestreuen Bauherrn, der sich dem Risiko von Gesetzesänderungen während der Bearbeitung seines Bauantrags aussetzt, begünstigt.

33 Die Bauaufsichtsbehörde muß **Art. 3 I GG** beachten, darf also nicht in einem Fall einschreiten, vergleichbare Schwarzbauten in der Nachbarschaft aber unbeanstandet lassen.[87] Allerdings muß die Behörde nicht überall gleichzeitig oder flächendeckend vorgehen; sachliche Unterschiede und Erwägungen – etwa nach der zeitlichen Reihenfolge der Erstellung oder unter Berücksichtigung des Lebensalters – rechtfertigen überdies ein differenziertes Einschreiten oder Dulden.[88] Aus der rechtswidrigen Duldung eines Schwarzbaus erwächst aber kein „Anspruch auf Gleichbehandlung im Unrecht".[89]

c) Rechtsschutz

34 Der **Bauherr** kann gegen die Ablehnung der Baugenehmigung mit Widerspruch und Verpflichtungsklage, gegen die bauaufsichtlichen Eingriffsmaßnahmen mit Widerspruch und Anfechtungsklage vor dem zuständigen Verwaltungsgericht vorgehen und ggf. um vorläufigen Rechtsschutz – je nach Klageart in der Hauptsache – gem. § 123 VwGO oder § 80 V VwGO nachsuchen.[90] Der Widerspruch des Nachbarn gegen eine dem Bauherrn erteilte Baugenehmigung hat gem. § 212 a BauGB keine aufschiebende Wirkung.

35 Der Rechtsschutz des **Nachbarn,** der im wesentlichen die von ihm für rechtswidrig gehaltene Baugenehmigung bzw. das genehmigungsfreie Bauvorhaben zum Gegenstand haben wird, kann sich einerseits **zivilrechtlich**[91] ausschließlich zwischen Nachbarn und Bauerrn, andererseits **öffentlich-rechtlich**[92] – und zwar auch nach der Deregulierung durch Verminderung der Genehmigungserfordernisse – im Verhältnis zur Bauaufsichtsbehörde abspielen. Der Nachbar kann mit Widerspruch und Anfechtungsklage, die allerdings gem. § 212 a BauGB[93] **keine aufschiebende Wirkung** haben, sowie mit einem Eilantrag gem. § 80 a VwGO gegen die Baugenehmigung vorgehen, wenn diese gegen **nachbarschützende Vorschriften** verstößt.[94] Das ist der Fall, wenn die Vorschrift auch dem Schutz individueller Interessen eines von der Allgemeinheit unterscheidbaren Personenkreises, zu dem der Nachbar zählt, zu dienen bestimmt ist (**Schutznorm-Theorie**[95]).

36 Solche nachbarschützende Vorschriften sind z. B.[96]
– die **Baugebietsfestsetzung** im Bebauungsplan,[97]

[84] Vgl. Nachw. bei *Finkelnburg/Ortloff,* Bd. II, S. 174.

[85] *BVerwGE* 106, 228 (233 f.).

[86] Vgl. dzau *BVerwG* NJW 1971, 1624; BRS 33 Nr. 37: „beachtliche" bzw. „namhafte" Zeit; *Finkelnburg/Ortloff,* Bd. II, S. 176: 3 Mon.

[87] *OVG Lüneburg* NVwZ-RR 1994, 249; *Finkelnburg/Ortloff,* Bd. II, S. 183 f.

[88] *BVerwG* NVwZ-RR 1992, 360; *OVG Bremen* NVwZ 1995, 401 und 606.

[89] *BVerwG* NVwZ-RR 1992, 360; *VGH Mannheim* NJW 1989, 603 und VBlBW 1995, 64 f.; *OVG Münster* NVwZ-RR 1995, 635.

[90] Vgl. *Finkelnburg/Ortloff,* Bd. II, S. 264 ff. sowie *Ortloff* NVwZ 2000, 750 (753) m. Nachw. der neueren Rspr.

[91] Vgl. hierzu *Schäfer* in Hoppenberg, Hdb. des öffentlichen Baurechts; *Peine* JuS 1987, 169; *Vieweg/Röthel* NJW 1999, 969.

[92] Vgl. *Finkelnburg/Ortloff,* Bd. II, S. 272 ff.; *Kraft* VerwArch 1998, 264; *Mampel* NJW 1999, 975; *Jäde* JuS 199, 961; *Bamberger* NVwZ 2000, 283.

[93] Zum Anwendungsbereich vgl. *OVG Münster* DVBl. 1999, 788; *OVG Lüneburg* NVwZ-RR 1999, 716; *VGH München* NVwZ 1999, 1363.

[94] Vgl. die eingehende Darstellung bei *Finkelnburg/Ortloff,* Bd. II, S. 217 ff.; zur Rügefähigkeit bei Genehmigungen im vereinfachten Verfahren vgl. *OVG Bautzen* LKV 1999, 236.

[95] *BVerwG* NVwZ 1987, 409; vgl. *Battis,* S. 253 m. w. N.

[96] Vgl. Übersicht bei *Battis,* S. 257 f.; *Finkelnburg/Ortloff,* Bd. II; S. 228 ff. (Bauplanungsrecht), 236 ff. (Bauordnungsrecht).

[97] *BVerwGE* 94, 151; 101. 364; 108, 190.

- das **Abwägungsgebot** des § 1 VI BauGB,[98]
- **seitliche Grenzabstände** und **Baulinien**[99] sowie **Abstandsflächen,**[100]
- die Erteilung einer **Befreiung** gem. § 31 II BauGB,[101]
- **§ 15 II BauNVO** als Ausprägung des Rücksichtnahmegebots,[102]
- einfachgesetzliche, an sich nicht drittschützende Normen in Verbindung mit dem **Rücksichtnahmegebot,**[103]
- **§ 34 II BauGB** (Gebietsart) generell,[104] **§ 34 I und III BauGB** partiell,[105]
- **Brandschutz- und Immissionsschutzvorschriften o. ä.**[106]

Nicht nachbarschützend sind z. B.: 37
- Festsetzungen über das **Maß der baulichen Nutzung** (str.),[107]
- die Erteilung einer **Ausnahme** gem. § 31 I BauGB,[108]
- **vordere** (straßenseitige) **Baugrenzen,**[109]
- **gestalterische Vorschriften.**[110]

Bei generell drittschützenden Normen ist eine zusätzliche **tatsächliche Beeinträchtigung** des Nachbarn grundsätzlich nicht erforderlich; bei partiell nachbarschützenden Vorschriften, die über das Rücksichtnahmegebote Drittschutzcharakter erfahren, kommt es hingegen auf eine spürbare Belastung des klagenden Nachbarn an.[111] 38

Nachbarschutz durch Verfahrensrecht[112] verliert im Hinblick auf die Änderung der §§ 45, 46 VwVfG an Bedeutung; der Nachbar hat keinen Anspruch auf Durchführung eines zu Unrecht unterlassenen Genehmigungsverfahrens.[113] 39

Soweit sich der Nachbar gegen einen **„Schwarzbau"** oder ein Bauvorhaben wendet, das **genehmigungsfrei** ist, ist er – falls die Behörde nicht von selbst dagegen vorgeht – auf die Verpflichtungsklage bzw. die einstweilige Anordnung gem. § 123 VwGO[114] verwiesen. Das bedeutet für ihn, daß nicht nur die objektive Rechtswidrigkeit des Baus und die Verletzung drittschützender Vorschriften, sondern auch noch eine Reduzierung des Ermessens auf Null vorliegen muß; in diesem Zusammenhang wird die Frage der spürbaren tatsächlichen Beeinträchtigung eine Rolle spielen.[115] Gegen den **öffentlichen Bauherrn** muß der Nachbar direkt mit der Leistungs- oder Unterlassungsklage vorgehen,[116] wenn keine Baugenehmigung erteilt worden ist. 40

---

[98] *BVerwGE* 107, 215; *BVerwG* NVwZ 1999, 987; *Muckel* NVwZ 1999, 963.

[99] *VGH Mannheim* VBlBW 1993, 470.

[100] Vgl. *Finkelnburg/Ortloff*, Bd. II, S. 238; *OVG Lüneburg* NVwZ-RR 1999, 716; *VGH München* DVBl. 2000, 1359; Rspr.-Nachw. bei *Ortloff* NVwZ 2000, 750 (755). § 6 V BauO B.-W. enthält insoweit eine ausdrückliche Regelung der Reichweite der nachbarschützenden Wirkung („nur halbe Tiefe . . .").

[101] *BVerwGE* 108, 190; *BVerwG* NVwZ 1987, 409: i.V.m. dem Rücksichtnahmegebot auch bei Dispens von nicht nachbarschützenden Vorschriften.

[102] *BVerwGE* 67, 334; *BVerwG* NVwZ 1999, 298 und NVwZ-RR 1999, 107; *OVG Lüneburg* NVwZ 1999, 444.

[103] Vgl. *BVerwGE* 82, 343; 89, 69.

[104] *BVerwGE* 94, 151; *BVerwG* ZfBR 1997, 51; *OVG Münster* NWVBl. 1999, 426.

[105] *BVerwG* BauR 1999, 735; NVwZ 1999, 523; NJW 1983, 2460; *Ortloff* NVwZ 2000, 750 (756) m. Nachw. der neueren Rspr.

[106] Vgl. Nachw. bei *Finkelnburg/Ortloff*, Bd. II, S. 241.

[107] Vgl. Nachw. zum Streitstand bei *Finkelnburg/Ortloff*, S. 231.

[108] *BVerwG* NJW 1983, 1574, a. A.: *Finkelnburg/Ortloff*, Bd. II, S. 233.

[109] *VGH Mannheim* DÖV 1995, 828; zur hinteren Baugrenze vgl. *OVG Münster* BauR 1995, 211 und BauR 1997, 82.

[110] *OVG Berlin* ZMR 1982, 43; *OVG Saarl.* BRS 44 Nr. 162; krit. *Finkelnburg/Ortloff*, Bd. II, S. 240 f.

[111] Vgl. *OVG Münster* UPR 1996, 276; *Finkelnburg/Ortloff*, Bd. II, S. 225.

[112] Vgl. *Finkelnburg/Ortloff*, Bd. II, S. 226, 248; *Ortloff* NVwZ 2000, 750 (754) m. Nachw. der neueren Rspr.

[113] *OVG Münster* BauR 1999, 628.

[114] Vgl. *Oeter* DVBl. 1999, 189; *Sacksofsky* DÖV 1999, 946; *OVG Münster* NVwZ 1999, 427.

[115] Vgl. *Battis*, S. 261 ff.; *Uechtritz* NVwZ 1996, 640 (643); *Finkelnburg/Ortloff*, Bd. II, S. 286 f. m. w. N.; *Mampel* UPR 1997, 267.

[116] *VGH Mannheim* NVwZ 1999, 85.

Teil III: Gewerberecht

Übersicht

Allgemeines Schrifttum: *Arndt,* Wirtschaftsverwaltungsrecht, in: Steiner, Besonderes Verwaltungsrecht, 6. Aufl. 1999; *Badura,* Wirtschaftsverwaltungsrecht, in: Schmidt-Aßmann, Besonderes Verwaltungsrecht, 11. Aufl. 1999; *Ehlers,* Gewerbe-, Handwerks- und Gaststättenrecht, in: Achterberg/Püttner/Würtenberger, Besonderes Verwaltungsrecht, 2. Aufl. 2000; *Friauf,* Gewerbeordnung (Loseblatt); *Honig,* Handwerksordnung, 2. Aufl. 1999; *Landmann/Rohmer,* Gewerbeordnung (Loseblatt); *Metzner,* Gaststättengesetz, 5. Aufl. 1995; *Michel/Kienzle,* Gaststättengesetz, 13. Aufl. 1999; *Musielak/Detterbeck,* Das Recht des Handwerks, 3. Aufl. 1995; *Schliesky,* Öffentliches Wirtschaftsrecht 2000; *Tettinger/Wank,* Gewerbeordnung, 6. Aufl. 1999.

I. Regelungsbereiche, Entwicklung und aktuelle gesetzliche Grundlagen

1. Regelungsbereiche des Gewerberechts

1 Das Gewerberecht umfaßt in einem engeren Sinne
- die **Gewerbeordnung,**
- das **Handwerksrecht,**
- das **Gaststättenrecht** und
- das sonstige **verselbständigte Gewerberecht** (z. B. das im BImSchG geregelte gewerbliche Umweltschutzrecht)

sowie in einem weiteren wirtschaftsverwaltungsrechtlichen Sinne zusätzlich
- das **besondere Wirtschaftsverwaltungsrecht,** also z. B. das Verkehrsgewerberecht (GüKG), Luftverkehrs- und Eisenbahnrecht, Energiewirtschaftsrecht (AtG, EnWG, EnSG), Versicherungsgewerbe-, Bank- und Kreditrecht sowie das Medienwirtschaftsverwaltungsrecht.

2 Das hier allein interessierende Gewerberecht im engeren Sinne ist seinerseits im Hinblick auf die Abgrenzung vom allgemeinen Polizeirecht nur wegen seines **ordnungsrechtlichen Teils** von Bedeutung. Als **Gewerbeordnungsrecht** dient es der Wahrung der öffentlichen Sicherheit und Ordnung; es soll die Allgemeinheit und den einzelnen gegen spezifische Gefahren im Zusammenhang mit der gewerblichen Betätigung schützen.[1]

[1] *BVerwG* NJW 1977, 772.

2. Verhältnis zum allgemeinen Gefahrenabwehrrecht und zu anderen Gesetzen

Spezielle Regelungen des Gewerberechts gehen dem allgemeinen Gefahrenabwehrrecht vor. Das gleiche gilt für Sonderregelungen des Handwerks- und Gaststättenrechts sowie des übrigen verselbständigten Gewerbenebenrechts im Verhältnis zur Gewerbeordnung; der **Rückgriff auf die Gewerbeordnung** ist aber zulässig, soweit die spezielle Regelung keinen abschließenden Charakter hat[2] (vgl. ausdrücklich § 31 GaststG). 3

Die **Abgrenzung zum allgemeinen Sicherheits- und Ordnungsrecht** kann im Einzelfall – insbesondere mit Blick auf die Zuständigkeiten – schwierig sein; während der Ermittlungen zur Vorbereitung einer gewerberechtlichen Entscheidung – z. B. Gewerbeuntersagung wegen Rauschgifthandels in einer Spielhalle – können vorläufige Gefahrenabwehrmaßnahmen auf der Grundlage des allgemeinen Polizeirechts angeordnet werden.[3] Die Gewerbetätigkeit als solche (Berufswahl, „Ob") kann durch eine auf allgemeines Polizeirecht gestützte Verfügung nicht untersagt werden.[4] 4

§ 1 I GewO läßt Einschränkungen der Gewerbefreiheit nur „durch dieses Gesetz" – also durch die Gewerbeordnung und die ursprünglich in ihr enthaltenen gewerberechtlichen Nebengesetze (HwO, GaststG etc.) – zu. Diese bundesrechtliche Regelung hat gem. Art. 72 I GG **Sperrwirkung** für landesrechtliche Beschränkungen des Gewerberechts – allerdings nur für den Bereich der Berufswahlfreiheit („Ob"), nicht für Auswirkungen auf die Berufsausübungsfreiheit („Wie"). Deshalb kann die Gewerbeausübung durch landesrechtliche Vorschriften des **Bauordnungs- und Straßenrechts** eingegrenzt werden.[5] 5

Soweit keine speziellen gewerberechtlichen Regelungen zum Verfahren und zur Verwaltungsorganisation bestehen, findet insoweit das **allgemeine Verwaltungsverfahrensrecht** Anwendung,[6] also insbesondere auf Wirksamkeit, zulässige Nebenbestimmungen und – ergänzend – die Aufhebung von Verwaltungsakten. 6

3. Historische Entwicklung und aktuelle gesetzliche Grundlagen

Es liegt auf der Hand, daß das Gewerberecht maßgeblich von der Grundstruktur und den Zielsetzungen der jeweiligen staatlichen Wirtschaftsordnung geprägt wird und sich mit deren Wechsel ständig verändert: In der Zeit des Liberalismus und der Aufklärung wurden staatliche Eingriffe in das Wirtschaftsgeschehen im Vertrauen auf die regulierende Kraft des Wettbewerbs auf die Formulierung bloßer Rahmenbedingungen zurückgedrängt (Gewerbefreiheit, „Nachtwächterstaat"), in Zeiten des Interventionismus hingegen zur Bekämpfung von Auswüchsen verstärkt (Sozialgesetzgebung, Kartellrecht etc.).[7] Das Grundgesetz selbst ist von dem Gedanken der **wirtschaftspolitischen Neutralität** geprägt.[8] 7

a) Gewerbeordnung

Das „moderne" Gewerberecht beginnt mit der gesetzlichen Konstituierung der **Gewerbefreiheit** durch das Gewerbesteueredikt von 1810 (heute § 1 GewO) und die gleichzeitige **Abschaffung der Zunftverfassung;** bereits das preußische Gewerbepolizeigesetz von 1811 sah im Interesse der öffentlichen Sicherheit und Ordnung Eingriffsmöglichkeiten vor. Dieses **Gewerbepolizeirecht** wurde über die preußische Gewerbeordnung von 1845 in die **Gewerbeordnung vom 26. 7. 1900** übernommen; diese gilt in ihrer Grund- 8

---

[2] *Schliesky,* S. 171, 204.
[3] *OVG Koblenz* DVBl. 1999, 338; *Schliesky,* S. 172.
[4] *Badura,* S. 310 Rdn. 127; *BVerwGE* 38, 209.
[5] *BVerfGE* 28, 364 (372 f.); *BVerwGE* 38, 209 (213); *Tettinger/Wank,* § 1 Rdn. 70, 79.
[6] *Tettinger/Wank,* Einl. Rdn. 94; vgl. a. zu V.3.
[7] Vgl. zur historischen Entwicklung und zum Wandel der jeweiligen Wirtschaftsordnung: *Schliesky,* S. 8 ff. m. w. N.
[8] *BVerfGE* 50, 290 (338); 7, 377 (400).

struktur bis heute.[9] Sie hat ihre verfassungsrechtliche Grundlage nunmehr kompetenzrechtlich in Art. 74 Abs. 1 Nr. 11 GG (Recht der Wirtschaft)[10] und materiell in Art. 12 GG (Berufsfreiheit); sie wird als das „Grundgesetz des Gewerberechts" bezeichnet.[11]

9 **Inhalt** der Gewerbeordnung ist die Regelung der öffentlich-rechtlichen Rechtsverhältnisse der Gewerbetreibenden, d.h. des **Zugangs** zu einer gewerblichen Betätigung, deren **Ausgestaltung** und **Beendigung.**

10 **Ziel** der Gewerbeordnung war ursprünglich die **einheitliche Regelung** des gesamten Gewerberechts; sie enthielt dementsprechend zunächst[12] – bis 1930 – auch das **Gaststättenrecht** (§ 33 GewO a. F.), – bis 1953 – das **Handwerksrecht** (§§ 81ff., 129ff. GewO a.F.), – bis 1974 – das **Gewerbeimmissionsschutzrecht** (§§ 16ff. GewO a. F.), – bis 1992 – das **Gerätesicherheitsrecht** (§§ 24ff. GewO a. F.) und – bis 1994 – das **Arbeitszeitrecht** (§§ 105a ff. GewO a. F.). Auch das **gewerbliche Verkehrsrecht** (Güterkraftverkehrsgesetz, Personenbeförderungsgesetz) ist erst 1952 bzw. 1961 aus der Gewerbeordnung ausgegliedert worden. Versuche zur Schaffung eines „Allgemeinen Teils des Gewerberechts"[13] sind bislang erfolglos geblieben.

11 **Zweck** der Gewerbeordnung ist die **Überwachung** und **Abwehr** von Gefahren für die öffentliche Sicherheit und Ordnung, die von der **Gewerbeausübung** ausgehen.

b) Handwerksordnung

12 In die Kodifizierung des Gewerberechts wurde zunächst auch das Handwerksrecht, das seit dem Mittelalter stark durch Zunft- und Innungswesen bestimmt ist, miteinbezogen. 1953 wurde es aus der Gewerbeordnung herausgenommen und in der mehrfach novellierten, aber in der Grundstruktur unveränderten **Handwerksordnung**[14] verselbständigt.

Die Herauslösung des Handwerksrechts aus der eher polizeirechtlich orientierten Gewerbeordnung ließ den Gedanken der **Gefahrenabwehr** – etwa in Gestalt des Schutzes der Beschäftigten und der Kunden – zugunsten der **Förderung des mittelständischen Gewerbes,** dessen Leistungsfähigkeit und Qualitätssicherung in den Hintergrund treten.[15]

c) Gaststättengesetz

13 Das Gaststättenrecht ist ebenfalls **Gewerbenebenrecht,** das ursprünglich Teil der Gewerbeordnung war und erst **1930 verselbständigt** wurde. Die ursprüngliche **Zielsetzung** des Gaststättengesetzes[16] – die Bekämpfung des Alkoholmißbrauchs – ist gegenüber dem Zweck der **Wirtschaftsüberwachung** und des **Schutzes** der Gäste, der Angestellten und der Nachbarschaft vor den mit dem Gaststättenbetrieb verbundenen **Gefahren** zurückgetreten.

4. Europarechtliche Grundlagen

14 Das gesamte Wirtschaftsleben – und damit auch das Gewerberecht – wird zunehmend durch das Recht der Europäischen Gemeinschaft bzw. Union bestimmt,[17] das eine Wirt-

---

[9] I. d. F. der Bek. v. 22. 2. 1999 (BGBl. I, 202); vgl. zu den Änderungsgesetzen von 1994 und 1998: *Frotscher* NVwZ 1996, 33; *Kremer* VR 1999, 163; *Kempen* NVwZ 1999, 360.

[10] Vgl. *BVerfGE* 41, 344 (352): umfassend zu verstehen.

[11] *Stober,* § 45 I 1; krit. wegen der zwischenzeitlichen Zersplitterung des Gewerberechts insoweit *Tettinger/Wank,* Einl. Rdn. 11.

[12] Vgl. zu den Novellierungen der GewO: *Tettinger/Wank,* Einl., Rdn. 8ff.

[13] Vgl. NVwZ 1991, 1063.

[14] I. d. F. der Bek. v. 24. 9. 1998 (BGBl. I S. 3074).

[15] *Schliesky,* S. 204.

[16] I. d. F. der Bek. v. 20. 11. 1998 (BGBl. I S. 3418).

[17] Vgl. den Maastrichter Vertrag v. 7. 2. 1992 (BGBl. II, 1251) und hierzu *BVerfGE* 89, 155ff. sowie den Amsterdamer Vertrag v. 2. 10. 1997 (BGBl. 1998 II, 386) – „Maastricht II" – und hierzu *Karpenstein* DVBl. 1998, 942.

schafts- und Währungsunion geschaffen hat. Das vertragliche und das durch die Gemeinschaftsorgane gesetzte Gemeinschaftsrecht genießt **Geltungs- und Anwendungsvorrang** gegenüber dem nationalen Recht.[18] Neben dem allgemeinen **Diskriminierungsverbot** (Art. 12 EGV) sichern insbesondere die **Grundfreiheiten** – Warenverkehrsfreiheit (Art. 23 ff. EGV),[19] Arbeitnehmerfreizügigkeit (Art. 39 ff. EGV),[20] Niederlassungsfreiheit (Art. 43 ff. EGV), Dienstleistungsfreiheit (Art. 49 ff. EGV) und Kapitalverkehrsfreiheit (Art. 56 ff. EGV) – die gewerberechtliche Gleichbehandlung und Freiheit der Gemeinschaftsbürger innerhalb des europäischen Binnenmarktes.[21] Damit sind auch versteckte und mittelbare Diskriminierungen verboten.[22] Überdies hat der Europäische Gerichtshof **EG-Grundrechte** – z. B. die Berufsfreiheit, die Eigentumsfreiheit, die Wirtschaftsfreiheit, die Wettbewerbsfreiheit, die Handelsfreiheit und den allgemeinen Gleichheitssatz – entwickelt, die Schutz sowohl gegenüber der Hoheitsgewalt durch Gemeinschaftsorgane als auch gegenüber nationalen Hoheitsakten bieten.[23] Ergänzend sichern die **EG-Wettbewerbsregeln** (Art. 81 ff., 87 ff. EGV), die Kartell- und Mißbrauchsverbote für private und öffentliche Unternehmen begründen sowie restriktive Vorschriften für öffentliche Unternehmen und die Gewährung von Beihilfen aufstellen,[24] die gewerbliche Betätigung und begrenzen sie zugleich.

Ist die selbständige gewerbliche, kaufmännische, handwerkliche oder freiberufliche 15
Erwerbstätigkeit nicht mit einer Niederlassung verbunden, fällt sie unter die **Dienstleistungsfreiheit** (Art. 43 ff. EGV), die in aktiver Form – der Erbringer begibt sich in einen anderen Mitgliedsstaat – und in passiver Form – der Empfänger holt die Dienstleistung ab – sowie als bloße Produktverkehrsfreiheit – nur die Leistung selbst überschreitet die Binnengrenze – geschützt ist.[25]

Beschränkungen aus gerechtfertigten Gründen der **öffentlichen Ordnung, Sicherheit** 16
oder Gesundheit – darüber hinaus nach der Rechtsprechung des EuGH auch anderer zwingender Erfordernisse, wie des Umwelt- oder Verbraucherschutzes – sind zulässig (vgl. Art. 30, 39 III, 46 I, 55 EGV).[26]

Das **Sekundärrecht der EG** – also Richtlinien und Verordnungen – enthält ebenfalls 17
Rechtsakte mit gewerberechtlichem Bezug, insbesondere über

- die **Anerkennung** von Diplomen und beruflichen Abschlüssen (vgl. z. B. RiLi 89/48/EWG v. 21. 12. 1988 [ABl. EG Nr. L 19/16 v. 24. 1. 1989] – Hochschuldiplome –; RiLi 80/154/EWG [ABl. EG Nr. L 33/1 v. 11. 2. 1980] – Hebammen –);
- die Niederlassungs- und Dienstleistungsfreiheit u. a. im **Groß- und Einzelhandel** (vgl. RiLi 68/363/EWG [ABl. EG Nr. L 260/1 v. 22. 10. 1968]; RiLi 64/223/EWG [ABl. EG Nr. 56/863 v. 4. 4. 1964]) oder für **Immobiliengeschäfte** (RiLi 67/43/EWG [ABl. EG Nr. 10/140 v. 19. 1. 1967]).

Das Sekundärrecht ist zwar zunächst nur an die Mitgliedstaaten gerichtet; bei nicht fristgerechter oder nicht vollständiger Umsetzung einer Richtlinie in innerstaatliches Recht kann sich jedoch auch der Bürger gegenüber seinem Staat – nicht aber gegenüber anderen Bürgern – auf solche Bestimmungen des EG-Sekundärrechts berufen.[27]

---

[18] *BVerfGE* 73, 339 (375).

[19] Vgl. dazu *Freund* JA 1997, 716.

[20] Vgl. zu den Personenverkehrsfreiheiten *Burgi* JuS 1996, 958.

[21] Vgl. zu deren unmittelbarer Wirkung *EuGH* Slg. 1995, 4921 (5068) – Bosman – m. Anm. *Nettesheim* NVwZ 1996, 342; Überblick über das EG-Recht bei *Arndt*, S. 811 ff.

[22] Vgl. *EuGH* Slg. 1989, 4035 (4059); Slg. 1978, 2293 (2303); *Arndt*, Rdn. 119.

[23] *Schliesky*, S. 49 ff. m. Nachw. der Rspr. des *EuGH*.

[24] Vgl. zu allem den komprimierten Überblick bei *Schliesky*, S. 24 ff.

[25] *Tettinger/Wank*, Einl. Rdn. 101.

[26] *EuGH* Slg. 1979, 649 (sog. „Cassis-de-Dijon-Formel").

[27] *EuGH* Slg. 1994, 3347; Slg. 1987, 3069 – „vertikale Drittwirkung".

II. Zuständigkeiten im Gewerberecht

18 Die Ausführung von Bundesgesetzen obliegt im Regelfall den Ländern als eigene Angelegenheit. Dementsprechend weisen § 155 II GewO, § 30 GaststG und § 116 HwO diesen die Befugnis zur Regelung der Behördenzuständigkeit zu. Die Länder haben für den Bereich der Gewerbeordnung jeweils durch **Zuständigkeitsverordnungen** die Gewerbeordnungsbehörden bestimmt. Daneben sind im gesamten Gewerberecht öffentlich-rechtlich organisierte **Selbstverwaltungsträger der Wirtschaft** – wie z. B. die als Zwangskörperschaft ausgestalteten[28] Industrie- und Handelskammern sowie die Handwerkskammern und die auf Freiwilligkeit beruhenden Innungen[29] – mit der Wahrnehmung vielfältiger Aufgaben – Interessenvertretung, Bestellung von Sachverständigen etc. – betraut (vgl. § 1 IHKG, §§ 91, 52 HwO, § 36 GewO).[30] Es wird erwogen, den Industrie- und Handelskammern darüber hinaus die Führung des Handelsregisters zu übertragen.[31] Hoheitliche Aufgaben im Bereich des Gewerberechts werden ferner von **Beliehenen** – etwa öffentlich bestellten Sachverständigen (§ 36 GewO)[32] – oder unselbständigen **Verwaltungshelfern**[33] ausgeübt.

19 Für den Vollzug der **Gewerbeordnung** sind verschiedene Behörden zuständig. Die **Aufgaben** im Zusammenhang mit Überwachung und Genehmigung
- der stehenden Gewerbe (§§ 14–52 GewO),
- der Reisegewerbe (§§ 55–61 a GewO),
- der Messen, Ausstellungen und Märkte (§§ 64–71 b GewO) sowie mit
- Straf- und Bußgeldverfahren (§§ 144–148 b GewO)

obliegen grundsätzlich den **Kreisordnungsbehörden** bzw. den **kreisfreien Städten.** Die Einzelheiten sind in den jeweiligen landesrechtlichen **Zuständigkeitsverordnungen** geregelt.[34]

20 Von den o. a. Gewerbe(ordnungs)behörden sind die **Gewerbeaufsichtsbehörden** (§ 139 b GewO) zu unterscheiden. Diese entstanden aus der im 19. Jahrhundert geschaffenen sog. „Fabrikaufsicht", die Arbeiterschutzbestimmungen überwachen sollte und dazu die Befugnisse der Ortspolizei besaß. Zur Einrichtung der Gewerbeaufsichtsämter als besondere Behörde sind die Länder kraft Gesetzes verpflichtet; Zahl und nähere Ausgestaltung sind ihnen freigestellt. Die **Aufgabe** der Gewerbeaufsichtsämter besteht u. a. in
- der Überwachung von Sitte und Anstand im Betrieb, insbesondere der Einrichtung getrennter Umkleideräume etc. (§§ 139 b I, 120 b GewO);
- der Überwachung bestimmter Schutzvorschriften auf der Grundlage des § 120 e GewO, insbesondere der Mindestanforderungen an Arbeitnehmerunterkünfte (§§ 139 b, 120 d GewO) und Arbeitsstätten;
- der Meldung von Verstößen gegen das Verbot der Schwarzarbeit, der illegalen Ausländerbeschäftigung, von Verstößen gegen die Sozialversicherungspflicht und die Steuergesetze etc. (§ 139 b VII GewO);
- Überwachungstätigkeiten, die außerhalb der Gewerbeordnung kraft Gesetzes übertragen wurden (z. B. § 51 JArbSchG, § 5 GSG, § 19 AtG).

21 Die Gewerbeaufsichtsämter haben die **Befugnisse der Ortspolizeibehörde** (§ 139 b I 2 GewO) einschließlich der polizeilichen Zwangsmittel; sie sind also **Sonderpolizeibehörden,** für die das gesamte materielle Polizei- und Ordnungsrecht gilt. Sie haben das

---

28 Vgl. *BVerwGE* 107, 169 – IHK-Mitgliedschaft –; *BVerwGE* 108, 169 – Handwerkskammer –; *Löwer* GewArch 2000, 89.

29 Vgl. hierzu *BVerwG* NVwZ 1993, 675; *BVerfGE* 68, 193 (206).

30 Vgl. hierzu Übersicht bei *Schliesky,* S. 122 ff.

31 Vgl. ZRP 1996, 26 f.

32 Vgl. zum Problem *Scheel* DVBl. 1999, 442.

33 Vgl. *Peine* DÖV 1997, 353 (357).

34 Übersicht über alle Bundesländer bei *Tettinger/Wank,* § 155 Rdn. 6 ff.

Recht, während der Betriebszeit – auch nachts – ohne Vorankündigung Prüfungen und Besichtigungen vorzunehmen, ohne daß es hierfür eines konkreten Verdachts bedürfte; es genügt die latente „Betriebsgefahr".

III. Begriffe und Regelungsgegenstand der Gewerbeordnung

1. Allgemeine Gesetzesübersicht

a) In den einleitenden **Allgemeinen Bestimmungen** (§§ 1–12) des I. Titels ist insbesondere der Grundsatz der **Gewerbefreiheit** (§ 1 I) zu beachten; heutzutage hat er im Hinblick auf Art. 12 GG allerdings im wesentlichen nur noch für Ausländer – denen das Grundrecht der Berufsfreiheit nicht zukommt – materielle Bedeutung. Der **Begriff des Gewerbes** wird dort nicht definiert; man versteht darunter jede erlaubte, nicht sozial unwertige, nach dem Gesamtbild auf Gewinnerzielung gerichtete,[35] nicht nur gelegentlich ausgeübte selbständige Tätigkeit[36] mit **Ausnahme** der 22

- weit zu verstehenden sog. Urproduktion, also der Gewinnung roher Naturerzeugnisse einschließlich der ersten Verarbeitungsstufe und etwaiger Nebenbetriebe;[37]
- der freien Berufe, also z. B. freiberuflicher Lehrer, Rechtsanwälte, Wirtschaftsprüfer, Steuerberater, Ärzte, Schriftsteller, Künstler etc.;[38]
- der Verwaltung eigenen Vermögens in einem angemessenen Rahmen.[39]

Diese Ausnahmen vom **Anwendungsbereich** der Gewerbeordnung sind ohne abschließende Aufzählung in § 6 teilweise aufgeführt. § 11 regelt die Erhebung, Verarbeitung und Nutzung **personenbezogener Daten.**[40]

b) In den Titeln II. – stehendes Gewerbe[41] – (§§ 14–52), III. – Reisegewerbe[42] – (§§ 55–61 a) und IV. – Messen, Ausstellungen und Märkte[43] – (§§ 64–71 b) werden die einzelnen **Formen der Gewerbeausübung** geregelt. Die einzelnen Titel enthalten in sich abgeschlossene Regelungssysteme, so daß der Rückgriff auf Vorschriften der anderen Titel im Zweifel nicht zulässig ist. 23

Das **gewerberechtliche Instrumentarium** wird maßgeblich von dem Grundsatz der Gewerbefreiheit geprägt, aus dem die prinzipielle **Genehmigungsfreiheit** folgt; diese ist nur auf der Grundlage der Gewerbeordnung und der aus ihr hervorgegangenen gewerberechtlichen Nebengesetze (Hwo, GaststG etc.) einschränkbar (§ 1 I 2. Hs. GewO). Die gesetzlich vorgesehenen Beschränkungen sind nach der Gefährlichkeit der gewerblichen Betätigung abgestuft: 24

- das **Reisegewerbe** setzt grundsätzlich eine vorherige **Erlaubnis** (**Reisegewerbekarte,** § 55 II GewO) voraus;[44] bestimmte, besondere Sachkunde erfordernde Tätigkeiten

---

[35] *VGH Mannheim* GewArch 1995, 339; *BVerwG* GewArch 1993, 196 f.

[36] H. M.; vgl. *BVerwG* NJW 1977, 722. Str. ist insbes. die Einordnung der Prostitution, vgl. *Schliesky,* S. 174; das Selbständigkeitserfordernis gilt uneingeschränkt nur für das stehende Gewerbe (§ 14 GewO; vgl. § 55 GewO: unselbständige Reisegewerbetreibende).

[37] *BayObLG* GewArch 1994, 478 f. und GewArch 1980, 65; abw. *VG Schleswig* SchlHA 1998, 296 – Hofladen – und *BVerwG* GewArch 1973, 77.

[38] Die Berechtigung der Herausnahme der freien Berufe wird zunehmend bestritten, zumal die Abgrenzung häufig schwierig ist; vgl. *Schliesky,* S. 178 f.; *VGH Kassel* NVwZ-RR 1994, 324 und *OVG Lüneburg* GewArch 1998, 239 – Unternehmensberatung –; *VG Schleswig* NVwZ-RR 2000, 93 – Sportpromoter –.

[39] *BVerwG* GewArch 1993, 196 f. – Vermietung eigener Ferienwohnungen –; *Kempen* NVwZ 2000, 1115 (1116) m. Rspr.-Nachw.

[40] Vgl. *Marcks* GewArch 1994, 444.

[41] Kennzeichnendes Kriterium: Existenz einer gewerblichen Niederlassung (§ 42 II GewO); vgl. *BVerfG* NVwZ 2001, 189.

[42] Kennzeichnendes Kriterium: Leistungsangebot ohne vorhergehende Bestellung außerhalb einer gewerblichen Niederlassung (§ 55 I GewO); vgl. *VGH Mannheim* NVwZ-RR 1997, 702 – Tupperware-Party –.

[43] Vgl. hierzu *Bardenz* GewArch 1998, 53 – Trödelmärkte –; *Müller* GewArch 1999, 12 – Verkaufspartys –; *Hösch* GewArch 1996, 402 – Zulassung zu Märkten –.

[44] Zum Merkmal „ohne vorhergehende Bestellung" vgl. *VGH Mannheim* NVwZ-RR 1997, 702 – Tupperparty –; krit. *Müller* GewArch 1999, 12 (15); vgl. a. *BVerfG* (Fußn. 41).

sind im Reisegewerbe zum Schutz der Verbraucher **verboten** (§ 56 GewO)[45] oder besonderen **Anzeigepflichten** unterworfen (Wanderlager, § 56 a;[46] Veranstaltung von Spielen, § 60 a; Volksfeste, § 60 b[47]);
- das **stehende Gewerbe** ist in der Regel nur **anzeigepflichtig** (§ 14 GewO);[48] lediglich für bestimmte, konkret genannte Gewerbe – z. B. Privatkrankenanstalten (§ 30), „Schaustellungen von Personen" (= Peep-Shows,[49] § 33 a), Aufstellung von Gewinnspielgeräten o. ä. (§§ 33 c, 33 d), Betrieb einer Spielhalle (§ 33 i),[50] Pfandleih-, Bewachungs-, Versteigerer-, Makler- und Bauträgergewerbe (§§ 34–34 c)[51] – besteht eine **Erlaubnispflicht;**
- die Teilnahme an **Messen, Ausstellungen** und **Märkten** ist weitgehend **genehmigungs- und anzeigefrei** (§ 70); der Veranstalter muß allerdings die **Festsetzung,**[52] also eine Erlaubnis, durch die zuständige Behörde beantragen (§ 69), die nur aus bestimmten, abschließend aufgeführten Gründen versagt werden darf (§ 69 a).[53]

25 Die **Gewerbeüberwachung** erfolgt – abgesehen von den dargestellten präventiven Kontrollmöglichkeiten bei Erlaubnispflicht – durch repressive Maßnahmen, z. B. durch
- **Auskunfts- und Nachschaurechte** (§ 29 GewO);[54]
- **Untersagungsverfügungen** (§§ 35, 59, 70 a GewO),[55] die nur bei erlaubnisfreien Gewerbetätigkeiten in Betracht kommen (vgl. § 35 VIII 1) und durchweg voraussetzen, daß konkrete Tatsachen die **Unzuverlässigkeit**[56] des Gewerbetreibenden belegen;
- **Untersagung** einer gewerblichen, nicht dem Bundes-Immissionsschutzgesetz unterfallenden **Anlage** wegen überwiegender **Gemeinwohlgefahren** durch die weitere Benutzung (§ 51 GewO);
- **Betriebsschließungen** als Vollstreckung einer vorangegangenen Untersagungsverfügung,[57] als Folgemaßnahme (Dauerverwaltungsakt) einer Aufhebung der Erlaubnis oder bei von vornherein konzessionslosem Betrieb (§ 15 II GewO);[58]
- **Rücknahme und Widerruf** gewerberechtlicher Erlaubnisse (§ 33 d IV, V, § 33 e II GewO; i. ü. §§ 48, 49 VwVfG).[59]

---

[45] Vgl. *Müller* GewArch 1999, 12; *OVG Koblenz* NVwZ-RR 1997, 704.

[46] Hauptfall: sog. „Kaffeefahrten", vgl. *Schliesky,* S. 199; *OVG Koblenz* NVwZ-RR 1997, 704.

[47] Zum Begriff und zur Abgrenzung von Messen etc. vgl. *Vogel* GewArch 1977, 362 f.: Unterhaltungsmoment steht im Vordergrund.

[48] Vgl. *Frotscher* NVwZ 1996, 33; zur Vereinbarkeit mit EG-Recht: *Füßer/Schiedt* NVwZ 1999, 620 f. – verneinend – und *VG Lüneburg* GewArch 1998, 28 f. – bejahend.

[49] Vgl. zu deren str. Sittenwidrigkeit: *BVerwG* GewArch 1998, 419; NJW 1996, 1423; *BVerwGE* 84, 314; *BVerfG* GewArch 1990, 275 und GewArch 1987, 194; *Dickersbach* WiVerw 1986, 1 (15); *Discher* JuS 1991, 642; *Tettinger/Wank,* § 33 a Rdn. 39 ff.; vgl. zur Vereinbarkeit mit EG-Recht: *EuGH* Slg. 1979, 3795 (3813).

[50] Rspr.-Nachw. bei *Kempen* NVwZ 2000, 1115 (1120) und *Hahn* GewArch 1999, 355 (361 ff.).

[51] Rspr.-Nachw. bei *Kempen* NVwZ 2000, 1115 (1120) und *Hahn* GewArch 1999, 355 (359 f.); *OVG Lüneburg* GewArch 1999, 415 und *BVerwG* NVwZ-RR 2000, 424 – Kaufhausdetektiv –; zu Internet-Versteigerungen vgl. *Kempen.*

[52] Zur Rechtsnatur: *Hösch* GewArch 1996, 402 – Allgemeinverfügung; *Tettinger/Wank,* § 69 Rdn. 24 – begünstigender VA und zugleich Organisationsakt –.

[53] Zum Zulassungsanspruch der Teilnehmer vgl. *VGH München* NVwZ-RR 1999, 574; *VG Schleswig* NVwZ-RR 1999, 308; *Hösch* GewArch 1996, 402; *Bardenz* GewArch 1998, 53; *Schliesky,* S. 202 f.; zur Vereinbarkeit von Beschränkungen mit EG-Recht: *Spannowsky* GewArch 1995, 265; *Fastenrath* NWVBl. 1992, 51.

[54] Vgl. *BVerwG* GewArch 1998, 256; *Voßkuhle* DVBl. 1994, 611; mit Blick auf Art. 13 GG *BVerfG* NVwZ-RR 1995, 425 f.; krit. *Kempen* NVwZ 1999, 369 (362).

[55] Zur Vereinbarkeit mit EG-Recht (Art. 12 EGV): *BVerwG* NVwZ 1994, 374.

[56] Zum Begriff grundlegend: *BVerwGE* 65, 1 f.; vgl. a. *Laubinger/Repkewitz* VerwArch 89 (1998), 145 ff., 337 ff., 609 ff. sowie unten zu III.2.b.

[57] Der frühere Streit zu § 35 V a. F. GewO (vgl. *VGH Mannheim* NVwZ 1987, 69; *Kempen* NVwZ 1999, 360 [362]; *Schliesky,* S. 191, ist durch die Aufhebung des § 35 V GewO (BGBl. 1998 I S. 1291; BT-Drucks. 13/9109, S. 15) zugunsten der Betriebsschließung als bloßer Maßnahme der Vollstreckung einer Untersagungsanordnung entschieden.

[58] *BVerwG* GewArch 1982, 200; vgl. a. *VGH Kassel* GewArch 2000, 198: § 15 II setzt Fehlen einer erforderlichen **gewerberechtlichen** Erlaubnis voraus, fehlende Erlaubnis nach Heilpraktikergesetz genügt nicht; *BVerwGE* 84, 314 und *BVerwG* GewArch 1998, 419 – Peep-Show –.

[59] *Hösch* JA 1995, 148.

Nebenbestimmungen haben im Gewerberecht große praktische Bedeutung (vgl. § 33a I 3, § 33c I 3, § 33d I 2, § 33e III, § 33i I 2, § 34 I 2, § 34a I 2, § 34b III, § 34c I 2, § 55 III, § 69a II GewO). Bei gebundenen Erlaubnissen ist ihre Beifügung nur zulässig, wenn sie gesetzlich ausdrücklich gestattet sind oder wenn durch sie die Voraussetzungen für die Erteilung der Erlaubnis erst geschaffen werden (§ 36 I VwVfG).[60] 26

c) Die ursprünglichen Titel V. – Taxen – (§§ 72–80), VI. – Innungen, Handwerkskammern etc. – (§§ 81–104n) und VIa. – Handwerksrolle – (§§ 104o–104u) sind im Zuge der Verselbständigung dieser Rechtsmaterien im Personenbeförderungsgesetz und in der Handwerksordnung **aufgehoben** worden. 27

d) Titel VII. – gewerbliche Arbeitnehmer – (§§ 105–139i) enthält zivilrechtliche und gewerberechtliche Bestimmungen zum **Schutz gewerblicher Arbeitnehmer** vor mißbräuchlicher Ausnutzung ihrer Arbeitskraft. 28

e) Titel VIII. – gewerbliche Hilfskassen – (§ 140) und IX. – statuarische Bestimmungen – (§ 142) haben keine praktische Bedeutung mehr. 29

f) Titel X. (§§ 144–148b) sieht für Verstöße gegen die Regelungen der Gewerbeordnung umfangreiche **Straf- und Bußgeldvorschriften** vor, die Freiheitsstrafen bis zu fünf Jahren ermöglichen (§ 148a II). 30

g) Titel XI. (§§ 149–153b) regelt zur Verbesserung der Gefahrenabwehr die Errichtung des **Gewerbezentralregisters,** in dem zahlreiche gewerberechtliche Entscheidungen der Behörden im Zusammenhang mit der Unzuverlässigkeit oder der Ungeeignetheit eines Gewerbetreibenden sowie rechtskräftige, im Zusammenhang mit der Gewerbeausübung ergangene Bußgeldentscheidungen registriert werden. § 150 sieht ein Auskunftsrecht des Betroffenen vor; §§ 150a, 150b legen die Voraussetzungen für **Auskünfte** an Behörden und für die wissenschaftliche Forschung fest. §§ 152, 153 regeln die Entfernung bzw. **Tilgung** von Eintragungen. 31

2. Einzelfragen

Aus der Fülle der Rechtsprechung können hier nur einige Problemkreise angesprochen werden, im übrigen muß auf die regelmäßig erscheinenden Rechtsprechungsberichte verwiesen werden.[61] 32

a) Gewerbebetrieb

Die oben (siehe III.1.a) wiedergegebene Definition des **Gewerbebegriffs** zieht naturgemäß wegen der im Einzelfall schwierigen Abgrenzung eine Vielzahl von Streitigkeiten nach sich. Das beginnt mit der Einordnung etwa der **Prostitution**[62] oder von sog. **Peep-Shows**[63] als „erlaubte" und **„sozial nicht unwertige Tätigkeit".** Bei beiden Merkmalen des Gewerbebegriffs stellt die h. M. auch auf die Sittenwidrigkeit ab. Bestimmend hierfür sind nach der Rechtsprechung des Bundesverwaltungsgerichts die allerdings nicht durch Meinungsumfragen festzustellenden[64] sozialethischen Wertvorstellungen der Mehrheit in der Gesamtbevölkerung.[65] Das Bundesverwaltungsgericht nimmt in beiden Fällen Sittenwidrigkeit an und sieht deshalb etwa erteilte Erlaubnisse nach § 33a GewO als **nichtig** an.

---

[60] Zur nachträglichen Anordnung einer Auflage vgl. *OVG Hamburg* NordÖR 1999, 82.

[61] Vgl. die Übersichten bei *Kempen* NVwZ 2000, 1115; NVwZ 1997, 243; *Hahn* GewArch 1999, 41 und 355; GewArch 1997, 41; *Pauly/Brehm* GewArch 2000, 50.

[62] *BVerwG* GewArch 1981, 140; *VG Berlin* GewArch 1998, 200 und U. v. 1. 12. 2000 – VG 35 A 570.99 –; Nachw. zum Streitstand bei *Tettinger/Wank,* § 1 Rdn. 36ff.

[63] *BVerwGE* 64, 274; 84, 314; *BVerwG* GewArch 1998, 419; *Discher* JuS 1991, 642; *Diefenbach* GewArch 1991, 281 (286).

[64] *OVG Lüneburg* GewArch 1995, 109; *BVerwG* NJW 1996, 1423.

[65] *BVerwG* GewArch 1998, 419; krit. *Schliesky,* S. 175, 195; a. A. *VG Berlin,* Urt. v. 1. 12. 2000 – VG 35 A 570.99 – nach Einholung von Stellungnahmen verschiedener gesellschaftlicher Verbände.

33 Die Ausrichtung von sog. **Quasar- und Laserdrome-Spielen,**[66] bei denen die Spieler in Hallen als Mannschaften gegeneinander antreten und mit Infrarot- bzw. Laserpistolen – ohne tatsächliche Verletzungsgefahr – aufeinander zielen und „schießen", ist nach insoweit übereinstimmender Auffassung gewerberechtlich **nicht erlaubnispflichtig,** weil die Halle mit ihren Kulissen „Teil des Spiels" sei und deshalb nicht i. S. v. § 33 i GewO der Aufstellung von Spielgeräten „diene".[67] Eine Untersagung kommt danach allenfalls auf der Grundlage der **polizeilichen Generalklausel** in Betracht. Ob das „simulierte Töten" von Menschen oder die Imitation von kriegerischen Kampfszenen gegen die öffentliche Ordnung in Gestalt der guten Sitten verstößt, wird in der Rechtsprechung nicht einheitlich beurteilt.[68]

34 Im Zusammenhang mit behördlichen Aufforderungen zur Anmeldung des Gewerbes gem. § 14 GewO war u. a. mit Blick auf das Merkmal der **Gewinnerzielungsabsicht** ferner mehrfach zu entscheiden, ob und unter welchen Voraussetzungen eine **Religions- oder Weltanschauungsgemeinschaft** – es ging meist um die *Scientology-Church* – ein Gewerbe betreibt, wenn sie gegen Entgelt Kurse durchführt oder Bücher verkauft.[69] Da es nach dem an der Überwachungsbedürftigkeit gewerblicher Tätigkeit ausgerichteten und deshalb auf die Art, nicht die Motive der Tätigkeit abstellenden **Schutzzweck der Gewerbeordnung** auf die weiteren – u. U. ideellen – Absichten nicht ankommt, solange nur die Gewinnerzielung als Nebenziel erhalten bleibt, hat die Rechtsprechung den gewerblichen Charakter bejaht. Die umstrittene Einordnung der „Scientology-Kirche" als Religions- oder Weltanschauungsgemeinschaft i. S. v. Art. 4 GG ist hierbei unerheblich. Die **wertneutrale Gewerbeanmeldung** beeinträchtigt sie jedenfalls nicht nennenswert. Gleichfalls unbeachtlich ist, ob tatsächlich ein Gewinn erzielt oder mit Verlusten saldiert worden ist.[70]

b) Gewerberechtliche Unzuverlässigkeit

35 Im Zentrum der Gewerbeüberwachung steht der – im Gesetz nicht definierte – **Begriff der Zuverlässigkeit** des Gewerbetreibenden (vgl. jedoch die Regelbeispiele in §§ 33 c II 2, 33 d III 2 GewO sowie die bereichsspezifischen Definitionen in § 10 II 1 Nr. 1 GüKG und § 8 III 2 Nr. 1 TKG). Alle gewerberechtlichen **Erlaubnisse** setzen die Zuverlässigkeit voraus; ihre Versagung ist zwingend vorgeschrieben, wenn Tatsachen die Annahme der Unzuverlässigkeit rechtfertigen (vgl. § 30 I 2 Nr. 1, § 33 a II Nr. 1, § 33 c II 1, § 33 d III 1, § 33 i II Nr. 1, § 34 a I 3 Nr. 1, § 34 b IV Nr. 1, § 34 c II Nr. 1, § 57 – Reisegewerbekarte –, § 60 a I 4, § 69 a I Nr. 2 – Marktfestsetzung –). Außerdem muß die Ausübung eines erlaubnisfreien Gewerbes gem. § 35 GewO bei Unzuverlässigkeit **zwingend untersagt** werden; die Untersagung einer reisekartenfreien Tätigkeit (§ 59) und der Teilnahme an einem festgesetzten Markt (§ 70 a) steht unter derselben Voraussetzung im **Ermessen** der Behörde.

36 Unzuverlässig ist derjenige Gewerbetreibende, der nach dem Gesamteindruck nicht die Gewähr dafür bietet, daß er sein Gewerbe künftig ordnungsgemäß betreibt,[71] dem also letztlich die **persönliche Eignung** fehlt. Die Feststellung setzt eine auf die Zukunft gerichtete **Prognose** voraus, die sich auf konkrete Tatsachen gründen muß. Folgende typische Sachverhalte[72] kommen als Basis in Betracht:

---

66 Vgl. dazu *Beaucamp/Kroll* Jura 1995, 13.

67 *Hahn* GewArch 1999, 355 (363); vgl. a. *OVG Koblenz* DÖV 1994, 965; *VGH München* GewArch 1994, 376; *OVG Münster* GewArch 1995, 470; Rspr.-Übersicht bei *Kempen* NVwZ 1997, 243 (247).

68 Vgl. *Kempen* NVwZ 1997, 243 (247) und Nachw. in Fußn. 67.

69 Vgl. *Abel* NJW 1996, 91 (94) und NJW 1997, 426 (431); *BVerwG* NVwZ 1999, 766 und GewArch 1995, 152; *BAG* NJW 1996, 143 (147); *OVG Bremen* NVwZ-RR 1997, 408; *VGH Mannheim* GewArch 1996, 200 (203 ff.); *OVG Hamburg* NVwZ 1994, 192; *OVG Münster* NWVBl. 1996, 447 f.

70 *BVerwG* GewArch 1995, 152; *Hahn* GewArch 1999, 355 (356).

71 St. Rspr., vgl. *BVerwGE* 65, 1; ausführliche Problemdarstellung bei *Laubinger/Repkewitz* VerwArch 89 (1998), 145 ff., 337 ff., 609 ff.

72 Vgl. *Laubinger/Repkewitz,* S. 150 ff.

– gewerbebezogene, nicht getilgte **Straftaten oder Ordnungswidrigkeiten,** private Verstöße genügen in der Regel nicht;[73] dabei darf – ggf. nach Beiziehung der Strafakten – i. d. R. von den Feststellungen des Strafgerichts ausgegangen werden;[74]
– **steuerrechtliche Verstöße** von sowohl absolutem als auch relativem Gewicht; die Rechtmäßigkeit der Steuerforderung ist dabei ebenso unerheblich[75] wie etwaiges Verschulden;
– **Nichtabführung von Sozialversicherungsbeiträgen;**
– **wirtschaftliche Leistungsunfähigkeit** ohne erfolgversprechendes Sanierungskonzept;[76] nach § 12 GewO ist eine Gewerbeuntersagung gem. § 35 GewO während eines **Insolvenzverfahrens** ausgeschlossen;[77]
– **mangelnde fachliche Eignung,** wobei zu beachten ist, daß von Gesetzes wegen häufig kein besonderer Sachkundenachweis erforderlich ist;[78]
– **sonstige zuverlässigkeitsrelevante Sachverhalte** (Duldung einer Drogenszene, von Rassendiskriminierungen o. ä.; Verstöße gegen das Ausländergesetz etc.[79]).

Nicht ohne weiteres verallgemeinerungsfähig dürfte es sein, die gewerberechtliche Unzuverlässigkeit allein auf die nicht verhinderte Begehung von gewerbebezogenen Straftaten durch den Ehepartner – quasi über eine **„eheliche Haftungsgemeinschaft"** – zu stützen.[80] Allerdings ist auch derjenige Gewerbetreibende unzuverlässig, der es zuläßt, daß ein unzuverlässiger Dritter den Betrieb führt.

c) Untersagungsverfügung

Der **maßgebliche Zeitpunkt** für die Beurteilung der Unzuverlässigkeit ist derjenige der Entscheidung der Widerspruchsbehörde.[81] Danach eingetretene prognoserelevante Änderungen sind im **Wiedergestattungsverfahren** gem. § 35 VI GewO zu berücksichtigen.[82] Für das **Wohlverhalten** des Gewerbetreibenden während des Anfechtungsprozesses gilt dasselbe. 37

Untersagungsadressat ist der Gewerbetreibende; auf ihn ist bei der Zuverlässigkeitsprognose abzustellen. Bei **juristischen Personen** gilt dies jedoch naturgemäß nur für die wirtschaftliche Leistungsfähigkeit; wegen der übrigen persönlichen Umstände kommt es auf den gesetzlichen Vertreter an. Bei **Strohmann-Verhältnissen** kann die Untersagung sowohl gegenüber dem Strohmann als auch gegenüber dem Hintermann als dem wahren Gewerbetreibenden ausgesprochen werden.[83]

d) Kammerzugehörigkeit

Die Gewerbetreibenden eines Bezirks sind – soweit nicht die Zuständigkeit der entsprechenden Organisation des Handwerks vorgeht – **Zwangsmitglieder** der jeweiligen **Industrie- und Handelskammern;** dies ist nunmehr im Gesetz zur vorläufigen Regelung des Rechts der Industrie- und Handelskammern vom 18. 12. 1956 (BGBl. I, 920) geregelt (§§ 1, 2 IHK-G). Die IHK ist eine **Körperschaft des öffentlichen Rechts** (§ 3 I IHK-G) mit einem gesetzlich genau umrissenen Aufgabenbereich (§ 1 IHK-G). Aus der nach ständiger Rechtsprechung verfassungsgemäßen[84] Zwangsmitgliedschaft einerseits und der von Gesetzes wegen auf die gewerbliche Interessenvertretung der Kammerzuge- 38

---

[73] *BVerwGE* 36, 288 (290); *BVerwG* GewArch 1995, 377.
[74] *BVerwG* GewArch 1997, 242.
[75] *BVerwG* GewArch 1999, 72 und GewArch 1995, 111, 116; *Kempen* NVwZ 2000, 1115 (1118) m. w. N.
[76] *BVerwG* GewArch 1999, 72; *BVerfG* NVwZ 1995, 1096.
[77] Vgl. hierzu *Hahn* GewArch 2000, 361.
[78] Vgl. *Schliesky*, S. 188.
[79] Vgl. Beisp. bei *Laubinger/Repkewitz* VerwArch 89 (1998), 145 (155 ff.).
[80] So *OVG Hamburg* GewArch 1994, 286.
[81] St. Rspr., vgl. *BVerwGE* 65, 1; *BVerwG* GewArch 1996, 24; *BVerfG* GewArch 1995, 242.
[82] *Hahn* GewArch 1999, 355 (357).
[83] Vgl. a. § 35 VII a GewO.
[84] *BVerwG* NJW 1998, 3510 = *BVerwGE* 107, 169 – Maßstab Art. 2 I GG –; *BVerfGE* 15, 235; 78, 320 (330 f.); vgl. a. *Löwer* GewArch 2000, 89 und *Hahn* GewArch 1999, 41 (46).

hörigen beschränkten Aufgabenstellung andererseits resultieren immer wiederkehrende Rechtsstreitigkeiten einzelner Kammermitglieder gegen die IHK wegen **Überschreitung des Aufgabenkreises.**[85] Die Zwangsmitglieder haben aus Art. 2 I GG einen Rechtsanspruch auf Einhaltung der Zuständigkeit ihrer Kammer und bei Überschreitung einen **Unterlassungsanspruch.** In der Praxis sind häufig **allgemeinpolitische Äußerungen** oder eigene **wirtschaftliche Betätigungen**[86] der IHK Gegenstand derartiger Unterlassungsbegehren; die Abgrenzung zu gewerbebezogenen und damit von der Kammerkompetenz abgedeckten Stellungnahmen oder Tätigkeiten kann im Einzelfall allerdings fließend sein.[87]

e) Märkte und Volksfeste

39 Bei Messen, Ausstellungen und Märkten (§§ 64 ff. GewO) ist zu unterscheiden zwischen dem

- Verhältnis zwischen **Veranstalter** und **Behörde** aufgrund der **Festsetzung** gem. § 69 GewO (– Anspruch auf Erlaubnis –),
- Verhältnis zwischen **Teilnehmern** und **Veranstalter** gem. § 70 GewO (– Anspruch auf Zulassung –) und dem
- Verhältnis zwischen **Teilnehmern** und **Behörde** gem. § 70 a GewO (– Untersagung der Teilnahme –).

40 Die beantragte **Festsetzung** eines Marktes kann nur aus den Gründen des § 69 a GewO versagt werden (gebundene Erlaubnis[88]), vor allem

- wegen **Unzuverlässigkeit** des Veranstalters oder der von ihm beauftragten Personen,
- wegen entgegenstehender **öffentlicher Interessen,** insbesondere erheblicher Gefahren für die öffentliche Sicherheit oder Ordnung,
- wegen Nichtbeachtung der für die einzelnen Veranstaltungsarten von Gesetzes wegen bestehenden **Tatbestandsvoraussetzungen.**[89]

Die begehrte Marktfestsetzung kann mit landesrechtlichen[90] Vorschriften über die Sonn- und **Feiertagsruhe** kollidieren.[91] Sie begründet einen gewissen Bestandsschutz (§ 69 b GewO), andererseits aber auch eine Durchführungspflicht (§ 69 II GewO). Aus kommunalrechtlichen Bestimmungen, z. B. der Gemeindeordnung, kann sich ein **Anspruch** des Veranstalters auf **Benutzung einer öffentlichen Einrichtung** der Gemeinde (Festplatz o. ä.) ergeben, wenn die beabsichtigte Veranstaltung der Widmung entspricht.[92] Bei zeitgleich **konkurrierenden Veranstaltungen** steht der Gemeinde unter Beachtung des Grundsatzes der Wettbewerbsneutralität ein Auswahlermessen zu, bei dem u. a. die Kriterien der Attraktivität, Rotation und Priorität einfließen können.[93]

Nach anderen Gesetzen erforderliche Erlaubnisse werden durch die Festsetzung nicht ersetzt. Ihr kommt deshalb mit Blick auf Genehmigungen nach Straßen- oder Straßenverkehrsrecht **keine Konzentrationswirkung** zu.

Ist die **Gemeinde** zugleich **Veranstalter und Festsetzungsbehörde,** so hat gleichwohl eine Festsetzung zu erfolgen, die Verwaltungsaktswirkung jedoch nur gegenüber den

[85] Vgl. *BVerwG* NJW 1987, 337 und NJW 1998, 3510 (3512) = *BVerwGE* 107, 169 (175); *VG Schleswig* GewArch 1997, 144.

[86] Vgl. *Erdmann* DVBl. 1998, 13.

[87] Vgl. *VGH München* GewArch 2000, 60 einerseits und *BVerwG* DVBl. 2001, 1139 andererseits.

[88] Deren Rechtsnatur ist str., vgl. *Schliesky*, S. 202, *Hösch* GewArch 1996, 402: Allgemeinverfügung oder Doppelnatur aus begünstigendem VA gegenüber Veranstalter und Organisationsakt gegenüber der Allgemeinheit.

[89] Vgl. *BVerwGE* 88, 1 zu § 68 I, II GewO – „größerer Zeitabstand" –.

[90] Vgl. *BVerwG* GewArch 1995, 117.

[91] Vgl. *OVG Schleswig* GewArch 1994, 239; *VG Hannover* GewArch 1996, 25; *Jahn* NVwZ 1991, 1057; *Scholtissek* GewArch 1991, 250.

[92] *Tettinger/Wank*, § 69 Rdn. 5; *VGH Mannheim* GewArch 1996, 215.

[93] *OVG Saarlouis* GewArch 1988, 203; *VGH Mannheim* GewArch 1988, 395.

Teilnehmern besitzt; gegenüber der Kommune hat sie mangels Außenwirkung nur intrakorporativen Charakter.[94]

41 Der **Teilnahmeanspruch** der Ausstellungsaspiranten nach Festsetzung des Marktes darf nicht mit dem Zugangsrecht der Besucher – das sich u. a. nach Kommunalrecht richtet (vgl. aber auch § 70 III GewO) – verwechselt werden. Gem. § 70 GewO ist entsprechend dem Grundsatz der **Marktfreiheit** grundsätzlich jeder, der mit Blick auf die gesetzlichen Legaldefinitionen der einzelnen Veranstaltungsarten (§§ 64–68 GewO) und die konkrete Festsetzung dem Teilnehmerkreis entspricht, als Aussteller o. ä. zuzulassen. Der Veranstalter kann insbesondere wegen Erschöpfung der **Kapazität** einzelne Bewerber ausschließen (§ 70 III GewO) – eine Vorschrift mit hoher Streitfallquote.[95] Im Rahmen seines **Ermessens** kann er als **Auswahlkriterium**

- auf den Grundsatz „bekannt und bewährt" (– sehr streitig wegen der Ausgrenzung von Neubewerbern –),
- die Attraktivität,
- das Prioritätsprinzip,
- das Rotationsprinzip,
- das Losverfahren oder – in Grenzen –
- die Privilegierung Ortsansässiger bzw.
- eine Kombination aus diesen Kriterien

zurückgreifen.[96]

42 Der **Rechtsschutz** bestimmt sich bei Streitigkeiten zwischen **Veranstalter und Teilnehmer** nach der Rechtsnatur des Teilnahmeverhältnisses; einem privaten Veranstalter werden durch den privatrechtsgestaltenden Verwaltungsakt der Festsetzung keine hoheitlichen Befugnisse verliehen. Auch eine Kommune als Veranstalter kann die Rechtsbeziehungen zu den Ausstellern privatrechtlich ausgestalten; allerdings dürfte die Entscheidung über den Zulassungsanspruch als solchen („Ob") stets öffentlich-rechtlicher Natur sein.[97] **Verpflichtungsklagen auf Zulassung**[98] sind regelmäßig nur als Bescheidungsklagen erfolgversprechend. **Konkurrentenklagen** vor dem Verwaltungsgericht gegen die vermeintlich rechtswidrige Zulassung eines Mitbewerbers in der Form der Anfechtunsklage kommen dementsprechend nur in Betracht, wenn die Gemeinde Veranstalter ist; sie sind aber in der Regel unzulässig, weil die Zulassung des Konkurrenten kein Verwaltungsakt mit (rechtlicher) Doppelwirkung ist.[99] Die potentiellen **Aussteller** haben – auch wenn die Gemeinde Veranstalter ist – **keinen Anspruch auf Festsetzung** des Marktes.[100]

IV. Begriffe und Regelungsgegenstand der Handwerksordnung

43 Die **Handwerksordnung**[101] i. d. F. der Bek. vom 24. 9. 1998 (BGBl. I 1998, 3074) regelt das – ursprünglich in der Gewerbeordnung verankerte – **spezielle Gewerberecht** des Handwerks. Sie befaßt sich im wesentlichen mit drei Gegenständen:

---

[94] Str.; vgl. Nachw. bei *Tettinger/Wank,* § 69 Rdn. 43; zum Anspruch der potentiellen Aussteller gegen die Gemeinde auf Festsetzung: *OVG Koblenz* GewArch 1992, 237.

[95] Vgl. *Bardenz* GewArch 1998, 53; *Hösch* GewArch 1996, 402; *Spannowsky* GewArch 1995, 265; *Schalt* GewArch 1991, 409; *Roth* WiVerw 1985, 46; *Pitschas* BayVBl. 1982, 641; *VGH München* NVwZ-RR 1999, 574; *VG Schleswig* NVwZ-RR 1999, 308.

[96] Vgl. *Schliesky,* S. 203; *Tettinger/Wank,* § 70 Rdn. 34 ff.; *OVG Münster* GewArch 1994, 25 – Attraktivität –; *OVG Bremen* GewArch 1993, 480 – Ortsfremde –; *BVerwG* GewArch 1984, 265 – „bekannt und bewährt" –; *OVG Lüneburg* NVwZ 1983, 49 – Losverfahren –; *BVerwG* GewArch 1976, 379 – Rotation –.

[97] *VGH Kassel* NVwZ-RR 1994, 650; *VG Ansbach* GewArch 1996, 159; vgl. a. *VGH München* NVwZ-RR 1999, 574.

[98] Vgl. *VGH Kassel* GewArch 1993, 248.

[99] *Tettinger/Wank,* § 70 Rdn. 69.

[100] *OVG Koblenz* GewArch 1992, 237; *Tettinger/Wank,* § 69 Rdn. 27.

[101] Vgl. Problemübersicht bei *Ziekow* JuS 1992, 728 und *Pauly/Brehm* GewArch 2000, 50 sowie Rspr.-Übersicht bei *Mallmann* GewArch 1996, 462.

– der **Handwerksausübung,**
– dem **Ausbildungswesen** und
– der **Handwerksorganisation.**

Landesrechtliche Regelungen sind nur zulässig, wo die Handwerksordnung dazu ermächtigt.

44 Im I. Teil (§§ 1–20 HwO) werden die wesentlichen **Begriffe** – Handwerksbetrieb, Nebenbetrieb,[102] Hilfsbetrieb,[103] handwerksähnliche Gewerbe,[104] Handwerksrolle – definiert. Nebenbetriebe mit unerheblicher handwerklicher Tätigkeit und Hilfsbetriebe unterfallen nicht der Handwerksordnung. Handwerksähnliche Gewerbe (§ 18) sind abschließend in Anlage B zum Gesetz aufgeführt, hinzutreten muß eine handwerksähnliche Betriebsform; für sie gelten nur bestimmte Vorschriften der HwO (§ 20), nicht aber u. a. die Meisterprüfung und die Ausbildungsberechtigung.

45 Der **Handwerksbegriff** (§ 1 II) bestimmt die Anwendbarkeit der Handwerksordnung; er setzt

– ein **stehendes Gewerbe** voraus,
– das **handwerksfähig** ist – Nennung in der Anlage A zum Gesetz bzw. Ausübung wesentlicher Tätigkeiten für derartige Gewerbe[105] – und
– in Abgrenzung zum Industriebetrieb nach seinem Gesamtbild **handwerksmäßig** betrieben wird, also auf Bestellung, im wesentlichen in manueller Individualanfertigung, in überschaubaren Betriebsgrößen, mit geringem Kapitaleinsatz, geringer Arbeitsteilung und unter persönlicher Mitarbeit des Inhabers betrieben wird.[106]

46 Der Betrieb eines Handwerks ist nur den in der **Handwerksrolle** (§ 6) eingetragenen selbständigen Handwerkern gestattet (§ 1 I); die **Eintragung**[107] setzt voraus:

– ein **Handwerk** i. S. der Anlage A,
– die **Meisterprüfung** (Großer Befähigungsnachweis, § 7 I) oder eine **Ausnahmebewilligung** (§ 8),
– die **Zuverlässigkeit** des Gewerbetreibenden als ungeschriebenes Erfordernis.[108]

Sie bedeutet die Erteilung der **Gewerbeerlaubnis** für das betreffende Handwerk. Der Unternehmer, bei juristischen Personen der Betriebsleiter und bei Personengesellschaften der für die technische Leitung verantwortliche persönlich haftende Gesellschafter müssen die persönlichen Voraussetzungen erfüllen,[109] es sei denn für den Betrieb liege eine – in der Praxis bedeutsame – **Ausnahmebewilligung** (§§ 8, 9)[110] vor. Die Handwerksrolle wird von den Handwerkskammern geführt (§ 6 II); am Eintragungsverfahren ist die **IHK** zu **beteiligen** (§ 11). Entfallen die Eintragungsvoraussetzungen, so ist die Eintragung zu **löschen** (§ 13). Bei nicht nur formalen Verstößen gegen die Handwerksordnung kann die Betriebsführung **untersagt** werden (§ 16 III); ob daneben auch eine Untersagung gem. § 35 GewO möglich ist (h. M.), ist streitig.[111]

47 Der II. Teil (§§ 21–44 b HwO) befaßt sich mit der Berechtigung zur **Ausbildung,** dem **Prüfungswesen** und der **Berufsausbildung.**

---

102 *BVerwGE* 67, 273 (278).

103 *BVerwGE* 58, 93 (95 f.).

104 Vgl. *BVerwG* GewArch 1998, 36 f.; *OVG Hamburg* NVwZ-RR 1993, 185; sie sind vom sog. **Minderhandwerk** mit nur untergeordneten handwerklichen Tätigkeiten abzugrenzen, vgl. *BVerwG* GewArch 1984, 96 f.

105 Vgl. dazu *BVerwGE* 58, 217 (222); 67, 273 (276); *BVerwG* GewArch 1992, 386 f.

106 Vgl. *BVerwGE* 20, 263 (267 f.); 58, 217 (224); *BVerwG* GewArch 1993, 329; *Leisner* GewArch 1997, 393.

107 Zur Vereinbarkeit der Eintragungspflicht mit EG-Recht vgl. *Früh* GewArch 1998, 402; *EuGH* NVwZ 2001, 182: Keine Eintragunspflicht für ausländ. Dienstleister.

108 *BVerwG* GewArch 1992, 339 f.

109 Vgl. *BVerwGE* 88, 122 (124); *Ehlers* 96 (158 f.) m. w. N.; *EuGH* (Fußn. 107).

110 Vgl. *BVerwG* GewArch 1995, 165 f.; *OVG Frankfurt/O.* GewArch 1999, 165 f.; *OVG Münster* GewArch 1996, 287 f.

111 Vgl. Nachw. bei *Schliesky,* S. 213.

Der III. Teil (§§ 45–51 HwO) regelt die **Meisterprüfung.**[112] 48

Der IV. Teil (§§ 52–116 HwO) betrifft die **Organisation des Handwerks** – Handwerksinnungen und -kammern etc. –. Insbesondere den Handwerkskammern als **Selbstverwaltungsorganen** sind wichtige gesetzliche Aufgaben übertragen. 49

Der V. Teil (§§ 117–125 HwO) enthält **Bußgeld-, Übergangs- und Schlußbestimmungen.** 50

In verschiedenen Anlagen zum Gesetz werden abschließend Gewerbe verzeichnet, die als Handwerk **(Anlage A)** oder handwerksähnlich **(Anlage B)** betrieben werden können. **Anlage C** regelt die Wahlordnung der Handwerkskammer, **Anlage D** die Art der in den verschiedenen handwerksrechtlichen Verzeichnissen zu speichernden Daten. 51

V. Begriffe und Regelungsgegenstand des Gaststättengesetzes

1. Allgemeines

Das **Gaststättengesetz**[113] i. d. F. der Bek. vom 20. 11. 1998 (BGBl. I, 3418) regelt – ursprünglich (bis 1930) in der Gewerbeordnung verankertes – **spezielles Gewerberecht.** Es hat neben der Bekämpfung des Alkoholmißbrauchs die Überwachung dieses besonderen Gewerbezweigs zum **Schutz der Gäste, Beschäftigten** und der **Nachbarn** zum Ziel (vgl. §§ 4, 5, 15 GaststG). Die Regelung der **Zuständigkeiten** ist den **Ländern** überlassen (§ 30);[114] im allgemeinen sind die kreisfreien oder größeren Gemeinden, ansonsten die Lankreise zuständig. 52

2. Gaststättengewerbe

Zum **Gaststättengewerbe** (§ 1) zählen im stehenden Gewerbe 53
- **Schankwirtschaften** (= Verabreichung von Getränken zum Verzehr an Ort und Stelle),
- **Speisewirtschaften** (= Verabreichung von Speisen zum Verzehr an Ort und Stelle) und
- **Beherbergungsbetriebe,**
  ferner im Reisegewerbe
- die **zeitlich begrenzte** Verabreichung von Getränken oder Speisen von einer „ortsfesten Betriebsstätte" aus (Zelt o. ä.).

Hierbei ist der Gewerbebegriff der Gewerbeordnung maßgeblich, wobei der Gaststättenbetrieb **jedermann** oder zumindest einem **bestimmten Personenkreis** zugänglich sein muß.

3. Gaststättenerlaubnis

Der Betrieb eines Gaststättengewerbes ist – bis auf die Abgabe bestimmter Produkte, wie Milch etc. oder für Stehimbisse in Ladengeschäften – **erlaubnispflichtig** (§ 2 I); **Ausnahmen** von der Erlaubnispflicht bestehen für Straußwirtschaften (§ 14), Kantinen (§ 25) und – in Bayern und Rheinland-Pfalz – die Abgabe selbsterzeugter Getränke (§ 26). Die Gaststättenerlaubnis ist **schriftlich** zu erteilen; sie bezieht sich auf eine bestimmte Person, konkrete Räume und eine bestimmte Betriebsart (**gemischte Konzession,** vgl. §§ 3, 4). Erlaubnispflichtig ist auch der Betrieb einer Gaststätte durch einen Stellvertreter, der die persönlichen Erteilungsvoraussetzungen erfüllen muß (**Stellvertretererlaubnis,** § 9). 54

---

[112] Zur Vereinbarkeit des Erfordernisses der Meisterprüfung mit EG-Recht vgl. *BVerwG* GewArch 1999, 108 f.; *EuGH* Slg. 1995 I, 311 ff. und *Früh* GewArch 1998, 402; zur Vereinbarkeit mit Art. 12 GG vgl. *BVerfGE* 13, 97 (107 f.); *Mirbach* NVwZ 2001, 161.

[113] Vgl. Rspr.-Übersicht bei *Hahn* GewArch 1999, 355 (365 ff.), GewArch 1999, 41 (44 ff.) und GewArch 1997, 41 (45 f.); *Vahle* DVP 2000, 57.

[114] Vgl. die Übersicht über die verschiedenen Verordnungen bei *Metzner,* Anhang II.

55 **Voraussetzungen** (§ 4 I Nr. 1–4) für die Erteilung der Erlaubnis sind

- die **Zuverlässigkeit** des Gewerbetreibenden[115] (Nr. 1 mit **negativen Regelbeispielen,** wie etwa Anhaltspunkte für Förderung des Alkoholmißbrauchs, des verbotenen Glücksspiels, der Hehlerei oder der Unsittlichkeit[116] sowie für Mißachtung des Gesundheitsrechts oder des Jugendschutzes etc.); der Begriff ist i. ü. mit dem Zuverlässigkeitsbegriff der Gewerbeordnung identisch[117] (s. o. zu III.2.b);
- die **Eignung der Betriebsräume** nach Lage, Beschaffenheit etc., insbesondere im Hinblick auf den gebotenen Schutz der Gäste und Beschäftigten (Nr. 2);
- **keine Gefahren oder Belästigungen** für die Allgemeinheit oder sonstige entgegenstehende öffentliche Interessen im Hinblick auf die **Lage des Betriebs** oder die **Verwendung der Räume** (Nr. 3);[118]
- **Nachweis** der notwendigen **lebensmittelrechtlichen Kenntnisse** (Nr. 4).

Liegen diese Voraussetzungen nicht vor, so ist die Erlaubnis **zwingend zu versagen.**

56 Der **Rechtsschutz von Nachbarn** gegen die Erteilung einer Gaststättenerlaubnis hängt davon ab, ob die vermeintlich verletzten Vorschriften **Drittschutz** gewähren. Dies ist für § 4 I Nr. 1 und 4 GaststG zu verneinen,[119] für § 4 I Nr. 2 und 3 GaststG hingegen zu bejahen.[120] Der durch die Gaststätte verursachte Zu- und Abfahrtsverkehr der Gäste ist bei der Ermittlung der Lärmbelästigung (Nr. 3) einzubeziehen; was zumutbar ist, bestimmt sich nach der materiellen baurechtlichen Situation.[121]

57 **Rücknahme und Widerruf** einer Gaststättenerlaubnis sind gleichfalls **zwingend** vorgeschrieben, wenn der Versagungsgrund des § 4 I Nr. 1 – Unzuverlässigkeit – nachträglich bekannt wird oder nachträglich eintritt (§ 15 I und II). Da **andere Rücknahmegründe** im Gaststättengesetz nicht genannt sind, aber nichts dafür spricht, daß bei fehlerhafter Annahme aller anderen Erteilungsvoraussetzungen die Erlaubnis Bestand haben sollte, ist insoweit der **Rückgriff auf § 48 VwVfG** zulässig.[122] Für den **Widerruf** sieht das Gaststättengesetz hingegen eine umfassende Aufhebungsregelung vor: Gem. § 15 III steht er im **Ermessen,** wenn verschiedene, im einzelnen aufgeführte Verstöße festgestellt werden (§ 15 III); insoweit **verdrängt** die abschließende gaststättenrechtliche Sonderregelung § 49 VwVfG.[123] Von der zwingend vorgeschriebenen Aufhebung der Erlaubnis darf wegen des **Grundsatzes der Verhältnismäßigkeit** nur Gebrauch gemacht werden, wenn kein anderes geeignetes, weniger einschneidendes Mittel – z. B. die Anordnung einer Auflage (§ 5) oder eine formlose Abmahnung – zur Verfügung steht.[124]

4. Nebenbestimmungen

58 Der Gaststättenerlaubnis können Nebenbestimmungen beigefügt werden (§§ 3 II, 5). Der in § 5 allein genannte Begriff der **Auflage** ist untechnisch zu verstehen und schließt andere Nebenbestimmungen nicht aus.[125] Bei erlaubnisfreien Gaststättenbetrieben können Auflagen als selbständige Verwaltungsakte verfügt werden (§ 5 II).

---

115 Zur Vereinbarkeit dieses Versagungsgrundes mit Art. 12 GG und EG-Recht vgl. *BVerwG* GewArch 1996, 411.

116 Vgl. *BVerwG* GewArch 1996, 250 und 251; a. A. jetzt *VG Berlin* (Fußn. 65).

117 *Hahn* GewArch 1999, 355 (366).

118 Vgl. *Hahn* GewArch 1999, 355 (366); *BVerwG* GewArch 1992, 391.

119 *BVerwG* GewArch 1989, 100; *Schliesky,* S. 218.

120 *BVerwG* GewArch 1998, 254; *Hahn* GewArch 1999, 355 (367); *Schliesky,* S. 218.

121 *BVerwGE* 90, 53.

122 *Schliesky,* S. 220 m. w. N.

123 *BVerwGE* 81, 74 (78); *BVerwG* GewArch 1998, 254 f.

124 *BVerwGE* 49, 160 (168 f.).

125 *Metzner,* § 5 Rdn. 9.

5. Sperrzeitregelung

Gem. § 18 GaststG können die Landesregierungen **Sperrzeitverordnungen** erlassen; 59
davon ist weitgehend mit naturgemäß sehr unterschiedlichem Inhalt Gebrauch gemacht worden. Solche allgemeinen Regelungen gehen **Sperrzeitauflagen** gem. § 5 I Nr. 3 GaststG vor. Neben § 18 GaststG können **immissionsschutzrechtliche Ruhezeitregelungen** (vgl. § 23 II BImschG) im Wege entsprechender Verordnungen treten.[126]

Die Sperrzeitverordnungen müssen die Möglichkeit der **Verlängerung, Verkürzung oder Aufhebung** bei einem entsprechenden öffentlichen – mit der Rechtsordnung in Einklang stehenden und z. B. auch die Umwelteinwirkungen auf die Nachbarn berücksichtigenden[127] – Bedürfnis oder besonderen örtlichen Verhältnissen vorsehen (§ 18 I 2).[128] Eine Verletzung des § 18 GaststG kann insoweit über § 22 I Nr. 1 BImSchG zu einem **Abwehrrecht des Nachbarn** führen.

---

126 Vgl. *VGH München* BayVBl. 1996, 335; *BVerwG* DVBl. 1996, 1201 und DVBl. 1999, 863; *Jahn* GewArch 1999, 271.

127 *Hahn* GewArch 1999, 355 (367) m. w. N.; *BVerwGE* 101, 157.

128 Vgl. *BVerwG* GewArch 1992, 346.

Teil IV: Waffenrecht

Übersicht

Allgemeines Schrifttum: *Apel/Keusgen,* Sprengstoffgesetz (Loseblatt); *Bieneck* (Hrsg.), Handbuch des Außenwirtschaftsrechts einschl. Kriegswaffenkontrollrecht, 1998; *Epping,* Grundgesetz und Kriegswaffenkontrolle, 1993; *Gehrmann,* Waffenrechtliche Zuverlässigkeit im Wandel der Rechtsauffassungen, GewArch 1991, 201; *Heinrich,* Zuverlässigkeit im Waffenrecht, GewArch 1989, 313; *Hinze,* Waffenrecht (Loseblatt); *ders.,* Verkehr mit Waffen in der Europäischen Gemeinschaft, RdL 1993, 283; *Hucko,* Außenwirtschaftsrecht, Kriegswaffenkontrollrecht, Textsammlung mit Einführung, 7. Aufl. 1998; *Kurth/Lehle/Lehmann,* Aktuelles Waffenrecht (Loseblatt); *Marx,* Verstöße gegen Zulässigkeitsbestimmungen des Waffengesetzes, RdL 2000, 29; *Meyer,* Die neuere waffenrechtliche Rechtsprechung des Bundesverwaltungsgerichts, GewArch 1998, 89; *Pottmeyer,* Kriegswaffenkontrollgesetz, 2. Aufl. 1994; *Steindorf,* in: Potrykus, Waffenrecht, 7. Aufl. 1999; *ders.,* in: Erbs/Kohlhaas, Strafrechtliche Nebengesetze (Waffengesetz, Kriegswaffenkontrollgesetz und Sprengstoffgesetz) (Loseblatt).

I. Historische Entwicklung und aktuelle gesetzliche Grundlagen

1. Verhältnis zum allgemeinen Gefahrenabwehrrecht und zu anderen Gesetzen

1 Das Waffenrecht i.w. S. umfaßt die Regelungsbereiche des **Waffengesetzes,** des **Kriegswaffenkontrollgesetzes** und des **Sprengstoffgesetzes.** Dabei regelt das Waffengesetz den zivilen Teil des Waffenrechts, d. h. den Umgang mit den im zivilen Bereich üblichen **Waffen im technischen Sinne,** also nicht die untechnischen Waffen und die sog. Schutzwaffen. Die Kriegswaffen – d. h. Waffen, die objektiv primär zur Kriegsführung geeignet sind[1] – hingegen unterliegen den Sonderbestimmungen des Kriegswaffenkontrollgesetzes (vgl. aber § 6 III WaffG[2]). Das Sprengstoffgesetz schließlich befaßt sich mit den Besonderheiten explosionsgefährlicher Stoffe.

2 Das Waffenrecht i.w. S. ist **speziell geregeltes Sicherheitsrecht** und hat **materielle Polizeiaufgaben** zum Gegenstand. Die Wahrnehmung dieser Aufgaben obliegt jedoch nicht mehr der Polizei im formellen und organisatorischen Sinne, sondern **besonderen Ordnungsbehörden.** Die Zugehörigkeit dieser Materie zum Polizeirecht i. w. S. wird dadurch belegt, daß früher – d. h. vor der umfassenden Normierung im Waffengesetz, Kriegswaffenkontrollgesetz und im Sprengstoffgesetz – Einzelbestimmungen über den Umgang mit Waffen und Munition u. a. in der Gewerbeordnung (vgl. §§ 16 ff. a. F.) und im Strafgesetzbuch enthalten waren, die – wie nunmehr das gesamte Waffenrecht –

[1] *Maunz/Dürig/Herzog/Scholz,* GG, Art. 26 Rdn. 46 ff.
[2] Vgl. hierzu *BGH* NStZ 1981, 104; *Pathe,* in: Bieneck, Hdb. des Außenwirtschaftsrechts, § 5 Rdn. 46.

wegen der **Gefährlichkeit von Waffen und Munition** für die Allgemeinheit dem Schutz der **öffentlichen Sicherheit und Ordnung** durch eine umfassende **Kontrolle** des Umgangs mit diesen Gegenständen dienten.

Seit der erschöpfenden spezialgesetzlichen Regelung des Waffenrechts in den genannten Einzelgesetzen gehen diese **Sonderregelungen** dem **allgemeinen Gefahrenabwehrrecht** vor. Der Rückgriff auf dessen Bestimmungen setzt voraus, daß die jeweilige Sonderregelung eine unbeabsichtigte planwidrige **Lücke** aufweist. 3

Auf **Kriegswaffen** sind die Bestimmungen des Waffengesetzes grundsätzlich nicht anzuwenden, das **Kriegswaffenkontrollgesetz** ist **lex specialis** (vgl. aber § 6 III 2. Hs. WaffG, § 22a I Nr. 6 KWKG bzgl. tragbarer Schußwaffen). 4

Gegenüber dem **Sprengstoffgesetz** und den auf seiner Grundlage erlassenen Verordnungen genießen das Waffengesetz und das Kriegswaffenkontrollgesetz Vorrang, soweit es um **fertige** Schußwaffen und Munition i. S. d. Waffenrechts geht (vgl. § 1 IV Nr. 4 SprengG) bzw. im Einzelfall eine waffenrechtliche Erlaubnis erforderlich ist (§ 13 I SprengG); solange die (Kriegs-)Waffe allerdings noch nicht fertiggestellt ist, unterliegt der dazu verwendete Sprengstoff dem Sprengstoffgesetz.[3] Auf sprengstoffrechtlich relevante Aktivitäten mit explosionsgefährlichen Stoffen (Umgang, Verkehr, Transport) nach § 3 IV bis VI SprengG ist ebenso wie auf **unfertige Munitionsteile** bis zur Fertigstellung der Munition ausschließlich das Sprengstoffgesetz anzuwenden. Das gleiche gilt für die Bearbeitung und Vernichtung von Munition (§ 1 IV Nr. 4 SprengG).[4] 5

Für das **Versammlungsrecht** gelten eigenständige Waffenbegriffe, die über diejenigen des Waffenrechts hinausgehen und auch **untechnische Waffen** i. S. v. objektiv gefährlichen Gegenständen bei entsprechender Nutzungsabsicht (§ 2 III VersG) sowie sog. **Schutzwaffen** (§ 17a I VersG), also primäre Abwehrmittel wie Helme, Schilde etc. erfassen.[5] 6

Auch das **Luftverkehrsgesetz** verbietet in § 27 I, § 60 I Nr. 4 nicht nur die Mitführung von Waffen i. S. d. Waffengesetzes, sondern darüber hinaus aller Gegenstände, die ihrer äußeren Form oder ihrer Kennzeichnung nach den **Anschein** von Waffen, Sprengstoff oder Munition erwecken. 7

Da Unternehmen zur Herstellung von Schußwaffen oder Munition sowie Schießstätten (§ 44 WaffG) immissionsschutzrechtlich genehmigungsbedürftige Anlagen (§ 4 BImSchG i.V. m. § 1 IV 4. BImSchV) sein können, ergibt sich ferner eine **Überschneidung mit dem Bundes-Immissionsschutzgesetz.** Haftungsfragen bestimmen sich nach § 1 des **Umwelthaftungsgesetzes** i.V. m. Anl. I Nr. 90. 8

Die **Gewerbeordnung** findet auf die dem Waffengesetz unterliegenden Gewerbebetriebe nur **subsidiär** Anwendung (§ 60 I WaffG); für handwerkliche Waffenbetriebe gilt insoweit die **Handwerksordnung** (§ 1 II HwO i.V. m. Nr. 25 der Anl. A – Büchsenmacher –, §§ 7 III 2, 9 II Nr. 1 WaffG). 9

Zum **Jagdrecht** bestehen vielfältige Beziehungen, die durch jeweilige bereichsspezifische **Sonderregelungen** gekennzeichnet sind. So sind Inhaber von Jagdscheinen gem. §§ 15, 16 BJagdG in bestimmter Hinsicht **privilegiert** (vgl. § 28 IV Nr. 7, § 32 I Nr. 1 und II Nr. 2 WaffG – s. u. zu III.2.a am Ende –). Die Zuverlässigkeitsanforderungen des Jagdrechts (§ 17 IV BJagdG) bleiben andererseits seit der Novellierung des BJagdG hinter denen des Waffenrechts (§ 5 WaffG) zurück. 10

Das **Strafrecht** (vgl. §§ 113 II, 121 III, 125a 2 Nr. 2, 244 I, 250 I StGB) beschränkt sich im Rahmen verschiedener qualifizierender Tatbestände ebenfalls nicht auf den waffenrechtlichen Waffen- oder Schußwaffenbegriff, sondern bezieht daneben auch die untechnischen Waffen einschließlich sog. Scheinwaffen, die durch die subjektive Zielsetzung und Einsatzplanung des Täters zu Waffen werden, ein.[6] 11

---

[3] *Pathe,* in: Bieneck, § 5 Rdn. 49.

[4] Zum Streitstand hierzu vgl. *Pathe,* aaO, und *Lehmann,* in: Kurth/Lehle/Lehmann, 1.1, Einl. zum WaffG, Rdn. 20.

[5] *Lehmann,* aaO, Rdn. 21.

[6] Vgl. zur Abgrenzung *BGHSt* 24, 339 (341); *BGH* NJW 1992, 920; NJW 1991, 578; NJW 1990, 2570.

2. Historische Entwicklung und aktuelle Rechtsgrundlagen

a) Waffengesetz

12 Nachdem zunächst – abgesehen vom sog. „Beschußrecht"[7] – das Waffenrecht eine Angelegenheit der Länder gewesen war, regelte erstmals das **Reichswaffengesetz** vom 18. 3. 1938 (RGBl. I S. 265) die waffenrechtliche Materie umfassend und einheitlich. Bis zur Zuweisung der konkurrierenden Gesetzgebungskompetenz an den Bund durch Art. 74 Nr. 4a GG im Jahre 1972 hatte das Reichswaffengesetz – zunächst überlagert durch besatzungsrechtliche Vorschriften[8] – als **Landesrecht fortgegolten;**[9] die Länder hatten über Durchführungsverordnungen in der Folgezeit z. T. sehr unterschiedliche neue Bestimmungen erlassen. 1968 waren lediglich einzelne Regelungsbereiche, die der Bundeskompetenz für das Recht der Wirtschaft zugeordnet werden konnten (Art. 74 Nr. 11 GG) – im wesentlichen das Beschußrecht – durch das **1. Bundeswaffengesetz** vom 14. 6. 1968 (BGBl. I S. 633) bundesrechtlich ausgestaltet worden. Zum 1. 1. 1973 traf das in aller Eile unter dem Druck innenpolitischer Vorgänge verabschiedete und dementsprechend unzulänglich ausformulierte **2. Bundeswaffengesetz** vom 19. 9. 1972 (BGBl. I S. 1797)[10] erstmals eine bundeseinheitliche Gesamtregelung des Waffenrechts einschließlich seiner sicherheits- und ordnungsrechtlichen Bereiche. Es bestimmt im einzelnen den Umgang mit näher definierten (§§ 1–6) Waffen und Munition – d. h. deren Herstellung, Handel, Prüfung und Zulassung, Einfuhr, Erwerb, Überlassung und Führung – sowie Sanktionen bei Verstößen. Die Mängel des 2. Bundeswaffengesetzes machten rasch mehrere Novellierungen erforderlich, die ihrerseits ebenfalls nicht unwesentlich durch die Anschläge der sog. RAF inhaltlich geprägt wurden.

13 Das Waffengesetz wird u. a. durch folgende fünf **Verordnungen** ergänzt **(1.–6. WaffV):**

- die 1. Waffenverordnung i. d. F. vom 10. 3. 1987 (BGBl. I S. 777, zuletzt geändert durch Ges. v. 25. 10. 1994 [BGBl. I S. 3073]),
- die 2. Waffenverordnung vom 13. 12. 1976 (BGBl. I S. 3387),
- die 3. Waffenverordnung i. d. F. vom 2. 9. 1991 (BGBl. I S. 1872, zuletzt geändert durch VO v. 10. 1. 2000 [BGBl. I S. 38]),
- die 5. Waffenverordnung vom 9. 8. 1976 (BGBl. I S. 2117, zuletzt geändert durch Ges. v. 27. 12. 1993 [BGBl. I S. 2378]),
- die 6. Waffenverordnung vom 18. 6. 1985 (BGBl. I S. 1150) mit Übergangsregelung vom 25. 5. 1999 (BGBl. I S. 1043).

14 **Fachbereichliche Sonderregelungen** enthalten ferner verschiedene Verordnungen der jeweiligen Ministerien für ihren Zuständigkeitsbereich.

15 Daneben enthält die **Allgemeine Verwaltungsvorschrift** zum Waffengesetz **(WaffVwV)** i. d. F. vom 29. 11. 1979 (BAnz. Nr. 229a und Nr. 231) Auslegungsrichtlinien zur Anwendung des Waffengesetzes; diese sind für die Gerichte wegen des fehlenden Normcharakters allerdings grundsätzlich nicht verbindlich. Hinzu kommen **landesrechtliche Ausführungsvorschriften,** die die zuständigen Behörden (§ 50 I WaffG) benennen sowie Nichtanwendungsregelungen auf der Grundlage des § 6 I WaffG enthalten.

b) Kriegswaffenrecht

16 Als Spezialbereich des Waffenrechts erfuhr das Kriegswaffenrecht seit dem Ende des 1. Weltkrieges mit den besonderen Beschränkungen des **Versailler Vertrages** (vgl. RGBl. 1919 I S. 687 und 1530) ein zunächst erzwungenes **Sonderschicksal.** Nach dem 2. Weltkrieg galten zuerst **besatzungsrechtliche Vorschriften** (u. a. MilGes. Nr. 53), bis unter

---

[7] Vgl. hierzu *BVerfGE* 8, 143; jetzt §§ 16 ff. WaffG.

[8] In Berlin galten besatzungsrechtliche Bestimmungen wegen des besonderen Berlin-Status im wesentlichen bis zur Wiedervereinigung im Jahre 1990, vgl. *Lehmann,* Rdn. 6.

[9] Vgl. *BVerfGE* 8, 143.

[10] Vgl. BT-Drucks. 6/2678 und 3566.

der Geltung des Grundgesetzes **(Art. 26 II GG)** das **Gesetz über die Kontrolle von Kriegswaffen** vom 20. 4. 1961 (BGBl. I S. 444, i. d. F. der Bek. v. 22. 11. 1990 [BGBl. I S. 2506]) – mit verschiedenen späteren Änderungen – erlassen wurde.

Das Kriegswaffenkontrollgesetz wird ergänzt durch die als Anlage zum Gesetz ergangene **Kriegswaffenliste** i. d. F. vom 22. 11. 1990 (BGBl. I S. 2506, zuletzt geändert durch VO v. 26. 2. 1998 [BGBl. I S. 385]), die die „zur Kriegsführung bestimmten Waffen... (Kriegswaffen)" – das können Gegenstände, Stoffe oder Organismen sein (§ 1 I KrWaffG) – abschließend aufführt. **Behördenzuständigkeiten** werden in der **1. DVO** vom 1. 6. 1991 (BGBl. I S. 649, zuletzt geändert durch Ges. v. 28. 2. 1992 [BGBl. I S. 376]) und der **3. DVO** vom 11. 7. 1969 (BGBl. I S. 841, zuletzt geändert durch Ges. v. 28. 2. 1992 [BGBl. I S. 376]) gem. § 11 II und § 23 KrWaffG geregelt. Das **Verfahren** der Erteilung von Genehmigungen nach §§ 2 bis 4 a KrWaffG wird in der **2. DVO** vom 1. 6. 1961 (BGBl. I S. 649, zuletzt geändert durch Ges. v. 21. 12. 1992 [BGBl. I S. 2150]) im einzelnen bestimmt. 17

c) Sprengstoffrecht

Bezüge – wenn auch schwächere – zum Waffenrecht weist auch das besonders geregelte Sprengstoffrecht auf. Es ist schon frühzeitig wegen der besonderen **Gemeingefährlichkeit** des Sprengstoffs speziellen Überwachungsbestimmungen unterworfen worden (vgl. Sprengstoffgesetz vom 9. 6. 1884 [RGBl. S. 61], zuletzt geändert durch Ges. v. 1. 6. 1964 [BGBl. I S. 337]). Mit dem **Sprengstoffgesetz** vom 25. 8. 1969 (BGBl. I S. 1354) wurde dessen wirtschaftsrechtlicher Regelungsbereich neu gefaßt; der sicherheits- und ordnungsrechtliche Teil galt hingegen zunächst fort. Ferner waren weiterhin anwendbar die auf der Grundlage des Sprengstoffgesetzes von 1884 und der verschiedenen Polizei- bzw. Sicherheits- und Ordnungsgesetze der Länder im wesentlichen inhaltsgleich ergangenen **pyrotechnischen Verordnungen** über den Umgang mit explosionsgefährlichen Stoffen, soweit sie sicherheits- und ordnungsrechtliche Fragen regelten. 18

Mit dem **Sprengstoffgesetz** vom 13. 9. 1976 (BGBl. I S. 2737) i. d. F. vom 17. 4. 1986 (BGBl. I S. 577) – mit verschiedenen späteren Änderungen – sollten die sprengstoffrechtlichen Vorschriften insgesamt **vereinheitlicht** werden, nachdem dem Bund auch für den sicherheits- und ordnungsrechtlichen Bereich die **Gesetzgebungskompetenz** übertragen worden war (Art. 74 Nr. 4 a GG). **Listen explosionsgefährlicher Stoffe,** die als Anlage zu §§ 1 bis 3 SprengG bzw. im Anhang I Teil A.14 der RiLi 92/69/EWG der Kommission vom 31. 7. 1992 (ABl. EG Nr. L 383 S. 113 und Nr. L 383 A S. 1 [87]) aufgeführt sind, regeln, auf welche Stoffe das Gesetz in vollem Umfang bzw. teilweise anzuwenden ist und wie das Verfahren ausgestaltet wird. 19

Ergänzende Regelungen finden sich in der 20
- 1. DVO (1. SprengV) i. d. F. vom 31. 1. 1991 (BGBl. I S. 169, zuletzt geändert durch Ges. v. 23. 6. 1998 [BGBl. I S. 1530]),
- 2. DVO (2. SprengV) i. d. F. vom 5. 9. 1989 (BGBl. I S. 1620, 2458, zuletzt geändert durch Ges. v. 23. 6. 1998 [BGBl. I S. 1530]),
- 3. DVO (3. SprengV) vom 23. 6. 1978 (BGBl. I S. 783),
- 4. DVO (4. SprengV) vom 14. 4. 1978 (BGBl. I S. 503),
- 5. DVO (5. SprengV) vom 31. 10. 1984 (BGBl. I S. 1323).

II. Zuständigkeiten

1. Sachliche Zuständigkeit

Im Bereich des **Waffengesetzes** sind **Bundesbehörden** nur für ausdrücklich geregelte Aufgaben zuständig (§ 50 I 2. Hs. WaffG), z. B. gem. § 27 IV bis VI WaffG die Zolldienststellen und der Bundesgrenzschutz für die Überwachung der **Einfuhr** von Schußwaffen und Munition. Im übrigen überläßt das Waffengesetz die Bestimmung der für die 21

Erteilung erforderlicher Erlaubnisse (§§ 7, 28 I, 29 I, 35, 44, 45 WaffG) und deren Rücknahme oder Widerruf sowie vorgeschriebene Prüfungen, Zulassungen oder Überwachungsmaßnahmen (vgl. §§ 9, 16, 25, 26 I, 31, 43 WaffG) sachlich zuständigen Behörden dem **Landesrecht** (§ 50 I 1. Hs. WaffG). Im allgemeinen sind danach die Kreisverwaltungsbehörden oder die kreisfreien Städte für die Erteilung und die Aufhebung von waffenrechtlichen Erlaubnissen zuständig, während gesetzliche Prüfungen und Zulassungsentscheidungen oft der Ministerialebene vorbehalten sind. Wegen der landesrechtlichen Zuständigkeitsregelungen im einzelnen wird auf die entsprechenden Verordnungen verwiesen.[11]

22 Eine vergleichbare Regelung gilt im **Sprengstoffrecht** (vgl. §§ 36 I, 15 V SprengG), während für den Bereich des **Kriegswaffenkontrollrechts** gem. § 11 KrWaffG Bundesbehörden für die Erteilung erforderlicher Genehmigungen sowie gem. § 14 KrWaffG für die Überwachung und gem. § 23 für die Verwaltung zuständig sind.

2. Örtliche Zuständigkeit

23 Für **waffenrechtliche Maßnahmen** ist gem. § 52 I WaffG grundsätzlich die Behörde des **gewöhnlichen Aufenthalts** des Antragstellers oder des Betroffenen, hilfsweise diejenige des tatsächlichen Aufenthaltsortes für die zu treffende Entscheidung zuständig; bei Gewerbetreibenden ist die Behörde örtlich zuständig, in deren Bereich der Sitz der Niederlassung liegt (§ 50 II WaffG). **Ausnahmen** regelt § 52 III WaffG, der für bestimmte Sonderfälle diejenige Behörde für zuständig erklärt, in deren Bereich das Einschreiten erforderlich wird.

24 Im **Sprengstoffrecht** wird die örtliche Zuständigkeit nach den gleichen Maßstäben bestimmt (§ 36 SprengG).

25 Im **Kriegswaffenkontrollrecht** sind – wie dargelegt – ohnehin nur Bundesbehörden (Bundesregierung, Bundesministerien) zuständig, so daß sich eine gesonderte Regelung der örtlichen Zuständigkeit erübrigt.

III. Begriffe und Regelungsgegenstand des Waffengesetzes

1. Allgemeine Gesetzesübersicht

Das Waffengesetz ist in 10 Abschnitte unterteilt.

26 **a)** Im 1. Abschnitt (§§ 1–6) werden der **Waffenbegriff** (Schußwaffen – § 1 I –, Handfeuerwaffen – § 1 IV –, Selbstladewaffen – § 1 V –, Schußapparate – § 1 VI – und Hieb- und Stoßwaffen – § 1 VII –), der **Munitions- und Geschoßbegriff** (§ 2), der **Begriff der wesentlichen Teile** (§ 3), des **Erwerbens, Überlassens und Führens von Waffen** (§ 4) und der waffenrechtlichen **Zuverlässigkeit** (§ 5) definiert. § 6 enthält **Ausnahmen vom Anwendungsbereich des Gesetzes** u. a. für oberste Bundes- und Landesbehörden, Bundeswehr und Bundesbank sowie Polizeivollzugsbeamte und Zollbeamte, ferner in bestimmtem Umfang für ausländische Staatsgäste oder gefährdete Personen des öffentlichen Lebens und ihr Schutzpersonal sowie aufgrund zwischenstaatlicher Vereinbarungen für dienstlich tätige bewaffnete Ausländer.

27 **b)** Der 2. Abschnitt (§§ 7–15) regelt die – auf Schußwaffen und Munition beschränkte – **Erlaubnispflicht** für die gewerbsmäßige **Waffenherstellung** und den **Waffenhandel** (§ 7), die **Erteilungsvoraussetzungen** – wie Zuverlässigkeit und Fachkunde[12] (§§ 8, 9) –, die Ausgestaltung der Erlaubnis durch **Nebenbestimmungen** (§ 10) und die **Pflichten** des Erlaubnisinhabers – u. a. **Anzeige** der Eröffnung und Einstellung des Betriebs (§ 11), Führung des **Waffenherstellungsbuchs** bzw. des **Waffenhandelsbuchs** mit

---

[11] Vgl. die Auflistung bei *Kurth/Lehle/Lehmann,* Bd. 3 Teil B.
[12] Zu § 9 II Nr. 2 vgl. *BVerwG* NVwZ-RR 2000, 782.

detaillierten Nachweisen über die betroffenen Waffen (§ 12; entsprechendes gilt für Munition), **Kennzeichnung** der produzierten bzw. vertriebenen Waffen oder Munition (§§ 13 ff.) –.

c) Im 3. Abschnitt (§§ 16–26) sind die Vorschriften über die **Prüfung und Zulassung von Handfeuerwaffen und Munition** zusammengefaßt. Die vor der Herstellung oder Verbringung in den Geltungsbereich des Gesetzes vorgeschriebene sog. **Beschußpflicht** (§ 16; Ausnahmen in § 17) hat die amtliche Prüfung der **Haltbarkeit, Handhabungssicherheit, Maßhaltigkeit** – d. h. Übereinstimmung mit den gesetzlichen Nenngrößen (§ 20) – und der **Kennzeichnung** zum Gegenstand (§ 18). Die **Einfuhr** oder Herstellung bestimmter serienmäßiger Handfeuerwaffen und Schußapparate ist ferner grundsätzlich von der die Anforderungen des § 18 voraussetzenden **Zulassung der Bauart** durch die Physikalisch-Technische Bundesanstalt abhängig (§ 21). Die Bauartzulassung ist auch Herstellungs- und Einfuhrvoraussetzung bei Schreckschuß-, Reizstoff- und Signalwaffen (§ 22)[13] sowie bestimmten Munitionsarten und Treibladungen (§§ 23–25). Bei der Formulierung der technischen Anforderungen an die Bauartzulassung ist der sog. **Beschußrat** – ein pluralistisch besetzter Ausschuß aus Vertretern der beteiligten Bundes- und Landesbehörden sowie von Fachinstituten, Normungsstellen und der Wirtschaft (§ 26 III) – beteiligt. 28

d) Der 4. Abschnitt besteht nur aus § 27 und regelt im einzelnen die **Einfuhr von Schußwaffen und Munition.** Voraussetzung ist grundsätzlich – **Ausnahmen** (z. B. für Mitglieder von Schießsport- und Brauchtumsvereinen) sind in § 27 II und III festgelegt – der Nachweis der **Erwerbsberechtigung,** etwa durch Vorlage der Waffenbesitzkarte (§ 28 I, § 29 II) oder eines Jagdscheins (§ 28 IV Nr. 7), also einer vorherigen waffenrechtlichen Erlaubnis. Der Importeur muß die eingeführte Schußwaffe oder Munition bei der Überwachungsbehörde – Zoll oder Bundesgrenzschutz (§ 27 VI) – **anmelden** (§ 27 IV). 29

e) Der 5. Abschnitt (§§ 28–34) macht den **Erwerb von Schußwaffen und Munition** von einer vorherigen behördlichen **Erlaubnis** abhängig, die unter den Voraussetzungen des § 30 – Vollendung des 18. Lebensjahres, Zuverlässigkeit (§ 5), Sachkunde (§ 31), körperliche Eignung und Nachweis eines Bedürfnisses, z. B. einer überdurchschnittlichen Gefährdung (§ 32) – für die konkrete Waffe oder Munition durch die sog. **Waffenbesitzkarte** (§ 28 I) bzw. den **Munitionserwerbsschein** (§ 29 I) erteilt wird. Für Sportschützen und Waffensammler gibt es gewisse Erleichterungen (§ 28 II); bei ihnen wird – wie auch bei Inhabern von Jahresjagdscheinen – das Bedürfnis am Erwerb von Gesetzes wegen bejaht (§ 32 I). **Ausnahmen** von der Erlaubnispflicht sind u. a. für Erben und – bei sofortiger Ablieferung – für Finder, für Besucher von Schießstätten und Inhaber bestimmter Jagdscheine sowie für die nur vorübergehende Verwahrung vorgesehen (§ 28 IV). Erlaubnisfreie Schußwaffen (vgl. § 6 IV Nr. 1) sowie Hieb- und Stoßwaffen dürfen grundsätzlich nur an Volljährige verkauft oder sonst überlassen werden (§§ 33, 34); erlaubnispflichtige Schußwaffen und Munition dürfen nur Erwerbsberechtigten überlassen werden (§ 34). 30

f) Der 6. Abschnitt (§§ 35, 36) behandelt das – von dem Erwerb, also der Erlangung der tatsächlichen Gewalt, zu unterscheidende – **Führen von (Schuß-)Waffen.** Darunter ist die Ausübung der tatsächlichen Gewalt außerhalb des eigenen befriedeten Besitztums zu verstehen. Auch dieses ist von einer auf eine bestimmte Waffe bezogenen behördlichen **Erlaubnis** abhängig, die durch den – zeitlich befristeten – **Waffenschein** (§ 35)[14] erteilt wird. Für die in § 22 I geregelten Schreckschuß-, Reizstoff- und Signalwaffen gilt die Waffenscheinpflicht – bisher noch – nicht.[15] Jagdausübungsberechtigte bedürfen keines Waffenscheins (§ 35 IV). 31

[13] Vgl. FAZ vom 5. 8. 2000, S. 12: Geplante Novellierung des WaffG mit dem Ziel, u. a. für derartige Waffen ebenfalls die Erlaubnispflicht zu begründen („Kleiner Waffenschein").

[14] *BVerwG* DVBl. 2000, 1634: höchstpersönliche Erlaubnis, kein Anspruch einer GmbH.

[15] Vgl. aber FAZ vom 5. 8. 2000, S. 12.

32 **g)** Der 7. Abschnitt (§§ 37–40) enthält verschiedene **Verbotstatbestände.** § 37 zählt sämtliche generell **verbotenen Waffen** auf, wie z. B. Gewehre besonderer Bauart, Nachtzielhilfen für Schußwaffen, versteckte Waffen (Stockdegen, Schießkugelschreiber, bestimmte Springmesser o. ä.), Totschläger, Stahlruten, Schlagringe, sog. Molotowcocktails, bestimmte Geschosse und Imitationen von Kriegswaffen. Das Bundeskriminalamt kann **Ausnahmen** zulassen, wenn öffentliche Interessen nicht entgegen stehen (§ 37 III). Ferner ist das Führen von Schuß-, Hieb- oder Stoßwaffen auf **öffentlichen Veranstaltungen** (§ 39) sowie der Vertrieb und die Überlassung solcher Waffen im **Reisegewerbe,** auf **Märkten** und **Volksfesten** (§ 38) verboten. Im Einzelfall kann auch sonst die Waffenführung **untersagt** werden, wenn konkrete Anhaltspunkte für die – weit zu verstehende[16] – **Gefahr einer mißbräuchlichen Verwendung** bestehen (§ 40); ob ein Waffenbesitzverbot **befristet** werden darf, ist noch nicht entschieden worden.[17]

33 **h)** Der 8. Abschnitt (§§ 41–52) umfaßt neben der **Rücknahme- und Widerrufsregelung** (§§ 47 f.), der **Kostenbestimmung** (§ 49) und den **Zuständigkeitsregelungen** (§§ 50–52) sonstige waffenrechtliche Vorschriften. So ist die **nichtgewerbsmäßige (private) Schußwaffenherstellung** oder **-reparatur** ebenfalls erlaubnispflichtig (§ 41). Berechtigte Waffenbesitzer sind zur **Sicherung** der Schußwaffen gegen Verlust oder unbefugte Besitznahme verpflichtet (§ 42). § 43 schreibt **Anzeigepflichten** für den Fall des Verlusts ebenso vor wie bei Fund. Der **Betrieb einer Schießstätte** ist erlaubnispflichtig und rechtfertigt die Erteilung von Auflagen zur Verhinderung schädlicher Umwelteinwirkungen (§ 44 I). Einer vorherigen behördlichen Erlaubnis bedarf – außer u. a. für die berechtigte Ausübung der Jagd und für Luftdruckwaffen innerhalb des eigenen Besitztums, wenn die Geschosse nicht nach außen gelangen können, sowie in Fällen der Notwehr oder Nothilfe (§ 45 VI) – auch das **Schießen außerhalb von Schießstätten** (§ 45). Unter dieses grundsätzliche Schießverbot fallen auch erlaubnisfreie Waffen sowie Inhaber von Waffenscheinen.

34 **i)** Der 9. Abschnitt (§§ 52 a–56) regelt die **Straf- und Bußgeldvorschriften;** dabei reicht der Strafrahmen bis zu Freiheitsstrafen von 10 Jahren. Der 10. Abschnitt (§§ 57–62) enthält die **Übergangs- und Schlußvorschriften.**

2. Wesentliche Einzelfragen

35 Im Vordergrund der obergerichtlichen Rechtsprechung zum Waffenrecht[18] stehen Streitigkeiten im Zusammenhang mit der waffenrechtlichen Zuverlässigkeit[19] – insbesondere den Regelvermutungen des § 5 II WaffG –, der Bedürfnisprüfung (§ 30 I Nr. 3, § 32 WaffG) und der Aufhebung waffenrechtlicher Erlaubnisse (§§ 47 f. WaffG). Diese Fragen sollen deshalb etwas vertieft werden.

a) Zuverlässigkeit (§ 5 WaffG)

36 Die waffenrechtliche Zuverlässigkeit ist **zwingende Voraussetzung** für
- die Erlaubnis zur Waffenherstellung oder zum Waffenhandel (§§ 7 I, 8),
- die Waffenbesitzkarte oder den Munitionserwerbsschein (§§ 28–30),
- den Waffenschein (§ 35),
- die Ausnahmeerlaubnis zum Waffenführen bei öffentlichen Veranstaltungen (§ 39 II),
- die Erlaubnis zur nichtgewerbsmäßigen Waffenherstellung (§ 41 I),
- die Schießstättenbetriebserlaubnis (§ 44 I) und
- die Erlaubnis zum Schießen außerhalb von Schießstätten (§ 45).

---

16 *BVerwG* Buchholz 402.5 WaffG Nr. 20 und 69; *BVerwGE* 67, 16: i. S. einer allgemeinen Besorgnis der Schädigung anderer Personen – über die waffenspezifische Verwendung hinaus – und damit weiter als in § 5 I Nr. 1 WaffG.

17 Vgl. *BVerwG* Buchholz 402.5 WaffG Nr. 69.

18 Vgl. die Übersicht bei *Meyer* GewArch 1998, 89 ff.

19 Vgl. hierzu auch *Gehrmann* GewArch 1991, 201 ff.

Konsequenterweise sind **Rücknahme und Widerruf** der entsprechenden Erlaubnisse ebenfalls zwingend vorgeschrieben.[20] Die **Anforderungen** stimmen im Grundsatz bei allen Erlaubnisarten überein.[21] Nach der gesetzlichen Systematik hat die **Behörde** diejenigen Tatsachen **nachzuweisen,** die den Schluß auf die waffenrechtliche Unzuverlässigkeit rechtfertigen. Sie trägt deshalb insoweit die **materielle Beweislast.** 37

Die waffenrechtliche Zuverlässigkeit ist in § 5 WaffG **negativ umschrieben.**[22] Sie fehlt bei konkreten Anhaltspunkten für die Gefahr 38
- mißbräuchlicher oder leichtfertiger Verwendung von Waffen oder Munition,
- unvorsichtigen oder unsachgemäßen Umgangs mit bzw. unsorgfältiger Aufbewahrung von Waffen und Munition oder
- der Überlassung von Waffen und Munition an Nichtberechtigte.

Gem. § 5 II WaffG besteht eine **Regelvermutung** für die Unzuverlässigkeit des Antragstellers oder Erlaubnisinhabers bei 39
- rechtskräftigen, nicht länger als 5 Jahre zurückliegenden **Verurteilungen**[23] – auch durch Strafbefehl[24] – wegen näher aufgeführten Straftaten; die dort erwähnten „gemeingefährlichen Straftaten" umfassen nach der Rechtsprechung alle Taten des 27. Abschnitts des Besonderen Teils des StGB, also unter Einbeziehung abstrakter Gefährdungsdelikte wie der vorsätzlichen und fahrlässigen Trunkenheit im Verkehr (§ 316 StGB),[25] zu den „Straftaten gegen das Eigentum oder das Vermögen" zählt auch die Steuerhinterziehung gem. § 370 AO und der Bankrott gem. § 283 I Nr. 1 StGB;[26]
- zweimaliger rechtskräftiger **Verurteilung wegen Straftaten** – gleich welcher – **im Zustand der Trunkenheit;**[27]
- rechtskräftigen **Verurteilungen** wegen fahrlässigen **Straftaten im Zusammenhang mit dem Umgang mit Waffen** etc.;[28]
- rechtskräftigen Verurteilungen wegen bestimmter **waffen- oder jagdrechtlicher Straftaten;**[29]
- wiederholten oder gröblichen (also insbesondere vorsätzlichen) **Verstößen gegen bestimmte waffen- oder jagdrechtliche Vorschriften;** eine Verurteilung muß also hier nicht erfolgt sein;[30]
- **Geschäftsunfähigkeit** oder beschränkter Geschäftsfähigkeit oder
- **Trunksucht** – also einem Hang zum übermäßigen, nicht mehr kontrollierbaren Alkoholgenuß[31]–, **Rauschmittelsucht, Geisteskrankheit oder -schwäche.**[32]

Für das **Waffengewerbe** gelten daneben auch gewerberechtliche Grundsätze,[33] so daß eine Waffenhandelserlaubnis auch dann zu versagen ist, wenn Anhaltspunkte dafür bestehen, daß der Antragsteller keine Gewähr für die **ordnungsgemäße Gewerbeausübung** – also etwa die pünktliche Abführung von Steuern und Sozialversicherungsbeiträgen – bietet. Die hierzu erforderliche **Prognose** läßt – bei verständiger Würdigung aller Um- 40

---

20 Vgl. hierzu *BVerwGE* 71, 248 und 101, 24 m. Anm. *Häußler* BayVBl. 1997, 121 sowie unten zu III.2.c.

21 *BVerwG* DVBl. 1995, 356; *Meyer* GewArch 1998, 89 (90).

22 Ob diese Definition abschließend ist, ist bisher nicht ausdrücklich entschieden; verneinend *Heinrich* GewArch 1989, 313.

23 *VGH Mannnheim* VBlBW 1997, 68: Verwarnung mit Strafvorbehalt gem. § 59 I StGB genügt.

24 Vgl. § 410 III StPO; *BVerwGE* 97, 245; die Behörde darf auch dann grundsätzlich von der Richtigkeit der Verurteilung ausgehen (*Meyer* GewArch 1989, 89 [93]).

25 Vgl. *BVerwGE* 84, 17; 97, 245; krit.: *Kluth* DVBl. 1990, 241.

26 *BVerwG* DVBl. 1990, 1043 (zu § 370 AO); Buchholz 402.5 WaffG Nr. 59 (zu § 283 I Nr. 1 StGB); krit.: *Belling* NJW 1991, 280.

27 *BVerwGE* 97, 245; 84, 17.

28 Vgl. hierzu *BVerwGE* 67, 16.

29 Vgl. *BVerwG* Buchholz 402.5 WaffG Nr. 52.

30 Vgl. *BVerwG* Buchholz 402.5 WaffG Nr. 28 und 75; *BVerwGE* 101, 24; die Einstellung eines Strafverfahrens steht der Anwendung dieses Unzuverlässigkeitsgrundes nicht entgegen.

31 *BVerwGE* 97, 245.

32 Vgl. hierzu *Heinrich* GewArch 1989, 313; *BVerwG* Buchholz 451.33 SprengG Nr. 3.

33 *Steindorf*, in: Potrykus, § 5 WaffG Rdn. 3; *BVerwG* DVBl. 1995, 356; *BVerwGE* 100, 187; zum Fachkundenachweis vgl. *BVerwG* NVwZ-RR 2000, 782.

stände – eine „gewisse Wahrscheinlichkeit" genügen.[34] Dieser – dem auf Verminderung des Sicherheitsrisikos gerichteten Gesetzeszweck entsprechende – niedrige Maßstab gilt auch für die Frage, ob eine **Ausnahme von der Regelvermutung** gegeben ist.[35] Der Prognose sind in den Grenzen gesetzlicher Verwertungsverbote (§ 51 BZRG) alle Tatsachen zugrunde zu legen, die für die **zukunftsbezogene Zuverlässigkeitsbeurteilung** von Bedeutung sein können. Dabei kann auch das Verhalten eines **wegen Schuldunfähigkeit** der strafrechtlichen Verurteilung entzogenen Täters berücksichtigt werden.[36]

41 Anders als bei § 5 I WaffG, der in jedem Fall eine umfassende Prüfung aller wesentlichen Umstände erfordert, begründen im Bereich der **Regelvermutungen** des § 5 II WaffG die dort aufgeführten Tatsachen schon für sich allein – also ohne Einbeziehung weiterer Sachverhaltsumstände – in der Regel einen Zuverlässigkeitsmangel. Die Regelvermutung gilt nur dann nicht, wenn die gesetzliche Annahme der Unzuverlässigkeit **im Einzelfall** durch **besondere Umstände** ausnahmsweise **entkräftet** wird.[37] Bei strafrechtlichen Verurteilungen (§ 5 II Nr. 1) kommt es in diesem Zusammenhang darauf an, ob die Tatumstände die Verfehlung als bloße **Bagatelltat** und ob die Beurteilung der Persönlichkeit des Täters sie als **Ausnahmetat** ausweisen.[38] Allein das **straffreie Verhalten** nach der Verurteilung oder – abgesehen von der einen Straftat – vor ihr begründet vor Ablauf der 5-Jahres-Frist keinen Ausnahmetatbestand.[39] Die Regelvermutung wird auch nicht dadurch entkräftet, daß die Straftat **keinen Bezug zum Umgang mit Waffen** hatte oder **keine Neigung zur Gewalttätigkeit** offenbarte.[40] Bei **Trunksucht, Rauschmittelsucht, Geiseskrankheit oder -schwäche** (§ 5 II Nr. 4) dürfte eine Ausnahme von der Regel praktisch nie in Betracht kommen.[41] Die Prüfung der die Ausnahme von der Regelvermutung rechtfertigenden Atypik des Sachverhalts erfordert grundsätzlich kein **psychologisches Gutachten;** die behördliche Entscheidung ist gerichtlicher Kontrolle in vollem Umfang zugänglich.[42]

42 Die **5-Jahres-Grenze** des § 5 II 1 Nr. 1 WaffG gilt für Absatz 1 nicht; vielmehr ist dort auch der Rückgriff auf länger zurückliegende Ereignisse – unter Berücksichtigung des Zeitablaufs für ihre Aussagekraft – möglich.[43]

43 Nach der **Änderung der Regelvermutung in § 17 IV BJagdG** – die bisher mit § 5 WaffG übereingestimmt hatte, nunmehr aber für das Jagdrecht die Regelvermutung strafrechtlicher Verurteilungen auf **Taten mit Waffenbezug** beschränkt – durch das Rechtsbereinigungsgesetz vom 28. 6. 1990 (BGBl. I S. 1221) hat das Bundesverwaltungsgericht[44] trotz der naheliegenden Gleichbehandlung der Beurteilungsmaßstäbe an seiner strengeren waffenrechtlichen Rechtsprechung zu § 5 II Nr. 1 WaffG festgehalten. Allerdings hat es aufgrund der Absenkung des jagdrechtlichen Zuverlässigkeitsmaßstabs die **Privilegierung von Jagdscheininhabern** bei der Erteilung der Waffenbesitzkarte (§ 30 I 3 WaffG) für **obsolet** erklärt und auch Jagdscheininhaber der waffenrechtlichen Zuverlässigkeitsprüfung unterstellt.[45]

b) Bedürfnis (§ 32 WaffG)

44 Das waffenrechtliche Bedürfnis ist **zwingende Voraussetzung** für
– die Waffenbesitzkarte und den Munitionserwerbschein (§ 30 I Nr. 3),
– den Waffenschein (§ 36 I 1),

---

[34] *BVerwG* DVBl. 1995, 356; *BVerwGE* 100, 187.
[35] *BVerwG* DVBl. 1995, 356.
[36] *BVerwG* Buchholz 402.5 WaffG Nr. 44.
[37] *BVerwGE* 84, 17.
[38] *BVerwGE* 97, 245; *BVerwG* BayVBl. 1996, 313.
[39] *BVerwGE* 97, 245.
[40] *BVerwG* Buchholz 402.5 WaffG Nrn. 53, 64 und 74.
[41] *BVerwG* Buchholz 451.33 SprengG Nr. 3.
[42] *BVerwGE* 97, 245.
[43] *BVerwG* Buchholz 402.5 WaffG Nr. 36; *BVerwGE* 101, 24; *Meyer* GewArch 1998, 89 (91).
[44] *BVerwGE* 97, 245.
[45] *BVerwG* BayVBl. 1996, 313 und Buchholz 402.5 WaffG Nr. 74; vgl. zu allem *Meyer* GewArch 1998, 89 (89 und 94).

– die Ausnahmeerlaubnis zum Waffenführen bei öffentlichen Veranstaltungen (§ 39 II),
– die Erlaubnis zur nichtgewerbsmäßigen Waffenherstellung (§ 41 I),
– die Schießerlaubnis (§ 45 III 1).

Von Gesetzes wegen liegt ein waffenrechtliches Bedürfnis vor bei
– **Jagdscheininhabern** für bestimmte Waffen (§ 32 I Nr. 1),
– **Sportschützen** unter bestimmten weiteren Umständen (§ 32 I Nr. 2),
– **überdurchschnittlicher Gefährdung** für Leib oder Leben (§ 32 I Nr. 3),
– wissenschaftlichen **Waffen- oder Munitionssammlern**[46] (§ 32 I Nr. 4).

Seine **irrige Annahme** zwingt zur Rücknahme, sein **nachträglicher Wegfall** zum Widerruf (§ 47 WaffG). 45

Der Begriff des **Bedürfnisses** ist aus den in § 32 I WaffG **nicht abschließend aufgezählten Beispielen** („insbesondere") zu entwickeln.[47] Das gesetzliche Ziel der Beschränkung des Waffenbesitzes verlangt **besondere Umstände,** die die Situation des Antragstellers von der Allgemeinheit unterscheiden und die auf einem **wirtschaftlichen oder sonstigen berücksichtigungswerten Interesse** – also nicht nur auf bloßer Liebhaberei – beruhen. Die Annahme eines Bedürfnisses setzt eine **Interessenabwägung** voraus zwischen den geltend gemachten Privatbelangen und dem öffentlichen Interesse an einer möglichst geringen Waffenzahl in Privathand.[48] Verletzt der beabsichtigte Waffengebrauch anderweitige **zwingende Rechtsvorschriften** – z. B. des Tierschutzes oder des Fleischhygienerechts –, so scheidet ein begründetes Bedürfnis aus.[49] Das gleiche gilt, wenn der Waffengebrauch für den angegebenen Zweck **nicht erforderlich** ist, weil z. B. der nötige Schutz durch zumutbare bauliche oder organisatorische Maßnahmen erreicht werden kann.[50] 46

Die **überdurchschnittliche Gefährdung** (§ 32 I Nr. 3 WaffG) als der Hauptanwendungsfall[51] ist anhand eines **objektiven Maßstabs** zu beurteilen; der Gefährdungsgrad muß sich deutlich von dem der Allgemeinheit abheben. Behörden und Gerichte können hierzu auf **Auskünfte des Bundeskriminalamtes** oder der Landeskriminalämter zurückgreifen.[52] Die Zugehörigkeit zu einer bestimmten **Berufsgruppe** allein genügt i. d. R. nicht.[53] Ferner muß die Waffe zur Minderung der Gefährdung **geeignet** und erforderlich sein.[54] Da die Beispiele des § 32 I WaffG nicht abschließend sind, können trotz der Beschränkung des § 32 I Nr. 3 auf „Leib oder Leben" auch überdurchschnittliche Gefahren für **Freiheit, Eigentum oder Besitz** ein waffenrechtliches Bedürfnis begründen.[55] 47

Anders als bei der Zuverlässigkeitsvoraussetzung hat gem. §§ 32 I, 30 I 1 Nr. 3 WaffG der Antragsteller die das Bedürfnis rechtfertigenden Tatsachen **glaubhaft** zu machen; die **materielle Beweislast** obliegt deshalb ihm. 48

c) Rücknahme und Widerruf (§§ 47 f. WaffG)

Die Aufhebung waffenrechtlicher Erlaubnisse ist unter den Voraussetzungen des § 47 WaffG – nachträgliches Bekanntwerden von bereits bei Erlaubniserteilung bestehenden Versagungsgründen (Rücknahme) oder nachträglichen Entstehung von Versagungsgründen (Widerruf) – **zwingende Pflicht** der Waffenbehörde. § 47 WaffG ist **lex specialis** gegenüber den Aufhebungsvorschriften des Verwaltungsverfahrensgesetzes; die dort vorgesehene **Jahresfrist** (§§ 48 IV, 49 II 2 VwVfG) ist deshalb auf waffenrechtliche Er- 49

---

46 *BVerwG* Buchholz 402.5 WaffG Nr. 51 und 68: Anforderungen an Thematisierung und Systematisierung des Sammlungsziels; vgl. a. *VG Freiburg* VBlBW 1997, 357.

47 Vgl *BVerwG* GewArch 1993, 325: gewerbliche Ausbildung zu Werkschutzfachkräften.

48 Vgl. *BVerwG* DVBl. 1998, 834 und GewArch 1995, 31 – Sportschützen –.

49 *BVerwG* GewArch 1995, 31 – Abschuß von Freilandrindern –; *BVerwGE* 84, 11 – Verstoß gegen die HwO –.

50 *BVerwG* Buchholz 402.5 WaffG Nr. 46 und 49.

51 Vgl. hierzu *BVerwGE* 49, 1.

52 BVerwG Buchholz 402.5 WaffG Nr. 73.

53 *BVerwG* Buchholz 402.5 WaffG Nr. 67.

54 *BVerwG* Buchholz 402.5 WaffG Nr. 46: weniger gefährliche Waffe genügt.

55 Vgl. zutreffend *Meyer* GewArch 1998, 89 (95).

laubnisse **nicht anwendbar.**[56] Diese – gegenüber dem Gesichtspunkt des Vertrauensschutzes vorrangige – Pflicht zur Aufhebung rechtswidriger Erlaubnisse gilt auch für **bewußte Fehlentscheidungen.**[57]

Der Hauptanwendungsfall des Widerrufs betrifft Sachverhalte, in denen nachträglich Umstände eintreten, die die Unzuverlässigkeit des Erlaubnisinhabers begründen. Darunter fällt auch die nach Erlaubniserteilung eintretende **Rechtskraft einer Verurteilung,** auch wenn die Tat schon vor Erlaubniserteilung begangen worden war.[58]

Die Aufhebung einer Erlaubnis hat gem. § 48 WaffG zur **Folge,** daß alle Ausfertigungen der Erlaubnisurkunde zurückzugeben sind und die Waffe auf entsprechende behördliche Anordnung hin **unbrauchbar zu machen** oder einem Berechtigten zu **überlassen,** d. h. die eigene tatsächliche Gewalt an ihr aufzugeben ist.[59]

IV. Regelungsgegenstand des Kriegswaffenkontrollgesetzes

50 Das Kriegswaffenkontrollgesetz i. d. F. vom 22. 11. 1990 (BGBl. I S. 2506) mit späteren Änderungen[60] ist als Ausführungsgesetz zu Art. 26 II GG ergangen. Es macht die **Herstellung,** das **In-Verkehr-Bringen** (Vertragsabschluß oder -vermittlung) und die **Beförderung** von Kriegswaffen (vgl. hierzu die **Kriegswaffenliste** als Anlage zum Gesetz) von einer – vorher einzuholenden – **Genehmigung** abhängig (§§ 2 ff.) und setzt damit die Verpflichtung der innerstaatlichen Rechtsordnung auf das **völkerrechtliche Friedensgebot** um. Das Genehmigungserfordernis stellt ein **repressives Verbot mit Befreiungsvorbehalt** dar;[61] umfangreiche – z. T. zwingende – Versagungsgründe finden sich in § 6 II und III. §§ 12–15 regeln die **Überwachung;** über die Herstellung, Beförderung, Erwerb oder Überlassung von Kriegswaffen ist zum Nachweis des Verbleibs ein **Kriegswaffenbuch** zu führen (§ 12 II). Darüber hinaus bestehen umfangreiche **Meldepflichten** (§§ 12 V, VI, 12 a).

51 Die Entwicklung und Herstellung von **ABC-Waffen** und **Antipersonenminen** sowie deren Handel, die Aus-, Ein- und Durchfuhr sind gem. §§ 17 ff. – mit engen Ausnahmen (§§ 16, 22 – NATO –) – **vorbehaltlos verboten,** also nicht genehmigungsfähig; Verstöße sind mit erheblichen **Strafen** belegt (§§ 19 ff.), wobei die Strafbarkeit unter bestimmten Voraussetzungen auch für Straftaten außerhalb Deutschlands gilt, wenn der Täter Deutscher ist (§ 21).

V. Regelungsgegenstand des Sprengstoffgesetzes

52 Das Sprengstoffgesetz i. d. F. vom 17. 4. 1986 (BGBl. I S. 577) mit späteren Änderungen regelt den Umgang und Verkehr mit sowie die Einfuhr von **explosionsgefährlichen Stoffen,** d. h. von festen oder flüssigen Stoffen oder Zubereitungen, die durch eine nicht außergewöhnliche thermische, mechanische oder andere Beanspruchung zur Explosion gebracht werden können und als Explosivstoff bestimmt sind (§ 1 I SprengG). Die Stoffe sind in Anlagen zum Gesetz abschließend aufgezählt (vgl. oben zu I.2.c). Die gesetzlichen Regelungen erfassen sowohl gewerbliche als auch private Zwecke. Sie verfolgen neben **sicherheitspolizeilichen Zielen** auch solche des **Gefahrenschutzes am Arbeitsplatz.**

53 Das Sprengstoffgesetz gilt grundsätzlich **nicht** u. a. für die **Bundeswehr,** die **stationierten Streitkräfte,** die **Vollzugspolizei,** den **Zollgrenzdienst,** die **Beförderung** mit der **Eisenbahn,** mit **Seeschiffen** und **Flugzeugen** sowie in der **Bergaufsicht** unterliegenden Betrieben (§ 1 IV). Für explosionsgefährliche Stoffe, die nicht zur Verwendung als

---

[56] *BVerwGE* 101, 24 (34); *VGH Mannheim* VBlBW 1997, 68.
[57] *BVerwGE* 71, 248 (250).
[58] *BVerwG* Buchholz 402.5 WaffG Nr. 63.
[59] Vgl. *BVerwG* Buchholz 402.5 WaffG Nr. 56; *BVerwGE* 84, 17.
[60] Vgl. die Übersicht bei *Pathe,* in: Bieneck, §§ 4, 5, 37 und 38.
[61] *BGH* NJW 1994, 61; zum Streitstand *Pathe,* § 75 Rdn. 2 a; vgl. a. *BVerwGE* 61, 24 (31 f.).

Explosivstoff bestimmt sind (**sonstige explosionsgefährliche Stoffe,** § 1 III) gelten nur bestimmte, im einzelnen aufgelistete Vorschriften.

Für den Umgang und Verkehr mit explosionsgefährlichen Stoffen im gewerblichen Betrieb ist grundsätzlich eine **Erlaubnis** erforderlich (§§ 7 ff.), die die erforderliche **Zuverlässigkeit, körperliche Eignung** und den Nachweis der **Fachkunde** voraussetzt (§§ 8, 9) und mit **Nebenbestimmungen** versehen werden kann (§ 10). Erlaubnispflichtig ist auch die gewerbliche Aufbewahrung explosionsgefährlicher Stoffe (**Lagergenehmigung,** § 17). Der Erlaubnisinhaber muß ein detailliertes **Verzeichnis** über Art, Menge, Herkunft und Verbleib der Stoffe führen (§ 16). Ihn bzw. die bestellten verantwortlichen Personen trifft eine **Anzeigepflicht** bei Verlust derartiger Stoffe (§ 26). Erwerb und Umgang mit explosionsgefährlichen Stoffen zu **privaten Zwecken** sind ebenfalls erlaubnispflichtig (§ 27); Erteilungsvoraussetzung ist neben Zuverlässigkeit, körperlicher Eignung und Fachkunde **zusätzlich** der Nachweis eines **Bedürfnisses** (§ 27 III). 54

§§ 32 ff. regeln die **Überwachung** des Umgangs und des Verkehrs im einzelnen. §§ 34 ff. enthalten Vorschriften über die **Aufhebung** von Erlaubnissen, die **Behördenzuständigkeit** und die **Kosten.** §§ 40 ff. sehen umfangreiche **Straf- und Ordnungswidrigkeitentatbestände** vor.

Teil V: Umweltrecht

Übersicht

Schrifttum zum Wasserrecht: *Bender/Sparwasser/Engel,* Umweltrecht, 4. Aufl. 2000, Öffentliches Gewässerschutzrecht, S. 195 ff.; *Breuer,* in: Rengeling (Hrsg.), Handbuch zum europäischen und deutschen Umweltrecht, Bd. II, Besonderes Umweltrecht, 5. Kapitel: Gewässerschutzrecht, S. 651 ff.; *Czychowski,* WHG, 7. Aufl. 1998; *Kloepfer,* Umweltrecht, 2. Aufl. 1998, § 13 Gewässerschutzrecht, S. 812 ff.; *Schmidt,* Einführung in das Umweltrecht, 5. Aufl. 1999, § 4 Schutz des Wassers, S. 120 ff.

Schrifttum zum Immissionsschutzrecht: *Bender/Sparwasser/Engel,* Umweltrecht, 4. Aufl. 2000, Öffentliches Immissionsschutzrecht, S. 309 ff.; *Feldhaus,* Bundesimmissionsschutzrecht, Stand: September 1998; *Jarass,* BImSchG, 4. Aufl. 1999; *Kloepfer,* Umweltrecht, 2. Aufl. 1998, § 14 Immissionsschutzrecht, S. 909 ff.; *Koch/Scheuing* (Hrsg.), Gemeinschaftskommentar zum BImSchG, Stand: Juni 2000; *Landmann/Rohmer,* Umweltrecht, Bd. I BImSchG, 2000; *Schmidt,* Einführung in das Umweltrecht, 5. Aufl. 1999, § 3 Der Schutz vor Immissionen und Strahlen, S. 63 ff.; *Sellner,* in: Rengeling (Hrsg.), Handbuch zum europäischen und deutschen Umweltrecht, Bd. II, Besonderes Umweltrecht, § 51 Anlagenbezogene Regelungen im Luftreinhalterecht, S. 96 ff.

Schrifttum zum Atomrecht: *Bender/Sparwasser/Engel,* Umweltrecht, 4. Aufl. 2000, Kernenergie – und Strahlenschutzrecht, S. 448 ff.; *Kloepfer,* Umweltrecht, 2. Aufl. 1998, § 15 Atom- und Strahlenschutzrecht, S. 1013 ff.; *Schmidt,* Einführung in das Umweltrecht, 5. Aufl. 1999, § 3 VIII Strahlenschutzrecht, S. 96 ff.

Schrifttum zum Kreislaufwirtschafts- und Abfallrecht: *Bender/Sparwasser/Engel,* Umweltrecht, 4. Aufl. 2000, Kreislaufwirtschafts- und Abfallrecht, S. 597 ff.; *Brandt/Ruchay/Weidemann,* KrW/AbfG, Loseblatt-Kommentar; *Hösel/von Lersner/Wendenburg,* Recht der Abfallbeseitigung des Bundes und der Länder, Loseblatt-Kommentar; *Kloepfer,* Umweltrecht, 2. Aufl. 1998, § 18 Kreislaufwirtschafts- und Abfallrecht, S. 1185 ff.; *Kunig/Paetow/Versteyl,* KrW/AbfG, 1998; *Weidemann,* in: Rengeling (Hrsg.), Handbuch zum europäischen und deutschen Umweltrecht, Bd. II, Besonderes Umweltrecht, § 71 Abfallrecht, Grundlagen, S. 799.

Schrifttum zum Bodenschutzrecht: *Bender/Sparwasser/Engel,* Umweltrecht, 4. Aufl. 2000, Bodenschutzrecht, S. 288 ff.; *Bickel,* Bundes-Bodenschutzgesetz, 1999; *Schmidt,* Einführung in das Umweltrecht, 5. Aufl. 1999, § 6 VIII Bodenschutz, S. 186 ff.

I. Polizeirecht und Umweltrecht

1. Prozeß der Ausdifferenzierung des Polizeirechts

Der **Begriff „Umweltrecht"** ist ein Kind der siebziger Jahre des 20. Jahrhunderts, doch liegen die Wurzeln des modernen Umweltrechts im Polizeirecht des 19. Jahrhunderts. Die in der ersten Hälfte des 19. Jahrhunderts einsetzende Industrialisierung führte zu völlig neuen Gefahren. Der damalige Polizeistaat, der seine Bürger für die Vorenthaltung politischer Freiheitsrechte mit der weitgehenden Freiheit des Wirtschaftens, insbesondere der Gewerbefreiheit „entschädigte",[1] hielt sich indes bei der Bekämpfung der mit der Industrialisierung einher gehenden Gefahren zunächst zurück. Die diesbezügliche Gefahrenabwehr war im wesentlichen Sache des Zivilrechts, d. h. der Grundeigentümer konnte gegen gewerbliche Unternehmungen auf dem Nachbargrundstück mit einer Abwehrklage vorgehen. War staatliches Handeln unausweichlich, so konnte sich die zuständige Behörde auf die Generalklausel des § 10 II 17 des prALR stützen.[2] 1

Im Zuge der weiteren rasanten industriellen Entwicklung reichte aber der zivilrechtliche Grundstücksnachbarschutz nicht mehr aus. Der Staat war gefordert, bei der Zulassung gewerblicher Anlagen durch behördliche Entscheidung einen **Interessenausgleich** herbeizuführen. Mochte das anfänglich über eine Duldungsverfügung auf der Grundlage der polizeilichen Generalklausel gelingen, so wurde bald gesetzgeberisches Handeln notwendig. Mit der preußischen Allgemeinen Gewerbeordnung von 1845 schlug die Geburtsstunde des Umweltrechts, das von nun an Teil des öffentlichen Rechts war.[3] Bestimmte lästige Anlagen wurden einer Genehmigungspflicht unterworfen. Bei der Beurteilung der Genehmigungsfähigkeit nach § 29 Abs. 1 PrAllgGewO war zu berücksichtigen, ob die geplante Anlage mit „erheblichen Nachteilen, Gefahren oder Belästigungen für die Nachbarn oder das Publikum überhaupt verbunden ist". Die preußische Gewerbeordnung ging 1869 auf in der Gewerbeordnung des Norddeutschen Bundes und 1871 in der Reichsgewerbeordnung. Nach zahlreichen Novellierungen entstand aus den §§ 16 ff. der Gewerbeordnung das Bundes-Immissionsschutzgesetz von 1974. 2

Der Prozeß der Ausdifferenzierung setzte sich fort 1957 mit dem Wasserhaushaltsgesetz, das als Gefahrenabwehrrecht schädlichen Verunreinigungen des Wassers begegnen soll. Das Atomgesetz von 1959 als spezielles Immissionsschutzrecht differenziert zwischen der absolut gebotenen Gefahrenabwehr und der darüber hinausgreifenden, dem klassischen Polizeirecht fremden Risikovorsorge. Im Jahre 1976 verabschiedete der Bund als Reaktion auf das Artensterben und den Landschaftsverbrauch das für den Naturschutz maßgebliche Bundesnaturschutzgesetz. Das Abfallrecht folgte 1977. Als Abfallbeseitigungsgesetz war es im wesentlichen noch reines Gefahrenabwehrrecht. Das Gesetz über die Vermeidung und Entsorgung von Abfällen des Jahres 1986 ging mit seiner neuen Zielsetzung über die nach wie vor maßgebliche Gefahrenabwehr hinaus. Das Kreislaufwirtschafts- und Abfallgesetz von 1994 stärkt den Vermeidungs- und Verwertungsgedanken, indem es Abfall zum Wirtschaftsgut und damit das Abfallrecht auch zum Wirtschaftsrecht macht. Gleichwohl ist nach wie vor bei der erforderlich bleibenden Beseitigung von Abfällen, insbesondere von überwachungsbedürftigen und besonders überwachungsbedürftigen Abfällen Gefahrenabwehr gefordert. Im Jahre 1990 trat das Gentechnikgesetz in Kraft, das als Gefahrstoffrecht ausgerichtet ist auf die Abwehr von Gefahren, die von gentechnisch behandelten Genen oder Organismen auf die Umwelt ausgehen können. Wie das Atomgesetz greift es mit der Risikovorsorge über die herkömmliche Gefahrenabwehr hinaus. Das Umweltmedium Boden wird schließlich mit 3

[1] Vgl. A Rdn. 29.
[2] Vgl. A Rdn. 20.
[3] Vgl. *Kloepfer,* in: Rengeling, § 7 Rdn. 3.

dem Bundes-Bodenschutzgesetz des Jahres 1999 unter Schutz gestellt. Es enthält als besonderes Polizeirecht ausdrücklich Pflichten zur Gefahrenabwehr. Auch im nunmehr unter das Bodenschutzrecht fallenden Altlastenrecht bleibt das klassische Polizeirecht von Bedeutung.

4 Zusammenfassend läßt sich sagen, daß das Recht der Gefahrenabwehr, mithin das klassische Polizeirecht, in der jeweiligen ausdifferenzierten Rechtsmaterie von maßgeblicher Bedeutung bleibt, sei es, daß die Begrifflichkeit des Polizeirechts übernommen worden ist, sei es, daß die klassischen Kategorien der Gefahr und der Störerverantwortlichkeit ergänzende Anwendung finden.

2. Prinzipien des Umweltrechts

5 Das Umweltrecht zielt darauf ab
- dem Menschen eine Umwelt zu sichern, die es ihm ermöglicht, ein gesundes Leben und ein menschenwürdiges Dasein zu führen,
- die Umweltgüter sowie die Pflanzen- und Tierwelt vor nachteiligen Eingriffen durch Menschen zu schützen und
- bereits eingetretene Schäden oder Nachteile aus Umwelteingriffen weitestgehend zu beseitigen.[4]

6 Die Verwirklichung dieser **Ziele** will das Umweltrecht auf der Basis von vier Prinzipien erreichen, dem Gefahrenabwehr-, Vorsorge-, Verursacher- und Kooperationsprinzip.[5]

a) Gefahrenabwehrprinzip

7 Beim Gefahrenabwehr- oder Schutzprinzip geht es um die **Abwehr von Gefahren für Leib, Leben, Gesundheit und Umwelt,** z. B. von drohenden Explosionen, Bränden, Überschwemmungen etc., aber auch von schwerwiegenden Beeinträchtigungen von Menschen, Tieren oder Pflanzen durch Schadstoffe, die die zentralen Umweltgüter Luft, Boden und Wasser verunreinigen.[6] Ist insoweit von Gefahr die Rede, ist die Gefahr i. S. des klassischen Polizeirechts gemeint. Indes erfaßt das Gefahren- bzw. Schutzprinzip des Umweltrechts – im Gegensatz zum polizeirechtlichen Gefahrenbegriff – auch die Abwehr von erheblichen Nachteilen und Belästigungen.

b) Vorsorgeprinzip

8 Beim Vorsorgeprinzip geht es um den **vorausschauenden, vorbeugenden Schutz vor Umweltgefahren.** Das Prinzip hat zwei Bestandteile, den sicherheitsrechtlichen der Risikovorsorge und den bewirtschaftungsrechtlichen der Ressourcenvorsorge.[7] Letztere hält Optionen offen, damit auch künftige Generationen den Zugang zu den knapper werdenden Umweltgütern Luft, Boden und Wasser behalten.[8]

9 Risikovorsorge greift über die klassische Gefahrenabwehr hinaus, die die konkrete Gefahr zur Voraussetzung hat. Risiko- bzw. Gefahrenvorsorge erstreckt sich auf das **Vorfeld der konkreten Gefahr.** Gegenstand ist die noch nicht bestehende Gefahr. Gefahrenvorsorge will damit Risiken, die sich zur Gefahr entwickeln können, entgegensteuern.[9] War im klassischen Polizeirecht der letztmögliche Einschreitenszeitpunkt zur Gefahrenabwehr der rechtmäßige, so ist dieser Zeitpunkt im Umweltrecht wegen des möglichen Schadensausmaßes und der unkalkulierbaren, eine Vielzahl von Menschen bedrohenden Folgen so weit nach vorn verschoben worden, daß die Möglichkeit der Schadensverhütung besteht. Die Sicherheitsdogmatik des Umweltrechts geht damit von einem dreistufi-

---

[4] Umweltprogramm der BReg. 1971, BT-Drs. 6/2710, S. 6.

[5] Vgl. *Bender/Sparwasser/Engel,* 1/78 ff.; *Kloepfer,* Umweltrecht, § 4 Rdn. 10, zählt die Gefahrenabwehr zum Vorsorgeprinzip; vgl. auch *Schmidt,* Einführung, § 1 Rdn. 6 ff.

[6] Vgl. *Bender/Sparwasser/Engel,* 1/79.

[7] Vgl. *Kloepfer,* Umweltrecht, § 4 Rdn. 9.

[8] Vgl. *Bender/Sparwasser/Engel,* 1/81; *Kloepfer,* Umweltrecht, § 4 Rdn. 5 f. S. auch Art. 20 a GG.

[9] Vgl. *Kloepfer,* Umweltrecht, § 4 Rdn. 12.

gen Modell aus, das Gefahrenabwehr, Risikovorsorge und hinzunehmendes Restrisiko voneinander trennt.[10]

10 Im Polizeirecht erleben wir seit etwa 20 Jahren eine entsprechende Entwicklung zur Gefahrenvorsorge. Im Rahmen der der Polizei originär übertragenen Aufgabe zur vorbeugenden Bekämpfung von Straftaten löst sich das **„moderne" Polizeirecht** vom Reaktionsmuster des klassischen Polizeirechts. In der heutigen Risikogesellschaft seien die Gefahren und Risiken von neuer Qualität, die das Zuwarten auf die Konkretisierung der Gefahr nicht mehr erlaube; neue Kriminalitätsformen, insbesondere die organisierte Kriminalität, könne nur dann mit Aussicht auf Erfolg bekämpft werden, wenn die Polizei schon im Vorfeld der konkreten Gefahr agieren dürfe, um später sonst nicht mehr reparable Zustände zu verhindern.[11]

c) Verursacherprinzip

11 Das Verursacherprinzip ermöglicht die **Zurechnung von Umweltbeeinträchtigungen.** Es stellt kein reines Kostenzurechnungsprinzip dar,[12] sondern gründet auf der materiellen Verantwortlichkeit, was die Pflichten zur Bekämpfung der Umweltverschmutzung in Gestalt unmittelbarer Verhaltenssteuerung über Gebote, Verbote und Auflagen zeigen.[13]

12 Das Verursacherprinzip geht auf das Polizeirecht zurück. Hier besagt die Theorie der Letztverursachung, daß der als Verursacher gilt, dessen Verhalten die Gefahr unmittelbar entstehen läßt, was durch Überschreiten der Gefahrenschwelle geschieht; erst das führt zur Gefahr im polizeirechtlichen Sinne[14] und macht den Verursacher zum Verhaltensstörer. Insoweit läßt sich die polizeirechtliche Verantwortlichkeit fraglos nicht gänzlich ohne wertende Betrachtung jener Umstände klären, die die Gefahr herbeigeführt haben.[15] Gleichwohl würde das Polizeirecht in der Frage, ob für konsumbezogene Umweltbelastungen der Produzent oder der Konsument oder beide herangezogen werden können, zu eindeutigen Ergebnissen kommen. Verantwortlich für Umweltverschmutzung durch weggeworfene Zeitungen wären weder der Papierhersteller, noch der Zeitungsverleger oder der Zeitungsvertreiber, wohl aber der letzte Leser, der sie weggeworfen hat.[16] Das Umweltrecht will dagegen weiter ausholen und vermischt in „seinem" Verursacherprinzip ökonomisch-zweckrationale und normative Komponenten.[17] Anders könnte es den nach Polizeirecht nicht möglichen Schwenk zur Produktverantwortung, von der Rücknahmepflicht von Verpackungen bis zum Altauto, nicht vollziehen.

d) Kooperationsprinzip

13 Nach diesem Grundsatz soll der Staat im Umweltrecht möglichst umfassend **mit den Betroffenen (Unternehmen, Industrie- und Umweltschutzverbände) zusammenarbeiten.**[18] So können einvernehmlich umweltpolitische Ziele verwirklicht werden. Letztlich besagt das Kooperationsprinzip, daß Umweltschutz besser mit als gegen den oder die Betroffenen gefördert werden kann. Anzuführen sind hier etwa Branchenabsprachen mit der Autoindustrie.

14 Auch das Kooperationsprinzip hat einen Vorläufer im Polizeirecht. So kann der angehörte Betroffene ein sog. Austauschmittel anbieten; also sich mit einer Maßnahme einverstanden erklären, die ihn weniger belastet, aber zum selben polizeilichen Erfolg führt.

---

[10] Vgl. dazu *Kniesel/Müllensiefen* NJW 1999, 2570.
[11] *Sächs. VerfGH* JZ 1996, 959. Zu den polizeirechtlichen Grundsatzfragen vgl. Kap. C und E.
[12] Vgl. *Kloepfer,* Umweltrecht, § 4 Rdn. 29 m. w. N.
[13] Vgl. *Schmidt,* § 1 Rdn. 10.
[14] Vgl. *Drews/Wacke/Vogel/Martens,* Gefahrenabwehr, 9. Aufl. 1986, S. 313.
[15] Vgl. E Rdn. 65; *Würtenberger/Heckmann/Riggert,* Polizeirecht in BW, 4. Aufl. 1999, Rdn. 303.
[16] *Friauf,* in: FS für Börner, 1992, S. 709.
[17] Vgl. *Kloepfer,* Umweltrecht, § 4 Rdn. 35.
[18] Vgl. *Schmidt,* § 1 Rdn. 13; *Bender/Sparwasser/Engel,* 1/94 ff.

3. Instrumente des Umweltrechts

15 Neben den Fachplanungen, dem informalen Handeln, abgabenrechtlichen (Sonderabgaben) und marktwirtschaftlichen Instrumenten bleibt im Umweltrecht das aus dem Polizeirecht stammende **ordnungsrechtliche Instrumentarium** maßgeblich. Anmelde- und Anzeigepflichten, Auskunftspflichten, Sicherungspflichten, das präventive Verbot mit Erlaubnisvorbehalt und das repressive mit Befreiungsvorbehalt, Genehmigungs-, Erlaubnis-, Bewilligungs- und sonstige Gestaltungsverfahren (Eröffnungskontrollen) gehören auch zum klassischen Arsenal des Polizei- und Ordnungsrechts.

II. Gebiete des Umweltrechts

1. Wasserrecht

a) Rechtsgrundlagen

16 Das öffentliche Wasserrecht als älteste Materie des Umweltrechts besteht auf Bundesebene aus zwei Komplexen. Wasserrecht i. w. S. ist einerseits das **Recht des Gewässerschutzes und der Gewässerbewirtschaftung** (Wasserrecht i. e. S.) und andererseits das **Wasserstraßenrecht sowie das Wasserverkehrsrecht.**

17 Das Wasserstraßenrecht ist im Bundeswasserstraßengesetz und ergänzend in den Landeswassergesetzen geregelt. Es geht um die Verkehrs- und Transportfunktion des Wassers. Das Wasserverkehrsrecht, geregelt im Binnenschiffahrtsaufgabengesetz und der Binnenschiffahrtsstraßen-Ordnung, soll die Sicherheit des Schiffsverkehrs auf den schiffbaren Oberflächengewässerns gewährleisten.

18 Das Wasserrecht i. e. S. als Gewässerschutz und -bewirtschaftung ist Gegenstand des Wasserhaushaltsgesetzes (WHG) und ergänzend der Landeswassergesetze. Der Schwerpunkt der Landeswassergesetze besteht aus Vollzugsregelungen; vor allem die wasserpolizeilichen Generalklauseln als Rechtsgrundlagen für Anordnungen zum Schutz des Wasserhaushalts sind hier zu nennen.

19 Das WHG wird ergänzt durch das Abwasserabgabengesetz. Für das Einleiten von Abwasser in ein Gewässer i. S. des WHG ist ein Abgabe zu entrichten, deren Höhe sich am Grad der Schädlichkeit des Abwassers orientiert.

20 Die öffentliche Abwasserbeseitigung wie die öffentliche Wasserversorgung, insbesondere mit Trinkwasser ist pflichtige Selbstverwaltungsaufgabe der Kommunen. Die Qualität des Trinkwassers ist Gegenstand der auf das Bundesseuchengesetz und das Lebensmittelgesetz gestützten Trinkwasserverordnung.

21 **Fundstellen:**

- Bundeswasserstraßengesetz i. d. F. der Bek. v. 4. 11. 1998 (Kloepfer, Nr. 260),
- Binnenschiffahrtsaufgabengesetz i. d. F. der Bek. v. 4. 8. 1986 (Kloepfer, Nr. 265),
- Binnenschiffahrtsstraßen-Ordnung v. 8. 10. 1998 (Kloepfer, Nr. 267),
- Wasserhaushaltsgesetz i. d. F. der Bek. v. 12. 11. 1996 (Kloepfer, Nr. 200),
- Abwasserabgabengesetz i. d. F. der Bek. v. 3. 11. 1994 (Kloepfer, Nr. 245),
- Trinkwasserverordnung i. d. F. der Bek. v. 5. 12. 1990 (Kloepfer, Nr. 527),
- Abwasserverordnung i. d. F. der Bek. v. 9. 2. 1999 (Kloepfer, Nr. 206),
- Landeswassergesetze:
  - Wassergesetz für Baden-Württemberg i. d. F. der Bek. v. 1. 7. 1988, GBl. S. 269;
  - Bayerisches Wassergesetz i. d. F. der Bek. v. 19. 7. 1994, GVBl. S. 822;
  - Berliner Wassergesetz i. d. F. der Bek. v. 3. 3. 1989, GVBl. S. 605;
  - Brandenburgisches Wassergesetz v. 13. 7. 1994, GVBl. I S. 302;
  - Bremisches Wassergesetz i. d. F. der Bek. v. 26. 2. 1991, GBl. S. 65;
  - Hamburgisches Wassergesetz v. 20. 6. 1960, GVBl. I S. 335;
  - Hessisches Wassergesetz i. d. F. der Bek. v. 22. 1. 1990, GVBl. I S. 114;
  - Wassergesetz des Landes Mecklenburg-Vorpommern v. 30. 11. 1992, GVBl. S. 669;
  - Niedersächsisches Wassergesetz i. d. F. der Bek. v. 20. 8. 1990, GVBl. S. 371;

- Wassergesetz für das Land Nordrhein-Westfalen i. d. F. der Bek. v. 25. 6. 1995, GV NW S. 926;
- Wassergesetz für Rheinland-Pfalz i. d. F. der Bek. v. 14. 12. 1990, GVBl. 1991, S. 11;
- Saarländisches Wassergesetz i. d. F. der Bek. v. 11. 12. 1989, Abl. S. 1641;
- Sächsisches Wassergesetz v. 23. 2. 1993, GVBl. S. 201;
- Wassergesetz für das Land Sachsen-Anhalt v. 31. 8. 1993, GVBl. S. 477;
- Wassergesetz des Landes Schleswig-Holstein i. d. F. der Bek. v. 7. 2. 1992, GVOBl. S. 81;
- Thüringer Wassergesetz v. 10. 5. 1994, GVBl. S. 445.

b) Wasserhaushaltsgesetz im Überblick

Nach der einleitenden Bestimmung des § 1 zum sachlichen Geltungsbereich (oberirdische Gewässer, Küstengewässer, Grundwasser) folgen gemeinsame Bestimmungen für die Gewässer in den §§ 1a–22 (wasserrechtliche Eröffnungsklauseln, alte Rechte und alte Benutzungen, Ausgleichsverfahren, Abwasserbeseitigungspläne und Abwasseranlagen, Wasserschutzgebiete, Rohrleitungen, Anlagen zum Lagern, Abfüllen und Umschlagen wassergefährdender Stoffe, Entschädigung, Überwachung, Betriebsbeauftragte für Gewässerschutz, Gefährdungshaftung). In §§ 23–32 sind besondere Bestimmungen für oberirdische Gewässer enthalten (erlaubnisfreie Benutzungen, Reinhaltung, Unterhaltung und Ausbau; Überschwemmungsgebiete), in den §§ 32a und 32b besondere Bestimmungen für Küstengewässer und in den §§ 33–35 besondere Bestimmungen für das Grundwasser. Die §§ 36 und 37 regeln die wasserwirtschaftliche Planung und das Wasserbuch und der abschließende § 41 enthält einen Katalog von Ordnungswidrigkeiten. 22

c) Überwachung, Zuständigkeiten

Die Wasserwirtschaft einschließlich des Gewässerschutzes unterliegt hoheitlicher Gewässeraufsicht. Im WHG sind keine diesbezüglichen Regelungen enthalten, da es sich insoweit um in die Länderhoheit fallendes Polizei- und Ordnungsrecht handelt. So regeln denn die Landeswassergesetze im einzelnen die Kompetenzen der Überwachungsbehörden. Das sind die im jeweiligen Bundesland zuständigen Wasserbehörden, die die Stellung von Polizei- und Ordnungsbehörden haben und im Rahmen ihrer Aufgaben polizeiliche Befugnisse nach Maßgabe der Landeswasser- und Polizeigesetze einsetzen können. 23

Die Gewässerüberwachung durch die Wasserbehörden ist dreistufig organisiert. Oberste Wasserbehörde ist in den meisten Bundesländern das Umweltministerium. Obere Wasserbehörden sind die Bezirksregierungen (Regierungspräsidien). Daneben bestehen wasserwirtschaftliche Fachbehörden (Landesämter für Wasserwirtschaft). Untere Wasserbehörden sind die Kreise bzw. kreisfreien Städe oder staatliche Verwaltungsbehörden (Wasserwirtschaftsämter). Daneben ist die Eilfallzuständigkeit der allgemeinen Polizei- bzw. Ordnungsbehörden gegeben.[19] 24

Als Rechtsgrundlage für Anordnungen zum Schutze der Gewässer, insbesondere für Untersagungs-, Beseitigung- und Sanierungsverfügungen sowie für Maßnahmen der Gefahrenforschung kann entweder die – soweit vorgesehen – wasserpolizeiliche Generalklausel des einschlägigen Landeswassergesetzes[20] oder die subsidiär anwendbare polizei- und ordnungsrechtliche Generalklausel[21] herangezogen werden. Auf dieser Grundlage kann die zuständige Wasserbehörde als Landesordnungsbehörde[22] repressiv einschreiten, wenn ein Gewässer unbefugt genutzt wird (§ 3 WHG), ein Gewässer ohne Planfeststellung oder Plangenehmigung ausgebaut wird (§ 31 WHG) oder gegen Gebote oder Verbote zur Reinhaltung der Gewässer verstoßen wird. 25

Letzteres ist insbesondere der Fall, wenn durch einen Unfall eines Tankfahrzeugs, technisches Versagen, fehlerhafte Bedienung oder zeitbedingten Verfall einer ortsgebundenen Tankanlage Öl, Benzin oder ein anderer wassergefährdender Stoff ausläuft und in ein Ge- 26

---

[19] Vgl. Art. 3 BayPAG; § 1 Abs. 2 NdsGefAG.
[20] Vgl. Art. 68a Abs. 1 BayWG; §§ 74 Abs. 3, 77 HessWG; § 94 Abs. 3 SächsWG.
[21] Vgl. § 138 S. 3 NWWassG.
[22] Vgl. § 138 S. 1 NWWassG.

wässer oder in den Boden eindringt.[23] Für Anordnungen der Wasserbehörde reicht die formelle Illegalität einer Handlung oder Anlage aus.

2. Immissionsschutzrecht

a) Rechtsgrundlagen

27 Im öffentlichen Immissionsschutzrecht geht es um **Luftreinhaltung und Lärmbekämpfung.** Mittelpunkt ist das Bundes-Immissionsschutzgesetz (BImSchG) als allgemeines Immissionsschutzrecht. Spezialbereiche des Immissionsschutzes sind das Fluglärmgesetz und das Benzinbleigesetz. Das BImSchG wird ergänzt durch inzwischen 28 Rechtsverordnungen. Besonders wichtig sind die 4. BImSchV über genehmigungsbedürftige Anlagen, die 9. BImSchV über das Genehmigungsverfahren, die 12. BImSchV über Störfälle und die 13. BImSchV über Großfeuerungsanlagen.

28 Zum Immissionsschutzrecht zählen, auch wenn es sich nicht um Rechtsnormen handelt, die jeweils als Verwaltungsvorschriften ergangenen Technischen Anleitungen zur Reinhaltung der Luft (TA Luft) und zum Schutz gegen Lärm (TA Lärm). Diese sind normkonkretisierende Verwaltungsvorschriften, die auf naturwissenschaftlich fundierter Expertise beruhen und gemäß § 48 BImSchG in einem besonderen Verfahren erlassen werden.

29 Die Landes-Immissionsschutzgesetze haben infolge des weiten Regelungsbereiches des BImSchG nur den handlungsbezogenen (im Gegensatz zum anlagenbezogenen Immissionsschutz des BImSchG) zum Gegenstand. Das sind im wesentlichen die Vorschriften zum Schutz der Nachtruhe, über Geräuschbelästigungen bei Benutzung und Betrieb von Kraftfahrzeugen, über den Gebrauch von Rasenmähern und Gartenmaschinen, über die Benutzung von Tonwiedergabegeräten, über das Abbrennen von Feuerwerken und Feuerwerkskörpern oder über die Tierhaltung. Entsprechende Regelungen sind in Lärmbekämpfungsverordnungen auf der Grundlage der Landes-Immissionsschutzgesetze ergangen. Auch die im polizeilichen Alltag relevanten Bestimmungen des Gaststättengesetzes sowie die ergänzenden landesrechtlichen Vorschriften zur Sperrzeit gehören zum handlungsbezogenen Immissionsschutz. Zum Immissionsschutz zu zählen sind auch die auf der Basis des BImSchG ergangenen Smog-Verordnungen der Länder.

30 **Fundstellen:**

- Bundes-Immissionsschutzgesetz i. d. F. der Bek. v. 14. 5. 1990 (Kloepfer, Nr. 600), mit 1.–28. Durchführungsverordnung (Beck Texte, BImSchG), 4. Aufl. 1999, S. 49 ff.,
- Fluglärmgesetz v. 2. 4. 1971 (Kloepfer, Nr. 820),
- Benzinbleigesetz v. 5. 8. 1971 (Kloepfer, Nr. 710),
- TA Luft v. 27. 2. 1986 (Kloepfer, Nr. 601),
- TA Lärm v. 26. 8. 1998 (Kloepfer, Nr. 606),
- Landes-Immissionsschutzgesetze:
  - Bayerisches Immissionsschutzgesetz v. 8. 10. 1974, GVBl. S. 499,
  - Brandenburgisches Vorschaltgesetz zum Immissionsschutz v. 3. 3. 1992, GVBl. I S. 78,
  - Bremisches Gesetz zum Schutze vor Luftverunreinigungen, Geräuschen und Erschütterungen v. 30. 6. 1970, GBl. S. 71,
  - Hessisches Gesetz über die Ermächtigung zur Bestimmung von Zuständigkeiten nach dem BImSchG v. 4. 9. 1974, GVBl. I S. 402,
  - Nordrhein-westfälisches Gesetz zum Schutz vor Luftverunreinigungen, Geräuschen und ähnlichen Umwelteinwirkungen v. 18. 3. 1975, GV NW S. 232,
  - Rheinland-pfälzisches Gesetz zum Schutz vor Luftverunreinigungen, Geräuschen und Erschütterungen v. 28. 7. 1966, GVBl. S. 211,
  - Sächsisches Ausführungsgesetz zum BImSchG und zum Benzinbleigesetz v. 4. 7. 1994, GVBl. S. 1281.
- Smogverordnungen der Länder: Nachweise bei Kloepfer, Umweltschutz, § 145, S. 990, Fn. 364.

---

[23] Vgl. *Breuer,* in: Rengeling, § 66 Rdn. 106.

b) Bundes-Immissionsschutzgesetz im Überblick

Im Ersten Teil des BImSchG finden sich allgemeine Bestimmungen: 31

- § 1 Zweck des Gesetzes; Schutzgegenstand und Schutzzweck (Gefahrenabwehr und Vorsorge)
- § 2 Sachlicher Geltungsbereich; Objekte und Tätigkeiten, insbesondere Errichtung und Betrieb von Anlagen, Herstellung, Inverkehrbringen und Einfuhr von Anlagen, Treib- und Brennstoffen; Beschaffenheit und Betrieb von Kraft-, Schienen-, Luft- und Wasserfahrzeugen; Bau öffentlicher Straßen und Schienenwege
- § 3 Begriffsbestimmungen; insbesondere: schädliche Umwelteinwirkungen = Immissionen, die nach Art, Ausmaß und Dauer geeignet sind, Gefahren, erhebliche Nachteile oder erhebliche Belästigungen für die Allgemeinheit oder die Nachbarschaft herbeizuführen; bei Immissionen geht es um das „Einwirken" auf einen Adressaten, bei Emissionen steht die Quelle (Anlage) im Vordergrund, von der etwa Luftverunreinigungen ausgehen; Definition der Anlagen = Betriebsstätten und sonstige ortsfeste Einrichtungen; Maschinen, Geräte etc.; Grundstücke, auf denen Stoffe gelagert oder abgelagert oder Arbeiten durchgeführt werden, die Emissionen verursachen können.

Der Zweite Teil hat den anlagenbezogenen Immissionsschutz zum Gegenstand: 32

- im Ersten Abschnitt werden die genehmigungsbedürftigen Anlagen geregelt, §§ 4–21; diese sind in der 4. BImSchV abschließend genannt (z. B. Kraftwerke, größere Feuerungsanlagen, Hochöfen, Zementwerke, chemische Produktionsanlagen, Müllverbrennungsanlagen)
- im Zweiten Abschnitt geht es um nicht genehmigungsbedürftige Anlagen §§ 22–25 (z. B. Handwerksbetriebe, Windkraftanlagen, Autowaschstraßen, Tankstellen, Schrottplätze, chemische Abfallaufbereitungsanlagen, Kinderspielplätze, Sportstadien)
- der Dritte Abschnitt befaßt sich mit der Ermittlung von Emissionen und Immissionen, sicherheitstechnischen Prüfungen und dem Technischen Ausschuß für Anlagensicherheit §§ 26–31 a.

Der Dritte Teil hat den produktbezogenen Immissionsschutz zum Gegenstand: Be- 33
schaffenheit von Anlagen, Stoffen, Erzeugnissen, Brennstoffen, Treibstoffen und Schmierstoffen, §§ 32–37.

Im Vierten Teil ist der verkehrsbezogene Immissionsschutz geregelt: Beschaffenheit 34
und Betrieb von Fahrzeugen, Bau und Änderung von Straßen und Schienenwegen, §§ 38–43.

Der Fünfte Teil handelt vom gebietsbezogenen Immissionsschutz: Überwachung der 35
Luftverunreinigung, Luftreinhaltepläne und Lärmminderungspläne; §§ 44–47 a.

Der Sechste Teil enthält gemeinsame Bestimmungen, insbesondere § 48, der die Bun- 36
desregierung zum Erlaß allgemeiner Verwaltungsvorschriften ermächtigt, in denen Immissionswerte bestimmt werden, die i. S. der Zwecksetzung des § 1 nicht überschritten werden dürfen (TA Luft; TA Lärm); geregelt werden ferner die Überwachung der Durchführung immissionsrechtlicher Bestimmungen (§ 52) und die Bestellung des Betriebsbeauftragten für Immissionsschutz, (§§ 53–58). Der Katalog einschlägiger Ordnungswidrigkeiten ist in § 62 enthalten.

c) Überwachung, Zuständigkeiten

Das BImSchG unterteilt die Überwachung in die behördliche nach § 52 und die Ei- 37
genüberwachung der Betreiber nach §§ 53–58 d sowie die Ermittlung von Emissionen und Immissionen nach den §§ 26–31 a.

Die Behördenzuständigkeit folgt aus Zuständigkeits-Verordnungen der Länder. Regel- 38
mäßig sind die für die Genehmigung und nachträgliche Anordnungen zuständige Behörden auch für die Überwachung zuständig. Das sind die allgemeinen Verwaltungsbehörden bzw. besondere staatliche Behörden (Gewerbeaufsichtsämter).

3. Atomrecht

a) Rechtsgrundlagen

39 Das Atom- und Strahlenschutzrecht als spezielles Immissionsschutzgesetz soll den Schutz von Leben, Gesundheit und Sachgütern vor den **Gefahren der Kernenergie und der schädlichen Wirkung ionisierender Strahlen** gewährleisten.

40 Das Atom- und Strahlenschutzrecht besteht aus dem Atomgesetz mit seinen Durchführungsverordnungen, der Strahlenschutzverordnung mit ergänzenden Bestimmungen über die Verwendung von Kernbrennstoffen und sonstigen radioaktiven Stoffen und der Röntgenverordnung. Das Strahlenschutzvorsorgegesetz hat die Überwachung der Radioaktivität und verschiedene Maßnahmen zum vorsorgenden Schutz der Bevölkerung gegen Strahlenbelastung zum Gegenstand. Eine geplante Novelle zum Atomgesetz sieht die geordnete Beendigung der gewerblichen Nutzung der Kernenergie zur Stromerzeugung und das Auslaufen der Betriebsgenehmigungen der derzeit aktiven Kernkraftwerke vor.

41 **Fundstellen:**
- Atomgesetz i. d. F. der Bek. v. 15. 7. 1985 (Kloepfer, Nr. 900),
- Strahlenschutzverordnung i. d. F. der Bek. v. 30. 6. 1989 (Kloepfer, Nr. 915),
- Röntgenverordnung v. 8. 1. 1987 (Kloepfer, Nr. 926),
- Strahlenschutzvorsorgegesetz v. 19. 12. 1986 (Kloepfer, Nr. 935).

b) Atomgesetz im Überblick

42 Im Ersten Abschnitt finden sich Allgemeine Vorschriften zur Zweckbestimmung des Gesetzes (§ 1) und Begriffsbestimmungen (§ 2). Der Zweite Abschnitt regelt die Überwachungsbestimmungen und die Genehmigungserfordernisse (§§ 3–12), die Deckungsvorsorge (§§ 13–15), Ermächtigungen für inhaltliche Beschränkungen, Auflagen und Widerruf (§ 17), Entschädigung (§ 18), staatliche Aufsicht (§ 19) und Kosten (§ 21). Im Dritten Abschnitt (§§ 22–24) finden sich die Bestimmungen zu den Zuständigkeiten der Verwaltungsbehörden (Bundesamt für Strahlenschutz). Der Vierte Abschnitt regel detailliert Haftungsfragen (§§ 25–40). Der Fünfte Abschnitt enthält die Bußgeldtatbestände (§ 46) und der Sechste die Schlußvorschriften.

c) Überwachung, Zuständigkeiten

43 Der staatlichen Aufsicht unterliegen nach § 19 Abs. 1 AtG
- der Umgang und Verkehr mit radioaktiven Stoffen,
- der Betrieb und Besitz von Anlagen,
- der Umfang und Verkehr mit Anlagen, Geräten und Vorrichtungen,
- die Beförderung von Stoffen, Anlagen, Geräten und Vorrichtungen.

Rechtsgrundlage für Aufsichtsmaßnahmen ist § 19 Abs. 3 AtG.

44 Das atomrechtliche Genehmigungsverfahren wird gemäß § 24 Abs. 1 AtG von den Ländern im Auftrag des Bundes durchgeführt; zuständig ist nach § 24 Abs. 2 AtG die vom jeweiligen Land bestimmte oberste Landesbehörde (i. d. R. das Umweltministerium).

45 Das Bundesamt für Strahlenschutz in Salzgitter als Bundesoberbehörde ist zuständig für Errichtung und Betrieb von Endlagern des Bundes für radioaktive Abfälle, die Genehmigung des Transports und der Lagerung von Kernbrennstoffen sowie die Überwachung der Umwelt-Radioaktivität. Über die Ein- und Ausfuhr von Kernbrennstoffen entscheidet das Bundesausfuhramt.

46 Nach § 3 Abs. 1 StrVG ermitteln die Länder im Rahmen der Überwachung der Umweltradioaktivität die Radioaktivität insbesondere von Lebensmitteln, Tabakerzeugnissen, Futtermitteln und Trinkwasser.

4. Abfallrecht

a) Rechtsgrundlagen

Im Mittelpunkt des Abfallrechtes steht das Gesetz zur Förderung der Kreislaufwirtschaft und Sicherung der umweltverträglichen Beseitigung von Abfällen (Kreislaufwirtschafts- und Abfallgesetz/KrW/AbfG). War das klassische Abfallrecht reines Gefahrenabwehrrecht, so ist das moderne „Abfall"recht zugleich Wirtschaftsrecht und spezielles Ordnungsrecht. Mit dem KrW/AbfG und seinem weiten Abfallbegriff soll erreicht werden, daß **Abfälle überhaupt vermieden** und, wenn nicht vermeidbar, verwertet, d. h. im Wirtschaftskreislauf gehalten werden. Abfall wird zum Wirtschaftsgut. Nur wenn Abfälle nicht verwertet werden können oder dürfen, kommt mit der **Beseitigungspflicht** das klassische Ordnungsrecht zum Tragen. 47

Das Gesetz über die Überwachung und Kontrolle der grenzüberschreitenden Verbringung von Abfällen (Abfallverbringungsgesetz) ist weitere Rechtsquelle des Abfallrechts neben zahlreichen Bundesrechtsverordnungen wie der Bioabfallverordnung, der Verpackungsverordnung, der Altölverordnung, Altautoverordnung und der Batterieverordnung. 48

Zum Abfallrecht zählen weiter als allgemeine Verwaltungsvorschriften die Technischen Anleitungen TA Abfall und TA Siedlungsabfall. 49

Zum Abfallrecht gehören weiter die das KrW/AbfG ergänzende Landesabfallgesetze sowie die kommunalen Abfallwirtschaftssatzungen, die den Anschluß- und Benutzungszwang für den Restmüll enthalten und die Einzelheiten der Beseitigung vor Ort regeln. 50

Fundstellen: 51
- Kreislaufwirtschafts-/Abfallgesetz v. 27. 9. 1994 (Kloepfer, Nr. 300),
- Abfallverbringungsgesetz v. 30. 9. 1994 (Kloepfer, Nr. 350),
- Bioabfall VO v. 21. 9. 1998 (Kloepfer, Nr. 335),
- Verpackungs VO v. 21. 8. 1998 (Kloepfer, Nr. 330),
- Altöl VO v. 27. 10. 1987 (Kloepfer, Nr. 338),
- Altauto VO v. 4. 7. 1997 (Kloepfer, Nr. 332),
- Batterie VO v. 27. 3. 1998 (Kloepfer, Nr. 333),
- TA Abfall v. 12. 3. 1991 (Kloepfer, Nr. 302),
- TA Siedlungsabfall v. 14. 5. 1993 (Kloepfer, Nr. 303).

b) Kreislaufwirtschafts-/Abfallgesetz im Überblick

Der Erste Teil enthält Allgemeine Vorschriften. Nach § 1 ist Zweck des Gesetzes die Förderung der Kreislaufwirtschaft zur Schonung der natürlichen Ressourcen und die Sicherung der umweltverträglichen Beseitigung von Abfällen. § 2 regelt den Anwendungsbereich und § 3 die Begriffe, insbesondere den erweiterten Abfallbegriff, unter den nunmehr auch Abfälle zur Verwertung fallen. 52

Im Zweiten Teil sind die Grundsätze und Pflichten der Erzeuger und Besitzer von Abfällen sowie der Entsorgungsträger geregelt (§§ 4–21), insbesondere die Pflichtenhierarchie Vermeidung, Verwertung und Beseitigung von Abfällen. 53

Der Dritte Teil befaßt sich in den §§ 22–26 mit der Produktverantwortung. Als Ausdruck des Verursacherprinzips ist der Hersteller, Be- und Verarbeiter oder Vertreiber eines Produkts dafür verantwortlich, daß Produkte möglichst so gestaltet werden, daß bei Herstellung und Gebrauch das Entstehen von Abfällen vermindert wird und die umweltverträgliche Verwertung und Beseitigung der nach dem Gebrauch entstehenden Abfälle gewährleistet ist. Nach § 23 können die Produktverantwortung konkretisierende Rechtsverordnungen erlassen werden (Verpackungsverordnung als Grundlage des DSD). 54

Der Vierte Teil hat die Ordnung und Planung der Abfallwirtschaft und das Recht der Anlagenzulassung (Abfallbeseitigungsanlagen) zum Gegenstand (§§ 27–36). Im Fünften Teil sind die Pflichten der öffentlichen Hand geregelt (§ 37) und im Sechsten Teil Informationspflichten (§§ 38, 39). Der Siebte Teil ordnet die Überwachung: die allgemeine 55 behördliche Überwachung, die Überwachung besonders überwachungsbedürftiger Abfälle sowie die Transport- und Vermittlungsgenehmigungen, (§§ 40–52). Im Achten Teil geht es um die Betriebsorganisation und den Beauftragten für Abfall (§§ 53–55). Im Neunten Teil sind die Schlußbestimmungen, insbesondere die Bußgeldtatbestände enthalten (§§ 56–64).

c) Überwachung, Zuständigkeiten

56 Die Überwachung nach § 40 Abs. 1 S. 1 durch die zuständigen Behörden (vgl. § 63[24]) ist auf alle Phasen der Kreislaufwirtschaft und der Abfallbeseitigung gerichtet und schließt alle Abfallarten ein. Der weite Einzugsbereich der Überwachung hat zwangsläufig Überlappungen mit den Zuständigkeiten anderer Behörden zur Folge, insbesondere beim Immissions- und Gewässerschutz. Dann ist von einer Parallelzuständigkeit auszugehen, d. h. der Zuständigkeitsbereich anderer Behörden wird durch § 40 Abs. 1 nicht geschmälert.[25]

57 Die Pflichten nach § 40 bestehen kraft Gesetzes, d. h. die Überwachung stellt in ihrer Durchführung keinen Verwaltungsakt, sondern schlichthoheitliches Handeln dar;[26] kommt aber ein Verpflichteter einer Anordnung der zuständigen Behörde nicht nach, so ist eine Konkretisierungs seiner Duldungspflicht durch Verfügung erforderlich. Dafür bietet die Generalklausel des § 21 Abs. 1 die Ermächtigungsgrundlage. Dieser Auffangtatbestand gibt der zuständigen Behörde die Befugnis zu belastenden Anordnungen für alle die Fälle, für die das KrW/AbfG oder eine seiner Rechtsverordnungen keine ausdrückliche Ermächtigungsgrundlage vorsieht.[27]

5. Bodenschutzrecht

a) Rechtsgrundlagen

58 Das Umweltprogramm der Bundesregierung aus dem Jahre 1971[28] verstand Umweltpolitik als Gesamtheit aller Maßnahmen, die erforderlich sind, um **Boden, Luft und Wasser vor nachteiligen Wirkungen menschlicher Eingriffe zu schützen.** War das Umweltmedium Wasser bereits seit 1957 durch das Wasserhaushaltsgesetz, die Luft durch das Bundesimmissionsschutzgesetz seit 1974 geschützt, so wurde das Umweltmedium Boden erst durch das Bundes-Bodenschutzgesetz vom 17. 3. 1998 unter Schutz gestellt.

59 Zum Bodenschutzrecht gehören neben dem Bundes-Bodenschutzgesetz die Bodenschutz- und Altlastenverordnung sowie die inzwischen teilweise geschaffenen Landesbodenschutzgesetze.

60 **Fundstellen:**
- Bundes-Bodenschutzgesetz v. 17. 3. 1998 (Kloepfer, Nr. 130),
- Bundes-Bodenschutz- und Altlastenverordnung v. 12. 7. 1999 (Kloepfer, Nr. 131),
- Landesbodenschutzgesetze:
  - Bayerisches Bodenschutzgesetz v. 23. 2. 1999, GVBl. S. 36 ff.,
  - Niedersächsisches Bodenschutzgesetz v. 19. 2. 1999, GVBl. S. 46 ff.,
  - Sächsisches Bodenschutzgesetz seit 1. 3. 1999, GVBl. S. 256 ff.,
  - Thüringer Bodenschutzgesetz seit 22. 5. 1999, GVBl. S. 267 ff.

b) Bundes-Bodenschutzgesetz im Überblick

61 Der Erste Teil enthält die Allgemeinen Vorschriften zum Zweck und zu den Grundsätzen des Gesetzes, zu den Begriffsbestimmungen und zum Anwendungsbereich. Gesetzeszweck im engeren Sinne ist die nachhaltige Sicherung oder Wiederherstellung der Bodenfunktionen; weiter geht es um die Abwehr schädlicher Bodenveränderungen, die

---

24 Vgl. dazu den Nachweis bei *Kunig/Paetow/Versteyl,* § 63 Rdn. 3.
25 Vgl. *Kunig/Paetow/Versteyl,* § 40 Rdn. 11.
26 Vgl. *Kunig/Paetow/Versteyl,* § 40 Rdn. 12.
27 Vgl. *Kunig/Paetow/Versteyl,* § 21 Rdn. 6.
28 BT-Drs. 6/2710, S. 6.

Sanierung von Boden und Altlasten einschließlich der dadurch verursachten Gewässerverunreinigungen und die Vorsorge gegen nachteilige Einwirkungen auf den Boden. Im Rahmen der Begriffsbestimmungen werden schädliche Bodenveränderungen, die Verdachtsflächen, die Altlasten und die altlastenverdächtigen Flächen definiert.

Im Zweiten Teil (§§ 4–10) sind die Pflichten zur Gefahrenabwehr, die Entsiegelungs- 62
pflicht, die Vorsorgepflicht sowie die Bestimmungen zur Gefährdungsabschätzung und Untersuchungsanordnungen enthalten. Von besonderer Bedeutung sind die im Rahmen der Pflichten zur Gefahrenabwehr in § 4 geregelten Störerbestimmungen, die über die Adressaten des klassischen Polizei- und Ordnungsrechts hinausgehen. Als Adressaten der bodenschutzrechtlichen Grundpflichten können herangezogen werden

- der Verursacher, § 4 Abs. 3 S. 1,
- der Eigentümer und Inhaber der tatsächliche Gewalt, § 4 Abs. 3 S. 1,
- der Gesamtrechtsnachfolger, § 4 Abs. 3 S. 1,
- der Durchgriffsverantwortliche (derjenige, der aus handels- oder gesellschaftsrechtlichem Grund für eine juristische Person einzustehen hat), § 4 Abs. 3 S. 4, 1. Hs,
- der Derelinquent, § 4 Abs. 3, S. 4 2. Hs,
- der frühere Eigentümer nach Übertragung des Eigentums, § 4 Abs. 6.

Die bereichsspezifische Generalklausel als Befugnis für notwendige Maßnahmen zur Durchführung des Bodenschutzgesetzes und der auf seiner Grundlage ergangenen Rechtsverordnungen ist in § 10 enthalten.

Der Dritte Teil beinhaltet ergänzende Vorschriften für Altlasten (§§ 11–16), zur Erfas- 63
sung der Altlasten und altlastenverdächtigen Flächen sowie für Sanierungsuntersuchungen und Sanierungsplanung. Die behördliche Überwachung ist in § 15 geregelt. Der Vierte Teil befaßt sich mit der landwirtschaftlichen Bodennutzung, der Fünfte enthält die Schlußvorschriften.

c) Überwachung, Zuständigkeiten

Die Überwachung erstreckt sich umfassend auf das Vorhandensein von schädlichen 64
Bodenveränderungen und auf Altlasten. Zentrale Bestimmung für eine effiziente Überwachung ist § 10, der als Ermächtigungsgrundlage für Anordnungen der zuständigen Behörde auch die Basis für Maßnahmen der Verwaltungsvollstreckung bietet. Die Festlegung der zuständigen Behörde ist Sache der Länder. Regelmäßig sind die Kreise und kreisfreien Städte zuständig.

III. Subsidiäre Anwendbarkeit des Polizeirechts im Umweltrecht

Der Rückgriff auf die Generalklausel des Polizei- und Ordnungsrechts und bzw. oder 65
auf seine Störerbestimmungen ist zulässig, wenn in einem der **vorstehend abgehandelten Gebiete des Umweltrechts eine lückenhafte Regelung** erfolgt ist.

1. Fehlende Befugnisnorm bzw. Störerbestimmungen für Anordnungen zur Durchsetzung des Gesetzes

Das Wasserhaushaltsgesetz enthält keine Befugnisnorm, mit deren Hilfe eine Verfü- 66
gung gegen die ungenehmigte Benutzung oder einen sonstigen Verstoß gegen gewässerschutzrechtliche Belange, insbesondere von Verbotsnormen erlassen werden kann. Insoweit können die zuständigen Wasserbehörden auf die polizei- und ordnungsrechtliche Generalklausel zurückgreifen, wenn die Landeswassergesetze keine sog. wasserpolizeiliche Generalklausel enthalten.[29] Wird etwa auf dem stillgelegten Gelände einer Autobatteriefabrik eine das Grundwasser bedrohende Kontamination festgestellt, so kann die zuständige Wasserbehörde in ihrer Eigenschaft als Sonderordnungsbehörde dem Grund-

[29] Vgl. § 138 S. 3 NWWassG.

stückseigentümer die Duldung der Durchführung von Bohr- und Schürfarbeiten aufgeben. Die Duldungsverfügung kann auf die polizei- und ordnungsrechtliche Generalklausel gestützt werden, auf die sich die Landeswassergesetze explizit oder implizit beziehen.[30] Die Zuständigkeit der Wasserbehörde bleibt davon unberührt.

2. Notwendige Maßnahmen bei nicht genehmigungsbedürftigen Anlagen

67 Umweltgesetze stufen bei der **Überwachung gefährlicher Tätigkeit** ab und unterscheiden zwischen genehmigungsbedürftigen und lediglich anzeigebedürftigen Vorhaben bzw. Anlagen. So meinte der Gesetzgeber, im BImSchG auf ein abgestuftes Eingriffsermächtigungssystem (Genehmigungsvorbehalt, Auflagenerteilung, nachträgliche Anordnungen, Widerruf der Genehmigung) bei den anzeigebedürftigen Anlagen verzichten zu können. Nicht verzichtet hat er aber damit auf notwendige Maßnahmen der Gefahrenabwehr. Entstehen beim Betrieb nicht genehmigungsbedürftiger Anlagen Gefahren, so können Gefahrenabwehrmaßnahmen auf die polizei- und ordnungsrechtliche Generalklausel gestützt werden.[31]

Beispiel: Auf dem Werksgelände einer Raffinerie ist beim Betrieb einer nach § 67 Abs. 2 BImSchG anzeigepflichtigen Anlage ein Brand ausgebrochen und läßt Explosionsgefahr entstehen. Polizei und Feuerwehr sind vor Ort und treffen erste Maßnahmen auf der Grundlage der Generalklausel (Eilfallkompetenz). Die zwischenzeitlich informierte zuständige Fachbehörde trifft alsdann ebenfalls auf der Grundlage der Generalklausel endgültige Maßnahmen zur Abwehr der Explosionsgefahr.

3. Anwendbarkeit des Polizei- und Ordnungsrechts nach Ablauf der Nachsorgefrist

68 Für die sog. Nachsorgefälle erweitert § 5 Abs. 3 BImSchG die Grundpflichten des Anlagenbetreibers um eine **nachwirkende Schutzpflicht.** Er hat u. a. sicherzustellen, daß nach Betriebseinstellung von der Anlage oder dem Anlagegrundstück keine schädlichen Umwelteinwirkungen und sonstige Gefahren hervorgerufen werden können. Zur Erfüllung dieser Pflicht kann die zuständige Fachbehörde gemäß § 17 Abs. 4a BImSchG sog. Nachsorgemaßnahmen noch während eines Zeitraums von 10 Jahren nach Einstellung des Betriebes treffen. Nach Ablauf dieser Frist sind Maßnahmen zur Gefahrenabwehr wegen erst nach Fristablauf erkannter Gefahren für Boden oder Grundwasser auf der Grundlage des allgemeinen Polizei- und Ordnungsrechts nicht ausgeschlossen. Die Zehnjahresfrist bezieht sich in ihrer Spezialität auf den Anlagenbetreiber als besonderen Verfügungsadressaten des BImSchG, nicht aber auf die Adressatenregelungen des allgemeinen Polizei- und Ordnungsrechts (Verhaltens- und Zustandsverantwortlicher), deren Heranziehung nicht zeitlich befristet ist, weil nach h. M. die Ausübung behördlicher Befugnisse keiner Verjährung unterliegt.[32]

4. Nicht betriebs- oder anlagenbezogene Maßnahmen

69 Notwendige Maßnahmen der Gefahrenabwehr, die nicht betriebs- oder anlagebezogen sind, unterfallen nicht dem BImSchG. Dessen abgestuftes Maßnahmensystem richtet sich nur gegen den Anlagenbetreiber wegen einer Gefahr an seiner Anlage oder auf seinem Betriebsgrundstück. Wird eine Kontamination des Bodens bzw. des Grundwassers auf dem Nachbargrundstück festgestellt, das auf den Betrieb der Anlage zurückzuführen ist, so handelt es sich bei den notwendigen Maßnahmen (Auskofferung des Bodens, Reinigung des Grundwassers) nicht um betriebs- bzw. anlagenbezogene, weil sie nicht ge-

---

30 Vgl. *Breuer* DVBl. 1994, 893; *OVG Berlin* NuR 1981, 103.

31 *BVerwGE* 55, 118 ff.; *Martens* DVBl. 1981, 603; *Meixner* NVwZ 1997, 129.

32 Vgl. *OVG Münster* NVwZ 1997, 507 ff.; *VGH Mannheim* NVwZ 1996, 387 ff.; a. A. *Ossenbühl* NVwZ 1995, 547 ff.

genüber dem Anlagenbetreiber ergehen können. Dieser ist nämlich nach dem BImSchG für das Nachbargrundstück nicht verantwortlich. Die notwendigen Manahmen können aber auf der Grundlage der polizei- und ordnungsrechtlichen Generalklausel gegen den Eigentümer des Nachbargrundstücks als **Zustandsstörer** ergehen, da er nicht unter das BImSchG fällt.[33]

5. Altlasten

Die Sanierung sog. Altlasten ist nunmehr im Bundes-Bodenschutzgesetz geregelt. Dabei wird in § 4 der **Kreis der Verantwortlichen** für eine Altlast gegenüber dem traditionellen Polizei- und Ordnungsrecht erheblich ausgeweitet. Außer dem Verursacher, dem Eigentümer und dem Inhaber der tatsächlichen Gewalt über das betroffene Grundstück kann auch der Gesamtrechtsnachfolger des Verursachers, der frühere Eigentümer sowie derjenige, der aus handels- oder gesellschaftsrechtlichem Rechtsgrund für eine juristische Person einzustehen hat, zur Sanierung einer Altlast herangezogen werden. Ob der Bund für diese weitreichende Adressatenregelung eine Annexkompetenz zur Gefahrenabwehr bemühen kann, ist problematisch.[34] 70

Unabhängig davon stellt sich die Frage nach der Anwendbarkeit des Bundes-Bodenschutzgesetzes auf **Altlasten, die vor Inkrafttreten des Gesetzes am 1. 3. 1999 entstanden** waren. Die Frage ist streitig,[35] insbesondere wenn man berücksichtigt, daß es sich um einen Fall echter Rückwirkung handelt.[36] 71

Jedenfalls dürfte das Bundes-Bodenschutzgesetz auf **sog. Uraltlasten**[37] – das sind diejenigen, die vor Inkrafttreten des WHG im Jahre 1957 entstanden waren – keine Anwendung finden.[38] Dann bleibt es bei der Anwendbarkeit des Polizei- und Ordnungsrechts für die ca. 200 000 Altlasten- und Altlastenverdachtsflächen in den alten und neuen Bundesländern, deren Verursachung bis in das 19. Jahrhundert zurückreicht.[39] 72

Das **Preußische Polizeiverwaltungsgesetz vom 1. 6. 1931** ging wie die heutigen Polizei- und Ordnungsgesetze davon aus, daß die zuständige Behörde bei Vorliegen einer konkreten Gefahr gegen den Verhaltensverantwortlichen oder Grundstückseigentümer unter Beachtung der Verhältnismäßigkeit die notwendigen Maßnahmen treffen konnte (§§ 14, 18 ff. 41 PVG) und erfaßte damit alle seit seinem Inkrafttreten entstandenen Altlasten. Aber auch auf die zeitlich davor entstandenen Altlasten sind die gerade genannten Grundsätze anwendbar, weil sie seit der Kreuzberg-Erkenntnis des PrOVG vom 14. 6. 1882 durch die Rechtsprechung des PrOVG so konkretisiert wurden, daß die konkrete Gefahr, das Störerprinzip und die Verhältnismäßigkeit seit Ende des 19. Jahrhunderts als Essentials des preußischen Polizeirechts gelten können. 73

Das gilt auch für Altlasten in den **neuen Bundesländern,** weil diese Essentials des allgemeinen Polizei- und Ordnungsrechts in der früheren DDR über alle dortigen positivgesetzlichen Regelungen hinweg fortgegolten haben.[40] 74

---

33 *VGH Mannheim* NVwZ 1990, 781; *Martens* DVBl. 1981, 603 ff.

34 Vgl. *Bickel,* Einf. S. 6 f.; offensichtlich nicht für das *BVerwG* NVwZ 2000, 1182 ff.; dazu krit. *Bickel* NVwZ 2000, 1133 ff.

35 Vgl. *VGH Mannheim* NVwZ 2000, 1200; *Nolte* NVwZ 2000, 1136.

36 Vgl. *Bickel,* § 4 Rdn. 25; *Nolte* NVwZ 2000, 1136.

37 Vgl. *Bickel,* § 4 Rdn. 18.

38 Vgl. *Bickel,* § 4 Rdn. 18; *Nolte* NVwZ 2000, 1136, will alle Altlasten, die in den alten Bundesländern vor Mitte der 80er Jahre und alle in den neuen Bundesländern vor 1990 entstandenen vom Anwendungsbereich des BBodSchG ausnehmen.

39 Vgl. *OVG Münster* NVwZ 1997, 507 ff.

40 Vgl. *Breuer* DVBl. 1994, 895.

E. Polizeiaufgaben

Übersicht

Schrifttum: (zum allgemeinen Schrifttum vgl. Literaturverzeichnis, S. XIII ff.). *Alberts*, Freizügigkeit als polizeiliches Problem, NVwZ 1997, 45; *Albrecht*, Kriminologie, 1999; *Baldus/Soiné* (Hrsg.),

Rechtsprobleme der internationalen polizeilichen Zusammenarbeit, 1999; *Bäumler*, Verfassungsrechtliche Prüfung des sächsischen Polizeigesetzes, NVwZ 1996, 765; *ders.* (Hrsg.), Polizei und Datenschutz, 1999; *Bizer*, Die zweite Novelle zum Sächsischen Polizeigesetz, 1999; *Brandner*, Gefahrenerkennbarkeit und polizeirechtliche Verhaltensverantwortlichkeit. Zur Störerverantwortlichkeit insbesondere bei Altlasten, 1990; *Bracher*, Gefahrenabwehr durch Private, 1987; *Braun*, Der „Lauschangriff" im präventivpolizeilichen Bereich, NVwZ 2000, 375; *Breuer*, Rechtsprobleme der Altlasten, NVwZ 1987, 751; *ders.*, Anlagensicherheit und Störfälle – Vergleichende Risikobewertung im Atom- und Immissionsschutzrecht, NVwZ 1990, 211; *Bull* (Hrsg.), Sicherheit durch Gesetze? 1987; *ders.*, Eine Fallstudie zur Gesetzgebung: Zur politischen, juristischen und journalistischen Polizeirechts-Diskussion am Beispiel des schleswig-holsteinischen Landesverwaltungsgesetzes, ZParl 1993, 293; *ders.*, Staatsaufgabe Sicherheit – Erfüllungsmöglichkeiten und Defizite, 1994; *Darnstädt*, Gefahrenabwehr und Gefahrenvorsorge, 1983; *Denninger*, Der gebändigte Leviathan, 1990; *ders.*, Verfassungsschutz, Polizei und die Bekämpfung der Organisierten Kriminalität, KritV 1994, 232; *ders.*, Lauschangriff – Anmerkungen eines Verfassungsrechtlers, StV 1998, 401; *Denninger/Hohm*, Verfassungsrechtliche Anforderungen an die Normsetzung im Umwelt- und Technikrecht, 1990; *Deutsch*, Die heimliche Erhebung von Informationen und deren Aufbewahrung durch die Polizei, 1992 (Diss. Mannheim); *Di Fabio*, Vorläufiger Verwaltungsakt bei ungewissem Sachverhalt, DÖV 1991, 629; *Eichert*, Obdachlosigkeit und polizeirechtliche Intervention, 1986 (Diss. Konstanz); *Eisenberg*, Straf(verfahrens-)rechtliche Maßnahmen gegenüber „Organisiertem Verbrechen", NJW 1993, 1033; *Erler*, Maßnahmen der Gefahrenabwehr und verfassungsrechtliche Eigentumsgarantie, 1977; *Erichsen*, Der Schutz der Allgemeinheit und der individuellen Rechte durch die polizei- und ordnungsrechtlichen Handlungsvollmachten der Exekutive, VVDStRL Heft 35 (1977), 171 ff.; *Friedrich-Ebert-Stiftung, Büro Berlin* (Hrsg.), Nachrichtendienste, Polizei und Verbrechensbekämpfung im demokratischen Rechtsstaat. Dokumentation, 1994; *Funk*, Polizei und Rechtsstaat. Die Entwicklung des staatlichen Gewaltmonopols in Preußen 1848–1914, 1986; *Garbe*, Die Störerauswahl und das Gebot der gerechten Lastenverteilung, DÖV 1998, 632; *Gerhardt*, Anscheinsgefahr, Gefahrenverdacht und Putativgefahr im Polizei- und Ordnungsrecht, JURA 1987, 521; *Götz*, Die Entwicklung des allgemeinen Polizei- und Ordnungsrechts (1994–1997), NVwZ 1998, 679; *Hamann*, Die Gefahrenabwehrverordnung – ein Gebrauchsklassiker des Ordnungsrechts? NVwZ 1994, 669; *Hansen-Dix*, Die Gefahr im Polizeirecht, im Ordnungsrecht und im Technischen Sicherheitsrecht, 1982; *Hartlaub*, Theorie und Praxis der Freiheitsentziehungen nach Strafverfahrens- und Polizeirecht – im Lichte des Habeas-Corpus-Artikels des Grundgesetzes, Art. 104 GG, 2000; *Hassemer*, Brauchen wir den „Großen Lauschangriff"?, DRiZ 1992, 355; *Hill*, Abschied von der öffentlichen Ordnung im Polizei- und Ordnungsrecht? DVBl. 1985, 88; *Himmelmann/Pohl/Tünnesen-Harmes*, Handbuch des Umweltrechts (Loseblatt, Stand: Januar 1998); *Hoppe/Beckmann*, Umweltrecht, 1989; *Hurst*, Zur Problematik der polizeirechtlichen Handlungshaftung, AöR 83 (1958), 43; *Jarass*, Bundes-Immissionsschutzgesetz, 4. Aufl. 1999; *Kickartz*, Ermittlungsmaßnahmen zur Gefahrerforschung und einstweilige polizeiliche Anordnungen, 1984; *Kniesel*, Vorbeugende Bekämpfung von Straftaten im neuen Polizeirecht – Gefahrenabwehr oder Strafverfolgung? ZRP 1989, 329; *ders.*, Polizeirechtliche Störerbestimmungen – Befugnisnormen oder Ermessensgrenzen, DÖV 1997, 905; *Kniesel/Vahle*, Polizeiliche Informationsverarbeitung und Datenschutz im künftigen Polizeirecht, 1990; *Köhler*, Die Polizeigewalt des Parlamentspräsidenten im deutschen Staatsrecht, DVBl. 1992, 1577; *Kohl*, Die Zulässigkeit ordnungsrechtlicher Maßnahmen gegen Obdachlose in den Städten, NVwZ 1991, 620 ff.; *Kokott*, Die dogmatische Einordnung der Begriffe „Störer" und „Anscheinsstörer" in einer zunehmend technisierten Gesellschaft, DVBl. 1992, 749; *Koriath*, Strafttaten bei verdeckten Ermittlungen, Kriminalistik 1992, 370; *Krüger*, Rechtsgrundlage präventivpolizeilicher Maßnahmen bei nichtöffentlichen Versammlungen in geschlossenen Räumen, DÖV 1993, 658; *Kugelmann*, Unmittelbare Ausführung von Maßnahmen und sofortige Anwendung von Verwaltungszwang durch die Polizei, DÖV 1997, 153; *Kummer*, Denkmalschutzrecht als gestaltendes Baurecht, 1981; *Kutscha*, Verfassungsprobleme des Polizeirechts in den neuen Bundesländern und Berlin, NJ 1994, 545; *Lange* u. a., Memorandum zur Entwicklung der Inneren Sicherheit in der Bundesrepublik Deutschland, AKIS-Schriften 1, 2. Aufl. 1999; *Leisner*, Altlastensanierung zu Lasten der Eigentümer? Jahrbuch des Umwelt- und Technikrechts 1990, S. 217 ff.; *Lindner*, Die verfassungsrechtliche Dimension der allgemeinen polizeirechtlichen Adressatenpflichten, 1997; *Lisken*, Über Aufgaben und Befugnisse der Polizei im Staat des Grundgesetzes, ZRP 1990, 15; *ders.*, Polizei und Verfassungsschutz, NJW 1982, 1481; *ders.*, Befugnis zum Belauschen? ZRP 1993, 121; *ders.*, „Verdachts- und ereignisunabhängige Personenkontrollen zur Bekämpfung der grenzüberschreitenden Kriminalität?", NVwZ 1998, 22; *ders.*, Rechtsstaat – was sonst? Ausgewählte Schriften, 1996; *Losch*, Zur Dogmatik der Gefahrenerforschungsmaßnahme, DVBl. 1994, 781; *Lübbe,* Wohnraumbeschaffung durch Zwangsmaßnahmen, 1993; *Mahlberg,* Gefahrenabwehr durch gewerbliche Sicherheitsunternehmen, 1988; *Martensen,* Die Verjährung als Grenze polizeilicher Verantwortlichkeit, NVwZ 1997, 442; *Mayer, O.,* Deutsches Verwaltungsrecht, 3. Aufl. 1924; *Meierkord/Müller,* Das allgemeine Ordnungsrecht in den neuen Bundesländern im System des deutschen Gefahrenabwehrrechts, DVBl. 1993, 985; *Möllers,* Polizeikontrollen ohne Gefahrverdacht, NVwZ 2000, 382; *Muckel,* Abschied vom Zweckveranlasser, DÖV 1998, 18; *Müggenborg,* Zur Begrenzung der Zustandshaftung bei Altlasten, NVwZ 2001, 39; *Nachbaur* (Hrsg.), Die grenzüberschreitende Zusammenarbeit von Polizei und Justiz in den Schengen-Staaten, FHS Villingen-Schwenningen Texte Nr. 15, 1998; *Nierhaus,* Störererforschungseingriffe und Kostentragungspflicht bei Verdachtslagen, Jahrbuch des Umwelt- und Technikrechts 1994, 369; *Oldiges,* Rechtsnachfolge im Polizei- und Ordnungsrecht, JA 1978, 541; *ders.,* Kostenerstattung einer Gemeinde für polizeiliche Gefahrenabwehr, OVG Münster, NJW 1986, 2526, JuS 1989, 616; *Ossenbühl,* Zur Haftung des Gesamtrechtsnachfolgers für Altlasten, 1995; *Ostendorf,* Organisierte Kriminalität – eine Herausforderung für die Justiz, JZ 1991, 62; *Paeffgen,* Art. 30, 70, 101 I GG – vernachlässigbare Normen? JZ 1991, 437; *Paeffgen/Schumer* (Hrsg.), Das Sächsische Polizeigesetz vor dem Verfassungsgerichtshof des Freistaates Sachsen. Dokumentation, 1997; *Papier,* Die Verantwortlichkeit für Altlasten im öffentlichen Recht, NVwZ 1986, 256; *ders.,* Polizeiliche Aufgabenverteilung zwischen Bund und Ländern – Unter besonderer Berücksichtigung der Aufgaben des Bundesgrenzschutzes, DVBl. 1992, 1; *Petri,* Der Gefahrerforschungseingriff, DÖV 1996, 443; *ders.,* Europol – Grenzüberschreitende polizeiliche Zusammenarbeit in Europa, 2000; *Pietzker,* Polizeirechtliche Störerbestimmung nach Pflichtwidrigkeit und Risikosphäre, DVBl. 1984, 457; *Pitschas,* Europäisches Polizeirecht als Informationsrecht, ZRP 1993, 174; *ders.,* Fortentwicklung des Polizeirechts und Legitimität des Staates, Schriftenreihe der Polizei-Führungsakademie, 4/91, 7; *ders.,* „Neues" Polizeirecht, Speyerer Arbeitshefte 121, 1999; *Poscher,* Gefahrenabwehr. Eine dogmatische Rekonstruktion, 1999; *ders.,* Der Gefahrverdacht, NVwZ 2001, 141; *Preu,* Polizeibegriff und Staatszwecklehre, 1983; *Rachor,* Vorbeugende Straftatenbekämpfung und Kriminalakten, 1989; *Rasch,* Der Realakt insbesondere im Polizeirecht, DVBl. 1992, 207; *Riegel,* Stand und Entwicklungstendenzen bei den Befugnissen für die informationelle Tätigkeit der Polizei, Die Polizei 1991, 1; *ders.,* Zu Stand und Entwicklungstendenzen des informationellen Befugnisrechts zur polizeilichen Aufgabenerfüllung: Licht, Schatten und Hoffnung, DÖV 1994, 814; *Rieger,* Die Abgrenzung doppelfunktionaler Maßnahmen der Polizei, 1994; *Roller,* Der Gefahrenbegriff im atomrechtlichen Aufsichtsverfahren, DVBl. 1993, 20 ff.; *Roßnagel,* Der Begriff der Gefahr in § 19 Abs. 3 AtG, DÖV 1998, 1048; *Rühl,* Die Polizeipflichtigkeit von Versammlungen bei Störungen durch Dritte und bei Gefahren für die öffentliche Sicherheit bei Gegendemonstrationen, NVwZ 1988, 577; *Rüping,* Das Verhältnis von Staatsanwaltschaft und Polizei, ZStW 95 (1983), 894; *Schink,* Wasserrechtliche Probleme der Sanierung von Altlasten, DVBl. 1986, 161; *ders.,* Amtsermittlung und Gefahrerforschung. Polizeiliche Eingriffsbefugnisse bei Verdachtslagen, DVBl. 1989, 1182; *Schlabach/Simon,* Die Rechtsnachfolge beim Verhaltensstörer, NVwZ 1992, 143; *Schlink,* Die Amtshilfe, 1982; *ders.,* Die polizeiliche Räumung besetzter Häuser, NVwZ 1982, 529; *Schneider,* Grundsätzliche Überlegungen zur polizeilichen Gefahr, DVBl. 1980, 406; *Schnur,* Probleme um den Störerbegriff im Polizeirecht, DVBl. 1962, 1; *Schoch,* Grundfälle zum Polizei- und Ordnungsrecht, JuS 1994, 391 ff. (Fortsetzungsbeitrag); *Schuler-Harms,* Polizei- und Ordnungsrecht im Spiegel der neueren Literatur, DÖV 1997, 329; *Schwabe,* Fürmöglichhalten und irrige Annahme von Tatbestandsmerkmalen bei Eingriffsgesetzen, in: Gedächtnisschrift für Wolfgang Martens, 1987, 419; *ders.,* „Kontrolle ist schlecht, Vertrauen allein der Menschenwürde gemäß?", NVwZ 1998, 709; *Schwachheim,* Zum Gesamtschuldnerausgleich unter mehreren Störern, NVwZ 1988, 225; *Seebode,* Schleierfahndung. In: FS Mangakis, Athen-Komotini 1999, S. 693 ff.; *Seibert,* Gesamtschuld und Gesamtschuldnerausgleich im Polizei- und Ordnungsrecht, DÖV 1983, 964; *ders.,* Altlasten in der verwaltungsgerichtlichen Rechtsprechung, DVBl. 1992, 664; *Staff,* Öffentlichkeit als Verfassungsprinzip, ZRP 1992, 384; *Störmer,* Renaissance der öffentlichen Ordnung?, Die Verwaltung 1997, 233; *Stümper,* Die Wandlung der Polizei in Begriff und Aufgaben, Kriminalistik 1980, 242; *Thüsing,* Das Leiden eines Tieres – eine Gefahr im ordnungsrechtlichen Sinne?, NVwZ 1997, 563; *Velten,* Transparenz staatlichen Handelns und Demokratie. Zur Zulässigkeit verdeckter Polizeitätigkeit, 1996; *Vollmuth,* Unmittelbare und rechtswidrige Verursachung als Voraussetzungen der Störerhaftung im allgemeinen Polizei- und Ordnungsrecht, VerwArch 68 (1977), 45; *Waechter,* Die Schutzgüter des Polizeirechts, NVwZ 1997, 729; *W. Weiß,* Der Gefahrerforschungseingriff bei Altlasten, NVwZ 1997, 737; *Weßlau,* Vorfeldermittlungen, 1989; *Ziehm,* Die Störerverantwortlichkeit für Boden- und Wasserverunreinigungen. Ein Beitrag zur Haftung für sog. Altlasten, 1989.

I. Gefahrenabwehr

1. Prävention zwischen Repression, Vorsorge und Planung

1 Eine Hauptaufgabe der Polizei ist die **Abwehr von Gefahren für die öffentliche Sicherheit.** Die Polizei- und Ordnungsgesetze der meisten Länder – nicht mehr in Bremen, Niedersachsen, Nordrhein-Westfalen, Saarland und in Schleswig-Holstein – nennen in diesem Zusammenhang auch den Schutz der „öffentlichen Ordnung" (vgl. Rdn. 25 ff.).

2 Diese Formel beschreibt und begrenzt die Funktion der Polizei, wie sie sich im Laufe der Entwicklung des bürgerlich-liberalen Rechtsstaates herausgebildet hat (vgl. Kap. A und C). Danach ist einerseits die Ahndung bereits begangenen, strafrechtlichen Unrechts („Repression") in erster Linie Sache der Justiz, wenngleich der Polizei eine wichtige Rolle bei der „Erforschung" (§ 163 I StPO) und Verfolgung von Straftaten zufällt. Andererseits wird deutlich, daß der früher sogenannte Bereich der Wohlfahrtspflege, also die Verwaltung der „Daseinsvorsorge" ebensowenig Aufgabe der Polizei ist wie die programmierende und planende Verwaltung. Zwischen der Gefahrenabwehr („Prävention") auf der einen und der planenden und leistenden Staatstätigkeit auf der anderen Seite gibt es allerdings Überschneidungszonen. Keineswegs immer ist die Grenze so deutlich gezogen – auch hinsichtlich der Gesetzgebungskompetenz – wie zwischen Bauplanungsrecht (Bundeskompetenz, Art. 74 Nr. 18 GG, „Bodenrecht") und Bauordnungsrecht (Landeskompetenz, Gefahrenabwehr, vgl. z. B. § 61 I, II HessBauO). Die Versorgung der Bevölkerung mit gesundheitlich unbedenklichem Trinkwasser ist eine klassische Aufgabe der gemeindlichen Daseinsvorsorge; sie dient aber zugleich dem Schutz der Gesundheit und damit der Gefahrenabwehr und -verhütung. Die Bekämpfung der Obdachlosigkeit und der durch sie verursachten Lebens- und Leibesgefahr ist ebenso polizeiliche Gefahrenabwehr wie elementare sozialstaatliche Daseinsvorsorge (vgl. §§ 7, 26, 28 I SGBI). Hier, wie in anderen, ähnlichen Fällen, kommt der Grundsatz der **Subsidiarität polizeilichen Handelns** zum Tragen (vgl. Rdn. 7, 18).

3 Besondere Probleme wirft die Abgrenzung des Bereichs der Gefahrenabwehr von dem der „erforderlichen" **Risikovorsorge** auf, die im Umweltrecht und im Recht der technischen Sicherheit – besonders im Immissionsschutzrecht und im Atomrecht – einen vorgeschobenen, besonders strengen Schutzmaßstab bezeichnet (vgl. §§ 5 I 1 Nr. 2 BImSchG, 6 II, 1 GenTG, 7 II Nr. 3 und Nr. 5 AtG; verfassungsrechtlicher „Grundsatz der bestmöglichen Gefahrenabwehr und Risikovorsorge", BVerfGE 49, 89 [139]).[1] Ohne hier auf die Versuche[2] zu einer klaren begrifflichen Unterscheidung näher einzugehen, läßt sich sagen, daß die grundrechtsbelastende Vorsorge gegen „Risiken", die sich noch nicht zu einer (polizeilichen) „Gefahr" konkretisiert haben, grundsätzlich die Aufgabe spezieller Behörden ist, die nach Maßgabe spezieller Vorschriften tätig werden.

4 Aufgabe der Polizei ist es mithin, vorbeugend (= präventiv) zur Verhütung von drohenden Schäden tätig zu werden, also zur Bewahrung eines **vorhandenen Bestandes** an Rechts- und Lebensgütern. Dagegen ist die Vermehrung von Gütern, die Wohlfahrtspflege, oder die Verbesserung der bestehenden „normalen" Zustände nicht ihre Aufgabe.

5 Hat sich die Gefahr verwirklicht, ist also ein Schaden bereits eingetreten, so spricht man von **„Störung":** Störungen sind präventivpolizeilich zu beseitigen, sofern die Rechtsgutverletzung fortdauert oder die Gefahr besteht, daß der eingetretene Zustand zur Quelle weiterer Schädigungen wird. Erfüllt die Störung zugleich einen Straf- oder Ordnungswidrigkeitentatbestand, kann oder muß die Polizei außerdem „repressiv"

[1] Vgl. *Hoppe/Beckmann,* § 4 Rdn. 65–74; *Jarass,* § 5 Rdn. 41 ff., *Himmelmann/Pohl/Tünnesen-Harmes,* A. 2, Rdn. 8–17 m. w. Nachw.; *Breuer* NVwZ 1990, 211 (213 f.); *Darnstädt,* S. 121 ff.

[2] Vgl. etwa *Gusy,* Rdn. 109 ff., *Scherzberg* VerwArch 84 (1993), 484 (490 ff.).

(= verfolgend) tätig werden, §§ 163 I StPO, 53 I OWiG. So hat die Polizei nach einem Verkehrsunfall die Straße von den Trümmerfahrzeugen räumen und die Verletzten ärztlich versorgen zu lassen; deren Heilung oder die Reparatur der Fahrzeuge (= Störungsbeseitigung) gehört nicht zu ihren Aufgaben (vgl. Kap. G Rdn. 41 ff.).

2. Die polizeilichen Schutzgüter

a) Öffentliche Sicherheit

Schutzgegenstand der polizeilichen Gefahrenabwehr ist die öffentliche Sicherheit. Dieser Begriff ist außerordentlich weit. § 2 Nr. 2 BremPolG und § 3 Nr. 1 SOG LSA geben eine Legaldefinition.[3] Öffentliche Sicherheit bedeutet danach: „die Unverletzlichkeit der Rechtsordnung, der subjektiven Rechte und Rechtsgüter des einzelnen sowie der Einrichtungen und Veranstaltungen des Staates oder sonstiger Träger der Hoheitsgewalt". Die darin zum Ausdruck kommende doppelte, nämlich teils individualbezogene, teils kollektivbezogene Schutzrichtung der Generalklausel hatte schon die Urfassung aller rechtsstaatlichen Polizeigesetze, § 10 Titel 17 Teil II des PrALR von 1794, klar formuliert: 6

„Die nöthigen Anstalten zur Erhaltung der öffentlichen Ruhe, Sicherheit, und Ordnung, und zur Abwendung der dem Publico, oder einzelnen Mitgliedern desselben, bevorstehenden Gefahr zu treffen, ist das Amt der Polizey."

aa) Angesichts des fortgeschrittenen Zustandes der „Verrechtlichung" aller Lebensverhältnisse ist es nur konsequent, die **Unversehrtheit der Rechtsordnung** als erstes Element der öffentlichen Sicherheit zu nennen.[4] Grundsätzlich berührt jede drohende oder bereits begangene Verletzung einer Rechtsnorm die öffentliche Sicherheit. Jedoch gilt hier für privatrechtliche Beziehungen eine wichtige Einschränkung: Zum Schutz privater Rechte ist die Polizei nur berufen, „wenn gerichtlicher Schutz nicht rechtzeitig zu erlangen ist und wenn ohne polizeiliche Hilfe die Verwirklichung des Rechts vereitelt oder wesentlich erschwert werden würde" (Grundsatz der Subsidiarität). 7

§ 1 II ME, § 2 II PolG BW, Art. 2 II BayPAG, §§ 1 IV ASOG Bln, 1 II BbgPolG, 1 II Brem PolG, 1 III HSOG, 1 II SOG MV, 1 III NGefAG, 1 II PolG NW, 1 III POG RP, 1 III SPolG, 2 II SächsPolG (mit zusätzlichem Antragserfordernis), 1 II SOG LSA, 162 II LVwG SH, 2 II Thür PAG (§ 3 I HbgSOG sieht den Schutz des einzelnen gleichrangig zum Schutz der Allgemeinheit vor).

Ein Verstoß gegen Normen des **öffentlichen Rechts,** die ein bestimmtes Verhalten vorschreiben, bedeutet hingegen stets eine Gefahr für die öffentliche Sicherheit; dies gilt insbesondere für die Tatbestände des Straf- und Ordnungswidrigkeitenrechts. Bei ihnen kommt es darauf an, ob **objektiv** eine Gefährdung oder Verletzung des durch die Norm geschützten Rechtsgutes vorliegt; die Verwirklichung des subjektiven Tatbestandes, schuldhaftes Handeln und die konkrete Strafbarkeit des Täters sind nicht erforderlich.[5]

Doch wirkt sich bei **Antragsdelikten** wie Hausfriedensbruch (§ 123 StGB) oder Beleidigung (§§ 185, 194 I 1 StGB) das Fehlen eines Strafantrages auf das polizeiliche Entschließungsermessen aus. Die Polizei braucht in diesen Fällen nicht einzuschreiten, wenn der verletzte Rechtsinhaber daran offensichtlich kein Interesse zeigt. Sie darf nicht einschreiten, soweit der Verletzte rechtswirksam auf den Schutz seines Rechtes verzichten kann und verzichtet hat. Wieder anders ist es bei dem Antragsdelikt der vorsätzlichen Körperverletzung (§§ 223, 230 StGB). Wegen der erheblichen Gefährlichkeit der Tathandlung und des hohen Ranges des betroffenen Rechtsgutes darf die Polizei ihr **präventives Abwehrhandeln** hier nicht von der strafrechtlich erforderlichen Verfolgungserklärung der Staatsanwaltschaft abängig machen (für das repressive Handeln vgl. Nr. 86, 233 ff. RiStBV). Beim Schutz individueller Rechtsgüter, wie Leben, Gesundheit, Frei- 8

---

[3] Fast wörtlich übernommen bei *Götz,* Rdn. 89.
[4] Ebenso *Schoch* JuS 1994, 571.
[5] Vgl. *BVerwGE* 64, 55, 61 (betr. § 103 StGB); ebenso *Samper/Honnacker,* S. 117 (betr. Art. 11 BayPAG).

heit, Ehre, Vermögen, die als Bestandteile der objektiven Rechtsordnung (straf- und/oder zivilrechtlich) geschützt sind, ist die Frage, ob die Polizei tätig werden darf oder muß, deutlich von der ganz anderen Frage zu trennen, ob der einzelne einen **Anspruch auf polizeiliches Einschreiten** hat (vgl. Rdn. 20).

9 Die zunehmende Erfassung (abstrakt gefährlicher) Lebenssituationen in speziellen gesetzlichen Ge- und Verboten bewirkt unter Umständen eine Ausweitung der polizeilichen Handlungsmöglichkeiten. Die Polizei orientiert ihr Tätigwerden dann primär nicht mehr an der konkreten Bedrohung eines Lebensgutes, sondern an der drohenden Verletzung der zum Schutze des Gutes bestimmten Rechtsnorm. Diese umschreibt jedoch nur eine abstrakte Gefahr. Die individuelle Zuwiderhandlung gegen die Norm stellt aber eine konkrete Gefahr für die öffentliche Sicherheit dar, der mit einer polizeilichen Verfügung begegnet werden kann. Zum Beispiel können dem Betriebsinhaber, soweit die Polizei überhaupt zuständig ist, Maßnahmen zur Verhinderung vermeidbaren Maschinenlärms aufgegeben werden (§§ 22 I Nr. 1, 24 BImSchG), selbst wenn in der Nachbarschaft niemand sich konkret gestört fühlt. Diese „Vorverlagerung" des polizeilichen Schutzes bedarf gegebenenfalls der Korrektur durch Anwendung des Übermaßverbotes.

10 **bb)** Als kollektivbezogene Elemente der öffentlichen Sicherheit werden ferner meistens formelhaft der „Bestand des Staates und seiner Einrichtungen" sowie die **„Funktionsfähigkeit der staatlichen Einrichtungen"** (Parlamente, Regierungen, Verwaltungsbehörden, Gerichte, kommunale Behörden) genannt.[6]

Ein polizeilich relevanter Angriff auf den **„Bestand des Staates"** (des Bundes oder eines Landes), der nicht zugleich tatbestandsmäßig im Sinne des Staatsschutzstrafrechts der §§ 81 ff. StGB wäre, ist jedoch kaum vorstellbar, zumal dieses auch Vorbereitungs- und Versuchshandlungen erfaßt (§§ 83; 81 I, 82 I StGB: „unternimmt"). Als Beeinträchtigung des Bestandes der Bundesrepublik nennt § 92 I StGB die Aufhebung der Freiheit von fremder Botmäßigkeit, die Beseitigung ihrer staatlichen Einheit oder die Abtrennung eines zu ihr gehörenden Gebietes. Verfassungsmäßige politische Handlungen (also unterhalb der Schwelle von „Gewalt" oder „Drohung mit Gewalt"), die im Rahmen einer (europäischen) Integrationspolitik auf die Übertragung von Hoheitsrechten im Sinne des Art. 24 GG gerichtet sind, beeinträchtigen die öffentliche Sicherheit nicht.

11 Der **„Bestand und die Sicherheit des Bundes oder eines Landes"** sind auch Schutzgut der Tätigkeit des **Verfassungsschutzes,** Art. 73 Nr. 10 b) GG. Die Abgrenzung der Zuständigkeiten zwischen diesem und der Polizei hat nach der gesetzlichen Funktionsbestimmung zu erfolgen. Danach sind die Ämter des Verfassungsschutzes im wesentlichen auf die Sammlung und Auswertung von Informationen über verfassungsfeindliche Bestrebungen und geheimdienstliche oder sicherheitsgefährdende Aktivitäten (im Inland) beschränkt; „polizeiliche Befugnisse", das heißt Eingriffsbefugnisse über den Einsatz nachrichtendienstlicher Mittel hinaus, stehen ihnen ausdrücklich nicht zu, vgl. § 8 II, III BVerfSchG. Die Befugnis zur (repressiven) Verfolgung von Straftaten in diesem Bereich (Terrorismusbekämpfung) liegt in weitem Umfang beim Generalbundesanwalt (§ 142 a GVG) in Verbindung mit dem Bundeskriminalamt, § 4 I, II BKAG (vgl. ferner Kap. C). Durch das Geldwäschegesetz vom 25. 10. 1993 (BGBl. I S. 1770) wurden die Befugnisse des BKA zur Verfolgung international organisierter Straftaten (Waffen-, Sprengstoff-, Betäubungsmittelhandel, Falschgelddelikte) auf die international organisierte Geldwäsche ausgedehnt § 4 I Nr. 1 BKAG.

12 Zur öffentlichen Sicherheit gehört des weiteren die Unversehrtheit der staatlichen **„Einrichtungen und Veranstaltungen"**, die sowohl in ihrem Bestand wie in ihrem Funktionieren Schutz genießen. Auch hier sind in erster Linie die zahlreichen strafrechtlichen Tatbestände zu beachten, vom Schutz der staatlichen Symbole (§ 90 a StGB), über den

[6] Vgl. *Drews/Wacke/Vogel/Martens,* S. 233; *Schenke,* Rdn. 30; *Würtenberger/Heckmann/Riggert,* Rdn. 275.

Schutz der Verfassungsorgane und Wahlen (§§ 105 ff. StGB) bis zum Widerstand gegen Vollstreckungsbeamte (§§ 113, 114 StGB) und zum Haus- oder Landfriedens-, Verwahrungs- oder Verstrickungsbruch (§§ 123 ff., 133, 136 StGB), um nur einige wenige zu nennen. Doch reicht der polizeiliche Schutzauftrag über die Grenze des Strafrechts hinaus. Andererseits soll und wird sich die Polizei nicht „ungebeten" in die Funktionsabläufe bei anderen Hoheitsträgern „einmischen". Diese verfügen über eigene rechtliche Befugnisse zum Schutze ihrer Einrichtungen (Dienstgebäude, Dienstfahrzeuge, Apparate, Ausstellungsobjekte usw.) und ihrer Tätigkeit, insbesondere über die (öffentlichrechtliche) Ordnungsgewalt und das (öffentlichrechtliche) Hausrecht.

Die **Ordnungsgewalt** („Sitzungspolizei") ist für die Tätigkeit der Gerichte besonders 13
sorgfältig geregelt, §§ 175 bis 183 GVG; sie steht jedoch auch anderen Behörden- oder Anstaltsleitern oder den Leitungsorganen von Körperschaften zu, zum Beispiel der Leitung einer Hochschule (vgl. § 41 VII 3 HessHG). Das **Hausrecht** umfaßt die Befugnis, Störer, und zwar „Außenseiter" ebenso wie Mitglieder der Körperschaft,[7] Anstaltsbenutzer oder Behördenbesucher aus dem Dienstgebäude zu weisen und ihnen das Betreten für die Zukunft zu untersagen. Weitergehende Befugnisse, zum Beispiel das Recht zur Durchsuchung, ergeben sich aus dem Hausrecht nicht, jedoch bei Anhaltspunkten für das Vorliegen einer entsprechenden Gefahr unter Umständen aus der Ordnungsgewalt.[8] Zur zwangsweisen Durchsetzung einer Verfügung kann der Hausrechtsinhaber die **Vollzugshilfe** der Polizei in Anspruch nehmen (vgl. Rdn. 206 ff.). Das Hausrecht endet an den Grenzen (Mauern) des Grundstücks des Hoheitsträgers. Störungen, die zum Beispiel durch Lärm oder Steinwürfe den Dienstbetrieb von außen beeinträchtigen, können nur durch polizeilichen Einsatz abgewehrt werden.

Vom Hausrecht ist die **besondere Polizeigewalt** zu unterscheiden, die den Präsidenten 14
des Bundestages und der Landtage, aber auch den Seeschiffs- und Flugkapitänen kraft besonderer Vorschriften eingeräumt ist.

Art. 40 II GG, 32 II Verf BW, 21 I BayVerf, 37 Bln Verf, 69 IV 2 BbgVerf, 92 II BremVerf, 18 II HmbVerf, 86 HessVerf, 29 III 2 Verf MV, 39 II 3 Verf NW, 85 III 4 LVerf RP, 71 II 1 SVerf, 47 III SächsVerf, 49 II 2 Verf SA, 14 III Verf SH, 57 III ThürVerf; s. a. §§ 106 SeemannsG, 29 III LuftVG; dagegen hat der Präsident des Bundesrates nur das Hausrecht, § 6 III GOBR.

Sie berechtigt grundsätzlich zu allen polizeilichen Maßnahmen einschließlich der Zwangsanwendung.

Die öffentliche Sicherheit wird auch gestört, wenn Betroffene oder Dritte, zum Bei- 15
spiel Schaulustige, polizeiliche Maßnahmen behindern. Handelt die Polizei im Rahmen der Strafverfolgung (oder der Erforschung von Ordnungswidrigkeiten, § 46 II OWiG), so hat der leitende Beamte sogar ein besonderes Festnahmerecht, § 164 StPO. Gemäß dem Übermaßverbot wird jedoch jeweils zu prüfen sein, ob weniger einschneidende Mittel, etwa aufgrund des Hausrechts, zum Schutz der ungestörten Amtsausübung ausreichen. Auch im Bereich des präventiven Handelns darf die Polizei die notwendigen Maßnahmen zur Eigensicherung und zum Schutz ihrer Tätigkeit treffen. Ein gesetzliches Beispiel – das auch der Feuerwehr sowie anderen Hilfs- und Rettungsdiensten zugute kommt – ist die Möglichkeit der sogenannten **Platzverweisung.**

§ 12 ME, Art. 16 BayPAG, §§ 29 ASOG Bln, 16 BgbPolG, 14 BremPolG, 12a HbgSOG, 31 HSOG, 52 SOG MV, 17 NGefAG, 34 PolG NW, 13 POG RP, 12 SPolG, 21 SächsPolG, 36 SOG LSA, 201 LVwG SH, 18 ThürPAG; das PolG BW sieht keine spezielle Regelung vor, die Zulässigkeit einer Platzverweisung richtet sich dort nach der polizeilichen Generalklausel.

---

[7] *VGH Hessen* DVBl. 1979, 925; zum Hausrecht im Geschäftszimmer einer kommunalen Fraktion s. *OVG Münster* NVwZ-RR 1991, 35; zum Konflikt zwischen Hausrecht und Versammlungsfreiheit auf U-Bahnhöfen vgl. *Brodeßer* POLIZEI – heute, 1994, 523.

[8] Ähnlich auch *Baumbach/Lauterbach/Albers/Hartmann,* ZPO, 58. Aufl. 2000, § 176 GVG, Rdn. 2; ausdrücklich offengelassen in *OVG Schleswig* NJW 1994, 340.

Das danach mögliche Gebot, einen bestimmten Ort zu verlassen, oder das Verbot, diesen Ort zu betreten, unterliegen zeitlich engen Grenzen („vorübergehend“, das heißt höchstens einige Stunden, es sei denn, es handelt sich zum Beispiel um länger andauernde Rettungsarbeiten), andernfalls besteht die Gefahr eines Konfliktes mit dem Grundrecht der Freizügigkeit aus Art. 11 GG. Denn der Landesgesetzgeber besitzt auch keine Kompetenz, dieses Grundrecht einzuschränken, Art. 73 Nr. 3 GG. Die Möglichkeit, Ausländern aus Anlaß eines „Staatsbesuches“ oder dergl. den Aufenthalt am Ort des Geschehens vorübergehend zu verbieten, richtet sich nach § 37 AuslG.[9]

16 Umstritten ist der Fall des Warners vor einer versteckten **Radar-Geschwindigkeitskontrolle** der Polizei.[10] Einerseits kann man darauf hinweisen, daß es nicht Ziel und Aufgabe der Polizei sein kann, möglichst viele Verkehrssünder zu erwischen und mit Bußgeld zu belegen und daß der – im übrigen gegen keine Norm (der StVO) verstoßende – Warner insofern die Arbeit der Polizei nicht beeinträchtige. Andererseits aber hat die Polizei nach pflichtgemäßem Ermessen die Aufgabe, Ordnungswidrigkeiten zu erforschen. Hat der Warner bei rechtswidrig zu schnell fahrenden Autofahrern mit seiner Warnung Erfolg, so vereitelt er dadurch die Chance der Polizei, den **bereits begangenen** (und ohne die Warnung höchstwahrscheinlich noch andauernden) Verstoß gegen die StVO (§§ 3, 49 I) zu erforschen und zu verfolgen. Nur insoweit behindert er die (repressive) Tätigkeit der Polizei.

17 Die meisten wirklich ins Gewicht fallenden Behinderungen verwaltungsbehördlicher oder polizeilicher Tätigkeit werden zugleich den Tatbestand einer diese schützenden Norm erfüllen und schon deshalb als Gefahr für die öffentliche Sicherheit zu qualifizieren sein. Jenseits dieses Rahmens sollte man mit der Bejahung einer abzuwehrenden Gefahr zurückhaltend sein.[11] Andernfalls kommt es leicht zu überflüssigen und letztlich der Polizei abträglichen Konfrontationen mit dem Bürger. Selbstverständlich ist jede Art von gewaltlos und ohne Ehrverletzungen geäußerter **Kritik** an staatlichen Organen durch die Grundrechte der Meinungsfreiheit, Kunstfreiheit und unter Umständen der Versammlungsfreiheit geschützt und kein Anlaß für polizeiliches Eingreifen. Ebenso ist das **Fotografieren** öffentlichen polizeilichen Handelns keine Störung, soweit das Recht am eigenen Bild (Portrait) beachtet wird. Der schnelle Zugriff auf Film oder Kamera ist selten erforderlich und für den Einsatzerfolg meistens schädlich. Das bloße Fotografieren eines Polizeibeamten im Einsatz ist, auch bei individueller Erkennbarkeit, noch keine Verletzung des „Rechts am eigenen Bild“, §§ 22, 23, 33 KunstUrhG. Ob die nachfolgende „Verbreitung“ und „öffentliche Schaustellung“ rechtswidrig ist, hängt von einer Abwägung des Persönlichkeitsrechtes des betroffenen Beamten mit dem durch die Informations- und Pressefreiheit mittelbar geschützten Interesse der Öffentlichkeit an Berichterstattung über den Polizeieinsatz ab (vgl. *BVerfGE* 35, 202, 224 ff.). Eine polizeiliche Unterdrückung des Fotografierens überhaupt verstieße auch gegen das Zensurverbot des Art. 5 I 3 GG. Besteht die Möglichkeit, daß die Aufnahmen später mißbräuchlich und rechtswidrig verwendet werden, so kann die Polizei, wie auch sonst in Fällen eines Gefahrenverdachtes (vgl. Rdn. 38), vorläufige Sicherungsmaßnahmen ergreifen, zum Beispiel indem sie die Personalien des Fotografen feststellt (vgl. Kap. F).

18 **cc)** Zur öffentlichen Sicherheit gehört schließlich die **„Unverletzlichkeit ... der subjektiven Rechte und Rechtsgüter des einzelnen“** (vgl. §§ 2 Nr. 2 BremPolG, 3 Nr. 1 SOG LSA). **Private** Vermögenswerte oder immaterielle **Rechte** fallen hierunter ebenso wie die **Individual**(rechts)güter Menschenwürde, Ehre, Leben, Gesundheit, Freiheit. Doch ist der einzelne gehalten, den Schutz seiner Rechte und Rechtsgüter primär durch Anrufung der zuständigen Gerichte zu bewirken, wobei in dringlichen Fällen auch die

---

[9] Dazu *Renner,* Ausländerrecht, § 37 AuslG, Rdn. 7.

[10] Vgl. *OLG Düsseldorf* JZ 1960, 258 mit Anm. von *F. Mayer; OVG Münster* NJW 1997, 1596; *Wagner,* § 1 Rdn. 23; *Schenke,* Rdn. 37; *Drews/Wacke/Vogel/Martens,* S. 233; *Gusy,* Rdn. 87 m. w. Nachw.

[11] Ebenso *Schenke,* Rdn. 38.

Instrumente des vorläufigen Rechtsschutzes wie **Arrest** und **einstweilige Verfügung** in Betracht kommen (§§ 916ff., 935ff. ZPO). Nur wenn ein wirksamer Schutz auch auf diesem Wege zu spät käme und eine Rechtsvereitelung droht, kann polizeiliche Hilfe in Anspruch genommen werden.

§ 1 II ME, § 2 II PolG BW, Art. 2 II BayPAG, §§ 1 IV ASOG Bln, 1 II BbgPolG, 1 II BremPolG, 1 III HSOG, 1 II SOG MV, 1 III NGefAG, 1 II PolG NW, 1 III PoG RP, 1 III SPolG, 2 II SächsPolG, 1 II SOG LSA, 162 II LVwG SH, 2 II ThürPAG.

Sie muß sich auf die einstweilige Sicherung des bedrohten Rechtes beschränken und darf keine endgültigen Regelungen treffen. Beispielsweise kann die Polizei das gesetzliche Pfandrecht des Vermieters durch Sicherstellung der eingebrachten Sachen des Mieters schützen, wenn dieser, weil zahlungssäumig und -unfähig, nachts plötzlich unter Mitnahme seiner Habe „rücken" will. Gleiches gilt bei Streit über das Unternehmerpfandrecht.

Stets wird zu prüfen sein, ob der Angriff auf das Individualrechtsgut nicht zugleich 19
gegen eine **Norm des öffentlichen Rechts,** etwa des Strafrechts oder des besonderen Verwaltungsrechts, verstößt. Dann ist die öffentliche Sicherheit schon aus diesem Grunde bedroht oder verletzt, und die Polizei ist nicht nur subsidiär zuständig. Beispiele: Gewalttätige Teilnehmer an einer Demonstration zerstören Schaufenster in einer Geschäftsstraße; Betrieb einer Anlage ohne erforderliche Genehmigung, die einen für die Nachbarn gesundheitsschädigenden Lärm verursacht (§ 325a StGB!).

Der **einzelne** mit seinen Rechtsgütern wird, wie schon das PrALR erkannt hatte, als 20
„Mitglied des Publikums", oder, in späterer Ausdrucksweise, **als Repräsentant der Allgemeinheit geschützt.** Nur in diesem Fall sei, so wird gesagt,[12] das „besondere öffentliche Interesse an der Gefahrenabwehr" zu bejahen. Eine unbestimmte Personenmehrheit soll dieses Kriterium ohne weiteres erfüllen, eine bestimmte einzelne Person jedoch nur dann, wenn sie „unabhängig von ihrer Individualität", ebenso wie eine beliebige andere Person an ihrer Stelle, bedroht werde. Ferner wird darauf abgestellt, ob die Gefährdung „in die Öffentlichkeit ausstrahle". So sollen die Mieter eines Mietshauses als Repräsentanten der Allgemeinheit geschützt sein, die Zuschauer bei einem Autorennen als „Öffentlichkeit" der zunächst nur sich selbst und einander gefährdenden Rennfahrer. Das Kriterium des „öffentlichen Interesses", das berührt sein muß, kann aber weder unter dem räumlichen Gesichtspunkt – Öffentlichkeit als Allgemeinzugänglichkeit – noch unter dem Aspekt der Repräsentativität – Stellvertretung für eine unbestimmte Allgemeinheit – befriedigend abgegrenzt werden. Die Bestimmung des polizeilichen Schutzgutes muß vielmehr von der verfassungsrechtlichen Beurteilung der betroffenen Rechtsgüter aus erfolgen. Sieht man, wie es der gefestigten Rechtsprechung des BVerfG entspricht,[13] in den Grundrechten zugleich den Ausdruck einer „objektiven Wertordnung" und bejaht man auf dieser Grundlage eine **objektivrechtliche Pflicht der Staatsorgane zum Schutz** der grundrechtlich gesicherten „Individualgüter", dann ist bei deren Gefährdung das „öffentliche Interesse" grundsätzlich immer berührt. Ob die Polizei jedoch einschreiten darf oder gar muß, ist damit noch nicht entschieden. Dies hängt vielmehr von der Stärke des jeweiligen **sozialen Bezuges** und der **sozialen Funktion** ab, in welchen sich das gefährdete Rechtsgut befindet.[14] In deren Beurteilung fließen die sozialen Anschauungen ebenso ein wie die Bewertungen durch die Rechtsordnung.

---

[12] *Wolff/Bachof,* Verwaltungsrecht III, § 125 Rdn. 16; krit. *Götz,* 11. Aufl., Rdn. 80; das Erfordernis eines „öffentllichen Bedürfnisses" ablehnend in der 12. Aufl., Rdn. 92f.

[13] *BVerfGE* 7, 198 (205); 35, 79 (114); 39, 1 (41); 77, 170 (214). Krit. zur objektivrechtlichen Funktion der Grundrechte *Böckenförde* Der Staat 1990, 1ff. Gegenkritik bei *H. Dreier,* Dimensionen der Grundrechte, 1993, S. 50ff.

[14] Dieses Kriterium, welches das *BVerfG* für die Schrankenziehung und Inhaltsbestimmung des Eigentums entwickelt hat, kann hier für die „polizeilichen" Grenzen der individuellen Verfügungsbefugnis fruchtbar gemacht werden; vgl. *BVerfGE* 50, 290 (340), m. w. Nachw. Zum Sozialbezug des allgemeinen Persönlichkeitsrechts vgl. *BVerfGE* 80, 367 (374).

21 Doch lassen sich mit Hilfe dieses Gesichtspunktes vor allem die Grenzfälle der polizeilich „erlaubten" **Selbstgefährdung** befriedigend lösen. So ist die waghalsige Zirkusnummer des Raubtier-Dompteurs oder des Hochseilartisten polizeilich irrelevant, solange Dritte nicht in Mitleidenschaft gezogen werden können und sofern die Polizei annehmen darf, die Kunststücke würden lege artis ausgeführt. Dies gilt auch für medizinische Selbstversuche.[15] Besteht jedoch nach den Umständen begründeter Verdacht, der „Todesspringer", Experimentator oder auch Bergsteiger werde sein Leben leichtfertig aufs Spiel setzen, kann die Polizei mit der Anordnung risikomindernder Auflagen, notfalls mit einem Verbot intervenieren. Denn das leichtsinnige alpine Klettern, also Hochgebirgstouren ohne entsprechende Erfahrung, Geländekenntnis und Ausrüstung, erfüllt keineswegs nur den Tatbestand der Selbstgefährdung. Vielmehr werden hierbei – anders als beim Halten eines wilden Tieres (Affe, Wolf usw.) in gesicherten privaten Räumen – regelmäßig auch Dritte betroffen, wenn nämlich die Bergwacht zu den oft risikoreichen Rettungseinsätzen alarmiert werden muß. Ähnliches gilt für Skitouren abseits der Pisten in Lawinengebieten. Auch eine (tätliche) eheliche Auseinandersetzung, in deren Verlauf der (betrunkene) Ehemann seine Frau erheblich körperlich mißhandelt oder gar lebensgefährlich bedroht, ist, auch wenn jegliche „Ausstrahlung in die Öffentlichkeit" fehlt, polizeilich durchaus relevant, vorausgesetzt, die Polizei erfährt rechtzeitig davon. Die Verfassung des Landes Brandenburg schreibt in Art. 26 III eine solche Schutzpflicht der Staatsorgane fest: „Wer in Ehe, Familie oder einer anderen Lebensgemeinschaft psychische oder physische Gewalt erleidet, hat Anspruch auf Hilfe und Schutz des Gemeinwesens."

22 Die Annahme einer verfassungskräftigen Schutzpflicht des Staates, insbesondere für Leben und Gesundheit seiner Bürger, (Grundrechtsschutz aus Art. 2 II GG) führt konsequent auch zur Bejahung einer polizeilichen Hilfeleistung in Fällen drohenden **Selbstmordes.** Die Straflosigkeit der Selbsttötung allein steht dem nicht entgegen, auch des Rückgriffs auf einen angeblichen Schutz der „öffentlichen Ordnung" (vgl. Rdn. 25) wegen der sozialethischen Mißbilligung dieser Handlung bedarf es nicht. Allein der Wert des gefährdeten Rechtsgutes rechtfertigt das Schutzhandeln, solange nicht sicher ist, daß die Selbsttötung auf einem freien Willensentschluß beruht und Dritte nicht gefährdet. Das Recht, „in Würde sterben zu dürfen",[16] setzt jedem staatlichen Zugriff Grenzen. Es gibt kein ausdrückliches „Recht zum Selbstmord", aber angesichts der Autonomie des Menschen auch keine polizeilich erzwingbare Pflicht zum Leben (vgl. Kap. C). Die Polizei löst das Problem im Zweifel richtig, indem sie den Suizidwilligen als eine Person behandelt, die sich „erkennbar in einem die freie Willensbestimmung ausschließenden Zustand oder sonst in hilfloser Lage befindet", und ihn in schützenden Gewahrsam nimmt.

§ 13 ME, Art. 17 I Nr. 1 BayPAG, § 30 I Nr. 1 ASOG Bln, 17 I Nr. 1 BbgPolG, 13 I Nr. 1 HbgSOG, 32 I Nr. 1 HSOG, 55 I Nr. 1 SOG MV, 18 I Nr. 1 NGefAG, 35 I Nr. 1 PolG NW, 14 I Nr. 1 POG RP, 37 I Nr. 1 SOG LSA, 204 I Nr. 1 LVwG SH, 19 I Nr. 1 ThürPAG; den Suizidversuch als Zugriffsgrund sehen ausdrücklich vor: §§ 28 I Nr. 2 c PolG BW, 15 I Nr. 1 BremPolG, 13 I Nr. 1 SPolG, 22 I Nr. 2 SächsPolG.

23 Auch unterhalb der Schwelle konkreter Lebensgefährdung nimmt der Staat seine Schutzpflicht, freilich auf spezieller gesetzlicher Grundlage, wahr. So kann für **Geisteskranke, Geistesschwache** oder **Suchtkranke** die (zeitlich begrenzte) Anstaltsunterbringung nicht nur dann angeordnet werden, wenn sie für ihre Mitmenschen eine (erhebliche) Gefahr darstellen, sondern auch dann, wenn sie nur sich selbst erheblich gefährden

[15] Dazu *BVerwGE* 82, 45 (48 f.): „Das Selbstbestimmungsrecht schließt die Befugnis ein, darüber zu entscheiden, welchen Gefahren sich der einzelne aussetzen will."

[16] Vgl. *Otto,* Gutachten z. 56. DJT (1986); *BVerfGE* 32, 98. Die Achtung der „Würde im Sterben" gebieten Art. 8 I 1 VerfBbg und Art. 1 I VerfThür.

und andere Abhilfe nicht möglich ist (vgl. § 1 I, II HessFreihEntzG[17]). Hingegen reicht die bloße „Verwahrlosung" als Grund für eine Anstaltsunterbringung nicht aus: der Staat hat „nicht die Aufgabe, seine Bürger zu‚bessern' und deshalb auch nicht das Recht, ihnen die Freiheit zu entziehen, nur um sie zu‚bessern', ohne daß sie sich selbst oder andere gefährdeten, wenn sie in Freiheit blieben". (BVerfGE 22, 180, 219 f.) Nur wer andere oder als Psychopath sich selbst gefährdet, unterliegt staatlichem Schutzhandeln.

Der Maßstab des sozialen Bezuges und der sozialen Funktion (vgl. Rdn. 20) als Kriterium für das „öffentliche Interesse", das ein Individualrechtsgut zum Bestandteil der öffentlichen Sicherheit macht, findet seine Bestätigung in speziellen, gesetzlichen Regelungen. Nach § 903 BGB darf der Eigentümer einer Sache – im Rahmen der Gesetze – mit ihr nach Belieben verfahren; er darf sie grundsätzlich also auch vernichten. Dies gilt aber nicht, wenn der Gegenstand privaten Eigentums zum Beispiel ein kostbares Gemälde eines altdeutschen Meisters oder ein unersetzliches Exemplar eines technikgeschichtlich wichtigen Instrumentes ist, das deshalb als schutzwürdiges Kulturdenkmal im Sinne des **Denkmalschutzgesetzes** (vgl. z. B. § 2 HessDenkmalschutzG)[18] anzusehen ist. Auch wenn der Gegenstand nicht in das Denkmalbuch eingetragen ist (vgl. § 9 I 2 HessDenkmalschutzG), soll die Polizei bei Gefahr im Verzug vorläufig sichernd eingreifen, um ihn vor der drohenden Zerstörung durch den Eigentümer zu bewahren (vgl. § 6 III HessDenkmalschutzG). Die soziale Gebundenheit des Eigentums, Art. 14 II GG, wird hierdurch verwirklicht. Ähnlich grenzt das Tierschutzgesetz die Verfügungsbefugnis des Tiereigentümers ein. 24

b) „Öffentliche Ordnung"

Die noch überwiegende, allerdings mehr und mehr abbröckelnde Meinung hält an der „öffentlichen Ordnung" als dem zweiten Schutzgut neben der öffentlichen Sicherheit fest.[19] Sie geht mit dem Preußischen Oberverwaltungsgericht davon aus, daß der Begriff der öffentlichen Ordnung „nicht ein absoluter, seinem Inhalt nach ein für allemal fest abgegrenzter (ist). Er umfaßt die Gesamtheit jener ungeschriebenen Regeln für das Verhalten des einzelnen in der Öffentlichkeit, deren Beobachtung nach den jeweils herrschenden Anschauungen als unerläßliche Voraussetzung eines geordneten staatsbürgerlichen Gemeinschaftslebens betrachtet wird."[20] Das Festhalten an der öffentlichen Ordnung im polizeilichen Sinne als an einem Freiheitsbeschränkungen ermöglichenden, „Polizeipflicht" begründenden Maßstab ist nur dann zu rechtfertigen, wenn 25

- dem Begriff ein eigenständiger, von der „öffentlichen Sicherheit" klar abgrenzbarer Inhalt zugewiesen werden kann,
- der Begriff in verfassungsrechtlich unbedenklicher Weise gebildet werden kann und
- ein praktisch relevantes Bedürfnis für seine Beibehaltung besteht.

Der Begriff der „öffentlichen Ordnung" könnte nur die „ungeschriebenen" gesellschaftlichen Verhaltensregeln und Wertvorstellungen umfassen, da alle „geschriebenen" Regeln als Bestandteile der objektiven Rechtsordnung ohnehin der „öffentlichen Sicherheit" unterfallen. Mit der zunehmenden rechtlichen Durchnormierung fast aller Lebens-

---

[17] Hessisches Gesetz über die Entziehung der Freiheit geisteskranker, geistesschwacher, rauschgift- oder alkoholsüchtiger Personen vom 19. 5. 1952 (GVBl. S. 111), zuletzt geändert am 15. 7. 1997 (GVBl. I S. 217).

[18] Hessisches Denkmalschutzgesetz vom 5. 9. 1986 (GVBl. I S. 270). Auf die Frage des konstitutiven oder nur „nachrichtlichen" Charakters der Eintragung in das Denkmalbuch kommt es dabei nicht an, sog. Prinzip der Unterschutzstellung „ipso lege". Vgl. *Kummer,* S. 69 ff.; *Moench* NVwZ 1984, 146 ff; *ders.* BauR 1993, 420 (433).

[19] Neuere Polizeigesetze verzichten auf den Begriff der öffentlichen Ordnung, vgl. §§ 1 I BremPolG (v. 21. 3. 1983), 2 Nr. 1a NGefAG (v. 13. 4. 1994), 1 I PolG NW (v. 24. 2. 1990), 8 I SPolG (v. 8. 11. 1989), 162 LVwG SH (v. 2. 6. 1992). Die Polizeigesetze der neuen Bundesländer behalten ihn dagegen sämtlich bei. In der Literatur haben sich, außer dem Verfasser (siehe bereits *Denninger,* Polizei in der freiheitlichen Demokratie, 1968, S. 25 ff.), unterschiedlich kritisch geäußert: *Götz* (diesem folgend *Holzkämper* NVwZ 1994, 146 [149]), *Gusy, Mußmann, Peine, Rasch, Thiele, Wagner, Würtenberger/Heckmann/Riggert* („weitestgehend obsolet", Rdn. 277), z. T. auch *Hill.* Eingehende Kritik zuletzt bei *Störmer* Die Verwaltung 1997, 233 ff.

[20] PrOVGE 91, 139 (140) v. 9. Nov. 1933 (Damenboxkämpfe).

bereiche („Verrechtlichung") schrumpft, wie auch die Verfechter des Begriffs einräumen, sein mögliches Anwendungsfeld.[21] Genaugenommen kann der Begriff nur diejenigen mehrheitlich anerkannten sozialethischen Normen erfassen, die **nicht** (nicht mehr, noch nicht, auch nicht als Gewohnheitsrecht) ihren Niederschlag als positives Recht gefunden haben. Gerade deren Anerkennung aber als rechtlich verbindlicher Handlungsmaßstab und als Eingriffsgrundlage für hoheitlich-exekutives Handeln begegnet in einer **freiheitlich-pluralistischen, demokratisch** verfaßten Gesellschaft durchgreifenden verfassungsrechtlichen Bedenken:

26 Die **Kritik,** die auf die Unklarheit der bei der Begriffsausfüllung maßgeblichen Bezugseinheit (örtliche Gemeinschaft? Region? Das „emsländische Volk" oder das Volk der Bundesrepublik?[22]) und die Kritik, die auf die empirischen Schwierigkeiten der Feststellung des jeweiligen Inhalts der öffentlichen Ordnung abstellt, sind zwar in der Sache berechtigt, dringen aber nicht zum Kern des Problems vor. Ebensowenig genügt auf der anderen Seite zur Verteidigung des Begriffs der Hinweis auf die Wandelbarkeit sozialethischer Normen.[23] Der entscheidende Gesichtspunkt ist vielmehr folgender: Gerade weil eine säkularisierte, kulturell, religiös, ethnisch und nach ihren Traditionen pluralistische demokratische Gesellschaft nicht zulassen kann und will, daß eine (die „jeweilige") Mehrheit den Minderheiten ihre sozialethischen Auffassungen, ihre Vorstellungen vom bonum commune und von den „guten Sitten" aufzwingt, es sei denn, durch das verfassungsmäßig beschlossene **Gesetz,** gerade deshalb muß sie auf die unmittelbare **polizeiliche** Durchsetzung solcher Mehrheitsauffassungen verzichten. Anderenfalls würde nicht nur die gleiche Chance der Minderheit verletzt, ihre Sozialethik jemals zu derjenigen der Mehrheit wachsen zu sehen, sondern bereits die gleichberechtigte friedliche Koexistenz einander widerstreitender Auffassungen. Das **Demokratieprinzip** (Art. 20 II GG) fordert, daß, mit den Worten des BVerfG,[24] der **Gesetzgeber** „seine vornehmste Aufgabe" selbst wahrnimmt, nämlich „jede Ordnung eines Lebensbereichs durch Sätze objektiven Rechts" auf eine Willensentschließung der vom Volke bestellten Gesetzgebungsorgane zurückzuführen und dabei „unter Abwägung der verschiedenen, unter Umständen widerstreitenden Interessen über die von der Verfassung offengelassenen Fragen des Zusammenlebens zu entscheiden". So wenig deshalb die von der Bundesrechtsanwaltskammer (gemäß § 177 BRAO a. F.) festgestellten Richtlinien anwaltlichen Standesrechts – als Inbegriff der berufsethischen „öffentlichen Ordnung" auf diesem Felde – zur disziplinarischen Beschränkung der Berufsfreiheit ausreichen,[25] so wenig auch die „rational nicht zu begründende" sittliche Mißbilligung der Bevölkerung dem nach Art. 6 I GG geschützten Wunsch eines männlichen Transsexuellen entgegensteht, mit einem Manne die Ehe zu schließen,[26] so wenig können auch andere, der oder den sozialethischen Norm(en) widersprechende, und insofern anomale Verhaltensweisen und Freiheitsäuße-

---

[21] Die Anwendungsfälle in der Praxis sind außerordentlich selten, z. B. *VG Neustadt* NVwZ 1993, 98 (Zwergenweitwurf), bei dieser Entscheidung wäre der Rückgriff auf das Institut der „öffentlichen Ordnung" aber nicht erforderlich gewesen, möglich war nämlich der Rückgriff auf § 33 a II Nr. 2 GewO (Diese Norm wendet *VGH München* in NVwZ 1992, 76 [Zurschaustellung von Frauen hinter Gittern] an).

Zu rechtsextremistischen Aufmärschen siehe *VGH München* NVwZ 1992, 76 (77): Soweit das Verhalten der rechtsextremen Demonstranten (Parolen gegen Juden, einzelne Politiker, Verherrlichung von NS-Verbrechen usw.) vom Schutz der öffentlichen Sicherheit nicht erfaßt wird, soll die öffentliche Ordnung einschlägig sein. Nach Auffassung des *BVerfG* (B. v. 9. 2. 2001, 1 BvQ/10/01, 1. Kammer des Ersten Senats) können Gefährdungen der öffentlichen Ordnung Einschränkungen des Versammlungsrechts gemäß § 15 I VersG rechtfertigen. Das kann der Fall sein, „wenn einem bestimmten Tag ein in der Gesellschaft eindeutiger Sinngehalt mit gewichtiger Symbolkraft zukommt, der bei der Durchführung eines Aufzugs an diesem Tag in einer Weise angegriffen wird, daß dadurch zugleich grundlegende soziale oder ethische Anschauungen in erheblicher Weise verletzt werden". Deshalb keine rechtsextremistische Kundgebung am Holocaust-Gedenktag (27. Januar). Vgl. auch Kap. H.

[22] Vgl. *BVerwGE* 1, 303 (304) („Die Sünderin").

[23] Vgl. *Drews/Wacke/Vogel/Martens,* S. 248.

[24] *BVerfGE* 33, 125 (158 f.); ferner E 76, 171 (188), auch zum Folgenden.

[25] Vgl. Fußn. 24.

[26] *BVerfGE* 49, 286 (300).

rungen (Art. 2 I GG!), solange sie nicht fremde Rechtsgüter schädigen, allein unter Berufung auf eine allgemeine „öffentliche Ordnung“ polizeilich reprimiert werden. Diese allgemeine Ordnung als allgemeinverbindliche und damit rechtliche festzustellen und vorzuschreiben, ist Sache des Gesetzgebers (einschließlich der delegierten Normgeber, bis hin zu den zuständigen Gebern von Gefahrenabwehr- bzw. Polizeiverordnungen).

Gegenüber diesem verfassungsrechtlichen Gesichtspunkt kann dem polizeipragmatischen Einwand kein Gewicht zukommen, man müsse die öffentliche Ordnung prophylaktisch beibehalten, um „neuartige Gefährdungen bekämpfen zu können, ehe daß erst der Gesetzgeber bemüht werden“ müsse, oder, um „den Druck auf den Gesetzgeber“ zu vermindern, „immer wieder neue Tatbestände als verboten zu normieren“.[27] Hierbei wird verkannt, daß auch völlig neuartige Gefährdungs**modalitäten** in aller Regel längst bekannte und durch den Schutz der öffentlichen Sicherheit erfaßte Rechtsgüter (Leben, Gesundheit, Persönlichkeitsrecht usw.) betreffen. Und sollte sich wirklich der Schutz eines neuartigen oder in neuer Gestalt entdeckten (alten) Rechtsgutes gegen neuartige Gefahren als „unerläßlich“ erweisen – die Bedrohung des Rechts auf informationelle Selbstbestimmung durch die automatische Datenverarbeitung mag als Beispiel dienen – dann werden nicht nur die parlamentarischen Gesetzgeber rasch genug reagieren können, sondern, in fast allen Bundesländern, vor allem auch die Polizei- bzw. Gefahrenabwehrbehörden selbst, indem sie **Polizei- bzw. Gefahrenabwehrverordnungen** erlassen.[28] 27

§§ 10 ff. PolG BW, 55 ff. ASOG Bln, 24 ff. OBG Bbg, 48 ff. BremPolG, 1 f. HbgSOG, 71 ff. HSOG, 17 ff. SOG MV, 54 ff. NGefAG, 25 OBG NW, 26 ff. POG RP, 59 ff. SPolG, 9 ff. SächsPolG, 94 ff. SOG LSA, 175 LVwG SH, 27 ff. ThürOBG.

Dabei ergibt sich die Notwendigkeit, die Gefahrensituation in einen abstrakt und generell formulierten Tatbestand zu fassen; dies kann der Reflexion über die Unentbehrlichkeit einer neuen Regelung nur förderlich sein.

Zu einem freilich stark reduzierten, aber doch der Definitionsmacht der Exekutive im Einzelfall überlassenen Begriff der öffentlichen Ordnung gelangt der Vorschlag von *Hill,*[29] im Wege einer verfassungskonformen Neuinterpretation des Begriffs, der Verwaltung (nur noch) den „begrenzenden Ausgleich verfassungsrechtlicher Wertentscheidungen“ anheimzugeben. Soweit damit die Koordination kollidierender Grundrechts-Sphären gemeint ist, gehört diese ohnehin zur pflichtgemäßen Ermessensausübung beim Schutze der öffentlichen Sicherheit; soweit damit eine Befugnis der Polizei verbunden sein sollte, neue Verfassungsrechtsgüter zu „erfinden“, kommen die oben dargestellten Bedenken zum Zuge.

Zutreffend hat man auf die Parallelität der Problematik bei der Auslegung des Begriffs **„Sittengesetz“** als Schranke der freien Persönlichkeitsentfaltung im Sinne des Art. 2 I GG hingewiesen.[30] Für die Bestimmung des jeweiligen Inhalts desselben kann es, wie das BVerfG richtig erkannt hat,[31] weder auf das „persönliche sittliche Gefühl des Richters“ maßgeblich ankommen noch auf die „Auffassungen einzelner Volksteile“ noch – so ist zu 28

[27] Vgl. *Tettinger,* Besonderes Verwaltungsrecht, 3. Aufl. 1993, Rdn. 210, der zweite Teil des Zitats nicht mehr in der 5. Aufl. 1998, Rdn. 307; ferner Begründung zum ME (1976), Allg. Begr. A. 3. 12.; dem folgend die Begründungen zu mehreren PolG-Novellen, ähnlich auch *Knemeyer,* Rdn. 76, besonders im Hinblick auf die „sich rasch ändernden Anforderungen im Umweltschutzrecht“. Im übrigen läßt auch *Knemeyer* Kritik am Begriff der öffentlichen Ordnung erkennen.

[28] Vgl. *Götz,* Rdn. 602 ff. Erst recht überzeugt das Beispiel des „aggressiven Bettelns“ nicht, welches *Holzkämper* NVwZ 1994, 146 (149), für die Notwendigkeit des Begriffs der öffentlichen Ordnung anführt. Wenn er – unter Berufung auf *Götz,* 11. Aufl., Rdn. 109, – eine Verletzung der öffentlichen Ordnung bejaht, sofern das Bettelverhalten das allgemeine Persönlichkeitsrecht der Passanten verletzt, dann ist in Wahrheit (bereits) die öffentliche **Sicherheit** gefährdet und **damit** der polizeiliche Handlungsraum eröffnet. S. zu dieser Fragestellung auch *Kohl* NVwZ 1991, 620; *VGH Mannheim* NVwZ 1999, 560: Nichtigkeit einer PolizeiVO-Regelung, die Betteln auf öffentlichen Straßen schlechthin untersagt.

[29] *Hill* DVBl. 1985, 88 ff. (96).

[30] *v. Münch*, in: v. Münch, GG, 3. Aufl. 1985, Art. 2 Rdn. 37; bei *Kunig*, in: v. Münch/Kunig, GG, Bd. 1, 5. Aufl. 2000, Art. 2 Rdn. 26 nunmehr deutliche Kritik.

[31] *BVerfGE* 6, 389 (434 f.).

ergänzen – auf diejenigen einer Polizeibehörde. Aber ebensowenig hilfreich ist es, auf die Weisheit(en) der Handbücher der Ethik oder der Moraltheologie der letzten 200 Jahre zu verweisen.[32] Selbst wenn diese inhaltlich übereinstimmende abstrakte Sätze anböten – und nicht einmal dies ist der Fall – so ergäben sich doch unüberwindbare Dissense spätestens bei der Anwendung solcher Maximen auf die konkrete „polizeiliche" Situation. Was in bezug auf diese von der Eindeutigkeit, Beständigkeit und Offenkundigkeit solcher für das Zusammenleben angeblich „unerläßlicher" ungeschriebener Regeln zu halten ist, lehrt niemand besser als das Preußische Oberverwaltungsgericht in seiner (vgl. Rdn. 25) zitierten Rechtsprechung: Das Urteil, welches die Veranstaltung von „Damenboxkämpfen" unter Berufung auf die „öffentliche Ordnung" untersagte, datiert vom 9. 11. 1933. Es rechtfertigte zugleich eine anderslautende Entscheidung desselben Gerichts vom Herbst 1932 zu ähnlichen Veranstaltungen. „Mit dem Durchbruch der nationalen Revolution" habe „ein gewaltiger innerer Umschwung stattgefunden", der gerade „in den Anschauungen über Bestimmung und Betätigung der Frau einen Wandel bewirkt hat, wie er in der Entwicklung deutschen Wesens selten erlebt worden ist".[33] Man darf wohl vermuten, daß die zwischen den beiden Urteilen liegende nationalsozialistische „Machtergreifung" im Januar 1933 weniger in den Vorstellungen der Kölner Kneipiers über das Wesen der deutschen Frau und ihre sittliche Bestimmung einen „inneren Umschwung" bewirkt hat als vielmehr in den Köpfen der höchsten deutschen Verwaltungsrichter, welche nunmehr der neuen (öffentlichen) Ordnung ihren Gehorsam zollten.

Gleichviel, ob man glaubt, auf den Begriff der „öffentlichen Ordnung" verzichten zu können oder nicht, sollte sich die Polizei doch in allen Fragen der Religion, Kunst und Sittlichkeit oder gar des „patriotischen Empfindens" größte Zurückhaltung auferlegen und sich der Mahnung *Otto Mayers* erinnern, „daß in diesen Dingen mit täppischem Dreinfahren viel geschadet werden kann".[34]

3. Gefahr

a) Gefahr als Wahrscheinlichkeit eines Schadens

29 „Gefahr" ist „eine Sachlage, bei der im einzelnen Falle die hinreichende Wahrscheinlichkeit besteht, daß in absehbarer Zeit ein Schaden für die öffentliche Sicherheit (oder Ordnung) eintreten wird". So definieren der niedersächsische, der bremische und – unter Einbeziehung auch der „öffentlichen Ordnung" – der sächsisch-anhaltinische Polizeigesetzgeber den zentralen Begriff der Gefahrenabwehr (§§ 2 Nr. 1 a NGefAG, 2 Nr. 3 a BremPolG, 3 Nr. 3 a SOG LSA). Das BVerwG weiß sich in Einklang mit der „allgemeinen Auffassung", daß eine Gefahr vorliegt, „wenn eine Sachlage oder ein Verhalten bei ungehindertem Ablauf des objektiv zu erwartenden Geschehens mit Wahrscheinlichkeit ein polizeilich geschütztes Rechtsgut schädigen wird".[35]

30 Als **Schaden** im polizeirechtlichen Sinne ist die „objektive" Minderung des normalen vorhandenen Bestandes an geschützten Individual- oder Gemeinschaftsgütern anzusehen. Bei dem einzelnen Schutzgut muß eine nicht unerhebliche Beeinträchtigung drohen; bloße Belästigungen, Unbequemlichkeiten, Nachteile oder Geschmacklosigkeiten sind polizeirechtlich irrelevant. Allerdings können Anzahl und Dauer von Belästigungen ein solches Maß erreichen, daß sie die Schwelle zum „Schaden" und damit zur „Gefahr" überschreiten. Dies ist besonders bei **Immissionen** durch Geräusche oder Gerüche (anhaltendes Hundegebell zur Nachtzeit, übermäßiges unzeitiges Glockengeläut, Schweinemästerei) oder ähnliches (massierter Bienenflug) zu beachten. Wie im Immissionsschutzrecht

---

[32] So aber *Starck*, in: v. Mangoldt/Klein/Starck, Bonner Grundgesetz, 3. Aufl. 1985, Art. 2 I Rdn. 26; die Ansicht relativierend hingegen in der 4. Aufl. 1999, Art. 2 I Rdn. 38. f., wo die Autorität des demokratischen Gesetzgebers betont wird.

[33] Vgl. Fußn. 20, S. 140 f.

[34] *O. Mayer*, S. 215. Dazu *Denninger*, Polizei in der freiheitlichen Demokratie, 1968, S. 32.

[35] *BVerwGE* 45, 51 (57) mit Hinweis auf *Wolff(/Bachof)*, Verwaltungsrecht III, 3. Aufl. 1973; ebenso 4. Aufl. 1978, § 125 III a. Vgl. auch die Nachweise bei *Jähnke* DRiZ 1990, 425.

(vgl. § 3 BImSchG),[36] das die Grenze des noch Zumutbaren tiefer als das allgemeine Polizeirecht setzen wollte, kommt es auch in diesem nicht auf das Urteil eines besonders Empfindlichen an, sondern auf das eines normalen Durchschnittsmenschen. Zeitliche und örtliche Verhältnisse spielen eine Rolle. Lärm, der in einer belebten Innenstadt hinzunehmen ist, kann in einem Kur- oder Klinikviertel oder in einer ruhigen Wohngegend zur Gefahr werden. Für den Schadensbegriff ist es unerheblich, ob die Bedrohung des Rechtsgutes auf menschliches Verhalten oder auf bloße Naturgewalt (Blitzschlag, Waldbrand, Erdbeben, Überschwemmung, Erdrutsch, aber auch epidemische Krankheiten, Seuchen, tierische Schädlinge usw.) zurückzuführen ist; die Polizei hat auch diejenigen Gefahren abzuwehren, die nicht durch einen „Störer" (vgl. Rdn. 54 ff.) verursacht worden sind. Da es nur auf die Beeinträchtigung oder Minderung eines **vorhandenen** Bestandes ankommt, fällt der „entgangene Gewinn" im Sinne des § 252 BGB nicht unter den Schadensbegriff.

In dieser Beschränkung kommt der Grundgedanke des modernen Polizeibegriffs zum 31
Ausdruck, der auf Schadensverhütung und -minderung gerichtet und begrenzt ist, nicht aber auf Gütervermehrung und „Wohlfahrtspflege". „Die Sorge für die Wohlfahrt ist nicht eigentlich Aufgabe der Polizei."[37] Dieser weit über 200 Jahre alte Satz *Johann Stephan Pütters* verdient auch und gerade heute wieder Gehör gegenüber denjenigen Stimmen, die im Hinblick auf den expandierenden Bereich der **„Gefahrenvorsorge"** bereits die begriffliche Unterscheidungsmöglichkeit zwischen Wohlfahrtspflege und Gefahrenabwehr in Zweifel ziehen. So wird die Möglichkeit des Erlasses von die individuelle Gefahrensituation überschreitenden Polizeiverordnungen als ein Hinweis auf die Notwendigkeit „gefahrenvorsorgender", „auf einen planerischen Gesamtzusammenhang ausgerichteter ... Regelungen" verstanden. Bei einer Loslösung von einer nur „mikroadministrativen Betrachtung", wenn man also „die Prävention in größere zeitliche Zusammenhänge" stelle, komme es „zur Gefahrenabwehr durch wohlfahrtspflegende Gefahrenvorsorge und umgekehrt".[38] In der Tat kann man beispielsweise das Gesetz über Mindestvorräte von Erdölerzeugnissen vom 9. 9. 1965 (BGBl. I S. 1217), das eine Vorratshaltungspflicht für Mineralölprodukte einführte, ebenso wohl als wirtschaftslenkende, wohlfahrtssichernde Maßnahme begreifen wie auch als Vorbereitung auf einen „Gefahrenfall", nämlich auf eine Energieversorgungskrise, mithin als „Gefahrenabwehr" in dem durch Gefahrenvorsorge erweiterten Sinne. In einem strukturell wachstumsorientierten Wirtschaftssystem sind die Bedingungen der Wohlstands- (= status quo-)Sicherung zugleich Bedingungen der Wohlstandsmehrung. Dennoch fallen Wirtschaftspolitik, ökonomisches Krisenmanagement und polizeiliche Gefahrenabwehr keineswegs in eins. Die Polizei hat – soweit nicht auch hierfür schon Spezialbehörden zuständig sind – akute Obdachlosigkeit zu bekämpfen, aber nicht (mittel- und langfristige) Wohnungsbaupolitik zu betreiben, selbst, wenn wegen starker Bevölkerungsmigrationen eine Wohnungsnot absehbar ist. Insofern ist Gegenstand polizeilicher Aufmerksamkeit immer eine **zeitlich und örtlich eingegrenzte und eingrenzbare Schadenssituation**, selbst wenn diese (noch) hypothetisch ist (wie im Falle von Polizeiverordnungen, vgl. Rdn. 33) oder doch wahrscheinlich erst nach Wochen oder Monaten eintreten wird. Je weiter der Zeitpunkt denkbaren polizeilichen Eingreifens in der Zukunft liegt, desto weniger kommt eine polizeiliche Zuständigkeit gegenüber dem zu erwartenden Handeln von Spezialbehörden überhaupt noch in Betracht.

b) Konkrete und abstrakte Gefahr

Als „konkrete Gefahr" bezeichnet man die „im einzelnen Falle" bestehende hinreichen- 32
de Wahrscheinlichkeit eines Schadenseintrittes. (Vgl. §§ 2 Nr. 3 a BremPolG, 2 Nr. 1 a

---

[36] Vgl. *Jarass,* § 3 Rdn. 33 mit Hinweis auf die amtl. Begr., BT-Drucks. 7/179, S. 25 ff.

[37] *J. St. Pütter:* „Promovendae salutis cura proprie non est politiae", in: Elementa iuris publici Germanici, 4. Aufl. 1766, § 517; ebenso in Institutiones juris publici Germanici, 1. Aufl. 1770, § 321. Zu Pütter vgl. *Preu,* Polizeibegriff und Staatszwecklehre, 1983, S. 167 ff.; *Stolleis,* Geschichte des öffentlichen Rechts in Deutschland, I, 1600–1800, 1988, S. 312 ff.

[38] *Erichsen* VVDStRL 35 (1977), in der Reihenfolge der Zitate: S. 185 f., 179, 186, 180.

NGefAG, 3 Nr. 3a SOG LSA, § 8 I ME). Sie ist, häufig sogar in einer nach Intensität und zeitlicher Nähe gesteigerten Form (vgl. Rdn. 42ff.) Regelvoraussetzung polizeilicher Eingriffshandlungen. Im Unterschied hierzu bezeichnet die „abstrakte Gefahr" nur die gedachte Möglichkeit einer konkreten Gefahr. Bei ihr handelt es sich um „eine nach allgemeiner Lebenserfahrung oder den Erkenntnissen fachkundiger Stellen mögliche Sachlage, die im Falle ihres Eintritts eine Gefahr (. . .) darstellt", (§ 2 Nr. 2 NGefAG). Die beiden Gefahrenbegriffe sind also nicht hinsichtlich des Grades der Wahrscheinlichkeit oder der zeitlichen Nähe verschieden, mit bzw. in der ein Schaden befürchtet werden muß, sondern hinsichtlich des **Realitätsmodus** der Gefahrenlage: „Konkret" ist die Gefahr, wenn sie im Einzelfall tatsächlich besteht, „abstrakt", wenn sie einen bloß hypothetischen, vorgestellten, aber typischerweise gefährlichen Sachverhalt meint.[39]

33 Die Unterscheidung von abstrakter und konkreter Gefahr ist in mehrfacher Hinsicht bedeutsam. Es leuchtet ein, daß die abstrakt-generelle Fassung der Tatbestände einer **Polizei- oder Gefahrenabwehrverordnung** nur den abstrakten Gefahrbegriff umschreiben kann.[40] Solche Verordnungen sind auf Orts-, Kreis-, Regierungsbezirks- und Landesebene möglich. Ihr gegenständlicher Anwendungsbereich schrumpft wegen der zunehmenden Regelung aller wichtigen Gefahrenlagen durch Spezialgesetze und -verordnungen allerdings zusammen. Wird eine (sogenannte **„unselbständige"**) **polizeiliche Verfügung** aufgrund einer Polizeiverordnung (oder einer anderen speziellen Befugnisnorm) gegen einen Störer erlassen, so genügt zur Begründung der Hinweis auf den Verstoß gegen das zur Abwehr einer abstrakten Gefahr erlassene Ge- oder Verbot. Es ist nicht erforderlich, daß auch im konkreten Falle eine Gefahr für das zu schützende Rechtsgut besteht. Beispiel: Wer bei „Rot" die Fahrbahn überquert, ist „Störer", auch wenn, etwa zur Nachtzeit, sonst weit und breit kein Verkehr herrscht. Bei genauer Betrachtung erkennt man freilich auch in derartigen Fällen das Vorliegen einer konkreten Gefahr bzw. „Störung". Sie liegt in der Zuwiderhandlung gegen das Gesetz, in der Verletzung der Unversehrtheit der Rechtsordnung, auch der des Straßenverkehrs, als eines Schutzgutes der öffentlichen Sicherheit. Aus diesem Grund wird die begriffliche Unterscheidung zwischen selbständiger und unselbständiger Verfügung in der neueren Literatur z. T. als wenig hilfreich kritisiert.[41]

34 **„Selbständige" polizeiliche Verfügungen,** die sich lediglich auf die Befugnis-Generalklausel (vgl. z. B. § 8 I ME) stützen, setzen ebenso wie die meisten „Standardmaßnahmen" (vgl. § 8a bis 24 ME) eine „konkrete" Gefahr voraus. Darin drückt sich die auf unmittelbaren Rechtsgüterschutz gerichtete Funktion der Polizei aus. Nun beschränkt sich das polizeiliche Handeln aber keineswegs auf Maßnahmen mit „Eingriffs"-Charakter. Oft müssen Gefahren abgewehrt und Störungen beseitigt werden, ohne daß ein Störer in Anspruch genommen werden kann (z. B. bei Naturkatastrophen). Oft trägt das Handeln gefahrenverhütenden, gefahrenvorbeugenden Charakter, ohne daß in die Bürger-Sphäre eingegriffen würde (z. B. Streifenfahrten, allgemeine Verkehrsüberwachung). Die h. M. stützt diese Maßnahmen auf die allgemeine Aufgaben-Generalklausel (z. B. § 1 I ME), deren Gefahrbegriff im Sinne der abstrakten Gefahr interpretiert wird. Das ist systematisch insofern wenig folgerichtig, als hierbei, entgegen dem legislativen Programm einer klaren Trennung von Aufgaben- und Befugnis-Bestimmungen, Befugnisse auf eine Aufgaben-Norm gestützt werden (vgl. Rdn. 55).

---

[39] Ähnlich die Rechtsprechung: *BVerwG* DÖV 1970, 714 (715) (Heizöltanks in Wasserschutzzone); *BVerwG* DVBl. 1973, 857 (859) (Aufzug ohne Fahrkorbtür); *Gusy,* Rdn. 324.

[40] Die Terminologie schwankt: §§ 55ff. ASOG Bln: („Verordnungen zur Gefahrenabwehr"), 48ff. BremPolG („Polizeiverordnungen"), 54ff. NGefAG („Verordnungen"); 71ff. HSOG („Gefahrenabwehrverordnungen").

[41] *Drews/Wacke/Vogel/Martens,* S. 410ff.; *Schoch* JuS 1995, 216 m. w. Nachw.

c) „Allgemeine Gefahr" und Gefahrenvorbeugung (Gefahrabwehr)[42]

Erst mit der Erkenntnis, daß auch die nicht nach „außen" dringende Verarbeitung personenbezogener polizeilicher Daten, zum Beispiel die Führung von „Kriminalakten" oder die Unterhaltung von Kriminalpolizeilichen Sammlungen (KpS),[43] grundrechtsrelevanten Eingriffscharakter annehmen kann, ist das Bewußtsein gewachsen, daß auch der Bereich der „Gefahrenvorbeugung" im „Vorfeld" konkreter Gefahren einer rechtlichen Durchdringung hinsichtlich Aufgaben- und Befugniszuweisungen bedarf. Art. 2 I BayPAG erfaßt diesen Bereich unter dem Begriff der „allgemein ... bestehenden Gefahr" § 5 I BKAG 1973 nannte einen wichtigen Ausschnitt „vorbeugende Verbrechensbekämpfung"; das BKAG 1997 verwendet hingegen durchgängig den Ausdruck Verhütung und Verfolgung von Straftaten. Der Musterentwurf spricht in § 1 I 2 einerseits von „vorbeugender Bekämpfung von Straftaten", andererseits von der „Vorbereitung auf die Gefahren**abwehr**". Die Tätigkeit allgemeiner Gefahrenverhütung **(-vorbeugung)** durch beobachtende oder aufklärende Arbeit (z. B. „Die Kriminalpolizei rät") wird weder durch eine konkrete Gefahr noch durch einen typisierten abstrakten Gefahrentatbestand situativ eingegrenzt. „Allgemein gefährlich" in diesem Sinne ist nahezu jeder Lebensbereich; kaum einer ist denkbar, der unter diesem Gesichtspunkt nicht Gegenstand polizeilichen Interesses werden könnte. Um so wichtiger ist die Forderung, polizeiliche **Eingriffsmaßnahmen** an das Vorliegen einer **konkreten Gefahr** zu binden. 35

d) „Subjektiver" oder „objektiver" Gefahr-Begriff? – „Anscheinsgefahr", „Gefahrenverdacht", „Scheingefahr"

Der Begriff der polizeilichen Gefahr enthält eine **Prognose,** das heißt eine auf Tatsachen gegründete subjektive Einschätzung über einen zukünftigen Geschehensablauf. Das Urteil, welches das Vorliegen einer Gefahr (also der Wahrscheinlichkeit eines Schadenseintritts) bejaht oder verneint, beruht zum Teil auf sicherem Wissen, zum Teil auf Ungewißheit und zum Teil auf einer aus Erfahrung gespeisten bewertenden Einschätzung der bekannten Umstände. Insofern dem Gefahr-Begriff ein an einen bestimmten Wissensstand gebundenes Wahrscheinlichkeitsurteil zugrunde liegt, ist der **Begriff notwendig ein „subjektiver"**. Dies verkennt zum Beispiel *Götz,* wenn er einen „subjektiven Gefahrenbegriff" mit der Begründung ablehnt, Gefahr sei die mit Wahrscheinlichkeit (eben hierin steckt das subjektive Moment!) zum Schadenseintritt führende Sachlage.[44] Den Grenzfall bildet die mit Sicherheit zum Schaden führende und als solche auch mit Gewißheit erkannte Sachlage: Zwei Schnellzüge mit defekten Bremsen rasen auf demselben Gleis aufeinander zu. Die Polizei hat hier immerhin noch die Möglichkeit und die Pflicht, das Schadensausmaß begrenzende Maßnahmen zu treffen. 36

Obwohl also der Gefahr-Begriff in diesem Sinne ein (auch) subjektiver ist, fordert er eine objektivierende (ex ante-)Betrachtungsweise im Hinblick auf die Frage, ob und welche polizeilichen Maßnahmen indiziert und gerechtfertigt sein können. Die der polizeilichen Gefahrenprognose zugrundeliegende Lagebeurteilung kann mit der wirklichen Sachlage übereinstimmen. Sie kann von dieser aber auch abweichen, sei es, weil die Polizei sich pflichtwidrig mit unvollständigen oder falschen Informationen begnügt hat, sei es, weil sie trotz pflichtgemäßer Aufklärungsarbeit einem Irrtum erlegen ist. Auch hin- 37

[42] *Knemeyer,* Polizei- und Ordnungsrecht, Rdn. 63. Eine „allgemeine Gefahr" soll nach *Knemeyer* (Rdn. 63) nunmehr vorliegen, wenn „in bestimmten Lebenssachverhalten eine konkrete Gefährdung der polizeilichen Schutzgüter zu erwarten ist"; sie „liegt damit (zeitlich) im Vorfeld der konkreten Gefahr". Eine scharfe Grenze zwischen zu erwartender „konkreter Gefährdung" und „konkreter Gefahr" läßt sich aber nicht ziehen.

[43] Vgl. dazu *Rachor,* S. 52 ff.

[44] *Götz,* Rdn. 127. Gegen einen „objektiven Gefahrenbegriff" auch *O. Schneider* DVBl. 1980, 406 ff.; *Mußmann,* 2. Aufl. 1989, Rdn. 165 m. w. Nachw; ähnlich auch *Scholler/Schloer,* S. 69, der von einem „normativ-subjektiven Gefahrenbegriff" ausgeht. Neuerdings plädiert *Poscher* (1999) epistemologisch vertieft für einen „objektiven Gefahrbegriff".

sichtlich der verbleibenden Ungewißheitsfaktoren kann eine die Prognose zur Fehlprognose entwertende Fehleinschätzung unterlaufen. Für den Fall der irrtümlichen Bejahung einer „Gefahr" aufgrund einer pflichtgemäßen, verständigen und besonnenen Lagebeurteilung hat sich in Anlehnung an die Rechtsprechung des Preußischen Oberverwaltungsgerichts der Begriff der **„Anscheinsgefahr"** eingebürgert.[45] Der Streifenbeamte hört zum Beispiel nachts aus einer Wohnung Hilfeschreie, die auf einen lebensbedrohenden Angriff schließen lassen. In Wirklichkeit stammen die Rufe aus einem Fernseh-Krimi, mit dem der schwerhörige Rentner seine Schlaflosigkeit bekämpft.

38 Die Rechtsprechung hat auch die (kurzzeitige) Ingewahrsamnahme von vermeintlichen Demonstrationsspähern, die, nach Annahme der Polizei, vor dem Polizeipräsidium das Einsatzverhalten der Polizei gegenüber erwarteten Demonstrationen ausspähen wollten, unter dem Gesichtspunkt einer „gegenwärtigen Anscheinsgefahr" für rechtens erklärt.[46] Die Abwehr der Polizei, so das Gericht, mußte sich aber auf vorläufige Maßnahmen beschränken, „bis über das Vorliegen oder Nichtvorliegen einer Gefahr Klarheit geschaffen" war. Eine solche Situation ist allerdings gerade nicht die der Anscheinsgefahr, sondern die eines **Gefahrenverdachtes,** der einen sogenannten **Gefahrerforschungseingriff** rechtfertigt.[47] Die beiden Falltypen der Anscheinsgefahr und des Gefahrenverdachts unterscheiden sich jedenfalls hinsichtlich des subjektiven Vorstellungsbildes der Polizei im maßgeblichen Zeitpunkt der Entscheidung über die zu ergreifende Maßnahme („ex ante"). Im Fall der Anscheinsgefahr zweifelt die Polizei aufgrund der ihr vorliegenden Informationen nicht am tatsächlichen Vorliegen einer Gefahr, obwohl schon zu diesem Zeitpunkt „objektiv" feststeht, daß sie nicht existiert. Im Falle des Gefahrenverdachts hält die Polizei aufgrund objektiver Umstände das Vorhandensein der Gefahr zwar für möglich, nicht aber für sicher. Dementsprechend sind die Abwehrmaßnahmen vorrangig auf die Klärung der Gefahrensituation zu richten und danach zu bemessen. In besonderen Fällen, zum Beispiel einer unmittelbaren „gemeinen Gefahr" für Leib oder Leben können die notwendigen Maßnahmen über bloß vorläufige Klärung und Sicherung hinaus den Charakter endgültiger Gefahrenabwehr annehmen. So konnte 1953 im Stuttgarter Endiviensalat-Fall angesichts der sich ausbreitenden Typhus-Epidemie mit Todesfällen ein Verkaufsverbot über den verdächtigten Endiviensalat verhängt werden, obwohl er als Infektionsquelle keineswegs feststand und eine vorgängige bakteriologische Untersuchung aus Zeitnot nicht stattgefunden hatte.[48]

39 Nimmt die Polizei hingegen irrtümlich das Vorliegen einer Gefahr an, obwohl bei vernünftiger, „objektivierender" Betrachtung hierzu keinerlei Anlaß besteht, also weder der Anschein noch auch nur der Verdacht einer Gefahr gerechtfertigt erscheint, so spricht man von **„Scheingefahr"** oder „Putativgefahr". In diesem Fall ist, anders als in den Fällen der Anscheinsgefahr oder des Gefahrenverdachtes, das polizeiliche Eingreifen pflichtwidrig und löst einen Entschädigungs- oder Schadensausgleichsanspruch aus.[49]

40 Die Begriffe „Anscheinsgefahr" und „Gefahrenverdacht" sind in der Literatur als überflüssig und irreführend angegriffen worden.[50] Auf der zutreffenden Grundlage eines „subjektiven" Gefahrenbegriffs (vgl. Rdn. 36) ist diese Kritik insofern folgerichtig, als es bei beiden Fallgruppen genau so wie bei dem Gefahrenbegriff überhaupt auf einen bestimmten Satz **wirklichkeitsbezogener Informationen** („Tatsachen") und ein auf diesen

[45] „Möbelwagenentscheidung" *PrOVGE* 77, 333 (338) (20. 4. 1922). Dazu *Kickartz,* S. 15 ff; aus der neueren Rechtsprechung s. *VGH Mannheim* NVwZ 1991, 493.

[46] *OVG Münster* DVBl. 1979, 733 ff.

[47] Vgl. *Hansen-Dix,* S. 61 ff.; *Roller* DVBl. 1993, 21.

[48] *BVerwGE* 12, 87 ff.

[49] Vgl. § 45 I ME, ebenso jetzt § 64 I 2 HSOG: „angemessener Ausgleich". Dagegen § 30 I HSOG alt: voller Schadensersatz. Art. 70 II BayPAG: Entschädigung.

[50] *Darnstädt,* S. 99; *Schenke,* Rdn. 59; *Gusy,* Rdn. 121, bezüglich Anscheinsgefahr: „dogmatisch überflüssig", bezüglich „Gefahraufklärungsmaßnahme" (Rdn. 186): „Scheinproblem"; vgl. ferner *Kokott,* Die dogmatische Einordnung der Begriffe „Störer" und „Anscheinsstörer" in einer zunehmend technisierten Gesellschaft, DVBl. 1992, 749.

aufbauendes **prognostisches Urteil,** also auf eine „subjektive Erwartungshaltung" *(Darnstädt)* ankommt. Insofern sind die Fälle von Anscheinsgefahr und Gefahrenverdacht nichts anderes als Unterfälle von „Gefahr" überhaupt. Insbesondere der Gefahrenverdacht unterscheidet sich von der „konkreten Gefahr" nicht kategorial, sondern nur graduell, insofern, als der polizeilichen Diagnose ein höheres Maß an Ungewißheit innewohnt als im „Normalfall". Trotz dieser theoretischen Erkenntnis erscheint es jedoch aus praktischen Gründen zweckmäßig, die beiden Fallgruppen auch begrifflich besonders zu kennzeichnen. Bei der Anscheinsgefahr stellt sich die Frage, ob die „Fehldiagnose" trotz vernünftiger, besonnener Betrachtung der Sachlage unvermeidbar war, bezüglich des Gefahrenverdachtes die Frage nach dem Minimum an tatsächlichen Anhaltspunkten, welches als Voraussetzung jeglichen rechtsstaatlichen Polizeihandelns zu fordern ist. In beiden Fällen ist die Antwort im Hinblick auf einen eventuellen Ersatz- oder Entschädigungsanspruch erheblich. Hierzu und zu der dogmatisch mißglückten Kunstfigur des „anscheinsbetroffenen Nichtstörers" vgl. Kap. L. Die Rechtsprechung des *BGH* NJW 1992, 2639 (Kälberschlachtung) mit Anm. v. *Götz* in DVBl. 1992, 1158 billigt dem (Zustands-)Störer, der den Gefahrenanschein oder -verdacht nicht zu verantworten hat, eine Entschädigung wie einem Nichtstörer zu, wenn die ex-post-Beurteilung ergibt, daß eine Gefahrenlage nicht bestand.[51]

Die richtige Einordnung der Situationen des Gefahrenverdachts und der daraus folgenden Maßnahmen der **Gefahrenerforschung** ist im Hinblick auf die **„Altlasten-Problematik"** und, generell, die Bodenkontamination von großem praktischen, auch finanziellem Interesse.[52] Schon Messungen, Bodensondierungen oder Probebohrungen, die erst zu Feststellungen über das Vorliegen einer Gefahr, sodann über deren Beschaffenheit und Umfang führen sollen, können einen hohen Kostenaufwand verursachen. Hier ist der in § 24 VwVfG zum Ausdruck kommende Untersuchungsgrundsatz, der auch für die Kostentragung von Bedeutung ist, mit dem polizeirechtlichen Prinzip der Kostentragungspflicht des polizeilich Verantwortlichen zum Ausgleich zu bringen (vgl. Kap. M). Handelt die Behörde aufgrund eines unspezifischen Verdachtes einer Boden- oder Grundwasserkontamination, um diese und einen eventuellen Verursacher (Grundstückseigentümer) überhaupt erst zu ermitteln, so fallen die Kosten einer solchen „Gefahrermittlung" grundsätzlich ihr zur Last. Bestätigt sich der Gefahrenverdacht und sind die Ermittlungsmaßnahmen bereits als „Vorstufe der Bekämpfung der Gefahr" anzusehen, so kann der Verantwortliche („Störer") entsprechend den Vorschriften über die unmittelbare Ausführung einer Maßnahme in Anspruch genommen werden, 41

§ 5a II ME; § 8 II PolG BW; Art. 9 II BayPAG; §§ 15 II ASOG Bln, 7 III HbgSOG; 8 II HSOG, 6 II PoG RP; 6 II SächsPolG, 9 II SOG LSA; 9 II ThürPAG.

Ähnliches gilt, wenn bei festgestellter Gefahr oder Störung – das Grundwasser enthält zum Beispiel Chlorkohlenwasserstoffe in schädlicher Konzentration – der Verursacher oder, zwecks wirksamer Bekämpfung, Art und Konzentration der Schadstoffe bestimmt werden sollen. Die Kosten solcher **„Gefahrbestimmungsmaßnahmen"** fallen dem ermittelten „Störer" zur Last.[53] Spezielle und zum Teil noch weitergehende Pflichten der Boden- und Gewässersanierung mit entsprechenden, die „Gefahrerforschung" einschließenden Kostenfolgen finden sich neuerdings im Landesrecht der **Wasseraufsicht** bzw. der **Altlastensanierung** (vgl. §§ 74, 76 HessWG; 5, 9 HessAltlastG[54]).

---

[51] Instruktiv zu diesem Problemkreis bereits *Di Fabio* DÖV 1991, 629 ff.

[52] Statt vieler: *Papier* NVwZ 1986, 256 ff.; *Breuer* NVwZ 1987, 751 ff.; Leisner, S. 217 ff.; *Kretz* UPR 1993, 41 ff. Zur Amtshaftung einer Gemeinde wegen Überplanung siehe *BGHZ* 117, 363 = NJW 1992, 1953.

[53] *VGH Mannheim* DÖV 1985, 687; *ders.* NVwZ 1986, 325.

[54] Hessisches Wassergesetz vom 22. 1. 1990 (GVBl. I S. 114), zuletzt geändert am 15. 7. 1997 (GVBl. I S. 232). Hessisches Gesetz über die Erkundung, Sicherung und Sanierung von Altlasten vom 20. 12. 1994, zuletzt geändert am 31. 10. 1998 (GVBl. I S. 413).

e) Qualifizierte Gefahrenbegriffe

42 Die Entscheidung über eine bestimmte Gefahrenabwehrmaßnahme muß im Wege einer optimierenden Synthese von Diagnose, Prognose und Bewertung mehrere nicht unmittelbar kommensurable Urteilselemente zueinander ins Verhältnis setzen. Dazu gehören

- die möglichst genaue Erkenntnis der drohenden Gefahr hinsichtlich ihrer Wahrscheinlichkeit und
- der zeitlichen Nähe (oder Ferne) des Schadenseintritts,
- die zutreffende Bewertung des Ranges des Schutzgutes,
- eine möglichst fundierte Prognose über das Ausmaß des Schadens,
- eine zutreffende Einschätzung des Ranges des Rechtsgutes, in das zur Abwehr des Angriffs eingegriffen werden soll („Eingriffsgut"),
- eine zutreffende Vorstellung über den Umfang des Eingriffs und
- eine optimale Abwägung zwischen dem Schutzgut und dem Eingriffsgut.

Dabei mag die Faustregel, daß an die Wahrscheinlichkeit des Schadenseintrittes um so geringere Anforderungen zu stellen sind, je größer der zu erwartende Schaden und je ranghöher das Schutzgut sind,[55] häufig zu brauchbaren Ergebnissen führen, wenngleich sie das Bedingungsgefüge simplifiziert. Der Gesetzgeber hat für zahlreiche typische Eingriffssituationen generalisierte Wertungen ausgesprochen, indem er den Eingriff an besondere Voraussetzungen entweder der **Wahrscheinlichkeit** der Gefahr oder des **Gewichts** und **Ausmaßes** des drohenden **Schadens** bindet. Die hierbei verwendeten Begriffe sind freilich in erheblichem Maße unbestimmt und der wertenden Konkretisierung durch die Amtswalter (Polizei) und im Streitfalle durch die Rechtsprechung bedürftig. Das gilt schon für den Grundbegriff der einfachen, „konkreten" = „im einzelnen Falle" (§ 8 I ME) bestehenden Gefahr. Soll es nach der einen Auffassung genügen, daß der Schadenseintritt „irgendwann in überschaubarer Zukunft" hinreichend wahrscheinlich ist,[56] so fordern andere Autoren[57] die Möglichkeit des Eintritts „in naher Zukunft". Einerseits soll die (auch zeitlich) noch ganz entfernte Möglichkeit nicht ausreichen, andererseits ist aber nicht erforderlich, daß die Realisierung des Schadens unmittelbar bevorsteht.

43 Eine Qualifizierung hinsichtlich der zeitlichen Nähe, mit der zugleich eine Steigerung des Wahrscheinlichkeitsgrades verbunden sein soll, bringt der Begriff der **„gegenwärtigen Gefahr"** zum Ausdruck, welchen das Bremische Polizeigesetz, das Niedersächsische Gefahrenabwehrgesetz und das Gesetz über die öffentliche Sicherheit und Ordnung des Landes Sachsen-Anhalt übereinstimmend definieren als eine Sachlage, „bei der die Einwirkung des schädigenden Ereignisses bereits begonnen hat oder bei der diese Einwirkung unmittelbar oder in allernächster Zeit mit einer an Sicherheit grenzenden Wahrscheinlichkeit bevorsteht".[58] Größte zeitliche Nähe und eine an Sicherheit grenzende Wahrscheinlichkeit der schädigenden Einwirkung werden häufig zusammenfallen, müssen es aber keineswegs. Der Geiselgangster, der während eines sich über viele Stunden, ja Tage hinziehenden „Geiseldramas" sein Opfer ständig mit der Schußwaffe bedroht, gleichzeitig aber und möglicherweise ernsthaft gemeinte Auslösungs- und Fluchtbedingungsverhandlungen führt, bedeutet zwar zeitlich eine gegenwärtige Gefahr, deren Wahrscheinlichkeitsgrad aber wechselnd, unter Umständen sogar verhältnismäßig gering sein oder werden kann.

44 Eine „gegenwärtige" Gefahr als Eingriffsschwelle, oft in Verbindung mit einer zusätzlichen Qualifikation, wird gefordert, wenn das bedrohte Rechtsgut und/oder das Rechtsgut, in das eingegriffen werden soll, einen besonderen Rang besitzen. In diese Systematik vom rechtsstaatlichen Grundgedanken der möglichsten Eingriffsverschonung her ordnet sich auch die Regelung des **Ausnahmefalles** der Inanspruchnahme eines **Nichtstörers** ein

---

55 Schon *BVerwGE* 47, 31 (40); ferner *BVerwGE* 62, 36 (39).

56 So *Götz,* Rdn. 142; §§ 2 Nr. 1 a NGefAG und 2 Nr. 3 a BremPolG: „in absehbarer Zeit".

57 Z. B. *Schenke,* Rdn. 56.

58 §§ 2 Nr. 3 b BremPolG, 2 Nr. 1 b NGefAG, fast wortgleich § 3 Nr. 3 b) SOG LSA.

(vgl. Rdn. 126ff.): Eine der (vier) strikt auszulegenden Eingriffsvoraussetzungen ist das Vorliegen einer „gegenwärtigen erheblichen" Gefahr.

§ 6 I Nr. 1 ME, § 9 I PolG BW, Art. 10 I Nr. 1 BayPAG, §§ 16 Nr. 1 ASOG Bln, 7 I Nr. 1 BbgPolG, 7 I Nr. 1 BremPolG, 10 I HbgSOG, 9 Nr. 1 HSOG, 71 I SOG MV, 8 I Nr. 1 NGefAG, 6 I Nr. 1 PolG NW, 7 I Nr. 1 POG RP, 6 I Nr. 1 SPolG, 7 I Nr. 1 SächsPolG, 10 I Nr. 1 SOG LSA, 220 LVwG SH, 10 I Nr. 1 ThürPAG.

Ein besonders wichtiges Rechtsgut ist die in Art. 13 I GG geschützte **Unverletzlichkeit** 45 **der Wohnung.** Eine präventivpolizeiliche Wohnungsdurchsuchung ist deshalb, von anderen speziell geregelten Tatbeständen abgesehen, nur zulässig, wenn eine „gegenwärtige Gefahr für Leib, Leben oder Freiheit einer Person oder für Sachen von bedeutendem Wert" abgewehrt werden muß.

§ 19 I Nr. 3 ME, Art. 23 I Nr. 3 BayPAG, §§ 36 I Nr. 3 ASOG Bln, 23 I Nr. 4 BbgPolG, 21 I BremPolG, 16 II Nr. 4 HbgSOG, 38 II Nr. 2 HSOG, 59 III Nr. 3 SOG MV (hier ohne Angabe eines Schutzgutes), 24 II Nr. 3 NGefAG, 41 I Nr. 4 PolG NW, 20 I Nr. 3 POG RP, 19 I Nr. 3 SPolG, 43 II Nr. 2 SOG LSA, 208 III Nr. 3 LVwG SH, 25 I Nr. 3 ThürPAG;
§§ 31 I PolG BW, 25 I SächsPolG: dringende Gefahr für öffentliche Sicherheit oder Ordnung.

Die **Einhaltung der Zuständigkeitsgrenzen** ist ebenfalls ein hochrangiges rechtsstaat- 46 liches Erfordernis. Dem entspricht es, wenn der Gesetzgeber Abweichungen von der Normalverteilung auf besonders dringende Fälle beschränkt: So ist der **„Selbsteintritt"** einer nachgeordneten „allgemeinen Ordnungsbehörde" in die Befugnisse der übergeordneten Behörde nur bei gegenwärtiger Gefahr zulässig (vgl. z.B. § 88 I HSOG); und die landesgrenzenüberschreitende Zuständigkeit der Polizeivollzugsbeamten anderer Bundesländer (in Hessen) ist außer zur Verfolgung von Straftaten und Ordnungswidrigkeiten gemäß besonderen Verwaltungsabkommen[59] und zur **grenzüberschreitenden Nacheile** bei der Verfolgung des auf frischer Tat ertappten Straftäters präventiv nur zur Abwehr einer „gegenwärtigen erheblichen Gefahr" begründet (vgl. § 102 I Nr. 3 HSOG). Die entsprechenden Einschänkungen gelten auch für das Tätigwerden von Vollzugspolizeibeamten der Länder im Aufgabenbereich des **Bundesgrenzschutzes** und umgekehrt (vgl. §§ 102 I, III 1 HSOG, 64 I, 65 I BGSG).

Eine ähnliche Qualifizierung, jedenfalls hinsichtlich der zeitlichen Nähe, bedeutet 47 auch die **„unmittelbar bevorstehende Gefahr"** oder auch Begehung einer Straftat (vgl. § 32 I Nr. 2 HSOG). Eine solche Gefahr oder eine „unaufschiebbar" zu beseitigende Störung der öffentlichen Sicherheit oder Ordnung begründeten nach dem bis 1991 geltenden hessischen Gesetz das „Recht des ersten Zugriffs" der Vollzugspolizei (§§ 1 II 1 i.V.m. 44 I Nr. 1 HSOG a.F.). Die nunmehr geltende Regelung geht vom Grundsatz der Aufgabengemeinsamkeit (§ 1 I 1 HSOG) und der Zusammenarbeit (§ 1 VI 1) sowie von einer subsidiären Doppelzuständigkeit von Ordnungs- und Polizeibehörden gegenüber den anderen Gefahrenabwehrbehörden aus (§ 2 HSOG). Im Verhältnis von Ordnungsbehörden und Polizeibehörden zueinander soll der Grundsatz der Erstbefassung gelten.[60] Es ist zu hoffen, daß diese Regelung, die jede Kompetenzlücke ausschließen will, in der Praxis nicht doch zu Kompetenzunklarheiten führt.

Die Steigerungsform der „unmittelbaren" Gefährdung ist im **Versammlungsrecht** Tat- 48 bestandsvoraussetzung einer Auflagenerteilung oder gar eines Versammlungsverbotes (§ 15 I VersammlG). Der Eintritt eines Schadens muß danach so nahe sein, „daß er jederzeit, unter Umständen sofort" erfolgen kann.[61] Das BVerfG läßt wegen des hohen Ranges des Grundrechts der Versammlungsfreiheit Verbot oder Auflösung nur als ultima ratio zu

[59] Abkommen über die erweiterte Zuständigkeit der Polizei der Bundesländer bei der Strafverfolgung, v. 6. 11. 1969, vgl. *Heise,* PolG NW, 3. Aufl. 1981, Anh. 3.

[60] Amtl. Begründung zu § 2 HSOG, LT-Drucks. 12/5794, S. 57. Vgl. auch § 1 I 3 PolG NW.

[61] *Dietel/Gintzel/Kniesel,* Demonstrations- und Versammlungsfreiheit, 11. Aufl. 1994, § 15 Rdn. 24; *OVG Münster* NVwZ 1989, 886; vgl. auch Kap. H Rdn. 518.

und betont, die Gefährdungsprognose müsse auf „Tatsachen, Sachverhalten und sonstigen Einzelheiten" beruhen; „bloßer Verdacht und Vermutungen können nicht ausreichen".[62]

49 Weitere Differenzierungen und Skalierungen des Gefahrenbegriffs ergeben sich, wenn man nicht bei den Parametern Zeit und Wahrscheinlichkeit, sondern bei der Bedeutung des Schutzgutes und dem **Ausmaß des drohenden Schadens** ansetzt. Hier ist daran zu erinnern, daß schon „erhebliche Belästigungen" durch Immissionen zwar nicht als Gefahr im allgemeinen Polizeirecht, wohl aber im Immissionsschutzrecht von Bedeutung sind (vgl. §§ 3 ff. BImSchG). Da (vollzugs-)polizeiliche und ordnungsbehördliche Standard-Eingriffe die Sphäre persönlicher Bewegungs- oder Kommunikationsfreiheit vielfach intensiv tangieren – von der körperlichen Bewegungsfreiheit und der „privacy" in der Wohnung bis zum Recht auf informationelle Selbstbestimmung (bei der Verarbeitung personenbezogener Daten) – soll auch die den Eingriff rechtfertigende Gefahr sich auf ein qualifiziertes Rechtsgut beziehen müssen. Dies soll der Begriff der **„erheblichen Gefahr"** leisten, der als „eine Gefahr für ein bedeutsames Rechtsgut, wie Bestand des Staates, Leben, Gesundheit, Freiheit, nicht unwesentliche Vermögenswerte sowie andere strafrechtlich geschützte Güter" definiert wird.[63] Beispiel: Während die Übermittlung personenbezogener Daten zwischen Gefahrenabwehr- oder Polizeibehörden und anderen inländischen Behörden nur die Abwehr einer (einfachen) Gefahr **für** den Empfänger voraussetzt, soll sie an ausländische Behörden oder supranationale öffentliche Stellen nur zur Abwehr einer **erheblichen** Gefahr **durch** den Empfänger zulässig sein.[64] Eine ähnliche Anhebung der Eingriffsschwelle bewirkt die auf tatsächliche Anhaltspunkte gestützte Annahme, daß eine Person **„Straftaten mit erheblicher Bedeutung"** begehen wird: Als solche werden Straftaten angesehen, „die auf Grund ihrer Begehungsweise oder ihrer Dauer eine Gefahr für die Allgemeinheit darstellen und geeignet sind, die Rechtssicherheit der Bevölkerung zu beeinträchtigen; dies gilt insbesondere für Straftaten, die banden-, gewerbs-, gewohnheits- oder serienmäßig begangen werden".[65] Diese besondere Eingriffsvoraussetzung einer qualifizierten Deliktsprognose gilt beispielsweise

- für die Erhebung **personenbezogener Daten** der Verdachtsperson oder einer Kontaktperson (§§ 6 Nr. 6 HbgPolDVG, 13 II Nr. 1, 2 HSOG, 27 III Nr. 1 SOG MV, 24 IV PolG NW, 39 I Nr. 2 SächsPolG, 15 II Nr. 1 SOG LSA; auf das Erheblichkeitskriterium wird verzichtet in § 20 III Nr. 1 PolG BW, Art. 31 I Nr. 1 BayPAG, §§ 23 I Nr. 2 ASOG Bln, 30 I Nr. 1 BbgPolG, 11 I POG RP, 26 I Nr. 1, 2 SPolG, 179 LVwG SH;
- für die Datenerhebung insbesondere durch **Observation** oder den **Einsatz technischer Mittel** §§ 22 I Nr. 1, III PolG BW, 25 I ASOG Bln, 32 I 1 Nr. 2 BbgPolG, 9 I Nr. 2 HbgPolDVG, 33 I, II SOG MV 23 I Nr. 2, 35 I NGefAG, 16 I Nr. 2 PolG NW, 39 I Nr. 1 SächsPolG, 17 II SOG LSA, ähnlich § 28 I, II Nr. 1, 2 SPolG; § 15 II Nr. 2 HSOG sieht einen enumerativen Straftatenkatalog vor (zu dem Begriff „Straftaten mit erheblicher Bedeutung" für Hessen siehe Pausch/Prillwitz, Polizeirecht in Hessen, S. 157);
- für die Erhebung **personenbezogener Daten** durch den Einsatz von (polizeiexternen) „V-Personen" oder von **„Verdeckten Ermittlern"** § 22 I Nr. 3, II PolG BW, Art. 33 III Nr. 2 BayPAG, §§ 26 I ASOG Bln, 35 I 1 Nr. 2 BbgPolG, 10 I 2 HbgPolDVG, 33 I, II SOG MV, 36 a I Nr. 2 NGefAG, 19 I Nr. 2 PolG NW, 18 I SOG LSA, 34 III Nr. 2 ThürPAG, ähnlich § 28 I, II Nr. 4 SPolG; unter Verweis auf Katalog: §§ 16 I, 15 II HSOG;
- für die Ausschreibung zur **Polizeilichen Beobachtung** § 25 I PolG BW, Art. 36 I BayPAG, §§ 27 II Nr. 1 ASOG Bln, 36 I Nr. 1 BbgPolG, 13 I Nr. 1 HbgPolDVG, 17 II Nr. 1 HSOG, 21 I Nr. 2 PolG NW, 37 I ThürPAG;
- für die **Identitätsfeststellung an einem „verrufenen" Ort,** das heißt an einem Ort, der erfahrungsgemäß der Verabredung, Vorbereitung oder Verübung von Straftaten mit erheblicher Bedeutung dient §§ 21 II Nr. 1 a.aa ASOG Bln, 12 I Nr. 2 a BbgPolG, 11 I Nr. 2 a BremPolG, 4 I Nr. 2 a HbgPolDVG, 18 II Nr. 1 a HSOG, 29 I Nr. 1 a.aa. SOG MV, 12 I Nr. 2 a PolG NW, 9 I Nr. 2 a

---

62 *BVerfGE* 69, 315 (353 f.).

63 § 2 Nr. 1 c NGefAG; etwas enger §§ 2 Nr. 3 c BremPolG und 3 Nr. 3 c) SOG LSA.

64 § 22 II Nr. 2 und III Nr. 2 HSOG; ähnlich: § 28 II, III Nr. 1 und IV 1 PolG NW.

65 §§ 13 III HSOG, 36 I Nr. 2 c SächsPolG; in Art. 30 V BayPAG und in § 31 V ThürPAG werden „Straftaten von erheblicher Bedeutung" in einem abschließenden Katalog aufgeführt.

SPolG; auf das Erheblichkeitskriterium verzichten § 26 I Nr. 2 PolG BW, Art. 13 I Nr. 2a.aa BayPAG, §§ 19 I SächsPolG, 20 II SOG LSA, 181 LVwg SH;
- für die **Ingewahrsamnahme** einer Person, um die unmittelbar bevorstehende Begehung oder Fortsetzung einer Ordnungswidrigkeit mit erheblicher Bedeutung für die Allgemeinheit zu verhindern Art. 17 I Nr. 2 BayPAG, §§ 30 I Nr. 2 ASOG Bln, 13 I Nr. 2 HbgSOG, 32 I Nr. 2 HSOG, 55 I Nr. 2 SOG MV, 18 I Nr. 2 NGefAG, 15 I Nr. 2 BremPolG, 14 I Nr. 2 POG RP; ähnlich 17 I Nr. 2 BbgPolG: hinsichtlich Art und Dauer geeignet, den Rechtsfrieden nachhaltig zu beeinträchtigen.

Im übrigen weichen die Definitionen der „Straftat von (mit) erheblicher Bedeutung" in den einzelnen Bundesländern nicht unerheblich voneinander ab (vgl. etwa: §§ 2 Nr. 10 NGefAG, 8 III PolG NW, 36 I SächsPolG (sehr weit gefaßt!), 3 Nr. 4 SOG LSA). Die grundlegend wichtige Verhältnismäßigkeit zwischen Intensität und Gewicht des „Angriffs" einerseits und Intensität und Gewicht des abwehrenden „Eingriffs" andererseits ist auch bei der höchsten Steigerungsform des Gefahrenbegriffs (und ihren Varianten) zu beobachten. Sie setzt eine – zudem meist auch „gegenwärtige" – **„Gefahr für Leib oder Leben"**, das heißt eine Gefahr voraus, „bei der eine nicht nur leichte Körperverletzung oder der Tod einzutreten droht".[66] Häufig werden diese Rechtsgüter zusammen mit der **Freiheit** einer Person genannt, bisweilen, so bei der Durchsuchung einer Wohnung, auch mit dem Schutz von Sachen von bedeutendem Wert. Zur Abwehr einer **„gegenwärtigen Gefahr für Leib, Leben oder Freiheit einer Person"** sind nötigenfalls auch besonders schwere Grundrechtseingriffe zulässig, wie 50

- heimliches Observieren und Abhören mit technischen Mitteln in oder aus einer Wohnung (Richtmikrofone! – **„Lauschangriff"**), § 23 I PolG BW, Art. 34 I Nr. 1 BayPAG, §§ 33 III Nr. 1 BbgPolG, 15 IV HSOG. 10 II, 9 I Nr. 1 HbgPolDVG, 33 IV SOG MV, 35 II NGefAG, 17 II, I Nr. 1 PolG NW, 28 IV SPolG, 40 I SächsPolG, 17 IV SOG LSA, 185 III LVwG SH, 35 I Nr. 1 ThürPAG;
- der besondere Datenabgleich mit Dateien außerhalb der Polizei, (**„Rasterfahndung"**); hier wird der Katalog der Schutzgüter noch um den „Bestand oder die Sicherheit des Bundes oder eines Landes" ergänzt §§ 47 I ASOG Bln, 46 I VG BbgPolG, 23 I HbgPolDVG, 26 I HSOG, 44 SOG MV, 41, I, II i.V.m. 39 IV NGefAG, 31 I PolG NW, 37 I SPolG, 47 I Nr. 1 SächsPolG, 31 I SOG LSA, 44 I ThürPAG; Straftaten mit erheblicher Bedeutung verlangen § 40 PolG BW und Art. 44 BayPAG; eine gegenwärtige erhebliche Gefahr erfordern §§ 29 BremPolG, 25 d POG RP, während nach §§ 195 I 4, 179 IV LVwG SH die Rasterfahndung unzulässig ist;
- die **zwangsweise Vorführung**, wenn der Pflichtige Angaben zur Abwehr einer Gefahr für Leib, Leben oder Freiheit einer anderen Person machen soll § 27 III PolG BW, Art. 15 III Nr. 1 BayPAG, §§ 20 III Nr. 1 ASOG Bln, 15 III 1 Nr. 1 BbgPolG, 11 II HbgSOG, 50 III Nr. 1 SOG MV, 16 III Nr. 1 NGefAG, 10 III Nr. 1 PolG NW, 12 III Nr. 1 POG RP, 11 IV Nr. 1 SPolG, 18 V Nr. 1 SächsPolG, 35 III Nr. 1 SOG LSA, 199 III Nr. 1 LVwG SH, 17 III Nr. 1 ThürPAG, wenig praktikabel, hierauf verzichtet das BremPolG;
- die **Wohnungsdurchsuchung** § 31 I PolG BW, Art. 23 I Nr. 3 BayPAG, §§ 36 I Nr. 3 ASOG Bln, 21 I BremPolG, 23 I 1 Nr. 4 BbgPolG, 16 II Nr. 4 HbgSOG, 38 II Nr. 2 HSOG, 59 III Nr. 3 SOG MV, 24 II Nr. 3 NGefAG, 41 I Nr. 4 PolG NW, 20 I Nr. 4 POG RP, 19 I Nr. 3 SPolG, 25 I 1 SächsPolG, 43 II Nr. 2 SOG LSA, 208 III Nr. 3 LVwG SH, 25 I Nr. 3 ThürPAG;
- der **Schußwaffengebrauch** als ultima ratio auch gegen Kinder (Personen unter 14 Jahren), wobei besonders betont wird, der Waffengebrauch müsse das **einzige** erfolgversprechende Abwehrmittel sein §§ 41 III ME, 53 PolG BW, Art. 66 III 2 BayPAG, §§ 66 III BbgPolG, 60 III HSOG, 108 III SOG MV, 76 III NGefAG, 63 III PolG NW, 63 III POG RP, 65 SOG LSA, 64 III ThürPAG; §§ 24 HbgSOG, 56 III SPolG, 257 III LVwG SH erklären den Schußwaffengebrauch gegen Kinder ausdrücklich für unzulässig;
- der **Schußwaffengebrauch gegen eine Menschenmenge** „nur bei gegenwärtiger Lebensgefahr" §§ 43 I ME, 46 IV BremPolG, 26 HbgSOG, 62 I 2 HSOG, 65 I POG RP, 34 IV SächsPolG, 67 I SOG LSA, ähnlich § 64 IV ThürPAG; „falls Gewalttaten von ihr oder aus ihr heraus begangen werden" § 54 III PolG BW, Art. 68 I BayPAG, §§ 110 I SOG MV, 78 I NGefAG, 65 PolG NW; noch geringere Anforderungen in § 68 BbgPolG.

---

[66] §§ 2 Nr. 1d NGefAG, 2 Nr. 3d BremPolG.

51 Die Tatbestände, welche das Betreten und Durchsuchen von Wohnungen regeln, verwenden in Anlehnung an die Vorgaben des Grundgesetzes, in Art. 13 VII GG, die Begriffe der **„gemeinen"** und der **„dringenden"** Gefahr. Die gemeine Gefahr, im Strafrecht noch bei den besonders schweren Fällen des Diebstahls (§ 243 I Nr. 6 StGB) und bei der unterlassenen Hilfeleistung (§ 323c StGB, „gemeine Gefahr oder Not") als Tatbestandsmerkmal bekannt, meint eine konkrete Gefahr für eine unbestimmte Zahl von Menschen (mindestens einen!) oder eine Vielzahl von Sachen von insgesamt hohem Wert. Im Polizeirecht rechtfertigt die gemeine Gefahr ebenso wie eine Lebensgefahr oder eine schwere Gesundheitsgefahr für einzelne Personen das Betreten einer Wohnung ohne Einwilligung des Inhabers (auch) zur Nachtzeit (vgl. §§ 31 I PolG BW, 25 I SächsPolG). Weniger intensiv ist der Schutz „verrufener" Wohnungen, in denen erfahrungsgemäß Straftaten verabredet, vorbereitet oder verübt werden oder in denen Personen ohne Aufenthaltserlaubnis sich zu treffen oder Straftäter sich zu verbergen pflegen oder die der Prostitution dienen (vgl. §§ 19 III ME, 41 III PolG NW; ohne die Ausländer- und die Dirnen-Klausel jetzt auch § 38 VI HSOG). Diese Wohnungen dürfen „zur Abwehr dringender Gefahren jederzeit betreten werden". Dabei wird die **„Dringlichkeit"** der Gefahr von der Rechtsprechung des BVerwG[67] und ihr folgend von einem Teil der Lehre[68] auf die Wichtigkeit des bedrohten Rechtsgutes bezogen, nicht auf die zeitliche Nähe oder die Wahrscheinlichkeit des Schadensereignisses. Bei dieser Auslegung nähert sich dieser Gefahrenbegriff dem der erheblichen Gefahr (vgl. Rdn. 49). Andere Autoren[69] sehen die Steigerung in den Dimensionen der Zeit und der Wahrscheinlichkeit und rücken den Begriff daher in die Nähe der „Gefahr im Verzuge" (vgl. Rdn. 52). Die nähere Betrachtung zeigt, daß die jetzt herrschende Definition des BVerwG (= hinreichende Wahrscheinlichkeit der Schädigung eines wichtigen Rechtsgutes) auf einer recht eigenwilligen Rezeption der Leitentscheidung des BVerfG[70] zu Art. 13 III GG a. F. (= 13 VII GG n. F.) beruht. Der Grundrechtsartikel spricht nämlich von der „Verhütung" dringender Gefahren, was vom BVerfG zutreffend als diejenige Phase interpretiert wurde, in der die dringende Gefahr noch gar nicht eingetreten ist. Die §§ 19 ME und 38 VI HSOG sprechen aber von der „Abwehr" dringender Gefahren. Gefahrenverhütung ist aber etwas anderes und zeitlich früheres als Gefahrenabwehr.[71] Die „dringende" Gefahr selbst ist dann, wie die Beispiele der Seuchengefahr, der Wohnungsnot und des Jugendschutzes in Art. 13 VII GG andeuten, sowohl durch die Hochrangigkeit des Rechtsgutes als auch durch die zeitliche Dringlichkeit der notwendigen Abwehr oder der Störungsbeseitigung gekennzeichnet. Eine Gefahr für besonders hochrangige Rechtsgüter (Leben, Gesundheit, Freiheit) setzt Art. 13 IV GG für die Zulässigkeit der (heimlichen) optischen oder akustischen Überwachung von Wohnungen („Lauschangriff") voraus. Dies betont jetzt auch das LaVerfG Mecklenburg-Vorpommern, Urteil vom 18. 5. 2000 *LVerfG* 5/98, Leits. 6a bis c). Die Störung muß außerdem unmittelbar bevorstehen: avg. aus dem Begriff „Abwehr" in Art. 13 IV 1 GG, Leits. 6d).

f) „Gefahr im Verzuge" und „Selbsteintritt"; „latente Gefahr"

52 **„Gefahr im Verzuge"**, ein insbesondere im Strafprozeßrecht seit langem eingeführter Begriff, deutet eine **Zuständigkeitsverschiebung** an: Anstelle des an sich, das heißt für den Regelfall, berufenen Behördenleiters, oder, vor allem, des **Richters,** geht wegen der Eilbedürftigkeit die Zuständigkeit zur Anordnung der Maßnahme auf den einsatzleitenden Beamten über. Da hier gravierende Grundrechtseingriffe wie etwa beim „Lauschangriff", bei der Wohnungsdurchsuchung[72] oder bei der körperlichen Untersuchung in

---

[67] *BVerwGE* 47, 31, 40.
[68] Z. B. *Wagner,* § 1, Rdn. 113; *Jarass/Pieroth,* Art. 13, Rdn. 13.
[69] Z. B. *Wolff/Bachof,* Verwaltungsrecht III, § 125, Rdn. 28.
[70] *BVerfGE* 17, 232 (251 ff.).
[71] Dies wird deutlich gesehen von *Berkemann,* in: AK-GG, 2. Aufl., Art. 13 Rdn. 74.
[72] Vgl. hierzu Art. 13 II GG, § 105 StPO, *BVerfGE* 51, 97 (105 ff.).

Betracht kommen, sind an das Vorliegen einer „Gefahr im Verzuge" strenge Anforderungen zu stellen. Die bloße Vereinfachung der Polizeiarbeit genügt nicht, vielmehr muß der Erfolg der Maßnahme ernsthaft gefährdet erscheinen, wenn zuvor zum Beispiel die (schriftliche) richterliche Anordnung eingeholt werden müßte. Bei längerfristig angelegten Maßnahmen wie Observationen oder Abhöreingriffen wird es regelmäßig möglich sein, die richterliche Anordnung rechtzeitig einzuholen. Folgerichtig sieht der Gesetzgeber vor, daß eine wegen Gefahr im Verzuge von der Polizeibehörde getroffene Anordnung außer Kraft tritt, wenn sie nicht binnen drei Tagen richterlich bestätigt wird. Die Zuständigkeitsverschiebung wegen Gefahr im Verzuge ist vorgesehen bei

- der **Observation** oder dem **Einsatz technischer Mittel** zur heimlichen Erhebung personenbezogener Daten; sonst Regelzuständigkeit des Amtsgerichtes: §§ 25 V ASOG Bln, 15 IV, V HSOG, 34 II, 35 III, IV NGefAG, 28 III SPolG, 39 IV, 2, 36 II Nr. 2 SächsPolG; 17 V SOG LSA, 186 LVwG; lediglich einen verwaltungsinternen (Dienststellenleiter- oder Minister-) Zustimmungsvorbehalt sehen vor: §§ 22 PolG BW, 32 II BbgPolG, 9 II HbgSOG, 34 I SOG MV, 16 II PolG NW, 39 IV 1, 36 II Nr. 1 SächsPolG, 34 VI ThürPAG;
- der **Observation** und dem **Abhören in und aus Wohnungen** sowie der **Aufzeichnung** des nicht öffentlich gesprochenen Wortes mittels technischer Mittel; sonst aber Richtervorbehalt nach § 23 II PolG BW, Art. 34 II BayPAG, §§ 25 V ASOG Bln, 10 III, IV HbgPolDVG, 15 IV, V HSOG, 34 III SOG MV, 35 II, III, 34 II, III NGefAG, 18 II 2–4 PolG NW, 25 b II, 21 I POG RP, 28 IV 3 SPolG, 40, 39 IV 2, 36 II Nr. 2 SächsPolG, 17 V SOG LSA, 186 I LVwG SH, 35 II ThürPAG;
- der **„Rasterfahndung"**; außer bei Gefahr im Verzuge Richtervorbehalt nach §§ 47 IV ASOG Bln, 46 IV VG PolG Bbg, 26 IV HSOG, 31 IV PolG NW, 31 IV SOG LSA; lediglich einen verwaltungsinternen Zustimmungsvorbehalt sehen vor: Art. 44 II BayPAG, §§ 29 I 3 BremPolG, 23 IV HbgPolDVG, 44 IV SOG MV, 25 d III POG RP, 37 IV SPolG, 47 III SächsPolG, 44 IV ThürPAG;
- der **körperlichen Untersuchung**; sonst aber Richtervorbehalt nach § 36 V HSOG (vgl. § 81 a II StPO für den „repressiven" Bereich);
- der **Wohnungsdurchsuchung**; sonst aber Richtervorbehalt nach § 31 V PolG BW, Art. 24 I BayPAG, §§ 37 I ASOG Bln, 24 I BbgPolG, 22 I BremPolG, 16 a I HbgSOG, 39 I HSOG, 59 V SOG MV, 25 I NGefAG, 42 I PolG NW, 21 I POG RP, 20 I SPolG, 25 V SächsPolG, 44 I SOG LSA, 208 V LVwG SH, 26 I ThürPAG.

Zuständig ist jeweils der Amtsrichter, nicht der Verwaltungsrichter; auf das Verfahren sind die Vorschriften des Gesetzes über die Angelegenheiten der freiwilligen Gerichtsbarkeit entsprechend anwendbar.

Das **Recht des „Selbsteintritts"** bedeutet das Recht einer Gefahrenabwehrbehörde (im 53
weiteren Sinne) unter gesetzlich näher bestimmten Voraussetzungen anstelle einer an sich zuständigen Gefahrenabwehrbehörde tätig zu werden. Grundsätzlich sind zwei Fallgruppen zu unterscheiden: der **vertikale** und der **horizontale** Selbsteintritt. Ersterer findet im Verhältnis von Aufsichtsbehörde zu weisungsabhängiger, nachgeordneter Behörde sowie, unter strengeren Voraussetzungen, in umgekehrter Richtung statt. Von horizontalem Selbsteintritt kann man hingegen im Verhältnis von nebengeordneten Gefahrenabwehrbehörden (Verwaltungsbehörden – allgemeinen Ordnungsbehörden – Sonderordnungsbehörden – Polizeibehörden [Polizeivollzugsbehörden]) zueinander sprechen. Das vertikale Selbsteintrittsrecht ist Ausdruck des rechtsstaatlichen Gedankens, daß im Interesse einer klaren Verantwortungszuordnung und im Interesse des Bürgers auch die (Einzel-) Weisungsbefugnis der übergeordneten Aufsichtsbehörde diese nicht schlechthin ermächtigt, die Aufgabenerledigung an sich zu ziehen. Dies ist vielmehr im allgemeinen nur zulässig, wenn die primär zuständige nachgeordnete Behörde zur Wahrnehmung der Aufgabe nicht in der Lage oder nicht willens ist oder wenn sie einer Weisung pflichtwidrig nicht Folge leistet, §§ 65 II PolG BW, 10 III Nr. 3 ASOG Bln, 69 II BremPolG, 78 II SPolG, 67 II SächsPolG. Nach hessischem Recht (§ 88 I HSOG) ist die Befugnis der Aufsichtsbehörde zum Selbsteintritt schon gegeben, „wenn es den Umständen nach erforderlich ist" – eine bedenklich weitgefaßte Generalklausel. Eine rechtsstaatlich geführte Fach-

aufsicht wird der nachgeordneten Behörde Spielraum zur Ausübung des dieser zustehenden Ermessens lassen. Von der Befugnis zur Erteilung von Weisungen im Einzelfall und, notfalls, von dem Recht zum Selbsteintritt, wird sie deshalb nur in zwingenden Fällen Gebrauch machen. Im horizontalen Selbsteintritt spielt dagegen die Eilbedürftigkeit, die „Gefahr im Verzuge" eine entscheidende Rolle.

§ 2 I PolG BW, Art. 3 BayPAG, §§ 4 ASOG Bln, 2 BbgPolG, 80 I BremPolG, 3 II HbgSOG, 88 II HSOG, 4 III SOG MV, 102 II NGefAG, 1 I 2 PolG NW, 1 VI POG RP, 85 II SPolG, 69 I SächsPolG, 90 II SOG LSA, 165 LVwG SH, 3 II ThürPOG, 4 II ThürOBG.

Die eintretende Behörde handelt immer in eigener Verantwortung. Sie hat sich auf einzelne unaufschiebbar gebotene Maßnahmen zu beschränken und die an sich zuständige Behörde unverzüglich zu unterrichten.

54 Der von der Rechtsprechung[73] entwickelte Begriff der **„latenten"** (oder **potentiellen**) **Gefahr** soll eine Sachlage bezeichnen, die im Zeitpunkt ihrer Entstehung noch keine Gefährlichkeit erkennen ließ, jedoch später, unter Umständen erst viele Jahrzehnte später zu einer Gefahren- oder Störungsquelle wird. Typische Fälle sind Grundstücksnutzungskonflikte, die durch (allmähliche) Veränderungen der Umwelt schließlich ein polizei- und immissionsschutzrechtlich relevantes Ausmaß annehmen. In dem prototypischen „Schweinemästerei-Fall" war der ursprünglich im unbebauten Außenbereich gelegene landwirtschaftliche Betrieb durch die heranrückende Wohnbebauung wegen seiner Geräusch- und Geruchsbelästigung, der Fliegen- und Rattenplage, schließlich zu einem Fremdkörper in der nunmehr „ausgesprochen städtischen Wohngegend" geworden. In dem ebenso respekt- wie geschmacklos als „Ahnenbrühe-Fall" überlieferten Streit[74] ging es um den Konflikt zwischen zwei seit 1835 bzw. 1863 bestehenden Friedhöfen und einer in naher Nachbarschaft errichteten Wassergewinnungsanlage. Im ersten Fall nahm das Gericht an, die in der Schweinemästerei zunächst nur latent vorhandenen Gefahren würden mit zunehmender Wohnbebauung verwirklicht und führten dann zur Polizeiwidrigkeit des Betriebes. Im zweiten Fall entschied dasselbe Gericht nahezu umgekehrt. Eine an sich polizeimäßige Anlage könne nicht dadurch polizeiwidrig werden, daß nach ihrer Errichtung in ihrer Nähe eine andere Anlage gebaut wird und diese von jener irgendwelche der Abwehr bedürftigen Gefahren zu erwarten habe. Eine andere Rechtsbeurteilung hieße die Kausalität umkehren. Zur Lösung dieser und ähnlicher Fälle trägt der Begriff der „latenten Gefahr" nichts bei. Für die Frage der Kausalität (im physikalischen Sinne) spielt die zeitliche Priorität der nunmehr störenden Anlagen keine Rolle.[75] Polizeirechtlich geht es im Zeitpunkt der entstandenen Gefahr um die Frage der Verantwortlichkeit, der **Gefahrenzurechnung,** also um den Störerbegriff, immissionsschutz- und eigentumsrechtlich geht es um die Tragweite eines eventuellen Bestandschutzes und um die Möglichkeit einer Entschädigung. Die Gefährlichkeit (der Mästerei, des Friedhofes oder der sonstigen Anlage) ist jedoch immer nach den allgemeinen Gefahrbegriffen (s. o.) im Zeitpunkt der zu treffenden Entscheidung zu beurteilen; der Begriff der „latenten Gefahr" ist hierfür überflüssig und sollte vermieden werden.

4. Polizei- und ordnungsrechtliche Verantwortlichkeit (Begriff des Störers)

a) Trennung von Aufgaben- und Befugnisregelung

55 Die klare **Trennung von Aufgaben und Befugnissen** der Polizei (und der Ordnungsbehörden) ist weder justizstaatlicher Formalismus noch Ausdruck gesetzgeberischer Regelungswut, sondern eine elementare rechtsstaatliche Notwendigkeit. Der Muster-

---

[73] *OVG Münster* OVGE 11, 250 ff., auch in *Vogel/v. Münch,* Gerichtsentscheidungen zum Polizeirecht, 1971, S. 185 ff., 191.

[74] *OVG Münster,* in: *Vogel/v. Münch* (Fußn. 73), S. 123 ff.

[75] Zutreffend *Götz,* Rdn. 234. Auch *Gusy,* Rdn. 127, hält den Begriff der latenten Gefahr für irreführend und dogmatisch entbehrlich.

entwurf und die ihm folgenden Landesgesetze tragen ihr Rechnung, indem sie Aufgaben und Befugnisse abschnittweise trennen und den speziellen Befugnisregelungen (der sogenannten „Standard-Maßnahmen") eine Befugnis-Generalklausel voranstellen, auf die aber nicht zurückgegriffen werden darf, sofern die geplante Maßnahme dem Typus der speziell geregelten Befugnisse (z. B. Identitätsfeststellung, erkennungsdienstliche Behandlung, Platzverweis, Gewahrsamnahme, Durchsuchung usw.) unterfällt.[76] Diese beruhen auf echten leges speciales, die insoweit die Anwendung der Generalklausel als der lex generalis ausschließen. Es ist also mißverständlich, hier von einer „Subsidiarität" dieser gegenüber jenen zu sprechen.[77] Die zunehmende Komplexität der Lebensverhältnisse, die Undurchschaubarkeit physikalisch-chemisch-biologisch-technischer Risiko- und Gefahrenlagen ebenso wie der zu Toleranz und Rücksichtnahme verpflichtende kulturell-sozialethische Pluralismus erlauben es nicht mehr, wie zu Zeiten *Otto Mayers,* die polizeiliche Maßnahme als bloße Geltendmachung „der allgemeinen Unterthanenpflicht, die gute Ordnung des Gemeinwesens nicht zu stören", zu verstehen.[78] Heute hat in weitestem Umfang erst der Gesetzgeber festzulegen, was er als „gute Ordnung" ansehen will, und – insoweit wäre ihm der Beifall *O. Mayers* gewiß! – welche Mittel (Befugnisse) er zu ihrem Schutz angewendet wissen will.

Die angedeutete Entwicklung macht ein Tätigwerden der Polizei (und erst recht der Ordnungsbehörden) über den Bereich der Gefahrenabwehr im engeren Sinne hinaus notwendig. Jedenfalls kann der definitorisch gemeinte Satz *Fritz Fleiners* aus dem Jahre 1912 heute so nicht aufrechterhalten werden: **„Nicht durch Belehrung und Ermahnung, sondern durch Zwang erreicht die Polizei ihre Zwecke."**[79] 56

Gewiß ist die **Möglichkeit** des Einsatzes von Zwang auch heute ein wichtiges Merkmal polizeilichen Handelns; sieht man einmal von den Streitkräften ab, so kann man der Polizei **nahezu das Monopol legaler Anwendung physischen Zwangs** zuschreiben.[80] Doch beschreibt dies weder ausreichend die polizeiliche Alltagswirklichkeit noch ihr berufsethisches Ideal. Der „klassische" „Polizeibefehl", sei es als Rechtssatz oder als Verwaltungsakt[81] – letzterer als sogenannte „polizeiliche Verfügung" –, ist zwar immer noch das Standardinstrument polizeilichen **Eingriffshandelns**, doch reicht das gesamte Aufgabenfeld weit darüber hinaus. Soweit es sich dabei um Gefahrenabwehr im weiteren Sinne handelt und Eingriffe in die Bürgerfreiheit nicht erforderlich werden, kann die Polizei sich auf die Aufgabengeneralklausel stützen; eine besondere Befugnisnorm ist nicht notwendig. Dies gilt zum Beispiel für Streifenfahrten und -gänge, für die allgemeine Verkehrsbeobachtung und -überwachung, für Auskünfte, Ratschläge („Die Kriminalpolizei rät!") und für zahlreiche, der Verhütung von Straftaten dienende Maßnahmen.[82] Bei dieser sogenannten „vorbeugenden Bekämpfung von Straftaten" kann es aber insbesondere zu **„Informationseingriffen"** gegenüber dem Bürger kommen, die einer speziellen gesetzlichen Grundlage bedürfen. Auch die Vorbereitung auf die Gefahrenabwehr (Anschaffung einer ausreichenden Zahl von Wasserwerfern oder sonstigem Gerät, Vorabsprachen mit Kfz.-Abschleppdiensten o.ä.) wird unter die Gefahrenabwehr im weiteren Sinne gerechnet.

---

[76] Besonders klar in diesem Sinne ist die Verwaltungsvorschrift 8.0 zu § 8 PolG NW: „Auf die Generalklausel des § 8 Abs. 1 darf nicht zurückgegriffen werden, wenn es sich um Maßnahmen zur Gefahrenabwehr nach den §§ 9 bis 24 handelt. Die Voraussetzungen für diese Maßnahmen sowie deren Art und Umfang sind in den genannten Vorschriften abschließend geregelt."

[77] So aber die Amtl. Begründung zu § 11 HSOG, LT-Drucks. 12/5794, S. 61.

[78] *O. Mayer,* Deutsches Verwaltungsrecht, I, 1895, S. 271 f., auch zum Folgenden.

[79] *F. Fleiner,* Institutionen des Deutschen Verwaltungsrechts, 2. Aufl., 1912, S. 342.

[80] Vgl. *Denninger,* Polizei in der freiheitlichen Demokratie, S. 17 ff. Zu Form- und Funktionswandel des staatlichen Gewaltmonopols s. ferner: *Busch/Funk/Kauß/Narr/Werkentin,* S. 442 ff.

[81] *O. Mayer* (Fußn. 78), S. 273.

[82] Vgl. § 1 I 2 ME oder § 1 IV HSOG: „Die Polizeibehörden haben im Rahmen der Gefahrenabwehr auch zu erwartende Straftaten zu verhüten sowie für die Verfolgung künftiger Straftaten vorzusorgen (vorbeugende Bekämpfung von Straftaten)." Auf die systematische Bedenklichkeit der Ableitung von Befugnissen aus Aufgabennormen wurde bereits oben, Rdn. 34, hingewiesen.

§§ 1 I 2 ASOG Bln, 1 I 2 BbgPolG, 1 I 2 HSOG, 1 I 2, 3 NGefAG, 1 I 2 PolG NW, 1 I 2 POG RP, 1 I 2 Nr. 3 SächsPolG, 2 I 2 ThürPAG.

b) Verhaltensstörer und Zustandsstörer

57 **aa) Allgemeines zur polizeilichen Verantwortlichkeit.** Polizei- und Ordnungsbehörden können sich bei der Gefahrenabwehr oder Störungsbeseitigung auch der Hilfe (unbeteiligter) Dritter bedienen, wenn dies aus technischen Gründen erforderlich erscheint und ein Verantwortlicher nicht vorhanden oder nicht erreichbar oder offenkundig abwehrunfähig ist (vgl. Rdn. 142). Die Rechtsbeziehungen sind dann privatrechtlicher, vertraglicher Art, so, wenn ein Kfz.-Abschleppdienst, eine Bodenentseuchungs-Spezialfirma oder auch ein Abbruch-Unternehmen mit je einschlägigen Aufgaben beauftragt werden. Polizeirecht kommt erst ins Spiel, wenn die Polizei **hoheitlich-obrigkeitlich,** das heißt mit **Ge- und Verboten** (einschließlich deren eventuell notwendig werdender zwangsweiser Durchsetzung) gegen den Bürger vorgeht. In diesem Sinne wurden „polizeiliche Verfügungen" als Anordnungen der Polizei definiert, „die an bestimmte Personen oder einen bestimmten Personenkreis ergehen und ein Handeln, Dulden oder Unterlassen verlangen; sie können ein Gebot oder Verbot oder die Versagung, Einschränkung oder Zurücknahme einer rechtlich vorgesehenen polizeilichen Erlaubnis oder Bescheinigung enthalten ...".[83] In der polizeilichen Verfügung konkretisiert sich die als generelle gesetzlich nicht ausdrücklich normierte, in anderen Rechtsvorschriften begründete **„Polizeipflicht"** des Bürgers, sich so zu verhalten und die seiner Sachherrschaft unterworfenen Gegenstände so zu verwalten, daß keine Gefahren für die öffentliche Sicherheit (oder Ordnung) entstehen.

58 Damit sind die beiden Grundformen polizei- und ordnungsrechtlicher Bürgerpflicht bezeichnet: Die **Verhaltensverantwortlichkeit** und die **Zustandsverantwortlichkeit.** Beide setzen voraus, daß eine **besondere Nähebeziehung** zwischen dem (oder den) Verantwortlichen und der drohenden Gefahr besteht, welche es rechtfertigt, dem Verantwortlichen, der herkömmlich kurz als **„Störer"** bezeichnet wird, die Gefahr **zuzurechnen,** um ihm die Abwehr aufzugeben. Die Polizeigesetze drücken diese Nähebeziehung in bezug auf den Verhaltensstörer durch das Prädikat „verursachen" aus, in bezug auf den Zustandsstörer durch das „Ausgehen" der Gefahr von der Sache. Es wird zu zeigen sein, daß in beiden Fällen die Kausalität im rein physikalischen Sinne eine zwar notwendige, aber keine hinreichende Bedingung der polizeilichen Verantwortlichkeit, daß vielmehr der polizeirechtliche Begriff der „Verursachung" ein Begriff auch der normativen Zurechnung ist[84] – vgl. Rdn. 64. Den Gedanken der Zurechnung bringt auch die ältere Terminologie deutlich zum Ausdruck, wenn sie von **Verhaltens-** und **Zustandshaftung** spricht.[85] Der Begriff der „Haftung" bedeutet im allgemeinen juristischen Sprachgebrauch jedoch das Einstehenmüssen für eigene oder fremde Schuld; er macht nicht deutlich, daß die Polizeipflicht in erster Linie auf eine Gefahrenabwehr**leistung,** nämlich auf ein Handeln, Dulden oder Unterlassen des Verantwortlichen, und erst sekundär auf seine finanzielle Haftung gerichtet ist. Aus diesem Grunde verdient der Begriff der Verantwortlichkeit den Vorzug.

59 Die Polizeipflicht als bloße **Nichtstörungspflicht** stellt lediglich auf die „nach außen", das heißt in der objektiv außenweltlichen, natürlichen und gesellschaftlichen Wirklichkeit in Erscheinung tretenden Umstände ab. Die „Innensphäre" des Verantwortlichen in psychologischer, moralischer, aber auch finanzieller Hinsicht bleibt grundsätzlich außer Betracht. Die Polizei, darauf bedacht, die **öffentliche** Sicherheit zu schützen, betrachtet den polizeilich verantwortlichen Bürger, den „Störer", gewissermaßen von außen als eine „black box", deren rechtlich-moralisches, psychisches oder ökonomisches „Innenleben"

---

[83] Vgl. § 48 I PVG RhPf v. 26. 3. 1954 (GVBl. S. 31, 54).

[84] Deutlich *Gusy,* Rdn. 261–264, der darin ein „Kriterium zur Abgrenzung (von) Risikosphären" erblickt (Rdn. 261).

[85] So ausdrücklich noch *Drews/Wacke/Vogel/Martens,* S. 290 ff., 307 ff., 318 ff.

sie grundsätzlich nicht interessiert. Das zieht im einzelnen eine Fülle rechtlicher Konsequenzen nach sich, welche das Polizeirecht in charakteristischer Weise vom Privatrecht oder Strafrecht unterscheiden.

Dazu gehört beispielsweise, daß der „Zustandsstörer", von dessen Sache eine Gefahr „ausgeht", **keine Enteignungsentschädigung** beanspruchen kann, wenn die Sache vernichtet werden muß, um die Gefahr wirksam zu bekämpfen (wegen sonstiger Opferausgleichslagen vgl. Kap. L). 60

Während die (entschädigungspflichtige: Art. 14 III GG!) Enteignung typischerweise dadurch gekennzeichnet ist, daß „die öffentliche Gewalt aus eigenem Interesse aktiv, offensiv gegen den Privateigentümer vorgeht, weil sie sein Eigentum für einen öffentlichen Zweck braucht", verhält sie sich im Falle der polizeilichen Gefahrenabwehr defensiv, weist sie den störenden Eigentümer oder Sachherrn „nur in die Grenzen seiner Eigensphäre" zurück. Im Grunde tut der Staat etwas, „was der gewissenhafte Eigentümer selbst tun müßte, sobald er erkennt, daß von seinem Eigentum Gefahren für die Öffentlichkeit ausgehen".[86] Die Polizeipflicht aktualisiert insoweit die Sozialbindung des Eigentums, Art. 14 II GG. Die entschädigungslose Tötung von Hunden und Katzen, die verdächtig waren, mit tollwutkranken oder auch nur der Seuche verdächtigen Hunden oder Katzen in Berührung gewesen zu sein, war deshalb nicht verfassungswidrig. Selbstverständlich ist es dem Gesetzgeber unbenommen, die Entschädigungsfrage in solchen Fällen einer Tötung wegen Seuchenverdachts aus Billigkeitsgründen für den Eigentümer günstiger zu regeln.[87] Das hier berührte Problem, ob die Polizeiwidrigkeit einer Sache die Rechtswidrigkeit selbständig herbeiführen und damit die Grenzen des Eigentums konstitutiv bestimmen kann oder ob umgekehrt die Polizeiwidrigkeit stets eine anderweitig begründete Rechtswidrigkeit voraussetzt, ist bei der Frage der „Verursachung" zu erörtern.

Da es auf die tatsächlich hervorgerufene Gefahr (bzw. ihren Anschein), **nicht** aber **auf die individuellen persönlichen Verhältnisse des Störers** ankommt, spielen dessen Alter, Handlungsfähigkeit,[88] Geschäftsfähigkeit, Deliktsfähigkeit, Strafmündigkeit usw. ebenso wenig eine Rolle wie sein Verschulden (Vorsatz oder Fahrlässigkeit) oder sein Irrtum über irgendwelche Umstände seines Verhaltens oder der Situation. Ein Säugling kann ebenso gut Störer sein wie ein Geisteskranker oder ein Volltrunkener. Auch ist bewußtes Handeln nicht erforderlich, bloße Reflexbewegungen reichen aus. Der polizeiliche Störerbegriff ist somit, im Unterschied zum alltäglichen Sprachgebrauch, **frei von einer moralischen Wertung** (die natürlich jederzeit, zum Beispiel in strafrechtlichem Zusammenhang, hinzutreten mag). Ein **Unterlassen** kann die Verantwortlichkeit allerdings nur auslösen, wenn eine Pflicht zum Handeln besteht. Ein Grenzfall liegt vor, wenn der Körper eines Menschen wie ein toter Gegenstand als Mittel für das polizeiwidrige Verhalten eines Dritten benützt wird, wenn zum Beispiel das Verbrechensopfer gefesselt oder bewußtlos auf die Straße gelegt wird, um den Verkehr zu stören. Hier sind nur die Handelnden (Straftäter), nicht aber das Opfer „Störer". 61

Die Verantwortlichkeit für den Zustand einer Sache hängt auch nicht von der **finanziellen Leistungsfähigkeit** des Störers ab. Das haben in der Kriegs- und Nachkriegszeit die verarmten Eigentümer von (einsturz-)gefährlich gewordenen Hausruinen bitter erfahren müssen. In der Gegenwart spielt die Frage hinsichtlich der **„Altlasten"** bei Altdeponien oder kontaminierten Betriebsgeländen eine Rolle, deren Zahl naturgemäß nicht feststeht, mit Sicherheit aber in die Tausende, wahrscheinlich in die Zehntausende geht.[89] Die Kosten für notwendige Maßnahmen der Bodensanierung erreichen oftmals Größenordnungen, welche das finanzielle Leistungsvermögen des betroffenen Eigentümers bei wei- 62

[86] *BVerfGE* 20, 351, 359, 357, 359 (in der Reihenfolge der Zitate).

[87] Vgl. jetzt §§ 66ff. TierSG. Nach § 68 I Nr. 10 TierSG ist aber auch jetzt für „Haustiere, die nicht Vieh oder Bienen sind" – also vor allem Hunde und Katzen – die Entschädigung ausgeschlossen.

[88] *VGH München* DÖV 1984, 433f.

[89] Zahlen und weitere Nachweise bei *Breuer* NVwZ 1987, 751ff.

tem übersteigen. Zwar wird in diesen Fällen häufig eine Verhaltensverantwortlichkeit mit der Zustandsverantwortlichkeit zusammentreffen, so daß mit Hilfe des umweltrechtlichen „Verursacherprinzips" die primäre Einstandspflicht des Verhaltensstörers begründet werden kann (vgl. Rdn. 103 ff.), doch setzt dies zunächst voraus, daß überhaupt ein „Verursacher" ermittelt wird. Außerdem – und hier beginnt das spezifische Problem wirklicher **Alt**-Lasten – können „Verhaltenshaftung" und Verursacherprinzip dort nicht greifen, wo eine früher, vielleicht vor mehreren Jahrzehnten gemäß der damaligen Rechtslage einwandfrei erteilte Anlagen- oder Betriebsgenehmigung ihre Legalisierungswirkung entfaltet.[90] Die Reichweite der Legalisierungswirkung kann sich hierbei nur aus dem Inhalt der Genehmigung selbst ergeben. Gleichwohl kann sich diese dann aber nur auf solche Gefahren beziehen, welche zum Zeitpunkt des Erlasses der Genehmigung zumindest erkennbar waren.[91] Eine Legalisierungswirkung kommt ferner durch behördliche Planungen („Überplanung von Altlasten") in Betracht.[92]

Auch an der Altlastenproblematik wird sichtbar, daß die Zurechnung polizeilicher Verantwortlichkeit nicht nach dem Kriterium physikalischer Kausalität allein, sondern nur mit Hilfe zusätzlicher, **bewertender Kriterien** bestimmt werden kann. Dazu im folgenden.

63 **bb) Polizeirechtliche „Verursachung", „Zweckveranlasser".** Als Störer kommt nur in Betracht, wer die Gefahr durch sein Verhalten oder den Zustand seiner Sache **verursacht** (die zusätzliche Verantwortlichkeit des Aufsichtspflichtigen oder des Geschäftsherrn darf hier einstweilen unberücksichtigt bleiben.) Über diesen einfachen Ausgangssatz hinaus herrscht, vor allem in der Literatur, Streit. Genauere Betrachtung zeigt jedoch, daß manche Differenzen wesentlich terminologischer Natur sind und daß die Theorieunterschiede sich in den praktischen Ergebnissen nicht allzu stark auswirken.[93] Übereinstimmung sollte auch über die **erste Bedingung** der Störerverantwortlichkeit zu erzielen sein, nämlich darüber, daß der Störer **mitursächlich** – das heißt **kausal** im physikalisch-naturwissenschaftlichen Sinne – an der Herbeiführung des Erfolges, der Entstehung der Gefahr, beteiligt sein muß. Er muß eine „conditio sine qua non" gesetzt haben, sein Beitrag darf nicht hinweggedacht werden können, ohne daß der Erfolg (die Gefahr) entfiele. In diesem Zusammenhang ist es allerdings wenig hilfreich, vielmehr mißverständlich, wenn ausgeführt wird, Störerhaftung bedeute zwar „verschuldensunabhängige Kausalhaftung", doch die Kriterien der Kausalität ließen sich nicht „abstrakt-logisch, insbesondere nicht nach naturwissenschaftlichen Regeln, ermitteln".[94] Sachlich zutreffend ist hingegen die Formulierung, bei dem polizeirechtlichen Verursacherbegriff dürfe „nicht allein auf die Kausalität im naturwissenschaftlichen Sinne abgestellt" werden.[95] Immer ist aber zu betonen, daß Kausalität (des Verhaltens bzw. des Sachzustandes) im naturwissenschaftlichen Sinne erstes und unverzichtbares Kriterium polizeilicher Verantwortlichkeit ist.[96]

64 Allerdings, und dies meinen auch die kritisierten Autoren ebenso wie zahlreiche andere, ist die Feststellung einer **Kausalbeziehung** zwischen dem Störerverhalten (oder Sachzustand) und der Gefahrentstehung **keine hinreichende Bedingung** der Verantwortlichkeit. Aus der unendlichen Kette der Ursachen muß man einen rechtlich relevanten Teil

---

[90] Dazu *Ziehm* (Fußn. 52), S. 32, auch zum Problem insgesamt. Aus der inzwischen kaum mehr überschaubaren Literatur s. ferner *Pape*, NJW 1992, 2661 und 1994, 409 sowie – umfassend – *Brandt*, Altlasten, 1993; einen kurzen Überblick geben *Hoppe/Beckmann*, § 15, Rdn. 31 ff.

[91] Instruktiv *Würtenberger/Heckmann/Riggert*, Rdn. 646–650 m. w. Nachw.; ferner *Selmer*, Privates Umwelthaftungsrecht und öffentliches Gefahrenabwehrrecht, 1991, S. 31 ff., sowie einschränkend *Kokott* DVBl. 1992, 749 (753).

[92] Haftungsansprüche schließt die Rechtsprechung generell nicht mehr aus, vgl. aus neuerer Zeit etwa BGHZ 113, 367; 123, 363.

[93] So auch *Schenke*, Rdn. 156, ähnlich *Götz*, Rdn. 198.

[94] *Friauf*, Rdn. 73.

[95] So *Schenke*, Rdn. 154.

[96] Zutreffend und klar gesehen von *Pietzcker* DVBl. 1984, 457 (464) und *Gusy*, Rdn. 266.

herausschneiden, um an ihn die Verantwortlichkeit anzuknüpfen. Sofern man dies noch unter den Begriff der „Verursachung" bringen will, muß man sich im klaren darüber sein, daß es in Wahrheit um die Bildung und Anwendung eines **Zurechnungsmaßstabes** geht.[97] Eine solche spezifische Eingrenzung der polizeirechtlich relevanten „Kausalität" ist erforderlich, weil die im Strafrecht und im Zivilrecht anwendbaren und zu vernünftigen Ergebnissen führenden Eingrenzungs- und Zurechnungskriterien im Polizeirecht versagen. Im Strafrecht wird im Hinblick auf die entscheidende Rechtsfolge, den Strafausspruch, die „Äquivalenz" der Ursachen für die Tatbestandsverwirklichung durch die Kriterien der Rechtswidrigkeit und der individuell-persönlichen Vorwerfbarkeit, der Schuld, relativiert. Jedenfalls das letztgenannte darf aber, wie oben (vgl. Rdn. 59 ff.) ausgeführt, in dem allein am außenweltlichen, „täterindifferenten" Erfolg orientierten Polizeirecht gerade keine Rolle spielen. Und die im Zivilrecht herrschende Theorie der „adäquaten Verursachung", welche auf die nach der Lebenserfahrung generelle Eignung zur Erfolgsverursachung abstellt und zugleich alle Ursachen aus dem Haftungszusammenhang ausscheidet, welche im Rahmen eines „verkehrsrichtigen Verhaltens" gesetzt werden, ist für das Polizeirecht nicht nur wegen der Unbestimmtheit der „Adäquanz" unbrauchbar – dieser Vorwurf träfe mehr oder weniger alle Versuche einer Maßstabsbildung – sondern vor allem deshalb, weil die polizeirechtliche Zurechnung auch die „Ausnahmelage", den atypischen, aller „Lebenserfahrung" möglicherweise widerstreitenden Kausalverlauf erfassen muß.[98]

Die Rechtsprechung[99] und die überwiegende Meinung des Schrifttums[100] versuchen, das Problem der Störerbestimmung, also der Abgrenzung der polizeirechtlich relevanten Kausalität mit Hilfe der sogenannten **Theorie der unmittelbaren Verursachung** zu bewältigen. Störer ist nach dieser Lehre, „wer bei wertender Betrachtung unter Einbeziehung aller Umstände des jeweiligen Einzelfalles die Gefahrengrenze überschritten und damit die unmittelbare Ursache für den Eintritt der Gefahr gesetzt hat".[101] Diese „Theorie" wirft mehr Probleme auf, als sie löst. Die „Gefahrengrenze", deren „Überschreitung" die polizeiliche Verantwortlichkeit auslösen soll, ist in der unendlichen Kette der Ursachen ja nicht wie eine Staatsgrenze markiert. Und für die „wertende Betrachtung" hat die Unmittelbarkeitslehre als solche zunächst keine Maßstäbe anzubieten, zumal es bei der Beteiligung mehrerer Verursacher nicht darauf ankommen soll, wer **zeitlich** die letzte Bedingung für den Gefahreintritt gesetzt hat. Die Kasuistik zeigt große Unsicherheiten und bestätigt nur die Feststellung *Friaufs,* daß die Rechtsprechung bisher die traditionellen Kriterien „teilweise eher intuitiv gefunden" habe.[102] Während beispielsweise dieser Autor im „klassischen" Falle des **„Borkumliedes"** (*PrOVGE* 80, 176 ff.) dem Preußischen Oberverwaltungsgericht insoweit folgt, als er die Störereigenschaft der Kurkapelle verneint (welche die Melodie eines polizeilich neutralen Marschliedes intonierte, während die Kurgäste, die dazu regelmäßig einen antisemitischen Text sangen, die unmittelbaren Verursacher und Störer seien), sieht *Martens*[103] zwischen Handlung (Intonieren der Marschmelodie) und Erfolg (Singen des polizeiwidrigen Textes) eine „natürliche Einheit", die es rechtfertige, zwischen beiden einen „Wertungszusammenhang" herzustellen. 65

Diese und ähnliche Beurteilungsdifferenzen zeigen, daß die Schwierigkeiten in der Kriterienbildung für die wertende Betrachtungsweise liegen. In der Literatur sind immer wieder Versuche zur Lösung dieses Problems unternommen worden. So wurde 66

---

97 Statt vieler: *Erichsen,* VVDStRL 35 (1977), 171 (202).

98 Kritik der zivilrechtlichen Theorie bei *Drews/Wacke/Vogel/Martens,* § 20, 3. S. 312 m. w. Nachw.

99 Nachweise bei *Drews/Wacke/Vogel/Martens,* S. 313, Fußn. 35; vgl. besonders *OVG Hamburg* DÖV 1983, 1016; *VGH Kassel* DÖV 1986, 441; *OVG Münster* NVwZ 1985, 355.

100 Nachweise bei *Schenke,* Rdn. 155, Fußn. 381.

101 *OVG Münster* NVwZ 1985, 356 m. w. Nachw.

102 *Friauf,* Rdn. 77.

103 *Drews/Wacke/Vogel/Martens,* S. 316.

schon früher auf die **soziale Inadäquanz** des Verhaltens abgestellt,[104] neuerdings sollen eine zur Mitursächlichkeit hinzutretende **Pflichtwidrigkeit** oder eine **Risikozurechnung** den Ausschlag geben; dabei soll die allgemeine Nichtstörungspflicht der Generalklausel als Reservoir ungeschriebener Verhaltensregeln und Risikozurechnungen fungieren.[105] Die Lehre von der sozialen Inadäquanz erweist sich eher als eine Umformulierung des Problems denn als seine Lösung. Die Pflichtwidrigkeits- und Risikozurechnungslehre verspricht zwar einen fruchtbaren Ansatz, der undifferenzierte Rückgriff auf die Generalklausel beschwört jedoch die Gefahr der Ausuferung polizeilicher Reglementierung herauf, die man mit der Verabschiedung (oder doch mindestens erheblichen Drosselung) der „öffentlichen Ordnung" gerade erst gebannt zu haben glaubte.

67 Die Vertreter der Unmittelbarkeitslehre stimmen seit langem darin überein, daß derjenige nicht als Störer in Anspruch genommen werden kann, der (nur) von einem ihm ausdrücklich eingeräumten oder ihm auf andere Weise zustehenden Recht Gebrauch macht und dabei eine Gefahr verursacht. „Qui iure suo utitur neminem laedit."[106] Der Wohnungseigentümer, der aufgrund eines rechtskräftigen Räumungstitels gegen den Mieter ordnungsgemäß vollstrecken läßt und diesen dadurch obdachlos macht, ist nicht „Störer". Er kann auch nicht als sogenannter **Inhaber des Gegenmittels** in Anspruch genommen werden, es sei denn, es lägen die strengen Voraussetzungen des Einschreitens gegen einen Nichtstörer vor (vgl. Rdn. 139).[107] Wer nach allen Regeln der Kunst und der einschlägigen Gesetze um seinen Garten eine dichte Hecke wachsen läßt und dadurch den Kraftfahrern auf der angrenzenden Straße die Kurvenübersicht nimmt, ist nicht (Zustands-)Störer. Und wenn eine rechtmäßige, friedliche Versammlung oder Demonstration durch gewalttätige Gegendemonstranten angegriffen wird, so hat die Polizei jene gegen diese zu schützen, nicht aber jene zu verbieten, selbst, wenn man aufgrund früherer Erfahrungen mit der Möglichkeit einer Gegendemonstration und sogar mit durch diese verursachten Ausschreitungen rechnen mußte. Wer friedlich sein Grundrecht gebraucht, ist nicht polizeipflichtig.

68 Anders soll es aber, auch nach der Unmittelbarkeitslehre, in den Fällen eines sogenannten **Zweckveranlassers** sein. Der Gastwirt soll für den die Nachtruhe der Anwohner störenden Lärm verantwortlich sein, den seine Gäste nach Verlassen des Lokals (oder auch schon bei der Ankunft) auf der Straße verursachen.[108] Der Kaufhausinhaber soll polizeipflichtiger Störer sein, wenn wegen besonders attraktiver Schaufensterpuppen durch stehenbleibende Passanten auf der Straße, auch auf der Fahrbahn, ein Menschenauflauf und dadurch Gefahren für den Verkehr entstehen. Der Gastwirt und der Inhaber des Kaufhauses betreiben ihr Gewerbe aber ebenso grundrechtsgemäß wie die friedlichen Demonstranten oder der Wohnungseigentümer ihre (Grund-)Rechte ausüben. Um hier in einigen Fällen doch den „Hintermann", den eigentlichen „Veranlasser" und mittelbaren Verursacher der Gefahr polizeipflichtig machen zu können, führen die Vertreter der herrschenden Unmittelbarkeitslehre die Figur des „Zweckveranlassers" ein. Dabei wird zwischen dem Verhalten des Veranlassers, welcher das unmittelbar störende Verhalten dritter Personen: der schaulustigen Passanten, der lärmenden Gäste usw. erst auslöst, und der Gefahr eine Zweckbeziehung konstruiert und diese dem Veranlasser ohne Rücksicht auf seine tatsächlichen Vorstellungen und Absichten imputiert. Zum Teil wird danach gefragt, ob der Zweckveranlasser die Störung „objektiv bezweckt" habe,[109] was der Finalität als einer notwendig subjektiven „Verstandeskategorie" schon begrifflich nicht

---

[104] *Hurst* AöR 83 (1958), 43 ff. (75 ff.).
[105] *Pietzcker* DVBl. 1984, 457 (464).
[106] Schon zitiert bei *Fleiner* (Fußn. 79), S. 353, Fußn. 45. Vgl. ferner: Dig. 50, 17, 155, § 1, *Paulus,* und Dig. 50, 17, 55, *Gaius.* Ferner § 1305 österr. ABGB.
[107] Statt vieler: *Schenke,* Rdn. 153.
[108] Vgl. etwa *BVerwG* DVBl. 1965, 603; *Jarass* NJW 1981, 721 (724 f.); ferner § 5 I Nr. 3 GaststG.
[109] *Götz,* Rdn. 192, 196.

gerecht werden kann,[110] zum Teil zieht man sich auf Wollens-Fiktionen zurück, die nur noch bei wohlwollendem Mitempfinden allenfalls plausibel erscheinen: so soll bei der verkehrsgefährdenden Schaufensterwerbung ein Spielwarenhändler, der zur Weihnachtszeit eine Spielzeugeisenbahn laufen läßt, nicht Zweckveranlasser sein, weil er davon ausgehen müsse, die Passanten würden bald weitergehen (und also den „Stau" auflösen). Dagegen soll ein Drogist, der „eine attraktive Schöne im Schaumbad" vorführt, polizeipflichtig sein, weil er von längerem, störenden Verweilen der Zuschauer ausgehen müsse.[111] Andere Autoren beziehen über den objektiven und subjektiven Zusammenhang hinaus auch mit ein, ob das Verhalten „durch die Rechtsordnung ausdrücklich oder konkludent (etwa als geschützte Grundrechtsausübung) erlaubt wird". Im letzteren Fall soll Zweckveranlassung ausscheiden.[112] Daß dies alles mit der Frage unmittelbarer oder mittelbarer **Kausalität** für den Gefahreintritt überhaupt nichts mehr zu tun hat, liegt auf der Hand. Dies wird z. B. von *Schenke* klar erkannt, der betont (Rdn. 158), daß es sich „in erster Linie um ein Wertungsproblem handelt".

In Wahrheit geht es hier wie auch in anderen Fällen der Störerabgrenzung darum, die „Unmittelbarkeitslehre" durch eine **„Rechts- und Pflichtwidrigkeitslehre"** der Ursachenzurechnung zu **ergänzen** und partiell zu **ersetzen.** Hier liegt der richtige Kern der schon bei *Fritz Fleiner*[113] erkennbaren, 1962 von *Roman Schnur* entwickelten **Theorie der rechtswidrigen Verursachung.**[114] Ihr zufolge darf jemandem nur diejenige Störung zugerechnet werden, die in **seinem rechtswidrigen** Verhalten ihre Ursache hat. Praktisch zu demselben, jedoch anders formulierten Ergebnis kommen Autoren, welche die Theorie der „unmittelbaren Verursachung" durch eine wertende Betrachtung der Bedingungen anreichern wollen. In seiner Abhandlung mit dem bezeichnenden Titel: „Unmittelbare und rechtswidrige Verursachung als Voraussetzungen der Störerhaftung im allgemeinen Polizei- und Ordnungsrecht" kommt *Joachim Vollmuth* zu dem Ergebnis: „Von den ursächlichen Handlungen und Zuständen hat **die** Bedingung die Grenze zur Gefahr überschritten, die nicht den Erfordernissen entspricht, welche die Rechtsordnung im Interesse eines störungsfreien Gemeinschaftslebens aufstellt."[115] Wer sich den Erfordernissen der Rechtsordnung entsprechend verhält, kann folglich nicht Störer sein.[116] Und auch was in der Judikatur erklärtermaßen im Gewande der „Unmittelbarkeitslehre" daherkommt, entpuppt sich bei näherer Betrachtung als schiere Schadens- und Risikozurechnung aufgrund eines Rechtswidrigkeitsurteils. Exemplarisch hierfür ist der vom OVG Hamburg entschiedene Öltank-Fall.[117] Die Klägerin hatte im Hamburger Hafen Öl so gelagert, daß bei der extremen Sturmflut vom 3. 1. 1976 mit einem Hochwasserpegel von NN + 6,49 m große Mengen Öls in den Hafenkanal gespült und das Wasser verunreinigt wurde. Obwohl ein und derselbe Vorgang, nämlich die (unsachgemäße) Lagerung des Öls für die Störung in ihrem ganzen Umfang ursächlich war, hat das Gericht der Klägerin „eine Verursachung im polizeirechtlichen Sinne" nur bezüglich derjenigen Ölmenge zugerechnet, die auch bei einem Hochwasserstand von „nur" NN 6,13 m (= der Höhe der Sturmflut vom 17. 2. 1962) in den Kanal gelangt wäre. (Dies sei etwa die Hälfte der insgesamt ausgelaufenen Menge gewesen). Begründung des Gerichts: „Nicht die Tatsache, daß sie (die Klägerin) überhaupt Öl im Hafengebiet gelagert hat, sondern allein der Umstand, daß sie dies unter Verstoß gegen die geltenden Bestimmungen getan hat, stellt eine Verursachung 69

110 Vgl. *N. Hartmann,* Teleologisches Denken, 1951, S. 1 und 3 ff. Kritisch auch *Drews/Wacke/Vogel/Martens,* S. 315. Die Finalität ist als „Verstandeskategorie" von der Kausalität als einer „Realkategorie" zu unterscheiden.

111 *Knemeyer,* Rdn. 252.

112 *Schenke,* Rdn. 157.

113 *Fleiner* (Fußn. 79), S. 353.

114 *Schnur* DVBl. 1962, 1 (3, 8).

115 *Vollmuth* VerwArch 68 (1977), 45 (52).

116 Dies ist auch der Kern der Auffassung *Gusys* (Rdn. 268), wonach Störer nur ist, wer gegen diejenigen „Rechtsnormen verstößt, welche das Schutzgut der öffentlichen Sicherheit konstituieren".

117 *OVG Hamburg* DÖV 1983, 1016 ff.

im Sinne der genannten Vorschrift (des HbgSOG) dar." Die Rechtswidrigkeit der Lagerung sah das Gericht in einem Verstoß gegen § 26 II 1 WHG, der eine Lagerung erfordert hätte, die den Hochwasserstand der bis dahin größten Sturmflut (vom Februar 1962) gefahrlos überstanden hätte. Das weitere Risiko der ganz unwahrscheinlichen noch höheren Sturmflut (die dann mit NN + 6,49 m im Jahr 1976 tatsächlich eintrat) sollte die Klägerin hingegen nicht treffen müssen. Deutlicher als durch diesen juristisch-selbstherrlichen, naturwissenschaftlich verfehlten Sprachgebrauch von „Verursachung" kann man nicht dartun, daß hier nicht Kausalitätsfragen, sondern Rechtswidrigkeits- und Risikozurechnungsfragen entschieden werden. Deshalb sollte man die Lehre von der „unmittelbaren Verursachung" zusammen mit der vom „Zweckveranlasser" möglichst ganz verabschieden.

70 Damit ist allerdings die Frage noch nicht beantwortet, wie die Rechts- und Pflichtwidrigkeit im Polizeirecht zu bestimmen sei. Klar dürfte sein, daß die Problematik der Kausalitätszurechnung nicht mit Suggestivformeln wie: „natürliche Einheit" von Erfolg und (weiterer) Ursache[118] und auch nicht mit Hilfe einer „Wesensschau" zu bewältigen ist, nach der Handlungsfolgen dann in die Bewertung einzubeziehen seien, „wenn der Erfolg als Realisierung der der Handlung wesensgemäß innewohnenden Wirkungstendenz erscheint".[119] Vielmehr ergibt sich eine **Stufenfolge der Prüfungsschritte:** Zuerst ist die Ursächlichkeit (im physikalischen Sinne) eines Verhaltens oder eines Sachzustandes für den Gefahreneintritt festzustellen. Dazu gehört auch bereits die Urteilsbildung darüber, ob ein Schutzgut der öffentlichen Sicherheit (vgl. Rdn. 6 ff.) betroffen ist. Auf der nächsten Stufe ist die Rechtswidrigkeit des „störenden" Verhaltens oder des Sachzustandes zu prüfen. Dies bereitet keine besonderen Schwierigkeiten, wenn das Verhalten gegen ein ausdrückliches Pflichtgebot oder gegen ein durch Straf- oder Bußgeldandrohung bewährtes Verbot verstößt. Unter Umständen bedarf es allerdings, wie am Beispiel der Öllagerung im Hamburger Hafen bezüglich des § 26 II WHG sichtbar wird, der konkretisierenden Auslegung des gesetzlich in unbestimmten Rechtsbegriffen umschriebenen Verhaltensmaßstabes. Eine solche Konkretisierung kann durch „Polizeiverfügung" im Einzelfall erfolgen und unterliegt der gerichtlichen Nachprüfung.

71 Schwieriger wird es, wenn eine ausdrückliche Ge- oder Verbotsnorm fehlt, das Verhalten oder der Zustand der Sache jedoch „gefährlich" sind, also geeignet, mit Wahrscheinlichkeit einen Schaden herbeizuführen. Der „Störer" wird hier entweder einen **speziellen Rechtstitel** des privaten oder des öffentlichen Rechts (zum Beispiel eine Anlagengenehmigung oder eine wasserrechtliche Bewilligung usw.) geltend machen, der sein Verhalten (oder den Zustand) rechtfertigen soll, oder er wird sich auf seine **Grundrechtsfreiheiten** berufen. Im ersten Fall ist zu prüfen, ob der polizeilich erstrebte Erfolg im Rahmen der Verhältnismäßigkeit etwa durch **nachträgliche Auflagenerteilung** (z. B. § 17 BImSchG) erreicht werden kann; ist dies nicht der Fall, kommen der Widerruf der Genehmigung oder ein Verbot des Betriebes, gegebenenfalls mit Entschädigungsfolge, in Betracht. In diesem Rahmen sind auch die Fälle der sogenannten „latenten Gefahr" (vgl. Rdn. 54) zu lösen (vgl. §§ 22 ff., 25 BImSchG).

72 Im zweiten Fall sind zwei Konstellationen denkbar: Entweder kommt es zu einer Kollision der Grundrechtsphären des Störers und des (der) „Gestörten" oder die Grundrechte des Störers konfligieren mit anderen verfassungsrechtlich geschützten Rechtsgütern, wie den Einrichtungen und Organen des Staates und deren Funktionsfähigkeit oder anderen Gemeinwohlgütern wie Gesundheit der Bevölkerung, soziale Sicherheit usw. Sofern hierbei **spezielle Schutznormen** verletzt werden – und das wird in den meisten Fällen zutreffen, von der Seuchengesetzgebung bis zur „Bannmeile" des Parlaments (vgl. § 106 a StGB), vom Schutz der ungestörten Religonsausübung (§§ 166 ff. StGB) bis zu dem der Bundeswehr (§§ 109 ff. StGB) – liegt eine Gefahr für die öffentliche Sicherheit

[118] Vgl. *Martens* (Fußn. 103).
[119] So aber *Vollmuth* VerwArch 68 (1977), 63.

vor und die Polizei kann im Rahmen des Übermaßverbotes ihre Maßnahmen treffen. Die eigentlich problematischen, allerdings seltener werdenden Fälle sind die einer unmittelbaren **beiderseitigen Grundrechtskollision** bzw. eines Konflikts zwischen Grundrecht und verfassungsrechtlich geschütztem Gemeinwohlgut ohne vorgegebene gesetzliche Schrankenziehung. Hier kann die Polizeiwidrigkeit und damit die Rechtswidrigkeit eines Verhaltens nicht ohne weiteres aus einer allgemeinen Nichtstörungspflicht des Bürgers – die der allgemeinen Aufgaben-Generalklausel der Polizei entspräche – hergeleitet und konstituiert werden.[120] Vielmehr ist zu **differenzieren:** Kann der Störer sich für sein Verhalten auf ein Grundrecht berufen, welches die Verfassung, wie zum Beispiel die Religions-, die Gewissens-, die Wissenschafts- oder Kunstfreiheit oder wie die Freiheit zu Versammlungen in geschlossenen Räumen, ohne geschriebenen Schrankenvorbehalt gewährleistet, so dürfen die Grenzen dieser Freiheiten nur von der Verfassung selbst bestimmt werden. Diese Grundrechte dürfen „weder durch die allgemeine Rechtsordnung noch durch eine unbestimmte Klausel relativiert werden, welche ohne verfassungsrechtlichen Anhaltspunkt und ohne ausreichende rechtsstaatliche Sicherung auf eine Gefährdung der für den Bestand der staatlichen Gemeinschaft notwendigen Güter abhebt".[121] Vielmehr sind „nur kollidierende Grundrechte Dritter und andere mit Verfassungsrang ausgestattete Rechtswerte... mit Rücksicht auf die Einheit der Verfassung und die von ihr geschützte gesamte Wertordnung ausnahmsweise imstande, auch uneinschränkbare Grundrechte in einzelnen Beziehungen zu begrenzen. Dabei auftretende Konflikte lassen sich nur lösen, indem ermittelt wird, welche Verfassungsbestimmung für die konkret zu entscheidende Frage das höhere Gewicht hat (*BVerfGE* 2, 1 [72 f.]). Die schwächere Norm darf nur so weit zurückgedrängt werden, wie das logisch und systematisch zwingend erscheint; ihr sachlicher Grundwertgehalt muß in jedem Fall respektiert werden."[122] Wird der Gesetzgeber insoweit tätig, so darf er nur die dem Grundrecht mit Rücksicht auf die anderen Verfassungswerte unabweisbar innewohnenden Grenzen „sichtbar machen", nicht jedoch „selbständig" neue Beschränkungen „erfinden". Diese den Gesetzgeber bindenden Maßstäbe müssen auch (und erst recht) für das polizeiliche Handeln aufgrund der Generalklausel gelten. Die Polizei kann also (und muß unter Umständen) aufgrund einer Rechtsgüterabwägung zum Schutze bedrohter, mindestens gleichrangiger Verfassungsrechtsgüter in die Grundrechtsausübung des Störers eingreifen. Setzt ein Pfarrer einen Gottesdienst in einer akut einsturzgefährdeten Kirche an, so darf die Polizei zum Schutz des Lebens der Gottesdienstbesucher einschreiten; gefährdet ein Bakteriologe oder Virologe seine Umgebung oder gar die Menschheit insgesamt durch gefährliche Experimente (gentechnische Manipulationen!), so können dem Forscher wirksame Sicherheitsauflagen gemacht werden.

Nicht prinzipiell, wohl aber graduell anders ist in den Fällen eines gesetzlichen „Rege- 73
lungen" und „Einschränkungen" (oder „Beschränkungen", vgl. Art. 10 II, 13 VII GG) zugänglichen Grundrechtes zu verfahren. Hier ist, abgesehen von Beschränkungen des allgemeinen Freiheitsrechts (Art. 2 I GG), vor allem an Schranken der Berufsausübung (Art. 12 I GG) und der Eigentumsfreiheit (Art. 14 I GG) zu denken, wobei die „Sozialbindung" (Art. 14 II GG) des Eigentums den Aktionsradius auch der Polizei, und nicht nur des Gesetzgebers, noch erweitert. Immer jedoch muß der Eingriff der **Abwehr eines konkret gefährdeten Rechtsgutes** dienen. Nur insoweit darf der Eigentümer „in die Grenzen seiner Eigensphäre" zurückgewiesen werden.[123] Eine solche Konkretisierung der (rechtmäßigen Grenzen der) Eigentümersphäre läge zum Beispiel vor, wenn – mangels spezialgesetzlicher Vorschrift, vgl. aber §§ 24, 68 I Nr. 10 TierSG – die Polizei die Tötung tollwutseuchenverdächtiger Hunde oder Katzen aufgrund der Generalklausel angeordnet hätte. „Der Grundsatz: Sachen, von denen erhebliche Gefahren für die öffentliche Ge-

[120] Vgl. dazu auch *Lisken* ZRP 1990, 15 f., ferner oben Rdn. 57 a. E.
[121] *BVerfGE* 30, 173 (193) (Kunstfreiheit); ähnlich *BVerfGE* 32, 98 (108) (Glaubensfreiheit).
[122] *BVerfGE* 28, 243 (261); st. Rspr.
[123] *BVerwGE* 7, 257 (261); *BVerfGE* 20, 351 (357).

sundheit ausgehen, können dem Eigentümer ohne Entschädigung entzogen (und vernichtet) werden, stellt eine dem Sacheigentum immanente Sozialbindung dar, die sich auch ohne spezialgesetzliche Regelung unmittelbar aus Art. 14 Abs. 2 GG ergeben würde."[124] Die polizeirechtlich relevante Rechtswidrigkeit eines Verhaltens oder eines Sachzustandes wird hier durch die gefahrenabwehrende Grundrechtsschrankenziehung durch die konkrete Polizeimaßnahme konstituiert. Geht hingegen die Gefahr gar nicht von dem (bestimmungsgemäßen) Eigentumsgebrauch der Sache oder von dem Umfang anderer Berechtigter mit ihr aus, sondern von einem **Mißbrauch** der Sache durch **Dritte,** so ist deren Verhalten rechts- und polizeiwidrig. Auf dieser Basis ist das Problem der Pflicht zur **Eigensicherung** mißbrauchgefährdeter Sachen und Sachkomplexe, wie Flughäfen, Kernkraftwerke o. ä., zu erörtern (vgl. Rdn. 97).[125] Eine Pflicht des Eigentümers, die Sache gegen Abhandenkommen oder Mißbrauch durch Unbefugte zu sichern, die nicht auf Zustandsverantwortlichkeit gegründet werden kann, folgt jedoch in wichtigen Fällen aus spezialgesetzlicher Vorschrift, wie z. B. §§ 14 II 2 StVO, 42 WaffG, 24 SprengstoffG, 6 II Nr. 4, 7 II Nr. 5 AtG.[126]

c) Subjekte polizeilicher Verantwortlichkeit

74 **aa) Diplomatischer und konsularischer Dienst. Stationierte ausländische Truppen.** Der polizeilichen Verantwortlichkeit unterliegen grundsätzlich alle Personen im Inland, gleichgültig ob sie deutsche oder ausländische Staatsangehörige oder Staatenlose sind.[127] Dieser Grundsatz erfährt jedoch mehrere Einschränkungen. Seit alters genießen die diplomatischen und konsularischen Repräsentanten fremder Staaten, deren Angehörige und Hausbedienstete, sowie das Verwaltungs- und technische Personal der Missionen in abgestuftem Maße **Exemtion** von inländischer Gerichtsbarkeit und Verwaltungshoheit, vgl. §§ 18, 19, 20 GVG. Im einzelnen ist dies für den **diplomatischen Dienst** im Wiener Übereinkommen über diplomatische Beziehungen bzw. für den **konsularischen Dienst** nach Maßgabe des Wiener Übereinkommens über konsularische Beziehungen geregelt.[128] Abgesehen von diesen völkervertragsrechtlichen Normen sind die wesentlichen Grundsätze der diplomatischen Immunität und Extraterritorialität kraft Völkergewohnheitsrechts als allgemeine Regeln des Völkerrechts anerkannt, welche gemäß Art. 25 GG unmittelbar als Bundesrecht mit Vorrang vor einfachem Gesetzesrecht gelten.[129]

75 Die Immunität wird dem Diplomaten nicht als persönliches Privileg, sondern um der **Funktionsfähigkeit** der diplomatischen Mission willen gewährt (Funktionstheorie).[130] Der Entsendestaat kann infolgedessen durch ausdrückliche Erklärung gegenüber dem Gericht oder der Regierung des Empfangsstaates wirksam auf die Immunität seines Diplomaten auch gegen dessen Willen verzichten. Geschieht dies nicht, so erstreckt sich der Schutz

- auf die Räumlichkeiten der Mission (Botschaft, Gesandtschaft),
- auf die Akten, Archive und Schriftstücke der Mission,
- auf den ungehinderten telefonischen und elektronischen Nachrichtenverkehr mit dem Entsendestaat,
- auf das unkontrollierte Passieren des Kuriergepäcks.

---

[124] *BVerfGE* 20, 351 (357). Aus diesem Grunde muß – in den Grenzen der Verhältnismäßigkeit – der Eigentümer eines als Haustier gehaltenen, entlaufenen Reptils gegebenenfalls dessen Tötung hinnehmen.

[125] *BVerwG* DVBl. 1986, 360 mit Anm. von *Schenke. Ossenbühl,* Eigensicherung und hoheitliche Gefahrenabwehr. Rechtsgutachten zum 9. Änderungsgesetz des Luftverkehrsgesetzes, 1981.

[126] Zur Pflicht, einen bewaffneten Werkschutz im Kernkraftwerk einzurichten: *BVerwGE* 81, 185.

[127] Ausländische Staatsangehörige und Staatenlose fallen gleichermaßen unter den „Ausländer"-Begriff des § 1 II AuslG.

[128] Vom 18. 4. 1961 (BGBl. 1964 II S. 957 ff.), bzw. vom 24. 4. 1963 (BGBl. 1969 II S. 1585 ff.).

[129] Statt vieler: *Geiger,* Grundgesetz und Völkerrecht, 2. Aufl. 1994, S. 26 ff.; *Schweitzer,* Staatsrecht III, 7. Aufl. 2000, Rdn. 470 ff.; 610 f.; *Ipsen,* Völkerrecht, 4. Aufl. 1999, § 35 Rdn. 34.

[130] *Dahm/Delbrück/Wolfrum,* Völkerrecht I/1, 2. Aufl. 1989, S. 284 (§ 36 II).

Die Polizei darf also weder in präventiver noch in repressiver (strafverfolgender) Absicht das Gelände oder die Gebäude ohne Zustimmung des Missionsschefs betreten noch dort Durchsuchungen, Beschlagnahmen oder andere hoheitliche Maßnahmen durchführen. Der ein- und ausgehende Fernmeldeverkehr der Botschaft darf nicht überwacht werden (vgl. § 100 a StPO); der Einsatz technischer Mittel zum Abhören oder Aufzeichnen der Gespräche in der Botschaft (vgl. etwa §§ 8 c ME, 15 HSOG) ist unzulässig. Zwar ist das Grundstück der diplomatischen Mission nicht im strengen Sinne extraterritorial, das heißt es bleibt Teil des Staatsgebietes des Empfangsstaates, doch darf dieser auf ihm keine Hoheitsakte setzen. Die geschützten Personen sind nicht nur von der inländischen Straf-, Zivil- und Verwaltungsgerichtsbarkeit in weitem Umfang befreit, sondern auch immun gegen jeglichen polizeilichen Zwang. Grundsätzlich dürfen auch keine Polizeiverfügungen gegen sie getroffen werden;[131] doch gilt dies nicht für die allgemeine Teilnahme am Straßenverkehr. Auch der Wagen des Botschafters muß im alltäglichen Verkehr bei Rot an der Kreuzung halten. Überhaupt ist der privilegierte Personenkreis nicht von der Pflicht zur **Beachtung der inländischen Rechtsordnung** entbunden, besonders soweit sie dem Schutz der öffentlichen Sicherheit dient, also etwa der Normen des Strafrechts, des Umweltrechts, des Verkehrsrechts. Ihre Einhaltung kann allerdings nicht hoheitlich durchgesetzt werden. 76

Ausnahmsweise ist jedoch auch die **Anwendung polizeilichen Zwanges** gegen Diplomaten oder Angehörige des konsularischen Dienstes erlaubt, nämlich dann, wenn eine **Notwehr- oder Notstandssituation** vorliegt.[132] Greift zum Beispiel ein Botschaftsangehöriger außerhalb der Mission andere Personen mit Waffengewalt an oder mißachtet er bei einer Trunkenheitsfahrt gröblich alle Verkehrsregeln, so darf die Polizei die unbedingt notwendigen Abwehrmaßnahmen ergreifen. Entsprechendes gilt für Fälle der Zustandsverantwortlichkeit: Bedeutet ein Brand im Botschaftsgebäude Gefahr für die Nachbarschaft, so darf die Feuerwehr, (sofern sie nicht ohnehin vom Hausherrn zu Hilfe gerufen wird), jedenfalls das Nötige zum Schutze der Nachbargebäude tun. Bei einer akuten Seuchengefahr, deren Ursprung aufgrund hinreichender tatsächlicher Anhaltspunkte in einer diplomatischen Mission vermutet werden muß, dürften auch entsprechende Gesundheitskontrollen und Beschränkungen der Freizügigkeit gegenüber den mutmaßlichen Krankheitsträgern zulässig sein (vgl. §§ 31, 34 BSeuchG). 77

Die aufgrund des Nordatlantikvertrages vom 4. 4. 1949 in der Bundesrepublik **stationierten ausländischen Truppen,** ihre Angehörigen und ihr „ziviles Gefolge" haben grundsätzlich „die Pflicht, das Recht des Aufnahmestaates zu achten", (Art. II NATO-Truppenstatut vom 19. 6. 1951, BGBl. 1961 II S. 1190). Dementsprechend unterliegen sie in materiellrechtlicher Hinsicht dem deutschen Polizeirecht, soweit nicht Ausnahmen eingreifen. Doch ist die Strafgerichtsbarkeit über diese Personen zwischen den (Militär-) Behörden des Entsendestaates und den deutschen Gerichten geteilt (Art. VII NATO-Truppenstatut) und auch für die Ausübung der deutschen Polizeigewalt ergeben sich Einschränkungen, vor allem in räumlicher Hinsicht: Ordnungsmäßig aufgestellte militärische Einheiten oder Verbände einer Truppe üben (durch eigene Militärpolizei) die Polizeigewalt „in allen Lagern, Anwesen oder anderen Liegenschaften (aus), die sie auf Grund einer Vereinbarung mit dem Aufnahmestaat innehaben" (Art. VII Abs. 10 a NATO-Truppenstatut). Nach Art. 53 I des Zusatzabkommens zum Truppenstatut vom 3. 8. 1959 (BGBl. 1961 II S. 1218), zuletzt geändert am 18. 3. 1993 (BGBl. 1994 II S. 2594, 2598, in Kraft am 29. 3. 1998, BGBl. II S. 1691) gilt für die Benutzung der Liegenschaften „das deutsche Recht, soweit in diesem Abkommen und in anderen internationalen Übereinkünften nicht etwas anderes vorgesehen ist und sofern nicht die Organisation, die interne Funktionsweise und die Führung der Truppe und ihres zivilen Gefolges, ihrer Mitglieder und deren Angehöriger sowie andere interne Angelegenheiten, die keine vorhersehbaren 78

[131] *Dahm/Delbrück/Wolfrum* (Fußn. 130), S. 280.
[132] Vgl. *Dahm/Delbrück/Wolfrum* (Fußn. 130), S. 274.

Auswirkungen auf die Rechte Dritter oder auf umliegende Gemeinden und die Öffentlichkeit im allgemeinen haben, betroffen sind". Ebenso gelten auch die deutschen Vorschriften und Verfahren zur Verhütung und Bekämpfung übertragbarer Krankheiten bei Menschen, Tieren und Pflanzen sowie zur Verhütung und Bekämpfung von Pflanzenschädlingen. Auf den der Truppe zur Benutzung überlassenen Grundstücken können jedoch die einschlägigen ausländischen Vorschriften Anwendung finden, wenn „die öffentliche Gesundheit oder (der) Pflanzenbau" dadurch nicht gefährdet werden (Art. 54 I ZA-NTS). Die grundsätzliche Geltung der deutschen Verkehrsvorschriften für die ausländische Truppe, ein ziviles Gefolge, ihre Mitglieder und für Angehörige, vorbehaltlich der im Zusatz-Abkommen geregelten Ausnahmen, wird in Art. 57 III ZA-NTS ausdrücklich statuiert. Art. 28 II ZA-NTS sieht außerdem ein Zusammenwirken von ausländischer Militärpolizei und deutschen Gefahrenabwehrbehörden vor, wenn die „öffentliche Ordnung und Sicherheit" (in dieser Reihenfolge!) durch einen Zwischenfall unter Beteiligung stationierter ausländischer Soldaten (oder deren Gefolge oder Angehörige) gefährdet oder gestört wird.

79 **bb) Parlamentarische Immunität und Zeugnisverweigerungsrecht des Abgeordneten.** Ähnlich wie die diplomatische dient auch die **parlamentarische Immunität** der **Abgeordneten des Bundestages** (Art. 46 II, III, IV GG) und der **Landtage** (z. B. Art. 28 BayVerf, Art. 96 HessVerf, Art. 48 NWVerf, Art. 82 SaarlVerf, Art. 55 SächsVerf) nicht primär dem Schutz der Person, sondern der Funktionsfähigkeit der Institution. „Das Immunitätsrecht bezweckt, die Funktionsfähigkeit und das Ansehen des Bundestages sicherzustellen. Die Entscheidung über die Aufrechterhaltung oder Aufhebung der Immunität ist eine politische Entscheidung und darf ihrem Wesen nach kein Eingriff in ein schwebendes Verfahren sein, bei dem es um die Feststellung von Recht oder Unrecht, Schuld oder Nichtschuld geht. Der Kern der erwähnten politischen Entscheidung beruht auf einer Interessenabwägung zwischen den Belangen des Parlaments und den Belangen der anderen hoheitlichen Gewalten. Es darf somit nicht in eine Beweiswürdigung hinsichtlich der Erfüllung eines Unrechttatbestandes eingetreten werden." Diesem Schutzzweck entspricht es, daß der Abgeordnete selbst nicht wirksam auf die Immunität verzichten, auch keinen Antrag auf Aufhebung derselben stellen kann und im Bundestag „das Wort zur Sache nicht erhalten" soll.[133] Der Schutz des Art. 46 II GG umfaßt alle polizeilichen, staatsanwaltlichen und gerichtlichen (Ermittlungs-)Maßnahmen zur **Strafverfolgung,** wobei der Terminus „mit Strafe bedrohte Handlung" weit auszulegen ist, also nicht nur Kriminaldelikte (Verbrechen und Vergehen), sondern hier auch Ordnungswidrigkeiten, disziplinarisch zu ahndende Dienstvergehen[134] und Standesdelikte einbezieht.[135] Nicht in den Schutzbereich fällt die gebührenpflichtige Verwarnung wegen einer geringfügigen Ordnungswidrigkeit (vgl. §§ 56 ff. OWiG, 27 StVG).

80 Hingegen bedarf die Vollstreckung von freiheitsentziehenden **Beugemaßnahmen** (z. B. Ordnungshaft wegen Ausbleibens als Zeuge gem. §§ 51 StPO, 380 ZPO [s. aber auch § 382 ZPO] oder wegen grundloser Zeugnisverweigerung gem. §§ 70 StPO, 390 ZPO) der Genehmigung des Bundestages, Art. 46 III GG.[136] Diese Vorschrift des Grundgesetzes und die ihr entsprechenden Bestimmungen der Landesverfassungen machen

---

133 Anlage 6 zur GOBT („Grundsätze in Immunitätsangelegenheiten und in Fällen der Genehmigung gemäß § 50 Abs. 3 StPO und § 382 Abs. 3 ZPO ..."), A. Nr. 4 Abs. 2 und A. Nr. 3. Gem. § 107 II GOBT werden diese Grundsätze jeweils zu Beginn einer Wahlperiode vom Ausschuß für Wahlprüfung, Immunität und Geschäftsordnung des Bundestages beschlossen. Die Praxis der Landtage ist unterschiedlich. Sie folgt den am 24. 6. 1963 von der Konferenz der Präsidenten der Parlamente der Deutschen Länder als „Grundsätze in Immunitätsangelegenheiten" beschlossenen Empfehlungen. Bedenken gegen die generelle Vorabgenehmigung von strafrechtlichen Ermittlungsverfahren, aber im Ergebnis doch zustimmend: *H. H. Klein,* in: Schneider/Zeh, Parlamentsrecht und Parlamentspraxis, 1989, S. 555 ff., Rdn. 53.

134 A. A. *BVerwG* DÖV 1985, 878. Krit. dazu *Klein* (Fußn. 133), Rdn. 42.

135 *H. P. Schneider,* in: AK-GG, 2. Aufl., Art. 46, Rdn. 12.

136 So auch A. Nr. 14 c) und d) der Grundsätze (Fußn. 133).

„jede andere Beschränkung der persönlichen Freiheit eines Abgeordneten" von der Aufhebung der Immunität abhängig. Außer den Freiheits**entziehungen,** wie Ordnungshaft, Erzwingungshaft, persönlicher Arrest, fallen hierunter auch bloße Freiheits**beschränkungen** wie Aufenthaltsbeschränkungen, Platzverweis, vorübergehendes Festhalten, körperliche Durch- und Untersuchungen. Dagegen bleiben **präventivpolizeiliche** Durchsuchungen der Sachen, der Wohnung oder des Büros des Abgeordneten und Beschlagnahmen hiernach genehmigungsfrei. Doch ist insoweit das besondere Zeugnisverweigerungsrecht des Art. 47 Satz 1 GG zu beachten; soweit es reicht, ist eine Beschlagnahme von Schriftstücken unzulässig, Art. 47 Satz 2 GG. Ergänzend sichert die eigenständige Polizeigewalt des Bundestags- (bzw. Landtags-)Präsidenten das Parlament als solches in seiner räumlichen Integrität gegenüber extern verfügten Durchsuchungen und Beschlagnahmen, Art. 40 II GG (bzw. z. B. Art. 97 II HessVerf, Art. 29 II BayVerf).

Die Praxis des Deutschen Bundestages **genehmigt** durch einen jeweils zu Beginn einer **81** Wahlperiode gefaßten Beschluß **generell** die Durchführung von Ermittlungsverfahren gegen ein Parlamentsmitglied, es sei denn, daß es sich um Beleidigungen (§§ 185, 186, 188 I StGB) politischen Charakters handelt (vgl. Anlage 6 zur GOBT, A. Nr. 5 und den Beschlußtext der Anlage 6 zur GOBT, Nr. 1). Diese Vorabgenehmigung umfaßt jedoch nicht die Erhebung der öffentlichen Klage wegen einer Straftat oder den Antrag auf Erlaß eines Strafbefehls oder einer Strafverfügung, sie deckt auch nicht freiheitsentziehende oder -beschränkende Maßnahmen im Ermittlungsverfahren (vgl. Anlage 6 zur GOBT, A. Nr. 2a und b und den Beschlußtext der Anlage 6 zur GOBT, Nr. 3 und 7. Bei **Verkehrsdelikten** soll die Immunität grundsätzlich aufgehoben werden. Zur Verfahrensvereinfachung trifft der Ausschuß für Wahlprüfung, Immunität und Geschäftsordnung hierüber eine **„Vorentscheidung"**, die dem Bundestag durch den Präsidenten schriftlich mitgeteilt wird, ohne auf die Tagesordnung zu kommen. Erfolgt binnen sieben Tagen kein Widerspruch seitens der Mitglieder des Bundestages, so gilt die Vorentscheidung des Ausschusses als Entscheidung „des Bundestages". Ähnlich wird bei Anträgen verfahren, die nach Auffassung des Ausschusses eine **Bagatellsache** zum Gegenstand haben (vgl. Anlage 6 zur GOBT, A. Nr. 11, 12, 13 und den Beschlußtext der Anlage 6 zur GOBT, Nr. 3 und 7). Diese Handhabung der Immunitätsangelegenheiten bestätigt, daß die Bedeutung dieses Rechtsinstituts sich im Vergleich zur Epoche der konstitutionellen Monarchie grundlegend gewandelt hat. Der Abgeordnete des demokratischen Parlaments ist dem Recht unterworfen wie jeder andere Bürger auch; soweit er besonderen Schutz genießt, gilt dieser dem Ansehen und der Funktionsfähigkeit der repräsentativen Körperschaft.

Schutzmaßnahmen nach dem **Bundes-Seuchengesetz** (§§ 34ff.) unterliegen nicht **82** den Schranken des Immunitätsrechtes, gleichgültig, ob sie zum Schutze des Abgeordneten oder zum Schutze Dritter gegen ihn notwendig werden. Doch sind die zuständigen Behörden verpflichtet, den Präsidenten des Bundestages unverzüglich über die getroffenen Maßnahmen zu unterrichten. Der Ausschuß für Wahlprüfung, Immunität und Geschäftsordnung kann die seuchenrechtliche Notwendigkeit der Maßnahmen überprüfen und gegebenenfalls ihre Aussetzung verlangen (vgl. Anlage 6 zur GOBT, A. Nr. 15).

cc) Polizeipflicht von Hoheitsträgern? Je mehr die öffentliche Verwaltung (des Staa- **83** tes, der Gemeinden und Gemeindeverbände sowie anderer öffentlich-rechtlicher Körperschaften) nicht nur „genehmigt" und überwacht, sondern selbst planend, gestaltend und ausführend, mithin verändernd und leistend in die Wirklichkeit eingreift, desto häufiger und intensiver kann sie dabei zum Urheber von Gefahren oder Störungen der öffentlichen Sicherheit werden. Das beginnt ganz trivial mit der Teilnahme am öffentlichen Straßenverkehr und reicht bis zur Planung und Durchführung baulicher Vorhaben des Bundes für Verteidigungszwecke (vgl. § 37 BauGB) oder der früheren Deutschen Bundesbahn zur Modernisierung ihres Streckennetzes (vgl. die inzwischen aufgehobenen

§§ 36ff. BundesbahnG i.V. m. 38 BauGB). Solche Privilegierungen bestehen im Rahmen des § 38 BauGB auch heute noch etwa für den Flughafenbau (§§ 6ff. LuftVG), die Errichtung von Abfalldeponien (§§ 31ff. KrW-/AbfG) und den Bau von Schienenwegen (§§ 18ff. AEG). Die Beispiele deuten an, daß das Problem zugleich die immer sensible Frage der Kompetenzabgrenzung zwischen Bund und Ländern berührt.[137]

84 Zunächst sind zwei Fragen deutlich auseinanderzuhalten:

- Sind Hoheitsträger des Bundes, eines Landes oder einer anderen öffentlich-rechtlichen Körperschaft bei ihren Amtshandlungen **materiellrechtlich** an die Normen des Polizeirechts **gebunden?** Haben sie also jegliche Gefährdung (oder gar Störung) der öffentlichen Sicherheit zu unterlassen?
- Dürfen die Gefahrenabwehrbehörden (Ordnungsbehörden, Polizeibehörden) mit hoheitlichen Mitteln, äußerstenfalls sogar unter **Anwendung von Verwaltungszwang** gegen die anderen, zum „Störer" gewordenen Behörden und Amtsträger vorgehen?

Die erste Frage ist grundsätzlich mit JA, die zweite grundsätzlich mit NEIN zu beantworten.

85 Die prinzipielle Bindung aller Amtswalter und Hoheitsträger an die materiellen Normen des Polizeirechts, zum Beispiel die Sorge für den polizeigemäßen, das heißt ungefährlichen Zustand der dem Amtsträger jeweils zugeordneten Sachen, folgt aus dem verfassungsrechtlichen Grundsatz der **Gesetzmäßigkeit der Verwaltung,** Art. 20 III GG. Dieser verlangt nicht nur die Beachtung der speziell die jeweilige Amtshandlung rechtfertigenden Rechtsnormen, sondern, als „materielle Gesetzmäßigkeit im negativen Sinne"[138] auch die Respektierung fremder Kompetenzen, Befugnisse und Rechtsgüter, ferner der diese schützenden „allgemeinen Gesetze" (zum Beispiel des Strafrechts oder des Polizeirechts).[139] Diese Dimension der Gesetzmäßigkeit der Verwaltung ist nichts anderes als die objektivrechtliche Seite der den Amtswalter persönlich treffenden Amtspflicht, Rechtsverletzungen aller Art, zum Beispiel „unerlaubte Handlungen" im Sinne des BGB zu unterlassen. Die schuldhafte Verletzung dieser Amtspflicht begründet einen Ersatzanspruch des Verletzten aus „Amtshaftung" (§ 839 BGB i.V. m. Art. 34 GG). **Spezielle Ausnahmeregelungen** bestätigen den Grundsatz: § 35 I StVO befreit die Bundeswehr, den Bundesgrenzschutz, die Feuerwehr, den Katastrophenschutz, die Polizei und den Zolldienst von der generell geforderten Beachtung der Vorschriften der StVO nur, „soweit das zur Erfüllung hoheitlicher Aufgaben dringend geboten ist". Und eines der zentralen Gefahrenabwehrgesetze, das Bundes-Immissionsschutzgesetz, gilt grundsätzlich für „Anlagen" (vgl. § 3 V BImSchG) aller Art ohne Rücksicht auf den Betreiber oder Eigentümer, also auch für **„hoheitliche Anlagen".**[140] Nur der Vollzug des Gesetzes kann beispielsweise bei Anlagen, die der Landesverteidigung dienen, Bundesbehörden an Stelle der an sich zuständigen Landesbehörden übertragen werden, § 59 BImSchG. § 35 I StVO bringt auch den Gesichtspunkt zum Ausdruck, der für die Lösung von Kollisionen einander widerstreitender öffentlicher Interessen – Gefahrenabwehr hier, möglichst unbeschränkter Betrieb (von Flughäfen oder der Bundeswehr) dort – maßgeblich sein muß: es muß ein verhältnismäßiger Ausgleich gefunden werden, der einerseits den Funktionsnotwendigkeiten der „Fachverwaltung", andererseits dem polizeilichen Interesse, zum Beispiel an der Eindämmung oder zeitweise völligen Beseitigung des Fluglärms gerecht wird (beispielsweise durch ein Nachtflugverbot, durch Begrenzung der Tiefflüge usw.). Der von Immissionen Betroffene wird, sofern er nicht verschont werden kann, die Möglichkeit einer Entschädigung prüfen wollen: „Dulde und liquidiere!"

---

[137] Grundlegend bezüglich aller planenden Verwaltung: *Brohm,* Landeshoheit und Bundesverwaltung, 1968.

[138] So *Wolff/Bachof,* Verwaltungsrecht I, 9. Aufl. 1974, § 30 II a 3, *Wolff/Bachof/Stober,* Verwaltungsrecht I, § 30 Rdn. 5.

[139] In diesem Sinne auch *BVerwG* NVwZ 1983, 474.

[140] *Jarass,* BImSchG, § 2 Rdn. 13; s. aber auch § 60 Rdn. 1 (Ausnahmen für Anlagen der Landesverteidigung).

Unabhängig hiervon ist die Frage des Erlasses und der **Durchsetzung einer Gefahrenabwehrmaßnahme** gegen einen Hoheitsträger zu beantworten. Hier gilt der Satz, daß „eine Hoheitsverwaltung nicht mit Anordnungen oder gar mit Zwang in die hoheitliche Tätigkeit einer anderen Hoheitsverwaltung, sei es derselben, sei es einer anderen Körperschaft, eingreifen darf". Dieser schon auf die Rechtsprechung des Preußischen Oberverwaltungsgerichts zurückführbare Grundsatz schließt jedoch „nur Übergriffe und Eingriffe in die der anderen Hoheitsverwaltung zustehende Tätigkeit" aus, „nicht aber Einwirkungen, welche ihre Tätigkeit unberührt lassen".[141] Deshalb war die Unterstellung eines der Bundeswehr als Munitionslager dienenden, ihr gehörenden Waldgrundstückes unter die Forstpolizeihoheit des Landes Baden-Württemberg rechtens und kein unzulässiger Eingriff in die Tätigkeit der Bundeswehr.[142] Andererseits konnte früher die nächtliche Ruhestörung durch Verladearbeiten der Paket-Post oder durch Gleisbauarbeiten der Bundesbahn nicht einfach polizeilich untersagt werden. (Heute gelten hier grundsätzlich die Vorschriften des BImSchG.) In derartigen Fällen muß die Polizei bei der zuständigen Behörde, nötigenfalls bei deren Aufsichtsbehörde, die Beseitigung der Störung anregen. Nur bei äußerster Dringlichkeit, bei unmittelbar bevorstehender oder gegenwärtiger Gefahr für hochrangige Rechtsgüter (Leib oder Leben von Menschen, bedeutende Sachwerte) ist die Polizei zu vorläufig sichernden und schützenden Maßnahmen befugt. 86

dd) Juristische Personen des Privatrechts als polizeilich Verantwortliche. Adressaten einer polizeilichen Maßnahme (Polizeiverfügung) können **natürliche und juristische Personen** sein. Dabei setzt die Verantwortlichkeit für eigenes Verhalten nur die „Verhaltensfähigkeit" einer natürlichen Person voraus, auf Geschäfts- oder Deliktsfähigkeit kommt es nicht an. Die Verantwortlichkeit für den Zustand einer Sache wird hingegen um so häufiger eine juristische Person treffen, je öfter eine Gefahr von einer Immobilie oder einer technischen (Groß-)Anlage ausgeht, die schon wegen ihres Vermögenswertes regelmäßig im Eigentum einer Kapitalgesellschaft, vielleicht auch einer Personengesellschaft stehen wird. Aber nicht nur juristische Personen wie die Aktiengesellschaft, die Gesellschaft mit beschränkter Haftung oder der eingetragene Verein, sondern auch „teilrechtsfähige" Vereinigungen wie die Offene Handelsgesellschaft, die Kommanditgesellschaft oder der „nichtrechtsfähige" Verein können polizeilich verantwortlich gemacht werden. Freilich muß ein Mindestmaß an Organisationsstruktur vorhanden sein, das die Bestimmung der verbindlich handelnden Personen (Vorstandsmitglieder, geschäftsführende Mitglieder) erlaubt. Solche Vereinigungen sind gemäß § 11 Nr. 2 VwVfG auch generell im Verwaltungsverfahren beteiligungsfähig; speziell für das Gaststättenrecht sieht § 2 I 2 GaststG ausdrücklich vor, daß die **Gaststättenerlaubnis** auch nichtrechtsfähigen Vereinen erteilt werden kann. 87

d) Verhaltensverantwortlichkeit und Zusatzverantwortlichkeit

Die Polizeipflicht entsteht zunächst für den, der durch **eigenes** Verhalten eine Gefahr verursacht. Doch wird unter bestimmten Voraussetzungen eine polizeiliche Verantwortlichkeit auch für **fremdes Verhalten** begründet; sie tritt **zusätzlich** neben die Verantwortlichkeit der verursachenden Person. Die Polizeigesetze unterscheiden zwei Gruppen der Verantwortlichkeit für fremdes Verhalten, in beiden sind die verursachenden Personen von anderen in besonderer Weise abhängig. Im ersten Fall geht es um die Verantwortlichkeit der **Aufsichtspflichtigen** bzw. **Sorgeberechtigten** für das Verhalten des ihnen anvertrauten Kindes (Minderjährige, unterhalb einer bestimmten Altersgrenze), Betreuten oder unter Vormundschaft Gestellten. 88

---

141 *BVerwGE* 29, 52 (59) m. w. Nachw.

142 Aus ähnlichen Erwägungen, aber auch, weil sie sich zumindest als Grundstückseigentümer nicht von einem beliebigen Dritten unterscheide, nimmt *Dombert* BB 1992, 1579 (1583), eine Zulässigkeit von Polizeiverfügungen gegen die frühere Treuhandanstalt an.

– Altersgrenze 14 Jahre: § 17 II 1 BGSG, Art. 7 II 1 BayPAG, §§ 13 II 1 ASOG Bln, 5 II BbgPolG, 16 II 1 OBG Bbg, 5 II BremPolG, 8 II 1 HbgSOG, 6 II 1 HSOG, 69 II 1 SOG MV, 6 II 1 NGefAG, 4 II 1 PolG NW, 17 II 1 OBG NW, 4 II POG RP, 4 II 1 SPolG, 4 II 1 SächsPolG, 7 II 1 SOG LSA, 218 II 1 LVwG SH, 7 II ThürPAG, 10 II Thür OBG;
– Altersgrenze 16 Jahre: § 6 II 1 PolG BW.

89 Die zweite Fallgruppe betrifft den **Geschäftsherrn,** der das Verhalten des von ihm bestellten Verrichtungsgehilfen zu verantworten hat. Diese Regelung begründet vor allem die Haftung des Arbeitgebers für das Verhalten der von ihm abhängigen Arbeitnehmer. Die Zusatzverantwortlichkeit bedeutet keine Abkehr von dem Grundsatz, daß es auf die persönlichen Verhältnisse des Störers, insbesondere auf seine Geschäfts- oder Deliktsfähigkeit nicht ankommt (vgl. Rdn. 61). Das ergibt sich schon daraus, daß die primäre Verantwortlichkeit des Kindes, des Entmündigten usw. bestehen bleibt. Der leitende Gedanke ist vielmehr der der möglichst erfolgreichen Gefahrenverhinderung oder -beseitigung. Wer am wirkungsvollsten und von Rechts wegen dazu berufen auf das Verhalten der von ihm Abhängigen Einfluß nehmen kann, der soll auch polizeilich in die Pflicht genommen werden können.

90 **Wer aufsichtspflichtig ist,** ergibt sich aus den Bestimmungen des bürgerlichen Rechts. Für eheliche wie für nichteheliche Kinder folgen Recht und Pflicht der Aufsichtsführung aus dem Recht der Personensorge. Bei ehelichen Kindern steht diese dem Vater und der Mutter zu (§§ 1626 I, 1631 I BGB), bei nicht verheirateten Eltern der Mutter (§ 1626 a II), unter Umständen auch Vater und Mutter (§ 1626 a I). Für den Betreuten haftet der Betreuer (§§ 1896, 1901 BGB). Fällt die elterliche Sorge aus, so tritt die Personensorge des Vormundes für das minderjährige Mündel an ihre Stelle (§§ 1773, 1793 BGB). Aufsichtspflichtig sind aber nicht nur die Personensorgeberechtigten, sondern gegebenenfalls auch andere Aufsichtspersonen wie Lehrer(innen) (insbesondere bei Internatserziehung), Anstaltsleiter(innen), Krankenpfleger(innen) oder Erzieher(innen), denen das Kind unter vierzehn Jahren zur Obhut anvertraut wurde. Eine Entlastungsmöglichkeit der Aufsichtsperson wie im Deliktsrecht (§ 832 I BGB) kennt das Polizeirecht nicht – auch dies ein Ausdruck des erwähnten Grundsatzes (vgl. Rdn. 61).

91 Entsprechendes gilt für die zusätzliche polizeiliche Verantwortlichkeit des **Geschäftsherrn.** Auch ihm ist die Exkulpationsmöglichkeit (§ 831 I 2 BGB) versagt.

§§ 17 III BGSG, 6 III PolG BW, Art. 7 III BayPAG, §§ 13 III ASOG Bln, 5 III BbgPolG, 16 III OBG Bbg, 5 III BremPolG, 8 III HbgSOG, 6 III HSOG, 69 III SOG MV, 6 III NGefAG, 4 III PolG NW, 18 III OBG NW, 4 III POG RP, 4 III SPolG, 4 III Sächs PolG, 7 III SOG LSA, 218 III LVwG SH, 7 III ThürPAG, 10 III ThürOBG.

Doch muß zwischen dem „Geschäftsherrn" und dem Gehilfen, der bürgerlichrechtlich sowohl Erfüllungsgehilfe (§ 278 BGB) wie auch Verrichtungsgehilfe (§ 831 BGB) sein kann, ein durch Leitungs- und Weisungsbefugnis gekennzeichnetes Abhängigkeitsverhältnis bestehen. Der Gehilfe muß die Gefahr „in Ausführung der Verrichtung" – also nicht etwa nur „bei Gelegenheit derselben" – verursacht haben. „In Ausführung der Verrichtung" handelt der Gehilfe nach der Rechtsprechung auch dann (noch), wenn er auftragswidrig dem geäußerten oder mutmaßlichen Willen des Geschäftsherrn und seinen wohlverstandenen Interessen zuwider handelt. So wurden die mit der Müllbeseitigung beauftragten Arbeiter, die auftragswidrig die Behälter mit teerhaltiger Flüssigkeit in einen Grundwassersee kippten und dadurch das Wasser verseuchten, als Verrichtungsgehilfen der Firmeninhaberin angesehen. Ihr entgegenstehender Wille sei unbeachtlich.[143] Das die Zusatzhaftung begründende Abhängigkeitsverhältnis entfällt jedoch, wenn der Gehilfe einer klaren und speziellen Weisung zur Ausführung des Auftrags zuwiderhandelt und dadurch eine Gefahr verursacht.

143 *OVG Münster* DVBl. 1973, 924 (927 f.).

e) Verantwortlichkeit für Tier- und Sachgefahren („Zustandshaftung")

Für die Abwehr von Gefahren, die von einer Sache oder einem Tier ausgehen, ist in erster Linie der **Inhaber der tatsächlichen Gewalt** verantwortlich. Diesen Grundsatz haben inzwischen die meisten Polizeigesetze der Länder nach dem Vorbild des Musterentwurfs aufgenommen.; 92

§§ 5 I ME, 18 I 1 BGSG, Art. 8 I, II 1 BayPAG, §§ 14 I, III 1 ASOG Bln, 6 I 1, II 1 BbgPolG, 6 I, II 1 BremPolG, 7 I 1, II 1 HSOG, 7 I 1, II 1 NGefAG, 5 I 1, II 1 PolG NW, 5 I 1, II 1 POG RP, 5 I, II 1 SPolG, 8 I 1, II 1 SOG LSA, 8 I, II 1 ThürPAG, 11 I, II 1 ThürOBG stellen in erster Linie auf den Inhaber der tatsächlichen Gewalt ab; § 5 SächsPolG nennt diesen und den Eigentümer ohne Wertung alternativ, während §§ 7 PolG BW, 17 I, II 1 OBG Bbg, 9 I 1, 3 HbgSOG, 70 I, II 1 SOG MV, 18 I 1, II 1 OBG NW, 219 I, II LVwG SH vorrangig den Eigentümer und wahlweise den Inhaber der tatsächlichen Gewalt nennen.

Der Eigentümer oder ein anderer Berechtigter werden zusätzlich als mögliche Adressaten polizeilicher Maßnahmen genannt. Ältere Polizeigesetze nennen wahlweise den Eigentümer oder den Inhaber der tatsächlichen Gewalt. Die neuere Fassung dieser früher so genannten „Zustandshaftung" für Sachen bringt zum Ausdruck, daß insbesondere die zu raschem Handeln aufgerufene Vollzugspolizei in ihrer Arbeit nicht durch unter Umständen langwierige und schwierige Feststellungen zu den Eigentumsverhältnissen behindert werden soll. Allerdings darf auch von dem Inhaber der Sachgewalt nichts (tatsächlich oder) rechtlich Unmögliches verlangt werden; deshalb ist die Ermittlung des Eigentümers oder eines anderen Berechtigten manchmal doch unumgänglich. 93

Tiere sind nach neuerer Rechtsauffassung keine Sachen, sondern Mitgeschöpfe (vgl. §§ 1 TierSchG, 90a BGB). Doch werden sie polizeirechtlich wie Sachen behandelt. Auch im übrigen ist der **Sachbegriff** weit zu fassen. Sachgesamtheiten wie Warenlager, Herden oder betriebliche Anlagen fallen ebenso unter den Begriff wie Gase oder Flüssigkeiten. Besonderheiten sind hinsichtlich des **Grundwassers** zu beachten. Da nach den Bestimmungen des Wasserhaushalts-Gesetzes (§§ 2 i.V. m. 1 I Nr. 2 und 1 a III Nr. 1 WHG) das Grundeigentum nicht zu irgendwelchen Eingriffen in das Grundwasser oder auch nur zur Benutzung desselben berechtigt,[144] der Grundeigentümer also keinerlei rechtliche Befugnis besitzt, auf das Grundwasser einzuwirken, kann ihn die Zustandsverantwortlichkeit für eine Grundwasserverunreinigung nur treffen, wenn die Kontamination von seinem Grundstück ausging.[145] Unabhängig davon ist die Verhaltensverantwortlichkeit zu prüfen. Zustandsstörer kann als Gewässereigentümer aber der Bund sein, soweit er ungeachtet der Landeszuständigkeit für die Wasserwirtschaft polizeipflichtig ist.[146] 94

Der gebräuchliche Begriff der „Zustandsverantwortlichkeit" (Zustandshaftung) bringt zweierlei nicht deutlich genug zum Ausdruck: 95

- daß nicht nur der Zustand der Sache als solcher, das heißt ihre Beschaffenheit (zum Beispiel als typhusinfizierter Endiviensalat) die Ursache der Gefahr bilden kann, sondern auch ihr Verhältnis zu anderen Sachen, insbesondere **ihre Lage im Raum**,
- daß die Sache selbst **unmittelbar** gefährlich sein muß.

Im erstgenannten Sinne ist die Ladung, die ein Lkw auf der Autobahn verliert, gefährlich, auch wenn von der Qualität des Ladegutes selbst, von seiner verkehrshindernden Lage abgesehen, keinerlei Gefahr ausgeht. Dem zweiten Gesichtspunkt tragen die neueren Gesetze Rechnung, indem sie nicht mehr normieren: „Für den ordnungsgemäßen Zustand einer Sache ist deren Eigentümner verantwortlich",[147] sondern die Formulie- 96

[144] Vgl. auch *BVerfGE* 58, 300 (337).

[145] *VGH Mannheim* NVwZ-RR 1994, 565 (565 f.); vgl. ferner *OVG Schleswig* NVwZ-RR 1994, 75 (77).

[146] S. *VGH Kassel* NVwZ-RR 1992, 624 (625 f.).

[147] So noch früher § 25 I PVG RhPf v. 26. 3. 1954 (GVBl. S. 31, 54) in Anlehnung an § 20 PrPVG. S. aber nunmehr § 5 I, II POG RP.

rung: „Geht von einem Tier oder einer Sache eine Gefahr aus, . . ." gebrauchen. Die **Gefahrenquelle** muß demnach ihren **Sitz in der Sache selbst** haben. Daran fehlt es beispielsweise, wenn unbefugte Dritte die Sache mißbrauchen, sei es durch aktives Einwirken auf die Sache oder (unbefugten) Gebrauch, sei es, daß sie sich (unbefugt) einer Gefährdung durch die Sache aussetzen. So haftet der Kfz.-Halter (Eigentümer, Mieter usw.) nicht für den Unfall, den der Dieb mit dem gestohlenen Fahrzeug verursacht, es sei denn, der Halter hat die notwendigen und vorgeschriebenen Sicherungen gegen Diebstahl unterlassen (vgl. Rdn. 73, § 14 II 2 StVO). Ebensowenig haftet der Eigentümer eines baufälligen, aber gegen unbefugtes Betreten ausreichend gesicherten Hauses, wenn Eindringlinge durch herabstürzende Bauteile zu Schaden kommen. Die Beispiele bestätigen, daß es für die „Störer"qualität auf **Zurechnung** ankommt und diese entscheidend durch die Rechtswidrigkeit (eines Verhaltens oder) eines Sachzustandes bestimmt wird (vgl. Rdn. 69 ff.): Obwohl der Verkehrsunfall durch das „Zusammenwirken" einer an sich harmlosen, stationären, aber verkehrswidrig placierten Sache mit dem in sie hineinrasenden Autofahrer verursacht wird, ist unter Umständen allein der Sacheigentümer als Zustandsstörer (eventuell auch als Verhaltensstörer) verantwortlich, weil und sofern der Autobahnbenutzer innerhalb „seines Rechtskreises bleibt" und sich verkehrsgerecht verhalten hat. Umgekehrt liegt der Fall beim unbefugten Betreten der baufälligen und entsprechend gekennzeichneten Ruine. Hier ist die Sache „an sich" gefährlich; weil die Gefahr aber „innerhalb des Rechtskreises" des Eigentümers bleibt, ist sie zunächst polizeilich irrelevant. Erst die rechtswidrig Eindringenden bewirken durch ihr Verhalten eine polizeilich abzuwehrende Gefahr oder Störung.

97 Aus diesen Überlegungen ist auch der Maßstab zur Beurteilung der umstrittenen Frage zu gewinnen, ob es eine allgemeine polizeiliche **Pflicht zur Eigensicherung** eigener Sachen gegen fremden Mißbrauch gibt und wo deren Grenzen verlaufen. Der VGH Mannheim hatte eine solche Pflicht der Unternehmerin eines Verkehrsflughafens (Stuttgart) bejaht, das Flughafengelände gegen das Eindringen terroristischer Gewalttäter durch Umzäunungen und Kontrolleinrichtungen abzusichern, um den Zutritt Unbefugter „zumindest nachhaltig zu erschweren".[148] Verkehrsflughäfen seien in weit höherem Maße gefährdet als Banken, Behörden oder Einzelpersonen. Ihr ungesicherter Zustand könne Verhaltensstörer „anlocken"; in den Augen von Terroristen wirke er geradezu als Anreiz und Herausforderung. Diese Mitursächlichkeit des Zustandes eines ungesicherten Flughafens für terroristische Gewalttaten werde durch das (zweifellos auch ursächliche) Verhalten der Terroristen nicht ausgeschlossen, da Verhaltenshaftung und Zustandshaftung gleichrangig nebeneinander stünden.[149] Diese Entscheidung hielt der Revision durch das BVerwG zu Recht nicht stand.[150] Gegenüber der den Schaden unmittelbar verursachenden Mißbrauchshandlung eines Dritten setze der Zustand der Sache, selbst wenn er einen gewissen Anreiz zum Mißbrauch bieten sollte, nur eine entferntere, mittelbare Ursache. Den entscheidenden Gesichtspunkt kann man noch schärfer in der Weise formulieren, daß hier von der „Sache als solcher", den Flughafenanlagen, sofern sie technisch-organisatorisch betriebssicher sind, gar keine Gefahr „ausgeht". Ohne das kriminelle Verhalten der Störer würde gar nichts „passieren".[151] Eine andere Beurteilung müßte konsequenterweise jeden Eigentümer einer Sache, die irgendeinen Straftäter zu irgendeiner Straftat mit Bezug auf die Sache „herausfordern" könnte, polizeirechtlich zu den erforderlichen Abwehrmaßnahmen verpflichten. Jeder Eigentümer wäre zu ausreichenden Sicherungen gegen kriminelle Angriffe verpflichtet. Die Polizei würde dadurch insoweit überflüssig. Demgegenüber ist der Hinweis berechtigt, daß der Schutz gegen terroristische Angriffe wie auch gegen sonstige Gewaltkriminalität zunächst der Risikosphäre der Allgemeinheit zuzurechnen und damit Aufgabe staatlicher Sicherheits-

---

[148] DVBl. 1983, 41.
[149] DVBl. 1983, 43.
[150] *BVerwG* DVBl. 1986, 360, mit zust. Anm. von *Schenke.*
[151] Im gleichen Sinne: *Drews/Wacke/Vogel/Martens,* S. 319; *Götz,* Rdn. 232.

organe ist.[152] Schutz durch den Staat gegen Gesetzesgehorsam des Bürgers! Andernfalls wäre das staatliche Gewaltmonopol abzuschaffen und das Fehde- und Faustrecht wieder einzuführen.

Dies schließt keineswegs aus, daß der **Gesetzgeber** durch spezielle Regelungen (vgl. Rdn. 73 a. E.) dem Eigentümer oder Anlagenbetreiber **besondere Sicherungspflichten** auferlegt. So wird gem. § 7 II Nr. 5 AtG bei kerntechnischen Anlagen der „erforderliche Schutz gegen Störmaßnahmen oder sonstige Einwirkungen Dritter" verlangt, und die Rechtsprechung hat darunter auch die Aufstellung eines mit Faustfeuerwaffen ausgerüsteten Werkschutzes verstanden.[153] 98

Primärer **Adressat der Zustandsverantwortlichkeit** ist nach den neueren Gesetzen (d. h. den § 5 ME nachgebildeten Bestimmungen) der **Inhaber der tatsächlichen Gewalt** über die Sache. Das wird regelmäßig der Eigentümer sein, dessen zusätzliche Verantwortlichkeit neben dem Gewalthaber ausdrücklich normiert ist. Es kann aber auch ein anderer dinglich oder auch nur schuldrechtlich Berechtigter sein, wie zum Beispiel der Erbbauberechtigte, der Nießbraucher (§ 1036 BGB!), der Pächter, Mieter, Verwahrer oder Entleiher. Inhaber der Sachgewalt ist aber nicht nur der unmittelbare **Besitzer** der Sache, sondern auch der **„Besitzdiener"** im Sinne des § 855 BGB, der als Weisungsabhängiger tatsächlich über die Sache „herrscht". Hausangestellte fallen ebenso unter den Begriff wie Firmenangestellte. Für die Inhaberschaft der tatsächlichen Gewalt kommt es auf einen Rechtstitel nicht an: auch der **Dieb** kann als Gewalthaber zustandsverantwortlich werden. Da er die Sachgewalt gegen oder zumindest ohne den Willen des Eigentümers ausübt, entfällt dessen eigene (zusätzliche) Verantwortlichkeit. 99

§§ 5 II 2 ME, 18 II 2 BGSG, Art. 8 II 2 BayPAG, §§ 14 III 2 ASOG Bln, 6 II 3 BbgpolG, 17 II 1 OBG Bbg, 6 II 2 BremPolG, 9 II HbgSOG, 7 II 2 HSOG, 70 II 2 SOG MV, 7 II 2 NGefAG, 5 II 2 POlG NW, 18 II 2 OBG NW, 5 II 2 POG RP, 5 II 2 SPolG, 8 II 2 SOG LSA, 219 II 2 Nr. 1 LVwG SH, 8 II 2 ThürPAG, 11 II 2 ThürOBG; in Baden-Württemberg und Sachsen fehlt eine Regelung.

Die Ausübung der tatsächlichen Gewalt über die Sache setzt, wie auch am Beispiel des Diebstahls deutlich wird, die tatsächliche Einwirkungsmöglichkeit und damit einen entsprechenden **Herrschaftswillen** voraus. Dieser muß nicht ständig psychisch aktualisiert werden; auch der schlafende oder anderweitig beschäftigte Besitzer/Eigentümer bleibt Gewalthaber. Andererseits müßte folgerichtig die polizeiliche Verantwortlichkeit mit der Aufgabe der tatsächlichen Sachherrschaft, also mit dem Besitzverlust und mit dem freiwilligen **Eigentumsverzicht** (Dereliktion, § 959 BGB) erlöschen. Eine solche Konsequenz würde sehr bald zu **ökologisch unerträglichen Zuständen** führen. Abfallverursacher aller Art, vom Unternehmen der chemischen Industrie bis zum Eigentümer eines schrottreifen Pkw's, würden versuchen, sich durch Dereliktion auf Kosten der Allgemeinheit von ihrem Abfall und einer damit verbundenen Polizeipflicht zu befreien. Diese Möglichkeit wird (jetzt) durch die nach dem Vorbild des § 5 III ME getroffenen Regelungen ausgeschlossen. 100

§ 18 III BGSG, Art. 8 III BayPAG, §§ 14 IV ASOG Bln, 6 III BbgPolG, 17 III OBG Bbg, 6 III BremPolG, 9 I 2 HbgSOG, 7 III HSOG, 70 III SOG MV, 7 III NGefAG, 5 III PolG NW, 19 III OBG NW, 5 III POG RP, 5 III SPolG, 8 III SOG LSA, 219 III LVwG SH, 8 III ThürPAG, 11 III ThürOBG; eine Regelung fehlt in Baden-Württemberg und in Sachsen.

Der derelinquierende Eigentümer bleibt für den Zustand der herrenlos gewordenen Sache polizeipflichtig, zumindest dann, wenn die Polizeipflicht vor der Eigentumsaufgabe begründet war. Der Halter des „schrottreif gefahrenen" Unfallwagens kann die Bergungs- und Entsorgungskosten nicht durch Dereliktion von sich abwälzen. In den 101

---

[152] *Schenke* (Fußn. 150), 363. Vgl. ferner *Friauf,* in: FS Wacke, 1972, S. 293 ff. Vorsichtig differenzierend („Umstände des Einzelfalles" maßgebend) *Pietzcker* DVBl. 1984, 457 (463).
[153] *BVerwGE* 81, 185 (vgl. Fußn. 125).

meisten Fällen dieser Art wird unabhängig von der Zustandsverantwortlichkeit außerdem eine Polizeipflicht aus Verhaltensverantwortlichkeit begründet sein.

102 Daß der tatsächliche Sachherrschafts**wille** nicht vernachlässigt werden darf, zeigt auch der Fall des **„aufgedrängten Besitzes“:** Unbekannte Täter stellen einem Bauern heimlich und gegen seinen Willen ein Autowrack auf die nicht eingezäunte Wiese. Spielende Kinder verletzen sich an den scharfen rostigen Blechkanten des Wracks. Die Polizei läßt dieses entfernen und macht die Kosten gegen den Landwirt unter dem Gesichtspunkt der Zustandsverantwortlichkeit geltend (z. B. § 5 a II ME). Anders als im Fall des aus dem umgestürzten Tankwagen ausgelaufenen und im Erdreich versickernden Heizöls wird der Eigentümer der Wiese nicht auch Eigentümer des Autowracks (arg. aus § 94 I BGB). Der Bauer wird aber auch weder Besitzer noch sonstwie „Inhaber der tatsächlichen Gewalt“, weil ihm der Wille zur tatsächlichen Sachherrschaft fehlt. Die Polizei muß entweder die Verhaltensstörer ermitteln oder sich an die aufsichtspflichtigen Eltern der Kinder halten oder die Kosten selbst tragen.

103 Besondere Schwierigkeiten wirft die Frage auf, ob der Inhaber der tatsächlichen Gewalt bzw. der Eigentümer **in jedem Fall** und in vollem Umfang für den polizeimäßigen Zustand seiner Sache „verantwortlich“ (und damit kostenpflichtig) ist oder ob nicht die Art und Weise der Verursachung des gefährlichen Zustandes und/oder das Ausmaß des Schadens und damit die Kosten seiner Beseitigung unter Umständen zu einer **Haftungsbegrenzung** führen müssen. Die Frage spielte in der Nachkriegszeit wegen der von Ruinen- und Trümmergrundstücken ausgehenden Gefahren eine erhebliche Rolle, wenn der durch Kriegseinwirkung möglicherweise total verarmte Grundstückseigentümer Kosten einer Gefahrenbeseitigung tragen sollte, die seine wirtschaftliche Leistungskraft um ein Vielfaches überstiegen. Heute stellt sich die Problematik im Hinblick auf die Kosten der **„Altlasten-Sanierung“** von Grundstücken, deren vor Jahrzehnten kontaminiertes Erdreich heute nicht nur dem Eigentümer den Eigentums„genuß“ chemisch und finanziell „vergällt“, sondern auch die Gesundheit der Anwohner oder gar der Allgemeinheit bedroht.[154] Ein Schulbeispiel ist auch der umgestürzte Tankwagen, dessen auslaufende Chemikalien, Giftstoffe usw. den Zustandsverantwortlichen (Eigentümer) des Unfallgrundstücks nicht nur in die reine **„Opfer-Rolle“** (des selbst nur Geschädigten) versetzen, sondern mit der drohenden Grundwasserverseuchung auch eine unmittelbare Gefahr unabsehbaren Ausmaßes verursachen.

104 Während die früher ganz h. M. die volle Zustandsverantwortlichkeit ohne Rücksicht darauf eintreten ließ, ob Dritte (z. B. der Tankwagenfahrer), höhere Gewalt (Naturkatastrophen, Krieg) oder der Zufall („casum sentit dominus“!) den gefährlichen Zustand der Sache verursacht hatten,[155] auch ohne Rücksicht auf das finanzielle Leistungsvermögen des Zustandsstörers, besteht heute weitgehend Einigkeit darüber, daß es eine **„Opfergrenze“** geben muß. Über ihren Verlauf und ihre Begründung gehen die Meinungen allerdings weit auseinander.

105 Die noch h. M.,[156] die Praxis[157] und der überwiegende Teil der Rechtsprechung[158] bejahen die grundsätzlich uneingeschränkte Zustandsverantwortlichkeit des Gewalt-

---

[154] Für die neuen Bundesländer gab es hier, mit einer bis zum 29. 3. 1992 begrenzten Antragsfrist, die Möglichkeit der sogenannten Altlastenfreistellung aufgrund des Art. 1 § 4 II des zunächst weitergeltenden Umweltrahmengesetzes der ehemaligen DDR; zum Ganzen s. *Spannowsky* DVBl. 1994, 560 (566 f.), mit weiteren Hinweisen, sowie ausführlich *Müggenborg* NVwZ 1992, 845 ff. Im übrigen s. u. Rdn. 108.

[155] Vgl. noch *Wolff/Bachof,* Verwaltungsrecht III, § 127 Rdn. 15; *Erbel,* Die Unmöglichkeit von Verwaltungsakten, 1972, S. 139 f.

[156] Z. B.: *Drews/Wacke/Vogel/Martens,* S. 320 f.; *Knemeyer,* Rdn. 256; *Mußmann,* Rdn. 281; vgl. auch Götz, Rdn. 221.

[157] Vgl. die Bekanntmachung des Bay. Staatsministeriums des Innern zum Vollzug des PAG vom 28. 8. 1978 (MABl. S. 629) zu Art. 8, Nr. 8.5: „Auf ein Verschulden für die Beschaffenheit oder Lage der Sache kommt es nicht an; die Gefahr, die von der Sache ausgeht, kann auch durch höhere Gewalt oder durch Veränderungen der Sache durch Umwelteinwirkungen oder durch Schädigungen seitens Dritter entstanden sein.“

[158] Vgl. vor allem *VGH München* NVwZ 1986, 942 (944) m. w. Nachw. Auch schon *BVerwGE* 10, 282 (283). S. ferner *BVerwG* v. 14. 12. 1990, NVwZ 1991, 475.

habers oder Eigentümers auch in **Fällen höherer Gewalt** oder der **Schädigung** (und Gefahrverursachung) **durch Dritte.** Kraft seines Eigentums stehe der Eigentümer den Gefahren näher als die Gesamtheit der Steuerzahler, die anderenfalls für die Kosten aufkommen müßten. Auch das Verursacherprinzip „im weitesten, auch die Zustandshaftung einschließenden Sinne" wird als Ausdruck der Sozialbindung des Eigentums zur Begründung herangezogen.[159] Grobe Unbilligkeiten könnten teils auf der „Primärebene" (bei der Störer-Bestimmung) nach dem „Prinzip der gerechten Störerauswahl", teils auf der „Sekundärebene" (der Kostenzuweisung) nach den Grundsätzen des Übermaßverbotes ausgeglichen werden. Gegenüber dieser Betrachtungsweise mehren sich die Stimmen, die schon auf der „Primärebene" nach Kriterien für eine „Haftungs"begrenzung für die Zustandsverantwortlichen suchen.[160] Vor allem zwei Gesichtspunkte rücken dabei in den Mittelpunkt:

– die wertende Grenzziehung zwischen den Risikosphären der Allgemeinheit und des Sach-Eigentümers/Besitzers und
– die verfassungsrechtlich gewährleistete Privatnützigkeit des Eigentums, die ihrerseits als „Schranken-Schranke" seiner Sozialpflichtigkeit wirkt.

Beide Argumente finden bei der gebotenen differenzierenden Lösung der problemati- 106
schen Fälle den angemessenen Ort. Zuvor muß jedoch die grundlegende Einsicht gewonnen und akzeptiert werden, daß es Sachlagen geben kann, in denen eine primäre und unbeschränkte Zustandsverantwortlichkeit des Gewalthabers/Eigentümers für eine von der Sache ausgehende Gefahr schlechterdings nicht zu rechtfertigen ist. Diese Erkenntnis betrifft die Primärebene, auf welcher die Entscheidung über die „Störer"-Eigenschaft fällt, und keineswegs erst die Sekundärebene der Kostentragungspflicht, auf der Billigkeitsargumente wie wirtschaftliches Unvermögen (zusätzlich) eine Rolle spielen mögen. Der **tragende Gedanke** knüpft an die **personale Struktur und Funktion** des **Eigentumsbegriffs** an, wie die Rechtsprechung des BVerfG sie herausgearbeitet hat:[161] Die rechtliche Verortung des einzelnen in der Welt der Sachgüter durch das Eigentum (im Sinne des Art. 14 I GG) ist eine Bedingung der Garantie der **persönlichen Freiheit,** eine Voraussetzung eigenverantwortlicher Lebensgestaltung. So wie die Privatnützigkeit des Eigentumsgebrauchs im Dienste der Freiheitsgewährleistung steht, so wird umgekehrt die Sozialpflichtigkeit des Eigentums durch das Maß an verantwortbarer und zu verantwortender Freiheit begrenzt. Fällt das „Schicksal" der Sache gänzlich aus der Freiheitssphäre des Eigentümers (Gewalthabers) heraus, fehlt diesem insoweit prinzipiell (und nicht nur zufällig aus seiner individuellen Situation heraus) jegliche rechtliche und tatsächliche Verfügungsgewalt (= Fähigkeit zur Einwirkung), so muß insoweit auch seine Verantwortung für den Zustand der Sache entfallen.

Auf dieser Basis läßt sich der **Risikoverteilungsgedanke** differenzieren: Nicht von 107
jeder durch eine Naturkatastrophe (Überschwemmung, Orkanschäden, Hagelschlag) ausgelösten Sachgefahr kann sich der sonst „Zustandsverantwortliche" „freizeichnen". Soweit ein umsichtiger Eigentümer für solche Risiken üblicherweise Versicherungsschutz sucht und findet, ist eine Einwirkungsfähigkeit und damit auch eine Verantwortlichkeit zu bejahen. Hingegen gibt es gegen Kriegsschäden und daraus resultierende Gefahren normalerweise ebensowenig eine Versicherung[162] wie gegen herabstürzende Himmelskörper, Flugzeuge oder „Weltraumschrott". Bei aktivem, vorsätzlichen kriminellen Miß-

---

159 Fußn. 158

160 *Friauf,* in: FS G. Wacke, 1972, S. 293 ff., 300 ff.; *ders.* VVDStRL Heft 35, 1977, 350 f.; *ders.*, Rdn. 91–93; *Schenke,* Rdn. 173 ff.; *Pietzcker,* o. Fußn. 141; *Breuer* NVwZ 1987, 751 (756); *Schink* DVBl. 1986, 161 (169 f.); vgl. auch *Erler,* Maßnahmen der Gefahrenabwehr und verfassungsrechtliche Eigentumsgarantie, 1977, S. 152 ff. Krit. *Würtenberger/Heckmann/Riggert,* Rdn. 642; anders *Gusy,* Rdn. 282, 294; differenzierend (mit einer nur subsidiären Verantwortlichkeit des Zustandsstörers) *Spannowsky* DVBl. 1994, 560 (561 ff.); ferner *Pape* NJW 1992, 2661 (2665 ff.).

161 Vor allem seit *BVerfGE* 24, 367 (389), st. Rspr.; s. auch *BVerfGE* 50, 290 (339).

162 Den Gedanken der Versicherbarkeit wie insgesamt jenen der Vorsorgemöglichkeit als Kriterium betont *Spannowsky* DVBl. 1994, 560 (563).

brauch der Sache durch Dritte hatten wir schon oben (vgl. Rdn. 97) die Störer-Eigenschaft des Grundstückseigentümers verneint. Die Tankwagen-Unfall-Fälle ergänzen diese Beurteilung für den Bereich der fahrlässigen Drittschädigung. Sogar die oben erwähnte Rechtsprechung kommt hier, freilich auf dem Umweg über das Übermaßverbot und die verfassungskonforme Auslegung, zu dem Ergebnis, daß „von der Zustandshaftung die Sachverhaltsgestaltungen ausgenommen oder einer nachrangigen Haftung zugewiesen werden (müssen), bei denen die Störung – nach Maßgabe noch näher zu erörternder Gesichtspunkte – ausschließlich oder überwiegend der Handlung oder pflichtwidrigen Unterlassung eines Dritten zugerechnet werden muß".[163] Die feineren Unterschiede sind später, zur Frage der Störerkonkurrenz, zu treffen. Auch wenn man, wie hier vertreten wird, den Fall der **reinen Opfer-**Situation des Grundstücksinhabers gar nicht mehr als einen Fall von Störerkonkurrenz ansieht, bleiben doch noch zahlreiche Fallkonstellationen, in denen die beiden Grundarten polizeilicher Verantwortlichkeit in ein gerechtes Verhältnis zueinander gebracht werden müssen.

108 Inzwischen hat sich der Bundesgesetzgeber des Problems der Altlasten-Sanierung angenommen. Das Gesetz vom 17. März 1998 (BGBl. I S. 502) **„zum Schutz vor schädlichen Bodenveränderungen und zur Sanierung von Altlasten" (Bundes-Bodenschutzgesetz)** bezweckt, „nachhaltig die Funktionen des Bodens zu sichern oder wiederherzustellen" (§ 1 S. 1). Schädliche Bodenveränderungen sind abzuwehren, der Boden und Altlasten sowie hierdurch verursachte Gewässerverunreinigungen sind zu sanieren und gegen nachteilige Einwirkungen auf den Boden ist Vorsorge zu treffen. Das Gesetz, das für seinen Anwendungsbereich als Spezialgesetz den Polizeigesetzen vorgeht, definiert seine Begriffe (§ 2) und seinen Anwendungsbereich (§ 3). Als zur Gefahrenabwehr Verpflichtete werden grundsätzlich der Grundstückseigentümer, der Inhaber der tatsächlichen Gewalt über ein Grundstück, der Verursacher einer schädlichen Bodenveränderung oder Altlast, und dessen Gesamtrechtsnachfolger herangezogen. Zur Sanierung verpflichtet ist auch, wer handels- oder gesellschaftsrechtlich für eine juristische Person „einzustehen hat", der das belastete Grundstück gehört; gleiches gilt für den derelinquierenden Eigentümer (§ 4 III). Von der Sanierungspflicht verschont bleibt auch ein früherer Eigentümer nur dann, wenn er beim Erwerb darauf vertraut hat, daß schädliche Bodenveränderungen oder Altlasten nicht vorhanden sind, und wenn sein Vertrauen unter Berücksichtigung der Umstände des Einzelfalles schutzwürdig ist (§ 4 VI BBodSchG).

Mehrere Sanierungsverpflichtete haben nach dem Maß der Schadensverursachung untereinander einen Ausgleichsanspruch; § 426 I 2 BGB wird entsprechend angewendet.

Grundlegend zu den aus Art. 14 I GG folgenden Grenzen der Zustandshaftung des Eigentümers für die Sanierung von Altlasten jetzt *BVerfG* DVBl. 2000, 1275; ferner *BVerfG* NVwZ 2001, 65, sowie *Müggenborg* NVwZ 2001, 39 ff.

f) Nachfolge in Polizeipflichten

109 Unter dem leicht irreführenden Titel der „Rechtsnachfolge" in polizeiliche oder ordnungsbehördliche Pflichten werden mehrere ganz unterschiedliche Sachverhalte kontrovers diskutiert. Abgesehen davon, daß es dabei im wesentlichen um den Übergang von **Pflichten,** nicht von Rechten geht, sind die folgenden Einzelfragen zu unterscheiden:

- Ist der Übergang der generellen, (noch) abstrakten polizeilichen Verantwortlichkeit (= Polizei**pflichtigkeit**) oder aber der Übergang einer durch eine Einzelmaßnahme (bereits) konkretisierten Polizei**pflicht** gemeint?
- Handelt es sich um einen Fall der Gesamtrechtsnachfolge (Universalsukzession, zum Beispiel durch Erbfolge, § 1922 I BGB) oder der (rechtsgeschäftlichen) Sonderrechtsnachfolge, in dessen Rahmen der Pflichtübergang zu beurteilen ist?
- Liegt ein Fall von Verhaltensverantwortlichkeit oder von Zustandsverantwortlichkeit (insbesondere für Grundstücke oder Anlagen) vor?

---

[163] *VGH München* NVwZ 1986, 945.

Zur ersten Frage besteht weitgehend Einigkeit darüber,[164] daß niemand die grundsätzlich bestehende, latente, abstrakte Polizeipflichtigkeit mit befreiender Wirkung auf einen Dritten abwälzen kann. Dies ist keine Frage der „Höchstpersönlichkeit" von öffentlichrechtlichen Rechten oder Pflichten, sondern unmittelbarer Ausdruck des **„status passivus"**, der gesetzmäßigen Unterworfenheit des Bürgers (oder des im Inland sich aufhaltenden Ausländers) unter die rechtmäßig ausgeübte Staatsgewalt. So wenig der einzelne sich durch Rechtsgeschäft mit einem Dritten oder gar durch ein diesem gegebenes ehrenwörtliches Versprechen vom allgemeinen Gesetzesgehorsam befreien kann, so wenig kann er dies hinsichtlich der allgemeinen Möglichkeit, Adressat eines belastenden (polizeilichen) Verwaltungsaktes zu werden. **110**

Damit beantwortet sich auch die vor allem in neuerer Zeit stark umstrittene Frage nach der ordnungsrechtlichen Verantwortlichkeit in der **Insolvenz.** Entgegen der noch herrschenden Auffassung[165] befreit folglich die Freigabe eines die Zustandsverantwortlichkeit begründenden Gegenstandes aus der Konkursmasse nicht von der polizeilichen Verantwortlichkeit hierfür.[166] Bedürfte es zur Begründung eines über das zuvor Gesagte hinausgehenden Arguments, so folgte dieses Ergebnis schon daraus, daß eine solche Freigabe durch den Konkursverwalter ihrerseits dessen Verhaltensverantwortlichkeit begründen würde.[167] Die Folgen der Zustandsverantwortlichkeit als objektivrechtlicher Pflicht hinsichtlich von Massegegenständen treffen daher notwendig die Masse und mindern (wie es auch außerhalb der Insolvenz der Fall wäre) deren wirtschaftlichen Wert. Damit ist eine Beseitigungsanordnung auch gegenüber der Masse durchsetzbar, und die Kosten einer etwaigen Ersatzvornahme belasten diese als Masseverbindlichkeiten (§ 55 I Nr. 1 InsO), sofern die Ersatzvornahme nicht schon vor der Konkurseröffnung lag (und dann als bloße Konkursforderung zu behandeln ist).[168] **111**

Bezüglich der zweiten und dritten Frage herrscht nach wie vor Streit. Doch ist in der Lehre[169] wie in der Rechtsprechung[170] deutlich die Tendenz erkennbar, das Dogma von der „Höchstpersönlichkeit" der (konkreten) Polizeipflicht aufzugeben oder mindestens einzuschränken. Die praktischen Problemfälle betreffen (schon wegen des Zeitfaktors) viel weniger die Vollzugspolizei als vielmehr Ordnungs- und insbesondere **Bauaufsichtsbehörden.** Es erschien unerträglich, daß eine **Abrißverfügung** wegen „Schwarzbauens" oder auch nur eine bauaufsichtliche **Auflage,** die nach jahrelangem Rechtsstreit endlich hätte vollstreckt werden können, durch einen inzwischen eingetretenen Erbgang oder eine Grundstücksübereignung gegenstandslos geworden und die Behörde gezwungen sein sollte, trotz unveränderter Sachlage nunmehr gegen den Rechtsnachfolger erneut zu prozessieren. Hier haben die Gerichte zunächst für den Fall der Gesamtrechtsnachfolge, dann auch in Fällen der Sonderrechtsnachfolge[171] die Wirksamkeit der bestandskräftigen bauaufsichtlichen Grundverfügung (zum Beispiel der Beseitigungsanordnung) gegen den Rechts- und damit Pflichtnachfolger bejaht. Inzwischen finden sich entsprechende **112**

---

[164] A. A. *OVG Münster* UPR 1984, 279f. Auch *Oldiges* JA 1978, 541 (543) bejaht die Vererblichkeit der „Pflichtigkeit". Zu der davon zu unterscheidenden Frage der Begrenzung der Zustandsverantwortlichkeit durch Zeitablauf („Verjährung") vgl. *OVG Münster* NVwZ 1997, 507 und *VGH München* NVwZ 1997, 1023 sowie *Martensen* NVwZ 1997, 442 m. w. Nachw.; *Ossenbühl* NVwZ 1995, 547.

[165] *BVerwG* NJW 1984, 2427; *VGH Mannheim* NJW 1992, 64; *OVG Schleswig* NJW 1993, 2004; *Pape* ZIP 1991, 1544ff.; *Petersen* NJW 1992, 1202ff.; *Stoll* ZIP 1992, 1437ff.; anders *Gusy,* Rdn. 288.

[166] So im Ansatz *OVG Lüneburg* NJW 1993, 1671; s. a. *dass.* NJW 1992, 1252. Pointiert *Schmidt* NJW 1993, 2833 (2835).

[167] *Stürner,* FS Merz, 1992, S. 572, 576.

[168] Ausführlich *Schmidt* NJW 1993, 2833ff. m. w. Nachw.; *ders.* ZIP 2000, 1913 (1919).

[169] Frühzeitig schon *v. Mutius* VerwArch 62 (1971), 83ff.; VerwArch 63 (1972), 87.

[170] *BVerwG* DÖV 1971, 640; *OVG Koblenz* DÖV 1980, 654; *VGH Kassel* NVwZ 1985, 281; *OVG Münster* UPR 1984, 279; *dass.* NVwZ 1987, 427.

[171] Vgl. *VGH Kassel* NVwZ 1985, 281 und *OVG Münster* NVwZ 1987, 427; s. aber andererseits *OVG Lüneburg* BRS 35, Nr. 132 (1979): keine Bindung des Einzelrechtsnachfolgers an ein rechtskräftiges, die Anfechtungsklage des Rechtsvorgängers gegen eine Beseitigungsverfügung abweisendes Urteil.

Vorschriften auch in den Landesbauordnungen.[172] Allerdings fordert die Rechtsprechung, die bestandskräftige Grundverfügung müsse, um gegen den Rechtsnachfolger vollstreckt werden zu können, durch einen neuen, gegen diesen gerichteten Verwaltungsakt „vollzugsfähig" gemacht werden. Unter dem Gesichtspunkt des § 43 VwVfG ist dem beizupflichten. Die alte Grundverfügung muß dem Rechtsnachfolger bekannt gemacht werden; ihm muß auch der Einwand fehlender Rechtsnachfolge möglich bleiben. Fraglich ist, ob ihm auch die Möglichkeit, ein **Austauschmittel** anzubieten,

§§ 3 II 2 ME, 16 II 2 BGSG, Art. 5 II 2 BayPAG, §§ 12 II 2 ASOG Bln, 4 II 2 BbgPolG, 20 S. 2, 3 OBG Bbg, 4 II 2 Brem PolG, 5 II 2 HSOG, 14 II SOG MV, 5 II 2 NGefAG, 3 II 2 PolG NW, 21 S. 2, 3 OBG NW, 3 II 2 POG RP, 3 II 2 SPolG, 6 II 2 SOG LSA, 5 II 2 ThürPAG, 7 II ThürOBG,

eröffnet werden muß. Hier ist zu bedenken, daß es sich bei Beseitigungsverfügungen in aller Regel um Sachlagen handeln wird, in denen ein Austauschmittel gar nicht in Betracht kommt. Wenn die Zustandsverantwortlichkeit inhaltlich so bestimmt ist, daß ein polizei- und rechtmäßiger Zustand nur durch Beseitigung der Sache (Abriß des Schwarzbaues) herbeigeführt werden kann, ist für ein Austauschmittel kein Raum.

113 Es ist zwar richtig, daß die Zustandsverantwortlichkeit in der Person eines jeden Eigentümers bzw. Sachgewaltinhabers originär neu entsteht.[173] Doch ist die Frage der Pflichtnachfolge deshalb keineswegs bedeutungslos. Sie entscheidet darüber, ob die Verantwortlichkeit in der speziellen, dem Rechtsvorgänger gegenüber getroffenen **Konkretisierung** auch in der Person des Rechtsnachfolgers entsteht. Da die „Polizeiwidrigkeit" gewissermaßen an der Sache haftet, ist zwischen Universal- und Singularsukzession insoweit nicht zu unterscheiden. Es ist auch nicht einsichtig, weshalb diese für Grundstücke entwickelten Grundsätze auf andere Sachen keine Anwendung finden sollten.[174]

114 Eine Nachfolge in konkretisierte Pflichten aus **Verhaltensverantwortlichkeit** kommt nur in Frage, wenn es sich nicht um höchstpersönliche, sondern um „vertretbare" Leistungen handelt, die auch ein Dritter erfüllen kann. Praktisch wird es sich meistens um die Kosten einer Ersatzvornahme oder einer „unmittelbaren Ausführung" handeln, welche die Polizei gegen den Erben des Verantwortlichen geltend macht. Der Übergang einer solchen, auf **vermögenswerte Leistungen** gerichteten Verpflichtung ist zu bejahen, zumal sich der Erbe durch die Möglichkeit der Beschränkung der Haftung auf den Nachlaß (§ 1975 BGB) schützen kann.[175] Eine erbrechtliche Nachfolge in darüber hinausgehende polizeiliche Handlungspflichten findet nicht statt. Eine Einzelpflichtnachfolge aus Verhaltensverantwortlichkeit tritt nur kraft spezieller gesetzlicher Vorschrift ein.

g) Störermehrheit

115 Mit zunehmender Arbeitsteilung und Komplexität der Lebensverhältnisse häufen sich die Gefahrensituationen, in denen mehrere „Störer" als Verantwortliche in Anspruch genommen werden können. Dabei kann sich eine **„Störermehrheit"** entweder aus dem gleichgerichteten, gemeinschaftlichen Handeln (Verhalten) mehrerer Personen ergeben, wenn zum Beispiel eine Gruppe Gleichgesinnter rechtswidrig ein Haus besetzt hält, oder dieselbe Gefahr geht zwar von einer Personenmehrheit aus, die jedoch weder kooperativ noch interessenhomogen auftritt; im letzteren Falle könnte man von einer **„Störerkonkurrenz"** im eigentlichen Sinne sprechen. Man denke an eine Massenkarambolage auf der Autobahn, die einen größeren Brand verursacht. Oft konkurriert ein Verhaltensstörer mit einem Zustandsstörer, etwa, wenn A die Sache des B in einen gefahrverursachenden Zustand versetzt. Dies ist zum Beispiel der Fall, wenn B als Eigentümer einer Kiesgruben-Deponie dem A vertraglich die Ablagerung von Bauschutt und schrotthaltigem

---

[172] Z. B. § 61 VIII HessBO: „Verwaltungsakte gelten auch für und gegen Rechtsnachfolgerinnen und Rechtsnachfolger".

[173] *Schenke,* Rdn. 188; *Götz,* Rdn. 247; *Papier* NVwZ 1986, 262.

[174] A. A. *Götz,* Rdn. 251 ohne Begründung und unter ausdrücklicher Aufgabe der noch in der 7. Aufl. vertretenen Ansicht. Zutreffend aber nunmehr *Schlabach/Simon* NVwZ 1992, 143 (144 f.).

[175] Ähnlich *Scholler/Schloer,* S. 270.

Erdaushub in seiner Deponie gestattet und sich daraufhin eine Grundwasserverseuchung herausstellt.[176]

Gehen von mehreren gleichartigen Sachen gleichzeitig gleichartige Gefahren aus (mehrere Gemüsehändler der Kleinmarkthalle bieten typhusinfizierten Endiviensalat an), so liegt nicht schon deshalb eine „echte" Störerkonkurrenz vor, weshalb auch jeder einzelne Eigentümer oder Gewalthaber nur für die von ihm verursachte (Teil-)Gefahr verantwortlich gemacht werden kann. Hingegen bildet die **Miterbengemeinschaft** als Eigentümergesamthand (§§ 2032, 2038, 2040 BGB) eine Mehrheit von Zustandsstörern, die für den „baupolizeiwidrigen" Zustand des ererbten Hauses verantwortlich ist.

Neben der Kumulation der Verantwortlichkeiten mehrerer Personen für dieselbe Ge- **116**
fahr kommt es auch vor, daß eine und dieselbe Person sowohl wegen ihres Verhaltens als auch wegen des Zustandes ihrer Sache polizeipflichtig wird **(„Doppelstörer").** Das ist der Fall, wenn der Kraftfahrzeughalter einen Verkehrsunfall verursacht und dann sein Autowrack verkehrsgefährlich auf der Straße liegen läßt.

Die Polizei trifft unter mehreren konkurrierenden Verantwortlichen ihre **Auswahl** **117**
nach pflichtgemäßem Ermessen. Das gilt zunächst für die eigentliche Gefahrenabwehrmaßnahme, deren Durchführung dem Störer aufgegeben wird. Es gilt aber auch für die Kosten einer unmittelbaren Ausführung, wenn, wie häufig bei der Vollzugspolizei, Eile geboten war, welche zunächst nur ein „adressatloses" Handeln, zum Beispiel durch einen Spezialunternehmer, erlaubte. Das Auswahlermessen bedeutet jedoch nicht freies Belieben der Behörde; die verfassungsmäßige Bindung an das **Übermaßverbot** und an den **Grundsatz der Gleichbehandlung** verbieten jede Willkür. Wegen der Vielgestaltigkeit der Situationen ist jedoch eine vorschnelle Festlegung auf Sekundärmaximen wie: „In der Konkurrenz von Verhaltens- und Zustandsstörer haftet vorrangig der erstere" oder: „Der Doppelstörer haftet vor dem einfachen Störer"[177] zu vermeiden.[178]

Die Anwendung des Übermaßverbotes bei der Störerauswahl muß zunächst nach der **118**
Geeignetheit des Mittels, hier der Geeignetheit des Verantwortlichen fragen. Die Polizei darf ihm nichts rechtlich Unmögliches abverlangen. Sie kann also dem Pächter eines Grundstücks nicht bauliche Veränderungen aufgeben, zu deren Ausführung dieser privatrechtlich gar nicht in der Lage ist.[179] Auf der anderen Seite kann sehr wohl ein Miterbe (als Zustandsverantwortlicher) für den Zustand des der ungeteilten Erbengemeinschaft gehörenden Hauses polizeipflichtig gemacht werden (vgl. auch § 2038 I, letzter Halbs. BGB); sogar eine Abrißverfügung kann rechtswirksam gegen ihn allein erlassen werden (obschon ein Fall von § 2040 I BGB vorliegen mag!), jedoch ist diese Verfügung ohne eine flankierende Duldungsverfügung gegen die „Nebenberechtigten" (Miterben) nicht vollstreckbar.[180]

Auch die weiteren Schritte bei der pflichtgemäßen Störerauswahl müssen sich von den **119**
Teilprinzipien des Übermaßverbotes (= Verhältnismäßigkeitsgrundsatz im weiteren Sinne) leiten lassen. Außer dem Grundsatz der Geeignetheit des Mittels (vgl. Rdn. 118 und Kap. F) sind also die Grundsätze der **„Erforderlichkeit"**, d. h. des schonendsten Eingriffs, und der **Zumutbarkeit,** das heißt der Verhältnismäßigkeit im engeren Sinne zu beachten. Zu diesen, tendenziell auf Beschränkung der polizeilichen Handlungsmöglichkeiten angelegten Prinzipien steht andererseits der die gesamte polizeiliche Aufgabenerfüllung beherrschende Gedanke der **„Effektivität"** in einem Spannungsverhältnis.[181] Dieser spricht

---

176 Vgl. *BGH* DÖV 1981, 843.

177 So z. B. *Scholler/Broß*, 3. Aufl. 1982, S. 212 m. w. Nachw. aus der Rspr. In der 4. Aufl. 1993 *(Scholler/Schloer)* wird die Maxime nur noch als eine „mit der nötigen Vorsicht anzuwendende Faustregel" angeboten. *Gusy* (Rdn. 289) spricht hier zu Recht von „arithmetischen Pseudoobjektivierungen" und entwickelt dann seinerseits einen differenzierten Katalog von Auswahlmöglichkeiten (Rdn. 290–295).

178 Dies ist der zutreffende Kern der Gedanken von *Götz,* Rdn. 254 f.

179 *BVerwGE* 31, 15.

180 *OVG Münster* DÖV 1971, 643; *BVerwGE* 40, 101.

181 Grundsatz der schnellen und wirksamen Gefahrbekämpfung: *Drews/Wacke/Vogel/Martens,* § 19.6., S. 302; *Götz,* Rdn. 255; *Schenke,* Rdn. 183, u. a.

dafür, unter mehreren polizeilich Verantwortlichen denjenigen auszuwählen, der in der Lage ist, die Gefahr am **schnellsten und am wirksamsten** zu bekämpfen. Hier kann es, worauf *Papier* zutreffend hinweist,[182] zu erheblichen Unterschieden in der Beurteilung von vollzugspolizeilichen Lagen einerseits und ordnungsbehördlichen Lagen andererseits kommen. Sind jene durch die Notwendigkeit schnellen Eingreifens, unter Umständen aufgrund einer nur vorläufigen Prognose, geprägt, so kann es bei diesen darauf ankommen, nach gründlicher Gefahrenermittlung eine erfolgversprechende „Langzeitstrategie" zu entwickeln und durchzusetzen. Man denke an die Räumung einer verkehrsreichen Straße oder an die akute Gefahr einer Grundwasserverseuchung nach einem Chemieunfall einerseits, an die „Altlastensanierung" auf dem Gelände einer Giftstoffe produzierenden chemischen Fabrik andererseits.

120 Schließlich ist auch die Frage der (endgültigen) Kostentragungspflicht sorgfältig von der Frage der Verantwortlichkeit für die Gefahrbeseitigungsmaßnahme zu trennen. Es macht einen Unterschied, ob die Polizei (nur) die Kosten für eine durch eine beauftragte Spezialfirma längst erledigte Ersatzvornahme oder eine „unmittelbare Ausführung" einfordert oder ob sie vor der Frage steht, gegen wen sie die **gefahrenabwehrende „Grundverfügung"** selbst erlassen soll. Es geht nicht an, beide Probleme in der Weise miteinander zu vermengen, daß man für die Geltendmachung der Kosten einen „logische(n), engere(n) Begriff der Zustandsverantwortlichkeit" zugrunde legt, während man für die Gefahrenabwehr selbst die Zustandsverantwortlichkeit aus „Effektivitätsgründen" erweitert.[183] Es mag nicht nur hin und wieder vorkommen, sondern es wird sogar der Regelfall sein, daß der Kreis der erfolgversprechend anzugehenden Kostenadressaten enger ist als der Kreis der für die Gefahr mitursächlich Verantwortlichen.[184] Doch ist jener nach diesem zu bestimmen und nicht umgekehrt.

121 Legt man die hier skizzierten Maßstäbe für die Beurteilung typischer Fälle von Störermehrheit zugrunde, so gilt folgendes: Der **Zeitpunkt der Mitverursachung** spielt grundsätzlich keine Rolle. Die Polizei ist nicht darauf verwiesen, den zeitlich letzten Mitverursacher in Anspruch zu nehmen.[185] Ebensowenig ist es geboten, auf den konkreten Anteil an der Verursachung abzustellen.[186] Sie kann dies tun, wenn dieser zugleich am besten in der Lage ist, die Gefahr schnell und wirksam zu bekämpfen, also unter dem Gesichtspunkt der Leistungsfähigkeit. Entsprechendes gilt für das Verhältnis von Verhaltens- zu Zustandsverantwortlichen. Hat der Eigentümer oder Inhaber der Sachgewalt in keiner Weise selbst einen Anlaß dafür gegeben, daß ein Dritter seine Sache in einen gefährlichen Zustand versetzt, ist er mithin völlig in der Situation des Opfers oder Geschädigten, dann scheidet er aus dem Kreis der Verantwortlichen überhaupt aus (vgl. Rdn. 107). Seine Inanspruchnahme – mag sie auch vom Ziel der Gefahrbeseitigung her als geboten erscheinen – käme dann nur unter den Voraussetzungen des polizeilichen Notstandes (vgl. Rdn. 126) in Betracht. Anders liegt es, wenn der Eigentümer für die spätere Gefahrenlage irgendwie mitursächlich war, zum Beispiel, wenn er dem (an sich zuverlässigen) späteren „Unfallfahrer" das Fahrzeug überlassen hatte. Begeht der Fahrer Unfallflucht (§ 142 StGB) und ist er vorläufig unauffindbar, während der über einen Zweitschlüssel verfügende Eigentümer (Halter) leicht erreichbar und das Fahrzeug noch fahrtüchtig ist, dann darf die Polizei den Eigentümer in Anspruch nehmen. Läßt sie hingegen das nicht mehr fahrtüchtige Kraftfahrzeug sogleich abschleppen, so kommt als Schuldner für die Abschleppkosten primär der Unfallfahrer als Verhaltens- (und Zustands-)verantwortlicher in Betracht. Er-

---

182 *Papier* NVwZ 1986, 256 (263).

183 So aber *VGH München* NJW 1984, 1196; diesem folgend *Oerder* NVwZ 1992, 1031 (1037 f.). So zu Unrecht auch *Spannowsky* DVBl. 1994, 560 (562).

184 Vgl. hierzu *VG Karlsruhe* NVwZ 1993, 1018.

185 H. M., aus der Rspr. vgl. *OVG Münster* UPR 1984, 279 f. m. w. Nachw.; ferner *VG Darmstadt* NVwZ-RR 1994, 497 (499).

186 S. *VGH Mannheim* NVwZ-RR 1994, 565 ff.

fährt die Polizei dessen Namen und Anschrift unverzüglich vom Halter/Eigentümer oder auf andere Weise, so muß sie gegen den Fahrer vorgehen.[187]

122 Besondere Schwierigkeiten bereitet die Frage einer **Kostenverteilung** unter den „Mitgliedern" einer Störermehrheit.[188] Die früher herrschende Meinung lehnte, insbesondere unter Berufung auf ein Urteil des BGH,[189] eine entsprechende Anwendung des § 426 BGB ab, weil schon die Voraussetzungen einer Gesamtschuld nach § 421 BGB in mehrfacher Hinsicht nicht gegeben seien.[190] Es fehle, so wurde gesagt, schon deshalb an einem Gesamtschuldverhältnis, weil erst die Konkretisierung der allgemeinen Polizeipflicht durch die Polizeiverfügung (den Kostenbescheid) gegen den tatsächlich in Anspruch Genommenen einen Rechtsanspruch, aber eben nur gegen diesen, zur Entstehung bringe *(Papier, Schwachheim).* Darum existiere gar keine Schuldnermehrheit in der Weise des § 421 Satz 1 BGB, daß „jeder (Schuldner) die ganze Leistung zu bewirken verpflichtet" sei. Ebenso wenig könne der Gläubiger (= die Polizei) „die Leistung nach seinem Belieben von jedem der Schuldner ganz oder zu einem Teile fordern". Denn es sei gerade der Sinn der das freie Auswahlermessen einschränkenden rechtlichen Gesichtspunkte (vgl. Rdn. 117 ff.), das freie Belieben des Gläubigers auszuschalten. Neuere Polizeigesetze (§§ 8 II HSOG, 9 II SOG LSA) statuieren hingegen bei der unmittelbaren Ausführung einer Maßnahme eine gesamtschuldnerische Haftung mehrerer Verantwortlicher. § 24 BBodSchG geht von der Möglichkeit einer Schuldnermehrheit aus, statuiert aber keine gesamtschuldnerische Haftung.

123 So gewichtig diese nur noch teilweise im Schrifttum erhobenen Einwände sein mögen, so wenig sind sie geeignet, die Relevanz des **Grundgedankens** des **Gesamtschuldnerausgleichs** für das Innenverhältnis zwischen mehreren polizeilich Verantwortlichen in Frage zu stellen. Kerngedanke ist die **Lastengerechtigkeit,** d. h. die gleichmäßige Haftungsverteilung nach dem Maß der zurechenbaren Mitursächlichkeit (Gedanke des § 254 BGB). Verfassungsrechtlich gründet dies teils auf dem Prinzip der Gleichbelastung (Art. 3 I GG – insbesondere, soweit eine anteilige Kostentragung bei „gleichrangigen" Störern in Frage kommt), teils auf dem Prinzip des Übermaßverbotes, das letztlich die Belastung eines der Beteiligten über das Maß seiner Mitverantwortlichkeit hinaus verbietet.

124 Da die Polizei nach dem **Prinzip des raschen und wirksamen Abwehrerfolges** handeln muß, ist es durchaus möglich, daß sie einen der mehreren in Betracht kommenden Verantwortlichen („Störer"), zum Beispiel den sogenannten **„Inhaber des Gegenmittels"** in Anspruch nimmt, der nach dem Maß seiner zurechenbaren Mitursächlichkeit „an sich" erst in zweiter oder gar letzter Linie heranzuziehen gewesen wäre. **Gefahrenabwehr-Verantwortung** und **Kosten-Verantwortung** können deshalb **auseinanderklaffen** (vgl. Rdn. 120). Es ist aber nicht so, daß die konkrete Polizeipflicht (bei Kosten einschließlich ihrer summenmäßigen Bestimmtheit) überhaupt erst mit dem Erlaß einer konkreten Verfügung gegen den **einen** bestimmten Störer entstünde, während alle übrigen möglicherweise Beteiligten rechtlich völlig „unbelastet", weil in concreto „unverpflichtet" blieben. Vielmehr entsteht die konkrete Polizeipflicht „dem Grunde nach" mit der (Mit-)Verursachung der Gefahr; nur „der Höhe nach", das heißt in ihrer bestimmten Modalität, erfährt sie ihre Konkretion erst durch den belastenden Verwaltungsakt. Wäre dies anders, so wäre die Polizei gar nicht in der Lage, den Kreis der „Nichtstörer" von

---

[187] Im Ergebnis ähnlich *OVG Koblenz* DÖV 1986, 483.

[188] Der Ausdruck „Störergemeinschaft" wird bewußt vermieden, weil es sich häufig nicht um eine durch einen gemeinsam verfolgten Zweck verbundene Gruppe handeln wird.

[189] *BGH* DÖV 1981, 843 f.

[190] Ausführlich dazu *Schwachheim* NVwZ 1988, 225 (227); vgl. ferner *Papier* NVwZ 1986, 263, m. w. Nachw.; *Götz,* Rdn. 259; *Knemeyer,* Rdn. 261; *Mußmann,* Rdn. 304. Ohne entschiedene Stellungnahme *Drews/Wacke/Vogel/Martens,* § 19, 6., S. 302; **für** die entsprechende Anwendung des Gesamtschuldnerausgleichs: *Schenke,* Rdn. 184 ff. m. w. Nachw.; *Seibert* DÖV 1983, 964 ff. (973), *Spannowsky* DVBl. 1994, 560 (563 f.); *Friauf,* Rdn. 100 a; *Raeschke-Kessler* NJW 1993, 2275 (2281); *Kohler-Gehrig* NVwZ 1992, 1049 ff.; *Petersen,* Der gesamtschuldnerische Ausgleich bei einer Mehrheit polizeirechtlich verantwortlicher Personen, 1991.

dem der „Störer" zu unterscheiden. Die Mit-Ursächlichkeit „dem Grunde nach" genügt aber zur Einbeziehung in die Ausgleichsgemeinschaft einer „Störermehrheit".

125 Die Polizei braucht sich also auf der „Primärebene" der Gefahrenabwehrmaßnahme keine Gedanken über die letztendliche Kostenverteilung zu machen. Geht es hingegen auf der „Sekundärebene" nur noch um die Kostenerstattung an die Polizei wegen einer vollzogenen Ersatzvornahme, wird der Ausgleichsgedanke, sofern dies ohne größeren Ermittlungsaufwand möglich ist, bei der Auswahlentscheidung mitzuberücksichtigen sein. Dem steht es keineswegs entgegen, wenn jüngere Polizeigesetze (z. B. § 8 II 2 HSOG) für die Kosten einer „unmittelbaren Ausführung" ausdrücklich eine gesamtschuldnerische Haftung statuieren, zumal § 426 I 1 BGB mit der Möglichkeit einer nicht paritätischen Haftungsaufteilung rechnet. Die Vorschrift des HSOG darf vielmehr als Indiz dafür gewertet werden, daß dem Gesetzgeber ein Ausgleich analog den Regeln über das Gesamtschuldnerverhältnis auch generell als sinnvoll erscheinen könnte.

5. Polizeilicher Notstand

a) Voraussetzungen

126 Unter **polizeilichem Notstand** versteht man eine Sachlage und die aus ihr entspringende Befugnis der Polizei, unter besonderen, eng umrissenen Voraussetzungen Personen zur Gefahrenabwehr in Anspruch zu nehmen, die nicht zu den polizeirechtlich Verantwortlichen gehören, die also weder aus Verhaltens- noch aus Zustands-, Geschäftsherrn- oder Aufsichtshaftung als „Störer" in Betracht kommen. Die rechtliche Möglichkeit, gegen „völlig unbeteiligte Dritte" mit belastenden Maßnahmen vorzugehen, markiert eine **Grenzlinie rechtsstaatlichen Polizeirechts:** Der Bürger wird zur Erfüllung einer öffentlichen, einer Gemeinwohlaufgabe in Pflicht genommen, obwohl weder er selbst noch die von ihm abhängigen Personen, für die er verantwortlich ist, die Gefahrenlage in irgendeiner Weise mitverursacht haben. Dementsprechend ist der polizeiliche Notstand als **Ausnahmefall** zu behandeln, seine Voraussetzungen sind, was in der Praxis keineswegs immer geschieht, **strikt auszulegen und anzuwenden.** Auch entspricht es den Grundprinzipien einer rechtsstaatlichen Ausgestaltung dieses Notstandsrechts, daß der in Anspruch genommene „Nichtstörer" durch einen angemessenen **Opferausgleich** entschädigt wird.

§§ 51 BGSG, 55 PolG BW, Art. 70 I BayPAG, §§ 59 I ASOG Bln, 70 BbgPolG, 38 OBG Bbg, 56 I BremPolG, 10 III HbgSOG, 64 I HSOG, 72 SOG MV, 80 I NGefAG, 67 PolG NW i. V. m. 39 OBG NW, 68 I POG RP, 68 I SPolG, 52 SächsPolG, 69 I SOG LSA, 221 LVwG SH, 68 I ThürPAG, 52 ThürOBG i. V. m. 68 I ThürPAG.

Daß andererseits der Gedanke einer allgemeinen bürgerlichen Hilfeleistungspflicht bei „Unglücksfällen oder gemeiner Gefahr oder Not" der Rechtsordnung nicht fremd ist, zeigt § 323 c StGB, wo sie sogar zu einem strafrechtlich bewehrten Handlungsgebot verdichtet wird (zur Problematik der **Inanspruchnahme Unbeteiligter im Rahmen der Ausweitung der Prävention in das Gefahren-„Vorfeld"** vgl. Rdn. 198 ff.; vgl. auch Kap. C).

127 Die letzte **Rechtfertigung** für die polizeiliche Inanspruchnahme unbeteiligter Dritter ergibt sich, wenn man einmal von der gebotenen sozialethischen Fundierung absieht, aus dem **unbedingten Auftrag an die Polizei,** Störungen und Gefahren zu beseitigen bzw. abzuwehren und zu verhüten. Ihm liegt die Vorstellung zugrunde, daß es keine (innenpolitische) Gefahrenlage geben kann, vor der die Polizei resignierend „die Waffen strekken" dürfte. Hieraus ergibt sich, wie schon eine summarische Analyse der Vorschriften der Art. 35, 91, 87 a IV GG zeigt, unter Einbeziehung des **„inneren" staatsrechtlichen Notstandes** ein tiefgestaffeltes System der Mobilisierung der Abwehrkräfte des Staates: Polizei eines Landes – Polizeien mehrerer Länder – „Kräfte und Einrichtungen anderer Verwaltungen" – Bundesgrenzschutz – Bundeswehr, deren Einsatzmöglichkeiten durch

Subsidiaritätsregeln rechts- und bundesstaatlich wenigstens in der Theorie begrenzt und beherrscht werden. Freilich denkt man unter dem Titel „polizeilicher Notstand" eher an Fälle von Obdachlosigkeit, an technische oder Verkehrskatastrophen, in denen „Sachen wie Unterkünfte, Arznei- und Nahrungsmittel, Arbeitsgeräte, Baustoffe und Beförderungsmittel zur Leistung" von Nichtbeteiligten angefordert werden müssen (vgl. § 10 II HbgSOG). Allenfalls betrachtet man miteinander kollidierende politische Demonstrationen unter diesem Aspekt.[191] Aber prinzipiell kann jede polizeiliche Lage, auch eine solche im Rahmen eines staatsrechtlichen Notstandes, zu einem „polizeilichen Notstand" führen. Die genannten Notstands-Vorschriften des Grundgesetzes lassen besonders deutlich hervortreten, was generell für den polizeilichen Notstand gilt: Daß die Polizei, sofern sie schon nicht einen Verantwortlichen (Störer) verpflichten kann, erst alle ihr eigenen Möglichkeiten, einschließlich der Inanspruchnahme benachbarter Polizeikräfte usw. ausschöpfen muß, bevor sie gegen den an sich unbeteiligten Nichtstörer vorgehen darf.

§ 6 des Musterentwurfs eines einheitlichen Polizeigesetzes hat in Orientierung an diesen Grundsätzen die **tatbestandlichen Voraussetzungen** des polizeilichen Notstandes, die kumulativ erfüllt sein müssen, genauer formuliert. Die Polizeigesetze der Länder Bayern, Berlin, Brandenburg, Bremen, Hessen, Mecklenburg-Vorpommern, Niedersachsen, Nordrhein-Westfalen, Rheinland-Pfalz, Saarland, Sachsen-Anhalt, Schleswig-Holstein und Thüringen sind dem wörtlich oder nahezu wortgleich gefolgt. 128

§ 20 BGSG, Art. 10 BayPAG, §§ 16 ASOG Bln, 7 BbgPolG, 18 OBG Bbg, 7 BremPolG, 9 HSOG, 71 SOG MV, 8 NGefAG, 6 PolG NW, 19 OBG NW, 7 POG RP, 6 SPolG, 10 SOG LSA, 220 LVwG SH, 10 ThürPAG, 13 ThürOBG; weiter: §§ 9 PolG BW, 10 I HbgSOG, 7 SächsPolG.

Im einzelnen ist danach erforderlich, 129

- daß eine gegenwärtige erhebliche Gefahr abzuwehren ist (entsprechendes gilt für eine bereits eingetretene Störung; zu den Begriffen vgl. Rdn. 42 ff.),
- daß Maßnahmen gegen die an sich polizeilich Verantwortlichen nicht oder nicht rechtzeitig möglich sind oder daß sie keinen Erfolg versprechen,
- daß die Polizei die Gefahr nicht oder nicht rechtzeitig entweder selbst oder durch Beauftragte abwehren kann, und
- daß die in Anspruch zu Nehmenden ihrer Verpflichtung ohne erhebliche eigene Gefährdung und ohne Verletzung eigener höherwertiger Pflichten nachkommen können.

Eine weitere ergänzende Bedingung, die im Gesetzeswortlaut keinen Ausdruck findet, ist hinzuzufügen: Ein Nichtstörer darf nur verpflichtet werden, wenn er nach Lage der Dinge voraussichtlich imstande sein wird, **selbst** die Gefahr wirksam zu bekämpfen. Es kann von ihm, anders als von einem polizeilich Verantwortlichen, nicht erwartet werden, daß er dem polizeilichen Gebot durch Beauftragung eines Dritten nachkommt, sofern er selbst zur Durchführung der Handlung außerstande ist. Die Leistung des Nichtstörers ist subsidiär auch gegenüber der Möglichkeit der Polizei, selbst einen geeigneten Spezialisten (Abschleppdienst, Taucher, Entsorgungsunternehmen usw.) zu beauftragen. 130

Der streng zu beachtende Grundsatz des **Nachrangs der Inanspruchnahme des Nichtstörers** gegenüber dem Störer steht in der konkreten Anwendung seinerseits unter dem Einfluß des **Verhältnismäßigkeitsprinzips,** welches das gesamte Polizeihandeln beherrscht. Dies kann zur Zulässigkeit einer Notstandsmaßnahme gegen einen Nichtverantwortlichen führen, obwohl theoretisch auch die Inanspruchnahme eines Verantwortlichen möglich wäre. Doch sind hierbei strenge Maßstäbe anzulegen. Es genügt nicht, daß der Nichtstörer als „Inhaber eines Gegenmittels" in der Lage wäre, die Gefahr mit wesentlich geringerem (Kosten-)Aufwand wirksam zu bekämpfen, als dies dem Störer möglich wäre. In solchen Fällen – zu denken ist hier vor allem an Unglücksfälle, technische oder Naturkatastrophen oder an Obdachlosigkeit – kommt in erster Linie eine **Beauftragung des Inhabers des Gegenmittels** in Frage, sei es im Wege der unmittelbaren 131

[191] Vgl. *VGH München* DÖV 1979, 569, dazu unten Rdn. 136.

Ausführung durch die Polizei, sei es durch den in Anspruch genommenen Verantwortlichen oder im Wege der Ersatzvornahme. Für den beauftragten „Helfer" hat dies den Vorteil, daß ihm die Rechte aus dem privatrechtlichen Auftragsverhältnis (oder dem Werkvertrag o. ä.) zustehen und er nicht auf den Ausgleichsanspruch des Nichtstörers verwiesen ist. Anders liegt es, wenn ein grobes Mißverhältnis zwischen der (geringen) Belastung des Nichtverantwortlichen und einem schweren Schaden, der bei Inanspruchnahme des Verantwortlichen entstünde, abzusehen ist, wenn also durch Maßnahmen gegen den Störer „ein Schaden herbeigeführt würde, der erkennbar außer Verhältnis zu dem beabsichtigten Erfolg steht" (§ 9 I PolG BW).[192] Auch in diesen Fällen hat die Polizei zu prüfen, ob sie die Gefahr nicht selbst oder durch eigene Beauftragte besser und mit weniger schädlichen Auswirkungen bekämpfen kann.

132 Die praktische Handhabung der sehr komplexen abstrakten Tatbestandsvoraussetzungen des polizeilichen Notstandes erfordert ein differenziertes Prognosevermögen und viel, auch politisches Fingerspitzengefühl. Im Bereich des **Versammlungs-** und **Demonstrationsrechts,** das schon dem Preußischen Oberverwaltungsgericht Gelegenheit zur Entfaltung der Grundsätze des polizeilichen Notstandes bot,[193] zeigt weder die ordnungsbehördliche kommunale Praxis noch die sie bestätigende Verwaltungsrechtsprechung ein durchweg befriedigendes Bild. Dazu mag die besonders Ende der 60er Jahre akut gewordene, aber jederzeit wieder mögliche typische **politische Grundkonstellation** der Fälle beigetragen haben, die in doppelter, nämlich in politischer wie in versammlungsrechtlicher Hinsicht eine Herausforderung an den demokratischen Rechtsstaat bedeutete: Eine rechtsextremistische, aber nicht verbotene Partei oder Gruppe (z. B. die NPD) meldet eine Demonstration (oder auch Flugblattverteilungsaktion o. ä.) auf offener Straße an oder möchte für eine Wahlkundgebung einen gemeindeeigenen geschlossenen Raum (Stadthalle, Turnhalle usw.) mieten (vgl. auch § 5 PartG). Unmittelbar vor dem Termin kündigen politisch gegnerische Organisationen, möglicherweise in einem breiten Spektrum bis hin zu (links)radikalen Gruppierungen, massive Gegendemonstrationen an. Gewalttätige Auseinandersetzungen mit Gefahren für Leib und Leben sind je nach den Umständen mit geringerer oder größerer Wahrscheinlichkeit zu befürchten. Die rechtsradikalen Veranstalter, die die Friedlichkeit ihrer Vorhaben versichern, begehren polizeilichen und gegebenenfalls auch gerichtlichen Schutz ihrer Versammlung.[194]

133 In einer solchen Situation müssen sich die Grundsätze rechtsstaatlichen Polizeirechts bewähren, auch wenn es der demokratischen Überzeugung manch eines Polizei- oder Verwaltungsbeamten tief zuwider sein mag, daß er das politische Werbeverhalten einer Partei schützen soll, von deren materieller Verfassungsfeindlichkeit er aus guten Gründen überzeugt ist. Dennoch verstieße eine Praxis, die es sich leicht machte, indem sie (nach links) die möglicherweise (vielleicht auch nur in Einzelfällen „an den Rändern") gewalttätige **Gegen-**Demonstration wegen Störerverantwortlichkeit und auf der anderen Seite (nach rechts) die zuerst als friedliche angekündigte Versammlung wegen polizeilichen Notstandes einfach verböte, in mehrfacher Hinsicht gegen die Regeln des polizeilichen Notstandes. Der vom BVerfG ausführlich begründete hohe Rang der Versammlungsfreiheit[195] verlangt zunächst, daß schon die Gefahrenprognose auf „Tatsachen, Sachverhalten und sonstigen Einzelheiten (beruht); bloßer Verdacht oder Vermutungen können nicht ausreichen".[196] Vor allem aber sind die Maßnahmen an der Erkenntnis auszurichten, daß eine **friedliche und legale Versammlung,** mag sie politisch auch noch so unerwünscht sein, von den Behörden gegen unfriedliche, Straftaten verübende Gegendemonstranten **zu schützen** ist. Die Polizei muß mit allen ihr zur Verfügung stehenden Mitteln, zum

[192] Wie hier: *Götz,* Rdn. 267; ähnlich *Schenke,* Rdn. 193 m. w. Nachw.
[193] Z. B. *PrOVGE* 78, 272 (1923) „Hermannsschlacht".
[194] Vgl. zur Problematik insgesamt, mit zahlreichen Nachw.: *Rühl* NVwZ 1988, 577 (584).
[195] *BVerfGE* 69, 315 (344, 348) (Brokdorf).
[196] Ebenda 354.

Beispiel durch Auflagenerteilung, notfalls auch durch Auflösung oder Verbot, gegen die „störende", unfriedliche Gegen-Versammlung vorgehen (vgl. Kap. H Rdn. 429).[197]

Das Gebot, zum Schutze einer friedlichen, legalen Versammlung **alle verfügbaren polizeilichen Kräfte,** notfalls auch die eines Nachbarlandes oder sogar des Bundes **einzusetzen** (vgl. Art. 35, 91 GG, §§ 7, 11 BGSG, ferner Kap. H), ist ernst zu nehmen. Die faktischen Grenzen polizeilichen Könnens (vgl. Kap. C) sind zwar anzuerkennen, sie dürfen aber besonders dann nicht zu eng angesetzt werden, wenn als Alternative ein Eingriff in die Rechte eines Nichtstörers übrigbleibt. Die Rechtsprechung zur Versammlungsfreiheit hat deren Einschränkbarkeit demgemäß erst dort bejaht, „wo unter Aufbietung aller denkbaren auch vorausplanend vorbereiteten, selbst harten polizeilichen Machtmittel, die wenigstens allgemeine Aufrechterhaltung der öffentlichen Sicherheit und Ordnung unter Inkaufnahme selbst erheblicher Belästigungen der Öffentlichkeit und der Gefährdung schaulustiger Beobachter nicht mehr gewährleistet werden kann und Leben und Gesundheit unbeteiligter oder schutzbedürftiger Dritter ernsthaft und unvermeidbar gefährdet sind".[198] Und wenn als ultima ratio schließlich Maßnahmen gegen den Nichtstörer doch unvermeidlich sind, dann sind diese nach dem Prinzip des mildesten Mittels abzustufen. Ein **Versammlungsverbot** gegen die nichtstörende friedliche Versammlung kommt deshalb erst als allerletzter Ausweg in Frage (vgl. Rdn. 136). 134

Außerdem ist dabei zu berücksichtigen, daß das **Versammlungsgesetz als lex specialis** die allgemeinen Vorschriften der Landespolizeigesetze teilweise verdrängt. Somit wird eine differenzierende Betrachtung erforderlich, je nachdem, ob es sich um eine „öffentliche" oder eine „nichtöffentliche" Versammlung im Sinne des Versammlungsgesetzes handelt, und ob die Versammlung in geschlossenen Räumen oder unter freiem Himmel stattfindet.[199] Für den häufigen Fall einer „öffentlichen Versammlung" oder eines „Aufzuges" unter freiem Himmel (Demonstrationszug) ist § 15 VersammlG anzuwenden. Die Vorschrift enthält eine bereichsspezifische, qualifizierte polizeiliche Generalklausel und nimmt insofern auf die allgemeinen polizeirechtlichen Kategorien der Verantwortlichkeit Bezug. Demgemäß kann auch die Regelung des polizeilichen Notstandes entsprechend angewendet werden.[200] Anders soll es bei Versammlungen in geschlossenen Räumen oder bei nichtöffentlichen Versammlungen sein, wobei die letztgenannte Kategorie zwar unter den Schutz des Art. 8 GG, nicht aber unter den des Versammlungsgesetzes fällt. Ein Parteitag, zu dem nur Funktionäre, Delegierte, geladene Gäste und Journalisten Zutritt haben, stellt eine **nichtöffentliche Versammlung** in diesem Sinne dar. In dem vom OVG Saarlouis entschiedenen Fall[201] handelte es sich um einen solchen Parteitag, auf den man sogar einen „Angriff über die Saar mit Booten" und gegen die vorwiegend aus Glas bestehende Kongreßhalle befürchtete. Da die Vorschriften des Versammlungsgesetzes auf **nichtöffentliche Versammlungen** nicht anwendbar sind, ist die Frage des polizeilichen Notstandes nach allgemeinem Polizeirecht zu beantworten. 135

Bei **öffentlichen Versammlungen in geschlossenen Räumen** stellt sich hingegen die Frage, ob § 13 I Nr. 2 VersammlG auch bei einem Angriff **von außen** anwendbar ist, wenn „unmittelbare Gefahr für Leben und Gesundheit der Teilnehmer" hervorgerufen wird. Mit unterschiedlichen Begründungen wird dies verneint.[202] Entscheidend muß es 136

---

197 Zutreffend: *VGH Mannheim* DÖV 1987, 254. Zu „Adressatenfragen im Versammlungsrecht" s. insb. noch *Kniesel* DÖV 1992, 470 ff.

198 *OVG Saarlouis* JZ 1970, 283 (285), m. krit. Anm. von *Pappermann*. Die Entscheidung überzeugt bei der Anwendung ihrer Maßstäbe in der Tat nicht.

199 Ausführlich und differenzierend *Rühl* (Fußn. 194), dem allerdings nicht in allen Einzelergebnissen gefolgt werden kann.

200 So auch *Götz*, Rdn. 193; *Dietel/Gintzel/Kniesel* (Fußn. 61), § 15, Rdn. 32, m. w. Nachw.

201 S. Fußn. 198.

202 *Dietel/Gintzel/Kniesel* (Fußn. 200), § 13, Rdn. 16, *Rühl* (Fußn. 199), 581; *VGH Mannheim* NVwZ-RR 1990, 602, läßt eine Verfügung gegen externe Störer einer Versammlung aufgrund der polizeilichen Generalklausel zu. Zum Verhältnis von Versammlungsgesetz zu anderen Spezialgesetzen (z. B. Straßen- und Wegerecht) vgl. *BVerwGE* 80, 158.

jedoch darauf ankommen, den Schutz der hochrangigen Rechtsgüter des Lebens und der körperlichen Unversehrtheit zu gewährleisten; auch wenn insoweit das Grundrecht der Versammlungsfreiheit (hier: Art. 8 I GG) ohne geschriebenen Schrankenvorbehalt garantiert wird, unterliegt es doch, wie alle Grundrechte von vergleichbarer Schutzstärke, verfassungsunmittelbaren Begrenzungen (vgl. *BVerfGE* 28, 243, 260 f.; 30, 173, 193; st. Rspr.). In den oben dargelegten, sehr engen Grenzen des polizeilichen Notstandes (vgl. Rdn. 126 f.) kann deshalb auch gegen die friedliche, nichtöffentliche oder öffentliche Versammlung in geschlossenen Räumen vorgegangen werden.

137 Die Voraussetzungen eines polizeilichen Notstandes sind auch nicht schon dann zu bejahen, wenn eine unverhältnismäßige Gefährdung Unbeteiligter im Falle eines an sich möglichen Vorgehens gegen die Verantwortlichen nur die typische Folge einer bestimmten **Modalität des Einsatzes** ist, während andersartige Maßnahmen gegen die Störer durchaus erfolgversprechend sein mögen. Hier geht es im Grunde nur um die Geeignetheit des polizeilichen Mittels. Die Polizei muß ihre Einsatzformen den wechselnden Strategien von Demonstranten (friedlichen wie unfriedlichen) **flexibel anpassen,** um wirksame Gefahrenabwehr leisten zu können. Soll an einem Samstagvormittag in einer stark belebten Fußgängerzone der Münchner Innenstadt eine Flugblattverteil-Aktion in kleinen und kleinsten Gruppen stattfinden, und sind hiergegen (illegale) Gegenaktionen mit Tätlichkeiten zu erwarten,[203] so liegt nicht schon deshalb ein polizeilicher Notstand vor, weil bei einem geschlossenen Einsatz von Bereitschaftspolizei zahlreiche unbeteiligte Passanten, womöglich Weihnachtseinkäufer(innen) unvermeidlich in Mitleidenschaft gezogen werden würden. Und ebenso wenig kann deshalb von „Notstand" die Rede sein, weil eine weiträumige Absperrung der Fußgänger-Einkaufszone unverhältnismäßige Grundrechtseingriffe mit sich brächte. Hier wird die Polizei phantasievoll reagieren müssen; möglicherweise genügt schon die Präsenz etlicher, verteilt operierender Polizeistreifen, auch zu Pferde, um gewalttätige Auseinandersetzungen zu verhüten oder im Keime zu ersticken.

b) Umfang und Dauer der Notstandsmaßnahmen

138 Wie bei der Prüfung der Voraussetzungen des Notstandes, so sind auch bei der Ermessensentscheidung über die zu treffenden Maßnahmen strenge Maßstäbe anzulegen. Als Handlungs**form** kommt praktisch nur die „Polizeiverfügung", also ein Verwaltungsakt in Frage. Es ist schwer vorstellbar, daß eine „gegenwärtige erhebliche Gefahr" durch den bloßen Erlaß einer Polizeiverordnung, also einer abstrakt-generellen Regelung, rechtzeitig und wirksam bekämpft werden könnte.[204] Den Ausnahmecharakter einer Inanspruchnahme Nichtverantwortlicher unterstreichen die Polizeigesetze dadurch, daß sie in besonderer Weise an die Beachtung des Übermaßverbotes erinnern: Notstandsmaßnahmen „dürfen nur aufrechterhalten werden, solange die Abwehr der Gefahr nicht auf andere Weise möglich ist".

§§ 6 II ME, 20 I 2 BGSG, Art. 10 II BayPAG, §§ 16 II ASOG Bln, 7 II BbgPolG, 18 II OBG Bbg, 7 II BremPolG, 9 II HSOG, 8 II NGefAG, 6 II PolG NW, 19 II OBG NW, 7 II POG RP, 6 II SPolG, 7 II SächsPolG, 10 II SOG LSA, 10 ThürPAG, 13 II ThürOBG; mit anderer Formulierung: §§ 71 SOG MV, 220 LVwG SH; § 9 II PolG BW stellt auf die Voraussetzungen des § 9 I PolG BW ab; in Hamburg fehlt eine Regelung.

Dies beinhaltet die Pflicht der Polizei, sich auch nach Vollzug der Notstandsmaßnahme um eine anderweitige Möglichkeit der – noch andauernden – Gefahrbekämpfung zu bemühen.

139 In den ersten Jahrzehnten nach Kriegsende bot die Bekämpfung der **Obdachlosigkeit**[205] ein Hauptanwendungsfeld für das polizeiliche Notstandsrecht. Das Problem der akuten

---

[203] Vgl. den Fall des *VGH München* DÖV 1979, 569.

[204] Ähnlich *Götz,* Rdn. 266; anders *Drews/Wacke/Vogel/Martens,* S. 336; *Schenke,* Rdn. 197.

[205] Dazu umfassend aus neuerer Zeit *Ewer/v. Detten* NJW 1995, 353 ff. und *Günther/Traumann* NVwZ 1993, 130 ff. Vgl. ferner *Lübbe,* Wohnraumbeschaffung durch Zwangsmaßnahmen, 1993.

Wohnungsnot gehört jedoch – leider! – keineswegs der Geschichte an. Vielmehr gewinnt es durch den anhaltenden Asylbewerberstrom, aber auch durch ständig wachsende Bevölkerungsmigrationen und durch eine jahrelang unzulängliche Wohnungsbaupolitik erneut eine bedrückende Aktualität. Die Bewältigung der hier entstehenden Aufgaben fällt auch in den Kompetenzbereich der Träger und Behörden der **Sozialhilfe** (vgl. §§ 3 I, 12 I, 120 BSHG), sowie bei Asylbewerbern auch in den der nach Landesrecht zur Durchführung des Asylverfahrensgesetzes zuständigen Behörden (vgl. §§ 50, 51 AsylVfG). Es kann nicht Aufgabe der Vollzugspolizei und auch nicht der Ordnungsbehörden sein, die „Wohnungsnot zu verwalten". Nur bei **„gegenwärtiger Gefahr"**, wenn also zum Beispiel eine Wohnung aufgrund rechtskräftigen Titels geräumt wurde und die exmittierten ehemaligen Mieter, vielleicht eine kinderreiche Familie, buchstäblich „auf der Straße liegen", darf die Polizei eingreifen.[206] Eine **Wiedereinweisung** in die soeben geräumte Wohnung kommt als Notstandsmaßnahme – der Eigentümer ist „Nichtstörer", „Störer" sind die Obdachlosen! – erst nach Erschöpfung aller anderen Möglichkeiten:[207] Unterbringung in einer städtischen Notunterkunft, Anmietung angemessener Hotelzimmer usw., und dann auch nur für einen eng begrenzten Zeitraum in Betracht. Obdachloseneinweisungen als Notstandsmaßnahmen können und dürfen **keine Dauerlösung** sein. Dem entspricht es, wenn die Rechtsprechung, so hart das auf den ersten Blick erscheinen mag, dem Betroffenen einen Rechtsanspruch auf Verbleib in der vorläufigen Unterkunft versagt.[208] Eine Umwandlung in ein Dauernutzungsverhältnis wird dadurch nicht ausgeschlossen.

Verfügt die Polizei im Wege des Notstandes eine befristete Maßnahme (zum Beispiel die Einweisung eines Obdachlosen für drei oder sechs Monate),[209] so verliert die Verfügung mit Ablauf der Frist ihre Rechtswirksamkeit gegenüber dem Verpflichteten (Wohnungseigentümer). Gleichwohl besteht der für diesen „unerfreuliche" Zustand tatsächlich fort. Um dem abzuhelfen, hat die Rechtsprechung, gestützt auf den Grundsatz der Gesetzmäßigkeit der Verwaltung (Art. 20 III GG) und der Grundrechtsbindung (Art. 1 III GG) einen **Anspruch auf Folgenbeseitigung** anerkannt. Auch § 113 I 2 VwGO hat diesen Gedanken aufgenommen. Der Anspruch gibt dem „Nichtstörer" das Recht, von der Polizei die Beseitigung der unmittelbaren tatsächlichen Folgen ihrer Notstandsmaßnahme zu verlangen. Wie sie dieser Verpflichtung zur Wiederherstellung eines rechtmäßigen Zustandes nachkommt – denn nach Fristablauf ist der weitere Verbleib des Eingewiesenen rechtswidrig – richtet sich nach den allgemeinen Grundsätzen: Erforderlichenfalls muß die Polizei aufgrund der Generalklausel die Räumung der Wohnung verfügen und zwangsweise durchsetzen.[210] 140

6. Unmittelbare Ausführung einer Maßnahme und sofortiger Vollzug

Die Unbedingtheit des polizeilichen Gefahrenabwehrauftrages (vgl. Rdn. 127) verbietet es, seine Durchführung von der Präsenz des oder der Verantwortlichen, von ihrer rechtzeitigen Erreichbarkeit, ihrem Leistungsvermögen oder ihrer Leistungsbereitschaft abhängig zu machen. Geht zum Beispiel von einer Sache eine unmittelbare Gefahr aus – Bäume sind im Sturm von einem Grundstück auf die angrenzende verkehrsreiche Straße gestürzt; unbekannte Täter werfen Kanister mit hochgiftiger Flüssigkeit in einen Bagger- 141

---

206 Vgl. *OVG Lüneburg* NVwZ 1992, 502; *VGH Kassel* NVwZ 1992, 503, die einen Anspruch auf Bereitstellung einer Unterkunft allerdings bejahen.

207 *VGH München* NVwZ 1994, 716 f.; s. ferner *Ewer/v. Detten* NJW 1995, 353 (357 ff.).

208 *VGH Mannheim* DÖV 1987, 256, für polizeiliche und *OVG Berlin* NVwZ 1989, 989, für ordnungsbehördliche oder sozialhilfebehördliche Not-Unterbringung; s. demgegenüber *OVG Lüneburg* und *VGH Kassel* (Fußn. 206).

209 Vgl. § 33 III 2 PolG BW: Höchstdauer einer Beschlagnahme 6 Monate. Die Beschlagnahmeverfügung muß eine Befristung der Inanspruchnahme enthalten: *VGH Mannheim* NVwZ-RR 1990, 476.

210 *Drews/Wacke/Vogel/Martens,* S. 338 ff.; *VGH Mannheim* NVwZ 1987, 1101. Zum Thema vgl. *Gusy,* Rdn. 272 ff, mit Rechtsprechungsnachweisen.

see, so daß eine Verseuchung des Grundwassers droht[211] – so darf die Polizei nicht tatenlos zuwarten, bis der urlaubsabwesende Grundstückeigentümer fernmündlich oder gar schriftlich ein Räumungsunternehmen beauftragt hat; ebensowenig darf sie im Baggersee-Fall mit einem „normalen" Verfahren der Anwendung polizeilichen Zwangs (vgl. Kap. F, Androhung, Festsetzung des Zwangsmittels, Fristsetzung, Kostenvoranschlag bei Ersatzvornahme usw.) kostbare Zeit verlieren, wenn der in Anspruch genommene Eigentümer des Sees seine Verantwortlichkeit leugnet. Hier geben die beiden Rechtsfiguren der **„unmittelbaren Ausführung einer Maßnahme"** und des **„sofortigen Vollzugs"** (oder: Sofortvollzugs) der Polizei den nötigen Handlungsspielraum.

142 Die **„unmittelbare Ausführung einer Maßnahme"**, die als **Selbstvornahme** der Polizei oder als **Fremdvornahme** durch einen beauftragten Dritten in Betracht kommt, setzt nach den Regelungen der meisten Landesgesetze, die hier dem Vorbild des § 5 a ME folgen, voraus, daß der Zweck der Maßnahme durch eine Inanspruchnahme der als „Störer" Verantwortlichen nicht oder nicht rechtzeitig erreicht werden kann.

§§ 19 BGSG, 8 PolG BW, Art. 9 BayPAG, §§ 15 ASOG Bln, 8 HSOG, 6 POG RP, 6 SächsPolG, 9 SOG LSA, 9 ThürPAG, 12 ThürOBG; mit abweichender Formulierung: § 7 HbgSOG; in den übrigen Ländern fehlt eine Regelung.

143 Die Regelung der unmittelbaren Ausführung einer Maßnahme geht davon aus, daß sich praktisch jeder Gefahr ein Verhaltens- oder Zustandsverantwortlicher als „Verursacher" zuordnen läßt. Angesichts der lückenlosen Eigentumsaufteilung der Erdoberfläche, jedenfalls hierzulande, und der nachwirkenden Zustandsverantwortlichkeit des Eigentümers bei Dereliktionen (§ 5 III ME) wird dies der Rechtswirklichkeit wohl gerecht. Man muß sich schon den außergewöhnlichen Fall eines „gezähmten Tieres" im Sinne des § 960 BGB vorstellen, welches den animus revertendi verloren hat, um zu einer von einer Sache (bzw. von einem ihr gleichzubehandelnden Tier) ausgehenden Gefahr zu gelangen, für die niemand verantwortlich ist, und auch das nur bei wörtlich-enger Auslegung des § 5 III ME und der ihm nachgebildeten Vorschriften. Rechnet aber die Regelung der unmittelbaren Ausführung mit der Existenz verantwortlicher Personen „im Hintergrund" – ein deutlicher Beleg hierfür ist die Kostentragungspflicht der Verantwortlichen (§ 5 a II ME) – dann stellt sich die Frage nach der Notwendigkeit dieser Rechtsfigur neben der vollstreckungsrechtlichen des sofortigen Vollzuges (vgl. auch Kap. F Rdn. 770 f.).

144 Als **„sofortigen Vollzug"** (oder „Sofortvollzug") bezeichnet man die Anwendung polizeilicher Zwangsmittel (vgl. den Katalog der Zwangsmittel in Kap. F) **„ohne vorausgehenden Verwaltungsakt"**, das heißt ohne vorgängige, normalerweise gegen den Verantwortlichen zu richtende polizeiliche **„Grundverfügung"**. Eine solche **unmittelbare Zwangsanwendung,** die nicht verwechselt werden darf mit der Anwendung unmittelbaren Zwanges (vgl. Rdn. 151 und Kap. F), ist zulässig, wenn sie zur Gefahrenabwehr erforderlich ist, insbesondere weil Maßnahmen gegen verantwortliche Personen nicht[212] oder nicht rechtzeitig möglich sind oder keinen Erfolg versprechen. Berücksichtigt man, daß einerseits Maßnahmen der unmittelbaren Anwendung von Zwang auch ohne (vor) Kenntnis des Betroffenen durchgeführt werden können (zum Beispiel: ein verkehrshindernder Pkw muß sofort abgeschleppt werden) und daß andererseits dieselbe tatsächliche Handlung (zum Beispiel als eine „Fremdvornahme" durch den Abschleppdienst) zugleich den Tatbestand einer unmittelbaren Ausführung erfüllen kann, dann steht man wiederum vor der Frage nach dem Unterschied der beiden Rechtsinstitute.

145 Im Schrifttum wird deshalb teilweise die Austauschbarkeit[213] oder Funktionsgleichheit beider Einrichtungen[214] hervorgehoben. Immerhin läßt folgende Überlegung eine **Un-**

---

211 Vgl. den ähnlichen Fall des *OVG Münster* DVBl. 1973, 924 ff.

212 Diese erste Alternative fehlt in § 47 II HSOG, sonst wie § 28 II ME.

213 *Schenke,* Rdn. 304: „gleich zu behandeln", m. w. Nachw.

214 *Götz,* Rdn. 417

terscheidung als **gerechtfertigt** erscheinen, wenngleich die praktischen Auswirkungen gering sein mögen: Eine Maßnahme polizeilichen Zwangs kann und darf sinnvollerweise nur dann getroffen werden, wenn ein **entgegenstehender Wille des Verpflichteten** „gebrochen" werden soll, mindestens muß ein solcher Wille den Umständen nach vermutet werden können. Ist das nicht der Fall, kommt nicht der „sofortige Vollzug" einer Zwangsmaßnahme (Phase der Vollstreckung), sondern nur die „unmittelbare Ausführung" in Betracht.[215] Wird ein Nichtschwimmer durch die rasche Hilfe eines Polizeibeamten vor dem Ertrinken gerettet, so liegt darin nicht die Anwendung von Verwaltungszwang, sondern eine unmittelbare Ausführung. Anders verhält es sich, wenn der Ertrinkende ein Selbstmörder ist, der sich mit letzter Kraft und Entschlossenheit gegen seine Rettung wehrt. Diese ist dann als sofortiger Vollzug des Verwaltungszwangs (in Gestalt unmittelbaren Zwangs, §§ 29 I Nr. 3, 33 ME) zu qualifizieren.

Auch bei den in der Praxis häufigen Fällen des **Abschleppens** verkehrswidrig **geparkter** 146
Kraftfahrzeuge[216] ist zu differenzieren (vgl. auch Kap. F und Kap. G). Soll ein Fahrzeug entfernt werden, das ursprünglich ordungsgemäß geparkt war, später aber durch Veränderung der Verkehrslage (oder auch durch Zeitablauf) zu einem abzuschleppenden Verkehrshindernis geworden ist, dann kommt eine unmittelbare Ausführung in Frage. Man darf davon ausgehen, daß der Fahrzeugführer, wäre er anwesend oder mühelos erreichbar, einer Aufforderung, sein Fahrzeug zu entfernen, ohne weiteres nachkäme. Verwaltungszwang erübrigt sich. Handelt der Parksünder hingegen einem eindeutigen Verbot zuwider, etwa, indem er verkehrsbehindernd „in zweiter Reihe" parkt oder ein Vorschriftzeichen Nr. 283 der StVO (absolutes Halteverbot) mißachtet, so kann man, ohne daß es noch eines zusätzlichen konkretisierenden Aktes bedürfte, in dem Ge- oder Verbotszeichen die belastende „Grundverfügung" sehen. Dann aber liegt in dem Vorgang des Abschleppens keine Anwendung von Verwaltungszwang „ohne vorausgehenden Verwaltungsakt" (im Sinne des § 28 II ME usw.). Vielmehr ist dann der „Normalfall" eines mit Zwangsmitteln durchzusetzenden Verwaltungsaktes gegeben, der nur die Besonderheit aufweist, daß die im Regelfall erforderliche Androhung des Zwangsmittels samt Fristsetzung, bei der Ersatzvornahme auch mit Kostenvoranschlag, möglicherweise entfällt.[217]

Für den BGS ergibt sich eine Regelung aus § 13 II BVwVG; für die Länder: § 34 I ME, Art. 59 I 3 BayPAG, §§ 53 IIBbgPolG, 53 I HSOG, 56 I PolG NW, 50 II POG RP, 44 II SPolG, 53 II SOG LSA, 51 II ThürPAG; eine von dem ME abweichende Formulierung haben: §§ 81 SOG MV, 64 II NGefAG, 230 LVwG SH.

Das ist zulässig (in Nordrhein-Westfalen und im Saarland nur zur Abwehr einer „gegenwärtigen" Gefahr). Vielfach wird die Abschlepp-Androhung durch ein entsprechendes Zusatzzeichen verlautbart sein. Die Kosten einer Ersatzvornahme fallen dem Betroffenen ebenso zur Last,

§ 30 I ME, Art. 55 I 2, II BayPAG, §§ 55 BbgPolG, 49 HSOG, 89 SOG MV, 66 NGefAG, 52 PolG NW, 52 POG RP, 46 SPolG, 55 SOG LSA, 238 LVwG SH, 53 ThürPAG,

wie die Kosten einer unmittelbaren Ausführung.[218]

Die **Rechtsschutzform** gegen die unmittelbare Ausführung einer Maßnahme oder 147
gegen den sofortigen Vollzug des Verwaltungszwangs richtet sich jeweils nach der „Rechtsnatur" des angegriffenen Aktes. In jedem Fall ist Rechtsschutz nach § 40 I VwGO, Art. 19 IV GG gewährleistet. Die früher h. M. sah in Anlehnung an das preußische Vorbild des § 44 I 2 PrPVG in der Vollzugshandlung der unmittelbaren Ausführung zu-

---

215 Wie hier: *Schenke,* Rdn. 304.

216 Kritisch zu dieser Frage *Schwabe* NVwZ 1994, 629 ff.

217 *VGH Kassel* NVwZ-RR 1995, 29 (30), erblickt hierin einen Fall der unmittelbaren Ausführung einer Maßnahme.

218 Zur Frage der Kostentragung: *Dienelt* NVwZ 1994, 355 und 664; aus der Rechtsprechung s. *OVG Koblenz* NVwZ 1994, 715 und *VG Frankfurt/M.* NVwZ-RR 1994, 90.

gleich die Fiktion einer zugrundeliegenden Polizeiverfügung sowie der Androhung und Festsetzung des Zwangsmittels.[219] Der damals für diese Konstruktion maßgebliche Grund, den Rechtsweg zu eröffnen, ist heute entfallen. Die Rechtswidrigkeit von Eingriffen in die Rechtssphäre des Bürgers durch tatsächliches Verwaltungshandeln (**„Realakte“**) kann heute durch **Feststellungsklage** gegen den vollzogenen Akt ebensogut festgestellt werden wie die eines **Verwaltungsaktes** durch eine nachträgliche sogenannte **Quasi-Fortsetzungsfeststellungsklage** analog § 113 I 4 VwGO. Bei abgeschlossenen polizeilichen Vollzugshandlungen kommt eine andere Klageform ohnehin kaum in Betracht.

148 Die unmittelbare Ausführung einer Maßnahme wird man, insbesondere wenn sie **vor** der Unterrichtung des Betroffenen erfolgt, der vielleicht der Person nach noch gar nicht feststeht (vgl. § 5 I 2 ME usw.), nicht als Verwaltungsakt, sondern nur als Realakt qualifizieren können.[220] Man vermeidet damit die Schwierigkeit, einen „adressatlosen Verwaltungsakt“ annehmen zu müssen, der wirksam sein soll, obwohl er dem künftigen Adressaten noch gar nicht bekanntgegeben wurde (arg. aus §§ 41 I, 43 I VwVfG). Ein in Gegenwart des Betroffenen im Sofortvollzug angewandtes Zwangsmittel, zum Beispiel die Anwendung unmittelbaren Zwanges gegen Personen oder Sachen, kann hingegen sehr wohl als eine „Regelung“ mit unmittelbarer Außenwirkung, mithin als Verwaltungsakt, angesehen werden. Dabei muß nicht das Gebot einer Duldung der Zwangseinwirkung fingiert werden, vielmehr wird konkludent das Gebot der Herbeiführung des mit der Zwangsanwendung erstrebten Erfolges, zum Beispiel Entfernung des Pkw, Entfernung aus einer aufgelösten Versammlung, ausgedrückt. Gegen solche Akte ist also die Anfechtungsklage bzw. die (Quasi-)Fortsetzungsfeststellungsklage eröffnet (vgl. dazu auch BVerwGE 26, 161, 164; z.T. a. A. *Rachor,* Kap. F.

149 § 28 II ME und die ihm entsprechenden Vorschriften,

Art. 53 II BayPAG, §§ 53 II BbgPolG, 47 II HSOG, 81 I 1 SOG MV, 64 II NGefAG, 50 II PolG NW, 44 II SPolG, 53 II SOG LSA, 230 I 1 LVwG SH, 51 II ThürPAG,

fordern als Voraussetzung des sofortigen Vollzuges ein Handeln der Polizei „innerhalb ihrer Befugnisse“. Das bedeutet, daß sich eine **richterliche Rechtmäßigkeitskontrolle** erstreckt

- auf die Frage, ob die Voraussetzungen für den Erlaß einer „Grundverfügung“ „an sich“ vorgelegen haben,
- ferner auf das Vorliegen der besonderen Eil-Voraussetzungen des § 28 II ME und
- schließlich auf Auswahl, Ausmaß und Anwendung des Zwangsmittels, wobei die Ermessensspielräume der Exekutive zu beachten sind, § 114 VwGO.[221]

150 Unter den engen Voraussetzungen des polizeilichen Notstandes (vgl. Rdn. 128 ff.) kommt ein Vorgehen im Wege des sofortigen Vollzuges auch **gegen den Nichtstörer** in Betracht. Von der Möglichkeit einer **unmittelbaren Ausführung** auch gegenüber **Nichtstörern** zu sprechen, macht nur für den (seltenen) Fall Sinn, daß die Polizei unbedingt auf eine Sache des abwesenden Nichtstörers zugreifen muß. Kann sie hingegen einen Dritten mit der Gefahrenabwehr beauftragen, liegt kein „polizeilicher Notstand“ vor; ein Nichtstörer darf dann folglich nicht in Anspruch genommen werden.[222] Der sofortige Vollzug wird sich auf die Anwendung unmittelbaren Zwanges, meistens gegen Sachen, beschränken müssen (zum Beispiel die gewaltsame Öffnung der Wohnung eines Unbeteiligten zur Rettung von Personen aus Feuergefahr). Das Zwangsmittel der Ersatzvornahme scheidet hier aus, weil ein polizeilicher Notstand nicht vorliegt, soweit und so-

---

219 Vgl. *Wolff/Bachof,* Verwaltungsrecht III, 4. Aufl. 1978, § 160 Rdn. 6; *Götz,* Rdn. 418; *Drews/Wacke/Vogel/Martens,* S. 441 f., krit. dazu aber S. 216 ff. mit Fußn. 214.

220 Ebenso *Vogel,* s. vor. Fußn., S. 442; *Schenke,* Rdn. 306 f.

221 Zutreffend *Wagner,* PolG NRW, 1978, § 28 Rdn. 24 ff.

222 Richtig gesehen bei: *Würtenberger/Heckmann/Riggert,* Rdn. 510.

lange die Polizei die Gefahr selbst oder durch beauftragte Dritte abwehren kann. Die Anwendung unmittelbaren Zwanges gegen die Person des Nichtstörers wird meistens am Übermaßverbot scheitern. So darf die Polizei den uneinsichtigen Nichtverantwortlichen, der sich weigert, die rettende Tür zu öffnen, nicht etwa „mürbe" schlagen, sondern sie muß notfalls Gewalt gegen die Sache (Tür) anwenden (vgl. auch § 52 I 2 PolG BW).

§§ 12 I 2 BUZwG, 53 I 2 PolG BW, Art. 66 I 2 BayPAG, §§ 66 I 1 BbgPolG, 46 I 2 Brem PolG, 24 I 2 HbgSOG, 60 I 2 HSOG, 76 I 2 NGefAG, 63 I 2 PolG NW, 63 I 2 POG RP, 65 I SOG LSA, 64 I 2 ThürPAG; abweichend und deutlich: §§ 56 I SPolG, 32 I 3 Sächs PolG, 257 I LVwG SH.

Nach den bisherigen Ausführungen sollten Verwechslungen der unmittelbaren Ausführung oder des sofortigen Vollzuges mit dem Zwangsmittel des **unmittelbaren Zwanges** ebenso ausgeschlossen sein wie mit der **Anordnung der sofortigen Vollziehung** im Sinne des § 80 II Nr. 4, III VwGO. Unmittelbarer Zwang ist eines der drei polizeilichen Zwangsmittel und zwar dasjenige, welches erst in Betracht kommt, wenn die anderen Mittel – Ersatzvornahme oder Zwangsgeld – nicht in Frage kommen, keinen Erfolg versprechen oder unzweckmäßig sind. **151**

§ 33 I ME, Art. 58 I 1 BayPAG, §§ 58 I 1 BbgPolG, 41 V 1 BremPolG, 52 I 1 HSOG, 90 SOG MV, 69 VI NGefAG, 55 I 1 PolG NW, 55 POG RP, 49 I 1 SPolG, 58 VI SOG LSA, 56 I 1 ThürPAG; enger: §§ 52 I 1, 2 PolG BW, 32 I 1 SächsPolG; weiter: § 239 LVwG SH.

Somit ist die Anwendung unmittelbaren Zwanges eine der Möglichkeiten des ausnahmsweise eintretenden sofortigen Vollzuges. Im Regelfall werden der Zwangsanwendung eine „Grundverfügung", die Androhung des Zwanges mit Fristsetzung und die Zustellung dieser Akte an den Verpflichteten vorausgehen müssen (vgl. § 34 ME). **152**

Die Anordnung der sofortigen Vollziehung nach § 80 II Nr. 4 VwGO ist eine Möglichkeit, bei besonderem öffentlichen Vollzugsinteresse einen Verwaltungsakt („Grundverfügung") besonders schnell vollstreckbar zu machen (vgl. zum Beispiel § 6 I VwVG des Bundes sowie die entsprechenden Verwaltungsvollstreckungsgesetze der Länder). Der Verpflichtete kann sich mit einem Antrag auf Wiederherstellung der aufschiebenden Wirkung gemäß § 80 V VwGO dagegen zur Wehr setzen. Dagegen fehlt es im Falle des „sofortigen Vollzuges" überhaupt an einer vorangegangenen Grundverfügung. Weil dem Betroffenen hier nur noch die Möglichkeit bleibt, **nachträglich Rechtsschutz** zu suchen (Feststellung der Rechtswidrigkeit, Klage auf Folgenbeseitigung), ist der Ausnahmecharakter dieser Eingriffsmodalität ernst zu nehmen. **153**

II. Strafverfolgung

1. Gefahrenabwehr und Straftatverfolgung: Prävention und Repression

Die neueren Polizeigesetze, die sich mehr oder weniger an den Musterentwurf anlehnen, unterscheiden im wesentlichen **vier Aufgabenkomplexe:** **154**

- die Gefahrenabwehr (vgl. Abschnitt I),
- den Schutz privater Rechte,
- die Vollzugshilfe und die (allgemeine) Amtshilfe und
- die „durch andere Rechtsvorschriften" übertragenen Aufgaben.[223]

Während jedoch die sogenannte „vorbeugende Bekämpfung von Straftaten" ausdrücklich erwähnt und in den „Rahmen der Gefahrenabwehr" einbezogen wird, **155**

---

223 Auf die Amtshilfe wird meistens bei den Vorschriften über die Vollzugshilfe verwiesen. Vgl. unten Rdn. 213. Das SPolG erwähnt – systemwidrig – die übertragenen Aufgaben erst in § 8 II 2 bei der allgemeinen Befugnisklausel.

§§ 1 III ASOG Bln, 1 I 2 BbgPolG, 1 IV HSOG, 1 I 2 NGefAG, 1 I 2 PolG NW, 1 I 3 POG RP, 1 I 2 Nr. 2 SächsPolG (Straftaten zu verhindern und vorbeugend zu bekämpfen), 2 I SOG LSA, 2 I 2 ThürPOG, 1 V BGSG,

(vgl. Rdn. 180 ff.), erscheint das neben der Gefahrenabwehr bedeutsamste Aufgabenfeld der Polizei, nämlich die **Straftat-** (und Ordnungswidrigkeiten-)**verfolgung** gleichsam versteckt unter den „zugewiesenen weiteren Aufgaben".

§ 1 II PolG BW, Art. 2 IV BayPAG, §§ 1 II ASOG Bln, 1 IV BremPolG, 1 II HSOG, 2 II 2 SOG MV; 1 V NGefAG, 1 IV PolG NW, 1 II POG RP, 1 II SächsPolG, 1 III SOG LSA, 163 II 1 LVwG SH, 2 IV ThürPOG.

156 Nur wenige Polizeigesetze erwähnen ausdrücklich die Aufgabe der Polizei, Straftaten und Ordnungswidrigkeiten zu verfolgen,

§§ 8 S. 2 POG Bbg, 85 I SPolG, 12 f BGSG.

Dieses weder sachlich noch rechtsnormdidaktisch gerechtfertigte „understatement" des Gesetzgebers ist nur auf dem historischen Hintergrund der seit gut anderthalb Jahrhunderten in Deutschland geführten Auseinandersetzung über die Aufgabenteilung und die Zusammenarbeit zwischen Justiz (Staatsanwaltschaft) und Polizei zu verstehen.[224] Und noch heute betritt man hier eine hochsensible Problemzone, wie beispielsweise der Streit um die „Herrschaft" über personenbezogene Daten in „Kriminalakten" und „kriminalpolizeilichen Sammlungen" gezeigt hat.[225]

157 Ausgangspunkt aller Überlegungen zur rechtsstaatlichen Auslegung und Anwendung des Polizei- wie des Strafverfahrensrechtes muß die **klare Unterscheidung zwischen Prävention und Repression** sein. An ihr ist ungeachtet aller Überschneidungen in der Praxis (vgl. Rdn. 180) wie auch aller strategischen Überlegungen zu einem präventions- und repressionsübergreifenden „operativen" Polizeieinsatz festzuhalten.[226] Die Grenze zwischen den beiden Bereichen wird **theoretisch** durch die Differenz zwischen zu erwartender, aber noch nicht eingetretener Rechtsgutverletzung (Schädigung) und bereits „vollendeter" (oder doch mindestens versuchter) Schadensverursachung durch eine mit Strafe bedrohte Handlung gezogen. **Praktisch** ergibt sich hieraus eine Reihe von Folgeunterscheidungen, die nicht ohne Einbuße an grundlegender rechtsstaatlicher Schutzgewährleistung hin oder her manipuliert werden können.

158 Dies wird einsichtig, sobald man sich einen wesentlichen Unterschied zwischen präventivem und repressivem Polizeihandeln vergegenwärtigt: Geht es bei ersterem um eine primär **ereignisbezogene, prognostisch** fundierte, möglichst **effektive** und **flexible** Reaktion auf eine Schadenswahrscheinlichkeit, bei welcher der „Täter" = Störer als Person, als moralisches Wesen, völlig uninteressant ist und deshalb als „black box" behandelt werden kann,[227] so ist im Gegensatz hierzu die repressive Tätigkeit als Bestandteil eines **tat-** und **täter**bezogenen, **vergangenheits**fundierten, an der Einzelfall**gerechtigkeit** orientierten Verfahrens zu sehen, bei welchem die individuelle Persönlichkeit des Täters, seine „Schuld", im Hinblick auf die Findung eines „gerechten" Urteils eine entscheidende Rolle zu spielen hat; deshalb ist die Stellung des Beschuldigten/Angeklagten in „seinem" (Straf-)Verfahren eine ganz andere als die des bloßen „Störers". Und während sich das präventive Handeln mit „Wahrscheinlichkeit" als Eingriffsvoraussetzung begnügen darf und muß, muß das repressive Verfahren auf die Feststellung von „Gewißheit" über ein in der Vergangenheit gerichtetes Ereignis gerichtet sein.

---

[224] Zur Geschichte vgl. *Funk*, S. 172 ff.

[225] Vgl. etwa die Auseinandersetzung zwischen *Schoreit, Ahlf* und *Honnacker,* in Computer und Recht, 1986. Dazu *Denninger* CR 1988, 51 ff. = Der gebändigte Leviathan, 1990, S. 441 ff. Zum Ganzen eingehend *Rachor* (Fußn. 43), S. 158 ff.

[226] Vgl. etwa *Stümper,* Die Wandlung der Polizei in Begriff und Aufgaben, Kriminalistik 1980, 242 ff. Ferner unten Rdn. 181 ff.

[227] S. o. Rdn. 59.

a) Gesetzgebungszuständigkeit

Die Unterscheidung zwischen straftatverfolgender (repressiver) und präventiver (das heißt auch: straftatverhütender) polizeilicher Tätigkeit ist zunächst für die Abgrenzung der Regelungskompetenzen von Bedeutung. Nach Art. 74 Nr. 1 GG fallen unter anderem das materielle Strafrecht, der Strafvollzug und das **gerichtliche Verfahren** in den Bereich der konkurrierenden Gesetzgebung. Solange und soweit der Bund auf diesem Gebiet von seinem Gesetzgebungsrecht Gebrauch gemacht hat, tritt die Sperrwirkung des Art. 72 I GG für die Länder ein; sie sind von der Gesetzgebung ausgeschlossen. Ein „Gebrauchmachen" von der Kompetenz ist nicht nur anzunehmen, wenn der Bund eine Einzelfrage ausdrücklich geregelt hat, sondern auch dann, wenn eine „erschöpfende und abschließende Regelung" des betreffenden Sachgebietes insgesamt gewollt war.[228] Eine lückenlose, Ergänzungen ausschließende Normierung kann aber nicht schon immer dann angenommen werden, wenn der (Bundes-)Gesetzgeber eine „Kodifizierung" der Materie gewollt hat, wie das bei der StPO der Fall war (vgl. § 6 EGStPO). Vielmehr ist jeweils zu prüfen, ob die getroffenen Regelungen als erschöpfend und abschließend gedacht sind oder ob sie Raum für landesrechtliche Ergänzungen lassen. Hinweise für die Beantwortung dieser Frage können sich aus der Entstehungsgeschichte, aus der Systematik der Regelungen, aus Novellierungsbestrebungen und vor allem aus dem Differenzierungs- und Spezialisierungsgrad einzelner Vorschriften ergeben.[229] 159

Zum gerichtlichen Verfahren im Sinne des Art. 74 Nr. 1 GG gehört auch die Tätigkeit der Polizei im straftatverfolgenden **Ermittlungsverfahren.**[230] Dementsprechend normiert die StPO in § 163 eine **Aufgabenzuweisungs-**Generalklausel für alle Polizeibeamten, die durch die Beauftragungsbefugnis der Staatsanwaltschaft in § 161 StPO ergänzt wird. Nach § 163 I StPO haben die Behörden und Beamten des Polizeidienstes „Straftaten zu erforschen und alle keinen Aufschub gestattenden Anordnungen zu treffen, um die Verdunkelung der Sache zu verhüten". Schon über die Auslegung dieser Vorschrift besteht Streit, insbesondere darüber, ob sich aus ihr auch **Eingriffsbefugnisse,** wenigstens unterhalb einer gewissen Intensitätsschwelle, herleiten lassen („Schwellentheorie").[231] Keinesfalls lassen sich Ermittlungshandlungen mit Grundrechtseingriffscharakter etwa auf „vorkonstitutionelles Gewohnheitsrecht" stützen. Unklarheit und Streit herrscht aber erst recht über die Reichweite der Regelungskompetenz des Bundes und demzufolge über die Fragen, 160

- ob die in der StPO ganz oder teilweise fehlenden Befugnisregelungen durch landesgesetzliche Vorschriften, zum Beispiel in den Polizeigesetzen als „repressive" Befugnisse ergänzt werden dürfen oder
- ob ähnliche oder identische präventivpolizeiliche Befugnisnormen des Landesrechts (zum Beispiel über polizeiliche Beobachtung, über Datenerhebung durch Observation oder Einsatz technischer Mittel, über Rasterfahndung usw.) zu Ermächtigungen bei der Verfolgung repressivpolizeilicher (strafverfolgender) Zwecke umfunktioniert werden dürfen. Einen erheblichen Teil der Zweifelsfragen hat allerdings das „Gesetz zur Bekämpfung des illegalen Rauschgifthandels und anderer Erscheinungsformen der Organisierten Kriminalität („OrgKG") vom 15. 7. 1992 (BGBl. I S. 1302) mit der Einfügung der §§ 98a–c, 100c–d, 110a–e, 163e usw. in die StPO ausgeräumt.

Dem durch § 8 II ME vorgezeichneten Weg folgen 161

Art. 11 III 2 BayPAG, §§ 17 II 2 ASOG Bln, 10 II BbgPolG, 8 II 2 PolG NW, 9 II 2 POG RP, 8 II SPolG, 12 III 2 ThürPOG; enger 2 II 2 SOG MV.

---

[228] *BVerfGE* 56, 110 (119). Vgl. auch *Maunz//Dürig,* GG, Art. 72, Rdn. 14; *Bothe,* in: AK-GG, 2. Aufl., Art. 72, Rdn. 2ff.

[229] S. auch *Denninger,* in: Denninger/Lüderssen, S. 304f.

[230] *Maunz/Dürig,* GG, Art. 74, Rdn. 82; allg. Meinung.

[231] Mit Recht verneinend *Kleinknecht/Meyer-Goßner,* § 163, Rdn. 1 (m.w.Nachw.); *Roxin,* § 10, Rdn. 17ff.

Bei wörtlicher Auslegung dieser Vorschriften könnte die Polizei Befugnisse, die ihr nach der StPO zu strafprozessualen Zwecken nicht zustehen, auf ergänzend herangezogene präventivpolizeiliche Normen stützen. Beispielsweise ist ein Beschuldigter nach Strafverfahrensrecht nicht verpflichtet, vor der Polizei zur Vernehmung zu erscheinen. Eine Vorladung mit zwangsweiser Vorführung zu diesem Zweck wäre unzulässig.[232] Nach den oben zitierten Verweisungsnormen (in der Fassung des § 8 II ME) könnte der Beschuldigte polizeilich vorgeladen werden, wenn „Tatsachen die Annahme rechtfertigen, daß [er] sachdienliche Angaben machen kann, die für die Erfüllung einer bestimmten polizeilichen Aufgabe erforderlich sind".

§ 11 I Nr. 1 ME, Art. 15 I Nr. 1 BayPAG, §§ 20 I Nr. 1 ASOG Bln, 15 I Nr. 1 BbgPolG, 50 I Nr. 1 SOG MV, 10 I Nr. 1 PolG NW, 12 I Nr. 1 POG RP, 11 I SPolG, 17 I Nr. 1 ThürPOG.

Eine solche Aufgabe ist die (konkrete) Straftaterforschung. Besteht zusätzlich eine besondere Gefahrenlage oder sollen auch nur erkennungsdienstliche Maßnahmen durchgeführt werden, so wäre auch eine zwangsweise Vorführung zulässig.

Art. 15 III BayPAG, §§ 20 III ASOG Bln, 15 III BbgPolG, 50 III SOG MV, 10 III PolG NW, 12 III POG RP, 11 IV SPolG, 17 III ThürPOG.

162 Das Beispiel zeigt, daß hier vor allem die Gefahr besteht, daß die **strafprozessualen Verfahrensgarantien präventivpolizeilich unterlaufen werden**. Denn bei der Beurteilung der Notwendigkeit einer erkennungsdienstlichen Behandlung hat die Polizei einen weiten Spielraum. Demgegenüber verdient die Formulierung des § 3 I 2 HSOG den Vorzug, welche die ergänzende Anwendung des HSOG im repressiven Bereich ausdrücklich nur vorsieht, „soweit die besonderen Rechtsvorschriften keine **abschließenden** Regelungen enthalten" (Hervorhebung nicht im Original).

Vgl. auch §§ 10 II 2 BremPolG, 3 I 2 NGefAG, 4 I 2 SOG LSA, 163 II 2 LVwG SH, 14 III 2 BGSG.

163 Mit *Götz* und anderen[233] ist davon auszugehen, daß der Gesetzgeber insbesondere seit der StPO-Novelle 1978 die polizeilichen Eingriffsbefugnisse im Ermittlungsverfahren erschöpfend und abschließend regeln wollte bzw. noch regeln will.[234] Die Strafprozeßordnung ist ständig Gegenstand kleinerer oder größerer Änderungen. Zwischen Februar 1992 und Juni 1998 ergingen 31 Gesetze mit z.T. einschneidenden Veränderungen, vgl. z.B. das Gesetz zur Verbesserung der Bekämpfung der organisierten Kriminalität vom 4. 5. 1998 (BGBl. I S. 846) mit seinen Änderungen im Bereich der §§ 100a ff. StPO.

164 Einerseits sind also die Länder nicht befugt, im Sachgebiet Strafverfolgung (im Sinne des Art. 74 Nr. 1 GG) zu legiferieren, so wenig, wie sie dies auf den parallel liegenden Gebieten des Vereins- und Versammlungsrechts dürfen (vgl. Art. 74 Nr. 3 GG). Andererseits darf aber auch der Bund den kompetenzumschreibenden Begriff „gerichtliches Verfahren" nicht beliebig auffüllen. So besteht zwar auch angesichts der Aufgabenbeschreibung in den §§ 160, 161, 163 StPO kein Zweifel daran, daß die „Aufklärung" und die „Verfolgung" von Straftaten ins Zentrum dieser die StPO tragenden Kompetenzmaterie fallen. Doch kann gleiches nicht für die **„Verhinderung" von Straftaten** gelten.[235] Will man der Sprache nicht Gewalt antun, dann bezeichnet „Verhindern" eine Tätigkeit, welche den Eintritt eines Ereignisses, hier einer Straftat, unmöglich macht. Im gleichen

232 Das ergibt sich aus § 163a mit Verweisung auf §§ 133ff. StPO. Die Erscheinenspflicht besteht nur vor Richter und Staatsanwalt. Zum Problem *Roxin*, § 31, Rdn. 23 m. w. .Nachw.

233 *Götz*, Rdn. 538ff.; *ders.* NVwZ 1984, 212; *Kleinknecht/Meyer-Goßner*, § 6 EGStPO, Rdn. 1.

234 Dies geht aus den Kommentierungen zum ME hervor (vgl. *Heise*, Musterentwurf usw., 1976, Anm. 2 zu § 8 II ME): Die Konferenzen der Justizminister und der Innenminister seien gemeinsam der Auffassung, daß die Befugnisse der Polizei insoweit „in der Strafprozeßordnung und im Ordnungswidrigkeitengesetz abschließend geregelt werden sollten" (S. 41).

235 A. A. *Maunz*, in: Maunz/Dürig, GG, Art. 74, Rdn. 82, der Verhinderung, Aufklärung und Verfolgung von Straftaten zusammen unter die Regelungskompetenz des Bundes faßt.

Sinne kann man von „Verhüten" sprechen.[236] Verhinderung oder Verhütung eines Schadenseintritts, und sei es auch einer strafsanktionsbewehrten Rechtsgutverletzung, ist aber das Kernstück polizeilicher Gefahrenabwehr, ist **Prävention** (vgl. Rdn. 4). Von Ausnahmen abgesehen (BGS, BKA usw.), ist deren Regelung **Ländersache** (vgl. dazu auch Kap. C).

Trotz der im Ansatz klaren Trennung von Prävention und Repression gibt es nicht nur in der Praxis (vgl. Rdn. 180), sondern auch bei der Normsetzung gewisse **Überschneidungszonen**. So ist zum Beispiel die zweite Alternative der Voraussetzungen für die Durchführung **erkennungsdienstlicher Maßnahmen nach § 81 b StPO** – also für die Aufnahme von Lichtbildern, die Abnahme von Fingerabdrücken des Beschuldigten, die Registrierung einer (freiwillig geleisteten) Sprech- oder Stimmprobe o. ä. – eindeutig nicht repressivpolizeilich im engeren Sinne begründet, wie der Vergleich mit den Voraussetzungen der ersten Alternative ergibt. Allerdings läßt sich die zweite Alternative auch nicht einfach präventivpolizeilich qualifizieren,[237] denn es geht dabei primär nicht um die Verhütung künftiger Straftaten – man sollte den spezialpräventiven Effekt einer Lichtbildkartei nicht überschätzen! – sondern um die Erleichterung ihrer Aufklärung, um ihre „Erforschung". Diese erkennungsdienstlichen Maßnahmen sind deshalb zutreffend als **„Vorbereitung auf die Verfolgung künftiger Straftaten"** einzuordnen. Ebenso wie die Vorbereitung auf (= Vorsorge für) das Gefahrenabwehrhandeln in den Bereich der Prävention fällt, ist die Vorbereitung auf die Strafverfolgung dieser, also der Repression zuzurechnen (und damit in der StPO zu regeln). Treffend hat das BVerwG hierzu ausgeführt, die Anfertigung, Aufbewahrung und systematische Zusammenstellung in kriminalpolizeilichen Sammlungen der erkennungsdienstlichen Unterlagen nach § 81 b 2. Alt. StPO dienten nach ihrer gesetzlichen Zweckbestimmung „– ohne unmittelbaren Bezug zu einem konkreten Strafverfahren – der vorsorgenden Bereitstellung von sächlichen Hilfsmitteln für die sachgerechte Wahrnehmung der Aufgaben, die der Kriminalpolizei hinsichtlich der Erforschung und Aufklärung von Straftaten durch § 163 StPO zugewiesen sind (vgl. *BVerwGE* 26, 169/170)". Auch die Dauer der Aufbewahrung solcher Unterlagen müsse davon abhängen, ob der anläßlich des gegen den Betroffenen gerichteten Strafverfahrens festgestellte Sachverhalt „Anhaltspunkte für die Annahme bietet, daß der Betroffene künftig oder anderwärts gegenwärtig mit guten Gründen als Verdächtiger in den Kreis potentieller Beteiligter an einer noch aufzuklärenden strafbaren Handlung einbezogen werden könnte und daß die erkennungsdienstlichen Unterlagen die dann zu führenden Ermittlungen – den Betroffenen schließlich überführend oder entlastend – fördern könnten".[238] Zweifelhaft kann hier nur sein, ob das BVerwG die Zulässigkeit des Verwaltungsrechtsweges zu Recht bejaht hat.[239] Doch läßt sich dies vertreten, wenn man berücksichtigt, daß die Aufbewahrung der Ed-Unterlagen zwar der Strafrechtspflege dient, jedoch außerhalb eines konkreten Strafverfahrens erfolgt, daß mithin „keine Maßnahme auf dem Gebiet des Strafprozesses"[240] vorliegt und die §§ 23 ff. EGGVG deshalb nicht anwendbar sind. **165**

Eine weitere kompetentielle und funktionale Verzahnung von strafprozessualem Bundesrecht mit (vollzugs-)polizeilichem Landesrecht ergibt sich bei der **zwangsweisen Durchsetzung** strafprozessualer Ermittlungsmaßnahmen. In diesem Bereich steht der **166**

---

236 Zur Semantik dieser und ähnlicher Begriffe vgl. *Rachor* (o. Fußn. 225), S. 39 ff.

237 So aber *Götz,* Rdn. 508, der die Maßnahmen als solche der „vorbeugenden Verbrechensbekämpfung" einordnet. Im Ergebnis ist *Götz* beizupflichten: Die Regelung im Rahmen der StPO ist gerechtfertigt, allerdings aus dem im Text genannten Grund. Das *BVerwG* NJW 1990, 2768 f., ordnet hingegen die „vorsorgende Strafverfolgung" der polizeilichen Aufgabe der Gefahrenabwehr zu. *Paeffgen* JZ 1991, 437 (443), verneint die Gesetzgebungskompetenz des Bundes für die „Verfolgungsvorsorge". Sie kann sich jedoch bei teleologischer Auslegung auf das „gerichtliche Verfahren" in Art. 74 Nr. 1 GG stützen.

238 *BVerwGE* 66, 202 (204 und 205).

239 Offenbar ohne Problematisierung im Anschluß an *BVerwGE* 26, 169 (170). Zum Rechtsweg vgl. Kap. K.

240 *BVerwGE* 26, 170.

Polizei keine Befugnis-Generalklausel zur Verfügung; vielmehr gilt der **Grundsatz der speziellen Normierung der Standardbefugnisse.** Eine „Vollstreckungsregelung", wie derartige Maßnahmen, sofern es sich nicht ohnehin um Realakte handelt, zwangsweise durchgesetzt werden können, fehlt in der StPO völlig. Hier greifen die landesrechtlichen Vorschriften über den polizeilichen Zwang ergänzend ein, wobei insbesondere die Anwendung unmittelbaren Zwanges in Betracht kommt. Nach dem Vorbild des § 35 I ME verweisen die neueren Landesgesetze für alle Fälle rechtlich irgendwie zugelassener polizeilicher Zwangsanwendung „für die Art und Weise der Anwendung" auf ihre speziellen Vorschriften.

Art. 60 I BayPAG, §§ 60 I BbgPolG, § 1 II UZwG Bln, § 40 II BremPolG, § 54 I HSOG, § 101 I SOG MV, § 71 I NGefAG, § 57 I PolG NW, § 57 I POG RP, § 51 SPolG, § 30 I SächsPolG, § 60 I SOG LSA, § 250 I LVwG SH, § 58 I ThürPOG, § 1 UZwG.

167 Damit werden vor allem die Fragen der zulässigen Hilfsmittel und Waffen, der Voraussetzungen für die Fesselung einer Person und für den Schußwaffengebrauch einem einheitlichen, präventive wie repressive Aufgaben übergreifenden Regime unterstellt. Das ist sachgerecht und zugleich systematisch korrekt, denn der legale Einsatz physischer Gewalt, wo immer und zu welchem Zweck auch immer er (innerstaatlich) stattfindet, ist „das Amt" der Polizei.[241] Ein Beispiel möge das auch bei der Anwendung unmittelbaren Zwanges anzutreffende, kaum auflösbare Miteinander von repressiven und präventiven Sachverhaltselementen illustrieren: Ein nach § 127 StPO Festgenommener versucht auf der Revierstube, den Beamten niederzuschlagen und mit einem Sprung durch das geschlossene Fenster ins Freie zu entkommen. Hier wäre nach allen drei (von den Landesgesetzen übereinstimmend genannten) Alternativen eine **Fesselung** zulässig, möglicherweise sogar geboten gewesen: Der Schutz des Beamten und des Fensters (Nr. 1) hat präventiven Charakter, die Fluchtvereitelung (Nr. 2) repressiven, die Bewahrung vor Selbsttötung oder -verletzung ist wiederum präventiv (Nr. 3 der einschlägigen Gesetze).

§ 52 IV PolG BW i. V. m. Nr. 4 b Erlaß des Innenministeriums vom 13. 5. 1969 (GABl. S. 350, GABl. 1991 S. 1166), Art. 65 BayPAG, §§ 65 BbgPolG, 20 I UZwG Bln, 45 BremPolG, 23 HbgSOG, 59 HSOG, 106 SOG MV, 75 NGefAG, 62 PolG NW, 62 POG RP, 55 SPolG, 64 SOG LSA, 255 LVwG SH, 63 ThürPOG, ohne tatbestandliche Eingrenzung.

b) Rechtsanwendung; zum Verhältnis von Staatsanwaltschaft und Polizei; Legalität und Opportunität

168 Gemäß dem **normativen Konzept der StPO** gibt es nur ein einheitliches Ermittlungsverfahren unter der Gesamtverantwortung der Staatsanwaltschaft. Diese soll „Herrin des Ermittlungsverfahrens" sein.[242] Zugleich ist sie aber „ein Kopf ohne Hände",[243] der sich der Hilfe des Polizeidienstes als des „verlängerten Armes der Staatsanwaltschaft"[244] bedienen muß. Dementsprechend sieht § 161 StPO für die Durchführung der Ermittlungen ein Weisungsrecht der Staatsanwaltschaft gegenüber der Polizei vor, das sich entweder als „Ersuchen" an die Polizeibehörde oder als „Auftrag" an die sogenannten **Hilfsbeamten der Staatsanwaltschaft** (§ 152 GVG) richtet. Die normative Bedeutung der Unterscheidung dieser beiden Kategorien liegt in den bei „Gefahr im Verzuge" eintretenden erweiterten Kompetenzen der „Hilfsbeamten". Nur sie sind befugt zur Beschlagnahme (§ 105 I StPO), zur körperlichen Untersuchung des Beschuldigten einschließlich der Entnahme von Blutproben (§ 81 a StPO), zur körperlichen Untersuchung von Zeugen (§ 81 c V StPO) sowie zur Einrichtung von Straßen-Kontrollstellen (§ 111 II StPO) oder einer damit verbundenen „Schleppnetzfahndung" (§ 163 d II StPO). Die praktische

---

[241] Dazu *Denninger,* Der gebändigte Leviathan, S. 437 ff.
[242] *Roxin,* § 10, Rdn. 17; *Wagner,* Einl. B, Rdn. 52; *Kleinknecht/Meyer-Goßner,* § 163, Rdn. 3.
[243] *Kern,* Gerichtsverfassungsrecht, 4. Aufl. 1965, S. 227.
[244] *BVerwGE* 47, 255 (263) nach *Peters,* Strafprozeß, 2. Aufl. 1966, S. 156 f.

Bedeutung der Unterscheidung ist allerdings gering, zumal die landesrechtliche Bestellung zum Hilfsbeamten durch Rechtsverordnung abstrakt nach Beamtengruppen erfolgt und neben etwa dem Zolldienst oder Forstdienst oder dem Bundesgrenzschutz beispielsweise bei der Kriminal-, Schutz-, Wasserschutz- und Bereitschaftspolizei alle Dienstgrade vom Kriminalmeister oder Polizeihauptwachtmeister an aufwärts erfassen kann – die unteren Dienstgrade freilich nur, sofern sie mindestens seit vier Jahren im Polizeidienst tätig und 21 Jahre alt sind.

Die **Praxis der Strafverfolgung** entspricht diesem normativen Leitbild seit langem 169
kaum noch. Die faktische Herrschaft über die Ermittlungstätigkeit liegt weitgehend bei der Polizei, die über die notwendigen kriminalistischen Mittel und Methoden verfügt. Sie ist ständig („rund um die Uhr") und vor Ort einsatzfähig. Zudem besitzt sie dank der kriminalpolizeilichen Sammlungen und des elektronischen Anschlusses an die INPOL-Dateien eine Fülle von nützlichen Informationen. Der tatsächliche „Funktionsverlust" der Staatsanwaltschaft ist, unbeschadet ihrer **rechtlichen** Gesamtverantwortung und ihrer letztendlichen Entscheidungsbefugnis über die Erhebung der öffentlichen Klage oder die Einstellung des Verfahrens (§ 170 StPO) offenkundig. Die Diskrepanz zwischen Theorie und Praxis spiegelt sich in Unsicherheiten bei der Normauslegung wider. Während im strafprozessualen Schrifttum aus kompetenter Feder § 163 StPO nur als „das Recht und die Pflicht des ersten Zugriffs" der Polizei gedeutet wird, wonach sie „alle keinen Aufschub gestattenden Maßnahmen zu treffen" und sodann ohne Verzug ihre Ermittlungen der Staatsanwaltschaft zu übersenden habe[245] – bieten demgegenüber die **Leitsätze** im Gesamtbericht der „Gemeinsamen Kommission" der Konferenzen der Justizminister/-senatoren und Innenminister/-senatoren über die Neugestaltung des Verhältnisses „Staatsanwalt – Polizei"[246] eine wesentlich andere Interpretationshilfe. Nach Leitsatz Nr. 3 hat die Polizei „kraft Gesetzes die Pflicht und das Recht, Straftaten selbständig nach Maßgabe dieser Leitsätze zu erforschen; diese Pflicht und dieses Recht beschränkt sich nicht auf Maßnahmen, die keinen Aufschub vertragen. Die Polizei bestimmt Art und Umfang der Ermittlungen sowie Art und Umfang ihrer Durchführung, solange und soweit die Staatsanwaltschaft hierüber keine Anordnungen trifft." Anders soll es nach Leitsatz Nr. 4 nur sein

„a) in rechtlich oder tatsächlich schwierigen oder sonst bedeutsamen Fällen, b) wenn die Staatsanwaltschaft eine Unterrichtung im Einzelfall oder aus verfahrensmäßigen oder kriminalpolitischen Gründen in bestimmten Fallgruppen verlangt".

Dann hat die Polizei die Staatsanwaltschaft sofort über die zu ihrer Kenntnis gelangten 170
Straftaten und die von ihr getroffenen Maßnahmen zu unterrichten. Im Regelfall übersendet die Polizei die Ermittlungsvorgänge erst, wenn „seit dem Zeitpunkt, zu dem die Anzeige bei der Polizei eingegangen ist oder zu dem sich für die Polizei sonst zureichende Anhaltspunkte für eine Straftat ergeben haben, zehn Wochen vergangen sind, ohne daß die Vorgänge der Staatsanwaltschaft vorgelegen haben; für bestimmte Fallgruppen oder in Einzelfällen kann die Staatsanwaltschaft längere Fristen für die Übersendung der Vorgänge festlegen" (Leitsatz Nr. 7 d). Die Protokollnotiz hierzu erläutert die Zehn-Wochen-Frist als die „arbeitsökonomisch beste Lösung. Erfahrungsgemäß sind in den meisten Fällen die polizeilichen Ermittlungen innerhalb dieser Frist abgeschlossen". Bei alledem wird das Weisungsrecht des Staatsanwaltes jederzeit voll anerkannt (Leitsatz Nr. 8). Doch wie soll dieses Recht wirksam ausgeübt werden können, wenn die Staatsanwaltschaft von dem ganzen Vorgang erst nach zehn Wochen erfährt – wenn in der Regel schon alles „ausermittelt" ist?

---

245 *Roxin,* § 10, Rdn. 17. Das Zitat bei Roxin gibt den Gesetzeswortlaut („Anordnungen") gerade **nicht** korrekt wieder!

246 Der Gesamtbericht ist veröffentlicht in „Polizei und Justiz", Vortragsreihe des BKA, Band 23, 1977, S. 147 ff.

171 Die Unterscheidung der beiden Aufgabenbereiche – Prävention dort, Repression hier – ist nicht nur wegen der Regelungskompetenz (vgl. Rdn. 159 ff.) und wegen der Weisungsgebundenheit an die Staatsanwaltschaft im repressiven Bereich (vgl. Rdn. 168 f.) unverzichtbar, sondern auch wegen der unterschiedlichen **handlungsleitenden Prinzipien.** Gilt für das Gefahrenabwehrhandeln der Grundsatz der Opportunität (vgl. Kap. F), so gilt für die Strafverfolgungstätigkeit das **Prinzip der Legalität.** Wieder anders liegt es freilich hinsichtlich der Verfolgung „bloßer" **Ordnungswidrigkeiten**, die vom Opportunitätsgedanken beherrscht wird (§ 47 OWiG bezüglich der Verfolgungsbehörde, § 53 OWiG bezüglich der Polizei).[247]

172 Der **Sinn des Legalitätsprinzips,** welches für die Strafverfolgungstätigkeit der Polizei über § 163 I StPO wie über §§ 152 II, 160, 161 StPO doppelt verankert ist, erschließt sich weniger vom Postulat der Durchsetzung eines abstrakten „staatlichen Strafanspruchs" her als vielmehr aus dem Kerngedanken des **Rechtsstaatsprinzips,** das „a government of laws, and not of men" fordert.[248] Jedenfalls die „strafende Gerechtigkeit" soll ohne jedes Ansehen der Person geübt werden (anders als die „Gnade"), schon der Anschein von „Kadi-Justiz" ist zu vermeiden.[249] Der „Verfolgungszwang", der bei Vorliegen eines Anfangsverdachtes der Staatsanwaltschaft das Tätigwerden zur Pflicht macht, ist die funktionale Ergänzung zum „Anklagemonopol" derselben (vgl. §§ 151, 152 I StPO). Die Herrschaft des Gesetzes bei der Straftatverfolgung ist, unabhängig von jeder general- oder spezialpräventiven „Straftheorie", ein fundamentales Gebot rechtsstaatlicher Gerechtigkeit, zugleich aber auch Ausdruck des **Demokratieprinzips.** Urteile, die „im Namen des Volkes" ergehen, müssen sich auf den (repräsentativ vermittelten) Volkswillen zurückführen lassen. Dessen „maß-gebliche" Ausdrucksform ist das für alle gleiche **Gesetz.** Insofern steht das Legalitätsprinzip im engeren Sinne der §§ 152 II, 163 I StPO (Verfolgungspflicht) in unmittelbarem funktionalen Zusammenhang mit dem Grundsatz der Gesetzmäßigkeit (Art. 20 III GG), dem allgemeinen Gleichheitssatz (Art. 3 I und 19 I GG) als einem auch **objektiv**rechtlichen Verfassungsprinzip, sowie mit den Prinzipien der Normenklarheit, Normenbestimmtheit und des „nullum crimen, nulla poena sine lege (praevia)" (Art. 103 II GG).

173 Für die juristische Betrachtung und Legitimation genügt die Rückführung auf das demokratische Gesetz, welches über die Inhalte und Grenzen der Strafbarkeit, auch über die oft prekäre Grenzziehung zwischen „Kriminalunrecht" und „bloßem Verwaltungsunrecht" („Ordnungswidrigkeiten") in möglichst eindeutiger Weise zu befinden hat. Der **Parlamentsvorbehalt** mit seinen **beiden** Funktionen der Sicherung individueller **Freiheit** und der **gesellschaftlichen Handlungssteuerung** und Zielverwirklichung muß im Strafrecht voll zum Tragen kommen. Wer anders als der demokratische Gesetzgeber sollte in umstrittenen Grenzfragen – man denke etwa an die fortwährende Auseinandersetzung um die Strafwürdigkeit der Schwangerschaftsunterbrechung – Klarheit und Verbindlichkeit schaffen können und dürfen? Damit werden metajuristische (sozialethische, theologische oder auf ein wie immer zu erkennendes „Sittengesetz" fundierte) Begründungen von Strafe und Straftatbeständen nicht schlechthin ausgeschlossen. Doch kommen sie als **juristische** Gesichtspunkte nur in Betracht, wenn sie auf dem Weg über die Institutionen und die vorgenannten Prinzipien des Verfassungsrechts (also in demokratisch-rechtsstaatlicher Gesetzgebung) Eingang in die geltende Rechtsordnung gefunden haben.[250]

174 Trotz des skizzierten fundamentalen verfassungsmäßigen Rangs des Legalitätsprinzips (im Sinne von Verfolgungspflicht und von Bestimmtheit der Strafgesetze) und obwohl die Beachtung dieses Prinzips seinerseits strafrechtlich sanktioniert ist (§§ 258, 258 a

---

247 Zur Frage des Weisungsrechts der Verwaltungsbehörde gegenüber der Polizei vgl. unten Rdn. 196.

248 So die unübertreffliche Formel in der Verfassung von Massachusetts v. 2. 3. 1780, Art. XXX.

249 Es bleiben genügend Probleme der negativen Seite des „Richterkönigtums" bis hin zur „Strafzumessung", vgl. *Hassemer,* Einführung in die Grundlagen des Strafrechts, 2. Aufl. 1990, S. 108, „Kadijustiz", wörtlich eigentlich nur = „Richterjustiz".

250 Z.T. abweichend *BVerfGE* 6, 389 (434).

StGB, auch § 344 StGB), ergeben sich unvermeidliche **Spannungslagen** zwischen den Prinzipien der Opportunität und der Legalität, die nicht einfach einseitig zugunsten des Legalitätsprinzips aufgelöst werden können oder dürfen.

Dabei sind zwei ganz verschiedene Problemfelder zu unterscheiden. Das eine betrifft die zahlreichen Abschwächungen des strengen Legalitätsprinzips, welche in der StPO selbst für die Verfolgung von „Bagatellsachen", von Auslandstaten, von „politischen" Delikten usw. vorgesehen sind, vgl. §§ 153 bis 154 e StPO.[251] Der Umfang dieser „Ausnahmen" hat zu der besorgten Frage nach dem „Zustand des Legalitätsprinzips" und zu der Kritik geführt, die Strafjustiz sei „in großem Stil zu einer die Strafverfahren nach Ermessen verwaltenden Einstellungsbehörde geworden".[252] Das Opportunitätsprinzip habe das Legalitätsprinzip nicht nur mit Ausnahmen durchlöchert, sondern „weitgehend verdrängt". In all diesen Fällen steht jedoch das Entschließungsermessen über das „Absehen von der Erhebung der öffentlichen Klage" nicht der auch hier an das Legalitätsprinzip gebundenen Polizei zu, sondern der Staatsanwaltschaft. Insofern ist die richtige Akzentfindung hier zunächst ein justizielles und kein polizeiliches Problem. Nur kann eine opportunitätsgesteuerte staatsanwaltliche Praxis auf längere Sicht nicht ohne Rückwirkungen auf die polizeiliche Ermittlungsarbeit bleiben. Zu einer Aushöhlung des aus dem Rechtsstaats- wie aus dem Demokratieprinzip begründeten und geforderten Legalitätsprinzips muß auch die Rechtsprechung des Bundesverfassungsgerichts zur Strafbarkeit des Umgangs mit Betäubungsmitteln führen, wie sie im **Cannabis-Beschluß** des Zweiten Senats Ausdruck gefunden hat (B. v. 9. 3. 1994, BVerfGE 90, 145, 191, mit zutr. Kritik im abweichenden Votum des Richters *Sommer,* dort 212 ff., 224 ff.). Der Senat hält das im BtMG verfolgte Konzept einer umfassenden Pönalisierung des Umgangs mit den Rauschgiften für verfassungsgemäß; den Fällen mit geringem Unrechts- oder Schuldgehalt könne durch Entscheidungen des Gerichts und der Staatsanwaltschaft gemäß §§ 29 V und 31 a BtMG, also durch eine Auflockerung und Begrenzung des Verfolgungszwanges ausreichend Rechnung getragen werden. Das Gericht bezeichnet dies als „prozessuale Lösung". Richter *Sommer* sieht hierin mit Recht eine Verletzung des Grundsatzes des Art. 103 II GG, der die generelle Bestimmung der Strafbarkeitsgrenze durch den **Gesetzgeber** und nicht durch die Verfolgungsbehörden im Einzelfall fordere. Dies ist nicht nur eine Frage des Freiheitsschutzes („Wesentlichkeitstheorie"!), sondern auch der Gewaltenteilung und des Demokratieprinzipes, schließlich auch der bundesstaatlichen Gleichbehandlung. 175

Eine ähnliche Problematik zeigt sich in der neueren Polizeigesetzgebung mit der Tendenz zu äußerst weit geschnittenen Befugnisregelungen, etwa zur Ingewahrsamnahme oder zur Informationserhebung und -verarbeitung, welche dann mit dem „Argument" gerechtfertigt werden sollen, die rechtsstaatlich geschulten Beamten würden die Normen im Einzelfall in einer dem Übermaßverbot entsprechenden Weise eingrenzend anwenden (vgl. z. B. §§ 22, 40 SächsPolG 1994 [GVBl. S. 1541]: Bis zu zwei Wochen Polizeigewahrsam zum Zweck der Identitätsfeststellung, „großer Lauschangriff" auch gegen Unbeteiligte u. U. zum Schutz bloßer Sachwerte u. a.). Gerade der besonders pflichtbewußte Beamte wünscht sich klare Handlungsanweisungen, Rechtsgüterabwägungen aus der Hand des **Gesetzgebers.** Nach der Verfassung hat er darauf einen Anspruch. Dem ist der sächsische Gesetzgeber nun mit der Neufassung des § 22 VII 3 SächsPolG nachgekommen.[253] 176

Das zweite, für das polizeiliche Aufgabenverständnis grundlegend wichtige Problemfeld eröffnet sich in der Überschneidung von gefahrenabwehrender und strafverfolgender Tätigkeit. Im Begriff der „vorbeugenden Bekämpfung von Straftaten" hat sie gesetzlichen Ausdruck gefunden (vgl. Rdn. 181 ff.). 177

[251] Vgl. die Zusammenfassung bei *Roxin,* § 14, Rdn. 5 ff.

[252] *Naucke,* in: Lüderssen/Nestler-Tremel/Weigend (Hrsg.), Modernes Strafrecht und ultima-ratio-Prinzip, 1990, S. 149 ff., 155.

[253] Immerhin bedurfte es hierzu eines Urteils des SächsVerfGH (vom 14. 5. 1996, Vf. 44–II-94), welches eine erhebliche Anzahl von Vorschriften des SächsPolG für nichtig erklärte. Vgl. zum Ganzen die Dokumentation von *Paeffgen/Schumer,* 1997.

178 Auch die **Ausübung des Weisungsrechts** der Staatsanwaltschaft gegenüber der Polizei im Ermittlungsverfahren (§ 161 StPO) hat, soweit möglich, die Unterscheidung des präventiven oder repressiven Charakters von Maßnahmen zu beachten. Dies gilt auch bei der **Anwendung unmittelbaren Zwanges,** zu deren verbindlicher Anordnung die Staatsanwaltschaft zum Zwecke der Strafverfolgung grundsätzlich befugt ist.

Art. 62 I 1 BayPAG, §§ 62 I 1 BbgPolG, 6 I UZwG Bln, 42 I 1 BremPolG, 20 I 1 HbgSOG, 56 I 1 HSOG,104 I 1 SOG MV, 72 I 1 NGefAG, 59 I 1 PolG NW, 59 I 1 POG RP, 52 I 1 SPolG, 61 I 1 SOG LSA, 253 I 1 LVwG SH, 60 I 1 ThürPOG; 7 I 1 UZwG.

179 Dient die Zwangsanwendung präventiven Zwecken, kommt zum Beispiel ein Schußwaffengebrauch zum Schutz und zur Befreiung einer Geisel in Frage, so „besteht kein Raum für Anordnungen des Staatsanwalts".[254] Handelt dieser hingegen im repressiven Bereich, so sind zwar Einzelweisungen an einen bestimmten Polizeibeamten, besonders bei Gefahr im Verzuge und vor Ort, nicht gänzlich ausgeschlossen, doch sollen die Weisungen grundsätzlich an die zuständige Polizeidienststelle gerichtet werden. Insbesondere zur Art und Weise der Ausübung des unmittelbaren Zwanges soll der Staatsanwalt nur allgemeine Weisungen erteilen und deren Ausführung der Polizei überlassen.[255] Die hierzu als Verwaltungsvorschriften verbindlich erlassenen **„Gemeinsamen Richtlinien der Justizminister/-senatoren und der Innenminister/-senatoren des Bundes und der Länder über die Anwendung unmittelbaren Zwanges durch Polizeibeamte auf Anordnung des Staatsanwalts"** versuchen auch die Fälle einer untrennbaren Überlappung präventiver und repressiver Lagen zu regeln. Hier kommt es vor allem auf einvernehmliche, partnerschaftliche Zusammenarbeit zwischen Polizei und Staatsanwaltschaft an. Läßt die Situation „die gleichzeitige angemessene Wahrnehmung beider Aufgaben" nicht zu, dann ist „nach dem Grundsatz der Güter- und Pflichtenabwägung jeweils für die konkrete Lage zu entscheiden, ob die Strafverfolgung oder die Gefahrenabwehr das höherwertige Rechtsgut ist". Ist eine unverzügliche, das heißt sofortige Entscheidung über die Anwendung unmittelbaren Zwanges geboten und ist ein Einvernehmen nicht rasch genug herzustellen, „so entscheidet hierüber die Polizei".[256] Sieht man von dem verfehlten Sprachgebrauch ab, der Gefahrenabwehr und Strafverfolgung als „Rechtsgüter" bezeichnet, so verdient die hier zum Ausdruck kommende Auffassung Zustimmung, daß der „staatliche Strafverfolgungsanspruch" keineswegs unbedingten Vorrang vor der Gefahrenabwehr besitzt, sondern daß die Entscheidung nach Rang, konkretem Ausmaß und nach der Intensität der Bedrohung der im Spiele befindlichen Rechtsgüter zu treffen ist.

2. Von der „doppelfunktionalen" Polizeimaßnahme zur „vorbeugenden Bekämpfung von Straftaten"

a) Präventiv-repressive „Gemengelagen"; doppelfunktionale Maßnahmen

180 Auf Schritt und Tritt kommt die Polizei in die Lage, daß entweder gleichzeitig oder in unmittelbarer Folge gefahrenabwehrendes und/oder strafverfolgendes Handeln von ihr erwartet wird. So müßte sie eigentlich gleichzeitig die Verfolgung des flüchtigen Unfallverursachers aufnehmen und die Leistung Erster Hilfe für das verletzte Unfallopfer veranlassen. Andere Standardmaßnahmen (z. B. Durchsuchungen, Beschlagnahmen) bieten ihrer äußeren Erscheinung nach zunächst ein „neutrales" Bild: sie können sowohl der Strafverfolgung wie dem präventiven Schutz bedrohter Rechtsgüter dienen.[257] Beschlag-

[254] Gemeinsame Richtlinien der Justizminister/-senatoren und der Innenminister/-senatoren des Bundes und der Länder über die Anwendung unmittelbaren Zwanges durch Polizeibeamte auf Anordnung des Staatsanwalts. Text bei *Kleinknecht/Meyer-Goßner,* RiStBVA (Anh. A 15), Anlage A, A.; *dies.,* § 161, Rdn. 13.

[255] Gemeinsame Richtlinien (Fußn. 254), B. II.

[256] Gemeinsame Richtlinien (Fußn. 254), B. III a. E.

[257] Beispiele bei *Kniesel*, in: Bull (Hrsg.), Sicherheit durch Gesetze? 1987, S. 108.

nahmt die Polizei Waffen aus einem zu einer Demonstration fahrenden Pkw, so kann dies ebenso zum Zwecke der Beweismittelsicherung gemäß § 94 StPO in Verbindung mit § 27 I VersammlG geschehen wie zur Sicherung eines friedlichen Verlaufs der Versammlung. Die Rechtsprechung hat sich mit dieser Problematik **„doppelfunktionaler" Maßnahmen** ausgiebig unter dem Gesichtspunkt des einzuschlagenden Rechtsweges beschäftigt: Weg zu den Verwaltungsgerichten nach § 40 VwGO oder zu den ordentlichen Gerichten nach §§ 23 ff. EGGVG oder unter Umständen auch nach § 98 II 2 StPO analog? (vgl. hierzu Kap. K).[258] Die dabei auftauchenden Schwierigkeiten sind eher theoretischer Natur und in der Praxis jedenfalls zu bewältigen. Hiervon abgesehen hat man zutreffend hervorgehoben,[259] daß präventiv-repressive Gemengelagen und ihre sachgerechte Behandlung seit langem schon zum normalen Polizeialltag gehören.

b) „Vorbeugende Bekämpfung von Straftaten" und „operative Polizeiarbeit"? – Bekämpfung der Organisierten Kriminalität

§ 5 I 1 des Gesetzes über die Einrichtung eines Bundeskriminalpolizeiamtes (BKA) **181** vom 29. 6. 1973 nannte die „vorbeugende Verbrechensbekämpfung" neben der Verfolgung von Straftaten als „Sache der Länder". Der ME in der Fassung des Vorentwurfs zur Änderung des Musterentwurfs (Stand: 12. 3. 1986) gibt in § 1 I 2 eine Legaldefinition der „vorbeugenden Bekämpfung von Straftaten".[260] Diese soll darin bestehen, für die Verfolgung von Straftaten vorzusorgen und Straftaten zu verhüten. Beide Funktionen sieht der Entwurfstext „im Rahmen" der Gefahrenabwehraufgabe der Polizei, ordnet sie also dem präventiven Bereich zu. Das Bild wird abgerundet durch die dritte Teilfunktion, „Vorbereitungen zu treffen, um künftige Gefahren abwehren zu können (Vorbereitung auf die Gefahrenabwehr)".

§§ 1 I 2 ASOG Bln, 1 I 2 BbgPolG, 1 I 2 HSOG, 7 I Nr. 4 SOG MV, 1 I 2 NGefAG, 1 I 2 PolG NW, 1 I 2 POG RP, 1 I Nr. 3 SächsPolG, 1 I ThürPOG.

Das BKAG (vom 7. 7. 1997) hat den Begriff der „vorbeugenden Verbrechensbekämpfung" aufgegeben. Es spricht statt dessen durchgehend von der „Verhütung und Verfolgung von Straftaten"(vgl. 1 III BKAG). Damit werden der präventive Bereich (Verhütung) und der repressive Bereich (Verfolgung) endgültig miteinander verschränkt (vgl. auch Kap. C). **182**

Die neueren Landespolizeigesetze haben von diesen Vorgaben in sehr unterschiedlicher Weise Gebrauch gemacht. Das BayPAG erwähnt die Verhütung von Straftaten (Ordnungswidrigkeiten und verfassungsfeindlichen Handlungen) erst in der generellen Befugnisklausel des Art. 11 II. Die „vorbeugende Bekämpfung von Straftaten" erscheint dann als legitimierendes Tatbestandsmerkmal für die Erhebung personenbezogener Daten und wird der Gefahrenabwehr zugeordnet. **183**

Art. 31 I BayPAG; zum Teil erscheint die „vorbeugende Bekämpfung von Straftaten" weder in der Aufgabennorm noch in der Generalklausel, sondern nur in speziellen Tatbeständen der Datenerhebung, beispielsweise §§ 20 III, 22 II, III PolG BW, 27 ff. BremPolG, 1 ff. HbgPolDVG, 26 II, 28 f. SPolG, 185 II LVwG SH, 34 ff. ThürPOG.

Das PolG NW und das HSOG bieten jeweils eine Legaldefinition der „vorbeugenden Bekämpfung von Straftaten" in der generellen Aufgabennorm, und zwar im Rahmen der Gefahrenabwehr. Sie umfasst die Verhütung zu erwartender Straftaten und die Vorsorge für die Verfolgung künftiger Straftaten. **184**

§§ 2 I SOG LSA, 1 V BGSG (nur: Verhütung von Straftaten).

---

258 Grundlegend *BVerwGE* 47, 255. Vgl. auch *OVG Münster* JZ 1979, 806 m. w. Nachw.; ferner *Schwan* VerwArchiv 70 (1979), 109 ff.

259 *Kniesel* (Fußn. 257).

260 Ausführlich zur ganzen Problematik vgl. Kap. F, ferner Kap. C. Außerdem: *Denninger* CR 1988, 51 ff. = Der gebändigte Leviathan, S. 441 ff.; ferner ebenda, S. 434 ff.; *Kniesel/Vahle*, Rdn. 8–37; *Paeffgen* JZ 1991, 437.

185 § 1 I 2 PolG NW nimmt, wie der ME, auch noch die Vorsorge für die Verfolgung künftiger Straftaten hinzu.

§§ 1 III ASOG Bln, 1 I 2 BbgPolG, 7 I Nr. 4 SOG MV, 1 I 2 NGefAG, 1 I 3 POG RP, 1 I Nr. 2 SächsPolG, 1 I ThürPOG.

186 Auch hier erscheint die „vorbeugende Bekämpfung von Straftaten" in den Tatbeständen qualifizierter Datenerhebung (zum Beispiel durch Observation, durch verdeckten Einsatz technischer Mittel [„Lauschangriff"], durch verdeckte Ermittler usw.).

§§ 25 ff. ASOG Bln, 32 ff. BbgPolG, 15 ff. HSOG, 33 SOG MV, 34 ff. NGefAG, 16 ff. PolG NW, 25 a ff. POG RP, 39 ff. SächsPolG, 17 f. SOG LSA, 34 ff. ThürPOG; 28 I Nr. 2, II BGSG.

187 Nach den oben (Rdn. 157 ff.) begründeten Feststellungen über die Unterscheidung zwischen präventivem und repressivem Polizeihandeln dürfte es einleuchten, daß die **Verhütung** (oder auch: Verhinderung) von Straftaten zu Recht der Gefahrenabwehr zugerechnet wird. Auch die Bezeichnung „vorbeugende Bekämpfung" ist insoweit gerechtfertigt, als „Vorbeugen" ebenso wie „Verhüten" eine Tätigkeit bezeichnet, die es gar nicht erst zu dem schädigenden Ereignis, der Straftat oder auch nur der Gefahr kommen lassen will. „Vorbeugende Gefahrenabwehr" ist Gefahrenverhütung; eine Gefahr soll gar nicht erst eintreten. Ganz anders steht es mit der „Vorsorge" für die Straftatverfolgung,

§§ 1 I 2 ME 1 III ASOG Bln, 1 I 2 BbgPolG, 7 I Nr. 4 SOG MV, 1 I 3 NGefAG, 2 PolG NW, 1 I 3 POG RP, 1 I Nr. 2 SächsPolG, 1 I ThürPOG,

und auch mit der „Vorbereitung" für die Gefahrenabwehr,

§§ 1 I 2 ASOG Bln, 1 I 2 BbgPolG, 1 I 2 HSOG, 7 I Nr. 4 SOG MV, 1 I 2 NGefAG, 1 I 2 PolG NW, 1 I 2 POG RP, 1 I Nr. 3 SächsPolG, 1 I ThürPOG.

188 Wer für eine Situation „vorsorgt", sich auf diese „vorbereitet", der rechnet mit ihrem Eintritt, will allerdings dann gewappnet sein. „Vorsorge" für die Verfolgung künftiger Straftaten ist also gerade keine „vorbeugende Bekämpfung", sondern antizipierte Repression, Planung und Ausrüstung für eine effektive Strafverfolgung in der Zukunft. Entsprechendes gilt für die „Vorbereitung" auf die Gefahrenabwehr. Eine systematisch und sprachlich korrekte Betrachtung wird also die „Vorsorge" für die Straftatverfolgung dieser, freilich **in einem weiteren Sinne** zurechnen, und die „Vorbereitung" auf die Gefahrenabwehr dann dieser letzteren, ebenfalls **in einem weiteren Sinne**.

189 Unbeschadet dieser systematisch-begrifflichen Erwägungen gibt es jedoch beachtenswerte **praxisbezogene Argumente,** die für eine Regelung der Maßnahmen der „vorbeugenden Straftatbekämpfung", also auch der Vorsorge für die Verfolgung künftiger Straftaten, im Zusammenhang mit dem präventiven Aufgabenkreis sprechen. Hiermit ist allerdings **nicht** der Gedanke gemeint, daß ohnehin alle Strafverfolgung auch general- und spezialpräventiven Zwecken, zum Beispiel der Abschreckung potentieller und der „Besserung" aktueller Straftäter diene. Dieser straf(rechts)theoretische Begriff von Prävention hat mit dem hier allein relevanten polizeirechtlichen Begriff wenig gemein; er kann außer Betracht bleiben. Bedeutsamer ist der praktische Gesichtpunkt, daß Gefahrenabwehr und Strafverfolgung institutionell-zuständigkeitsmäßig bei der Polizei zusammengefaßt sind – auch der Kriminalpolizeibeamte ist „Schutzmann" in des Wortes vornehmster Bedeutung, wie *Kniesel/Vahle* zu Recht erinnern[261] – und daß die „Vorbereitung" auf die Gefahrenabwehr wie auf die Strafverfolgung in weitem Umfang identische organisatorisch-technische Maßnahmen erfordert. Dies gilt ganz besonders für die hier in erster Linie angesprochene Tätigkeit: **die Erhebung und Verarbeitung personenbezogener Daten.**[262]

261 *Kniesel/Vahle* (Fußn. 260), Rdn. 30; *Kniesel* ZRP 1989, 329 (332).
262 Dazu besonders Kap. J.

Personenbezogene Daten sind als solche „neutral"; es gibt keine durch ihren Inhalt unveränderlich als „präventive" oder „repressive" festgelegte Daten. Auch die Herkunft der Daten aus einem Strafverfahren oder aus anderer Tätigkeit entscheidet nicht über ihren Charakter. Dieser ist vielmehr sinnvoll allein im Hinblick auf den jeweiligen **Verwendungszweck** zu definieren.[263] In diesem Sinne kann man personenbezogene Daten als „doppelfunktional" bezeichnen: Ruft die Staatsanwaltschaft für Zwecke eines konkreten Ermittlungsverfahrens Daten aus einer kriminalpolizeilichen personenbezogenen Sammlung (KpS) ab, so geht die „Herrschaft" über diese Daten nicht in dem Sinne auf sie über, daß nunmehr ausschließlich sie zur weiteren Verwendung dieser Daten befugt würde. Vielmehr bleibt die Verwendungsbefugnis der Polizei über die Daten für andere, präventive Zwecke unberührt. 190

Gerade wenn man, wie es hier geschieht, an der prinzipiellen Unterscheidung von präventiver und repressiver Tätigkeit festhält, wird man die Probleme der „vorbeugenden Straftatbekämpfung" nicht nur und nicht einmal in erster Linie als Probleme der Zuständigkeitsabgrenzung[264] und der „Datenherrschaft" diskutieren dürfen. Die **entscheidenden Fragen** lauten vielmehr: 191

- Welche Auswirkungen ergeben sich aus dem Umstand, daß „Gefahrenabwehr" bzw. „Strafverfolgung" jeweils **nur in einem weiteren Sinne** in Betracht kommen, auf das Begriffs- und Normengefüge der beiden traditionell umschriebenen Aufgabenfelder? Oder anders gewendet: Ist die Ausweitung der „vorbeugenden" Tätigkeit der Polizei in das „Vorfeld" von Gefahrenabwehr und Strafverfolgung mit den herkömmlichen rechtsstaatlichen Kategorien des Polizeirechts überhaupt kompatibel? Und:
- Wo sind, aus der Sicht der Grundrechtsfreiheiten des Bürgers gesehen, die Grenzen für diese „neue", zum Teil auch mit neuartigen technischen Instrumenten operierenden Aktivitäten zu ziehen? Bleibt schließlich als einziges „Argument" das der effektiven Kriminalitätsbekämpfung?

Wenig hilfreich ist es zunächst, die Unterscheidung in präventive und repressive Tätigkeit für „in wesentlichen Bereichen überholt" zu erklären[265] und einen diese Bereiche „übergreifenden Begriff der **operativen Arbeit**" zu bilden. Denn als **normativer,** damit auch **befugnisbegründender** und **befugnisabgrenzender** Begriff hat er zunächst keine Kontur. Allerdings vermag er als Chiffre für ein kriminalpolitisches Konzept stehen, das nicht (mehr) beim einzelnen Täter oder bei der einzelnen Straftat ansetzt, vielmehr darauf ausgeht, in Bereichen **„organisierter Kriminalität"** deren „Ausgangsbasis, Struktur, Logistik zu neutralisieren, auszuheben und zu beseitigen".[266] Widersteht man also der Versuchung, aus dem Begriff der „operativen Arbeit" der Polizei unmittelbar Befugniserweiterungen abzuleiten, so mag dieser Begriff in nützlicher Weise dazu beitragen, das Bewußtsein für die typischen Veränderungen in der Erscheinungsform bestimmter Arten von Kriminalität zu schärfen. Man muß sich dabei darüber im klaren sein, daß es bis heute noch keine klar abgrenzende, brauchbare und verbindliche Definition für das hier anvisierte Phänomen der **Organisierten Kriminalität** (OK) gibt.[267] Auch das „Gesetz zur Bekämpfung des illegalen Rauschgifthandels und anderer Erscheinungsformen der Organisierten Kriminalität (OrgKG)" (vgl. oben Rdn. 160 a. E.), verzichtet auf eine Legaldefinition. Die Sprachregelung der Innenminister-Konferenz begreift sie als „ein arbeitsteiliges, bewußtes und gewolltes, auf Dauer angelegtes Zusammenwirken mehrerer Personen zur Begehung strafbarer Handlungen – häufig unter Ausnutzung moderner Infrastrukturen – mit dem Ziel, möglichst schnell hohe finanzielle Gewinne zu erzielen".[268] Bezogen auf die 192

263 Vgl. auch *BVerfGE* 65, 1 (45).
264 Dazu jetzt vor allem *Paeffgen* (Fußn. 260).
265 So aber *Stümper* (Fußn. 226), 242.
266 *Ders.*, ebenda, 243.
267 So *Ostendorf* JZ 1991, 62 ff. Vgl. ferner die Arbeitstagung 1990 des BKA, Wiesbaden: Organisierte Kriminalität in einem Europa durchlässiger Grenzen. Zu den rechtlichen Folgen für die Praxis vgl. *Lisken* ZRP 1994, 264.
268 Ad-hoc-Ausschuß des Arbeitskreises II der Innenminister/-senatoren-Konferenz, 1983, zit. nach *Ostendorf* JZ 1991, 63.

klassische Aufgabenunterscheidung kann man eine wichtige Besonderheit der OK darin sehen, daß sie den präventiven und den repressiven Handlungsauftrag der Polizei **gleichzeitig** auf Dauer stellt, weil die Straftatbegehung zum „normalen Geschäftsbetrieb" der kriminellen Organisation gehört.

193 Die planmäßige Gewinnung von Informationen über Arbeitsweise und Struktur einer kriminellen Organisation, über ihre Mitglieder und deren Funktionen, über ihre Verbindungen zu anderen Organisationen und zu Unterstützungspersonen im sozialen Umfeld von Politik und Wirtschaft (bis hin zu Geldwaschanlagen) kann also regelmäßig das doppelte Ziel verfolgen: Aufklärung bereits begangener Straftaten und – durch Ermittlung und Überführung auch der „Hintermänner" und „Bosse" – Zerstörung der Organisation als solcher und damit Prävention ihrer weiteren Aktivität.

194 Der Preis an rechtsstaatlicher Handlungsbindung, den die Gesetzgeber der „vorbeugenden Straftatbekämpfung" dafür zu zahlen bereit waren, ist hoch:

(1) Wer für Gefahren „vorsorgt", die er im einzelnen noch gar nicht kennt, die weder personell noch situativ eingegrenzt sind, der handelt ohne Anknüpfung an den polizeilichen Gefahrbegriff.

(2) Bezogen auf eine potentielle Straftat heißt dies: Es liegt noch nicht einmal ein konkreter **Anfangsverdacht** vor, wie er in § 152 II StPO vorausgesetzt wird.[269] Die Fragen des WER? WO? WANN? WAS? WIE? des Delikts sind noch offen.

(3) Wo (noch) keine „Gefahr" ist, da ist schon begriffslogisch auch noch kein **„Störer"**. Wo kein „Verdacht" ist, da gibt es noch keinen **„Beschuldigten"**. Damit wird das grundlegende persönliche Zurechnungskriterium des Polizeirechts insoweit aufgegeben, als Maßnahmen mit Eingriffscharakter – und sei auch „nur" das Recht auf informationelle Selbstbestimmung betroffen – auch gegen unbeteiligte Nichtverantwortliche getroffen werden, die weder als „Störer" noch als „Nichtstörer" (im Falle des polizeilichen Notstandes, vgl. Rdn. 126ff.) polizeipflichtig geworden sind. Solche Eingriffe beginnen mit Identitätsfeststellungen (und eventuell Durchsuchungen) gegenüber dem völlig harmlosen Jedermann an einer Kontrollstelle oder an einem „gefährdeten Ort",

§§ 26 I Nrn. 2–5 (29 I Nr. 4, 5) PolG BW, Art. 13 I Nrn. 2–4 (Art. 21 I Nr. 3) BayPAG, §§ 21 II Nrn. 1, 3, 4 (34 II Nrn. 2–4) ASOG Bln, §§ 12 I Nrn. 2–4 (21 I Nrn. 4, 5) BbgPolG, 11 I Nr. 2, 3 BremPolG, 4 I Nrn. 2–4 HbgPolDVG, 18 II Nrn. 1, 3, 5 (36 II Nrn. 2, 3) HSOG, 29 I Nrn. 1–4 (53 I Nr. 3) SOG MV, 13 I Nrn. 2–4 (22 I Nrn. 4, 5= NGefAG, 12 I Nrn. 2–4 (39 I Nrn. 4, 5) PolG NW, 10 I Nrn. 1–3 (18 I Nrn. 4, 5) POG RP, 9 I Nrn. 2, 3 SPolG, 19 I Nrn. 2–4 (23 I Nrn. 4, 5) SächsPolG, 20 II Nrn. 1, 3, 5 (41 II Nrn. 2, 3) SOG LSA, 181 I Nrn. 1, 2, 4 (202 I Nr. 3) LVwG SH, 14 I Nr. 2–5 (23 I Nrn. 4, 5) ThürPOG, 23 II Nrn. 1–3 (43 I Nr. 4) BGSG,

und gehen bis zu „Kontakt- und Begleitpersonen" von Personen, bei denen „Tatsachen die Annahme rechtfertigen, daß diese Personen eine Straftat von erheblicher Bedeutung begehen wollen".

So oder ähnlich § 22 II PolG BW, Art. 33 III Nr. 2 BayPAG, §§ 25 II Nr. 2 ASOG Bln, 32 I Nr. 2 BbgPolG, 9 I Nr. 2 HbgPolDVG, 15 II Nr. 2 HSOG, 33 II 2 SOG MV, 34 I Nr. 3 NGefAG, 16 I Nr. 2 PolG NW, 28 I SPolG, 17 III Nr. 2 SOG LSA, 34 III Nr. 2 ThürPOG; 28 I Nr. 2 i. V. m. 21 II Nr. 2 BGSG; enger: § 39 I Nr. 3 SächsPolG: „zwingend erforderlich"; keine Befugnis zur Observation von Kontakt- und Begleitpersonen nach §§ 28 Brem PolG, 25a I POG RP; 185 II LVwG SH.

Diese Maßnahmen einer – häufig heimlichen – Informationsgewinnung werden bereits im „Vorfeld" vor der Schwelle der konkreten Gefahr oder des konkreten Tatverdachtes praktiziert. Observation, polizeiliche Beobachtung, Einsatz verdeckter Ermittler und Rasterfahndung sind darauf angelegt, in einer zunächst diffus kriminogenen Situation erst konkrete „Verdächte" herauszukristallisieren; sie sind **Verdachtschöpfungs- und Verdachtkonkretisierungsinstrumente**.[270]

---

[269] Vgl. *Kleinknecht/Meyer-Goßner,* § 152, Rdn. 4ff.
[270] Vgl. Kap. F und Kap. C.

(4) Das „Vorfeld" der Gefahr hat begrifflich keine Grenze. Wo aber keine als solche überschaubare und abgrenzbare Gefahrensituation vorliegt, **fehlt** es auch an den **Voraussetzungen für die Anwendung des Übermaßverbotes.**[271] **Ist die Gefahr noch nicht bestimmt, können auch die geeigneten und erforderlichen Mittel zu ihrer Abwehr nicht definiert werden.** Ein wesentlicher, das polizeiliche Handeln sonst steuernder Maßstab fällt damit aus. Ein indirekter Ausdruck dieser Verlegenheit ist der gewissermaßen als Kompensation gedachte, hier häufig anzutreffende **Behördenleiter-** oder gar **Richtervorbehalt.** Er sollte nicht vergessen lassen, daß er zwar die Verantwortlichkeit verschieben, nicht aber die Erkenntnismöglichkeiten vergrößern kann.

(5) Die mit den neuen „Vorbeugungs"-Methoden unvermeidlich verbundene **Heimlichkeit** polizeilichen Handelns widerspricht jedenfalls tendenziell dem grundsätzlichen Gebot der **Offenheit und Erkennbarkeit** staatlichen, also auch polizeilichen Handelns.[272] Natürlich hat sich die Kriminalpolizei immer schon der Methoden heimlicher Ermittlung bedient, doch sorgt der **Vernehmungsgrundsatz** des § 163 a StPO dafür, daß der Verdächtige nicht ein reaktionsunfähiges Objekt staatlicher Untersuchungen bleibt. Die verfassungsrechtlichen Bedenken gegen eine grundsätzlich oder auch nur überwiegend „heimlich" operierende Polizei reichen von den grundrechtlich-rechtsstaatlichen Aspekten der Subjektstellung des einzelnen im Verfahren, von der Erkennbarkeit und Berechenbarkeit staatlicher Eingriffe, sowie der Garantie individuellen Rechtsschutzes (Art. 19 IV GG) bis zum Gebot der institutionellen und funktionellen Trennung von Polizei und Nachrichtendiensten (insbesondere Verfassungsschutz). Ohne das Gewicht der einzelnen Argumente hier ausloten zu wollen, bleibt der Grundgedanke festzuhalten, „daß nach dem Menschenbild des Grundgesetzes die Polizeibehörde nicht jedermann als potentiellen Rechtsbrecher betrachten" darf.[273] Das Grundmuster der Bürger-Staat-Beziehung muß deshalb von wechselseitigem Vertrauen geprägt sein. Dem **favor legis** entspricht der **favor civis,** eine Vermutung für die Verfassungstreue des Bürgers[274] – zu ergänzen ist hier: auch für seine **Rechtstreue.** Allerdings kann es Bereiche geben, wo diese Vermutung generell versagt. Das Feld der Organisierten Kriminalität, richtig eingegrenzt, gehört dazu.

Damit nähert man sich einen Schritt der Antwort auf die oben gestellte Frage (vgl. **195**
Rdn. 191, Nr. 2) nach den aus grundrechtlicher Sicht gebotenen **Grenzen** der „vorbeugenden Straftatbekämpfung". Gesetzgebung und Rechtsanwendung (diese in gegebenenfalls einschränkender Gesetzesauslegung) müssen an den bewährten rechtsstaatlichen Grundsätzen festhalten, zum Beispiel an dem Satz, daß die Eingriffsvoraussetzungen um so enger und präziser umschrieben sein müssen, je schwerer der Eingriff wiegt. Eine **wortreiche Scheintatbestandlichkeit**[275] bringt hier keinen Gewinn, so beispielsweise nicht die Floskel, daß eine Maßnahme zulässig sei, „wenn die Datenerhebung zur vorbeugenden Bekämpfung dieser Straftaten erforderlich ist" (wenn doch „diese Straftaten" eben noch gar nicht bestimmt sind),

Art. 33 III Nr. 2 BayPAG, §§ 32 I Nr. 2 BbgPolG, 15 II Nr. 3 HSOG, 16 I Nr. 2 PolG NW, 9 I Nr. 3 SächsPolG, 34 III Nr. 2 ThürPOG; ähnlich §§ 25 II Nr. 2 ASOG Bln, 34 I Nr. 3 NGfAG, 17 III Nr. 2 SOG LSA.

Auch die, meist indirekte, Anbindung an **Katalogstraftaten,** etwa nach § 100 a StPO **196**
samt Ergänzungen (vgl. § 8 a VE-ME [Alternative], § 25 b I Nr. 1 POG RP) oder über Legaldefinitionen zu „Straftaten von erheblicher Bedeutung" mit Enumerationen,

---

[271] *Denninger,* schon 1987, vgl. Der gebändigte Leviathan, S. 436.

[272] Dazu *Weßlau,* S. 204 ff. Ferner *Schlink,* S. 277 f., vgl. auch Kap. C m. w. Nachw.

[273] *BVerwGE* 26, 169 (170).

[274] *Denninger* (Fußn. 271), S. 292.

[275] *Denninger* (Fußn. 271), S. 376 zum „gesetzesförmlichen Grundrechtsleerlauf". Ferner *Wagner,* Einl. A, Rdn. 34.

Art. 33 III Nr. 2, Art. 30 V BayPAG, §§ 28 I Nr. 2 BremPolG, 1 IV HbgPolDVG, 49 SOG MV, 2 Nr. 10 NGefAG, 8 III PolG NW, 3 Nr. 4 SOG LSA, 31 V ThürPOG,

oder einer allgemeinen Umschreibung von Deliktsgruppen,

§ 22 V PolG BW, § 17 III ASOG Bln, § 13 III HSOG, § 36 I SächsPolG. Gar ohne jede tatbestandliche Umschreibung SPolG,

ist nicht nur wenig praxisgerecht, sondern als Eingrenzung auf die wirklich nur mit diesen Methoden erfolgversprechend zu bekämpfende „OK" auch untauglich. Am Beispiel des Art. 31 I Nr. 1 BayPAG, das hier für zahlreiche ähnliche „Tatbestände" steht, sei verdeutlicht, wo die Grenze des verfassungsrechtlich Erträglichen verläuft (und überschritten wird). Nach dieser Vorschrift kann die Polizei personenbezogene Daten über Störer und, im polizeilichen Notstand, auch über Nichtstörer erheben, aber auch **„über andere Personen"**. Dem logischen Sinn der Vorschrift nach kann sie also die Daten beliebiger, schlechthin aller Personen erheben, wenn dies zur vorbeugenden Bekämpfung von Straftaten erforderlich ist. Die vorangehende Erwähnung der Störer und Nichtstörer im Sinne des Art. 10 BayPAG ist vollkommen überflüssig und erzeugt nur den falschen Schein einer tatbestandlichen Begrenzung.

§§ 18 I 3 ASOG Bln, 30 I Nr. 1 BbgPolG, 25 a I Nr. 2 POG RP, 32 I Nr. 1 ThürPOG.

Die beliebte Methode, solche uferlosen Schein-Tatbestände durch eine verfassungskonform restriktive Auslegung vor dem Verdikt der Verfassungswidrigkeit gerade noch zu retten, ist ein Armutszeugnis für den Gesetzgeber und für den betroffenen Bürger kein Schutz.

197 Rechtsstaatlich bedenklich weit geschnittene Eingriffstatbestände produziert der Gesetzgeber auch mit Hilfe der **Verweisungstechnik**. Ein Beispiel statt vieler aus dem Sächsischen Polizeigesetz 1994 (GVBl. S. 1541): § 40 I Nr. 2 läßt den Einsatz „besonderer Mittel" zur Erhebung personenbezogener Daten in oder aus Wohnungen, d. h. also den „großen Lausch- oder Videoangriff" auch gegen Personen zu, „soweit Tatsachen die Annahme rechtfertigen, „daß diese Personen eine Straftat von erheblicher Bedeutung (§ 36 Abs. 1) begehen wollen". Löst man die Verweisung auf, so ergibt sich, daß der schwere Grundrechtseingriff der heimlichen optisch-akustischen Wohnungsüberwachung u. U. gegen jeden gewerbsmäßigen Hehler oder sogar gegen jede Prostituierte, die sich nicht an die Grenzen des Sperrbezirks hält, zulässig sein soll. Durch mehrfache Verweisungen und gesetzestechnische Trennungen von Eingriffsvoraussetzungen und Befugnisregelungen gehen die konkrete Anschauung und Vorstellung von der Tragweite des möglichen staatlichen Handelns verloren.[276] Daher ist die 1999 vorgenommene Änderung des § 40 I SächsPolG, die den Personenkreis einengt, rechtsstaatlich begrüßenswert.

198 Eine rechtsstaatlich erträgliche Fassung der Tatbestände der Eingriffsmaßnahmen in dem erweiterten (Vorfeld-)Bereich von Gefahrenabwehr und Strafverfolgung wird schließlich nur gelingen, wenn der Gesetzgeber sich zu einer **klar umrissenen Definition von „OK"** durchringt, an welche die einzelnen Maßnahmen angeknüpft werden können. Dabei muß – neben dem Gewicht der angegriffenen Rechtsgüter – vor allem der Charakter der Vereinigung als **„Organisation"** eine Rolle spielen: Eine „Bande" von drei Safe-Knackern oder Trick-Dieben ist noch keine „Kriminelle Organisation" im Sinne der „OK".[277] Bei einer solchen Tatbestands-Präzisierung würde zwar das Anwendungsfeld der „besonderen Mittel der Datenerhebung" mit ihren doch erheblichen Grundrechtseingriffen schrumpfen, dafür wären seine Grenzen deutlicher umrissen. Und der potentielle Rechtsbrecher, der es zu betreten wagte, wäre über seine besonderen „Risiken" belehrt.

---

[276] Dazu *Denninger,* Normbestimmtheit und Verhältnismäßigkeitsgrundsatz im Sächsischen Polizeigesetz, 1995, S. 18 ff.

[277] *Tröndle/Fischer,* StGB, 49. Aufl. 1999, § 129 Rdn. 1 b ff.

Es gibt Anzeichen, daß das Bewußtsein dafür wächst, daß eine immer weitere Ausdehnung der polizeilichen Eingriffsbefugnisse in das **Vorfeld der Prävention**, also in den Bereich der Gefahrenverhütung und der „vorbeugenden Bekämpfung von Straftaten", auf eine rechtsstaatliche Grenze stoßen muß, wenn nicht ein ungebremstes Sicherheitsdenken den Schutz der Bürgerfreiheit überwuchern soll. Typische Beispiele für die Ausweitung des Präventionsdenkens sind

- die Verformung des „klassischen" Platzverweises zu einem räumlich und zeitlich unbestimmten **Aufenthaltsverbot**, vgl. z. B. § 17 Abs. 2 NGefAG;
- die **Videoüberwachung** „öffentlich zugänglicher Orte", die nunmehr auch in das HSOG Eingang gefunden hat, § 14 Abs. 3;
- vor allem aber die **verdachts- und ereignisunabhängigen Personenkontrollen („Schleierfahndung")** in öffentlichen Einrichtungen des internationalen Verkehrs, auf Durchgangsstraßen und Bundeswasserstraßen zur „vorbeugenden Bekämpfung der grenzüberschreitenden Kriminalität", vgl. z. B. §§ 29 Abs. 1 Nr. 5 SOG M-V, 18 Abs. 2 Nr. 6 HSOG, sowie in zahlreichen anderen Polizeigesetzen.

Mit seinen grundsätzlich wichtigen Urteil vom 21. 10. 1999 – LVerfG 2/98 – hat das **199** Landesverfassungsgericht Mecklenburg-Vorpommern die Beachtung einiger der oben in Rdn. 194 genannten Kriterien rechtsstaatlichen Polizeirechts angemahnt und den Gesetzgeber insbesondere zur „Schleierfahndung" in diese Schranken verwiesen. Insbesondere hat das Gericht deutlich gemacht, daß der polizeiliche „Eingriff", und sei es auch „nur" eine Identitätsfeststellung, einen „verfassungsrechtlich notwendige(n) Zurechnungszusammenhang zwischen dem Verhalten des Einzelnen und einer Gefährdung eines zu schützenden Rechtsguts" voraussetzt (Leits. 3). Der Freiheitsanspruch des Einzelnen verlange, „daß er von polizeilichen Maßnahmen verschont bleibt, die nicht durch eine hinreichende Beziehung zwischen ihm und einer Gefährdung eines zu schützenden Rechtsguts oder eine hinreichende Beziehung zwischen ihm und einer Gefährdung eines zu schützenden Rechtsguts oder eine entsprechende Gefahrennähe legitimiert sind" (Umdr. S. 26). Deshalb muß der zu Personenkontrollen ermächtigende Gesetzgeber **Eingriffsschwellen** festlegen, indem er (mindestens) jeweilige Lageerkenntnisse und polizeiliche Erfahrunngen zur Voraussetzung macht.

Die in einige Landesgesetze aufgenommenen Regelungen über ein (u. U. bis zu drei **200** Monaten dauerndes und möglicherweise wiederholbares) präventives **Aufenthaltsverbot** sind als gesetzgeberische Reaktion auf die polizeilich unbefriedigende Bewältigung der „Hannoveraner Chaostage" und ähnliche Ereignisse zu verstehen (s. Kap. F Rdn. 710).

Vgl. §§ 29 Abs. 2 ASOG Bln, 17 Abs. 2 NGefAG, 21 Abs. 2 SächsPolG.

Das Aufenthaltsverbot kann ergehen, auch wenn weder das Ob noch das Wann, Wo und Wie einer Straftat feststehen. Die Gesetze sehen ausdrücklich eine Beschränkung des Verbots auf den zur Verhütung der Straftat erforderlichen zeitlichen und örtlichen Umfang vor. Dies ist erstens eine leerformelhafte, überflüssige Wiederholung des ohnehin geltenden Übermaßverbotes und zweitens aber eine nicht erfüllbare Forderung, da völlig unbestimmt ist, ob, wo und wann eine Straftat begangen wird. Einem Bewohner der Innenstadt von Hannover für zwei oder drei Monate den Aufenthalt in seiner Stadt zu untersagen, weil möglicherweise dann einmal bei einer Demonstration ein paar Steine in der Nähe des Betroffenen fliegen werden („ein Beitrag" zur Begehung soll genügen, also auch „psychische Beihilfe"?), wäre eine grobe Verletzung des Übermaßverbots. Der Zugang zur eigenen Wohnung soll erlaubt sein, wie steht es aber mit notwendigen Einkäufen, Besuchen, menschlichen Kontakten aller Art in der Verbotszeit? Das Gesetz will dies mit der Anerkennung der „Wahrnehmung berechtigter Interessen" berücksichtigen. Wer soll aber im Einzelfall die Einhaltung des Verbots überwachen und etwa darüber entscheiden, ob der Besuch bei Herrn X oder Frau Y oder im Kino Z ein „berechtigtes Interesse" darstellt oder nicht? Regelungen dieser Art verstoßen nicht nur gegen den Bestimmtheitsgrundsatz und das Übermaßverbot im engeren Sinne, sondern auch schon, weil gar nicht durchsetzbar, gegen das Prinzip der Geeignetheit.

3. Verfolgung und Ahndung von Ordnungswidrigkeiten

201 Während die Organisierte Kriminalität wegen der „organisierten" Verfestigung der Unrechtsstrukturen, der darin zum Ausdruck kommenden professionellen Rechtswert-Verachtung und nicht zuletzt wegen der Schadens-Dimensionen als ein besonders gefährlicher Angriff auf das rechtlich geordnete Zusammenleben anzusehen ist, gilt der Bereich der **Ordnungswidrigkeiten** im Gegenteil als „bloßes Ordnungs- und Polizeiunrecht" mit einem im Vergleich zu den kriminellen Vergehen deutlich geringeren „ethischen Unwertgehalt".[278] Dementsprechend sei auch die an die Verwirklichung eines Ordnungswidrigkeitstatbestandes geknüpfte Sanktion der **Geldbuße** (§§ 17 ff. OWiG) lediglich „als eine nachdrückliche Pflichtenmahnung" anzusehen, die keine ins Gewicht fallende Beeinträchtigung des Ansehens und des Leumundes des Betroffenen zur Folge habe. Ihr fehle „der Ernst der staatlichen Strafe".[279] Die dem ständigen Wandel der gesellschaftlichen Anschauungen unterliegende Grenze zwischen „echtem Kriminalunrecht" und „bloßem Ordnungsunrecht" jeweils verbindlich zu ziehen, ist Sache des Gesetzgebers (Art. 74 Nr. 1 GG: „Strafrecht"). Im Rahmen des – übrigens sprunghaft expandierenden – Ordnungswidrigkeitenunrechts unterscheidet das Gesetz noch eine weitere Unrechtsebene des „äußersten Bagatellbereichs",[280] in welchem geringfügige Ordnungswidrigkeiten durch ein **„Verwarnungsgeld"** sanktioniert und erledigt werden können, § 56 OWiG.

202 Der relativ geringe Unrechtsgehalt der einzelnen Ordnungswidrigkeit einerseits und die Notwendigkeit andererseits, für die vielmillionenfachen Verstöße dieser Art ein eher einfaches, flexibles und weniger aufwendiges (Verwaltungs-)Verfahren vorzusehen, haben zur **Dominanz des Opportunitätsprinzips** auf diesem Gebiet geführt. Die Verfolgung von Ordnungswidrigkeiten liegt im pflichtgemäßen Ermessen der Verfolgungsbehörde. Sie kann das Verfahren einstellen, solange es bei ihr anhängig ist, § 47 I OWiG. Die Behörden und Beamten des Polizeidienstes, die hier ebenso als Ermittlungsorgan der **Verfolgungsbehörde** (das kann die Verwaltungsbehörde oder die Staatsanwaltschaft sein) tätig werden wie bei der Straftatverfolgung als „verlängerter Arm" der Staatsanwaltschaft, handeln ebenfalls – anders als nach § 163 StPO – nach pflichtgemäßem Ermessen, § 53 I OWiG.

203 Findet das Verhältnis der Polizei zur Verfolgungsbehörde im Bußgeldverfahren somit grundsätzlich seine Parallele im Verhältnis Staatsanwaltschaft/Polizei im strafprozessualen Ermittlungsverfahren – vgl. §§ 46 I/II und 53 I 2 OWiG – so ist doch zu beachten, daß die Polizei im Ordnungswidrigkeitenrecht **drei verschiedene Funktionen** wahrnehmen kann:[281]

- Sie erfüllt die Aufgabe des „ersten Zugriffs" und der „Erforschung" von Ordnungswidrigkeiten.
- Sie kann kraft besonderer gesetzlicher Übertragung – § 36 I Nr. 1 OWiG – selbst die Rolle der Verwaltungsbehörde als zuständige **Verfolgungs-** und **Ahndungsbehörde** übernehmen (§ 35 I und II OWiG). Als Ahndungsbehörde erläßt sie dann die Sanktion, regelmäßig in Gestalt eines **Bußgeldbescheides** (§ 65 OWiG), unter Umständen auch eines selbständigen **Einziehungsbescheides** (§ 87 III OWiG).[282] Eine Ermächtigung dieser Art enthält § 26 StVG bezüglich der Ordnungswidrigkeiten nach §§ 24, 24 a StVG in Verbindung mit §§ 6 I StVG, 49 StVO mit Verweisungen. Die landesrechtliche Ausfüllung des § 26 I StVG kann auf Ordnungsbehörden oder auf Dienststellen der Vollzugspolizei lauten.[283] Der Bundesgrenzschutz verfügt mit § 13 BGSG über eine Ermächtigung zur Verfolgung von Ordnungswidrigkeiten in seinem Aufgabenbereich.

---

278 *BVerfGE* 27, 18 (30).
279 *BVerfGE* 27, 18 (33).
280 *BVerwGE* 42, 206 (208) mit Zitat von BT-Drucks. V/1319, S. 93.
281 Vgl. *Götz,* Rdn. 551 ff., *Knemeyer,* Rdn. 322 ff.
282 Näheres bei *Knemeyer,* Rdn. 322 ff.
283 Zutreffend *Götz,* Rdn. 553. In Hessen waren z. B. gemäß der VO der Landesregierung vom 23. 3. 1987 der Oberbürgermeister von Frankfurt/M. als Kreispolizeibehörde, der Regierungspräsident in Kassel als

– Die Polizei kann bei geringfügigen Ordnungswidrigkeiten das **Verwarnungsverfahren** nach §§ 57 II, 56, 58 OWiG durchführen. Handelt es sich um Verstöße im Straßenverkehr, so läßt sie sich dabei von der „Allgemeinen Verwaltungsvorschrift für die Erteilung einer Verwarnung bei Straßenverkehrsordnungswidrigkeiten (VerwarnVwV)“[284] mit einem ausgefächerten Verwarnungsgeldkatalog leiten, dessen Regelsätze von DM 10,– bis DM 75,– reichen.

Unterschiede zwischen dem Bußgeldverfahren und der Strafverfolgung nach StPO **204**
bestehen auch hinsichtlich des **Weisungsrechts.** „Herrin“ des Ermittlungsverfahrens nach dem OWiG ist regelmäßig die Verwaltungsbehörde als Verfolgungsbehörde. Sie hat prinzipiell dieselben Rechte und Pflichten wie die Staatsanwaltschaft bei der Verfolgung von Straftaten (§ 46 II OWiG) also auch das Weisungsrecht gegenüber der Polizei entsprechend § 161 StPO. Jedoch sind hier zwei Besonderheiten zu berücksichtigen: Zum einen muß die Anwendung des **Übermaßverbotes** (= des Grundsatzes der Verhältnismäßigkeit) zu einer sorgfältigen Prüfung der Angemessenheit eines jeden Grundrechtseingriffes führen.[285] Dieser verfassungsrechtliche Grundsatz hat in der **Einschränkung der Befugnisse** gemäß § 46 II, III und IV OWiG bereits gesetzlichen Niederschlag gefunden; doch ist seine Anwendung nicht auf die dort geregelten Fälle begrenzt. Zum anderen kann das der Polizei nach § 53 I OWiG eingeräumte „pflichtgemäße Ermessen“ nicht ohne Einfluß auf die Durchführung der Ermittlungen und damit nicht ohne Rückwirkungen auf die Ausübung des Weisungsrechts der Verfolgungsbehörde bleiben.[286] Dabei kann das Weisungsrecht der Aufsichtsbehörde gegenüber der Verwaltungsbehörde im „Außenverhältnis“ zwischen dieser und der Polizei zunächst außer Betracht bleiben. Hingegen sind Konflikte zwischen dem Weisungsrecht der polizeilichen Aufsichtsbehörden (vgl. z. B. § 96 HSOG) und dem der Verfolgungsbehörde denkbar. Für den ausführenden Polizeibeamten sind in erster Linie die Anordnungen seines Dienstvorgesetzten und damit die innerpolizeilichen Weisungen verbindlich. Für die Ausübung des **Remonstrationsrechts** des Beamten gelten die allgemeinen Regeln.

§ 38 BRRG, ferner §§ 56 BBG, 75 BWBG, Art. 65 Bag BG, §§ 22 Bln BG, 21 Bbg BG, 57 Brem BG, 61 Hmb BG, 71 HBG, 60 BG MV, 64 NBG, 59 BG NW, 66 BG RP, 70 SBG, 74 Sächs BG, 56 BG LSA, 68 BG SH, 59 Thür BG.

Auch hat er die Grenzen des § 344 II StGB einzuhalten, er darf also nicht etwa (auf **205**
Weisung) gegen einen „Unschuldigen“ im Sinne der Vorschrift ermitteln, wenn er von dessen „Unschuld“ Kenntnis hat. Im übrigen sind die Ermittlungsersuchen der Verfolgungsbehörde, die diese an die Polizeidienststelle zu richten hat, grundsätzlich verbindlich. Doch bleibt der Polizei ein **Ermessensspielraum** bei der Entscheidung über die Art und Weise der Durchführung der Ermittlungen; auch muß es ihr möglich sein, bei starkem Geschäftsanfall bezüglich bestimmter Arten von Ermittlungsaufträgen oder auch in Einzelfällen zeitliche und kräftemäßige Prioritäten zu setzen. Hierüber hat sie die ersuchende Verfolgungsbehörde unverzüglich zu unterrichten. Dieser für den Bereich der Gefahrenabwehr ausdrücklich normierte Grundsatz,

§ 2 I 2 PolG BW, Art. 9 I BayPAG, §§ 4 I 2 ASOG Bln, 2 BbgPolG, 64 I BremPolG, 3 II 2 HbgSOG, 1 VI 2 HSOG, 11 SOG MV, 1 II 2 NGefAG, 1 I 4 PolG NW, 1 VI 1 POG RP, 85 II 2 SPolG, 2 I SächsPolG, 1 I 3 SOG LSA, 172 LVwG SH, 3 ThürPOG, 1 VI 2 BGSG,

muß auch im Bußgeldverfahren Anwendung finden.

Bezirkspolizeibehörde und im übrigen die Ortspolizeibehörden zuständig. Nach der neuen VO vom 7. 4. 1992 (GVBl. S. 134) üben diese Behörden die Befugnisse als entsprechende „allgemeine Ordnungsbehörden“ aus.

284 BAnz Nr. 109 vom 20. 6. 75, zuletzt geändert am 25. 6. 1998 (VkBl. S. 605); auch in *Rebmann/Roth/Herrmann,* Gesetz über Ordnungswidrigkeiten (Loseblatt, Stand: 1999) Anhang 4 C.

285 *Göhler,* § 46, Rdn. 9; aus der Rspr. vgl. *BVerfGE* 27, 211 (219).

286 Zum Ganzen vgl. *Göhler* § 47, Rdn. 14; § 53, Rdn. 8, 10, 20 f.

III. Vollzugshilfe, Amtshilfe

1. Vollzugshilfe

206 Die organisatorische und funktionale **Trennung von Polizei und Ordnungsbehörden** (sowie von sonstigen Gefahrenabwehrbehörden) führt dazu, daß die Verwaltungsbehörden mangels eigener „Außendienst"-Kräfte oder Vollzugskräfte vielfach nicht in der Lage sind, die von ihnen erlassenen Verwaltungsakte zu vollstrecken. Dies gilt besonders dann, wenn die Anwendung **unmittelbaren Zwangs** erforderlich wird. Hingegen kann die Festsetzung eines **Zwangsgeldes,** auch eines Modus der Vollstreckung, noch durch die Behörde der „Grundverfügung" erfolgen und für die Durchführung einer **Ersatzvornahme,** des dritten Modus des Zwangs, kann sie sich der Hilfe Dritter (zum Beispiel technischer Verwaltungshelfer) bedienen. Für die Vollstreckung von **Geldforderungen** der Verwaltung, die länderunterschiedlich teils von den Finanzämtern, den Landes-, Kreis- oder Gerichtskassen, teils von jeweils bestimmten Vollstreckungsbehörden betrieben wird, sind landesrechtlich besondere **Vollziehungsbeamte** bzw. Vollzugsbeamte bestellt (vgl. z. B. § 6 HessVwVG). Soweit sie zur Anwendung unmittelbaren Zwangs (teilweise einschließlich des Waffengebrauchs) befugt sind, richtet diese sich nach den Vorschriften der Polizeigesetze.

§§ 63 HSOG, 10 I NVwVG, 10 I VwVG LSA, 51 II ThürVwZVG; nur für Schußwaffengebrauch: §§ 74 NW VwVG, 34 VwVG Bbg.

Ansonsten regeln die Vollstreckungsgesetze der Länder die Anwendung unmittelbaren Zwangs selbst.

207 Es ist ein Gebot der im Rechtsstaatsprinzip begründeten **Rechtssicherheit qua Rechtsdurchsetzungs-Gewißheit,** daß vollstreckbar gewordene Verwaltungsakte notfalls auch gegen den Widerstand des Pflichtigen vollstreckt werden. Die hierfür notwendige Macht, auch unter Einschluß physischer Gewaltanwendung in rechtlich geregelter Form (das ist: „unmittelbarer Zwang"), in **Reserve** zu halten und **gegebenenfalls einzusetzen,** ist die Aufgabe der Polizei. Sie wird als **Vollzugshilfe** bezeichnet und in den neueren Polizeigesetzen, welche dem Musterentwurf folgen, als eigenständige Aufgabe in der allgemeinen Aufgaben-Norm ausgewiesen.

§§ 1 III ME, 60 IV PolG BW, Art. 2 III BayPAG, §§ 1 V ASOG Bln, 1 III BbgPolG, 1 III BremPolG, 1 V HSOG, 7 II 1 SOG MV, 1 IV NGefAG, 1 III PolG NW, 1 IV POG RP, 1 IV SPolG, 2 III SOG LSA, 168 II 1 Nr. 1 LVwG SH, 2 III ThürPOG.

208 Die näheren landesgesetzlichen Bestimmungen lassen einen weiteren und einen engeren Begriff von Vollzugshilfe erkennen. Die jüngere Tendenz der Gesetzgebung geht nach dem Vorbild des Musterentwurfs dahin, die Vollzugspolizei von „polizeifremden Aufgaben" zu entlasten. Dies entspricht dem „Sicherheitsprogramm der Innenminister".[287] Die Vollzugspolizei soll sich auf ihre eigentlichen Aufgaben der dringlichen Gefahrenabwehr, der Straftat- und Ordnungswidrigkeitenbekämpfung konzentrieren können; sie soll nicht „Mädchen für alles" im „Außendienst" für alle anderen Behörden spielen müssen. Deshalb beschränken zahlreiche Gesetze die Vollzugshilfe auf die Anwendung **unmittelbaren Zwanges.**

§ 25 I ME, Art. 50 I BayPAG, §§ 52 I ASOG Bln (mit der Besonderheit, daß neben der Polizei die Berliner Feuerwehr besonders genannt wird, §§ 3 II, 52 II ASOG Bln), 50 I BbgPolG, 37 I BremPolG, 82 a SOG MV, 51 I NGefAG, 47 I PolG NW, 96 I POG RP, 41 I SPolG, 61 I SächsPolG, 50 I SOG LSA, 48 I ThürPOG.

[287] Vgl. *Heise,* Musterentwurf eines einheitlichen Polizeigesetzes, 1976, Begründung zu § 25 I, S. 77.

Andere Polizeigesetze normieren einen weiteren Begriff von Vollzugshilfe, der alle Arten von Vollzugshandlungen umfassen kann, die die Anordnungsbehörden „mangels eigener befugter Bediensteter nicht selbst vornehmen können", § 44 I Nr. 1 HSOG. Daneben wird die Durchführung erkennungsdienstlicher Maßnahmen besonders erwähnt, § 44 I Nr. 2 und II Nr. 3 HSOG. Das hessische Gesetz unterscheidet ferner zwischen Ordnungsbehörden und „anderen Behörden". Haben jene Anspruch auf eine umfassende Vollzugshilfe, so müssen diese sich mit Vollzugshilfe im engeren Sinne, mit der Anwendung unmittelbaren Zwanges und der Schutzleistung bei zu erwartendem Widerstand gegen Vollzugshandlungen, begnügen. Einen gewissen Vorrang der Sicherheitsbehörden gegenüber anderen Verwaltungsbehörden kennt auch das BayPAG (Art. 51 III 2): Die Weisungen der ersteren gehen den Ersuchen der letzteren vor. Einen weiten Vollzugshilfe-Begriff normiert § 60 IV PolG BW. Er umfaßt alle Vollzugshandlungen, „soweit hierfür die besonderen Fähigkeiten, Kenntnisse oder Mittel des Polizeivollzugsdienstes benötigt werden". Das Polizeigesetz von Schleswig-Holstein verweist lediglich auf die verwaltungsverfahrensrechtlichen Amtshilfebestimmungen (§ 168 II 2 LVwG SH). 209

Mit Ausnahme Bayerns (Art. 2 III, 50 II BayPAG), Baden-Württembergs (§ 60 IV PolG BW) und Sachsens (§ 61 I SächsPolG) werden in den anderen Ländern nur **„Behörden"**, nicht aber **„Gerichte"** als Destinatäre der Vollzugshilfe erwähnt. Dabei benötigen gerade Gerichte häufig eine derartige Hilfe, sei es bei der Vorführung von Zeugen oder Beschuldigten im Ermittlungsverfahren (§§ 51, 134, 135 StPO), sei es zur Hauptverhandlung (§§ 51, 230 II, 236, 329 IV StPO). Freilich wird hier auf dem Wege über §§ 36 II, 161 StPO, 152 GVG bei vollstreckungsbedürftigen Entscheidungen die Weisungsgewalt der Staatsanwaltschaft (die keineswegs auf das Ermittlungsverfahren begrenzt ist[288]) regelmäßig eingreifen und ausreichen,[289] so daß insoweit ein Rückgriff auf „Vollzugshilfe" oder – noch allgemeiner – auf „Amtshilfe" nicht erforderlich ist. Sofern diese Regelung nicht ausreicht – zum Beispiel wird der zur Durchführung der „Sitzungspolizei" (§ 176 GVG) zuständige Justizwachtmeister (RiStBV Nr. 128 III) der Lage allein nicht Herr – können in sinngemäßer Anwendung der Vollzugshilfevorschriften Polizeivollzugskräfte hinzugezogen werden. 210

Die Vollzugshilfe weist zwar gewisse Ähnlichkeiten mit der **Amtshilfe** auf, ist aber, entgegen zahlreichen Stimmen in der Literatur,[290] **nicht einfach als ein Unterfall der Amtshilfe zu qualifizieren.** Amtshilfe liegt nach § 4 II der (insoweit übereinstimmenden) Landes-Verwaltungsverfahrensgesetze in zwei Fällen **nicht** vor, 211

- wenn die „Hilfeleistung" der „ersuchten" Behörde innerhalb eines bestehenden Weisungsverhältnisses erfolgt und
- wenn die „Hilfeleistung" in Handlungen besteht, die der ersuchten Behörde als eigene Aufgaben obliegen.

Dies letztere ist anzunehmen, wenn die Tätigkeit der ersuchten Behörde sich nicht erst aus den Amtshilfevorschriften (§§ 4 ff. der Verwaltungsverfahrensgesetze), sondern bereits aus aufgabenbegründenden Spezialvorschriften ergibt.[291] Bei der Vollzugshilfe ist dies, wie gezeigt, der Fall. Außerdem wird praktisch in den meisten Fällen von Vollzugshilfe ein Weisungsverhältnis aktualisiert werden,[292] so daß § 4 II Nr. 1 VwVfG eingreift. Je nach der Stellung der ersuchenden Behörde ist hier zu differenzieren; als Beispiel diene hessisches Recht. Danach ist sowohl der **Landrat** als Behörde der Landesverwaltung als 212

---

288 *Kleinknecht/Meyer-Goßner,* § 161, Rdn. 11.

289 Das wird offenbar übersehen von *Wagner,* § 25, Rdn. 7 ff., der im übrigen das Problem vertieft behandelt.

290 Z. B. *Wagner,* vor §§ 25–27, Rdn. 16; *Gusy,* Rdn. 139. Zutreffend hingegen: *Drews/Wacke/Vogel/Martens,* S. 146, *Mußmann* (Fußn. 44), Rdn. 119; *Würtenberger/Heckmann/Riggert,* Rdn. 120.

291 *Meyer/Borgs-Maciejewski,* VwVfG, § 4, Rdn. 27.

292 Zutr. *Mußmann* (Fußn. 288), Rdn. 119 a. E. für Baden-Württemberg.

auch der Oberbürgermeister einer kreisfreien Stadt **Kreisordnungsbehörde** (§ 85 I Nr. 3 HSOG). Doch ist nur der Landrat, nicht der Oberbürgermeister, zugleich „untere Polizeibehörde" (§ 91 III Nr. 4 a HSOG), als solche „Polizeidienststelle" (§ 91 II HSOG) und als deren Leiter weisungsbefugter polizeilicher Vorgesetzter der unterstellten Vollzugsbeamten (§ 91 VI HSOG). Der Landrat als Polizeibehörde könnte also sich selbst in seiner Eigenschaft als allgemeine Ordnungsbehörde „Vollzugshilfe" nach § 44 I HSOG leisten; ein Weisungsverhältnis zwischen dem Landrat als Polizeibehörde und den Vollzugskräften liegt vor; insoweit bedarf es der Vollzugshilfe nicht. Anders der Oberbürgermeister. Er ist nicht zugleich Polizeibehörde (statt seiner tritt hier das Polizeipräsidium ein, § 91 III Nr. 4 b HSOG); ein Weisungsverhältnis zu den Vollzugsbeamten besteht nicht. Daß die Vollzugshilfe hier keine Amtshilfe ist, ergibt sich also aus § 4 II Nr. 2 HVwVfG.

213 Die Verwandtschaft zwischen Vollzugs- und Amtshilfe zeigt sich jedoch in der Verweisung auf die entsprechende Geltung der „Grundsätze der Amtshilfe", insbesondere auf die Klausel, welche die Verantwortlichkeit der ersuchten Behörde (der Polizei) auf „die Art und Weise der Durchführung" der Hilfe beschränkt.

§ 7 II 2 VwVfG einerseits, § 25 II 1 ME, Art. 50 III BayPAG i. V. m. Art. 7 II BayVwVfG, §§ 52 III 1 ASOG Bln, 50 II BbgPolG, 37 II 1 BremPolG, 44 III 1 HSOG, 82 a II SOG MV, 51 II 1 NGefAG, 47 II 1 PolG NW, 96 II 1 POG RP, 41 II SPolG, 61 II 1 SächsPolG, 50 II SOG LSA, 186 II 2 i. V. m. 35 II LVwG SH, 50 II 1 ThürPOG andererseits.

2. Amtshilfe

214 Amtshilfe, in Art. 35 I, II GG bundesverfassungsrechtlich abgesichert, ist die im Einzelfall oder in mehreren Einzelfällen auf Ersuchen einer Verwaltungsbehörde oder eines Gerichtes von einer anderen Verwaltungsbehörde geleistete, die Tätigkeit der ersuchenden Behörde **ergänzende Verwaltungshilfe.**[293] Sie wird von der im übrigen verwandten **Rechtshilfe** unterschieden, welche die unterstützende Tätigkeit durch **richterliche** Handlungen bezeichnet (§ 156 GVG). Wird die Polizei von einer Verwaltungsbehörde – wobei unter Umständen zwischen Ordnungsbehörden und sonstigen Behörden zu differenzieren ist (vgl. z. B. § 44 HSOG, oben Rdn. 209) – um Unterstützung ersucht, so ist vorab zu prüfen, ob das Ersuchen nicht vielmehr auf Vollzugshilfe als auf Amtshilfe gerichtet ist. Als Beispiele typischer Amtshilfeleistungen werden genannt:[294] Die Überlassung von Räumen und Personal, besonders von Schreib- oder Fachkräften, die Bereitstellung technischer Einrichtungen, die Durchführung technischer Untersuchungen, die Erstattung von Gutachten, die Erteilung von Auskünften, die Übersendung von Akten, Aktenteilen oder Kopien, die Übernahme von Ermittlungen und Vernehmungen. Die Übergänge zur (weisungsabhängigen) Erfüllung eigener Aufgaben, zum Beispiel nach der StPO oder nach Ordnungswidrigkeitengesetz, sind nicht immer leicht zu erkennen.

Ein wesentlicher Teil der einander ergänzenden Zusammenarbeit von Behörden besteht in der **Übermittlung von Informationen.** Soweit es sich dabei um personenbezogene handelt, wird regelmäßig das **Recht auf informationelle Selbstbestimmung** (RiS) berührt sein. Die Gesetzgeber haben, angestoßen durch das *BVerfG* (*E* 65, 1 ff.), auf diese Situation reagiert, indem sie die verschiedenen Stufen polizeilicher **Informationshilfe** im Rahmen der polizeilichen Datenverarbeitung differenziert geregelt haben.

§ 40 ff. PolG BW, Art. 39 ff. BayPAG, §§ 44 ff. ASOG Bln, 41 ff. BbgPolG, 29 BremPolG, 18 ff. HbgPolDVG, 21 ff. HSOG, 39 ff. SOG MV, 40 ff. NGefAG, 26 ff. PolG NW, 25 c, f. POG RP, 32 ff. SPolG, 44 ff. SächsPolG, 27 ff. SOG LSA, 191 ff. LVwG SH, 31 f. ThürPOG; 32 f. BGSG, vgl. Kap. J.

---

[293] Ähnlich: *Meyer,* in: Meyer/Borgs-Maciejewski, VwVfG, Rdn. 5 ff.; *Kopp,* VwVfG, § 4. Vgl. ferner *Bull,* in: AK-GG, Art. 35 I Rdn. 13.

[294] Vgl. *Schlink,* S. 215 m. w. Nachw.

Die §§ 4 bis 8 Verwaltungsverfahrensgesetze (des Bundes und der Länder) regeln die **„Grundsätze der Amtshilfe“**, auf welche die Polizeigesetze auch für die Vollzugshilfe verweisen (vgl. Rdn. 213), nur unvollständig und unübersichtlich. Doch werden die folgenden Elemente immerhin deutlich erkennbar:[295] **215**

(1) Amtshilfeleistung muß immer **ergänzenden Charakter** haben, § 4 I VwVfG. Die Herrschaft über die Maßnahme, zu der die Hilfe erbeten wird, und über das Verfahren im Ganzen müssen bei der ersuchenden Behörde verbleiben. Sie trägt auch die rechtliche Verantwortung für die Zulässigkeit der Maßnahme; die ersuchte Behörde ist (nur) für die Durchführung ihrer Hilfeleistung verantwortlich, § 7 I, II VwVfG.

(2) Die ergänzende Tätigkeit ist für den Einzelfall oder auch für eine Serie von Einzelfällen, **nicht aber als Dauereinrichtung** gedacht. Deshalb wird auch jeweils ein fallbezogenes Ersuchen als Auslöser der Hilfeleistung vorausgesetzt. Wird diese zur Dauer-Routine, so fällt sie de facto in den Kreis eigener Aufgaben der ersuchten Behörde und scheidet damit als „Amtshilfe“ aus, § 4 II Nr. 2 VwVfG. Eine ständig vorgehaltene **Online-Verbindung** zu dem Datenbestand einer anderen Behörde überschreitet aus beiden Gründen den Amtshilfe-Rahmen: Es fehlt am fallbezogenen Ersuchen und es liegt eine Dauereinrichtung vor.

(3) Die Gesetze (z. B. § 4 II VwVfG) machen zwei klare Negativaussagen: Hilfeleistung im Rahmen eines Weisungsverhältnisses (zum Beispiel zwischen Staatsanwalt und Polizei im Ermittlungsverfahren, § 161 StPO) ist ebensowenig „Amtshilfe“ wie eine Tätigkeit, die der ersuchten Behörde ohnehin als eigene Aufgabe obliegt. **216**

(4) Aus dem Grundsatz der **Gesetzmäßigkeit der Verwaltung** (Art. 20 III GG) ergibt sich, was in § 5 I VwVfG durch die Bezugnahme auf die Durchführung ihrer „Aufgaben“ und in § 7 VwVfG durch den Hinweis auf die „Zulässigkeit“ und die „Rechtmäßigkeit“ der Maßnahme bestätigt wird: Die **ersuchende Behörde** muß sich im Rahmen ihres gesetzlichen **Aufgabenkreises** halten; sie kann ihn nicht im Wege der Amtshilfe erweitern. Rechtsstaatlich gesehen ist dies selbstverständlich.

(5) Ebenso muß die **ersuchte Behörde** sich mit ihrer Leistung im Rahmen ihres gesetzlichen **Befugniskreises** halten. Eine Befugniserweiterung kann durch die Einrichtung der Amtshilfe nicht bewirkt werden, anderenfalls würde gegen die Grundsätze der Gewaltenteilung und der rechtsstaatlichen Zuständigkeitsordnung verstoßen.

(6) Wird aber dann, so muß man logischerweise ergänzend fragen, durch die Amtshilfe eine – gegebenenfalls in Grundrechte eingreifende – Gesamtmaßnahme ermöglicht, bei der die ersuchende Behörde sich außerhalb ihres **Befugnis**kreises und die ersuchte Behörde sich außerhalb ihres **Aufgaben**kreises bewegt? Wird es, mit anderen Worten, rechtlich möglich, beliebige Aufgaben mit beliebigen Befugnissen beliebig zu kombinieren, um dadurch die „Verwaltungskraft“ in der „Einheit der Verwaltung“ ins Unabsehbare zu steigern? Der bloße Gesetzeswortlaut scheint dies zu erlauben, zumal die Leistung der ersuchten Behörde außerhalb ihres Aufgabenkreises liegen muß, wenn sie eine **Amtshilfeleistung** soll sein können. Dennoch, die Frage stellen, heißt sie verneinen. Hierzu muß man allerdings die rechtsstaatlichen, also verfassungsrechtlichen Grundlagen der Amtshilfe in die Betrachtung einbeziehen.

(7) Eine beliebige Koppelung von Aufgabenauftrag und Befugniszuordnung im Wege der Amtshilfe wäre gleichbedeutend mit der rechtlichen Anerkennung der Zulässigkeit des Schlusses von der Aufgabennorm auf die zu ihrer Erfüllung notwendigen Befugnisse. Die gesamte neuere Polizeirechtsentwicklung von der „verrechtlichenden“ Entpolizeilichung bis zur konsequenten getrennten Durchnormierung von Aufgaben und Befugnissen lehrt jedoch, daß jener „Schluß“ rechtsstaatlich nicht zulässig ist.[296] Dies hat für den gesamten Bereich, in dem Grundrechte des Bürgers betroffen sind, seinen Grund

---

[295] Zum folgenden vgl. *Denninger*, in: BMI (Hrsg.), Verfassungsschutz und Rechtsstaat, 1981, S. 23 ff.; *ders.*, Der gebändigte Leviathan, S. 352 ff.; *Schlink*, S. 108, 148, 155.

[296] Im Ergebnis ebenso *Schlink*, S. 108.

darin, daß es **Sache des Gesetzgebers** ist, Gemeinwohlbelange und Individualrechtsgüter in ihrem Verhältnis zu gewichten und im Konfliktsbereich auszutarieren. Eben dies tut er, indem er für die Erfüllung **bestimmter** (Gemeinwohl-)Aufgaben nur **bestimmte** (Eingriffs-)Befugnisse zuläßt und damit dem rechtsstaatlichen Maßgebot wie dem Grundsatz der Berechenbarkeit staatlichen Handelns gleicherweise genügt.

(8) Besonders bedenklich wäre es, wenn ohne besondere gesetzliche Ermächtigung beliebige Verwaltungsbehörden sich die allgemeine polizeiliche Gefahrenabwehrbefugnis als eine nicht näher umschriebene Blanko-Reservemacht für die Erfüllung ihrer Aufgaben dienstbar machen könnten. Dadurch würden schließlich alle Zuständigkeits- und Eingriffsgrenzen niedergerissen.[297]

217 Als **Ergebnis** bleibt festzuhalten, daß eine (nur) querschnittgesetzliche Amtshilfeermächtigung (und -verpflichtung), wie sie die §§ 4 ff. VwVfG normieren, im Bereich der grundrechtsberührenden Verwaltungstätigkeit höchstens eine die Grenzen der örtlichen Zuständigkeit überschreitende Maßnahme legitimieren kann; jede **Erweiterung der sachlichen Zuständigkeit** der ersuchenden Behörde durch Amtshilfeleistungen bedarf einer **spezialgesetzlichen Grundlage.**[298] Die Informationsübermittlungs-Vorschriften der neueren Polizeigesetze versuchen, dieser Lage Rechnung zu tragen. Freier gestellt ist die „interne" Behördenkooperation. Doch auch hier gelten die Regeln der §§ 5, 6 VwVfG über die Voraussetzungen und Grenzen einer verpflichtenden Inanspruchnahme fremder Hilfe.

IV. Zuständigkeit in Eilfällen

1. Gefahrenabwehr: Zum Verhältnis von Polizei(behörden) und Ordnungsbehörden

218 Der jahrzehntelang währende Vorgang der sogenannten **„Entpolizeilichung"** (s. Kap. A Rdn. 72) hat in den meisten Ländern zu einer organisatorischen Trennung der allgemeinen Verwaltungsbehörden und Ordnungsbehörden einerseits von der „Polizei" im institutionellen Sinne (Polizeibehörden und Vollzugspolizei) andererseits geführt. Zum Teil ging es dabei um nicht viel mehr als um einen „Namenswechsel" bei unveränderter Aufgabenzuweisung, so beispielsweise in Hessen, wo die fachlich zuständigen Minister, die Regierungspräsidenten, Landräte, Oberbürgermeister und Bürgermeister gemäß § 57 HSOG 1972 (a. F.) als **„allgemeine Polizeibehörden"** Gefahrenabwehraufgaben wahrnahmen, während nunmehr dieselben Behörden unter der Bezeichnung **„allgemeine Ordnungsbehörden"** gemäß § 85 HSOG 1990/1994 dieselben Gefahrenabwehraufgaben – enumeriert in der sog. **Zuweisungsverordnung** vom 18. Juli 1972 (mit entsprechender Anpassung von „allgemeine Polizeibehörde" an „allgemeine Ordnungsbehörde" durch ÄndVO 1992), wahrnehmen.

219 Einige Länder, wie Brandenburg, Nordrhein-Westfalen und Thüringen, haben eigene Ordnungsbehördengesetze erlassen, während andere Länder, wie Hessen und (seit 1993 auch) Rheinland-Pfalz zwar Polizei und Ordnungsbehörden organisatorisch trennen, aber deren Aufgaben- und Befugnisregelung in einem einheitlichen Gesetz zusammenfassen, während in einer dritten Spielart – so in Mecklenburg-Vorpommern – zwar ein einheitliches Sicherheits- und Ordnungsgesetz für Polizei und Ordnungsbehörden gilt, jedoch die Polizei in einem zusätzlichen Polizeiorganisationsgesetz Normierung findet, ähnlich in Bayern die Trennung von Polizeiaufgaben- und Polizeiorganisationsgesetz.

220 Diese Vielfalt führt zu Unklarheiten bei der Zuordnung. Gebräuchlich ist die Zweiteilung in Länder, welche dem **Trennungssystem,** und solche, die dem **Einheits- oder Mischsystem** folgen. Unschärfen im Begriffsgebrauch und die zahlreichen Novellierun-

[297] *Denninger,* S. 355 ff.
[298] *Schlink,*, S. 155 f.; *Jarass/Pieroth,* GG, Art. 35, Rdn. 2.

gen im Polizeirecht tragen dazu bei, daß die Aussagen im Schrifttum nur mit großer Vorsicht aufgenommen werden können. So zählt etwa *Friauf*[299] Mecklenburg-Vorpommern und Sachsen-Anhalt zu den Ländern des Einheitssystems, Sachsen zu denen des Trennungssystems. *Meierkord* und *Müller*[300] ordnen hingegen die neuen Bundesländer zutreffend ein, führen aber Rheinland-Pfalz (noch) in der Gruppe des „Einheitssystems". Mit dem Polizei- und Ordnungsbehördengesetz vom 10. November 1993 (POG) hat sich jedoch auch dieses Land der Mehrheit der Länder mit Trennungssystem hinzugesellt (vgl. auch *Roos,* Polizei- und Ordnungsbehördengesetz Rheinland-Pfalz, 1995, Überblick Rdn. 25).

Bezieht man die Begriffe „Trennung" bzw. „Einheit" in diesem Zusammenhang, wie dies zu empfehlen ist, auf die **organisatorische Gliederung,** also auf die Trennung von Polizeibehörden (oder Vollzugspolizei) und Ordnungsbehörden, und nicht auf die **gesetzliche Regelung** in einem oder in mehreren Gesetzen, so darf man feststellen, daß im Jahr 2000 nur noch die Länder Baden-Württemberg, Bremen, Saarland und Sachsen dem Einheits- oder Mischsystem zuzurechnen sind; alle zwölf anderen Bundesländer haben den Trennungsgedanken realisiert. **221**

Diese Entwicklung führt zu der Frage, ob das „brandenburgische Modell" oder das „Thüringer Modell" (s. ThürPAG vom 4. Juni 1992 und ThürOBG vom 18. Juni 1993), also die Aufgaben- und Befugnisregelungen für die Polizei einerseits, für die Ordnungsbehörden andererseits in je besonderen Gesetzen zusammenzufassen (zu denen dann noch Polizeiorganisationsgesetze sowie Spezialgesetze für besondere Ordnungs- oder Fachverwaltungsbehörden hinzutreten (können)), den Vorzug verdient vor der Lösung mit einem einheitlichen Sicherheits- und Ordnungsgesetz, bei dessen Befugnisnormen klar zwischen den Behördenarten differenziert wird und das das Zusammenwirken der Gefahrenabwehrbehörden durch eine deutliche Subsidiaritätsregelung optimal steuert (dazu u. 2.). Im Schrifttum (s. Fn. 300) werden Stimmen laut, die „zur Schaffung klarer Rechtsverhältnisse" eine vor die Klammer gezogene besondere gesetzliche Regelung des allgemeinen Ordnungsrechts nicht nur begrüßen, sondern als notwendig fordern. **222**

Eine solche Notwendigkeit ist nicht zu erkennen. Einerseits haben die Ordnungsbehörden die Aufgaben nach den speziellen Vorschriften für die besonderen Verwaltungsmaterien zu erfüllen, sei es, daß ihnen diese besonders (durch Gesetz oder Rechtsverordnung) zugewiesen worden sind – wie z. B. häufig das Paß-, Ausländer-, Melde-, Versammlungs-, Waffen-, Sprengstoff- und, teilweise, das Straßenverkehrswesen, – sei es, daß sie in Wahrnehmung ihrer subsidiären Eilkompetenz Befugnisse von Fachbehörden, z. B. der Bauaufsicht, der Gewerbeaufsicht usw., wahrnehmen. Eine subsidiäre Anwendung des allgemeinen Sicherheits- und Ordnungsrechts kommt hier nur in Frage, soweit die Spezialgesetze keine abschließende Regelung treffen. Andererseits sind die rechtsstaatlichen Grundregeln für polizeiliches und ordnungsbehördliches Handeln identisch. Das gilt für die Ausprägungen des Übermaßverbotes, für die Störerbegriffe und -verantwortlichkeit, für die meisten Standardbefugnisse einschließlich der Zwangsanwendung, für das Informationsverhalten und für die Entschädigungsregelungen. Es ist sinnvoll und überschaubar, diese Materien für Polizei und Ordnungsbehörden gemeinsam in einem Gesetz zusammenzufassen, das, z. B. bei den mit Zwangsanwendung verbundenen Befugnissen den strukturellen Unterschieden zwischen Polizei (Vollzugspolizei) und Ordnungsbehörden Rechnung tragen kann. **223**

Eine wenig durchdachte Lösung ist es jedenfalls, wenn ein gesondertes Ordnungsbehördengesetz, wie etwa in Thüringen, teils Quisquilien wie dem Rodeln, der Bekämpfung verwilderter Tauben oder wilder Plakatierer und dem Betreten und Befahren von Eisflächen (vgl. §§ 39 ff. ThürOBG) einen ganzen Abschnitt widmet, teils aber die wich- **224**

---

299 *Friauf,* Rdn. 22.

300 *Meierkord/Müller* DVBl. 1993, 985 ff. Im übrigen dort ein guter Überblick über die Problematik in den neuen Bundesländern.

tige Frage, „welche Befugnisse und welche Zwangsbefugnisse (!) welchen Vollzugs-Dienstkräften vorbehalten sind" (§ 8 II Nr. 3 ThürOBG) einer Rechtsverordnung des Innenministers überantwortet. Dies letztere dürfte wegen des „Wesentlichkeitsgrundsatzes" sogar verfassungswidrig sein.

2. Subsidiarität im Verhältnis zu anderen Gefahrenabwehrbehörden

225 Der zunehmenden Ausdifferenzierung komplexer Gefahrenlagen und der ihnen angemessenen speziellen Bekämpfungsmethoden entspricht eine zunehmende **Spezialisierung der Gefahrenabwehrbehörden** (vgl. Kap. D). So obliegt die Bauüberwachung den Bauaufsichtsbehörden, die Seuchenbekämpfung unter anderem den Gesundheitsämtern, die Gewerbeaufsicht einschließlich des Arbeitsschutzes den staatlichen Gewerbeaufsichtsämtern (vgl. § 139 b GewO), der Jugendschutz den Jugendwohlfahrtsbehörden usw. Daneben sind die **allgemeinen Ordnungsbehörden** (bzw. allgemeinen **Polizeibehörden**), zumeist in vierfacher Gliederung als Orts-, Kreis-, Bezirks- und Landesordnungs- (bzw. -polizei-)behörden für die Gefahrenabwehr zuständig. Und schließlich hat die **Vollzugspolizei** (bzw. der Polizeivollzugsdienst oder die Polizeidienststelle [Hessen]) ebenfalls diese Aufgabe. Theoretisch ist also eine dreifache **Zuständigkeitskonkurrenz** denkbar:

- allgemeine oder spezielle Verwaltungsbehörde,
- allgemeine Ordnungsbehörde (eventuell auch Sonderordnungsbehörde) bzw. Polizeibehörde in den Ländern, welche die „Entpolizeilichung" noch nicht zu Ende gebracht haben,
- Vollzugspolizei (Polizeivollzugsdienst).

226 In allen Bundesländern haben die Gesetzgeber diese Problematik dadurch zu lösen versucht, daß „die Polizei" – und das heißt: die **Vollzugspolizei** „selbständig",[301] also aus eigener Initiative (ohne auf ein Vollzugshilfeersuchen angewiesen zu sein) nur **subsidiär** tätig werden darf oder muß, „soweit die Abwehr der Gefahr durch andere Behörden, die Aufgaben der Gefahrenabwehr zu erfüllen haben, nicht oder nicht rechtzeitig möglich erscheint" (§ 2 S. 1 HSOG).

§§ 1a ME, § 2 I 1, 60 II PolG BW, Art. 3 BayPAG, §§ 4 S. 1 ASOG Bln, 2 S. 1 BbgPolG, 64 I 2 BremPolG, 3 II 1 a) HbgSOG, 2 S. 1 HSOG, 7 I Nr. 3 SOG MV, 1 II 1 NGefAG, 1 I 3 PolG NW, 1 VI 1 POG RP, 85 II 1 SPolG, 2 I 1 SächsPolG, 2 II SOG LSA,168 I Nr. 3 LVwG SH, 3 S. 1 ThürPOG.

Die Formulierungen sind unterschiedlich, auch die systematische Stellung der Subsidiaritätsklausel variiert. Die meisten Gesetze ordnen sie schon den allgemeinen Aufgabenbeschreibungen zu, andere den Organisations- und Zuständigkeitsregelungen. Aber der Grundgedanke darf als gemeindeutsches Polizeirecht angesehen werden.

227 Einige Landesgesetze heben besonders hervor, daß die Polizei nur die notwendigen **vorläufigen** oder **unaufschiebbar notwendigen** Maßnahmen treffen dürfe, bis die „eigentlich" zuständige Gefahrenabwehrbehörde die Aufgabe übernehmen könne.

§§ 2 I PolG BW, 3 II HbgSOG, 7 I Nr. 3 SOG MV, 2 I SächsPolG, 168 I Nr. 3 LVwG SH.

228 Aus dem Gedanken der Subsidiarität ergibt sich dies auch ohne spezielle Normierung; häufig wird die Polizei mangels spezieller technischer Fachkräfte und -einrichtungen ohnehin nur vorläufige Abwehr- und Sicherungsmaßnahmen treffen können. Sie hat aber das Recht und die Pflicht „des ersten Zugriffs". Dementsprechend wird das Abwehrsystem durch die **Pflicht zur unverzüglichen Unterrichtung** der (auch) zuständigen Gefahrenabwehrbehörden vervollständigt.

---

[301] So bis 1993 § 76 I 2. Hs. PVG RhPf, jetzt vgl. § 1 VI POG RP. Vgl. auch § 168 I Nr. 3 („selbständig") LVwG SH.

§§ 74 II 2 PolG BW, 4 S. 2 ASOG Bln, 2 S. 2 BbgPolG, 64 I 3 BremPolG, 3 II 2 HbgSOG, 1 VI 2 HSOG,7 I Nr. 2 SOG MV, 1 II 2 NGefAG, 1 I 4 PolG NW, 1 VI 2 POG RP, 85 II 2 SPolG, 2 I 2 SächsPolG, 1 I 3 SOG LSA, 168 I Nr. 2 LVwG SH, 3 S. 2 ThürPOG.

Die Datenschutzvorschriften stehen dem nicht entgegen. Voraussetzung einer raschen Unterrichtung ist freilich, daß die zum Eingreifen berufenen Verwaltungsbehörden auch jederzeit, also auch **außerhalb der gewöhnlichen Dienstzeit erreichbar** sind. Der niedersächsische Gesetzgeber hat dieses Praxisproblem ernst genommen, als er normierte: „Die Verwaltungsbehörden haben sicherzustellen, daß Aufgaben der Gefahrenabwehr auch außerhalb der Dienstzeit wahrgenommen werden können."[302] Dieser Regelung ist Vorbildwirkung zu wünschen. 229

Die vielfach normierte Möglichkeit des (vertikalen oder horizontalen) **„Selbsteintritts"** ist in den meisten Fällen ebenfalls als eine **„Notstands"-Eilfallkompetenz** anzusehen, so besonders deutlich in §§ 67 I PolG BW, 88 I, II HSOG, 102 II NGefAG (vgl. Rdn. 53). Der Kerngedanke ist jeweils, daß die für ein „gedeihliches Zusammenleben" in einer Rechtsordnung elementare Gefahrenabwehraufgabe **auf jeden Fall** wirksam erfüllt wird, notfalls auch unabhängig von den für den „Normalfall" geltenden Vorschriften über sachliche, örtliche und instanzielle Zuständigkeit. 230

Ist somit von der Rechtslage her der Fall eines „negativen Kompetenzkonfliktes" ausgeschlossen, so ist umgekehrt ein „positiver Kompetenzkonflikt" sehr wohl möglich. So besteht beispielsweise nach hessischem Recht (§ 2 HSOG) bei Gefahr im Verzuge, wenn also die eigentlich zuständige Behörde nicht oder nicht rechtzeitig tätig werden kann, eine **Doppelzuständigkeit** von Ordnungsbehörden und Polizeibehörden. Im Verhältnis zwischen beiden gilt der **Grundsatz der Erstbefassung:**[303] Diejenige Behörde, die zuerst mit der Gefahrenlage konfrontiert und also mit ihr „befaßt" wird, hat die notwendigen Maßnahmen zu treffen. Außerhalb der gewöhnlichen Dienststunden, an Wochenenden usw., wird dies in der Regel die Polizeibehörde oder deren Außenstelle sein. Für die Beurteilung, ob die an sich zuständige Behörde überhaupt oder rechtzeitig tätig werden kann, kommt es auf eine vernünftige „ex ante"-Einschätzung der handelnden Polizeibehörde an. Diese wird, wenn die Umstände es zulassen, versuchen, mit der an sich zuständigen Verwaltungsbehörde Verbindung aufzunehmen; eine generelle Pflicht, dies **vor** jedem (dringend gebotenen) Eingreifen zu tun, besteht jedoch nicht. 231

In den anderen Bundesländern mit „Trennungssystem" liegt die Primärzuständigkeit für die Gefahrenabwehr bei den Ordnungsbehörden bzw. Verwaltungsbehörden. Die Polizei ist nur subsidiär zuständig (s. o. Rdn. 226). In Thüringen wird der „Vorrang" der Maßnahmen der Ordnungsbehörden vor jenen der Polizei ausdrücklich normiert, § 3 I ThürOBG. 232

Der Gedanke, daß die Polizei („Vollzugspolizei") aus eigener Initiative, nicht erst auf Vollzugshilfe-Ersuchen hin, tätig werden soll, wenn **„Gefahr im Verzuge"** (zum Begriff vgl. Rdn. 52) und rasche, wenngleich vorläufige Abhilfe dringend geboten ist, hat sowohl bundes- wie landesrechtlich in zahlreichen Spezialgesetzen Niederschlag gefunden. Typisch sind – neben der Generalklauselbefugnis zur Durchführung der „notwendigen vorläufigen Maßnahmen" – vor allem Betretungs-, Besichtigungs-, Kontroll- und Auskunftserlangungs-Kompetenzen. Ohne Anspruch auf Vollständigkeit seien hier einige wichtige **Beispiele** genannt: 233

Bundesrechtlich: Straßenverkehr: Nach § 44 II 2 StVO kann bei Gefahr im Verzuge die Polizei „an Stelle der an sich zuständigen Behörden tätig werden und vorläufige Maßnahmen treffen; sie bestimmt dann die Mittel zur Sicherung und Lenkung des Verkehrs" (vgl. Kap. G Rdn. 9).
Vereinswesen: Mitwirkung der Polizei auf Ersuchen bei Ermittlungen im Hinblick auf ein Vereinsverbot, § 4 I VereinsG. Bei Gefahr im Verzuge kann auch die Polizei Beschlagnahmen oder Durchsuchungen anordnen, § 4 V VereinsG.

---

302 § 99 NGefAG.
303 *Meixner,* § 2 Rdn. 9; ebenso HessLT-Drucks. 12/5794 v. 5. 12. 1989, S. 57.

Lebensmittelüberwachung: Nach § 41 III LMBG sind bei Gefahr im Verzug „auch alle Beamten der Polizei" zur Überwachung befugt. Grundstücke, Betriebsräume und unter Umständen auch Wohnräume dürfen betreten, schriftliche Aufzeichnungen, Frachtbriefe, Bücher und Unterlagen dürfen eingesehen und kopiert, alle erforderlichen Auskünfte dürfen verlangt werden. Außerdem ermächtigt § 42 LMBG zur Entnahme von Proben.
Landesrechtlich: Denkmalschutz: In mehreren Landesgesetzen findet sich eine subsidiäre Generalklauselbefugnis der Polizei, bei Gefahr im Verzug die erforderlichen vorläufigen Maßnahmen zu treffen, vgl. § 7 IV DSchG BW vom 6. 12. 1983 (GBl. S. 797), zuletzt geändert am 23. 7. 1993 (BGBl. S. 533); § 6 III HessDSchG vom 5. 9. 1986 (GVBl. I S. 270); § 4 VI SaarlDSchG, Gesetz Nr. 1067 vom 12. 10. 1977 (Amtsbl. S. 993), zuletzt geändert durch Gesetz Nr. 1381 vom 27. 11. 1996 (Amtsbl. S. 1313); § 4 III 1 SächsDSchG vom 3. 3. 1993 (GVBl. S. 229, zuletzt geändert am 4. 7. 1994 (GVBl. S. 1261).
Katastrophenschutz: In diesem Bereich sieht § 24 LKatSG BW vom 19. 5. 1987 (GBl. S. 213), zuletzt geändert am 19. 7. 1999 (GVBl. S. 3005), eine ähnliche Befugnis des Polizeivollzugsdienstes bei Gefahr im Verzuge vor.

3. Schutz privater Rechte

234 Der Schutz privater Rechte obliegt der Polizei nur dann, „wenn gerichtlicher Schutz nicht rechtzeitig zu erlangen ist und wenn ohne polizeiliche Hilfe die Verwirklichung des Rechts vereitelt oder wesentlich erschwert werden würde".

§§ 1 II ME, 2 II PolG BW, Art. 2 II BayPAG, §§ 1 IV ASOG Bln, 1 II BbgPolG, 1 II BremPolG, 1 III HSOG, 1 II SOG MV, 1 III NGefAG, 1 II PolG NW, 1 III POG RP, 1 III SPolG, 2 II SächsPolG, 1 II SOG LSA, 162 II LVwG SH, 2 II ThürPOG, 1 IV BGSG.

Das HbgSOG verzichtet auf eine entsprechende Vorschrift, doch wird der Schutz privater Rechte als „klassische" vollzugspolizeiliche Aufgabe in der Begründung des Entwurfs zum Änderungsgesetz erwähnt (Bürgerschafts-Drucks. 13/5422 vom 30. 1. 1990, S. 21). Allein § 2 II PolG BW und § 2 II SächsPolG machen – wie früher das HSOG – den Schutz privater Rechte von einem Antrag des Berechtigten abhängig.

235 Typische Eingriffsbefugnisse zum Schutz privater Rechte, der als polizeilicher immer nur ein **vorläufiger,** auf das **unbedingt Erforderliche beschränkter** sein kann,[304] sind die **Identitätsfeststellung** des Schädigers,

ausdrücklich Art. 13 I Nr. 6 BayPAG, §§ 18 I HSOG, 20 I SOG LSA, 14 I Nr. 6 ThürPOG, 23 I d BGSG,

und die **Sicherstellung** einer Sache, um den Eigentümer oder sonst Berechtigten vor dem Verlust oder der Beschädigung der Sache zu schützen.

§ 32 I PolG BW, Art. 25 Nr. 2 BayPAG, §§ 38 Nr. 2 ASOG Bln, 25 Nr. 2 BbgPolG, 23 Nr. 1 BremPolG, 14 I c) HbgSOG, 40 Nr. 2 HSOG, 61 I Nr. 3 SOG MV, 26 Nr. 2 NGefAG, 43 Nr. 2 PolG NW, 22 Nr. 2 POG RP, 21 Nr. 2 SPolG, 26 I SächsPolG, 45 Nr. 2 SOG LSA, 210 I Nr. 3 LVwG SH, 27 Nr. 2 ThürPAG.

236 Auch die **Ingewahrsamnahme Minderjähriger,** um sie dem Sorgeberechtigten oder dem Jugendamt zuzuführen, darf hier noch genannt werden.

Art. 17 II BayPAG, §§ 30 II ASOG Bln, 17 II BbgPolG, 15 II BremPolG, 13 II HbgSOG, 32 II HSOG, 55 II SOG MV, 35 II PolG NW, 14 II POG RP, 13 II SPolG, 22 II SächsPolG, 37 II SOG LSA, 204 II LVwG SH, 19 II ThürPAG.

Die Normierung dieser Spezialbefugnisse bedeutet nicht, daß der Polizei die Anwendung anderer im Gesetz vorgesehener Befugnisse (zum Beispiel das Recht der Durchsuchung) zum Schutz privater Rechte versagt wäre; jedoch sind in jedem Einzelfall das Vorliegen der Eilfall-Voraussetzungen und die Verhältnismäßigkeit des Eingriffs sorgfältig zu prüfen.

---

[304] *Meixner,* § 1 Rdn. 35; *Schlink* NVwZ 1982, 529 (530).

V. Besonders zugewiesene Aufgaben der Vollzugspolizei (Polizei als „Sonderordnungsbehörde")

Der Überblick über die Aufgaben der Polizei (vgl. Rdn. 138) ist – nach der Gefahrenabwehr, der Straftat- und Ordnungswidrigkeitenverfolgung, der Vollzugs- und Amtshilfe und den „Notkompetenzen" in Eilfällen – nunmehr zu vervollständigen durch Hinweise auf spezielle, der Sache nach ordnungsbehördliche, also teils gefahrenabwehrende, teils nur gefahrenverhütende Aufgaben, welche der Polizei durch besondere bundes- und/oder landesrechtliche Vorschriften zugewiesen werden. Die meisten Polizeigesetze tragen dem ausdrücklich Rechnung. 237

§ 1 II PolG BW, Art. 2 IV BayPAG, §§ 1 II ASOG Bln, 1 IV BremPolG, 1 II HSOG, 2 I 1 SOG MV, 1 V NGefAG, 1 IV PolG NW, 1 II POG RP, 85 I 1 SPolG, 1 II SächsPolG, 1 III SOG LSA, 2 IV ThürPAG.

Angesichts der Vielzahl und Verschiedenheit der Verwaltungsbereiche, in denen solche speziellen Ermächtigungen vorkommen, muß hier auf Vollständigkeit verzichtet werden. Aufgaben der Strafverfolgung und besondere Kompetenzen für Eil- und Notfälle (bei „Gefahr im Verzuge") bleiben an dieser Stelle außer Betracht (vgl. Rdn. 154 ff. und 218 ff.).

Mustert man die verbleibenden Gesetze durch, so fällt auf, daß ein Großteil nichts anderes als **spezialisierte Vollzugshilfevorschriften** enthält. Sie konkretisieren für bestimmte Verwaltungsaufgaben, zum Beispiel des Schulwesens oder der Jugendwohlfahrt, die allgemeine Verpflichtung der Polizei zur Leistung von Vollzugs- und Vollstreckungshilfe (vgl. Rdn. 206 ff.). Daneben finden sich teils eng begrenzte, teils weitergefaßte Überwachungsaufgaben, die die Polizei auf bundes- oder landesrechtlicher Grundlage aus eigener Initiative, also ohne auf ein Vollzugshilfeersuchen angewiesen zu sein, wahrzunehmen hat. Das Verkehrs-, das Versammlungs- oder das Waffenwesen bieten typische Beispiele; doch bestehen hier von Land zu Land erhebliche Unterschiede in den Zuständigkeitsregelungen. Was hier der Orts- oder Kreispolizeibehörde obliegt oder auch dem Polizeivollzugsdienst, das fällt dort in die Kompetenz der Ordnungsbehörden. 238

Unter den **unmittelbar bundesgesetzlich** normierten Kompetenzen von Landespolizeibehörden sind folgende Aufgaben hervorzuheben: 239

- das **Versammlungsgesetz**: §§ 9 II, 12, 12 a, 13, 18 III, 19 IV, 19 a VersammlG;
- die **Straßenverkehrsordnung:** Verkehrsregelung durch Zeichen, Weisungen und Lichtzeichenanlagen, § 44 II StVO; Anhalterecht zu Verkehrskontrollen und Verkehrserhebungen, § 36 V StVO;
- das **Waffengesetz**: Kontrolle der Personalpapiere, des Jagdscheins, der Waffenbesitzkarte und des Waffenscheins, § 35 V WaffG.

Zu den **typischen,** in zahlreichen Spezialgesetzen geregelten **Vollzugshilfeaufgaben** gehören die **Vorführung** und die **Zuführung** von verpflichteten Personen, die einem Erscheinenstermin unentschuldigt ferngeblieben sind oder die sich einem gebotenen Aufenthaltsort entziehen. Das beginnt **bundesrechtlich** mit der Vorführung von säumigen **Zeugen** oder des **Beschuldigten** (vgl. §§ 51, 135, 36 II StPO, 380 II ZPO) und geht über die Vor- und Zuführung von **Wehrpflichtigen** bei der Erfassung, Musterung oder Einberufung zum Wehrdienst (§ 44 II bis IV WPflG) bis zur Suche nach dienstsäumigen **Zivildienstpflichtigen** (§ 23 a ZDG). Wohnungsbetretungs- und Suchrechte sind damit sachlogisch verknüpft. 240

Die polizeiliche Zuführung von Kindern und Jugendlichen in Heime, wie sie in einigen Landesgesetzen geregelt war, ist 1990 in Umsetzung des Kinder- und Jugendhilfegesetzes im SGB VIII weggefallen (zur alten Rechtslage siehe Rdn. 189 der 1. Auflage).

241 Geradezu Pickelhauben-Obrigkeitsgeist weht noch aus einigen Vorschriften über den **„Schulzwang"**: Schulpflichtige, die ihre Schulpflicht nicht erfüllen, können der Schule zwangsweise zugeführt werden. Nach der Vorstellung des **saarländischen** Gesetzgebers kann dabei der **Schulleiter** unmittelbar die Hilfe der Polizei in Anspruch nehmen, vgl. § 16 I SSchulpflG, Gesetz Nr. 826 vom 21. 8. 1996 (Amtsbl. S. 147), zuletzt geändert durch Gesetz Nr. 1434 vom 23. 6. 1999 (Amtsbl. S. 1054). Kaum weniger streng geht es in **Baden-Württemberg** zu. Die Zuführung wird hier jedoch von der zuständigen Polizeibehörde angeordnet, vgl. § 86 SchulG BW vom 1. 8. 1983 (GBl. S. 397), zuletzt geändert am 5. 11. 1998 (GVBl. I S.421). In **Hessen** und in **Nordrhein-Westfalen** müssen die Schulleiter, wenn „andere pädagogische Mittel" erfolglos geblieben sind, den Weg der Verwaltungsvollstreckung gehen. Die Vollzugsbehörde – das ist in Hessen der Magistrat bzw. der Kreisausschuß – kann ihrerseits nach den Vollstreckungsgesetzen die Hilfe der Polizei anfordern, vgl. § 68 HessSchulG vom 17. 6. 1992 (GVBl. I S. 233), zuletzt geändert am 5. 11. 1998 (GVBl I S. 421) sowie § 19 SchpflG NW vom 2. 2. 1980 (GV NW S. 164/SGV NW 223), zuletzt geändert am 15. 6. 1999 (GV NW S. 408). Die zwangsweise Zuführung säumiger Schüler ist auch in Berlin, Niedersachsen, Schleswig-Holstein und Thüringen gesetzlich vorgeschrieben.[305] – Wer einen Schulpflichtigen seiner Pflicht „dauernd oder hartnäckig wiederholt entzieht", wird in Hessen auf Antrag der Schulaufsichtsbehörde mit Freiheitsstrafe bis zu sechs Monaten oder mit Geldstrafe bestraft, § 182 HessSchulG. Für den über 14jährigen ist das Schuleschwänzen nur noch eine Ordnungswidrigkeit, § 181 I Nr. 1 HessSchulG.

242 Die Polizei wird zum **Schutze von Kindern und Jugendlichen** auch bei deren **Freizeitgestaltung** und am **Arbeitsplatz** tätig. So obliegen ihr Vollzugs- und Überwachungsaufgaben nach den folgenden Gesetzen:

- Gesetz zum Schutze der Jugend in der Öffentlichkeit (JÖSchG);[306]
- Gesetz über die Verbreitung jugendgefährdender Schriften und Medieninhalte, (GjSM)[307]

Nach den jeweiligen Ausführungsvorschriften zum Jugendschutzgesetz ist die Polizei in **Bayern** und **Hessen** für Maßnahmen aufgrund der Generalklausel des § 1 JÖSchG zuständig.[308] Die Überwachung der Beachtung des § 4 GjSM obliegt in Bayern und Hessen ebenfalls der Polizei.[309] In **Rheinland-Pfalz** nimmt die Polizei innerhalb ihrer Zuständigkeit nach § 1 I POG RP auch Aufgaben des Jugendschutzes wahr und führt Maßnahmen nach § 1 JÖSchG aus.[310]

243 Bei der **Unterbringung psychisch Kranker** hat die Polizei eine subsidiäre Eilfall-Kompetenz. In **Bremen** kann die Ortspolizeibehörde eine sogenannte „sofortige Unterbringung", also ohne vorherige gerichtliche Entscheidung, verfügen, wenn sie das einzige Mittel ist, um eine von dem psychisch Kranken ausgehende gegenwärtige erhebliche Gefahr abzuwenden, wenn zudem eine gerichtliche Entscheidung zu spät käme; jedoch muß ein ärztliches Zeugnis über den Gesundheitszustand des Betroffenen vorliegen.[311] Die ärztlich bestätigte Notwendigkeit der Unterbringung ist auch Voraussetzung einer

---

[305] **Berlin:** § 16 SchulG Bln vom 20. 8. 1980 (GVBl. S. 2103), zuletzt geändert am 12. 3. 1997 (GVBl. S. 69); **Niedersachsen:** § 177 NSchulG vom 3. 3. 1998 (GVBl. S. 137), zuletzt geändert am 21. 1. 1999 (GVBl. S. 10); **Schleswig-Holstein:** § 48 I Schulg SH vom 2. 8. 1990 (GVOBl. S. 451), zuletzt geändert am 21. 9. 1999, (GVOBl. I S. 263); **Thüringen:** § 24 I ThürSchulG vom 6. 8. 1993 (GVBl. S. 445).

[306] JÖSchG vom 25. 2. 1985 (BGBl. I S. 425), zuletzt geändert am 28. 10. 1994 (BGBl. I S. 10).

[307] GjSM vom 12. 7. 1985 (BGBl. I S. 1502), zuletzt geändert vom 21. 9. 1997 (BGBl. I S. 2390).

[308] Art. 43 BayKJHG vom 18. 7. 1993 (GVBl. S. 392, BayRS 2162-1-A), zuletzt geändert am 11. 7. 1998 (GVBl. S. 416; § 1 HessAGJÖSchG vom 11. 11. 1986 (GVBl. I S. 297), zuletzt geändert am 13. 2. 1996 (GVBl. I S. 58) in Verbindung mit § 1 I Nr. 1 VO über Zuständigkeiten nach dem Jugendschutzgesetz und dem Gesetz über die Verbreitung jugendgefährdender Schriften vom 23. 1. 1987 (GVBl. I S. 22).

[309] Art. 46 II BaykJHG (vgl. Fußn. 308); § 2 HessAGJÖSchG (vgl. Fußn. 307).

[310] § 24 IV AGKJHG RP vom 21. 12. 1993 (GVBl. S. 632), zuletzt geändert am 24. 3. 1999 (GVBl. S. 95).

[311] **Bremisches** G. über Hilfen und Schutzmaßnahmen bei psychischen Krankheiten, v. 9. 4. 1979 (GBl. S. 123), zuletzt geändert durch G. v. 18. 2. 1992 (GVBl. S. 123), § 14.

solchen Maßnahme, wenn der Polizeipräsident in **Berlin** sie als vorläufige Maßnahme (nur bis zum Ende des folgenden Tages zulässig!) statt des Gerichtes und statt des Bezirksamtes anordnet.[312]

Mehrere Länder haben die Ordnungsaufgaben auf dem Gebiet des **Waffen-, Munitions- und Sprengstoffwesens** ganz oder teilweise den Polizeibehörden übertragen: In **Berlin** ist der Polizeipräsident,[313] in **Nordrhein-Westfalen** sind die Kreispolizeibehörden[314] zuständig. In **Sachsen-Anhalt** nehmen für die Städte **Magdeburg** und **Halle** die dortigen Polizeidirektionen[315] die Zuständigkeiten für die Durchführung der Gefahrenabwehrverordnung zur Verhütung von Schäden durch Kampfmittel wahr. In **Sachsen**[316] ist die Zuständigkeit für das Waffenwesen der Kreispolizeibehörde übertragen. Entsprechendes gilt für die Polizeidirektionen in **Braunschweig** und **Hannover,** während im übrigen **Niedersachsen** die Landkreise zuständig sind.[317] Die meisten Zuständigkeiten nach dem **Sprengstoffgesetz** liegen bei den (staatlichen) Gewerbeaufsichtsämtern, den Bergämtern oder den Regierungspräsidenten. Doch ist in **Bayern** die Polizei für die Entgegennahme der Anzeige über das Abhandenkommen von explosionsgefährlichen Stoffen nach §§ 26 I, 28 SprengstG zuständig[318] und in **Schleswig-Holstein** bleibt ihre Zuständigkeit im Rahmen des § 168 Landesverwaltungsgesetz unberührt.[319] 244

Die **Beförderung gefährlicher Güter** zu Lande, zu Wasser und in der Luft unterliegt der Überwachung durch die zuständigen Behörden, § 9 GGBefG.[320] Diese können die erforderlichen Maßnahmen treffen, wenn ein Transportfahrzeug nicht den jeweils geltenden Vorschriften über die Beförderung gefährlicher Güter entspricht oder wenn die vorgeschriebenen Papiere nicht vorgelegt werden, § 8 GGBefG. Die Überwachung nach diesen Vorschriften ist in **Niedersachsen** Sache der Polizeibehörden.[321] In **Hessen** sieht die einschlägige Verordnung eine Zuständigkeit des Hessischen Polizeiverkehrsamtes für Transporte auf Binnenwasserstraßen, im übrigen bei Straßentransporten eine ergänzende Kompetenz der örtlichen Vollzugspolizei vor.[322] 245

In mehreren Ländern, so in **Berlin, Niedersachsen, Nordrhein-Westfalen** und **Schleswig-Holstein** sind den Polizeibehörden Ordnungsaufgaben auf den Gebieten des **Versammlungs-** und **Vereinsrechts** zugewiesen. Die sachliche Nähe zu den bundesrechtlich normierten vollzugspolizeilichen Aufgaben in diesem Bereich (vgl. Rdn. 239) rechtfertigt die Zuordnung. So obliegt in Berlin dem Polizeipräsidenten die „Versammlungsaufsicht" gemäß § 23 Nr. 4 OrdZG Bln,[323] zugleich ist er Anmeldebehörde nach der Verordnung zur Durchführung des Vereinsgesetzes. Dies betrifft vor allem die Anmelde- und Auskunftspflicht von Ausländervereinen und ausländischen Vereinen im Sinne der §§ 14 und 15 VereinsG. Nach § 5 I Nr. 1 ZustVO-NGefAG[324] sind in Braunschweig und Han- 246

---

312 § 26 II PsychKG Bln vom 8. 3. 1985 (GVBl. S. 586), zuletzt geändert am 17. 3. 1994 (GVBl. S. 86).

313 § 23 Nr. 1, 3 OrdZG Bln vom 23. 11. 1992 (GVBl. S. 350), zuletzt geändert am 11. 2. 1999 (GVBl. S. 78).

314 § 11 POG NW vom 22. 10. 1994 (GV NW S. 852/SGV NW 205).

315 § 16 a Nr. 2 ZustVO vom 22. 3. 1995 (GVBl. S. 85), zuletzt geändert am 1. 6. 1999 (GVBl. S. 160).

316 § 1 SächsDVOWaffG vom 16. 4. 1991 (GVBl. Nr. 8 S. 61).

317 § 1 I, Anlage 1, Nr. 3 S. 2 ZustVO GewAR 1991 (VO über die Regelung von Zuständigkeiten im Gewerbe- und Arbeitsschutzrecht sowie in anderen Rechtsgebieten) vom 19. 12. 1990 (GVBl. S. 491), zuletzt geändert am 19. 12. 1997 (GVBl. S. 545).

318 § 1 I, Anlage III, Nr. 9.1.5 ASiMPV (VO über Zuständigkeiten auf dem Gebiet des Arbeitsschutzes, der Sicherheitstechnik, der Chemikalien- und Medizinprodukte) von 2. 12. 1998 (GVBl. S. 956).

319 § 2 I AusfVO SprengRecht vom 5. 8. 1977 (GVBl. S. 269), zuletzt geändert am 9. 12.1997 (GVOBl. S. 507).

320 Gesetz über die Beförderung gefährlicher Güter vom 29. 9. 1998 (BGBl. I S. 3114).

321 § 5 III ZustVO-NGefAG vom 18. 10. 1994 (GVBl. S. 457), zuletzt geändert am 6. 7. 1999 (GVBl. S. 159).

322 § 1 Nr. 1 c und Nr. 3 VO zur Bestimmung von Zuständigkeiten für die Ausführung der Rechtsvorschriften zum Transport gefährlicher Güter auf Straße, Schiene und Wasser vom 4. 2. 1997 (GVBl. II 61–46), zuletzt geändert am 28. 1. 1999 (GVBl. I S. 112).

323 OrdZG Bln, vgl. Fußn. 313.

324 ZustVONGefAG, vgl. Fußn. 321.

nover die Polizeidirektionen (an Stelle der kreisfreien Städte) für das Versammlungswesen zuständig. In Nordrhein-Westfalen gilt ähnliches für die Kreispolizeibehörden.[325] Und in Schleswig-Holstein haben die Kriminalpolizeidirektionen die Zuständigkeit für den Vollzug eines Vereinsverbotes nach § 5 I VereinsG.[326]

247 Vereinzelte Aufgabenzuweisungen finden sich, in den Ländern ganz unterschiedlich geregelt, auf den verschiedensten Verwaltungsgebieten. In **Bayern** übt die Staatliche Polizei neben dem Revierinhaber und dem Jagdaufseher den **Jagdschutz** aus, soweit dieser die Sorge für die Einhaltung der zum Schutz des Wildes erlassenen Vorschriften und den Schutz vor Wilderern umfaßt.[327] In **Berlin** nimmt der Polizeipräsident Ordnungsaufgaben in Angelegenheiten des Waffenrechts wahr;[328] in **Hessen** ist die Polizei, einschließlich der Hilfspolizeibeamten, berechtigt, die vom Berechtigten mitzuführende Genehmigung zum Fangen von wildlebenden Tieren zum Zwecke ihrer Kennzeichnung oder Beringung zu kontrollieren.[329] Bei bußgeldbedrohten Zuwiderhandlungen gegen Vorschriften der jeweiligen **Pressegesetze** ist in **Bremen** die Ortspolizeibehörde, in **Berlin** der Polizeipräsident zuständige Verwaltungsbehörde im Sinne der Ordnungswidrigkeitengesetze.[330]

248 Abschließend sind die Versuche einiger Länder besonders hervorzuheben, die überall verstreut normierten Zuständigkeiten der Polizei in einem übersichtlichen **Katalog zusammenzufassen** oder sogar die Zuständigkeiten aller Ordnungsbehörden bzw. aller mit Gefahrenabwehraufgaben befaßten Verwaltungsbehörden aufzulisten. Hier sind insbesondere zu erwähnen:

- die **Bayerische** Verordnung über die Wahrnehmung von Aufgaben und Befugnissen der „Polizeibehörden" durch die Polizei vom 16. 3. 1979 (BayRS 2012–1–1–1–I),
- das Gesetz über die Zuständigkeit der Ordnungsbehörden in **Berlin**[331] sowie
- die **Niedersächsische** Verordnung über Zuständigkeiten auf verschiedenen Gebieten der Gefahrenabwehr.[332]

249 In **Niedersachsen** wird dies inhaltlich durch die Verordnung über Verwaltungsvollzugsbeamtinnen und Verwaltungsvollzugsbeamte ergänzt,[333] aus deren umfänglichem Katalog in § 1 deutlich wird, in welch hohem Ausmaß die „Entpolizeilichung" der Gefahrenabwehr in diesem Bundesland – wie auch in anderen – verwirklicht wurde. Auf der anderen Seite geht mit ihr eine „materielle" **Verpolizeilichung** dieser zahlreichen Verwaltungsbehörden Hand in Hand, denn die jeweils zu bestellenden „Verwaltungsvollzugsbeamten" verfügen nicht nur über die meisten der polizeilichen „Standardbefugnisse", sondern auch über das Recht zur Anwendung polizeilichen **Zwangs.** Nur die Ausübung von Waffengewalt ist ihnen verwehrt, §§ 69 VIII NGefAG, 3 NdsVollzBeaVO.

---

325 § 11 POG NW, vgl. Fußn. 314.

326 § 1 II LandesVO über die zuständigen Behörden für das öffentliche Vereinsrecht vom 1. 2. 1973 (GVOBl. S. 28).

327 Art. 41 III Bay JagdG vom 13. 10. 1978 (BayRS 792 – 1 – E), zuletzt geändert am 23. 4. 1997 (GVBl. S. 62).

328 § 23 Nr. 3 OrdZG Bln, vgl. Fußn. 313.

329 § 7 IV Vorläufige Hessische Artenschutzverordnung vom 16. 5. 1984 (GVBl. I S. 166), zuletzt geändert am 19. 12. 1994 (GVBl. I S. 775).

330 § 21 IV PresseG Bln vom 15. 6. 1965 (GVBl. S. 744), zuletzt geändert am 6. 5. 1995 (GVBl. S. 240), § 22 IV BremG über die Presse v. 16. 3. 1965 (GVBl. S. 63) mit Verweis auf § 8 I LOWiG v. 16. 7. 1957.

331 OrdZG Bln., vgl. Fußn. 309.

332 ZustVO-NGefAG, vgl. Fußn. 321.

333 VollzBeaVO vom 13. 3. 1995 (GVBl. S. 60), zuletzt geändert am 17. 12. 1998 (GVBl. S. 721).

F. Das Polizeihandeln

Übersicht

Schrifttum: Zu Abschnitt II (Handlungsformen): *Brohm*, Ermessen und Beurteilungsspielraum im Grundrechtsbereich, JZ 1995, 369; *Di Fabio*, Die Ermessensreduzierung, VerwArch 86 (1995), 214; *Emrich*, Unmittelbare Ausführung einer polizeilichen Maßnahme, nun auch in Hessen, Hessische Städte- und Gemeindezeitung 1988, 268; *Graulich*, Die gesetzliche Regelung der unmittelbaren Ausführung im hessischen Polizeirecht und ihre Bedeutung für die Abschleppkostenpraxis, NVwZ 1988, 604; *Hamann*, Die Gefahrenabwehrverordnung – ein Gebrauchsklassiker des Ordnungsrechts?, NVwZ 1994, 669; *ders.*, „Kampfhunde"verordnungen: Endlich ein Ende in Sicht?, NVwZ 1999, 964; *Hansen/Meyer*, Bekanntgabe von Verkehrsschildern. Endlich Klarheit durch das BVerwG?, NJW 1998, 284; *Hartwig*, Sicherheitsrisiken durch gefährliche Hunde, Die Polizei 1996, 16; *Jahn*, Kampfhunde als Problem der Gefahrenabwehr nach dem LStVG, BayVBl. 1995, 746; *Kästner*, Unmittelbare Maßnahmen der Gefahrenabwehr, JuS 1994, 361; *Koch/Niebaum*, „Ich sehe was, was Du nicht siehst!" – OVG Münster, NVwZ-RR 1996, 59 –, JuS 1997, 312; *Köhler*, Die unmittelbare Ausführung einer vollzugspolizeilichen Maßnahme nach Art. 9 des bayerischen Polizeiaufgabengesetzes (PAG), BayVBl. 1999, 582; *Kube*, Kriminalprävention und Stadtplanung, VerwArch 91 (2000), 280; *Lässig*, Registereintragung als Verwaltungsakt? (*BVerwGE* 77, 268), JuS 1990, 459; *Mehde*, Neues von den „Abschleppfällen", Jura 1998, 297; *ders.*, Bekanntgabe von Verkehrsschildern. Wie findet man Klarheit, wo es keine gibt?, NJW 1999, 767; *Oldiges*, Kostenerstattung einer Gemeinde für polizeiliche Gefahrenabwehr, JuS 1989, 616; *Pietzner*, Unmittelbare Ausführung als fiktiver Verwaltungsakt, VerwArch 82 (1991), 291; *Rasch*, Der Realakt insbesondere im Polizeirecht, DVBl. 1992, 207; *Robbers*, Schlichtes Verwaltungshandeln, DÖV 1987, 272; *Schäfer*, Zur Rechtsnatur der unmittelbaren Ausführung nach Art. 9, Abs. 1 PAG – Verwaltungsakt oder Realakt?, BayVBl. 1989, 742; *Schild*, Die unmittelbare Ausführung einer polizeilichen Maßnahme (sofortiger Vollzug) in Hessen, NVwZ 1985, 170; *ders.*, Die fehlende Regelung der unmittelbaren Ausführung in Hessen und die Konsequenzen, NVwZ 1987, 865; *Schmidt, D.*, Der Verwaltungsakt und der Verwaltungs-Realakt als Rechtsform des Verwaltungshandelns und die rechtliche Qualifizierung polizeilicher Eingriffsmaßnahmen, Die Polizei 1983, 365; *Schoreit*, Organisierte Kriminalität – Dogmatische und praktische Probleme –, MDR 1992, 1013; *Schröder*, Zielgerichtete polizeiliche Streifentätigkeit, Die Polizei 1997, 258; *Schwabe*, Rechtsfragen zum Abschleppen verbotswidrig abgestellter Kraftfahrzeuge, NJW 1983, 369; *Vahle*, Der beweisführende Hund – Anmerkungen zur sog. „GefHuVO", NVwZ 1996, 139; *Walter, B./Küste*, Der Verwaltungsakt im System des Polizeirechts, Die Polizei 1991, 133; *Wegmann*, Rechtsschutzprobleme im Bayerischen Polizeirecht, BayVBl. 1985, 417; – **Zu Abschnitt III (Handlungsmaßstäbe):** *Albrecht*, Perspektiven und Grenzen polizeilicher Kriminalprävention, 1983; *ders.*, Prävention als problematische Zielbestimmung im Kriminaljustizsystem, KritVjSchr 1986, 55; *Backes*, Kriminalpolitik ohne Legitimität, KritVjSchr 1986, 315; *Bottke*, Grundlagen des polizeilichen Legalitätsprinzips, JuS 1990, 81; *Braun*, Die vorbeugende Bekämpfung von Straftaten als polizeiliche Aufgabe, Die Polizei 1989, 213; *Buschlinger*, Der Anspruch auf polizeiliches Einschreiten aus verfassungsrechtlicher Sicht, DÖV 1965, 374; *Dietlein*, Der Anspruch auf polizei- oder ordnungsrechtliches Einschreiten, DVBl. 1991, 685; *Denninger*, Der Präventions-Staat, in: *ders.*, Der gebändigte Leviathan, 1990, S. 33 (abgedr.

auch in KJ 1988, 1); *Dörmann/Koch/Risch/Vahlenkamp*, Organisierte Kriminalität – wie groß ist die Gefahr?, Wiesbaden 1990; *Falk*, Erfassung, Beschreibung und Analyse von Organisierter Kriminalität. Defizite und Fortentwicklungsmöglichkeiten, in: BKA (Hrsg.), Organisierte Kriminalität, 1997, S. 127; *Füllkrug*, Neue Formen der Verbrechensbekämpfung und ihre Auswirkungen auf das Verhältnis von Staatsanwaltschaft und Polizei, ZRP 1984, 193; *ders.*, Möglichkeiten und Grenzen der Bekämpfung organisierter Kriminalität, Die Polizei 1988, 33; *Gehm*, Lage und Lageentwicklung der Organisierten Kriminalität in Deutschland, in: BKA (Hrsg.), Organisierte Kriminalität, 1997, S. 53; *Geppert*, Das Opportunitätsprinzip, Jura 1986, 309; *Gern*, Die Ermessensreduzierung auf Null, DVBl. 1987, 1194; *Gusy*, Polizeiarbeit zwischen Gefahrenabwehr und Strafverfolgung, StrVert 1993, 269; *ders.*, Beobachtung organisierter Kriminalität durch Verfassungsschutz?, StrVert 1995, 320; *Hecker*, Vorbild New York? Zur aktuellen Debatte über eine neue Sicherheits- und Kriminalpolitik, KJ 1997, 395; *Henke*, Das subjektive öffentliche Recht auf Eingreifen der Polizei, DVBl. 1964, 649; *Heyer*, Zum polizeilichen Entscheidungsverhalten unter Zeitdruck, Die Polizei 1996, 127; *Jahn*, Negative Vorbildwirkung als Abschleppgrund?, NZV 1990, 377; *Kiehl*, Vom Präventionsdilemma der „OK"-Bekämpfung, Neue Kriminalpolitik 1990, 32; *Knemeyer*, Folgenbeseitigungsanspruch oder Anspruch auf polizeiliches Einschreiten?, JuS 1988, 696; *Kniesel*, Die Prinzipien der Legalität, Opportunität und Verhältnismäßigkeit als polizeiliche Handlungsmaximen, Die Polizei 1989, 179; *ders.*, Vorbeugende Bekämpfung von Straftaten – Gefahrenabwehr oder Strafverfolgung?, ZRP 1989, 329; *ders.*, Vorbeugende Bekämpfung von Straftaten im juristischen Meinungsstreit – eine unendliche Geschichte, ZRP 1992, 164; *Kube*, Systematische Kriminalprävention, BKA-Forschungsreihe, 2. Aufl. 1987; *Küster*, Das Lagebild der Organisierten Kriminalität in der Bundesrepublik Deutschland, in: Organisierte Kriminalität in einem Europa durchlässiger Grenzen, BKA-Vortragsreihe Bd. 36, S. 53; *Lingemann*, Gefahrenprognose als Basis eines polizeilichen Beurteilungsspielraumes?, Diss. Bochum 1985; *Martens*, Zum Rechtsanspruch auf polizeiliches Handeln, JuS 1962, 245; *Naucke*, Versuch über den aktuellen Stil des Rechts, KritVjSchr 1986, 189; *ders.*, Gesetzlichkeit und Kriminalpolitik, JuS 1989, 862; *Ostendorf*, Organisierte Kriminalität – eine Herausforderung für die Justiz, JZ 1991, 62; *Ossenbühl*, Der polizeiliche Ermessens- und Beurteilungsspielraum, DÖV 1976, 463; *Pietzcker*, Der Anspruch auf ermessensfehlerfreie Entscheidung, JuS 1982, 106; *Prümm*, Vorbeugende Straftatenbekämpfung und Verfassungsrecht, Verwaltungsrundschau 1990, 201; *Pütter*, Organisierte Kriminalität in amtlichen Zahlen – Über die Aussagekraft der Lagebilder, Bürgerrechte & Polizei/CILIP 56 (1997), 15; *ders.*, Der OK-Komplex. Organisierte Kriminalität und ihre Folgen für die Polizei in Deutschland, 1998; *Rachor*, Vorbeugende Straftatenbekämpfung und Kriminalakten, 1989; *Rebscher/Vahlenkamp*, Organisierte Kriminalität in der Bundesrepublik Deutschland, 1988; *Rieß*, Die Zukunft des Legalitätsprinzips, NStZ 1981, 2; *Ringel*, Vorbeugende Bekämpfung von Straftaten im neuen Polizeirecht – Gefahrenabwehr oder Strafverfolgung?, ZRP 1992, 31; *Ronellenfitsch*, Der Anspruch auf polizeiliches Einschreiten bei Betriebsbesetzungen in der Druckindustrie, BB 1987, Beil. 6, S. 10; *Schäfer*, Die Prädominanz der Prävention, GA 1986, 49; *Schmalzl*, Deeskalation – Entstehungsgeschichte, Irrungen und Versuch einer Klärung eines schwierigen Begriffs, Die Polizei 1996, 254; *Schmidt-Jortzig*, Möglichkeiten der Aussetzung des strafverfolgerischen Legalitätsprinzips bei der Polizei, NJW 1989, 129; *Schmatz*, Die Grenzen des Opportunitätsprinzips im heutigen deutschen Polizeirecht, 1966; *Schoreit*, Bekämpfung der organisierten Kriminalität, StrVert 1991, 535; *Schuster*, Organisierte Kriminalität – eine Bestandsaufnahme, Die Polizei 1990, 25; *Steffen*, Analyse polizeilicher Ermittlungstätigkeit aus der Sicht des späteren Strafverfahrens, BKA-Forschungsreihe Bd. 3, 1976; *Strate*, Die Annexion des Strafverfahrens durch die Polizei, ZRP 1990, 143; *Stümper*, Die Wandlung der Polizei in Begriff und Aufgaben, Kriminalistik 1980, 242; *Tettinger*, Überlegungen zu einem administrativen „Prognosespielraum", DVBl. 1982, 421; *Volkmann*, Broken Windows, Zero Tolerance und das deutsche Ordnungsrecht, NVwZ 1999, 225; *ders.*, Die Rückeroberung der Allmende, NVwZ 2000, 361; *Waechter*, Polizeiliches Ermessen zwischen Planungsermessen und Auswahlermessen, VerwArch 88 (1997), 298; *ders.*, Rechtsgütergewichtung und wahre sowie eingebildete Bedrohungen, DVBl. 1999, 809; *Weßlau*, Vorfeldermittlungen, 1989; *Wick*, Gefahrenabwehr – Vorbeugende Verbrechensbekämpfung – Legalitätsprinzip, DRiZ 1992, 217; *Wilke*, Der Anspruch auf behördliches Einschreiten im Polizei-, Ordnungs- und Baurecht, FS Scupin, 1983, S. 831; *ders.*, Die Kontrollfunktion der Verwaltungsgerichte, in: Merten (Hrsg.), Gewaltentrennung im Rechtsstaat, 1989; *Wolter*, Heimliche Informationsgewinnung wider Datengrundrechtsschutz, GA 1988, 49; *Zachert*, Organisierte Kriminalität in der Bundesrepublik Deutschland, in: Organisierte Kriminalität in einem Europa durchlässiger Grenzen, BKA-Vortragsreihe Bd. 36, 1991, S. 37; – **Zu Abschnitt IV (Einzelmaßnahmen):** *Achenbach*, Vorläufige Festnahme, Identifizierung und Kontrollstelle im Strafprozeß, JA 1981, 660; *Alberts*, Die polizeiliche Räumung von Häusern, Die Polizei 1991, 70; *ders.*, Freizügigkeit als polizeiliches Problem, NVwZ 1997, 45; *Beckstein*, Polizeigewahrsam durch Richterentscheid,

ZRP 1989, 287; *Beinhofer*, Europäischer Abbau von Grenzkontrollen und polizeiliche Aufgabenerfüllung, BayVBl. 1995, 193; *Benfer*, Die molekulargenetische Untersuchung (§§ 81e, 81g StPO), StrVert 1999, 402ff.; *Biletzki*, Rechtsprobleme bei der Verwertung abgeschleppter, nicht mehr verkehrsbereiter oder abgemeldeter Kraftfahrzeuge, NJW 1998, 279; *Bizer*, Die zweite Novelle zum Sächsischen Polizeigesetz, 1999; *Blankenagel*, Verlängerung des Unterbindungsgewahrsams in Bayern, DÖV 1989, 689; *Blau/Dammann*, Der Hamburger Kessel, DuR 1986, 365; *Braun*, Freizügigkeit und Platzverweis, 2000; *Dagtoglou*, Das Grundrecht der Unverletzlichkeit der Wohnung (Art. 13 GG), JuS 1975, 753; *Degenhart*, Öffentlichrechtliche Fragen der „Hausbesetzungen", JuS 1982, 330; *Deger*, Platzverweise und Betretungsverbote gegen Mitglieder der Drogenszene und anderer offener Szenen, VBlBW 1996, 90; *Donner/Simon*, Genomanalyse und Verfassung, DÖV 1990, 907; *Dreier*, Erkennungsdienstliche Maßnahmen im Spannungsfeld von Gefahrenabwehr und Strafverfolgung, JZ 1987, 1009; *Eberle*, Zum Verwertungsverbot für rechtswidrig erlangte Informationen im Verwaltungsverfahren, in: GS Martens, 1987, S. 351; *Ehrhardt/Kunze*, Kontrollstellen außer Kontrolle, DuR 1989, 137; *Eckstein*, Polizeirechtliche Aspekte der Obdachlosigkeit, VBlBW 1994, 306; *Erichsen*, Polizeiliche Standardmaßnahmen, Jura 1993, 45; *Ewer/Detten*, Ausgewählte Rechtsfragen bei der Beschlagnahme von Wohnraum zur Obdachloseneinweisung, NJW 1995, 353; *Feltes*, Anlaßunabhängige Kontrollen aus der Sicht des Polizei- und Verfassungsrechts, in: unveröffentlichte Broschüre der Grünen im Landtag von Baden-Württemberg aus Anlaß einer Anhörung vom 4. 6. 1996 zum Thema „Anlaßunabhängige Polizeikontrollen im Spannungsfeld zwischen Polizeipraxis und Bürgerrechten"; *Franke*, Bildberichterstattung über Demonstrationen und Persönlichkeitsschutz der Polizei, JR 1982, 48; *Franz*, Obdachlose sind Hilfsbedürftige und nicht Störer, DVBl. 1971, 249; *Fugmann*, Erkennungsdienstliche Maßnahmen zu präventiv-polizeilichen Zwecken, NJW 1981, 2227; *Fuß*, Rechtsfragen des polizeilichen Erkennungsdienstes, in: FS Wacke, 1972, S. 305; *Gaul*, Die Rechtsgrundlage für das Abschleppen von Fahrzeugen – zugleich ein Beitrag zur Systematik polizeilichen Handelns, VBlBW 1996, 1; *Geiger*, Die Haftung des KFZ-Halters für polizeiliche Abschleppkosten, BayVBl. 1983, 10; *Geißler/Haase/Subatzus*, Überlegungen zum Problem der Ingewahrsamnahme nach Fußballspielen am Beispiel Hamburg, NVwZ 1998, 711; *Geppert*, Polizeiliche Sicherstellung von Kraftfahrzeugen im Rahmen der Verkehrsüberwachung?, Deutsches Autorecht 1988, 12; *Göddecke*, Zur Problematik von Masseningewahrsamnahmen, Die Polizei 1997, 166; *Greifeld*, Obdachlose zwischen Polizei und Sozialhilfe, JuS 1982, 819; *Greiner*, Über den Verbringungsgewahrsam als unkonventionelle Maßnahme der Gefahrenabwehr, Die Polizei 1979, 92; *Groß*, Zur Pressebeschlagnahme, DÖV 1978, 867; *Günther/Traumann*, Aktuelle Rechtsprobleme der Wohnraumbeschlagnahme zur Unterbringung Obdachloser, NVwZ 1993, 130; *Gusy*, Polizeiliche Befragung am Beispiel des § 9 NRWPolG, NVwZ 1991, 614; *ders.*, Freiheitsentziehung und Grundgesetz, NJW 1992, 457; *ders.*, Aufbewahrung erkennungsdienstlicher Unterlagen, VerwArch 1993, 441; *Haase*, Neuere Überlegungen zum Problem der Ingewahrsamnahme nach Massenveranstaltungen, NVwZ 2001, 164; *Hansen*, Der polizeirechtliche Durchsuchungsbegriff und seine Abgrenzungen, DP 1993, 196; *Hantel*, Der Begriff der Freiheitsentziehung, Diss. Berlin 1987; *ders.*, Das Grundrecht der Freiheit der Person nach Art. 2 II 2, 104 GG, JuS 1990, 865; *Hartlaub*, Theorie und Praxis der Freiheitsentziehungen nach Strafverfahrens- und Polizeirecht – im Lichte des Habeas-Corpus-Artikels des Grundgesetzes, Art. 104 GG, 2000; *Haseloff-Grupp*, Bekämpfung der Drogenszene durch Platzverweise, VBlBW 1997, 161; *Hecker*, Platzverweis ohne Ermächtigungsgrundlage, JuS 1998, 575; *ders.*, Aufenthaltsverbote im Recht der Gefahrenabwehr, NVwZ 1999, 261; *Heckmann/Klein*, Der polizeiliche Platzverweis, JuS 1995, 327; *Heeger/Wien*, Polizeiliche und ordnungsbehördliche Maßnahmen zur Reduzierung der offenen Drogenszene, Die Polizei 1994, 190; *Herrnkind*, Personenkontrollen und Schleierfahndung, KJ 2000, 188; *Hirsch*, 14 Tage Polizeigewahrsam, ZRP 1989, 81; *Hoffmann, R.*, Polizeiliche „Schutzhaft" und Grundrechte, DVBl. 1970, 473; *Hoffmann-Riem*, Die polizeiliche Sistierung zur Feststellung von Personalien, DVBl. 1967, 751; *ders.*, Abbau von Rechtsstaatlichkeit durch den Neubau des Polizeirechts?, JZ 1978, 335; *Hofmann*, Zur Frage der Rechtswidrigkeit polizeilicher Maßnahmen – „Hamburger Kessel", NVwZ 1987, 769; *Huber*, Inanspruchnahme eines Nichtstörers durch Beschlagnahme einer Wohnung, JZ 1981, 385; *Huppertz*, Abschleppen verbotswidrig abgestellter KFZ durch die Polizei, Die Polizei 1989, 280; *Jaeschke*, Durchsuchung besetzter Häuser nach der Strafprozeßordnung, NJW 1983, 434; *Jahn*, Das zweite Gesetz zur Änderung des bayerischen Polizeiaufgabengesetzes, DVBl. 1989, 1038; *ders.*, Präventiv-polizeiliche Abschleppmaßnahmen bei illegalem Gehwegparken, JuS 1989, 969; *Jarass*, Konflikte zwischen Polizei und Presse bei Demonstrationen, JZ 1983, 280; *Kalf*, Die Beschlagnahme von Druckwerken strafbaren Inhalts, Die Polizei 1983, 391; *Kant*, Polizeilicher Umgang mit häuslicher Männergewalt gegen Frauen, Bürgerrechte & Polizei/CILIP 56 (1997), 39; *dies.*, Verdachtsunabhängige Kontrollen. MigrantInnen im Netz der Schleierfahndung, Bürgerrechte & Polizei/CILIP 56 (1997), 29; *Kappeler*, Der Verbringungsgewahrsam im System vollzugspolizeilicher Eingriffsbefugnisse, DÖV 2000, 227; *Klenke*, Rechtsfragen im Zusammenhang mit ordnungsbehördlichen Reaktionen auf das verbotswidrige Abstellen von Kraftfahrzeugen im öffentlichen Verkehrsraum, NWVBl. 1994, 288; *Knemeyer*, Polizeigewahrsam und Richterentscheid – Zur Neufassung der gesetzlichen Regelung in Bayern, NVwZ 1990, 138; *Köbschall*, Der Verbringungsgewahrsam aus rechtlicher Sicht, Die Polizei 1997, 263; *Kohl*, Zulässigkeit ordnungsrechtlicher Maßnahmen gegen Obdachlose in den Städten, NVwZ 1991, 620; *Kolmer*, Polizeirechtliche Beschlagnahme und Einbeziehung von Kraftfahrzeugen wegen Fahrens ohne Fahrerlaubnis, BWGZ 1994, 595; *Koschwitz*, Die kurzfristige polizeiliche Freiheitsentziehung, Diss. Göttingen 1968; *Kottmann*, Das Abschleppen von Fahrzeugen, DÖV 1983, 493; *Kunkel*, Obdachlosigkeit zwischen Polizei- und Sozialrecht, NDV 1994, 225; *Kurth*, Identitätsfeststellung, Einrichtung von Kontrollstellen und Gebäudedurchsuchungen nach neuem Recht, NJW 1979, 1377; *Kutscha*, Verfassungsprobleme des Polizeirechts in den neuen Bundesländern und Berlin, NEUE JUSTIZ 1994, 545; *Latzel/Lustina*, Aufenthaltsverbot – Eine neue Standardmaßnahme neben der Platzverweisung?, Die Polizei 1995, 131; *Leggereit*, Der Verbringungsgewahrsam – ein generell rechtswidriges Instrumentarium der Vollzugspolizei?, NVwZ 1999, 263; *Leineweber*, Die erkennungsdienstliche Behandlung, 1979; *Lesting*, Polizeirecht und offene Drogenszene, KJ 1997, 214; *Lisken*, Räumungstitel gegen „Unbekannt"?, NJW 1982, 1136; *ders.*, Richtervorbehalt bei Freiheitsentziehung, NJW 1982, 1168; *ders.*, Zur Aussagepflicht und zum Freiheitsentzug nach Polizeirecht, Die Polizei 1984, 381; *ders.*, Polizeiliche Freiheitsentziehung in der Praxis, POLIZEI-heute 1995, 126; *ders.*, „Verdachts- und ereignisunabhängige Personenkontrollen zur Bekämpfung der grenzüberschreitenden Kriminalität"?, NVwZ 1998, 22; *Lübbe*, Wohnraumbeschaffung durch Zwangsmaßnahmen, 1993; *dies.*, Nochmals: Die hoheitliche Räumung einer Privatwohnung nach Ablauf von Beschlagnahme und Einweisung, VBlBW 1994, 180; *Maaß*, Der Verbringungsgewahrsam nach geltendem Polizeirecht, NVwZ 1985, 151; *Martinez Soria*, Verdachtsunabhängige Kontrollen durch den Bundesgrenzschutz, NVwZ 1999, 270; *Maurer*, Schleierfahndung im Hinterland, Bürgerrechte & Polizei/CILIP 59 (1998), 51; *Merten*, Die Vorkontrolle als taktische Einsatzmaßnahme im Vorfeld von Veranstaltungen, insbesondere Versammlungen und Aufzügen, Die Polizei 1988, 137; *Mildner*, Betreten und Durchsuchen von Wohnungen zur Gefahrenabwehr, Hessische Polizeirundschau 1981, Heft 1, S. 27; *Möllers*, Polizeikontrollen ohne Gefahrverdacht, NVwZ 2000, 382; *Moser von Filseck*, Baden-Württemberg novellierte das Polizeigesetz – Verdachts- und ereignisunabhängige Personenkontrollen zur Bekämpfung der grenzüberschreitenden Kriminalität –, Die Polizei 1997, 70; *Müller*, Zur Rechtmäßigkeit der Bildberichterstattung über Polizeieinsätze, NJW 1982, 863; *Müller, R.-G.*, Polizeiliche Datenerhebung durch Befragung, 1997; *Mußmann*, Der „Verbringungsgewahrsam", VBlBW 1986, 52; *von Mutius*, Die Generalklausel im Polizei- und Ordnungsrecht, Jura 1986, 649; *Nagel*, Probleme der polizeilichen Sicherstellung, 1988; *Nolte*, Aufgaben und Befugnisse der Polizeibehörden bei Sportgroßveranstaltungen, NVwZ 2001, 147; *Paeffgen*, Polizeirecht und Grundrechtsschutz – Anmerkungen zum Urteil des Sächsischen Verfassungsgerichtshofs vom 14. 5. 1996, NJ 1996, 454; *Rachor*, Beförderungsuntersagung gegenüber Busunternehmern bei verbotener Demonstration, POLIZEI-heute 1997, 44; *Raeschke-Kessler*, Einstweilige Verfügung gegen Unbekannt – ein Mittel gegen Hausbesetzer?, NJW 1981, 663; *Randl*, Verfassungsrechtliche Aspekte des neuen Hamburger Polizeirechts, NVwZ 1992, 1070; *Rath/Brinkmann*, Strafverfahrensänderungsgesetz – DNA-Analyse („Genetischer Fingerabdruck") und DNA-Identitätsfeststellungsgesetz aus fachwissenschaftlicher Sicht, NJW 1999, 2697; *Remmert*, Rechtsdogmatische Probleme des Umsetzens verkehrszeichenwidrig geparkter Kraftfahrzeuge, NVwZ 2000, 642; *Richter/Dreher*, Fahndungskonzept „Schiene": Zugkontrollen im Rahmen der Schleierfahndung, Die Polizei 1998, 277; *Riegel*, Zur Frage der Auskunftspflicht nach Allgemeinem Polizeirecht, DÖV 1978, 501; *ders.*, Zum Problem der Anfertigung und Vernichtung erkennungsdienstlicher Unterlagen, DÖV 1978, 17; *ders.*, Polizeiliche Personenkontrolle, 1979; *ders.*, Zur polizeilichen Festnahmebefugnis gegenüber entwichenen Häftlingen, DÖV 1979, 201; *Roggan*, Verfassungswidrige Befugniserweiterungen für die Polizei – die Entscheidung zum sächsischen Polizeigesetz, KJ 1997, 80; *ders.*, Ausweitung der Generalklauselanwendung durch die Polizei, Bürgerrechte & Polizei/CILIP 60 (1998), 60; *Roggan/Sürig*, Aufenthaltsverbot für Drogenabhängige, KJ 1999, 305; *Roscher*, Ist die „Verbringung" von sogenannten Stadtstreichern nach dem baden-württembergischen Polizeirecht zulässig, BWVPr 1981, 60; *Roters*, Anlaßunabhängige Kontrollen und ihre Probleme für die Polizeipraxis, in: unveröffentlichte Broschüre der Grünen im Landtag von Baden-Württemberg aus Anlaß einer Anhörung vom 4. 6. 1996 zum Thema „Anlaßunabhängige Polizeikontrollen im Spannungsfeld zwischen Polizeipraxis und Bürgerrechten"; *Sachs*, Behördliche Nachschaubefugnisse und richterliche Durchsuchungsanordnung nach Art. 13 II GG, NVwZ 1987, 560; *Samper*, Die Haftung des KFZ-Halters für polizeiliche Abschleppkosten, BayVBl. 1983, 333; *Scheffler*, Zur Strafbarkeit von Gaffern, NJW 1995, 232; *Scheithauer*, Der Platzverweis zur Abwehr des Drogenmißbrauchs, VBlBW 1997, 447; *Schenke*, Verfassungsrechtliche Probleme polizeilichen Gewahrsams und polizeilicher Informationseingriffe,

DVBl. 1996, 1393; *Schlink*, Die polizeiliche Räumung besetzter Häuser, NVwZ 1982, 529; *ders.*, Korrektur von Gerichtsentscheidungen durch die Polizei?, NJW 1988, 1689; *Schloer*, Der Obdachlose als Störer der öffentlichen Ordnung oder der öffentlichen Sicherheit, DVBl. 1989, 739; *ders.*, Der Adressat des polizeilichen Platzverweises, DVBl. 1991, 955; *Schmitt Glaeser*, Zweites Gesetz zur Änderung des Polizeiaufgabengesetzes, BayVBl. 1989, 129; *Schneider, Peter M.*, Polizeiliche Nutzung genetischer Daten, in Bäumler (Hrsg.), Polizei und Datenschutz, 1999, S. 215; *Schwabe*, Verfassungsmäßigkeit des Betretens und Durchsuchens von Wohnungen durch die Polizei, NVwZ 1993, 1173; *ders.*, Das Abschleppen aus Fußgängerzonen, NVwZ 1994, 629; *Schwan*, Artikel 13 GG und die gefahrenabwehrenden Eingriffe in die Wohnungsfreiheit, DÖV 1975, 661; *ders.*, Identitätsfeststellung, Sistierung und Razzia, AöR 102 (1977), 243; *Seebode*, Das Recht zur Festnahme entwichener Strafgefangener, FS Bruns, 1978, 487; *Seifert*, Chaos-Tage: Modell Hannover. Aufenthaltsverbote als Instrument zur Durchsetzung von Versammlungsverboten?, KJ 1996, 56; *Sigrist*, Probleme der Identitätsfeststellung und der polizeilichen Razzia nach dem Berliner ASOG, JR 1976, 397; *ders.*, Kurzfristige polizeiliche Freiheitsentziehung und polizeiliche Vorladung, Die Polizei 1978, 65; *Soiné*, Polizeilicher Zeugenschutz, NJW 1999, 3688; *Sommer*, Rechtliche Probleme bei der erkennungsdienstlichen Behandlung von Strafunmündigen, Die Polizei 1986, 89; *Spörl*, Zur Einführung einer verdachts- und ereignisunabhängigen Personenkontrolle („Schleierfahndung") in Bayern, Die Polizei 1997, 217; *Stephan*, „Zur Verfassungsmäßigkeit anlaßunabhängiger Personenkontrollen", DVBl. 1998, 81; *Trockels*, Polizeirechtliche Gesichtspunkte der Obdachlosigkeit, BWVPr 1989, 145; *Vahle*, Freiheitsbeschränkung und Freiheitsentziehung nach neuem Polizeirecht, Die Polizei 1984, 277; *ders.*, Identitätsfeststellung, VR 1989, 102; *ders.*, Erkennungsdienst und Datenschutz, Kriminalistik 1992, 157; *Waechter*, Freizügigkeit und Aufenthaltsverbot, NdsVBl. 1996, 197; *ders.*, Die „Schleierfahndung" als Instrument der indirekten Verhaltenssteuerung durch Abschreckung und Verunsicherung, DÖV 1999, 138; *Walter*, Erweiterte Befugnisse der Polizei zur Bekämpfung der illegalen Einreise und der grenzüberschreitenden Kriminalität: Eine unabdingbare Notwendigkeit nach dem Wegfall der allgemeinen Grenzkontrollen in Westeuropa, Die Polizei 1999, 33; *Weingart*, Die bayerische Polizeirechtsnorm des Art. 13 Abs. 1 Nr. 5 PAG – Zur sog. Schleierfahndung und deren Verfassungsmäßigkeit, BayVBl. 2001, 33; *Werwigk*, Zur Geltung des Richtervorbehalts bei der Durchsuchung von besetzten Häusern, NJW 1983, 2360; *Zeitler*, Die Razzia aus verwaltungsrechtlicher und verwaltungsvollstreckungsrechtlicher Sicht, VBlBW 1992, 328; *ders.*, Transport von Demonstranten zu einer verbotenen Versammlung, DÖV 1997, 371; *Ziekow*, Über Freizügigkeit und Aufenthalt, 1997; – **Zu Abschnitt V (Polizeilicher Zwang):** *App*, Der unmittelbare Zwang, DVP 1997, 135; *App/Wettlaufer*, Verwaltungsvollstreckungsrecht, 3. Aufl., 1997; *Brinktrine*, Rechtsfragen des Zwangsgeldeinsatzes im Verwaltungsvollstreckungsverfahren, SächsVBl. 2000, 101; *Brühl*, Die Prüfung der Rechtmäßigkeit des Verwaltungszwangs im gestreckten Verfahren, JuS 1998, 65; *Burmeister*, Die Ersatzvornahme im Polizei- und Verwaltungsvollstreckungsrecht, JuS 1989, 256; *Denninger/Beye*, Rechtsgutachten zum Waffengebrauchsrecht der Polizei, Deutsche Polizei 1971, 41; *Diederichs*, Polizeiliche Todesschüsse 1997, Bürgerrechte & Polizei/CILIP 60 (1998), 75; *ders.*, Polizeiliche Todesschüsse 1998, Bürgerrechte & Polizei/CILIP 63 (1999), 69; *Dietlein*, Verwaltungszwang gegen Unbekannt, NWVBl. 1991, 81; *Droste*, Der finale Rettungsschuß, Die Polizei 1995, 145; *Dünchheim*, Besondere Probleme des Verwaltungszwangs, VR 1994, 123; *ders.*, Vom Zwangsgeld zurück zur Zwangsstrafe, NVwZ 1996, 117; *Engelhardt/App*, Verwaltungsvollstreckungsgesetz, 4. Aufl., 1996; *Erichsen/Rauschenberg*, Verwaltungsvollstreckung, Jura 1998, 31; *Frowein*, Im Zweifel für den vielleicht tödlichen Schuß?, in: FS Peter Schneider, 1990, 112; *Funk/Werkentin*, Der Todesschuß der Polizei, KJ 1976, 121; *Gloria/Dischke*, Der „finale Todesschuß" im Landesrecht von NRW, NWVBl. 1989, 37; *Gusy*, Verwaltungsvollstreckungsrecht am Beispiel der Vollstreckung von Polizeiverfügungen, JA 1990, 296 und 339; *Heckmann*, Der Sofortvollzug rechtwidriger polizeilicher Verfügungen, VBlBW 1993, 41; *Hennecke*, Verwaltungszwang mittels Zwangsgeld, Jura 1989, 7 und 64; *Hoffmann-Riem*, Der Begriff der Ersatzvornahme im neueren Polizeirecht, DÖV 1967, 296; *Hormann*, Die Anwendung von Verwaltungszwang unter Abweichung vom Regelvollstreckungsverfahren, 1988; *Jahn*, Anordnung sofortiger Vollziehung von Verwaltungsakten bereits vor Rechtsmitteleinlegung?, BayVBl. 1988, 552; *Krey/Meyer*, Vom Verhalten von Staatsanwaltschaft und Polizei bei Delikten mit Geiselnahme, ZRP 1973, 1; *Krolzig*, Die Verantwortung für den Todesschuß, Kriminalistik 1988, 599; *Krüger*, Polizeilicher Schußwaffengebrauch, 4. Aufl. 1979; *ders.*, Die bewußte Tötung bei polizeilichem Schußwaffengebrauch, NJW 1973, 1; *Lange, R.*, Der „gezielte Todesschuß", JZ 1976, 546; *Lange, W.*, Der neue Musterentwurf eines einheitlichen Polizeigesetzes – Fragwürdiges Schußwaffengebrauchsrecht; *ders.*, Probleme des polizeilichen Waffengebrauchsrechts, MDR 1974, 357; *Leinius*, Anwendung von Zwangsmitteln ohne vorausgehenden Verwaltungsakt, Diss. Berlin 1976; *Lemke*, Das Verwaltungsvollstreckungsrecht des Bundes und der Länder, 1997; *Lerche*, Der gezielt tödlich wirkende Schuß nach künftigem einheitlichen Polizeirecht, in: FS von der Heydte, 1977,

1033; *Lingmann*, Unverhältnismäßigkeit von Ersatzzwangshaft bei Uneinbringlichkeit des Zwangsgeldes nach Ausführung der Ordnungsverfügung, GewArch 1996, 473; *Lisken*, Polizeibefugnis zum Töten?, DRiZ 1989, 402; *Pietzner*, Rechtsschutz in der Verwaltungsvollstreckung, VerwArch 84 (1993), 261; *Rasch*, Probleme des polizeilichen Zwanges, DVBl. 1980, 1017; *Riegel*, Befugnis zum Rettungsschuß und Einsatz besonderer Waffen in einem künftigen Bundespolizeigesetz, ZRP 1978, 73; *Roewer*, Nochmals: Der „finale Todesschuß“ im Landesrecht von Nordrhein-Westfalen, NWVBl. 1989, 366; *Rudolph*, Das Zwangsgeld als Institut des Verwaltungszwangs, 1992; *Rupprecht*, Die tödliche Abwehr des Angriffs auf menschliches Leben, JZ 1973, 263; *Schenke/Baumeister*, Probleme des Rechtsschutzes bei der Vollstreckung von Verwaltungsakten, NVwZ 1993, 1; *Schipper*, Der finale Rettungsschuß, Deutsche Polizei 1989, 24; *Schmelter*, Der finale Rettungsschuß/Todesschuß – zur Rechtslage in Nordrhein-Westfalen, VR 1989, 161; *Schmitt-Kammler*, Die Sofortbefugnisse im Polizei- und Ordnungsbehördenrecht, NWVBl. 1989, 389; *Saipa*, In dubio pro vita? Zur rechtlichen Problematik des polizeilichen Todesschusses, in: FS Holtfort, 1990; *Seebode*, Polizeiliche Notwehr und Einheit der Rechtsordnung, FS Klug, 1983, S. 359; *ders.*, Gezielt tödlicher Schuß de lege lata et ferenda, StrafVert 1991, 80; *Stümper/Gerhards*, Rettungsschuß oder Todesschuß? Bedarf es einer gesetzlichen Regelung?, DRiZ 1989, 432; *Sundermann*, Schußwaffengebrauch im Polizeirecht, Diss. Heidelberg 1984; *ders.*, Polizeiliche Befugnisse bei Geiselnahmen, NJW 1988, 3192; *Thewes*, Rechtliche und praktische Grundsatzfragen des polizeilichen Schußwaffeneinsatzes gegen Personen mit der Absicht oder dem Risiko der Tötung, Diss. Saarland, 1988; *Triffterer*, Der tödliche Fehlschuß der Polizei, MDR 1976, 355; *Vahle*, Ersatzzwangshaft trotz Erfüllung eines Unterlassungsgebots, DVP 1997, 129; *Volmer*, Finaler Rettungsschuß, Kriminalistik 1989, 14; *Weichert*, Der sogenannte „finale Rettungsschuß“, VBlBW 1991, 249; *Weßlau/Kutscha*, Grundgesetz und Handlungsalternativen der Polizei bei Geiselnahmen, ZRP 1990, 169; *v. Winterfeld*, Der Todesschuß der Polizei, NJW 1972, 1881; *Zuck*, Der Todesschuß, MDR 1988, 920.

I. Vorbemerkung

Das Handeln der Polizei zur Erfüllung der ihr gesetzlich zugewiesenen Aufgaben (vgl. Kap. E) wird wirksam in vielfältigen Formen (II.) und bewährt sich in der Beachtung seiner rechtlichen Maßstäbe (III.). Standardisierte Maßnahmen (IV.) und deren Durchsetzung unter Anwendung von Zwang (V.) erfahren eine spezifische normative Ausformung. 1

II. Formen polizeilichen Handelns

Polizeiliches Handeln kann sich in vielfältiger Art und Weise äußern. Es kann Rechte des Betroffenen schmälern oder seine Rechte bewahren. Es kann gegenüber Rechten von Bürgern auch neutral sein. Polizeiliches Handeln kann verbindliche Rechtsfolgen setzen oder nur einen tatsächlichen Erfolg herbeiführen. Es gibt wahrnehmbare polizeiliche Verhaltensweisen und solche, die einem Beobachter verborgen bleiben. Und es gibt Verhaltensweisen, die zwar als solche wahrnehmbar, aber nicht als polizeiliche erkennbar sind. Jeder Akt oder Handlungskomplex kann mehrere dieser Merkmale in sich vereinen. 2

Ausgangspunkt einer Darstellung der vielgestaltigen polizeilichen Handlungsformen ist die Unterscheidung zwischen **Erscheinungformen** und **Rechtsformen.** Jene beleuchten den „äußeren“, diese den „inneren“ Aspekt polizeilichen Handelns. Die Frage nach dem **Eingriffscharakter** polizeilichen Handelns liegt quer zu dieser Unterscheidung. Sie soll nur fallweise behandelt werden. Die Darstellung der möglichen Erscheinungsformen polizeilichen Handelns orientiert sich zunächst an den gesetzlichen Begriffen der **Maßnahmen** (vgl. Rdn. 7 ff.) und der **Mittel** (vgl. Rdn. 16 ff.). Diese decken den äußeren Aspekt polizeilichen Handelns vollständig ab. Die weitere Unterscheidung nach **Modalitäten** (vgl. Rdn. 18) und **Methoden** (vgl. Rdn. 19) bringt einen Wandel im Erscheinungsbild der Polizei zum Ausdruck. Neben das offene, die Außenwelt verändernde und durch den uniformierten Polizeibeamten verkörperte Handeln tritt zunehmend das 3 heimliche oder verdeckte Belauschen und Beobachten sowie die ohnehin nicht nach außen in Erscheinung tretende Arbeit mit Hilfe von elektronischen Rechnern. Dieser Wandel wird auch unter dem Stichwort **operative Tätigkeit** (vgl. Rdn. 20 f.) skizziert. Der Darstellung der Rechtsformen liegt die gängige Unterscheidung nach **Verwaltungsakten** (vgl. Rdn. 27 ff.), **Realakten** (vgl. Rdn. 35 ff.) und **Rechtsverordnungen** (vgl. Rdn. 54 ff.) zugrunde.

1. Erscheinungsformen

4 Wenn von den Formen des polizeilichen Handelns gesprochen wird, so sind in aller Regel seine Rechtsformen gemeint. Angeknüpft wird damit an die übliche Typologie des Verwaltungshandelns. Diese scheidet zunächst das privatrechtliche vom öffentlich-rechtlichen Handeln und unterteilt im zweiten Schritt das öffentlich-rechtliche Tätigwerden in Rechtsakte und Tathandlungen. Bei den Rechtsakten wiederum wird das nach „außen" gerichtete Handeln von dem nach „innen" gerichteten, den Dienstanweisungen und Verwaltungsvorschriften also, abgegrenzt. Rechtsakte der Verwaltung mit Außenwirkung können einmal abstrakter Natur sein. Hierzu zählen insbesondere die Rechtsverordnungen. Sie können aber auch einen ganz konkreten Sachverhalt regeln. Hierfür steht der Verwaltung das Instrument des Verwaltungsakts zur Verfügung.

5 Unter dem Begriff der polizeilichen Handlungsformen wird aber noch etwas anderes verstanden. Das SPolG spricht in der Überschrift zu § 28, ebenso wie bereits § 8 c VE/ME, von den „besondere(n) Formen der Informationserhebung", das POG RP von „besondere(n) Formen des Informationsabgleichs". Hierzu zählen die Observation, der verdeckte Einsatz von Videogeräten oder Mikrophonen, der Einsatz von V-Leuten und verdeckten Ermittlern sowie die sogenannte Rasterfahndung (vgl. zu letzteren Kap. J Rdn. 715 ff.). Die genannten Vorschriften regeln also nicht Rechtsformen, sondern **Erscheinungsformen** polizeilichen Handelns.

6 Diese Erscheinungsformen sind nicht deshalb besondere, weil sie, wie etwa die Videotechnik, relativ neu sind. Vertrauensleute, verdeckte Ermittler und Observierungen gehörten schon immer zu Akteuren und zum Repertoire der polizeilichen Verbrechensbekämpfung. Allerdings wurden derartige Befugnisse erst im Jahr 1989 in einige Polizeigesetze ausdrücklich aufgenommen. Von den klassischen Standardmaßnahmen wie etwa der Durchsuchung, der Sicherstellung oder der Gewahrsamnahme unterscheiden sie sich dadurch – hier liegt ihre Besonderheit –, daß sie typischerweise heimlich erfolgen oder nicht als polizeiliche Maßnahmen erkennbar sind. In Abgrenzung zu den klassischen Standardmaßnahmen ist auch der Umgang mit personenbezogenen Daten, insbesondere die elektronische **Datenverarbeitung,** eine besondere Erscheinungsform polizeilicher Tätigkeit. Für diese Art der Tätigkeit stehen bekannte Kürzel wie INPOL, PIOS, KAN, SPUDOK, HEPOLIS. Die Verwaltung und Verwendung von meist personenbezogenen Daten mit Hilfe dieser Anwenderprogramme und Datenbanken nimmt bei der Polizei einen bedeutsamen Raum ein (vgl. Kap. J). Sie ist eine der Hauptaufgaben des Bundeskriminalamts (vgl. § 2 I Nr. 1 BKAG). Verbundsysteme ermöglichen einen bundweiten Abruf aller gespeicherten Daten in Sekundenbruchteilen. Komfortable Programme setzen den Anwender in die Lage, beliebige Informationen miteinander zu verknüpfen und so neue inhaltliche Zusammenhänge herzustellen. Die Polizei bezeichnet dies auch als „Bürofahndung".[1] Das Besondere an dieser Form des polizeilichen Handelns ist, daß sie für den Bürger nicht wahrnehmbar und deshalb auch der Kontrolle durch Gerichte oder Datenschutzbeauftragte nur schwer zugänglich ist. Handgreiflich ist erst das polizeiliche Einschreiten auf der Grundlage dieser Informationen.

---

[1] *Herold,* Technische und rechtliche Entwicklungstendenzen der Verarbeitung personenbezogener Daten durch Behörden der Vollzugspolizei, in: von Schoeler (Hrsg.), Informationsgesellschaft oder Überwachungsstaat, 1986, S. 76.

a) Maßnahmen

In den Polizeigesetzen nimmt der Begriff der **Maßnahme** eine zentrale Stellung ein. 7
Gemäß § 2 I ME hat die Polizei von mehreren möglichen und geeigneten „Maßnahmen" diejenige zu treffen, die den einzelnen und die Allgemeinheit am wenigsten beeinträchtigt. Gemäß § 2 II ME darf eine „Maßnahme" nicht zu einem Nachteil führen, der zu dem erstrebten Erfolg erkennbar außer Verhältnis steht. Nach § 2 III ME ist eine „Maßnahme" nur so lange zulässig, bis ihr Zweck erreicht ist oder sich zeigt, daß er nicht erreicht werden kann. Nach § 3 I ME trifft die Polizei ihre „Maßnahmen" nach pflichtgemäßem Ermessen. Gemäß § 8 I ME, dem Vorbild der polizeilichen Befugnis-Generalklauseln,

§ 3 PolG BW; Art. 11 BayPAG; § 17 ASOG Bln; § 10 I BbgPolG; § 10 I BremPolG; § 3 I HmbSOG; § 11 HSOG; § 13 SOG MV; § 11 NGefAG; § 8 I PolG NW; § 9 I POG RP; § 8 I SPolG; § 3 I SächsPolG; § 13 SOG LSA; § 174 LVwG SH; § 12 I ThürPAG,

kann die Polizei die notwendigen „Maßnahmen" treffen, um eine im einzelnen Fall bestehende Gefahr abzuwehren.

Unter Maßnahmen im Sinne dieser Vorschriften werden herkömmlich „alle nach außen hin in Erscheinung tretenden Tätigkeiten der Polizei" verstanden.[2] Diese **Definition** umfaßt sowohl Rechtshandeln als auch Realakte und scheidet die sogenannten innerdienstlichen Akte aus dem Maßnahmebegriff aus. Der Einsatzbefehl sowie alle sonstigen Weisungen Vorgesetzter sind keine polizeilichen Maßnahmen. Gleichwohl ist diese Begriffserklärung nicht hinreichend. Denn sie umfaßt nicht die Informationsverarbeitung. Diese tritt, man denke an die Verknüpfung mehrerer Datensätze, regelmäßig nicht nach außen hin in Erscheinung. Auch für die Informationsverarbeitung gilt aber der Verhältnismäßigkeitsgrundsatz des § 2 ME und der Grundsatz des pflichtgemäßen Ermessens gemäß § 3 I ME. Bisweilen wird ihr sogar Verwaltungsaktsqualität zugesprochen (vgl. Rdn. 40). Deshalb muß man auch die einzelnen Akte der Informationsverarbeitung zu dem Begriff der polizeilichen Maßnahme zählen. 8

Die Unterscheidung zwischen polizeilichem Handeln nach „außen" oder „innen" und auch das Merkmal der Erkennbarkeit dieses Handelns – an sich oder als polizeiliches – sind für die Bestimmung des Begriffs der polizeilichen Maßnahme also nicht maßgebend. Entscheidend ist vielmehr, ob der Rechtsgrund für ein bestimmtes Verhalten im Polizeirecht zu suchen ist. Eine polizeiliche Maßnahme ist deshalb jedes **Tätigwerden** der Polizei auf der Grundlage des Polizeirechts, wobei es unerheblich ist, ob dieses Recht ein konkretes Verhalten im einzelnen deckt. Die (innerdienstliche) Weisung zur Durchführung einer Razzia beispielsweise ist also keine polizeiliche Maßnahme. Eine solche Weisung richtet sich nach dienstrechtlichen Bestimmungen. Nur die tatsächliche Durchführung der Razzia kann als polizeiliche Maßnahme bezeichnet werden. Sie findet ihren Rechtsgrund in den einschlägigen Bestimmungen der Polizeigesetze (vgl. Rdn. 334). Sie bleibt eine polizeiliche Maßnahme auch dann, wenn sie den gesetzlich vorgegebenen Rahmen überschreitet. Der Umstand, daß die Polizeigesetze neuerdings die „Anordnung" bestimmter eingriffsintensiver Maßnahmen wie z. B. den Einsatz verdeckter Ermittler ausdrücklich regeln und damit ein zusätzliches Rechtmäßigkeitserfordernis (funktionelle Zuständigkeit) aufstellen, nimmt einem solchen Vorgang nicht den innerdienstlichen Charakter. Die Delegation bestimmter Entscheidungsbefugnisse auf bestimmte Amtsträger innerhalb der sachlich und örtlich zuständigen Behörde dient lediglich der internen Rechtmäßigkeitskontrolle.[3] 9

Als polizeiliche Maßnahme muß man auch die sogenannte **„Errichtung"** einer automatischen Datei auf der Grundlage einer sogenannten Errichtungsanordnung (vgl. Kap. J Rdn. 780 ff.) bezeichnen, 10

---

[2] *Wöhrle/Belz,* PolG BW, § 3 Rdn. 10; *Rasch,* ME § 2 Rdn. 1.

[3] *VGH Mannheim* DVBl. 1995, 367; allg. zu sog. Behördenleitervorbehalten *Lisken/Mokros* NVwZ 1991, 609 ff.; *Sproß* NVwZ 1992, 643; *Gusy* StrVert 1993, 274.

Art. 47 BayPAG; § 49 ASOG Bln; § 48 BbgPolG; § 36 BremPolG; § 26 HmbDatenVPolG; § 28 HSOG; § 47 SOG MV; § 46 NGefAG; § 33 PolG NW; § 25 g POG RP; § 39 SPolG; § 50 SächsPolG; § 33 SOG LSA; § 197 LVwG SH; § 46 ThürPAG.

Die Errichtungsanordnung legt die inhaltlichen und verfahrensrechtlichen Voraussetzungen für den Betrieb einer jeden Datei fest. Nach herkömmlichem Verständnis wären Anordnung und Errichtung rein organisatorische Akte und damit nur „inner"-dienstliche Maßnahmen. Der Wandel des Grundrechtsverständnisses im Bereich der Datenverarbeitung aber hat zur Folge, daß auch Organisations- und Verfahrensvorkehrungen zum Schutz des informationellen Selbstbestimmungsrechts als von Verfassungs wegen geboten anzusehen und vom Gesetzgeber zu regeln sind.[4] Bereits die Errichtung einer Datei ist deshalb grundrechtsrelevant und verliert damit ihren ausschließlich innerdienstlichen Charakter. Durch diesen Akt allein werden Rechte einzelner allerdings noch nicht beeinträchtigt. Die **„Einrichtung"** eines automatisierten Abrufverfahrens,

Art. 46 I BayPAG; § 46 I ASOG Bln; § 49 BbgPolG; § 27 II HmbDatenVPolG; § 24 I HSOG; § 42 I SOG MV; § 42 I NGefAG; § 33 V PolG NW; § 35 I SPolG; § 48 I SächsPolG; § 29 I SOG LSA; § 194 I LVwG SH; § 42 I ThürPAG,

auch on-line-Anschluß genannt, ist ebenfalls eine polizeiliche Maßnahme (dazu Kap. J Rdn. 218 ff.). Ihre Wirkungen sind nicht auf den innerbehördlichen Bereich beschränkt. Die Einrichtung eines on-line-Anschlusses ist technisch betrachtet die unbegrenzte Verfügbarmachung der angeschlossenen fremden Datensätze und rechtlich betrachtet deren vollständige Übermittlung. Sie ersetzt das dem Übermittlungsbegriff innewohnende Merkmal des Einzelfallersuchens durch eine generelle Zugriffsbefugnis und ist deshalb auch grundrechtsrelevant.

11 Die Polizeigesetze verschmelzen bisweilen mehrere Einzelmaßnahmen zu einer einzigen „Standard"-Maßnahme. Ein Beispiel ist die sogenannte Polizeiliche Beobachtung, teilweise auch als „Kontrollmeldung" bezeichnet (z. B. § 35 SOG MV; § 29 SPolG; § 187 LVwG SH). Die meisten Gesetze sehen darin ausdrücklich eine polizeiliche „Maßnahme".

§ 25 IV PolG BW; Art. 36 IV BayPAG; § 27 IV ASOG Bln; § 36 IV 1 BbgPolG; § 13 IV HmbDatenVPolG; § 17 VI HSOG; § 35 III SOG MV; § 21 IV PolG NW; § 29 IV SPolG; § 19 VI SOG LSA; § 187 III LVwG SH; § 37 IV ThürPAG.

Das Speichern der personenbezogenen Daten einer Person in bestimmten Dateien (Ausschreiben) und die Meldung über Ort, Zeit und Umstände des Antreffens an die ausschreibende Behörde werden hier zu einem **Handlungskomplex** zusammengefaßt. Ein anderes Beispiel ist die Rasterfahndung. Auch sie wird als „Maßnahme" bezeichnet.

§ 40 PolG BW; Art. 44 BayPAG; § 47 ASOG Bln; § 46 III 1 BbgPolG; § 29 BremPolG; § 23 HmbDatenVPolG; § 26 HSOG; § 44 SOG MV; § 31 PolG NW; § 25 d POG RP; § 37 SPolG; § 47 SächsPolG; § 31 SOG LSA; § 44 ThürPAG.

Sie ist eine Kombination aus Übermittlungsersuchen und automatischem Datenabgleich. Zu nennen ist schließlich die Observation, die als planmäßig angelegte Beobachtung einer Person über einen längeren Zeitraum,

§ 22 I Nr. 1 PolG BW; Art. 33 I Nr. 1 BayPAG; § 25 I Nr. 1 ASOG Bln; § 32 BbgPolG; § 9 HmbDatenVPolG; § 15 I Nr. 1 HSOG; § 33 I Nr. 1 SOG MV; § 34 NGefAG; § 16 PolG NW; § 25 b POG RP; § 28 II Nr. 1 SPolG; § 36 II Nr. 1 SächsPolG; § 17 I Nr. 1 SOG LSA; § 185 I Nr. 1 LVwG SH; § 34 I Nr. 1 ThürPAG,

aus vielen einzelnen Datenerhebungsmaßnahmen häufig mehrerer Polizeibeamter zusammengesetzt ist.

12 Auf der anderen Seite gibt es **typische mehraktige Handlungsvarianten,** die nicht als Standardmaßnahmen geregelt sind. Ein Beispiel hierfür ist die Razzia. Eine Razzia ist

[4] *BVerfGE* 65, 1 (44).

eine Sammelkontrolle (vgl. Rdn. 334 ff.). Sie umfaßt regelmäßig die Identitätsfeststellung, den Abgleich der Personalien mit polizeilichen Dateien, die Durchsuchung von Personen und Sachen und gegebenenfalls die Beschlagnahme von Gegenständen. Häufig schließen sich strafprozessuale Maßnahmen an. Die Rechtsgrundlagen für die polizeiliche Razzia sind in den Polizeigesetzen verstreut. Auch die Personenüberprüfung an polizeilichen Kontrollstellen, die ebenfalls von der Identitätsfeststellung bis zur Sicherstellung reicht (vgl. Rdn. 343), findet ihre Grundlage in unterschiedlichen Rechtsvorschriften. Speziell bei der Kontrollstelle greifen polizeirechtliche und strafprozessuale Eingriffsnormen (vgl. §§ 111, 163 d StPO) häufig ineinander.

Auch das Bereithalten starker Polizeikräfte, beispielsweise bei großen Sportveranstaltungen oder Demonstrationen, ist eine, wenn auch nicht explizit normierte polizeiliche Maßnahme.[5] Die **polizeiliche Präsenz,** zu der auch Streifenfahrten und -gänge gehören, ist ein in aller Regel nichteingreifendes Verhalten im Vorfeld von Gefahren und Straftaten, das die Vorbereitung der Aufgabenerfüllung bezweckt bzw. eine wirksame Aufgabenerfüllung erst ermöglicht. Ihr Zweck kann auch darin liegen, gewaltbereite Personen zu „beeindrucken"[6] und damit Störungen zu vermeiden. Als Beispiel ist Anwesenheit von (uniformierten) Polizeibeamten in U-Bahnhöfen und B-Ebenen zur Nachtzeit zu nennen.[7] Wenn die Präsenz starker Polizeikräfte das äußere Erscheinungsbild einer Demonstration beeinträchtigt und psychische Barrieren zur Teilnahme an einer Demonstration errichtet, greift sie in das Grundrecht auf Versammlungsfreiheit ein.[8] 13

Vor allem im Bereich des Demonstrationsrechts treten zunehmend **informelle Maßnahmen** in den Vordergrund (vgl. ausführlich Kap. H Rdn. 249 ff.). Vor der Durchführung von Großdemonstrationen sind Polizei und Veranstalter zur rechtzeitigen Kontaktaufnahme und zum Austausch von Informationen gehalten, um möglichst gute Voraussetzungen für einen friedlichen Verlauf der Veranstaltung zu schaffen. Das Bundesverfassungsgericht bezeichnet dies als „vertrauensbildende Maßnahmen".[9] Auch die polizeiliche **Öffentlichkeitsarbeit** in Form von Plakaten oder Handzetteln, in denen die Teilnehmer zu friedlichem Verhalten aufgefordert werden,[10] zählt hierzu. Als eine andere Form der Öffentlichkeitsarbeit sind schließlich diejenigen Aktivitäten zu nennen, die unter dem Begriff „Kriminalpolizeiliches Vorbeugungsprogramm" zusammengefaßt werden.[11] Sie dienen vor allem der Aufklärung und Information der Bevölkerung als mögliche Opfer von Straftaten. Am bekanntesten ist die Kampagne „Die Kriminalpolizei rät". 14

Ob ein bestimmtes Verhalten der Polizei vom Begriff der Maßnahme erfaßt ist, spielt nicht zuletzt eine Rolle bei der Beantwortung der Frage, ob dem Bürger hieraus **Ausgleichs- und Ersatzansprüche** wegen eventueller Gesundheits- oder Vermögensschäden erwachsen können (vgl. näher Kap. L Rdn. 12 ff.). Die polizeigesetzlichen Haftungstatbestände setzen nämlich voraus, daß der Schaden durch eine (rechtswidrige) polizeiliche Maßnahme verursacht wurde. Hierzu gibt es eine ausdifferenzierte höchstrichterliche Rechtsprechung. Sie geht (ebenfalls) von einem weiten Maßnahmebegriff aus (vgl. Kap. L Rdn. 18). 15

b) Mittel

Der Begriff des polizeilichen **Mittels** nimmt in den Polizeigesetzen ebenfalls eine nicht unbedeutende Rolle ein. Gemäß § 3 II ME und den ihm nachgebildeten Regelungen in den Landespolizeigesetzen, 16

---

5 Vgl. *VGH Mannheim* NJW 1981, 1226 f. – Heranziehung auswärtiger Polizeibeamter als „vorbereitende (Planungs)Maßnahme".

6 *VG Bremen* NVwZ 1989, 898.

7 Erstgutachten der Unterkommission Polizeipraxis, in: Schwind/Baumann (Hrsg.), Ursachen, Prävention und Kontrolle von Gewalt. Analysen und Vorschläge der Gewaltkommission, Bd. II, 1990, S. 687, Rdn. 260.

8 *OVG Bremen* NVwZ 1990, 1188.

9 *BVerfGE* 69, 315 (357).

10 Erstgutachten der Unterkommission Polizeipraxis (Fußn. 7), S. 663, Rdn. 170.

11 *Weinberger,* Das Kriminalpolizeiliche Vorbeugungsprogramm, 1984.

Art. 5 II BayPAG; § 12 II ASOG Bln; § 4 II BbgPolG; § 4 II BremPolG; § 5 II HSOG; § 14 II SOG MV; § 5 II NGefAG; § 3 II PolG NW; § 3 II POG RP; § 3 II SPolG; § 6 II SOG LSA; § 5 II ThürPAG,

ist es dann, wenn zur Abwehr einer Gefahr mehrere „Mittel“ in Betracht kommen, ausreichend, wenn eines davon bestimmt wird. Auf Antrag ist dem Betroffenen zu gestatten, ein anderes ebenso wirksames „Mittel“ anzuwenden, sofern die Allgemeinheit dadurch nicht stärker beeinträchtigt wird. In dieser Vorschrift, die die Zulässigkeit des sogenannten **Austauschmittels** regelt, bedeutet „Mittel“ das gleiche wie „Maßnahme“. Letzterer Begriff wird in § 5 I PolG BW und § 4 II HmbSOG zur Regelung dieses Sachverhalts sogar ausschließlich verwendet. Daraus wird gefolgert, daß Maßnahmen und Mittel generell begriffsidentisch seien.[12] Diese Folgerung ist nicht zutreffend. Die Polizeigesetze verwenden den Begriff des Mittels noch in einem völlig anderen Zusammenhang. Die Vorschriften über die Informationsverarbeitung beispielsweise enthalten Bestimmungen über „**besondere Mittel** der Datenerhebung“ oder den „Einsatz **technischer Mittel**“.

§§ 22, 23 PolG BW; Art. 33, 34 BayPAG; § 25 II ASOG Bln; § 33 BbgPolG; § 10 HmbDatenVPolG; § 15 HSOG; § 32 SOG MV; § 35 NGefAG; §§ 17, 18 PolG NW; § 25 b POG RP; § 28 II Nr. 2 SPolG; § 39 SächsPolG; § 17 I Nr. 2 SOG LSA; §§ 185, 186 LVwG SH; §§ 34, 35 ThürPAG.

17 Der Begriff des Mittels ist hier in der Bedeutung von Werkzeug oder Instrument zu verstehen. Mittel im Sinne dieser Regelungen sind beispielsweise Fotoapparate, Videogeräte, Mikrophone und andere Abhöreinrichtungen. In der gleichen Bedeutung ist der Begriff „**Hilfsmittel** der körperlichen Gewalt“,

§ 50 II PolG BW; Art. 61 III BayPAG; § 61 II BbgPolG; § 41 BremPolG; § 18 III HmbSOG; § 55 III HSOG; § 102 SOG MV; § 69 III NGefAG; § 58 III PolG NW; § 58 III POG RP; § 49 IV SPolG; § 321 II SächsPolG; § 58 III SOG LSA; § 59 III ThürPAG,

zu verstehen. Zu diesen Hilfsmitteln gehören zum Beispiel Handschellen, Wasserwerfer, Dienstfahrzeuge. Anders zu lesen ist dagegen der Begriff des **Zwangsmittels.** Er umfaßt die Ersatzvornahme, das Zwangsgeld und den unmittelbaren Zwang (vgl. Rdn. 772 ff.). „Mittel“ meint hier nicht ein Mittel im körperlichen Sinn, also ein Werkzeug, sondern Handlungen. Das Merkmal des Handelns ist aber gerade charakteristisch für den Begriff der Maßnahme. Zwangs**mittel** sind also eigentlich Zwangs**maßnahmen;** auch in der Literatur wird von Zwangs-„Maßnahmen“[13] gesprochen. Nur im Verhältnis zu den vollstreckbaren Verwaltungsakten (Maßnahmen) sind sie Mittel, weil „Mittel zum Zweck“. In diesem Verhältnis stehen auch die häufig als solche bezeichneten **„Mittel“[14] zur Identitätsfeststellung** zur Identitätsfeststellung selbst. Das Festhalten, Durchsuchen oder gar die Mitnahme zur Wache sind für sich betrachtet Tätigkeiten und damit Maßnahmen, keine Mittel. Dienen sie aber der Durchführung einer anderen Maßnahme, so mag man sie ebenfalls als Mittel (zum Zweck) bezeichnen. Die gesetzlichen Regelungen selbst sprechen hier im übrigen durchweg von den zur Feststellung der Identität erforderlichen „Maßnahmen“.

§ 26 II PolG BW; Art. 13 II BayPAG; § 21 III ASOG Bln; § 12 II 1 BbgPolG; § 11 II BremPolG; § 4 III HmbDatenVPolG; § 18 III HSOG; § 29 II SOG MV; § 13 II NGefAG; § 12 II PolG NW; § 10 II POG RP; § 9 II SPolG; § 19 lII SächsPolG; § 20 III SOG LSA; § 181 II LVwG SH; § 14 II ThürPAG.

c) Modalitäten

18 Bestimmte polizeiliche Maßnahmen sind überhaupt nicht, andere nicht als polizeiliche erkennbar. Hierher gehören vor allem die Observation sowie Handlungen, die von V-Leuten und verdeckten Ermittlern vorgenommen werden. Sie sind per se heimlich.

---

[12] *Drews/Wacke/Vogel/Martens,* S. 416; *Rasch,* ME, § 2 Rdn. 1.

[13] Vgl. *Engelhardt/App,* VwVG, § 6 Anm. IV.

[14] Amtliche Begründung zu § 18 HSOG, LT-Drucks. 12/5794; *Drews/Wacke/Vogel/Martens,* S. 187; *Rasch,* ME, § 9 Rdn. 23; *Berg/Hein,* S. 146.

Bei der „Anfertigung von Bildaufnahmen und Bildaufzeichnungen" oder dem „Abhören und Aufzeichnen des gesprochenen Wortes",

§ 22 I Nr. 2 PolG BW; Art. 33 I Nr. 2 BayPAG; § 25 I Nr. 2 ASOG Bln; § 33 BbgPolG; § 10 I HmbDatenVPolG; § 15 I Nr. 2 HSOG; § 33 I Nr. 2 SOG MV; § 35 I NGefAG; §§ 17, 18 PolG NW; § 28 II Nr. 2 SPolG; § 36 II Nr. 2 SächsPolG; § 17 I Nr. 2 SOG LSA; § 185 I Nr. 2 LVwG SH; § 34 I Nr. 2 ThürPAG,

ist dies nicht notwendig so. Das Fotografieren für die Straftäterkartei oder die Aufzeichnung einer Vernehmung mit einem Tonbandgerät sind in aller Regel „offene" Maßnahmen. Sie können aber auch heimlich erfolgen. Als Ausnahme von dem Grundsatz der offenen Datenerhebung (vgl. z. B. Art. 30 III 1 BayPAG; § 13 VII 1 HSOG; § 9 IV PolG NW; § 25 III 1 SPolG) regeln die Polizeigesetze deshalb auch den „verdeckten" Einsatz technischer Mittel. Offener oder verdeckter Einsatz technischer Mittel sind die jeweiligen **Modalitäten** ihrer Anwendung.

d) Methoden

Der „Einsatz von Vertrauenspersonen und Informanten" bzw. der „Einsatz von Personen, deren Zusammenarbeit mit der Polizei Dritten nicht bekannt ist", und „der Einsatz von Polizeivollzugsbeamten unter einer Legende" bzw. der „Einsatz verdeckter Ermittler", 19

§ 22 I Nr. 3 PolG BW; Art. 33 I Nr. 3 BayPAG; § 26 ASOG Bln; §§ 34, 35 BbgPolG; §§ 11, 12 HmbDatenVPolG; § 16 HSOG; § 33 I Nr. 3 u. 4 SOG MV; §§ 35, 36 NGefAG; §§ 19, 20 PolG NW; § 25 b POG RP; § 28 II Nr. 2 u. 3 SPolG; § 41 SächsPolG; § 18 SOG LSA; § 185 I Nr. 3 LVwG SH; § 34 I Nr. 3 u. 4 ThürPAG,

sind keine „Mittel" der Informationserhebung, auch wenn die meisten Polizeigesetze in dem Zusammenhang dieses Wort verwenden. Denn nicht durch den „Einsatz" dieser Menschen, sondern durch deren Verhalten selbst gelangt die Polizei zu den gewünschten Informationen. Es geht also um die **Tätigkeiten** des verdeckten Ermittelns und – unfein ausgedrückt – des Bespitzelns. Das Wesensmerkmal des verdeckten Ermittelns und des Bespitzelns liegt darin, den polizeilichen Charakter bestimmter Verhaltensweisen zu verheimlichen. Diese Tätigkeiten dürfen, wie einige Polizeigesetze dies umschreiben, nicht als polizeiliche erkennbar sein,

§ 19 II PolG BW; Art. 30 III 2 BayPAG; § 2 III 2 HmbDatenVPolG; § 13 VII HSOG; § 26 SOG MV; § 30 III NGefAG; § 25 III SPolG; § 37 V SächsPolG; § 15 VI SOG LSA; § 31 III 2 ThürPAG.

In die Kategorien des offenen oder verdeckten Handelns lassen sich diese Vorgehensweisen nicht einordnen. Man kann sie deshalb, wie es jetzt auch § 30 III NGefAG formuliert, als besondere polizeiliche **Methoden**[15] (der Verbrechensbekämpfung) bezeichnen.

e) Strukturveränderungen – Die „operative" Verbrechensbekämpfung

Hinzuweisen ist schließlich auf den Begriff der **„operativen"** polizeilichen Vorgehensweise.[16] Es handelt sich dabei nicht um einen Rechtsbegriff. Bislang hat dieses Wort Eingang weder in gesetzliche Tatbestände noch in den Sprachgebrauch der Gerichte gefunden. Es wird aber in der polizeilichen Literatur häufig verwendet.[17] Der Begriff operativ hat militärischen Ursprung und kann gleichgesetzt werden mit dem Wort strategisch. Auf die Polizeiarbeit bezogen umschreibt er deshalb auch nicht einzelne Maßnahmen, Mittel oder Methoden. Er steht vielmehr für ein übergreifendes **Phänomen.** Dieses Phänomen kann verstanden werden als Antwort der Polizei auf ein anderes Phänomen, das 20

---

[15] Vgl. bereits die Wortwahl in der Amtl. Begründung zum Dritten Gesetz zur Änderung des BayPAG, Sen-Drucks. 11/90, S. 9, und bei *Stümper* Kriminalistik 1980, 243.

[16] Vgl. zu Inhalt und systematischer Einordnung dieses Begriffs eingehend *Weßlau,* Vorfeldermittlungen, S. 25 ff.

[17] Z. B. bei *Stümper* Kriminalistik 1980, 242 ff.; *ders.* ZPP 1998, 463; *Schuster* Die Polizei 1990, 27; *Voß* Kriminalistik 1993, 604; *Bach*, Kriminalistik 1999, 657.

der organisierten Kriminalität.[18] Eine polizeiliche Arbeitsweise, die als operativ bezeichnet wird, hat sich von den traditionellen Strukturprinzipien des Polizei- und Strafverfahrensrechts emanzipiert und auf einer dritten Ebene etabliert. Sie setzt sich zusammen aus vielschichtigen, langfristig angelegten, wenig durchschaubaren und häufig auch im Grenzbereich der Legalität zu verortenden Handlungsmustern. Ihr Kennzeichen ist die Informationsbeschaffung. Diese ist gerichtet auf die Gewinnung von Tatverdacht, weil nur ein konkreter Tatverdacht den Einsatz strafprozessualer Zwangsmaßnahmen rechtfertigt, und auf die Erlangung gerichtsverwertbarer Beweise, weil nur strafgerichtliche Sanktionen spürbare Präventionswirkungen haben. Allerdings ist nicht immer die Überführung des einzelnen Straftäters und schon gar nicht seine „gerechte" Bestrafung das primäre Ziel operativen Vorgehens.[19] Operatives Vorgehen will übergreifend wirken. Es ist auf die Beseitigung und Auflösung von verbrecherischen Organisationen und kriminellen Szenen, auf die Zerstörung ihrer Operationsbasen und logistischer Strukturen angelegt. Operatives Vorgehen „benutzt" die Befugnisse der Strafprozeßordnung, ohne deren Spielregeln immer einzuhalten.

21 Das Wort von der operativen polizeilichen Tätigkeit dürfte sich weitgehend mit dem Begriff der **vorbeugenden Bekämpfung von Straftaten** decken. Die Polizeigesetze der jüngsten Generation dehnen die polizeiliche Aufgabenstellung auf den Bereich der vorbeugenden Straftatenbekämpfung aus (vgl. Rdn. 164 ff. und Kap. E Rdn. 156 ff.). Jedoch ist der genaue Inhalt auch dieser neuen Aufgabe nicht eindeutig zu erkennen. Die rechtlichen Regeln über die Datenverarbeitung und unkonventionelle Ermittlungsmethoden füllen den Begriff der vorbeugenden Straftatenbekämpfung zwar zum großen Teil aus. Jedoch ziehen schon diese Regeln einen kaum eingrenzbaren Handlungsrahmen. Eine rechtsstaatlich bedenkenfreie Reglementierung dieses Phänomens gelingt den neuen Polizeigesetzen deshalb nur bedingt.

2. Rechtsformen

22 Die Bestimmung der **Rechtsformen** und damit der **Rechtsnatur** polizeilicher Maßnahmen ist bedeutsam vor allem für den **Rechtsschutz** des Bürgers. Denn nach der Rechtsnatur des Polizeihandelns richtet sich die Statthaftigkeit der gewählten Klageart. Allein eine fehlerhafte Benennung der Klageart bzw. die ungenaue Bestimmung des Klageantrags führt in der Praxis allerdings nur selten zu nachteiligen Konsequenzen für den Kläger. Die Verwaltungsgerichte legen die gestellten Anträge in Anwendung der §§ 86 III, 88 VwGO regelmäßig so aus, daß sie dem erkennbaren Rechtsschutzziel des Klagebegehrens entsprechen. Von der jeweils nur zulässigen Klageart hängt es aber ab, ob **Fristen** eingehalten werden müssen und ob möglicherweise ein **Vorverfahren** notwendig ist (vgl. §§ 68 ff. VwGO).

23 Die meisten Klagen gegen polizeiliche Maßnahmen sind auf die **nachträgliche Feststellung ihrer Rechtswidrigkeit** gerichtet. Dies liegt daran, daß die Polizei ihre an den Bürger gerichteten Gebote wegen und aufgrund ihrer Eilbedürftigkeit meistens sofort vollzieht. Das Gebot hat sich dann mit seiner Vollziehung erledigt. Rechtsschutz kann deshalb erst im nachhinein gewährt werden. Sofern nicht, wie regelmäßig etwa bei den sogenannten Abschleppfällen, über die Heranziehung zu den Kosten des Polizeihandelns – und dabei inzident über dessen Rechtmäßigkeit – gestritten wird, kann der Bürger unmittelbar, d. h. ohne Zwischenschaltung eines Vorverfahrens, auf Feststellung der Rechtswidrigkeit eines polizeilichen Verwaltungsakts klagen. Seit das Bundesverwaltungsgericht mit Urteil vom 17. Juli 1999 gegen die bislang überwiegende Auffassung entschieden hat, daß die Fortsetzungsfeststellungsklage im Fall vor Klageerhebung erledigter Verwaltungsakte **keiner Fristbindung** nach § 74 VwGO unterliegt,[20] hat sich die prakti-

---

[18] Dazu Rdn. 194 ff.
[19] *Kube/Vahlenkamp* Die Polizei 1993, 243.
[20] *BVerwGE* 109, 204 (206 ff.).

sche Relevanz einer Unterscheidung zwischen Rechtsakten (Rdn. 27ff.) und Realakten (Rdn. 35ff.) aus der Perspektive des Rechtsschutzes allerdings deutlich verringert (vgl. im übrigen Vorauflage Rdn. 19f.).

Neben der Fallgruppe des nachträglichen Rechtsschutzes gegen erledigte Polizeimaßnahmen ist die Konstellation zu nennen, in der der Bürger die Polizei zu einem bestimmten Verhalten veranlassen will. Im Bereich der Vollzugspolizei von Bedeutung sind Anträge und Klagen auf Auskunft über eventuell gespeicherte personenbezogene Daten sowie Anträge und Klagen auf deren Löschung bzw. Vernichtung. Hier könnten die Rechtsnatur sowohl der begehrten **Auskunft** oder **Löschung** als auch die Rechtsnatur der ablehnenden **behördlichen Entscheidung** als Anknüpfung für die zulässige Klageart in Betracht kommen. Ein bekannter Fall aus der Rechtsprechung[21] macht deutlich, welche praktischen Folgen die Bestimmung der Rechtsnatur polizeilicher Maßnahmen hat: Der Kläger begehrte bei einer Verfassungsschutzbehörde Auskunft darüber, wer ihn dort angeschwärzt habe. Die Behörde lehnte dies ab. Nach Ablauf eines Monats beantragte der Kläger vor Gericht, die Behörde zur Auskunftserteilung zu verpflichten. 24

Das Bundesverwaltungsgericht leitete die Urteilsbegründung mit der Feststellung ein, daß die Klage nur zulässig sei, wenn sie eine allgemeine Leistungsklage sei. Sie sei dagegen nicht zulässig, wenn sie eine Verpflichtungsklage sei. Weil die Leistungsklage auf tatsächliches Handeln, die Verpflichtungsklage auf den Erlaß von Verwaltungsakten gerichtet ist, kam es somit darauf an, „ob mit dem Antrag auf Erteilung einer behördlichen Auskunft ein Verwaltungsakt begehrt wird" oder nicht. Das Gericht führte weiter aus, daß der behördliche Bescheid ein Verwaltungsakt sei, der das Rechtsverhältnis, welches durch das Auskunftsbegehren zwischen dem Bürger und der Behörde entstanden sei, verbindlich regele, und schloß mit der Feststellung: „Da über das Auskunftsverlangen durch Verwaltungsakt entschieden wird, wird im Falle der Ablehnung eines Antrags im Wege der Verpflichtungsklage die Verurteilung der Behörde zur Auskunftserteilung begehrt." Der Kläger habe aber die Frist zur Erhebung der Verpflichtungsklage nicht gewahrt. 25

Die Rechtsnatur einer polizeilichen Maßnahme hat keine Bedeutung für die **Eröffnung des Rechtsschutzes** an sich. Noch unter der Weimarer Reichsverfassung konnten gemäß §§ 127ff. PrLVG nur „polizeiliche Verfügungen", also Verwaltungsakte, nicht aber das polizeiliche Realhandeln einer gerichtlichen Überprüfung zugeführt werden.[22] Die Verfassung des Grundgesetzes gewährt in Art. 19 IV GG Rechtsschutz gegen sämtliche Akte der Verwaltung, seien sie rechtlicher oder tatsächlicher Natur. Auf der einfachgesetzlichen Ebene eröffnet § 40 I VwGO umfassenden Rechtsschutz gegen Maßnahmen auf der Grundlage der Polizeigesetze. 26

a) Polizeiliche Verwaltungsakte

Im Zentrum des polizeilichen Handelns steht der **Verwaltungsakt.** Nach der Legaldefinition des § 35 VwVfG ist ein Verwaltungsakt jede hoheitliche Maßnahme, die eine Behörde zur Regelung eines Einzelfalls auf dem Gebiet des öffentlichen Rechts trifft und die auf unmittelbare Rechtswirkung nach außen gerichtet ist. Der Inhalt eines Verwaltungsakts kann befehlender, gestaltender und feststellender Art sein. Typische Handlungsform im Bereich des Polizeirechts ist der **befehlende** Verwaltungsakt. Befehlende Verwaltungsakte gebieten oder verbieten ein bestimmtes Tun, Dulden oder Unterlassen. Dagegen ist eine Einsatzanordnung („Vorbefehl", „Einsatzbefehl") mangels Außenwirkung kein Verwaltungsakt.[23] 27

Das Institut des **gestaltenden** Verwaltungsakts spielt für das allgemeine Polizeirecht dagegen keine Rolle. Ein gestaltender Verwaltungsakt ist auf die Begründung, Änderung oder Aufhebung von Rechtsverhältnissen gerichtet. Hierzu zählen beispielsweise die Er- 28

---

[21] *BVerwGE* 31, 301; vgl. dazu die kritischen Anmerkungen von *Robbers* DÖV 1987, 276 und *Rasch* DVBl. 1992, 208; zu weiteren Einzelheiten des Problems *Würtenberger/Heckmann/Riggert,* Rdn. 230.

[22] Vgl. *PrOVGE* 79, 400 (402); *Jellinek,* Verwaltungsrecht, 3. Aufl. 1931 (Neudruck 1966), S. 23.

[23] *VGH Mannheim* DVBl. 1995, 367; vgl. zur Terminologie *BVerwG* NVwZ-RR 1999, 374.

teilung einer Bauerlaubnis oder einer Fahrerlaubnis. Bau- und Fahrerlaubnis werden in der Literatur zwar unter dem Stichwort **„polizeiliche Erlaubnisse“** behandelt.[24] Die genannten Verwaltungsakte finden ihre Rechtsgrundlage jedoch in den Bauordnungen und im Straßenverkehrsgesetz, also außerhalb der Polizeigesetze. Zuständig sind nicht die Polizeibehörden, sondern die allgemeinen Verwaltungsbehörden. Eine „Baupolizei“ oder etwa eine „Ausländerpolizei“ gibt es nach der Entpolizeilichung der Verwaltung nicht mehr (hierzu näher Kap. D). Die in besonderen Rechtsmaterien geregelten gestaltenden Verwaltungsakte in Form von Genehmigungen und Erlaubnissen werden in dieser Darstellung deshalb nicht als „polizeiliche“ bezeichnet.

29 Eine gewisse Bedeutung kommt im Polizeirecht auch den **feststellenden** Verwaltungsakten zu. Wer von der Polizei Auskunft darüber verlangt, ob und welche Informationen über ihn gespeichert sind, erhält in der Praxis häufig den Bescheid, daß keine Auskunft erteilt werde.[25] Dieser ablehnende Bescheid ist ein Verwaltungsakt. Er stellt verbindlich fest, daß der Antragsteller keinen **Anspruch auf Auskunftserteilung** habe. Das gleiche gilt, wenn ein Antrag auf Vernichtung von Unterlagen bzw. Löschung gespeicherter Daten von der Behörde abgelehnt wird.[26] Auch die Ablehnung eines Ersuchens auf polizeiliches Einschreiten zum Schutz privater Rechte ist eine verbindliche Feststellung darüber, daß ein solcher Anspruch des Bürgers nicht bestehe.

30 Gemäß § 37 VwVfG können Verwaltungsakte schriftlich, mündlich oder in anderer Weise erlassen werden. Typisch für Verwaltungsakte der allgemeinen Verwaltung ist ihre Schriftform. Typisch für Verwaltungsakte der Polizei ist, daß sie **mündlich** ergehen. Beispiele sind die Aufforderung an einen Bürger, stehenzubleiben, sich auszuweisen, auf Fragen zu antworten, das falsch geparkte Auto wegzufahren, einen bestimmten Ort zu verlassen bzw. nicht zu betreten, den Zugang zu einem Raum oder Gebäude zu ermöglichen, einen Gegenstand herauszugeben, eine Waffe fallenzulassen, die Hände über den Kopf zu nehmen, sich nicht zu bewegen.

31 **Schriftlich** ergehen in aller Regel solche Entscheidungen, die nicht eilbedürftig sind. Dies sind insbesondere die bereits erwähnten Entscheidungen über Anträge, mit denen ein Bürger Auskunft über gespeicherte personenbezogene Daten bzw. deren Löschung begehrt. Diese Entscheidungen sind Verwaltungsakte, da sie dem Betroffenen gegenüber verbindlich feststellen, ob ein Recht auf Auskunft oder Löschung besteht oder nicht (oben Rdn. 29). Der Bürger kann die begehrte Auskunft oder Löschung nicht erlangen, solange die ablehnende Entscheidung rechtswirksam ist. Sie steht als verbindliche Feststellung dem Begehren des Bürgers zwingend entgegen. Der Bürger muß deshalb gegen diesen Bescheid Widerspruch einlegen und gegebenenfalls Verpflichtungsklage erheben. Auch eine Klagehäufung, bestehend aus Anfechtungs- und allgemeiner Leistungsklage, ist möglich.[27] In Schriftform kann auch die **Vorladung** ergehen. Der Sachverhalt ist dann, wenn die Polizei zum Mittel der Vorladung greifen kann, anstatt den Betroffenen selbst aufzusuchen, nicht eilbedürftig, so daß hier die vergleichsweise „langsame“ schriftliche Verfügung in Betracht kommt. Als Beispiel für schriftliche Verwaltungsakte sind außerdem die **Leistungsbescheide** zu nennen, mit denen der Bürger zur Erstattung von Kosten herangezogen wird, die der Polizei entstanden sind (vgl. Kap. M), sowie **Verwertungsbescheide** über sichergestellte Gegenstände. Kostenbescheide sind allerdings für polizeiliche Tätigkeit im Vergleich zur sonstigen Verwaltung nicht kennzeichnend. In schriftlicher Form, verbunden mit der Androhung von Zwangsmitteln, werden neuerdings auch längerfristige **Aufenthaltsverbote** (Rdn. 446 ff.) und **Meldeauflagen** (Rdn. 711 ff.) ausgesprochen.

---

[24] *Drews/Wacke/Vogel/Martens,* S. 355.

[25] Vgl. aus der Rechtsprechung *BVerfG* DVBl. 2001, 278; *BVerwG* NJW 1990, 2765; *BVerwG* NJW 1990, 2761; *BVerwG* DVBl. 1999, 332; *OVG Berlin* NJW 1986, 2004; *VG Stade* CR 1988, 496; *VGH München* NVwZ-RR 1992, 72.

[26] *VGH Kassel* NVwZ-RR 1994, 653.

[27] *Meyer/Borgs,* VwVfG, 2. Aufl. 1982, § 35, Rdn. 38.

Typische „in anderer Weise" (vgl. § 37 II 1 VwVfG) erlassene Verwaltungsakte sind die Zeichen eines **Verkehrspolizisten** an einer Straßenkreuzung. **Verkehrszeichen** sind Verwaltungsakte in Form von Allgemeinverfügungen.[28] Die in ihnen enthaltenen Ge- und Verbote sind in entsprechender Anwendung des § 80 II Nr. 2 VwGO sofort vollziehbar. Einer Androhung und Festsetzung des Zwangsmittels bedarf es nicht.[29] 32

In der Praxis von Bedeutung sind die Zeichen über die Einschränkung des Parkens oder Haltens von Kraftfahrzeugen. Sie enthalten neben dem entsprechenden **Verbot** ein **Gebot**, sein Fahrzeug wegzufahren.[30] Sind Verkehrszeichen so aufgestellt und angebracht, daß sie ein durchschnittlicher Kraftfahrer bei Einhaltung der nach § 1 StVO erforderlichen Sorgfalt schon mit einem raschen und beiläufigen Blick erfassen kann, so äußern sie nach der Rechtsprechung des Bundesverwaltungsgerichts zur **Bekanntgabe von Verkehrszeichen** „ihre Rechtswirkung gegenüber jedem von der Regelung betroffenen Verkehrsteilnehmer, gleichgültig, ob er das Verkehrszeichen tatsächlich wahrnimmt oder nicht".[31] **Verkehrsteilnehmer** und damit „Adressat eines ordnungsgemäß aufgestellten Verkehrszeichens ist danach nicht nur derjenige, der sich im Straßenverkehr bewegt, sondern auch der Halter eines am Straßenrand geparkten Fahrzeugs, solange er ... Inhaber der tatsächlichen Gewalt über das Fahrzeug ist".[32] Die Anknüpfung an die **Sachherrschaft** bedeutet, daß auch nach Abstellen des Fahrzeugs aufgestellte Verkehrsschilder jedenfalls gegenüber dem **Fahrer** wirksam sind. Daraus folgt aber auch, daß nicht jeder **Halter** von vornherein als Adressat in Betracht kommt.[33] 33

b) Insbesondere: Polizeiverfügungen

Das PrPVG kannte noch den Begriff der **Polizeiverfügungen.** § 40 definierte diesen Begriff als „Anordnungen der Polizeibehörden, die an bestimmte Personen oder an einen bestimmten Personenkreis ergehen und ein Gebot oder Verbot oder die Versagung, Einschränkung oder Zurücknahme einer rechtlich vorgesehenen polizeilichen Erlaubnis enthalten". In einigen Länderpolizeigesetzen (§ 6 HSOG a. F.; § 40 Saarl. PVG a. F.) fand dieser Begriff noch bis in die neuere Zeit Verwendung. Im Zuge der Novellierung der Gesetze ist er jedoch weitgehend aus dem polizeirechtlichen Sprachgebrauch verschwunden. Er findet sich heute nur noch in § 16 SOG MV. Der Begriff der polizeilichen Verfügung ist auch verzichtbar.[34] Die Polizeiverfügung bildet neben dem polizeilichen Verwaltungsakt keine eigenständige rechtliche Kategorie. Der Begriff der Polizeiverfügung ist aber immerhin bedeutsam für das Verständnis der Entwicklung des Rechtsschutzes gegen polizeiliche Maßnahmen. Im absolutistischen Preußen war Rechtsschutz gegen „polizeiliche Maßnahmen" noch weitgehend ausgeschlossen.[35] Später konnte Rechtsschutz nur erlangt werden, wenn die angegriffene Maßnahme eine polizeiliche Verfügung im Sinne der §§ 197, 198 PrLVG war. Dies führte zu einer Ausdehnung des Begriffs der polizeilichen Verfügung (unten Rdn. 43). Weil heute Rechtsschutz gegen alle Polizeimaßnahmen eröffnet ist und es deshalb auf ihre Rechtsnatur nicht ankommt, hat auch unter diesem Gesichtspunkt der Begriff der Polizeiverfügung keine eigenständige Bedeutung mehr. 34

---

[28] *BVerwGE* 27, 181 (182); 59, 221 (225); 102, 316 (318); *OVG Koblenz* NVwZ 1988, 659; *VGH Kassel* NVwZ-RR 1991, 28; *VGH Mannheim* NJW 1991, 1698; *VGH Mannheim* ESVGH 44, 316; *OVG Münster* NJW 1996, 3024; *VGH München* BayVBl. 1999, 594; differenzierend: *Klenke* NWVBl. 1994, 289.

[29] *VGH Kassel* NVwZ 1987, 911; *OVG Münster* NJW 1998, 329.

[30] *BVerwG* NJW 1987, 657; *BVerwGE* 102, 316 (319).

[31] *BVerwGE* 102, 316 (318); ebenso *OVG Münster* NVwZ-RR 1996, 59.

[32] *BVerwGE* 102, 316 (319).

[33] *Mehde* NJW 1999, 768.

[34] A. A. nur *Drews/Wacke/Vogel/Martens,* S. 349.

[35] Vgl. § 1 II des Gesetzes über die Zulässigkeit des Rechtswegs in Beziehung auf polizeiliche Verfügungen vom 11. 5. 1842: Der Rechtsweg gegen polizeiliche Verfügungen ist „nur dann zulässig, wenn die Verletzung eines zum Privateigentum gehörenden Rechts behauptet wird, und nur unter den nachfolgenden näheren Bestimmungen". Abgedruckt bei *Stier-Somlo,* Verwaltungsgesetze für Preußen, 1912, S. 281.

c) Realakte

35 Die Feststellung, daß der Staat seine Aufgaben nicht durch bloßes Denken und Wollen, sondern durch sein Tun erfüllt,[36] gilt für die Polizei in besonderem Maße. Sie ist nicht nur die „Hand" anderer Behörden, die deren abstrakte Willensakte erforderlichenfalls verwirklicht (Vollzugshilfe, vgl. Kap. E Rdn. 198 ff.). Sie wird auch aufgrund eigener Befugnisse in einer Weise tätig, die die Außenwelt unmittelbar verändert. Sie schafft Fakten. „Dadurch vermag sie das Moment der Macht im Begriff des Staates annähernd rein darzustellen."[37] Das Instrument hierfür ist der Realakt.

36 Mit **Realakten** bezeichnet man diejenigen Verhaltensweisen der Verwaltung, die im Gegensatz zum Verwaltungsakt nicht auf den Eintritt von Rechtsfolgen, sondern auf einen **tatsächlichen Erfolg** gerichtet sind. In der gleichen Bedeutung werden die Begriffe **Tathandlung** und tatsächliches bzw. **schlichtes Verwaltungshandeln** verwendet.[38]

37 Üblicherweise werden Realakte unterteilt in **Wissenserklärungen** und **Verrichtungen.** Zu den Wissenserklärungen werden zum Beispiel Auskünfte, Warnungen, Berichte oder Gutachten gezählt. Als Beispiele für tatsächliche Verrichtungen sind die Auszahlung eines Geldbetrags, die Errichtung und Unterhaltung von öffentlichen Verkehrswegen, Versorgungseinrichtungen und Verwaltungsgebäuden oder die Krankenbehandlung zu nennen. Eine rechtliche Bedeutung hat diese Typisierung aber nicht; sie erleichtert nur die systematische Erfassung der vielfältigen Erscheinungsformen des Realakts.

38 Bedeutsam ist dagegen die Unterscheidung zwischen Realakten mit und ohne **Eingriffscharakter.** Es ist seit jeher anerkannt, daß auch rein tatsächliche Handlungen in Rechte des Bürgers eingreifen können.[39] So kann man schon bei *Walter Jellinek* lesen: „Die Verbringung des Trunkenen oder der Dirne auf die Wache, des gefährlichen Massenführers in Schutzhaft, des lästigen Ausländers an die Grenze, die Zwangsimpfung, Zwangsheilung, Zwangsentlassung, das Eindringen in eine Wohnung... sind offenbar solcher Eingriffe tatsächlicher Art."[40] Andere schlichte Verwaltungstätigkeiten haben nach neuerem Grundrechtsverständnis ebenfalls Eingriffsqualität. Zu denken ist insbesondere an die behördliche Informationsverarbeitung. Schon die Tatsache, daß die Verwaltung über personenbezogene Daten verfügt, daß, allgemeiner ausgedrückt, jemand anderes um die eigenen persönlichen Verhältnisse weiß, kann den Betroffenen in seinen Lebensäußerungen hemmen, bedroht seine Entscheidungsfreiheit.[41] Die Möglichkeiten der elektronischen Datenverarbeitung verstärken diese Bedrohung noch.[42] Deshalb stellt jeder behördliche Umgang mit personenbezogenen Daten einen Eingriff in das Recht des Betroffenen auf informationelle Selbstbestimmung aus Art. 2 I i.V.m. Art. 1 I GG dar. Er bedarf einer gesetzlichen Rechtsgrundlage (ausführlich Kap. J Rdn. 1 ff.; 30 ff.).

39 Nicht alle Realakte haben Eingriffscharakter. Hierzu zählen beispielsweise Streifenfahrten und -gänge oder Veranstaltungen wie „Die Kriminalpolizei rät" und „Die sichere Tür" sowie die Einrichtung und das Betreiben eines „Informationsladens" durch die Polizei. Auch viele schlicht-hoheitliche Handlungen, die sich an den einzelnen direkt wenden, greifen nicht in dessen Rechte ein. Hierzu zählen etwa die Erteilung einer Auskunft an einen Ortsunkundigen, die Benachrichtigung von Angehörigen eines Unfallopfers, der Hinweis auf ein ordnungswidriges Verhalten gegenüber einem Verkehrsteilnehmer. Auch dann, wenn die Polizeibehörde einem Antrag auf Vernichtung bestimmter Unterlagen ohne weiteres entspricht, liegt ein – „begünstigender" – Realakt vor.

---

[36] *Laband,* Staatsrecht, 5. Aufl. 1911 (Neudruck 1964), Bd. II S. 176.

[37] *Denninger,* Polizei in der freiheitlichen Demokratie, in: Denninger/Lüderssen, Polizei und Strafprozeß im demokratischen Rechtsstaat, 1978, S. 108.

[38] Vgl. aus der Literatur nur *Maurer,* § 15 Rdn. 2; *Erichsen/Martens,* § 33; sowie die weiteren Differenzierungen bei *Robbers* DÖV 1987, 272 ff. und *Rasch* DVBl. 1992, 207 ff.

[39] Zur Gleichstellung von rechtlichen und faktischen Einwirkungen vgl. etwa *Kirchhof,* in: Isensee/Kirchhof, Handbuch des Staatsrechts, Bd. III, 1988, § 59 Rdn. 41.

[40] *Jellinek,* Verwaltungsrecht, 3. Aufl. 1931 (Neudruck 1966), S. 258.

[41] Vgl. schon *Walter Schmidt,* Die bedrohte Entscheidungsfreiheit, JZ 1974, 241 ff.

[42] *BVerfGE* 65, 1 (42 f.).

d) Insbesondere: Konkludente Duldungsverfügungen

Probleme wirft die Frage auf, ob bestimmten polizeilichen Maßnahmen, die für sich betrachtet **tatsächliche Handlungen** sind, eine Regelung des Inhalts zukommt, der Betroffene habe die Maßnahme zu dulden. Der Schlag mit dem Polizeiknüppel,[43] der Einsatz von Tränengas,[44] das Betreten einer Wohnung,[45] die Wegnahme eines Fotoapparats,[46] die Speicherung personenbezogener Daten,[47] das Fotografieren von Demonstranten,[48] die Ingewahrsamnahme von Personen[49] wurden von Gerichten als Maßnahmen mit **Regelungscharakter** angesehen. 40

Allerdings ist den Entscheidungen nicht immer eindeutig zu entnehmen, was der konkrete **Inhalt** der angeblichen Regelung sei. Der Verwaltungsaktscharakter des polizeilichen Eindringens in eine Wohnung wird ohne weiteres unterstellt; Ausführungen zum Inhalt dieses Verwaltungsakts fehlen. Auch das einem Knüppelschlag innewohnende Verhaltensgebot wird nicht näher erläutert; das Bundesverwaltungsgericht spricht nur von einem „bestimmten Verhalten". Die übrigen Entscheidungen sind deutlicher. Das Versprühen von Reizgas, die Wegnahme einer Kamera, die Speicherung personenbezogener Daten, das Fotografieren von Demonstranten stelle zugleich ein hoheitliches Duldungsgebot gegenüber dem Betroffenen dar. 41

Die Vorstellung von einer **Duldungspflicht,** die einem tatsächlichen Verwaltungshandeln gewissermaßen spiegelbildlich innewohnt, reicht weit zurück.[50] Was bestimmte Eingriffe tatsächlicher Art zu Verwaltungsakten mache, so heißt es dazu beispielsweise im Lehrbuch von *Walter Jellinek* aus dem Jahre 1931, sei „der in ihnen steckende Duldungsbefehl der Verwaltungsbehörde, den tatsächlichen Eingriff über sich ergehen zu lassen".[51] Diese Auffassung wurde vor allem von *Ernst Forsthoff*[52] nach 1949 auch in der modernen Verwaltungsrechtslehre verbreitet.[53] 42

Die Konstruktion einer Duldungspflicht entsprang einem praktischen Bedürfnis. Nach §§ 127 ff. PrLVG aus dem Jahre 1883 war **Rechtsschutz nur gegen „polizeiliche Verfügungen"** zulässig. Polizeiliche Handlungen ohne Regelungscharakter konnte der betroffene Bürger demnach nicht gerichtlich überprüfen lassen. Auf der anderen Seite erkannte man, daß auch tatsächliche Handlungen empfindliche Rechtseingriffe sein können.[54] Um den Bürger nicht schutzlos zu stellen, bediente man sich der Figur der Duldungsverfügung.[55] In den Worten von *Otto Mayer:* „Der anzufechtende Verwaltungsakt wird nötigenfalls ‚erdichtet'."[56] 43

---

[43] *BVerwGE* 26, 161 (164).

[44] *VGH München* BayVBl. 1988, 563.

[45] *BVerwGE* 47, 31.

[46] *VG Frankfurt* NJW 1981, 2372.

[47] *VG Frankfurt* KritJ 1985, 78.

[48] *VG Bremen* NVwZ 1989, 895; offengelassen bei *OVG Bremen* NVwZ 1990, 1188.

[49] *VG Frankfurt* NVwZ 1994, 721.

[50] Vgl. die umfassende Darstellung bei *Pietzner* VerwArch 82 (1991), 296 ff. und VerwArch 84 (1993), 278 ff.

[51] *Jellinek,* Verwaltungsrecht, 3. Aufl. 1931 (Neudruck 1966), S. 258.

[52] Lehrbuch des Verwaltungsrechts, Bd. I, Allgemeiner Teil, 10. Aufl. 1973, S. 199.

[53] Vgl. *Kopp/Ramsauer,* VwVfG, § 37 Rdn. 16; *Faber,* Verwaltungsrecht, 2. Aufl. 1989, S. 278; *Drews/Wacke/Vogel/Martens,* S. 439 f.; *Friauf,* Rdn. 195; *Götz,* 10. Aufl. 1991, Rdn. 417 (offengelassen in späteren Auflagen, z. B. in der 12., Rdn. 555); *Rasch* DVBl. 1992, 210; *Habermehl,* Rdn. 527 ff.; *Stelkens/Bonk/Sachs,* VwVfG, § 35 Rdn. 51; *Würtenberger/Heckmann/Riggert,* Rdn. 207: Es widerspreche der „überkommenen Dogmatik der staatlichen Handlungsformen", derartige Eingriffe nicht als Verwaltungsakte zu qualifizieren.

[54] *Merkl,* Allgemeines Verwaltungsrecht, 1927, S. 175.

[55] Vgl. *PrOVGE* 58, 264 ff.; 79, 400 ff. – Beide Entscheidungen ergingen auf Klagen gegen Eingriffe in die Wohnungsfreiheit. Vgl. auch *von Köhler,* Grundlehren des deutschen Verwaltungsrechts, 1935, S. 365: „Für den Rechtsschutz ist es wichtig, daß die Anwendung des sofortigen Zwangs die Erlassung und Bekanntgabe einer polizeilichen Verfügung sowie die Androhung des Zwangsvollzugs vertritt und ersetzt." Vgl. auch *Götz,* Rdn. 418; *Oldiges* JuS 1989, 619 (mit Fußn. 32); *Pietzner* VerwArch 82 (1991) 301 f. (mit Rechtsprechungsnachweisen auf S. 300, Fn. 36).

[56] *Otto Mayer,* Deutsches Verwaltungsrecht, Bd. 1, 3. Aufl. 1923, S. 97 (mit Fußn. 9).

44 Das Grundgesetz, das **umfassenden Rechtsschutz** gegen alle staatlichen Maßnahmen gewährleistet, nötigt nicht zu einer solchen Konstruktion.[57] Die Verwaltungsgerichtsordnung hält auch für Klagen gegen Realakte prozessuale Instrumente bereit. Statt der Fortsetzungsfestsetzungsklage (§ 113 I 4 VwGO) kann der Bürger die einfache Feststellungsklage (§ 43 I VwGO), statt der Verpflichtungsklage (§ 42 I VwGO) die allgemeine Leistungsklage (vgl. §§ 43 II, 113 III VwGO) erheben. Wollte man dem Gesichtspunkt des bestmöglichen Rechtsschutzes bei der Bestimmung der Rechtsnatur der angegriffenen Maßnahme immer noch eine Bedeutung zumessen, müßte man ohnehin den nicht fristgebundenen Rechtsbehelfen und damit einer Auslegung den Vorzug geben, die den tatsächlichen Charakter bestimmter polizeilicher Maßnahmen herausstreicht. Es kann für den Betroffenen allerdings schwierig sein, ein Feststellungsinteresse nachzuweisen, weil die Anforderungen des § 43 I VvGO in der Gerichtspraxis insoweit etwas strenger sind als die des § 113 I 4 VwGO.[58] Bedenken im Hinblick auf fehlende Rechtsmittelfristen und eine damit einhergehende, als zu weitgehend empfundene Klagemöglichkeit[59] sind allerdings unangebracht, solange der Gesetzgeber sich dafür entscheidet, die gerichtliche Feststellung von Rechtsverhältnissen nicht an die Einhaltung von Fristen zu knüpfen.[60] Im übrigen wäre auch bei der Annahme einer Duldungsverfügung eine Klage noch innerhalb eines Jahres zulässig, weil in diesen Fällen eine Rechtsbehelfsbelehrung fehlt (vgl. § 58 VwGO). Wer sich nachher noch an die Gerichte wendet, muß sein Feststellungsinteresse allerdings sehr überzeugend begründen.

45 **aa) Maßnahmen des unmittelbaren Zwangs.** Insbesondere begegnet es erheblichen Bedenken, polizeiliche Zwangsmaßnahmen mit einer entsprechenden Duldungsverfügung zu verbinden. Dies zeigt das Beispiel der unter dem Stichwort „Schwabinger Krawalle“ bekanntgewordenen Entscheidung des Bundesverwaltungsgerichts.[61] Die Polizei hatte gegenüber Demonstranten einen Platzverweis ausgesprochen. Dieser sollte durch den **Einsatz von Gummiknüppeln** durchgesetzt werden. Eine zusätzliche (konkludente) Verfügung des Inhalts, der Betroffene habe den Schlag zu dulden, konnte den Betroffenen hier in Gehorsamskonflikte stürzen. Mußte er (wegen des Platzverweises) weglaufen oder mußte er (wegen der dem Schlag innewohnenden Duldungsverfügung) den Schlag erleiden? Durfte er die Hände schützend über den Kopf heben, durfte er den Schlägen ausweichen? Wenn Dulden heißt: „sich jeder Handlung zu enthalten, welche diesem Unternehmen ein Hindernis bereiten konnte“,[62] oder: „das Tun eines anderen nicht hindern oder abwehren“,[63] so mußte er, weil die Duldungsverfügung später erging als der Platzverweis, bleiben und leiden. Ja, die Polizei hätte den Betroffenen zur Vollstreckung der Duldungsverfügung sogar festhalten können. Nichts anderes gälte beim **Versprühen von Tränengas.** Feuchte Taschentücher, zur Vermeidung von Reizungen der Atemwege vor Mund und Nase gehalten, widersprächen dem in dem Einsatz von Reizstoffen enthaltenen Duldungsgebot. Der Demonstrant, der dem zuvor ausgesprochenen Platzverweis zuwidergehandelt hat, müßte sogar, damit sein Willen gebrochen wird, tief durchatmen.

46 Führt man diesen Ansatz zu Ende, so kommt man zu noch eigentümlicheren Ergebnissen. Auch der **tödlich wirkende Schuß** aus der Waffe des Präzisionsschützen enthielte dann den Duldungsbefehl gegenüber dem Störer, den Tod zu erleiden. Dem Störer würde mit anderen Worten schon das Recht abgesprochen, sich, wie auch immer, der Tötung

---

57 Ausführlich *Pietzner* VerwArch 84 (1993), 276 ff.; a. A. *Bleckmann/Eckhoff* DVBl. 1988, 381 f.

58 *VGH Mannheim* DVBl. 1995, 367; vgl. auch *OVG Münster* DVBl. 1995, 373 (Rehabilitationsinteresse bei Weitergabe von Daten an den Arbeitgeber); *VGH München* NVwZ-RR 1993, 621 (zu § 113 I 4 VwGO); zum Rechtsschutzinteresse bei nachträglicher Festellung der Rechtswidrigkeit strafprozessualer Maßnahmen *Wohlers* GA 1992, 214 ff.

59 *Drews/Wacke/Vogel/Martens,* S. 530 f.; *Robbers* DÖV 1987, 276.

60 *Pietzner* VerwArch 84 (1993), 282 f.; *BVerwGE* 109, 203 (208).

61 *BVerwGE* 26, 161; vgl. zur damaligen Kritik z. B. *Renck* JuS 1970, 113; zur Rezeption dieser Kritik *Pietzner* VerwArch 84 (1993), 275.

62 *PrOVGE* 58, 264 (265).

63 *Wolff/Bachof,* Verwaltungsrecht I, § 40 II a.

zu entziehen. Man stößt hier auf Konfliktlagen, die schon in der absolutistischen Staatslehre der Neuzeit – man möchte sagen: zugunsten des Bürgers – gelöst wurden. So kann es nach *Hobbes* zwar gute Gründe dafür geben, daß der Souverän seinem Untertanen nach dem Leben trachtet. Dieser hat aber das unverbrüchliche Recht, sich dagegen zur Wehr zu setzen. Am Lebensrecht des Unterworfenen endet seine Gehorsamspflicht.[64] Hinter diesen Stand will, so wird man annehmen können, auch die Verfassung des Grundgesetzes nicht zurückfallen. Eine rechtliche Pflicht zur Erduldung eines tödlichen Schusses gibt es nicht. Aber auch andere Maßnahmen des unmittelbaren Zwangs enthalten keinen solchen eigenständigen Regelungscharakter,[65] beispielsweise in Form eines Befehls, eine Körperverletzung durch Knüppelschläge zu dulden, obwohl man lieber weglaufen möchte. Außerhalb des durch § 113 StGB (Widerstand gegen Vollstreckungsbeamte) gezogenen Rahmens ist der Bürger nicht zum Stillhalten verpflichtet, wenn er zum Objekt staatlicher Zwangsmaßnahmen wird.

bb) Sonstiges Realhandeln. Tatsächliche Handlungen, die nicht einen entgegenstehenden Willen brechen sollen, also nicht Zwangsmaßnahmen sind, enthalten ebenfalls keinen gleichzeitigen Duldungsbefehl. Dies ist ohne weiteres einleuchtend bei Maßnahmen gegenüber **Abwesenden** oder **Bewußtlosen** sowie Personen, die aus anderen Gründen hiervon keine Kenntnis erlangen. Da ein Verwaltungsakt gegenüber Abwesenden und Bewußtlosen nicht **bekanntgegeben** werden kann, entfaltet er auch keine Wirksamkeit (§ 43 I 1 VwVfG). Er ist deshalb nicht existent.[66] Die Sicherstellung eines verkehrsgefährdend abgestellten Fahrzeugs ohne Wissen des Verantwortlichen kann aus diesem Grund ebensowenig eine (wirksame) Duldungsverfügung enthalten wie die Suche nach Ausweispapieren in der Jacke des ohnmächtigen Unfallopfers. Ebenso beinhaltet die Speicherung von Informationen über eine Person schon mangels Bekanntgabe an diese keine Duldungsverfügung.[67] Auch die heimliche Identifizierung des Fahrers eines Kraftfahrzeugs durch Eingabe des Kennzeichens in die Datei des Zentralen Verkehrsinformationssystems (sogenannte Halterabfrage, vgl. Rdn. 312), die Registereintragung im Verkehrszentralregister[68] und die Anordnung einer Telefonüberwachung gem. § 2 I des Gesetzes zu Art. 10 GG[69] können bereits mangels Kenntnis des Betroffenen von diesem Vorgang nicht mit einem (wirksamen) Duldungsbefehl einhergehen. Gleiches gilt für das Fotografieren von Demonstranten jedenfalls insoweit, als die Betroffenen hiervon nichts merken. 47

In anderen Fällen ist es zwar aus Rechtsgründen nicht ausgeschlossen, in ein tatsächliches Handeln eine gleichzeitige Duldungsverfügung hineinzulesen.[70] Denn gemäß § 37 II 1 VwVfG kann ein Verwaltungsakt nicht nur schriftlich oder mündlich, sondern auch „in anderer Weise" erlassen werden. Es fehlt allerdings an sachlichen Gründen dafür, beispielsweise die Wegnahme eines Gegenstandes oder das offene Fotografieren einer Person als Maßnahmen mit Regelungscharakter anzusehen. Aus Gründen des **Rechtsschutzes** ist 48

---

[64] Leviathan (Übers. von J. P. Mayer), Erster Teil, Vierzehntes Kapitel: „Denn keiner kann, wie schon erwähnt, sich des Rechtes, sich gegen einen angedrohten Tod (...) zu verteidigen, begeben, weil, um dergleichen zu verhindern, dem Menschen das natürliche Recht auf alles erteilt worden ist." Leviathan, Zweiter Teil, Einundzwanzigstes Kapitel: „Wenn der Oberherr befiehlt, daß ein Bürger, wäre er auch durch Urteil und Recht zum Tod verurteilt, (...) sich einem gewaltsamen Angriff nicht widersetzen (...) soll, so steht es dem Bürger frei, das zu verweigern."

[65] Im Ergebnis wie hier: *Kirchhof,* in: Isensee/Kirchhof, Handbuch des Staatsrechts, Bd. III, 1988, § 59, Rdn. 182; *Erichsen,* in: Erichsen/Martens, § 20 Rdn. 18; *Maurer,* § 20 Rdn. 26; *Bull,* Allgemeines Verwaltungsrecht, 2. Aufl. 1986, Rdn. 982; *Schenke,* Rdn. 294, 196; *Oldiges* JuS 1989, 619; *Wegmann* BayVBl. 1985, 420; *Alberts* NVwZ 1989, 840; *Robbers* DÖV 1987, 275 f.; *Pietzner* VerwArch 82 (1991), 306; *ders.* VerwArch 84 (1993), 271 ff.; *Schoch* JuS 1995, 218.

[66] *Meyer/Borgs,* VwVfG, § 43 Rdn. 4; *Kopp/Ramsauer,* VwVfG, § 43 Rdn. 4; *Maurer,* § 9 Rdn. 64; *Robbers* DÖV 1987, 275 f.; *Würtenberger/Heckmann/Riggert,* Rdn. 166.

[67] A. A. *VG Frankfurt* KritJ 1985, 78.

[68] *BVerwGE* 77, 268 ff.

[69] A. A. *VG Bremen* NVwZ-RR 1993, 78.

[70] *Meyer/Borgs,* VwVfG, § 37 Rdn. 40.

eine solche Auslegung nicht geboten (oben Rdn. 44). Die **Rechtsbeständigkeit,** ein dem Rechtsschutz gegenläufiges Element, spricht ebenfalls nicht für Annahme eines Verwaltungsakts. Denn die Duldungsverfügung erledigt sich mit der Vornahme der tatsächlichen Handlung. Da sie keine Rechtswirkungen mehr entfaltet, verlangt der Gesichtspunkt der Rechtssicherheit auch nicht den Eintritt der Bestandskraft. Auch die gegenüber dem Realhandeln strengere **Verfahrensgebundenheit des Verwaltungsakts** nötigt hierzu nicht. Die Regelungen über Form und Verfahren beim Erlaß von Verwaltungsakten gelten im Polizeirecht typischerweise nicht. Da eine konkludente Duldungsverfügung kein schriftlicher Verwaltungsakt ist, bedarf es hier zum Beispiel keiner **Begründung** (§ 39 VwVfG). Auch von einer **Anhörung** vor dem Erlaß eines Verwaltungsakts kann abgesehen werden, wenn – wie bei Polizeihandeln regelmäßig der Fall – eine sofortige Entscheidung wegen Gefahr im Verzug notwendig erscheint (§ 28 II Nr. 1 VwVfG). Die vertrauensschützenden Regelungen über die **Rücknahme** und den **Widerruf** von Verwaltungsakten schließlich finden in Fällen der Duldungsverfügung keine Anwendung, da sich die Pflicht zur Duldung mit Beendigung der zu duldenden Handlung erledigt hat und also nicht mehr zurückgenommen oder widerrufen werden kann.

49 Die Normen des Polizeirechts lassen sich damit vor dem Schema Verwaltungsakt – Realakt in **zwei Gruppen** aufteilen. Die einen ermächtigen zum Erlaß eines Verwaltungsakts, der den **Betroffenen** zu einer Handlung oder Unterlassung verpflichtet. Die anderen ermächtigen die **Polizei** (auch) zur Vornahme tatsächlicher Handlungen. Zur ersten Gruppe zählt die Aufforderung, über einen bestimmten Sachverhalt Auskunft zu erteilen (vgl. Rdn. 257 ff.) oder einen Ort zu verlassen bzw. nicht zu betreten (vgl. Rdn. 441 ff.) oder sich auf einer Dienststelle einzufinden (vgl. Rdn. 427 ff.). Auch die Aufforderung an eine Person, sie möge stehenbleiben, das sogenannte Anhalterecht (vgl. Rdn. 313), ist eine solche Befugnis. Diese Befugnis ist unter anderem in den Bestimmungen über die Identitätsfeststellung enthalten. Gerade die Identitätsfeststellung macht den Unterschied zwischen befehlendem Verwaltungsakt und tatsächlicher Polizeihandlung deutlich. Sie umfaßt sowohl die Befugnis zur Aufforderung, mitgeführte Ausweispapiere auszuhändigen, als auch, sofern dies nicht zum Erfolg führt, die Befugnis zum Festhalten, Durchsuchen und Sistieren des Betroffenen. Ebenso wie die bloße Wegnahme eines Gegenstandes anstelle der – nicht ausdrücklich geregelten – Aufforderung zu seiner Herausgabe oder das bloße Betreten einer Wohnung ohne vorherige Bitte um Einlaß ist auch das Festhalten, Durchsuchen oder Sistieren nur eine tatsächliche Handlung.

50 In aller Regel wird dieses Handeln aber durch entsprechende Befehle „begleitet“ werden. Die Polizei wird nicht (und darf auch nicht) den Kofferraum eines Autos wortlos aufbrechen, sondern sie wird den Fahrer zuerst auffordern, diesen zu öffnen. Der Mitnahme zur Wache geht beispielsweise der Befehl voraus, sich in das Polizeifahrzeug zu setzen und dort bis zur Ankunft sitzen zu bleiben. Dem Eindringen in eine Wohnung geht – sofern deren Bewohner nicht überrumpelt werden müssen (unten Rdn. 53) – die Aufforderung voraus, die Türe zu öffnen. Fotografische Aufnahmen für die Straftäterkartei gehen mit der Aufforderung an den Betroffenen einher, den Kopf in einer bestimmten Stellung zu halten. Alle diese Befehle sind, obwohl nicht ausdrücklich geregelt, in den Ermächtigungen zur Vornahme der entsprechenden tatsächlichen Handlungen enthalten. Dies ergibt sich aus dem Verhältnismäßigkeitsgrundsatz, in einigen Fällen (Aufforderung zur Herausgabe anstatt schlichte Wegnahme; Aufforderung zum Öffnen anstatt Sprengen der Türe) aus dem im Verhältnismäßigkeitsgedanken fußenden Recht des Betroffenen, der Polizei ein **Austauschmittel** anzubieten. Es gilt das verfassungsrechtliche Postulat der Vorherigkeit sprachlicher vor tatsächlicher Gewalt.[71]

51 Die meisten polizeilichen Standardmaßnahmen entsprechen deshalb **nicht dem Muster von (konkludenter) Anordnung einer Maßnahme und deren (sofortiger und zwangsweiser) Durchsetzung.** Dies unterscheidet das Polizeirecht beispielsweise vom

[71] *Kirchhof,* in: Isensee/Kirchhof, Handbuch des Staatsrechts, Bd. III, 1988, § 59 Rdn. 171.

Ausländerrecht, dem Bauordnungsrecht oder dem Gewerberecht. Die genannten Rechtsmaterien ermächtigen zum Erlaß von Anordnungen (Ausweisung, Abriß eines Wochenendhauses, Stillegung eines Betriebes), denen der Betroffene selbst nachkommen kann und die gegebenenfalls zwangsweise durchzusetzen sind. Im Polizeirecht folgen diesem Muster nur der Platzverweis, das Aufenthaltsverbot und die Vorladung, teilweise auch die Befugnis zur Identitätsfeststellung (Aufforderung zum Stehenbleiben bzw. zum Vorzeigen der Ausweispapiere) sowie – wegen der fehlenden Durchsetzbarkeit (unten Rdn. 308) allerdings nur bedingt – das verbindliche Auskunftsverlangen. Die Vorschriften über den Gewahrsam, die Durchsuchung, das Betreten von Wohnungen oder die erkennungsdienstliche Behandlung dagegen ermächtigen die Polizei selbst zu einem Tätigwerden, und zwar – von den erwähnten (oben Rdn. 50) „begleitenden" Aufforderungen abgesehen – ohne vorausgehenden Verwaltungsakt und damit **außerhalb des mehraktigen Verwaltungsvollstreckungsverfahrens**. Denn der Zweck dieser Befugnisse kann nur durch ein Handeln gerade der Polizei erreicht werden. Der Betroffene kann sich weder selbst erkennungsdienstlich behandeln oder inhaftieren noch kann er der Polizei die Durchsuchung seiner Person und seiner Sachen oder das Betreten seiner Wohnung abnehmen. Aus diesem Grund kann das polizeiliche Tätigwerden auf der Grundlage der entsprechenden Vorschriften auch nicht die zwangsweise Durchsetzung eines befehlenden Verwaltungsakts im Wege der ersatzweisen Vornahme der dem Betroffenen obliegenden Verpflichtung sein. Die Polizei führt in diesen Fällen einen bestimmten Erfolg nicht anstelle eines an sich handlungspflichtigen Störers herbei. Sie erzielt ihn vielmehr kraft ihrer eigenen Handlungskompetenz.

Diese rechtliche Einordnung wirft keine Probleme auf, solange die Polizei nicht auf **52**
Widerstand stößt. Will sich aber der Betroffene nicht durchsuchen lassen, die Wohnungstüre nicht öffnen oder nicht in einen Haftraum gehen, so stellt sich unter Umständen die Frage der Zwangsanwendung. Sie läßt sich einfach beantworten, wenn die Polizei den Betroffenen zu einem entsprechenden Verhalten vorher auffordert. Dem zu Durchsuchenden wird zum Beispiel befohlen, sich mit gespreizten Beinen und über dem Kopf gehaltenen Armen hinzustellen und sich nicht zu bewegen. Tut er dies nicht, dann kann er in geeigneter Weise festgehalten werden. Das Festhalten ist die Anwendung unmittelbaren Zwangs zur Durchsetzung der verbindlichen und vollstreckbaren Aufforderung, ruhig stehenzubleiben. In diesem Fall existiert eine **ausdrückliche Grundverfügung,** sie muß nicht fingiert werden. Im übrigen wird die originäre polizeiliche Handlungskompetenz weniger durch die (entsprechende) Anwendung der Vollstreckungsvorschriften mediatisiert, als vielmehr durch die Beachtung der für solche Befugnisse geltenden detaillierten **spezifischen Verfahrensregeln** (vgl. zum Gewahrsam Rdn. 540 ff., 546 ff., zur Personendurchsuchung Rdn. 588 ff., zur Durchsuchung von Sachen Rdn. 604 ff., zur Wohnungsdurchsuchung Rdn. 646 ff.). Daß die Polizei, wenn sie in solchen Situationen Gewalt anwenden muß, die Regeln über den unmittelbaren Zwang zu beachten hat, versteht sich allerdings von selbst und hängt also nicht davon ab, ob im Einzelfall ein vollstreckbarer Verwaltungsakt existiert („Öffnen Sie den Kofferraum!") oder jedenfalls theoretisch ausgesprochen werden könnte. Es ist auch in rechtlicher Hinsicht wenig ergiebig und lenkt von wichtigeren Fragen ab, einen relativ komplexen Lebenssachverhalt wie beispielsweise das vollständige Auseinandernehmen eines LKW (einschließlich des Aufbrechens, -sägens und -schweißens von Hohlräumen) allein zu dem Zweck zu erforschen, ob es eine hinreichende Anzahl denkbarer – und sinnvoller – Grundverfügungen gibt, als deren „sofortige Vollziehung" oder „unmittelbare Ausführung" sich die Summe der einzelnen, allein auf die Durchsuchungsbefugnis gestützten Aktionen darstellt. Eine rechtliche – auch klausurmäßige – Prüfung eines solchen Vorgangs kann sich deshalb darauf konzentrieren, das Vorliegen der tatbestandlichen – also formell- und materiellrechtlichen – Voraussetzungen der Durchsuchung einer Sache und die Beachtung des Verhältnismäßigkeitsgrundsatzes zu prüfen und diese Prüfung mangels Vorliegens eines Verwaltungsakts prozessual in eine Feststellungsklage nach § 43 VwGO einzukleiden.

53 **cc) Insbesondere: Sofortiger Vollzug und unmittelbare Ausführung.** Es gibt Situationen, die es aus taktischen Gründen nicht erlauben, auf die Reaktion des Betroffenen zu warten und gegebenenfalls eine Duldungsverfügung auszusprechen. In bestimmten Fällen müssen Personen, etwa um gefährliche Gegenwehr zu vermeiden, überrascht und überwältigt werden. Das Aufbrechen der Wohnungstür und Eindringen in die Wohnung, möglicherweise auch unter gleichzeitigem Einsatz von Blend- oder Schallgranaten, das Festhalten und Durchsuchen der dort Anwesenden kann in solcher Schnelligkeit erfolgen, daß keine Gelegenheit zum Erlaß von Anordnungen verbleibt. Die Anwendung von Zwangsmitteln erweist sich hier nicht als Vollstreckung eines vorausgehenden Verwaltungsakts, sondern als Maßnahme des **sofortigen Vollzugs.** Er ist unter anderem dann zulässig, wenn vorherige Anordnungen „keinen Erfolg versprechen" (z. B. Art. 53 II BayPAG, dazu oben Kap. E Rdn. 141 ff. und unten Rdn. 757 ff.). Den angewendeten Zwangsmitteln wohnt keine Regelungswirkung inne (oben Rdn. 45 ff.).

Die Rechtsfigur der **unmittelbaren Ausführung** regelt genau den gleichen Sachverhalt wie die Vorschriften über den Sofortvollzug (vgl. Rdn. 770 f.). Sie enthält weder einen fingierten Grundverwaltungsakt noch eine konkludente Duldungsverfügung.[72]

e) Rechtsverordnungen

54 **aa) Begriff und Bedeutung.** Rechtsverordnungen gehören zu den traditionellen Formen polizeilichen Handelns. Im Anschluß an § 24 PrPVG werden sie in einigen Ländern noch als **Polizeiverordnungen** (§§ 10 ff. PolG BW; 9 ff. SächsPolG), in anderen als **Gefahrenabwehrverordnungen** (§§ 71 ff. HSOG; § 26 POG RP; § 175 LVwG SH), **Verordnungen zur Gefahrenabwehr** (§§ 55 ASOG Bln), **Verordnungen über die öffentliche Sicherheit oder Ordnung** (§ 17 SOG MV), **Ordnungsbehördliche Verordnungen** (§ 24 BbgOBG; § 25 OBG NW; § 27 ThürOBG) oder einfach als **Verordnungen** (§ 54 NGefAG) bezeichnet.

55 Rechtsverordnungen, die auf der Grundlage der Polizei- bzw. Ordnungsbehördengesetze ergehen, werden im Anschluß an § 24 PrPVG im allgemeinen definiert als **Gebote oder Verbote, die für eine unbestimmte Anzahl von Fällen an eine unbestimmte Anzahl von Personen gerichtet sind.** Die meisten Polizeigesetze bzw. Ordnungsbehördengesetze haben diese Begriffsbestimmung wörtlich oder sinngemäß übernommen,

§ 10 Abs. 1 BWPolG; § 24 BgbOBG; § 48 BremPolG; § 71 HSOG; § 25 OBG NW; § 26 POG RP; § 59 SPolG; § 175 II i. V. m. § 73 LVwG SH; § 91 SächsPolG; § 27 ThürOBG.

Keine Definitionen enthalten die Regelungen in Bayern, Berlin, Hamburg, Niedersachsen und Sachsen-Anhalt.

56 Von Verwaltungsakten unterscheiden sich Rechtsverordnungen durch ihren **abstrakt-generellen Charakter.** Die Abgrenzung ist wegen jeweils unterschiedlicher formell-rechtlicher Voraussetzungen, Rechtswidrigkeitsfolgen und Rechtsschutzformen praktisch wichtig, kann im Einzelfall aber schwierig sein.[73] Abgrenzungsschwierigkeiten gibt es in der Praxis vor allem dann, wenn sich eine Regelung, die in Form eines Verwaltungsakts erlassen wurde, an eine Mehrzahl von Personen richtet. Hier kann Anlaß bestehen, eine Rechtsverordnung als das richtige Regelungsinstrument anzusehen.[74] Beispiele sind das Verbot des Verkaufs von Endiviensalat wegen Seuchengefahr durch Rundfunkdurchsagen[75] oder das Verbot des Badens an einer bestimmten Stelle in einem See wegen Unfallgefahr durch Aufstellen einer Tafel.

---

[72] *Pietzner* VerwArch 84 (1993), 275; a. A. z. B. *VGH Kassel* NVwZ 1987, 904; vgl. auch – teilweise abweichend – Kap. E Rdn. 145.

[73] Vgl. *Drews/Wacke/Vogel/Martens,* S. 357 ff.; *Schenke,* Rdn. 319 ff., *Maurer,* § 9 Rdn. 31 ff.

[74] Daß, umgekehrt, eine in Form einer Rechtsverordnung erlassene Regelung, weil einzelfallbezogen, nur als Verwaltungsakt hätte ergehen dürfen, ist, soweit ersichtlich, kein praktisch relevantes Problem. Weil die formalen Anforderungen an den Erlaß einer Verordnung strenger sind, herrscht die Neigung, Sachverhalte möglichst durch Verwaltungsakt zu regeln.

[75] *BVerwGE* 12, 87.

In diesen und ähnlichen Fällen wird meist die Frage gestellt, ob der **Adressatenkreis bestimmt** bzw. nach allgemeinen Kriterien **bestimmbar** ist oder nicht (vgl. § 35 Satz 2 1. Alternative VwVfG), die Regelung also speziellen oder generellen Charakter hat. Je nach Betrachtungsweise läßt sich häufig aber beides vertreten. Denkt man im ersten Beispielsfall an Gemüse- bzw. Lebensmittelhändler, so wird man den Adressatenkreis als bestimmbar ansehen. Zieht man aber auch den Fall in Betracht, daß Kunden, ein günstiges Angebot nutzend, Endiviensalat an Nachbarn und Freunde weiterverkaufen könnten, bestehen an der Bestimmbarkeit wieder Zweifel. Denkt man im zweiten Beispielsfall an Personen, die auf der Uferwiese spielen und sonnenbaden, so könnte man von einem bestimmten Personenkreis sprechen, an den sich das Verbot richtet. Stellt man dagegen in den Vordergrund, daß überhaupt niemand an dieser Stelle baden darf, liegt die Einschätzung näher, es richte sich an eine unbestimmte Anzahl von Personen. 57

Maßgeblich für die Frage der Bestimmtheit bzw. Bestimmbarkeit des Adressatenkreises ist deshalb in diesen Fällen, ob die Regelung **konkreter oder abstrakter Natur** ist. Die Bestimmbarkeit des Adressatenkreises ergibt sich dann aus dem Bezug des einzelnen zum konkreten Sachverhalt. Wenn „niemand" wegen Seuchengefahr Salat verkaufen darf und „niemand" wegen akuter Lebensgefahr (entwichenes Krokodil) im See baden darf, oder wenn „alle" wegen konkreter Gesundheitsgefahr die Fenster schließen müssen (Giftschwaden), „alle" in ihre Häuser gehen müssen und „niemand" diese verlassen darf (entflohener Zirkuslöwe), ist der Adressatenkreis an sich zwar denkbar unbestimmt. Gleichwohl wird man nicht ernsthaft in Zweifel ziehen können, daß solche Regelungen (auch) als Verwaltungsakte ergehen dürfen. Dies hat seinen Grund allein in der Konkretheit der Gefahr. Die Konkretheit der Gefahr vermittelt die Spezifierung des Adressatenkreises. Zum Kreis der Adressaten gehören alle, die für die Verwirklichung der konkret vorliegenden Gefahr eine Ursache setzen können. Nur wegen dieser augenblicklichen Beziehung zur konkreten Gefahrenlage kann man überhaupt die Aussage treffen, der Adressatenkreis sei bestimmbar. Daß der gleiche Adressatenkreis auch in einer (eilig erlassenen) Rechtsverordnung angesprochen werden kann – Verbot des Verkaufs von bestimmten Lebensmitteln aus bestimmten Herkunftsländern, Verbot des Badens in Kiesgruben, Verbot des Öffnens von Fenstern bei Störfällen – und daß, mehr noch, auch Rechtsverordnungen sich an Personenkreise richten können, die man nach geläufigen Kriterien als bestimmbar ansehen würde – Hausbesitzer, Hundehalter, Personen unter 16 Jahren –, zeigt, daß das Verhältnis zwischen Verwaltungsakt und Rechtsverordnung letztlich nur die Unterscheidung zwischen konkreter und abstrakter Gefahr (vgl. Kap. E Rdn. 32 ff.) widerspiegelt.[76] 58

Mit Hilfe dieses Unterscheidungskriteriums lassen sich die meisten Zweifelsfälle befriedigend lösen. Beruht also die Regelung „Baden verboten" auf einer Einzelfallprognose – das Baden in diesem See ist gefährlich, weil es einen ungeklärten Badeunfall gegeben hat –, so darf sie durch Verwaltungsakt erfolgen. Beruht sie dagegen auf einer typisierenden Betrachtungsweise – das Baden in Kiesgruben ist gefährlich, weil es dort zu gefährlichen Unterströmungen kommen kann –, so muß sie durch Rechtsverordnung erfolgen. Dabei kann die typisierende Betrachtungsweise auch auf einer Bewertung des konkreten Einzelfalls beruhen, etwa dann, wenn ein konkreter Badeunfall auf die Beschaffenheit des Gewässers zurückzuführen ist. Deshalb kann sich, unter Umständen nach weiterer Klärung der Unfallursache, an ein vorläufiges, einen konkreten See betreffendes Badeverbot in Form eines Verwaltungsakts ein dauerndes, alle gleichartigen Seen betreffendes Badeverbot in Form einer Rechtsverordnung anschließen. Zweifelhaft ist hingegen, ob beispielsweise ein **dauerndes Badeverbot** betreffend einen konkreten See mittels Rechtsverordnung erfolgen muß, oder aber durch Verwaltungsakt (in Form der Allgemeinverfügung) ausgesprochen werden darf. Für letzteres spricht die räumlich begrenzte Gefahrensituation, für ersteres die zeitliche Dauer und der Umstand, daß die Regelung auf eine unbestimmte 59

[76] Überzeugend *Götz*, Rdn. 631 ff.

Anzahl von Fällen immer wieder angewendet werden muß.[77] Die Frage läßt sich letztlich nicht eindeutig beantworten, weil die Rechtsdogmatik keine hinreichend trennscharfen Abgrenzungskriterien für diese und ähnliche Grenzfälle bereithält. Wie nicht zuletzt die Diskussion um die Rechtsnatur von Verkehrszeichen zeigt, sind für die dogmatische Einordnung einer Regelung oft pragmatische Überlegungen ausschlaggebend.[78]

60 Man wird für die Praxis deshalb davon ausgehen müssen, daß es Sachverhalte gibt, die mittels beider Rechtsinstitute geregelt werden können und dürfen. Der **materiell-rechtliche** Charakter einer Regelung bestimmt sich bei solchen Gemengelagen danach, wie sie sich in **formell-rechtlicher** Hinsicht darstellt. Wählt die zuständige Behörde in derartigen Fällen die Rechtsform einer Verordnung, so ist im Zweifel davon auszugehen, daß sie eine abstrakte Regelung trifft (das Baden in einem See wie diesem ist gefährlich), wählt sie die Rechtsform eines Verwaltungsakts, so ist im Zweifel davon auszugehen, daß sie eine konkrete Regelung trifft (das Baden in diesem See ist gefährlich). Für Gemengelagen gilt: Die Funktion folgt der Form.

61 Die **praktische Bedeutung** von Rechtsverordnungen im Polizeirecht ist rückläufig. Was früher Gegenstand von Polizeiverordnungen war, ist heute zunehmend Regelungsmaterie besonderer Gesetze. Beispiele sind die Gewerbeordnung (früher: gewerbepolizeiliche Rechtsverordnungen), die Bauordnungsgesetze der Länder (früher: Baupolizeiverordnungen), das Ausländergesetz (früher: Ausländerpolizeiverordnung) und das Lebensmittel- und Bedarfsgegenständegesetz (früher: lebensmittelpolizeiliche Verordnungen). Beispiele für Rechtsverordnungen zur Gefahrenabwehr auf der Grundlage der Polizei- bzw. Ordnungsbehördengesetze sind – nicht anlagenbezogene[79] – **Lärmschutzverordnungen**,[80] Verordnungen über **Taubenfütterungsverbote**,[81] Verordnungen über das **Zelten**,[82] über das Verhalten von **Freiern gegenüber Prostituierten** im Sperrbezirk[83] und nicht zuletzt Verordnungen über das **Halten von Hunden** (dazu unten Rdn. 72 ff.).

62 **bb) Zuständigkeit.** Rechtsverordnungen auf dem Gebiet des Gefahrenrechts können auf allen Ebenen gefahrenabwehrbehördlicher Zuständigkeiten erlassen werden und ermöglichen so die **Berücksichtigung lokaler Besonderheiten**. Zum Erlaß von Verordnungen befugt sind also auf der **örtlichen Ebene** die Gemeinden, auf **Kreisebene** die Landkreise, auf der **Bezirksebene** die Regierungspräsidien (Bezirksregierungen) und auf der **Landesebene** die Ministerien bzw. Landesoberbehörden,

vgl. §§ 13, 62 PolG BW; Art. 42 BayLStVG; §§ 72–74 HSOG; §§ 26, 27 OBG NW; §§ 27–31 PolG RP; §§ 12 i.V.m. 64 SächsPolG; § 94 I SOG LSA.

63 In den Ländern, die **keine Mittelinstanz** haben, ist die Rechtssetzungsbefugnis instanziell auf die Landes-, Kreis- und Gemeindeebene begrenzt,

vgl. §§ 25, 26 BbgOBG, § 17 SOG MV, § 55 NGefAG, § 60 i.V.m. § 76 SPolG: § 27 ThürOBG.

Die Stadtstaaten schließlich weisen gebietstypische Besonderheiten auf (vgl. § 55 ASOG Bln: Senat; § 49 BremPolG: Senat und Gemeinden).

64 Die **räumliche Geltung** der Verordnungen ist auf den **Zuständigkeitsbereich** der jeweils handelnden Behörde begrenzt, muß aber nicht „flächendeckend" sein. Im allgemeinen darf sich der Geltungsbereich von Verordnungen, die von Mittel- und Oberbehörden erlassen werden, auf **Teile des jeweiligen Zuständigkeitsbereiches** beschränken, sofern diese Teile größer sind als die nächstkleinere Einheit.

---

[77] Vgl. *Würtenberger/Heckmann/Riggert*, Rdn. 437.
[78] *Maurer*, § 9 Rdn. 36.
[79] Vgl. zur Abgrenzung zwischen Landespolizeirecht und Bundesimmissionsschutzgesetz *VGH Mannheim* NVwZ 1998, 765.
[80] Vgl. die hessische Gefahrenabwehrverordnung gegen Lärm vom 16. 6. 1993, GVBl. I, S. 257.
[81] Vgl. *VGH Mannheim*, DÖV 1992, 79; zum Rechtsproblem Stadttaube *Wohlfarth* DÖV 1993, 152.
[82] Vgl. die hessische Polizeiverordnung über das Zelten vom 8. 7. 1966, GVBl. I, S. 256.
[83] Vgl. die Straßen- und Anlagen-Polizeiverordnung der Stadt Stuttgart vom 10. 6. 1999, dazu *VGH Mannheim*, Urt. v. 11. 10. 2000, Az.: 1 S 2964/99 – juris.

cc) Verfahren. Die in den einzelnen Landesgesetzen enthaltenen Regelungen über das **Verfahren über den Erlaß von Rechtsverordnungen** sollen die Rechts- und Zweckmäßigkeit der Verordnungen gewährleisten. Dies betrifft in erster Linie Verordnungen, die von Gemeinden und Kreisen erlassen werden. Häufig müssen sie vor ihrer Verkündung als Entwurf der zuständigen **Fachaufsichtsbehörde vorgelegt** und dürfen nur erlassen werden, wenn die Fachaufsichtsbehörde der Vorlage zugestimmt oder ihr innerhalb einer Frist von zwei oder drei Monaten nicht widersprochen hat, **65**

§ 62 NGefAG; § 33 POG RP; § 64 SPolG; § 101 SOG LSA; § 33 ThürOBG.

Teilweise wird die Fachaufsicht auch dadurch sichergestellt, daß die Verordnungen einer ausdrücklichen **Genehmigungs- bzw. Zustimmungspflicht** der übergeordneten Behörden unterliegen, **66**

§ 15 PolG BW; §§ 73, 74 HSOG; § 20 III SOG MV.

Für Verordnungen von Gemeinden und Landkreisen bestimmen einige Gesetze, daß sie von den **kommunalen Vertretungsorganen erlassen** werden, **67**

§ 26 II BbgOBG; §§ 72, 73 HSOG; § 55 II 1 NGefAG; § 14 SächsPolG,

bzw. daß sie deren Zustimmung bedürfen,

§ 15 PolG BW; § 50 II BremPolG; § 31 I PolG RP.

Sie stehen in der Tradition preußischen Rechts, das die Polizeiverordnungen dem **Votum der gewählten Vertreter der Bevölkerung** unterstellen wollte.[84] Im Unterschied zu Satzungen, welche die Gemeindevertretungen und Kreistage aufgrund ihres Selbstverwaltungsrechts erlassen, unterliegen solche Verordnungen nicht nur der Rechts-, sondern auch der Fachaufsicht staatlicher Behörden.

dd) Formelle Anforderungen. Die Polizei- und Ordnungsbehördengesetze der meisten Länder enthalten – im wesentlichen inhaltsgleiche – Bestimmungen über Formerfordernisse von Rechtsverordnungen, **68**

vgl. § 12 PolG BW; § 29 BbgOBG; § 53 BremPolG; § 78 HSOG; § 21 SOG MV; § 58 NGefAG; § 36 PolG RP; § 62 SPolG; § 11 SächsPolG; § 97 SOG LSA; § 32 ThürOBG.

Danach müssen Rechtsverordnungen eine ihren Inhalt kennzeichnende Überschrift tragen, in der Überschrift als – je nach Terminologie (oben Rdn. 54) – polizeiliche bzw. gefahrenabwehrbehördliche bzw. ordnungsbehördliche Verordnung bezeichnet werden, sich nach der Überschrift (im „Eingang") auf die jeweilige Rechtsgrundlage beziehen, den örtlichen Geltungsbereich bezeichnen, gegebenenfalls die Stellen angeben, mit deren Zustimmung oder nach deren Anhörung sie erlassen sind, den Zeitpunkt des Erlasses und des Inkrafttretens angeben und die Stelle bzw. Behörde bezeichnen, die die Verordnung erläßt.

ee) Materielle Anforderungen. Teilweise enthalten die Polizei- bzw. Ordnungsbehördengesetze ausdrücklich geregelte Anforderungen an die materielle Rechtmäßigkeit von Verordnungen, die sich bereits aus dem Verfassungsrecht bzw. aus allgemeinen Rechtsgrundsätzen ergeben und deshalb ungeachtet des Umstands Geltung beanspruchen, ob sie im jeweiligen Bundesland geregelt sind. Die Regelungen sind im einzelnen uneinheitlich. Zu nennen sind Bestimmungen des Inhalts, daß Verordnungen **nicht in Widerspruch zu höherrangigem Recht** und auch nicht in Widerspruch zu Rechtsverordnungen übergeordneter Behörden erlassen werden dürfen, **69**

vgl. § 11 PolG BW; § 27 BbgOBG; § 75 I HSOG; § 20 SOG MV; § 56 NGefaG; § 10 SächsPolG; § 95 SOG LSA; § 30 ThürOBG,

---

[84] *Drews/Wacke/Vogel/Martens*, S. 499.

daß sie ihrem Inhalt nach **hinreichend bestimmt** sein müssen,

vgl. § 28 I 1 BbgOBG; § 52 II BremPolG; § 76 HSOG; § 18 I SOG MV; § 57 I NGefAG; § 35 II PolG RP; § 61 I SPolG; § 31 I 1 ThürOBG,

und daß sie nicht lediglich den Zweck haben dürfen, den Behörden **die Aufsicht zu erleichtern** (vgl. unten Rdn. 247),

vgl. § 28 I 2 BbgOBG; § 52 I BremPolG; § 35 I PolG RP; § 60 I 2 SPolG.

70 Die in allen Polizeigesetzen enthaltenen Regelungen über die Beachtung des **Verhältnismäßigkeitsgrundsatzes** (unten Rdn. 155 ff.) und die Pflicht zur **fehlerfreien Ermessensausübung** (unten Rdn. 112 ff.) beziehen sich, weil sie in den allgemeinen Abschnitten der Polizeigesetze geregelt sind, auch auf den Erlaß von Rechtsverordnungen. Ermessensfehlerhaft wäre beispielsweise eine gegen sogenannte Stadtstreicher gerichtete Rechtsverordnung, deren Ziel es ist, unliebsame Personen aus bestimmten Vierteln oder Straßen zugunsten der dortigen Bewohner oder Geschäftsinhaber in andere Quartiere zu verdrängen (vgl. Rdn. 122). Im übrigen fehlte es, wenn allein an den Tatbestand der Nichtseßhaftigkeit oder den bloßen Alkoholkonsum angeknüpft würde, bereits am Vorliegen einer **abstrakten Gefahr** (vgl. Kap. E Rdn. 32 f.), also der Grundvoraussetzung dafür, daß eine gefahrenabwehrbehördliche Rechtsverordnung überhaupt erlassen werden darf (vgl. unten Rdn. 444).

71 **ff) Geltungsdauer.** Die Geltungsdauer von Rechtsverordnungen ist überwiegend zeitlich begrenzt. Die meisten Regelungen sehen ein Außerkrafttreten spätestens nach **20 Jahren**,

vgl. § 17 I PolG BW; Art. 50 II BayLStVG; § 31 I BbgOBG; § 55 I BremPolG; § 2 SOG Hbg; § 22 I SOG MV; § 61 NGefAG; § 40 POG RP; § 66 SPolG; § 34 II ThürOBG,

teilweise auch schon nach **10 Jahren**,

§ 58 ASOG Bln; § 16 SächsPolG; § 100 SOG LSA,

und im Einzelfall erst nach **30 Jahren** (§ 79 HSOG) vor. Der Verordnungsgeber kann auch kürzere Fristen bestimmen. Nach Ablauf der Höchstfrist muß die Verordnung gegebenenfalls neu erlassen werden. Die Beschränkung der Geltungsdauer geht auf § 34 PVG zurück. Sie soll den Verordnungsgeber zu einer erneuten Überprüfung und Bewertung der ursprünglichen Ausgangslage zwingen, wenn er an der alten Regelung festhalten will. Dadurch wird verhindert, daß auch solche Verordnungen Geltung beanspruchen, die aufgrund veränderter Umstände unzweckmäßig oder unnötig geworden sind. Dies trägt zur Rechtsklarheit bei.[85]

72 **gg) Insbesondere: Hundeverordnungen.** Weil Hunde nicht nur treue Gefährten und mutige Beschützer ihrer Besitzer, sondern auch eine Gefahr für – meist andere – Menschen (Körperverletzung) sowie Tiere (Reißen) und Sachen (Verkehrsunfälle) sein können, ist der Umgang mit Hunden einer Regelung durch gefahrenabwehrbehördliche Rechtsverordnungen ohne weiteres zugänglich. Entsprechende Verordnungen gibt es in den meisten Bundesländern auf kommunaler und/oder Landesebene seit längerem. Wenn in den Medien über einen Angriff eines sogenannten **Kampfhundes** auf einen Menschen berichtet wird, rücken sie kurzzeitig ins Zentrum des öffentlichen Interesses. Häufig werden spektakuläre Fälle auch zum Anlaß genommen, die bestehenden Hundeverordnungen zu verschärfen oder neue zu erlassen.[86]

---

[85] *Drews/Wacke/Vogel/Martens*, S. 516.

[86] Fast alle Bundesländer haben nach dem Tod eines kleinen Jungen in Hamburg im Juni des Jahres 2000 neue Regelungen erlassen: **Baden-Württembergische** Polizeiverordnung des Innenministeriums und des Ministeriums Ländlicher Raum über das Halten gefährlicher Hunde vom 3. 8. 2000, GBl. Nr. 15, S. 574; **Berliner** Verordnung zur Änderung der Verordnung über das Halten von Hunden vom 4. 7. 2000, GVBl. Nr. 22, 365; **Brandenburgische** Ordnungsbehördliche Verordnung über das Halten und Führen

Bei solchen Änderungen, die von den Innenverwaltungen meist sehr **öffentlichkeitswirksam** propagiert, bisweilen auch vorschnell ins Werk gesetzt werden,[87] kann allerdings leicht aus dem Blick geraten, daß die anlaßgebenden Fälle häufig nicht auf das Fehlen, die Lückenhaftigkeit oder eine sonstige Unzulänglichkeit von Rechtsvorschriften zurückzuführen sind, sondern darauf, daß bestehendes Recht nicht oder nicht rechtzeitig angewandt wurde, weil Hinweise ignoriert, Tatsachen falsch eingeschätzt oder Erkenntnisse nicht umgesetzt wurden. 73

Ob beispielsweise auf bekanntgewordene Beißvorfälle rechtzeitig und in geeigneter Form reagiert wird, ist deshalb eher eine Frage der **Verwaltungskraft** einer Behörde als der Existenz von diffizilen Rechtsverordnungen. Die Schwierigkeiten der Ordnungsverwaltung beginnen schon damit, daß die anfallenden Informationen, die meist auf Anzeigen Dritter beruhen, auf ihren Wirklichkeitsgehalt hin überprüft werden müssen. Denn gerade das Reizthema Hunde, das die Bevölkerung bisweilen in Hundehalter und Hundehasser zu scheiden scheint, begünstigt falsche oder übertriebene Darstellungen. Die Erfahrung unzutreffender Darstellungen wiederum befördert die Neigung, im Anzeigeerstatter einen Nörgler oder Querulanten zu sehen. Schenkt der Sachbearbeiter den Angaben des Anzeigeerstatters Glauben und lassen die Angaben Rückschlüsse auf eine konkrete Gefahr zu, wird er selbst in die Sachverhaltsermittlung eintreten müssen. Dies kann sehr aufwendig sein, weil zunächst der Hundehalter und weitere Zeugen zu befragen sind und erforderlichenfalls der Hund selbst durch eine sachkundige Person (Tierarzt, Hundeführer) untersucht und beurteilt werden muß. Vom Schreibtisch aus läßt sich dies regelmäßig nicht bewerkstelligen. Ist der Sachverhalt schließlich festgestellt und rechtfertigt er ein behördliches Einschreiten, ist zu überlegen, ob und welche – vorläufigen oder endgültigen – Maßnahmen (z. B. Ausführen nur durch bestimmte Personen, Leinenzwang, Maulkorbzwang, Sicherstellung, Einschläfern) ergriffen werden sollen. Allerdings ist der Widerstand vieler Hundebesitzer gegen Eingriffe in die Freiheit ihrer Tiere nicht zu gering zu veranschlagen, was schließlich zu der Frage führt, mit welchem Nachdruck die Behörden die Einhaltung von Ge- und Verboten kontrollieren (können) und ob und mit welcher Konsequenz sie ihre Anordnungen nötigenfalls auch zwangsweise durchzusetzen bereit sind. Sachgerechte, problemangemessene Ordnungsverwaltung ist hier, wie in vielen anderen Bereichen auch, also eher ein praktisches denn ein rechtliches Problem. Mindestens die Befürchtung aber, bei nachlässigem Verhalten mit Amtshaf- 74

von Hunden (Hundehalterverordnung) vom 25. 7. 2000, GVBl. Nr. 14, S. 235; **Bremische** Polizeiverordnung zur Änderung der Polizeiverordnung über das Halten von Hunden vom 27. 6. 2000, GBl. Nr. 30, S. 231; **Hamburgische** Verordnung zum Schutz vor gefährlichen Hunden und über das Halten von Hunden vom 18. Juli 2000, GVBl. Nr. 25, S. 152; **Hessische** Gefahrenabwehrverordnung über das Halten und Führen von gefährlichen Hunden vom 15. 8. 2000, GVBl. Nr. 20, S. 411; **Mecklenburg-Vorpommersche** Verordnung über das Führen und Halten von Hunden (Hundehalterverordnung) vom 4. 7. 2000, GVBl. Nr. 11, S. 295: **Niedersächsische** Verordnung über das Halten gefährlicher Tiere (Gefahrtier-Verordnung) vom 5. 7. 2000, GVBl. Nr. 12, S. 149; **Nordrhein-Westfälische** Ordnungsbehördliche Verordnung über das Halten, die Zucht, die Ausbildung und das Abrichten bestimmter Hunde (Landeshundeverordnung) vom 30. 6. 2000, GVBl. Nr. 35 a, S. 518b; **Rheinland-Pfälzische** Gefahrenabwehrverordnung – gefährliche Hunde – vom 30. 6. 2000, GVBl. Nr. 14, S. 247; **Saarländische Polizeiverordnung** über den Schutz der Bevölkerung vor gefährlichen Hunden vom 26. 7. 2000, ABl. vom 3. 8. 2000, S. 1246; **Sächsisches** Gesetz zum Schutze der Bevölkerung vor gefährlichen Hunden vom 24. 8. 2000, GVBl. Nr. 11, S. 358; **Sachsen-Anhaltinische** Gefahrenabwehrverordnung zum Schutz vor gefährlichen Hunden vom 6. 7. 2000, GVBl. Nr. 25, S. 440; **Schleswig-Holsteinische** Landesverordnung zur Abwehr der von Hunden ausgehenden Gefahren (Gefahrhundeverordnung) vom 28. 6. 2000, GVBl. Nr. 11, S. 533. Der Freistaat **Bayern** hatte bereits im Jahr 1992 eine Regelung in Kraft gesetzt (5. LStVGÄndG vom 10. 6. 1992, GVBl. S. 152 und Verordnung über Hunde mit gesteigerter Aggressivität und Gefährlichkeit vom 10. 7. 1992, GVBl. S. 268), die vom Bayerischen Verfassungsgerichtshof für rechtens befunden wurde (NVwZ-RR 1995, 262) und anderen Bundesländern als Vorbild diente. Vgl. auch das **bundesgesetzlich** geregelte **Importverbot** für Hunde bestimmter Rassen vom 12. 4. 2001 (BGBl. I, S. 530).

[87] Die Hessische KampfhundeVO vom 5. Juli 2000 (GVBl. I, S. 355) wurde wenige Wochen später durch die Gefahrenabwehrverordnung gegen gefährliche Hunde vom 15. August 2000 (GVBl. I, S. 411) ersetzt, welche wiederum durch Beschluß des Hessischen Verwaltungsgerichtshofs vom 8. 9. 2000 (Az.: 11 NG 2500/00) teilweise außer Vollzug gesetzt wurde.

tungsprozessen seitens der Opfer von Hundebissen überzogen zu werden,[88] wird eine nachlässige Praxis in aller Regel verhindern.

75 Hundeverordnungen haben für die Ordnungsbehörden in diesem Zusammenhang einen gewissen **Entlastungseffekt**. Er rührt zum einen daher, daß die in ihnen enthaltenen Verbote und Gebote bußgeldbewehrt sind.[89] Allein die drohende Ahndung von Normverstößen wird bei Hundehaltern in vielen Fällen zu normgetreuem Verhalten führen. Zum anderen entlasten Hundeverordnungen die Behörden insoweit, als die Beachtung klarer und einsichtiger Regeln – keine Hunde auf Kinderspielplätzen; Leinenzwang in öffentlichen Verkehrsmitteln – auch von Dritten eingefordert werden kann und, wie man beobachten kann, tatsächlich auch eingefordert wird. Dialoge der Art: „Sie dürfen aber hier nicht Fahrrad fahren!" „Und Sie haben Ihren Hund gefälligst anzuleinen!" hört man in frequentierten, mischgenutzten öffentlichen Räumen immer häufiger. In der konkreten Situation wirkt dies gefahrenverhütend, auf lange Sicht sittenbildend. Wo die Hundeverordnungen allerdings an Lebenssachverhalte anknüpfen, die nicht für jedermann ohne weiteres erkennbar sind – Ist der Hund bissig? Ist er auf Angriff abgerichtet? –, treten die oben skizzierten Defizite im Bereich des Normvollzugs wieder in den Vordergrund. Sie lassen sich auch durch noch so ausdifferenzierte Regelungen nicht kompensieren. Die regelungstechnische Perfektion der neuen Hundeverordnungen findet auf der praktischen Ebene – jedenfalls solange es zwar Polizeihunde, aber noch keine Hundepolizei gibt – keine Entsprechung.

76 Typischerweise lassen sich drei **Gefahrenquellen** voneinander unterscheiden, die bei Hundeverordnungen als Anknüpfungspunkte für einzelne Verhaltensanforderungen fungieren können: Gefahrenträchtige **Situationen,** gefährliche **Hunde,** ungeeignete **Personen.** Auf diese Gefahrenquellen reagieren die Verordnungsgeber mit allgemeinen Verhaltensanordnungen für den Umgang mit Hunden überhaupt, besonderen Verhaltensanordnungen für den Umgang mit gefährlichen Hunden und Anforderungen an die Person des Halters solcher Hunde. Die Frage, was ein **gefährlicher Hund** ist, steht im Zentrum des Interesses. Rechtlich diffizil ist vor allem die Frage nach der Berechtigung von sogenannten **Rasselisten.** Ihre Verwendung birgt die Versuchung zur populistischen Akzentuierung ebenso wie die Gefahr der Inadäquanz im Einzelfall. Geläufiges Regelungsinstrument für den Umgang mit gefährlichen Hunden ist der **Erlaubnisvorbehalt.** Der Umgang mit (bestimmten) gefährlichen Hunden wird entweder als überhaupt unerwünscht, jedenfalls aber als überwachungsbedürftig angesehen.

77 In rechtlicher und tatsächlicher Hinsicht vergleichsweise unproblematisch sind Ge- und Verbote, die an **abstrakt gefährliche Situationen** anknüpfen und für alle Personen und in bezug auf jeden Hund gelten. Die entsprechenden Regelungen verlangen zum Beispiel, daß das eingefriedete Besitztum, auf dem ein Hund gehalten wird, gegen **unbeabsichtigtes Entweichen** gesichert sein muß, daß Hunde außerhalb des eingefriedeten Besitztums **nicht unbeaufsichtigt** bleiben dürfen und daß sie, um die Zuordnung zu einer verantwortlichen Person zu ermöglichen, ein **Halsband mit Namen und Anschrift des Halters** tragen müssen. Es handelt sich um an sich selbstverständliche, rechtlich nicht zu beanstandende Rücksichtnahmegebote, deren Beachtung jeder vernünftige Hundehalter ohnehin auch als notwendige Vorsichtsmaßnahmen begreifen wird.[90]

78 **Spezifische Gefahrensituationen** sind Gegenstand von Regelungen, die für das Mitnehmen von Hunden bei Umzügen, Aufzügen, Volksfesten oder sonstigen Veranstaltungen mit Menschenansammlungen, auf öffentlichen Grünanlagen, in öffentlichen Ver-

---

[88] Vgl. den vom *LG Köln* NVwZ 1999, 1027 bejahten Schmerzensgeldanspruch wegen Untätigbleibens.

[89] Im Ordnungswidrigkeitenkatalog der hessischen Regelung werden nicht weniger als 26 Vergehen aufgezählt!

[90] Vgl. *VGH Kassel* NJW 1995, 2123: Das Herumstreunen eines Hundes im Stadtgebiet ist eine Gefahr für die öffentliche Sicherheit schon deshalb, weil jederzeit damit gerechnet werden muß, daß der Hund auf die Fahrbahn läuft und einen Verkehrsunfall verursacht. Die durch das Aufgreifen des Hundes durch die Polizei entstehenden Kosten sind prinzipiell vom Halter zu erstatten.

kehrsmitteln oder in den Gemeinschaftsanlagen von Mehrfamilienhäusern einen **Leinenzwang** statuieren oder in bezug auf bestimmte Örtlichkeiten wie Kinderspielplätze, gekennzeichnete Liegewiesen und Badeanstalten von vornherein ein **Mitnahmeverbot** aussprechen. Der Leinenzwang trägt in den bezeichneten Fällen dem Umstand Rechnung, daß bestimmte Situationen, bei denen sich Hunde und Menschen begegnen, typischerweise besonders **konfliktträchtig** sind, das Mitnahmeverbot dem Umstand, daß bestimmte Menschen bzw. daß Menschen in bestimmten Situationen besonders **schutzbedürftig** sind.

Solange im Geltungsbereich einer solchen Verordnung ausreichende Flächen vorhanden sind, in denen Hunde frei laufen können – nötigenfalls müßten entsprechende Flächen als **Hundeauslaufgebiete** ausgewiesen werden –, sind Verhaltensanforderungen der bezeichneten Art schon deshalb, weil es sich um relativ geringfügige, jedenfalls aber im überwiegenden Allgemeininteresse hinzunehmende Einschränkungen handelt, ebenfalls rechtlich nicht zu beanstanden. Sie müssen, weil der Verordnungsgeber **typisieren** darf, auch von denjenigen Hundehaltern hingenommen werden, deren Tiere wegen ihrer Erziehung oder ihres Charakters mit hoher Wahrscheinlichkeit keine der Gefahren verursachen würden, deren Vermeidung im einzelnen bezweckt ist. Wegen der geringen Eingriffsintensität ist der Verordnungsgeber insbesondere nicht verpflichtet, Ausnahmeregelungen für atypische Fälle zu schaffen. 79

In praktischer wie rechtlicher Hinsicht anspruchsvoller sind Regelungen, die an die **Gefährlichkeit** von Hunden anknüpfen. Im allgemeinen hat dieses Merkmal eine einzelfallbezogene (Rdn. 81ff.) und eine rassebezogene Komponente (Rdn. 89ff.). 80

Ein Hund wird als gefährlich angesehen, wenn er **bissig** ist.[91] Bissigkeit ist dann anzunehmen, wenn der Hund bereits einen Menschen oder ein Tier gebissen hat. Allerdings scheiden solche Beißvorfälle als Grundlage für die Einstufung als „bissig“ aus, in denen der Hund selbst angegriffen oder durch Schläge oder in ähnlicher Weise, etwa durch – auch unbeabsichtigtes – Erschrecken[92] provoziert wurde oder zur Verteidigung seiner Aufsichtsperson gebissen hat. Es kommt hier also darauf an, ob sich das Tier **artgemäß** verhalten hat. In diesem Sinn kann auch nicht jede Rauferei mit anderen Hunden die Eigenschaft als bissig begründen. Erheblich ist ein Beißvorfall in diesem Zusammenhang nur dann, wenn ein Hund den anderen trotz dessen erkennbarer Unterwerfungsgestik beißt.[93] Einen genauen Blick wird man auf solche Fälle werfen müssen, in denen mindestens einer der beiden raufenden Hunde angeleint ist, weil dieser Umstand es den Hunden erschwert, sich artgerecht zu verhalten. 81

Zu den Tatbestandsvoraussetzungen der Bissigkeit gehört es nicht, daß bei dem zugrundeliegenden, anlaßgebenden Beißvorfall ein **Schaden** entstanden ist.[94] Weil Hundebisse typischerweise zu Schäden führen, beeinflußt der untypische Ausgang eines Bisses – zufälligerweise trug das Opfer schwere Stiefel – die Gefahrenprognose nicht. Etwas anderes könnte nur für Kleinsthunde mit zu vernachlässigender Kampfkraft gelten. Bei solchen Rassen kommt es allerdings auch selten zu unmotivierten Angriffen. Sofern ein Hund nicht gebissen, sondern lediglich „geschnappt“ hat, liegt schon kein die Gefährlichkeitsvermutung tragender Beißvorfall vor. 82

Die Annahme, ein Hund sei bissig, setzt auch nicht voraus, daß es **mehrere relevante Beißvorfälle** gegeben hat.[95] Es ist zwar richtig, daß ein einzelner (relevanter) Beißvorfall nicht zwangsläufig zu einer entsprechenden Einstufung führen muß.[96] Dies liegt daran, daß es auf das prognostizierte Verhalten des Tieres ankommt, für welches sein Verhalten in 83

---

[91] Vgl. § 2 Nr. 1 GefHundeVO BW; § 8 I Nr. 2 HundehV Bbg; § 2 I Nr. 2 HundehVO MV.

[92] *Hamann*, Vollzugsprobleme der GefahrHundeVerordnung NW, S. 65, nennt als Auslöser für einen Biß das Einklemmen der Rute.

[93] *OVG Münster* NVwZ 1997, 807.

[94] A. A. *Hamann*, Vollzugsprobleme der GefHuVO NW, S. 65.

[95] A. A. *Hamann*, Vollzugsprobleme der GefHuVO NW, S. 65.

[96] *OVG Saarlouis*, Urteil vom 1. 3. 2000, Az.: 9 W 2/99.

der Vergangenheit nur ein Indiz ist. Deshalb kann man sich auch singuläre Umstände vorstellen, die nicht als Anhaltspunkt für künftiges Verhalten herangezogen werden können. Zu denken ist hier etwa an eine vorübergehende schwere Irritation durch Medikamente. Im übrigen werden sich Grenzfälle aber durch sorgfältige Prüfung der Artgemäßheit des Verhaltens des Hundes angemessen lösen lassen. Steht danach aber fest, daß der Beißvorfall unter diesem Blickwinkel ungerechtfertigt war,[97] ist der Hund als bissig anzusehen. Eine „Bewährung" gibt es für Tiere nicht.

84 Weiterhin gelten solche Hunde als gefährlich, die **„in gefahrdrohender Weise" Menschen angesprungen** haben.[98] Der Begriff „gefahrdrohend" ist nicht ganz glücklich gewählt.[99] Mit ihm soll zum Ausdruck gebracht werden, daß es nicht auf die reale Gefahr ankommt, die von dem Hund ausgeht, sondern darauf, ob der Betroffene das Anspringen als Bedrohung seiner körperlichen Integrität empfinden durfte.[100] Dies kann auch dann der Fall sein, wenn der Hund tatsächlich „nur spielen" will, der Betroffene aber berechtigte Angst hat, von dem Tier verletzt zu werden. Schutzgut ist deshalb nicht nur die **körperliche Integrität** insbesondere von älteren Menschen oder Kindern, bei denen die Gefahr besonders groß ist, bei solchen Annäherungen hinzufallen und sich zu verletzen,[101] sondern auch das **seelische Wohlbefinden** anderer Menschen,[102] mit anderen Worten ihr Anspruch, frei von Angst ihrer Wege gehen zu dürfen. Ob ein Anspringen allerdings immer dann „gefahrdrohend" ist, wenn der Hund den betroffenen Menschen berührt,[103] ist zweifelhaft. Jedenfalls in den Fällen, in denen der Hund sich langsam nähert und den Menschen zuerst beschnuppert, bevor er ihn anspringt, ist die Angst vor Verletzungen nicht ohne weiteres berechtigt. Sie ist es um so eher, je größer das Tier im Verhältnis zum konkret betroffenen Menschen ist, und um so geringer, je kleiner es ist. Daß ungeachtet der Größe des Hundes durch ein Anspringen meist die Kleidung des Betroffenen verschmutzt wird, ist zwar ärgerlich. Dies zu verhindern, ist jedoch nicht das Ziel der einschlägigen Bestimmungen. Es ist dem Geschädigten gegebenenfalls zuzumuten, gegen den Halter des Hundes auf zivilrechtlichem Weg vorzugehen.

85 Hunde gelten auch dann als gefährlich, wenn sie **wiederholt andere Tiere gehetzt oder gerissen** haben. Mit anderen Tieren sind in erster Linie Wild und Vieh sowie andere Hunde gemeint,[104] teilweise werden außerdem ausdrücklich auch Katzen genannt.[105] Das Tatbestandsmerkmal des Hetzens liegt nicht schon dann vor, wenn ein Hund einem anderen Tier nachläuft. Es muß sich vielmehr um ein intensives, zielstrebiges und andauerndes Verfolgen handeln. Von den einschlägigen Bestimmungen nicht erfaßt ist das Verhalten von **Jagd- und Hütehunden**, sofern es im Einzelfall ihrer Bestimmung entspricht.[106] Gleiches gilt für **Diensthunde** im dienstlichen Einsatz oder in der Ausbildung.[107]

86 Als gefährlich angesehen werden schließlich Hunde, die auf eine gesteigerte, also über das natürliche Maß hinausgehende Kampfbereitschaft, Angriffslust oder Schärfe hin ausgebildet, abgerichtet oder gezüchtet wurden.[108] Bei dem Wort **Kampfbereitschaft** liegt der Akzent auf den Eigenschaften Mut, Härte und Wehrhaftigkeit, bei dem Begriff **Angriffslust** steht das Fehlen einer Beißhemmung im Vordergrund, und der Ausdruck **Schärfe** läßt eher an eine abgesenkte Reizschwelle denken. Gleichwohl lassen sich die bezeichneten Attribute nicht exakt voneinander unterscheiden. Der ratio der entsprechen-

97 Vgl. § 2 II Nr. 2 HessGefHundeVO: ohne „begründeten Anlass".
98 Vgl. § 1 I Nr. 3 GefHundeVO RP; § 1 I Nr. 2 SaarlGefHundeVO.
99 *Vahle* NVwZ 1996, 140.
100 *VGH Kassel* NVwZ 1997, 961.
101 *Hamann*, Vollzugsprobleme der GefHuVO NW, S. 66.
102 *VGH Kassel* NVwZ 1997, 961.
103 *VGH Kassel* NVwZ 1997, 961.
104 Vgl. § 1 I Nr. 3 HessHundeVO.
105 § 1 Buchst. d) GefHuVO NW.
106 Verwaltungsvorschriften zur Anwendung der GefHuVO NW, Ziff. 4.3.3.
107 Vgl. § 2 I 2 HessHundeVO.
108 Vgl. § 6 I Nr. 1 HundehV Bbg; § 3 Nr. 4 HundeVO Bln; § 1 Buchst. a) GefHuVO NW.

den Verordnungen würde es deshalb auch gerecht, wenn man zusammenfassend von einer **gesteigerten Aggressivität** spräche. Daß Hunde diese Eigenschaft haben können, ist in der Tierpsychologie anerkannt und im Einzelfall auch feststellbar.[109] Ein Hund mit gesteigerter Aggressivität ist deshalb der Paradefall eines gefährlichen Hundes. Daß der Umgang mit einem solchen Hund strengen Restriktionen unterliegen soll (dazu unten Rdn. 96 ff.), ist überaus einleuchtend.

Problematisch sind die Bestimmungen der einschlägigen Hundeverordnungen allerdings insoweit, als sie als Ursache für die gesteigerte Aggressivität nur eine entsprechende **Zucht** und ein entsprechendes **Training** („Ausbildung", „Abrichtung") als erheblich ansehen. Beruht die gesteigerte Aggressivität auf Umständen wie nicht artgerechter Haltung, falscher Erziehung oder mangelhafter Beaufsichtigung, so gilt der Hund nicht als „gefährlich" im Sinne der einschlägigen Hundeverordnungen mit der Folge, daß deren spezifische Restriktionen nicht greifen. Einen rechtlich tragfähigen Grund für diese Differenzierung gibt es nicht.[110] Erklären läßt sie sich damit, daß das (gewerbliche) Züchten und Trainieren von Hunden eine vergleichsweise auffällige und deshalb leicht zu überwachende Tätigkeit ist, und daß der Schluß von dieser Tätigkeit auf die gesteigerte Aggressivität der betreffenden Hunde naheliegend ist. Demgegenüber läßt sich die private Hundehaltung mit vertretbarem Aufwand weder vorbeugend dahingehend kontrollieren, ob die Tiere artgerecht gehalten, richtig erzogen oder genügend beaufsichtigt werden, noch liegt die Wirkung dieser nicht intentionalen Aggressivitätsursachen im Einzelfall auf der Hand. 87

In der Praxis könnten die Behörden regelmäßig erst einschreiten, wenn sie von Dritten auf solche Sachverhalte aufmerksam gemacht würden, und sie müßten dann Gefahrenerforschungsmaßnahmen ergreifen, die einen hohen Aufwand erforderten. Beides – die Überhäufung mit Anzeigen allzu aufmerksamer Nachbarn und die Bindung von Verwaltungskapazität – soll möglicherweise gerade vermieden werden. Aber auch wenn dies nicht der **Zweck der Differenzierung** sein sollte, so ist es doch jedenfalls ihr Effekt. Erzielt wird er um den Preis, daß falsch sozialisierte und aus diesem Grund übermäßig aggressive Hunde erst dann als gefährlich im Sinne des Verordnungsrechts angesehen werden, wenn sie bereits jemanden gebissen haben. 88

Schließlich enthalten mittlerweile die meisten[111] Hundeverordnungen zusätzlich eine **rassebezogene Gefährlichkeitsvermutung**. Regelungstechnisch geschieht dies in der Weise, daß die betreffenden Hunderassen mit kynologisch korrekter Bezeichnung (z. B. Bullterrier, Mastiff) oder umgangsprachlicher Umschreibung (z. B. Pit-Bull, Bandog)[112] in einer bzw. mehreren Listen aufgeführt werden und festgestellt wird, daß für Hunde der aufgelisteten Rassen die – widerlegliche oder auch unwiderlegliche (dazu unten Rdn. 103) – Vermutung ihrer Gefährlichkeit gilt mit der Folge, daß die Bestimmungen über gefährliche Hunde auf jeden Hund dieser Rasse Anwendung finden. Die **Rasselisten** sind in den einzelnen Bundesländern unterschiedlich lang. Die Zahl der aufgelisteten Rassen bewegt sich zwischen drei (z. B. Rheinland-Pfalz, Niedersachsen, Sachsen-Anhalt)[113] und zweiundvierzig (Nordrhein-Westfalen).[114] Die in den Listen verzeichneten Rassen werden in einigen Ländern ausdrücklich als **Kampfhunde** apostrophiert. 89

---

[109] Vgl. die vom *BayVerfGH*, NVwZ-RR 1995, 262 f. aufgeführten Nachweise.

[110] *Bengl/Berner/Emmerig*, LStVG, Art. 37 Anm. 2 b aa; *Jahn*, BayVBl. 1995, 748. Auch der *BayVerfGH*, der eine solche Differenzierung für nicht willkürlich und damit für verfassungsgemäß hält, kann keinen einleuchtenden Grund nennen (NVwZ-RR 1995, 264).

[111] Ausnahmen sind – jedenfalls auf Landesebene – das Saarland und Thüringen.

[112] Vgl. zu den Bezeichnungen das zoologische Gutachten von *Eichelberg*, in: Verband für das Deutsche Hundewesen, „Kampfhunde"? Gefährliche Hunde?, 1997, S. 6. Vgl. zu Pit-Bull und Bandog auch *BayVerfGH* NVwZ-RR 1995, 267.

[113] Es handelt sich dabei um die auch in allen anderen Verordnungen aufgeführten – und überwiegend auch gesondert behandelten – Rassen Pitbull Terrier, American Staffordshire Terrier und Staffordshire Bullterrier.

[114] Die nordrhein-westfälische Landeshundeverordnungen listet die Rassen in zwei Anlagen auf. Der Unterschied besteht darin, daß für das Halten von Hunden der Anlage 1 ein besonderes Interesse nachgewiesen werden muß. Die Liste der in Anlage 1 aufgeführten Hunderassen ist repräsentativ für Rasselisten

90 Ob bzw. mit welchen Maßgaben die Gefährlichkeit eines Hundes ausschließlich anhand seiner Rasse bestimmt werden darf, ist eine in der Rechtsprechung umstrittene Frage.[115] Übereinstimmung besteht jedenfalls darin, daß das gefahrlose Halten von Hunden bestimmter Rassen wegen des damit verbundenen **Gefährdungspotentials** ganz besondere Anforderungen an das Verantwortungsbewußtsein und die Befähigung des Halters stellt, und daß allein dieser Umstand den Tatbestand einer – im Vergleich zu Hunden anderer Rassen gesteigerten – **abstrakten Gefahr** für die öffentliche Sicherheit begründet, weil davon ausgegangen werden muß, daß solche Hunde auch von Personen gehalten werden, die nicht die Gewähr für ein gefahrloses Halten der Tiere bieten.[116]

91 Abgrenzungskriterien für die Annahme eines besonderen Gefährdungspotentials können nach dieser Rechtsprechung eine besonders große **Beißkraft** aufgrund überdurchschnittlicher Größe, Gewicht oder Kopfform sowie ein gesteigertes **Aggressionspotential** sein. Ersteres trifft insbesondere auf die Gruppe der Molosser zu, die man als Nachbildungen antiker Kriegshunde bezeichnen kann.[117] Zu ihnen gehören beispielsweise die in den Verordnungen immer genannten Dogue de Bordeaux und Mastiff. Ihr Äußeres zeichnet sich durch Größe und Massigkeit aus, ihr Wesen durch Mut und Verteidigungsbereitschaft. Letzteres trifft insbesondere auf die Gruppe der bullartigen Terrier zu. Diese Kreuzungen aus Bulldogge und Terrier wurden im 19. Jahrhundert für den Hundekampf gezüchtet. Zu ihnen gehören beispielsweise die in den Hundeverordnungen ebenfalls immer aufgelisteten Bullterrier und American Staffordshire Terrier. Zum Bullterrier etwa heißt es, daß er aufgrund seiner Kraft und seines Kampftriebes einer sicheren, festen Hand bedürfe.[118]

92 Rechtlich problematisch sind die gängigen Rasselisten deshalb, weil bestimmte **Hunderassen mit vergleichbaren Gefährdungspotential** nicht aufgelistet sind. So ist etwa der Rottweiler an Massigkeit und damit Beißkraft den in den Verordnungen genannten Molossern ebenbürtig, und der Dobermann gilt als ausgesprochen scharfer Schutzhund. Beide Hunderassen werden lediglich in den Ländern Brandenburg und Nordrhein-Westfalen als potentiell gefährlich eingestuft, nur der Rottweiler in Niedersachsen. In keiner Liste aufgeführt ist schließlich der Deutsche Schäferhund. Es handelt sich bei dieser verbreiteten Hunderasse um eine Neuzüchtung aus dem 19. Jahrhundert, bei der auf Kampftrieb und Schärfe maßgeblicher Wert gelegt wurde und dessen Anlagen auch heute noch vorhanden sind. Der Schäferhund führt sämtliche Beißstatistiken mit weitem Abstand an.[119] Auch der Deutschen Dogge und dem Boxer, die ebenfalls in keiner Rasseliste er-

---

auch in anderen Bundesländern. Neben den bereits in Fn. 113 genannten drei Hunderassen werden aufgelistet: Mastino Napolitano, Mastino Espanol, Bordeaux Dogge, Dogo Argentino, Fila Brasileiro, Römischer Kampfhund, Chinesischer Kampfhund, Bandog und Tosa Inu. Anlage 2 listet die beeindruckende Zahl von 29 weiteren als gefährlich angesehenen Hunderassen auf, zu denen neben den relativ verbreiteten Rassen Dobermann und Rottweiler auch eine überwiegende Anzahl von weniger bekannten – und offenbar auch wenig verbreiteten – Rassen gehört, wie Akbas, Carpatin, Kangal, Owtscharka, Karakatschan, Kuvasz, Liptak, Sarplaninac und Tronjak.

115 Vgl. aus der Rechtsprechung zum Gefahrenabwehrrecht: *VGH Mannheim* NVwZ 1992, 1105; *OVG Bremen* DÖV 1993, 576; *OVG Saarlouis* OVGE 24, 412; *BayVerfGH* NVwZ-RR 1995, 262; *VGH Mannheim* NVwZ 1999, 1016; *VGH Kassel*, NVwZ 2000, 1438; *OVG Bremen* NVwZ 2000, 1435; *OVG Lüneburg* NVwZ 2000, 1440; unter dem Blickwinkel des Kommunalabgabenrechts (Hundesteuer): *VGH München* NVwZ 1997, 819; *OVG Lüneburg* NVwZ 1997, 816; *BVerwG* NVwZ 2000, 929.

116 *VGH Mannheim* NVwZ 1992, 1107; *OVG Bremen* DÖV 1993, 576; *BayVerfGH* NVwZ-RR 1995, 263; *VGH Mannheim* NVwZ 1999, 1017; *HessVGH*, Beschluß vom 8. 9. 2000, Az.: 11 NG 2500/00.

117 *Eichelberg* in: VDH (Hrsg.), „Kampfhunde"? Gefährliche Hunde?, Neue wissenschaftliche Gutachten, S. 7.

118 Vgl. hierzu und zum vorigen *OVG Bremen* DÖV 1993, 576 sowie die instruktive Darstellung der Eigenarten einzelner Hunderassen in den Entscheidungen des *BayVerfGH* NVwZ-RR 1995, 268 f. und des *OVG Lüneburg* NVwZ 1997, 816.

119 Vgl. die Nachweise bei *VGH Mannheim* NVwZ 1992, 1107; *OVG Bremen* DÖV 1993, 577; *Hartwig*, Die Polizei 1996, 23: Zwischen 1989 und 1994 waren bei 43,7 % aller Beißvorfälle, bei denen Menschen verletzt oder getötet wurden, Schäferhunde beteiligt. Schäferhunde dürften aber höchstens ein Zehntel der Hundepopulation in Deutschland ausmachen, wenn man das vom *VGH Mannheim* (NVwZ 1992, 1105) zusammengetragene Zahlenmaterial zugrunde legt, auf das auch das *OVG Lüneburg* (NVwZ 1997, 816) Bezug nimmt.

wähnt werden, wird im allgemeinen ein vergleichbar hohes Gefährdungspotential zugeschrieben.

93 Für eine solche **Ungleichbehandlung** von Hunderassen mit vergleichbarem Gefährdungspotential gibt es unter dem Gesichtspunkt des allgemeinen Gleichheitssatzes keine hinreichende Rechtfertigung. Der Verordnungsgeber hat bei der Beantwortung der Frage, gegen welche Gefahren er einschreiten will, zwar einen gewissen Gestaltungsspielraum. Dieser Gestaltungsspielraum umfaßt auch die Befugnis, bei komplexen und nicht völlig geklärten Sachverhalten Regelungen zu treffen, die sich zunächst mit gröberen Typisierungen und Generalisierungen begnügen und es damit ermöglichen, in angemessener Zeit Erfahrungen bei ihrer Anwendung zu sammeln. In diesem Rahmen muß er sein Handeln auf der Grundlage des aktuellen Kenntnisstandes an einem schlüssigen, an sachlichen Kriterien orientieren Konzept ausrichten.[120]

94 Als sachliche Auswahlkriterien dürfen nur solche Gesichtspunkte berücksichtigt werden, die sich am Zweck der Verordnungsermächtigung, der Gefahrenabwehr, orientieren. Unter diesem Blickwinkel ist das Argument, Hunderassen wie Rottweiler, Dobermann und Schäferhund, aber auch Dogge und Boxer genössen, weil bekannt und verbreitet, seitens der Allgemeinheit eine **höhere Akzeptanz**, und es bestehe, weil diese Rassen seit jeher gezüchtet und gehalten würden, insoweit ein **größerer Erfahrungsschatz** bei Haltern und Züchtern,[121] kein tragfähiges Differenzierungskriterium. Tragfähig wäre es nur dann, wenn die hieran (unausgesprochen) geknüpfte These einer geringeren relativen Schadenshäufigkeit plausibel wäre. Dies ist angesichts der vorhandenen Erkenntnisse über Beißvorfälle jedoch nicht der Fall. Neuere Statistiken weisen neben Hunden aus der Gruppe der Bullterrier auch den Deutschen Schäferhund, den Rottweiler, den Dobermann und den Boxer als überdurchschnittlich aggressiv auf.[122] Auf unbekannte oder weitgehend ungeklärte Sachverhalte können sich die Verordnungsgeber insoweit nicht (mehr) berufen.[123] Vermutlich werden diese Hunderassen lediglich deshalb nicht aufgelistet, weil ihre Einbeziehung in das ordnungsbehördliche Kontrollinstrumentarium einen **überproportional hohen Verwaltungsaufwand** bedeutete.[124] Möglicherweise spielen angesichts der weiten Verbreitung der genannten traditionellen Hunderassen aber auch **Gründe der politischen Opportunität** eine nicht unerhebliche Rolle.

95 Weder der eine noch der andere Gesichtspunkt rechtfertigen es aber, in ihrem Gefährdungspotential vergleichbare Hunderassen ungleich zu behandeln. Erstens spricht nichts dafür, daß die Funktionsfähigkeit der Innenverwaltungen in Frage gestellt wäre, wenn auch die verbreiteten Hunderassen mit hohem Gefährdungspotential dem Regelungsvorbehalt der Hundeverordnungen unterfielen. Erforderlichenfalls müßten Mittel bereitgestellt oder umgeschichtet werden. Es wäre widersinnig, dies nicht zu tun. Wenn die Verordnungsgeber das von kampfbereiten, beißkräftigen Hunden ausgehende Gefährdungspotential einerseits als so gravierend ansehen, daß sie das Halten solcher Hunde einem umfassenden, teilweise einschneidenden Regelungsvorbehalt unterwerfen, dürfen sie unter Berufung auf Praktikabilitätsgründe nicht ausgerechnet solche Hunderassen ausklammern, die wegen ihrer großen Verbreitung für die meisten Schäden verantwortlich sind. Zumindest an den selbst aufgestellten Prämissen müssen sich die Verordnungsgeber festhalten lassen. Zweitens sind Gründe der politischen Opportunität – der Protest zahlreicher, gut organisierter Halter etwa von Schäferhunden wird vermieden, wenn diese Rasse nicht auf-

---

120 *VGH Mannheim* NVwZ 1992, 1107; *OVG Bremen* DÖV 1993, 576 f.; *BayVerfGH* NVwZ-RR 1995, 266; *VGH Mannheim* NVwZ 1999, 1018.

121 *BayVerfGH* NVwZ-RR 1995, 266.

122 *Unshelm* in: VDH (Hrsg.), „Kampfhunde"? Gefährliche Hunde?, Neue wissenschaftliche Gutachten, S. 20 ff.

123 Das *Bundesverwaltungsgericht* (NVwZ 2000, 932) hat in diesem Zusammenhang ausgeführt, daß jedenfalls noch im Jahr 1994, dem Zeitpunkt des Erlasses einer zur Überprüfung anstehenden Hundessteuersatzung, das Phänomen „Kampfhunde" in mancher Hinsicht nicht endgültig geklärt gewesen sei.

124 Vgl. zu dieser Argumentation *BayVerfGH* NVwZ-RR 1995, 266 f., der von einem kaum zu leistenden Verwaltungsaufwand spricht. Dagegen: *VGH Mannheim* NVwZ 1999, 1018.

gelistet ist – keine Gründe, die vom Opportunitätsgrundsatz des Polizeirechts anerkannt würden (vgl. Rdn. 112ff.). Soweit schließlich auf das „**Kampfhundeimage**“ bestimmter Rassen hingewiesen wird[125] – das ehrlichste Argument in der Diskussion –, so ist es deshalb kein tragfähiges Differenzierungskriterium, weil es nicht auf das tatsächliche Gefährdungspotential unterschiedlicher Hunderassen abstellt, sondern, unter Verstärkung vorhandener Vorurteile,[126] allenfalls das **Sicherheitsgefühl** der Bevölkerung anspricht. Für sich betrachtet ist das Sicherheitsgefühl aber kein Schutzgut des Polizeirechts.[127]

96 Die in den Bundesländern geltenden Hundeverordnungen sehen ein **breitgefächertes Regelungsinstrumentarium** für den Umgang mit gefährlichen Hunden vor. Im einzelnen weichen die Bestimmungen teilweise erheblich voneinander ab. An zentraler Stelle steht in vielen Ländern nunmehr eine **Erlaubnispflicht**, der sogenannte **Hundeführerschein.**[128] In den meisten dieser Länder wird das Halten von (bestimmten) gefährlichen Hunden als grundsätzlich verboten angesehen, was sich darin zeigt, daß der Halter zunächst ein **berechtigtes Interesse** nachweisen muß.[129] Ein berechtigtes Interesse kann insbesondere dann vorliegen, wenn das Halten des Hundes der Bewachung eines gefährdeten Besitztums dient.[130] Das „normale“ Interesse an der Hundehaltung – etwa Tierliebe oder ein Bedürfnis nach Steigerung der persönlichen Sicherheit – reicht nicht aus.[131] Es handelt sich hier also, der waffenrechtlichen Erlaubnis nicht unähnlich, um ein **repressives Verbot mit Befreiungsvorbehalt**. In den anderen Ländern, die eine Erlaubnispflicht statuieren, wird das Halten gefährlicher Hunde im allgemeinen nicht als grundsätzlich verboten angesehen, sondern einem **präventiven Kontrollvorbehalt** unterstellt.[132] Einige wenige Länder schließlich verzichten insoweit auf eine Erlaubnispflicht und die damit zu erzielende präventive Kontrolle, sondern statuieren entweder eine **Anzeigepflicht**[133] oder begnügen sich damit, bestimmte, an die Halter gefährlicher Hunde gerichtete Verhaltensanforderungen zu normieren.[134] Eine Besonderheit enthält die niedersächsische Regelung. Danach ist das Halten und der sonstige Umgang von Hunden bestimmter Rassen – es handelt sich um die Gruppe der Bullterrier – ausnahmslos verboten, und nur für das Halten bereits vorhandener Hunde wird unter strengen Voraussetzungen eine Ausnahmegenehmigung erteilt (vgl. § 1 NdsGefTVO).

97 Die in den meisten Ländern geregelte Erlaubnispflicht ermöglicht es, den Umgang mit gefährlichen Hunden davon abhängig zu machen, daß der Halter bestimmten **persönliche Anforderungen** wie Sachkunde, Zuverlässigkeit und körperliche Eignung gerecht wird. Die Erlaubnispflicht trägt damit dem Umstand Rechnung, daß Hunde (bestimmter Rassen) nicht a priori gefährlich sind, sondern vom Menschen durch Züchtung, Training oder unsachgemäße Haltung erst zu gefährlichen Tieren gemacht werden. Dies gilt gerade für modisch gewordene (Kampf-)Hunderassen, die nicht zuletzt deshalb auffällig geworden sind, weil zwischen dem bisweilen zweifelhaften Charakter der Halter und dem Verhalten der Tiere eine Wechselbeziehung besteht.[135]

---

125 Vgl. *VGH Mannheim* NVwZ 1999, 1108.

126 Das *Bundesverwaltungsgericht* (NVwZ 2000, 932) verwendet diesen Begriff „positiv“ zugunsten traditioneller Hunderassen.

127 Vgl. allgemein *Waechter* DVBl. 1999, 810.

128 Vgl. § 3 GefHundeVO BW; § 2a BremHundehVO; § 10 HundehV Bbg; § 2 HundeVO Hmb; § 1 III HessGefHundeVO; § 4 HundeVO MV; § 4 LHV NW; § 3 GefHundeVO RP; § 2 SaarlGefHundeVO; § 5 SächsGefHundG.

129 Vgl. § 3 II 1 GefHundeVO BW; § 10 II Nr. 6 HundehV Bbg; § 2 a II Nr. 1 BremHundehVO; § 2 I 2 HundeVO Hmb; §§ 1 III i. V. m. 14 I Nr. 1 HessGefHundeVO; § 3 I Nr. 1 GefHundeVO RP.

130 Vgl. § 10 II Nr. 6 HundehV Bbg; § 2 a II Nr. 1 BremHundehVO; § 3 II GefHundeVO RP.

131 *VGH München* BayVBl. 1997, 436.

132 § 4 NdsGefTVO; § 3 LHV NW; § 2 SaarlGefHundeVO; § 5 SächsGefHundG.

133 Vgl. § 5 a BerlHundehVO.

134 Vgl. §§ 3 V, 4 I GefHundeVO SH; § 2 GefHundeVO LSA.

135 Vgl. *Unshelm* in: VDH (Hrsg.), „Kampfhunde“? Gefährliche Hunde?, Neue wissenschaftliche Gutachten, 5. Aufl., 2000, S. 22f.

Durch die **Sachkundeprüfung** sind insbesondere Kenntnisse über das Wesen und die Verhaltensweisen von Hunden, das richtige Verhalten des Menschen gegenüber Hunden sowie die wichtigsten Rechtsvorschriften über den Umgang mit Hunden nachzuweisen.[136] Die erforderliche **Zuverlässigkeit** besitzen in der Regel Personen nicht, die wegen bestimmter, im einzelnen aufgezählter Straftaten rechtskräftig verurteilt worden sind. Hierzu zählen insbesondere vorsätzlich begangene Straftaten mit Gewaltanwendung gegenüber Menschen sowie strafrechtlich relevante Verstöße gegen das Tierschutzgesetz und das Bundesjagdgesetz, aber auch Verstöße gegen das Waffengesetz, das Kriegswaffenkontrollgesetz, das Sprengstoffgesetz und das Betäubungsmittelgesetz sowie Trunkenheitstaten. Die Zuverlässigkeit ist durch Vorlage eines **Führungszeugnisses** nachzuweisen.[137] Die **körperliche Eignung** besitzen in der Regel Personen nicht, die aufgrund einer psychischen Krankheit oder einer geistigen oder seelischen Behinderung betreut werden oder die trunk- oder rauschmittelsüchtig sind.[138] Häufig werden diese Merkmale bereits als Zuverlässigkeitsmängel angesehen.[139] Eindeutig auf physische Eigenschaften zielt dagegen die Forderung, daß Hundehalter nach ihren körperlichen Kräften zur Führung des Hundes geeignet sein müssen.[140] Außerdem müssen nach den meisten Verordnungen die Halter gefährlicher Hunde mindestens 18 Jahre alt sein.[141] **98**

Die Erlaubnis zur Haltung gefährlicher Hunde ist in den meisten Ländern darüber hinaus an Voraussetzungen geknüpft, die man als **organisatorische Anforderungen** bezeichnen kann. Hierzu zählt insbesondere, daß die Räume, Einrichtungen und Anlagen, in denen der Hund gehalten wird, eine sowohl **artgerechte** wie **ausbruchsichere Unterbringung** ermöglichen.[142] Außerdem darf für die Erteilung der Erlaubnis verlangt werden, daß der Hund eine **unveränderliche Kennzeichnung** – etwa einen implantierten Microchip – trägt,[143] damit er immer einwandfrei identifiziert und seinem Halter zugeordnet werden kann, und daß für ihn eine **Haftpflichtversicherung** abgeschlossen wurde,[144] damit für eventuelle Schäden vorgesorgt ist. Schließlich darf die Erlaubnis davon abhängig gemacht werden, daß die bereits fällig gewordene **Hundesteuer** entrichtet worden ist,[145] weil die Nichterfüllung dieser spezifischen Verpflichtung, vergleichbar der Rechtslage im Gewerberecht, ein Indiz für die Unzuverlässigkeit des Halters ist. **99**

Von der Erlaubnispflicht abgesehen gibt es für den Umgang mit gefährlichen Hunden in allen Bundesländern **besondere Verhaltensanforderungen,** die sich vom Umgang mit sonstigen Hunden unterscheiden. An erster Stelle zu nennen ist der praktisch durchgängige **Leinenzwang** für gefährliche Hunde außerhalb des befriedeten Besitztums oder der Wohnung.[146] Nicht nur ein nebensächliches Detail ist es, daß die Länge der Leine in fast allen Ländern auf höchstens zwei Meter festgelegt ist. Ein einigermaßen tiergerechtes Verhalten ist den hiervon betroffenen Hunden deshalb häufig nur noch in ausgewiesenen Hundeauslaufgebieten möglich. Häufig wird neben dem Leinenzwang und unter den gleichen Voraussetzungen auch ein umfassender **Maulkorbzwang** statuiert,[147] was zu **100**

---

136 Vgl. § 5 IV HundehVO MV; § 4 SaarlGefHundeVO; § 8 SächsGefHundG.

137 Vgl. § 12 I HundehV Bbg: § 4 HessGefHundeVO: § 5 LHV NW; § 8 GefHundeVO SH.

138 Vgl. § 6 II HundehVO MV.

139 Vgl. § 3 IV Nr. 2 GefHundeVO RP; § 3 Satz 1 Nr. 2 HundeVO Hmb.

140 Vgl. § 8 II Nr. 6 GefHundeVO SH.

141 Vgl. § 3 Satz 1 Nr. 3 HundeVO Hmb; § 14 I Nr. 4 HessGefHundeVO; § 4 II Nr. 1 HundeVO MV; § 4 II Nr. 1 LHV NW; § 2 III Nr. 1 SaarlGefHundeVO.

142 Vgl. z. B. § 10 II Nr. 4 HundehV Bbg; § 5 I Nr. 4 SächsGefHundG.

143 Vgl. § 3 II 2 GefHundeVO BW; § 14 I Nr. 9 HessGefHundeVO; § 3 VI LHV NW.

144 Vgl. § 14 I Nr. 5 HessGefHundeVo; § 3 V LHV NW.

145 Vgl. § 14 I Nr. 6 HessGefHundeVO.

146 Vgl. § 4 III GefHundeVO BW; § 2 I 1 BremHundHVO; § 3 III 2 HundehV Bbg; § 4 I 2 HundeVO Bln; § 4 I 3 HundeVO Hmb; § 6 I HessGefHundeVO; § 3 III 1 HundehVO MV; § 2 I NdsGefTVO; § 6 III 1 LHV NW; § 5 IV GefHundeVO RP; § 5 III 1 SaarlGefHundeVO; § 2 I GefHundeVO LSA; § 4 I GefHundeVO SH; § 6 I SächsGefHundG.

147 § 4 IV GefHundeVO BW; § 3 III 2 HundehV Bbg; § 2 I 1 BremHundHVO; § 4 I 3 HundeVO Hmb; § 2 I NdsGefTVO; § 6 III 2 LHV NW; § 5 IV GefHundeVO RP; § 5 III 1 SaarlGefHundeVO; § 2 I GefHundeVO LSA; § 6 I SächsGefHundG.

einer zusätzlichen Einschränkung des tierischen Wohlbefindens führt. Andere Länder beschränken den Maulkorbzwang bei gefährlichen Hunden auf besondere Fallgestaltungen[148] oder differenzieren zwischen konkret festgestellter und lediglich vermuteter Gefährlichkeit[149] bzw. zwischen Hunden, die als unwiderleglich gefährlich gelten, und allen anderen[150] bzw. einer Kombination aus konkreter und unwiderleglich vermuteter Gefährlichkeit und allem anderen.[151] Weitere, praktisch überall geltende Verhaltensmaßnahmen sind, daß gefährliche Hunde nur **einzeln ausgeführt** werden dürfen und daß außerhalb des befriedeten Besitztums der Halter sie nur solchen **anderen Personen überlassen** darf, die den gleichen persönlichen Anforderungen genügen, die auch an den Halter selbst gestellt werden (Rdn. 97 f.). Nach den Bestimmungen einiger Länder bestehen darüber hinaus **Mitteilungspflichten** gegenüber der zuständigen Behörde, wenn ein gefährlicher Hund einem anderen über längere Zeit oder dauernd überlassen wird.[152]

101 Die vorbezeichneten Anforderungen stehen angesichts der Schäden an Leib und Leben, die es zu verhindern gilt, mit dem **Verhältnismäßigkeitsgrundsatz** im Einklang. Es ist einleuchtend, daß, wer beispielsweise einen scharf gemachten, auf Angriff trainierten Hund hat, wer einen Hund hat, der einen Menschen bereits „grundlos" gebissen hat, oder auch wer einen Hund hat, der Menschen anspringt und ihnen dadurch angst macht (der also nicht in der Lage oder willens ist, sein Tier richtig zu erziehen), die mit den Regelungen verbundenen Beschränkungen zum Schutz der Gesundheit und des Lebens anderer Menschen hinnehmen muß.

102 Für Besitzer solcher Hunde, die einer Rasse angehören, für die lediglich eine Gefährlichkeitsvermutung besteht, gilt dies nicht in gleicher Weise. Wenn es sich im konkreten Fall um einen friedfertigen Hund handelt, können solche Hundehalter die berechtigte Frage stellen, ob die grundsätzlich zulässige Typisierung in Gestalt von Rasselisten in ihrem Fall nicht die Grenze der Zumutbarkeit überschreitet. Diese von der Verfassung gezogene Grenze wird dann nicht überschritten, wenn, wie praktisch alle einschlägigen Regelungen dies vom Grundsatz her auch zulassen, dem Halter die Möglichkeit eröffnet wird, durch Bescheinigung einer sachverständigen Stelle nachzuweisen, daß sein Tier ausweislich einer durchgeführten **Wesensprüfung** keine gesteigerte Aggressivität oder eine ähnliche Eigenschaft aufweist. Den sachbezogenen Ausgangspunkt für die rechtliche Notwendigkeit, die normative Gefährlichkeitsvermutung durch die Absolvierung einer Wesensprüfung widerlegen zu dürfen, bilden die Erkenntnisse aus der Zoologie und Verhaltensforschung, wonach allein die Zugehörigkeit eines Hundes zu einer bestimmten Rasse keine Aussage über dessen Gefährlichkeit zuläßt, weil das Verhalten eines Hundes eine Kombination aus angeborenen Verhaltensbereitschaften und erlernter Verhaltensweise ist, wobei die angeborenen Verhaltensbereitschaften bei den verschiedenen Hunderassen erheblich gleichartiger sind, als es der äußere Anschein erwarten läßt.[153] Aus diesem Grund finden Rasselisten ihre Rechtfertigung auch nicht in der konkreten Gefährlichkeit der dort benannten Hunde, sondern in deren besonders großem Gefährdungspotential (Rdn. 90).

103 Die Regelungen in einigen Ländern unterscheiden rassebezogen zwischen **unwiderleglicher** und **widerleglicher Gefährlichkeitsvermutung.** Als unwiderleglich gefährlich gelten insbesondere Hunde der Rassen American Pitbull Terrier, American Staffordshire Terrier und Staffordshire Bullterrier.[154] Ob eine solche Differenzierung gerechtfertigt ist,

---

[148] Vgl. § 4 I 2 HundeVO Bln (Treppenhäuser, Menschenansammlungen; öffentliche Grün- und Erholungsanlagen, öffentliche Verkehrsmittel).

[149] § 3 II 4 HundehVO MV.

[150] Vgl. § 6 III HessGefHundeVO.

[151] Vgl. § 4 IV GefHundeVO SH.

[152] Vgl. § 13 I HundehV Bbg; § 15 IV HessGefHundeVO; § 4 II GefHundeVO RP; § 7 SächsGefHundG.

[153] *Eichelberg* in: VDH (Hrsg.), „Kampfhunde"? Gefährliche Hunde?, Neue wissenschaftliche Gutachten, 5. Aufl., 2000, S. 8; *Feddersen-Petersen* in: VDH (Hrsg.), a.a.O., S. 14. Vgl. auch die weiteren Nachweise bei *VGH Mannheim* NVwZ 1999, 1018.

[154] Vgl. § 8 II HundehV Bbg; § 1 I HundeVO Hmb; § 2 I 2 Nr. 1 HessGefHundeVO.

erscheint zweifelhaft.[155] Auch wenn sich feststellen laßt, daß Hunde dieser Rassen relativ häufig wegen ihrer gesteigerten Aggressivität gegenüber Menschen und Tieren auffallen,[156] ist eine pauschalisierende Festlegung fragwürdig. Denn gerade bei Hunden dieser Rassen gilt, daß sie bevorzugt in bestimmten Milieus auf gesteigerte Aggressivität hin gezüchtet und ausgebildet wurden, eine gesteigerte Aggressivität sich also entweder in bestimmten **Zuchtlinien** findet oder auf die **Einwirkung ihrer Besitzer** zurückzuführen ist.[157] Weil aber die auf Aggressionszucht beruhende Gefährlichkeit ebenso ein eigener Tatbestand ist wie das Aggressionstraining (vgl. oben Rdn. 86), stellt sich die Frage, warum es dem Besitzer eines hiervon nicht betroffenen Hundes verwehrt sein soll, die Gefährlichkeitsvermutung im Einzelfall zu entkräften, zumal andere Länder auch für diese Hunde die Widerlegung der Gefährlichkeitsvermutung zulassen.[158]

Die **Folge der Widerlegung der Gefährlichkeitsvermutung** muß wegen des hohen **104** Gefährdungspotentials bestimmter Hunde nicht die sein, daß etwa der mit behördlichem Negativattest ausgestattete Pitbull rechtlich wie ein Pudel zu behandeln wäre. Insbesondere ist es zulässig, den Umgang mit einem solchen Tier auch bei bestandenem Wesenstest immer von einer behördlichen Erlaubnis und die Erteilung der Erlaubnis vor allem von der Sachkunde und der Zuverlässigkeit des Besitzers abhängig zu machen. Dieser Vorbehalt verringert die Wahrscheinlichkeit, daß aus einem (zum Zeitpunkt des Tests) normalen Hund ein gefährlicher Hund wird. Er trägt dem Umstand Rechnung, daß der **Charakter eines Hundes** im wesentlichen durch seinen **Umgang mit Menschen** bestimmt wird. Sachkundige und zuverlässige Menschen bieten aber am ehesten die Gewähr, daß der Hund auch in Zukunft richtig behandelt wird. Die Frage ist deshalb eher, warum nach den Hundeverordnungen der meisten Länder keine Erlaubnispflicht (mehr) besteht, wenn der Hund den Wesenstest bestanden hat. Lediglich die hessische Regelung geht davon aus, daß der Umgang mit Hunden, die ein hohes Gefährdungspotential haben, in besonderem Maße reglementierungsbedürftig ist, und unterstellen das Halten solcher Hunde auch dann, wenn ein gültiges Negativattest vorliegt, dem Erlaubnisvorbehalt. Die praktische Konsequenz eines bestandenen Wesenstests besteht hier vor allem in einem Dispens von dem umfassenden Leinen- und Maulkorbzwang.

Ergibt der Wesenstest die **Bestätigung der Gefährlichkeitsvermutung**, weil sich der **105** Hund als übermäßig aggressiv erweist, so stellt sich die Frage, wie die Behörde auf diesen Tatbestand reagieren kann. Es liegt an sich nahe, daß in einem solchen Fall die Erlaubnis für den Umgang mit einem solchen Hund nicht erteilt bzw. entzogen wird. Denn es gibt, sieht man einmal von Diensthunden oder Wach- und Schutzhunden im Sicherheitsgewerbe ab, keinen vernünftigen Grund, weshalb es die Allgemeinheit hinnehmen sollte, daß jemand einen Hund von besonders großer Kampfkraft und nachgewiesen übermäßiger Aggressivität hält. Diese Folge normiert in der wünschenswerten Klarheit wiederum nur das hessische Recht, wonach die Erlaubnis für den Umgang mit einem Hund, der ein hohes Gefährdungspotential hat, nur nach **Bestehen eines Wesenstests** erteilt wird.[159]

Die Bestimmungen der meisten übrigen Länder – eine Ausnahme ist Niedersachsen, **106** vgl. § 1 V GefTVO[160] – lassen den Sachverhalt des **nicht bestandenen Wesenstests** bei Hunden mit hohem Gefährdungspotential ungeregelt. Dies hat zur Folge, daß die Rechtslage dort weniger eindeutig ist. Weil es weder einen rechtlichen oder faktischen Zwang zur Durchführung eines Wesenstests gibt, noch – folgerichtig – eine **Differen-**

---

155 *VGH Kassel*, Beschluß vom 8. 9. 2000, Az.: 11 NG 2500/00.

156 *Unshelm* in: VDH (Hrsg.), „Kampfhunde"? Gefährliche Hunde?, Neue wissenschaftliche Gutachten, 5. Aufl., 2000, S. 22.

157 Vgl. *Feddersen-Petersen* in: VDH (Hrsg.), „Kampfhunde"? Gefährliche Hunde?, Neue wissenschaftliche Gutachten, 5. Aufl., 2000, S. 12 ff.

158 Vgl. § 1 II GefHundeVO BW; § 2 III HundehVO MV; § 1 SächsDVOGefHundG; ähnlich: § 3 III 2 GefHundeVO SH; im Ergebnis auch: § 6 IV LHV NW; § 5 V GefHundeVO RP.

159 § 14 I, II HessGefHundeVO.

160 Die Folge nicht bestandenen Wesenstests ist mindestens die Unfruchtbarmachung, bei besonderer Gefährlichkeit die Tötung.

zierung zwischen Gefährlichkeitsvermutung und Gefährlicheitsgewißheit bei bestimmten großen bzw. kräftigen Hunden, ließe sich bei einem solchen Sachverhalt ein Einschreiten etwa in Form einer Sicherstellung nur auf der Grundlage der Polizei- bzw. Ordnungsbehördengesetze rechtfertigen.[161] Das Problem besteht hier darin, daß der Halter sich gegenüber einem ordnungsbehördlichen Einschreiten gegebenenfalls auf die ihm erteilte Erlaubnis zur Haltung des Hundes berufen kann, sofern diese nicht bereits eine entsprechende einschränkende Nebenbestimmung enthält. Denn sein Verhalten ist, an den einschlägigen Normen der Hundeverordnungen gemessen, nicht rechtswidrig. Trotz ihrer teilweise bemerkenswerten Normierungsdichte besteht bei den meisten Verordnungen also insoweit ein **Regelungsdefizit,** als sie das Halten eines Hundes mit hoher Kampfkraft, der außerdem erwiesenermaßen besonders aggressiv ist, überhaupt – wenn auch unter strengen Maßgaben – zulassen.

107 Teilweise enthalten die Hundeverordnungen spezielle Eingriffsbefugnisse wie die **Untersagung der Hundehaltung** und die **Sicherstellung des Hundes,**[162] die in den anderen Bundesländern auf die einschlägigen Bestimmungen der Polizeigesetze (spezielle Norm oder Generalklausel) gestützt werden müssen. Solche Maßnahmen können bzw. müssen[163] dann ergriffen werden, wenn der Hundehalter die einschlägigen Verbote oder Gebote nicht einhält. Eine eventuell bestehende Erlaubnis zur Hundehaltung, über deren Rücknahme die Behörde in solchen Fälle außerdem zu befinden haben wird, kann der Hundehalter diesen Maßnahmen wegen der Rechtswidrigkeit seines Verhaltens hier nicht entgegenhalten.[164] Bei dauerhaft gefährlichen Tieren, also solchen, die auch einer **Verhaltenstherapie** als dem milderen Mittel nicht zugänglich sind, kommt als Ultima ratio deren **Tötung** in Betracht.[165] § 11 II HessGeHundeVO sieht die Tötung zwingend vor, wenn der Hund einen Menschen getötet oder ernstlich verletzt hat. Wenn das Merkmal der ernstlichen Verletzung entsprechend eng ausgelegt wird, gibt es wegen der erwiesenen extremen Gefährlichkeit des Hundes keine durchgreifenden Einwände aus rechtlicher oder ethischer Sicht gegen die Rigorosität dieser Regelung. Gegen die in einer Reihe von Hundeverordnungen[166] enthaltene Befugnis zur **Unfruchtbarmachung** durch Kastration oder Sterilisation eines (besonders) gefährlichen Hundes bestehen im Hinblick darauf, daß damit ein Schaden abgewendet werden soll, der in weiter Ferne liegt – Angriffe auf Menschen oder andere Tiere durch die Nachkommen des betroffenen Hundes –, aber rechtliche Bedenken. Ein Hund stellt nicht deshalb eine abstrakte Gefahr dar, weil er zeugungs- oder gebärfähig ist, und das Polizeirecht ist nicht die Materie zur **Regulierung der Hundepopulation.**[167]

III. Maßstäbe polizeilichen Handelns

108 „War das astrein?" fragt kleinlaut der Kriminalkommissar seine Chefin am Ende einer Folge des Fernsehkrimis „Tatort". Sie hat durch eine grandiose Inszenierung den Tatverdächtigen getäuscht – ein Verstoß gegen § 136a StPO – und ihn dadurch zu einem Geständnis bewegt. Ihre Antwort auf das schlechte Gewissen ihres Kollegen ist knapp und

---

[161] Vgl. zum Verhältnis von Generalklausel und Hundeverordnung allgemein *OVG Münster* NWVBl. 2000, 30.

[162] Vgl. § 7 HmbHundeVO; § 11 I HessGefHundeVO.

[163] Z. B. eröffnet § 7 I HmbHundeVO, der auf Verstöße gegen Vorschriften über das Halten gefährlicher Hunde abstellt, kein Ermessen.

[164] § 7 II LHV NW stellt dies ausdrücklich klar.

[165] Vgl. § 7 IV HmbHundeVO; § 1 V NdsGefTVO; § 5 SaarlGefHundeVO.

[166] Vgl. § 5 I GefHundeVO BW; § 10 HessGefHundeVO; § 1 IV NdsGefTVO.

[167] Dies ist der Lenkungszweck der **Kampfhundesteuer.** Das *Bundesverwaltungsgericht* (NVwZ 2000, 929) sieht es als zulässig an, wenn Gemeinden mit Hilfe der Hundesteuer generell und langfristig auf ihrem Gebiet solche Hunde zurückdrängen wollen, die aufgrund ihres Züchtungspotentials in besonderer Weise die Eignung aufwiesen, ein gefährliches Verhalten zu entwickeln, sei es auch erst nach Hinzutreten anderer Faktoren.

nicht zu widerlegen: „Nein, aber erfolgreich!" – Die Antwort der erfolgreichen Kriminalistin könnte das Leitmotiv einer seit geraumer Zeit zu beobachtenden Gesetzgebungspraxis sein, in der, bei durchaus unterschiedlicher Ausgestaltung in den einzelnen Ländern, **polizeilicher Pragmatismus** in weit größerem Umfang zum Maßstab der Rechtssetzung gemacht wird als **die Furcht vor einer übermächtigen Polizeigewalt.** Grundrechte als Maßstäbe dieser Gesetzgebung werden weniger in ihrer originären und primären Funktion als **Abwehrrecht** gegen den Staat, sondern mehr in ihrer Ausprägung als **Schutzauftrag** an den Staat, als Auftrag an den Gesetzgeber zur Schaffung von Handlungsbefugnissen verstanden. Wachsende Kriminalitätsangst und zunehmendes Sicherheitsbedürfnis in der Bevölkerung sind Bedingungen der Akzeptanz dieser Gesetzgebung.[168] Dem polizeilichen Pragmatismus entsprechen dabei nur solche Gesetze, die durch weitreichende Eingriffsermächtigungen und in hohem Maße auslegungsfähige Begrifflichkeiten die gewünschte **Flexibilität** polizeilicher Arbeit sicherstellen. Dieser Pragmatismus kann, wie die Regelungen über die sogenannte Schleierfahndung zeigen, bis hin zum praktisch völligen Wegfall von Eingriffsschanken führen (dazu Rdn. 354). Die Aufrechterhaltung der empfindlichen **Machtbalance** im Rechtsstaat und die Gewährleistung von **Rechtssicherheit** als Maßstäbe legislativen Handelns spielen bei einer vornehmlich an den praktischen Bedürfnissen der Polizei ausgerichteten Gesetzgebung dagegen eine nur untergeordnete Rolle. Die erkennbar werdende Strategie der „Sicherheit durch Verunsicherung" entzieht sich schon ihrem Wesen nach jeder normativen Begrenzung (Rdn. 387).

Wie freiheitssichernde Verfassungsprinzipien als Maßstab für den Polizeigesetzgeber so 109
hat auch das Polizeigesetz selbst als Maßstab für das Handeln der Polizeibehörde eine eher nachgeordnete Bedeutung. Die wortreiche Kasuistik der modernen Polizeigesetze täuscht eine **Steuerungsfunktion** nur vor. Dies ist nicht nur auf die häufig beklagte Undurchsichtigkeit dieser Regelungskomplexe zurückzuführen. Wo Tatbestandsvarianten einer Eingriffsnorm ohne inneren Zusammenhang aneinandergereiht (vgl. Rdn. 842 ff.) und die gleichen Befugnisse mehrfach und unter verschiedenen Voraussetzungen zugelassen werden (vgl. Rdn. 281), wo Aufzählungen keinen erkennbaren Sinn verfolgen (vgl. Kap. E Rdn. 195 ff.), Verfassungsgrundsätze und Verfahrensprinzipien durch regelmäßig mehrere und unbestimmt gefaßte Ausnahmetatbestände zur Disposition der Exekutive gestellt werden (vgl. Rdn. 242 ff.) und die Gesetzessystematik leichthin den vermeintlichen Erfordernissen der Praxis geopfert wird (vgl. Rdn. 528 f.), kann das Gesetz kein verläßlicher Handlungsmaßstab mehr sein. Dies gilt nicht minder, wenn Gemeinwohlklauseln, die an tatbestandlicher Unschärfe nicht zu überbieten sind (vgl. Rdn. 215 ff.), als polizeirechtliche Zweckbestimmungen fungieren. Wenn gleichzeitig Rechte des Betroffenen nur unter der Maßgabe bestehen, daß ihre Verwirklichung nicht mit **„unverhältnismäßig hohem Aufwand"**,

§ 19 II 2 PolG BW; Art. 30 II 2, 45 III Nr. 4 BayPAG; § 29 IV 2 BbgPolG; § 31 II 2 ThürPAG,

bzw. daß sie mit **„vertretbarem Aufwand"** (z. B. Art. 38 IV BayPAG) verbunden ist oder daß ihre Verwirklichung die polizeiliche Aufgabenerfüllung nicht **„erschwert"** (§ 25 a II 1 POG RP) bzw. nicht **„erheblich erschwert"** (z. B. Art. 30 III 2 BayPAG; § 25 II 2 SPolG; § 15 I 2 SOG LSA), dann wird zum Maßstab des polizeilichen Handelns statt dessen das polizeiliche Handeln selbst. Die Normativität der Polizeigesetze steht unter dem Vorbehalt der Normalität des Polizeialltags.

Was man als **polizeiinterne Strukturen** oder die „tatsächlichen Verhältnisse" bezeich- 110
nen könnte, ist anders gewendet ein Faktor, der sich auf die Polizeigewalt in gewisser Hinsicht auch mäßigend auswirkt. So entspricht der regelungstechnischen Hochrüstung nicht in allen Bereichen eine tatsächliche, weil es an der von der Polizei gewünschten

[168] Vgl. näher *Waechter* DVBl. 1999, 809; *Volkmann* NVwZ 2000, 361. Zur „Kriminalität als Gegenstand öffentlicher Debatte" vgl. auch *Walter* MSchrKrim 1998, 433 ff. Zu „Viktimisierung, Kriminalitätsfurcht und Bewertung der Polizeiarbeit" vgl. die empirische Untersuchung der *Forschungsgruppe „Kommunale Kriminalprävention in Baden-Württemberg"* MSchrKrim 1998, 67 ff.

sachlichen und personellen Ausstattung fehlt. Auch zwischen- und innerbehördliche Reibungen und Fraktionierungen[169] sowie individuelle Motivationsverluste[170] hemmen die polizeiliche Effizienz. Von außen tritt zunehmend eine **kritische (Fach)Öffentlichkeit**[171] an die Polizei heran, macht ihr die alleinige Definitionskompetenz hinsichtlich „polizeilicher Lagen" streitig und kompensiert mit dieser Transparentmachung der Polizeipraxis teilweise deren vergleichsweise gering ausgeprägte judikative Ausformung.

111 Diese Gegebenheiten, die keine rechtlichen Maßstäbe, sondern sachliche Zwänge sind, können nicht als Ersatz für eine stärkere normative Einbindung der Polizei in das Verfassungsgefüge (vgl. Kap. D) dienen. Auch die Hoffnung, die Polizeibehörden möchten von ihren weitreichenden Befugnissen in zurückhaltender Weise Gebrauch machen,[172] ist kein Surrogat für die Bestimmtheit von Normen und damit die Vorhersehbarkeit von Rechtseingriffen. Die nachfolgend beschriebenen Maßstäbe polizeilichen Handelns müssen deshalb in ihrer Verbindlichkeit und in ihren Bindungswirkungen betont und vor einer faktischen Suspendierung durch jeweils situativ definierte praktische Bedürfnisse bewahrt werden.

1. Opportunitätsprinzip

112 In vielen Bereichen muß die Verwaltung bei Vorliegen der tatbestandlichen Voraussetzungen einer Rechtsnorm nicht in jedem Fall tätig werden. Die Entscheidung darüber, ob sie tätig wird und welche Maßnahmen sie ergreift, steht dann in ihrem **Ermessen.** Diese Wahlmöglichkeit, die allerdings bestimmten rechtlichen Bindungen unterworfen ist, wird mit dem Begriff **Opportunitätsprinzip** umschrieben. Die Begriffe Opportunität und Ermessen bezeichnen den gleichen rechtlichen Sachverhalt. Für das Polizeirecht ist, wie für die Eingriffsverwaltung überhaupt, die Geltung des Opportunitätsprinzips kennzeichnend.

a) Arten des Ermessens

113 Nach § 3 I ME PolG und den entsprechenden Normen in den einzelnen Polizeigesetzen,

§ 3 PolG BW; Art. 5 I BayPAG; § 12 I ASOG Bln; § 4 I BbgPolG; § 4 I BremPolG; § 3 I HmbSOG; § 5 I HSOG; § 14 I SOG MV; § 5 I NGefAG; § 3 I PolG NW; § 3 I POG RP; § 3 I SPolG; § 3 II SächsPolG; § 6 I SOG LSA; § 174 LVwG SH; § 5 I ThürPAG,

trifft die Polizei ihre Maßnahmen nach „pflichtgemäßem Ermessen". Die Eröffnung eines **Ermessensspielraums** bedeutet, daß die Verwaltung bei der Verwirklichung der polizeigesetzlichen Tatbestände zwischen verschiedenen Verhaltensweisen wählen kann,[173] sofern sie die gesetzlichen Schranken des Ermessens beachtet (vgl. Rdn. 114). Diese Wahl findet gedanklich auf zwei Ebenen statt. Die Polizei kann einmal darüber befinden, ob sie überhaupt einschreiten will. Man nennt dies das **Entschließungsermessen.** Hat die Polizei sich zum Einschreiten entschlossen, so stellt sich die Frage, welche Maßnahmen

[169] Hingewiesen sei auf die Gewerkschaft der Polizei (GdP) sowie auf die Bundesarbeitsgemeinschaft Kritischer Polizistinnen und Polizisten. Vgl. zur Rolle der GdP bei der Bewaffnung der Polizei *Busch/Funk/Kauß/Narr/Werkentin*, 182 ff. Vgl. auch *Spinrath*, Effizienzsteigerung jenseits neuer Befugnisse, in: Bäumler (Hrsg.), Polizei und Datenschutz, 1999, S. 86 ff., der für die Gewerkschaft der Polizei feststellt, „daß wir hierzulande kein Gesetzesdefizit, sondern ein Vollzugsdefizit haben"; vgl. zur korporatistischen Konstruktion des Politikfelds der inneren Sicherheit *Lange*, Innere Sicherheit als Netzwerk, in: *ders.*, Staat, Demokratie und Innere Sicherheit in Deutschland 2000, 235 ff. (246 ff.).

[170] Vgl. das Schwerpunktheft „Die Polizei auf dem Prüfstand", Die Polizei, Heft 5/1991.

[171] Hier vor allem der seit 1978 in Berlin erscheinende „Informationsdienst Bürgerrechte & Polizei (CILIP)". Zum Stichwort „Polizeialltags-Forschung" vgl. bereits *Feest/Blankenburg*, Die Definitionsmacht der Polizei, 1972. Aus der neueren Literatur *Busch/Funk/Kauß/Narr/Werkentin*, Die Polizei in der Bundesrepublik, 1985. Eine Übersicht über die Literatur zu diesem Thema gibt *Funk* KrimJ 1990, 105 ff. Vgl. auch *Feltes* NK 1990, 32 ff.; *Brusten* (Hrsg.), Polizeipolitik, KrimJ, 4. Beiheft, 1992; *Narr/Pütter*, Supervision der Polizei durch bürgerrechtliche Gruppen, in: Bäumler (Hrsg.), Polizei und Datenschutz, 1999, S. 159 ff.

[172] *Riegel* Die Polizei 1991; ähnlich *Kniesel* NVwZ 1990, 744.

[173] Vgl. allgemein zum Ermessen: *Maurer*, § 7 Rdn. 6 ff.; *Erichsen*, in: Erichsen/Martens, § 10 Rdn. 13 ff.

und Mittel zu ergreifen sind. In diesem Bereich besteht das sogenannte **Auswahlermessen.** Parkt ein Auto beispielsweise auf einem Gehsteig und behindert andere Verkehrsteilnehmer, so ist die Polizei zum Einschreiten zwar befugt. Sie muß aber nicht in jedem Fall tätig werden. Entschließt sie sich zum Einschreiten, so stehen ihr unter Umständen mehrere Möglichkeiten offen. In Betracht kann das „Abschleppen" des Fahrzeugs mit anschließender Verwahrung ebenso kommen wie das bloße Zur-Seite-Heben oder -Schieben. Auch durch verkehrsregelnde Maßnahmen könnte einer Gefährdung der Fußgänger begegnet werden. Eine Frage des Auswahlermessens ist es auch, wen die Polizei bei einer Mehrheit von Störern in Anspruch nimmt (vgl. Kap. E Rdn. 115 ff.).

b) Bindungen des Ermessens

Daß die Polizei ihr Ermessen **„pflichtgemäß"** ausüben muß, wie die Polizeigesetze dies im Anschluß an den Musterentwurf ausdrücken,[174] ist selbstverständlich.[175] Dieses Attribut ist deshalb überflüssig.[176] Der Inhalt dieser Pflicht ist nicht in den Polizeigesetzen, sondern in den Verwaltungsverfahrensgesetzen des Bundes und der Länder geregelt. Danach hat die Behörde das Ermessen entsprechend dem Zweck der Ermächtigung auszuüben und die gesetzlichen Grenzen des Ermessens einzuhalten (vgl. § 40 VwVfG). Das Ob und Wie des Einschreitens steht also nicht im „freien" Ermessen der Polizei. 114

Die durch § 40 VwVfG normierten rechtlichen **Bindungen des Ermessens** werden – negativ – durch eine Typisierung der unterschiedlichen Arten von Ermessensfehlern konkretisiert. Im wesentlichen wird nach folgenden Arten von Ermessensfehlern unterschieden: Betätigt die Behörde ihr Ermessen überhaupt nicht, so liegt ein **Ermessensnichtgebrauch** (Ermessensmangel, Ermessensunterschreitung) vor. Läßt sich die Behörde nicht ausschließlich vom Zweck der Ermächtigung leiten, so liegt ein **Ermessensmißbrauch** (Ermessensfehlgebrauch) vor; das Motiv polizeilichen Handelns darf also nur im Rahmen der Aufgabenstellung liegen (vgl. Rdn. 117 ff.). Als **Ermessensüberschreitung** wird diejenige Konstellation bezeichnet, bei der die Behörde eine nicht mehr im Rahmen der Ermessensvorschrift liegende Rechtsfolge wählt.[177] Ermessensfehler führen zur **Rechtswidrigkeit** des behördlichen Handelns (§ 114 VwGO). Jedenfalls was das vollzugspolizeiliche Handeln betrifft, so ist die Ermessensbetätigung als Fehlerquelle allerdings von nur geringer praktischer Bedeutung. Wird eine polizeiliche Maßnahme von den Gerichten für rechtswidrig erklärt, so liegt dies in aller Regel daran, daß entweder die tatbestandlichen Voraussetzungen der Rechtsgrundlage nicht vorliegen oder der Eingriff unverhältnismäßig ist. Auch wird im Polizeirecht die Verhältnismäßigkeit einer Maßnahme, anders als etwa im Ausländerrecht,[178] nicht als Problem der richtigen Ermessensausübung thematisiert. Ohnehin wird sich die zum Zeitpunkt des Einschreitens bestehende Motivlage eines Polizeibeamten, da mündliche Verwaltungsakte nicht begründet werden müssen (vgl. § 39 I VwVfG), in möglichen späteren Steitverfahren nur noch schwer reproduzieren lassen. Nähme die Polizei einen notorischen Straftäter nicht nur zum Zwecke der Verhinderung weiterer Straftaten in Gewahrsam, sondern auch, um ihm endlich einmal einen „Denkzettel" zu verpassen oder ihm eine „Lektion" zu erteilen, so wäre dies zwar ermessensfehlerhaft und die Ingewahrsamnahme damit rechtswidrig. Die „innere" Fehlerhaftigkeit dieser Maßnahme würde, sofern sie nicht im Polizeibericht dokumentiert ist, in aller Regel aber verborgen bleiben. 115

Im übrigen dürfen an die Ermessensbetätigung der Vollzugspolizei keine zu hohen **Anforderungen** gestellt werden. Dies gilt vor allem für das Entschließungsermessen. Wo 116

---

174 Ebenso *BVerwGE* 37, 112 (113).

175 *Meyer/Borgs*, VwVfG, § 40 Rdn. 16.

176 *Rasch*, ME, § 3 Rdn. 4.

177 Vgl. z. B. *Maurer*, § 7 Rdn. 12. Der Wert dieser Kategorie ist allerdings zu bezweifeln. Ist eine Rechtsfolge vom Gesetz nicht vorgesehen, so fehlt es bereits, wie bei einer gebundenen Entscheidung auch, an den tatbestandlichen Voraussetzungen für die konkrete Maßnahme.

178 Vgl. *BVerwGE* 60, 75 (78); 68, 101 (103).

in heiklen Situationen rasch eine Entscheidung getroffen werden muß, kann der Polizeibeamte nicht langwierige Erwägungen über das Für und Wider des Einschreitens anstellen. Sofern die gesetzlichen Voraussetzungen der Ermächtigungsgrundlage in einem solchen Fall vorliegen, ist der Eingriff auch dann rechtmäßig, wenn der Beamte sich die Möglichkeit des Nichteinschreitens nicht im einzelnen vergegenwärtigt hat. Ohnehin wird es sich dabei häufig um solche Fälle handeln, in denen das Ermessen „auf Null geschrumpft" ist, in denen mit anderen Worten eine Verhaltensalternative nicht mehr besteht (vgl. Rdn. 131 ff.). Der Ermessensnichtgebrauch kann nur dann zur Fehlerhaftigkeit einer Maßnahme führen, wo nach Umständen überhaupt die Möglichkeit zur Ermessensbetätigung besteht, ohne dabei den Zweck des Einschreitens zu gefährden.

c) Insbesondere: Polizeiliche Motive und Zwecke des Polizeirechts

117 Unter Ermessensgesichtspunkten nicht unproblematisch ist es, wenn bestimmte Maßnahmen ergriffen werden, um die Betroffenen zu **„verunsichern"**. Die polizeiliche Razzia (vgl. Rdn. 334) wird häufig auch unter diesem Gesichtspunkt durchgeführt. Personen, die bestimmten kriminellen Szenen zugerechnet werden, sollen sich an ihren Treffpunkten nicht in Sicherheit wiegen und dort ungestört ihren dunklen Geschäften nachgehen können. Dies ist an sich ein legitimes, im öffentlichen Interesse liegendes Ziel. Es wird jedoch nicht vom Zweck gerade der Polizeigesetze gedeckt. Verunsichert werden die Angehörigen bestimmter krimineller Szenen nur deshalb, weil sie die Strafverfolgung fürchten. Verunsicherung und **Abschreckung** haben folglich strafrechtlichen Charakter. Die Razzia, die im Erfolgsfall ohnehin mit typischen Strafverfolgungsmaßnahmen wie Festnahme und Haftbefehl endet, ist deshalb eher der Strafverfolgung und nicht dem Polizeirecht zuzuordnen. Sie bewegt sich eigentlich im „Vorfeld" des konkreten Tatverdachts. Eine akzeptable Rechtsgrundlage könnte nach der hier vertretenen Auffassung nur unter Abänderung der §§ 152 II, 160 StPO in der Strafprozeßordnung geschaffen werden. Die polizeirechtliche Normierung solcher Polizeieinsätze ist eine unzulässige Umgehung der bundesrechtlich festgeschriebenen Handlungsvoraussetzung des konkreten Anfangsverdachts.

118 Andere auf Verunsicherung angelegte Maßnahmen wie etwa die Schleierfahndung oder die Videoüberwachung öffentlicher Räume haben diese Nähe zum Strafverfahrensrecht nicht mehr.[179] Wegen ihrer großen Streubreite und ihrer Verlagerung weit in das Vorfeld der Gefahr sind sie aus dem **Kausalzusammenhang von Ursache und Wirkung**, der das traditionelle Polizeirecht prägt, weitgehend herausgelöst. Dies macht sie anfällig für die Vereinnahmung durch Zwecksetzungen wie etwa die Stärkung des Sicherheitsgefühls der Bevölkerung oder die Demonstration staatlicher Stärke. Richtigerweise handelt es sich hierbei aber nur um **Begleiteffekte und Nebenerscheinungen der polizeilichen Aufgabenerfüllung** und nicht um **Bestandteile ihrer Aufgabenstellung**. Sie dürfen deshalb nicht als Entscheidungskriterien in das polizeiliche Ermessen einfließen.

119 Gerade im Bereich der Bekämpfung der organisierten Kriminalität (dazu Rdn. 194 ff.) sind polizeiliche **Strategien** und **Taktiken** von Erwägungen geprägt, die sich in das Schema präventiver/repressiver Zwecksetzungen nur schwer einpassen lassen. Nicht die Verhinderung oder Verfolgung konkreter Straftaten, sondern die Verunsicherung der als solche erkannten kriminellen Szenen, Gruppierungen und Organisationen tritt in den Vordergrund. Diese sollen durch Ausweitung des polizeilichen **Verfolgungsdrucks** „in Bewegung" gehalten, verdrängt oder wenigstens zum „Ausweichen" bzw. zum „Neuaufbau" gezwungen werden.[180] Die polizeiliche Bezeichnung der Täter als „Gegenseite" und die Forderung nach „Waffengleichheit"[181] mit den Tätern spiegelt wider, daß die Be-

---

[179] Zur Schleierfahndung als Instrument der indirekten Verhaltenssteuerung *Waechter* DÖV 1999, 144 (dazu näher Rdn. 352 ff.).

[180] *Rebscher/Vahlenkamp,* Organisierte Kriminalität in der Bundesrepublik Deutschland, BKA-Forschungsreihe, 1988, S. 161; *Kube/Vahlenkamp* Die Polizei 1993, 243.

[181] *Rebscher/Vahlenkamp* (Fußn. 180), S. 152, 166.

kämpfung der organisierten Kriminalität kein linearer, in den Kategorien des Polizei- und Strafverfolgungsrechts endlicher Prozeß ist, und daß die Bedingungen des Einschreitens nicht mehr – wie bei der klassischen Gefahrenabwehr – auf monokausalen Wahrscheinlichkeitsurteilen oder punktuell beschreibbaren Schadensbildern beruhen. Vielfältige personelle und sachliche Verbindungen verschiedener Tatkomplexe untereinander, hergestellt durch Haupttäter oder Randfiguren nicht nur innerhalb eng umgrenzter Gebiete, sondern auch auf internationaler Ebene, führen zu einem „Kampf"[182] in Permanenz und Omnipräsenz. Die hierbei angewendeten taktischen Raffinessen, zu denen auch die gezielte Lancierung falscher Informationen über bevorstehende Polizeieinsätze oder das Erregen von gegenseitigem Mißtrauen durch das Verbreiten von Gerüchten in der „Szene" zählt, überschreiten den Rahmen des Rechts der Gefahrenabwehr. Sie lassen sich, weil nur das straf- und strafprozeßrechtliche Sanktionspotential die gewünschten Wirkungen hervorrufen kann, allenfalls unter den strafrechtlichen Begriff der Abschreckung subsumieren.

Zur Legalisierung dieser als „operativ" bezeichneten Vorgehensweise (vgl. Rdn. 20) **120**
bedürfte es deshalb einer Änderung der StPO und nicht der Polizeigesetze. Eine strafrechtliche Etikettierung anstelle einer polizeirechtlichen hätte den Effekt, daß sie die Verwerfungen im Kriminaljustizsystem deutlicher aufzeigte, die mit einer operativen Verbrechensbekämpfung einhergehen. Ein Problem (von vielen, vgl. Rdn. 183) der Ermittlungstätigkeit im Bereich der „vorbeugenden Bekämpfung" von Straftaten liegt in der Gefahr einer Abkopplung vom eigentlichen Ziel des Strafverfahrens, der Überführung und Bestrafung des Täters. Wenn nicht die Bestrafung des Täters, sondern die Auflösung von Organisationen und die Zerschlagung von Strukturen, das Ausweichen oder Auswandern von Straftätern ein gleichwertiges oder gar vorrangiges Ziel polizeilicher Strategien ist, so kommt dies einer Umwidmung des Strafprozesses zu rein polizeilichen – „präventiven"[183] – Zwecken gleich. Der polizeilichen Effizienz abträgliche, weil die Sachverhaltserforschung hemmende Verfahrensrechte und -prinzipien können so unter Umständen unterlaufen werden.

Zu einer solchen **Umleitung um das eigentliche Strafverfahren herum** („Diver- **121**
sion"[184]) mögen auch Phänomene innerhalb der Strafgerichtsbarkeit beitragen. Insbesondere die Praxis der konsensorientierten Verfahrensbeendigung im Strafverfahren,[185] im Fachjargon **Deal** genannt, dürfte wenig geeignet sein, den polizeilichen Ermittler seinerseits zur peniblen Beachtung gesetzlicher Handlungsgrenzen zu ermuntern. Wenn von seiten der Justiz aus Gründen der Prozeßökonomie elementare Grundsätze des Strafverfahrens (Öffentlichkeitsprinzip, Mündlichkeitsprinzip, Unmittelbarkeitsprinzip) außer acht gelassen werden, muß es nicht verwundern, wenn aus polizeilicher Sicht[186] Staatsanwaltschaften und Strafgerichte nurmehr variable Größen in den eigenen dominanten Präventionsstrategien sind. Die Zielsetzungen der Strafgerichtsbarkeit, die man verkürzend mit der Formel „Prävention durch Repression" umschreiben kann, werden so von der Polizei vorweggenommen und mit der eigentlichen Aufgabe, der Gefahrenabwehr, zu einem variantenreich-variablen Präventionskonzept vermengt. Daß die offenkundig universelle Brauchbarkeit des Begriffs „Prävention"[187] schließlich auch nachteilig auf die po-

---

182 Kritisch zur Terminologie in der Gesetzessprache *Prittwitz* StrVert 1994, 498; vgl. *Krey/Dierlamm* JR 1992, 355, die, in Anführungsstrichen, von einem „Krieg gegen die OK" sprechen.

183 *Schäfer,* Die Prädominanz der Prävention, GA 1986, 49 ff.; zur Kritik vgl. schon *Albrecht,* Perspektiven und Grenzen polizeilicher Kriminalprävention, 1983; *ders.* KritVjSchr 1986, 55 ff.

184 Der Begriff meint in der Kriminologie jede Abweichung von dem normalen Strafverfahren, deren Zweck in der Vermeidung von Strafe liegt. Im allgemeinen wird er nur im Jugendstrafrecht und dort im Zusammenhang mit spezifischen Formen der Verfahrensbeendigung verwendet. Dazu *Pohl-Laukamp* Kriminalistik 1983, 131; *Albrecht* KritVjSchr 1986, 69 ff.; *Naucke* JuS 1989, 866.

185 Vgl. aus der umfangreichen Literatur nur *Schmidt-Hieber,* Verständigung im Strafverfahren, 1986; *Dencker/Hamm,* Der Vergleich im Strafprozeß, 1988; *Siolek* DRiZ 1989, 321 ff.; *Wagner/Rönnau* RuP 1990, 161 ff.

186 Vgl. *Schäfer* GA 1986, 66.

187 Vgl. etwa *Kube,* Systematische Kriminalprävention, 2. Aufl. 1987.

lizeiliche Ermessensbetätigung bei der Gefahrenabwehr zurückwirkt, ist im Hinblick auf die präventive Schieflage, in der sich das gesamte Kriminaljustizsystem befindet,[188] ein allerdings eher randständiges Phänomen.

122 In diesem Zusammenhang ist auch auf die jüngere Praxis der Polizei hinzuweisen, gegenüber Personen, die der Drogenszene zugerechnet werden, sogenannte **Aufenthaltsverbote** zu erteilen.[189] Solche Verbote beziehen sich auf ein genau bezeichnetes, durch Straßenzüge abgegrenztes Quartier. Sie gelten typischerweise für mehrere Wochen oder gar Monate. Sie ergehen in schriftlicher Form, durch Aushändigen eines vorgefertigten Handzettels, in den die Personalien des Betroffenen eingetragen werden. Meist wird gleichzeitig die Verhängung eines Zwangsgelds angedroht. Ihr Ziel ist die **Auflösung offener Drogenszenen**. Unter Ermessensgesichtspunkten[190] begegnet ein solches Aufenthaltsverbot deshalb Bedenken, weil es in diesen übergeordneten Zweck eingebunden und eine von vielen Maßnahmen, insbesondere auch solchen strafverfahrensrechtlicher Art ist, das angestrebte Ziel zu erreichen. Bekanntermaßen ist es aber so, daß ein derartiges polizeiliches Vorgehen kaum mehr als einen bloßen Verdrängungseffekt hat. „Gedealt" und konsumiert wird dann an anderen Orten, die sich schnell zu ebensolchen Treffpunkten entwickeln. Es bleibt deshalb die Frage, ob es von den Zwecken des Polizeirechts gedeckt ist, Straftaten nicht an sich, sondern, weil dies bei Drogenabhängigen gar nicht möglich ist, Straftaten **an bestimmten Orten** zu unterbinden. Die Frage stellt sich auch deshalb, weil Verdrängung aus bestimmten Quartieren „zu Lasten" solcher Quartiere geht, in denen der Verdrängungsdruck weniger groß ist. Problematisch wären Aufenthaltsverbote jedenfalls dann, wenn „hinter" solchen Aktionen „einflußreiche" Bürger oder Geschäftsleute stünden. Auch bleibt die Frage, ob die Polizei den jeweils nächsten Treffpunkt ebenfalls als eine Art verbotenes Terrain ansehen und entsprechende Aufenthaltsverbote erteilen wird und darf, oder ob es, wie bei der Prostitution, (faktische) „Toleranzzonen" geben soll, die lediglich von der Polizei beobachtet werden. Mit Blick auf die bedrückende Wirklichkeit der Drogenabhängigkeit und die sie begleitende Kriminalität ist das neue Instrument des Aufenthaltsverbots deshalb eher ein Ausdruck der Hilflosigkeit der Polizei als ein probates Mittel zur Lösung des Problems. Die Polizei will nicht sehenden Auges unakzeptable Zustände, deren Bewältigung primär in die Verantwortung der Politik fällt, hinnehmen und muß dabei Maßstäbe anlegen, die die Grenzen des ihr zugewiesenen Aufgabenbereichs sprengen.

123 Eine qualitative Steigerung des Aufenthaltsverbots ist die **Freiheitsentziehung**. Im Zusammenhang mit dem polizeilichen Vorgehen gegen Personen, die der Drogenszene zugerechnet werden, wird hier von „Beseitigungsgewahrsam" gesprochen.[191] Zweifelhaft ist nicht nur die Begriffswahl, sondern auch die polizeiliche Strategie. Wird der Gewahrsam mehrfach hintereinander und mit jeweils zunehmender Dauer angeordnet, weil der Betreffende von den vorangegangenen Maßnahmen „unbeeindruckt" geblieben ist, kommt der **repressive Akzent** dieser Strategie besonders deutlich zum Vorschein. Ihr zynischer Grundton wird sichtbar, wenn sie gegenüber Heroinabhängigen angewandt wird, also Personen, für die es in den wenigsten Fällen eine Handlungsalternative gibt. Das Ergebnis der

---

[188] Zu den Nachteilen einer „praktischen Kriminalpolitik" *Albrecht* KritVjSchr 1986, 54 ff.; *Backes* KritVjSchr 1986, 315 ff.; *Naucke* JuS 1989, 862 ff.; *Hassemer* StrVert 1993, 664 ff.; *Welp* StrVert 1994, 161 ff. Speziell zum sog. „Artikelgesetz" vom 9. 6. 1989 (BGBl. I, S. 1059) vgl. die Stellungnahme von *Amelung/Hassemer/Rudolphi/Scheerer* StrafVert 1989, 72 ff.; zu den Ergebnissen der „Gewaltkommission" (oben Fußn. 7) vgl. *Albrecht/Backes* (Hrsg.), Verdeckte Gewalt, 1990. Allgemein zum Präventionsdenken und den Folgen für die Normativität des Rechts *Denninger,* Der gebändigte Leviathan, 1990, S. 33 ff.; *Naucke* KritVjSchr 1986, 189 ff.

[189] Vgl. dazu *Heeger/Wien* Die Polizei 1994, 190 ff.; *Latzel/Lustina* Die Polizei 1995, 131 ff.; *Deger* VBlBW 1996, 90 ff.; *Alberts* NVwZ 1997, 45; *Lesting* KJ 1997, 214 ff.; *Scheithauer* VBlBW 1997, 447; *Hecker* NVwZ 1999, 261 ff.; *Braun,* Freizügigkeit und Platzverweis, 29 ff.; *VG Sigmaringen* NVwZ-RR 1995, 327 = VBlBW 1995, 289.

[190] Zur Frage der Rechtsgrundlage unten Rdn. 446 ff.

[191] *AG Stuttgart* NVwZ-RR 1998, 105.

Bemühungen, auch solche Vorgehensweisen rechtsdogmatisch zu untermauern,[192] bleibt fadenscheinig, weil die selbstgewählte Zwecksetzung, die Auflösung offener Drogenszenen, die polizeiliche Aufgabenstellung übersteigt. Denn wenn das Motiv polizeilichen Einschreitens in erster Linie darin besteht, **Tatgelegenheitsstrukturen** zu beseitigen bzw. deren Verfestigung zu verhindern, das zu erwartende Verhalten des einzelnen also in einen vermeintlich gewichtigeren Kontext gestellt wird, lassen sich Zweifel an der Tatbestandlichkeit eines Gewahrsamsfalls leicht unterdrücken[193] (vgl. auch unten Rdn. 473 ff.).

Fraglich ist auch, ob beispielsweise eine Identitätsfeststellung mit der Überlegung be- 124
gründet werden kann, der Betroffene trete damit aus der **Anonymität** heraus und werde sich deshalb friedfertig verhalten.[194] Gegenüber potentiellen Fußballrowdys, vor oder nach dem Spiel angewandt, kann durch diese sanfteste aller klassischen Eingriffsmaßnahmen möglicherweise schon das Entstehen von Gewaltbereitschaft oder die Umsetzung vorhandener Gewaltbereitschaft in Tätlichkeiten verhindert werden. So nützlich diese Vorgehensweise sein mag, unter Ermessensgesichtspunkten begegnet auch sie Bedenken. Soweit das Herausholen einzelner Personen aus der Anonymität einen fürsorgerischen Einschlag haben sollte, so wäre dies nicht Sache der Polizei. Eine solche Ermessensentscheidung entspräche deshalb nicht dem Zweck der gesetzlichen Ermächtigung. Die beabsichtigte Abschreckung wiederum kann nur unter strafverfahrensrechtlichen Gesichtspunkten betrachtet werden und darf nur mit dem Strafverfahren einhergehen. Hält man deshalb derartige prophylaktische Identitätsfeststellungen unter Ermessensgesichtspunkten für fehlerhaft, so entzieht man der Polizei gleichwohl nicht die erforderlichen Befugnisse, um derartigen Gefahrenlagen wirksam zu begegnen. Die Polizeigesetze räumen den Behörden unter bestimmten Voraussetzungen die Möglichkeit ein, Personen an sogenannten Kontrollstellen zu überprüfen (vgl. Rdn. 343 ff.). Die Durchsuchung auf mitgeführte gefährliche Gegenstände und gegebenenfalls deren Beschlagnahme sowie der Vergleich der Personalien mit Dateien über gewalttätige Straftäter und gegebenenfalls deren Ingewahrsamnahme oder Platzverweisung haben rein gefahrenabwehrrechtlichen Charakter, orientieren sich also am Zweck der Polizeigesetze und sind deshalb jedenfalls unter Ermessensgesichtspunkten unbedenklich.

Einen **fürsorgerischen Akzent** hat die Befugnis zur Ingewahrsamnahme von Minder- 125
jährigen, die sich der Obhut des Sorgeberechtigten entzogen haben. Zweck des Gewahrsams soll nach den Vorstellungen der Gesetzgeber der „Schutz des Sorgerechts" sein,[195] und nicht etwa nur der Schutz des Minderjährigen vor Gefahren. Diese Akzentuierung ist mit der polizeilichen Aufgabenstellung nicht vereinbar. Nicht die elterliche Sorge, sondern nur das Subjekt dieser Sorge, das Kind selbst, kann polizeiliches Einschreiten rechtfertigen. Die Polizei ist nicht zuständig, die Entwicklung und Entfaltung der Persönlichkeit des Kindes zu sichern. Nur wenn ihm Gefahren drohen, darf sie einschreiten (dazu Rdn. 523 f.).

Die Verhängung eines **„Hausverbots" gegen häusliche Gewalttäter**, gedacht als Ein- 126
stieg in eine dauerhafte Konfliktlösung (unten Rdn. 478 ff.), begründet die Besorgnis, daß handlungsleitend für die Polizei nicht nur oder nicht vorrangig die Abwehr von künftigen Gefahren für das Opfer einer Gewalttat sind, sondern (auch) solche Erwägungen, die im Streitfall nur die Gerichte zu treffen hätten (vgl. § 620 Nr. 7 ZPO), insbesondere also **Zumutbarkeits- und Zuträglichkeitsgesichtspunkte**,[196] wie sie bei der Prü-

---

192 Siehe vorige Fn.

193 Insoweit ist auch die Einschätzung des *OLG Hamburg* bedenklich, die bloße Verringerung der mit der Drogenszene verbundenen Gefahren rechtfertige einen Polizeigewahrsam (NJW 1998, 2231). Vgl. zum Zusammenspiel unterschiedlicher polizeirechtlicher Instrumente bei der Bekämpfung offener Drogenszenen *Kappeler* DÖV 2000, 228.

194 Darauf weist *Wagner,* PolG NW, § 9 Rdn. 3 hin. Vgl. auch *VGH München* BayVBl. 1993, 432 (Identitätsfeststellung von RAF-Sympathisanten in einer Gaststätte).

195 Z. B. Amtl. Begr. zu § 32 HSOG, LT-Drucks. 12/5794.

196 Vgl. *OLG München* FuR 1997, 279: Eine vorläufige Zuweisung der Ehewohnung kann schon dann in Betracht kommen, wenn ein Getrenntleben in der Wohnung nicht mehr zuträglich und zumutbar ist.

fung der Frage zu erörtern sind, ob eine schwere Härte im Sinne des § 1361 b I BGB vorliegt. Eine schwere Härte im Sinne dieser Vorschrift liegt nämlich nicht nur dann vor, wenn es zu schweren körperlichen Mißhandlungen der Familienmitglieder kommt, sondern je nach Fallgestaltung auch bei schweren Störungen des Familienlebens zum Beispiel durch Alkohol- oder Drogenkonsum oder bei ständigem Randalieren besonders zur Nachtzeit.[197] Es ist der Polizei aber aus Ermessensgründen verwehrt, über den Aspekt des Schutzes der körperlichen Integrität des Opfers hinaus Erwägungen darüber anzustellen, ob eine räumliche Trennung auch aus anderen Gründen angebracht ist. Insbesondere ist sie nicht dazu berufen, durch die Verhängung eines „Hausverbots" die tatbestandlichen Voraussetzungen einer gescheiterten Ehe, das Getrenntleben (vgl. § 1566 BGB) herbeizuführen, und zwar selbst dann nicht, wenn augenscheinlich das Opfer selbst nicht die Kraft hat, eine Trennung herbeizuführen. Zur Bewältigung solcher Konflikte sind andere Stellen und Institutionen zuständig.

127 Werden Demonstrationszüge von einer Vielzahl von Polizeibeamten, die mit Einsatzanzug, Helmen und Schlagstöcken ausgerüstet sind, begleitet, so kann die Abschreckung oder das **„Beeindrucken"**[198] von (gewaltbereiten) Demonstrationsteilnehmern das Motiv polizeilichen Handelns sein.[199] Anders als sonst bei der **polizeilichen Präsenz** an gefahrenträchtigen Orten wie U-Bahn-Stationen oder Fußballstadien handelt es sich bei einer Begleitung von Demonstrationszügen um ein Verhalten, das in Rechte von Bürgern unmittelbar eingreift. Betroffen ist das durch Art. 8 I GG geschützte Grundrecht auf Versammlungsfreiheit, und zwar in zweierlei Hinsicht: Zum einen bewirkt diese Art der Begleitung eine nachhaltige Veränderung des Erscheinungsbildes der Versammlung und beeinflußt damit die Selbstdarstellung der Versammlungsteilnehmer. Zum anderen errichtet sie psychische Barrieren für die Teilnahme an der Demonstration und für die Kommunikation zwischen Demonstranten und Passanten.[200] Entwickelt sich eine solche Begleitung zu einer „einschließenden"[201] oder gar zu einem „Polizeikessel",[202] ist (zusätzlich) das Recht der Freiheit der Person (Art. 2 II 2 GG) nachteilig berührt. Das Motiv polizeilicher Präsenz muß jedoch nicht ausschließlich darin liegen, potentielle Störer durch das Vorzeigen starker Polizeikräfte zu beeindrucken. Erst die Anwesenheit an Orten, an denen mit Gefahren zu rechnen ist, versetzt die Polizei in die Lage, dem Eintritt von Schäden rechtzeitig zu begegnen bzw. Störungen zu beseitigen und gegebenenfalls Strafverfolgungsmaßnahmen einzuleiten. Die Abschreckung bestimmter Personen ist ein beinahe zwangsläufiger Begleiteffekt der polizeilichen Präsenz. Soweit dieser Effekt auch gewollt ist und damit zum Bestandteil der polizeilichen Motivlage wird, bestehen unter Ermessensgesichtspunkten hiergegen keine Einwände. Jedenfalls bei Demonstrationen ist die Polizei allerdings schon aus verfassungsrechtlichen Gründen gehalten, sich nach Möglichkeit im Hintergrund zu halten und Provokationen und Aggressionsanreize durch ein übermäßiges Polizeiaufgebot zu vermeiden.[203] Dichte Begleitungen sind nur zulässig, wenn Gefahren für die öffentliche Sicherheit unmittelbar bevorstehen.[204]

128 Die Einrichtung von Kontrollstellen im Vorfeld von Demonstrationen (vgl. Rdn. 345) sollte nicht in erster Linie als Mittel zur **Schaffung einer psychologischen Hemmschwelle** im Hinblick auf spätere Rechtsverletzungen verstanden werden.[205] Jedes Verständnis vollzugspolizeilicher Maßnahmen als prophylaktisches Handeln birgt die Gefahr, daß es die polizeiliche Aufgabenstellung überschreitet und die Arbeit der Polizei auf

[197] *OLG Schleswig* NJW 1990, 2826; *Palandt-Brudermüller*, § 1361 b Rdn. 8.
[198] *VG Bremen* NVwZ 1989, 898.
[199] Vgl. Erstgutachten der Unterkommission Polizeipraxis (Fußn. 7), S. 676 f. Rdn. 220.
[200] *OVG Bremen* NVwZ 1990, 1191.
[201] *VG Bremen* NVwZ 1989, 898; *OVG Bremen* NVwZ 1990, 1188.
[202] *LG Hamburg* NVwZ 1987, 829; *VG Berlin* NVwZ-RR 1990, 188; *VG Mainz* NVwZ-RR 1991, 242.
[203] *BVerfGE* 69, 315 (355).
[204] *OVG Bremen* NVwZ 1990, 1192.
[205] In dieser Richtung aber Erstgutachten der Unterkommission Polizeipraxis (Fußn. 7), S. 662 Rdn. 167.

Kosten der Grundrechte des einzelnen erleichtert. Es müssen deshalb immer konkrete Anhaltspunkte dafür vorliegen, daß gewaltbereite Personen an einer Demonstration teilnehmen wollen.[206] Unmotivierte, allein auf breite Abschreckungswirkung abzielende Vorfeldkontrollen verstoßen gegen Art. 8 I GG.[207]

Nach der Rechtsprechung des Bundesverwaltungsgerichts gibt es ein **generalpräventiv begründetes Interesse** daran, verbotswidrig abgestellte Fahrzeuge alsbald zu entfernen. Denn erfahrungsgemäß würden falsch geparkte Kraftfahrzeuge andere Autofahrer zu gleichem verbotswidrigem Verhalten veranlassen.[208] Wie auch in anderen Fällen (vgl. Rdn. 883) bestehen gegen generalpräventive Überlegungen im Polizeirecht allerdings Bedenken. Da Aufgabe der Polizei die **Verhinderung konkret drohender Schäden** ist, darf die Generalprävention im Einzelfall kein handlungsleitendes Motiv sein. Ebenso wie auch die Berücksichtigung des **Sicherheitsgefühls**[209] der Bevölkerung gehen generalpräventive Aspekte in der polizeilichen Aufgabenstellung vollständig auf. Bei konsequenter Beachtung der – engen – Ermessensgrenzen (vgl. Rdn. 131 ff.) erweisen sich diese Aspekte ohnehin als überflüssig. Generalpräventive Funktion haben allein die Straf- und Bußgeldandrohungen, mit denen Verhaltensgebote und -verbote in vielen Fällen flankiert sind. Zwischen der repressiv ausgerichteten Ahndung einer Regelwidrigkeit und der präventiv-polizeilichen Verhinderung oder Beseitigung eines regelwidrigen Zustands muß unterschieden werden. In jener manifestiert sich ein Appell an die Einsicht potentieller Regelverletzer. Ihre Perspektive ist die des Angreifers. In dieser wird ein Schutzauftrag wirksam, der sich ausschließlich die Perspektive des Opfers zu eigen macht, den die Kategorien der Vorwerfbarkeit also nicht interessieren. Es sind vor allem diese unterschiedlichen Sichtweisen, die das repressive Instrumentarium von dem der Gefahrenabwehr unterscheidet. Nur ihre Vergewisserung kann verhindern, daß die Behörden nach Belieben zwischen beiden Regelungssystemen wählen, das heißt fehlende Tatbestandsvoraussetzungen des einen Systems durch den Rückgriff auf Ermächtigungsgrundlagen des anderen kompensieren können (vgl. Rdn. 170). Die doppelte Aufgabenstellung der Polizeibehörden (vgl. Kap. E. Rdn. 154 ff.) allein entbindet nicht von der Beantwortung der Frage, mit welcher Zielsetzung ein Tätigwerden im Einzelfall erfolgt. 129

d) Reduzierung des Ermessens

Häufig verengen sich die Verhaltensalternativen der Polizei in der Weise, daß nur noch eine Entscheidung als rechtmäßig angesehen werden kann. Ist im konkreten Fall nur eine Entscheidung rechtmäßig, so spricht man von **Ermessensreduzierung auf Null** bzw. Ermessensschrumpfung. Dem Tatbestand der Ermessensreduzierung kommt eine rechtliche Relevanz vor allem im Hinblick auf eine mögliche **Pflicht zum Einschreiten** zu. Eine Pflicht der Polizei zum Einschreiten wiederum kann vor allem in zweierlei Hinsicht bedeutsam sein. Zum einen kann das pflichtwidrige Unterlassen einen **Schadensersatzanspruch wegen Amtspflichtverletzung** auslösen.[210] Zum anderen kann mit der polizeilichen Pflicht zum Einschreiten ein **Anspruch auf Einschreiten** auf seiten des Bürgers korrespondieren.[211] 130

aa) Pflicht zum Einschreiten. Die **Voraussetzungen,** bei deren Vorliegen die Polizei zum Einschreiten verpflichtet ist, sind im einzelnen umstritten. Als Maßstab wird die Wertigkeit der bedrohten Rechtsgüter herangezogen. Weitgehende Einigkeit besteht nur 131

---

206 *Heise/Tegtmeyer,* PolG NW, § 12 Rdn. 27.

207 Vgl. *BVerfGE* 69, 315 (349); vgl. auch *BGH* NJW 1989, 114 (zur strafprozessualen Kontrollstelle nach § 111 StPO).

208 *BVerwG* DVBl. 1983, 1067; ebenso *OVG Koblenz* NVwZ 1988, 659; *VGH Kassel* NVwZ-RR 1991, 29; ähnlich *Würtenberger,* Rdn. 182 („Geltungsanspruch" des Rechts); ihm folgend *Möller/Wilhelm,* S. 79.

209 Dazu *Kube,* Systematische Kriminalprävention, S. 147 ff.; zur sozialen Wahrnehmung von Kriminalität *Müller-Dietz* NStZ 1993, 57 ff.

210 Vgl. *BGHZ* 12, 206; 45, 143; *OLG Celle* DÖV 1972, 243.

211 Vgl. *VG Berlin* NJW 1981, 1748; *VG Freiburg* VBlBW 1987, 349; *VG Hannover* NVwZ-RR 1991, 148.

darüber, daß eine Verpflichtung zum Einschreiten jedenfalls zum Schutz hochwertiger Rechtsgüter, also zur Abwehr von Gefahren für Leben, Gesundheit und bedeutende Vermögenswerte besteht.[212] Zur Frage, ob die Polizei auch unterhalb dieser Schwelle zum Einschreiten verpflichtet ist, bieten Rechtsprechung und Literatur ein uneinheitliches Bild. Eine über die Rettung von Leib, Leben und bedeutenden Vermögenswerten hinausgehende Einschreitenspflicht wird teilweise ausdrücklich abgelehnt.[213] Nach anderer Auffassung muß die Polizei auch bei Gefahren für Rechtsgüter „mittleren Gewichts"[214] bzw. „weniger gewichtiger Rechtsgüter"[215] tätig werden. Auch wird die Auffassung vertreten, die Polizei sei immer zum Einschreiten verpflichtet, wenn die Tatbestandsvoraussetzungen der Ermächtigungsnorm vorliegen.[216] Nach der Rechtsprechung ist diese Ermessensreduzierung grundsätzlich im Zusammenhang mit der Geltendmachung von Ersatzvornahmekosten beim Störer[217] sowie in den Fällen der Obdachloseneinweisung anzunehmen, in denen der Eigentümer nach Ablauf der Einweisungsfrist die Räumung seiner Wohnung begehrt.[218] Voraussetzung für die Annahme einer Einschreitenspflicht ist aber immer, daß die Verhinderung des Schadens unter zumutbarem Aufwand und ohne Vernachlässigung anderer, wichtigerer Rechtsgüter erfolgen kann.[219] Die Gesetzgeber haben sich einer ausdrücklichen Regelung der polizeilichen Einschreitenspflicht bislang durchweg enthalten. Eine generelle gesetzliche Regelung erscheine weder möglich noch erforderlich, da es entscheidend auf die Umstände des Einzelfalls ankomme.[220]

132 Jedenfalls die Gesichtspunkte des **unzumutbaren Aufwands** und der **Kollision mit anderen Aufgaben** stehen einer Pflicht zum Einschreiten entgegen. Mit Hilfe dieser Merkmale erfolgt die rechtliche Umsetzung der Tatsache, daß die personellen und sachlichen Ressourcen der Polizei beschränkt sind, die Polizei also nicht überall zur selben Zeit sein kann.[221] Hört der Polizeibeamte zwei Hilferufe aus unterschiedlichen Richtungen, so kann er nur einem von beiden nachgehen. Ähnlich der strafrechtlichen Pflichtenkollision liegt hinsichtlich der anderen Gefahrenlage kein rechtswidriges Unterlassen vor. Gleichzeitig lassen die Kriterien des unzumutbaren Aufwands und der Aufgabenkollision der Polizei den nötigen Spielraum, um auf stetig sich verändernde Situationen angemessen reagieren zu können. Ob die Polizei zum Beispiel bestimmten Formen der Straßenkriminalität durch verstärkte Präsenz an den neuralgischen Orten entgegenzutreten versucht und zu diesem Zweck Beamte aus den Arbeitsgruppen etwa zur Bekämpfung des Fahrraddiebstahls abzieht, diesen Bereich also vorübergehend mit geringerer Intensität bearbeitet, steht in ihrem Ermessen.

133 Über diese Konstellationen hinaus ist die Frage der Pflicht zum Einschreiten von geringer praktischer Bedeutung. Vor eine konkrete Gefahrenlage gestellt, wird ein Beamter nicht einfach wegsehen und untätig bleiben, mag auch manchmal der Vorwurf laut werden, die Polizeibehörden seien auf diesem oder jenem Auge blind. In aller Regel darf die Polizei in solchen Situationen auch nicht untätig bleiben. Da nicht nur das polizeiliche Einschreiten, sondern auch die **Entscheidung zum Untätigbleiben** ihre Grenzen in den Regeln über die Ermessensausübung findet, muß auch das Untätigbleiben von der Zielsetzung der Polizeigesetze getragen sein.

---

212 *Götz,* Rdn. 354; *Schenke,* Rdn. 71; *Maunz/Dürig,* GG, Art. 13 Rdn. 20 c.
213 *Schenke,* Rdn. 71; *Di Fabio* VerwArch 86 (1995), 220 ff., 230.
214 *Drews/Wacke/Vogel/Martens,* S. 401.
215 *VG Freiburg* VBlBW 1987, 350.
216 *Knemeyer,* Rdn. 91.
217 *VGH Kassel* NVwZ-RR 1995, 30; *VGH Kassel* DVBl. 1995, 371 (vgl. zu Ausnahmen Rdn. 237).
218 *BGHZ* 130, 332 (336).
219 *Drews/Wacke/Vogel/Martens,* S. 401 f.; *Götz,* Rdn. 351; *Würtenberger,* Rdn. 185; *Schenke,* Rdn. 71; *Habermehl,* Rdn. 251.
220 Z. B. Amtl. Begründung zu § 5 HSOG, LT-Drucks. 12/5794.
221 Vgl. etwa *Schlink* NVwZ 1982, 532; *VG Würzburg* NVwZ-RR 1989, 139; eingehend *Waechter* VerwArch 88 (1997), 298 ff., 320 ff.

Sehenden Auges und ohne bessere, **gefahrenabwehrrechtlich motivierte Gründe** darf die Polizei einen Schadenseintritt deshalb nicht zulassen und eine Störung nicht andauern lassen. Behindert ein falsch geparktes Auto den Verkehr, so darf die Polizei nicht etwa deshalb untätig bleiben, weil damit zu rechnen ist, daß dann ohnehin ein anderes Fahrzeug dessen Platz einnehmen werde, die Beseitigung der Störung also nicht lohne. Nur wenn auch andernorts und gleichzeitig ein Bedarf an polizeilichem Handeln besteht, hat die Polizei ein Entschließungsermessen. Hierher gehört auch die behördliche Entscheidung darüber, zu einem bestimmten Zeitpunkt in bestimmten Straßenzügen oder Quartieren schwerpunktmäßig die Einhaltung der Verkehrsvorschriften zu überwachen[222] bzw. ganz bestimmten Formen von Verstößen – Parken auf Fahrradwegen, Radfahren in Fußgängerzonen – zu begegnen. Nicht schon unter dem Gesichtspunkt der Wertigkeit der Rechtsgüter, sondern aus Gründen der Kollision mit anderen Aufgaben müßte auch eine polizeiliche Verpflichtung zur Rettung verirrter Hauskatzen oder Kanarienvögel von Hausdächern oder Baumwipfeln verneint werden. Für die Entscheidung der Behörde zum Untätigbleiben wäre hier schon die begründete Erwägung ausreichend, daß die Beamten (und das erforderliche Gerät) an anderer Stelle möglicherweise dringender gebraucht werden könnten. Auch die Notwendigkeit, auf schwere Gefahrenlagen vorbereitet zu sein, ist ein Gesichtspunkt, der in die Abwägung eingestellt werden kann. Im Ergebnis hat die Polizei deshalb nur unter den Aspekten der **Schwerpunktsetzung, Einsatzplanung** und **taktischen Vorgehensweise** ein weitgehend „freies" Ermessen. Sind ihr aber die Hände nicht durch andere und wichtigere Aufgaben gebunden, so ist sie zum Einschreiten auch dann verpflichtet, wenn die zu schützenden Rechtsgüter nicht von erheblicher Bedeutung sind. Auch dies gehört zu ihrer Aufgabe, deren Erfüllung sie nicht grundlos verweigern kann.[223] Stehen die Folgen eines solchen Einschreitens im Eizelfall nicht mehr in angemessenem Verhältnis zum erstrebten Zweck, so fehlt es bereits an den tatbestandlichen Voraussetzungen für ein polizeiliches Tätigwerden. Für die Betätigung des Ermessens besteht hier von vornherein kein Raum. 134

Gründe für ein Nichteinschreiten etwa gegenüber **Hausbesetzern**[224] können im Einzelfall darin liegen, daß andernfalls mit schwerwiegenden Ausschreitungen zu rechnen sei.[225] Denn die hierdurch verursachten Gefahren wiegen unter Umständen weit schwerer als die durch das Nichteingreifen zugelassene Fortsetzung der Besitzstörung. Diese Erwägung kann allerdings keine dauerhafte behördliche Untätigkeit rechtfertigen,[226] sondern nur eine polizeitaktische Dispositionsbefugnis hinsichtlich des Zeitpunkts des polizeilichen Einschreitens begründen.[227] Das Polizeirecht läßt zwar ein flexibles Reagieren zu, ist aber nicht der Schauplatz für „umfassende politische Lösungen".[228] Nur dann, wenn politische Erwägungen zu positivem Recht geronnen und damit Bestandteil der öffentlichen Sicherheit geworden sind, dürfen sie Eingang in das polizeiliche Ermessen finden. Das Verbot der Wohnraumzweckentfremdung kann ein solcher Belang sein.[229] Will der Eigentümer sein Objekt auch nach der Räumung weiterhin leerstehen lassen, so verstößt er, die Existenz einer entsprechenden Verordnung vorausgesetzt, gegen dieses Verbot. Die Räumung des Hauses würde damit zwar einen polizeirechtswidrigen Zustand beenden, zugleich aber das Entstehen bzw. Fortbestehen eines anderen polizeirechtswidrigen Zustands begünstigen. Dieser Gesichtspunkt kann eine Grenze polizeilichen Einschreitens darstellen.[230] In jedem Fall steht er einer unbedingten Pflicht zum Einschreiten entgegen. 135

222 *VG Würzburg* NVwZ-RR 1989, 139.
223 *Knemeyer,* Rdn. 91; *Götz,* Rdn. 351.
224 Dazu eingehend *Wagner,* PolG NW, § 12 Rdn. 22 ff.; *Schoch* JuS 1994, 755.
225 *VG Berlin* NJW 1981, 1748; *Habermehl,* Rdn. 352.
226 Vgl. *VG Berlin* NJW 1981, 1749; *VG Freiburg* VBlBW 1987, 349 ff.
227 *Schenke,* Rdn. 75.
228 Zu weitgehend deshalb *VG Berlin* NJW 1981, 1749.
229 Ausführlich *Schlink* NVwZ 1982, 531 f.
230 *Schlink* NVwZ 1982, 532; *Wagner,* PolG NW, § 12 Rdn. 31.

136 Die Frage nach einer möglichen Pflicht zum Einschreiten stellt sich erst dann, wenn überhaupt eine **Befugnis zum Einschreiten** besteht, die tatbestandlichen Voraussetzungen für ein Tätigwerden also vorliegen. Die mit den Begriffen Einsatzplanung, Schwerpunktsetzung und Taktik umschriebenen polizeilichen Verhaltensweisen gehören deshalb genaugenommen auch nicht zum Problemkreis „Pflicht zum Einschreiten“, da die Entscheidungen in diesen Bereichen dem konkreten Einschreiten vorgelagert sind. Die Bezeichnung als „vorbereitende (Planungs)Maßnahme“[231] ist eine treffende Charakterisierung solchen Handelns.

137 Auch das **Subsidiaritätsprinzip** (vgl. Kap. E Rdn. 216 ff.) engt die Sachverhalte, in denen der Tatbestand der Ermessensschrumpfung in Betracht kommt, weiter ein. Voraussetzung für ein Tätigwerden zum Schutz privater Rechte ist, daß gerichtlicher Schutz nicht rechtzeitig zu erlangen ist und daß ohne polizeiliche Hilfe die Verwirklichung des Rechts vereitelt oder wesentlich erschwert wird (vgl. § 1 III HSOG). Bei **Hausbesetzungen** kann die Frage relevant werden, ob die Polizei sich auf das Subsidiaritätsprinzip berufen und den Befugnisinhaber auf einen von diesem zu erstreitenden zivilrechtlichen Räumungstitel verweisen darf. Sie darf dies nur dann, wenn gleichzeitig folgende Voraussetzungen vorliegen: Zum einen darf die Hausbesetzung im konkreten Fall nicht den Straftatbestand des Hausfriedensbruchs erfüllen.[232] Andernfalls sind nicht nur private Rechte (§§ 862 ff. BGB) tangiert, sondern gleichzeitig öffentliches Recht (§ 123 StGB).[233] Das Subsidiaritätsprinzip greift in einem solchen Fall nicht; die Polizei muß in die Prüfung der Frage eintreten, ob eine Ermessensreduzierung vorliegt und sie deshalb zum Einschreiten verpflichtet ist.

138 Zum anderen darf die Polizei den Betroffenen nur dann auf den gerichtlichen Rechtsschutz verweisen, wenn ein solcher Schutz überhaupt gewährleistet werden kann. Beim gerichtlichen Vorgehen gegen Hausbesetzungen stellt sich die Frage nach einer ausreichend präzisen Parteibezeichnung (vgl. § 253 II Nr. 1 ZPO). Denn Hausbesetzer lassen sich meist nicht ohne weiteres identifizieren und individualisieren. Die Angabe des Namens der gegnerischen Partei ist zwar weder für den Erlaß einer einstweiligen Verfügung noch für die Zustellung der Vollstreckungsurkunde notwendig. Es muß nur gewährleistet sein, daß sich die betroffenen Personen von anderen Personen abgrenzen lassen.[234] Gerade diese Abgrenzung kann aber Schwierigkeiten bereiten, wenn ein dauernder Wechsel unter den Hausbesetzern stattfindet. Ihre genaue Anzahl kann in solchen Fällen nicht immer festgestellt werden. Die Voraussetzungen für den Erlaß einer einstweiligen Anordnung sind aber auch hier zu bejahen.[235] Sofern der Antrag das Objekt und die Räumlichkeiten der Besetzung präzise benennt, muß die Einbeziehung unbeteiligter Dritter nicht besorgt werden. Der Gerichtsvollzieher stellt den Räumungstitel an diejenigen zu, die sich zum Zeitpunkt der Zustellung an dem fraglichen Ort aufhalten. Zur Feststellung der Identität der Anwesenden kann der Gerichtsvollzieher die Polizei um Amtshilfe ersuchen. Stößt er auf Widerstand, so hat ihn die Polizei gemäß § 758 III ZPO auf Antrag zu unterstützen.

139 **bb) Anspruch auf Einschreiten.** Von der Pflicht zum Einschreiten ist der Anspruch auf Einschreiten noch einmal zu unterscheiden. Nur wenn (auch) private Rechte nachteilig betroffen sind, kann die Polizeibehörde zu einem Einschreiten bewegt bzw. die

231 *VGH Mannheim* NJW 1981, 1226 f.

232 Zur Diskussion um die Strafbarkeit von Hausbesetzungen vgl. *Ostendorf* JuS 1981, 640; *Schön* NJW 1982, 1126; *Seier* JA 1982, 232; *Schall* NStZ 1983, 241; *Rinsche* ZRP 1984, 38.

233 Vgl. zur Überlagerung privatrechtlicher Positionen durch öffentlich-rechtliche Verbotstatbestände *OVG Saarlouis* NJW 1994, 879; *Gusy,* Rdn. 94 f. Vgl. auch Kap. E Rdn. 19.

234 *Raeschke-Kessler* NJW 1981, 663 ff.; *LG Krefeld* NJW 1982, 290; *Baumbach/Lauterbach,* ZPO, § 253 Anm. 3 A; *Thomas/Putzo,* ZPO, § 253 Anm. 2 b).

235 *Lisken* NJW 1982, 1136 f. Anders die h. M. Vgl. dazu *VG Berlin* NJW 1981, 1749; *VG Hannover* NJW 1981, 1455; *LG Krefeld* NJW 1982, 289; *OLG Köln* NJW 1982, 1888; *VG Freiburg* VBlBW 1987, 350; *Degenhart* JuS 1982, 331; *Würtenberger,* Rdn. 61.

Rechtswidrigkeit polizeilichen Untätigbleibens gerichtlich geltend gemacht werden. Ein Anspruch auf Einschreiten setzt also neben einer Pflicht zum Einschreiten voraus, daß eine Gefahr – zumindest auch – für subjektive Rechte des einzelnen besteht.[236] Dies sind insbesondere die grundrechtlich geschützten Rechte auf Leben, körperliche Unversehrtheit und Eigentum. Eine Gefahr für Leben und körperliche Unversehrtheit kann ihre Ursache zum Beispiel in der **Obdachlosigkeit** des Betroffenen haben. Deshalb hat der Obdachlose gegenüber der zuständigen Behörde einen Anspruch auf Unterbringung in einer menschenwürdigen Unterkunft. Einen Anspruch auf eine bestimmte oder eine seinen Vorstellungen entsprechende Unterkunft hat er aber in aller Regel, da bezüglich des Auswahlermessens (Rdn. 113) eine Ermessensreduzierung nicht naheliegt, nicht.[237]

Auch **Amtshaftungsansprüche** wegen polizeilichen Unterlassens (Kap. L Rdn. 17) werden nur zuerkannt, wenn die Pflicht zum Einschreiten auch gegenüber dem Betroffenen bestanden, mithin dessen subjektive Rechtsgüter geschädigt wurden. 140

2. Legalitätsprinzip

Dem Opportunitätsprinzip gegenüber steht das **Legalitätsprinzip.** In den Bereichen hoheitlicher Tätigkeit, in denen das Legalitätsprinzip gilt, ist die Behörde bei Vorliegen der tatbestandlichen Voraussetzungen einer Rechtsnorm zum Tätigwerden, meist in Form des Erlasses von Verwaltungsakten, verpflichtet. Solche gebundenen Verwaltungsakte gibt es im Bereich der Eingriffsverwaltung, zu der das Polizeirecht zählt, allerdings nur selten; neben § 49 AuslG (Abschiebung) sind vor allem die Fälle der Rücknahme begünstigender Verwaltungsakte, beispielsweise gemäß §§ 9 I, 23 I BRRG, § 25 I und II GaststG zu nennen. Der Erlaß sogenannter begünstigender Verwaltungsakte, die dem Polizeirecht grundsätzlich fremd sind, steht dagegen regelmäßig[238] nicht im Ermessen der Behörde. Beispiele hierfür sind die Erlaubnisse im Bau- und Gewerberecht. Begünstigungen im Bereich des Polizeirechts sind – sieht man von einem Einschreiten zugunsten einer Person ab, weil dieses häufig gleichzeitig zu Lasten einer anderen geht – die Löschung personenbezogener Daten und die Auskunft über die Tatsache, daß solche Daten gespeichert sind. Auch sie stehen nicht im Ermessen der Polizeibehörde (vgl. nur §§ 27, 29 HSOG). Zu den polizeirechtlichen Begünstigungen rechnet seit kurzem auch die Erteilung des sogenannten Hundeführerscheins, die ebenfalls eine gebundene Entscheidung ist (Rdn. 96). 141

Unter der Geltung des Legalitätsprinzips steht auch das **Strafverfahrensrecht.** Die Polizei, die aufgrund ihrer doppelten Aufgabenstellung sowohl für die Verhinderung von Straftaten als auch für deren Verfolgung zuständig ist (vgl. Kap. E Rdn. 154 ff.), hat demnach beide Grundsätze zu beachten. Sie ist nach dem im Polizeirecht geltenden Opportunitätsprinzip nicht in jedem Fall zur Verhinderung einer Straftat verpflichtet, muß aber nach dem im Strafverfahrensrecht geltenden Legalitätsprinzip einschreiten, wenn eine Straftat begangen wurde (vgl. § 163 StPO: „Die Behörden und Beamten des Polizeidienstes haben (!) Straftaten zu erforschen...“). Die im Strafverfahrensrecht vorgesehenen Ausnahmen vom Legalitätsprinzip, insbesondere die §§ 153 ff. StPO, ermächtigen nur die Staatsanwaltschaft, nicht dagegen auch die Polizei, von der weiteren Strafverfolgung abzusehen. 142

Dieser normative Befund deckt sich allerdings nicht immer mit der Wirklichkeit. Das Opportunitätsprinzip hält in immer stärkerem Maße Einzug in das Strafverfahrensrecht und verdrängt dabei den Legalitätsgrundsatz. Auch bei der Strafverfolgung sieht sich die 143

---

236 *BVerwGE* 37, 112 (113); ausführlich *Dietlein* DVBl. 1991, 685 ff.; *Schoch* JuS 1994, 758 f.

237 Vgl. aus der Rspr. *VG Hannover* NVwZ-RR 1991, 148; *OVG Lüneburg* NVwZ 1992, 503; *OVG Münster* NVwZ 1993, 202; *VGH Mannheim* NVwZ 1993, 1220; *VGH Mannheim* NJW 1993, 1027; *VGH München* BayVBl. 1993, 569; *VGH Mannheim* VBlBW 1994, 157. Zur örtlichen Zuständigkeit *VGH München* BayVBl. 1995, 729 f.

238 Etwas anderes gilt für die Befreiung von Verboten, etwa nach den Straßengesetzen oder den Feiertagsgesetzen der Länder.

Polizei vielfach gezwungen, Schwerpunkte zu setzen. In den Bereichen leichter Kriminalität wird häufig mit nur äußerst geringem Aufwand oder überhaupt nicht ermittelt,[239] was de facto eine vom Gesetz nicht vorgesehene Einstellung dieser Verfahren durch die Polizei zur Folge hat. Auch bei der Bekämpfung der organisierten Kriminalität werden erkannte Straftaten häufig nicht verfolgt. Soll beispielsweise die Enttarnung von Personen, die in die betreffenden Organisationen eingeschleust wurden, vermieden werden, so bringt die Polizei die aus ihrer Sicht nebensächlichen Straftaten nicht zur Anzeige. Langfristig angelegte Strategien zur Überführung der Drahtzieher und der Beseitigung der Operationsbasis solcher Organisationen sollen, so die Überlegung, nicht kurzfristigen Erfolgen geopfert werden. Dies geschieht vielfach contra legem. Es gibt keinen Rechtssatz, der einen Vorrang solcher Strategien vor der Pflicht zur Strafverfolgung begründen könnte. Die Polizei hat zwar auch im Bereich der Strafverfolgung einen Spielraum hinsichtlich der Frage des Zeitpunkts des Einschreitens und der Art und Weise des Vorgehens. Dieser mit taktischen Erwägungen zu begründende Spielraum ist aber dann überschritten, wenn auf eine Ahndung bekanntgewordener Straftaten völlig verzichtet wird oder verzichtet werden muß, weil sie entweder aufgrund des Zeitablaufs nicht oder nur noch schwer zu rekonstruieren sind, oder aber weil die mit ihrem Delikt konfrontierten Straftäter „umgedreht“ und als Informanten in die polizeiliche Verbrechensbekämpfung einbezogen werden. Der Staat kann auf die Verfolgung von Straftaten aber „nicht nach seinem Belieben generell oder im Einzelfall verzichten“.[240]

144 Die Befreiung von der Verfolgungspflicht in derartigen Fällen harrt deshalb einer gesetzlichen Lösung. Weil der Präventionsgedanke auch im Bereich des Strafrechts heute überwiegt, das Legalitätsprinzip seine Wurzeln dagegen im Sühne- und Vergeltungsprinzip hat,[241] bestünden gegen eine gesetzlich umschriebene partielle Suspendierung von der Verfolgungspflicht keine unüberwindlichen Einwände. Solange das Legalitätsprinzip in diesem Bereich aber gilt, können sich polizeiliche Ermittler wegen Strafvereitelung gemäß § 252 a StGB strafbar machen, wenn sie eine erkannte Straftat nicht verfolgen.

3. Polizeilicher Beurteilungsspielraum?

145 Die Lehre vom **Beurteilungsspielraum** besagt, daß die Verwaltung bei der Auslegung und Anwendung von unbestimmten Rechtsbegriffen eine eigene, gerichtlich nur in Grenzen nachprüfbare Entscheidungsbefugnis hat.[242] Im Unterschied zum Ermessen bezieht sich der Beurteilungsspielraum nicht auf die Rechtsfolgen-, sondern auf die Tatbestandsseite einer Norm. Es geht hier nicht darum, ob gehandelt werden soll oder nicht, sondern um die Frage, ob die tatbestandlichen Voraussetzungen für ein Tätigwerden überhaupt vorliegen.

146 **Unbestimmte Rechtsbegriffe** gibt es im Polizeirecht häufig. Als klassische Vertreter dieser Gattung von Tatbestandsmerkmalen sind die Begriffe öffentliche Sicherheit, Gefahr oder Störung zu nennen. Es ist allgemeine Auffassung, daß diese Begriffe durch Rechtsprechung und Literatur eine unter dem Gesichtspunkt des Bestimmtheitsgebots und des Gesetzesvorbehalts hinreichende Konturierung erfahren haben. Seit Beginn der Novellierung der Polizeigesetze Ende der siebziger Jahre kamen andere unbestimmte Rechtsbegriffe hinzu. Hierzu zählen insbesondere Begriffe wie „tatsächliche Anhaltspunkte“, „erfahrungsgemäß“ (z. B. § 18 II Nr. 1 HSOG), „vorbeugende Bekämpfung von Straftaten“ (z. B. § 1 I 2 PolG NW – dazu Rdn. 164 ff.), „Straftaten mit erheblicher Bedeutung“ (z. B. § 31 V ThürPAG – dazu Rdn. 187 f.), „erhebliche Nachteile für das Gemeinwohl“ (z. B. § 28 I Nr. 2 SOG LSA – dazu Rdn. 215 ff.). Vereinzelt blieben bislang

---

239 *Kollischon* Kriminalistik 1986, 72 ff.; *Steffen* Kriminalistik 1986, 178; *Backes* KritVjSchr 1986, 323 f.

240 *BVerfG* NJW 1977, 2356.

241 Zur Diskussion um die Straftheorien vgl. nur AK-StGB-*Hassemer,* vor § 1 Rdn. 408 ff. und die umfangreichen Nachweise dort.

242 Vgl. dazu etwa *Maurer,* § 7 Rdn. 17 ff.

Wörter wie „besondere Umstände“ (§ 9 VI PolG NW), „angemessen“ (Art. 46 I 1 BayPAG), „polizeiliche Angelegenheit“ (§ 12 I 1 HSOG), „schützwürdige Interessen“ (§ 44 I Nr. 3 PolG BW; Art. 40 IV Nr. 3 BayPAG – unten Rdn. 219 oder „sachdienlich“ (Art. 39 III 2 BayPAG).

Daneben finden sich Bezeichnungen, die mehr **technisch-taktischer Natur** sind und aus der Sprache der Polizei sowie der Umgangssprache Eingang in die Rechtsterminologie gefunden haben. Zu nennen sind die Begriffe „Observation“, „Verdeckter Ermittler“, „Polizeiliche Beobachtung“, „Rasterfahndung“ und „Schleierfahndung“. Es handelt sich dabei nicht um unbestimmte Rechtsbegriffe im eigentlichen Sinn, sondern um die heuristische Umschreibung polizeilicher Maßnahmen bzw. Methoden, deren Tatbestandsvoraussetzungen wiederum im einzelnen gesetzlich umschrieben sind. 147

Gesicherte Erkenntnisse zu den **allgemeinen Voraussetzungen** des Beurteilungsspielraums gibt es wenig. Lehre und Rechtsprechung bieten ein uneinheitliches Bild.[243] Weitgehend unumstritten war bislang nur, daß bei Prüfungs- und prüfungsähnlichen Entscheidungen und beamtenrechtlichen Beurteilungen ebenso ein Beurteilungsspielraum existiert wie bei Entscheidung durch pluralistisch zusammengesetzte Gremien. Jedoch ist auch in diesen Bereichen die Tendenz zur Einräumung von Beurteilungsspielräumen rückläufig.[244] 148

In der **polizeirechtlichen Literatur** wird die Existenz eines polizeilichen Beurteilungsspielraums überwiegend verneint.[245] Andere Autoren befürworten eine Lockerung der gerichtlichen Kontrolldichte in „Grenzfällen“. Solche Fälle seien denkbar bei der Entscheidung der Frage, ob in concreto eine Gefahr vorliege.[246] Die **gerichtliche Praxis** ist bei der Annahme eines polizeilichen Beurteilungsspielraums teilweise weniger zurückhaltend. Zur Frage der Aufbewahrung erkennungsdienstlicher Unterlagen etwa hat der VGH Mannheim[247] ausgeführt, daß das Wahrscheinlichkeitsurteil, welches der polizeilichen Prognose über das künftige Verhalten des Betroffenen zugrunde liege, einer Kontrolle „naturgemäß nur begrenzt zugänglich“ sei. Die gerichtliche Nachprüfung erstrecke sich nur darauf, ob die Prognose auf zutreffender Tatsachengrundlage beruht sowie nach gegebenem Erkenntnisstand und kriminalistischem Erfahrungswissen sachgerecht und vertretbar sei. 149

Diese Einschätzung kann sich auf die Rechtsprechung des Bundesverwaltungsgerichts[248] zur Aufbewahrung erkennungsdienstlicher Unterlagen stützen. Das Gericht thematisiert seine eigene Kontrollbefugnis zwar nicht explizit. Die Betonung der **„kriminalistischen Erfahrung“**[249] bedeutet der Sache nach aber nichts anderes als die Zuerkennung eines polizeilichen Beurteilungsspielraums. Sie führt in Einzelfällen sogar so weit, daß die Aktenaufbewahrung unbeanstandet bleibt, wenn überhaupt keine Prognose erstellt werden kann.[250] Auch zu anderen Standardmaßnahmen ergangene Entscheidungen deuten auf eine Beschränkung des richterlichen Kontrollumfangs bei der Überprüfung der polizeilichen Gefahrenprognose. So ist nach einer Entscheidung des OLG Bremen[251] die Prüfung, ob die Voraussetzungen für eine Identitätsfeststellung vorliegen, in das „Ermessen“ (!) der Polizei gestellt. Auch wenn darauf abgestellt wird, daß die Polizei auf ein bestimmtes Verhalten schließen bzw. von einem bestimmten Sachverhalt ausge- 150

---

243 Vgl. *Erichsen*, in: Erichsen/Martens, Allgemeines Verwaltungsrecht, § 10 Rdn. 8 ff.; *Maurer*, § 7 Rdn. 20 ff., jeweils mit umfangreichen Nachweisen.

244 *BVerfG* EuGRZ 1991, 38 (Bundesprüfstelle); *BVerfG* NJW 1991, 2005 = DVBl. 1991, 801 (Prüfungsrecht).

245 *Götz*, Rdn. 151; *Schenke*, Rdn. 28; instruktiv: *Lingemann*, Die Gefahrenprognose als Basis eines polizeilichen Beurteilungsspielraums? Diss. Bochum 1985.

246 *Drews/Wacke/Vogel/Martens*, S. 266; *Rasch*, § 1 ME Rdn. 49.

247 *VGH Mannheim* NJW 1987, 2762; *VGH Mannheim* NVwZ-RR 2000, 287 („Prognosespielraum“).

248 *BVerwGE* 26, 169; 66, 192; 66, 202.

249 *BVerwGE* 66, 192 (199).

250 *VG Darmstadt* DVBl. 1979, 744.

251 *OLG Bremen* NJW 1977, 159.

hen „durfte",[252] so bedeutet dies nur, daß die zum damaligen Zeitpunkt vorgenommene Einschätzung der Sachlage als polizeiliche Gefahr vertretbar ist. Es bedeutet nicht, daß sie die einzig richtige ist. Die geläufige Rechtsfigur der Anscheinsgefahr (vgl. Kap. E Rdn. 37) mutiert in dieser Sprechweise unbemerkt zu einem richterlicherseits nicht hinterfragten Beurteilungsspielraum der Polizei.

151 Die **Polizeigesetze** tragen dazu bei, die Entscheidungsspielräume der Behörden zu vergrößern. Der Topos der kriminalistischen bzw. polizeilichen Erfahrung ist durch das Wort „erfahrungsgemäß" im Tatbestand verschiedener Eingriffsermächtigungen verankert,

§ 11 I Nr. 2 BremPolG; § 18 II Nr. 1 HSOG; § 10 I Nr. 1 Buchst. a PolG RP; § 19 I Nr. 2 SächsPolG; § 20 II Nr. 1 SOG LSA,

und hat im Zusammenhang mit der Einführung der sogenannten Schleierfahndung sogar eine zentrale, vermeintlich tatbestandskonturierende Funktion erhalten (Rdn. 382). Tatsächlich bewirkt diese selbstbezügliche Konstruktion – wahrscheinlich ist ein Schadenseintritt, weil ihn die Polizei für wahrscheinlich hält – eine weitere Verlagerung der Entscheidungskompetenz von der Judikative auf die Exekutive. Aus der Perspektive des Gerichtsverfahrens betrachtet ist die Polizei Sachverständiger in eigener Sache.

152 Auch dort, wo das Wort „erfahrungsgemäß" nicht ausdrücklicher Bestandteil des gesetzlichen Tatbestands ist, deuten zahlreiche Formulierungen auf eine eingeschränkte Gerichtskontrolle hin. Nach § 20 I Nr. 1 PolG NW beispielsweise dürfen V-Leute für die Polizei Informationen über Personen sammeln, wenn „tatsächliche Anhaltspunkte die **Annahme rechtfertigen,** daß Straftaten mit erheblicher Bedeutung begangen werden sollen". Dieses Sprachmuster taucht in den Polizeigesetzen außerordentlich oft auf (vgl. Rdn. 173 ff.). Seine Notwendigkeit ist auf den ersten Blick nicht ersichtlich. Man könnte die Tatbestandsvoraussetzungen auch formulieren, indem man den mittleren Satzteil einfach wegläßt: V-Leute dürften danach eingesetzt werden, „wenn (...) Straftaten mit erheblicher Bedeutung begangen werden sollen". Diese einfache Fassung würde schon alle Ungewißheiten berücksichtigen, die einer polizeilichen Prognose notwendigerweise anhaften. Vor allem die Rechtsfiguren der Anscheinsgefahr und – bedingt – auch des Gefahrenverdachts (vgl. dazu oben Kap. E Rdn. 36 ff.), auf diese Konstellation minderer Schadenswahrscheinlichkeit übertragen, würde zu einer befriedigenden Lösung auch von Grenzfällen beitragen.

153 Es ist auch umgekehrt nicht üblich geworden – eine Ausnahme ist § 37 I 1 SPolG –, die allgemeinen Voraussetzungen für ein Einschreiten zum Zwecke der Gefahrenabwehr so zu umschreiben: „Die Polizeibehörden können alle notwendigen Maßnahmen treffen, wenn tatsächliche Anhaltspunkte die Annahme rechtfertigen, daß eine Gefahr für die öffentliche Sicherheit vorliegt." Die Frage: „Sollten Straftaten begangen werden?" hat aber einen anderen Inhalt als die Frage: „War die Annahme gerechtfertigt, daß Straftaten begangen werden sollten?". Die Figur der „gerechtfertigten Annahme" kann deshalb dazu verleiten, polizeiliche Lageeinschätzung und Prognose als weitgehend unvertretbare Akte der Erkenntnisbildung anzusehen, die gerichtlicher Kontrolle nur in Grenzen zugänglich sind. Es bleibt abzuwarten, wie die Gerichte dieses Tatbestandsmerkmal auslegen. Die bloß verbale Betonung einer uneingeschränkten gerichtlichen Nachprüfung[253] jedenfalls trägt dem justiziellen Hauptgrundrecht des Art. 19 IV GG nicht hinreichend Rechnung. Noch weniger gilt dies für die Einschätzung, polizeiliche Prognosen bestimmter Art seien überhaupt nicht justiziabel.[254] Es gehört im Gegenteil gerade zu den typischen richterlichen Aufgaben, unbestimmte Rechtsbegriffe justiziabel zu machen.[255]

---

252 *VG Karlsruhe* NJW 1980, 1708; *VGH Mannheim* VBlBW 1986, 310.
253 *OVG Berlin* NJW 1986, 3223; *OVG Mannheim* NJW 1987, 2762.
254 *Arloth* CR 1990, 427.
255 *Schenke,* BK (Zweitbearbeitung), Art. 19 IV Rdn. 338.

Der **Anspruch des Bürgers** auf eine tatsächliche wirksame gerichtliche Kontrolle schließt eine Bindung an die im Verwaltungsverfahren getroffenen gerichtlichen Feststellungen und Wertungen im Grundsatz aus.[256] Was seitens der Gerichte als „naturgemäß" begrenzte Kontrollbefugnisse ausgegeben wird, ist deshalb häufig nur der richterliche „horror facti".[257] Praktische Schwierigkeiten allein sind aber kein ausreichender Grund, den durch Art. 19 IV GG gewährleisteten Rechtsschutz einzuschränken. Nur ausnahmsweise, bei hoher Komplexität oder besonderer Dynamik der geregelten Materie kann die gerichtliche Kontrolle an die „Funktionsgrenzen der Rechtsprechung" stoßen und deshalb ein begrenzter Beurteilungsspielraum angenommen werden.[258] Im Unterschied zum Recht der technischen Sicherheit kann hiervon im allgemeinen Polizeirecht, wo es vornehmlich um die Frage der (künftigen) Verwicklung einer Person in strafbare Handlungen geht, nicht gesprochen werden. Solche Einschätzungen und Bewertungen sind seitens der Gerichte nachzuvollziehen, ohne daß die Funktionsgrenzen der Rechtsprechung erreicht würden. Ein polizeilicher Beurteilungsspielraum besteht deshalb nicht.[259] 154

4. Verhältnismäßigkeitsgrundsatz

a) Begriff und Bedeutung

Der Grundsatz der **Verhältnismäßigkeit** gilt für alle staatlichen Maßnahmen. Soweit Akte der Verwaltung, also auch polizeiliche Maßnahmen an diesem Grundsatz gemessen werden, entfaltet er Wirkung auf drei Ebenen. Die Maßnahme muß erstens **geeignet** zur Erreichung des Gesetzeszwecks sein. Sie muß zweitens **erforderlich** und drittens für den Betroffenen **zumutbar** sein. Wird ein Gesetz auf seine Verhältnismäßigkeit überprüft, so kommt eine weitere Prüfungsebene hinzu, die gewissermaßen als Stufe Null dem dargestellten Dreierschritt vorgeschaltet wird: die Frage nach der Vereinbarkeit des Gesetzeszwecks mit dem **Gemeinwohl.** 155

Die **Terminologie** ist in diesem Zusammenhang nicht immer einheitlich. Der Grundsatz der Verhältnismäßigkeit wird auch als Übermaßverbot bezeichnet, der Grundsatz der Geeignetheit bisweilen mit dem Begriff Zweckmäßigkeit bzw. Zwecktauglichkeit umschrieben. Das Wort Erforderlichkeit ist gleichbedeutend mit Notwendigkeit, und anstelle des Terminus Zumutbarkeit findet sich häufig die Wendung Verhältnismäßigkeit im engeren Sinne sowie – seltener – die Begriffe Angemessenheit und Proportionalität. Unterschiede in der Sache bestehen nicht. 156

Der Grundsatz der Verhältnismäßigkeit hat **Verfassungsrang.** Seine rechtsdogmatische Grundlage findet er sowohl im Rechtsstaatsprinzip[260] als auch in den Grundrechten.[261] Ein Verstoß gegen diesen Grundsatz führt in jedem Fall zur Rechtswidrigkeit des betreffenden Akts. 157

b) Normierung in den Polizeigesetzen

Es gibt in den **Polizeigesetzen** eine Fülle von Normen, die auf das Übermaßverbot ausdrücklich Bezug nehmen. Die allgemeinen, dem § 2 ME nachgebildeten und meist mit „Grundsatz der Verhältnismäßigkeit" überschriebenen Vorschriften besagen, daß die Polizei von mehreren möglichen und geeigneten Maßnahmen diejenige zu treffen hat, die den einzelnen und die Allgemeinheit voraussichtlich am wenigsten beeinträchtigt, daß eine Maßnahme nicht zu einem Nachteil führen darf, der zu dem erstrebten Erfolg erkennbar außer Verhältnis steht und daß eine Maßnahme nur so lange zulässig ist, bis ihr Zweck erreicht ist oder sich zeigt, daß er nicht erreicht werden kann, 158

---

256 *BVerfG* NJW 1991, 2006; *BVerfG* NJW 2001, 1121; *BVerwGE* 95, 307 (309).
257 *Wilke*, in: Merten (Hrsg.), Gewaltentrennung im Rechtsstaat, 1989, S. 141.
258 *BVerfG* NJW 1991, 2006.
259 *BVerwGE* 87, 23 (26 f.); *BVerfG* NJW 2001, 1121 („Gefahr im Verzug").
260 *BVerfGE* 23, 127 (133); 69, 161 (169); 76, 256 (359).
261 *BVerfGE* 19, 342 (348 f.).

Art. 4 BayPAG; § 5 ASOG Bln; § 3 BbgPolG; § 3 BremPolG; § 4HmbSOG; § 4 HSOG; § 15 SOG MV; § 4 NGefAG; § 2 PolG NW; § 2 POG RP; § 4 SPolG; § 3 SächsPolG; § 5 SOG LSA; § 4 ThürPAG.

159 In anderen Vorschriften werden einzelne Elemente des Verhältnismäßigkeitsgrundsatzes besonders hervorgehoben. So ist beispielsweise der Polizeigewahrsam nur zulässig, wenn er „unerläßlich" ist (z. B. § 30 I Nr. 2 ASOG Bln, § 32 I Nr. 2 HSOG). Der Begriff unerläßlich ist im Einzelfall auch beim Umgang mit personenbezogenen Daten (z. B. Art. 45 III Nr. 2 BayPAG) gesetzliches Tatbestandsmerkmal. Eine Nuance schwächer ist der Vorbehalt, daß die Zweckerreichung „auf andere Weise nicht möglich erscheint" (z. B. § 34 I Nr. 1 NGefAG). Auch ist, um ein weiteres Beispiel aus dem Bereich der Datenverarbeitung zu nennen, die Dauer der Speicherung auf „das erforderliche Maß" zu beschränken (z. B. § 22 PolG NW). Darüber hinaus ist es, in Anlehnung an die Befugnisgeneralklausel des PVG, an vielen Stellen zur Selbstverständlichkeit geworden, von den „erforderlichen" (z. B. § 3 I SächsPolG) bzw. „notwendigen" (z. B. § 10 I BbgPolG) Maßnahmen zu sprechen. Häufig wird dieses Element des Verhältnismäßigkeitsgrundsatzes auch in gesetzliche Zielbestimmungen eingeflochten. Es heißt nicht lediglich, daß eine Maßnahme zur Abwehr einer Gefahr, zur Verhütung von Straftaten oder zum Zwecke der vorbeugenden Bekämpfung von Straftaten getroffen werden kann, sondern daß eine Maßnahme getroffen werden kann, wenn dies „erforderlich ist" zur Abwehr einer Gefahr (z. B. § 27 I SOG MV), zur Verhütung von Straftaten (z. B. § 31 II NGefAG) oder zur vorbeugenden Bekämpfung von Straftaten (z. B. § 9 I Nr. 2 HmbDatenVPolG).

160 Eine merkliche Abschwächung erfährt der Grundsatz der Erforderlichkeit, wenn die Löschung von personenbezogenen Daten davon abhängig gemacht wird, daß sie zur Aufgabenerfüllung „offensichtlich" nicht mehr benötigt werden (Art. 42 I 2 BayPAG). Nicht die zweite, sondern die erste Stufe des Verhältnismäßigkeitsgrundsatzes wird thematisiert, wenn die Zulässigkeit einer Maßnahme an die Voraussetzung geknüpft wird, daß sie zur Straftatenbekämpfung „geeignet" erscheint (§ 18 II Nr. 1 lit. a HSOG) oder „sachdienlich" ist (Art. 39 III 2 BayPAG) oder daß eine Maßnahme zu beenden ist, sobald ihr Zweck nicht mehr erreicht werden kann (Art. 36 IV BayPAG). Auch die dritte Stufe des Übermaßverbots hat in den Wortlaut einiger Normen Eingang gefunden. Die sogenannten besonderen Mittel der Datenerhebung dürfen nur angewendet werden, wenn dies „nicht außer Verhältnis zur Bedeutung des aufzuklärenden Sachverhalts" steht (§ 15 II 2 HSOG; § 28 I 2 SPolG).

161 Die häufige Betonung des Verhältnismäßigkeitsgrundsatzes ist auffällig. Weil das Verhältnismäßigkeitsprinzip Verfassungsrang hat, kann einer einfachgesetzlichen Regelung nur deklaratorische Bedeutung zukommen. Man kann den Sinn solcher ausdrücklichen Bezugnahmen auf einzelne Elemente des Übermaßverbots, die auf die Generalklausel des PrPVG zurückgehen und ihre Wurzeln im liberalen Rechtsstaat des 19. Jahrhunderts haben, heute nur in ihrer **Signalwirkung** für das Handeln im Einzelfall sehen. Dies bedeutet aber nicht, daß die Polizei diesem Grundsatz in anderen Fällen weniger Beachtung schenken dürfte. Ganz gleich, ob überhaupt und auf welches Element des Übermaßverbots in den Polizeigesetzen Bezug genommen wird, die Polizei muß bei jedem Einschreiten alle Stufen dieses Verfassungsgebots beachten.

c) Notwendigkeit klarer Zielbestimmungen

162 Kerngedanke des Verhältnismäßigkeitsprinzips ist die Gewährleistung eines angemessenen Verhältnisses zwischen dem angestrebten Zweck und der zur Zweckerreichung ergriffenen Maßnahme einschließlich der durch sie verursachten Folgen. Dieses auch als **Mittel-Zweck-Relation** bezeichnete Verhältnis gewinnt für alle drei Elemente des Verhältnismäßigkeitsgrundsatzes Bedeutung. Auf jeder der drei Stufen muß das angestrebte Ziel in eine Beziehung zur jeweiligen Maßnahme gesetzt werden.[262] Unabdingbare Vor-

[262] Vgl. *Isensee,* in: Isensee/Kirchhof (Hrsg.), Handbuch des Staatsrechts, Bd. III, 1988, § 57 Rdn. 110.

aussetzung für die rechtliche Bewertung einer Maßnahme unter dem Gesichtspunkt der Verhältnismäßigkeit ist es deshalb, daß **Klarheit über den Zweck** einer Maßnahme besteht.

163 **aa) Gefahrenabwehr.** Dies ist vergleichsweise unproblematisch, solange es um die Abwehr konkreter Gefahren geht, die gesetzliche Zweckbestimmung also „Gefahrenabwehr" lautet. Der Begriff der Gefahrenabwehr impliziert die Wahrscheinlichkeit eines Schadenseintritts, also eine gewisse zeitliche Nähe des befürchteten Ereignisses. Je näher der Zeitpunkt des Schadenseintritts heranrückt, zum Beispiel bei der unmittelbar bevorstehenden Gefahr oder gegenwärtigen Gefahr, desto klarer zeichnet sich sein Ausmaß ab. Je deutlicher Art und Ausmaß des befürchteten Schadens zutage treten, desto genauer kann im Einzelfall der Zweck des Einschreitens umschrieben werden. Und je genauer schließlich der Zweck des Einschreitens gefaßt wird, desto einfacher läßt sich die Frage beantworten, welches die geeigneten Maßnahmen zur Abwendung des Schadens sind, ob weniger einschneidende Maßnahmen in Frage kommen und ob die in Mitleidenschaft gezogenen Rechtsgüter des von der Maßnahme Betroffenen nicht gewichtiger sind als diejenigen, zu deren Schutz eingeschritten wird. Zwar bleiben auch hier Unschärfen. Insbesondere die Übergänge von der Gefahrenabwehr zur „Gefahrenvorsorge" oder „Risikovorsorge" sind wegen der Variabilität des im Einzelfall geforderten Wahrscheinlichkeitsurteils (vgl. Kap. E Rdn. 3) fließend. Auch die terminologisch klare Unterscheidung nach Gefahrenlagen unterschiedlicher Intensität (vgl. Kap. E Rdn. 42 ff.) darf nicht zu der Annahme verleiten, die Lebenswirklichkeit ließe sich problemlos und ohne Rest in die jeweiligen Sprachmuster einpassen. Gleichwohl ist der polizeirechtliche Gefahrenbegriff in Rechtsprechung und Lehre als hinreichend konkrete Zweckbestimmung anerkannt.

164 **bb) „Vorbeugende Bekämpfung" von Straftaten – Zielrichtung und Tatbestandsstruktur.** Die Bestimmung der Verhältnismäßigkeit polizeilichen Handelns bereitet Schwierigkeiten, wo die Gesetze die „vorbeugende Bekämpfung von Straftaten" als Ziel des Einschreitens angeben. Der Begriff der vorbeugenden Straftatenbekämpfung nimmt in den neueren Polizeigesetzen eine zentrale Rolle ein. In einigen Gesetzen hat dieser Begriff unmittelbar Eingang in die Aufgabennorm gefunden:

§ 1 III ASOG Bln; § 1 I 2 BbgPolG; § 1 IV HSOG; § 1 I 2 PolG NW; § 1 I 3 POG RP; § 1 I Nr. 2 SächsPolG; § 2 I SOG LSA; § 1 I 2 ThürPAG.

165 Zum Tatbestandsmerkmal verschiedener Eingriffsermächtigungen wird er in diesen Gesetzen hauptsächlich durch entsprechende Verweisungen auf die polizeiliche Aufgabenstellung.[263] Andere Gesetze verwenden diesen Begriff nur in bestimmten Befugnisregelungen, nicht auch gleichzeitig in der Aufgabennorm[264]

§ 22 II PolG BW; Art. 33 III Nr. 2 BayPAG; § 27 II BremPolG; § 9 I Nr. 2 HmbDatenVPolG; § 25 a I Nr. 2 POG RP; § 28 I SPolG.

166 Über den **Inhalt** dieser Zweckbestimmung besteht keine Einigkeit. In der Literatur wurde dieser Begriff mit Attributen versehen, die ihn als Zielvorgabe gesetzlicher Eingriffsermächtigungen wenig geeignet erscheinen lassen. Es handele sich um einen „unklaren",[265] „schillernden"[266] Begriff, eine „Leerformel"[267] und „recht dunkle begriffliche

---

[263] Als Beispiel: §§ 9 I, 10 I Nr. 1, 24 I, 25 I 2, 27 I 1, 28 I, 29 I Nr. 1 PolG NW.

[264] Der Grund für diese Regelungstechnik liegt darin, daß die betreffenden Landesgesetzgeber die vorbeugende Straftatenbekämpfung als Bestandteil der Gefahrenabwehr betrachten. Diese – sowohl im Hinblick auf Zwecksetzung (Rdn. 169 ff.) als auch tatbestandliche Struktur (Rdn. 172 ff.) dieser Aufgabe unrichtige – Auffassung kommt in Art. 31 I Nr. 1 BayPAG besonders deutlich zum Ausdruck, wo zur Gefahrenabwehr „insbesondere" die vorbeugende Bekämpfung von Straftaten gezählt wird.

[265] *Denninger* CR 1988, 52.

[266] *Naucke* StrVert 1987, 276; AK-GG-*Bull*, Art. 87 Rdn. 88.

[267] *Busch/Funk/Kauß/Werkentin*, S. 225.

Neuschöpfung".[268] Er wird als „sprachlich falsch",[269] „in hohem Maße unpräzise, vage und diffus",[270] „völlig konturlos"[271] und als „irreführend"[272] bezeichnet. In mehreren Polizeigesetzen gibt es jetzt Legaldefinitionen dieses Begriffs. Aber auch sie sind nicht einheitlich. Meist wird darunter sowohl die Verhütung von Straftaten als auch die Vorsorge für die Verfolgung künftiger Straftaten verstanden,

§ 1 III ASOG Bln; § 1 I 2 BbgPolG; § 1 I 2 PolG NW; § 1 I 3 POG RP; § 2 I 2 ThürPAG.

167 Gemäß § 1 IV HSOG und § 2 I SOG LSA ist mit diesem Begriff nur die Verhütung „zu erwartender Straftaten" gemeint. Allerdings enthalten auch die letztgenannten Polizeigesetze Befugnisnormen über die Aufbewahrung von Kriminalakten (§ 20 IV Nr. 2 HSOG; § 23 Nr. 2 SOG LSA), deren Zweck, nicht anders als in den anderen Ländern, in der Vorsorge für die künftige Strafverfolgung liegt. Nach dem sächsischen Polizeigesetz wiederum ist die Vorsorge für die künftige Strafverfolgung der alleinige Gegenstand der vorbeugenden Straftatenbekämpfung (vgl. § 1 I 2 Nr. 2 SächsPolG). Andere Polizeigesetze verwenden diesen Begriff, soweit ersichtlich, überhaupt nicht, sondern belassen es bei einer definitorischen Umschreibung,

§ 7 I Nr. 4 SOG MV; § 1 I 2 NGefAG; z. B. § 189 I LVwG SH.

168 Der Inhalt dieser Zweckbestimmung erschließt sich am ehesten, wenn man sich die mit ihr verbundene Tätigkeit vor Augen hält. Vorbeugende Straftatenbekämpfung ist in erster Linie **Datenverarbeitung.** Schon ältere Polizeigesetze gebrauchten diesen Begriff in den Regelungen über die Anfertigung und Aufbewahrung erkennungsdienstlicher Unterlagen.[273] Im Anschluß an die entsprechende Regelung des Musterentwurfs aus dem Jahre 1976 wurde er dann Bestandteil fast sämtlicher Polizeigesetze,

§ 36 I Nr. 2 PolG BW; Art. 14 I Nr. 2 BayPAG; § 23 I Nr. 2 ASOG Bln; § 13 II Nr. 2 BbgPolG; § 7 I Nr. 2 HmbDatenVPolG; § 14 I Nr. 2 PolG NW; § 11 I Nr. 2 POG RP; § 10 I Nr. 2 SPolG; § 20 I Nr. 2 SächsPolG; § 16 I Nr. 2 ThürPAG.

Auch in den Polizeigesetzen neuester Prägung taucht er nur in den Befugnisregelungen über die Erhebung und sonstige Verwendung personenbezogener Daten auf. Augenfällig wird dieser Befund durch das hamburgische „Gesetz über die Datenverarbeitung der Polizei" (HmbDatenVPolG), wo in § 1 I Nr. 1 die polizeilichen Aufgaben auf die vorbeugende Bekämpfung von Straftaten ausgedehnt werden.

169 Hauptzweck der mit dem Begriff der vorbeugenden Straftatenbekämpfung umschriebenen Datenverarbeitung ist die **Vorbereitung auf die künftige Strafverfolgung.** Die Rechtsprechung bezeichnet dies als „vorsorgende(n) Bereitstellung von Hilfsmitteln für die sachgerechte Wahrnehmung von Aufgaben, die der Kriminalpolizei hinsichtlich der Erforschung und Aufklärung von Straftaten nach § 163 StPO zugewiesen sind".[274] Teilweise wird diese Zweckbestimmung auch mit dem Begriff „Ermittlungserleichterung"[275] umschrieben. Vorbeugende Straftatenbekämpfung ist also das Erheben und Speichern von Informationen mit dem Ziel, die Durchführung sich anschließender oder später einzuleitender strafrechtlicher Ermittlungsverfahren zu erleichtern oder überhaupt erst zu ermöglichen. Der enge sachliche Zusammenhang der vorbeugenden Straftatenbekämpfung mit der Strafverfolgung wird, etwas versteckt, in einigen Vorschriften deutlich. Die Polizeigesetze sehen vor, daß der von heimlichen oder verdeckten Ermittlungsmaßnahmen Betroffene nach deren „Abschluß" zu unterrichten sei. Eine Unterrichtung

---

268 *Ahlf,* Das Bundeskriminalamt als Zentralstelle, 1985, S. 303.
269 *Schoreit* CR 1986, 227.
270 *Emmerlich* Betrifft Justiz 1987, 18.
271 *Cobler,* Gutachten zum HSOG (masch.schr.), 1986, S. 24.
272 Deutscher Richterbund DRiZ 1986, 234.
273 Vgl. § 45 a HSOG i. d. F. vom 4. 9. 1974, GVBl. I, S. 361.
274 *BVerwGE* 66, 192 (196); 66, 202 (204); *BVerwG* DÖV 1990, 117; *VGH Mannheim* NJW 1987, 3022.
275 *VG Darmstadt* DVBl. 1979, 743; *Götz,* 10. Aufl. 1991, Rdn. 150.

unterbleibt aber, „wenn wegen desselben Sachverhalts ein strafrechtliches Ermittlungsverfahren gegen den Betroffenen eingeleitet worden ist";

wörtlich oder sinngemäß § 22 VIII 2 PolG BW; Art. 34 V 2 BayPAG; § 25 VII 3 ASOG Bln; § 35 V 2 BbgPolG; § 9 III 2 HmbDatenVPolG; § 15 VII 3 HSOG; § 32 II 2 SOG MV; § 30 VI Nr. 1 NGefAG; § 16 III 2 PolG NW; § 28 VI 3 SPolG; § 17 VII Nr. 1 SOG LSA; § 186 V 2 LVwG SH; § 34 VII 2 ThürPAG.

Gleiches gilt für die Speicherung der angefallenen Informationen. Diese werden nur gelöscht, „soweit sie nicht zur Verfolgung von Straftaten benötigt werden";

wörtlich oder sinngemäß § 22 VII PolG BW; Art. 34 III 2 BayPAG; § 25 IX ASOG Bln; § 33 VIII BbgPolG; § 10 III 4 HmbDatenVPolG; § 14 II 2 HSOG; § 32 II 2 SOG MV; § 35 V 2 NGefAG; § 17 VI PolG NW; § 39 IV SächsPolG; § 17 VIII SOG LSA; § 35 IV ThürPAG.

Auch Bestimmungen wie § 16 V HSOG, wonach die Staatsanwaltschaft über den Einsatz 170
von verdeckten Ermittlern und V-Leuten unverzüglich zu informieren ist, weist auf die Nähe zum Strafverfahren. Die Einleitung eines strafrechtlichen Ermittlungsverfahrens ist nicht nur eine mögliche Folge, sondern das eigentliche Ziel der mit dem Ausdruck „Vorbeugende Bekämpfung von Straftaten" umschriebenen Tätigkeit.[276] Wegen dieser Zweckbestimmung wäre die StPO und nicht das Polizeirecht der Länder der richtige **Standort für die Regelung der „vorbeugenden" Straftatenbekämpfung**.[277] Demgegenüber bedeutet der von den Landesgesetzgebern eingeschlagene Weg nichts weniger als die heimliche Verabschiedung der Eingriffsschwelle des konkreten Anfangsverdachts. Wie beliebig in praxi der Wechsel zwischen dem strafprozessualen und dem polizeirechtlichen Normengefüge erfolgen kann und wie einfach der gewünschte Einklang beider Rechtsbereiche argumentativ herzustellen ist, macht eine Entscheidung des Bundesgerichtshofs deutlich. Danach kann die langfristige Videoüberwachung eines Tatverdächtigen mangels strafprozessualer Regelungen auch auf polizeirechtlicher Grundlage erfolgen. Weil die Polizei bestrebt gewesen sei, die als Brandstifter verdächtigte Person „zu entlarven und auf diese Weise weitere Brandlegungen zu verhindern", habe sie auch im Rahmen ihrer polizeirechtlichen Aufgabenstellung gehandelt.[278] Die aufgrund der spezifischen Zielsetzungen notwendige Unterscheidung zwischen Strafprozeß- und Polizeirecht wird auf diese Weise vollständig eingeebnet. Die Verwendung des Begriffs vorbeugende Straftatenbekämpfung ist geeignet, diesen Umstand zu verschleiern.

Die im Rahmen der vorbeugenden Straftatenbekämpfung erhobenen und gespeicher- 171
ten Informationen kommen in mehrfacher Hinsicht zum Tragen. Häufig erkennt die Polizei nur aufgrund ihrer vorgelagerten informationellen Tätigkeit, daß Straftaten begangen werden bzw. wurden. Der so gewonnene Tatverdacht ermöglicht erst die förmliche Einleitung eines strafrechtlichen Ermittlungsverfahrens und damit die Anwendung strafprozessualer Zwangsmaßnahmen. Die Vorbeugende Straftatenbekämpfung stellt sich so betrachtet als **Verdachtsgewinnung** oder „Verdachtsschöpfung" dar. Man spricht hier, weil die Strafverfolgungsbehörden aus eigener Initiative und nicht erst aufgrund von Anzeigen Dritter aktiv wird, auch von „Initiativermittlungen".[279] Bei Straftaten mit unbekannten Tatverdächtigen kann eine Nachschau in den polizeilichen Datenbeständen die Ermittlun-

---

276 *Kniesel/Vahle* DÖV 1987, 955; *Kniesel/Tegtmeyer* DRiZ 1986, 252; *Wolter* GA 1988, 52.

277 *Backes* KritVjSchr 1986, 331 f.; *Merten* ZRP 1988, 173 f.; *Wolter* StrVert 1989, 365 f.; *Schoreit* KritVjSchr 1988, 172; vgl. auch *BVerfG* NJW 2001, 879 (zum Regelungsstandort der Vorschriften über die Verwendung von DNA-Identifizierungsmustern, vgl. Rdn. 404). A. A. *Kniesel* ZRP 1987, 377 ff.; *Ahlf* KritVjSchr 1988, 146 ff.; *Götz*, Rdn. 86; *ders.* NVwZ 1987, 860.

278 *BGH* StrVert 1991, 404. Vgl. auch die krit. Anm. von *Gusy* StrVert 1991, 499; *Merten* NJW 1992, 354 f.; *Wolter* Jura 1992, 520 ff.

279 Gemeinsame Richtlinien der Justizminister/-senatoren und der Innenminister/-senatoren der Länder über die Zusammenarbeit bei der Verfolgung der Organisierten Kriminalität v. 13. 11. 1990, Nr. 6. Abgedr. z. B. im Ministerialblatt für das Land Nordrhein-Westfalen – Nr. 93 v. 21. 12. 1990. Vgl. auch *Kube*, Systematische Kriminalprävention, 2. Aufl. 1987, S. 94, der in diesem Zusammenhang, sprachlich unschärfer, von „Verdachtsermittlungen" spricht.

gen in die richtige Richtung lenken. Die Polizei vergleicht die Tatbegehungsweise (modus operandi) mit der von bereits bekannten Straftätern und kann gegebenenfalls gezielt ermitteln. Der Schwerpunkt der vorbeugenden Straftatenbekämpfung liegt in diesem Fall in der **Verdachtssteuerung.** Hält die Polizei bereits eine bestimmte Person für tatverdächtig, so können bereits vorhandene Informationen dazu beitragen, den Täter schließlich zu überführen. Im Vordergrund steht hier der Aspekt der **Verdachtsverdichtung.**

172 Die **tatbestandlichen Voraussetzungen** für ein Tätigwerden zum Zwecke der vorbeugenden Straftatenbekämpfung sind im allgemeinen weit gefaßt. Ihre Strukturelemente sind, wie bei der Gefahrenabwehr auch, eine **Tatsachenbasis** und eine hierauf gegründete **Prognose.** Die vorbeugende Bekämpfung von Straftaten beruht allerdings auf Lagebeurteilungen, bei denen ein weit größerer Grad an **Ungewißheit** in Kauf genommen wird, als dies schon beim Gefahrenverdacht (vgl. Kap. E Rdn. 38) der Fall ist. Auch der geforderte Wahrscheinlichkeitsgrad (einer künftigen Straftatbegehung) ist ungleich geringer als bei der Gefahrenprognose.

173 Die Polizeigesetze halten eine Reihe von Formulierungen bereit, mit denen die Einschreitensvoraussetzungen umschrieben werden. Als Muster kann § 13 II Nr. 1 HSOG herausgegriffen werden. Danach können die Polizeibehörden personenbezogene Daten erheben, wenn **„tatsächliche Anhaltspunkte die Annahme rechtfertigen, daß die Person Straftaten mit erheblicher Bedeutung begehen wird".** Schon bei der Umschreibung der notwendigen Tatsachenbasis gibt es in den einzelnen Vorschriften der Polizeigesetze Abweichungen von diesem Schema. Neben dem Begriff der „tatsächlichen Anhaltspunkte",

§ 20 III Nr. 1 PolG BW; Art. 32 I BayPAG; § 6 Nr. 4 HmbDatenVPolG; § 13 II Nr. 1 HSOG; § 27 III SOG MV; § 26 II Nr. 1 SPolG; § 33 I ThürPAG,

und an seiner Stelle findet sich, in einigen Gesetzen sogar überwiegend, das Wort „Tatsachen",

§ 21 I PolG BW; Art. 33 III Nr. 2 BayPAG; § 8 I HmbDatenVPolG; § 26 I 1 HSOG; § 32 I 1 SOG MV; § 29 I Nr. 1 SPolG; § 34 III Nr. 2 ThürPAG.

174 Eine Systematik ist allerdings nicht erkennbar. Andere Polizeigesetze wiederum verwenden, soweit ersichtlich, durchgängig die Formulierung „tatsächliche Anhaltspunkte": POG RP; SOG LSA, oder den Ausdruck „Tatsachen": ASOG Bln; BbgPolG; BremPolG; NGefAG; PolG NW; SächsPolG; LVwG SH. Rein sprachlich enthält der Begriff des tatsächlichen Anhaltspunkts ein Moment der Bewertung, da er auf einen anderen – künftigen, vermuteten – Sachverhalt Bezug nimmt („Anhaltspunkte wofür?"). Das Wort Tatsache ist für sich betrachtet neutral. Zwei Beispiele:

– Es parken mehrere Autos polizeibekannter Personen aus dem „Milieu" vor einem Lokal.
– Die Polizei erhält einen Hinweis aus der „Szene", daß in einem Lokal ein wichtiges Treffen einiger „Größen" aus der Szene stattfinden soll.

175 Die geparkten Autos und der Hinweis sind beides Tatsachen. Ob sie den Schluß auf eine (künftige) Straftatbegehung zulassen, ist eine andere Frage. In den Begriff der (tatsächlichen) Anhaltspunkte spielt diese Frage bereits hinein. Trotz dieser sprachlichen Nuancen besteht zwischen beiden Formulierungen in der Sache kein Unterschied.[280] Der feinen sprachlichen Differenzierung steht keine Entsprechung in der Lebenswirklichkeit gegenüber. Beide Begriffe werden häufig auch gleichbedeutend und nebeneinander verwendet.[281] Auch unter dem strafprozessualen Begriff der zureichenden tatsächlichen Anhaltspunkte gemäß § 152 II StPO wird das Vorliegen von „Tatsachen" verstanden.[282]

---

[280] Anders *Meixner,* HSOG, § 13 Rdn. 9; *Heise/Tegtmeyer,* PolG NW, § 12 Rdn. 8; *Berner/Köhler,* PAG, Art. 23 Rdn. 12; *Scholler/Schloer,* S. 101 sowie Amtl. Begründung zu BayPAG, Sen.Drucks. 11/90, S. 12; *SächsVerfGH* DVBl. 1996, 1431.

[281] Vgl. Amtl. Begr. zu PolG NW, LT-Drucks. 10/3997, S. 34; *Honnacker/Beinhofer,* PAG, Art. 13 Anm. 5.

[282] *Kleinknecht/Meyer-Goßner,* StPO, § 152 Rdn. 4.

Es muß sich immer um **äußere** Tatsachen handeln. Die verbrecherische Gesinnung oder der Hang zu Straftaten sind zwar (innere) Tatsachen, die manifestieren, daß die betreffenden Personen „Straftaten begehen wollen" (z. B. Art. 33 III Nr. 2 BayPAG – vgl. Rdn. 181). Diese inneren Tatsachen müssen jedoch aus solchen Tatsachen erschlossen werden, die der äußeren Geschehenswelt angehören.[283] **Anzeigen** und sonstige **Hinweise Dritter** rechnen zwar zu den äußeren Tatsachen. Sie dürfen jedoch nicht ungeprüft zur Grundlage polizeilichen Einschreitens gemacht werden. Dies gilt insbesondere dann, wenn ein **anonymer** Anzeigeerstatter pauschale Angaben macht.[284] **176**

Der Begriff der tatsächlichen Anhaltspunkte bzw. Tatsachen wird von bloßen **Vermutungen** und „aus der Luft gegriffenen" Annahmen abgegrenzt.[285] Diese Abgrenzung gewinnt einen Wert aber nur dann, wenn zwischen Vermutungen über das Vorliegen bestimmter Sachverhalte und Vermutungen über eine künftige Entwicklung unterschieden wird. Denn schon bloße Mutmaßungen über ein künftiges strafrechtlich relevantes Verhalten, mit anderen Worten dessen **Möglichkeit,** reichen nach den neuen Polizeigesetzen aus, um polizeiliche Überwachungsmaßnahmen auszulösen. Solche Mutmaßungen müssen – und hier wird das Merkmal „Tatsachen" relevant – einen realen, nicht nur einen vermuteten Hintergrund haben. Dies stellt § 179 III LVwG SH klar, wonach **allgemeine Erfahrungssätze** ohne Bezug zum jeweiligen Geschehen keine Tatsachen sind, und wird vom Bundesverfassungsgericht[286] allgemein gültig auf die Formel gebracht, daß reine Spekulationen, hypothetische Erwägungen oder lediglich auf kriminalistische Alltagserfahrungen gestützte, fallunabhängige Vermutungen als Grundlage einer Entscheidung nicht ausreichen. Auf diesen Nenner müssen sich auch normativ schwer faßbare individuelle Eigenschaften wie ein ausgeprägtes **kriminalistisches Gespür** und Fähigkeiten wie das **intuitive Erfassen von Zusammenhängen** bringen lassen. **177**

Mit der Formulierung, wonach Tatsachen bzw. tatsächliche Anhaltspunkte **„die Annahme rechtfertigen"**, kommt vor allem[287] die **Indizwirkung** bestimmter Tatsachen für das Vorliegen eines Sachverhalts (z. B. „gefährlicher Ort", vgl. Rdn. 325 ff.) oder eine Entwicklung (künftige Straftatbegehung, dazu sogleich Rdn. 181) zum Ausdruck. Andere polizeirechtliche Bestimmungen setzen voraus, daß eine künftige Entwicklung aufgrund tatsächlicher Anhaltspunkte **„anzunehmen ist"** (vgl. § 28 I Nr. 1 und 2 SPolG). Betont wird, daß die aus den Anhaltspunkten gezogenen Schlüsse sich **nicht zur Gewißheit verfestigen** müssen.[288] Es reiche, wenn das Vorliegen bzw. der Eintritt eines bestimmten Sachverhalts aufgrund bestimmter Indizien und **nach der polizeilichen Erfahrung als möglich erscheine.**[289] Solche Indizien können, wie bereits genannt, sich aus Hinweisen Dritter oder aus eigenen Beobachtungen der Polizei ergeben. Große Bedeutung kommt dem Umstand zu, ob und wie häufig jemand als Verdächtiger in strafrechtliche Ermittlungsverfahren verwickelt war oder gar wegen nachgewiesener strafbarer Handlungen verurteilt wurde. Bei noch nicht strafrechtlich in Erscheinung getretenen Personen werden ihre persönlichen Verbindungen zu polizeibekannten Straftätern oder ihre häufige Anwesenheit an von der Polizei beobachteten Örtlichkeiten („gefährliche Orte" vgl. Rdn. 325 als Hinweise auf ihre Verwicklung in eine kriminelle Szene angesehen. **178**

Bis zu diesem Punkt enthält die Tatbestandsstruktur der polizeirechtlichen Bestimmungen über die vorbeugende Straftatenbekämpfung nichts Auffälliges. Sie findet sich auch in anderen Vorschriften außerhalb des allgemeinen Polizeirechts. So liegen beispielsweise Versagungsgründe nach **§ 4 I Nr. 1 GaststG** oder **§ 30 I Nr. 2 WaffG** vor, wenn **179**

283 Vgl. zu § 138 b StPO: LR-*Lüderssen*, 24. Aufl., Rdn. 4; *Kleinknecht/Meyer,* StPO, Rdn. 2.

284 *VG München* NVwZ-RR 2000, 154.

285 *SächsVerfGH* DVBl. 1996, 1431; *Meixner,* HSOG, § 12 Rdn. 1; *Honnacker/Beinhofer,* PAG, Art. 13 Anm. 5; *Berner/Köhler,* PAG, Art. 23 Rdn. 12.

286 *BVerfG* NJW 2001, 1121 (zum Begriff „Gefahr im Verzug" gemäß Art. 13 II GG).

287 Zur Bedeutung dieser Formulierung für den Umfang gerichtlicher Kontrolle vgl. oben Rdn. 152.

288 Vgl. Begründung zu § 8 a VE/ME 1986 – masch.schr.; *Honnacker/Beinhofer,* PAG, Art. 13 Anm. 5.

289 *Meixner,* HSOG, § 13 Rdn. 9.

„Tatsachen die Annahme rechtfertigen", daß der Antragsteller unzuverlässig ist. In anderen Vorschriften gibt es Paraphrasierungen dieses Tatbestandsmerkmals. Nach **§ 138 b StPO** kann ein Verteidiger ausgeschlossen werden, wenn „auf Grund bestimmter Tatsachen die Annahme begründet ist", daß seine Mitwirkung eine Gefahr für die Sicherheit der Bundesrepublik herbeiführen würde. Der Haftgrund der Wiederholungsgefahr gemäß **§ 112 a StPO** verlangt, daß „bestimmte Tatsachen die Gefahr begründen", der Betroffene werde künftig weitere Straftaten begehen.

180 Man kann von der Geläufigkeit dieser Tatbestandsmerkmale allerdings nicht auf die Unbedenklichkeit der entsprechenden polizeirechtlichen Bestimmungen schließen. Der maßgebliche Unterschied zwischen den genannten ordnungs- bzw. strafverfahrensrechtlichen Bestimmungen und den polizeirechtlichen Befugnistatbeständen liegt im jeweiligen **Entscheidungsverfahren.** Rechtlich abgesicherte Beteiligungs- und Anhörungsrechte, die dem Betroffenen die Möglichkeit zur Richtigstellung der behördlichen Einschätzung und damit zur Wahrung seiner Rechte geben, finden sich nur in dem auf Erlaß eines Verwaltungsakts gerichteten Verfahren nach § 9 VwVfG und bei richterlichen Entscheidungsverfahren, nicht aber bei vielfach heimlich durchgeführten polizeilichen Ermittlungshandlungen im Vorfeld von Gefahr und Verdacht. Der durch förmliche Verfahren bewirkte Argumentations- und Rechtfertigungszwang des Staates entfällt hier gänzlich. Den Polizeibehörden vermittelt das gesetzliche Tatbestandsmerkmal „wenn Tatsachen die Annahme rechtfertigen" deshalb eine weitgehend unkontrollierte, weil unreflektiert-ungefilterte „Definitionsmacht".[290] Da Tätigkeiten im Rahmen der vorbeugenden Straftatenbekämpfung als heimliche Datenerhebungsmaßnahmen typischerweise von dem Betroffenen selbst nicht wahrgenommen werden, fehlt es zudem an dem antizipierten Handlungsmaßstab einer richterlichen ex-post-Kontrolle. Zu einer Auskunft über die Tatsache, ob und gegebenenfalls welche personenbezogene Daten gespeichert sind, ist die Polizei ohnehin nur dann verpflichtet, wenn sie kein im Einzelfall überwiegendes Geheimhaltungsinteresse geltend machen kann.[291]

181 Die polizeiliche Definitionsmacht wird dadurch untermauert, daß an die zeitliche Nähe der erwarteten Straftat keine spezifischen Anforderungen gestellt werden. Gefordert wird nur die auf Indizien gestützte Annahme, daß die betreffenden Personen **„künftig Straftaten begehen"** (z. B. § 20 III Nr. 1 PolG BW; § 26 II Nr. 1 SPolG) bzw. Straften **„begehen wollen"** (§§ 33 III Nr. 2, 34 I Nr. 2 BayPAG; § 34 III Nr. 2 NGefAG) bzw. **„begehen werden"** (§ 25 II Nr. 1 ASOG Bln; § 16 I HSOG) oder wenn anzunehmen ist, daß Straftaten **„begangen werden"** (§ 32 I 1 SOG MV) bzw. **„begangen werden sollen"** (§ 33 III Nr. 2 BbgPolG; § 15 III Nr. 1 HSOG; § 20 I Nr. 2 PolG NW) bzw. eine Straftat **„begangen werden soll"** (§ 15 II 1 HSOG; §§ 28 I Nr. 1 und 2, 31 II Nr. 1 und 2 SPolG). Auch hier steht der begrifflichen Differenzierung keine lebensweltliche gegenüber. Festhalten kann man nur, daß der Wahrscheinlichkeitsgrad im Hinblick auf das künftige Ereignis ungleich niedriger ist, als dies für die Annahme der Gefahr notwendig wäre. Ein Anhaltspunkt für den Maßstab, der **in der alltäglichen Praxis** einer solchen Prognose zugrunde liegt, kann dem Umgang von Kriminalakten und erkennungsdienstlichen Unterlagen entnommen werden. Solche Unterlagen werden letztlich nur dann nicht für nötig erachtet, wenn ein künftiges straffreies Verhalten des Betroffenen ausgeschlossen werden kann.[292] Verlangt wird eine „günstige Zukunftsprognose",[293] sofern nicht schon die Unmöglichkeit einer solchen Prognose bzw. die Unmöglichkeit ihrer Justiziabilität[294]

---

[290] Vgl. aus empirischer Sicht bereits *Feest/Blankenburg,* Die Definitionsmacht der Polizei, 1972.

[291] *BVerfG* DVBl. 2001, 275. Vgl. zur früheren, die Auskunftserteilung in das Ermessen der Sicherheitsbehörden stellenden Rechtsprechung *BVerwGE* 84, 375 ff. und NJW 1990, 2765.

[292] *VGH Mannheim* NJW 1987, 2763; vgl. auch *VGH München* DVR 1984, 132, wo das Vorbringen des Bayerischen Landeskriminalamts wiedergegeben wird: Es „könne im gegenwärtigen Zeitpunkt noch nicht mit letzter Sicherheit ausgeschlossen werden, daß der Kläger künftig polizeilich nicht mehr in Erscheinung treten werde".

[293] *VGH Mannheim* NJW 1987, 2764.

[294] *VG Darmstadt* DVBl. 1979, 744; *Arloth* CR 1990, 427.

offen zugestanden wird. **Von Rechts wegen** ist hingegen zu beachten, daß polizeiliche Maßnahmen zum Zweck der vorbeugenden Straftatenbekämpfung nur auf Umstände gestützt werden dürfen, denen eine Aussagekraft für die Wahrscheinlichkeit einer künftigen Straftatbegehung zukommt, es also mit anderen Worten „ positiver, auf den Einzelfall bezogener Gründe“ bedarf, um eine Wiederholungsgefahr anzunehmen.[295]

So verstanden enthält der Begriff der vorbeugenden Straftatenbekämpfung **kein Maß.** 182
Die Vagheit des Gesetzeszwecks und die daraus resultierende Weite der Eingriffsvoraussetzungen heben das verfassungsrechtliche Verhältnismäßigkeitsprinzip aus den Angeln (vgl. Kap. E Rdn. 194 ff.). Weil man Straftaten nicht ausschließen und auch den Ort und Zeitpunkt sowie die Art und Weise ihrer Begehung nicht vorherbestimmen kann,[296] ist die Frage, was zur „vorbeugenden Bekämpfung dieser Straftaten erforderlich ist“ (z. B. Art. 33 II Nr. 2 BayPAG; § 16 I Nr. 2 PolG NW), nicht in befriedigender Weise zu beantworten. Allenfalls kann man sagen, daß sich die Eignung jedweder Informationen zum Zwecke der Verdachtsgewinnung-, -steuerung und -verdichtung niemals völlig ausschließen läßt. Wer hier als Rechtsanwender nach einem verbindlichen Maßstab sucht, wird ins Leere greifen. Denn wo schon die normativen Voraussetzungen und Zweckbestimmung nur vage Konturen aufweisen, vermag auch eine „konkret-individuelle Würdigung“[297] den Umständen des Einzelfalls nur bedingt Rechnung tragen. Der Begriff der vorbeugenden Bekämpfung von Straftaten ist als gesetzliche Zielbestimmung für sich betrachtet deshalb ungeeignet, polizeilichem Handeln eine ausreichende Schranke zu setzen. Aus dieser begrifflichen Unschärfe folgt jedoch nicht schon die Unzulässigkeit polizeilicher Vorfeldermittlungen überhaupt. Es gibt Kriminalitätsformen, die besonders gefährlich sind und mit herkömmlichen Methoden nicht oder nur selten aufgedeckt und verfolgt werden können.[298] Sofern das rechtliche Instrumentarium des klassischen Polizei- und Strafverfahrensrechts nicht ausreicht, um bestimmten Kriminalitätsformen wirksam entgegenzutreten, können unkonventionelle Maßnahmen, Mittel und Methoden nicht von vornherein aus Rechtsgründen ausgeschlossen werden. Auch die **Funktionsfähigkeit der Strafrechtspflege** ist nach der ständigen Rechtsprechung des Bundesverfassungsgerichts ein Rechtsgut von Verfassungsrang.[299]

Es ist in erster Linie Aufgabe des Gesetzgebers, diese gegenläufigen Verfassungsprinzi- 183
pien zu einem Ausgleich zu bringen. Die rechtlichen Implikationen, die eine Befugniserweiterung der Polizei mit sich führt, erfordern allerdings ein äußerst behutsames Vorgehen. Diese Implikationen sind vielfältig und in ihren Auswirkungen kaum zu übersehen. So führt die Schaffung kaum eingrenzbarer polizeilicher Eingriffsermächtigungen nicht nur zu der gewollten Flexibilität der Polizei, sondern auch zu einer **Machtverlagerung** von der gesetzgebenden auf die vollziehende Gewalt. Formulierungen wie „Straftaten mit erheblicher Bedeutung“ (vgl. Rdn. 187 ff.) als Merkmal weitreichender Eingriffsermächtigungen etwa werfen die Frage nach der **Reichweite des Gesetzesvorbehalts** auf, die nicht nur ein zentrales Problem der Gewaltenteilung ist, sondern auch demokratiestaatliche und grundrechtliche Komponenten aufweist. Der Machtzuwachs auf seiten der Polizei wird dadurch verstärkt, daß die Schaffung unkonturierter Gesetzestatbestände und die Einräumung polizeilicher Beurteilungsspielräume (vgl. Rdn. 145 ff.) gleichzeitig die **gerichtliche Kontrolle** erschweren. Es fehlt sowohl an präzisen Kontrollmaßstäben als auch an der erforderlichen Kontrolltiefe.

Ohnehin behindert die im Rahmen der vorbeugenden Straftatenbekämpfung typische 184
Heimlichkeit des Vorgehens von vornherein den **Zugang zum gerichtlichen Rechts-**

---

295 *BVerfG* NJW 2001, 879.

296 Vgl. Begründungen zu § 8 a VE/ME (masch.schr.).

297 *VGH Mannheim* NJW 1987, 2762.

298 Vgl. *BVerfGE* 57, 250, 284; *BVerfG* StrVert 1991, 499; *BGH* GA 1975, 333; *BGHSt* 32, 115 (120 ff.).

299 *BVerfGE* 33, 367 (383); 41, 246 (250); 44, 535 (374); 46, 214 (222); 74, 257 (262); *BVerfG* StrVert 1985, 178; krit. zu dieser Rechtsfigur: *Hassemer* StrVert 1982, 275; vgl. zur Kritik auch Kap. K Rdn. 37 (m. w. Nachw. in Fußn. 134).

schutz. Die notwendige Kompensation des von der Polizei in nahezu reiner Form verkörperten Gewaltmonopols durch das rechtsstaatliche Organisationsprinzip der Gewaltenteilung[300] wird durch die Schaffung weitreichender Handlungsermächtigungen damit in Frage gestellt. Die Störung der Machtbalance setzt sich weiter fort auf der Ebene der beteiligten Ressorts. Die Einräumung von polizeilichen Vorfeldbefugnissen führt zu einer Stärkung der Polizei und schwächt die **Stellung der Staatsanwaltschaften.** Die gesetzliche Konzeption der strafprozessualen Ermittlung als eines staatsanwaltschaftlich geleiteten Verfahrens (§§ 160, 161 StPO) wird, über die bereits bestehenden Ungleichgewichte[301] hinaus, durch die Polizeigesetze in weiten Bereichen außer Kraft gesetzt. Aber nicht nur unter kompetenziellen, sondern auch unter materiellen Gesichtspunkten greift eine Erweiterung polizeilicher Befugnisse in das System des Strafprozesses ein. Rechtsstaatliche Sicherungen zugunsten des Beschuldigten werden unterlaufen, weil die vorbeugende Straftatenbekämpfung in ihrer gegenwärtigen rechtlichen Ausformung zwar auf die Verdachtsschöpfung und damit die Erschließung des scharfen strafprozessualen Handlungsinstrumentariums ausgerichtet, wegen des Etiketts „vorbeugend" aber nicht als repressive Tätigkeitsform erkannt und ausgewiesen und deshalb auch nicht in ausreichendem Maß mit kompensatorischen Verfahrensrechten versehen ist.

185 Das rechtssichernde Kriterium des **konkreten Anfangsverdachts,** das Gleichmäßigkeit gewährleistende **Legalitätsprinzip** oder das **Recht zu schweigen** als Ausprägung der Menschenwürde könnten bei Maßnahmen mit präventiv-polizeilicher Etikettierung leicht umgangen werden. Insbesondere der **Schutz von Nichtverdächtigen** ist bei einer solchen „Einwanderung des Polizeirechts in das Strafverfahrensrecht"[302] nicht mehr gewährleistet. Eine primär grundrechtlich ausgerichtete Betrachtungsweise schließlich muß berücksichtigen, daß die Zielpersonen der vorbeugenden Straftatenbekämpfung **Nichtverdächtige** und **Nichtstörer** sind. Ins Visier polizeilicher Vorfeldermittlungen geraten potentielle Straftäter und Kontaktpersonen potentieller Straftäter. Für den ganzen Bereich der vorbeugenden Straftatenbekämpfung wird damit gewissermaßen der polizeiliche Notstand reklamiert. Entsprechend hoch muß auch die Meßlatte für Rechtseingriffe gelegt werden.

186 Angesichts dieser Folgen einer Befugniserweiterung kann der Balanceakt zwischen rechtsgüterschützender Effizienz und rechtssichernden Gewährleistungen nur gelingen, wenn der Bereich der vorbeugenden Straftatenbekämpfung sachlich-gegenständlich eng abgesteckt und sein Umfang präzise umschrieben wird.

187 **cc) Insbesondere: Vorbeugende Bekämpfung von „Straftaten mit erheblicher Bedeutung".** Anhaltspunkte für eine Eingrenzung des Bereichs vorbeugender Straftatenbekämpfung können der **Rechtsprechung** des Bundesgerichtshofs und auch des Bundesverfassungsgerichts zum Einsatz von V-Leuten entnommen werden. Danach ist „im Rahmen der Ermittlung und Bekämpfung besonders gefährlicher und schwer aufklärbarer Straftaten, zu denen auch die Rauschgiftkriminalität gehört, der Einsatz polizeilicher Lockspitzel im Grundsatz geboten und rechtmäßig".[303] Diese Rechtsprechung betrifft allerdings nicht unmittelbar die polizeiliche Ermittlungstätigkeit im Vorfeld von Gefahr und Verdacht und auch nicht deren Vereinbarkeit mit dem Grundrecht auf informationelle Selbstbestimmung. Es geht um die Frage, ob die Identität eines V-Mannes im Strafverfahren offengelegt werden muß, sofern seine Aussage in den Prozeß eingeführt wird.

---

300 Zur Gewaltenteilung als Korrelat des Gewaltmonopols vgl. *Schmidt-Aßmann,* in: Isensee/Kirchhof, Handbuch des Staatsrechts, Bd. I, 1987, § 24 Rdn. 47; *Papier,* in: Merten (Hrsg.), Gewaltentrennung im Rechtsstaat, 1989, S. 95.

301 Zum Stichwort: „Wer ist Herrin des Ermittlungsverfahrens?" (*Stümper* Kriminalistik 1986, 395 ff.) vgl. noch *Steffen,* Analyse Polizeilicher Ermittlungstätigkeit aus der Sicht des späteren Strafverfahrens, BKA-Forschungsreihe, 1976, S. 50 ff.; *Ulrich* ZRP 1977, 158 ff.; *Schulz-Leppin* Jura 1981, 521 ff.; *Wolter* GA 1988, 57; *Wick* DRiZ 1992, 217 ff.

302 *Hassemer* StrVert 1988, 267.

303 *BGH* StrVert 1981, 392; *BGHSt* 32, 115, 122 (jeweils m. w. Nachw.); ebenso *BVerfG* StrVert 1991, 449; ähnlich *BVerfGE* 57, 250, 284.

Die normativen Anknüpfungspunkte dieser Entscheidungen sind also zunächst **strafverfahrensrechtliche** Probleme des sogenannten „Zeugen vom Hörensagen" als Beweismittel (vgl. § 251 II StPO – „Unerreichbarkeit" des V-Mannes[304]), die auf verfassungsrechtlicher Ebene (zunächst nur) unter dem Gesichtspunkt des Anspruchs des Angeklagten auf ein faires Verfahren (Art. 103 I i. V. m. 2 I GG) relevant werden.[305] Aussagen darüber, ob und inwieweit es zulässig ist, V-Leute auch dann einzusetzen, wenn konkrete Anhaltspunkte für das Vorliegen einer bestimmten Straftat noch nicht vorliegen, das heißt zum Zwecke der Verdachtsgewinnung (vgl. Rdn. 187) im Rahmen von Vorfeldermittlungen, treffen die Gerichte nicht. Andererseits ist bei der Tätigkeit des V-Mannes die Grenzlinie zwischen „Vorfeld" und Tatverdacht nur schwer oder überhaupt nicht zu ziehen. Ein V-Mann, so jedenfalls die Vorstellung im Hinblick auf die Bekämpfung der organisierten Kriminalität, bewegt sich in Szenen, Milieus oder Organisationen, in denen laufend Straftaten begangen werden. Seine Tätigkeit ist, soll sie kriminaltaktisch überhaupt erfolgversprechend sein, nicht nur situativ, sondern auf längere Sicht angelegt. Das ist ja auch der Grund dafür, weshalb seine Identität in der Hauptverhandlung geheimgehalten wird. Die Annahme liegt deshalb nahe, daß die primär verfahrensrechtlich ausgerichtete Rechtsprechung zur Zulässigkeit des V-Mann-Einsatzes implizit Aussagen auch über die Zulässigkeit von Vorfeldermittlungen an sich und damit auch Maßstäbe für zulässige Einschränkungen des Rechts auf informationelle Selbstbestimmung beinhaltet. 188

Von Bedeutung ist deshalb eine Bestimmung dessen, was die Rechtsprechung unter **„besonders gefährlicher und schwer aufklärbarer Kriminalität"**[306] versteht. Der BGH registriert eine qualitative Veränderung der Kriminalität insbesondere auf dem Gebiet des Rauschgifthandels, bei Straftaten im Zusammenhang mit dem „Nachtgewerbe", bei der Verschiebung hochwertiger Kraftfahrzeuge, bei Diebstählen in großem Ausmaß, auf Bestellung oder vor dem Hintergrund eines organisierten Hehlerrings, bei der Herstellung und Verbreitung von Falschgeld sowie beim illegalen Waffenhandel.[307] 189

Die Mehrzahl der Polizeigesetze beschränkt weite Bereiche der Vorfeldermittlungen ausdrücklich auf die **„Bekämpfung von Straftaten von erheblicher Bedeutung"** bzw. Straftaten „mit" erheblicher Bedeutung, 190

§ 22 V PolG BW; Art. 30 V BayPAG; § 25 I 1 ASOG Bln; § 32 I Nr. 2 BbgPolG; § 9 I Nr. 2 HmbDatenVPolG; § 13 III HSOG; § 27 III SOG MV; § 34 I Nr. 2 NGefAG; § 18 III PolG NW; § 26 II SPolG; § 39 I Nr. 2 SächsPolG; § 15 II Nr. 1 SOG LSA; § 34 III Nr. 2 ThürPAG.

Mit den so bezeichneten Deliktsfeldern werden die staatlichen Eingriffsbefugnisse allerdings über den Bereich der „besonders gefährlichen" Kriminalität hinaus erweitert. Die gängige Definition, wonach eine Straftat von erheblicher Bedeutung mindestens dem Bereich der **mittleren Kriminalität** zuzurechnen sein muß, wird vom Bundesverfassungsgericht gebilligt. Hinzukommen muß, daß eine solche Straftat im Einzelfall den Rechtsfrieden empfindlich stört und außerdem dazu geeignet ist, das Gefühl der Rechtssicherheit der Bevölkerung erheblich zu beeinträchtigen.[308]

Um welche Straftaten es sich dabei handelt, wird häufig in umfangreichen und dabei im wesentlichen inhaltsgleichen **Deliktskatalogen** aufgelistet. Diese Kataloge enthalten ihrerseits auch Strafvorschriften, die, wie etwa §§ 129, 138 StGB, auf andere Strafvorschriften verweisen. Auch letztere werden in die betreffenden Polizeigesetze implementiert. Eine Besonderheit stellt hier die Vorschrift des § 28 I Nr. 2 BremPolG dar, die sich ausschließlich dieser Verweisungstechnik bedient, also keine der zu verhindernden Straftaten unmittelbar benennt. Eine Besonderheit findet sich auch im POG RP, das zwar 191

---

304 *Lüderssen,* Zur „Unerreichbarkeit" des V-Mannes, FS Klug, 1983, S. 527 ff.
305 Vgl. *BVerfGE* 57, 250 (274 ff.).
306 *BGHSt* 32, 115 (122).
307 *BGHSt* 32, 115 (120).
308 *BVerfG* NJW 2001, 879 (zur DNA-Identitätsfeststellung gemäß § 81 g StPO).

einen Katalog von Straftaten enthält, die „vorbeugend bekämpft" werden sollen, nicht aber eine ausdrückliche Benennung dieser Straftaten als solche von „erheblicher Bedeutung". Bemerkenswert ist, daß die detaillierte Auflistung von Straftaten in einigen Ländern als **abschließende Aufzählung** zu verstehen ist,

§ 1 IV HmbDatenVPolG; § 10 III BbgPolG; § 28 I Nr. 2 BremPolG; § 2 Nr. 9 NGefAG,

und, wegen der Voranstellung des Wörtchens „insbesondere", in anderen Ländern nicht,

Art. 30 V BayPAG; § 49 SOG MV; § 8 III PolG NW; § 3 Nr. 4 SOG LSA; § 31 V ThürPAG.

192 Eine derartige Öffnungsklausel fehlt naturgemäß in den Polizeigesetzen derjenigen Länder, die zugunsten einer eher **kriminologischen Umschreibung** des Tatbestandsmerkmals Straftaten von erheblicher Bedeutung auf einen Straftatenkatalog verzichten,

§ 22 V PolG BW; § 36 I SächsPolG,

und erst recht in den Polizeigesetzen, die diesen Begriff von vornherein nicht näher umschreiben,

ASOG Bln; SPolG.

Der Rechtsprechung des Bundesverfassungsgerichts[309] läßt sich entnehmen, daß auch solche Regelungen den rechtsstaatlichen Erfordernissen der Normklarheit und Justiziabilität genügen (vgl. unten Rdn. 205),

193 Das HSOG enthält einerseits eine abstrakt formulierte kriminologische Definition des Begriffs (§ 13 III), bindet andererseits aber fast alle empfindlichen Rechtseingriffe im Bereich der Vorfeldermittlungen an das Vorliegen von Katalogstraftaten (§ 15 II Nr. 2; § 16 II). Das LVwG SH verwendet den Begriff der Straftaten von erheblicher Bedeutung überhaupt nicht, was allein schon daran liegt, daß dieses Gesetz auch keine „vorbeugende Bekämpfung" von Straftaten kennt. Nicht zuletzt deshalb ist dieses Gesetz ein Musterbeispiel für die Bestimmtheit von Normen im Bereich des Polizeirechts.

194 **dd) Insbesondere: Bekämpfung der „organisierten Kriminalität".** Mit dem Tatbestandsmerkmal der Straftat von erheblicher Bedeutung hält – meist unausgesprochen – der Begriff der organisierten Kriminalität[310] in die Polizeigesetze Einzug. Es ist gerade die Bekämpfung der organisierten Kriminalität, die eine Erweiterung polizeilicher Befugnisse legitimieren soll. Nur durch „offensive Informationsbeschaffung" und „umfangreiche und kontinuierliche Vorfeldaufklärung" könne diese Form der Kriminalität zurückgedrängt werden.[311] Vorfeldbefugnisse sollen deshalb „Waffengleichheit" bzw. „Chancengleichheit" mit dem organisierten Verbrechen gewährleisten, als dessen „Widerpart" die Polizei sich selbst sieht.[312]

195 Als **soziologisches Phänomen** ist die organisierte Kriminalität in der Bundesrepublik nicht ausreichend erfaßt. Die Vielzahl der Publikationen und die geläufige Verwendung des Begriffs täuscht eine genaue Kenntnis über Art, Ausmaß und Gefährlichkeit eines

---

309 *BVerfG* (vorige Fußn.).

310 Vgl. aus der umfangreichen Literatur nur *Dörrmann/Koch/Risch/Vahlenkamp,* Organisierte Kriminalität – wie groß ist die Gefahr?, BKA-Forschungsreihe, 1990; *Füllkrug* Die Polizei 1983, 33 ff.; *Kiehl* Neue Kriminalpolitik 1990, 32 ff.; *Lindlau,* Der Mob, 1989; *Ostendorf* JZ 1991, 62 ff.; *Pileggi,* Der Mob von Innen, 1989; *Raith,* Mafia: Ziel Deutschland, 1989; *Rebscher/Vahlenkamp* (Fußn. 180); *Schuster* Die Polizei 1990, 25 ff.; *Sielaff,* in: Kube/Timm (Hrsg.), Kriminalität. Handbuch für die Praxis, 1990; *Schoreit* StrVert 1991, 535 ff.; *Welp* StrafVert 1994, 161; Frankfurter Arbeitskreis Strafrecht StrafVert 1994, 693 f.; *Gusy* StrafVert 1995, 320 ff.; *ders.*, GA 1999, 319; *Pütter,* Der Anti-OK-Komplex, 1998; *Rohe,* Verdeckte Informationsgewinnung zur Bekämpfung der organisierten Kriminalität, 1998; *Sieber* JZ 1995, 758 ff.; *ders.* (Hrsg.), Organisierte Kriminalität in einem Europa offener Grenzen, 1995. Vgl. schließlich die Beiträge im BKA-Tagungsband „Organisierte Kriminalität in einem Europa durchlässiger Grenzen", 1991 sowie die vom Bundeskriminalamt herausgegebene Literaturzusammenstellung (COD-Literatur-Reihe, Band 10, 1990) zu diesem Thema.

311 *Zachert,* Organisierte Kriminalität in der Bundesrepublik Deutschland, in: Organisierte Kriminalität in einem Europa durchlässiger Grenzen (Fußn. 308), S. 48.

312 *Rebscher/Vahlenkamp* (Fußn. 180); *Zachert* (Fußn. 311); *Kniesel/Vahle* DÖV 1987, 956.

vielschichtigen Phänomens nur vor. Die Vorstellungen, die mit diesem Begriff verbunden werden, reichen dementsprechend von Organisationen ähnlich der Mafia, Camorra und 'Ndrangheta in Italien oder der Cosa Nostra in den USA bis hin zu nur lockeren Verflechtungen und temporären kriminellen Zweckgemeinschaften weniger Personen. Es fehle, so wird auf seiten der Experten festgestellt, an einem realistischen Lagebild über die organisierte Kriminalität in der Bundesrepublik.[313] Trotz dieses unbefriedigenden Befundes in tatsächlicher Hinsicht ist der Begriff der organisierten Kriminalität **in rechtlicher Hinsicht** bereits zu einer festen Größe geworden, die als Schlüssel für die Schaffung weitreichender Handlungsbefugnisse dient. Im Gesetzentwurf des Bundesrates zum OrgKG[314] wird die organisierte Kriminalität als eine Herausforderung für Staat und Gesellschaft bezeichnet, der insbesondere auch durch schärfere Strafen und eine Verbesserung des Ermittlungsinstrumentariums begegnet werden müsse.

In den gemeinsamen Richtlinien der Justizminister/-senatoren und der Innenminister/-senatoren der Länder über die Zusammenarbeit bei der Verfolgung der Organisierten Kriminalität[315] wird die organisierte Kriminalität **definiert** als die **196**

„von Gewinn- oder Machtstreben bestimmte planmäßige Begehung von Straftaten, die einzeln oder in ihrer Gesamtheit von erheblicher Bedeutung sind, wenn mehr als zwei Beteiligte auf längere oder unbestimmte Dauer
a) unter Verwendung gewerblicher oder geschäftsähnlicher Strukturen
b) unter Anwendung von Gewalt oder anderer zur Einschüchterung geeigneter Mittel oder
c) unter Einflußnahme auf Politik, Medien, öffentliche Verwaltung, Justiz und Wirtschaft
zusammenwirken".

Diese Definition hat in § 1 VII HbgGDVP Eingang gefunden und damit **Gesetzeskraft** erlangt. Die Tauglichkeit einer solchen kriminologisch-phänomenologischen Definition der organisierten Kriminalität als Maßstab polizeilichen Handelns wird bezweifelt.[316] Andere gebräuchliche Definitionen gibt es gegenwärtig aber nicht. **197**

Der Bundesgerichtshof beschreibt die **Merkmale** der organisierten Kriminalität wie folgt:[317] Die Vorgehensweise der Täter im Rahmen des organisierten Verbrechens sei darauf angelegt, die Hauptpersonen möglichst nicht nach außen in Erscheinung treten zu lassen. Die Polizei könne mit herkömmlichen Ermittlungsmethoden bei derart organisierten Gruppierungen häufig nur solche Straftäter überführen, die innerhalb der Gruppierung eine untergeordnete Rolle spielen. Da diese Straftäter in der Regel beliebig austauschbar und ersetzbar seien, würden die kriminellen Aktivitäten der Organisation durch eine Aufdeckung der Taten dieser Randfiguren im Kern nicht gestört, zumal die Randtäter in der Regel keinen Einblick in Aufbau und Zusammensetzung der Gesamtorganisation hätten. Unvermeidbare Mitwisser würden im übrigen mittels Schweigegeldern oder durch Drohung und Einschüchterung davon abgehalten, ihre Wahrnehmungen weiterzugeben. Werde ein Einzeltäter gefaßt und in Haft genommen, gewähre die Organisation den bedürftigen Familienangehörigen häufig materielle Unterstützung und übernehme die Verteidigerkosten, um auf diese Weise Gefügigkeit zu erreichen und der **198**

---

313 *Dörrmann/Koch/Risch/Vahlenkamp* (Fußn. 308), S. 103 f.; in diesem Sinne auch *Timm,* Hessische Polizeirundschau 1988, 9; *Ostendorf* JZ 1991, 62 f.; vgl. Hess LT-Drucks. 13/3091, S. 2: „Eine dem Bestimmtheitsgebot genügende und deshalb ins materielle bzw. formelle Strafrecht übertragbare Definition für OK zeichnet sich (derzeit) nicht ab." Vgl. auch *Hassemer* StrafVert 1993, 664 („zugleich verhülltes und drohendes Phänomen"). Vgl. auch den Lagebericht anhand von Ermittlungsverfahren aus dem Jahr 1992 bei *Steinke* NStZ 1994, 168 ff. Präzisere Aussagen zu ausgewählten Bereichen (Kfz-Verschiebung, Menschenhandel, illegales Glücksspiel) auf der Grundlage von Interviews macht *Sieber* JZ 1995, 758 ff. Eine vergleichbare empirische Grundlage hat die instruktive Arbeit von *Pütter* (Fn. 310).

314 BT-Drucks. 11/7663 v. 10. 8. 1990 und BT-Drucks. 12/989 v. 25. 7. 1991; Gesetz vom 15. 7. 1992, BGBl. I, 1902. Vgl. hierzu die kritischen Stellungnahmen des Strafrechtsausschusses des Deutschen Anwaltsvereins in StrafVert 1992, 29 ff. sowie – aus anderer Perspektive – *Krey/Dierlamm* JR 1992, 353.

315 Abgedr. z. B. im Ministerialblatt für das Land Nordrhein-Westfalen – Nr. 93 v. 21. 12. 1990.

316 *Dörrmann/Koch/Risch/Vahlenkamp* (Fußn. 308), S. 103.

317 *BGHSt* 32, 115 (120).

Offenbarung von Wissen, das die Organisation betrifft, vorzubeugen. Im Gesetzentwurf zum OrgKG wird diese Beschreibung sinn- und teilweise wortgleich wiederholt.[318]

199 Zu den **Kriminalitätsfeldern** der organisierten Kriminalität zählen nach den Gemeinsamen Richtlinien der Justizminister/-senatoren und der Innenminister/-senatoren der Länder[319] neben dem Rauschgift- und Waffenhandel bzw. -schmuggel, der Schutzgelderpressung sowie einigen schweren Delikten im Zusammenhang mit dem „Nachtgewerbe" (insbesondere Menschenhandel) vor allem unerlaubte Arbeitsvermittlung und Beschäftigung, illegale Einschleusung von Ausländern, Warenzeichenfälschung (Markenpiraterie), Goldschmuggel, Kapitalanlagebetrug, Subventionsbetrug und Eingangsabgabenhinterziehung, Fälschung und Mißbrauch unbarer Zahlungsmittel, Herstellung und Verbreitung von Falschgeld, Verschiebung von Kraftfahrzeugen und von Lkw-, Container- und Schiffsladungen, Versicherungsbetrug, Einbruchdiebstahl in Wohnungen mit zentraler Beuteverwertung sowie illegale Entsorgung von Sonderabfall und illegaler Technologietransfer.

200 Die „Organisiertheit" der zu bekämpfenden Kriminalität sowie die Gewinnerzielungsabsicht der Täter kommt in dem gesetzlichen Begriff der Straftaten von erheblicher Bedeutung unter anderem dadurch zum Ausdruck, daß es sich dabei definitionsgemäß (auch) um Straftaten handelt, die **„bandenmäßig"** oder **„gewerbsmäßig"** begangen werden. Bandenmäßig begangene Straftaten (vgl. §§ 244 I Nr. 3 StGB, 30 I Nr. 1 BtMG) liegen vor, wenn mindestens[320] bzw. mehr als zwei[321] Personen sich zur fortgesetzten Begehung für eine gewisse Dauer verbinden. Bei gewerbsmäßigen Straftaten (vgl. §§ 180 a I, II Nr. 1, III, 181 a II, 243 I Nr. 3, 260, 292 III, 302 a StGB; 373, 374 AO) ist kennzeichnend die Absicht des Täters, sich durch wiederholte Begehung der Straftat eine fortlaufende Einnahmequelle von einiger Dauer und einigem Umfang zu verschaffen, die jedoch nicht den hauptsächlichen oder regelmäßigen Erwerb zu bilden braucht.[322]

201 Nach dem Wortlaut der Polizeigesetze müssen diese Kriterien nicht gleichzeitig vorliegen („gewerbs- oder bandenmäßig", vgl. Art. 30 V BayPAG, § 8 III PolG NW, § 31 V ThürPAG). Ist jedoch die Bekämpfung des organisierten Verbrechens der Grund für Vorverlagerung polizeilichen Handelns, so kann der Hinweis auf Straftaten, die von einem einzelnen Täter gewerbsmäßig begangen werden, eine solche Erweiterung polizeilicher Befugnisse nicht rechtfertigen. Daß die Wirklichkeit eine solch scharfe Trennung häufig nicht zuläßt, daß mit anderen Worten hinter einem berufsmäßigen Einbrecher nicht selten ein Hehler oder gar ein organisierter Hehlerring steht, entbindet nicht von der Verpflichtung zur Schaffung klarer Begrifflichkeiten. Die Tatmerkmale bandenmäßig und gewerbsmäßig müßten bei den genannten Straftaten deshalb kumulativ vorliegen, um eine Einbeziehung des Umfelds in die Ermittlungen überhaupt rechtfertigen zu können. Denn die besondere Gefährlichkeit dieser Delikte ergibt sich weniger aus dem Gewicht der durch die Einzeltaten betroffenen Rechtsgüter als vielmehr aus der Planmäßigkeit der Beeinträchtigung der Rechtsordnung durch organisiertes Vorgehen. Vor allem hieraus legitimiert sich das öffentliche Interesse daran, diese Kriminalität schon vorbeugend zu bekämpfen.[323]

202 Auch die Katalogstraftat des § 129 StGB **(Bildung krimineller Vereinigungen)** zeigt die Zielrichtung der Befugnisse über Vorfeldermittlungen an. Nicht alle Formen der organisierten Kriminalität im Sinne der obigen Definition lassen sich aber unter den Begriff der kriminellen Vereinigung subsumieren. Es fehlt dort in den meisten Fällen die den Tatbestand des § 129 StGB konstituierende Gesamtwillensbildung.

203 Neben der gewerbs- und bandenmäßigen Begehung sind nach hessischem Polizeirecht auch solche Straftaten von erheblicher Bedeutung, die **gewohnheitsmäßig** oder **serienmäßig** begangen werden (§ 13 III HSOG). Für die Gewohnheitsmäßigkeit der Straftat-

---

318 BT-Drucks. 11/7663, S. 19 f.

319 Vgl. Fußn. 315.

320 *BGHSt* 23, 239.

321 *Dreher/Tröndle,* StGB, § 244 Rdn. 9.

322 *Eser,* in: Schönke/Schröder, StGB, § 244 Rdn. 23 ff.

323 *SächsVerfGH* DVBl. 1996, 1423 (1430).

begehung ist kennzeichnend ein durch wiederholte Begehung erzeugter, eingewurzelter und selbständig fortwirkender Hang.[324] Das Wort serienmäßig ist ursprünglich kein Rechtsbegriff. Es hat aus der Sprache der Kriminalisten Eingang in das HSOG gefunden. Gemeint ist eine Häufung gleichartiger Straftaten innerhalb eines bestimmten Zeitraums. Lediglich zwei gleichartige Taten genügen nicht.[325] Eine Gleichsetzung mit dem Begriff der **Geschäftsmäßigkeit** gemäß § 144 StGB scheidet aus,[326] weil die Serienmäßigkeit allein nichts darüber aussagt, ob der oder die Täter ihre kriminellen Handlungen zum Bestandteil ihrer wirtschaftlichen oder beruflichen Betätigung – so das Merkmal der Geschäftsmäßigkeit[327] – machen wollen. Straftaten, die gewohnheitsmäßig bzw. serienmäßig begangen werden, müssen nicht gleichzeitig die Merkmale der organisierten Kriminalität aufweisen. Auch von Einzeltätern können auf diese Weise Straftaten begangen werden. Gewohnheitsmäßige oder serienmäßige Begehung allein ist deshalb kein Indikator dafür, daß sich dahinter eine kriminelle Organisation verbirgt. Sie rechtfertigt deshalb auch keine unkonventionellen Ermittlungsmethoden im Vorfeld von Gefahr und Verdacht. Zu Recht haben andere Bundesländer diese Termini deshalb nicht in die gesetzliche Begriffsbestimmung aufgenommen.[328]

Die Bestimmungen des Begriffs der Straftaten mit erheblicher Bedeutung in einigen 204
Polizeigesetzen (oben Rdn. 191) sind dadurch gekennzeichnet, daß sie wegen des Wörtchens „insbesondere" **keine abschließende Aufzählung** der als erheblich angesehenen Straftaten enthalten. Angesichts seines ohnehin weiten Umfangs ist die Offenheit des Straftatenkatalogs aber nicht gerechtfertigt. Beispiele für die Notwendigkeit eines Tätigwerdens außerhalb der ausdrücklich genannten oder unter Verweis auf andere Vorschriften in Bezug genommenen Deliktsbereiche werden in den amtlichen Begründungen nicht genannt. Im Interesse der Normenklarheit sollten die Kataloge deshalb als abschließende verstanden werden. Polizeiliche Befugnisse zu Vorfeldermittlungen dürfen nicht um den Preis gravierender Einbußen an Rechtssicherheit hingenommen werden. Die Regelungen in anderen Polizeigesetzen (oben Rdn. 191) zeigen, daß offenbar auch ein abschließender Katalog von als erheblich angesehenen Straftaten den Erfordernissen einer wirksamen Straftatenbekämpfung entspricht. Auch die Straftatenkataloge der Strafprozeßordnung (§§ 100 a, 111, 163 d) und den polizeirechtlichen Regelungen über Identitätsfeststellung an Kontrollstellen (Rdn. 343 ff.) enthalten abschließende Regelungen.

Das Bundesverfassungsgericht hat in einem zur DNA-Identitätsfeststellung gemäß 205
§ 81 g StPO ergangenen Beschluß zum Ausdruck gebracht, daß der Begriff der Straftat mit erheblicher Bedeutung den rechtsstaatlichen Erfordernissen der **Normklarheit und Justiziabilität** genüge. Denn er könne mit herkömmlichen juristischen Methoden ausgelegt werden. Er finde sich in einer Reihe von strafprozessualen und polizeirechtlichen Vorschriften und werde von der Rechtsprechung als Begrenzungsmerkmal verwendet.[329] Ob diese Bewertung allerdings ohne weiteres auf die polizeilichen Eingriffsbefugnisse im Rahmen ihrer operativen Tätigkeit übertragen werden kann, ist zu bezweifeln. Denn die Entscheidung über die Aufbewahrung von DNA-Identifizierungsmustern obliegt ausschließlich dem Richter (§§ 81 g III, 81 I 1 StPO), während Maßnahmen wie Observationen, Bildaufzeichnungen und akustische Überwachungen von der Behördenleitung angeordnet werden (vgl. zur funktionellen Zuständigkeit Rdn. 9). Eine vorbeugende Kontrolle durch eine unabhängige und neutrale Instanz, welche die mit der Vorverlagerung der Eingriffsschwelle verbundenen Einbußen an Rechtssicherheit zumindest teilweise kompensieren könnte, [330] gibt es bei diesen Tätigkeitsfeldern also nicht. Deswegen gibt es

[324] *BGHSt* 15, 377.
[325] Anders *Meixner,* HSOG, § 44 a Rdn. 17.
[326] Anders *Meixner,* HSOG, § 44 a Rdn. 17.
[327] *Eser,* in: Schönke/Schröder, StGB, vor §§ 52 ff. Rdn. 97.
[328] Vgl. zum PolG NW: *Habermehl* JA 1990, 332 (mit Fn. 15).
[329] *BVerfG* NJW 2001, 879.
[330] Vgl. *BVerfG* NJW 2001, 1121.

hier ein besonderes Bedürfnis nach präzisen Vorgaben durch Schaffung abschließender Deliktskataloge. Die meisten Polizeigesetze werden dem nicht gerecht.

206 Nur ein abschließender **Straftatenkatalog** aber kann als brauchbarer Maßstab für die Beantwortung der Frage dienen, ob die Ziele polizeilicher Tätigkeit es rechtfertigen, auf der Basis eines nicht oder nur wenig gesicherten Tatsachenmaterials eine Vielzahl von Personen in polizeiliche Vorfeldermittlungen einzubeziehen. Ein solcher Katalog mag als „starr" empfunden werden.[331] Zugunsten der rechtlichen Klarheit muß aber auf das Maximum an Effektivität verzichtet werden, die durch eine flexible Handhabung des Begriffs der erheblichen Straftat erreicht werden könnte. Denn der Grundsatz des Gesetzesvorbehalts gebietet es, die Tatbestandsvoraussetzungen von Eingriffsermächtigungen um so eingehender zu regeln, je intensiver in die Rechte von Bürgern eingegriffen wird.[332] Die Vorverlagerung der Eingriffsschwelle im Bereich des Sicherheitsrechts ist für die Verwirklichung der Grundrechte so bedeutsam, daß die Voraussetzungen für ein Eingreifen nicht durch die Hinzunahme weiterer unbestimmter Rechtsbegriffe, sondern nur durch eine detaillierte und abschließende Auflistung bestimmter Straftaten umschrieben werden können. § 13 III HSOG ist in dieser Form deshalb mit dem Gebot der Schaffung präziser Zielvorgaben unvereinbar. Durch die Neufassung des HSOG (vom 31. 3. 1994, GVBl. I, S. 174), das die empfindlichsten Rechtseingriffe an Katalogstraftaten anknüpft (§§ 15, 16), wird diese Schwäche teilweise ausgeglichen.

207 Über den **zulässigen Umfang eines Straftatenkatalogs** ist damit noch nichts gesagt. Ebenso wie die in den gemeinsamen Richtlinien der Justizminister/-Senatoren und Innenminister/-Senatoren genannten Deliktsfelder (vgl. Rdn. 196) gehen auch die Aufzählungen der als erheblich anzusehenden Straftaten in den einzelnen Polizeigesetzen über das hinaus, was beispielsweise der Bundesgerichtshof als besonders gefährliche Kriminalitätsformen ansieht. Dies gilt einmal für diejenigen Delikte, die nicht „organisiert" begangen werden müssen, um nach den Polizeigesetzen als erhebliche Straftaten zu gelten. Die Polizeigesetze nennen Verbrechen (vgl. § 12 I StGB) und die in § 138 StGB genannten Vergehen. Es besteht kein Zweifel, daß diese Vorschriften äußerst wichtige Rechtsgüter schützen. Die Ausdehnung von Vorfeldbefugnissen auch auf **potentielle Einzeltäter** kann aber nicht mit dem Argument gerechtfertigt werden, man wolle an die „Hintermänner" oder „Hauptpersonen"[333] „herankommen". Auch die Begründungen zu den Gesetzesentwürfen lassen nicht erkennen, weshalb Befugnisse zu Vorfeldermittlungen auch außerhalb der Bekämpfung der organisierten Kriminalität notwendig seien. Hat die Polizei konkrete Anhaltspunkte dafür, daß ein Verbrechen oder eines der in § 138 StGB genannten Vergehen „begangen werden soll" (vgl. § 15 II 1 HSOG), so sind ihr aber auch nach herkömmlichem Verständnis keineswegs die Hände gebunden. Die Schwere der hier drohenden Rechtsgutsverletzung erlaubt es, an den Grad der Wahrscheinlichkeit des Schadenseintritts vergleichsweise geringe Anforderungen zu stellen (vgl. Kap. E Rdn. 29 ff.). Es läge in diesen Fällen deshalb eine **Gefahr,** zumindest aber ein **Gefahrenverdacht** (vgl. Kap. E Rdn. 38) vor. Erkundigungen oder Überwachungsmaßnahmen ließen sich deshalb schon als Maßnahmen der **Gefahrenerforschung** rechtfertigen.

208 Im Unterschied zur Bekämpfung der organisierten Kriminalität, wo die Erkennung und Durchdringung intransparenter krimineller Strukturen das Nahziel ist, wo also schon Anhaltspunkte für die „Verwicklung"[334] einer Person in solche (vermuteten) Strukturen und sogar „Verbindungen" (vgl. § 25 II Nr. 2 ASOG Bln; § 13 II Nr. 2 HSOG; § 27 II Nr. 1 SOG MV) anderer Personen mit jener die Polizei auf den Plan ruft, ist eine weiter gehende Vorverlagerung polizeilicher Erforschungstätigkeit jedenfalls dort, wo Hinweise auf organisierte Kriminalität fehlen, nicht zu rechtfertigen.[335] Die Po-

---

[331] Vgl. amtliche Begründung zu § 13 HSOG, LT-Drucks. 12/5794, S. 63.
[332] *BVerfGE* 58, 257 (277 f.); 59, 104 (114); *BVerfG* EuGRZ 1991, 37.
[333] *BGHSt* 32, 115 (120); Begründung zum OrgKG, BT-Drucks. 11/7663, S. 19 u. BT-Drucks. 12/989.
[334] Amtl. Begr. zu § 26 SPolG, LT-Drucks. 9/1929, S. 27.
[335] *SächsVerfGH* DVBl. 1996, 1423 (1429 f.).

lizei darf zwar für eine gewisse Zeit Akten über eine Person aufbewahren, die eines Verbrechens verdächtigt und möglicherweise auch deshalb verurteilt wurde (unten Kap. J Rdn. 163 ff. u. 661 ff.). Dies allein ist aber kein Anhaltspunkt für weiter gehende eigeninitiative Überwachungsmaßnahmen der Polizei. Es ist Sache der Strafgerichte, gegebenenfalls die Gefährlichkeit solcher Personen festzustellen und die notwendigen Rechtsfolgen auszusprechen (vgl. § 126 a StPO, §§ 61 ff. StGB). Hierzu gehört auch die Unterstellung unter Bewährungshilfe (vgl. §§ 56 d StGB, 27 ff. JGG), falls dies zur Verhinderung von Straftaten angezeigt ist.

Bei einigen Delikten und Deliktsformen, die nach manchen Polizeigesetzen bereits im Vorfeld „bekämpft" werden sollen, steht weniger ihre Gefährlichkeit im Vordergrund, sondern vielmehr die Tatsache, daß sie **schwer aufklärbar** sind. Es handelt sich dabei vor allem um die sogenannte **„Weiße-Kragen-Kriminalität"** wie Computerbetrug, Subventionsbetrug, Kapitalanlagebetrug oder Kreditbetrug (vgl. z. B. Art. 30 I Nr. 1 BayPAG; § 8 III Nr. 1 PolG NW). Die Tat- und Täterstrukturen im Bereich der reinen Wirtschaftskriminalität sind typischerweise andere als diejenigen, die im allgemeinen als Beleg für die Gefährlichkeit der organisierten Kriminalität angeführt werden. Die Akteure sind nicht Mitglieder straff organisierter Mafia oder mafia-ähnlicher Gruppierungen, deren verschiedene Kommando- und Operationsebenen voneinander abgeschottet sind, deren Aktionen zentral gesteuert werden und deren Ziele auch mit Gewalt durchgesetzt werden. Es handelt sich vielmehr um lockere Verflechtungen von Personen, die von Fall zu Fall und in unterschiedlichen Zusammensetzungen miteinander kooperieren.[336] Gewalt gegen Personen oder Sachen wird in diesem Kriminalitätsbereich typischerweise nicht ausgeübt.[337] Der Strafrahmen weist alle Delikte als solche der mittleren Kriminalität aus. **209**

Es ist zu bezweifeln, daß die Schwierigkeiten bei der Aufklärung von Straftaten aus den genannten Kriminalitätsbereichen gerade durch eine **Vorverlagerung der Eingriffsschwelle** zu lösen ist.[338] Wo Anhaltspunkte für Aktivitäten krimineller Gruppierungen vorliegen, haben sie ihren Ursprung in aller Regel in konkreten Ermittlungsverfahren.[339] Diese Anhaltspunkte können auf Anzeigen von Opfern oder Hinweisen von (Finanz-, Exportgenehmigungs-)Behörden beruhen. Die Schwelle des Anfangsverdachts ist in diesen Fällen überschritten (unten Kap. J Rdn. 545). Ermittlungshandlungen können auf der Grundlage der StPO durchgeführt werden. Das Problem der Verfolgung von Wirtschaftsdelikten, vor deren Komplexität nicht selten auch spezialisierte Strafkammern kapitulieren, hat seinen Grund jedenfalls auch in der fehlenden Flexibilität polizeilicher Organisationsstrukturen, in der unzureichenden personellen und sachlichen Ausstattung der Polizeidienststellen und einer verbesserungsfähigen Spezialausbildung der Ermittlungsbeamten.[340] **210**

In bestimmten Bereichen der Wirtschaftskriminalität fehlt es allerdings schon an Strafanzeigen und damit an konkreten Verdachtsmomenten. Diese Fälle werden als **„opferlose Delikte"** bezeichnet.[341] Anzeigen unterbleiben auch dort, wo der Geschädigte an einer Aufdeckung der Straftat nicht interessiert ist, weil er selbst gegen Gesetze verstoßen hat. Typisch für diese Fallkonstellation des opferlosen Delikts ist der Bereich des Betäubungsmittelgesetzes, weil Händler und Konsument gleichermaßen mit Strafverfolgung rechnen müssen. Typisch ist auch der Straftatenkomplex Bestechung, Bestechlichkeit und Vorteilsannahme. Die Wirtschaftskriminalität kennt als stillhaltende Opfer solche Personen, die unversteuerte Einnahmen („Schwarzgeld") oder sonstige illegale Erwerbungen an Kapitalanlagebetrüger verlieren. Das Fehlen von Strafanzeigen in diesem Bereich rechtfertigt jedoch keine Vorfeldermittlungen. Zwar schützt das Strafrecht auch den be- **211**

---

336 Vgl. *Rebscher/Vahlenkamp* (Fußn. 180), S. 181 ff.; *Dörrmann/Koch/Risch/Vahlenkamp* (Fußn. 308), S. 18 f.
337 *Rebscher/Vahlenkamp* (Fußn. 180), S. 184 f.
338 *Ostendorf* JZ 1991, 65.
339 *Schoreit* MDR 1992, 1016.
340 Vgl. *Rebscher/Vahlenkamp* (Fußn. 180), S. 153 ff.
341 *Rebscher/Vahlenkamp* (Fußn. 180), S. 124.

stohlenen Dieb und den betrogenen Steuerhinterzieher. Das öffentliche Interesse an einer effizienteren Strafverfolgung in diesem Bereich ist jedoch nicht so gewichtig, als daß es eine Verlagerung der Eingriffsschwelle in das Vorfeld des strafrechtlichen Anfangsverdachts rechtfertigen könnte. Wo ein Täter selbst hintergangen wurde, erscheint die Befürchtung kaum begründet, dies sei „geeignet (...), die Rechtssicherheit der Bevölkerung zu beeinträchtigen", um die Formulierung des § 13 III HSOG aufzugreifen. Organisiert vorgehende Anlagebetrüger stellen in aller Regel auch keine „Gefahr für die Allgemeinheit" (§ 13 III HSOG) dar, sondern, bezogen auf den Bereich der stillhaltenden Opfer, allenfalls für einen kleinen und zudem nicht rechtstreuen Kreis wirtschaftlich meist erfolgreicher und risikofreudiger Kapitalanleger. Es kann nicht die vornehmste Aufgabe der Polizeibehörden sein, Bruchstellen eines Wirtschaftssystems durch geheimdienstliche Methoden zu kitten.

212 Bei der **Warenzeichenfälschung** (vgl. §§ 24 III, 25 III, 26 WZG), auch Marken- oder Produktpiraterie genannt, muß differenziert werden. Die Strafbestimmungen im Bereich der Warenzeichenfälschung sind durch das Gesetz zur Stärkung des Schutzes des geistigen Eigentums und zur Bekämpfung der Produktpiraterie vom 13. 3. 1990[342] verschärft worden. Der Strafrahmen wurde von früher sechs Monaten auf nunmehr drei Jahre, bei gewerbsmäßigem Handeln auf fünf Jahre Freiheitsstrafe erhöht (§ 25 d WZG). Gewerbsmäßiges Handeln ist nicht (mehr) Antrags- und Privatklagedelikt (§ 25 d IV WZG; § 374 I Nr. 8 StPO). Das öffentliche Interesse an der Strafverfolgung wird in diesen Fällen also vermutet (vgl. § 376 StPO). Eine Vorverlagerung der Eingriffsschwelle erscheint jedoch auch bei diesen Fallgestaltungen nicht immer gerechtfertigt. Solange es um das Nachahmen von „Lacoste"-Hemden, „Cartier"-Uhren oder ähnlichen Gütern geht, wird man von erheblichen Gefahren für die Allgemeinheit oder besonders gefährlicher Kriminalität schwerlich sprechen können. Die Situation kann sich anders darstellen, wenn Hinweise auf die Fälschung von Waren vorliegen, deren Herstellung und Vertrieb aus Sicherheitsgründen behördlicher Überwachung unterliegt. Zu denken ist vor allem an Arzneimittel oder Chemikalien. Werden solche Waren mit falschen Kennzeichnungen versehen, kann dies die Gesundheit und das Leben von Menschen gefährden. Solche Sachverhalte werden häufig aber gleichzeitig den Tatbestand spezifischer Strafvorschriften erfüllen (z. B. § 25 III ArzneimittelG; § 27 II ChemG).

213 Als **Maßstab für die Gefährlichkeit** einer Straftat und damit für die Vorverlagerung der Eingriffsschwelle ist vor allem von Bedeutung, welche **Rechtsgüter** durch bestimmte Formen schwer aufklärbarer Kriminalität beeinträchtigt und verletzt werden. Wo von bestimmten, dauerhaft verbundenen und langfristig zusammenwirkenden Täterkreisen oder Organisationen Gefahren für die **physische und psychische Integrität** anderer Menschen ausgehen, ist eine Vorverlagerung polizeilicher Eingriffsmöglichkeiten unter gleichzeitigem Einsatz „unkonventioneller" Ermittlungsmethoden zulässig und geboten, sofern ein Agieren auf der Basis der überkommenen Regelungen und Prinzipien den Spielraum der Täter nicht entscheidend verringern kann. Hierzu zählen jedenfalls der **Rauschgifthandel,** der **Waffenhandel** und der **Menschenhandel** in ihren organisiert begangenen Formen. Ein weiterer Anhaltspunkt kann in der Vorschrift des **§ 100 a StPO** gesehen werden, deren Straftatenkatalog eine (bundes-)gesetzliche Wertentscheidung über Straftaten mit besonderer Gefährlichkeit enthält. Über diese Deliktsgruppen hinaus erscheint angesichts der tiefen Einschnitte in unser Rechtssystem, die mit einer „vorbeugend" betriebenen Verbrechensbekämpfung einhergehen (vgl. Rdn. 183), eine Ausdehnung polizeilicher Befugnisse unter rechtsstaatlichen Gesichtspunkten nicht hinnehmbar.

214 Wo Zusammenschlüsse, Verflechtungen oder Organisationen von Straftätern als solche erkannt werden, dürfte die Schwelle zur konkreten Gefahr und zum konkreten Tatverdacht allerdings häufig überschritten sein. Das gleichwohl artikulierte Bedürfnis nach einer zeitlichen **Vorverlagerung polizeilicher Aktivitäten** beruht hier auf der Über-

342 BGBl. I, S. 422.

legung, daß eine erfolgreiche Bekämpfung dieser Kriminalitätsformen nicht nur diejenigen, denen man im Einzelfall bestimmte Straftaten nachweisen kann, sondern, um vorhandene oder vermutete Strukturen „aufzuhellen"[343] und dann zu „zerschlagen",[344] auch deren **persönliches Umfeld** in die Ermittlungen einzubeziehen habe. Anhand von konkreten Ermittlungsansätzen sollen so neue Verdachtsmomente für das Vorliegen oder Bevorstehen weiterer, bislang nicht entdeckter strafbarer Handlungen gewonnen werden. Nur unter dem Aspekt der Suche nach neuen Verdachtsmomenten für andere Straftaten aber erweist sich die Überwachung von Kontaktpersonen (zum Beispiel Geschäftsfreunden) des Tatverdächtigen als zeitlich dem Tatverdacht vorgelagerte Ermittlungstätigkeit. Vom konkreten Ermittlungsverfahren gegen den Tatverdächtigen aus betrachtet ist die Einbeziehung einer Person, die ausschließlich deshalb im polizeilichen Raster hängenbleibt, weil sie mit dem Tatverdächtigen „in Verbindung steht" (z. B. § 13 II Nr. 2 HSOG), ein nach herkömmlichem Verständnis **strafprozessuales Vorgehen gegen Unverdächtige.** Denn die bei den Ermittlungen gegen die Verbindungsperson gewonnenen Informationen können und sollen jedenfalls auch zur weiteren Tataufklärung und Beweisführung gegen den Verdächtigen – die bandenmäßige Begehung beispielsweise fällt strafverschärfend ins Gewicht – verwendet werden. Dieser Aspekt macht den strafverfahrensrechtlichen Charakter von Vorfeldermittlungen und damit auch die Notwendigkeit einer Abstimmung der Polizeigesetze mit den Prinzipien des Strafverfahrensrechts deutlich. Die augenblickliche Rechtslage ist auch insoweit unbefriedigend.

ee) „Verhütung erheblicher Nachteile für das Gemeinwohl". Einige Polizeigesetze lassen die Übermittlung personenbezogener Daten unter anderem dann zu, wenn dies zur „Verhütung oder Beseitigung erheblicher Nachteile für das Gemeinwohl" erforderlich ist, 215

§ 44 I Nr. 2 PolG BW; Art. 40 IV Nr. 2 BayPAG; § 44 II Nr. 3 ASOG Bln; § 43 III Nr. 3 BbgPolG; § 20 I Nr. 5 HmbDatenVPolG; § 22 II Nr. 4 HSOG; § 43 I Nr. 3 NGefAG; § 28 III Nr. 3 PolG NW; § 28 I Nr. 2 SOG LSA; § 41 III Nr. 3 ThürPAG.

Über den konkreten Inhalt dieser **Zweckbestimmung** geben die amtlichen Begründungen keine Auskunft. Auch die Ausführungen des Bayerischen Verfassungsgerichtshofs zu Art. 40 IV und 41 I Nr. 2 BayPAG bleiben seltsam vage.[345] In jedem Fall geht die Verhütung von Nachteilen für das Gemeinwohl über das hinaus, was den Polizeibehörden als Aufgabe zugewiesen ist. Polizeiliches **Schutzgut** ist die öffentliche Sicherheit (vgl. Kap. E Rdn. 6 ff.). Dieses – und nur dieses – Rechtsgut verkörpert in seiner Gesamtheit das von der Polizei zu schützende „Gemeinwohl". Zum anderen muß der Grad der drohenden **Beeinträchtigung** dieses Schutzguts nach der polizeilichen Aufgabenstellung so intensiv sein, daß nicht nur „Nachteile", sondern Schäden zu befürchten sind (vgl. Kap. E Rdn. 30). Schon die Systematik der Polizeigesetze, deren Aufgabenzuweisungen die äußerste Grenze für die Einräumung von Befugnissen markieren, gebietet es deshalb, den Begriff des Gemeinwohls „polizeigesetzkonform" im Sinne des Begriffs der öffentlichen Sicherheit auszulegen und die Weitergabe von personenbezogenen Informationen nur zum Zwecke der Verhinderung von Schäden zuzulassen. Da die betreffenden Vorschriften dem Bereich der „Gefahrenabwehr durch den Empfänger" (Art. 40 IV Nr. 1 BayPAG) aber ausdrücklich eine eigene Ermächtigung widmen, verstieße eine solche Auslegung gegen den erkennbaren Willen des Gesetzgebers. Die Regelungen sind folglich nicht mehr „konform" auszulegen und damit rechtswidrig. 216

Im übrigen eignet sich der Begriff des Gemeinwohls nicht als Zielbestimmung einer polizeilichen Eingriffsermächtigung. Im Verfassungsrecht ist der Ausdruck „vernünftige 217

---

343 Vgl. *Rebscher/Vahlenkamp* (Fußn. 180), S. 160; Erstgutachten der Unterkommission Polizeipraxis (Fußn. 7), S. 607 ff. Rdn. 53.

344 *Stümper* Kriminalistik 1980, 243.

345 Entscheidung vom 19. 10. 1994, BayVBl. 1995, 147.

Gründe des Gemeinwohls" zwar ein gängiger Topos.[346] Er bezeichnet die Kriterien, von denen sich der Gesetzgeber bei der Ausübung des Gesetzesvorbehalts nur leiten lassen darf. Darüber hinaus bedarf es jedoch immer einer Bestimmung des jeweils **konkreten Gemeinwohlaspekts.**[347] Andernfalls ließen sich Aussagen über die Geeignetheit, Erforderlichkeit und Angemessenheit eines Gesetzesvorhabens nicht treffen. Auch aus **kompetenzrechtlichen** Gründen darf die Bestimmung des Gemeinwohls nicht der Entscheidung durch die Polizeibehörden überlassen bleiben. Im demokratischen Staat ist sein Inhalt im gesellschaftlichen und in den Parlamenten fokussierten Willensbildungs**prozeß,** und, wo Norminhalte „dynamischen" Charakter haben,[348] unter Mitwirkung von die Allgemeinheit repräsentierenden Bürgern in förmlichen Verwaltungs**verfahren** erst „herzustellen".[349] Datenübermittlungsregelungen mit der Zweckbestimmung „Gemeinwohl" verstoßen deshalb gegen den im Volkszählungsgesetz-Urteil des Bundesverfassungsgerichts hervorgehobenen Grundsatz der präzisen gesetzlichen Zweckbestimmung. Der Bayerische Verfassungsgerichtshof, der diese Zweckbestimmung als hinreichend bestimmt erachtet,[350] hat die Problematik mit keiner Silbe thematisiert. Bemerkenswert ist schließlich, daß es in den übrigen Ländern gelungen ist, sprachlich präzise und rechtsstaatlich verträgliche Übermittlungsregelungen zu schaffen,

vgl. § 33 BremPolG; § 41 SOG MV; § 25c POG RP; § 34 SPolG; §§ 44, 45 SächsPolG; § 193 LVwG SH.

218 Es gibt Vorschriften, die als Schutzgut das **„Wohl" des Bundes oder eines deutschen Landes** nennen (§§ 96 StPO, 99 I 2 VwGO, 5 II Nr. 2 VwVfG) und damit eine gewisse Ähnlichkeit mit den Tatbestandsvoraussetzungen der Übermittlungsregelungen aufweisen. Es geht bei diesen Regelungen allerdings um die Geheimhaltung von Informationen, in gewisser Weise also gerade um das Gegenteil einer Informationsübermittlung. Anders als die Vorschriften über die Weitergabe personenbezogener Daten enthalten jene auch keine Ermächtigungen zu Grundrechtseingriffen.[351] Deshalb müssen sie nicht an den Schranken gemessen werden, die sich, wie der hier einschlägige Bestimmtheitsgrundsatz, aus dem Gesetzesvorbehalt ergeben. Im übrigen werden zum Begriff des Bundeswohls in aller Regel nur solche Rechtsgüter gezählt, die Bestandteil der öffentlichen Sicherheit (Bestand und Funktionsfähigkeit des Staates und seiner Einrichtungen,[352] dazu Kap. E Rdn. 10ff., Gefahr für Leib und Leben[353]) und deshalb nicht Gegenstand der genannten Übermittlungsregelungen sind. Die ebenfalls zum Begriff des Bundeswohls zu rechnende Wahrung freundschaftlicher Verhältnisse zu anderen Staaten oder internationalen Organisationen[354] gehört dagegen nicht zu den polizeilichen Schutzgütern und rechtfertigt allein keine Grundrechtseingriffe.

219 **ff) „Wahrung sonstiger schutzwürdiger Interessen".** Art. 40 IV Nr. 3 BayPAG enthält, gewissermaßen als Auffangtatbestand einer ohnehin äußerst weit gefaßten Regelung, die Befugnis zur Übermittlung personenbezogener Daten, soweit dies „zur Wahrung sonstiger schutzwürdiger Interessen" erforderlich ist. Ähnlich formuliert sind §§ 44 I Nr. 3 PolG BW, 43 III Nr. 3 BbgPolG, 20 I Nr. 5 HmbDatenVPolG, 41 III Nr. 3 Thür-

---

346 Vgl. *BVerfGE* 7, 377 (403); 76, 196 (207) st. Rspr.; vgl. auch Art. 14 II und III GG („Wohl der Allgemeinheit").

347 *Isensee,* in: Isensee/Kirchhof, Handbuch des Staatsrechts, Bd. III, 1988, § 57 Rdn. 110.

348 *BVerfGE* 49, 89 (139f.); *Denninger,* Verfassungsrechtliche Anforderungen an die Normsetzung im Umwelt- und Technikrecht, 1990, Rdn. 139ff.

349 *Isensee,* Handbuch des Staatsrechts, Bd. III, 1988, § 57 Rdn. 88; *Denninger,* Der gebändigte Leviathan, 1990, S. 17.

350 Oben Fn. 345.

351 Zu den Nachteilen einer Auskunftsverweigerung im Hinblick auf die verfassungsrechtlich gewährleistete Rechtsschutzgarantie vgl. aber *BVerfGE* 57, 250 (283); 101, 106 (121ff.); *Lisken* NJW 1991, 1658.

352 *Kopp/Schenke,* VwGO, § 99 Rdn. 7.

353 *OLG Celle* NStZ 1991, 145.

354 *Kopp/Schenke,* VwGO, § 99 Rdn. 7.

PAG, wo meist von schutzwürdigen „Belangen" einzelner die Rede ist. Auch hier gilt, daß Schutzgüter der Polizeigesetze nicht Interessen oder Belange, sondern nur in positive Normen gegossene **Rechte** sein können. Die zitierten Bestimmungen überschreiten damit ebenfalls den durch die polizeiliche Aufgabenstellung gezogenen Rahmen und sind folglich schon aus systematischen Gründen rechtswidrig. Weil diese Zielbestimmungen keine hinreichend präzisen Konturen haben, verstoßen sie gegen den Grundsatz der Normenklarheit und sind deshalb auch verfassungswidrig.

gg) Vorbereitung auf Gefahrenfälle. Einige Polizeigesetze zählen ausdrücklich auch die „erforderlichen Vorbereitungen für die Hilfeleistung in Gefahrenfällen" zu den Aufgaben der Gefahrenabwehr, 220

sinngemäß oder wortgleich § 1 I 2 ASOG Bln; § 1 I 2 BbgPolG; § 1 I Nr. 2 HmbDatenVPolG; § 1 I 2 HSOG; § 1 I 2 NGefAG; § 1 I 1 PolG NW; § 1 I 2 POG RP; § 1 I Nr. 3 SächsPolG; § 2 I 2 ThürPAG.

Hierunter ist nicht nur das schlicht-hoheitliche und in Grundrechte nicht eingreifende Beschaffen und Bereithalten von Arbeitsmaterial jeglicher Art zu verstehen. Hierfür bedürfte es keiner eigenständigen Regelung. Mit der Vorbereitung auf Gefahrenfälle, die noch in der ersten Version des Vorentwurfs zum Musterentwurf mit dem Reizwort „Gefahrenvorsorge" umschrieben wurde, ist vor allem das Erheben und Speichern bestimmter Daten über solche Personen gemeint, „deren Kenntnisse zur Gefahrenabwehr benötigt werden" (vgl. Art. 31 II Nr. 4 BayPAG, § 27 II Nr. 1 SOG MV, § 11 Nr. 1 PolG NW). Neben dem vielzitierten Abschleppunternehmer,[355] der gegen eine Aufnahme seiner Firma in bestimmte Listen in aller Regel nichts einzuwenden hat, geht es vor allem um die **Erreichbarkeit** von Personen, die bei Gefahrensituationen, welche entweder von Anlagen und Einrichtungen ausgehen, oder aber diese bedrohen, über die Beschaffenheit der Anlagen und Einrichtungen Auskunft geben und die Gefahr selbst beseitigen können. Diese Zweckbestimmung ist unter dem Gesichtspunkt der Normenklarheit unbedenklich, weil ihr eine – wenn auch nur gedachte – fest umrissene Gefahrensituation zugrunde liegt. Eine spezialgesetzliche Regelung der Vorbereitung auf Gefahrenfälle findet sich zum Beispiel in § 5 II der 12. BImSchVO. Danach muß eine Person oder eine Stelle mit der Begrenzung der Auswirkungen von Störfällen beauftragt und der zuständigen Behörde **benannt** werden. 221

d) Geeignetheit

Die Polizei darf nur solche Maßnahmen ergreifen, die zur Erreichung des verfolgten Zwecks **geeignet** sind. Eine voraussichtlich vollständige Zweckerreichung ist nicht erforderlich. Es kommt darauf an, daß die Maßnahme ein „Schritt in der richtigen Richtung" ist.[356] Die Geeignetheit einer Maßnahme wird in den Polizeigesetzen an einigen Stellen ausdrücklich thematisiert. Im übrigen ist sie ungeschriebenes Tatbestandsmerkmal jeder Eingriffsermächtigung. Als Grenze polizeilichen Handelns ist dieses Merkmal nicht von großer praktischer Bedeutung. Denn auch der Umstand, daß eine **Verhaltensanordnung** von dem Betroffenen nicht ausgeführt werden kann, weil er **subjektiv** dazu nicht in der Lage ist (der Sanierungsverantwortliche ist in Konkurs, das Kind kann von selbst das erklommene Baugerüst nicht wieder herabsteigen), oder der Umstand, daß dem angeordneten Verhalten **private Rechte Dritter** entgegenstehen (Bordellbetreiber soll vermietete Zimmer räumen), führt nicht zur Rechtswidrigkeit des betreffenden Verwaltungsakts. In den erstgenannten Fällen ist maßgeblich, daß die Behörde den angestrebten Erfolg durch die Mittel der Ersatzvornahme bzw. des unmittelbaren Zwangs **selbst herbeiführen** könnte. Im zweitgenannten Fall ist maßgeblich, daß der Verpflichtete entweder seinerseits **rechtsgestaltend** tätig werden kann oder die Behörde durch den Erlaß entsprechender **Duldungsverfügungen** gegenüber den Dritten die rechtlichen Hindernisse beseiti- 222

[355] Z. B. *Meixner*, HSOG, § 13 Rdn. 10.
[356] *Götz*, Rdn. 333.

gen kann, welche dem angeordneten Verhalten entgegenstehen.[357] Verpflichtete die Polizei jemandem zu einem Tun, das **tatsächlich niemand ausführen** kann bzw. das gegen **Strafvorschriften**[358] verstieße, so wäre dieser Verwaltungsakt nicht (erst) ungeeignet, sondern (bereits) **nichtig** (vgl. § 44 II Nrn. 4 und 5 VwVfG).

223 § 11 I Nr. 2 lit. c) SPolG verlangt als einzige Regelung in den Polizeigesetzen ausdrücklich, daß **„erkennungsdienstliche Unterlagen zu führende Ermittlungen fördern könnten“**. Diese Formulierung gibt insoweit fast wortgetreu die von der Rechtsprechung zu § 81 b 2. Alt. geforderten Voraussetzungen wieder.[359] Ungeeignet zur Förderung von Ermittlungen sind Lichtbilder und andere der Identifizierung dienender Unterlagen, wenn nicht zu erwarten ist, daß der Betroffene Straftaten gerade unter Verschleierung seiner Identität begehen wird[360] (vgl. auch Rdn. 423). Auch **Kriminalakten** über Frauen, denen strafbare Schwangerschaftsabbrüche vorgeworfen werden, fehlt schon die Eignung, mögliche künftige Ermittlungsverfahren zu fördern.[361] Derartige Unterlagen enthalten nichts, was die Aufklärung späterer Straftaten erleichtern könnte.

224 Gem. § 18 II Nr. 1 lit. a) HSOG ist eine Personenkontrolle (Razzia) an sogenannten gefährlichen Orten nur zulässig, wenn dies **„zur Verhütung erheblicher Straftaten geeignet erscheint“**. Dieses Tatbestandsmerkmal gibt es ebenfalls in keinem anderen der Polizeigesetze, die sich insoweit stärker am Musterentwurf (§ 9 I Nr. 2 ME) orientieren. Die ausdrückliche Betonung der Geeignetheit einer Razzia zum Zwecke der Straftatenverhütung im hessischen Polizeirecht macht deutlich, daß es bei diesem Maßnahmenbündel (vgl. Rdn. 213) im allgemeinen nicht nur um die Verhinderung, sondern auch – und vor allem – um die Verfolgung von Straftaten geht. Die an verrufenen Orten zulässige Durchsuchung von Personen und Sachen dient nicht der Eigensicherung der Beamten – hierfür gibt es eigene Regelungen –, sondern der Auffindung von Gegenständen, die auf Straftaten hinweisen (Waffen, Falschgeld, Rauschgift, Hehlerware). Auch als taktische Maßnahme zur Verunsicherung bestimmter „Szenen“ kommt der Razzia Strafverfolgungscharakter zu, weil die Verunsicherung auf der Angst der Täter vor strafrechtlicher Verfolgung beruht. Da aber die bloße Anwesenheit von Polizeibeamten beispielsweise an einem Treffpunkt für Rauschgifthändler in der Regel auch dazu führt, daß verabredete oder bereits laufende Transaktionen nicht (weiter) getätigt werden, hat die Razzia auch unmittelbar präventiven Charakter und ist deshalb zur Verhütung von Straftaten jedenfalls nicht ungeeignet.

225 Wenn solche Straftäter bzw. ganze Szenen oder Milieus durch häufige und gezielte Kontrollen lediglich in andere Gebiete **verdrängt** werden, ist der Präventionseffekt nur gering zu veranschlagen. Die Umschlagplätze für aus kriminellen Handlungen erlangte Waren verlagern sich dann beispielsweise von exponierten Orten im Zentrum einer Großstadt in deren Umland. Die Kriminalität als solche bleibt, sie wird von der Öffentlichkeit nur in geringerem Umfang wahrgenommen. Verhütend wirken polizeiliche Verdrängungstaktiken nur insoweit, als die äußeren Bedingungen zur Straftatbegehung zumindest erschwert werden. Man spricht in diesem Zusammenhang auch von der Beseitigung von **Tatgelegenheitsstrukturen**.[362]

---

[357] Entgegenstehende Rechte Dritter sind lediglich Vollstreckungshindernisse *BVerwGE* 40, 101, (103); *VGH Kassel* NJW 1985, 2493; *OVG Münster* NJW 1985, 2492; *VGH Mannheim* NuR 1992, 428; *OVG Bremen,* Urt. v. 24. 3. 1992 – 1 BA 33/91; *OVG Hamburg* NVwZ-RR 1993, 603; *VGH Mannheim* NVwZ-RR 1995, 120; *Götz,* Rdn. 234; *Schenke,* Rdn. 99; *Hillmann/Fritz*, Rdn. 81; *Würtenberger/Heckmann/Riggert,* Rdn. 345; *Knemeyer,* Rdn. 205; *Schoch* JuS 1994, 756 f.

[358] Vgl. *VGH Kassel* BauR 1994, 228.

[359] Vgl. *BVerwGE* 66, 192 (199).

[360] *VGH München* BayVBl. 1982, 757; ähnlich *VGH Kassel* NVwZ-RR 1994, 655.

[361] Das Bayerische Innenministerium bezeichnete die Führung von Akten in diesen Fällen als „polizeitaktisch sinnlos“, vgl. Frankfurter Rundschau v. 26. 1. 1991.

[362] Vgl. *Kube,* Systematische Kriminalprävention, S. 342 f.; zur Verdrängung der Drogenkriminalität unter dem Gesichtspunkt der Eignung des Mittels vgl. *VG Sigmaringen* NVwZ-RR 1995, 328 f. = VBlBW 1995, 291. Dazu näher unten Rdn. 468 ff.

e) Erforderlichkeit

Das Kriterium der Erforderlichkeit ist die praktisch bedeutsamste Grenze polizeilichen Handelns. Bevor eine Maßnahme ergriffen wird, ist zu fragen, ob nicht eine andere, die Rechte des Betroffenen **schonendere Maßnahme** in Betracht kommt. Auch kann der Betroffene der Polizei eine solche aus seiner Sicht schonendere Maßnahme als sogenanntes **Austauschmittel** anbieten, 226

Art. 5 II 2 BayPAG; § 12 II 2 ASOG Bln; § 4 II 2 BbgPolG; § 4 II 2 BremPolG; § 4 III HmbSOG; § 5 II 2 HSOG; § 14 II SOG MV; § 5 II 2 NGefAG; § 3 II 2 PolG NW; § 3 II 2 POG RP; § 3 II 2 SPolG; § 6 II 2 SOG LSA § 5 II 2 ThürPAG.

Beispiel: Anläßlich einer Durchsuchung bietet der Betroffene an, Mantel und Jacke auszuziehen und der Polizei zu übergeben, so daß aus der – u. U. unangenehmeren – Personendurchsuchung (vgl. Rdn. 569) eine Durchsuchung von Sachen (vgl. Rdn. 591) wird. Verfassungsrechtlich geboten ist eine schonendere Maßnahme aber nur dann, wenn sie zur Zweckerreichung **in gleicher Weise geeignet** ist wie die eingriffsintensivere.[363]

Der Grundsatz der Erforderlichkeit wird in den Polizeigesetzen häufig ausdrücklich hervorgehoben und entfaltet so eine gewisse Signalwirkung für den Rechtsanwender (oben Rdn. 161). Eine bildhafte Darstellung dieses Grundsatzes findet sich in den einzelnen Bestimmungen zur Identitätsfeststellung. Dort werden, **nach Eingriffsintensität abgestuft,** eine Reihe von Maßnahmen zur Identifizierung einer Person ausdrücklich aufgeführt. Sie reichen vom Befragen und Aushändigenlassen der Ausweispapiere über das Festhalten und dem Durchsuchen nach zur Identifizierung geeigneten Gegenständen bis hin zur Mitnahme auf die Wache, wo sich der Betroffene unter Umständen sogar erkennungsdienstlich behandeln lassen muß. Jede dieser Maßnahmen ist nur zulässig, wenn die Maßnahme auf der niedrigeren Eingriffsstufe nicht zum Erfolg führt. Das Festhalten, Durchsuchen oder gar die Mitnahme zur Wache sind beispielsweise bereits unzulässig, wenn der Betroffene anbietet, seine Papiere aus seinem nahe gelegegen Haus zu holen.[364] Letzteres gilt allerdings dann nicht, wenn Grund zu der Annahme besteht, der Betroffene wolle sich der Personalienfeststellung durch Flucht entziehen oder gar die Polizei in einen Hinterhalt locken. 227

Beim **nachträglichen Aufstellen von mobilen Halteverbotsschildern**[365] im Straßenverkehr stellt sich die Frage, ob die Behörden verpflichtet sind, die Halter der dort parkenden Fahrzeuge über diesen Umstand zu informieren, um ihnen Gelegenheit zu geben, ihr Fahrzeug zu entfernen, bevor es abgeschleppt wird. Eine solche Verpflichtung ist grundsätzlich zu bejahen. Die Ermittlung des Halters durch Abfragen des Informationssystems ZEVIS (Kap. J Rdn. 206 und 499) kann in Sekundenschnelle erfolgen, seine Benachrichtigung mittels Brief, durch Telefonat oder persönliche Ansprache verursacht einen vergleichsweise geringfügigen Aufwand. Die Pflicht zur vorherigen Information des Halters gilt insbesondere dann, wenn das Aufstellen der Halteverbotsschilder im Hinblick auf weiträumig geplante Veranstaltungen wie Straßenfeste[366] oder Umzüge[367] erfolgt. Die Schilder müssen hier so rechtzeitig aufgestellt werden, daß eine Benachrichtigung der Halter noch möglich ist. Insbesondere ist es keine Angelegenheit der Staßenverkehrsbehörde, den mit ihr vertraglich verbundenen Abschleppunternehmen zu Aufträgen zu verhelfen.[368] Versäumnisse des Veranstalters oder der Behörde können hier nicht zu 228

---

363 *BVerfGE* 30, 292 (316); 70, 1 (29).

364 *BVerfG* NJW 1991, 3023.

365 Vgl. zur Bekanntgabe Rdn. 33 und zur Verhältnismäßigkeit Rdn. 237 sowie allgemein Kap. M Rdn.91.

366 So in dem vom *Bundesverwaltungsgericht* (BVerwGE 102, 316) entschiedenen Fall.

367 So in dem vom *VGH Kassel* (NJW 1997, 1072) entschiedenen Fall.

368 Vgl. *BVerwG* BayVBl. 2000, 380. Das Gericht hat im Zusammenhang mit der Sicherstellung eines unverschlossenen Autos u. a. ausgeführt, es verstehe sich von selbst, „dass Gesichtspunkte, die mit bloßer Arbeitserleichterung für die Behörde oder Verschaffung von Aufträgen für Abschlepp-Unternehmen zu umschreiben wären, der zu bewältigenden Lage rechtlich nicht entsprechen".

Lasten des Halters gehen und wären jedenfalls auf der Ebene der Kostentragungspflicht aufzufangen.

229 Eine **besondere Betonung** erfährt der Grundsatz der Erforderlichkeit in den Vorschriften über den polizeilichen Gewahrsam. Die Ingewahrsamnahme muß, soll sie zur Verhinderung bevorstehender Straftaten erfolgen, **„unerläßlich"** sein,

Art. 17 I Nr. 2 BayPAG; § 30 I Nr. 2 ASOG Bln; § 17 I Nr. 2 BbgPolG; § 13 I Nr. 2 HmbSOG; § 32 I Nr. 2 HSOG; § 55 I Nr. 22 SOG MV; § 18 I Nr. 2 NGefAG; § 35 I Nr. 2 PlG NW; § 14 I Nr. 2 POG RP; § 13 I Nr. 2 SPolG; § 37 I Nr. 2 SOG LSA; § 204 I Nr. 2 LVwG SH; § 19 I Nr. 2 ThürPAG.

230 Der Begriff unerläßlich ist keine Steigerungsform der Wörter erforderlich oder notwendig, auch wenn es in der Umgangssprache Wendungen wie „unbedingt erforderlich" oder „absolut notwendig" gibt. Denn die Antwort auf die verfassungsrechtliche Frage nach einem milderen und zur Zweckerreichung in gleicher Weise geeigneten Mittel kann nur mit ja oder nein beantwortet werden. Die Begriffswahl verdeutlich aber, daß bei einem derart empfindlichen Eingriff besondere Zurückhaltung geboten ist. Sie stellt deshalb höchste Anforderungen an die Gewißheit über das Vorliegen der tatbestandlichen Voraussetzungen der Eingriffsermächtigung. Ein bloßer Gefahrenverdacht genügt nicht.

231 Der verfassungsmäßige Prüfungsmaßstab der Erforderlichkeit droht allerdings seine Konturen zu verlieren, wenn eine Maßnahme unter der Voraussetzung zulässig ist, daß sie zur Zweckerreichung **„geboten"** ist bzw. geboten erscheint,

§ 43 I ThürPAG.

Der in dem Wort enthaltene Verhaltensimperativ steht einer nüchternen Abwägung bei der Mittelauswahl und -anwendung eher entgegen.

f) Insbesondere: „geeignet erscheint", „erforderlich erscheint"

232 § 18 II Nr. 1 lit. b) HSOG läßt es ausreichen, daß eine Personenkontrolle an gefährlichen Orten zur Zweckerreichung **„geeignet erscheint"**. Im Rahmen einer solchen Personenkontrolle beispielsweise ist der Abgleich personenbezogener Daten mit dem Inhalt polizeilicher Dateien nach dem Wortlaut einiger Bestimmungen dann zulässig, wenn er zur Aufgabenerfüllung **„erforderlich erscheint"**,

§ 25 I 2 HSOG; § 43 I 1 SOG MV; § 36 I 2 SPolG; § 30 I 1 SOG LSA; § 195 I LVwG SH; § 43 I ThürPAG.

Auch verschiedene Vorschriften über die Datenübermittlung verwenden diesen Ausdruck,

Art. 40 III BayPAG; § 20 II HmbDatenVPolG; § 22 I 3 HSOG; § 28 II PolG NW; § 34 I SPolG; § 27 I 3 SOG LSA; § 41 II 1 ThürPAG.

233 In der Formulierung des geeignet bzw. erforderlich „Erscheinens" kommt zum Ausdruck, daß das Vorliegen einer Gefahrensituation zum Zeitpunkt des Einschreitens noch **ungewiß** ist. Die polizeiliche Maßnahme selbst soll erst Klarheit schaffen. Das in den gesetzlichen Regelungen ausdrücklich betonte Moment der Ungewißheit entspricht der Rechtsfigur des **Gefahrenverdachts.** Mit den Figuren der „Anscheins"- oder „Schein"-Gefahr, die gerade nicht durch Unsicherheiten bei der Lagebeurteilung gekennzeichnet sind (vgl. Kap. E Rdn. 36 ff.), hat diese Formulierung nur die semantische Form gemein.

234 Die Ungewißheit bei der Lagebeurteilung und der Zweck des polizeilichen Tätigwerdens weisen in den unterschiedlichen Regelungen jeweils unterschiedliche Aspekte auf. Zwei Aspekte lassen sich deutlich unterscheiden. Ziel des Datenabgleichs bei Personenkontrollen kann zum Beispiel die Klärung der Frage sein, ob es sich bei dem Betroffenen um eine Person handelt, die zu Gewalttätigkeiten neigt. Der Datenabgleich kann hier eine durch einen Gefahrenverdacht gerechtfertigte **Gefahrenerforschungsmaßnahme** sein. Die Erforschungsmaßnahme hat einen zeitlich-situativ eng begrenzten Rahmen.

235 Bei der Datenübermittlung an andere Stellen ist eine solche Zweckbestimmung nicht zu erkennen. Die Datenübermittlung an eine Gefahrenabwehrbehörde soll ohne konkretes Ersuchen zulässig sein, soweit die Kenntnis dieser Daten zur Erfüllung der Aufgaben des Empfängers „erforderlich erscheint". Hier geht es nicht um die Aufklärung einer aktuellen Gefahrenlage. Die übermittelnde Stelle weiß vielmehr noch gar nicht, ob der Empfänger die übermittelten Daten überhaupt benötigt, ob sie also tatsächlich zu dessen Aufgabenerfüllung erforderlich sind. Der Grundsatz, wonach die Verantwortung für die Rechtmäßigkeit einer Datenübermittlung bei der übermittelnden Stelle liegt (vgl. Art. 39 I BayPAG; § 32 IV SPolG), wird durch diese Vorschrift außer Kraft gesetzt. Es handelt sich lediglich um eine Übermittlung **„für den Fall"**, daß es einmal zu einer klärungsbedürftigen Situation kommen sollte. Eine ähnliche Zielrichtung der Datenermittlung wird auch in der bayerischen Regelung über die Informationsübermittlung an die Polizeibehörden deutlich. Danach ist eine Datenübermittlung ohne Ersuchen seitens der Polizeibehörden zulässig, wenn anzunehmen ist, daß dies zur polizeilichen Aufgabenerfüllung **„erforderlich sein kann"** (Art. 42 I 1 BayPAG). Diese Vorschriften enthalten keine hinreichend klare Begrenzung der Übermittlungsbefugnis. Da der Übermittlungszweck noch nicht konkretisiert und bestimmt ist, führt eine Weitergabe von personenbezogenen Daten aufgrund bloßer Vermutungen und Annahmen zu einer unzulässigen Datensammlung „auf Vorrat"[369] beim Empfänger.

g) Verhältnismäßigkeit im engeren Sinn

236 Die Verhältnismäßigkeit im engeren Sinn verlangt eine **Abwägung** zwischen dem öffentlichen Interesse an der Erfüllung polizeilicher Aufgaben und der Schwere des Eingriffs. Wenn die Intensität des Eingriffs in einem **Mißverhältnis** zu dem mit der Maßnahme verfolgten Zweck steht, wenn mit anderen Worten die Belastung dem einzelnen nicht zuzumuten ist, hat die Maßnahme zu unterbleiben. Die praktische Bedeutung dieser Schranke polizeilichen Handelns sollte allerdings nicht überschätzt werden. Denn bereits der Gesetzgeber hat bei der Formulierung der Eingriffsermächtigung die notwendige Abwägung zwischen den Interessen der Allgemeinheit und den Rechten des einzelnen zu treffen. Das Vorliegen der tatbestandlichen Voraussetzung einer – verfassungsmäßigen – Befugnisnorm und das Fehlen einer schonenderen Alternative in Gestalt einer anderen Maßnahme indizieren deshalb die Angemessenheit des Einschreitens im Einzelfall. Dies gilt um so mehr, je spezifischer und detaillierter der Gesetzgeber eine Materie normativ ausgestaltet hat.

237 Es gibt gleichwohl Fälle, in denen erst diese letzte Stufe des Verhältnismäßigkeitsgrundsatzes das Gebrauchmachen von einer Ermächtigung verbietet. Zu nennen ist hier wegen seiner praktischen Bedeutung das **Abschleppen von Fahrzeugen**. Nach der Rechtsprechung sind solche Maßnahmen nicht bereits bei jeglichem Verstoß gegen verkehrsrechtliche Vorschriften angebracht.[370] Unter dem Gesichtspunkt der Verhältnismäßigkeit wird auch die Frage erörtert, ob Abschleppkosten verlangt werden können, wenn nach Abstellen des Fahrzeugs ein (mobiles) Halteverbotsschild aufgestellt wurde, von dem der Fahrer keine Kenntnis hatte.[371] Die Rechtsprechung bejaht dies, sofern zwischen dem Aufstellen des Halteverbotsschilds und dem Abschleppen des Fahrzeugs eine bestimmte Frist, die zwischen zwei und vier Tagen beträgt, verstrichen ist. Zwar gehöre auch das Dauerparken zu den erlaubten Formen der Teilnahme am Straßenverkehr. Der Verkehrsteilnehmer müsse jedoch mit Situationen rechnen, die kurzfristig eine Änderung bestehender Verkehrsregelungen verlangten. Gegebenenfalls – bei krankheits- oder urlaubsbedingter Abwesenheit etwa – müsse er entsprechende Vorsorge tref-

---

[369] *BVerfGE* 65, 1 (46).

[370] *BVerwG* NJW 1993, 871; *VGH Kassel* NVwZ 1987, 911; *VGH Kassel* NVwZ-RR 1991, 28; vgl. auch die Übersichten bei *Götz* NVwZ 1990, 732; *Würtenberger,* Rdn. 204 mit Fn. 417; *Möller/Wilhelm,* Rdn. 198; *Klenke* NWVBl. 1994, 290 f.

[371] Zur Frage der Bekanntgabe des darin enthaltenenen Wegfahrgebots vgl. oben Rdn. 33.

fen.[372] Bemerkenswert ist hier das Wohlwollen der Gerichte gegenüber der Verwaltung. Die Pflicht des Fahrzeughalters zur regelmäßigen Nachschau wird mit großer Sorgfalt hergeleitet, wohingegen die vorrangige Frage, ob die Behörden beim Aufstellen der Schilder eine Pflicht zur Ermittlung und Information der Halter haben (oben Rdn. 228), eher kursorisch oder gar nicht erörtert wird. Wenn man aber eine solche Pflicht als eine Ausprägung des Anspruchs des Halters begreift, angehört zu werden, um ein Austauschmittel anbieten zu können, kann man die **Zumutbarkeit einer Kostenauferlegung** gegenüber dem Fahrzeughalter nur bejahen, wenn die Behörde versucht hat, ihn rechtzeitig in Kenntnis zu setzen. Ungeachtet dessen ist es schon nicht einleuchtend, weshalb der Fahrzeughalter auch die Risiken einer **wegerechtlichen Sondernutzung** durch Private (Straßenfeste, Faschingsumzüge) tragen soll. Er muß zwar zum Beispiel damit rechnen, sein Fahrzeug könne notwendige Straßenbauarbeiten, welche die Straßenbaubehörden aufgrund ihrer Verkehrssicherungspflicht durchführen müssen,[373] behindern. Warum er aber auch das Risiko dafür tragen soll, daß Dritte die Straße über den Gemeingebrauch hinaus – und unter gleichzeitiger Verdrängung seines eigenen Gemeingebrauchs – nutzen wollen, macht die Rechtsprechung nicht deutlich. Derartige Kostenrisiken sollten vielmehr der Sphäre desjenigen zugerechnet werden, der das Aufstellen des Halteverbotsschilds zu seinem privaten Nutzen veranlaßt hat.

238 Als Beispiel für im Einzelfall unzumutbare Maßnahmen zu nennen sind auch die **körperlichen Eingriffe**. Die auf § 81a StPO gestützte Liquorentnahme[374] oder Hirnkammerluftfüllung[375] zur Feststellung der Schuldfähigkeit eines Beschuldigten beispielsweise, heute nicht mehr Stand der medizinischen Erkenntnis, waren nur zur Aufklärung schwerer Straftaten zulässig. Dem Grundsatz der Angemessenheit einer Maßnahme im Einzelfall kommt hier deshalb eine besondere Bedeutung zu, weil der Tatbestand des § 81a StPO „weitgehend unbestimmt" ist.[376] Ein weiteres Beispiel für die Relevanz des Grundsatzes der Verhältnismäßigkeit im engeren Sinn ist die **Identitätsfeststellung** (Rdn. 309ff.). § 181 V LVwG SH bestimmt in diesem Zusammenhang ausdrücklich, daß Maßnahmen nicht getroffen werden dürfen, wenn sie zur Bedeutung der Sache außer Verhältnis stehen. Ein Betroffener darf also nicht in jedem Fall festgehalten oder gar erkennungsdienstlich behandelt werden, wenn seine Identität anders nicht geklärt werden kann. Wer sich etwa an einem der sogenannten gefährlichen oder gefährdeten Orte (Rdn. 325ff.) aufhält, braucht nicht damit zu rechnen, bei bloßen Zweifeln über seine Identität von der Polizei auf die Wache mitgenommen zu werden. Gleiches gilt für die Befugnis zur Durchsuchung anläßlich einer Razzia (Rdn. 334). Der Proportionalitätsgrundsatz ist also auch ein praktisch bedeutsames Korrektiv für Maßnahmen mit **niedriger Eingriffsschwelle**.

239 In der Verfassungsgerichtsrechtsprechung gibt es außerdem eine Tendenz, die Verfassungskonformität äußerst weit gefaßter Tatbestände erst unter Einbeziehung einer einzelfallorientierten Anwendung des Verhältnismäßigkeitsprinzips sicherzustellen.[377] Der mit der Betonung der **Umstände des Einzelfalls** und der Ausblendung konkreter normativer Zielvorgaben einhergehende Zuwachs an polizeilicher Flexibilität führt gleichzeitig aber zu einem Verlust an Rechtssicherheit auf seiten des Bürgers. Eine sachgerechte Einzelfallprüfung stößt zudem immer dort an Grenzen, wo aufgrund der Unbestimmtheit des Gesetzeszwecks eine Bewertung der Mittel-Zweck-Relation nicht mehr möglich ist (vgl. Rdn. 182 und Kap. E Rdn. 194ff.). Die Entscheidung über eine dem verfassungsrecht-

---

[372] Vgl. *OVG Hamburg* DÖV 1995, 784; *OVG Münster* NVwZ-RR 1996, 59; *VGH Kassel* NJW 1997, 1023; *BVerwGE* 102, 316 (320); vgl. auch *VGH Mannheim* NJW 1991, 1698 (2 Tage seien jedenfalls zu kurz).

[373] Vgl. zu Straßenbaulast und Verkehrssicherungspflicht *Steiner* in: ders. (Hrsg.), Besonderes Verwaltungsrecht, 6. Aufl. 1999, Rdn. 99ff.

[374] *BVerfGE* 16, 194.

[375] *BVerfGE* 17, 108.

[376] *BVerfGE* 16, 194 (200f.).

[377] Vgl. *BayVerfGH* BayVBl. 1990, 689, 690.

lichen Übermaßverbot entsprechende Eingrenzung polizeilicher Befugnisse muß deshalb in einem ausgeprägteren Umfang bereits auf der Ebene der Rechtsetzung getroffen, polizeiliches Handeln also normativ stärker vorgeformt werden. Diesen Anforderungen werden die Polizeigesetze nicht immer gerecht.

5. Grundsatz der Effektivität polizeilichen Handelns?

In der Rechtsprechung ist der **Grundsatz der Effektivität polizeilicher Aufgabenerfüllung** anerkannt.[378] Dieser Grundsatz wird allerdings nur im Zusammenhang mit der Ausübung des Auswahlermessens bei mehreren Störern erörtert (vgl. Kap. E Rdn. 115 ff.). Danach stehe das öffentliche Interesse an einer schnellen und wirksamen Gefahrenabwehr einer zeitaufwendigen Suche nach dem Handlungsstörer entgegen, wenn der Zustandsstörer ohne weiteres in Anspruch genommen werden könne. Der normative Gehalt dieses Grundsatzes hängt allerdings von der Richtigkeit der Prämisse ab, daß der Handlungsstörer vor dem Zustandsstörer in Anspruch zu nehmen sei.[379] 240

Über diese Fallkonstellation hinaus gibt es keinen eigenständigen Rechtsgrundsatz der Effektivität staatlicher Aufgabenerfüllung. Die Verfaßtheit des staatlichen Gemeinwesens mit seinen materiellen und prozeduralen Freiheitsrechten und seiner komplexen Organisationsstruktur ist im Gegenteil als Ausdruck eines **Grundsatzes der Hemmung der Effektivität** staatlichen Handelns zugunsten der Freiheit des einzelnen zu verstehen. Neben dem Verhältnismäßigkeitsprinzip darf kein wie auch immer gearteter Effektivitätsgrundsatz herangezogen und in die Waagschale des öffentlichen Interesses an einer wirksamen Erfüllung staatlicher Aufgaben geworfen werden. Das öffentliche Interesse an einer möglichst wirksamen staatlichen Aufgabenerfüllung geht ohne Überhang und ohne Rest in den einzelnen Stufen der Verhältnismäßigkeitsprüfung auf. 241

Als – unausgewogenes – Ergebnis dieses Abwägungsprozesses ist das **Regel-Ausnahme-Muster** zu verstehen, das man im Polizeirecht bisweilen antrifft. So schreiben die einzelnen Gesetze vor, daß personenbezogene Daten grundsätzlich beim Betroffenen zu erheben sind. Sie können aber auch auf andere Weise beschafft werden, wenn die Datenerhebung beim Betroffenen nicht oder **„nur mit unverhältnismäßig hohem Aufwand"** möglich ist, 242

§ 19 II 2 PolG BW; Art. 30 II 2 BayPAG; § 33 II 2 BbgPolG; § 31 II 2 ThürPAG.

Gleiches gilt für den Grundsatz der offenen Datenerhebung. Auch er gilt teilweise nur unter der Einschränkung, daß die polizeiliche Aufgabenerfüllung **hierdurch nicht (erheblich) erschwert** wird, 243

Art. 30 III BayPAG; § 2 III 1 HmbDatenVPolG; § 25 II 1 POG RP; § 31 III 2 ThürPAG.

Gemäß Art. 30 IV BayPAG beispielsweise ist auf Verlangen die Rechtsgrundlage einer Befragung und auf die im Einzelfall entweder bestehende Auskunftspflicht oder die Freiwilligkeit der Auskunft hinzuweisen. Auch diese Pflicht steht unter dem Vorbehalt, daß dadurch die Aufgabenerfüllung nicht **„beeinträchtigt oder gefährdet"** wird. Nach § 9 VI PolG NW kann von dem Hinweis auf die Auskunftspflicht bzw. die Freiwilligkeit der Auskunft abgesehen werden, wenn dies **„wegen besonderer Umstände offenkundig nicht angemessen"** ist. 244

Diese gesetzlich zugelassenen Abweichungen von den Grundsätzen der offenen und direkten Datenerhebung, insbesondere die Tatbestände der Erschwerung oder Beeinträchtigung der polizeilichen Tätigkeit bzw. des damit verbundenen hohen Aufwands zeigen, daß die Abwägung in beträchtlichem Maß zugunsten der Effektivität staatlichen Handelns und zu Lasten der Rechte des betroffenen Bürgers ausgefallen ist. Wenn bereits 245

---

[378] *OVG Münster* DVBl. 1971, 829; *VGH München* NJW 1984, 1196; *VGH München* BayVBl. 1986, 626; *VGH München* NVwZ 1987, 912; *VGH München* NVwZ-RR 1989, 289; *VG Münster* DÖV 1988, 88.

[379] Ablehnend z. B. *Schenke*, Rdn. 183; *Papier* DVBl. 1985, 879.

die erhebliche Erschwerung oder die Höhe des Aufwands negative Tatbestandsmerkmale wichtiger Verfahrensgrundsätze sind, verlieren diese ihre **Verläßlichkeit für den Bürger** und ihre **Verbindlichkeit für die Polizei** gerade dann, wenn sie ihre rechtssichernde Funktion entfalten sollen.

246 Das Regel-Ausnahme-Verhältnis kann damit faktisch umgekehrt werden. Der praktische Wert dieser Grundsätze ist deshalb gering. Die polizeirechtlichen Ausnahmetatbestände sind im übrigen erheblich weiter gefaßt als etwa die Umstände, deren Vorliegen die Behörde berechtigt, zum Beispiel von der Anhörung eines Verfahrensbeteiligten abzusehen. Neben anderen, hier nicht relevanten Ausnahmen kann auf die Anhörung im Verwaltungsverfahren gemäß § 28 II Nr. 1 VwVfG nur bei Eilfällen oder dann verzichtet werden, wenn andernfalls das mit der Entscheidung verfolgte Ziel nicht erreicht werden könnte.[380] Die weitgefaßten Ausnahmetatbestände in einigen Polizeigesetzen wiegen um so schwerer, als dem betroffenen Bürger mangels Kenntnis von der gegen ihn gerichteten Maßnahme die Verwirklichung seiner Rechte verwehrt wird. Bestimmungen über die Ausnahmen von der direkten und offenen Datenerhebung sind im Hinblick auf die verfassungsrechtlich gebotene Verfahrenssicherung im Bereich der Datenverarbeitung[381] deshalb restriktiv zu interpretieren. Wenn eine solche Maßnahme nicht ohnehin **im Interesse des Betroffenen** liegt, wie es bei der indirekten Datenerhebung der Fall sein kann, ist sie nur zulässig, wenn anderenfalls das mit der Maßnahme verfolgte Ziel **vereitelt** würde. In diesem Sinn stehen die Ausnahmetatbestände in den meisten Gesetzen unter dem ausdrücklichen Vorbehalt einer (erheblichen) Gefährdung der polizeilichen Aufgabenerfüllung,

§ 18 II 2 ASOG Bln; § 13 VII 2 HSOG; § 26 II 2 SOG MV; § 30 II Nr. 3 NGefAG; § 25 II 2 SPolG; § 15 VI 2 SOG LSA; § 178 II 1 LVwG SH.

6. Verbot der Erleichterung polizeilicher Arbeit

247 Ältere Polizeigesetze bestimmten in Anlehnung an §§ 41 III i.V. m. 31 I PVG, daß Polizeiverfügungen **nicht lediglich der Erleichterung polizeilicher Aufsicht** dienen dürfen. Dieses Verbot wird als Ausdruck eines allgemeinen Rechtsgrundsatzes angesehen.[382] Vielfach kommt diesem Grundsatz allerdings keine eigenständige Bedeutung zu. Die Rechtmäßigkeit einer „arbeitserleichternden“ Maßnahme scheitert in aller Regel schon daran, daß die tatbestandlichen Voraussetzungen der Rechtsgrundlage nicht vorliegen.[383] Dies gilt auch – gleichsam spiegelverkehrt – für ordnungsbehördliche Kontrollerlaubnisse. Wegen der grundrechtlich geschützten Bau- bzw. Gewerbefreiheit müssen sie erteilt werden, wenn die tatbestandlichen Voraussetzungen der Genehmigungsvorschriften vorliegen. Schwierige Überwachungsmöglichkeiten seitens der Behörde sind kein Versagungsgrund.[384] Ein Rückgriff auf den Grundsatz des Verbots der Erleichterung ordnungsbehördlicher oder polizeilicher Aufsicht ist deshalb meistens nicht erforderlich.

248 Von einer unzulässigen Erleichterung polizeilicher Arbeit muß aber gesprochen werden, wenn der Erfolg einer Kontrollstelle im Vorfeld von Demonstrationen nicht erst in der Auffindung konkreter Gegenstände oder der Entdeckung gewaltbereiter Randalierer, sondern bereits in der abschreckenden Wirkung einer solchen Kontrollstelle gesehen und dieses Instrument als **psychologische Barriere** eingesetzt wird (vgl. Rdn. 128). Um eine eindeutig unzulässige Arbeitserleichterung handelt es sich bei der Verhängung von **Meldeauflagen** gegenüber Personen, denen die Ausreise aus dem Bundesgebiet aufgrund

---

[380] Vgl. *Kopp*, VwVfG, § 28 Rdn. 34 ff.; zur Notwendigkeit einer restriktiven Interpretation der Ausnahmevorschriften auch *Meyer/Borgs*, VwVfG, Rdn. 20 ff.

[381] *BVerfGE* 65, 1 (44, 46).

[382] *BVerwGE* 32, 204 (206); *OVG Lüneburg* OVGE 25, 411 (414); *VGH Kassel* NVwZ 1991, 1101; *VGH Kassel* NJW 1993, 611; *BVerwG* BayVBl. 2000, 380; *Drews/Wacke/Vogel/Martens*, S. 415.

[383] *Bezirksverwaltungsgericht Berlin* DVBl. 1950, 54.

[384] *OVG Lüneburg* OVGE 25, 411 (414).

paßrechtlicher Vorschriften nicht gestattet ist (Rdn. 711 ff.). Denn die Meldeauflage dient lediglich der Sicherung des durch die Paßversagung bewirkten Ausreiseverbots. Hierfür sieht das speziellere Paßgesetz aber nur die Ausreiseuntersagung gemäß § 10 I 1 PaßG durch die Grenzschutzbehörden vor. Es ist nicht Aufgabe der Landesordnungs- oder Polizeibehörden, den Bundesgrenzschutzbehörden insoweit die Arbeit zu erleichtern. Auch wenn die Meldeauflage zu dem Zweck eingesetzt wird, den Betroffenen davon abzuhalten, an einen Ort innerhalb der Bundesrepublik zu reisen, an dem mit gewalttätigen Ausschreitungen gerechnet wird (Bundesligaspiel), verstößt dies in aller Regel gegen das Verbot der Erleichterung der polizeilichen Arbeit. Die Polizeibehörden sind gehalten, den befürchteten Gefahren „vor Ort" zu begegnen.

Als unzulässige Arbeitserleichterung müssen im allgemeinen auch **Aufenthaltsverbote** 249 **gegenüber Drogenabhängigen** (Rdn. 446 ff.) angesehen werden. Denn sie laufen auf die Verhängung von freiheitsentziehenden Maßnahmen hinaus (Ersatzzwanghaft, Rdn. 817 ff.), für die andernfalls eine rechtliche Grundlage nicht oder nur schwer gefunden werden könnte, und entbinden die Polizei, wenn sie den Betroffenen in dem für ihn gesperrten Gebiet erwischt, von der einzelfallbezogenen Prüfung der Frage, ob die tatbestandlichen Voraussetzungen einer Freiheitsentziehung vorliegen.

Eine bloße Erleichterung polizeilicher Arbeit liegt nicht vor, wo es erst um die **Ermöglichung der Aufgabenerfüllung** geht. 250 Nur zur Ermöglichung, nicht zur Erleichterung der Aufgabenerfüllung, so schon das Preußische Oberverwaltungsgericht,[385] darf die Polizei die Bewegungs- und Handlungsfreiheit des einzelnen einschränken. Die in einem Verkehrszeichen ausgesprochene Verpflichtung zum Benutzen einer Parkscheibe beispielsweise (vgl. § 41 StVO, Zeichen 290) dient nicht der Erleichterung der Verkehrsüberwachung, sondern ermöglicht sie überhaupt erst.[386]

Der Zweck der Aufbewahrung **erkennungsdienstlicher Unterlagen** oder von **Kriminalakten** 251 wird teilweise ausdrücklich[387] in der „Erleichterung" künftiger strafrechtlicher Ermittlungsverfahren gesehen.[388] Das Bundesverwaltungsgericht sieht in dieser Tätigkeit keinen Verstoß gegen das Verbot der Erleichterung polizeilicher Tätigkeit.[389] Dieser für Polizeiverordnungen oder -verfügungen geltende Rechtsgedanke könne nicht „ohne weiteres auf innerdienstliche Maßnahmen der Polizei übertragen werden". Dem Bundesverwaltungsgericht ist aus heutiger Sicht nur insoweit zu widersprechen, als die Aufbewahrung von kriminalpolizeilichen Unterlagen keine innerdienstliche Maßnahme ist. Denn sie greift in das informationelle Selbstbestimmungsrecht der Betroffenen ein und hat deshalb auch „Außenwirkung".

Zuzustimmen ist dem Gericht aber insoweit, als die Vorbereitung auf die künftige Auf- 252 gabenerfüllung im Wege der Aufbewahrung personenbezogener Informationen nicht von vornherein unter das Verbot der Erleichterung der polizeilichen Aufsicht fällt. Schon die Frage, ob die Aufbewahrung von Unterlagen die polizeiliche Aufgabe nur erleichtert oder aber erst ermöglicht, dürfte schwer zu beantworten sein. So wird die Kriminalakte als eines der wichtigsten Handwerkszeuge des Ermittlers, als Grundlage und unverzichtbare Voraussetzung der polizeilichen Arbeit bezeichnet.[390] Im übrigen gilt das Verbot der Erleichterung polizeilicher Aufsicht nach der Regelung des PVG ausdrücklich nur für **Polizeiverordnungen** (§ 31 I) und **Polizeiverfügungen** (§ 41 III i. V. m. § 31 I). Ermächtigt dagegen ein förmliches **Gesetz** zu einer Maßnahme, die sich als „Erleichterung" verwaltungsbehördlicher Tätigkeit darstellt, so stellt sich allenfalls die Frage nach der Recht- bzw. Verfassungsmäßigkeit des Gesetzes selbst. Bei Befugnissen zur Aufbewah-

---

385 *PrOVGE* 76, 435 (438 f.); ebenso *BVerwGE* 32, 204 (206 f.).

386 *BVerwGE* 32, 204 (206).

387 *BVerwGE* 11, 181 (183); *VG Darmstadt* DVBl. 1979, 743.

388 Zum Ganzen: *Rachor,* Vorbeugende Straftatenbekämpfung und Kriminalakten, 1989, S. 72 ff.

389 *BVerwGE* 26, 169 (171).

390 *Tebarth* Die Polizei 1984, 302; *Schoreit* NJW 1985, 170; *Ahlf,* Das Bundeskriminalamt als Zentralstelle, 1985, S. 319; ähnlich *Bull,* in: Bull (Hrsg.), Sicherheit durch Gesetze?, 1987, S. 29.

rung personenbezogener Daten entspricht dem Verbot der Erleichterung polizeilicher Tätigkeit das datenschutzspezifische **Verbot der Datensammlung auf Vorrat,** d. h. der Datensammlung zu einem noch nicht näher bestimmten Zweck. Maßnahmen, die aufgrund einer verfassungsmäßigen Ermächtigungsgrundlage ergehen, werden mit dem Verbot der Erleichterung polizeilicher Aufsicht im Regelfall nicht kollidieren.

IV. Polizeiliche Einzelmaßnahmen

253 Die Polizeigesetze haben im Laufe ihrer Entwicklung die typischen polizeilichen Maßnahmen expressis verbis kodifiziert und die Generalklausel entlastet (vgl. Rdn. 702). Die charakteristischen Merkmale dieser Kodifikation sind einerseits eine detaillierte tatbestandliche Ausformung polizeilich relevanter Lagen und Handlungsformen und andererseits eine Loslösung vom Begriff der konkreten Gefahr, wie er für die Befugnisgeneralklausel der Polizeigesetze noch kennzeichnend ist. Konkrete Gefahrenlagen müssen nach den gesetzlichen Regelungen in weiten Bereichen nicht mehr vorliegen, um polizeiliches Einschreiten zu rechtfertigen (vgl. Rdn. 325 ff.; 354; 420; 580 ff.; 600; 641 f.; 643, 676). Auf die rechtlichen Probleme einer solchen Vorverlagerung der Eingriffsschwelle wurde auch in anderem Zusammenhang hingewiesen (vgl. Rdn. 183 f.).

1. Polizeiliche Befragung und Auskunftspflicht des Betroffenen

254 Die Polizei ist bei ihrer Tätigkeit vielfach auf Informationen von Bürgern angewiesen. Strafrechtliche Ermittlungsverfahren beispielsweise leitet die Polizei nur in Ausnahmefällen aufgrund eigener Wahrnehmungen und Erkenntnisse ein.[391] Auch im Bereich der Gefahrenabwehr ist die Kommunikation mit der Bevölkerung Ausgangspunkt und unverzichtbarer Bestandteil der Polizeiarbeit.[392] Die Befugnis zur Befragung einer Person wurde deshalb in bestimmten Grenzen schon immer bejaht.[393] Bis Anfang der neunziger Jahre war sedes materiae in den Polizeigesetzen der meisten Länder noch die **Generalklausel**. Die novellierten Polizeigesetze sehen nunmehr durchweg ausdrückliche Regelungen vor,

§ 20 I PolG BW; Art. 12 BayPAG; § 18 ASOG Bln; § 11 BbgPolG; § 13 BremPolG; § 3 HmbDatenVPolG; § 12 HSOG; § 28 SOG MV; § 12 NGefAG; § 9 PolG NW; § 25 a III POG RP; § 11 SPolG; § 18 SächsPolG; § 14 SOG LSA; § 180 LVwG SH; § 13 ThürPAG.

Das bremische Polizeirecht macht hiervon insoweit eine Ausnahme, als es zwar die Modalitäten der Befragung in einer eigenen Vorschrift regelt, aber keine ausdrückliche Ermächtigungsgrundlage enthält. Die Grundlage für die polizeiliche Befragung ist deshalb dort nach wie vor in der Generalklausel zu suchen.

255 Durch eine ausdrückliche Reglementierung der Kommunikation zwischen Polizei und Bürger, insbesondere der Statuierung von **Auskunftspflichten** versucht der Gesetzgeber einen Vorgang zu formalisieren, der einer Formalisierung nur begrenzt zugänglich ist. Die Kommunikationsbedingungen im polizeilichen Alltag lassen sich, anders als standardisierte Vorgänge mehr technischer Natur wie Identitätsfeststellungen, erkennungsdienstliche Behandlungen oder Sicherstellungen, nur schwer auf wenige geläufige und zugleich rechtlich relevante Muster reduzieren. Die Nähe zum Strafverfahrens- oder Ordnungswidrigkeitenrecht, die wegen der Doppelfunktionalität der polizeilichen Aufgabenstellung (vgl. Kap. E Rdn. 154 ff.) fast immer besteht, komplizieren die rechtlichen Zusammenhänge zusätzlich. Hinzuweisen ist vor allem auf rechtliche Probleme, welche

---

[391] *Steffen* Kriminalistik 1986, 177; *Feltes* Die Polizei 1990, 301; *Spinrath*, Effizienzsteigerung jenseits neuer Befugnisse, in: Bäumler (Hrsg.), Polizei und Datenschutz, 1999, S. 98; vgl. auch *BVerfGE* 74, 257 (262), wonach Strafanzeigen im allgemeinen Interesse an der Erhaltung des Rechtsfriedens liegen.

[392] *Lisken* ZRP 1990, 18.

[393] Einzelheiten bei *Müller*, Polizeiliche Datenerhebung durch Befragung, 1997, 27 ff.

mit der Einführung des so erlangten Wissens in ein späteres Strafverfahren verbunden sind.[394] Die schwer durchschaubare Gesetzestechnik mit Grundsätzen, Ausnahmen und Rückausnahmen (Rdn. 278 ff., 287, 289), die unzureichende Abstimmung mit anderen, zweckgleichen Bestimmungen (Rdn. 263, 281) und die praktisch fehlende Durchsetzbarkeit von Auskunftsverpflichtungen (Rdn. 308) zeugen von diesen Schwierigkeiten. Es wäre deshalb zweckmäßig gewesen, neben der Befugnis zur Befragung keine Auskunftspflicht des Bürgers auf polizeirechtlicher Grundlage zu statuieren. Auf die erheblichen praktischen und rechtlichen Folgeprobleme, die eine möglicherweise bestehende Auskunftspflicht mit sich bringt, wird in der Literatur hingewiesen.[395]

Die **Freiwilligkeit** der Mitteilungen und Auskünfte ist ohnehin das notwendige Gegenstück zu der von der Polizei gewünschten und wünschenswerten vertrauensvollen und unbefangenen Kommunikation und Zusammenarbeit mit dem Bürger. Ein solches Vertrauen kann allerdings nur dann entstehen, wenn die weitere Verwendung der mitgeteilten Informationen für den Betroffenen nachvollziehbar ist. Solange die Polizei nach dem Recht einiger Bundesländer unter Mißachtung des Zweckbindungsgrundsatzes und praktisch voraussetzungslos beispielsweise personenbezogene Daten in großem Umfang auch an andere Stellen weiterleiten darf[396] (vgl. Rdn. 215 ff. und 219), liegen die Voraussetzungen für eine unbefangene Kommunikation nicht vor. Die Scheu vieler Bürger, mit der Polizei in Kontakt zu treten, ist zum großen Teil „hausgemacht". In dieser Scheu mag auch der Grund für die Schaffung hoheitlich statuierbarer Auskunftspflichten liegen. Die Polizei will gegenüber dem Bürger erzwingen, was sie aus vielfach verständlichen Gründen nicht freiwillig bekommt. 256

a) Befugnis zur Befragung

Die Bejahung der **Befugnis zur Befragung** beinhaltet noch keine Aussage darüber, ob und inwieweit der Befragte auch zur Auskunft verpflichtet ist. Wenn hier von der Befugnis zur Befragung gesprochen wird, so bleibt die Frage der Freiwilligkeit oder Pflicht zur Auskunft zunächst dahingestellt. Ob eine **Auskunftspflicht** besteht und welchen Umfang sie hat, wird in den meisten Gesetzen neben der Befugnis zur Befragung und ihr gegenüber unter eingeschränkten Voraussetzungen normiert. Sie ist deshalb gesondert zu betrachten (unten Rdn. 277 ff.). 257

aa) Anwendungsbereich. „Befragen" im Sinne der Polizeigesetze ist jedes Verhalten, das auf die Erlangung von Informationen durch Auskünfte seitens der befragten Person zielt. Es ist auf das **Herbeiführen von Äußerungen** gerichtet. Es macht keinen Unterschied, ob die Befragung mit oder gegen den Willen des Betroffenen erfolgt.[397] Nicht die je unterschiedliche Kommunikationssituation als solche ist Anlaß und Ausgangspunkt einer ausdrücklichen Reglementierung dieses Vorgangs, sondern der Umstand, daß die Befragung eine spezifische Form der **Informationserhebung** ist. Unter diesem Gesichtspunkt ist es unerheblich, ob die Befragungssituation stärker durch das bereitwillige Entgegenkommen und bereits vorhandene Mitteilungsbedürfnis des Befragten oder mehr durch sein Befangensein gegenüber staatlicher Autorität geprägt ist. Entscheidend ist allein, daß die Polizei eine Äußerung herbeiführen will. Diese Begriffsbestimmung entspricht insoweit dem strafprozessualen Begriff der **Vernehmung.**[398] 258

---

394 Aus der Sicht des Strafverfahrens ist die polizeiliche Befragung nur eine sogenannte informatorische Befragung. Vgl. dazu *Geppert*, FS Oehler, 1985, 323 ff.; *Gerling*, Informatorische Befragung und Auskunftsverweigerungsrecht, 1987; *Haas* GA 1995, 125 ff.

395 *Götz* NVwZ 1990, 727; *Heise/Tegtmeyer*, § 9 Rdn. 5 ff.

396 Zur Unvereinbarkeit der polizeilichen Datenübermittlungspraxis mit dem Bundeszentralregistergesetz vgl. *Rachor*, Vorbeugende Straftatenbekämpfung und Kriminalakten, S. 154 ff.; zum Umgang mit Daten von Hinweisgebern, Zeugen und Auskunftspersonen vgl. *Riegel* DVBl. 1987, 329 f.

397 *Müller*, Polizeiliche Datenerhebung durch Befragung, 1997, 25; a. A. *Gusy* NVwZ 1991, 615, 618 f.; *Peitsch* Die Polizei 1993, 68.

398 Vgl. *BGHSt* 40, 211 (213); *BGH* NJW 1996, 2940; LR-*Hanack*, StPO, § 136 a, Rdn. 13; KK-*Boujong*, StPO, § 136 a Rdn. 6; *Kleinknecht/Meyer-Goßner*, StPO, § 136 a Rdn. 4.

259 Der ausdrückliche Verweis auf § 136 a StPO in den meisten Polizeigesetzen,

§ 18 VI ASOG Bln; § 13 BremPolG; § 3 III HmbDatenVPolG; § 12 IV HSOG; § 28 II 2 SOG MV; § 12 IV NGefAG; § 11 I 2 SPolG; § 18 IX SächsPolG; § 14 IV SOG LSA; § 180 II 2 LVwG SH,

deutet auf den gleichen Sinngehalt, wenn auch nicht die gleiche Zweckrichtung von polizeirechtlicher Befragung und strafverfahrensrechtlicher Vernehmung. Die strafverfahrensrechtliche Unterscheidung zwischen Vernehmung und **informatorischer Befragung**[399] hat auf den polizeirechtlichen Begriff der Befragung keine Auswirkungen. Auch für die informatorische Befragung ist das von der Polizei initiierte Gespräch kennzeichnend. Sie erfolgt aber zu einem Zeitpunkt, zu dem der Befragte noch nicht den Status eines Beschuldigten hat und wirft deshalb Fragen nach dem Bestehen eines Aussageverweigerungsrechtes und der Verwertbarkeit der erlangten Informationen im Hauptverfahren auf.[400] Viele Polizeigesetze verwenden im Zusammenhang mit der zwangsweisen Durchsetzung von Auskunftspflichten noch die Formulierung **„Abgabe einer Erklärung"**.

Art. 58 II BayPAG; § 58 II BbgPolG; § 41 I 2 BremPolG; § 52 II HSOG; § 93 SOG MV; § 69 VII NGefAG; § 55 II PolG NW; § 55 II POG RP; § 57 VII SOG LSA; § 56 II ThürPAG.

Diese Formulierung ist zu eng, da nach sprachlichem Empfinden hierunter vor allem solche Äußerungen verstanden werden, die, zum Beispiel als Willenserklärungen, in bindender Form abgegeben werden.

260 Von den Vorschriften über die Befragung nicht erfaßt wird die nur **passive Entgegennahme** von Informationen. Wendet sich der Bürger aus eigener Initiative an die Polizei, greifen die Regelungen und Grundsätze über polizeiliche Befragung und Auskunft nicht. Hinweise aus der Bevölkerung darf die Polizei ohne weiteres entgegennehmen. Die Abgrenzung zwischen Auskünften, die der Bürger von sich aus erteilt, und solchen, die von einem Polizeibeamten initiiert und damit „herbeigeführt" werden, kann sich im Einzelfall allerdings als schwierig erweisen.[401] Das Ansprechen eines **unbestimmten, nicht abgrenzbaren Personenkreises** ist ebenfalls keine Befragung im Sinne dieser Regelungen. Öffentliche Aufrufe der Polizei, in denen die Bevölkerung um Mitwirkung bei der Klärung polizeirechtlich relevanter Sachverhalte gebeten wird, fallen deshalb nicht in den Anwendungsbereich der Vorschriften über die Befragung. Allerdings kann sich auch eine Befragung an mehr als nur „eine Person" (z. B. § 12 I 1 HSOG) gleichzeitig richten.

261 Auch das **„Gespräch"** zwischen Polizeibeamten und Bürgern soll nach dem Willen der Gesetzgeber von den Regelungen über die Befragung nicht erfaßt werden.[402] Diese Feststellung ist zweifellos zutreffend, sofern es sich um Gespräche **rein privater Natur** handelt. Die zwischenmenschliche Kommunikation steht nicht unter dem Regime des Polizeirechts. Es will bürgernahes Verhalten der Polizeibeamten nicht reglementieren. Nur in diesem Sinne ist auch die Feststellung zu verstehen, die Polizei könne den Bürger selbstverständlich um Auskunft bitten wie ein Bürger den anderen.[403] Gespräche über (auch) **polizeilich relevante Sachverhalte** fallen dagegen in den Anwendungsbereich der Regelungen über die Befragung.

262 Wo das private Gespräch endet und durch geschicktes Fragen des Polizeibeamten in ein gezieltes Aushorchen des Bürgers umschlägt, läßt sich allerdings kaum bestimmen. Schwer zu sagen ist auch, ob und inwieweit die dann eingreifenden Bestimmungen zur Befragung den Beamten zu einem anderen Verhalten zwingen. Ausgangspunkt für die

---

399 Vgl. dazu *Kleinknecht/Meyer-Goßner,* StPO, Einl. Rdn. 79; LR-*Rieß,* § 163 Rdn. 17 ff.

400 *Geppert,* FS Oehler, 1985, S. 323 ff.; *Gerling,* Informatorische Befragung und Auskunftsverweigerungsrecht, 1987; vgl. *BGHSt* 38, 214 einerseits (Verwertungsverbot bejaht) und *BGHSt* 31, 395 andererseits (Verwertungsverbot verneint).

401 Vgl. (aus strafverfahrensrechtlicher Sicht) etwa *Geppert,* FS Oehler, 1985, S. 330 ff.

402 Z. B. Amtl. Begr. zu § 12 HSOG, LT-Drucks. 12/5794.

403 *Rasch,* ME, § 11 Rdn. 2.

Beantwortung dieser Frage ist die Überlegung, daß der Bürger Gewißheit darüber haben muß, ob sein Gesprächspartner als Amtswalter oder als Privatperson agiert. Die Möglichkeit des einzelnen, seine Kommunikationspartner selbst auszuwählen, ist im Verhältnis Bürger-Staat durch das Grundrecht auf informationelle Selbstbestimmung im Grundsatz verbürgt. Dies zu ermöglichen dienen die gesetzlichen Hinweispflichten über die Freiwilligkeit einer Auskunft. Redet jemand im Laufe eines Gesprächs mit zunächst rein privatem Inhalt über Sachverhalte, die zur Erfüllung einer polizeilichen Aufgabe relevant sind, greifen die Bestimmungen über die Befragung ein. Der Polizeibeamte hat seinen Gesprächspartner gegebenenfalls auf die Freiwilligkeit der Auskunft hinzuweisen (unten Rdn. 299). Die Aufklärung ist nötig, weil für den Bürger nicht mehr erkennbar ist, für welche Seite, in welcher Rolle und mit welchen Absichten der Gesprächspartner auftritt. Auch für das Recht der Befragung von Personen gilt der **Grundsatz der Offenheit** behördlichen Handelns (z. B. § 9 IV PolG NW).

Von diesem Grundsatz machen die Polizeigesetze Ausnahmen, indem sie beispielsweise die **Datenerhebung durch verdeckte Ermittler** zulassen. Der Einsatz des verdeckten Ermittlers ist dadurch gekennzeichnet, daß sein Handeln nicht als polizeiliches erkennbar sein soll (z. B. Art. 30 III 2 BayPAG). Der Gesprächspartner darf nicht wissen, daß er es mit einem Polizeibeamten zu tun hat. Entsprechendes gilt für die **Datenerhebung durch V-Leute.** Verdeckte Ermittler und V-Leute erheben Daten nicht nur dadurch, daß sie Sachverhalte beobachten und Unterredungen belauschen. Sie führen mit anderen Personen auch Gespräche und stellen Fragen. Ihr Verhalten entspricht in diesen Fällen den Begriffsmerkmalen des Befragens (vgl. Rdn. 258). **263**

Gleichwohl sind die Regelungen über die Befragung hier nicht anwendbar. Diese sehen nämlich vor, daß ein Auskunftspflichtiger immer über sein Recht zur Verweigerung der Auskunft, wenn er sich hierdurch der Gefahr einer strafrechtlichen Verfolgung aussetzen würde, zu belehren ist (unten Rdn. 305). Es liegt auf der Hand, daß ein verdeckter Ermittler seine Gesprächspartner nicht über deren Rechte belehren kann. Sein Handeln ist im übrigen gerade darauf gerichtet, Informationen über das Vorliegen strafbarer Handlungen zu erhalten (vgl. oben Rdn. 20). Dies bedeutet umgekehrt, daß die Vorschriften über die Befragung nur solche Befragungssituationen reglementieren, in denen der Beamte sich als solcher zu erkennen geben muß oder von vornherein zu erkennen ist. Auf diese Beschränkung des Anwendungsbereichs der Regelungen über die Befragung sollte bereits per Gesetz der Deutlichkeit halber hingewiesen werden. Auch im Bereich des Strafverfahrensrechts fallen nach überwiegender Auffassung durch V-Leute herbeigeführte Aussagen nicht unter das Verdikt des § 136 a StPO.[404] **264**

bb) Voraussetzungen. Die ausdrücklichen Regelungen über die Befugnis zur Befragung weichen im Wortlaut geringfügig voneinander ab. Zumeist wird vorausgesetzt, daß die Befragung zur Erfüllung einer **„bestimmten polizeilichen Aufgabe“** erforderlich ist. **265**

§ 20 I PolG BW; § 11 I BbgPolG; § 3 I HmbDatenVPolG; § 12 I NGefAG; § 9 I PolG NW; § 18 I SächsPolG; § 13 I ThürPAG.

Andere Polizeigesetze sprechen – allgemeiner – von der Erfüllung **„polizeilicher Aufgaben“:** **266**

§ 28 I 1 SOG MV; § 11 I 1 SPolG; § 180 LVwG SH.

Wiederum andere Gesetze machen die polizeiliche Befragung davon abhängig, daß sie zur Aufklärung des Sachverhalts in einer bestimmten **„polizeilichen Angelegenheit“** erforderlich ist.

§ 18 I 1 ASOG Bln; § 12 I HSOG; § 14 I 2 SOG LSA.

---

[404] *BGHSt* 32, 345 (355); *BGH* NStZ 1994, 593; *BGH* NJW 1996, 2940; *Kleinknecht/Meyer-Goßner,* StPO, § 136 a Rdn. 4; a. A. LR-*Hanack,* § 136 a Rdn. 4; *Lüderssen,* FS Peters, 1974, S. 367.

267 Der Begriff der polizeilichen „Angelegenheit" ist neu, bringt aber im Vergleich zu den anderen Vorschriften keine Veränderungen oder gar Erweiterungen. Die Angelegenheit muß innerhalb des polizeilichen Aufgabenbereichs liegen, da sie ansonsten keine „polizeiliche" ist.[405] Insbesondere sind **strafrechtliche Ermittlungen** keine polizeilichen Angelegenheiten im Sinne dieser Bestimmungen.

268 Die vereinzelt ausdrücklich ausgesprochene (z. B. § 9 I PolG NW) Erwartung, daß eine Person **sachdienliche Angaben** machen kann, ist selbstverständliche Voraussetzung einer Befragung. Sie schließt die Befragung solcher Personen aus, die in keiner Beziehung zu dem aufzuklärenden Sachverhalt stehen. Die Polizei darf aber Fragen stellen, um herauszufinden, ob eine solche Beziehung besteht.

269 Der durch diese Vorschriften gesteckte Rahmen für eine polizeiliche Befragung ist sehr weit, bedenkt man, daß zu den polizeilichen Aufgaben auch die vorbeugende Straftatenbekämpfung und die Vorbereitung für die Hilfeleistung in Gefahrenfällen zählt. Weder muß eine Gefahr vorliegen (arg. ex § 12 I 2 HSOG), noch muß der Befragte Störer sein. Die Befugnis zur Befragung ist nach diesen Vorschriften weitgehend voraussetzungslos.[406] Die Regelungen sollen nach der Intention der Gesetzgeber lediglich klarstellen, daß eine Befragung einen „bestimmten Anlaß" erfordert, daß eine **„allgemeine Ausforschung" unzulässig** ist.[407] Die Unzulässigkeit einer Befragung aufgrund bloßer Vermutungen und ins Blaue hinein bedeutet umgekehrt aber auch nicht, daß Beamte, die über „kriminalistisches Gespür" und den „richtigen Riecher" verfügen, von diesen Eigenschaften keinen Gebrauch mehr machen dürfen.

270 Solange die **Freiwilligkeit der Auskunft** sichergestellt ist und der Betroffene nur Auskünfte über seine eigenen Lebensverhältnisse oder neutrale Sachverhalte geben soll, können keine durchgreifende Bedenken gegen die normative Weite dieser Regelungen geltend gemacht werden. Als Ausdruck der Transparenz polizeilichen Handelns ist diese Form der Informationsbeschaffung aus der Sicht des Bürgers allen anderen Formen, etwa dem zwischenbehördlichen Datenaustausch, vorzuziehen. Diese Umstände werden aber nur selten vorliegen. So macht die Erteilung von Auskünften durch den Bürger aufgrund einer polizeilichen Befragung eben diese Befragung zu einer Maßnahme der Datenerhebung. Teilt der Bürger der Polizei Informationen über Personen mit, so handelt es sich um die **Erhebung personenbezogener Daten.** Wenn personenbezogene Daten erhoben werden, gelten aber spezielle Regeln (z. B. § 12 III HSOG). Sie schränken ihrerseits die Befugnis zur Befragung wieder ein oder sind jedenfalls ungleich detaillierter, was die Aufzählung von Fallkonstellationen anbelangt. Personenbezogene Daten dürfen nach den Vorschriften einiger Länder, von hier nicht einschlägigen Varianten abgesehen, nur erhoben werden, wenn dies entweder zur Gefahrenabwehr oder zur vorbeugenden Bekämpfung von „Straftaten mit erheblicher Bedeutung" erforderlich ist.

§ 6 HmbDatenVPolG; § 13 HSOG; § 27 SOG MV; § 26 SPolG; § 15 SOG LSA; § 179 LVwG SH.

271 Der Begriff der Straftaten mit erheblicher Bedeutung (vgl. Rdn. 187 ff.) beinhaltet eine Einschränkung gegenüber der allgemeinen Befragungsbefugnis. Die Bestimmunggen anderer Polizeigesetze treffen eine solche Unterscheidung allerdings nicht. Dort sind die Befugnisse über die Befragung und über die (allgemeine) Datenerhebung im Ergebnis kongruent.

§ 20 III PolG BW; Art. 31 I BayPAG; § 18 ASOG Bln; § 30 BbgPolG; § 31 NGefAG; § 9 PolG NW; § 25 POG RP; § 37 I SächsPolG; § 32 ThürPAG.

---

[405] *Meixner,* HSOG, § 16 Rdn. 2.

[406] *Lisken* NWVBl. 1990, 327; vgl. auch *Gusy* NVwZ 1991, 616.

[407] Amtl. Begründung zu § 12 Abs. 1 HSOG, LT-Drucks. 12/5794; *Heise/Tegtmeyer,* PolG NW, § 9 Rdn. 15; *Meixner,* HSOG, § 12 Rdn. 2.

Eine andere Einschränkung der Befugnis zur Befragung über Dritte ist jedoch Ausdruck eines allgemeinen Rechtsgrundsatzes und gilt auch in den Ländern, welche die Datenverarbeitung noch nicht auf ausdrückliche Bestimmungen stützen können: Grundsätzlich sind personenbezogene Daten nur beim Betroffenen selbst zu erheben (vgl. nur Art. 30 II BayPAG). Durch Befragung Dritter dürfen sie nur dann erhoben werden, wenn die Datenerhebung beim Betroffenen nicht oder nur mit unverhältnismäßig hohem Aufwand möglich ist oder die Erfüllung der polizeilichen Aufgaben gefährdet würde. 272

§ 19 I PolG BW; Art. 30 II 2 BayPAG; § 18 IV ASOG Bln; § 29 II BbgPolG; § 2 II HmbDatenVPolG; § 13 VI 2 HSOG; § 26 I SOG MV; § 30 II NGefAG; § 9 III 2 PolG NW; § 25 II 2 SPolG; § 37 III SächsPolG; § 15 V SOG LSA; § 178 I LVwG SH;§ 31 II ThürPAG.

Diese Bestimmungen sind zu beachten, wenn die Polizei durch Befragung einer Person Informationen über Dritte erlangen will. Auf das Erfordernis der restriktiven Interpretation dieser Bestimmungen wurde bereits hingewiesen (Rdn. 242 f.).

cc) Rechtsnatur und Eingriffscharakter. Das **unverbindliche Befragen** ist ein **Realakt.** Das Befragen als solches beinhaltet insbesondere keine „Duldungspflicht"[408] (zur Duldungsverfügung oben Rdn. 35 ff.). Allerdings flankieren einige Polizeigesetze die Befugnis über die Befragung mit der Ermächtigung, den Betroffenen zum Zwecke der Befragung **anzuhalten**, 273

§ 20 I 3 PolG BW; Art. 12 BayPAG; § 18 III 2 ASOG Bln; § 11 I 2 BbgPolG; § 13 I 2 HmbDatenVPolG; § 12 I 2 HSOG; § 28 I 2 SOG MV; § 12 IV 1 NGefAG; § 9 I 2 PolG NW; § 18 I 2 SächsPolG; § 14 I 2 SOG LSA; § 180 I 2 LVwG SH; § 13 I 2 ThürPAG,

und geben der Polizei so die Möglichkeit, ihn wenigstens zum Zuhören zu „zwingen". Für sich betrachtet ist die unverbindliche Befragung auch **kein Eingriff** in die Rechte des Befragten. Der Befragte muß weder stehenbleiben noch Auskunft erteilen. Er kann sich höchstens belästigt fühlen. Werden bei der Befragung personenbezogene Daten von Dritten erhoben, so ist dies ein Eingriff in dessen Recht auf informationelle Selbstbestimmung. Die weitere Verwendung der durch die Befragung erlangten personenbezogenen Daten richten sich nach den besonderen Bestimmungen über die Datenverarbeitung.

Das **verbindliche Auskunftsverlangen** ist dagegen ein **Verwaltungsakt.** Es beinhaltet den Befehl, auf die gestellte Frage zu antworten. Die der Befragung korrespondierende Auskunftspflicht ist ein **Eingriff** in die Handlungsfreiheit des Betroffenen sowie eine Beeinträchtigung seines Persönlichkeitsrechts im Sinne des Art. 2 Abs. 1 GG.[409] Dies gilt unabhängig davon, ob die Befragung auf die Erlangung personenbezogener Daten des Betroffenen oder eines Dritten gerichtet ist oder nicht. 274

dd) Zweck der Befragung ist die „Aufklärung eines Sachverhalts" (vgl. § 12 I 1 HSOG; § 14 I SOG LSA). Ebenso wie die Identitätsfeststellung hat auch die Befragung nur eine Hilfsfunktion im Hinblick auf andere polizeiliche Maßnahmen. Die im Wege der Befragung gewonnenen Kenntnisse sollen als Informationsgrundlage für das weitere Vorgehen der Polizei dienen. 275

Der aufzuklärende Sachverhalt kann sich als eine bereits erkannte **Gefahr** darstellen, die ohne die Information der befragten Person nicht oder nicht wirkungsvoll abgewehrt werden kann. Ein Beispiel ist das Auskunftsverlangen über die in einem Hotel anwesenden Personen beim Pförtner, wenn etwa ein Anschlag auf das Gebäude zu befürchten oder in dem Gebäude ein Brand ausgebrochen ist. Im ersten Beispielsfall liegt der Schwerpunkt des Erkenntnisinteresses mehr auf dem **Ausmaß der Gefahr,** im zweiten Fall auf ihrer möglichst **wirkungsvollen Bekämpfung.** Die Befragung kann sich auch als Maßnahme der **Gefahrerforschung** (dazu Kap. E Rdn. 38) darstellen. Sie ist dann zuläs- 276

---

[408] Anders offenbar *Gusy* NVwZ 1991, 615, der aber mehr auf die tatsächliche Wirkung abstellt. Für die Annahme eines Verwaltungsakts auch *Pausch/Prillwitz*, S. 155; *Scholler/Schloer*, S. 98.

[409] *BVerfGE* 56, 37 (42).

sig, wenn zu klären ist, ob eine Gefahr und damit ein Bedürfnis für polizeiliches Einschreiten besteht. Liegen lediglich vage Anhaltspunkte vor oder beruht die Lagebeurteilung der Polizei nur auf unzuverlässigen Hinweisen, so dürfen weitere Nachforschungen auch durch Befragungen getroffen werden.

b) Auskunftspflicht des Befragten

277 Entgegen einer verbreiteten Auffassung[410] kann eine Auskunftsverpflichtung nicht auf die **polizeiliche Generalklausel** gestützt werden.[411] Eine solche Verpflichtung setzte voraus, daß gerade das Schweigen einer Person, ein Untätigsein also, den Tatbestand einer Gefahr erfüllt. Ein Untätigsein kann aber nur eine Gefahr oder eine Störung darstellen, wenn ein Gesetz ein Tätigwerden vorschreibt. Die polizeiliche Generalklausel beinhaltet keine solche Verpflichtung.

278 **aa) Voraussetzungen.** Die Voraussetzungen, bei deren Vorliegen eine Auskunftspflicht besteht, sind in den Polizeigesetzen uneinheitlich geregelt. Nach § 12 II HSOG, § 12 III NGefAG und § 14 II SOG LSA sind Störer und, unter den Voraussetzungen des polizeilichen Notstands, auch Nichtstörer zur Auskunft verpflichtet. Der Verweis auf die Regelungen über die polizeirechtliche Verantwortlichkeit bedeutet, daß eine Auskunftspflicht des Befragten nur bei **Vorliegen einer konkreten Gefahr** bestehen kann. Befragungen zum Zwecke der vorbeugenden Straftatenbekämpfung oder zur Hilfeleistung in Gefahrenfällen verpflichten deshalb nicht zur Auskunftserteilung. Das gleiche Recht gilt im Saarland. Nach § 11 I 2 SPolG besteht eine Auskunftspflicht, soweit die Angaben des Betroffenen zur Abwehr einer Gefahr erforderlich sind.

279 Diese Regelungen begegnen insoweit rechtlichen Bedenken, als sie eine Auskunftspflicht festschreiben, deren Umfang über die bislang geltende Rechtslage (vgl. Rdn. 277) hinausgeht. Ein Störer ist zwar verpflichtet, den von ihm zu verantwortenden rechtswidrigen Zustand auf Verlangen zu beseitigen. Es ist aber kein Grund ersichtlich, warum er deshalb auch verpflichtet sein soll, mit der Polizei zusammenzuarbeiten. Kommt er seinen Verpflichtungen nicht nach, so kann ihn die Polizei dazu zwingen oder gegebenenfalls die gebotenen Maßnahmen selbst ergreifen. Ist die Unterstützung durch den Störer im Wege Auskunftserteilung zur Gefahrenbeseitigung notwendig, so bietet beispielsweise § 323 c StGB als Regelung außerhalb der Polizeigesetze einen Anhaltspunkt für den Umfang seiner Mitwirkungspflichten (vgl. Rdn. 283).

280 Die Regelungen in § 28 II SOG MV und § 180 II LVwG SH gehen sogar noch weiter. Nach diesen Vorschriften ist jeder, an den die Polizei Fragen stellen darf, auch zur Auskunft verpflichtet, mit Ausnahme allerdings seiner Personalien. Diese muß er nur preisgeben zur Abwehr einer „im einzelnen Fall bevorstehenden Gefahr". Daß Unbeteiligte nicht in dieser Weite zur **Zusammenarbeit mit der Polizei** verpflichtet werden dürfen, liegt auf der Hand. Die genannten Bestimmungen verstoßen bereits gegen den Grundsatz, daß Nichtstörer nur unter den Voraussetzungen des polizeilichen Notstands (Kap. E Rdn. 126 ff.) in Anspruch genommen werden dürfen.

281 Andere Polizeigesetze unterscheiden zwischen der Pflicht zur Angabe von **Personalien** und **„weiteren Auskünften"**.

Art. 12 BayPAG; § 18 III 3 ASOG Bln; § 11 II 1 BbgPolG; § 3 II 2 HmbDatenVPolG; § 9 II PolG NW; § 13 II ThürPAG.

Die Verpflichtung zur Angabe von Namen, Vornamen, Tag und Ort der Geburt, Wohnanschrift und Staatsangehörigkeit besteht nach diesen Regelungen dann, wenn die **Voraussetzungen einer Befragung** (vgl. Rdn. 265 ff.) vorliegen. Diese Bestimmungen kolli-

---

410 *Götz,* Rdn. 284; *Rasch,* ME, § 11 Rdn. 3; *Heise/Riegel,* ME, § 8 I Anm. 2; *Drews/Wacke/Vogel/Martens,* S. 193.

411 Wie hier: Vollzugsbekanntmachung zu Art. 14 BayPAG (a. F.), Nr. 14.1; vgl. auch die Einzelbegründung zum Dritten Gesetz zur Änderung des PAG, Sen-Drucks. 11/90, Nr. 2 zu § 11 a; *Samper/Honnacker,* PAG, 14. Aufl. 1987, Art. 14 (a. F.) Anm. 11 a; *Lisken* Die Polizei 1984, 381.

dieren mit der Befugnis zur Identitätsfeststellung. Die Identitätsfeststellung ist auf die Erlangung eben dieser Daten gerichtet. Sie umfaßt ausdrücklich auch die Befragung des Betroffenen (vgl. nur § 12 II PolG NW). Die Regelungen über die Identitätsfeststellung sind speziellere Regelungen als die Vorschriften über die Befragung, soweit die Befragung auf die Mitteilung von Personalien abzielt. Letztere treten deshalb zurück.[412] Personalien dürfen entgegen dem Wortlaut der genannten Bestimmungen nur unter den engeren **Voraussetzungen der Identitätsfeststellung** erfragt werden. Im übrigen sind nicht alle der gesetzlich bezeichneten persönlichen Angaben zur Aufgabenerfüllung erforderlich (vgl. Rdn. 315).

Unter „weiteren Auskünften“ sind nach diesen Regelungen personenbezogene An- 282
gaben über einen Dritten und sachbezogene Angaben zu verstehen.[413] Derartige Angaben muß der Befragte nur machen, soweit **„gesetzliche Handlungspflichten“** bestehen. Die Anknüpfung an gesetzliche Handlungspflichten macht deutlich, daß eine Auskunftspflicht allein auf polizeirechtlicher Grundlage nicht besteht (vgl. Rdn. 277). Zur Auskunft können nur solche Tatbestände verpflichten, die außerhalb der Polizeigesetze normiert sind.[414]

Als gesetzliche Handlungspflichten kommen in erster Linie solche in Betracht, deren 283
Nichtbeachtung als **Unterlassungsdelikt** strafbar ist. Genannt werden die Nichtanzeige geplanter Straftaten gemäß § 138 StGB und die unterlassene Hilfeleistung gemäß § 323 c StGB.[415] Auch die Handlungspflichten, die sich aus einer strafrechtlichen Garantenstellung ergeben und bei Untätigkeit als sogenannte unechte Unterlassungsdelikte verfolgt werden, zählen hierzu. Hinzukommen muß allerdings, daß die so definierte Handlungspflicht sich im konkreten Fall gerade als Auskunftspflicht darstellt. Wer bei einem Unglück Erste Hilfe leistet, weil es seine Pflicht ist, muß allein aufgrund dieses Tatbestandes keine Angaben über den Hergang des Geschehens machen.[416] Er kann aber verpflichtet sein, über die Art und den Erfolg seiner Rettungshandlungen Auskunft zu erteilen, damit unter Umständen weitere Maßnahmen gezielt eingeleitet werden können. Auch der Ehegatte, der allein Art oder Verbleib der rettenden Medikamente seines erkrankten Partners kennt, wäre aufgrund seiner ehelichen Pflichtenstellung (§ 1353 BGB) der Polizei gegenüber zur Auskunft verpflichtet, wenn er selbst nicht (rechtzeitig) in der Lage ist, sie zu verabreichen.

Voraussetzung für das Bestehen einer Auskunftspflicht gerade gegenüber der Polizei ist 284
weiterhin, daß die Nichtbefolgung der gesetzlichen Handlungspflicht gleichzeitig den Tatbestand einer **polizeilichen Gefahr** verwirklicht und der **Grundsatz der Subsidiarität** beachtet ist. Die Durchsetzung von bürgerlich-rechtlichen Auskunftsansprüchen über die Vermögensverhältnisse des (früheren) Ehegatten etwa (§§ 1353, 1379, 1386 III BGB) kann keine polizeiliche Angelegenheit sein. Nichts anderes gilt für Auskunftspflichten des Verkäufers (§ 444 BGB), des Beauftragten (§ 666 BGB), des Versicherungsnehmers (§ 34 VVG) oder des Vorstands einer Aktiengesellschaft (§ 131 AktG). Selbst öffentlich-rechtliche Auskunftspflichten, wie sie, um nur wenige Beispiele zu nennen,[417] in der Trinkwasserverordnung (§ 14 Abs. 1 Nr. 3), dem Benzinbleigesetz (§ 4) oder dem Bun-

---

412 A. A. *Heise/Tegtmeyer,* PolG NW Rdn. 24, wo hinsichtlich des Zwecks beider Maßnahmen differenziert wird. Bei der Frage nach den Personalien müßten als ungeschriebene Voraussetzung Gründe vorliegen, die eine spätere Kontaktaufnahme möglich erscheinen ließen. Diese Variante wird aber bereits von den allgemeinen Regelungen über die Datenerhebung und -speicherung erfaßt und unterliegt ebenfalls engeren Voraussetzungen als die Befragung (Rdn. 270).

413 Amtl. Begr. zu § 8 b PolG NW (nichtbereinigte Fassung), LT-Drucks. 10/3997. Ausdrücklich auf Auskünfte „in der Sache“ beschränkt ist die Pflicht eines Bürgers nach § 12 III NGefAG.

414 *Habermehl* JA 1990, 333; *Lisken* NWVBl. 1990, 327; anders *Gusy* NVwZ 1991, 617.

415 *Heise/Tegtmeyer,* PolG NW, § 9 Rdn. 22.

416 Als Zeuge einer Ordnungswidrigkeit oder Straftat muß er gegenüber der Polizei nur seine Personalien angeben. Nur vor der Staatsanwaltschaft und dem Gericht muß er, vorbehaltlich möglicherweise bestehender Aussageverweigerungsrechte, auch zur Sache aussagen (vgl. Rdn. 433).

417 Umfassende Nachweise bei *Müller,* Polizeiliche Datenerhebung durch Befragung, 1997, 94 mit Fn. 380.

deswaldgesetz (§ 42) normiert sind, dürften mangels Eilbedürftigkeit als Grundlage für ein verbindliches Auskunftsverlangen der Polizei regelmäßig nicht in Frage kommen.

285 Drohen Gefahren, die ihre Ursache im **Betrieb von Anlagen** haben, so ist der Betreiber oder seine Beauftragten verpflichtet, die für die Gefahrenabwehr zuständigen Behörden und Einsatzkräfte unverzüglich, umfassend und sachkundig zu beraten. Eine solche Auskunftsverpflichtung ist ausdrücklich in § 5 Abs. 3 der 12. BImSchV geregelt. Auch bei der arzneimittelrechtlichen Überwachung gibt es ausdrücklich normierte Mitwirkungspflichten, die auch die Pflicht zur Erteilung von Auskünften umfaßt (vgl. § 66 AMG). Sie ergibt sich darüber hinaus aus der **Verkehrssicherungspflicht,** die eine allgemeine Rechtspflicht ist. Wer Gefahrenquellen schafft, muß im Rahmen des wirtschaftlich Zumutbaren diejenigen Vorkehrungen treffen, die geeignet sind, Gefahren von Dritten abzuwenden.[418] Dies umfaßt bei Störfällen auch die Pflicht, den Polizeibehörden die zur wirksamen Gefahrenabwehr nötigen Informationen zu erteilen. Wenn **Gefahrenquellen in pflichtwidriger Weise eröffnet** werden und sich diese Gefahren realisieren, kann daneben eine Auskunftspflicht aus vorausgegangenem gefährlichen Verhalten, der sogenannten **Ingerenz**[419] entstehen.

286 Bemerkenswert ist die Bestimmung des § 20 I PolG BW, die eine Pflicht zur Angabe der Personalien der befragten Person, nicht aber eine Pflicht zur Mitteilung sonstiger Informationen statuiert. Damit trägt allein das baden-württembergische Polizeirecht mit der notwendigen Klarheit dem praktischen Bedürfnis Rechnung, in die Kommunikationssphäre zwischen Bürger und Polizeibeamten möglichst nicht hoheitlich einzugreifen (Rdn. 255 f.).

287 **bb) Auskunftsverweigerungsrechte.** Die Auskunftsverpflichtung des polizeilich Verantwortlichen besteht nicht ausnahmslos. Er kann in entsprechender Anwendung des § 55 StPO die Auskunft auf solche Fragen verweigern, deren Beantwortung ihm selbst oder einem der in § 52 I StPO bezeicheten Angehörigen die Gefahr zuziehen würde, wegen einer Straftat oder Ordnungswidrigkeit verfolgt zu werden. Ein Auskunftsverweigerungsrecht haben auch die in §§ 53 und 53 a StPO genannten Personen (z. B. Geistliche, Ärzte, Rechtsanwälte) nach Maßgabe dieser Vorschriften. Derartige **Auskunftsverweigerungsrechte** finden sich in vielen anderen Rechtsbereichen (vgl. etwa § 46 VI GWB, § 100 II SGB X, § 116 Abs. 3 BSHG, § 73 Abs. 6 TierSG, § 15 III BLG, § 17 III HandwO, § 46 I WaffG). Im Bereich des Polizeirechts haben die meisten Länder die Auskunftsverweigerungsrechte ausdrücklich, wenn auch nicht alle im gleichen Umfang, normiert.

§ 18 VI ASOG Bln; § 3 III HmbDatenVPolG; § 12 II 2 HSOG; § 28 II 2 SOG MV; § 12 V NGefAG; § 25 a POG RP; § 11 I 4 u. 5 SPolG; § 18 VI 2 SächsPolG; § 14 II SOG LSA; § 180 II 3 LVwG SH.

288 Als Ausdruck des allgemeinen Verfassungsgrundsatzes, wonach niemand sich selbst belasten muß (sogleich Rdn. 289), bestehen Aussageverweigerungsrechte grundsätzlich auch in den übrigen Ländern. In der Praxis sind diese Bestimmungen und Grundsätze über das Auskunftsverweigerungsrecht aus strafprozessualen Gründen sehr bedeutsam, weil es heute nur noch wenige polizeirechtlich relevante Sachverhalte gibt, die nicht zumindest als Ordnungswidrigkeiten ausgestaltet sind.

289 **cc) Nichtbestehen von Auskunftsverweigerungsrechten.** Einige Polizeigesetze bestimmen bezüglich des grundsätzlich bestehenden Auskunftsverweigerungsrechts in persönlichen Konfliktlagen ausdrückliche Rückausnahmen.

§ 12 II 3 HSOG; § 28 II 4 SOG MV; § 12 V 2 NGefAG; § 180 II 4 LVwG SH.

---

418 *BGH* NJW 1978, 1629.

419 Vgl. dazu *Stree,* in: Schönke/Schröder, StGB, § 13 Rdn. 12.

Auch strafrechtlich relevante Sachverhalte müssen danach offenbart werden, wenn dies für die Abwehr einer Gefahr für Leib, Leben oder Freiheit einer Person erforderlich ist. Eine solche Offenbarungspflicht ist nicht von vornherein unzulässig. Der Schutz vor **Selbstbezichtigung** gilt uneingeschränkt nur im Strafverfahren oder ähnlichen Verfahren. Er gilt nicht in gleicher Weise für solche Personen, die „aus besonderen Gründen rechtsgeschäftlich oder gesetzlich verpflichtet sind, einem anderen oder einer Behörde die für diese notwendigen Informationen zu erteilen".[420] Voraussetzung ist, daß zwischen dem Auskunftspflichtigen und dem Nutznießer der Auskunft ein „besonderes Pflichtenverhältnis" besteht.[421] Es darf nicht allein um ein staatliches Informationsbedürfnis, sondern es muß zugleich um die Interessen geschädigter Dritter gehen.[422] Aus diesem Grund ist beispielsweise der Gemeinschuldner im Konkursverfahren uneingeschränkt zur Auskunft verpflichtet.

Überträgt man diese Grundsätze auf das Polizeirecht, ergibt sich zunächst folgendes 290
Bild: Bei Auskunftspflichten, die nicht schon aufgrund eines Gesetzes bestehen, sondern durch einen **polizeilichen Verwaltungsakt** im Einzelfall erst statuiert werden müssen, fehlt es an der notwendigen besonderen gesetzlichen Verpflichtung. Die allgemeine polizeirechtliche Nichtstörungspflicht,[423] wollte man dieses Institut überhaupt anerkennen, erfüllt diese Voraussetzungen nicht. Keine Verpflichtung zur Auskunft besteht ferner dort, wo der Befragte nicht sich selbst, sondern einen seiner Angehörigen belasten müßte.[424]

Die Einstandspflicht auch um den Preis der Offenbarung strafrechtlich relevanter 291
Sachverhalte darf nur zu Lasten dessen gehen, der auch **Schuldner aus dem besonderen Pflichtenverhältnis** ist. Derartige Pflichtenverhältnisse können sich aufgrund Gesetzes im Verhältnis des einen Ehepartners zum anderen (§ 1353 BGB) oder aufgrund Vertrages etwa im Verhältnis zwischen Arzt und Patient ergeben. Diese Personen sind aufgrund ihrer **Garantenstellung** unter bestimmten Voraussetzungen für das Wohl und Wehe der unter ihrer Sorge und Obhut stehenden Personen verantwortlich. Der Mann der von Erpressern gefangengehaltenen Ehefrau könnte deshalb gegenüber der Polizei zur Auskunft über seine Vermögens- und Geschäftsverhältnisse auch dann verpflichtet sein, wenn er dadurch Steuerstraftaten offenbaren muß. Voraussetzung wäre hier natürlich, daß diese Auskunft Hinweise auf den Täterkreis geben und damit zur Befreiung der Gefangenen beitragen kann. Auch der Arzt, der bei einem Patienten einen Eingriff vorgenommen hat, müßte diesen Sachverhalt unter Umständen offenbaren, auch wenn bei diesem Eingriff die erforderliche Einwilligung des Patienten fehlte und der Arzt sich deshalb durch seine Auskunft der Gefahr aussetzt, wegen Körperverletzung strafrechtlich belangt zu werden. Voraussetzung wäre auch hier, daß das Wissen über diesen Eingriff zur Abwehr einer Leibes- oder Lebensgefahr seines Patienten erforderlich ist.

Der einzelne ist zur Selbstbezichtigung schließlich nur verpflichtet, wenn ausgeschlos- 292
sen ist, „daß die staatlichen Strafverfolgungsbehörden weitergehende Möglichkeiten erlangen als in anderen Fällen der Strafverfolgung".[425] Andernfalls ist die Auskunftsverpflichtung eine unverhältnismäßige Beeinträchtigung des Persönlichkeitsrechts des Betroffenen.[426] Die entsprechenden Vorschriften verlangen deshalb folgerichtig, daß Auskünfte, durch die der Auskunftspflichtige sich selbst in strafrechtlicher Hinsicht belastet, nur zu Zwecken der **Gefahrenabwehr** einschließlich der vorbeugenden Bekämpfung von Straftaten verwendet werden dürfen.

§ 12 II 4 HSOG; § 28 II 5 SOG MV; § 12 V 3 NGefAG; § 180 II 5 LVwG SH.

---

420 *BVerfGE* 56, 37 (45).
421 *BVerfGE* 56, 37 (48).
422 *BVerfGE* 56, 37 (49 f.).
423 Dazu *Habermehl,* Rdn. 266; *Götz,* Rdn. 192.
424 Vgl. dazu auch *Kempf,* Anhörung im Landtag zum HSOG, Stenographischer Bericht, 9. Sitzung des Unterausschusses Informationsverarbeitung und Datenschutz vom 22. 2. 1989, S. 97.
425 *BVerfGE* 56, 37 (51).
426 *BVerfGE* 56, 37 (50 f.).

293 Die Regelung beinhaltet umgekehrt das Verbot, solche Auskünfte zu Zwecken der Strafverfolgung zu verwenden. Dieses **„Verwendungsverbot“** geht über das strafverfahrensrechtliche **Beweisverwertungsverbot** hinaus. Das Beweisverwertungsverbot wirkt sich nur in der Hauptverhandlung aus. Unterliegt eine Information einem solchen Verwertungsverbot, etwa weil sie unter Verstoß gegen ein Beweiserhebungsverbot im Ermittlungsverfahren erlangt wurde, dann darf sie nicht zum Gegenstand der Beweiswürdigung und Urteilsfindung gemacht werden. Beweisverwertungsverbote entwickeln nach herrschender Auffassung im allgemeinen aber keine **Fernwirkung.**[427] Das heißt, daß Erkenntnisse, die erst aufgrund einer an sich unverwertbaren Aussage gewonnen wurden („fruit of the poisenous tree“), gleichwohl in das Strafverfahren eingeführt werden können. Auch schützt das strafrechtliche Verwertungsverbot denjenigen nur unzureichend, gegen den ein Tatverdacht vor seiner Auskunft noch nicht vorlag, dessen Äußerungen also erst den Tatbestand der zureichenden tatsächlichen Anhaltspunkte im Sinne des § 152 II StPO erfüllen und damit die Strafverfolgungsbehörden zum Einschreiten verpflichten. Soll das Verwendungsverbot der zitierten polizeirechtlichen Bestimmungen seinen Zweck erfüllen, den Auskunftspflichtigen vor strafrechtlicher Verfolgung zu bewahren, so muß es als **Strafverfolgungshindernis** verstanden werden. Es beinhaltet das Verbot, wegen des offenbarten Sachverhalts ein Strafverfahren gegen den Auskunftspflichtigen einzuleiten. Dieses Verbot ist der Preis für die polizeirechtliche Verpflichtung zur Selbstbezichtigung. Nur die strikte Beachtung dieses Verbots kann im übrigen gewährleisten, daß der zur Auskunft Verpflichtete auch wahrheitsgemäße Mitteilungen macht und auf diese Weise zur Abwehr von Schäden für Leib, Leben und Freiheit einer Person beiträgt.

294 Wenn § 12 II 4 HSOG ausdrücklich, und die anderen Vorschriften mit Ausnahme des § 180 II 5 LVwG SH qua Verweis auf die Zweckbestimmung Gefahrenabwehr implizit, die weitere Verwendung der aufgrund einer Selbstbezichtigung erlangten Informationen auch zum Zwecke der **vorbeugenden Bekämpfung von Straftaten** zulassen, wird das strafprozessuale Verwertungsverbot nicht unmittelbar tangiert. Die Informationsverarbeitung zum Zwecke der vorbeugenden Straftatenbekämpfung bedeutet, daß Erkenntnisse, die durch Befragung einer Person gewonnen wurden, in Kriminalakten und entsprechenden elektronischen Dateien aufbewahrt werden, um sie möglicherweise einmal im Rahmen künftiger strafrechtlicher Ermittlungsverfahren zu verwenden (vgl. Rdn. 171 und Kap. J Rdn. 58f.). Es würde dabei um die Verfolgung anderer Straftaten gehen als die, welche der Auskunftspflichtige durch seine Selbstbezichtigung preisgegeben hat. Gleichwohl begegnet die Möglichkeit, Informationen aus Selbstbezichtigungen auch zur vorbeugenden Straftatenbekämpfung zu verwenden, schwerwiegenden Bedenken.

295 Die Verwendung der aufgrund einer Selbstbezichtigung erlangten Auskünfte zur vorbeugenden Straftatenbekämpfung ist eine **Zweckänderung** im Hinblick auf den ursprünglichen Zweck der Gefahrenabwehr. Das Bundesverfassungsgericht hat ähnliche Zweckkombinationen des Volkszählungsgesetzes aus dem Jahre 1983 für verfassungswidrig erklärt. Die Verknüpfung zweier unterschiedlicher Zwecke könne den Bürger angesichts der für ihn undurchsichtigen Möglichkeiten der automatischen Datenverarbeitung in hohem Maße verunsichern und dadurch die Zuverlässigkeit der Angaben und deren Eignung zur Erreichung des Gesetzeszwecks gefährden. Wenn tendenziell Unvereinbares miteinander verbunden wird, ist die Auskunftspflicht zur Zweckerreichung untauglich und damit verfassungswidrig.[428] Diese Konstellation liegt vor, wenn die aufgrund einer Selbstbezichtigung erlangten Informationen nicht nur zur Abwehr einer konkreten Gefahr dienen, sondern auch für künftige polizeilich relevante Lagen verwendet werden sollen. Auskünfte, die den Pflichtigen der Gefahr der Strafverfolgung aussetzen, dürfen deshalb nicht gespeichert werden oder müssen, sofern sie gespeichert wurden, nach Ab-

---

[427] *Kleinknecht/Meyer-Goßner,* StPO, Einl. Rdn. 57 m. w. Nachw.

[428] Zur Disfunktionalität der Zwecke des Volkszählungsgesetzes 1983 vgl. *BVerfGE* 65, 1 (61ff.).

schluß der polizeilichen Maßnahme, die zur Befragung Anlaß gegeben hat, gelöscht bzw. vernichtet werden. § 12 II 4 HSOG, § 28 II 5 SOG MV und § 12 V 3 NGefAG sind in diesem Sinn verfassungskonform auszulegen.

c) Verbotene Vernehmungsmethoden

Einige Polizeigesetze erklären die Vorschrift des § 136a StPO bei der Befragung für entsprechend anwendbar. 296

§ 18 VI ASOG Bln; § 13 BremPolG; § 3 III HmbDatenVPolG; § 13 IV HSOG; § 28 II 2 SOG MV; § 12 IV 2 NGefAG; § 11 I 3 SPolG; § 18 IV SächsPolG; § 14 IV SOG LSA; § 180 II 2 LVwG SH.

§ 136a StPO verbietet bestimmte Methoden, mit denen die **Freiheit der Willensentschließung und der Willensbetätigung des Befragten beeinträchtigt** werden könnte. Der Anwendungsbereich dieser Vorschrift deckt sich teilweise mit den polizeirechtlichen Bestimmungen, die die Anwendung unmittelbaren Zwangs zur Abgabe einer Erklärung ausschließen (Nachweise oben Rdn. 259). Wenn durch den Verweis auf § 136a StPO darüber hinaus auch die Täuschung, die Drohung mit unzulässigen Maßnahmen oder das Versprechen eines gesetzlich nicht vorgesehenen Vorteils auch bei Befragungen auf der Grundlage des Polizeirechts unzulässig sind, begibt sich die Polizei in diesen Ländern eines Teils ihres Handlungsinstrumentariums, das insbesondere bei „Verhandlungen" mit Geiselnehmern ansonsten gebräuchlich ist. Das Gespräch mit dem Geiselnehmer durch eigens hierfür ausgebildete Beamte kann vielfältigen Zwecken dienen. Sein Zweck kann allein darin liegen, die erforderliche Zeit zur Vorbereitung eines Einsatzes zu gewinnen. Ziel kann es sein, Informationen über die psychische und physische Befindlichkeit der Täter, ihre Anzahl und Art und Weise der Bewaffnung oder die Umstände der Gefangenschaft der Geiseln zu erhalten, um die Taktik eines möglichen Einsatzes im einzelnen festlegen zu können. Ein Gespräch kann auch dazu dienen, einen nervösen, die Geiseln akut bedrohenden Täter zu beruhigen oder einen naiven Täter von der Aussichtslosigkeit seines Unterfangens zu überzeugen und zur Aufgabe zu bewegen. Diese Verhandlungen fallen in den Anwendungsbereich der Regeln über die Befragung, wenn die Polizei den Geiselnehmer zur Erteilung von Auskünften (und nicht nur zu einem bestimmten Verhalten) bewegen will.

Beispiele: Die Zusage von Straffreiheit als das **Versprechen eines gesetzlich nicht** 297
vorgesehenen Vorteils und das Inaussichtstellen der Ausweisung der unbeteiligten ausländischen Ehefrau des Geiselnehmers als **Drohung mit einer unzulässigen Maßnahme** im Sinne des § 136a I 3 StPO bzw. die gezielte Falschinformation über den vollständigen Rückzug der Einsatzkräfte als **Täuschung** im Sinne des § 136a I 1 StPO können unter Umständen geeignete Maßnahmen zur Befreiung der Geiseln sein. Die genannten Bestimmungen verbieten nunmehr solche Methoden ausdrücklich. Auch in den Ländern, die § 136a StPO nicht für entsprechend anwendbar erklären, sind solche und andere Raffinessen nicht unbegrenzt zulässig. Außerhalb eines Strafverfahrens und dann, wenn es um die Abwehr von Gefahren für Leib und Leben einer Person geht, sollten sie aber angewendet werden können. Ihre Zulässigkeit ergibt sich schon daraus, daß sie den Einsatz gravierenderer Maßnahmen wie etwa den Schußwaffengebrauch verhindern können.

d) Aufklärungspflichten

Die Polizei muß den Befragten in zweifacher Weise über seine Rechte aufklären. 298

aa) Hinweis auf die Freiwilligkeit der Auskunft oder das Bestehen einer Aus- 299
kunftspflicht. Weil der mündlich gestellten Frage eines Polizeibeamten, anders bei schriftlichen, als „Verfügung" ausdrücklich deklarierten und mit Rechtsbehelfsbelehrung versehenen Verwaltungsakten nicht ohne weiteres anzumerken ist, ob sie zur Auskunft verpflichtet oder nicht, ist der Befragte zunächst entweder über die **Freiwilligkeit** seiner

Auskunft oder über das Bestehen einer **Auskunftsverpflichtung** hinzuweisen. Diese **Hinweispflicht** wird teilweise in den Auskunftsregelungen selbst,

§ 12 V 1 NGefAG; § 9 VI PolG NW; § 25 a III 3 POG RP; § 14 II 3 SOG LSA,

teilweise etwas versteckt in den allgemeinen Vorschriften über die Datenerhebung normiert.

§ 19 III 1 PolG BW; Art. 30 IV Nr. 2 BayPAG; § 18 V Nr. 2 ASOG Bln; § 29 IV Nr. 2 BbgPolG; § 2 IV Nr. 2 HmbDatenVPolG; § 13 VIII 1 HSOG; § 26 III SOG MV; § 25 V SPolG; § 37 II 3 SächsPolG; § 178 III LVwG SH; § 31 IV ThürPAG.

300 Meist besteht die Hinweispflicht nur unter Einschränkungen. So kann der Hinweis auf die Freiwilligkeit der Auskunft zum Beispiel unterbleiben, wenn hierdurch die Erfüllung der polizeilichen Aufgabe oder die schutzwürdigen Belange Dritter beeinträchtigt oder gefährdet würden.

Art. 30 IV 2 BayPAG; § 18 V Nr. 2 ASOG Bln; § 29 IV 2 BbgPolG; § 2 IV 2 HmbDatenVPolG; § 13 VII 5 HSOG; § 15 VII 5 SOG LSA; § 31 IV 2 ThürPAG.

301 Nicht verständlich ist, warum einige Polizeigesetze eine Hinweispflicht nur unter der Voraussetzung normieren, daß der Betroffene einen Hinweis „verlangt".

§ 12 I NGefAG; § 25 V SPolG.

Hier werden Anforderungen an die Courage des Staatsbürgers gestellt, die wahrscheinlich nicht von jedem und nicht in jedem Fall erfüllt werden. Der Zweck einer Hinweispflicht, nämlich die Gewährleistung eines **fairen Verfahrens**, wird hier verfehlt. Die Gefahr einer Fehlgewichtung der Interessen beinhaltet auch die Regelung des § 9 VI PolG NW. Ein Hinweis ist danach zusätzlich dann verzichtbar, „wenn dies wegen besonderer Umstände offenkundig nicht angemessen" ist. Der Begriff der Angemessenheit hat zwar als philosophische Kategorie Geltung, taugt aber nicht unbedingt als Maßstab hoheitlichen Handelns. Den Vorzug unter rechtsstaatlichen Gesichtspunkten verdienen solche Regelungen, welche die Hinweispflicht überhaupt nicht unter einen Vorbehalt stellen,

§ 26 III SOG MV; § 178 III LVwG SH.

302 Das Kriterium der **Beeinträchtigung oder Gefährdung der polizeilichen Aufgabenerfüllung** entspricht etwa den Voraussetzungen, die an die Zulässigkeit des sofortigen Vollzugs gestellt werden (unten Rdn. 758 ff.). Die Gefahr muß so dringlich sein, daß neben der Befragung als solcher keine Zeit für weitere „Reden" bleibt. Die Frage an einen Bewohner eines schon in Flammen stehenden Gebäudes nach weiteren Personen, die sich dort aufhalten könnten, muß deshalb nicht unbedingt mit rechtlichen Hinweisen versehen werden. Selbstverständlich darf die Polizei auf eine Aufklärung nicht deshalb verzichten, weil zu befürchten ist, daß sich der Befragte aufgrund des Hinweises über die Freiwilligkeit seiner Auskunft in Schweigen hüllen werde. Sie darf ihn zu diesem Zweck erst recht nicht falsch belehren.

303 Das Kriterium der **offenkundigen Unangemessenheit** eines Hinweises bei Vorliegen besonderer Umstände (§ 9 VI PolG NW) weist Ähnlichkeiten mit den Tatbestandsvoraussetzungen des § 28 II VwVfG auf. Danach kann von einer Anhörung abgesehen werden, wenn sie nach den Umständen des Einzelfalls nicht geboten ist. Auch hier ist es zunächst der Zeitdruck, der, wie beim Absehen von der Androhung eines Zwangsmittels auch (vgl. Rdn. 747) Ausnahmen von der Einhaltung bestimmter Verfahrensregeln zuläßt. § 9 VI PolG NW erfaßt darüber hinaus solche Fälle, in denen der Befragte die Rechtslage offensichtlich kennt, etwa deshalb, weil die Polizei in der gleichen Angelegenheit schon mehrfach an ihn herangetreten war. Unangemessen kann eine ausdrückliche Belehrung auch dann sein, wenn die Polizei zum Schutz privater Rechte handelt und die Frage an den Rechtsinhaber richtet. Hier fehlt es an der Rechtsbetroffenheit des Befragten.

In den Ländern, deren Polizeigesetze die Befragung nicht ausdrücklich regeln, ergibt sich die **Hinweispficht aus den allgemeinen Datenschutzgesetzen** (vgl. § 12 IV HDSG; vgl. auch § 13 III 2 BDSG[429]). 304

bb) Belehrung über Auskunftsverweigerungsrechte. Der Auskunftsverpflichtete ist nach einer Reihe von Polizeigesetzen, 305

§ 12 II 5 HSOG; § 26 III SOG MV; § 25 a III 3 POG RP; § 11 I 6 SPolG; § 18 VI 3 SächsPolG; § 14 II 3 SOG LSA; § 178 III LVwG SH,

über seine möglichen strafrechtlichen Auskunftsverweigerungsrechte (Rdn. 287) zu belehren. Die Polizeigesetze anderer Länder kennen, obwohl sie dem Befragten die strafprozeßrechtlichen Aussageverweigerungsrechte zugestehen, keine ausdrückliche Belehrungspflicht.

§ 18 VI ASOG Bln; § 3 III HmbDatenVPolG; § 12 V NGefAG.

Für diejenigen Gesetze, die Auskunftsverweigerungsrechte überhaupt nicht normiert haben, gilt dies ohnehin. Man wird aber die Pflicht, auf die Freiwilligkeit der Auskunft hinzuweisen (Rdn. 299), auch auf die Fälle des die Auskunftspflicht suspendierenden Auskunftsverweigerungsrechts erstrecken müssen. Wenn der Gesetzgeber schon eine Aufklärung über die Freiwilligkeit der Auskunft für notwendig hält, kann auch die fehlende Pflicht zur Selbstbezichtigung nicht ohne entsprechenden Hinweis bleiben. Besteht ein Auskunftsverweigerungsrecht, dann ist jede Äußerung des Betroffenen „freiwillig". 306

cc) Rechtsfolgen bei unterbliebener Aufklärung. Unterbleibt die Aufklärung des Befragten, obwohl sie hätte erfolgen müssen, oder ist sie unrichtig, so hat dies die **Rechtswidrigkeit der Befragung** zur Folge. Die Rechtswidrigkeit der Befragung führt dazu, daß auch eine Speicherung der hierbei gewonnenen Daten rechtswidrig und damit unzulässig ist. Gleichwohl gespeicherte **personenbezogene Daten sind zu löschen**.[430] 307

Vgl. § 46 Nr. 1 PolG BW; Art. 45 II Nr. 1 BayPAG; § 27 II Nr. 1 HSOG; § 45 II Nr. 1 SOG MV; § 25 e II Nr. 1 PolG RP; § 38 II Nr. 1 SPolG; § 32 II Nr. 1 SOG LSA; § 45 II Nr. 1 ThürPolG.

e) Zwangsweise Durchsetzung der Auskunftspflicht

Eine bestehende Auskunftsverpflichtung ist mit Zwangsmitteln in der Praxis kaum durchzusetzen. Weil die Auskunft eine unvertretbare Handlung ist, kann sie nicht im Wege der Ersatzvornahme vollstreckt werden. Die Anwendung unmittelbaren Zwangs zur Erlangung einer Auskunft ist gesetzlich ausgeschlossen (Rdn. 495). Das nur verbleibende Zwangsgeld schließlich, das schriftlich festgesetzt werden muß, wird für die Abwehr akut drohender Gefahren als Druckmittel aber häufig zu spät kommen. 308

2. Identitätsfeststellung

a) Bedeutung und Begriff

Die Polizei muß unter bestimmten Voraussetzungen in Erfahrung bringen können, mit wem sie es zu tun hat, „wer" jemand ist. Dem entspricht umgekehrt die Verpflichtung des einzelnen, seine persönlichen Daten preiszugeben, seine Identität offenzulegen. Die Identitätsfeststellung ist eine der bedeutsamsten und am häufigsten anzutreffenden polizeilichen Standardmaßnahmen. Ihre Bedeutung gewinnt sie jedoch nicht aus sich heraus, sondern vielmehr aus ihrem engen sachlichen **Zusammenhang mit anderen polizeilichen Tätigkeiten.** Fast immer geht die Identitätsfeststellung mit anderen Maßnahmen einher, geht ihnen voran oder folgt ihnen nach. Umgekehrt findet sich kaum ein polizeiliches Handeln, das nicht auch von einer Identitätsfeststellung begleitet wird. Die Befugnis der Polizei zur Identitätsfeststellung ist dem Grundsatz nach auch völlig unbestritten. Es han- 309

---

[429] Vom 20. 12. 1990, BGBl. I, S. 2954.
[430] Vgl. allgemein zum Verwertungsverbot für rechtswidrig erlangte Informationen im Verwaltungsverfahren *Eberle,* GS Martens, 1987, 351 ff.

delt sich um eine klassische polizeiliche Maßnahme und fast schon selbstverständliche Befugnis, für die das **Preußische Polizeiverwaltungsgesetz** keine ausdrückliche Ermächtigung vorsah und die noch bis etwa Mitte der sechziger Jahre in vielen Ländern auf die Generalklausel gestützt wurde. Soweit ausdrückliche Regelungen existierten bzw. später erlassen wurden, waren sie in ihren Voraussetzungen der Generalklausel nachgebildet.

310 Eine grundlegende Änderung erfuhren die rechtlichen Regelungen über die Identitätsfeststellung in Folge der Verabschiedung des **Musterentwurfs eines einheitlichen Polizeigesetzes** Mitte der siebziger Jahre. In Anlehnung an § 9 des Entwurfs wurden bis 1981 in Baden-Württemberg, Bayern, Berlin, Niedersachsen, Nordrhein-Westfalen und Rheinland-Pfalz weitgehend identische Bestimmungen geschaffen. Die Neuregelungen haben, vergleicht man sie mit der früheren Rechtslage, zu einer erheblichen Ausdehnung des Anwendungsbereichs dieser polizeilichen Befugnis geführt. Rechtlich umstrittene Maßnahmen gegenüber Nichtstörern und außerhalb konkreter Gefahrenlagen wie die Identitätsfeststellung an sogenannten gefährlichen Orten oder gefährdeten Objekten finden hier ihre gesetzliche Grundlage. Die Regelung über die Identitätsfeststellung gehörte aus diesem Grund zu den am heftigsten kritisierten Befugnissen des Musterentwurfs. Eine weitreichende Bedeutung haben diese Vorschriften vor allem deshalb, weil ihre tatbestandlichen Voraussetzungen im Wege der Verweisung auch in andere Standardbefugnisse inkorporiert sind (vgl. Rdn. 580 und 600). Seit dem Ende der im Jahr 1989 eingeleiteten letzten Novellierungswelle findet sich in jedem Polizeigesetz eine dem Musterentwurf nachgebildete Befugnisnorm.

§ 26 PolG BW; Art. 13 BayPAG; § 21 ASOG Bln; § 12 BbgPolG; § 11 BremPolG; § 4 HmbDatenVPolG; § 18 HSOG; § 29 SOG MV; § 13 NGefAG; § 12 PolG NW; § 10 POG RP; § 9 SPolG; § 19 SächsPolG; § 20 SOG LSA; § 181 LVwG SH; § 14 ThürPAG.

Bei gleicher Normstruktur gibt es aber auch hier Unterschiede in der Fassung der tatbestandlichen Voraussetzungen solcher Maßnahmen.

311 Der **Begriff** der Identitätsfeststellung ist auf den ersten Blick nicht weiter klärungsbedürftig, da er sich offenbar selbst erklärt. Entsprechend selbstbezüglich sind die gebräuchlichen Umschreibungen. So versteht man unter Identitätsfeststellung die Vergewisserung, welche Personalien eine bestimmte Person hat.[431] Dieser Terminologie entsprechen die überwiegend in der gleichen Bedeutung verwendeten Begriffe Personenfeststellung und Personalienfeststellung. Sie werden wiederum definiert als die Bestimmung der Identität einer Person.[432]

312 Die Identitätsfeststellung als **typisierte polizeiliche Standardmaßnahme** ist jedoch von anderen Maßnahmen mit gleicher Zielrichtung zu unterscheiden. In aller Regel besteht sie darin, daß ein Polizeibeamter die Ausweispapiere des Betroffenen einsieht. Die Polizei kann den Namen einer Person aber auch dadurch in Erfahrung bringen, daß sie bei einem Dritten **Erkundigungen** einzieht oder **Gegenüberstellungen** vornimmt. Zwar wird diese Verfahrensweise überwiegend ebenfalls zur Identitätsfeststellung gerechnet.[433] Diese Auffassung läßt jedoch außer acht, daß bei Personenfeststellungen durch Erkundigungen sich mehrere Pflichtenkreise überschneiden, nämlich die des Befragten und die des zu Identifizierenden. Polizeiliches Befragungsrecht und Auskunftspflicht des Bürgers sind deshalb als gesonderte Materie anzusehen und werden in neueren Gesetzen auch explizit normiert. Das Einholen von Erkundigungen bei Dritten in welcher Form auch immer richtet sich deshalb nach anderen Maßstäben (dazu Rdn. 270). Anders zu beurteilen ist auch die von der Polizei praktizierte sogenannte **Halterabfrage** als Beispiel für eine **heimliche Identifizierung.** Bei dieser Form der Identifizierung dient das Kennzeichen

---

431 *Wöhrle/Belz,* BWPolG, § 20 Rdn. 2; Bekanntmachung des Bayer. Staatsministeriums des Inneren, Nr. 12.1, abgedruckt bei *Samper/Honacker,* PAG, § 13; *Habermehl,* Rdn. 533.

432 *Drews/Wacke/Vogel/Martens,* S. 184.

433 *Berg/Hein,* S. 147; *Heise/Tegtmeyer,* PolG NW, § 12 Rdn. 31; anders und daher zutreffend *Habermehl,* Rdn. 534.

eines Kraftfahrzeugs als Schlüssel, um per Direktabruf über das Zentrale Verkehrsinformationssystem ZEVIS die Personalien des Halters zu erfahren. Aus den in der Nähe eines Veranstaltungsortes geparkten Autos beispielsweise kann die Polizei dann Aufschlüsse über Identität der Teilnehmer dieser Veranstaltung gewinnen.[434] Auch diese Vorgehensweise ist keine Identitätsfeststellung, als welche sie die entsprechenden polizeilichen Befugnisregelungen ansehen. Ihre Zulässigkeit bestimmt sich allein nach den Regeln über die (heimliche) Informationserhebung und -verarbeitung.

Seine Konturen gewinnt der Begriff der Identitätsfeststellung durch die hierbei zur Verfügung stehenden polizeilichen **Maßnahmen**, deren Anwendung nur unter strikter Beachtung des Verhältnismäßigkeitsgrundsatzes erfolgen darf (oben Rdn. 227). Die Polizeigesetze führen diese Maßnahmen im einzelnen, wenn auch meist (Ausnahme: § 4 HmbDatenVPolG) nicht abschließend, auf. Danach darf die Polizei erforderlichenfalls den Betroffenen **anhalten,** ihn nach seinen Personalien **befragen,** verlangen, daß er die mitgeführten **Ausweispapiere zur Prüfung aushändigt,** ihn festhalten, ihn und die von ihm mitgeführten Sachen nach Gegenständen **durchsuchen,** die zur Identitätsfeststellung dienen, ihn zur Dienststelle bringen **(Sistierung)** sowie – als letzte Möglichkeit – **erkennungsdienstliche Maßnahmen** vornehmen. Die Charakteristik der Identitätsfeststellung als polizeiliche Standardmaßnahme wird durch diese Aufzählung deutlich. Sie vollzieht sich unter der gegebenenfalls erzwingbaren „Mitwirkung" ausschließlich des Betroffenen. Werden Dritte in diesen ursprünglich zweipoligen Vorgang einbezogen, so beurteilt sich dessen Rechtmäßigkeit nicht oder jedenfalls nicht mehr allein nach den Vorschriften über die Identitätsfeststellung. 313

Demnach kann die Identitätsfeststellung beschrieben werden als die **offene Erhebung von Personalien bei dem Betroffenen selbst.** Erkundigungen bei Dritten gegen den Willen des Betroffenen, insbesondere in Form von Identifizierungsgegenüberstellungen, gehören entgegen der überwiegend vertretenen Auffassung deshalb nicht zu den zulässigen Mitteln der Identitätsfeststellung. Dies gilt im übrigen schon deshalb, weil die Einbeziehung Dritter von erheblicher diskriminierender Wirkung für den Betroffenen sein kann. Wenn der Gesetzgeber schon relativ geringfügige Befugnisse wie das Anhalterecht und die Einsichtnahme in Ausweispapiere ausdrücklich normiert, so kann dieser Katalog nicht durch den weit empfindlicheren Eingriff der Gegenüberstellung ergänzt werden. Die gegen den Betroffenen durchsetzbare Gegenüberstellung ist deshalb zwar im Rahmen des strafrechtlichen Ermittlungsverfahrens zulässig (§ 58 Abs. 2 StPO), nicht jedoch auf der Grundlage der Polizeigesetze. Die Polizei mag dem Betroffenen ein solches Verfahren auf freiwilliger Basis als Austauschmittel vorschlagen. Erklärt dieser sich hierzu nicht bereit, so muß er in Kauf nehmen, daß er festgehalten, zu einer Dienststelle mitgenommen und dort möglicherweise sogar einer erkennungsdienstlichen Behandlung unterzogen wird. 314

b) Umfang und Eingriffscharakter

Vom **Umfang** her umfaßt die Identitätsfeststellung alle, aber auch nur diejenigen Angaben über eine Person, die es ermöglichen, sie von anderen Personen zu unterscheiden und Verwechslungen auszuschließen. Die Vorlage eines Personalausweises genügt in jedem Fall, sofern keine konkreten Anhaltspunkte für dessen Fälschung, Verfälschung oder sonstige Unstimmigkeiten vorliegen. Aber auch andere Ausweispapiere können ausreichen, wenn sie die erforderlichen Daten zuverlässig wiedergeben. Der pauschale Hinweis auf die in § 111 OWiG genannten Merkmale[435] ist in diesem Zusammenhang verfehlt. Familienname, Vorname und gegebenenfalls Geburtsname sowie Tag und Ort der Geburt sind für eine einwandfreie Identifizierung fast immer ausreichend. Dagegen ist die Feststellung von Beruf und Familienstand in aller Regel nicht erforderlich.[436] 315

---

[434] Beispiel bei: Hessischer Datenschutzbeauftragter, 13. Tätigkeitsbericht (1984), S. 33 f.

[435] *Heise/Riegel,* ME, § 9 Anm. 6; *Rasch,* ME, § 9 Rdn. 23; *Meixner,* HSOG, § 18 Rdn. 1 und 30; differenzierend dagegen *Heise/Tegtmeyer,* PolG NW, § 12 Rdn. 33; *Roos,* POG RP, 210 Rdn. 10.

[436] *OLG Düsseldorf* NVwZ 1986, 247.

316 Der Feststellung der Staatsangehörigkeit bedarf es regelmäßig nur dann, wenn Anhaltspunkte dafür vorliegen, daß der Betroffene als Täter einer Straftat oder Ordnungswidrigkeiten gemäß §§ 92 ff. AuslG in Frage kommt.[437] Die Identitätsfeststellung kann dann aber nicht auf polizeirechtlicher, sondern nur auf strafprozessualer Grundlage vorgenommen werden. Anders als im strafrechtlichen Ermittlungsverfahren wird es im Rahmen der Gefahrenabwehr regelmäßig auch nicht auf die Kenntnis der Wohnung des Betroffenen ankommen. Während dort sichergestellt werden soll, daß der Betroffene im Laufe des weiteren Strafverfahrens ohne Schwierigkeiten zu erreichen ist, geht es hier in erster Linie um die Beseitigung einer **aktuellen** Gefahrenlage. Die als Vorbereitung auf die Gefahrenabwehr bezeichnete Erhebung und Speicherung von personenbezogenen Informationen im Hinblick auf künftige Gefahrenlagen, bei denen es gerade auf die Erreichbarkeit des Betroffenen ankommt, richtet sich im Polizeirecht nach anderen Bestimmungen. Sie wird bezeichnet als **Vorbereitung auf die Gefahrenabwehr** (vgl. Rdn. 220). Gleiches gilt für die Aufbewahrung von Informationen über Personen im Hinblick auf künftige Ermittlungsverfahren. Auch sie ist in besonderen Vorschriften geregelt (vgl. Kap. J Rdn. 668 ff.).

317 Die Identitätsfeststellung als solche ist ein vergleichsweise geringfügiger **Eingriff** in die allgemeine Handlungsfreiheit bzw. das Persönlichkeitsrecht des Betroffenen, sofern man sie in ihrer typischen Ausprägung, der Einsichtnahme in Ausweispapiere, betrachtet. Ihre besondere Bedeutung für den Betroffenen gewinnt sie vor allem dadurch, daß sie häufig Auslöser von **Folgeeingriffen** ist. Gerade hierin zeigt sich die Charakteristik der Identitätsfeststellung als Ermittlungs- und Aufklärungsmaßnahme. Regelmäßig wird die betreffende Person mit Hilfe elektronischer Datenverarbeitungssysteme „überprüft", das heißt, es wird durch Eingabe der Personalien in elektronische Informationssysteme festgestellt, ob es sich um einen gesuchten Straftäter handelt oder ob sie einmal in ein strafrechtliches Ermittlungsverfahren verwickelt war[438] (sogenannter **Datenabgleich,** vgl. Kap. J Rdn. 689).

318 Die Ergebnisse einer solchen Überprüfung werden von der Polizei dann unter Umständen zum Anlaß genommen, weitere Maßnahmen wie etwa Durchsuchungen, Sicherstellungen oder Festnahmen zu treffen. Auch die Speicherung der anläßlich der Identitätsfeststellung gewonnenen Daten ist nach den Polizeigesetzen in weitem Umfang zugelassen. Ist der Polizeibeamte nicht mit einem Datenendgerät ausgerüstet, so stellt sich die Frage, ob der Betroffene gezwungen ist, auf die Polizeiwache mitzukommen. Dies ist jedenfalls dann immer zu verneinen, wenn er seine Identität anhand mitgeführter Dokumente zweifelsfrei belegen kann.[439] Ein Datenabgleich darf nur an Ort und Stelle vorgenommen werden. Die entsprechenden Bestimmungen geben der Polizei lediglich das sogenannte Anhalterecht. Unzutreffend ist deshalb die Auffassung, das Festhalten auf der Dienststelle zum Zwecke der Abgleichung der Daten des Betroffenen mit der Einwohnermeldekartei sei auch dann zulässig, weil „praktikabel und angezeigt", wenn der Betroffene sich mit einem Personalausweis ausweisen könne.[440]

c) Voraussetzungen und Zweck

319 **aa) Gefahrenabwehr.** Die Polizei kann die Identität einer Person feststellen „zur Abwehr einer Gefahr". Es handelt sich um die in allen Landesgesetzen enthaltene **Generalklausel** zur Identitätsfeststellung,

§ 26 I Nr. 1 PolG BW; Art. 13 I Nr. 1 BayPAG; § 21 I ASOG Bln; § 12 I Nr. 1 BbgPolG; § 11 I Nr. 1 BremPolG; § 4 I Nr. 1 HmbDatenVPolG; § 18 I HSOG; § 24 I 1 SOG MV; § 13 I Nr. 1 NGefAG; § 12 I Nr. 1 PolG NW; § 10 I 1 POG RP; § 9 I Nr. 1 SPolG; § 14 I Nr. 1 SächsPolG; § 20 I SOG LSA; § 181 I 1 LVwG SH; § 14 I Nr. 1 ThürPAG.

---

[437] Vgl. *OLG Düsseldorf* NVwZ 1986, 247 f.

[438] Dazu *Rachor,* Vorbeugende Straftatenbekämpfung und Kriminalakten, S. 189 ff. Vgl. *VG Sigmaringen* VBlBW 1995, 289, wo aufgrund polizeilicher Erkenntnisse in elektronischen Dateien ein Aufenthaltsverbot ausgesprochen wurde.

[439] *BVerfG* NVwZ 1992, 768.

[440] *Landgericht München I,* Beschl. v. 20. 3. 1990, Az.: 1 T 2953/90; vgl. dazu auch *BayVerfGH* NJW 1992, 1499.

Sie setzt das Vorliegen einer **konkreten Gefahr** voraus. Die in diesem Zusammenhang formelhaft wiederkehrende Erläuterung, die Polizei dürfe also nicht willkürlich die Identität einer Person feststellen,[441] besagt allerdings wenig. Daß die Polizei weder aufgrund dieser noch nach anderen Bestimmungen über die Identitätsfeststellung noch überhaupt „willkürlich" verfahren darf, ist selbstverständlich. 320

Die Frage ist, inwieweit die Identitätsfeststellung für sich betrachtet überhaupt ein **taugliches Mittel** zur Abwehr einer konkreten Gefahr sein kann. Dies ist zu bezweifeln. Wenn die Polizei, um ein in der Literatur[442] genanntes Beispiel aufzugreifen, ernstzunehmende Hinweise auf eine bevorstehende Straftat sowie die Beschreibung und den Aufenthaltsort des möglichen Täters erhält, wird sie nicht lediglich dessen Identität feststellen in der Erwartung, die Straftat werde nun nicht mehr ausgeführt. Vielmehr wird die Polizei in einer solchen Situation entweder versuchen, den Täter auf frischer Tat zu überraschen, um dann gegen ihn auf strafprozessualer Grundlage vorgehen zu können. Oder aber die Polizei wird die bei der Identitätsfeststellung gewonnenen Daten in irgendeiner Form aufbewahren, um für den Fall einer Straftatbegehung die Ermittlungen zu vereinfachen. Würde im zweiten Fall der Betroffene aber von der Ausführung der geplanten Straftat absehen, dann nur deshalb, weil er wüßte, daß die Polizei über seine Personalien weiterhin verfügte und ihn als Täter rasch überführen könnte. Offenbar unter diesem Gesichtspunkt hat das OLG Bremen[443] die Zulässigkeit einer Identitätsfeststellung bejaht. Der Betroffene hatte in dem dieser Entscheidung zugrundeliegenden Fall einen Polizeibeamten fotografiert. Nach Auffassung des Gerichts sei die Identitätsfeststellung deshalb nötig gewesen, um der Begehung einer bevorstehenden Straftat nach § 33 KunstUrhG vorzubeugen. Es ist aber darauf hinzuweisen, daß die **abschreckende Wirkung,** welche von der Feststellung und Speicherung der Personalien eines potentiellen Straftäters möglicherweise ausgeht,[444] weniger dem Polizeirecht als vielmehr dem Straf- und Strafverfahrensrecht zuzuordnen ist.[445] Die bloße Abschreckung oder Einschüchterung des Betroffenen darf nicht das Ziel einer Identitätsfeststellung sein (vgl. Rdn. 117, 124). 321

Zu begreifen ist die Identitätsfeststellung „zur Abwehr einer Gefahr" in erster Linie als eine Maßnahme der **Gefahrenerforschung** (vgl. Kap. E Rdn. 38). In diesem Verständnis ist sie gleichzeitig Bestandteil der Gefahrenabwehr. Wird beispielsweise eine namentlich bekannte Person gesucht, die gegenüber Dritten Selbstmordabsichten geäußert hat, so kann die Polizei die Identität der aufgrund ihres äußeren Erscheinungsbildes in Frage kommenden Personen feststellen. Die Behörde handelt hier mit dem Ziel, den oder die Lebensmüden zunächst einmal in Gewahrsam zu nehmen. Eine Identitätsfeststellung ist hier Voraussetzung dafür, daß Maßnahmen zur Verhinderung des Selbstmordes gegenüber der „richtigen" Person getroffen werden können. Allgemein gesprochen dient sie der Überprüfung, ob jemand Störer ist oder nicht.[446] Die Identitätsfeststellung ist dabei typischerweise nur Mittel zu dem Zweck, andere polizeiliche Maßnahmen zu ermöglichen.[447] 322

bb) Schutz privater Rechte. Eine Identitätsfeststellung ist auch zum Schutz privater Rechte zulässig. In den meisten Ländern ergibt sich diese Befugnis aus der Generalklausel, da bei Beachtung des Subsidiaritätsgrundsatzes auch der Schutz privater Rechte als Teil der Gefahrenabwehr anzusehen ist. Ausdrückliche Regelungen gibt es in Bayern (Art. 13 I Nr. 6), in Berlin (§ 21 II Nr. 2), in Hessen (§ 18 Abs. 1 HSOG) und in Thüringen (§ 14 I Nr. 6). Die Bedeutung dieser Befugnis wird vor allem in der Möglichkeit 323

---

441 Begründung zu § 9 Abs. 1 ME (Fußn. 157); Gesetzentwurf der Landesregierung für ein Hessisches Gesetz über die öffentliche Sicherheit und Ordnung (HSOG), LT-Drucks. 12/5794, S. 67.

442 *Honnacker/Beinhofer,* PAG, Art. 13 Anm. 4.

443 *OLG Bremen* NJW 1977, 159.

444 Vgl. dazu *VGH München* BayVBl. 1993, 429; *Würtenberger/Heckmann/Riggert,* Rdn. 226.

445 Grundlegend *Schwan* VerwA 70 (1979), 109 ff.; *Ringwald,* INPOL und StA, 1984, S. 143 ff.

446 *Drews/Wacke/Vogel/Martens,* S. 185; ähnlich *Gusy,* Rdn. 200.

447 *Berg/Hein,* S. 146.

gesehen, den Täter einer **fahrlässigen Sachbeschädigung** zu identifizieren. Da eine fahrlässige Sachbeschädigung nicht strafbar ist, besteht hier nur die Möglichkeit, auf polizeirechtlicher Grundlage vorzugehen. Als Beispiele werden genannt der Passant, der aus Unachtsamkeit eine Schaufensterscheibe eindrückt, oder der Hundehalter, dessen Tier jemanden gebissen hat.[448] Praxisrelevant ist außerdem die Personalienfeststellung bei Verkehrsunfällen.

324 Teilweise wird die Identitätsfeststellung auch von **Zeugen** einer fahrlässigen Sachbeschädigung für zulässig erachtet, da ein Vorgehen auf strafprozessualer Grundlage hier nicht in Betracht komme.[449] Als nicht Verantwortlicher im polizeirechtlichen Sinn kann ein Zeuge aber nur dann in Anspruch genommen werden, wenn die Voraussetzungen des polizeilichen Notstandes vorliegen. Eine gegenwärtige erhebliche Gefahr als Merkmal des polizeilichen Notstands (vgl. Kap. E Rdn. 126 ff.) wird in diesen Fällen aber regelmäßig nicht gegeben sein. Die Identitätsfeststellung von Zeugen ist deshalb unzulässig.

325 **cc) An gefährlichen Orten.** Die Polizei darf die Identität von Personen feststellen, wenn diese sich an sogenannten gefährlichen Orten aufhalten. Teilweise spricht man auch von **verrufenen Orten.** Der Begriff des gefährlichen Ortes ist eine Sammelbezeichnung für solche Straßen, Plätze oder Räumlichkeiten, auf oder in denen, um eine Formulierung *Peters* aufzugreifen, „die Häufung dunkler Existenzen zu einer polizeilichen Gefahr wird".[450] Auch die Strafprozeßordnung kennt ähnliche Orte, nämlich solche, „die der Polizei als Herbergen oder Versammlungorte bestrafter Personen, als Niederlagen von Sachen, die mittels Straftaten erlangt sind, oder als Schlupfwinkel des Glücksspiels, des unerlaubten Betäubungsmittel- und Waffenhandels oder der Prostitution bekannt sind" (§ 104 II StPO). Das hamburgische Polizeigesetz verweist in der Bestimmung über die Durchsuchung sogenannter **gefährlicher Wohnungen** (Rdn. 641 ff.) ausdrücklich auch auf die in § 104 II StPO genannten Orte. Im Polizeirecht sind damit bestimmte Vergnügungsviertel, Lokale, Großstadtbahnhöfe, Parkplätze, U-Bahnhöfe, Tiefgaragen, Parkanlagen gemeint.[451]

326 In den Polizeigesetzen selbst findet sich der Begriff des gefährlichen Ortes nicht. Sie enthalten nur eine **allgemeine Typisierung** dieser Lokalitäten. Nach dem Wortlaut der meisten Gesetze und in Anlehnung an § 9 Abs. 1 Nr. 2 ME darf die Polizei die Identität einer Person feststellen, wenn sie sich an einem Ort aufhält, von dem aufgrund tatsächlicher Anhaltspunkte erfahrungsgemäß anzunehmen ist, daß dort Personen Straftaten verabreden, vorbereiten oder verüben.

§ 265 I Nr. 2 PolG BW; Art. 13 I Nr. 2 a BayPAG; § 21 II Nr. 1 a ASOG Bln; § 12 I Nr. 2 BbgPolG; § 11 I Nr. 2 a BremPolG; § 4 I Nr. 2 a HmbDatenVPolG; § 18 II Nr. 1 a HSOG; § 29 I Nr. 1 a SOG MV; § 13 I Nr. 2 a NGefAG; § 12 I Nr. 2 a PolG NW; § 10 I Nr. 1 a POG RP; § 9 I Nr. 2 a SPolG; § 19 I Nr. 2 SächsPolG; § 20 II Nr. 1 a SOG LSA; § 181 I Nr. 1 LVwG SH; § 14 I Nr. 2 a ThürPAG.

327 Die Regelungen unterscheiden nicht zwischen Störern und Nichtstörern. Sie beinhalten eine reine **„Ortshaftung"**.[452] Grundsätzlich kann jeder, der sich an einem solchen Ort aufhält, polizeilich überprüft werden. Da eine Ortshaftung die Grenzen zwischen Störern und Nichtstörern verwischt, sind die Vorschriften über die Identitätsfeststellung an gefährlichen Orten verfassungskonform dahin auszulegen, daß die Eingriffsvoraussetzungen nur im Hinblick auf **Straftaten mit erheblicher Bedeutung** (dazu Rdn. 187 ff.) gegeben sind. Diese Einschränkung enthalten die Polizeigesetze Berlins, Brandenburgs, Bremens, Hamburgs, Hessens, Niedersachsens, Nordrhein-Westfalens und des Saarlands ausdrücklich. Die Vorschriften der übrigen Länder sind entsprechend restriktiv zu inter-

---

448 *Heise/Tegtmeyer,* PolG NW, § 12 Rdn. 6; *Meixner,* HSOG, § 18 Rdn. 3.

449 *Berg/Hein,* S. 148.

450 *Peters,* Strafprozeß, S. 375.

451 *Saipa,* NdsSOG, § 12 Rdn. 5; *Berg/Hein,* S. 150; *Heise/Tegtmeyer,* PolG NW, § 12 Rdn. 9; *Honnacker/Beinhofer,* PAG, Art. 13 Anm. 5.

452 *Hoffmann-Riem* JZ 1978, 337.

pretieren. Das häufig zitierte Beispiel von der Identitätsfeststellung in Kaufhäusern[453] etwa, in denen ja erfahrungsgemäß Ladendiebstähle begangen werden, wird von diesen Regelungen nicht erfaßt.

Identitätsfeststellungen sind nach allen Polizeigesetzen zulässig an Orten, an denen sich **Straftäter** verbergen, 328

§ 26 I Nr. 2 PolG BW; Art. 13 I Nr. 2a, cc BayPAG; § 21 II Nr. 1a, cc ASOG Bln; § 12 I Nr. 2c BbgPolG; § 11 I Nr. 2b BremPolG; § 4 I Nr. 2c HmbDatenVPolG; § 18 II Nr. 1b HSOG; § 29 I Nr. 1a bb SOG MV; § 13 I Nr. 2c NGefAG; § 12 I Nr. 2c PolG NW; § 10 I Nr. 1a, cc PG RP; § 9 I Nr. 2b SPolG; § 14 I Nr. 2 SächsPolG; § 20 II Nr. 1b SOG LSA; § 181 I Nr. 1b LVwG SH; § 14 I Nr. 2a, cc ThürPAG.

Dabei sind Straftäter im Sinne dieser Vorschrift Personen, die wegen einer Straftat verurteilt sind und zur Strafvollstreckung gesucht werden. Maßnahmen auf der Grundlage der entsprechenden Bestimmungen haben rein präventiven Charakter, da sie nicht der Strafverfolgung dienen.

Die Befugnis zur Identitätsfeststellung an Orten, an denen sich Personen ohne die erforderliche **Aufenthaltserlaubnis** treffen, 329

§ 26 I Nr. 2 PolG BW; Art. 13 I Nr. 2a, bb BayPAG; § 21 II Nr. 1a, bb ASOG Bln; § 15 I Nr. 2b BbgPolG; § 4 I Nr. 2b HmbDatenVPolG; § 29 I Nr. 1a, cc SOG MV; § 13 I Nr. 2b NGefAG; § 12 I Nr. 2b PolG NW; § 10 I Nr. 1a, bb POG RP; § 19 I Nr. 2 SächsPolG; § 14 I Nr. 2a, bb ThürPAG,

wird in den Polizeigesetzen von Bremen, Hessen, Saarland, Sachsen-Anhalt und Schleswig-Holstein nicht mehr normiert. Dies ist konsequent, denn Verstöße gegen aufenthaltsrechtliche Strafvorschriften sind regelmäßig von nicht erheblicher Bedeutung. § 92 AuslG sieht eine Höchststrafe von einem Jahr vor. Die Ausländerüberwachung durch polizeiliche Sammelkontrollen ist jedenfalls in diesen Ländern nicht (mehr) zulässig. Andernorts wird sie aber praktiziert.[454]

Eine ausdrückliche Regelung über die Identitätsfeststellung an Orten, an denen Personen der **Prostitution** nachgehen, 330

§ 26 I Nr. 2 PolG BW; Art. 13 I Nr. 2b BayPAG; § 21 II Nr. 1b ASOG Bln; § 29 I Nr. 1b SOG MV; § 10 I Nr. 1b POG RP; § 19 I Nr. 2 SächsPolG; § 14 I Nr. 2a, bb ThürPAG,

gibt es, abweichend vom Musterentwurf, in vielen Ländern nicht mehr. Diese Regelung ist in der Tat verzichtbar. Sofern an solchen Orten Straftaten mit erheblicher Bedeutung verabredet, vorbereitet oder begangen werden, darf die Polizei ohnehin einschreiten. Die sonstige mit der Prostitution einhergehende Begleitkriminalität wie etwa der Beischlafdiebstahl kann dagegen nicht zur Grundlage einer „Ortshaftung" gemacht werden.[455]

Mit der Formulierung „wenn auf Grund tatsächlicher Anhaltspunkte erfahrungsgemäß anzunehmen ist" bzw. wenn „Tatsachen die Annahme rechtfertigen" (z. B. § 12 I Nr. 2 PolG NW; vgl. Rdn. 172 ff.) soll einmal die **Ereignisunabhängigkeit** polizeilichen Einschreitens gekennzeichnet werden. Auch **routinemäßige Kontrollen** an den als gefährlich angesehenen Orten werden von der Rechtsprechung deshalb als zulässig erachtet.[456] Die Polizeigesetze machen die Identitätsfeststellung also nicht davon abhängig, daß – beispielsweise in einer Gaststätte – Straftaten verübt worden sind, sondern sie knüpft an die polizeiliche Erfahrung an, daß in dieser Gaststätte im allgemeinen Straftaten begangen werden.[457] Nach der kaum als gelungen zu bezeichnenden Sprachregelung in den Begründungen des Musterentwurfs und einiger Polizeigesetze handelt es sich um 331

[453] *Hoffmann-Riem* JZ 1978, 337; Arbeitskreis Polizeirecht, § 15 AE PolG Anm. 11; *Saipa,* NdsSOG § 12 Rdn. 5.
[454] VG München NVwZ-RR 2000, 154.
[455] A. A. *Berg/Hein,* S. 150.
[456] *KG* NJW 1975, 887.
[457] *OVG Berlin* NJW 1986, 3223.

Vorgänge, die sich „zu ereignen pflegen".[458] Einzig § 181 I Nr. 1 LVwG SH schränkt die polizeiliche Kontrollbefugnis an gefährlichen Orten in einer Weise ein, daß von einer Ereignisunabhängigkeit nicht mehr gesprochen werden kann.

332 Die Bestimmungen besagen weiterhin, daß nicht notwendig die volle Gewißheit über die Gefährlichkeit des betreffenden Ortes bestehen muß. Abgestellt wird nur auf die **polizeiliche Lagebeurteilung.** Sie kommt zum Ausdruck in der Wendung „erfahrungsgemäß anzunehmen ist". Maßgeblich ist nicht, ob ein bestimmter Ort tatsächlich gefährlich ist, sondern nur, ob die Polizei aufgrund der Umstände zu dieser Annahme berechtigt ist. In den Tatbestand unausgesprochen eingeflochten sind hier zwei bekannte dogmatische Figuren, die Anscheinsgefahr und der Gefahrenverdacht. Die erste enthält das subjektive Element der **pflichtgemäßen** Diagnose, die zweite das objektive der **unsicheren** Diagnose. In der Kombination eröffnen sie der Polizei einen sehr weiten Handlungsspielraum. So reicht nach der Rechtsprechung etwa die räumliche Nähe eines Lokals zu einem Bereich, der von der Polizei als Kriminalitätsschwerpunkt angesehen wird, zu dessen Qualifizierung als gefährlich aus. Das Lokal nehme „an seinem kriminellen Umfeld teil", ohne daß es darauf ankomme, wie stark die „kriminelle Belastung" des Lokals im Zeitpunkt der Überprüfung selbst sei.[459]

333 Das Tatbestandsmerkmal der tatsächlichen Anhaltspunkte bzw. Tatsachen soll klarstellen, daß die Polizei nicht aufgrund bloßer Vermutungen tätig werden darf, daß reine Ausforschungen unzulässig seien.[460] Es müssen auf Tatsachen beruhende **polizeiliche Erkenntnisse** vorliegen.[461] Diese Erkenntnisse können sich aus eigenen Beobachtungen der Polizei, aus der Kriminalitätsstatistik, aus Anzeigen der Bevölkerung oder aus Mitteilungen anderer Behörden ergeben.[462] Allerdings muß es sich dabei um Erkenntnisse handeln, die über einen längeren Zeitraum hinweg gewonnen wurden. Einzelbeobachtungen reichen nicht hin.[463]

334 **dd) Insbesondere: Die Razzia.** Die Befugnis zur Identitätsfeststellung an gefährlichen Orten wird vielfach als Grundlage für die polizeiliche Razzia angesehen.[464] Diese Feststellung bedarf jedoch der Präzisierung. Denn eine Razzia erschöpft sich nicht in der bloßen Personalienfeststellung. Sie besteht vielmehr aus einem ganzen **Bündel von Maßnahmen**. Man versteht unter einer Razzia die planmäßig vorbereitete, überraschende Absperrung bestimmter Örtlichkeiten durch ein Polizeiaufgebot, wobei an alle Personen die Aufforderung ergeht, sich zu legitimieren und alle Verdächtigen einer eingehenden Überprüfung zugeführt werden.[465] Diese Überprüfung besteht regelmäßig darin, daß die Personalien der Betroffenen mit polizeilichen Datenbeständen verglichen werden. Die Polizeigesetze sehen für den sogenannten Datenabgleich eine ausdrückliche Ermächtigung vor (vgl. Kap. J Rdn. 689). Auf diese Weise kann die Polizei beispielsweise feststellen, ob es sich bei der jeweils überprüften Person um einen gesuchten Straftäter handelt oder ob sie sonst „polizeilich in Erscheinung getreten" ist. Je nachdem wie das Ergebnis dieses Datenvergleichs ausfällt, kann die Polizei dann weitere Maßnahmen treffen.[466] Ohnehin sind nach allen Polizeigesetzen an gefährlichen Orten neben der Identitätsfeststellung und unter den gleichen Voraussetzungen wie diese auch Durchsuchungen von Personen und Sachen zulässig (vgl. Rdn. 580 und 600).

---

458 Begr. zu § 9 I ME (Fußn. 157); Begr. zu § 18 HSOG, LT-Drucks. 12/5794; Begr. zu § 9 SPolG, LT-Drucks. 9/1929.

459 *OVG Berlin* NJW 1986, 3223.

460 *Honnacker/Beinhofer,* PAG, Art. 13 Anm. 5; *Heise/Tegtmeyer,* § 12 Rdn. 8.

461 Begründung zu § 9 1 ME (Fußn. 137); *OVG Berlin* NJW 1986, 3223; Begründung zu § 9 SPolG, LT-Drucks. 9/1929; Begründung zu § 18 HSOG, LT-Drucks. 12/5794.

462 *Berg/Hein,* S. 148.

463 *Saipa,* NdsSOG, § 12 Anm. 5.

464 *Honnacker/Beinhofer,* PAG, Art. 12 (a. F.) Anm. 5; *Berner/Köhler,* Art. 12 (a. F.) Rdn. 2; *Heise/Tegtmeyer,* PolG NW, § 12 Rdn. 7.

465 *KG* NJW 1975, 888; *VG München* NwZ-RR 2000, 154. vgl. auch *Zeitler* VBlBW 1992, 328 f.

466 Dazu *Rachor,* Vorbeugende Straftatenbekämpfung und Kriminalakten, S. 189 ff.

Der **Begriff** der Razzia wurde im 19. Jahrhundert aus dem Französischen übernommen. Er stammt ursprünglich aus dem Algerisch-Arabischen, wo er soviel wie Kriegszug oder militärische Expedition bedeutet. 335

Die **Zielrichtung** einer Razzia ist schwer zu bestimmen. Sie läßt sich jedenfalls nicht eindeutig dem Polizeirecht zuordnen. Finden sich bei der Kontrolle Gegenstände, die auf eine Straftat hinweisen, also beispielsweise Waffen, Rauschgift, Falschgeld oder gefälschte Schecks, dann greifen strafprozessuale Eingriffsbefugnisse Platz. Der Betroffene wird dann möglicherweise nach § 127 StPO vorläufig festgenommen, vernommen und gegebenenfalls dem Haftrichter vorgeführt. Gleiches gilt, wenn ein Vergleich der Personalien eines Betroffenen mit der Fahndungsdatei ergibt, daß es sich um einen gesuchten Straftäter handelt. „Präventives" und „repressives" Handeln lassen sich im Vorfeld von Gefahr und Verdacht, in dem die Razzia stattfindet, kaum mehr voneinander unterscheiden. Letztlich dürfte die Razzia überwiegend Strafverfolgungscharakter haben. Ihre Einordnung in das Polizeirecht allein wegen des fehlenden konkreten Tatverdachts ist unter systematischen Gesichtspunkten deshalb kritikwürdig (vgl. auch Rdn. 169 ff.). 336

ee) An gefährdeten Objekten. Nach den Vorschriften aller Polizeigesetze kann die Polizei die Identität einer Person feststellen, wenn sie sich in einer Verkehrs- oder Versorgungsanlage oder -einrichtung, einem öffentlichen Verkehrsmittel, Amtsgebäude oder einem anderen besonders gefährdeten Objekt bzw. in dessen unmittelbarer Nähe aufhält. Die tatbestandlichen Voraussetzungen können im einzelnen unterschiedlich sein. Nach einer Reihe von Vorschriften müssen Tatsachen die Annahme rechtfertigen, daß in oder an **„Objekten dieser Art"** Straftaten begangen werden sollen. 337

§ 26 I Nr. 3 PolG BW; Art. 13 I Nr. 3 BayPAG; § 21 II Nr. 3 ASOG Bln; § 12 I Nr. 2 BbgPolG; § 13 I Nr. 3 NGefAG; § 12 I Nr. 3 PolG NW; § 10 I Nr. 2 POG RP; § 19 I Nr. 3 SächsPolG; § 14 I Nr. 3 ThürPAG.

Andere Bestimmungen engen die Einschreitensvoraussetzungen in räumlich-situativer Hinsicht ein. Sie verlangen, daß in oder an **„diesem Objekt"** Straftaten begangen werden sollen, 338

§ 4 I Nr. 3 HmbDatenVPolG; § 18 II Nr. 3 HSOG; § 29 I Nr. 2 SOG MV; § 9 I Nr. 3 SPolG; § 20 II Nr. 3 SOG LSA; § 181 I Nr. 2 LVwG SH.

Dabei müssen die erwarteten Straftaten von solcher Schwere und Intensität sein, daß die in oder an dem gefährdeten Objekt befindlichen Personen oder das Objekt selbst unmittelbar gefährdet sind. Im Gegensatz zur Identitätsfeststellung an gefährlichen Orten handelt es sich dabei um eine rein präventive Maßnahme. Die Regelung wurde zur Abwehr terroristischer Straftaten eingeführt und ist deshalb eng zu interpretieren. Da auch nach diesen Regelungen nicht zwischen Störern und Nichtstörern unterschieden wird, muß es sich mindestens um eine **erhebliche Gefahr,** also eine Gefahr für ein bedeutsames Rechtsgut wie Leben, Gesundheit, Freiheit oder nicht unwesentliche Vermögenswerte (vgl. § 2 Nr. 3 lit. c) BremPolG) handeln. Hinweise auf Diebstähle in einem Kaufhaus oder Betrügereien in einem Postamt, um ein häufig angeführtes Beispiel aufzugreifen,[467] dürfen nicht zum Anlaß für eine polizeiliche Kontrolle genommen werden.

Als Beispiele für **Verkehrsanlagen** im Sinne dieser Vorschriften sind zu nennen: Flughäfen, Bahnhöfe, Bahnanlagen, Omnibusbahnhöfe, U- und S-Bahnhöfe, U- und S-Bahnanlagen, Straßenbahndepots, als Beispiele für **Versorgungsanlagen:** Elektrizitäts-, Wasser- und Gaswerke, Überland- und Rohrleitungen, Pipelines, Erdöl- und Gasförderungsanlagen oder -speicher, Lebensmittelmagazine, Großmarkthallen, Schlachthöfe. **Öffentliche Verkehrsmittel** sind Eisenbahnen, Straßenbahnen, U-Bahnen, Flugzeuge. **Amtsgebäude** sind alle Gebäude, in denen sich Behörden und Gerichte befinden. Als besonders gefährdet werden dabei die Gebäude der obersten Staatsorgane, der inneren Ver- 339

[467] *Riegel* ZRP 1978, 16; *Wagner,* PolG NW, § 9 Rdn. 14.

waltung, der Polizei und der Justiz angesehen.[468] Als Auffangklausel nennen die Polizeigesetze schließlich **andere besonders gefährdete Objekte.** Hierzu werden gezählt Konsulate, Gebäude und Anlagen des Rundfunks, militärische Anlagen, Parteigeschäftsstellen, Zeitungverlage und -druckereien, Privatwohnungen prominenter Persönlichkeiten, ausländische Reisebüros, Einrichtungen der jüdischen Gemeinde.

340 Im Gegensatz zur Identitätsfeststellung an gefährlichen Orten ist die Identitätsfeststellung an gefährdeten Orten **ereignisabhängig.** Es müssen im Einzelfall bestimmte Hinweise auf eine bevorstehende Straftat vorliegen. Allgemeine Erfahrungssätze über die Eigenschaft eines bestimmten Ortes genügen hier nicht. Die Erkenntnis etwa, daß in einem Kaufhaus ständig Diebstähle begangen werden, daß in Konferenzräumen häufig verbotene Kartellabsprachen getätigt werden,[469] daß es an Bahnhöfen zu Schlägereien kommt[470] oder daß in Geschäftsbanken Verabredungen über die Einrichtung von Schwarzgeldkonten getroffen werden, vermag polizeiliches Einschreiten nicht zu rechtfertigen.

341 **ff) Zum Schutz gefährdeter Personen.** In Hessen und Sachsen-Anhalt ausdrücklich geregelt ist die Identitätsfeststellung im räumlichen Umfeld einer Person, die in besonderem Maße als gefährdet erscheint (§ 18 II Nr. 4 HSOG; § 20 II Nr. 4 SOG LSA). Als **gefährdete Personen** kommen vor allem Führungkräfte aus der Wirtschaft, Politiker und ausländische Staatsgäste in Betracht.[471] Das gesetzliche Merkmal, wonach tatsächliche Anhaltspunkte die Maßnahme zum Schutz der Person „rechtfertigen" müssen, ist überflüssig, weil eine solche Wertung Bestandteil jeglicher polizeilicher Lageeinschätzung sein muß und sich die Notwendigkeit der „Rechtfertigung" schon aus dem Verfassungsgrundsatz der Geeignetheit, Erforderlichkeit und Angemessenheit einer Maßnahme ergibt.

342 In den Ländern, in denen eine solche ausdrückliche Regelung nicht existiert, kann eine Identitätsfeststellung zum Schutz gefährdeter Personen nur als Kontrollmaßnahme an gefährdeten Orten gerechtfertigt werden, weil auch die Identitätsfeststellung an gefährdeten Orten in erster Linie dem Schutz von Menschen dient und Menschen vor derartigen Anschlägen zu schützen sind. Der VGH Mannheim bezeichnet den **Personen- und Objektschutz** als eine unverzichtbare polizeiliche Aufgabe.[472]

343 **gg) An Kontrollstellen.** Mit im einzelnen unterschiedlichen Voraussetzungen lassen alle Länder mit Ausnahme des Saarlands die Identitätsfeststellung an sogenannten Kontrollstellen zu.

§ 26 I Nr. 4 PolG BW; Art. 13 I Nr. 4 BayPAG; § 21 II Nr. 4 ASOG Bln; § 12 I Nr. 4 BbgPolG; § 11 I Nr. 3 BremPolG; § 4 I Nr. 4 HmbDatenVPolG; § 18 II Nr. 5 HSOG; § 29 I Nr. 4 SOG MV; § 13 I Nr. 4 NGefAG; § 12 I Nr. 4 PolG NW; § 10 I Nr. 3 POG RP; § 19 I Nr. 4 SächsPolG; § 20 II Nr. 5 SOG LSA; § 181 I Nr. 4 LVwG SH; § 14 I Nr. 4 ThürPAG.

Kontrollstellen sind Sperren, an denen Personen angehalten werden, um ihre Identität zu überprüfen sowie sie selbst und ihre mitgeführten Sachen zu durchsuchen.[473] Die Befugnis zur Durchsuchung von Personen und Sachen ergibt sich allerdings aus anderen Regelungen (vgl. Rdn. 569 ff. und 591 ff.). Diese Maßnahmen sind an Kontrollstellen unter ähnlichen Voraussetzungen zulässig wie die Identitätsfeststellung. Als **Orte** einer Kontrollstelle kommen in erster Linie die dem öffentlichen Verkehr gewidmeten Straßen und Plätze in Betracht. Auch an Wasserstraßen und Flughäfen können Kontrollstellen eingerichtet werden. Es kann sich auch um tatsächliche öffentliche Wege handeln, die ohne

---

468 *Honnacker/Beinhofer,* PAG Art. 13 Anm. 6.

469 Beispiel bei *Wagner,* PolG NW, § 9 Rdn. 15.

470 Beispiel bei *Heise/Tegtmeyer,* PolG NW, § 12 Rdn. 23.

471 *Meixner,* HSOG, § 18 Rdn. 20.

472 VBlBW 1994, 106; vgl. auch *VGH Mannheim,* Urt. v. 31. 3. 1981; Az. 1 S 2031/80 (Leitsatz in ESVGH 31, Nr. 114).

473 *Riegel,* Polizeiliche Personenkontrolle, S. 34; *Rasch,* ME, § 9 Rdn. 18; *Wagner,* PolG NW, § 9 Rdn. 18.

Rücksicht auf die privatrechtlichen Verhältnisse einem unbestimmten Personenkreis zur Benutzung freigegeben sind.[474]

Zwei **Zielrichtungen** werden für die Einrichtung von Kontrollstellen angegeben. Zum einen sollen bestimmte, im einzelnen aufgeführte Straftaten verhindert werden (vgl. Rdn. 345 ff.). Zum anderen sollen Kontrollstellen auch zum Zwecke einer „ereignisunabhängigen", „allgemeinen" Fahndung eingerichtet werden können (vgl. Rdn. 348). 344

Der Schwerpunkt der Kontrollstelle **zur Verhinderung von Straftaten** liegt im Bereich des **Versammlungsrechts.**[475] Die meisten Polizeigesetze – Ausnahmen machen die Gesetze Baden-Württembergs, Berlins und des Saarlands – sehen die Einrichtung einer Kontrollstelle unter anderem vor, um Straftaten im Sinne des § 27 VersammlG zu verhindern. Nach dieser Vorschrift macht sich unter anderem deshalb strafbar, wer bei öffentlichen Versammlungen oder Aufzügen **Waffen** oder sonstige Gegenstände, die ihrer Art nach zur Verletzung von Personen oder Beschädigung von Sachen geeignet sind, mit sich führt, ohne hierzu behördlich ermächtigt zu sein (§ 27 I VersammlG). Dagegen zählen allein die durch Gesetz vom 6. 9. 1989[476] unter Strafe gestellte sogenannte **passive Bewaffnung** und die sogenannte **Vermummung** (§ 27 II Nr. 1 und 2 VersammlG) nicht zu den Straftaten, zu deren Verhinderung eine Kontrollstelle eingerichtet werden darf. Denn Zweck einer Kontrollstelle ist die Verhinderung von Gewalttätigkeiten, nicht aber bereits von Handlungen, die eine unfriedliche Gesinnung ausdrücken. Zwar unterscheiden nur einige Polizeigesetze ausdrücklich zwischen den einzelnen Tatbestandsvarianten des § 27 VersammlG, 345

§ 4 I Nr. 4 HmbDatenVPolG; § 14 I NGefAG; § 20 II Nr. 5 SOG LSA.

Diese Unterscheidung gilt aber als ungeschriebene Voraussetzung auch für alle anderen Polizeigesetze. In den Regelungen über die Kontrollstellen wird eine wichtige polizeiliche Präventivbefugnis vor allem im **Vorfeld von Großdemonstrationen,** bei denen gewalttätige Ausschreitungen zu befürchten sind, gesehen. Die Polizei kann dort die von den angetroffenen Personen mitgeführten Sachen durchsuchen (Rdn. 601 f.). Gefährliche Gegenstände können sichergestellt werden (Rdn. 665). Die Personalien der Betroffenen werden mit polizeilichen Dateien verglichen, um auf diese Weise polizeibekannte und als gefährlich eingeschätzte Personen „herauszufiltern" und gegebenenfalls durch Ingewahrsamnahme von der Teilnahme an der Veranstaltung abzuhalten (Rdn. 513).

Einige Polizeigesetze lassen in Anlehnung an den Musterentwurf die Einrichtung einer Kontrollstelle zur **Verhinderung von Straftaten im Sinne des § 100 a StPO** zu, 346

Art. 13 I Nr. 4 BayPAG; § 10 I Nr. 3 POG RP; § 19 I Nr. 5 SächsPolG; § 14 I Nr. 4 ThürPAG.

Schon die pauschale Übernahme des in dieser strafprozessualen Vorschrift über die Telefonüberwachung aufgeführten Katalogs von Straftaten in das Polizeirecht erscheint weit überzogen. Andere Gesetze schränken deshalb diesen Katalog wieder ein. Entsprechend § 111 StPO ist eine Kontrollstelle nach diesen Gesetzen nur im Hinblick auf Straftaten nach § 129 a StGB, eine der in dieser Vorschrift bezeichneten Straftaten oder eine Straftat nach § 250 Abs. 1 Nr. 1 StGB zulässig. Hinzugenommen wurde auch die Begehungsweise des Raubes nach § 250 Abs. 1 Nr. 2 StGB und – da eine Unterscheidung zwischen Raub und räuberischer Erpressung nur sehr schwer zu treffen ist – auch § 255 StGB.

Die **Eignung** und damit auch die **Notwendigkeit** einer Kontrollstelle zur Verhinderung der genannten Straftaten ist zu bezweifeln. So ist nicht ersichtlich, auf welche Weise ein Organisationsdelikt gemäß § 129 a StGB gerade durch eine Kontrollstelle soll verhindert werden können. Auch gegen die Anstiftung oder Beihilfe zur Fahnenflucht (§ 100 a Nr. 1 lit. d StPO) wird man mit einer Kontrollstelle wenig ausrichten können. Beispiele hierfür werden in der Literatur auch nicht genannt. Außerhalb des Bereichs der Verhin- 347

---

474 *Kleinknecht/Meyer-Goßner,* StPO, § 111, Rdn. 8.

475 Vgl. aus der Rechtsprechung: *VG Würzburg* NJW 1980, 2541; *OVG Münster* DVBl. 1982, 654; *VGH München* BayVBl. 1983, 436; *VG Braunschweig* NVwZ 1988, 662; *VG Schleswig* NVwZ-RR 1990, 190.

476 BGBl. I, S. 1059.

derung von Straftaten im Zusammenhang mit öffentlichen Versammlungen und neben der strafprozessualen Vorschrift des § 111 StPO kommt der präventiv-polizeilichen Kontrollstelle in der Praxis deshalb kaum eine Bedeutung zu. Ohnehin darf von diesem Instrument, da in großem Umfang auch Unbeteiligte betroffen werden, nur mit Zurückhaltung Gebrauch gemacht werden.[477] **Voraussetzung** für die Einrichtung einer Kontrollstelle ist in jedem Fall die auf Tatsachen beruhende Einschätzung, daß Personen, die eine der aufgeführten Straftaten begehen wollen, an der Kontrollstelle festgestellt und an der Begehung von Straftaten gehindert werden können.[478] Die Einrichtung prophylaktischer Kontrollstellen ist unzulässig.[479]

348 Bedenklich ist es, wenn die Vorschrift über die Kontrollstelle als Grundlage für die sogenannte **ereignisunabhängige allgemeine Fahndung** („Fahndungstag") angesehen wird.[480] Denn bei der Fahndung geht es nicht um Gefahrenabwehr,[481] sondern um Strafverfolgung. Wegen des rein repressiven Charakters einer „allgemeinen Fahndung" wäre eine solche Befugnis allenfalls im Strafverfahrensrecht zu placieren. Da eine solche Vorschrift nicht existiert und, weil bei der „allgemeinen Fahndung" jeglicher Bezug zu einem individuellen Verhalten oder einem Ereignis fehlt, auch nicht rechtmäßig wäre, gibt es für die Einrichtung einer Kontrollstelle zu diesem Zweck keine rechtliche Grundlage. Sie ist deshalb unzulässig.[482] Die Regelungen des § 26 I Nr. 4 und 5 PolG BW, welche die Kontrollstelle und den sogenannten „Kontrollbereich" ausdrücklich als Mittel der Fahndung nach Straftätern zulassen wollen, sind mangels Regelungskompetenz des Landesgesetzgebers verfassungswidrig.[483]

349 Nach den Vorschriften einiger Länder steht die Einrichtung einer Kontrollstelle unter einem besondern **Anordnungsvorbehalt.** Sie ist danach nur zulässig, wenn der **Innenminister** oder eine von ihm beauftragte Stelle zustimmt.

§ 26 I Nr. 5 PolG BW; § 21 II Nr. 4 ASOG Bln; § 12 I Nr. 4 BbgPolG; § 18 II Nr. 5 HSOG; § 12 I Nr. 4 PolG NW; § 19 I Nr. 5 SächsPolG; § 20 II Nr. 5 SOG LSA.

Bei Gefahr im Verzug bedarf es einer Zustimmung allerdings nicht.

350 Eine Besonderheit regelte in diesem Zusammenhang die frühere Fassung des § 14 II 1 NGefAG. Danach bedurfte die Einrichtung von Kontrollstellen grundsätzlich der Anordnung durch das **Verwaltungsgericht**. Für eine solche Übertragung von Verwaltungstätigkeiten auf die Gerichte hat der Landesgesetzgeber allerdings keine Regelungskompetenz. Im Hinblick auf den Grundsatz der Trennung von Exekutive und Judikative, der auch in § 39 VwGO zum Ausdruck kommt, wäre ein solcher Richtervorbehalt ohnehin verfassungsrechtlich bedenklich.[484] Der niedersächsische Gesetzgeber hat diese Bedenken zum Anlaß genommen, die Anordnungskompetenz für die Einrichtung von Kontrollstellen ebenfalls auf die Inhaber von Leitungsfunktionen innerhalb der **Polizeibehörden** zu übertragen.

351 Im Zuge der Harmonisierung von Polizei- und Strafverfahrensrecht wurden durch das Gesetz zur Änderung der StPO vom 14. 4. 1978 auch die **strafprozessualen Befugnisse zur Identitätsfeststellung** erweitert. §§ 163 b, 163 c sowie § 111 StPO korrespondieren insoweit mit den polizeirechtlichen Vorschriften, als sie Überpüfungen auch auf Unverdächtige erstrecken und an Kontrollstellen die Durchsuchung von mitgeführten Sachen zulassen. Die durch § 163 d StPO eingeführte sogenannte **Schleppnetzfahndung**[485] er-

---

477 *Meixner,* HSOG, § 18 Rdn. 26.
478 *Heise/Tegtmeyer,* PolG NW, § 12 Rdn. 27; *Meixner,* HSOG, § 18 Rdn. 25.
479 *BGH* NJW 1989, 114 (zu § 111 StPO).
480 So noch *Samper/Honnacker,* PAG, 14. Aufl. 1987, Art. 12 (a. F.) Anm. 7; *Wöhrle/Belz,* BWPolG, § 26 Rdn. 11.
481 Unzutreffend *Samper/Honnacker,* PAG, 14. Aufl. 1987, Art. 12 (a. F.) Anm. 7.
482 *Heise/Tegtmeyer,* PolG NW, § 12 Rdn. 8; *Meixner,* HSOG, § 18 Rdn. 13.
483 In diesem Sinn *Würtenberger/Heckmann/Riggert,* Rdn. 214.
484 Vgl. *VG Osnabrück* NdsVBl. 1994, 64.
485 Dazu *Rogall* NStZ 1986, 385 ff. sowie Kap. J Rdn. 431 ff.

mächtigt die Polizei in noch größerem Umfang als die Polizeigesetze zur weiteren Verwendung der anläßlich einer Kontrollstelle angefallenen personenbezogenen Daten.

hh) Auf Verkehrswegen und im Grenzgebiet zur Bekämpfung grenzüberschreitender Kriminalität („Schleierfahndung"). Beginnend mit Bayern im Jahr 1995 haben einige Bundesländer die polizeiliche Befugnis zur Identitätsfeststellung um einen neuen Tatbestand erweitert. Danach kann die Polizei, unter anderem zum Zweck der (vorbeugenden) Bekämpfung der grenzüberschreitenden Kriminalität, die Identität einer Person feststellen, wenn diese in einer **öffentlichen Einrichtung des internationalen Verkehrs** oder auf einer **Durchgangsstraße** angetroffen wird, 352

§ 26 I Nr. 1 PolG BW; Art. 13 I Nr. 5 BayPAG; § 18 II Nr. 6 HSOG; § 29 I Nr. 5 SOG MV; § 19 Abs. 1 Nr. 5 SächsPolG; § 14 I Nr. 5 ThürPolG. Ähnlich, aber als Befugnis zur **Befragung** ausgestaltet: § 18 VII ASOG Bln; § 11 III BbgPolG; § 12 Abs. 6 NGefAG. Ausdrücklich begrenzt auf Bundesfernstraßen: § 14 III SOG LSA.

Darüber hinaus enthalten einige Polizeigesetze derjenigen Länder, die eine Außengrenze haben, die Befugnis, **im Grenzgebiet bis zu einer Tiefe von 30 km** die entsprechenden Maßnahmen zu ergreifen.[486]

Anknüpfungspunkt für eine Identitätsfeststellung ist nach diesen Bestimmungen allein der Umstand, daß jemand sich an einem der genannten Orte aufhält. Hinweise darauf, daß von der zu überprüfenden Person eine Gefahr für die öffentliche Sicherheit ausgeht (Gefahr, vgl. Kap. E Rdn. 29 bzw. Gefahrenverdacht, vgl. Kap. E Rdn. 38) oder daß die Person eine Straftat begangen hat (Straftatverdacht, § 152 II StPO), müssen nicht vorliegen. Ob dies der Fall ist, soll die Überprüfung erst ergeben. Man kann die neuen Befugnisse deshalb als **anlaßunabhängige Personenkontrollen** bezeichnen.[487] Häufig wird auch von verdachts- und ereignisunabhängigen Personenkontrollen gesprochen.[488] Es kann nach diesen Regelungen jedermann zu jeder Zeit betroffen sein. 353

Die neuen Befugnisse begründen, weil sie allein an den Aufenthaltsort der zu überprüfenden Person anknüpfen, eine Art „Ortshaftung". Insofern sind sie vergleichbar mit den Regelungen über die Identitätsfeststellung an sogenannten gefährlichen Orten (oben Rdn. 325 ff.) und gefährdeten Objekten (oben Rdn. 337 ff.). Im Unterschied zu diesen Orten besitzen die Örtlichkeiten der neuen Kontrollbefugnisse für sich betrachtet allerdings **keine kriminogene Valenz.** Der (zeitweise) Aufenthalt in öffentlichen Verkehrseinrichtungen und auf öffentlichen Straßen ist für die gesamte Bevölkerung sozialtypisch und praktisch für kaum jemanden vermeidbar. Und im Unterschied zu den Befugnissen über die Einrichtung von Kontrollstellen (oben Rdn. 343 ff.) müssen keine konkreten Anhaltspunkte für das Bevorstehen von Straftaten bekannt sein. Die Identitätsfeststellung auf der Grundlage der neuen Befugnisse ist deshalb der einzige polizeiliche Eingriff, der weder an einen Anlaß noch an eine spezifizierte Gefährdungslage noch an Anhaltspunkte dafür, daß dem Betroffenen etwas anzulasten wäre, gebunden ist.[489] 354

Die Ortshaftung der neuen Befugnisse erschließt der Polizei zudem völlig neue Dimensionen. Denn sie ermöglicht eine **praktisch flächendeckende Kontrolle** des öffentlichen Raums. 355

Durchgangsstraßen sind nach dem ausdrücklichen Wortlaut dieser Regelungen **Bundesautobahnen, Europastraßen** und andere Straßen, wenn diese von erheblicher Bedeutung für die grenzüberschreitende Kriminalität sind. Einrichtungen des internationalen Verkehrs sind neben den praktisch bedeutsamen **Autobahnraststätten** vor allem **Bahnhöfe** und **Fernreisezüge,** aber auch **Flug- und Schiffshäfen** sowie **Flugzeuge** und **Schiffe.** Die Hessische Regelung nennt als Ort der Kontrolle außerdem **Bundeswasserstraßen.** 356

486 Dazu unten Rdn. 395 f.
487 *Stephan*, DVBl. 1998, 81.
488 *Moser v. Filseck*, Die Polizei 1997, 70; Spörl, Die Polizei 1997, 217
489 Landesverfassungsgericht Mecklenburg-Vorpommern, Urteil vom 21.10.1999, LVerfG 2/98, S. 27 des Entscheidungsumdrucks.

357 Wie extensiv die Einsatzmöglichkeiten der anlaßunabhängigen Personenkontrolle sind, zeigt vor allem der Begriff der **„anderen Straßen"**. Die polizeiliche Kontrollbefugnis ist nämlich nicht örtlich beschränkt auf bestimmte Klassen von Straßen, wie der explizite Verweis auf Bundesautobahnen und Europastraßen bei flüchtiger Lektüre des Gesetzestextes zunächst vermuten lassen könnte. Prinzipiell darf die Polizei auf allen Straßen Personenkontrollen durchführen. Voraussetzung ist, daß sie aufgrund von „Lageerkenntnissen oder polizeilicher Erfahrung" (§ 18 II Nr. 6 HSOG) davon ausgeht, eine bestimmte Straße sei **„von erheblicher Bedeutung für die grenzüberschreitende Kriminalität"**. Einer inneren Logik folgend kann dieses Merkmal auf jeden noch so unscheinbaren Verkehrsweg zutreffen. Denn Straftäter, die sich auf überörtlichen Straßen einem erhöhten **Fahndungsdruck** ausgesetzt sehen, weichen erfahrungsgemäß auf Nebenstraßen aus.[490] Je intensiver die Polizei also von ihren Befugnissen auf den großen Verkehrswegen Gebrauch macht, desto bedeutsamer werden in kriminalistischer Hinsicht gerade die untergeordneten, nunmehr als „Schleichwege" in Betracht kommenden Straßen. Dieser Überlegung folgend und ausgehend von der richtigen Annahme, daß international agierende Straftäter auch Deutschlands Straßen benutzen, werden immer auch diejenigen Straßen als von erheblicher Bedeutung für die grenzüberschreitende Kriminalität anzusehen sein, deren Benutzer nicht kontrolliert werden – und zwar deshalb, weil sie nicht kontrolliert werden. Die Gesetzesanwendung produziert ihre Tatbestandsvoraussetzungen gewissermaßen selbst. Es ist angesichts dieser funktionalen Nivellierung jedenfalls konsequent, daß der Hessische Gesetzgeber auf die beispielhafte Aufzählung bestimmter Straßenklassen verzichtet hat. Noch folgerichtiger sind die Bestimmungen der §§ 11 III BbgPolG und 12 Abs. 6 NGefAG. Sie stellen ohne weitere Differenzierungen auf den **öffentlichen Verkehrsraum** ab.

358 Weil die Polizei unter Berücksichtigung der jeweiligen situativen Bedingungen prinzipiell alle Straßen als Örtlichkeiten für anlaßunabhängige Personenkontrollen ansehen darf, kann man von einem „Fahndungsschleier" sprechen, der vermittels der neuen Kontrollbefugnisse über ein Land gelegt wird. Von diesem Bild ist das mittlerweile geläufige Wort **Schleierfahndung** abgeleitet. Die gebräuchliche Verwendung dieses Begriffs wirft die Frage nach dem **Regelungszweck** der neuen Kontrollbefugnisse auf. Denn unter „Fahndung" wird im allgemeinen ein Tätigwerden auf der Grundlage der Strafprozeßordnung verstanden, wohingegen die neuen Befugnisse ihren Regelungsstandort im Polizeirecht haben.

359 Der Zweck der Kontrollbefugnis wird in den Neuregelungen ausdrücklich benannt. Im Zentrum steht die **Bekämpfung der grenzüberschreitenden Kriminalität.** Diese Zweckbestimmung erklärt sich aus dem Umstand, daß mit Inkrafttreten des Schengener Durchführungsübereinkommens (SDÜ) die Grenzkontrollen zwischen den beteiligten Staaten abgeschafft wurden. Die neuen Befugnisse sollen hierfür ein Ausgleich sein und der Polizei die Möglichkeit geben, den Herausforderungen in einem größer gewordenen kriminalgeographischen Raum besser begegnen zu können.[491] Unter grenzüberschreitender Kriminalität werden deshalb alle Straftaten verstanden, bei denen sich die Täter „den Grenzkontrollabbau nutzbar" machen.[492] Mit dem Ausnutzen des Grenzkontrollabbaus sind insbesondere die Flucht des Täters oder das Verbringen des aus einer Straftat Erlangten vom Inland ins Ausland und umgekehrt gemeint, aber auch Vorbereitungs- und Tathandlungen international agierender Tätergruppen. Als Beispiele für letztere werden insbesondere Drogen- und Waffenhandel sowie Schleuserkriminalität einschließlich Menschenhandel angeführt, also die Kernbereiche der organisierten Kriminalität.[493]

360 Einige Gesetze nennen als Zweckbestimmungen darüber hinaus die Verhütung oder Unterbindung des **unerlaubten Aufenthalts** (Bayern, Mecklenburg-Vorpommern, Thü-

---

[490] *Spörl*, Die Polizei 1997, 218

[491] *Beinhofer*, BayVBl. 1995, 195; *Moser v. Filseck*, Die Polizei 1997, 70.

[492] Landtag von Baden-Württemberg, Drs. 12/52.

[493] *Beinhofer*, BayVBl. 1995, 194; Spörl, Die Polizei 1997, 219.

ringen). Der unerlaubte Aufenthalt ist nicht schon an sich eine Straftat und läßt sich also nicht ohne weiteres unter den Begriff der grenzüberschreitenden Kriminalität subsumieren. Die ausdrückliche Benennung dieses Tatbestands ist in gesetzestechnischer Hinsicht deshalb auch nicht überflüssig. Ein unerlaubter Aufenthalt im Bundesgebiet liegt vor, wenn ein Ausländer, ohne im Besitz einer Aufenthaltsgenehmigung zu sein, einreist. In diesem Fall kann der Tatbestand des unerlaubten Aufenthalts darauf beruhen, daß der Ausländer den Umstand der fehlenden Grenzkontrollen ausgenutzt hat. Ein unerlaubter Aufenthalt liegt aber auch dann vor, wenn eine befristet erteilte Aufenthaltsgenehmigung abgelaufen ist oder wenn sich ein Asylbewerber nicht an die räumliche Beschränkung seiner Aufenthaltsgenehmigung hält. In diesen Fällen besteht kein Zusammenhang mit dem Wegfall der Grenzkontrollen zwischen den SDÜ-Staaten. Insoweit können die Neuregelungen auch nicht als Ausgleich hierfür angesehen werden. Die Bestimmung über die Unterbindung oder Verhütung des unerlaubten Aufenthalt macht bereits auf der normativen Ebene die den neuen Kontrollbefugnissen innewohnende **überschießende Tendenz** sichtbar (dazu unten Rdn. 367.).

Die Polizeigesetze Bayerns und Thüringens nennen als Gesetzeszweck außerdem die **361**
Verhütung oder Unterbindung des **unerlaubten Überschreitens der Landesgrenze.** Dieser Tatbestand wurde im Hinblick auf die Paßversagungsgründe gemäß § 7 PaßG eingefügt.[494] Liegen Paßversagungsgründe vor, kann einem Deutschen auf der Grundlage des § 10 PaßG die Reise ins Ausland untersagt werden. Dem soll durch die neuen Kontrollbefugnisse entgegengewirkt werden. Ein Beispiel ist das Ausreiseverbot für Personen, die an extremistischen Versammlungen teilnehmen wollen. Ein anderes Beispiel ist das Ausreiseverbot für sogenannte Hooligans, also Personen, die Fußballspiele zum Anlaß für gewalttätige Ausschreitungen nehmen (dazu Rdn. 712.).

Durch die Benennung bereichsspezifischer Normzwecke erfahren die neuen polizei- **365**
lichen Eingriffsbefugnisse allerdings **keine tatbestandliche Strukturierung.**[495] Die Normzwecke können allenfalls etwas über das Motiv der Gesetzgeber und – im Einzelfall – der Polizeibeamten aussagen. Die durch ihre ausdrückliche Benennung erzeugte Scheintatbestandlichkeit ist zudem irreführend. Praktisch steht die anlaßunabhängige Personenkontrolle nämlich nur in einem losen Zusammenhang mit den genannten Zweckbestimmungen. Denn natürlich deckt die Polizei bei ihren Kontrollen nicht nur Straftaten mit internationalem Bezug auf, sondern auch geringfügige Delikte und solche mit nur örtlich begrenztem Charakter. Auch gegen die hiervon Betroffenen geht sie vor. Verglichen mit den Motiven des Gesetzgebers handelt es sich dabei gewissermaßen um **Zufallsfunde.** Denn ihretwegen wurden die Befugnisse zur verdachtsunabhängigen Personenkontrolle nicht eingeführt. Weil die Orte der anlaßunabhängigen Personenkontrolle auch von Tätern benutzt werden, die nicht international agieren, stellen sich solche Zufallsfunde aber zwangsläufig ein. Sie werden von der Polizei in ihren Statistiken jedoch nicht gesondert ausgewiesen, sondern vielmehr als „Treffer" gewertet und gleichzeitig als Beleg für die Wirksamkeit der neuen Befugnisse angeführt. Man muß davon ausgehen, daß Aufgriffe, die vom Gesetzeszweck nicht erfaßt werden, in der Praxis überwiegen, und daß es sich dabei um einen durchaus gewollten Effekt handelt.

Tatsächlich ist die anlaßunabhängige Personenkontrolle, weil sie – von einer Ausnahme **366**
abgesehen (sogleich Rdn. 368.) – eine Differenzierung nach kriminologischen Mustern nicht leisten kann, ein eher **unspezifisches Instrument der Informationsgewinnung.** Weil sie keinen praktisch wirksamen normativen Filter hat, fördert sie tendenziell die ganze Vielfalt polizeilich relevanter Sachverhalte zutage. Ihre Zweckrichtung im einzelnen kann nur rückblickend, durch das Ergebnis der Kontrollmaßnahme angegeben werden. Gibt dieses Ergebnis Anlaß zu Strafverfolgungsmaßnahmen, so erweist sie sich als **Verdachts-**

---

494 *Beinhofer*, BayVBl. 1995, 195 (mit Fußnote 14)

495 *Waechter*, DÖV 1999, 142; Landesverfassungsgericht Mecklenburg-Vorpommern, Urteil vom 21. 10. 1999, LVerfG 2/98, Seite 23 des Entscheidungsumdrucks

schöpfungsinstrument und hat damit repressiven Charakter, gibt es – in der Praxis äußerst selten – Anlaß zu Maßnahmen der Gefahrenabwehr, so erweist sie sich als **Gefahrenerforschungsinstrument** und hat damit präventiven Charakter. Gibt es, was meistens der Fall ist, kein polizeilich relevantes Ergebnis, so verbleibt es bei ihrem ohnehin vorhandenen Charakter als **Abschreckungs- bzw. Verunsicherungsinstrument:**[496] Straftäter sollen sich, so wird gesagt, auf Deutschlands Straßen nicht sicher fühlen können.

367 Der Umstand, daß keiner dieser Effekte auf (besonders gefährliche) Kriminelle internationalen Zuschnitts beschränkt ist, zeigt die **faktisch überschießende Tendenz** der neuen Befugnisse. Ihre Einführung wurde mit Blick auf bestimmte Tatmodalitäten gerechtfertigt, ihre Anwendung läßt sich aber nicht auf diese begrenzen. Wegen ihrer zufallsgenerierten Streubreite tritt das vieldiskutierte Problem der **Gesetzgebungskompetenz der Länder**[497] bei der Schleierfahndung nicht so sehr in den Vordergrund wie etwa bei der Erhebung und Verarbeitung von Informationen zum Zweck künftiger Strafverfolgung. Richtig dürfte letztlich die Erkenntnis sein, daß auch dann, wenn die Personenkontrollen auf die Aufdeckung und Verfolgung von Straftaten gerichtet sind (Motiv) oder sich im nachhinein als hierauf gerichtet herausstellen (Eignung), die Gesetzgebungskompetenz bei den Ländern liegt. Solche Maßnahmen haben zwar keinen im Sinne des Gefahrenabwehrrechts präventiven, sondern eindeutig **strafverfahrensrechtlichen Charakter.** Der Bund hat mit dem Erlaß der Strafprozeßordnung aber nur diejenigen polizeilichen Aktivitäten geregelt, die aufgrund konkreter Verdachtslagen ausgelöst werden.[498] Daß Verdachtsgewinnungsmaßnahmen, also Maßnahmen die (noch) keinen Bezug zu einer konkreten Straftat haben, ausgeschlossen sein sollen, insoweit also eine abschließende Regelung vorliegt, ist der Strafprozeßordnung nicht zu entnehmen.[499] Es läge allerdings sachlich näher – und wäre auch „ehrlicher" – derartige Verdachtsgewinnungsmaßnahmen in der Strafprozeßordnung zu regeln (vgl. auch oben Rdn. 170).

368 Kriminologische Muster haben – als Ausnahme von der soeben beschriebenen Regel (oben Rdn. 366) – dann Bedeutung, wenn es um den Gesetzeszweck der Verhütung oder Unterbindung unerlaubten Aufenthalts geht. Da solche Delikte nur von **Ausländern** begangen werden können, kann die Polizei gegebenenfalls allein aufgrund des Aussehens eine Eingrenzung der zu kontrollierenden Personen vornehmen und gegen diese dann zielgerichtet vorgehen. In der Praxis rechnen die meisten Aufgriffe zu diesem Bereich. Weil, wie oben ausgeführt (Rdn. 360), Verstöße gegen Aufenthaltsbestimmungen nicht notwendig einen Grenzbezug haben und deshalb auch nicht mit dem Wegfall von Grenzkontrollen begründet werden können, läßt sich sagen, daß die anlaßunabhängige Personenkontrolle jedenfalls insoweit eine spezifische Zielrichtung hat, als sie sich, ähnlich wie die einschlägigen Kontrollbefugnisse an gefährlichen Orten (oben Rdn. 329), gerade (auch) gegen fremdländisch aussehende Personen richtet. Wenn sich die Polizei, nach diesem Schema verfahrend, gelegentlich – und in Zukunft möglicherweise auch häufiger – fremdländisch aussehende deutsche Staatsbürger herausgreift, mag man dies noch als ironische Pointe begreifen.[500] Wenn es dagegen so ist, daß der Normzweck eine latent ausländerfeindliche Polizeikultur begünstigt,[501] stellt sich die Frage, ob die neuen Be-

---

[496] Ausführlich hierzu *Waechter*, DÖV 1999, 144 ff.

[497] *Lisken*, NVwZ 1998, 23; *Bizer*, Die zweite Novelle zum Sächsischen Polizeigesetz, 1999, S. 41 ff.; *Waechter*, DÖV 1999, 140

[498] Verfassungsgerichtshof Mecklenburg-Vorpommern, Urteil vom 21.10.1999, LVerfG 2/98, Seite 15 des Entscheidungsumdrucks

[499] *OVG Schleswig*, NJW 1999, 418.

[500] Laut einer Meldung des SPIEGEL (Nr. 38/1998) wurde der Bundestagsabgeordnete Cem Özdemir innerhalb weniger Tage bei Bahnreisen zweimal kontrolliert, während die anderen Mitreisenden unbehelligt blieben. Seine Frage, warum es gerade ihn immer treffe, hätten die BGS-Beamten knapp mit: „Erfahrungswerten" beantwortet.

[501] *Herrnkind*, KJ 2000, 199, 205. Vgl. auch *Mletzko/Weins*, Polizei und Fremdenfeindlichkeit, MschrKrim 1999, 77 ff. Aufgrund der Ergebnisse einer Umfrage in einer großstädtischen Polizeidirektion könne man „bei einer (nicht zu übersehenden) Minderheit von rund 15 % der befragten Polizisten von verfestigten fremdenfeindlichen Einstellungen sprechen."

fugnisse in ihrer praktischen Anwendung nicht gegen das Diskriminierungsverbot verstoßen.[502]

Wegen der bezeichneten überschießenden Tendenzen drängt sich die Vermutung auf, daß der Wegfall der Grenzkontrollen zwischen den Schengen-Staaten nur der **Anlaß** für die Schaffung einer Befugnis zur anlaßunabhängigen Personenkontrolle gewesen ist. Die schlüssigste – wenngleich unter rechtsstaatlichen Gesichtspunkten kurioseste – Begründung für die Notwendigkeit einer Rechtsänderung bestätigt dies: Der Polizei solle nicht länger zugemutet werden, einen Verdacht zu konstruieren, um handeln zu können.[503] Jedenfalls in gewissem Umfang sind die neuen Befugnisse also eine **Legalisierung traditioneller Polizeipraxis.** Gemeint sind damit vor allem sogenannte mobile Kontrollgruppen, auch **Fahndungstrupps** genannt. Sie bestehen aus – zum Teil besonders ausgebildeten – Beamten, die in ihren Fahrzeugen, für Dritte nicht als Polizei erkennbar, im Straßenverkehr „mitschwimmen".[504] Ein Merkmal dieser Polizeipraxis ist allerdings, daß Kontrollen im Straßenverkehr **nicht völlig wahllos** durchgeführt werden. Dem stehen schon die begrenzten personellen Ressourcen entgegen. Großenteils werden die Kontrollen deshalb durch etwas veranlaßt, was die Polizei als **Intuition, Gespür** oder **Erfahrung** bezeichnet.[505] Die Beamten erfassen und bewerten verschiedene äußere Umstände, die in ihrer Kombination die polizeiliche Vermutung auslöst, daß „etwas nicht stimmt". 369

Beispiele: a) Der Kofferraum ist schwer beladen, im Auto sitzt aber nur eine Person. 370
b) Die verschmutzten Kennzeichen sind mit neuen Schrauben am Auto befestigt. c) Das teure Auto wird von einer Person chauffiert, die sich dem Aussehen nach ein solches Auto nicht leisten kann.

In diesen und vergleichbaren Fällen führt die Polizei auf der Grundlage ihres Erfahrungswissens eine Art **Vorselektion** der Verkehrsteilnehmer durch. Bestimmte äußere Erscheinungs- und Verhaltensmuster erregen ihre Aufmerksamkeit, ohne daß diese Muster in jedem Fall den Verdacht einer Gefahr oder einer Straftat begründen müßten. Teilweise werden auch von vornherein genau **definierte Fahndungsraster** - Autotyp, Kennzeichen, Alter und Geschlecht des Fahrers, Zahl der Beifahrer – entworfen. Sie machen eine Ad-hoc-Bewertung entbehrlich. Auf eher **diffusen Selektionskriterien** beruhende Handlungsroutinen liegen vor, wenn die Polizei ein Einschreiten mit der „besonderen Ausstrahlung" ihrer „Klientel" rechtfertigt bzw. damit, daß man es „irgendwo im Gefühl" habe, wer zu kontrollieren sei, oder wenn gesagt wird: „Wir sehen uns die Leute an, und wenn wir meinen, der sieht gut für uns aus, dann schnappt die Falle zu."[506] 371

Verläßliche Erkenntnisse darüber, wie erfolgreich die beschriebenen Selektionsstrategien sind, gibt es nicht. Die veröffentlichten Statistiken sind nicht hinreichend aussagekräftig.[507] Insbesondere unspezifizierte Meldungen über „Trefferquoten" von 20 bis 25 % etwa für Bayern[508] sagen für sich betrachtet nichts darüber, wie effektiv die oben beschriebene polizeiliche Vorselektion ist. Der Umstand, daß bei der Anwendung der neuen Befugnisse die weitaus größte Zahl der festgestellten Gesetzesverstöße **ausländerrecht-** 372

---

[502] *Feltes*, in: Anlaßunabhängige Polizeikontrollen im Spannungsfeld zwischen Polizeipraxis und Bürgerrechten, Anhörung von Bündnis 90/Die Grünen im Landtag von Baden-Württemberg am 4. Juli 1996; *Waechter*, DÖV 1999, 141 (verneinend).

[503] Vgl. Landtag von Baden-Württemberg – 12. Wahlperiode – Protokoll über die 6. Sitzung vom 27. Juni 1996, S. 130 u. S. 132; *Klaiber*, Die Kriminalpolizei 1996, 181.

[504] Vgl. *Roese* in: Schmidbauer/Steiner/Roese, PAG, Art. 13 Rdn. 14; *Weingart* BayVBl. 2001, 38.

[505] Vgl. hierzu und zum folgenden die sehr lesenswerte Darstellung von *Herrnkind*, KJ 2000, 191 ff.

[506] Zitate zusammengestellt von *Herrnkind* (vorige Fn.), S. 192 f.

[507] So auch die Bewertungen von *Stephan*, DVBl. 1998, 83 f., *Waechter*, DÖV 1999, 143 und *Herrnkind*, KJ 2000, 193 ff., 197; vgl. auch Hessischer Landtag, 15. Wahlperiode, Stenographischer Bericht der 15. Sitzung des Innenausschusses vom 23. Februar 2000: Die Statistiken (in Baden-Württemberg) weisen nicht aus, ob bei sogenannten Aufgriffen die neue oder die alte Befugnis zugrunde lag. Vollkommen unsubstantiiert ist auch der Verweis auf „einschlägige Erfolgsberichte" bei *Weingart* BayVBl. 2001, 34 (mit Fußnote 3).

[508] Die Polizei 1997, 27; *Spörl*, Die Polizei 1997, 217.

licher Art sind,[509] spricht eher für die Annahme, daß nicht so sehr feines detektivisches Gespür, sondern eher grobe äußerliche Raster erfolgversprechend – und damit auch motivationssteuernd – sind. Weil auch ansonsten im wesentlichen nur geringfügige Straftaten aufgedeckt werden – den ausländerrechtlichen Vergehen folgen mit großem Abstand in der Häufigkeit **Rauschgiftdelikte im Konsumentenbereich** sowie **Urkundendelikte** - sind die Gesetzgeber bislang den Nachweis dafür schuldig geblieben, die Befugnisse zu anlaßunabhängigen Personenkontrollen seien ein probates Mittel zur Bekämpfung schwerer Kriminalität.[510]

373 Bislang bewegten sich die Beamten bei dieser Form der Verdachtsgewinnung günstigstenfalls in einem rechtlichen Grenzbereich. Sie konnten unter Umständen die Überprüfung als **Verkehrskontrolle** gemäß § 36 V 1 StVO tarnen oder, falls tatsächlich ein polizeirechtlich relevanter Sachverhalt aufgedeckt wurde, den Eingriff gewissermaßen **rückblickend rechtfertigen.** Bei Licht betrachtet waren beide Varianten – und sind es in den anderen Ländern auch heute noch – vom Gesetz nicht gedeckt. Denn erstens dient die Befugnis zur Verkehrskontrolle allein der Sicherheit des Straßenverkehrs (dazu Kap. G Rdn. 28 ff.) und darf deshalb nicht als Handhabe zur allgemeinen Kriminalitätsbekämpfung umfunktioniert werden. Und zweitens wird, weil es auf die ex-ante Betrachtungsweise ankommt (Kap. E Rdn. 37), eine polizeiliche Maßnahme nicht allein dadurch rechtmäßig, daß sich ihre Berechtigung im nachhinein herausstellt. Die Feststellung, die neuen Befugnisse schafften nunmehr **„Rechtssicherheit" für die Polizei,**[511] ist vor diesem Hintergrund zwar begreiflich. Sie ist aber irreführend und gefährlich. Ungeachtet des Umstands, daß Rechtssicherheit ein Prinzip ist, auf das sich der Bürger berufen kann, und nicht der Staat, der Begriff hier also ohnehin fehl am Platz ist, muß daran erinnert werden, daß die Polizei selbst die Verantwortung für eine etwaige „Rechtsunsicherheit" trägt, wenn sie sich in **rechtlichen Grenzbereichen anstatt in den Grenzen des Rechts** bewegt. Wer den Polizeialltag kennt, weiß zwar, daß Regelverletzungen vorkommen, indem Normen durch kunstvolle Auslegung passend gemacht, Motive vorgeschoben und Begründungen vorenthalten werden. Dies allein stellt den **Rechtsstaat** aber noch nicht in Frage. Der Rechtsstaat zeigt und bewährt sich nicht zuletzt darin, daß er Regelverletzungen „erkennt" und sich ihnen gegenüber behauptet. Die praktisch wirksame Folge ist, daß der Regelverletzer das Risiko der Entdeckung auf sich nehmen, zumindest aber mit schlechtem Gewissen handeln muß. Der Rechtsstaat wird aber in Frage gestellt, wenn das Spannungsverhältnis zwischen Idee und Wirklichkeit zugunsten der letzteren aufgelöst und das (positive) Recht kurzerhand mit der Praxis zur Deckung gebracht wird. Von einer Herrschaft des Rechts („rule of law") kann angesichts einer hier übermächtigen Praxis nicht mehr gesprochen werden. Das maßvolle Gebrauchmachen von einer Befugnis wird nicht mehr durch die Definition von Eingriffsgrenzen gewährleistet, sondern hängt allein von der Motivation und Gestimmtheit des jeweiligen Amtsträgers ab oder beruht auf (momentan) knappen sachlichen oder personellen Ressourcen. **Rechtssicherheit für den Bürger** ist hier nicht einmal mehr in Spuren vorhanden.

374 Die neuen Befugnisse sind im übrigen nicht nur eine normative Festschreibung polizeilicher Praxis. Auch bei vorgeschobenen Verkehrskontrollen nach § 36 V 1 StVO war (und ist) die **Überprüfung der Begleitpersonen** des Fahrers nicht zu rechtfertigen. Dies hat sich mit der Einführung der neuen Befugnisse geändert. Eine neue Form der Kontrolle ist zum Beispiel auch das **Durchkämmen eines Zuges.** Dies geschieht in der Weise, daß mehrere Beamte, meist in zivil, einen Großraumwagen betreten oder ein Zugabteil öffnen, sich für alle vernehmbar als der Polizei zugehörig zu erkennen geben und erklä-

---

[509] Vgl. die Nachweise bei *Herrnkind*, KJ 2000, 193 ff.; speziell für Zugkontrollen vgl. *Richter/Dreher*, Die Polizei 1998, 280: Von 379 Aufgriffen bei 2348 kontrollierten Personen rechneten allein 311 dem Aufenthaltsrecht zu.

[510] Landtag von Baden-Württemberg, Drucksache 12/52, Gesetzentwurf der Landesregierungen, S. 6.

[511] Landtag von Baden-Württemberg – 12. Wahlperiode – Protokoll über die 6. Sitzung vom 27. Juni 1996, S. 130; ähnlich Gesetzesentwurf der Landesregierung, LT-Drs. 12/52, S. 5.

ren, jetzt anlaßunabhängige Personenkontrollen durchführen zu wollen. Dies ist für einen Reisenden keine angenehme Situation. Denn die Polizei geht auch in solchen Fällen selektiv vor. Mütter mit Kindern, ältere Damen oder Teilnehmer einer fröhlichen Reisegesellschaft werden eher selten behelligt. Dagegen bleiben vor allem jüngere, allein oder in kleinen Gruppen reisende, männliche Personen im Raster hängen, und zwar insbesondere dann, wenn sie ein fremdländisches Aussehen haben. Es ist gerade in einer solchen Situation, anders als es von den Befürwortern der neuen Befugnisse gerne betont wird, durchaus keine Kleinigkeit, von der Polizei als potentieller Rechtsbrecher angesehen zu werden.[512] Denn anders als im Straßenverkehr, in dem erstens die Anonymität gegenüber anderen Verkehrsteilnehmern weitgehend gewahrt ist und in dem (Verkehrs-)Kontrollen ohnehin der Üblichkeit entsprechen, sind Reisende in einem Zug stärker aufeinander bezogen, kann eine polizeiliche Intervention für den Betroffenen deshalb schneller prekär werden. Dies gilt insbesondere dann, wenn die Beamten auf entsprechende kritische Rückfragen knapp verlauten lassen, ihre selektive Vorgehensweise beruhe auf ihrem Erfahrungswissen. Es bleibt vorerst zu wünschen, daß die Beamten solche Situationen durch verbindliches Verhalten meistern, anstatt sie durch forsche Reaktionen zu verschärfen.

Neu ist schließlich die Möglichkeit, **Kontrollstellen** auch außerhalb konkreter Gefähr- 375
dungslagen einzurichten (vgl. zu Kontrollstellen im übrigen Rdn. 343 ff.). Anstatt, was in der Praxis allerdings bevorzugt wird, selektive Kontrollen durch mobile Fahndungstrupps durchzuführen, kann die Polizei nunmehr ohne weiteres auch ganze Straßen absperren und den Verkehr an stationären Kontrollposten vorbeileiten, um eine Überprüfung sämtlicher Verkehrsteilnehmer **in einem bestimmten Gebiet** zu ermöglichen.

Die Regelung über die anlaßunabhängige Personenkontrolle ist eine **Einstiegsbefug-** 376
nis für ein ganzes **Maßnahmenbündel** und schon deshalb keineswegs harmlos.[513] An erster Stelle steht die Befugnis, die zu kontrollierende Person **anzuhalten,** was in der Praxis meistens heißt, einen Autofahrer aus dem fließenden Verkehr herauszuwinken, aber auch heißen kann, daß dieser sich, wenn er sich etwa gerade auf einem Rastplatz aufhält, nicht entfernen darf. Die Maßnahme führt also mindstens zu einem **Zeitverlust.** Es kann aber auch sein, daß deswegen eine ersehnte Verabredung versäumt wird, ein wichtiger Geschäftstermin platzt oder das letzte Flugzeug nicht mehr erreicht wird. Betroffen sein können der Handelsvertreter auf dem Weg zu seinem Kunden ebenso wie die jungen Leute auf einer Spritztour, der Pendler auf dem Weg zur Arbeit ebenso wie die Familie auf Urlaub, der Rechtsanwalt auf dem Weg zum Flughafen ebenso wie der Fußballfan auf dem Weg zum Stadion.

Der Aufforderung zur Preisgabe der Identität folgt in der Regel die **Einsichtnahme in** 377
Personalpapiere. Hierdurch kann die Polizei herausfinden, ob die Papiere gefälscht oder ungültig sind oder ob – praktisch wichtig –, ein Ausländer gegen seine Pflicht, sich in einem bestimmten Landkreis aufzuhalten, verstößt. Damit hat es jedoch nicht sein Bewenden. Üblicherweise werden die Personalien der zu überprüfenden Person außerdem mit dem Bestand polizeilicher Dateien verglichen (sog. **Datenabgleich,** vgl. Kap J Rdn. 689, 735), beispielsweise um festzustellen, ob jemand ein gesuchter Straftäter ist oder ob – wieder ein praktisch sehr häufiger Fall –, ein Ausländer zur Aufenthaltsermittlung ausgeschrieben ist, weil er, entgegen seiner gesetzlichen Verpflichtung, einen Wechsel seines Wohnorts gegenüber den zuständigen Stellen nicht mitgeteilt hat (**Fahndungsdateien,** Kap. J Rdn. 154 ff.). Außerdem kann die Polizei spezielle Dateien etwa über reisende Gewalttäter abfragen, aber auch allgemeine Dateien über Personen, die in der Vergangenheit kriminalpolizeilich in Erscheinung getreten sind (sog. **Aktennachweissysteme,** vgl. Kap. J Rdn. 163 ff.).

---

512 Vgl. hierzu auch *Waechter,* DÖV 1999, 147.

513 Zu den „Folgeeingriffen“ vgl. auch Landesverfassungsgericht Mecklenburg-Vorpommern (Fn. 489), S. 24.

378 Die Abfrage erfolgt meistens direkt mittels mobiler Terminals, erforderlichenfalls aber auch durch Sprechverbindung mit einer datenverarbeitenden Dienststelle. Die dort gespeicherten Informationen wiederum können für die Polizei ein Anhaltspunkt sein, weitere Maßnahmen wie etwa die **Durchsuchung** der überprüften **Person,** der von ihr mitgeführten **Gegenstände** und gegebenenfalls des Fahrzeugs zu ergreifen. In einigen Ländern ist die Befugnis zur Durchsuchung von Personen und Sachen ohnehin an keine strengeren Voraussetzungen geknüpft als die Identitätsfeststellung selbst (vgl. Art. 21 Abs. 1 Nr. 3 und Art. 22 Abs. 1 Nr. 4 BayPAG). Ist der Betreffende nicht in der Lage, sich auszuweisen und werden ihm seine Angaben nicht geglaubt, so hat die Polizei grundsätzlich die Befugnis, ihn auf die Dienststelle mitzunehmen und dort **erkennungsdienstlich zu behandeln** (Rdn. 313).

379 Im polizeitaktischen Sinne erfolgreich sind die beschriebenen Maßnahmen dann, wenn sie den Verdacht einer Straftat oder einer Ordnungswidrigkeit begründen und damit eine Rechtfertigung für ein weiteres Vorgehen auf der Grundlage des Strafprozeßrechts oder des Ordnungswidrigkeitenrechts bieten. Zu denken ist in erster Linie an die **vorläufige Festnahme** des Betroffenen gemäß § 127 StPO sowie die **Beschlagnahme** von Tatwerkzeugen oder aus Straftaten erlangten Gegenständen wie gefälschte Pässe, Waffen, Rauschgift, gestohlene Autos oder sonstiges Diebesgut gemäß § 95 StPO.

380 Es spricht vieles dafür, daß die neuen Kontrollbefugnisse wegen Verstoßes gegen den Verhältnismäßigkeitsgrundsatz **verfassungswidrig** sind. Das Landesverfassungsgericht Mecklenburg-Vorpommern hat insoweit festgestellt und im einzelnen begründet, daß und warum die Grenzen des verfassungsrechtlich Zulässigen überschritten seien, wenn ohne Differenzierung eine Eingriffsbefugnis gegen jeden, der sich auf Durchgangsstraßen aufhalte, gegeben wäre.[514] Es fehle nämlich an dem im Polizeirecht erforderlichen **Zurechnungszusammenhang.**[515] Der Freiheitsanspruch des einzelnen verlange, daß er von polizeilichen Maßnahmen verschont bleibe, die nicht durch eine hinreichende Beziehung zwischen ihm und einer Gefährdung eines zu schützenden Rechtsguts oder eine entsprechende Gefahrennähe legitimiert seien. Eine allgemeine Pflicht, sich ohne Anlaß einer Identitätsfeststellung zu unterziehen, gebe es nicht. Sie könne insbesondere nicht als „Soziallast zur Steigerung des Sicherheitsniveaus“[516] verstanden werden. Auch die mit der neuen Befugnis einhergehende Abschreckungswirkung sei keine hinreichende Rechtfertigung. Andernfalls würden die freiheitssichernden Eingriffsschwellen, die das Polizeirecht und das Strafprozeßrecht setzten, obsolet.

381 Das Landesverfassungsgericht Mecklenburg-Vorpommern konnte sich insoweit auch auf das – ebenfalls zum Polizeirecht ergangene – Urteil des Verfassungsgerichtshofs des Freistaates Sachsen vom 14. Mai 1996 berufen, in dem aus dem Rechtsstaatsprinzip das **Verbot einer faktischen und rechtlichen Gleichstellung von Störern und Nichtstörern** abgeleitet wird.[517]

382 Dieser verfassungsrechtlichen Würdigung ist nachdrücklich zuzustimmen. Gewisse Zweifel bestehen aber an der Einschätzung des Verfassungsgerichtshofs Mecklenburg-Vorpommerns, die Regelung über die Schleierfahndung ließe sich durch tatbestandliche Eingrenzung und organisatorische Strukturierung rechtsstaatlich verträglich gestalten. Die Folgerungen und Forderungen des Gerichts[518] lassen sich so zusammenfassen: Personenkontrollen seien dann mit dem Verfassungsrecht vereinbar, wenn erstens ihr **Zweck** nicht die (vorbeugende) Bekämpfung jedweder grenzüberschreitende Kriminalität sei, sondern nur die Bekämpfung der organisierten Formen der grenzüberschreitenden Kriminalität. Zweitens müsse eine allgemeine Gefährdungslage vorliegen, die auf die dro-

[514] a.a.O. (Fn. 489), S. 24.
[515] Vgl. hierzu auch Vorauflage, Kap. F Rdn. 228 b.
[516] Landesverfassungsgericht Mecklenburg-Vorpommern, a.a.O. (Fn. 489), unter Hinweis auf Löwer, 87. Prot. des Innenausschusses des Deutschen Bundestages vom 15.06.1998, Öffentliche Anhörung von Sachverständigen zu dem Entwurf eines Ersten Gesetzes zur Änderung des Bundesgrenzschutzgesetzes, S. 102)
[517] *SächsVerfGH*, LVerfGE 4, 303, 349 f.
[518] a.a.O. (Fn. 489), S. 29 ff.

hende Begehung solcher Straftaten hindeute. Sie müsse als gesetzliche **Eingriffsschwelle** ausdrücklich normiert werden. Dies könne in der Weise geschehen, daß, ähnlich wie in § 1 Abs. 1a BGSG, auf die Tatbestandsmerkmale **„Lageerkenntnisse"** und **„polizeiliche Erfahrung"** abgestellt werde, welche die Einbeziehung bestimmter Straßen und Verkehrseinrichtungen als Orte von Personenkontrollen rechtfertigten. Drittens bedürfe es objektiv nachvollziehbarer **Verfahren** zur Lageermittlung. Insbesondere müssten aus Rechtsschutzgründen und als Ausgleich für die tatbestandliche Unbestimmtheit Dokumentationen darüber angelegt werden, worauf die polizeiliche Lagebeurteilung beruhe.

Die Zweifel beruhen einmal darauf, daß Begriffe wie **Lageerkenntnisse** und – mehr **383**
noch – **polizeiliche Erfahrung** in hohem Maß selbstbezüglich sind (vgl. oben Rdn. 150 f.). Weil man die triviale Feststellung, daß Deutschlands Straßen (auch) von (organisierten) Straftätern benutzt werden, die aus dem Ausland kommen bzw. dorthin wollen bzw. nach dort Verbindungen haben, nicht ernsthaft bestreiten kann (Lageerkenntnis), ist auch die Folgerung nicht von der Hand zu weisen, daß Verkehrswege, die diese Verbindungen ermöglichen, für die grenzüberschreitende Kriminalität von erheblicher Bedeutung sind (polizeiliche Erfahrung). Der durch solche Tatbestandsmerkmale erzielbare rechtstaatliche Gewinn im Sinne einer Steuerung oder Begrenzung polizeilichen Handelns ist deshalb zu vernachlässigen. Es ist vielmehr umgekehrt so, daß sich die Tatbestandsmerkmale den polizeilichen Strategien jeweils anpassen und also nur den Schein einer Tatbestandlichkeit hervorrufen. Zufriedenstellen mag eine solche Tatbestandlichkeit allenfalls denjenigen, der befürchtet, die Polizei könne bei ihren Streifengängen in seinem Wohnviertel oder in der U-Bahn auf dem Weg zur Arbeit nunmehr täglich Personenkontrollen vornehmen. Wenn man allerdings weiß, daß die Polizei auch Nahverkehrszüge in die Kontrollmaßnahmen einbezieht,[519] und daß in einer Großstadt wie München aus taktischen Gründen eine Festlegung auf bestimmte Straßen von vornherein nicht erfolgt,[520] bleibt auch hier ein Rest von Ungewißheit.

Die Zweifel beruhen zum anderen darauf, daß die geforderten aufwendigen Verfahren **384**
der **Dokumentationserstellung** sich als sehr unpraktisch und kaum handhabbar erweisen dürften. Zwar wird sich bei großen Durchgangsstraßen, also insbesondere Autobahnen, ein über längere Zeit gültiges Lagebild verläßlich erstellen lassen – nämlich mit der Aussage, sie seien für die (schwere) grenzüberschreitende Kriminalität von (erheblicher) Bedeutung. Ungleich schwieriger wird dies bei allen Nebenstrecken sein, sofern man nicht den Erfahrungssatz, daß Straftäter auf solche Strecken ausweichen, schon genügen ließe (oben Rdn. 357). Denn aus polizeitaktischer Sicht muß die anlaßunabhängige Personenkontrolle ein **flexibles Instrument** der Verbrechensbekämpfung sein. Aufwendige Verfahren verlängern jedoch die Reaktionszeit und berauben die Befugnis mindestens teilweise ihrer polizeitaktischen Nützlichkeit.

Schließlich muß man sich fragen, auf welchen Tatsachen polizeiliche **Lageerkenntnisse** **385**
über von Straftätern benutzte Reisewege überhaupt beruhen. Es ist anzunehmen, daß verläßliche Aussagen hierüber in erster Linie aufgrund der **Auswertung der Kontrollen** selbst getroffen werden können. Denn allein die Kenntnis beispielsweise der Kriminalstatistik mit – im weitesten Sinne – Auslandsbezug gibt noch keinen Aufschluß darüber, welche Straßen die Täter benutzt haben, und noch weniger, welche sie gegenwärtig benutzen oder künftig benutzen werden. Aussagekräftiger dürfte zwar die detaillierte Auswertung aufgeklärter Straftaten sein. Schlußfolgerungen können hier allerdings in jede Richtung gezogen werden: Die Einschätzung, daß Straftäter die einmal benutzten Reisewege – wegen der günstigen Infrastruktur – weiterhin benutzen werden, ist ebenso schlüssig wie die Annahme, sie werden – weil dieser Umstand der Polizei jetzt bekannt ist – künftig auf andere Strecken ausweichen.

---

519 *Richter/Dreher,* Die Polizei 1998, 277 ff.

520 Vgl. Hessischer Landtag, 15. Wahlperiode, 15. Sitzung des Innenausschusses vom 23. Februar 2000, Öffentliche Anhörung zu dem Gesetzentwurf der Landesregierung für ein Viertes Gesetz zur Änderung des HSOG, Stenographischer Bericht, S. 29.

386 Damit tritt in der Praxis das **subjektivierende Tatbestandsmerkmal** der polizeilichen Erfahrung gegenüber dem eher **objektivierenden Tatbestandsmerkmal** der Lageerkenntnis ohnehin deutlich in den Vordergrund. Konkret heißt das, daß ein bestimmter Verkehrsweg aufgrund von Lageerkenntnissen als für die grenzüberschreitende Kriminalität von (erheblicher) Bedeutung angesehen wird, wenn auf polizeiliche Erfahrung gestützte Kontrollen dort mit einer gewissen Häufigkeit erfolgreich waren. Die Polizei wird im internen Diskussions- und Entscheidungsfindungsprozeß zwar Gründe haben und benennen können, warum zu einem bestimmten Zeitpunkt ein bestimmter Verkehrsweg als Kontrollbereich ausgewählt wird und ein anderer nicht. Gesichtspunkte hierfür können sein: Empfohlene Umleitungen wegen Baustelle oder Staugefahr zu Beginn des Wochenendes, Umfahrungen bekannter Verkehrskontrollstellen, Nebenstrecken mit überregionalem Verkehr. Solche Gründe bilden aber eine nur sehr dünne, für den Entwurf eines Lagebilds nicht tragfähige tatsächliche Grundlage. Entworfen werden kann ein Lagebild erst aufgrund der durchgeführten Kontrollen selbst. Damit wird das Tatbestandsbestandsmerkmal der polizeilichen Lageerkenntnisse erst durch das Tatbestandsmerkmal der polizeilichen Erfahrung generiert. Wenn die Polizei Lageerkenntnisse hat, haben die Kontrollen bereits stattgefunden. Die Kontrollen beruhen nicht auf einer Diagnose – sie sind selbst das **Diagnoseinstrument.** Aus dem Blickwinkel des Rechtsstaatsprinzips ist es deshalb auch wenig ertragreich, die Einhaltung des Merkmals Lageerkenntnisse verfahrensrechtlich abzusichern.

387 Die vom Verfassungsgerichtshof Mecklenburg-Vorpommerns geforderte und entwikkelte tatbestandliche Rekonstruktion der Schleierfahndung, die von einigen Ländern (BbgPolG; ASOG Bln; HSOG) teilweise aufgenommen wurde, kann deshalb nicht den richtigen Weg im falschen weisen. Falsch ist schon das polizeiliche Konzept der **Sicherheit durch Verunsicherung.** Es liegt gewissermaßen in seiner Natur, daß es sich tatbestandlich nicht eingrenzen laßt. Aus diesem Grund ist es auch verfassungswidrig. Man kann darüber streiten, ob bei einem bestimmten Punkt der Kriminalitätsbelastung eine Art allgemeiner polizeilicher Notstand eintritt und deshalb eine derartige Maßnahme hingenommen werden muß oder gar gefordert ist. Dieser Punkt ist aber nicht erreicht. Die in der Vorauflage an dieser Stelle zur – damals noch einzigen – Regelung des Art. 13 I Nr. 5 BayPAG geäußerte Vermutung, der „Ertrag" anlaßunabhängiger Kontrollmaßnahmen stehe möglicherweise in keinem angemessenen Verhältnis zu den Einbußen an Rechtsstaatlichkeit,[521] hat sich bestätigt.[522] Den öffentlich gemachten, von den Innenverwaltungen selbst angefertigten Statistiken kann man nur entnehmen, daß in ca. 3 % der Kontrollen auf öffentlichen Straßen und Einrichtungen des internationalen Verkehrs Straftäter entdeckt oder Straftaten aufgedeckt wurden. Man kann ihnen aber noch nicht einmal entnehmen, daß und in welchem Umfang diese „Trefferquote" gerade auf die Anwendung der neuen Befugnisse zurückzuführen ist. Denn die Angaben differenzieren nicht danach, ob die Polizei – beispielsweise nach einer Strafanzeige eines Opfers, infolge eines Hinweises eines Zeugen oder aufgrund eigener Wahrnehmung – nach § 163 b StPO vorgegangen ist oder ob noch kein konkreter Straftat- oder Gefahrenverdacht vorgelegen hat. Man kann allerdings mutmaßen, daß die Trefferquote bei Vorliegen eines konkreten Verdachts größer ist als ohne, mithin die Erfolgsrate bei anlaßunabhängigen Kontrollen geringer ist als 3 %.

388 Ein weiteres Manko der polizeilichen Erfolgsmeldungen ist, daß eine Differenzierung nach Schwere des aufgedeckten Delikts und Form seiner Begehung (organisiert und/oder mit internationalem Bezug?) nicht erfolgt, eine Aussage über das Verhältnis von Mittel und Zweck also nicht getroffen werden kann. Von einer **Evaluation**, wie sie vom Verfassungsrecht gefordert wird[523], kann hier deshalb nicht die Rede sein. Daß eine solche

---

521 Rdn. 228 e und 228 f.
522 So auch *Stephan*, DVBl. 1998, 83 f.
523 Eingehend *Bizer*, Die Zweite Novelle zum Sächsischen Polizeigesetz, 1999, S. 30 ff.

nicht vorliegt, kann allerdings seine Gründe haben. Denn soweit das Zahlenmaterial hinreichend transparent – wenn auch nicht notwendig repräsentativ – ist[524], läßt sich immerhin die klare Aussage treffen, daß der Erfolg anlaßunabhängiger Kontrollen im wesentlichen in der **Aufdeckung von Kleinkriminalität** liegt (oben Rdn. 372). Schon der Normzweck wird also verfehlt. Die neuen Befugnisse sollten deshalb zurückgenommen werden.

Eine andere Frage ist es, ob und in welchem Umfang die zu beobachtende Praxis polizeilicher Selektivkontrollen vom bisherigen Recht gedeckt ist oder unter welchen Voraussetzungen sie es wäre. Da die allgemeine Kriminalitätslage nicht so besorgniserregend ist, daß sie allein als Rechtfertigung für anlaßunabhängige Kontrollmaßnahmen angeführt werden kann, muß bei Personenkontrollen auf **konkrete situative und personenbezogene Umstände** abgestellt werden. Dabei ist zu berücksichtigen, daß die Schwelle für einen Gefahrenverdacht nach den Polizeigesetzen oder einen Anfangsverdacht nach der StPO nicht so hoch ist, daß sie die bisherige polizeiliche Praxis der Selektivkontrollen in weiten Bereichen zum Erliegen brächte, und daß es schon deshalb ein berechtigtes oder gar unabweisbares Bedürfnis für die Beseitigung solcher Eingriffsschwellen gar nicht gibt. Ein Merkmal des **Gefahrenverdachts** ist, daß ihm ein im Vergleich zur konkreten Gefahr höheres Maß an **Unsicherheit** innewohnt (Kap. E Rdn. 40). Der Gefahrenverdacht schließt die **Möglichkeit der Fehldiagnose** bereits begrifflich ein und rechtfertigt deshalb nur Erforschungseingriffe zur Klärung der Gefahrensituation (Kap. E Rdn. 38). Ganz ähnlich verhält es sich mit dem konkreten **Anfangsverdacht** gem. § 152 II StPO. Ein solcher liegt vor, wenn es nach kriminalistischer Erfahrung – unter Umständen unter Einbeziehung entfernter Indizien, auch ungeprüfter Angaben Dritter – als **möglich erscheint,** daß eine Straftat vorliegt. Die Prüfung, ob beispielsweise die Angaben eines Dritten wahr sind, ist grundsätzlich nicht Voraussetzung für ein Einschreiten, sondern dessen Ziel.[525] Legt man diese Maßstäbe an, so ergibt sich unter Berücksichtigung der oben wiedergegebenen Selektionskriterien (Rdn. 369 ff.) folgendes Bild: 389

Das bloße **„Gefühl"**, daß „etwas nicht stimmt", rechtfertigt das Einschreiten nicht. 390
Grundvoraussetzung ist, daß sich die Gründe für eine solche Einschätzung nachvollziehbar verbalisieren lassen. Tatsächlich dürfte, wenn die Polizei von „Gefühl" spricht, ohnehin die Fixierung auf bestimmte **kognitive Schemata** gemeint sein.[526] Abstrakt ausgedrückt sind dies bestimmte **gesellschaftliche Gruppen,** innerhalb derer die Kriminalitätsrate höher ist als in anderen – sozusagen die „üblichen Verdächtigen". Konkret ausgedrückt sind dies vor allem männliche, bestimmten sozialen Schichten zugehörige Personen jüngeren oder mittleren Alters. „Die Oma, die mit der Milchkanne über die Straße geht",[527] fällt also nicht hierunter. Es ist einerseits eine triviale Erkenntnis, daß durch solche Muster gesteuerte Kontrollmaßnahmen relativ erfolgreich sind. Andererseits ist, ungeachtet der Fragwürdigkeit einer durch Selektivkontrollen sich selbst steuernden Kriminalstatistik, allein die Zugehörigkeit einer Person zu einer solchen sozialen Gruppe allein kein rechtlich tragfähiger Zurechnungsgrund. Wenn man zudem weiß, daß Polizeibeamte, wie andere Menschen auch, dazu neigen, eher mit Unterlegenen einen Konflikt zu riskieren, also sowieso nicht gerade solche Personen „auf Verdacht" kontrolliert werden, die aufgrund ihrer sozialen Stellung willens und in der Lage sein könnten, durch Erhebung von Beschwerden oder Einlegung von Rechtsmitteln ihrerseits den Polizeibeamten „Schwierigkeiten" zu machen, wird die Fixierung auf bestimmte gesellschaftliche Gruppen noch fragwürdiger.

Voraussetzung für ein Einschreiten muß deshalb das Vorliegen **tatsächlicher Anhaltspunkte** sein, die den Schluß zulassen, daß möglicherweise eine Gefahr oder eine strafbare Handlung vorliegt (vgl. zum Begriff der tatsächlichen Anhaltspunkte oben Rdn. 173 ff.). Diese Voraussetzung kann sowohl bei einem einzigen gewichtigen Indiz gegeben sein – 391

[524] Vgl. das Datenmaterial bei *Richter/Dreher*, Die Polizei 1998, 280 (oben Fn. 509).
[525] *Krehl* in: Heidelberger Kommentar zur Strafprozeßordnung, § 152 Rdn. 8
[526] *Herrnkind* (Fn. 501), S. 199 f. m. w. N.
[527] Hessischer Landtag, Öffentliche Anhörung (Fn. 520), S. 29.

Fahrer „paßt" nicht zum Auto – als auch beim Zusammentreffen mehrerer Umstände, die für sich allein betrachtet nicht oder wenig aussagekräftig sind, wie Ort und Zeit des Antreffens, Anzahl der Reisenden, ihre Mimik, Gestik, Kleidung, mitgeführte Gegenstände usw., zusammen betrachtet jedoch ein Gesamtbild ergeben. Liegen zudem Erkenntnisse über **spezifische temporäre Gefahrenlagen** vor – Beispiele aus der Praxis sind planmäßig durchgeführte Einbruchdiebstähle durch vom Ausland gesteuerte Banden und großangelegte Diebstähle von Kraftfahrzeugen und deren Verschiebung ins Ausland – so können außerdem **Fahndungsraster** zugrundegelegt werden (oben Rdn. 371), die sich an den der Polizei bekannten Täterprofilen und Tatmodalitäten orientieren.

392 Die Prüfung der Rechtmäßigkeit einer solchen Maßnahme mag im Einzelfall nicht ganz einfach sein. Dies gilt gerade für die Polizeibeamten im Einsatz. Denn ihnen bleibt in aller Regel nur wenig Zeit, sich für oder gegen ein Einschreiten zu entscheiden. Mit einer nachträglichen Prüfung eines Einsatzes durch Dienststellen oder Gerichte ist diese Situation nicht zu vergleichen. Entgegen gelegentlich geäußerter Klagen von seiten der Polizei sind Gerichte im allgemeinen aber nicht so lebensfremd, daß sie triftige Gründe für ein polizeiliches Einschreiten ignorierten. Die gerichtliche Praxis ist, nicht viel anders als die polizeiliche, im wesentlichen auf **alltagstheoretisch plausibilisierte Annahmen**[528] angewiesen und verfährt auch entsprechend.

393 Der oben unter Rdn. 370 genannte Beispielsfall b) etwa beschreibt ohne weiteres eine Situation, die Anlaß für ein polizeiliches Einschreiten gibt. Der Umstand, daß ein altes Nummernschild mit neuen Schrauben am Auto befestigt ist, berechtigt zu der Annahme, daß möglicherweise eine Straftat (gestohlenes Auto) vorliegt oder begangen werden soll (Tatfahrzeug). Die Annahme muß nicht stimmen. Sie darf aber durch Gefahrenerforschungsmaßnahmen verifiziert werden. Je nach den konkreten Umständen ist auch die im Beispiel c) bezeichnete Situation ein Fall, in dem die Polizei einschreiten darf. Hier kommt es darauf an, auf welchen Merkmalen die Unstimmigkeit des „Gesamtbilds" beruht. Schwieriger zu beurteilen ist der unter a) genannte Beispielsfall. Denn die Funktion eines Autos besteht unter anderem darin, daß damit – unter Umständen auch schwerere – Gegenstände transportiert werden. Allein die Feststellung, daß ein Auto schwer beladen ist, rechtfertigt allein deshalb noch nicht die Annahme, im Kofferraum befinde sich möglicherweise Diebesgut. Das Durchhängen der Hinterachse kann allerdings ein Hinweis auf eine Überschreitung der Zuladungsgrenze sein und deshalb jedenfalls ein Einschreiten auf der Grundlage von § 36 V 1 StVG rechtfertigen.

394 Man muß die Schwierigkeiten, welche die Polizei bei der Einschätzung von Gefahren- und Verdachtslagen im Einzelfall haben kann, richtigerweise als **Preis für ein freiheitlich verfaßtes Gemeinwesen** verstehen. Ein Merkmal eines solchen Gemeinwesens ist, daß nicht der Bürger gegenüber der Polizei dafür Rechenschaft darüber abzulegen hat, weshalb er unterwegs ist, sondern daß die Polizei es rechtfertigen muß, wenn sie einen Bürger auf Verkehrswegen anhält und kontrolliert. Außer unter Bedingungen, die sich als mindestens notstandsähnlich darstellen, darf ein Rechtsstaat sich dieser **Argumentationslast** nicht entledigen. Nur diese Argumentationslast hat eine verläßlich machtbegrenzende und damit freiheitssichernde Wirkung. Auch hier gilt: Wer seine Freiheit hergibt, um Sicherheit zu erlangen, wird Freiheit und Sicherheit verlieren.[529]

395 Gegen die Befugnis zur Identitätsfeststellung bzw. Befragung in **Grenzgebieten** bestehen dagegen keine durchgreifenden verfassungsrechtlichen Bedenken. Mit dem Verfassungsgerichtshof Mecklenburg-Vorpommern kann davon ausgegangen werden, daß insoweit eine örtliche Sondersituation gegeben ist, die mit derjenigen an gefährlichen und gefährdeten Orten vergleichbar ist.[530] Umstritten ist dagegen die Frage, ob diese Befugnis in

---

528 So Bundesverfassungsrichter *Hoffmann-Riem*, zitiert nach FAZ vom 30. 9. 2000.

529 So der ehemalige Bundesverfassungsrichter Grimm, zitiert nach Frankfurter Rundschau vom 8. 6. 1998.

530 Urteil vom 21. 10. 1999, S. 38 ff. des Entscheidungsumdrucks, unter Berufung auf *Waechter* DÖV 1999, 146.

Konflikt mit dem **Schengener Durchführungsübereinkommens (SDÜ)**[531] gerät.[532] Nach Art. 2 I SDÜ dürfen die Binnengrenzen an jeder Stelle ohne Personenkontrollen überschritten werden. Hieraus ist zu folgern, daß die Befugnis zur Schleierfahndung jedenfalls keine Rechtsgrundlage für die Schaffung einer **zweiten Grenzlinie im Hinterland** ist.[533] Weil aber Art. 2 III SDÜ die Ausübung der Polizeibefugnisse durch die nach Maßgabe des nationalen Rechts zuständigen Behörden einer Vertragspartei in dem **gesamten Hoheitsgebiet** dieser Vertragspartei unberührt läßt, sind die Kontrollbefugnisse im Grenzgebiet einer Auslegung zugänglich, die mit Art. 2 I SDÜ nicht konfligiert.

Wegen dieser Klausel kann man die im SDÜ als Ersatz für den Wegfall der Grenzkon- **396**
trollen an den Binnengrenzen geschaffenen **Ausgleichsmaßnahmen**[534], insbesondere die Festlegung von einheitlichen Standards für die Kontrollen der Außengrenzen gemäß Art. 6 I SDÜ[535] und Auferlegung weiterer Sicherungspflichten gemäß Art. 6 III und IV SDÜ[536] auch nicht als abschließende Regelung verstehen. Im Hinblick darauf, daß das Bundesgrenzschutzgesetz[537] fünf Jahre nach dem Zustimmungsgesetz zum SDÜ durch eine Befugnis zu verdachtslosen Personenkontrollen (u. a. im Grenzgebiet) ergänzt wurde, die sich der Sache nach mit den landespolizeilichen Befugnissen deckt, ist ein Verstoß der entsprechenden Landesgesetze gegen höherrangiges Bundesrecht, nämlich das Zustimmungsgesetz zum SDÜ, ohnehin ausgeschlossen. Denn selbst wenn die Bestimmung des § 23 I Nr. 3 BGSG nicht mit Art. 2 I SDÜ vereinbar wäre, käme ihr als späterem Gesetz der Vorrang zu.

d) Verfahren

§ 18 VI HSOG und § 20 VI SOG LSA bestimmen ausdrücklich, daß die von einer **397**
Identitätsfeststellung betroffenen Personen auf den **Grund für die Identitätsfeststellung hinzuweisen** sind. Diese Verpflichtung steht unter der Einschränkung, daß der mit der Identitätsfeststellung verfolgte Zweck „hierdurch nicht beeinträchtigt wird". Soll der Hinweispflicht eine rechtssichernde Funktion zukommen, ist die Einschränkung eng auszulegen (vgl. Rdn. 242 ff.). Der Hinweis darf nur unterbleiben, wenn der Erfolg der polizeilichen Maßnahme andernfalls vereitelt würde oder wenn die Polizei im Interesse des Betroffenen handelt. In jedem Fall darf der Betroffene nicht darüber im unklaren gelassen werden, ob die polizeiliche Maßnahme präventiven oder repressiven Charakter hat.

---

531 Vgl. Gesetz zu dem Schengener Übereinkommen vom 19. Juni 1990 betreffend den schrittweisen Abbau der Kontrollen an den gemeinsamen Grenzen, vom 15. Juli 1993, BGBl. II, 1010.

532 Vgl. einerseits *Lisken* NVWZ 1998, 23 und andererseits *Beinhofer* BayVBl. 1995, 193 ff.; *Moser v. Filseck*, Die Polizei 1997, 70 ff.; *Martínez Soria* NVwZ 1999, 270.

533 *Pieroth* VerwArch 1998, 591.

534 Vgl. hierzu *Beinhofer* BayVBl. 1995, 193 f.

535 Art. 6 II SDÜ stellt folgende Regeln auf:

a) Überprüfung der Grenzübertrittspapiere und der anderen Voraussetzungen für die Einreise, den Aufenthalt, die Arbeitsaufnahme und die Ausreise, die fahndungstechnische Überprüfung, sowie die Abwehr von Gefahren für die nationale Sicherheit und die öffentliche Ordnung der Vertragsparteien. Die Kontrollen beziehen sich auch auf die Fahrzeuge der die Grenze überschreitenden Personen und die von ihnen mitgeführten Sachen. Sie werden von jeder Vertragspartei nach Maßgabe ihres nationalen Rechts, insbesondere in bezug auf die Durchsuchung, durchgeführt.

b) Alle Personen sind zumindest einer solchen Kontrolle zu unterziehen, die die Feststellung ihrer Identität anhand der vorgelegten oder vorgezeigten Reisepapiere ermöglicht.

c) Drittausländer unterliegen bei der Einreise einer eingehenden Kontrolle im Sinne des Buchstaben a.

d) Bei der Ausreise finden die Kontrollen statt, die im Interesse aller Vertragsparteien aufgrund des Ausländerrechts und für Zwecke der Fahndung und Abwehr von Gefahren für die nationale Sicherheit und die öffentliche Ordnung geboten sind. Diese Kontrollen erfolgen in jedem Fall bei Drittausländern.

e) Können solche Kontrollen wegen besonderer Umstände nicht durchgeführt werden, sind Schwerpunkte zu setzen. Dabei hat die Kontrolle des Einreiseverkehrs grundsätzlich Vorrang vor der Kontrolle des Ausreiseverkehrs.

536 Überwachungspflicht der Außengrenzen auch außerhalb der Grenzübergangsstellen in der Weise, „daß kein Anreiz für eine Umgehung der Kontrollen an den Grenzübergangs entsteht" und Verpflichtung zur Bereithaltung geeigneter Kräfte in ausreichender Zahl für die Durchführung der Kontrollen und Überwachung der Außengrenzen.

537 Erstes Gesetz zur Änderung des Bundesgrenzschutzgesetzes vom 25. 8. 1998, BGBl. I, 2486.

Dies ist vor allem bei einer polizeilichen Razzia, deren Zielrichtung ambivalent ist, von Bedeutung. Nur so ist gewährleistet, daß er von den ihm zustehenden strafprozessualen Verfahrensrechten richtigen Gebrauch machen kann. In den Ländern, die keine ausdrückliche Hinweispflicht anläßlich einer Identitätsfeststellung statuieren, folgt sie aus den allgemeinen Bestimmungen über die Datenerhebung. Danach ist der Betroffene unter anderem auf die Rechtsgrundlage der Informationserhebung hinzuweisen.

§ 19 III PolG BW; Art. 30 IV Nr. 1 BayPAG; § 18 V Nr. 1 ASOG Bln; § 29 IV Nr. 1 BbgPolG; § 2 IV Nr. 1 HmbDatenVPolG; § 26 III SOG MV; § 30 II NGefAG; § 9 VI PolG NW; § 25 V 1 SPolG; § 178 III LVwG SH; § 31 IV Nr. 1 ThürPAG.

398 Weil der zur Angabe seiner Personalien Aufgeforderte immer erkennen können muß, warum gegen ihn eingeschritten wird,[538] ist diese Hinweispflicht nicht auf die Mitteilung der Rechtsgrundlage zu beschränken. Auch die das polizeiliche Einschreiten tragenden Gründe müssen dem Betroffenen mitgeteilt werden. Diesem Erfordernis tragen einige Gesetze dadurch Rechnung, daß sie die Hinweispflicht ausdrücklich auf die „beabsichtigte Verwendung" der verlangten Informationen (§ 13 VIII 2 HSOG; § 15 VII 2 SOG LSA) bzw. deren „Erhebungsszweck" (§ 37 II 2 SächsPolG) beziehen.

3. Prüfung von Berechtigungsscheinen

399 Die Polizei kann verlangen, daß ein Berechtigungsschein zur Prüfung ausgehändigt wird, wenn der Betroffene aufgrund einer Rechtsvorschrift verpflichtet ist, diesen Berechtigungsschein mitzuführen. Die **Prüfung von Berechtigungsscheinen** ist regelungstechnisch zwar meist als eigener Absatz in den Vorschriften über die Identitätsfeststellung verortet,

§ 26 III PolG BW; Art. 13 III BayPAG; § 11 IV BremPolG; § 4 IV HmbDatenVPolG; § 18 VII HSOG; § 13 III NGefAG; § 10 III POG RP; § 9 III SPolG; § 19 III SächsPolG; § 20 VII SOG LSA,

dient aber nicht der Feststellung der Identität des Betroffenen, sondern der der **Überwachung ordnungsbehördlicher Erlaubnisse** etwa nach dem Straßenverkehrsgesetz (§ 2 StVG – Führerschein), dem Waffengesetz (§ 35 WaffG – Waffenschein) oder der Gewerbeordnung (§ 55 GewO – Reisegewerbekarte). Wegen des eigenständigen Charakters dieser Maßnahme widmen einige der neueren Polizeigesetze ihr einen eigenen Paragraphen.

§ 22 ASOG Bln; § 14 BbgPolG; § 30 SOG MV; § 13 PolG NW; § 182 LVwG SH; § 15 ThürPAG.

400 Eine konkrete Gefahr ist nicht Voraussetzung einer solchen Maßnahme. Es genügt, daß der Betroffene die Tätigkeit, für deren Ausübung eine Berechtigung erforderlich ist, ausübt. Die polizeirechtlichen Vorschriften selbst beinhalten keine Pflicht, den Berechtigungsschein **mitzuführen.** Der Betroffene ist verpflichtet, den Berechtigungsschein dem Polizeibeamten **auszuhändigen,** nicht lediglich vorzuzeigen.[539] Nicht ausdrücklich geregelt, in der Befugnis über die Prüfung von Berechtigungsscheinen aber enthalten, ist die Ermächtigung, den Betroffenen zum Zweck und für die Dauer der Überprüfung **anzuhalten.** Darüber hinausgehende Befugnisse, etwa zur Durchsuchung oder zum Festhalten des Betroffenen bestehen nicht.

4. Erkennungsdienstliche Maßnahmen

a) Begriff

401 Alle Polizeigesetze enthalten Vorschriften, nach denen die Polizei „erkennungsdienstliche Maßnahmen" vornehmen kann.

---

538 *OLG Hamm* NVwZ 1982, 156.

539 Vgl. hierzu und zum Verhältnis zwischen Polizeirecht und spezialgesetzlichen Bestimmungen *Meixner,* HSOG, § 18 Rdn. 44 f.

§ 36 PolG BW; Art. 13 BayPAG; § 23 ASOG Bln; § 13 BbgPolG; § 31 BremPolG; § 7 HmbDatenVPolG; § 19 HSOG; § 31 SOG MV; § 13 NGefAG; § 14 PolG NW; § 11 POG RP; § 10 SPolG; § 20 SächsPolG; § 21 SOG LSA; § 183 LVwG SH; § 16 ThürPAG.

Die Vorschriften sind eng mit der erheblich älteren Vorschrift des § 81 b 2. Alt. StPO verwandt. Danach dürfen „für die Zwecke des Erkennungsdienstes" Lichtbilder, Fingerabdrücke aufgenommen und Messungen und ähnliche Maßnahmen vorgenommen werden. Der Begriff des **Erkennungsdienstes** gem. § 81b 2. Alt. StPO bezeichnete ursprünglich eine besondere Abteilung innerhalb der Kriminalpolizei, deren Aufgabe die **Identifizierung von Personen** und insbesondere ihre **Wiedererkennung** war. Heute vereinigt der Erkennungsdienst in sich sämtliche kriminalistischen und kriminaltechnischen Hilfsmittel für die aufklärende Arbeit der Polizei.[540] Erkennungsdienstliche Maßnahmen in dem von den gesetzlichen Vorschriften ausgeformten Sinn bilden nur einen kleinen Ausschnitt dieser Tätigkeit.

Neben dem Begriff der erkennungsdienstlichen Maßnahmen kennen die Polizeigesetze den Begriff der **erkennungsdienstlichen Unterlagen.** Ersterer bezeichnet Mittel und Verfahren, letzterer das Ergebnis dieses auch mit dem Ausdruck **erkennungsdienstliche Behandlung** umschriebenen Vorgangs. Nicht nur das Erheben der erkennungsdienstlichen Fakten, sondern auch das Aufbewahren der dabei gewonnenen Unterlagen stellt einen Eingriff in das Persönlichkeitsrecht in seiner Ausprägung als informationelles Selbstbestimmungsrecht des Betroffenen dar. 402

b) Zulässige Maßnahmen

Erkennungsdienstliche Maßnahmen sind die Abnahme von Fingerabdrücken und Abdrücken anderer Körperteile, die Aufnahme von Abbildungen, Messungen und Feststellung äußerer körperlicher Merkmale. Diese Maßnahmen sind in Hamburg, Hessen und Sachsen-Anhalt abschließend geregelt, in anderen Ländern sollen ähnliche Maßnahmen zugelassen sein, soweit sie keinen stärkeren Eingriff in Grundrechte des Betroffenen beinhalten.[541] Hingewiesen wird auf die Fixierung des Klanges der Stimme auf einem Tonträger (so jetzt ausdrücklich § 183 II Nr. 5 LVwG SH) sowie auf Schriftproben.[542] 403

Die DNA-Analyse zur **Herstellung eines genetischen Fingerabdrucks** (vgl. im einzelnen Kap J Rdn. 562ff. durch die Entnahme und Untersuchung von Körperzellen sowie die **Aufbewahrung** dieses Materials für das Strafverfahren ist seit 1997 bundesgesetzlich geregelt.[543] Seit 1998 gibt es mit § 81 g StPO auch eine Rechtsgrundlage für die DNA-Analyse bei **Beschuldigten** zum Zwecke der Identitätsfeststellung in künftigen Strafverfahren.[544] Sie wird ergänzt durch § 2 DNA-Identitätsfeststellungsgesetz, der den Anwendungsbereich einer solchen Maßnahme auch auf rechtskräftig verurteilte **Straftäter** sowie Personen erstreckt, die nur wegen erwiesener oder nicht auszuschließender **Schuldunfähigkeit** oder fehlender oder nicht ausschließbar fehlender **Verantwortlichkeit** (§ 3 Jugendgerichtsgesetz) nicht verurteilt worden sind. Die Gesetzgebungskompetenz für diese Maßnahmen liegt beim Bund, weil sie nicht die Funktion haben, künftige Straftaten zu verhindern, sondern ausschließlich der **Erleichterung der Beweisführung in künftigen Strafverfahren** dienen.[545] Sie dürfen nur aufgrund einer **sorgfältigen Prüfung** der im Einzelfall bestehenden **Wiederholungsgefahr** angeordnet werden. Allein die Annahme, eine künftige Straftatbegehung sei nicht sicher auszuschließen, kann einen solchen Ein- 404

---

540 *Teufel,* in: Kube/Störzer/Brugger (Hrsg.), Wissenschaftliche Kriminalistik, Grundlagen und Perspektiven, Teilband I: Systematik und Bestandsaufnahme, 1983, S. 170 ff.; *Nelles,* in: Großfeld/Salje, Elektronische Medien im Recht, 1986, S. 216 f.

541 *Heise/Tegtmeyer,* PolG NW, § 15 Rdn. 21.

542 *Wagner,* PolG NW, § 10 Rdn. 1.

543 Strafverfahrensänderungsgesetz, vom 17. 3. 1997, BGBl. I S. 534.

544 DNA-Identitätsfeststellungsgesetz, vom 17. 9. 1998, BGBl. I S. 2646, i. d. F. des Änderungsgesetzes vom 2. 6. 1999, BGBl. I S. 1242.

545 *BVerfG,* NJW 2001, 879; vgl. auch *BGH* StV 1999, 302 („Strafverfolgungsmaßnahmen im weiteren Sinn"); kritisch *Paeffgen* StV 1999, 626.

griff nicht rechtfertigen. Für die Annahme einer Wiederholungsgefahr bedarf vielmehr „positiver, auf den Einzelfall bezogener Gründe."[546] Zuständig für die Anordnung einer solchen Maßnahme ist gemäß §§ 81g III, 81f StPO ausschließlich das **Gericht**. Eine polizeiliche (oder staatsanwaltliche) Zuständigkeit hierfür gibt es nicht.

405 Zu den erkennungsdienstlichen Maßnahmen werden herkömmlich auch solche gezählt, die „ohne Wissen der betroffenen Person" (§ 19 IV HSOG) durchgeführt werden. Es handelt sich dabei um **heimlich gefertigte Foto-, Film- oder Videoaufnahmen** insbesondere im Zusammenhang mit Demonstrationen oder sonstigen Menschenansammlungen, beispielsweise in Sportstadien.[547] Sie dienen der vorsorglichen Beweissicherung für möglicherweise durchzuführende Ermittlungsverfahren und setzen voraus, daß aufgrund konkreter Anhaltspunkte mit Straftaten zu rechnen ist. Die Zulässigkeit dieser Maßnahmen bestimmt sich aber nicht nach den Regelungen über die erkennungsdienstliche Behandlung, sondern nach den Vorschriften über die (heimliche) Datenerhebung bei Personen in Versammlungen (vgl. §§ 12a, 19a VersG) und sonstigen Ansammlungen (z. B. § 14 HSOG) oder bei Einzelpersonen (z. B. § 15 HSOG). Unter „Aufnahme von Abbildungen" im Sinne der Vorschriften über die erkennungsdienstliche Behandlung ist nur die für den Betroffenen erkennbare Aufnahme, das Konterfei für das „Verbrecheralbum" gemeint.

c) Maßnahmen zur Identitätsfeststellung

406 **aa) Voraussetzungen.** Die Polizei kann erkennungsdienstliche Maßnahmen vornehmen, wenn eine **Identitätsfeststellung** auf andere Weise nicht oder nur unter erheblichen Schwierigkeiten möglich ist.

§ 36 I Nr. 1 PolG BW; Art. 14 I Nr. 1 BayPAG; § 23 I Nr. 1 ASOG Bln; § 13 II Nr. 1 BbgPolG; § 31 II BremPolG; § 7 I Nr. 1 HmbDatenVPolG; § 18 II Nr. 1 HSOG; § 31 I Nr. 1 SOG MV; § 15 I Nr. 1 NGefAG; § 14 I Nr. 1 PolG NW; § 11 I Nr. 1 POG RP; § 10 I Nr. 1 SPolG; § 20 I Nr. 1 SächsPolG; § 21 II Nr. 1 SOG LSA; § 183 I Nr. 1 LVwG SH; § 16 I Nr. 1 ThürPAG.

407 Voraussetzung ist zunächst, daß bereits die Identitätsfeststellung auf polizeirechtlicher Grundlage zulässig ist. Nur äußerstenfalls, wenn anders die Identität des Betroffenen nicht festgestellt werden kann, darf zum Mittel der erkennungsdienstlichen Behandlung gegriffen werden. Aber nicht in allen Fällen, in denen die Identität auf andere Weise nicht festgestellt werden kann, ist die Durchführung erkennungsdienstlicher Maßnahmen zulässig. Ist der Anlaß der Identitätsfeststellung nur geringfügig und liegen keine Anhaltspunkte dafür vor, daß der Betroffene eine falsche Auskunft gegeben hat, so muß die Polizei die noch bestehende **Ungewißheit** über dessen Identität hinnehmen. Das Interesse des einzelnen, von einer solch belastenden Maßnahme verschont zu werden, überwiegt in diesen Fällen das öffentliche Interesse an der polizeilichen Aufgabenerfüllung (vgl. oben Rdn. 238).

408 **bb) Modalitäten.** Die Identität des Betroffenen kann mittels erkennungsdienstlicher Maßnahmen festgestellt werden, indem die gewonnenen Lichtbilder oder Fingerabdrükke mit bereits vorhandenen Unterlagen **verglichen** werden. Liegen entsprechende Vorgänge über den Betroffenen bei der Polizei vor, so können sie etwa über einen daktyloskopischen Vergleich aus dem gesamten Datenbestand herausgefiltert und dem Betroffenen zugeordnet werden. Einer Aufnahme von Lichtbildern oder Abnahme von Fingerabdrücken bedarf es nicht, wenn beispielsweise eine dritte Person fernmündlich das Vorhandensein äußerer körperlicher Merkmale des Betroffenen bestätigen und damit für Gewißheit über dessen Identität sorgen kann.[548]

---

546 *BVerfG*, a. a. O. (vorige Fn.).

547 Vgl. dazu *Braun* Die Polizei 1990, 49 ff.; *Krüger* Die Polizei 1977, 249 ff.; *Schuy* Die Polizei 1983, 270 ff.; *Alberts* Die Polizei 1986, 389 ff.

548 *Honnacker/Beinhofer,* PAG, Art. 14 Anm. 1.

cc) Vernichtung der angefallenen Unterlagen. Wenn die Identität festgestellt ist, sind die angefallenen Unterlagen grundsätzlich zu vernichten. 409

§ 36 III PolG BW; Art. 14 II BayPAG; § 23 II ASOG Bln; § 13 III BbgPolG; § 31 III BremPolG; § 7 II HmbDatenVPolG; § 19 III 1 HSOG; § 31 III 1 SOG MV; § 15 II 1 NGefAG; § 14 II PolG NW; § 11 II POG RP; § 10 II SPolG; § 20 III SächsPolG; § 21 III 1 SOG LSA; § 183 III LVwG SH; § 16 II ThürPAG.

Diese Pflicht besteht aber unter der ausdrücklichen Einschränkung, daß die Aufbewahrung der Unterlagen nicht im Hinblick auf die **Durchführung möglicher künftiger Ermittlungsverfahren** erforderlich ist. Wegen dieser Einschränkung spielt die Vernichtungspflicht nach „Wiedererkennung" des Betroffenen praktisch keine große Rolle. Denn nur dann, wenn bereits eine Akte mit den entsprechenden erkennungsdienstlichen Daten über den Betroffenen existiert, kann dessen Identität durch Lichtbild- oder Fingerabdruckvergleich auch festgestellt werden. Diesen Umstand wird die Polizei aber nicht zum Anlaß nehmen, die bei der – erneuten – erkennungsdienstlichen Behandlung angefallenen Unterlagen zu vernichten. Sie wird die alten Unterlagen vielmehr durch die neuen ergänzen, sofern die ursprünglichen Voraussetzungen für die Aufbewahrung dieser Unterlagen nicht entfallen sind.

Außerdem müssen die Unterlagen nicht vernichtet werden, wenn ihre weitere Auf- 410
bewahrung „nach anderen Rechtsvorschriften" zulässig ist. Hierunter dürfte vor allem § 81b 1. Alt. StPO zu verstehen sein. Diese Tatbestandsvariante ist dann einschlägig, wenn sich anläßlich der erkennungsdienstlichen Behandlung zwecks Identitätsfeststellung herausstellt, daß der Betroffene **einer Straftat verdächtig** ist. Ein solcher Tatverdacht kann sich beispielsweise durch einen Vergleich mit den Spuren (Fingerabdrücken) einer noch nicht aufgeklärten Straftat ergeben.

Praktisch relevant wird die Vernichtungspflicht nur in den wenigen Fällen rein präven- 411
tiver Zwecksetzung, also zum Beispiel dann, wenn hilflose Personen unter Verwendung erkennungsdienstlicher Unterlagen identifiziert worden sind. Der Zweck der Maßnahme ist in diesem Fall erreicht. Die Pflicht zur Vernichtung besteht uneingeschränkt. Es bedarf hierfür weder einer **ausdrücklichen gesetzlichen Bestimmung** (so noch § 30 BW PolG a. F.) noch etwa eines **Antrags** des Betroffenen (so aber Art. 14 II BayPAG; insoweit etwas undeutlich § 11 II POG RP). Die Pflicht zur Vernichtung der nach Zweckerreichung überflüssigen Unterlagen ergibt sich bereits aus dem Verhältnismäßigkeitsgrundsatz.

Unklar ist, was mit den angefallenen Unterlagen geschieht, wenn die **Identität des** 412
Betroffenen nicht festgestellt werden kann, weil polizeiliche Akten über den Betroffenen nicht vorhanden sind und weil auch kein Dritter über dessen Identität zuverlässig Auskunft geben kann. Nach dem Wortlaut der einschlägigen Vorschriften besteht eine Vernichtungspflicht dann, wenn die Identität des Betroffenen festgestellt ist. Man kann daraus jedoch nicht folgern, daß umgekehrt eine Pflicht zur Vernichtung der erkennungsdienstlichen Unterlagen solange nicht besteht, als die Identität des Betroffenen nicht bekannt ist. Hier ist der Grundsatz der Eignung des Mittels zu beachten. Besteht keine Möglichkeit mehr, im zeitlichen Rahmen des mit der Identitätsfeststellung verfolgten Zwecks die Personalien des Betroffenen zu ermitteln, so ist die Aufbewahrung der erkennungsdienstlichen Unterlagen unter diesem Gesichtspunkt unzulässig. Erfolgt beispielsweise eine erkennungsdienstliche Behandlung im Zusammenhang mit Personenkontrollen an einer Kontrollstelle, die zum Zwecke der Verhinderung von Straftaten eingerichtet worden ist, dann müssen die Unterlagen nach Aufhebung der Kontrollstelle vernichtet werden, auch wenn die Polizei die Identität des Betroffenen nicht kennt. Eine andere Frage ist, ob die Unterlagen im Hinblick auf künftig zu erwartende Straftaten aufbewahrt werden dürfen. Hierin liegt aber eine Änderung der Zweckbestimmung, die wiederum besondere tatbestandliche Voraussetzungen erfordert (vgl. Rdn. 247 ff.).

413 **dd) Regelungen in anderen Gesetzen.** Die Identitätsfeststellung mittels erkennungsdienstlicher Maßnahmen zur **Durchführung eines strafrechtlichen Ermittlungsverfahrens** ist in §§ 163 b, 163 c StPO geregelt. Andere Regelungen über die erkennungsdienstliche Behandlung zum Zwecke der Identitätsfeststellung finden sich etwa im Bereich des **Ausländerrechts** (§ 41 II AuslG und § 16 AsylVfG) und im **Strafvollzugsrecht** (§ 86 StVollzG).

d) Maßnahmen im Hinblick auf künftige Straftaten

414 **aa) Zweck.** Die erkennungsdienstliche Behandlung ist nicht nur Mittel zur Identitätsfeststellung, sondern auch Hilfsmittel im Hinblick auf künftig zu erwartende Straftaten. Hier liegt in der Praxis auch der Schwerpunkt. Nach dem Wortlaut der meisten Gesetze kann die Polizei erkennungsdienstliche Maßnahmen vornehmen, wenn dies zur **vorbeugenden Bekämpfung von Straftaten** erforderlich ist, weil der Betroffene verdächtig ist, eine Tat begangen zu haben, die mit Strafe bedroht ist und wegen der Art und Ausführung der Tat die Gefahr der Wiederholung besteht.

§ 36 I Nr. 2 Polg BW; Art. 14 I Nr. 2 BayPAG; § 23 I Nr. 2 ASOG Bln; § 13 II Nr. 2 BbgPolG; § 7 I Nr. 2 HmbDatenVPolG; § 14 I Nr. 2 PolG NW; § 11 I Nr. 2 POG RP; § 10 I Nr. 2 SPolG; § 20 I Nr. 2 SächsPolG; § 16 I Nr. 2 ThürPAG.

Die gleiche Zielrichtung, nämlich die Aufklärung künftiger Straftaten, haben auch solche Vorschriften, die die vorbeugende Straftatenbekämpfung nicht ausdrücklich als Zielbestimmung benennen.

§ 31 I 2 SOG MV; § 15 I Nr. 2 NGefAG; § 183 I 3 LVwG SH.

415 In ihrer Zweckbestimmung decken sich diese Regelungen mit der strafprozessualen Vorschrift des § 81 b 2. Alt. StPO. Letztere hat eine ungleich größere Bedeutung als die polizeirechtlichen Vorschriften und ist nach der hier vertretenen Auffassung auch die einzige Grundlage zur Erhebung und Speicherung erkennungsdienstlicher Daten zum Zweck der Förderung künftiger Ermittlungsverfahren (vgl. Rdn. 424 f.).

416 Sprechen diese Regelungen auch lediglich von der **Vornahme** erkennungsdienstlicher Maßnahmen, so liegt die Betonung gleichwohl auf der **Aufbewahrung** der hierdurch gewonnenen Unterlagen. Diese sollen nicht, wie die ausschließlich zur Identitätsfeststellung angefertigten Unterlagen, sofort wieder vernichtet, sondern im Hinblick auf künftige Straftaten bereitgehalten werden. Sie haben keine aktuelle, sondern nur eine **virtuelle Bedeutung.** Der Zweck der Aufbewahrung erkennungsdienstlicher Unterlagen liegt in der vorsorgenden Bereitstellung von sächlichen Hilfsmitteln für die sachgerechte Wahrnehmung der Aufgaben, die der Kriminalpolizei hinsichtlich der Erforschung und Aufklärung von Straftaten durch § 163 StPO zugewiesen ist.[549] Erkennungsdienstliche Unterlagen dienen der **Ermittlungserleichterung** im Rahmen eines Strafverfahrens. Fingerabdrücke am Tatort oder der Schriftzug auf einem Beweisstück können zum Täter hinführen, ein Zeuge kann den Täter in einem „Verbrecheralbum" wiedererkennen.

417 Nur ein Nebeneffekt ist die mit der Aufbewahrung erkennungsdienstlicher Unterlagen unter Umständen einhergehende **Abschreckungswirkung.**[550] Für die Beurteilung der Zulässigkeit erkennungsdienstlicher Maßnahmen sowie deren systematischer Einordnung ist sie aber nicht von Bedeutung. Sie unterscheidet sich nicht von der mit der Strafverfolgung im allgemeinen einhergehenden Präventionswirkung und ist deshalb dem

---

549 *BVerwGE* 26, 164 (170); 66, 192 (196); 66, 202 (204); *BVerwG* DÖV 1990, 117; *VGH Kassel* NVwZ-RR 1994, 654; OVG Münster NJW 1999, 2684.

550 A. A. nur *VGH München* NJW 1984, 2235, wonach die abschreckende Wirkung (von Kriminalakten) der Hauptzweck solcher Unterlagen sei; vgl auch *OVG Münster,* U. v. 14. 12. 1990 (Erhöhung des Entdekkungsrisikos wirke auch „gefahrverhütend"). Vgl. zum Ganzen *Schwan* VerwArch 70 (1979), 109 ff.; *Ringwald,* INPOL und StA, 1984, S. 143 ff.; *Rachor,* Vorbeugende Straftatenbekämpfung und Kriminalakten, S. 82 ff.

Strafrecht zuzuordnen. Diejenigen Polizeigesetze, die als Zweckbestimmung lediglich die Verhütung von Straftaten nennen,

§ 19 II Nr. 2 HSOG; § 21 Nr. 2 SOG LSA,

haben offenbar diesen Abschreckungseffekt im Blick. Der Hessische Verwaltungsgerichtshof hält den präventiv-polizeilichen Charakter dieser Regelungen im Bereich der **organisierten Kriminalität** für vorstellbar.[551]

bb) Voraussetzungen. Voraussetzung für die Anfertigung und Aufbewahrung erkennungsdienstlicher Unterlagen zum Zwecke der Vorbereitung auf künftige Ermittlungsverfahren ist, daß der Betroffene verdächtig ist bzw. „dringend" verdächtig ist (§ 183 I 3 LVwG SH), eine mit Strafe bedrohte Tat begangen zu haben. § 81b 2. Alt. StPO enthält eine Qualifizierung des einfachen **Tatverdachts** dahingehend, daß erkennungsdienstliche Maßnahmen nur gegenüber **Beschuldigten** angeordnet und durchgeführt werden dürfen. Weil strafunmündige Kinder keine Eigenschaft als Beschuldigte haben können, werden sie zwar nicht von § 81b 2. Alt. StPO, aber von den entsprechenden Polizeigesetzen erfaßt. Ob die polizeirechtlichen Regelungen den Anwendungsbereich erkennungsdienstlicher Maßnahmen gegenüber der strafverfahrensrechtlichen Bestimmung insoweit erweitern können, ist eine Frage des Umfangs der Gesetzgebungskompetenz der Länder. Nach der hier vertretenen Auffassung sind die Länder von einer abweichenden bzw. ergänzenden Regelung dieser Materie ausgeschlossen (vgl. Rdn. 424f.). 418

Ein die Aufbewahrung erkennungsdienstlicher Unterlagen rechtfertigender Tatverdacht kann nach der Rechtsprechung auch bei einem rechtskräftigen Freispruch fortbestehen, sofern in dem Verfahren schwerwiegende Verdachtsmomente nicht ausgeräumt worden sind.[552] Die **Unschuldsvermutung** steht einer weiteren Aufbewahrung jedenfalls nicht entgegen.[553] Gleiches gilt, wenn das Strafverfahren nach **§§ 153ff. StPO** eingestellt wurde. Bei Verfahrenseinstellung mangels hinreichenden Tatverdachts gemäß **§ 170 II StPO** und erst recht bei gerichtlichen **Freisprüchen** muß die Vernichtung der Unterlagen dagegen die Regel sein. Dies setzt in tatsächlicher Hinsicht allerdings voraus, daß die Polizei von der justiziellen Entscheidung in Kenntnis gesetzt wird. Es muß ein Verfahren geschaffen werden, das die notwendige Rückkopplung sicherstellt. In einem frühen Entwurf eines Gesetzes zur Änderung und Ergänzung des Strafverfahrensrechts[554] war eine solche staatsanwaltschaftliche Unterrichtungspflicht vorgesehen. Die Unterrichtung der Polizei über den Ausgang des Strafverfahrens sollte danach von Amts wegen erfolgen. Dies hätte zu einer verbesserten Rechtsstellung des Betroffenen insoweit führen können, als Rückmeldungen auf der Grundlage der **Mistra**[555] bislang regelmäßig nur dann erfolgen, wenn die Polizei darum ersucht. 419

Weitere Voraussetzung für die Aufbewahrung erkennungsdienstlicher Unterlagen ist, daß **Wiederholungsgefahr** besteht. Es müssen mit anderen Worten Hinweise darauf vorliegen, daß der Betroffene künftig erneut straffällig werden wird. Der Begriff der „Gefahr" der Wiederholung ist hier nicht im rechtstechnischen Sinne als hinreichende Wahrscheinlichkeit einer Straftatbegehung zu verstehen; eine solche Prognose würde zu stärkeren Maßnahmen Anlaß geben. Auch der Wahrscheinlichkeitsgrad des „Haftgrunds der Wiederholungsgefahr" gemäß § 112a StPO muß nicht erreicht werden. Selbst die in einer Strafvoraussetzung zur Bewährung enthaltene Feststellung, daß die Wahrscheinlichkeit künftigen straffreien Verhaltens größer ist als diejenige erneuter Straffälligkeit, 420

---

551 *VGH Kassel* NVwZ-RR 1994, 654.

552 *BVerwG* DÖV 1973, 752; *VGH Mannheim* NJW 1973, 1663.

553 *BVerwGE* 11, 181 (183); *BVerwG* DÖV 1973, 752; *VGH Kassel* ESVGH 33, 84; *VGH München* DVBl. 1966, 905; *VGH Mannheim* DÖV 1973, 463; a. A. nur *VG Neustadt* NJW 1965, 1935. Zusammenfassend: *Rachor,* Vorbeugende Straftatenbekämpfung und Kriminalakten, S. 90ff.

554 § 479 II StVÄG (Stand 1988), abgedr. in: Schriftenreihe der Strafverteidigervereinigungen (ohne Jahr).

555 Anordnung über Mitteilungen in Strafsachen, v. 15. 11. 1977 (BAnz Nr. 215/1977), neugef. durch Bekanntmachung vom 15. 3. 1985 (BAnz Nr. 60/1985). Allgemein hierzu *Zuck* StrVert 1987, 32ff.

schließt nach der Rechtsprechung des Bundesverwaltungsgerichts[556] die Aufbewahrung von erkennungsdienstlichen Unterlagen nicht aus. Ausreichend sei es, „wenn nach den gesamten Umständen des Falls begründete Anhaltspunkte dafür bestehen, daß der Betroffene künftig oder anderwärts gegenwärtig strafrechtlich in Erscheinung treten wird und deswegen mit guten Gründen in den Kreis potentieller Beteiligter an einer strafbaren Handlung einbezogen werden kann".

421 Als mögliche **Anhaltspunkte** für eine erneute Straftatbegehung nennen die Polizeigesetze Art und Ausführung bzw. Begehungsweise der Tat (z. B. Art. 15 I Nr. 2 BayPAG; § 23 I Nr. 2 ASOG Bln; § 19 II Nr. 2 HSOG) und teilweise zusätzlich deren Schwere sowie die „Persönlichkeit" des Betroffenen (§ 7 I Nr. 2 Hmb DatenVPolG; § 10 I Nr. 2b SPolG; § 183 I 3 LVwG SH; § 16 I Nr. 2 ThürPAG). Lediglich § 20 I Nr. 2 SächsPolG verweist allgemein auf die „Umstände des Einzelfalls".

422 In der jüngeren oberverwaltungsgerichtlichen Rechtsprechung ist eine Tendenz zu beobachten, die Anforderungen an eine rechtmäßige Aufbewahrung von erkennungsdienstlichen Unterlagen zu lockern. Gleichsam im Wege einer Umkehr der Darlegungslast wird die Aufbewahrung in drei Entscheidungen des VGH Mannheim[557] mit der Begründung gerechtfertigt, eine einigermaßen zuverlässige Prognose dafür, daß die betroffenen Personen bei künftigen Ermittlungen im Zusammenhang mit einschlägigen Straftaten aus dem Kreis potentieller Straftäter von vornherein ausgeschlossen (!) bleiben müßten, könne zum gegenwärtigen Zeitpunkt nicht gestellt werden. In die gleiche Richtung entwickelt sich offenbar auch die Rechtsprechung des Bundesverwaltungsgerichts, wo die Aufbewahrungsvoraussetzungen nunmehr ebenfalls negativ formuliert werden. Die weitere Speicherung von Informationen aus strafrechtlichen Ermittlungsverfahren werde unzulässig, wenn nichts dafür spreche, daß der Betroffene erneut einschlägig oder ähnlich strafrechtlich in Erscheinung treten werde und deshalb ausgeschlossen werden könne, daß die vorhandenen Daten die Arbeit der Polizei noch fördern könnten.[558] Dem grundsätzlichen Anspruch des Betroffenen, von der Polizei nicht ohne weiteres als **potentieller Rechtsbrecher** angesehen zu werden,[559] wird diese Rechtsprechung nicht gerecht. Denn „ausschließen" wird man eine künftige Straffälligkeit in den seltensten Fällen können, auch nicht bei bislang unauffälligen Personen. Ein Eingriff in das Recht auf informationelle Selbstbestimmung ist vielmehr nur zulässig, wenn **positive, auf den Einzelfall bezogene Gründe** für die Annahme einer Wiederholungsgefahr vorliegen.

423 Die erkennungsdienstlichen Unterlagen müssen für die künftige Ermittlungstätigkeit **geeignet** sein. Das Kriterium der Eignung wurde nur in § 10 I Nr. 2 lit. c SPolG ausdrücklich aufgenommen. Dort heißt es, daß „die erkennungsdienstlichen Unterlagen zu führende Ermittlungen fördern" können müssen. Die Geeignetheit ist selbstverständlich auch in allen anderen Ländern Rechtsmäßigkeitsvoraussetzung. Ungeeignet sind deshalb erkennungsdienstliche Unterlagen, wenn sie einen Straftäter betreffen, von dem nicht zu erwarten ist, daß er Straftaten unter Täuschung oder Verschleierung seiner Identität begehen wird[560] (vgl. auch Rdn. 223).

424 **cc) Systematische Einordnung und Kompetenz des Landesgesetzgebers.** Lebhaft diskutiert wird die Frage der systematischen Einordnung der Vorschriften über erkennungsdienstliche Unterlagen in das Polizei- und Strafverfahrensrecht.[561] Die Rechtspre-

---

[556] *BVerwGE* 66, 192 (200 f.).

[557] NJW 1987, 2763 ff.

[558] *BVerwG* Buchh. 402.41 Allg. PolR Nr. 47; *BVerwG* Buchh. 402.41 Allg. PolR Nr. 56.

[559] So die – allgemein gehaltene – Formulierung in einem zum genetischen Fingerabdruck ergangenen Nichtannahmebeschluß des Bundesverfassungsgerichts vom 14. 12. 2000 (oben Fn. 545).

[560] *VGH München* BayVBl. 1982, 757; *VGH Kassel* NVwZ-RR 1994, 655; *VGH München* NVwZ-RR 1998, 496.

[561] *Schwan* VerwArch 70 (1979), 109 ff.; *Fugmann* NJW 1981, 2227 ff.; *Dreier* JZ 1987, 1009 ff.; *Braun* Die Polizei 1989, 213 ff.; allgemein zur Aufbewahrung von Unterlagen zum Zwecke der vorbeugenden Straftatenbekämpfung und ihre rechtliche Einordnung: *Ernesti* ZRP 1986, 57 ff.; *Uhlig* DRiZ 1986, 247 ff.; *Honacker* CR 1986, 287 ff.; *Kniesel* ZRP 1987, 377 ff.; *Merten* NStZ 1987, 10 ff.; *Denninger* CR 1988, 51 ff.; *Ahlf* KritV 1988, 146 ff.; *Ring-*

chung[562] sieht in § 81b 2. Alt. StPO im allgemeinen keine strafprozessuale, sondern eine präventiv-polizeiliche Regelung. Denn sie setze, da sie sich auf eine künftige Straftatbegehung beziehe, keinen gegenwärtigen Tatverdacht voraus. Hieraus wird gefolgert, der eigentlich richtige Regelungsstandort sei nicht die Strafprozeßordnung, sondern die Polizeigesetze der Länder, wenngleich eine konkurrierende Gesetzgebungskompetenz des Bundes kraft sachlichen Zusammenhangs mit dem Strafverfahren bestehe. Sieht man jedoch den Zweck der erkennungsdienstlichen Unterlagen in der Förderung strafrechtlicher Ermittlungsverfahren, so verbietet eine unbefangene Betrachtung die Einordnung dieser Materie in das Polizeirecht. Das Fehlen eines konkreten Tatverdachts hindert die strafprozessuale Qualifikation dieser Vorschrift jedenfalls nicht.[563] Auch die Vorschriften über solche Datensammlungen der Staatsanwaltschaften, die im Hinblick auf künftige Verdachtsfälle angelegt werden, haben ihren Regelungsstandort richtigerweise im Strafverfahrensrecht.[564]

Eng mit der Frage der systematischen Einordnung der Regelungen über erkennungs- **425**
dienstliche Maßnahmen verknüpft ist das Problem des **Verhältnisses** zwischen der in die **Strafprozeßordnung** aufgenommenen Norm des § 81b 2. Alt. StPO und den entsprechenden, diese Vorschrift wiederholenden bzw. ergänzenden Bestimmungen in den **Polizeigesetzen** der Länder. Von den polizeirechtlichen Vorschriften werden auch solche Personen erfaßt, die nicht unter § 81b 2. Alt. StPO fallen, also keine „Beschuldigten" sind. Auch strafunmündige Kinder können nach diesen Regelungen deshalb einer erkennungsdienstlichen Behandlung unterzogen werden, wenn die übrigen Voraussetzungen – Tatverdacht und Wiederholungsgefahr – vorliegen.[565] Als weiterer Anwendungsfall wird der aus der Strafhaft Entlassene genannt, da dessen Beschuldigteneigenschaft nach Verbüßung der Strafe teilweise verneint wird.[566] Es mag für diese die Strafprozeßordnung ergänzenden Regelungen ein praktisches Bedürfnis geben, allein es fehlt den Ländern die Gesetzgebungskompetenz für eine „ergänzende" Regelung. Denn die Strafprozeßordnung enthält durchweg abschließende Regelungen und versperrt dem Landesgesetzgeber gemäß Art. 70, 72 I, 74 Nr. 1 GG damit den Zugriff auch auf die Materie „erkennungsdienstliche Unterlagen". Ein Beleg für den **abschließenden Charakter des Bundesrechts** jedenfalls in diesem Bereich ist der Umstand, daß der genetische Fingerabdruck von Personen, die nicht Beschuldigte gemäß § 81g StPO sind, vom Bundesgesetzgeber durch das DNA-Feststellungsgesetz ausdrücklich geregelt wurde (oben Rdn. 404). Personen, die nicht Beschuldigte im Sinne der Strafprozeßordnung sind, dürfen demnach nicht erkennungsdienstlichen Maßnahmen unterzogen werden. Die Regelungen der Länder zu den erkennungsdienstlichen Maßnahmen sind verfassungskonform auf den durch § 81b 2. Alt. StPO vorgegebenen Umfang zu reduzieren.[567] Sie sind damit praktisch bedeutungslos.

e) Erkennungsdienstliche Behandlung Nichtseßhafter?

Einige Länderpolizeigesetze (§ 30 PolG BW a. F.; § 16 I Nr. 2 ASOG Bln a. F.) und auch **426**
das Bundesgrenzschutzgesetz (§ 19 I Nr. 2 BGSG a. F.) ließen in der Vergangenheit die erkennungsdienstliche Behandlung von **Nichtseßhaften** zu. Der handlungsauslösende Sachverhalt sollte nach diesen Bestimmungen allein die Tatsache der Nichtseßhaftigkeit der betroffenen Personen sein. Die Nichtseßhaftigkeit als solche begründet aber weder die An-

---

wald ZRP 1988, 178 ff.; *Schoreit* KritVjSchr 1988, 157 ff.; *Wolter* GA 1988, 49 ff.; *Schweckendieck* ZRP 1989, 125 ff.; *Krüger* Die Polizei 1990, 209 ff.; *Paeffgen* JZ 1991, 443 ff.; *Gusy* StrafVert 1993, 271 ff.

562 *BVerwGE* 11, 182; 26, 169; 66, 192; 66, 202; *BVerwG* DÖV 1973, 752; *BVerwG* DÖV 1990, 117; *OVG Münster* NJW 1972, 2174; *VGH Mannheim* DÖV 1973, 463; *VGH Mannheim* NJW 1987, 2762; *VGH Mannheim* DÖV 1988, 83. Anders: *VGH Kassel* NVwZ-RR 1994, 653.

563 *VGH Kassel* NVwZ-RR 1994, 653; *OVG Schleswig* NJW 1999, 1418.

564 Vgl. zu den Rechtsproblemen derartiger Dateien *OLG Frankfurt* NStZ 1989, 584 = NJW 1989, 47; *OLG Frankfurt* NStZ 1994, 451; *BVerfG* NJW 2001, 879.

565 *Gusy*, Rdn. 212; *Möller/Wilhelm*, S. 160; *Würtenberger/Heckmann/Riggert*, Rdn. 227.

566 *Meixner*, HSOG, § 19 Rdn. 5; *Gusy*, Rdn. 212, *Würtenberger/Heckmann/Riggert*, Rdn. 227; *Habermehl*. Rdn. 554.

567 *Fugmann* NJW 1981, 2228; *Götz* NVwZ 1994, 216; a. A.: *OVG Münster* NJW 1999, 2689.

nahme einer Gefahr noch bietet sie Anhaltspunkte für eine künftige Straftatbegehung (vgl. auch Rdn. 444). Polizeiliche Maßnahmen gegenüber Nichtseßhaften können deshalb nicht unter erleichterten Voraussetzungen zugelassen werden. Die Vorschriften waren bereits damals verfassungskonform dahingehend auszulegen, daß auch bei diesen Personen die allgemeinen Voraussetzungen für die Vornahme einer erkennungsdienstlichen Behandlung vorliegen mußten.[568] Um den falschen Anschein einer Diskriminierung zu vermeiden, wurden die entsprechenden Vorschriften ersatzlos gestrichen.

5. Vorladung

a) Begriff und Bedeutung

427 Vorladung ist das **rechtliche Gebot** an eine bestimmte, namentlich bekannte Person, zu einer bestimmten Zeit an einem bestimmten Ort zu erscheinen und dort bis zur Erledigung der in der Vorladung bezeichneten Angelegenheit zu verweilen.[569] Bei dem Ort der Erscheinenspflicht wird es sich regelmäßig um eine Dienststelle der Polizei handeln. Die Vorladung ist ein belastender Verwaltungsakt,[570] der schriftlich oder mündlich ergehen kann. Er greift in das Grundrecht auf allgemeine Handlungsfreiheit gemäß Art. 2 I GG ein, nicht jedoch bereits in die durch Art. 2 II 2 GG geschützte körperliche Bewegungsfreiheit. Ein solcher Eingriff ist erst die zwangsweise Durchsetzung der Vorladung im Wege der **Vorführung.** Vorladung und Vorführung müssen sorgfältig auseinandergehalten werden.

428 Die verbindliche Vorladung ist von der unverbindlichen **Bitte um Erscheinen** zu unterscheiden. Für den Betroffenen nicht verbindlich ist eine solche polizeiliche Aufforderung im Rahmen eines strafrechtlichen Ermittlungsverfahrens, auch wenn in diesem Zusammenhang bisweilen von „vorladen"[571] gesprochen wird. Nur die Vorladung durch den Richter (§ 133 StPO) und den Staatsanwalt (§ 163 III StPO) verpflichtet den Betroffenen zum Erscheinen. Nur in diesen Fällen ist sie auch zwangsweise durchsetzbar. Der Polizei selbst ist im Rahmen eines strafrechtlichen Ermittlungsverfahrens nicht nur die zwangsweise Vorführung untersagt.[572] Ihr fehlt auch bereits die Befugnis, mit verbindlicher Wirkung eine Person zum Erscheinen aufzufordern.

Nicht um eine Vorladung, sondern um eine **Sistierung** handelt es sich, wenn eine namentlich unbekannte Person aufgefordert wird, **zum Zwecke der Identitätsfeststellung** mit zur Wache zu kommen (vgl. Rdn. 313).

429 Außerhalb der Polizeigesetze ist die Befugnis zur Vorladung beispielsweise in **§ 48 StVO** (Vorladung zum Verkehrsunterricht) **§§ 32 II, 36 II BSeuchG** (Vorladung zur Untersuchung bzw. Auskunftserteilung beim Gesundheitsamt), **§ 18 I GeschlKrG** (Vorladung von Geschlechtskranken durch das Gesundheitsamt) oder in den **Meldegesetzen** (vgl. § 18 HMG – Persönliches Erscheinen) ausdrücklich geregelt. Gesetzliche Erscheinenspflichten, die durch die zuständige Behörde erforderlichenfalls konkretisiert werden können, sind beispielsweise in **§§ 17 II, 23 VI Nr. 3 WPflG** normiert.

b) Voraussetzungen

430 Nach den geltenden Polizeigesetzen ist die Vorladung unter zwei Gesichtspunkten zulässig. Die Polizei kann eine Person schriftlich oder mündlich vorladen, wenn Tatsachen die Annahme rechtfertigen, daß die Person **sachdienliche Angaben** machen kann, die für die Erfüllung einer bestimmten polizeilichen Aufgabe erforderlich sind,

---

568 *Heesen/Hönle,* BGSG, § 19 (a. F.) Rdn. 4.

569 *OVG Münster* DVBl. 82, 658; *Berg/Hein,* S. 157; *Ule/Rasch,* §§ 15–17 PVG, Rdn. 70; *Roos,* POG RP, § 12 Rdn. 1.

570 A. A. *Reiff/Wöhrle,* BWPolG, § 21 (a. F.) Anm. 1. Nach baden-württembergischem Polizeirecht begründe die Ladung keine Verpflichtung zum Erscheinen; es handele sich nicht um einen Verwaltungsakt, der zu einer Handlung verpflichte. Es bleibe dem Betroffenen überlassen, ob er der Ladung folge.

571 *Kleinknecht/Meyer-Goßner,* StPO, § 163 Rdn. 35.

572 *BGH* NJW 1962, 1021.

§ 27 I Nr. 1 PolG BW; Art. 15 I Nr. 1 BayPAG; § 20 I Nr. 1 ASOG Bln; § 15 I Nr. 1 BbgPolG; § 12 I Nr. 1 BremPolG; § 11 I HmbSOG; § 30 I 1 HSOG; § 50 I Nr. 1 SOG MV; § 16 I 1. Alt NGefAG; § 10 I Nr. 1 PolG NW; § 12 I Nr. 1 POG RP; § 11 II Nr. 1 SPolG; § 18 II Nr. 1 SächsPolG; § 35 I 1 SOG SA; § 199 Nr. 1 LVwG SH; § 17 I Nr. 1 ThürPAG.

Ferner können die Polizeibehörden eine Person zum Zwecke der Durchführung **erkennungsdienstlicher Maßnahmen** vorladen.

§ 27 I Nr. 2 PolG BW; Art. 15 I Nr. 2 BayPAG; § 20 I Nr. 2 ASOG Bln; § 15 I Nr. 2 BbgPolG; § 12 I Nr. 2 BremPolG; § 30 I 2 HSOG; § 50 I Nr. 2 SOG MV; § 16 I 2. Alt. NGefAG; § 10 I Nr. 1 PolG NW; § 12 I Nr. 1 POG RP; § 11 II Nr. 1 SPolG; § 18 II Nr. 2 SächsPolG; § 35 I 2 SOG LSA; § 199 I Nr. 2 LVwG SH; § 17 I Nr. 2 ThürPAG.

aa) Zweck der Auskunftserteilung. Nach dem Wortlaut der einschlägigen Vorschriften kommt es bei der Vorladung nicht darauf an, ob der Betroffene zur Auskunft verpflichtet ist. Ziff. 2 der Ausführungsbestimmungen zur alten Fassung des Niedersächsischen Polizeigesetzes bestimmten sogar ausdrücklich, daß als Betroffene auch nicht verantwortliche Personen in Betracht kommen. Dem kann nicht zugestimmt werden. Die Befugnis zur Vorladung ist durch das Fehlen einer **Auskunftspflicht** immanent begrenzt. Da die Vorladung nur Hilfsmittel ist, kann sie nicht ergehen, wenn schon der mit ihr verfolgte Zweck keine Verbindlichkeiten für den Betroffenen begründet. Zwar mag sich in vielen Fällen der Vorgeladene durch verständiges Zureden oder geschicktes Befragen zur Auskunftserteilung bewegen lassen. Auch die ungewohnte Umgebung einer Polizeidienststelle mag das ihre dazu beitragen. Solange aber eine Auskunftspflicht nicht besteht, ist die Vorladung nur eine unzulässige Erleichterung der polizeilichen Tätigkeit. Die verbindliche Vorladung zum Zwecke der Befragung setzt deshalb immer das Bestehen einer Auskunftspflicht voraus.[573] 431

Immer stellt sich die Frage, ob eine Vorladung zum Zwecke der Auskunftserlangung das **mildeste Mittel** ist. So kann die Polizei den Betroffenen in den meisten Fällen selbst aufsuchen, wenn sie eine Auskunft benötigt. Daß eine solche Verfahrensweise den Befragten wegen der Einbeziehung seines sozialen Umfeldes unter Umständen stärker belastet, vermag die verbindliche Aufforderung zum Erscheinen nicht zu rechtfertigen. Dem Betroffenen sollte die Möglichkeit zu einem Gespräch mit der Polizei außerhalb seines persönlichen oder beruflichen Umfeldes zwar eröffnet werden. Er darf hierzu aber nicht verpflichtet werden, wenn die Polizei auch auf anderem Weg zu der gewünschten Auskunft gelangen kann. 432

Die Vorladung ist nicht zulässig, wenn die Angaben der **Aufklärung einer Straftat oder Ordnungswidrigkeit** dienen sollen. Nach der Strafprozeßordnung ist niemand zur Aussage und zum Erscheinen vor der Polizei verpflichtet.[574] §§ 133 ff.; 161 a I 1, 163 a III 1 StPO enthalten insoweit eine abschließende Regelung. Gleiches gilt wegen der Generalverweisung des § 46 OWiG auf die Vorschriften der Strafprozeßordnung auch für das Ordnungwidrigkeitenrecht. Da die Strafprozeßordnung eine abschließende Regelung enthält, kann die fehlende Befugnis nach Strafverfahrensrecht nicht durch die Polizeigesetze substituiert werden. Eine genaue Unterscheidung läßt sich allerdings nicht immer treffen. Häufig werden polizeirechtlich relevante Sachverhalte von strafrechtlichen Tatbeständen überlagert, überschneiden sich mit ihnen oder sind deckungsgleich. Die polizeirechtlichen Regelungen über die Vorladung zum Zwecke der Auskunftserteilung und die Befugnisse zu ihrer zwangsweisen Durchsetzung bergen deshalb in sich immer die Gefahr einer Umgehung der strafprozessualen Rechte des Betroffenen. Diese Gefahr wird manifest, wenn in der Literatur trotz entgegenstehender Rechtslage die Zulässigkeit der Vorladung zur Aufklärung von Straftaten und Ordnungswidrigkeiten auf polizeirechlicher Grundlage ausdrücklich bejaht wird.[575] Diese Möglichkeit ist wegen §§ 133 ff., 433

[573] *Wagner,* PolG NW, § 11 Rdn. 46 ff.

[574] *BGH* NJW 1962, 1021.

[575] *Berg/Hein,* S. 158; *Meixner,* HSOG, § 30 Rdn. 8 – „im Rahmen ihres Strafverfolgungsauftrags".

163 a III 1 StPO aber gerade zu verneinen. Wegen der häufig bestehenden Gemengelage bei polizeilich relevanten Sachverhalten sind die Vorschriften über die Vorladung deshalb restriktiv zu interpretieren. Insbesondere bei der Befragung selbst muß immer deutlich zum Ausdruck kommen, ob die Behörde gefahrenabwehrrechtliche oder strafprozessuale Zwecke verfolgt.

434 **bb) Zweck der erkennungsdienstlichen Behandlung.** Liegen die Voraussetzungen für eine erkennungsdienstliche Behandlung vor, so ist die Aufforderung an den Betroffenen, sich auf der Dienststelle einzufinden, eine erforderliche Maßnahme. Denn die technischen Mittel zur Vornahme der erkennungsdienstlichen Behandlung finden sich nur dort. Dies setzt natürlich voraus, daß die Voraussetzungen zur Durchführung dieser Maßnahme vorliegen. Weil erkennungsdienstliche Maßnahmen in aller Regel im Rahmen des strafrechtlichen Ermittlungsverfahrens, etwa im Anschluß an die Festnahme nach § 127 StPO und auf der Grundlage des § 81 b 1. Alt. StPO durchgeführt werden, dürfte dieser Regelung in der Praxis deshalb nur eine vergleichsweise geringe Bedeutung zukommen.

c) Verfahren

435 Dem Betroffenen ist der **Grund der Vorladung** mitzuteilen.

§ 27 II 1 PolG BW; Art. 15 II 1 BayPAG; § 20 II 1 ASOG Bln; § 15 II 1 BbgPolG; § 12 II 1 BremPolG; § 30 II 1 HSOG; § 50 II 1 SOG MV; § 16 II 1 NGefAG; § 10 II 1 PolG NW; § 12 II 1 POG RP; § 11 III 1 SPolG; § 18 IV 1 SächsPolG § 35 II 1 SOG LSA; § 199 II 1 LVwG SH; § 17 II 1 ThürPAG.

Aus der Begründung muß ersichtlich sein, in welchem konkreten Zusammenhang und zu welchem Zweck die Vorladung erfolgt und warum gerade der Betroffene vorgeladen wird. Allgemein gehaltene Formeln wie „zur Aufklärung eines Sachverhalts" oder „zur Durchführung erkennungsdienstlicher Maßnahmen" genügen nicht.[576] Bei der Festsetzung des Zeitpunkts soll auf den Beruf und die sonstigen Lebensverhältnisse des Betroffenen Rücksicht genommen werden. Ebenso wie die Vorschriften über die Auskunftspflicht einer befragten Person erklären die Regelungen über die Vorladung in vielen Ländern die Bestimmung des § 136 a StPO (verbotene Vernehmungsmethoden – dazu Rdn. 296) ausdrücklich für entsprechend anwendbar.

Art. 15 IV BayPAG; § 15 IV BbgPolG; § 50 IV SOG MV; § 10 IV PolG NW; § 12 IV POG RP; § 18 IX SächsPolG; § 199 IV LVwG SH; § 17 IV ThürPAG.

436 Wird eine Vorladung gemäß § 80 Abs. 2 Nr. 4 VwGO für **sofort vollziehbar** erklärt, so genügt nicht die formelhafte Begründung, das öffentliche Interesse an der Aufrechterhaltung der öffentlichen Sicherheit und Ordnung erfordere es, daß die zur Verhütung und Unterbindung von Straftaten zuständige Polizei sich unverzüglich und zeitgerecht die nötigen Informationen beschaffe, welche für künftige strafbare Handlungen aufgrund ihrer bisherigen Verhaltensweisen in Frage kommen können. Es muß vielmehr dargelegt werden, daß gerade der Betroffene für künftige strafbare Handlungen in Frage komme. Die Polizeibehörde muß darüber hinaus auch darlegen, daß gerade die durch den Widerspruch des Betroffenen eintretende Verzögerung der erkennungsdienstlichen Maßnahme die Aufklärung künftiger Straftaten beeinträchtige, der Betroffene mit anderen Worten bereits vor einer endgültigen (richterlichen) Entscheidung über die Zulässigkeit einer Vorladung erneut Straftaten begehen werde, zu deren Aufklärung die erkennungsdienstlichen Unterlagen dann beitragen können.[577]

437 Für die **Entschädigung** von Personen, die auf Vorladung als Zeugen oder Sachverständige erscheinen, wird in den meisten Länderpolizeigesetzen das Gesetz über die Entschädigung von Zeugen und Sachverständigen (ZSEG), das gemäß § 1 nur für die von einem

[576] *Rasch,* ME, § 11 Rdn. 17.
[577] *VGH München* BayVBl. 82, 757.

Gericht oder Staatsanwalt herangezogenen Zeugen gilt, für entsprechend anwendbar erklärt.

§ 27 V PolG BW; § 20 IV ASOG Bln; § 15 V BbgPolG; § 12 IV BremPolG; § 30 V HSOG; § 50 VI SOG MV; § 16 IV NGefAG; § 10 V PolG NW; § 12 V POG RP; § 18 VII SächsPolG; § 35 V SOG LSA; § 199 VI LVwG SH.

Der Verweis auf das ZSEG ist allerdings überflüssig,[578] da bereits das allgemeine Verwaltungsverfahrensrecht (vgl. § 26 III VwVfG) eine entsprechende Anwendung dieses Gesetzes vorsieht.

d) Zwangsweise Durchsetzung

Die Polizeigesetze schränken die Zulässigkeit der zwangsweisen Durchsetzung einer Vorladung in materiellrechtlicher Hinsicht ein. Erfolgt die Vorladung zum Zwecke der Befragung, so darf polizeilicher Zwang nur angewendet werden, wenn die Angaben des Betroffenen zur Abwehr einer Gefahr für Leib, Leben oder Freiheit einer Person erforderlich sind. 438

§ 27 III Nr. 1 PolG BW; Art. 15 III Nr. 1 BayPAG; § 20 III Nr. 1 ASOG Bln; § 15 III Nr. 1 BbgPolG; § 30 III Nr. 1 HSOG; § 50 III Nr. 1 SOG MV; § 16 III Nr. 1 PolG NW; § 12 III Nr. 1 POG RP; § 11 IV Nr. 1 SPolG; § 18 V Nr. 1 SächsPolG; § 35 III Nr. 1 SOG LSA; § 199 III Nr. 1 LVwG SH; § 17 III Nr. 1 ThürPAG.

In Hamburg darf unmittelbarer Zwang nur zur Abwehr einer Lebensgefahr eingesetzt werden (§ 11 II 1 HmbSOG).

Die Vorladung zum Zwecke der erkennungsdienstlichen Behandlung unterliegt dagegen keinen materiellrechtlichen Beschränkungen. Voraussetzung einer zwangsweisen Durchsetzung ist aber in jedem Fall, daß der Betroffene der Vorladung „ohne hinreichenden Grund" keine Folge leistet. Ein **hinreichender Grund** für ein Fernbleiben liegt etwa bei Erkrankung des Betroffenen oder bei zeitlicher Kollision mit anderen privaten oder beruflichen Pflichten vor. 439

Die Vorladung kann durch Verhängung von **Zwangsgeld** oder durch die Anwendung unmittelbaren Zwangs **(Vorführung)** durchgesetzt werden. Die Vorführung ist nicht notwendig eine Freiheitsentziehung, da der Eingriff in die Bewegungsfreiheit einer anderen polizeilichen Maßnahme untergeordnet ist (vgl. Rdn. 487). Gleichwohl stellen die meisten Polizeigesetze auch die Vorführung unter den Vorbehalt einer richterlichen Anordnung. 440

Art. 18 I 1 BayPAG; § 31 I 1 ASOG Bln; § 15 III 2 BbgPolG; § 16 I BremPolG; § 30 IV HSOG; § 51 IV SOG MV; § 19 I 1 NGefAG; § 10 III 2 PolG NW; § 15 I 1 POG RP; § 35 IV SOG LSA; § 20 I 1 ThürPAG.

Allein § 14 I 1 SPolG ist insoweit mit dem verfassungsrechtlichen Begriff der Freiheitsentziehung kongruent, als ein Richtervorbehalt nur für solche Eingriffe gilt, die „nicht nur kurzfristig" sind.

6. Platzverweisung und Aufenthaltsverbot

Die meisten Polizeigesetze enthalten eine ausdrückliche Ermächtigung zur sogenannten **Platzverweisung.** Danach kann die Polizei zur Abwehr einer Gefahr eine Person vorübergehend von einem Ort verweisen oder ihr das Betreten eines Ortes verbieten. 441

Art. 16 BayPAG; § 29 ASOG Bln; § 16 BbgPolG; § 14 BremPolG; § 12a HmbSOG; § 31 HSOG; § 52 SOG MV; § 17 NGefAG; § 34 PolG NW; § 13 POG RP; § 12 SPolG; § 21 SächsPolG; § 36 SOG LSA; § 201 LVwG SH; § 18 ThürPAG.

---

[578] Vgl. *Heise/Riegel*, Musterentwurf eines einheitlichen Polizeigesetzes, 2. Aufl. 1978, Begründung zu § 11 V ME.

442 Die Platzverweisung ist ein **Verwaltungsakt,** der mündlich oder in Form von Zeichen ergehen kann. Sie greift in das Grundrecht der **körperlichen Bewegungsfreiheit** gem. Art. 2 II 2 GG ein. Das Grundrecht auf Freizügigkeit gemäß Art. 11 GG wird dagegen nicht berührt. Denn das von Art. 11 GG geschützte Verhalten muß von einer gewissen Dauer sein.[579] Die Platzverweisung hat per definitionem aber nur **kurzfristigen Charakter** („vorübergehend").

443 **Beispiele** für zulässige Platzverweisungen sind die Räumung eines Lokals anläßlich einer Razzia, die durch Martinshorn und Blaulicht verkörperte Anordnung an andere Verkehrsteilnehmer, die Verkehrsfläche für die Durchfahrt des Einsatzwagens freizumachen, die Absperrung eines Unfallortes, um Rettungsarbeiten zu ermöglichen, die Sperrung einer Straßenseite, die an ein einsturzgefährdetes Haus grenzt,[580] die Räumung eines Gebiets, das in der Reichweite einer Bombe („Blindgänger") liegt.[581]

444 Der bloße Aufenthalt von **Nichtseßhaften**[582] etwa in städtischen Fußgängerzonen oder Parks rechtfertigt dagegen keine Platzverweisung, da der Tatbestand der Nichtseßhaftigkeit ebenso wie auch der bloße **Alkoholkonsum** oder das **Betteln**[583] nicht die Voraussetzungen einer Gefahr im polizeirechtlichen Sinn erfüllen.[584] Auch straßen- und wegerechtlichen Satzungen, die die Benutzung der öffentlichen Straßen und Wege auf Fußgängerverkehr beschränken und das Verweilen zum Verzehr alkoholischer Getränke verbieten, sind unzulässig, weil sie den straßenrechtlichen Gemeingebrauch über Gebühr einschränken.[585] Die Befugnis zur Platzverweisung kann auch nicht Grundlage des sogenannten **Verbringungsgewahrsams** gegenüber Stadtstreichern sein (vgl. auch Rdn. 493). Denn eine Platzverweisung kann nur dazu verpflichten, sich von einem bestimmten Ort zu entfernen bzw. ihn nicht zu betreten, nicht aber einen bestimmten Ort aufzusuchen.[586] Keine Platzverweisung im Sinne der zitierten Bestimmungen ist das sogenannte **Aufenthaltsverbot** gegenüber „Angehörigen" einer Drogenszene. Denn derartige Verbote sind, weil sie sich über Wochen oder Monate erstrecken, nicht mehr nur kurzfristiger Natur (vergleiche dazu Rdn. 448).

445 Ohne daß das Vorliegen einer konkreten Gefahr im einzelnen Fall nachgewiesen werden müßte, darf eine Platzverweisung ausdrücklich auch gegen Personen angeordnet werden, die den **Einsatz der Feuerwehr oder von Hilfs- und Rettungsdiensten** behindern. Bei polizeilichen Maßnahmen auf der Grundlage der **Strafprozeßordnung** enthält § 164 StPO die Befugnis zur Platzverweisung und sogar zur Festnahme, wenn jemand die Amtshandlungen der Polizei vorsätzlich stört. Bei polizeilichen Amtshandlungen auf der Grundlage des Polizeirechts muß die Störung gleichzeitig eine Gefahr für die öffentliche Sicherheit hervorrufen. Dies ist immer dann zu bejahen, wenn die Polizei zur Abwehr einer Gefahr tätig wird und Störungen von dritter Seite das polizeiliche Tätigwerden behindern.

446 Ein relativ neues Instrument der polizeilichen Aufgabenerfüllung ist das **Aufenthaltsverbot**. Es wird seit der ersten Hälfte der neunziger Jahre in größeren Städten vor allem gegen Personen eingesetzt, die der sogenannten **offenen Drogenszene** angehören. Unter offener Drogenszene versteht man das Phänomen, daß Drogenabhängige auf öffentlichen Straßen und Plätzen Rauschgift zum Zwecke des Eigenverbrauchs erwerben, um es dort oder woanders zu konsumieren.[587] Die Kommunen sehen die Bildung von offenen Dro-

---

579 *Jarass/Pieroth,* GG, Art. 11 Rdn. 2; *Wagner,* PolG NW, § 12 Rdn. 4.

580 *Wagner,* PolG NW, § 12 Rdn. 2.

581 *Heise/Tegtmeyer,* § 34 PolG NW Rdn. 5.

582 Zu Maßnahmen gegen Obdachlose vgl. *Franz* DVBl. 1971, 249 ff.; *Greifeld* JuS 1982, 819; *Wagner,* PolG NW § 12 Rdn. 40 ff.; *Schloer* DVBl. 1989, 739 ff.; *Trockels* BWVPr 1989, 145 ff.; *Kohl* NVwZ 1991, 620 ff.

583 *VGH Mannheim* DÖV 1998, 1015 (Gegenstand der Entscheidung ist das „stille" Betteln).

584 *Stolleis/Kohl,* Gefährdetenhilfe 1990, 57; *Kohl* NVwZ 1991, 621 ff.

585 *VGH Mannheim* NJW 1984, 507; *Stolleis/Kohl* Gefährdetenhilfe 1990, 61; *Kohl* NVwZ 1991, 624 ff.

586 *Maaß* NVwZ 1985, 154; *Habermehl,* Rdn. 576; *Kappeler* DÖV 2000, 230.

587 Vgl. auch die Umschreibung durch das *OVG Bremen*: „Eine offene Drogenszene ist eine Anlaufstelle zum Erwerb von Rauschgift."

genszenen als problematisch an, weil sie mit Beschaffungskriminalität, Verschmutzung der Straßen, aggressiver Bettelei und Prostitution einhergehen.[588] Dem behördlichen Einschreiten liegt nicht zuletzt das Motiv zugrunde, nachteilige Veränderungen des äußeren Erscheinungsbildes und der sozialen Struktur betroffener Stadtteile zu vermeiden[589] und der Kriminalitätsfurcht der dort wohnenden Bevölkerung entgegenzutreten.[590] Als weitere Anwendungsbereiche des Aufenthaltsverbots in der Praxis sind zu nennen das Vorgehen gegen **gewalttätige Randalierer** (Skinheads, Punks, Hooligans), gegen **Prostituierte** in Sperrbezirken, gegen **aggressive Bettelei** und gegen **Asylbewerber,** die sich außerhalb des Bezirks aufhalten, in dem ihnen gemäß § 56 AsylVfG der Aufenthalt gestattet wird.[591] Neuerdings wird das Instrument des Aufenthaltsverbots auch gegenüber **Gewalttätern im häuslichen Bereich** eingesetzt (dazu unten Rdn. 478 ff.).

In der Regel werden Aufenthaltsverbote in **schriftlicher Form** ausgesprochen, mit der **Androhung eines Zwangsgeldes** verbunden und für **sofort vollziehbar** erklärt. Bei Zuwiderhandlungen erfolgt die **Festsetzung des Zwangsgelds.** Gleichzeitig wird ein weiteres Aufenthaltsverbot von **längerer Dauer** verhängt und, was zulässig ist,[592] ein weiteres, **höheres Zwangsgeld** angedroht. Da ein gegenüber **Angehörigen der offenen Drogenszene** oder Stadtstreichern festgesetztes Zwangsgeld typischerweise uneinbringlich ist, beantragt die Polizei im nächsten Schritt die Anordnung von **Ersatzzwangshaft** beim zuständigen Verwaltungsgericht (Rdn. 817). Daneben oder statt dessen steht ihr auch die Möglichkeit offen, den Betreffenden beim zuständigen Amtsgericht mit dem Ziel der Anordnung eines **Polizeigewahrsams** vorzuführen. In Betracht kommt die Anordnung eines **Platzverweisungsgewahrsams** (dazu unten Rdn. 528) oder eines **Verhinderungsgewahrsams.**[593] Das abgestufte polizeiliche Vorgehen gegenüber Angehörigen der offenen Drogenszene führt damit hin zu einer freiheitsentziehenden Maßnahme, von der sich die Polizei den stärksten Abschreckungseffekt verspricht,[594] die wegen der Geringfügigkeit der einzelnen Delikte allerdings nicht auf der Grundlage des Strafprozeßrechts (Untersuchungshaft) oder der Strafrechts (Freiheitsstrafe) ausgesprochen werden könnte, was wiederum Fragen nach der Verhältnismäßigkeit solchen Vorgehens (unten Rdn. 475 f.) und seinem Verhältnis zum Strafverfahrensrecht aufwirft (oben Rdn. 123). 447

Das Aufenthaltsverbot unterscheidet sich von der Platzverweisung in zeitlicher und räumlicher Hinsicht. Es kann sich gegenüber Mitgliedern einer offenen Drogenszene auf mehrere Wochen und Monate,[595] bei mehrfachen Zuwiderhandlungen sogar auf mehrere Jahre[596] erstrecken, hat also im Unterschied zur Platzverweisung typischerweise **langfristigen Charakter.** Wird es gegenüber den Mitgliedern einer gewaltbereiten Personengruppe ausgesprochen, so ist es auf den – meist nur in Tagen zu bemessenden – Zeitraum beschränkt, der den Anlaß für die geplante Zusammenkunft bietet, also beispielsweise die Dauer eines Jugendferienlagers, eines Fußballturniers oder eines Open-Air-Konzerts.[597] 448

---

588 *Deger* VBlBW 1996, 90; *Scheithauer* VBlBW 1997, 447; vgl. zu den Begleiterscheinungen auch *Lesting* KJ 1997, 214 f.

589 Vgl. *VGH München* BayVBl. 2000, 85 (86): „Zudem ist die Gefahr nicht zu unterschätzen, dass ganze Stadtviertel hierdurch in ihrer sozialen Struktur verändert werden, weil sie zum Teil wegen des Gefährdungspotentials gemieden werden."

590 *Kube*, VerwArch 2000, 291.

591 *Deger* VBlBW 1996, 90; *Braun*, S. 31 ff.

592 Vgl. *VGH Mannheim* NVwZ 1996, 541.

593 Vgl. den vom *AG Stuttgart*, NVwZ-RR 1998, 105 entschiedenen Fall eines siebentägigen Gewahrsams gegen einen Heroinabhängigen (dazu auch Rdn. 123).

594 *Deger* VBlBW 1996, 91.

595 Über den Fall eines **zwölfmonatigen** Aufenthaltsverbots hatte beispielsweise der *Verwaltungsgerichtshof München* zu entscheiden, vgl. Beschluß vom 18.2.1999, BayVBl. 2000, 85, über den Fall eines **sechsmonatigen** Aufenthaltsverbots das *OVG Bremen*, vgl. Urt. v. 24. 3. 1998, NVwZ 1999, 315. § 36 II SOG LSA beschränkt die Dauer des Platzverweises bei Drogendelikten auf einen Zeitraum von maximal **14 Tagen** und bei sonstigen Delikten auf **4 Tage,** § 21 II SächsPolG (in allen Fällen) auf **3 Monate.** Vgl. hierzu unten Rdn. 474.

596 *Lesting* KJ 1997, 218.

597 § 36 II SOG LSA beschränkt die Dauer des Platzverweises bei solchen Delikten auf 4 Tage.

Zum zweiten ist das Aufenthaltsverbot im Gegensatz zum Platzverweis typischerweise **nicht auf eng umgrenzte Örtlichkeiten beschränkt,** sondern kann ein Stadtviertel oder auch ein ganzes Gemeindegebiet umfassen.

449 Wegen seiner zeitlichen und räumlichen Ausdehnung greift das Aufenthaltsverbot in das durch Art. 11 I GG gewährleistete Grundrecht auf **Freizügigkeit** ein mit der praktisch bedeutsamen Folge, daß es sich, wenn es gegenüber **deutschen Staatsangehörigen** angewendet wird, an dem **qualifizierten Schrankenvorbehalt** des Art. 11 II GG messen lassen muß. Außerdem müssen die Polizeigesetze in diesem Fall das **Zitiergebot** des Art. 19 I 2 GG beachten. Freizügigkeit bedeutet nach einer Formulierung des Bundesverfassungsgerichts das Recht, an jedem Ort innerhalb des Bundesgebiets Wohnsitz und **Aufenthalt** zu nehmen.[598] Der genaue Inhalt dieses Aufenthaltsrechts ist zwar im einzelnen umstritten[599] und letztlich noch nicht völlig geklärt. Streitig ist insbesondere, ob und bejahendenfalls welche Qualität ein Verweilen an einem Ort haben muß, um als Aufenthalt im Sinne des Art. 11 GG angesehen werden zu können. Es kann aber nicht angezweifelt werden, daß jedenfalls das polizeirechtliche Aufenthaltsverbot ein Eingriff in dieses Recht ist. Als dessen Negation bildet es sämtliche Elemente ab, die in der Literatur als Kriterien zur Konturierung des Begriffs des Aufenthalts vorgeschlagen werden.

450 Diese Kriterien sind, einzeln oder kombiniert,[600] **Dauer** (z. B. mehr als nur ein Tag.[601]), **subjektiver Zweck** (z. B. mehr als nur ein Parkspaziergang[602]) und **objektive Bedeutung** (z. B. Kommunikation mit anderen[603]) des Aufenthalts. Mit ihrer Hilfe soll die Freizügigkeit von den Freiheitsrechten aus Art. 2 Abs. 1 (allgemeine Handlungsfreiheit) und 2 Abs. 2 Satz 2 GG (Fortbewegungsfreiheit) abgegrenzt werden. Wegen seiner Kombination aus substanziellen, zeitlichen und räumlichen Komponenten betrifft ein mehrtägiges Aufenthaltsverbot in einem Stadtteil oder einer Gemeinde jedes dieser Kriterien. Dem Adressaten eines solchen Verbotes ist es nicht nur verwehrt, das gesperrte Gebiet zu durchqueren (Fall: Sperrung einer Durchgangsstraße wegen eines schweren Unfalls) oder in einem bestimmten Geschäft etwas zu kaufen (Fall: Sperrung eines Einkaufszentrums wegen einer Bombendrohung) oder an einem Abend seine Stammkneipe zu besuchen (Fall: Zutrittsverbot in Folge einer Razzia, vgl. dazu Rdn. 334). Vielmehr ist er vom Zugang zu all denjenigen öffentlichen und privaten Einrichtungen und ortsspezifischen Gegebenheiten ausgeschlossen, deren Vorhandensein je nach Betrachtungsweise für die individuelle Lebensführung als notwendig, nützlich oder angenehm angesehen wird (Park, „Piazza", Straßencafe, Gaststätte, Kino, Spielhalle, Theater, Museum, Schwimmbad, Ladengeschäft, charakteristische Architektur), und deren Frequentierung identitätsstiftend und somit ein Teil dessen ist, was mit dem Wort Heimat gemeint ist.

451 Art. 11 GG schützt den Aufenthalt an einem solchen Ort – andernfalls wäre die vom Bundesverfassungsgericht getroffene Unterscheidung zwischen Wohnsitznahme und Aufenthalt nicht sinnvoll – auch (und gerade) zugunsten desjenigen, der dort nicht wohnt. Deshalb kann sich letztlich auch der **aus dem Umland kommende Rauschgiftkonsument,** Händler oder Dealer auf dieses Grundrecht berufen. Daß ihre Zentren auch auf solche Personen eine starke Anziehungskraft haben, wird seitens der betroffenen Kommunen als besonders ärgerlich empfunden. Der Einwand, Art. 11 GG sei hier wegen des typischerweise nur kurzfristigen Verweilens auf der räumlich begrenzten Drogenszene kein Prüfungsmaßstab,[604] ist aber bereits unschlüssig. Denn die Polizei verbietet mit der Anordnung des Aufenthaltsverbots ja doch bedeutend mehr als nur das kurzfristige

---

598 *BVerfGE* 2, 266 (273).
599 Vgl. die Darstellung des Meinungsstands bei *Pernice*, in: *Dreier*, Art. 11 Rdn. 13.
600 Für eine kombinierte Betrachtung: *Hailbronner* in: *Isensee/Kirchhof*, Handbuch des Staatsrechts, VI, § 131 Rdn. 25
601 *Jarrass/Pieroth*, Art. 11 Rdn. 2.
602 *Kunig*, in: v. *Münch/Kunig*, GG, Band 1, Art. 11 Rdn. 1.
603 *Alberts* NVwZ 1998, 47; *Braun*, S. 64 ff.
604 *Deger* VBlBW 1996, 92 f.

Verweilen an einem eng umgrenzten Ort – und ohnehin mehr als das, was schon das Gesetz verbietet und durch das Verbot verhindert werden soll.[605] Dieser Einwand ist deshalb allenfalls geeignet, Zweifel an der Verhältnismäßigkeit des Aufenthaltsverbots zu wecken. Für die Bewertung, daß es sich dabei um einen Eingriff in Art. 11 GG handelt, ist er aber unerheblich.

Art. 11 GG schützt, auch wenn diese Vorstellung Unbehagen bereitet,[606] grundsätzlich auch denjenigen, der beabsichtigt, seinen **Aufenthalt zur Begehung von Straftaten** zu nutzen. Anders als etwa bei der durch Art. 8 GG geschützten Versammlungsfreiheit wird der Schutzbereich der Freizügigkeit nicht durch einen entsprechenden Vorbehalt (zum Beispiel: Rechtstreue) zurückgenommen. Dies ergibt sich schon daraus, daß der qualifizierte Schrankenvorbehalt des Art. 11 II GG ausdrücklich auch die Vorbeugung strafbarer Handlungen nennt (sog. Kriminalvorbehalt). Dieser Schrankenvorbehalt wäre nicht nötig, wenn potentiellen Rechtsbrechern das Freizügigkeitsrecht von vornherein nicht zustünde. 452

Was die **Rechtsgrundlage** für ein Aufenthaltsverbot anbelangt, so besteht Einigkeit darüber, daß es nicht auf die Regelung über die **Platzverweisung** gestützt werden kann. Denn es läßt sich von deren engen normativen Umgrenzungen nicht erfassen (Rdn. 448). Die Frage, ob das Aufenthaltsverbot seine rechtliche Grundlage in der **polizeilichen Generalklausel** finden kann, ist dagegen umstritten. Richtigerweise ist wegen des Grundsatzes des Vorrangs der speziellen Regelung (unten Rdn. 703) ein Rückgriff auf die Generalklausel jedenfalls in den Bundesländern, die die Platzverweisung gesondert regeln – das sind alle außer Baden-Württemberg (vgl. auch Rdn. 454) – als ausgeschlossen anzusehen.[607] Die Auffassung, ein Aufenthaltsverbot sei etwas „qualitativ" anderes als eine Platzverweisung, weil es auf eine nach Art und Ausmaß nicht vergleichbare Gefahrenlage reagiere,[608] ist demgegenüber nicht überzeugend. Denn beiden Maßnahmen ist gemeinsam, daß eine Person einen Ort nicht (mehr) betreten darf. Die zwischen ihnen bestehenden Unterschiede – Dauer des Betretensverbots und Ausdehnung des gesperrten Gebiets – sind „quantitativer" Natur. Es käme wahrscheinlich auch niemand auf den Gedanken, eine mehrmonatige Freiheitsentziehung auf die polizeiliche Generalklausel stützen zu wollen, weil sie sich „qualitativ" vom kurzfristigen Polizeigewahrsam unterscheide. 453

Wegen der gesteigerten Eingriffsintensität des Aufenthaltsverbots steht einer Anwendung der Generalklausel zudem der verfassungsrechtliche **Wesentlichkeitsgrundsatz** entgegen. Es ist nicht stimmig, wenn einerseits der Gesetzgeber die Schaffung einer eigenen Ermächtigungsgrundlage für die zeitlich und räumlich begrenzte Platzverweisung für geboten erachtet, die Verwaltung sich aber andererseits für befugt hält, das wesentlich eingriffsintensivere Aufenthaltsverbot auf die Generalklausel zu stützen. Für Baden-Württemberg schließlich ist festzustellen, daß die Praxis, das Aufenthaltsverbot auf die polizeiliche Generalklausel zu stützen, von der Rechtsprechung gebilligt wird.[609] Auch wenn sich hier mangels spezieller Regelung die Frage der Abgrenzung zur Generalklausel nicht stellt, wäre die Schaffung einer eigenen Rechtsgrundlage aus Gründen der Rechtsklarheit jedenfalls wünschenswert.[610] Wegen der Eingriffsintensität dieser Maßnahme und dem Umstand, daß sie, wie die Häufigkeit ihres Einsatzes zeigt, mittlerweile den **Rang einer Standardmaßnahme** erlangt hat, spricht aber auch vieles dafür, daß ihre Vor- 454

---

605 *Götz* NVwZ 1998, 683.

606 Vgl. *Götz* NVWZ 1998, 683: „Es erscheint schwerlich naheliegend und zutreffend zu sein, daß die Inbesitznahme der Straße für die offene Drogenszene vom Schutzbereich des Freizügigkeitsrechts erfaßt ist."

607 *Lesting*, KJ 1997, 220 f.; *Roggan*, Bürgerrechte & Polizei (CILIP) 1998, 60 ff.; *Hecker* JuS 1998, 575 f.; ders. NVwZ 1999, 262; *Braun*, S. 108 f.; *Volkmann* NVwZ 2000, 365.

608 So aber OVG Bremen NVwZ 1999, 314; im Ergebnis ebenso: *Deger* VBlBW 1996, 91; *Götz* NVwZ 1998, 683; *Meixner*, HSOG, § 31 Rdn. 6; *Schenke*, Rdn. 93; *Schmidbauer* in: *Schmidbauer/Steiner/Roese*, PAG, Art. 11 Rdn. 154; *Honnacker/Beinhofer*, PAG, Art. 16 Anm. 4; *Roos*, POG RP, § 13 Rdn. 6.

609 *VG Stuttgart* NVwZ-RR 1996, 390; *VGH Mannheim* NVwZ-RR 1998, 428.

610 *Braun*, S. 107 ff.

aussetzungen und Grenzen, den Erfordernissen des Wesentlichkeitsprinzips folgend, in einzelnen nunmehr vom Gesetzgeber festzulegen sind. Die Anwendung der Generalklausel läßt sich, weil die Verwaltung schon seit mehreren Jahren zum Mittel des Aufenthaltsverbots greift, heute jedenfalls nicht mehr mit dem Argument rechtfertigen, diese habe auch den Zweck, unvorhergesehenen Gefahren zu begegnen.

455 Umstritten ist, ob es in die **Gesetzgebungskompetenz eines Landes** fällt, eine (polizeirechtliche) Regelung zu erlassen, die in die grundrechtlich geschützte Freizügigkeit eingreift oder hierzu ermächtigt.[611] Umstritten ist dies deshalb, weil einerseits die Regelung der Freizügigkeit gemäß Art. 73 Nr. 4 GG in die ausschließliche Gesetzgebungskompetenz des Bundes fällt, andererseits der qualifizierte Gesetzesvorbehalt des Art. 11 II GG auch solche Materien benennt, die herkömmlicherweise in die Regelungszuständigkeit der Länder fallen. Aus dieser Unstimmigkeit wird gefolgert, daß der Begriff der Freizügigkeit in Art. 73 Nr. 4 GG nicht mit dem Freizügigkeitsbegriff des Art. 11 GG deckungsgleich sei. Die ausschließliche Bundeskompetenz erfasse nur Bewegungen zwischen den Bundesländern (interterritoriale Freizügigkeit), nicht aber solche innerhalb eines Bundeslandes (interlokale Freizügigkeit).[612] Gegen eine solche unter teleologischen Gesichtspunkten schlüssige Folgerung streitet zwar immer noch der Wortlaut beider Bestimmungen.[613] Die insbesondere in neueren Untersuchungen zur **Entstehungsgeschichte des Art. 11 GG** gefundenen gewichtigen Anhaltspunkte für eine restriktive Interpretation des in Art. 73 Nr. 4 GG enthaltenen Freizügigkeitsbegriffs überwiegen letztlich jedoch die entgegenstehenden Bedenken.[614] Es ist deshalb mit der Rechtsprechung und der mehrheitlich in der Literatur vertretenen Auffassung davon auszugehen, daß Art. 73 Nr. 4 GG eine landesrechtliche Ausgestaltung des in Art. 11 II GG enthaltenen qualifizierten Gesetzesvorbehalts durch die Landesgesetzgeber nicht von vornherein verbietet.

456 In jüngerer Zeit haben einige Länder, beginnend mit Niedersachsen im Jahr 1996,[615] **spezielle Rechtsgrundlagen** für das Aufenthaltsverbot geschaffen,

§ 29 II ASOG Bln; § 17 II NGefAG; § 36 II SOG LSA; § 21 II SächsPolG.

Die Bestimmungen ermächtigen die Polizei, einer Person das Betreten eines **bestimmten örtlichen Bereichs** (Rdn. 457 ff.) und den Aufenthalt darin zu verbieten, wenn **Tatsachen die Annahme rechtfertigen** (Rdn. 462), daß diese Person dort eine **Straftat begehen** wird (Rdn. 463 ff.). Sie enthalten das ausdrückliche Gebot, das Aufenthaltsverbot zeitlich und räumlich auf den **erforderlichen Umfang** (Rdn. 468 ff.) zu beschränken. Außerdem darf das Aufenthaltsverbot nicht den **Zugang zur Wohnung** des Betroffenen umfassen (Rdn. 477).

457 Der Begriff des **„örtlichen Bereichs"** wird teilweise ausdrücklich definiert als „Ort oder Gebiet innerhalb **einer** Gemeinde oder auch **ein** gesamtes Gemeindegebiet" (§ 17 II 2 NGefAG), sofern nicht diese Definition von vornherein als selbständiges Tatbestandsmerkmal fungiert (§ 21 II 1 SächsPolG: „...Gemeindegebiet oder -gebietsteil..."). Die Formulierung „innerhalb einer Gemeinde" und „ein gesamtes Gemeindegebiet" verbietet

---

[611] Bejahend: *BayVerfGH* NVwZ 1991, 664; VG Sigmaringen VBlBW 1995, 289; *OVG Bremen* NVwZ 1999, 314; *Dürig* in M/D, GG, Art. 11 Rdn. 56; *Randelzhofer* in: BK (Zweitb.), Art. 11 Rdn. 142; *Hailbronner* in: *Isensee/Kirchhof*, Handbuch des Staatsrecht, Bd. VI, 1989, § 131 Rdn. 47.; *Kunig* in: *v. Münch/Kunig*, GG, Bd. 1, 4. Aufl., Art. 11 Rdn. 11 ff.; ders., Jura 1990, 311; *Rittstieg* in AK-GG, Bd. 1, 2. Aufl., Art. 11 Rdn. 53; *Pieroth* JuS 1985, 86; *Alberts* NVwZ 1997, 47; *Schenke*, Rdn. 93. Verneinend: *Maunz* in: M/D, GG, Art. 73 Rdn. 11; *Schmidt-Bleibtreu/Klein*, Art. 73 Rdn. 14; *Pernice* in: *Dreier*, GG, Bd. I, Art. 11 Rdn. 22; *Stettner* in: *Dreier*, GG, Bd. II, Art. 73 Rdn. 6; *Waechter* NdsVBl 1996, 199; *Hecker*, NVwZ 1999, 262.

[612] *Alberts* NVWZ 1997, 47.

[613] *Hecker* NVwZ 1999, 262 f.

[614] *Ziekow*, S. 561 ff; *Braun*, S. 78 ff.

[615] Anlaß für die Gesetzesnovellierung waren allerdings nicht die offenen Drogenszenen, sondern die von Punkern inszenierten sogenannten „Chaos-Tage" in Hannover im Jahr 1995. Vgl. hierzu *Seifert* KJ 1996, 356 ff.

es der zuständigen Behörde, das Aufenthaltsverbot gleichzeitig auf mehrere Gemeinden innerhalb ihres Zuständigkeitsbereichs zu erstrecken, sei es in einem einzigen Verwaltungsakt, sei es in zeitlich unmittelbar aufeinander folgenden. Dem (zeitnahen) Erlaß eines Aufenthaltsverbots durch eine andere Behörde mit einem anderen örtlichen Zuständigkeitsbereich steht sie jedoch nicht entgegen. Einer – theoretisch denkbaren – Summierung von Aufenthaltsverboten in der Weise, daß ihr Geltungsbereich schließlich das Gebiet eines ganzen Bundeslandes erfaßt, steht allerdings die auf die interlokale Freizügigkeit begrenzte Länderkompetenz entgegen (soeben Rdn. 455). Praktisch relevant wird diese Kompetenzbegrenzung in Stadtstaaten. Aus diesem Grund ist gem. § 29 II 1 ASOG Bln das Aufenthaltsverbot von vornherein auf ein „Gebiet innerhalb von Berlin" beschränkt.

Mit der Formulierung „**bestimmter** örtlicher Bereich" wiederholt der Gesetzgeber 458
den für den Erlaß von Verwaltungsakten allgemein geltenden Bestimmtheitsgrundsatz (vgl. § 37 I VwVfG). Er verlangt zum einen, daß die **räumlichen Grenzen** des für den Betroffenen verbotenen Bereichs genau definiert werden. Am einfachsten kann dies durch gleichzeitiges Aushändigen eines Lage- oder Stadtplans geschehen, in dem die Grenzen oder die Ausdehnung des gesperrten Bereichs deutlich gekennzeichnet sind, aber auch, wie dies bei der Ausweisung von Sperrgebieten gemäß Art. 297 EGStGB praktiziert wird, durch die (sprachliche) Benennung der den betreffenden Bereich umschließenden Straßen, Gebäude und Einrichtungen.

Die Frage der Bestimmtheit eines Aufenthaltsverbots stellt sich zum anderen deshalb, 459
weil es dem Adressaten des Verbots aus Gründen der Zumutbarkeit nicht verwehrt werden kann, das für ihn gesperrte Gebiet zur Verfolgung überwiegender persönlicher Interessen zu betreten (unten Rdn. 477). Da der Betroffene aber erkennen können muß, **welches Handeln oder Unterlassen** von ihm verlangt wird, und weil das Aufenthaltsverbot außerdem eine hinreichend klare **Grundlage für eine Vollstreckung** sein muß,[616] gebietet es der Bestimmtheitsgrundsatz, diejenigen Verhaltensweisen und Verrichtungen konkret bezeichnen, die vom Aufenthaltsverbot nicht erfaßt sind. Die Umsetzung dieses Gebots ist allerdings schwierig, was wiederum die Frage aufwirft, ob ein Aufenthaltsverbot, das gleichermaßen effektiv und zumutbar sein soll, überhaupt hinreichend klar formuliert werden kann. Daß beispielsweise das Verbot, sich in einem bestimmten Gebiet „aufzuhalten", mit dem Bayerischen Verwaltungsgerichtshof dahingehend verstanden werden kann, der Betreffende dürfe dort lediglich nicht „herumlungern",[617] ist schon deshalb zu bezweifeln, weil der Inhalt eines solchen Verbots zu viele Fragen aufwirft, um als hinreichend bestimmt angesehen werden zu können: Darf der Betreffende beim täglichen Einkauf „schlendern", gar „bummeln", und ist es ihm erlaubt, zu „flanieren"? Darf er stehenbleiben oder sich auf eine Bank setzen und bejahendenfalls wie lange? Darf er mit Freunden und Bekannten ein Gespräch führen, und bejahendenfalls wie lange? Darf er ein Straßencafé aufsuchen oder in einem Park spazierengehen? Diese Fragen zeigen, daß jedenfalls die Vollstreckung des Verbots, „herumzulungern", kaum möglich ist,[618] weil die bezeichneten Verhaltensweisen für die Polizei nur relevant sind, wenn der Betreffende gleichzeitig die **Anbahnung von Rauschgiftgeschäften beabsichtigt.** Diese Absicht ist als **innere Tatsache** aber keine Grundlage, auf die sich Vollstreckungsmaßnahmen zuverlässig stützen ließen. Im übrigen wäre ein so verstandenes Verbot ohnehin kein an Art. 11 GG zu messendes Aufenthaltsverbot, sondern letztlich nur die – allerdings mit Vollstrek-

[616] BVerwGE 94, 335 (330).

[617] VGH München BayVBl. 2000, 85. Anders das OVG Münster (NWVBl. 2000, 435): „Bei objektiver Würdigung bedeutet das angeordnete ›Aufenthaltsverbot‹, dass sich der Adressat nicht in dem näher gekennzeichneten Bereich... aufhalten darf, ohne daß es auf Art, Dauer und Zweck des Aufenthalts ankäme."

[618] Daß ein Verwaltungsakt auch und allein deshalb, weil er mangels Bestimmtheit nicht vollstreckt werden kann, rechtswidrig ist, wird vom VGH München (BayVBl. 2000, 87) nicht gesehen: „Daß es... zu Abgrenzungsschwierigkeiten kommen kann, stellt sich als eine Frage des Vollzugs der Maßnahme dar und hat auf die Frage der Rechtmäßigkeit der getroffenen Anordnung keine Auswirkungen."

kungsandrohung versehene – Konkretisierung des allgemeinen Gebots, keine Straftaten (hier: Handel mit Betäubungsmitteln) zu begehen.

460 Die Probleme sind kaum einfacher, wenn es dem Adressaten eines echten Aufenthaltsverbots erlaubt werden soll, gleichwohl seinen Rechtsanwalt oder Arzt, seine Eltern oder seine Freundin, eine Kirchengemeinde oder einen Bahnhof aufzusuchen. Es ist zwar Sache des Betroffenen, derartige persönliche Umstände geltend zu machen.[619] Er muß dies aber nicht von sich aus tun. Um ein entsprechend **modifiziertes Aufenthaltsverbot** erlassen zu können, obliegt es vielmehr der Polizei, den Betroffenen nach den Regeln des allgemeinen Verwaltungsverfahrensrechts vorher **anhören.** Unterbleibt die Anhörung und stellt sich später heraus, daß aus diesem Grund berechtigte Interessen des Betroffenen nicht in die behördliche Entscheidungsfindung eingeflossen sind, so führt allein dies zur Rechtswidrigkeit des Aufenthaltsverbots.

461 Zum einen kann es schwierig sein, diese Orte, Personen und Einrichtungen im Einzelfall konkret zu benennen oder aber jedenfalls eine brauchbare **abstrakte Umschreibung** hierfür zu finden, die für den Adressaten eines solchen Verbots erkennen läßt, welche Ziele innerhalb des gesperrten Gebiets vom Verbot ausgenommen sind. Zum anderen bliebe auch hier zu klären, **welche Wegstrecken** der Betreffende benutzen darf (nur jeweils eine? eine bestimmte nicht?) und ob jede **Modalität der Fortbewegung** akzeptiert wird oder nur eine bestimmte (z. B. Zurücklegen der Wegstrecke ohne Unterbrechung). Die Beantwortung dieser Fragen kann für jemanden, der sich mit einem sofort vollstreckbaren Aufenthaltsverbot konfrontiert sieht, ernste Folgen haben. Die Polizei, die die Szene verunsichern will, muß an ihrer Beantwortung kein hervorgehobenes Interesse haben. Ihr kann es ausreichen, daß sich der Adressat eines handfesten Risikos gewahr ist und sich deshalb entsprechend „vorsichtig" verhält. Es ist aber der Zweck des Bestimmtheitsgrundsatzes, daß solche Fragen nicht offen bleiben. Ob sie gelöst werden können, ist aber zu bezweifeln. Denn der innere Grund für die Schwierigkeiten, dem Aufenthaltsverbot eine den formellen Anforderungen genügende äußere Form zu geben, liegt bereits in der mangelnden Eignung dieses Instruments begründet (vgl. Rdn. 468 ff.). Daß die Beachtung des Bestimmtheitsgebots Schwierigkeiten bereitet, ist hierfür lediglich ein Symptom.

462 Auffallend an den spezialgesetzlichen Bestimmungen über das Aufenthaltsverbot ist, daß sie an die zeitliche Nähe der zu verhindernden Straftat einen im Vergleich zum herkömmlichen Polizeirecht **herabgestuften Wahrscheinlichkeitsmaßstab** anlegen. Hierfür steht die Wendung „wenn Tatsachen die Annahme rechtfertigen" (vgl. oben Rdn. 173 ff.). Zu den Tatsachen in diesem Sinn gehören jedenfalls jene Umstände, die von einigen Polizeigesetzen ausdrücklich als Indiztatsachen zur Rechtfertigung einer Ingewahrsamnahme genannt werden, also insbesondere die **Ankündigung der Straftat,** daß **Mitführen von Tatwerkzeugen** oder die Existenz eines **einschlägiges Vorstrafenregisters**[620] (vgl. unten Rdn. 509 ff.). Darüber hinaus kann das bloße **Äußere einer Person** eine hinreichende Indiztatsache sein, nämlich dann, wenn gleichzeitig ein erkennbarer Bezug zu einem strafrechtlich relevanten Ereignis besteht bzw. dieses Äußere die soziale Zugehörigkeit zu einer Gruppe von potentiellen Straftätern vermittelt. So kann beispielsweise verhindert werden, daß im Fall einer aufgeladenen Atmosphäre fanatische Anhänger der unterlegenen Fußballmannschaft auf solche der siegreichen treffen oder daß Randalierer (Punks, Skins) den verabredeten Treffpunkt erreichen. Problematisch kann eine solche Zuordnung im Fall des Vorgehens gegen offene Drogenszenen sein. Allein der Umstand, daß jemand nachlässig gekleidet ist oder sonst den Eindruck von Verwahrlosung macht, rechtfertigt, selbst wenn hierfür polizeiliche Erfahrungssätze sprächen, nicht die Annahme, er wolle Drogen zu erwerben, und es darf ihm deshalb auch nicht verwehrt werden, einen Stadtteil, den die Behörden gerade im Visier haben, zu betreten und sich dort auf-

---

619 OVG Münster NWVBl. 2000, 435.

620 Vgl. zur Rechtfertigung eines Aufenthaltsverbots wegen einer früheren Verurteilung wegen unerlaubten Erwerbs von Betäubungsmitteln VG Göttingen NVwZ 1999, 169.

zuhalten. Die polizeigesetzliche Normierung des Wahrscheinlichkeitsmaßstabs erfährt hier eine Einschränkung durch den Kriminalvorbehalt des Art. 11 II GG, der nach überwiegender Auffassung eine **große Wahrscheinlichkeit der Straftatbegehung** verlangt.[621] Die Regelungen über die Aufenthaltsverbote sind in verfassungskonformer Weise einschränkend auszulegen.

Die Begrenzung des Schutzzwecks auf die **Verhinderung von Straftaten,** die sich zwangsläufig aus dem Kriminalvorbehalt des Art. 11 II GG ergibt, verbietet es der Polizei mit der gebotenen Eindeutigkeit, Aufenthaltsverbote gegenüber Stadtstreichern auszusprechen, durch deren Anwesenheit Passanten sich belästigt (Betteln) und Gewerbetreibende sich beeinträchtigt fühlen (unattraktives Äußeres) und Ämter die Aufrechterhaltung der öffentlichen Ordnung in Frage gestellt sehen. Diese verfassungsrechtliche Begrenzung gilt auch in den Ländern, in denen – wenn auch nach hier vertretener Auffassung in unzulässiger Weise (Rdn. 453 ff.) – Aufenthaltsverbote auf der Grundlage der polizeilichen Generalklausel ausgesprochen werden. **463**

Einzig das Polizeigesetz Sachsen-Anhalts normiert eine weitergehende **Beschränkung auf bestimmte schwerwiegende Straftaten.** Verwiesen wird auf den umfangreichen Deliktskatalog der **Straftaten von erheblicher Bedeutung** (vgl. § 3 Nr. 4 SOG LSA sowie oben Rdn. 187 ff.), auf sämtliche Straftaten nach dem **Betäubungsmittelgesetz**, auf das Verbreiten von Propagandamitteln und das Verwenden von Kennzeichen **verfassungswidriger Organisationen** (§§ 86, 87 a StGB), auf schweren **Hausfriedensbruch,** Störung des **öffentlichen Friedens** und **Volksverhetzung** sowie auf Straftaten nach § 27 Versammlungsgesetz (Führen von Waffen bei öffentlichen Versammlungen und Aufzügen). Der Katalog ist zwar sehr lang, aber dennoch von einiger praktischer Bedeutung, weil er beispielsweise Aufenthaltsverbote gegen **Prostituierte,** wie sie praktiziert werden oder wurden, von vornherein ausschließt. Gemäß § 184 a StGB werden nämlich hartnäckige Verstöße gegen das Verbot der Ausübung der Prostitution in einem Sperrgebiet bestraft. Dies ist aber nur ein geringfügiges Vergehen und somit auch keine der in § 36 II SOG LSA genannten Straften. **464**

Aber auch der Anwendungsbereich derjenigen Gesetze, die nicht ausdrücklich eine derartige gegenständliche Begrenzung aufweisen, ist in **verfassungskonformer Weise einschränkend auszulegen.** Das Bundesverwaltungsgericht hat in einer schon älteren Entscheidung ausgeführt, daß nicht die Gefahr einer jeden Straftat zur Beschränkung der Freizügigkeit führen darf, sondern daß auf „das Recht der Gemeinschaft auf Schutz ihrer lebenswichtigen Belange" abzustellen ist.[622] Deshalb muß auch das polizeirechtliche Aufenthaltsverbot auf die Wertigkeitshierarchie der durch Straftaten geschützten Rechtsgüter Rücksicht nehmen. Die in allen Polizeigesetzen existierenden Kataloge von Straftaten mit erheblicher Bedeutung (Rdn. 187 ff.) sind hierfür allerdings ein nur sehr bedingt tauglicher Anhaltspunkt, weil – man denke an Waffenhandel, Geldwäsche oder die Verschiebung von Kraftfahrzeugen – das Aufenthaltsverbot in aller Regel kein probates Mittel zu ihrer Verhinderung ist und es für diese Deliktsfelder in der Praxis auch keine Rolle spielt. Aus diesem Grund steht das Vorgehen gegen die offene Drogenszene, für welches das Aufenthaltsverbot gewissermaßen erfunden wurde, im Zentrum der folgenden Darstellung. **465**

Das Aufenthaltsverbot kann sich von vornherein nur gegen solche Personen richten, die voraussichtlich selbst eine Straftat begehen werden. Eine Befugnis, diese Maßnahme auch gegenüber einer solchen Person zu ergreifen, **„die zu ihrer Begehung beitragen wird";** wie es 21 II SächsPolG zulassen will, hat die Polizei nicht. Diese merkwürdig undeutliche Wendung widerspiegelt die praktischen Schwierigkeiten bei der Sachverhaltsermittlung – woraus läßt sich der Schluß ziehen, daß jemand eine Straftat begehen will? – **466**

---

621 *Jarass/Pieroth*, GG, Art. 11 Rdn. 10; *Kunig* in: *v. Münch/Kunig*, GG, Bd. 1, 4. Aufl., Art. 11 Rdn. 27 („hinreichende" Wahrscheinlichkeit); *Pernice* in: *Dreier*, GG, Bd. 11, Art. 11 Rdn. 27.

622 Urteil vom 5. 2. 1958 zum Notaufnahmegesetz, BVerwGE 6, 173 (176). Ebenso: *Randelzhofer* in: BK (Zweitb.), Art. 11 Rdn. 168; *Hailbronner*, in: *Isensee/Kirchhof*, Handbuch des Staatsrechts, Bd. VI, § 131 Rdn. 58; *Pernice*: in *Dreier* (Hrsg.), GG, Art. 11 Rdn. 27.; *Pieroth* JuS 1985, 87; *Waechter* NdsVBl 1996, 201.

und verleiht der Neigung der Polizei Ausdruck, einer Drogenszene aufgrund ihres Aussehens vermeintlich Zugehörige schon wegen ihrer Präsenz an oder in der Nähe von brisanten Örtlichkeiten auszusperren.

467 Der Versuch einer Rechtfertigung solchen Vorgehens geht dahin, erstens **„die offene Drogenszene" als Gefahr** im polizeirechtlichen Sinn zu begreifen[623] und zweitens schon in der **bloßen Anwesenheit** solcher Personen ein Element der Festigung einer Drogenszene anzusehen.[624] Keiner der beiden Ansätze ist jedoch tragfähig. Zum einen dient der Begriff der offenen Drogenszene nur der Umschreibung eines sozialen Phänomens, das sich seinerseits aus vielfältigen Handlungen vieler Beteiligter zusammensetzt und das auch keine starren räumlichen und zeitlichen Bezugspunkte hat. Als ein solches Phänomen ist „die offene Drogenszene" aber kein tauglicher Anknüpfungspunkt für eine Gefahrenverursachung.[625] Gefahren verursachen nur die Beteiligten oder die von ihnen mitgeführten Gegenstände wie etwa das Rauschgift und die weggeworfenen Spritzen. Zum anderen ist die bloße Zugehörigkeit zu einer Szene ein Anknüpfungspunkt, der vom Schrankenvorbehalt des Art. 11 II GG bei weitem nicht mehr gedeckt ist. Für Einschränkungen ist ein strenger Maßstab anzulegen,[626] dem eine Maßnahme von vornherein nur gerecht wird, wenn der Adressat des Grundrechtseingriffs auch der potentielle Straftäter ist, und nicht nur eine Randfigur des Milieus.

468 Die speziellen Befugnisnormen über das Aufenthaltsverbot normieren explizit das Gebot der (zeitlichen und räumlichen) **Erforderlichkeit** dieser Maßnahme (Rdn. 456) und thematisieren damit nur einen Ausschnitt des dreistufigen **Verhältnismäßigkeitsgrundsatzes,** an dem sie sich messen lassen müssen. Aufenthaltsverbote begegnen aber schon unter dem Blickwinkel ihrer **Geeignetheit** erheblichen Einwänden. Denn typischerweise haben diese Maßnahmen vor allem einen **Verdrängungseffekt.** Der Handel mit Rauschgift findet, wenn die polizeiliche Strategie greift, an anderen Orten, gegebenenfalls auch unter anderen Bedingungen – unter Umständen also nicht mehr offen – statt. Dieser Effekt wird in der Rechtsprechung und der Literatur diskutiert, zumeist aber unter Hinweis darauf, daß das Aufenthaltsverbot den Rauschgifthandel jedenfalls erschwere, nicht als Eignungsmangel angesehen.[627]

469 Die diesem Ergebnis zugrundeliegende Überlegung, daß polizeiliches Handeln nicht schon ungeeignet ist, wenn eine Gefahr nicht vollständig beseitigt wird, ist im Grundsatz zwar richtig (oben Rdn. 222). Unter dem Blickwinkel des im Verhältnis zum allgemeinen Polizeirecht engeren verfassungsrechtlichen Schrankenvorbehalt des Art. 11 II GG greift sie allerdings zu kurz. Ihre Überzeugungskraft hängt zum einen von der Richtigkeit der Prämisse ab, das strategische Ziel des polizeilichen Vorgehens, die Auflösung offener Drogenszenen, dürfe gleichzeitig der Maßstab ihres Einschreitens sein. Wie oben ausgeführt (Rdn. 467), ist „die offene Drogenszene" aber zum einen schon kein geeigneter Bezugspunkt für eine Theorie der Gefahrenverursachung. Alles andere bedeutete eine unzulässige Gleichsetzung von selbst gewählter polizeilicher Strategie und vom Recht vorgegebener Aufgabenstellung. Zum anderen spricht vieles dafür, daß ein solcher Be-

---

623 *VGH Mannheim* NVwZ-RR 1997, 226; *VGH Mannheim* NVwZ-RR 1998, 428; *OVG Bremen* NVwZ 1999, 314; *OVG Münster*, Beschl. v. 6. 9. 2000, Az. 5 B 1201/00 – juris; *Scheithauer* VBlBW 1997, 447.

624 *OVG Bremen* NVwZ 1999, 314; *VGH München* BayVBl. 2000, 86.

625 Vgl. auch *Volkmann* NVwZ 2000, 363, der die offene Drogenszene aber immerhin als abstrakte Gefahr begreift. Als solche könne sie jedoch nur Gegenstand genereller Regelungen – und also nicht eines Verwaltungsakts – sein.

626 *BVerfGE* 2, 266 (288); vgl. *Dürig* in: M/D, Art. 11, Rdn. 77: Der Kriminalvorbehalt sei „mit Gewißheit **eng** auszulegen. Sonst gelangte man mit einigen Abstrichen praktisch doch zu jener präventivpolizeilichen Generalklausel, die die abschließende Aufzählung der Gesetzesvorbehalte (vgl. „nur") gerade ausschließen wollte." In diesem Sinn ausdrücklich auch *Pieroth* JuS 1985, 87; *Randelzhofer* in: BK, Art. 11 Rdn. 160; *Pernice*, in: *Dreier* (Hrsg.), GG, Art. 11 Rdn. 23; *Waechter* NdsVBl 1996, 201.

627 *OVG Bremen* NVwZ 1999, 314; *VGH München* BayVBl. 2000, 85; *Deger* VBlBW 1996, 93. Vgl. allgemein zur Kritik an solchen Geeignetheitstheorien Volkmann NVwZ 2000, 365: Je geringer die Anforderungen an den Effekt einer Maßnahme unter der Gesichtspunkt ihrer Eignung sind, desto eher muß von ihrer fehlenden Proportionalität (Verhältnismäßigkeit im engeren Sinn) ausgegangen werden.

zugspunkt nicht mehr vom **Kriminalvorbehalt des Art. 11 II GG** gedeckt ist. Dieser läßt Einschränkungen der Freizügigkeit unter anderem nur zu, „um strafbaren Handlungen vorzubeugen". Dies bedeutet, daß die **Verhinderung von Straftaten das Ziel** der Grundrechtseinschränkung sein muß.

Ob die Verhängung eines Aufenthaltsverbots das geeignete Mittel hierfür ist, hängt 470
vom **situativen Bezugsrahmen** der zu erwartenden Straftat ab. Es ist danach zu fragen, ob der Aufenthalt des Täters an einem bestimmten Ort **notwendige Voraussetzung** für ihre Begehung oder aber nur ein austauschbares **Element der Tatgelegenheit** ist. Besonders klar, weil normativ konturiert, ist der situative Bezugsrahmen in den Fällen, in denen bestimmte Handlungen in bestimmten Gebieten verboten sind (Straßenprostitution im Sperrbezirk) oder der Aufenthalt dort von vornherein untersagt ist (Aufenthalt eines Asylbewerbers außerhalb des Gestattungsbezirks;[628] Betreten einer militärischen Sperrzone).

Einen deutlichen situativen Bezugsrahmen haben außerdem Straftaten, die es nur als 471
Begleiterscheinungen besonderer Ereignisse gibt, wie beispielsweise gewalttätige Ausschreitungen bei Sportveranstaltungen oder Schlägereien bei Volksfesten. Gleiches gilt, wenn die zu begehenden Straftaten selbst das „Ereignis" sind, wie dies bei den Chaos-Tagen in der Innenstadt von Hannover der Fall war[629] und wie dies immer der Fall ist, wenn sich gewaltbereite Personen, etwa aus Anlaß eines „Gedenktages", an einem bestimmten Ort verabreden. Hier wie dort ist der gleichzeitige Aufenthalt einer Mehrzahl von Personen innerhalb eines begrenzten Zeitraums an einem bestimmten Ort typischerweise eine Voraussetzung dafür, daß die befürchteten Straftaten – häufig Gewaltdelikte, mit denen die Polizei andernfalls nur schwer fertig würde – überhaupt begangen werden. Durch die Verhängung eines Aufenthaltsverbot wird diesen Taten im Wortsinn der Boden entzogen. Völlig anders ist dies beim Rauschgifthandel auf der Endverbraucherstufe. Dieses Massendelikt kann ohne großen logistischen Aufwand jederzeit und überall dort begangen werden, wo sich Menschen aufhalten. Ein situativer Bezugsrahmen ist hier nicht erkennbar.

Daß die offene Drogenszene vor allem an Orten zu beobachten ist, die eine aus der 472
Sicht der Beteiligten günstige Infrastruktur haben (Bahnhofsnähe, Park), ändert an der fehlenden Situationsgebundenheit dieses Delikts nichts. Das Vorhandensein solcher Orte ist kein Anlaß und ihre Erreichbarkeit keine Voraussetzung für den Drogenhandel. Aufenthaltsverbote gegenüber Angehörigen der offenen Drogenszene haben deshalb nur den Effekt, daß diese Personen **in den gesperrten Gebieten** keine Straftaten begehen können. Dieser Effekt reicht nicht, um das Aufenthaltsverbot als geeignetes Mittel zur Verhinderung von Straftaten ansehen zu können. Solange der Aufenthalt einer Person nicht im gesamten Hoheitsgebiet der Bundesrepublik untersagt werden kann,[630] haftet diesem Effekt etwas bloß Selbstbezügliches an. Denn er blendet die Frage aus, wie sich das Handeln des Betroffenen in den nicht gesperrten Gebieten zur Ratio des konkreten Gesetzesvorbehalts gemäß Art. 11 II GG verhält. Nach dieser Ratio kann ein Aufenthaltsverbot nicht das geeignete Mittel zur Vorbeugung von Straftaten sein, wenn die zu verhindernde Straftat ohne weiteres auch andernorts begangen werden kann. Der Kriminalitätsvorbehalt ist keine Rechtfertigung für Kirchturmpolitik. Eine Verlagerung der Drogendelikte in andere Stadtteile, Kommunen, Landstriche oder Bundesländer wird von seinem Geltungsbereich deshalb ebensowenig erfaßt wie eine bloße Beeinflussung ihrer Erscheinungsformen dergestalt, daß Rauschgift vermehrt in nicht offenen Drogenszenen wie Diskotheken, Gaststätten oder Schulen umgesetzt wird. Die Annahme, ausgerechnet die durch Verwahrlosung gekennzeichnete offene Drogenszene wirke auf bislang Unbeteiligte attraktiv und stelle deshalb eine Gefahr dar, ist im übrigen wenig plausibel;[631]

---

[628] Vgl. *VGH Mannheim* NVwZ-RR 1998, 680.

[629] Vgl. die Hinweise bei Fn. 615.

[630] Vgl. BVerwGE 6, 173 (Versagung der Aufenthaltserlaubnis nach dem Notaufnahmegesetz gegenüber Zuwanderern aus dem sowjetischen Besatzungsgebiet).

[631] In diesem Sinn aber *AG Stuttgart* NVwZ 1998, 105; *VGH München* BayVBl. 2000, 85. Zu Recht kritisch *Lesting* KJ 1997, 216 (unter Verweis auf eine empirische Studie in Fn. 9).

eine größere Gefahr geht von den geschlossenen Szenen aus. Daß es den Behörden bei ihrem Vorgehen gegen offene Drogenszenen im Grunde also nur um die Verhinderung unerwünschter Begleiterscheinungen in bestimmten attraktiven Gebieten geht, ist bereits unter Ermessensgesichtspunkten problematisch (Rdn. 122). Vom qualifizierten Gesetzesvorbehalt des Art. 11 II GG sind polizeiliche Taktiken und Strategien des Verdrängens, In-Bewegung-Haltens und Verunsicherns, will man dieses Grundrecht nicht zu ganz kleiner Münze verkommen lassen, jedenfalls nicht gedeckt.[632]

473 Die Frage nach **Erforderlichkeit des Aufenthaltsverbots** an sich ließe sich nur bejahen, wenn man die mit den beschriebenen Taktiken und Strategien verfolgten Ziele als vom Polizeirecht und der Verfassung erlaubt ansähe. Dies ist nach dem oben Gesagten jedoch nicht der Fall. Laßt man sich dennoch auf diese Zielsetzungen ein und stellt also die Frage nach der Eignung von weniger einschneidenden Maßnahmen wie Identitätsfeststellungen, Durchsuchungen, Sicherstellungen und kurzfristigen Platzverweisen, so erhält man zur Antwort, daß der Effekt dieser Maßnahmen gering, weil nicht anhaltend, sei. Die Betroffenen gingen, so wird gesagt, ihren Geschäften sogleich an anderer Stelle nach oder fänden sich doch anderntags am gleichen Ort wieder ein. Diese Einschätzung ist zwar zutreffend. Sie macht aber nicht deutlich, warum der Polizei diese zugegebenermaßen mühsame Kleinarbeit des Aufgreifens verdächtiger Personen und des jeweils individuellen Nachweises strafbaren Handelns nicht mehr zuzumuten sein soll. Daß Aufenthaltsverbote und die hiermit verbundene Androhung von Zwangsmaßnahmen deshalb zu einer wesentlichen **Erleichterung polizeilicher Arbeit** führen, steht nicht zuletzt wegen des perpetuierenden Effekts eines einmal ausgesprochenen Verbots, insbesondere des Umstands, daß dieses Verbot gleichzeitig ein Titel für freiheitsentziehende Maßnahmen in der Verwaltungsvollstreckung sein kann, für deren Anordnung die polizeirechtliche Befugnisnorm nicht (immer) ausreichen würde, außer Frage. Die besondere Nachhaltigkeit von Aufenthaltsverboten läßt sich im Hinblick auf die selbstgesetzte Zielsetzung, die Beseitigung offener Drogenszenen an bestimmten Orten, somit nicht bestreiten.

474 Das von den spezialgesetzlichen Befugnisnormen besonders betonte Kriterium der **Erforderlichkeit in räumlicher und zeitlicher Hinsicht** (Rdn. 456) kann einem Aufenthaltsverbot zwar gewisse Konturen geben. Jedenfalls als Instrument zur Bekämpfung offener Drogenszenen hat es aber – letzten Endes wegen seiner mangelnden Eignung – die Eigenschaft, sich nicht mehr begrenzen zu lassen. Klare Konturen hat ein Aufenthaltsverbot vor allem in den Fällen, in denen seine Höchstdauer gesetzlich festgelegt ist, wie dies durch §§ 36 II 2 SOG LSA **(14 Tage)** und § 21 II 1 SächsPolG **(drei Monate)** geschehen ist. Schon die erhebliche Differenz bei der festgeschriebenen Höchstdauer zeugt allerdings von einem ausgeprägten Dezisionismus, der umso deutlicher wird, als andernorts auch ein **zwölfmonatiges** Aufenthaltsverbot für nicht zu lang erachtet wird – und mit der gegebenen Begründung im übrigen unbegrenzt ausgedehnt werden könnte.[633] Auch kann die Praxis, die Dauer von Aufenthaltsverboten im Fall von Zuwiderhandlungen jeweils zu steigern, nicht so sehr als Ausdruck differenzierter Erkenntnis des gerade Notwendigen verstanden werden, sondern, weil sie von vollstreckungsrechtlichen und strafrechtlichen Prinzipien durchwirkt ist, vor allem als Prozedur zur intensivierten Anwendung eines Druckmittels. Einen brauchbaren Begrenzungseffekt hat das zeitliche Kriterium am ehesten noch in solchen Fällen, in denen sich die Frage stellt, ob das Auf-

---

632 Vgl. *Dürig* in M/D, GG, Art. 11 Rdn. 81: „Der Kriminalitätsvorbehalt ist kein **allgemeines** Mittel der präventiven Verbrechensbekämpfung."

633 BayVGH BayVBl. 2000, 85: „Auch die zeitliche Befristung auf die Dauer von zwölf Monaten begegnet keinen Bedenken. Das Verhalten des Antragstellers hat in der Vergangenheit eindeutig gezeigt, dass er in den Handel mit Drogen verstrickt ist. Eine zeitliche Befristung auf drei bzw. sechs Monate erschien aus Sicht der Behörde zu Recht wenig sinnvoll und erfolgversprechend, weil er sich ohne Beschränkung innerhalb eines kürzeren zeitlichen Rahmens unbehelligt von einem Drogenumschlagplatz zum anderen bewegen könnte und ein Aufenthaltsverbot damit ‚leer' liefe."

enthaltsverbot, weil das Phänomen der offenen Drogenszene nur tagsüber zu beobachten ist, auf **bestimmte Tageszeiten** begrenzt werden kann.[634]

In Frage steht jedoch, ob die polizeiliche Arbeitserleichterung in dieser Ausprägung mit dem **Verhältnismäßigkeitsgrundsatz im engeren Sinne** in Einklang zu bringen ist. Dies ist zu bezweifeln. Man muß hier sehen, daß Aufenthaltsverbote und der sich im Falle der Zuwiderhandlung anschließende Polizeigewahrsam im Hinblick auf die an sich zu ergreifenden strafrechtlichen Maßnahmen lediglich **substitutiven Charakter** haben. Mit anderen Worten: Die Polizei greift nur deshalb zum Mittel des Aufenthaltsverbots und setzt es gegebenenfalls mittels Polizeigewahrsam durch, wenn aus ihrer Sicht das Strafrecht und das Strafverfahrensrecht keine hinreichende Abhilfe schaffen. Sie würde beispielsweise nicht auf Idee verfallen, die geplante Lieferung einer großen Menge Rauschgifts dadurch zu verhindern, daß sie gegen die Schmuggler ein Aufenthaltsverbot verhängt. In einem solchen Fall benutzt sie ihre – durch den Einsatz von V-Leuten und verdeckten Ermittlern, Observationen und Abhörmaßnahmen gewonnenen – Erkenntnisse vielmehr dazu, den Tätern schwere Straftaten nachzuweisen, die zur Verhängung langjähriger Freiheitsstrafen führen. 475

Drogendelikte im Zusammenhang mit offenen Szenen sind typischerweise aber so geringfügig, daß Gerichte bei Strafanzeigen und Vorführungen nur selten die Untersuchungshaft anordnen. Dies heißt gleichzeitig aber auch, daß die Betäubungsmittelkriminalität in offenen Drogenszenen im allgemeinen nicht von solchem Gewicht ist (dazu oben Rdn. 447), dass es die Verhängung von Aufenthaltsverboten rechtfertigen könnte. Erst recht sind die negativen Begleiterscheinungen offener Drogenszenen hierfür kein hinreichender Anlaß. Es spricht deshalb vieles dafür, daß Aufenthaltsverbote gegen Angehörige offener Drogenszenen in aller Regel auch gegen den **Verhältnismäßigkeitsgrundsatz im engeren Sinn** verstoßen.[635] Die Tatsache, daß vor allem soziale Randgruppen mit geringer Beschwerdemacht betroffen sind, die Leichthändigkeit, mit der sich ein Aufenthaltsverbot aussprechen läßt, und die Zwangsläufigkeit, denen die Regeln des Verwaltungsvollstreckungsrecht folgen, täuschen allzu leicht darüber hinweg, daß einer eingeschliffenen polizeilichen Praxis, wenn auch mit grundsätzlicher Billigung durch die Rechtsprechung, das rechte Maß verloren gegangen ist. 476

Ungeachtet dieser grundsätzlichen Einwände gegen die Praxis der Aufenthaltsverbote im Zusammenhang mit dem Vorgehen gegen offene Drogenszenen ist aus Gründen der Zumutbarkeit darauf Rücksicht zu nehmen, daß der Adressat eines Aufenthaltsverbots seinen unabweisbaren **persönlichen Bedürfnissen** auch in dem an sich gesperrten Gebiet weiterhin nachgehen kann, also insbesondere seinen Arzt oder Rechtsanwalt aufsuchen oder die Leistungen sozialer Einrichtungen (Sozialamt, Drogenberatungsstelle) wahrnehmen kann und Zugang zu öffentlichen Verkehrsmitteln (Bahnhof) hat. Der Wunsch, das Angebot eines kostenlosen Mittagstischs einer sozialen Einrichtung wahrzunehmen, muß nur dann nicht berücksichtigt werden, wenn der Betroffene andernorts eine Alternative hat.[636] Zur Wahrung existenzieller Bedürfnisse gehört es nicht zuletzt, sich in der **eigenen Wohnung** aufzuhalten. Aus diesem Grund schließen die in einigen Ländern existierenden spezialgesetzlichen Regelungen (Rdn. 456) einen Platzverweis aus, wenn der Betreffende in dem zu sperrenden Gebiet wohnt. Daß die Umsetzung dieser Erfordernisse in einem dem Bestimmtheitsgebot entsprechenden behördlichen Verwaltungsakt praktische Schwierigkeiten aufwirft, wurden bereits oben (Rdn. 461) erörtert. 477

Aufenthaltsverbote sind vor kurzem auch als Instrument zum Einsatz gegen Personen entdeckt worden, die in ihrer Wohnung Gewalt gegen ihren Partner, ihre Kinder oder andere Familienangehörige oder Mitbewohner anwenden **(„Gewalttäter im häuslichen Bereich")**.[637] Dem – in der Regel männlichen – Gewalttäter wird mit dem Aufenthalts- 478

---

634 Vgl. *Latzel/Lustina* Die Polizei 1995, 136.
635 Vgl. zu einem Fall unverhältnismäßigen Vorgehens VG Stuttgart NvWZ-RR 1996, 390.
636 Vgl. VG Göttingen NVwZ-RR 1999, 169.
637 Laut einer Mitteilung des Landes Baden-Württemberg vom 6. 6. 2000 gehe die Polizei des Landes

verbot untersagt, seine Wohnung für einen gewissen Zeitraum, beispielsweise für zwei Wochen, zu betreten. Dieser Praxis liegt die Erwägung zu Grunde, daß es nicht rechtens sein könne, wenn die Schwächeren den Stärkeren wichen, Frauen und Kinder also beispielsweise in Frauenhäusern Zuflucht nehmen müssten, während die Männer in den Wohnungen verblieben. Demgegenüber sei der Verweis des Gewalttäters aus der gemeinsamen Wohnung als „Einstieg in eine dauerhafte Konfliktlösung" der richtige Weg. Die Polizei leiste dadurch den ihr möglichen Beitrag zur Lösung von gesellschaftlichen Problemen.[638]

479 Mit Gewalttaten im häuslichen Bereich wird die Polizei außerordentlich oft konfrontiert. Bisher und üblicherweise werden solche Konflikte in der Weise gehandhabt, daß die Polizei, meistens auf Anzeige von Betroffenen oder Nachbarn hin, an Ort und Stelle – an der Wohnungstür oder gegebenenfalls in der Wohnung selbst[639] – Ermittlungen über den Hergang der Tat aufnimmt, indem sie Zeugen und Verdächtigte befragt und die Wohnung und die dort befindlichen Gegenstände in Augenschein nimmt. Je nach dem Ergebnis ihrer Ermittlungen hat sie verschiedene, an der Schwere des Vorfalls und der Wahrscheinlichkeit eines weiteren Angriffs orientierte Handlungsalternativen. Diese reichen vom guten Zureden und dem warnenden Hinweis auf die Folgen einer Strafanzeige bis hin zur vorläufigen Festnahme nach § 127 II StPO oder zur Ingewahrsamnahme auf der Grundlage der Polizeigesetze unter Anwendung unmittelbaren Zwangs. Mit der Verhängung eines „Hausverbots" bedient sich die Polizei nunmehr eines Instruments, dessen Zielrichtung eher an die vorläufige Sicherung einer **zivilrechtlichen Rechtsposition** erinnert als an die Verhinderung einer Gewalttat. Ein solches Recht auf **alleinige Überlassung** einer Wohnung gibt es aber (bislang) nur im Rahmen von Ehescheidungsverfahren (vgl. §§ 1361 b BGB, 620 ZPO), und man sollte die Inanspruchnahme polizeirechtlicher Befugnisse zur Regelung von Lebensverhältnissen, denen (noch) keine zivilrechtlichen Ansprüche zugrundeliegen, deshalb in erster Linie als Appell an den (Bundes-)Gesetzgeber verstehen, weitergehend initiativ zu werden.

480 Das polizeirechtliche „Hausverbot" läßt sich unter den gegebenen Voraussetzungen deshalb allenfalls als Eilmaßnahme zur Sicherung einer auf § 1361 b BGB gestützten Rechtsposition begründen. Als eigenständige polizeirechtliche Maßnahme begegnet es jedoch rechtlichen Bedenken. Zwar ist bei häuslichen Gewalttaten der für die Verhängung eines Aufenthaltsverbots erforderliche situative Bezugsrahmen (vgl. oben Rdn. 470 ff.) zweifellos vorhanden. Denn bei Konflikten in Familien und Partnerschaften kommt es typischerweise nur in der Verborgenheit der gemeinsamen Wohnung zu Gewalttätigkeiten. Die Bedenken rühren aber daher, daß dem Adressaten eines „Hausverbots" genau das verboten wird, was ihm zivilrechtlich (Miete, Eigentum) erlaubt ist, nämlich sich in seiner Wohnung aufzuhalten. Dieses Recht wird nicht allein dadurch geschmälert, daß er in seiner Wohnung eine Straftat begangen hat oder zu begehen beabsichtigt, die Wohnung also lediglich der **Tatort** ist, sondern erst dann, wenn sie gleichzeitig als **Tatmittel** (Verhinderung der Flucht) und damit gesetzwidrig (vgl. § 903 BGB) genutzt wird. Erst die **gesetzwidrige Nutzung** überschreitet das dem Besitzer oder Eigentümer eingeräumte (beschränkte) Verfügungsrecht und erlaubt einen Eingriff gerade in dieses. Das bloße **Ausnutzen** des Umstands, daß das Opfer in der gleichen Wohnung lebt, wird hiervon nicht erfaßt.

481 Dies heißt im Ergebnis weder, daß Straftaten in Wohnungen hinzunehmen seien, noch daß sie nicht verhindert werden könnten. Die Polizei ist, um sie zu verhindern, grund-

---

bei der Bekämpfung von Gewaltdelikten im sozialen Nahraum neue Wege. Es gebe einen zunächst für die Dauer eines Jahres angesetzten Modellversuch, bei dem der „Platzverweis" als „Einstieg in eine dauerhafte Konfliktlösung" fungieren solle. An diesem Modellversuch beteiligten sich mehr als vierzig Städte und Gemeinden.

[638] Meldung vom 6.6.2000 (vorige Fn.).

[639] Vgl. zu den Voraussetzungen für das Betreten von Wohnungen ohne Einwilligung der Berechtigten unten Rdn. 619 ff.

sätzlich befugt, den Störer nötigenfalls in **Gewahrsam** zu nehmen. Auf ein „Hausverbot" kann dieses Verfahren nur dann hinauslaufen, wenn der Störer unter Verzicht auf sein Verfügungsrecht über die Wohnung ein solches Verbot als **Austauschmittel** für die Ingewahrsamnahme anbietet oder akzeptiert. In diesem Fall stellt sich auch nicht die Frage, ob ein Hausverbot, wenn eine **anderweitige Unterbringung des Störers** nicht gesichert ist, aus Gründen der Verhältnismäßigkeit überhaupt ausgesprochen werden kann bzw. welche Maßnahmen die Polizei ergreifen muß, um die an die Zumutbarkeit einer solchen Maßnahme zu stellenden Anforderungen zu wahren.

7. Gewahrsam

a) Begriff

Eine der einschneidendsten polizeilichen Standardmaßnahmen ist der **Gewahrsam.** Teilweise wird auch von **Verwahrung** gesprochen.[640] Voraussetzungen und Verfahren des Polizeigewahrsams sind in allen Polizeigesetzen ausführlich geregelt, 482

§ 28 PolG BW; Art. 17 ff. BayPAG; § 30 ff. ASOG Bln; § 17 ff. BbgPolG; § 15 ff. BremPolG; § 13 ff. HmbSOG; § 32 ff. HSOG; § 55 f. SOG MV; § 18 ff. NGefAG; § 35 ff. PolG NW; § 14 ff. POG RP; § 13 ff. SPolG; § 22 SächsPolG; § 37 ff. PolG NW; § 14 ff. POG RP; § 13 ff. SPolG; § 22 SächsPolG; § 37 ff. SOG LSA; § 204 f. LVwG SH; § 19 ff. ThürPAG.

Unter dem Begriff des Gewahrsams wird allgemein ein mit hoheitlicher Gewalt hergestelltes Rechtsverhältnis verstanden, kraft dessen einer Person die Freiheit in der Weise entzogen ist, daß sie von der Polizei in einer dem polizeilichen Zweck entsprechenden Weise verwahrt und daran gehindert wird, sich fortzubegeben.[641] Bezeichnen die Begriffe Gewahrsam und Verwahrung den durch das polizeiliche Einschreiten herbeigeführten Zustand, so stehen die Wörter **Ingewahrsamnahme** bzw. **Inverwahrungnahme** für den entsprechenden Vorgang. 483

In polizeilichen Gewahrsam genommen wird eine Person üblicherweise dadurch, daß sie in einen dafür vorgesehenen **Arrest- oder Haftraum** eingeschlossen wird. Der Gewahrsam muß aber nicht in einer speziellen Gewahrsamseinrichtung erfolgen.[642] Ein **Polizeifahrzeug**[643] oder etwa ein **Krankenhauszimmer** kommen als Ort des Gewahrsams ebenso in Betracht. Auch die Einschließung von Demonstranten in Form eines **„Polizeikessels"** im Freien kann eine Ingewahrsamnahme sein.[644] 484

aa) Freiheitsbeschränkung und Freiheitsentziehung. Der polizeiliche Gewahrsam ist immer eine Freiheitentziehung. Er steht damit nicht nur unter dem einfachen Gesetzesvorbehalt des Art. 2 II 2 GG, sondern auch unter dem **Richtervorbehalt des Art. 104 II GG.** Das richterliche Entscheidungsverfahren im Fall des polizeilichen Gewahrsams wird in den Polizeigesetzen eingehend geregelt (vgl. Rdn. 531 ff.). 485

Die entscheidende Frage ist, in welchen Fällen des polizeilichen Eingreifens in die körperliche Bewegungsfreiheit einer Person von einem Gewahrsam gesprochen werden kann mit der Folge, daß nur der Richter über die Zulässigkeit und Fortdauer dieser Maßnahme zu befinden hat. Verfassungsrechtlich ist dies die Frage nach der Unterscheidung zwischen einer bloßen **Freiheitsbeschränkung** und einer **Freiheitsentziehung.** Die Abgrenzung ist im einzelnen umstritten.[645] Ausgehend von der Rechtsprechung des Bundesgerichts- 486

---

640 *BVerwGE* 45, 51 (53).

641 *Rasch,* ME, § 13 Rdn. 13; *Honnacker/Beinhofer,* PAG, Art. 17 Anm. 2; *Roos,* POG RP, § 14 Anm. 1; *OVG Münster* NJW 1980, 138 f.; *VG Bremen* NVwZ 1986, 862.

642 *OVG Münster* NJW 1980, 138; *OVG Bremen* NVwZ 1987, 236 f.

643 *VG Bremen* NVwZ 1986, 863; *OVG Bremen* NVwZ 1987, 236 f.

644 *LG Hamburg* NVwZ 1987, 834 („Hamburger Kessel"); *VG Berlin* NVwZ-RR 1990, 188 („Berliner Kessel"); *VG Mainz* NVwZ-RR 1991, 242 („Mainzer Kessel"); *OLG München* NJW-RR 1997, 279 („Münchner Kessel").

645 Ausführlich zum Meinungsstand in der Literatur: *Hantel,* Der Begriff der Freiheitsentziehung in Art. 104 Abs. 2 GG, Diss. Berlin, 1977, S. 153 ff.; vgl. auch *Gusy* NJW 1992, 457 ff.

hofs[646] und des Bundesverwaltungsgerichts,[647] gilt folgendes: Der Unterschied zwischen Freiheitsbeschränkung und Freiheitsentziehung ist gradueller Natur. Die Abgrenzung bestimmt sich im Einzelfall nach der Intensität des Eingriffs. Nicht jede Zwangsmaßnahme, die in die Bewegungsfreiheit des Betroffenen eingreift, ist notwendig eine Freiheitsentziehung. Maßgeblich ist vielmehr, ob die Einschränkung der Bewegungsfreiheit im **Vordergrund der Maßnahme** steht, oder ob sie nur als eine **sekundäre und kurzfristige Nebenfolge** im Hinblick auf eine andere Maßnahme erscheint. Keine Freiheitsentziehung sind daher im Regelfall Maßnahmen des unmittelbaren Zwangs gegen Personen, durch die ein Verhalten behördlicherseits durchgesetzt werden soll, zu dem der jeweils Betroffene verpflichtet ist, sofern die Bewegungsfreiheit nur für eine **kurze Zeit zur Durchführung der Maßnahme** beschränkt wird. So stellt die zwangsweise Vorführung zu erkennungsdienstlichen Maßnahmen in aller Regel nur eine Freiheitsbeschränkung dar und nicht eine dem Richtervorbehalt unterliegende Freiheitsentziehung.[648]

487 Die Freiheitsbeschränkung ist in Abgrenzung zur Freiheitsentziehung somit durch zwei Merkmale gekennzeichnet, ihre **Kurzfristigkeit** und ihre Unterordnung unter einen **anderen polizeilichen Zweck.** Beide Merkmale müssen, um von einer bloßen Freiheitsbeschränkung sprechen zu können, gleichzeitig vorliegen. Ist gerade die Einschränkung der Bewegungsfreiheit der Zweck der Maßnahme, so liegt auch bei deren Kurzfristigkeit eine Freiheitsentziehung vor. Als Beispiel zu nennen wäre die Ingewahrsamnahme eines Tobsüchtigen, der sich nach wenigen Minuten wieder völlig beruhigt hat und deshalb wieder freizulassen ist. Dauert eine Einschränkung der Bewegungsfreiheit, die der Durchführung einer anderen polizeilichen Maßnahme dient, länger als gewöhnlich, so ist ebenfalls von einer Freiheitsentziehung zu sprechen. Werden also gleich mehrere Personen auf eine Dienststelle verbracht und der Reihe nach erkennungsdienstlich behandelt, so stellt der unfreiwillige Aufenthalt der Wartenden eine Freiheitsentziehung dar.[649] In diesem Fall ist unverzüglich der Richter einzuschalten. Die Abgrenzung zwischen kurzfristigen und nicht mehr kurzfristigen Freiheitsbeschränkungen kann sich im Einzelfall als schwierig erweisen. Der bisweilen angegebene Zeitraum von zwei Stunden[650] ist nur ein Anhaltspunkt.

488 **bb) „Anhalten" und „Festhalten":** In der Terminologie der Polizeigesetze entspricht dem Begriff der bloßen Freiheitsbeschränkung der Terminus **Anhalten.** Dieses sogenannte „Anhalterecht" wird im Zusammenhang beispielsweise mit Identitätsfeststellungen (vgl. Rdn. 313), Befragungen (vgl. Rdn. 273) und Datenabgleichen,

§ 39 I 4 PolG BW; Art. 43 I 4 BayPAG; § 28 I 4 ASOG Bln; § 40 II BbgPolG; § 22 II HmbDatenVPolG; § 25 I 4 HSOG; § 45 II NGefAG; § 25 II PolG NW; § 46 I 4 SächsPolG; § 30 I 4 SOG LSA; § 43 II ThürPAG,

ausdrücklich geregelt. Das Anhalten der betroffenen Personen für die Dauer der Maßnahme ermöglicht häufig erst die zu ergreifende Maßnahme. In der gleichen Bedeutung wie das Wort Anhalten wird der Ausdruck **kurzfristiges Festhalten** verwendet (vgl. §§ 14 I, 15 I SPolG). Als Synonym für „Freiheitsentziehung" ist, neben dem Begriff Gewahrsam, auch das Wort **Festhalten** gebräuchlich (vgl. § 14 I ME). Auch das Festhalten dient der Durchführung anderer Maßnahmen. Im Gegensatz zum Festhalten ist der polizeiliche Gewahrsam in aller Regel (Ausnahme: Rdn. 528 f.) keiner anderen polizeilichen Maßnahme funktionell untergeordnet. Die Freiheitsentziehung (zur Verhinderung eines Selbstmords, zur Verhinderung einer Straftat) steht im Mittelpunkt des Einschreitens.

---

[646] *BGHZ* 82, 261 (265 ff.).
[647] *BVerwGE* 62, 317 (321 f.).
[648] *BayObLG BayVBl.* 1984, 27; a. A. *Scholler/Schloer,* S. 107 f.
[649] Vgl. *Gusy,* Rdn. 203 (zur Problematik, daß wenige Beamte eine Vielzahl von Personen überprüfen); a. A. *Berg/Hein,* S. 168.
[650] Vgl. den Hinweis auf die Amtliche Begründung zum BlnASOG bei *Sigrist,* Die Polizei 1978, 65 f. mit Fußn. 4 und *Berg/Hein,* S. 168; vgl. dazu auch *OVG Münster* NJW 1980, 138.

cc) Richtervorbehalte bei Freiheitsbeschränkungen im Polizeirecht. Die Polizeigesetze sehen, bei im einzelnen unterschiedlicher Ausgestaltung, Richtervorbehalte teilweise auch in solchen Fällen vor, wo nach der Rechtsprechung noch nicht notwendig von einer Freiheitsentziehung gesprochen werden muß. Dies ist der Fall beim Festhalten und Verbringen auf die Dienststelle zum Zwecke der Identitätsfeststellung (sogenannte **Sistierung**) und bei der zwangsweisen Vorführung (oben Rdn. 440). Weil hier der Eingriff in die körperliche Bewegungsfreiheit einer anderen Maßnahme untergeordnet ist und sofern er nur zur Durchführung dieser anderen Maßnahme dient, liegt keine Freiheitsentziehung im verfassungsrechtlichen Sinn vor. Von den meisten Polizeigesetzen werden aber auch solche Eingriffe dem Richtervorbehalt unterstellt (vgl. die oben Rdn. 488 zitierten Bestimmungen). Vermutlich wurde von diesen Normen in der Praxis bislang noch sehr wenig Gebrauch gemacht, da bei solchen – kurzfristigen – Freiheitsbeschränkungen die Einholung einer richterlichen Entscheidung noch am ehesten zu Verzögerungen führte (unten Rdn. 536). Das Festhalten zu anderen Zwecken, etwa zur Durchführung eines Datenabgleichs (soeben Rdn. 488 und Kap. J, Rdn. 689), wird dagegen nicht der alleinigen richterlichen Entscheidungsgewalt übertragen. Die Gesetzgeber gehen hier davon aus, daß diese Maßnahmen der Freiheitsbeschränkungen immer nur kurzfristiger Natur sind. 489

dd) Sonstige freiheitsentziehende Maßnahmen. Speziell geregelte Freiheitsentziehungsmaßnahmen finden sich auch in einer Reihe von anderen Gesetzen (vgl. § 1 Nr. 2 JSchÖG, § 57 AuslG, § 37 II BSeuchG, § 18 II GeschlKrG). Sie sind vom Polizeigewahrsam zu unterscheiden. Es handelt sich hierbei um solche Formen der Freiheitsentziehung, welche die Polizeigesetze meinen, wenn sie von der richterlichen Freiheitsentziehung „aufgrund eines anderen Gesetzes“ sprechen (vgl. § 16 I Nr. 3 SPolG). Nach den Freiheitsentziehungsgesetzen der Länder können Personen, bei denen die Voraussetzungen für eine Unterbringung vorliegen, in unaufschiebbaren Fällen auch aufgrund polizeilicher Anordnung vorläufig in Verwahrung genommen werden (z. B. § 10 Hess. FreiheitsentziehungsG, Art. 18 II Bay. UnterbringungsG). 490

Abzugrenzen ist der polizeiliche Gewahrsam aus präventiven Gründen von der Freiheitsentziehung zum Zwecke der Strafverfolgung gemäß § 112 StPO. Die **Untersuchungshaft** hat ihren Grund ausschließlich in der Durchführung und Sicherung des Strafverfahrens. Von der Untersuchungshaft wiederum zu unterscheiden ist der **Haftgrund der Wiederholungsgefahr** gemäß § 112 a StPO. Er ist eine rein vorbeugende Maßnahme zum Schutz der Allgemeinheit vor weiteren Straftaten und aufgrund dieser Zweckbestimmung mit dem Sicherheitsgewahrsam der Polizeigesetze eng verwandt (dazu auch Rdn. 567). Wegen des sachlichen Zusammenhangs mit dem Strafverfahren – eine oder mehrere Anlaßtaten werden vorausgesetzt – ist seine Placierung in der Strafprozeßordnung unter kompetenzrechtlichen Gesichtspunkten nicht zu beanstanden. Ebenfalls rein präventiven Charakter haben die freiheitsentziehenden **Maßnahmen der Besserung und Sicherung** nach dem Strafgesetzbuch, namentlich die Unterbringung in einem psychiatrischen Krankenhaus (§ 63 StGB), die Unterbringung in einer Entziehungsanstalt (§ 64 StGB) und die Unterbringung in der Sicherungsverwahrung (§ 66 StGB). Die **einstweilige Unterbringung** gemäß § 126 a StPO dient als vorläufige Maßnahme den gleichen Zwecken wie die in §§ 63, 64 StGB genannten. Hinzuweisen ist schließlich auf die **vorläufige Festnahme** wegen Fluchtverdachts gemäß § 127 I StPO sowie nach § 127 II StPO, wenn die Voraussetzungen eines Haft- oder Unterbringungsbefehls vorliegen. 491

ee) „Unechter Gewahrsam“. Vom polizeilichen Gewahrsam zu unterscheiden ist der sogenannte unechte Gewahrsam. Diese Form des Gewahrsams liegt vor, wenn sich eine Person aus eigenem Entschluß in polizeiliche Obhut begibt. Als Beispiel wird der von aufgebrachten Zuschauern bedrohte Schiedsrichter eines Fußballspiels genannt, der die Polizei um Schutz bittet.[651] Der unechte Gewahrsam ist kein Eingriff in Rechte dessen, der um 492

651 *Honnacker/Beinhofer,* PAG, Art. 17 Anm. 3.

polizeilichen Schutz nachsucht. Er bedarf deshalb auch keiner ausdrücklichen Regelung. Gleichwohl unterstellt § 22 I Nr. 2 PolG BW auch diesen Fall den Vorschriften über Gewahrsam. Mit dieser Regelung sollen eventuelle Mißbräuche vermieden werden.[652]

493 **ff) „Verbringungsgewahrsam“.** Von Verbringungsgewahrsam wird gesprochen, wenn, meist auf Beschwerden von Anwohnern oder Passanten hin, die Polizei sogenannte Stadtstreicher, die sich in einer städtischen Fußgängerzone aufhalten, in ein Polizeifahrzeug einsperrt, um sie an einen anderen, weniger exponierten Ort zu bringen. Die Betroffenen werden beispielsweise am Stadtrand „ausgeladen“ und dort sich selbst überlassen. Die Polizeigesetze enthalten allerdings keine Rechtsgrundlage für derartige Maßnahmen. Sie sind rechtswidrig.[653] Auch randalierende Demonstranten werden von der Polizei bisweilen an entfernt gelegene Orte befördert und dort freigelassen. In diesen Fällen hält die Rechtsprechung den Verbringungsgewahrsam als ein milderes Mittel gegenüber dem Einsperren in einem Polizeifahrzeug am Demonstrationsort nicht von vornherein für unzulässig.[654]

494 Nach zutreffender Ansicht[655] ist der Verbringungsgewahrsam gegenüber der „normalen“ Ingewahrsamnahme aber kein Minus, sondern ein Aliud, für das das Polizeirecht keine Rechtsgrundlage bereithält. Der sogenannte Verbringungsgewahrsam ist deshalb unzulässig (vgl. auch Rdn. 530). Wird er gleichwohl eingesetzt, muß aus Gründen der Verhältnismäßigkeit beachtet werden, daß der Betroffene die Möglichkeit hat oder erhält, mit Verwandten oder Freunden (telefonischen) Kontakt aufzunehmen bzw. öffentliche Verkehrsmittel zu benutzen. Keinesfalls darf hierdurch jemand in eine hilflose Lage gebracht werden.

b) Sicherheitsgewahrsam

495 Als **Sicherheits-**,[656] **Vorbeuge-**,[657] **Verhinderungs-**[658] oder **Unterbindungsgewahrsam**[659] bezeichnet man diejenige Form des Gewahrsams, die sich gegen den Störer richtet und diesen von einem bestimmten Tun abhalten soll. Darüber hinaus wird, ohne daß damit allerdings eine neue Kategorie geschaffen würde, zwischen **Präventivgewahrsam** und **Repressivgewahrsam** unterschieden. Ersterer beziehe sich auf die Verhinderung eines verbotenen Verhaltens von vornherein, letzterer auf die Verhinderung der Fortsetzung eines verbotenen Verhaltens.[660] Die Regelungen in den einzelnen Polizeigesetzen lassen sich entsprechend ihren tatbestandlichen Voraussetzungen nach **zwei Normtypen** unterscheiden.

496 **aa) Gewahrsam zur „Gefahrenabwehr“.** Zur einen Gruppe gehören diejenigen Vorschriften, die den Sicherheitsgewahrsam generalklauselartig zum Zwecke der Gefahrenabwehr zulassen. Er wird auch bezeichnet als „Gewahrsam aus allgemeinpolizeilichen Gründen“.[661] Diese Konzeption, die in der Vergangenheit vorherrschend war, wird heute nur noch von den Polizeigesetzen in Baden-Württemberg und Sachsen verfolgt. Voraussetzung für eine Ingewahrsamnahme ist nach beiden Vorschriften eine „unmittelbar bevorstehende erhebliche Störung der öffentlichen Sicherheit“ (§ 28 I Nr. 1 PolG BW; § 22 I Nr. 1 SächsPolG). Die Beseitigung einer bereits eingetretenen Störung wird mit

---

652 *Wöhrle/Belz,* BWPolG, § 22 (a. F.) Rdn. 7.

653 *Maaß* NVwZ 1985, 151; *Roos,* § 14 Anm. 9 f.; *Hornmann, HSOG,* § 32 Rdn. 10 *Kappeler* DÖV 2000, 227 f. LG Hamburg NVwZ-RR 1997, 538; a. A. *Greiner* Die Polizei 1979, 93; *Möller/Wilhelm,* S. 177. *Schenke,* Rdn. 94; *Köbschall,* Die Polizei 1997, 263; *Leggereit* NVwZ 1999, 263.

654 *OVG Bremen* NVwZ 1987, 237; *BayOblG* NVwZ 1990, 196 f.

655 *Friauf,* Rdn. 134.

656 *Berg/Hein,* S. 164; *Habermehl,* Rdn. 581.

657 *Götz,* 10. Aufl. 1991, Rdn. 382. Spätere Auflagen verwenden nur das Wort „Präventivgewahrsam“.

658 *Göddecke,* Die Polizei 1997, 167.

659 *Blankenagel* DÖV 1989, 689.

660 *Honnacker/Beinhofer,* PAG, Art. 17 Anm. 5.

661 *Wöhrle/Belz,* BWPolG, § 22 (a. F.) Rdn. 4.

ihrer Verhinderung gleichgesetzt. Anders als § 22 I Nr. 1 SächsPolG sieht § 28 I Nr. 1 PolG BW allerdings noch die öffentliche Ordnung als mittels Freiheitsentziehung zu schützendes Rechtsgut an. Unabhängig von der grundsätzlichen Frage, ob auch die öffentliche Ordnung als polizeiliches Schutzgut anzusehen ist (vgl. Kap. E Rdn. 25 ff.), kann aber festgestellt werden, daß ein bevorstehender oder bereits begangener Verstoß gegen die öffentliche Ordnung keinesfalls eine polizeiliche Ingewahrsamnahme zu rechtfertigen vermag. Hierüber besteht in Rechtsprechung und Literatur Einigkeit.[662]

bb) Gewahrsam zur Verhinderung von Straftaten und Ordnungswidrigkeiten mit erheblicher Bedeutung. Die andere Gruppe von Vorschriften, die sich an den Musterentwurf anlehnt, spezifiziert die Gefahrenlage und begrenzt sie auf gesetzlich **sanktionierte Verhaltensweisen.** Danach kann eine Person in Gewahrsam genommen werden, wenn dies unerläßlich ist, um die unmittelbar bevorstehende Begehung oder Fortsetzung einer Straftat oder Ordnungswidrigkeit mit erheblicher Bedeutung für die Allgemeinheit zu verhindern. 497

Art. 17 I Nr. 2 BayPAG; § 30 I Nr. 2 ASOG Bln; § 15 I Nr. 2 BremPolG; § 13 I Nr. 2 HmbSOG; § 32 I Nr. 2 HSOG; § 55 I Nr. 2 SOG MV; § 18 I Nr. 2 NGefAG; § 35 I Nr. 2 PolG NW; § 14 I Nr. 2 POG RP; § 13 I Nr. 2 SPolG; § 37 I Nr. 2 SOG LSA; § 204 I Nr. 2 LVwG SH; § 19 I Nr. 2 ThürPAG.

Erklärter Zweck dieser Regelung ist es, die Voraussetzungen für den schwerwiegenden Eingriff der Ingewahrsamnahme genauer zu umschreiben, als es mit dem allgemeinen Gefahrenbegriff möglich ist.[663] Dies ist zumindest teilweise gelungen. Die Ingewahrsamnahme von Personen, die einen polizeilichen Einsatzplan durch bloßes Beobachten der Vorgänge, welche sich an der Einsatzzentrale abspielen, „ausspähen" wollen,[664] kann nach diesen Regelungen deshalb nicht – etwa unter Berufung auf die Funktionsfähigkeit der Polizei – angeordnet werden. 498

Tatbestandliche Unschärfen gibt es jedoch auch hier. So stellt sich einmal die Frage, ob zur Verhinderung auch geringfügiger **Straftaten** zum Mittel des Gewahrsams gegriffen werden darf. Von einer erheblichen Gefahr, wie sie nach den Vorschriften der ersten Gruppe vorausgesetzt wird (vgl. Rdn. 496), möchte man in den Fällen beispielsweise einer Beförderungserschleichung (§ 265 a StGB), eines Mißbrauchs von Titeln (§ 132 a StGB) oder eines Verstoßes gegen ein Berufsverbot (§ 145 c StGB) jedenfalls nicht ohne weiteres sprechen. Nach ihrem Wortlaut und entgegen einer teilweise vertretenen Auffassung[665] sind die Vorschriften der zweiten Fallgruppe deshalb teilweise sogar weniger streng als die der ersten. Ob allerdings zur Verhinderung einer der genannten Straftaten letztlich auch zum Mittel des Polizeigewahrsams gegriffen werden dürfte, ist unter dem Gesichtspunkt der Verhältnismäßigkeit zu bezweifeln. Allein in dem Umstand aber, daß ein Polizeigesetz den Gewahrsam zur Verhinderung von strafbaren Handlungen jeder Art zuläßt, sieht das Bundesverwaltungsgericht keinen Grund zur Beanstandung.[666] Die Bewertung verlagert sich deshalb auf die Ebene der konkreten Rechtsanwendung. Einzig das Thüringische Polizeigesetz stellt mit hinreichender Deutlichkeit klar, daß das einschneidende Mittel des Polizeigewahrsams nur zur Verhinderung gravierender Delikte eingesetzt werden darf. Umgekehrt wird durch die im Vergleich zum Musterentwurf vorgenommenen sprachlichen Nuancierungen in anderen Polizeigesetzen deutlich, daß dort die Freiheitsentziehung als Maßnahme der Gefahrenabwehr nicht nur im Hinblick auf die sogenannten erheblichen Straftaten in Betracht kommen soll (vgl. § 30 I Nr. 2 ASOG Bln; § 18 I Nr. 2 NGefAG). 499

---

662 *OVG Berlin* JR 1971, 392; *Drews/Wacke/Vogel/Martens,* S. 198; *Würtenberger/Heckmann/Riggert,* Rdn. 236 (mit Fn. 141).

663 *Heise/Riegel,* ME PolG, Anm. zu § 13 I.

664 *OVG Münster* NJW 1980, 138.

665 *Wagner,* PolG NW, § 13 Rdn. 13.

666 *BVerwGE* 45, 51 (58 f.).

500 Auch zur Verhinderung von **Ordnungswidrigkeiten** soll nach den genannten Vorschriften der Polizeigewahrsam zulässig sein, sofern es sich dabei um eine Ordnungswidrigkeit von erheblicher Bedeutung bzw. „von erheblicher Gefahr" (§ 18 I Nr. 2b NGefAG; § 14 I Nr. 2 POG RP) für die Allgemeinheit handelt. Insbesondere im Bereich des Umweltschutzes gebe es Ordnungswidrigkeiten, die eine erhebliche Störung der öffentlichen Sicherheit und Ordnung bewirken könnten und die deshalb notfalls mit dem Mittel des Präventivgewahrsams unterbunden werden müßten.[667] Verwiesen wird außerdem auf Ordnungswidrigkeiten aus dem Bereich des Versammlungsrechts.[668]

501 Die Ingewahrsamnahme zwecks Verhinderung von Ordnungswidrigkeiten ist in vielerlei Hinsicht rechtlich problematisch. Hinzuweisen ist zunächst auf **Art. 5 I lit. c EMRK.** Nach dieser Vorschrift ist eine Freiheitsentziehung unter anderem dann zulässig, wenn begründeter Anlaß zu der Annahme besteht, daß sie notwendig ist, um den Betreffenden an der Begehung einer **strafbaren Handlung** zu hindern. Die Verhinderung von Ordnungswidrigkeiten wird nicht erwähnt. Die fraglichen Landesgesetze stehen deshalb in Widerspruch zu dieser Vorschrift. Da die Europäische Menschenrechtskonvention im Range von Bundesrecht steht, „bricht" sie gemäß Art. 31 GG die entgegenstehenden Vorschriften der Polizeigesetze.[669]

502 Diese Interpretation ist allerdings umstritten. Nach Auffassung des Bayerischen Verfassungsgerichtshofs läßt sich nicht eindeutig feststellen, daß nur die mit Kriminalstrafe bedrohten Handlungen von Art. 5 I 2 lit. c EMRK erfaßt werden. Es könne kaum angenommen werden, daß die Vertragsstaaten sich so weit hätten binden wollen, daß in einem Staat präventiv-polizeilicher Gewahrsam ausgeschlossen sein solle, wenn das zu verhindernde Unrecht nur unter die Sanktion einer Geldbuße und nicht einer Kriminalstrafe gestellt sei.[670] Und der Sächsische Verfassungsgerichtshof hat festgestellt, daß die gleichermaßen authentische englische und französische Vertragssprache die Begriffe **offense/infraction** verwendeten. Diese Begriffe seien den auch möglichen **crime/délit** bewußt vorgezogen worden. Infraction werde nicht selten als Oberbegriff für sämtliche Handlungen verwendet, die mit einer über den bloßen Schadenersatz hinausreichenden staatlichen Sanktion bedroht würden, ohne daß es auf ihre Qualifikation als Straftat oder Ordnungswidrigkeit ankomme.[671]

503 Unabhängig davon stellt sich die Frage, ob es sanktionierte Verhaltensweisen „von erheblicher Bedeutung für die Allgemeinheit" geben kann, die nicht schon als Straftatbestände ausgestaltet sind. Durch die Pönalisierung bestimmter Handlungen hat der Gesetzgeber zum Ausdruck gebracht, daß er dieses Verhalten als eine erhebliche Störung des menschlichen Zusammenlebens betrachtet. Dem Wandel der Anschauungen, so das Bundesverwaltungsgericht, trägt er durch Entkriminalisierung von Tatbeständen Rechnung.[672]

504 Dies läßt sich anhand eines in der Literatur als Beleg für die Notwendigkeit des Polizeigewahrsams auch im Bereich des Ordnungswidrigkeitenrechts angeführten Beispiels demonstrieren. So soll der polizeiliche Gewahrsam zulässig sein zur Verhinderung von Ordnungswidrigkeiten gemäß **§ 30 Abs. 1 Nrn. 1–3 BNatG.**[673] Diese Bestimmungen bedrohen Verhaltensweisen mit Bußgeld, durch die wildlebende Tiere oder Pflanzen einer besonders geschützten Art in irgendeiner Form geschädigt werden. Neben dieser Bußgeldvorschrift gibt es nun die Strafvorschrift des § 30 a BNatG, die auf § 30 BNatG unmittelbar Bezug nimmt und besonders intensive Formen der dort aufgeführten Gesetzes-

---

667 *Heise/Riegel,* ME PolG, Anm. zu § 13 I; *Riegel* DVBl. 1979, 714; *Schmitt/Glaeser* BayVBl. 1989, 133 f.

668 *Honnacker/Beinhofer,* PAG, Art. 16 (a. F.) Anm. 5.

669 *Blankenagel* DÖV 1989, 697; *Jahn* DVBl. 1989, 1043; allgemein: *Frowein/Peukert,* Europäische Menschenrechtskonvention, Art. 5 Rdn. 59.

670 *BayVerfGH* BayVBl. 1990, 658 f.

671 SächsVerfG DVBl. 1996, 1424 f.; im Ergebnis ebenso VG Schleswig NJW 2000, 970.

672 *BVerwGE* 45, 51 (59).

673 *Schmitt Glaeser* BayVBl. 1989, 133 mit Fn. 34.

verstöße zum Inhalt hat. Danach muß mit Freiheitsstrafe bis zu drei Jahren rechnen, wer eine in § 30 I BNatG bezeichnete vorsätzliche Handlung gewerbs- oder gewohnheitsmäßig begeht. Noch höher, nämlich fünf Jahre, ist der Strafrahmen bei Handlungen, die sich auf Tiere oder Pflanzen einer vom Aussterben bedrohten Art beziehen. Mit diesen Regelungen hat der Gesetzgeber eine an der Intensität der Rechtsgutverletzung orientierte Abstufung der Reaktionsweise vorgenommen, an der sich auch die Zulässigkeit präventiven polizeilichen Gewahrsams orientieren kann und muß. Der Anwendungsbereich des Gewahrsams ist hier auf die Verhinderung von Straftaten beschränkt.

Dagegen wäre der Polizeigewahrsam, sofern man diese Möglichkeit nicht schon wegen **505**
des Vorrangs von Art. 5 I EMRK ausschließt (vgl. Rdn. 501), als letztes Mittel zur Verhinderung einer Ordnungswidrigkeit gemäß **§ 117 OWiG** (unzulässiger Lärm) durchaus denkbar. Es darf sich dabei allerdings nicht lediglich um die Vermeidung von Belästigungen für die Allgemeinheit oder die Nachbarschaft handeln, sondern um die Verhinderung einer Gesundheitsbeschädigung eines anderen. Die Lärmerzeugung muß also von solcher Art sein, daß hierdurch nicht nur das seelische Wohlbefinden berührt wird, sondern „die Nerven in einen krankhaften Zustand versetzt werden können".[674] Zwar ist die Vorschrift des § 117 OWiG nur als abstrakter Gefährdungstatbestand ausgestaltet und verlangt deshalb auch nicht das Vorliegen einer konkreten Gefahr für die Gesundheit eines Menschen; im letzteren Fall ginge es schon um die Verhinderung einer Straftat nach §§ 223, 230 StGB. Sie entspricht in dieser Hinsicht jedoch der Strafvorschrift des § 325 I Nr. 2 StGB, die unzulässigen Lärm beim Betrieb von Anlagen unter Strafe stellt. Ungeachtet der ansonsten unterschiedlichen tatbestandlichen Struktur kann es im Hinblick auf die zu vermeidende Gesundheitsgefährdung keine Rolle spielen, wo die Quelle des Lärms liegt. Angesichts der Bedeutung des bedrohten Rechtsguts ist deshalb schon die Eignung des Lärms für eine Gesundheitsbeschädigung ausreichend, um bei Vorliegen der sonstigen Voraussetzungen den Lärmverursacher in Polizeigewahrsam zu nehmen. Wer also nachts auf der Straße sein Kofferradio überlaut spielen läßt, kann, sofern mildere Maßnahmen nicht fruchten, in Gewahrsam genommen werden.[675] Wenn das Brandenburgische Polizeigesetz in § 17 I Nr. 2 von der Begehung einer Ordnungswidrigkeit spricht, die hinsichtlich ihrer Art und Dauer geeignet ist, den Rechtsfrieden nachhaltig zu stören, so sind Fälle wie dieser gemeint.

Weiterhin wird man im Hinblick darauf, daß Umweltstraftaten überwiegend als Ge- **506**
fährdungsdelikte ausgestaltet sind (z. B. §§ 325, 326 StGB), auch die dem Gewässerschutz dienenden Bestimmungen der **§ 41 I Nr. 1 i. V. m. § 3 II Nr. 2 WHG** als Ordnungswidrigkeit von erheblicher Bedeutung ansehen können. Als eine der wenigen Normen des Umweltstrafrechts ist § 324 StGB, der die Verunreinigung eines Gewässers unter Strafe stellt, konkretes Erfolgsdelikt, während die wie ein abstraktes Gefährdungsdelikt konstruierte Norm des § 3 II Nr. 2 WHG nur als Ordnungswidrigkeit sanktioniert wird. Die Gesetzeslage im Bereich des strafrechtlichen Umweltschutzes ist jedoch in Fluß, und man muß an die gegenwärtig unterschiedliche Ausgestaltung der strafgesetzlichen Regelungen nicht notwendig auch die polizeirechtlichen Tatbestände knüpfen. Es wäre deshalb aus Gründen der Güterabwägung nicht von vornherein unzulässig, eine Person in Gewahrsam zu nehmen, um zu verhindern, daß sie Maßnahmen trifft, die geeignet sind, schädliche Veränderung der Beschaffenheit des Wassers herbeizuführen. Allerdings, die praktische Relevanz dieser Bestimmung im Bereich des allgemeinen Polizeirechts wird nicht sehr hoch zu veranschlagen sein. Die literarischen Bemühungen, bestimmte Tatbestände des Ordnungswidrigkeitenrechts als „von erheblicher Bedeutung für die Allgemeinheit" zu qualifizieren, sind vornehmlich von theoretischem Interesse. Es ist insbesondere nicht ersichtlich, wieso gerade das Verbot von Luftfahrtveranstaltungen ohne Genehmigung,[676] dessen Nichtbeachtung ebenfalls mit Bußgeld geahndet wird **(§ 24**

---

674 Vgl. *Göhler,* OWiG, § 117 Rdn. 15; KK-OWiG-*Rogall,* § 117 Rdn. 37.
675 Beispiel bei *Wagner,* PolG NW, § 13 Rdn. 20; ebenso VG Schleswig NJW 2000, 970.
676 *Schmitt Glaeser* BayVBl. 1989, 133.

i. V. m. § 58 I Nr. 8 LuftVG), als Beleg für die Notwendigkeit des Polizeigewahrsams zur Verhinderung von Ordnungswidrigkeiten angeführt wird. Gleiches gilt im Hinblick auf das Betreiben von genehmigungsbedürftigen Anlagen ohne Genehmigung oder entgegen einer vollziehbaren Auflage **(§ 62 I Nrn. 1 und 2 BImSchG).**[677] Hier dürfte es sich nicht um ausgesprochen typische Anwendungsbeispiele für den Polizeigewahrsam handeln.

507 Man wird, obwohl dies bestritten wird,[678] das Versammlungsrecht als den Hauptanwendungsfall des Polizeigewahrsams zwecks Verhinderung von Ordnungswidrigkeiten ansehen müssen.[679] Aber auch die Bestimmung des **§ 29 VersammlG** hat seit der Pönalisierung des Tragens sogenannter Schutzwaffen sowie der Vermummung an Bedeutung verloren. Allein die Teilnahme an einer verbotenen Versammlung (§ 29 I Nr. 1 VersammlG) oder der Umstand, daß jemand sich nach deren Auflösung nicht unverzüglich entfernt (§ 29 I Nr. 2 VersammlG), befugt dagegen nicht zur Ingewahrsamnahme. Es läßt sich hier keine Rechtfertigung dafür finden, das (bundes-)gesetzliche Werturteil darüber, welche verbotenen Verhaltensweisen von solcher Bedeutung für die Allgemeinheit sind, daß sie als Straftatbestände ausgestaltet werden, durch die Polizeigesetze zu überspielen. Die Freiheitsentziehung muß stets durch „gewichtige Gründe" gerechtfertigt sein.[680] Dies ist gerade im Bereich des grundrechtlich gewährleisteten Versammlungsrechts nicht schon bei einem Verstoß gegen einzelne Ordnungswidrigkeitentatbestände, sondern höchstens bei einem Hinzutreten weiterer erheblicher gefahrenträchtiger Umstände zu bejahen.

508 **cc) Schadensprognose.** Der erwartete Schaden bzw. die befürchtete Straftat müssen **unmittelbar bevorstehen**, um eine polizeiliche Ingewahrsamnahme rechtfertigen zu können. Es muß also eine akute Bedrohung der öffentlichen Sicherheit vorliegen (zum Begriff der unmittelbar bevorstehenden Gefahr siehe oben Kap. E Rdn. 47). Angesichts der Intensität des Eingriffs ist es erforderlich, daß im konkreten Fall **nachvollziehbare Tatsachen** vorliegen, die zu der Gewißheit führen, daß der Schaden sofort oder in allernächster Zeit eintritt. Der bloße „Eindruck" reicht nicht aus.[681] So genügt die anläßlich einer unfriedlichen Demonstration getroffene, jedoch nicht weiter substantiierte polizeiliche Einschätzung, einzelne – unbewaffnete – Demonstrationsteilnehmer würden andernfalls und andernorts Gewalttätigkeiten begehen, nicht zur Anordnung eines Polizeigewahrsams.[682] Andererseits steht der Umstand, daß sich ein Drogenhändler die Ware erst kurzfristig beschaffen muß, die er zu verkaufen beabsichtigt, der Annahme einer unmittelbar bevorstehenden Gefahr nicht entgegen.[683]

509 Das bayerische Polizeiaufgabengesetz und, ihm folgend, die Polizeigesetze der Länder Brandenburg, Sachsen-Anhalt und Thüringen, haben eine Reihe von möglichen Anhaltspunkten für das Bestehen einer solchen Gefahrenlage, wie sie überlicherweise nur in verwaltungsinternen Richtlinien oder Dienstanweisungen zu finden sind und gemünzt auf Demonstrationen, ausdrücklich in den Gesetzeswortlaut aufgenommen,

Art. 17 I Nr. 2 BayPAG; § 17 I Nr. 2 BbgPolG; § 37 I Nr. 2 SOG LSA; § 19 I Nr. 2 ThürPAG.

510 Nach dem Wortlaut dieser Bestimmungen kann sich die Annahme, daß eine Person eine Straftat (oder Ordnungswidrigkeit von erheblicher Bedeutung für die Allgemeinheit) begehen oder zu ihrer Begehung beitragen wird, „insbesondere" darauf stützen, daß sie die Begehung der Tat **angekündigt** oder dazu **aufgefordert** hat oder Transparente oder sonstige Gegenstände mit einer solchen Aufforderung mit sich führt. Diese Annahme

---

[677] *Honnacker/Beinhofer,* BayPAG Art. 17 Anm. 5.
[678] *Schmitt Glaeser* BayVBl. 1989, 133.
[679] Vgl. aus der Rspr. BayOblG NVwZ 1999, 106.
[680] *BVerwGE* 45, 51, 56.
[681] *VG Freiburg* VBlBW 1986, 229.
[682] *LG Hamburg* NVwZ 1987, 834.
[683] OLG Hamburg NJW 1998, 2231.

kann sich auch darauf stützen, daß bei der betroffenen Person **Waffen, Werkzeuge** oder sonstige Gegenstände aufgefunden werden, die ersichtlich **zur Tatbegehung bestimmt** sind oder erfahrungsgemäß bei derartigen Straftaten verwendet werden, oder ihre **Begleitperson** solche Gegenstände mit sich führt und sie den Umständen nach hiervon Kenntnis haben mußte. Für die Annahme einer bevorstehenden Straftatbegehung spricht es nach diesen Regelungen schließlich auch, wenn die betroffene Person bereits in der Vergangenheit mehrfach aus **vergleichbarem Anlaß** bei der Begehung derartiger Taten betroffen worden ist und nach den Umständen eine Wiederholung dieser Verhaltensweise zu erwarten ist. Das letztgenannte Kriterium findet sich als gefahrenindizierendes Tatbestandsmerkmal auch in § 13 I Nr. 2 HmbSOG.

Unter rein gesetzestechnischen Gesichtspunkten betrachtet handelt es sich hier nicht 511
um Merkmale, die die Tatbestandsseite der Norm ausfüllen, sondern um eine **Orientierungs- und Auslegungshilfe** der bestehenden Regelungen.[684] Es muß nach wie vor in jedem Einzelfall festgestellt werden, daß eine Straftat unmittelbar bevorsteht.[685] Die „legislativen Prognosehilfen"[686] des Art. 17 I Nr. 2 BayPAG und der ihm entsprechenden Vorschriften unterscheiden sich insofern beispielsweise von den gesetzlich fixierten Ausprägungen der persönlichen Unzuverlässigkeit eines Gewerbetreibenden. Das Vorliegen eines der beispielsweise in § 4 I Nr. 1 GaststG genannten Merkmale erfüllt ohne weiteres den gesetzlichen Tatbestand. Die dogmatische Konstruktion als bloße Auslegungshilfe kann aber nicht darüber hinwegtäuschen, daß die Erhebung dieser Merkmale in Gesetzesrang faktisch zur Schaffung von **Vermutungstatbeständen**[687] führt, die der Polizei die **Argumentationslast** abnehmen und sie den Betroffenen aufbürden. Wer angesichts weit gefaßter Eingriffstatbestände dagegen einer „verfassungskonformen Auslegung im Einzelfall" das Wort redet,[688] verkennt die tatsächlichen und psychischen Zwänge, der Polizeibeamte bei Demonstrationseinsätzen unterliegen. Zweifelsfälle werden im Regelfall nicht nach dem Grundsatz „in dubio pro libertate", sondern nach dem Prinzip „in dubio pro securitate" entschieden und von der Rechtsprechung mitgetragen.[689] Vermutungstatbestände wie die des Bayerischen Polizeirechts geben dieser Gewichtsverlagerung den positiv-rechtlichen Rückhalt. Mögen die zitierten Bestimmungen deshalb auch nicht zu einer rechtlichen Ausweitung der bislang bestehenden Eingriffsbefugnisse führen,[690] so muß doch mit einer veränderten Handhabung dieses scharfen polizeilichen Instruments gerechnet werden. Anders läßt sich das Motiv für die Schaffung gesetzesförmlicher Merkmale für eine Gefahrenprognose auch nicht erklären.

Problematisch ist einmal die Bestimmung über die **Begleitpersonen**. Sie wird mit der 512
Begründung gerechtfertigt, es könne nicht darauf ankommen, ob Waffen und andere gefährliche Gegenstände dem Betroffenen zugeordnet werden könnten. Allein das Vorhandensein führe zur Gefahr des Zugriffs auch durch Personen, die möglicherweise selbst nichts derartiges mitgebracht hätten. Diese Merkmale zwängen förmlich zu dem Schluß, daß sich solche Betroffene an rechtswidrigen Aktionen beteiligen wollten. Es sei kein vernünftiger Grund dafür ersichtlich, warum sich solche Personen in Gruppen aufhielten, die solche Gegenstände besäßen oder die in deren Umgebung gefunden würden.[691] Diese Argumentation vermag weder in tatsächlicher noch in rechtlicher Hinsicht zu überzeugen. Für die Annahme einer unmittelbar bevorstehenden Straftatbegehung durch eine bestimmte Person kann es nicht ausreichen, wenn nur deren Begleiter verdächtige Gegenstände mit sich führen. Dies gilt auch dann, wenn dies mit Kenntnis des Betroffe-

---

684 *Niethammer* BayVBl. 1989, 453; *Berner/Köhler,* PAG, Art. 17 Rdn. 9; *BayVerfGH* BayVBl. 1990, 686.

685 *BayVerfGH* BayVBl. 1990, 686.

686 *Berner/Köhler,* PAG, Art. 17 Rdn. 9.

687 *Hirsch* ZRP 1989, 82 f.; *Berner/Köhler,* PAG, Art. 17 Rdn. 9 („ausreichende Vermutung").

688 *BayVerfGH* BayVBl. 1990, 686.

689 Zur Sicherstellung von Gegenständen bei anreisenden Demonstranten *OVG Münster* DVBl. 1982, 654 („... könne nicht ausgeschlossen werden ...").

690 *Niethammer* BayVBl. 1989, 453.

691 *Niethammer* BayVBl. 1989, 453.

nen geschieht. Es besteht auch keine Pflicht eines Versammlungsteilnehmers, seine Mitreisenden auf das Mitführen verbotener Gegenstände zu überprüfen und sie davon abzuhalten.[692] Anhaltspunkte, die auf eine Straftatbegehung hindeuten, müssen deshalb beim Betroffenen selbst vorliegen. Können bestimmte gefährliche Gegenstände keinem der in Betracht kommenden Personen zugeordnet werden, so muß sich die Polizei auf die Beschlagnahme dieser Gegenstände beschränken.[693] Die Tatsache, daß solche Gegenstände nicht bestimmten Personen zugeordnet werden können, die Polizei also tatsächliche Schwierigkeiten bei der Bestimmung des Störers hat, kann nicht zu einer Erleichterung des Einschreitens im Wege einer Umkehrung der Darlegungslast führen.[694] Der Tatbestand des Art. 17 I Nr. 2 lit. b 2. Alt. und der ihm entsprechenden Regelungen indiziert deshalb nicht das unmittelbare Bevorstehen einer mit Strafe oder Bußgeld bewehrten Handlung.

513 Allein die Tatsache, daß Informationen über die überprüfte Person in polizeilichen Dateien gespeichert sind, diese also **„einschlägig bekannt"** ist, darf nicht zur Ingewahrsamnahme führen. Die Speicherung kann nur Indiz für eine erneute Straftatbegehung sein. Es müssen, wie sich auch aus den Regelungen der Art. 17 I Nr. 2 lit. c BayPAG, § 17 I Nr. 2 lit. c BbgPolG; § 37 I Nr. 2 SOG LSA; § 19 I Nr. 2 ThürPAG ergibt, noch andere Umstände hinzutreten.[695] Als derartige Anhaltspunkte kommen hier vor allem die in lit. a und b genannten Tatsachen (Aufforderung zu Straftaten, Mitführen von Waffen) in Betracht. Die Person muß nach der gesetzlichen Regelung zudem **„mehrfach"** bei der Straftatbegehung angetroffen worden sein. Eine einmalige Notierung in den polizeilichen Datenbeständen löst die Indizwirkung nicht aus. Auch muß die Person **„aus vergleichbarem Anlaß"** bei der Straftatbegehung angetroffen worden sein. Dies hat zur Folge, daß die Polizei bei der sogenannten Vorfeldkontrolle im Zusammenhang mit Demonstrationen nicht den allgemeinen Kriminalaktennachweis, der Verdachtsmomente aus allen Deliktsbereichen enthält, abfragen darf. Die Kenntnis von Verdachtsmomenten über Vermögensdelikte beispielsweise ist für die polizeiliche Aufgabenerfüllung hier nicht erforderlich. In Betracht kommt nur eine Abfrage spezifischer Datenbestände. Solche Datenbestände müssen, etwa im Sinne des vormaligen kriminalpolizeilichen Meldedienstes „Landfriedensbruch und verwandte Straftaten"[696], die Voraussetzungen für eine Speicherung personenbezogener Daten möglichst konkret umschreiben, sich im Zusammenhang mit Demonstrationen also auf die Gruppe der „reisenden Gewalttäter" beschränken.

514 Die gespeicherten Daten über frühere strafbare Handlungen selbst müssen **gesichert** sein. Haben die Ermittlungen der Staatsanwaltschaften oder der Gerichte ergeben, daß die Gründe, die für die Aufnahme in die polizeilichen Dateien geführt haben, nicht zutreffen, dürfen dem Betroffenen hieraus keine Nachteile erwachsen. Nur bei einer so eingegrenzten Handhabung polizeilicher Dateien kann vermieden werden, daß die bei Demonstrationen eingerichteten Kontrollstellen eine abschreckende Wirkung auch auf friedfertige Teilnehmer haben und damit das Rechtsgut beeinträchtigen, das es gerade zu schützen gilt.[697] Das Überwachungsinstrument des Datenabgleichs an Kontrollstellen darf deshalb nur unmittelbar gefahrenabwehrenden Charakter haben. Es ist nicht zulässig, die Kontrollstelle als Disziplinierungsmittel mit generalpräventiver Zwecksetzung zu handhaben.[698]

---

[692] *VGH München* BayVBl. 1983, 436.

[693] Vgl. aber *OLG Nürnberg* NVwZ-RR 1991, 69, wonach „allein die fehlende Zuordenbarkeit einzelner gefährlicher Gegenstände zu einzelnen Personen" noch nicht dazu führen könne, die Voraussetzungen einer Ingewahrsamnahme zu verneinen.

[694] A. A. *Köhler* BayVBl. 1983, 437.

[695] Vgl. auch Nr. 5.3 der Richtlinien über den polizeilichen Meldedienst „Landfriedensbruch und verwandte Straftaten" v. 19. 4. 1982, abgedr. in Frankfurter Rundschau v. 30. 4. 1982, dokumentiert in Bürgerrechte & Polizei (CILIP), Heft 11, 1982, S. 50.

[696] Vgl. Bürgerrechte & Polizei (CILIP), Heft 11 (1982), S. 44 ff.

[697] Vgl. *BVerfGE* 69, 315 (349).

[698] So aber das Erstgutachten der Unterkommission Polizeipraxis (Fußn. 7), S. 662 Rdn. 167. – Die Personenkontrolle im Vorfeld von Demonstrationen wird bezeichnet als „Mittel, die Absicht der späteren Rechtsverletzung durch Schaffung einer psychologischen Hemmschwelle zu mindern".

Die Gesetzestatbestände des Art. 17 I Nr. 2 BayPAG und der ihm entsprechenden Regelungen weisen plastisch auf die **Verknüpfung unterschiedlicher Standardmaßnahmen** hin, die allesamt der Gewinnung von Erkenntnissen dienen, welche dann einer Schadensprognose zugrunde gelegt werden: Voraussetzung dafür, daß die Polizei Anhaltspunkte für eine Straftatbegehung gewinnen kann, ist die Einrichtung einer **Kontrollstelle** (vgl. Rdn. 343). Die dort zulässige **Durchsuchung** der angetroffenen Personen sowie der von diesen mitgeführten Sachen (vgl. Rdn. 601) kann das Auffinden der gefährlichen Gegenstände zur Folge haben. Die **Feststellung der Personalien** und die sich daran anschließende **Recherche in polizeilichen Datenbeständen** schließlich hat möglicherweise zum Ergebnis, daß der Betroffene als bereits in der Vergangenheit „auffällig" geworden identifiziert wird. 515

dd) Unerläßlichkeit des Gewahrsams. Häufig wird die Polizei zu einer weniger einschneidenden Maßnahme greifen können als gerade zur Ingewahrsamnahme. Dies muß sie auch. Der in der Rechtssprache ansonsten nicht gebräuchliche Begriff der **Unerläßlichkeit,** wie er in den meisten Regelungen verwendet wird, soll in besonderem Maße verdeutlichen, daß der Gewahrsam das äußerste polizeiliche Mittel zur Verhinderung von Schäden ist.[699] In der Terminologie anderer Polizeigesetze ist der Gewahrsam nur dann zulässig, wenn „auf andere Weise" ein Schaden nicht verhindert werden kann (vgl. § 22 I Nr. 1 BW PolG). Spätestens an dieser Voraussetzung würde der polizeiliche Gewahrsam im Hinblick auf die in der Literatur genannten Verstöße gegen Vorschriften des Ordnungswidrigkeitenrechts (vgl. Rdn. 504ff.) ohnehin scheitern. Die Errichtung einer nicht genehmigten Anlage (vgl. § 62 I Nr. 1 BImSchG) läßt sich durch die Versiegelung der Baustelle verhindern, das Betreiben einer Anlage entgegen einer vollziehbaren Untersagung (vgl. § 62 I Nr. 5 BImSchG) durch deren sofortige Schließung. Das Ablagern von Abfall außerhalb einer dafür nicht zugelassenen Abfallentsorgungsanlage kann im Wege der Beschlagnahme des Abfalls verhindert werden. Werden bei Kontrollen im Vorfeld von Demonstrationen Gegenstände gefunden, die bei öffentlichen Versammlungen nicht mitgeführt werden dürfen, so ist grundsätzlich deren Sicherstellung das gegenüber der Ingewahrsamnahme mildere Mittel zur Verhinderung befürchteter Gewalttätigkeiten. Nur dann, wenn darüber hinaus konkrete Anhaltspunkte für eine gleichwohl bestehende Gewaltbereitschaft des Betroffenen sprechen, er also beispielsweise schon mehrfach als Gewalttäter bei öffentlichen Versammlungen in Erscheinung getreten ist, kommt eine Freiheitsentziehung aus präventiven Gründen in Betracht. 516

c) Schutzgewahrsam

Der sogenannte **Schutzgewahrsam** richtet sich nicht gegen den Störer, sondern gegen den, dessen Rechtsgüter bedroht sind. Die Polizei kann eine Person in Gewahrsam nehmen, wenn dies zum Schutz der Person gegen eine Gefahr für Leib oder Leben erforderlich ist, insbesondere weil die Person sich erkennbar in einem die freie Willensbestimmung ausschließenden Zustand oder sonst in hilfloser Lage befindet. 517

§ 28 I Nr. 2 PolG BW; Art. 17 I Nr. 1 BayPAG; § 30 I Nr. 1 ASOG Bln; § 17 I Nr. 1 BbgPolG; § 15 I Nr. 1 BremPolG; § 13 I Nr. 1 HmbSOG; § 32 I Nr. 1 HSOG; § 55 I Nr. 1 SOG MV; § 18 I Nr. 1 NGefAG; § 35 I Nr. 1 PolG NW; § 14 I Nr. 1 POG RP; § 13 I Nr. 1 SPolG; § 22 I Nr. 2 SächsPolG; § 37 I Nr. 1 SOG LSA; § 204 I Nr. 1 LVwG SH; § 19 I Nr. 1 ThürPAG.

In einem die **freie Willensbestimmung ausschließenden Zustand** befindet sich eine Person, wenn sie nicht in der Lage ist, ihren Willen zu betätigen, oder wenn sie zwar noch in der Lage ist einen Willensentschluß zu fassen, jedoch nicht mehr nach diesem Entschluß zu handeln vermag. Dies trifft insbesondere auf Betrunkene zu. Im letzteren Fall spricht man auch von „Ausnüchterungsgewahrsam".[700] Andere Beispiele sind die Ohnmacht, ein 518

---

[699] Vgl. *BVerfG* EuGRZ 1991, 44.
[700] *Honnacker/Beinhofer,* PAG, Art. 17 Anm. 5.

epileptischer Anfall oder ein schwerer Nervenschock. Die freie Willensbestimmung muß **erkennbar** ausgeschlossen sein. Eine bloße Minderung der Geistes- oder Willenskraft, Gleichgültigkeit gegenüber den Folgen des eigenen Handelns oder Unfähigkeit zu ruhiger und vernünftiger Überlegung reichen für einen Gewahrsam nicht aus.[701]

519 **Sonst in hilfloser Lage** befindet sich eine Person, die sich – verschuldet oder unverschuldet – selbst nicht helfen kann.[702] Dieses Tatbestandsmerkmal erfaßt Personen, die sich in einer hilflosen Lage befinden, ohne daß gleichzeitig ihre freie Willensbestimmung ausgeschlossen wäre. In Betracht kommen Verunglückte, Kinder, alte Menschen sowie Personen, die von anderen bedroht werden, ohne sich der Gefahr entziehen zu können, soweit sie nicht von sich aus um Polizeischutz nachsuchen.[703]

520 Auch die Verhinderung eines **Selbstmordes** wird von dieser Regelung gedeckt, soweit diese Befugnis, wie in § 28 I Nr. 2 lit. c PolG BW und § 13 I Nr. 1 SPolG, nicht schon ausdrücklich normiert ist. Bei willentlichen **Selbstgefährdungen** geringerer Intensität darf die Polizei jedoch nicht einschreiten (vgl. Kap. E Rdn. 21).

521 Bei der Anwendung der Vorschriften über Schutzgewahrsam ist zu unterscheiden zwischen der **Selbstgefährdung** und der **Bedrohung durch andere.** Im Fall der Bedrohung durch andere ist der Schutzgewahrsam nur unter der Voraussetzung des polizeilichen Notstandes zulässig. Wird beispielsweise der politische Agitator in der Fußgängerzone nur von wenigen Angreifern bedroht, ist nicht ohne weiteres der Schutzgewahrsam zulässig. Die Polizei muß vielmehr zunächst gegen die Störer vorgehen.[704] Droht dagegen eine aufgebrachte Menschenmenge, einen vermeintlichen Mörder zu lynchen, so sind die Voraussetzungen des polizeilichen Notstandes erfüllt und der an Leib und Leben bedrohte darf bzw. muß in Gewahrsam genommen werden.[705]

522 Der Gewahrsam muß auch in diesen Fällen **erforderlich** sein. Bevor eine hilflose Person in Gewahrsam genommen wird, ist also immer, gegebenenfalls unter Berücksichtigung ihres mutmaßlichen Willens, zu prüfen, ob sie unmittelbar ihren Angehörigen oder einer anderen zur Fürsorge verpflichteten oder sonst geeigneten Person übergeben werden kann.

d) Ingewahrsamnahme Minderjähriger

523 Nach den Regelungen der meisten Länder – Ausnahmen sind Baden-Württemberg und Niedersachsen – kann die Polizei Minderjährige, die sich der **Obhut der Sorgeberechtigten entzogen** haben, in Gewahrsam nehmen, um sie den Sorgeberechtigten oder dem Jugendamt zuzuführen.

Art. 17 II BayPAG; § 30 II ASOG Bln; § 17 II BbgPolG; § 15 II BremPolG; § 13 II HmbSOG; § 32 II HSOG; § 55 II SOG MV; § 35 II PolG NW; § 14 II POG RP; § 13 II SPolG; § 22 II SächsPolG; § 37 II SOG LSA; § 204 II LVwG SH; § 19 II ThürPAG.

Diese Regelung wird in den Ländern für notwendig erachtet, die den polizeilichen Gewahrsam nur zur Verhinderung von Straftaten bzw. erheblichen Ordnungswidrigkeiten zulassen, da ein solcher Sachverhalt weder eine Straftat noch eine Ordnungswidrigkeit darstelle. Sie ermögliche es der Polizei, insoweit ihrer Aufgabe zum Schutz des Sorgerechts zu entsprechen.[706] In den Ländern, in denen der Gewahrsam zum Zwecke der Gefahrenabwehr zulässig ist, bedürfe es einer ausdrücklichen Regelung nicht, da in der Verletzung des Sorgerechts gleichzeitig ein Verstoß gegen die öffentliche Sicherheit liege. Weil **Schutzzweck der Maßnahme das Sorgerecht** sei, sei es auch nicht erforderlich, daß dem Kind oder Jugendlichen eine Gefahr unmittelbar drohe oder eine solche von ihm ausgehe.[707]

---

[701] *Wöhrle/Belz,* BW PolG, § 22 (a. F.) Rdn. 8.
[702] *Honnacker/Beinhofer,* PAG, Art. 17 Anm. 4; *Wöhrle/Belz,* BW PolG, § 22 (a. F.) Rdn. 8.
[703] *Honnacker/Beinhofer,* PAG, Art. 17 Anm. 4.
[704] *Berg/Hein,* S. 166.
[705] *Honnacker/Beinhofer,* PAG, Art. 17 Anm. 3.
[706] Vgl. Amtl. Begr. zu § 32 HSOG, LT-Drucks. 12/5794 und zu § 13 SPolG, LT-Drucks. 9/1929.
[707] Nr. 17.5 der Vollzugsbekanntmachung zu Art. 17 BayPAG.

Gegen eine polizeiliche Befugnis zur Ingewahrsamnahme Minderjähriger, die sich der Obhut der Sorgeberechtigten entzogen haben, bestehen rechtliche Bedenken. Schutzzweck polizeilichen Handelns kann das abstrakte Sorgerecht schon deshalb nicht sein, weil das Sorgerecht als solches nicht dadurch beeinträchtigt wird, daß sich das minderjährige Kind der elterlichen Obhut entzieht. Hat sich ein Minderjähriger der elterlichen Obhut entzogen, so hat dies im Hinblick auf die elterliche Sorge nur zur Folge, daß die Eltern ihrer gesetzlichen Pflicht zur Ausübung dieser Sorge aus tatsächlichen Gründen nicht nachkommen können. Es ist aber nicht Aufgabe der Polizei, die tatsächlichen Voraussetzungen zur Ausübung der elterlichen (oder vormundschaftlichen) Sorge herzustellen oder zu gewährleisten. Dieser Sachverhalt ist dem Bereich der **staatlichen Fürsorge** zuzurechnen. Die Fürsorge fällt aber nicht in den Aufgabenkreis der Polizei. Die Polizei darf deshalb nur einschreiten, wenn die Voraussetzungen des § 1 JÖSchG vorliegen. Danach sind Kinder und Jugendliche, die sich an Orten aufhalten, an denen ihnen eine **sittliche Gefahr oder Verwahrlosung** unmittelbar droht, zum Verlassen des Ortes anzuhalten und nötigenfalls **dem Sorgeberechtigten zuzuführen.** Ob die Minderjährigen sich dabei der Obhut ihrer Sorgeberechtigten entzogen haben oder nicht, ist nicht ausschlaggebend. Wenn die an sich zuständigen Jugendämter (§ 1 Satz 3 JÖSchG) nicht rechtzeitig in der Lage sind, die entsprechenden Maßnahmen einzuleiten, ist die Polizei aufgrund ihrer Eilzuständigkeit zum Handeln befugt. Eine Freiheitsentziehung in Arrestzellen ist im Hinblick auf die seelische Entwicklung des Minderjährigen allerdings unzulässig. Die Minderjährigen sind unverzüglich den Sorgeberechtigten zuzuführen, in der Regel also nach Hause zu begleiten. Wer sorgeberechtigt ist, bestimmt sich nach den einschlägigen Vorschriften des BGB (§§ 1626 ff.). Die Vorschrift des § 1 JÖSchG regelt polizeiliches Handeln zum besonderen Schutz von Minderjährigen abschließend.[708] 524

e) Ingewahrsamnahme Entwichener

Nach den meisten Polizeigesetzen – Ausnahmen sind das PolG BW und das POG RP – kann eine Person, die aus dem Vollzug von Untersuchungshaft, Freiheitsstrafen oder freiheitsentziehenden Maßnahmen der Besserung und Sicherung **entwichen** ist oder sich sonst ohne Erlaubnis außerhalb der Justizvollzugsanstalt aufhält, in Gewahrsam genommen und in die Anstalt zurückgebracht werden. 525

Art. 17 III BayPAG; § 30 III ASOG Bln; § 17 III BbgPolG; § 15 III BremPolG; § 13 III HmbSOG; § 32 III HSOG; § 55 III SOG MV; § 18 II NGefAG; § 35 III PolG NW; § 13 III SPolG; § 22 III SächsPolG; § 37 III SOG LSA; § 204 III LVwG SH; § 19 III ThürPAG.

Nicht erforderlich ist nach diesen Vorschriften auch hier, daß eine (weitere) Gefahr von dem Entwichenen ausgeht.[709]

Die Bestimmung im Hinblick auf die **Untersuchungshaft** hat nur Klarstellungsfunktion[710] und ist deshalb überflüssig und unangebracht.[711] Die polizeiliche Befugnis zur Festnahme ergibt sich in diesen Fällen aus den strafprozessualen Regelungen über die vorläufige Festnahme gemäß § 127 II StPO. 526

Im übrigen bestehen gegen diese Bestimmungen rechtliche Bedenken. Für eine Regelung über die Gewahrsamnahme von Personen, die aus dem **Vollzug von Freiheitsstrafen oder freiheitsentziehenden Maßnahmen der Besserung und Sicherung** entwichen sind, fehlt den Ländern die Gesetzgebungskompetenz. Zwar stört der flüchtige Sträfling ebenso wie der Verurteilte, der aus dem Hafturlaub nicht zurückkehrt, die öffentliche Sicherheit. Da es bei der Ingewahrsamnahme Entwichener aber immer auch um die Strafvollstreckung bzw. die Wiederherstellung des Vollzugs, eine Materie des Bundesrechts, geht, war der Bund hier zur Gesetzgebung befugt. Denn nur „solche Regelungen, bei denen die 527

---

708 *Berner/Köhler,* PAG, Art. 17 Rdn. 13.
709 Ausführungsbestimmung zu § 16 NdsSOG.
710 Amtl. Begr. zu § 32 HSOG, LT-Drucks. 12/5794.
711 *Seebode,* FS Bruns, 1978, 501.

Aufrechterhaltung der öffentlichen Sicherheit und Ordnung den alleinigen und unmittelbaren Gesetzeszweck" bilden, fallen in die ausschließliche Kompetenz der Länder.[712] Der Bund hat die Rückführung Entwichener in §§ 87 StVollzG, 457 StPO abschließend geregelt. Danach darf die Polizei nur tätig werden, wenn entweder die Vollzugsbehörde gemäß § 87 StVollzG dazu Veranlassung gibt oder die Vollstreckungsbehörde gemäß § 457 StPO einen Vollstreckungshaftbefehl erlassen hat. Von sich aus darf die Polizei nicht einschreiten.[713] Die entsprechenden Regelungen der Polizeigesetze verstoßen deshalb gegen Art. 70, 72 GG. Handelt es sich bei dem Entwichenen um einen gefährlichen Straftäter, so ist die Polizei allerdings nach den Bestimmungen über die Ingewahrsamnahme zwecks Verhinderung von Straftaten zum Einschreiten befugt (oben Rdn. 497 ff.).

f) Gewahrsam zur Durchsetzung einer Platzverweisung

528 Nach den Regelungen der meisten Länder kann die Polizei eine Person in Gewahrsam nehmen, wenn dies unerläßlich ist, um eine **Platzverweisung** durchzusetzen.

Art. 17 I Nr. 3 BayPAG; § 30 I Nr. 3 ASOG Bln; § 17 I Nr. 3 BbgPolG; § 15 I Nr. 3 BremPolG; § 13 I Nr. 3 HmbSOG; § 32 I Nr. 3 HSOG; § 55 I Nr. 4 SOG MV; § 18 I Nr. 3 NGefAG; § 14 I Nr. 3 POG RP; § 22 I Nr. 4 SächsPolG; § 37 I Nr. 3 SOG LSA; § 204 I Nr. 4 LVwG SH; § 19 I Nr. 3 ThürPAG.

Als Mittel zur Durchsetzung einer polizeilichen Anordnung, einen bestimmten Ort zu verlassen bzw. nicht zu betreten, handelt es sich bei dieser Form des Gewahrsams um eine echte **Zwangsmaßnahme.** Die Placierung der Vorschrift im Abschnitt über die polizeilichen Befugnisse ist ohne Zweifel ein Zeichen für den „Pragmatismus des Polizeirechts".[714] Gleichzeitig ist sie aber auch ein Zeichen dafür, wie mit leichter Hand zugunsten von der Polizei formulierter praktischer Bedürfnisse auf die rechtssichernden Erfordernisse einer klaren Normstruktur verzichtet wird. Die ausgeklügelte Regelungstechnik der Vorschriften über die polizeiliche Zwangsanwendung mit ihren Begriffsbestimmungen und Aufzählungen der einzelnen Zwangsmittel (vgl. §§ 29 ff. ME) wird durch derartigen Pragmatismus wertlos.

529 Eine Befugnis zur Ingewahrsamnahme zwecks Durchsetzung eines Platzverweises wird für nötig erachtet, weil nicht allgemein auszuschließen sei, daß eine Platzverweisung trotz der Befugnisse zur Anwendung unmittelbaren Zwangs nicht durchgesetzt werden könne, etwa weil sie durch Wiederholungsaktionen unterlaufen werde oder weil unmittelbarer Zwang nicht während der ganzen zur Gefahrenabwehr erforderlichen Zeit durchführbar sei.[715] Eine Notwendigkeit zur Anwendung dieser Befugnis könne sich im Zusammenhang mit der Räumung besetzter Häuser ergeben. Werde nämlich die Räumung besetzter Häuser dadurch „hintertrieben", daß die aus dem Gebäude verwiesenen Personen dieses durch die „Hintertür" wieder betreten, könne dem nur durch eine Ingewahrsamnahme begegnet werden.[716] Eine Befugnis zur Ingewahrsamnahme der betreffenden Personen aufgrund dieser Vorschrift besteht aber schon deshalb nicht, weil die Räumung besetzter Häuser den dauernden Ausschluß der Besetzer bezweckt, eine Platzverweisung aber nur kurzfristigen Charakter hat und deshalb auch nicht Rechtsgrundlage einer Räumung sein kann (vgl. Rdn. 442). Zum anderen ist gerade in derartigen Fällen eine Ingewahrsamnahme nicht unerläßlich. Räumungen besetzter Häuser werden in aller Regel mit einem großen Aufgebot an Polizeibeamten durchgesetzt. Es besteht dann die Möglichkeit, den weiteren Zugang in das Gebäude durch andere Maßnahmen zu verhindern. Es ist darauf zu achten, daß diese Befugnis zur Ingewahrsamnahme nicht

---

[712] *BVerfGE* 8, 143, (150).

[713] Vgl. zum Ganzen *Seebode,* FS Bruns, 1978, 487 ff.; AE PolG, § 20 Rdn. 5 ff.; zustimmend *Callies/Müller-Dietz,* StrVollzG, § 87 Rdn. 2; a. A. etwa *Kleinknecht/Meyer-Goßner,* StPO, § 457 Rdn. 4; *Riegel* DÖV 1979, 203 f.

[714] *Berner/Köhler,* PAG, Art. 17 Rdn. 12.

[715] *BayVerfGH* BayVBl. 1990, 687.

[716] Vgl. BayPAG-E, LT-Drucks. 11/9087, Begr. zu Art. 16 I Nr. 3, S. 5.

als Mittel zur bloßen Erleichterung polizeilicher Arbeit und auch nicht als Sanktions- und Disziplinierungsinstrument angewendet wird. Einzig das bremische Polizeigesetz bringt diese Anforderung zum Ausdruck, indem es die Ingewahrsamnahme nur dann zuläßt, wenn die Nichtbefolgung des Platzverweises eine **erhebliche Gefahr** zur Folge hätte (§ 15 I Nr. 3 BremPolG).

Die Bestimmungen über den Gewahrsam zur Durchsetzung einer Platzverweisung 530 enthalten nicht die Befugnis, den Betroffenen mit einem Polizeifahrzeug an einen entlegenen Ort zu bringen, um ihn dort freizulassen (sog. **Verbringungsgewahrsam**). Denn der Platzverweis enthält nicht auch die Verpflichtung, sich an einen bestimmten Ort zu begeben. Das Verbringen an einen solchen Ort kann deshalb nicht die Durchsetzung einer Platzverweisung sein (vgl. auch Rdn. 493 f.).

g) Richterliche Entscheidung

Wird eine Person in Gewahrsam genommen, so hat die Polizei unverzüglich eine **richterliche Entscheidung** über Zulässigkeit und Fortdauer dieser Maßnahme herbeizuführen. 531

§ 28 III 2 PolG BW; Art. 18 I 1 BayPAG; § 31 I 1 ASOG Bln; § 18 I 1 BbgPolG; § 16 I BremPolG; § 13 a I 1 HmbSOG; § 33 I 1 HSOG; § 19 I 1 NGefAG; § 36 I 1 PolG NW; § 15 I 1 POG RP; § 14 I 1 SPolG; § 22 VII 1 SächsPolG; § 38 I 1 SOG LSA; § 20 I 1 ThürPAG.

Dies gilt auch dann, wenn eine Person aus anderen Gründen, beispielsweise zum Zwecke der Identitätsfeststellung oder der Vorführung, nicht nur kurzfristig festgehalten wird. Schon Art. 104 II GG gebietet die richterliche Entscheidung in allen Fällen der Freiheitsentziehung. Aus diesem Grund konnten die Polizeigesetze Mecklenburg-Vorpommerns und Schleswig-Holsteins auf eine einfachgesetzliche Regelung des Richtervorbehalts verzichten, ohne daß damit eine Schmälerung der Rechte des Betroffenen einherginge. Eine richterliche Entscheidung ist aus verfassungsrechtlichen Gründen nicht erforderlich, wenn wegen der Kurzzeitigkeit einer Maßnahme, die in die Bewegungsfreiheit einer Person eingreift, nur eine Freiheitsbeschränkung vorliegt. Es wurde bereits darauf hingewiesen, daß die Mehrzahl der Polizeigesetze auch in diesen Fällen einen Richtervorbehalt statuiert (Rdn. 440 und 489).

aa) Über Zulässigkeit und Fortdauer der Freiheitsentziehung. Grundsätzlich ist die 532 richterliche Entscheidung bereits vor der Ingewahrsamnahme herbeizuführen. Art. 104 II 1 GG normiert den Grundsatz, wonach bereits über die Zulässigkeit und Fortdauer einer Freiheitsentziehung nur der Richter zu entscheiden hat.[717] Eine vorläufige Freiheitsentziehung im Sinne des Art. 104 II 2 GG allein aufgrund polizeilicher Anordnung ist nur in den Fällen rechtmäßig, in denen der mit der Freiheitsentziehung verfolgte Zweck nicht erreichbar wäre, wenn der Festnahme die richterliche Entscheidung vorausgehen müßte.[718] Da die polizeiliche Ingewahrsamnahme in aller Regel zur Voraussetzung hat, daß eine Gefahr bzw. eine Straftat unmittelbar bevorsteht, wird die vorherige Einschaltung des Richters aber nur in Ausnahmefällen möglich und die nachfolgende richterliche Entscheidung die Regel sein. Die Polizeigesetze gehen ihrem Wortlaut nach auch nur von dieser Konstellation aus.

bb) Unverzügliches Herbeiführen. Die richterliche Entscheidung **muß** nach erfolg- 533 ter Ingewahrsamnahme unverzüglich herbeigeführt werden, Art. 104 II 1 GG. Das Herbeiführen der richterlichen Entscheidung ist eine **Amtspflicht.** Es bedarf keines Antrags des Betroffenen. Das Wort „unverzüglich" ist nicht im Sinne von § 121 BGB, also nicht als „ohne schuldhaftes Zögern" zu verstehen. Unverzüglich im Sinne der Polizeigesetze bedeutet, daß die richterliche Entscheidung ohne jede Verzögerung, die sich nicht aus **sachlichen Gründen** rechtfertigen läßt, herbeigeführt werden muß.[719] Auf das Vertreten-

---

[717] *BVerwGE* 45, 51 (62).
[718] *BVerfGE* 22, 311 (317).
[719] *BVerwGE* 45, 51 (63) *Maunz/Dürig,* Art. 104 Rdn. 38; a. A. *Honnacker/Beinhofer,* PAG, Art. 18 Anm. 1.

müssen des einzelnen Polizeibeamten kommt es nicht an. Die Länge des Weges, die notwendige Protokollierung oder das eventuell renitente Verhalten des Festgenommenen, nicht dagegen verwaltungsinterne Unzulänglichkeiten oder das persönliche Versagen einzelner Beamter können eine Verzögerung rechtfertigen.[720] Verzögerungen, die sich infolge von **Massenfestnahmen** aus organisatorischen Gründen ergeben, sind ebenfalls zugunsten der Polizei zu berücksichtigen.[721]

534 Verzögerungen können ihre Ursache auch im **justiziellen Bereich** haben. Nach der Rechtsprechung des Bundesverwaltungsgerichts liegt ein Verstoß gegen das Gebot der unverzüglichen Herbeiführung einer richterlichen Entscheidung nicht schon dann vor, wenn ein Richter deshalb nicht zu erreichen ist, weil das zuständige Amtsgericht außerhalb der allgemeinen Dienststunden keinen richterlichen Bereitschaftsdienst eingerichtet hat. Eine Pflicht der Justizverwaltung, einen Bereitschaftsdienst einzurichten, um der Polizei die Herbeiführung einer richterlichen Entscheidung nicht nur während der allgemeinen Dienststunden des Gerichts und des Bereitschaftsdienstes an dienstfreien Tagen, sondern zu jeder anderen Tages- und Nachtzeit zu ermöglichen, lasse sich der Vorschrift des Art. 104 II GG nicht entnehmen.[722] Die Richtigkeit dieser Auffassung ist allerdings zu bezweifeln. Die Reichweite des Art. 104 II GG würde dann davon abhängen, wie die Justizverwaltung die allgemeinen Dienststunden gestaltet und ob und wie sie einen Bereitschaftsdienst einrichtet. Dem Schutzzweck des Grundrechts käme deshalb eine Auslegung näher, die die dauernde Erreichbarkeit eines Richters voraussetzt. Diese Einschätzung wird durch das zu Art. 13 II GG ergangene Urteil des Bundesverfassungsgerichts vom 20. 2. 2001 bestätigt. Die Einschaltung eines Richters könne nicht mit der Begründung abgelehnt werden, eine richterliche Entscheidung sei gewöhnlicherweise zu einem bestimmten Zeitpunkt oder innerhalb einer bestimmten Zeitspanne nicht zu erlangen. Dem korrespondiere die verfassungsrechtliche Verpflichtung der Gerichte, die Erreichbarkeit eines Ermittlungsrichters, auch durch die Einrichtung eines **Eil- oder Notdienstes**, zu sichern.[723]

535 Ein Verstoß gegen das Gebot der unverzüglichen Herbeiführung einer richterlichen Entscheidung hat die Rechtswidrigkeit der Ingewahrsamnahme zur Folge. Die Ingewahrsamnahme ist in diesem Fall aufzuheben und der Betroffene freizulassen.

536 **cc) Absehen von der richterlichen Entscheidung während der Freiheitsentziehung.** Nach den Bestimmungen der meisten Polizeigesetze bedarf es der Herbeiführung einer richterlichen Entscheidung dann nicht, wenn anzunehmen ist, daß die Entscheidung des Richters erst nach Wegfall des Grundes der polizeilichen Maßnahmen ergehen würde.

Art. 18 I 2 BayPAG; § 31 I 2 ASOG Bln; § 18 I 2 BbgPolG; § 16 II BremPolG; § 13a I 2 HmbSOG; § 33 I 2 HSOG; § 19 I 2 NGefAG; § 36 I 2 PolG NW; § 15 I 2 POG RP; § 14 I 2 SPolG; § 22 VII 2 SächsPolG; § 38 I 2 SOG LSA; § 20 I 2 ThürPAG.

Mit der hierdurch eröffneten Möglichkeit des Absehens von der richterlichen Entscheidung soll verhindert werden, daß sich die Entlassung des Festgehaltenen nur deshalb hinauszögert, weil noch die richterliche Entscheidung abzuwarten ist. Denn der Festgehaltene ist zu entlassen, wenn der Grund für die Freiheitsentziehung entfallen ist. Das Absehen von der richterlichen Entscheidung verlangt einen **Zeitvergleich.** Es muß festgestellt werden, wie lange voraussichtlich eine polizeiliche Ingewahrsamnahme dauern wird und welche Zeit die Herbeiführung der richterlichen Entscheidung benötigen würde.

537 **dd) Gebot einer nachträglichen richterlichen Entscheidung.** Die vorherige Entlassung des Betroffenen ohne richterliche Entscheidung ist verfassungsrechtlich unbedenklich, wenn sich andernfalls die Freiheitsentziehung in die Länge zöge. Hier schließt sich

[720] *Maunz/Dürig,* Art. 104 Rdn. 38.
[721] VG Frankfurt am Main, NVwZ-RR 1997, 605.
[722] *BVerwGE* 45, 51 (63 f.).
[723] *BVerfG* NJW 2001, 1121.

aber die Frage an, ob die Polizei auch verpflichtet ist, eine **nachträgliche richterliche Entscheidung** herbeizuführen, wenn der Betroffene vorher entlassen wurde. Diese Frage ist umstritten. Entgegen der herrschenden Meinung[724] ist eine solche Verpflichtung zu bejahen.[725] Die Entscheidung über die „Zulässigkeit und Fortdauer" einer Freiheitsentziehung aufgrund Art. 104 II 1 GG hat **konstitutiven Charakter,** sie enthält nicht lediglich eine Genehmigung oder Bestätigung einer vorgängigen Verwaltungsentscheidung.[726] Anders als Art. 13 II GG bewirkt Art. 104 II GG auch keine endgültige Verlagerung der Entscheidungskompetenz auf die Exekutive, wenn Gefahr im Verzug vorliegt. Die Verwendung des Wortes „Entscheidung" anstelle des Terminus' der – begrifflich immer nur vorherigen! – „Anordnung" (vgl. Art. 104 II GG) zeigt vielmehr, daß der Richter auch nach Abschluß der Maßnahme über deren Zulässigkeit (nicht mehr über deren Fortdauer) zu befinden hat. Eine positivrechtliche Regelung dieses Sachverhalts findet sich jetzt auch in § 19 I 3 NGefAG. Hat eine „Freiheitsbeschränkung" länger als acht Stunden angedauert, so entscheidet nach dieser Vorschrift das Gericht auch dann, wenn die betroffene Person nicht mehr festgehalten wird. Auf die sonst erforderliche persönliche Anhörung des Betroffenen (vgl. Rdn. 542) kann bei nachträglicher richterlicher Entscheidung verzichtet werden, wenn der Betroffene selbst damit einverstanden ist.

ee) Zuständigkeit. Zwar sind Streitigkeiten über die Zulässigkeit einer polizeilichen Freiheitsentziehungsmaßnahme öffentlich-rechtlicher Natur und damit an sich Sache der Verwaltungsgerichte gemäß § 40 I 1 VwGO; die Polizeigesetze erklären jedoch die **Amtsgerichte** für **sachlich zuständig**. **538**

§ 28 IV 1 PolG BW; Art. 18 III BayPAG; § 31 III ASOG Bln; § 18 II BbgPolG; § 16 III BremPolG; § 13 a II HmbSOG; § 33 II HSOG; § 19 II NGefAG; § 36 II PolG NW; § 15 II POG RP; § 14 II SPolG; § 22 VIII SächsPolG; § 38 II SOG LSA; § 20 II ThürPAG.

Die Verweisung an die Amtsgerichte hat ihren Grund einmal in der im Vergleich zu den Verwaltungsgerichten im allgemeinen bestehenden größeren **Ortsnähe** der Amtsgerichte. Zum anderen wird den Amtsgerichten, weil sie auch nach anderen Vorschriften über Freiheitsentziehungen zu befinden haben (§ 3 FreihEntzG; § 115 a StPO) eine größere **Sachnähe** zugesprochen. Die Möglichkeit einer solchen Zuweisung aufgrund landesrechtlicher Vorschrift wird durch § 40 I 2 VwGO eröffnet. Das bayerische Recht erstreckt gemäß Art. 18 II 2 BayPAG die amtsgerichtliche Zuständigkeit außerdem ausdrücklich auch auf das **nachträgliche Rechtsschutzverfahren** im Fall der Freilassung des Betroffenen vor einer gerichtlichen Entscheidung.[727] In den übrigen Ländern bleiben für Klagen, die auf nachträgliche Feststellung der Rechtswidrigkeit einer Inhaftierung gerichtet sind, mangels Sonderregelung die Verwaltungsgerichte zuständig.[728] Durch § 13 a II 4 HmbSOG wird diese Rechtslage ausdrücklich klargestellt.

Örtlich zuständig ist nach den zitierten Bestimmungen das Gericht, in dessen Bezirk die Person **festgehalten** wird, nicht also notwendig das Gericht, in dessen Bezirk die festgehaltene Person angetroffen und in Gewahrsam genommen wurde. Art. 17 III BayPAG ist in der Formulierung noch deutlicher, wenn es dasjenige Amtsgericht für örtlich zuständig erklärt, in dessen Bezirk die Freiheitsentziehung **vollzogen** wird. Die Zuweisung ist vor allem dann von Bedeutung, wenn bei einer größeren Zahl von Gewahrsamsfällen die festgehaltenen Personen wegen Platzmangels nicht alle im Bezirk des ortsnächsten Amtsgerichts untergebracht werden können. Die richterliche Entscheidung kann dann **539**

[724] Vgl. nur AK-GG-*Azzola,* Art. 104 Rdn. 36; *Heise/Tegtmeyer,* PolG NW, § 36 Rdn. 6; *Meixner,* HSOG, § 33 Rdn. 8; *Würtenberger/Heckmann/Riggert,* Rdn. 241, zur Frage einer nachträglichen richterlichen Entscheidung im Strafverfahren vgl. *Schnarr* NStZ 1991, 215.

[725] Für eine nachträgliche Entscheidung Arbeitskreis Polizeirecht, AE PolG, § 21 Anm. 3; *Wagner,* PolG NW, vor § 8 Rdn. 69; *Lisken* NJW 1979, 1992; NJW 1982, 1268; ZRP 1981, 235.

[726] *BVerfGE* 83, 24 (33).

[727] Vgl. *BVerwG* NJW 1989, 1048; *VGH München* NJW 1989, 1754; *BayOblG* NVwZ 1990, 194

[728] *VGH Kassel* DÖV 1984, 522; *OVG Münster* NJW 1990, 3225; *VG Frankfurt am Main* NVwZ 1994, 721; *OVG Bremen* NVwZ-RR 1997, 474; *OVG Weimar* DÖV 1999, 511.

schneller herbeigeführt werden als im Fall der Zuständigkeit des Gerichts, in dessen Bezirk die Ingewahrsamnahme erfolgte. Diese gesetzliche Zuweisung schafft kein unzulässiges Ausnahmegericht und verletzt nicht das Recht auf den gesetzlichen Richter im Sinne des Art. 101 I GG. Auch § 4 I 2 des Gesetzes über das gerichtliche Verfahren bei Freiheitsentziehungen erklärt das Amtsgericht für zuständig, in dessen Bezirk der Verwahrungsort liegt. Die bloße Möglichkeit, daß die Polizei den Vollzugsort zum Zweck der Manipulation der gerichtlichen Zuständigkeit willkürlich auswählen könnte, führt nicht zur Verfassungswidrigkeit der Bestimmungen über die örtliche Zuständigkeit.[729] Wird eine in polizeilichen Gewahrsam genommene Person an einen anderen Ort verbracht, ohne daß es hierfür sachliche Gründe gibt, ist die Freiheitsentziehung schon aus diesem Grund rechtswidrig. Die richterliche Prüfung hat sich auch auf diesen Umstand zu erstrecken.[730] Sachliche Gründe für die Verbringung an einen anderen Gewahrsamsort als den des Aufgreifens liegen nur dann vor, wenn der Zweck des Gewahrsams andernfalls nicht erreicht werden kann.

540 **ff) Verfahren.** Die polizeirechtlichen Vorschriften bestimmen, daß sich das Verfahren nach den Vorschriften des Gesetzes über das **gerichtliche Verfahren bei Freiheitsentziehungen** richtet. Gegen diese Verweisung auf eine Regelung außerhalb der Polizeigesetze bestehen keine Bedenken. Die verfassungsrechtlich gebotene (vgl. Art. 104 II 4 GG) gesetzliche Regelung des richterlichen Entscheidungsverfahrens im Fall des polizeilichen Gewahrsams muß nicht in den Polizeigesetzen selbst enthalten sein. Gleiches gilt im Hinblick auf die in § 3 S. 2 FreihEntzG enthaltene Verweisung auf die Vorschriften des **Gesetzes über die Angelegenheiten der freiwilligen Gerichtsbarkeit,**[731] die im Fall des polizeilichen Gewahrsams ebenfalls zu beachten sind.

541 Der Richter entscheidet nur auf **Antrag der Polizeibehörde** (§ 3 FreihEntzG). Der Antrag selbst ist nicht formgebunden. Er ist gerichtet auf den Erlaß einer richterlichen Entscheidung über die Zulässigkeit und Fortdauer einer Freiheitsentziehung und muß durch entsprechenden Tatsachenvortrag begründet werden. Auch wenn mehrere Personen gleichzeitig und in gleichem sachlichen Zusammenhang (Demonstration, Sportveranstaltung) in Gewahrsam genommen werden, so ist immer eine konkrete und individuelle Begründung erforderlich. Ein bloßer Hinweis auf die „Gesamtumstände" oder den „Gesamteindruck" reicht nicht. Als **Vertreter der Polizeibehörde** kann jeder Polizeibeamte auftreten. Bei polizeilichen Großeinsätzen werden als Vertreter der Polizeibehörde auch sogenannte **„Vorführungsbeamte"** tätig, deren Aufgabe gerade in der Ermittlung des Sachverhalts und dem Sammeln und Zusammenfassen von Beweisen besteht.[732]

542 Der Richter muß die Person, der die Freiheit entzogen werden soll oder bereits entzogen worden ist, **mündlich hören** (§ 5 FreihEntzG). Die mündliche Anhörung erfordert die **persönliche Anwesenheit** des Betroffenen vor Gericht. Er kann nötigenfalls zwangsweise vorgeführt werden. Unter dem Gesichtspunkt des rechtlichen Gehörs (Art. 103 I GG) ist es nicht ausreichend, dem Betroffenen nur Gelegenheit zur **Aussage vor der Polizei** zu geben.[733] Unzureichend ist es auch, wenn lediglich Polizeibeamte, die die Festnahme durchgeführt haben, befragt und angehört werden.[734] Bei sogenannten Massenfestnahmen aus Anlaß von gewalttätigen Demonstrationen ist von justizieller Seite darauf zu achten, daß Richter in ausreichender Zahl tätig werden, um so eine ordnungsgemäße Durchführung des Verfahrens zu gewährleisten.

543 § 5 III FreihEntzG enthält eine Verpflichtung zur Anhörung bestimmter anderer Personen. Hat die festgehaltene Person einen gesetzlichen Vertreter in persönlichen Angele-

---

729 *BayVerfG* BayVBl. 1990, 688; a. A. *Jahn* DVBl. 1989, 1044, *Hirsch* ZRP 1989, 84.
730 *BayVerfG* BayVBl. 1990, 688.
731 *BVerfGE* 83, 24 (31 f.).
732 *Berg/Hein,* S. 169 f.
733 *BVerfGE* 83, 24 (35 f.).
734 *BVerfG* NJW 1990, 1284 f.

genheiten, also einen **Vormund** oder einen **Pfleger,** so ist auch dieser zu hören. Bei Personen, die unter elterlicher Gewalt stehen, ist **jeder Elternteil,** bei Verheirateten ist der **Ehegatte** zu hören. Die Anhörung dieser Personen kann allerdings unter anderem dann unterbleiben, wenn sie nicht ohne erhebliche Verzögerung möglich ist (§ 5 II 3 FreihEntzG). Auch kann der Festgehaltene vor dem Richter mit einem Beistand, also insbesondere mit einem **Rechtsanwalt** erscheinen, sofern er diesen zur Vertretung seiner Interessen beauftragt (§ 13 FGG). Die tatsächliche Möglichkeit zu einer solchen Beauftragung besteht, da jeder festgehaltenen Person die Gelegenheit zu geben ist, eine Person ihres Vertrauens zu benachrichtigen (unten Rdn. 550).

Im Rahmen des richterlichen Entscheidungsverfahrens ist vor allem der in § 12 FGG **544** niedergelegte **Amtsermittlungsgrundsatz** zu beachten. Wie das Bundesverfassungsgericht[735] ausdrücklich hervorhebt, darf der Richter sich nicht auf die Prüfung beschränken, ob die von der Polizei vorgetragenen Gründe plausibel erscheinen. Er muß vielmehr selbst die Tatsachen feststellen, die eine Freiheitsentziehung rechtfertigen. Die Schwere des Grundrechtseingriffs erfordert eine eingehende richterliche Prüfung der Erforderlichkeit dieser Maßnahme.[736] Als Mittel eigener richterlicher Sachaufklärung stehen insbesondere die Akten, die sichergestellten Gegenstände, die Aussagen der beteiligten Beamten und die persönliche Anhörung des Betroffenen zur Verfügung.

Der Richter entscheidet gemäß § 6 FreihEntzG durch einen mit Gründen zu versehen- **545** den **Beschluß.** Die Anordnung über die Zulässigkeit bzw. Fortdauer des Gewahrsams ist dem Betroffenen, den im Verfahren über die Freiheitsentziehung anzuhörenden Personen und gegebenenfalls noch einer Vertrauensperson des Betroffenen sowie der Polizeibehörde bekanntzugeben. Wird der Gewahrsam für unzulässig erklärt, erfolgt die Bekanntmachung nur gegenüber der Polizeibehörde und dem Betroffenen.

h) Behandlung festgehaltener Personen

Die Polizeigesetze enthalten im allgemeinen ausführliche Regelungen über die Be- **546** handlung festgehaltener Personen.

§ 28 II PolG BW; Art. 19 BayPAG; § 32 ASAOG Bln; § 19 BbgPolG; § 17 BremPolG; § 13 b HmbSOG; § 34 HSOG; § 56 SOG MV; § 20 NGefAG; § 37 PolG NW; § 16 POG RP; § 15 SPolG; § 22 IV–VI SächsPolG; § 39 SOG LSA; § 205 LVwG SH; § 21 ThürPAG.

So schreiben sie etwa vor, daß einer festgehaltenen Person unverzüglich der **Grund des Festhaltens** bekanntzugeben ist. Diese Pflicht ergibt sich bereits aus Art. 5 II EMRK, wonach jeder Festgenommene unverzüglich und in einer ihm verständlichen Sprache über die Gründe seiner Festnahme unterrichtet werden muß. Der Festgehaltene soll dadurch in die Lage versetzt werden, von den ihm zur Verfügung stehenden Rechtsbehelfen Gebrauch zu machen.

Unverzügliche Bekanntgabe bedeutet, daß der Grund des Gewahrsams **zum frühest-** **547** **möglichen Zeitpunkt,** also schon während der Ingewahrsamnahme, und nicht beispielsweise erst auf der Dienststelle oder im Arrestraum bekanntgegeben wird. Ist der Betroffene etwa wegen Volltrunkenheit nicht aufnahmefähig, so ist ihm der Grund später mitzuteilen. Zur Bekanntgabe des Grundes gehört der Hinweis darauf, aus welchem Sachverhalt die Polizei die Befugnis zur Freiheitsentziehung herleitet ebenso wie die Nennung der einschlägigen Rechtsgrundlage. Die Bekanntgabe ist nicht formgebunden. Eine Niederschrift ist jedoch aus Beweisgründen zweckmäßig.

Nach den in einer Reihe von Polizeigesetzen enthaltenen Bestimmungen ist der Fest- **548** gehaltene auch über die ihm zustehenden Rechtsmittel zu belehren.

Art. 18 I 2. HS BayPAG; § 32 I 2 ASOG Bln; § 56 I SOG MV; § 20 I 2 NGefAG; § 15 I 2 SPolG; § 22 IV SächsPolG; § 205 I LVwG SH.

---

[735] *BVerfGE* 83, 24 (34); BVerfG NVwZ-Beilage 1996, 49.
[736] *BVerfGE* 58, 208 (220 ff.); 63, 340 (341); 65, 317 (321 ff.).

Diese Pflicht zur **Erteilung einer Rechtsmittelbelehrung** umfaßt einmal die Information des Betroffenen darüber, ob die Polizei selbst beabsichtigt, eine richterliche Entscheidung herbeizuführen, oder ob sie wegen der Kurzfristigkeit der Maßnahme hiervon absehen will.[737] Sie umfaßt zum anderen den Hinweis darauf, daß der Betroffene selbst schon während der Dauer des Gewahrsams eine richterliche Entscheidung beantragen kann. Auch auf nachträgliche Rechtsschutzmöglichkeiten ist der Festgehaltene hinzuweisen. Die Belehrung umfaßt entsprechend § 58 VwGO auch den Hinweis auf das sachlich und örtlich zuständige Gericht sowie einzuhaltende Fristen. Ebenso wie bei der Mitteilung des Grundes der Freiheitsentziehung ist auch bei der Rechtsbehelfsbelehrung keine Schriftform vorgesehen. Eine Niederschrift mit Gegenzeichnung des Betroffenen wird aber als zweckmäßig erachtet.[738] Die in einigen Gesetzen enthaltene Pflicht zur Belehrung über die Freiwilligkeit einer etwaigen Aussage (Art. 19 I 2 BayPAG; § 32 I 3 ASOG Bln.) hat nur deklaratorischen Charakter. Eine solche Belehrungspflicht ergibt sich aus den besonderen Regelungen über die Befragung und die Vernehmung (oben Rdn. 298 ff.).

549 In den Polizeigesetzen, in denen eine Rechtsmittelbelehrung nicht ausdrücklich vorgesehen ist, kann sie auch nicht aus anderen (verfassungsrechtlichen) Vorschriften hergeleitet werden. Nach herrschender Auffassung läßt sich eine **allgemeine Belehrungspflicht** weder auf Art. 19 IV GG noch allgemein auf das Rechtsstaatsprinzip stützen.[739] Allerdings besteht auch für die Polizei eine **Betreuungs- und Fürsorgepflicht** gegenüber dem Festgehaltenen. Sie hat ihre Grundlage im Rechtsstaatsprinzip und soll die Waffengleichheit im Verfahren sicherstellen. § 25 VwVfG ist eine Ausprägung dieser Pflichten. Diese Vorschrift schließt Auskünfte auch über die den Beteiligten im Verwaltungsverfahren zustehenden Rechte nicht aus. Hierzu gehört jedenfalls der Hinweis auf die der polizeilichen Pflicht korrespondierende Rechtsposition des Betroffenen, wonach die Freiheitsentziehung nur durch den Richter angeordnet werden darf. Der Hinweis auf das Recht des Festgehaltenen, von sich aus eine richterliche Entscheidung zu beantragen, ist keine Rechtsbehelfsbelehrung. Denn die Entscheidung nach Art. 104 II GG über Zulässigkeit und Fortdauer der Freiheitsentziehung ist kein Rechtsbehelf gegen die polizeilich angeordnete Festnahme. Sie hat vielmehr konstitutiven Charakter. In den Polizeigesetzen, die nicht ausdrücklich eine Pflicht zur Erteilung einer Rechtsmittelbelehrung aufstellen, darf deshalb nur darauf verzichtet werden, den Festgehaltenen über nachträgliche Rechtsschutzmöglichkeiten zu unterrichten.

550 Die Polizeigesetze bestimmen weiterhin, daß der festgehaltenen Person unverzüglich **Gelegenheit zur Benachrichtigung** eines Angehörigen oder einer Person ihres Vertrauens zu geben ist. Mit dieser Regelung soll verhindert werden, daß Menschen „spurlos" verschwinden. Wer **Vertrauensperson** ist, bestimmt der Festgehaltene selbst. In Betracht kommen insbesondere Angehörige, Freunde und vor allem Rechtsanwälte. Hat der Festgehaltene besonderes Vertrauen zu einem Zeitungsredakteur oder allgemein zu Mitarbeitern einer bestimmten Zeitungsredaktion, so darf er auch dort anrufen. Dem Schutzzweck der Benachrichtigung wird damit ebenfalls Genüge getan. Die Regelungen sprechen von **einer Person** des Vertrauens. Ist die Benachrichtigung erfolgt, besteht auf seiten des Betroffenen kein Recht mehr, weitere Personen von der Ingewahrsamnahme in Kenntnis zu setzen. Die Polizei muß den Festgehaltenen auf sein Recht zur Benachrichtigung hinweisen und ihm tatsächlich die Möglichkeit zur persönlichen Benachrichtigung einräumen. Die Einräumung der tatsächlichen Möglichkeit zur Benachrichtigung beinhaltet in der Praxis vor allem auch die Pflicht, dem Festgehaltenen am Ort des Gewahrsams, also regelmäßig der Polizeidienststelle, ein **Telefon** zur Verfügung zu stellen. Die Kosten des Telefonats können nicht dem Festgehaltenen auferlegt werden. Insbesondere kann die Benutzung des Telefons nicht davon abhängig gemacht werden, daß der Festgehaltene das dafür

---

[737] *Berner/Köhler,* PAG, Art. 19 Rdn. 3.
[738] *Berner/Köhler,* PAG, Art. 19 Rdn. 3.
[739] Vgl. die Nachweise bei *Kopp/Schenke,* VwGO, § 59 Rdn. 2.

nötige Kleingeld bei sich hat. Zur Auferlegung solcher Kosten fehlt es an der erforderlichen gesetzlichen Grundlage.[740] Die bei der Benachrichtigung von Vertrauenspersonen anfallenden Telefonkosten sind insbesondere keine Kosten der Ersatzvornahme oder des unmittelbaren Zwangs. Auch die Kosten eines Telegramms oder, praktisch weniger relevant, eines Briefes, können dem Festgehaltenen nicht auferlegt werden.

Nach dem Wortlaut der meisten Polizeigesetze – eine Ausnahme ist insoweit § 16 II 1 **551**
POG RP – soll die Pflicht, dem Festgehaltenen eine Gelegenheit zur Benachrichtigung anderer Personen zu geben, **nicht ausnahmslos** gelten. Sie besteht danach nur, „soweit dadurch der Zweck der Freiheitsentziehung nicht gefährdet wird". Diese Einschränkung kann eine praktische Bedeutung nur im Fall des Gewahrsams zur Verhinderung bevorstehender Straftaten haben. Nach § 17 II 2 BremPolG und § 13b II 2. HS HmbSOG darf der Zweck einer Unterbindung der Kontaktaufnahme tatsächlich nur die „Verhütung von Straftaten" sein. In diesem Zusammenhang wird auf die Möglichkeit hingewiesen, der Festgehaltene könne den Empfänger der Benachrichtigung unter Umständen zur Begehung oder Fortsetzung der unterbundenen Straftat anhalten wollen.[741] Diese Fallgestaltung ist zwar nicht auszuschließen, dürfte aber praktisch nicht von großer Bedeutung sein. Es entspricht nicht der Lebenserfahrung, daß eine festgehaltene Person in dieser Weise die Aufdeckung einer bestehenden Komplizenschaft in Kauf nimmt. Von einer solchen „Kontaktsperre" darf deshalb nur in äußersten Ausnahmefällen Gebrauch gemacht werden. In jedem Fall aber hat die Polizei dem Betroffenen die Gelegenheit zu geben, eine Person zu benachrichtigen, von der wegen ihrer beruflichen Position oder ihrer Stellung im öffentlichen Leben angenommen werden kann, daß sie nicht im Zusammenhang mit dem Anlaß der Freiheitsentziehung steht.

Ob der Betroffene von der ihm gegebenen Gelegenheit zur Benachrichtigung von **552**
Vertrauenspersonen Gebrauch macht, hängt von seinem eigenen Entschluß ab. Mit dem rechtlichen Hinweis und der tatsächlichen Einräumung der Möglichkeit hat die Polizei ihre Pflicht erfüllt. Ist die festgehaltene Person allerdings **nicht zur Benachrichtigung in der Lage** und widerspricht eine Benachrichtigung auch nicht ihrem mutmaßlichen Willen, so „soll" (vgl. § 15 II 2 ME) die Polizei die Benachrichtigung selbst übernehmen. Das Wörtchen „soll" räumt der Polizei **kein Ermessen** ein. Liegen die Voraussetzungen vor, so muß eine Benachrichtigung erfolgen. Diese Auslegung orientiert sich an Art. 104 IV GG, wonach bei (richterlich angeordneten) Freiheitsentziehungen immer eine dem Betroffenen nahestehende Person zu benachrichtigen ist. Diese Verfassungsnorm bietet auch eine Auslegungshilfe in denjenigen Fällen, in denen über den mußmaßlichen Willen beispielsweise des im Ausnüchterungsgewahrsam befindlichen Volltrunkenen keine Klarheit erzielt werden kann. Im Zweifel muß die Polizei die Angehörigen oder sonstige Vertrauenspersonen benachrichtigen. Ist die festgehaltene Person **minderjährig, entmündigt** oder unter **vorläufige Vormundschaft** gestellt, so ist in jedem Fall derjenige zu benachrichtigen, dem die Sorge für die Person obliegt.

Die Polizeigesetze bestimmen in Anlehnung an die Vorschriften des § 119 StPO, daß **553**
die festgehaltene Person gesondert untergebracht werden soll. Insbesondere soll sie nicht gegen ihren Willen in demselben Raum mit Straf- und Untersuchungsgefangenen untergebracht werden. Auch sollen Männer und Frauen getrennt untergebracht werden. Der festgehaltenen Person dürfen nur solche Beschränkungen auferlegt werden, die der Zweck der Freiheitsentziehung oder die Ordnung im Gewahrsam erfordert.

i) Dauer der Freiheitsentziehung

Was die Dauer des Gewahrsams anbelangt, so gilt zunächst die **absolute Grenze** des **554**
Art. 104 II 3 GG. Danach darf die Polizei aus eigener Machtvollkommenheit niemanden länger als **bis zum Ende des Tages nach dem Ergreifen** in eigenem Gewahrsam halten.

[740] Vgl. zum Vorbehalt des Gesetzes bei Gebührentatbeständen *Kirchhof,* in: Isensee/Kirchhof (Hrsg.), Handbuch des Staatsrechts, Bd. IV, 1990, § 88 Rdn. 195.

[741] *Honnacker/Beinhofer,* PAG, Art. 19 Anm. 6; *Berg/Hein,* S. 174.

Die Dauer des Gewahrsams beträgt demnach **längstens 48 Stunden.** Mißverständlich ist es allerdings, wenn in diesem Zusammenhang bisweilen von der „48-Stunden-Frist" gesprochen wird. Die Formulierung suggeriert, daß von dieser Frist immer Gebrauch gemacht werden könne. Die längstens zulässige Frist ist aber vom Einzelfall abhängig – und also insofern wieder relativ – und kann, je nach Zeitpunkt der Festnahme, auch lediglich 24 Stunden und eine Minute betragen. Die Wendung **„aus eigener Machtvollkommenheit"** bedeutet, daß die Polizei von sich aus auf der Grundlage des Polizeirechts die Freiheitsentziehung anordnet und vollzieht, sie also nicht nur im Auftrag einer anderen Behörde als deren ausführendes Organ oder infolge einer richterlichen Anordnung handelt. Unter **„eigenem Gewahrsam"** sind nicht nur die Arresträume der Polizei zu verstehen, sondern alle Räumlichkeiten, in die jemand eingesperrt wird, sofern tragender Rechtsgrund die polizeiliche Einweisungsverfügung ist.[742] Auch die „Einkesselung" (vgl. Rdn. 484) fällt unter diesen Begriff.

555 Die Bestimmung des Art. 104 II 3 GG findet sich sinngemäß in fast allen Polizeigesetzen wieder. Danach ist eine festgehaltene Person spätestens bis zum Ende des Tages nach dem Ergreifen zu entlassen, wenn nicht vorher die Fortdauer der Freiheitsentziehung durch richterliche Entscheidung angeordnet ist.

§ 28 III 2 PolG BW; Art. 20 Nr. 3 BayPAG; § 33 I Nr. 3 ASOG Bln; § 20 I Nr. 3 BbgPolG; § 18 I BremPolG; § 13 c I Nr. 3 HmbSOG; § 35 I Nr. 4 HSOG; § 55 V 2 SOG MV; § 21 Nr. 3 NGefAG; § 38 I Nr. 3 PolG NW; § 22 VII 4 SächsPolG; § 40 I Nr. 3 SOG LSA; § 204 V 2 LVwG SH; § 22 Nr. 3, 1 ThürPAG.

556 Eine Ausnahme zugunsten des Festgehaltenen machen § 17 Nr. 3 POG RP und § 16 I Nr. 3 SPolG. Der Betroffene ist im Geltungsbereich dieser Gesetze spätestens **24 Stunden nach dem Ergreifen** zu entlassen, sofern bis dahin keine anderslautende gerichtliche Entscheidung vorliegt. Hier wurde der verfassungsrechtliche Zeitrahmen zugunsten des Festgenommenen unterschritten. Eine Modifizierung der im POG RP und SPolG enhaltenen Besserstellung des Betroffenen regelt § 35 I Nr. 2 HSOG. Die Pflicht zur Freilassung nach Ablauf von 24 Stunden besteht nur, wenn der Festgehaltene bis dahin nicht dem Richter „zugeführt worden ist". Die Besserstellung wird dem Betroffenen also unter dem Vorbehalt von Ressortverantwortlichkeiten zugebilligt. Denn nur die Polizei, nicht aber die Justiz ist an die 24-Stunden-Frist gebunden. Aus der Sicht des Betroffenen, dem der Staat als Einheit gegenübertritt, ist diese Konstruktion nicht völlig überzeugend, es sei denn, dieser sähe einen Vorteil darin, innerhalb von 24 Stunden garantiert von der alleinigen Obhut der Polizei in die eines Gerichts zu kommen. Aus der Sicht der Polizei ist eine modifizierte Fristverkürzung sinnvoll, wenn ab Überstellung des Betroffenen an die Justiz nicht mit zeitnahen Entscheidungen gerechnet werden kann.

557 Es handelt sich in allen Fällen um eine Ausformung und Konkretisierung des Grundsatzes, wonach bei polizeilicher Anordnung des Gewahrsams unverzüglich eine richterliche Entscheidung herbeizuführen ist (vgl. Rdn. 531 ff.). Nach Ablauf der bezeichneten Höchstfristen kann in keinem Fall mehr von einer unverzüglichen Entscheidung gesprochen werden, ganz gleich, welche Ursachen die Verzögerung hat.

558 Bereits **vor Ablauf dieser Höchstfristen** ist der Gewahrsam zu beenden und die festgehaltene Person zu entlassen, wenn der Grund für die Freiheitsentziehung weggefallen ist. Gleiches gilt, wenn die Fortdauer der Freiheitsentziehung durch richterliche Entscheidung für unzulässig erklärt wird. Die einzelnen Polizeigesetze enthalten hier weitgehend identische Vorschriften.

559 Nicht ausdrücklich geregelt ist in den Polizeigesetzen der Fall, daß die Polizei gegen das Verfassungsgebot zur unverzüglichen Herbeiführung einer richterlichen Entscheidung verstößt. Ein solcher Verfahrensverstoß führt wegen der unmittelbaren Geltung des Art. 104 II 2 GG zur Rechtswidrigkeit des Polizeigewahrsams mit der Folge, daß der Be-

---

742 *Maunz/Dürig*, GG, Art. 104 Rdn. 40.

troffene freizulassen ist.[743] Der Verstoß kann auch nicht dadurch geheilt werden, daß der Betroffene nunmehr dem Richter vorgeführt wird. Denn die unverzügliche richterliche Entscheidung ist für die Rechtmäßigkeit der Freiheitsentziehung konstitutiv, sie ist nicht mit der „erforderlichen Mitwirkung einer anderen Behörde" im Sinne des § 44 II Nr. 4 VwVfG zu vergleichen. Sollte die Polizei also eine in Gewahrsam genommene Person einmal „vergessen" haben, etwa weil zwischen den Beamten stillschweigende Uneinigkeit über die interne Aufgabenverteilung besteht, so ist der Festgehaltene sofort zu entlassen, wenn der Mißstand entdeckt wird. Es ist hier nicht anders zu verfahren als nach Ablauf der im Hessischen, Rheinland-Pfälzischen und Saarländischen Polizeirecht normierten 24-Stunden-Frist (oben Rdn. 556). Es reicht insbesondere nicht, den Betroffenen nur symbolisch auf freien Fuß zu setzen, um ihn gleich darauf wieder festzuhalten.

Unterschiedliche Regelungen finden sich in den einzelnen Polizeigesetzen zu der Frage 560
der zulässigen **Höchstdauer** des Polizeigewahrsams. Polizeigewahrsam ist auch diejenige Freiheitsentziehung, die durch den Richter und aufgrund der entsprechenden Regelungen der Polizeigesetze angeordnet wird. Die Bestimmung des Art. 104 II 3 GG greift hier deshalb nicht.[744] Sie hat nur den Gewahrsam zum Gegenstand, den die Polizei selbst, das heißt „aus eigener Machtvollkommenheit" (vgl. Rdn 554) anordnet. Allerdings beschränken die meisten Polizeigesetze auch den **richterlich angeordneten Polizeigewahrsam** entsprechend Art. 104 II 3 GG auf maximal 48 Stunden. Über diese Frist hinaus kann der Richter in diesen Ländern eine Freiheitsentziehung „nur auf Grund eines anderen Gesetzes" anordnen.

§ 33 I Nr. 3 ASOG Bln; § 13c I Nr. 3 HmbSOG; § 35 I Nr. 4 HSOG; § 21 NGefAG; § 38 I Nr. 3 PolG NW; § 17 Nr. 3 POG RP; § 16 I Nr. 3 SPolG.

Die Polizeigesetze anderer Länder eröffnen den Sicherheitsbehörden die Möglichkeit, 561
einen Störer für die Dauer von zwei Wochen in Polizeigewahrsam zu nehmen.

§ 22 III PolG BW; Art. 20 Nr. 3 BayPAG; § 22 VII 3 SächsPolG.

Es gibt auch eine Reihe von Gesetzen, die überhaupt keine Bestimmung über die zulässige Dauer des Polizeigewahrsams treffen.

BremPolG; SOG MV SOG LSA; LVwG SH.

Eine Art Mittelweg haben die Polizeigesetze Brandenburgs, Hessens, Niedersachsens, 562
Sachsen-Anhalts und Thüringens eingeschlagen, mit einer zulässigen Höchstdauer von zehn (§ 22 Nr. 3 ThürPAG) bzw. sechs (§ 35 I Nr. 4 HSOG) bzw. vier (§§ 20 I Nr. 3 BbgPolG, 21 S. 2 NGefAG, 40 I Nr. 3 SOG LSA) Tagen. Bemerkenswert ist, daß in Folge des Urteils des Sächsischen Verfassungsgerichtshofs vom 14. 5. 1996[745] nicht nur das sächsische, sondern auch das hessische Polizeigesetz nach den Gründen der Ingewahrsamnahme differenzieren, indem sie die Höchstfristen nur noch für den Sicherheitsgewahrsam vorsehen und bei allen übrigen Gewahrsamsfällen von deutlich geringeren Zeiträumen, nämlich maximal zwei (Hessen) bzw. drei (Sachsen) Tagen ausgehen. Es stellt sich ohnehin die Frage, ob beispielsweise beim **Identifizierungsgewahrsam** die in § 163c III StPO normierte Zwölf-Stunden-Frist nicht auch die Grenzen des im Polizeirecht zumutbaren markiert. In den meisten Polizeigesetzen wird diese Grenze ausdrücklich festgeschrieben,

§ 33 II ASOG Bln; § 20 II BbgPolG; § 13c II Hmb POG; § 35 II HSOG; § 38 II PolG NW; § 40 II SOG LSA; § 176d III LVmG SH,

in Niedersachsen wird sie sogar um die Hälfte unterschritten (§ 21 S. 3 NGefAG).

---

743 *Maunz/Dürig,* GG, Art. 104 Rdn. 41.
744 A. A. *Hirsch* ZRP 1989, 84.
745 NVwZ 1996, 784 = DVBl. 1996,1423; vgl. dazu *Paeffgen* NJ 1996, 454; *Schenke* DVBl. 1996, 1393; *Roggan* KJ 1997, 80.

563 Obwohl die polizeirechtlichen Regelungen über die Dauer von Freiheitsentziehungen teilweise erheblich älter sind – eine Vorschrift über den zweiwöchigen Polizeigewahrsam gibt es im PolG BW schon seit 1975 – hat sich ein intensiv geführter Streit hierüber erst an der Novellierung des BayPAG[746] entzündet.[747] Der Bayerische Verfassungsgerichtshof[748] hat im Popularklageverfahren gegen die Novellierung der Gewahrsamsvorschriften des BayPAG festgestellt, daß die durch die Neuregelung eröffnete Möglichkeit, einen **zweiwöchigen Polizeigewahrsam** zu verhängen, keinen offensichtlichen Verfassungsverstoß beinhalte. Die Regelung stehe nicht in Widerspruch zum Grundrecht der Freiheit der Person und auch nicht zum rechtsstaatlichen Grundsatz des Übermaßverbot. Es ließen sich Gefahrenlagen denken, denen nur mit einem Gewahrsam der gesetzlich zugelassenen Höchstdauer von zwei Wochen zu begegnen sei. Dem hat sich, mit Einschränkungen, der sächsische Verfassungsgerichtshof angeschlossen.[749]

564 Ein Verfassungsverstoß läßt sich jedenfalls nicht aus **Art. 104 II 3 GG** herleiten. Das Gebot zur Freilassung des Betroffenen nach Ablauf des Tages nach dem Ergreifen wendet sich nur an die Polizei, nicht auch an den Richter.[750]

565 Auch ist die Dauer des Gewahrsams nicht primär ein Problem der **Verhältnismäßigkeit** im engeren Sinn. Eine Frage der Verhältnismäßigkeit ist es in erster Linie, ob eine Person zum Zweck der Verhinderung einer bestimmten, mit Strafe oder Bußgeld bewehrten Verhaltensweise überhaupt eingesperrt werden darf (vgl. Rdn. 497ff.). Hat man diese Frage aber erst einmal bejaht, so ist für Bestimmung der Dauer des Einsperrens vor allem maßgeblich, ob die Tatbereitschaft fortbesteht, ob mit anderen Worten die tatbestandlichen Voraussetzungen der Rechtsgrundlage (weiterhin) vorliegen. Die Frage nach der (fortbestehenden) Tatbereitschaft und damit nach der Dauer einer Freiheitsentziehung ist zuallererst ein **Erkenntnisproblem.** Pläne, Absichten, Geistes- oder Seelenzustände sind innere Tatsachen und der Beurteilung durch Dritte im allgemeinen nur schwer zugänglich. Gesetzliche Höchstfristen bei Freiheitsentziehungen sind eine notwendige Konzession an die auch bei Anwendung größter Sorgfalt beschränkte Erkenntnismöglichkeit des Rechtsanwenders. In Eilfällen, bei denen nur der polizeiliche Gewahrsam zulässig ist, sind die Erkenntnismöglichkeiten zudem äußerst gering. Einzelne Indizien wie das Mitführen bestimmer Gegenstände mögen im Einzelfall und im Hinblick auf konkrete Gegebenheiten für ein unmittelbares Bevorstehen einer Straftat sprechen. Für weitergehende, mehrere Tage oder gar Wochen umfassende Prognosen reichen die genannten Indiztatsachen aber im Regelfall nicht hin. Aus dieser temporär wie situativ eng umgrenzten Gestalt einer polizeilichen Lage folgt die **Natur des Polizeigewahrsams als kurzfristige Maßnahme.**[751]

566 Als solche hat sie in den meisten Polizeigesetzen ihre normative Ausformung erfahren. Nur die Anordnung einer kurzfristigen Freiheitsentziehung trägt auch den tatbestandlichen Voraussetzungen der Gewahrsamsvorschriften Rechnung, wonach diese Maßnahme nur zur Verhinderung einer unmittelbar bevorstehenden Straftat zulässig ist. Im Hinblick etwa auf den dritten, fünften oder gar vierzehnten Tag des in dieser Dauer anzuordnenden Gewahrsams läßt sich zum Zeitpunkt der Entscheidung schwerlich noch von einer akuten Gefahrenlage sprechen. Sollte es sich ausnahmsweise um erkannte Fälle triebhafter Veranlagung oder sonstiger gefährlicher Geisteskrankheit handeln, sind ohnehin nicht mehr die Polizeigesetze, sondern die **Freiheitsentziehungsgesetze der Länder** einschlägig. Nicht ersichtlich ist auch, inwieweit der auf zwei Wochen ausgedehnte Poli-

---

[746] Zweites Gesetz zur Änderung des Polizeiaufgabengesetzes vom 23. 3. 1989, GVBl. S. 79.

[747] Vgl. dazu aus der Literatur *Beckstein* ZRP 1989, 287ff.; *Blankenagel* DÖV 1989, 659ff.; *Hirsch* ZRP 1989, 81ff.; *Jahn* DVBl. 1989, 1038ff.; *Knemeyer* NVwZ 1990, 138ff.; *Niethammer* BayVBl. 1989, 449ff.; *Schmitt Glaeser* BayVBl. 1989, 129ff.

[748] *BayVerfGH* BayVBl. 1990, 688ff. = NVwZ 1991, 664ff.

[749] Vgl. oben Fußn. 745.

[750] *Maunz/Dürig,* Art. 104 Rdn. 39; AK-GG-*Azzola,* Art. 104 Rdn. 36; *Blankenagel* DÖV 1989, 691f.; *Berner/Köhler,* PAG Art. 20 Rdn. 6; a. A. *Hirsch* ZRP 1989, 84; *Jahn* DVBl. 1989, 1044.

[751] *Blankenagel* DÖV 1989, 692.

zeigewahrsam gerade zur Bekämpfung des organisierten Verbrechens dienlich sein soll.[752] Hier ist darauf zu achten, daß die präventiv-polizeiliche Freiheitsentziehung nicht zum Mittel der Sanktionierung von Verhaltensweisen wird, die dem Betroffenen auf der Ebene des Strafverfahrens nicht nachgewiesen werden können.

Nur wenn die dem Polizeigewahrsam immanente Kurzfristigkeit beachtet wird, kann im übrigen ein **Konflikt mit der bundesrechtlichen Regelung des § 112 a StPO** vermieden werden. Der in § 112 a StPO geregelte sogenannte Haftgrund der Wiederholungsgefahr hat rein präventiven Charakter und ist nicht nur kurzfristiger Natur (vgl. § 122 a StPO). Voraussetzung für eine Freiheitsentziehung aufgrund dieser Vorschrift ist unter anderem der dringende Tatverdacht bestimmter schwerwiegender Delikte. Die strengen Voraussetzungen dieser Vorschrift dürfen nicht dadurch umgangen werden, daß längerfristiger Gewahrsam statt dessen auf der Grundlage des Polizeirechts eingeordnet wird.[753] Die Konfliktlage zwischen der strafprozessualen Sicherungshaft und dem polizeirechtlichen Sicherungsgewahrsam wird deutlich, wenn die Polizei zur Verhinderung der Fortsetzung einer Straftat eingeschritten ist. Da Tatverdacht besteht, ist grundsätzlich auch der Anwendungsbereich des § 112 a StPO eröffnet. Als bundesgesetzliche Norm mit präventiver Zweckrichtung und strengen Tatbestandsvoraussetzungen geht § 112 a StPO im Hinblick auf den längerfristigen Gewahrsam dem Polizeirecht vor. Der Anwendungsbereich der polizeirechtlichen Gewahrsamsvorschriften ist deshalb auf kurzfristige Freiheitsentziehungen beschränkt. Dies gilt gleichermaßen, wenn die Polizei nicht zur Unterbindung bereits begangener Straftaten, sondern von vornherein zu ihrer Verhinderung tätig geworden ist. Die Reichweite der polizeilichen Befugnis zur Ingewahrsamnahme kann beim sogenannten Präventivgewahrsam nicht weiter sein als beim sogenannten Repressivgewahrsam (zur Begrifflichkeit oben Rdn. 495). 567

Zusammenfassend läßt sich festhalten, daß Maßstab für eine richterliche Entscheidung über die Zulässigkeit und Fortdauer des Polizeigewahrsams dessen **Charakter als kurzfristige und vorläufige Maßnahme** sein muß. Seine Höchstdauer ergibt sich, wie die meisten Polizeigesetze dies auch regeln, aus einer entsprechenden Anwendung des Art. 104 II GG und kann somit höchstens 48 Stunden betragen. Längerfristige Freiheitsentziehungen sind nicht im allgemeinen Polizeirecht, sondern in speziellen Gesetzen und unter besonderen Voraussetzungen zu regeln. 568

8. Durchsuchung von Personen

a) Begriff

Durchsuchung einer Person ist einmal die **Suche nach Gegenständen,** die sich möglicherweise in oder zwischen den Kleidern des Betroffenen oder an seinem Körper befinden. Im Regelfall ist dies die Nachschau in den Jacken-, Mantel- oder Hosen**taschen** des Betroffenen. Sofern der Betroffene die Kleider nicht am Körper trägt, sondern abgelegt hat, sind die Bestimmungen über die Durchsuchung von Sachen (vgl. Rdn. 591 ff.) einschlägig. Die Nachschau in den Kleidern ist ein vergleichsweise harmloser Eingriff. Daneben soll die Durchsuchung einer Person nach überwiegender Auffassung auch die Suche in „Körperhöhlen und Körperöffnungen" (§ 19 II BremPolG) umfassen.[754] Eingeschränkt wird die Durchsuchungsbefugnis dadurch, daß es sich um „ohne Hilfsmittel einsehbare" (§ 19 II BremPolG)[755] bzw. um „ohne weiteres" zugängliche[756] Körperhöhlen bzw. -öffnungen handeln müsse. 569

---

752 So aber *Berner/Köhler,* PAG, Art. 20 Rdn. 6.

753 *LG Bremen,* Beschl. v. 4. 10. 1991, Az.: 7-T-637/91.

754 *Rasch,* ME, § 17 Rdn. 1; Arbeitskreis Polizeirecht, AE PolG, § 24 III; *Drews/Wacke/Vogel/Martens,* S. 201; *Berg/Hein,* S. 175.

755 *Drews/Wacke/Vogel/Martens,* S. 201; KK-*Laufhütte,* StPO, § 102 Rdn. 9 – ohne medizinische Hilfsmittel.

756 *Heise/Tegtmeyer,* PolG NW, § 39 Rdn. 1; *Heise/Riegel,* ME, Anm. 1 zu § 17; *Habermehl,* Rdn. 598.

570 Diese vorsichtig-schamhaften Umschreibungen bringen keine Klarheit über den Umfang der Durchsuchungsbefugnis. Es stellt sich zum Beispiel die Frage, ob die Polizei nach der gegenwärtigen Rechtslage befugt ist, im After oder in der Scheide eines Menschen nach einem Gegenstand zu suchen; diese Körperöffnungen sind zwar „ohne (medizinische) Hilfsmittel", wohl aber nicht „ohne weiteres" zugänglich. Die Frage ist entgegen einer teilweise vertretenen Auffassung[757] zu verneinen. Die Durchsuchung einer Person ist nicht die Suche nach Gegenständen im **Körperinneren** des Menschen, sondern nur das **Betrachten oder Ertasten seines Äußeren.**

571 Unter diesem Gesichtspunkt ist die Durchsuchung auch von der **Untersuchung** zu unterscheiden. Die Maßnahmen unterscheiden sich einmal nach ihrem Zweck. Während die Durchsuchung dem Auffinden von körperfremden Gegenständen dient, haben körperliche Untersuchungen den Zweck, die Beschaffenheit und den Zustand des Körpers selbst festzustellen.[758] Hierzu gehört auch die Feststellung, ob sich Fremdkörper im Körperinneren befinden.[759] Entgegen einer vor allem im Strafprozeßrecht verbreiteten Auffassung[760] ist der jeweils unterschiedliche Zweck jedoch nicht das einzige Unterscheidungskriterium. Abzustellen ist auch auf die **Eingriffsintensität.**[761] Die Untersuchung ist der gegenüber der Durchsuchung stärkere Eingriff. Maßnahmen, die nur mit (medizinischen) Hilfsmitteln durchgeführt werden können, werden deshalb nicht von der Durchsuchungsbefugnis erfaßt.[762] Die Suche in den „nicht ohne weiteres zugänglichen" menschlichen Körperöffnungen ist den mit (medizinischen) Hilfsmitteln durchgeführten Eingriffen in ihrer Eingriffsintensität gleichzusetzen, da sie insbesondere das Schamgefühl der betroffenen Personen empfindlich beeinträchtigt. Nur die Nachschau in der Mundhöhle, der Nase und den Ohren ist, sofern dies im Einzelfall für nötig erachtet wird, aufgrund der polizeirechtlichen Durchsuchungsbefugnis gestattet. Weitergehende Maßnahmen sind Eingriffe in die körperliche Unversehrtheit gem. Art. 2 II 1 GG. § 54 III 2 SOG MV verbietet diese ausdrücklich. Das Merkmal der Eingriffsintensität gestattet auch eine Einordnung der Suche nach Spuren auf der Körperoberfläche, wie etwa Narben oder Tätowierungen.[763] Sie ist der polizeirechtlich zulässigen Durchsuchung zuzurechnen (vgl. ausdrücklich § 19 II 1 BremPolG), weil der Grad der Beeinträchtigung vergleichsweise gering ist, und obwohl nach dem sprachlichen Empfinden das Wort Untersuchung hierfür die passendere Bezeichnung wäre.

572 Diese Differenzierung ist im Bereich des **Strafverfahrensrechts** praktisch wenig bedeutsam, da zum Zwecke der Strafverfolgung sowohl die Durchsuchung von Personen (§ 102 StPO) als auch die körperliche Untersuchung (§ 81 a StPO) ausdrücklich zugelassen sind. Dagegen ist in den **Polizeigesetzen** fast aller Länder lediglich die Durchsuchung ausdrücklich geregelt. Nur § 36 V HSOG und § 41 V SOG LSA lassen die Untersuchung einer Person zu deren eigenem Schutz zu. Das HmbSOG regelt die zwangsweise ärztliche Untersuchung im Abschnitt über den unmittelbaren Zwang (§ 18 a HmbSOG). Die Auffassung, wonach körperliche Untersuchungen im übrigen ihre rechtliche Grundlage in der polizeilichen Generalklausel haben,[764] ist abzulehnen. Wenn der Gesetzgeber zwar die Durchsuchung, nicht aber die eingriffsintensivere körperliche Untersuchung im einzelnen geregelt hat, so ist hier von einer gewollten Regelungslücke auszugehen, die auch nicht durch eine extensive Auslegung des Durchsuchungsbegriffs geschlossen werden kann. Untersuchungen sind auf polizeirechtlicher Grundlage deshalb nicht zuläs-

---

[757] *Rasch,* ME, § 17 Rdn. 1.

[758] *Berg/Hein,* S. 175; *Heise/Tegtmeyer,* PolG NW, § 39 Rdn. 1.

[759] *Kleinknecht/Meyer-Goßner,* StPO, § 81 a Rdn. 9; *Möller/Wilhelm,* S. 182.

[760] *Kleinknecht/Meyer-Goßner,* StPO, § 81 a Rdn. 9; LR-*Dahs,* StPO, § 81 a Rdn. 16; LR-*Schäfer,* StPO, § 104 Rdn. 34.

[761] *Berg/Hein,* S. 175; ähnlich *Roxin,* Strafverfahrensrecht, § 36 A.

[762] *VGH München,* NVwZ-RR 1999, 310.

[763] Vgl. *Würtenberger/Heckmann/Riggert,* Rdn. 243 („identitätsprägende Merkmale").

[764] *Heise/Tegtmeyer,* PolG NW, § 39 Rdn. 1; *Schmidbauer* in: Schmidbauer/Steiner/Roese, PAG, Art. 11 Rdn. 158 (der seine Auffassung zu Unrecht als „herrschend" ausgibt)

sig.[765] Hat die Polizei beispielsweise Anhaltspunkte dafür, daß jemand Päckchen mit Rauschgift verschluckt hat, so können als Grundlage für eine körperliche Untersuchung (Röntgen) und gegebenenfalls die Verabreichung von **Abführmitteln** nur die strafprozessualen Regelungen der §§ 81a, 81c StPO in Frage kommen. Die Verabreichung von **Brechmitteln** im Strafverfahren zur Erlangung von Beweismitteln („Kokain-Bubbles") soll nach der aktuellen Rechtsprechung der Fachgerichte „keinen grundsätzlichen verfassungsrechtlichen Bedenken" im Hinblick auf die **Menschenwürde** begegnen.[766] Ausgangspunkt dieser Rechtsprechung ist ein Nichtannahmebeschluß des Bundesverfassungsgerichts vom 15.9. 1999,[767] der die Formel von der grundsätzlichen verfassungsrechtlichen Unbedenklichkeit derartiger Maßnahmen in die Diskussion[768] eingeführt hat. Angesichts der sorgfältig recherchierten und begründeten Entscheidung des OLG Frankfurt[769], das zu einem anderen Ergebnis gelangt, erscheint diese leichthändige, mit keinem Wort begründete und in der konkreten Prozeßsituation auch überflüssige Etikettierung allerdings fragwürdig.[770]

b) Rechtsnatur

Die Durchsuchung von Personen ist ein **Realakt.** Sie ist eine Handlung, die nur von der Polizei selbst vorgenommen und deshalb auch nicht zwangsweise durchgesetzt werden kann. Die Regelungen über die Durchsuchung ermächtigen gleichzeitig zum Erlaß solcher Anordnungen und damit **Verwaltungsakten,** die eine Durchsuchung erst ermöglichen. Nur solche „Begleitverfügungen" können durch Anwendung von Zwang vollstreckt werden (vgl. Rdn. 47ff.). Hierzu gehört beispielsweise die Aufforderung an den Betroffenen, er möge aus seinem Auto steigen, sich in einer bestimmten Haltung hinstellen und bis zum Abschluß der Maßnahme stehenbleiben. Wenn es der Durchsuchungszweck erfordert, kann der Betroffene auch aufgefordert werden, sich zu entkleiden. Darüber hinaus ist er nicht zur Mitwirkung verpflichtet. Es muß ihm aber freigestellt werden, seine (Hosen-, Jacken-, Mantel-)Taschen vor den Augen der Polizeibeamten selbst auszuleeren, sofern dem Durchsuchungszweck damit Genüge getan ist. Dies folgt aus dem für jeden Bürger bestehenden und im Verhältnismäßigkeitsgrundsatz verankerten Recht, der Polizei ein sogenanntes Austauschmittel (vgl. § 3 II 2 ME) anzubieten. **573**

c) Voraussetzungen

Die einzelnen Tatbestände, die zur Durchsuchung einer Person ermächtigen, stehen in aller Regel in engem **Zusammenhang mit anderen Standardmaßnahmen.** Die Vorschriften wiederholen vielfach die schon andernorts normierte Befugnis zur Durchsuchung zwecks Feststellung der Identität (vgl. Rdn. 576). Eine Durchsuchungsbefugnis geht auch mit der Ermächtigung zum Festhalten einer Person einher (vgl. Rdn. 578). Die gleiche Zielrichtung verfolgt die Befugnis zur Durchsuchung, wenn sie der Auffindung von Gegenständen dient, die sichergestellt werden dürfen (vgl. Rdn. 579). Die Befugnis zur Durchsuchung von Personen an sogenannten gefährlichen oder gefährdeten Orten (vgl. Rdn. 580) enthält dagegen keine genaue Zielbestimmung. Als Bestandteil einer Razzia ist sie ein reiner Erforschungseingriff. Von dessen Zweck wird auch das Auffinden von Gegenständen erfaßt, die zur Sicherstellung auf strafprozessualer Grundlage ermäch- **574**

---

[765] *Honnacker/Beinhofer,* PAG, Art. 21 Anm. 3; *Würtenberger/Heckmann/Riggert,* Rdn. 243; *Schenke,* Rdn. 103; *Roos,* POG RP, § 18 Anm. 5; *Habermehl,* Rdn. 598; *Wolffgang/Hendricks/Kurz,* Rdn. 167; *Berg/Knape/Kiworr,* Allgemeines Polizei- und Ordnungsrecht für Bremen, 8. Aufl. 2000, S. 409; offenbar auch *VGH München* NVwZ-RR 1999, 310.

[766] *OLG Bremen* NStZ-RR 2000, 270; *KG Berlin* JR 2001, 162.

[767] *NStZ* 2000, 96.

[768] Vgl. *Weßlau* StrafVert 1997, 341ff.; *Dallmeyer* StrafVert 1997, 606ff.; *Schaefer* NJW 1997, 2437 ff.; *Birkholz/Ritter,* Kriminalistik 1997, 277ff.; *Fahl* JA 1998, 277ff.; *Rogall* NStZ 1998, 66ff.; *Grüner* JuS 1999, 727ff.; *M. Götz* JuS 2000, 727; *Rixen* NStZ 2000, 381f.

[769] NJW 1997, 1647.

[770] *Naucke* StrafVert 2000, 1ff.

tigen. Die Durchsuchung aus Gründen des Eigenschutzes der Polizeibeamten wiederum (vgl. Rdn. 585) verfolgt einen klar bestimmten, rein präventiven Zweck.

575 Mit diesen Bestimmungen haben die Gesetzgeber die Situationen, in denen eine Durchsuchung mit präventiver Zwecksetzung notwendig werden könnte, mehr als vollständig erschlossen. Die Normbereiche der einelnen **Tatbestände überschneiden sich** in vielfacher Weise. Nicht selten werden mehrere oder gar alle Merkmale gleichzeitig gegeben sein. Zudem können bei einem Einschreiten mit präventiver Zwecksetzung gleichzeitig die Voraussetzungen eines **repressiven Tätigwerdens** gemäß § 102 StPO vorliegen. Der rechtliche Schwerpunkt des polizeilichen Vorgehens kann sich im Laufe eines Handlungskomplexes verlagern, unter Umständen sogar mehrmals.

576 **aa) Zur Identitätsfeststellung.** Die meisten Polizeigesetze nehmen zunächst auf die Bestimmungen über die Durchsuchung zum Zwecke der Identitätsfeststellung (vgl. Rdn. 313) ausdrücklich Bezug,

Art. 21 I 1. HS BayPAG; § 34 II 1. HS ASOG Bln; § 21 I 1. HS BbgPolG; § 36 II 1. HS HSOG; § 53 I 1. HS SOG MV; § 39 I 1. HS PolG NW; § 18 I 1. HS POG RP; § 17 I 1. HS SPolG; § 41 II 1. HS SOG LSA; § 23 I 1. HS ThürPAG,

bzw. lassen sie „unberührt" (§ 19 I BremPolG). Die Bezugnahme hat nur **deklaratorische Bedeutung.** Die Befugnis selbst ist bereits in der Ermächtigung zur Identitätsfeststellung enthalten. Der Verzicht auf diese Bezugnahme in den anderen Polizeigesetzen führt zu keinen Einschränkungen der Durchsuchungsbefugnis.

577 Ein besonders geregelter Fall der Durchsuchung zum Zwecke der Identitätsfeststellung liegt vor, wenn der Betroffene sich in einem **die freie Willensbestimmung ausschließenden Zustand** oder sonst **in hilfloser Lage** (dazu Rdn. 518 ff.) befindet.

§ 29 I Nr. 3 PolG BW; Art. 21 I Nr. 2 BayPAG; § 34 I Nr. 2 ASOG Bln; § 21 I Nr. 3 BbgPolG; § 19 I Nr. 3 BremPolG; § 15 I Nr. 3 HmbSOG; § 36 I Nr. 2 HSOG; § 22 I Nr. 3 NGefAG; § 39 I Nr. 3 PolG NW; § 18 I Nr. 3 POG RP; § 17 I Nr. 2 SPolG; § 23 I Nr. 3 SächsPolG; § 41 I Nr. 2 SOG LSA; § 23 I Nr. 3 ThürPAG.

Die eigenständige Regelung dieser Maßnahme außerhalb der Vorschriften über die Identitätsfeststellung ist sachgerecht, da sie von der typischen Ausgangssituation einer Personalienfeststellung abweicht. Denn typischerweise ist der Betroffene selbst in der Lage, Nachweise oder Auskünfte über seine Identität zu geben. Die Identitätsfeststellung als Zweck einer Durchsuchung bei bewußtlosen oder sonst hilflosen Personen wird nur in § 29 I Nr. 3 BW PolG expressis verbis genannt. Diese Zweckbestimmung ist aber auch bei allen anderen Gesetzen zugrunde zulegen.[771] Die Feststellung der Identität beispielsweise einer bewußtlosen Person versetzt die Polizei in die Lage, ihre Angehörigen zu benachrichtigen oder sie nach Hause zu bringen.

578 **bb) Bei Freiheitsentziehungen und -beschränkungen.** Die Polizeigesetze ermächtigen zur Durchsuchung einer Person, wenn diese „festgehalten werden darf".

§ 29 I Nr. 1 PolG BW; § 34 II Nr. 1 ASOG Bln; § 21 I Nr. 1 BbgPolG; § 15 I Nr. 1 HmbSOG; § 36 II Nr. 1 HSOG; § 53 I 2 SOG MV; § 22 I Nr. 1 NGefAG; § 39 I Nr. 1 PolG NW; § 18 I Nr. 1 POG RP; § 23 I Nr. 1 SächsPolG; § 41 II Nr. 1 SOG LSA; § 202 I Nr. 2 LVwG SH; § 23 I Nr. 1 ThürPAG.

Unter Festhalten ist nicht nur eine **Freiheitsentziehung** gemäß Art. 104 II GG zu verstehen, sondern auch eine unterhalb dieser Eingriffsschwelle liegende Freiheitsbeschränkung[772] (zur Unterscheidung vgl. Rdn. 485 ff.). Einige Polizeigesetze differenzieren hier sogar explizit zwischen Anhalten und Festhalten (SOG MV) bzw. zwischen Festhalten und Gewahrsam (SächsPolG). Lediglich das Bremische Polizeigesetz beschränkt die

[771] Vgl. etwa Begr. zu § 17 I ME (Fußn. 157); *Rasch,* ME, § 17 Rdn. 6.
[772] Anders noch 1. Auflage.

Durchsuchungsbefugnis auf den Polizeigewahrsam (§ 19 I Nr. 1 BremPolG). Die Rechtsgrundlage für Eingriffe in die Bewegungsfreiheit kann sich aus dem Polizeirecht oder anderen Gesetzen ergeben. In Betracht kommt insbesondere eine Freiheitsentziehung anläßlich einer – auch strafprozessualen (§ 163b I 2 StPO) – Identitätsfeststellung, einer zwangsweisen Vorführung, einer Ingewahrsamnahme oder einer vorläufigen Festnahme. Der Zweck der Durchsuchung liegt in dem Auffinden von Gegenständen, die **sichergestellt** werden dürfen, wenn eine Person festgehalten wird (dazu Rdn. 676 ff.). Die Durchsuchung setzt nicht voraus, daß der Betroffene tatsächlich festgehalten wird. Die rechtliche Befugnis hierzu ist ausreichend.

cc) Zur Sicherstellung von Gegenständen. Die Polizei darf eine Person durchsuchen, **579**
wenn Tatsachen die Annahme rechtfertigen, daß sie Sachen mit sich führt, die sichergestellt werden dürfen.

§ 29 I Nr. 2 PolG BW; Art. 21 I Nr. 1 BayPAG; § 34 I Nr. 1 ASOG Bln; § 21 I Nr. 2 BbgPolG; § 19 I Nr. 2 BremPolG; § 15 I Nr. 2 HmbSOG; § 36 I Nr. 1 HSOG; § 53 I Nr. 1 SOG MV; § 22 I Nr. 2 NGefAG; § 39 I Nr. 2 PolG NW; § 18 I Nr. 2 POG RP; § 17 I Nr. 1 SPolG; § 23 I Nr. 2 SächsPolG; § 41 I Nr. 1 SOG LSA; § 202 I Nr. 1 LVwG SH; § 23 I Nr. 2 ThürPAG.

Die Durchsuchungsbefugnis knüpft damit an die Voraussetzungen und den Zweck einer **Sicherstellung** an (dazu Rdn. 652 ff.). Wegen des Merkmals der Tatsachen, die eine entsprechende Annahme rechtfertigen, wird auf die Ausführungen zu Rdn. 173 ff. verwiesen. Solche Tatsachen können **Bemerkungen oder Verhaltensweisen des Betroffenen** selbst oder **Hinweise Dritter,** etwa des bestohlenen Eigentümers, sein. Auch eigene **Wahrnehmungen der Polizei,** wenn beispielsweise Umrisse von unter den Kleidern verborgenen Gegenständen sichtbar sind, können als Indiztatsachen eine Durchsuchung rechtfertigen. Allein der Umstand, daß jemand in der Vergangenheit eine **Straftat** begangen hat oder einer Straftat verdächtigt wurde – die Polizei ist technisch in der Lage, derartige Informationen durch Abfrage des elektronischen Kriminalaktennachweises an Ort und Stelle in Erfahrung zu bringen (sogenannter **Datenabgleich**[773]) –, rechtfertigt nicht die Annahme, daß eine Durchsuchung zur Auffindung eines sicherzustellenden Gegenstandes führt. Keine hinreichenden Anhaltspunkte ergeben sich auch aus der bloßen Tatsache, daß jemand sich an einem sogenannten **gefährlichen Ort** oder einem **gefährdeten Objekt** aufhält. Dies ist für diejenigen Polizeigesetze von Bedeutung, die eine eigenständige Ermächtigung für eine Personendurchsuchung an solchen Orten nicht enthalten (sogleich Rdn. 580).

dd) An gefährlichen und gefährdeten Orten. Mit Ausnahme der Gesetze Bremens, **580**
Hamburgs und des Saarlands ermächtigen die Polizeigesetze zur körperlichen Durchsuchung an sogenannten gefährlichen und gefährdeten Orten.

§ 29 I Nr. 3 u. 4 PolG BW; Art. 21 I Nr. 3 u. 4 BayPAG; § 34 II Nr. 2 u. 3 ASOG Bln; § 21 I Nr. 4 u. 5 BbgPolG; § 36 II Nr. 2 u. 3 HSOG; § 53 I Nr. 3 SOG MV; § 22 I Nr. 4 u. 5 NGefAG; § 39 I Nr. 4 u. 5 PolG NW; § 18 I Nr. 4 u. 5 POG RP; § 23 I Nr. 4 u. 5 SächsPolG; § 41 Nr. 2 u. 3 SOG LSA; § 202 I Nr. 3 LVwG SH; § 23 I Nr. 4 u. 5 ThürPAG.

Diese Befugnis ist Bestandteil einer **Razzia** (oben Rdn. 334 ff.). Die einschlägigen Bestimmungen verlangen weder konkrete Anhaltspunkte für die Existenz sicherzustellender Gegenstände noch enthalten sie eine konkrete Zweckbestimmung. Die Durchsuchung ist hier ein **Erforschungseingriff,** dessen Ergebnis erst das weitere Vorgehen gegen den Betroffenen bestimmt. Entscheidend ist allein, daß die Person sich an einem gefährlichen oder gefährdeten Ort aufhält. Eine gesetzliche Umschreibung solcher Orte geben die Vorschriften über die Identitätsfeststellung (oben Rdn. 325 und 341). Die Regelungen über die körperliche Durchsuchung verweisen auf sie. In Bremen, Hamburg und im Saarland ist eine Durchsuchung von Personen etwa im Rahmen einer Razzia nur zulässig, wenn konkrete Anhaltspunkte dafür vorliegen, daß der Betroffene Gegenstände mit

---

[773] Dazu *Rachor,* Vorbeugende Straftatenbekämpfung und Kriminalakten, S. 189 ff.

sich führt, die sichergestellt werden dürfen oder wenn eine Durchsuchung aus Gründen der polizeilichen Eigensicherung notwendig ist.

581 Der Umfang des Verweises auf die Vorschriften über die Identitätsfeststellung ist allerdings nicht in allen Gesetzen gleich. Die Regelungen im BayPAG, VGPolG Bbg, POG RP und ThürPAG lassen die Durchsuchung von Personen an **gefährdeten Orten** zu, wenn „Tatsachen die Annahme rechtfertigen, daß in oder an Objekten dieser Art Straftaten begangen werden sollen". Dagegen enthalten die Vorschriften über die Identitätsfeststellung in diesen Landesgesetzen den **einschränkenden Zusatz,** daß durch diese Straftaten „die in oder an diesen Objekten befindlichen Personen oder diese Objekte selbst unmittelbar gefährdet sind". Sie entsprechen damit dem Musterentwurf, der für die unterschiedlichen tatbestandlichen Voraussetzungen bei Identitätsfeststellung und Durchsuchung allerdings ebensowenig wie die betreffenden Polizeigesetze eine Erklärung bereithält. Der Zusatz, wonach die für möglich gehaltenen Straftaten eine Gefährdung für Personen oder Objekte darstellen müssen, beschränkt derartige Personenkontrollen auf Sachlagen, bei denen schwerwiegende Straftaten, insbesondere Terroranschläge erwartet werden. Es ist kein Grund dafür ersichtlich, warum die Zulässigkeit der Durchsuchung von Personen an weniger strenge Voraussetzungen zu knüpfen sei als die bloße Identitätsfeststellung. Die Durchsuchung ist der stärkere Eingriff und darf deshalb nicht unter gegenüber der Identitätsfeststellung erleichterten Bedingungen vorgenommen werden.

582 Das einschränkende Kriterium, wonach die befürchteten Straftaten zu einer Gefährdung von Personen oder wichtigen Objekten führen muß, ist deshalb als **ungeschriebenes Tatbestandsmerkmal** in die Befugnisnormen über die Durchsuchung hineinzulesen. Die tatbestandliche Kongruenz beider Maßnahmen wird im SOG MV und LVwG SH durch eine gesetzestechnisch einwandfreie Verweisung und im NGefAG dadurch sichergestellt, daß die Durchsuchung an sogenannten gefährdeten Orten ausdrücklich nur dann zugelassen ist, wenn die „weiteren Voraussetzungen" der Bestimmung über die Identitätsfeststellung erfüllt sind. Andere Polizeigesetze wiederholen im einzelnen die in den Regelungen über die Identitätsfeststellung enthaltenen tatbestandlichen Elemente. Erwähnenswert sind hier das PolG BW und das SächsPolG, weil die Kontrollbefugnisse an gefährdeten Orten nach diesen Gesetzen überhaupt keinen einschränkenden Voraussetzungen unterliegen.

583 Unter dem Gesichtspunkt der einschränkenden Voraussetzungen für Kontrollbefugnisse an **gefährlichen Orten** ist die Vorschrift des § 24 I Nr. 4 VGPolG Bbg bemerkenswert. Denn sie verlangt, über die bloße „Ortshaftung" (Rdn. 327) hinaus, daß ein **„unmittelbarer Zusammenhang"** besteht zwischen dem Anlaß der Maßnahme und der Anwesenheit des Betroffenen gerade an diesem Ort. Wer erkennbar als Passant, als Reisender, als Kunde, und auch wer zweckfrei, „just for fun" sozusagen, sich an einem der sogenannten gefährlichen Orte aufhält, darf deshalb von der Polizei nicht durchsucht werden. Diese Rechtslage, wenn auch ausdrücklich nur in Brandenburg positiv-rechtlich festgehalten, gilt in allen Ländern. Daß jemand nicht mit Polizeimaßnahmen überzogen werden darf, wenn er nicht mit dem Zweck des Einschreitens in Verbindung steht, ist nicht nur einleuchtend und entspricht dem Rechtsempfinden, sondern ist auch ein Ausdruck des verfassungsgerichtlichen Übermaßverbots. Dieser Verfassungsgrundsatz bewährt sich gerade bei der – tatbestandlich weit gefaßten – Razzia.

584 **ee) Im Umfeld gefährdeter Personen.** § 36 II Nr. 4 HSOG und § 41 II Nr. 4 SOG LSA ermächtigen die Polizei zur Durchsuchung einer Person, die sich im räumlichen Umfeld einer Person aufhält, die in besonderem Maße gefährdet erscheint, und tatsächliche Anhaltspunkte die Maßnahme zum Schutz der Person rechtfertigen. Diese Befugnis hat die gleichen Voraussetzungen wie die entsprechende Regelung zur Identitätsfeststellung (vgl. Rdn. 341).

585 **ff) Zur Eigensicherung.** Die Polizei kann eine Person, deren Identität festgestellt werden soll, nach Waffen, anderen gefährlichen Werkzeugen und Explosivmitteln durchsu-

chen, „wenn dies nach den Umständen zum Schutz des Polizeibeamten oder eines Dritten gegen eine Gefahr für Leib und Leben erforderlich ist".

§ 29 II PolG BW; Art. 21 II BayPAG; § 34 III ASOG Bln; § 21 II BbgPolG; § 19 III BremPolG; § 15 II HmbSOG; § 36 III HSOG; § 22 II NGefAG; § 39 II PolG NW; § 18 II POG RP; § 17 II SPolG; § 23 II SächsPolG; § 41 III SOG LSA; § 23 II ThürPAG.

Diese Vorschrift dient der **Eigensicherung** des Polizeibeamten und auch dem **Schutz Dritter.** Dritte können solche Personen sein, die sich an dem Ort und in dessen unmittelbarer Nähe aufhalten, an dem die Personenkontrolle vorgenommen wird. Die Identitätsfeststellung ist nicht Zweck, sondern **Anlaß** der Durchsuchung. Die Identitätsfeststellung kann auf der Grundlage des Polizeirechts oder anderer Vorschriften zulässig sein. Entscheidend ist, daß die Polizei in Kontakt mit einer Person tritt und die Möglichkeit besteht, daß gerade diese Person sich als Störer oder (potentieller) Straftäter entpuppt, der sich einem befürchteten polizeilichen Zugriff auch unter Anwendung von (Waffen-)Gewalt entziehen will. Eine konkrete Gefahr muß nicht vorliegen. Die Durchsuchung soll **„gegen eine Gefahr"** schützen, also bereits deren Eintritt verhindern. Die gegebenenfalls anschließende Sicherstellung beispielsweise von Waffen und gefährlichen Werkzeugen soll verhindern, daß der Betroffene davon Gebrauch machen kann.

Die Bedeutung der Formulierung, wonach die Durchsuchung **„nach den Umständen"** erforderlich sein muß, ist unklar. Daß sich polizeiliches Handeln immer an den Umständen des konkreten Falles orientieren muß, ist selbstverständlich. Insoweit ist dieser Ausdruck als Tatbestandsmerkmal überflüssig. Die Regelungen der §§ 53 I Nr. 2 SOG MV und 202 I Nr. 2 LVwG SH über die Eigensicherung verwenden ihn dementsprechend nicht. Der Begriff „Umstände" ist ein bloßes Füllwort, das an die Stelle des ansonsten verwendeten Tatbestandsmerkmals „Tatsachen" (die eine bestimmte Annahme rechtfertigen – oben Rdn. 173ff.) tritt. Der Begriff verdeutlicht aber, daß über eine tatsächliche Gefährdung der Polizeibeamten oder Dritter zum Zeitpunkt der Identitätsfeststellung häufig Unsicherheit besteht, die durch eine Durchsuchung erst beseitig werden soll. **586**

Die Regelung erfaßt somit, ohne diese näher zu umschreiben, bestimmte **gefahrenträchtige Situationen,** in die sich ein Polizeibeamter bisweilen begeben muß, will er die ihm übertragenen Aufgaben erfüllen. Da die Befugnis zur Durchsuchung anläßlich einer Razzia bereits ein weites Spektrum gefahrenträchtiger Situationen abdeckt, sind die Vorschriften über die Durchsuchung zwecks Eigensicherung zur Bewältigung solcher Lagen praktisch relevant, die außerhalb „gefährlicher" oder „gefährdeter" Orte im Sinne der Polizeigesetze auftreten. Zu denken ist vor allem an nächtliche Personenkontrollen, insbesondere an abgelegenen Orten wie Autobahnparkplätzen oder Waldwegen. Solche Situationen treten vor allem dann auf, wenn die Polizei nach Straftätern fahndet und dabei auf verdächtige Personen trifft. Wird an einem warmen Sommerabend die Identität einer nur leicht bekleideten Dirne überprüft,[774] so liegen keine Umstände vor, die darauf schließen ließen, daß Waffen gefunden werden könnten, die für die Beamten eine Gefahr darstellten. Umstände, die eine Durchsuchung nach Waffen rechtfertigen, können aber die personenbezogenen **Hinweise in den polizeilichen Dateien** sein. Dort ist häufig aufgeführt, ob bestimmte Personen nach polizeilichen Erkenntnissen zu Gewalttätigkeiten neigen, ob sie im Regelfall bewaffnet sind und ob sie von ihrer Waffe Gebrauch machen. Die Durchsuchung zur Eigensicherung ist schließlich bei Identitätsfeststellungen an **Kontrollstellen** (vgl. Rdn. 343) von praktischer Bedeutung. Die Polizeigesetze enthalten zwar eine generelle Ermächtigung zur Personendurchsuchung an gefährlichen und gefährdeten Orten, nicht aber – mit Ausnahme Berlins (§ 34 II Nr. 4 ASOG Bln.) – an Kontrollstellen. Im Einzelfall kann sich die Notwendigkeit einer Durchsuchung zur Eigensicherung auch hier ergeben. Fahrzeuge dürfen an Kontrollstellen aber immer durchsucht werden (vgl. Rdn. 601f.). **587**

---

774 Beispiel bei *Samper/Honnacker,* PAG, 15. Aufl., 1992, Art. 21 Anm. 10.

d) Verfahren

588 Dem **Schamgefühl** und der **Würde** des von einer Durchsuchung Betroffenen soll dadurch Rechnung getragen werden, daß grundsätzlich Frauen nur von Frauen und Männer nur von Männern durchsucht werden dürfen.

§ 29 III PolG BW; Art. 21 III BayPAG; § 34 IV ASOG Bln; § 21 III BbgPolG; § 19 IV BremPolG; § 15 III HmbSOG; § 36 IV HSOG; § 54 III SOG MV; § 22 III NGefAG; § 39 III PolG NW; § 18 III POG RP; § 17 III SPolG; § 23 III SächsPolG; § 41 IV SOG LSA; § 203 II LVwG SH; § 23 III ThürPAG.

Eine Ausnahme gilt einmal dort, wo die Durchsuchung von einem Arzt oder einer Ärztin vorgenommen wird. Die **ärztliche Durchsuchung** ist, anders als **ärztliche Untersuchungen** oder sonstige Eingriffe auf strafprozessualer Grundlage (§§ 81 b ff. StPO), allerdings praktisch nicht von großer Bedeutung.

589 Das **Strafprozeßrecht** kennt ausdrückliche Vorschriften zum Schutz der Würde des Betroffenen bei einer Durchsuchung (§ 102 StPO) nicht. Als Verfassungsgebot fordert Art. 1 I GG aber ohnehin Beachtung. Bei einer Untersuchung schützt § 81 d StPO expressis verbis nur das Schamgefühl der Frau.

590 Eine weitere Ausnahme von dieser Schutzvorschrift gilt, wenn eine sofortige Durchsuchung zum Schutz gegen eine Gefahr für Leib und Leben erforderlich ist. Dies kann insbesondere bei Maßnahmen zur **Eigensicherung** der Fall sein.

9. Durchsuchung von Sachen

a) Anwendungsbereich

591 Die Polizeigesetze ermächtigen in besonderen Vorschriften zur Durchsuchung von Sachen (vgl. § 18 ME). **Sachen** im Sinne dieser Vorschriften sind alle körperlichen Gegenstände. Als Durchsuchungsgegenstände kommen in erster Linie **bewegliche Sachen,** insbesondere Gepäckstücke, Handtaschen, Aktentaschen, Kleidungsstücke und Fahrzeuge in Betracht. Auch **unbewegliche Sachen,** also Grundstücke und Grundstücksbestandteile rechnen hierzu. Nicht erfaßt werden die **am Körper** einer Person befindlichen Kleidungsstücke; in diesem Fall greifen die Vorschriften über die Durchsuchung von Personen. Soweit eine Sache als **Wohnung** zu qualifizieren ist, also insbesondere ein Haus oder auch ein Campingwagen, sind wegen der Gewährleistung des Art. 13 GG nur die Bestimmungen über die Durchsuchung von Wohnungen einschlägig. Über die Gewährleistung des Art. 13 GG hinaus zählen die meisten Polizeigesetze[775] in Anlehnung an §§ 104 I, 105 II StPO, 123 StGB auch das befriedete Besitztum zum Begriff der Wohnung. Die Durchsuchung eines eingezäunten Gartens beispielsweise ist danach nur zulässig, wenn die besonderen Voraussetzungen der Wohnungsdurchsuchung vorliegen.

b) Voraussetzungen und Zweck

592 Die Voraussetzungen für eine Durchsuchung von Sachen richten sich wegen des in den Polizeigesetzen enthaltenen **Generalverweises** auf die Bestimmungen über die Durchsuchung von Personen zunächst nach den dort aufgeführten Kriterien. Der Verweis knüpft eine lange und deshalb unübersichtliche Normenkette, da die Vorschriften über die Durchsuchung von Personen ihrerseits auf unterschiedliche Regelungen Bezug nehmen (vgl. Rdn. 595). Daneben gibt es noch eine Reihe anderer Sachverhalte, die zu einer Durchsuchung von Sachen berechtigen. Sie knüpfen entweder an das Vorliegen konkreter Anhaltspunkte dafür an, daß in der zu durchsuchenden Sache ein **Mensch** (vgl. Rdn. 596 f.) oder eine andere **Sache** (vgl. Rdn. 598 f.) ist oder einfach daran, daß sich die zu durchsuchende Sache selbst **an einem bestimmten Ort** (vgl. Rdn. 600 ff.) befindet.

---

[775] Anders § 31 BW PolG.

Die Durchsuchung von Sachen soll zum Auffinden von Gegenständen oder Menschen führen. Sofern aufgrund tatsächlicher Anhaltspunkte nach **konkreten Gegenständen** gesucht wird, ist die präventiv-polizeiliche Sicherstellung dieser Gegenstände Zweck der Maßnahme. Wird nach **bestimmten Menschen** gesucht, so kann dies mit im einzelnen völlig unterschiedlicher Zielrichtung geschehen. Die Durchsuchung kann die **Befreiung** eines Menschen bezwecken (zum Beispiel gefangengehaltene Geisel) oder aber seine **Ingewahrsamnahme** (Beispiel: Ein akut Suizidgefährdeter hält sich versteckt). Bei Durchsuchungen an gefährlichen Orten im Rahmen einer Razzia ist die Zielsetzung offen.[776] Sie umfaßt vor allem die Suche nach Gegenständen oder Personen, die zum Einschreiten auf strafprozessualer Grundlage befugen. Wegen der primär repressiven Zwecksetzung ist die Verortung dieser Befugnisse im Polizeirecht unter systematischen Gesichtspunkten bedenklich (dazu auch Rdn. 336). 593

aa) Zur Identitätsfeststellung. Ebenso wie die Vorschriften über die Durchsuchung von Personen verweisen die meisten Bestimmungen über die Durchsuchung von Sachen auf die im Zusammenhang mit der Personalienfeststellung geregelte Befugnis der Polizei, nach Gegenständen zu suchen, die zur **Klärung der Identität** der überprüften Person beitragen können. 594

§ 30 Nr. 7 PolG BW; Art. 22 I 1. HS BayPAG; § 35 II 1. HS ASOG Bln; § 22 I 1. HS BbgPolG; § 37 II 1. HS HSOG; § 57 I 1. HS SOG MV; § 40 I 1. HS PolG NW; § 19 I 1. HS POG RP; § 18 I 1. HS SPolG; § 42 II 1. HS SOG LSA; § 206 1. HS LVwG SH; § 24 I 1. HS ThürPAG.

Der Verweis hat nicht nur klarstellende Funktion. Die ausdrückliche Nennung der Bestimmungen über die Identitätsfeststellung zeigt, daß die bei einer Durchsuchung geltenden Verfahrensvorschriften (vgl. Rdn. 604 ff.) auch in einem solchen Fall zu beachten sind.

bb) Im Zusammenhang mit der Durchsuchung von Personen. Die Polizei kann eine Sache durchsuchen, wenn sie von einer Person mitgeführt wird, die selbst durchsucht werden darf. 595

§ 30 Nr. 1 PolG BW; Art. 22 I Nr. 1 BayPAG; § 35 I Nr. 1 ASOG Bln; § 22 I Nr. 1 BbgPolG; § 20 I Nr. 1 BremPolG; § 15 a I Nr. 1 HmbSOG; § 37 II Nr. 1 HSOG; § 57 I Nr. 1 SOG MV; § 40 I Nr. 1 PolG NW; § 19 I Nr. 1 POG RP; § 18 I Nr. 1 SPolG; § 42 Nr. 1 SOG LSA; § 206 Nr. 1 LVwG SH; § 24 I Nr. 1 ThürPAG.

Die Bezugnahme auf die Vorschriften über die Durchsuchung von Personen trägt dem Gedanken Rechnung, daß der Durchsuchungszweck nur dann erreicht werden kann, wenn die Maßnahmen sich auch auf die von der kontrollierten Person mitgeführten Gegenstände erstreckt. **Mitführen** bedeutet, daß die Person jederzeit Zugriff auf die Sache hat. Zu den mitgeführten Gegenständen rechnet beispielsweise auch das Fahrzeug des Betroffenen.[777]

cc) Zum Auffinden von Personen. Die Polizeigesetze regeln die Befugnis zur Durchsuchung von Sachen zum Zwecke des Auffindens von Personen. 596

§ 30 Nr. 2 Pol BW; Art. 22 I Nr. 2 BayPAG; § 35 I Nr. 2 ASOG Bln; § 22 I Nr. 2 BbgPolG; § 20 I Nr. 2 BremPolG; § 15 a I Nr. 2 HmbSOG; § 37 I Nr. 2 HSOG; § 57 I Nr. 2 SOG MV; § 23 I Nr. 2 NGefAG; § 40 I Nr. 2 PolG NW; § 19 I Nr. 2 POG RP; § 18 I Nr. 2 SPolG; § 24 Nr. 2 SächsPolG; § 42 I Nr. 2 SOG LSA; § 206 Nr. 2 LVwG SH; § 24 I Nr. 2 ThürPAG.

Es wird dabei zwischen mehreren Sachverhalten unterschieden. So darf die Polizei eine Sache durchsuchen, wenn Tatsachen die Annahme rechtfertigen, daß sich in ihr eine Person befindet, die in Gewahrsam genommen werden darf. Die Maßnahme wird als

---

776 Vgl. *Wöhrle/Belz,* BW PolG, § 24 (a. F.) Rdn. 6: „etwas polizeilich Interessantes".
777 *Honnacker/Beinhofer,* PAG, Art. 22 Anm. 4; *Berner/Köhler,* PAG, Art. 22 Rdn. 2; *Roos,* POG RP, § 19 Rdn. 7.

„Ergreifungsdurchsuchung" bezeichnet. Unter **Gewahrsam** ist zunächst die Freiheitsentziehung auf polizeirechtlicher Grundlage zu verstehen. In Betracht kommen auch Freiheitsentziehungen aufgrund anderer Gesetze, sofern sie gefahrenabwehrenden Charakter haben (§ 1 Nr. 2 JSchÖG, § 57 AuslG, § 37 II BSeuchG, § 18 II GeschlKrG). Durchsuchungen zum Zwecke der Festnahme einer Person gemäß § 127 StPO oder zur Verhaftung aufgrund richterlichen Haftbefehls gemäß § 114 StPO richten sich dagegen allein nach §§ 102, 103 StPO. Dies gilt auch im Hinblick auf die sogenannte Sicherungshaft gemäß § 112a StPO, die zwar rein präventiven Charakter hat, aber mit Mitteln des Strafprozeßrechts durchgesetzt wird. Die Vorschriften der Polizeigesetze sind in der Praxis eher von geringer Bedeutung, da die Suche nach Personen, die festgehalten werden sollen, meist repressiver Natur ist. Denkbar ist immerhin die Suche nach einem Selbstmordwilligen oder einem zur Ausreise verpflichteten Ausländer in einem nicht als Wohnung dienenden Fahrzeug oder auf einem unbefriedeten Grundstück.

597 Nicht nur zwecks Ingewahrsamnahme einer Person, sondern auch zu deren **Befreiung** kann eine Sache durchsucht werden. Es müssen Tatsachen die Annahme rechtfertigen, daß sich in ihr eine Person befindet, die **widerrechtlich festgehalten** wird oder **hilflos** ist. Die erste Variante betrifft Fälle von Freiheitsberaubung einschließlich der Geiselnahme. Da das Opfer einer solchen Straftat immer auch Beweismittel ist, greifen hier gleichzeitig, wenn auch mit anderer Zielrichtung, die strafprozessualen Durchsuchungsbefugnisse auf der Grundlage der §§ 102 StPO. Die zweite Variante regelt solche Fälle, in denen Personen, ohne widerrechtlich festgehalten zu werden, sich nicht selbst befreien oder sonst helfen können. Die Vorschrift wird bedeutsam vor allem bei Unglücksfällen, wo es gilt, vermißte und möglicherweise verletzte Personen aufzufinden. Befugt die Hilflosigkeit zur Ingewahrsamnahme der Person (vgl. Rdn. 517 ff.), so sind allerdings die in Rdn. 596 bezeichneten Befugnisse einschlägig.

598 **dd) Zur Sicherstellung einer Sache.** Die Polizei kann eine Sache durchsuchen, wenn Tatsachen die Annahme rechtfertigen, daß sich in ihr eine Sache befindet, die sichergestellt werden darf.

§ 30 Nr. 3 PolG BW; Art. 22 I Nr. 3 BayPAG; § 35 I Nr. 3 ASOG Bln; § 22 I Nr. 3 BbgPolG; § 20 I Nr. 3 BremPolG; § 15a I Nr. 3 HmbSOG; § 37 I Nr. 3 HSOG; § 57 Nr. 2 SOG MV; § 23 I Nr. 3 NGefAG; § 40 I Nr. 3 PolG NW; § 19 I Nr. 3 POG RP; § 18 I Nr. 3 SPolG; § 24 Nr. 3 SächsPolG; § 42 I 3 SOG LSA; § 206 Nr. 2 LVwG SH; § 24 I Nr. 3 ThürPAG.

Diese Befugnis verdeutlicht, worum es bei der Suche nach Sachen im Regelfall geht: um ihre Sicherstellung. Es muß eine **Sicherstellung auf polizeirechtlicher Grundlage** bezweckt sein. Die Suche nach sicherzustellenden Beweismitteln im Rahmen eines strafrechtlichen Ermittlungsverfahrens richtet sich ausschließlich nach den Vorschriften der StPO. Dies ist deshalb von Bedeutung, weil die strafprozessuale, nicht aber die polizeirechtliche Durchsuchung unter einem einfachgesetzlichen Richtervorbehalt steht (§ 105 StPO). Die erweiterten Sicherstellungsbefugnisse des § 40 IV HSOG bergen allerdings die Gefahr, daß auch repressiv motivierte Durchsuchungen in noch größerem Umfang als heute unter Umgehung des an sich zuständigen Richters durchgeführt werden (vgl. Rdn. 683 ff.).[778]

599 Werden bei einer solchen Durchsuchung (auch) Gegenstände gefunden, die entweder auf bislang nicht bekannte Straftaten hinweisen oder zur Aufklärung in einem ungelösten Fall beitragen, so kommt hinter der zunächst präventiv-polizeilich ausgestalteten Eingriffsermächtigung der repressiv ausgerichtete „Reserve"-Zweck zum Tragen. Es wird hier nicht verkannt, daß die Polizei Zufallsfunde (§ 108 StPO) machen und verwerten darf. § 40 IV HSOG enthält durch seine Inkorporation in die Durchsuchungsbestimmungen aber beinahe schon die Ermächtigung, nach „Zufallsfunden" zu suchen (vgl. auch Rdn. 685).

---

[778] Vgl. zur Problematik der Aushebelung des Richtervorbehalts anschaulich *BVerfG* NJW 2001, 1121.

ee) An gefährlichen und gefährdeten Orten. Die Durchsuchung einer Sache ist nach den meisten Polizeigesetzen zulässig, wenn sie sich an sogenannten gefährlichen oder gefährdeten Orten befindet. 600

§ 30 Nr. 4 u. 5 PolG BW; Art. 22 I Nr. 4 u. 5 BayPAG; § 35 II Nr. 2 u. 3 ASOG Bln; § 22 I Nr. 4 u. 5 BbgPolG; § 37 II Nr. 2 u. 3 HSOG; § 57 Nr. 4 u. 5 SOG MV; § 23 I Nr. 4 u.5 NGefAG; § 40 I Nr. 4 u. 5 PolG NW; § 19 I Nr. 4 u. 5 POG RP; § 24 Nr. 4 u. 5 SächsPolG; § 42 II Nr. 2 u. 3 SOG LSA; § 206 Nr. 4 u. 5 LVwG SH; § 24 I Nr. 4 u. 5 ThürPAG.

Zum Begriff des gefährlichen bzw. gefährdeten Orten wird auf die Ausführungen zu Rdn. 325 ff. und 337 ff. verwiesen. Die Vorschrift greift dann ein, wenn die Sache **nicht von einer Person mitgeführt** wird. Wird eine Sache von einer Person an einem gefährlichen oder gefährdeten Ort mitgeführt, so darf diese Sache schon deshalb durchsucht werden, weil in diesem Fall auch ihr Besitzer durchsucht werden darf (vgl. Rdn. 595).

ff) An Kontrollstellen. Wenn die Polizei eine Kontrollstelle eingerichtet hat, darf sie nicht nur die Identität der dort angetroffenen Personen feststellen, sondern gegebenenfalls auch deren Fahrzeuge sowie die in diesen Fahrzeugen befindlichen Sachen durchsuchen. 601

§ 30 Nr. 6 PolG BW; Art. 22 I Nr. 6 BayPAG; § 35 II Nr. 4 ASOG Bln; § 22 I Nr. 6 BbgPolG; § 20 I Nr. 4 BremPolG; § 15 a I Nr. 4 HmbSOG; § 37 II Nr. 4 HSOG; § 57 Nr. 6 SOG MV; § 23 I Nr. 6 NGefAG; § 40 I Nr. 6 PolG NW; § 14 I Nr. 6 POG RP; § 24 Nr. 6 SächsPolG; § 42 II Nr. 4 SOG LSA; § 206 Nr. 6 LVwG SH; § 24 I Nr. 6 ThürPAG.

Die Vorschrift wurde insbesondere deshalb geschaffen, um eine **Durchsuchung des Kofferraums** eines Autos zu ermöglichen.[779] Sie erfaßt aber auch die Durchsuchung anderer Teile, also insbesondere Passagier-, Lade- und Motorräume. Zu den im Fahrzeug befindlichen Sachen gehören Ausrüstungsgegenstände und Frachtgut sowie Gegenstände, die von den Passagieren (zum Beispiel eines Schiffes) mitgeführt werden.[780]

Die Polizeigesetze bestimmen in Anlehnung an den Musterentwurf ausdrücklich, daß 602
es sich bei dem zu durchsuchenden Fahrzeug um ein „Land-, Wasser- oder Luftfahrzeug" handeln kann (z. B. Art. 22 I Nr. 6 BayPAG; § 37 II Nr. 4 HSOG; § 40 I Nr. 6 PolG NW). Der Zweck dieser Aufzählung ist nicht ersichtlich, es sei denn, man vertritt die Auffassung, der Gesetzgeber wolle Raumschiffe von der Durchsuchungsbefugnis ausnehmen. Immerhin macht diese Aufzählung deutlich, daß Kontrollstellen nicht nur an Straßen und öffentlichen Plätzen, sondern auch an Flug- und Bootshäfen oder Wasserstraßen eingerichtet werden können. Die Regelungen über die Einrichtung von Kontrollstellen enthalten nämlich selbst keine nähere Erläuterung dieser Maßnahme.

Es muß sich um eine **Kontrollstelle auf polizeirechtlicher Grundlage,** also zur Ver- 603
hinderung von Straftaten handeln. Eine Durchsuchungsbefugnis an **Kontrollstellen zur Verfolgung von Straftaten** regelt § 111 I 2 StPO. Anders als die Strafprozeßordnung enthält das Polizeirecht allerdings keine allein an die Einrichtung einer Kontrollstelle geknüpfte Befugnis zur Durchsuchung von Personen.

c) Verfahren

Mit Ausnahme Baden-Württembergs und Sachsens enthalten die Polizeigesetze Ver- 604
fahrensvorschriften, die bei der Durchsuchung von Sachen zu beachten sind.

Art. 28 II BayPAG; § 35 III ASOG Bln; § 22 II BbgPolG; § 20 II BremPolG; § 15 a II HmbSOG; § 37 III HSOG; § 58 SOG MV; § 23 II NGefAG; § 40 II PolG NW; § 19 II POG RP; § 18 II SPolG; § 42 III SOG LSA; § 207 LVwG SH; § 24 II ThürPAG.

Sie entsprechen im wesentlichen den strafprozessualen Vorschriften der §§ 106 ff. StPO.

Bei der Durchsuchung hat der Inhaber der tatsächlichen Gewalt das Recht, anwesend 605
zu sein. Dies gilt auch für die besonders geregelte Durchsuchung zum Zweck der Identi-

---

[779] *Honnacker/Beinhofer,* PAG, Art. 22 Anm. 8.

[780] *Berner/Köhler,* PAG, Art. 22 Rdn. 4.

tätsfeststellung. Die allgemeinen Durchsuchungsregelungen verweisen ausdrücklich auch auf diese Norm (vgl. Rdn. 594). Der **Inhaber der tatsächlichen Gewalt** ist der Besitzer der Sache einschließlich des Besitzdieners. Das **Anwesenheitsrecht** besteht nur so lange, als der Gewahrsamsinhaber die polizeiliche Maßnahme nicht behindert und deshalb vom Ort der Durchsuchung verwiesen wird. Die Polizei muß, wie die Verwaltungsvorschrift zum Nordrhein-Westfälischen Polizeigesetz ausdrücklich bestimmt, den Gewahrsamsinhaber auf sein Recht zur Anwesenheit **hinweisen.** Diese Hinweispflicht entspricht allgemeinen, in § 25 VwVfG niedergelegten Rechtsgrundsätzen.[781]

606 Ist der Inhaber der tatsächlichen Gewalt abwesend, so „soll" sein Vertreter oder ein anderer Zeuge hinzugezogen werden. **Abwesend** ist, wer sich nicht am Ort der Durchsuchung oder in dessen Nähe aufhält. Ist der Inhaber der tatsächlichen Gewalt zwar nicht anwesend, besteht aber die Möglichkeit, daß er ohne Gefährdung der polizeilichen Maßnahme **herbeigeholt** werden kann, so ist mit der Durchsuchungsmaßnahme bis zu seinem Eintreffen zu warten. Die **Zuziehung Dritter** bei Abwesenheit des Gewahrsamsinhabers ist nur dann erläßlich, wenn andernfalls der Erfolg der Maßnahme in Frage gestellt wäre (vgl. § 106 StPO: Zuziehung „wenn möglich"). Neben dem – gesetzlichen oder rechtsgeschäftlichen – **Vertreter** kommen als **andere Zeugen** beliebige andere erwachsene (vgl. § 106 StPO) Personen in Betracht, in erster Linie solche, die das Vertrauen des Gewahrsamsinhabers genießen (vgl. § 26 II 2 AE PolG). Eine Anwesenheitspflicht besteht für diese Personen nicht. Als Zeuge ungeeignet sind andere **Polizeibeamte.** Denn der Zweck dieser Verfahrensvorschriften besteht unter anderem darin, Polizeibeamte vor ungerechtfertigten Vorwürfen besser zu schützen.[782] Diesem Zweck wird das Zeugnis von Zivilpersonen am ehesten gerecht.

607 Nach dem Wortlaut der einschlägigen Bestimmungen ist dem Inhaber der tatsächlichen Gewalt auf Verlangen eine Bescheinigung über die Durchsuchung und ihren Grund zu geben. Eine **Bescheinigung „über die Durchsuchung"** beinhaltet ein Verzeichnis der gefundenen und gegebenenfalls sichergestellten Gegenstände sowie Ort und Zeit der Durchsuchung sowie die Namen der Beamten. Wurde nichts gefunden, ist auch hierüber eine Bescheinigung zu geben (vgl. § 107 II 2. HS StPO). Bei der Bezeichnung des **Grundes** der Durchsuchung muß auf die einschlägige Bestimmung der Durchsuchungsvorschriften und die sie tragenden Tatsachen verwiesen werden. Ein bloßer Hinweis auf die „Gefahrenabwehr" genügt nicht. **Berechtigter** ist nach dem Wortlaut nur der **Gewahrsamsinhaber**.

608 Die Vorschrift wird aber so ausgelegt, daß nicht nur der **Gewahrsamsinhaber,** sondern auch dessen **Vertreter** eine Bescheinigung verlangen kann.[783] Um dem Zweck dieser Schutzvorschrift Genüge zu tun, wird man darüber hinaus eine Bescheinigungspflicht auch gegenüber solchen Personen annehmen müssen, die mit dem Inhaber der tatsächlichen Gewalt in einem **Vertrauensverhältnis** stehen und aufgrund dieses Verhältnisses seine Interessen wie ein gesetzlicher oder rechtsgeschäftlicher Vertreter wahren. Wird mangels Vorliegens dieser Voraussetzungen an Ort und Stelle keine Bescheinigung erteilt, so ist sie dem Berechtigten später auszustellen.

609 Die Bescheinigung ist nach dem Wortlaut dieser Bestimmungen nur **auf Antrag** zu erteilen. Die Polizeigesetze sind insoweit restriktiver als die Strafprozeßordnung. Gemäß § 107 S. 1 StPO ist dem Betroffenen immer eine Mitteilung zu machen, soweit es den Grund der Durchsuchung betrifft; nur für die Erteilung eines Verzeichnisses der sichergestellten Gegenstände bedarf es nach § 107 S. 2 StPO eines Antrags. Soll dem Sinn dieser Verfahrensvorschriften, die ja auch den Interessen des von der Durchsuchung Betroffenen dienen,[784] hinreichend Rechnung getragen werden, so wird man jedenfalls eine Verpflichtung der Polizeibeamten annehmen müssen, den Betroffenen auf sein **Antrags-**

---

[781] Vgl. *Kopp/Ramsauer,* VwVfG, § 25 Rdn. 2.
[782] Begr. zu § 18 II ME (Fußn. 578).
[783] *Honnacker/Beinhofer,* PAG, Art. 22 Anm. 11.
[784] Begr. zu § 18 II ME (Fußn. 578).

recht hinzuweisen, auch wenn dies in den Polizeigesetzen nicht ausdrücklich normiert ist. Als Ausdruck des Rechtsstaatsprinzips und zur Ermöglichung von Waffengleichheit im Verfahren[785] enthält § 25 VwVfG den **allgemeinen Rechtsgrundsatz,** daß die Träger öffentlicher Gewalt die Stellung von Anträgen anregen soll, wenn diese offensichtlich nur versehentlich oder aus Unkenntnis nicht gestellt werden. Von diesen Umständen ist bei unterbliebenem Antrag aus Anlaß einer Durchsuchung im Regelfall auszugehen.

Ein **Verstoß gegen diese Verfahrensvorschriften** ist entgegen einer verbreiteten Auf- **610** fassung nicht unbeachtlich. Der nicht näher begründete Hinweis, es handele sich hierbei um bloße „Ordnungsvorschriften", deren Verletzung keinerlei Rechtsfolgen nach sich ziehe,[786] ist unzutreffend. Der Begriff der „Ordnungsvorschrift" stammt aus dem **Strafverfahrensrecht.** Er bezeichnet dort Rechtsnormen, die zwar verbindlich sind, deren Verletzung aber beispielsweise kein Beweisverwertungsverbot zur Folge hat und auch der Revision nicht zum Erfolg verhilft.[787] Die Lehre von den Ordnungsvorschriften sieht sich zu Recht der Kritik ausgesetzt[788] und ist, da sie voraussetzt, was sie beweisen will, auch abzulehnen. Im **Verwaltungsverfahrensrecht,** das für das Polizeirecht, nicht aber für das Strafverfahrensrecht (§ 2 II Nr. 2 VwVfG) Gültigkeit hat, sind die Rechtsfolgen bei Verletzung von Verfahrensvorschriften ausdrücklich geregelt. Rechtlich unerheblich sind Verfahrensfehler nach der geänderten Fassung des § 46 VwVfG nur dann, „wenn offensichtlich ist, daß die Verletzung die Entscheidung in der Sache nicht beeinflußt hat". Keine Beeinflussung der Entscheidung liegt vor, wenn die Polizei ohnehin keine Handlungsalternative hatte, das ihr grundsätzlich eingeräumte Ermessen also auf Null reduziert war. Weil dies bei polizeilichem Einschreiten häufig der Fall ist (vgl. oben Rdn. 130ff.), wirken sich Verfahrensfehler selten auf die rechtliche – insbesondere: verwaltungsgerichtliche – Beurteilung der eigentlichen Maßnahme aus. Dies ändert aber nichts daran, daß das polizeiliche Verhalten rechtswidrig war und beispielsweise disziplinarrechtlich geahndet werden kann.

10. Eindringen in Wohnungen

Mit zum Teil unterschiedlichen Voraussetzungen ermächtigen die einzelnen Polizei- **611** gesetze zum Eindringen in Wohnungen.

§ 31 PolG BW; Art. 23 BayPAG; § 36 ASOG Bln; § 23 BbgPolG; § 21 BremPolG; § 16 HmbSOG; § 38 HSOG; § 59 SOG MV; § 24 NGefAG; § 41 PolG NW; § 20 POG RP; § 19 SPolG; § 25 SächsPolG; § 43 LSA; § 208 LVwG SH; § 25 ThürPAG.

Als Eingriffe in das Grundrecht auf Unverletzlichkeit der Wohnung aus Art. 13 I GG müssen solche polizeiliche Maßnahmen in ihren tatbestandlichen Voraussetzungen den **qualifizierten Gesetzesvorbehalten** der Art. 13 II und III GG genügen. Wegen der – in Rechtsprechung und Schrifttum gerügten[789] – Lückenhaftigkeit dieses Grundrechts begegnet eine genaue Bestimmung der Eingriffsschranken in vielen Fällen allerdings Schwierigkeiten. Auch vor dem Hintergrund dieser verfassungsrechtlichen Unschärfen ist die Formulierung einiger polizeirechtlicher Eingriffsermächtigungen gleichwohl noch zu weit gefaßt. Hierzu gehören vor allem die Regelungen über das Betreten sogenannter gefährlicher Wohnungen (vgl. Rdn. 641f.). Sie müssen wegen der besonderen Bedeutung des Grundrechts aus Art. 13 I GG in verfassungskonformer Weise restriktiv ausgelegt werden.

---

[785] *Meyer/Borgs,* VwVfG, § 25 Rdn. 1; *Kopp/Ramsauer,* VwVfG, § 25 Rdn. 1.
[786] *Honnacker/Beinhofer,* PAG, Art. 22 Anm. 10.
[787] Vgl. dazu *Kleinknecht/Meyer-Goßner,* StPO, § 337 Rdn. 4.
[788] LR-*Hanack,* StPO, § 337 Rdn. 15ff.
[789] *BVerfGE* 32, 54 (76); *v. Mangoldt/Klein,* GG, Anm. IV 3 zu Art. 13; *Kern,* in: Neumann/Nipperdey/Scheuner, Die Grundrechte, Bd. 2, S. 106ff.

a) Begriff der Wohnung

612 Nur wenn die Polizei in eine **Wohnung** eindringt, sind die besonderen grundrechtlichen Bindungen des Art. 13 GG zu beachten. Soweit die Polizeigesetze eine ausdrückliche Bestimmung des Begriffs der Wohnung enthalten,

Art. 23 II BayPAG; § 36 I 2 ASOG Bln; § 23 II 2 BbgPolG; § 21 I 1 BremPolG; § 16 I 1 HmbSOG; § 38 I HSOG; § 24 I NGefAG; § 41 I Nr. 2 PolG NW; § 19 I 2 SPolG; § 43 I SOG LSA; § 25 I 2 ThürPAG,

kommt ihr nur deklaratorische Bedeutung zu. Der Inhalt dieser Begriffe ist der Verfassung selbst zu entnehmen. Danach ist der Begriff der Wohnung weit gefaßt. Nicht nur Räume, die dem Menschen als Mittelpunkt seines Privatlebens dienen, werden geschützt, sondern auch Nebenräume, Geschäftsräume sowie jedes befriedete Besitztum. Beispielhaft können aufgezählt werden: Arbeitshallen, Büroräume, Campingwagen, Bauwagen,[790] Flure, Garagen, Gärten, Gästezimmer, Geschäftsräume, Hausboote, Höfe, Hotelzimmer, Keller, Läden, Nebenräume, Personal-Aufenthaltsräume, Schiffe, Speicher, Treppen, Veranden, Werkstätten.[791] Nicht unter den Begriff der Wohnung fällt aber das Auto.[792]

b) Differenzierung nach Schutzbedürftigkeit

613 Nicht alle Räumlichkeiten oder Orte, die unter den Normbereich des Art. 13 GG fallen, sind in gleichem Maße schutzbedürftig. Der weite Begriff der Wohnung erfährt insoweit eine Relativierung, als zwischen Wohnungen im engeren und Wohnungen im weiteren Sinn unterschieden wird. Weil für **Geschäfts- und Betriebsräume** eine größere Offenheit „nach außen" charakteristisch ist, weil der Inhaber sie in gewissem Umfang aus der privaten Intimsphäre entläßt, unterliegen sie in stärkerem Umfang Beschränkungen als **private Wohnräume.** Das bloße Betreten und Besichtigen von Geschäftsräumen ist deshalb nicht an Art. 13 III GG, sondern an Art. 2 I GG zu messen. Im einzelnen wird nach der Rechtsprechung des Bundesverfassungsgerichts[793] vorausgesetzt:

- Eine besondere gesetzliche Vorschrift muß zum Betreten der Räume ermächtigen.
- Das Betreten der Räume, die Vornahme von Besichtigungen und Prüfungen müssen einem erlaubten Zweck dienen und für dessen Erreichung erforderlich sein.
- Das Gesetz muß den Zweck des Betretens, den Gegenstand und den Umfang der zugelassenen Besichtigung und Prüfung deutlich erkennen lassen.
- Das Betreten der Räume und die Vornahme der Besichtigung und Prüfung ist nur in den Zeiten statthaft, zu denen die Räume normalerweise für die jeweilige geschäftliche oder betriebliche Nutzung zur Verfügung stehen.

614 Geschäftsräume sind durch Art. 13 GG also nur insoweit privilegiert, als **Durchsuchungen** auch hier grundsätzlich nur aufgrund richterlicher Entscheidung vorgenommen werden dürfen. Der eingeschränkte Schutz hinsichtlich des Betretens und Besichtigens gilt allerdings nur für reine Geschäftsräume. Private Wohnräume, in denen gleichzeitig eine berufliche oder geschäftliche Tätigkeit ausgeübt wird, genießen den vollen Schutz des Grundrechts aus Art. 13 GG.

615 Es ist denkbar, auch bei reinen Geschäftsräumen noch einmal hinsichtlich ihrer Schutzwürdigkeit zu differenzieren. So wird die Auffassung vertreten, daß beispielsweise Verkaufsläden, Warenhäuser, Ausstellungsräume und Gaststätten während ihrer Öffnungszeiten von vornherein nicht unter den Schutzbereich des Art. 13 I GG fallen. Solche Räume seien, anders als etwa Büroräume oder Lagerhallen, aufgrund ausdrücklicher oder konkludenter Willenserklärung des Inhabers **für die Allgemeinheit zugänglich.**[794]

---

790 *VGH Mannheim* NVwZ-RR 1998, 173 (zur Beschlagnahme einer Wagenburg).
791 *Pappermann,* Rdn. 10 zu Art. 13, in: *von Münch,* GG-K, Bd. 1.
792 *LG Stendal* NStZ 1994, 556.
793 *BVerfGE* 32, 54 (76 f.).
794 *Maunz/Dürig,* GG, Art. 13 Rdn. 9; *Jarrass/Pieroth,* GG, Art. 13 Rdn. 2.

Entzieht man öffentlich zugängliche Räume dem Schutzbereich des Art. 13 I GG, so hat dies zur Folge, daß sie von der Polizei durchsucht werden können, ohne daß es gemäß Art. 13 II GG einer vorherigen richterlichen Anordnung bedürfte. Diese Auffassung übersieht aber, daß die Öffnung der genannten Räumlichkeiten für jedermann an einen bestimmten Zweck, die jeweilige geschäftliche Tätigkeit nämlich, gebunden ist. Der Inhaber einer Gaststätte will sich mit der Herstellung der allgemeinen Zugänglichkeit aber nicht gleichzeitig seines grundrechtlichen Schutzes gegenüber staatlichen Eingriffen begeben.[795] Auch allgemein zugängliche Geschäftsräume werden deshalb vom Grundrecht auf Unverletzlichkeit der Wohnung insoweit erfaßt, als sie den verfahrensrechtlichen Durchsuchungsschutz des Art. 13 II GG gewährleisten.

c) Grundrechtsträger

Auf den Schutz des Art. 13 GG kann sich nach herrschender Auffassung nur grundsätzlich derjenige berufen, der die **tatsächliche Gewalt über die Wohnung rechtmäßig ausübt**.[796] Nur er ist im konkreten Fall Grundrechtsträger und Inhaber der Wohnung im Sinne der Polizeigesetze. Es ist gleichgültig, aus welchem Rechtsgrund der Inhaber seine Berechtigung herleitet. Es kann sich um ein dingliches Recht (Dienstbarkeit), ein Forderungsrecht (Miete) oder ein öffentliches Recht (Zwangseinweisung) handeln.[797] Auch juristische Personen können Grundrechtsträger sein.[798] Auf den grundrechtlichen Schutz des Wohnungsinhabers aus Art. 13 GG keinen Einfluß hat es, wenn er zum Zeitpunkt der polizeilichen Maßnahme abwesend ist. 616

Der Grundsatz, wonach Art. 13 GG nur die rechtmäßige Inhaberschaft schützt, erfährt gewisse Ausnahmen. Von praktischer Bedeutung kann die Frage sein, ob auch **Hausbesetzer** Inhaber des Grundrechts sein können. Da Hausbesetzer durch ihr Verhalten das Hausrecht eines anderen verletzen und die tatsächliche Gewalt über die in Beschlag genommene Wohnung in nicht berechtigter Weise ausüben, ist diese Frage regelmäßig zu verneinen. Ausnahmsweise kann eine Hausbesetzung aber in den Schutzbereich des Art. 13 GG „hinwachsen".[799] Zwar hat die stillschweigende Duldung seitens des Berechtigten keinen Übergang der rechtmäßigen Inhaberschaft zur Folge, da allein aufgrund einer Duldung kein Vertragsverhältnis entsteht.[800] Die zivilrechtliche Seite des Wohnens ist in bestimmten Fällen jedoch von seiner öffentlich-rechtlichen zu trennen[801] und der Blick auf die Funktion des Grundrechts zu richten. 617

Art. 13 GG soll dem Bürger einen räumlich-gegenständlichen Bereich der Privatsphäre gegenüber staatlichen Eingriffen sichern, einen Bereich, in dem er „in Ruhe gelassen" wird.[802] Wenn aus diesem Grund nach allgemeiner Auffassung dem wirksam gekündigten, aber gleichwohl in der Wohnung verbleibenden **ehemaligen Mieter** der Schutz des Art. 13 gegenüber staatlichen Maßnahmen zusteht,[803] kann auch dem Hausbesetzer die Berufung auf dieses Grundrecht nicht von vornherein versagt werden. Ausgehend von der Funktion des Art. 13 GG kommt es also darauf an, ob im Hinblick auf Dauer und nähere Umstände der Hausbesetzung vom Bestehen einer abgegrenzten und sozial anerkannten Privatsphäre gesprochen werden kann. Dies ist mit zunehmender Dauer der Besetzung und mit fortschreitender häuslicher Einrichtung (Instandsetzung, Möbilierung) seitens der Bewohner zu bejahen. Allein das (mutmaßliche) Einverständnis eines anson- 618

795 *Schmitt Glaeser*, in: Isensee/Kirchhof, Handbuch des Staatsrechts, Bd. VI, 1989, § 129 Rdn. 51; *Dagtoglou*, in: Bonner Kommentar, Art. 13 Rdn. 25; *ders.* JuS 1975, 754.

796 *Maunz/Dürig*, GG, Art. 13 Rdn. 4.

797 *Dagtoglou*, in: Bonner Kommentar, Art. 13 Rdn. 29.

798 *BVerfGE* 76, 83 (88); *LG München* NJW 1983, 2390.

799 AK-GG-*Berkemann*, Art. 13 Rdn. 31.

800 *Schröder* JuS 1981, 635 f.

801 *Werwigk* NJW 1983, 2366.

802 *BVerfGE* 75, 318 (328).

803 *Maunz/Dürig*, GG, Art. 13 Rdn. 4; *Dagtoglou*, in: Bonner Kommentar, Art. 13 Rdn. 30; *Schmitt Glaeser*, in: Isensee/Kirchhof, Handbuch des Staatsrechts, Bd. VI, 1989, § 129 Rdn. 53.

sten taten- und „interesselosen" Eigentümers mit der polizeilichen Maßnahme beseitigt in einem solchen Fall nicht die Sperre des Art. 13 GG. Werden gar Vertragsverhandlungen geführt oder sogenannte Duldungsverträge[804] geschlossen, greift der Schutz des Art. 13 GG ohnehin. Solche schwebenden Zuordnungsverhältnisse hinsichtlich der in Frage stehenden Wohnung lösen für jeden Beteiligten die Schutzwirkung des Grundrechts gegenüber staatlichen Eingriffen aus. Eine Räumung kann wegen der Schutzwirkung des Art. 13 dann nicht mehr auf polizeirechtlicher Grundlage erfolgen. Der Berechtigte muß vielmehr vor den Zivilgerichten einen Vollstreckungstitel erstreiten.

d) Eingriffe in die Wohnungsfreiheit

619 Die **qualifizierten Eingriffsvorbehalte** des Art. 13 GG bedingen, daß Begrenzungen der Wohnungsfreiheit nur unter den dort umschriebenen Voraussetzungen vorgenommen werden dürfen. Zu unterscheiden ist hier zwischen „Durchsuchungen" gemäß Art. 13 II GG und sonstigen „Eingriffen und Beschränkungen" gemäß Art. 13 III GG.

620 **aa) Durchsuchen.** Kennzeichnend für die Durchsuchung ist das ziel- und zweckgerichtete Suchen staatlicher Organe nach Personen oder Sachen oder zur Ermittlung eines Sachverhalts, um dort etwas aufzuspüren, was der Inhaber der Wohnung von sich aus nicht offenlegen oder herausgeben will.[805] Zum verfassungsrechtlichen Begriff der Durchsuchung gehört es, daß der Wohnungsinhaber den Sachverhalt, um dessen Ermittlung es sich handelt, geheimhalten möchte.[806] Art. 13 II GG erfaßt nicht nur die strafprozessuale Durchsuchung, sondern alle Durchsuchungshandlungen staatlicher Organe und damit auch die Wohnungsdurchsuchung auf polizeirechtlicher Grundlage.[807] Die Durchsuchung umfaßt die Befugnis zum Öffnen von Schubläden, Schränken und Kisten, erforderlichenfalls auch das Aufreißen von Wänden und Fußböden.[808] § 47 V 2 HSOG erstreckt die polizeilichen Zwangsbefugnisse ausdrücklich auch auf solche Maßnahmen.

621 **bb) Sonstige Eingriffe und Beschränkungen.** Unter Eingriffen und Beschränkungen werden alle Art. 13 I GG berührenden Maßnahmen verstanden, die keine Durchsuchungen sind. Keine Durchsuchung ist die beim Betreten einer Wohnung unvermeidliche Kenntnisnahme von Personen, Sachen und Zuständen. Auch die bloße Aufforderung an die sich in einer Wohnung aufhaltenden Personen, den Raum zu verlassen, ist keine Durchsuchung.[809] Keine Durchsuchung ist auch die Zwangsräumung einer Obdachlosenunterkunft[810] oder das Betreten eines Gebäudes auf der Grundlage bauordnungsrechtlicher Vorschriften.[811] Sogenannte **Lauschangriffe** mittels in der Wohnung installierter Wanzen oder mit Hilfe spezieller Mikrophone von außen fallen ebenfalls nicht unter den Begriff der Durchsuchung, da ihnen die diesem Begriff innewohnende Ziel- und Zweckgerichtetheit im Hinblick auf den zu erforschenden Sachverhalt fehlt. Sie werden aber an Art. 13 III GG gemessen und sind deshalb nur zur Abwehr einer gegenwärtigen Gefahr für Leib, Leben und Freiheit einer Person zulässig (z. B. § 15 IV HSOG; § 17 II PolG NW – vgl. Kap. J Rdn. 642). Wegen der Eingriffsintensität dieser Maßnahmen sehen die Polizeigesetze eine richterliche Anordnungskompetenz vor. Im übrigen besteht zwischen den in Art. 13 III GG verwendeten Wörtern Eingriff und Beschränkung kein Unterschied. Sie werden als Synonyme gebraucht. Die polizeirechtliche Terminologie grenzt das Durchsuchen einer Wohnung im Sinne des Art. 13 II vom bloßen **Betreten** einer Wohnung als

---

804 Vgl. *Heise/Tegtmeyer,* PolG NW, § 41 Rdn. 11.

805 *BVerwGE* 47, 31 (37); *BVerfGE* 51, 97 (107); 75, 318 (327); 76, 83 (89); *VGH München* BayVBl. 1987, 22; *OVG Berlin* NVwZ-RR 1990, 195; *OVG Hamburg* DVBl. 1997, 665; *Ruthig* JuS 1998, 508 a. A. *Sachs* NVwZ 1987, 560 (auch die gewerberechtliche Nachschau sei als Durchsuchung anzusehen).

806 *BVerfGE* 75, 318 (327).

807 *BVerwGE* 28, 285 (286 ff.).

808 *Rasch,* § 19 ME Rdn. 4; *Einwag/Schoen,* BGSG, § 25 (a. F.) Rdn. 4.

809 *BVerwGE* 47, 31 (37).

810 *OVG Berlin* NVwZ-RR 1990, 194.

811 *VGH München* BayVBl. 1987, 22.

Eingriff nach Art. 13 III GG ab. Der Begriff des Betretens einer Wohnung wird definiert als das Eintreten, Verweilen und Besichtigen.[812]

e) Verfassungsrechtliche Eingriffsschranken

Durchsuchen und Betreten einer Wohnung unterliegen jeweils unterschiedlichen verfassungsrechtlichen Anforderungen. 622

aa) Durchsuchen. In materiellrechtlicher Hinsicht ist der Schrankenvorbehalt für Durchsuchungen weiter gefaßt als der für das bloße Betreten. Voraussetzung ist die Existenz eines Parlamentsgesetzes, das zu einer Wohnungsdurchsuchung ermächtigt. Spezifische Anforderungen an den materiellrechtlichen Inhalt des Gesetzes stellt Art. 13 II GG nicht. Prüfungsumfang und Prüfungsmaßstäbe ergeben sich für Durchsuchungen insbesondere nicht aus Art. 13 III GG.[813] Zu erklären sind die vergleichsweise niedrigen Anforderungen mit der Überlegung, daß in allen Fällen, in denen die Rechtsordnung die gezielte Suche nach einer Person oder einem Gegenstand zu einem bestimmten Zweck erlaubt, die Wohnung nicht als „Asyl" für die Person oder die Sache dienen soll. Die Besonderheit dieses Schrankenvorbehalts besteht in dem formellen Erfordernis, daß Durchsuchungen außer bei Gefahr im Verzug nur aufgrund **richterlicher Anordnung** ergehen können. Als Kontrollorgan der Exekutive soll der Richter sicherstellen, daß durch eine geeignete Formulierung des Durchsuchungsbeschlusses der Eingriff in die Grundrechte meßbar und kontrollierbar bleibt,[814] daß mit anderen Worten die gesetzlichen Voraussetzungen eines solchen Eingriffs genau beachtet werden.[815] 623

bb) Betreten. Dagegen steht das bloße Betreten einer Wohnung gemäß Art. 13 II GG zwar nicht unter einem Richtervorbehalt, ist aber materiell-rechtlich nur unter **eng umschriebenen Voraussetzungen** zulässig. Zwei Varianten sind zu unterscheiden. 624

Unmittelbar auf Art. 13 III GG gestützt werden können zum einen Eingriffe „zur Abwehr einer gemeinen Gefahr oder einer Lebensgefahr für einzelne Personen". Soweit einzelne Polizeigesetze diese verfassungsrechtliche Formulierung sinngemäß aufgreifen, dient dies nur der Klarstellung. Unter einer **gemeinen Gefahr** ist eine Gefahr für eine unbestimmte Anzahl von Personen zu verstehen (dazu und zum Begriff der Lebensgefahr siehe Kap. E Rdn. 50f.). Zum anderen sind Eingriffe „auf Grund eines Gesetzes auch zur Verhütung dringender Gefahren für die öffentliche Sicherheit und Ordnung" erlaubt. Hier bedarf es also einer gesetzlichen Grundlage, die in materiellrechtlicher Hinsicht besonderen Anforderungen unterliegt. An dieser zweiten Variante des in Art. 13 III GG enthaltenen qualifizierten Eingriffsvorbehalts entzünden sich die meisten Streitfragen (sogleich Rdn. 626 sowie Rdn. 641ff.). 625

cc) Insbesondere: „zur Verhütung dringender Gefahren", Art. 13 III GG. Der in Art. 13 III GG verwendete Begriff der dringenden Gefahr ist unklar. Teilweise wird das Qualifikationsmerkmal „dringend" lediglich als Steigerungsform hinsichtlich Nähe und Wahrscheinlichkeit des Schadenseintritts verstanden.[816] Nach anderer Auffassung beschreibt dieser Begriff nur das besondere Ausmaß des zu erwartenden Schadens. Danach liegt eine dringende Gefahr im Sinne des Art. 13 III GG vor, wenn eine Sachlage oder ein Verhalten bei ungehindertem Ablauf des objektiv zu erwartenden Geschehens mit hinreichender Wahrscheinlichkeit ein wichtiges Rechtsgut schädigen wird.[817] Schließlich findet sich noch die Kombination beider Auffassungen. Die Qualifizierung des Gefahren- 626

812 *Rasch,* ME, § 19 Rdn. 4; *Drews/Wacke/Vogel/Martens,* S. 204; *Meixner,* HSOG, § 38 Rdn. 9; ähnlich *Heise/Tegtmeyer,* PolG NW, § 41 Rdn. 3.

813 *BVerfGE* 57, 346 (355f.); a. A. Arbeitskreis Polizeirecht, AE PolG, § 27 Rdn. 1.

814 *BVerfGE* 42, 212 (220); 96, 44 (51f.); *BVerfG* NJW 1999, 2176.

815 *BVerfGE* 9, 89 (97); 57, 346 (355); *BVerfG* NJW 2001, 1121.

816 *Schenke,* Rdn. 55.

817 *BVerwGE* 47, 31 (40); SächsVerfGH DVBl. 1996, 1423 (1437); *Knemeyer,* Rdn. 69; *Heise/Tegtmeyer,* PolG NW, § 41 Rdn. 23; *Meixner,* HSOG, § 1 Rdn. 14; *Roos,* POG RP, § 9 Rdn. 28.

begriffs beziehe sich sowohl auf das zeitliche Moment als auch das Gewicht der bedrohten Rechtsgüter.[818]

627 Der richtige Inhalt des Begriffs der dringenden Gefahr läßt sich dem textlichen Zusammenhang des Art. 13 III 2. Alt. GG entnehmen. Diese Norm spricht nicht von Abwehr, sondern von **Verhütung** dringender Gefahren, beinhaltet also eine Vorverlagerung der Eingriffsbefugnisse. Nach einer vielzitierten Formel des Bundesverfassungsgerichts braucht eine dringende Gefahr nicht bereits eingetreten zu sein. Es genüge vielmehr, „daß die Beschränkung des Grundrechts dem Zweck dient, einen Zustand nicht eintreten zu lassen, der seinerseits eine dringende Gefahr für die öffentliche Sicherheit und Ordnung darstellen würde".[819] Besteht aber einerseits eine zeitliche Vorverlagerung der Befugnis zum Einschreiten, so läßt sich andererseits eine Qualifizierung des Gefahrenbegriffs in temporärer Hinsicht schlüssig nicht begründen. Die Verbindung zweier gegenläufiger Elemente führte hier zu einer nicht aufzulösenden Unstimmigkeit. Wenn bereits das Entstehen einer Gefahr verhindert werden soll, kann es auf die zeitliche Komponente des – nur gedachten, noch nicht existenten – Gefahrenfalls nicht ankommen. Mit der Rechtsprechung des Bundesverwaltungsgerichts und des Sächsischen Verfassungsgerichtshofs bezieht sich die Dringlichkeit der Gefahr im Sinne des Art. 13 III GG deshalb nur auf das besondere Ausmaß des zu erwartenden Schadens (vgl. aber auch Kap. E Rdn. 51).

628 Eine andere Frage ist es, ob gerade die Polizei eine Wohnung zum Zwecke der „Verhütung" einer dringenden Gefahr betreten, also schon dann eingreifen darf, wenn sich eine Situation noch nicht zu einer Gefahr verdichtet hat. Auf eine solche polizeiliche Befugnis wird im Schrifttum ausdrücklich hingewiesen (dazu Rdn. 641). Belegt wird diese Auffassung mit dem soeben zitierten Passus des Bundesverfassungsgerichts, wonach es darauf ankomme, einen Zustand nicht eintreten zu lassen, der seinerseits eine Gefahr darstelle (vgl. Rdn. 627). Die in dieser Entscheidung getroffenen Feststellungen lassen sich aber nicht verallgemeinern und unbesehen auf **polizeiliche Eingriffsbefugnisse** übertragen. Gegenstand des Urteils war die Frage der Verfassungsmäßigkeit von **aufsichtsbehördlichen Betretungsrechten** nach dem Apothekengesetz. Es ging also um das Besichtigen von Geschäftsräumen, nicht von privaten Wohnräumen. Geschäftsräume aber können, wie das Bundesverfassungsgericht in einer späteren Entscheidung[820] herausgearbeitet hat, unter erleichterten Voraussetzungen betreten werden (vgl. Rdn. 613). Derartige Einschränkungen fallen nicht unter den qualifizierten Vorbehalt des Art. 13 III GG. Wenn das Gericht in der Entscheidung über die Besichtigung von Geschäftsräumen nach dem Apothekengesetz gleichwohl die Voraussetzungen dieser Bestimmung geprüft hat, so deshalb, weil es die Frage, ob die betroffenen Räume unter den Begriff der Wohnung im Sinne des Art. 13 I GG fallen, noch ausdrücklich offengelassen hat.[821] Die später vorgenommene Differenzierung nach verschiedenen Graden der Schutzwürdigkeit einer Wohnung ist in dieser frühen Entscheidung aber bereits in nuce erkennbar. Genau betrachtet ging es hier deshalb nicht um die Bestimmung des Wortes „Verhütung", sondern um die gegenüber privaten Wohnräumen geringere Schutzwürdigkeit von Geschäftsräumen.

629 Es wäre auch ungereimt, wenn das Grundgesetz dem Schutz der Wohnung durch die Statuierung einer eigenen Vorschrift einen besonders hohen Rang einräumte, gleichzeitig aber Beschränkungen durch polizeiliche Maßnahmen zuließe, die in ihren Voraussetzungen deutlich unter denen lägen, an denen polizeiliches Handeln im allgemeinen zu messen ist. Jedenfalls zur Zeit der Verabschiedung des Grundgesetzes wurde das Vorliegen einer konkreten Gefahr unbestritten als notwendige Voraussetzung für polizeiliches Einschreiten angesehen. Es waren die damals geltenden **allgemeinen Grundsätze des Polizeirechts,** die dem Verfassungsgesetzgeber bei der Schaffung des Art. 13 III GG vor

---

[818] *Götz,* 10. Aufl. 1991, Rdn. 391 (offengelassen in späteren Auflagen, vgl. 15. Aufl., Rdn. 304).
[819] *BVerfGE* 17, 232 (251 f.).
[820] *BVerfGE* 32, 54 (75).
[821] *BVerfGE* 17, 232 (251 f.).

Augen lagen. Bezeichnend ist, daß auch die überwiegende Mehrzahl der Polizeigesetze – eine Ausnahme machte § 52 I HSOG (a. F.) – den Begriff der Verhütung in die einschlägigen Vorschriften über das Betreten von Wohnungen nicht aufgenommen hat. Die Rede ist vielmehr von der **Abwehr** dringender Gefahren. Nur bei Beachtung dieser Voraussetzung kann das polizeiliche Betreten privater Wohnungen rechtmäßig sein. Daß die einzelnen Befugnisregelungen der Polizeigesetze diesen Voraussetzungen nicht immer entsprechen, ist eine andere Frage. Auf sie wird noch zu kommen sein (vgl. Rdn. 641 f.).

dd) Einheitlicher Schrankenvorbehalt im Polizeirecht? Verschiedentlich findet sich die Behauptung, bestimmte Polizeigesetze gingen von der Konzeption eines einheitlichen Schrankenvorbehalts aus.[822] Dieser Konzeption liegt die Erwägung zugrunde, daß ein Durchsuchen immer erst nach einem Betreten möglich und daß eine Durchsuchung der gegenüber dem Betreten stärkere Eingriff sei. Deshalb sollten auch Durchsuchungen nur unter den strengen Voraussetzungen des Art. 13 III GG zulässig sein. Tatsächlich aber liegt den polizeirechtlichen Vorschriften ein solcher einheitlicher Schrankenvorbehalt nicht immer zugrunde, wie eine genauere Betrachtung zeigt: **630**

Nach den Regelungen einiger Länder kann die Polizei eine Wohnung durchsuchen, wenn Tatsachen die Annahme rechtfertigen, daß sich in ihr eine Person befindet, die vorgeführt werden darf. Die Vorführung ist unter anderem zulässig zur Durchführung erkennungsdienstlicher Maßnahmen. Erkennungsdienstliche Maßnahmen aber können vorgenommen werden zum Zwecke der vorbeugenden Bekämpfung von Straftaten (vgl. Rdn. 414). Es reicht danach schon die begründete Vermutung, daß der Betroffene künftig eine Straftat begehen werde und die erkennungsdienstlichen Unterlagen zu führende Ermittlungen fördern könnten. Die qualifizierten Voraussetzungen des Art. 13 III GG erfüllt dieser Tatbestand schon deshalb nicht, weil er nicht die Gefahrenabwehr, sondern die Vorbereitung auf die künftige Strafverfolgung zum Gegenstand hat. Im übrigen werden an die Wahrscheinlichkeit der künftigen Straftatbegehung weit geringere Anforderungen gestellt als sie dem Gefahrenbegriff des Art. 13 III GG immanent sind (dazu Rdn. 181). **631**

Auch wenn den polizeirechtlichen Vorschriften über das Betreten und Durchsuchen von Wohungen entgegen einer verbreiteten Auffassung kein einheitlicher Schrankenvorbehalt zugrundeliegt, wenn also mit anderen Worten die in den Polizeigesetzen normierten Voraussetzungen für Wohnungsdurchsuchungen nicht in jedem Fall auch den Tatbestand des Art. 13 III GG erfüllen, so ist damit natürlich nicht gesagt, daß darauf gestützte Maßnahmen von vornherein unzulässig wären. Denn Durchsuchungen sind nur am Schrankenvorbehalt des Art. 13 II GG zu messen (vgl. Rdn. 623). **632**

f) Polizeirechtlich normierte Eingriffsbefugnisse

Hinsichtlich der Qualität der Eingriffsmaßnahmen unterscheiden die Polizeigesetze zwischen „Betreten und Durchsuchen" und dem bloßen „Betreten". Die Kombination der Wörter Betreten und Durchsuchen soll verdeutlichen, daß eine Wohnungsdurchsuchung deren vorheriges Betreten voraussetzt. Dogmatischer Hintergrund für die Verwendung dieser Terminologie ist die Vorstellung von einem einheitlichen Schrankenvorbehalt des Art. 13 GG (vgl. soeben Rdn. 630). Im folgenden soll nur zwischen „Durchsuchen" einerseits und „Betreten" andererseits unterschieden werden. Daß ein Durchsuchen notwendig mit einem Betreten einhergeht, ist selbstverständlich und bedarf keiner besonderen Erwähnung. **633**

aa) Durchsuchen zum Zwecke der Vorführung. Nach dem Wortlaut der meisten Polizeigesetze – Ausnahmen sind die Gesetze Baden-Württembergs und Sachsens – kann die Polizei eine Wohnung ohne Einwilligung des Inhabers betreten und durchsuchen, wenn Tatsachen die Annahme rechtfertigen, daß sich in ihr eine Person befindet, die vorgeführt werden darf. **634**

---

[822] Begründung zu § 19 Abs. 1 ME; *Drews/Wacke/Vogel/Martens,* S. 206; *Rasch,* ME, § 19 Rdn. 5.

Art. 23 I Nr. 1 BayPAG; § 36 II ASOG Bln; § 23 I Nr. 1 BbgPolG; § 16 II Nr. 1 HmbSOG; § 38 III HSOG; § 59 III Nr. 1 SOG MV; § 24 II Nr. 1 NGefAG; § 41 I Nr. 1 PolG NW; § 20 I Nr. 1 POG RP; § 19 I Nr. 1 SPolG; § 43 III SOG LSA; § 208 III Nr. 1 LVw G SH; § 25 I Nr. 1 ThürPAG.

Unproblematisch im Hinblick auf das Grundrecht auf Unverletzlichkeit der Wohnung ist die Durchsuchung, wenn die Vorführung deshalb angeordnet wird, weil der Betroffene möglicherweise **Angaben machen** kann, die zur Abwehr einer Gefahr für Leib, Leben oder Freiheit einer Person erforderlich sind. Selbst die Voraussetzungen des Art. 13 III GG – dringende Gefahr – liegen hier vor. Zu fragen ist allerdings immer, ob es im konkreten Fall einer Vorführung bedarf, insbesondere ob die gewünschte Information auch auf andere Weise als durch eine Befragung auf der Dienststelle erlangt werden kann (vgl. Rdn. 432). Auch die Wohnungsdurchsuchung mit dem Ziel, eine Person zum Zwecke der **erkennungsdienstlichen Behandlung** zwangsweise zu einer Polizeidienststelle zu bringen, ist grundsätzlich nicht zu beanstanden. Wenn jemand eine erkennungsdienstliche Behandlung über sich ergehen lassen muß und zu diesem Zweck vorgeführt werden darf, dann kann er sich dieser Maßnahme nicht dadurch entziehen, daß er sich in seine Wohnung zurückzieht. Der Schwerpunkt der rechtlichen Prüfung muß bei der Frage liegen, ob die rechtlichen Voraussetzungen für eine erkennungsdienstliche Behandlung des Betroffenen (vgl. Rdn. 418 ff.) bejaht werden können. Praktisch bedeutsam ist diese Vorschrift nicht. Das PolG BW und das SächsPolG können auf eine solche Befugnis verzichten, ohne daß in diesen Ländern die Aufgabe der Gefahrenabwehr nur eingeschränkt wahrgenommen werden könnte.

635 **bb) Durchsuchen zum Zwecke der Ingewahrsamnahme.** Weiterhin enthalten die Polizeigesetze die Befugnis, eine Wohnung ohne Einwilligung des Inhabers zu durchsuchen, wenn Tatsachen die Annahme rechtfertigen, daß sich in ihr eine Person befindet, die in Gewahrsam genommen werden darf. Die Befugnis ist in den unter Rdn. 634 zitierten Bestimmungen enthalten. Einzelne Polizeigesetze enthalten eigene Rechtsgrundlagen hierfür (§ 31 II Nr. 1a PolG BW; § 25 II Nr. 1a SächsPolG). Sofern die Ingewahrsamnahme zwecks Verhinderung einer unmittelbar bevorstehenden Straftat erfolgen soll, bestehen gegen diese Befugnis keine Bedenken. Sie hat allerdings gegenüber der strafprozessualen Ergreifungsdurchsuchung (§§ 102 ff. StPO) praktisch keine Bedeutung. Auch die Ingewahrsamnahme zur Verhinderung von erheblichen Ordnungswidrigkeiten (vgl. Rdn. 500 ff.) ist als Anlaß einer Wohnungsdurchsuchung ohne Relevanz, weil dieser Fall der Freiheitsentziehung auf die Verhinderung von Gewalttätigkeiten bei Demonstrationen gemünzt ist (vgl. Rdn. 507).

636 **cc) Durchsuchen zum Zwecke der Sicherstellung.** Die Wohnungsdurchsuchung ist weiterhin zulässig zum Zweck der Sicherstellung eines Gegenstandes, wenn damit eine **gegenwärtige Gefahr** abgewehrt werden kann.

§ 31 II Nr. 2 PolG BW; Art. 23 I Nr. 2 BayPAG; § 36 I Nr. 1 ASOG Bln; § 23 I Nr. 2 BbgPolG; § 16 II Nr. 2 HmbSOG; § 38 II Nr. 1 HSOG; § 59 III Nr. 2 SOG MV; § 24 II Nr. 2 NGefAG; § 41 I Nr. 2 PolG NW; § 20 I Nr. 2 POG RP; § 19 I Nr. 2 SPolG § 25 II Nr. 2 SächsPolG; § 43 II Nr. 1 SOG LSA; § 208 III Nr. 2 LVwG SH; § 25 I Nr. 2 ThürPAG.

Andere Sicherstellungsgründe (vgl. Rdn. 674 ff.) berechtigen nicht zur Wohnungsdurchsuchung. Es müssen konkrete Tatsachen vorliegen, die den Schluß zulassen, daß sich ein solcher Gegenstand in der Wohnung befindet. Wie auch in anderen Fällen der Wohnungsdurchsuchung sind wegen der Bedeutung dieses Rechtsguts an die Annahme, daß die gesuchte Sache sich in der Wohnung befindet, hohe Anforderungen zu stellen.

637 **dd) Durchsuchen zur Abwehr einer gegenwärtigen erheblichen Gefahr.** Die Polizei ist aufgrund einer generalklauselartigen Bestimmung zur Wohnungsdurchsuchung auch

dann befugt, wenn dies zur Abwehr einer gegenwärtigen Gefahr für Leib, Leben oder Freiheit einer Person oder für Sachen von bedeutendem Wert erforderlich ist.

§ 31 II Nr. 1b u. c PolG BW; Art. 23 I Nr. 3 BayPAG; § 36 I Nr. 3 ASOG Bln; § 23 I Nr. 4 BbgPolG; § 16 II Nr. 4 HmbSOG; § 38 II Nr. 2 HSOG; § 59 III Nr. 3 SOG MV; § 24 II Nr. 3 NGefAG; § 41 I Nr. 4 PolG NW; § 20 I Nr. 3 POG RP; § 19 I Nr. 3 SPolG; § 25 II Nr. 1b u. c SächsPolG; § 43 II Nr. 2 SOG LSA; § 208 III Nr. 3 LVwG SH; § 25 I Nr. 3 ThürPAG.

Diese Befugnis entspricht den Voraussetzungen, wie sie in Art. 13 III GG mit der Formulierung der dringenden Gefahr für die öffentliche Sicherheit oder Ordnung umschrieben sind (dazu oben Rdn. 626 ff.). Zu unterscheiden sind die Fälle, in denen die Gefahr **von der Wohnung selbst ausgeht,** von den Fällen, in denen eine außerhalb der betroffenen Wohnung liegenden Gefahr nur **von der Wohnung aus abgewehrt** werden kann. Ein Betreten der Wohnung ist im letzteren Fall nur unter den Voraussetzungen des polizeilichen Notstandes zulässig.

ee) Durchsuchen von Gebäuden in Entführungsfällen. Entsprechend der strafprozessualen Regelung des § 103 I 2 StPO sehen einige Polizeigesetze die Befugnis zur Durchsuchung der in einem Gebäude befindlichen Wohnungen vor, wenn Tatsachen die Annahme rechtfertigen, daß sich in diesem Gebäude eine Person befindet, die widerrechtlich festgehalten wird oder hilflos ist und für die dadurch Gefahr für Leib oder Leben besteht. 638

§ 31 III PolG BW; § 38 IV HSOG; § 24 III NGefAG; § 25 III SächsPolG; § 43 IV SOG LSA.

Diese Befugnis ist verfassungsrechtlich unbedenklich, weil sie die Voraussetzungen des polizeilichen Notstandes („wenn die Gefahr auf andere Weise nicht beseitigt werden kann") in den Eingriffstatbestand aufgenommen hat. Sie besteht deshalb auch in denjenigen Ländern, die eine ausdrückliche Ermächtigung hierfür nicht vorsehen.

ff) Durchsuchen und Betreten von Wohnungen zur Beseitigung „erheblicher Belästigungen"? Nach den Regelungen einiger Polizeigesetze darf die Polizei eine Wohnung betreten, wenn von der Wohnung Immissionen bzw. Emissionen ausgehen, die nach Art, Ausmaß oder Dauer zu einer **erheblichen Belästigung** der Nachbarschaft führen. 639

§ 36 I Nr. 2 ASOG Bln; § 23 I Nr. 3 BbgPolG; § 16 II Nr. 3 HmbSOG; § 24 II Nr. 4 NGefAG; § 41 I Nr. 3 PolG NW; § 25 I Nr. 4 ThürPAG.

Diese Vorschriften sind nicht mit Art. 13 GG vereinbar.[823] Denn Art. 13 III GG knüpft das Betreten einer Wohnung an die Voraussetzung, daß, wie sich aus der Definition des Begriffs der Gefahr (vgl. Kap. E Rdn. 29) ergibt, **Schäden** für hochrangige Rechtsgüter bestehen. Bloße Belästigungen (vgl. Kap. E Rdn. 30), mögen sie auch von erheblicher Art sein, werden vom qualifizierten Schrankenvorbehalt des Art. 13 III GG nicht erfaßt. Es wäre auch nicht einzusehen, wenn die Polizei im allgemeinen nur zur Verhinderung von Schäden, ausgerechnet aber bei Eingriffen in das hochrangige Rechtsgut Wohnungsfreiheit bereits zur Vermeidung von Belästigungen befugt wäre.

Soweit **unzulässiger Lärm** – hier liegt der Hauptanwendungsfall dieser Vorschriften[824] – die Gesundheit von Menschen beeinträchtigt, reichen die herkömmlichen Eingriffsbefugnisse aus. Dieser Sachverhalt erfüllt das Merkmal der erheblichen Gefahr und befugt deshalb auch zum Betreten von Wohnungen (vgl. Rdn. 637). Beeinträchtigungen unterhalb dieser Schwelle können gegebenenfalls als Ordnungswidrigkeiten (§ 117 OWiG) geahndet werden. Eine allgemeine Befugnis zum Betreten von Wohnungen kann aus diesen Sachverhalten aber nicht hergeleitet werden. 640

---

[823] Für verfassungskonforme Auslegung *Schwabe* NVwZ 1993, 1174; kritisch ebenfalls *Möller/Wilhelm,* S. 189 („strenger Maßstab").
[824] *Heise/Tegtmeyer,* PolG NW, § 41 Rdn. 17.

641 **gg) Betreten „gefährlicher" Wohnungen außerhalb konkreter Gefahrenlagen?** Als Ergänzung der Regelungen über die Identitätsfeststellung und Durchsuchung an gefährlichen Orten (dazu oben Rdn. 325 ff.) enthalten die meisten Polizeigesetze auch die Ermächtigung, „gefährliche" Wohnungen zu betreten. Nach dem Wortlaut dieser dem Musterentwurf (§ 19 III ME) entlehnten Regelungen dürfen Wohnungen zur Abwehr dringender Gefahren jederzeit betreten werden, wenn aufgrund tatsächlicher Anhaltspunkte erfahrungsgemäß anzunehmen ist, daß dort Personen Straftaten verabreden, vorbereiten oder verüben oder sich dort Straftäter verbergen.

Art. 23 III BayPAG; § 36 IV ASOG Bln; § 23 III BbgPolG; § 21 III Nr. 1 BremPolG; § 16 IV HmbSOG; § 38 VI HSOG; § 54 IV SOG MV; § 24 V NGefAG; § 41 III PolG NW; § 14 III SPolG; § 43 VI SOG LSA; § 208 IV LVwG SH; § 25 III ThürPAG.

Obwohl in diesen Regelungen von der „Abwehr dringender Gefahren" die Rede ist, werden sie als Ermächtigung interpretiert, die das Eindringen in Wohnungen unter im Vergleich zu den übrigen Tatbeständen wesentlich erleichterten Voraussetzungen erlauben. Eine konkrete Gefahr müsse nicht vorliegen.[825]

642 Diese Befugnis begegnet erheblichen verfassungsrechtlichen Bedenken, soweit sie auch das Betreten **privater Wohnräume** zum Gegenstand hat. Wie oben ausgeführt (vgl. Rdn. 613), unterliegen private Wohnungen dem vollen Schutz des Art. 13 GG. Anders als Geschäftsräume, denen eine größere Offenheit nach außen zu eigen ist, dürfen sie nicht betreten werden, solange sich eine Verdachtslage nicht zu einer konkreten Gefahr verdichtet hat. Die Zulässigkeit eines solchen Eingriffs unter erleichterten Voraussetzungen läßt sich schwerlich damit begründen, der Wohnungsinhaber habe den vollen Schutz des Art. 13 GG „verwirkt".[826] Daß es hier nicht um die Frage der Verwirkung von Grundrechten geht, bedarf keiner weiteren Erörterung. Solange deshalb nicht der konkrete Verdacht einer Straftat besteht und auch nicht die Voraussetzungen einer konkreten Gefahrenlage vorliegen, setzt das Grundrecht aus Art. 13 GG der Polizeigewalt eine absolute Grenze. Polizeiliche Erfahrungssätze reichen für einen Eingriff in dieses Grundrecht nicht hin. Dies mag einer möglichst effektiven polizeilichen Straftatenbekämpfung abträglich sein. Jede andere Auffassung stünde aber in Widerspruch zu diesem Grundrecht, das gerade der Unverletzlichkeit der Wohnung einen hohen Rang einräumt. Die polizeirechtlichen Vorschriften über die Durchsuchung sogenannter gefährlicher Wohnungen verstoßen deshalb gegen Verfassungsrecht. Dies trifft in gesteigertem Maß auf diejenigen Vorschriften zu, die eine Wohnung schon dann als „gefährlich" einstufen, wenn sich dort erfahrungsgemäß Personen aufhalten, die gegen das Ausländerrecht verstoßen (NGefAG), oder – alternativ – wenn dort Prostitution stattfindet (BayPAG; BbgPolG ASOG Bln; PolG NW; ThürPAG) bzw. – wiederum alternativ – dem unerlaubten Glücksspiel nachgegangen wird (SOG MV; LVwG SH). Wer diese – den klassischen kriminologischen Mustern verhafteten – Eingriffsbefugnisse für rechtlich hinnehmbar hält, muß fragen, warum beispielsweise Geschäftsräume von Banken und Anlageberatern (Stichwort: Steuerhinterziehung) oder von Bauunternehmen (Stichworte: Absprachen bei öffentlicher Auftragsvergabe, „Schwarzarbeit") nicht den gleichen Zugriffsbefugnissen unterliegen sollten.[827]

643 **hh) Betreten öffentlich zugänglicher Räume außerhalb konkreter Gefahrenlagen?** Auf der Grundlage der Rechtsprechung des Bundesverfassungsgerichts (vgl. Rdn. 613), wonach sich die Eingriffsvoraussetzungen nach der konkreten Schutzbedürftigkeit der

---

825 *Honnacker/Beinhofer,* PAG, Art. 23 Anm. 10; *Heise/Tegtmeyer,* PolG NW, § 41 Rdn. 23; *Wagner,* PolG NW, § 19 Rdn. 18; *Heise/Riegel,* ME, § 19 Anm. 7; *Meixner,* HSOG, § 38 Rdn. 20.

826 So aber noch *Samper/Honnacker,* PAG, 15. Aufl., 1992, Art. 23 Rdn. 10.

827 Die sog. „Verfahrensunabhängigen Finanzermittlungen" gegenüber Banken, nach den Richtlinien des Innen- und Justizministeriums (dokumentiert und kommentiert von Herzog, StrafVert 1995, 43 f.) sind kein Schritt in diese Richtung, da ihre Einleitung einen konkreten „Anfangsverdacht auf Geldwäsche ..." (Ziff. 2) voraussetzt.

Wohnung richten, wurde in die meisten Polizeigesetze eine Befugnis aufgenommen, nach der Arbeits-, Betriebs- und Geschäftsräume sowie andere Räume und Grundstücke, die **der Öffentlichkeit zugänglich sind** oder zugänglich waren und den Anwesenden zum weiteren Aufenthalt zur Verfügung stehen, zum Zwecke der Gefahrenabwehr während der Arbeits-, Geschäfts- oder Aufenthaltszeit betreten werden dürfen.

§ 31 VI PolG BW; Art. 23 IV BayPAG; § 36 V ASOG Bln; § 23 IV BbgPolG; § 21 IV BremPolG; § 16 V HmbSOG; § 38 VII HSOG; § 24 VI NGefAG; § 21 IV PolG NW; § 20 IV POG RP; § 19 IV SPolG; § 43 VII SOG LSA; § 25 IV ThürPAG.

Als Beispiele für öffentlich zugängliche Orte werden unter anderem Gaststätten, Hotels, Theater, Kinos, Schwimmbäder, Stadien, Museen, Spielsalons und Kaufhäuser genannt.[828] Die Vorschrift wird als Erweiterung und Erleichterung polizeilicher Befugnisse interpretiert.[829] Eine konkrete Gefahr brauche nicht vorzuliegen.[830] Eine solche Befugnis ist, gerade auch im Hinblick auf die als Beleg herangezogene Rechtsprechung des Bundesverfassungsgerichts, bedenklich. Denn nach dieser Rechtsprechung muß das Gesetz auch den Zweck des Betretens, den Gegenstand und den Umfang der zugelassenen Besichtigung und Prüfung deutlich erkennen lassen.[831] Diese Voraussetzungen erfüllt eine Vorschrift, die ein allgemeines, an keinen bestimmten Zweck gebundenes Betretungsrecht vorsieht, nicht. Außerhalb konkreter Gefahren- oder Verdachtslagen ist auch kein Grund ersichtlich, weshalb der Polizei gegen den Willen des Hausrechtsinhabers eine Befugnis zum Betreten von Bädern, Theatern oder Kinos eingeräumt werden sollte.[832] Sofern man dies im Einzelfall, etwa zur Einhaltung der Jugendschutzvorschriften für nötig erachtet,[833] wäre dies spezialgesetzlich, hier also im Gesetz zum Schutz der Jugend in der Öffentlichkeit, zu regeln. 644

g) Zeitpunkt des Eingriffs

Nicht in allen, aber doch in den meisten Fällen darf nach den Polizeigesetzen auch während der **Nachtzeit** eine Wohnung betreten und durchsucht werden. Wann Nachtzeit ist, regelt § 104 III StPO, auf den die Polizeigesetze verweisen. Nachtzeit umfaßt danach zwischen 1. April und 30. September die Stunden von neun Uhr abends bis vier Uhr morgens und zwischen 1. Oktober bis 31. März die Stunden von neun Uhr abends bis sechs Uhr morgens. Diese aus dem vorigen Jahrhundert stammende Zeiteinteilung erfüllt ihren Zweck, den Schutz der Nachtruhe, offensichtlich nicht. Sie sollte dem Lebensrhythmus des heutigen Menschen angepaßt werden. Eine Durchsuchung um vier Uhr morgens ist aus der Sicht des Betroffenen nicht weniger unangenehm als eine Durchsuchung um zwei Uhr und weit unangenehmer als beispielsweise um 22 Uhr. Von großer praktischer Bedeutung ist die Unterscheidung zwischen Nacht- und Tageszeit allerdings nicht, da nur das Eindringen in Wohnungen zwecks Sicherstellung einer Sache, zwecks Vorführung und zwecks Ingewahrsamnahme einer Person auf die „Tageszeit" beschränkt ist. In Dringlichkeitsfällen, insbesondere also bei Vorliegen der generalklauselartigen Bestimmung über die Abwehr gegenwärtiger Gefahren für Leib, Leben oder Freiheit einer Person und für Sachen von bedeutendem Wert, darf die Polizei jederzeit eine Wohnung betreten. Unklar ist, weshalb mit einer Wohnungsdurchsuchung bis zum Anbruch der „Tageszeit" gewartet werden muß, wenn es um die Sicherstellung einer Sache geht. Denn die Wohnungsdurchsuchung zum Zweck der Sicherstellung einer Sache ist nur zulässig 645

---

828 *Rasch,* ME, § 19 Rdn. 13; *Honnacker/Beinhofer,* PAG, Art. 23 Anm. 11; *Heise/Tegtmeyer,* PolG NW, § 41 Rdn. 24; *Meixner,* HSOG, § 38 Rdn. 21.

829 *Rasch,* ME, § 19 Rdn. 13; *Heise/Tegtmeyer,* PolG NW, § 41 Rdn. 24.

830 *Rasch,* ME, § 19 Rdn. 13; *Berg/Hein,* S. 186; *Meixner,* HSOG, § 38 Rdn. 22; unklar *Honnacker/Beinhofer,* PAG, Art. 23 Anm. 11. Die in § 16 V 2 HmbSOG enthaltene Einschränkung betrifft nur „geschlossene" Veranstaltungen an grundsätzlich für jedermann zugänglichen Orten.

831 *BVerfGE* 32, 54 (76 f.).

832 Ähnlich *Berner/Köhler,* PAG, Art. 23 Rdn. 13.

833 *Berg/Hein,* S. 188; *Heise/Tegtmeyer,* PolG NW, § 42 Rdn. 24; *Meixner,* HSOG, § 38 Rdn. 22.

zur Abwehr einer **gegenwärtigen Gefahr** (vgl. Rdn. 636). Wenn das Ausmaß des drohenden Schadens so gering ist, daß seine Verwirklichung aus Rücksicht gegenüber der Nachtruhe der Bewohner gegebenenfalls in Kauf genommen wird, so stellt sich die Frage, ob im Hinblick auf die Wertigkeit des Rechtsguts der Unverletzlichkeit der Wohnung ein Betreten überhaupt zulässig ist.

h) Verfahren

646 Die Polizeigesetze enthalten ausführliche, dem Musterentwurf nachgebildete Regelungen über das Verfahren bei der Wohnungsdurchsuchung.

§ 31 IV–VIII PolG BW; Art. 24 BayPAG; § 37 ASOG Bln; § 24 BbgPolG; § 22 BremPolG; § 16 a HmbSOG; § 39 HSOG; § 60 SOG MV; § 22 NGefAG; § 42 PolG NW; § 21 POG RP; § 20 SPolG; § 25 IV–VII SächsPolG; § 44 SOG LSA; § 209 LVwG SH; § 26 ThürPAG.

Durchsuchungen dürfen grundsätzlich nur **durch den Richter** angeordnet werden (Art. 13 II GG; vgl. § 20 I 1 ME). Sachlich zuständig ist aufgrund ausdrücklicher Zuweisung das Amtsgericht.[834] Nur bei **Gefahr im Verzug** darf eine Wohnungsdurchsuchung auch ohne richterliche Anordnung erfolgen. Gefahr im Verzug liegt vor, wenn die durch die Anrufung des Richters eintretende Verzögerung den Erfolg der Durchsuchung gefährden würde.[835] In der (strafprozessualen) Praxis wird dieses Merkmal vielfach **sehr weit ausgelegt** mit der Folge, daß die polizeiliche Durchsuchungsanordnung faktisch zur Regel und die richterliche Anordnung zur Ausnahme geworden ist.[836] Soll aber dem Zweck des verfassungsrechtlichen Richtervorbehalts, die Mediatisierung exekutiver Handlungsvollmachten bei empfindlichen Grundrechtseingriffen,[837] Genüge getan werden, bedarf es namentlich einer zurückhaltenden Interpretation des Merkmals Gefahr im Verzug durch die Polizeibehörden. Dies gilt namentlich in den Fällen, in denen eine Person gesucht wird, die vorgeführt werden darf (vgl. Rdn. 634). Hier liegen regelmäßig keine akuten Gefahrenlagen vor.

647 Im übrigen wird bei strengerer Beachtung der Einschreitensvoraussetzungen, insbesondere des Merkmals der Gegenwärtigkeit der Gefahr (vgl. Rdn. 637), eine vorherige Einschaltung des Richters aus Zeitgründen nicht in Betracht kommen. Die polizeirechtlichen Vorschriften über das Betreten und Durchsuchen von Wohnungen außerhalb konkreter Gefahrenlagen sind von vornherein nicht mit Art. 13 GG in Einklang zu bringen (vgl. Rdn. 641 f., 643 f.). Ob das Merkmal der Gefahr im Verzug vorliegt, steht entgegen einer verbreiteten Auffassung[838] **nicht im (Prognose-)Ermessen** der Polizeibehörde. Dieses Tatbestandsmerkmal ist vielmehr gerichtlich voll überprüfbar.[839]

648 Ebenso wie bei der Durchsuchung von Sachen (vgl. Rdn. 605) hat auch bei der Durchsuchung einer Wohnung der Inhaber das Recht, **anwesend** zu sein. Ist er abwesend, so ist sein Vertreter oder ein erwachsener Angehöriger, Hausgenosse oder Nachbar zuzuziehen (vgl. § 20 II ME). Die Zuziehung eines Dritten kann insbesondere dann erforderlich sein, wenn der Wohnungsinhaber wegen Behinderung der polizeilichen Maßnahme aus der Wohnung verwiesen wurde.

649 Dem Wohnungsinhaber oder seinem Vertreter ist der **Grund der Durchsuchung** unverzüglich mitzuteilen, soweit der Zweck der Maßnahmen dadurch nicht gefährdet wird (vgl. § 20 III ME). Eine Gefährdung des Zwecks der Maßnahme wäre zu bejahen, wenn der Adressat der Mitteilung den gesuchten Gegenstand oder die gesuchte Person für die

[834] Nach richtiger Ansicht des *OVG Münster* NJW 1992, 2172, erfaßt diese Zuweisung allerdings nicht die Gewährung nachträglichen Rechtsschutzes.

[835] *BVerfGE* 51, 97 (111); *BVerfG* NJW 2001, 1121.

[836] *Wagner,* PolG NW vor § 8 Rdn. 83, vor § 19 Rdn. 12; *Nelles,* Kompetenzen und Ausnahmekompetenzen in der StPO, 1980, S. 138 ff.; *Dagtoglou* JuS 1975, 757 f.; s. a. die zusammenfassende Darstellung des Problems bei *BVerfG* NJW 2001, 1121.

[837] Vgl. *BVerfGE* 57, 346 (355 f.); 76, 83 (91); 77, 1 (51); 96, 44 (51 f.); *BVerfG* NJW 2001, 1121. Vgl. zum Zweck des Richtervorbehalts auch *Wagner,* PolG NW, vor § 8 Rdn. 56 ff.; *Lisken/Mokros* NVwZ 1991, 610.

[838] Vgl. *Kleinknecht/Meyer-Goßner,* § 98 Rdn. 7, m. w. Nachw.

[839] *BVerfG* NJW 2001, 1121; AK-GG-*Berkemann,* Art. 13 Rdn. 54.

Polizei unauffindbar verstecken würde. Die Rechtsgrundlage ist aber in jedem Fall mitzuteilen, da allein dadurch der Erfolg der Maßnahme nicht in Frage gestellt wird.

Über die Durchsuchung ist eine **Niederschrift** anzufertigen. Sie muß die verantwortliche Dienststelle, Grund, Zeit und Ort der Durchsuchung und deren Ergebnis enthalten. Die Niederschrift ist von dem für die Maßnahme verantwortlichen Polizeibeamten zu unterzeichnen und auch dem Wohnungsinhaber bzw. einer hinzugezogenen dritten Person zur Unterzeichnung vorzulegen. Wird die Unterschrift verweigert, so ist hierüber ein Vermerk aufzunehmen. Auf Verlangen ist dem Wohnungsinhaber oder seinem Vertreter eine Abschrift der Niederschrift auszuhändigen (vgl. zur Niederschrift § 20 IV ME). Der Betroffene ist darauf hinzuweisen, daß er ein Recht auf eine Abschrift hat (vgl. Rdn. 609). Ist eine Niederschrift oder die Aushändigung einer Abschrift nicht möglich oder würde sie, etwa wegen Eilbedürftigkeit oder wegen tätlicher Angriffe, den Zweck der Durchsuchung gefährden, so sind dem Betroffenen lediglich die Durchsuchung unter Angabe der verantwortlichen Dienststelle sowie Zeit und Ort der Durchsuchung schriftlich zu bestätigen (vgl. § 20 V ME). 650

Ein **Verstoß gegen diese Verfahrensvorschriften** führt, unter Beachtung der Vorschrift des § 46 VwVfG über die eingeschränkten Fehlerfolgen im Verwaltungsverfahren, zur Rechtswidrigkeit der Wohnungsdurchsuchung (vgl. Rdn. 610). 651

11. Sicherstellung

Die Polizeigesetze ermächtigen unter bestimmten Voraussetzungen zur Sicherstellung von Sachen. 652

§ 32f. PolG BW; Art. 25 BayPAG; § 38 ASOG Bln; § 25 BbgPolG; § 23 BremPolG; § 14 HmbSOG; § 40 HSOG; § 61 SOG MV ; § 26 NGefAG; § 43 PolG NW; § 22 POG RP; § 21 SPolG; § 26f. SächsPolG; § 45 SOG LSA; § 210 LVwG SH; § 27 ThürPAG.

Die Regelungen stimmen überwiegend vollständig mit den Vorschlägen des Musterentwurfs (§ 21 ME) überein.

a) Begriff

Der **Begriff der Sicherstellung** ist umstritten. Einigkeit besteht darüber, daß eine Sicherstellung jedenfalls die hoheitliche Begründung der tatsächlichen Gewalt über eine Sache, mit anderen Worten deren Inbesitznahme (vgl. § 854 I BGB) durch die Polizei voraussetzt. Streitig ist, ob der Zweck der Inbesitznahme gerade den Anschluß anderer von der Einwirkungsmöglichkeit umfassen muß.[840] Von Bedeutung ist diese Frage etwa bei der Lösung der sogenannten Abschleppfälle. Verbringt die Polizei ein Kraftfahrzeug, weil es verbotswidrig abgestellt wurde, an einen anderen Ort, so tut sie dies nicht, um andere von der Besitzmöglichkeit auszuschließen. Verneint man deshalb eine Sicherstellung, so kann eine Kostenerstattung für das Wegbringen des Autos nur auf die Vorschriften über die Ersatzvornahme, oder, sofern man entgegen der hier vertretenen Auffassung die Existenz eines solchen Instituts für notwendig hält, auf die Vorschriften über die unmittelbare Ausführung (dazu Rdn. 53 und 770f. sowie Kap. E Rdn. 141ff.) gestützt werden. Bejaht man dagegen eine Sicherstellung, sind die speziellen Vorschriften als Rechtsgrundlage für einen Kostenersatz heranzuziehen (vgl. § 24 III 1 ME). Über diese nur rechtsdogmatische Folgerung hinaus kann der Streit über den Begriff der Sicherstellung auch insoweit von Bedeutung sein, als die tatbestandlichen Voraussetzungen der Vorschriften über die Sicherstellung im Vergleich zur ansonsten anwendbaren polizeilichen Generalklausel 653

---

840 Bejahend: *VGH Kassel* NVwZ 1987, 909; *VGH Kassel* NVwZ 1988, 655; *OVG Münster* DVBl. 1991, 1373; *OVG Hamburg* DAR 1994, 290; *VGH Kassel* DVBl. 1995, 370; *Honnacker/Beinhofer,* PAG, Art. 25 Rdn. 4; *Schenke* Rdn. 113;; Arbeitskreis Polizeirecht, AE PolG, § 31 Rdn. 1; *Knemeyer,* Rdn. 174; *Meixner,* HSOG, § 40 Rdn. 4. *Roos,* POG RP Rdn. 9; *Möller/Wilhelm,* S. 196; *Klenke* NWVBl. 1994, 288. Verneinend: *VGH München* BayVBl. 1984, 630; *VGH München* BayVBl. 1989, 437; *Berner/Köhler,* PAG, Art. 25 Rdn. 1; *Schwabe* NJW 1983, 369; *Geiger* BayVBl. 1983, 10; *Heise/Tegtmeyer,* PolG NW, § 52 Rdn. 8.

einerseits enger – vorausgesetzt wird die Gegenwärtigkeit einer Gefahr (vgl. § 21 Nr. 1 ME) –, bisweilen aber auch weiter sind (so § 40 IV HSOG – unten Rdn. 683 ff.).

654 Der Auffassung, wonach eine Sicherstellung gerade den Ausschluß anderer von der Einwirkung auf die im Besitz der Polizei befindlichen Sache bezwecke, ist zuzustimmen. Die gegenteilige Ansicht übersieht den **notwendigen Zusammenhang zwischen Sicherstellung und Verwahrung.** Sichergestellte Sachen sind nach den polizeirechtlichen Vorschriften in Verwahrung zu nehmen (vgl. § 22 I 1 ME). Die Verwahrung ist mit anderen Worten nicht nur mögliche,[841] sondern notwendige Folge der Sicherstellung. Auch § 94 I StPO bringt die gleiche Zielsetzung von Verwahrung und Sicherstellung zum Ausdruck. Am deutlichsten kam sie in der Formulierung des § 19 I 1 HSOG (a. F.) zum Vorschein, wonach die Sicherstellung dadurch bewirkt wird, daß der Gegenstand in amtliche Verwahrung genommen wird.[842] Die Verpflichtung zur Verwahrung einer sichergestellten Sache bedeutet umgekehrt, daß die Inbesitznahme eines Gegenstandes, dessen sofortige oder spätere Verwahrung sich von vornherein nicht als notwendig erweist und deshalb auch nicht beabsichtigt ist, keine Sicherstellung im Sinne dieser Vorschriften sein kann. Keine Sicherstellung, sondern nur eine atypische Maßnahme auf der Grundlage der Generalklausel kommt deshalb in Betracht, wenn von einer Sache eine Gefahr allein aufgrund ihrer „Lage im Raum"[843] ausgeht, wie es bei verbotswidrig abgestellten Autos der Fall ist. Hier reicht es aus, daß die „Lage" verändert wird. Die Polizei will in diesem Fall den Betroffenen auch nicht von der Einwirkungsmöglichkeit ausschließen.[844] Sie muß im Gegenteil die Maßnahme abbrechen, wenn der Fahrer des Wagens zurückkehrt und bereit ist, der Verfügung selbst nachzukommen. Nach allem ist unter Sicherstellung die **hoheitliche Begründung der tatsächlichen Herrschaft über eine Sache unter Ausschluß der Einwirkung durch die Allgemeinheit oder bestimmte Personen** zu verstehen.

655 In einigen Gesetzen findet sich neben dem Begriff der Sicherstellung auch der Begriff der **Beschlagnahme.** §§ 32, 33 PolG BW, §§ 26, 27 SächsPolG grenzen die Sicherstellung einer Sache von deren Beschlagnahme in der Weise ab, daß erstere dem Schutz des Berechtigten vor Verlust oder Beschädigung der Sache und letztere der Abwehr von Gefahren dient, die durch die Sache selbst oder deren Gebrauch hervorgerufen werden. Einen anderen Begriff der Beschlagnahme kennt § 94 II StPO. Danach bedarf es einer Beschlagnahme, wenn ein sicherzustellender Gegenstand nicht freiwillig herausgegeben wird. In diesem Sinn, nämlich als **zwangsweise Durchführung der Sicherstellung,** wollen auch die übrigen Polizeigesetze den Begriff der Beschlagnahme verstanden wissen.[845] Im Gesetzestext selbst wird dieser Begriff aber nicht verwendet. Die Sicherstellung umfaßt hier auch solche Maßnahmen, die im baden-württembergischen und sächsischen Polizeigesetz als Beschlagnahme bezeichnet werden. In der Literatur wird demgegenüber teilweise der Begriff der Beschlagnahme favorisiert. Er kennzeichne die mit der Begründung der polizeilichen Sachgewalt verbundene Zurückdrängung privater Herrschaftsbefugnisse sprachlich eindeutiger als der Begriff der Sicherstellung.[846] Gegen diese Auffassung spricht, daß sie Verwechslungen mit der strafprozessualen Beschlagnahme begünstigt.[847]

656 Eine Sicherstellung setzt nicht notwendig voraus, daß die sicherzustellende Sache sich im **Besitz eines anderen,** sei es des Berechtigten, sei es eines Unberechtigten, befindet.[848] Auch bei **verlorengegangenen Gegenständen** (vgl. § 856 BGB) ist eine Sicher-

---

841 So aber *Berner/Köhler,* PAG, Art. 25 Rdn. 9.
842 Ebenso *Drews/Wacke/Vogel/Martens,* S. 211.
843 Vgl. Vollzugsbekanntmachung Nr. 24.3 zu § 24 BayPAG (i. d. F. vom 23. 3. 1989); *VGH Kassel* NVwZ 1988, 655.
844 So aber *Berner/Köhler,* PAG, Art. 25 Rdn. 9; zutreffend dagegen *Knemeyer,* Rdn. 175.
845 Vgl. Begr. zu § 21 ME (Fußn. 157).
846 Arbeitskreis Polizeirecht, AE PolG, § 31 Rdn. 1.
847 *Rasch,* ME, § 21, Rdn. 3.
848 A. A. *Knemeyer,* Rdn. 174; *Drews/Wacke/Vogel/Martens,* S. 209; *Heise/Tegtmeyer,* PolG NW, § 43 Rdn. 3; zutreffend z. B. Nr. 1 der Ausführungsbestimmung zu § 24 HSOG.

stellung möglich. Selbst Sachen, die durch **Dereliktion** zu herrenlosen geworden sind (§ 959 BGB), an denen also keine Eigentumsrechte bestehen, können aufgrund der Vorschriften über die Sicherstellung von der Polizei in Besitz genommen werden. Denn die polizeirechtliche Verantwortlichkeit des Eigentümers geht durch die Dereliktion nicht unter (vgl. Kap. E Rdn. 100f.). Nur bei der Inbesitznahme sonstiger **herrenloser Sachen** ist es denkbar, daß die Vorschriften über die Sicherstellung nicht anwendbar sind. Wilde Tiere können eingefangen, Kadaver von wilden Tieren können beseitigt werden, ohne daß es eines Rückgriffs auf die Sicherstellungsvorschriften bedürfte. Denn durch diesen Vorgang allein wird in niemandes Rechte eingegriffen. Es reicht aus, wenn die Polizei im Rahmen ihrer Aufgabenstellung handelt.

Sachen sind alle körperlichen Gegenstände im Sinne des § 90 BGB.[849] Es kann sich 657
einmal um **bewegliche Gegenstände** handeln. In Betracht kommen zum Beispiel Waffen, Sprengstoff oder Kraftfahrzeuge. Tiere sind ebenfalls Sachen im Sinne des Polizeirechts, auch wenn sie nach bürgerlichem Recht heute keine „Sachen“ mehr sind (§ 90a BGB). Das ThürPAG trägt dem letztgenannten Umstand dadurch Rechnung, daß es Tiere als Objekte der Sicherstellung eigens erwähnt. Der Körper des lebenden Menschen ist keine Sache, wohl aber der menschliche Leichnam. Auch **unbewegliche Gegenstände,** also Grundstücke und Grundstücksbestandteile, zu denen Gebäude und sonstige mit dem Boden fest verbundene Sachen gehören, können sichergestellt werden. Die Sicherstellung erfolgt bei unbeweglichen Gegenständen durch das Anbringen von amtlichen Siegeln.[850]

b) Inhalt und Rechtsnatur

Auch Inhalt und Rechtsnatur der Sicherstellung sind umstritten. Nach einer Auffas- 658
sung ermächtigen die einschlägigen Bestimmungen nur zum **Erlaß einer Herausgabeverfügung,** die erforderlichenfalls unter Anwendung der Vorschriften über den **polizeilichen Zwang** mit Gewalt durchgesetzt werden kann.[851] Demgegenüber kann nach zutreffender Ansicht der mit der Sicherstellung bezweckte Erfolg auch durch eine einzige **tatsächliche Handlung** bewirkt werden, ohne daß es einer vorausgehenden tatsächlichen oder nachträglich fingierten Verfügung bedürfte.[852] Dieser Konzeption folgen auch §§ 62 I SOG MV und 211 I LVwG SH, wonach die Polizei eine bewegliche Sache wegnehmen kann, wenn sie herauszugeben oder vorzulegen ist. Zunächst ist zu beachten, daß die Herausgabe der Sache nur einer von mehreren Bestandteilen der Sicherstellung sein kann. Die Begründung des polizeilichen Gewahrsams an der Sache und erst recht ihre amtliche Verwahrung kann nur durch die Polizei selbst erfolgen. Diese Maßnahmen können umgekehrt dem Betroffenen nicht als Handlungspflichten obliegen. Sie können folglich auch weder als Durchsetzung eines (fingierten) Verwaltungsakts noch als Zwangsmaßnahmen ohne vorausgegangenen Verwaltungsakt qualifiziert werden. Sie sind auch nicht als Durchsetzung einer möglicherweise bestehenden Duldungspflicht anzusehen (dazu im einzelnen oben Rdn. 40ff.). Denn die Durchsetzung einer Duldungspflicht könnte nur darin bestehen, den Widerstand des Betroffenen zu brechen, ihn also zum Beispiel festzuhalten.

Die Inverwahrungnahme als solche ist ein Realakt, der seine rechtliche Grundlage 659
allein in den Vorschriften über die Sicherstellung findet. Was die Notwendigkeit einer Herausgabeverfügung anbelangt, so ist zum anderen festzustellen, daß zwar die Vorschriften über die Sicherstellung unausgesprochen auch die **Ermächtigung zum Erlaß einer Herausgabeverfügung** enthalten. Dies folgt aus dem Verhältnismäßigkeitsgrundsatz, der auch den Vorrang sprachlicher vor tatsächlicher Gewalt beinhaltet (oben Rdn. 50). Die Polizei muß also den Betroffenen, der einen sicherzustellenden Gegen-

---

849 *Meixner,* HSOG, § 7 Rdn. 2.

850 *VGH Kassel* NJW 1981, 2270; *VGH Kassel* DÖV 1993, 581.

851 *OVG Münster* DVBl. 1991, 1373; *Knemeyer,* Rdn. 174; *Roos,* POG RP, Rdn. 3; *Heise/Riegel,* ME, § 21 Anm. 1.

852 *Schwabe* NJW 1983, 370; *Oldiges,* S. 294; *Huppertz* Die Polizei 1989, 289; *Möller/Wilhelm,* S. 191; OVG Münster NVwZ-RR 2000, 429.

stand in Besitz hat, in aller Regel zunächst auffordern, den Gegenstand herauszugeben. Tut er dies nicht, so kann ihm der Gegenstand weggenommen werden. Die Wegnahme – und nur die Wegnahme! – ist die zwangsweise Durchsetzung des verbindlichen Herausgabeverlangens. Sie muß auf die Vorschriften über die Anwendung **unmittelbaren Zwangs** gestützt werden. In den Fällen, in denen die Polizei (noch) nicht weiß, wo sich der sicherzustellende Gegenstand befindet, ist das Herausgabeverlangen im übrigen nicht nur ein Rechtsgebot, sondern auch ein Gebot der praktischen Klugheit.[853] Die Polizei kann sich auf diese Weise unter Umständen aufwendiges Suchen ersparen. Hiervon abgesehen gibt es aber Fälle, in denen der vorherige Erlaß einer Verfügung aus tatsächlichen Gründen nicht möglich oder aus Rechtsgründen nicht geboten ist. Der Erlaß einer Verfügung ist **nicht möglich,** wenn die Polizei beispielsweise auf dem Flughafen einen „verwaisten" Koffer wegschafft, in dem sie eine Bombe vermutet. Gleiches gilt, wenn sie die Pistole des mit Betäubungsmitteln bewußtlos gemachten Räubers in Besitz nimmt. **Nicht nötig** ist der Erlaß einer vorherigen Verfügung, wenn die Polizei den im Schlaf überraschten Terroristen ohne weiteres entwaffnet. Sie muß ihn nicht aufwecken, um an ihn zunächst ein Herausgabeverlangen zu richten. Die Zulässigkeit des Vorgehens bestimmt sich in diesen Fällen nach den Regelungen über den **sofortigen Vollzug.** Es handelt sich um rein tatsächliches Handeln, in das auch nicht eine Verfügung eigens hineingelesen werden müßte.

c) Voraussetzungen

660 **aa) Abwehr einer gegenwärtigen Gefahr.** Die Polizei kann eine Sache sicherstellen, um eine gegenwärtige Gefahr abzuwehren.

§ 33 I Nr. 1 PolG BW; Art. 25 Nr. 1 BayPAG; § 38 Nr. 1 ASOG Bln; § 25 Nr. 1 BbgPolG; § 23 Nr. 4 BremPolG; § 14 I a HmbSOG; § 40 Nr. 1 HSOG; § 61 I Nr. 1 SOG MV; § 26 Nr. 1 NGefAG; § 43 Nr. 1 PolG NW; § 22 Nr. 1 POG RP; § 21 Nr. 1 SPolG; § 27 I Nr. 1 SächsPolG; § 45 Nr. 1 SOG LSA; § 210 I Nr. 1 LVwG SH; § 27 Nr. 1 ThürPAG.

Diese Befugnis ist auf der Grundlage des Musterentwurfs in alle Polizeigesetze wortgleich oder jedenfalls sinngemäß aufgenommen worden. Weil der Gefahrenbegriff einer Qualifikation unterliegt, wird diese Bestimmung auch als **„eingeschränkte Generalklausel"** bezeichnet.[854]

661 Bei der Sicherstellung einer Sache auf der Grundlage dieser generalklauselartigen Bestimmung kann zwischen mehreren Fallkonstellationen unterschieden werden. Die Gefahr kann zum einen **in der Eigenschaft der Sache** selbst ihre Ursache haben. Beispiele sind der bissige Hund, ein scharfer Sprengsatz, Giftmüll. Die bloße Existenz dieser Sachen kann, ohne weiteres Zutun eines Menschen, eine Gefahr für die öffentliche Sicherheit darstellen. Nur wenn der Hund angeleint oder eingesperrt ist, der Sprengsatz sich unter der Kontrolle eines hierzu Befugten befindet, der Giftmüll den Vorschriften entsprechend gelagert wird, liegt keine Gefahr im polizeirechtlichen Sinne vor.

662 Zum anderen kann sich eine Gefahrenlage daraus ergeben, daß eine Sache in einer bestimmten Weise verwendet wird oder eine solche Verwendung zu erwarten ist. Der Grund für die Sicherstellung ist hier nicht in erster Linie die Eigenschaft der Sache, sondern das **Verhalten ihres Besitzers**. Die Sicherstellung der Sache ist als gegenüber der Ingewahrsamnahme der Person milderes Mittel in Betracht zu ziehen. Es kann sich um an sich völlig ungefährliche Gegenstände handeln, deren Gebrauch zwar ihrer Zweckbestimmung entspricht, sich aber nicht mehr innerhalb des von der Rechtsordnung gezogenen Rahmens bewegt. Ein Beispiel ist das Musikinstrument, dessen lautes Spiel die Nachtruhe stört.[855] Es kann sich um Gegenstände handeln, die, wie Stahlmuttern als Geschosse für Zwillen, zweckentfremdet oder, wie Lautsprecher mit Sirene, Blaulicht

[853] *Pietzner* VerwArch 84 (1993), 263 spricht allgemein von „Machtökonomie".
[854] Begr. zu § 21 ME (Fußn. 157); *Berg/Hein,* S. 190.
[855] Diese und weitere Beispiele bei *Berg/Hein,* S. 191.

und Leitkegel, mißbräuchlich verwendet werden.[856] Es kann sich um Gegenstände handeln, bei denen auch ihr bestimmungsgemäßer Gebrauch immer Gefahren in sich birgt, wie es bei Waffen oder auch bei Kraftfahrzeugen der Fall ist, und deren Besitz und Verwendung deshalb einer besonderen Zulassung bedarf. Wer als Inhaber eines Waffenscheins in seinem Garten auf Katzen und Vögel schießt oder wer als Autofahrer häufig mit überhöhter Geschwindigkeit fährt, muß mit einer Sicherstellung des Gewehrs bzw. des Autos[857] rechnen. Und es kann sich um Sachen handeln, deren bestimmungsgemäße Verwendung aufgrund ihrer Eigenschaften in jedem Fall eine Gefahr für die öffentliche Sicherheit und Ordnung darstellt. Ein Beispiel ist das nicht mehr verkehrssichere Kraftfahrzeug. Die Rechtsprechung hält auch die Sicherstellung von Mikroabhörgeräten für zulässig, da eine legale Verwendung dieser sogenannten „Minispione" ausgeschlossen sei.[858] Auch Stahlruten, Totschläger und Schlagringe zählen hierzu (vgl. auch § 36 I Nr. 6 WaffG). Ähnlich ist die Verwendungsabsicht bei einem Radarwarngerät zu sehen. Schon das Vorhandensein eines solchen Geräts offenbart die Absicht des Fahrers, zu schnell zu fahren.[859]

Schließlich kommen, nicht an die Intention, sondern an die **rechtliche Stellung des Besitzers** anknüpfend, als Gegenstände einer Sicherstellung solche Sachen in Betracht, deren Besitz, Gebrauch oder Betrieb einer behördlichen Erlaubnis bedarf. Das Mitführen einer Waffe ohne waffenbehördliche Erlaubnis nach dem Waffengesetz, das Benutzen eines nicht zugelassenen Funkgeräts oder das Betreiben einer Anlage ohne erforderliche Genehmigung sind Rechtsverletzungen, die je nach der Lage im Einzelfall auch zur polizeilichen Sicherstellung der jeweiligen Sachen berechtigen können. Häufig sind diese Rechtsverletzungen gleichzeitig als Straf- oder Ordnungswidrigkeitentatbestände ausgestaltet (z. B. §§ 37 ff. WaffG; § 21 I Nr. 1 StVG; § 62 I Nr. 6 OWiG). Als Grundlage für die Sicherstellung kommen in diesen Fällen auch die einschlägigen Bestimmungen der Strafprozeßordnung in Betracht (§§ 94 ff. und 111 b ff. StPO und i.V. m. § 46 OWiG). Welche der einschlägigen Rechtsgrundlagen das polizeiliche Vorgehen in solchen Fällen trägt, richtet sich danach, wo der Schwerpunkt – präventiv oder repressiv? – des Einschreitens liegt. Die Beantwortung dieser Frage ist bedeutsam für die Wahl und Ausgestaltung des Rechtswegs (§ 40 VwGO oder § 98 II 2 StPO). 663

Die hier vorgenommene Unterscheidung nach möglichen Fallkonstellationen bei einer Sicherstellung hat, ebenso wie andere,[860] keine systembildende, sondern nur eine heuristische Funktion. Sie kann einen ersten Überblick über den Anwendungsbereich der Generalklausel verschaffen. Allein maßgeblich für eine Sicherstellung aufgrund dieser Bestimmung ist, daß sie zur Abwehr einer **gegenwärtigen Gefahr** erfolgt. Eine gegenwärtige Gefahr ist zu bejahen, wenn ein bestimmter Sachverhalt sich schon als eine **Störung der öffentlichen Sicherheit** darstellt. Dies ist immer dann der Fall, wenn allein der Besitz oder der Gebrauch einer Sache gegen Rechtsvorschriften verstößt. Das aufgrund öffentlich-rechtlicher Vorschriften **unbefugte Führen** von Waffen oder unbefugte Führen eines Kraftfahrzeugs ist deshalb ebenso eine gegenwärtige Gefahr wie der **Besitz per se verbotener Waffen** wie Schlagringe, Würgehölzer oder Springmesser einer bestimmten Größe und Form oder das Mitführen eines Spruchbandes bei einer Demonstration,[861] dessen Aufschrift den Tatbestand einer Beleidigung erfüllt. Auch wenn der Besitz bestimmter Gegenstände also solcher nicht verboten ist, ihr **bestimmungsgemäßer Gebrauch** aber immer gegen die Rechtsordnung verstößt, sieht die Rechtsprechung schon 664

[856] Vgl. zur Sicherstellung polizeitypischer Gegenstände zur Verhinderung einer Amtsanmaßung *VGH Mannheim* VBlBW 1996, 373.

[857] Zur Sicherstellung von Fahrzeugen bei „Rasern" vgl. *Berner/Köhler,* PAG, Art. 25 Rdn. 9.

[858] *VGH Mannheim* DVBl. 1972, 503; *VG Sigmaringen* DÖV 1976, 570; *VG Berlin* NJW 1983, 1014.

[859] *VGH München* DAR 1998, 366.

[860] Z. B. bei *Honnacker/Beinhofer,* PAG, Art. 25 Anm. 8.

[861] *BVerwG* BayVBl. 1982, 183; vgl. auch *VG Braunschweig* NVwZ 1988, 662 (zur Sicherstellung von Haltestangen eines Spruchbands).

im bloßen Besitz eine gegenwärtige Gefahr.[862] Eine gegenwärtige Gefahr liegt auch dann vor, wenn Unbefugte auf einen „erlaubnispflichtigen" Gegenstand jederzeit Zugriff haben. Verlorengegangene Waffen oder unverschlossene und fahrbereite Kraftfahrzeuge können erforderlichenfalls sichergestellt werden. § 42 WaffG und § 14 II 2 StVO normieren entsprechende Sorgfaltsverpflichtungen der Erlaubnisinhaber und kennzeichnen so, ohne daß es hierbei auf ein Verschulden des Inhabers ankäme, die Gefährlichkeit der beschriebenen Zustände. Im übrigen, also im Falle des sozial inadäquaten (Trompetespielen um zwei Uhr morgens) oder zweckwidrigen (Stahlmuttern als Geschosse) Gebrauchs an sich ungefährlicher Gegenstände, kommt es auf die Umstände des Einzelfalls an.

665 Bei **Sicherstellungen im Vorfeld von Demonstrationen**[863] ist eine gegenwärtige Gefahr zu bejahen, wenn jemand Waffen oder sonstige Gegenstände, die ihrer Art nach zur Verletzung von Personen oder zur Beschädigung von Sachen geeignet und bestimmt sind (vgl. § 2 III VersammlG), mit sich führt. Sowohl das Mitführen solcher Gegenstände **bei** Demonstrationen als auch **auf dem Weg dorthin** ist gemäß §§ 2 III, 27 I VersammlG verboten und mit Strafe bedroht. Was eine **Waffe** ist, richtet sich nach § 1 WaffG. Hierzu zählen Schußwaffen und Hieb- und Stoßwaffen. Beispielhaft seien genannt Pistole und Revolver, Schreckschußpistole und Reizstoffwaffen (vgl. § 22 WaffG), Dolche und Springmesser, Ruten, Schlagstöcke und Gummiknüppel.[864] Diese Gegenstände sind Waffen, weil sie **objektiv** dazu bestimmt sind, anderen Gesundheitsbeschädigungen beizubringen. Werden sie bei oder auf dem Weg zu öffentlichen Versammlungen mitgeführt, liegt ohne weiteres eine gegenwärtige Gefahr vor.

666 Die Situation ist schwieriger einzuschätzen, wenn **sonstige Gegenstände** im Sinne des § 2 III VersammlG mitgeführt werden. Hier muß die Frage beantwortet werden, ob ein objektiv zur Verletzung von Personen oder Sachen geeigneter Gegenstand von seinem Besitzer auch hierzu **subjektiv** bestimmt ist. In einem bekannten Fall, der die polizeiliche Kontrolle eines zur Kalkar-Demonstration im Jahre 1977 in seinem Auto anreisenden Demonstranten zum Gegenstand hat, begründete das OVG Münster[865] die Zulässigkeit der Sicherstellung von Wagenheber, Kreuzschlüssel, Gepäckspinne, Werkzeugkasten, Abschleppseil, Feuerlöscher, Warndreieck, Zeltstange sowie je einer Flasche Poliermittel, Fruchtsaft, Zitronensaft und Sprudel damit, daß insbesondere ein ebenfalls mitgeführtes Beil auf die Gewaltbereitschaft des Betroffenen schließen lasse. Diese Entscheidung sprengt das dogmatische Gefüge des damals geltenden Polizeirechts insofern, als an die Stelle der Wahrscheinlichkeit eines vorgestellten Kausalverlaufs die widerlegliche **Vermutung** tritt. Das Gericht stellt maßgeblich darauf ab, daß eine rechtswidrige Verwendung der sichergestellten Gegenstände „nicht ausgeschlossen" werden könne.[866] Die im Anschluß an den Musterentwurf novellierten Polizeigesetze setzen diese mit Effektivitätsgesichtspunkten begründete Rechtsprechung schon in Teilen um. Die polizeilichen Befugnisse an gefährlichen und gefährdeten Orten beruhen auf einer gesetzlichen Vermutung, bei den angetroffenen Personen handele es sich um Störer. Sie werden als solche behandelt, bis sich das Gegenteil herausstellt. Ähnliches gilt in bezug auf das strafbewehrte Verbot der sogenannten passiven Bewaffnung[867] und der Vermummung. Auch hier wird eine „unfriedliche Gesinnung"[868] qua Gesetz vermutet.

667 Schließlich erheben einige Polizeigesetze im Anschluß an das BayPAG eine Reihe von **äußeren Indiztatsachen** in Gesetzesrang, die den Schluß auf die rechtsfeindliche Haltung desjenigen nahelegen, dem diese Tatsachen zugerechnet werden (oben Rdn. 509 ff.). Alle

---

[862] Wie Fußn. 852.

[863] Vgl. die Rechtsprechungsnachweise bei Rdn. 345 (Kontrollstelle).

[864] *Potrykus/Steindorf,* Waffenrecht, § 1 Rdn. 2 ff.

[865] *OVG Münster* DVBl. 1982, 654; dazu *Schwabe* DVBl. 1982, 655; *Riegel* DVBl. 1982, 1006; *Birk* JuS 1982, 469.

[866] *OVG Münster* DVBl. 1982, 654.

[867] Kritisch zu diesem Begriff AK-GG-*Hoffmann-Riem,* Art. 8 Rdn. 20; *Jarass/Pieroth,* GG, Art. 8 Rdn. 6.

[868] Vgl. *Köhler* BayVBl. 1983, 438.

diese gesetzlichen Vermutungstatbestände zeugen von der Schwierigkeit, solche Lebenssachverhalte polizeirechtlich handhabbar zu machen, bei denen Kausalverläufe maßgeblich vom Willen handelnder Personen und damit von **inneren Tatsachen** abhängen. Anders als beispielsweise die Strafgerichte bei der (nachträglichen) Prüfung der subjektiven Tatbestandsmerkmale, also insbesondere des Vorsatzes des Täters, kann die Polizei weder gutachterliche Stellungnahmen einholen noch langwierige Befragungen der überprüften Personen durchführen. Sie ist auf äußere Wahrnehmungen und gegebenenfalls auf die interne Überprüfung anhand vorgehaltener Informationen angewiesen und kann daraus nur **Rückschlüsse** ziehen. Diese Schwierigkeiten, „vor Ort" jedem Einzelfall Rechnung zu tragen, können nicht unterschätzt werden.

Auf der anderen Seite ist die schnelle Bereitschaft der Gesetzgeber, den seitens der Polizei geäußerten praktischen Bedürfnissen durch die Schaffung von abstrakten Gefahrentatbeständen und damit gesetzlichen Gefahrenvermutungen Rechnung zu tragen, bedenklich. Abstrakte Gefahrentatbestände enthalten immer einen normativen Überschuß, der auch solche Sachverhalte dem polizeilichen Zugriff aussetzt, die tatsächlich keine Gefahr darstellen. Sie haben, um die im Zusammenhang mit unbestimmten Rechtsbegriffen verwendete Terminologie aufzugreifen, einen Gefahren-„Kern" und einen Gefahren-„Hof". Der „Gefahrenkern" beim Verbot der passiven Bewaffnung und der Vermummung beispielsweise wurde in den achtziger Jahren durch den sogenannten „Schwarzen Block", der sich aus einigen Tausend, der Polizei meist namentlich bekannten „reisenden" Gewalttätern zusammensetzt, verkörpert. Der „Gefahrenhof" ist weit größer. Er erfaßt den mit Motorrad und also mit Helm zur Demonstration angereisten Motorradfahrer ebenso wie den im Winter mit Schal, Tuch und Mütze bekleideten Demonstranten. Er erfaßt auch den seine Identität verbergenden Ausländer, der aufgrund seiner politischen Aktivitäten in seinem Heimatland mit dem Tode bedroht ist. Wo aber die Mitnahme bestimmter Gegenstände entweder praktischen (Schal und Mütze im Winter) oder gar existentiellen (bedrohter Ausländer im Exil) Notwendigkeiten entspricht oder wo sie rechtlich geboten ist (Motorradhelm, Warndreieck), löst sie die gesetzliche Gefahrenvermutung nicht aus. Nicht der Bürger hat sich in diesem Fall für sein Verhalten zu rechtfertigen, sondern die Polizei muß die Existenz einer Gefahr mit konkreten Tatsachen belegen. Nur eine solche Handhabung macht gesetzliche Gefahrenvermutungen rechtsstaatlich erträglich. **668**

Praktisch relevant ist die Sicherstellung zwecks Abwehr gegenwärtiger Gefahren auch bei **öffentlichen Veranstaltungen,** die keine Versammlungen im Sinne des Versammlungsgesetzes sind. Gemäß § 39 I WaffG darf derjenige keine Schuß-, Hieb- oder Stoßwaffen führen, der an öffentlichen Veranstaltungen, insbesondere an **Volksfesten** und öffentlichen Vergnügungen teilnimmt. Unter öffentlichen Veranstaltungen sind neben Volksfesten (vgl. § 60b GewO) auch **Märkte** und **Messen** sowie **Sportveranstaltungen** oder **Wahlversammlungen** zu verstehen. Teilnahme im Sinne des § 39 I WaffG ist nicht notwendig nur die aktive oder interessierte Beteiligung. Die bloße Anwesenheit reicht aus. Es kommt auch nicht darauf an, ob die Zutrittsbedingungen erfüllt sind.[869] **669**

Die **Sicherstellung von belichteten Filmen**, Fotos oder Videobändern ist Gegenstand einer Reihe von Gerichtsentscheidungen.[870] Mit der Sicherstellung will die Polizei eine Straftat nach §§ 33, 22, 23 KunstUrhG verhindern. Danach ist es verboten, Bildnisse ohne Einwilligung des Abgebildeten zu verbreiten oder öffentlich zur Schau zu stellen. Häufig geht es um das Fotografiern von Polizeibeamten bei ihren Einsätzen auf Demonstrationen oder anderen öffentlichkeitswirksamen Einsätzen. Festzustellen ist zunächst, daß das bloße Fotografieren selbst keine Straftat ist und damit allein ein polizeiliches Einschreiten nicht rechtfertigt. Die entscheidende Frage ist, ob die gegenwärtige Gefahr **670**

---

869 *Potrykus/Steindorf,* Waffenrecht, § 39 WaffG Anm. 2.

870 *VG Karlsruhe* NJW 1980, 1708; *VG Frankfurt* NJW 1981, 2372; *VG Köln* NJW 1988, 367; *VGH Mannheim* NVwZ-RR 1995, 527; *OVG Koblenz* NVwZ-RR 1998, 237; *OVG Münster* DÖV 2001, 476; vgl. hierzu auch *Müller* NJW 1982, 863; *Würtenberger/Heckmann/Riggert,* Rdn. 268.

einer **Veröffentlichung** oder Zurschaustellung besteht. Ein allgemeiner Erfahrungssatz, daß Personen, die im Verlauf eines Einsatzes (auch) Polizeibeamte fotografieren, diese anschließend verbreiten oder zur Schau stellen, existiert nicht.[871]

671 Handelt es sich um einen **Pressefotografen,** so muß zwar damit gerechnet werden, daß seine Aufnahmen veröffentlicht werden. Es darf aber nicht von vornherein und ohne weitere Anhaltspunkte zukünftiges rechtswidriges Verhalten unterstellt werden. Vielmehr muß im Hinblick auf die zivil- und strafrechtlichen Sanktionen einer unrechtmäßigen Veröffentlichung grundsätzlich von der Rechtstreue des Fotografen ausgegangen werden.[872] Anhaltspunkte für ein künftiges rechtswidriges Verhalten können in einem gleichartigen Vorverhalten gesehen werden. Die Polizei ist unter dem Gesichtspunkt des Gefahrenverdachts deshalb befugt, den Betroffenen zu befragen und seine Personalien zum Zwecke der Überprüfung festzustellen.[873] Diese Maßnahmen dürfen nicht zu einer Behinderung der grundrechtlich geschützten Pressefreiheit führen. Im Hinblick darauf, daß alleine das Fotografieren einer Person einen Eingriff in deren **Persönlichkeitsrecht** darstellen kann, stellt sich darüber hinaus die Frage, ob bereits unter diesem Gesichtspunkt eine Sicherstellung zulässig ist. Bei ausreichender Beachtung des Subsidiaritätsgrundsatzes wird man die Zulässigkeit eines solchen Vergehens nicht von vornherein verneinen können.[874] Die Polizei muß allerdings sorgfältig prüfen, ob eine Persönlichkeitsverletzung nicht schon deshalb ausscheidet, weil der oder die Betreffende eine (relative) Person der Zeitgeschichte ist. Bejaht man dies, weil ein **Informationsinteresse der Öffentlichkeit** an der Art und Weise des polizeilichen Einschreitens besteht, so dürfen Fotos auch veröffentlicht werden, sofern sie den Bezug zum jeweiligen Ereignis erkennen lassen. Letzteres ist in der Regel nicht der Fall bei Fotos, die nach Art einer **Porträtaufnahme** angefertigt wurden.[875]

672 **Presseerzeugnisse** dürfen wegen ihres Inhalts aus polizeirechtlichen Gründen nicht sichergestellt werden. Das Grundrecht der Pressefreiheit ist „polizeifest".[876] Die Landespressegesetze lassen eine Beschlagnahme von Druckwerken nur im Rahmen der Strafverfolgung zu.[877] Sie darf nur vom Richter angeordnet werden (vgl. § 16 HessPressG).

673 Das **Abschleppen verkehrswidrig oder -behindernd abgestellter Kraftfahrzeuge** ist nach hier vertretener Auffassung (Rdn. 653 f.) im Regelfall keine Sicherstellung. Ziel des polizeilichen Einschreitens ist lediglich die Beseitigung der Störung, die von einem falsch geparkten Auto ausgeht. Es kommt der Polizei nicht darauf an, den Besitzer oder die Allgemeinheit von der Einwirkungsmöglichkeit auf das Fahrzeug auszuschließen. Dies gilt nicht nur für das bloße **Versetzen** (Umsetzen) eines Kraftfahrzeugs,[878] sondern auch dann, wenn es auf einen **Abstellplatz** gebracht wird.[879] Im letzteren Fall entsteht ebenso wie bei der Sicherstellung ein öffentlich-rechtliches Verwahrungsverhältnis. Die durch das Abstellen entstandenen Kosten **(„Standgeld")** müssen hier in entsprechender Anwendung des § 693 BGB geltend gemacht werden.[880] Eine Sicherstellung liegt aber vor, wenn die Polizei Fahrzeuge in Verwahrung nimmt, die gegen fremden Zugriff nicht gesichert sind[881] (vgl. § 14 II StVO) oder allein aufgrund ihres Zustandes die Verkehrssicherheit erheblich gefährden und

---

871 *VG Frankfurt* NJW 1981, 2372 f.

872 *VG Köln* NJW 1988, 367; *VGH Mannheim* NVwZ-RR 1995, 527; *OVG Koblenz* NVwZ-RR 1998, 237; *OVG Münster* DÖV 2001, 476.

873 *VG Frankfurt* NJW 1981, 2372 f.; *OVG Koblenz* NVwZ-RR 1998, 237; vgl. auch *OLG Bremen* NJW 1977, 159.

874 *VGH Mannheim* NVwZ-RR 1995, 528.

875 *OVG Koblenz* NVwZ-RR 1998, 237.

876 Vgl. dazu *OVG Koblenz* DÖV 1981, 801; *VGH München* NJW 1983, 1340; *OVG Brandenburg* NJW 1997, 1378 *Götz* Rdn. 314; *Drews/Wacke/Vogel/Martens,* S. 274 ff.; *Würtenberger/Heckmann/Riggert,* Rdn. 199.

877 Dazu *Groß* DÖV 1988, 867 ff.

878 *VGH München* BayVBl. 1984, 559; a. A. *Berner/Köhler,* PAG, Art. 25, Rdn. 9 (auch Versetzen ist Sicherstellung).

879 *VGH Kassel* NVwZ 1987, 904; *Würtenberger/Heckmann/Riggert,* Rdn. 259; *Klenke* NWVBl. 1994, 288; a. A. *Heise/Tegtmeyer,* PolG NW, § 52 Rdn. 7 f.; *Habermehl,* Rdn. 636; *Jahn* JuS 1989, 970.

880 *VGH Kassel* NVwZ 1988, 656; *OVG Hamburg* DAR 1994, 290.

881 *OVG Koblenz* DÖV 1989, 174; *VGH Kassel* NJW 1999, 3793.

deshalb stillgelegt werden müssen.[882] Gleiches gilt, wenn der Fahrer keinen Führerschein hat und zu befürchten ist, er werde weiterhin ohne Fahrerlaubnis fahren.[883] Der Zweck des Handelns liegt in diesen Fällen darin, Unbefugte oder die Allgemeinheit von der Einwirkungsmöglichkeit auf die Fahrzeuge auszuschließen. Die Sicherstellung eines verkehrsbereiten Fahrzeugs ist allerdings nicht notwendig, wenn die Gefahr etwa durch Sicherstellung des Zündschlüssels in gleicher Weise beseitigt werden kann.

bb) Schutz privater Rechte. Nach den einschlägigen Bestimmungen der Polizeigesetze kann die Polizei eine Sache sicherstellen, um den Eigentümer oder den rechtmäßigen Inhaber der tatsächlichen Gewalt vor Verlust oder Beschädigung der Sache zu schützen. 674

§ 32 PolG BW; Art. 25 Nr. 2 BayPAG; § 38 Nr. 2 ASOG Bln; § 25 Nr. 2 BbgPolG; § 23 Nr. 1 BremPolG; § 14 I c HmbSOG; § 40 Nr. 2 HSOG; § 61 Nr. 3 SOG MV; § 26 Nr. 2 NGefAG; § 43 Nr. 1 PolgNW; § 22 Nr. 2 POG RP; § 21 Nr. 2 SPolG; § 26 SächsPolG; § 45 Nr. 2 SOG LSA; § 210 I Nr. 3 LVwG SH; § 27 Nr. 2 ThürPAG.

Es handelt sich hierbei um einen speziellen Anwendungsfall der Gefahrenabwehr zum Schutz privater Rechte. Er wird als „Ausnahmefall" bezeichnet, der über die vorrangige Aufgabe der Polizei zur Gefahrenabwehr hinausgehe, als „Sonderleistung für den einzelnen".[884] Typisch sind die Fälle, in denen die Polizei verlorengegangene oder gestohlene Gegenstände, zum Beispiel ein Auto,[885] findet und bis zur Ermittlung des Berechtigten und der Übergabe an diesen aufbewahrt.

Da die Sicherstellung ausschließlich zugunsten des Berechtigten erfolgt, ist es erforderlich, daß der Zweck der Maßnahme auch tatsächlich in dessen Interesse liegt. Ungeschriebenes Tatbestandsmerkmal einer Sicherstellung zum Schutz privater Rechte ist deshalb der **wirkliche oder mutmaßliche Wille des Berechtigten,**[886] mit anderen Worten das Vorliegen der Voraussetzungen einer Geschäftsführung ohne Auftrag gemäß § 677 BGB. Andernfalls könnte der Betroffene gegen seinen Willen mit Kosten (vgl. § 24 III ME) belastet werden, deren Entstehungsgrund weder im öffentlichen noch in seinem privaten Interesse liegt. Aus diesem Grund darf ein Kraftfahrzeughalter nicht mit Kosten für die Sicherstellung seines Fahrzeugs belastet werden, dessen Höhe zum Restwert des – von den Dieben beschädigten und teilweise ausgeschlachteten – Fahrzeug außer Verhältnis steht.[887] Im privaten Interesse ist die Sicherstellung eines in einem **Parkhaus** oder an einer **belebten innerörtlichen Stelle** abgestellten und mit einer Wegfahrsperre versehenen PKW nicht allein deshalb, weil dessen Fenster geöffnet war.[888] Ohne Vorliegen solcher besonderen Umstände kann die polizeiliche Sicherstellung eines unverschlossenen PKW allerdings, weil für den Eigentümer objektiv nützlich, aber zulässig sein.[889] 675

cc) Bei festgehaltenen Personen. Nach den Bestimmungen aller Polizeigesetze kann die Polizei Sachen festgehaltener bzw. in Gewahrsam genommener Personen sicherstellen, wenn diese Sachen dazu verwendet werden können, sich oder andere zu töten oder zu verletzen, fremde Sachen zu beschädigen oder die Flucht zu ermöglichen bzw. zu erleichtern. 676

§ 33 I Nr. 2 PolG BW; Art. 25 Nr. 3 BayPAG; § 38 Nr. 3 ASOG Bln; § 25 Nr. 3 BbgPolG; § 23 Nr. 3 BremPolG; § 14 I b HmbSOG;§ 40 Nr. 3 HSOG; § 61 Nr. 2 SOG MV; § 26 Nr. 3 NGefAG; § 43 Nr. 3 PolG NW; § 22 Nr. 3 POG RP; § 21 Nr. 3 SPolG; § 27 I Nr. 2 SächsPolG; § 45 Nr. 3 SOG LSA; § 210 I Nr. 2 LVwG SH; § 27 Nr. 3 ThürPAG.

---

882 *VGH München* BayVBl. 1991, 243; einschränkend im Hinblick auf den Anwendungsbereich des § 17 Abs. 1 StVZO: *VGH Mannheim* DÖV 1994, 82.

883 *VGH Mannheim* NVwZ-RR 1992, 184 = DÖV 1992, 80.

884 *OVG Koblenz* DÖV 1989, 174.

885 Vgl. *VGH Kassel* NJW 1999, 3793.

886 Arbeitskreis Polizeirecht, AE PolG, § 31 Rdn. 6.

887 *OVG Koblenz* DÖV 1998, 174; *OVG Bautzen* SächsVBl. 1996, 252; *VGH Kassel* NJW 1999, 3793.

888 *VG München* NZV 1999, 487; *VG Frankfurt* NJW 2000, 3224.

889 *BVerwG* BayVBl. 2000, 380.

Die polizeirechtlichen Bestimmungen setzen nicht voraus, daß im Einzelfall eine konkrete Gefahr vorliegt. Es genügt, daß die mitgeführten Gegenstände in der bezeichneten Weise „verwendet werden können", also grundsätzlich, unabhängig von der Intention des Betroffenen, hierzu geeignet sind. Die gesetzliche Ausnahme vom Erfordernis einer konkreten Gefahr wird mit der bei Freiheitsbeschränkung erfahrungsgemäß bestehenden besonderen Gefahrenlage gerechtfertigt.[890] Es handelt sich hier um den gesetzlichen Tatbestand einer **abstrakten Gefahr** (dazu Kap. E Rdn. 32 f.).

677 **Festhalten** im Sinne der zitierten Vorschriften ist nicht nur eine Freiheitsentziehung im Sinne des § 104 II GG. Auch unterhalb dieser Schwelle liegende bloße Freiheitsbeschränkungen können zur Sicherstellung von Gegenständen Veranlassung geben. Lediglich nach den Bestimmungen des HmbSOG, des SOG MV und des LVwG SH gilt diese Befugnis nur bei polizeilichem Gewahrsam, einer Freiheitsentziehung also (vgl. zur Rechtslage bei der analogen Durchsuchungsbefugnis Rdn. 578). Gleichgültig ist, aufgrund welcher Rechtsgrundlage die Freiheitsentziehung erfolgt. Es kann sich um Maßnahmen aufgrund des Polizeirechts handeln, wie etwa die Ingewahrsamnahme oder die nicht nur kurzfristige Vorführung, um eine vorläufige Festnahme auf der Grundlage des § 127 StPO oder um eine vorläufige Unterbringung nach den Freiheitsentziehungsgesetzen der Länder (vgl. § 10 HessFreiheitsEntzG). Der Betroffene muß nach dem Wortlaut der einschlägigen Bestimmungen tatsächlich festgehalten werden. Anders als bei der entsprechenden Befugnis zur Durchsuchung von Personen (Rdn. 578) genügt es nicht, daß lediglich die rechtlichen Voraussetzungen einer Freiheitsentziehung bzw. -beschränkung vorliegen.

678 Ein **Mitführen** von Gegenständen ist anzunehmen, wenn der Betroffene auf die Gegenstände jederzeit und ohne große Schwierigkeit auf sie einwirken kann und will. Dies ist insbesondere dann der Fall, wenn sie am Körper oder in der Kleidung getragen werden. Ist eine in Gewahrsam genommene Person bewegungsunfähig, so liegt kein Mitführen vor.

679 Als Zweck dieser Bestimmungen wird im allgemeinen der **Schutz des Festgehaltenen,** die **Eigensicherung der Beamten** und die Gewährleistung der **Ordnung im Gewahrsam** angegeben.[891] Diese Zweckbestimmung ist einerseits zu eng, weil sie die **Verhinderung der Flucht** nicht einbezieht. Andererseits erscheint sie zu weitgehend. Denn es ist zweifelhaft, ob die Ordnung im Gewahrsam als Schutzzweck der Sicherstellung überhaupt von diesen Vorschriften erfaßt wird. Anders als in § 28 I Nr. 2 c BGSG (a. F.) oder noch in der ersten Fassung des Musterentwurfs ist in den geltenden Regelungen keine Bestimmung enthalten, die auch die **mißbräuchliche Verwendung** einer Sache verhindern will. Nur dieses Tatbestandsmerkmal aber wird als Klausel zur Aufrechterhaltung der Ordnung im Gewahrsam ausgelegt.[892] Was unter der Ordnung im Gewahrsam zu verstehen ist, bleibt darüber hinaus unklar. Der **strafvollstreckungsrechtliche Begriff** der Anstaltsordnung meint die „Gesamtheit der strukturellen und interaktiven Bedingungen und Voraussetzungen des Lebens in der Anstalt".[893] Ähnlich ist der **strafprozessuale Begriff** der Ordnung zu verstehen.[894]

680 Anders als im Strafvollzug oder der Untersuchungshaft gibt es beim immer nur kurzfristigen polizeilichen Gewahrsam ein solches **soziales Zusammenleben** von Festgehaltenen nicht. In der Literatur wird als Verstoß gegen die Ordnung in der Polizeihaft auch nur das Verursachen von Lärm genannt. Entsprechende Gegenstände könnten sichergestellt werden.[895] Da die Polizeigesetze den Tatbestand der mißbräuchlichen Verwendung aber nicht

---

[890] *Berner/Köhler,* PAG, Art. 25 Rdn. 12.

[891] Begr. zu § 21 ME (Fußn. 157); Amtl. Begr. zu § 40 HSOG, LT-Drucks. 12/5794; Amtl. Begr. zu § 21 SPolG, LT-Drucks. 9/1929.

[892] *Einwag/Schoen,* BGSG, § 28 (a. F.) Rdn. 7.

[893] *Callies/Müller-Dietz,* Strafvollstreckungsgesetz, 4. Aufl. 1986, § 4 Rdn. 17.

[894] Vgl. *Kleinknecht/Meyer-Goßner,* StPO, § 119 Rdn. 13.

[895] *Einwag/Schoen,* BGSG, § 28 (a. F.) Rdn. 7.

regeln, ist entgegen der gesetzgeberischen Intention davon auszugehen, daß allein aufgrund der abstrakten Geeignetheit eines Gegenstandes zur Störung der Ordnung im Gewahrsam keine Sicherstellung vorgenommen werden darf. Eine Störung der Ordnung im polizeilichen Gewahrsam, was immer dies auch sein mag, kann durch Sicherstellung von Gegenständen deshalb nur dann unterbunden werden, wenn dieser Tatbestand gleichzeitig eine gegenwärtige Gefahr für die öffentliche Sicherheit darstellt, also unter die Sicherstellungs-Generalklausel (oben Rdn. 660) fällt. Die Nachtruhe der Mitgefangenen beispielsweise ist schutzwürdig. Gegenstände, deren Verwendung die Nachtruhe stört, dürfen aber nur sichergestellt werden, wenn konkrete Anhaltspunkte für eine solche Gefahr vorliegen. Praktisch dürfte diese Einschränkung aber wenig Bedeutung haben, da sich Gegenstände zur Lärmerzeugung häufig auch zur Beschädigung von Sachen oder zur Verletzung von Personen eignen und schon deshalb sichergestellt werden dürfen.

Als **Gegenstände der Sicherstellung** kommen Waffen, Werkzeuge, Regenschirme, Nadeln, Rasierklingen oder Hosengürtel in Betracht. Diese Sachen können zur Verletzung von Personen, zur Beschädigung von Sachen sowie zur Ermöglichung der Flucht dienen. Ausweispapiere und Geld können das Fortkommen des Entflohenen erleichtern, wenn man nicht annimmt, daß das Geld auch zur Bestechung des Bewachungspersonals verwendet werden könnte und seine Sicherstellung also bereits deshalb erfolgt, um eine Freilassung von dieser Seite von vornherein unmöglich zu machen. Will man aber die Sicherstellung auch von Geld und Ausweispapieren zulassen,[896] so stellt sich die Frage, ob nicht auch Kleidungsstücke der Sicherstellung unterliegen sollen. Einen Anorak oder Wintermantel braucht der Festgehaltene in der Zelle ebensowenig wie feste Schuhe. Sie würden ihm aber, jedenfalls bei kühler Witterung, die Flucht angenehmer machen. Die gesetzlichen Tatbestände weisen hier keine Kontur auf. Sie lassen es ihrem Wortlaut nach auch zu, den Festgehaltenen seiner sämtlichen Kleidungsstücke zu entledigen, um ihm die Flucht zu erschweren. Gerade von einer Sicherstellung, die die Erleichterung der Flucht verhindern soll, ist deshalb mit größter Zurückhaltung Gebrauch zu machen. Die Wegnahme persönlicher Gegenstände darf nicht zum Druck- oder Disziplinierungsmittel werden. Sie könnte bei dem Festgehaltenen gerade zu dem Zustand führen, den die Sicherstellung im Gewahrsam gerade verhindern will: die aufgrund einer möglichen psychischen Destabilisierung hervorgerufene Neigung zu Aggressionshandlungen gegen andere Personen oder sich selbst. 681

Der weitgefaßte Tatbestand der Sicherstellung bei festgehaltenen Personen bedarf darüber hinaus einer einschränkenden Auslegung. Wenn eine der bezeichneten Verwendungsarten **ausgeschlossen** ist, darf der betreffende Gegenstand nicht sichergestellt werden. Dieses Kriterium fand sich expressis verbis in § 28 BGSG (a. F.) und ist als **ungeschriebenes Tatbestandsmerkmal** in allen Polizeigesetzen mitzulesen. Seine praktische Bedeutung dürfte nicht sehr groß sein, sollte andererseits aber nicht unterschätzt werden. Es hat eine Hinweisfunktion für den Polizeibeamten. Er darf nicht schematisch vorgehen, sondern muß den Umständen des Einzelfalls Rechnung tragen. 682

dd) Verhütung möglicher Straftaten oder Ordnungswidrigkeiten. Das Polizeigesetz Hessens und in dessen Folge die Gesetze Brandenburgs und Sachsen-Anhalts enthalten eine Bestimmung, die zur Sicherstellung von Gegenständen befugt, „wenn tatsächliche Anhaltspunkte die Annahme rechtfertigen, daß sie zur Begehung einer Straftat oder Ordnungswidrigkeit gebraucht oder verwertet werden“ sollen (§ 40 Nr. 4 HSOG; § 25 Nr. 4 BbgPolG; § 45 Nr. 4 SOG LSA). Die Bestimmung bewirkt im Hinblick auf die Sicherstellungs-Generalklausel (vgl. Rdn. 660) eine **Vorverlegung der Eingriffsschwelle,** da eine gegenwärtige Gefahr für ein polizeilich geschütztes Rechtsgut nicht mehr tatbestandliche Voraussetzung des Einschreitens ist. Die Vorschrift enthält auch weniger strenge Voraussetzungen als beispielsweise § 18 I Nr. 1 HSOG (a. F.), wo nur ein hinrei- 683

[896] Vgl. Vollzugsbekanntmachung Nr. 24.5 BayPAG (a. F.); Amtl. Begr. zu § 40 HSOG, LT-Drucks. 12/5794.

chender Verdacht und damit die Wahrscheinlichkeit einer bevorstehenden rechtswidrigen Tat die Sicherstellung des betreffenden Gegenstandes rechtfertigen konnte.[897] Zur Bedeutung der Tatbestandsmerkmale der zitierten Vorschriften (tatsächliche Anhaltspunkte, gerechtfertigte Annahme, gebraucht oder verwertet werden soll) wird auf die Ausführungen oben Rdn. 172 ff. verwiesen.

684 Die lapidar mit „Erfahrungen der Praxis" begründete[898] Neuregelung ist in gewissem Sinn eine Vergesetzlichung der bisweilen etwas konstruiert anmutenden Rechtsprechung zur Sicherstellung bei Vorliegen einer gegenwärtigen Gefahr, so zum Beispiel im Zusammenhang mit der Sicherstellung von sogenannten Minispionen (oben Rdn. 662). Sie ist aber auch ein weiteres Beispiel für die Tendenz zur Ausdehnung der polizeirechtlichen Eingriffsvoraussetzungen, die zwar bis zu einem bestimmten Grad nicht ohne Berechtigung ist, andererseits aber die rechtlichen Spielräume der Polizei in einer aus Sicht des Bürgers kaum noch vertretbaren Weise erweitert.

685 Wo Maßnahmen der Datenerhebung im Vorfeld der Gefahr unter dem Aspekt der **Gefahrenerforschung** in gewissen Grenzen geboten sein mögen, besteht nicht ohne weiteres Raum auch für ein körperliches Eingreifen. Damit ist nicht nur die Sicherstellung angesprochen. Die Erweiterung der tatbestandlichen Voraussetzungen für eine Sicherstellung zieht automatisch eine Erweiterung der polizeilichen Befugnisse zur Durchsuchung nach sich. Denn eine Durchsuchung von Personen und Sachen ist unter anderem immer dann zulässig, wenn angenommen werden darf, daß sie zum Auffinden von Gegenständen führt, die sichergestellt werden dürfen (vgl. Rdn. 579 und 598). Immerhin führen die erweiterten Sicherstellungsbefugnisse nach HSOG, BbgPolG und SOG LSA nicht zu erleichterten Möglichkeiten des Betretens von Wohnungen, weil die entsprechenden Regelungen über die Wohnungsdurchsuchung nur eine eingeschränkte Verweisung auf die Bestimmungen über die Sicherstellung treffen (Rdn. 636). Die Bedeutung dieser Vorfeldbefugnisse dürfte vor allem im Zusammenhang mit der strafprozessualen Sicherstellung zu sehen sein. Sie entledigen die Polizei einmal von der Beantwortung der häufig schwierigen Frage, welchen Gegenständen eine potentielle Beweisbedeutung gemäß § 94 I StPO zukommt. Sie ermöglichen zum anderen eine Durchsuchung schon dann, wenn konkrete Anhaltspunkte für eine Straftat zwar nicht vorliegen, der Betroffene von der Polizei aber als **potentieller Straftäter** angesehen wird. Je nach dem Ergebnis der Durchsuchung kann die Sicherstellung dann entweder mit präventiven oder repressiven Gesichtspunkten begründet werden. Vor allem dann, wenn der Richter die aus strafprozessualen Gründen erfolgte Beschlagnahme nicht gemäß § 98 II 1 StPO bestätigt, bleibt der allzu leichte Rückgriff auf eine Sicherstellung unter präventiven Gesichtspunkten.

686 § 40 Nr. 4 HSOG, § 25 Nr. 4 BbgPolG und § 45 Nr. 4 SOG LSA führen deshalb zu einer eminenten **Erleichterung polizeilicher Ermittlungstätigkeit** insofern, als sich die Frage der Rechtsnatur des Einschreitens nicht mehr zu stellen scheint. Die Durchsuchung wird zum mehr oder weniger gezielten (Gefahren-/Straftaten-)Erforschungseingriff. In dieser Weite sind solche Befugnisse verfassungsrechtlich nicht haltbar. Es gibt zwar Situationen, in denen das Mitführen von Gegenständen **typischerweise** gefährlich ist, ohne daß eine konkrete gegenwärtige Gefahr erst nachgewiesen werden muß. Solche **abstrakt gefährlichen Situationen** sind aber vom Gesetzgeber selbst präzise zu umschreiben. Nur bei Anknüpfung an gesetzlich fixierte Gefahrentatbestände können die genannten Vorschriften in verfassungkonformer Weise angewendet werden.

687 Solche abstrakten Gefährdungslagen sieht der Gesetzgeber bei Menschenansammlungen. Das Versammlungsgesetz verbietet das Mitführen von Waffen und von zur Körperverletzung oder Sachbeschädigung geeigneten und bestimmten Gegenständen bei und auf dem Weg zu **öffentlichen Versammlungen oder Aufzügen** (§ 2 III VersammlG). Das

---

[897] *VG Frankfurt* NVwZ 1990, 1101 (Sicherstellung eines Grundstoffs für die Herstellung synthetischer Drogen).

[898] Amtl. Begr. zu § 40 HSOG, LT-Drucks. 12/5794.

Waffengesetz verbietet das Führen von Schuß-, Hieb- oder Stoßwaffen auch bei solchen **öffentlichen Veranstaltungen,** die keine Versammlungen im Sinne des Versammlungsgesetzes sind (§ 39 I WaffG). Ein Verstoß gegen diese Vorschriften begründet bereits eine gegenwärtige Gefahr im Sinne der Sicherstellungs-Generalklausel. Es lassen sich allerdings auch Sachverhalte denken, die zwar nicht unter diese Verbote fallen, die aber einen ähnlichen Grad an Gefährlichkeit aufweisen. Durch das flexiblere Polizeirecht können dann derartige Lücken gefüllt werden. So ist es zwar nicht verboten, beispielsweise mit **Stahlkugeln** oder **Baseballschlägern** ausgerüstet ein Sportstadion zu betreten, um sich ein Fußballspiel anzusehen. Denn die Sportveranstaltung ist keine öffentliche Versammlung im Sinne des Versammlungsgesetzes und Stahlkugeln oder Baseballschläger sind keine Waffen im Sinne des Waffengesetzes. Ihre Mitnahme in ein mit Besuchern gefülltes Fußballstadion ist jedoch ein Verhalten, das unter den gegebenen Umständen jedenfalls den Verdacht einer Gefahr begründet. Die Polizei darf den Betroffenen deshalb nach der Verwendungsabsicht befragen und bürdet ihm damit die **Begründungslast** für sein zwar nicht verbotenes, aber nach den äußeren Umständen sozial inadäquates Verhalten auf. Gibt es für das Verhalten des Betroffenen keine einleuchtende Erklärung, so darf die Polizei die Gegenstände sicherstellen. Gleiches gälte, wenn jemand **Feuerwerkskörper** in ein Fußballstadion mitnehmen wollte.

12. Polizeiliche Befugnisse und Pflichten im Zusammenhang mit der Sicherstellung von Sachen

a) Verwahrung

In Anlehnung an den Musterentwurf enthalten fast alle Polizeigesetze detaillierte Regelungen über den Umgang mit sichergestellten Sachen. Eine Ausnahme ist insoweit nur die textlich rudimentäre Fassung der §§ 32 III, 33 II PolG BW. **688**

Art. 26 BayPAG; § 39 ASOG Bln; § 26 BGPolG Bbg; § 24 BremPolG; § 14 II u. III HmbSOG; § 41 HSOG; § 62 f SOG MV; § 27 NGefAG; § 44 PolG NW; § 23 POG RP; § 22 SPolG; § 29 SächsPolG; § 46 SOG LSA; § 211 f. LVwG SH; § 28 ThürPAG.

Nach den zitierten Bestimmungen sind sichergestellte Sachen in Verwahrung zu nehmen **689** (vgl. § 22 I 1 ME). **Verwahrung** ist in erster Linie die Aufbewahrung einer Sache bei der Polizei selbst. Handliche Gegenstände wie sichergestellte Waffen oder Werkzeuge bewahrt die Polizei in der sogenannten **Asservatenkammer** auf. Größere Gegenstände, also insbesondere sichergestellte Kraftfahrzeuge, können auch an anderen Orten, also etwa auf dem Hof der Dienststelle abgestellt werden. Läßt allerdings die **Beschaffenheit der Sachen** die Verwahrung bei der Polizei nicht zu, so sind die Sachen auf andere geeignete Weise aufzubewahren oder zu sichern (vgl. § 22 I 2 1. Alt. ME). Die Beschaffenheit der Sache läßt eine Verwahrung bei der Polizei insbesondere dann nicht zu, wenn es sich um **Immobilien** handelt, also insbesondere um Gebäude bzw. Räume. Die im Wege der Versiegelung sichergestellten Gebäude (vgl. Rdn. 657) werden in der Weise **gesichert,** daß Dritte vom Zugang auch faktisch ausgeschlossen sind. Auch bei beweglichen Gegenständen, deren **Größe oder Gewicht** aber einen Transport nicht zuläßt, kommt eine Verwahrung bei der Polizei wegen der Beschaffenheit der Sachen nicht in Betracht. Schließlich kann die Polizei solche Sachen nicht in die Dienststelle verbringen, deren Aufbewahrung nur unter besonderen technischen Sicherungsmaßnahmen möglich ist. Dies kann bei **leicht verderblichen Waren** oder bei gefährlichen **Tieren** der Fall sein.

Die Regelung, wonach eine Aufbewahrung bei der Polizei auch dann nicht in Betracht **690** kommt, wenn dies **unzweckmäßig** ist (vgl. § 22 I 2 2. Alt. ME), eröffnet der Polizei einen weiten Interpretationsspielraum und in der Praxis eine Wahlmöglichkeit hinsichtlich des Aufbewahrungsortes. Die Differenzierungen im Gesetzestatbestand – wegen der Beschaffenheit der Sache, wegen Unzweckmäßigkeit – sind deshalb überflüssig. Ersteres ist nur eine besondere Ausformung des letzteren. Wenn die Aufbewahrung einer sichergestellten Sache bei der Polizei selbst unzweckmäßig ist, kann die Verwahrung auch einem Dritten übertragen werden (vgl. § 22 I 3 ME). Eingefangene Tiere werden also in einem Tierheim oder in einem Zoo untergebracht, verkehrswidrig abgestellte Kraftfahrzeuge bei einem Abschleppunternehmen, verderbliche Waren in einem geeigneten Lager. Das Rechtsverhältnis zwischen Polizei und Drittem bestimmt sich nach den bürgerlichrechtlichen Vorschriften über den Auftrag (§§ 662 ff. BGB) und ist rein zivilrechtlicher Natur. Eine Pflicht des Dritten zur Aufbewahrung sichergestellter Gegenstände kann insbesondere nicht auf die Verwahrungsvorschriften gestützt werden. Weigert sich der Dritte, die Sache aufzubewahren, kann er hierzu nicht gezwungen werden, sofern nicht ausnahmsweise die Voraussetzungen des polizeilichen Notstandes vorliegen. Das Verwahrungsverhältnis zwischen Polizei und Betroffenem selbst bleibt auch bei einer Aufbewahrung durch Dritte öffentlich-rechtlicher Natur.

691 Dem Betroffenen ist eine Bescheinigung auszustellen, die den Grund der Sicherstellung erkennen läßt und die sichergestellten Sachen bezeichnet (vgl. § 22 II 1 ME). Diese Bestimmung enthält eine **Amtspflicht** und dient dem Schutz des Betroffenen sowie auch dem Schutz der Behörde vor Unterstellungen. Der Hinweis auf den **Grund der Sicherstellung** umfaßt die Mitteilung der **Rechtsgrundlage** und den **Zweck** der Sicherstellung. **Bescheinigung** bedeutet Schriftform der Mitteilung. Sie ist dem Betroffenen auszustellen, also demjenigen, in dessen Besitz sich die Sache zum Zeitpunkt der Sicherstellung befand. Die Bezeichnung der Sache muß so genau sein, daß eine Verwechslung ausgeschlossen ist. Kann nach den Umständen des Falles eine Bescheinigung nicht ausgestellt werden, so ist über die Sicherstellung eine **Niederschrift** aufzunehmen (vgl. § 22 II 2 ME). Nicht ausgestellt werden kann eine Bescheinigung insbesondere dann, wenn der Betroffene **nicht anwesend** oder aus anderen Gründen nicht zur Entgegennahme von Willenserklärungen in der Lage ist. Die Niederschrift hat den gleichen Inhalt wie eine Bescheinigung und muß darüber hinaus auch erkennen lassen, warum eine Bescheinigung nicht ausgestellt worden ist (vgl. § 22 I 2 ME). Auch bei der Sicherstellung einer herrenlosen Sache empfiehlt sich eine Niederschrift.[899] Denn es kann nicht ausgeschlossen werden, daß es sich um eine derelinquierte Sache handelt, für deren weiteres Schicksal ihr ehemaliger Eigentümer gleichwohl noch zur Verantwortung gezogen werden kann (vgl. Rdn. 656). Ist der Eigentümer oder der Inhaber der tatsächichen Gewalt bei der Sicherstellung nicht zugegen, so ist er unverzüglich zu unterrichten (vgl. § 22 II 3 ME).

692 Die Polizei hat die Pflicht, sichergestellte Sachen sorgfältig zu verwahren und Wertminderungen vorzubeugen (vgl. § 22 III 1 ME). Diese gegenüber dem Betroffenen bestehende Verpflichtung gilt unabhängig davon, ob die Sache von der Polizei selbst oder von Dritten aufbewahrt wird. Die Erhaltungspflicht bezieht sich auf die Substanz der Sache selbst, nicht dagegen auf ihren Marktwert.[900] Staub-, licht- oder feuchtigkeitsempfindliche Gegenstände wie optische Geräte, Filmmaterial oder Musikinstrumente müssen also sachgerecht und der jeweiligen Gegebenheit entsprechend gelagert und gepflegt werden.

b) Verwertung

693 **aa) Begriff und Verfahren.** Eine sichergestellte Sache darf unter bestimmten Voraussetzungen verwertet werden.

§ 34 II PolG BW; Art. 27 I–III BayPAG; § 40 I–III ASOG Bln; § 27 I–III BbgPolG; § 25 I–III BremPolG; § 14 IV u. V HmbSOG; § 42 I–III HSOG; § 64 I–III SOG MV; § 28 I–III NGefAG; § 45 I–III PolG NW; § 24 I–III POG RP; § 23 I–III SPolG; § 28 II SächsPolG; § 47 I–III SOG LSA; § 213 I–III LVwG SH; § 29 I–III ThürPAG.

Verwertung im Sinne des Polizeirechts ist die Surrogation der Sache durch den aus der **öffentlichen Versteigerung** der Sache erzielten Erlös. An die Stelle der Versteigerung

[899] *Honnacker/Beinhofer,* PAG, Art. 26 Anm. 4.

[900] *Berg/Hein,* S. 192; *Honnacker/Beinhofer,* PAG, Art. 26 Rdn. 7; *Heise/Tegtmeyer,* PolG NW, § 45 Rdn. 10.

kann auch der **freihändige Verkauf** treten. Er ist als Verwertungsform zulässig, wenn die Versteigerung erfolglos bleibt, von vornherein aussichtslos erscheint oder wenn die Kosten der Versteigerung voraussichtlich den erwarteten Erlös übersteigen. Kann innerhalb angemessener Frist kein Käufer gefunden werden, so darf die Sache auch einem gemeinnützigen Zweck zugeführt werden. Die Anordnung der Verwertung ist ein Verwaltungsakt, der nicht schon kraft Gesetzes sofort vollziehbar ist.[901]

Der Betroffene, der Eigentümer und andere Personen, denen ein Recht an der Sache zusteht, sollen vor der Verwertung gehört werden. Dieses **Anhörungsrecht** gibt den Berechtigten Gelegenheit, Einwendungen gegen die Verwertung der Sache vorzubringen.[902] Ebenso wie nach den allgemeinen Regeln des § 28 VwVfG besteht auch nach Polizeirecht keine unbedingte Pflicht zur Anhörung. In Ausnahmefällen, also wenn etwa die Ermittlung eines Berechtigten nicht möglich ist oder die Eilbedürftigkeit der Verwertung eine vorherige Anhörung aus zeitlichen Gründen nicht zuläßt, kann von der Anhörung abgesehen werden. 694

Es besteht eine **Mitteilungspflicht** der Polizei gegenüber den Berechtigten hinsichtlich der Anordnung über die Verwertung sowie über Zeit und Ort der Verwertung (vgl. § 23 II 2 ME). Auch diese Pflicht der Behörde dient der Rechtswahrung durch den Betroffenen. Sie steht allerdings unter der ausdrücklichen Maßgabe, daß „die Umstände und der Zweck der Maßnahme es erlauben" (vgl. § 23 II 2 ME). Die Maßgabe entspricht § 1237 S. 2 BGB, wonach eine Benachrichtigung der Berechtigten über Zeit und Ort der öffentlichen Versteigerung unterbleiben darf, wenn sie „untunlich" ist. Auch hier kommt insbesondere die Unauffindbarkeit eines Berechtigten in Betracht. 695

bb) Voraussetzungen. Die Verwertung einer sichergestellten Sache ist nach den Vorschriften der Polizeigesetze unter mehreren Voraussetzungen zulässig. Eine sichergestellte Sache kann danach verwertet werden, wenn ihr **Verderb oder eine wesentliche Wertminderung** droht (Lebensmittel) oder wenn ihre Verwahrung, Pflege oder Erhaltung mit **unverhältnismäßig hohen Kosten oder Schwierigkeiten** verbunden ist, diese Kosten also den Wert der Sache übersteigen (vgl. § 23 I Nr. 1 und 2 ME). Eine Verwertung ist auch dann zulässig, wenn die Sache nach Ablauf einer Frist von einem Jahr seit der Sicherstellung nicht an einen Berechtigten herausgegeben werden kann, ohne daß die **Voraussetzungen der Sicherstellung erneut eintreten** würden (vgl. § 23 I Nr. 4 ME) oder wenn der Berechtigte die Sache **nicht nach einer ausreichend bemessenen Frist abholt,** obwohl ihm eine Mitteilung über die Frist mit dem Hinweis zugestellt worden ist, daß die Sache verwertet wird, wenn sie nicht innerhalb der Frist abgeholt wird (vgl. § 23 I Nr. 5 ME). Schließlich soll eine Verwertung auch dann zulässig sein, wenn die Sache infolge ihrer Beschaffenheit nicht so verwahrt werden kann, daß weitere Gefahren für die öffentliche Sicherheit ausgeschlossen sind (vgl. § 23 I Nr. 3 ME). Mit der zuletzt genannten Variante sollen vor allem explosionsgefährliche und gefährliche chemische Stoffe erfaßt werden.[903] In diesen Fällen erfolgt allerdings nicht eine Verwertung im Wege der öffentlichen Versteigerung oder des freihändigen Verkaufs; diese Sachen werden auch nicht gemeinnützigen Zwecken zugeführt. Sie werden vielmehr unbrauchbar gemacht oder vernichtet (sogleich Rdn. 697). Die Tatbestandsvariante ist deshalb überflüssig. 696

c) Vernichtung und Unbrauchbarmachung

Sichergestellte Sachen können unbrauchbar gemacht oder vernichtet werden. 697

§ 34 III PolG BW; Art. 27 IV BayPAG; § 40 IV ASOG Bln; § 27 IV BbgPolG; § 25 IV BremPolG; § 14 VI HmbSOG; § 42 IV HSOG; § 64 IV SOG MV; § 28 IV NGefAG; § 45 IV PolG NW; § 24 IV POG RP; § 23 IV SPolG; § 28 III SächsPolG; § 47 IV SOG LSA; § 213 IV LVwG SH; § 29 IV ThürPAG.

---

901 *OVG Münster* NVwZ-RR 1992, 76.
902 *Heise/Tegtmeyer,* PolG NW, § 45 Rdn. 11; *Meixner,* HSOG, § 42 Rdn. 7; *Roos,* POG RP, § 24 Rdn. 5.
903 *Meixner,* HSOG, § 42 Rdn. 4; *Honnacker/Beinhofer,* PAG, Art. 27 Anm. 3.

Dies ist zum einen dann möglich, wenn im Falle einer Verwertung die Gründe, die zu ihrer Sicherstellung berechtigen, fortbestehen oder Sicherstellungsgründe erneut entstehen würden. Es handelt sich dabei vor allem um Fälle, in denen die Gefahr in der Eigenschaft der Sache selbst liegt, es also gleichgültig ist, in wessen Händen sie sich befindet. Zu denken ist neben gefährlichen Explosivstoffen insbesondere an verbotene Waffen im Sinne des § 37 WaffG. Unbrauchbarmachung oder Vernichtung sind zum anderen dann zulässig, wenn die Verwertung aus anderen Gründen nicht möglich ist. In Betracht kommen hier beispielsweise sichergestellte Farbbeutel oder Molotowcocktails.[904]

698 Ebenso wie die Verwertung stellen Unbrauchbarmachung und Vernichtung bei Vorliegen der tatbestandlichen Voraussetzungen einen zulässigen Eingriff in das Grundrecht des Eigentümers aus Art. 14 I GG dar.[905] Diese Maßnahmen konkretisieren die dem Eigentum innewohnenden Grundrechtsschranken.

d) Herausgabe sichergestellter Sachen oder des Erlöses

699 Die meisten Polizeigesetze regeln im Anschluß an den Musterentwurf ausführlich das Verfahren nach Wegfall der Voraussetzungen für die Sicherstellung.

Art. 28 BayPAG; § 41 ASOG Bln; § 28 BbgPolG; § 26 BremPolG; § 43 HSOG; § 29 NGefAG; § 46 PolG NW; § 25 POG RP; § 24 SPolG; § 27 III SächsPolG; § 48 SOG LSA; § 30 ThürPAG.

Wenn die Voraussetzungen für die Sicherstellung nicht mehr vorliegen, sind die Sachen an denjenigen herauszugeben, bei dem sie sichergestellt worden sind (vgl. § 24 I 1 ME). Ist die Herausgabe an ihn nicht möglich, so können die Sachen an einen anderen herausgegeben werden, der seine Berechtigung glaubhaft macht (vgl. § 24 I 2 ME). Nicht möglich ist die Herausgabe, wenn die Person des Betroffenen oder sein Aufenthaltsort unbekannt sind und auch nicht mit verhältnismäßigem Aufwand ermittelt werden können. Eine Herausgabe muß nicht erfolgen, wenn dadurch erneut die Voraussetzungen für eine Sicherstellung eintreten würden (vgl. § 24 I 3 ME). Bei Verwertung der Sache ist der Erlös herauszugeben (vgl. § 24 II 1 ME). Ist ein Berechtigter nicht vorhanden oder nicht zu ermitteln, ist der Erlös nach den Vorschriften der §§ 372ff. BGB zu hinterlegen. In Ausnahme zu § 382 BGB erlischt der Anspruch auf Herausgabe des Erlöses drei Jahre nach Ablauf des Jahres, in dem die Sache verwertet worden ist (vgl. § 24 II 3 ME).

13. Atypische Maßnahmen auf der Grundlage der polizeilichen Generalklausel

a) Bedeutung und Anwendungsbereich

700 In allen Polizeigesetzen findet sich eine unspezifische, als **polizeiliche Generalklausel** bezeichnete Ermächtigungsgrundlage. Danach kann die Polizei „die notwendigen Maßnahmen treffen, um eine im einzelnen bestehende Gefahr" für die öffentliche Sicherheit abzuwehren.

§ 3 PolG BW; Art. 11 I BayPAG; § 17 I ASOG Bln; § 10 I BbgPolG; § 10 I BremPolG; § 3 I HmbSOG; § 11 HSOG; § 13 SOG MV; § 11 NGefAG; § 8 I PolG NW; § 9 I POG RP; § 8 I SPolG; § 3 I SächsPolG; § 13 SOG LSA; § 174 LVwG SH; § 12 ThürPAG.

Neben den häufig angewendeten und deshalb besonders geregelten Standardmaßnahmen können auf der Grundlage dieser Generalklausel auch sogenannte **atypische Maßnahmen** ergriffen werden.

701 Die Generalklausel hat **subsidiären** Charakter. Sie ist nur einschlägig, wenn die beabsichtigte Maßnahme nicht bereits in den speziellen Vorschriften der Polizeigesetze geregelt ist (vgl. § 8 I 2. HS ME). Der polizeiliche Gewahrsam beispielsweise ist also nur unter den in den einschlägigen Bestimmungen genannten Voraussetzungen zulässig. Ein

---

[904] Vgl. *VGH Mannheim* DÖV 1988, 81.

[905] *Wagner,* PolG NW, § 24 Rdn. 4; *Berner/Köhler,* Art. 27 Rdn. 2.

Rückgriff auf die Generalklausel scheidet von vornherein aus. Die Frage nach dem Verhältnis von Generalklausel und Spezialvorschriften hat allerdings nur dort eine praktische Relevanz, wo die Standardmaßnahmen unter gegenüber der Generalklausel eingeschränkten Voraussetzungen zulässig sind, also **qualifizierte Gefahrenlagen** erforderlich sind. In allen Fällen, in denen die speziellen Bestimmungen eine Maßnahme unter gegenüber der Generalklausel erleichterten Voraussetzungen zulassen (vgl. Rdn. 253), ist an deren Anwendung ohnehin nicht zu denken. Der Subsidiaritätsgrundsatz spielt hier keine Rolle.

Mit der fortschreitenden Kodifizierung spezieller Einzelbefugnisse nimmt die **praktische Bedeutung** der Generalklausel immer weiter ab. Während der Befugniskatalog des Preußischen Polizeiverwaltungsgesetzes vom 1. 6. 1931 neben der Generalklausel nur drei Standardmaßnahmen – Gewahrsam, Eindringen in Wohnungen, Vorladung (§§ 15–17) – ausdrücklich regelte, finden sich im Musterentwurf eines einheitlichen Polizeigesetzes aus dem Jahre 1977 schon neun Handlungskomplexe, die in insgesamt 16 Vorschriften eingehend geregelt sind. Die durch das Volkszählungsgesetz-Urteil des Bundesverfassungsgerichts notwendig gewordene Novellierung der Polizeigesetze für den Bereich der Datenverarbeitung hat den Umfang der Spezialregelungen noch einmal verdoppelt. 702

Bei der Frage nach dem noch verbleibenden **Anwendungsbereich** der Generalklausel ist zu beachten, daß ein Rückgriff nicht nur dann ausgeschlossen ist, wenn die Polizeigesetze die in Aussicht genommene Maßnahme in besonderer Weise normieren. Die Generalklausel ist auch dann unanwendbar, wenn die in Rede stehende Maßnahme zwar nicht explizit, der Kreis der in Betracht kommenden Maßnahmen aber **abschließend** geregelt ist. Abschließenden Charakter hat der Katalog der Standardbefugnisse gegenüber solchen Maßnahmen, deren **Eingriffsintensität die der vergleichbaren Standardmaßnahmen übersteigt.** Dies ergibt sich aus dem Grundsatz des Gesetzesvorbehalts, der um so höhere Anforderungen an die Regelungsdichte einer Norm stellt, je intensiver die in Frage stehende Maßnahme in die Rechte des Betroffenen eingreift. Wo der Gesetzgeber einen bestimmten Handlungskomplex ausdrücklich regelt, scheidet eine Erweiterung des Handlungsinstrumentariums durch Rückgriff auf die allgemeine Generalklausel seitens der Verwaltung aus. 703

Die Generalklausel hat eine praktische Bedeutung vor allem als Grundlage für eine **Konkretisierung genereller Verbote** durch Untersagung oder Anordnung eines bestimmten Verhaltens im Einzelfall. Generelle Verhaltensnormen können als förmliche Rechtssätze, Verordnungen oder Satzungen aufgestellt werden. Sie sind häufig, wie im Bereich des Straßenverkehrsrechts, als Straf- oder Ordnungswidrigkeitentatbestände ausgestaltet, enthalten aber nicht immer eine Ermächtigung zur Durchsetzung der Verhaltensgebote. Ein Verstoß gegen ein solches Verhaltensgebot ist bereits eine **konkrete Störung** der öffentlichen Sicherheit und eröffnet damit den Anwendungsbereich des Polizeirechts (vgl. Kap. E Rdn. 7). Weil schon die Unverletzlichkeit der Rechtsordnung als solche Bestandteil der öffentlichen Sicherheit ist, kommt es nicht darauf an, ob die durch die verletzte Rechtsnorm geschützten Rechtsgüter im Einzelfall tatsächlich gefährdet oder beeinträchtigt sind.[906] 704

Verwaltungsakte auf der Grundlage des Polizeirechts, die solche generellen Verbote oder Gebote konkretisieren, werden als **normenvollziehende Verfügungen** bezeichnet.[907] Häufig dienen solche Verfügungen zur Konkretisierung straßenverkehrsrechtlicher Gebote. Eine Anordnung mit dem Inhalt, die Fahrzeugbeleuchtung einzuschalten (§ 17 StVO), den Sicherheitsgurt anzulegen (§ 21 a StVO), Verkehrshindernisse zu beseitigen (§ 32 StVO), als Unfallbeteiligter Angaben zu machen (§ 34 StVO) oder die Ruhezeiten einzuhalten (§ 15 a StVZO) muß nicht notwendig mit der Verhängung eines Bußgeldes einhergehen, sondern kann als normenvollziehende Verfügung allein präventiven 705

906 A. A. *VG Frankfurt* NVwZ-RR 1991, 559.
907 *Götz,* Rdn. 580.

Charakter haben. Bei der Durchsetzung kommunaler Satzungen (zum Beispiel Leinenzwang für Hunde in öffentlichen Anlagen[908]) oder ordnungsbehördlicher Verordnungen (zum Beispiel zur Lärmbekämpfung, vgl. BerlLärmV vom 14. 6. 1984) dürfte der Generalklausel ebenfalls eine gewisse praktische Bedeutung zukommen.

b) Einzelfälle unzulässiger Maßnahmen

706 **aa) Körperliche Untersuchung.** Entgegen einer teilweise vertretenen Auffassung[909] kann eine körperliche Untersuchung einschließlich der Suche nach im Körperinneren befindlichen Fremdkörpern nicht auf die Generalklausel gestützt werden (Rdn. 570 ff.). Wenn der Gesetzgeber die vergleichsweise harmlose körperliche Durchsuchung, nicht aber die einschneidendere Untersuchung ausdrücklich regelt, verbietet es sich, diese vermeintliche Regelungslücke durch Rückgriff auf die polizeiliche Generalklausel zu schließen.[910] Mit Ausnahme der Regelungen im HSOG und im SOG LSA (Rdn. 572) und außerhalb der erkennungsdienstlichen Behandlung gibt es im Polizeirecht für eine solche Maßnahme keine Rechtsgrundlage.[911]

707 **bb) Verbringungsgewahrsam.** Der sogenannte Verbringungsgewahrsam gegenüber Obdachlosen und Demonstranten (vgl. Rdn. 444 und 493) kann ebenfals nicht auf die polizeiliche Generalklausel gestützt werden.[912] Er ist zwar weder als Durchsetzung einer Platzverweisung noch als besondere Form des Gewahrsams zu qualifizieren. Ein Rückgriff auf die Generalklausel scheidet aber schon aus Gründen des Gesetzesvorbehalts aus.

708 **cc) Verbindliches Auskunftsverlangen.** Die polizeiliche Generalklausel konnte entgegen einer verbreiteten Auffassung[913] nicht als Grundlage zur Statuierung einer **Auskunftspflicht des Bürgers** herangezogen werden. Eine zwangsweise Datenerhebung in Form eines verbindlichen Auskunftsverlangens setzt nach der Rechtsprechung des Bundesverfassungsgerichts[914] eine bereichsspezifische und präzise Ermächtigungsgrundlage voraus. Die polizeiliche Generalklausel erfüllte diese Voraussetzungen nicht. Der sogenannte Übergangsbonus, aufgrund dessen die Exekutive für eine gewisse Frist zu Eingriffen in Grundrechte der Bürger auch ohne genau umschriebene Befugnis ermächtigt ist, ist mehr als zehn Jahre nach der Entscheidung des Bundesverfassungsgerichts abgelaufen. In fast allen Polizeigesetzen – eine Ausnahme ist augenblicklich das zu seiner Zeit modernste Polizeigesetz, das bremische (vgl. Rdn. 254) – finden sich nunmehr ausdrückliche Bestimmungen, die der Polizei die Ermächtigung zu einem verbindlichen Auskunftsverlangen einräumen (vgl. Rdn. 257 ff.). Eine polizeilich statuierbare Pflicht zur Mitwirkung bei der Behebung von Gefahrenlagen ist allerdings in vieler Hinsicht problematisch (vgl. Rdn. 255).

709 **dd) Speicherung und sonstige Verwendung personenbezogener Daten.** Auch die Speicherung personenbezogener Daten und ihre sonstige Verwendung durch die Polizei bedarf präziser Ermächtigungsgrundlagen. Die Rechtsprechung des Bundesverwaltungsgerichts,[915] nach der die polizeiliche Aufgabennorm als Grundlage ausreiche, verstößt gegen die vom Bundesverfassungsgericht formulierten Anforderungen an die Zulässigkeit eines Eingriffs in das Grundrecht auf informationelle Selbstbestimmung (dazu Kap. J

---

908 *OLG Hamm* NVwZ 1988, 671; *VGH Mannheim* DVBl. 1989, 1007.

909 *Heise/Tegtmeyer,* PolG NW, § 39 Rdn. 1; *Schmidbauer* in: *Schmidbauer/Steiner/Roese*, BayPAG, Art. 11 Rdn. 158.

910 Vgl. zum Spezialitätsprinzip *Habermehl,* Rdn. 113 ff.; *Würtenberger/Heckmann/Riggert,* Rdn. 174 f., 201.

911 *Ule/Rasch,* PVG, §§ 15–17 ff. Rdn. 173; *Riegel,* Rdn. 77; *Hansen* Die Polizei 1993, 202; *Habermehl,* Rdn. 598; *Würtenberger/Heckmann/Riggert*, Rdn. 243; *Schenke*, Rdn. 103; *Wolffgang/Hendricks/Merz*, Rdn. 167.

912 *Maaß* NVwZ 1985, 156; a. A. *Berner/Köhler,* PAG, Art. 11 Rdn. 2.

913 *Drews/Wacke/Vogel/Martens,* S. 192 ff.; *Götz,* Rdn. 284; *Rasch,* ME, § 11 Rdn. 3 ff.; *Riegel* DÖV 1978, 503.

914 *BVerfGE* 65, 1, 46.

915 *BVerwG* NJW 1990, 2767; ebenso *VGH Mannheim* NJW 1987, 3022; *Krüger* DÖV 1990, 644 f.; dagegen *Simitis/Fuckner* NJW 1990, 2713; *Bäumler* DVBl. 1990, 865. Vgl. auch *BVerfG* DVBl. 2001, 278.

Rdn. 13). Nachdem alle Bundesländer mittlerweile spezifische Regelungen zur polizeilichen Datenverarbeitung geschaffen haben, stellt sich dieses Problem heute nicht mehr.

ee) Aufenthaltsverbot. Das sogenannte Aufenthaltsverbot (Rdn. 446 ff.) kann aus Gründen der Spezialität der Regelung über die Platzverweisung nicht auf die Generalklausel gestützt werden. Ein Aufenthaltsverbot ist das Spiegelbild einer Platzverweisung und darf deshalb nach den speziellen Regeln nur eine Maßnahme von kurzfristigem Charakter sein. Es ist unzulässig, die Reichweite dieser besonders geregelten Maßnahme durch Rückgriff auf die polizeiliche Generalklausel zu erweitern.[916] Anders ist es, wenn das Aufenthaltsverbot in Form einer polizeilichen Verfügung ein bestehendes **gesetzliches Verbot** lediglich aktualisiert, wie dies bei Maßnahmen gegenüber Asylbewerbern, deren Aufenthalt räumlich beschränkt ist (§ 56 AsylVfG), der Fall sein kann.[917] 710

ff) Meldeauflagen zur Überwachung von Ausreiseverboten. Eine Meldeauflage ist das Gebot, sich für die Dauer eines bestimmten Zeitraums in regelmäßigen Abständen auf einer Polizeidienststelle einzufinden. Sie wird in aller Regel mit einer Zwangsgeldandrohung versehen und für sofort vollziehbar erklärt. In der Praxis wird sie seit jüngerer Zeit vor allem gegenüber **gewaltbereiten Fußballfans** oder Hooligans ausgesprochen. **Hooligans** sind Personen, die in Gruppen Fußballspiele oder andere Veranstaltungen zum Anlaß für schwere gewalttätige Auseinandersetzungen nehmen.[918] Die Meldeauflage ist als flankierende Maßnahme für eine **Paßversagung** auf der Grundlage des § 7 I Nr. 1 PaßG und einer Beschränkung des Personalausweises gemäß § 2 II PAuswG gedacht und soll deshalb vor allem in diesem Kontext betrachtet werden. 711

Paßversagung und Personalausweisbeschränkung haben zur Folge, daß der Betroffene von Gesetzes wegen **nicht aus der Bundesrepublik ausreisen** darf (§ 1 I 1 PaßG). Mit ihrem verstärkten Einsatz reagieren die zuständigen Behörden auf gewalttätige Auseinandersetzungen anläßlich von Sportveranstaltungen, insbesondere Fußballturnieren im Ausland, bei denen deutsche Staatsangehörige beteiligt sind. Das Fanal war die schwere Mißhandlung des französischen Polizeibeamten Daniel Nivel bei der Fußball-Weltmeisterschaft in Frankreich 1998, über die in den Medien ausführlich berichtet wurde. Gewalttätigkeiten dieser Art können erhebliche Belange der Bundesrepublik Deutschland im Sinne des § 7 I Nr. 1 PaßG gefährden. 712

Der Begriff der **erheblichen Belange** ist gerichtlich voll überprüfbar und eng anzulegen.[919] Dies ergibt sich aus dem Kontext, in den dieses Tatbestandsmerkmal eingebettet ist. Die Belange müssen ähnlich gewichtig sein wie das in der gleichen Bestimmung genannte Schutzgut der inneren oder äußeren Sicherheit. Erheblich sind Belange deshalb nur dann, wenn sie der freiheitlichen Entwicklung in der Bundesrepublik aus **zwingenden staatspolitischen Gründen** vorangestellt werden müssen.[920] Die Frage, unter welchen Umständen **politische Betätigungen** und insbesondere **Meinungsäußerungen** im Ausland dieses Tatbestandsmerkmal erfüllen, war schon oft Gegenstand gerichtlicher Entscheidungen.[921] Sie stellen auf den zu erwartenden **Ansehensverlust** der Bundesrepublik insbesondere durch antisemitische oder rechtsextreme Agitation ab. 713

---

916 *Roggan* CILIP 1998, 62 ff.; *Hecker*, Die Regelung des Aufenthalts von Personen im innerstädtischen Raum, 1997, 42; ders., NVwZ 1999, 262; *Berner/Köhler*, Art. 16 Anm. 1 anders: *OVG Bremen* NVwZ 1999, 314; *Honnacker/Beinhofer*, PAG, Art 16 Anm. 4 (näher oben Rdn. 453).

917 *VGH Mannheim* NVwZ-RR 1998, 680.

918 Vgl. die Fälle aus der Rechtsprechung: VGH Mannheim NJW 2000, 3658; VG Minden, Beschl. v. 21.6.2000 – Az. 11 L 822/00

919 *BVerwGE* 3, 171 (176)

920 *BVerfGE* 6, 32 (43); BVerwGE 3, 171 (176); *BVerwG*, Beschl. v. 17. 9. 1998, Buchholz 402.00 § 7 PaßG Nr. 1

921 Vgl. neben den in der vorigen Fußnote genannten Entscheidungen: *BVerwG* DÖV 1969, 74; *OVG Lüneburg* DVBl. 1979, 740; *OVG Münster* OVGE 39, 103; *VGH Mannheim* DVBl. 1995, 360; *VGH Mannheim*, NVwZ-RR 1996, 420; *VG Frankfurt* NVwZ 1990, 401

714 Die zu **Ausreiseverboten gegenüber Hooligans** ergangenen Entscheidungen knüpfen unmittelbar an den Gesichtspunkt des Ansehensverlusts an und folgern, daß die Beteiligung deutscher Hooligans an gewalttätigen Auseinandersetzungen zu einem Verlust des Ansehens der Bundesrepublik führt.[922] Bei der Anwendung des § 7 I Nr. 1 PaßG auf die beschriebenen Sachverhalte ist allerdings einschränkend zu berücksichtigen, daß der Begriff der Gefährdung erheblicher Belange nur einen kleinen Ausschnitt aus dem Anwendungsbereich der polizeilichen Generalklausel umschreibt, und daß § 7 I Nr. 1 PaßG nicht als Rechtsgrundlage für eine allgemeine grenzüberschreitende polizeiliche Kooperation oder eine zwischenstaatliche Amtshilfe zu verstehen ist.[923] § 7 I Nr. 1 PaßG bezweckt nur den Schutz der **Belange der Bundesrepublik,** nicht den der Belange anderer Staaten. Es ist davon auszugehen, daß andere Staaten grundsätzlich bereit und in der Lage sind, Bedrohungssituationen effizient zu begegnen.

715 Zum Mittel der Paßversagung darf deshalb erstens nur gegriffen werden, wenn anzunehmen ist, der andere Staat werde aus tatsächlichen oder rechtlichen Gründen die befürchteten Straftaten **nicht unterbinden** können. Zweitens muß es sich um Straftaten handeln, die eine **nachhaltige Resonanz** entweder bei den ausländischen Staatsorganen oder in der internationalen Öffentlichkeit haben. Drittens muß die Tat **als der Bundesrepublik zugeordnet** – und nicht nur der Person des Paßinhabers – erscheinen.[924] Letzteres ist etwa der Fall, wenn die befürchteten Straftaten in **menschenverachtender Weise oder mit fremdenfeindlichen Motiven** begangen werden, weil die Bundesrepublik mit dem Bekenntnis zu den Menschenrechten als Grundlage des Friedens in der Welt[925] gewissermaßen eine Garantenstellung für ihre Bürger übernommen hat, oder wenn sonstige aufsehenerregende Straftaten in erster Linie oder **typischerweise von deutschen Staatsangehörigen** begangen werden, weil auch dieser Umstand eine mit Werturteilen verbundene Zuordnung zuläßt. Jedenfalls das erstgenannte Element – Menschenverachtung – lag im Fall der Mißhandlung des französischen Polizeibeamten Nivel ersichtlich vor und ist in allen Fällen anzunehmen, in denen, wie in einigen Fällen bei Hooligans, Gewalt gegen Menschen als Selbstzweck verstanden und als Mittel der „Selbsterfahrung" geradezu zelebriert wird. Von sogenannten Globalisierungsgegnern aus Anlaß internationaler politischer Zusammkünfte (z. B. Weltwirtschaftsgipfel, WTO-Treffen) begangene Gewalttätigkeiten, lassen sich, weil die Szene der Randalierer ebenfalls internationalen Zuschnitt hat, allerdings nicht ohne weiteres der Bundesrepublik zuordnen.

716 Als rechtliches Minus gegenüber der (vollständigen) Paßversagung ist eine auf § 7 II PaßG gestützte **Beschränkung des Geltungsbereichs** des Passes auszusprechen, wenn die dem Ansehen der Bundesrepublik abträglichen Gewalttätigkeiten nur in einem bestimmten Land zu erwarten sind, wie dies bei dem anlaßbezogenen Vorgehen von Hooligans zumeist der Fall ist. Bei der Beschränkung darf berücksichtigt werden, daß die Anreise zu dem präsumtiven Tatort (z. B. Niederlande) typischerweise auch über andere Länder (z. B. Frankreich) erfolgen kann. Diese dürfen dann in die Beschränkung mit aufgenommen werden, damit der Betroffene nicht auf andere Reisewege ausweichen kann.

717 Die Ausreise aus der Bundesrepublik und der Versuch der Ausreise unter bewußtem Verstoß gegen eine Paßversagung sind **strafbar** (§ 24 PaßG). Wird der Betroffene beim Versuch des Grenzübertritts gleichwohl angetroffen, so hat dies in aller Regel zwingend die **Ausreiseuntersagung** durch die Grenzschutzbehörden zur Folge (vgl. § 10 I 1 und II PaßG). Über die entsprechenden Informationen gelangen die Grenzschutzbehörden

---

922 *VGH Mannheim*, NJW 2000, 3658; *OVG Bremen*, NordÖR 2001, 107; *VG Minden*, Beschl. v. 21. 6. 2000, Az. 11 L 822/00

923 Zur grenzüberschreitenden Kooperation Kap. O Rdn. 42 ff.

924 Vgl. zu diesem Merkmal *OVG Lüneburg* DVBl. 1979, 740. Das Gericht spricht von einem Fehlverhalten (hier: antisemitische Äußerungen), das dem Paßinhaber speziell als deutschem Staatsangehörigen angelastet werde

925 Präambel der Allgemeinen Erklärung der Menschenrechte vom 10. 12. 1948; Art. 1 II GG; Einleitung zur EMRK

durch Abfrage des polizeilichen **Grenzfahndungsbestands,** in dem die Tatsache der Anordnung der Paßversagung gespeichert ist.

Liegt zum Zeitpunkt des versuchten Grenzübertritts keine Paßversagung vor, so kann die Ausreise gleichwohl untersagt werden, wenn Tatsachen die Annahme rechtfertigen, daß in der Person des Betroffenen Paßversagungsgründe vorliegen (§ 10 I 2 PaßG). Letzteres Verfahren ist sehr praxisrelevant. Die Grenzschutzbehörden beurteilen den Sachverhalt in diesen Fällen vor allem anhand der in ihren eigenen Dateien (insbesondere: **„Gewalttäter Sport"**) vorhandenen Informationen. Im Falle eines Eintrags wird die Ausreise regelmäßig untersagt. **718**

Das Problem besteht in der Aussagekraft der in den polizeilichen Dateien enthaltenen Informationen. Die Rechtsprechung verlangt in Anwendung des § 7 I Nr. 1 PaßG, daß **konkrete, nachvollziehbare Tatsachen** benannt werden, die für eine künftige Straftatbegehung sprechen.[926] Dem genügt nicht schon die Tatsache des **Eintrags in eine spezielle Datei**. Maßgeblich ist vielmehr der **Anlaß für die Speicherung** und damit verbunden die Beantwortung der Frage, ob dieser Anlaß die Einschätzung rechtfertigt, der Betroffene werde im Ausland das Ansehen der Bundesrepublik schädigen. Aus Berichten betroffener Fußballfans, denen zufolge nachvollziehbare Gründe für an der Grenze konkret ausgesprochene Ausreiseverweigerungen nicht vorlagen und auch nicht genannt werden konnten, läßt sich allerdings die Folgerung ziehen, daß die polizeilichen Datenbestände sozusagen ein Eigenleben führen. Ein erstmaliger Eintrag aus harmlosem Anlaß, etwa weil ein polizeibekannter Gewalttäter im gleichen Bus unterwegs war, kann beim nächsten Antreffen eine polizeiliche Maßnahme auslösen (Gewahrsam), die, weil die Informationen hierüber ebenfalls gespeichert werden, dem Betroffenen dann bei seiner Ausreise vorgehalten wird, was wiederum zu dem Eintrag führt, er habe sich im Ausland an gewalttätigen Ausschreitungen beteiligen wollen usw. So substantiiert die Polizei ihre Lagebeurteilungen im nachträglichen gerichtlichen Verfahren präsentieren kann, so schematisch verfährt sie häufig bei ihren Einsätzen vor Ort. Bedauerliche Folge einer solchen Vorgehensweise ist, daß ausgerechnet diejenigen Fußballanhänger, von denen die Vereine gerne behaupten, sie könnten ohne sie nicht existieren, weil sie über alle Miseren hinweg ihre Anhänger blieben, von den großen internationalen Ereignissen ausgeschlossen bleiben. **719**

Angesichts des Umstands, daß die Befugnis der Verhinderung einer Reise ins Ausland durch bundesrechtliche Vorschriften eingehend geregelt ist, ist davon auszugehen, daß in den beschriebenen Fällen flankierende Meldeauflagen auf der Grundlage der polizeilichen Generalklausel wegen des **Vorrangs spezieller bundesrechtlicher Regelungen** von vornherein unzulässig sind.[927] Mit der Möglichkeit der Paßversagung, der Paßentziehung (§ 8 PaßG) und der Ausreiseuntersagung sowie deren Sanktionierung durch Strafbestimmungen hat der Bundesgesetzgeber eine für die Rechtsmaterie „Ausreise" abschließende Regelung geschaffen. Eine Meldeauflage im Zusammenhang mit Sportveranstaltungen dient nur der Überwachung des Ausreiseverbots und hat den gleichen Zweck wie dieses, nämlich die Beteiligung deutscher Staatsangehöriger an gewalttätigen Auseinandersetzungen im Ausland zu verhindern. Die durch § 7 PaßG errichtete Eingriffsschwelle – es muß sich entweder um Straftaten handeln, durch deren Begehung erhebliche Belange der Bundesrepublik gefährdet werden (Abs. 1 Nr. 1) oder um bestimmte andere Straftaten (Abs. 1 Nrn. 2 bis 9) – darf nicht durch die Anwendung der polizeilichen Generalklausel umgangen werden. Dies ist dem Landesgesetzgeber schon wegen der ausschließlichen Bundeskompetenz für diese Materie untersagt (Art. 73 Nr. 4 GG). Außerhalb des Anwendungsbereichs des Paßgesetzes ist es als eine Angelegenheit der Behörden des jeweiligen Staates anzusehen, in seinem Hoheitsbereich für die Aufrechterhaltung der öffentlichen Sicherheit – gegebenenfalls mit informatorischer Unterstützung deutscher Behörden – zu sorgen. **720**

---

[926] *VGH Mannheim* NJW 2000, 3658 („auf Tatsachen gestützte Erkenntnisse"); *OVG Bremen*, NordÖR 2001, 107 (auf „konkrete, belegbare Tatsachen" gestützte Gefahrenprognose)

[927] Anders *VGH Mannheim*, NJW 2000, 3658 (mit der wenig überzeugenden Begründung, mit der Meldeauflage werde etwas anderes bezweckt als mit der Paßversagung).

721 Ungeachtet ihrer Unvereinbarkeit mit (einfachem) Bundesrecht konfligiert eine auf die polizeiliche Generalklausel gestützte Meldeauflage mit den speziellen Bestimmungen über die **Vorladung** (Rdn. 427ff.). Ebenso wie die Meldeauflage enthält die Vorladung das Gebot, zu einer bestimmten Zeit an einem bestimmten Ort, regelmäßig einer Polizeidienststelle, zu erscheinen. Die Zwecke, die eine Vorladung rechtfertigen, sind in den einschlägigen Bestimmungen abschließend aufgeführt, nämlich Auskunftserteilung durch den und erkennungsdienstliche Behandlung an dem Betroffenen. Von diesen Zwecken ist die Meldeauflage nicht erfaßt. Denn das tägliche Erscheinenmüssen auf einer Dienststelle während der Zeit etwa einer im Ausland stattfindenden Fußballweltmeisterschaft hat den Zweck, das Ausreiseverbot zu überwachen bzw. dessen Einhaltung zu gewährleisten. Ein Erscheinenmüssen auf einer Dienststelle zum **Zweck der Kontrolle anderer Verhaltenspflichten** ist somit ein eigener Tatbestand, der, weil von den Zwecken der Vorladung nicht erfaßt, wegen der Vorrangigkeit der speziellen Regelung nicht auf die polizeiliche Generalklausel gestützt werden darf.[928]

722 Eine Meldeauflage auf der Grundlage einer **etwaigen spezialgesetzlichen Regelung** müßte berücksichtigen, daß, weil eine Ausreise entgegen einer Paßbeschränkung strafbar ist, an die Wahrscheinlichkeit einer Ausreise strenge Anforderungen zu stellen sind. Es müssen also tatsächliche Anhaltspunkte dafür vorliegen, daß der Betreffende sich über das im konkreten Fall bereits verhängte Ausreiseverbot hinwegsetzen will. Eine schematische Begründung entsprechender Bescheide unter bloßem Verweis auf frühere polizeiliche Ingewahrsamnahmen, wie es in der Praxis geschieht, genügt diesen Anforderungen nicht, weil allein die Tatsache der Ingewahrsamnahme keine Auskunft über ihre Rechtfertigung gibt. Außerdem müssen die Gründe für die Meldeauflage über die Begründung für das Ausreiseverbot hinausgehen. Erstere ist nur gerechtfertigt, wenn es Gründe für die Annahme gibt, der Betreffende wolle letzteres mißachten.

723 Insbesondere sind die Behörden verpflichtet, den Betroffenen vor Erlaß des Bescheids **anzuhören** und dessen Einlassungen zu erwägen. Die Meldeauflage darf vor allem nicht so spät ergehen, daß eine vorherige Anhörung nicht mehr erfolgen kann. Zweifel am rechtmäßigen Vorgehen der zuständigen Behörden bestehen insoweit immer dann, wenn, wie es in der Praxis geschieht, die Anlässe, mit denen eine Meldeauflage begründet wird, mehrere Monate oder gar Jahre zurückliegen, eine Anhörung aber unterbleibt, weil das Ereignis (z.B. die Fußballeuropameisterschaft) nunmehr unmittelbar vor der Tür steht. Die Behörden dürfen mit anderen Worten die Voraussetzungen, unter denen sie von einer Anhörung absehen dürfen (vgl. § 28 II Nr. 1 VwVfG), nicht selbst herbeiführen.

724 Unverhältnismäßig ist außerdem eine Verpflichtung des Inhalts, sich nur auf einer **bestimmten Polizeidienststelle** (etwa der des Wohnorts) melden zu können. Denn es steht dem Betroffenen frei, auch während der Dauer des Ausreiseverbots sich jedenfalls in der Bundesrepublik frei zu bewegen. Diese Reisefreiheit wird durch Art. 11 I GG besonders geschützt. Handelt es sich um eine nur **beschränkte Paßversagung** gemäß § 7 II PaßG mit der Folge, daß der Betroffene jedenfalls in andere Länder ausreisen darf, ist eine Meldepflicht ohnehin unverhältnismäßig. Auch die Erwägung, es könnten Gewalttätigkeiten im grenznahen Bereich stattfinden, rechtfertigt eine Meldeauflage nicht. Derartigen Störungen der öffentlichen Sicherheit auf dem Gebiet der Bundesrepublik kann gegebenenfalls an Ort und Stelle begegnet werden. Dies wäre eine der Konstellationen, bei denen als weniger einschneidende Maßnahme gegebenenfalls ein **Aufenthaltsverbot** ausgesprochen werden könnte (Rdn. 446). Für eine Erleichterung der polizeilichen Aufsicht durch Verhängung einer Meldeauflage dürfte es in den allerwenigsten Fällen Anlaß geben.

725 **gg) Beförderungsuntersagung gegenüber Busunternehmern.** Eine von der Polizei praktizierte Maßnahme im Vorfeld verbotener Demonstrationen besteht darin, gegen-

[928] Anders *VGH Mannheim*, Urt. v. 16. 11. 1999, Az. 1 S 1315/98 – juris –, sowie DÖV 2000, 1634 (Leitsatz), der die Grundlage für eine Meldeauflage in der polizeilichen Generalklausel sieht, die Frage eines Vorrangs der Ermächtigung zur Vorladung allerdings nicht thematisiert.

über einem Busunternehmer, der eine Gruppe von Personen an den Ort der Demonstration bringen soll, eine **Beförderungsuntersagung** auszusprechen. Ein solches Verbot ist schon deshalb rechtswidrig, weil der Busunternehmer nicht als **Zweckveranlasser** angesehen werden kann. Erstens liegt es typischerweise nicht in seiner Absicht, daß seine Fahrgäste an einer verbotenen Demonstration teilnehmen. Seine Absicht entspricht vielmehr nur seiner gesetzlich umschriebenen Aufgabe, einen Personenkreis zu einem Zielort zu bringen, den der Mieter des Busses bestimmt (vgl. § 49 I PBefG). Zweitens ist es typischerweise auch nicht der Busunternehmer, der eine solche Reise veranlaßt. Typisch ist vielmehr, daß die Demonstranten an ihn herantreten. Es dürfte eher selten vorkommen, daß Busunternehmer eine Ausflugsfahrt mit der Möglichkeit der Teilnahme an einer (verbotenen) Demonstration anbieten (vgl. § 48 PBefG). Davon abgesehen ist es nicht Sache des Busunternehmers, herauszufinden, ob es sich bei seinen Kunden um solche handelt, die – und nur hierauf darf sich ein Verbot erstrecken – (noch) die Absicht haben, an einer verbotenen Demonstration teilzunehmen. Er wäre im Zweifelsfall hierzu auch gar nicht in der Lage. Derartiges festzustellen ist allein Sache der Polizei. Der Busunternehmer befindet sich in einer völlig anderen Situation als beispielsweise eine internationale Fluggesellschaft, die die tatbestandlichen Voraussetzungen eines Beförderungsverbots gemäß § 74 I AuslG kennt (wenn auch deren Vorliegen nicht immer erkennt).[929]

c) Einzelfälle zulässiger Maßnahmen

aa) Räumung besetzter Häuser. Die Räumung besetzter Häuser (vgl. auch Rdn. 137) kann auf die Befugnisgeneralklausel gestützt werden.[930] Die Anordnung an die Hausbesetzer, das Gebäude zu verlassen, ist keine Platzverweisung,[931] sondern eine Besitzentziehung gegenüber Unbefugten, die dem Herausgabeverlangen bei beweglichen Sachen (Rdn. 658) entspricht. Eine Räumungsanordnung, die durch das Hinausführen oder -tragen der betroffenen Personen auch zwangsweise durchgesetzt werden kann, konkretisiert das durch § 123 StGB auch strafbewehrte Verbot des unbefugten Eindringens und Verweilens in befriedetem Besitztum. Auch das kurzfristige **Fernhalten** eines Störers von bestimmten Orten oder Räumlichkeiten kann auf der Grundlage der Generalklausel erfolgen,[932] sofern, wie in Baden-Württemberg, eine Vorschrift über die Platzverweisung nicht existiert. 726

bb) Abschleppen von Fahrzeugen. Das Abschleppen von Fahrzeugen im öffentlichen Straßenverkehr ist ein einfacher und alltäglicher Vorgang. Verglichen damit wirft er viele rechtliche Fragen auf. Einige davon stellen sich mehr dem (in der Ausbildung befindlichen) Juristen als dem Praktiker.[933] Ausgehend von der Frage, ob die Klage gegen einen Kostenbescheid für Abschleppmaßnahmen begründet ist oder nicht, muß zunächst geklärt werden, ob das Abschleppen als Sicherstellung, Ersatzvornahme oder unmittelbare Ausführung zu qualifizieren ist. Denn die drei genannten Maßnahmen enthalten jeweils eine eigene Bestimmung über die Kostenerstattung. 727

Die **Rechtsgrundlage des Kostenbescheids** hängt im Einzelfall also von der Rechtsnatur des Abschleppvorgangs ab (näher Kap M Rdn. 83 ff.). Regelmäßig ist dies nicht die Sicherstellung. Denn bei Verstößen gegen das Straßenverkehrsrecht kommt es der Polizei nicht darauf an, das Auto vor dem Zugriff Dritter zu schützen (Rdn. 653 f.). Ein Vorgehen im Wege der Ersatzvornahme scheidet regelmäßig jedenfalls in den Fällen aus, in denen die Störung der öffentlichen Sicherheit unmittelbar in einem **Normverstoß** besteht. Dies ist beispielsweise beim Parken auf oder in unmittelbarer Nähe von Zebrastreifen der Fall (§ 12 I Nr. 4 StVO). Hier fehlt es – immer unterstellt, der Fahrer oder Halter war 728

[929] Vgl. zum Ganzen *Rachor,* Polizei heute 1997, 44 ff.; im Ganzen anders *Zeitler* DÖV 1997, 371
[930] *Wagner,* PolG NW, § 12 Rdn. 26.
[931] *Honnacker/Beinhofer,* PAG, Art. 16 Anm. 4; a. A. *Degenhart* JuS 1982, 332.
[932] *VGH Mannheim* NVwZ-RR 1990, 602.
[933] Abschleppfälle gehören zum Standardrepertoire in Ausbildung und Examen, vgl. nur die Übungsfälle von *Gornig/Jahn,* Sicherheits- und Polizeirecht, 1994, Fall 20; *Gril* VBlBW 1997, 118 und 153; *Becker* JA 2000, 677; *Proppe* JA 2000, 234

zum Zeitpunkt des Abschleppvorgangs nicht am Ort des Geschehens – an einem zu vollstreckenden Grundverwaltungsakt. In solchen Fällen bleibt von vornherein nur der Rückgriff auf das Institut der unmittelbaren Ausführung. Besteht die Störung dagegen in einer **Verkehrszeichenwidrigkeit,** ist vorrangig die Qualifizierung des Vorgangs als Ersatzvornahme – beispielsweise als zwangsweise Durchsetzung des in einem Halteverbotsschild (Zeichen 283 nach § 41 II Nr. 8 StVO) enthaltenen Wegfahrgebots – zu prüfen. Diese sogenannte Verkehrszeichenrechtsprechung[934] gilt im allgemeinen aber nicht für Fallkonstellationen, in denen der Abschleppvorgang von der **Vollzugspolizei** angeordnet wird. Denn das durch ein Verkehrszeichen ausgedrückte Gebot kann nur durch die **Straßenverkehrsbehörde** selbst vollstreckt werden. Bei fehlender Identität von Straßenverkehrsbehörde (vgl. § 44 I StVO) und den Abschleppvorgang anordnender Behörde ist deshalb von einer unmittelbaren Ausführung auszugehen und nicht von einer – mangels Zuständigkeit rechtswidrigen – Ersatzvornahme.[935]

729 Das Vorgesagte gilt entsprechend für die Länder, deren Polizeigesetze nicht die unmittelbare Ausführung, sondern nur den **sofortigen Vollzug** kennen. Unmittelbare Ausführung und sofortiger Vollzug unterscheiden sich der Sache nach nicht (Rdn. 770f.). Sind Polizeigesetze anzuwenden, die beide Rechtsfiguren kennen, ist vorrangig auf die unmittelbare Ausführung abzustellen (Rdn. 771). Wo die Bestimmungen über den Sofortvollzug, wie zum Beispiel in Hessen, keine eigene Regelung über die **Kostentragungspflicht** enthalten, ergibt sich der Vorrang der unmittelbaren Ausführung gewissermaßen von selbst.

730 Ist das Ergebnis der Vorüberlegungen, daß das Abschleppen im Wege der unmittelbaren Ausführung bzw. des Sofortvollzugs erfolgt ist, ist im nächsten Schritt nach der **Rechtsgrundlage für das Abschleppen** zu Fragen. Denn die Rechtmäßigkeit des Abschleppvorgangs ist eine (ungeschriebene) Voraussetzung für die Rechtmäßigkeit des Kostenbescheids. Rechtsgrundlage für das Abschleppen ist in diesen Fällen mangels Existenz einer spezielleren Vorschrift die polizeiliche Generalklausel. Die Bestimmungen über die unmittelbare Ausführung bzw. den sofortigen Vollzug enthalten selbst keine Eingriffsermächtigung, sondern regeln nur, unter welchen Voraussetzungen der bezweckte Erfolg auch ohne vorherigen Erlaß eines Verwaltungsakts herbeigeführt werden darf. Das Abschleppen von Fahrzeugen im Straßenverkehr im Wege der unmittelbaren Ausführung bzw. des sofortigen Vollzugs ist in der Praxis bei weitem der **Hauptanwendungsfall** der polizeilichen Generalklausel.

731 Praktisch bedeutsam ist vor allem die Frage, ob das Abschleppen im Einzelfall dem **Verhältnismäßigkeitsgrundsatz** entspricht. Die Rechtsprechung hierzu ist kasuistisch. Verallgemeinerbar ist die Feststellung, das Abschleppen verbotswidrig geparkter Fahrzeuge setze grundsätzlich keine konkrete Behinderung anderer Verkehrsteilnehmer voraus, weil es auf die **Beeinträchtigung der verkehrsregelnden Funktion** des jeweiligen Gebots ankomme.[936] Einleuchtend ist auch der Satz, wonach allein in dem Umstand, daß das Abschleppen mit Kosten für Fahrer oder Halter verbunden ist, welche das Verwarnungsgeld bei weitem übersteigen, kein Verstoß gegen des Verhältnismäßigkeitsprinzip zu sehen ist.[937] Generell ist, nicht zuletzt wegen der generalpräventiven Funktion, die dem behördlichen Handeln in diesem Bereich zugeschrieben wird (Rdn. 129), die Tendenz zu beobachten, an die Zulässigkeit des Abschleppens zunehmend weniger strenge Voraussetzungen anzulegen.[938]

---

[934] Entgegen *Götz* (NVwZ-RR 1998, 688) ist die sogenannte Verkehrszeichenrechtsprechung nicht überholt. Sie hat, im Gegenteil, durch das Urteil des Bundesverwaltungsgerichts vom 11. 12. 1996 (*BVerwGE* 102, 316) eher eine größere Bedeutung bekommen (dazu oben Rdn. 39).

[935] Vgl. zum Verhältnis von Ersatzvornahme und unmittelbarer Ausführung eingehend *VGH Kassel* NVwZ-RR 1999, 23

[936] Vgl. *BVerwG* NJW 1993, 870; *VGH München* NJW 1996, 1979; *OVG Münster* NJW 1998, 2465; *OVG Münster* NJW 1999, 1275; *VG Berlin* DAR 2000, 182

[937] *VGH München* NJW 1999, 1130

[938] Von einer zunehmend härteren Gangart der Gerichte spricht *Vahle* VR 1997, 92

cc) Zeugenschutz. Die Abwehr von Gefahren für Leib, Leben oder Vermögen gefährdeter Personen gehört zum klassischen Bereich präventiv-polizeilicher Tätigkeit. Gefährdet sind insbesondere Personen, die anläßlich von Strafverfahren im Bereich der organisierten Kriminalität Repressalien durch die Täter und ihre Gehilfen ausgesetzt sein können, also insbesondere „Aussteiger" bzw. V-Leute, die im Strafverfahren als Zeugen („Kronzeugen") auftreten, aber auch ermittelnde Polizeibeamte, Staatsanwälte, Richter sowie Dolmetscher.[939] 732

Speziell für wichtige Zeugen in Strafverfahren gibt es ein bundesweites **Zeugenschutzprogramm,** auf das sich die Innen- und Justizverwaltungen der Länder geeinigt haben, und dessen Einzelheiten in gemeinsamen Richtlinien geregelt sind.[940] Die meisten Maßnahmen zum Schutz von Zeugen – Beratung über das Verhalten des Zeugen, technische Sicherungsmaßnahmen an der Wohnung, Objektschutz durch Streifenfahrten, Personenschutz durch Begleitung, Ausstellung neuer Papiere zur Schaffung einer Legende, Umsiedelung – haben für sich betrachtet keinen Eingriffscharakter, so daß sich die Frage, auf welche Ermächtigungsgrundlage sie gestützt werden können, von vornherein nicht stellt. Eine vorübergehende Maßnahme kann die Anordnung von **Schutzgewahrsam** sein, die ihre rechtliche Grundlage allerdings in speziellen Vorschriften findet (Rdn. 517). Spezielle Vorschriften gibt es auch für das verbindliche **Auskunftsverlangen** der Polizei gegenüber dem Betroffenen (Rdn. 277 ff.), um mit Hilfe dieser Informationen ein individuelles Schutzprogramm für den Betroffenen und seine Familie ausarbeiten zu können. 733

Praktisch relevant wird die Generalklausel deshalb vor allem als Grundlage für die Erteilung von verbindlichen **Einzelanweisungen,** deren Beachtung für den Erfolg des – kostenintensiven – Zeugenschutzprogramms wesentlich ist und im übrigen auch dem Schutz Dritter (Familienangehörige, Kontaktbeamter) dienen kann, wie zum Beispiel die Anweisung, über bestimmte Vorgänge mit niemandem zu sprechen und bestimmte eigentümliche Verhaltensweisen zu unterlassen, oder deren Beachtung in der konkreten Situation lebenswichtig ist, wie zum Beispiel die Anweisung eines Personenschützers bei einem drohenden Angriff oder für den Fall eines solchen. **Anspruchsgrundlage für die Aufnahme in ein Zeugenschutzprogramm** ist ebenfalls die polizeiliche Generalklausel.[941] 734

dd) Einweisung von Obdachlosen. Eine große Rolle spielt die polizeiliche Generalklausel für die allgemeinen Ordnungsbehörden im Rahmen ihrer Tätigkeit zur Verhinderung und Beseitigung der Obdachlosigkeit. So kann sowohl die **Einweisungsverfügung**[942] gegenüber Obdachlosen in eine Wohnung als auch deren **Räumung**[943] nach Ablauf der Einweisungsfrist auf die Generalklausel gestützt werden.[944] Die Einweisungsverfügung kann deshalb auf die Generalklausel gestützt werden, weil die unfreiwillige[945] Obdachlosigkeit eine Störung der öffentlichen Sicherheit ist.[946] Es ist die Gesundheit oder gar das Leben desjenigen bedroht, der kein Dach über dem Kopf hat. Eine Räu- 735

---

939 *Soiné* NJW 1999, 3688

940 Für Nordrhein-Westfalen: MBl. 1997, 624. Vgl. hierzu auch *Zacharias*, Der gefährdete Zeuge im Strafverfahren, 1997; *Jung* GA 1998, 313 ff.

941 *VG Gelsenkirchen* NJW 1999, 3730

942 *VG Frankfurt* NVwZ 1990, 498; *OVG Schleswig* SchlHA 1993, 96; *OVG Münster* NVwZ 1991, 692; *Wagner*, PolG NW, § 12 Rdn. 47 ff.; anders *VGH Mannheim* NVwZ-RR 1990, 476 („Beschlagnahme").

943 Vgl. *VGH Mannheim* VBlBW 1990, 351; *OVG Münster* NVwZ 1991, 905; *VGH Mannheim* NVwZ-RR 1992, 20; *VGH Mannheim*, DÖV 1996, 1056; *VGH Mannheim* NJW 1997, 2832.

944 Vgl. zu den Voraussetzungen einer Unterbringung: *VGH München* NVwZ-RR 1990, 196 = BayVBl. 1991, 114; zum zulässigen Zeitraum: *OVG Berlin* NJW 1980, 2484; zu den Anforderungen an eine Unterkunft für Obdachlose: *OVG Lüneburg* NVwZ-RR 1989, 15; vgl. zur Problematik allgemein die Darstellungen von *Günther/Trautmann* NVwZ 1993, 130; *Würtenberger/Heckmann/Riggert,* Rdn. 316 ff.; *Götz* NVwZ 1994, 657.

945 Vgl. hierzu *VGH Kassel* NVwZ 1992, 503.

946 *OVG Lüneburg* NJW 1992, 502; *OVG Schleswig* NJW 1993, 413; *VGH Mannheim* NJW 1993, 1027; *OVG Bremen* DÖV 1994, 221; *VGH Mannheim* NVwZ-RR 1996, 439.

mungsverfügung wird dann notwendig, wenn der ehemals Obdachlose über die Einweisungsfrist hinaus oder nach Widerruf der Einweisungsverfügung in der Wohnung verbleibt. Gehört die Wohnung einem privaten, als Notstandspflichtiger in Anspruch genommenem Dritten, so hat dieser einen Folgenbeseitigungsanspruch gegenüber der Behörde. Diese kommt ihrer Folgenbeseitigungslast dadurch nach, daß sie gegenüber dem Eingewiesenen eine Räumungsverfügung erläßt.

736 Die für den Erlaß einer **Räumungsverfügung** notwendige[947] Ermächtigungsgrundlage ist ebenfalls die Generalklausel. Denn nach Erledigung der Einweisungsverfügung gem. § 43 Abs. 2 VwVfG hält sich der ehemals Obdachlose unberechtigt in den Räumen auf und beeinträchtigt die Verfügungsrechte des Eigentümers und damit die öffentliche Sicherheit.

737 Der Berechtigte darf nicht darauf verwiesen werden, er könne vor den ordentlichen Gerichten einen **Räumungstitel** gegen den Eingewiesenen erwirken.[948] Denn der in den Polizeigesetzen normierte Subsidiaritätsgrundsatz (vgl. Kap. E Rdn. 18 und 225) ist in derartigen Fällen nicht einschlägig. Wird der Eigentümer einer Wohnung unter den Voraussetzungen des polizeilichen Notstands – das heißt auch: anstelle eines Tätigwerdens der öffentlichen Gewalt selbst – in Anspruch genommen, so wird er gegen die rechtswidrigen Folgen auch als „Repräsentant der Allgemeinheit" (vgl. Kap. E Rdn. 20) geschützt. Ebenso wie seine zivilrechtlichen Befugnisse im öffentlichen Interesse der Gefahrenabwehr beschränkt werden, besteht ein öffentliches Interesse daran, daß die – bei Wegfall der Voraussetzungen der Einweisung rechtswidrigen – Folgen der Inanspruchnahme beseitigt werden. Die Rechtslage unterscheidet sich hier grundlegend von dem Fall, daß privatrechtliche Streitigkeiten auf Besitzherausgabe unter Einschaltung der Polizei ausgetragen werden.[949] Das Vorgesagte gilt auch dann, wenn der Eingewiesene die Wohnung bereits in Besitz hatte und die Behörde mit dem Erlaß der Einweisungsverfügung eine unmittelbar bevorstehende Zwangsräumung aufgrund eines zivilrechtlichen Titels verhinderte.[950] Der Auffassung, in derartigen Fällen fehle es an einem Folgenbeseitigungsanspruch,[951] weil der Eingewiesene die Wohnung bereits in Besitz gehabt habe und der weitere Verbleib in der Wohnung deshalb nicht die – rechtswidrige – Folge der Einweisungsverfügung sein könne, kann nicht beigepflichtet werden. Wenn die Behörde den Eigentümer daran hindert, die Wohnung räumen zu lassen, ist das Verhalten der Behörde ursächlich für den Umstand, daß der ehemalige Mieter in der Wohnung bleiben kann. Unter dem Gesichtspunkt der Kausalität können an den Umstand, daß der Mieter entweder gerade vor die Tür gesetzt wurde oder aber der Gerichtsvollzieher gerade im Begriff war, dies zu tun, keine unterschiedlichen Rechtsfolgen hergeleitet werden.

738 **ee) Sonstige Maßnahmen.** Die polizeiliche Generalklausel ermächtigt die (allgemeinen) Gefahrenabwehrbehörden auch zum Erlaß einer Verfügung, mit der dem Betreiber einer immissionsschutzrechtlich genehmigungsbedürftigen Anlage aufgegeben wird, den durch deren Emissionen kontaminierten Boden außerhalb des Betriebsgeländes auszutauschen, wenn von der **Bodenkontamination** eine Gesundheitsgefahr ausgeht. Der Rückgriff auf das subsidiäre allgemeine Polizeirecht ist durch das speziellere Abfall-, Wasser- und Immissionsschutzrecht nicht verwehrt, sofern diese Gesetze keine spezifische Ermächtigungsgrundlage für eine derartige Verfügung enthalten.[952] Gleiches gilt für eine

---

947 Deutlich herausgearbeitet von *Lübbe,* Wohnraumbeschaffung durch Zwangsmaßnahmen, 1993, S. 78 ff.; *dies.* VBlBW 1994, 180 ff.

948 So aber *Lübbe* VBlBW 1994, 180.

949 Vgl. *OLG Köln* WM 1994, 1244, wo die Polizeibeamten „als Werkzeug" benutzt wurden, um sich Besitz an einem LKW zu verschaffen.

950 *VGH Kassel* ESVGH 44, 86 f.; *BGH* NJW 1995, 2919.

951 *Lübbe,* a.a.O., S. 75 ff.; *OLG Köln* NJW 1994, 1012.

952 *VGH Mannheim* VBlBW 1990, 348; vgl. auch *OVG Münster* NVwZ 1993, 297 (Einschreiten gegenüber Hundegebell auf der Grundlage des Immissionsschutzrechts); *VGH München* BayVBl. 1995, 729 (Vorrang des Tierseuchengesetzes vor ordnungsbehördlicher Generalklausel).

als Betretens- oder Aufenthaltsverbot ausgestaltete polizeiliche Verfügung, mit der die **räumliche Beschränkung des Aufenthalts eines Asylbewerbers** gemäß § 56 AsylVfG im Einzelfall aktualisiert wird. § 36 AuslG regelt zwar die Verpflichtung des Ausländers, den Teil des Bundesgebiets zu verlassen, in dem er sich ohne Erlaubnis einer räumlichen Beschränkung zuwider aufhält. Eine Ermächtigung zur Durchsetzung dieser Verpflichtung enthalten das Ausländer- und Asylverfahrensrecht aber nicht, so daß zum Zwecke der Verhinderung von Ordnungswidrigkeiten (§ 86 AsylVfG) oder Straftaten (§ 85 Nr. 2 AsylVfG) der Rückgriff auf die polizeiliche Generalklausel in derartigen Fällen grundsätzlich zulässig ist.[953] Als gewissermaßen unselbständige Verfügung unterscheidet sich eine solche Maßnahme vom originär-polizeirechtlichen Aufenthaltsverbot, das nicht auf die Generalklausel gestützt werden darf (Rdn. 710).

Das **Verbot der Adoptionsvermittlung** läßt sich mangels spezialgesetzlicher Grund- 739
lagen ebenfalls auf die polizeiliche Generalklausel stützen.[954] Auch die Verfügung gegenüber einem Hundehalter, seinen **Hund nur angeleint** spazierenzuführen oder ihm einen **Maulkorb** anzulegen,[955] die **Schließung eines Bordells,**[956] die Untersagung eines **„wilden" Zeltlagers,**[957] Verfügungen zum **Schutz der Sonntagsruhe,**[958] das Verbot von sog. **„Tötungsspielen",**[959] das Verbot, **in der Öffentlichkeit nackt** herumzulaufen,[960] das Verbot, Räumlichkeiten zum Zwecke der Prostitutionsausübung an Ausländerinnen zu vermieten, denen **Erwerbstätigkeit nicht gestattet** ist[961] oder das **Verbot einer Theateraufführung**[962] können ihre Rechtsgrundlage gegebenenfalls in der Generalklausel finden.

V. Polizeilicher Zwang

1. Begriff und Bedeutung

Kommt der Bürger einer ihm obliegenden Verpflichtung nicht nach, so kann er hierzu 740
gezwungen werden. Die **Anwendung von Zwang** gegenüber dem rechtsunterworfenen Bürger ist der unmittelbarste Ausdruck staatlicher Gewalt. Sie ist die schärfste Form des Eingriffs in die Rechte des Bürgers. In der Literatur wird deshalb auf die hohe Verantwortung der Behörden und Beamten des Polizeidienstes, denen vor allem die Zwangsanwendung obliegt, hingewiesen. Der Beamte solle sich stets bewußt machen, was die Zwangsanwendung für den Bürger bedeute. Weder kaltschnäuzige Routine noch die „Freuden der Pflicht" seien hier am Platz. Die Zwangsanwendung dürfe niemals mehr als ein notwendiges Übel sein.[963]

Grundsätzlich ist nur der Staat befugt, Zwang anzuwenden. Dies ist Ausdruck des 741
staatlichen Gewaltmonopols. Der Bürger darf zum Mittel der Gewalt nur in Notsituationen greifen (§§ 32 ff. StGB; §§ 227 ff., 859 f. BGB; § 127 StPO).[964]

---

953 *VGH Mannheim* NVwZ-RR 1998, 680.

954 *VGH Kassel* NJW 1988, 1281.

955 *VG Braunschweig* NJW 1987, 1099; vgl. auch *VG Bayreuth* NVwZ 1989, 183; *VG Gießen* NVwZ-RR 1993, 248; allgemein zu ordnungsrechtlichen Fragen der Hundehaltung, Rdn. 72 ff.

956 *VGH Mannheim* NVwZ-RR 1990, 413; *VGH Kassel* NVwZ 1992, 1111; *VGH Kassel* NVwZ-RR 1992, 619; *VGH Mannheim* VBlBW 1995, 404.

957 *VGH Mannheim* DÖV 1992, 267.

958 *OVG Münster* GewArch 1988, 66; *VGH Kassel* NJW 1988, 2257 (Autowaschplatz); *VGH Kassel* NVwZ 1990, 788; *OVG Münster* GewArch 1991, 239 (Videokassettenverleih).

959 *OVG Koblenz* DÖV 1994, 965 = NVwZ 1995, 30; *OVG Münster* DÖV 1995, 1004; *VGH München* NVwZ-RR 1995, 32.

960 *OVG Münster* NJW 1997, 1180.

961 *OVG Lüneburg* NVwZ 1997, 622.

962 *OVG Koblenz* NJW 1997, 1174.

963 *Drews/Wacke/Vogel/Martens,* S. 521.

964 *BVerfGE* 74, 257 (261 f.); vgl. zu den Grenzen des Selbsthilferechts *BGH* NStZ-RR 1998, 50.

742 Nach allgemein-sprachlichem Verständnis setzt die Anwendung von Zwang einen **entgegenstehenden Willen** auf Seiten des zu Bezwingenden voraus – „Und bist du nicht willig, so brauch' ich Gewalt." Dementsprechend wird teilweise auch die staatliche Zwangsanwendung begrifflich als Verfahren angesehen, das notwendig auf die Überwindung eines entgegenstehenden Willens gerichtet sei.[965] Es hieße aber den Anwendungsbereich der Regeln über die Anwendung von Verwaltungszwang unzulässig zu verengen, wollte man ihn auf die Fälle beschränken, in denen der Wille des Pflichtigen gebeugt (wie beim Zwangsgeld) oder gegen seinen Willen gehandelt wird (wie bei der Ersatzvornahme und dem unmittelbaren Zwang). Auch wenn ein entgegenstehender Wille nicht existiert (Bewußtlosigkeit des Pflichtigen) oder jedenfalls nicht manifest ist (Abwesenheit des Pflichtigen), und auch wenn der Pflichtige zwar will, aber nicht kann (vermögensloses Unternehmen soll Betriebsgrundstück sanieren), darf Zwang angewendet werden. Für die Anwendung der Regeln über den Verwaltungszwang ist es ohne Bedeutung, ob der Betroffene aus Nachlässigkeit, Gleichgültigkeit oder aus sonstigen Gründen der ihm gegenüber ausgesprochenen Verpflichtung nicht nachgekommen ist.[966] Maßgeblich ist insoweit nur der Nichteintritt des mit dem Erlaß der Verfügung angestrebten Erfolgs. Polizeilicher „Zwang" – so sind die entsprechenden Regelungsabschnitte in den Polizeigesetzen überschrieben – unterscheidet sich aus diesem Blickwinkel nicht von der – allgemeinen – Verwaltungsvollstreckung.

743 Die Eigenart der **Verwaltungsvollstreckung** besteht darin, daß sich der Staat durch den Erlaß eines befehlenden Verwaltungsakts den Vollstreckungstitel selbst schaffen kann. Zur Verwirklichung zivilrechtlicher Ansprüche im Wege der **Zwangsvollstreckung** dagegen bedarf es im Regelfall eines gerichtlichen Titels (§ 704 ZPO; vgl. auch § 794 ZPO). Der zivilprozessualen Zwangsvollstreckung geht also, ebenso wie auch der **Strafvollstreckung** (§§ 449 ff. StPO), in aller Regel ein gerichstförmiges Erkenntnisverfahren voraus. Das verwaltungsgerichtliche Verfahren zielt demgegenüber nicht auf die Schaffung eines Vollstreckungstitels, sondern auf seine rechtliche Nachprüfung. Es ist auch nicht obligatorisch, sondern muß von dem Betroffenen durch die rechtzeitige Einlegung von Rechtsmitteln erst in Gang gesetzt werden. Unter Berücksichtigung dieser Maßgaben ergibt sich folgende brauchbare **Definition**: Verwaltungsvollstreckung ist ein staatliches Verfahren mit dem Ziel, einen öffentlich-rechtlichen Anspruch eines Hoheitsträgers gegenüber einem Bürger unter Anwendung staatlichen Zwangs durchzusetzen.[967]

744 Vereinfachend läßt sich sagen, daß das Vollstreckungsverfahren für den Bereich der allgemeinen Verwaltung in den Verwaltungsvollstreckungsgesetzen des Bundes und der Länder und für den Bereich der Polizeibehörden in den Polizeigesetzen geregelt ist. Ausnahmen von diesem Grundsatz gibt es in denjenigen Ländern, deren Polizeigesetze das Verfahren der Zwangsanwendung nur ausschnittsweise, begrenzt auf den unmittelbaren Zwang, regeln,

PolG BW; BremPolG; HmbSOG; SächsPolG,

bzw. diesen Bereich gänzlich ungeregelt lassen (ASOG Bln). In diesen Ländern sind – § 49 I PolG BW; § 40 I BremPolG und § 30 I SächsPolG bestimmen dies sogar ausdrücklich – die **allgemeinen Vollstreckungsgesetze** anzuwenden. Soweit aber polizeirechtliche Vorschriften existieren, gehen sie den allgemeinen Regelungen vor. Die Vollstrekkungsverfahren der einzelnen Polizeigesetze folgen, bei unterschiedlicher Ausgestaltung im Detail, den Regelungen des Musterentwurfs aus dem Jahre 1976. In ihren **normativen Grundzügen** unterscheiden sich das allgemeine und das polizeiliche Vollstreckungsrecht nicht.

---

965 *Oldiges* JuS 1989, 619; *Kästner* JuS 1994, 364; *Habermehl,* Rdn. 732; *Dienelt* NVwZ 1994, 665.
966 *VGH Kassel* NVwZ-RR 1999, 23.
967 *App/Wettlaufer,* § 1 Rdn. 1.

In der **vollstreckungsrechtlichen Praxis** besteht aber ein großer Unterschied zwischen der Durchsetzung allgemeinbehördlicher und vollzugspolizeilicher Befehle. Der Vollstreckung behördlicher Verfügungen geht auf Initiative des Betroffenen häufig ein Widerspruchsverfahren und ein Verfahren vor den Verwaltungsgerichten voraus. Die Rechtmäßigkeit und Zweckmäßigkeit des Vollstreckungstitels wird in diesen Verfahren einer Prüfung unterzogen. Polizeiliche Verfügungen können dagegen sofort vollstreckt werden, da der Widerspruch hier regelmäßig keine aufschiebende Wirkung entfaltet (§ 80 II Nr. 2 VwGO). Auch das grundsätzlich dreitaktige Vollstreckungsverfahren, das sich aus der Androhung, der Festsetzung und der Anwendung der Zwangsmaßnahme zusammensetzt und dem Bürger die erneute Möglichkeit zur Rechtskontrolle gibt,[968] ist für die Anwendung polizeilichen Zwangs nicht typisch. Charakteristisch ist vielmehr der sogenannte sofortige Vollzug, der weder den vorherigen Erlaß eines Verwaltungsakts noch die Androhung und Festsetzung eines Zwangsmittels erfordert und aus einer einzigen tatsächlichen Handlung, häufig in der Form des unmittelbaren Zwangs (vgl. Rdn. 781 ff.), besteht. Die Polizei hat hier den „Vorsprung des fait accompli gegenüber der Reflexion des Rechts auf ihrer Seite".[969] Diese sofort wirksamen und oft nicht mehr korrigierbaren Handlungen müssen vorbeugend so geformt werden, daß die Wirkungen vom Handelnden beherrschbar sind und nach den Anforderungen des Rechts gesteuert werden können.[970] 745

2. Zulässigkeit des Verwaltungszwangs

a) Vollstreckung einer Grundverfügung

In seiner idealtypischen Ausgestaltung setzt die Zwangsanwendung den vorherigen Erlaß eines Verwaltungsakts voraus. Es muß sich um einen **befehlenden Verwaltungsakt** handeln. Feststellende und gestaltende Verwaltungsakte sind dagegen der Vollstreckung nicht fähig. Man bezeichnet den der Vollstreckung zugrundeliegenden befehlenden Verwaltungsakt auch als **Grundverfügung** oder Grundverwaltungsakt. Die Grundverfügung kann mit Zwangsmitteln nur unter der Voraussetzung durchgesetzt werden, daß sie entweder unanfechtbar ist oder ein Rechtsbehelf keine aufschiebende Wirkung hat. 746

Art. 53 I BayPAG; § 53 I BbgPolG; § 47 I HSOG; § 80 I SOG MV; § 64 I NGefAG; § 50 I PolG NW; § 50 I POG RP; § 44 I SPolG; § 53 I SOG LSA; § 229 I LVwG SH; § 51 I ThürPAG.

aa) Unanfechtbarkeit. Ein Verwaltungsakt ist unanfechtbar, wenn er mit Rechtsmitteln nicht mehr angegriffen werden kann. Der Verwaltungsakt ist dann rechtsbeständig bzw. **bestandskräftig.** Die Bestandskraft kann aus verschiedenen Gründen eintreten. Sie tritt zum einen ein, wenn die Widerspruchsfrist (§ 70 VwGO) oder die Klagefrist (§ 74 VwGO) abgelaufen ist. Sie tritt zum anderen ein, wenn gegen eine in der Hauptsache ergangene und den Verwaltungsakt bestätigende Gerichtsentscheidung keine Rechtsmittel (vgl. §§ 124 ff.; §§ 132 ff. VwGO) oder andere Rechtsbehelfe (vgl. §§ 131 III; 132 III, IV VwGO) eingelegt werden bzw. eingelegt werden können. Der Verwaltungsakt wächst mit dem Urteil dann in **Rechtskraft.** Zu beachten ist, daß Fristen zur Einlegung von Rechtsbehelfen nur dann zu laufen beginnen, wenn sie mit einer schriftlichen Rechtsbehelfsbelehrung versehen wurden (§ 58 I VwGO). Fehlt eine solche, wird der Verwaltungsakt erst nach Ablauf eines Jahres rechtsbeständig (§ 58 II VwGO). 747

Das Merkmal der Rechtsbeständigkeit der Grundverfügung spielt für die polizeiliche Zwangsanwendung praktisch keine große Rolle, da Anordnungen von Vollzugspolizei- 748

---

968 *Pietzner* VerwArch 84 (1993), 261: Ein dem zivilprozessualen Erkenntnisverfahren vergleichbares Verwaltungsverfahren.

969 *Denninger,* Polizei in der freiheitlichen Demokratie, in: Denninger/Lüderssen, Polizei und Strafprozeß im demokratischen Rechtsstaat, 1978, S. 108.

970 *Kirchhof,* in: Isensee/Kirchhof, Handbuch des Staatsrechts, Bd. III, 1988, § 59 Rdn. 182.

beamten wegen § 80 II Nr. 2 VwGO regelmäßig sofort, also schon vor Eintritt der Bestandskraft vollziehbar sind. Wird der Verwaltungsakt sofort vollzogen, so erledigt er sich hierdurch und kann nicht mehr in Bestandskraft erwachsen.

749 **bb) Fehlen der aufschiebenden Wirkung von Rechtsbehelfen.** Grundsätzlich haben Rechtsbehelfe gegen belastende Verwaltungsakte aufschiebende Wirkung (§ 80 I 1 VwGO). Die aufschiebende Wirkung entfällt aber bei **unaufschiebbaren Anordnungen und Maßnahmen von Polizeivollzugsbeamten** (Art. 80 II Nr. 2 VwGO). Weil die Vollzugspolizei in aller Regel nur in Eilfällen tätig wird, entfaltet der Widerspruch des betroffenen Bürgers gegen einen ihn belastenden polizeilichen Verwaltungsakt von vornherein keinen Suspensiveffekt. Der Suspensiveffekt entfällt auch, wenn die Polizeibehörde die **sofortige Vollziehung gemäß § 80 II Nr. 4 VwGO eigens anordnet**, weil, wie etwa bei der Vorladung oder der Anordnung der Verwertung einer sichergestellten Sache,[971] der Grundverwaltungsakt nicht schon kraft Gesetzes sofort vollziehbar ist. Der Verwaltungsakt kann in beiden Fällen sofort vollstreckt werden. Regelmäßig hat der Bürger auch keine reelle Möglichkeit, vor dem Verwaltungsgericht gemäß § 80 V VwGO die Anordnung oder Wiederherstellung der aufschiebenden Wirkung seines Widerspruchs zu beantragen. Die Polizei muß und kann mit der Beendigung zum Beispiel einer Personenkontrolle nicht warten, bis der Betroffene vor Gericht um vorläufigen Rechtsschutz nachgesucht hat. Nach Abschluß der polizeilichen Maßnahme hat sich der Verwaltungsakt erledigt mit der Folge, daß dem Betroffenen nur die Möglichkeit des nachträglichen Rechtsschutzes verbleibt (vgl. Kap. K Rdn. 73 ff.).

750 **cc) Rechtmäßigkeit der Grundverfügung?** Die Rechtmäßigkeit der Grundverfügung ist keine Voraussetzung für die Rechtmäßigkeit der Zwangsanwendung.[972] Demgegenüber differenziert eine im Vordringen begriffene Auffassung[973] zwischen der Vollstreckung von **bestandskräftigen** Verwaltungsakten und der Vollstreckung von **sofort vollziehbaren** Verwaltungsakten. Im letzteren Fall soll die Rechtswidrigkeit des Grundverwaltungsakts auch die Vollstreckungsmaßnahme infizieren, solange Bestandskraft nicht eingetreten ist. Begründet wird dies damit, daß die Behörde ein Unrecht (Erlaß eines rechtswidrigen Verwaltungsakts) nicht noch dadurch vertieften dürfe, daß sie auch noch Vollstreckungsmaßnahmen ergreife. Dies gelte zwar allgemein. Bei bestandskräftigen Verwaltungsakten sei eine nochmalige gerichtliche Überprüfung der Rechtmäßigkeit des Grundverwaltungsakts aber nicht mehr möglich und der Einwand von Rechtsfehlern sei insoweit abgeschnitten.

751 Dieser Auffassung kann nicht beigepflichtet werden. Sie vernachlässigt ohne Grund, daß nach dem Wortlaut der entsprechenden Bestimmungen lediglich die **Wirksamkeit und Vollstreckbarkeit des Grundverwaltungsakts** Voraussetzung für die Anwendung von Verwaltungszwang ist und daß durch diese Bestimmungen das Verhältnis zwischen beiden Maßnahmen erschöpfend definiert wird. Der Befund, daß die Polizei unrechtmäßige Verwaltungsakte nicht perpetuieren dürfe, indem sie Zwangsmittel einsetze, trifft zwar zu. Er sagt aber nichts über das hier allein interessierende **Verhältnis zwischen Grundverwaltungsakt und Vollstreckungsmaßnahme**. Der Wert einer solchen Aussage entspricht dem Wert des Satzes, die Verwaltung dürfe rechtswidrige Verwaltungsakte erst gar nicht erlassen. Ob ein Verwaltungsakt rechtswidrig ist oder nicht, ist aber zuallererst ein Erkenntnisproblem,[974] dem die Gesetzgeber durch die Schaffung von Verfahrensvor-

---

971 *OVG Münster* NVwZ-RR 1992, 76.

972 *BVerwG* NJW 1984, 2592; *VGH Kassel* B. v. 12. 4. 1995 – 3 TH 2470/94; *Schenke*, Rdn. 283; *Pietzner* VerwArch 84 (1993), 268; *Lemke*, S. 154 ff. (mit eingehender Analyse des Stands der Diskussion); vgl. auch BVerfG NVwZ 1999, 290.

973 *Würtenberger*, Rdn. 247 f., *Würtenberger/Heckmann/Riggert*, Rdn. 475; *Möller/Wilhelm*, S. 109 f.; *Götz*, Rdn. 382; *Schoch* JuS 1995, 309; *Schenke/Baumeister* NVwZ 1993, 2 mit Fn. 9. Grundlegend ist die ausführlich begründete Entscheidung des *VGH Mannheim* VBlBW 1986, 299 = ESVGH 36, 217; bestätigt durch *VGH Mannheim* NVwZ 1989, 163.

974 Vgl. dazu *Heckmann* VBlBW 1993, 43.

schriften Rechnung getragen haben. Hierzu rechnet zum Beispiel, daß ein Verstoß gegen das Verbot, rechtswidrige Verwaltungsakte zu erlassen, in den meisten Fällen nicht dazu führt, daß diese Akte als nicht existent zu betrachten sind (§§ 43 III, 44 VwVfG). Selbst rechtswidrige Verwaltungsakte sind vielmehr in aller Regel wirksam und fordern zunächst Beachtung (§ 42 I 2, II VwVfG). Hierzu rechnet aber auch, daß die Rechtmäßigkeit der Vollstreckungsmaßnahme, was ihr Verhältnis zur Grundverfügung anbelangt, nur deren Wirksamkeit (und Vollstreckbarkeit), nicht aber auch deren Rechtmäßigkeit voraussetzt.

Diese rechtliche Zuordnung führt auch nicht zu Rechtsschutz- und Gerechtigkeitsdefi- **752**
ziten, die Anlaß zum Nachdenken über eine andere Beurteilung geben könnten. Vor Ergreifen der Zwangsmaßnahme wird der Bürger durch den Grundsatz der Gesetzmäßigkeit behördlichen Handelns geschützt, sofern der Beamte die Rechtswidrigkeit des Grundverwaltungsakts erkennt oder an dessen Rechtmäßigkeit zweifelt. Der Beamte müßte entweder den **rechtswidrigen Verwaltungsakt zurücknehmen** oder seinen Zweifeln nachgehen. Im letzteren Fall wäre das Ergreifen der Vollstreckungsmaßnahme bis zum Abschluß der Nachprüfung **ermessensfehlerhaft**. Flankiert wird dieser Schutz durch strafrechtliche Bestimmungen (Körperverletzung, Sachbeschädigung, Nötigung, Freiheitsberaubung), die immer dann zum Tragen kommen, wenn die Behörde auf erkannt rechtswidriger Grundlage unmittelbaren Zwang anwendet. Diese Konstellation ist allerdings ebenso untypisch wie die folgende: Gelingt es dem Betroffenen, vor dem Ergreifen der (angedrohten) Zwangsmaßnahme um Rechtsschutz nachzusuchen, überprüft das Gericht auch die Rechtmäßigkeit der Grundverfügung, sofern der Betroffene, was praktisch nicht vorkommt, sein Rechtsschutzbegehren nicht ausdrücklich auf die Zwangsmaßnahme gegenständlich beschränkt. Mit Kassation der Grundverfügung im Hauptsacheverfahren entfällt die **Voraussetzung für die Zwangsvollstreckung**, nämlich die Existenz eines wirksamen Bescheids. Im Verfahren des vorläufigen Rechtsschutzes wird dieses Ergebnis antezipatorisch vorweggenommen.

Von praktischer Bedeutung ist dagegen die Situation **nach Beendigung der Zwangs-** **753**
maßnahme. Der Betroffene kann im Wege der Fortsetzungsfeststellungsklage die gerichtliche Feststellung beantragen, daß die gegen ihn ergriffenen Maßnahmen rechtswidrig waren. Die Feststellung der Rechtswidrigkeit der Grundverfügung führt zur Rechtswidrigkeit der Zwangsmaßnahmen und zur entsprechenden gerichtlichen Feststellung. Die Grundverfügung kann, weil sie erledigt ist, zwar nicht mehr aufgehoben werden und so dem Vollstreckungsakt rückblickend den Boden entziehen. Aus der Charakteristik der Fortsetzungsfeststellungsklage als verlängerte Anfechtungsklage ergibt sich aber, daß die rechtliche Beurteilung der Zwangsmaßnahme keinen anderen Grundsätzen folgen kann, wenn sich die polizeilichen Maßnahmen, was typisch ist, vor Klageerhebung erledigt haben: Weil der Verwaltungsakt, hätte er sich nicht erledigt, aufgehoben worden wäre, wäre auch die Existenzvoraussetzung für die Zwangsmaßnahme entfallen.

Anlaß für die vermeintliche Notwendigkeit einer Differenzierung zwischen bestands- **754**
kräftigen und vorläufig vollstreckbaren (noch nicht bestandskräftigen) Verwaltungsakten und deren Vollstreckung ist allerdings eine andere, vom VGH Mannheim[975] entschiedene, Fallkonstellation: Der Betroffene unterläßt es, gegen die erledigten polizeilichen Maßnahmen vorzugehen, wendet sich aber gegen die Heranziehung zu den **Kosten der Zwangsvollstreckung**, etwa des unmittelbaren Zwangs. Hier nimmt das Gericht den Umstand, daß die Grundverfügung, weil erledigt, nicht bestandskräftig werden konnte, zum Anlaß des „Durchgriffs" auf eben diese Verfügung. Weil die Grundverfügung rechtswidrig sei, sei auch die Zwangsanwendung rechtswidrig, und weil die Zwangsanwendung rechtswidrig sei, dürften hierfür aus rechtsstaatlichen Gründen keine Kosten erhoben werden. Ausdrücklich wird festgestellt, daß ein solcher Durchgriff nicht erfolgen dürfe, wenn der zugrundeliegende Verwaltungsakt bestandskräftig sei. Diese Konstruk-

[975] *VGH Mannheim* VBlBW 1986, 299 (oben Fußn. 973).

tion läßt die Frage unbeantwortet, ob ein solcher Durchgriff auch dann zulässig sein soll, wenn gegen die Grundverfügung wegen Zeitablaufs nicht mehr durch Erhebung einer Fortsetzungsfeststellungsklage vorgegangen werden könnte (vgl. hierzu Vorauflage Rdn. 474). Diese Frage hat jedoch an Bedeutung verloren, seit das Bundesverwaltungsgericht mit Urteil vom 14. Juli 1999 – mit überzeugenden Gründen gegen die bislang überwiegende Auffassung – entschieden hat, daß die Fortsetzungsfeststellungsklage in den Fällen der Erledigung des Verwaltungsakts vor Klageerhebung **keiner Fristbindung** unterliegt.[976] Dies bedeutet, daß der Bürger, wenn er sich in der vom VGH Mannheim entschiedenen Fallkonstellation vor Gericht gegen die Kostentragungspflicht für polizeiliche Zwangsmaßnahmen wendet, in aller Regel auch die Grundverfügung zum Gegenstand des Verfahrens machen kann.

755 Genaugenommen geht es in der geschilderten Fallkonstellation allerdings nicht um das Verhältnis zwischen Grundverfügung und Vollstreckung, sondern um **Lastengerechtigkeit**. Soll der Bürger die Kosten einer gegen ihn gerichteten rechtswidrigen Polizeimaßnahme auch noch selbst tragen müssen? Die Antwort darf nicht davon abhängen, ob die (rechtswidrige) Grundverfügung bestandskräftig geworden ist und damit unüberprüfbar feststeht, daß die Zwangsmaßnahme als solche zulässig war. Der Schluß von der Zulässigkeit der Zwangsmaßnahme auf die Rechtmäßigkeit der Kostenauferlegung ist nicht zwingend, weil erstere unter dem Regime der Verwaltungseffektivität und letztere unter dem Regime der Lastengerechtigkeit steht. Um eine befriedigende Antwort zu finden, muß man deshalb nicht das Verhältnis zwischen Grundverwaltungsakt und Vollstrekkungsakt thematisieren, um es gewissermaßen rechtsstaatlich aufzuladen. Es reicht die zutreffende Feststellung des VGH Mannheim, daß das Grundgesetz es verbiete, den Bürger mit den Kosten rechtswidriger Maßnahmen zu belasten. Um dieses Postulat rechtsdogmatisch abzusichern, ist es nicht erforderlich, den zugrundeliegenden Lebenssachverhalt nach Kriterien zu ordnen, welche allgemein das Gefahrenabwehrrecht und speziell das Vollstreckungsrecht strukturieren. Wenn der Vorgang der Gefahrenabwehr abgeschlossen ist und nunmehr ausschließlich aus der Perspektive der Lastenverteilung betrachtet wird, können diese Kriterien vielmehr ausgeblendet werden.[977] Aus der Perspektive der gerechten Lastenverteilung betrachtet, kommt es lediglich darauf an, ob der Betroffene gerade im Hinblick auf die Kostentragungspflicht Veranlassung hatte, gegen die (rechtswidrige) Grundverfügung vorzugehen. Dies ist nur zu bejahen, wenn nicht nur die Zwangsmittelandrohung, sondern auch die Hinweise auf die Kostentragungspflicht und auf die voraussichtliche Höhe der Kosten mit der Grundverfügung verbunden waren.

756 Beispiel: Die Aufforderung zur Sanierung eines Grundstücks ergeht unter Hinweis auf die entstehenden Kosten an den Nichtverantwortlichen. Ist ein solcher Bescheid bestandskräftig, so kann der Betroffene, der sich nach Durchführung der Maßnahme gegen die Auferlegung der Kosten wehrt, nicht mehr auf dessen Rechtswidrigkeit verweisen. Denn er mußte sich über die Tragweite der behördlichen Maßnahme im klaren gewesen sein. Ergeht der (rechtswidrige) Grundverwaltungsakt dagegen **ohne Hinweis auf die Kostentragungspflicht**, so trägt im Fall seiner Vollstreckung die Behörde das Kostenrisiko auch dann, wenn er bestandskräftig geworden ist.

---

[976] *BVerwGE* 109, 204 (206 ff.).

[977] Vgl. zur Unterscheidung zwischen Primär- und Sekundärebene *Heckmann* VBlBW 1993, 43 f. (bezogen allerdings auf nicht bestandskräftige Verwaltungsakte); *OVG Hamburg* GewArch 1990, 223. Vgl. auch *BVerwG* NJW 1992, 1908, wo für bestimmte Fälle der Zwangsanwendung der Rechtsgedanke der Geschäftsführung ohne Auftrag fruchtbar gemacht wird. Auch vor diesem Hintergrund wäre eine Differenzierung zwischen bestandskräftigem und erledigtem Verwaltungsakt nicht einleuchtend. Aufwendungsersatz kann nach den Regeln über die GoA nur verlangt werden, wenn die Geschäftsführung im öffentlichen Interesse lag (§§ 683 Satz 2, 679 BGB). Die Durchsetzung einer rechtswidrigen Verpflichtung liegt aber nicht deshalb im öffentlichen Interesse, weil der zugrundeliegende Verwaltungsakt bestandskräftig ist. Zu apodiktisch deshalb *BVerwG* NJW 1984, 2593.

b) Verwaltungszwang ohne vorausgehende Grundverfügung

Nicht jede Gefahrenlage erlaubt es, daß die Polizei vor ihrem Einschreiten den Betroffenen zu einem bestimmten Verhalten auffordert. In vielen Fällen muß, soll der Gefahr wirkungsvoll begegnet werden, sofort gehandelt werden. Auf das rechtssichernde Verfahren wird dann zugunsten der Effektivität der Gefahrenabwehr verzichtet. Die Rechtsfigur des **sofortigen Vollzugs** bringt diese Eilbedürftigkeit sprachlich zum Ausdruck. Auch dem Begriff der **unmittelbaren Ausführung** wohnt ein Moment der Dringlichkeit inne. 757

aa) Sofortiger Vollzug. Entsprechend den dem Musterentwurf nachgebildeten Vorschriften des Polizeirechts, 758

Art. 53 II BayPAG; § 53 II Bbg PolG; § 47 II HSOG; § 80 II SOG MV; § 64 II Nr. 1 NGefAG; § 50 II PolG NW; § 50 II POG RP; § 44 II SPolG; § 53 II SOG LSA; § 229 II LVwG SH; § 51 II ThürPAG,

kann **Verwaltungszwang ohne vorausgehenden Verwaltungsakt** angewendet werden, „wenn das zur Abwehr einer Gefahr notwendig ist, insbesondere weil Maßnahmen gegen Personen nach §§ 4 bis 6 [ME] nicht oder nicht rechtzeitig möglich sind oder keinen Erfolg versprechen, und die Polizei hierbei innerhalb ihrer Befugnisse handelt" (§ 28 II ME).

Im Unterschied zum Vorbild des Musterentwurfs verwenden die meisten Polizeigesetze einen qualifizierten Gefahrenbegriff. Sie verlangen das Vorliegen einer **gegenwärtigen** Gefahr (Bbg PolG; SOG MV; PolG NW; PolG RP; SPolG; LVwG SH). Ein sachlicher Unterschied zu den übrigen Vorschriften dürfte hier gleichwohl nicht bestehen. Das Erfordernis einer akuten Gefahrenlage ergibt sich schon daraus, daß andernfalls die sofortige Zwangsanwendung nicht notwendig wäre.[978] Die nochmalige Betonung des Merkmals der Gegenwärtigkeit der Gefahr macht aber deutlich, daß von der Möglichkeit des sofortigen Vollzugs nur mit Zurückhaltung Gebrauch gemacht werden darf. 759

Daß die Polizei bei der Zwangsanwendung **innerhalb ihrer Befugnisse** handeln muß, ist selbstverständlich. Die Regelungen über den sofortigen Vollzug machen die Anwendung der polizeilichen Befugnisnormen nicht überflüssig. Sie ermöglichen nur ein besonderes Verfahren der Zwangsanwendung. Die Rechtsgrundlage des polizeilichen Einschreitens muß also zunächst in den Vorschriften über die Standardmaßnahmen oder in der Generalklausel gesucht werden. Erst wenn die einschlägige Norm gefunden und das Vorliegen ihrer tatbestandlichen Voraussetzungen bejaht worden ist, stellt sich die Frage, ob polizeilicher Zwang im konkreten Fall ohne vorherige Grundverfügung angewendet werden darf. 760

Sofortiger Vollzug setzt voraus, daß dies **zur Abwehr einer Gefahr notwendig ist.** Nach dem Gesetzeswortlaut der meisten Bestimmungen ist dies „insbesondere" dann der Fall, wenn Maßnahmen gegen Personen nicht oder nicht rechtzeitig möglich sind oder keinen Erfolg versprechen. Diese beiden Varianten veranschaulichen nicht nur den Zweck der Regelung über den Sofortvollzug. Sie decken auch den Anwendungsbereich dieser Rechtsfigur vollständig ab. Das Wörtchen „insbesondere" ist überflüssig. 761

Die Anwendung von Verwaltungszwang ohne vorausgehenden Verwaltungsakt ist nach der ersten Alternative zulässig, **wenn Maßnahmen gegen Personen nicht oder nicht rechtzeitig möglich sind** (vgl. Rdn. 758). Der Wortlaut dieser Regelung ist unklar. Nach ihrem Zweck ist unter „**Maßnahmen** gegen Personen" nur der Erlaß eines befehlenden Verwaltungsakts zu verstehen. Werden Zwangsmittel im Wege des sofortigen Vollzugs ergriffen, so sind dies aber ebenfalls „Maßnahmen". Es handelt sich auch um „Maßnahmen **gegen Personen**". Wäre dies nicht der Fall, bedürfte es keiner Eingriffsermächtigung. Man bräuchte erst recht nicht besondere Befugnisse über die Zwangsanwendung, die nach teilweise vertretener Auffassung (Rdn. 742) sogar begrifflich den 762

[978] Vgl. *Engelhardt/App*, VwVG, § 6 Anm. IV 1 c.

entgegenstehenden Willen einer Person, gegen die die Zwangsanwendung gerichtet ist, voraussetzen. Spätestens wenn es zur Heranziehung zu den Kosten der Zwangsanwendung kommt, merkt die betroffene Person (zum Beispiel der Halter eines Kraftfahrzeugs), daß die Maßnahme „gegen" sie gerichtet war. Die Bestimmung ist deshalb so zu lesen: Verwaltungszwang darf ohne vorausgehenden Verwaltungsakt angewendet werden, **wenn ein Verwaltungsakt nicht oder nicht rechtzeitig erlassen werden kann.** Zwei Alternativen kommen in Betracht:[979]

763 Ein Verwaltungsakt ergeht gegenüber einer Person unter Umständen dann nicht oder nicht rechtzeitig, wenn die betreffende Person **nicht anwesend** ist. Der Anwendungsbereich dieser Regelungsvariante ist nicht sehr groß. Die meisten polizeilichen Regelungen, die zum Erlaß eines befehlenden Verwaltungsakts ermächtigen, setzen per se die Anwesenheit des Betroffenen voraus. Anordnungen auf der Grundlage der Vorschriften über die Befragung, die Identitätsfeststellung, die Platzverweisung oder die Vorladung können sinnvollerweise nur ergehen, wenn der Verantwortliche anwesend oder zumindest erreichbar ist. Sie lassen sich umgekehrt deshalb auch nicht (sofort) vollziehen, wenn er abwesend ist.

764 Andere Ermächtigungsgrundlagen enthalten bereits alle notwendigen Befugnisse zum Tätigwerden. Das Durchsuchen eines Schließfachs oder das Betreten einer Wohnung bei Abwesenheit des Berechtigten beispielsweise wird allein von den einschlägigen Rechtsgrundlagen abgedeckt, sofern dabei keine Gewalt angewendet wird. Dem gewaltsamen Öffnen der Wohnungs- oder Schließfachtür aber kann prinzipiell eine verbindliche und von seiten des Betroffenen auch erfüllbare Aufforderung („Türe öffnen!") vorangehen. Von daher muß man das Aufbrechen der Tür bei Abwesenheit des Betroffenen als Anwendung von Verwaltungszwang ohne vorausgehenden Verwaltungsakt ansehen. Auch einige nicht typisierte Tätigkeiten auf der Grundlage der Generalklausel können sich als Maßnahmen des sofortigen Vollzugs darstellen. In Betracht kommt etwa das Versetzen eines verkehrsbehindernd geparkten Autos oder die Beseitigung eines auf der Straße liegenden Baumes, wenn Fahrer bzw. Grundstückseigentümer nicht rechtzeitig erreichbar sind und deshalb zur Störungsbeseitigung nicht verpflichtet werden können.

765 Ein Verwaltungsakt ergeht gegenüber einer Person zum anderen möglicherweise dann nicht oder nicht rechtzeitig, wenn diese Person zwar anwesend ist, der Verwaltungsakt ihr aber **aus tatsächlichen Gründen nicht bekanntgegeben werden kann.** Dies ist zum Beispiel dann der Fall, wenn die Person bewußtlos oder aus anderen Gründen, wie etwa bei einem Schock, nicht aufnahmefähig ist. Der Polizeibeamte mag zwar einen Befehl aussprechen. Mangels Bekanntgabe ist dieser Befehl als Verwaltungsakt aber nicht existent (oben Rdn. 47). Für die Frage der Zwangsanwendung spielt es dabei keine Rolle, ob sie mit oder gegen den – hypothetischen – Willen des Betroffenen erfolgt (vgl. Rdn. 742). Die Vorschriften über den sofortigen Vollzug erfassen das Herausziehen des Bewußtlosen aus dem Fluß ohne danach zu differenzieren, ob der Betroffene nicht vielleicht mit der Absicht, sich das Leben zu nehmen, in das Wasser gesprungen ist oder ob es sich um einen sonstigen Unglücksfall handelt.

766 Der sofortige Vollzug ist nach der zweiten Regelungsvariante zulässig, wenn **Maßnahmen gegen Personen keinen Erfolg versprechen** (vgl. Rdn. 758). Diese Variante setzt die Anwesenheit einer oder mehrerer Personen, die als Verantwortliche grundsätzlich in Anspruch genommen werden könnten, voraus. Unter dem Begriff der Maßnahme ist auch hier nur der Erlaß eines Verwaltungsakts zu verstehen (oben Rdn. 762).

767 Keinen Erfolg verspricht der Erlaß eines befehlenden Verwaltungsakts zum einen, wenn zu erwarten ist, daß der Adressat sich seinen Verpflichtungen entziehen und damit **das Ziel des polizeilichen Einschreitens endgültig vereitelt** würde. Der Geiselnehmer, der Menschen mit dem Tode bedroht oder der Erpresser, der die Sprengung eines öffentlichen Gebäudes beabsichtigt, darf durch eine mündliche Anordnung nicht vorgewarnt,

---

[979] Vgl. auch die von *Schmitt-Kammler* NWVBl. 1989, 393 ff. geschilderten Fallkonstellationen.

sondern muß unter Umständen durch überraschenden Polizeieinsatz überwältigt werden. Häufig ergeht aber auch in diesen Fällen im Zuge der „Verhandlungen" beispielsweise der ausdrückliche polizeiliche Befehl, die Geiseln freizulassen und das Gebäude ohne Waffen und mit erhobenen Händen zu verlassen. Der polizeiliche Zugriff auf die Täter ist dann die Vollstreckung dieses Befehls. Werden in einer Wohnung bewaffnete Terroristen vermutet, so dürfte eine vorherige Anordnung nicht in Betracht kommen, da mit gefährlicher Gegenwehr und Flucht zu rechnen ist. Gleiches gilt, wenn das Fluchtauto eines Geiselnehmers durch Polizeifahrzeuge zum Halten gebracht wird. Auch die Razzia, der schon definitionsgemäß das Überraschungsmoment innewohnt (vgl. Rdn. 334), kann je nach Sachlage auch ohne vorausgehende Verfügungen eingeleitet werden.

Der vorherige Erlaß eines befehlenden Verwaltungsakts verspricht zum anderen in den 768
Fällen keinen Erfolg, in denen der Verantwortliche selbst den Geschehensablauf **nicht mehr beeinflussen** kann. Der durch ausströmendes Gas bereits bewegungsunfähige Suizident könnte einer Anordnung, den Raum zu verlassen, ebensowenig Folge leisten wie der lebensmüde Nichtschwimmer dem Befehl, an das Ufer zu kommen. Die Polizei darf und muß in diesen Fällen sofort einschreiten. Gleiches gilt, wenn ein Hund auf Zurufe seines Besitzers nicht mehr reagiert und zu einer unmittelbaren Bedrohung für das Leben oder die Gesundheit anderer wird. Auf die nutzlose Aufforderung, der Besitzer möge den Hund sofort zurückrufen, kann hier verzichtet werden.

Die Regelungen über den Sofortvollzug verstehen im allgemeinen unter Personen, die 769
vorrangig in Anspruch zu nehmen sind, auch den **Nichtstörer** (z. B. Art. 53 II i.V. m. Art. 10 BayPAG; § 47 II i.V. m. § 9 HSOG; § 50 II i.V. m. § 6 PolG NW). Dies steht im Widerspruch zu den tatbestandlichen Voraussetzungen der Inanspruchnahme nicht verantwortlicher Personen. Danach dürfen Maßnahmen gegen Nichtstörer nur ergehen, wenn die Polizei die Gefahr nicht oder nicht rechtzeitig selbst oder durch Beauftragte abwehren kann (vgl. Kap. E Rdn. 129). Der Nachrang der Inanspruchnahme des Nichtstörers gegenüber dem Störer hat stärkeres Gewicht als der Nachrang des Sofortvollzugs gegenüber der Vollstreckung einer Grundverfügung. Der sofortige Vollzug setzt deshalb entgegen dem Wortlaut der einschlägigen Bestimmungen nicht voraus, daß eine Maßnahme auch gegen einen Nichtstörer nicht rechtzeitig ergehen könnte oder keinen Erfolg verspräche. Die Polizei muß im Wege des sofortigen Vollzugs die Gefahr „selbst" oder durch einen Beauftragten abwehren. Nur wenn sie hierzu nicht in der Lage ist, darf sie, sofern die übrigen Voraussetzungen vorliegen, den Nichtstörer verpflichten. Die Streifenwagenbesatzung ist also gehalten, den von einem Privatgrundstück auf die Straße gefallenen Baum im Wege des Sofortvollzugs zum Zwecke der Verkehrssicherung selbst beiseite zu schaffen, sofern sie dazu kräftemäßig imstande ist. Sie darf in diesem Fall nicht den zufällig anwesenden Fahrer eines Traktors, einen Nichtstörer also, verbindlich anweisen, den Baum mit seiner Maschine wegzuziehen. Eine solche Anordnung kommt nur dann in Betracht, wenn die Polizisten den Baum mit eigenen Kräften nicht bewegen können. Aber auch dann ist die Gefahrenbeseitigung durch Beauftragte noch vorrangig. Gefährdungen von Verkehrsteilnehmern kann durch verkehrsregelnde Maßnahmen (§ 36 StVO) begegnet werden. Wäre unter dem Baum aber ein Mensch eingeklemmt, könnten die Voraussetzungen für die sofortige Inanspruchnahme des zufällig anwesenden Traktorfahrers vorliegen. Dessen Pflicht zur Hilfe könnte in einem solchen Fall auch ohne Konkretisierung durch polizeilichen Verwaltungsakt bestehen. Sie folgt aus dem allgemeinen Gebot zur Hilfeleistung bei Unglücksfällen. Ihre Nichtbeachtung ist strafbar (§ 323 c StGB).

bb) Unmittelbare Ausführung. Das Institut der unmittelbaren Ausführung wurde 770
nachträglich in den Musterentwurf eingefügt. Grund hierfür war ein Meinungsstreit über die begrifflichen Voraussetzungen der Zwangsanwendung. Es wurde die Auffassung vertreten, daß polizeiliches Handeln bei **Abwesenheit des Pflichtigen** nicht als Zwangsanwendung angesehen werden könne. Denn in einem solchem Fall könne sich ein dem polizeilichen Handeln entgegengesetzter Wille nicht äußern. Ein entgegengesetzter Wille

sei aber begriffliche Voraussetzung für die Zwangsanwendung.[980] Um auch dieser Auffassung Genüge zu tun, enthält der Musterentwurf (§ 5 a) und enthalten in seiner Folge einige Polizeigesetze,

BayPAG; Bbg PolG; HSOG; PolG RP; SOG LSA; ThürPAG,

neben der Vorschrift über den sofortigen Vollzug auch eine Regelung über die unmittelbare Ausführung. Dies wäre nicht erforderlich gewesen, weil die Regelungen über den Sofortvollzug auch diejenigen Fallkonstellationen abdecken, die man bei der Einführung der Vorschriften über die unmittelbare Ausführung vor Augen hatte, also insbesondere das polizeiliche Einschreiten bei Abwesenheit des Pflichtigen (oben Rdn. 763 f.). Beide Rechtsfiguren regeln identische Sachverhalte.[981] Ein guter Beleg für die rechtliche Identität der beiden Institute ist die Tatsache, daß einige Polizeigesetze nur das eine

sofortiger Vollzug: BremPolG; SOG MV; NGefAG; PolG NW; SPolG; LVwG SH,

und andere Polizeigesetze nur das andere –

unmittelbare Ausführung: PolG BW; HmbSOG; ASOG Bln; SächsPolG,

kennen. Im übrigen geht schon die Vorstellung – und also das Motiv für die Einführung des Instituts der unmittelbaren Ausführung –, Zwang setze begrifflich die Überwindung eines entgegenstehenden Willens voraus, von unzutreffenden Voraussetzungen aus (vgl. oben Rdn. 742).

771 De lege ferenda sollte auf die Rechtsfigur der unmittelbaren Ausführung verzichtet werden, weil sie ursprünglich, im preußischen Recht, eine rechtsschutzsichernde Funktion hatte, deren sie heute entkleidet ist[982] und deshalb auch kein Anlaß mehr besteht, mit einer in dieser Rechtsfigur angeblich enthaltenen fingierten Grundverfügung zu operieren. De lege lata steht der Rechtsanwender in den Ländern, die beide Institute kennen, vor der Frage eines möglichen Anwendungsvorrangs. Sie ist aus systematischen Gründen zugunsten der unmittelbaren Ausführung zu beantworten. Der Nachrang des Sofortvollzugs ergibt sich aus den einschlägigen Vorschriften selbst. Ein Tätigwerden im Wege des Sofortvollzugs ist nur dann zulässig, wenn andere Vorgehensweisen, auf die Bezug genommen wird, nicht greifen. Die Bezugnahme erfaßt auch die Bestimmung über die unmittelbare Ausführung.[983]

3. Zwangsmittel

772 Die Polizeigesetze zählen die zulässigen Zwangsmittel abschließend auf. Es handelt sich um die **Ersatzvornahme,** das **Zwangsgeld** und den **unmittelbaren Zwang.**

a) Ersatzvornahme

773 Die Polizei ist befugt, eine Handlung auf Kosten des Betroffenen selbst auszuführen oder einen anderen mit ihrer Ausführung zu beauftragen, wenn die Verpflichtung, eine vertretbare Handlung vorzunehmen, nicht erfüllt wird. Diese Form der Zwangsanwendung heißt **Ersatzvornahme**.

Art. 55 BayPAG; § 55 Bbg PolG; § 49 HSOG; § 89 SOG MV; § 66 NGefAG; § 52 PolG NW; § 52 POG RP; § 46 SPolG; § 55 SOG LSA; § 238 LVwG SH; § 53 ThürPAG.

Der Begriff wird umschrieben als die ersatzweise Vornahme einer vertretbaren Handlung an Stelle und auf Kosten des Handlungspflichtigen.[984]

---

[980] Vgl. Begr. zu § 5 a I ME (Fußn. 578).

[981] *Götz,* Rdn. 417; *Würtenberger,* Rdn. 575; *Gusy,* Rdn. 351; *Pietzner* VerwArch 84 (1993), 264 mit Fn. 12; *Rasch,* § 28 ME Rdn. 8; *Schwabe* NVwZ 1994, 629; *Schoch* JuS 1995, 312; vgl. auch *Schmitt-Kammler* NWVBl. 1989, 395 (unmittelbare Ausführung stelle einen Ausschnitt des Sofortvollzugs dar).

[982] *Pietzner* VerwArch 82 (1991), S. 303 ff.; vgl. auch oben Rdn. 40 ff.

[983] Vgl. auch *VGH Kassel* NVwZ-RR 1999, 23.

[984] *Rasch,* ME, § 30 Rdn. 1.

aa) Vertretbare Handlung. Die Ersatzvornahme setzt voraus, daß der Betroffene zur Vornahme einer vertretbaren Handlung aufgefordert wurde. Eine Handlung ist nach allgemeiner Auffassung dann vertretbar, wenn es für die Polizei tatsächlich und wirtschaftlich gleich bleibt, ob der Pflichtige oder ein anderer die Leistung vornimmt.[985] Typischer Fall ist das Entfernen eines verbotswidrig abgestellten Fahrzeugs. Die Ersatzvornahme kommt dagegen nicht in Betracht bei **höchstpersönlichen Handlungen**. Beispiele sind das Verlassen eines bestimmten Ortes aufgrund einer Platzverweisung, das Erscheinen auf einer Polizeidienststelle aufgrund einer Vorladung oder die Erteilung einer Auskunft aufgrund eines verbindlichen Auskunftsverlangens. Auch Unterlassungen und Duldungen sind höchstpersönlicher Natur mit der Folge, daß sie nicht im Wege der Ersatzvornahme erzwungen werden können. **774**

Zum anderen gibt es Verpflichtungen, die zwar nicht höchstpersönlicher Natur sein müssen, aber gleichwohl durch die Behörde nicht ersetzt werden können, weil die Handlung gerade **gegenüber der Behörde** vorzunehmen ist. Beispiele sind das Vorzeigen eines Identifikationspapiers oder die Herausgabe eines Gegenstands. Obwohl es der Behörde möglicherweise gleich ist, wer ihr den Personalausweis zeigt (Fahrer händigt bei einer Kontrollstelle Papiere des Beifahrers aus) oder den abzuliefernden Führerschein (§ 15 b III 1 StVZO) überbringt (Ehefrau des Verkehrssünders), ist eine Vollstreckung der bezeichneten Verpflichtungen keine Ersatzvornahme. Sieht man mit dem Bundesverwaltungsgericht[986] die Ersatzvornahme im weiteren Umkreis der Grundsätze über die Geschäftsführung ohne Auftrag, so folgt dies bereits daraus, daß der Gläubiger einer Leistung, wenn er zur „Selbsthilfe" greift, nicht als Geschäftsführer des Schuldners auftreten kann. **775**

bb) Fremdvornahme und Selbstvornahme. Bei der Ersatzvornahme ist nach den gesetzlichen Bestimmungen die Fremdvornahme von der Selbstvornahme zu unterscheiden. Fremdvornahme liegt vor, wenn die Handlung von einem Dritten ausgeführt wird. Typischer Fall ist hier wieder das Abschleppen von Kraftfahrzeugen durch einen von der Polizei beauftragten Unternehmer. Selbstvornahme liegt vor, wenn die Polizei mit eigenen Mitteln tätig wird. Wo in Fällen hoher Eilbedürftigkeit die Beauftragung eines Abschleppunternehmens zu lange dauert, kann die Polizei das störende Auto mit eigenen Mitteln entfernen, nötigenfalls also die Tür aufbrechen, um Bremsen und Gangschaltung zu lösen und damit das Beseiteschieben zu ermöglichen. **776**

cc) Selbstvornahme und unmittelbarer Zwang. Die Ersatzvornahme in der Form der Selbstvornahme ist vom unmittelbaren Zwang zu unterscheiden. Diese Unterscheidung ist bedeutsam für die Kostenerstattung. Nur bei der Ersatzvornahme ist nach der derzeitigen Rechtslage in vielen Polizeigesetzen der Betroffene zur Erstattung der entstandenen Kosten verpflichtet. Eine Ausnahme machen z. B. Art. 58 III BayPAG, § 52 I 3 HSOG, § 49 VII SPolG und § 56 III ThürPAG, wonach auch für die Anwendung unmittelbaren Zwangs Kosten erhoben werden können. Die Unterscheidung zwischen Selbstvornahme und der Anwendung von unmittelbarem Zwang bereitet dort keine Schwierigkeiten, wo es um die Durchsetzung unvertretbarer Handlungen geht. Das Festhalten mittels Polizeigriff[987] oder die Durchsetzung eines Platzverweises durch Einsatz von Tränengas sind Maßnahmen des unmittelbaren Zwangs schon deshalb, weil der Pflichtige der Anordnung zum Stehenbleiben oder Sich-Entfernen nur höchstpersönlich nachkommen kann. Dies entspricht der Auffassung, wonach die Anwendung von **Gewalt gegen Personen** von vornherein keine Ersatzvornahme sein kann.[988] **777**

Probleme wirft die Einordnung auf, wenn **Gewalt gegen Sachen** ausgeübt wird. Versteht man unter Gewalt jede unmittelbare Einwirkung auf Personen oder Sachen (vgl. § 36 II ME), so kann auch das Wegschieben eines störenden Autos durch die Polizeibeam- **778**

985 *OVG Berlin* JR 1969, 476; *Rasch,* ME § 30 Rdn. 1; *Schenke,* Rdn. 294.
986 *BVerwG* NJW 1992, 1908.
987 Vgl. *OLG Bremen* NJW 1977, 160.
988 *Hoffmann-Riem* DÖV 1967, 299.

ten hierunter subsumiert werden. Vom äußeren Erscheinungsbild sind Ersatzvornahme und unmittelbarer Zwang hier nicht zu unterscheiden. Maßgeblich für eine Abgrenzung ist deshalb eine **genaue Bestimmung der dem Betroffenen obliegenden Handlungspflicht.** Nur wenn die Art und Weise der polizeilichen Zwangsanwendung mit der dem Pflichtigen obliegenden Handlung identisch ist, kann sie als deren ersatzweise Vornahme angesehen werden. Geht sie dagegen über das hinaus, was der Betroffene selbst zu tun verpflichtet war, liegt unmittelbarer Zwang vor. Das gewaltsame Öffnen einer Tür ist deshalb anders zu beurteilen als die bloße Verwendung eines Nachschlüssels. Denn der Pflichtige wird in aller Regel nicht dazu verpflichtet, die Tür gewaltsam, also etwa unter Verwendung eines Brecheisens oder gar von Sprengmitteln zu öffnen und dabei Sachschäden zu verursachen.[989] Die Polizei handelt hier nicht nur „an Stelle" des Betroffenen. Kommt allerdings eine andere Möglichkeit als das gewaltsame Aufbrechen der Tür von vornherein nicht in Betracht, etwa weil kein Schlüssel vorhanden und auf die Schnelle auch kein Ersatzschlüssel zu beschaffen ist oder weil das Schloß ohnehin unbrauchbar ist, so liegt eine Ersatzvornahme vor. Denn die Aufforderung konnte in diesem Fall nur den Inhalt haben, die Tür gewaltsam zu öffnen. Einschränkend gilt jedoch auch hier, daß der Einsatz von polizeitypischen Hilfsmitteln des unmittelbaren Zwangs und von Waffen in jedem Fall die Qualifizierung einer polizeilichen Handlung als Ersatzvornahme ausschließt.[990]

779 Keine Ersatzvornahme, sondern unmittelbarer Zwang liegt vor, wenn die Behörde dem Betroffenen einen Gegenstand, den dieser aufgrund einer Verfügung an die Behörde herauszugeben hat, **wegnimmt.**[991] Dies gilt nach dem soeben Gesagten (Rdn. 492) einmal in den Fällen, in denen die Beamten den Widerstand des Herausgabepflichtigen mittels körperlicher Gewalt brechen. Dies gilt zum anderen aber auch in den Fällen, in denen kein Widerstand geleistet wird. Denn die Behörde handelt, wenn sie sich selbst etwas nimmt, was ihr „zusteht", nicht anstelle des Pflichtigen. Anstelle des Pflichtigen würde die Behörde nur tätig, wenn sie eine Verpflichtung des Besitzers zwangsweise durchsetzte, den Gegenstand an einen Dritten herauszugeben oder ihn unbrauchbar zu machen (vgl. z. B. § 48 II WaffG). Nur in Fällen wie dem letzteren sind die vorzunehmende und die vorgenommene Handlung gleich. Die Ansichnahme aber „ersetzt" nicht die Herausgabe.

b) Zwangsgeld

780 Zwangsgeld ist ein **Beugemittel** zur Durchsetzung eines Verwaltungsakts. Mit ihm können sowohl vertretbare als auch unvertretbare Verhaltensweisen durchgesetzt werden. Es kommt aber in erster Linie bei unvertretbaren Handlungen wie der Auskunftserteilung oder dem Erscheinen auf einer Polizeidienststelle zum Zwecke der erkennungsdienstlichen Behandlung in Betracht. Eine gewisse praktische Bedeutung im Vollzugspolizeirecht hat es seit einiger Zeit für die Durchsetzung von Aufenthaltsverboten und Meldeauflagen erlangt (Rdn. 446 ff. und 711 ff.). Ein Pflichtiger darf nur dann durch Zwangsgeld zu einer Handlung angehalten werden, wenn sie ausschließlich von seinem Willen abhängt.[992] Das Zwangsgeld ist von der Geldbuße, die der repressiven Ahndung einer Ordnungswidrigkeit dient, zu unterscheiden. Zwangsgeld kann neben der Geldbuße verhängt werden. Es kann mehrmals und so lange verhängt werden, bis der Betroffene seinen Verpflichtungen nachkommt.[993] Die zulässige Höhe des Zwangsgeldes ist in den einzelnen Ländern höchst unterschiedlich geregelt. Die Spannbreite reicht von 5000,– DM

---

989 Unklar die Differenzierung bei *Hoffmann-Riem* DÖV 1967, 299; in Einzelheiten anders als hier auch *Heise/Tegtmeyer,* PolG NW, § 52 Rdn. 9 f.; wiederum anders *Gusy* JA 1990, 229.

990 *Heise/Tegtmeyer,* PolG NW, § 52 Rdn. 10.

991 *Patella* NVwZ 1992, 248; a. A. *VGH Kassel* NVwZ-RR 1994, 89 f.

992 *BVerwGE* 49, 169 (171).

993 Vgl. zum Wesen des Zwangsgeldes *Drews/Wacke/Vogel/Martens,* S. 535; *Rasch,* ME, § 31, Rdn. 1 f.; *Schenke,* Rdn. 195.

(z. B. Art. 56 I BayPAG) bis 100 000,– DM (z. B. § 45 I HSOG) als Höchstgrenze. Für die Höhe des Zwangsgeldes im Einzelfall sind die konkreten Umstände maßgebend. Als Kriterien werden die Intensität des der Polizei geleisteten Widerstands, die Wichtigkeit des von der Verwaltung verfolgten Zwecks und die finanzielle Lage des Betroffenen genannt.[994]

c) Unmittelbarer Zwang

Der unmittelbare Zwang ist das schärfste Machtmittel der Polizei. Die Möglichkeit zur 781
Ausübung unmittelbaren Zwangs kennzeichnet die Polizei vor allen anderen Behörden. Nach den gesetzlichen Begriffsbestimmungen ist unmittelbarer Zwang die Einwirkung auf Personen oder Sachen durch körperliche Gewalt, ihre Hilfsmittel und durch Waffen.

§ 50 I PolG BW; Art. 61 I BayPAG; § 61 I BbgPolG; § 41 I BremPolG; § 18 I HmbSOG; § 55 I HSOG; § 102 I SOG MV; § 69 I NGefAG; § 58 I PolG NW; § 58 I POG RP; § 49 II SPolG; § 31 I SächsPolG; § 58 I SOG LSA; § 251 I LVwG SH; § 59 I ThürPAG.

Unmittelbarer Zwang zur Herbeiführung einer Aussage oder zur Erlangung einer Aus- 782
kunft ist ausgeschlossen.

Art. 58 II BayPAG; § 58 II BbgPolG; § 52 II HSOG; § 69 VII NGefAG; § 55 II PolG NW; § 55 II POG RP; § 49 I 2 SPolG; § 58 VII SOG LSA; § 56 II ThürPAG.

Dieses nicht in allen Polizeigesetzen aufgestellte Verbot gilt generell und ist auch nicht, wie es der Wortlaut der Verbotsvorschriften nahelegt, auf „Erklärungen“ mit rechtlich bindenden Folgen beschränkt (vgl. auch Rdn. 296).

aa) Körperliche Gewalt. Körperliche Gewalt ist jede unmittelbare körperliche Ein- 783
wirkung auf Personen oder Sachen.

Art. 61 II BayPAG; § 41 II BremPolG; § 18 II HmbSOG; § 55 II HSOG; § 102 II SOG MV; § 69 II NGefAG; § 58 II PolG NW; § 58 II POG RP; § 49 III SPolG; § 58 II SOG LSA; § 251 II LVwG SH; § 59 II ThürPAG.

Die Einwirkung erfolgt durch direkte Anwendung von Körperkräften des Polizeibeamten, also etwa durch ein Festhalten mittels Polizeigriff oder das Wegtragen von Verkehrshindernissen. Bei der Anwendung von Hilfsmitteln der körperlichen Gewalt und Waffen dagegen wird die Einwirkung durch diese Sachen oder Tiere „vermittelt“.

bb) Hilfsmittel der körperlichen Gewalt. Nach den Polizeigesetzen sind Hilfsmittel 784
der körperlichen Gewalt insbesondere Fesseln, Wasserwerfer, technische Sperren, Diensthunde, Dienstpferde, Dienstfahrzeuge, Reiz- und Betäubungsstoffe sowie Sprengmittel.

Art. 61 III BayPAG; § 60 III BbgPolG; § 41 III BremPolG; § 18 III HmbSOG; § 55 III HSOG; § 102 III SOG MV; § 69 III NGefAG; § 58 III PolG NW; § 58 III POG RP; § 49 IV SPolG; § 31 II SächsPolG; § 58 III SOG LSA; § 251 III LVwG SH; § 59 III ThürPAG.

Die Aufzählung ist nicht abschließend. Schlagstöcke oder Brecheisen zum Öffnen von Türen[995] zählen ebenso zu den Hilfsmitteln der körperlichen Gewalt wie sichtbehindernde Stoffe (Nebel),[996] Blendgranaten oder Geräte, mit denen Reiz- und Betäubungsmittel,[997] Nebel- oder Blendgranaten abgeschossen werden können.

Dienstpferde dienen nicht nur der Fortbewegung oder der besseren Übersicht des Rei- 785
ters. Als Hilfsmittel der körperlichen Gewalt können sie auch dazu verwendet werden, eine Platzverweisung durch Abdrängen einer Menschenmenge durchzusetzen. Durch den Einsatz von **Diensthunden** können beispielsweise flüchtige Personen aufgehalten werden, die zum Stehenbleiben aufgefordert wurden. Dienstpferde und Diensthunde

---

994 *Rasch,* ME, § 31 Rdn. 3; *Heise/Riegel,* ME, § 31 Anm. 1.
995 *Rasch,* ME, § 36 Rdn. 3.
996 *Honnacker/Beinhofer,* PAG, Art. 61 Anm. 4.
997 Begründung zu § 36 III ME (Fußn. 578).

müssen für ihre Aufgabe abgerichtet sein. Sie dürfen beim Einsatz nur von Polizeivollzugsbeamten verwendet werden, die hierfür besonders ausgebildet sind. Beim Einsatz von Diensthunden ist besonders auf die Einhaltung des Verhältnismäßigkeitsgrundsatzes zu achten. Nicht jede Renitenz des Störers berechtigt dazu, das Tier auf ihn loszulassen.[998]

786 Auch **Dienstfahrzeuge** sind nicht bloße Fortbewegungsmittel. Sie können auch dazu benutzt werden, um Straßen zu sperren oder den Fahrer eines Autos am Weiterfahren zu hindern.

787 **Fesseln** sind zunächst die dienstlich zugewiesenen Mittel, also vor allem Handschellen. Es kommen aber auch andere geeignete Mittel wie Knebelkette, Stricke, Riemen oder Zwangsjacke in Betracht.

788 **Wasserwerfer** sind schwere, mit einem Flüssigkeitsbehälter ausgerüstete Fahrzeuge, auf denen eine bewegliche Spritze installiert ist, die durch hohen Druck einen Wasserstrahl erzeugt. Wasserwerfer werden vor allem gegen Menschenmengen eingesetzt. Ihr Einsatz dient im Regelfall der Durchsetzung eines zuvor ausgesprochenen Platzverweises. Er kann zu erheblichen Verletzungen (zum Beispiel Knochenbrüchen) führen.[999] Wasserwerfer werden auch als „Distanzwaffen" bezeichnet.

789 Häufig werden beim Einsatz von Wasserwerfern dem Wasser **Reizstoffe** beigemischt. Reizstoffe sind Stoffe, die bei ihrer bestimmungsgemäßen Anwendung auf den Menschen eine belästigende Wirkung durch Haut- und Schleimhautreizung, insbesondere durch einen Augenreiz ausüben.[1000] Gebräuchlich sind Stoffe, die unter den Kürzeln CN- und CS-Gas[1001] bekannt sind und allgemein auch als Tränengas bezeichnet werden. Sie können zu Reizungen der Haut und Schleimhäute und zu Übelkeit und Erbrechen führen.[1002]

790 **Betäubungsstoffe** sind Stoffe, die eine vorübergehende Bewußtlosigkeit bewirken. Sie kommen als Hilfsmittel der körperlichen Gewalt in Betracht, wenn ein Störer angriffsunfähig gemacht werden soll. Nach den Gesetzesbegründungen soll die Aufnahme von Betäubungsmitteln in den Katalog der Hilfsmittel der Entwicklung moderner Mittel Rechnung tragen. Sie sollen unter Umständen den Einsatz von Schußwaffen entbehrlich machen.[1003]

791 **Technische Sperren** dienen dem Absperren von Straßen, Plätzen oder anderen Geländeteilen. In Betracht kommen Absperrgitter, Seile, Draht, Stacheldraht, Spanische Reiter oder Nagelgurte bzw. -bretter.

792 **Sprengmittel** sind explosionsgefährliche Stoffe und Zündmittel im Sinne der §§ 1ff. des Sprengstoffgesetzes.[1004] Sie dürfen nicht gegen Personen, sondern nur gegen Sachen angewendet werden (§ 44 IV ME). Ihr Einsatz kommt vor allem zur Beseitigung von Hindernissen bei Naturkatastrophen in Betracht.[1005] Auch beim Aufsprengen von Türen oder sonst zur Schaffung von Zu- oder Ausgängen können Sprengmittel Verwendung finden.

793 **cc) Waffen.** Die den Länderpolizeien zur Verfügung stehenden Waffen lassen sich unterscheiden in polizeitypische und militärische. **Polizeitypische Waffen** sind solche, mit denen Zwang in einer Weise ausgeübt werden kann, die nicht mit Wahrscheinlichkeit

---

998 *BVerfG* NJW 1991, 3023; vgl. zur Gefährlichkeit von Diensthunden *Becker,* Die Polizei 1996, 50, der für eine Gleichsetzung mit Waffen plädiert.

999 *LG Verden,* U. v. 26. 6. 1991, Az. 8 0 186/87.

1000 Anlage 2 zur 1. WaffV, Nr. 1.1.

1001 Anlage 2 zur 1. WaffV, Nr. 6.

1002 Die toxikologischen Folgen des kombinierten Einsatzes von CN und CS werden von *VGH München* NVwZ 1988, 1056f. und *BVerwG* NVwZ 1989, 872f. angesprochen.

1003 Begründung zu § 36 III ME (Fußn. 157); Amtl. Begründung zu § 55 III HSOG, LT-Drucks. 12/5794.

1004 *Rasch,* ME, § 36 Rdn. 4.

1005 Amtl. Begr. zu § 58 SPolG, LT-Drucks. 9/1929.

zum Tod des Betroffenen führt.[1006] Kennzeichen ist die Kontrollierbarkeit ihrer Wirkungen. Hierzu rechnen neben den Hiebwaffen auch Pistole und Revolver. Rein **militärische Waffen** bezwecken in erster Linie die physische Vernichtung des Gegners. Die Kontrollierbarkeit ihrer Wirkungen ist allenfalls zweitrangig. Hierzu gehören zum Beispiel Handgranaten oder auf gepanzerte Fahrzeuge montierte leichte Kanonen, mit denen der Bundesgrenzschutz in der Vergangenheit ausgerüstet war. Gewehre und Maschinenpistolen sind keine rein militärischen Waffen, sondern können unter günstigen Bedingungen auch kontrolliert eingesetzt werden. Auch mit automatischen Gewehren neuerer Bauart können Schüsse gezielt abgegeben werden.[1007] Maschinengewehre und Handgranaten werden in den Polizeigesetzen auch als **besondere Waffen** bezeichnet (z. B. Art. 69 BayPAG).

Die **Entwicklung der polizeilichen Bewaffnung** in der Bundesrepublik ist durch Ab- 794
rüstung gekennzeichnet.[1008] Viele Länder verzichten heute auf die Ausstattung ihrer Polizei mit rein militärischen Waffen, wie sie noch in der Weimarer Republik und bis in die siebziger Jahre auch in der Bundesrepublik vorzufinden waren. Die polizeitypischen Waffen sind in technischer Hinsicht verbessert (Präzisionsgewehre) und ihre Anwendung ist in besonderen Fällen speziell ausgebildeten Beamten übertragen (Sondereinsatzkommandos). Das Arsenal der Einsatzmittel wurde um solche erweitert, deren Verwendung das Risiko schwerer oder sogar tödlicher Verletzungen minimiert. Neben den Reizstoffen, die nicht zu den Waffen zählen (oben Rdn. 789) sind hier Gummischrotwaffen und -geschosse zu nennen.

Die bisweilen **martialische Ausstattung** der Polizeibeamten bei Demonstrationsein- 795
sätzen mit Kampfanzug, Schnürstiefeln, Knie- und Schienbeinschützern, Helm und Schutzschild kann auf Versammlungsteilnehmer einschüchternd wirken und das Erscheinungsbild einer Demonstration beeinträchtigen (vgl. Rdn. 14 und Rdn. 127). Gleichzeitig kommt aber gerade in dieser Bewehrung der kalkulierte Verzicht auf die physische Vernichtung von Menschen zum Ausdruck. Der Schußwaffengebrauch gegen eine Menschenmenge als solche ist nämlich unzulässig (vgl. unten Rdn. 837). Daß dies keine Selbstverständlichkeit ist, lehrt die Praxis in anderen Staaten, auch in Demokratien westlicher Prägung.[1009] Die zur Abwehr von Gefahren in Situationen mit hohem Gefahrenpotential (bewaffnete Gewalttäter) besonders ausgebildeten Beamten der **Sondereinsatzkommandos** verfügen allerdings nicht nur über eine breite Palette an tödlich wirkenden Schußwaffen, sondern gleichzeitig über ein großes Repertoire an technischen Mitteln und taktischen Varianten, die alle auf die Überwältigung des Störers zielen, ohne ihn zu töten. Die „sanfte" Überwältigung des polizeilichen Gegenübers durch Überraschung, Täuschung und Überlistung muß auch im Selbstverständnis dieser mit schärfsten Machtmitteln ausgestatteten Polizeieinheiten den Vorrang vor dessen Vernichtung haben.

Alle Länder lassen als **Waffen** folgende Instrumente zu: Schlagstock, Pistole, Revolver, 796
Gewehr und Maschinenpistole.

§ 50 II PolG BW; Art. 61 IV BayPAG; § 60 IV BbgPolG; § 41 IV BremPolG; § 18 IV HmbSOG; § 45 IV HSOG; § 102 IV SOG MV; § 69 IV NGefAG; § 58 IV PolG NW; § 58 IV POG RP; § 49 I SPolG; § 31 III SächsPolG; § 58 IV SOG LSA; § 251 IV LVwG SH; § 59 IV ThürPAG.

Dem Musterentwurf folgend erlaubt das BayPAG beispielsweise zusätzlich und weiterhin den Einsatz von Maschinengewehren und Handgranaten. Die unterschiedlichen Regelungen beruhen auf unterschiedlichen Einschätzungen der Sicherheitslage durch

---

1006 *Busch/Funk/Kauß/Narr/Werkentin*, S. 184.

1007 Vorige Fn.

1008 Vgl. zum Ganzen: *Busch/Funk/Kauß/Narr/Werkentin*, S. 179 ff.

1009 Vgl. etwa zur Rechtslage in Österreich: *Thewes*, Rechtliche und praktische Grundsatzfragen des polizeilichen Schußwaffeneinsatzes gegen Personen mit der Absicht oder dem Risiko der Tötung, Diss. Saarl., 1988, S. 12.

die jeweiligen Gesetzgeber. Auf der einen Seite wird die Auffassung vertreten, daß nach den Erfahrungen mit terroristischen Angriffen die Notwendigkeit, auch solche Waffen zur Abwehr lebensbedrohender Gefahren einzusetzen, nicht mehr verneint werden könne.[1010]

797 Auf der anderen Seite wird hervorgehoben, daß sich trotz erheblicher terroristischer Aktivitäten in der Vergangenheit keine Situationen ergeben hätten, die den Einsatz derartiger Waffen erforderlich gemacht hätten. Es sei auch nicht ersichtlich, daß die polizeitypische Bewaffnung zur Bewältigung schwieriger Situationen nicht ausreichen könnte.[1011] Der saarländische Gesetzgeber hat Maschinengewehre und Handgranaten nicht zugelassen, weil es sich dabei um Waffen handele, die einen kontrollierten Einsatz nicht zuließen.[1012]

798 Der Sache nach sind auch Waffen nur Hilfsmittel der körperlichen Gewalt. Ihre gesonderte Regelung wird mit der Überlegung begründet, daß von Waffen besonders schwerwiegende Wirkungen ausgingen. Je schwerwiegender ein Eingriff aber sei, um so höhere Anforderungen müßten an die Bestimmtheit der zugrundeliegenden Ermächtigung gestellt werden. Deshalb handele es sich bei der Bestimmung der zulässigen Waffen im Gegensatz zu den Hilfsmitteln um eine **abschließende Aufzählung.**[1013] Der Zweck einer solchen abschließenden Aufzählung ist aber nur zu erreichen, wenn der Begriff der Waffe genau festgelegt ist. Sonst könnte durch die Deklaration eines neuen Instruments als bloßes Hilfsmittel der Zweck der gesetzlichen Bestimmung umgangen werden. Der Umstand, daß Reizstoffe früher als Waffen, heute aber nur als Hilfsmittel angesehen werden,[1014] weist auf die Existenz solcher Interpretationsspielräume.

799 Wann ein Gegenstand als Waffe im Sinne des Polizeirechts anzusehen ist, muß sich deshalb nach dem Waffengesetz bestimmen. Erfüllt eine Vorrichtung die Begriffsmerkmale einer Waffe (§ 1 WaffG) oder von Munition und Geschossen (§ 2 WaffG), bedarf es zu ihrer Zulassung einer ausdrücklichen gesetzlichen Regelung. Sie kann dann nicht zu den Hilfsmitteln der körperlichen Gewalt gezählt werden. **Tränengaswerfer der Polizei**[1015] und auch die mit **Reizstoffen gefüllte Munition** selbst[1016] fallen nicht unter den Anwendungsbereich des Waffengesetzes. Gleiches gilt für Nebelwerfer und die mit entsprechenden Stoffen gefüllten Kartuschen. Auch ein **Wasserwerfer** ist, selbst wenn er Reizstoffe versprüht, keine Waffe. **Sprengmittel** sind zwar weder Waffen noch Munition im Sinne des Waffengesetzes. Ihre Einordnung als bloße Hilfsmittel ist aber nur deshalb gerechtfertigt, weil sie nicht gegen Menschen eingesetzt werden dürfen (vgl. Rdn. 505). **Gewehre, Maschinenpistolen** und **Maschinengewehre** sind nicht nur Waffen nach dem WaffG. Sie fallen, anders als **Pistolen** und **Revolver,**[1017] auch unter den Anwendungsbereich des Kriegswaffenkontrollgesetzes.

800 **Handgranaten** sind keine Waffen nach dem Waffengesetz, sondern ausschließlich Kriegswaffen. Wegen ihrer kaum kontrollierbaren Auswirkungen ist ihre Zulassung als polizeiliches Einsatzmittel bedenklich. Denn die Anwendung von Zwang setzt die Beherrschbarkeit und Steuerbarkeit der einzusetzenden Zwangsmittel voraus. Es ist zudem fraglich, ob Handgranaten überhaupt noch unter das Tatbestandsmerkmal „Waffen" im Sinne der polizeirechtlichen Bestimmungen gerechnet werden dürfen. Sie können nur dann hierzu rechnen, wenn man diesen Begriff auch als „Kriegswaffen" verstehen kann.

1010 *Honnacker/Beinhofer,* PAG, Art. 61 Anm. 5; ähnlich *Drews/Wacke/Vogel/Martens,* S. 545 f.

1011 Amtl. Begr. zu § 55 V HSOG, LT-Drucks. 12/5794.

1012 Amtl. Begr. zu § 49 V SPolG, LT-Drucks. 9/1929.

1013 *Heise/Riegel,* ME, § 36 Anm. 2.

1014 Begr. zu § 36 III ME (Fußn. 157).

1015 *Potrykus/Steindorf,* Waffenrecht, 5. Aufl. 1982; § 1 WaffG Anm. 5, unter Verweis auf die Amtl. Begr. zum WaffG 1968 (BT-Drucks. V/2623, S. 19). Diese Einschätzung ist allerdings im Hinblick auf das Merkmal der Tragbarkeit gem. § 1 II WaffG zu bezweifeln.

1016 Vgl. §§ 10, 11 der 1. WaffV i. V. m. §§ 37 I Nr. 9, 6 IV Nr. 4 WaffG.

1017 *Potrykus/Steindorf,* Waffenrecht, 5. Aufl. 1982, Anm. A. III zu § 1 KriegswaffenG.

Das gerade in diesem Zusammenhang betonte Bestimmtheitsgebot (vgl. soeben Rdn. 798) steht einer solchen Interpretation entgegen. Der Bundesgesetzgeber definiert „Waffen" (§ 1 WaffG) und „Kriegswaffen" (§ 1 KriegswaffenG) unterschiedlich. Auch ist nicht jede Kriegswaffe, wie ein Blick in die Kriegswaffenliste zeigt, immer eine Waffe bzw. Munition im Sinne des Waffengesetzes. Eine andere Auslegung würde auch mit der polizeilichen Aufgabenstellung, die die Bewältigung militärischer Lagen gerade nicht umfaßt, in Widerspruch geraten und die Trennlinien zwischen Polizei einerseits und Bundesgrenzschutz (vgl. Art. 91 II GG) und Bundeswehr (vgl. Art. 87 a IV GG) andererseits verwischen. Die Bewaffnung der Polizei mit Handgranaten und erst recht deren Einsatz ist deshalb auch aus Kompetenzgründen unzulässig.

Die **Munition** der polizeilichen Schußwaffen besteht in der Regel aus sogenannten **801** **Vollmantelgeschossen,** die sich beim Auftreffen auf den menschlichen Körper nicht verformen und häufig durch ihn hindurchdringen. Aus taktischer Sicht liegt ein wesentlicher Nachteil dieser Munition darin, daß das Projektil auch Personen verletzen kann, die vom Standpunkt des Schützen hinter dem Betroffenen stehen. Ein anderes Merkmal dieser Munition ist, daß sie beim Eindringen in den Körper nur einen vergleichsweise geringen Teil ihrer Bewegungsenergie abgibt, ein einziger Schuß häufig also nicht zur Beendigung der Angriffsunfähigkeit des polizeilichen Gegenübers führt. Aus diesen Gründen verwenden besondere Einheiten der Polizei auch sogenannte **Hohlspitzgeschosse.** Hier ist die Spitze des metallenen Geschoßkerns kegelförmig ausgehöhlt und mit Kunststoff ummantelt. Die besondere Wirkung dieser Munition besteht darin, daß sie sich beim Eindringen in den menschlichen Körper verformt („aufpilzt") und auf diese Weise den größten Teil ihrer Bewegungsenergie abgibt. Man bezeichnet dies auch als „man-stop-effect". Das Risiko der Tötung, das mit jedem Schußwaffeneinsatz einhergeht, ist bei Verwendung von Hohlmantelgeschossen extrem hoch. Sie dürfen deshalb nur eingesetzt werden, wenn die Voraussetzungen für einen gezielt tödlichen Schuß (vgl. Rdn. 866 ff.) vorliegen.

4. Allgemeine Voraussetzungen und Verfahren der Zwangsanwendung

Das Verwaltungsvollstreckungsverfahren ist von seiner Grundkonzeption her **dreistufig** angelegt. Es besteht aus der Androhung, der Festsetzung und der Ausführung der **802** Zwangsmaßnahme. Dieses Verfahren führt dem Bürger die drohenden Konsequenzen seines Verhaltens noch einmal vor Augen und eröffnet ihm zudem die Möglichkeit, über die Anfechtung des Grundverwaltungsakts hinaus auch die einzelnen Vollstreckungsakte mit Rechtsmitteln anzugreifen. Rechtsmittel ist regelmäßig der Antrag gemäß § 80 V VwGO, da in den meisten Ländern Vollstreckungsmaßnahmen, zu denen auch deren Androhung zählt, sofort vollziehbar sind (vgl. § 80 II Nr. 3 VwGO i. V. m. den entsprechenden Landesgesetzen, z. B. § 16 HessAGVwGO).

Bei der Zwangsanwendung durch die Polizei tritt gegenüber der Vollstreckung allgemeinbehördlicher Verwaltungsakte das dreitaktige Verfahren in den Hintergrund. Die einzelnen Vorschriften lassen in Eilfällen Ausnahmen vom idealtypischen Vorgehen bei der Zwangsanwendung zu. Polizeilicher Zwang äußert sich häufig nur in **einer einzigen tatsächlichen Handlung.** Diese ist in aller Regel beendet, bevor der Betroffene um Rechtsschutz nachsuchen kann.

a) Androhung

Die Polizeigesetze bestimmen an mehreren Stellen, daß Zwangsmittel vor ihrer Anwendung **angedroht** werden müssen, wie etwa die Pflicht zur Androhung (SOG MV **803** und LVwG SH: „Warnung") vor der Anwendung unmittelbaren Zwangs.

§ 52 II PolG BW; Art. 64 BayPAG; § 64 BbgPolG; § 44 BremPolG; § 22 HmbSOG; § 58 HSOG; § 111 SOG MV; § 74 NGefAG; § 61 PolG NW; § 61 POG RP; § 54 SPolG; § 32 II SächsPolG; § 63 SOG LSA; § 259 LVwG SH; § 62 ThürPAG.

Die Androhung ist ein Verwaltungsakt. Sie kann **mit dem Grundverwaltungsakt verbunden** werden. Sie soll mit ihm verbunden werden, wenn ein Rechtsmittel, wie bei polizeilichen Verwaltungsakten regelmäßig der Fall (§ 80 II Nr. 2 VwGO), keine aufschiebende Wirkung hat (vgl. § 34 II ME). Bevor ein gegenüber einer Menschenmenge ausgesprochener Platzverweis mit Hilfe von Wasserwerfern durchgesetzt wird, muß der Einsatzleiter die betreffenden Personen also auf den beabsichtigten Einsatz dieses Zwangsmittels hinweisen. Dies muß so geschehen, daß die Personen in der Menschenmenge hiervon Kenntnis erlangen können. Platzverweis und Androhung müssen deshalb gegebenenfalls über Lautsprecher verkündet werden.

805 Die Androhung muß sich, wie viele Polizeigesetze dies ausdrücklich bestimmen, auf **bestimmte Zwangsmittel** beziehen.

Art. 59 III 1 BayPAG; § 59 III 1 BbgPolG; § 53 III 1 HSOG; § 70 III 1 NGefAG; § 56 III 1 PolG NW; § 56 III 1 POG RP; § 50 III 1 SPolG; § 59 III 1 SOG LSA; § 57 III 1 ThürPAG.

Diese Vorschrift ist Ausdruck des in § 37 I VwVfG normierten Gebots der hinreichenden inhaltlichen Bestimmtheit von Verwaltungsakten. Zwangsmittel sind die Ersatzvornahme, das Zwangsgeld und der unmittelbare Zwang (oben Rdn. 772 ff.).

806 Fraglich ist, ob und inwieweit das angedrohte Zwangsmittel **spezifiziert** werden muß. Diese Frage kann sich bei Maßnahmen des unmittelbaren Zwangs gegen eine Menschenmenge stellen. Reicht es aus, daß der Einsatzleiter „unmittelbaren Zwang" androht, oder muß er die zum Einsatz kommenden Hilfsmittel wie Wasserwerfer, Tränengas oder Schlagstock ausdrücklich benennen? Nach einer Entscheidung des Bundesgerichtshofs[1018] genügt es, wenn die Behörde ankündigt, sie werde unmittelbaren Zwang anwenden. Eine weitergehende Konkretisierung der geplanten Maßnahme sei weder geboten noch tunlich und zum Teil sogar unmöglich. Worin der unmittelbare Zwang bestehe, müsse sich nach den Verhältnissen des Einzelfalls bestimmen, insbesondere dem Verhalten des Pflichtigen und der sonstigen von der Zwangsmaßnahme betroffenen Personen. Andernfalls könne möglicherweise nicht das den Betroffenen am wenigsten beeinträchtigende Mittel gewählt werden. Es könne sogar unzweckmäßig sein, dem Betroffenen die geplanten Maßnahmen in allen Einzelheiten vorher anzukündigen, weil er sich dann, wenn er ihnen nicht nachkommen oder gar Widerstand leisten wolle, auf sie einstellen und sie unterlaufen und vereiteln könne. Dieser Auffassung ist insoweit zuzustimmen, als sich die Behörde nicht auf die Art und Weise der Anwendung unmittelbaren Zwangs festlegen muß.[1019] Dies ergibt sich im Umkehrschluß auch daraus, daß nur der Schußwaffengebrauch als eine besondere Form des unmittelbaren Zwangs als solcher anzudrohen ist.

Art. 64 III 2 BayPAG; § 64 III BbgPolG; § 44 III 2 BremPolG; § 22 IV 2 HmbSOG; § 58 III 2 HSOG; § 111 III SOG MV; § 74 III 2 NGefAG; § 61 III 2 PolG NW; § 61 III 2 POG RP; § 54 III 2 SPolG; § 32 IV 2 SächsPolG; § 63 III 2 SOG LSA; § 259 III 2 LVwG SH; § 62 III 2 ThürPAG.

807 Das Gebot der Bestimmtheit von Verwaltungsakten und damit der **Vorhersehbarkeit polizeilichen Handelns** gebieten es aber darüber hinaus, daß der von einer Zwangsmaßnahme Betroffene Klarheit über die zu erwartenden Eingriffe in seine körperliche Unversehrtheit erhält. Es ist ein Unterschied, ob die Polizei zur Durchsetzung eines Platzverweises nur Wasser einsetzt oder auch Tränengas oder Schlagstöcke verwendet. Nicht jeder Demonstrant weiß, was ihn bei Nichtbefolgung der Platzverweisung erwartet. Deshalb sind bei der Androhung unmittelbaren Zwangs die Hilfsmittel und Waffen zu nennen, die bei Durchführung dieser Zwangsmaßnahme eingesetzt werden können. Auch die konkrete Benennung der einzelnen Hilfsmittel ist eine Ausprägung des Gebots der Vorherigkeit sprachlicher vor tatsächlicher Gewalt. Ebenso wie die gesetzlich verbind-

---

[1018] *BGH* MDR 1975, 1006 f. (Schließung eines Gewerbebetriebs). Ausdrücklich offengelassen wird diese Frage bei *OVG Münster* NVwZ-RR 1991, 242.

[1019] *Drews/Wacke/Vogel/Martens,* S. 528.

liche Androhung des Schußwaffengebrauchs mag auch die ausdrückliche Androhung des Einsatzes von empfindlichen Mitteln wie Tränengas noch manchen Versammlungsteilnehmer dazu bewegen, der polizeilichen Anordnung nachzukommen.

Anders als nach der bundesgesetzlichen Regelung des allgemeinen Vollstreckungs- 808
rechts (vgl. § 13 III BVwVG) können nach Polizgesetzen der meisten Länder **mehrere Zwangsmittel** gleichzeitig angedroht werden.

Art. 59 III BayPAG; § 58 III BbgPolG; § 53 III HSOG; § 70 III NGefAG; § 56 III PolG NW; § 56 III POG RP; § 50 III SPolG; § 59 III SOG LSA; § 57 III ThürPAG.

Von großer Bedeutung ist diese Vorschrift nicht. Da es in den meisten Fällen der polizeilichen Zwangsanwendung um die Durchsetzung unvertretbarer Handlungen geht, kommt die Androhung der Ersatzvornahme von vornherein nicht in Betracht. Weil diese Handlungen regelmäßig keinen Aufschub dulden, scheidet aus praktischen Erwägungen auch das Zwangsgeld aus. Von praktischer Relevanz ist, daß die Polizei eine schriftliche Vorladung, ein Aufenthaltsverbot oder eine Meldeauflage mit der Androhung versieht, sie werde bei Nichtbefolgen ein Zwangsgeld verhängen und, wenn der Betroffene der Aufforderung bzw. dem Verbot zuwiderhandele, ihn im Wege des unmittelbaren Zwangs vorführen. Weil die Ersatzzwangshaft bei Uneinbringlichkeit des Zwangsgeldes nur äußerstensfalls angewendet werden darf, ist es sinnvoll, das vorrangige Mittel des unmittelbaren Zwangs gleichzeitig anzudrohen. Werden mehrere Zwangsmittel angedroht, so ist nach den zitierten Bestimmungen anzugeben, in welcher Reihenfolge diese Mittel angewendet werden sollen.

Die Bestimmung, daß Zwangsmittel „möglichst **schriftlich anzudrohen**" sind, 809

Art. 59 I BayPAG; § 59 I BbgPolG; § 53 I HSOG; § 70 I NGefAG; § 56 I PolG NW; § 56 I POG RP; § 50 I SPolG; § 59 I SOG LSA; § 57 I ThürPAG,

hat im Polizeirecht nur in Teilbereichen eine Bedeutung. Wo befehlende Verwaltungsakte bei konkreter Gefahrenlage nicht erst in Schriftform ergehen können, ist auch eine schriftliche Androhung ihrer Durchsetzung in aller Regel nicht „möglich". Eine schriftliche Androhung ist deshalb nur dort geboten, wo auch der Grundverwaltungsakt selbst schriftlich erlassen wird (s. o. Rdn. 31).

Dem Betroffenen ist mit der Androhung eine angemessene **Frist** einzuräumen, inner- 810
halb der er seiner Verpflichtung nachkommen kann. Die Frist ist so zu bemessen, daß es dem Pflichtigen möglich und zumutbar ist, seine Verpflichtung bis zu ihrem Ablauf zu erfüllen.[1020] Eine Frist braucht ausdrücklich nicht bestimmt zu werden, wenn eine Duldung oder Unterlassung erzwungen werden soll.

Die § 34 VI ME nachgebildeten Vorschriften der Polizeigesetze bestimmen, daß die 811
Androhung **zuzustellen** sei. Die Androhung sei auch dann zuzustellen, wenn sie mit dem zugrundeliegenden Verwaltungsakt verbunden und für diesen keine Zustellung vorgeschrieben ist. Das Zustellungserfordernis kann aber nur dann gelten, wenn die Androhung selbst schriftlich erfolgt (vgl. § 2 VwZG).

Von der Androhung und der Fristsetzung kann abgesehen werden, „wenn die Um- 812
stände sie nicht zulassen, insbesondere wenn die sofortige Anwendung des Zwangsmittels zur Abwehr einer Gefahr notwendig ist" (§§ 34 I 3, 39 I 2 ME). Dies wird immer dann der Fall sein, wenn die Voraussetzungen des sofortigen Vollzugs vorliegen (dazu oben Rdn. 758f.). Die tatbestandlichen Voraussetzungen sind in beiden Fällen identisch. Ausdrücklich sehen die Polizeigesetze noch vor, daß bei Gebrauch von technischen Sperren und Dienstpferden von der Androhung abgesehen werden kann.

Art. 64 III 3 BayPAG; § 64 III 3 BbgPolG; § 44 IV BremPolG; § 22 III 3 HmbSOG; § 58 III 3 HSOG; § 111 III 3 SOG MV; § 74 IV NGefAG; § 61 III 3 PolG NW; § 61 III 3 POG RP; § 53 IV SPolG; § 63 IV SOG LSA; § 62 III 3 ThürPAG.

[1020] *Engelhardt/App,* VwVG, § 13 Anm. 3. a).5

b) Festsetzung

813 Die **Festsetzung** des Zwangsmittels als weiterer **förmlicher Verfahrensschritt** ist ebenfalls ein Verwaltungsakt.[1021] Im Polizeirecht kommt ihr nur eine untergeordnete Bedeutung zu. Die Polizeigesetze sehen diesen Verfahrensschritt nur für das Mittel des **Zwangsgelds** vor. Die Festsetzung des Zwangsgelds beinhaltet neben der Erklärung, daß ein Zwangsgeld in bestimmter Höhe festgesetzt werde, die Aufforderung an den Adressaten, den Betrag innerhalb einer angemessenen Frist zu bezahlen. Sie ist also eigentlich ein Leistungsbescheid, der seinerseits Grundlage für die sich gegebenenfalls anschließende Beitreibung des geforderten Geldbetrags ist. Auch die Festsetzung des Zwangsgelds hat die Funktion, den **Willen des Betroffenen zu beugen**.[1022] Sie ist von der Anforderung der Kosten einer noch durchzuführenden Ersatzvornahme, der ebenfalls Beugefunktion zugesprochen wird,[1023] zu unterscheiden.

c) Ausführung

814 Hat die Androhung einer Zwangsmaßnahme nicht den gewünschten Erfolg bewirkt, so kann sie, gegebenenfalls nach ihrer Festsetzung, **ausgeführt** werden. § 15 I VwVG spricht gleichbedeutend von der **„Anwendung"** der Zwangsmittel. Während der Grundverwaltungsakt sowie Androhung und Festsetzung Willensäußerungen sind, die unmittelbar nur Rechtsfolgen setzen, schafft die Polizei mit der Ausführung einer Zwangsmaßnahme Fakten. Die Ausführung ist ein **tatsächliches Handeln** und kein Verwaltungsakt.[1024] Sie enthält auch keine konkludente Duldungsverfügung (dazu oben Rdn. 40 ff.).

815 Die Ausführung muß sich im Rahmen der vorausgegangenen Androhung und Festsetzung halten. Dieser Grundsatz wird ausdrücklich nur in den allgemeinen Vollstreckungsgesetzen hervorgehoben (vgl. § 15 I VwVG). In diesem Rahmen können Zwangsmittel solange wiederholt und gewechselt werden, bis der Verwaltungsakt **befolgt** worden ist oder sich auf andere Weise **erledigt** hat. Entsprechendes gilt für die Beitreibung von Zwangsgeld. Der Einsatz von Zwangsmitteln ist also durch ihren Zweck, die Verhinderung oder Beseitigung eines polizeirechtswidrigen Zustands, begrenzt. Sie sind **Beugemittel** und nicht Sanktionen für rechtswidriges Verhalten (Rdn. 825).

816 Beim Zwangsgeld ist nicht schon seine „Verhängung" in Form des Leistungsbescheids, sondern erst seine **Beitreibung** als Ausführung dieser Zwangsmaßnahme zu sehen. Unter Beitreibung ist das Verfahren über die Vollstreckung von Verwaltungsakten, mit denen eine Geldleistung gefordert wird, zu verstehen. Es ist in den Verwaltungsvollstreckungsgesetzen der Länder geregelt (vgl. z. B. §§ 15 ff. HessVwVG).

817 Die Polizeigesetze sehen, ebenso wie die allgemeinen Vollstreckungsgesetze, die Anordnung von **Ersatzzwangshaft** vor, wenn das Zwangsgeld uneinbringlich ist. **Uneinbringlichkeit** liegt vor, wenn der Betroffene kein pfändbares Vermögen hat. Der Nachweis der Uneinbringlichkeit setzt regelmäßig, aber nicht notwendig die Abgabe einer eidesstattlichen Versicherung des Vollstreckungsschuldners voraus. Er ist jedenfalls erbracht, wenn alle in Betracht kommenden Pfändungsversuche (bewegliches und unbewegliches Vermögen; Forderungen) erfolglos geblieben sind.[1025] Lebt der Adressat von **Sozialhilfe**, ist grundsätzlich von der Uneinbringlichkeit des Zwangsgelds auszugehen.[1026]

818 Auf die Möglichkeit der Ersatzzwangshaft muß in der Androhung hingewiesen worden sein. Zuständig für die Anordnung von Ersatzzwangshaft sind die **Verwaltungsgerichte**. Ihre Vollstreckung richtet sich nach den §§ 904 bis 910 ZPO, auf welche die ein-

---

1021 *BVerwG* NVwZ 1997, 381.

1022 *VGH Kassel*, HessVGRspr. 1997, 69.

1023 Vgl. die Darstellung des Meinungsstands in der Entscheidung des OVG Koblenz NVwZ-RR 1999, 27.

1024 A. A. *Drews/Wacke/Vogel/Martens*, S. 530.

1025 Vgl. *VG Meiningen* NVwZ-RR 2000, 477 („intensive Bemühungen").

1026 *VGH München* NVwZ-RR 1997, 69; VGH München NVwZ 1998, 310; OVG Münster NVwZ-RR 1999, 802.

schlägigen Bestimmungen in der Polizei- bzw. Ordnungsbehördengesetze verweisen. In den meisten Ländern beträgt die Mindestdauer der Ersatzzwangshaft ein Tag und ihre **Höchstdauer zwei Wochen**,

vgl. Art. 57 I 2 BayPAG; § 57 I 2 BbgPolG; § 51 I 2 HSOG; § 91 I 2 SOG MV; § 68 I 2 NGefAG; § 54 I 2 PolG RP; § 48 I 2 SPolG,

in Sachsen-Anhalt beträgt ihre Höchstdauer 6 Monate (§ 57 I 2 SOG LSA). Die Ersatzzwangshaft ist, wie ihr Name schon sagt, **kein eigenständiges Zwangsmittel**, sondern nur Ersatz für das rechtmäßig festgesetzte und uneinbringliche Zwangsgeld. Auch sie ist keine Strafe, sondern nur **Beugemittel**.

Aus dem Grundrecht der persönlichen Freiheit folgert das Bundesverwaltungsgericht, daß die Ersatzzwangshaft „das letzte Mittel sein muß, zu dem der Staat Zuflucht nimmt".[1027] Dies bedeutet, daß die Verhängung von Ersatzzwangshaft für ein uneinbringliches Zwangsgeld nur zulässig ist, wenn alle sonstigen Zwangsmittel erschöpft sind.[1028] **819**

Im Polizeirecht hat die Ersatzzwangshaft eine praktische Bedeutung vor allem bei der Vollstreckung von mit Zwangsgeldandrohung verbundenen **Aufenthaltsverboten** gegenüber Angehörigen offener Drogenszenen (oben Rdn. 446 ff.) oder Stadtstreichern.[1029] Verstößt der Adressat gegen das Verbot, so ist die Durchführung des Vollstreckungsverfahrens, sofern das Verbot zu diesem Zeitpunkt noch andauert, grundsätzlich zulässig. Denn der Verstoß rechtfertigt im Regelfall die Annahme, der Betreffende werde das Verbot auch künftig nicht befolgen (**Wiederholungsgefahr**).[1030] Dies darf mit der Beitreibung des Zwangsgelds, nötigenfalls also auch mit der Anordnung der Ersatzzwangshaft, verhindert werden. **820**

Ein (einmaliger) Verstoß gegen das Unterlassungsgebot ist allerdings nur ein Indiz für das Bestehen einer Wiederholungsgefahr. Es kann durch besondere Umstände – zum Beispiel ein längerer Krankenhausaufenthalt oder der Umzug in eine andere Stadt – im Einzelfall wiederlegt werden. Liegt aufgrund besonderer Umstände keine Wiederholungsgefahr (mehr) vor, darf das Vollstreckungsverfahren nicht fortgesetzt werden. Andernfalls bekäme es den Charakter einer Strafe für vorangegangenes rechtswidriges Tun (Rdn. 825). **821**

Aus den gleichen Gründen darf die Ersatzzwanhgshaft nicht mehr angeordnet werden, wenn sich das Aufenthaltsverbot zwischenzeitlich **wegen Fristablaufs erledigt hat**.[1031] Von einer Erledigung wegen Fristablaufs muß auch dann ausgegangen werden, wenn das in der **ursprünglichen Verfügung** enthaltene und an sich auch abgelaufene Aufenthaltsverbot durch eine zwischenzeitlich – anläßlich eines erneuten Antreffens in der gesperrten Zone – erlassene neue Verfügung verlängert oder ersetzt wurde. Denn die Androhung eines Zwangsmittels, auf welcher das weitere Vollstreckungsverfahren aufbaut, kann sich nur auf einen bereits existenten Verwaltungsakt beziehen. Allenfalls kann sie, hiermit verbunden, gleichzeitig mit der Grundverfügung erfolgen. Der Umstand, daß mehrere nacheinander ausgesprochene Aufenthaltsverbote sich **faktisch** als ein einziges **822**

[1027] *BVerwGE* 4, 196 (198); ebenso: OVG Münster NVwZ-RR 1999, 802. Dieser Hinweis auf die penible Beachtung des Verhältnismäßigkeitsgrundsatzes bei der Anordnung dieser Maßnahme ergeht zu Recht. Mit dem Einsatz beispielsweise von Schußwaffen kennt die polizeiliche Praxis aber schärfere Zwangsmittel als die Zwangshaft.

[1028] *VGH München* NVwZ-RR 1997, 310; VG Berlin NVwZ-RR 1999, 350.

[1029] Vgl. aus der Rechtsprechung zur Durchsetzung von Aufenthaltsverboten gegenüber Angehörigen der Drogenszene: *OVG Münster* NVwZ-RR 1997, 763; *OVG Münster* NVwZ-RR 1997, 764; *OVG Münster*, Beschl. v. 18. 12. 1996, Az. 5 E 349/95 – juris; *VG Berlin* NVwZ-RR 1999, 349; *OVG Münster* NVwZ-RR 1999, 802; zur Durchsetzung von Aufenthaltsverboten gegenüber Stadtstreichern: *VGH München* NVwZ-RR 1997, 69; *VGH München* NVwZ-RR 1998, 310.

[1030] Vgl. *VGH Kassel* NVwZ-RR 1996, 361 (Wiederholungsgefahr erst bei mehrmaligen Verstoß).

[1031] Anders *OVG Münster* DÖV 1996, 1009; *OVG Münster* NVwZ-RR 1997, 763. Näher sogleich Rdn. 824 ff.

(ununterbrochenes) Aufenthaltsverbot darstellen, begründet aber keinen **rechtlichen** Zusammenhang dieser verschiedenen Maßnahmen dergestalt, daß die ursprüngliche Androhung die später erlassenen Grundverfügungen gewissermaßen vorausschauend mit umfaßt.[1032] Androhungen „auf Vorrat" gibt es nicht.[1033]

823 Typischerweise halten sich insbesondere **Drogenabhängige** nicht an das Aufenthaltsverbot, und typischerweise ist bei diesem Adressatenkreis das Zwangsgeld auch uneinbringlich, so daß das Verwaltungsverfahren nicht selten auf die Frage der Anordnung von Ersatzzwangshaft hinausläuft. Unter dem Gesichtspunkt der Verhältnismäßigkeit stellt sich die Frage, ob die Polizei, wenn der Adressat (immer wieder) gegen das Aufenthaltsverbot verstößt, nicht gehalten ist, ihn (jedesmal erneut) aus der für ihn gesperrten Zone zu verweisen und dabei nötigenfalls unmittelbaren Zwang anzuwenden bzw. ab welchem Punkt von der Erfolglosigkeit solcher Maßnahmen ausgegangen werden darf.[1034] Im Hinblick auf das Verbot der Erleichterung behördlicher Aufsicht (Rdn. 247) wird man die Resignationsschwelle für die Polizei hier nicht zu niedrig ansetzen dürfen. Speziell bei Drogendelinquenten besteht das Problem darin, daß sie sich wegen ihrer Drogensucht auch nicht durch mehrtägige Haft davon abhalten lassen, auch künftig Rauschgift zu erwerben. Die Anordnung von Ersatzzwangshaft gegenüber Drogenabhängigen ist wegen ihrer äußerst zweifelhaften Eignung deshalb unverhältnismäßig. Die geringe Erfolgsaussicht der Maßnahme rechtfertigt keinen derart schwerwiegenden Eingriff.[1035] Polizeiliche Maßnahmen dieser Schärfe sind hier deshalb fehl am Platz. Für **Rauschgifthändler**, die nicht selbst süchtig sind, gilt diese Einschränkung nicht.

d) Insbesondere: Zwangsgeld bei Erledigung der Grundverfügung

824 In Rechtsprechung und Literatur umstritten ist die Frage, ob ein angedrohtes **Zwangsgeld** noch festgesetzt und beigetrieben werden darf, wenn ein weiterer Verstoß gegen den Grundverwaltungsakt nicht mehr zu erwarten ist.[1036] Im Falle von **Handlungspflichten** wie die Anordnung zum Abriß eines illegal errichteten Wochenendhauses, zur Sanierung eines kontaminierten Grundstücks oder zur Tötung einer Viehherde tritt dieses Problem beispielsweise auf, wenn der Adressat seiner Handlungspflicht erst nach Ablauf der hierfür gesetzten Frist nachgekommen ist, im Falle von **Unterlassungspflichten** tritt es unter anderem auf, wenn der Adressat gegen ein Verbot verstoßen hat, dessen Geltungsdauer zwischenzeitlich abgelaufen ist (Aufenthaltsverbot, Rdn. 446 ff.) oder wenn sich das Verbot durch die Zuwiderhandlung endgültig erledigt hat (Fertigstellung des Hauses trotz Baustopp).

825 Weil Verwaltungszwang nach allgemeinen Grundsätzen, die letztlich im Verhältnismäßigkeitsprinzip wurzeln, nicht mehr angewendet werden darf, wenn der mit der Grundverfügung verfolgte Zweck nicht mehr erreicht werden kann, ist die Festsetzung des angedrohten bzw. die Beitreibung des festgesetzten Zwangsgelds in den beschriebenen Fällen unzulässig. Die mit jeder Phase des dreitaktigen Vollstreckungsverfahrens – also auch mit der Festsetzung des angedrohten und der Beitreibung des festgesetzten Zwangsgelds – bezweckte[1037] **Beugung des Willens** des Adressaten ginge nämlich ins Leere, weil der

---

1032 Anders *OVG Münster* NVwZ-RR 1999, 802 („ein einheitliches, zeitlich nicht unterbrochenes Aufenthaltsverbot").

1033 Vgl. zur Unzulässigkeit der Androhung von Zwangsgeld „für jeden Fall der Zuwiderhandlung" *BVerwG* NVwZ 1998, 393.

1034 Vgl. *VGH München* NVwZ-RR 1998, 310.

1035 Vgl. allgemein zur Relation von zweifelhafter Eignung und besonderer Schwere des Eingriffs *Volkmann* NVwZ 2000, 365.

1036 **Dafür:** *OVG Bremen* DVBl. 1971, 282; *OVG Münster* NVwZ-RR 1993, 671; *OVG Münster* NVwZ-RR 1997, 763; *OVG Magdeburg* DÖV 1996, 926; *OVG Magdeburg* KKZ 2000, 14; *Würtenberger/Heckmann/Riggert*, Rdn. 482; *Braun*, S. 169 f. **Dagegen:** *OVG Lüneburg* NVwZ-RR 1990, 606; *VGH Mannheim* DÖV 1996, 792; *OVG Greifswald* NVwZ-RR 1997, 762; *Dünchheim* NVwZ 1996, 117.

1037 *VGH Kassel*, Beschl. v. 12. 12. 1996, HessVGRspr. 1997, 69. Der Senat hat mit dieser Entscheidung seine entgegenstehende frühere Rechtsprechung (vgl. Beschl. v. 8. 8. 1994, NVwZ-RR 1995; Beschl. v. 18. 11. 1996, HessVGRspr. 1997, 49) aufgegeben (so ausdrücklich: Beschl. v. 25. 2. 1998, Az. 4 TG 4185/97,

Adressat, auch wenn er willens wäre, die Verfügung nicht mehr befolgen könnte. Festsetzung und Beitreibung des Zwangsgeldes hätten nicht mehr Beugefunktion, sondern Strafcharakter. An dem Adressaten würde letztlich ein Exempel statuiert, um die Wirksamkeit des Zwangsgelds für künftige Fälle zu effektuieren. Die Sanktionierung vorangegangenen rechtswidrigen Verhaltens ist aber nicht Gegenstand des Verwaltungsrechts, sondern des Straf- und Ordnungswidrigkeitenrechts, welches praktisch flächendeckend die Ge- und Verbote des allgemeinen und besonderen Ordnungsverwaltungsrechts flankiert.

Die Einwände hiergegen lauten wie folgt: Das Zwangsgeld könne seine Beugefunk- 826
tion nicht erfüllen, wenn es nach fruchtloser Androhung deswegen nicht mehr festgesetzt und beigetrieben werden dürfe, weil ein weiterer Verstoß gegen das Verbot – unter Umständen sogar wegen des geleisteten Verstoßes – nicht mehr möglich sei. Der Ordnungspflichtige werde sich nur dann unter psychologischen Druck gesetzt fühlen, wenn ein Verstoß gegen das ihm aufgegebene Verbot auch eine Festsetzung des angedrohten Zwangsgelds nach sich ziehen könne. Wisse der Adressat aber schon von vornherein, daß nach einem Verstoß gegen die Unterlassungsverfügung die Festsetzung des angedrohten Zwangsgelds nicht mehr möglich sei, versage die Androhung des Zwangsgelds als psychologisches Druckmittel.[1038]

Diese Einwände sind nicht durchgreifend, weil letztlich selbstbezüglich. Sie gründen 827
allein auf der Annahme, das Vollstreckungsmittel des Zwangsgelds müsse, da es existiere und von der Verwaltung angewendet werde, in einer bestimmten Weise effektiv sein. Die Effektivität einer Maßnahme findet ihre Grenze aber im Verhältnismäßigkeitsgrundsatz. Dieser schließt es kategorisch aus, eine Maßnahme noch zu einem Zeitpunkt zu ergreifen, zu dem der angestrebte Erfolg nicht (mehr) erreicht werden kann. Gesichtspunkte einer übergeordneten Effektivität müssen sich diesem Gebot unterordnen. Das Zwangsgeld kann mit anderen Worten nicht effektiver sein, als es die Rechtsordnung zuläßt. Wenn das – bei der Verwaltung wegen seiner einfachen Handhabung und „kostengünstigen" Wirkung[1039] beliebte – Mittel des Zwangsgelds in bestimmten Fallkonstellationen als nicht hinreichend zwecktauglich angesehen wird, steht der Rückgriff auf andere Zwangsmittel offen. In Fällen, in denen andere Zwangsmittel ebenfalls untauglich (Ersatzvornahme bei höchstpersönlichen Handlungen) bzw. unzulässig (unmittelbarer Zwang bei Auskunftsverpflichtungen) sind, steht es im Ermessen des Gesetzgebers, Verhaltenspflichten erforderlichenfalls mit Bußgeldtatbeständen zu bewerten. Deren generalpräventive Funktion zu übernehmen ist aber nicht Aufgabe des einzelfallbezogenen Vollstreckungsrechts.[1040]

5. Insbesondere: Polizeilicher Schußwaffengebrauch

In der Befugnis zum Schußwaffengebrauch gipfelt die staatliche Gewaltanwendung. 828
Als schärfstes Zwangsmittel der Polizei ist der Gebrauch von Schußwaffen in allen Poli-

---

S. 7 des Entscheidungsumdrucks). Die Gegenansicht des *OVG Magdeburg*, wonach die Festsetzung und die Beitreibung des Zwangsgelds ihre Beugekraft dadurch erhielten, „daß sie im Rahmen der Zwangsmittelanwendung gewissermaßen die Konsequenz darstellen, die der vorangegangenen Androhung überhaupt ernstzunehmende Beugekraft verleiht", läßt mindestens die Frage unbeantwortet, warum es bei dieser Sichtweise das Institut der Festsetzung des Zwangsgelds überhaupt noch gibt.

1038 Vgl. zusammenfassend *OVG Magdeburg* DÖV 1996, 926.

1039 Es sei hier nur am Rande darauf hingeweisen, daß Zwangsgelder in aller Regel in den Haushalt der Gemeinden und Kreise als den unteren Ordnungsbehörden fließen, Bußgelder gem. § 90 II OWiG dagegen regelmäßig in den Haushalt des Landes. In der Literatur wird dieser Umstand sogar ausdrücklich als Ermessenskriterium bei der Entscheidung der Frage angesehen, ob das festgesetzte Zwangsgeld vorrangig vor einem gleichzeitig verhängten Bußgeld beigetrieben werden soll, vgl. *App/Wettlaufer*, S. 219.

1040 Eine Akzentuierung hin zur „Zwangsstrafe" enthält die Regelung des Art. 37 IV Satz 2 BayVwZVG. Danach ist ein angedrohtes Zwangsgeld beizutreiben, wenn der Duldungs- oder Unterlassungspflicht zuwidergehandelt worden ist, deren Erfüllung durch die Androhung des Zwangsgelds erreicht werden sollte. Zur rechtlichen Problematik von Zwangsstrafen *Dünchheim* NVwZ 1996, 118 f.

zeigesetzen deshalb eingehend geregelt. Die Regelungen sind entweder neben den allgemeinen Vorschriften über die Ausübung unmittelbaren Zwangs anwendbar oder ersetzen sie. Trotz ihrer Regelungsdichte geben die Vorschriften über den Schußwaffengebrauch in Grenzfällen allerdings nicht immer eindeutige Antworten.

a) Vollstreckungsverfahren und allgemeine Voraussetzungen

829 **aa) Androhung des Schußwaffengebrauchs.** Sowohl das Verfahren als auch die materiellen Voraussetzungen des Schußwaffeneinsatzes sind im Hinblick auf andere Zwangsmittel teilweise abweichend geregelt. Als Androhung des Schußwaffengebrauchs gilt auch die **Abgabe eines Warnschusses**.

Art. 64 I 3 BayPAG; § 64 I 3 BbgPolG; § 44 I 2 BremPolG; § 22 I 3 HmbSOG; § 58 I 3 HSOG; § 111 I 3 SOG MV; § 74 I 3 NGefAG; § 61 I 3 PolG NW; § 61 I 3 POG RP; § 54 I 3 SPolG; § 32 II 3 SächsPolG; § 63 I 3 SOG LSA; § 259 I 3 LVwG SH; § 62 I 3 ThürPAG.

830 Ein Warnschuß soll die zu warnende Person gerade nicht treffen. Seine Warnfunktion liegt in dem Explosionsknall der Patrone, ist also akustischer Natur. Da auch ein Schußwaffeneinsatz, der sich gegen Sachen richtet, angedroht werden muß, darf die Warnfunktion des Schusses dagegen nicht in der optischen Demonstration der Wirkung des Geschosses (zum Beispiel Zertrümmern eines Gegenstandes) liegen. Die Abgabe eines Warnschusses wird allerdings nicht dadurch unzulässig, daß, zum Beispiel in einem umschlossenen Raum, durch den Schuß unter allen Umständen eine Sache beschädigt wird. Die konkrete Situation bei der Abgabe eines Warnschusses muß sich immer so darstellen, daß der Betroffene die durch Warnschuß erfolgte Androhung als solche erkennen und auf sich selbst beziehen kann. Andernfalls erfüllt diese Art der Androhung ihre Funktion nicht, den Betroffenen noch einmal auf die möglichen Folgen seines Handelns aufmerksam zu machen und ihn zur „Umkehr" zu bewegen. Wer zum Beispiel in einer unübersichtlichen Situation und im allgemeinen Durcheinander einer Razzia versucht, sich heimlich und vermeintlich unbemerkt dem polizeilichen Zugriff durch Flucht zu entziehen, braucht einen Schuß nicht unbedingt als an ihn gerichtete Warnung zu begreifen. Deshalb muß ein Warnschuß regelmäßig mit einer mündlichen Androhung verbunden werden.

831 Der **Verzicht auf die Androhung** des Schußwaffengebrauchs ist nur unter vergleichsweise strengen Voraussetzungen zulässig. Ohne Androhung dürfen Schußwaffen nur dann gebraucht werden, wenn dies zur Abwehr einer gegenwärtigen Gefahr für Leib und Leben erforderlich ist (vgl. § 39 II ME). **Ausnahmslos anzudrohen** ist der Schußwaffengebrauch aber dann, wenn er sich gegen Personen in einer Menschenmenge richtet. Die Androhung muß in diesem Fall zudem wiederholt werden (vgl. § 39 III 2 ME). Diese Regelung ist zum Schutz Unbeteiligter erforderlich und soll es ihnen ermöglichen, sich rechtzeitig zu entfernen.

832 **bb) Schußwaffengebrauch als ultima ratio.** Die Polizeigesetze bestimmen in Konkretisierung des Verhältnismäßigkeitsgrundsatzes ausdrücklich, daß Schußwaffen nur gebraucht werden dürfen, wenn andere Maßnahmen des unmittelbaren Zwangs erfolglos angewendet worden sind oder offensichtlich keinen Erfolg versprechen.

§ 53 I PolG BW; Art. 66 I BayPAG; § 66 I BbgPolG; § 46 I BremPolG; § 24 I HmbSOG; § 60 I HSOG; § 108 I SOG MV; § 76 I NGefAG; § 63 I PolG NW; § 63 I POG RP; § 56 I SPolG; § 33 I SächsPolG; § 65 I SOG LSA; § 257 I LVwG SH; § 64 I ThürPAG.

Der Einsatz von Schußwaffen als schärfstes Eingriffsmittel ist ultima ratio. Der Polizeibeamte hat hier die Notwendigkeit und Angemessenheit seines Einschreitens besonders sorgfältig zu prüfen. Das Merkmal der **offensichtlichen Aussichtslosigkeit** anderer Maßnahmen stellt zudem hohe Anforderungen an die Notwendigkeit des Schußwaffeneinsatzes. Solange andere Maßnahmen noch in Betracht zu ziehen sind, darf die Polizei nicht von der Schußwaffe Gebrauch machen. Dies ist zum Beispiel dann der Fall, wenn den im

Auto flüchtenden Bankräubern der Fluchtweg durch die Errichtung von Straßensperren abgeschnitten werden kann.

cc) **Vorrang des Schußwaffengebrauchs gegen Sachen.** Weiterhin ist zu beachten, daß der Schußwaffengebrauch gegen Personen nur dann zulässig ist, wenn der Zweck nicht durch Schußwaffengebrauch gegen Sachen erreicht werden kann. Dieser **Vorrang des Schußwaffengebrauchs gegen Sachen** hat im Einzelfall etwa zur Folge, daß das Fluchtauto der Bankräuber erforderlichenfalls durch Schüsse auf die Reifen fahruntüchtig gemacht werden kann, auf die Insassen selbst aber nicht geschossen werden darf. Allerdings sind gerade bei **Schüssen auf ein fahrendes Fahrzeug** die möglichen Wirkungen zu bedenken. Verliert der Fahrer die Kontrolle über sein Auto, so kann dies zu schwerwiegenden Folgen für ihn, die anderen Insassen und andere Verkehrsteilnehmer führen. Wenn infolge des Schußwaffengebrauchs gegen Sachen Gefahren für Leib und Leben von Personen erwachsen können, so müssen deshalb die besonderen Voraussetzungen vorliegen, unter denen ein Schußwaffengebrauch gegen Personen zulässig ist (unten Rdn. 842 ff.). Gegebenenfalls sind zusätzlich die Bestimmungen zu berücksichtigen, die den Schußwaffengebrauch bei Gefährdung Unbeteiligter regeln (sogleich Rdn. 834 ff.). Bei Schüssen auf fahrende Autos im öffentlichen Straßenverkehr ist dies regelmäßig der Fall.[1041] Auf fahrende Autos im öffentlichen Straßenverkehr darf deshalb allenfalls dann geschossen werden, wenn dies das einzige Mittel zur Abwehr einer gegenwärtigen Lebensgefahr ist. 833

dd) **Schußwaffeneinsatz bei gleichzeitiger Gefährdung Unbeteiligter.** Grundsätzlich ist der Schußwaffengebrauch unzulässig, wenn dies mit hoher Wahrscheinlichkeit zu einer Gefährdung Unbeteiligter führt (vgl. § 41 IV 1 ME). Daß dieser Umstand „für den Polizeibeamten erkennbar" sein muß, wie einige Polizeigesetze dies formulieren, ist selbstverständlich und als Zusatz deshalb überflüssig.[1042] Der Zusatz darf insbesondere nicht zu einer Verringerung der Sorgfaltsanforderungen bei der Lagebeurteilung führen. Ist der Einsatz von Schußwaffen das **einzige Mittel zur Abwehr einer gegenwärtigen Lebensgefahr,** so ist er auch dann zulässig, wenn dies zu einer Gefährdung Unbeteiligter führt, 834

§ 53 II PolG BW; Art. 66 IV BayPAG; § 66 IV BbgPolG; § 46 IV BremPolG; § 24 II 2 HmbSOG; § 60 IV HSOG; § 108 II SOG MV; § 76 IV NGefAG; § 63 IV PolG NW; § 63 IV POG RP; § 56 II SPolG; § 33 II SächsPolG; § 65 IV SOG LSA; § 257 II LVwG SH; § 64 IV ThürPAG.

Der Begriff des **Unbeteiligten** ist unklar. Eine allgemeine gesetzliche Definition dieses Begriffs gibt es nicht. Unbeteiligter soll nach einer Auffassung jeder sein, der bei der Tat, gegen die sich die polizeiliche Maßnahme richtet, nicht mitwirke. Eine Mitwirkung könne schon darin bestehen, daß die Tat, gegen die sich die polizeiliche Maßnahme richte, verbal oder durch schlüssige Handlungen unterstützt werde.[1043] Wer etwa als „Zuschauer" bei einem Gefängnisausbruch seine Sympathie für die Ausbrecher kundtäte, wäre danach kein Unbeteiligter. Auch die Reporter, die, wie anläßlich der Geiselnahme von Gladbeck geschehen, mit den Tätern in vertraulichem Ton verkehren und ihnen Aufzeichnungsgeräte zur Übermittlung von „Botschaften" an die Öffentlichkeit zur Verfügung stellen, wären danach keine Unbeteiligten. Diese an den strafrechtlichen Maßstäben zur Täterschaft und (psychischen) Teilnahme orientierte Betrachtungsweise,[1044] wie sie auch in § 46 BremPolG ausdrücklich normiert wird, ist abzulehnen. 835

Nach zutreffender Ansicht sind alle diejenigen Personen Unbeteiligte, bei denen die Voraussetzungen für den Schußwaffengebrauch im konkreten Fall nicht vorliegen.[1045] 836

1041 *Heise/Riegel,* ME, § 41 Anm. 5.

1042 Arbeitskreis Polizeirecht, AE PolG, § 42 Anm. 17.

1043 Nr. 66.5 der Vollzugsbekanntmachung zu Art. 66 BayPAG; ebenso *Honnacker/Beinhofer,* PAG, Art. 66 Anm. 8.

1044 Vgl. zur psychischen Beihilfe *Cramer,* in: Schönke-Schröder, StGB, § 27 Rdn. 12.

1045 *Rasch,* ME, § 41 Rdn. 8; *Wagner,* PolG NW, § 41 Rdn. 8; *Roos,* POG RP, § 63 Rdn. 17 f..

Geiseln sind ebenso Unbeteiligte wie **Gaffer,** die einen Polizeieinsatz behindern. Die aus der besonderen Gefährlichkeit der Schußwaffen resultierenden materiellrechtliche Beschränkung ihres Einsatzes darf nicht dadurch umgangen werden, daß der Tod oder die Verletzung von Personen, gegen die sich ein Schußwaffeneinsatz von vornherein nicht richten darf, gewissermaßen als Nebenfolge in Kauf genommen wird. Ausnahmen sind nur zur Abwehr einer gegenwärtigen Lebensgefahr möglich.

837 **ee) Insbesondere: Unbeteiligte in einer Menschenmenge.** Neben dieser allgemeinen Bestimmung zum Schußwaffeneinsatz bei Gefährdung Unbeteiligter enthalten die meisten Polizeigesetze eine besondere Vorschrift, die den **Schußwaffengebrauch gegen Personen in einer Menschenmenge** regelt.

§ 54 III PolG BW; Art. 68 BayPAG; § 68 BbgPolG; § 26 HmbSOG; § 62 HSOG; § 110 SOG MV; § 78 NGefAG; § 65 PolG NW; § 65 POG RP; § 34 IV u. V SächsPolG; § 67 SOG LSA; § 66 ThürPAG.

Die Regelung des Schußwaffeneinsatzes „gegen Personen" in einer Menschenmenge beinhaltet umgekehrt das Verbot, auf eine **Menschenmenge als solche** zu schießen. Das wahllose und „blinde" Schießen ist unter aller Umständen unzulässig. Die Besonderheit dieser Vorschriften liegt darin, daß der Begriff des Unbeteiligten in diesem speziellen Fall näher definiert und gegenüber der allgemeinen Begriffsbestimmung enger gefaßt wird.

838 Die Regelungen bestimmen, wer **kein Unbeteiligter** ist. Sie definieren den **Beteiligten** als eine Person in einer Menschenmenge, die sich trotz wiederholter Androhung des Schußwaffeneinsatzes nicht entfernt hat, wenn diese Menschenmenge Gewalttaten begeht oder durch Handlungen erkennbar billigt oder unterstützt (vgl. § 43 II ME). Sie entsprechen ihrer Struktur nach dem früheren Tatbestand des Landfriedensbruchs, der schon die räumliche Zugehörigkeit zu einer Menschenmenge unter Strafe stellte.[1046] Dieser einschränkende Begriff des Unbeteiligten relativiert das Verbot des Schußwaffeneinsatzes gegen eine Menschenmenge als solche über die ohnehin bestehende Möglichkeit des Schußwaffeneinsatzes zur Abwehr einer gegenwärtigen Lebensgefahr hinaus. Von dieser Befugnis darf deshalb nur mit größter Zurückhaltung Gebrauch gemacht werden. Die Polizei ist aus diesem Grund auch gehalten, gewalttätigen Auseinandersetzungen schon aus Gründen des Selbstschutzes nicht von vornherein unbewehrt zu begegnen. Die **Schwelle zum Schußwaffengebrauch** muß durch Schutzkleidung und den Einsatz von Hilfsmitteln der körperlichen Gewalt so weit als möglich erhöht werden. Dieses Gebot kann bei Demonstrationen unter Umständen mit der Pflicht des Staates, keine Aggressionsanreize zu schaffen,[1047] kollidieren. Das Vorzeigen eines starken Polizeiaufgebots in martialischer Aufmachung mag nicht nur potentielle Gewalttäter beeindrucken und von Gewalttätigkeiten abhalten (oben Rdn. 14 und 127). Es kann unter Umständen auch das Gegenteil bewirken. Die gleichzeitige Erfüllung dieser unterschiedlichen und teilweise gegenläufigen Normerwartungen setzt viel Fingerspitzengefühl und eine große Sachkenntnis und Erfahrung auf seiten der Einsatzleitung voraus.

839 Eine **Menschenmenge** ist eine räumlich vereinigte, der Zahl nach nicht sofort überschaubare Personenvielheit. Es ist nicht erforderlich, daß sich die Menge öffentlich zusammengefunden hat und daß eine ungehinderte Anschlußmöglichkeit besteht.[1048] Der Schußwaffeneinsatz unter erleichterten Voraussetzungen ist aber nur zulässig, wenn Unbeteiligte sich auch tatsächlich aus der Menschenmenge entfernen können. Hat die Polizei die Menge eingekreist oder gar eingekesselt (vgl. Rdn. 484), kommt ein Schußwaffeneinsatz nurmehr als letztes Mittel zur Rettung einer Person aus gegenwärtiger Lebensgefahr in Betracht.

1046 Vgl. *Lenckner,* in: Schönke-Schröder, StGB, § 125 Rdn. 1.
1047 *BVerfGE* 69, 272 (355).
1048 *Lenckner,* in: Schönke-Schröder, StGB, § 125 Rdn. 8 f.

Wann von **Gewalttätigkeit** gesprochen werden kann, richtet sich nach § 125 StGB.[1049] Danach ist unter Gewalttätigkeit ein gegen die körperliche Unversehrtheit von Menschen oder fremde Sachen gerichtetes aktives Tun unter Einsatz bzw. In-Bewegung-Setzen physischer Kraft zu verstehen. Die gewollten Auswirkungen dürfen nicht ganz unerheblich sein. Das Werfen mit ungefährlichen Gegenständen wie Schneebällen, Tomaten oder Eiern ist ebenso keine Gewalttätigkeit wie das mit keinen weiteren Schäden verbundene Umwerfen beispielsweise von Mülltonnen. Auch ist nicht jede Sachbeschädigung, wie etwa das Bemalen oder Besprühen von Wänden oder Plakaten oder das Bewerfen eines Autos mit einem Farbbeutel eine Gewalttätigkeit im Sinne dieser Vorschriften, da hier der Einsatz physischer Kraft zur Überwindung eines Widerstandes der Materie fehlt. Für Nordrhein-Westfalen schränkt § 65 PolG NW die Anwendung von Schußwaffen gegen Personen in einer Menschenmenge weiter ein. Danach müssen von der Menschenmenge oder aus ihr heraus **schwerwiegende Gewalttaten** begangen werden. Schwerwiegende Gewalttaten sind mit Strafe bedrohte Handlungen, die unter Gewaltanwendung begangen werden und besonders hochwertige Rechtsgüter verletzen. In jedem Fall sind aber, wie in den übrigen Ländern auch, die allgemeinen materiell-rechtlichen Voraussetzungen zu beachten, die bei einem Schußwaffengebrauch gegen Personen gelten (dazu Rdn. 842 ff.). Die Vorschriften über den Schußwaffengebrauch gegen Personen in einer Menschenmenge regeln nur das Maß der Gefährdung Dritter. Sie suspendieren nicht die Eingriffsschwelle des Schießens auf Menschen überhaupt. 840

Die Gewalttätigkeiten müssen **von der Menschenmenge selbst** begangen werden. Das gewalttätige Verhalten einzelner oder von Minderheiten eröffnet den Anwendungsbereich der Normen über den Schußwaffengebrauch gegen Personen in einer Menschenmenge nicht. Hier gelten die gleichen Kriterien wie bei der Bestimmung der **Unfriedlichkeit einer Versammlung.**[1050] Maßgeblich ist, daß die Gewalttätigkeiten „mit vereinten Kräften"[1051] begangen werden. Dabei ist es ausreichend, wenn ein untergeordneter Teil der Menschenmenge aktiv Gewalttaten begeht, diese Gewalttaten aber durch den übrigen Teil der Menschenmenge gebilligt oder unterstützt werden. Billigen und unterstützen sind aus dem Strafrecht übernommene Begriffe. **Billigung** bedeutet Kundgabe von Zustimmung zu bereits begangenen Taten.[1052] **Unterstützen** bedeutet das Fördern der Ziele der gewalttätigen Gruppen oder Personen.[1053] Das vorherige oder nachträgliche Einverständnis mit den Gewalttaten muß durch **Handlungen** zum Ausdruck kommen. Hierzu gehört die lautstarke verbale Unterstützung der Gewalttäter ebenso wie die Ver- oder Behinderung des polizeilichen Einschreitens gegen diese Personen. Im bloßen Verweilen am Ort der Gewalttätigkeiten ist keine Billigung zu sehen. Verhält sich die Mehrheit also **passiv,** so führt dies nicht zur Unfriedlichkeit der Menschenmenge. Dies gilt erst recht, wenn die Gewalttätigkeiten von der Mehrheit **mißbilligt** werden. Diese Personen werden nicht allein durch den Umstand zu „Beteiligten", daß sie von der Polizei zum Verlassen der Menschenmenge aufgefordert worden sind. Der Einsatz von Schußwaffen wäre in einer solchen Situation deshalb nur zulässig, wenn es kein anderes Mittel zur Abwehr einer gegenwärtigen Lebensgefahr gäbe. 841

b) Schußwaffengebrauch gegen Personen

Die Polizeigesetze enthalten spezifische, dem Musterentwurf (§ 42 ME) nachgebildete Regelungen über den Schußwaffengebrauch gegen Personen. 842

§ 54 PolG BW; Art. 67 BayPAG; § 67 BbgPolG; § 47 BremPolG; § 25 HmbSOG; § 61 HSOG; § 109 SOG MV; § 77 NGefAG; § 64 PolG NW; § 64 POG RP; § 57 SPolG; § 34 SächsPolG; § 66 SOG LSA; § 258 LVwG SH; § 65 ThürPAG.

1049 Vgl. dazu statt vieler *Lenckner,* in: Schönke-Schröder, StGB, § 125 Rdn. 5 f.
1050 Vgl. *BVerfGE* 69, 272 (359 ff.).
1051 *Lenckner,* in: Schönke-Schröder, StGB, § 125 Rdn. 10.
1052 *Cramer,* in: Schönke-Schröder, StGB, § 140 Rdn. 5.
1053 *Lenckner,* in: Schönke-Schröder, StGB, § 129 Rdn. 15.

Die Regelungen sind äußerst detailliert, spiegeln eine klare Systematik allerdings nur vor und dürften wegen ihrer Unübersichtlichkeit kaum eine für den Polizeibeamten handlungsleitende Funktion haben. Situationen, in denen Schußwaffeneinsätze erforderlich werden, erfordern schnelles Handeln. Für langwierige Subsumtionsarbeit bei der Frage, ob beispielsweise ein Verbrechen oder ein Vergehen verhindert werden soll bzw. welcher Straftat eine flüchtige Person verdächtigt wird, bleibt für den Beamten häufig keine Zeit. Die aufwendigen polizeirechtlichen Regelungen können deshalb nicht darüber hinwegtäuschen, daß in der Praxis der Verhaltensmaßstab des einzelnen Polizeibeamten in erster Linie an den strafrechtlichen Bestimmungen über die Notwehr und Nothilfe ausgerichtet ist. Fragen der Rechtmäßigkeit konkreter Schußwaffeneinsätze werden in aller Regel nur vor den Strafgerichten erörtert.[1054] Auch wenn hier Wirklichkeit und Wirksamkeit nicht vollständig zur Deckung gebracht werden können, ist gleichwohl auf einer Bindung des Schußwaffeneinsatzes an polizeirechtliche Vorschriften zu bestehen. Das Strafrecht gilt ausschließlich im Verhältnis der Bürger untereinander. Nur das öffentliche Recht vermag polizeiliches Handeln in einer dem Gesetzesvorbehalt und dem Verhältnismäßigkeitsgrundsatz entsprechenden Weise vorzuformen.

843 Wenn maßgeblicher Gedanke der polizeilichen Bewaffnung die Herstellung von Waffengleichheit mit Störern oder Straftätern ist,[1055] so ist der polizeiliche Schußwaffeneinsatz immer dann zuzulassen, wenn eine Person mit einer Schußwaffe **bewaffnet** ist und die Gefahr besteht, daß sie gegen eine Anordnung mit Waffengewalt Widerstand leisten wird. Ob sie an der Begehung eines Verbrechens, eines Vergehens oder einer – von den Polizeigesetzen nicht erfaßten – Ordnungswidrigkeit gehindert oder wegen einer dieser Taten verfolgt wird, kann dabei keine Rolle spielen, zumal schon das unerlaubte Führen einer Schußwaffe strafbar ist und deshalb ein entsprechender Tatverdacht immer naheliegt. Allein das Mitführen einer Waffe demonstriert die Gefährlichkeit des Täters, die sich bei einer Kontrolle oder Festnahme jederzeit gegen den Polizeibeamten oder gegen Unbeteiligte richten kann. Es handelt sich im Fall des Einschreitens gegen einen bewaffneten Störer bzw. Straftäter um die am häufigsten anzutreffende Konstellation des zulässigen Schußwaffeneinsatzes gegen Personen.

844 Ist der Täter **unbewaffnet,** so kann der Schußwaffengebrauch unter Umständen das letzte Mittel sein, einen Schaden zu verhindern. In der Praxis spielen diese Fälle aber nur eine geringe Rolle. Die Polizeigesetze knüpfen nebeneinander an das unmittelbare Bevorstehen eines Verbrechenstatbestandes (vgl. Rdn. 847) und an eine gegenwärtige Gefahr für Leib und Leben (vgl. Rdn. 856) an. Die Tatbestände überlappen sich weitestgehend. Letztlich geht aber der erste im Schutzzweck des zweiten auf.

845 Auch die herkömmliche Unterscheidung nach **Schußwaffengebrauch mit präventiver und repressiver Zwecksetzung,** der wegen der existierenden Gesetzeslage auch diese Darstellung folgt, läßt sich bei genauer Betrachtung nicht in letzter Konsequenz durchhalten. Der Schuß auf einen Menschen zwecks Verhinderung seiner Flucht ist letztlich allein unter polizeilich-präventiven Aspekten zu rechtfertigen. Der Grundsatz der Verhältnismäßigkeit läßt den Schußwaffengebrauch etwa zur Wiederergreifung eines flüchtigen Rechtsbrechers nur zu, „wenn von diesem eine nicht unerhebliche Gefahr für die Allgemeinheit ausgeht".[1056] Die bloße Durchsetzung des staatlichen Strafanspruchs ist demgegenüber kein hinreichender Grund für einen Schuß auf einen Menschen. Gezielte Schüsse auf zentrale Bereiche des Menschen zum Zwecke der Festnahme sind, so der Bundesgerichtshof, wegen ihrer besonderen Gefährlichkeit mit dem Grundsatz der Verhältnismäßigkeit nicht vereinbar.[1057] Das mit jedem Schußwaffengebrauch verbundene **tödliche Risiko** (unten Rdn. 871f.) darf nur unter präventiven Gesichtspunkten hinge-

---

[1054] Vgl. *BGHSt* 26, 99; 35, 379; *LG Ulm* NStZ 1991, 83; *LG Frankfurt* (Oder), NJ 1994, 424. Zu den disziplinarrechtlichen Folgen einer fahrlässigen Tötung mit einer Schußwaffe: *BVerwG* VBlBW 1991, 177.

[1055] *Riegel* ZRP 1978, 76.

[1056] *BGH* MDR 1975, 676.

[1057] *BGH* NJW 1999, 2533.

nommen werden. Denn wenn es sich verwirklicht, kann der Strafanspruch nicht mehr durchgesetzt werden. Maßnahmen der Strafverfolgung und Strafvollstreckung bilden deshalb nur einen gesetzlich besonders bezeichneten **Anlaß** für den polizeilichen Schußwaffengebrauch. Sein **Grund** liegt in der Gefährlichkeit des Täters.

Die Vorschriften über den Schußwaffeneinsatz zur Verhinderung der gewaltsamen Befreiung einer Person aus amtlichem Gewahrsam schließlich (vgl. Rdn. 865) enthalten sowohl präventive als auch repressive Aspekte, passen also schon deshalb nicht in das von den Gesetzgebern gewählte Schema. Da die Gefangenenbefreiung eine Straftat ist (§ 120 StGB) und im Fall des Mitführens von Schußwaffen oder Sprengstoffen deshalb auch nach den allgemeinen Bestimmungen der polizeiliche Schußwaffeneinsatz erlaubt wäre, ist auch der Grund für eine gesonderte Regelung nicht ersichtlich. 846

aa) Zur Gefahrenabwehr. Schußwaffen dürfen gegen Personen gebraucht werden, um die unmittelbar bevorstehende Begehung oder Fortsetzung eines Verbrechens zu verhindern. 847

§ 54 I Nr. 1 PolG BW; Art. 67 I Nr. 2 BayPAG; § 67 I Nr. 2 BbgPolG; § 47 I Nr. 2 BremPolG; § 25 I Nr. 1 HmbSOG; § 61 I Nr. 2 HSOG; § 109 II Nr. 2 SOG MV; § 77 I Nr. 2 NGefAG; § 64 I Nr. 2 PolG NW; § 64 I Nr. 2 POG RP; § 57 II Nr. 2 SPolG; § 34 I Nr. 1 SächsPolG; § 66 I Nr. 2 SOG LSA; § 258 II Nr. 2 LVwG SH; § 65 I Nr. 2 ThürPAG.

Unter dem **Gebrauch** von Schußwaffen ist der bestimmungsgemäße Gebrauch, also das Abfeuern eines oder mehrerer Schüsse zu verstehen. Die Verwendung einer Pistole als Hiebwaffe fällt nicht unter die Vorschriften über den Schußwaffengebrauch. Der Schußwaffengebrauch **gegen eine Person** bedeutet, daß auf den Körper dieser Person gezielt wird. Er ist vom Schußwaffengebrauch gegen Sachen zu unterscheiden (oben Rdn. 833). **Verbrechen** sind gemäß § 12 I StGB solche rechtswidrigen Taten, die im Mindestmaß mit Freiheitsstrafe von einem Jahr oder darüber bedroht sind.

Nur Milderungen, die nach den Vorschriften des allgemeinen Teils des Strafgesetzbuchs für **minderschwere Fälle** vorgesehen sind, bleiben bei der Einteilung außer Betracht (vgl. § 12 III StGB).[1058] Die Tötung auf Verlangen gemäß § 216 StGB beispielsweise ist dagegen kein Verbrechen und wird von diesen Bestimmungen deshalb nicht erfaßt. Sie fällt aber unter die Bestimmung über den Schußwaffengebrauch zum Schutz von Leib und Leben (vgl. Rdn. 856). Maßgeblich ist die **Rechtswidrigkeit der Tatbestandsverwirklichung.** Auf den Vorsatz (§ 15 StGB) oder die Schuld (§§ 19ff. StGB) des Täters kommt es nicht an. Kann sich eine Person auf Rechtfertigungsgründe (§§ 32ff. StGB) berufen, so liegen die Voraussetzungen für einen Schußwaffengebrauch nicht vor. Auf den in Notwehr Handelnden darf die Polizei also nicht schießen. 848

Ein Verbrechen ist **unmittelbar bevorstehend,** wenn die Verwirklichung des Tatbestandes im nächsten Augenblick zu erwarten ist. Der Tatbestand ist enger als bei der unmittelbar bevorstehenden oder gegenwärtigen Gefahr (zu diesen Begriffen Kap. E Rdn. 43ff.). Das Bundesverwaltungsgericht konnte zwar die Ingewahrsamnahme des Studentenführers *Rudi Dutschke* am Frankfurter Flughafen als Maßnahme zur Abwehr einer unmittelbar bevorstehenden oder gegenwärtigen Gefahr rechtfertigen,[1059] obwohl die befürchteten Demonstrationen in der Frankfurter Innenstadt, also mindestens fünfzehn Autominuten entfernt, hätten stattfinden sollen. Für einen Schußwaffeneinsatz genügt ein solcher zeitlicher Abstand zum befürchteten Ereignis demgegenüber nicht, sofern weitere Zugriffsmöglichkeiten nicht ausgeschlossen sind. 849

Anhaltspunkt für das unmittelbare Bevorstehen einer Tat kann die objektive Abgrenzung zwischen strafloser Vorbereitungshandlung und **strafbarem Versuch** sein. Der Versuch einer Straftat liegt, ebenso wie die Gegenwärtigkeit einer Gefahr in jedem Fall dann vor, wenn Teile des gesetzlichen Straftatbestands erfüllt sind. Im übrigen ist maßgeblich, 850

1058 *Heise/Riegel,* ME, Anm. 1 zu § 42.
1059 *BVerwGE* 45, 51 (57f.).

ob der Täter zur Tatverwirklichung **unmittelbar ansetzt** (§ 22 I StGB). Die begrifflichen Schwierigkeiten einer Abgrenzung werden durch eine solche Bezugnahme, betrachtet man die Meinungsvielfalt zum Problem des unmittelbaren Ansetzens, zwar nicht geringer. Die geforderte Nähe des Schadenseintritts wird hierdurch aber stärker betont. Das Herausziehen und in Anschlag bringen einer Pistole oder das Ausholen zum Schlag mit der Axt ist als strafrechtlich relevanter Versuch deshalb auch ein unmittelbar bevorstehendes Verbrechen. Ist der Täter aber noch auf dem Weg zu seinem Opfer und befindet sich damit erst im Vorbereitungsstadium einer strafbaren Handlung, so könnte dies unter Umständen zwar eine Ingewahrsamnahme rechtfertigen, die begrifflich die gleichen Voraussetzungen hat wie der Schußwaffengebrauch gegen Personen. Geschossen werden dürfte zu diesem Zeitpunkt allerdings noch nicht, selbst wenn man unterstellt, daß andere Mittel als der Schußwaffeneinsatz nicht vorhanden sind. Der Schußwaffengebrauch gegen Personen zur Verhinderung der **Fortsetzung eines Verbrechens** setzt voraus, daß der Tatbestand des Delikts erfüllt ist. Dies ist zum Beispiel dann der Fall, wenn der Angreifer seinem Opfer bereits eine schwere Körperverletzung gemäß §§ 223, 224 StGB beigebracht hat, den Angriff aber fortführt.

851 Schußwaffen dürfen nach den oben (Rdn. 847) zitierten Bestimmungen gegen Personen auch zur Verhinderung der unmittelbar bevorstehenden Begehung oder Fortsetzung eines Vergehens unter Anwendung oder Mitführung von Schußwaffen oder Explosivmitteln gebraucht werden. **Vergehen** ist gemäß § 12 II StGB jede rechtswidrige Tat, die im Mindestmaß mit einer Freiheitsstrafe unter einem Jahr oder mit Geldstrafe bedroht ist. **Schußwaffen** sind gemäß § 1 WaffG Geräte, bei denen Geschosse durch einen Lauf getrieben werden. Die für § 244 I Nr. 1 StGB bedeutsame Streitfrage, ob auch **Gaspistolen** unter den Waffenbegriff fallen, obwohl die Gaspatrone selbst den Lauf nicht verläßt,[1060] ist für den Bereich des Polizeirechts häufig nicht relevant. Ebenso wie eine Schreckschußwaffe ist auch eine Gaspistole nach dem äußeren Erscheinungsbild von einer „echten" Waffe nur schwer zu unterscheiden. Wenn sie den Anschein einer solchen erweckt, gelten die Grundsätze über die Anscheinsgefahr (dazu oben Kap. E Rdn. 37). Die Streitfrage wird aber dann relevant, wenn eine Gaspistole als solche eindeutig identifiziert werden kann, etwa deshalb, weil der Täter sie schon eingesetzt hat. Der Umstand, daß Tränengas und Instrumente zum Abfeuern von Tränengas polizeirechtlich nicht als Waffe angesehen werden, spricht gegen eine Qualifikation der Gaspistole als Waffe. „Waffengleichheit"[1061] mit dem Straftäter, das polizeiliche Motiv für eine Ausrüstung mit Schußwaffen, gilt es hier nicht zu erreichen. **Explosivmittel** sind explosionsgefährliche Stoffe nach § 1 I SprengstoffG.

852 Das **Mitsichführen** entspricht dem Beisichführen des § 244 I Nr. 1 StGB und setzt die jederzeitige Verfügbarkeit der Sache voraus.[1062] Das Merkmal des **Anwendens** hat keine eigenständige Bedeutung. Das als Drohung gemeinte Schießen in die Luft beispielsweise läßt sich auch unter den Begriff des Mitführens subsumieren. Wird dagegen auf einen Menschen gezielt, rechtfertigt sich der polizeiliche Schußwaffeneinsatz bereits als Maßnahme zur Verhinderung eines unmittelbar bevorstehenden Verbrechens (oben Rdn. 847). „Unter" Anwendung oder Mitführung einer Schußwaffe oder von Explosivmitteln bedeutet, daß zwischen dem Mitführen solcher Sachen und der Straftatbegehung ein **innerer Zusammenhang** bestehen muß. Der Zusammenhang fehlt, wo die Schußwaffe oder der Sprengstoff ohne deliktische Hintergründe oder Motive mitgeführt werden.

853 Wie auch der qualifizierte Diebstahl gemäß § 244 I Nr. 1 StGB statuieren die § 42 I Nr. 2 2. Alt. ME entsprechenden polizeirechtlichen Ermächtigungen eine besondere **Gefährlichkeitsvermutung.**[1063] Der tragende Grund für den Schußwaffeneinsatz ist nicht

---

1060 Bejahend *BGH* NJW 1971, 1223. Ablehnend *Schröder* JR 1971, 382. Vgl. zum Ganzen *Potrykus/Steindorf*, Waffenrecht, § 1 Anm. 4.

1061 *Riegel* ZRP 1978, 76 (Rdn. 583).

1062 *Eser*, in: Schönke-Schröder, StGB, § 244 Rdn. 5 f.

1063 Vgl. dazu *Eser*, in: Schönke-Schröder, StGB, § 244 Rdn. 5.

die Abwehr einer Gefahr von dem in der Strafrechtsnorm geschützten Rechtsgut, sondern die Verhinderung von Schäden, welche die vom Täter mitgeführten Waffen oder Sprengstoff bei hochrangigen, durch Verbrechenstatbestände (vgl. § 41 I Nr. 2 1. Alt. ME) geschützten Rechtsgütern bewirken können. Die Vorschrift ist deshalb eng auszulegen. Der Zweck des Schusses auf den Einbrecher liegt nicht in der Verhinderung des Diebstahls, sondern darin, Leib und Leben anderer Personen, auch des Polizeibeamten selbst, zu schützen. Ob der Schuß auf den bewaffneten Einbrecher nach entsprechender Androhung ohne weiteres zulässig wäre, wenn ihn die polizeiliche Aufforderung, die Hände hochzunehmen und sich mit dem Gesicht zur Wand zu stellen, völlig unbeeindruckt ließe, erscheint deshalb fraglich.[1064]

Hier ist zunächst an weniger einschneidende Möglichkeiten der Überwältigung zu denken. Zieht der überraschte Täter aber seine Waffe, um auf den Polizeibeamten zu schießen, so sind bereits die Bestimmungen über den Schußwaffeneinsatz zum Schutz von Leib und Leben (vgl. Rdn. 856) und zur Verhinderung eines Verbrechens einschlägig (vgl. Rdn. 847). Die Bedeutung der Vorschrift über die Gefährlichkeitsvermutung dürfte deshalb vor allem darin liegen, dem Polizeibeamten rechtzeitig ein wirksames Drohpotential zur Verfügung zu stellen, ohne daß zu diesem Zeitpunkt tatsächlich ein Schuß auf den Körper des Täters schon zulässig wäre. Erst der Satz: „Keine Bewegung/Legen Sie die Waffe weg (= Grundverfügung) oder ich schieße (= Androhung)" transponiert die zunächst nur abstrakte Gefährlichkeit des Mitführens von Schußwaffen auf die Ebene der akuten Bedrohung. Die Polizei führt mit anderen Worten durch ihr Einschreiten eine Situation herbei, in der sich die gesetzliche Vermutung der Gefährlichkeit entweder auflöst (der Täter ergibt sich) oder aber zur Gewißheit erstarkt (der Täter macht eine „falsche" Bewegung). Im zweiten Fall liegen die Voraussetzungen für einen polizeilichen Schußwaffeneinsatz vor. Die Rechtslage im Polizeirecht gleicht insoweit derjenigen des § 100 I Nr. 1 StVollzG, wonach gegen Gefangene Schußwaffen gebraucht werden dürfen, wenn sie eine Waffe trotz wiederholter Aufforderung nicht ablegen. 854

Eine Besonderheit des **Mitführens von Schußwaffen** liegt darin, daß allein das Mitführen schon einen **Straftatbestand** erfüllt, wenn der Betreffende keine behördliche Erlaubnis hat (vgl. §§ 52 a, 53 WaffG). Gleiches gilt für das Mitführen von Sprengstoff (vgl. § 40 SprengstoffG). Die vollautomatische Pistole[1065] in den Händen einer Zivilperson erfüllt regelmäßig sogar den Tatbestand eines Verbrechens (§§ 52 a I Nr. 1, 37 I 1 Nr. 1 lit. d WaffG). Wird die Schußwaffe nicht anläßlich der Begehung einer anderen Straftat mitgeführt, so ist das polizeiliche Einschreiten gegen den Besitz von Schußwaffen als solcher primär strafprozessualer Natur. Von der Schußwaffe darf die Polizei auch hier nur Gebrauch machen, wenn dieses als abstraktes Gefährdungsdelikt ausgestaltete Verhalten sich zu einer konkreten Gefahr verdichtet. Schießt der Waffenbesitzer auf die Beamten oder will er es tun, so handeln sie in erster Linie zum Zwecke der Eigensicherung und deshalb auf präventiv-polizeilicher Grundlage. 855

Weiterhin dürfen Schußwaffen entsprechend den Bestimmungen der meisten Polizeigesetze – Ausnahmen sind das PolG BW, das HmbSOG und das SächsPolG – gegen Personen eingesetzt werden, wenn dies zur Abwehr einer gegenwärtigen Gefahr für Leib oder Leben notwendig ist. 856

Art. 67 I Nr. 1 BayPAG; § 67 I Nr. 1 BbgPolG; § 47 I Nr. 1 BremPolG; § 61 I Nr. 1 HSOG; § 109 II Nr. 1 SOG MV; § 77 I Nr. 1 NGefAG; § 64 I Nr. 1 PolG NW; § 64 I Nr. 1 POG RP; § 57 II Nr. 1 SPolG; § 66 I Nr. 1 SOG LSA; § 258 II Nr. 1 LVwG SH; § 65 I Nr. 1 ThürPAG.

Zum Begriff der **gegenwärtigen Gefahr** wird auf die Ausführungen in Kap. E Rdn. 43 f. verwiesen. **Leibesgefahr** ist die Gefahr einer nicht unerheblichen Körperverletzung. **Lebensgefahr** ist die Gefahr des Todes. Die Bestimmung paßt nicht in die Systematik der

[1064] So aber offenbar *Honnacker/Beinhofer,* PAG, Art. 67 Anm. 5.
[1065] Vollautomatische Waffen sind zur Abgabe von Feuerstößen oder Dauerfeuer geeignet (*Potrykus/Steindorf,* Waffenrecht, § 1 Anm. 8).

Vorschriften über den Schußwaffengebrauch, weil diese im übrigen an die Verhinderung strafrechtlich sanktionierter Verhaltensweisen anknüpfen. Die Aufnahme einer solchen Klausel wurde zum besseren Schutz der körperlichen Integrität für notwendig gehalten, da selbst **erhebliche Körperverletzungen** strafrechtlich lediglich Vergehen seien.[1066]

857 Unter erheblichen Körperverletzungen werden solche verstanden, die **nicht schon schwere Körperverletzungen** im Sinne des § 224 StGB, eines Verbrechenstatbestandes, sind. In den allermeisten Fällen deckt sich der Anwendungsbereich des § 42 I Nr. 1 ME entsprechenden Bestimmungen mit den Regelungen, die zum Schußwaffeneinsatz zwecks Verhinderung von Straftaten ermächtigen (vgl. Rdn. 847 ff.). Die generalklauselartige Bestimmung macht aber, mehr als die speziellen Normierungen, deutlich, worum es beim polizeilichen Schußwaffeneinsatz in erster Linie nur gehen darf: Um den **Schutz von Menschen,** nicht von Sachen. Nur dies ist auch bei den als Gefährdungsdelikten ausgestalteten Verbrechen wie Brandstifung, Herbeiführung einer Explosion oder Anschlägen auf den Bahn-, Schiffs-, Luft- oder Straßenverkehr der Grund für die Befugnis zum Schußwaffeneinsatz.

858 Eine Ausnahme gilt scheinbar bei Verstößen gegen Staatsschutzvorschriften gem. §§ 80 ff. StGB, die teilweise ebenfalls als Verbrechen ausgestaltet sind und nach den polizeirechtlichen Bestimmungen deshalb die Möglichkeit des Schußwaffeneinsatzes gegen Personen eröffnen. Ob aber beispielsweise schon die **Vorbereitung** eines Hochverrats (§ 83 StGB) den Schußwaffengebrauch rechtfertigt, ist zweifelhaft. Ebenso zweifelhaft ist die Zulässigkeit des Schußwaffeneinsatzes gegen eine Person, weil sie Rädelsführer einer terroristischen Vereinigung ist und allein deshalb schon ein als Verbrechen zu bestrafenden **Organisationsdelikt** gemäß § 129 a II StGB im Sinne des § 42 I Nr. 2 ME und den entsprechenden Bestimmungen in den Polizeigesetzen fortsetzt. Letztlich signalisieren die Vorschriften über den polizeilichen Schußwaffeneinsatz zur Verhinderung oder Unterbindung von Verbrechen nur die **typischerweise bestehenden besonderen Gefahren,** die mit einem – in aller Regel strafprozessualen – Einschreiten gegen solche Täter verbunden sind. Sie senken zugunsten des sich in Gefahr begebenden Beamten die Schwelle der Androhung, nicht aber des eigentlichen Einsatzes von Schußwaffen. Die Frage nach milderen Maßnahmen des unmittelbaren Zwangs gewinnt in Fällen ohne akute Bedrohung von Rechtsgütern, also bei Vorbereitungs- und Organisationsdelikten, besonders große Bedeutung. Daß ein Schuß zur Verhinderung eines Meineides (§ 154 StGB) von vornherein nicht in Betracht kommen kann, ist selbstverständlich und belegt ein weiteres Mal die mangelnde Konsistenz der Vorschriften über den Schußwaffengebrauch.

859 **bb) Aus Anlaß der Strafverfolgung und der Strafvollstreckung.** Die Polizeigesetze ermächtigen zum Schußwaffeneinsatz gegen Personen **zur Vereitelung der Flucht aus amtlichem Gewahrsam**.

§ 54 I Nr. 3 PolG BW; Art. 67 I Nr. 4 BayPAG; § 67 I Nr. 4 BbgPolG; § 47 I Nr. 4 BremPolG; § 25 I Nr. 3 HmbSOG; § 61 I Nr. 4 HSOG; § 109 I Nr. 4 SOG MV; § 77 I Nr. 4 NGefAG; § 64 I Nr. 4 PolG NW; § 64 I Nr. 4 POG RP; § 57 I Nr. 4 SPolG; § 34 I Nr. 3 SächsPolG; § 66 I 4 SOG LSA; § 258 I Nr. 4 LVwG SH; § 65 I Nr. 4 ThürPAG.

Der Gewahrsam muß wegen des Verdachts einer **Straftat** angeordnet worden sein. Zur Verhinderung der Flucht aus **präventiv-polizeilichem Gewahrsam** darf nach diesen Vorschriften also nicht auf einen Menschen geschossen werden. Dem Gewahrsam kann eine **richterliche Anordnung** zugrunde liegen. Es kann sich dabei um einen Haftbefehl (§ 114 StPO), den Ausspruch einer Freiheitsstrafe (§ 38 StGB) oder eine Sicherungsmaßnahme (§ 63 ff. StGB) handeln. In Betracht kommt auch eine **Ingewahrsamnahme durch die Polizei** aufgrund der Festnahmebefugnis des § 127 StPO.

1066 Begründung zu § 42 I ME.

Ebenso wie der richterliche Haftbefehl setzt die vorläufige Festnahme einen **dringenden Tatverdacht** (§ 127 II StPO) voraus. Die Polizeigesetze wiederholen diese Voraussetzung ausdrücklich (vgl. § 42 I Nr. 4 lit. a 2. Alt. ME). Der Schußwaffeneinsatz gegen Personen ist nach den zitierten Vorschriften auch zulässig zur **Ergreifung einer Person, die einem amtlichen Gewahrsam zuzuführen ist**. Diesem entweder noch nicht begründeten oder aber gebrochenen und wiederherzustellenden Gewahrsam liegt regelmäßig eine richterliche Entscheidung, entweder ein Haftbefehl oder ein strafgerichtliches Urteil, zugrunde. Bei Gefahr im Verzug kann auch die vorläufige Festnahme gemäß § 127 StPO der Zweck des Schußwaffeneinsatzes sein. **860**

In Übereinstimmung mit § 178 III StrafVollzG dürfen auch aufgrund polizeirechtlicher Bestimmungen keine Schußwaffen eingesetzt werden, wenn es sich um den Vollzug eines **Jugendarrestes** oder eines **Strafarrestes** handelt oder wenn die Flucht aus einer **offenen Anstalt** verhindert werden soll (vgl. § 42 II ME). Kennzeichen des § 42 I Nr. 4 ME ist, daß er den Schußwaffeneinsatz gegen **polizeilich bekannte** Personen betrifft. Diese Personen befinden sich entweder zum Zwecke der Durchführung eines Strafverfahrens oder zum Zweck der Strafvollstreckung in Haft oder werden aus diesem Grund gesucht. Der Umstand, daß diese Personen polizei- bzw. gerichtsbekannt sind, läßt ein vergleichsweise sicheres Urteil über ihre Gefährlichkeit zu. **861**

Gewissermaßen im Stadium des Vorfelds einer solchen Konkretisierung dürfen nach den § 42 I Nr. 3 ME entsprechenden Vorschriften der Polizeigesetze, **862**

§ 54 I Nr. 2 PolG BW; Art. 67 I Nr. 3 BayPAG; § 67 I Nr. 3 BbgPolG; § 47 I Nr. 3 BremPolG; § 25 I Nr. 3 HmbSOG; § 61 I Nr. 3 HSOG; § 109 II Nr. 3 SOG MV; § 77 I Nr. 3 NGefAG; § 64 I Nr. 3 PolG NW; § 64 I Nr. 3 POG RP; § 57 II Nr. 3 SPolG; § 34 I Nr. 3 SächsPolG; § 66 I Nr. 3 SOG LSA; § 258 II Nr. 3 LVwG SH; § 65 I Nr. 3 ThürPAG,

Schußwaffen gebraucht werden, um eine Person anzuhalten, die sich der **Festnahme oder Identitätsfeststellung durch Flucht zu entziehen** versucht. Voraussetzung ist, daß sie einer Straftat dringend verdächtig ist. Insbesondere der Schußwaffengebrauch anläßlich der Durchführung einer Identitätsfeststellung macht deutlich, daß sich ein Tatverdacht zum Zeitpunkt der Kontrolle noch nicht gegen die zu überprüfende Person richtet. Die Überprüfung, durch Abfrage des INPOL-Fahndungsbestandes beispielsweise, soll vielmehr einen gegen sie gerichteten Tatverdacht erst begründen. Damit erfassen diese Regelungen vor allem solche Fälle, in denen die Polizei die Täter beispielsweise eines Banküberfalls oder eines Mordanschlags durch die Einrichtung von Kontrollstellen (Ringfahndung) zu ergreifen versucht.

Der dringende Tatverdacht gegen eine Person, die sich einer solchen Maßnahme entziehen will, kann sich gerade erst aus dem Umstand ergeben, daß sie sich entziehen will. Da eine solche Schlußfolgerung aber keineswegs zwingend ist, darf von diesen Bestimmungen nur mit äußerster Zurückhaltung Gebrauch gemacht werden. Es müssen immer zusätzliche Anhaltspunkte vorliegen, die auf die Gefährlichkeit der flüchtenden Person schließen lassen (vgl. oben Rdn. 845). Im öffentlichen Straßenverkehr darf ohnehin grundsätzlich nicht geschossen werden (vgl. Rdn. 834). **863**

Bei den Straftaten, anläßlich deren Verfolgung die Polizei mittels Schußwaffen einschreiten darf, kann es sich um **Verbrechen** und um **Vergehen** handeln. Wenn es sich um bloße Vergehen handelt, müssen außerdem Tatsachen die Annahme rechtfertigen, daß die betreffende Person **Schußwaffen oder Sprengstoff mit sich führt.** Die Normstruktur ist identisch mit den Vorschriften zum Einsatz von Schußwaffen zwecks Verhinderung von Straftaten und zeigt, daß der Grund für den Schußwaffeneinsatz nur die Gefährlichkeit des Täters, die Straftatverfolgung aber lediglich der Anlaß des Einschreitens ist (oben Rdn. 845). **864**

cc) Zur Verhinderung der Befreiung aus amtlichem Gewahrsam. Die Polizeigesetze ermächtigen schließlich zum Schußwaffeneinsatz gegen Personen, um die gewaltsame Befreiung einer Person aus amtlichem Gewahrsam zu verhindern. **865**

§ 54 I Nr. 4 PolG BW; Art. 67 I Nr. 5 BayPAG; § 67 I Nr. 5 BbgPolG; § 67 I Nr. 5 BremPolG; § 25 I Nr. 4 HmbSOG; § 61 I Nr. 5 HSOG; § 109 II Nr. 5 SOG MV; § 77 I Nr. 5 NGefAG; § 64 I Nr. 5 PolG NW; § 64 I Nr. 5 POG RP; § 57 II Nr. 5 SPolG; § 34 I Nr. 4 SächsPolG; § 66 I Nr. 5 SOG LSA; § 258 II Nr. 5 LVwG SH; § 65 I Nr. 5 ThürPAG.

Die Ermächtigung richtet sich gegen den **„Befreier"**, nicht gegen den Festgehaltenen.[1067] Gegen den Festgehaltenen selbst sind nur die Vorschriften über die Verhinderung einer Flucht aus dem Gewahrsam einschlägig (oben Rdn. 859). **Amtlicher Gewahrsam** ist jede auf behördlicher oder gerichtlicher Entscheidung beruhende Freiheitsentziehung. Das Tatbestandsmerkmal deckt sich mit dem Anwendungsbereich des § 120 StGB, der nicht nur die Befreiung **Gefangener,** sondern auch sonst auf behördlicher Anordnung in einer **Anstalt Verwahrter** unter Strafe stellt. Eine **gewaltsame Befreiung** ist zu befürchten, wenn der Täter körperliche Kraft zur Überwindung eines Widerstandes aufwenden will. Keine gewaltsame Befreiung liegt vor, wenn der Befreier mit List vorgeht, also unter geschicktem Verbergen seiner wahren Absichten und durch Täuschung der Bediensteten sein Ziel durchzusetzen versucht. Die polizeirechtlichen Vorschriften entsprechen in ihren Voraussetzungen der Regelung des § 100 II StVollzG, die selbst nur für Beamte des Strafvollzugsdienstes und im Hinblick auf Gefangene im Sinne des § 120 I StGB gilt.

c) Der gezielte Todesschuß

866 Kaum ein anderer Bereich des Polizeirechts beschäftigt die Fachliteratur und auch die Öffentlichkeit so sehr wie Polizeieinsätze mit tödlichem Ausgang. Vor allem die Diskussion um den **gezielten Todesschuß bei Geiselnahmen** wird auch in den Fachveröffentlichungen nicht ohne Emotionen geführt. Wo es, wie gesagt wurde, um die Begegnung von „totaler Kriminalität mit totaler Unschuld"[1068] geht, fällt nüchternes Argumentieren in der Tat nicht leicht. Die einzelnen Auffassungen erfassen ein dementsprechend breites Meinungsspektrum. Es reicht vom absoluten Verbot einer gezielten Tötung[1069] bis hin zur Zulassung des gezielten Todesschusses zum Schutz von Sachwerten.[1070]

867 Da weder die Verfassung (vgl. Rdn. 873 ff.) noch die meisten der Polizeigesetze (vgl. Rdn. 887) und erst recht nicht die allgemeinen Nothilfevorschriften (vgl. Rdn. 890) eine genaue Auskunft über die Zulässigkeit und Grenzen des tödlichen Schußwaffeneinsatzes geben, wird daneben eine Tendenz begünstigt, die die Zulässigkeit des gezielten Todesschusses eher der reservatio mentalis zuzurechnen scheint: Die Tötung eines Menschen ist zwar nicht immer vermeidbar, aber es ist besser, man redet nicht darüber. Diese Haltung findet sich bei Befürwortern und Kritikern solcher Befugnisse. Sie kommt dann zum Vorschein, wenn es um die Frage der Einräumung ausdrücklicher Befugnisse zum gezielt tödlichen Schuß im Polizeirecht geht. Die Gesetzgeber in den meisten Ländern[1071] scheuen eine explizite Regelung, und man kann nur vermuten, daß durch diese Zurückhaltung eine der Politik abträgliche Emotionalisierung in der Öffentlichkeit verhindert werden soll.[1072] Kritische Beobachter lehnen gesetzliche Regelungen des Todesschusses unter Berufung auf die weder belegte noch belegbare These ab, wonach jede ausdrückliche Einräumung einer solchen Befugnis zum Abbau von Hemmschwellen[1073]

[1067] *Heise/Tegtmeyer,* PolG NW, § 64 Rdn. 11; a. A. *Honnacker/Beinhofer,* PAG, Art. 67 Anm. 8.

[1068] *Von Winterfeld* NJW 1972, 1883, der dem Geiselnehmer kurzerhand auch die Menschenwürde abspricht.

[1069] AK-GG-*Podlech,* Art. 2 II Rdn. 13.

[1070] *Lerche,* FS von der Heydte, 1977, 1048 f.

[1071] Ausdrückliche Regelungen gibt es nur in Baden-Württemberg, Bayern, Rheinland-Pfalz, Sachsen, Sachsen-Anhalt und Thüringen. Vgl. unten Rdn. 887.

[1072] Vgl. die Nachweise zur Entstehungsgeschichte einzelner Gesetze bei *Seebode* StrVert 1991, S. 83 f. mit Fn. 50, 51, 56.

[1073] Arbeitskreis Polizeirecht, AE PolG, § 64 Rdn. 10; *Funk/Werkentin* KJ 1976, 128; *Weichert* VBlBW 1991, 253.

oder zum „Primat staatlicher Autorität gegenüber dem Opferschutz“[1074] und damit zur Häufung von Todesfällen bei Polizeieinsätzen führe.

aa) Begriff. Einige Polizeigesetze lassen im Anschluß an den Musterentwurf ausdrücklich einen Schuß zu, „der mit an Sicherheit grenzender Wahrscheinlichkeit tödlich wirken wird“ (§ 41 II 2ME; vgl. im einzelnen unten Rdn. 887). In der Literatur finden sich zur Bezeichnung dieser Befugnis die Begriffe finaler Todesschuß, gezielter Todesschuß, finaler Rettungsschuß, gezielter Rettungsschuß, gezielt tödlich wirkender Schuß. Die einzelnen Begriffe betonen entweder das **Ziel** des polizeilichen Einschreitens (zum Beispiel Rettung der Geisel) oder die **Folge** für den Betroffenen (Tod). **868**

Die Beiwörter final bzw. gezielt machen deutlich, daß die Tötung des Störers vom **direkten Vorsatz** des Schützen umfaßt oder jedenfalls von ihm **bewußt in Kauf genommen** wird. Die Auffassung, der Polizeibeamte dürfe bei einem Schuß, der mit an Sicherheit grenzender Wahrscheinlichkeit tödlich wirken wird, weder mit direktem noch bedingtem Tötungsvorsatz schießen, sondern die tödliche Wirkung seines Schusses allenfalls als Nebenfolge **mißbilligend in Kauf nehmen,**[1075] wird zu Recht als lebensfremd kritisiert.[1076] Wer an einer Schußwaffe ausgebildet wurde, kennt die Folgen eines Schusses beispielsweise in den Kopf oder das Herz eines Menschen und kann deshalb nicht mehr in der begründeten Hoffnung handeln, der Betroffene werde den Schuß letztlich vielleicht doch überleben.[1077] Selbstverständlich darf der **Beweggrund** oder, um in der Terminologie der strafrechtlichen Vorsatzlehre zu bleiben, das **Motiv** des Schusses nicht in der Tötung des Störers liegen, sondern nur in der Bewahrung eines anderen Rechtsguts. **869**

In polizeitaktischer Hinsicht ist das Ziel auch eines solchen Schusses folglich nur die Beendigung der **Angriffsfähigkeit** des Störers. In physiologischer Hinsicht ist es das Ziel des gezielten Todesschusses, auch **reflexhaft-reaktive Handlungen** des Angreifers, die einen Menschen noch bedrohen können, möglichst auszuschließen. Das klassische Beispiel ist der Fall des Geiselnehmers, der seinem Opfer eine Pistole an die Schläfe hält. Die Ausschaltung auch reflexhafter Handlungen kann nur durch eine Zerstörung des Zentralnervensystems des Gehirns bewirkt werden. Dabei ist es nicht in jedem Fall notwendig, daß das Projektil auf das nur fünfmarkstückgroße Stammhirn trifft.[1078] Wenn aus Präzisionsgewehren abgefeuerte sogenannte Hochleistungsprojektile mit hoher Geschwindigkeit in den Schädel eindringen, so bewirkt der dadurch hervorgerufene **hydrodynamische Effekt** eine Zerstörung des ganzen Gehirns und damit eine sofortige Beendigung der Bewegungsfähigkeit.[1079] **870**

Der gezielte Todesschuß unterscheidet sich vom sonstigen Schußwaffengebrauch gegen Personen also dadurch, daß die Angriffsunfähigkeit nur um den Preis der Tötung des Angreifers erreicht werden kann. Er ist vom sogenannten **tödlichen Fehlschuß**[1080] zu unterscheiden. Ein tödlicher Fehlschuß liegt vor, wenn der Polizeibeamte auf Körperpartien eines Menschen zielt, deren Verletzung nicht mit an Sicherheit grenzender Wahrscheinlichkeit tödlich ist, dabei aber andere Körperteile trifft und dadurch den Tod des Menschen bewirkt.[1081] **871**

1074 N. N, Bürgerrechte und Polizei (CILIP), 2/1989, S. 109. Bemerkenswert ist, daß statt dessen die gegenüber den existierenden polizeirechtlichen Regelungen wesentlich weiter gefaßten allgemeinen Nothilfevorschriften als rechtlicher Maßstab herangezogen werden, vgl. Bürgerrechte & Polizei (CILIP), 2/1988, S. 7 f.

1075 Arbeitskreis Polizeirecht, AE PolG, § 64 Rdn. 8; Ausführungsbestimmungen Nr. 4 zu § 46 BremPolG; ähnlich AK-GG-*Podlech,* Art. 2 II Rdn. 13 ff.; *Rupprecht* JZ 1973, 265; *Gusy* JA 1990, 300.

1076 *Lerche,* FS von der Heydte, 1977, 1034 f.; *Wagner,* PolG NW, § 41 Rdn. 25; *Lisken* DRiZ 1989, 402 f.; *Seebode* StrVert 1991, 80.

1077 *Lisken* DRiZ 1989, 402.

1078 So aber Arbeitskreis Polizeirecht, AE PolG, § 64 Anm. 7 unter Berufung auf ein von *Berndt* (Die Polizei 1975, 198) zitiertes medizinisches Gutachten; ebenso *Wagner,* PolG NW, § 41 Rdn. 24.

1079 Vgl. zur Frage der Handlungsfähigkeit nach einem Kopfschuß *Schwerd* (Hrsg.), Rechtsmedizin, 4. Aufl. 1986, S. 65 f.; *Arbab-Zadeh/Prokop/Reimann,* Rechtsmedizin, 1. Aufl. 1977, S. 139; *Ponsold,* Lehrbuch der gerichtlichen Medizin, 3. Aufl. 1967, S. 396.

1080 *Triffterer* MDR 1976, 356.

1081 *Thewes,* S. 84.

872 Der Begriff des tödlichen Fehlschusses kennzeichnet das mit jedem Schußwaffengebrauch gegen eine Person verbundene **„Risiko der Tötung“**.[1082] Gegenüber dem mit jedem Schußwaffengebrauch verbundenen tödliche Risiko umschreiben die Vorschriften über gezielten Todesschuß aber nur einen vergleichsweise kleinen Ausschnitt der polizeilichen Realität. Sozusagen idealtypisch ist die Situation der Geiselnahme bei einem Banküberfall, wo besonders ausgebildete und mit Präzisionsgewehren und optischen Geräten ausgerüstete Polizeibeamte in Stellung gebracht werden. In polizeilichen Alltagssituationen und unter Verwendung von Faustfeuerwaffen dagegen ist ein präziser Schußwaffeneinsatz nicht immer und nicht in gleichem Maß möglich. Bei ungünstigen äußeren Bedingungen wie etwa schlechten Lichtverhältnissen, einer großen räumlichen Entfernung des Störers oder der Tatsache, daß der Störer sich bewegt, kann die Wirkung eines Schusses aus einer Pistole oder einem Revolver kaum mehr vorhergesagt werden. Wo aber die Wahrscheinlichkeit, einen Menschen durch Abgabe eines Schusses lediglich zu verletzen, nicht größer ist als die Wahrscheinlichkeit, ihn tödlich zu treffen, ist das Tötungsrisiko nicht mehr quantifizierbar. Es müssen dann die gleichen rechtlichen Maßstäbe angelegt werden wie an den gezielt tödlichen Schuß. Ungezielte Schüsse auf einen Menschen oder Schüsse mit nicht vorhersehbarer Wirkung sind auf den Normbereich des gezielten Todesschusses zu begrenzen.[1083]

873 **bb) Verfassungsrechtliche Vorgaben.** Gemäß Art. 2 II 1 GG hat jeder das Recht auf Leben. „Jeder“ ist auch der Rechtsbrecher. Der Geiselnehmer, der zur Durchsetzung seiner verbrecherischen Ziele andere Menschen in seine Gewalt bringt und mit dem Tode bedroht oder anderen Menschen sogar das Leben genommen hat, ist **Grundrechtsträger.** Im Unterschied etwa zum Bürgerrecht der Versammlungsfreiheit beschränkt sich der Grundrechtsschutz des Art. 2 II 1 GG nicht auf „friedliche“ Menschen. Auch verwirkt der Rechtsbrecher sein Lebensrecht nicht,[1084] noch kann er auf dieses Recht wirksam verzichten.[1085] Nach herrschender Auffassung hat der einzelne kein Verfügungsrecht über sein Leben.[1086] Selbst wenn man ein solches Verfügungsrecht bejahen wollte, so lägen jedenfalls seine tatsächlichen Voraussetzungen in aller Regel nicht vor. Denn der Rechtsbrecher will gerade nicht sterben. Die Feststellung, ein Geiselnehmer müsse wissen, daß er das Risiko seiner eigenen Tötung eingehe,[1087] es gebe keine Garantie, daß er einen Schußwaffengebrauch überlebe,[1088] kann nicht im Sinne einer bewußten und freiwilligen Selbstgefährdung[1089] verstanden werden. Wie hoch das Risiko des Störers ist, durch einen Polizeieinsatz getötet zu werden, richtet sich allein nach der polizeirechtlichen Zulässigkeit und den verfassungsrechtlichen Grenzen des polizeilichen Todesschusses.

874 Das Grundrecht auf Leben steht unter dem ausdrücklichen **Gesetzesvorbehalt** des Art. 2 II 3 GG. Danach darf aufgrund eines Gesetzes in das Lebensrecht eines Menschen eingegriffen werden. Da ein Eingriff in das Lebensrecht begriffsnotwendig den Entzug des Lebens bedeutet, läßt sich aus dieser Bestimmung schlußfolgern, daß das Grundgesetz **kein absolutes Verbot der Tötung eines Menschen** durch staatliche Organe enthält. Diesem normativen Befund steht allerdings der Wortlaut des Art. 19 II GG entgegen, wonach in keinem Falle ein Grundrecht in seinem Wesensgehalt angetastet werden darf.

1082 *BGHSt* 26, 99 (103 f.); *BGHSt* 35, 379 (386).

1083 *Thewes,* S. 151 f.

1084 *Drews/Wacke/Vogel/Martens,* S. 546.

1085 *Jarass/Pieroth,* GG, Art. 2 Rdn. 47.

1086 *Maunz/Dürig,* GG, Art. 2 II Rdn. 12; *Lorenz,* in: Isensee/Kirchhof, (Hrsg.), Hdb. des Staatsrechts, Bd. VI, 1989, § 128 Rdn. 62.

1087 *Lisken* RiA 1978, 227.

1088 Begr. zu § 233 des Entwurfs eines Gesetzes zur Änderung des Landesverwaltungsgesetzes SH (Stand: 17. 11. 1990), masch.schr.

1089 Vgl. aber *LG Ulm* NStZ 1991, 83: Ein mit Haftbefehl gesuchter Flüchtender lege ein Verhalten an den Tag, „das sehr bewußt die eigene erhebliche Lebensgefahr in Kauf“ nehme.

Eine naive Auslegung dieser Verfassungsnorm wird zu dem Ergebnis kommen, daß eine Tötung gegen die **Wesensgehaltsgarantie** verstoße, da sie von der Substanz des Grundrechts überhaupt nichts mehr übriglasse.

Demgegenüber entspricht es dem Stand der Verfassungsinterpretation, in der Vorschrift des Art. 19 II GG keine absolute Eingriffsgrenze, sondern nur eine besondere Ausprägung des Verhältnismäßigkeitsgrundsatzes zu sehen. Weil nur die Menschenwürde keiner Relativierung durch den Verhältnismäßigkeitsgrundsatz zugänglich ist, ist der Wesensgehalt eines Grundrechts deshalb mit seinem **Menschenwürdegehalt** identisch.[1090] Sieht man mit der herrschenden Auffassung[1091] nicht in jeder Tötung einen gleichzeitigen Verstoß gegen die Menschenwürde, so beinhaltet folgerichtig auch die Wesensgehaltsgarantie des Art. 19 II GG kein absolutes Verbot, einen Menschen zu töten. Schließlich läßt sich auch aus der verfassungsrechtlichen **Unzulässigkeit der Todesstrafe** gemäß Art. 102 GG entgegen einer vereinzelt vertretenen Auffassung[1092] nicht die Unzulässigkeit der Tötung eines Menschen auf der Grundlage des Polizeirechts herleiten.[1093] Art. 102 GG regelt nur die repressive Ahndung eines Verbrechens, nicht dessen präventive Verhinderung.[1094] Das Verbot der Todesstrafe wird aber tangiert, wo das Motiv des polizeilichen Einschreitens seine Wurzeln in generalpräventiven Überlegungen oder Gedanken der Staatsräson hat (dazu unten Rdn. 883 f.). **875**

Ist der Eingriff in das Grundrecht auf Leben nicht von vornherein unzulässig, so stellt sich die Frage seiner **verfassungsrechtlichen Rechtfertigung.** Wie jeder Grundrechtseingriff muß auch der Todesschuß dem Grundsatz der Verhältnismäßigkeit entsprechen. Er muß als Maßnahme der Gefahrenabwehr zur Zweckerreichung geeignet und erforderlich sowie verhältnismäßig im engeren Sinne sein. Ob ein tödlicher Schuß zur Gefahrenabwehr geeignet und erforderlich ist, ist eine Frage des Einzelfalls. Es ist jedenfalls nicht undenkbar, daß sich eine Gefahrensituation in dieser Weise zuspitzt (dazu unten Rdn. 893 f.). Für eine verfassungsrechtliche Beurteilung des Todesschusses ist vor allem die dritte Stufe des Verhältnismäßigkeitsgrundsatzes maßgeblich. Sie ist der dogmatische Ort für die vom Gesetzgeber zu treffende **Abwägung** zwischen der Schwere des Eingriffs und der Bedeutung des mit dem Eingriff verfolgten Zwecks. **876**

In den Abwägungsvorgang einzustellen ist auf der einen Seite das Leben des Betroffenen. Innerhalb der Ordnung des Grundgesetzes stellt das menschliche Leben einen Höchstwert dar.[1095] Die Frage ist, welche Rechtsgüter im konkreten Fall den Vorzug gegenüber diesem Höchstwert verdienen. Weitgehend unbestritten ist, daß ein Angreifer unter Umständen erschossen werden darf, um das **Leben** des Opfers zu retten.[1096] Der Staat kann sich in Konfliktsituationen, in denen Leben gegen Leben steht, nur für ein Leben entscheiden. Die Entscheidung gegen das Leben des Angreifers und damit für das Leben des Opfers entspricht der polizeilichen Aufgabe, zum Schutz von Rechtsgütern gegen Störer vorzugehen. **877**

Über die Rettung des Lebens hinaus ist nach überwiegender Auffassung ein tödlicher Schuß auf den Täter auch zur Verhinderung **schwerwiegender Körperverletzungen** des Opfers zulässig.[1097] Weil bei abstrakter Betrachtungsweise das Recht auf körperliche Un- **878**

[1090] Für viele: *Lorenz,* in: Isensee/Kirchhof, (Hrsg.), Handbuch des Staatsrechts, Bd. VI, 1989, § 128, Rdn. 40.

[1091] *v. Münch,* GG, Art. 2 Rdn. 73; *Pieroth/Schlink,* Staatsrecht II (Grundrechte), Rdn. 459; *Lorenz,* in: Isensee/Kirchhof, Handbuch des Staatsrechts, Bd. VI. 1989, Rdn. 40.

[1092] *Gössner,* Neue Kriminalpolitik, 1989, S. 17.

[1093] *Schmidhäuser,* in: Merten (Hrsg.), Aktuelle Probleme des Polizeirechts, 1977, S. 64; *Seebode* StrVert 1991, 80 mit Fußn. 11; *Weichert* VBlBW 1991, 251; *Schenke,* Rdn. 360.

[1094] *V. Mangoldt/Klein/Starck,* GG, Art. 1 I Rdn. 57; AK-GG-*Azzola,* Art. 102 Rdn. 41; *Scholz,* in: Maunz/Dürig, Art. 102 Rdn. 18.

[1095] *BVerfGE* 46, 160 (164).

[1096] *Maunz/Dürig,* GG, Art. 2 II Rdn. 13; *v. Münch,* GG, Art. 2 Rdn. 73; AK-GG-*Podlech,* Art. 2 II Rdn. 16; *Jarass/Pieroth,* GG, Art. 2 Rdn. 56; *Krüger* NJW 1973, 3; *Berner/Köhler,* PAG, Art. 66 Rdn. 6.

[1097] *Lange* JZ 1976, 546 f.; AK-GG-*Podlech,* Art. 2 II, Rdn. 13 (mit dem Leben „vergleichbare Rechtsgüter").

versehrtheit im Rang unterhalb des Rechts auf Leben steht, läßt sich diese Auffassung nur unter Berufung auf die Besonderheit derartiger Konfliktsituationen rechtfertigen. Die Besonderheit liegt darin, daß demjenigen notfalls das Leben genommen werden soll, der selbst die Ursache für die Bedrohung eines anderen Menschen setzt. Diese Konstellation unterscheidet sich etwa von dem Fall, daß ein Polizeibeamter von zwei „unschuldigen" Unfallopfern nur eines versorgen kann. Eine Abwägung zugunsten des akut Lebensgefährdeten und damit zu Lasten dessen, dem der Verlust beispielsweise „nur" eines Beines oder seines Augenlichts droht, ist verfassungsrechtlich nicht zu beanstanden, wenn nicht gar geboten. Umgekehrt ist die Abwägung zugunsten des „nur" in seiner körperlichen Integrität bedrohten Opfers und damit gegen das Leben des Angreifers ebenfalls nicht von vornherein unzulässig.

879 Das Bundesverfassungsgericht konkretisiert den **Verhältnismäßigkeitsgrundsatz** im engeren Sinn als „Gesamtabwägung zwischen der Schwere des Eingriffs und dem Gewicht sowie der Dringlichkeit der ihn rechtfertigenden Gründe"[1098] und verlangt, daß zwischen der Belastung des einzelnen und der Bedeutung der Sache ein „vernünftiges" oder „angemessenes" Verhältnis bestehe,[1099] daß die „Grenze der Zumutbarkeit" gewahrt bleibe.[1100] Grundlage der Abwägung ist nicht eine abstrakte Rangordnung von Grundrechten, sondern sind die einander entgegenstehenden Interessen „im konkreten Fall".[1101] Bei der Gewichtung der einander widerstreitenden Rechtsgüter räumt das Bundesverfassungsgericht dem Gesetzgeber einen gewissen Einschätzungsspielraum ein. Nur wenn die dem Eingriff entgegenstehenden Interessen „ersichtlich wesentlich schwerer wiegen" als diejenigen Belange, deren Wahrung die staatliche Maßnahme dienen soll, liege ein Verstoß gegen den Verhältnismäßigkeitsgrundsatz vor.[1102]

880 Alle diese Formulierungen des Gerichts enthalten keine exakten Grenzziehungen, sondern lassen Raum für das Vorverständnis desjenigen, der eine solche Abwägung vornimmt.[1103] Sie stehen deshalb auch dem vorherrschenden Verständnis nicht entgegen, wonach die körperliche Unversehrtheit des Opfers im konkreten Fall höher einzustufen sei als das Leben des Angreifers.[1104] Dieses Ergebnis ist weder unvernünftig noch unangemessen, sondern – man versetze sich in die Situation des Opfers, dem nur durch einen gezielten Todesschuß gegen den Angreifer geholfen werden kann – überaus einleuchtend. Da die Überzeugungskraft dieses Ergebnisses in erster Linie auf der Angreifer-Opfer-Konstellation beruht und weniger auf der abstrakten Rangordnung der kollidierenden Rechtsgüter, stellt sich weiterhin die Frage, ob der Angreifer im äußersten Fall nicht auch zum Schutz anderer Rechtsgüter, also etwa von bedeutenden **Sachwerten** oder der **Freiheit des Opfers** getötet werden dürfte.[1105] Auch hier läßt sich der Verfassung des Grundgesetzes keine eindeutige Antwort entnehmen. Die Äußerungen in der Literatur zum (Vor-)Rang der kollidierenden Rechtsgüter bleiben meist vage.[1106]

881 Eine vergleichsweise klare Antwort gibt jedoch **Art. 2 EMRK.** Danach ist die Tötung eines Menschen nur dann nicht verboten, wenn sie, von anderen und hier nicht einschlägigen Ausnahmefällen abgesehen, zur **„Verteidigung eines Menschen gegenüber rechtswidriger Gewaltanwendung"** vorgenommen wird. Diese Vorschrift wird im allgemeinen so ausgelegt, daß jedenfalls eine Tötung zum Schutz von Sachwerten, auch unersetz-

---

[1098] *BVerfGE* 67, 157 (178); 78, 77 (86).

[1099] *BVerfGE* 67, 157 (178); 76, 1 (51); 80, 297 (312).

[1100] *BVerfGE* 67, 157 (178).

[1101] *BVerfGE* 44, 353 (373).

[1102] *BVerfGE* 44, 353 (373).

[1103] *Pieroth/Schlink,* Staatsrecht II (Grundrechte), Rdn. 332.

[1104] *v. Mangoldt/Klein/Starck,* GG, Art. 1 I Rdn. 57; a. A. *Krüger* NJW 1973, 3.

[1105] Bejahend *Lerche,* FS von der Heydte, 1977, 1048 f.; *Merten,* in: Merten (Hrsg.), Aktuelle Probleme des Polizeirechts, 1977, S. 104; *Drews/Wacke/Vogel/Martens,* S. 549; *Lisken* DRiZ 1989, 402.

[1106] *Götz,* Rdn. 412 („überragend wichtige Rechtsgüter") AK-GG-*Podlech,* Art. 2 II Rdn. 13 (Leben und „vergleichbare Rechtsgüter").

lichen Kunstschätzen beispielsweise, ohne Ausnahme unzulässig ist.[1107] Die Ausnahme vom Tötungsverbot des Art. 2 EMRK erfaßt darüber hinaus nicht jegliche Formen der Gewaltanwendung gegen Personen, sondern nur solche von einer gewissen Intensität.[1108] Die bloße Entziehung der körperlichen Freiheit berechtigt zu einem gezielt tödlichen Schuß auf den Störer deshalb ebensowenig wie eine nur geringfügige Körperverletzung. Weil die Europäische Menschenrechtskonvention den Rang eines Bundesgesetzes hat, ist sie für den Landesgesetzgeber wegen Art. 31 GG verbindlich.

Die Polizeigesetze der Länder Baden-Württemberg, Bayern, Rheinland-Pfalz, Sachsen, Sachsen-Anhalt und Thüringen, die als einzige ausdrücklich zum gezielten Todesschuß ermächtigen, tragen dieser Vorgabe mit dem Tatbestandsmerkmal der schwerwiegenden Verletzung der körperlichen Unversehrtheit Rechnung. Dem Grundgesetz steht Art. 2 EMRK nicht entgegen. Aus der Verfassung lassen sich keine konkreten Schutzpflichten herleiten, die den von der EMRK gezogenen Rahmen sprengen. Denn die staatlichen Organe sind bei der Entscheidung über die Art und Weise der Erfüllung ihrer verfassungsrechtlichen Schutzpflichten weitgehend frei.[1109] Durch die Übernahme der EMRK in unsere Rechtsordnung haben sie sich insoweit gebunden. 882

Der Gesichtspunkt der **Generalprävention**[1110] hat in den Überlegungen zur Zulässigkeit des gezielten Todesschusses keinen Platz.[1111] Polizeiliche Aufgabe ist die Abwehr **konkreter Gefahren.** Nur im Rahmen dieser Aufgabenstellung ist sie zur Bewahrung der Rechtsordnung befugt und gegebenenfalls verpflichtet. **„Fernziele"** außerhalb konkreter Gefahrenlagen wie etwa die Abschreckung potentieller Nachahmer dürfen für die Polizei deshalb nicht handlungsleitend sein. Eine Einbeziehung von Fernzielen verbietet auch die Überlegung, daß die generalpräventive Überlagerung der polizeilichen Motivlage zu einer Verschiebung der Mittel-Zweck-Relation führt. Die Demonstration staatlicher Stärke und Nicht-Erpreßbarkeit einerseits und die Rettung des konkret bedrohten Lebens andererseits können leicht zu **konfligierenden Zielsetzungen** werden. Dieser Konflikt tritt dann auf, wenn ein Polizeieinsatz, der die Geiselnahme beendete und insoweit die Geltung der Rechtsordnung bestärkte, gleichzeitig zu einer Erhöhung der Lebensgefahr des Opfers führte. Sobald es hier zu Konzessionen an vermeintlich übergeordnete Interessen der Staatsräson kommt, wird das Opfer in die Rolle eines bloßen Objekts staatlichen Handelns gedrängt. 883

Schließlich gerät jegliche staatliche Demonstration von Unnachgiebigkeit bei Rechtsbrüchen, sofern sie in einem gezielten Todesschuß kulminiert, in eine gefährliche **Nähe zur Todesstrafe.** Die Todesstrafe ist die staatliche Reaktion auf die Verwirklichung einer Straftat.[1112] Staatliche Reaktionen auf Straftaten haben den Zweck, die Allgemeinheit abzuschrecken (negative Generalprävention) und das Bewußtsein der Rechtsgeltung in der Bevölkerung zu stärken (positive Generalprävention).[1113] Wenn also nicht allein die Rettung des im konkreten Fall bedrohten Lebens, sondern daneben auch die Demonstration der Unverbrüchlichkeit der Rechtsordnung ein Motiv polizeilichen Einschreitens ist, und wenn im Fall einer Konfliktlage zwischen beiden Zielsetzungen die letztere den Ausschlag für einen gezielten Todesschuß gegen den Rechtsbrecher gibt, verstößt der Polizeieinsatz gegen Art. 102 GG. 884

1107 *Maunz/Dürig,* GG, Art. 2 II Rdn. 15; *Götz,* Rdn. 412; Allg. Begr. zum ME, Nr. 3.44; *Riegel* BayVBl. 1981, 291; a. A. *Lerche,* FS von der Heydte, 1977, 1051; *Schmidhäuser,* in: Merten (Hrsg.), Aktuelle Probleme des Polizeirechts, 1977, S. 61 f.; *Sundermann,* Schußwaffengebrauch im Polizeirecht, Diss. Heidelberg, 1984, S. 87 ff.

1108 *Cohen-Jonathan,* La convention européenne des droits de l'homme, 1989, S. 285 („une menace grave").

1109 *BVerfGE* 46, 160 (164); 77, 170 (214); *BVerfG* NJW 1998, 2961.

1110 Dazu *Schmidhäuser,* in: Merten (Hrsg.), Aktuelle Probleme des Polizeirechts, 1977, S. 65.

1111 *Weßlau/Kutscha* ZRP 1990, 170 f.

1112 *Maunz/Dürig,* GG, Art. 102 Rdn. 16 f.; *Jarass/Pieroth,* GG, Art. 102 Rdn. 2.

1113 Zu den Straftheorien AK-StGB-*Hassemer,* 1. Aufl. 1990, Rdn. 408 ff.; *Jakobs,* Strafrecht, Allgemeiner Teil, 2. Aufl. 1991, Rdn. 1 ff.

885 Der Gesichtspunkt der **staatlichen Schutzpflicht** gegenüber dem Opfer etwa einer Geiselnahme ist bei der Beurteilung der Zulässigkeit des polizeilichen Todesschusses[1114] weniger bedeutsam als gemeinhin angenommen. Als klassischer Zirkelschluß erweist sich beispielsweise die Begründung des Musterentwurfs. Die ausdrückliche Zulassung des Todesschusses auch zur Verhinderung schwerer Körperverletzungen sei notwendig, da der Staat andernfalls seiner diesbezüglichen Schutzpflicht nur unzureichend nachkommen könne.[1115] Diese Feststellung behauptet, was sie eigentlich beweisen will, nämlich daß eine Schutzpflicht auch um den Preis der Tötung eines anderen Menschen bestehe. Mit dieser Argumentation könnte man ohne weiteres den Todesschuß auch als Erfüllung der polizeilichen Pflicht zum Schutz privaten Eigentums begründen.

886 Demgegenüber ist darauf hinzuweisen, daß mit dem Begriff der Schutzpflicht ausschließlich das **rechtliche Verhältnis zwischen Polizei und Opfer** bezeichnet wird. Will die Polizei in Erfüllung dieser Schutzpflicht gleichzeitig einen Eingriff in die Rechte des Angreifers vornehmen, so beurteilt sich die Zulässigkeit dieses Eingriffs ausschließlich im **Verhältnis zwischen Polizei und Angreifer.** Es besteht kein Unterschied, ob der Staat in Erfüllung einer Schutzpflicht gegenüber einzelnen Personen oder in Erfüllung sonstiger öffentlicher Aufgaben handelt. Immer ist das Abwehrrecht des Betroffenen die Hürde für die Durchsetzung einer Schutzpflicht, die gegenüber einem Dritten besteht. Die Schutzpflicht des Staates gegenüber dem Opfer hat nur insoweit eine Ausstrahlungswirkung auf das Verhältnis zwischen Staat und Angreifer, als das Substrat dieser Schutzpflicht, das zu schützende Rechtsgut selbst, in die Güterabwägung eingestellt wird.

887 **cc) Einfachgesetzliche Normierungen.** Die Polizeigesetze enthalten im allgemeinen die Bestimmung, daß Schußwaffen gegen Personen nur gebraucht werden dürfen, um **angriffs- oder fluchtunfähig** zu machen.

Art. 66 II 1 BayPAG; § 66 II BbgPolG; § 46 II BremPolG; § 24 II 1 HmbSOG; § 60 II HSOG; § 109 I SOG MV; § 76 II NGefAG; § 63 II PolG NW; § 63 II 1 POG RP; § 57 I SPolG; § 65 II 1 SOG LSA; § 258 I LVwG SH; § 64 II 1 ThürPAG.

Angriffs- oder fluchtunfähig ist im Regelfall, wer Arme oder Beine nicht mehr bewegen kann. Eine ausdrückliche Regelung des gezielten Todesschusses gibt es neben dieser Bestimmung bzw. unabhängig davon in den Ländern Baden-Württemberg, Bayern, Rheinland-Pfalz, Sachsen, Sachsen-Anhalt und Thüringen. Danach ist ein Schuß, der mit an Sicherheit grenzender Wahrscheinlichkeit tödlich wirken wird, zulässig, wenn er **das einzige Mittel zur Abwehr einer gegenwärtigen Lebensgefahr oder der Gefahr einer schwerwiegenden Verletzung der körperlichen Unversehrtheit** ist.

§ 54 II PolG BW; Art. 66 II 2 BayPAG; § 63 II 2 POG RP; § 34 II SächsPolG; § 65 II 2 SOG LSA; § 64 II 2 ThürPAG.

888 Die ausdrückliche Normierung nur in einigen Ländern wirft die Frage auf, ob der gezielte Todesschuß in den übrigen Ländern von vornherein als unzulässig anzusehen sei. Diese Frage war und ist außerordentlich umstritten.[1116] Nach einer Auffassung werde der gezielt tödliche Schuß von den Bestimmungen über die Angriffsunfähigkeit erfaßt, da der Tod die äußerste Form der Angriffsunfähigkeit sei.[1117] Nach zutreffender Auffassung

---

1114 Vgl. dazu *Merten*, in: Merten (Hrsg.), Aktuelle Probleme des Polizeirechts, 1977, S. 102 f.; *von Münch*, GG, Art. 2 Rdn. 73; *Lisken* ZRP 1990, 19.

1115 Begr. zu § 41 II ME (Fußn. 137).

1116 Zum Meinungsstand *Sundermann*, Schußwaffengebrauch im Polizeirecht, Diss. Heidelberg 1984, S. 97 f.; *Volmer* Kriminalistik 1989, 16; *Seebode* StrVert 1991, 82 ff.

1117 *Von Winterfeld* NJW 1972, 1883 f.; *W. Lange*, MDR 1974, 358 f.; *Merten*, in: Merten (Hrsg.), Aktuelle Probleme des Polizeirechts, 1977, S. 100; *Drews/Wacke/Vogel/Martens*, S. 549; *Krey/Meyer* ZRP 1973, 3; *Riegel* ZRP 1978, 73 ff.; *Sundermann*, Polizeilicher Schußwaffengebrauch, S. 105; *ders.* NJW 1988, 3193; *Honnacker/Beinhofer*, PAG, Art. 66, Anm. 5; *Götz*, Rdn. 412; *Gusy* JA 1990, 300 f.

ist der gezielte Todesschuß mangels ausdrücklicher Regelung unzulässig.[1118] Dies folgt allerdings nicht zwingend daraus, daß die Gesetze den Schußwaffengebrauch gegen Personen „nur" zur Herbeiführung der Angriffs- oder Fluchtunfähigkeit zulassen.[1119] Die gleiche Formulierung findet sich auch in den Polizeigesetzen derjenigen Länder, die expressis verbis zum gezielt tödlichen Schuß ermächtigen. Das Wörtchen „nur" hat lediglich die Bedeutung, daß der Beweggrund des polizeilichen Handelns nicht die Tötung eines Menschen sein darf.[1120]

Das Verbot des gezielt tödlichen Schusses ergibt sich aber aus dem **Vorbehalt des Gesetzes.** Dieser Verfassungsgrundsatz stellt bestimmte Anforderungen an die Regelungsdichte von Eingriffsermächtigungen. Eine gesetzliche Regelung muß um so präziser sein, je nachhaltiger die Grundrechte des einzelnen Bürgers betroffen werden.[1121] Der gezielte Todesschuß ist der denkbar schwerste verfassungsrechtlich hinnehmbare Eingriff in die Rechte eines Menschen. Die Intensität des Eingriffs erfordert deshalb eine ausdrückliche und inhaltlich zweifelsfreie Ermächtigung seitens des Gesetzgebers. Fehlt eine solche Ermächtigung, so ist der Eingriff aus Gründen des Gesetzesvorbehalts unzulässig. Dies ist nach dem ASOG Bln, dem BbgPolG, dem BremPolG, dem HmbSOG, dem HSOG, dem SOG MV, dem NGefAG, dem PolG NW, dem SPolG und dem LVwG SH der Fall. Der Begriff der Angriffsunfähigkeit ist angesichts der Schwere des Eingriffs keine hinreichend deutliche Zweckbestimmung für eine gezielte Tötung. Dies beweist schon der Meinungsstreit in der Literatur, der auch den Länderparlamenten bekannt ist. Daß die Gesetzgebungsorgane die Frage des gezielten Todesschusses teilweise bewußt ausgeklammert haben, seine Zulässigkeit aber nicht ausschließen wollten,[1122] kann an diesem Befund nichts ändern. Die Gesetze sind hier klüger als ihre Verfasser. 889

Die Situationen, in denen polizeilicher Schußwaffengebrauch erforderlich werden kann, erfüllen in aller Regel die Voraussetzungen der strafrechtlichen Nothilfe. Es geht dabei um die Abwehr eines gegenwärtigen rechtswidrigen Angriffs im Sinne des § 32 II StGB. Gleichwohl können die **Nothilferechte des Straf- oder auch des Zivilrechts** nicht als Rechtsgrundlage für den gezielten Todesschuß herangezogen werden.[1123] Sie gelten im Verhältnis der Bürger untereinander, nicht aber auch im Verhältnis zwischen Staat und Bürger.[1124] Staatliches Tätigwerden ist strengeren Rechtsmaßstäben unterworfen als das Verhalten des Bürgers.[1125] 890

Die polizeiliche Befugnis zum gezielten Todesschuß in Baden-Württemberg, Bayern, Rheinland-Pfalz, Sachsen, Sachsen-Anhalt und Thüringen ist mit der Beschränkung auf die Abwehr von Gefahren für Leib und Leben deshalb enger gefaßt als die allgemeinen Notrechtsvorbehalte. Diese lassen Handlungen auch zur Abwehr von Gefahren für Freiheit, Ehre, Eigentum und andere Rechtsgüter zu. Die Bestimmungen in den Polizeigesetzen, wonach bei der Zwangsanwendung die Vorschriften des allgemeinen Notwehrrechts unberührt bleiben, stellen lediglich klar, daß sich die strafrechtliche Verantwortlichkeit des einzelnen Beamten nach diesen Vorschriften bemißt. Auch werden mit Hilfe dieser Bestimmungen die Notwehrrechte nicht als Ermächtigungsnormen in das Polizei- 891

1118 *Krüger* NJW 1973, 2; *Rasch,* ME, § 41 Rdn. 4; *Schenke,* Rdn. 301; *Thewes,* S. 31f.; *Gloria/Dischke* NWVBl. 1989, 42; *Weichert* VBlBW 1991, 250; *Habermehl,* Rdn. 851f.

1119 So aber *Schenke,* Rdn. 301; *Rasch,* ME, § 41 Rdn. 4.

1120 *W. Lange* MDR 1974, 358f.; *Sundermann,* Polizeilicher Schußwaffengebrauch, Diss. Heidelberg 1984, S. 99f.

1121 *BVerfGE* 58, 257 (277f.); 59, 104 (114); 83, 130 (145).

1122 Vgl. z. B. zur Auffassung der „im Landtag von Nordrhein-Westfalen vertretenen Parteien": *Heise/Tegtmeyer,* PolG NW, § 63 Rdn. 11; vgl. auch die Hinweise zum Gesetzgebungsverfahren bei *Gloria/Dischke* NWVBl. 1989, 42 mit Fußn. 43, sowie die kritische Bemerkung von *Rogosch,* Die Polizei 1996, 70.

1123 *Kirchhof* NJW 1978, 972; *Thewes,* S. 46ff.; *Lisken* DRiZ 1989, 401f.; *Seebode* StrVert 1991, 82; *Würtenberger,* Rdn. 270f.; a. A. *Merten,* in: Merten (Hrsg.), Aktuelle Probleme des Polizeirechts, 1977, S. 105f.

1124 *Scholler/Broß,* S. 243f.

1125 *Kirchhof* NJW 1978, 972.

recht inkorporiert, da anderenfalls die detaillierten Regelungen des Schußwaffengebrauchs obsolet würden.[1126]

892 Die Frage nach der öffentlich-rechtlichen Ermächtigung zum gezielten Todesschuß ist deshalb von der Frage der strafrechtlichen Verantwortlichkeit des einzelnen Polizeibeamten zu unterscheiden. Die für rechtliche Beurteilung von Notwehrhandlungen maßgeblichen Gesichtspunkte der **Geltung der Rechtsordnung,**[1127] häufig auch mit dem Schlagwort: „Das Recht braucht dem Unrecht nicht zu weichen" umschrieben, dürfen bei einer polizeirechtlichen Betrachtungsweise keine Berücksichtigung finden. Was für die Polizei „Recht" ist, muß erst durch Auslegung der Verfassung, bundesrechtlicher „Rahmen"-Bestimmungen (EMRK) und landesrechtlicher Aufgaben- und Befugniszuweisungen ermittelt werden. Weil die Notwehrrechte als Grundlage polizeilichen Handelns ausscheiden, steht ein möglicherweise fehlender **Verteidigungs- bzw. Rettungswille** des Opfers einem polizeilichen Einschreiten nicht von vornherein entgegen. Sofern das Fehlen eines Rettungswillens eindeutig erkennbar ist, muß er gleichwohl in die Entscheidung über einen Schußwaffeneinsatz einfließen. Er kann zum Beispiel ein Anhaltspunkt für die fehlende Gefährlichkeit des Täters sein und den Todesschuß als übermäßiges Mittel erscheinen lassen.

893 **dd) Probleme der Rechtsanwendung.** Nicht weniger Probleme als die juristisch-abstrakte Bestimmung der Zulässigkeit und Grenzen des gezielten Todesschusses wirft die Rechtsanwendung im konkreten Fall auf. Dies gilt insbesondere bei Geiselnahmen. Die Polizei befindet sich hier in einer „Entscheidungssituation, wie sie schwieriger kaum denkbar ist".[1128] Die Schwierigkeiten beginnen schon bei der Frage der **Gegenwärtigkeit** der Gefahr (dazu auch oben Kap. E Rdn. 43). Eine Gefahr ist gegenwärtig, wenn der Schaden „unmittelbar oder in allernächster Zeit mit einer an Sicherheit grenzenden Wahrscheinlichkeit bevorsteht" (§ 2 Nr. 2 lit. b BremSOG und § 2 Nr. 1 lit b NdsPolG).

894 Anders als bei naturgesetzlichen Kausalverläufen, deren Eintrittswahrscheinlichkeit empirisch bestimmbar und deshalb mehr oder weniger präzise vorhersehbar ist, man denke an die tickende Zeitbombe oder das Herannahen eines schweren Unwetters, steht bei Geiselnahmen ein nicht leicht einzuschätzendes **voluntatives Moment** im Vordergrund. Ein Geiselnehmer legt es in aller Regel gerade nicht darauf an, sein Opfer zu töten.[1129] Die Situation der Geiselnahme unterscheidet sich deshalb auch grundlegend von der durch einen bewaffneten **Amokläufer** oder einen **„Berufskiller"** hervorgerufenen, bei der die Gegenwärtigkeit der Gefahr wegen der **Tötungsabsicht** zu bejahen ist. Die Ernsthaftigkeit der Bedrohung der Geiseln als Kriterium zur Bemessung des Grades der Gefahr, in der das oder die Opfer schweben, kann durch Gespräche und Verhandlungen mit dem Täter ebenso erforscht werden wie durch den heimlichen Einsatz von Richtmikrophonen.[1130]

895 Auch möglicherweise vorhandene Unterlagen, können, sofern die Identität des Täters bekannt ist, zur Einschätzung der Situation herangezogen werden. Häufig werden derartige Maßnahmen der Gefahrenerforschung allerdings zu einem Zeitpunkt getroffen, an dem eine Beendigung der Geiselnahme durch Polizeieinsatz mangels hinreichender Erfolgsaussichten ohnehin noch nicht in Betracht kommt, weil der Geiselnehmer sich zum Beispiel in einem nicht ohne weiteres zugänglichen Gebäude verschanzt hat. Die Frage des Todesschusses ist zu diesem Zeitpunkt noch gar nicht aktuell. Sie stellt sich aber mit ihrer ganzen Wucht, wenn der Geiselnehmer zusammen mit seinem Opfer das Gebäude verläßt, aus dem er fliehen will, und das von der Polizei vorbereitete Terrain betritt. Häu-

---

[1126] *Lerche*, FS von der Heydte, 1977, S. 1046 ff.; a. A. *Merten*, in: Merten (Hrsg.), Aktuelle Probleme des Polizeirechts, 1977, S. 1015

[1127] *Schmidhäuser*, in: Merten (Hrsg.), Aktuelle Probleme des Polizeirechts, 1977, S. 57 f.

[1128] *Drews/Wacke/Vogel/Martens*, S. 546.

[1129] *Weßlau/Kutscha* ZRP 1990, 170.

[1130] *Habermehl*, Rdn. 915.

fig befindet er sich von diesem Augenblick an buchstäblich im Fadenkreuz gleich mehrerer Scharfschützen.

Man kann die Gegenwärtigkeit der Gefahr in einer solchen Situation weder generell **896**
verneinen noch generell bejahen. Man kann sie deshalb nicht generell verneinen, weil beispielsweise die geladene und entsicherte Pistole an der Schläfe der Geisel schon an sich, unabhängig von der Absicht des Täters, ein hohes Tötungsrisiko birgt. Stolpert der nervöse Täter oder erschreckt ihn ein Geräusch oder eine Bewegung, kann sich ein Schuß auch unbeabsichtigt lösen. Man kann die Frage der Gegenwärtigkeit aber auch nicht generell bejahen. Der Täter weiß, daß nur eine lebendige Geisel ihm eine Chance zur Flucht eröffnet und wird sich deshalb entsprechend verhalten. Ist es der Polizei durch geschicktes Verhandeln gelungen, die Situation zu entspannen und ist deshalb auch nicht mit unberechenbaren Reaktionen des Täters zu rechnen, muß sich die Situation nicht notwendig als gegenwärtige Lebensgefahr darstellen. Es stellt sich dann die schwierige und unter Umständen folgenreiche Frage, wie sich die Situation entwickeln wird, wenn man den Geiselnehmer mit seinen Opfern ziehen läßt. In jedem Fall ist die Gegenwärtigkeit der Gefahr aber zu bejahen, wenn der Täter die Ernsthaftigkeit seiner Absichten bereits durch die Verletzung seines Opfers oder gar durch Tötung einer von mehreren Geiseln „demonstriert" hat.

Auch die **Geeignetheit** des gezielten Todesschusses zur Rettung der Geisel ist, wie die **897**
Erfahrung lehrt,[1131] mit Vorsicht zu beurteilen. Denn trotz gezielter Schüsse der Polizei kann es dem Täter noch gelingen, sein Opfer (tödlich) zu verletzen. Eine Grenze des Einschreitens bilden hier die Vorschriften über die **Gefährdung Unbeteiligter** (oben Rdn. 834f.). Nach diesen Vorschriften ist der Schußwaffengebrauch unzulässig, wenn dabei mit hoher Wahrscheinlichkeit Unbeteiligte gefährdet werden. Die Geisel ist unbeteiligt im Sinne des Polizeirechts.[1132] Weil die Rettung der Geisel das alleinige Ziel des Polizeieinsatzes ist, ist der Grad der Gefährdung der Geisel gleichzeitig ein Maßstab für die Geeignetheit des Schußwaffengebrauchs.

Je nach den Umständen ist bei einem polizeilichen Schußwaffeneinsatz gegen den Gei- **898**
selnehmer immer mit einer mehr oder weniger großen Gefährdung der Geisel zu rechnen. Durch Fehlschüsse oder Querschläger kann sich das Risiko der Verletzung verwirklichen.[1133] Dieses Risiko macht den Schußwaffeneinsatz bei Geiselnahmen allerdings nicht unzulässig oder beschränkt ihn von vornherein auf die Abwehr gegenwärtiger Lebensgefahren (vgl. § 41 IV ME). Bei der Frage des hinnehmbaren Risikos ist die besondere Situation der Geisel als Unbeteiligte zu berücksichtigen. Anders als unbeteiligte Verkehrsteilnehmer bei Schüssen auf ein Fluchtauto (oben Rdn. 833) befindet sich die Geisel schon in Gefahr, noch bevor die Polizei sich zum Handeln entschließt. Diese Gefahr ist Grund und Voraussetzung für ein Einschreiten. Ist also Unbeteiligter derjenige, der sich in gegenwärtiger Leibes- oder Lebensgefahr befindet, und setzt das polizeiliche Einschreiten eine weitere Ursache für eine solche Gefahr, so sind beide Eintrittswahrscheinlichkeiten miteinander zu vergleichen.

Wenn die Wahrscheinlichkeit, daß der Täter sein Opfer verletzt oder tötet, geringer ist **899**
als die Wahrscheinlichkeit, daß das Opfer einen Polizeieinsatz ohne schwerwiegende Verletzungen überlebt, so ist der Polizeieinsatz in Form des gezielten Todesschusses zur Zweckerreichung ungeeignet. Anders als im Normalfall polizeilichen Einschreitens, wo der „Schritt in der richtigen Richtung"[1134] zur Bejahung der Geeignetheit ausreicht, wird die Situation bei Geiselnahmen häufig nur durch eine einzige Handlung entschieden. Im äußersten Fall führt sie entweder zum Erfolg oder, falls sie mißlingt, vereitelt ihn end-

---

[1131] Vgl. die bei *Weßlau/Kutscha* ZRP 1990, 170 und *Weichert* VBlBW 1991, 253 in Erinnerung gerufenen Ereignisse.

[1132] *Roos*, POG RP, § 63 Rdn. 17; *Honnacker/Beinhofer*, PAG, Art. 66 Anm. 8; *R. Krüger*, Polizeilicher Schußwaffengebrauch, S. 35; *Sundermann* NJW 1988, 3192; *Gloria/Dischke* NWVBl. 1989, 41; a. A. *Rupprecht* JZ 1973, 266; *Krey/Meyer* ZRP 1973, 4.

[1133] *Gloria/Dischke* NWVBl. 1989, 41.

[1134] *Götz*, Rdn. 333.

gültig. Diese Überlegung kann dem gezielten Todesschuß in solchen Situationen eine Grenze setzen, wo der Geiselnehmer sein Opfer etwa in der Weise bedroht, daß er ihm eine geladene und gesicherte Schußwaffe an den Kopf hält. Wo kaum mehr als ein Fingerzucken über Tod oder Leben des Opfers entscheidet, sind Zweifel am Erfolg des polizeilichen Schusses als **Rettungs**-Schuß angebracht. Die geringste Ungenauigkeit oder Fehler bei der Koordination des Schützen können den Tod des Opfers zur Folge haben und damit den Zweck des Polizeieinsatzes endgültig zunichte machen.

900 Die **Erforderlichkeit** des Todesschusses als Voraussetzung seiner Zulässigkeit wie auch des Schußwaffeneinsatzes überhaupt wird in den Polizeigesetzen ausdrücklich hervorgehoben. Danach dürfen Schußwaffen nur gebraucht werden, wenn andere Maßnahmen des unmittelbaren Zwangs erfolglos angewendet sind oder offensichtlich keinen Erfolg versprechen.

§ 53 I 1 PolG BW; Art. 66 I 1 BayPAG; § 66 I 1 BbgPolG; § 46 I 1 BremPolG; § 24 I 1 HmbSOG; § 60 I 1 HSOG; § 108 I SOG MV; § 76 I NGefAG; § 63 I 1 PolG NW; § 63 I 1 POG RP; § 56 I SPolG; § 33 I 1 SächsPolG; § 65 I 1 SOG LSA; § 257 I LVwG SH; § 64 I 1 ThürPAG.

901 Nach dem Wortlaut dieser Vorschriften müßte nach der milderen Maßnahme nur innerhalb der polizeilichen **Zwangsmittel** gesucht werden. Zu denken wäre hier an den Einsatz von schnell wirkenden Betäubungsstoffen in einem geschlossenen Raum, beispielsweise in einem Bankgebäude. Die Erfüllung der Forderungen des Geiselnehmers, also etwa das Bereitstellen eines Fluchtautos, käme danach nicht als Handlungsalternative in Betracht. Polizeiliche Zwangsanwendung zur Durchsetzung der an den Geiselnehmer gerichteten Forderung, seine Opfer freizulassen, ist jedoch immer nur als eine, und zwar die gesetzliche genau vorgeformte und verwaltungsrechtlich formalisierte Weise zur Zweckerreichung anzusehen. Daneben steht der Polizei ein nicht formalisiertes Handlungsrepertoire zu. Es ist darauf gerichtet, einerseits Eskalationen zu verhindern und andererseits die permanent bestehende Bedrohung der Opfer zu verringern. Dies geschieht in erster Linie durch das Mittel der Kommunikation mit dem Täter. Die Polizei kann an seine Einsichtsfähigkeit appellieren, ihn über seine tatsächlichen Chancen und die rechtliche Lage (vgl. §§ 239 b II i.V.m. 239 a III StGB) informieren oder ihm unverblümt mit dem Einsatz von Zwangsmitteln drohen.

902 Das polizeiliche Ziel, eine Gefahr nicht nur **endgültig abzuwehren,** sondern auch den Intensitätsgrad der Gefahr, in der eine Geisel permanent schwebt, zu **verringern,** kann auch das Eingehen auf Forderungen des Geiselnehmers notwendig machen. Die Stärke des Rechtsstaates liegt nicht allein in der machtvollen Demonstration seiner Durchsetzungsfähigkeit, sondern auch in seinem Vermögen, seine Machtmittel dosiert, kontrolliert und gegebenenfalls (vorläufig) überhaupt nicht einzusetzen.

G. Verkehrsüberwachung

Übersicht

Schrifttum: *Bucherer/Hör*, Polizeiliche Verkehrsunfallaufnahme, Bd. 1 – Rechtsgrundlagen –, 1982; *Dietel/Gintzel/Kniesel*, Demonstrations- und Versammlungsfreiheit, 12. Aufl. 2000; *Drews/Wacke/Vogel/Martens*, Gefahrenabwehr, 9. Aufl. 1986; *Heise*, Polizeigesetz NW, 6. Aufl. 1987; *Hilse*, Verkehrsaufklärung und Verkehrserziehung – Das Vermächtnis des Wolfgang Böcher, *Zeitschrift für Verkehrssicherheit* – ZVS –, 43. Jg., Heft 3/III. Quartal 1997; *Hilse*, Verkehrsunfälle und deren Bekämpfung durch die Polizei im demokratischen Verfassungsstaat, *Neue Zeitschrift für Verkehrsrecht* – NVZ –, 6. Jg., 1/1993; *Hilse/Schneider*, Verkehrssicherheit – Handbuch zur Entwicklung von Konzepten, 1995; *Innenministerium Nordrhein-Westfalen*, Aufgaben der Polizei bei Straßenverkehrsunfällen, RdErl. IM/NW vom 11. 5. 1998; *Janiszewski/Buddendiek*, Verwarnungs- und Bußgeldkatalog mit Punktsystem, 4. Aufl. 1989; *Krüger*, Privatrechtsschutz als Polizeiaufgabe, *Polizei Aktuell*, Bd. 21; *Lisken*, Polizeigesetz NW 1990, NWVBl. 1990, 325; *ders.*, Atemalkoholbestimmung – eine Rechtspflicht?, in: Atemalkohol 1/1985, 8 ff. *Mühlhaus/Janiszewski*, StVO – Straßenverkehrsordnung, 15. Aufl. 1998; *Polizei-Dienst-Vorschrift (PDV) 100*, Führung und Einsatz der Polizei, Ausg. 1999; *Polizei-Fach-Handbuch*, Stand: Juni 2000; *Rebmann/Roth/Herrmann*, Kommentar zum OWiG, 4. Aufl. 1987.

I. Polizeiliche Verkehrsaufgaben; Verkehrskontrollen

1. Allgemeine Grundsätze

Polizeiliche Verkehrsaufgaben sind Aufgaben der Gefahrenabwehr. Unter „Verkehrsüberwachung" im weitesten Sinne ist die Gesamtheit der Maßnahmen zu verstehen, mit denen die Polizei den Straßenverkehr beobachtet und die Einhaltung der Vorschriften kontrolliert, ohne daß Anhaltspunkte für eine konkrete Gefahr im Sinne der Gefahren- 1 abwehr oder der Verdacht einer (Verkehrs-)Straftat oder -Ordnungswidrigkeit vorliegen.[1]

2 „Überwachung" umfaßt die Suche nach (Verkehrs-)Straftaten und (Verkehrs-)Ordnungswidrigkeiten, ohne deshalb Strafverfolgung oder Verfolgung von Ordnungswidrigkeiten zu beinhalten. Strafverfolgung oder Verfolgung von Ordnungswidrigkeiten liegen erst nach dem Feststellen einer begangenen (Verkehrs-)Straftat oder (Verkehrs-) Ordnungswidrigkeit vor.[2]

3 Zu dem Verkehrsüberwachungsauftrag der Polizei gehören **Verkehrskontrollen** zur Überprüfung der Fahrtüchtigkeit der Fahrzeugführer und des ordnungsgemäßen Zustands der Fahrzeuge genauso wie zum Beispiel die Geschwindigkeits-Überwachung mit technischen Mitteln.[3] „Erst auf Grund der Verkehrsüberwachung stellt die Polizei Sachverhalte fest, die Anlaß zu Maßnahmen der Gefahrenabwehr und der Verfolgung von (Verkehrs-)Straftaten und -Ordnungswidrigkeiten geben."[4]

4 Die (Funk-)Streifentätigkeit der uniformierten Polizei, das Beobachten des Straßenverkehrs zum Erkennen konfliktträchtiger Situationen und Gefahren sowie das Aufsuchen und Bestreifen von Verkehrsunfallbrennpunkten, -strecken und -flächen sind **„schlichthoheitliches Handeln"**, für das eine Aufgabenzuweisung durch das Polizeigesetz des jeweiligen Bundeslandes notwendig ist, aber auch ausreicht (vgl. Kap. F Rdn. 39).

5 „Verkehrsüberwachung, die eine konkrete Gefahr oder den Verdacht einer Verkehrszuwiderhandlung nicht voraussetzt, ist eine Maßnahme der **Gefahrenvorsorge** bzw. der vorbeugenden Bekämpfung von Verkehrszuwiderhandlungen."[5] Eine „verfolgende" Tätigkeit innerhalb der Verkehrsüberwachung ist erst dann erreicht, wenn sich der konkrete Anfangsverdacht auf eine (Verkehrs-)Straftat oder -Ordnungswidrigkeit gegen einen bestimmten, feststehenden oder noch zu ermittelnden Verkehrsteilnehmer ergibt.

6 Insofern ist „Verkehrsüberwachung" der Tätigkeitsbereich der Polizei, der vor einem durch Anhaltspunkte beweisbaren konkreten Anfangsverdacht auf eine Verkehrszuwiderhandlung liegt. „Verkehrsüberwachung" muß also als eine verkehrsbeobachtende – oder auch (Fahrgeschwindigkeiten) messende – Tätigkeit beschrieben werden, die nicht mit Maßnahmen zur Verfolgung von (Verkehrs-)Straftaten oder -Ordnungswidrigkeiten verwechselt werden darf. „Verkehrsüberwachung" (im weiteren Sinne) erlaubt also noch keine Eingriffe in die Rechte der Verkehrsteilnehmer. Zulässig sind grundsätzlich nur Maßnahmen ohne Eingriffscharakter. Eine Ausnahme stellt die Eingriffsnorm des § 36 V StVO dar, wonach Polizeibeamte die **Befugnis zum Anhalten** zur Verkehrskontrolle haben. Diese Kontrolle erlaubt die Überprüfung der Verkehrsteilnehmer ohne konkreten Anlaß, weil die Benutzung eines Kraftfahrzeugs auf öffentlichen Verkehrsflächen latent gefährlich ist.

7 Die Verfolgung von (Verkehrs-)Straftaten und -Ordnungswidrigkeiten innerhalb der „Verkehrsüberwachung" setzt immer einen auf tatsächliche Anhaltspunkte begründbaren Anfangsverdacht voraus, ohne den Ermittlungshandlungen nicht eingeleitet werden können. Bloße Vermutungen, Wahrscheinlichkeiten oder auf Erfahrung beruhende Annahmen genügen nicht. Verfolgungsmaßnahmen gegen Verkehrsteilnehmer im Stadium eines „Vor"-Verdachts sind nicht zulässig.

„**Verkehrsüberwachung** soll Verkehrsunfälle reduzieren und Unfallfolgen mindern. Sie erfolgt im Hinblick auf

- Verhalten, Eignung und Berechtigung von Verkehrsteilnehmern,
- Zustand, Ausrüstung, Beladung, Besetzung und Zulassung von Verkehrsmitteln,
- Einheit von Bau und Betrieb des Verkehrsraumes,

---

[1] *Heise,* Polizeigesetz NW, 6. Aufl., Erl. zu § 11.

[2] *Kniesel,* „Verkehrsunfallbekämpfung durch die Polizei", Seminarbericht der Polizei-Führungsakademie Münster-Hiltrup, 1988.

[3] *Heise,* Polizeigesetz NW, 6. Aufl., Erl. zu § 11.

[4] *OVG Münster,* Urteil v. 21. 5. 1973, IV A 1004/72.

[5] *Hilse/Schneider,* „Verkehrssicherheit – Handbuch zur Entwicklung von Konzepten", 1995, S. 71.

- Beachten der Verkehrssicherungspflicht,
- Einhalten der den Umweltschutz fördernden rechtlichen Bestimmungen im Verkehr.

„Verkehrsüberwachung hat sich an den wesentlichen Unfallursachen zu orientieren; dem Schutz schwächerer Verkehrsteilnehmer kommt besondere Bedeutung zu. Die Wirksamkeit ist regelmäßig zu überprüfen.

Je nach Überwachungsziel ist zu entscheiden, ob die Maßnahmen offen oder verdeckt durchgeführt werden. Insbesondere die Notwendigkeit verdeckter Maßnahmen sollte mit begleitender Öffentlichkeitsarbeit verdeutlicht werden. Bei festgestellten Verkehrsverstößen ist unabhängig von der Sanktion unter dem Aspekt der Verkehrssicherheitsberatung grundsätzlich das Gespräch mit dem Verkehrsteilnehmer zu führen; Sachinformationen mit entsprechendem Hintergrundwissen über Unfallgeschehen und Wirkungszusammenhänge sind Voraussetzung für das Gespräch."[6]

Durch Verkehrsmaßnahmen ist die Sicherheit und Ordnung des öffentlichen Straßenverkehrs aufrechtzuerhalten, wiederherzustellen oder zu erhöhen. Das gilt gleichermaßen für den täglichen Dienst wie auch für Einsätze aus besonderen Anlässen. Zu den **Verkehrsmaßnahmen** gehören:

- Verkehrsregelung,
- Verkehrslenkung,
- Verkehrsüberwachung und
- Verkehrssicherheitsberatung.

2. Verkehrsregelung

„Durch **Verkehrsregelung** der originär zuständigen Behörden sollen sich verkehrsregelnde Maßnahmen der Polizei grundsätzlich erübrigen. 8

Notwendigkeit und Umfang der Verkehrsregelung ergeben sich unter anderem aus der Verkehrssicherungspflicht der originär zuständigen Behörden.

Die Polizei wirkt bei Verkehrsregelung mit und muß vorrangig Erkenntnisse aus der Verkehrsbelastung, der Gefahrenlage und dem Verkehrsunfallgeschehen berücksichtigen.

Die Verkehrsregelung ist im Rahmen der Verkehrsüberwachung und durch Verkehrsschauen in Zusammenarbeit mit anderen originär zuständigen Behörden auf ihre Wirksamkeit und Zweckmäßigkeit hin regelmäßig zu überprüfen.

Bei Sofortlagen hat die Polizei zur Verkehrssicherung und zur Aufrechterhaltung oder Wiederherstellung des Verkehrsflusses Sofortmaßnahmen zu treffen. Auf ggf. weitergehende Maßnahmen der originär zuständigen Behörden ist hinzuwirken."[7]

Durch Verkehrsregelung soll ein sicherer, leistungsfähiger, wirtschaftlicher und die Umwelt möglichst wenig belastender **Verkehrsablauf** erzielt werden. Zur Verkehrsregelung gehören diejenigen rechtlichen und technischen Maßnahmen der für Verkehrsanordnungen zuständigen Behörden, die die reibungslose Abwicklung des öffentlichen Straßenverkehrs gewährleisten. Ziel von Verkehrsregelung ist ein Ausgleich zwischen Verkehrsmengen und Verkehrsstruktur einerseits und Funktion und Leistungsfähigkeit andererseits. Verkehrsregelung wird immer dann erforderlich, wenn Widersprüche zwischen „Bau" (Gestaltung des Verkehrsraums) und „Betrieb" (Nutzung durch die Verkehrsteilnehmer) bestehen. Verkehrsregelung soll der Leichtigkeit des Verkehrs dienen, **Verkehrsabläufe sicher machen** oder die Verkehrssicherheit verbessern. Verkehrsregelung kann erfolgen durch Verkehrszeichen und -einrichtungen, durch Lichtzeichen und durch Polizeibeamte.

Zuständig für die Anordnung von **Verkehrszeichen und -einrichtungen** sind nach §§ 44, 45 StVO die Straßenverkehrsbehörden. Für Straßenbauarbeiten können nach § 45 II StVO auch die Straßenbaubehörden entsprechende Anordnungen treffen. Bei Gefahr 9

[6] Polizei-Dienstvorschrift (PDV) 100: „Führung und Einsatz der Polizei", Ziff. 3.23.3.1.
[7] PDV 100, Ziff. 3.23.3.2.

im Verzuge erstreckt sich die Zuständigkeit der Polizei nach § 44 II i. V. m. § 45 StVO auch auf Anordnungen, die an sich nur der Straßenverkehrsbehörde bzw. der Straßenbaubehörde zustehen. **„Straßenverkehrsbehörden"** sind nach § 41 I StVO die nach dem Recht der Bundesländer zuständigen unteren (staatlichen) Verwaltungsbehörden oder Behörden, denen nach dem Recht ihres Landes die Aufgaben einer Straßenverkehrsbehörde zugewiesen worden sind. **„Straßenbaubehörden"** sind Behörden, denen nach § 45 II StVO die Aufgaben eines Trägers der Straßenbaulast obliegen. Wer Träger der Straßenbaulast ist, ergibt sich nach den wegerechtlichen Bestimmungen der Länder und des Bundes, wobei in aller Regel die Klassifizierung der Straßen den Ausschlag gibt.

10 Nach § 45 I StVO können die Straßenverkehrsbehörden den Verkehr beschränken, verbieten oder umleiten. Zu diesem Zweck bestimmen sie, wo und welche Verkehrszeichen und -einrichtungen anzubringen oder auch wieder zu entfernen sind; dabei müssen sich alle (straßenverkehrsbehördlichen) Anordnungen innerhalb der Grenzen der Ermächtigung bewegen. In § 45 I StVO sind die Befugnisse der Straßenverkehrsbehörden enthalten; sie erstrecken sich auch auf umwelt- und städtebauliche Gründe und umfassen sogar **Verkehrsbeschränkungen und -verbote** aus Anlaß terroristischer Anschläge sowie zur Verhinderung der Zufahrt von (bewaffneten) Störern zu Versammlungen. Von Bedeutung ist weiterhin, daß § 45 I StVO Ermächtigungsgrundlage für die Anordnung flächenbezogener Fahrverbote bei außergewöhnlichen Witterungsverhältnissen („Extrem-Wetterlagen") und bei außergewöhnlichen (besonders gefährlichen) Straßenzuständen ist. Solche Fahrverbote zur Aufrechterhaltung bzw. zur Wiederherstellung der öffentlichen Sicherheit auf die Polizeigesetze der Bundesländer zu stützen, ist nicht erforderlich.

11 **„Verkehrszeichen"** sind Verwaltungsakte in der Form von Allgemeinverfügungen.[8] Dabei sind **„Verwaltungsakte"** Verfügungen, Entscheidungen oder andere öffentlichrechtliche Maßnahmen, die eine Behörde auf dem Gebiet des öffentlichen Rechts zur Regelung eines Einzelfalles trifft und die auf eine unmittelbare Rechtswirkung nach außen gerichtet sind. Während ein Verwaltungsakt als Adressaten immer eine bestimmte Person erfordert, wenden sich Verkehrszeichen an eine unbestimmte Zahl von Personen, so daß es der Entscheidung des BVerwG bedurfte, um im Aufstellen von Verkehrszeichen „eine sich stets wiederholende Bekanntmachung einer Verkehrsbeschränkung oder eines Verkehrsverbots" zu sehen. Durch die sich stets wiederholende Bekanntmachung werde die jeweils in Betracht kommende Person (oder auch der in Betracht kommende Personenkreis) im Sinne von § 35 Satz 2 VwVfG hinreichend genau bestimmt. Für eine wirksame Regelung ist Voraussetzung, daß eine zuständige und zum Erlaß der Anordnung ermächtigte Behörde tätig geworden ist. Zuständige Behörden sind nach § 44 I StVO die Straßenverkehrsbehörden, bei Gefahr im Verzug nach § 44 II StVO auch Polizeibeamte.

12 Die **Ermächtigung zur Verkehrsregelung** durch Polizeibeamte enthält § 36 I StVO mit der Vorschrift, daß „Zeichen und Weisungen" zu befolgen sind. **„Zeichen"** richten sich dabei nach der amtlichen Begründung zu § 36 StVO stets an alle Verkehrsteilnehmer, die gemeint sind und die an dem durch Zeichen geregelten Verkehrsvorgang teilnehmen. Diese Zeichen haben den Charakter von Allgemeinverfügungen. **„Weisungen"** hingegen richten sich an bestimmte Verkehrsteilnehmer (oder an eine begrenzte Gruppe von Verkehrsteilnehmern), wobei sich die Weisung auf einen ganz bestimmten (speziellen) Verkehrsvorgang bezieht. Beachtlich ist, daß sowohl Zeichen als auch Weisungen die gefahrenabwehrende Bedeutung der Straßenverkehrsordnung als **„Unfallverhütungsvorschrift"** besonders zum Ausdruck bringen. Zeichen und Weisungen sind als unselbständige Verfügungen im Sinne des Verwaltungsrechts in der Weise geschützt, daß ihre Nichtbeachtung als (Verkehrs-)Ordnungswidrigkeit geahndet werden kann.

---

[8] *BVerwG* NJW 1980, 1640. Die frühere Rspr. war schwankend und gab Verkehrszeichen z. T. normativen Charakter, so daß sie justitiell nicht angreifbar waren und nicht geprüft werden mußten.

3. Verkehrslenkung

„Verkehrslenkung ist die planmäßige und – soweit erforderlich – weiträumige Führung von Verkehrsströmen. 13

Sie umfaßt die Maßnahmen der nach der StVO sachlich zuständigen Behörden, die zur Bewältigung besonderer vorhersehbarer oder nichtvorhersehbarer Verkehrslagen notwendig sind.

Die Polizei kann bei Gefahr im Verzuge zur Aufrechterhaltung der Sicherung oder Ordnung des Straßenverkehrs an Stelle der an sich zuständigen Behörde tätig werden und vorläufige Maßnahmen treffen; sie bestimmt die Mittel zur Sicherung und Lenkung des Verkehrs.

Die Verkehrslenkung erfolgt

- als ständige Maßnahme zur Entlastung von Verkehrsräumen durch Ableiten des Fernverkehrs und Schwerlastverkehrs, Wegweisungssysteme, Bedarfsumleitungen, systematische Umkehrung von Fahrstreifen.
- als Maßnahme aus besonderem Anlaß
  - bei nicht vorhersehbaren Verkehrsstörungen durch Sperren von Straßen und Gebieten, Ableiten und Umleiten des Verkehrs,
  - bei vorhersehbaren Verkehrsstörungen durch Leiten von Verkehrsströmen auf bestimmten Routen, Unterbringen des Verkehrs in Parkräumen, Beschleunigen des Verkehrs, vorübergehendes Ableiten des Verkehrs, Sperrmaßnahmen."[9]

Durch Verkehrslenkung sollen Verkehrsströme planmäßig und, soweit erforderlich, weiträumig geführt werden. Dabei sind die Belange des Normalverkehrs angemessen zu berücksichtigen. **„Verkehrslenkung"** ist die Summe aller Vorkehrungen und Aktivitäten der sachlich zuständigen Behörden bei vorhersehbaren (planbaren) oder nicht vorhersehbaren (plötzlich eintretenden) Verkehrsstörungen, die – aus der Sicht der Polizei – über die aus dem täglichen Dienst heraus zu bewältigenden (Normal-)Verkehre hinausgehen. Eine Begriffsdefinition „Verkehrslenkung" fehlt in den „Richtlinien für verkehrslenkende Maßnahmen der Straßenverkehrsbehörden, der Straßenbaubehörden und der Polizei"[10] zwar, jedoch ist die Annahme zulässig, daß es sich um Maßnahmen der nach § 45 StVO zuständigen Behörden bei vorhersehbaren und nicht vorhersehbaren Verkehrsstörungen handelt, welche über den üblichen (normalen) Rahmen der Verkehrsregelung hinausgehen. Wegen bestehender Abgrenzungsschwierigkeiten zu anderen Verkehrsmaßnahmen, zum Beispiel zur Verkehrsregelung, wird in Literatur und Praxis gelegentlich **„Verkehrsabwicklung"** als Oberbegriff für Verkehrsregelung und Verkehrslenkung gebraucht. **Ziel der Verkehrslenkung** ist immer die planvolle Führung von Verkehrsströmen.

Bei (Groß-)Veranstaltungen und bei polizeilichen (Groß-)Einsatzlagen stellt Verkehrslenkung immer ein **System von Verkehrsmaßnahmen** dar, welches nach entsprechender Verkehrslage-Beurteilung ein Leiten von Verkehrsströmen über nach bestimmten Leistungsfähigkeits-Kriterien ausgewählte Strecken (auch: „Routen" genannt) möglich macht. Die Verkehrsströme werden auf diesen Strecken unter Beachtung der Rahmenbedingungen und der Verkehrssicherheit „beschleunigt" und zu Parkplätzen oder Parkräumen geführt und dort „untergebracht". 14

Für die **Anordnung verkehrslenkender Maßnahmen** sind nach § 45 StVO grundsätzlich die Straßenverkehrsbehörden zuständig. Bei Straßenbauarbeiten und bei Gefährdung der Sicherheit des Straßenverkehrs durch den Zustand der Straße können Straßenbaubehörden Verkehrslenkungsmaßnahmen anordnen, sofern sich nicht die Straßenverkehrsbehörde andere Anordnungen vorbehält. Nach eingetretenen oder unmittelbar bevorstehenden Störungen kann die Polizei gemäß § 44 II StVO bei Gefahr im Verzug anstelle 15

[9] PDV 100, Anlage 13, Hinweise zur Verkehrslenkung, Ziff. 1, 2 und 3.
[10] „Verkehrslenkungs-Richtlinien", VkBl. 1968, 239.

der sachlich zuständigen Behörden vorläufige Maßnahmen auch zur Verkehrslenkung treffen. Ihr obliegt dann die Verpflichtung zur Unterrichtung der sachlich zuständigen Behörden über die getroffenen Maßnahmen.

16 „**Verkehrslenkung** der originär zuständigen Behörden und verkehrslenkende Maßnahmen der Polizei müssen die Belange der verschiedenen Verkehrsarten und Verkehrserfordernisse angemessen berücksichtigen. Anlaßbezogene Verkehrslenkung oder verkehrslenkende Maßnahmen sind zu überwachen."[11]

Im Rahmen der Verkehrslenkung **angeordnete Verkehrsmaßnahmen** sind zu überwachen und durchzusetzen. Über Auslastung und Störung des Verkehrsnetzes sowie Aufnahmevermögen der Parkflächen sind Lagemeldungen zu erstatten; erforderlichenfalls sind Sofortmaßnahmen einzuleiten. Verkehrsstörungen sind unverzüglich auch dem zuständigen **Verkehrswarndienst** mitzuteilen; auf Umleitungs- oder Ausweichstrecken ist besonders hinzuweisen. Verkehrsüberwachung im Rahmen der Verkehrslenkung hat die (permanente) Beobachtung der Verkehrsabläufe und die Durchsetzung einschlägiger Anordnungen zum Inhalt. Die für Verkehrslenkungsmaßnahmen Verantwortlichen sind verpflichtet, sich nicht nur einen Überblick über **Zustand und Leistungsfähigkeit des Straßennetzes** zu verschaffen, sie müssen auch ständig über die Verkehrsabläufe, die Verkehrsbelastungen und die Situation auf den Parkflächen informiert sein, um lageangepaßt (taktisch) richtige Entscheidungen treffen zu können. Dafür ist ein gut funktionierendes Informations- und Kommunikationssystem unerläßlich. Häufigste Anlässe für „Verkehrslenkung" sind diejenigen Veranstaltungen, durch die der (normale) öffentliche Straßenverkehr mehr als üblich belastet oder gar beeinträchtigt wird. (Polizeibehörden und -dienststellen werden in solchen Fällen in hohem Maße gefordert; zur Verkehrslenkung eingesetzte Polizeibeamte müssen nicht selten „bei Wind und Wetter" über viele Stunden harten Verkehrseinsatz leisten.) Bei nicht vorhersehbaren Verkehrsstörungen wird das Ausmaß verkehrslenkender Maßnahmen von der Art und Weise des Ereignisses, von der Gefahrensituation, vom Verkehrsraum, von den Verkehrsmengen und von den Möglichkeiten zur Einwirkung durch (Verkehrs-)Einsatzkräfte und -mittel bestimmt.

17 „Bei Anlässen mit größeren Auswirkungen auf den Straßenverkehr sind Verkehrsmaßnahmen gemäß **Verkehrslenkungsplan** einzuleiten und zu koordinieren, verkehrsmäßige Voraussetzungen für taktische Maßnahmen zu schaffen und (verkehrs-)polizeiliche Erkenntnisse weiterzumelden, um Einsatzmaßnahmen gegebenenfalls auszulösen oder zunächst zurückzustellen. Es kann zweckmäßig sein, eine Verkehrsleitstelle einzurichten."[12] Größere Anlässe mit entsprechenden Auswirkungen auf den Straßenverkehr machen ein **System umfangreicher Verkehrsmaßnahmen** erforderlich, das von den Straßenverkehrsbehörden unter Mitwirkung der Polizei in einem „Verkehrslenkungsplan" zusammengefaßt wird. Da die Polizei in aller Regel die Hauptlast eines Verkehrseinsatzes trägt und die Ausführung der in einer Verkehrslenkungs-Planung festgelegten Verkehrsmaßnahmen zu übernehmen hat, ist nicht selten sie diejenige, die die Verkehrslage beurteilt, die für die Aufstellung erforderlichen Daten und Fakten beschafft und den im Zusammenhang mit der Einsatzplanung entscheidenden Einfluß auf die Festlegungen im Verkehrslenkungsplan nimmt.

18 „Der **Verkehrslenkungsplan** sollte je nach Art und Umfang des Anlasses enthalten: Leitplan, Parkplan, Beschleunigungsplan und Sperrplan."[13] „Durch den **Leitplan** ist das Heranführen, Vorsortieren, Einweisen und Rückführen aller Verkehrsströme zu regeln. Das Leiten beginnt, wo Verkehrsströme erkennbar werden, und zwar bei der Anfahrt (zu einer Veranstaltung) allgemein in der Tiefe des Raumes, bei der Abfahrt an den Parkplätzen und bei Fußgängern an den Verdichtungspunkten. Das Leiten endet bei der Anfahrt an den Parkplätzen, bei der Abfahrt dort, wo sich die Verkehrsströme verteilt haben und

[11] PDV 100, Ziff. 3.23.3.3.
[12] PDV 100, Anlage 13.
[13] PDV 100, Anlage 13.

bei Fußgängern im Veranstaltungsraum."[14] „Im **Routenplan** als Teil des Leitplans kann nach bestimmten Gesichtspunkten wie Himmelsrichtung, Umfang des Verkehrsaufkommens und Verkehrsarten geordnet festgelegt werden, welche Verkehrsströme auf welchen Verkehrswegen bis zu welchen Endpunkten zu leiten sind. Der jeweils gegenläufige Verkehr, vor allem der öffentliche Personennahverkehr (ÖPNV), ist gegebenenfalls auf Rücklaufrouten zu führen. Für öffentliche Verkehrsmittel, für ‚bevorzugte' Besucher (VIPs) und für besondere Veranstaltungsteilnehmer (LABELs) sind – der Lage angemessen – besondere An- und Abfahrtstrecken festzulegen."[15] „Im **Parkplan** wird die zügige Unterbringung des ruhenden Verkehrs geregelt. Dazu gehören: Beschicken, Aufstellen und Räumen. Durch den **Beschickungsplan** ist festzulegen, in welcher Reihenfolge welche Parkplätze aus welchen (Verkehrs-)Anfahrtströmen beschickt werden. Nach Möglichkeit sollen alle Anfahrtströme eigene Parkplätze oder Parkplatzzufahrten haben, die in der Himmelsrichtung der Anfahrt liegen und in Richtung auf das Ziel zu beschicken sind. Der **Aufstellplan** soll die schnelle, raumsparende und – soweit erforderlich – nach Fahrzeugarten getrennte Aufstellung der Kraftfahrzeuge auf den Parkflächen gewährleisten. Die Aufstellart ist den jeweiligen Erfordernissen und Möglichkeiten anzupassen. Im **Räumplan** ist zu regeln, von welchen Parkplätzen oder Ausfahrten in welcher Reihenfolge über welche Straßen in welche Richtung nach Veranstaltungsschluß abgefahren werden soll. Die Räumgeschwindigkeit ist auf die Leistungsfähigkeit der Straßen und Verkehrsknoten – mindestens im Nahbereich – abzustellen."[16] „Der **Beschleunigungsplan** soll die Leistungsfähigkeit des Verkehrsraums steigern und eine Verbesserung des Verkehrsflusses erzielen. Er umfaßt Maßnahmen zur besseren Ausnutzung des Straßenquerschnitts, zur Hebung der Leistung von Verkehrsknoten und zur Bevorzugung und Abschirmung von Hauptströmen der An- und Abfahrt. Die Entwicklung eines Beschleunigungsplans ist bei länger andauernden Sperr- und Ableitungsmaßnahmen geeignet, (Polizei-)Kräfte einzusparen."[17] „Im **Sperrplan** sind Umfang und Dauer der Maßnahmen zum Schaffen verkehrsfreier oder verkehrsverdünnter Bereiche zu regeln. Das geschieht durch Sperren und Ab- oder Umleiten."[18] Beim **„Ableiten"** werden Verkehrsteilnehmer durch Zwang (mit Hilfe von Sperren) oder durch Empfehlungen (oft über Lenkungstafeln) veranlaßt, von ihrem ursprünglich gewählten Verkehrsweg abzuweichen und den angebotenen zu benutzen. Beim **„Umleiten"** wird der Verkehr (mit einer entsprechenden Beschilderung) auf seine Ausgangsroute zurückgeführt.

4. Verkehrsüberwachung

a) Feststellung, Verhinderung und Verfolgung von Verkehrs-Ordnungswidrigkeiten und -Straftaten

„Verkehrsüberwachung soll Verkehrsunfälle reduzieren und Unfallfolgen mindern."[19] 19

Bei der **Verkehrsüberwachung** sollen Verkehrszuwiderhandlungen festgestellt oder unterbunden und gegebenenfalls verfolgt werden. Dabei soll mit dem Verkehrsteilnehmer das verkehrserzieherische Gespräch gesucht und in der Ahndung nach Schuld, Vorwerfbarkeit und Folgen im Einzelfall unterschieden werden. Die Überwachung des Straßenverkehrs durch die (uniformierte) Schutzpolizei dient dem Ziel, die Sicherheit zu verbessern und Verkehrsunfällen vorzubeugen.

Voraussetzung für eine Ahndung ist die **Feststellung einer (Verkehrs-)Ordnungswidrigkeit.** Dabei gilt § 1 I des Ordnungswidrigkeitengesetzes (OWiG),[20] wonach eine Ordnungswidrigkeit eine rechtswidrige und vorwerfbare Handlung ist, die den Tatbestand 20

[14] PDV 100, Anlage 13.
[15] PDV 100, Anlage 13, Ziff. 5.1.
[16] PDV 100, Anlage 13, Ziff. 5.2.
[17] PDV 100, Anlage 13, Ziff. 5.3.
[18] PDV 100, Anlage 13, Ziff. 5.4.
[19] PDV 100, Ziff. 3.23.3.1.
[20] Gesetz über Ordnungswidrigkeiten i. d. F. vom 19. 2. 1987, BGBl. I, 602 (III 454-1).

eines Gesetzes erfüllt, welches die Ahndung mit einem Bußgeld zuläßt. Für den Bereich des Straßenverkehrs kommen hier die §§ 24 und 24 a des Straßenverkehrsgesetzes in Betracht.[21] Die für die **Ahndung** objektiv erforderliche Bestimmtheit der Umschreibung des Bußgeldtatbestands erfüllt § 24 StVG als sogenannte **„Blankettvorschrift"**[22] durch den Verweis auf die nach § 6 I StVG erlassenen Rechtsverordnungen, „soweit diese für einen bestimmten Tatbestand" auf § 24 StVG verweisen. Das geschieht in der Straßenverkehrsordnung und in der Straßenverkehrszulassungsordnung, da in § 49 StVO und in § 69 a StVZO alle Vorschriften aufgeführt sind, deren Verletzung bußgeldbewehrt ist. In diesen Bestimmungen nicht enthaltene (Verhaltens-)Anweisungen, wie zum Beispiel die Nichtbeachtung der nach § 1 I StVO geforderten „allgemeinen" Rücksichtnahme, sind nicht bußgeldbewehrt und können demzufolge auch nicht zu einer Verwarnung oder zu einem Bußgeld führen.[23] Dagegen wird die **Ahndungsfähigkeit** nicht berührt, wenn ein Tatbestand nicht im Bußgeld-Katalog aufgeführt ist, da es sich bei diesem nur um eine **„Zumessungs"-Regel** handelt.

21 Mit dem bundeseinheitlichen **Bußgeld-Katalog,**[24] der seit dem 1. 1. 1990 gilt, wird das Ziel verfolgt, dem Teilnehmer am Straßenverkehr die (Rechts-)Folgen von Verkehrsordnungswidrigkeiten zu verdeutlichen und damit die Verkehrssicherheit zu verbessern. Verkehrsteilnehmer sollen zweifelsfrei erkennen, welche Reaktionen des Staates und seiner Organe bei Normverletzungen eintreten, so daß das eigene Verhalten sich daran orientieren kann. Der Bußgeld-Katalog beginnt mit Tatbeständen, für die ein Bußgeld von 80,00 DM vorgesehen ist; nach § 28 Nr. 3 StVG kommen demzufolge für alle Verkehrsordnungswidrigkeiten des Bußgeld-Kataloges Eintragungen in das **Verkehrs-Zentral-Register** (in „Flensburg") in Betracht. Der Bußgeld-Katalog ist als **Rechtsverordnung** nicht nur für die Exekutive, sondern auch für die Gerichte verbindlich. Der Verordnungsgeber hat sich dabei von der Vorstellung leiten lassen, daß nur so die Aufgabe des Bußgeld-Kataloges zu erfüllen sei, eine einheitliche und von den wirtschaftlichen Verhältnissen unabhängige **Eintragungsgrenze** für das Verkehrs-Zentral-Register zu bilden. Die **Bindung der Richter** an die Regel-Bußgeldsätze wird (bisher) als verfassungsrechtlich unbedenklich angesehen, da Richter nach Art. 97 I des Grundgesetzes dem Gesetz unterworfen seien, wozu auch Rechtsverordnungen gehören. Es bestehe kein Anlaß, dies anders zu bewerten, wenn durch eine Verordnung Zumessungsregelungen getroffen würden.[25]

22 Was die sachlichen Voraussetzungen für ein **Bußgeld** oder eine **Verwarnung**[26] angeht, so gelten für die Rechtswidrigkeit und Vorwerfbarkeit die allgemeinen rechtlichen Grundsätze. Damit kann eine objektiv festgestellte Verkehrsordnungswidrigkeit nur dann verfolgt und geahndet werden, wenn sie vorsätzlich oder mindestens fahrlässig (was im Straßenverkehr die Regel ist) begangen worden ist und für diese Verhaltensweise keine Rechtfertigungs- oder Entschuldigungsgründe vorliegen. Das Institut der Erteilung mündlicher oder schriftlicher **Verwarnungen mit Verwarnungsgeld** bei festgestellten (Verkehrs-)Ordnungswidrigkeiten zielt darauf ab, Bußgeldverfahren wegen (geringfügiger) Normverletzungen zu vermeiden. Das Verwarnungsverfahren liegt dabei im Interesse der Betroffenen und der Verwaltungsbehörden, denn es erspart Zeit und Wege, und es kann zur Entlastung der Bußgeldbehörden beitragen. Seine praktische Anwendung soll nach den Vorstellungen des Rechtsausschusses des Deutschen Bundestages „möglichst weit ausgedehnt" werden. Dieser Auffassung entspricht auch, daß der Anwen-

---

[21] Straßenverkehrsgesetz i. d. F. vom 10. 3. 1987, BGBl. I, 945; III 450-2.

[22] Vgl. hierzu *Mühlhaus/Janiszewski*, § 24 StVG Anm. 3 f.

[23] KG VRS 70; *Janiszewski*, NStZ 84, 406 zu § 23 I StVO.

[24] BKatV vom 4. 7. 1989 (BGBl. I, 1305, 1447), zuletzt geändert durch VO vom 18. 8. 1998.

[25] *Janiszewski/Buddendiek,* Verwarnungs- und Bußgeldkatalog mit Punktsystem, 4. Aufl., 1989, S. 22. Darin liegt ein gewisser Widerspruch zum Opportunitätsprinzip gemäß § 47 OWiG. Andererseits ist die Sanktion – anders als die Strafe – schuldunabhängig, so daß es keiner individuellen Zumessung bedarf. Die Rechtsschutzgarantie gilt dem „Ob" der Sanktion.

[26] Allgemeine VwV für die Erteilung einer Verwarnung bei Straßenverkehrsordnungswidrigkeiten (Verwarn-VwV) v. 12. 6. 1975 (BAnz. Nr. 109), zuletzt geändert durch die VwV v. 4. 7. 1989 (BAnz. Nr. 134 a).

dungsbereich des Verwarnungsverfahrens durch **Anhebung des Höchstbetrages** des Verwarnungsgeldes in § 56 I OWiG auf 75,00 DM erweitert worden ist.[27]

Der **Sinn einer Verwarnung** besteht darin, einem Verkehrsteilnehmer einen Verkehrsverstoß möglichst sofort vorzuhalten, ihn also zu warnen, ohne über die (Verkehrs-)Ordnungswidrigkeit eingehende Ermittlungen vorzunehmen und bewertende Entscheidungen zu treffen.[28] Die Verwarnung soll bei dem betroffenen Verkehrsteilnehmer in Verbindung mit einem der Bedeutung des Verstoßes entsprechenden Verwarnungsgeld einen **Lern- und Verhaltensänderungs-Impuls** auslösen. Der Verletzer einer zur Sicherheit im Straßenverkehr gesetzten Norm soll dazu angehalten werden, die Straßenverkehrsordnung oder die Straßenverkehrszulassungsordnung nach der Verwarnung besser zu beachten. Die Verwarnung mit Verwarnungsgeld hat als unmittelbare Folge einer (Verkehrs-)Ordnungswidrigkeit in der Bundesrepublik Deutschland eine überwiegend repressive Einschätzung erfahren. Gedacht war sie ursprünglich jedoch als (Verkehrserziehungs-)**Mittel zur Hebung der Verkehrsdisziplin** und zur Verbesserung der Verkehrssicherheit, also als präventives Mittel („Denkzettel" ohne Strafcharakter). Da eine Verwarnung nicht erzwungen werden kann, sondern als **mitwirkungsbedürftiger Verwaltungsakt** die freiwillige Akzeptanz des Betroffenen voraussetzt, eingehendere Sachverhaltsermittlungen unterbleiben und über den bloßen Hinweis auf die Regelverletzung hinaus nicht wertend entschieden werden soll, fehlen wesentliche Merkmale einer (echten) Unrechtsfolge, so daß die Verwarnung nicht als „Ahndung" angesehen werden kann.[29] 23

Der **räumliche Geltungsbereich** des (Verkehrs-)Ordnungswidrigkeitenrechts war nach § 5 OWiG grundsätzlich auf das Gebiet der Bundesrepublik Deutschland und Berlin (West) beschränkt; er ist nach dem Gesetz zum Vertrag vom 31. 8. 1990 zwischen der Bundesrepublik Deutschland und der Deutschen Demokratischen Republik über die Herstellung der Einheit Deutschlands – Einigungsvertragsgesetz – zusammen mit der Vereinbarung vom 18. 9. 1990 – „Einigungsvertrag" – vom 23. 9. 1990 (BGBl. II, S. 885), wonach das Gesetz über Ordnungswidrigkeiten in der Fassung vom 19. 2. 1987 (BGBl. I, S. 602), zuletzt geändert durch Art. 2 des Gesetzes vom 30. 8. 1990 (BGBl. I, S. 1853), im Gebiet der ehemaligen „DDR" Anwendung findet, auf die fünf „neuen" Bundesländer ausgedehnt worden; eine sachlich-räumliche Beschränkung der Verfolgbarkeit ergibt sich daraus, daß sich Straßenverkehrsordnung und Straßenverkehrzulassungsordnung in Verbindung mit ihrer Ermächtigungsnorm aus § 6 I Nr. 3 StVG nur auf „öffentliche" Straßen, Wege und Plätze beziehen. Das bedeutet, daß „Verstöße" in Bereichen, die nicht dem öffentlichen Straßenverkehr zur Verfügung stehen, selbst dann nicht als (Verkehrs-)Ordnungswidrigkeiten verfolgt und geahndet werden können, wenn auf einem Gelände Verkehrszeichen im Sinne der Straßenverkehrsordnung aufgestellt sind. Allerdings liegt im Gegensatz zu Privat-Grundstücken öffentlicher Verkehrsraum vor, wenn es sich zum Beispiel um öffentliche Wege und Straßen im Sinne des Wegerechts des Bundes und der Länder oder um Verkehrsflächen handelt, auf denen ohne Rücksicht auf die Eigentumsverhältnisse oder die sonst übliche verwaltungsrechtliche Widmung aufgrund ausdrücklicher oder stillschweigender Duldung des Verfügungsberechtigten eine Nutzung durch jedermann tatsächlich zugelassen ist.[30] 24

„Der **Verkehrsüberwachung** unterliegen Verkehrsteilnehmer im Hinblick auf Verhalten, Eignung und Berechtigung, Verkehrsmittel im Hinblick auf Zustand, Ausrüstung und Zulassung, Verkehrsraum im Hinblick auf Einheit von Bau und Betrieb einschließlich der Verkehrssicherungspflicht und Verkehrsmaßnahmen im Rahmen der Verkehrslenkung."[31] Aus der Erkenntnis, daß Verkehrsunfälle entstehen, weil überwiegend fahr- 25

---

27 OWiGÄndG v. 7. 7. 1986, BGBl. I, 977.
28 *OLG Hamm* NJW 1979, 2114; *OLG Düsseldorf* NJW 1984, 1571.
29 *Jagusch/Hentschel,* § 27 StVG A. 7; Hamm VRS 1957, 198.
30 *Mühlhaus/Janiszewski,* § 1 StVO A. 13 ff.
31 PDV 100, Ziff. 3.23.3.1.

lässig gegen menschenschützende Verkehrsregeln verstoßen wird, richtet sich polizeiliches Handeln zur Herstellung von Verkehrssicherheit gegen „menschliches Versagen" als unfallträchtiges Vordelikt. Dadurch wird Verkehrsüberwachung zur dominierenden Aktivität der Polizei bei der vorbeugenden Verkehrsunfall-Bekämpfung. Verkehrsüberwachung sollte dazu führen, daß sich (alle) Verkehrsteilnehmer mit Verkehrsanforderungen identifizieren und die möglichen schweren Folgen eines Fehlverhaltens erkennen. Den in der Verkehrsüberwachung tätigen Polizeibeamten schwebte im Grunde immer vor, bei den Verkehrsteilnehmern ein Bewußtsein zu erzeugen, das von **Verantwortung** und gegenseitiger Rücksichtnahme gekennzeichnet ist. Nicht zuletzt deshalb orientieren sich polizeiliche Einsatzstrategien am Kampf gegen die Rücksichtslosigkeiten und an der Eindämmung potentieller Unfallrisiken. Zwischen „repressiven" und präventiven Aktivitäten sollte dabei stets ein ausgewogenes Verhältnis angestrebt werden. Wenn polizeiliche Verkehrsüberwachung vornehmlich darauf gerichtet ist, Verkehrsunfälle zu verhindern und zu verhüten, dann kann der Prävention größere Bedeutung zukommen als der Feststellung und Verfolgung von Verkehrsverstößen.

26 Bei Verdacht einer unter Einwirkung von Alkohol oder anderen, allein oder im Zusammenwirken mit Alkohol auf das Zentralnervensystem wirkenden Stoffe (Medikamente, Drogen) begangenen (Verkehrs-)Straftat oder (Verkehrs-)Ordnungswidrigkeit ist zu prüfen, ob eine **Atemalkohol-Prüfung**, eine körperliche Untersuchung, eine Blutentnahme, eine Urinprobe oder eine Haarprobe in Betracht kommen. Besonders wichtig sind diese Maßnahmen bei Verdacht schwerwiegender Straftaten sowie bei Verkehrsstraftaten und Verkehrsordnungswidrigkeiten nach Paragraph 24 a StVG; namentlich in diesen Fällen kann eine Sicherstellung oder Beschlagnahme von Fahrausweisen (Führerscheine pp.) in Betracht kommen.

27 Die Atemalkohol-Prüfung ist keine körperliche Untersuchung im Sinne von Paragraph 81a StPO. Eine rechtliche Grundlage für ihre zwangsweise Durchsetzung besteht nicht; sie kann daher nur mit Einverständnis der betroffenen Person durchgeführt werden.

28 Die „Richtlinien über die Feststellung von Alkohol-, Medikamenten- und Drogenmißbrauch bei Straftaten und Ordnungswidrigkeiten sowie für die Sicherstellung und Beschlagnahme von Fahrausweisen (RiBA)" idF. der Gem. Vfg. MJ/MI/MS/MW/MWK des Landes Niedersachsen v. 26.5. 1995, NdsRPfl.1995, 150ff.; Hamburg: JVBl. 1995, S.69ff.; Nordrhein-Westfalen: Gem. RdErl. IM/JM/MSV/MWF v. 30.5. 1995 (MBl. NW S.730), geändert durch RdErl. v. 16.10. 1996 (MBl. NW S.1841); Saarland: GMBl. 1995, 371; Sachsen: ABl. 1995, 785; Mecklenburg-Vorpommern: ABl. 1995, 852; Bayern: JMBl. 1996, 163, legen – mit geringfügigen Abweichungen in den einzelnen Ländern – fest, wie zu verfahren ist.

29 Für die praktische Polizeiarbeit in der Verkehrsüberwachung gilt nach wie vor, daß der bisher übliche Test auf Alkohol am Kontrollort mit einem Atemalkohol-Testgerät durchgeführt wird; in Funkstreifenwagen werden in aller Regel Atemalkohol-Testgeräte für den mobilen Einsatz mitgeführt.

Der Atemalkohol-Test dient der Feststellung, ob die Durchführung einer Atemalkohol-Messung (überwiegend mit dem Gerät „Alcotest 7110 Evidential") auf einer Polizeidienststelle in Betracht kommt oder ob eine körperliche Untersuchung und eine Blutentnahme anzuordnen sind.

30 Die Atemalkohol-Messung mit dem Gerät „Alcotest 7110 Evidential" wird in den meisten Ländern – bis auf weiteres – nur im Bereich der Verkehrsordnungswidrigkeiten iSd. Paragraphen 24a Abs.1 StVG als gerichtsverwertbarer Beweis eingesetzt; sie dient der Feststellung, ob die in Paragraph 24a Abs.1 Nr.1 und Nr.2 StVG genannten Atemalkoholwerte erreicht oder überschritten sind. Der Einsatz der Atemalkohol-Messung kommt daher nur bei Verkehrsteilnehmern in Frage, die ausschließlich verdächtig sind, eine Verkehrsordnungswidrigkeit nach Paragraph 24a Abs.1 Nr.1 oder Nr.2 StVG begangen zu haben. Sofern bereits nach dem Ergebnis des Atemalkohol-Tests vor Ort der Verdacht einer Straftat – insbesondere nach Paragraph 316 oder 315c StGB – besteht, soll auf die

Atemalkohol-Messung verzichtet und wie bisher eine körperliche Untersuchung und eine Blutentnahme angeordnet werden; eine körperliche Untersuchung und eine Blutentnahme sind unter den Voraussetzungen des Paragraphen 81a StPO in jedem Fall durchzuführen, wenn im Rahmen der Atemalkohol-Prüfung (Test oder Atemalkohol-Messung) bei vorschriftsmäßiger Beatmung des Prüfgeräts ein Alkoholwert von mindestens 0,55 mg/l Atemalkohol-Konzentration oder mindestens 1,1 Promille Alkohol im Blut (Blutalkohol-Konzentration) angezeigt wird. Wenn der Verdacht einer Verkehrsstraftat infolge relativer Fahruntüchtigkeit gegeben ist, also Ausfallerscheinungen, verkehrswidrige Fahrweise oder ein Verkehrsunfall hinzutreten, wird eine Blutentnahme bereits ab einem Test- bzw. Meß-Ergebnis von 0,15 mg/l AAK oder 0,3 Promille BAK angeordnet. Voraussetzung für die Feststellung und Verfolgung von Alkohol-Fahrten ist, daß ein Verkehrsteilnehmer in der Weise ordnungswidrig handelt, daß er im Straßenverkehr ein Kraftfahrzeug führt, obwohl er 0,40 mg/l oder mehr Alkohol in der Atemluft oder 0,8 Promille oder mehr Alkohol im Blut oder eine Alkoholmenge im Körper hat, die zu einer solchen Atem- oder Blutalkoholkonzentration führt oder obwohl er 0,25 mg/l oder mehr Alkohol in der Atemluft oder 0,5 Promille oder mehr Alkohol im Blut oder eine Alkoholmenge im Körper hat, die zu einer solchen Atem- oder Blutalkoholkonzentration führt.

Der Nachweis der alkoholischen Beeinträchtigung erfolgt **durch Blutprobe oder durch Prüfung der Atemluft**. Die Zulässigkeit der Blutprobe richtet sich über Paragraph 46 OWiG nach Paragraph 81a StPO. Die Atemalkohol-Prüfung als Nachweis der alkoholischen Beeinträchtigung ist nach Inkrafttreten der Neufassung des Straßenverkehrsgesetzes seit dem 1. 5. 1998 ebenfalls zulässig; die Abs. 1 und 4 des Paragraphen 24 StVG waren erst nach Einschaltung des Vermittlungsausschusses vom Deutschen Bundestag am 27. 3. 1998 beschlossen und als StVG-ÄndG. vom 27. 4. 1998 verkündet worden (BGBl. I 795). 31

Da eine bestimmte Atemalkoholkonzentration (AAK) nicht ohne weiteres auf eine entsprechende Blutalkoholkonzentration (BAK) umgerechnet werden kann, hat der Gesetzgeber einen der jeweiligen BAK entsprechenden AAK-Wert neben der BAK eingeführt. Beide (Meß-)Methoden bleiben in der Praxis allein schon deshalb nebeneinander bestehen, weil z.B. immer dann auf eine Blutprobe nicht verzichtet werden kann, wenn eine Atemalkohol-Prüfung bei Bewußtlosigkeit oder sonstigem körperlichen Unvermögen nicht durchführbar ist. 32

Die AAK von 0,40 bzw. 0,25 mg/l entspricht der jeweiligen BAK von 0,8 bzw. 0,5 Promille; diese Werte basieren auf einem Gutachten des Bundesgesundheitsamtes über die Beweissicherheit der Atemalkoholanalyse. Für die Atemalkoholbestimmung dürfen nur geeichte Meßgeräte verwendet werden, die die hohen Anforderungen des Gutachtens erfüllen. 33

„Die erforderlichen Maßnahmen haben sich vor allem an den Unfallhäufungsstellen, der Schwere der Unfallfolgen und der Unfallkostenrate zu orientieren. 34

Verkehrsunfälle, die von der Polizei erfaßt werden, sollen in die Verkehrsunfallanalyse einbezogen werden.

Die örtlichen Unfalluntersuchungen der Polizei liefern Erkenntnisse über typisches Fehlverhalten der Verkehrsteilnehmer und über Mängel des Verkehrsraumes."[32]

Es sind **Schwerpunkte** zu bilden. Dabei sind die insbesondere durch die Verkehrsunfallursachen-Untersuchung erkannten zeitlichen, örtlichen, delikt- oder unfallbestimmten und auf die Art der Verkehrsteilnahme bezogenen **Brennpunkte** zu berücksichtigen. Da der Einsatz von uniformierten Polizeibeamten im öffentlichen Verkehrsraum die Verkehrssicherheit fördert, empfiehlt es sich, die Einsatzplanungen vor allem hierauf abzustellen. Es werden deshalb insbesondere zu Hauptunfall- und Verkehrsspitzenzeiten Polizeibeamte an Unfallbrennpunkten oder an neuralgischen Stellen (offen) einzusetzen sein, die verkehrswidriges Verhalten möglichst zu verhindern haben. Neben einer intensiven

[32] PDV 100, Ziff. 2.1.3.3.

vorbeugenden Verkehrsüberwachung ist die Feststellung von Verkehrsverstößen geboten. Dabei sind nach Auswertung aller Erkenntnisse Schwerpunkte zu bilden. Das sind vor allem Unfall-„Brennpunkte", Unfall-Strecken, schutzwürdige Zonen und gefährliche Verhaltensweisen, die zu Hauptunfallursachen zählen. Hauptunfallursachen in diesem Sinne sind: Nicht angepaßte Geschwindigkeit, ungenügender Sicherheitsabstand, Nichtbeachten der Vorfahrt oder des Vorrangs, Fehler beim Abbiegen, Wenden, Rückwärtsfahren oder Einfahren in den fließenden Verkehr, Teilnahme am Straßenverkehr unter Einfluß von Alkohol oder anderer berauschender Mittel, Fehler beim Überholen, falsches Verhalten beim Überschreiten der Fahrbahn und falsches Verhalten gegenüber Fußgängern und Radfahrern.

35 „Je nach Überwachungsziel ist zu entscheiden, ob die Maßnahmen offen oder verdeckt durchgeführt werden. Insbesondere die Notwendigkeit verdeckter Maßnahmen sollte mit begleitender Öffentlichkeitsarbeit verdeutlicht werden."[33]

Die **Methoden der Verkehrsüberwachung** richten sich nach den jeweiligen Brennpunkten. Dabei ist zu unterscheiden zwischen Postendienst, Bereichs- oder Streckenstreifen zu Fuß, motorisiert oder aus der Luft und Sonderkontrollen wie Standkontrollen und Verkehrsrazzien. Die Auswahl der Überwachungsmethode ist unter Auswertung des Unfallgeschehens ständig zu überprüfen und erforderlichenfalls überregional zu koordinieren. Je nach Überwachungsziel ist zu unterscheiden, ob die Beamten in Uniform oder in bürgerlicher Kleidung, auch mit neutralen Kraftfahrzeugen, einzusetzen sind oder ob ein kombinierter Einsatz zweckmäßig ist. **Technische Mittel** sind zur Effektivitätssteigerung und zur Beweissicherung zu nutzen.

b) Anhalten

36 **„Verkehrskontrollen** sind präventive verkehrsbezogene Maßnahmen, die zur Prüfung der Fahrtüchtigkeit der (Fahrzeug-)Führer, zur Prüfung der mitzuführenden Papiere und zur Prüfung des Zustands, der Ausrüstung und Beladung der Fahrzeuge ergriffen werden, um vorbeugend Ordnung und Sicherheit des Straßenverkehrs zu gewährleisten, ohne daß ein augenblickliches Bedürfnis zur Regelung des Straßenverkehrs bzw. zur Erhaltung seiner Ordnung und Sicherheit vorliegt oder eine Veranlassung zum repressiven Einschreiten zur Verfolgung einer (Verkehrs-)Straftat oder -Ordnungswidrigkeit besteht."[34] Eine Verkehrskontrolle in diesem Sinne liegt somit nur vor, wenn Maßnahmen in erster Linie aus dem Gesichtspunkt der allgemeinen Vorbeugung vorgenommen werden. Insoweit hat der erkennende Senat des BayObLG den Begriff „Verkehrskontrolle" klar definiert. Es handelt sich bei der Verkehrskontrolle in erster Linie um **Maßnahmen der allgemeinen Vorbeugung,** nicht aber um Maßnahmen zur Verfolgung konkreter Zuwiderhandlungen. Wird jedoch anläßlich einer Verkehrskontrolle festgestellt, daß durch den „Kontrollierten" (Verkehrs-)Straftatbestände erfüllt oder Ordnungswidrigkeiten-Vorschriften verletzt wurden, dann können „in zweiter Linie" die nach der Strafprozeßordnung oder nach dem Ordnungswidrigkeitenrecht vorgesehenen Maßnahmen eingeleitet werden.

37 **Eingriffsnorm** für das Anhalten der Verkehrsteilnehmer zum Zweck der Verkehrskontrolle ist § 36 V StVO. „Polizeibeamte dürfen Verkehrsteilnehmer zur Verkehrskontrolle einschließlich der Kontrolle der Verkehrstüchtigkeit und zu Verkehrserhebungen anhalten. Das Zeichen zum Anhalten kann der Beamte auch durch geeignete technische Einrichtungen am Einsatzfahrzeug, eine Winkerkelle oder eine rote Leuchte geben. Die Verkehrsteilnehmer haben deren Anweisungen zu befolgen."[35] Die Verwaltungsvorschrift zu § 36 V StVO lautet:

---

[33] PDV 100, Ziff. 3.23.3.1. Zu den Rechtsproblemen der Methodenwahl vgl. Kap. C.

[34] *BayObLG,* Entscheidung v. 27. 10. 1986, 1 Ob OWi 130/86, VRS 72, 132 und DAR 3/87, 91.

[35] Straßenverkehrs-Ordnung v. 16. 11. 1970 (BGBl. I, 1565), zuletzt geändert durch VO v. 25. 10. 1994 (BGBl. I S. 3127), § 36 V. Die Eingriffsrechtfertigung folgt aus der allgemeinen Betriebsgefahr des Fahrzeugs.

„I. Verkehrskontrollen sind sowohl solche
– zur Prüfung der Fahrtüchtigkeit der Führer oder
– der nach den Verkehrsvorschriften mitzuführenden Papiere als auch solche
– zur Prüfung des Zustands, der Ausrüstung und der Beladung der Fahrzeuge.
II. Straßenkontrollen der Bundesanstalt für Güterfernverkehr (§ 55 I Nr. 4 GüKG) sollen in Zusammenarbeit mit der örtlich zuständigen Polizei durchgeführt werden."[36]

Durch die Rechtsprechung der Obergerichte ist die Bußgeldbewehrung der **Nichtbefolgung des Anhaltens** im Sinne von § 36 V StVO auf „vorbeugende Verkehrskontrollen" beschränkt worden. Nachdem 1984 der BGH festgestellt hatte, „daß bußgeldbewehrt nach § 36 I StVO alle Weisungen der Polizeibeamten sind, die aus einem augenblicklichen Bedürfnis heraus zur Regelung des Straßenverkehrs oder zur Beseitigung einer andauernden Beeinträchtigung der Verkehrssicherheit einem bestimmten Verkehrsteilnehmer erteilt werden, nicht jedoch solche Weisungen, die allein die Verfolgung einer (beendeten) Verkehrsordnungswidrigkeit ermöglichen sollen",[37] hat das BayObLG im Anschluß an diesen BGH-Beschluß festgestellt, „daß die zur Ermöglichung der Verfolgung einer (Verkehrs-)Ordnungswidrigkeit erteilte Weisung zum Anhalten nicht deswegen bußgeldbewehrt ist, weil der Polizeibeamte beabsichtigt, auch die vom Angehaltenen mitzuführenden Papiere zu überprüfen".[38] Nach herrschender Rechtsprechung bezieht sich die Bußgeldbewehrung des § 36 V StVO also nur auf das **Anhalten zur Verkehrskontrolle,** nicht aber auf das Anhalten zur Verfolgung von (Verkehrs-)Straftaten oder -Ordnungswidrigkeiten, da bisher niemand zur Mitwirkung an seiner Überführung gezwungen werden darf. Entscheidend ist in jedem Falle die Ausgangslage: Geschieht das Anhalten zu einer Verkehrskontrolle, dann ist § 36 V StVO Eingriffsnorm; geschieht das Anhalten zur Verfolgung einer (Verkehrs-)Straftat oder -Ordnungswidrigkeit, dann greift § 36 V StVO nicht, sondern die Strafprozeßordnung oder das Ordnungswidrigkeitengesetz. 38

Bei einer Verkehrskontrolle sind die Polizeibeamten – nach dem Anhalten – befugt, die Aushändigung des Führerscheins und des Fahrzeugscheins zur Prüfung zu verlangen. Für die Führer von Kraftfahrzeugen ergibt sich aus § 31b StVZO darüber hinaus verpflichtend, mitzuführende Gegenstände wie Warn-Dreieck und Erste-Hilfe-Material vorzuzeigen und zur Prüfung des vorschriftsmäßigen Zustands auszuhändigen. **„Aushändigen"** im Sinne der Verordnung heißt, dem kontrollierenden Polizeibeamten die Gegenstände zu übergeben, damit dieser Gültigkeit und Echtheit der Dokumente und Zustand und Funktionsfähigkeit des Geräts überprüfen kann. Zu diesem Zweck muß der Fahrzeugführer zumindest das Fenster seines Fahrzeugs öffnen und, wenn das Gerät sich nicht im Innern des Kraftfahrzeugs befindet, aussteigen und den Kofferraum öffnen. Polizeibeamte müssen bei ihrem Einschreiten unterscheiden und auch in der (Verkehrs-)Straf- oder Ordnungswidrigkeiten-Anzeige dokumentieren, ob das Anhalten zur „präventiven" Verkehrskontrolle oder zur Ahndung von (Verkehrs-)Straftaten oder -Ordnungswidrigkeiten erfolgte. Dem Verkehrsteilnehmer ist, nachdem er angehalten worden ist, der **Grund des Anhaltens** zu eröffnen. Erst dann sollten Führerschein und Fahrzeugpapiere verlangt bzw. Maßnahmen zur Ahndung eingeleitet werden. Die Frage nach dem Verbandskasten mit dem heimlichen Ziel, einen Blick in den Kofferraum zu erhalten, ist also unzulässig. 39

Was das Anhalten zur Verfolgung von (Verkehrs-)Ordnungswidrigkeiten angeht, so hatte der Freistaat Bayern für die letzte Änderung der StVO mit der Einfügung des Absatzes 5 in den § 36 vorgeschlagen: „Polizeibeamte dürfen Verkehrsteilnehmer zur Verkehrskontrolle, zur Verfolgung von (Verkehrs-)Zuwiderhandlungen und zu Verkehrserhebungen anhalten." Mit diesem Vorschlag hatte sich Bayern im Rechtsausschuß des Deutschen 40

---

36 Verwaltungsvorschrift (VwV) zur Straßenverkehrs-Ordnung i. d. F. vom 22. 3. 1988 (BGBl. I, 405), zuletzt geändert durch VwV vom 14. 12. 1993 (BAnz. 10858).
37 *BGH* Beschluß v. 31. 1. 1984, 4 StR 350/86.
38 *BayObLG* Beschluß v. 27. 10. 1986, OWi 130/86.

Bundestages nicht durchsetzen können. Der Rechtsausschuß hatte bei seiner Ablehnung die Auffassung vertreten, die Einführung einer bußgeldbewehrten **Haltepflicht** bei der Verfolgung von (Verkehrs-)Ordnungswidrigkeiten widerspreche der Rechtssystematik und politischem Willen. Für repressiv-polizeiliche Maßnahmen bei der Verfolgung von (Verkehrs-)Ordnungswidrigkeiten kämen allein die auch sonst hierfür „nach allgemeinen prozessualen Regeln" vorgesehenen Möglichkeiten in Betracht, nach denen ein Betroffener grundsätzlich nicht verpflichtet ist, an der Erforschung und Ahndung einer von ihm begangenen Handlung mitzuwirken. Diese auf den ersten Blick praxisferne Begründung bewirkt keine Beeinträchtigung von Recht und Sicherheit, weil ein Anhalten zur Verfolgung von strafbedrohten Handlungen und (Verkehrs-)Ordnungswidrigkeiten nicht weniger effektiv auf § 163 StPO und § 53 OWiG gestützt werden kann. Dort, wo die Verfolgung der Kontrolle folgt, ändert sich die Rechtsgrundlage für das weitere Anhalten entsprechend. Dies ist dem Betroffenen zu eröffnen (§ 163 a StPO; § 55 OWiG).

41 Die Ministerial-Erlasse der Bundesländer zur Bekämpfung von Verkehrsunfällen durch die Polizei bzw. zur Verkehrsüberwachung schreiben nahezu übereinstimmend vor, daß Verkehrsteilnehmer nach festgestellten Verkehrsverstößen unverzüglich anzuhalten sind. Hiervon darf nur abgesehen werden, wenn die Erfüllung anderer Aufgaben vordringlicher ist oder ein Anhalten wegen der besonderen Umstände im Einzelfall nicht möglich ist, zum Beispiel beim Einsatz von Verkehrsradargeräten auf Autobahnen oder ähnlichen Straßen oder wenn Straßenführung, Verkehrslage oder andere zwingende Gründe den Einsatz von Polizeibeamten zum Anhalten nicht zulassen. Auch ist vorgeschrieben, daß ein Anhalten unter Berücksichtigung der Sicherheit aller Verkehrsteilnehmer zu erfolgen hat. **Haltezeichen** müssen von den Polizeibeamten rechtzeitig und deutlich, das heißt unverwechselbar, gegeben werden. Sie müssen zweifelsfrei als Weisungen der Polizei zu erkennen sein. Insbesondere für das Anhalten von Verkehrsteilnehmern bei Dunkelheit gelten Vorschriften, die sicherstellen sollen, daß das Anhalten von Fahrzeugführern eindeutig als Maßnahme der Polizei erkennbar ist. Das soll nicht nur der Sicherheit der Verkehrsteilnehmer dienen, sondern auch die Polizeibeamten bei ihrem Einschreiten schützen. Das Anhalten bei Dunkelheit erfolgt aus diesen Gründen grundsätzlich durch uniformierte Polizei mit eindeutig erkennbaren Polizeifahrzeugen.

c) Technik zur Verkehrsüberwachung

42 Seit Beginn der Motorisierung steht aufgrund des Gefahrenabwehrauftrags für die Polizei die Bekämpfung von Hauptunfallursachen im Straßenverkehr im Mittelpunkt; Schwerpunkte der polizeilichen Verkehrsüberwachung sind die **Hauptunfallursachen „Geschwindigkeit" und „Alkohol".** Die Innenminister/-senatoren der Bundesländer und die Bundesregierung gehen in ihren Verkehrssicherheits-Programmen für die Polizeiarbeit davon aus, daß Verkehrsüberwachung **„unbestreitbaren Einfluß"** auf die Verkehrssicherheit hat. Sie lassen sich davon leiten, daß die Aussicht auf Befolgung der Verkehrsvorschriften und Reduzierung der Verkehrsunfälle und -opfer in dem Maße besteht, in dem Verkehrsüberwachung durch die Polizei (intensiv) betrieben wird. Dabei spielt die zur Verfügung stehende **Technik zur Verkehrsüberwachung** mit ihrer Qualität eine bedeutende Rolle. Die Gerichte in der Bundesrepublik Deutschland stellen hohe Anforderungen an Beweise zur Ahndung von (Verkehrs-)Ordnungswidrigkeiten. Zu den Anforderungen an Feststellungen im Urteil bei **„Radar-Messungen"** führte OLG Köln am 25. 4. 1980 (1 Ss 304/80) aus: „Da es keinen Erfahrungssatz gibt, daß Verkehrsradargeräte unter allen Umständen zuverlässige Meßergebnisse liefern, muß das Urteil Feststellungen darüber enthalten, ob im gegebenen Fall die notwendigen Voraussetzungen für eine einwandfreie Messung erfüllt gewesen sind, das heißt, es muß zumindest die genügend belegte Feststellung entnommen werden können, daß die Messung entsprechend den Bedienungsvorschriften des Gerätes durchgeführt worden ist, und daß von einer einwandfreien Funktion des Gerätes selbst auszugehen ist." Der 2. Strafsenat des OLG Frankfurt hat zur Geschwindigkeitskontrolle und zur **Funktionstüchtigkeit des Meß-**

gerätes am 19. 1. 1988 (2 Ws (B) 307/87 OWiG) entschieden: „Die Urteilsdarlegung muß erkennen lassen, aufgrund welcher Beweismittel das erkennende Gericht an der ordnungsgemäßen Durchführung der Geschwindigkeits-Messung und fehlerfreien Funktion des Meßgerätes keine Zweifel hatte (z. B. geeichtes Gerät; Überprüfung der Funktionstüchtigkeit zu Beginn der Verkehrsüberwachung)."

Die Ziele einer „Technischen Kommission der Länder und des Bundes" (Geschäftsführung bei der Polizei-Führungsakademie) bestehen in der exakten Beschreibung und Vereinheitlichung der **Verkehrsüberwachungs-Methoden** und in der **Auswahl und Erprobung von technischen Mitteln** zur Verkehrsüberwachung nach einheitlichen Anforderungskriterien bzw. Pflichtenheften. Während technische Geräte zur Überwachung der Hauptunfallursache „Geschwindigkeit" (Verkehrs-Radar- und Lichtschranken-Geräte) einschließlich Fahrer-Identifizierung (Fotografie und Front-Fotografie) von hoher Qualität, Meßgenauigkeit und Beweissicherheit zur Verfügung stehen, ist zur Bekämpfung der Hauptunfallursache „Alkohol" das im Programm für die Innere Sicherheit in der Bundesrepublik Deutschland 1974 geforderte **Kontrollgerät** „zur exakten und endgültigen **Alkoholbestimmung im Blut an Ort und Stelle** ohne Inanspruchnahme ärztlicher Hilfe" noch nicht anerkennungs- bzw. einsatzfähig. Die Polizeien der Bundesländer sind nach wie vor auf die Anordnung von Eingriffen in das Grundrecht auf körperliche Unversehrtheit gemäß Art. 2 II GG zur **Entnahme von Blutproben** angewiesen, wobei die Betroffenen eine „Mitnahme" zur Polizeidienststelle und ein Warten auf den Arzt in Kauf nehmen müssen. Eine Erleichterung bietet das Messen des **Atemalkoholgehaltes** (s.o. Rdn. 25), wenn der Betroffene mitwirkt. **Abstands-Meßgeräte** für den Einsatz auf Bundesautobahnen und anderen Schnellstraßen konnten in der Vergangenheit den hohen Anforderungen der Gerichte angeglichen werden; technischer Aufwand und Kosten stiegen dabei aber derart, daß nach neuen Verkehrsüberwachungs-Methoden gesucht werden mußte. Inzwischen existieren Video-Verfahren zur Bekämpfung der Hauptunfallursache „Ungenügender Sicherheitsabstand", die für die Gerichte und für die Betroffenen eindrucksvolle forensisch verwertbare Aufzeichnungen liefern. Die Entwicklung der **Video-Technik** eröffnete zudem weitere Möglichkeiten, in der mobilen Verkehrsüberwachung durch die Polizei dynamische Verkehrsvorgänge mit dem Fehlverhalten der Kraftfahrer zu dokumentieren und dabei in das Video-Band Fahrgeschwindigkeit und Tatzeit einzublenden. Die Akzeptanz dieser Sachbeweise ist bei Betroffenen, Anwälten und Richtern hoch. 43

Zur Ermittlung der Wirksamkeit polizeilicher Verkehrsüberwachung ist **Forschung** erforderlich. Die Bundesanstalt für Straßenwesen (BASt) des Bundesministers für Verkehr untersucht derzeit in einem Forschungsprojekt: „Objektive und subjektiv wahrgenommene Sanktionswahrscheinlichkeit sowie deren Auswirkung auf das Unfallgeschehen". Das Ergebnis einer Pilotstudie liegt vor, nach der in Längsschnittuntersuchungen über mehrere Jahre die Verkehrsüberwachung durch die Polizei wissenschaftlich zu begleiten wäre. Die Bundesländer sind an den Ergebnissen dieser **„polizeilichen Begleitforschung"**, bei der die Polizei nicht Objekt der Forschung, sondern mitforschende Institution ist, sehr interessiert, weil in einer Zeit knapper Ressourcen nur die Verkehrsüberwachung durch die Polizei verantwortbar ist, die auch zu den mit der Verkehrsüberwachung verbundenen Zielen führt. 44

5. Verkehrssicherheitsberatung

Bei der Bekämpfung von Verkehrsunfällen durch die Polizei kommt es entscheidend darauf an, Verkehrsteilnehmer zu verantwortlichem Handeln im Straßenverkehr anzuhalten. Die Bemühungen sind darauf gerichtet, **positive Verhaltensmuster** zu geben und die Vorteile von Risikominderung und Partnerschaft aufzuzeigen. Polizeibeamte sind gehalten, bei festgestellten Verkehrsordnungswidrigkeiten die mit diesen Verkehrsverstößen verbundenen Gefahren überzeugend darzustellen, um das Verständnis für die Einhaltung 45 der Verkehrsbestimmungen zu verbessern. Das setzt Anhalten und Zeit für derartige Gespräche der Polizeibeamten mit dem Bürger voraus. Die zielgruppenorientierte Verkehrssicherheitsarbeit der Polizei richtet sich vor allem auf:

- Kinder (3–14jährige),
- Heranwachsende (15–17jährige),
- Fahranfänger (18–25jährige),
- Senioren (Erwachsene über 65 Jahre).

46 „Verkehrsunfallprävention erfolgt vorrangig durch **Verkehrssicherheitsberatung, Verkehrsunfallauswertung** und Mitwirken bei der **Verkehrsraumgestaltung**.

Ziele sind insbesondere

- Verhindern von Straftaten und Ordnungswidrigkeiten im Straßenverkehr,
- Stärken des Sicherheitsgefühls im Straßenverkehr,
- Bewirken und Stärken des sicherheitsbewußten Verkehrsverhaltens,
- Sensibilisieren der Bevölkerung für Gefahren, die aus dem Straßenverkehr erwachsen können,
- Verbessern der Verkehrssicherheitslage, insbesondere durch Reduzieren der Anzahl der Verkehrsunfälle und Mindern der Unfallfolgen,
- Gewinnen von Erkenntnissen, insbesondere Erforschen von Verkehrsunfallursachen,
- Verhindern oder Beseitigen verkehrsunfallfördernder Faktoren, insbesondere Mitwirken bei der verkehrssicheren Gestaltung des Verkehrsraums."[39]

Die **Verkehrserziehung** dient dabei der Vertiefung der Kenntnisse über Verhaltens- und Betriebsvorschriften, der Förderung der Bereitschaft, diese Vorschriften zu befolgen und der Festigung der Verkehrsgesinnung im Hinblick auf die angestrebte Verkehrsgemeinschaft. Sie ist eine gemeinsame Aufgabe aller Verantwortlichen. Die uniformierte Polizei wirkt an ihr ohne originären Auftrag mit, soweit es die dienstlichen Verhältnisse zulassen. Zur Verkehrsaufklärung und -erziehung sind vor allem Eltern, (Kinder-)Erzieher, Lehrer, Verantwortliche in Verkehrsbehörden und -vereinigungen, Redakteure und Journalisten in Fernsehen, Rundfunk und Presse sowie die Mitarbeiter öffentlicher und freier Wohlfahrtsverbände aufgerufen. Die Polizei unterstützt deren Bemühungen im Rahmen ihrer Möglichkeiten mit ihrer praktischen Erfahrung aus der Verkehrsrealität und den Verkehrsunfällen. Die Polizei kann aus diesen Erfahrungen mit Erkenntnissen über örtliche Verkehrsgefahren und Unfall-Brennpunkte aufwarten, Anregungen geben und Verkehrssicherheits-Beiträge leisten. Nicht selten kommen Polizeibeamte „vor Ort" in die Situation, Aufgaben der Information, Motivation, Koordination und Integration zu übernehmen. In vielen Städten und Gemeinden der Bundesrepublik Deutschland existieren „Arbeitskreise für Verkehrsaufklärung und -erziehung", in denen die Polizei aktiv mitwirkt. Für die Verkehrssicherheitsarbeit der Polizei ist eine **Differenzierung** beachtlich.

47 „Es werden unterschieden: Allgemeine Verkehrserziehung nach übergreifenden Gesichtspunkten unter Anwendung aller Kommunikationsmittel, Verkehrserziehung im Einzelfall im Rahmen des polizeilichen Einschreitens aus gegebenem Anlaß und personell gezielte Verkehrserziehung für besonders gefährdete Verkehrsteilnehmer."[40] Die sich an übergreifenden Gesichtspunkten orientierende **„Allgemeine Verkehrserziehung"** hat ihre Grundlage im „Verkehrssicherheits-Programm der Bundesregierung" von 1984[41] und in Verkehrssicherheits-Programmen der Bundesländer. **„Verkehrserziehung im Einzelfall"** findet ihren Ausdruck in Erklärungen, Belehrungen und Ermahnungen für einzelne Verkehrsteilnehmer durch den Polizeibeamten beim Einschreiten gegen ein Fehlverhalten. **„Personell gezielte Verkehrserziehung"** erfordert nach entsprechenden Ge-

[39] PDV 100, Ziff. 2.1.3.1.

[40] *Hilse/Schneider*, „Verkehrssicherheit – Handbuch zur Entwicklung von Konzepten", 1995, S. 248 ff.

[41] Deutscher Bundestag, 10. Wahlperiode, Drucks. 10/1479 v. 22. 5. 1984, zugeleitet mit Schreiben des Bundesministers für Verkehr – StV 10/36.60.01 – 15/59 Va 84 – v. 18. 5. 1984 gem. Beschluß des Deutschen Bundestages v. 15. 12. 1982 – Drucks. 9/2264.

fahren-Analysen eine Unterscheidung im Ansatz und in der Zielrichtung, in der Wahl geeigneter pädagogischer Mittel und in der Methode des Eröffnens von Zugängen zu den Aufzuklärenden bzw. zu den zu Erziehenden.

„Durch **Verkehrssicherheitsberatung** 48

- soll eine frühzeitige, langfristig angelegte, aufeinander abgestimmte, zielgruppenorientierte Arbeit nach dem Prinzip des „lebenslangen Lernens" erfolgen; dabei sind Eigen- und Mitverantwortung der Verkehrsteilnehmer zu entwickeln und zu verstärken sowie partnerschaftliches Verhalten als vorbildlich herauszustellen,
- sollen Verkehrsteilnehmer und Multiplikatoren, z. B. Eltern, Erzieher, Verbände und sonstige Stellen für ihre Verkehrssicherheitsarbeit, über verkehrssicherheitsrelevante Entwicklungen und Erkenntnisse sowie verkehrsgerechtes Verhalten informiert werden.

Im Rahmen der Verkehrssicherheitsberatung sind auch Spezialkräfte einzusetzen.

Verkehrssicherheitsberatung, Verkehrsüberwachung und die Mitwirkung bei der Verkehrsraumgestaltung sind konzeptionell abzustimmen.

Beim Einschreiten kommt der einzelfallbezogenen Verkehrssicherheitsberatung besondere Bedeutung zu."[42]

Methoden und Themenkreise sind nach den **Zielgruppen der Verkehrserziehung** auszuwählen für Minderjährige im vorschulischen, schulischen und berufsbegleitenden Bereich, für Volljährige über Behörden, Verbände, Gruppen und Kommunikationsmittel und für verkehrsunsichere Personen über Sozialeinrichtungen, Kirchen, Einrichtungen für „Betreutes Wohnen", Altersheime, Krankenhäuser und Vollzugsanstalten. Dabei haben praktische Übungen und Unterweisungen den Vorrang, bei denen polizeiliche Praxis und Erfahrungen besonders angewandt bzw. genutzt werden können. Bei den zur Verkehrserziehung eingesetzten Beamten ist ein Wechsel zwischen Verkehrspraxis und Verkehrserziehung anzustreben. Gesetzliche Grundlage für die Wahrnehmung von Aufgaben der Verkehrsaufklärung und -erziehung durch die Polizei sind die Polizeigesetze der Länder mit ihren Kompetenzzuweisungen. Diese schlicht-hoheitliche Gefahrenvorsorge ähnelt der kriminalpolizeilichen Beratung der Bürger.

II. Verkehrsunfall-Bekämpfung

1. Allgemeine Grundsätze

Die **Verkehrssicherheitsarbeit** in der Bundesrepublik Deutschland orientiert sich an Grundsätzen und Zielvorstellungen von Verkehrssicherheits-Programmen und Unfallverhütungs-Berichten der Bundesregierung, an Verkehrssicherheits-Programmen der Bundesländer, an politischen Leitlinien sowie an parlamentarischen Vorgaben. Die Bundesländer stellen eigene Verkehrssicherheits-Programme auf. Sie berücksichtigen dabei Ergebnisse der laufenden Verkehrsunfall- und Sicherheits-Forschung, insbesondere die der Bundesanstalt für Straßenwesen (BASt), Ergebnisse einer Fortschreibung des landesspezifischen Verkehrssicherheits-Lagebildes und regionale Besonderheiten. Die Bekämpfung von Verkehrsunfällen durch die Polizei in den Ländern der Bundesrepublik Deutschland ist Teil der gesamten Verkehrssicherheitsarbeit. Bei der Entwicklung von Verkehrsunfallbekämpfungs-Strategien nach den genannten Grundsätzen und Zielvorstellungen ist die Polizei gebunden an die **Polizeigesetze** zur Gefahrenabwehr, an das **Strafgesetzbuch** und die **Strafprozeßordnung** zur Strafverfolgung und an das **Ordnungswidrigkeitenrecht** zur Feststellung, Verhinderung und Verfolgung von (Verkehrs-)Ordnungswidrigkeiten sowie an das **Straßenverkehrsgesetz**, die **Straßenverkehrsordnung** und die **Straßenverkehrs-Zulassungsordnung** und weitere gesetzliche Bestimmungen. Das Programm für die Innere Sicherheit in der Bundesrepublik Deutschland (Beschluß der Innen-Minister-Konferenz [IMK] von 1994), die bundeseinheitliche Polizei-Dienst-Vorschrift (PDV) 100 49

[42] PDV 100, Ziff. 2.1.3.2.

„Führung und Einsatz der Polizei", Ausgabe 1999, und die einschlägigen Ministerial-Erlasse, in der Regel zur „Aufnahme und Bearbeitung von Straßenverkehrsunfällen", zur „Verfolgung von Verkehrsordnungswidrigkeiten" und zur „Verkehrsunfall-Bekämpfung durch die Polizei" oder zur „Verkehrsüberwachung durch die Polizei" enthalten zusätzliche Bindungen.

50 Die Bekämpfung von Verkehrsunfällen durch die Polizei erfolgt nach dem klassischen und international anerkannten Strategie-Ansatz der **„Three E"** in den Tätigkeitsfeldern: Beseitigung von Unfall-Brennpunkten („ENGINEERING"), Verkehrsaufklärung und -erziehung („EDUCATION") und Verkehrsüberwachung („ENFORCEMENT"). Zur **Beseitigung von Unfall-Brennpunkten** nutzen die Polizeien der Bundesländer bei ihren örtlichen Unfalluntersuchungen eine Verkehrsunfall-„Typen"-Methode. Die Polizeibehörden und -dienststellen führen, oft zentral, Unfall-Typen-Steckkarten, die frühzeitig Unfall-Häufungen an bestimmten Stellen (an Punkten, auf Strecken und in der Fläche) erkennen lassen. Bei Feststellung solcher Unfall-Häufungen löst die Polizei Aktivitäten zur Reduzierung oder Beseitigung der Gefahren bei anderen zuständigen Behörden aus und macht Abhilfevorschläge. Ziel der Arbeit in diesem Tätigkeitsfeld ist es, Verkehrsregelungen und -abläufe zu schaffen, die die Sicherheit des Straßenverkehrs erhöhen und es dem Verkehrsteilnehmer ermöglichen, Verkehrssicherheits-Vorgaben und -Vorkehrungen zu erkennen, einzusehen und zu befolgen.

51 Im Tätigkeitsfeld **Verkehrssicherheitsberatung** bemüht sich die Polizei, Verkehrsteilnehmern Gefahren aufzuzeigen, risikomindernde Einsichten zu vermitteln und Sicherheitsbewußtsein zu erzeugen. Die Tätigkeit der Polizei im Rahmen der **Verkehrsüberwachung** muß in erster Linie darauf gerichtet sein, Gefahren im Verkehrsraum zu erkennen, Abhilfemaßnahmen zu treffen und Verkehrsunfälle zu verhindern. Die Überwachung des Straßenverkehrs durch die Polizei ist auf die Verbesserung örtlicher Verhältnisse, die Beseitigung von Unfall-Brennpunkten und -Gefahrenstellen und auf die Geeignetheit und Leistungsfähigkeit des Verkehrsraums gerichtet. Mit ihrer Präsenz im öffentlichen Verkehrsraum sollen Polizeivollzugsbeamte verkehrswidriges Verhalten möglichst verhindern und helfend und regelnd eingreifen. Der Prävention kommt insofern größere Bedeutung zu als der Feststellung und Verfolgung von (Verkehrs-)Ordnungswidrigkeiten.

2. Aufnahme von Verkehrsunfällen

a) Begriff „Verkehrsunfall"

52 Verkehrsunfall im Sinne der Unfallaufnahme durch die Polizei ist jedes plötzliche und zumindest für einen Beteiligten ungewollte, mit dem öffentlichen Straßenverkehr und seinen typischen Gefahren ursächlich zusammenhängende Ereignis, bei dem Personen- oder Sachschaden entstanden ist. Polizeilich zu prüfen ist demzufolge stets, ob sich das schädigende Ereignis im öffentlichen (Straßen-)Verkehrsraum oder in einem räumlichen Zusammenhang mit diesem eingestellt hat und ob das schädigende Ereignis in einer kausalen Beziehung zum Straßenverkehr steht. Dabei ist für einen „Verkehrsunfall" ohne Bedeutung, auf welche Weise – bewußt und gewollt oder unbewußt und ungewollt – das schädigende Ereignis zustande gekommen ist. Die Frage, ob der Tatbestand einer vorwerfbaren (ordnungswidrigen) oder rechtswidrigen und schuldhaften (strafbaren) Handlung vorliegt und welches Ausmaß das schädigende Ereignis hat, spielen für die Existenz eines „Verkehrsunfalles" ebenfalls keine Rolle. Allerdings muß wenigstens ein „wirtschaftlich wägbarer" Schaden im Sinne von § 1 II der Straßenverkehrsordnung vorliegen (OLG Hamburg, VRS 29, 783 ff.). Problematisch und zweifelhaft wird es, wenn der Sachschaden unter 10,00 DM liegt. Bei Verdacht eines vorsätzlich herbeigeführten Personen- oder Sachschadens-Ereignisses oder bei Verdacht auf Selbsttötung im öffentlichen Verkehrsraum ist der Fall in der Regel zunächst nach den einschlägigen Ländererlassen, die die Aufgaben der Polizei bei Straßenverkehrsunfällen festlegen, aufzunehmen; eine weitere Bearbeitung erfolgt dann nach Absprache und Übergabe durch zuständige Fachdienststellen.

Über Unfälle, bei denen infolge des Fahrverkehrs auf öffentlichen Wegen und Plätzen Personen getötet oder verletzt oder Sachschäden verursacht worden sind, wird laufend eine Bundesstatistik geführt (Gesetz über die Statistik der Straßenverkehrsunfälle – Straßenverkehrsunfallstatistikgesetz – StVUnfStatG vom 15. 6. 1990 – BGBl. 1990, Nr. 28, S. 1078 ff. –). Ab 1. 1. 1995 haben sich durch die Änderung des Straßenverkehrsunfallstatistik (Erstes Gesetz zur Änderung des Straßenverkehrsunfallstatistikgesetzes vom 23. 11. 1994 – BGBl. 1994, Nr. 83, S. 3491 ff. –) Veränderungen bei der Aufnahme, Bearbeitung und Erfassung von Straßenverkehrsunfällen ergeben. Im wesentlichen ist eine Sachschadensgrenze von bis dahin 4000,00 DM als Unterscheidungsmerkmal für Verkehrsunfälle weggefallen; die Unterscheidung bei Sachschadensunfällen erfolgt zukünftig nach der Vorwerfbarkeit eines Verkehrsverstoßes und der Frage, ob ein unfallbeteiligtes Kraftfahrzeug noch fahrbereit ist oder nicht. 53

Grundsätzlich werden bundesweit eingeteilt: 54
„Verkehrsunfälle der Gruppe P" (Personenschaden) und „Verkehrsunfälle der Gruppe S" (Sachschaden).
- Zur Gruppe P gehören Verkehrsunfälle, bei denen Personenschaden entstanden ist; diese werden nach folgenden Kategorien unterschieden: 1 = „Unfall mit Getöteten", 2 = „Unfall mit Schwerverletzten" und 3= „Unfall mit Leichtverletzten".
- Zur Gruppe S gehören Verkehrsunfälle, bei denen nur Sachschaden entstanden ist; diese werden nach folgenden Kategorien unterschieden: 4 = „Schwerwiegender Unfall mit Sachschaden", 5 = „Sonstiger Sachschadensunfall ohne Alkoholeinwirkung und ohne unerlaubtes Entfernen vom Unfallort", 6 = „Sonstiger Sachschadensunfall unter Alkoholeinwirkung" und 7 = „Sonstiger Sachschadensunfall mit unerlaubtem Entfernen vom Unfallort".
- Bei der Kategorie 4 ist als schwerste Folge beachtlich, daß zu einem Straftatbestand oder einer (Verkehrs-)Ordnungswidrigkeit der Umstand hinzutritt, daß gleichzeitig mindestens ein Kraftfahrzeug aufgrund eines Unfallschadens nicht mehr fahrbereit ist.
- Bei der Kategorie 6, bei der ein Unfallbeteiligter unter Alkoholeinwirkung stand, müssen – falls Kraftfahrzeuge beteiligt waren –, diese alle noch fahrbereit sein; wenn gleichzeitig mindestens ein Kraftfahrzeug nicht mehr fahrbereit ist, gilt Kategorie 4.
- Bei der Kategorie 7, bei der ein Unfallbeteiligter flüchtig ist, müssen die beteiligten Kraftfahrzeuge ebenfalls alle noch fahrbereit sein; wenn gleichzeitig mindestens ein Kraftfahrzeug nicht mehr fahrbereit ist, gilt auch hier Kategorie 4.

„Verkehrsunfall" im Sinne des § 142 StGB und auch des § 34 StVO ist ein im oder in einem ursächlichen Zusammenhang mit dem öffentlichen Straßenverkehr und seinen Verkehrsgefahren liegendes schädigendes Ereignis, das zur Verletzung oder Tötung eines anderen oder zu einer nicht völlig belanglosen Schädigung einer fremden Sache geführt hat. Zweck des § 142 StGB ist es, das private Interesse von Unfallbeteiligten und Geschädigten an einer Beweissicherung zu schützen und Ansprüche auf Schadensersatz zu sichern oder auch unberechtigte Forderungen abwehren zu können (BVerfGE 16, 191 = NJW 1963, 1195). Im Zusammenhang mit § 43 I Nr. 6, lit. b StVO wird der Begriff „Verkehrsunfall" entsprechend dem des § 142 StGB definiert (OLG Karlsruhe, Beschluß v. 7. 11. 1977, VerkMitt 1978, S. 20 und BayObLG v. 16. 8. 1978, VerkMitt 1979, S. 224). Nach dem Zweck des § 34 StVO geht es nicht nur um die Ergänzung und Verdeutlichung der Pflichten aus § 142 StGB, sondern um eine Verkehrssicherungspflicht für die Unfallbeteiligten. Beachtlich ist, daß sich aus dem Sinn des § 34 StVO ergibt, daß eine Definition aus § 142 StGB nur dann anzuwenden ist, wenn die Pflichten in einem rechtlichen Zusammenhang mit § 142 StGB stehen; das ist bei § 34 I, Nr. 5, 6 und 7 StVO der Fall. Bei den Pflichten aus § 34 I Nr. 2 StVO, deren Schutzzweck sich an der Sicherheit des Straßenverkehrs orientiert, sind auch „Verkehrsunfälle" mit unbedeutendem Fremdschaden oder ohne privates Feststellungsinteresse gemeint. 55

Bei Straßenverkehrsunfällen hat die Polizei als vordringlichste Aufgabe die **Pflicht zur Ersten Hilfe** und zur Bergung und Rettung von Verletzten. Im Mittelpunkt jeder Verkehrsunfallaufnahme stehen **„Gefahrenabwehr"** und **„Strafverfolgung"**. Zur Ge- 56 fahrenabwehr sind alle erforderlichen Maßnahmen zu treffen, wobei es auf eine enge Zusammenarbeit mit allen anderen für die Gefahrenabwehr Zuständigen wie Notärzte, Rettungsdienste, Krankenanstalten, (Berufs-)Feuerwehr, Gewerbeaufsicht ankommt. Zur Verfolgung von Straftaten und (Verkehrs-)Ordnungswidrigkeiten hat die Polizei den Sachverhalt zu erforschen und Beweise zu sichern. Art und Umfang der erforderlichen Maßnahmen werden von der Schwere des Unfalls, von den Umständen und von der Verkehrslage bestimmt. Während bei leichteren (Sachschadens-)Unfällen in aller Regel die Beseitigung der Verkehrsstörung im Vordergrund steht, müssen bei schweren (Personenschadens-)Unfällen Behinderungen des Verkehrs allein schon deshalb hingenommen werden, weil der Sachverhalt in kurzer Zeit nicht eingehend aufzuklären ist.

57 **Unfallstellen** werden von der Polizei gesichert und erforderlichenfalls abgesperrt (Verwaltungsvorschrift zu § 44 II StVO). Zur **Sicherung** einer Unfallstelle ist es erforderlich, Verkehrsteilnehmer in ausreichender Entfernung vor der Unfallstelle zu warnen. Das geschieht in der Praxis durch (Verkehrs-)Zeichen 101 StVO, durch gestaffelte Aufstellung von Warneinrichtungen und (Weit-)Warnleuchten, durch Dienstkraftfahrzeuge mit eingeschalteten blauen Rundumleuchten und Warnblinklicht oder durch lichtunterstützte Zeichen der Polizeibeamten. Zur Sicherung einer Unfallstelle gehören Beleuchtung der Unfallstelle bei Dunkelheit oder schlechter Sicht, Verkehrsregelung, Freimachen und Freihalten der Unfallstelle von Neugierigen durch Platzverweise (vgl. Kap. F Rdn. 441 ff.) oder Betretungsverbote nach den entsprechenden Bestimmungen der Polizeigesetze, Sperrung der auf die Unfallstelle zuführenden Straßen, Ab- und Umleitung des Verkehrs und Abgabe von (Warn-)Meldungen an den Verkehrswarndienst.

58 Zur **Aufnahme** eines (Straßen-)Verkehrsunfalls gehört die sorgfältige Ermittlung der Unfallursache und des Unfallhergangs. Darüber hinaus sind alle Beweise zu sichern, die für ein Straf- oder Bußgeldverfahren sowie für die Unfallforschung von Bedeutung sein können. Dazu gehören insbesondere das Festhalten der Unfallsituation durch Markieren auf der Fahrbahn, das Vermessen von festen Bezugspunkten, die Feststellung und Sicherung von Spuren, die als Beweismittel von Bedeutung sein können (Fahrspuren, Bremsspuren, Blockierspuren, Schleuderspuren, Spuren an Fahrzeugen und an Gegenständen oder auch an Unfallbeteiligten), die Feststellung von Besonderheiten, die Einfluß auf den Unfall hatten (Straßenzustand, Witterungsverhältnisse, Verkehrsraum, Beschilderung usw.), die Anfertigung einer Rohskizze mit allen Maßen für das spätere Fertigen der Unfallskizze, die Beweissicherung durch Anfertigen von Fotos der Gesamtsituation, von Teilsituationen, von Fahrzeugen, Fahrzeugteilen und Spuren, die Überprüfung der Verkehrstüchtigkeit der Unfallbeteiligten (Trunkenheit, Alkoholeinfluß, Drogenmißbrauch, Übermüdung), die Feststellung tatsächlicher und behaupteter Fahrzeugmängel, die Kontrolle und Auswertung von Fahrtschreibern, die Kontrolle der Ladung und ihrer Sicherung und die Sicherstellung der Fahrzeuge und der Ladung zur Überprüfung durch Sachverständige. Im Zweifel hat die Polizei nach pflichtgemäßem Ermessen Sachverständige hinzuzuziehen; das gilt für technische Feststellungen ebenso wie für medizinische.

b) Sicherung von Rechtsansprüchen

59 Die Verkehrsunfallaufnahme dient wesentlich (auch) dem **Schutz privater Rechte.** Die Polizeibeamten haben nach den Polizeigesetzen der Bundesländer, in den Ländern Bremen (§ 1 II BremPolG) und Schleswig-Holstein jedoch nur auf Anforderung, zum Schutz privater Rechte tätig zu werden, wenn gerichtliche Hilfe nicht oder nicht rechtzeitig zu erreichen ist und dadurch die Verwirklichung eines zivilrechtlichen Anspruchs erschwert oder verhindert würde. Der Musterentwurf für ein (bundes-)einheitliches Polizeigesetz sah in seinem § 1 II den Privatrechtsschutz ohne Anforderung durch den Anspruchsberechtigten vor. In der Tat erscheint es nicht vertretbar, daß gerade bei einem Schadensereignis wie dem Verkehrsunfall die Polizei untätig bleibt, nur weil ein Antrag

fehlt;[43] es sei denn, die Hilfe wird zulässig zurückgewiesen. In den meisten Fällen der Verletzung von Personen sind diese gar nicht in der Lage, Anträge zum Schutz ihrer privaten Rechte zu stellen. Notfalls können die Grundsätze über die Geschäftsführung ohne Auftrag gemäß §§ 677 ff. BGB helfen.

Im Rahmen der Verkehrsunfallaufnahme kann die Aufgabe der Polizei darin bestehen, die Personalien eines (Unfall-)Beteiligten zuverlässig festzustellen. Sofern also mangels des Verdachts einer (Verkehrs-)Straftat oder -Ordnungswidrigkeit die Personalien von Beteiligten an einem Verkehrsunfall nicht von Amts wegen festgestellt werden müssen, kann es gleichwohl zur **Feststellung der Identität** eines Beteiligten auf Antrag eines Geschädigten oder aufgrund der Schutzpflicht der Polizei kommen. Insbesondere im Bereich der Unfälle mit geringem Sachschaden, in denen keine Verkehrsunfallaufnahme erfolgt, sondern lediglich die Personalien ausgetauscht werden, kann es erforderlich werden, Angaben der Person eines Beteiligten zu überprüfen. Das gilt vor allem, wenn Personalpapiere nicht mitgeführt werden. Einem derartigen Ersuchen muß die Polizei nach den Polizeigesetzen in allen Bundesländern entsprechen. Unterläßt sie das und gelingt es einem Beteiligten, durch falsche Namensangabe einen Schadensersatzanspruch zu vereiteln, so haftet die Polizei wegen **Verletzung von Amtspflichten.**[44] 60

Zur Durchsetzung ihrer Verpflichtung, die Personalien eines (Unfall-)Beteiligten festzustellen bzw. dessen Identität zu überprüfen, kann sich die Polizei auf die in den Polizeigesetzen enthaltenen Eingriffsrechte stützen. Danach sind Identitätsfeststellungen, Prüfungen von Berechtigungen und Verbringen zur Dienststelle zulässig, letzteres jedoch nur dann, wenn die Identität auf andere Weise nicht festgestellt werden kann. Die Dauer darf dann eine Stunde nicht überschreiten.[45] Ist in dieser Zeit eine Identitätsfeststellung nicht möglich, muß das „Festhalten" in ein zulässiges („Identitäts-")Gewahrsam überführt oder der (Unfall-)Beteiligte entlassen werden. Vor Eintreffen der Polizei am Unfallort haben die Beteiligten das Recht, Personalien und andere Angaben von allen Beteiligten zu erfahren. Grundlage hierfür ist § 34 I StVO. Dabei ist die Weigerung, derartige Angaben gegenüber anderen Beteiligten oder Geschädigten zu machen, bußgeldbewehrt. Werden solche Angaben gegenüber der Polizei verweigert, ist eine Ahndung aus § 111 OWiG möglich. 61

Zwangsmaßnahmen können (Unfall-)Beteiligte aus § 34 StVO nicht ableiten; bis zum Eintreffen der Polizei ergeben sich allenfalls Rechte erlaubter Selbsthilfe aus § 229 BGB. Ein unerlaubtes Entfernen vom Unfallort oder auch die Angabe falscher Personalien ziehen Konsequenzen aus § 142 StGB nach sich. Nach den Polizeigesetzen der Bundesländer kann die Polizei eine Sache sicherstellen, wenn dies erforderlich ist, um den Eigentümer oder den Inhaber der tatsächlichen Gewalt vor Verlust oder Beschädigung der Sache zu schützen (vgl. Kap. F Rdn. 652 ff.). In solchen Fällen bedarf es zum Schutz privater Rechte in der Regel nicht des Antrags des Betroffenen. Fehlen in den Polizeigesetzen derartige (Sonder-)Vorschriften, ist eine Stützung auf den Generalauftrag der Polizei ausreichend.[46] Zur polizeirechtlichen Kompetenz zur Hilfe in Rechtsnot gehört auch die etwaige Sicherung von Beweisen am Unfallort durch Skizzen, Zeichnungen und Fotos sowie durch Befragungen von Auskunftspersonen. Die Befugnis folgt aus der Aufgabenzuweisung und – soweit es sich um Eingriffe handelt – aus den einschlägigen Befugnisregeln der Polizeigesetze. Die rechtliche Auswertung der polizeilich gesicherten „Beweise" ist Sache der Parteien. Von ihren Rechten und Pflichten zur Sicherstellung von Hab und Gut handlungsunfähiger Unfallbeteiligter muß die Polizei immer Gebrauch machen, was auch eine sachgerechte Verwahrung bzw. Unterbringung einschließt. 62

---

[43] *Krüger,* Privatrechtsschutz als Polizeiaufgabe, POLIZEI AKTUELL, Bd. 21, S. 38.
[44] *OLG Stuttgart,* NPA 769 „Private Rechte", Bl. 5.
[45] *Wöhrle/Belz,* Polizeigesetz Baden-Württemberg, § 20 A. 16.
[46] *Krüger,* Privatrechtsschutz als Polizeiaufgabe, POLIZEI AKTUELL, Bd. 21, S. 50.

c) Verfolgung von Verkehrs-Ordnungswidrigkeiten und -Straftaten

63 Von Verkehrsteilnehmern verursachte Verkehrsunfälle geben in der Regel Anlaß zu der Annahme, daß gegen Verkehrsvorschriften verstoßen wurde. Es gibt deshalb kein schädigendes Ereignis im Straßenverkehr, keinen Verkehrsunfall, bei dem nicht der Verdacht naheliegt, daß Verkehrs-Ordnungswidrigkeiten oder -Straftaten begangen wurden. Damit ist die Polizei verpflichtet, ihren Auftrag zur **Erforschung strafbedrohter Handlungen** aus § 163 StPO bzw. zur **Verfolgung von (Verkehrs-)Ordnungswidrigkeiten** aus § 53 I OWiG zu erfüllen. Aus diesen Verpflichtungen ergeben sich Maßnahmen und (Grundrechts-)Eingriffe, die Straf- oder Ordnungswidrigkeitenverfahren erfordern. Zu den klassischen Maßnahmen bei Verkehrsunfällen gehören Feststellung von Tatverdächtigen und Zeugen, Anhörungen und Vernehmungen, Sicherung von Spuren und Beweisgegenständen, Prüfung der Verkehrstüchtigkeit („Beweissicherung"), Beschlagnahmen, Sicherheitsleistungen, vorläufige Festnahmen („Sicherstellung der Strafverfolgung") und Verwarnungen und Ordnungswidrigkeiten-Anzeigen („Ahndung von Verkehrsverstößen"), vgl. Kap. E Rdn. 154 ff. und F Rdn. 309 ff., 482 ff., 652 ff.

64 Zur **„Beweissicherung"** gehören Suchen nach Beweisen, Erhebung von Beweisen, Würdigung der Beweise und das Ziehen von Konsequenzen und das Treffen von Entscheidungen aus den Beweisergebnissen.[47] Die Beweissicherung stellt hohe Anforderungen an Polizeibeamte. Qualität der Ausbildung und ständige Fortbildung entscheiden darüber, ob Polizeibeamte in der Lage sind, die hohen **Anforderungen der Rechtsstaatlichkeit** an Beweise und Beweiswürdigungen zu erfüllen.

65 „Unter ‚Beweis' versteht man den Grad der notwendigen Bestätigung einer (beweis-) erheblichen Tatsache. Aus rechtlicher Sicht ordnet die Strafprozeßordnung die Beweismittel wie folgt:

- Aussagen von Betroffenen/Beschuldigten (§§ 136, 136 a StPO; § 46 OWiG) und Zeugen (§§ 48–71 StPO; § 46 OWiG),
- Aussagen und Feststellungen von Sachverständigen (§§ 72–84 StPO) und sachverständigen Zeugen (§ 85 StPO; § 46 OWiG),
- Augenschein (§§ 86–93 StPO; § 46 OWiG) und
- Urkunden (§§ 249–256 StPO; § 46 OWiG).

In tatsächlicher Hinsicht – und damit für die Praxis der Verkehrsunfallaufnahme – ergeben sich zwei Gruppen von Beweismitteln:

- **Persönliche Beweismittel,** das sind Aussagen, Geständnisse und Gutachten und
- **Sachliche Beweismittel,** das sind Augenscheinsobjekte, Urkunden, materielle Spuren, Gegenstände, Skizzen, Lichtbilder und Tonbandaufzeichnungen."[48]

66 Gegenstand von Beweisen sind Tatsachen, die für (gerichtliche) Entscheidungen von Bedeutung sind, wobei die beweisbedürftigen Tatsachen noch unterschieden werden nach „unmittelbar erheblichen" Tatsachen (oder „direkten" Beweisen) und „indirekten oder mittelbaren" Beweisen (oder „Indizien" oder „Beweisanzeichen"). Maßnahmen zur Sicherung von Beweisen wie Spurenfeststellung, Anfertigung von Verkehrsunfall-Skizzen und -Fotos, die nicht in Grundrechte eingreifen, sind schlicht-hoheitliches Handeln und stützen sich auf § 163 StPO bzw. § 53 OWiG. Wird in Grundrechte eingegriffen, sind die speziellen Eingriffsermächtigungen aus StPO und OWiG zu beachten.

d) Daten zur Unfallauswertung

67 Bei der Aufnahme von Verkehrsunfällen durch die Polizei fallen **Daten** an, die über die Beweissicherung, die Sicherstellung von Strafverfahren und die Ahndung von (Verkehrs-)Ordnungswidrigkeiten hinaus allen zuständigen Behörden zur Verkehrsunfallbe-

---

[47] *Kleinknecht,* StPO, 39. Aufl., Einl. Rdn. 47.
[48] *Bucherer/Hör,* Polizeiliche Verkehrsunfallaufnahme, Bd. 1 – Rechtsgrundlagen –, 1982, S. 141.

kämpfung zur Verfügung stehen bzw. von der Polizei zur Verfügung gestellt werden können. „Die Bekämpfung der Verkehrsunfälle setzt eine möglichst genaue Kenntnis aller mitwirkenden Ursachen voraus. Rechtsgrundlage für die Zusammenstellung der Straßenverkehrsunfall-Daten ist das „Gesetz über die Statistik der Straßenverkehrsunfälle" vom 15. 6. 1990, BGBl. 1990, Nr. 28, S. 1078 ff. i. d. F. des „Ersten Gesetzes zur Änderung des Straßenverkehrsunfallstatistikgesetzes" vom 23. 11. 1994, BGBl. 1994, Nr. 83, S. 3491 ff. Erhebungsunterlagen für die Unfallstatistik sind die Durchdrucke der im Grundaufbau bundeseinheitlichen „Verkehrsunfall-Anzeigen", die bei der Aufnahme von Verkehrsunfällen von den Polizeibeamtinnen und -beamten ausgefüllt werden. Für allgemeine Maßnahmen sind die Unfallstatistiken unentbehrlich. Diese bedürfen aber der Ergänzung durch die **örtliche Untersuchung der Straßenverkehrsunfälle,** weil nur so die Verwaltungsbehörden Unterlagen für die Behebung örtlicher Gefahrenquellen erhalten. Diese Erhebungen dienen vor allem dem Ziel zu ermitteln, wo sich die Unfälle häufen, worauf diese gerade dort zurückzuführen sind und welche Maßnahmen als angezeigt erscheinen, um erkannte Unfallquellen zu beseitigen. Das Ergebnis der örtlichen Untersuchungen dient der Polizei als Unterlage für zweckmäßigen Einsatz, den Verkehrsbehörden für verkehrsregelnde und den Straßenbaubehörden für straßenbauliche Maßnahmen. Dazu bedarf es der Anlegung von Unfallsteckkarten oder -dateien, wobei es sich empfiehlt, bestimmte Arten von Unfällen in besonderer Weise, etwa durch die Verwendung verschiedenfarbiger Nadeln oder Signaturen, zu kennzeichnen. Außerdem sind Unfallblattsammlungen zu führen oder Unfallstraßenkarteien anzulegen. Für Straßenstellen mit besonders vielen Unfällen oder mit Häufungen gleichartiger Unfälle sind Kollisionsdiagramme zu fertigen. Diese Unterlagen sind sorgfältig auszuwerten; vor allem Vorfahrtunfälle, Abbiegeunfälle, Unfälle mit kreuzenden Fußgängern und Unfälle infolge Verlustes der Fahrzeugkontrolle weisen häufig darauf hin, daß die bauliche Beschaffenheit der Straße mangelhaft oder die Verkehrsregelung unzulänglich ist. Welche Behörde diese Unterlagen zu führen und auszuwerten hat, richtet sich nach Landesrecht. Jedenfalls bedarf es engster Mitwirkung auch der übrigen beteiligten Behörden."[49]

Die Polizeibehörden führen in der Regel **„Unfalltypen"-Steckkarten,** die eine Häu- 68
fung von Verkehrsunfällen an bestimmten Straßenstellen frühzeitig erkennen lassen. Sie lassen darüber hinaus Untersuchungen zu, ob diese Unfälle bestimmte „Gesetzmäßigkeiten" aufweisen, also in verkehrstechnischer Hinsicht auf vergleichbare Weise zustande gekommen sind. Stellt die Polizei derartige Unfallhäufungen fest, untersucht sie, ob sich örtliche Verhältnisse auf das Unfallgeschehen ausgewirkt haben. Ergeben sich hierfür Anhaltspunkte, unterrichtet die Polizei – in den meisten Fällen mit Verbesserungs- oder Abhilfevorschlägen – die Straßenverkehrsbehörden und die Straßenbaubehörden. In den meisten Bundesländern existieren (gemeinsame) „Richtlinien", in denen Innen- und Verkehrsressort das Verfahren für „Örtliche Unfalluntersuchungen" festgelegt haben.

3. Bearbeitung von Verkehrsunfällen

a) Ermittlungen

Während die **Verkehrsunfallaufnahme** alle Maßnahmen zur beweissicheren Erfassung 69
der Daten und Fakten, die eine Rekonstruktion des Unfallhergangs und die rechtlich einwandfreie Beurteilung aller relevanten Aspekte möglich machen, beinhaltet, gehören zu den Ermittlungen bei bzw. nach einem Verkehrsunfall Befragungen, Vernehmungen, Durchsuchungen und Untersuchungen. Diese Ermittlungen richten sich in erster Linie auf Unfallbeteiligungen und Unfallverursacher und stellen Fragen nach Art und Umfang. Für die Rekonstruktion von Verkehrsunfällen bilden Angaben der Beteiligten, Aussagen von Zeugen und wesentliche Erkenntnisse aus Physik, Mathematik und (Un-

[49] Verwaltungsvorschrift (VwV) zur Straßenverkehrs-Ordnung i. d. F. vom 22. 3. 1988, BGBl. I, 405, zuletzt geändert durch VwV vom 14. 12. 1993 (BAnz. 10858), zu § 44 „Sachliche Zuständigkeit".

fall-)Medizin die entscheidende Grundlage. Voraussetzung für die **Bearbeitung von Verkehrsunfällen** sind Kenntnisse über die wesentlichen Zusammenhänge bei Fahr-, Anhalte- und Bremsvorgängen. An Polizeibeamte, die Ermittlungen nach Verkehrsunfällen führen, werden zur Aufbereitung der bei der Unfallaufnahme erhobenen Daten und Fakten hohe Anforderungen gestellt, die sie – unterhalb der Voraussetzungen für Sachverständige – nur durch entsprechende Ausbildung und ständige Fortbildung erfüllen können. Probleme der Fahrgeschwindigkeit, des Verhaltens in komplexen Verkehrssituationen und der Verkehrstüchtigkeit der Unfallbeteiligten erfordern insbesondere bei schweren und schwersten Personenschadensunfällen großen Sachverstand und umfangreichen Ermittlungsaufwand.

b) Vernehmung von Beschuldigten und Zeugen

70 Grundsätzlich ist zwischen **Vernehmung von Beschuldigten** im Strafverfahren und **Anhörung von Betroffenen** im Ordnungswidrigkeiten- (oder Bußgeld-)Verfahren zu unterscheiden. § 163 I StPO verlangt für das Strafverfahren eine **förmliche Vernehmung** und läßt nur „in einfachen Sachen" zu, daß einem Beschuldigten Gelegenheit zu einer schriftlichen Äußerung gegeben wird. Im Ordnungswidrigkeitenverfahren reicht dagegen nach §§ 46 I und 55 I OWiG eine **schriftliche Äußerung** des Betroffenen immer aus, um dem Anspruch auf rechtliches Gehör aus Art. 103 I GG zu genügen. Da es sich bei der Behandlung von Ordnungswidrigkeiten um ein „entkriminalisiertes" Verfahren handelt, sollen (bewußt) die strengen Regeln des Strafprozeßrechts nicht gelten. Da die Form der Anhörung nicht vorgeschrieben ist, kann sie als Vernehmung unter Fertigung einer Niederschrift („Protokoll"), durch Übersendung oder Abgabe eines Anhörbogens oder durch mündliche Anhörung an Ort und Stelle erfolgen, wobei dann das Ergebnis der Anhörung im Ermittlungsvorgang schriftlich festgehalten wird. Welche Form bei welchem Verkehrsunfall gewählt wird, hängt von der Schwere der Ordnungswidrigkeit und von der Bedeutung derselben für das schädigende Ereignis ab. Bei komplizierten Sachverhalten sollte der Betroffene stets vernommen werden, da – entsprechende Bereitschaft vorausgesetzt – nur so über Fragen und Vorhalte weiterführende Aussagen zu erhalten sind. Auch bei der **Belehrung** sind Inhalt und Umfang unterschiedlich. In einem Strafverfahren muß die Belehrung voll den §§ 163 a IV und 136 StPO entsprechen. Im Ordnungswidrigkeitenverfahren ergibt sich aus § 46 I OWiG die Belehrungspflicht, allerdings mit der Einschränkung, daß der Hinweis auf die Beiziehung eines Verteidigers vor der ersten Anhörung nicht erforderlich ist. Es kann auch darauf hingewiesen werden, daß eine schriftliche Äußerung möglich ist (vgl. Kap. E, Rdn. 193 ff., Kap. F Rdn. 253 ff.).

71 **Zeugen** von Verkehrsunfällen gelten als persönliche Beweismittel wie Beschuldigte oder Betroffene. Dem Zeugen fällt die Aufgabe zu, in einem gegen einen anderen gerichteten Straf- oder Ordnungswidrigkeitenverfahren persönliche Wahrnehmungen und Feststellungen zu bekunden.[50] Die Bedeutung eines Zeugen wird daran deutlich, daß in der Regel nur er etwas ganz Bestimmtes wahrgenommen hat und er insofern nicht zu ersetzen ist. In den Ermittlungsverfahren ist ein Zeuge lediglich verpflichtet, seine Personalien anzugeben; Aussagen zur Sache braucht er bei der Polizei nicht zu machen. Zwangsmaßnahmen gegen einen Zeugen im Ermittlungsverfahren sind nur zur Feststellung der Identität nach §§ 163 b II, 163 c StPO, zur Untersuchung nach § 81 c StPO und zur Durchsuchung nach § 103 StPO zulässig. Abgesehen von § 163 a IV enthält die Strafprozeßordnung keine Vorschriften über die Form und die Durchführung von Zeugenvernehmungen durch Polizeibeamte. Stehen Ermittlungsgründe nicht entgegen, so werden von den meisten Polizeibeamten die Grundsätze zur Vernehmung aus § 69 StPO auch gegenüber Zeugen beachtet. § 163 a IV StPO verlangt für die Vernehmung von Zeugen (und Sachverständigen) durch Polizeibeamte die Belehrung über ein mögliches Zeugnis- und Auskunftsverweigerungsrecht, wobei bei Verkehrsunfallermittlungen in der Regel

---

[50] *Kleinknecht*, StPO, 39. Aufl., Rdn. 1 vor § 48 StPO.

nur die Rechte aus §§ 52 und 55 StPO in Betracht kommen, und zwar sowohl für Strafverfahren wie auch gemäß § 46 I OWiG für Ordnungswidrigkeitenverfahren (vgl. Kap. F Rdn. 253 ff.).

c) Sachverständige; Gutachten

Sachverständige gelten wie Zeugen als persönliche Beweismittel. Sachverständige sollen für die Ermittlungen und für das Gericht Wissen zur Verfügung stellen, über das Polizeibeamte, Staatsanwälte und Richter nicht verfügen. Gegenüber dem Gericht stehen dem Sachverständigen verschiedene (Unterstützungs-)Möglichkeiten zur Verfügung. Zunächst kann der Sachverständige Tatsachen feststellen, die nur aufgrund spezieller Ausbildung, besonderer Sachkenntnis und entsprechender (Labor-)Technik feststellbar sind. Er kann des weiteren in der Lage sein, mit Erfahrungen aus vergleichbaren oder ähnlichen Fällen aufzuwarten. Letztendlich ist der Sachverständige mit seinem Fachwissen in der Lage, aus seinen Feststellungen oder aus den vom Gericht zur Verfügung gestellten Fakten Bewertungen vorzunehmen und Schlußfolgerungen zu ziehen. Verzichten kann ein Gericht auf den Sachverständigen immer nur dann, wenn es die erforderliche Sachkenntnis selbst besitzt, was § 244 IV StPO festlegt. Da sich die Beweisaufnahme auf alle Tatsachen und Beweismittel zu erstrecken hat, ist es vor dem Hintergrund einer möglichen Revision wegen des Verstoßes gegen die **richterliche Aufklärungspflicht** oft sehr schwer, bei (schweren) Verkehrsunfällen mit Verletzten oder Getöteten auf Sachverständige zu verzichten. Bereits im Vorverfahren kann die Staatsanwaltschaft Sachverständige einschalten. Das ergibt sich aus dem staatsanwaltlichen Erforschungsauftrag aus § 161 a StPO, der es gestattet, Sachverständige zu bestellen, zu laden, Gutachten zu fordern und Zwangsmittel gegen sie einzusetzen. 72

Die Polizei kann aus ihrem Strafverfolgungsauftrag aus § 163 StPO im Rahmen ihrer Ermittlungen – auch bereits am Verkehrsunfallort – Sachverständige hinzuziehen. „Im Strafverfahren ist ein **amtlich anerkannter Sachverständiger** grundsätzlich nur von der Staatsanwaltschaft zu beauftragen. Ist eine sofortige Hinzuziehung des Sachverständigen (ggf. noch am Unfallort) erforderlich, die Staatsanwaltschaft jedoch nicht zu erreichen, so kann die Polizei die vorläufige Anordnung treffen. Die Anordnung ist alsbald von der Staatsanwaltschaft bestätigen zu lassen. Im Bußgeldverfahren bestehen gegen die Heranziehung eines Sachverständigen durch die Polizei keine Bedenken, wenn das bei hohen Sachschäden zur Beurteilung technischer Fragen notwendig erscheint."[51] „Für die Zusammenarbeit zwischen Polizei und Sachverständigen gilt der Grundsatz, daß der Sachverständige die Ermittlungsarbeit der Polizei nicht ersetzt, sondern nur ergänzt. Er hat **keine selbständige hoheitliche Kompetenz.** Er kann deshalb nur unter der Leitung der Staatsanwaltschaft oder der Polizei tätig werden (vgl. § 78 StPO für das Verhältnis Richter – Sachverständiger, das hier analog gilt). Das bedeutet, daß die Verantwortung für die Tatortarbeit bei der Polizei bleibt, sofern nicht die Staatsanwaltschaft direkt eingreift. Die Polizei hat unabhängig von der Arbeit des Sachverständigen die Spuren zu suchen, zu sichern und zuzuordnen. Der Sachverständige arbeitet im Rahmen seines Auftrags parallel dazu. Nur dort, wo er Feststellungen trifft, die nur er aufgrund seiner Sachkunde treffen kann (zum Beispiel Untersuchung von Kraftfahrzeugen auf technische Mängel), ist die Polizei von ihrer Verpflichtung, auch diese tatrelevanten Spuren zu sichern, entbunden und kann auf das **Gutachten** verweisen."[52] Ebenso kann sie privat erhobene Beweise als (sachverständiges) Zeugnis in das Verfahren einführen. Sie kann jedoch nicht das „polizeiliche" Verfahren von vornherein Privaten überlassen. 73

---

[51] „Aufgaben der Polizei bei Straßenverkehrsunfällen", RdErl.IM.NW. v. 11.5. 1998, MBl.NW.S.810/ SMBl.NW. 20510.

[52] *Bucherer/Hör,* Polizeiliche Verkehrsunfallaufnahme, Bd. 1 – Rechtsgrundlagen –, S. 143.

III. Verkehrsüberwachung durch untere staatliche Verwaltungsbehörden und Private

1. Zulässigkeit

74 **Aufgaben der Verkehrsüberwachung** werden als Maßnahmen der Gefahrenabwehr durch schlicht-hoheitliches Handeln erfüllt. „Verkehrsüberwachung“ wird dabei als Gesamtheit aller Maßnahmen verstanden, mit denen der Straßenverkehr beobachtet und auf Einhaltung der (Rechts-)Vorschriften kontrolliert wird, ohne daß konkrete Anhaltspunkte im Sinne der Gefahrenabwehr oder der Verdacht einer (Verkehrs-)Ordnungswidrigkeit vorliegen. Für schlicht-hoheitliches Handeln ist eine **Aufgabenzuweisung** erforderlich, die für die Polizeien der Bundesländer in den Polizeigesetzen erfolgt ist; **sachliche Zuständigkeitszuweisungen** sind in der Regel in (Polizei-)Organisationsgesetzen der Länder enthalten. Sind für die Überwachung des Straßenverkehrs die Polizeibehörden sachlich zuständig, so ist zu prüfen, ob über Ordnungsbehördengesetze – unbeschadet der Zuständigkeit der Polizei – eine (Verkehrs-)**Überwachungs-Zuständigkeit** durch untere (staatliche) Verwaltungs- oder Kommunalbehörden gegeben ist, weil die Folgen zu beachten sind.

75 So ist im Land Nordrhein-Westfalen mit einem Gesetz zur Änderung des Ordnungsbehördengesetzes am 20. 12. 1994 in § 48 III festgelegt worden:

„Die Kreisordnungsbehörden und die Großen kreisangehörigen Städte im Sinne von § 4 Gemeindeordnung für das Land Nordrhein-Westfalen sind unbeschadet der Zuständigkeit der Polizeibehörden zuständig für die **Überwachung** der Einhaltung zulässiger Höchstgeschwindigkeiten und der Befolgung von Lichtzeichenanlagen im Straßenverkehr an Gefahrenstellen.

Auf Bundesautobahnen und den vom Innenministerium nach § 12 des Polizeiorganisationsgesetzes bestimmten autobahnähnlichen Straßen erfolgt die Überwachung durch die Kreisordnungsbehörden nur mit in festinstallierten Anlagen eingesetztem technischen Gerät.“[53]

Fehlt eine derartige sachliche Zuständigkeitszuweisung, so sind Maßnahmen der „Verkehrsüberwachung“ unzulässig; selbst bei einer entsprechenden Kompetenzzuweisung ist es fraglich, ob zur Aufgabenerfüllung zugewiesene Mittel geeignet und somit zulässig sind.

76 Unterscheidet man streng nach **Überwachungs- und Verfolgungs-Zuständigkeit,** so kann es sein, daß eine „Ordnungs“-Behörde bei Vorliegen eines konkreten Verdachts auf eine (Verkehrs-)Ordnungswidrigkeit zwar Verfolgungsbehörde ist, eine **Überwachungs-Zuständigkeit** jedoch nicht besitzt. Als Verfolgungsbehörde hat sie gemäß § 46 OWiG die Stellung einer Staatsanwaltschaft, so daß sie nur bei tatsächlichen Anhaltspunkten für eine Regelverletzung nach § 152 II StPO verfolgend tätig werden darf. Es muß ein konkreter Verdacht gegen einen bestimmten oder bestimmbaren Verkehrsteilnehmer vorliegen; fehlt es hieran, kann es nicht um „Verfolgung“ gehen, sondern allenfalls um „Verkehrsüberwachung“. Eine derartige (vorbeugende) Verkehrsüberwachung läßt sich jedoch nicht auf die **Verfolgungs-Kompetenz** stützen, sondern nur auf eine Kompetenz zur Prävention. Maßnahmen der Gefahrenvorsorge oder der Gefahrenabwehr stehen einer Verfolgungsbehörde grundsätzlich nicht zu. Verkehrsüberwachung, die ohne Vorliegen einer konkreten Gefahr oder des Verdachts auf eine (Verkehrs-)Ordnungswidrigkeit vorgenommen wird, ist eine Maßnahme der Gefahrenvorsorge bzw. der vorbeugenden Bekämpfung von Verkehrsunfällen und erfordert eine Überwachungs-Zuständigkeit.

---

[53] „Gesetz über Aufbau und Befugnisse der Ordnungsbehörden – Ordnungsbehördengesetz“, i. d. F. der Bekanntmachung vom 13. 5. 1980 (GV. NW. S. 528), zuletzt geändert durch Gesetz vom 20. 12. 1994 (GV. NW. S. 1115).

Die bei (kommunalen) Ordnungsbehörden verbreitete Annahme, im Rahmen einer Verfolgungs-Kompetenz mit Hilfe „technischer Beobachtung“ des fließenden Verkehrs „potentielle“ Regelverletzer finden zu können, verkennt, daß eine Beobachtung des Verkehrs ohne konkreten Verdacht auf eine (Verkehrs-)Ordnungswidrigkeit klassische Verkehrsüberwachung in der Form schlicht-hoheitlichen Handelns darstellt, die anderen – nämlich präventiven – Zwecken dient und deswegen der besonderen Kompetenz-Zuweisung bedarf. Im übrigen ist eine Verdachtsschöpfung zum Zwecke einer Verfolgung, die mit Eingriffen in grundrechtlich geschützte Freiheiten verbunden ist, ohne Vorliegen tatsächlicher Anhaltspunkte für ein rechtswidriges Verhalten, unzulässig. Das folgt aus der Unschuldsvermutung, die sich aus der Menschenrechtskonvention ergibt (BVerfGE 19, 342; 74, 358) und aus dem grundgesetzlichen Anspruch, vom Staat nicht verfolgt, sondern in Ruhe gelassen zu werden, solange andere nicht gefährdet werden (BVerfGE 27, 1; 35, 202). 77

Verkehrsüberwachung darf daher nicht ausschließlich oder vorrangig dem Ziel der Ermittlung von Regelverletzern dienen. Nur dort, wo im Zuge echter Verkehrsüberwachung Regelverletzungen auffallen, kann von der Befugnis zur Verfolgung konkreter (Verkehrs-)Ordnungswidrigkeiten Gebrauch gemacht werden. Das ist zum Beispiel bei der Verkehrsüberwachung zur Bekämpfung der Hauptunfallursache „Überhöhte Fahrgeschwindigkeit“ immer dann der Fall, wenn aus der Vielzahl der von einem Verkehrs-Radargerät oder von einer Lichtschranke gemessenen Verkehrsteilnehmer ein Kraftfahrer, der die zulässige Höchstgeschwindigkeit überschritten hat, festgestellt, fotografiert und in das Meßprotokoll aufgenommen wird. Hier hat die Polizei sowohl die Kompetenz zum Anhalten, zum Verkehrsaufklärungsgespräch und zur Belehrung des Verkehrsteilnehmers wie zur Verfolgung der (Verkehrs-)Ordnungswidrigkeit. **„Verfolgungsmaßnahmen** umfassen dann alle Handlungen, die selbständig und eigenverantwortlich aufgrund von Tatsachen getroffen werden, aus denen sich zu ahndende Gesetzesverstöße ergeben.“[54] Die Kompetenzen zur Verfolgung und Ahndung von (Verkehrs-)Ordnungswidrigkeiten gemäß §§ 24, 24a StVG müssen durch **Zuständigkeits-Verordnung** zugewiesen sein. Die Zuständigkeit für diesen Bereich berechtigt allein nicht zum Tätigwerden im Bereich der Verkehrsüberwachung. Deswegen sind in NRW gem. § 48 III OBG bestimmte kommunale Ordnungsbehörden (auch) für die **Überwachung** des ruhenden Verkehrs und der Lichtzeichen- und Geschwindigkeitsgebote zuständig. Damit sind dieselben (nichtstaatlichen) Verwaltungsbehörden Verfolgungsinstanz nach dem OWiG und sektoral zugleich Überwachungsinstanz, ohne dem Überwachungsauftrag als Mittel der Vorsorge gerecht werden zu können.[55] 78

2. Hoheitliche Handlungen

In den **Richtlinien** zur „Bekämpfung von Verkehrsunfällen durch die Polizei“ bzw. zur „Verkehrsüberwachung“ der Innenminister/-senatoren der Bundesländer ist festgelegt, daß bei der Verkehrsüberwachung ein **ausgewogenes Verhältnis** von „Repression“ und „Prävention“ angestrebt werden soll; einzelne Bundesländer legen einen Vorrang von „Prävention“ vor „Repression“ fest. Für die Praxis bedeutet das zweierlei: Zum einen soll es mindestens genauso viel vorbeugende Streifentätigkeit, Verkehrsbeobachtung und Hilfen durch Polizeibeamte („Prävention“) geben wie Feststellung und Verfolgung von (Verkehrs-)Ordnungswidrigkeiten („Repression“), zum anderen soll bei der Feststellung von Verkehrsverstößen durch **Anhalten** der Verkehrsteilnehmer das verkehrsaufklärende oder -erzieherische Gespräch gesucht und geführt werden. Über das Setzen von Lernanlässen soll nach dem Prinzip lebenslangen Lernens für Verkehr ein Beitrag zu mehr Gefahrenbewußtsein und für mehr Verkehrssicherheit geleistet werden, der über das bloße Feststellen und Verfolgen von (Verkehrs-)Ordnungswidrigkeiten hinausgeht. Das ist nur Polizeibeamten mit hoheitlichen Befugnissen zum Anhalten nach § 36 V StVO möglich. 79

---

[54] *Rebmann/Roth/Herrmann,* Kommentar zum OWiG, 1987, Erläuterungen zu § 35 OWiG.
[55] Vgl. o. Rdn. 19 ff.

80 Bediensteten der Ordnungsbehörden oder gar Privaten steht dieses Recht nicht zu, so daß sich deren Befugnisse bei Vorliegen einer sachlichen Zuständigkeitszuweisung oder einer Zuständigkeits-Verordnung auf die reine Bedienung von **Automaten zur Verkehrsüberwachung** beschränken. Selbst wenn unterstellt wird, mit dieser automatenhaften Verkehrsüberwachung werde – unter Verzicht auf Gewinnerzielung für kommunale Haushalte – ein Beitrag zur Verkehrssicherheit geleistet, mit moderner, bürgernaher Polizeiarbeit, die auf Einsicht und Überzeugung durch Kommunikation setzt, hat diese Art der Überwachung wenig gemein. Sie ist daher auch kein Surrogat für (fehlende) polizeiliche Einsätze auf diesem Gebiet.

3. Folgen

81 Wenn nach Entscheidungen der Gesetz- und Verordnungsgeber in bestimmten Bundesländern Verwaltungs- bzw. Kommunal-Behörden zur Feststellung, Verfolgung und Ahndung von (Verkehrs-)Ordnungswidrigkeiten befugt sind, bestehen für die Überwachung des „fließenden Verkehrs" tatsächliche und rechtliche Bedenken. Obwohl eine Zuständigkeits-Zuweisung für derartige Verkehrsüberwachungsaufgaben verfassungsrechtlich eher unbedenklich erscheint, müssen aus rechtspolitischer Sicht grundlegende Vorbehalte angemeldet werden. Verkehrsüberwachung ist eine hoheitliche Aufgabe, und sie sollte allein schon aus Gründen des Anhaltens und der Verkehrsaufklärungsgespräche originäre Aufgabe der Polizei bleiben. Unabhängig von Fragen der Akzeptanz durch die Verkehrsteilnehmer und von Befürchtungen auf Gewinnerzielung für kommunale Haushalte vor Zielen der Verkehrssicherheit besteht die Gefahr, daß das Vertrauen in staatliche Maßnahmen zur Verkehrsunfallbekämpfung leidet und Sanktionen entwertet werden.

82 Verkehrsüberwachung ist hoheitliche Aufgabe, die von „Beliehenen" wie von „Privaten" schwerlich selbständig wahrgenommen werden kann. Eine „selbständige" Wahrnehmung von Verkehrsüberwachung als (polizeiliche) Aufgabe der Gefahrenabwehr muß bereits an dem zu beachtenden Opportunitätsprinzip scheitern. Entscheidungen über Feststellung, Verhinderung und Verfolgung von (Verkehrs-)Ordnungswidrigkeiten liegen nach § 47 OWiG im pflichtgemäßen Ermessen sachlich zuständiger Behörden. Hier fallen auch die Entscheidungen, welche (Verkehrs-)Ordnungswidrigkeiten generell und welche speziell (zum Beispiel nach Gefährdung bzw. nach Zielgruppen) festgestellt und verfolgt werden sollen. Nach § 47 OWiG ist im Rahmen des Opportunitätsprinzips die Entscheidung zu treffen, ob, in welchem Umfang und auf welche Art und Weise (Verkehrs-) Ordnungswidrigkeiten festgestellt und verfolgt werden sollen. Dabei sind sämtliche Umstände des (Einzel-)Falles maßgeblich. Bedeutung und Auswirkung der Handlung, Vorwerfbarkeit und Gefahr der Fortsetzung bzw. Wiederholung spielen eine Rolle, genauso wie Häufigkeit gleicher Verstöße, Einstellung des Betroffenen zu Rechtsnormen und sein Verhalten nach einem Verstoß. Da „Private" weder Überwachungs- bzw. Feststellungs- noch Verfolgungs-Behörde im Sinne von § 47 OWiG sind, ist die selbständige Wahrnehmung von hoheitlichen Verkehrsüberwachungsaufgaben durch sie unzulässig. Bei einer Heranziehung „Privater" zur Verkehrsüberwachung müßte sich zudem die Frage nach der Gerichtsverwertbarkeit von Meßergebnissen oder Fotos von Betroffenen stellen, was aus Gründen der Rechtsordnung unterhalb der (prozessualen) Anforderungen der Gerichte, die an die Verkehrsüberwachung durch die Polizei gestellt werden, nicht vorstellbar ist. Nach den Erfahrungen mit der Verkehrsunfallbekämpfung durch die Polizei und wegen zum Teil erheblicher Bedenken gegen die fachliche Qualifikation von Entscheidungsträgern zur Gefahrenabwehr sollten weder „Kommunen" noch „Private" Verkehrsüberwachung betreiben. Im „Programm Innere Sicherheit", Fortschreibung 1994, sieht die Konferenz der Innenminister/-senatoren der Länder der Bundesrepublik Deutschland zur Entlastung der Polizeien vor, die „Verkehrsüberwachung" nicht mehr als ausschließliche Aufgabe der Polizei zu definieren.

Die Festlegung im Abschnitt 3. „Polizeiliche Aufgaben im Straßenverkehr" lautet: „Die innerörtliche Verkehrsüberwachung ist verstärkt von den Kommunen wahrzunehmen." Von der Tatsache ausgehend, daß durch die Fülle polizeilicher Aufgaben, durch die Berücksichtigung anderer Prioritäten und durch eine eindeutige Begrenzung der Ressourcen, die Verkehrsüberwachung durch die Polizei in den Augen der Bevölkerung – und auch tatsächlich – zu wünschen übriglassen kann, sind und bleiben Überlegungen der „Kommunen" zum eigenen Tätigwerden berechtigt und verständlich. 83

Insbesondere die Probleme durch unangepaßte und unzulässige Fahrgeschwindigkeiten – innerorts und häufig in Wohn- und Freizeitgebieten – machen den in den Stadt- und Landgemeinden politisch Verantwortlichen zum Teil erheblich zu schaffen. Wenn es darum geht, eindeutig und unbestreitbar Ziele zur Erhöhung der Verkehrssicherheit zu verfolgen und Auswahl und Anzahl der Standorte von Geschwindigkeits-Meßanlagen sich an den von der Polizei festgestellten Unfallbrennpunkten und nicht an fiskalischen Interessen orientieren, dann sollten auch Kommunen innerhalb geschlossener Ortschaften „überwachen" dürfen. Dieser Zweck kann aber allein durch das beweissichernde Betreiben von Geschwindigkeitsmeßanlagen („Starenkästen" mit Lichtschranken- oder Kontaktschwellen) nicht erreicht werden. Insoweit handelt es sich eben nicht um eine vorbeugende Überwachung, zu der als konstitutiver Bestandteil die Befugnis zum Anhalten und Belehren gehört, sondern um ein rein repressives Vorgehen – auf dem Wege einer prinzipiell problematischen Verdachtssuche, die eben mangels echter Überwachungszuständigkeit zu dem Vorwurf der Bürger führen kann, es würden „Fallen" gestellt. 84

Die Zahl derjenigen Verkehrsteilnehmer, die den Verkehrsüberwachungs-Aktivitäten von Polizei und Kommunen über Informationstechniken zu entgehen versuchen, hat in beachtlicher Weise zugenommen; in diesem Zusammenhang stellt sich vor allem die Frage nach der Zulässigkeit einer Nutzung von sogenannten „Radar-Warngeräten". Widersprüchliche Veröffentlichungen über die rechtliche Zulässigkeit der Benutzung von „Radar-Warngeräten" in Kraftfahrzeugen zum Zwecke einer (rechtzeitigen?) akustischen und/oder optischen Information vor Geschwindigkeits-Messungen mit „Radar" haben den Bundesminister für Verkehr auf Anfrage zu einer rechtlichen Würdigung mit Grundsatzcharakter veranlaßt.[56] 85

Die Benutzung der „Radar-Warngeräte" war bis einschließlich Juni 1996 untersagt; das Verbot ergab sich jedoch nicht aus dem Straßenverkehrsrecht, sondern aus dem Fernmeldeanlagenrecht, das für den Betrieb jeglicher Funkanlagen eine Genehmigung (Verleihung) verlangte. Diese Regelung bestand zur Gewährleistung des Fernmeldemonopols des Bundes; sie erstreckte sich auf die „Radar-Warngeräte" wegen deren Funktionsweise als Funkempfangsanlagen. Da für „Radar-Warngeräte" entsprechende Genehmigungen nicht erteilt wurden und der Betrieb von Funkanlagen ohne Genehmigung strafbar war, galt der betreffende Straftatbestand des Fernmeldeanlagenrechts auch für sie. Im Zuge der Aufgabe des Fernmeldemonopols entfielen zunächst mit dem Postneuordnungsgesetz seit dem 1.1. 1995 die Strafandrohung und schließlich mit dem Telekommunikationsgesetz zum 1.8. 1996 die Genehmigungsbedürftigkeit für den Betrieb von Funkanlagen, was auf die „Radar-Warngeräte" durchschlug. 86

Benutzungsverbote können sich möglicherweise jedoch aus anderen Rechtsvorschriften, deren Prüfung in der Vergangenheit entbehrlich war, ergeben. Eine allgemeingültige Aussage kann insofern nicht getroffen werden, als die rechtliche Bewertung von der Funktionsweise der jeweiligen Geräte abhängt und unterschiedliches Landesrecht einschlägig sein kann. 87

In Betracht kommt nach Einschätzung verschiedener Bundesländer (z.B. Hamburg und Berlin) insbesondere deren für die Polizei verbindliches Gefahrenabwehrrecht. Hier ist auf das Urteil des Bundesverwaltungsgerichts 1 C 154/80 vom 18.9. 1984 hinzuweisen, mit dem eine Entscheidung des Hamburgischen Oberverwaltungsgerichts bestätigt wur- 88

[56] Bundesministerium für Verkehr, StV 18(12) 36.57.05 /3 M 97 vom 5.2.1997.

de, welches in der Verwendung von „Radar-Warngeräten" eine drohende Gefahr im Sinne des Hamburgischen Polizeigesetzes erblickte.

Des weiteren kann auf bundesrechtlicher Ebene das Gerätesicherheitsgesetz tangiert sein, so falls Störstrahlemissionen erfolgen, die den Rechtsvorschriften über die elektromagnetische Verträglichkeit und den für die Gerätesicherheit geltenden Grundsätzen widersprechen. Darüber hinaus wäre das Straßenverkehrs-Zulassungsrecht zu prüfen, wenn durch das „Warngerät", z.B. infolge der Aussendung elektromagnetischer Wellen, fahrzeuginterne Systeme in ihrer Funktionsweise sicherheitsgefährdend beeinträchtigt werden könnten, was bei der heutigen Ausstattung der Kraftfahrzeuge mit hochsensibler und entsprechend anfälliger Elektronik besondere Bedeutung erlangt. Allerdings bleiben die straßenverkehrs-zulassungsrechtlichen Vorschriften, sofern der Einzelfall eine Anwendung rechtfertigt, hinsichtlich der Rechtsfolgen deutlich hinter der ursprünglichen Rechtslage zurück.

89 Das Bundesministerium für Verkehr prüft, ob ein straßenverkehrsrechtliches Verbot von „Radar-Warngeräten" erforderlich ist; in diese Richtung ging auch ein Beschluß der Innenminister-Konferenz vom 22.11. 1996. Da Straf- oder Ordnungswidrigkeiten-Normen immer nur Ultima Ratio sein können, dürfte eine strenge Bedürfnisprüfung angezeigt sein.

Eine abschließende Bewertung läßt der gegenwärtige Erkenntnisstand (noch) nicht zu; zwar liegt die Vermutung nahe, die Verwendung von „Radar-Warngeräten" werde die Kraftfahrer in nennenswertem Umfang zu einem sorgloseren und weniger verantwortungsbewußten Umgang mit Geschwindigkeits-Vorschriften veranlassen, andererseits haben Tests und wissenschaftlichtechnische Untersuchungen gezeigt, daß die in der Bundesrepublik Deutschland angebotenen Geräte überwiegend unzuverlässig sind; sie kündigen Radar-Kontrollen meist zu spät an und reagieren auf eine ganze Reihe von Verkehrsüberwachungs-Techniken (z.B. zukunftsträchtige Geschwindigkeits-Messungen über Induktionsschleifen, Video-Meßverfahren oder „Starenkästen") gar nicht. Im übrigen werden die Geräte zum Teil durch andere Quellen – wie z.B. Funkverkehr – initialisiert, und es existieren Forschungsabsichten in den Bundesländern, Verkehrsüberwachungs-Techniken zu entwickeln, die den Wirkungsgrad von „Radar-Warngeräten" deutlich vermindern.

90 Insgesamt bieten die auf dem Markt befindlichen Geräte keinen wirksamen „Schutz" vor Entdeckung bei Kontrollen auf Einhaltung der Fahrgeschwindigkeit nach der StVO. Von Bedeutung erscheint in diesem Zusammenhang, daß derjenige, der mit seinem Kraftfahrzeug im Vertrauen auf eine Warnung mit (erheblich) höherer Geschwindigkeit fährt, im Falle einer Verkehrskontrolle mit einschneidenden Sanktionen rechnen muß, zumal der Einsatz des Warngeräts Vorsatz indiziert, für den der Bußgeldrahmen deutlich höher ist.

91 Die Rechtsauffassung des Innenministeriums des Landes Nordrhein-Westfalen gibt ein Erlaß – IV A 3 – 2511/7 v. 29.11. 1996 wieder, in dem „Radar-Warngeräte" als „gegenwärtige Gefahr für die öffentliche Sicherheit" angesehen werden. Der Erlaß über die „Zulässigkeit der Benutzung von ‚Radar-Warngeräten'" reagiert darauf, daß „teilweise nach Änderung des Fernmeldeanlagengesetzes eine Sicherstellung von sogenannten ‚Radar-Wärngeräten' nicht mehr stattfindet"; dies „entspreche nicht der Rechtslage". Es sei zwar richtig, daß die „Radar-Warngeräte" nicht mehr nach dem Fernmeldeanlagengesetz verboten seien, „es greife aber die allgemeine polizeiliche Generalklausel": „Radar-Warngeräte stellen eine gegenwärtige Gefahr für die öffentliche Sicherheit i.S. der polizeilichen Generalklausel gem. §§ 8 PolG NW und 14 OBG NW dar; sie sind nach geltendem Recht verboten und können nach §§ 8, 43 Abs.1 Nr.1 PolG NW und 14, 24 OBG NW sichergestellt werden".

92 Gefährdetes Schutzgut sei die „Funktionsfähigkeit der staatlichen Einrichtungen sowie ihr ungestörtes Funktionieren im Einzelfall". Die präventive Wirkung einer nicht angekündigten Kontrolle entfalle beim Einsatz von „Radar-Warngeräten". Ein Fahrzeugführer werde mit Hilfe eines „Radar-Warngerätes" in den Stand versetzt, „sich faktisch von rechtlichen Bindungen freizustellen, die dem Schutz überragend wichtiger Rechtsgüter dienen, nämlich Leib und Leben der Verkehrsteilnehmer". Der Innenminister fügt dem Erlaß verschiedene Gerichtsentscheidungen bei und bittet, „dementsprechend zu verfahren".

Diese Rechtsauffassung kann nicht unwidersprochen bleiben. Unabhängig davon, daß das dem Erlaß zugrundeliegende Urteil des Bundesverwaltungsgerichts[57] gerade von der Vorstellung ausging, die damals noch gültige Vorschrift des Paragraphen 22 Fernmeldeanlagengesetz schlösse „die Anwendung landesrechtlicher allgemeiner polizeilicher Ermächtigungen im Rahmen ihres Anwendungsbereichs" insofern aus, „als die zu bekämpfende polizeiliche Gefahr gerade in der unbefugten Errichtung oder dem unbefugten Betrieb einer Fernmeldeanlage besteht", und daß nach der Änderung des Fernmeldeanlagengesetzes diese „polizeiliche Gefahr" entfallen ist, ergeben sich ganz andere Fragen. 93

Da ist zunächst die Frage nach der „Vereinbarkeit mit der Rechtsordnung", wenn ein Fahrzeugführer mit Hilfe eines „Radar-Warngeräts" in den Stand versetzt wird, sich „faktisch von rechtlichen Bindungen – hier: Geschwindigkeitsbegrenzungen – freizustellen, die dem Schutz überragend wichtiger Rechtsgüter dienen". Welche „Rechtsordnung" ist gemeint? Es darf kein Zweifel daran bestehen, daß in unserem demokratischen Verfassungsstaat eine Ordnung gemeint ist, in der sich das Recht an der Verfassung orientiert, was bedeutet, daß es für Eingriffe in Grundrechte der Bürger – z.B. in das Recht auf Eigentum, wenn es zur Sicherstellung oder Beschlagnahme eines in das Kraftfahrzeug (fest?) eingebauten „Radar-Warngeräts" kommen sollte – einer Zuständigkeits- und Kompetenz-Zuweisung sowie einer Ermächtigungsgrundlage für ein (polizeiliches) Eingreifen bedarf; Erlasse von (Innen-)Ministerien pflegen derartigen verfassungsrechtlichen Anforderungen in aller Regel nicht zu genügen, und es ist schon in der Nähe der Nichtachtung unseres Grundgesetzes anzusiedeln, wenn der Erlaß eines (Landes-)Innenministers die erforderliche gesetzliche oder verordnungsrechtliche Verfahrensrichtlinie „ersetzen" soll. Weder das Straßenverkehrsgesetz noch aufgrund dieses Gesetzes mit Zustimmung des Bundesrates beschlossene Straßenverkehrsvorschriften in der Form von (Rechts-)Verordnungen beinhalten ein Verbot zur Benutzung von „Radar-Warngeräten" und stellen Verstöße unter Strafe oder Bußgeld. 94

Eine andere Frage ist die der „Gefahren", die durch Einbau, Inbetriebnahme und Nutzung eines „Radar-Warngeräts" bei der Fahrt mit dem Kraftfahrzeug entstehen. Von einer „unmittelbar drohenden Gefahr", von der das Bundesverwaltungsgericht zur Zeit der Geltung des strafbewehrten § 22 Fernmeldeanlagengesetz ausging, kann nach Änderung der Rechtslage nicht mehr die Rede sein; wie in Kap. E. Rdn. 42ff. dargestellt, kann mit „unmittelbar drohend" nur „unmittelbar bevorstehend" gemeint sein. Eine „gegenwärtige Gefahr", wie sie der nordrhein-westfälische Erlaßgeber annimmt, bedeutet eine Qualifizierung hinsichtlich der zeitlichen Nähe, mit der zugleich eine Steigerung des Wahrscheinlichkeitsgrades für einen Schadenseintritt verbunden sein soll; verschiedene Polizeigesetze – allerdings nicht das PolG NW – definieren „gegenwärtige Gefahr" übereinstimmend als eine Sachlage, „bei der die Einwirkung des schädigenden Ereignisses bereits begonnen hat oder bei der diese Einwirkung unmittelbar oder in allernächster Zeit mit einer an Sicherheit grenzenden Wahrscheinlichkeit bevorsteht". 95

Nicht übersehen werden darf dabei, daß eine „gegenwärtige" Gefahr als Eingriffsschwelle gefordert wird, wenn das bedrohte Rechtsgut und/oder das Rechtsgut, in das eingegriffen werden soll, einen besonderen Rang besitzen. Vom rechtsstaatlichen Grundgedanken jeder nur möglichen Eingriffsschonung ausgehend, setzen kluge Polizeirechtler und Praktiker für einen Eingriff bei einer „Gegenwärtigkeit" sogar die „Erheblichkeit" der Gefahr voraus.

Kernfrage ist, worin im Falle der Benutzung von „Radar-Warngeräten" die „Gefahr" besteht. Die „Gefahr" der Nutzung eines „Radar-Warngeräts" besteht darin, daß ein Kraft- 96

[57] BVerwG – Urteil 1 C 154 vom 18.9.1994.

fahrer durch ein (Informations-)Gerät (rechtzeitig?) darauf aufmerksam gemacht werden will, daß eine Radarmessung bevorsteht, mit der eine Geschwindigkeitsüberschreitung entdeckt werden könnte, und die sich daran anschließende Überlegung muß sicher die nach der Rechtsqualität von „Radarmessungen" im Rahmen der Verkehrsüberwachung durch die Polizei sein. Unter „Verkehrsüberwachung" im weitesten Sinne ist die Gesamtheit aller Maßnahmen zu verstehen, mit denen die Polizei den Straßenverkehr beobachtet und die Einhaltung der (Verkehrs-)Vorschriften kontrolliert, ohne daß Anhaltspunkte für eine konkrete Gefahr im Sinne der Gefahrenabwehr oder der Verdacht einer (Verkehrs-)Straftat oder Ordnungswidrigkeit vorliegen (vgl. auch Rdn. 1–7). „Überwachung" umfaßt die Suche nach (Verkehrs-)Straftaten und (Verkehrs-Ordnungswidrigkeiten, ohne deshalb Strafverfolgung oder Verfolgung von Ordnungswidrigkeiten zu beinhalten; Strafverfolgung oder Verfolgung von Ordnungswidrigkeiten liegen erst nach dem Feststellen einer begangenen (Verkehrs-)Straftat oder (Verkehrs-)Ordnungswidrigkeit vor.

97 Zu dem Verkehrsüberwachungsauftrag der Polizei gehören „Verkehrskontrollen" zur Überprüfung der Fahrtüchtigkeit der Fahrzeugführer und des ordnungsgemäßen Zustands der Fahrzeuge genauso wie die Überwachung der Einhaltung der Fahrgeschwindigkeit mit technischen Mitteln – wie in unserem Falle mit Radar-Meßgeräten. Erst aufgrund dieser Verkehrsüberwachung stellt die Polizei Sachverhalte fest, die Anlaß zu Maßnahmen der Gefahrenabwehr und der Verfolgung von (Verkehrs-)Straftaten und Ordnungswidrigkeiten geben. „Verkehrsüberwachung", die eine konkrete Gefahr oder den Verdacht auf eine Verkehrszuwiderhandlung nicht voraussetzt, ist eine Maßnahme der Gefahren-Vorsorge bzw. der vorbeugenden Bekämpfung von Verkehrsverstößen.

Eine „verfolgende" Tätigkeit innerhalb der Verkehrsüberwachung ist erst dann erreicht, wenn sich der konkrete Anfangsverdacht auf eine (Verkehrs-)Straftat oder Ordnungswidrigkeit gegen einen bestimmten, feststehenden oder auch noch zu ermittelnden Verkehrsteilnehmer ergibt. Insofern ist „Verkehrsüberwachung" der Tätigkeitsbereich der Polizei, der v o r einem durch Anhaltspunkte beweisbaren konkreten Anfangsverdacht auf eine Verkehrszuwiderhandlung liegt; „Verkehrsüberwachung" muß also als eine verkehrsbeobachtende – oder auch (Fahrgeschwindigkeiten) messende – Tätigkeit beschrieben werden, die nicht mit Maßnahmen zur Verfolgung von (Verkehrs-)Straftaten und Ordnungswidrigkeiten verwechselt werden darf. „Verkehrsüberwachung" erlaubt also noch keine Eingriffe in die Rechte der Verkehrsteilnehmer; zulässig sind grundsätzlich nur Maßnahmen ohne Eingriffscharakter. Eine Ausnahme stellt lediglich die Eingriffsnorm des § 36 Abs. 5 der Straßenverkehrsordnung dar, wonach Polizeibeamtinnen und -beamte – und zwar nur diese – eine Befugnis zum Anhalten zur Verkehrskontrolle haben; diese Kontrolle erlaubt die Überprüfung eines Verkehrsteilnehmers ohne konkreten Anlaß.

98 Die Verfolgung von (Verkehrs-)Straftaten und Ordnungswidrigkeiten innerhalb der „Verkehrsüberwachung" setzt immer einen auf tatsächliche Anhaltspunkte begründbaren Anfangsverdacht voraus, ohne den Ermittlungshandlungen nicht eingeleitet werden können; bloße Vermutungen, Wahrscheinlichkeiten oder auf Erfahrung beruhende Annahme genügen nicht. Verfolgungsmaßnahmen gegen Verkehrsteilnehmer im Stadium eines „Vor"- Verdachts sind nicht zulässig.

99 Daraus ergibt sich, daß die Messung mit „Radar", vor der sich ein Kraftfahrer mit einen „Radar-Warngerät" in besonderer Weise „schützen" will, ein von der Polizei im Rahmen der Verkehrsüberwachung eingesetztes Mittel zur Feststellung gefahrener Geschwindigkeiten ist, mit dessen Hilfe sich ein auf tatsächliche Anhaltspunkte begründbarer Anfangsverdacht auf eine Verkehrszuwiderhandlung ergeben kann. Dieser Anfangsverdacht kommt nicht zustande, wenn ein Fahrzeugführer durch (s)ein „Radar-Warngerät" – zeitgerecht – auf eine Radar-Messung durch die Polizei oder durch eine Ordnungsbehörde aufmerksam gemacht wird und entsprechend langsamer, also gesetzmäßig fährt. So gesehen „unterstützt" das „Radar-Warngerät" die menschliche Wahrnehmungsfähigkeit: Das

„Radar-Warngerät" zeigt auf, was das menschliche Auge nicht – oder zu spät – wahrgenommen hätte.

100 Die eigentliche „Gefahr" besteht also darin, daß ein Kraftfahrer zur Vermeidung (s)einer Entdeckung ein Wahrnehmungs-Hilfsmittel einsetzt, das – wegen fehlender Rechtsgrundlage für ein Verbot – seine Funktion in der Weise erfüllt, daß der Anfangsverdacht auf eine (Verkehrs-)Ordnungswidrigkeit nicht festgestellt werden kann. Geht man davon aus, daß in der Bundesrepublik Deutschland bei etwa 800 Milliarden von Fahrzeugführern „geleisteten" Fahrkilometern jährlich nichts so sehr diskriminiert wird, wie die Normen zur Einhaltung der Fahrgeschwindigkeiten, dann kommen zu den millionenhaft begangenen und nicht entdeckten Geschwindigkeits-Überschreitungen diejenigen hinzu, deren Feststellung durch den Einsatz von „Radar-Warngeräten" vermieden wird; darin eine ernstzunehmende Bedrohung des Rechtsstaats zu sehen, erscheint realitätsfern.

101 Käufer und Nutzer von „Radar-Warngeräten" sind nach übereinstimmenden Feststellungen von Verkäufern des Auto-Zubehörhandels, von in Nachschulungs-Kursen arbeitenden Fahrlehrern und von im Anzeigen- und Ermittlungsdienst tätigen und nach festgestellten Verkehrsverstößen mit Anfragen beim Zentralregister des Kraftfahrt-Bundesamtes befaßten Polizeibeamtinnen und -beamten „in nicht kleiner Zahl" Fahrerlaubnisbesitzer „mit Punkten in Flensburg".

Besonders stark ins Gewicht fallen sogenannte „Vielfahrer", die ein höheres Entdeckungsrisiko zu fürchten haben und die die Steigerung der Überwachungsintensität durch Polizeien und Ordnungsbehörden in verschiedenen Bundesländern zu unterlaufen suchen.

102 Eine „passende" Antwort bietet ggf. der Ahndungsrahmen: Sanktionen nach festgestellten Geschwindigkeitsverstößen liegen im Vergleich zu anderen Verkehrsteilnehmern bei den Nutzern von „Radar-Warngeräten" zum Teil bedeutend höher; durch Aufnahme des Vermerks: „Radar-Warngerät vorhanden/eingebaut" in die (Verkehrs-)Ordnungswidrigkeiten-Anzeige werden die Bußgeldstellen in die Lage versetzt, auf „Vorsatz" zu erkennen und die Höchstsätze nach dem Bußgeld-Katalog zu verhängen. Einsprüche werden, soweit es den „Vorsatz" angeht, meist abgewiesen.

103 Auffahrunfälle im Bereich von Radar-Messungen der Polizei oder der Ordnungsbehörden zur Bekämpfung der Hauptunfallursache „überhöhte Fahrgeschwindigkeit" gaben Veranlassung, die Fahrzeuge derjenigen, auf die aufgefahren wurde, auch im Fahrzeuginnern zu „inspizieren"; dabei hat sich in einer noch nicht näher einzuschätzenden Zahl von Fällen herausgestellt, daß das akustische oder optische Signal des „Radar-Warngeräts" auf eine drohende Radar-Messung („Voll"-)Bremsvorgänge ausgelöst hatte, die für den nachfolgenden Fahrzeugführer nicht vorhersehbar – und damit nicht vermeidbar – waren, so daß eine erhöhte Haftung begründet war.

104 Bei angemessener Würdigung der Gesamtproblematik erscheint zur Gewährleistung der Grundrechte auf Leben, Gesundheit und körperliche Unversehrtheit gefahrenabwehrende Verkehrssicherheitsarbeit durch Polizei, Ordnungsbehörden und andere (freie) Träger unverzichtbar; richtige, menschenschützende Geschwindigkeitswahl ist Charaktersache. Geschwindigkeitsverhalten ist eine Sache des Kopfes; ist die Geschwindigkeit erst einmal falsch gewählt, den Umständen nach also nicht angemessen oder zu hoch, dann kommt in der Regel auch die „Hilfe" durch ein „Radar-Warngerät" zu spät.

IV. Gefahrgut-Überwachung

1. Rechtliche Grundlagen

105 Aufgrund der **Ermächtigung** des § 3 I des **„Gesetzes über die Beförderung gefährlicher Güter"** vom 6. 8. 1975 (BGBl. I S. 2121), zuletzt geändert durch Gesetz vom 6. 8. 1998 (BGBl. I S. 2037), hat die Bundesregierung mit Zustimmung des Bundesrates die **„Verordnung über die innerstaatliche und grenzüberschreitende Beförderung gefähr-**

licher Güter auf Straßen“ („Gefahrgutverordnung Straße“/GGVS) als Rechtsverordnung erlassen.[58] Nach dieser Ermächtigung können Rechtsverordnungen und allgemeine Verwaltungsvorschriften über die Beförderung gefährlicher Güter erlassen werden, die die Zulassung der Güter zur Beförderung, die Verpackung, das Zusammenpacken und das Zusammenladen, die Kennzeichnung der Versandstücke, den Bau, die Beschaffenheit, Ausrüstung, Prüfung und Kennzeichnung der Fahrzeuge und Beförderungsbehältnisse, das Verhalten während der Beförderung, die Beförderungsgenehmigungen, die Beförderungs- und Begleitpapiere, die Auskunfts-, Aufzeichnungs- und Anzeigepflichten, die Besetzung und Begleitung der Fahrzeuge und die Befähigungsnachweise regeln. Diese Regelungskomplexe beschreiben die für die polizeiliche (Verkehrs-)Überwachung bedeutsamen Inhalte der „Gefahrgutverordnung Straße“/GGVS.

106 **„Beförderung“** im Sinne des Gefahrgutgesetzes und der GGVS beinhaltet nach § 2 II des Gefahrgutgesetzes nicht nur die Vorgänge der Ortsveränderung, sondern auch die Übernahme und Ablieferung des (Beförderungs-)Gutes sowie zeitweilige Aufenthalte während der Beförderung und Vorbereitungs- und Anschlußhandlungen, nämlich Ein- und Auspacken der Güter und Be- und Entladen, und zwar auch dann, wenn diese Handlungen nicht vom Beförderer ausgeführt werden. Ordnungswidrig handelt nach § 10 I Nr. 1 Gefahrgutgesetz, wer den Bestimmungen der aufgrund des § 3 I des Gefahrgutgesetzes erlassenen Rechtsverordnung vorsätzlich oder fahrlässig zuwiderhandelt, „soweit sie für einen bestimmten Tatbestand auf diese Bußgeldvorschrift verweisen“. Der Abschnitt **„Ordnungswidrigkeiten“** des § 10 der Gefahrgutverordnung Straße verweist für die dort genannten Tatbestände auf § 10 I Nr. 1 Gefahrgutgesetz. Nach § 10 IV Gefahrgutgesetz kann die Ordnungswidrigkeit gemäß Abs. 1 Nr. 1 mit einer Geldbuße bis zu 100 000,– Deutsche Mark geahndet werden. Die Verfolgung von Ordnungswidrigkeiten nach §§ 10 Gefahrgutgesetz, 10 GGVS verjährt deshalb gemäß § 31 II Nr. 1 Ordnungswidrigkeitengesetz erst nach drei Jahren. Mit einer Gliederung in eine sogenannte **„Rahmenverordnung“** mit den §§ 1–14 und **„Anlagen A und B“** (Randnummern 2000 ff.) trägt die GGVS dem **Umfang der zu regelnden Materie** Rechnung.

107 Der weitaus überwiegende Teil der Bestimmungen, die beim Transport gefährlicher Güter zu beachten ist, ist in den Anlagen A und B zu finden. Die Anlage A schreibt vor, welche gefährlichen Güter von einer Beförderung auf öffentlichen Straßen ausgeschlossen und welche unter bestimmten Bedingungen zugelassen sind. Randnummer 2002 der Anlage A teilt dabei die gefährlichen Güter in 15 (Gefahren-)Klassen ein. Die Vorschriften der GGVS sind immer dann zu beachten, wenn ein gefährlicher Stoff in der sogenannten **„Stoffaufzählung“** der jeweiligen Gefahrenklasse genannt ist. Wenn ein Stoff einer der in Randnummer 2002 genannten Gefahrenklasse zugerechnet werden muß, weil er nach der Definition des § 2 des Gefahrgutgesetzes „entzündbar“, „entzündend“, „giftig“ oder allgemein „gefährlich“ ist und in der Stoffaufzählung der in Frage kommenden Klasse nicht und auch nicht unter einer Sammelbezeichnung genannt ist, so muß unterschieden werden, ob der Stoff zu einer sogenannten „freien Klasse“ gehört und somit nicht Gefahrgut im Sinne der GGVS ist oder zu einer sogenannten „Nur-Klasse“ gehört und damit überhaupt nicht auf öffentlichen Straßen befördert werden darf.

108 Die **„Rahmenverordnung“** bestimmt mit dem § 1 II und III GGVS, welchen Vorschriften die innerstaatliche und welchen Bestimmungen die grenzüberschreitende Beförderung unterliegt. Die innerstaatliche Beförderung unterliegt nach § 1 II GGVS „den Vorschriften, die in den Anlagen A und B zu dieser Verordnung über die ganze Seite sowie links vom mittleren Trennstrich abgedruckt sind“. Die grenzüberschreitende Beförderung unterliegt nach § 1 III GGVS „den Regeln des Europäischen Übereinkommens vom 30. 9. 1957 über die internationale Beförderung gefährlicher Güter auf der Straße (‚ADR‘-Über-

[58] „Verordnung über die innerstaatliche und grenzüberschreitende Beförderung gefährlicher Güter auf Straßen“ (Gefahrgutverordnung Straße/GGVS) i. d. F. der Bekanntmachung vom 22.12. 1998 (BGBl. S. 3993, ber. 1999, S. 649).

einkommen), deren Übersetzung in deutscher Sprache sich aus den Anlagen A und B zu dieser Verordnung über die ganze Seite sowie der rechts vom mittleren Trennungsstrich abgedruckten Vorschriften ergibt". Aus dieser Grundregel des § 1 ergibt sich weiter, daß auch die Vorschriften der „Rahmenverordnung" selbst bei innerstaatlichen und – sofern dies ausdrücklich bestimmt ist – auch bei grenzüberschreitenden Beförderungen gelten.

Sind die Vorschriften in den **Anlagen A und B** über die ganze Seite abgedruckt, so gel- 109
ten sie sowohl für innerstaatliche wie für grenzüberschreitende Beförderungen, es sei denn, sie sind am linken Rand mit der senkrechten Kennzeichnung GGVS-GGVS oder am rechten Rand mit der senkrechten Kennzeichnung ADR-ADR versehen und damit als Sondervorschriften der GGVS bzw. des ADR kenntlich gemacht. Sie sind dann aus rein drucktechnischen Gründen nicht links vom Mittelstrich („GGVS-Seite") bzw. rechts vom Mittelstrich („ADR-Seite") abgedruckt. Eine wesentliche Funktion der „Rahmenverordnung" besteht darin, die Verantwortlichen zu bezeichnen, also festzulegen, wer von den an der Beförderung beteiligten Personen als Absender, Verlader, Beförderer oder Fahrer jeweils die für die Verpackung, Kennzeichnung und Beförderung geltenden Regelungen zu beachten hat. In § 4 III und VII werden diejenigen Verantwortlichen, bezogen auf die Vorschriften der Anlagen, benannt, die auch in ihrer für die innerstaatliche Beförderung geltenden Fassung keinen unmittelbaren Adressaten kennen. § 4 VIII bestimmt dann, daß die genannten Absätze 3 und 7 auch für grenzüberschreitende Beförderungen als „ausdrückliche Bestimmung" im Sinne von § 1 III GGVS gelten.

Die **„Rahmenverordnung"** enthält darüber hinaus Vorschriften, die in Ergänzung der 110
Anlagen Pflichten des Absenders, Verladers, Beförderers und Fahrers festlegen. § 10 GGVS nennt die Verstöße gegen Bestimmungen der GGVS und des ADR, die Ordnungswidrigkeiten im Sinne von § 10 Gefahrgutgesetz sind. Für die praktische Arbeit der Polizei ist der § 10 deshalb von Bedeutung, weil er die vollständige Übersicht über alle Vorschriften der Rahmenverordnung und der Anlagen A und B enthält, deren Verletzung bußgeldbewehrt ist. § 10 I führt dabei die Verstöße gegen die Bestimmungen auf, die sowohl bei innerstaatlichen wie auch bei grenzüberschreitenden Beförderungen gelten. § 10 III enthält schließlich die Ordnungswidrigkeiten, die nur bei grenzüberschreitenden Beförderungen begangen werden können.

2. Polizeiliche Anordnungen

Im Rahmen der Abwehr von Gefahren für die öffentliche Sicherheit hat die Polizei die 111
Aufgabe, **Gefahrgut-Transporte** in die Verkehrsüberwachung einzubeziehen. Ihre Tätigkeit zur Überwachung und Kontrolle orientiert sich dabei sowohl an den allgemeinen **Verkehrsgefahren,** die Güter-Transporte mit sich bringen, und an den **Sondergefahren,** die von dem transportierten Gut ausgehen. **Aufgabenzuweisungen** zur Überwachung von Gefahrgut-Transporten ergeben sich für die Polizei aus den Polizeigesetzen der Länder, soweit es um (General-)Ermächtigungen geht, aus § 53 OWiG zur Feststellung, Verhinderung und Verfolgung von Ordnungswidrigkeiten und aus § 163 StPO zur Erforschung und Verfolgung strafbedrohter Handlungen. Voraussetzung für die Anwendung der genannten Bestimmungen ist das Vorliegen einer konkreten Gefahr bzw. eines konkreten Verdachts auf eine Ordnungswidrigkeit oder eine strafbedrohte Handlung.

Dort, wo eine **Zuständigkeits-Verordnung** fehlt, treten in der Praxis für Präven- 112
tions-Kontrollen Probleme auf. Liegt eine konkrete Gefahr nicht vor und fehlt der Verdacht auf eine Ordnungswidrigkeit oder auf eine strafbedrohte Handlung, dann muß für präventive Gefahrgut-Kontrollen auf § 36 V StVO „zurückgegriffen" werden, um einen Gefahrgut-Transport anzuhalten und einer (allgemeinen) Verkehrskontrolle zu unterziehen. Ein derartiger „Rückgriff" auf § 36 V StVO erscheint jedoch problematisch, da es sich bei der Straßenverkehrsordnung um eine aufgrund § 6 des Straßenverkehrsgesetzes (StVG) erlassene Rechtsverordnung handelt, die lediglich ein Anhalten und eine (Verkehrs-)Kontrolle auf Einhaltung von außerhalb des Gefahrgutrechts liegenden Bestim-

mungen erlaubt, seit das **Gefahrgutrecht** durch Gesetzesänderung aus dem Anwendungsbereich des § 6 StVG **herausgenommen** wurde.[59]

113 Eine **Ermächtigungsnorm** für vorbeugende (Schwerpunkt-)Kontrollen von Gefahrgut-Transporten ohne Vorliegen konkreter Gefahren oder eines konkreten Verdachts auf eine Ordnungswidrigkeit oder Straftat existiert noch nicht in allen Bundesländern; wo eine Zuständigkeits-Verordnung (noch) fehlt, stützt sich die Polizei unter Beschränkung auf Kontrollen zur Einhaltung allgemeiner Rechtsvorschriften auf § 36 V StVO oder auf die Zuständigkeits-Verordnung nach dem **Fahrpersonalgesetz** zur Kontrolle auf Einhaltung der **Sozialvorschriften.** Erst wenn bei diesen Kontrollen Verstöße gegen die Bestimmungen des Gefahrgutgesetzes und der Gefahrgutverordnung Straße (GGVS) festgestellt werden, finden Polizeigesetze, Ordnungswidrigkeitengesetz und Strafprozeßordnung Anwendung.

114 Nach § 9 II Gefahrgutgesetz dürfen mit der Überwachung beauftragte Personen auch Grundstücke, Betriebsanlagen, Geschäftsräume, Fahrzeuge und zur Verhütung dringender Gefahren für die öffentliche Sicherheit und Ordnung, insbesondere für die Allgemeinheit, für wichtige Gemeingüter, für Leben und Gesundheit von Menschen sowie für Tiere und Sachen auch die **Wohnräume eines Auskunftspflichtigen** betreten. Sie dürfen dort Prüfungen und Besichtigungen vornehmen und die Geschäftsunterlagen des Auskunftspflichtigen einsehen. Der Auskunftspflichtige hat diese Maßnahmen zu dulden; das Grundrecht auf Unverletzbarkeit der Wohnung aus Art. 13 GG wird insoweit eingeschränkt.

115 **„Auskunftspflichtig"** ist, wer für die Beförderung gefährlicher Güter Verantwortung trägt. **„Verantwortlicher"** ist nach § 9 V Gefahrgutgesetz, wer als Unternehmer oder als Inhaber eines Betriebes gefährliche Güter verpackt, verlädt, versendet, befördert, entlädt, empfängt oder auspackt oder Verpackungen, Behälter (Container) oder Fahrzeuge zur Beförderung gefährlicher Güter, die nach Baumustern hergestellt werden, welche in den Vorschriften für die Beförderung gefährlicher Güter festgelegt sind, herstellt.

116 Wird bei einer **Verkehrs- (oder Gefahrgut-)Kontrolle** festgestellt, daß ein Fahrzeug oder die Ladung nicht den Vorschriften über die Beförderung gefährlicher Güter entspricht, oder können die erforderlichen (Begleit-)Papiere nicht vorgezeigt werden, so dürfen die für die Überwachung zuständigen Behörden und deren (Kontroll-)Beamte die nach § 8 Gefahrgutgesetz zur Behebung der Mängel erforderlichen Maßnahmen treffen. Werden Verstöße gegen Vorschriften über Beförderungs- und Begleitpapiere, gegen Bestimmungen des Zulassungsverfahrens, der Erlaubnisse und Ausnahmegenehmigungen, gegen Vorschriften über Kennzeichnung der Fahrzeuge sowie gegen Ausrüstungs- und Betriebsvorschriften zur Beförderung gefährlicher Güter festgestellt, kommen als Maßnahmen die **Beschränkung der Weiterfahrt** zum Absender, Verlader oder Empfänger des Gefahrguts, die Weiterfahrt bis zu einem geeigneten Parkplatz oder zu einer Werkstatt in Betracht. Die Maßnahmen sind an die Auflage gebunden, die Mängel zu beseitigen oder beseitigen zu lassen oder die Weiterfahrt nur bis zu einem von dem Kontrollbeamten festgelegten Ort fortzusetzen. Das ist dann mit der Weisung verbunden, dort das Fahrzeug nach den Gefahrgutvorschriften für eine Fortsetzung des Transports auszurüsten oder das gefährliche Gut in ein anderes, dafür zugelassenes und mängelfreies Fahrzeug umzuladen oder umzupumpen oder die Verpackung des gefährlichen Gutes oder die Verstauung der Ladung nach den Gefahrgut-Vorschriften sicherzustellen.

117 Bei der **Feststellung von Verstößen** mit unmittelbaren Gefahren wie Austritt oder Freiwerden von Gefahrstoffen steht an erster Stelle die **Identifizierung des Gefahrguts** anhand der Kennzeichnung auf den Warntafeln oder der Beförderungspapiere, aufgrund der Angaben des Fahrers oder durch Auskunft beim Verlader. Danach erfolgt eine Beurteilung der Gefahr nach Art, Umfang und Wirkungen für Menschen, Tiere, Wasser, Boden und Luft und die Einleitung von Sofortmaßnahmen zur Gefahrenabwehr. Im Aufbau befindliche **Gefahrgut-Dateien** werden dabei zukünftig wertvolle Hilfe leisten und

[59] Gesetz zur Änderung des Straßenverkehrsgesetzes (StVG) v. 6. 4. 1980 (BGBl. S. 413).

vorhandene Unsicherheiten abbauen. Zu den Aufgaben der Polizei bei derartigen Kontrollergebnissen gehört es, weitere zuständige Behörden und Stellen zu benachrichtigen; je nach Lage sind Sachverständige heranzuziehen.

3. Voraussetzungen für Kontrollen durch die Polizei

Die Gefahrgut-Verordnung Straße ist ein nahezu vollständiges, aber völlig unübersichtliches Vorschriftenwerk, das vor allem darunter leidet, daß keine Struktur für eine Handhabung in der Überwachungs- und Kontroll-Praxis gefunden wurde. Fachleute, die ständig mit der Gefahrgut-Materie befaßt sind, haben Probleme mit Gesetzes- bzw. Verordnungstext, Randnummern, Querverweisungen und Ausnahmeregelungen. Polizeibeamte, die nicht ständig zu Gefahrgut-Kontrollen eingesetzt werden, laufen aufgrund nur gelegentlicher Beschäftigung mit den komplizierten Gefahrgut-Bestimmungen Gefahr, folgenreiche Fehlentscheidungen zu treffen. In den meisten Bundesländern hat das dazu geführt, daß spezielle Kontroll-Trupps (oder -gruppen) gebildet worden sind, in denen Polizeibeamte arbeiten, die nicht nur die Einhaltung weniger Standardbestimmungen wie Warntafeln oder Ausrüstung mit Feuerlöschern kontrollieren, sondern sich so tief in der Materie befinden, daß rechtliche Fehlentscheidungen vermieden und die hohen Anforderungen an Verständlichkeit und Nachvollziehbarkeit der Ordnungswidrigkeit bzw. des Bußgeldbescheides erfüllt werden. Insbesondere über Einsprüche entscheidende Gerichte haben nicht selten Probleme, eindeutig zu erkennen, welches Tun oder Unterlassen dem Betroffenen zur Last gelegt wird und welcher Tatbestand des § 10 GGVS dadurch verwirklicht wurde. 118

In einer Ordnungswidrigkeiten-Anzeige müssen alle für eine Ahndungs-Entscheidung bedeutsamen gesetzlichen Bestimmungen und Randnummern aufgeführt und die Begehungsformen Fahrlässigkeit oder Vorsatz genannt sein. Das beförderte Gefahrgut muß dabei in gleicher Weise bezeichnet werden, wie das für die Beförderungspapiere vorgeschrieben ist; Mengenangaben und Angaben zur Verpackung sind im Hinblick auf mögliche Befreiungen von der GGVS erforderlich. Unter diesen Voraussetzungen sind wirksame Gefahrgut-Kontrollen durch die Polizei nur mit Polizeibeamten möglich, die über das nötige Rechts- und Fachwissen verfügen, technisch entsprechend ausgerüstet sind und die Fähigkeit besitzen, mit Fachpersonal – insbesondere auf dem Gebiet der Chemie – zusammenzuarbeiten und sich Informationen zur Stoffidentifizierung aus Gefahrgut-Dateien zugänglich zu machen. 119

V. Abschleppen von Fahrzeugen durch die Polizei

1. Abschleppen zur Verfolgung von Verkehrs-Ordnungswidrigkeiten und -Straftaten

Ein **„Abschleppen“**, bei dem im öffentlichen Straßenverkehr ein Kraftfahrzeug an einen anderen Ort verbracht (auch „versetzt“) oder aus dem Verkehrsraum entfernt wird, kann im Rahmen der polizeilichen Aufgabenwahrnehmung zur **Verfolgung von Verkehrs-Ordnungswidrigkeiten und -Straftaten** und zur **Gefahrenabwehr** erfolgen. Bei der Verfolgung von Verkehrs-Ordnungswidrigkeiten und -Straftaten kann es darum gehen, ein Kraftfahrzeug als Gegenstand, der als Beweismittel eine Rolle spielt, nach § 94 I StPO in Verwahrung zu nehmen oder auf andere Weise sicherzustellen. Wird dabei der Gegenstand Kraftfahrzeug nicht freiwillig herausgegeben, kann er beschlagnahmt werden. Liegen Gründe für die Annahme von Voraussetzungen für eine **Einziehung** vor, kann das Kraftfahrzeug gemäß § 111 b StPO sichergestellt werden. Nach § 74 ff. StGB sind das Fälle, in denen (Kraft-)Fahrzeuge zur Begehung von Straftaten gebraucht wurden oder bestimmt gewesen sind. Zu unterscheiden von Gegenständen, die der Einziehung unterliegen, sind **„Beziehungs“-Gegenstände** und **erforderliche Tatmittel,** was 120 bei Trunkenheitsdelikten im Zusammenhang mit dem Kraftfahrzeug beachtlich ist: Das zu einer Trunkenheitsfahrt im Sinne des § 316 StGB benutzte (Kraft-)Fahrzeug fällt nicht unter § 74 StGB. Ein Kraftfahrzeug kann auch nach § 111b StPO als Gegenstand sichergestellt werden, wenn dringende Gründe für die Annahme von Voraussetzungen auf einen **Verfall** im Sinne der §§ 73ff. StGB vorliegen. Das kann dann zutreffen, wenn die Herrschaft über ein (Kraft-)Fahrzeug einen Vermögensvorteil darstellt, den ein Täter aus einer rechtswidrigen Tat erlangt hat. In Fällen der **Beschlagnahme von Gegenständen** im Sinne des § 132 III StPO, ist bei Verkehrsdelikten der „Zugriff" auf ein (Kraft-)Fahrzeug möglich, wenn eine Sicherheitsleistung im Sinne des § 132 I StPO nicht zustande gekommen ist. Voraussetzung ist, daß der Verdacht einer Straftat besteht; auf (Verkehrs-)Ordnungswidrigkeiten ist diese Bestimmung über § 46 OWiG auch anwendbar. Mit dem Abschleppen sind die hier geschilderten Sicherstellungen und Beschlagnahmen als **Tathandlungen** der (Polizei-) Behörden zu vollziehen, womit die in der jeweiligen Ermächtigungsnorm enthaltene bzw. zugelassene Rechtsfolge bewirkt wird. Einer besonderen Ermächtigung bedarf es auch dann nicht, wenn eine derartige (Verwaltungs-)Tathandlung von einem Dritten, zum Beispiel von einem privaten Abschleppunternehmer, durchgeführt wird.

2. Abschleppen zur Gefahrenabwehr

121 Zur Vermeidung bzw. Verhinderung von Schaden für die öffentliche Sicherheit kommt ein Abschleppen von (Kraft-)Fahrzeugen immer dann in Betracht, wenn durch ein **falsches Verhalten eines Verkehrsteilnehmers** das Abstellen des Fahrzeugs eine Gefahr darstellt, eine Gefahr von dem Fahrzeug selbst ausgeht oder dem Fahrzeug und damit dem Eigentum Gefahr droht. Das durch falsches Verhalten eines Fahrzeugführers verursachte verkehrswidrige Abstellen eines (Kraft-)Fahrzeugs stellt in der Regel eine Gefahr dar, die durch **„Versetzen"** – das ist das Verbringen eines Fahrzeugs an einen anderen, erlaubten Ort innerhalb des öffentlichen Verkehrsraums – oder **„Abschleppen"** – das ist das Verbringen eines Fahrzeugs in der Regel zu einem Sicherstellungsgelände – polizeilich beseitigt werden muß. Von den Straßenverkehrsbehörden angeordnete Verbotsstrecken oder -zonen werden durch **Verkehrszeichen** als Verwaltungsakte in der Form von **„Allgemeinverfügungen"** festgelegt, die im Sinne von § 80 VwGO sofort vollziehbar sind.[60] In allen bisher bekannten Fällen haben die Gerichte keine Probleme in einer aus verkehrswidrigem Abstellen resultierenden Gefahrenlage gesehen, die Voraussetzung für ein Abschleppen als **Ersatzvornahme, Selbstvornahme** oder **unmittelbare Ausführung einer Maßnahme** ist. Die Gerichte sehen in einem verkehrswidrigen Abstellen eines (Kraft-)Fahrzeugs ganz überwiegend eine Gefahr im Sinne des Polizeirechts.[61] Insofern stellt sich beim Abschleppen zur Beseitigung einer Gefahr weniger die Frage nach der Gefahrenlage als Voraussetzung, sondern die Frage nach der **Verhältnismäßigkeit** der Maßnahme im Einzelfall. So hat im Zusammenhang mit dem Abschleppen eines Fahrzeugs aus einem mit Zeichen 286 beschilderten Halteverbot ein Obergericht entschieden, daß die Ersatzvornahme geboten war, und es ist hinsichtlich der Verhältnismäßigkeit der Maßnahme davon ausgegangen, daß diese immer dann gegeben ist, wenn keine besonderen Umstände des Einzelfalles das Abschleppen als unverhältnismäßig erscheinen lassen.[62] Zum Abschleppen aus einer Ladezone mit Halteverbot wurde dagegen festgestellt, daß Zweifel an der Verhältnismäßigkeit dann bestehen, wenn der einschreitende Polizeibeamte einen konkreten Hinweis darauf erhält, daß der verantwortliche Fahrzeugführer sich in einem Haus in unmittelbarer Nähe aufhält.[63] Allerdings fordert der Grundsatz der Verhältnismäßigkeit nicht, ohne einen konkreten Hinweis nach dem

60 NJW 1978, 656.
61 *VGH München* NJW 1984, 2962f.
62 DAR 1986, S. 159.
63 DAR 1985, S. 127ff.

Fahrer eines Fahrzeuges zu forschen und ihn zu ermitteln.[64] Das Abschleppen von (Kraft-)Fahrzeugen aus dem öffentlichen Verkehrsraum ist eine Verwaltungstathandlung zur Durchführung einer verwaltungsrechtlichen Maßnahme. Es wird dabei meist von einer Ersatzvornahme ausgegangen, die im Wege des sofortigen Vollzugs durchgeführt wird.[65] Eine Abgrenzung zur Sicherstellung wird deutlich, wenn festgestellt wird, daß eine Gefahr durch Übernahme amtlichen Gewahrsams zu bekämpfen ist.[66] Im Ergebnis ist festzuhalten, daß ein Abschleppen im öffentlichen Verkehrsraum eine Ersatzvornahme, Selbstvornahme oder unmittelbare Ausführung einer Maßnahme ist, der eine Sicherstellung folgen kann.

Eine Gefahr kann auch von dem (Kraft-)Fahrzeug selbst ausgehen und Ursache für 122
einen möglichen Schaden darstellen. Im Falle einer Gefahr durch das Fahrzeug handelt es sich nicht um eine besondere Gefahr im Sinne der **spezialisierten Gefahrenabwehr,** für deren Abwehr spezielle Verwaltungsbehörden zuständig sind. Auch der Standort des Fahrzeugs im öffentlichen Verkehrsraum ändert nichts an der Tatsache, daß es sich um allgemeine Gefahrenabwehr handelt; um Angelegenheiten des Straßenverkehrs im Sinne von § 44 I StVO geht es nicht. Somit ist eine Zuständigkeit der Ordnungsbehörde zur allgemeinen Gefahrenabwehr gegeben, und die Polizei wird über die Eilzuständigkeit an Stelle der Ordnungsbehörde tätig, wenn diese nicht oder nicht rechtzeitig tätig werden kann.[67] Ermächtigung für eine „Entfernung" des (Kraft-)Fahrzeugs kann für den Eilfall die Generalklausel des (entsprechenden) Polizeigesetzes sein. Wenn mit der „Entfernung" des (Kraft-)Fahrzeugs von seinem Standplatz die Gefahr nicht abgewehrt werden kann, kommt eine Sicherstellung in Betracht.[68] Eine Sicherstellung ist allerdings erst dann gegeben, wenn zur Abwehr der Gefahr ein öffentlich-rechtliches Verwahrungsverhältnis begründet worden ist.[69] Die Sicherstellung ist nur rechtmäßig, wenn sie zur Abwehr der Gefahr erforderlich ist, das polizeiliche Ziel also durch eine bloße „Entfernung" nicht erreicht werden kann. Das Abschleppen ist in diesen Fällen Verwaltungstathandlung zur Realisierung der „Entfernung". Die Maßnahme wird dabei gegen den „Störer" getroffen; das Fahrzeug ist entweder durch das Verhalten des Halters – oder des ihm zuzurechnenden Fahrers – zur Gefahrenquelle geworden oder der Halter haftet für den Fahrzeug-Zustand, durch den die Gefahr begründet wurde.

VI. Verkehrs-Einsatzaufgaben bei Versammlungen und Aufzügen

Versammlungen als geplante Zusammenkünfte vieler Personen, die gemeinsame An- 123
liegen erörtern oder auf die Öffentlichkeit einwirken wollen, und Aufzüge als Versammlungen, bei denen sich die Teilnehmer in erkennbarem Zusammenhalt fortbewegen, können Maßnahmen der Polizei erforderlich machen. Der **polizeiliche Auftrag** besteht dann darin, die Ausübung des Versammlungsrechts und den gesetzmäßigen Ablauf von Versammlung und Aufzug zu gewährleisten. Da für die Planung und Durchführung polizeilicher Maßnahmen bei Versammlungen und Aufzügen die für Veranstaltungen allgemein festgelegten Grundsätze gelten, gehören zu einem störungsfreien Ablauf den jeweiligen Verhältnissen **angepaßte Verkehrsmaßnahmen.** Durch Verkehrsmaßnahmen ist sicherzustellen, daß ein Aufzug ohne vermeidbare Störungen den vorgesehenen Marschweg nehmen kann und der Straßenverkehr nicht unverhältnismäßig beeinträchtigt wird. Wenn möglich, ist dem Längsverkehr genügend Raum freizulassen. Die Festlegungen für den Aufzug gelten gleichermaßen für Verkehrsmaßnahmen bei ortsgebundenen An-

[64] *BVerwG* DVBl. 1983, 1066.
[65] *OVG Münster* NJW 1982, 2277.
[66] *VGH München* NJW 1984, 2962 ff.
[67] ME, § 1 II.
[68] ME, § 21.
[69] *Vahle,* DNP 86, 3–6.

lässen, zum Beispiel bei Kundgebungen und Versammlungen unter freiem Himmel, sofern sie Auswirkungen auf den öffentlichen Straßenverkehr haben.

124 Aus dem **Brokdorf-Beschluß** des BVerfG[70] ergibt sich bei der Umsetzung der der Polizei übertragenen Kooperationspflichten ein unmittelbarer Auftrag zu Verkehrsmaßnahmen, die sich im wesentlichen auf die Gewährleistung der Sicherheit des Veranstaltungsverkehrs konzentrieren. Der polizeiliche Beitrag zur Verhinderung von (Gewalt-)Eskalationen erhält dadurch besondere Erfolgsaussichten, daß die Polizei ihre Einsatz-Konzeption bei Versammlungen und Aufzügen so gestaltet, daß einer – konfliktträchtigen – Lage der polizeiliche „Stempel" einer Verkehrs-Lage „aufgedrückt" wird. Das kann durch Einrichten einer Verkehrsleitstelle, Verkehrsaufklärung, Verkehrsregelung, Verkehrslenkung mit Sperrungen, Ableitungen und Umleitungen, Verkehrsüberwachung, Sondermaßnahmen für den Öffentlichen Personen-Nahverkehr, Lotsendienst und Bereithalten von Verkehrsunfallaufnahme-Kräften geschehen. Die Polizei bringt mit einem derartigen (taktischen) Ansatz zum Ausdruck, daß sie in ihren Bemühungen um eine **versammlungsfreundliche Verfahrensgestaltung** der Förderung des Veranstaltungsablaufs im Tätigkeitsfeld von Verkehrsmaßnahmen einen besonderen Beitrag sieht.

125 Bei einer **Maßnahmenkollision,** die die Problembereiche **„Versammlungsfreiheit"** und **„Straßenverkehr"** tangiert, ist die Kernfrage zu prüfen, ob die durch eine Versammlung oder einen Aufzug verursachten Verkehrsbeeinträchtigungen Folge oder Zweck der Veranstaltung sind.[71] Zwangsläufige, bei einer (Groß-)Veranstaltung nicht zu vermeidende Verkehrsbeeinträchtigungen sind hinzunehmen; aber auch nicht zwangsläufige Verkehrsbeeinträchtigungen sind nicht von vornherein „unfriedlich". Beabsichtigte oder bewußt herbeigeführte Störungen des Straßenverkehrs als Teilzweck oder Mittel zum Zweck der Herstellung oder Verstärkung öffentlicher Aufmerksamkeit stellen zwar unzulässige Grundrechtsausübungen dar, auf diese wird aber von der Polizei in Anlehnung an das Kooperationsgebot mit Zurückhaltung reagiert. Erst die Störung des Straßenverkehrs als Hauptzweck einer Versammlung oder eines Aufzugs stellt den Grundrechtsmißbrauch dar, der zu Maßnahmen der Polizei führt.

---

[70] Brokdorf-Beschluß *BVerfGE* 69, 315.

[71] *Dietel/Gintzel/Kniesel,* Demonstrations- und Versammlungsfreiheit, 11. Aufl., § 15 Rdn. 109 ff.

H. Versammlungswesen

Übersicht

Schrifttum: *Alberts,* Die Bedeutung des Brokdorf-Urteils für die Informationserhebung der Polizei bei und aus Versammlungen, Die Polizei 1986, 389; *ders.,* Die Polizeifestigkeit der Versammlungsfreiheit – zugleich eine Anmerkung zum sog. „Hamburger Kessel"-Urteil, VR 1987, 298; *ders.,* Novellierungsbedürftigkeit des Versammlungsrechts, ZRP 1988, 285; *ders.,* Staatsfreiheit von Versammlungen, NVwZ 1989, 839; *Alberts/Croppenstedt,* Probleme des Versammlungsrechts aus polizeilicher Sicht, Die Polizei 1991, 85; *Bäumler,* Versammlungsfreiheit und Verfassungsschutz, JZ 1986, 469; *Battis/Grigoleit,* Neue Herausforderungen für das Versammlungsrecht?, NVwZ 2001, 121; *dies.,* Die Entwicklung des versammlungsrechtlichen Eilrechtsschutzes – Eine Analyse der neuen BVerfG-Entscheidungen, NJW 2001, 2051; *Baumann,* Demonstrationsziel als Bewertungsposten bei der Entscheidung nach § 240 II StGB?, NJW 1987, 36; *Benrath,* Legalität und Opportunität bei strafrechtlichem Vermummungsverbot, JR 1984, 1; *Bergmann,* Die Polizeifestigkeit des Versammlungsgeschehens, 1996; *Bertuleit,* Verwerflichkeit von Sitzblockaden?, JA 1989, 16; *ders.,* Der Fernzielbeschluß des 1. Strafsenats des BGH vor dem BVerfG, ZRP 1992, 46; *ders.,* Sitzdemonstrationen zwischen prozedural geschützter Versammlungsfreiheit und verwaltungsrechts-akzessorischer Nötigung, 1994; *Bertuleit/Herkströter,* Nötigung durch Versammlung?, KJ 1987, 331; *Bethge,* Die Demonstrationsfreiheit – ein mißverstandenes Grundrecht? – Zum Stellenwert des Grundrechts der Demonstrationsfreiheit in der freiheitlich parlamentarischen Demokratie –, ZBR 1988, 205; *Blanke,* Kritik der systemfunktionalen Interpretation der Demonstrationsfreiheit, KJ 1987, 157; *Blanke/Sterzel,* Inhalt und Schranken der Demonstrationsfreiheit des Grundgesetzes, Vorgänge 1983, Heft 2/3, S. 67; *ders.,* Demonstrationsfreiheit – Geschichte und demokratische Funktion, KJ 1981, 347; *Blumenwitz,* Versammlungsfreiheit und polizeiliche Gefahrenabwehr bei Demonstrationen, in: Festschrift für Samper, 1982, S. 131; *Braun,* Blockaden und ähnliche demonstrative Aktionen als polizeilich zu bewältigende Einsatzlagen, Die Polizei 1985, 65; *ders.,* Vermummung und Passivbewaffnung, Die Polizei 1990, 73; *Breitbach,* Die Crux mit der Anmeldepflicht: Strafrechtliche Verantwortlichkeit von Versammlungsleitern?, NJW 1984, 841; *ders.,* Das Versammlungsverbot innerhalb von Bannmeilen um Parlamente und seine Ausnahmeregelungen, NVwZ 1988, 584; *ders.,* Die Bannmeile als Ort von Versammlungen, 1994; *Breitbach/Rühl,* Versammlungsrecht und Zensurverbot, NJW 1988, 8; *Breitenwieser,* Die Versammlungsfreiheit in den deutschen und US-amerikanischen Polizeikonzepten zur Bewältigung von Demonstrationen, Diss. München 1995; *Brenneisen,* Die Versammlungsfreiheit und ihre Grenzen, Kriminalistik 1999, 483; *ders.,* Der exekutive Handlungsrahmen im Schutzbereich des Art. 8 GG, DÖV 2000, 275; *Brenneisen/Rogosch,* Hoheitliche Eingriffsmaßnahmen im Vorfeld von Versammlungen im Ausland, Kriminalistik 2001, 147; *Brohm,* Demonstrationsfreiheit und Sitzblockaden, JZ 1985, 501; *ders.,* Demonstrationsmüll und Straßenreinigung, JZ 1989, 324; *Broß,* Grundrechtsschutz der Versammlungsfreiheit, Jura 1986, 189; *ders.,* Zum Problem der Störung von Versammlungen politischer Parteien, DVBl. 1981, 208; *Bull,* Grenzen des grundrechtlichen Schutzes für rechtsextremistische Demonstrationen, 2000; *Burfeind,* Polizeiliche Maßnahmen gegen gewalttätige Demonstranten, Diss. Göttingen, 1993; *Burgi,* Art. 8 GG und die Gewährleistung des Versammlungsorts, DÖV 1993, 633; *Buschmann,* Kooperationspflichten im Versammlungsrecht, Diss. Kiel, 1990; *Busch,* Bannkreise zugunsten der Parlamente im vorläufigen Rechtsschutz bei Demonstrationen, NVwZ 1985, 634; *Crombach,* Die öffentliche Versammlung unter freiem Himmel, 1976; *Deger,* Sind Chaos-Tage und Technoparaden Versammlungen?, NJW 1997, 923; *ders.,* Polizeirechtliche Maßnahmen bei Versammlungen, NVwZ 1999, 265; *Denninger,* Demonstrationsfreiheit und Polizeigewalt, ZRP 1968, 42; *ders.,* Polizei in der freiheitlichen Demokratie, 1968; *ders.,* Zwölf Thesen zur Demonstrationsfreiheit, DRiZ 1969, 70;

ders., Polizei und demokratische Politik, JZ 1970, 145; *Deutelmoser,* Angst vor den Folgen eines weiten Versammlungsbegriffs?, NVwZ 1999, 240; *Dierlamm,* Sitzblockaden und Gefahrenabwehr, NStZ 1992, 573; *Dietel,* Die Problematik der politischen Informationsstände auf öffentlichen Straßen, Die Polizei 1976, 18; *Dietel/Gintzel/Kniesel,* Demonstrations- und Versammlungsfreiheit, 12. Aufl., 2000; *Dietel/Kniesel,* Der Brokdorf-Beschluß des BVerfG und seine Bedeutung für die polizeiliche Praxis, Die Polizei 1985, 335; *Dietlein,* Zeltlager der Roma als Versammlung i. S. des § 1 VersG, NVwZ 1992, 1066; *Drosdzol,* Grundprobleme des Demonstrationsrechts, JuS 1983, 409; *Ehrentraut,* Die Versammlungsfreiheit im amerikanischen und deutschen Verfassungsrecht, Diss. Bonn, 1989; *Enders,* Anmerkung zum Beschluß des BVerfG v. 26. 1. 2001 – BvQ 9/01, JZ 2001, 652; *Eser,* Irritationen um das „Fernziel" – Zur Verwerflichkeitsrechtsprechung bei Sitzblockaden, in: Festschrift für Jauch, 1990, S. 35; *Ettemeyer/Bütter,* Zum Begriff der öffentlichen Ordnung im Versammlungsgesetz, Die Polizei 2000, 164; *Förster,* Die Friedlichkeit als Voraussetzung der Demonstrationsfreiheit, 1985; *Frank,* Das Gewaltmonopol des Staates und das Versammlungsrecht, in: Festschrift für Ridder, 1989, S. 37; *Frankenberg,* Demonstrationsfreiheit – eine verfassungsrechtliche Skizze, KJ 1981, 370; *Friedrich,* Versammlungsfreiheit im Arbeitskampf aus polizeilicher Sicht, Die Polizei 1987, 307; *Fritz,* Stellung nehmen und Standpunkt bezeugen, in: Festschrift für Simon, 1987, S. 403; *Frowein,* Die Versammlungsfreiheit vor dem Bundesverfassungsgericht, NJW 1985, 2376; *Führing,* Zu den Möglichkeiten der Verhinderung von Skinheadkonzerten, NVwZ 2001, 157; *Gallwas,* Das Grundrecht der Versammlungsfreiheit, Art. 8 GG – eine Problemskizze zur Einführung, JA 1986, 484; *Geck,* Zum Versammlungsbegriff des Art. 8 GG, DVBl. 1980, 797; *Geiger,* Verfassungsfragen zur polizeilichen Anwendung der Video-Überwachungstechnologie bei der Straftatbekämpfung, 1994; *Geis,* Die „Eilversammlung" als Bewährungsprobe verfassungskonformer Auslegung, NVwZ 1992, 1025; *ders.*, Polizeiliche Handlungsspielräume im Vorbereich und Verlauf von außergewöhnlichen Demonstrationslagen, Die Polizei 1993, 293; *Geulen,* Versammlungsfreiheit und Großdemonstrationen, KJ 1983, 189; *Gintzel,* Vermeintliche bzw. tatsächliche Regelungslücken im Versammlungsrecht und im Strafrecht als Ursache polizeilicher Einsatzprobleme, Die Polizei 1982, 299; *ders.*, Zum Passivbewaffnungs- und Vermummungsverbot, Die Polizei 1986, 1985; *Götz,* Versammlungsfreiheit und Versammlungsrecht im Brokdorf-Beschluß des Bundesverfassungsgerichts, DVBl. 1985, 1347; *ders.*, Polizeiliche Bildaufnahmen von öffentlichen Versammlungen, NVwZ 1990, 112; *Grooterhorst/Schmidt,* Blockadeaktionen vor mittelständischen Betrieben im Spannungsfeld von Demonstrations- und Gewerbefreiheit, DÖV 1996, 355; *Guldi,* Der praktische Fall: Razzia im Versammlungsraum, VR 1999, 178; *Gusy,* Lehrbuch der Versammlungsfreiheit – BVerfGE 69, 315, JuS 1986, 608; *ders.*, Aktuelle Fragen des Versammlungsrechts, JuS 1993, 555; *ders.*, Urteilsanmerkung, JZ 1995, 782; *Hamm,* Vermummung als Straftatbestand?, StV 1988, 40; *Henninger,* Observation im Versammlungsgeschehen, DÖV 1998, 713; *Höllein,* Das Verbot rechtsextremistischer Veranstaltungen, NVwZ 1994, 635; *Hölscheidt,* Das Grundrecht der Versammlungsfreiheit nach dem Brokdorf-Beschluß des Bundesverfassungsgerichts, DVBl. 1987, 666; *Hoffmann-Riem,* Demonstrationsfreiheit durch Kooperation, in: Festschrift für Simon, 1987, S. 379; *Hofmann,* Zur Frage der Rechtswidrigkeit polizeilicher Maßnahmen – „Hamburger Kessel", NVwZ 1987, 769; *ders.*, Demonstrationsfreiheit und Grundgesetz, BayVBl. 1987, 97 u. 129; *Hofmann-Hoeppel,* Die Entwicklung der versammlungsrechtlichen Rechtsprechung seit den Urteilen von VG und LG Hamburg zum „Hamburger Kessel", DÖV 1992, 867; *Hollerbaum,* Demonstrationsfreiheit, Diss. Köln, 1981; *Honigl,* Aktuelle Probleme des Versammlungsrechts, BayVBl. 1987, 139; *Honnacker,* Polizeiliche Maßnahmen als Amtspflichtverletzungen?, MDR 1987, 974; *Huba,* Die Versammlungsfreiheit – ein weites Feld für politische Entscheidungen?, JZ 1988, 394; *Huber,* Der Veranstalter einer Versammlung im Rechtskreis der Exekutive, 1991; *ders.*, Zweckveranlassung und Organisationspflichten im Versammlungsrecht, BayVBl. 1994, 513; *Kahl,* Der praktische Fall – Öffentliches Recht: „Kurz entschlossener Protest", JuS 2000, 1090; *Kang,* Der Friedlichkeitsvorbehalt der Versammlungsfreiheit, Diss. Bonn, 1992; *Kellner,* Schadensersatzansprüche polizeigeschädigter Demonstranten gegen den Staat, MDR 1987, 617; *Ketteler,* Die Einschränkbarkeit nicht-öffentlicher Versammlungen in geschlossenen Räumen, DÖV 1990, 954; *Knemeyer/Deubert,* Kritische Überlegungen zum Verhältnis Staatsanwaltschaft – Polizei/Polizei – Staatsanwaltschaft, NJW 1992, 3131; *Kniesel,* Versammlungsrecht contra Strafrecht bei Sitzdemonstrationen, Die Polizei 1992, 53; *ders.*, Adressatenfragen im Versammlungsrecht, DÖV 1992, 470; *ders.*, Die Versammlungs- und Demonstrationsfreiheit – Verfassungsrechtliche Grundlagen und versammlungsgesetzliche Konkretisierung, NJW 1992, 857; *ders.*, Polizeiliche Lagebeurteilung bei Sitzblockaden nach Maßgabe der Versammlungsfreiheit, Die Polizei 1986, 217; *ders.*, Verhinderung von Gewalttätigkeiten bei Demonstrationen – Operative und gesetzliche Notwendigkeiten, RuP 1988, 203; *ders.*, Die Versammlungs- und Demonstrationsfreiheit – Aktuelle höchstrichterliche Rechtsprechung zu Art. 8 GG, NJW 1996, 2606; *ders.*, Versammlungs- und Demonstrationsfreiheit – Entwicklung des Versammlungsrechts seit 1996,

NJW 2000, 2857; *Kniesel/Behrendes,* Rechtsextremistische Demonstrationen und gewalttätige Gegenaktionen, Polizei-heute 2001, 97; *Kostaras,* Zur strafrechtlichen Problematik der Demonstrationsdelikte, 1982; *Krüger,* Versammlungsrecht, 1994; *ders.*, Rechtsgrundlage präventivpolizeilicher Maßnahmen bei nichtöffentlichen Versammlungen in geschlossenen Räumen, DÖV 1993, 658; *ders.*, Rechtliche Problemfelder beim Einschreiten anläßlich nichtöffentlicher Versammlungen, DÖV 1997, 13; *Kühl,* Demonstrationsfreiheit und Demonstrationsstrafrecht, NJW 1985, 2379; *ders.*, Sitzblockaden vor dem Bundesverfassungsgericht, StV 1987, 122; *ders.*, Landfriedensbruch durch Vermummung und Passivbewaffnung?, NJW 1986, 874; *Kutscha,* Ist das Versammlungsrecht noch zeitgemäß?, NJ 2001, 346; *Ladeur,* Demonstrationsfreiheit – Eine Kontroverse, KJ 1987, 150; *Lammermann,* Welche Auswirkungen hat die zunehmende Nutzung des Internets auf die Bestimmungen des Versammlungsrehts?, Die Polizei 1999, 139; *Lohse,* Kooperation im Sinne des Brokdorf-Beschlusses und Verwaltungsverfahrensgesetz, Die Polizei 1987, 93; *ders.*, Verbot des Tragens gleichartiger Kleidungsstücke in der Öffentlichkeit, VR 1983, 263; *Lohse/Vahle,* Polizeiliche Gefahrenabwehr bei Veranstaltungen radikaler Gruppen, VR 1992, 321; *Maatz,* Zur Strafbewehrung der Vermummung – § 27 Abs. 2 Nr. 2 in Verb. mit § 17 a Abs. 2 Nr. 1 VersammlG, MDR 1990, 577; *Mayer,* Vorfeldkontrollen bei Demonstrationen, JA 1998, 345; *Merten,* Die Vorkontrolle als taktische Einsatzmaßnahme im Vorfeld von Versammlungen, Die Polizei 1988, 137; *Meyer/Köhler,* Das neue Demonstrations- und Versammlungsrecht, 3. Aufl., 1990; *Mohl,* Die Interpretation des Grundrechts der Versammlungsfreiheit gemäß Art. 8 des Grundgesetzes im Spiegel der Grundrechtstheorien, VR 1991, 245; *Müller,* Wirkungsbereich und Schranken der Versammlungsfreiheit, insbesondere im Verhältnis zur Meinungsfreiheit, 1974; *von Mutius,* Die Versammlungsfreiheit des Art. 8 Abs. 1 GG, Jura 1988, 30 u. 79; *Niethammer,* Die neuen Bestimmungen zur inneren Sicherheit – insbesondere Änderungen des Versammlungsrechts, BayVBl. 1990, 513; *Ossenbühl,* Versammlungsfreiheit und Spontandemonstration, Der Staat 1971, 61; *Ott/Wächtler,* Gesetz über Versammlungen und Aufzüge, 6. Aufl., 1996; *ders.*, Rechtsprobleme bei der Auflösung einer Versammlung in Form eines Sitzstreiks, NJW 1985, 2384; *Preuß,* Nötigung durch Demonstration? Zur Dogmatik des Art. 8 GG, in: Festschrift für Schmid, 1985, S. 419; *Prittwitz,* Sitzblockaden – ziviler Ungehorsam und strafbare Nötigung?, JA 1987, 17; *Quilisch,* Die demokratische Versammlung, 1970; *Ridder/Breitbach/Rühl/Steinmeier,* Versammlungsrecht, 1992; *Riegel,* Polizeiliche Bildaufnahmen von öffentlichen Versammlungen, NVwZ 1990, 745; *Rinken,* Die Demonstrationsfreiheit – ein riskantes Grundrecht, StV 1994, 95; *Roellecke,* Der kommunikative Gegendemonstrant, NJW 1995, 3101; *Rozek,* Der versagte Versammlungszutritt, JA 1996, 224; *ders.*, Versammlungsrechtliche Maßnahmen gegen rechtsradikale Versammlungen und Aufzüge, NJW 1995, 561; *Rühl,* Die Polizeipflichtigkeit von Versammlungen bei Störungen durch Dritte und bei Gefahren für die öffentliche Sicherheit bei Gegendemonstrationen, NVwZ 1988, 577; *ders.*, Versammlungsrechtliche Maßnahmen gegen rechtsradikale Demonstrationen und Aufzüge, NJW 1995, 561; *Schenke,* Anmerkung zum Brokdorf-Beschluß, JZ 1986, 35; *Schlink,* Urteilsanmerkung, NJW 1993, 609; *Schmidt-Jortzig,* Polizeilicher Notstand und Versammlungsverbote, JuS 1970, 507; *Schmitt Glaeser,* Politisch motivierte Gewalt und ihre „Fernziele", BayVBl. 1988, 454; *ders.*, Die Beurteilung politisch motivierter Privatgewalt durch das Bundesverfassungsgericht, in: Festschrift für Dürig, 1990, S. 91; *Schneider,* Anmerkung zum Brokdorf-Beschluß, DÖV 1985, 783; *ders.*, Urteilsanmerkung, VBlBW 1988, 57; *H.-P. Schneider,* Inhalt und Grenzen der Demonstrationsfreiheit – Unter Berücksichtigung polizeilicher Praxisprobleme, Loccumer Protokolle, Heft 23, 1981, S. 132; *ders.*, Frieden statt Bann, NJW 2000, 263; *Schnur,* Minusmaßnahmen gegen Versammlungsteilnehmer, VR 2000, 114; *Soiné/Mende,* Das Gesetz zur Neuregelung des Schutzes von Verfassungsorganen des Bundes, DVBl. 2000, 1500; *Schwäble,* Das Grundrecht der Versammlungsfreiheit, 1975; *Schwarze,* Demonstrationen vor den Parlamenten, DÖV 1985, 213; *Schwerdtfeger,* „Leichtigkeit des Verkehrs" als Grenze der Demonstrationsfreiheit, in: Gedächtnisschrift für Martens, 1987, S. 445; *Tölle,* Polizei- und ordnungsbehördliche Maßnahmen bei rechtsextremistischen Versammlungen, NVwZ 2002, 153; *Tsatsos/Wietschel,* Bannmeilenregelungen zum Schutz der Parlamente wieder in der Diskussion, ZRP 1994, 211; *Weichert,* Verwaltungsakzessorietät bei Feststellung der Rechtswidrigkeit nach § 240 StGB, StV 1989, 459; *Welsing,* Bannmeilen und Art. 8 GG – Sind die Bannmeilengesetze mit Art. 8 GG vereinbar?, Die Polizei 1996, 196; *Werner,* Das neue Bannmeilengesetz der „Berliner Republik", NVwZ 2000, 369; *ders.*, Formelle und materielle Versammlungsrechtswidrigkeit, Diss. Münster, 2001; *Wiefelspütz,* Versammlungsrecht und Rechtsextremisten, Die Polizei 2000, 281; *ders.*, Das Gesetz über befriedete Bezirke für Verfassungsorgane des Bundes, NVwZ 2000, 1016; *ders.*, Das Versammlungsrecht – ein Fall für den Gesetzgeber?, ZRP 2001, 60; *ders.*, Aktuelle Probleme des Versammlungsrechts in der Hauptstadt Berlin, DÖV 2001, 21; *Zeitler,* Versammlungsrecht, 1994; *ders.*, Die polizeiliche Durchsuchung von Personen vor öffentlichen politischen Veranstaltungen in geschlossenen Räumen, Die Polizei 1991, 300; *ders.*, Transport von Demonstranten zu einer verbotenen Versammlung als Störung im Sinne des Polizeirechts,

DÖV 1997, 371; *Zilles,* Zur Frage der Erlaubnispflicht von Martinszügen, NWVBl. 1990, 370; *Zitzmann,* Öffentliche Versammlungen unter freiem Himmel und Aufzüge – verfassungsrechtliche Probleme und sicherheitsrechtliche Fragen der repressiven Störungsabwehr, Diss. München, 1984.

I. Verfassungsrechtliche Grundlagen

1. Aktuelle Bedeutung von Art. 8 I GG

1 Das Grundrecht der Versammlungs- und Demonstrationsfreiheit hat in den ersten beiden Jahrzehnten der Bonner Republik ein Schattendasein geführt. Im politischen Alltag dominierte die institutionalisierte Willensbildung; man konzentrierte sich auf den Neuanfang, wollte am Wirtschaftswunder partizipieren. Die durch den erfolgten wirtschaftlichen Aufschwung bewirkte Stabilität ließ keine kollektive Unzufriedenheit an den politischen Zuständen aufkommen; jedenfalls artikulierte sie sich nicht auf der Straße.

2 In der zweiten Hälfte der sechziger Jahre änderte sich die Situation grundlegend. Die Studentenbewegung protestierte gegen den Vietnamkrieg, die Notstandsgesetze und die Zustände an den Hochschulen. Seit Mitte der siebziger Jahre demonstrierten Protestbewegungen, insbesondere die Friedensbewegung gegen militärische Aufrüstung, andere gegen Nutzung der Kernenergie und Zerstörung der Umwelt und Frauen gegen § 218 StGB. Aus Protest gegen den Krieg am Golf gingen Hunderttausende Bürger auf die Straße. Nach wie vor werden die Versammlungsbehörden durch die Inanspruchnahme der Demonstrations- und Versammlungsfreiheit seitens nicht verbotener rechtsextremistischer Gruppierungen herausgefordert; insbesondere die Polizei muß die undankbare Rolle übernehmen, die Grundrechtsausübung auch solcher Gruppierungen zu schützen.

3 Die konkreten Erscheinungsformen der Demonstrationen entfernten sich dabei vom Typus der straff geordneten Versammlung, der dem Versammlungsgesetz (VersG) von 1953[1] zugrunde liegt. Großdemonstrationen mit bis zu 300 000 Teilnehmern brachte die Friedensbewegung auf die Straße. Als neue Protestformen etablierten sich Hausbesetzungen und Sitzblockaden.

4 Seit etwa Mitte der 90er Jahre gibt es eine neue Tendenz im Demonstrationsgeschehen. Bei Techno- bzw. Love-Paraden, Rave-Partys und auch Chaos-Tagen geht es nicht um Protest, sondern um die Zurschaustellung von Lebenseinstellungen und -formen.

5 Maßgebliche Bedeutung und praktische Relevanz von Art. 8 I GG belegen Veränderungen auf verschiedenen Politikfeldern (Abrüstung, Umweltschutz, Nutzung der Kernenergie, flächenintensive Großvorhaben), wo Demonstrationen den institutionalisierten Willensbildungsprozeß maßgeblich beeinflußt haben. Noch eindrucksvoller haben dies die Umwälzungen in der damaligen DDR gezeigt, wo ein als stabil geltendes System infolge des Drucks durch friedliche Demonstrationen von der politischen Bühne abtreten mußte.

6 Mit der tatsächlichen Inanspruchnahme der Versammlungs- und Demonstrationsfreiheit durch die Bürger stieß Art. 8 I GG auch auf das Interesse der Rechtslehre, und die Gerichte hatten Rechtsfragen des Demonstrationsgeschehens zu entscheiden. Das BVerfG wurde insbesondere im Brokdorf-Beschluß[2] und im Sitzblockadenurteil[3] mit Rechtsfragen des Demonstrationsgeschehens konfrontiert. Die Vorgaben des BVerfG im Brokdorf-Beschluß, die Umfang und Grenzen der Versammlungs- und Demonstrationsfreiheit aufzeigen und insoweit zugleich auf das Art. 8 I GG konkretisierende und Gestalt gebende VersG durchschlagen, sind für die polizeiliche Praxis von hoher Relevanz. Hier sind die Bestimmungen des VersG im Lichte der grundlegenden Bedeutung des Grundrechts aus Art. 8 I GG grundrechtsfreundlich auszulegen und anzuwenden.[4]

---

[1] Gesetz über Versammlungen und Aufzüge v. 24. 7. 1953 (BGBl. I, 684).
[2] *BVerfGE* 69, 315 ff.
[3] *BVerfGE* 73, 206 ff.; *BVerfG* NJW 1991, 971.
[4] *BVerfGE* 69, 315 (349); vgl. auch die Entscheidungen des *BVerfG* zu Art. 8 GG in *E* 84, 203; 85, 69 u. 87, 399 sowie BayVBl. 1995, 495.

Die Bedeutung der Versammlungs- und Demonstrationsfreiheit hat *Mommsen* schon 1849 in seiner Schrift „Die Grundrechte des Deutschen Volkes mit Belehrungen und Erläuterungen" auf den Punkt gebracht, wenn er ausführt: **Was das freie Versammlungs- und Vereinigungsrecht zu bedeuten hat, und wie wichtig es für die Freiheit ist, weiß ja jedes Kind und es ist nicht nötig, viel davon zu sagen.**

2. Der Schutzbereich von Art. 8 I GG

Im Schutzbereich der Versammlungs- und Demonstrationsfreiheit liegen die Vorhaben von Veranstaltern, Leitern und Teilnehmern für die Vorbereitung und Durchführung einer Versammlung sowie die damit zwangsläufig einhergehenden Betätigungen, solange diese Aktivitäten den verfassungsunmittelbaren Gewährleistungsschranken der Friedlichkeit und Waffenlosigkeit genügen. Art. 8 I GG verbürgt die Freiheit, sich friedlich und ohne Waffen zu versammeln, gibt nicht nur das Recht, an einer friedlichen und waffenlosen Versammlung teilzunehmen. 7

Art. 8 I GG verbürgt dabei nicht nur das bloße Sichversammeln, sondern auch die einer Versammlung adäquaten **kollektiven** Aktivitäten.[5] Insoweit ist das Sichversammeln kein Selbstzweck, sondern eine Versammlung ist regelmäßig Ausgangsbasis für kollektive demonstrative Aktionen. Ein Vergleich der Versammlungs- und Demonstrationsfreiheit mit der ihr wegen der Eigenschaft als Kommunikationsgrundrecht verwandten Vereinigungsfreiheit[6] drängt sich auf; auch Art. 9 III GG garantiert nämlich nicht nur die Koalition als solche, sondern auch die ihr gemäßen Betätigungen, insbesondere das Streikrecht.[7] Die Versammlungsfreiheit schließt somit die **Demonstrationsfreiheit** ein.[8] Jede (kollektive) Demonstration ist eine Versammlung, doch nicht jede Versammlung eine Demonstration. 8

Unter den Schutzbereich fällt auch die **negative** Versammlungsfreiheit, die Freiheit nicht an einer Versammlung bzw. Demonstration teilnehmen zu müssen.[9] Insoweit stellen staatlich organisierte Massenveranstaltungen konkrete Gefährdungslagen des 20. Jahrhunderts dar und lassen die negative Ausformung des Grundrechts auch praktisch relevant erscheinen.[10] 9

Art. 8 I GG ist **Deutschen**grundrecht. In den Verfassungen der neuen Bundesländer wird die Versammlungsfreiheit als Menschenrecht **jedermann** garantiert.[11] Diese Grundrechtshoheit wird als Folge ihrer Staatsqualität vom Grundgesetz anerkannt.[12] Da Art. 31 GG die Grundrechte des Grundgesetzes nur als Mindeststandards sichern soll,[13] sind solche über das Grundgesetz hinausgehenden Grundrechtsgarantien unmittelbar geltendes Landesverfassungsrecht. 10

a) Verfassungsrechtlicher Versammlungs-/Demonstrationsbegriff

aa) Versammlungsbegriff. Die Verfasser des Grundgesetzes sind bei Art. 8 I GG offensichtlich von einem überkommenen Versammlungsbegriff ausgegangen. Danach ist eine Versammlung mehr als eine Ansammlung. Zum Kriterium der **Personenmehrheit** als quantitativem Merkmal tritt als qualitatives der **verbindende Zweck** i. S. einer inneren Verbindung zu gemeinsamem Handeln.[14] Eine Versammlung ist dann eine Personenmehr- 11

---

[5] *Dietel/Gintzel/Kniesel,* Demonstrations- und Versammlungsfreiheit, 12. Aufl. 2000, § 1 Rdn. 4.

[6] *Bleckmann,* Grundrechte, 4. Aufl. 1997, S. 785

[7] *Scholz,* in: Maunz/Dürig, GG-Kommentar, Art. 9 Rdn. 321.

[8] *BVerfGE* 69, 315 (343 ff.).

[9] *BVerfGE* 69, 315 (343); *Herzog,* in: Maunz/Dürig, GG-Kommentar, Art. 8 Rdn. 26; *Schulze-Fielitz,* in: Dreier, GG, 1996, Art. 8 Rdn. 21; *Höfling,* in: Sachs, GG, 2. Aufl. 1999, Art. 8 Rdn. 25.

[10] Vgl. *Schulze-Fielitz* (o. Fußn. 9), Art. 8 Rdn. 21.

[11] Z. B. Art. 23 Brbg Verf; Art. 23 Sächs Verf; Art. 12 Sachs-Anh Verf.

[12] *Dietlein* Jura 1994, 61.

[13] *Sacksofsky* NVwZ 1993, 237; *Dietlein* Jura 1994, 60 f.

[14] *Jarass/Pieroth,* Grundgesetz, 5. Aufl. 2000, Art. 8 Rdn. 2; krit. dazu *Ladeur,* in: Ridder/Breitbach/Rühl/Steinmeier, Versammlungsrecht, 1992, Art. 8 Rdn. 17.

heit mit einem verbindenden Zweck. Da diese Definition auch auf Vereinigungen i. S. von Art. 9 GG zutrifft, kann eine Abgrenzung darin gefunden werden, daß eine Versammlung regelmäßig **zeitlich begrenzt** angelegt ist (vgl. aber u. Rdn. 55) und keinen organisierten Willen bildet. Können auch Demonstrationen z. B. in Form von Mahnwachen länger andauern, so erreichen sie dennoch nicht den dauerhaften Bestand von Vereinigungen.

12 Wie viele Personen eine Versammlung ausmachen, ist nach wie vor streitig.[15] Geht man von einem **weiten** Versammlungsbegriff aus, der auch der Isolation des einzelnen begegnen soll[16] so sind im Einklang mit dem Wortlaut von Art. 8 I GG **zwei** Personen ausreichend, um eine Versammlung zu konstituieren.[17] Nicht von ungefähr spricht Art. 8 I GG nicht substantivistisch von der Versammlung, sondern vom *Sich*versammeln.

13 Das Kriterium des verbindenden Zwecks schließt zufällige Personenmehrheiten, denen das gemeinsame Wollen des Zusammenseins fehlt, vom Versammlungsbegriff aus. Solche zufälligen Personenmehrheiten sind bloße Ansammlungen. Typische Ansammlung ist die Schar der Schaulustigen nach einem Verkehrsunfall; diese wollen möglichst viel mitbekommen und betrachten andere dabei als störend, so daß es am gewollten Zusammensein fehlt. Warten mehrere Fußgänger vor einer roten Ampel, ist ihnen der Zweck gemeinsam, bei Grün die Straße zu überqueren; der Zweck verbindet sie aber nicht, denn jeder wartet für sich allein. Beim spontanen Zusammenströmen in den Stunden der Maueröffnung im November 1989 dürfte es sich bereits um eine Versammlung gehandelt haben; es war wohl nicht nur freudige Neugier und der Wunsch, an einem geschichtsträchtigen Ereignis als Beobachter teilzunehmen, sondern die Menschen einte das Gefühl, wieder zusammenzugehören.[18]

14 Ob und inwieweit der erforderliche verbindende Zweck der Zusammenkunft inhaltlich einzugrenzen ist, ist streitig. Hierzu gibt es drei Auffassungen. Die bislang h. M. stellte auf den verbindenden Zweck der kollektiven Meinungsbildung und -äußerung ab. Dabei war innerhalb dieser Auffassung umstritten, ob es zwingend um öffentliche Angelegenheiten gehen muß (**enger** Versammlungsbegriff)[19] oder ob private ausreichen (**erweiterter** Versammlungsbegriff).[20] Die inzwischen vorherrschende Auffassung löst sich von der Fixierung auf die gemeinsame Meinungsbildung und -äußerung als maßgeblichem Kriterium und sieht als Essential von Art. 8 I GG die **Garantie der Persönlichkeitsentfaltung in Gruppenform** (**weiter** Versammlungsbegriff).[21] Die enge Auslegung des Versammlungsbegriffs stützt sich auf historische Erfahrungen, wonach es eben politische Versammlungen waren, die der Obrigkeit als Zusammenkünfte unbotmäßiger Un-

---

[15] Vgl. dazu *Kunig*, in: v. Münch/Kunig, GG-Kommentar, Bd. 1, 5. Aufl. 2000, Art. 8 Rdn. 13; *Bertuleit/Steinmeier* (o. Fußn. 14); *Hoffmann-Riem*, in: AK-GG, 2. Aufl. 1989, Art. 8 Rdn. 12; *Stein,* Staatsrecht, 16. Aufl. 1998, S. 318.

[16] *Herzog,* (o. Fußn. 9), Art. 8 Rdn. 13 und 49 ff.

[17] So auch *Herzog* (o. Fußn. 16), Art. 8 Rdn. 48; *Pieroth/Schlink,* Grundrechte, 16. Aufl. 2000, Rdn. 695; *Kloepfer,* Handbuch des Staatsrechts VI, 1989, § 143 Rdn. 14; *Bleckmann* (o. Fußn. 6), S. 782; *Krüger,* Versammlungsrecht, 1994, S. 18; *Zeitler,* Versammlungsrecht, 1994, Rdn. 4; *Ladeur* (o. Fußn. 14), Art. 8 Rdn. 17; *Huba* JZ 1988, 394; *Schulze-Fielitz* (o. Fußn. 9), Art. 8 Rdn. 13; *Höfling* (o. Fußn. 9), Art. 8 Rdn. 9; *Gusy,* in: v. Mangoldt/Klein/Starck, Grundgesetz, 4. Aufl. 1999, Art. 8 Rdn. 15; a. A. *OLG Saarbrücken,* NStZ-RR 1999, 119.

[18] Vgl. auch *Benda,* in: Bonner Kommentar 1995, Art. 8 Rdn. 24; a. A. *Kunig* (o. Fußn. 15), Art. 8 Rdn. 15.

[19] *BVerwG* DRiZ 1969, 158; *BayObLG* NJW 1970, 479; *Guradze* ZRP 1969, 6; *Sandweg* DRiZ 1969, 74; so wohl auch *Krüger* (o. Fußn. 17), S. 20; das BVerfG hat in einem Kammerbeschluß zur Love-Parade einen engen Versammlungsbegriff vertreten, *BVerfG,* 1 BvQ 28/01 v. 12. 7. 2001, Rdn. 18.

[20] *BVerwGE* 56, 63 (69); *Schwäble,* Das Grundrecht der Versammlungsfreiheit, 1975, S. 97 ff.; *Hoffmann-Riem* (o. Fußn. 15), Art. 8 Rdn. 12; *Förster,* Die Friedlichkeit als Voraussetzung der Demonstrationsfreiheit, 1985, S. 7; *Hesse,* Grundzüge des Verfassungsrechts, 20. Aufl. 1999, Rdn. 405; *Stein,* (o. Fußn. 15), S. 318 f.; *v. Mutius* Jura 1988, 36; *Kunig* (o. Fußn. 15), Art. 8 Rdn. 14; dazu auch *Höllein* NVwZ 1994, 655 f.

[21] *Herzog* (o. Fußn. 9), Art. 8 Rdn. 13 und 49 ff.; *Geck* DVBl. 1980, 800; *Müller,* Wirkungsbereich und Schranken der Versammlungsfreiheit, 1974, S. 45 ff.; *Kostaras,* Zur strafrechtlichen Problematik der Demonstrationsdelikte, 1982, S. 25; *Pieroth/Schlink* (o. Fußn. 17), Rdn. 690 ff.; *Bleckmann* (o. Fußn. 6), S. 780 f.; *Gusy* (o. Fußn. 17), Art. 8 Rdn. 17 ff.; *Schulze-Fielitz* (o. Fußn. 9), Art. 8 Rdn. 15; *Höfling* (o. Fußn. 9), Art. 8 Rdn. 11; *Jarass/Pieroth* (o. Fußn. 14), Art. 8 Rdn. 2 ff.; *Benda* (o. Fußn. 18), Art. 8 Rdn. 28; *Deutelmoser* NVwZ 1999, 240 ff.; offengelassen vom *VGH Kassel* NJW 1994, 1750; diff. auch *Ladeur* (o. Fußn. 14), Art. 8 Rdn. 17.

tertanen suspekt erschienen und deshalb mit staatlichen Eingriffen überzogen wurden. Die historische Rückbesinnung stellt fraglos einen wichtigen Aspekt heraus, wenn sie die geschichtliche Entwicklung der Versammlungsfreiheit mit dem Kampf um Bürgerfreiheiten untrennbar verbunden sieht, allerdings um den Preis der Versagung unverzichtbaren Schutzes durch Art. 8 I GG für andere Veranstaltungen. Weder die historischen Vorgänger[22] noch der Wortlaut[23] von Art. 8 I GG machen indes die Einengung im Schutzbereich notwendig. Der Wortlaut spricht auch nicht ansatzweise für den Ausschluß von Veranstaltungen, bei denen es nicht um politische bzw. öffentliche Angelegenheiten geht.[24] **Private** Kommunikation ist insoweit genauso bedeutsam wie die im politischen Bereich (u. Rdn. 35 ff.). Grundrechtsdogmatisch spricht gegen die Einengung des Schutzbereichs, daß die Grundrechte als Freiheitsgarantien Freiheit **schlechthin,** nicht Freiheit zu bestimmten Zielen oder Zwecken gewährleisten; es ist allein Sache des Grundrechtsträgers, aus welchen Motiven und zu welchen Zwecken er von seinem Grundrecht Gebrauch macht; die Privilegierung politisch orientierter Versammlungen vor privat ausgerichteten ist daher unzulässig.[25]

Auch der erweiterte Versammlungsbegriff der h. M. vermag nicht zu überzeugen. Er steht und fällt mit dem Verständnis von Art. 8 I GG als Komplementärgarantie.[26] Auf dem Hintergrund der Ableitung von Art. 8 I GG aus Art. 2 I GG (freie Entfaltung der Persönlichkeit) soll die Versammlungs- und Demonstrationsfreiheit auch der Isolation des einzelnen vorbeugen und die Persönlichkeitsentfaltung in Gruppenform garantieren. Denn die Herstellung von Gemeinsamkeit mit anderen durch Kommunikation ist ein Grundbedürfnis des Menschen, das im Rechtsstaat des Grundgesetzes als solches schützenswert ist.[27] Dann ist aber eine Einengung des verbindenden Zwecks auf Meinungsbildung oder -äußerung unzulässig. Art. 8 I GG ist daher nicht nur ein Komplementärgrundrecht zu Art. 5 I 1 GG, sondern schützt als Querschnittsgrundrecht die kollektive Freiheitsausübung, weshalb der Versammlungsbegriff von der Meinungsfreiheit zu lösten ist.[28] Beim weiten verfassungsrechtlichen Versammlungsbegriff sind somit die Zwecke **beliebig.** Er erfaßt daher **öffentliche** Versammlungen in geschlossenen Räumen und unter freiem Himmel sowie Aufzüge i. S. des VersG (u. Rdn. 222 ff.), **nichtöffentliche** Versammlungen (Parteitage, Kongresse, Betriebsversammlungen), die nicht unter das Versammlungsgesetz fallen (u. Rdn. 234 ff.), und **sonstige** von Art. 8 I GG geschützte Veranstaltungen (Kultfilm, Love-Parade, Skinheadkonzert), wenn und solange es den Teilnehmern um das **Zusammenkommen und -bleiben mit ganz bestimmten Personen** geht,[29] sowie die in § 17 VersG aufgeführten Veranstaltungen (**verfassungsrechtliche** Versammlungen). Über das VersG hinaus garantiert Art. 8 I GG bestimmte Formen teilhabenden zwischenmenschlichen Kontakts.[30] Nicht erfaßt werden (Zuschauer-)Veranstaltungen (Spiele der Fußballbundesligen, Rockkonzerte), bei denen die Anwesenden nur konsumieren und nicht teilhaben, weshalb der verbindende Zweck als Minimum fehlt.[31] Sie mögen ein verbindendes Erlebnis in der Gruppe ha- 15

---

22 § 161 der Paulskirchenverfassung und Art. 123 der Weimarer Reichsverfassung.

23 *Geck* DVBl. 1980, 797; *Müller* (o. Fußn. 21), S. 42 ff.; *Pieroth/Schlink* (o. Fußn. 17), Rdn. 693; *v. Mutius* Jura 1988, 36 f.

24 *Herzog* (o. Fußn. 9), Art. 8 Rdn. 14.

25 *Böckenförde*, Staat, Verfassung, Demokratie, 2. Aufl. 1992, S. 120 f.

26 *Müller* (o. Fußn. 21), S. 48; *Kloepfer* (o. Fußn. 17), Rdn. 2.

27 *Bleckmann* (o. Fußn. 6), S. 780.

28 *Poscher* NJ 1998, 107.

29 *Pieroth/Schlink* (o. Fußn. 17), Rdn. 693 f.; zu Skinheadkonzerten vgl. *Führing* NVwZ 2001, 158.

30 *Herzog* (o. Fußn. 9), Art. 8 Rdn. 51; *Bleckmann* (o. Fußn. 6), S. 784; *Kloepfer* (o. Fußn. 17), Rdn. 23.

31 *Herzog* (o. Fußn. 9), Art. 8 Rdn. 51; *Pieroth/Schlink* (o. Fußn. 17), Rdn. 694; im Ergebnis auch *Kloepfer* (o. Fußn. 17), Rdn. 20; zu weit wohl *v. Mutius* Jura 1988, 36; a. A. *Burmeister/Huba* Jura 1989, 37; das *OVG Weimar* NVwZ-RR 1998, 498 hat einen im Anschluß an einen Parteitag stattfindenden Kameradschaftsabend, der als geselliges Beisammensein mit kulturellen Darbietungen konzipiert war, schon als Versammlung gesehen, weil bei dieser Gelegenheit auch über Personen und Inhalte des Parteitages diskutiert, der Parteitag gleichsam nachgearbeitet werde, was eine Meinungsbildung bzw. -äußerung darstelle.

ben,[32] insbesondere die Fußballfans, die in der Nord- oder Südkurve ihren Stammplatz für dies Erlebnis haben, doch bleiben sie dabei abhängig von dem bzw. fixiert auf das Spiel oder Konzert.

16 Drücken bei Dichterlesungen oder Theaterveranstaltungen die Besucher durch ihre Anwesenheit Anteilnahme aus (etwa für die Durchsetzung von Menschenrechten in einem bestimmten Land, um die es dem Autor geht), so konsumieren sie nicht lediglich Kultur, sondern machen im Schutzbereich von Art. 8 I GG eine demonstrative Aussage.

17 Wahlkampfveranstaltungen bzw. Kundgebungen politischer Parteien sind regelmäßig Versammlungen,[33] da die Teilnehmer sich überwiegend nicht nur informieren lassen, sondern mit ihrer Anwesenheit Zustimmung zum Ausdruck bringen wollen. Aber auch der durch Mißfallenskundgabe Ablehnung demonstrierende Kritiker ist Versammlungsteilnehmer (u. Rdn. 262).

18 Bei Staatsbesuchen, internationalen Politikertreffen (Weltwirtschafts-, Europäische Union-Gipfel etc.) oder öffentlichen Gelöbnissen der Bundeswehr handelt es sich um Staatsveranstaltungen. Treffen diese auf organisierte Ablehnung, so handelt es sich regelmäßig um eine Demonstration. Was die Intensität des zum Ausdruck gebrachten Protestes angeht, so ist die Berufung auf Art. 8 I GG so lange zulässig, als die Staatsveranstaltung in ihrer Durchführung nicht wesentlich beeinträchtigt wird. Hier hat etwa das *LG München* den Einsatz von Trillerpfeifen beim Weltwirtschaftsgipfel 1992 als zulässiges Protestmittel eingestuft, weil der Geräuschpegel nicht so hoch war, daß die zum Empfang der Staatsgäste aufspielenden Trachtenkapellen nicht mehr zu hören gewesen wären.[34]

19 Wird gegen den Staatsbesucher selber demonstriert (z. B. beim Besuch des chinesischen Ministerpräsidenten 1994 in Berlin mit dem Transparent „Li Peng, Menschen sterben, der Handel lebt"), so können versammlungsgesetzliche Maßnahmen (Sicherstellung) erst dann erfolgen, wenn der Inhalt des Transparents nicht den Tatsachen entspricht; der Umstand, daß der Staatsgast sich nach § 103 StGB beleidigt fühlen könnte, kann nicht maßgeblich sein; auch eine formale Beleidigung i. S. von § 192 StGB ist regelmäßig zu verneinen (vgl. dazu u. Rdn. 505).

20 Anders zu beurteilen ist die Berliner Großdemonstration gegen Ausländerhaß vom 8. 11. 1992, bei der die Parlamentspräsidentin des Berliner Abgeordnetenhauses in eben dieser Funktion zur Versammlung aufgerufen und ihr persönlicher Referent als Versammlungsleiter agiert hat. Hier sollte eine spezifische Gruppenbildung veranlaßt werden, die Teilnehmer sollten ihre Solidarität mit Ausländern und ihre Empörung gegen rechtsextremistische Übergriffe und Anschläge auf Ausländer und Asylbewerber zum Ausdruck bringen. Für eine solche atypische Versammlung von Staats wegen[35] konnte die Organisatorin als Organ der Staatsgewalt sich nicht auf das Veranstaltungsrecht berufen, da Art. 8 I GG als Abwehrrecht (u. Rdn. 88 ff.) nicht vom Staat selber in Anspruch genommen werden kann. Dies hindert aber nicht die Qualität der Veranstaltung als Versammlung bzw. Demonstration, da diese durch die Teilnehmer mittels verbindender Zweckverfolgung konstitutiert wurde. Wie die veranstalterlose Spontanversammlung zeigt, kommt es nicht zwingend auf die Ausübung des Veranstaltungsrechts an.[36]

21 Der verbindende Zweck kann sich auch nachträglich herausbilden, so daß eine Ansammlung zur Versammlung wird. So können an einem Informationsstand aus passiv Zuhörenden aktiv Diskutierende werden, die, wenn sie sich ihres Zusammenseins bewußt

---

[32] Worauf *Burmeister/Huba* Jura 1989, 37 maßgeblich abstellen; krit. dazu *Zeitler* (o. Fußn. 17), Rdn. 20.

[33] Kommen in einer Gaststätte 14 Personen zu einer „Redaktionssitzung" zusammen, bei der nationalsozialistisches Gedankengut ausgetauscht werden soll, so liegt entgegen *VG Frankfurt* NVwZ 1998, 770 eine unter Art. 8 I GG fallende nichtöffentliche Versammlung vor; vgl. dazu auch *Deger* NVwZ 1999, 266.

[34] *LG München* Urt. v. 28. 2. 1994 – 90 12 730/93 –, S. 28.

[35] *Geis* Die Polizei 1993, 293.

[36] So auch *Geis* Die Polizei 1993, 293.

sind und zusammenbleiben wollen, eine Versammlung bilden.[37] Unabhängig von der Frage, ob die Personen vor und hinter dem Informationsstand eine Versammlung bilden, kann es sich beim Betrieb des Informationsstandes um eine Demonstration handeln, wenn dieser durch Verwendung eines Transparents etc. unter einer inhaltlichen Aussage steht.

Wird nach erfolgter Auflösung in der Nähe des alten Versammlungsortes weiter demonstriert,[38] kann es sich um die nunmehr unzulässige alte oder eine neue (zunächst) unter dem Schutz von Art. 8 I GG stehende Demonstration handeln. Letzteres ist zu bejahen, wenn ein neuer Demonstrationsgegenstand, nämlich der spontane Protest gegen die Auflösung der alten Veranstaltung vorliegt; die Identität der Teilnehmer ist insoweit unerheblich. Im Zweifelsfall ist von einer neuen (Spontan-)Demonstration auszugehen,[39] die indes bei weiterhin gegebener unmittelbarer Gefahr nach § 15 II VersG sogleich wieder aufgelöst werden kann.[40] 22

bb) Demonstrationsbegriff. Der Demonstrationsbegriff baut auf dem Versammlungsbegriff auf und verlangt zusätzlich, daß es sich bei dem verbindenden Zweck um eine kollektive Meinungskundgabe handeln muß. Der einzelne „Demonstrant" mag vorstellbar sein[41] (z. B. der Sandwichman als wandelnde Plakatsäule); so hat auch das BVerfG die Mahnwache eines einzelnen (ohne nähere Begründung) an Art. 8 I GG gemessen.[42] Fraglos kann auch ein einzelner mit seiner Aktion die Öffentlichkeit erreichen und auf sie einwirken. Solange er aber dabei **allein** bleibt, hat er sich nicht versammeln können, weshalb die Basis für eine Demonstration fehlt. Die sog. **Einmanndemonstration** fällt damit nur unter den Schutzbereich von Art. 5 I GG.[43] Treten mehrere Personen als plakattragende Sandwichmen auf, indem sie in einer Fußgängerzone Flugblätter verteilen, so liegt eine Demonstration vor, wenn unter ihnen eine räumliche Verbindung gegeben ist. 23

Soll eine Veranstaltung, die unter dem Zentralmotto „rassistischer Normalzustand" steht, über das Thema Rassismus informieren, dadurch zu Diskussionen anregen und durch kulturelle Beiträge (politisch-musikalische und politisch-theatralische Aufführungen) die Öffentlichkeit auf das Thema aufmerksam machen, so bilden die Akteure eine Demonstration durch Präsentation dieser szenischen Elemente.[44] Daß sie überdies dadurch Besucher zu ihrer Veranstaltung anlocken wollen, die später möglicherweise Teilnehmer werden, steht der Qualität als Versammlung bzw. Demonstration nicht entgegen. 24

Ob es sich bei einer Love- oder Technoparade um eine Versammlung bzw. Demonstration handelt, ist streitig. Der verbindende Zweck kollektiver Meinungskundgabe kann in der Inszenierung eines Lebensgefühls gesehen werden, wenn etwa die Teilnehmer einer Love-Parade mit einem „Tanz für den Weltfrieden" ihre positive und friedliche Lebenseinstellung kundtun wollen.[45] Insoweit läßt sich von einem weiten Demonstrationsbegriff sprechen. Die Love-Parade 2001 in Berlin ist dagegen von den mit der Sache befaßten Gerichten als kommerzielle Veranstaltung eingestuft worden, der es am für den Versammlungsbegriff konstituierenden Element der Meinungsbildung und -äußerung fehle.[46] Das BVerfG, das mit der Ausrichtung auf die Meinungskundgabe offensichtlich von einem engen Versammlungsbegriff ausgeht, hält es für verfassungsrechtlich zulässig, 25

---

[37] Vgl. dazu *BVerwGE* 56, 63 (69); *Jarass/Pieroth* (o. Fußn. 14), Art. 8 Rdn. 2; *Ladeur* (o. Fußn. 14), Art. 8 Rdn. 17 bejaht die Versammlungsqualität schon bei punktuellen Kontaktversuchen mit übergreifender Kommunikationsabsicht.

[38] *VG Berlin* NVwZ-RR 1990, 189.

[39] So auch *Hofmann-Hoeppel* DÖV 1992, 871; a. A. *Zeitler* (o. Fußn. 17), Rdn. 587.

[40] Zum Verbot von Ersatz- bzw. Umgehungsveranstaltungen u. Rdn. 5240.

[41] So auch *Kunig* (o. Fußn. 15), Art. 8 Rdn. 13.

[42] *BVerfG* NJW 1987, 3245.

[43] *Huba* JZ 1988, 394; *Bertuleit/Steinmeier* (o. Fußn. 14), § 1 Rdn. 29; *Kunig* (o. Fußn. 15), Art. 8 Rdn. 13; a. A. wohl *BVerfG* NJW 1987, 3245.

[44] So wohl auch *VGH Mannheim* DVBl. 1995, 361; a. A. *VGH München* Beschl. v. 13. 5. 1994 – 21 CE 94.1563, Tenor in NVwZ-RR 1994, 581.

[45] *Deutelmoser* NVwZ 1999, 241; a. A. *Kunig* (o. Fußn. 15), Art. 8 Rdn. 17.

[46] *BVerfG*, 1 BvQ 28/01 und 30/01 v. 12. 7. 2001; *OVG Berlin*, Beschl. v. 6. 7. 2001; VG Berlin, Beschl. v.

die rechtliche Beurteilung danach zu richten, ob die Veranstaltung ihrem Gesamtgepräge nach eine Versammlung sei oder der Spaß-, Tanz- oder Unterhaltungszweck im Vordergrund stehe. Diese Zwecke würden nicht als solche geschützt, sondern nur als Mittel, um auf die öffentliche Meinungsbildung hinzuwirken. Eine Musik- oder Tanzveranstaltung werde auch nicht allein dadurch zu einer Versammlung, daß bei ihrer Gelegenheit auch Meinungskundgaben erfolgten.[47] Dazu ist kritisch anzumerken, ob nicht doch die mit der Love-Parade zur Schau gestellte Lebenseinstellung die Botschaft an die Öffentlichkeit und damit die Meinungskundgabe ist. Gleiches gilt für sogenannte Chaos-Tage. Hier verbindet die Teilnehmer das gemeinsame Anliegen, durch provozierendes Aussehen und Verhalten bürgerliche Ordnungsvorstellungen in Frage zu stellen und die eigene Lebensauffassung dagegenzusetzen.[48] Die ablehende Meinung, die die Qualität als Versammlung bzw. Demonstration an dem Umstand scheitern läßt, daß die Teilnehmer ihre Lebensart ja schon verwirklichen würden,[49] vermag nicht zu überzeugen. Punks verfügen nicht über den Lebensraum zur Verwirklichung ihrer Vorstellungen. Ihr provokantes Aussehen und ihre demonstrativen Aktionen sollen vielmehr dies Defizit deutlich machen.

b) Inhaltsbestimmung der Grundrechtsgarantie

26 Die Versammlungsfreiheit schützt zunächst das Recht, mit anderen Personen **zusammenzukommen** und eine gewisse Zeit **zusammenzubleiben.** Das setzt körperliche Anwesenheit voraus. „Sichversammeln" setzt voraus, daß die Teilnehmer zur selben Zeit am selben Ort anwesend sind. Internetuser, die sich virtuell in einem chat-room treffen, sind zwar in Echtzeit zusammen, aber eben nicht körperlich anwesend, so daß Art. 8 I GG nicht einschlägig ist.

Der Grundrechtsschutz erschöpft sich aber nicht im Zusammenkommen und -bleiben. Auch die im Rahmen von Versammlungen entfalteten **Aktivitäten,** insbesondere die Durchführung einer Demonstration, brauchen nicht auf andere Grundrechtsgarantien (allgemeine Handlungsfreiheit, Meinungsäußerungsfreiheit, Bewegungsfreiheit) gestützt zu werden, sondern fallen unmittelbar unter Art. 8 I GG;[50] für Großdemonstrationen gilt nichts anderes.[51] Art. 8 I GG verbürgt auch die **negative** Versammlungsfreiheit; niemand darf zur Veranstaltung von oder zur Teilnahme an Versammlungen gezwungen werden.[52]

27 Neben der **stationären** liegt deshalb auch die sich **fortbewegende** Versammlung als Aufzug im Gewährleistungsbereich von Art. 8 I GG.[53] Aus der besonderen Erwähnung der Aufzüge in § 1 VersG läßt sich nicht der Schluß ziehen, sie seien etwas anderes als Versammlungen. Aufzüge sind nur deshalb herausgehoben, weil sie sich regelmäßig erheblich auf Rechte Dritter auswirken, Duldungspflichten begründen können und daher der Sonderregelung bedurften.[54] Die Auffassung, die lediglich den Vorgang des Sichversammelns durch Art. 8 I GG garantiert sieht,[55] macht die Versammlungsfreiheit zur leeren Hülse. Wer eine solche Reduzierung im Schutzbereich vornimmt, muß sich fragen lassen, worin denn dann die vom BVerfG herausgestellte besondere Bedeutung des Art. 8 I GG für den einzelnen und das demokratische Gemeinwesen liegen soll.[56] Als Versammlungsfreiheit im engen Sinne hätte Art. 8 I GG im Grundrechtskatalog nur untergeordnete Be-

---

28. 6. 2001; vgl. auch *OVG Berlin* NJW 2001, 1740; a. A. *VG Frankfurt* NJW 2001, 1741 zu einer Nacht-Tanz-Demo.

[47] *BVerfG*, 1 BvQ 28/01 und 30/01 v. 12. 7. 2001, Rdn. 16 ff.

[48] *VG Hannover* NVwZ-RR 1997, 623; *Deutelmoser* NVwZ 1999, 242; a. A. *Dreger* NJW 1997, 924; *Kunig* (o. Fußn. 15), Art. 8 Rdn. 17; das *BayObLG* bringt die 7. Lindauer Chaostage nicht mit Art. 8 I GG in Verbindung.

[49] *Deger* NJW 1997, 924.

[50] A. A. *Samper* BayVBl. 1969, 77; *Stöcker* DÖV 1983, 993; *Drosdzol* JuS 1983, 409.

[51] A. A. *Stöcker* DÖV 1983, 1001.

[52] S. o. Rdn. 9.

[53] *BVerfGE* 69, 315 (343); *Hoffmann-Riem* (o. Fußn. 15), Art. 8 Rdn. 12.

[54] So auch *Kostaras* (o. Fußn. 21), S. 167.

[55] S. o. Fußn. 50.

[56] *BVerfGE* 69, 315 (344).

deutung. In krassem Widerspruch dazu stünde auch die Demonstrationswirklichkeit; belegen doch Veränderungen auf verschiedenen Politikfeldern (Umweltschutz, Abrüstung, Nutzung der Kernenergie), daß die Ausübung der Demonstrationsfreiheit, insbesondere in Großdemonstrationen politische Wirkungen gehabt hat.

28 Nach ganz h. M. hat die Demonstrationsfreiheit ebenso **Grundrechtsqualität** wie die Versammlungsfreiheit.[57] Dabei kann offenbleiben, ob die Demonstrationsfreiheit umfassender ist als die Versammlungsfreiheit[58] oder ob erstere nur ein Unterfall oder Teilaspekt[59] der vorrangigen Versammlungsfreiheit oder Kombinationsprodukt von beiden ist.[60] Demonstrationsfreiheit und Versammlungsfreiheit sollten auch nicht als Synonyma gebraucht oder unreflektiert oder bewußt ineinsgesetzt werden. Abwegig ist die Verneinung der Demonstrationsfreiheit als „ochlokratische Fehlinterpretation der Demonstrationsdemokratie".[61]

29 Die Eigenständigkeit der Gewährleistung der Versammlungs- und Demonstrationsfreiheit aus Art. 8 I GG im Gefüge des Grundgesetzes ist nicht offenkundig. Der Schutz vor Vereinzelung als Konsequenz des Menschenwürdesatzes in Art. 1 I GG, die Nähe zur allgemeinen Handlungsfreiheit, zur Meinungsfreiheit und Vereinigungsfreiheit, die verfassungshistorische Wurzel in der Petitionsfreiheit sowie die Akzessorietät zum Demokratiegebot (Art. 20 I und II GG sowie Art. 21 GG) führen zu vielfältigen Berührungen und Überschneidungen. Das gilt besonders für die Demonstrationsfreiheit.

30 Die Eigenständigkeit der Demonstrationsfreiheit als Teil der Versammlungsfreiheit ist nicht unbestritten. *Herzog* führt die Demonstrationsfreiheit im Kern auf Art. 2 I GG als Hauptfreiheitsrecht zurück; er sieht in der Versammlungsfreiheit einen Menschenwürdekern, der dem einzelnen die Persönlichkeitsentfaltung in Gruppenform sichert und so den individuell-humanen Bedürfnissen des Menschen dient.[62] *Gusy* erkennt in der Demonstrationsfreiheit kein eigenständiges Grundrecht, sondern nur eine Modalität der Versammlungsfreiheit[63], während *Dreier* sie als Kombinat der politischen Meinungsäußerungs- und Versammlungsfreiheit sieht.[64]

31 Mit der Rückführung von Art. 8 I GG auf den Menschenwürdesatz des Art. 1 I GG soll der Tendenz entgegengetreten werden, die Versammlungs- und Demonstrationsfreiheit als politisches Grundrecht zu verabsolutieren, ohne damit den politischen Aspekt gänzlich verneinen zu wollen. Eine Relativierung der Bedeutung der politisch-demokratischen Funktion von Art. 8 I GG ist mit dieser Reduktion gleichwohl verbunden. Der Schutz des menschlichen Strebens nach gemeinschaftlicher Kommunikation rechtfertigt fraglos den Ableitungsstrang aus Art. 1 I und Art. 2 I GG.[65] Andererseits kann der ausschließliche oder vorrangige Bezug zur Menschenwürde und zum Persönlichkeitsrecht eine Entpolitisierung von Art. 8 I GG bewirken.[66]

32 Realisierung von Menschenwürde wird indes nicht nur über Freiheits- und Gleichheitsrechte garantiert, sondern ebenso unter dem aus der Menschenwürde folgenden Aspekt der mündigen **Teilhabe am politischen Willensbildungsprozeß.** Durch Art. 8 I GG wird insoweit im Kernbereich die **politische,** in einem breiten Restbereich auch die **übrige** Kommunikation geschützt.[67]

---

57 *BVerfGE* 69, 315 (343 ff.); *Herzog* (o. Fußn. 9), Art. 8 Rdn. 18; *Denninger* ZRP 1968, 42; *Schwäble* (o. Fußn. 20), S. 108; *Götz* DVBl. 1985, 1347; *Kühl* NJW 1985, 2382; *Gallwas* JA 1986, 484; *Hofmann* BayVBl. 1987, 99 ff.

58 *Denninger* ZRP 1968, 42.

59 *Kunig* (o. Fußn. 15), Art. 8 Rdn. 12; *Götz* DVBl. 1985, 1347; *Schmitt Glaeser,* Handbuch des Staatsrechts II, 1987, § 31 Rdn. 8.

60 *Gallwas* JA 1986, 484; *Starke/Stein* JR 1984, 99; *Schneider* DÖV 1985, 783.

61 *Stöcker* DÖV 1983, 993.

62 *Herzog* (o. Fußn. 9), Art. 8 Rdn. 13 u. 16.

63 *Gusy* (o. Fußn. 17), Art. 8 Rdn. 18.

64 *Dreier* JZ 1985, 358.

65 *Müller* (o. Fußn. 21), S. 48 f.; *Gallwas* JA 1986, 484.

66 *Hofmann* BayVBl. 1987, 105; *Schwäble* (o. Fußn. 20), S. 91.

67 *Bleckmann* (o. Fußn. 6), S. 780.

33 Von der h. M. wird die Demonstrationsfreiheit als kollektive Meinungsfreiheit eingeordnet. Art. 8 I GG und Art. 5 I 1 GG erscheinen als selbständige Komplementärnormen; die erstere ergänzt die letztere in kollektiver Weise.[68] Die Demonstrationsfreiheit wirkt dann nur als Medium der Meinungsfreiheit und garantiert als deren Instrument funktional den Modus kollektiver Grundrechtswahrnehmung.

34 Bei diesem modalen Verständnis liegt der Vorrang der Meinungsfreiheit nahe. Gleichwohl betrachtet die h. M. die Versammlungs- und Demonstrationsfreiheit nicht als Unterfall der Meinungsfreiheit.[69] Beide Grundrechte stehen offensichtlich für Teilaspekte des einheitlichen Lebenssachverhaltes Demonstration[70] und insoweit selbständig nebeneinander.[71]

c) Demonstrationsfreiheit als spezifisches Kommunikationsgrundrecht

35 Die komplementäre Verschränkung läßt sich nicht auf den Wortlaut von Art. 8 I GG stützen.[72] Fraglos sind Art. 5 I und Art. 8 I GG aufeinander bezogen, stehen nicht isoliert nebeneinander, doch erschöpft sich die **Demonstrationsfreiheit** nicht in der durch die Verschränkung vorgegebenen modalen Funktion. Sie ist als Querschnittsgrundrecht für kollektive Freiheitsausübung[73] **Spezialgrundrecht,**[74] mehr als nur ein Medium zur Realisierung der Meinungsfreiheit, nämlich eigenständiges Kommunikationsgrundrecht[75] mit der besonderen Gewährleistung, durch Kollektivität des Grundrechtstatbestands Meinungsäußerung potenzieren und ihr so eine andere Qualität geben zu können. Konstitutiv-spezifisch ist die räumliche, zeitliche und körperliche Unmittelbarkeit der Personenmehrheit.[76] Kommen Menschen auf engem Raum zusammen, gewinnen die Versammelten eine **räumlich-physische Dimension,** die in ihrer verkörperten Präsenz und Wirkung als sichtbare Kundgebung spezifischer Ausdruck von Art. 8 I GG ist. Bei gemeinschaftlicher Meinungsäußerung vermischt sich diese räumlich-physische Komponente mit dem von den Demonstrationsteilnehmern vertretenen Anliegen dadurch zu einer **Wirkungseinheit,** daß die Menschenmenge durch ihre unmittelbare körperliche Anwesenheit sichtbar für eine bestimmte Meinung eintritt, also im eigentlichen Sinne Stellung nimmt und Standpunkt bezeugt.[77] Der Einsatz des Körpers bei Sitzblockaden fällt als kommunikative Protestaktion unter den Schutz von Art. 8 I GG, womit noch nicht über ihre Rechtmäßigkeit entschieden ist. Sitzblockaden können nach § 15 VersG

---

[68] *BVerfGE* 69, 315 (345); *BVerfG* NJW 1988, 329; *BVerfG* NVwZ 1998, 834 ff. nimmt indes als Bewertungsmaßstab für eine Demonstration nur Art. 8 I GG; *BGHSt* 23, 46 (56 ff.); *BGHZ* 59, 30 (36); *Herzog* (o. Fußn. 9), Art. 8 Rdn. 9 u. 62; *Stern,* Staatsrecht Bd. III/2, 1994, S. 1366 f. u. 1381; *Ott/Wächtler,* Gesetz über Versammlungen und Aufzüge, 6. Aufl. 1996, Einf. Rdn. 11; *Schwäble* (o. Fußn. 20), S. 59; *Brohm* JZ 1985, 510; *Götz* DVBl. 1985, 1347; *Gallwas* JA 1986, 484; *Gusy* JuS 1986, 610; *Schmitt Glaeser,* in: Festschrift für Dürig, S. 99; a. A. *Geck* DVBl. 1980, 797; *Müller* (o. Fußn. 21), S. 42 ff.; *v. Mutius* Jura 1988, 30.

[69] So aber *Götz* DVBl. 1985, 1347; *Schmitt Glaeser* (o. Fußn. 59), § 31 Rdn. 8; *Hollerbaum,* Demonstrationsfreiheit, Diss. Köln, 1981, S. 7; *Kunig* (o. Fußn. 15), Art. 8 Rdn. 12.

[70] *Hofmann* BayVBl. 1987, 131; *v. Mutius* Jura 1988, 34; offensichtlich auch *BVerfGE* 69, 315 (343), wenn von einer ergänzenden Heranziehung von Art. 5 I GG die Rede ist.

[71] *BVerfGE* 82, 236 (258); *Mohl* VR 1991, 253 f.; *Kunig* (o. Fußn. 15), Art. 8 Rdn. 37.

[72] *Jarass/Pieroth* (o. Fußn. 14), Art. 8 Rdn. 2; *Pieroth/Schlink* (o. Fußn. 17), Rdn. 693; *Geck* DVBl. 1980, 797; *Müller* (o. Fußn. 21), S. 42 ff.; *H.-P. Schneider,* Loccumer Protokolle, Heft 23 1981, S. 135 weist auf die in der Verschränkung liegende Gefahr hin, daß die allgemeinen Gesetze nach Art. 5 II GG auch als Schranken für Art. 8 I GG angesehen werden könnten, was die Anwendbarkeit auch der Polizeigesetze bedeuten würde; vgl. auch *Ladeur* (o. Fußn. 14), Art. 8 Rdn. 15.

[73] S. o. Rdn. 15; *Poscher* NJ 1999, 107.

[74] *Ehrentraut,* Die Versammlungsfreiheit im amerikanischen und deutschen Verfassungsrecht, Diss. Bonn, 1989, S. 133; *Quilisch,* Die demokratische Versammlung, 1970, S. 169; *VG Köln* NJW 1971, 211; so wohl auch *Herzog* (o. Fußn. 9), Art. 8 Rdn. 22; *Schwabe,* Probleme der Grundrechtsdogmatik, 1977, S. 411 Fußn. 65; *Ossenbühl* Der Staat 1971, 61.

[75] *Ehrentraut* (o. Fußn. 74), S. 114 ff.; *Preuß,* in: Festschrift für Schmid, 1985, S. 421; *Ladeur* (o. Fußn. 14), Art. 8 Rdn. 10; *ders.* KJ 1987, 154 ff.; im Ansatz auch *Schmitt Glaeser* (o. Fußn. 59), § 31 Rdn. 7.

[76] *Ehrentraut* (o. Fußn. 74), S. 115; *Ladeur* (o. Fußn. 14), Art. 8 Rdn. 10; *Preuß* (o. Fußn. 75), S. 423; *Frank,* in: Festschrift für Ridder, 1989, S. 45.

[77] *Ehrentraut* (o. Fußn. 74), S. 115 unter Hinweis auf die plastische Formulierung in *BVerfGE* 69, 315 (345).

verboten oder aufgelöst werden, wenn die dortigen Voraussetzungen vorliegen (vgl. u. Rdn. 542 ff.). Dies belegen auch **Schweigemärsche,** wie z. B. die der Mütter der verschwundenen Söhne gegen die Militärdiktatur in Argentinien; hier werden äußere Hülle und Aussage eins.[78] Drücken bei einer Dichterlesung die Besucher durch ihre Anwesenheit Anteilnahme aus (etwa für die Durchsetzung von Menschenrechten, um die es dem Autor geht), so ist das kollektive Zuhören als Solidaritätsbekundung eine demonstrative Aktion.[79] Wird durch eine Demonstration eine bestimmte Haltung oder Einstellung artikuliert (z. B. Lichterketten gegen Fremdenfeindlichkeit), so liegt schon im Versammeltsein eine kollektive Meinungskundgabe.

Mit der Reduzierung auf die modale Funktion als Mittel zur Realisierung gemeinschaftlicher Meinungsfreiheit beschränkte sich der Grundrechtsgehalt der Demonstrationsfreiheit auf die Garantie für mehrere oder viele Personen, das tun zu können, was sie als einzelne auch dürften.[80] Hier bliebe aber kein spezifischer Grundrechtsgehalt von Art. 8 I GG, denn die Meinungsäußerung in Gemeinsamkeit wird schon durch Art. 5 I GG geschützt.[81] Für den Schutz der kollektiven Meinungsäußerung wäre Art. 8 I GG unerheblich und ihm bliebe nur die Bedeutung, den prozeßhaften Vorgang des Sichversammelns zu schützen bzw. das Vehikel für die bereits durch Art. 5 I GG verbürgte gemeinsame Meinungsäußerung zu stellen. **36**

Die Wesensverwandtschaft zwischen der Demonstrationsfreiheit und der Meinungsfreiheit läßt sich unter dem Aspekt der räumlich-physischen Dimension insoweit in Frage stellen bzw. zumindest relativieren, als das für Art. 5 I GG Spezifische, die geistige Auseinandersetzung, bei Demonstrationen mit geballtem Auftreten von Menschenmassen hinter der Dimension des Eindruckmachens, des Beziehens einer polarisierenden Position mit entsprechender Drohgebärde zurücktritt.[82] Demokratie ist keine polizeilich geregelte Veranstaltung mit dem Bürger als Besucher, sondern findet auch auf der Straße statt. Diese Straße bleibt **demokratisch** auch dann, wenn sie sich mit lautstarkem Stakkato polemischer Sprechchöre gebärdet; politische Willensbildung findet eben nicht nur im hohen Hause des Parlaments in wohlgesetzten Worten würdevoller Vertreter der Bürger statt.[83] **37**

Wird die von einer Menschenmasse demonstrativ vertretene Ansicht mit ihrer physisch-räumlichen Präsenz „beglaubigt", ist die argumentative Auseinandersetzung beendet. Identifizieren sich Demonstranten so mit ihrer Sache, gewinnt ihr Agieren zwangsläufig eine moralische Dimension,[84] die eine Argumentation weitgehend ausschließt und so das Feld geistiger Auseinandersetzung verläßt.[85] **38**

Gegen die ausschließlich modale Funktion der Demonstrationsfreiheit spricht weiter, daß auch Anreise bzw. Anmarsch zu einer Demonstration unter den Schutzbereich von Art. 8 I GG fallen (u. Rdn. 68 f.). Damit wird ein Verhalten geschützt, das als Element der Entstehenssicherung für eine Demonstration eine sachlich-eigenständige Grundrechtsverbürgung beinhaltet und sich einer modalen Funktionsbetrachtung entzieht.[86] **39**

Die der Auffassung von der komplementären Verschränkung zugrundeliegende Trennung zwischen den durch eine Demonstration unmittelbar ausgedrückten Inhalten und ihrer technischen Seite als Transportmittel wird Art. 8 I GG nicht gerecht. Ist der Inhalt der durch eine Demonstration artikulierten Forderung identisch mit den einzelnen ver- **40**

---

78 *Ehrentraut* (o. Fußn. 74), S. 115.

79 Vgl. auch *Benda* (o. Fußn. 18), Art. 8 Rdn. 31.

80 So aber *Herzog* (o. Fußn. 9), Art. 8 Rdn. 101; *Gusy* JuS 1993, 556; *ders.* JuS 1986, 610; *VGH Mannheim* BwVP 1992, 182; *Jarass/Pieroth* (o. Fußn. 14), Art. 8 Rdn. 4.

81 So auch *Ladeur* (o. Fußn. 14), Art. 8 Rdn. 15; *Schwäble* (o. Fußn. 20), S. 94; *Ehrentraut* (o. Fußn. 74), S. 109; auch *Herzog* (o. Fußn. 9), Art. 8 Rdn. 7 hält das für möglich.

82 *Roellecke,* Goerres-Staatslexikon, 7. Aufl. 1989, Spalte 709; *Huba* JZ 1988, 395; *Bertuleit/Herkströter* (o. Fußn. 14), § 240 StGB Rdn. 44; *Gusy* (o. Fußn. 17), Art. 8 Rdn. 9.

83 *Denninger* JZ 1970, 146.

84 *Huba* JZ 1988, 395.

85 *Huba* Jura 1987, 520.

86 *Ehrentraut* (o. Fußn. 74), S. 114.

wendeten Darstellungsmitteln (die Spruchbänder und Transparente konkretisieren oder reproduzieren das Demonstrationsanliegen), so ist der Rückgriff auf Art. 5 I GG entbehrlich, weil die einzelnen Darstellungsmittel mit der demonstrativen Anwesenheit der Menge in einer Gesamtaussage aufgehen bzw. eine untrennbare **Wirkungseinheit** eingehen. Eine Aufspaltung in einen nach Art. 5 I GG zu beurteilenden kommunikativen und einen auf Art. 8 I GG gegründeten physisch-räumlichen Teil träfe die grundrechtliche Substanz der Demonstrationsfreiheit; würde doch eine versammlungsbehördliche Maßnahmen gegen einzelne Darstellungsmittel (z. B. durch Sicherstellung von Transparenten) zwar die physisch-räumliche Dimension der Demonstration nicht wesentlich beeinträchtigen, ihre Erfolgschancen zur Propagierung ihres Anliegens aber nachhaltig schmälern.[87] Daß sich Inhalt und Form letztlich nicht trennen lassen, ist wohl auch dem BVerfG im Brokdorf-Beschluß bewußt gewesen; ist es auch Anhänger der komplementären Verschränkung,[88] so bezieht es dennoch die aus Art. 8 I GG folgende Gestaltungsfreiheit (u. Rdn. 46 ff.) nicht nur auf die an der räumlich-physischen Dimension orientierten Kriterien von Ort, Zeit und Form, sondern auch auf den **Inhalt** der demonstrativen Aussage.[89]

41 Nicht ausgeschlossen, ja erforderlich ist der Rückgriff auf Art. 5 I GG dann, wenn bei Demonstrationen etwa Transparente oder Spruchbänder mit vom Demonstrationsanliegen zulässigerweise (vgl. u. Rdn. 256) abweichenden oder es relativierenden Inhalten gezeigt werden. Erst recht gilt das für den (seltenen) Fall, daß keine einheitliche Gesamtaussage vorhanden ist. Insoweit steht auch die Teilnahme, die sich kritisch zum Gegenstand der Versammlung bzw. Demonstration verhält, unter dem Schutz von Art. 8 I GG.[90]

42 Als **spezifisches Kommunikationsgrundrecht** enthält die Demonstrationsfreiheit somit eine besondere Gewährleistung. Die Kollektivität der kommunikativen Grundrechtsausübung mag unter dem fraglos gegebenen Aspekt der Gefahrenintensivierung Anlaß für Grundrechtseinschränkungen sein,[91] was aber gerade bestätigt, daß sie Meinungsäußerung potenzieren, ja in eine **neue Qualität** überführen können soll. Die Demonstrationsfreiheit läßt sich dann als **politisches Kampfrecht** begreifen, als machtvolle Artikulation politischen Willens, die auch physische Formen der Druckausübung zuläßt.[92] Dabei verfügt die so verstandene Demonstrationsfreiheit über besondere Ausdrucksformen. Diese gehen über bloße Verbalität, Schriftlichkeit oder Bildhaftigkeit hinaus, reichen bis ins Symbolische, garantieren unmittelbar Eindruck erzeugende Aktionen[93] bis hin zum Einnehmen einer polarisierenden moralischen Position (o. Rdn. 38). Eine Reduzierung auf die rein geistige Auseinandersetzung wäre eine unzulässige Verkürzung des Schutzbereichs von Art. 8 I, die etwa demonstrative Blockaden oder identitätsvereitelnde Aufmachung als zeichenhafte Ausdrucksmittel von der Gewährleistung durch die Demonstrationsfreiheit ausnähme.[94]

43 Die politische Auseinandersetzung, in der die Meinungs- und Demonstrationsfreiheit als Lebenselemente einer freiheitlichen demokratischen Staatsordnung wirken, muß als geistige wie als moralisierende **frei von Gewalt und Zwang** bleiben. Das folgt für die Meinungsfreiheit aus der Aufzählung der Ausdrucksformen „Wort, Schrift und Bild", für die Demonstrationsfreiheit aus den Geboten zur Friedlichkeit und Waffenlosigkeit (u. Rdn. 133 ff.). Diese Grenzen werden überschritten, wenn nicht nur legitimer Druck aus-

---

[87] *Ehrentraut* (o. Fußn. 74), S. 133.

[88] *BVerfGE* 69, 315 (343).

[89] *BVerfGE* 69, 315 (343).

[90] *BVerfGE* 92, 191 (202); *Pieroth/Schlink* (o. Fußn. 17), Rdn. 705; krit. *Roellecke* NJW 1995, 3101.

[91] Worauf *Gusy* JuS 1986, 610 maßgeblich abstellt.

[92] So auch *Quilisch* (o. Fußn. 74), S. 151; *Bleckmann* (o. Fußn. 6), S. 787; *Stein* (o. Fußn. 20), S. 322; *Kunig* (o. Fußn. 15), Art. 8 Rdn. 3.

[93] *Müller* (o. Fußn. 21), S. 147; *Förster* (o. Fußn. 20), S. 159; *Kühl* StV 1987, 132; *Ladeur* KJ 1987, 154 f.; *Preuß* (o. Fußn. 75), S. 423 ff.

[94] So aber *BGHSt* 23, 46 (57); *BGH* JZ 1984, 523; *Götz* DVBl. 1985, 1347; *Brohm* JZ 1985, 510; *Broß* Jura 1986, 195; *Honigl* BayVBl. 1987, 139; *Maatz* MDR 1990, 581; *Isensee,* Handbuch des Staatsrechts V, 1992, § 111 Rdn. 177; *ders.*, in: Festschrift für Sendler, 1991, S. 61; *Schmitt Glaeser* (o. Fußn. 68), S. 100 f.

geübt, sondern Zwang eingesetzt wird, wenn nicht politische Entscheidungen beeinflußt, sondern Tatsachen geschaffen werden sollen; der Druck auf Entscheidungsträger durch kollektive Aktionen erlaubt eben keinen Selbstvollzug der eigenen politischen Forderung.[95] Solange aber kollektive Aktionen (z. B. behindernde Sitzdemonstrationen) der politischen Willensbildung dienen und Entscheidungsträger beeinflussen sollen, verstoßen sie nicht gegen das Friedlichkeitsgebot, auch wenn es zu Behinderungen Dritter kommt (dazu näher u. Rdn. 133 ff.; 184 ff. u. 548).

Enge **einschließende Begleitung** von Aufzügen durch starke mit Einsatzanzug, Helm und gezogenem Schlagstock ausgerüstete Polizeikräfte errichtet Barrieren für die Kommunikation zwischen Demonstranten und Öffentlichkeit und verletzt deshalb das Kommunikationsgrundrecht aus Art. 8 I GG.[96] 44

Ein Eingriff liegt auch dann vor, wenn die Polizei durch Realakte die Wahrnehmung der Demonstration durch die Öffentlichkeit bzw. den Adressaten verhindert. So hat das VG München es für rechtswidrig befunden, daß die Polizei beim Staatsbesuch des chinesischen Staatspräsidenten 1995 den Sichtkontakt zu den Demonstranten dadurch unterbrach, daß sie einen Bus des Polizeimusik-Korps zwischen die Mahnwache und die Zuschauer fuhr, als der Demonstrationsadressat diese Stelle passierte.[97] Das *VG München* geht zutreffend davon aus, daß der Grundrechtsschutz auch die Möglichkeit des ungehinderten Empfangs des Protestes beim Adressaten und bei der Öffentlichkeit umfaßt.[98] Eine Verhinderung des Sichtkontakts oder eine akkustische Überlagerung des verbalen Protestes (z. B. durch das Aufspielen eines Polizeimusik-Korps) verletzt das Grundrecht aus Art. 8 I GG. 45

d) Gestaltungsfreiheit

Als Freiheitsrecht enthält sich das Grundrecht aus Art. 8 I GG einer inhaltlichen Gestaltung von Versammlungen, gibt sie vielmehr der **Selbstbestimmung** durch den Veranstalter frei und begnügt sich mit organisatorischen Vorgaben für die Durchführung.[99] Die so verbürgte **Gestaltungsfreiheit,** die Zeichen von Freiheit, Unabhängigkeit und Mündigkeit des selbstbewußten Bürgers ist,[100] bezieht sich zunächst auf **Form** und **Inhalt** der geplanten Veranstaltung. Die Versammlungsbeteiligten haben insoweit das Recht auf **eigene** Darstellung ihres Anliegens in der Öffentlichkeit. Dem Staat ist es verwehrt, inhaltlich auf Programm, Thema und Ablauf Einfluß zu nehmen; er muß nur die Grundrechtsausübung als solche gewährleisten, hat aber gleichzeitig bei Kollisionen mit Grundrechten Dritter durch beschränkende Verfügung ein geordnetes Nebeneinander in der Grundrechtsausübung durch Herstellung **praktischer Konkordanz**[101] zu ermöglichen und im übrigen Rechtsgutverletzungen abzuwehren. 46

Gestaltungsfreiheit besteht auch grundsätzlich bezüglich **Ort** sowie **Zeitpunkt** und **Dauer**[102] der geplanten Veranstaltung. Da Dritte durch die Auswahl der Örtlichkeit und des Zeitpunktes bzw. Zeitraumes für die geplante Veranstaltung zwangsläufig in ihren Rechten betroffen werden (als Verkehrsteilnehmer, Gewerbetreibende), kann es für Veranstalter und Teilnehmer kein Selbstbestimmungsrecht i. S. einer absoluten Verfügungsbefugnis über Ort und Zeit geben. Die Versammlungsbeteiligten können nicht ausschließlich bestimmen, sondern müssen auf entgegenstehende Rechte Dritter Rücksicht nehmen, was zu Modifizierungen ihrer ursprünglichen Planung führen kann. 47

Die Möglichkeit der Selbstbestimmung des Ortes steigert die Wirkungschancen einer Demonstration. Die **Nähe zu einem bestimmten Objekt** (Parlament, Raketendepot) ist oft essentielle Voraussetzung, um in der Öffentlichkeit bzw. in den Medien Aufmerksam- 48

[95] So auch *Ladeur* (o. Fußn. 14), Art. 8 Rdn. 25.
[96] *OVG Bremen* NVwZ 1990, 1191.
[97] *VG München* NVwZ 2000, 461.
[98] *VG München* NVwZ 2000, 461.
[99] *BVerfGE* 69, 315 (342).
[100] *BVerfGE* 69, 315 (342 f.); 73, 206 (249).
[101] *Hesse* (o. Fußn. 20), Rdn. 72, 315 ff.
[102] *BVerfGE* 69, 315 (342).

keit für das Demonstrationsanliegen zu erregen. Art. 8 I GG verbürgt dabei sowohl das Recht, sich die anzusprechende Öffentlichkeit **qualitativ** aussuchen zu können, als auch die Möglichkeit, den Ort der Veranstaltung unter dem Aspekt zu wählen, daß **quantitativ** möglichst viel Öffentlichkeit hergestellt wird.[103]

Insoweit verbürgt Art. 8 I GG auch die Festlegung der Demonstrationsroute, die den größtmöglichen Beachtungserfolg sichert.[104] Erst bei der Kollision mit Rechten Dritter (z. B. Verkehrsteilnehmer, Gewerbetreibende, andere Demonstrationsveranstalter) kann die Selbstbestimmung eingeschränkt werden, was zur Änderung der Streckenführung durch die Versammlungsbehörde führen kann, etwa weil an einem verkaufsoffenen Samstag sonst der innerstädtische Verkehr lahmgelegt würde. Stehen aber keine Rechte Dritter substantiell entgegen, so hat der Erstanmelder Anspruch auf „seine" Demonstrationsroute.

49 Die Gewährleistung der **Selbstbestimmung des Ortes** schließt das Recht zur Benutzung öffentlicher Straßen und Plätze ein.[105] Die Grundrechtsausübung von Art. 8 I GG ist notwendigerweise straßenbezogen.[106] Es handelt sich weder um Gemeingebrauch[107] noch um Sondernutzung,[108] sondern schlicht um Ausübung des Grundrechts aus Art. 8 I GG.[109] Die Sachherrschaft des öffentlichen Eigentümers der für die Veranstaltung gewählten Örtlichkeit ist mit einer aus Art. 8 I GG folgenden Duldungspflicht belastet, weil das Grundrecht dem öffentlichen Sachenrecht und seiner Sach- und Güterordnung vorgeordnet ist.[110]

50 Auch bei behindernden Sitzblockaden ist keine Sondernutzungserlaubnis erforderlich,[111] weil solche Aktionen unter den Schutzbereich von Art. 8 I GG fallen.[112] Ist gegen sie nach § 15 II VersammlG vorzugehen (u. Rdn. 548), weil die Demonstrationsfreiheit gegenüber Rechten Dritter zurückzutreten hat, bleibt es gleichwohl bei der umfassenden Regelung durch das VersG.[113]

51 Straßen mit eingeschränktem Widmungszweck (nach § 1 III FStrG dienen die Bundesautobahnen nur dem Kraftfahrzeugschnellverkehr) sind nicht von vornherein demonstrationsfrei.[114] Soll etwa eine Autobahn für eine Demonstration in Anspruch genommen werden (Fahrradkorso für eine ökologisch orientierte Verkehrspolitik[115]), wird die Behörde bei der Abwägung der beteiligten Rechtsgüter i. d. R. maßgeblich auf den eingeschränkten Widmungszweck abstellen und die Demonstration verbieten können.

52 Die Festlegung eines militärischen Sicherheitsbereichs (für ein öffentliches Gelöbnis der Bundeswehr) schränkt de facto die Selbstbestimmungsmöglichkeit des Ortes für demonstrative Aktionen ein, steht aber der Wahl einer angrenzenden Fläche für eine „Gegendemonstration" nicht entgegen.[116]

53 Mit der Selbstbestimmungsmöglichkeit des Ortes ist **kein Anspruch gegen Private** auf Überlassung eines Grundstücks eingeräumt, denn Art. 8 I GG richtet sich gegen den Staat. Wird zur Durchführung der geplanten Veranstaltung ein bestimmtes im Privateigentum befindliches Grundstück benötigt, so hat der Veranstalter eine privatrechtliche Vereinbarung zwischen Veranstalter und Eigentümer beizubringen, es sei denn, es könnte

---

[103] *Schwerdtfeger,* in: Gedächtnisschrift für Martens, 1987, S. 456.
[104] A. A. *OVG Weimar* DVBl. 1998, 849 ff.
[105] So zutr. *Burgi* DÖV 1993, 638; das *BVerfG* spricht in *E* 73, 206 (249) von Allgemeingebrauch.
[106] *Röthel,* Grundrechte in der mobilen Gesellschaft, 1996, S. 98.
[107] So aber *Salzwedel,* in: v. Münch/Schmidt-Aßmann, Besonderes Verwaltungsrecht, 10. Aufl. 1995, S. 780 f.
[108] So *Salzwedel* (o. Fußn. 107), S. 782 für Blockadeaktionen.
[109] *Burgi* DÖV 1993, 638.
[110] *Burgi* DÖV 1993, 638 f.; vgl. auch *Schlink* NJW 1993, 610; a. A. *BVerwG* NJW 1993, 609.
[111] Vgl. aber *Salzwedel* (o. Fußn. 107), S. 782.
[112] *BVerfGE* 73, 206 (248 f.).
[113] *BVerwG* NJW 1989, 2412.
[114] So aber *OVG Lüneburg* Urteil v. 18. 5. 1994 – 13 L 1978/92 –, S. 7.
[115] Vgl. *OVG Lüneburg* (o. Fußn. 114), S. 9; dazu näher *Breitbach/Deiseroth/Rühl* (o. Fußn. 14), § 15 Rdn. 204 ff.
[116] *Ladeur* (o. Fußn. 14), Art. 8 Rdn. 42; näher dazu *Deiseroth* (o. Fußn. 14), Demonstrationsfreiheit und Militär, Rdn. 14 ff.

von der mutmaßlichen Einwilligung des Eigentümers ausgegangen werden. Wird ohne Wissen und Wollen des Eigentümers sein Grundstück für eine Demonstration genutzt (z. B. enthüllt Greenpeace auf dem Dach des Verwaltungsgebäudes eines Chemieunternehmens ein Riesentransparent), so liegt zwar eine Demonstration i. S. von Art. 8 I GG und § 1 VersG vor, doch ist mit dem Verstoß gegen § 123 I StGB und § 903 S. 1 BGB der Auflösungsgrund der unmittelbaren Gefahr für die öffentliche Sicherheit gegeben und die Polizei zur sofortigen Auflösung nach § 15 II VersG berechtigt.

Anders zu beurteilen sind Demonstrationen auf öffentlich zugänglichem Privatgelände, z.B. in der Eingangshalle eines Flughafens, in der gegen die Abschiebepraxis von Asylbewerbern protestiert werden soll. Grundsätzlich kann der Eigentümer das zunächst jedermann eingeräumte Betretungsrecht nachträglich einschränken. Wer indes Flughafen oder Bahnhof jedermann als Flanier- und Konsummeile zugänglich macht, kann rechtsmißbräuchlich handeln, wenn er anlaßbezogen selektiert. Unabhängig davon ist zu berücksichtigen, ob der Staat eine Beteiligung hält. Flughäfen sind regelmäßig als GmbH oder AG organisiert. Halten Land bzw. Bund alle Anteile, so bleibt trotz privatrechtlicher Organisationsform Art. 8 I GG einschlägig, weil der Staat auch im privatrechtlichen Bereich an die Grundrechte gebunden ist.[117] Ist die Beteiligung geringer, so ist der Staat gehalten, auf die gesellschaftsrechtlichen Organe (Vorstand, Geschäftsführer) im Sinne grundrechtsfreundlicher Verfahrensweise einzuwirken.[118] 54

Die Selbstbestimmung über die Zeit beinhaltet die Möglichkeit der Festlegung von **Zeitpunkt** und **Dauer** der Veranstaltung. Auch kurzfristige Aktionen (z. B. das nur einige Sekunden währende Hochhalten eines Transparentes) können das Erfordernis der Mindestdauer erfüllen.[119] Was die Maximaldauer betrifft, so wird der Charakter der Versammlung bzw. Demonstration als zeitweilige Erscheinung betont.[120] In Abgrenzung zur Vereinigung i. S. des Art. 9 I GG ist zwar grundsätzlich von einer zeitlichen Begrenzung auszugehen, doch schreibt Art. 8 I GG keine Höchstdauer vor.[121] Deshalb können sich Demonstrationen als Dauermahnwachen oder Intervallveranstaltungen in wechselnder Teilnehmerzusammensetzung über Monate erstrecken. Solange Rechte Dritter nicht beeinträchtigt werden oder bei knappem attraktiven Demonstrationsraum nicht andere Demonstrationsveranstalter zum Zuge kommen müssen, kommt eine Beendigungsverfügung der Versammlungsbehörde nicht in Betracht, weil die Entscheidung über das Erreichen des Demonstrationszieles zur Gestaltungsfreiheit des Veranstalters gehört. Nicht ausgeschlossen sind damit beschränkende Verfügungen der Versammlungsbehörde, die einen Ausgleich mit Rechtspositionen Dritter ermöglichen sollen (Berücksichtigung von Verkehrsspitzenzeiten; verkaufsoffener Samstag). 55

Was die **inhaltliche** Gestaltung angeht, so sind durch Art. 8 I GG vielfältige Formen gemeinsamen Verhaltens bis hin zu nicht verbalen Ausdrucksformen gewährleistet.[122] Insoweit besteht kein Numerus clausus, sondern **Typenfreiheit.** Das folgt schon aus dem Wortlaut von Art. 8 I GG, der sich mit dem Recht sich zu versammeln eben nicht auf eine bestimmte Form festlegt. Die Versammlungs- und Demonstrationsfreiheit als **spezifisches Kommunikationsgrundrecht** (o. Rdn. 35 ff.) verfügt vielmehr über besondere Ausdrucksmittel. Die Ausdrucksmittel können zur **Symbolik** geraten, **unmittelbaren Eindruck erzeugende Aktionen** garantieren.[123] Will etwa Krankenhauspersonal dergestalt auf die mangelnde Versorgung der Patienten aufmerksam machen, daß der angeprangerte Pflegenotstand auf einem öffentlichen Platz mit entsprechenden Utensilien (Zelt, Betten, medizinischem Gerät) **in Szene gesetzt** wird, so ist die Aufstellung der 56

---

117 *Pieroth/Schlink* (o. Fußn. 17), Rdn. 171.

118 *Pieroth/Schlink* (o. Fußn. 17), Rdn. 171; *Höfling* (o. Fußn. 9), Art. 1.

119 *Schulze-Fielitz* (o. Fußn. 9), Art. 8 Rdn. 17.

120 *Lisken* NJW 1995, 2475.

121 *Gusy* (o. Fußn. 17), Art. 8 Rdn. 21.

122 *BVerfGE* 69, 315 (343).

123 *Müller* (o. Fußn. 21), S. 147; *Förster* (o. Fußn. 20), S. 159; *Kühl* StV 1987, 132; *Ladeur* KJ 1987, 154 f.; *Preuß* (o. Fußn. 75), S. 423 ff.

genannten Gegenstände essentieller Bestandteil der demonstrativen Aussage und fällt unmittelbar unter Art. 8 I GG.

57 Das **Verwenden von Trommeln, Fahnen und Fackeln** bei einem Aufmarsch fällt unter die Gestaltungsfreiheit, auch dann, wenn mit den Trommeln Takt geschlagen wird, damit die Teilnehmer im Gleichschritt des Trommelschlages marschieren.[124] Daß dadurch die Demonstration ein paramilitärisches Gepräge erhalten kann, das einen Einschüchterungseffekt hervorruft, steht dem nicht entgegen.[125] Zur Demonstrationsfreiheit als kollektivem Grundrecht und politischem Kampfrecht gehören zwangsläufig provokatorische und einschüchternde Elemente. So ist schon allein mit dem Auftreten einer Menschenmasse ein Einschüchterungseffekt verbunden, um so mehr dann, wenn politische Forderungen mit dem Massenauftritt durchgesetzt werden sollen. Über den allgemeinen Gesetzesvorbehalt des Art. 8 I GG kann der Gesetzgeber durch formelles Gesetz Grenzen ziehen. Solange aber keine solche Grenze einschlägig ist (z. B. Nötigung, Uniformverbot, Verwenden von Kennzeichen), ist der eintretende Einschüchterungseffekt, auch wenn er bei Aufmärschen rechtsextremistischer Parteien oder Gruppen Assoziationen an unselige Zeiten erweckt, von Art. 8 I GG gedeckt (dazu näher u. Rdn. 506 ff.). Der Schutz des Art. 8 I GG entfällt allerdings, wenn das drohende Verhalten der Teilnehmer einen Grad erreicht, der den Aufmarsch insgesamt als „unfriedlich" erscheinen läßt.

58 Auch das Mitführen und Zeigen der **Reichskriegsflagge** fallen unter die Gestaltungsfreiheit.[126] Beide Verhaltensweisen sind nicht unfriedlich. Solange die Reichskriegsflagge nicht als erklärtes Symbol revolutionärer Gewaltbereitschaft verwendet wird, liegt kein eine Gefährdung der öffentlichen Sicherheit begründender Rechtsverstoß (auch nicht der Tatbestand der Volksverhetzung) vor.[127] Der möglicherweise gegebene Einschüchterungseffekt ist auch hier kein Grund zur Versagung des Grundrechtsschutzes.

59 Die Gestaltungsfreiheit des Veranstalters bezieht sich insbesondere auf das **Programm** der Versammlung bzw. Demonstration, wozu auch der Auftritt von Rednern gehört. Insoweit hat sich die Versammlungsbehörde jeglicher inhaltlichen Bewertung zu enthalten[128] und kann nur nach Maßgabe der §§ 5 und 13 bzw. § 15 VersG tätig werden. Eine politische Bewertung eines Redners scheitert schon an Art. 18 GG. Solange das BVerfG von seinem Entscheidungsmonopol keinen Gebrauch gemacht und die Grundrechtsverwirkung ausgesprochen hat, kann der Betroffene an Versammlungen bzw. Demonstrationen teilnehmen und dort aktiv werden.[129] Das Auftrittsverbot für einen Redner stellt sowohl einen Eingriff in die Veranstalterfreiheit als auch in die Teilnahmefreiheit dar, da der Redner regelmäßig auch Teilnehmer ist. Das Problem bei Versammlungen in geschlossenen Räumen besteht darin, daß Maßnahmen der Versammlungsbehörde nur die schon vorhandenen verfassungsunmittelbaren Gewährleistungsschranken nachzeichnen, aber nicht zu selbständigen Eingriffen in den Schutzbereich von Art. 8 I GG befugen. Hier läßt sich ein Auftrittsverbot nur halten, wenn man den Verbotsgrund des § 5 Nr. 4 VersG als Konkretisierung der hinter den §§ 130, 185 StGB stehenden Menschenwürde begreift und daraus eine immanente Grundrechtsschranke ableitet.[130]

60 Gegenstand einer Demonstration kann auch ein behördliches Verbot sein. Will etwa ein Motorradclub eine Protestfahrt seiner Mitglieder als demonstrative Aktion gegen das behördlich verfügte Verbot des Befahrens einer bestimmten (für die Motorradfahrer

---

124 Krit. *OVG Weimar* NVwZ-RR 2000, 154 LS; Beschl. v. 3. 9. 1999 – 3 ZEO 669/99 –, S. 3 f.; vgl. auch *BVerfG* DVBl. 2000, 1605 und *BVerfG* NJW 2001, 2071.

125 So auch *Battis/Grigoleit* NVwZ 2001, 126; a. A. *OVG Weimar* ebda.

126 *OVG Weimar* Beschl. v. 7. 5. 1999 – 3 ZEO 311/99 –, S. 3 f.

127 § 130 StGB verneinend *Ott/Wächtler* (o. Fußn. 68), § 15 Rdn. 62; *Lenckner,* in: Schönke/Schröder, StGB, 25. Aufl. 1997, § 130 Rdn. 5 a; bejahend *OVG Münster* NJW 1994, 2909 f.

128 Mißverständlich *OVG Weimar* Beschl. v. 13. 8. 1999 – 3 ZEO 616/99 – u. – 3 EO 617/99 –, S. 11; insoweit differenzierend *VG Bremen* Beschl. v. 28. 4. 1999 – 4 V 867/99 –, S. 7.

129 *OVG Weimar* NVwZ-RR 1998, 500.

130 *OVG Weimar* NVwZ-RR 1998, 499; zur Verfassungsmäßigkeit von § 5 Nr. 4 vgl. *Kniesel* NJW 1996, 2608.

attraktiven) Strecke für Motorräder veranstalten, so fällt das unter den Schutzbereich von Art. 8 I GG. Die vom *VGH Mannheim* vertretene gegenteilige Auffassung, wonach das Grundrecht der Versammlungsfreiheit keine Verhaltensweisen im Gewand einer Versammlung schütze, die dem einzelnen untersagt sind,[131] verkennt das Grundrecht der Demonstrationsfreiheit.[132] Den demonstrierenden Motorradclubmitgliedern geht es doch nicht darum, über die Inanspruchnahme des Grundrechts aus Art. 8 I GG als einzelne die Strecke befahren zu können, sondern sie wollen **als Kollektiv** ihren **Protest** durch eine (einmalige) gemeinsame Fahrt zum Ausdruck bringen. Eine beschränkende Verfügung nach § 15 II VersG zum Schutz entgegenstehender Rechte Dritter ist deshalb nicht ausgeschlossen.

Die Gestaltungsfreiheit läßt sich auch auf das Mitführen von Fahnenstangen als Be- **61**
festigung für Transparente anwenden. Die Festlegung der Länge von Fahnenstangen durch die Versammlungsbehörde beeinträchtigt die Wahrnehmbarkeit der Demonstrationsaussage.[133]

Werden bei Veranstaltungen im Freien **Hilfsmittel** verwandt (Tapetentische als Infor- **62**
mationsstände, Segel als Regenschutz), so bedürfen diese keiner Genehmigung als Sondernutzung (§ 29 II StVO), wenn sie im Rahmen einer Versammlung bzw. Demonstration funktionale Verwendung finden (Konzentrationsgrundsatz,[134] u. Rdn. 219, 325). Bei länger andauerndenden Demonstrationen können auch Imbißstände und Toilettenwagen dazugehören. Allerdings darf mit einem Informationsstand kein einseitiges Informationsangebot gemacht werden, es sei denn, die Betreiber hätten ihren Informationsstand mit Transparenten unter ein Thema gestellt und stellten für sich genommen eine Demonstration dar. Auch die Verwendung von Lautsprechern und Megafonen fällt unmittelbar unter den Schutzbereich von Art. 8 I GG, wenn bei einem größeren Teilnehmerkreis die Kommunikation untereinander nur auf diese Weise möglich ist. Diese Hilfsmittel stehen aber auch dann zur Verfügung, wenn nur so die Öffentlichkeit erreicht werden kann.[135] Das Verbot des § 33 I 1 StVO zum Betrieb von Lautsprechern ist für Versammlungen bzw. Demonstrationen mit größerer Teilnehmerzahl (ab 50) nicht anwendbar; Art. 8 I GG selber räumt die Benutzung von Hilfsmitteln ein, ohne die die Veranstaltung nicht durchführbar wäre.[136]

Zulässig sind nicht nur die klassischen Formen der Diskussionsversammlung, der **63**
Kundgebung und des Demonstrationsmarsches (Aufzug), sondern auch Mischformen, z. B. Diskussionsversammlung mit Außenübertragung, Aufzug mit Zwischenkundgebungen, sowie neue Veranstaltungsformen, z. B. Sitzdemonstrationen, Mahnwachen, Abbrennen eines Mahnfeuers,[137] Straßentheater, Menschenketten. Auch ein Zeltlager von Roma ist Versammlung bzw. Demonstration, wenn darin Protest gegen drohende Abschiebung zum Ausdruck kommt. Gleiches gilt für ein Hüttendorf als Ausgangspunkt von Demonstrationen gegen ein Kernkraftwerk.

Art. 8 I GG schützt nicht nur die eng abgegrenzte oder abgrenzbare Einzelversamm- **64**
lung. Insbesondere Großdemonstrationen bestehen regelmäßig aus einer Mehr- oder Vielzahl parallel verlaufender **Teil-** bzw. **Neben**versammlungen. Soweit diese amorphen Veranstaltungsgebilde keinen einheitlichen Veranstalter oder hierarchischen Leiter zulassen, kann der Verzicht auf konkret benannte Veranstalter bzw. Leiter möglich und **Eigenorganisation** zulässig sein.[138] Insoweit können die Regelungen des VersG (§ 18 I i.V. mit §§ 7 I, 8, 9 I, 10 und 11 II) nur auf hierarchisch strukturierte Versammlungen Anwendung

131 *VGH Mannheim* BWVP 1992, 182.

132 Vgl. o. Rdn. 30 ff.

133 *OVG Weimar* NVwZ-RR 2000, 154 LS; Beschl. v. 3. 9. 1999 – 3 ZEO 671/99 –, S. 7; *VG Frankfurt/Oder* Beschl. v. 16. 4. 1999 – 1 L 330/99 –, S. 7.

134 *BVerwG* NJW 1989, 2411; a. A. *v. Danwitz,* in: Schmidt-Aßmann, Besonderes Verwaltungsrecht, 11. Aufl. 1998, S. 871, der Hilfsvorrichtungen jenseits der Grundrechtsausübung sieht.

135 Dazu näher *Ladeur* (o. Fußn. 14), Art. 8 Rdn. 22; *Brohm* JZ 1989, 326; *BVerwG* VRS 57, 68 f.; *VG Schleswig* DÖV 1991, 257.

136 *Dietel/Gintzel/Kniesel* (o. Fußn. 5), § 15 Rdn. 10 m. w. N.

137 *VGH Kassel* NJW 1988, 2125.

138 *Hoffmann-Riem* (o. Fußn. 15), Art. 8 Rdn. 41; *Pieroth/Schlink* (o. Fußn. 17), Rdn. 715.

finden.[139] Ist auch **Grundmodell** des VersG die durchorganisierte, straff geordnete Versammlung, so ist das Vorhandensein von Veranstalter und Leiter kein *Muß*, für eine Versammlung nicht wesensnotwendig; nicht hierarchisch strukturierte Versammlungen entsprechen zwar nicht der überkommenen Typik formierter Versammlungen, sind aber deshalb nicht formlos.[140]

65 Der Selbstbestimmung unterliegt auch, in welcher **Aufmachung** (Kostümierung, anonym, also in identifikationsvereitelnder Aufmachung) an einer Demonstration teilgenommen wird.[141] Die identifikationsvereitelnde Aufmachung (etwa die aufgesetzte Gasmaske als Protest gegen Luftverschmutzung) kann selber demonstrativer Akt sein. Gleiches gilt für Unkenntlichmachung als Bestandteil künstlerischer Aussage. Aber auch der Zweck, nicht erkannt zu werden, kann verfassungsrechtlich legitimiert sein. Wollen z. B. Aidskranke mit Bettlaken verhüllt gegen ihre Registrierung protestieren, so folgt die Zulässigkeit ihrer Anonymität aus dem Demonstrationsanliegen.

66 Zu wünschen ist fraglos der Demonstrant, der **offen** für seine Meinung eintritt. Politische Wünschbarkeit und geltendes Verfassungsrecht sind indes unterschiedliche Perspektiven. Der mit offenem Visier auftretende Demonstrant ist fraglos der ideale Demonstrant, aber kein verfassungsrechtliches *Muß*. Die Teilnahme mit Vermummung bzw. Passivbewaffnung kann zwar als Indiz für spätere Gewalttätigkeiten gewertet werden, ist aber nur mögliche Vorstufe der Gewalttätigkeit, nicht diese selber (u. Rdn. 610 ff.). Solange es legitime Gründe für die Unkenntlichmachung gibt (u. Rdn. 390 f.), ist der Schluß auf Gewaltbereitschaft nicht zwingend. Die Teilnahme in entsprechender Aufmachung kann daher, weil nicht unfriedlich (u. Rdn. 135 f. und 389 ff.), im Schutzbereich von Art. 8 I GG liegen. Der Gesetzesvorbehalt in Art. 8 II GG erlaubt aber eine versammlungsgesetzliche bzw. straf- oder ordnungswidrigkeitenrechtliche Reaktion des Gesetzgebers durch Verbot bzw. Sanktionierung.

67 **Aufenthaltsverbote** für innerstädtische Bereiche zur Bekämpfung der Drogenkriminalität oder anderer Straftaten sind nur dann verhältnismäßig, wenn sie nicht für die Teilnahme an Versammlungen bzw. Demonstrationen gelten bzw. insoweit Ausnahmen zulassen. Für allgemeinpräventives **Videografieren,** wie es zunehmend propagiert oder praktiziert wird, hat das gleiche zu gelten. Insoweit gehen die §§ 12 a, 19 a VersG den polizeirechtlichen Bestimmungen zur Videoüberwachung des öffentlichen Raumes vor, solange dort eine Versammlung stattfindet.

e) Umfang des Schutzbereichs

68 **aa) Geschützte Phasen – Vorwirkung, Nachwirkung.** Art. 8 I GG schützt die existente Demonstration bzw. Versammlung. Streitig ist, ob darüber hinaus ein **vorlaufender** Schutz bzw. eine **Nach**wirkung dergestalt begründet werden kann, daß neben der eigentlichen Veranstaltung auch die Phasen des freien Zusammen- und Auseinanderströmens der Teilnehmer durch Art. 8 I GG abgedeckt werden.[142]

69 Vorbereitende Maßnahmen für eine geplante Veranstaltung sind als Organisationshandlungen des Veranstalters von Art. 8 I GG erfaßt (u. Rdn. 112 f.). Streitig bleibt, ob das auch für die Teilnehmer im Hinblick auf ihre Anreise bzw. Anfahrt etc. gilt. Die Anreise selber ist nicht „Versammlung", auch nicht die organisierte, es sei denn, sie hätte in Form einer Sternfahrt oder eines Autokorso Demonstrationscharakter.[143] Die **Anreise** wird aber als prozeßhafter Vorgang der Entstehenssicherung schon **vom Schutzbereich des Art. 8 I GG erfaßt.** Der die bereits existierende Versammlung voraussetzende Versammlungsbe-

---

139 *Bleckmann* (o. Fußn. 6), S. 794.

140 *Hoffmann-Riem* (o. Fußn. 15), Art. 8 Rdn. 7.

141 *Herzog* (o. Fußn. 9), Art. 8 Rdn. 75; *Hoffmann-Riem* (o. Fußn. 15), Art. 8 Rdn. 20 u. 22; *v. Mutius* Jura 1988, 37; *Hölscheidt* DVBl. 1987, 672; *Hofmann* BayVBl. 1987, 129 f.; *Gusy* JuS 1986, 614; *Gallwas* JA 1986, 489; *Kühl* NJW 1985, 2382; a. A. *Broß* Jura 1986, 195.

142 So etwa *VG Hamburg* NVwZ 1987, 833.

143 *Birk* JuS 1982, 497; *Höfling* (o. Fußn. 9), Art. 8 Rdn. 23 Fußn. 55.

griff steht dem nicht entgegen.[144] Zwar ist zwischen dem Umfang des Schutzbereichs und dem Versammlungsbegriff ein enger Zusammenhang gegeben, doch kann ersterer durch letzteren nicht abschließend bestimmt werden, zumal das VersG selber das Vorfeld einer Versammlung teilweise in seinen Geltungsbereich einbezieht (§2 III 2 u. §17a II Nr.2 VersG). Was die organisatorische Vorbereitung für das Veranstaltungsrecht ist, sind Anmarsch oder Anfahrt für das Teilnahmerecht. Beide erfolgen im Schutzbereich der Versammlungsfreiheit.[145] Mit Art.8 I GG sind etwa behördliche Maßnahmen nicht vereinbar, die den Zugang zu einer Demonstration **durch Behinderung von Anfahrten** und **schleppende vorbeugende Kontrollen** unzumutbar erschweren.[146]

Art.8 I GG soll auch nachwirkenden Schutz entfalten; die aufgelöste Demonstration oder Versammlung sei noch grundrechtsgeschützt, weil es sich noch nicht um eine Ansammlung, sondern um eine privilegierte Bürgermenge[147] handele, die auch nach erfolgter Auflösung durch Art.8 I GG in ihrem freien Auseinanderströmen der Teilnehmer geschützt werde.[148] 70

Mit der Auflösung durch die Polizei entsteht für die Teilnehmer aus §13 II VersG die Pflicht, sich sofort zu entfernen. Das VersG entfaltet insoweit fraglos eine Nachwirkung, als es mit dieser Bestimmung noch ein Verhalten nach Beendigung der Versammlung regelt. Damit macht es deutlich, daß der Verpflichtung sich zu entfernen das noch aus Art.8 I GG abzuleitende Recht, dies in angemessener Zeit tun zu können, korrespondiert. Die Versammlungsfreiheit hat somit **kein abruptes Ende.** Ein freies, zur Disposition der Teilnehmer stehendes Recht zum Auseinanderströmen kann es indes nicht geben, weil dann ein rechtsfreier Raum entstünde; die Möglichkeiten des Versammlungsgesetzes wären mit der Auflösung verbraucht, die der Polizeigesetze könnten wegen des nach o.a. Auffassung fortdauernden Schutzes durch Art.8 I GG noch nicht greifen.[149] Mit der Auflösung (oder Beendigung durch den Leiter) verändert die Veranstaltung ihre Qualität; sie wird zur Ansammlung. Bei Maßnahmen gegen diese ist indes die **Ausstrahlungswirkung** von Art.8 I GG auf das einfache Gesetzesrecht[150] und das aus §13 II VersG abzuleitende, insoweit Art.8 I GG konkretisierende Recht, sich in angemessener Zeit entfernen zu können, zu beachten. 71

bb) Schutz vor Informationserhebung und -verarbeitung. Informationelle polizeiliche Aktivitäten (Observation, Abhören, Videografieren) sind als Maßnahmen der Datenerhebung Eingriffe in das Recht auf informationelle Selbstbestimmung aus Art.1 I und 2 I GG.[151] Erfolgen sie im Zusammenhang mit Versammlungen bzw. Demonstrationen, garantiert Art.8 I GG darüber hinaus das möglichst unbeeinflußte Engagement des einzelnen bei der **Vorbereitung** und **Durchführung** sowie die möglichst ungestörte **Kommunikation** untereinander und mit der Öffentlichkeit während der Veranstaltung. 72

Art.8 I GG schützt damit **im Vorfeld von** und **bei** Versammlungen bzw. Demonstrationen (dazu näher u. Rdn.473ff.) vor staatlicher Ausspähung[152] (Observation, Bild- und 73

---

[144] Krit. insoweit *Hofmann* NVwZ 1987, 769f.; *Kunig* (o. Fußn. 15), Art.8 Rdn.18; vgl. dagegen *Benda* (o. Fußn.18), Art.8 Rdn.35.

[145] *BVerfGE* 69, 315 (349); *BVerfG* NJW 1991, 2694; *VGH München* BayVBl. 1990, 687; *VG Hamburg* NVwZ 1987, 830; *Hoffmann-Riem* (o. Fußn.15), Art.8 Rdn.24; *Alberts* VR 1987, 299; *Vahle* DNP 1984, 205; *Bäumler* JZ 1986, 470; *v. Mutius* Jura 1988, 38; *Ehrentraut* (o. Fußn. 74), S.114; *Ladeur* (o. Fußn. 14), Art.8 Rdn.18; *Jarass/Pieroth* (o. Fußn. 14), Art.8 Rdn.4; *Höfling* (o. Fußn. 9), Art.8 Rdn.23; a.A. *Kunig* (o. Fußn. 15), Art.8 Rdn.18.

[146] *BVerfGE* 69, 315 (349); *Benda* (o. Fußn.18), Art.8 Rdn.35.

[147] *v. Simson* ZRP 1968, 10f.

[148] *VG Hamburg* NVwZ 1987, 829; *VG Berlin* NVwZ-RR 1990, 188.

[149] So zutr. *Alberts* VR 1987, 299; vgl. auch *Kunig* (o. Fußn. 15), Art.8 Rdn.18; *Benda* (o. Fußn.18), Art.8 Rdn.36.

[150] *BVerfGE* 69, 315 (361f.); so auch *Kunig* (o. Fußn. 15), Art.8 Rdn.18.

[151] Dazu näher *Kniesel/Tegtmeyer/Vahle,* Handbuch des Datenschutzes für Sicherheitsbehörden, 1986, Rdn.474ff.; *Henninger* DÖV 1998, 713f.; *Kloepfer/Breitkreutz* DVBl. 1998, 1152.

[152] *Herzog* (o. Fußn.9), Art.8 Rdn.87.

Tonaufnahmen, Anlegen von Teilnehmerlisten, Registrieren von Kfz-Kennzeichen). Hier entfaltet die Versammlungs- und Demonstrationsfreiheit als spezifisches Kommunikationsgrundrecht neben dem Recht auf informationelle Selbstbestimmung[153] **zusätzlichen** Schutz.[154] Daß Art. 8 I GG als betroffenes Grundrecht anzusehen ist, wird dadurch belegt, daß der Versammlungsgesetzgeber die einschlägigen Eingriffsermächtigungen im VersG (§§ 12 a, 19 a) geregelt hat.

74 Fraglich ist dabei, ob dieser schon bei psychisch vermittelter Erschwerung der Entschließung über die Ausübung des Grundrechts greift, also die sog. **innere** Versammlungsfreiheit unter den Schutzbereich fällt oder ein Eingriff erst bei **exzessiven** (unverhältnismäßigen) informationellen Aktivitäten gegeben ist.

75 Der Schutzbereich von Art. 8 I GG kann nicht nach dem dimensioniert werden, was die Beachtung der Wesensgehaltsgarantie in Art. 19 II GG und des Übermaßverbots als Restgröße übriglassen, also nicht lediglich Ergebnis einer Verhältnismäßigkeitsprüfung sein. Wenn das BVerfG im Brokdorf-Beschluß[155] unter ausdrücklicher Bezugnahme auf das Urteil zum Volkszählungsgesetz[156] von exzessiven Beobachtungen und Registrierungen spricht, so will es eine **Grenze** markieren, jenseits derer Maßnahmen der genannten Qualität **verfassungswidrig** sind. Offen bleibt, wann exzessive Überwachungsmaßnahmen vorliegen. Bezüglich der Angst vor Überwachung ist der Maßstab problematisch; hier soll es weder auf den besonders ängstlichen noch auf den „abgebrühten", sondern den durchschnittlichen demokratisch gesinnten Demonstranten ankommen.[157] Jedenfalls ist ein Eingriff immer dann zu bejahen, wenn es um die Beobachtung und Registrierung gerade der Versammlung oder ihrer Teilnehmer **in eben dieser Eigenschaft** geht.[158]

76 Übersichtsaufnahmen von Versammlungen bzw. Demonstrationen stellen Eingriffe in Art. 8 I GG dar, wenn die Abgelichteten **bestimmbar** sind (u. Rdn. 475).

77 Das Grundrecht, sich frei und ungehindert zu versammeln, schützt damit **vor staatlicher Überwachung,**[159] also auch davor, es im Visier von Polizei und Verfassungsschutz wahrnehmen zu müssen. Denn wer damit rechnen muß, daß seine Versammlungsteilnahme behördlich registriert wird und ihm dadurch Risiken entstehen können, wird in seinen individuellen Entfaltungschancen beeinträchtigt, wenn er auf die Ausübung der Versammlungs- und Demonstrationsfreiheit verzichten zu müssen meint.[160] Als Abwehrrecht schützt Art. 8 I GG auch die **Freiheit der Entschlußfassung über das Ob der Teilnahme** an einer Versammlung bzw. Demonstration.

78 Eingriffe in Art. 1 I, 2 I bzw. 8 I GG erfordern grundrechtssichernde Notwendigkeit und eindeutige Ermächtigungsgrundlagen. Als Regelungsstandorte für diesen Voraussetzungen genügende informationelle Befugnisnormen (u. Rdn. 471 ff.) kommen das VersG und die Polizeigesetze der Länder in Betracht. Zur **Bekämpfung versammlungsspezifischer Gefahren** ist die Gesetzgebungskompetenz des Bundes begründet. Daneben ist nur dann noch Raum für landesrechtliche Regelungen, wenn man davon ausgehen kann, daß im VersG hinsichtlich versammlungsspezifischer Gefahrenabwehr keine abschließende Regelung erfolgt ist.

---

153 Ausschließlich das RiS betroffen sehen *Schmitt Glaeser,* Handbuch des Staatsrechts VI, 1989, § 129 Rdn. 83 f.; *Götz* NVwZ 1990, 116; *Geiger,* Verfassungsfragen zur polizeilichen Anwendung der Video-Überwachungstechnologie bei der Straftatbekämpfung, 1994, S. 162 ff.

154 *BVerfGE* 65, 1 (43); 69, 315 (349); 77, 65 (77 f.); *OVG Bremen* NVwZ 1990, 1189; *VG Bremen* NVwZ 1989, 895; *Herzog* (o. Fußn. 9), Art. 8 Rdn. 98; *Benda* (o. Fußn. 18), Art. 8 Rdn. 96; *Alberts* VR 1987, 299; *ders.,* CR 1994, 494; *Bäumler* JZ 1986, 470; *Hoffmann-Riem* (o. Fußn. 15), Art. 8 Rdn. 24; *Riegel* NVwZ 1990, 745; *Pieroth/Schlink* (o. Fußn. 17), Rdn. 706 f.; *Geis* Die Polizei 1992, 295.

155 *BVerfGE* 69, 315 (349); vgl. auch *BVerfGE* 77, 65 (77 ff.).

156 *BVerfGE* 65, 1 (43).

157 So *Alberts* Die Polizei 1986, 391; *Braun* Die Polizei 1990, 51.

158 *Herzog* (o. Fußn. 9), Art. 8 Rdn. 87; *Bäumler* JZ 1986, 469, 471; *Pieroth/Schlink* (o. Fußn. 17), Rdn. 706.

159 Vgl. Fußn. 154.

160 *BVerfGE* 65, 1 (43); *OVG Bremen* NVwZ 1990, 1189; *Alberts* NVwZ 1989, 839.

Damit steht die Frage in engem Zusammenhang, ob Maßnahmen im **Vorfeld** von Versammlungen bzw. Demonstrationen auf die Polizeigesetze gestützt werden können (dazu näher u. Rdn. 437 ff.). Versammlungsgesetzliche Ermächtigungen sind erforderlich, wenn polizeiliche Maßnahmen **unmittelbar** auf die Grundrechtsausübung der Betroffenen einwirken. Das ist dann der Fall, wenn die Teilnahme untersagt bzw. durch starken Abschreckungseffekt in Frage gestellt oder der Zugang zur Veranstaltung durch polizeiliche Sperren, Behinderung der Anfahrt oder schleppende Abfertigung an Kontrollstellen tatsächlich verhindert wird.[161] Zielen Vorfeldmaßnahmen hingegen auf die Verhütung versammlungsbezogener Straftaten oder Ordnungswidrigkeiten, bezwecken sie also den **Schutz** der Veranstaltung, so kann für Identitätsfeststellungen, Durchsuchungen und Sicherstellungen das allgemeine Polizeirecht angewandt werden. Wegen des gegebenen Zusammenhangs mit einer Versammlung bzw. Demonstration ist aber eine Regelung im Versammlungsgesetz angezeigt (u. Rdn. 628). Mit der Erweiterung des Grundrechtstatbestandes in das Vorfeld korrespondieren Art. 8 I GG und das VersG nicht mehr. Das daraus folgende Spannungsverhältnis ist durch Novellierung des VersG abzubauen. 79

f) Grundrechtsträger

Die Versammlungs- und Demonstrationsfreiheit ist nach Maßgabe von Art. 8 I GG nur **Deutschen**recht, nicht Menschenrecht, steht also nicht jedermann, sondern nur Deutschen i. S. von Art. 116 I GG zu. Anders die Landesverfassungen der neuen Bundesländer, die die Versammlungsfreiheit als **Menschenrecht** garantieren (vgl. o. Rdn. 10). Ist damit Ausländern nach dem eindeutigen Wortlaut dieser **erhöhte** verfassungsrechtliche Schutz vorenthalten, so wird die personelle Beschränkung überspielt, wenn man von einem **Menschenrechtskern** im Grundrecht der Versammlungs- und Demonstrationsfreiheit ausgeht[162] oder die Versammlungsfreiheit für Ausländer im **Auffanggrundrecht** des Art. 2 I GG enthalten sieht.[163] Art. 11 EMRK garantiert überdies die Versammlungsfreiheit allen Menschen als unmittelbar (im Range eines einfachen Bundesgesetzes) geltendes Recht. Die personelle Beschränkung der Verfassung verliert vollends ihre Bedeutung, indem das Art. 8 I GG konkretisierende Versammlungsgesetz in § 1 vom **Jedermanns**recht ausgeht und so die Beschränkung aufgibt. 80

Juristische Personen des Privatrechts können Grundrechtsträger sein, wenn gemäß Art. 19 III GG das Grundrecht aus Art. 8 I GG seinem Wesen nach auf diese juristischen Personen anwendbar ist. Unstreitig muß das für das Veranstaltungsrecht und das aus diesem abzuleitende Leitungsrecht gelten.[164] Indes können juristische Personen kein Teilnahmerecht geltend machen, weil sie sich als fiktive Erscheinungen nicht an Demonstrationen und Versammlungen beteiligen können.[165] 81

Art. 8 I i.V. mit Art. 19 III GG verbürgt aber juristischen Personen das Teilnahmerecht der für sie handelnden Organe. Insoweit hat die jeweilige juristische Person (etwa ein Verein) nicht nur das Recht zur Veranstaltung der Mitgliederversammlung, sondern auch auf ungehinderte Teilnahme all ihrer Mitglieder.[166] 82

Auch nicht-rechtsfähige Vereinigungen können sich im aufgezeigten Rahmen auf Art. 8 I GG berufen;[167] Zusammenschlüsse wie Organisationskomitees oder Aktionseinheiten aber nur dann, wenn sie vergleichbar nicht-rechtsfähigen Vereinen oder Gesellschaften des bürgerlichen Rechts eine festgefügte Struktur haben und auf eine gewisse Dauer angelegt sind.[168] 83

---

161 *BVerfGE* 65, 1 (43).
162 *Herzog* (o. Fußn. 9), Art. 8 Rdn. 31.
163 *Jarass/Pieroth* (o. Fußn. 14), Art. 8 Rdn. 8; *Kunig* (o. Fußn. 15), Art. 8 Rdn. 7.
164 So auch *Kunig* (o. Fußn. 15), Art. 8 Rdn. 11.
165 *Herzog* (o. Fußn. 9), Art. 8 Rdn. 34; weiter gehend *Kunig* Jura 1990, 151.
166 *v. Mutius* Jura 1988, 35.
167 *Hoffmann-Riem* (o. Fußn. 15), Art. 8 Rdn. 26; a. A. *OVG Münster* NJW 1975, 463.
168 *VGH München* JuS 1984, 979.

g) Grundrechtsfähigkeit und -mündigkeit

84 Angesichts der Teilnahme von Kindern und Jugendlichen an Demonstrationen und Versammlungen stellt sich die Frage, inwieweit Fähigkeit und Mündigkeit zur Grundrechtsausübung gegeben sind.

85 Die Grundrechte wollen für den einzelnen in seiner Individualität Selbstbestimmung garantieren. An dieser Garantie muß auch (oder gerade) der Minderjährige als werdende Persönlichkeit partizipieren; der Minderjährige ist kein rechtloses Objekt in der Hand der jeweiligen Erziehungsberechtigten, sondern steht diesen als Rechtsperson mit **eigenen** Rechten gegenüber.

86 Wenn insoweit von der Grundrechtsfähigkeit ausgegangen werden kann, ist nach der Grundrechtsmündigkeit zu fragen. Im Hinblick auf Art. 8 I GG wird eine bestimmte geistige Reife gefordert; dabei wird auf § 107 BGB[169] oder auf das Gesetz über die religiöse Kindererziehung zurückgegriffen und Kindern, denen noch keine religiöse Selbstbestimmung eingeräumt ist, auch die Grundrechtsmündigkeit für Art. 8 I GG bestritten.[170] Auf die Rechtsfigur der Grundrechtsmündigkeit kann indes verzichtet werden. Der Umfang der Freiheitsgewährleistung ist keine Frage der Vernünftigkeit der Person, die von ihr Gebrauch machen will.[171] In der Sache geht es nicht um Mündigkeit, sondern den Umfang des Schutzbereichs;[172] schon deshalb fällt das Zusammenkommen von Kleinkindern nicht unter Art. 8 I GG, weil es schon am „Sichversammeln" i. S. des Beieinanderseins als Ausdruck gemeinschaftlicher, auf Kommunikation angelegter Entfaltung fehlt.[173]

87 Nehmen Eltern ihre Kleinkinder auf Demonstrationen mit, so mögen sie das auf Art. 2 I oder Art. 6 I GG stützen können, nicht aber auf ein Recht des Kindes aus Art. 8 I GG.

3. Mehrdimensionaler Grundrechtsschutz durch Art. 8 I GG

a) Abwehrrecht

88 Grundrechtsschutz wirkt in verschiedenen Funktionen. Nach ihrer Entstehungsgeschichte sind die Grundrechte als Freiheitsrechte **Abwehrrechte** gegen den Staat. Sie garantieren einen staatsfreien Bereich, der vor ungerechtfertigten Eingriffen des Staates bewahren soll. Das Abwehrrecht setzt die **Freiheit des Bürgers als dem Staat vorgegeben** voraus. Die Abwehr ungesetzlicher bzw. übermäßiger Eingriffe ist nach wie vor die **klassische Grundrechtsfunktion;** ist von Grundrechten die Rede, dann meint man in der Regel damit ihre Eigenart als Abwehrrecht.[174]

89 Art. 8 I GG verbürgt als Abwehrrecht die **Selbstbestimmung über Ort, Zeit, Form und Inhalt.**[175] Die Erlaubnisfreiheit für Versammlungen bzw. Demonstrationen (u. Rdn. 212 ff.) ist dafür sinnbildlicher Ausdruck. Versammlungsbehörden und Polizei dürfen die Versammlungs- und Demonstrationsfreiheit nur insoweit reglementieren, als es zum Schutz **gleichgewichtiger** anderer Rechtsgüter unter strikter Wahrung des Grundsatzes der **Verhältnismäßigkeit** erforderlich ist.[176]

90 Bereits aus der Abwehrfunktion von Art. 8 I GG folgt das **Recht, für eine Versammlung bzw. Demonstration öffentliche Straßen und Plätze zu benutzen,** ohne daß diese Nutzung als Gemeingebrauch qualifiziert oder gar eine Sondernutzungserlaubnis eingeholt werden müßte (vgl. o. Rdn. 49). Art. 8 I GG hätte von vornherein keine reale Basis

---

169 *Hölscheidt* DVBl. 1987, 667.
170 *Herzog* (o. Fußn. 9), Art. 8 Rdn. 38 ff.; *v. Mutius* Jura 1988, 35.
171 *Robbers,* Verfassungsprozessuale Probleme in der öffentlich-rechtlichen Arbeit, 1996, S. 10.
172 *Robbers* (o. Fußn. 171), S. 10.
173 *Robbers* (o. Fußn. 171), S. 10.
174 Dazu grundlegend *Isensee* (o. Fußn. 94), § 111; *Stern,* Staatsrecht III/1, 1988, S. 620 ff.
175 *Denninger* in: AK-GG, 2. Aufl. 1989, vor Art. 1 Rdn. 2; *Isensee* (o. Fußn. 94), § 111 Rdn. 21; *BVerfGE* 7, 198 (204); *Dreier* Jura 1994, 505.
176 *BVerfGE* 69, 315 (343).

für seine Verwirklichung, wenn öffentliche Straßen und Plätze nicht als *public forum* genutzt werden könnten.

b) Leistungsrecht

Im Zusammenhang mit Versammlungen und Demonstrationen stellt sich vermehrt die Frage, ob und inwieweit der Staat durch Versammlungsbehörden und Polizei aus Art. 8 I GG zur Leistung von Schutz gegen Übergriffe Dritter in die Versammlungs- und Demonstrationsfreiheit verpflichtet ist und wie diese Verpflichtung i. S. der allgemeinen Grundrechtslehren qualifiziert werden kann. Vereinzelt wird diese Schutzpflicht aus Art. 8 I GG als Grundrecht des status positivus hergeleitet.[177] Die h. M. weist auf die verfassungsimmanenten Grenzen der Umdeutung von Abwehrgrundrechten in Leistungsgrundrechte hin und verortet die aus den einzelnen Grundrechten folgenden Schutzpflichten im jeweiligen objektiv-rechtlichen Grundrechtsgehalt[178] (vgl. u. Rdn. 99 ff.). **91**

Aus Art. 8 I GG läßt sich auch keine allgemeine Förderungsverpflichtung für Versammlungsbehörden und Polizei herleiten,[179] weil dies den staatsfreien Charakter des Grundrechts der Demonstrations- und Versammlungsfreiheit antasten würde. So muß sich der Veranstalter selber darum bemühen, seine Veranstaltung über die Bühne zu bringen; braucht er dafür Hilfsmittel und Utensilien, so hat er keinen Anspruch auf staatliche Förderung in Form der Überlassung von Gegenständen. **92**

Es folgt aus Art. 8 I GG auch kein Anspruch auf Schaffung der Voraussetzungen für die Teilnahme an einer Demonstration, insbesondere nicht auf finanzielle Zuwendungen.[180] So wird etwa die Gewährung von Sozialhilfe zwecks Anreise zu einer Demonstration[181] von der h. M. abgelehnt.[182] **93**

Gleichermaßen lassen sich auf Art. 8 I GG auch keine unmittelbaren Ansprüche auf Überlassung von Räumlichkeiten der Kommunen (Stadthalle, Säle etc.) oder von im Fiskaleigentum stehenden Flächen mit öffentlichem Bestimmungszweck für die Durchführung von Versammlungen und Demonstrationen stützen (vgl. u. Rdn. 106). **94**

c) Partizipationsrecht

Die Stellung des einzelnen als Staatsbürger, seine Wandlung vom bourgeois zum citoyen, ist im **status activus** aufgehoben. Verbürgt der liberale Freiheitsbegriff den status negativus als Freiraum individueller Betätigung, so garantiert der demokratische Freiheitsbegriff des status activus die Teilhabe am politischen Willensbildungsprozeß. Dazu gehören das aktive und passive Wahlrecht, das Stimmrecht bei Volksabstimmungen, das Recht auf Zugang zu öffentlichen Ämtern, das in Art. 9 I i.V. mit Art. 21 I 2 GG enthaltene Recht auf Parteigründung sowie das ebenfalls als aktives Statusrecht zu begreifende Widerstandsrecht. **95**

Die aktiven Statusrechte sind ambivalent; zunächst halten sie in Abwehrfunktion den Staat bei ihrer Ausübung auf Distanz; vor allem aber machen sie Partizipation durch Wahrnehmung von Mitwirkungsrechten möglich.[183] Garantieren die Abwehrrechte Freiheit *vom* Staat, so geht es im status activus um Rechte *im* Staat. Sind die Abwehrrechte unpolitisch, so sind partizipatorische Grundrechte politische Rechte. Dadurch erwachsen die klassischen Abwehrrechte in einer weiteren, nämlich in demokratischer Funktion. Die Verknüpfung von Art. 8 I GG mit dem demokratischen Willensbildungsprozeß, die **96**

---

[177] *Isensee,* Das Grundrecht auf Sicherheit, 1983, S. 33; *Buschmann,* Kooperationspflichten im Versammlungsrecht, Diss. Kiel, 1990, S. 65; *Hofmann* BayVBl. 1987, 102.

[178] *BVerfGE* 39, 1 (42); 46, 160 (164 f.); 49, 89 (140 ff.); 56, 54 (78); 79, 174 (201 f.); 88, 203 (251); *BVerfG* NJW 1983, 2931; *Pieroth/Schlink* (o. Fußn. 17) Rdn. 88 ff.; *Dietlein,* Die Lehre von den grundrechtlichen Schutzpflichten, 1992, S. 51 m. w. N.; *Dreier* Jura 1994, 512.

[179] So aber *Frank,* in: Festschrift für Ridder, 1989, S. 44 f.

[180] So auch *Bertuleit/Steinmeier* (o. Fußn. 14), § 1 Rdn. 66.

[181] *VGH Kassel* DVBl. 1983, 1200.

[182] *Bertuleit/Steinmeier* (o. Fußn. 14), § 1 Rdn. 66; *Kunig* (o. Fußn. 15), Art. 8 Rdn. 19; *Jarass/Pieroth* (o. Fußn. 14), Art. 8 Rdn. 11; *BVerwGE* 72, 113 (118).

[183] *Starck* JuS 1981, 240.

Herausstellung des Bürgerrechts auf Teilhabe an der politischen Willensbildung nicht nur bei Wahlen, sondern als ständiger Prozeß, sind keine lamentablen Zugeständnisse an den Zeitgeist, sondern bedeuten in verfassungshistorischer Sicht Rückbesinnung. Der bourgeois, der Wirtschaftsbürger, wurde erst dadurch zum citoyen, zum verantwortlich handelnden Staatsbürger, daß ihm die in enger Anbindung an das Petitionsrecht verstandene Versammlungsfreiheit die Chance zum unmittelbaren kollektiven Einwirken auf das organisierte staatliche Geschehen gab. Auf diese Weise konstituierte sich das Versammlungsrecht als **Freiheitsrecht im politischen Willensbildungsprozeß.**[184]

97 Ist somit die Versammlungs- und Demonstrationsfreiheit Mittel zur Teil**nahme** und Teil**habe** am politischen Willensbildungsprozeß, so ist sie als unmittelbare Ausformung der Volkssouveränität zu verstehen und folgerichtig als demokratisches Grundrecht[185] und politisches Kampfrecht zu qualifizieren.[186] Versammlungen und Demonstrationen sind dann Volksunmittelbarkeit schlechthin, Lebenselement der Demokratie, vorbehaltener, nicht delegierter Rest an Souveränität. Insoweit ist die Versammlungs- und Demonstrationsfreiheit in der Tat permanenter Stachel im Fleisch des Parlamentarismus.[187] Deshalb ist der Gebrauch von Art. 8 I GG auch mehr als ein Ergänzungsvotum[188] zum in Art. 38 GG verankerten Repräsentationsprinzip in Form der Abgeordnetenfreiheit; Versammlungen und Demonstrationen sind punktuelle Plebiszite,[189] Mittel zur Realisierung der Volkssouveränität und verkörpern so **kritische Öffentlichkeit.** Das BVerfG begreift deshalb im Brokdorf-Beschluß die Versammlungsfreiheit als demokratisches Bürgerrecht zur aktiven Teilnahme am politischen Prozeß und erblickt in Versammlungen ein Stück **ursprünglich-ungebändigter unmittelbarer Demokratie.**[190]

d) Verfahrensrecht

98 Weil Grundrechtsschutz allein durch Eingriffsabwehr nicht hinreichend gewährleistet wird, können Grundrechte eine **verfahrensrechtliche Dimension** haben.[191] Das jeweilige Grundrecht erfährt dabei durch Rechte im Verfahren eine **Verstärkung.** Verfahrensrechte sind gewissermaßen Vorposten der materiellen Grundrechtsverbürgungen und dienen der Verteidigung der Grundrechte als subjektive Rechte.[192] Das BVerfG geht in nunmehr ständiger Rechtsprechung[193] davon aus, daß Grundrechtsschutz auch durch die Gestaltung von Verfahren zu bewirken ist und betont die **Komplementärfunktion** des Verfahrensrechts für die Grundrechtsverwirklichung. Es setzt im Brokdorf-Beschluß diese Rechtsprechung fort, wenn es in Art. 8 GG einen wesentlichen verfahrens- und organisationsrechtlichen Gehalt erkennt.[194] Inhaltlich präzisiert wird der **Grundrechtsschutz durch Verfahren** durch die Herausstellung von **Kooperationspflichten,** die aus dem **Gebot zur grundrechtsfreundlichen Verfahrensgestaltung** fließen.[195] Dazu zählen zunächst die vom BVerfG selber herausgearbeiteten Pflichten, z. B. die zur Ankündigung eines vorbeugenden Verbots unter Fristsetzung, innerhalb der Gelegenheit zur mündlichen bzw. schriftlichen Erörterung mit der zuständigen Behörde gegeben werden muß.[196] Hierher

---

184 *Hofmann* BayVBl. 1987, 100.

185 *Quilisch* (o. Fußn. 74), S. 30 ff.; *Schwäble* (o. Fußn. 20), S. 17 ff.; *Frankenberg* KJ 1981, 370 ff.; *Geulen* KJ 1983, 192; *Schulze-Fielitz* (o. Fußn. 9), Art. 8 Rdn. 9; *Kutscha* JuS 1998, 678; krit. *Höfling* (o. Fußn. 9), Art. 8 Rdn. 5; *Bethge* ZBR 1988, 206.

186 *Quilisch* (o. Fußn. 74), S. 151; *Ossenbühl* Der Staat 1971, 55.

187 *Blanke/Sterzel* Vorgänge 1983, Heft 2/3, S. 69.

188 So aber *Hollerbaum* (o. Fußn. 69), S. 6.

189 *Ossenbühl* Der Staat 1971, 64; krit. dazu *Bethge* ZBR 1988, 207; *Schneider* DÖV 1985, 783.

190 *BVerfGE* 69, 315 (346 f.); krit. dazu *Kloepfer* (o. Fußn. 17), Rdn. 12 f.

191 *Jarass* AöR 1985, 385 ff.; *Hofmann* BayVBl. 1987, 102; *v. Mutius* Jura 1988, 32; *Denninger,* in: Handbuch des Staatsrechts V, § 113, S. 291 ff., 1992.

192 *Dreier* Jura 1994, 511.

193 *BVerfGE* 53, 60 (65 f. u. 72 f.); 56, 216 (236); 63, 131 (143); 65, 1 (44 u. 49); 65, 76 (94).

194 *BVerfGE* 69, 315 (355); *Schulze-Fielitz* (o. Fußn. 9), Art. 8 Rdn. 66; *Höfling* (o. Fußn. 9), Art. 8 Rdn. 45.

195 *BVerfGE* 69, 315 (355).

196 *BVerfGE* 69, 315 (362).

gehören aber auch die dem Schutze der Betroffenen dienenden Vorschriften der Verwaltungsverfahrensgesetze, die im Versammlungswesen als Teil des Rechts der Gefahrenabwehr uneingeschränkt in Geltung sind.

e) Objektiv-rechtliche Funktion

Über diese Grundrechtsfunktionen hinaus stellen die Grundrechte **objektiv-rechtliche Wertentscheidungen** der Verfassung dar, die für alle Bereiche der Rechtsordnung gelten und Richtlinien für Gesetzgebung, Verwaltung und Rechtsprechung geben.[197] Als **negative Kompetenznormen** begrenzen sie den Handlungs- und Entscheidungsspielraum des Staates.[198] Verkörpern aber die Grundrechte in ihrem objektiv-rechtlichen Gehalt Wertentscheidungen, so erwachsen sie in einer **zusätzlichen Geltungsdimension** als Elemente einer objektiven Ordnung, die die subjektiv-rechtliche Bedeutung der Grundrechte verstärken.[199] Mit dieser erhöhten Wirkungskraft wird der status negativus insoweit zum status positivus hin geöffnet, als die Abwehrrechte um Verfahrens-, Teilhabe- und Leistungsrechte – mögen diese auch nur schwache Konturen haben – ergänzt werden.[200] Die objektiv-rechtlichen Grundrechtsgehalte wirken insbesondere **als Vorgaben für die Auslegung und Anwendung des einfachen Rechts und bei der Begründung staatlicher Schutzpflichten für die Grundrechtsausübung.** 99

Das BVerfG knüpft im Brokdorf-Beschluß an seine Rechtsprechung zur objektiven Wertordnung an und wertet Art. 8 I GG als Grundentscheidung der Verfassung, die in ihrer Bedeutung über den Schutz gegen staatliche Eingriffe hinausreicht.[201] Der objektiv-rechtliche Gehalt der Versammlungs- und Demonstrationsfreiheit folgt aus ihrer institutionellen Bedeutung für die Demokratie des Grundgesetzes. Bei allen begrenzenden gesetzlichen Regelungen ist diese verfassungsrechtliche Grundentscheidung zu beachten, die nur zum Schutze gleichgewichtiger anderer Rechtsgüter unter strikter Wahrung der Verhältnismäßigkeit relativiert werden darf.[202] 100

Art. 8 I GG strahlt damit auf das einfache Gesetzesrecht aus und entfaltet insbesondere für das Straf-, Haftungs- und Kostenrecht eingrenzende Wirkung. Strafrechtsnormen (§§ 103, 105, 125,[203] 240 StGB), haftungsrechtliche Bestimmungen (z. B. § 830 BGB) und Kostengesetze können bei extensiver Anwendung den grundrechtlichen Schutz durch Art. 8 I GG unterlaufen.[204] Deshalb betont das BVerfG im Brokdorf-Beschluß den insoweit fortwirkenden Grundrechtsgehalt des Art. 8 I GG, der Richter und Behörden bei straf- und haftungsrechtlichen Entscheidungen bzw. Maßnahmen zur restriktiven Auslegung und Anwendung der einschlägigen Bestimmungen anhalte.[205] 101

Besteht die mögliche Mittäterschaft oder Beihilfe hinsichtlich einer Zwangswirkung nach §§ 125, 240 StGB (z. B. durch Aufforderung zu Blockaden) nur in Form von Redebeiträgen, so ist mit Blick auf die Grundrechte aus Art. 8 I und Art. 5 I GG die Verantwortung des Redners für das Verhalten der Demonstranten zu begrenzen; Demonstrationen verfügen nämlich nicht zwingend über eine hierarchische Organisation, die eine klare Zuordnung aller denkbaren Veranlassungen ermöglicht.[206] 102

197 *BVerfGE* 39, 1 (41), w. N. o. Fußn. 178; grundl. krit. dazu *Ridder* (o. Fußn. 14), Geschichtliche Einleitung Rdn. 3.

198 *Pieroth/Schlink* (o. Fußn. 17), Rdn. 73 ff.

199 *BVerfGE* 50, 290 (337).

200 *Pieroth/Schlink* (o. Fußn. 17), Rdn. 80.

201 *BVerfGE* 69, 315 (343).

202 *BVerfGE* 69, 315 (348 f.).

203 *BVerfGE* 82, 236 (258 ff.).

204 *BGHZ* 89, 383 (395); *BVerwG* NJW 1989, 52; zur Schadensersatzpflicht bei Blockaden vgl. *BGH* NJW 1998, 377 ff.; zur Verkehrssicherungspflicht bei Massenveranstaltungen vgl. *LG Hamburg* NJW 1998, 1411.

205 *BVerfGE* 69, 315 (361 f.).

206 So zutr. *Ladeur* (o. Fußn. 14), Art. 8 Rdn. 36; a. A. die Senatsmehrheit (bei 4 : 4 Entscheidung) in *BVerfGE* 82, 236 (262 ff.).

103 Die Ausdehnung der zivilrechtlichen Haftung auf passive Sympathisanten für die bei einer Demonstration angerichteten Schäden ist verfassungswidrig, weil die Grundrechtsausübung mit einem unkalkulierbaren Risiko belastet und das Recht auf öffentliche Meinungskundgabe unzulässig beschränkt würde.[207] Es kann auch keine gesamtschuldnerische Haftung des nicht mehr anwesenden Demonstrationsteilnehmers nach §830 I 2 BGB geben; Zweifel hinsichtlich der Beteiligung an einer unerlaubten Handlung gehen zu Lasten der anspruchstellenden Behörde.[208] Die Beweiserleichterungsregelung des §830 I 2 BGB setzt voraus, daß jeder der möglichen Täter jeweils den ganzen Schaden verursacht haben kann, was bei einer Vielzahl von Demonstranten gerade nicht der Fall sein wird. Es wäre nun unzulässig, diesem Umstand dadurch zu begegnen, über eine materiellrechtliche Zurechnung (Mittäterschaft, psychische Beihilfe) den bloßen Selbstorganisationseffekt zwischen den Teilnehmern in die Beteiligung an einem einheitlichen Kollektivakt umzumünzen.[209] Ansonsten geriete jede Demonstrationsteilnahme zu einer Unternehmung, die mit dem Risiko belastet wäre, für Dritte Schadensersatz leisten zu müssen.

104 Landesrechtliche Bestimmungen sehen die Möglichkeit vor, die Teilnehmer verbotener bzw. aufgelöster Demonstrationen als Verursacher des polizeilichen Einsatzes zu den Kosten desselben heranzuziehen. Der Umstand, daß dabei an ein rechtswidriges Verhalten angeknüpft wird,[210] bannt nicht die Gefahr einer Beeinträchtigung der Grundrechtsausübung von Art. 8 I GG. Da die Möglichkeit eines Verbots auch noch unmittelbar vor einer Veranstaltung bzw. einer Auflösung während des Verlaufs immer gegeben ist, würde auch ein an die (nunmehr) rechtswidrige Teilnahme geknüpftes **Kostenrisiko** dazu führen können, daß die Demonstrationsfreiheit nicht mehr wahrgenommen wird. Unabhängig davon wären Ungerechtigkeiten programmiert, weil es weitgehend vom Zufall abhängt, wen die Polizei in der Unübersichtlichkeit der Eingriffssituation herausgreift und damit haftbar macht.[211]

105 Art. 8 I GG setzt auch der Heranziehung des Veranstalters oder Leiters zum Ersatz von Reinigungskosten Grenzen (z. B. wegen der Säuberung von Straßen und Plätzen von Flugblättern, die anläßlich einer Demonstration verteilt wurden).[212] Im Gegensatz zur Auffassung des BVerwG, das bei grundsätzlicher Annahme einer Haftung des Veranstalters diese an der konkreten Zurechnung der eingetretenen Verunreinigung hat scheitern lassen,[213] folgt die Unvereinbarkeit einer Veranstalterhaftung bereits aus verfassungsrechtlichen Erwägungen; das Austeilen von Flugblättern bei Demonstrationen gehört zum Schutzbereich des Kommunikationsgrundrechts aus Art. 8 I GG und eben dieses wäre beeinträchtigt, wenn wegen des Risikos der Kostentragungspflicht keine Flugblätter mehr verteilt würden.[214] Eine Haftung des Versammlungsleiters scheidet schon deshalb aus, weil sich seine Funktion zeitlich auf die Dauer der Veranstaltung beschränkt, ihm also eine Verpflichtung für die Zeit danach (die Reinigung fällt ja erst nach Beendigung an) nicht auferlegt werden kann.[215]

106 Geht es für die Durchführung von Demonstrationen bzw. Versammlungen um die Überlassung von im Fiskaleigentum stehenden Flächen mit öffentlichem Bestimmungszweck (z. B. die Hofgartenwiese in Bonn als Liegenschaft der Universität und gleichzeitig einziges Demonstrationsgelände im Innenstadtbereich) oder von Räumlichkeiten (öffent-

---

207 *BGHZ* 89, 383 (399); *Schulze-Fielitz* (o. Fußn. 9), Art. 8 Rdn. 67; *Höfling* (o. Fußn. 9), Art. 8 Rdn. 44.

208 *BGHZ* 89, 383 (399).

209 *Ladeur* (o. Fußn. 14), Art. 8 Rdn. 36; dazu näher *Thommes* (o. Fußn. 14), Zivilrechtliche Haftung, Rdn. 12 ff., z. B. §§52 IV PolG, 31 I, III LVwVG i. V. mit §7 VollstrkostenO.

210 *Würtenberger/Heckmann/Riggert,* Polizeirecht in BW, 4. Aufl. 1999 Rdn. 589.

211 So zutr. *Ladeur* (o. Fußn. 14), Art. 8 Rdn. 37; zur Heranziehung zu Polizeikosten näher *Offczors* (o. Fußn. 14), Kostenerhebung nach öffentlichem Recht im Zusammenhang mit Versammlungen Rdn. 10 ff.

212 *Brohm* JZ 1989, 26; *Mann* Jura 1990, 384 ff.; *Zeitler* (o. Fußn. 17), Rdn. 710 ff.

213 *BVerfGE* 80, 158 (160 ff.).

214 *Brohm* JZ 1989, 326.

215 So auch *Zeitler* (o. Fußn. 17) Rdn. 721; vgl. auch *BVerwG* JZ 1989, 340.

liche Sachen im Verwaltungsgebrauch) kann Art. 8 I GG als Abwehrrecht nicht durchschlagen, da es sich fraglos um eine Sonderbenutzung handelt.[216] Streitig ist, ob über eine solche Sonder*be*nutzung ausschließlich auf der Basis öffentlich-rechtlicher Sachherrschaft entschieden[217] oder der objektiv-rechtliche Gehalt von Art. 8 I GG zur Begründung des Anspruches auf Überlassung herangezogen werden kann. Fraglos besteht insoweit ein subjektives Recht des Anspruchstellers auf ermessensfehlerfreie Entscheidung. Klärungsbedürftig ist aber, ob Art. 8 I GG im Rahmen dieser Entscheidung nur als inhaltliches Korrektiv zur Vermeidung von Ermessensfehlern bedeutsam oder vielmehr der Grund ist, daß bei einer Ermessensreduzierung auf Null das Recht auf ermessensfehlerfreie Entscheidung zum Sonderbenutzungsanspruch erstarkt. Nach der ersten Auffassung strahlt Art. 8 I GG lediglich auf die Überlassungsentscheidung aus und vermag nur in seltenen Fällen (z. B. wenn bei einer Demonstration gegen eine Schulreform in einer Schule ein spezifischer Zusammenhang zwischen Versammlungsort und -thema besteht) eine Ermessensreduzierung auf Null zu bewirken.[218] Insoweit verneint auch das BVerwG ein aus Art. 8 I GG folgendes Recht auf Überlassung fremden Eigentums zu Demonstrationszwecken und damit zugleich eine entsprechende Verpflichtung, eine Liegenschaft außerhalb ihres Bestimmungszwecks zur Verfügung stellen zu müssen, bejaht aber, daß das Interesse eines Veranstalters an der Durchführung der Demonstration sich gegen die Verfügungsmacht des Eigentümers im Wege gebührender Berücksichtigung bei der Ermessensentscheidung über die Sonderbenutzung durchsetzen kann.[219] Ist aber, wovon auch das BVerwG in seiner Entscheidung ausgeht, zu berücksichtigen, daß in Bonn Großdemonstrationen ab 65 000 Teilnehmern mangels anderer innerstädtischer Flächen nur auf der besagten Hofgartenwiese durchgeführt werden konnten, so war die Verweigerung der Überlassung bei den Universitätsbetrieb nur geringfügig störenden Demonstrationen (am Wochenende) nicht nur ermessensfehlerhaft und damit rechtswidrig, sondern verursachte zugleich die Gefahren, die bei Durchführung der Veranstaltung an anderer ungeeigneter Stelle drohten. Die Versammlungsbehörde konnte deshalb die Universität in ihrer Monopolstellung als **Störerin** i. S. des Polizeirechts behandeln.[220] Die Universität wurde damit in eine doppelte Verpflichtung genommen; gegenüber den potentiellen Demonstrationsteilnehmern und gegenüber der Versammlungsbehörde, die die öffentliche Sicherheit im Zusammenhang mit der anstehenden Großdemonstration garantieren muß. Beide Verpflichtungen folgen aus dem objektiv-rechtlichen Gehalt von Art. 8 I GG. Hat Art. 8 I GG aber diese Dimension erreicht, die Funktion als Abwehrrecht hinter sich gelassen, dann durchdringt er die gesamte Rechtsordnung und wirkt auch anspruchsbegründend.[221]

Geht es um die Überlassung von Räumlichkeiten auf privatrechtlicher Basis (Anmie- **107**
tung von Sälen oder Stadthallen) zur Durchführung öffentlicher oder nichtöffentlicher Veranstaltungen, so ist der Veranstalter auf den Abschluß eines privatrechtlichen Vertrages angewiesen. Bei grundsätzlicher Geltung des Prinzips der Privatautonomie kann sich über den objektiv-rechtlichen Grundrechtsgehalt von Art. 8 I, der drittwirkend auf die Generalklauseln der §§ 138, 242 und 826 BGB ausstrahlt, ein Kontrahierungszwang ergeben, und zwar immer dann, wenn der Eigentümer bzw. Besitzer eine Monopolstellung hat. Werden kommunale Einrichtungen in privatrechtlicher Rechtsform betrieben (Stadthalle als GmbH), besteht die Verpflichtung zum Vertragsabschluß, wenn auch bei öffentlich-rechtlicher Ausgestaltung ein Zulassungsanspruch bestünde.[222] Soll in der Eingangshalle eines Flughafens gegen die Abschiebepraxis von Asylbewerbern auf eben diesem Flughafen (Ge-

---

216 So die Terminologie des *BVerwG* NJW 1993, 609 f.
217 *Burgi* DÖV 1993, 641; *OVG Münster* NWVBl. 1992, 243 ff.
218 *Burgi* DÖV 1993, 642.
219 *BVerwG* NJW 1993, 610.
220 So auch *Schlink* NJW 1993, 611.
221 *Schlink* NJW 1993, 611; differ. dazu *Benda* (o. Fußn. 18), Art. 8 Rdn. 63.
222 *Burgi* DÖV 1993, 642 m. w. N.; zum Zulassungsanspruch politischer Parteien vgl. näher *Gassner* VerwArch 1994, 533 ff.

staltungsfreiheit hinsichtlich der Ortswahl) demonstriert werden, kann die den Flughafen betreibende GmbH oder AG, an der der Staat beteiligt ist, nicht einfach unter Hinweis auf die Privatautonomie die Demonstration unterbinden wollen (vgl. dazu o. Rdn. 54).

108 Der objektiv-rechtliche Gehalt von Art. 8 I GG ist auch maßgeblich für die Ableitung einer Schutzpflicht der Versammlungsbehörden bzw. der Polizei für Demonstrationen und Versammlungen vor Übergriffen Dritter. Schon in der Vergangenheit, aber gerade auch in jüngster Zeit kommt es zu solchen Übergriffen, so daß die Durchführung der Veranstaltung bzw. die Teilnahme an ihr polizeilich gesichert werden muß. Gleiches gilt, wenn friedlichen Teilnehmern die Grundrechtsausübung erhalten werden muß, weil unfriedliche Teilnehmer derselben Veranstaltung Ausschreitungen begehen. Eine solche **Schutzpflicht** wird von der h. M. als **Unterfall des objektiv-rechtlichen Grundrechtsgehalts** anerkannt.[223] Wenn der Staat sich schützend und fördernd vor die Bürger bei ihrer Grundrechtsausübung zu stellen hat, insbesondere wenn er bei Versammlungen und Demonstrationen Gefahren abwehrt, die von Dritten drohen, wird der grundrechtliche Bezug des Versammlungs- und Polizeirechts deutlich.

109 Das BVerfG hat die Frage der Schutzpflicht im Brokdorf-Beschluß zwar dahinstehen lassen,[224] doch hat es diese gleichwohl incidenter bejaht, wenn es an anderer Stelle betont, daß den friedlichen Versammlungsteilnehmern der Grundrechtsschutz auch dann erhalten bleiben müsse, wenn andere Ausschreitungen begehen.[225]

110 Hinsichtlich der Erfüllung der Schutzpflichten ist zu differenzieren. Versammlungsbehörden und Polizei sind auf der Grundlage des § 15 VersG zum Einschreiten zugunsten Dritter verpflichtet, wenn ein Schutzgut der öffentlichen Sicherheit beeinträchtigt wird[226] und zudem eine Ermessensreduzierung auf Null gegeben ist. Gegenüber dem Gesetzgeber besteht ein solcher Erfüllungsanspruch – etwa im Sinne eines Grundrechts auf Sicherheit[227] – nicht. Dem Gesetzgeber ist insoweit ein erheblicher Entscheidungsspielraum eingeräumt; der aus der jeweiligen Schutzpflicht folgende Schutzanspruch beinhaltet nur, daß der Gesetzgeber nicht Schutzvorkehrungen trifft, die gänzlich ungeeignet oder völlig unzulänglich sind.[228]

f) Institutionelle Garantie

111 Nach institutionellem Grundrechtsverständnis wirken die Grundrechte über die individualrechtliche Seite hinaus als verfassungsrechtliche Gewährleistungen freiheitlich geordneter und ausgestalteter Lebensbereiche.[229] Im Schrifttum gab[230] und gibt[231] es die Tendenz, auch Art. 8 I GG institutionell abzusichern und den sozialen Tatbestand Versammlung bzw. Demonstration als institutionelle Garantie der Verfassung zu begreifen. Ein Vergleich mit hergebrachten institutionellen Garantien ergibt indes, daß Demonstrationen bzw. Versammlungen als zeitlich begrenzte Veranstaltungen keine institutionelle Eigenständigkeit erreichen und nicht den Grad organisatorischer Verfestigung wie etwa die Presse bzw. das öffentlich-rechtliche Rundfunk- und Fernsehwesen aufweisen.[232]

---

223 Seit *BVerfGE* 39, 1 (42); *Pieroth/Schlink* (o. Fußn. 17), Rdn. 73 ff.; *Schulze-Fielitz* (o. Fußn. 9), Art. 8 Rdn. 62.

224 *BVerfGE* 69, 315 (355).

225 *BVerfGE* 69, 315 (361); vgl. auch *v. Mutius* Jura 1988, 32; *Hofmann* BayVBl. 1987, 102 f.; a. A. *Zeitler* (o. Fußn. 17), Rdn. 300.

226 Etwa zum Schutze des Persönlichkeitsrechts eines Demonstrationsadressaten, *VGH Kassel* NJW 1994, 1750.

227 So aber *Isensee* (o. Fußn. 177), S. 33 ff.; diff. *Isensee* (o. Fußn. 94), § 111 Rdn. 83.

228 Seit *BVerfGE* 77, 170 (215); dazu näher *Pieroth/Schlink* (o. Fußn. 17), Rdn. 91.

229 *Häberle,* Die Wesengehaltsgarantie des § 19 Abs. 2 GG, 3. Aufl. 1983, S. 70.

230 *Werbke* NJW 1970, 8.

231 *Ott/Wächtler* (o. Fußn. 68); Einf. Rdn. 14; *Ladeur* KJ 1987, 150 ff.; *Frank* (o. Fußn. 179), S. 45.

232 *Herzog* (o. Fußn. 9), Art. 8 Rdn. 4 u. 42; *Ossenbühl* AöR 1985, 64; *Schwäble* (o. Fußn. 20), S. 75; *Kloepfer* (o. Fußn. 17), Rdn. 6; man kann aber auch wie *Jarass* AöR 1985, 367 in institutionellen Garantien lediglich die besonders deutliche Ausprägung des objektiv-rechtlichen Grundrechtsgehalts sehen; *Benda* (o. Fußn. 18), Art. 8 Rdn. 57; *Schulze-Fielitz* (o. Fußn. 9), Art. 8 Rdn. 70.

4. Veranstaltung, Leitung und Teilnahme als Teilrechte

Welche Aktivitäten und Verhaltensweisen durch die Versammlungs- und Demonstrationsfreiheit geschützt werden, läßt sich nur im Wege der Auslegung ermitteln. Art. 8 I GG spricht nur vom Sichversammeln und scheint damit nur die Teilnahme zu erfassen. Diese setzt aber (abgesehen von Spontanversammlungen) Vorbereitungsmaßnahmen voraus. Dann muß Art. 8 I GG aber neben der Möglichkeit der Teilnahme auch das **Recht auf Vorbereitung und Organisation** sowie das **Recht auf geordnete Durchführung** garantieren. Neben der Teilnahme verbürgt Art. 8 I GG somit als weitere eigenständige Teilrechte das **Veranstaltungs- und Leitungsrecht**[233] (u. Rdn. 239 ff.). 112

Die Veranstaltungsfreiheit garantiert dem Veranstalter zunächst das Recht auf **seine** Veranstaltung; er hat insoweit **Gestaltungsfreiheit,** die der Teilnahmefreiheit vorgeht. Insbesondere kann der Veranstalter das inhaltliche Programm und den Ablauf der Veranstaltung gestalten. Hat der Veranstalter seinen Versammlungs- bzw. Demonstrationszweck in der Einladung oder auf andere Weise mit hinreichender Deutlichkeit konkretisiert, so können die Teilnehmer ihn nicht unmöglich machen. Eine den Zweck konterkarierende Teilnahme[234] kann nur solange zulässig sein, als der Gesamtcharakter der Veranstaltung im wesentlichen bestehen bleibt. 113

Im einzelnen verbürgt die Veranstaltungsfreiheit Vorbereitung und Organisation, etwa durch **Werbung, Einladung, Raumbeschaffung, Rednergewinnung, Planung der Anreise** usw. Die Freiheit zur Leitung als Derivat der Veranstaltungsfreiheit gibt das **Recht zu Ordnungsmaßnahmen** bei der Durchführung der Veranstaltung. Der Leiter bestimmt den Ablauf, entscheidet über Wortgewährung bzw. -entzug, Unterbrechung, Schließung und Fortsetzung der Veranstaltung. Die Teilnahmefreiheit gewährleistet zunächst das **Recht auf Anwesenheit** und alsdann die (allerdings einschränkbare) **Beteiligungsmöglichkeit** an der Veranstaltung, etwa durch **Redebeitrag, Zwischenruf, Beifalls-** oder **Mißfallenskundgebung.** 114

Versammlungen und Demonstrationen als solche genießen keinen unmittelbaren Schutz der Verfassung. Es gibt kein Recht *der* Versammlung, sondern nur ein Recht *auf* Versammlung. Veranstalter, Leiter oder Teilnehmer können Ansprüche auf Entstehung und Bestand einer Versammlung haben, nicht diese selber. Faktisch erfährt allerdings jede Versammlung bzw. Demonstration dadurch Schutz, daß Teilnehmer und Veranstalter einen grundrechtlichen Anspruch auf *ihre* Veranstaltung haben. Das ändert indes nichts daran, daß nach Text und Willen der Verfassung die **Versammlungsbeteiligten** und **nicht die Versammlung** bzw. **Demonstration Adressaten** der Grundrechtsgewährleistung und der versammlungsgesetzlichen Eingriffsermächtigungen sind (u. Rdn. 423). 115

5. Abgrenzung zum Schutzbereich anderer Grundrechte

Bei Ausübung der Versammlungs- und Demonstrationsfreiheit kommt es zu Überschneidungen mit anderen Grundrechten, so daß sich die Frage der **Grundrechtskonkurrenz**[235] stellt. Eine solche liegt vor, wenn ein bestimmtes Verhalten vom Schutzbereich mehrerer Grundrechte erfaßt wird. Grundrechtskonkurrenzen können in unterschiedlicher Weise aufgelöst werden. Im wesentlichen kommt es darauf an, ob das eine Grundrecht das andere als lex specialis verdrängt, also nur ein Grundrecht Schutz gewährt oder ob beide idealiter konkurrieren (Grundrechtskumulation[236]), so daß sich der Grundrechtsträger auf zwei Grundrechte berufen kann. Von letzterem ist immer dann auszugehen, wenn es zur **Verstärkung der gesamtgrundrechtlichen Schutzposition** kommen 116

---

233 *Herzog* (o. Fußn. 9), Art. 8 Rdn. 58; *Pieroth/Schlink* (o. Fußn. 17), Rdn. 705.

234 Nach *BVerfGE* 92, 191 (203) können im Rahmen einer Demonstration auch ablehnende Auffassungen vertreten werden; vgl. dazu *Roellecke* NJW 1995, 3101.

235 Vgl. dazu *Bleckmann/Wiethoff*, DÖV 1991, 722 ff.

236 Vgl. dazu *Würkner* DÖV 1992, 15 ff.; *Pieroth/Schlink* (o. Fußn. 17), Rdn. 343.

kann, insbesondere dadurch, daß bei unterschiedlicher Schrankenregelung in den beteiligten Grundrechten eine restriktive Schrankeninterpretation zur Effektivierung der grundrechtlichen Gesamtgarantie geboten ist.[237]

a) Allgemeine Handlungsfreiheit

117 Art. 8 I GG garantiert zunächst ein Stück allgemeiner Handlungsfreiheit, indem er dem einzelnen Persönlichkeitsentfaltung in Gruppenform sichert. Im Verhältnis zum Muttergrundrecht des Art. 2 I GG ist Art. 8 I GG das speziellere Grundrecht. Spezialität besteht auch in negativer Hinsicht. Art. 2 I GG hat zwar die Funktion eines Auffanggrundrechts für all die Betätigungen des einzelnen, die nicht vom Schutzbereich anderer Freiheitsrechte aufgefangen werden;[238] gleichwohl können unfriedliche und bewaffnete Teilnehmer an Demonstrationen und Versammlungen, die sich ja nicht auf Art. 8 I GG berufen können, nicht den Schutz von Art. 2 I GG reklamieren.[239] Die Auffangfunktion vermag nämlich dann nicht zu greifen, wenn das Herausfallen aus dem Schutzbereich eines speziellen Grundrechts Ausdruck des Unwerturteils des Verfassungsgebers ist. Ein solches ist aber in Art. 8 I GG über die bewaffnete und unfriedliche Teilnahme gefällt worden.[240] Unfriedliche Versammlungen deshalb unter den Schutzbereich von Art. 2 I GG fallen zu lassen, weil nur so dem klassischen aus den Einzelgrundrechten abgeleiteten Eingriffsvorbehalt Rechnung getragen werden könne,[241] vermag nicht zu überzeugen; denn es reicht aus, wenn Versammlungsbehörden und Polizei beim Vorgehen gegen unfriedliche Versammlungen durch Verbot oder Auflösung sich auf das allgemeine Polizeirecht (Generalklausel) stützen und so dem allgemeinen grundrechtsunabhängigen, aus dem Rechtsstaatsprinzip abgeleiteten Vorbehalt des Gesetzes genügen[242] (vgl. u. Rdn. 207).

b) Recht auf informationelle Selbstbestimmung

118 Art. 8 I GG bietet in seiner Eigenschaft als spezifisches Kommunikationsgrundrecht neben dem informationellen Selbstbestimmungsrecht eigenständigen Schutz gegenüber informationellen Aktivitäten von Polizei und Verfassungsschutz im Zusammenhang mit Demonstrationen und Versammlungen.[243]

c) Körperliche Bewegungsfreiheit

119 Das Recht, sich im Rahmen einer Demonstration in beliebiger Richtung kollektiv fortzubewegen, ist durch Art. 8 I GG mit abgedeckt. Die Ausübung der Teilrechte auf Leitung und Teilnahme setzt die tatsächliche und rechtliche Möglichkeit zum Aufenthalt in einer bestimmten Demonstration bzw. Versammlung zwangsläufig voraus. Wird das Recht auf kollektive Fortbewegung bzw. auf Aufenthalt beeinträchtigt, so ist der Schutzbereich des insoweit spezielleren Art. 8 I GG unmittelbar betroffen. Fällt die Anreise bereits unter den Schutzbereich von Art. 8 I GG (vgl. o. Rdn. 69), so wird die körperliche Bewegungsfreiheit auch insoweit specialiter konkretisiert, als potentielle Teilnehmer nicht daran gehindert werden dürfen, einen bestimmten (Demonstrations- oder Versammlungs-)Ort aufzusuchen.

---

237 So auch *Berkemann* NVwZ 1982, 87.

238 Seit *BVerfGE* 6, 32 (36 ff.).

239 So aber *Bleckmann/Wiethoff* DÖV 1991, 726; diff. *Kunig* (o. Fußn. 15), Rdn. 37, wonach Art. 2 I GG unfriedliche Versammlungen insoweit erfaßt, als ein Einschreiten den Grundsatz der Verhältnismäßigkeit wahren muß, abl. *Pieroth/Schlink* (o. Fußn. 17), Rdn. 342.

240 *Herzog* (o. Fußn. 12), Art. 8 Rdn. 77; *Bethge* DVBl. 1989, 845; *Gallwas* JA 1986, 485; *Isensee* (o. Fußn. 94), § 111 Rdn. 105 u. 178.

241 So *Bleckmann/Wiethoff* DÖV 1991, 726.

242 So zutr. *Isensee* (o. Fußn. 94), § 111 Rdn. 179.

243 Vgl. auch *Heußner,* in: Festschrift für Simon, 1987, S. 237; *Alberts* CR 1994, 494; a. A. *Götz,* NVwZ 1990, 116; *Schmitt Glaeser* (o. Fußn. 153); § 129 Rdn. 84 ff.

Werden Demonstrationsteilnehmer ohne Auflösung am Ort durch polizeiliche Einschließung festgehalten,[244] so ist Art. 8 I GG auch insoweit specialiter betroffen, als er das **Recht auf Verlassen des Demonstrationsorts** verbürgt.[245] 120

Eine Einschließung nach Auflösung gemäß § 15 II VersG beeinträchtigt dagegen primär die körperliche Bewegungsfreiheit der Betroffenen, weil § 13 II VersG nur noch das Recht beinhaltet, sich in angemessener Zeit entfernen zu können. Die sog. einschließende Begleitung greift so lange nicht in Art. 2 II 2 GG ein, als die Betroffenen die Marschrichtung selber bestimmen können und auch weiterziehen wollen. Allerdings wird ein Eingriff in Art. 8 I GG vorliegen, wenn durch einschließende Begleitung das Erscheinungsbild der Demonstration verändert wird, so daß für die eigene Außendarstellung kein Raum bleibt oder die Kontaktaufnahme zur Öffentlichkeit bzw. zu potentiellen Teilnehmern behindert oder gar unterbunden wird.[246] 121

d) Glaubensfreiheit

Die Glaubensbetätigungs- und Religionsausübungsfreiheit des Art. 4 I und II GG sind leges speciales gegenüber Art. 8 I GG, wenn es um Glauben und Gewissen und deren kollektive Ausübung in Gestalt von Versammlungen und Demonstrationen geht.[247] So war denn auch ein im Rahmen der Asylrechtsdemonstration im Jahre 1993 in Bonn geplanter Gottesdienst in der Bannmeile zuzulassen, weil dieser nicht unter § 16 I VersG fiel. 122

e) Meinungsfreiheit

Die Versammlungsfreiheit in ihrer Ausgestaltung als Demonstrationsfreiheit ist spezifisches Kommunikationsgrundrecht und nicht nur kollektive Ergänzung der Meinungsfreiheit (o. Rdn. 35 ff.). Art. 5 I GG ist indes neben Art. 8 I GG einschlägig, wenn bei Demonstrationen Transparente oder Spruchbänder mit vom Demonstrationsanliegen abweichenden bzw. dieses relativierenden Inhalten gezeigt werden (vgl. u. Rdn. 262). 123

Folgt man der Meinung, daß Art. 8 I GG die besondere Form kollektiver Entfaltung, nämlich die kommunikative Darstellung und Vermittlung in der und durch die Versammlung unter Schutz stellt, während die Inhalte und gewählten Ausdrucksformen unter Art. 5 I GG fallen (o. Rdn. 36), so stellt sich bei präventiven Maßnahmen der Versammlungsbehörden (Verbot, beschränkende Verfügung) die Frage nach der Geltung des Zensurverbots aus Art. 5 I 3 GG.[248] 124

f) Kunstfreiheit

Insbesondere bei politischem Straßentheater kann es zur Konkurrenz zwischen der Kunstfreiheit und Art. 8 I GG kommen. Sind die Voraussetzungen des verfassungsrechtlichen Versammlungsbegriffs gegeben, können sich die Betroffenen auf beide Grundrechte berufen. Die Kunstfreiheit gewährt weitergehenden Schutz, indem sie auch den prozeßhaften Vorgang der künstlerischen Schöpfung, der Gestaltung und allgemeinen Präsentation des Geschaffenen einbezieht,[249] so daß es zur Verstärkung der gesamtgrundrechtlichen Position kommt. Als *künstlerische* Demonstration ist der *Anachronistische Zug*[250] des Jahres 1980 zu bewerten; ein solcher Aufzug fällt nicht wegen der im Vordergrund stehenden Prägung durch politische Ziele aus dem Kunstbegriff heraus, sondern Art. 5 III 1 GG erfaßt auch die engagierte versammlungsmäßig dargebotene Kunst.[251] Die Schranken von Art. 8 I GG gelten indes auch für künstlerische Demonstrationen, wenn und so- 125

---

244 *VG Hamburg* NVwZ 1987, 833; vgl. auch die Entscheidungen zu anderen Einschließungen, *VG Mainz* NVwZ-RR 1991, 242 ff.; *VG Berlin* NVwZ-RR 1990, 188; dazu näher *Hofmann-Hoeppel* DÖV 1992, 870 ff.; *LG München* Urteil v. 28. 2. 1994, 9 O 12 730/93; vgl. auch *KG Berlin* NVwZ 200, 469 f.

245 Das *VG Hamburg* NVwZ 1987, 834 geht von einem Eingriff in beide Grundrechte aus.

246 *VG Bremen* NVwZ 1989, 898; *OVG Bremen* NVwZ 1990, 1191.

247 *Schulze-Fielitz* (o. Fußn. 9), Art. 8 Rdn. 73; *Höfling* (o. Fußn. 9), Art. 8 Rdn. 76.

248 Dazu näher *Breitbach/Rühl* NJW 1988, 8 ff.

249 *Berkemann* NVwZ 1982, 87.

250 *BVerfGE* 67, 213 ff.; *Benda* (o. Fußn. 18), Art. 8 Rdn. 25.

251 *Stern* (o. Fußn. 68), S. 1403.

weit es zu **versammlungsspezifischen** Konflikten (z. B. durch die Teilnahme am öffentlichen Straßenverkehr) kommt.[252]

g) Vereinigungsfreiheit

126 Eine enge Beziehung besteht auch zwischen Art. 8 I und 9 I bzw. 9 III GG. Vereinigungen als Träger des kollektiven Freiheitsrechts aus Art. 9 I GG werden auch durch und in Demonstrationen und Versammlungen aktiv, insbesondere dann, wenn eine Vereinigung als Veranstalter auftritt und eine Demonstration bzw. Versammlung zum Forum organisierter Willensbildung macht. Auch hier ist von einer gesamtgrundrechtlichen Position auszugehen.

h) Arbeitskampffreiheit

127 Neue Formen des Arbeitskampfes warfen Fragen nach dem Verhältnis von Art. 8 I und Art. 9 III GG auf. Betriebsbesetzungen, kollektives Verbleiben im Betrieb wurden von gewerkschaftlicher Seite als Demonstrationen am Arbeitsplatz deklariert. Die Wahl des Betriebes als Versammlungsort kann indes kein Ausfluß der Selbstbestimmung sein. Weil Art. 8 I GG staatsgerichtet ist, eine unmittelbare Drittwirkung nicht besteht, kann die Demonstrations- und Versammlungsfreiheit nicht auf das Verhältnis der Tarifvertragsparteien sowie das zwischen Arbeitgeber und Arbeitnehmer durchschlagen.

128 Gleichwohl können **Maßnahmen des Arbeitskampfes als demonstrative Aktionen** aufgezogen werden. Zwar war das traditionelle Bild des Streiks geprägt durch die Niederlegung der Arbeit bei Verlassen der Arbeitsstätte unter Zurücklassung von Streikposten. Dieses Bild hat sich grundlegend geändert. Die Streikenden verlassen ihre Arbeitsstätte nicht unbedingt, sondern organisieren Zugangsblockaden, Betriebsbesetzungen, wenden sich mit Informationsständen vor den Werkstoren an Passanten oder veranstalten Demonstrationszüge durch die Innenstädte, um an Politiker und Öffentlichkeit zwecks Verbesserung ihrer Arbeitsbedingungen bzw. wegen drohender Arbeitslosigkeit zu appellieren. Es kann sich dabei sowohl um Demonstrationen als auch um Aktionen des Arbeitskampfes handeln; allerdings sieht das Bundesarbeitsgericht Betriebsblockaden als Aktionen, die nicht durch das in Art. 9 III GG verbürgte Streikrecht gedeckt sind.[253] Auch sog. politische Streiks unterfallen nicht dem Schutzbereich von Art. 9 III GG.[254]

i) Parteienfreiheit

129 Stellt auch Art. 21 I GG selbst kein Grundrecht dar,[255] so enthält diese Verfassungsnorm eine objektiv-rechtliche Gewährleistung der politischen Partei als Institution, die mit subjektiv-rechtlichen Elementen angereichert ist.[256] Insoweit wird die Parteienfreiheit von den einschlägigen Grundrechten geschützt.[257] Daraus folgt kein Vorrang von Art. 21 I GG bei Versammlungen bzw. Demonstrationen von Parteien,[258] sondern diese unterliegen dem Regime von Art. 8 I GG und dem VersG; allerdings müssen alle Maßnahmen von Versammlungsbehörden und Polizei zusätzlich Art. 21 I GG gerecht werden.

130 Veranstalten also Parteien Versammlungen bzw. Demonstrationen, so verstärkt Art. 21 I GG das Grundrecht aus Art. 8 I GG. Hier hat das BVerfG betont, daß Versammlungen und Demonstrationen für Parteien, insbesondere im Wahlkampf von existenzieller Bedeutung sind; es können die politischen Ziele beworben, die Vorstellungen des politischen Gegners kritisiert und der eigene Anhang mobilisiert werden.[259] Wird eine Partei

[252] *Ladeur* (o. Fußn. 14), Art. 8 Rdn. 15.
[253] *BAG* NJW 1989, 1882.
[254] *Pieroth/Schlink* (o. Fußn. 17), Rdn. 738.
[255] *Morlok,* in: Dreier, Grundgesetz II, 1998, Art. 21 Rdn. 49 m. w. N.
[256] *Morlok* (o. Fußn. 255), Art. 21 Rdn. 50.
[257] *Morlok* (o. Fußn. 255), Art. 21 Rdn. 55.
[258] So aber *Schulze-Fielitz* (o. Fußn. 9), Art. 8 Rdn. 77; *Herzog* (o. Fußn. 9), Art. 8 Rdn. 24.
[259] *BVerfG* NJW 1998, 3631.

dabei behindert, so ist das stets als schwere Einbuße anzusehen, nicht nur für die Partei unter dem Aspekt des Wettbewerbsnachteils, sondern auch für das öffentliche Interesse an einem unverzerrten Parteienwettbewerb, der die Wähler erst in den Stand setzt, eine kompetente Wahlentscheidung zu treffen.[260] Vor diesem Hintergrund der den Parteien durch Art. 21 I GG gewährleisteten Beteiligung am politischen Meinungskampf gewinnt die Versammlungs- und Demonstrationsfreiheit besonderes Gewicht. Andererseits kann sich eine gem. Art. 21 II GG für verfassungswidrig erklärte Partei nicht über Art. 8 GG Gehör verschaffen.

II. Schranken der Versammlungs- und Demonstrationsfreiheit

Art. 8 I GG ist nach dem Verfassungstext eines der wenigen Grundrechte, das (für Versammlungen in geschlossenen Räumen) keinen Schranken unterliegt. Gleichwohl bestehen **verfassungsunmittelbare Gewährleistungsschranken,** bei deren Nichtbeachtung entsprechende Verhaltensweisen außerhalb des Schutzbereichs liegen, sodann **immanente Schranken** für Versammlungen in geschlossenen Räumen und für Versammlungen bzw. Demonstrationen unter freiem Himmel besondere **gesetzliche Vorbehaltsschranken.** 131

1. Gewährleistungsschranken

Für Versammlungen bzw. Demonstrationen in geschlossenen Räumen und unter freiem Himmel sind zunächst die Schranken maßgeblich, die die Verfassung selber ausdrücklich oder konkludent errichtet hat. 132

a) Art. 8 I GG – Friedlichkeit, Waffenlosigkeit

Wer die Versammlungs- und Demonstrationsfreiheit in Anspruch nehmen will, muß, wenn er sich nicht von vornherein außerhalb des Schutzbereichs betätigen will,[261] die verfassungsunmittelbaren Gewährleistungsschranken der Friedlichkeit und Waffenlosigkeit beachten. Beide sind **Bedingungen der Möglichkeit grundrechtlichen Schutzes.**[262] 133

Die Verfassung definiert den Begriff der Friedlichkeit nicht, sondern setzt ihn voraus. Dieser läßt sich nicht in der Weise konkretisieren, daß Unfriedlichkeit automatisch dann zu bejahen ist, wenn der Rechtsfrieden gestört wird,[263] Rechtsgüter Dritter verletzt werden,[264] Straftatbestände vorliegen[265] (u. Rdn. 182 ff.) oder allgemein Polizeiwidrigkeit zu bejahen ist. 134

Friedlichkeit kann nicht gleichbedeutend mit Konfliktlosigkeit oder strikter Einhaltung der Rechtsordnung sein.[266] Art. 8 I GG stünde dann unter einem allgemeinen Gesetzesvorbehalt. Der weite Gesetzesvorbehalt des Art. 8 II GG schließt vielmehr eine extensive Auslegung des Friedlichkeitsgebots aus. Dieser würde funktionslos, wenn bereits jede einfach-gesetzliche Rechtswidrigkeit zum Verlust des Schutzes durch Art. 8 I GG führte.[267] Wäre hier etwa der weite Gewaltbegriff des Nötigungstatbestandes maßgeblich, so wäre das Rangverhältnis zwischen Verfassungsrecht und einfachem Gesetzesrecht auf den Kopf gestellt. Nicht letzteres bestimmt den Gehalt einer Verfassungsnorm, sondern diese determiniert das einfache Gesetzesrecht.[268] Der Grundrechtsschutz durch 135

---

260 *BVerfG* NJW 1998, 3631.

261 A. A. *Alexy,* Theorie der Grundrechte, 1986, S. 259 f.; als Anhänger der weiten Grundrechtstatbestandstheorie bezieht er auch die unfriedliche Demonstration in den Schutzbereich ein; dazu näher *Isensee* (o. Fußn. 94), § 111 Rdn. 171 ff.

262 *Stern* (o. Fußn. 68), S. 643.

263 *Götz* DVBl. 1985, 1352.

264 *Guradze* ZRP 1969, 6.

265 *Frowein* NJW 1969, 1083; *Kloepfer* (o. Fußn. 17), Rdn. 44 f.

266 *Dietel/Gintzel/Kniesel* (o. Fußn. 5), § 1 Rdn. 139; *Pieroth/Schlink* (o. Fußn. 17), Rdn. 697 ff.

267 *Herzog* (o. Fußn. 9), Art. 8 Rdn. 71.

268 *BVerfGE* 73, 206 (248); *Schwäble* (o. Fußn. 20), S. 123.

Art. 8 I GG kann somit bei Sitzblockaden (vgl. u. Rdn. 184 ff. u. 546 ff.) nicht davon abhängen, ob eine Behinderung Dritter gewollt ist oder nur in Kauf genommen wird.[269]

136 Das Friedlichkeitsgebot stellt sich als **Parallelbestimmung zum Waffenverbot**[270] dar, so daß es um den Ausschluß schwerwiegenden Mißbrauchs bei der Grundrechtsbetätigung gehen muß. Die Verfassung bewertet also die Unfriedlichkeit genauso wie das Mitführen von Waffen, fordert damit ersichtlich **Aktivitäten von entsprechender Gefährlichkeit,** etwa Gewalttätigkeiten oder Ausschreitungen gegen Personen oder Sachen.[271] Das Friedlichkeitsgebot ist damit als **Verbot gewalttätigen bzw. aufrührerischen Verhaltens** zu konkretisieren. Davon ging das VersG schon immer aus, wenn es in den §§ 5 Nr. 3 und 13 I Nr. 2 von einem gewalttätigen oder aufrührerischen Verlauf spricht. Es reicht aus, wenn Gewalttätigkeit unmittelbar bevorsteht.[272] Die direkte Bedrohung mit Gewalttätigkeit begründet Unfriedlichkeit.[273] Sie liegt auch schon bei entsprechenden Absichtserklärungen zur Begehung von Gewalttätigkeiten vor.[274] Sie bezieht sich indes nur auf den **Ablauf** der Veranstaltung, nicht auf deren Gegenstand; der Aufruf zu einer Aggression gegen einen anderen Staat führt nicht zur Unfriedlichkeit, wohl aber regelmäßig zur Gefahr für die öffentliche Sicherheit.[275] Ausländerfeindliche Kundgebungen überschreiten die Unfriedlichkeitsschwelle, wenn der verbale Bereich verlassen und zu Gewalttätigkeiten ausdrücklich oder konkludent aufgefordert wird[276] (dazu näher u. Rdn. 504 ff.).

137 Adressaten des Friedlichkeitsgebots sind die Versammlungsbeteiligten (Veranstalter, Leiter mit Ordnern und Teilnehmer). Spricht auch Art. 8 II GG (begrifflich unpräzise, u. Rdn. 423 f.) von Versammlungen, so können diese gleichwohl nicht Adressaten sein, weil die Versammlungs- und Demonstrationsfreiheit als Individualgrundrecht vom Recht des einzelnen ausgeht.[277] Es gibt nur ein Recht *auf* Versammlung, kein Recht *der* Versammlung.

138 Kollektive Unfriedlichkeit kann auf verschiedene Weise entstehen. Militante Gruppen können durch Gewalttätigkeiten die gesamte Veranstaltung infizieren. Unfriedlich wird es aber auch, wenn Auseinandersetzungen zwischen friedlichen und militanten Teilnehmern stattfinden. Ungewollt kann auch polizeiliches Einschreiten Unfriedlichkeit bewirken, wenn die Anwendung unmittelbaren Zwanges gegen Störer zwangsläufig unbeteiligte Dritte trifft und es dadurch zur Solidarisierung der Unbeteiligten mit den Gewalttätigen kommt (dazu u. Rdn. 335 ff., 344 b ff.).

139 Die Unfriedlichkeitsprognose muß an der Gesamtveranstaltung orientiert bleiben. Erst wenn die Versammlung bzw. Demonstration als solche im Gesamteindruck unfriedlich geworden ist, ein Übergang von vereinzelter zu kollektiver Unfriedlichkeit vorliegt, kann es zur Auflösung kommen.[278] Voraussetzung dafür ist aber, daß Bemühungen von Veranstalter und Polizei zur Isolierung einzelner Störer oder militanter Gruppen erfolglos geblieben sind (o. Rdn. 424 ff.).

---

[269] *BVerfGE* 73, 206 (248); *Müller* (o. Fußn. 21), S. 99 f.; *Schwäble* (o. Fußn. 20), S. 119; von Unfriedlichkeit gehen dagegen *Isensee* (o. Fußn. 94), S. 61; *Schmitt Glaeser* (o. Fußn. 57 f.), S. 100 f. u. *Kloepfer* (o. Fußn. 17), § 143 Rdn. 45 aus; vgl. auch *BayObLG* NJW 1995, 270.

[270] So auch *Pieroth/Schlink* (o. Fußn. 17), Rdn. 699; dazu auch *Benda* (o. Fußn. 18), Art. 8 Rdn. 52.

[271] *BVerfGE* 73, 206 (248); *Herzog* (o. Fußn. 9), Art. 8 Rdn. 18; *Hoffmann-Riem* (o. Fußn. 15), Art. 8 Rdn. 18; *Pieroth/Schlink* (o. Fußn. 17), Rdn. 699; *Höfling* (o. Fußn. 9), Art. 8 Rdn. 31; *Gusy* (o. Fußn. 17), Art. 8 Rdn. 23; krit. *Kloepfer* (o. Fußn. 17), Rdn. 44; *Kunig* (o. Fußn. 15), Art. 8 Rdn. 23; *Burfeind* Polizeiliche Maßnahmen gegen gewalttätige Demonstranten, Diss. 1993, S. 100 ff.

[272] *Jarass/Pieroth* (o. Fußn. 14), Art. 8 Rdn. 5; *Geis* Die Polizei 1993, 295; *Pieroth/Schlink* (o. Fußn. 17), Rdn. 702.

[273] *Ladeur* (o. Fußn. 14), Art. 8 Rdn. 25.

[274] *BVerfGE* 69, 315 (360); *Burfeind* (o. Fußn. 271), S. 103.

[275] *Kunig* (o. Fußn. 15), Art. 8 Rdn. 28; *Geis* Die Polizei 1993, 295; a. A. *Höllein* NVwZ 1994, 635.

[276] *Geis* Die Polizei 1993, 295; vgl. dazu auch *Benda* (o. Fußn. 18), Art. 8 Rdn. 43.

[277] *v. Mutius* Jura 1988, 85.

[278] *BVerfGE* 69, 315 (354); dazu näher *Höllein* NVwZ 1994, 639.

Lassen sich bei Durchsetzung einer Auflösungsverfügung Störer und friedliche Teilnehmer nicht trennen, so ist die Inanspruchnahme letzterer nur über die Haftung im polizeilichen Notstand zu rechtfertigen (o. Rdn. 426 ff.). **140**

Das Waffenverbot steht in untrennbarem Zusammenhang mit dem Friedlichkeitsgebot und ist als Explikation bzw. Konkretisierung desselben zu verstehen.[279] **141**

Adressaten des Waffenverbots sind wie beim Friedlichkeitsgebot die **Versammlungsbeteiligten,** nicht die Versammlung bzw. Demonstration als solche. Nehmen Bewaffnete teil, so ist zunächst ihre weitere bewaffnete Teilnahme zu verhindern, bevor weitergehende Maßnahmen gegen sie oder ggf. gegen die Gesamtheit der Teilnehmer getroffen werden können. **142**

Der Waffenbegriff (u. Rdn. 362 ff.) des Art. 8 I GG erstreckt sich zunächst auf alle Waffen im technischen Sinne (Messer, Schleuder, Schlagringe) und bezieht darüber hinaus alle Gegenstände ein, die nach dem Willen des Verwenders geeignet sind, Verletzungen bzw. Beschädigungen zu bewirken (Fahrradketten, Baseballschläger). Streitig ist, ob etwa das Werfen von Eiern, Farbbeuteln und Tomaten zur Unfriedlichkeit führt,[280] obwohl es sich nicht um Waffen im nichttechnischen Sinne handeln dürfte. Ist die Unfriedlichkeit Parallelbestimmung zum Waffenverbot, kann das Werfen von Gegenständen, die kein Verletzungsrisiko beinhalten, keine Unfriedlichkeit begründen. Polizeiliches Einschreiten wegen unmittelbarer Gefährdung der öffentlichen Sicherheit nach § 15 II VersG ist im übrigen möglich. **143**

b) Art. 18 GG

Auf Art. 8 I GG kann sich der nicht berufen, der durch den Spruch des Bundesverfassungsgerichts nach Art. 18 GG sein Grundrecht verwirkt hat (§ 1 II Nr. 1 VersG). Die Verwirkungsfeststellung ist konstitutiv; sie kann befristet und sachlich beschränkt ausgesprochen werden. Sie kann sich nur auf das Veranstaltungs- oder Leitungsrecht beziehen oder bezüglich des Teilnahmerechts ausschließlich auf politische Versammlungen erstrecken. **144**

c) Art. 21 II GG

Parteien, die vom Bundesverfassungsgericht nach Art. 21 II GG für verfassungswidrig befunden worden sind, können sich nicht auf Art. 8 I GG berufen (§ 1 II Nr. 3 VersG). **145**

d) Art. 9 II GG

Art. 8 I GG sieht für Versammlungen in geschlossenen Räumen keinen Gesetzesvorbehalt vor. Neben den adressatbezogenen Beschränkungen nach den Art. 18, 21 II und 9 II sind nur die verfassungsunmittelbaren Gewährleistungsschranken der Friedlichkeit und Waffenlosigkeit in Geltung; letztere werden durch die §§ 5 Nr. 2, 3 und 13 I Nr. 2, 3 VersG konkretisiert. Weitere Schranken kennt die Verfassung für Versammlungen in geschlossenen Räumen nicht. Solche lassen sich auch nicht im Wege der Analogie durch Rückgriff auf die Schranken aus Art. 2 I,[281] 5 II[282] und 9 II GG[283] gewinnen. **146**

2. Kollidierendes Verfassungsrecht als Eingriffsrechtfertigung

Wenn jeder seine Freiheitsrechte auslebt, gibt es Grundrechts**kollisionen,** Verteilungskämpfe um Freiheitsgebrauch. Hat die Verfassung in den Grundrechten Gesetzesvorbehalte vorgesehen, kann der Gesetzgeber Eingriffsermächtigungen schaffen, die die zu- **147**

---

279 So auch *BVerfGE* 73, 206 (248 f.).

280 Verneinend *Ladeur* (o. Fußn. 14), Art. 8 Rdn. 26; *Pieroth/Schlink* (o. Fußn. 17), Rdn. 765; diff. *Kunig* (o. Fußn. 15), Art. 8 Rdn. 25; bejahend *Geis* Die Polizei 1993, 295.

281 *Herzog* (o. Fußn. 9), Art. 8 Rdn. 126; *Förster* (o. Fußn. 20), S. 164 f.; *Kostaras* (o. Fußn. 21), S. 29 f.

282 Bejahend *Guradze* ZRP 1969, 6; *Ossenbühl* Der Staat 1971, 61; *Quilisch* (o. Fußn. 74); S. 171; verneinend *Müller* (o. Fußn. 21), S. 83 f.; *Schwäble* (o. Fußn. 20), S. 179; *Kostaras* (o. Fußn. 21), S. 30 f.

283 Bejahend *Füßlein,* Versammlungsgesetz, 1954, Vorbem. zu § 1; *Herzog* (o. Fußn. 9), Art. 8 Rdn. 127; verneinend *Bäumler* JZ 1986, 474; *v. Mutius* Jura 1988, 89.

ständigen Behörden befähigen, die Konflikte zwischen Grundrechtsträgern auszugleichen (im Versammlungswesen etwa durch beschränkende Verfügungen nach § 15 II VersG). Bei den vorbehaltlos garantierten Grundrechten besteht diese Möglichkeit nicht; der Gesetzgeber kann über einfachgesetzliche Regelungen keinen Ausgleich schaffen.

148 Das BVerG beruft sich für den Kollisionsausgleich auf immanente Schranken.[284] Das sind kollidierende Grundrechte Dritter und andere Verfassungsgüter.[285] Diese sollen grundrechtsbegrenzende Wirkungen entfalten, weil ein Grundrechtssystem, das allen Rechtsgenossen den Grundrechtsgebrauch ermöglichen will und deshalb alle Grundrechtsträger als gemeinschaftsgebundene Individuen sieht, ansonsten nicht funktionieren kann.

149 Der Ausgleich zwischen kollidierenden Grundrechten über immanente Schranken ist in zweifacher Weise möglich. Eine systematische Interpretation läßt den Schutzbereich eines vorbehaltlos garantierten Grundrechts nur so weit ausgreifen, wie es ein i. S. praktischer Konkordanz[286] hergestellter Ausgleich mit den kollidierenden Grundrechten oder Verfassungsgütern jeweils erlaubt; diese vermögen also bereits den Schutzbereich zu begrenzen.[287] Das hätte zur Folge, daß die Gesetzesvorbehalte der Grundrechte funktionslos würden.[288] Gleichzeitig laufen auch die an einen Grundrechtseingriff anknüpfenden rechtsstaatlichen Garantien insoweit leer, als in die aus dem Schutzbereich ausgegrenzten Bereiche ein Eingriff nicht mehr denkbar ist.[289] Hinzu kommt, daß die Reichweite des jeweiligen Schutzbereiches nicht mehr bestimmt wäre. Diesen bei richtiger Auslegung aus dem Grundgesetz sich aufdrängenden Bedenken trägt der zweite Ausgleichsversuch weitgehend Rechnung; entgegenstehende Grundrechte Dritter und andere Verfassungsgüter engen nicht den Schutzbereich ein, sondern liefern nur die **verfassungsrechtliche Rechtfertigung** für den (gesetzlosen) Eingriff in den Schutzbereich des vorbehaltlos garantierten Grundrechts.[290]

150 Ein so bewerkstelligter Grundrechtsausgleich unterliegt indes Restriktionen. Enthält ein Grundrecht einen Gesetzesvorbehalt, dann ist das der Beleg dafür, daß der Verfassungsgeber die Kollisionsgefahren gesehen und deshalb die Eingriffsmöglichkeit zum Ausgleich geschaffen hat. Immanente Schranken können somit bei unter Gesetzesvorbehalt stehenden Grundrechten nicht zum Tragen kommen.[291] Aber auch bei den vorbehaltlosen Grundrechten kann es nur um Ausnahmefälle gehen, denn das Grundgesetz hat bei diesen ja nicht umsonst keine Eingriffe vorgesehen.[292] Kollidierendes Verfassungsrecht rechtfertigt dann Eingriffe, wenn es um Verfassungsgüter auf der **Ebene des Art. 79 III GG** geht, nämlich die Menschenwürde unter Einschluß der Menschenwürdegehalte aller Grundrechte und die in Art. 20 GG enthaltenen Prinzipien.[293] Der Schutz hochrangiger Grundrechte wie Leib und Leben vermag dann einen Eingriff in ein vorbehaltloses Grundrecht zu legitimieren.[294] Zur Rechtfertigung kommt aber nicht all das in Betracht, was das Grundgesetz für den Verfassungsalltag als Gesetzgebungs- und Verwaltungsmaterie kennt, auch nicht jedweder Grundrechtsgebrauch.[295]

151 Ist entgegenstehendes Verfassungsrecht zur Rechtfertigung eines Grundrechtseingriffs tauglich, so muß auch das vorbehaltlos garantierte Grundrecht in seinem über Art. 1 GG

---

[284] *BVerfGE* 39, 334 (367) bezogen auch auf Art. 8 I GG; 3, 248 (253); 20, 351 (355 f.); 21, 92 (93); 24, 367 (396); dazu *Herzog* (o. Fußn. 9), Art. 8 Rdn. 124.

[285] *BVerfGE* 28, 243 (250 u. 261); 53, 30 (56); dazu *Höfling* Jura 1994, 171.

[286] *Hesse* (o. Fußn. 20), Rdn. 72.

[287] *BVerfGE* 28, 243; *Erichsen,* Jura Extra: Studium und Examen, 2. Aufl. 1983, S. 234; krit. dazu *Pieroth/Schlink* (o. Fußn. 17), Rdn. 321 ff.; vgl. auch *Preuß* JZ 1991, 266.

[288] *Pieroth/Schlink* (o. Fußn. 17), Rdn. 323.

[289] *Bleckmann* (o. Fußn. 6), S. 329.

[290] Vgl. die Darstellung bei *Pieroth/Schlink* (o. Fußn. 17), Rdn. 325 ff.

[291] *Pieroth/Schlink* (o. Fußn. 17), Rdn. 331; a. A. *Lerche,* Handbuch des Staatsrechts V, § 122 Rdn. 47.

[292] *Pieroth/Schlink* (o. Fußn. 17), Rdn. 334.

[293] *Pieroth/Schlink* (o. Fußn. 17), Rdn. 334.

[294] Vgl. auch *Pieroth/Schlink* (o. Fußn. 17), Rdn. 714.

[295] *Pieroth/Schlink* (o. Fußn. 17), Rdn. 334.

am Schutz des Art. 79 III GG partizipierenden Menschenwürdegehalt gewahrt bleiben.[296]

Bei Art. 8 I GG kann es demnach durch kollidierendes Verfassungsrecht legitimierte Eingriffe nur bei Versammlungen in geschlossenen Räumen geben, nicht aber bei Demonstrationen unter freiem Himmel, weil für diese in Art. 8 II GG ein Gesetzesvorbehalt vorgesehen ist. 152

Soweit der Gesetzgeber im VersG auch Eingriffsermächtigungen für Versammlungen in geschlossenen Räumen vorgesehen hat (§§ 5, 12a, 13), sind diese nicht über Art. 8 II GG, sondern nur über die verfassungsunmittelbaren Gewährleistungsschranken der Friedlichkeit und Waffenlosigkeit oder über kollidierende Verfassungsrechtsgüter zu legitimieren (vgl. o. Rdn. 132ff.). 153

3. Vorbehaltsschranke aus Art. 17a I GG

Art. 17a I GG beinhaltet einen Gesetzesvorbehalt für das Wehr- und Ersatzdienstverhältnis. Die Bestimmung steht gleichrangig neben dem aus Art. 8 II GG folgenden Vorbehalt,[297] geht aber über diesen hinaus, indem sie auch Versammlungen in geschlossenen Räumen reglementiert. Gegenüber Soldaten können daher auf Art. 17a GG gestützte, nur durch das Prinzip der Verhältnismäßigkeit begrenzte Beschränkungen vorgenommen werden. So ist es Soldaten nach § 15 III SoldG versagt, in Uniform an politischen Veranstaltungen, worunter auch Versammlungen und Demonstrationen fallen, teilzunehmen.[298] Wird aber durch die konkrete Veranstaltung die Funktionsfähigkeit der Bundeswehr nicht berührt,[299] etwa bei einer Demonstration für Frieden und Abrüstung, so können auch Berufssoldaten von Art. 8 I GG Gebrauch machen.[300] 154

4. Vorbehaltsschranken aus Art. 8 II GG

Nur für Versammlungen unter freiem Himmel kann der Gesetzgeber aufgrund des Vorbehalts in Art. 8 II GG **selbständige,** nicht schon von der Verfassung vorgesehene Schranken durch Gesetz oder aufgrund eines Gesetzes vorsehen. Der hohe Rang von Art. 8 I GG läßt solche einfach-gesetzlichen Schranken aber nur zu, wenn sie der Störanfälligkeit bzw. Gefährlichkeit von Versammlungen bzw. Demonstrationen, die aus dem **massenhaften Auftreten** von Menschen (nicht aus dem politischen Gehalt) resultieren, Rechnung tragen und den Ausgleich mit gleichrangigen Rechtspositionen bezwecken sollen.[301] Mit dem Gesetzesvorbehalt trägt das Grundgesetz dem Umstand Rechnung, daß für die Ausübung der Versammlungs- und Demonstrationsfreiheit unter freiem Himmel wegen der Berührung mit der Außenwelt und wegen des Umstandes, daß Massenaktivitäten weniger beherrschbar sind als Handlungen einzelner, ein besonderer, namentlich organisations- und verfahrensrechtlicher Regelungsbedarf besteht, der sicherstellen soll, daß einerseits die realen Voraussetzungen für die Ausübung geschaffen werden, andererseits kollidierende Interessen Dritter hinreichend Berücksichtigung finden (u. Rdn. 409ff.). 155

Der Gesetzesvorbehalt des Art. 8 II GG ist gegenständlich nicht beschränkt. Gleichwohl sind Vorbehaltsschranken keine Blankovollmacht für eine beliebige inhaltliche Einschränkung und Relativierung des Schutzbereiches, sondern müssen im Lichte der Bedeutung des eingeschränkten Grundrechts gesehen werden.[302] Dieser Wechselwirkung 156

---

296 *Pieroth/Schlink* (o. Fußn. 17), Rdn. 335.

297 *Pieroth/Schlink* (o. Fußn. 17), Rdn. 712; *Hoffmann-Riem* (o. Fußn. 15), Art. 17a Rdn. 90.

298 *BVerfGE* 57, 29 (35f.), wo indes davon ausgegangen wird, daß Art. 8 I GG tatbestandlich gar nicht berührt sei; vgl. auch *Höfling* (o. Fußn. 9), Art. 8 Rdn. 72, Fußn. 215.

299 *BVerfGE* 83, 60 (64).

300 *Schulze-Fielitz* (o. Fußn. 9), Art. 8 Rdn. 53.

301 *Hoffmann-Riem* (o. Fußn. 15), Art. 8 Rdn. 47.

302 *BVerfGE* 7, 198 (208f.); 28, 191 (200f.).

wird nur Rechnung getragen, wenn behördliche Maßnahmen auf das beschränkt werden, was zum Schutz **gleichwertiger** Rechtsgüter notwendig ist.

157 Dies hat das BVerfG im Brokdorf-Beschluß bestätigt; die Ausübung der Versammlungs- und Demonstrationsfreiheit darf nur zum Schutz gleichgewichtiger anderer Rechtsgüter unter strikter Wahrung des Grundsatzes der Verhältnismäßigkeit begrenzt werden.[303]

a) Versammlungsgesetz

158 Das Gesetz über Versammlungen und Aufzüge ist das wichtigste auf den Gesetzesvorbehalt in Art. 8 II GG gestützte Vorbehaltsgesetz. Es enthält zielgerichtete Einschränkungen für Versammlungen unter freiem Himmel. Soweit Regelungen für Versammlungen in geschlossenen Räumen vorgesehen sind, konkretisieren diese lediglich die ohnehin bestehenden verfassungsunmittelbaren Gewährleistungsschranken (vgl. o. Rdn. 132 ff.). Für nichtöffentliche Versammlungen in geschlossenen Räumen hat der Gesetzgeber bewußt keine Ermächtigungsgrundlagen vorgesehen, weil er ihren Gefährdungsgrad als gering einstuft.

159 Für Versammlungen unter freiem Himmel bestehen folgende Einschränkungen:

- Pflicht zur Anmeldung der Versammlung bei der zuständigen Behörde, und zwar mindestens 48 Stunden vor Bekanntgabe der Versammlung (§ 14),
- Ermächtigung zum Verbot einer Versammlung und die Ermächtigung zur Einschränkung durch Verfügung (Auflagen) wegen unmittelbarer Gefährdung der öffentlichen Sicherheit oder Ordnung (§ 15),
- Ermächtigung zur Auflösung einer Versammlung, die nicht angemeldet ist bzw. deren Durchführung von den Angaben der Anmeldung abweicht oder den Verfügungen (Auflagen) zuwiderläuft oder die Voraussetzungen des Verbots erfüllt (§ 15 II),
- Bannmeilenvorschriften (§ 16 I), die jedoch, um wirksam zu sein, der Konkretisierung durch entsprechendes Bundes- oder Landesgesetz bedürfen,
- Pflicht zur Einholung einer Erlaubnis der zuständigen Behörde hinsichtlich der Verwendung von Ordnern (§§ 18 II und 19 I),
- Ermächtigung für die Polizei zum Ausschluß von Teilnehmern, die gröblich die Ordnung stören (§§ 18 III und 19 IV).

b) Bannmeilengesetze

160 **aa) Regelungen in Bund und Ländern.** Versammlungen und Demonstrationen sind nach § 16 I VersG verboten. Mit dieser Bestimmung hat der Gesetzgeber den allgemeinen Gesetzesvorbehalt des Art. 8 II GG konkretisiert und eine generelle Beschränkung von Art. 8 I GG vorgenommen. Es handelt sich bei § 16 I VersG um eine ausfüllungsbedürftige Bestimmung (Blankettnorm), die nach § 16 II und III VersG der Konkretisierung durch ein Bannmeilen- bzw. Bannkreisgesetz des Bundes oder Landes bedarf. Existiert ein solches nicht, läuft das Verbot des § 16 I VersG leer.

161 Das Gesetz zur Neuregelung des Schutzes von Verfassungsorganen des Bundes vom 11. 9. 1999[304] hat das alte Bannmeilengesetz vom 6. 8. 1955[305] abgelöst. Das Gesetz über befriedete Bezirke (BefBezG) knüpft wie sein Vorgänger an der Verbotsnorm des § 17 I VersG an und legt befriedete Bezirke fest. Im Gegensatz zur Bonner Bannmeile wurde der befriedete Bezirk um das Berliner Parlament erheblich reduziert. Auch in rechtlicher Hinsicht gibt es grundlegende Änderungen. Die Entscheidung über die Zulassung von Versammlungen liegt nicht mehr im Ermessen des Bundestagspräsidenten, sondern nach § 5 BefBezG besteht ein Rechtsanspruch auf Erteilung einer Ausnahmegenehmigung vom Verbot des § 16 I VersG, wenn eine Beeinträchtigung der Tätigkeit der geschützten Organe und eine Behinderung des freien Zugangs zu ihnen nicht zu besorgen ist. Die Strafbewehrung der Bannkreisverletzung in § 106 a StGB wurde durch eine Ordnungswidrigkeit in § 29 a VersG ersetzt.

---

303 *BVerfGE* 69, 315 (349).
304 BGBl. I, S. 1818.
305 BGBl. I, S. 504.

Schutzgut des Verbots ist die Funktionsfähigkeit demokratischer Gesetzgebungsorgane und des BVerfG, indem die physische und psychische Integrität der Abgeordneten und Richter gewährleistet wird; dazu gehört auch die Sicherung des Zugangs zu den Parlaments- und Gerichtsgebäuden.[306] Darüber hinaus soll auch die Entscheidungsfähigkeit der Abgeordnten und Richter vor dem „Druck der Straße“ geschützt werden.[307] 162

bb) Verfahren. Es ist zwischen zwei Verfahren zu differenzieren. Über die in § 5 I BefBezG geregelte Ausnahmemöglichkeit vom Verbot des § 16 I VersG kommt auf Antrag beim Bundesministerium des Inneren (§§ 16, 17 BefBezG) das Ausnahmeverfahren in Gang. Im Einvernehmen mit dem Präsidenten des betroffenen Verfassungsorgans ist ausschließlich darüber zu entscheiden, ob die geplante Versammlung bzw. Demonstration im befriedeten Bezirk dessen Schutzzweck verletzt, also eine Beeinträchtigung der Tätigkeit des Verfassungsorgans bzw. eine Behinderung des freien Zugangs zu den im befriedeten Bezirk gelegenen Gebäuden zu besorgen ist. 163

Die Regelungen des VersG (§ 14 Anmeldung, § 15 Verbot bzw. Auflösung) bleiben gemäß § 5 III BefBezG unberührt; d.h. daß die „normale“ Versammlungsbehörde darüber zu befinden hat, ob im Falle einer Ausnahmegenehmigung nach § 5 I BefBezG ein Verbot bzw. eine beschränkende Verfügung wegen unmittelbarer Gefährdung anderer Rechtsgüter zu erlassen ist. Die Auflösung einer Versammlung im Bannkreis kann ausschließlich auf der Grundlage von § 15 VersG erfolgen, wenn eine unmittelbare Gefährdung für ein Schutzgut des befriedeten Bezirks oder andere hochrangige Rechtsgüter gegeben ist. Allein das Fehlen einer Ausnahmegenehmigung nach § 5 I BefBezG ist kein Auflösungsgrund, denn die verfahrensrechtlichen Bestimmungen des VersG und des BefBezG stellen keine hochrangigen Schutzgüter dar, deren Verletzung in Ansehung des hohen Ranges von Art. 8 I GG ein Verbot oder eine Auflösung rechtfertigen würden.[308] 164

cc) Verfassungsrechtliche und rechtspraktische Bedenken. Art. 8 I GG gibt mit seiner Gestaltungsfreiheit das Recht, über Ort und Zeitpunkt zu bestimmen.[309] In diese grundrechtliche Verbürgung greift das BefBezG ein, indem es eine örtliche Beschränkung bezüglich der Auswahlmöglichkeit attraktiver Demonstrationsplätze vornimmt und die Erteilung der Ausnahmemöglichkeit davon abhängig macht, zu welchem Zeitpunkt demonstriert werden soll. Die inzwischen als herrschend zu bezeichnende Auffassung sieht das nur dann durch den Gesetzesvorbehalt des Art. 8 II GG gedeckt, wenn das Verbot des § 16 I VersG nicht als generelles verstanden wird und zudem sichergestellt wird, daß ein Anspruch auf Ausnahmegenehmigung besteht, falls keine konkrete Gefahrenprognose für das Schutzgut des BefBezG zu begründen ist.[310] Ein vom Vorliegen einer konkreten Gefahr unabhängiges abstraktes Verbot verstieße gegen Art. 8 I GG, dessen Einschränkung nur zum Schutz wichtiger Gemeinschaftsgüter unter Wahrung des Grundsatzes der Verhältnismäßigkeit und nur bei unmittelbarer, aus erkennbaren Umständen herleitbarer Gefährdung dieser Rechtsgüter zulässig ist.[311] In Anbetracht des hohen Ranges von Art. 8 I GG kann daher das Verbot des § 17 I VersG nur als präventives Verbot mit Erlaubnisvorbehalt verstanden werden; dem korrespondierend ist (zunächst) von einer Ungefährlichkeit einer Versammlung bzw. Demonstration im Bannkreis auszugehen.[312] 165

306 *Crombach,* Die öffentliche Versammlung unter freiem Himmel, 1976, S. 136; *Schwarze* DÖV 1985, 218; *Breitbach,* Die Bannmeile als Ort von Versammlungen, 1994, S. 103 ff.; *Tsatsos/Wietschel* ZRP 1994, 212.

307 *Schwäble* (o. Fußn. 26), S. 236; *Schwarze* DÖV 1985, 218; *OVG Münster* NWVBl. 1994, 308; *Werner* NVwZ 2000, 370; *Wiefelspütz* NVwZ 2000, 1017; *Soiné/Mende* DVBl. 2000, 1502 f.

308 So zutr. *Werner* NVwZ 2000, 374.

309 *BVerfGE* 69, 315 (342).

310 *Breitbach* (o. Fußn. 306), S. 188 ff.; *Tsatsos/Wietschel* ZRP 1994, 211 f.; *Benda* (o. Fußn. 18), Art. 8 Rdn. 72; *Gusy* (o. Fußn. 17), Art. 8 Rdn. 75; *Werner* NVwZ 2000, 372; *Soiné/Mende* DVBl. 2000, 1507 f.; *H.-P. Schneider* NJW 2000, 263 f.; so wohl auch *OVG Münster* NVwZ-RR 1994, 391.

311 *BVerfGE* 69, 315 (354); *Benda* (o. Fußn. 18), Art. 8 Rdn. 67.

312 So zutr. *Werner* NVwZ 200, 371; *ders.,* Formelle und materielle Versammlungsrechtswidrigkeit, 2001, S. 147 ff.

166 Auch Spontan- bzw. Eilversammlungen können im Bannkreis nur bei entsprechender Gefahrenprognose verboten bzw. aufgelöst werden. Die in Art. 8 I GG gewährleistete Typenfreiheit würde für Spontan- bzw. Eilversammlungen leerlaufen, wenn diese im Bannkreis generell unzulässig wären. Das BefBezG ist daher verfassungskonform dahin auszulegen, daß bei Spontanversammlungen der Antrag auf Ausnahmegenehmigung entbehrlich ist.[313] Bei Eilversammlungen ist der Antrag zu stellen, jedoch muß dann der Zulassungsbescheid nicht abgewartet werden, wenn der Zweck der Versammlung bzw. Demonstration ansonsten vereitelt würde.

167 Abschließend stellt sich die Frage nach der Notwendigkeit von Bannmeilengesetzen. Wenn Art. 8 I GG und die maßgeblichen Bestimmungen des VersG auch im Bannkreis gelten und insoweit die Schutzgüter des BefBezG ohnehin von der öffentlichen Sicherheit in § 15 I VersG aufgefangen werden, sind Bannmeilengesetze überflüssig. Der Bundesgesetzgeber wäre daher gut beraten, das bis zum 30. 6. 2003 befristete BefBezG nicht zu verlängern. Gesetzgeberischen Planungen, Bannkreise über den Schutz von Verfassungsorganen hinaus auszuweisen und andere Örtlichkeiten (Brandenburger Tor, Neue Wache und Holocaust-Mahnmal in Berlin) mit einem Demonstrationsverbot zu belegen,[314] sind hohe verfassungsrechtliche Hürden aufgestellt. Es muß um den Schutz von Verfassungsgütern gehen, die der Versammlungsfreiheit ebenbürtig sind. Das ist bei außenpolitischen Belangen der Bundesrepublik nicht der Fall (vgl. o. Rdn. 18 f und u. Rdn. 509). Der Schutz des Andenkens an die Opfer des Holocaust kann effektiver gewährleistet werden, wenn auf Verfassungsebene die Möglichkeit geschaffen würde, gegen die Verherrlichung und Verharmlosung des Nationalsozialismus vorzugehen (vgl. u. Rdn. 517).

c) Sonn- und Feiertagsgesetze

168 Die Ländergesetze zum Schutz der Sonn- und Feiertage verbieten Versammlungen unter freiem Himmel während der Hauptzeiten von Gottesdiensten. Teilweise sind auch Versammlungen in geschlossenen Räumen untersagt, soweit hierdurch der Gottesdienst unmittelbar gestört wird (z. B. § 5 I c Feiertagsgesetz NW).

169 Die Gesetzgeber haben die Verbote als zwingende Versammlungsverbote i. S. von § 15 III VersG ausgestaltet; ansonsten wären sie ihrer Zitierpflicht aus Art. 19 I 2 GG nicht nachgekommen.[315] Als absolute Verbote sind sie in ihrer tatbestandlichen Weite verfassungswidrig und damit nichtig.[316] Das sich auf Versammlungen in geschlossenen Räumen beziehende Verbot schon deshalb, weil es keine Konkretisierung des Friedlichkeitsgebots darstellt und der in Art. 8 II GG enthaltene Gesetzesvorbehalt sich nur auf Versammlungen unter freiem Himmel erstreckt.[317] Das generelle Verbot letzterer zur Hauptzeit des Gottesdienstes stellt sich als unverhältnismäßiger Eingriff in Art. 8 I GG dar, der zum Schutz der Freiheit der Religionsausübung nicht erforderlich ist. Es ist mit dem hohen Rang der Demonstrations- und Versammlungsfreiheit[318] unvereinbar, die Religionsausübung in dieser Weise zu privilegieren;[319] die Einschränkung des räumlichen Anwendungsbereiches auf die unmittelbare Nähe von Kirchen wäre verfassungsrechtliches Minimalgebot.[320] Im übrigen ist es möglich, über beschränkende Verfügung nach § 15 I VersG (Auflagen) den Versammlungsablauf so zu bestimmen, daß Störungen des Gottesdienstes entfallen.[321] Zu Recht wird darauf hingewiesen, daß während des Gottesdienstes auch nicht die an Kirchen vorbeiführenden Straßen für den Kraftfahrzeugver-

---

313 *Werner* NVwZ 2000, 373; a. A. *Wiefelspütz* NVwZ 2000, 1017 f.

314 Vgl. *Werthebach* Die Polizei 2000, 310 f.

315 Vgl. § 12 FeiertagsG NW.

316 *Bertuleit/Steinmeier* (o. Fußn. 14), § 1 Rdn. 44; *Werner* (o. Fußn. 312), S. 218 f.

317 So auch *Zeitler* (Fußn. 17), Rdn. 252.

318 *BVerfGE* 69, 315 (348).

319 *v. Mutius* Jura 1988, 87; *Kunig* (o. Fußn. 15), Art. 8 Rdn. 31; *Zeitler* (o. Fußn. 17), Rdn. 252; *Krüger* (o. Fußn. 17), S. 135.

320 *v. Mutius* Jura 1988, 87.

321 *Breitbach/Deiseroth/Rühl* (o. Fußn. 14), § 15 Rdn. 46 u. 191 ff.

kehr gesperrt werden.[322] Wer die Sperrwirkung (Art. 72 I GG) des Versammlungsgesetzes als Bundesregelung für die Gesetzgebungskompetenz der Länder auf dem Gebiet des Versammlungswesens einschlägig sieht, muß überhaupt die Regelungskompetenz der Länder in den Feiertagsgesetzen für gezielte Eingriffe in Art. 8 I GG verneinen, jedenfalls soweit, als sie über eine mit den §§ 5 und 13 VersG konforme Auslegung hinausgehen.[323]

Ein von der nach jeweiligem Landesrecht zuständigen allgemeinen Verwaltungs(Ordnungs-)behörde isoliert verhängtes Versammlungsverbot während der Hauptzeit von Gottesdiensten ist unzulässig. Da es sich um einen gezielten Eingriff in Art. 8 I GG handelt, greift der Konzentrationsgrundsatz (vgl. u. Rdn. 219, 325). Das VersG, insbesondere die §§ 14, 15, bilden ein in sich geschlossenes und abschließendes Regelungswerk zur Wahrung der öffentlichen Sicherheit bei Durchführung von Versammlungen und Demonstrationen.[324] Der Schutz der öffentlichen Sicherheit durch § 15 VersG umfaßt die gesamte Rechtsordnung[325] und damit auch das jeweilige Feiertagsgesetz. Der Ausgleich zwischen Art. 8 I GG und der Religionsausübung muß durch *eine* Behörde in *einer* behördlichen Entscheidung gefunden werden. Das kann nur die nach Maßgabe des VersG entscheidende Versammlungsbehörde sein. 170

d) Bundesseuchengesetz

Nach § 10 I sind allgemeine und nach § 34 I BSeuchenG besondere Schutzmaßnahmen zur Abwehr von *Seuchengefahren* vorgesehen; diese können sich auch gegen Versammlungen in geschlossenen Räumen richten. Die genannten Bestimmungen lassen sich nicht als allgemeine Gesetze (vgl. u. Rdn. 174 ff.) qualifizieren, da der Gesetzgeber in § 10 IV BSeuchenG Art. 8 GG zitiert hat, also von einem sog. **versammlungsspezifischen** Eingriff ausgegangen ist. Für Versammlungen in geschlossenen Räumen lassen sich die Eingriffsmöglichkeiten nur als Konkretisierung kollidierenden Verfassungsrechts (Schutz von Leben und Gesundheit) verstehen.[326] Entsprechend dem Konzentrationsgrundsatz sind auch die gesundheitspolizeilichen Belange im Rahmen versammlungsbehördlicher Verfügungen geltend zu machen.[327] Sehen die Bestimmungen (z. B. § 34 I BSeuchenG) besondere Modalitäten oder Voraussetzungen vor, sind diese von der Versammlungsbehörde zu beachten. Entscheidend ist, daß durch die seuchenpolizeiliche Maßnahme in den Schutzbereich von Art. 8 I GG eingegriffen wird (was etwa bei einem Versammlungsverbot wegen Ansteckungsgefahr der Fall wäre oder bei der Verhängung einer Quarantäne über alle Teilnehmer einer Versammlung, die diese nach Beendigung der Versammlung – z. B. durch Auflösung – an ihrem Entfernungsrecht hindert). 171

e) Ausländergesetz

§ 37 AuslG sieht die Möglichkeit der Beschränkung der politischen Betätigung von Ausländern vor, auch in Form der Untersagung der Teilnahme an Versammlungen bzw. Demonstrationen. Es handelt sich insoweit um einen gezielten Eingriff, allerdings nicht in das Deutschenrecht des Art. 8 I GG, sondern „nur" in Art. 2 I GG, der in Auffangfunktion[328] Art. 8 I GG als kollektives Kommunikationsgrundrecht (vgl. o. Rdn. 35 ff.) verbürgt. Zugleich kann auch ein Eingriff in Art. 5 I GG vorliegen, der als Jedermannsrecht auch Ausländern die Meinungsfreiheit garantiert. Was die Beschränkung der beiden genannten Grundrechte angeht, so ist § 37 AuslG einerseits Bestandteil der verfassungsmäßigen Ordnung i. S. von Art. 2 I GG und andererseits allgemeines Gesetz i. S. von Art. 5 II GG. Da auf beide Schranken das Zitiergebot des Art. 19 I 2 GG nicht anwendbar 172

---

322 *Krüger* (o. Fußn. 13), S. 135.
323 *Bertuleit/Steinmeier* (o. Fußn. 14), § 1 Rdn. 44.
324 *BVerwG* NJW 1989, 2412.
325 *BVerwGE* 64, 55 (58 f.).
326 *Bertuleit/Steinmeier* (o. Fußn. 14), § 1 Rdn. 45.
327 So offensichtlich auch *OVG Münster* NVwZ-RR 1992, 361.
328 Vgl. dazu *Pieroth/Schlink* (o. Fußn. 17), Rdn. 107 ff.

ist,[329] kann aus der mangelnden Zitierung von Art. 8 GG im Ausländergesetz nicht auf einen ungezielten Grundrechtseingriff geschlossen werden.

173 Nimmt ein Ausländer entgegen einer Verfügung nach § 37 AuslG, die ja allgemein und nicht für eine konkrete Veranstaltung ergeht, an einer Versammlung bzw. Demonstration teil, so können Maßnahmen zur Durchsetzung der ausländerbehördlichen Beschränkung nur durch die Versammlungsbehörde auf der Grundlage des VersG getroffen werden, da letzteres gemäß § 1 für die Versammlungsteilnahme von Ausländern einschlägig ist.

f) Sonstige (allgemeine) Gesetze

174 Die Inanspruchnahme der Versammlungs- und Demonstrationsfreiheit liefert keine Legitimation, die Grundrechtsausübung von der Beachtung der Rechtsordnung freizustellen. Allgemeiner Rechtsgüterschutz durch Maßnahmen zur Gefahrenabwehr bleibt möglich. Problematisch wird es indes, wenn solche Maßnahmen den Schutzbereich von Art. 8 I GG beeinträchtigen.

175 Der Gesetzesvorbehalt des Art. 8 II GG erstreckt sich nur auf die Gesetze, die Art. 8 I GG zur Abwehr spezifischer, also typischerweise mit Versammlungen bzw. Demonstrationen einhergehender Gefahren beschränken, nicht auf solche Gesetze, die sich gegen sonstige, nicht mit dem Versammlungsverlauf verbundene Gefahren richten.[330] Das ändert aber nichts daran, daß Maßnahmen zur sonstigen Gefahrenabwehr, die den Schutzbereich von Art. 8 I GG beeinträchtigen, also die Grundrechtsausübung wie auch immer behindern, auch an Art. 8 I GG gemessen werden müssen.[331] Ob ein Eingriff bzw. eine eingriffsgleiche Maßnahme vorliegt, ist mit Blick auf das konkrete behördliche Einschreiten zu prüfen. Droht einer Versammlung Gefahr durch Feuer oder Einstürzen umliegender Gebäude bzw. des Veranstaltungsgebäudes selber, würde eine bauordnungsrechtliche Verfügung zur unmittelbaren Gefahrenabwehr nicht durch Abrißverfügung an den Eigentümer, sondern durch Platzverweis an die Versammlungsteilnehmer erfolgen; letzterer aber würde in den Schutzbereich von Art. 8 I GG eingreifen, während die Abrißverfügung als allgemeine ordnungsbehördliche Maßnahme am Schutzbereich von Art. 8 I GG vorbeistreichen würde.[332] Ähnlich wären Maßnahmen zur Aufrechterhaltung des Straßenverkehrs während der stattfindenden Versammlung zu beurteilen. **Entscheidend** kommt es damit auf den **Eingriff in Art. 8 I GG** an. Alle dogmatischen Differenzierungsbemühungen in versammlungstypische/untypische, versammlungsspezifische/unspezifische oder gezielte/ungezielte Maßnahmen sind daneben letztlich unergiebig.[333] Das ausschließliche Abstellen auf den Eingriff in Art. 8 I GG ist auch deshalb geboten, da nur so einer Schikanepraxis durch mißbräuchliche Berufung auf allgemeine Gefahrenabwehr der Boden entzogen werden kann.[334]

176 Somit kann bei Bejahung eines Eingriffs in Art. 8 I GG **allgemeine oder besondere Gefahrenabwehr nur unter den Voraussetzungen und im Rahmen des VersG erfolgen.** Die einschlägigen allgemeinen Gesetze können bei Versammlungen unter freiem Himmel nur durch das Nadelöhr des § 15 VersG zum Tragen kommen, nachdem sie als Bestandteil des Schutzguts öffentliche Sicherheit in diese Eingriffsermächtigung transferiert worden sind.[335] Ohne diesen Filter mit dem erhöhten Wirkungsgrad der unmittelbar drohenden Gefahr bestünde einerseits die Gefahr, daß Art. 8 I GG zum konturenlosen Gebilde geraten könnte, und andererseits würden bei Versammlungen vor Ort verschie-

---

329 *BVerfGE* 10, 89 (99); 28, 282 (289).

330 *Hoffmann-Riem* (o. Fußn. 15), Art. 8 Rdn. 29.

331 *Hoffmann-Riem* (o. Fußn. 15), Art. 8 Rdn. 29.

332 Vgl. auch *Hoffmann-Riem* (o. Fußn. 15), Art. 8 Rdn. 29; *Bertuleit/Steinmeier* (o. Fußn. 14), § 1 Rdn. 45.

333 *Breitbach/Deiseroth/Rühl* (o. Fußn. 14), § 15 Rdn. 55; anders die h. M.; vgl. *Gallwas* JA 1986, 487 f.; *Hoffmann-Riem* (o. Fußn. 15), Art. 8 Rdn. 29; *Krüger* (o. Fußn. 17), S. 35; *Gusy* JuS 1993, 556; *Ladeur* (o. Fußn. 14), Art. 8 Rdn. 42; *Bertuleit/Steinmeier* (o. Fußn. 14), § 1 Rdn. 45.

334 *Hoffmann-Riem* (o. Fußn. 15), Art. 8 Rdn. 28; *Breitbach/Deiseroth/Rühl* (o. Fußn. 14), § 15 Rdn. 53.

335 *Kloepfer* (o. Fußn. 17), Rdn. 58; *Schwerdtfeger* (o. Fußn. 103), S. 447; *Bertuleit/Steinmeier* (o. Fußn. 14), § 1 Rdn. 45; *Breitbach/Deiseroth/Rühl* (o. Fußn. 14), § 15 Rdn. 51 ff.

dene Behörden mit möglicherweise unterschiedlichen Verfügungen operieren können, was durch die Entscheidung aus *einer* Hand vermieden werden kann.

Diese Filterfunktion muß erst recht für Versammlungen in geschlossenen Räumen gel- 177
ten, da diese nicht dem Gesetzesvorbehalt aus Art. 8 II GG unterliegen. Soll gegen eine im geschlossenen Raum stattfindende Versammlung aus Gründen allgemeiner Gefahrenabwehr vorgegangen werden, kann das nur über § 13 I Nr. 2 2. Alt. VersG zulässig sein. Folgt man der Auffassung, wonach eine Auflösung wegen unmittelbarer Gefahr für Leben und Gesundheit der Teilnehmer nur bei aus dem Verlauf der Versammlung drohenden, also nicht bei externen Gefahren in Betracht kommt,[336] so steht bei öffentlichen Versammlungen in geschlossenen Räumen einer analogen Anwendung des § 13 I Nr. 2 2. Alt. VersG nichts im Wege (vgl. u. Rdn. 412).

Konsequenz dieser Filterfunktion ist die Anwendung des Konzentrationsgrundsatzes, 178
auch wenn es sich nicht um die Erteilung von Erlaubnissen (z. B. Sondernutzungserlaubnis zur Aufstellung von Tapetentischen) handelt, sondern um veranstalter- oder teilnehmerbezogene **Verfügungen**. Geht es um die Erteilung einer Erlaubnis, wird einer Veranstaltung möglicherweise nur etwas für ihre Durchführung nicht Existentielles vorenthalten, während bei Verfügungen (Verbot, Auflösung) die Beendigung des Grundrechtsschutzes auf dem Spiel steht. Hier muß der **Konzentrationsgrundsatz erst recht eingreifen;**[337] der Regelungsgegenstand (Schutz der öffentlichen Sicherheit) ist entsprechend dem Ansatz des BVerwG identisch.[338]

aa) Straßenrecht. Straßen und öffentliche Plätze stehen der Grundrechtswahrneh- 179
mung aus Art. 8 I GG offen, weil diese ohne die Möglichkeit der Benutzung von Straßen und öffentlichen Flächen keine Basis hätte. Das Recht zur Benutzung folgt deshalb unmittelbar aus Art. 8 I GG selber (o. Rdn. 90). Geht es um die Zulässigkeit von Sondernutzungen, so sind die damit zusammenhängenden Rechtsfragen im Rahmen einer beschränkenden Verfügung nach § 15 I VersG zu entscheiden; die in diesem Zusammenhang maßgebliche Konzentrationsmaxime[339] ist Konsequenz der gerade beschriebenen Filter- bzw. Nadelöhrfunktion des § 15 VersG.

bb) Straßenverkehrsrecht. Die dem Verkehr i. S. von Ortsveränderung gewidmete 180
Straße ist der Raum, in dem Verkehrsteilnehmer ihr Grundrecht auf körperliche Bewegungsfreiheit ausüben. Wenn Demonstranten diesen Raum für ihre Aktionen in Anspruch nehmen, sind sie deshalb nicht von vornherein von der Beachtung der Bestimmungen der Straßenverkehrsordnung freigestellt.[340] Diese entfalten wegen des drittbehindernden Effekts von Demonstrationen über Auflagen i. S. von § 15 I VersG Wirkung. Allerdings wird die Wechselwirkung[341] zwischen Grundrecht und einschränkendem Gesetz es oft erforderlich machen, Vorschriften der Straßenverkehrsordnung für Demonstrationen im öffentlichen Straßenraum zu suspendieren.

cc) Polizei- und Ordnungsrecht. Geht es um die Abwehr einer Gefahr für die öffent- 181
liche Sicherheit, die nichts mit dem Verlauf der Versammlung oder Demonstration zu tun hat (im Veranstaltungsraum ist eine Bombe deponiert worden), kann die Polizei gleichwohl nicht auf der Grundlage der Generalklausel des jeweiligen Polizeigesetzes einschreiten,[342] sondern die Versammlungsbehörde hat der Gefahr über eine Auflösung nach § 13 I Nr. 2, 2. Alt. (dazu näher u. Rdn. 498) bzw. nach § 15 II VersG zu begegnen; gleiches gilt bei Einsturz- oder Brandgefahr. Die zur Gefahrenabwehr erforderlichen Maßnahmen (z. B. Aussprechen eines Platzverweises) greifen in Art. 8 I GG ein. Deshalb ist

336 *Rühl* (o. Fußn. 14), § 13 Rdn. 17.
337 So offensichtlich auch *OVG Münster* NVwZ-RR 1992, 361.
338 *BVerwG* NJW 1989, 2412.
339 *BVerwG* NJW 1989, 2412; *Breitbach/Deiseroth/Rühl* (o. Fußn. 14), § 15 Rdn. 57.
340 *Schwerdtfeger* (o. Fußn. 103), S. 448.
341 *BVerfGE* 7, 198 (208); 28, 191 (200 f.).
342 So aber die h. M., vgl. Fußn. 333.

der Grundrechtsschutz vorher durch versammlungsbehördliche Auflösung zu beenden bzw. wegen der Konzentrationsmaxime die Platzverweisung von der Versammlungsbehörde zu verfügen. Das VersG stellt damit ein **in sich geschlossenes und abschließendes Regelungswerk** dar, das sicherstellt, daß bei Versammlungen und Demonstrationen die zur Wahrung der öffentlichen Sicherheit notwendigen Maßnahmen getroffen werden können.[343]

182 **dd) Straftatbestände.** Zu prüfen bleibt, ob Strafgesetze als spezifisches „Demonstrationsstrafrecht" oder als sonstige versammlungsspezifische Gesetze der Versammlungs- und Demonstrationsfreiheit Schranken ziehen können. Art. 8 I GG darf nach dem Gesetzesvorbehalt des Art. 8 II GG nur durch solche Gesetze begrenzt werden, die die Bedeutung der Versammlungs- und Demonstrationsfreiheit für den einzelnen und die Gemeinschaft berücksichtigen.[344] Strafgesetze sind als allgemeine Gesetze gegenüber der Wertigkeit von Grundrechten neutral. Deshalb können sie nicht selbständig in den Schutzbereich von Art. 8 I GG eindringen, sondern nur jenseits des Schutzbereichs liegende Betätigungen als **Überschreitungen der Grundrechtswahrnehmung** unter Strafe stellen.[345]

183 Diesseits der Pönalisierung von Überschreitungen des Schutzbereichs ist das Verhältnis zwischen Art. 8 I GG und Strafrecht problematisch, wenn in oder aus einer Versammlung bzw. Demonstration Aktionen mit demonstrativem Charakter erfolgen, die weder unmittelbar durch Art. 8 I GG (Gebote der Friedlichkeit und Waffenlosigkeit, o. Rdn. 133 ff.) noch durch Vorbehaltsgesetze nach Art. 8 II GG verboten sind, aber möglicherweise Strafrechtstatbestände erfüllen. Wer **aktiv aggressive körperliche Gewalt anwendet,** handelt **unfriedlich;** hier ist das Verhältnis zwischen Strafrecht und Art. 8 I GG klar. Werden im Rahmen einer Demonstration Spruchbänder gezeigt („X ist ein Kriegstreiber"), so liegt trotz des demonstrativen Charakters eine Beleidigung vor. Wurde etwa als Protest gegen den Golfkrieg eine Blutspur aus roter Lackfarbe von der amerikanischen zur irakischen Botschaft in Bonn gezogen, so steht der Umstand, daß die Aktion Bestandteil einer demonstrativen Aussage ist, der Bejahung einer Sachbeschädigung nicht entgegen.

184 Sitzdemonstrationen als Form passiver Resistenz erfüllen für das BVerfG nicht den Tatbestand der Nötigung.[346] Daß es sich um Versammlungen im Schutzbereich von Art. 8 I GG handelt, weil **passives Verhalten nicht unfriedlich** ist, hatte das BVerfG schon in seiner ersten Sitzblockaden-Entscheidung deutlich gemacht.[347] In seiner zweiten grundlegenden Sitzblockaden-Entscheidung hat es festgestellt, daß die **erweiternde Auslegung des Gewaltbegriffs in § 240 I StGB im Zusammenhang mit Sitzdemonstrationen gegen Art. 103 II verstößt.**[348]

185 In der zweiten Entscheidung wurde den Verfassungsbeschwerden bei geändertem Stimmenverhältnis stattgegeben. Die angegriffenen Entscheidungen des LG und des OLG verstießen gegen Art. 103 II GG, weil sie den Gewaltbegriff des § 240 I StGB so weit ausgelegt hatten, daß auch das passive Verhalten der Sitzdemonstranten darunter fiel. Art. 103 II GG als maßgebliche verfassungsrechtliche Bestimmung enthält nach Auffassung des BVerfG nicht nur ein Rückwirkungsverbot für Strafbestimmungen, sondern verpflichtet den Gesetzgeber auch, die tatbestandlichen Voraussetzungen der Strafbarkeit so konkret zu umschreiben, daß Anwendungsbereich und Tragweite der Straftatbestände sich aus dem Wortlaut ergeben oder durch zulässige Auslegung ermitteln lassen.[349] So wird einerseits garantiert, daß die Normadressaten vorhersehen können, welches Verhalten verboten und mit Strafe bedroht ist und andererseits, daß die Entscheidung über die Strafwürdigkeit eines Verhaltens im voraus vom Gesetzgeber und nicht erst nachträglich

---

343 *BVerwG* NJW 1989, 2412.
344 *BVerfGE* 69, 315 (353).
345 *Müller* (o. Fußn. 21), S. 135; *v. Mutius* Jura 1988, 89; *Schwäble* (o. Fußn. 20), S. 165 ff.
346 *BVerfGE* 92, 1 ff.
347 *BVerfGE* 73, 206 (248 ff.).
348 *BVerfGE* 92, 1 ff. = NJW 1995, 1141.
349 *BVerfGE* 92, 1 (12 ff.).

von der vollziehenden oder der rechtsprechenden Gewalt getroffen wird.[350] Dabei darf der Gesetzgeber durchaus Begriffe verwenden, die richterlicher Deutung bedürfen; entscheidend ist nur, daß der Bürger zumindest im Regelfall anhand der Strafbestimmung erkennen kann, ob ein bestimmtes Verhalten strafbar ist und so in Grenzfällen zumindest das Risiko einer Bestrafung deutlich wird.[351]

Die Auslegung des Gewaltbegriffs in §240 I StGB, die bei Sitzdemonstrationen rein passives Verhalten als Gewaltanwendung qualifiziert, ist mit Art. 103 II GG nicht zu vereinbaren.[352] Die mit der Verfassungsbeschwerde angegriffenen Entscheidungen gründen auf einem von der höchstrichterlichen Rechtsprechung im Laufe der Zeit entwickelten Gewaltbegriff, bei dem es immer weniger auf die Entfaltung körperlicher Kraft beim Täter und statt dessen immer mehr auf die beim Opfer eintretende Zwangswirkung ankam. War ursprünglich unter Gewalt allein die physische Einwirkung des Täters auf das Opfer, die bei ihm als körperlicher Zwang empfunden wurde, verstanden worden, so wurde der Umfang der aufgewendeten Kraft, um von Gewalt sprechen zu können, ständig reduziert und das Erfordernis einer körperlichen Zwangswirkung beim Nötigungsopfer schließlich gänzlich aufgegeben. Dies wird deutlich im Laepple-Urteil des BGH aus dem Jahr 1969,[353] wonach Gewalt i. S. des §240 I StGB nicht den unmittelbaren Einsatz körperlicher Gewalt voraussetzt, sondern als ausreichend angesehen wird, daß der Täter nur mit geringem körperlichem Kraftaufwand einen psychisch determinierten Prozeß beim Opfer bewirkt (sog. vergeistigter Gewaltbegriff), etwa dergestalt, daß es sich veranlaßt sieht, anzuhalten und stehenzubleiben, weil Sitzdemonstranten die Fahrbahn versperren. 186

Genau diese weite Interpretation des Gewaltbegriffs wertet das BVerfG in der zweiten Sitzblockadenentscheidung als Verstoß gegen Art. 103 II GG; die körperliche Anwesenheit einer Person an einem Platz, den ein anderer einnehmen oder passieren will, vermag allein wegen der damit verbundenen psychischen Hemmung beim Opfer den Gewaltbegriff nicht zu erfüllen.[354] Die tatbestandliche Voraussetzung der Gewalt würde ansonsten in einer Weise entgrenzt, daß sie ihrer Funktion verlustig ginge, unter den notwendigen, unvermeidlichen oder alltäglichen Zwangseinwirkungen auf die Willensfreiheit die strafwürdigen auszufiltern. Statt dessen werden zwangsläufig zahlreiche als sozialadäquat einzustufende Verhaltensweisen unter den Tatbestand subsumiert, deren Strafbarkeit dann erst durch das Korrektiv der Verwerflichkeitsklausel in §240 II StGB ausgeschlossen werden kann.[355] 187

Mit dieser weiten Auslegung sieht das BVerfG genau die Folgen verwirklicht, die Art. 103 II GG verhindern soll. Es läßt sich nicht mehr mit der gebotenen Sicherheit voraussehen, welches körperliche Verhalten, das andere an der Durchsetzung ihres Willens psychisch hindert, verboten ist und welches nicht.[356] Das hat zur Folge, daß in dem Bereich, in dem Gewalt nur in körperlicher Anwesenheit besteht und die Zwangswirkung nur psychisch ist, die Strafbarkeit nicht mehr, wie es Art. 103 II GG verlangt, vorab vom Gesetzgeber durch ein abstraktes und generelles Gesetz festgelegt wird, sondern im nachhinein von Richtern, die sich bei der Bewertung der Strafwürdigkeit von Sitzblockaden von ihrer jeweiligen persönlichen Überzeugung leiten lassen,[357] also letztlich nach ihrem politischen Vorverständnis entscheiden. 188

Demgegenüber geht der BGH in einer der zweiten Sitzblockadenentscheidung des BVerfG nachfolgenden Entscheidung davon aus, daß §240 StGB nur im Hinblick auf die psychische Zwangswirkung der Sitzblockierer gegenüber dem ersten anhaltenden Fahr- 189

---

350 *BVerfGE* 92, 1 (12f.).
351 *BVerfGE* 92, 1 (12f.).
352 *BVerfGE* 92, 1 (12f.).
353 *BGHSt* 23, 46ff.
354 *BVerfGE* 92, 1 (12f.).
355 *BVerfGE* 92, 1 (14f.).
356 *BVerfGE* 92, 1 (14f.).
357 *BVerfGE* 92, 1 (14f.).

zeug entfalle, nicht aber gegenüber den nachfolgenden. Denn das auf das erste Fahrzeug folgende zweite oder dritte usw. träfen nicht auf ein psychisches, sondern ein physisches Hindernis, das die Sitzblockierer in mittelbarer Täterschaft errichtet hätten.[358]

190 Bei Zugrundelegung dieser Auffassung ergäbe sich für die versammlungsbehördliche bzw. polizeiliche Praxis folgendes: Wird durch eine Sitzblockade nur ein Fahrzeug an der Weiterfahrt gehindert, scheidet auch nach Auffassung des BGH eine Nötigung aus. Werden mehrere Fahrzeuge gehindert, so läge gegenüber den auf das erste Fahrzeug folgenden Gewaltanwendung im Sinne von § 240 I StGB vor. Es käme dann für die Rechtswidrigkeit und damit die Straftbarkeit darauf an, ob die Blockade als demonstrative Aktion verwerflich ist, was eben nicht aus der Gewaltanwendung schlechthin gefolgert werden darf.[359]

191 Der BGH zerlegt einen einheitlichen Vorgang künstlich.[360] Das BVerfG hatte die Einbeziehung von Sitzblockaden in den Schutzbereich von Art. 8 I GG und die Frage der Einschlägigkeit von § 240 StGB unabhängig von der Zahl der beteiligten Fahrzeuge beurteilt. Insoweit bleibt die letzte Entscheidung des BVerfG für die versammlungsbehördliche bzw. polizeiliche Praxis maßgeblich.

192 In der Vergangenheit hat es Blockadeaktionen gegeben, die sich von den Sitzdemonstrationen, über die das BVerfG entschieden hat, nachhaltig unterschieden (Demonstranten setzen sich auf Bahngleise, versuchen im fließenden Verkehr eine Autobahn zu blokkieren, führen auf einer stark befahrenen Durchgangsstraße eine Baumpflanzaktion mit Aufbringen von Erde auf die Fahrbahn durch oder spannen im Rahmen einer Protestaktion ein Stahlseil über einen Kanal). In solchen Fällen geht es um andere Straftatbestände als § 240 StGB, nämlich um die §§ 315, 315 b StGB (gefährliche Eingriffe in den Bahn-, Schiffs- und Luftverkehr bzw. in den Straßenverkehr) und diese Straftatbestände stellen ein Verhalten unter Strafe, das über passive Resistenz hinausgeht; ein sofortiges polizeiliches Einschreiten nach § 15 II VersammlG ist deshalb zulässig und geboten.

5. Beschränkungen für Sonderstatusverhältnisse

193 Der mehrdimensionale (o. Rdn. 88 ff.) Grundrechtsschutz des Bürgers endet nicht, wenn ein Sonderstatusverhältnis zwischen Bürgern (als Soldaten, Beamten, Strafgefangenen, Schülern, Studenten) und Staat begründet wird; ansonsten hätte Art. 17 a GG nicht durch Verfassungsänderung in das Grundgesetz eingefügt werden müssen. Personen in Sonderstatusverhältnissen müssen indes zusätzliche Grundrechtsbeschränkungen hinnehmen (z. B. Art. 17 a GG, Art. 33 V GG). Diese dürfen nicht über das vom jeweiligen Sonderstatusverhältnis im öffentlichen Interesse zwingend gebotene Maß hinausgehen. Die Wesensgehaltssperre des Art. 19 II GG ist zu beachten. Auch in Sonderstatusverhältnissen streitet die Vermutung für die Grundrechte der Betroffenen.

194 Bei Ausübung der Versammlungs- und Demonstrationsfreiheit müssen Beamte, Richter bzw. Soldaten als Veranstalter, Leiter oder Teilnehmer die ihrer Stellung in der Öffentlichkeit und ihren Amtspflichten entsprechende politische Mäßigung üben (§ 35 II BRRG), sofern das möglich und zumutbar ist.[361]

195 Ein Anspruch auf Dienstbefreiung zwecks Beteiligung an Versammlungen und Demonstrationen besteht grundsätzlich nicht.[362] Die Weisungsgewalt von Dienstvorgesetzten darf aber nicht mißbraucht werden, etwa durch Anordnung plötzlicher Dienstveranstaltungen, um die Beteiligung zu unterlaufen.

---

[358] *BGH* NStZ 1995, 541.

[359] *BVerfGE* 73, 206 (247 u. 256); *Gusy* (o. Fußn. 17), Art. 8 Rdn. 80.

[360] Krit. dazu *Hoyer* JuS 1996, 201 ff.; *Lesch* StV 1996, 152 ff.; *Amelung* NStZ 1996, 230 f.

[361] *BVerwG* JZ 1986, 537 ff; speziell zur Zurückhaltung von Richtern, insbesondere im Hinblick auf Beteiligung an Sitzblockaden, vgl. *Schmidt-Jortzig* NJW 1984, 2057; *Rudolph* DRiZ 1988, 131.

[362] *BVerwG* NJW 1973, 1242; *BVerwG* NJW 1973, 1817.

Demonstrieren Berufsgruppen im eigenen Interesse, wo mangels Solidarisierung mit bestimmten Gruppen die Unparteilichkeit nicht in Frage gestellt werden kann, besteht kein sachlicher Grund für ein Verbot des Tragens der Dienstkleidung.[363] Trotz Verbots der Teilnahme in Uniform für Soldaten (§ 15 SoldatenG) dürfen diese an Versammlungen bzw. Demonstrationen teilnehmen, wenn es sich um eine Veranstaltung ihres Berufsverbandes **zur Wahrung eigener berufsbezogener Belange** geht oder aber die Funktionsfähigkeit der Bundeswehr durch die anstehende Versammlung bzw. Demonstration gar nicht berührt werden kann.[364] 196

Schüler und Studenten dürfen die Versammlungs- und Demonstrationsfreiheit in den Räumen und auf dem Gelände der Bildungseinrichtung nur ausüben, wenn es von dem jeweiligen Leitungsorgan zugelassen worden ist. Es besteht allerdings ein Anspruch auf Zulassung, wenn keine wichtigen schulischen Belange entgegenstehen. Das Sonderstatusverhältnis wirkt aber nicht nach außen. Schüler und Studenten dürfen nicht daran gehindert werden, sich an Versammlungen und Demonstrationen außerhalb der Bildungseinrichtung zu beteiligen. Ein Anspruch auf Teilnahme kann auch dann bestehen, wenn die Versammlung bzw. Demonstration während der Unterrichtszeit stattfindet. Hier kollidieren Art. 8 I GG und die landesgesetzlich konkretisierte Schulbesuchspflicht aus Art. 7 I GG. Die erforderliche Güterabwägung muß einerseits dem hohen Rang von Art. 8 I GG und die von der Schule zu leistende Erziehung zum mündigen Staatsbürger berücksichtigen, aber andererseits auch der Funktionsfähigkeit des Schulbetriebs Rechnung tragen. Insoweit kann weder die Schulbesuchspflicht dem Grundrecht aus Art. 8 I GG grundsätzlich vorgehen noch umgekehrt die Versammlungs- und Demonstrationsfreiheit die allgemeine Schulpflicht überlagern.[365] Ob Art. 8 I GG im Einzelfall der Vorrang einzuräumen ist, soll von der Thematik der Demonstration und ihrem Bezug zu den Wertentscheidungen der Verfassung sowie der Dauer des Unterrichtsausfalls abhängen.[366] Die Berücksichtigung des Themas bei dieser Abwägung ist problematisch; Inhalt und Thema von Demonstrationen unterliegen der Gestaltungsfreiheit (vgl. o. Rdn. 46 ff.) und der Staat und seine Behörden haben sich der politischen Bewertung zu enthalten. 197

Untersuchungs- und Strafgefangene sowie Personen im polizeilichen Gewahrsam oder Insassen von Heil- und Pflegeanstalten können nicht unter Berufung auf Art. 8 I GG befristete Aufhebung der Freiheitsentziehung verlangen. Primär ist ihre Bewegungsfreiheit (Art. 2 II GG) eingeschränkt. Damit sind sie gehindert, Grundrechte geltend zu machen, die Bewegungsfreiheit voraussetzen. Demonstrationen innerhalb der Gefängnismauern sind damit nicht ausgeschlossen. 198

6. Schranken bei Grundrechtskumulation

Besteht Grundrechtsschutz durch mehr als ein Grundrecht, stellt sich die Frage nach den maßgeblichen Schranken. Als Leitregel kann gelten, daß die Schrankenregelung des **stärkeren** Grundrechts Anwendung findet.[367] Geboten ist eine differenzierende Lösung, die der Wertigkeit der beteiligten Grundrechte und der Schutznotwendigkeit im konkreten Einzelfall Rechnung trägt. So kann es zur Verstärkung der Grundrechtsgewährleistung dadurch kommen, daß bei unterschiedlicher Schrankenregelung eine restriktive Schrankeninterpretation zur Effektivierung der grundrechtlichen Gesamtgarantie erfolgen muß. Fällt eine grundrechtliche Betätigung unter zwei nicht in einem Spezialitätsverhältnis stehende Grundrechte, so wird es durch beide Grundrechte geschützt. Ist der Schutz unterschiedlich stark ausgestaltet, dann wird aus dem doppelten Schutz abgeleitet, daß Eingriffe nur zulässig sind, wenn sie auch vor dem Grundrecht mit dem stärkeren 199

[363] *BVerwG* NJW 1984, 747; krit. *Breitbach/Steinmeier* (o. Fußn. 10 d), § 3 Rdn. 41.
[364] *BVerwG* NJW 1984, 747; *BVerfGE* 83, 60 (64).
[365] So *Sterzel* KJ 1990, 314 unter Bezug auf *BVerfGE* 47, 223 (247).
[366] *VG Hannover* NJW 1991, 1001; ausf. *Bertuleit/Steinmeier* (o. Fußn. 14), § 1 Rdn. 72 ff.
[367] *Berkemann* NVwZ 1982, 85; *Hofmann* BayVBl. 1987, 132; *Bleckmann/Wiethoff* DÖV 1991, 729 f.; krit. dazu *Pieroth/Schlink* (o. Fußn. 17), Rdn. 337 f.; *Würkner* DÖV 1992, 152.

Schutz bestehen können.[368] Wird z. B. eine Prozession, die unter Art. 4 II und Art. 8 I GG fällt, über eine in einer bestimmten religiösen Tradition wurzelnde Wegstrecke geführt, so muß sich eine Regelung des Prozessionsweges auch an Art. 4 II GG messen lassen.[369]

200 In der Konkurrenz zwischen Art. 8 I GG und Art. 5 I GG ist die Demonstrationsfreiheit als **spezifisches Kommunikationsgrundrecht** (o. Rdn. 35 ff.) das **stärkere** Grundrecht. Ungeachtet der medialen Funktion der Demonstrationsfreiheit für die Meinungsfreiheit sind die **Eingriffsermächtigungen ausschließlich auf Art. 8 II GG** zu stützen, wenn es um Versammlungen und Demonstrationen als solche geht.

201 Werden im Rahmen einer Versammlung bzw. Demonstration Meinungen in Wort, Schrift oder Bild (etwa durch das Hochhalten von Transparenten mit beleidigendem Inhalt) geäußert, können sich die Einschränkungsmöglichkeiten (Sicherstellung) aus Art. 5 II GG ergeben, sofern die Teilnahme an der Veranstaltung möglich bleibt.

202 Bei Konkurrenz des vorbehaltlos gewährleisteten Art. 5 III GG und Art. 8 I GG (etwa bei politischem Straßentheater) ist die Kunstfreiheit dominant, so daß Beschränkungen nach Art. 8 II GG restriktiver Betrachtung unterliegen, mithin das VersG kunstfreundlich auszulegen ist. Polizeiliche Maßnahmen nach dem Versammlungsgesetz können sich **nur gegen äußere Bedingungen der Herstellung bzw. Präsentation richten** (z. B. Auswirkungen auf Verkehrsteilnehmer bei Straßentheater), gegen den Inhalt der künstlerischen Darbietung nur dann, wenn ein Verstoß gegen die Schranken des Art. 5 II GG vorliegt. Der *Anachronistische Zug* ist insoweit als künstlerische Demonstration nach dem VersG zu beurteilen.

203 Beim Zusammentreffen von Art. 9 III GG und Art. 8 II GG im Rahmen des Arbeitskampfes wird ersterer regelmäßig das dominierende Grundrecht sein. Trotz damit gebotener restriktiver Anwendung des VersG werden für den Veranstalter dessen Verpflichtungen (z. B. Anmeldung, Bestellung von Leiter und Ordnern) nicht suspendiert.

7. Schranken-Schranken

204 Erlauben Gesetzesvorbehalte dem Gesetzgeber, in Grundrechte einzugreifen bzw. die Verwaltung zu entsprechenden Eingriffen zu befugen, so unterliegt der Gesetzgeber selber wieder Beschränkungen, wenn er die Ausübung eines Grundrechts begrenzt. Für diese Beschränkungen hat sich der Begriff Schranken-Schranken etabliert. Als solche gelten der Grundsatz der Verhältnismäßigkeit, die Wesensgehaltsgarantie des Art. 19 II GG, das Verbot des einschränkenden Einzelfallgesetzes aus Art. 19 I GG, das Zitiergebot des Art. 19 I 2 GG und das rechtsstaatliche Gebot zur klaren und bestimmten Abfassung von Gesetzen.[370]

III. Das VersG als einfachgesetzliche Ausgestaltung der Versammlungs- und Demonstrationsfreiheit

1. Allgemeines

205 Das Versammlungswesen wäre unvollkommen beschrieben, reduzierte man die Tätigkeiten der Versammlungsbehörden auf die Wahrnehmung ihrer Zuständigkeiten nach dem VersG bzw. den dazu ergangenen Zuständigkeitsverordnungen.

a) Das Versammlungsgesetz als Spezialmaterie des Polizeirechts

206 Inhaltlich ist das **Versammlungswesen** zunächst als **spezialisiertes Gefahrenabwehrrecht** besonderes Polizeirecht. Es enthält als Konkretisierung des Gesetzesvorbehalts in Art. 8 II GG polizeirechtliche Befugnisnormen zum Schutz der öffentlichen Sicherheit.

---

[368] *Pieroth/Schlink* (o. Fußn. 17, Rdn. 343.

[369] *Pieroth/Schlink* (o. Fußn. 17), Rdn. 344.

[370] Dazu näher *Pieroth/Schlink* (o. Fußn. 17), Rdn. 274 ff.

Für unmittelbar versammlungsbezogene Eingriffe stellt sich das VersG als abschließende Regelung dar, ist lex specialis, das bei Vorliegen einer abschließenden Regelung den Rückgriff auf das allgemeine Polizeirecht und seine Ermächtigungsgrundlagen ausschließt und so die sog. Polizeifestigkeit der Versammlungs- und Demonstrationsfreiheit begründet.[371] Die sog. Polizeifestigkeit bringt indes nichts anderes zum Ausdruck als den Vorrang des Spezialgesetzes. Durch die Formulierung, die zuständige Behörde könne die Versammlung von bestimmten Auflagen abhängig machen, bezieht nach der h. M. § 15 I VersG allerdings den Katalog der Standardmaßnahmen als taugliche Mittel unmittelbarer Gefahrenabwehr ein (u. Rdn. 561 ff.).

Das VersG bleibt anwendbar, wenn Versammlungen bzw. Demonstrationen unfriedlich **werden**[372] und dann nicht mehr unter dem Schutz von Art. 8 I GG stehen. Entscheidend ist nur, daß eine Versammlung i. S. des VersG (vgl. o. Rdn. 222 ff.) vorgelegen hat. Ist aber der (seltene) Fall gegeben, daß die Zusammengekommenen sich von Anfang an unfriedlich verhalten, etwa als aggressive Zusammenrottung zur Begehung von Straftaten, kommt unmittelbar das einschlägige Polizeigesetz zur Anwendung.[373] Das VersG in seiner Funktion als Grundrechtsausführungsgesetz (vgl. u. Rdn. 209 f.) würde sich zu weit vom Schutzbereich entfernen, wenn es sich auch auf von Anfang an unfriedliche Zusammenrottungen o. ä. erstrecken würde.[374] 207

b) Das VersG als Ausführungsgesetz zu Art. 8 I GG

Das VersG füllt den Gesetzesvorbehalt in Art. 8 II GG aus und ist insoweit Ausführungsgesetz.[375] Der Beschränkung unterliegt nicht nur die Teilnahme, sondern auch die Veranstaltung und Leitung. Bezüglich Umfang und Regelungstiefe bieten sich dem Gesetzgeber unterschiedliche Beschränkungsmöglichkeiten an: Einführung von Anmelde- bzw. Erlaubnispflicht, Statuierung von Bestimmungen über die Binnenordnung, generelles Verbot für bestimmte Versammlungen, Regelungen zur Ermächtigung der Versammlungsbehörden zum Verbot bzw. zur Auflösung im konkreten Einzelfall, Vorschriften bezüglich Beobachtung und Beaufsichtigung. 208

Bei der Ausgestaltung der Beschränkungen nach Art. 8 II GG muß der Gesetzgeber dem hohen Rang der Versammlungs- und Demonstrationsfreiheit[376] und ihrer Bedeutung für den einzelnen und die Gemeinschaft Rechnung tragen. Deshalb ist das VersG zugleich, wenn nicht vorrangig, ein Ausführungsgesetz zu Art. 8 I GG, das das Grundrecht auf der Ebene des einfachen Gesetzes **konkretisiert** und **ausgestaltet.** 209

Die Aufgabenwahrnehmung der Versammlungsbehörden nach dem VersG wegen der Gefahrenträchtigkeit und Störanfälligkeit von Versammlungen bzw. Demonstrationen ausschließlich oder vorrangig unter dem Aspekt der Gefahrenabwehr zu sehen, ließe außer acht, daß die **Aufgabenwahrnehmung die Ausübung eines Grundrechts von hohem Rang möglich machen soll.** Als Ausführungsgesetz zu Art. 8 I GG erfährt das VersG eine verfassungsrechtliche Überhöhung und avanciert von einer ursprünglich klassischen Polizeirechtsmaterie zu einem Kernstück demokratischen Lebens und sozialer Konfliktbewältigung.[377] 210

In dieser Eigenschaft enthält es zunächst Regelungen, die dem Schutzbereich der Versammlungs- und Demonstrationsfreiheit Gestalt geben (§§ 1, 6 I, 7 III und IV, 8, 9 I, 18 I, 211

---

371 *Herzog* (o. Fußn. 9), Art. 8 Rdn. 125; *Alberts* VR 1987, 298 ff.; *ders.* ZRP 1988, 286; *Bertuleit/Herkströter* (o. Fußn. 14), § 1 Rdn. 39; *Breitbach/Deiseroth/Rühl* (o. Fußn. 14), § 15 Rdn. 44; grs. krit. dazu *Ridder* (o. Fußn. 14), Geschichtliche Einleitung Rdn. 80; *Bergmann,* Die Polizeifestigkeit des Versammlungsgeschehens, 1996, S. 3 ff.

372 *OVG Bremen* NVwZ 1987, 236; *VGH Mannheim* VBlBW 1986, 299; *VG Hamburg* NVwZ 1987, 831; *Geis* Die Polizei 1993, 296; *Burfeind* (o. Fußn. 271), S. 108 f.

373 So zutr. *Geis* Die Polizei 1993, 296.

374 A. A. wohl *Bertuleit/Steinmeier* (o. Fußn. 14), § 1 Rdn. 42.

375 Grs. krit. *Ridder* (o. Fußn. 14), Geschichtliche Einleitung Rdn. 1.

376 *BVerfGE* 69, 315 (348).

377 *Ossenbühl* Der Staat 1971, 62.

19 I VersG). Zusätzlich regelt es die **innere Ordnung** von Versammlungen und Aufzügen. Ferner sind im Versammlungsgesetz von Art. 8 I GG nicht ausdrücklich genannte Rechte für Veranstalter und Leiter enthalten, die diese zur staatsfreien Regelung ihrer Aktionen befähigen.

c) Erlaubnisfreiheit

212 Die Versammlungsbeteiligten (Veranstalter, Leiter, Teilnehmer) bedürfen keiner verwaltungsrechtlichen Erlaubnis;[378] der Veranstalter einer Versammlung bzw. Demonstration hat sein Vorhaben lediglich anzumelden. Art. 8 I GG verbietet die gesetzliche Einführung eines Verbots mit Erlaubnisvorbehalt.[379]

213 Trotz der Gefahrenträchtigkeit und Störanfälligkeit hat der Verfassungsgeber diese Form der Gefahrenkontrolle bei Versammlungen ausgeschlossen. Mit einem präventiven Verbot mit Erlaubnisvorbehalt soll Gefahren schon im Vorfeld begegnet werden, indem die Erlaubnisbehörde in den Stand gesetzt wird, vorab über die Gefahrenträchtigkeit des beantragten Vorhabens (z. B. Bauwerk, Gewerbebetrieb) zu befinden.

214 Der Gesetzesvorbehalt des Art. 8 II GG ist vom Gesetzgeber im VersG in Form der Einführung einer **Anmeldepflicht** genutzt worden, was verfassungsrechtlich bedenklich ist, weil das Verbot einer Anmeldepflicht als zentrales Gewährleistungselement gerade zum Normprogramm von Art. 8 I GG gehört (vgl. u. Rdn. 274 ff.).

215 Daß dadurch die Einwirkungsmöglichkeit der Versammlungsbehörde geringer als die einer typischen Konzessionsbehörde ist,[380] muß in Kauf genommen werden. Wegen der Erlaubnisfreiheit ist die Versammlungsbehörde zudem in besonderem Maße auf die Kooperationsbereitschaft des Veranstalters angewiesen.

216 Die Erlaubnisfreiheit führt zu einer Verkürzung des Rechtsschutzes für von Versammlungen bzw. Demonstrationen Drittbetroffene[381] (z. B. Anlieger, Verkehrsteilnehmer, Gewerbetreibende); wäre eine Erlaubnis erforderlich, so könnten Drittbetroffene gegen diesen Verwaltungsakt Widerspruch einlegen und einstweiligen Rechtsschutz nach § 80 VwGO in Anspruch nehmen. Wegen des hohen Ranges von Art. 8 I GG wird diese mit der Erlaubnisfreiheit zwangsläufig einhergehende Unterentwicklung des Rechtsschutzes für Drittbetroffene hinnehmbar sein; allerdings sind die Versammlungsbehörden in der Pflicht, im Rahmen beschränkender Verfügungen per Auflage entgegenstehenden Rechtspositionen Dritter als deren Sachwalterin Rechnung zu tragen. Gleichwohl bleibt problematisch, daß die Rechte Dritter nur über das Tatbestandsmerkmal öffentliche Sicherheit in § 15 VersG Berücksichtigung finden können. Das kann dadurch abgemildert werden, daß Drittbetroffene im versammlungsgesetzlichen Verwaltungsverfahren nach § 13 II VwVfG als Beteiligte hinzugezogen werden.

217 Konsequenz der Erlaubnisfreiheit ist auch, daß ansonsten bestehende Erlaubnisvorbehalte (z. B. straßenverkehrsrechtliche Sondernutzungserlaubnis nach § 29 II StVO für die nicht verkehrsübliche Inanspruchnahme von öffentlichem Straßenraum, straßenrechtliche Sondernutzungserlaubnis für die Verwendung und Aufstellung von Hilfsmitteln – Tapetentisch, Sonnenschirme, Regenschutzsegel, Stände –, Erlaubnis zum Betrieb von Lautsprechern nach § 46 I Nr. 9 StVO) suspendiert werden. Weil die §§ 14 und 15 VersG ein **in sich geschlossenes und abschließendes Regelungswerk** zur Wahrung der öffentlichen Sicherheit bei Versammlungen sind, muß der Ausgleich zwischen dem Grundrecht aus Art. 8 I GG und anderen durch § 15 I VersG im Rahmen der öffentlichen Sicherheit

---

[378] *BVerfGE* 92, 191 (202).

[379] *Herzog* (o. Fußn. 9), Art. 8 Rdn. 82.

[380] *Ridder* (o. Fußn. 14), Geschichtliche Einleitung Rdn. 77 sieht dagegen in der Kombination von Anmeldepflicht und Präventivverbot die Besserstellung der Versammlungsbehörde begründet, die nunmehr in Kenntnis des Gegenstandes der Versammlung entsprechende Möglichkeiten zum Verbieten habe; ein Ergebnis, zu dem man nur kommen kann, wenn man wie *Ridder* davon ausgeht, daß Polizei und Versammlungsbehörden sich weitgehend rechtswidrig verhalten.

[381] Krit. insoweit *Isensee* (o. Fußn. 177), S. 48.

geschützten Rechtsgütern nicht in einem vorgeschalteten Erlaubnisverfahren, sondern allein nach Maßgabe von § 15 VersG gefunden werden.[382]

Voraussetzung für die Verwendung von Hilfsmitteln ist allerdings, daß sie im Rahmen einer Versammlung bzw. Demonstration benötigt werden und die konkrete Verwendung funktionale Bedeutung für die Durchführung der Versammlung hat. Die Benutzung von Lautsprechern und Megafonen setzt insoweit voraus, daß nur über sie (bei Berücksichtigung des bestehenden Lärmpegels) die Versammlungsteilnehmer bzw. die Öffentlichkeit erreicht werden können. Das wäre etwa bei einer Aktion von 20 Personen in der Fußgängerzone einer Innenstadt nicht der Fall; hier bliebe es bei der Notwendigkeit der Erlaubniserteilung durch die zuständige Verwaltungsbehörde. 218

Sind anderweitig bestehende Erlaubnisvorbehalte suspendiert, hat die Versammlungsbehörde im Rahmen ihrer versammlungsgesetzlichen Verfügung aus *einer* Hand auch über die Frage der **Zulässigkeit der Sondernutzung** zu entscheiden[383] (Konzentrationsgrundsatz, o. Rdn. 62 und Rdn. 325). Entbehrlich wird nur die förmliche Erlaubnis, nicht die Prüfung des Vorliegens ihrer Voraussetzungen. Allerdings wird die diesbezügliche Beurteilung auf die Versammlungsbehörde verlagert; diese hat im Innenverhältnis die ansonsten zuständige Verwaltungsbehörde zu beteiligen. 219

Das gilt nicht nur im Rahmen von Erlaubnisverfahren, sondern auch für ordnungs- bzw. sonderordnungsbehördliche Verfügungen, die die (eigentlich) zuständige Behörde für erforderlich hält. Ist etwa das Zeltlager gegen ihre Ausweisung protestierender Roma als Versammlung zu bewerten,[384] und sind gesundheitspolizeiliche Belange zu wahren, so sind diese von der Versammlungsbehörde über eine Verfügung nach § 15 II VersG zur Geltung zu bringen.[385] 220

Die Entscheidung aus *einer* Hand durch die Versammlungsbehörde ist auch deshalb angezeigt, weil Versammlungsanmelder nur mit einem Träger öffentlicher Verwaltung konfrontiert werden, ausschließlich mit diesem Verhandlungen führen müssen und von ihm einen **Gesamtbescheid** erhalten. Einsatztaktische Gesichtspunkte sprechen zudem für die Gesamtzuständigkeit der Versammlungsbehörde; werden etwa Hilfsmittel erst nachträglich oder im Rahmen von Spontandemonstrationen verwendet, kann auch durch den polizeilichen Einsatzleiter vor Ort aus *einer* Hand entschieden werden. 221

2. Der Versammlungsbegriff des VersG

a) Abgrenzung zum verfassungsrechtlichen Versammlungsbegriff

Nach dem hier vertretenen weiten Versammlungsbegriff (vgl. o. Rdn. 14 ff.) liegt eine Versammlung i. S. von Art. 8 I GG vor, wenn eine Personenmehrheit mit einem verbindenden Zweck zusammenkommt; der Zweck ist beliebig; entscheidend ist, daß die Personen **miteinander** den jeweiligen Zweck ihres Zusammenkommens erreichen wollen. **Geschützt** wird dies Beieinanderseinwollen als **Persönlichkeitsentfaltung in der Gruppe.**[386] Der Demonstrationsbegriff i. S. von Art. 8 I GG baut auf dem Versammlungsbegriff auf und verlangt zusätzlich, daß es sich beim verbindenden Zweck um eine kollektive Meinungskundgabe handeln muß (vgl. o. Rdn. 23). Art. 8 I GG differenziert nicht zwischen öffentlichen und nichtöffentlichen Versammlungen; diese Unterscheidung nimmt erst das VersG vor. 222

aa) Öffentlich zugelassener Personenkreis. Das VersG engt in § 1 I den Begriff der Versammlung gegenüber dem verfassungsrechtlichen Versammlungsbegriff insoweit ein als sie öffentlich sein, d. h., sie für jedermann zugänglich sein muß. Das ist der Fall, wenn das Zutrittsrecht für jedermann besteht,[387] was bei Versammlungen und Demonstratio- 223

---

382 *BVerwG* NJW 1989, 2412.
383 Konsequenz aus *BVerwG* NJW 1989, 2412.
384 *OVG Münster* NVwZ-RR 1992, 360.
385 *OVG Münster* NVwZ-RR 1992, 361; krit. dazu *Dietlein* NVwZ 1992, 1066 f.
386 Vgl. o. Fußn. 21; krit. *BVerfG*, 1 BvQ 28/01 und 30/01 v. 12. 7. 2001, Rdn. 16 ff.
387 *Ketteler* DÖV 1990, 954.

nen unter freiem Himmel wohl zwangsläufig gegeben ist. Zusammenkünfte, die nur individuell bestimmten Personen zugänglich sind, werden nicht vom Versammlungsbegriff des VersG erfaßt, obwohl sie die Voraussetzungen des verfassungsrechtlichen Versammlungsbegriffs erfüllen, sich also im Schutzbereich von Art. 8 I GG befinden. Die Öffentlichkeit einer Versammlung i. S. von § 1 I VersG richtet sich somit danach, ob sie einen abgeschlossenen oder einen individuell nicht abgegrenzten Personenkreis umfaßt. Ein Parteitag mit entsandten Delegierten und geladenen Gästen ist danach eine nichtöffentliche Versammlung.[388] Eine Parteiversammlung ist dagegen dann eine öffentliche, wenn Einladungen kopiert und frei weitergegeben werden und keine Kontrolle durch den Veranstalter stattfindet.[389]

224 Zu öffentlichen Versammlungen muß auch öffentlich eingeladen werden. Öffentlichkeit ist auch dann gegeben, wenn vom Veranstalter nach § 6 I VersG bestimmte Personen oder Personengruppen in der Einladung von der Teilnahme ausgeschlossen werden. Auch Ausgeben von Eintrittskarten und Erheben von Eintrittsgeldern schließt Öffentlichkeit nicht aus.[390]

225 Die ausdrückliche Kennzeichnung einer Versammlung durch den Veranstalter als öffentlich bzw. nichtöffentlich hat nur Indizwirkung. So bleibt etwa eine als nichtöffentlich deklarierte Zusammenkunft der Mitglieder einer Gewerkschaft oder Partei öffentliche Versammlung, solange nicht individuell eingeladen worden ist und außer der Mitgliedschaft keine zusätzlichen Integrationsmerkmale vorliegen, die die Teilnehmer zu einem geschlossenen Verband werden lassen.[391] Ein Parteitag wird allerdings regelmäßig als nichtöffentliche Versammlung einzustufen sein, weil nur bestimmte Delegierte und eingeladene Gäste teilnehmen.

226 Ob der versammlungsgesetzliche Versammlungsbegriff und damit die Anwendbarkeit des VersG noch weiter, nämlich durch die Erstreckung des Kriteriums „öffentlich" auf den gemeinsam verfolgten Zweck, einzuengen ist, wird nach wie vor unterschiedlich gesehen. So wird das Kriterium „öffentlich" auch auf den verbindenden Zweck bezogen, weil es wesentlich darauf ankomme, im Sinne politisch-demokratischen Engagements öffentlich Stellung zu beziehen, also öffentlich Angelegenheiten gemeinsam zu erörtern, zu beraten und kundzugeben.[392]

227 Der verfassungsrechtliche Versammlungsbegriff ist maßgeblich, es sei denn das VersG träfe wie beim Erfordernis der Zugänglichkeit für jedermann eine verfassungskonforme weitere Einschränkung. Wenn im VersG zwischen öffentlichen und nichtöffentlichen Versammlungen unterschieden wird, so erscheint das unter der Annahme plausibel, daß bei öffentlichen Versammlungen wegen der weitgehenden Unkalkulierbarkeit der Zusammensetzung des Personenkreises (jedermann kann kommen) ein größeres Gefahrenpotential entstehen kann als bei nichtöffentlichen, wo die eingeladenen Personen bekannt sind. Es war aber wohl nicht nur diese allgemeine, aus dem massenhaften Zusammenkommen von Menschen resultierende Gefährlichkeit, insbesondere wenn sie wie bei Aufzügen in der Bewegung sind, der der Gesetzgeber begegnen wollte. Entstehungsgeschichte und Systematik des VersG legen vielmehr nahe, daß der Gesetzgeber eigentlich **politische** Versammlungen im Auge hatte, die er wegen ihrer möglichen umstürzlerischen Absichten für gefährlich hielt.[393] Dies wird im Negativkatalog des § 17 VersG ganz

---

388 *BVerfG* NVwZ 1999, 992; *OVG Weimar* NVwZ-RR 1998, 499.

389 *OVG Weimar* NVwZ-RR 1998, 499.

390 *Ketteler* DÖV 1990, 954.

391 *Ott/Wächtler* (o. Fußn. 68), § 1 Rdn. 5; *Bertuleit/Steinmeier* (o. Fußn. 14), § 1 Rdn. 31; a. A. *BayObLG* DÖV 1995, 337, wonach die Anknüpfung an ein inneres Band, wechselseitige persönliche Beziehungen oder besondere Integrationsmerkmale als Unterscheidungskriterien zwischen öffentlichen und nichtöffentlichen Versammlungen untauglich sein sollen.

392 So *Ott/Wächtler* (o. Fußn. 68), § 1 Rdn. 11; *Dietel/Güntzel/Kniesel* (o. Fußn. 5), § 1 Rdn. 197 ff.; *VGH München* NVwZ 1998, 763; das *OVG Weimar* NVwZ-RR 1998, 498 und der *VGH Kassel* NJW 1994, 1750 lassen dagegen auch private Angelegenheiten zu; so auch *Kunig* (o. Fußn. 15), Art. 8 Rdn. 17.

393 Vgl. *Denninger* ZRP 1968, 42 f.

deutlich; ginge es ausschließlich um allgemeine Gefahrenabwehr, etwa die Aufrechterhaltung des Straßenverkehrs, so wäre es in der Auswirkung auf denselben gleich, ob ein Aufzug von Schützenbrüdern die Vereinsfahnen oder ein politischer Demonstrationszug die roten Fahnen der Revolution schwingt; insoweit richtet das VersG seine Spitze gegen die politische Versammlung bzw. Demonstration.[394]

Nach seiner Entstehungsgeschichte lehnt sich das VersG dabei an das Reichsversammlungsgesetz an, das in § 1 I 1 die Versammlungsfreiheit begründete, daselbst gleichzeitig Befugnisse zur **allgemeinen Gefahrenabwehr** regelte und in § 5 S. 1 eine Anmeldepflicht für alle öffentlichen Versammlungen zur Erörterung politischer Angelegenheiten vorsah. Da das VersG die Differenzierung zwischen „normalen" und politischen Versammlungen nicht übernommen hat, aber gleichwohl zahlreiche Sanktionsmöglicheiten bei Nichterfüllung auferlegter Handlungspflichten vorhält, die nur auf dem Hintergrund der Ausrichtung auf politische Versammlungen verstehbar sind, kann es zu nachteiligen Folgen für Veranstalter und Teilnehmer unpolitischer Versammlungen kommen.[395] 228

Das VersG ist insoweit janusköpfig. Einerseits kann man Versammlungen gegenüber sonstigen Veranstaltungen privilegiert sehen, als sie nur unter der erhöhten Schwelle der unmittelbaren Gefahr einschränkbar sind und zudem bei Einsatz von den Gemeingebrauch einschränkenden Hilfsmitteln (Rednerpodest, Tapetentisch etc.) keiner straßenrechtlichen Sondernutzungserlaubnis bedürfen.[396] Andererseits ist die beschränkende Funktion durch Statuierung der Anmeldepflicht und zahlreicher straf- und bußgeldbewehrter Handlungspflichten unübersehbar.[397] Wer dagegen die Privilegierung von Versammlungen und Demonstrationen gegenüber anderen Veranstaltungen aus der demokratischen Relevanz von Art. 8 I GG[398] ableitet und deshalb den politisch-demokratischen Charakter der gemeinsamen Zweckverfolgung fordert,[399] wird diesen engen Versammlungsbegriff konsequenterweise auch auf das VersG durchschlagen lassen.[400] 229

Der verfassungsrechtliche und der versammlungsgesetzliche Versammlungsbegriff müssen **kongruent** sein, denn das VersG ist ein Ausführungsgesetz zu Art. 8 I GG, das das Grundrecht auf der Ebene des einfachen Gesetzes konkretisiert und ausgestaltet. Allein deshalb kann aus dem Merkmal „öffentlich" keine weitere über die Zugänglichkeit für jedermann hinausgehende Einengung im Schutz abgeleitet werden. Die Verfassung prägt das einfache Gesetz, nicht umgekehrt. Zum einen ist möglichst umfassender Grundrechtsschutz zu gewährleisten, zum anderen dürfen durch das VersG nur solche Beschränkungen erfolgen, die der Verfassung gemäß sind. Ersteres wird durch den weiten Versammlungsbegriff des Art. 8 I GG gewährleistet (vgl. o. Rdn. 11). Versammlungsgesetzliche Beschränkungen sind nur aus Gründen allgemeiner (wegen des massenhaften Auftretens von Menschen notwendiger) Gefahrenabwehr, nicht wegen politischer Gefährlichkeit zulässig. Verfahren außerdem die Versammlungsbehörden **versammlungsfreundlich**[401] (verfahrensrechtlicher Grundrechtsschutz durch Kooperation vgl. u. Rdn. 304), sind also sparsam beim Erlaß von sog. Auflagen im Rahmen beschränkender Verfügungen, so entstehen auch keine Handlungspflichten, deren Nichtbeachtung zu unverhältnismäßigen Sanktionen führen würde. Bei solchem versammlungsbehördlichen Standard besteht dann kein Grund, die Demonstration zur Anmahnung der Erfüllung privatrechtlicher Verpflichtungen,[402] das Straßenfest oder den St. Martinszug vom Geltungsbereich des VersG auszunehmen. 230

---

394 *Denninger* ZRP 1968, 42; *Bertuleit/Steinmeier* (o. Fußn. 14), § 1 Rdn. 16 ff.
395 Vgl. auch *Bertuleit/Steinmeier* (o. Fußn. 14), § 1 Rdn. 18 u. 28.
396 Vgl. *BVerwG* NJW 1989, 2412; *Zilles* NW VBl 1990, 2.
397 Vgl. auch *Bertuleit/Steinmeier* (o. Fußn. 14), § 1 Rdn. 18 u. 28.
398 *BVerfGE* 69, 315 (343, 345 ff., 356 u. 359 f.).
399 *Hoffmann-Riem* (o. Fußn. 15), Art. 8 Rdn. 12; *VGH München* DVBl. 1979, 737.
400 So im Ergebnis *VGH Mannheim* BWVP 1995, 19; vgl. auch *Ladeur* (o. Fußn. 14), Art. 8 Rdn. 17.
401 *BVerfGE* 39, 315 (355).
402 Vgl. *VGH Kassel* NJW 1994, 1750 f.

231 Die den versammlungsgesetzlichen Versammlungsbegriff auf die Befassung mit öffentlichen Angelegenheiten einengende Auffassung[403] unterscheidet sich im Ergebnis letztlich kaum von der hier vertretenen; verfährt sie doch beim Erfordernis der öffentlichen Angelegenheit großzügig.[404] Denn wenn Versammlungen oder Demonstrationen gerade den Zweck haben, private Angelegenheiten „öffentlich" zu machen, dann liegt es ohnehin nahe, auf den Öffentlichkeitsbezug des Gegenstandes ganz zu verzichten[405] und sich am weiten Versammlungsbegriff des Art. 8 I GG zu orientieren.

232 **bb) Aufzug als Unterfall der Versammlung.** Aufzüge sind sich fortbewegende Demonstrationen. Es handelt sich um Aktionen im Schutzbereich von Art. 8 I GG und i. S. des Versammlungsbegriffs des VersG. Die besondere Erwähnung der Aufzüge in § 1 I VersG stellt keine Erweiterung des versammlungsgesetzlichen Versammlungsbegriffs dar. Aufzüge sind nur deshalb gesondert im VersG genannt, weil dieses in seiner Funktion als Gefahrenabwehrrecht über § 15 VersG das Grundrecht aus Art. 8 I GG mit kollidierenden Grundrechten Dritter harmonisieren muß; das ist gerade bei Aufzügen geboten, da bei ihnen zwangsläufig Beeinträchtigungen von Rechten Dritter auftreten.

233 **cc) Teilnehmerzahl.** Für das Vorliegen einer Versammlung reichen wie beim verfassungsrechtlichen Versammlungsbegriff **zwei**[406] Teilnehmer aus (o. Rdn. 12).

b) Einschränkbarkeit nichtversammlungsgesetzlicher Versammlungen

234 Der weite verfassungsrechtliche Versammlungsbegriff (o. Rdn. 11 ff.) erfaßt neben Versammlungen i. S. des VersG (o. Rdn. 222 ff.) auch nichtöffentliche Versammlungen (o. Rdn. 15). Für die letztgenannten gelten unmittelbar nur die §§ 3, 17 a, 21, 27 II, 28, 29 I Nr. 1 a und § 30 VersG. Eingriffsermächtigungen bestehen mit Ausnahme des § 17 a IV VersG nicht. Die Ordnungsvorschriften des VersG, die die Rechtsverhältnisse zwischen Veranstalter, Leiter mit Ordnern und Teilnehmern regeln, sind nicht anwendbar. Veranstalter und Leiter können das Hausrecht, soweit es ihnen zusteht oder übertragen ist, ohne die Einschränkungen ausüben, die das VersG für öffentliche Versammlungen vorsieht. Die Polizei kann sich nicht auf das Zutrittsrecht aus § 12 bzw. § 18 I VersG berufen. Polizeiliches Eindringen in eine nichtöffentliche Versammlung bedarf damit einer besonderen Ermächtigung.

235 **aa) Notwendigkeit polizeilichen Einschreitens.** Auch bei nichtversammlungsgesetzlichen Versammlungen kann polizeiliches Einschreiten geboten sein. Polizeiliche Erfahrungen der Vergangenheit belegen, daß es bei nichtöffentlichen Versammlungen in geschlossenen Räumen zu erheblichen Gefahren für die öffentliche Sicherheit kommen kann. Seit Mitte der sechziger Jahre bis heute kommt es bei Parteitagen und Delegiertenversammlungen rechtsextremistischer Parteien regelmäßig zu Ausschreitungen infolge des Auftretens von (teilweise gewalttätigen) Gegendemonstranten. Ähnlich verhält es sich z. B. bei Veteranentreffen von Kriegsteilnehmern (Kameradschaftsverband der ehemaligen Waffen-SS)[407] oder in jüngerer Zeit bei nur Anhängern der rechtsextremistischen Szene zugänglichen Veranstaltungen (z. B. Redaktionssitzungen,[408] Vereinsabende), bei denen nationalsozialistisches Gedankengut oder Nazigrößen verharmlost bzw. glorifiziert werden. Konfliktträchtig sind aber auch Tagungen, bei denen es um politisch umstrittene Beschlüsse geht (Internationaler Währungsfonds) oder bei wissenschaftlichen Kongressen mit brisanter Thematik (Gentechnik, Klimakatastrophe).

---

403 *BVerwG* NJW 1967, 1191; *BVerwG* DRiZ 1969, 158; *Ladeur* (o. Fußn. 14), Art. 8 Rdn. 17; *Dietel/Gintzel/Kniesel* (o. Fußn. 5), § 1 Rdn. 200; *VGH BW* BWVP 1995, 19; vgl. auch die Vorauflage Rdn. 177 f.

404 Vgl. *Bertuleit/Steinmeier* (o. Fußn. 14), § 1 Rdn. 15; *Dietel/Gintzel/Kniesel* (o. Fußn. 5), § 1 Rdn. 200.

405 *VGH Kassel* NJW 1994, 1750.

406 Auch das folgt schon aus dem Charakter des VersG als Ausführungsgesetz zu Art. 8 I GG.

407 *OVG Lüneburg* NVwZ 1985, 925.

408 So auch *Deger* NVwZ 1999, 266; a. A. VG Frankfurt/Main NVwZ 1998, 770.

bb) Analoge Anwendung des VersG. Die Notwendigkeit der Einschränkbarkeit bei nichtöffentlichen Versammlungen in geschlossenen Räumen ist belegbar. Eine analoge Anwendung des VersG wird für zulässig erachtet.[409] Gegen eine analoge Anwendung von Eingriffsermächtigungen des VersG sprechen allerdings gewichtige Gründe. Zunächst genügt eine analoge Anwendung nicht dem Vorbehalt des Gesetzes.[410] Außerdem läßt sich eine planwidrige Regelungslücke in Zweifel ziehen, weil der Gesetzgeber bewußt auf Befugnisnormen für nichtöffentliche Versammlungen verzichtet habe.[411] Ihr Gefährdungspotential ist von ihm als geringer eingestuft worden, weil nichtöffentliche Versammlungen wegen des individuell bestimmten Personenkreises bezüglich ihres Verlaufs leichter steuerbar sind und weil ein möglicherweise vorhandener Konfliktstoff nur von versammlungsinternem Interesse und deshalb kaum geeignet ist, als Funken am Pulverfaß auf eine unbestimmte Vielzahl von Personen überzuspringen.[412] Nichtöffentliche Versammlungen sind daher im VersG **abschließend** dadurch geregelt, daß der Gesetzgeber eben für sie keine Regelungen vorgesehen hat. Wenn man indes § 13 I Nr. 2 2. Alt. VersG nicht nur bei Gefahren anwendet, die aus dem Versammlungsverlauf resultieren, sondern auch bei solchen, die der nichtöffentlichen Versammlung von draußen drohen, kann man auch § 13 I Nr. 2 2. Alt. VersG auf nichtöffentliche Versammlungen entsprechend anwenden;[413] insoweit wird aber bei Gefahren für Leib und Leben die Trennung zwischen Versammlungen in geschlossenen Räumen und unter freiem Himmel einschließlich der an dieser Differenzierung orientierten Gefährlichkeitsprognose des Gesetzgebers aufgegeben. 236

cc) Anwendbarkeit der Polizeigesetze. Es bleibt die Möglichkeit der Anwendung des allgemeinen Polizeirechts, insbesondere der Generalklausel als Eingriffsermächtigung für gebotene Maßnahmen. Dieser Weg, der von der Rechtsprechung[414] und einem erheblichen Teil der Literatur[415] mehr oder weniger undifferenziert bejaht wird, ist nicht weniger problematisch. Denn ist vom abschließenden Charakter des VersG auszugehen, dann sind nichtöffentliche Versammlungen „polizeifest“ d. h. auf das allgemeine Polizeirecht kann wegen des Vorranges des Spezialgesetzes nicht mehr zurückgegriffen werden.[416] Zu Recht wird darauf hingewiesen, daß es bei einem Rückgriff auf das Polizeirecht zu systematisch unhaltbaren Ergebnissen käme.[417] Die öffentliche Versammlung unter freiem Himmel, die wegen ihrer Berührung mit der Außenwelt von besonderer Gefahrenträchtigkeit ist, wäre nur unter wesentlich höheren Voraussetzungen (unmittelbare Gefahr für die öffentliche Sicherheit) einschränkbar als die nichtöffentliche Versammlung in geschlossenen Räumen, obwohl diese von erheblich geringerer Gefahrentendenz bzw. Schadensträchtigkeit ist; die insoweit gebotene Abstufung der Eingriffsmöglichkeiten wäre auf den Kopf gestellt.[418] 237

Wird gegenüber nichtöffentlichen Versammlungen polizeiliches Einschreiten erforderlich, muß es um den Schutz von Leben und Gesundheit gehen. Berufen sich Versammlungsbehörde und Polizei insoweit zur Legitimierung des Eingriffs in Art. 8 I GG auf **kollidierendes Verfassungsrecht** (vgl. o. Rdn. 147 ff.), bedarf es einer Ermächtigungsgrundlage, es sei denn die Verfassung selber erlaubte einen Eingriff. Die Auffassung, die 238

---

409 *Drews/Wacke/Vogel/Martens,* Gefahrenabwehr, 9. Aufl. 1986, S. 176; *Rühl* NVwZ 1988, 581.
410 *BVerfG* DÖV 1997, 356 f; *Gusy* (o. Fußn. 17), Art. 8 Rdn. 63; *Konzak* NVwZ 1997, 872.
411 Vgl. dazu *Kniesel* NJW 2000, 2865.
412 *Ketteler* DÖV 1990, 956.
413 Vgl. *Denninger,* o. Kap. E Rdn. 123.
414 *OVG Saarbrücken* DÖV 1973, 864; *OVG Lüneburg* NVwZ 1985, 925; *OVG Lüneburg* NVwZ 1988, 638; *VGH Mannheim* NVwZ 1987, 237 ff.; *VG Minden* DÖV 1988, 85 ff.; a. A. *OVG Münster* NVwZ 1989, 885.
415 *Schmidt-Jortzig* JuS 1970, 508; *Frowein* NJW 1969, 1082; *Gallwas* JA 1986, 484; *Birk* NWVBl. 1989, 421 f.; *Drosdzol* JuS 1983, 413.
416 So auch *Alberts* ZRP 1988, 288.
417 *Ketteler* DÖV 1990, 956.
418 *Ketteler* DÖV 1990, 956 unter Hinweis auf *Müller* (o. Fußn. 21), S. 105.

hier Art. 13 III 1. Alt. GG als unmittelbare Legitimation heranzieht,[419] entgeht der Problematik um die dogmatisch „saubere“ Eingriffsermächtigung, begegnet indes dem Einwand, daß es beim Einschreiten gegen nichtöffentliche Versammlungen in geschlossenen Räumen um einen Eingriff in Art. 8 I GG geht, während Art. 13 I GG, der bei gewerblich genutzten Veranstaltungsräumen ohnehin lediglich einen reduzierten Schutz bieten kann, nur **gelegentlich** des versammlungsspezifischen Eingriffs betroffen ist. Andererseits begegnet die Anwendung der versammlungsgesetzlichen Generalklausel des § 15 VersG bzw. der polizeirechtlichen Generalklausel[420] dem berechtigten Einwand, daß diese in Anbetracht der abschließenden Regelung des VersG für nichtöffentliche Versammlungen „eigentlich“ als Eingriffsermächtigungen ausscheiden.[421] Stellt man aber letztere Möglichkeit noch unter den Vorbehalt, daß die polizeiliche Generalklausel nur unter dem **Eingriffsstandard der unmittelbaren Gefahr** des VersG anwendbar ist, erscheint diese Notlösung, die ja ohnehin nur unter den strengen **Voraussetzungen des polizeilichen Notstands** (vgl. u. Rdn. 430 ff.) möglich ist, verfassungsrechtlich als vertretbar. In diesem Zusammenhang geht das BVerfwG davon aus, daß der Bund mit dem VersG von seiner konkurrierenden Gesetzgebungszuständigkeit Gebrauch gemacht hat, aber die wenigen auf die nichtöffentliche Versammlung anwendbaren Vorschriften keinen abschließenden Charakter haben. Der Gesetzgeber habe vielmehr auf Verbotsnormen für nichtöffentliche Versammlungen bewußt verzichtet, da er deren Gefahrenpotential geringer eingestuft und den Eintritt der Voraussetzungen eines polizeilichen Notstandes insoweit offenbar nicht ins Auge gefaßt habe.[422] Damit könne nicht angenommen werden, daß der Gesetzgeber unter den Voraussetzungen des polizeilichen Notstandes erfolgende Eingriffe in nichtöffentliche Versammlungen ausschließen wollte, so daß die Gesetzgebungskompetenz der Länder und damit die Anwendbarkeit des Polizeirechts unberührt bleibe.[423] Solche Notstandsargumentation läßt sich rechtslogisch indes nur halten, wenn man lediglich den Notstand polizeirechtlich geregelt wissen will.

3. Rechtsstellung von Veranstalter, Leiter und Teilnehmer nach dem VersG

239 Das VersG konkretisiert und differenziert die Versammlungs- und Demonstrationsfreiheit als Veranstaltungs-, Leitungs- und Teilnahmerecht. Es sieht aber auch Pflichten für die Versammlungsbeteiligten vor.

a) Veranstaltung

240 Veranstaltung ist **Urheberschaft** hinsichtlich des Zustandekommens und der Durchführung einer Versammlung bzw. Demonstration. Der Veranstalter ist **Veranlasser der spezifischen Gruppenbildung.**[424] In potentiellen Teilnehmern wird der Wille zum Sichversammeln hervorgerufen, was regelmäßig durch Einladung erfolgt. Aber auch derjenige, der nur äußere Voraussetzungen schafft, kann Urheber und damit Veranstalter sein.[425] Veranstalter ist demnach, wer im eigenen Namen Einladungen ausspricht bzw. öffentlich auffordert, auf andere Weise Verantwortlichkeit erkennen läßt oder wer die Veranstaltung organisatorisch vorbereitet.[426] Wer lediglich dazu auffordert, an der Versammlung eines anderen teilzunehmen, wird dadurch nicht zum Veranstalter.[427] Vom Veranstaltungsrecht erfaßt sind damit Vorbereitung und Organisation durch Werbung, Raumbeschaffung, Rednergewinnung, Planung der Anreise usw. Der Veranstalter ist aber nicht nur Urheber

---

[419] *Krüger* DÖV 1993, 661.
[420] *Ketteler* DÖV 1990, 957 ff.; *Schoch,* Übungen im öffentlichen Recht II, 1992, S. 253 f.; *ders.* JuS 1994, 481 f. u. JuS 1995, 31 ff.; *Gusy* JuS 1993, 557.
[421] Zutr. *Krüger* DÖV 1993, 660.
[422] *BVerwG* NVwZ 1999, 992.
[423] *BVerwG* NVwZ 1999, 992.
[424] *OLG Düsseldorf* NJW 1978, 118; *BayObLG* MDR 1979, 80.
[425] *BayObLG* NJW 1979, 1896.
[426] *Ott/Wächtler* (o. Fußn. 68), § 1 Rdn. 8.
[427] So zutr. *Bertuleit/Steinmeier* (o. Fußn. 14), § 1 Rdn. 53.

i. S. von Veranlassung; er ist auch **geistiger** Urheber der Veranstaltung, wenn er diese in seiner Einladung entsprechend konkretisiert. Insoweit hat er **Gestaltungsfreiheit.** Lädt er ausdrücklich zu einem Schweigemarsch ein, so können sich Teilnehmer, die Parolen skandieren wollen, dem Veranstalter gegenüber nicht auf ein Teilnahmerecht berufen (vgl. u. Rdn. 262). Ansonsten hätte der Veranstalter kein Recht auf *seine* Versammlung.

Bei Großveranstaltungen kann es eine Vielzahl von Veranstaltern geben. Insoweit ist jeder, der zur Teilnahme öffentlich aufruft, Veranstalter. Die Großveranstaltung mit einem einigenden Veranstaltungsgegenstand ist auch bei einer Vielzahl von Veranstaltern *eine* (Gesamt-)Versammlung, nicht eine Summe von Einzelversammlungen; solche müssen räumlich und zeitlich von der Hauptversammlung abgegrenzt sein, wenn sie eigenständige Versammlungen sein sollen. Geringfügige Organisationshandlungen, allgemeingehaltene Aufforderungen oder unverbindliche Verabredungen stellen keine konkrete Veranlassung der spezifischen Gruppenbildung dar und begründen deshalb keine Veranstaltereigenschaft.[428] **241**

In der Versammlungswirklichkeit findet sich immer häufiger der Typ der veranstalterlosen Versammlung. Alternative Kommunikationsstrukturen (persönliche Kontaktsysteme, illegale Radiosender, Informationsblätter, Internetnutzung) ersetzen zentrale Planung und Koordination und bringen Gruppen und einzelne zu Demonstrationen zusammen;[429] selbst wenn hier Veranstalter und Leiter auftreten, so werden sich dennoch die Teilnehmer nicht auf die Ordnungsstruktur des überkommenen Versammlungsmodells des VersG festlegen lassen; vielmehr ist für diese Veranstaltungen spezifisch, daß sie dezentral und auf der Grundlage von Kooperation und gegenseitig akzeptierter Autonomie stattfinden.[430] Insoweit fallen bei Großdemonstrationen Versammlungswirklichkeit und die im VersG fixierten Vorstellungen des Gesetzgebers vom geordneten Verlauf eklatant auseinander. Die an den Veranstalter gerichteten Pflichten (§§ 2 I, 7 II, 14 I VersG) können bei solchen Veranstaltungen deshalb suspendiert bzw. modifiziert sein. **242**

Der Staat bzw. Vertreter seiner Organe können nicht das Veranstaltungsrecht in Anspruch nehmen; die durch entsprechende Aufforderung zustande gekommene Personenmehrheit kann gleichwohl eine Versammlung bzw. Demonstration darstellen (vgl. o. Rdn. 20). **243**

b) Leitung

Leitung bedeutet Führung der Versammlung, um einen **geordneten Ablauf** zu gewährleisten. Der Leiter entscheidet über Wortgewährung und -entzug, Unterbrechung, Schließung und ggf. Fortsetzung der Versammlung bzw. Demonstration. Geordneter Ablauf ist nicht nur verlaufsbezogen zu verstehen. Zur Ordnung gehört auch, daß der vom Veranstalter in der Einladung umschriebene Versammlungszweck erreicht werden kann.[431] Das Leitungsrecht kann damit auch gegen solche Teilnehmer eingesetzt werden, die das Versammlungsziel durch ihr Verhalten in Frage stellen. **244**

Das VersG geht vom **Modell der geordneten und sich selbst ordnenden Versammlung** aus; Versammlungen bzw. Demonstrationen müssen einen Leiter haben (§§ 7, 18); er bestimmt den Ablauf (§§ 8, 18), hat für Ordnung zu sorgen (§§ 7, 18), wozu er Ordner heranziehen kann (§§ 8, 18); seinen Anweisungen zur Gewährleistung der Ordnung müssen die Teilnehmer folgen (§§ 10, 18); Teilnehmer, die die Ordnung gröblich stören, kann er von der Versammlung ausschließen (§ 11). Es besteht ein Waffen- (§ 2) und Uniformverbot (§ 3) sowie ein Passivbewaffnungs- und Vermummungsverbot (§ 17 a). Gefahrenabwehrende Eingriffe durch die Polizei innerhalb der Veranstaltung (§§ 5, 13, 15, 17 a IV 2, 18 III, 19 IV) beschränken das Ordnungsrecht des Leiters. **245**

---

428 *OLG Düsseldorf* NJW 1978, 118.
429 *Hoffmann-Riem* (o. Fußn. 15), Art. 8 Rdn. 7.
430 *Hoffmann-Riem*, in: Festschrift für Simon, 1987, S. 385 f.
431 *Breitbach* (o. Fußn. 14), § 8 Rdn. 26 f.

246 Nach dem VersG hat die Versammlung also selber aus sich heraus die Ordnung zu gewährleisten. Bezüglich der inneren Ordnung hat die Versammlungsbehörde nur eine **subsidiäre** Zuständigkeit.[432] Art. 8 I GG verbürgt insoweit bürgerschaftliche **Selbstorganisation,** verbietet der Staatsgewalt an Stelle des Leiters zu agieren, verpflichtet sie aber zur Unterstützung, etwa bei der zwangsweisen Entfernung eines ausgeschlossenen Teilnehmers.[433] Gegenüber Dritten, die die Veranstaltung stören, ist die Polizei unmittelbar gefordert; die Versammlung steht insoweit unter polizeilichem Schutz (§ 2 II VersG).

247 Der **Vorrang der Selbstorganisation und der Eigenordnungsgewalt** bleibt auch dann bestehen, wenn der Leiter und seine Ordner sich nicht durchsetzen können. Die Polizei darf nur dann eingreifen und von ihren Befugnissen nach §§ 18 III und 19 IV VersG Gebrauch machen, wenn die Versammlung als solche oder einzelne Teilnehmer unfriedlich werden. Erst ab diesem Zeitpunkt übernimmt sie stellvertretend die Rolle des Leiters; im übrigen darf die Polizei ihre Befugnisse nicht gegen den Willen des Leiters ausüben. Hat die Versammlung bzw. Demonstration indes keinen Leiter, dann besteht auch kein vorrangiges Ordnungsrecht und die Polizei ist von vornherein in die Rolle des Leiters eingewiesen.

248 In der Versammlungswirklichkeit findet sich vermehrt der Typus der leiterlosen Versammlung. Hier stellt sich die Frage, ob die ausnahmslos angeordnete Pflicht zur Leiterbestellung in den §§ 7 I, 18 I VersG sowie die damit vorgegebene hierarchische Versammlungsstruktur mit Art. 8 I GG in Einklang gebracht werden kann.

249 § 7 I VersG bringt die Vorstellung des Gesetzgebers zum Ausdruck, daß das Vorhandensein eines Leiters der Durchführung einer geordneten Versammlung dient. Fraglich ist aber, ob das zwingende Voraussetzung ist, die Pflicht zur Bestellung eines Leiters ausnahmslos gilt.

250 Als versammlungsgesetzliche Ordnungsnorm ist § 7 I VersG im Lichte von Art. 8 I GG auszulegen. Sein Schutzbereich erfaßt auch die leiterlose Versammlung; das **Selbstbestimmungsrecht** der Teilnehmer kann so weit gehen (nicht nur bei Spontanversammlungen), auf die Einsetzung eines Leiters zu verzichten und vom hierarchisch strukturierten Versammlungsmodell des VersG abzuweichen.[434] Das setzt aber voraus, daß die Teilnehmer in der Lage sind, selber das unverzichtbare Mindestmaß an Ordnung zu gewährleisten.

251 Dies wird man bei kleineren Versammlungen bzw. Demonstrationen bejahen können. Insoweit ist die ausnahmslose Bestellungspflicht eines Leiters verfassungswidrig.[435] Bei größeren Veranstaltungen ist dagegen zu berücksichtigen, daß diese ohne jede Leitung kaum durchführbar sind und insoweit die Pflicht zur Bestellung eines Leiters der Verwirklichung von Art. 8 I GG dient. Bei Großdemonstrationen mit einer Vielzahl von Initiatoren und Trägern ist allerdings in Rechnung zu stellen, daß diese bezüglich der Leitung als gleichberechtigt gelten müssen. Insoweit kann keine Verpflichtung zur Bestellung eines Gesamtleiters bestehen.

252 Die von Leiter und Ordnern ausgeübte Ordnungsgewalt ist öffentlich-rechtlicher Natur.[436] Der Leiter mit seinen Ordnern ist aber **kein Beliehener,**[437] sondern **Selbstverwaltungsorgan** der Versammlung. Beliehene sind natürliche oder juristische Personen des Privatrechts, denen die Zuständigkeit eingeräumt ist, bestimmte einzelne hoheitliche

---

432 *Götz* DVBl. 1985, 1350.

433 *Hoffmann-Riem* (o. Fußn. 15), Art. 8 Rdn. 42.

434 *Hoffmann-Riem* (o. Fußn. 15), Art. 8 Rdn. 41; *Hölscheidt* DVBl. 1987, 672; *Zeitler* (o. Fußn. 17), Rdn. 321.

435 So auch *Pieroth/Schlink* (o. Fußn. 17), Rdn. 715; *Hoffmann-Riem* (o. Fußn. 15), Art. 8 Rdn. 41; *Ladeur* (o. Fußn. 14), Art. 8 Rdn. 32; a. A. *Herzog* (o. Fußn. 9), Art. 8 Rdn. 105.

436 *Ott/Wächtler* (o. Fußn. 68), § 8 Rdn. 1 u. 5; *Dietel/Gintzel/Kniesel* (o. Fußn. 5), § 8 Rdn. 2; *Bracher,* Gefahrenabwehr durch Private, 1987, S. 39; a. A. *Quilisch* (o. Fußn. 74), S. 203 f.

437 So auch *Breitbach* (o. Fußn. 14), § 8 Rdn. 13; a. A. ohne Begründung *Wolff/Bachof,* Verwaltungsrecht III, 4. Aufl. 1978, § 131 II b; *Wolff/Bachof/Stober,* Verwaltungsrecht II, 5. Aufl. 1987, § 104 I 2; *Gusy* JuS 1986, 612; *ders.* diff. (o. Fußn. 17), Art. 8 Rdn. 41; *Bracher* (o. Fußn. 436), S. 39.

Kompetenzen in eigenem Namen wahrzunehmen.[458] Wenn der Leiter mit Unterstützung der Ordner nach innen für Ordnung sorgt, nimmt er nicht übertragene, sondern **eigene** Rechte wahr. Das Leitungsrecht folgt aus Art. 8 I GG und ist insoweit auch Abwehrrecht gegen staatliche Einmischung bei der Gewährleistung der inneren Ordnung. Wird die Versammlungsaufsicht insoweit entlastet, ist das nur ein Nebeneffekt. Der Leiter agiert als Grundrechtsträger, nicht als Hilfspolizist. Wer aber eigene Rechte wahrnimmt, kann nicht Beliehener sein.

c) Teilnahme

Das Teilnahmerecht gibt zunächst das Recht auf **Anwesenheit** in der Versammlung bzw. Demonstration. Welche Rechte der Teilnehmer, insbesondere als Kritiker oder Abweichler hat, hängt vom Charakter der Veranstaltung ab. In einer Diskussionsversammlung hat der Teilnehmer gegenüber Veranstalter und Leiter eine relativ starke Stellung. Er kann an der Meinungsbildung und -äußerung teilhaben. Das kann ausdrücklich durch Diskussionsbeitrag, Zwischenruf, Beifall, Mißfallensäußerung, Zeigen von Spruchbändern usw. oder durch billigendes schlüssiges Verhalten, etwa durch widerspruchsloses Zuhören oder einfaches Dabeisein geäußert werden.[459] Hat aber der Veranstalter in seiner Einladung oder auf andere Weise seinen Veranstaltungszweck konkret beschrieben (z. B. Schweigemarsch), haben sich die Teilnehmer daran zu halten. 253

Teilnahme setzt Anteilnahme voraus. Wer zu anderen Zwecken in einer Versammlung anwesend ist, z. B. als Bedienungspersonal, fliegender Händler oder entsandter Polizeibeamter, ist nicht Teilnehmer. 254

Das Teilnahmerecht wirkt auch gegenüber Veranstalter und Leiter. Nur in den vom VersG vorgesehenen Fällen kann die Teilnahme verwehrt werden. Das dient dann (abgesehen von der Regelung in § 6 I VersG) der Ordnung der Versammlung, die es im Interesse optimaler Wirksamkeit des Teilnahmerechts möglichst vieler sicherzustellen gilt. Personen, die Rechte am Versammlungsraum an den Veranstalter übertragen haben, z. B. das Hausrecht, können nicht unter Berufung auf die übertragenen Rechte Personen den Zutritt zwecks Teilnahme an der Versammlung verwehren. 255

d) Kollisionen

Zwischen den Rechten der Versammlungsbeteiligten kann es zu Kollisionen kommen. Der Veranstalter, der **seine** Veranstaltung in der Einladung präzisiert hat, kann zur Sicherung des Versammlungszwecks gegen die Teilnehmer vorgehen, die den Zweck und damit die Veranstaltung stören. Leiter und Ordner können insoweit ihre Ordnungsfunktion auch **zur Sicherung des Versammlungszwecks** ausüben. Teilnehmer haben über ihr Anwesenheitsrecht hinaus keinen Anspruch auf Mitgestaltung des Versammlungszwecks.[460] Eine folgenorientierte Auslegung des Umfangs der einzelnen Teilrechte aus Art. 8 I GG ergibt den Vorrang des Veranstaltungsrechts. Der Veranstalter, der etwa zu einem Schweigemarsch eingeladen hat, käme ansonsten gegenüber den Teilnehmern, die Parolen skandieren und Marschmusik abspielen wollen, ins Hintertreffen; er hätte nur die Möglichkeit, seine Veranstaltung zu beenden, während die Teilnehmer „ihre" Demonstration in der von ihnen gewünschten Form, ggfs. als Gegendemonstration in unmittelbarer Nähe der Ausgangsveranstaltung, durchführen könnten.[461] Folglich können solche Teilnehmer, die sich nicht an den in der Einladung bekannt gemachten Veranstaltungszweck halten, nicht auf ein Teilnahmerecht berufen, wenn sie mit ihrem Verhalten den Veranstaltungszweck in Frage stellen und deshalb stören,[462] was zu ihrem Ausschluß führen kann. 256

---

[458] *Wolff/Bachof/Stober* (o. Fußn. 437), § 104 I 2.

[459] *Dietel/Gintzel/Kniesel* (o. Fußn. 5), § 1 Rdn. 233; a. A. *Herzog* (o. Fußn. 9), Art. 8 Rdn. 59 Fußn. 49.

[460] *Breitbach* (o. Fußn. 14), § 8 Rdn. 15.

[461] So auch *Kunig* (o. Fußn. 15), Art. 8 Rdn. 18; *Breitbach* (o. Fußn. 14), § 8 Rdn. 15.

[462] So wohl auch *Herzog* (o. Fußn. 9), Art. 8 Rdn. 59, Fußn. 49; *BVerfGE* 84, 203 (209); vgl. auch *Schwabe* JR 1989, 131; das *BVerfG* läßt in E 92, 191 ff. die Teilnahme einschließlich des Zeigens von Transparenten mit gegenteiliger Aussage zu.

257 Der Veranstalter ist bei der Auswahl des Leiters in seiner Entscheidung frei, ihm gegenüber hat niemand Anspruch auf Übertragung des Leitungsrechts.

258 Beim Entzug des Leitungsrechts ist das Recht des Veranstalters gegenüber dem Recht des Leiters stärker. Der Veranstalter hat Organisationsgewalt, die ihn zur Delegation von Kompetenzen berechtigt. Er kann eine Delegation widerrufen und einen anderen Leiter einsetzen. Übertragung der Leitung bzw. Wechsel in der Leitung müssen aber so vor sich gehen, daß die Ordnung der Versammlung nicht gestört, das Teilnahmerecht nicht wesentlich beeinträchtigt wird. Der Wechsel in der Leitung ist den Teilnehmern bekannt zu machen, damit sie wissen, wer etwa für die Worterteilung zuständig ist.

259 Gegenüber dem Teilnahmerecht ist das Veranstaltungsrecht insoweit stärker, als bei öffentlichen Versammlungen in geschlossenen Räumen bestimmte Personen oder Personenkreise in der Einladung von der Teilnahme ausgeschlossen werden können.

260 Das Leitungsrecht geht dem Teilnahmerecht vor, solange es nicht weiter ausgeübt wird als es zur **Realisierung der gleichberechtigten Teilnahmemöglichkeit möglichst vieler** geboten ist. Wird das Ordnungsrecht des Leiters in dieser **dienenden Funktion** gesehen, hat dieser keine diktatorische Stellung.[463]

261 Teilnahmerechte müssen notfalls durch entsprechende polizeiliche Verfügung gegenüber dem Leiter durchgesetzt werden. Die polizeiliche Pflicht zum Einschreiten folgt aus ihrem Auftrag zum Schutz der öffentlichen Sicherheit, die den Schutz von Grundrechten einschließt.

262 Hat der Veranstalter zu einer Diskussionsversammlung eingeladen oder hat er in seiner Einladung den Demonstrationszweck oder die Veranstaltungsform des geplanten Aufzuges nicht näher konkretisiert, so sind die Möglichkeiten von Veranstalter und Leiter, ihrer Veranstaltung noch eine bestimmte Ausrichtung zu geben, beschränkt. Die Teilnehmer können dann selber gestaltend aktiv werden. Art. 8 I GG schützt nicht nur die einheitliche demonstrative Aussage, sondern **auch die kontroverse Auseinandersetzung** in der Sache. Deshalb haben Versammlungsteilnehmer das Recht auf gleichberechtigtes Agieren in einer Versammlung, etwa durch Zwischenruf, Mißfallenskundgabe oder Entfalten von Spruchbändern. Es ist also auch ein Verhalten garantiert, das den Versammlungszweck konterkarieren kann, solange die Versammlung (und damit das Teilnahmerecht der übrigen Teilnehmer) nicht gröblich gestört, das heißt in ihrem Bestand akzeptiert wird,[464] was nicht mehr der Fall ist, wenn etwa der Redner dauerhaft niedergeschrieen wird oder Stinkbomben geworfen werden. Schreitet der Leiter mehr als zum Schutz des Teilnahmerechts anderer geboten gegen die Abweichler ein, überzieht er sein Leitungsrecht. Das Teilnahmerecht der Opponenten muß in diesem Fall durch die Polizei gegen den Mißbrauch des Leitungsrechts geschützt werden. Wer in einer Demonstration per Transparent eine abweichende Meinung kundtut, bleibt Teilnehmer und stellt mit der Gruppe der Abweichler keine eigene Versammlung dar.[465]

4. Zuordnungssubjekte

263 § 1 I VersG garantiert das Versammlungsrecht als subjektives öffentliches Recht jedermann, also auch Ausländern, geht damit über die Grundrechtsverbürgung in Art. 8 I GG hinaus.

264 Auch nicht-rechtsfähige Personengruppen können Träger des Versammlungsrechts sein, insbesondere wenn Parteien, Gewerkschaften oder politische Vereinigungen es geltend machen.[466] Eine nicht körperschaftlich verfaßte Personenvereinigung kann indes nicht (auch nicht als Beteiligte) Rechtsschutz wegen Verletzung des Versammlungsrechts erlangen.[467]

---

463 Krit. insoweit *Ott/Wächtler* (o. Fußn. 68), § 8 Rdn. 1.
464 *BVerfGE* 84, 203 (209).
465 *BVerfGE* 92, 191 (202).
466 *VGH München* NJW 1984, 2116.
467 *OVG Münster* DVBl. 1976, 50; *VGH München* NJW 1984, 2116.

Seinem Inhalt nach wird das Versammlungsrecht von juristischen Personen oder Personenvereinigungen regelmäßig als Veranstaltungsrecht in Anspruch genommen werden. Es ist jedoch auch denkbar, daß eine juristische Person oder eine Personenvereinigung als Teilnehmergruppe auftritt, die das Teilnahmerecht nicht nur individuell durch ihre Mitglieder, sondern als Sozialverband kollektiv geltend macht.[468] Als subjektives öffentliches Recht ohne Grundrechtsrang ist das Versammlungsrecht auch nichtdeutschen natürlichen und nichtdeutschen juristischen Personen zugeordnet. Rechtsgrundlage ist Art. 11 EMRK.[469] 265

Wesentlich ist, daß Art. 16 EMRK Beschränkungen der politischen Tätigkeit auch bei Ausübung des Versammlungsrechts zuläßt. Zu beachten ist §6 AuslG. Er verbietet Nichtdeutschen kraft Gesetzes eine politische Betätigung, die mit dem Völkerrecht unvereinbar ist oder die freiheitliche demokratische Grundordnung gefährdet oder dazu bestimmt ist, Parteien, Verbände, Einrichtungen oder Bestrebungen außerhalb der Bundesrepublik Deutschland zu unterstützen, die mit Verfassungsgrundsätzen der freiheitlichen demokratischen Grundordnung (§ 92 II StGB) nicht vereinbar sind. §6 II AuslG ermächtigt die zuständige Ausländerbehörde, im Interesse der öffentlichen Sicherheit oder Ordnung, der ungestörten politischen Willensbildung bzw. wichtiger Belange der Bundesrepublik Deutschland durch Verfügung die politische Betätigung von Nichtdeutschen zu untersagen oder zu beschränken.[470] Das darf jedoch nicht so weit gehen, jegliche politische Tätigkeit zu unterbinden, weil dann das auch Nichtdeutschen gewährleistete Grundrecht der freien Meinungsäußerung in seinem Wesensgehalt angetastet würde.[471] Insgesamt ergibt sich aus Abs. 11 EMRK für nichtdeutsche natürliche oder nichtdeutsche juristische Personen in bezug auf politische Versammlungen nur ein beschränktes oder wesentlich beschränkbares Versammlungsrecht. Damit hat für Ausländer § 1 I VersG bezüglich öffentlicher Versammlungen **konstitutive Bedeutung.** Eingriffe bedürfen einer Ermächtigung aus dem VersG, das insoweit Spezialgesetz ist und die (subsidiäre) Anwendung polizeirechtlicher Bestimmungen, insbesondere der Generalermächtigung ausschließt.[472] 266

5. Zuständigkeiten

Rechtsstaatlich geprägtes Polizeirecht trennt strikt zwischen Aufgaben und Zuständigkeiten einerseits und Befugnissen andererseits. Mit der Zuordnung einer Aufgabe sind nicht zugleich die Mittel als Befugnisse zur Wahrnehmung der Aufgabe eingeräumt; aus der gesetzlichen Zuweisung von Befugnissen kann aber auf die Übertragung einer Aufgabe bzw. die Begründung einer sachlichen Zuständigkeit geschlossen werden. 267

Im Gegensatz zu anderen Materien des besonderen Ordnungsrechts enthält das VersG **keine Aufgabenzuweisung** für das Versammlungswesen. Auch sachliche Zuständigkeiten werden ausdrücklich nicht begründet. Indem das VersG aber bei der Einräumung von Befugnissen von der zuständigen Behörde bzw. der Polizei spricht, setzt es die Zuständigkeit der mit dem Versammlungswesen betrauten Verwaltungsträger entweder voraus, läßt sie offen oder weist sie mit der Übertragung von Befugnissen zu. Damit greifen die in den Ländern bestehenden Zuständigkeiten nach den jeweiligen Polizei-, Polizeiorganisations-, Polizeiaufgaben- bzw. Landesverwaltungsgesetzen. Die in diesen Gesetzen verlangte Konkretisierung erfolgt in entsprechenden Ausführungsgesetzen[473] bzw. Zuständigkeitsverordnungen.[474] 268

---

468 *Ott/Wächtler* (o. Fußn. 68), § 1 Rdn. 11.
469 *Crombach* (o. Fußn. 306), S. 16 f.
470 *BVerwG* NJW 1975, 2158.
471 *OVG Münster* VwRspr. Bd. 17, S. 854.
472 *OVG Münster* DÖV 1970, 345; *OVG Bremen* NVwZ 1987, 34.
473 Z. B. Art. 7 II BayAG VersG.
474 § 11 POGNW i.V. mit § 1 ZuständigkeitsVO; vgl. dazu näher *Brenneisen* DÖV 2000, 276 f.

a) Zuständigkeit nach Landesrecht in Verbindung mit Ausführungsgesetz bzw. Zuständigkeitsverordnung

269 Die §§ 14, 16, 17a III und IV VersG sprechen von der zuständigen Behörde; in § 2 III VersG ist von einer behördlichen Ermächtigung die Rede; aus dem Sachzusammenhang folgt, daß auch ein Verbot nach § 5 VersG nur durch die zuständige Behörde erfolgen kann. Wer die zuständige Behörde ist, bestimmt sich nach den Landesgesetzen. Teilweise ist es die Polizei im institutionellen Sinne, teilweise sind es die Ordnungsbehörden.

b) Zuständigkeit nach Landesrecht in Verbindung mit Ermächtigungen des VersG

270 Die nach Landesrecht erforderliche Konkretisierung der Zuständigkeit kann auch in den ausdrücklich der Polizei zugeordneten Ermächtigungen des VersG (§§ 9 II 2, 13, 18 II und III, 19 IV, 29 I Nr. 6 und 7) gefunden werden. Unter Polizei i. S. dieser Bestimmungen ist die Polizei im institutionellen Sinne zu verstehen (die im Vollzugsdienst tätigen Beamten vgl. Kap. E Rdn. 188).

c) Zuständigkeit nach Landesrecht in Verbindung mit § 12 VersG

271 Aus § 12 VersG läßt sich in teleologischer Auslegung ableiten, daß allein die Polizei im institutionellen Sinn die zuständige Behörde sein kann, die Beamte in Versammlungen entsendet. Diesen Beamten obliegt es, in Wahrnehmung ihrer **Schutzfunktion** Straftaten zu verhüten und begangene Straftaten zu verfolgen; beide Aufgaben hat die Polizei im institutionellen Sinn nach dem jeweiligen Polizeigesetz bzw. der Strafprozeßordnung.

272 Somit hat die Polizei für die ungestörte Ausübung der Versammlungs- und Demonstrationsfreiheit durch die Versammlungsbeteiligten (Veranstalter, Leiter, Teilnehmer) zu sorgen. Insbesondere bei Auseinandersetzungen zwischen Leiter (bzw. Ordnern) und Teilnehmern hat die Polizei auf der Grundlage der mit § 12 VersG eingeräumten Zuständigkeit geeignete Maßnahmen (z. B. Zutrittsverschaffung bzw. -verhinderung) zu treffen.

6. Anmeldung

273 Das Veranstalten einer Versammlung bzw. Demonstration unter freiem Himmel bedarf nicht der Erlaubnis, sondern nur der Anmeldung. Versammlungen und Demonstrationen finden in der Form kontrollierten Geschehenlassens[475] statt. Der die Anmeldepflicht statuierende § 14 VersG ist Ordnungsvorschrift, dient aber zugleich der Verwirklichung des Grundrechts aus Art. 8 I GG und der Berücksichtigung von entgegenstehenden Rechtspositionen Dritter, indem durch die Information seitens des Anmelders die Versammlungsbehörde in den Stand gesetzt wird, **notwendige Vorkehrungen** zu treffen. Diese zielen darauf ab, die störungsfreie Durchführung der Veranstaltung sicherzustellen und die von der Versammlung zwangsläufig ausgehenden Beeinträchtigungen Dritter zu minimieren. Die Versammlungsbehörde hat durch Herstellung **praktischer Konkordanz**[476] das angemeldete Vorhaben mit entgegenstehenden Rechtspositionen zu harmonisieren. Mit der Anmeldung wird somit auch die staatliche **Schutzpflicht** für die Versammlungs- und Demonstrationsfreiheit eingefordert. Die nach § 18 II VersG erforderliche polizeiliche Genehmigung für die Verwendung von Ordnern ist bei der Anmeldung zu beantragen.

a) Anmeldepflicht

274 **aa) Verfassungsmäßigkeit.** Art. 8 I GG garantiert das Recht, sich **ohne Anmeldung** zu versammeln. Gleichwohl führt § 14 I VersG als Ausführungsgesetz zu Art. 8 II GG für Versammlungen unter freiem Himmel den **Anmeldezwang** ein. Zudem kann die Ver-

---

475 So treffend *Brohm* JZ 1985, 508; *Kühl* StV 1987, 132.
476 *Hesse* (o. Fußn. 20), Rdn. 72.

sammlungsbehörde nach dem Wortlaut von § 15 II VersG eine nicht angemeldete Versammlung bzw. Demonstration auflösen; Veranstalter und Leiter stehen außerdem unter der Strafandrohung des § 26 Nr. 2 VersG, wenn sie eine öffentliche Versammlung unter freiem Himmel oder einen Aufzug ohne Anmeldung durchführen.

Besteht damit trotz des eindeutigen Wortlauts von Art. 8 I GG, dem nach seinem Normprogramm als zentrales Gewährleistungselement das Verbot eines Anmeldeerfordernisses entnommen werden muß, ein Anmeldungszwang, so stellt sich die Frage seiner Verfassungsmäßigkeit.[477] 275

Nach Auffassung des BVerwG wird Art. 8 I GG durch die Einführung der Anmeldepflicht nur unerheblich eingeschränkt.[478] Das BVerfG hält § 14 VersG bei verfassungskonformer Auslegung für mit dem Grundgesetz vereinbar. Die Vorschrift habe den Sinn, den Behörden die Informationen zu vermitteln, die sie benötigen, um Vorkehrungen zum störungsfreien Verlauf der Veranstaltung und zum Schutz von Interessen Dritter oder der Allgemeinheit treffen zu können; überdies wirke die Vorschrift auf eine Verständigung zwischen Veranstaltern und Versammlungsbehörden hin, ermögliche also Kooperation; § 14 VersG dürfe aber nicht auf Spontanversammlungen angewendet werden.[479] 276

Die Anmeldepflicht läßt sich nur dann mit Art. 8 I GG vereinbaren, wenn man sie als Element verfahrensrechtlichen Grundrechtsschutzes zur Herstellung praktischer Konkordanz versteht[480] und sie verfassungskonform dahin ausgelegt wird, daß sie weder **für spontane und andere veranstalterlose Versammlungen**[481] noch für Eilversammlungen (vgl. dazu u. Rdn. 294) gilt und auch die absichtlich nicht angemeldete Versammlung nur bei Vorliegen der tatbestandlichen Voraussetzungen des § 15 I VersG verboten bzw. aufgelöst werden kann (u. Rdn. 554). 277

Die Umgehung des Verbots einer Anmeldepflicht in Art. 8 I GG durch § 14 I VersG ist zudem nur dann verfassungsmäßig, wenn auch die Strafnorm des § 26 Nr. 2 VersG entsprechenden Restriktionen unterliegt (u. Rdn. 595 f.). 278

bb) Adressat der Anmeldepflicht. Anmeldepflichtig ist der Veranstalter. Rufen mehrere Personen oder Gruppen zu einer Veranstaltung auf, sind alle zur Anmeldung verpflichtet. Sofern sie sich untereinander verständigen, kann die Anmeldung nur durch eine Person bzw. Gruppe für alle erfolgen. 279

cc) Frist. Wer eine öffentliche Versammlung unter freiem Himmel veranstalten will, muß dies spätestens 48 Stunden vor der Bekanntgabe bei der zuständigen Behörde anmelden. Bekanntgabe bedeutet Aufrufen (Einladung) zu einer Versammlung bzw. Demonstration. Der Anmeldepflicht wird genügt, wenn zum genannten Zeitpunkt die Versammlungsbehörde in Kenntnis gesetzt worden ist. Die Frist ist notwendig und angemessen, weil nur mit diesem zeitlichen Vorlauf ein Ausgleich mit den Rechten Drittbetroffener erfolgen kann. 280

dd) Inhalt der Anmeldung. Der Anmelder braucht sein Vorhaben nicht zu begründen, denn die Versammlungsbehörde ist keine Zensurbehörde, die über Form, Zeit und Inhalt bzw. Thema der geplanten Veranstaltung zu befinden hätte. Angaben bezüglich Zeit, Ort und Gegenstand als Informationen einer qualifizierten Anmeldung[482] dürfen nur dem Zweck der Erstellung einer durch Fakten abgesicherten Gefahrenprognose seitens der Versammlungsbehörde dienen. Sie muß sich nämlich eine klare Vorstellung vom voraussichtlichen Ablauf der Versammlung bzw. Demonstration machen können. Inso- 281

---

[477] Grundlegend dazu *Geis* NVwZ 1992, 1027; vgl. auch *Benda* (o. Fußn. 18), Art. 8 Rdn. 76; *Stein* (o. Fußn. 15), S. 320; *Höfling* (o. Fußn. 9), Art. 8 Rdn. 58; vgl. dazu ausf. *Werner* (o. Fußn. 312), S. 40 ff.

[478] *BVerwGE* 26, 135 (137).

[479] *BVerfGE* 69, 315 (349 ff. u. 357 ff.); *E* 85, 69 (74).

[480] *Geis* NVwZ 1992, 1028.

[481] *Hoffmann-Riem* (o. Fußn. 15), Art. 8 Rdn. 52; *Geis* NVwZ 1992, 1028 f.; *Rühl* (o. Fußn. 14), § 14 Rdn. 5 f. u. 11; *Breitbach/Deiseroth/Rühl* (o. Fußn. 14), § 15 Rdn. 276 ff.

[482] *Zeitler* (o. Fußn. 17), Rdn. 76.

weit sind Aktualität und Attraktivität des Themas sowohl für die zu erwartende Zahl der Teilnehmer von Bedeutung als auch für das möglicherweise auftretende Störerpotential bzw. das Veranstalten einer Gegendemonstration. Nur bei Kenntnis dieser Umstände kann eine **gesicherte Gefahrenprognose** erstellt werden, die es möglicherweise zuläßt, daß die Polizei sich unter Bildung polizeifreier Räume (u. Rdn. 346 ff.) zurückhält und weißbemützt auf die Verkehrslenkung beschränkt.

282 Der Veranstalter ist namentlich zu benennen, damit ihm die ggf. erforderlich werdende beschränkende Verfügung zugestellt werden kann. Auch der Leiter ist namhaft zu machen, damit die Verantwortlichkeit für die geordnete Durchführung klar ist. Sollen Ordner zum Einsatz kommen, so ist das bei der Anmeldung zu beantragen.

283 Für die Anmeldung besteht kein Formzwang. Sie kann schriftlich, zu Protokoll bei der Versammlungsbehörde, aber auch fernmündlich oder per e-mail über das Internet erfolgen.

284 **ee) Konsequenzen unterbliebener Anmeldung.** Meldet ein Veranstalter seine Versammlung bzw. Demonstration nicht an, obwohl ihm das möglich wäre, so ist die **Nichtanmeldung** für sich genommen **kein Auflösungsgrund,** auch dann nicht, wenn die Anmeldung absichtlich und aus mangelnder Kooperationsbereitschaft unterbleibt. Die Auflösung dient nämlich nicht der Disziplinierung des Veranstalters und ist deshalb **kein Mittel zur Durchsetzung der Anmeldepflicht.** Auch die bewußt nicht angemeldete Veranstaltung stellt für sich genommen keine Gefahr dar;[483] das gilt nicht nur für Spontandemonstrationen (vgl. u. Rdn. 287 ff.) und Eildemonstrationen (vgl. u. Rdn. 294), sondern eben auch für den Fall der von langer Hand geplanten Demonstration (vgl. u. Rdn. 595). Die unmittelbare Gefährdung der öffentlichen Sicherheit aus anderen Gründen bleibt unabdingbare Voraussetzung für jede Auflösung. Möglicherweise kann die unmittelbare Gefährdung aber gerade deshalb eintreten, weil die Anmeldung unterblieben ist oder verspätet erfolgte und demzufolge der Versammlungsbehörde keine Zeit für Gefahren abwehrende bzw. minimierende Maßnahmen verblieb. Die Teilnahme an einer nicht angemeldeten Versammlung bzw. Demonstration ist kein Anlaß für eine Identitätsfeststellung, da weder ein Straftatbestand noch eine Ordnungswidrigkeit die Teilnahme an einer nicht angemeldeten Versammlung sanktionieren.

b) Zuständige Behörde

285 Die Zuständigkeit für die Entgegennahme der Anmeldung ergibt sich aus dem jeweiligen Polizeiaufgabengesetz bzw. der erlassenen Zuständigkeitsverordnung (o. Rdn. 268). Zuständige Versammlungsbehörde sollte in allen Bundesländern die Polizei im institutionellen Sinne sein, denn den Behörden des Polizeivollzugsdienstes obliegt sowohl die Abwehr von Rechtsverletzungen (Verhütung von Straftaten), als auch die Verkehrslenkung, die bei Versammlungen und Demonstrationen regelmäßig gefordert ist; zudem ist sie rund um die Uhr für Anmelder erreichbar. Vor allem aber gehören Verfügungs- und Durchsetzungskompetenz in eine Hand.

c) Anmeldebestätigung

286 Besteht nach Anmeldung einer Veranstaltung keine Veranlassung für ein Verbot oder eine beschränkende Verfügung, so braucht die Versammlungsbehörde keinen Bescheid (Verwaltungsakt) zu erlassen. Aus Gründen der Rechtsklarheit und Rechtssicherheit sollte aber, insbesondere um Veranstaltern großer Veranstaltungen Planungssicherheit zu geben, eine „Versammlungsbestätigung" erfolgen. Diese hätte als begünstigender Verwaltungsakt Tatbestandswirkung, wenn etwa geregelt wird, daß andersweitige Genehmigungen (etwa der Straßenbehörde wegen Sondernutzung) nicht erforderlich sind.[484]

---

483 *Breitbach/Deiseroth/Rühl* (o. Fußn. 14), § 15 Rdn. 276.

484 So die zutr. Kritik von *Ibler* DVBl. 2000, 1803 an *Dietel/Gintzel/Kniesel* (o. Fußn. 5), § 14 Rdn. 16.

d) Anmeldepflicht bei Spontanversammlungen

aa) Definitionen. Spontanversammlungen bzw. -demonstrationen sind Veranstaltungen, die nicht von langer Hand vorbereitet sind, sondern aus aktuellem Anlaß augenblicklich und ohne Veranstalter entstehen.[485] Entschluß und Durchführung fallen zusammen. Entscheidendes Kriterium ist die Spontaneität, also das Entstehen der Versammlung von einem Moment auf den anderen. Daß die Spontanversammlung keinen Veranstalter hat, kann nicht das entscheidende Merkmal sein, denn die Veranstalterlosigkeit ist Folge der Spontaneität, nicht umgekehrt. Bei Spontanversammlungen handelt es sich um nicht organisierte, vor allem nicht vorher geplante oder verabredete Veranstaltungen. Der Versammlungstypus des VersG ist dagegen die geplante bzw. organisierte Versammlung. Insoweit ist die Spontanversammlung Gegenmodell und Gegenbegriff. Spontanversammlungen stellen somit, wenn sie überhaupt vom VersG erfaßt werden,[486] einen Fremdkörper in demselben dar.[487] 287

Es kann zwischen echten und unechten Spontanversammlungen unterschieden werden.[488] Die Differenzierung orientiert sich an der Realisierbarkeit des Versammlungszwecks. Als echte gelten nur solche, die bei Beachtung der 48-Stunden-Frist ihren Sinn verlieren würden (Reaktion auf Attentat, Protest gegen die plötzlich bekanntwerdende unmittelbar bevorstehende Abschiebung eines Ausländers), als unechte solche, die ohne Preisgabe des Demonstrationszwecks auch nach ordnungsgemäßer Anmeldung noch ihren Sinn hätten (Demonstration gegen Fahrpreiserhöhung städtischer Verkehrsbetriebe). 288

Die Differenzierung ist unerheblich; beide Arten sind als Spontanversammlungen zu betrachten. Zunächst bringt die begriffliche Einengung auf echte Spontanversammlungen nichts, weil auch bei den unechten allein der Umstand der Nichtanmeldung keine rechtlichen Konsequenzen hätte. Entscheidend ist jedoch, daß mit dieser Spontaneitätsdifferenzierung das Selbstbestimmungsrecht der Teilnehmer bezüglich des Zeitpunktes der Ausübung von Art. 8 I GG unzulässig reglementiert würde. Maßgeblich für die Bejahung einer Spontanversammlung ist ausschließlich, ob der **Zweck der Veranstaltung** nicht erreicht werden könnte oder auch nur in Frage gestellt wäre, wenn der Anmeldepflicht genügt würde.[489] 289

Spontanversammlungen können auch durch Loslösung von einer bestehenden Versammlung entstehen (etwa aus Protest gegen den auftretenden Redner) oder sich aus aktuellem Anlaß nach einer Versammlung oder Demonstration bilden (etwa aus Protest gegen Polizeiaktionen). 290

Der Begriff der Spontandemonstration ist kein Oberbegriff, der auch Blitz-, Eil- oder Sofortversammlungen erfaßt. Bei letzteren handelt es sich um eigenständige Fallgruppen. Als Blitz-, Eil- oder Sofortversammlungen[490] werden solche bezeichnet, die zwar geplant und organisiert sind, deren Vorlaufzeit aber weniger als 48 Stunden beträgt; sie können ohne Gefährdung des Demonstrationszweckes nicht unter Einhaltung der Frist des § 14 VersG angemeldet werden.[491] Fallen bei der Spontanversammlung Entschluß und Durchführung zusammen, so erfolgen sie bei Blitz-, Eil- oder Sofortversammlungen nacheinander. Diese Veranstaltungen haben auch regelmäßig einen Veranstalter, weshalb die Anmeldepflicht grundsätzlich in Geltung ist. 291

---

485 *BVerfGE* 69, 315 (350); *E* 85, 69 (75); *BVerwGE* 26, 135 (138); *Ossenbühl* Der Staat 1971, 65 ff.; *Gusy* JuS 1993, 557; *Zeitler* (o. Fußn. 17), Rdn. 80 ff.

486 *Ridder* (o. Fußn. 14), Geschichtliche Einleitung Rdn. 80.

487 *Gusy* JuS 1993, 557.

488 Vgl. *Ossenbühl* Der Staat 1971, 58 f.

489 *BVerfGE* 69, 315 (350).

490 Zur Terminologie vgl. *Herzog* (o. Fußn. 9), Art. 8 Rdn. 107; *Honigl* BayVBl. 1987, 140 m. w. N.; ausführlich dazu *Geis* NVwZ 1992, 1029.

491 *BVerfGE* 85, 69 (75); *Geis* NVwZ 1992, 1029.

292 **bb) Schutz durch Art. 8 I GG.** Spontanversammlungen werden vom Gewährleistungsbereich der Versammlungs- und Demonstrationsfreiheit erfaßt;[492] die **Spontaneität** der Grundrechtsausübung ist Ausdruck der durch Art. 8 I GG verbürgten Selbstbestimmung. Für Art. 8 I GG ist es irrelevant, ob eine Versammlung oder Demonstration geplant bzw. organisiert ist oder nicht.

293 **cc) Verfassungsmäßigkeit der Anmeldepflicht bei Spontanversammlungen.** Bei spontan entstehenden Versammlungen bzw. Demonstrationen ist eine vorherige Anmeldung schon begrifflich unmöglich; § 14 VersG ist insoweit auf die geplante Veranstaltung zugeschnitten. Die Nichtanmeldung ist geradezu das Spezifikum der Spontanversammlung und es wäre widersinnig, diese Veranstaltungsform unter den Schutzbereich von Art. 8 I GG zu stellen, aber gleichzeitig ihr Spezifikum zum Auflösungsgrund zu machen.[493] Weil der mit der Veranstaltung verfolgte Zweck bei Einhaltung der Vorschrift nicht erreicht werden könnte, entfällt die Anmeldepflicht. Ein Verstoß gegen § 26 Nr. 2 VersG liegt damit nicht vor (o. Rdn. 595). **§ 14 VersG ist bei Spontanversammlungen nicht anwendbar.** Die versammlungsgesetzlichen Ordnungsbestimmungen müssen im Lichte von Art. 8 I GG ausgelegt und angewendet werden, was dazu führen kann, daß sie dem Grundrecht weichen müssen; denn insoweit verbürgt Abs. 8 I GG und nicht das VersG die Zulässigkeit von Versammlungen und Demonstrationen.[494] § 14 VersG ist im Ergebnis somit verfassungsmäßig, wenn man die Anmeldepflicht für Spontanveranstaltungen nicht anwendet; ein Beharren auf ihr würde nämlich zur generellen Unzulässigkeit von Spontanversammlungen führen.[495] Aus Gründen der Rechtsklarheit sollte die Regelungslücke aber bei einer Reform des Versammlungsgesetzes geschlossen werden (u. Rdn. 630).

e) Anmeldepflicht bei Eilversammlungen

294 Unter Eilversammlungen werden solche Veranstaltungen verstanden, die im Unterschied zu Spontanversammlungen zwar geplant sind und einen Veranstalter haben, aber ohne Gefährdung des Demonstrationszweckes nicht unter Einhaltung der Frist des § 14 VersG angemeldet werden können.[496] Das BVerfG hat nun bei Eilversammlungen anders als bei Spontanversammlungen nicht die Anmeldung überhaupt, sondern nur die Fristwahrung für unmöglich gehalten; deshalb sollen bei verfassungskonformer Interpretation von § 14 VersG Eilversammlungen anmeldepflichtig sein, sobald die Möglichkeit dazu besteht; Dispens gibt es also nur von der Anmeldefrist, die nach Lage des Falles zu verkürzen ist.[497] Diese Entscheidung ist auf überzeugende Kritik gestoßen. Nach *Geis* hat das BVerfG nicht verfassungskonform ausgelegt, sondern eine unzulässige richterliche Normkorrektur vorgenommen, indem es das Tatbestandsmerkmal „Anmeldung spätestens 48 Stunden vorher" durch die Regelung „Anmeldung, sofern überhaupt möglich, in der Regel aber 48 Stunden zuvor" ersetzt hat.[498] Auch die abweichende Meinung der Richterin Seibert und des Richters Henschel rügt, daß einer verfassungskonformen Auslegung der klare Wortlaut entgegensteht.[499] Als einzig verfassungsmäßige Lösung bleibt die Möglichkeit, auch Eilversammlungen dann nicht der Anmeldepflicht zu unterwerfen, wenn die 48-Stunden-Frist nicht eingehalten werden kann.[500]

f) Anmeldepflicht bei Großdemonstrationen

295 Mit den seit Mitte der siebziger Jahre stattfindenden Großdemonstrationen hat sich ein Versammlungstypus herausgebildet, der sich nachhaltig vom Modell der straff organi-

---

[492] *BVerfGE* 69, 315 (350).
[493] *Ossenbühl* Der Staat 1971, 67.
[494] *BVerfGE* 69, 315 (351).
[495] *BVerfGE* 69, 315 (351); *E* 85, 69 (75); dazu ausf. *Werner* (o. Fußn. 312), S. 47 ff.
[496] *BVerfGE* 85, 69 (75); zum Begriff *Geis* NVwZ 1992, 1027 f.; *Zeitler* (o. Fußn. 17), Rdn. 91 ff.
[497] *BVerfGE* 85, 69 (75); *Gusy* JuS 1993, 557; *Werner* (o. Fußn. 312), S. 53 ff.
[498] *Geis* NVwZ 1992, 1029.
[499] *BVerfGE* 85, 69 (78).
[500] So *Geis* NVwZ 1992, 1030.

sierten und geordneten Versammlung des VersG unterscheidet. Großdemonstrationen haben regelmäßig eine Vielzahl von Initiatoren; in ihr wollen sich ohne vorherige Anmeldung und zentrale Planung und Koordination verschiedenste Gruppierungen zusammenfinden; so kann sich die Veranstaltung aus mehreren nebeneinander laufenden Versammlungen zusammensetzen; Zeit, Ort und Thema sind dabei identisch, nicht aber die verfolgten Ziele und Beweggründe; die innere Verbindung der Teilnehmer kann in bezug auf die Gesamtveranstaltung fehlen; die Teilnehmer sind deshalb auch regelmäßig nicht bereit, den Anordnungen einer einheitlichen Gesamtleitung zu folgen.[501]

Aus diesem Befund ist abgeleitet worden, solche Großdemonstrationen seien zwar nicht formlos, entzögen sich aber dem überkommenen Bild der formierten Versammlung;[502] weil die §§ 14 und 15 VersG die spezifische Situation von Großdemonstrationen unberücksichtigt ließen, seien sie verfassungswidrig.[503] 296

Die genannten Bestimmungen halten verfassungsrechtlicher Prüfung stand. Den Besonderheiten von Großdemonstrationen läßt sich durch verfassungskonforme Auslegung Rechnung tragen.[504] Fraglos ist ein Wandel in Trägerschaft und Durchführung festzustellen, doch rechtfertigt dies nicht die Schaffung eines Sonderrechts für Großdemonstrationen. Konsequenzen kann hier der Gesetzgeber ziehen, zu einem verfassungsrechtlich gebotenen Fortfall der §§ 14 und 15 VersG zwingen die tatsächlichen Änderungen bei Großdemonstrationen indes nicht.[505] 297

Für § 14 VersG ergibt sich allerdings eine veränderte Funktion.[506] Da die zuständige Versammlungsbehörde von der geplanten Veranstaltung bereits aus anderen Quellen Kenntnis haben wird, entfällt die Informationsfunktion der Anmeldung. Sie gewinnt aber **neue Qualität und Bedeutung** in einer verfahrensrechtlichen Dimension (o. Rdn. 98), indem die mit der Anmeldung verbundene Kontaktaufnahme zur Basis für Dialog und **Kooperation** wird und so Vertrauen gebildet werden kann. Mit der Anmeldung wird auch die Zustellung der bei Großdemonstrationen erforderlichen beschränkenden Verfügung an den Anmelder als Adressaten möglich. 298

Eine Freistellung von der Anmeldepflicht ist bei Großdemonstrationen somit nicht geboten. In verfassungskonformer Auslegung wird eine (Gesamt)Anmeldung aber dann entbehrlich, wenn sich einzelne Gruppen oder Personen, die zu der Veranstaltung aufrufen, zu einer Gesamtanmeldung außerstande sehen.[507] 299

IV. Kooperation und Deeskalation als verfahrensrechtlicher Grundrechtsschutz aus Art. 8 I GG

Grundrechte wirken auch auf die Ausgestaltung von Verwaltungsverfahren. Solcher Grundrechtsschutz durch Verfahren (vgl. o. Rdn. 98) kann Rechte auf Schutz, Leistung und Beteiligung der Betroffenen beinhalten. Das BVerfG erkennt in Art. 8 I GG einen wesentlichen verfahrens- und organisationsrechtlichen Gehalt, der Versammlungsbehörden und Polizei zu **grundrechtsfreundlicher** Anwendung vorhandener Verfahrensvorschriften im VersG und in den Verwaltungsverfahrensgesetzen der Länder verpflichtet.[508] 300

Das BVerfG geht davon aus, daß es zur friedlichen Durchführung von Demonstrationen beiträgt, wenn beiderseits Provokationen und Aggressionsanreize unterbleiben, die Veranstalter auf die Teilnehmer mit dem Ziel friedlichen Verhaltens und der Isolierung von Gewalttätern einwirken, sich die Staatsmacht gegebenenfalls unter Bildung polizeifreier 301

[501] *Hoffmann-Riem* (o. Fußn. 15), Art. 8 Rdn. 7.
[502] *Geulen* KJ 1983, 189 ff.; *Frankenberg* KJ 1981, 281 f.
[503] *Geulen* KJ 1983, 193 f.
[504] *Kloepfer* (o. Fußn. 17), Rdn. 30; *Werner* (o. Fußn. 312), S. 58 f.
[505] *BVerfGE* 69, 315 (358).
[506] *BVerfGE* 69, 315 (358).
[507] *BVerfGE* 69, 315 (359).
[508] *BVerfGE* 69, 315 (355).

Räume besonnen zurückhält und übermäßige Reaktionen vermeidet und insbesondere eine rechtzeitige Kontaktaufnahme erfolgt, bei der beide Seiten sich kennenlernen, Informationen austauschen und möglicherweise zu einer vertrauensvollen Kooperation finden, welche die Bewältigung auch unvorhergesehener Konfliktsituationen erleichtert.[509]

302 Diese Forderungen an Versammlungsbehörden und Polizei entsprechen nach Auffassung des BVerfG dem Bestreben nach **verfahrensrechtlicher Effektuierung von Freiheitsrechten** und lassen sich zusätzlich verfassungsrechtlich damit legitimieren, daß sich eine solche Verfahrensweise als das **mildere Mittel** gegenüber Eingriffen in Gestalt von Verboten oder Auflösungen darstellt.[510]

1. Kooperation

303 Zusammenarbeit zwischen Versammlungsbehörden bzw. Polizei und Veranstalter(n) trägt insbesondere bei Großdemonstrationen zur friedlichen Durchführung bei. Haben erstere die geplante Veranstaltung zu schützen, für die Abstimmung mit entgegenstehenden Rechten Dritter zu sorgen und Rechtsgüterverletzungen abzuwehren, insbesondere Gewalttätigkeiten zu vermeiden, so soll auch der Veranstalter durch seine Kooperation eben diese Ziele fördern. Zugleich wird ihm durch Kooperation die Beteiligung am versammlungsbehördlichen Verfahren und damit größtmögliche Selbstbestimmung bezüglich der geplanten Veranstaltung gesichert.[511]

a) Verfassungsrechtliche Grundlage

304 Kooperation als Gebot und Chance der Grundrechtsverwirklichung folgt aus Art. 8 I GG, der als Ausformung verfahrensrechtlichen Grundrechtsschutzes Versammlungsbehörden und Polizei zu **grundrechtsfreundlichem** Verhalten verpflichtet und den Veranstalter über § 14 VersG in die Kooperationspflicht nimmt. Das BVerfG koppelt das Kooperationsgebot an das Übermaßverbot, indem es Kooperation als milderes Mittel gegenüber Verbot und Auflösung begreift.[512] Der Verstoß gegen das Kooperationsgebot kann zur Rechtswidrigkeit eines Versammlungsverbots führen.

305 Das Kooperationsgebot verstößt nicht gegen die auch dem Veranstalter verbürgte Gestaltungsfreiheit (o. Rdn. 46 ff.), denn als Beteiligungsrecht an der Willensbildung der Versammlungsbehörde wird dem Veranstalter gerade die **Selbstbestimmung** über sein Vorhaben gesichert.

306 Kooperation unterliegt aber insoweit der Disposition des Gesetzgebers, als dieser eine gesetzliche Obliegenheit einführen und das verfassungsrechtliche Kooperationsgebot einfach-gesetzlich verankern kann. Dabei hat er sich allerdings auf das unabdingbare Notwendige zu beschränken, insbesondere darf er keine Kooperationsformen anstreben, die das Selbstbestimmungsrecht der Versammlungsbeteiligten aushöhlen oder zu Verflechtungen zwischen Versammlungsbehörde und Veranstalter führen.[513]

307 Eine solche Kooperationsobliegenheit war vom Gesetzgeber geplant,[514] wurde aber wegen verfassungsrechtlicher Bedenken, insbesondere wegen der Bußgeldbewehrung der Kooperationspflicht des Veranstalters, aufgegeben. Unabhängig davon ist zu bedenken, daß erfolgversprechende Kooperation seitens des Veranstalters von Freiwilligkeit lebt. Insoweit ist die gesetzliche Anordnung eines Termins, an dem der Veranstalter bei Bußgeldandrohung zu erscheinen hat, eher geeignet, einer Kooperation, die von Vertrauen lebt, von vornherein den Boden zu entziehen.[515]

---

[509] *BVerfGE* 69, 315 (355); vgl. auch *Benda* (o. Fußn. 18), Art. 8 Rdn. 10.

[510] *BVerfGE* 69, 315 (356).

[511] Vgl. *Hoffmann-Riem* (o. Fußn. 430), S. 381 f.; *BVerfG* NJW 2001, 1408; *BVerfG* NJW 2001, 1410.

[512] *BVerfGE* 69, 315 (356).

[513] *Hoffmann-Riem* (o. Fußn. 430), S. 383; das *BVerfG* hält es für eine unzulässige Obliegenheit, wenn sich ein Veranstalter von gegen ihn ohne besonderen Anhaltspunkt erhobene Vorwürfe zu entlasten hätte, *BVerfG* NJW 2001, 2070 und NJW 2001, 2079.

[514] BT-Drucks. 11/2834, § 14 a.

[515] Vgl. auch *Benda* (o. Fußn. 18), Art. 8 Rdn. 10.

Das Kooperationsgebot ist bei jeder Demonstration bzw. Versammlung zu beachten, nicht nur bei Großdemonstrationen; bei letzteren ist es aber von besonderer Bedeutung, weil diese ohne Kooperation in ihrer Durchführung erheblich erschwert würden. 308

Verstoßen Versammlungsbehörden bzw. Polizei gegen ihre Kooperationspflicht, weil sie den Veranstalter nicht oder nicht im gebotenen Umfang im versammlungsgesetzlichen Verwaltungsverfahren beteiligen, so liegt darin nur dann keine Verletzung von Art. 8 I GG, wenn die geplante Veranstaltung durchgeführt werden kann. Werden aber behördliche Maßnahmen getroffen (Verbot, Auflösung, beschränkende Verfügung), die bei Beteiligung des Veranstalters entbehrlich gewesen wären (etwa weil dieser mit entsprechenden Informationen Bedenken hätte ausräumen können), so ist infolge Verstoßes gegen das Übermaßverbot (o. Rdn. 304) Art. 8 I GG verletzt. 309

Ist der Veranstalter kooperationsbereit, insbesondere zu vertrauensbildenden Maßnahmen, **rückt die Schwelle** für behördliches Eingreifen wegen Gefährdung der öffentlichen Sicherheit **höher,**[516] was verwaltungsrechtsdogmatisch als Einengung des Entschließungsermessens begriffen werden kann.[517] Zeigt der Veranstalter keine Kooperationsbereitschaft, **sinkt die Eingriffsschwelle** für die kooperationsbereite Versammlungsbehörde insoweit, als sie ihre Gefahrenprognose ausschließlich auf das ihr vorliegende Tatsachenmaterial stützen kann; dieses ist dann maßgeblich für die Geeignetheit, Erforderlichkeit und Angemessenheit von Maßnahmen auf der Grundlage von § 15 VersG. Der nicht kooperationsbereite Veranstalter kann durch nachträglich beim Verwaltungsgericht vorgetragene Tatsachen die Gefahrenprognose nicht mehr angreifen. 310

b) Verfahrensrechtlicher Rahmen

Das VersG kennt keine Rechtsgrundlagen, die Kooperation ausdrücklich festlegen. Das aus Art. 8 I GG abgeleitete Kooperationsgebot kann indes **an § 14 VersG anknüpfen.** Die Anmeldung gewinnt eine neue Zweckbestimmung als Gesprächsauftakt mit der Versammlungsbehörde, der zur Basis der Kooperation werden kann.[518] 311

Erfahren die zuständigen Behörden durch Anmeldung oder auf andere Weise (Einladungen des Veranstalters in den Medien, Aufrufe in der Szene) von der geplanten Veranstaltung und prüfen sie daraufhin die tatsächlichen und rechtlichen Voraussetzungen versammlungsgesetzlicher Maßnahmen, so kommt ein **Verwaltungsverfahren** nach dem jeweils einschlägigen Landesverwaltungsverfahrensgesetz (z. B. § 9 VwVfG NW) in Gang. Die Verwaltungsverfahrensgesetze sind im Aufgabenfeld der Gefahrenabwehr, hier der Versammlungsaufsicht, uneingeschränkt in Geltung. **Kooperation als informales Mittel des Verwaltungshandelns** ergänzt das überkommene hoheitlich strukturierte nach den Verwaltungsverfahrensgesetzen. Dazu gehört auch, daß Versammlungsbehörde bzw. Polizei von sich aus Kontakt zum nicht anmeldenden Veranstalter aufnehmen, wenn dieser etwa durch Einladungen oder Aufrufe bekannt ist. 312

Das VersG enthält keine speziellen Verfahrensregelungen. Wenn es verfahrens- und organisationsrechtliche Bestimmungen vorsieht, so stehen diese in der polizeirechtlichen Tradition einseitiger Ge- und Verbote. 313

Für das versammlungsbehördliche Verwaltungsverfahren gilt deshalb ergänzend das jeweilige Landesverwaltungsverfahrensgesetz. Das Verfahren ist nichtförmlich, d. h. es ist nicht an bestimmte Formen gebunden sowie einfach und zweckmäßig durchzuführen (z. B. § 10 VwVfG NW). Maßgebliche inhaltliche Bestimmungen sind § 24 (Untersuchungsgrundsatz), § 25 (Beratungs- und Auskunftspflicht), § 28 (Anhörungspflicht), § 29 I (Pflicht zur Gewährung von Akteneinsicht), § 30 (Geheimhaltungspflicht) und § 39 I (Begründungspflicht). Einzelne Bestimmungen des förmlichen Verwaltungsverfahrens (§§ 63 ff.) können analog zur Anwendung kommen. 314

---

516 *BVerfGE* 69, 315 (357).
517 So *Rühl* (o. Fußn. 14), § 14 Rdn. 19.
518 *BVerfGE* 69, 315 (358 f.).

315 Beteiligter eines nach § 9 VwVfG in Gang gekommenen Verwaltungsverfahrens ist zunächst der Veranstalter als Anmelder, da er eine dem Antragsteller i. S. des § 13 I Nr. 1 VwVfG vergleichbare Rolle einnimmt. Die Versammlungsbehörde selber ist nicht Beteiligte, sondern **Trägerin** des Verwaltungsverfahrens, auch wenn sie de facto eine Parteirolle hat. Als weitere Beteiligte i. S. von § 13 I Nr. 4 VwVfG kann die Versammlungsbehörde diejenigen hinzuziehen, deren rechtliche Interessen durch die Ergebnisse des Verwaltungsverfahrens berührt werden können (§ 13 II 1 VwVfG). Das kann etwa der Veranstalter einer Gegendemonstration sein; in Betracht kommen aber auch Gewerbetreibende, deren Geschäftsbetriebe durch die geplante Veranstaltung in Mitleidenschaft gezogen werden können.

316 Adressat des Kooperationsgebots bzw. Beteiligter bei der Zusammenarbeit ist neben dem Veranstalter auch die Versammlungsbehörde. Praktizierte Kooperation für eine bestimmte Veranstaltung ist auf diese zur Zusammenarbeit Geforderten beschränkt. Den Veranstalter einer Gegendemonstration trifft zwar ebenfalls das Kooperationsgebot, doch kommt zwischen ihm und der Versammlungsbehörde ein eigenständiges Kooperationsverfahren in Gang.

317 Im Verfahren kann sich der Veranstalter durch einen Bevollmächtigten vertreten lassen. Auf die Beibringung einer schriftlichen Gesamtvollmacht sollte die Versammlungsbehörde allerdings verzichten, da ein Gesamtmandat bei einer Vielzahl von Veranstaltern, wie sie bei Großdemonstrationen gegeben ist, kaum beibringbar ist. Da Kooperation das Verwaltungsverfahren ergänzen soll, können unabhängig von § 13 VwVfG **Dritte** als Vertrauenspersonen (z. B. Pfarrer) zu Kooperationsgesprächen eingeladen oder auch vom Anmelder bzw. Veranstalter mitgebracht werden.

318 Wenn die Verwaltungsbehörde, die für Anmeldung und Auflösung zuständig ist, nicht gleichzeitig die für Maßnahmen während der Durchführungsphase zuständige Polizeibehörde ist, so hat erstere die Vollzugspolizei im Rahmen des Kooperationsverfahrens (Erörterung, Auskunft, Beratung), insbesondere an den Kooperationsgesprächen zu beteiligen, da sie über das zur Lagebewältigung geforderte *know how* verfügt.

c) Inhalt und Umfang

319 Kooperation findet auf dem Boden der Gefahrenabwehr statt; Kooperationsverpflichtungen folgen insoweit aus dem materiellen Polizeirecht, für die Versammlungsbehörde aus ihrem gesetzlichen Auftrag zur Gefahrenabwehr, für den Veranstalter aus seiner polizeigesetzlichen Verantwortlichkeit.[519]

320 Das Kooperationsgebot macht die Versammlungsbehörde nicht zu einem Amt der Förderungs- bzw. Leistungsverwaltung.[520] Geht es auch um die Effektuierung des Grundrechts aus Art. 8 I GG, so nicht im Sinne eines Leistungsrechts, das die Versammlungsbehörde zur Unterstützung des Veranstalters bei der Durchführung in die Pflicht nähme und ihre Aufgabenwahrnehmung in Fürsorge umschlagen ließe. Der als staatliche Leistung zu begreifende Schutz der Veranstaltung vor Übergriffen Dritter ändert an diesem Befund nichts, im Gegenteil verdeutlicht er den Gefahren abwehrenden Charakter der Tätigkeit der Versammlungsbehörde. Die aus Art. 8 I GG abzuleitenden verfahrensrechtlichen Anforderungen dürfen also nicht so weit gehen, daß sie den Charakter der polizeilichen Aufgabenwahrnehmung als Gefahrenabwehr grundsätzlich verändern oder die Anwendung flexibler Einsatzstrategien unmöglich machen.[521]

321 Das Kooperationsgebot wird nur relevant, wenn Bedarf zur Zusammenarbeit besteht. Das ist nur der Fall, wenn es um den Erlaß einer beschränkenden Verfügung geht, weil Harmonisierungsbedarf mit entgegenstehenden Rechten Dritter gegeben ist. Zusammenarbeit ist dagegen nicht gefordert, wenn wegen Problemlosigkeit der Veranstaltung nur eine Anmeldebestätigung (vgl. o. Rdn. 286) in Betracht kommt.

---

519 *Götz* DVBl. 1985, 1349.
520 *Götz* DVBl. 1985, 1349.
521 *BVerfGE* 69, 315 (356).

Kooperation birgt Gefahren in sich; Versammlungsbehörden und Polizei dürfen nicht den Eindruck von Parteilichkeit entstehen lassen. Kooperation kann nur gelingen bei **Wahrung gegenseitiger Distanz.**[522] Hat sich in der Vergangenheit bei Veranstaltungen des linken Spektrums gezeigt, daß Veranstalter darauf bedacht sein müssen, bei ihrem Anhang nicht in den Verdacht zu geraten, sich zu eng mit dem Staat und seinen Behörden einzulassen, zeigen jüngste Erfahrungen mit Veranstaltern bzw. Anmeldern aus dem rechten Spektrum, daß diese die notwendigen Behördenkontakte mißbrauchen und bei ihrem Anhang die Polizei als „Gesinnungsgenossen" darzustellen versuchen. 322

aa) Rechtspflichten der Versammlungsbehörde. Erörterung, Auskunft und Beratung sind die wesentlichen Pflichten. Im Mittelpunkt der Erörterung stehen die Einzelheiten der Durchführung der Veranstaltung. Erörterung ist kein einseitiger Vorgang; deshalb verlangt sie mehr als Entgegennahme von Einwendungen. Die Versammlungsbehörde soll und muß die Informationen erhalten, die sie in den Stand setzen, eine solide **Gefahrenprognose** zu erstellen und das Prinzip der Verhältnismäßigkeit zu wahren. Umgekehrt hat sie den Veranstalter zu informieren, damit dieser die tatsächlichen und rechtlichen Grenzen seines Vorhabens erkennen, Einwendungen zur behördlichen Gefahrenprognose machen und ggf. ein **Austauschmittel** anbieten kann. 323

Die Gefahrenprognose ist regelmäßig zentraler Punkt der Erörterungen. Hier hat die Versammlungsbehörde offen zu legen, mit welchen Gefährdungen der öffentlichen Sicherheit sie rechnet. Muß sie vom Auftreten gewalttätiger Störer bzw. militanter Gruppen (Schwarzer Block) ausgehen, etwa weil in entsprechenden Szenen zur Teilnahme an der Demonstration aufgerufen worden ist, so wird sie dazu den Veranstalter zur Stellungnahme auffordern. Ein Verstoß gegen das Kooperationsgebot liegt vor, wenn die Versammlungsbehörde kein Kooperationsgespräch geführt hat, in dem die Gefahrenprognose eines unfriedlichen Verlaufs mit dem Veranstalter erörtert wurde. Was insoweit erforderlich werdende Auflagen betrifft, ist die Möglichkeit des Austauschmittels für die Kooperation von besonderer Bedeutung; stärkt sie doch die Chance der **Selbstbestimmung** und macht gleichzeitig möglicherweise polizeiliche Maßnahmen entbehrlich. Die Beweislast für die Gefahrenprognose – etwa bei Unterstellung einer Täuschungsabsicht des Anmelders – trägt die Versammlungsbehörde.[523] 324

Bei den Erörterungen muß die Versammlungsbehörde den **Konzentrationsgrundsatz** (o. Rdn. 62, 219) beachten, wonach sie bei der Verwendung von Demonstrations- bzw. Hilfsmitteln aus einer Hand zu entscheiden hat.[524] Entsprechende Auflagen (etwa bezüglich Lautsprecherbenutzung, Aufstellung von Informationsständen) sind daher ebenfalls zu erörtern. Darüber hinaus folgt aus der Beratungspflicht, daß Hinweise zur Rechtslage zu geben sind (etwa wenn Anhaltspunkte für verfassungs- und/oder strafrechtswidrige Ziele der Veranstaltung vorliegen). 325

Die aus § 25 Satz 2 VwVfG folgende **Auskunftspflicht** ist weit auszulegen. Für vertrauensbildende Kooperation reicht es nicht aus, nur Auskunft über die den Beteiligten im Verfahren zustehenden Rechte bzw. obliegenden Pflichten zu geben. Vielmehr müssen **Informationen in der Sache** fließen, also auch über die polizeilich geplanten Schutz- und Sicherheitsmaßnahmen. 326

Unterbleibt die Anmeldung, sind die Kooperationspflichten der Versammlungsbehörde nicht suspendiert, sondern nur im Umfang reduziert; sie muß auf anderem Wege versuchen, mit dem Veranstalter ins Gespräch zu kommen. 327

bb) Rechtspflichten des Veranstalters. Da Kooperation keine Einbahnstraße sein kann, wenn es um Vertrauensbildung geht, müssen den versammlungsbehördlichen Pflichten solche des Veranstalters korrespondieren. Von ihm muß erwartet werden können, daß er wahrheitsgemäß Auskunft über veranstaltungsbezogene und durchführungs- 328

---

522 *Hoffmann-Riem* (o. Fußn. 430), S. 383 f.
523 *BVerfG* NJW 2001, 2070.
524 *BVerwG* NJW 1989, 2411.

relevante Punkte gibt. Jüngste Erfahrungen bei Veranstaltungen rechtsextremistischer Gruppierungen zeigen, daß Kooperation oft vorgetäuscht wird. Versammlungsbehörden werden durch Scheinanmeldungen in verschiedenen Städten gezielt desinformiert, um Anlaß, Zweck, Zeitpunkt und Ablauf des eigentlich geplanten Vorhabens zu verschleiern; zugleich wird mit aufwendiger Logistik und Organisation versucht, die polizeilichen Vorkehrungen zu unterlaufen. Der Veranstalter hat sich weiter an mit der Versammlungsbehörde getroffene Absprachen zu halten, zumindest muß er für die Einhaltung bei seinem Anhang eintreten. Das BVerfG stellt insoweit relativ hohe Erwartungen an den Veranstalter: Bereitschaft zu einseitigen vertrauensbildenden Maßnahmen und demonstrationsfreundlicher Kooperation,[525] Unterlassen von Provokationen und Aggressionsanreizen, Austausch von Informationen und das Bereitsein zu vertrauensvoller Kooperation und zum Dialog.[526] Im Hinblick auf rechtsextremistische Versammlungen fordert das BVerfG vom Veranstalter bzw. Leiter, daß sie deutliche Signale für die Gewaltfreiheit setzen, insbesondere daß Gewalt nicht toleriert werden und die Versammlung sich in keinerlei Hinsicht mit gewaltbereiten Versammlungsteilnehmern solidarisieren wird.[527]

d) Phasen der Kooperation

329 Das Kooperationsgebot gilt für die Vorbereitungs- und die Durchführungsphase, auch wenn der Schwerpunkt bei der Vorbereitung liegt. Kooperation als Vorgang endet zunächst mit dem Abschluß des mit der Anmeldung bzw. sonstiger Kenntnisnahme in Gang gekommenen Verwaltungsverfahrens.

330 Darin kann sich das Kooperationsgebot aber nicht erschöpfen. Nach Beginn der Veranstaltung muß eine neue Phase der Kooperation einsetzen, die auf Sicherung eines störungsfreien Verlaufs gerichtet ist. Diese Kooperation kann zumindest in gegenseitiger Information bestehen; insoweit ist das **Bereitstellen von Ansprechpartnern** (bewährt hat sich insoweit das Abstellen von Verbindungsbeamten) für die jeweils andere Seite von maßgeblicher Bedeutung. Aus der Sicht des Veranstalters ist die Fortsetzung der Kooperation auch deshalb anzustreben, weil Auflösung und beschränkende Verfügung auch nach Beginn der Veranstaltung zulässige versammlungsbehördliche Maßnahmen bleiben, die indes wegen der durch den Veranstalter praktizierten Kooperation unverhältnismäßig sein können.

331 Fraglos ergeben sich in der Durchführungsphase unvorhersehbare Situationen, die im vorhinein nicht strukturierbar sind; kleinste Vorkommnisse können zum Ausbruch von Gewalttätigkeiten und damit verbundenen Eskalationen führen. In dem Moment ist keine Zeit mehr für Gespräche. Je stärker sich aber in der Vorbereitungsphase Vertrauen gebildet hat, je weniger wird es in der Hektik des Augenblicks möglicherweise ungewollt zu einem verschärften Gegeneinander kommen.[528]

e) Kooperation und Legalitätsprinzip

332 Nach § 152 II StPO ist die Staatsanwaltschaft verpflichtet, wegen aller verfolgbaren Straftaten einzuschreiten, sofern zureichende tatsächliche Anhaltspunkte vorliegen. Für die Polizei ergibt sich aus § 163 I StPO die inhaltlich gleiche Pflicht zur Erforschung von Straftaten.

333 Zugleich hat die Polizei nach den Polizeigesetzen der Länder den Auftrag zur Gefahrenabwehr, wozu insbesondere die Verhütung von Straftaten gehört.[529] Die Aufgaben zur Strafverfolgung und Gefahrenabwehr müssen zwar voneinander getrennt werden, doch besteht im polizeilichen Alltag beinahe regelmäßig eine **Gemengelage** zwischen beiden.[530] Dabei können die beiden Aufgaben miteinander kollidieren, so daß die eine nur

---

[525] *BVerfGE* 69, 315 (357).
[526] *BVerfGE* 69, 315 (355 u. 358).
[527] *BVerfG* DVBl. 2000, 1594 f.
[528] *Hoffmann-Riem* (o. Fußn. 430), S. 389 ff.
[529] Dazu näher *Kniesel* ZRP 1989, 330.
[530] *Kniesel/Tegtmeyer/Vahle* (o. Fußn. 151), Rdn. 51 ff.

auf Kosten der anderen erfüllt werden kann. Welcher der beiden im Einzelfall der Vorrang einzuräumen ist, hängt von den Umständen des konkreten Einzelfalles ab.

In der Vorbereitungsphase der geplanten Versammlung bzw. Demonstration verfolgen 334 alle Kooperationsbemühungen den Zweck der **Gefahrenabwehr,** genauer Gefahren**vorsorge**[531]; es geht um die störungsfreie Durchführung der Veranstaltung und damit insbesondere um die Verhütung von Straftaten durch gewalttätige Störer bzw. militante Gruppen. Absprachen zwischen Versammlungsbehörde und Veranstalter können sich hier vor allem auf deren Isolierung beziehen.

Auch in der Durchführungsphase der Veranstaltung geht es um die gerade genannten 335 Ziele. Kommt es aber zur Begehung von Straftaten, etwa wegen vermummter oder passivbewaffneter Teilnahme, so entsteht die typische **Kollisionslage** zwischen Gefahrenabwehr und Strafverfolgung. Schreitet die Polizei in aufgeheizter Situation strafverfolgend ein (etwa mit Greiftrupps zur Identitätsfeststellung), kann sie zum Funken am Pulverfaß werden. Es besteht die massenpsychologisch begründete Gefahr, daß gerade durch das polizeiliche Einschreiten Gewalttätigkeiten hervorgerufen, also schlimmere Gefahren mit Auswirkungen auf Unbeteiligte bewirkt werden; das noch nur latent vorhandene Gewaltpotential kann durch polizeiliches Handeln „zur Explosion gebracht werden", wodurch die bis dahin (mehr oder weniger) friedliche Demonstration zur unfriedlichen wird.[532]

Die Kollisionsentscheidung muß **zugunsten von Gefahrenabwehr** und der sie 336 sichernden Kooperation ausfallen, wenn durch Maßnahmen der Strafverfolgung Eskalationen, neue Gefahren mit schwerwiegenden Verletzungen von Rechtsgütern unbeteiligter Dritter, d. h. insbesondere friedlicher Teilnehmer, eingesetzter Beamter und von polizeilichen Maßnahmen Betroffener drohen. Insoweit kann aus dem Prinzip der Verhältnismäßigkeit, dem eben auch strafprozessuale Eingriffsmaßnahmen unterliegen,[533] ein **Eingriffsverbot** folgen; ein solches Verbot ist kein kaschierter Rückzug staatlicher Rechtsdurchsetzung durch die Hintertür der Verhältnismäßigkeit, sondern Konsequenz der verfassungsrechtlichen Verankerung der Verhältnismäßigkeit in den Grundrechten.[534] Führt ein Einschreiten der Polizei bei gewaltgeneigten Demonstrationen zur Eskalation und setzt bis dahin nur abstrakt Gefährdete einer konkreten Gefahr aus, besteht über das Eingriffsverbot hinaus ein Anspruch der Betroffenen auf Nichteinschreiten.[535]

Folge des Eingriffsverbots ist nicht die pauschale Suspendierung des Legalitätsprin- 337 zips.[536] Zur Disposition können nur bestimmte Ermittlungshandlungen bzw. Standardmaßnahmen zur Durchsetzung des den staatlichen Strafanspruch sichernden Legalitätsprinzips stehen, etwa wenn durch eine Identitätsfeststellung bzw. vorläufige Festnahme von Straftätern aus der Menge heraus Eskalationen einträten, die schwerwiegende Rechtsgüterverletzungen mit hinreichender Wahrscheinlichkeit erwarten ließen. Fiele hier die Kollisionsentscheidung wegen eines behaupteten Vorrangs der Strafverfolgung zu deren Gunsten aus, so hätten alle Kooperationsbemühungen von vornherein keine Chance.[537] Es hat nicht Strafverfolgung als solche zu unterbleiben (so sind Anzeigen gegen Unbekannt vorzulegen, ggf. ist zur Beweissicherung zu videografieren), sondern nur die konkrete Eingriffsmaßnahme; die Pflicht zur Strafverfolgung ist in Geltung, nur sind de facto ihre Erfolgsaussichten geschmälert, wenn die Identitätsfeststellung unterbleiben muß und die Vermummten bei späterer Strafverfolgung im nachhinein nicht mehr ermittelt werden können.

---

531 Vgl. dazu *Kniesel* in: Kniesel/Kube/Murck, Handbuch für Führungskräfte der Polizei 1996, Kap. 2 Rz. 219 ff.

532 *Kunert* NStZ 1989, 454; *Buschmann* (o. Fußn. 177), S. 36; vgl. dazu näher *Kniesel/Behrendes* (o. Fußn. 531), Kap. 9 Rz. 222 ff. u. 376 ff.

533 *Krüger* (o. Fußn. 17), S. 169.

534 *Kniesel* Die Polizei 1989, 183; *Robbers,* Sicherheit als Menschenrecht, 1987, S. 232.

535 *Robbers* (o. Fußn. 533), S. 232.

536 Dazu näher *Kniesel* Die Polizei 1989, 185; *Krüger* (o. Fußn. 17), S. 168 ff.

537 Vgl. auch *Buschmann* (o. Fußn. 177), S. 111 f.; *Krüger* (o. Fußn. 17), S. 170.

338 Kooperative Absprachen zur Durchführung einer Versammlung bzw. Demonstration dienen der Gefahrenabwehr, nicht der Strafverfolgung. Gleichwohl ergibt sich die Kollisionssituation, wenn kooperative Absprachen zur Gefahrenabwehr (z. B. Isolierung von Gewalttätigen) mit Strafverfolgungsmaßnahmen in Widerspruch geraten. Wenn etwa der Veranstalter auf Wunsch oder Drängen der Versammlungsbehörde das Unfriedlichkeitsrisiko dadurch vermindern hilft, daß er zur Isolierung Gewalttätiger beiträgt, so erwartet er, daß die Polizei nicht strafverfolgend tätig wird, wenn unvorhergesehen bzw. vom Veranstalter unbeherrschbar Gewalttätigkeiten begangen werden.[538]

339 Kooperation und auf ihr gegründete Absprachen stehen von vornherein auf schwachen Beinen, wenn sich die Polizei in ihrer Rolle als Strafverfolgungsbehörde nicht an das halten können darf, was sie als Versammlungsbehörde zugesagt hat. Andererseits kann Kooperation durch den Veranstalter keinen Freibrief für Straftäter bedeuten, der Strafverfolgungszwang nicht zum Gegenstand von Absprachen werden.

340 Die Lösung findet sich in einer Güterabwägung, in der die Bedeutung der Kooperation für die störungsfreie Durchführung der Veranstaltung angemessen Berücksichtigung findet. Hier hilft Art. 8 I GG, also die Verfassung selber zur Konfliktlösung. Mit Rücksicht auf den hohen Rang der Versammlungs- und Demonstrationsfreiheit und die Gewährleistung größtmöglicher Friedlichkeit wird der Gefahrenabwehr so lange der **Vorrang** einzuräumen sein, wie die Demonstration als überwiegend **friedliche** noch andauert.[539] Wäre ein Vorrang der Strafverfolgung in Geltung, so wären die vom BVerfG im Brokdorf-Beschluß im Interesse der störungsfreien Durchführung von Demonstrationen erhobenen Forderungen nach Kooperation und Bildung polizeifreier Räume von vornherein nicht zu verwirklichen.[540]

f) Kooperation bei Großdemonstrationen

341 Großdemonstrationen entsprechen nicht dem Versammlungstypus des VersG mit seiner Vorstellung von der straff geordneten und organisierten Veranstaltung (o. Rdn. 295). Insbesondere ergeben sich Probleme bezüglich der Gesamtleitung und Gesamtorganisation; gerade deshalb besteht Kooperationsbedarf.

342 Gibt es bei Großdemonstrationen keinen Gesamtverantwortlichen, der ansprechbar wäre, so entfällt deshalb nicht von vornherein die Kooperationspflicht der Versammlungsbehörde. Sie muß versuchen, an (Teil)Verantwortliche heranzukommen, auch wenn diese nur über ein beschränktes Mandat verfügen und diesen trotz nicht erfolgter Anmeldung ein faires Kooperationsangebot machen. Zeigt sich auf der anderen Seite keine Kooperationsbereitschaft, hat dies ein **Absinken der Eingriffsschwelle** (vgl. o. Rdn. 310) zur Folge.[541] Bevor als ultima ratio ein vorbeugendes Demonstrationsverbot bei zu befürchtendem gewalttätigem Verlauf in Betracht kommt, muß in aller Regel diese einschneidende Maßnahme vorher unter Fristsetzung angekündigt und innerhalb der gesetzten Frist Gelegenheit zur Erörterung gegeben werden.[542]

g) Kooperation bei Spontan- und Eilversammlungen

343 Spontandemonstrationen werden ungeplant, also ohne Vorbereitung durchgeführt, somit kann Kooperation nur **vor Ort** in Betracht kommen. Da solche Aktionen oft keinen Leiter haben bzw. sich kein solcher zu erkennen gibt, ist Voraussetzung für ein Zustandekommen von Kooperation, daß es der Polizei gelingt, beim Gegenüber einen „Ansprechpartner" zu gewinnen, der dann aber nicht in die Rolle des faktischen Leiters gedrängt werden darf. Mangelnde Kooperation ist auch bei Spontandemonstrationen kein Auflösungsgrund. Das Ansprechen der Versammlungsteilnehmer als Kooperationsversuch

---

538 *Hoffmann-Riem* (o. Fußn. 430), S. 397.
539 *Hoffmann-Riem* (o. Fußn. 430), S. 398.
540 So auch *Hoffmann-Riem* (o. Fußn. 430), S. 398; *Buschmann* (o. Fußn. 177), S. 111.
541 *BVerfGE* 69, 315 (359).
542 *BVerfGE* 69, 315 (362).

seitens der Polizei ist gleichwohl nicht nur rechtlich geboten, sondern auch taktisch opportun, weil die Polizei ab dem Zeitpunkt der Verweigerung in ihrer Gefahrenprognose autark ist.[543]

Stellt man die Eildemonstration ebenfalls von der Anmeldepflicht frei (o. Rdn. 294), kommt ebenfalls der Kooperation vor Ort maßgebliche Bedeutung zu. Gleichwohl ist der Veranstalter einer Eildemonstration im Interesse des geplanten Vorhabens gut beraten, umgehend den Kontakt mit Versammlungsbehörde und Polizei zu suchen; selbst wenn nur eine halbe Stunde zwischen Entschluß und Durchführungsbeginn der Demonstration liegt, kann die Polizei noch Maßnahmen treffen, die die ansonsten drohende Auflösung (etwa wegen massiver Auswirkungen auf den Straßenverkehr) abwenden, z. B. weil es der Polizei gelingt, den Verkehr umzuleiten. 344

h) Kooperation bei nicht angemeldeten Versammlungen und Demonstrationen

Auch wenn eine Demonstration bewußt nicht angemeldet wird, ist die Versammlungsbehörde bzw. die vor Ort als deren Vertreterin agierende Vollzugspolizei nicht von der Kooperationspflicht entbunden. Erstere muß aber nicht nur im Vorfeld versuchen, Kontakt zum Veranstalter herzustellen, sondern auch letztere muß **vor Ort** um Kooperation bemüht sein. Die ordnungsgemäße Anmeldung nach § 14 VersG ist eben nicht rechtlich zwingende Voraussetzung der Kooperation, sondern „nur" Gelegenheit für diese. 345

2. Deeskalation, Bildung polizeifreier Räume

Der Begriff **Polizeifreie Räume** ist vom BVerfG im Brokdorf-Beschluß geprägt worden.[544] Sein Inhalt läßt sich nur aus dem Kontext erschließen. Für das BVerfG trägt es zur friedlichen Durchführung von Demonstrationen bei, wenn beiderseits Provokationen und Aggressionsanreize unterbleiben, die Veranstalter auf die Teilnehmer mit dem Ziel friedlichen Verhaltens und der Isolierung von Gewalttätern einwirken und die Staatsmacht sich, gegebenenfalls unter Bildung polizeifreier Räume besonnen zurückhält und übermäßige Reaktionen vermeidet.[545] 346

Unter Aufgreifen dieser Gedanken hat die Polizei Deeskalationsstrategien entwickelt bzw. schon praktizierte ausgebaut. Oberste Ziele sind der **Schutz der geplanten Veranstaltung** und die **Ausschaltung von Gewalttätigkeiten.** Letzteres kann insbesondere durch faktische und moralische Isolierung der Gewalttätigen erreicht werden. 347

Der Deeskalationsgrundsatz will in strategischer Hinsicht polizeiliches **Handeln auf möglichst geringem Eskalationsniveau** ermöglichen und die Folgen polizeilichen Einschreitens proaktiv kalkulieren und in übergreifenden Zusammenhängen sehen. Geht es um die Folgen polizeilicher Grundrechtseingriffe, so überschneidet sich der Deeskalationsgrundsatz mit dem Prinzip der Verhältnismäßigkeit (Geeignetheit, Erforderlichkeit und Angemessenheit der getroffenen Maßnahmen); insbesondere die Berücksichtigung des Aspektes der Erforderlichkeit (Prinzip des geringstmöglichen Eingriffs) ist auch dem Deeskalationsgrundsatz eigen. Er geht aber über das Rechts- und Verfassungsprinzip der Verhältnismäßigkeit in zweifacher Weise hinaus; zunächst wird auch eingriffsloses Handeln, also das gesamte Auftreten der Polizei im Zusammenhang mit der Veranstaltung erfaßt; gleichzeitig ist der Deeskalationsgrundsatz bestimmender Faktor der polizeilichen Einsatzstrategie, der ein offensives, proaktives Vorgehen zur weitgehenden Ausschaltung von Gewalttätigkeiten ermöglicht. 348

Eine solche Strategie setzt die Polizei in den Stand, zur Konfliktvermeidung offensiv agieren zu können; damit ist nicht forsches Herangehen oder martialische Präsentation der Staatsgewalt gemeint, sondern gewinnen der Initiative, Vermeidung eines reaktiven, defensiven Vorgehens, das den Unternehmungen der Störerseite nur nachlaufen kann. 349

---

543 *Herzog* (o. Fußn. 9), Art. 8 Rdn. 109.
544 *BVerfGE* 69, 315 (355).
545 *BVerfGE* 69, 315 (355); vgl. dazu näher *Kniesel/Behrendes* (o. Fußn. 531), Rdn. 210 ff.

350 Solange sich die Polizei auf die Anwendung unmittelbaren Zwanges als Reaktionsmittel festlegen läßt, agiert sie eben auf der Ebene, auf der extreme Gruppen als Drahtzieher von Gewalttätigkeiten sie agieren sehen möchten. Das Gesetz des Handelns hätten letztere in der Hand, die mit ihrer Strategie Polizei manipulieren und in die sog. Gewaltfalle laufen lassen können, die im wesentlichen wie folgt funktioniert. Die Polizei wird von Störergruppen angegriffen (durch Steinwürfe oder Zwillenbeschuß), was diese nach einer Zeit der Duldung mit der Anwendung körperlicher Gewalt unter Einsatz des Schlagstockes in der Menge beantwortet, wenn sie die Störer festnehmen will. Dabei kommt es in der Unübersichtlichkeit der Situation und der Hektik des Geschehens zwangsläufig dazu, daß auch friedliche Demonstranten in Mitleidenschaft gezogen werden, was auf diese entsprechende traumatisierende Wirkung hat. Entscheidend kommt hinzu, daß das Gros der friedlichen Demonstranten sich durch das unmittelbare Erleben des in ihren Augen brutalen Polizeieinsatzes in ihrer ablehnenden Haltung gegen den Staat bestätigt sieht, mit der Folge, daß auch sie sich zum großen Teil mit den Gewalttätigen solidarisieren.

351 In taktischer Hinsicht mag die Polizei nach Festnahme einiger Störer, sofern sie der richtigen habhaft geworden ist, die Lage bewältigt haben, strategisch steht sie auf der Verliererseite. Solange sie dem Problem der Gewalttätigkeit bei Demonstrationen nur mit eigener Gewaltanwendung begegnet, haben die Gewalttätigen das Gesetz des Handelns in der Hand. Zudem sind sie die psychologischen Gewinner, weil sie durch die Inszenierung der Gewaltfälle den Polizeieinsatz als typische staatliche Überreaktion und sich als dessen plakative Opfer darstellen können; auf diese Weise erwirtschaften sie den Legitimationsbonus, den sie für ihre Nachwuchsrekrutierung brauchen.

352 Dem kann polizeilich nur durch eine Strategie begegnet werden, die diese psychologischen Hintergründe berücksichtigt, die der Polizei das Gesetz des Handelns zurückgibt und ihr ein **proaktives, offensives** Agieren erlaubt. Die hier ansetzende Deeskalationsstrategie beläßt der Polizei die Entscheidungsmacht, wo, wann und wem gegenüber sie Zwang anwendet; so kann sie bestimmen, unter welchen Bedingungen das mit der Zwangsanwendung einhergehende Risiko der Konfliktausweitung eingegangen wird; dazu gehört auch, daß Aggressionsanreize vermieden werden (martialisches Auftreten mit Helm, Schild und Schlagstock; geschwärzte Gesichter von SEK-Beamten; Tiefflug von Hubschraubern über Demonstranten).

353 Werden technische Mittel (Wasserwerfer, Reizgas) eingesetzt, agiert die Polizei auf **hohem Eskalationsniveau.** Das Problem der Gewalttätigkeit bei Demonstrationen läßt sich nicht mit technischen Mitteln lösen. Natürlich müssen die eingesetzten Kräfte bei Veranstaltungen mit erwartetem hohen Gewaltpotential über eine Ausrüstung verfügen, die sie vor Verletzungen schützt. Wer aber als für solche Einsätze Verantwortlicher auf eine technische Lösung und die mit ihr einhergehende „Sozialisation" durch Schlagstock, Tränengas und Wasserwerfer setzt, darf sich nicht wundern, wenn es beim „Dialog" mit Stein und Schleuder bleibt. Die Polizei würde wieder auf eben dem Niveau agieren, auf dem die Drahtzieher der Gewaltätigkeiten sie gern sehen möchten.

354 Der Schlüssel zur Deeskalation heißt **Kommunikation.** Spricht man nicht (mehr) miteinander, führt das fast zwangsläufig zur Eskalation; beide Seiten begeben sich der Möglichkeit, über den anderen das Geschehen zu beeinflussen. „Kommunikation" findet dann auf andere Weise statt; anstelle von Worten, die Annäherung bedeuten, werden mit Gesten und symbolischen Handlungen Machtanspruch, Drohung und Einschüchterung ausgedrückt, sei es durch den martialischen Auftritt mit heruntergezogenem Visier des Schutzhelms und gezogenem langem Schlagstock bei der Polizei, sei es durch die Ledermontur mit Schulterpolsterung und schwarzer Tarnkappe bei den Autonomen.[546]

---

[546] So treffend *Schmalzl* Die Polizei 1993, 252.

Polizeifreie Räume i. S. des Brokdorf-Beschlusses sind weder rechtsfreie Räume noch bedeuten sie generelle Nichtanwesenheit von Polizei oder gar Verzicht auf polizeiliche Aufgabenerfüllung im Demonstrationsgeschehen. Die zusammengezogenen Kräfte müssen aber nicht demonstrativ vorgezeigt, sondern können auch räumlich abgesetzt und nicht direkt sichtbar bereitgehalten werden. Eine Einsatzleitung, die über hinreichende Kräfte verfügt, um Gewalttätigkeiten in den Griff zu bekommen, kann gelassen sein und braucht die Stärke nicht durch martialische Präsentation unter Beweis zu stellen. Eine solche Einsatzphilosophie bedeutet für die eingesetzten Beamtinnen und Beamten, daß sie weder mit dem Säbel raseln noch ihre Muskeln spielen lassen müssen, weil ein auf dem Deeskalationsprinzip gegründetes Einsatzkonzept ihnen zutraut, daß sie auch in schwierigen Situationen die Sprache als erstes und wirksamstes polizeiliches Einsatzmittel beherrschen. 355

Bildung polizeifreier Räume heißt aber auch, daß die Polizei sich bei vertrauensvoller Kooperation mit dem Veranstalter und günstiger Gefahrenprognose in normaler Dienstkleidung auf die Verkehrslenkung beschränken und die Gewährleistung der inneren Ordnung dem Veranstalter überlassen kann. 356

V. Verbote

Bei den nachfolgend dargestellten Verbotstatbeständen handelt es sich um präventivpolizeiliche Regelungen, die auf Verhinderung von Straftaten zielen. Auf Gefahrenabwehr gerichtete Verbote sind verfassungsrechtlich eher zu legitimieren als repressive Sanktionsnormen, da der Erlaß von Strafgesetzen für den Gesetzgeber **ultima ratio** (u. Rdn. 600) sein muß. Deshalb ist immer zu prüfen, ob nicht präventivpolizeiliche Regelungen den gleichen Sicherheitsgewinn bringen und zusätzliche Straftatbestände entbehrlich machen. Insoweit gewinnt die Prävention bei der Bekämpfung von Gewalttätigkeiten immer größere Bedeutung; bei ihr, nicht bei der Repression muß das Schwergewicht einer Strategie der Verminderung von Gewalttätigkeiten liegen. So haben präventive Maßnahmen im Vorfeld von Veranstaltungen den Vorteil, daß ein Einschreiten bei geringerer Eskalationsgefahr möglich ist und Solidarisierungseffekte mit von polizeilichen Maßnahmen Betroffenen vermeidbar sind. 357

Präventivpolizeiliche Verbote können Konkretisierungen des **Friedlichkeitsgebots** bzw. des **Waffenverbots** sein und sind dann verfassungsrechtlich unbedenklich. Darüber hinausgehende Regelungen müssen auf gesicherter Gefahrenprognose beruhen und dem Schutz von Rechtsgütern dienen, die der Versammlungs- und Demonstrationsfreiheit ebenbürtig sind. 358

1. Allgemeines Störungsverbot

§ 2 II VersG gebietet **jedermann,** bei öffentlichen Versammlungen und Aufzügen Störungen zu unterlassen, die auf Verhinderung der ordnungsgemäßen Durchführung gerichtet sind. Das Verbot ist damit nicht auf die Versammlungsbeteiligten begrenzt, sondern erfaßt auch alle sonstigen Anwesenden (z. B. fliegende Händler, Bedienungspersonal, Passanten am Rande des Aufzuges, Teilnehmer einer Gegendemonstration). 359

Störung ist jede erhebliche Beeinträchtigung des vom Veranstalter geplanten Veranstaltungsablaufs. Die Erheblichkeit ist von Art und Form der Veranstaltung abhängig; was bei einer Gedenkfeier stört, ist bei einer politischen Diskussionsveranstaltung selbstverständlich (dazu näher o. Rdn. 240 u. 256). 360

Störungen, die außerhalb und nicht in unmittelbarer Nähe der Veranstaltung erfolgen (z. B. Zugangssperren oder -blockaden auf dem Weg zur Versammlungsstätte oder auf dem Demonstrationsweg) wirken zwar auf diese ein, geschehen aber nicht **bei** einer Versammlung. Sie unterliegen daher allgemeinem Polizeirecht; bei Aktionen im Rahmen von Gegendemonstrationen ist § 15 VersG einschlägig. 361

2. Verbot des Waffentragens bei Versammlungen

362 Über § 39 I WaffG hinaus, der bei öffentlichen Veranstaltungen das Führen von Schuß-, Hieb- und Stoßwaffen untersagt, verbietet § 2 III Satz 1 VersG, bei öffentlichen Versammlungen oder Aufzügen Waffen oder sonstige Gegenstände, die ihrer Art nach zur Verletzung von Personen oder zur Beschädigung von Sachen geeignet und bestimmt sind, ohne behördliche Ermächtigung mit sich zu führen. Satz 2 erweitert das Verbot auf den Weg dorthin sowie auf das Hinschaffen, Bereithalten und Verteilen zur Verwendung bei Versammlungen.

363 Waffen im Sinne des § 2 III VersG sind solche im technischen (d. h. dem Waffenbegriff des WaffG entsprechend) und im nichttechnischen Sinne (d. h. Gegenstände, die ihrer Art nach zur Verletzung von Personen objektiv geeignet und subjektiv bestimmt sind, z. B. Baseballschläger, Schraubenschlüssel[547]). Die Erstreckung des Verbots auf zur Sachbeschädigung geeignete und bestimmte Gegenstände steht mit Art. 8 I GG im Einklang, weil das Friedlichkeitsgebot konkretisiert wird.[548]

364 Fraglich ist indes, wie weit der Kreis der gefährlichen Gegenstände zu ziehen ist. Als Sachbeschädigung gilt auch für § 2 III VersG jede nicht ganz unerhebliche Einwirkung auf eine fremde Sache, durch die ihre stoffliche Zusammensetzung verändert oder ihre Unversehrtheit in einer die zweckbestimmte Brauchbarkeit mindernden Weise aufgehoben wird.[549] Verunstaltungen und Verunreinigungen einer Sache stellen dann eine Sachbeschädigung dar, wenn ihre Brauchbarkeit erheblich vermindert wird oder der ursprüngliche Zustand nur mit einer Substanzverletzung wiederhergestellt werden kann.[550] **Gefährliche Gegenstände** i. S. des § 2 III VersG sind deshalb nicht nur solche, die die angegriffene Sache in der Substanz verletzen (z. B. Krähenfüße und Bolzenschneider), sondern auch Gegenstände, die nur die Brauchbarkeit nicht unerheblich beeinträchtigen (z. B. Farbbeutel etc.). Der Gesetzgeber wird zwar vorrangig an erstere gedacht haben, doch hat er letztere nicht ausgeschlossen, was er mit der Hinzufügung eines Adjektives (erheblich, schwerwiegend) hätte erreichen können.[551] Allerdings ist bei Zweifeln an der Eignung zur Substanzverletzung eine restriktive Interpretation geboten. Rohe Eier und Tomaten dürften jedenfalls dann keine gefährlichen Gegenstände sein, wenn das Werfen Happening-Charakter hat.[552]

365 Die Verbote sind an alle Versammlungsbeteiligten (Veranstalter, Leiter, Ordner und Teilnehmer) sowie andere Anwesende (Medienvertreter, Bedienungspersonal etc.) gerichtet.

366 § 2 III VersG enthält ein Verbot mit Erlaubnisvorbehalt. Bestimmte Personen können von der zuständigen Behörde (Polizei) ermächtigt werden, bewaffnet in einer Versammlung aufzutreten.[553] Polizeibeamte, die nach § 12 VersG in eine Versammlung entsandt werden, können kraft öffentlichen Amtes bewaffnet erscheinen.

3. Uniformverbot

367 Objektive tatbestandliche Voraussetzung des Verbots in § 3 I VersammlG ist Uniformierung in Gestalt gleichartiger äußerer Erscheinung durch Tragen von Uniform, Uniformteilen oder gleichartigen Kleidungsstücken. Als letztere sind Kleidung und Bekleidungsbestandteile jeder Art einzustufen, wenn sie nur Uniformen oder Uniformteilen gleichartig sind; dazu zählt etwa das Tragen einheitlicher Hemden, Jacken, Hosen,

---

[547] Vgl. dazu *Zeitler* (o. Fußn. 17), Rdn. 455 ff.; *Krüger* (o. Fußn. 17), S. 47.
[548] *Herzog* (o. Fußn. 9), Art. 8 Rdn. 67.
[549] *BGHSt* 13, 207 (208); *BGH* NJW 1980, 350.
[550] *BGH* NJW 1980, 350.
[551] *Dietel/Gintzel/Kniesel* (o. Fußn. 5), § 2 Rdn. 17.
[552] *Pieroth/Schlink* (o. Fußn. 17), Rdn. 700; *Kunig* (o. Fußn. 15), Art. 8 Rdn. 25; a. A. *Geis* Die Polizei 1993, 295.
[553] *Dietel/Gintzel/Kniesel* (o. Fußn. 5), § 2 Rdn. 33 ff.

Röcke, Kopfbedeckungen, Gürtel oder Stiefel, auch wenn sie gegenüber entsprechenden zivilen Kleidungsstücken unverändert bleiben.[554]

So geartetes uniformiertes Auftreten wird aber erst dann rechtlich erheblich, wenn als subjektives Tatbestandsmerkmal der **Ausdruck gemeinsamer politischer Gesinnung** vermittelt wird. Dieser muß so offenkundig sein, daß er sich einem unbefangenen Beobachter geradezu aufdrängt oder durch entsprechende Äußerungen ausdrücklich vermittelt wird.[555] Das Verbot gilt nicht nur für Versammlungen bzw. Demonstrationen, sondern für **jegliches Auftreten in der Öffentlichkeit.** Darin wird man in Überschreitung der aus Art. 74 Nr. 3 GG folgenden Gesetzgebungskompetenz einen Eingriff in die Länderhoheit (Gefahrenabwehr ist Ländersache) sehen können.[556] 368

§ 3 I VersG unterstellt ausnahmslos potentielle Unfriedlichkeit bei politisch motivierter Uniformierung, indem die Gefährlichkeit **unwiderlegbar vermutet** wird.[557] Die Regelung wird vom BVerfG als verfassungsrechtlich unbedenklich beurteilt, weil Uniformierung geeignet sei, suggestiv-militante Effekte auszulösen und einschüchternde Militanz zum Ausdruck zu bringen.[558] Eine solche politisch motivierte Gesinnung fehlt bei Angehörigen der Heilsarmee oder bei gleichartig gekleideten Hostessen auf Tagungen etc.; die Uniformierung steht bei letzteren nicht für eine gemeinsame politische Gesinnung, sondern soll Magnet für Informationssuchende sein. Macht man sich dagegen das Ziel des § 3 I VersG bewußt, die Öffentlichkeit vor kollektiven suggestiv militanten und einschüchternden Meinungsbekundungen sowie vor dem Solidarisierungseffekt uniformen Auftretens zu schützen, so kann das Uniformverbot sowohl auf den sog. schwarzen Block militanter Autonomer als auch auf gleichartig mit Springerstiefeln und Bomberjacken gekleidete Skinheads Anwendung finden. Gleichartige Vermummung bzw. Schutzbewaffnung sowie die einheitliche Bekleidung erzeugen suggestiv-militante, aggressionsstimulierende bzw. einschüchternde Wirkung und entsprechen so der Gefahrvermutung des § 3 I VersG.[559] Politische Motivation liegt zwar auch bei einer in gleichartiger weißer Kleidung demonstrierenden Pazifistengruppe vor, doch stellt diese kein Gefahrenpotential dar. In verfassungskonformer Auslegung muß die **Gefahrvermutung** deshalb **widerlegbar** sein, wenn die Eignung zu suggestiv-militanter Wirkung objektiv nicht gegeben ist. 369

Als Freiheitsrecht verbürgt Art. 8 I GG Selbstbestimmung auch über das *Wie* der Bekundung gemeinsamer Gesinnung, also auch in welcher Aufmachung an einer Versammlung bzw. Demonstration teilgenommen wird[560] (o. Rdn. 65 f.). Insoweit kann einheitliche Bekleidung gerade selber demonstrative Aussage sein (u. Rdn. 391). 370

Das Uniformverbot des § 3 I VersG für Versammlungen unter freiem Himmel ist jedenfalls durch den Gesetzesvorbehalt in Art. 8 II GG gedeckt, da er in angemessener Weise psychischen Zwang bei den Nichtuniformierten vermeidet.[561] Nicht genügt wird aber dem **Zitiergebot** des Art. 19 I 2 GG,[562] es sei denn man qualifizierte § 3 I VersG als allgemeines Gesetz.[563] Da das Uniformverbot für die gesamte Öffentlichkeit gilt, erscheint dies zulässig. 371

Bei Versammlungen in geschlossenen Räumen kann § 3 I VersG keine Anwendung finden,[564] da es sich beim Uniformverbot nicht um eine Konkretisierung der verfassungsunmittelbaren Gewährleistungsschranke der Friedlichkeit in Art. 8 I GG handelt. 372

---

554 *BayObLG* NJW 1987, 1778.
555 *Dietel/Gintzel/Kniesel* (o. Fußn. 5), § 3 Rdn. 5.
556 So auch *Ridder* (o. Fußn. 14), Geschichtliche Einführung Rdn. 80.
557 *Dietel/Gintzel/Kniesel* (o. Fußn. 5), § 3 Rdn. 1; *BayObLG* NJW 1987, 1778.
558 *BVerfG* MDR 1983, 22.
559 *Hamm* StV 1988, 41; *Jahn* JZ 1988, 545, 551; *Dietel/Gintzel/Kniesel* (o. Fußn. 5), § 3 Rdn. 1.
560 *BVerfGE* 69, 315 (349 u. 353).
561 *Gallwas* JA 1986, 487.
562 *Lohse* VR 1983, 265.
563 *Gallwas* JA 1986, 488.
564 Krit. *Lohse* VR 1983, 264.

373 Das Uniformverbot kann mit der Kunstfreiheit kollidieren, wenn durch Tragen von Uniformen bzw. entsprechenden Kleidungsstücken für ein Theaterstück in der Öffentlichkeit geworben werden soll (*Herrnburger Bericht*).[565] Bezieht sich das Tragen der Uniform auch auf Inhalt und Tendenz des Kunstwerks, so kann es in den Grenzen des Schutzbereichs von Art. 5 III GG liegen,[566] mit der Konsequenz, daß in verfassungskonformer Auslegung das Verbot des § 3 I VersG nicht greift.

4. Versammlungsverbot im Bannkreis

374 § 16 I VersG verbietet öffentliche Versammlungen unter freiem Himmel und Aufzüge innerhalb befriedeter Bannkreise. Es handelt sich um eine Blankettnorm, die durch die Bannmeilengesetze des Bundes und der Länder ausgefüllt werden kann.[567]

375 Das Verbot beruht auf dem in Art. 8 II GG enthaltenen Gesetzesvorbehalt. Als einschränkendes Gesetz muß es Art. 8 I GG gerecht werden. Gestaltungsfreiheit besteht auch bezüglich der Wahl des Ortes (o. Rdn. 47 ff.). Die Möglichkeit der **Selbstbestimmung des Ortes** steigert die Wirkungschancen einer Demonstration. Insbesondere die Nähe zum Parlament als Örtlichkeit mit symbolischem Wert ist oft essentielle Voraussetzung, um in Öffentlichkeit und Medien Aufmerksamkeit für das Demonstrationsanliegen zu erregen.

376 Die Demonstrations- und Versammlungsfreiheit gilt auch im Bannkreis. Das Verbot des § 16 I VersG kann nur als präventives Verbot mit Erlaubnisvorbehalt vor der Verfassung Bestand haben[568] (dazu näher o. Rdn. 165).

5. Verbot von Passivbewaffnung und Vermummung

377 Nachdem der Gesetzgeber 1985 die Verbote durch Einfügung von § 17 a VersG[569] geschaffen hatte, hat er sich 1989 im sog. Artikelgesetz[570] zu einer Verschärfung der Verbote veranlaßt gesehen, die in ihrer Gesamtheit die Verbotsnormen des § 17 a VersG erheblich ausweitet und für die Polizei weitreichende Eingriffsmöglichkeiten und -pflichten festlegt.

378 Der Gesetzgeber wollte mit der Verschärfung die notwendige Konsequenz ziehen aus der zunehmenden Bereitschaft radikaler Gruppen, das Demonstrationsrecht durch gewalttätige Ausschreitungen zu mißbrauchen.[571] Als Befund mußte der Gesetzgeber von steigender Gewaltbereitschaft bei Großdemonstrationen ausgehen. Nehmen Vermummte und Passivbewaffnete daran teil, so sind die Gewalttätigkeiten signifikant höher. Der harte Kern der Gewalttätigen kann Straftaten entweder aus der Menge heraus, im Umfeld nicht gewalttätiger Demonstranten verüben, aus einer Deckung, die letztere gewollt oder ungewollt geben, oder sie tauchen nach Begehung von Straftaten in der Menge der Demonstranten unter, wo sie Vermummung und Passivbewaffnung ablegen.

a) Definitionen

379 Unter den Begriff der Passivbewaffnung fallen Schutzwaffen im technischen und untechnischen Sinne. Erstere dienen dem Schutz des Körpers gegen die Wirkung von Waffen bei kämpferischen Auseinandersetzungen (z. B. Schutzschilde, Panzerungen, Helme). Schutzwaffen im nichttechnischen Sinne sind solche Gegenstände, die ihrer Beschaffenheit nach objektiv geeignet sind, denselben Schutzzweck zu erreichen und außerdem subjektiv dazu bestimmt sind, hoheitliche Vollstreckungsmaßnahmen abzuwehren (z. B. Motorradhelme, Polsterungen am Körper).

---

565 *BVerfGE* 77, 240 (243).
566 *BVerfGE* 77, 240 (258).
567 Für den Bund durch das neue Gesetz über befriedete Bezirke v. 11. 8. 1999, BGBl. I, 1818.
568 *Breitbach* (o. Fußn. 306), S. 188 ff.
569 BGBl. I, S. 1511.
570 Vom 9. 6. 1989, BGBl. I S. 1059.
571 BT-Drucks. 238/88, S. 11 und 13.

Vermummung i. S. des § 17 II VersG steht für eine **Aufmachung zur Vereitelung der Identitätsfeststellung** mittels Veränderung oder Verhüllung des Gesichts. Eine solche Aufmachung soll vorliegen, wenn das Gesicht so verändert oder verhüllt wird, daß ein Identifizierungsvergleich mit dem Lichtbild im Paß oder Personalausweis unmöglich ist.[572] Natürliche Veränderungen (z. B. der Haar- und Barttracht) fallen nicht darunter. 380

Außer der objektiven Eignung muß die Aufmachung den Umständen nach **auf die Verhinderung der Identifizierung abzielen.** Auf die entsprechende Absicht kann aus den Gesamtumständen geschlossen werden, etwa wenn im Sommer das Gesicht mit einem Schal oder einer Wollmaske mit Sehschlitz verhüllt wird.[573] Dient die Aufmachung erkennbar der Meinungsäußerung oder künstlerischer Betätigung, so wird sie nicht vom Vermummungsverbot erfaßt.[574] 381

b) Verbotene Handlungen

Das Passivbewaffnungsverbot des § 17a I VersG erstreckt sich auf das offene und verdeckte Mitführen von Schutzwaffen im technischen und untechnischen Sinne bei einer sowie auf dem Weg zu einer öffentlichen Versammlung bzw. Demonstration; zudem sind sonstige Veranstaltungen unter freiem Himmel einbezogen. 382

Mitführen ist Ausübung der tatsächlichen Gewalt über die Schutzwaffe bzw. den ihr vergleichbaren Gegenstand für den vom Träger beabsichtigten bestimmungsgemäßen Gebrauch. 383

Bei einer Versammlung befindet sich der Betroffene, wenn er an einer schon stattfinden bzw. noch nicht aufgelösten bzw. beendeten Versammlung teilnimmt. 384

Auf dem Weg ist der, der allein oder mit anderen in Richtung Veranstaltungsort unterwegs ist. Dies kann aus den konkreten Begleitumständen gefolgert werden, etwa wenn der Betroffene in einem Fahrzeugkonvoi oder einem Sonderzug anreist. Je näher der Veranstaltungsort, um so größer die Wahrscheinlichkeit der Teilnahme. 385

Sonstige öffentliche Veranstaltungen i. S. von § 17a I und II VersG sind Sport- (z. B. Spiele der Fußballbundesligen) und Unterhaltungsveranstaltungen (z. B. Rockkonzerte). 386

Das Vermummungsverbot des § 17a II Nr. 1 VersG erstreckt sich zunächst auf die Teilnahme in entsprechender Aufmachung; alsdann auf die Vermummung auf dem Weg zu einer öffentlichen Veranstaltung. Darüber hinaus verbietet § 17a II Nr. 2 VersG das Mitführen von Vermummungsgegenständen sowohl bei öffentlichen Veranstaltungen als auch auf dem Weg dorthin. 387

Die in § 17 VersG genannten Veranstaltungen sind zwar keine Versammlungen oder Demonstrationen, unterfallen jedoch dem Begriff der öffentlichen Veranstaltung in den Verbotstatbeständen des § 17a I und II VersG, weshalb es der in § 17a III VersG enthaltenen Ausnahmeregelung bedurfte. 388

c) Verfassungsmäßigkeit der Verbote

Art. 8 I GG verbürgt Gestaltungsfreiheit (s. o. Rdn. 46 ff.); jeder Teilnehmer einer Versammlung bzw. Demonstration kann grundsätzlich selber über seine Aufmachung bestimmen (s. o. Rdn. 65 ff.). Aus einem demokratisch-funktionalen Interpretationsansatz läßt sich nicht ableiten, daß Art. 8 I GG als Kommunikationsgrundrecht nur eine Versammlungsteilnahme erlaubt, die die Identifizierung des Teilnehmers ermöglicht.[575] 389

Eine idenfikationserschwerende bzw. -vereitelende Aufmachung kann **demonstrative Aussage** sein, etwa die aufgesetzte Gasmaske als Protest gegen Luftverschmutzung; gleiches gilt für Unkenntlichmachung als Bestandteil künstlerischer Aussage.[576] 390

---

572 *Dietel/Gintzel/Kniesel* (o. Fußn. 5), § 17a Rdn. 21; a. A. *Bertuleit/Herkströter* (o. Fußn. 14), § 17a Rdn. 25.
573 BT-Drucks. 10/3580, S. 4.
574 *Dietel/Gintzel/Kniesel* (o. Fußn. 5), § 17a Rdn. 22.
575 *Bertuleit/Herkströter* (o. Fußn. 14), § 17a Rdn. 16.
576 *Bertuleit/Herkströter* (o. Fußn. 14), § 17a Rdn. 18.

391 Auch der Zweck, nicht erkannt zu werden, kann verfassungsrechtlich legitimiert werden. Wollen Aids-Kranke mit Bettlaken verhüllt gegen ihre Registrierung demonstrieren, so folgt die Zulässigkeit der Anonymität aus ihrem Protestanliegen selber. Gleiches gilt für Ausländer, die gegen die politischen Zustände in ihren Heimatländern protestieren wollen und deshalb Repressalien fürchten müssen. Insoweit wird die Grundrechtsbetätigung sogar erst durch Unkenntlichmachung möglich.[577]

392 Schutzkleidung ist legitim, wenn sie nicht vor Auseinandersetzungen mit der Polizei schützen soll, sondern sich als Ausdrucksmittel (z. B. Stahlarbeiter in Arbeitskleidung mit Schutzhelm demonstrieren für bessere Arbeitsbedingungen) oder als **Schutzmaßnahme zum Erhalt der Versammlungs- und Demonstrationsfreiheit** darstellt, etwa gegen militante Gegendemonstranten oder die zwangsläufige Streuwirkung polizeilicher Einsatzmittel (Wasserwerfer).[578]

393 Vermummungs- und Passivbewaffnungsverbot sind daher nicht schon als verfassungsunmittelbare Gewährleistungsschranken der Friedlichkeit und Waffenlosigkeit gerechtfertigt. Zwar liegt die Teilnahme mit der Absicht, Gewalttätigkeiten zu begehen, nicht im Schutzbereich von Art. 8 I GG, doch läßt sich diese Absicht bei Vermummung und Passivbewaffnung nicht generell unterstellen. Der Gesetzgeber konnte daher die in § 17 a I und II VersG enthaltenen Verbote nur über den **Gesetzesvorbehalt des Art. 8 II GG** legitimieren. Insoweit müssen die Verbote unter Beachtung der besonderen Bedeutung von Art. 8 I GG notwendige Maßnahmen zum Schutze gleichwertiger Rechtsgüter sein.[579]

394 Mit den Verboten sollen Gefahren abgewehrt werden; es handelt sich um präventivpolizeiliche Regelungen zur **Verhütung von Straftaten.**[580] Gewalttätige Ausschreitungen bei Demonstrationen gefährden die öffentliche Sicherheit. Dieses Rechtsgut steht nicht nur auf dem Spiel, wenn es extensiv als allgemeines Interesse an einem objektiven Zustand unbedrohten Zusammenlebens der Bürger im Staat begriffen wird,[581] sondern auch, wenn in restriktiver Auslegung der Individualrechtsgüterschutz maßgeblich ist. Es geht dann um den Schutz der Versammlungs- und Demonstrationsfreiheit der friedlichen Teilnehmer[582] sowie um den Schutz der körperlichen Unversehrtheit und des Eigentums Beteiligter und Unbeteiligter.

395 Die These, wonach Vermummung und Passivbewaffnung stets zur Gewalttätigkeit führen und deshalb den Rechtsfrieden konkret bedrohen, ist in dieser Allgemeinheit (wie § 17 a III VersG selbst anerkennt) empirisch nicht belegt.[583] Vermummung und Passivbewaffnung können aber über die bewirkte Anonymität die Hemmschwelle senken und so die Begehung von Gewalttätigkeiten wahrscheinlicher machen. Vermummte und passivbewaffnete Teilnehmer bieten insoweit objektiv Rückhalt und Deckung für Gewalttätige, wodurch deren Entdeckungsrisiko gegen Null geht und gleichzeitig ihre Aggressionsbereitschaft gesteigert wird.[584]

396 Dem wollen die Verbote dadurch begegnen, daß Straftäter bei der Begehung von Gewalttätigkeiten nicht unerkannt bleiben und die **Wirkungschancen rechtmäßiger polizeilicher Zwangsmaßnahmen** nicht durch passive Bewaffnung von Teilnehmern, die mit eben dieser dokumentieren, daß sie physischen Auseinandersetzungen mit der Staatsmacht nicht aus dem Weg gehen wollen, aufgehoben oder gemildert werden.[585]

397 Nur wenn zwischen Vermummung und Passivbewaffnung und gewalttätigem Verlauf ein Zusammenhang belegt werden kann, darf der Gesetzgeber von abstrakter Gefähr-

577 *Amelung* StV 1989, 72; *Zeitler* (o. Fußn. 17), Rdn. 486.
578 *Amelung* StV 1989, 72; *Herzog* (o. Fußn. 9), Art. 8 Rdn. 68.
579 *BVerfGE* 69, 315 (349).
580 Vgl. § 1 I Satz 2 ME PolG i. d. F. des Vorentwurfs zur Änderung des ME PolG v. 12. 3. 1986.
581 *Lenckner*, in: Schönke/Schröder, StGB, 25. Aufl. 1997, § 125 Rdn. 2.
582 *BVerfGE* 69, 315 (361).
583 So auch *Lisken* ZRP 1988, 195; *Rudolphi* StV 1989, 75; *Maatz* MDR 1990, 579.
584 *Maatz* MDR 1990, 579; *Kast*, Das neue Demonstrationsrecht, 1986, S. 33.
585 *Kloepfer* (o. Fußn. 17), Rdn. 46; *Rudolphi* StV 1989, 76.

lichkeit ausgehen und die Verbote auf eine vermutete Tätergefährlichkeit stützen.[586] Bezüglich der Geeignetheit und Erforderlichkeit der Verbote steht ihm allerdings wegen seiner unmittelbaren demokratischen Legitimation ein erheblicher Spielraum zu.[587] Geht man von der Demonstrationsrealität aus (o. Rdn. 378), so durfte der Gesetzgeber sich die (zwar nicht bewiesene, aber) plausible Auffassung von der abstrakten Gefährlichkeit der Vermummung und Passivbewaffnung zu eigen machen und **bezüglich der Verbote** (nicht der Straftatbestände, u. Rdn. 610 ff.) **die Tätergefährlichkeit unterstellen.**[588]

398 Hinsichtlich der Verfassungsmäßigkeit der Verbote bleibt die Frage nach der **Widerlegbarkeit** der Gefährlichkeitsvermutung und den Verbotsausnahmen, die der grundsätzlichen verbürgten Selbstbestimmung über die Aufmachung (o. Rdn. 65 ff.) Rechnung tragen.

399 Der Gesetzgeber hat die **Notwendigkeit von Ausnahmen** gesehen und in § 17 a III VersG bestimmt, daß die Verbote nach Abs. 1 und Abs. 2 nicht für Veranstaltungen nach § 17 VersG gelten und darüber hinaus die zuständige Behörde weitere Ausnahmen zulassen kann, wenn eine Gefährdung der öffentlichen Sicherheit und Ordnung nicht zu besorgen ist. Keine Erlaubnis ist erforderlich, wenn Schutzwaffen oder Vermummungsgegenstände zu künstlerischen Zwecken oder zur Meinungsäußerung mitgeführt werden;[589] es fehlt an den tatbestandlichen Voraussetzungen („... den Umständen nach dazu bestimmt sind, Vollstreckungsmaßnahmen abzuwehren..., den Umständen nach darauf gerichtet sind, die Feststellung der Identität zu verhindern..."). Gleiches gilt, wenn die Vermummung erfolgt, um sich vor späteren Übergriffen derer zu schützen, gegen die demonstriert wird (Antifa-Demonstration gegen die sog. Anti-Antifa, die erklärtermaßen gegen erkannte Teilnehmer der Antifa-Bewegung vorgehen will), vorausgesetzt eine entsprechende polizeiliche Gefahrenprognose liegt vor; auf jeden Fall sind hier aber die Voraussetzungen für eine Ausnahme gegeben.

400 Mit dieser Ausnahmeregelung setzt sich der Gesetzgeber selbst Zweifeln an der Erforderlichkeit der generellen Verbote aus. Ein Verbotstatbestand muß inkonsistent erscheinen, wenn seine Durchlöcherung mittels Ausnahmeregelung zugelassen werden muß, um ihn als solchen zu halten. Überdies steht die Ausnahmeregelung mit der Grundannahme abstrakter Gefährlichkeit der Vermummung und Passivbewaffnung in Widerspruch; wird die Gefährlichkeit massenpsychologisch begründet,[590] so ist fraglich, ob diese massenpsychologische Wirkung durch eine Ausnahmeregelung der zuständigen Behörde gesteuert werden kann.[591]

401 Wie der Gesetzgeber die Ausnahmemöglichkeiten und das Verfahren ihrer Bewilligung verstanden wissen will, bleibt weitgehend offen. Je nachdem, ob es sich bei den Ausnahmen nach § 17 III VersG um Ausnahmen im Wortsinne oder lediglich um die Vorabkontrolle mit Gefahren verbundener Grundrechtsausübung handelt, besteht ein repressives Verbot mit Befreiungsvorbehalt (**Dispens**) oder ein präventives Verbot mit Erlaubnisvorbehalt[592] **(Kontrollerlaubnis).**[593] Mit letzterem begegnet der Gesetzgeber gefahrenträchtigen Sachverhalten im Wege einer Vorabkontrolle, indem die zuständige Behörde vorbeugend die Gefährlichkeit überprüft. Die Kontrolle soll nicht die gefährliche Tätigkeit als solche verhindern, sondern den mit ihr einhergehenden Gefahren im Vorfeld begegnen, z. B. mit Baugenehmigung, Fahrerlaubnis etc. Dagegen richtet sich das

---

586 *Maatz* MDR 1990, 579; *Kast* (o. Fußn. 583), S. 33; *Dietel/Gintzel/Kniesel* (o. Fußn. 5), § 17 a Rdn. 5; auch *Herzog* (o. Fußn. 9), Art. 8 Rdn. 68.

587 *Kunig* Jura 1990, 153.

588 So auch *Maatz* MDR 1990, 579.

589 *Bertuleit/Herkströter* (o. Fußn. 14), § 17 a Rdn. 26 u. 34; *Dietel/Gintzel/Kniesel* (o. Fußn. 5), § 17 a Rdn. 26; *Zeitler* (o. Fußn. 17), Rdn. 498.

590 Vgl. *Kast* (o. Fußn. 583), S. 40.

591 *Maatz* MDR 1990, 582.

592 Dazu näher *Drews/Wacke/Vogel/Martens* (o. Fußn. 409), S. 443 ff. und 447 ff.

593 *Maurer*, Allgemeines Verwaltungsrecht, 13. Aufl. 2000, § 9 Rdn. 51 ff.

repressive Verbot (und damit unterscheidet es sich qualitativ vom präventiven)[594] auf Verhinderung der Tätigkeit; das Verbot ist ein substantielles und läßt nur bei atypischen Fällen Ausnahmen zu.

402 Der Gesetzgeber wollte mit den Verboten beabsichtigte Gewalttätigkeiten unterbinden, also ein **substantielles** Verbot erlassen. Da er aber diese Absicht nicht generell unterstellen kann, weil im Prinzip Selbstbestimmung über die Aufmachung verbürgt ist und es legitime Gründe für die Unkenntlichmachung und das Tragen von Schutzbekleidung gibt, können die **Verbote verfassungskonform nur als präventive ausgelegt** und behandelt werden; sie können also Kontrolle ermöglichen, ob von einer gewalttätigen Absicht auszugehen ist. Es muß eine auf entsprechende konkrete Erkenntnisse gestützte Gefahrenprognose erstellt werden können. Die weitergehenden Motive des Gesetzgebers stehen einer verfassungsverträglichen Reduktion nicht entgegen.[595] Auch Autoren, die vom Dispens ausgehen, verstehen diesen als Mittel präventiver Kontrolle und sehen die Versammlungsbehörde verpflichtet, **Befreiung** zu erteilen, wenn keine konkrete Gefährdung vorliegt.[596]

403 Bezüglich des Verfahrens der Zulassung von **Ausnahmen** hat der Gesetzgeber der zuständigen Behörde **Ermessen** einräumen wollen; aber schon ein **Antragserfordernis** ist nicht vorgesehen. Da Art. 8 I GG grundsätzlich Selbstbestimmung über die Aufmachung verbürgt und es zudem legitime Gründe für die Unkenntlichmachung und das Tragen von Schutzkleidung gibt, kann es keine im Ermessen der Behörde stehenden Ausnahmen mit der Folge der Straflosigkeit geben. Ermessen wäre nur bei der Ausgestaltung der Verbote als repressive mit Befreiungsvorbehalt zulässig, nicht aber als präventive mit Erlaubnisvorbehalt (o. Rdn. 401 f.). In verfassungskonformer Auslegung ist das „kann" in ein „muß" umzudeuten; Ausnahmen sind zuzulassen, wenn die zuständige Behörde keine ausreichend sicheren Erkenntnisse für die Gefährdung der öffentlichen Sicherheit hat. Nur so läßt sich auch vermeiden, daß die Strafbarkeit unter freiem Exekutivvorbehalt steht.

404 Ein Antrag ist für die Zulassung von Ausnahmen nicht erforderlich. Zwar ist bei Erlaubnissen und Genehmigungen im Verwaltungsverfahren ein Antrag zu stellen. Bei Ausübung der Versammlungs- und Demonstrationsfreiheit bedürfen die Versammlungsbeteiligten indes keiner verwaltungsrechtlichen Erlaubnis (o. Rdn. 212 ff.). Deshalb wäre ein **Antragserfordernis mit Art. 8 I GG unvereinbar.** Die zuständige Behörde muß selber initiativ werden, eine Vorabkontrolle durchführen und bei entsprechender Gefahrenprognose Ausnahmen vom Vermummungs- und Passivbewaffnungsverbot zulassen, etwa wenn Aids-Kranke unkenntlich gegen ihre Registrierung demonstrieren wollen. Im Interesse der Rechtsklarheit für alle Beteiligten sollte das nicht im Weg ostentativer bzw. konkludenter Duldung, sondern durch **ausdrückliche Duldungserklärung** vor sich gehen.

405 Die gebotene verfassungskonforme Handhabung der Verbote kann nicht daran scheitern, daß durch sie die Strafandrohung des § 27 II Nr. 1 und 2 VersG weitgehend leerläuft. Bei polizeilicher Duldung der Vermummung vermag der Verbotsadressat nicht hinreichend sicher zu erkennen, ob die Polizei von einem repressiven Verbot oder von einem präventiven Erlaubnisvorbehalt mit den Bekanntgabemöglichkeiten des Verwaltungsverfahrensgesetzes ausgeht. Eine Bestrafung wird also im Zweifel nur zulässig sein, wenn der Betroffene auf das Fehlen einer Erlaubnis zur Vermummung hingewiesen worden ist; faktisch würde das durchzuführende Verfahren dem nach § 15 I VersG ähneln.

406 Die Verfassungsmäßigkeit der Verbote in § 17 a I und II VersG begegnet weiteren verfassungsrechtlichen Bedenken insofern, als diese nicht nur Versammlungen bzw. Demonstrationen, sondern auch sonstige öffentliche Veranstaltungen (z. B. Rockkonzerte, Spiele der Fußballbundesligen) einbeziehen. Der Bundesgesetzgeber hat eine Gesetzgebungs-

[594] *Drews/Wacke/Vogel/Martens* (o. Fußn. 409), S. 447 f.

[595] A. A. *Drews/Wacke/Vogel/Martens* (o. Fußn. 409), S. 447; *Ott/Wächtler* (o. Fußn. 68), § 17 a Rdn. 1 halten dagegen die Verbote insgesamt für verfassungswidrig.

[596] *Dietel/Gintzel/Kniesel* (o. Fußn. 5), § 17 a Rdn. 27.

kompetenz lediglich für das Versammlungsrecht (Art. 74 Nr. 3 GG). Die sonstigen Veranstaltungen genügen aber gerade wegen der **Konsumentenhaltung** der Teilnehmer (o. Rdn. 15 f.) nicht dem Versammlungsbegriff des VersG (o. Rdn. 222 ff.). Sie fallen daher nicht unter das VersG, sondern unter die übergreifende Materie des Polizei- und Ordnungsrechts, das indes zur Gesetzgebungszuständigkeit der **Länder** zählt. Dem verfassungsrechtlichen Risiko, das der Gesetzgeber hier eingegangen ist, läßt sich nicht unter Berufung auf die Gesetzgebungszuständigkeit für das Strafrecht (Art. 74 Nr. 1 GG) begegnen, weil § 17 a VersG eine **präventive verwaltungsrechtliche Regelung** darstellt.[597] Die in der Sache gebotenen Regelungen können und müssen in den Polizeigesetzen der Länder erfolgen.

§ 17 a IV VersG enthält eine **gefahrenabwehrrechtliche** Befugnisnorm, mit der die repressiven Verbote der Abs. 1 und 2 präventiv gesichert werden sollen. So könnte die Polizei Träger von Schutzwaffen auffordern, dieselben niederzulegen, um so in präventiver Zielsetzung die in einem Verstoß gegen die Bestimmungen des § 27 II Nrn. 1 und 2 VersG liegende fortdauernde Störung zu beseitigen. Solche Anordnungen sollen unzulässig sein, wenn bzw. weil sie polizeiliche Strafverfolgungsmaßnahmen ermöglichen oder erleichtern; die niedergelegten Gegenstände müßten ja als Beweismittel verwendet werden.[598] 407

Die Polizei wird in doppelter Funktion tätig,[599] zur Gefahrenabwehr und zur Strafverfolgung. Beide Aufträge können miteinander kollidieren. Sie stehen zunächst gleichberechtigt nebeneinander. Einen Vorrang der Strafverfolgung gibt es nicht.[600] Die Polizei muß vielmehr im Einzelfall eine Abwägung zwischen beiden vornehmen und kann sich dann für eine der beiden Aufgaben entscheiden. Dabei ist maßgeblich, welche der beiden die größere Aussicht zur erfolgreichen Lagebewältigung bietet. Bei der Bekämpfung von Gewalttätigkeiten im Zusammenhang mit Demonstrationen kommt der **Verhütung von Straftaten,** also der Gefahrenabwehr **besonderer Stellenwert** zu. Entscheidet sich die Polizei deshalb, hier den Schwerpunkt zu setzen und trifft eine Maßnahme nach § 17 a IV VersG, weil sie glaubt, so das Gewaltpotential aus der Veranstaltung nehmen zu können, ist sie nicht verpflichtet, die niedergelegten Gegenstände als Beweismittel zu nutzen. Dann aber ist auch der Grundsatz gewahrt, daß Tatverdächtige nicht mit Maßnahmen der Gefahrenabwehr verpflichtet werden dürfen, sich durch eigenes Verhalten zu belasten. 408

VI. Eingriffsermächtigungen

Nach dem Prinzip vom Vorbehalt des Gesetzes bedürfen Eingriffe in Art. 8 I GG der Legitimation durch ein formelles Gesetz. Dieses ist im Lichte der grundlegenden Bedeutung von Art. 8 I GG auszulegen und kann nur zum Schutz mindestens gleichwertiger Rechtsgüter herangezogen werden.[601] Die Eingriffsermächtigungen der §§ 5 und 13 VersG für Versammlungen in geschlossenen Räumen stellen **Konkretisierungen der verfassungsunmittelbaren Gewährleistungsschranken** der Friedlichkeit und Waffenlosigkeit dar oder gründen sich auf die verfassungsrechtlichen Verbote aus Art. 9 II, 18 und 21 II GG. Insoweit besteht bei Ausübung der Versammlungs- und Demonstrationsfreiheit unter freiem Himmel infolge der Berührung mit der Außenwelt ein besonderer, namentlich organisations- und verfahrensrechtlicher Regelungsbedarf, der zum einen die realen Voraussetzungen für die Ausübung schafft und zum anderen kollidierende Rechtspositionen Dritter wahrt.[602] Hier geben die Befugnisnormen des VersG (insbesondere § 15 I und II) die Ermächtigung zum Eingriff in den Schutzbereich und damit zur Regelung von Grundrechtskollisionen durch versammlungsbehördlichen Entscheid. 409

---

597 *Kunert* NStZ 1989, 453.
598 *Dietel/Gintzel/Kniesel* (o. Fußn. 5), § 17 a Rdn. 40 ff.
599 Vgl. dazu näher *Kniesel/Tegtmeyer/Vahle* (o. Fußn. 151), Rdn. 45 ff.
600 *Bertuleit/Herkströter* (o. Fußn. 14), § 17 a Rdn. 37; vlg. auch o. Rdn. 333 ff.
601 *BVerfGE* 69, 315 (349).
602 *BVerfGE* 69, 315 (348).

1. Allgemeines

a) Differenzierung nach Versammlungen in geschlossenen Räumen und unter freiem Himmel

410 Der Versammlungsgesetzgeber hat unter Aufgreifen der Differenzierung des Art. 8 II GG (Versammlungen unter freiem Himmel und in geschlossenen Räumen) bezüglich der vorgesehenen Eingriffsermächtigungen zwei weitere Unterscheidungen vorgenommen; die Eingriffsermächtigungen gelten nur für **öffentliche** Versammlungen, nicht für solche, zu denen gezielt eingeladen wird und sie orientieren sich noch daran, ob die Veranstaltung erst bevorsteht oder schon begonnen hat. Nichtöffentliche Versammlungen fallen nicht unter das VersG, weil hinsichtlich der Gefahrenträchtigkeit und Störanfälligkeit von Versammlungen und Demonstrationen von folgender Systematik auszugehen ist. Veranstaltungen unter freiem Himmel geraten zwangsläufig mit Rechten Dritter in Konflikt (z. B. Verkehrsteilnehmer, Gewerbetreibende). Das Gefahrenpotential liegt in der Ausstrahlung nach draußen, insbesondere wenn es sich nicht um eine statische Kundgebung, sondern einen in der Bewegung befindlichen Aufzug geht. Je mehr Menschen zusammenkommen, desto größer ist die zusätzliche Gefahr typischer Massenphänomene, also etwa die Möglichkeit, daß einzelne oder Gruppen die Menge aufheizen.

411 Versammlungen in geschlossenen Räumen sind erheblich weniger gefährlich, weil die Ausstrahlungswirkung nicht gegeben ist. Die Teilnehmer können vom Leiter leichter unter Kontrolle gehalten werden. Gefahr kann in der Regel nur von Abweichlern drohen, insbesondere wenn sie die Veranstaltung sprengen wollen. Bei nichtöffentlichen Versammlungen, zu denen gezielt eingeladen wird, ist auch diese Gefahr nicht gegeben, so daß davon auszugehen ist, daß der VersGgeber deshalb keine Eingriffsermächtigungen vorgesehen hat, weil er sie im wesentlichen für ungefährlich gehalten hat. Insoweit liegt für nichtöffentliche Versammlungen im VersG eine **abschließende** Regelung vor (vgl. o. Rdn. 236 ff.).

412 Diese Systematik wird aufgegeben, wenn man von draußen nach drinnen wirkende Gefahren („Gegendemonstranten" von links wollen das Treffen rechtsextremistischer Kreise auf jeden Fall unterbinden und die Versammlung auch unter Aufbietung von Gewalt sprengen) mit der Ermächtigung aus § 13 I Nr. 2 2. Alt. VersG begegnet, die „eigentlich" nach ihrer Systematik nur endogene Gefahren abwehren soll (vgl. u. Rdn. 498); jedenfalls kann eine ohnehin nur in analoger Anwendung (nichtöffentliche Versammlung) denkbare Heranziehung des § 13 I Nr. 2 2. Alt. VersG allenfalls ausnahmsweise in Betracht kommen.[603]

413 Die Begrenzung des Gesetzesvorbehalts aus Art. 8 II GG trägt zudem dem besonderen Freiheitsbedürfnis des Bürgers in seinen vier Wänden Rechnung.[604]

414 Streitig ist die Qualifizierung von Örtlichkeiten, die nur teilweise geschlossen sind, z. B. bei Zelten, Regendächern, Stadien und ummauerten Innenhöfen. Sinn der Differenzierung ist **nicht der Schutz vor Witterungsunbilden,** sondern die **Störanfälligkeit** und **Gefahrenträchtigkeit** von Versammlungen bzw. Demonstrationen **durch ihre Ausrichtung auf Berührung mit der Außenwelt.**[605] Entscheidend ist deshalb die **seitliche** Begrenzung, nicht der Schutz nach oben.[606] Regendächer und auch Zelte als Witterungsschutz sind insoweit keine geschlossenen Räume; gleiches gilt für überdachte Forumsplätze. Ummauerte Innenhöfe dagegen sind nach der ratio legis geschlossene Räume, auch

---

603 Die Auffassung, die die Vorschrift heranzieht (vgl. *Denninger* o. Kap. E Rdn. 123), kann sich trotz gegebener systematischer Bedenken auf das „oder" zwischen den beiden Alt. berufen; a. A. *Rühl* (o. Fußn. 14), § 13 Rdn. 17.

604 *Herzog* (o. Fußn. 9), Art. 8 Rdn. 91.

605 *BVerwGE* 26, 135 (137); *Frowein* NJW 1969, 1083; *Pieroth/Schlink* (o. Fußn. 17), Rdn. 704.

606 *Pieroth/Schlink* (o. Fußn. 17), Rdn. 704; *Kunig* (o. Fußn. 15), Art. 8 Rdn. 29; *Herzog* (o. Fußn. 9), Art. 8 Rdn. 91; *Frowein* NJW 1969, 1083; *Gusy* JuS 1993, 556; *Dietel/Gintzel/Kniesel* (o. Fußn. 5), vor § 5 Rdn. 6 ff.; *Höllein* NVwZ 1994, 636; *Ketteler* DÖV 1990, 955; *Zeitler* (o. Fußn. 17), Rdn. 40; *Krüger* (o. Fußn. 17), S. 30.

wenn ihnen das (insoweit unwesentliche) Dach fehlt.[607] Das gilt auch für Stadien; trotz des entgegenstehenden Wortlauts „unter freiem Himmel" ist auch hier die **seitliche** Begrenzung maßgeblich,[608] wobei Voraussetzung ist, daß die Zugangsmöglichkeiten kontrollierbar sind.

Problematisch ist die Differenzierung, wenn bei einer Versammlung in geschlossenen Räumen eine Lautsprecherübertragung nach draußen erfolgt und sich dort eine zuhörende Menschenmenge bildet.[609] Mit der Lautsprecherübertragung will der Veranstalter die draußen befindlichen Personen offensichtlich einbeziehen, ohne daß er deshalb die gesamte Versammlung zu einer unter freiem Himmel machen will. Man wird deshalb von einem einheitlichen Vorgang,[610] also **einer** Versammlung ausgehen könnnen. Damit denen drinnen nicht der weitergehende Grundrechtsschutz bei Versammlungen in geschlossenen Räumen genommen und denen draußen Grundrechtsschutz nicht vorenthalten wird, erscheint es sachgerecht, für die einen die §§ 5 und 13, für die anderen § 15 VersG anzuwenden.[611] 415

b) Befugnisermächtigte

Das VersG sieht Eingriffsbefugnisse für Leiter mit Ordnern und Versammlungsbehörde bzw. Polizei vor. Es geht vom Modell der sich selbst ordnenden Versammlung, also vom Vorrang des Leiters bei der inneren Ordnung aus. Die Versammlungsbehörde hat nur eine **subsidiäre** Zuständigkeit (o. Rdn. 246 f.). Zwar besteht bei Versammlungen unter freiem Himmel das Erfordernis der Anmeldung (§ 14 I VersG) sowie der Genehmigung des Ordnereinsatzes (§ 18 II VersG) durch die Polizei; diese hat auch stärkere Eingriffsrechte beim Ausschluß von störenden Teilnehmern (§§ 18 III und 19 IV VersG), doch ist es auch hier vorrangig der Leiter, der für den ordnungsgemäßen Ablauf zu sorgen hat (§ 18 I VersG). Polizeiliche Sicherheitsmaßnahmen bleiben solange untergeordnet, als nicht Rechtsgüter Dritter gefährdet werden.[612] 416

c) Adressaten

Eingriffsermächtigungen richten sich gegen den **Normadressaten** oder den **polizeirechtlich Verantwortlichen** (Störer).[613] Die Befugnisnormen des VersG und ggf. der Polizeigesetze können insoweit an Nichtteilnehmer, Teilnehmer, Teilnehmergruppen und den Veranstalter gerichtet werden. 417

Abzugrenzen ist zwischen dem normalen Störer, der kein Teilnehmer ist und dem störenden Teilnehmer. Ersterer ist Adressat des Störungsverbots in § 2 II VersG, das auf die Abwehr externer Störungen gerichtet ist, letzterer ist ausschließbar nach den §§ 11 I, 18 III, 19 IV VersG, die interne Störungen unterbinden sollen. Wer von außen störend auf eine Versammlung unter freiem Himmel einwirkt (etwa als Zuschauer) ist kein Teilnehmer, sondern jedermann i. S. des § 2 II VersG. Gleiches gilt für Personen, die sich im unmittelbaren Vorfeld einer Versammlung im geschlossenen Raum aufhalten und von dort aus den ordnungsgemäßen Ablauf zu verhindern suchen,[614] es sei denn, es handelte sich dabei um eine Gegendemonstration (u. Rdn. 429 ff. und o. Kap. E Rdn. 133 ff.). 418

Befindet sich jemand in der Versammlung bzw. Demonstration, so ist er Teilnehmer; Ausnahmen sind Bedienungspersonal, fliegende Händler, entsandte Polizeibeamte nach § 12 VersG. Wann der Teilnehmer zum Störer wird, der nach den §§ 11 I, 18 III, 19 IV VersG ausgeschlossen werden kann, hängt vom Umfang des Teilnahmerechts ab (vgl. dazu näher o. Rdn. 253). 419

---

607 So auch *Pieroth/Schlink* (o. Fußn. 17), Rdn. 704.

608 *Pieroth/Schlink* (o. Fußn. 17), Rdn. 704; *Krüger* (o. Fußn. 17), S. 31; a. A. *Herzog* (o. Fußn. 9), Art. 8 Rdn. 91.

609 Zur Problematik ausführlich *Krüger* (o. Fußn. 17), S. 31 f.

610 *Krüger* (o. Fußn. 17), S. 32.

611 So auch *Höllein* NVwZ 1994, 637.

612 *Hoffmann-Riem* (o. Fußn. 15), Art. 8 Rdn. 42.

613 Vgl. §§ 4–6 ME PolG.

614 Vgl. *VGH Mannheim* DÖV 1990, 572 f.; *BVerfG* NJW 1991, 2694.

420 Primärer Adressat versammlungsbehördlicher Verfügungen nach § 15 VersG ist der Veranstalter. Er hat die aus der Verfügung folgenden Pflichten zu beachten und zu erfüllen.[615] Der **Durchgriff auf potentielle Teilnehmer** einer geplanten Versammlung bzw. Demonstration ist **nur über den Veranstalter** möglich. Deshalb müssen teilnehmerbezogene Anordnungen (etwa bezüglich der Form der Anreise) gegen den Veranstalter mit der Maßgabe (als eigenständige Auflage) erfolgen, sie den potentiellen Teilnehmern bekanntzumachen.

421 Wenn die potentiellen Teilnehmer durch den Veranstalter nicht erreicht werden können, kann die Versammlungsbehörde sie durch eine mittels der Medien bekannt gemachte **Allgemeinverfügung** unmittelbar verpflichten.

422 Eine **Versammlung in der Versammlung** ist denkbar,[616] entspricht aber nicht der Realität von Versammlungen bzw. Demonstrationen. Opponierende Gruppen in einer Versammlung geben nämlich ihre Teilnehmerschaft an der Ausgangsversammlung nicht auf,[617] auch dann nicht, wenn sie zu Störern werden. Gerade mit ihren Störungen dokumentieren sie, daß sie **auf die Ausgangsversammlung fixiert bleiben.** Wird in einer Versammlung gegen ihre Ziele oder Inhalte opponiert, so sind die Opponierenden entweder Störer, die nach den §§ 11 I, 18 III, 19 IV VersG ausgeschlossen werden können, oder Teilnehmer, die zulässige Kritik üben (o. Rdn. 253). Gegen die rechtliche Möglichkeit einer Versammlung in der Versammlung spricht, daß die Versammlungsbehörde die störende Gegenversammlung nach § 15 II VersG auflösen könnte, ohne an die engeren tatbestandlichen Voraussetzungen der §§ 18 III, 19 IV VersG gebunden zu sein.[618]

423 Die Frage, ob die **Versammlung als Ganzes** Normadressat des § 15 VersG sein kann, wird aus begrifflicher Unklarheit gestellt. Diese folgt aus dem VersG selber, das nach dem Wortlaut von § 15 VersG bei der Versammlung als solcher ansetzt. Zwangsläufig ist die weitere Frage, ob eine Versammlung bzw. Demonstration bei gemischten, d. h. teils friedlichem, teils unfriedlichem Verhalten der Teilnehmer bzw. Störer insgesamt als friedlich oder unfriedlich zu qualifizieren ist. Die Fragestellung ist verfassungsdogmatisch unpräzise, denn Art. 8 I GG geht als **Individualgrundrecht** vom Recht des einzelnen Teilnehmers, nicht von der Versammlung als Ganzer aus.[619] Es gibt kein Recht *der* Versammlung, sondern nur ein Recht *auf* Versammlung. Adressaten des Friedlichkeitsgebots können deshalb nur die Versammlungsbeteiligten sein.

424 Treten bei einer Versammlung bzw. Demonstration friedliche Teilnehmer und unfriedliche Störer in Erscheinung, so dürfen erstere allein wegen dieses Aufeinandertreffens nicht die Chance zur Grundrechtsausübung verlieren. Solange nicht kollektive Unfriedlichkeit zu befürchten ist, muß für die friedlichen Teilnehmer der Grundrechtsschutz gewährleistet bleiben, weil es sonst Gewalttäter in der Hand hätten, Demonstrationen umzufunktionieren.[620]

425 Die **gemischte Versammlung** ist verfassungsrechtlich unproblematisch, solange Friedliche und Unfriedliche voneinander getrennt werden können. Problematisch wird es, wenn sich die beiden Gruppen nicht unterscheiden oder voneinander trennen lassen.[621] Dies gilt insbesondere, wenn Gewalttäter ihre Straftaten aus der Menge heraus verüben können, aus einer Deckung, die die nicht Gewalttätigen gewollt oder ungewollt geben.

---

[615] Zu den Organisationspflichten des Veranstalters vgl. *Huber* BayVBl. 1994, 513 ff.; *ders.*, Der Veranstalter einer Versammlung im Rechtskreis der Exekutive, 1991, S. 81 ff.

[616] Vgl. *Broß* DVBl. 1981, 208; *Dietel/Gintzel/Kniesel* (o. Fußn. 5), § 1 Rdn. 199; abl. *Ott/Wächtler* (o. Fußn. 68), § 1 Rdn. 10; *Meyn,* Die sogenannte Vermummung und passive Bewaffnung, 1988, S. 126; *Ladeur* (o. Fußn. 14), Art. 8 Rdn. 18.

[617] *BVerfG* BayVBl. 1995, 496.

[618] *Meyn* (o. Fußn. 615), S. 127.

[619] *Herzog* (o. Fußn. 9), Art. 8 Rdn. 116; *v. Mutius* Jura 1988, 85; *Kunig* (o. Fußn. 15), Art. 8 Rdn. 10; *Benda* (o. Fußn. 18), Art. 8 Rdn. 20.

[620] *BVerfGE* 69, 315 (361); *Geis* Die Polizei 1993, 296 f.

[621] *Herzog* (o. Fußn. 9), Art. 8 Rdn. 117.

Will die Polizei bei dieser Sachlage gegen **alle** Teilnehmer (und nur insoweit gegen die Versammlung als Ganzes) vorgehen, so ist das eine Frage der Anwendbarkeit der Nichtstörerhaftung bei der Ausübung von Art. 8 I GG.[622] Wegen des hohen Rangs der Versammlungs- und Demonstrationsfreiheit kommt eine Auflösung im polizeilichen Notstand (u. Rdn. 430 ff.) nur in Betracht, wenn zunächst den Friedlichen die Chance der Isolierung der Gewalttätigen gegeben wurde und sodann der Polizei die Isolierung einsatztaktisch nicht möglich ist oder die Trennung der Störer von den Friedlichen unverhältnismäßig wäre, weil sie nur mit zwangsläufigen Verletzungen letzterer erkauft werden könnte. Als Verbotsgrund kann die erwartete Unfriedlichkeit eines Teils der erwarteten Demonstrationsteilnehmer nur dann herangezogen werden, wenn die Gefahrenprognose nach § 15 I VersG sich auf eine **hohe Wahrscheinlichkeit** zu stützen vermag.[623] Bloße Vermutungen oder Verdachtsmomente sind keine „erkennbaren Umstände" i. S. von § 15 I VersG.[624] Es müssen **Tatsachen** vorliegen,[625] aus denen sich die unfriedlichen Absichten eines erheblichen Teils der Teilnehmer entnehmen lassen; gleichzeitig muß von der **tätigen Sympathie** des Veranstalters und seines Anhangs für diese Absichten ausgegangen werden können;[626] erst mit dieser Zurechnung liegt der Übergang zur kollektiven Unfriedlichkeit vor.[627] Solange dieser Konsens nicht nachvollziehbar dargetan ist, kommt ein auf die Unfriedlichkeit von Teilnehmern gestütztes Versammlungsverbot nicht in Betracht.[628] 426

Es liegt in der Natur der Sache, daß Versammlungen provozieren, bei Dritten Anstoß erregen. Dies kann durch Wahl des Themas und die Art seiner Aufbereitung sowie die Wahl von Ort und Zeit geschehen. Diese Komponenten sind aber Gegenstand der durch Art. 8 I GG verbürgten **Gestaltungsfreiheit** (o. Rdn. 46 ff.) und können deshalb keine polizeiliche Verantwortlichkeit begründen.[629] 427

Andererseits ist es das gute Recht der **Provozierten,** unter Inanspruchnahme von Art. 8 I GG auf die provozierende Demonstration mit einer Gegendemonstration zu reagieren. Drohen dabei Zusammenstöße und Auseinandersetzungen, so stellt sich die Frage der polizeilichen Verantwortlichkeit für die auftretenden Gefahren. 428

Die Grundregeln sind klar. Eine nicht verbotene Versammlung bzw. Demonstration ist durch die Polizei zu schützen. Von der Veranstaltung ausgehende **Provokationen,** die durch die Gestaltungsfreiheit verbürgt sind, begründen keine Störerhaftung, auch nicht über die Rechtsfigur des Zweckveranlassers. Eine Versammlung bzw. Demonstration kann niemals Zweckveranlasser in dem Sinne sein, daß ihr das Verhalten der Teilnehmer einer Gegendemonstration zugerechnet werden könnte.[630] Der Grundrechtsschutz der Ausgangsversammlung kann nicht durch das Verhalten Dritter verkürzt werden, es sei denn, es lägen ausnahmsweise die Voraussetzungen für eine Inanspruchnahme im polizeilichen Notstand vor. Maßnahmen können im übrigen nur dann gegen die Ausgangsveranstaltung gerichtet werden, wenn die von ihr ausgehende Provokation für sich genommen eine Gefahr für die öffentliche Sicherheit darstellt; dann aber ist die Rechtsfigur des 429

---

622 *BVerfGE* 69, 315 (361).
623 *BVerfGE* 69, 315 (353 f.).
624 *Höllein* NVwZ 1994, 638.
625 *BVerfGE* 69, 315 (354).
626 *Höllein* NVwZ 1994, 639; *Huber* BayVBl. 1994, 514 ff. geht insoweit von einer aus § 5 Nr. 3 VersG abgeleiteten subjektiven Zweckveranlassung aus.
627 *BVerfGE* 69, 315 (360).
628 So zutr. *Höllein* NVwZ 1994, 639.
629 *Rühl* NVwZ 1988, 577; *Götz* NVwZ 1990, 731.
630 *Geis* Die Polizei 1993, 298; *Kunig* (o. Fußn. 15), Art. 8 Rdn. 28; *Breitbach/Deiseroth/Rühl* (o. Fußn. 14), § 15 Rdn. 139; *Zeitler* (o. Fußn. 17), Rdn. 254; *Rühl* NVwZ 1988, 577 f.; *Götz* NVwZ 1990, 731; a. A. *BayVGH* DVBl. 1979, 738; *VGH Mannheim* DÖV 1987, 255; *OVG Lüneburg* NVwZ 1988, 638 f.; wenn *Huber* im gegebenen Zusammenhang auf die Figur des Zweckveranlassers abstellt (BayVBl. 1994, 514 ff. unter Berufung auf *BayVGH* BayVBl. 1993, 658 f.), so will er nicht der Ausgangsveranstaltung die Aktionen der Gegendemonstranten zurechnen, sondern den Veranstalter der Ausgangsversammlung für seinen gewalttätigen Anhang haften lassen.

Zweckveranlassers im Versammlungsrecht schon aus praktischen Gründen überflüssig[631] (vgl. auch o. Kap. E Rdn. 63, 68 ff.). Gehen die Störungen, wie es regelmäßig der Fall ist, von den Gegendemonstranten aus, so ist gegen diese als Verhaltensstörer vorzugehen.

430 Ausnahmsweise kann die **Inanspruchnahme** der Teilnehmer der Ursprungsveranstaltung **im polizeilichen Notstand** (o. Kap. E Rdn. 126 ff.) in Betracht kommen.[632] Dieser wird definiert als Polizeipflichtigkeit des Nichtstörers bei Vorliegen einer gegenwärtigen erheblichen Gefahr für wichtige Rechtsgüter bei gleichzeitiger polizeilicher Unmöglichkeit zur Gefahrenabwehr durch Inanspruchnahme des Störers oder Einsatz eigener Mittel. Hier wird insbesondere zu prüfen sein, ob nicht eine beschränkende Verfügung zum Schutz der Ausgangsveranstaltung oder die Auflösung der Gegendemonstration geboten ist.

431 Trifft eine Versammlung bzw. Demonstration auf gewalttätigen Protest, so ist die Heranziehung der Ausgangsveranstaltung als Nichtstörerin nur unter Ausnahmebedingungen zulässig. Für das BVerfG ist im Hinblick auf Art. 8 I GG selbstverständlich, daß in dem Fall, in dem der Veranstalter und sein Anhang sich friedlich verhalten und Störungen lediglich von Gegendemonstrationen oder Störergruppen ausgehen, behördlichen Maßnahmen primär gegen die Störer zu richten sind und die Durchführung der Versammlung zu schützen ist.[633]

432 Würde der Nichtstörer anstelle des Störers in Anspruch genommen, so stünde das Gebrauchmachen von Art. 8 I GG zur Disposition des gewaltbereiten Störers.[634] Unabhängig davon setzt der polizeiliche Notstand tatbestandsseitig voraus, daß die Polizei mit eigenen Kräften zur Abwehr der durch den Störer verursachten Gefahr nicht in der Lage ist.

433 Von einem absoluten polizeilichen Notstand kann erst dann gesprochen werden, wenn die zum Schutz der nicht störenden Versammlung erforderlichen Polizeikräfte landes- und bundesweit nicht mobilisiert werden können.[635] Die Polizei ist indes im Regelfall – ein Ausnahmefall in Gestalt des Zusammentreffens verschiedener Anlässe wie Staatsbesuche, Großdemonstrationen mit befürchteten Ausschreitungen, mehrere konfliktträchtige Begegnungen in der Fußball-Bundesliga zum selben Zeitpunkt dürfte eher unwahrscheinlich sein – in der Lage, sich auf einen Demonstrationseinsatz auch kurzfristig vorzubereiten und nach jeweiliger Einsatzkonzeption landes-, notfalls bundesweit Polizeikräfte zusammenzuziehen, die sie in den Stand setzen, Demonstranten und Gegen-„demonstranten" auf Distanz zu halten. Objektive Unmöglichkeit als echter polizeilicher Notstand ist nur dann denkbar, wenn die Polizei „auf dem falschen Fuß erwischt" wird, also eine Demonstration stattfindet, von der sie nichts gewußt hat, und gewalttätige Gruppierungen in großer Zahl und massiver Form die Ausgangsveranstaltung gewaltsam verhindern wollen; ein eher unwahrschienlicher Fall in Anbetrachtet der Möglichkeiten des Verfassungsschutzes und der polizeilichen Aufklärung. Stellten die Gerichte diese hohen Anforderungen an den polizeilichen Notstand nicht, könnten Versammlungsbehörden und Polizei durch entsprechende Einsatzplanung mit Vorhalten geringer Einsatzkräfte die Ausübung von Art. 8 I GG über den polizeilichen Notstand leerlaufen lassen.

434 Neben dem Fall der **objektiven Unmöglichkeit** wird noch der sog. **unechte polizeiliche Notstand** anerkannt.[636] Ein solcher liegt vor, wenn die Schäden, die der öffentlichen Sicherheit bei einem Einschreiten gegen den Störer drohen würden, in extremen Mißverhältnis zu den Nachteilen stünden, die durch das Vorgehen gegen die Ausgangsversammlung einträten. Das Einschreiten gegen den Störer müßte also **unangemessen** (unverhältnismäßig i. e. S.) sein, weil der zu erwartende Schaden in offenkundigem Mißverhältnis zum erstrebten Erfolg stünde.

---

631 *Breitbach/Deiseroth/Rühl* (o. Fußn. 14), § 15 Rdn. 139. Wie im Text jetzt auch *BVerfG* DVBl. 2001, 62 f.

632 *BVerfGE* 69, 315 (361); *Ketteler* DÖV 1990, 959; *Brenneisen* DÖV 2000, 279 ff.

633 *BVerfG* NVwZ 1998, 836; *VG Hamburg* NJW 2001, 2115.

634 *BVerfG* NJW 2000, 3053; *OVG Weimar* NVwZ-RR 1997, 289; *OVG Bautzen* NJ 1998, 666; vgl. dazu näher *Kniesel/Behrendes* Polizei-heute 2001, 97 ff.

635 *OVG Bautzen* NJ 1998, 666.

636 *Schmidt-Jortzig* JuS 1970, 509 f.; *VGH Kassel* DVBl. 1990, 1053; *Brenneisen* DÖV 2000, 279.

Die in einem solchen Fall mögliche Inanspruchnahme des Nichtstörers durch Auflösung der Ausgangsveranstaltung kommt nicht schon dann in Betracht, wenn mit Rechtsbruch oder Gegenwehr der Gegendemonstranten zu rechnen ist,[637] weil dann die Grundrechtsausübung zur Disposition der Störer stünde. Unverhältnismäßigkeit der Inanspruchnahme der Gegendemonstranten kann nur für den Extremfall bejaht werden, daß es beim Einschreiten der Polizei gegen die Störer zu schweren Ausschreitungen bürgerkriegsähnlichen Zuschnitts mit Auswirkungen auch für die Ausgangsversammlung bzw. unbeteiligte Dritte käme.[638] In einer solchen **Ausnahmesituation** muß der Grundrechtsschutz für die Ausgangsversammlung zurücktreten, weil rechtsstaatliches Polizeirecht **keine Rechtsdurchsetzung um jeden Preis** verlangt. 435

d) Befugnisse bei nichtöffentlichen Versammlungen

Bei nicht unter das VersG fallenden Versammlungen hat der Gesetzgeber keinen Regelungsbedarf für Eingriffsermächtigungen gesehen, weshalb vom **abschließenden** Charakter des VersG auszugehen ist (o. Rdn. 236). Für notwendige polizeiliche Maßnahmen gegen nichtöffentliche Versammlungen kommen Befugnisnormen des allgemeinen Polizeirechts nur unter Beachtung der engeren tatbestandlichen Voraussetzungen der §§ 5 und 13 VersG in Betracht (o. Rdn. 237 ff.). 436

e) Maßnahmen im Vorfeld

Im zeitlichen und räumlichen Vorfeld von Demonstrationen werden polizeiliche Maßnahmen mit Blick auf die bevorstehende Veranstaltung durchgeführt. Es werden insbesondere Kontrollstellen errichtet,[639] an denen anreisende Teilnehmer überprüft werden, ob sie Waffen, gefährliche Gegenstände, Schutzwaffen oder Vermummungsmaterial mit sich führen. 437

Neuerdings kennt die versammlungsbehördliche bzw. die polizeiliche Praxis die Verfügung von Meldeauflagen und den sog. Rückführungsgewahrsam. Mit diesen Maßnahmen soll sichergestellt werden, daß der Betroffene sich nicht am Ort der Versammlung bzw. Demonstration aufhalten kann, weil er zu dieser Zeit seiner Meldeverpflichtung auf der Polizeidienststelle seines Wohnortes nachkommen muß.[640] Gegenüber angereisten bzw. anreisenden Teilnehmern wird der sog. Rückführungsgewahrsam als Sonderfall der Verbringung angeordnet; die potenziellen Teilnehmer werden angehalten und in Polizeibegleitung zum Ausgangsort zurückbeordert. 438

Die Maßnahmen an Kontrollstellen, wie überhaupt Vorfeldmaßnahmen, dienen der **Verhütung von Straftaten.** Liegt hier das Schwergewicht, so sind deshalb strafprozessuale Maßnahmen nicht ausgeschlossen; werden bei einer auf das jeweilige Polizeigesetz gestützten Durchsuchung Gegenstände gefunden, deren Mitführen bereits einen Straftatbestand darstellt, so können diese als Beweismittel nach der StPO beschlagnahmt werden. Dieser Befund ändert aber nichts daran, daß die Polizei im Vorfeld zur Verhütung von Straftaten agiert, indem sie Gewaltpotential abschöpft; kann sie doch zu diesem frühen Zeitpunkt auf geringerem Eskalationsniveau als während der Demonstration oder in deren unmittelbarem Vorfeld verhindern, daß die mitgeführten Gegenstände auf der Veranstaltung verwendet werden. 439

Das Problem aller im Vorfeld einer Versammlung bzw. Demonstration gegen ihre potentiellen Teilnehmer gerichteten Maßnahmen besteht darin, daß das VersG für sie keine Rechtsgrundlagen bereithält.[641] Zwar kennt es mit seinen Verbotstatbeständen der §§ 5 und 15 Ermächtigungsgrundlagen, die schon vor Beginn einer Veranstaltung greifen, insoweit also als Vorfeldmaßnahmen verstanden werden können. Indes erlauben sie 440

---

[637] *VGH Mannheim* NVwZ 1987, 238.
[638] Vgl. *Schmidt-Jortzig* JuS 1970, 509 f.
[639] Vgl. dazu näher *Merten* Die Polizei 1988, 137 ff.; *Zeitler* (o. Fußn. 13), Rdn. 679 ff.
[640] Vgl. dazu *Brenneisen* Kriminalistik 1999, 483; das gilt auch im Vorfeld von Demonstrationen, die im Ausland stattfinden sollen, vgl. *Brenneisen* Kriminalistik 2001, 147 ff.
[641] *Mayer* JA 1998, 346.

nur ein Vorgehen gegen den Veranstalter. Potentielle Teilnehmer können nur über an den Veranstalter gerichtete Auflagen mittelbar erreicht werden. Maßnahmen an Kontrollstellen beeinträchtigen die potentiellen Demonstrationsteilnehmer in ihrem Grundrecht aus Art. 8 I GG, weil dieser bereits die Anreise in seinen Schutzbereich einbezieht[642] (vgl. o. Rdn. 68 f.); insoweit ist die **Kongruenz** zwischen Art. 8 I GG und Art. 8 II GG i.V. mit dem VersG **entfallen.** Selbst wenn man davon ausgeht, daß hinsichtlich Vorfeldmaßnahmen im VersG keine abschließende Regelung erfolgt ist und die Polizeigesetze insoweit Anwendung finden können, so hilft das nicht über den Verstoß gegen das **Zitiergebot** aus Art. 19 I 2 GG hinweg. Das Zitiergebot ist einschlägig, da neue, dem bisherigen Recht fremde Möglichkeiten des Grundrechtseingriffs[643] geschaffen worden sind und der Versammlungsgesetzgeber bei den nach Inkrafttreten der neuen Polizeigesetze erfolgten Änderungen des VersG entsprechende Rechtsgrundlagen hätte schaffen können.

441 Als Notlösung bietet sich an, diese Maßnahmen im Vorfeld nicht als Grundrechtseingriffe, sondern als solche zum Schutz von Art. 8 I GG zu verstehen.[644] Insoweit mögen dann Anhalten, Durchsuchungen und Sicherstellungen als zulässige Schutzmaßnahmen verstanden werden können, weil die Maßnahmeadressaten ja an der Teilnahme der Demonstration nicht gehindert werden sollen. Teilnahmeverbote oder gar Ingewahrsamnahmen können indes über diese „Notbrücke" nicht erfolgen. Eine dogmatisch befriedigende Lösung kann nur in einer Ergänzung des VersG gefunden werden, die die **Kongruenz** zwischen Art. 8 I GG und Art. 8 II **wiederherstellt.**

442 Sonstige Vorfeldmaßnahmen sind z. B. die Registrierung, d. h. namentliche Erfassung von Demonstrationsteilnehmern, das Notieren der Kfz-Kennzeichen anreisender Teilnehmer und die weit im Vorfeld stattfindende Überwachung von Vorbereitungstreffen. Mag das Führen eines Veranstaltungskalenders bei Polizeibehörden noch als schlicht-hoheitliche Maßnahme[645] eingestuft werden können, so ist das Notieren der Versammlungsteilnahme als solcher ein Grundrechtseingriff,[646] der ohne Gefahrenprognose befürchteter Gewalttätigkeiten nicht auf informationelle Befugnisse in den Polizeigesetzen oder der Strafprozeßordnung gestützt werden kann; gleiches gilt für das Notieren von Kfz-Kennzeichen. Die Überwachung von Vorbereitungstreffen im zeitlichen Vorfeld der Veranstaltung kann nur in Betracht kommen, wenn bereits zu diesem frühen Zeitpunkt konkrete Anhaltspunkte gegeben sind, daß es bei der geplanten Demonstration zu Gewalttätigkeiten aus eben der überwachten Szene kommen soll. Wegen des Eingriffs in Art. 8 I GG sind entsprechende Befugnisnormen im VersG vorzusehen (vgl. u. Rdn. 628 ff.).

443 Maßnahmen wie das Verfügen von Meldeauflagen und Rückführungsgewahrsam können nur übergangsweise auf die polizei- bzw. ordnungsrechtliche Generalklausel gestützt werden, da die Wesentlichkeitslehre den Gesetzgeber zur Reaktion auf neue Gefahrenlagen zwingt, solche neuen Maßnahmen durch Schaffen von Spezialbefugnissen zu standardisieren.

f) Fehlerfreie Ermessensausübung

444 Bei den maßgeblichen Eingriffsbefugnissen ist **Ermessen** eingeräumt. Gegen die zuständigen Behörden besteht der Anspruch auf fehlerfreie Ausübung des Entschließungs- und Auswahlermessens, insbesondere die Beachtung des Grundsatzes der Verhältnismäßigkeit. Wird darüber hinaus der **Anspruch auf Einschreiten** geltend gemacht (z. B. zum

---

642 *BVerfGE* 69, 315 (349); zur Vorfeldproblematik grundl. *Geis* Die Polizei 1993, 293 ff.; das *BayObLG* NVwZ 2000, 467 f. hat eine im Rahmen der 7. Lindauer Chaostage zur Durchsetzung eines nicht beachteten Platzverweises vollzogene Ingewahrsamnahme im Vorfeld der Veranstaltung für rechtmäßig erachtet, ohne dabei Art. 8 I GG in den Blick zu nehmen.

643 *BVerfGE* 16, 194 (199 f.); dazu näher *Huber* (o. Fußn. 615), S. 66 f.

644 *Dietel/Gintzel/Kniesel* (o. Fußn. 5), § 15 Rdn. 5 f.; krit. dazu *Zeitler* (o. Fußn. 17), Rdn. 681 ff.

645 Für den jungen Juristen, BayVBl. 1993, 124.

646 *Kunig* (o. Fußn. 15), Art. 8 Rdn. 19; *Geis* Die Polizei 1993, 295; abwegig Für den jungen Juristen, BayVBl. 1993, 124.

Schutz der Ausgangsveranstaltung gegenüber Übergriffen Dritter oder von Personen, gegen die sich eine Demonstration richtet, zum Schutze ihres allgemeinen Persönlichkeitsrechts[647]), so müssen die zuständigen Behörden tätig werden, wenn die tatbestandlichen Voraussetzungen der einschlägigen Befugnisnorm vorliegen und das eingeräumte Ermessen auf die einzig rechtmäßige Rechtsfolge zum Einschreiten geschrumpft ist (sog. **Ermessensreduzierung auf Null**[648]).

Bei der Ausübung des Ermessens müssen Versammlungsbehörden und Polizei sich **schutzpflichtkonform** verhalten,[649] d.h. sie müssen den aus Art. 8 I GG folgenden objektiv-rechtlichen Grundrechtsgehalt beachten, der die Schutzpflicht für die Ausübung der Versammlungs- und Demonstrationsfreiheit beinhaltet (vgl. o. Rdn. 108). Wegen des hohen Rangs der Versammlungs- und Demonstrationsfreiheit für den einzelnen und das demokratische Gemeinwesen[650] ist regelmäßig das Entschließungsermessen reduziert; polizeiliches Einschreiten kann dann nur unterbleiben, wenn ansonsten unverhältnismäßige Eskalationen drohen (vgl. o. Rdn. 335 ff. u. 346 ff.). 445

2. Befugnisse von Leiter und Ordnern

a) Hausrecht des Leiters

Nach § 7 IV VersG übt der Leiter der Versammlung das Hausrecht im Versammlungsraum aus. Es kann allerdings nicht gegen das Teilnahmerecht gerichtet sein, also nur gegen Nichtteilnehmer geltend gemacht werden. Nach § 11 I VersG haben ausgeschlossene Teilnehmer ihr Teilnahmerecht verloren und können daher über das Hausrecht aus dem Versammlungsraum verwiesen werden. 446

Das Hausrecht besteht für den Leiter nicht kraft Gesetzes, sondern bedarf rechtsgeschäftlicher Übertragung, etwa durch Vermietung; es kann auch stillschweigend oder konkludent übertragen worden sein. 447

Zur Verteidigung bzw. Durchsetzung des Hausrechts kann körperliche Gewalt nur eingesetzt werden, wenn polizeiliche Hilfe nicht rechtzeitig zu erlangen ist; insoweit schließt die aus § 12 VersG folgende Schutzfunktion auch den Schutz des Hausrechts ein. 448

b) Ordnungsrechte des Leiters

Nach § 8 VersG hat der Leiter über den Ablauf der Versammlung zu bestimmen. Ablauf ist der äußere Geschehensablauf, der sich in Eröffnung, Worterteilung, Wortentziehung, Unterbrechung, Fortsetzung und Schließung darstellt.[651] Die Ordnungsfunktion des Leiters setzt nicht erst mit der förmlichen Eröffnung der Versammlung ein, sondern schon mit dem Eintreffen der ersten Teilnehmer.[652] 449

Anweisungen des Leiters an Ordner oder Teilnehmer zur Aufrechterhaltung der Ordnung während der Versammlung stellen keine Verwaltungsakte dar. Die Ordnungsrechte des Leiters sind zwar **öffentlich-rechtlicher** Natur, doch ist der Leiter kein Beliehener (o. Rdn. 252). 450

Unterbricht oder schließt der Leiter die Versammlung, so übt er das in § 8 Satz 3 VersG eingeräumte Ermessen aus. Dieses findet indes in Satz 2 seine vorgegebene Grenze; ist wegen des Verhaltens von Teilnehmern ein Auflösungsgrund nach § 13 VersG gegeben, so muß der Leiter unterbrechen oder schließen. 451

Wird eine Veranstaltung unterbrochen, so bleibt sie eine nach dem VersG zu schützende Versammlung. Leitungsrecht und Hausrecht bestehen weiter. Unterbricht indes die Polizei (§ 13 I 2 VersG), so haben Leiter und Ordner für die Dauer der Unterbrechung keine Ordnungsrechte. 452

---

647 *BVerfG* NJW 1987, 3245; *VGH Kassel* NJW 1994, 1750.
648 *Maurer* (o. Fußn. 592), § 7 Rdn. 24 f.
649 *Isensee* (o. Fußn. 94), § 111 Rdn. 167.
650 *BVerfGE* 65, 1 (43); 69, 315 (348 f.).
651 *Dietel/Gintzel/Kniesel* (o. Fußn. 5), § 8 Rdn. 1.
652 *Ott/Wächtler* (o. Fußn. 68), § 8 Rdn. 2.

453 Ob und wann eine unterbrochene Versammlung weitergeführt wird, steht im Ermessen des Leiters. Ist aber die Veranstaltung polizeilicherseits unterbrochen worden, so ist der Leiter an diese Verfügung gebunden.

454 Auch die Schließung ist Ermessensentscheidung des Leiters. Wird eine Versammlung vorzeitig beendet, so kann, etwa wenn die Teilnehmer die Diskussion fortsetzen, eine Spontanversammlung entstehen.[653]

455 Nach § 9 VersG kann der Leiter bei der Ausübung seiner Ordnungsrechte Ordner heranziehen. Er entscheidet auch, ob überhaupt Ordner verwendet werden und wer als Ordner eingesetzt wird.

456 Bei gröblicher Störung kann der Leiter nach § 11 I VersG Teilnehmer von der Versammlung ausschließen (vgl. o. Rdn. 256).

3. Befugnisse von Versammlungsbehörde und Polizei

a) Abwehr externer Störungen

457 § 2 II VersG beinhaltet ein allgemeines Störungsverbot für jedermann; als Ermächtigungsgrundlage für die Abwehr externer Störungen durch Nichtteilnehmer läßt sich die Vorschrift nicht heranziehen. Insoweit muß auf die polizeiliche Generalklausel zurückgegriffen werden; das VersG hat diesbezüglich keinen abschließenden Charakter. Der Schutz durch Art. 8 I GG endet, wenn es nicht mehr um die – wenn auch kritische – Teilnahme, sondern um die Verhinderung der Versammlung geht.[654] Wollen etwa Personen im Vorraum des Versammlungssaales erklärtermaßen die Versammlung **verhindern,**[655] kann gegen sie auf der Grundlage der polizeilichen Generalklausel vorgegangen werden.

b) Verbot von Versammlungen in geschlossenen Räumen

458 § 5 VersG erlaubt ein präventives Verbot, das an den Veranstalter zu richten ist. Ein Verbot ist nur möglich, wenn die Versammlung noch nicht begonnen hat. Nach Beginn kommt nur eine Auflösung nach § 13 I VersG in Betracht.

459 Nach dem Wortlaut von § 5 VersG ist Ermessen eingeräumt, so daß die zuständige Behörde nicht unbedingt verbieten müßte. Gleichwohl ist diese in ihrer Entscheidung nicht frei; liegen ein oder mehrere Verbotsgründe nach § 5 Nrn. 1–4 VersG vor, so kommt nur das Verbot in Betracht.

460 An die Tatsachenfeststellung und die Prognoseentscheidung der Versammlungsbehörde im Rahmen eines Verbots nach § 5 Nr. 4 VersG sind dieselben Anforderungen zu stellen wie bei einem Verbot nch § 15 VersG. Beispielsweise rechtfertigt die bloße Teilnahme einzelner Personen an einer Versammlung, bei der keine Reden gehalten, sondern nur Lieder vorgetragen werden sollen, nicht die Prognose des Stattfindens volksverhetzender Äußerungen; auch dann nicht, wenn es sich um exponierte Vertreter des rechtsextremistischen Spektrums handelt.[656] Anders ist es, wenn die Liedertexte selbst den Tatbestand des §130 StGB erfüllen.

461 Diese Verbotsgründe konkretisieren verfassungsunmittelbare Gewährleistungs- oder immanente Grundrechtsschranken. Die Verbotsermächtigung der Nr. 1 (dem Veranstalter steht das Versammlungsrecht nicht zu) konkretisiert die Gewährleistungsschranken aus den Art. 9, 18 und 21 GG; Nr. 2 (Zutrittsverweigerung für bewaffnete Teilnehmer) konkretisiert das Waffenverbot und Nr. 3 (Anstreben eines gewalttätigen oder aufrührerischen Verlaufs) das Friedlichkeitsgebot aus Art. 8 I GG; Nr. 4 (Vertreten von Ansichten bzw. Dulden von Äußerungen, die ein Verbrechen bzw. Vergehen zum Gegenstand haben) kann nicht als Konkretisierung einer verfassungsunmittelbaren Gewährleistungsschranke

---

653 *OLG Köln* NStZ 1981, 227.
654 *BVerfGE* 84, 203 (209); *VGH Mannheim* DÖV 1990, 572.
655 So die Lage in *BVerfGE* 84, 203 ff.
656 *OVG Weimar* NVwZ-RR 1998, 500.

verstanden werden. Für das BVerfG enthält § 5 Nr. 4 VersG keine selbständige Beschränkung der Meinungsfreiheit, sondern knüpft lediglich an die als allgemeine Gesetze zu qualifizierenden Strafgesetze an; insoweit diene § 130 a StGB dem Schutz der Menschlichkeit und finde seinen verfassungsrechtlichen Rückhalt in Art. 1 I GG.[657] Indes steht Art. 8 I GG für Versammlungen in geschlossenen Räumen nicht unter Gesetzesvorbehalt; § 5 Nr. 4 VersG läßt sich dann nur als verfassungsimmanente Schranke halten.[658]

Anders als § 15 I VersG regelt § 5 VersG nicht, daß statt des Verbots auch eine beschränkende Verfügung (Erteilung von Auflagen) ergehen kann. Das Verhältnismäßigkeitsprinzip (Erforderlichkeit) gebietet indes, von milderen Eingriffsmöglichkeiten Gebrauch zu machen, die den Verbotstatbeständen des § 5 VersG Geltung verschaffen. **462**

c) Beschränkung der Zahl der Ordner

Nach § 9 II 2 VersG kann die Polizei durch Verwaltungsakt den Ordnereinsatz zahlenmäßig beschränken. Adressat der Verfügung ist der Leiter. **463**

d) Durchsetzung des Ausschließungsrechts des Leiters

§ 11 II VersG räumt der Polizei die Ermächtigung zum Einschreiten gegen Personen ein, die vom Leiter ausgeschlossen werden, aber den Versammlungsraum nicht verlassen. Einer solchen polizeilichen Maßnahme bedarf es als Grundverfügung für den Zwangsmitteleinsatz, da der Leiter kein Träger von Hoheitsbefugnissen ist (o. Rdn. 244 ff.). **464**

e) Anwesenheitsrecht der Polizei

Aus dem Wortlaut von § 12 VersG („Werden Polizeibeamte in eine öffentliche Versammlung entsandt, so haben sie sich dem Leiter zu erkennen zu geben“) läßt sich kein Recht auf Anwesenheit ableiten. Dies soll aber aus der **Schutzfunktion** der Polizei für die Versammlungsfreiheit folgen; der polizeiliche Schutzauftrag enthalte eben keine Befugnis zur Versammlungsüberwachung und reiche deshalb als Legitimation für die Anwesenheit aus.[659] Nach a. A. soll es nach dem Normzweck von § 12 VersG gerade um die Überwachung der Versammlung gehen.[660] Deshalb würden durch polizeiliche Anwesenheit Einschüchterungseffekte mit nachteiligen Folgen für die Ausübung der Versammlungsfreiheit eintreten.[661] **465**

Die h. M. sieht daher in der Anwesenheit der Polizei einen Grundrechtseingriff.[662] Als Eingriffsermächtigung soll § 12 VersG nicht in Betracht kommen, weil die Vorschrift nur die Modalitäten der Entsendung regele und somit das Anwesenheitsrecht auf spezielle Rechtsgrundlagen gestützt werden müsse.[663] Insoweit komme insbesondere § 13 VersG in Betracht, ein Zutrittsrecht bestehe also nur bei Vorliegen konkreter Anhaltspunkte für die Gefahr eines unfriedlichen Verlaufs bzw. der Voraussetzungen eines anderen Auflösungsgrundes. Nach a. A. soll aus einer Zusammenschau von § 12 und § 29 I Nr. 8 VersG (wonach der Leiter eine Ordnungswidrigkeit begeht, wenn er den entsandten Beamten die Anwesenheit verweigert) folgen, daß der Versammlungsgesetzgeber der Polizei ein Anwesenheitsrecht einräumen wollte.[664] Andere entnehmen gerade dem Normzweck des § 12 VersG, daß es dem Gesetzgeber um die Regelung hoheitlicher Befugnisse ging; die Vorschrift enthalte eine Zwangsbefugnis gegenüber öffentlichen Versammlungen und das Zutrittsrecht bestehe gerade deshalb, weil es sich um eine öffentliche Versammlung handele; entsandte Polizeibeamte wären danach zur staatlichen Überwachung freier gesell- **466**

---

[657] *BVerfG* NJW 1994, 1780; krit. dazu *Krüger* (o. Fußn. 17), S. 82 f.; *Achenbach* Kriminalistik 1989, 639.

[658] Vgl. auch *Heselhaus* JA 1995, 276.

[659] *Dietel/Gintzel/Kniesel* (o. Fußn. 5), § 12 Rdn. 11; *Ott/Wächtler* (o. Fußn. 68), § 12 Rdn. 4.

[660] *Krüger* (o. Fußn. 17), S. 85; *Pawlita/Steinmeier* (o. Fußn. 14), § 12 Rdn. 7.

[661] *Hoffmann-Riem* (o. Fußn. 15), Art. 8 Rdn. 43.

[662] *Krüger* (o. Fußn. 17), S. 85 f.; *Zeitler* (o. Fußn. 17), Rdn. 367; *Hoffmann-Riem* (o. Fußn. 15), Art. 8 Rdn. 43; *Pawlita/Steinmeier* (o. Fußn. 14), § 12 Rdn. 7.

[663] *Krüger* (o. Fußn. 17), S. 85; *Hoffmann-Riem* (o. Fußn. 15), Art. 8 Rdn. 43.

[664] *Zeitler* (o. Fußn. 17), Rdn. 368.

schaftlicher Kommunikation befugt.[665] Eine so weitgehende Regelung könne aber nur vor Art. 8 I GG Bestand haben, wenn ein Zutrittsrecht allein bei Vorliegen konkreter Anhaltspunkte für einen unfriedlichen Verlauf in Betracht komme;[666] § 12 VersG wird also an § 13 VersG gekoppelt.

467 Geht man davon aus, daß die Polizei bei Versammlungen dafür zu sorgen hat, daß die Versammlungsbeteiligten (Veranstalter, Leiter und Teilnehmer) ihre Rechte wahrnehmen können und bei Kollisionen zwischen Veranstaltungs-, Leitungs- und Teilnahmerecht grundrechtsfreundliche Lösungen gefunden werden (vgl. o. Rdn. 256 ff.), so wird die Schutzfunktion in ihrer **verfahrensrechtlichen Dimension** deutlich. Da die Wahrnehmung derselben aber Anwesenheit bedingt, muß das Anwesenheitsrecht auch aus eben dieser Schutzfunktion folgen. Insoweit liegt es nahe, § 12 VersG in einem neuen Licht (vergleichbar § 14 VersG bei Versammlungen bzw. Demonstrationen unter freiem Himmel[667]) als Basis der Kooperation zwischen Veranstalter und Polizei zu begreifen (vgl. o. Rdn. 304 ff.). Mit dieser zusätzlichen Absicherung wird man dann der Polizei ein **auf die Schutzfunktion und das Kooperationsgebot gestütztes Anwesenheitsrecht** in öffentlichen Versammlungen zubilligen können. Ein so verstandenes Anwesenheitsrecht kann dann auch keine Einschüchterungseffekte nach sich ziehen, denn Überwachungseingriffe lassen sich nicht auf § 12 VersG, sondern nur auf § 13 VersG stützen.

468 Entsandte Polizeibeamte haben ein erzwingbares Zutrittsrecht und können vom Leiter nicht ausgeschlossen werden.

469 Ein Anwesenheitsrecht besteht nur bei öffentlichen Versammlungen; bei nichtöffentlichen kann ein Zutritt nur auf eine besondere Ermächtigung des Polizei- oder Strafprozeßrechts gestützt werden.

470 Die in § 12 VersG enthaltene Legitimationspflicht besteht für die Beamten, die kraft ihres Auftrags bzw. ihrer dienstlichen Stellung mit dem Leiter Kontakt aufnehmen.

f) Bild- und Tonaufnahmen

471 § 12 a VersG regelt in Abs. 1 die Zulässigkeit der Anfertigung von Bild- und Tonaufnahmen bei oder im Zusammenhang mit öffentlichen Versammlungen in geschlossenen Räumen, in Abs. 2 die Zulässigkeit der Speicherung der gewonnenen Daten sowie die Voraussetzungen ihrer Vernichtung. § 19 a VersG übernimmt diese Regelung für Versammlungen unter freiem Himmel und Aufzüge.

472 Das Anfertigen von Bild- und Tonaufnahmen ist als faktischer Grundrechtseingriff zu qualifizieren. Beeinträchtigt sind das Recht auf informationelle Selbstbestimmung (Art. 2 I und Art. 1 I GG) sowie die Versammlungs- und Demonstrationsfreiheit; letzteres Grundrecht hat als **lex specialis** Vorrang.[668]

473 Der Schutzbereich von Art. 8 I GG erfaßt als **innere** Versammlungsfreiheit auch die Entschließungsfreiheit bezüglich angstfreier Ausübung des Grundrechts (o. Rdn. 74 ff.). Insbesondere die Versammlungs- und Demonstrationsfreiheit setzt in ihrem Freiheitsgehalt voraus, daß die Versammlungsbeteiligten nicht befürchten müssen, wegen ihrer Grundrechtswahrnehmung staatlicher Überwachung unterworfen zu werden.[669]

474 Befugnisnormen für polizeiliche informationelle Aktivitäten (insbesondere das Videografieren von Versammlungsteilnehmern) standen bis zur Einfügung der §§ 12 a, 19 a VersG nicht zur Verfügung.[670] § 15 II VersG ermöglichte zwar als sog. **Minus-Maßnahmen** (u. Rdn. 561 f.) gegenüber der sonst erforderlichen Auflösung mildere Maßnahmen. Solche mußten aber in den Polizeigesetzen vorgesehen sein, was entweder nicht oder

---

[665] *Pawlita/Steinmeier* (o. Fußn. 14), § 12 Rdn. 7.
[666] *Pawlita/Steinmeier* (o. Fußn. 14), § 12 Rdn. 7.
[667] *BVerfGE* 69, 315 (358).
[668] *Heußner*, in: Festschrift für Simon, 1987, S. 237; *Alberts* JR 1994, 494; *Geis* Die Polizei 1993, 295; a. A. *Schmitt Glaeser* (o. Fußn. 153), § 129 Rdn. 84 ff.; *Götz* NVwZ 1990, 116; *Geiger* (o. Fußn. 153), S. 162 ff.
[669] *OVG Bremen* NVwZ 1990, 1189; *VG Bremen* NVwZ 1989, 896 f.; *Gallwas* JA 1986, 486.
[670] So auch *Riegel* NVwZ 1990, 745; a. A. *Götz* NVwZ 1990, 113 f.

(wie in § 30 I BremPolG) nicht ausreichend[671] der Fall war. Insoweit gibt § 12a VersG erstmalig die Ermächtigung für offene Anfertigung von Bild- und Tonaufnahmen; die Regelung ist deshalb nicht deklaratorisch,[672] sondern **konstituierend.**[673] **Verdeckte Maßnahmen können nicht auf § 12a VersG gestützt werden.** Bei Versammlungen und Demonstrationen muß die Polizei mit „offenem Visier" auftreten. Verdecktes Vorgehen (wofür ausreichend ist, daß der Betroffene es nicht bemerkt) wäre mit dem hohen Rang der Versammlungs- und Demonstrationsfreiheit und ihrer Bedeutung für den einzelnen und das Gemeinwesen (vgl. o. Rdn. 72 ff.) unvereinbar. Für die Reduzierung auf offene Maßnahmen spricht, daß in den Polizeigesetzen zwischen offenen und verdeckten Maßnahmen unterschieden wird und verdeckte nur ausnahmsweise unter erschwerten Bedingungen zugelassen werden.[674] Was aber in den Polizeigesetzen für alle Formen von Veranstaltungen und sogar Ansammlungen gilt, sollte für Versammlungen erst recht gelten.

475 Die Einfügung von § 12a in das VersG steht im politischen Zusammenhang mit der Einführung des strafbewehrten Verbots der Vermummung.[675] Wenn die Polizei auf der Grundlage des § 12a I VersG Aufnahmen nur anfertigen können soll, wenn tatsächliche Anhaltspunkte die Annahme rechtfertigen, daß von den Teilnehmern erhebliche Gefahren für die öffentliche Sicherheit oder Ordnung ausgehen, so sollte dem Einwand von Versammlungsteilnehmern begegnet werden, ihre Vermummung sei lediglich legitime Verteidigung gegen exzessive Überwachung von Demonstrationen und Versammlungen durch videografierende und registrierende Polizei. Diese gesetzgeberische Absicht wird allerdings dadurch konterkariert, daß sog. **Übersichtsaufnahmen** zur Einsatzdokumentation bzw. zu Schulungszwecken nicht unter § 12a I VersG fallen sollen, weil sie nicht mit dem Ziel der Identifikation der Teilnehmer erstellt würden (u. Rdn. 482). Bleiben aber Übersichtsaufnahmen, die aufgrund gegebener technischer Möglichkeiten Identifikation zulassen, zusätzlich möglich, so wird das Argument, der Demonstrant dürfe darauf vertrauen, daß Aufnahmen nur bei erheblicher Gefahr für die öffentliche Sicherheit angefertigt werden, Staat und Polizei mißtrauende Demonstranten kaum überzeugen können.[676]

476 Mit § 12a VersG soll eine versammlungsspezifische Gefahr abgewehrt werden, so daß das VersG (und nicht die Polizeigesetze) der richtige Regelungsstandort ist. Es geht um die **Verhütung von Straftaten,**[677] indem erkannte Gewalttäter an Kontrollstellen bei späteren Demonstrationen ggfs. mit polizeilichen Maßnahmen (Datenabfrage, Durchsuchung, Sicherstellung) überzogen werden können (vgl. o. Rdn. 437 ff.). Der Gesetzgeber hat allerdings (wohl versehentlich, aber gleichwohl eindeutig) innerhalb des VersG den falschen Abschnitt (Öffentliche Versammlungen in geschlossenen Räumen) gewählt und die in § 12a VersG erfolgte Regelung in § 19a VersG für Versammlungen unter freiem Himmel übernommen. Das ist unverständlich, weil weder Materialien noch Entstehungsgeschichte von § 12a VersG Regelungsbedarf für Versammlungen in geschlossenen Räumen erkennen lassen; wegen der mit ihnen verbundenen Gefahrenträchtigkeit konnte es nur um Versammlungen und Demonstrationen unter freiem Himmel gehen.

477 Die verfassungsrechtlichen Bedenken gegen die systematisch nicht haltbare Einordnung ergeben sich, weil **für Versammlungen in geschlossenen Räumen kein Gesetzesvorbehalt** besteht. Eingriffsermächtigungen für Versammlungen in geschlossenen Räu-

---

[671] *OVG Bremen* NVwZ 1990, 1190.
[672] So aber *Götz* NVwZ 1990, 113.
[673] *Riegel* NVwZ 1990, 745; *Kunert* NStZ, 1989, 455.
[674] Vgl. z. B. § 15 und § 16 ff. PolG NW.
[675] So auch *Kunert* NStZ 1989, 455; *Götz* NVwZ 1990, 113; *Bleckmann* (o. Fußn. 6), S. 790; dazu krit. *Krauß* StV 1989, 321.
[676] *Kunert* NStZ 1989, 456.
[677] Dazu näher *Kniesel* ZRP 1989, 330 ff.; *ders.* ZRP 1992, 165; abl. *Hase* (o. Fußn. 14), § 12a Rdn. 6 ff., der Maßnahmen nach § 12a nur zum Zwecke der Strafverfolgung für zulässig hält und damit die grundsätzliche Ausrichtung des VersG auf Gefahrenabwehr in Frage stellt; zu Recht krit. *Krüger* (o. Fußn. 17), S. 97 f.

men können nur aus verfassungsunmittelbaren Gewährleistungsschranken (o. Rdn. 132 ff. und 147 ff.) abgeleitet werden.[678] Gewährleistungsschranken haben außerhalb des Schutzbereichs von Art. 8 I GG liegende Betätigungen zum Gegenstand, dringen aber nicht selber in den Schutzbereich ein. Auf dem Gesetzesvorbehalt des Art. 8 II GG beruhende Schranken beziehen sich dagegen nicht auf Überschreitungen, sondern auf die Grundrechtsausübung selber. Genau das ist in § 12 a VersG der Fall, der **bei** der Wahrnehmung der Versammlungs- und Demonstrationsfreiheit das Anfertigen von Aufnahmen erlaubt. Bei Versammlungen in geschlossenen Räumen wären daher wegen des Fehlens eines Gesetzesvorbehalts informationelle Maßnahmen nach § 12 a VersG nur unter den einengenden Voraussetzungen des § 13 I VersG als mildere Mittel i. S. von Satz 2 (sog. Minus-Maßnahmen, u. Rdn. 561 f.) zulässig. Das Videografieren bei einer öffentlichen Versammlung im geschlossenen Raum auf der Grundlage von § 12 a VersG kann mithin zulässig sein, wenn auch die Voraussetzungen für ein Einschreiben nach § 13 VersG vorliegen.[679] Da die Auflösungsgründe des § 13 I Nrn. 1–4 VersG Konkretisierungen der verfassungsunmittelbaren Gewährleistungsschranken der Friedlichkeit und Waffenlosigkeit sind, also gerade nicht zu selbständigen Grundrechtseingriffen befugen, erscheint diese Anbindung von § 12 a VersG an § 13 VersG als gangbarer Weg für eine Anwendung von § 12 a VersG bei Versammlungen in geschlossenen Räumen, die ohnehin aufzulösen sind.

478 Bei der Anfertigung von Bild- und Tonaufnahmen geht es um die Erhebung personenbezogener Daten i. S. der Datenschutzgesetze. Das Gesetz spricht von Aufnahmen, meint aber auch Aufzeichnungen i. S. von Festhalten der Bilder, wodurch nicht nur das Überspielen (Videografieren), sondern auch das Speichern der Bilder zulässig ist; ansonsten könnten keine Beweismittel i. S. von § 12 a II VersG gewonnen werden. Mit Bildaufnahmen läßt sich einerseits die Identität feststellen und andererseits die Teilnahme an einer Veranstaltung registrieren. Zwar sind als Maßnahmen der Datenerhebung nur Bild- und Tonaufnahmen genannt, doch sind damit **eingriffsschwächere Maßnahmen nicht ausgeschlossen.** So ist etwa das offene Beobachten ohne Verwendung technischer Mittel sowie das Festhalten von personenbezogenen Daten erkannter Störer unter den tatbestandlichen Voraussetzungen des Abs. 1 zulässig, soweit ein unmittelbarer Zusammenhang mit der Versammlung bzw. Demonstration gegeben ist (vgl. u. Rdn. 480 und o. Rdn. 442).

479 Jede Datenerhebung nach § 12 a VersG setzt eine gesicherte Gefahrenprognose voraus; es müssen tatsächliche Anhaltspunkte dafür vorliegen, daß von den jeweils betroffenen Personen **erhebliche** Gefahren für die öffentliche Sicherheit ausgehen. Eine Gefährdung der öffentlichen Ordnung kann keine Maßnahmen nach § 12 a VersG legitimieren (u. Rdn. 514).

480 Daten dürfen bei oder im Zusammenhang mit öffentlichen Versammlungen erhoben werden. **Bei** bedeutet während, erfaßt also die Dauer der Veranstaltung; **im Zusammenhang mit** erlaubt die Datenerhebung vor und nach der Versammlung (An- und Abmarschphase), sofern ein unmittelbarer sachlicher Zusammenhang mit der Ausgangsveranstaltung besteht (gewalttätige Ausschreitungen bei **Folgeaktionen**). Für die Phase der organisatorischen Vorbereitung von Versammlungen ist § 12 a VersG nicht anwendbar; hier kann allenfalls auf Befugnisnormen der Polizeigesetze zurückgegriffen werden (o. Rdn. 437 ff.).

481 Maßnahmen der Datenerhebung nach § 12 a VersG richten sich nicht gegen die Versammlung als solche (o. Rdn. 423 ff.), sondern nur gegen Störer (o. Rdn. 417 ff.); Unbeteiligte (Nichtstörer) dürfen nur erfaßt werden, wenn es tatsächlich bzw. technisch unvermeidbar ist.

---

[678] So auch *Zeitler* (o. Fußn. 17), Rdn. 405; im gegebenen Zusammenhang weist *Krüger* (o. Fußn. 17), S. 96 f. zwar zu Recht darauf hin, daß als Legitimation auch die Friedlichkeit in Betracht kommt; nach dem erkennbaren Willen des Gesetzgebers wollte dieser aber mit § 12 a eine Befugnisnorm für Versammlungen unter freiem Himmel schaffen; verfassungsrechtliche Bedenken auch bei *Benda* (o. Fußn. 18), Art. 8 Rdn. 99.

[679] *VGH Mannheim* NVwZ 1998, 764.

Übersichtsaufnahmen zur Leitung und Lenkung des Polizeieinsatzes, zur Dokumentation für möglicherweise folgende Ermittlungsverfahren oder zu Zwecken der Aus- und Fortbildung benötigen nach Auffassung des Gesetzgebers keine versammlungsgesetzliche Ermächtigung, weil Grundrechte von Versammlungsteilnehmern dadurch nicht beeinträchtigt würden.[680] Übersichtsaufnahmen stellen dann keinen Eingriff in den Schutzbereich von Art. 8 I GG dar, wenn die Bilder nur im Monitor sichtbar gemacht werden, ohne daß eine Aufzeichnung erfolgt; die Situation ist nicht anders, als wenn eine Versammlung mit dem Fernglas beobachtet würde, um sich einen Eindruck vom Verlauf zu machen.[681] Übersichtsaufnahmen greifen aber dann in den Schutzbereich von Art. 8 I GG ein, wenn das Videomaterial personenbezogen verarbeitet werden kann; insoweit reicht die beim heutigen technischen Standard gegebene Bestimmbarkeit der aufgenommenen Personen aus.[682] Wegen des bestehenden Schutzes durch Art. 8 I GG kann das allgemeine Polizeirecht nicht herangezogen werden. Davon gehen die neuen Polizeigesetze[683] aus, die für spätere Nutzung von Aufnahmen bei Veranstaltungen (z. B. Spiele der Fußball-Bundesligen) für Zwecke der Aus- und Fortbildung strenge Anforderungen aufstellen. § 12 a VersG hätte daher auch für Übersichtsaufnahmen, deren Notwendigkeit insbesondere für Einsatzleitung und -dokumentation außer Frage stehen muß, eine Regelung treffen müssen. Eine solche wäre auch ohne Verletzung des **Wesensgehalts** (Art. 19 II GG) von Art. 8 I GG zu realisieren. Bis dahin sind Übersichtsaufnahmen[684] nur unter den engen Voraussetzungen des § 12 a VersG zulässig. 482

In den neuen Polizeigesetzen sind Regelungen über die Datenerhebung bei öffentlichen Veranstaltungen und Ansammlungen enthalten.[685] Danach kann die Polizei bei oder im Zusammenhang mit solchen Veranstaltungen, die nicht dem VersG unterliegen, personenbezogene Daten auch durch den Einsatz technischer Mittel zur Anfertigung von Bild und Tonaufzeichnungen von Teilnehmern erheben, wenn Tatsachen die Annahme rechtfertigen, daß dabei Straftaten oder Ordnungswidrigkeiten begangen werden. Die Landesgesetzgeber sind zu solchen Regelungen gesetzgebungsbefugt, da nach Art. 74 Nr. 3 GG der Bund eine **konkurrierende Gesetzgebungskompetenz** nur für das Vereins- und Versammlungsrecht hat. Bei öffentlichen Veranstaltungen und Ansammlungen handelt es sich aber nicht um Versammlungen i. S. des VersG (o. Rdn. 222 ff.). Insoweit hat der Bund seine konkurrierende **Gesetzgebungszuständigkeit überschritten,** als er in § 17 a I und II VersG die Verbote von Vermummung und Passivbewaffnung auch auf sonstige öffentliche Veranstaltungen erstreckt hat (o. Rdn. 406). Soweit die § 30 Brem PolG und § 14 I HSOG die allgemeine Datenerhebung unabhängig von der Anfertigung von Bild- und Tonaufnahmen zulassen, handelt es sich um verfassungswidrige Regelungen, weil der Bund von seiner Gesetzgebungskompetenz abschließend Gebrauch gemacht hat (vgl. o. Rdn. 478).[686] 483

Im Hinblick auf die inzwischen in zahlreichen Polizeigesetzen geregelten Überwachungsmöglichkeiten durch Videografieren öffentlicher Räume ist anzumerken, daß bei Stattfinden von Versammlungen und Demonstrationen auf videoüberwachten öffentlichen Plätzen § 12 a VersG als Spezialregelung dem Polizeigesetz vorgeht, die Überwachung nach Polizeirecht also solange unterbleiben muß. 484

An Bildaufnahmen kann die Polizei auch gelangen, indem sie von privater Seite gemachte Fotos bzw. Filme beschlagnahmt. Die Möglichkeit dazu besteht nach h. M. auch 485

---

680 BT-Drucks. 11/4359, S. 28 f.

681 So auch *Geiger* (o. Fußn. 153), S. 186; *Riegel* NVwZ 1990, 745.

682 *Riegel* NVwZ 1990, 745; *Braun* Die Polizei 1990, 51; *Kloepfer/Breitkreutz* DVBl. 1998, 1152; dagegen stellt *Krüger* (o. Fußn. 17), S. 90 auf den späteren Zeitpunkt der tatsächlichen Erfassung der individuellen Persönlichkeit ab; vgl. auch *Götz* NVwZ 1990, 114; *Niethammer* BayVBl. 1990, 514.

683 Z. B. § 14 HSOG; § 15 PolGNW, § 27 SaarlPolG.

684 So auch *Götz* NVwZ 1990, 114; *Riegel* NVwZ 1990, 746.

685 Z. B. § 14 I HSOG, § 15 PolGNW, § 27 SaarlPolG, §§ 25 a, b RhPfPVG.

686 So auch *Denninger*, in: Meyer/Stolleis, Staats- und Verwaltungsrecht in Hessen, S. 306; a. A. *Hornmann*, HSOG, § 14 Rdn. 7.

bei Aufnahmen von Journalisten, da diese zum selbstrecherchierten Material zählen, das keinem Zeugnisverweigerungsrecht und demzufolge keinem Beschlagnahmeverbot unterliegt.[687]

486 Setzen sich Versammlungsteilnehmer unter Berufung auf ihr Recht am eigenen Bild gegen die Anfertigung von Bild- und Tonaufnahmen zur Wehr, liegen rechtswidrige Handlungen vor, ggf. Widerstand gegen die Staatsgewalt, soweit für die Anfertigung die tatbestandlichen Voraussetzungen nach den §§ 12a, 19a VersG gegeben sind.[688]

487 Werden einzelne Polizeibeamte durch Versammlungsteilnehmer gefilmt, stellt sich die Frage der Zulässigkeit der Sicherstellung der Kamera bzw. der gefertigten Bilder.[689] Das Schutzgut Sicherheit kann mit dem Recht der Beamten am eigenen Bild tangiert sein, die konkrete Gefahr in einer unbefugten Veröffentlichung der Fotos liegen. Ein Rechtfertigungsgrund für die fotografierenden Demonstranten liegt in der Regel nicht vor, denn die Polizeibeamten sind keine Personen der Zeitgeschichte i. S. des § 23 I Nr. 1 KUG, auch keine relativen, die durch ein spektakuläres Ereignis in den Mittelpunkt öffentlichen Interesses geraten (etwa bei einer Geiselbefreiung eingesetzte Beamte eines Sondereinsatzkommandos).

488 Geht es nicht um das Filmen einzelner Beamter, sondern mit dem Ziel der Dokumentation um den polizeilichen Einsatz als solchen, so steht das Recht am eigenen Bild nur bedingt entgegen, weil die Öffentlichkeitsbindung polizeilichen Einschreitens eine dokumentierende Kontrolle einschließen kann. Abzuwägen sind daher das **Kontrollinteresse der Öffentlichkeit,** das Persönlichkeitsrecht der Beamten und das staatliche Interesse an der Funktionsfähigkeit der Polizei.[690] Das Kontrollinteresse wird überwiegen, wenn es bei Demonstrationen zum Einsatz von Zwangsmitteln kommt und die Gefahr besteht, daß auch friedliche Versammlungsteilnehmer infolge der Einsatzbedingungen ungewollt, aber unvermeidbar betroffen werden.

489 Werden die angefertigten Bild- und Tonaufnahmen bzw. andere personenbezogene Daten in **polizeiliche Sammlungen** (Karteien, Dateien) eingestellt, so liegt Datenspeicherung vor. Für diese Phase der Datenverarbeitung werden in § 12a II VersG nicht die Voraussetzungen für die Aufbewahrung der Daten, sondern für ihre Vernichtung geregelt; Ausnahmen vom Vernichtungsgebot sind in den Nrn. 1 und 2 enthalten. Die Vernichtung kann unterbleiben, wenn die Daten als Beweismittel in Strafverfahren gegen Teilnehmer der Versammlung, bei der oder in deren Zusammenhang sie erstellt wurden, benötigt werden oder für versammlungsbezogene präventiv-polizeiliche Zwecke zukünftig erforderlich sind.

490 Betroffener i. S. von Nr. 2 ist nicht nur ein tatverdächtiger Beschuldigter, sondern schon der, bei dem davon ausgegangen werden kann, daß er eine Straftat bei oder in Zusammenhang mit der Versammlung vorbereitet hat. Insoweit muß allerdings eine gesicherte Gefahrenprognose erstellt werden können, daß von dem jeweiligen Betroffenen nach polizeilichen Erkenntnissen und Erfahrungen unter Berücksichtigung kriminologischer Aspekte in absehbarer Zukunft erhebliche Gefahren bei Versammlungen bzw. Demonstrationen verursacht werden. Entsprechende Speicherungen können in Karteien und Dateien (Datei Landfriedensbruch und verwandte Straftaten) erfolgen.

491 Für die Phase der Datenverwendung wurde in § 12a VersG keine ausdrückliche Regelung getroffen. Es geht aber um die Nutzung bzw. Verwendung von Daten, wenn nach Abs. 2 von der Vernichtung abgesehen werden kann, sofern die Daten für die in Nr. 1 und Nr. 2 genannten Zwecke benötigt werden. Hauptanwendungsfall der Datenverwendung ist die Datenabfrage. An im Vorfeld von Großdemonstrationen eingerichteten Kontrollstellen können Daten über auffällig gewordene Personen abgefragt werden. Zielsetzung muß dabei die **Verhütung von Straftaten** sein. Allein die Tatsache, daß über eine abge-

---

[687] *BVerfGE* 77, 65 (74 ff.); *Kunert* NStZ 1989, 456; *Lisken* ZRP 1988, 193.
[688] *Kunert* NStZ 1989, 456.
[689] Vgl. dazu ausf. *Zeitler* (o. Fußn. 17), Rdn. 408 ff.
[690] *Hoffmann-Riem* (o. Fußn. 15), Art. 8 Rdn. 37.

fragte Person Erkenntnisse vorliegen, reicht nicht für polizeiliche Maßnahmen[691] gegen diese aus. Die Speicherung kann insoweit nicht automatisch zu einem faktischen Teilnahmeverbot für künftige Versammlungen führen. Das Ergebnis der Datenabfrage indiziert die potentielle Gefährlichkeit des Betroffenen; seine tatsächliche Gefährlichkeit für die bevorstehende Versammlung bzw. Demonstration ist durch **konkrete Anhaltspunkte** zu belegen (Zugehörigkeit zu einer als gewalttätig bekannten Szene, in der vor der Versammlung mit Flugblättern zu „Aktionen" aufgerufen worden ist; Depotfunde).

Die Vernichtung der angefertigten Bild- und Tonaufnahmen bzw. der sonstigen er- **492** hobenen Daten ist in § 12a VersG auf zweifache Weise geregelt. Abs. 2 Nr. 1 und Nr. 2 machen die Vernichtung zum Regelfall und lassen die Speicherung nur ausnahmsweise zu. Abs. 2 Satz 3 enthält darüber hinaus eine absolute Bestimmung, wonach die Daten nach drei Jahren in jedem Fall zu vernichten sind.

Für eine Datenübermittlung ist keine ausdrückliche Regelung getroffen worden. Da- **493** mit greifen aber keine außerhalb des VersG bestehenden Regelungen (etwa der Polizei- oder Verfassungsschutzgesetze); die in § 12a II VersG enthaltenen Vernichtungsgebote sind vielmehr als **Übermittlungsverbot** zu qualifizieren. Zugelassen sind nur die in Abs. 2 Nrn. 1 und 2 vorgesehenen Ausnahmen, also eine Übermittlung zum Zwecke der Strafverfolgung[692] bzw. Gefahrenabwehr. Dabei handelt es sich um Zweckbindungen, die eine Datenübermittlung der Polizei an den Verfassungsschutz ausschließen, weil beide Zwecke außerhalb der Aufgaben des Verfassungsschutzes liegen.[693]

g) Auflösung von Versammlungen in geschlossenen Räumen

Verbot nach § 5 VersG und Auflösung nach § 13 VersG stehen in engem Zusammen- **494** hang; beide konkretisieren mit den Verbots- bzw. Auflösungsgründen dieselben Gewährleistungsschranken, so daß der Regelungsinhalt im wesentlichen gleich ist. Der maßgebliche Unterschied liegt im Zeitpunkt; läßt § 5 VersG ein Präventivverbot zu, so sind Maßnahmen nach § 13 VersG erst nach Beginn der Versammlung möglich.

Auflösung bedeutet Beendigung der Versammlung. Die Auflösungsverfügung ist gestal- **495** tender Verwaltungsakt (u. Rdn. 536). Sie muß daher **ausdrücklich** und **eindeutig** erklärt werden. Eine Auflösung durch schlüssiges Verhalten ist nicht möglich (u. Rdn. 539).

Als Konkretisierung des **Übermaßverbots** ist eine Auflösung nach § 13 I 2 VersG nur **496** zulässig, wenn ein milderes Mittel (Beschränkung, Unterbrechung) nicht in Betracht kommt.

Der Auflösungsgrund in § 13 I Nr. 1 VersG (dem Veranstalter steht das Versammlungs- **497** recht nicht zu) ist mit dem Verbotsgrund in § 5 Nr. 1 VersG identisch. Gleichwohl ergeben sich Unterschiede im Gesetzesvollzug, weil der Kreis der Betroffenen bei einer Auflösung größer ist. Das Verbot richtet sich an den Veranstalter und kann deshalb kein Teilnehmerrecht beeinträchtigen. Die Auflösung dagegen erfaßt alle Versammlungsbeteiligten, greift also auch in die Rechte von Teilnehmern der konkreten Versammlung ein. Hat der Veranstalter kein Versammlungsrecht, so kann dies Defizit nicht ohne weiteres auf die Teilnehmer durchschlagen. Fehlendes Recht beim Veranstalter ist den Teilnehmern aber dann zuzurechnen, wenn sie sich mit ihm **solidarisieren.** Ist das nicht der Fall, so muß den Teilnehmern durch Unterbrechung der Versammlung Gelegenheit gegeben werden, die Versammlung unabhängig vom Ursprungsveranstalter mit einem eigenen Leiter fortzusetzen.

Der Auflösungsgrund in § 13 I Nr. 2 VersG (gewalttätiger oder aufrührerischer Verlauf, **498** Gefahr für Leben und Gesundheit der Teilnehmer) geht über den korrespondierenden § 5 Nr. 3 VersG hinaus. Zunächst ist nach § 13 I Nr. 2 VersG eine Auflösung schon dann möglich, wenn der gewalttätige oder aufrührerische Verlauf von Teilnehmern verursacht wird, die keine Anhänger des Veranstalters sind. Zudem stellt die Bestimmung über § 5 Nr. 3

---

691 Zur Verfassungsmäßigkeit von Ingewahrsamnahmen bei Demonstrationen vgl. *BVerfG* DÖV 1991, 288 f.

692 Vgl. dazu *Zeitler* (o. Fußn. 17), Rdn. 406; *Wälter/Stienkemeier* Kriminalistik 1994, 93 ff.

693 *Krüger*, in: Verfassungsschutz in der Demokratie, 1990, S. 156.

VersG hinausgehend die **unmittelbare Gefährdung** für Leben und Gesundheit der Teilnehmer als eigenständigen Auflösungsgrund dem gewalttätigen oder aufrührerischen Verlauf gleich. Fraglich ist, ob es sich auch insoweit um verlaufsbezogene interne Gefahren handeln muß[694] oder auch von draußen nach drinnen wirkende Gefahren („Gegendemonstranten" drohen eine Veranstaltung im geschlossenen Raum gewalttätig zu sprengen) erfaßt werden.[695] Für die Einbeziehung externer Gefahren spricht das „oder" im Gesetzestext, gegen die Einbeziehung die Systematik des VersG (vgl. o. Rdn. 412).

499 Der Auflösungsgrund in § 13 I Nr. 3 VersG (Nichtausschluß bewaffneter Personen) entspricht inhaltlich dem Verbotsgrund in § 5 Nr. 2 VersG.

500 Der Auflösungsgrund in § 13 I Nr. 4 VersG (Verstoß gegen Strafgesetze, Aufforderung zu Straftaten) geht erheblich über den in der Tendenz vergleichbaren § 5 Nr. 4 VersG hinaus.[696] Letzterer setzt voraus, daß ganz bestimmte Straftaten begangen werden, nämlich solche, die eine Äußerung oder das Dulden von Äußerungen zum Gegenstand haben. Dagegen lassen bei § 13 I Nr. 4 VersG Verbrechen und von Amts wegen zu verfolgende Vergehen eine Auflösung zu, sofern sie nur im Verlauf der Versammlung begangen werden. Im Verlauf (und nicht nur gelegentlich) einer Versammlung werden Straftaten begangen, wenn diese auf die Versammlung bezogen sind und ihr insoweit zugerechnet werden können. Das Auffordern und Anreizen zu solchen Straftaten erfüllt erst dann den Auflösungsgrund der Nr. 4, wenn der Leiter nicht unterbindend tätig wird, wozu er nach § 8 VersG verpflichtet ist.

501 Es kommen auch sog. Minusmaßnahmen in Betracht. Denn § 13 I 2 VersG ermächtigt zu Eingriffsmaßnahmen, die sich gegenüber der in § 13 I 1 VersG vorgesehenen und an die Voraussetzungen der Nrn. 1–4 gebundenen Auflösung als ein zur Abwehr von Gefahren ebenso geeignetes, aber weniger einschneidendes Mittel darstellen; insoweit ist die Unterbrechung in § 13 I 2 VersG nur als eines der möglichen Mittel ausdrücklich genannt, ohne daß andere Formen des Einschreitens damit bei entsprechender Eignung ausgeschlossen wären.[697]

h) Verbot von Versammlungen unter freiem Himmel

502 § 15 I VersG enthält die Generalklausel des Versammlungsgesetzes. Mit dem Verbot nach Abs. 1 kann die anstehende Versammlung bzw. Demonstration mit dem Ziel der Verhinderung ihrer Durchführung untersagt werden. Dies ist bei Versammlungen bis zu ihrem Beginn, also auch noch in der Phase des schon durch Art. 8 I GG geschützten Zusammenströmens (o. Rdn. 69) möglich, bei Aufzügen noch im Zeitraum der Aufstellung.

503 Im Gegensatz zu § 5 VersG fehlt in § 15 I VersG die Einschränkung der Verbotsmöglichkeit auf den Einzelfall. Daraus kann nicht abgeleitet werden, daß Verbote durch abstrakt-generelle Regelungen (etwa durch Rechtsverordnungen) zulässig wären. Der Gesetzgeber hatte nämlich in § 15 I VersG **die** Versammlung und **den** Aufzug vor Augen, wollte also das Verbot nur im Einzelfall und bei unmittelbarer Gefahr ermöglichen.

504 Bei Versammlungen unter freiem Himmel, insbesondere bei Aufzügen, sind wegen der zwangsläufigen Berührung mit der Außenwelt Kollisionen mit Rechtsgütern Dritter wahrscheinlich, weshalb die öffentliche Sicherheit erheblich stärker gefährdet ist als bei Versammlungen in geschlossenen Räumen. Daher sind die Verbotsgründe für letztere auch bei Versammlungen unter freiem Himmel bzw. Aufzügen anwendbar. Darüber hinaus erlaubt § 15 I VersG ein Verbot bei unmittelbarer Gefährdung der öffentlichen Sicherheit oder Ordnung. Die Generalklausel des Versammlungsgesetzes greift dabei mit den unbestimmten Rechtsbegriffen öffentliche Sicherheit und Ordnung auf die Schutzgüter der Generalklausel des allgemeinen Polizeirechts zurück.

---

694 So *Rühl* (o. Fußn. 14), § 13 Rdn. 17.
695 So *Denninger* o. Kap. E Rdn. 136.
696 Vgl. o. Rdn. 461.
697 *VGH Mannheim* NVwZ 1998, 763.

aa) Öffentliche Sicherheit. Über die öffentliche Sicherheit als klassisches Schutzgut der polizeilichen und versammlungsgesetzlichen Generalklausel werden die im konkreten Fall mit der Ausübung von Art. 8 I GG kollidierenden Rechtsgüter gesichert. Der Verstoß gegen geltendes Recht, auch gegen ein Strafgesetz, das einen Rechtsverstoß poenalisiert, legitimiert die Versammlungsbehörden zum Eingriff in Art. 8 I GG. Der Begriff der **öffentlichen Sicherheit** (vgl. o. Kap. E. Rdn. 6 ff.) umschließt die **subjektiven Rechte und Rechtsgüter des einzelnen,** insbesondere den Schutz der **Grundrechte,** sodann die **Gesamtheit des positiven Rechts,** wodurch die Verhütung der Verletzung gesetzlicher Bestimmungen (öffentlich-rechtliche Ge- und Verbotsnormen, Straf- und Ordnungswidrigkeitentatbestände) erfaßt wird, und schließlich den **Schutz des Staates und seiner Einrichtungen** (insbesondere unter dem Aspekt der Funktionsfähigkeit) unter Einschluß der Veranstaltungen des Staates (z. B. Staatsbesuche, öffentliche Gelöbnisse der Bundeswehr). Fällt der Schutz der Grundrechte unter den Begriff der öffentlichen Sicherheit, so wird damit deutlich, daß die Gewährleistung der Ausübung der Versammlungs- und Demonstrationsfreiheit nicht erst nach dem VersG, sondern schon nach der Aufgabenstellung der Polizeigesetze wesentlicher Bestandteil des polizeilichen Auftrags zur Gefahrenabwehr ist. 505

Zu den Grundrechten als Bestandteil des Schutzguts öffentliche Sicherheit gehört das aus **Art. 1 I GG** folgende Recht auf menschenwürdige Behandlung.[698] Im Zusammenhang mit Aufmärschen und Demonstrationen rechtsextremistischer Gruppierungen ist von einem **Verstoß gegen die Menschenwürde der bei uns lebenden Ausländer** auszugehen, wenn bei einem solchen Aufmarsch z. B. „Ausländer raus" skandiert wird und dabei durch Mitführen von Fahnen und Symbolen bewußt an die nationalsozialistische Vergangenheit mit ihrer Ausrottung der jüdischen Bevölkerung angeknüpft wird.[699] Ein Verstoß gegen die Menschenwürde kann ebenfall bejaht werden, wenn das Verhalten der Rechtsextremisten das Anwesenheitsrecht oder gar das Existenzrecht von Ausländern negiert, etwa wenn Rechtsextremisten national befreite Zonen beanspruchen. 506

Läßt sich bei solchen Veranstaltungen aus dem Versammlungszweck oder belegbaren Tatsachen ableiten, daß mit Wissen und Wollen des Veranstalters nationalsozialistisches Gedankengut wiederbelebt werden soll, so kann mit dem Verstoß gegen nachfolgende Straftaten die öffentliche Sicherheit unmittelbar gefährdet sein und nach § 15 VersG eingeschritten werden: Delikte nach § 86 a StGB (Verwenden von Kennzeichen verfassungswidriger Organisationen, wobei nunmehr[700] auch die Verwendung solcher Gegenstände unter Strafe gestellt ist, die solchen Kennzeichen zum Verwechseln ähnlich sehen), § 90 a StGB (Verunglimpfung des Staates und seiner Symbole), § 90 b StGB (verfassungsfeindliche Verunglimpfungen von Verfassungsorganen), § 111 StGB (öffentliche Aufforderung zu Straftaten), § 125 StGB (Landfriedensbruch), § 130 StGB (Volksverhetzung, der inzwischen um spezielle Tatbestände ergänzt worden ist und in Abs. 3 mit dem Billigen, Leugnen oder Verharmlosen während der NS-Zeit begangener Akte von Völkermord – sog. Auschwitz-Lüge – einen besonderen Straftatbestand enthält) oder §§ 27, 28 VersG (Mitführen von Waffen, verbotenes Uniformtragen, vgl. o. Rdn. 369). 507

Zur öffentlichen Sicherheit zählen auch die Art. 22 und 29 des Wiener Übereinkommens über diplomatische Beziehungen, weil sie als allgemeine Regeln des Völkerrechts durch die Transformationsnorm des Art. 25 GG Bestandteil des innerstaatlichen Rechts geworden sind und damit Behörden und Bürger verpflichten. Nach Art. 22 II hat der Empfangsstaat die Pflicht, alle geeigneten Maßnahmen zu treffen, um die Botschaft vor unbefugtem Eindringen und Beschädigung zu schützen und zu verhindern, daß Friede und Würde beeinträchtigt werden. Nach Art. 29 II hat der Empfangsstaat jeden Angriff auf Person, Freiheit und Würde der Diplomaten zu verhindern. Andererseits verbürgt Art. 8 I GG auch die Kritik an Staatsgästen bzw. Diplomaten. Deshalb sind demonstrative 508

---

698 *BVerfGE* 15, 249 (255); *Pieroth/Schlink* (o. Fußn. 17), Rdn. 359 ff.

699 *VGH Kassel* NJW 1989, 1448, der allerdings die Menschenwürde dem Schutzgut öffentliche Ordnung zuordnet; so auch das *OVG Münster* NJW 2001, 2111, 2113 ff.; krit. dazu *Geis* Die Polizei 1993, 295 f.

700 Verbrechensbekämpfungsgesetz v. 28. 10. 1994.

Aktionen kritischen Inhalts vor Botschaften mit deren Würde nicht von vornherein unvereinbar. Die öffentliche Sicherheit ist erst dann betroffen, wenn **Straftatbestände** (§§ 103, 185 StGB) verletzt werden, der **Zugang** zur Botschaft nicht nur vorübergehend **blockiert** wird oder eine Diskriminierung vorliegt, die so massiv ist, daß die guten Beziehungen der Bundesrepublik Deutschland zu diesem Staat **auf besonders schwerwiegende Weise** beeinträchtigt werden.[701]

509 Wird bei Staatsbesuchen gegen den Staatsgast demonstriert (z. B. beim Staatsbesuch des chinesischen Ministerpräsidenten Li Peng mit Plakaten bzw. Transparenten mit der Aufschrift: „Li Peng, Menschen sterben, der Handel lebt", „Li Peng, Mörder!"), so liegt eine zulässige Ausübung des Grundrechts aus Art. 8 I GG vor. Daß solche Demonstrationen dem Ausbau wirtschaftlicher Beziehungen nicht förderlich sind, steht ihrer Zulässigkeit nicht entgegen. Ob Transparente beschlagnahmt werden können, hängt davon ab, ob ein Verstoß gegen § 103 StGB (Strafbarkeit von Äußerungen, die ein zu Besuch in der Bundesrepublik weilendes Staatsoberhaupt oder Mitglied einer ausländischen Regierung beleidigen können) vorliegt und dieser Straftatbestand mit Art. 8 I GG vereinbar ist. Problematisch ist das Transparent „Li Peng, Mörder"; da der chinesische Ministerpräsident, der nach Berichten verschiedener Menschenrechtsorganisationen für das Massaker auf dem Platz des Himmlischen Friedens verantwortlich gewesen ist, dafür nicht rechtskräftig verurteilt worden ist, wäre allein deshalb o. a. Meinungsäußerung strafbar. Wer § 103 StGB so rigide auslegt, müßte auch den Demonstranten einer Straftat bezichtigen, der Hitler einen Völkermörder nennt. § 103 StGB mutet schon anachronistisch an; jedenfalls muß er restriktiv ausgelegt werden.

510 Die verfassungsmäßige Ordnung bzw. die freiheitliche demokratische Grundordnung i. S. der Art. 9 II, 18 und 21 II GG gehört nur insoweit zum Schutzgut „Bestand des Staates und seiner Einrichtungen", als beide durch Strafgesetze (§§ 80 ff. StGB) geschützt werden.[702] Liegt ein Verstoß gegen ein sog. Staatsschutzdelikt i. S. der §§ 80 ff. StGB vor, ist die öffentliche Sicherheit mit dem Schutzgut „Gesamtheit des geltenden Rechts" verletzt. Wer nationalsozialistisches Gedankengut wiederbelebt oder für rassistische Ideologien aktiv kämpferisch eintritt, verletzt die verfassungsmäßige Ordnung und muß die Reaktion des Staates in Form der Grundrechtsverwirkung, des Vereins- bzw. Parteiverbots gewärtigen; zugleich unterliegt er als Mitglied einer Bestrebung der Beobachtung des Verfassungsschutzes. Zählte man die verfassungsmäßige Ordnung zur öffentlichen Sicherheit i. S. der polizeilichen und versammlungsgesetzlichen Generalklausel, könnten Versammlungsbehörden und Polizei auf eben dieser Grundlage Demonstrationen oder sonstige Aktionen von Anhängern extremistischer Gruppierungen verbieten, ohne daß die für die Ausübung der o. a. Instrumente (Grundrechtsverwirkung, Vereins- bzw. Parteiverbot) zuständigen Organe (BVerfG, Innenminister bzw. -senatoren) von diesen Gebrauch gemacht hätten. Ob die genannten Organe zum Verbot bzw. zum Mittel der Grundrechtsverwirkung greifen, steht in ihrem Ermessen.[703] Sie können es tun, aber eben auch lassen, etwa weil die politische Auseinandersetzung für erfolgversprechender gehalten wird, man keine Märtyrer schaffen will oder sicherheitsbehördliche Überwachungsaspekte durchschlagen. Eine dritte Möglichkeit in Gestalt versammlungsgesetzlicher Verbote der Veranstaltungen solcher Parteien und Gruppierungen kann es nach der Verfassung nicht geben; das wäre nichts anderes als ein Partei- oder Vereinsverbot durch die „Hintertür". Das Grundrecht aus Art. 9 I GG und das Parteienprivileg des Art. 21 I GG sind insoweit unüberwindbare Hindernisse. Es wäre für eine wirksame Grundrechtsausübung durch Anhänger politischer Parteien nicht hinnehmbar, wenn Versammlungsbehörden und Po-

---

[701] *Dietel/Gintzel/Kniesel* (o. Fußn. 5), § 15 Rdn. 104; *BVerwGE* 64, 55 (58 f.); vgl. auch OLG Berlin NVwZ 2000, 1202.

[702] *Wagner*, PolGNRW, 1987, § 1 Rdn. 28; *Gusy*, Polizeirecht, 4. Aufl. 2000, Rdn. 85 f.; *Götz*, Allgemeines Polizei- und Ordnungsrecht, 11. Aufl. 1993, Rdn. 84.

[703] *BVerfGE* 5, 85 (113); 40, 287 (291); *Maurer*, Staatsrecht 1999, § 23 Rdn. 25; *Stern*, Staatsrecht I, S. 207; *Benda* NJW 1994, 23; a. A. *Ipsen*, in: Sachs, GG, Art. 21 Rdn. 170 ff.

lizei unter Hinweis auf verfassungsfeindliche Ziele versammlungsgesetzliche Verbote als kleine Münze des allein dem Bundesverfassungsgericht zustehenden Parteiverbots aussprechen und so die politische Betätigungsfreiheit unterlaufen könnten.[704]

Die im Grundgesetz verankerte staatliche Ordnung soll auf der Abkehr vom National- 511
sozialismus beruhen, so daß eine Gefahr für die öffentliche Sicherheit oder Ordnung zu bejahen sei, wenn für die Öffentlichkeit erkennbar an das Gedankengut des Nationalsozialismus angeknüpft wird.[705] Als tragendes Staatsziel oder immanente Grundrechtsschranke läßt sich die Verhinderung des Wiederauflebens des Nationalsozialismus aus dem Grundgesetz nicht ableiten.[706] Die Mütter und Väter des Grundgesetzes wollten zwar verhindern, daß sich derartiges wiederholen könnte, doch kommt dieser Beweggrund als Verfassungsziel weder ausdrücklich noch zwischen den Zeilen zum Ausdruck. Ein solches Verfassungsziel ist auch nicht im Friedensgebot der grundgesetzlichen Präambel enthalten. Diese bekennt sich zum Frieden in der Welt und dieses Friedensgebot wird in Art. 26 GG konkretisiert. Der Friedensbegriff dieser Grundrechtsbestimmung bezieht auch das Aufbauen und Pflegen von Feindbildern ein, weil das eine wesentliche sozialpsychologische Ursache für nationalistisch oder rassistisch bedingte Aggressionen und deshalb friedensstörend ist. Es müssen aber Tathandlungen hinzukommen, die in ihrer Schwere der Vorbereitung eines Angriffskrieges gleichkämen.[707] Das mit rassistischem Gedankengut unterlegte Schüren von Ausländerhaß erreicht ohne darüber hinausgehende Tathandlungen die hohe Schwelle des Art. 26 I GG noch nicht. Art. 139 GG kommt im gegebenen Zusammenhang keine Bedeutung mehr zu.[708]

Im Zusammenhang mit Protestaktionen gegen Castortransporte haben das BVerfG 512
und der BGH das Schutzgut öffentliche Sicherheit verletzt gesehen. Für das BVerfG schränken die eisenbahnrechtlichen Vorschriften der §§ 64 b II Nr. 1 EBO, 28 I Nr. 6 II AEG das Grundrecht der Versammlungsfreiheit in verfassungsrechtlich unbedenklicher Weise ein; da sie sich im Unterschied zu § 29 I Nr. 1 VersG nicht speziell auf ein Verhalten im Zusammenhang mit verbotenen Versammlungen beziehen, sondern einer generell bestehenden Gefahr entgegenwirken, ist ihre Anwendung von der Rechtmäßigkeit des Versammlungsverbots unabhängig.[709] Für den BGH macht sich wegen Sachbeschädigung und Nötigung strafbar, wer in der Absicht, die Benutzung eines Schienenweges zu unterbinden, auf den Gleisen ein Hindernis anbringt, das mit diesen fest verbunden und nur mit erheblichem Aufwand zu entfernen ist; zur Rechtfertigung des Verhaltens könne Art. 8 I GG nicht herangezogen werden; bei einer zielbewußten Anwendung unmittelbaren Zwangs gegenüber einem bestimmten Rechtsgut eines Dritten sei dem Täter die Berufung auf die Versammlungsfreiheit verwehrt.[710] Das Ergebnis des BGH ist zutreffend, die Begründung ungenau. Auf Art. 8 I GG kann sich (zunächst) jeder berufen,[711] wenn er die Hürden der Friedlichkeit und Waffenlosigkeit genommen hat. Indes läßt sich die Friedlichkeit hier im Hinblick auf die Vorgehensweise der Täter verneinen.

Die öffentliche Sicherheit kann auch durch das Verwenden von Symbolen oder Emble- 513
men der verbotenen PKK verletzt werden. Der VGH Mannheim hat ein darauf gestütztes Versammlungsverbot als gerechtfertigt angesehen.[712] Diese Folgerung wäre überzeugender, wenn der Verstoß gegen das VereinsG als Verletzung eines mit der Versammlungsfreiheit kollidierenden Grundrechtsgutes verifiziert worden wäre. Denn Ungehorsam an sich muß noch keine Sicherheitsgefährdung sein.

---

704 *VGH Kassel* DVBl. 1990, 1053; vgl. dazu näher *Kniesel* NJW 2000, 2859 ff.

705 Erl. des *Hess. IM* v. 21. 9. 1993, hpr 1993, 9; *OVG Münster* NJW 2001, 2111 ff.

706 Offenlassend *Höllein* NVwZ 1994, 640.

707 *Jarass/Pieroth* (o. Fußn. 14), Art. 26 Rdn. 2.

708 Vgl. *Lübbe-Wolff* NJW 1988, 1289; *Pawlita/Steinmeier* DuR 1980, 393; a. A. *Battis/Grigoleit* NVwZ 2001, 124; *OVG Münster* NJW 2001, 2111 f.

709 *BVerfG* NJW 1998, 3113 f.; vgl. auch *VGH Mannheim* NVwZ 2000, 1201.

710 *BGH* NJW 1998, 215 f.

711 *BVerfG*, Beschl. v. 30. 7. 1999 – 1 BvQ 13/99 –, S. 3.

712 *VGH Mannheim* NVwZ-RR 2000, 154.

514 **bb) Öffentliche Ordnung.** Seit Mitte der 90er Jare hat eine obergerichtliche Rechtsprechung der öffentlichen Ordnung (vgl. dazu näher Kap. E Rdn. 25 ff.) zu einer Renaissance im Versammlungsrecht verholfen. Auf dieses Schutzgut wurde „hilfsweise" zurückgegriffen, wenn Nazigrößen verherrlicht, der Nationalsozialismus verharmlost und Aufmärsche durchgeführt werden sollten, die solchen des „Dritten Reiches" ähnelten und eine aggressive Ausländerfeindlichkeit zum Ausdruck brachten.[713] Jüngst hat das OVG Münster in mehreren Beschlüssen die Auffassung vertreten, daß das öffentliche Auftreten neonazistischer Gruppierungen und die Verbreitung nationalsozialistischen Gedankenguts in öffentlichen Versammlungen und Aufzügen wegen unmittelbarer Gefährdung der öffentlichen Ordnung jederzeit verboten werden könnten. Das Gericht löst sich dabei vom traditionellen Verständnis der öffentlichen Ordnung, indem die jeweils herrschenden Anschauungen durch die Wertmaßstäbe des Grundgesetzes geprägt werden; dazu zählt es das Friedensgebot aus Art. 1 II, 24 II und 26 I GG und vor allem die Menschenwürde aus Art. 1 I GG. Der Ausschluß neonazistischen Gedankenguts aus dem demokratischen Willensbildungsprozeß sei ein aus der historisch bedingten Werteordnung des Grundgesetzes ableitbarer Verfassungsbelang, der die Freiheit der Meinungsäußerung auch jenseits der Art. 21 II und Art. 18 S. 2 GG inhaltlich begrenze.[714] Das BVerfG hat diese Rechtsprechung aus- und nachdrücklich verworfen. Versammlungsverbote kommen nur zum Schutz elementarer Rechtsgüter in Betracht, während die bloße Gefährdung der öffentlichen Ordnung im allgemeinen nicht genügt. Das Schutzgut der öffentlichen Ordnung kann allerdings Auflagen i.S. einer beschränkenden Verfügung legitimieren, etwa in Form der Verlegung einer Demonstration um einen Tag, um die Kollision eines Aufzugs rechtsextremer Gruppen mit dem Tag des Gedenkens an die Opfer des Nationalsozialismus zu vermeiden.[715]

515 Das *OVG Münster* unterlegt dem Schutzgut öffentliche Ordnung ein gänzlich neues Verständnis, was dazu führt, daß zum einen die traditionell separaten Schutzgüter öffentliche Sicherheit und öffentliche Ordnung miteinander vermischt werden und zum anderen den Versammlungsbehörden eine im Grundgesetz nicht vorgesehene, *gegen das Entscheidungsmonopol des BVerfG verstoßende dritte Waffe* gegen Verfassungsfeinde – neben Parteiverbot und Grundrechtsverwirkung – an die Hand gegeben wird.[716] Auf der anderen Seite vermag aber auch die Differenzierung des BVerfG zwischen unzulässigen Verboten und zulässigen Auflagen nicht zu überzeugen. Beide greifen in das Grundrecht der freien Meinungsäußerung ein. Der Staat ist zur Meinungsneutralität verpflichtet, mögen die Meinungsinhalte auch noch so anstößig oder gar „unerträglich" sein. Nur allgemeine, also nicht gegen spezielle Meinungen gerichtete Gesetze vermögen Art. 5 I GG einzuschränken. Mit in der öffentlichen Ordnung angesiedelten Maßstäben wird aber gegen rechtsextremistische Meinungen vorgegangen. Insoweit wäre es wohl besser gewesen, sich – trotz allen politischen Drucks – überhaupt nicht auf die öffentliche Ordnung einzulassen und der Öffentlichkeit – wie in der Benneton-Entscheidung[717] geschehen – auch anstößige Meinungsäußerungen zuzumuten.

516 Auf die öffentliche Ordnung gestützte Demonstrationsverbote und -auflagen greifen also in die Demonstrations- bzw. Meinungsfreiheit in einem Bereich politischer Betätigung ein, der so lange zulässigerweise offensteht, als nicht **BVerfG** bzw. **Innenminister und -senatoren** von ihren Instrumenten der Grundrechtsverwirkung und des Partei- bzw. Vereinsverbots Gebrauch gemacht haben. Das versammlungsbehördliche Demonstrations-

---

713 *VGH Kassel* NVwZ-RR 1994, 87; *VGH Mannheim* BWVP 1995, 18; *VGH Mannheim* NVwZ-RR 1994, 393; *VGH München* BayVBl. 1993, 658.

714 *OVG Münster* NJW 2001, 2111; 2113; 2114.

715 *BVerfG* NJW 2001, 2069; 2072; 2075; 2076; zur Kontroverse zwischen den beiden Gerichten vgl. im einzelnen *Battis/Grigoleit* NJW 2001, 2051 ff.

716 Vgl. zum neuen Begriffsverständnis der öffentlichen Ordnung die überzeugende Kritik von *Störmer* Die Verwaltung 1997, 233 ff.; abl. auch *Enders* JZ 2001, 652 ff.

717 *BVerfG* NJW 2001, 591 ff.

verbot ist von Verfassungs wegen kein Ersatz für den Weg nach Karlsruhe, aber offensichtlich ein bequemer politischer Ausweg auf dem Rücken von Versammlungsbehörden und Polizei. Die Parteienfreiheit verbietet jede inhaltliche Bewertung parteilicherseits veranstalteter Versammlungen bzw. Demonstrationen durch Versammlungsbehörden, Polizei und Gerichte.[718] In Ansehung des Parteienprivilegs des Art. 21 II GG hat die Verwaltungsgerichtsbarkeit deutlich gemacht, daß das Parteiprogramm einer nicht vom BVerfG verbotenen Partei bzw. eine aus dem Parteiprogramm abgeleitete „Mitverantwortlichkeit" für Proteste und Gegendemonstrationen im Hinblick auf die durch Art. 21 I GG gewährleistete Betätigungs- und Programmfreiheit grundsätzlich nicht zum Anlaß genommen werden kann, einen Bundesparteitag unter dem Gesichtspunkt der Eigenschaft der Partei als „Quasi-Störerin" bzw. mittelbare Störerin der öffentlichen Sicherheit oder Ordnung zu verbieten.[719] Das Entscheidungsmonopol des BVerfG schließt jegliches mit deren „verfassungsfeindlichem Verhalten" begründetes administratives Einschreiten aus.[720] Insoweit besteht ein Anknüpfungsverbot für versammlungsbehördliche Maßnahmen.[721]

Aus dem derzeitigen Dilemma gibt es, sofern die Grenze des Strafrechts (z. B. § 130 II, III StGB) nicht überschritten wird, nur einen rechtsstaatlich gangbaren Ausweg: Die **Einführung eines Verbots der Wiederbelebung nationalsozialistischen Gedankenguts auf der Ebene der Verfassung.** In Ansehung neonazistischer Ausschreitungen und Umtriebe muß das Grundgesetz nicht an seiner ansonsten strikt durchzuhaltenden Trennung zwischen Meinungen und Taten und seinem insoweit radikalen Pluralismus festhalten, sondern darf mit einem solchen verfassungsrechtlichen Verbot einen Damm gegen neonazistische Bestrebungen errichten.[722] Wegen der aus Art. 5 I GG grundsätzlich abzuleitenden Meinungsneutralität des Staates gehörte ein solches Verbot als weitere Ausnahme vom Prinzip des allgemeinen Gesetzes in Art. 5 II GG. Die darin liegende „Diskriminierung" rechtsextremistischer politischer Betätigung ist im Hinblick auf die historische Hypothek der Bundesrepublik und den geschuldeten Respekt vor den Überlebenden des Holocaust verfassungsrechtlich zu rechtfertigen. 517

cc) Unmittelbarkeit. Mit dem Erfordernis der **Unmittelbarkeit** der Gefahr verlangt das Versammlungsgesetz gegenüber der Generalklausel des allgemeinen Polizeirechts eine **Steigerung der Schadenswahrscheinlichkeit.** Gegenüber der einfachen Wahrscheinlichkeit des Schadenseintritts muß eine an Sicherheit grenzende Wahrscheinlichkeit gegeben sein. Damit entspricht die unmittelbare Gefahr in § 15 I VersG der gegenwärtigen Gefahr (o. Kap. E Rdn. 48) beim polizeilichen Notstand in den Polizeigesetzen der Länder. 518

Bezüglich des Wahrscheinlichkeitsgrades ist das Ausmaß des drohenden Schadens zu berücksichtigen; je größer und folgenschwerer der mögliche Schaden ist, desto geringer können die Anforderungen an die Wahrscheinlichkeit sein.[723] Daß eine Gefahr nicht ausgeschlossen werden kann, etwa weil ein Sicherheitskonzept des Veranstalters fehlt, reicht nicht aus.[724] 519

Die Annahme einer mit an Sicherheit grenzender Wahrscheinlichkeit in allernächster Zeit eintretenden Gefahr muß auf einer gesicherten Gefahrenprognose beruhen. Zwischen der Gefährdung der öffentlichen Sicherheit und der Durchführung der Versammlung bzw. Demonstration muß ein hinreichend bestimmter Kausalzusammenhang bestehen. Die unmittelbare Gefährdung setzt eine konkrete Sachlage voraus, die bei ungehindertem Geschehensablauf mit hoher Wahrscheinlichkeit zu einem Schaden für die 520

---

718 *BVerfG* NJW 2001, 2077; *BVerwG* NVwZ 1999, 993; *OVG Weimar* NVwZ-RR 1997, 287; *OVG Weimar* NVwZ-RR 1998, 197; *OVG Bautzen* NJ 1998, 666.

719 *BVerwG* NVwZ 1999, 993.

720 *BVerwG* NVwZ 1999, 993.

721 *Morlok,* in: Dreier, Grundgesetz II, 1998, Art. 21 Rdn. 48.

722 Vgl. auch *Denninger* Bereitschaftspolizei – heute, 1993, 610 ff.

723 *BVerwG* NJW 1970, 1892; *BVerwG* DVBl. 1973, 858 f.; *Drews/Wacke/Vogel/Martens* (o. Fußn. 409), S. 224.

724 *BVerfG* NJW 2001, 2079.

Art. 8 I GG entgegenstehenden Rechtgüter führen würde. Zwar stellt eine solche Gefahrenprognose ein Wahrscheinlichkeitsurteil mit einem zwangsläufig von der Erfahrung geprägten subjektiven Element dar, doch muß dies auf Tatsachen gegründet sein. Die Rechtsprechung verlangt insoweit, daß nachweisbare Tatsachen, erkennbare Umstände bzw. tatsächliche Anhaltspunkte vorliegen müssen, während Vermutungen und Verdachte i. S. von Mutmaßungen eben nicht ausreichen.[725] Hinzu kommt, daß solche Tatsachen, Umstände bzw. Anhaltspunkte aus dem Vorfeld der anstehenden Veranstaltung stammen müssen,[726] Erkenntnisse aus vorangegangenen Versammlungen bzw. Demonstrationen können für eine Gefahrenprognose durchaus relevant sein, sind aber eben allein nicht ausreichend.[727] So hat das OVG Greifswald den Umstand, daß ein Redner auf einem Bundesparteitag, der kurz vor der verbotenen Versammlung stattfand, bestimmte Äußerungen gemacht hat, als nicht ausreichend für die Prognose erachtet, daß er sie bei der bevorstehenden Veranstaltung wiederholen würde.[728] Sollten die Äußerungen gleichwohl fallen, so könnte dem durch Entzug des Rederechts oder durch Auflösung begegnet werden.[729] Im Hinblick auf das Verwenden von Fahnenstangen mit einer Länge über 1,50 Meter hat das OVG Weimar die Annahme, daß diese als Waffen eingesetzt werden könnten, als bloße Möglichkeit nicht ausreichen lassen.[730] Auch für das OVG Potsdam rechtfertigt die Teilnahme exponierter Vertreter des rechtsextremistischen Spektrums nicht die Prognose, daß es zu volksverhetzenden Äußerungen kommen würde.[731]

521 Maßgeblicher Zeitpunkt für die Gefahrenprognose ist der des Erlasses der versammlungsbehördlichen Maßnahme; die unmittelbare Gefährdung kann sich nur auf die zu diesem Zeitpunkt aktuell erkennbaren Umstände gründen.

522 § 15 VersG hält bei verfassungskonformer Auslegung einer verfassungsrechtlichen Prüfung stand. Bei Auslegung und Anwendung muß aber gewährleistet sein, daß Verbot und Auflösung nur zum Schutz wichtiger Gemeinschaftsgüter unter strikter Wahrung der Verhältnismäßigkeit und nur bei unmittelbarer Gefährdung dieser Rechtsgüter ergehen.[732] Bei Großdemonstrationen kommt ein Verbot nur als ultima ratio in Betracht, d. h. Kooperation (o. Rdn. 303 ff.) muß gescheitert sein.[733]

523 **dd) Vollverbot.** An ein **Vollverbot** werden hohe Anforderungen gestellt; es vermag verwaltungsgerichtlicher Kontrolle nur bei sehr dichter und plausibler Abwägung standzuhalten.[734] Der Veranstalter muß schon durch seinen Veranstaltungszweck, sein Kundgebungsmotto oder dergleichen erkennen lassen, daß eine unmittelbare Gefahr für die öffentliche Sicherheit beabsichtigt ist.[735] Erwartete Unfriedlichkeit eines Teils der voraussichtlichen Teilnehmer kann als Verbotsgrund nur herangezogen werden, wenn die Gefahrenprognose nach § 15 I VersG auf eine hohe Wahrscheinlichkeit gestützt werden kann.[736]

524 Ein Versammlungs- bzw. Demonstrationsverbot kann sich auch auf solche Veranstaltungen beziehen, die an anderer Stelle und/oder zu anderer Zeit mit dem Ziel stattfinden, das Verbot zu unterlaufen. Voraussetzung ist, daß der Versammlungs- bzw. Demonstrationsgegenstand mit dem der Ausgangsveranstaltung identisch ist[737] und im übrigen die

---

725 *BVerfG* DVBl. 2000, 1122; *BVerfG* NVwZ 1998, 835; *BVerfG* NJW 1998, 3632; *OVG Weimar* NVwZ-RR 1997, 288 f.; *OVG Bautzen* NJ 1998, 666; *OVG Greifswald* DVBl. 1999, 340.

726 *BVerfG* NJW 1998, 3632.

727 *OVG Bremen* NVwZ 1990, 1190.

728 *OVG Greifswald* DVBl. 1999, 340 LS; Beschl. v. 31. 7. 1998 – 3 M 92/987–, S. 4.

729 *OVG Greifswald* (o. Fußn. 728), S. 4.

730 *OVG Weimar* NVwZ-RR 2000, 154 LS.

731 *VG Potsdam,* Beschl. v. 23. 4. 1999 – 3 L 380/99 –, S. 7 f.

732 *BVerfGE* 69, 315 (354).

733 *BVerfGE* 69, 315 (362).

734 *Höllein* NVwZ 1994, 640; vgl. auch OVG Bautzen NVwZ-RR 1995, 443.

735 *Höllein* NVwZ 1994, 640; sehr weitgehend *VGH Kassel* DVBl. 1995, 370, sowohl im Hinblick auf Bejahung der Verhältnismäßigkeit gegenüber später noch möglicher Auflösung als auch hinsichtlich der Einbeziehung aller Ersatzveranstaltungen in das Verbot.

736 *BVerfGE* 69, 315 (353 f.).

737 *VGH Kassel* DVBl. 1995, 370; einschr. *VGH Kassel* NVwZ-RR 1994, 86.

Verbotsvoraussetzungen auch für die Ersatzveranstaltung vorliegen. Das OVG Frankfurt/Oder hat die Identität verneint, wenn das Motto der Veranstaltungen deutliche Unterschiede aufweist.[738] Das KG Berlin hat den Protest gegen ein vorausgegangenes Versammlungsverbot als Umgehungsversuch dieses Verbots gewertet und festgestellt, daß eine solche „Umgehungsveranstaltung" die in unmittelbarem zeitlichen, örtlichen, inhaltlichen und personellen Bezug zu einer verbotenen und aufgelösten Versammlung steht, deren Rechtsfolgen teilt.[739] Auch „spontan" entstehender Protest gegen Verbot bzw. Auflösung ist in aller Regel nicht unter dem Aspekt der Spontanversammlung als neue Veranstaltung zu sehen. Hier neigt das OVG Magdeburg zu der Sicht, daß es sich um den bisherigen (nicht angemeldeten) Versammlungszweck an einem nur anderen Versammlungsort handelt.[740]

Bei einem öffentlichen Gelöbnis oder einem Großen Zapfenstreich der Bundeswehr ist **525**
die Festlegung eines militärischen Sicherheitsbereichs zulässig (§ 2 II 2 UZwGBW). Demonstrative Aktionen dagegen können so lange auf Art. 8 I GG gestützt werden, als sie die Veranstaltung nicht erheblich behindern bzw. verhindern; will sich die Bundeswehr solchen Protesten nicht aussetzen, kann sie ihre Veranstaltung auf Bundeswehrgelände durchführen.[741]

Verbotsverfügungen sind an den Veranstalter (o. Rdn. 240) zu adressieren. Mittelbar **526**
werden dadurch auch potentielle Teilnehmer betroffen, weil sie sich für die verbotene Versammlung nicht auf ihr Teilnahmerecht berufen können.

ee) Flächenverbot. Auf § 15 I VersG kann ein sog. **Flächenverbot** (d. h. das Verbot **527**
jedweder Versammlung oder Demonstration in einem bestimmten Gebiet unabhängig von einem konkreten Anlaß) nicht gestützt werden. Ein Flächenverbot im gerade genannten Sinne kennt das VersG nur als Bannkreisverbot nach § 16. § 15 I VersG ist nur für Verbote im Einzelfall bestimmt, nicht für Verbote durch abstrakt-generelle Regelung. Soll in einem bestimmten Gebiet zu einem konkreten Anlaß keinerlei Versammlung bzw. Demonstration zulässig sein (z. B. bei der Brokdorf-Demonstration oder beim EU-Gipfel 1994 in Essen), so kommt § 15 I VersG als Rechtsgrundlage einer Allgemeinverfügung i. S. von § 35 S. 2 VwVfG in Betracht.[742] Diese richtet sich an alle, die zum fraglichen Zeitpunkt und zum fraglichen Anlaß demonstrieren wollen. Es handelt sich noch um eine per Verbot regelbare Materie, weil bezüglich des Demonstrationsanlasses ein Einzelfall vorliegt.[743] An ein solches per Allgemeinverfügung verhängtes Verbot sind um so höhere Anforderungen an Kooperation und Gefahrenprognose zu stellen, je größer die festgelegte demonstrationsfreie Fläche ist.

i) Beschränkende Verfügung bei Versammlungen unter freiem Himmel

Nach § 15 I VersG kann die zuständige Behörde die Versammlung oder den Aufzug **528**
auch von bestimmten Auflagen abhängig machen. Das allgemeine Verwaltungsrecht versteht unter Auflage eine mit einem Verwaltungsakt verbundene bestimmte Forderung, die vom Betroffenen ein bestimmtes Tun, Dulden oder Unterlassen verlangt.[744] Als Nebenbestimmung ist die Auflage abhängiger Verwaltungsakt, d. h. sie lehnt sich an einen (Grund) Verwaltungsakt (§ 36 II Nr. 4 VwVfG) an.

Der Gesetzgeber hat in § 15 I VersG den Begriff Auflage im untechnischen Sinne ver- **529**
wendet. Um Auflagen im gerade beschriebenen Sinne kann es sich nicht handeln, da wegen der Erlaubnisfreiheit für Versammlungen kein Grundverwaltungsakt vorhanden ist, an den sich Auflagen anlehnen könnten. Aus diesem Grunde hat sich der Begriff **be-**

738 *OVG Frankfurt/Oder,* Beschl. v. 13. 8. 1999 – 4 B 102/99 –, S. 4 f.
739 *KG Berlin* NVwZ 2000, 470.
740 *OVG Magdeburg* NVwZ-RR 1999, 169 LS; Beschl. v. 18. 7. 1998 – B 2 S 255/98 –, S. 3.
741 *BVerwG* NJW 1990, 2076.
742 Vgl. *Maurer* (o. Fußn. 592), § 9 Rdn. 31 f.; *BVerfG* NJW 2001, 1411 f.
743 *Breitbach/Deiseroth/Rühl* (o. Fußn. 14), § 15 Rdn. 67; *Dietel/Gintzel/Kniesel* (o. Fußn. 5), § 15 Rdn. 16 f.
744 *Maurer* (o. Fußn. 593), § 12 Rdn. 9.

schränkende Verfügung etabliert. Diese kann auch als Teilverbot konzipiert sein, indem über „Auflagen" befürchtete störende Verhaltensweisen ausgeschlossen werden.[745] So kann z. B. bei Veranstaltungen rechtsextremistischer Gruppierungen zur Konkretisierung des Uniformverbots nach § 3 VersG das kollektive Tragen bestimmter näher bezeichneter Kleidungsstücke verboten oder zur Konkretisierung von § 130 StGB das Absingen bestimmter Lieder im vorhinein untersagt werden.[746] Mit dieser Verdeutlichung nicht zulässiger Verhaltensweisen wird zugleich einer späteren Auflösung nach § 15 II VersG der Boden bereitet. Da ein Teilverbot die Grundrechtsausübung (wenn auch unter Einschränkungen der Gestaltungsfreiheit – vgl. o. Rdn. 34 ff.) zuläßt, sind an die Gefahrenprognose geringere Anforderungen als an das Vollverbot zu stellen.[747]

530 Die in einer solchen Verfügung enthaltenen Beschränkungen müssen sich auf die **Abwehr versammlungsspezifischer Gefahren** richten. Bei sich über einen ganzen Tag hinziehenden Großdemonstrationen besteht die Notwendigkeit für den Veranstalter, auch für Verpflegung zu sorgen; dann ist auch die Aufstellung von Toilettenwagen notwendig. Es liegt nahe, in Anwendung der Konzentrationsmaxime (vgl. o. Rdn. 219) auch das per Auflage durch die Versammlungsbehörde zu regeln.

531 Nach dem Normzweck sollen die Beschränkungen nach § 15 I VersG auch noch die Versammlungen bzw. Demonstrationen möglich machen, die unterbleiben müßten, wenn die ursprünglichen Vorstellungen des Veranstalters maßgeblich blieben.[748]

532 Eine räumliche bzw. zeitliche Beschränkung ist gegeben, wenn eine Versammlung nicht am vom Veranstalter gewünschten Ort oder nicht zum geplanten Zeitpunkt zugelassen wird. Ein Verbot liegt nicht vor, weil die Versammlung an anderer Stelle oder zu einem anderen Zeitpunkt stattfinden kann.

533 Beschränkungen i. S. des § 15 I VersG sind von **Hinweisen auf die Rechtslage** zu unterscheiden. Nach allgemeinen Gesetzen bestehende Verpflichtungen (z. B. Beachtung von Strafgesetzen) können nicht Gegenstand einer beschränkenden Verfügung sein. Hält die Versammlungsbehörde einen entsprechenden Hinweis für geboten, so sollte er abgesetzt von den Auflagen und als Hinweis auf die Rechtslage gekennzeichnet erfolgen.

534 Eine beschränkende Verfügung kann auch noch vor Ort von Beginn bis Ende der Veranstaltung ergehen. Befugnisnorm ist allerdings § 15 II VersG (u. Rdn. 536 ff.), da § 15 I VersG nur eine beschränkende Verfügung vor Beginn abdeckt. Bei Änderung der Umstände, die der Gefahrenprognose zugrunde liegen, kann die beschränkende Verfügung vor Ort der konkreten Lage angepaßt werden. Ist etwa ein Sicherheitsabstand zum Demonstrationsobjekt angeordnet worden, so kann dieser durch den Einsatzleiter verringert werden, wenn weniger Demonstranten als erwartet teilnehmen. Die uniformierte Polizei nimmt dabei die Zuständigkeit der Versammlungsbehörde wahr.

535 **Adressat** der in einer Verfügung nach § 15 I VersG enthaltenen Beschränkungen ist der **Veranstalter.** Teilnehmerbezogene Anordnungen sind ebenfalls an ihn zu richten, mit der Maßgabe, sie den potentiellen Teilnehmern bekanntzumachen (o. Rdn. 420). Die an den Veranstalter gerichteten Auflagen müssen sich auf Verhaltensweisen **während** der Veranstaltung richten; eine Auflage, **nach** Beendigung den Müll (Flugblätter, Essensreste usw.) zu beseitigen, wäre unzulässig.[749]

k) Auflösung von Versammlungen unter freiem Himmel

536 Auflösung bedeutet Beendigung der Versammlung. Die Auflösungsverfügung ist gestaltender Verwaltungsakt. Sie nimmt den Versammlungsbeteiligten den durch Art. 8 I GG gewährleisteten und im Versammlungsgesetz konkretisierten Schutz und **eröffnet den Zugriff auf die Befugnisnormen des allgemeinen Polizeirechts**.

---

745 *Höllein* NVwZ 1994, 641.
746 *Höllein* NVwZ 1994, 641.
747 *Höllein* NVwZ 1994, 641.
748 *Dietel/Gintzel/Kniesel* (o. Fußn. 5), § 15 Rdn. 16.
749 Vgl. *Mann* Jura 1991, 381.

Aus der Auflösungsverfügung ergeben sich für den Versammlungsteilnehmer unmittelbare Rechtsfolgen; er hat sich sofort zu entfernen, wobei das Nichtentfernen nach § 125 StGB strafrechtliche Konsequenzen haben kann. Die Auflösungsverfügung muß daher ausdrücklich und eindeutig dem Adressaten gegenüber erklärt werden. Das kann schriftlich oder mündlich erfolgen. Für die gebotene Begründung ist ausreichend, wenn der einschlägige Auflösungsgrund genannt wird. Verstöße gegen Auflösungsverfügungen dürfen etwa nach § 29 I Nr. 2 VersG nur geahndet werden, wenn die Verfügungen rechtmäßig waren.[750] Eine Auflösungsverfügung ist an strenge Voraussetzungen gebunden und darf nur ausgesprochen werden, wenn das zum Schutze gleichwertiger Rechtsgüter notwendig ist und eine unmittelbare Gefährdung der öffentlichen Sicherheit abgewehrt werden muß. Insoweit kommen nur tatsächliche Umstände in Betracht, nicht aber allein Verdachtsmomente und Vermutungen.[751] Eine Auflösung, die diesen Anforderungen nicht gerecht wird, verstößt gegen Art. 8 I GG; die Versammlungsteilnehmer müssen diese indes zunächst hinnehmen und beachten.[752] 537

Nach erfolgter Auflösungsverfügung wird aus der Versammlung nicht schlagartig eine Ansammlung (o. Rdn. 13). Der insoweit nachwirkende Schutz aus Art. 8 I GG (o. Rdn. 70 f.) geht aber nicht so weit, daß aus der aufgelösten Versammlung in einem Übergangsstadium eine grundrechtsgeschützte, gegenüber einer Ansammlung privilegierte Bürgermenge würde.[753] Die Privilegierung ist dogmatisch verfehlt, weil sie bei der Versammlung als solcher ansetzt (o. Rdn. 423 ff.). Als Individualgrundrecht gibt Art. 8 I GG **nur den Versammlungsbeteiligten** Rechte, **nicht der Versammlung als solcher.** Das VersG entfaltet aber insoweit Nachwirkung, als es mit der Entfernungspflicht ein Verhalten der Teilnehmer nach Beendigung der Versammlung regelt; das Grundrecht aus Art. 8 I GG wirkt nach, indem es das Sichentfernen in angemessener Zeit erlaubt. Art. 8 I GG kennt insoweit kein abruptes Ende für seine Grundrechtsträger (o. Rdn. 71). 538

Die Auflösungsverfügung kann **nicht konkludent** (etwa durch Realhandeln in Form der Einschließung bzw. Einkesselung) erklärt werden.[754] Solche Maßnahmen waren und sind problematisch. Ihnen stehen zunächst das Bestimmtheitsgebot, das Erfordernis ausdrücklicher Kundgabe sowie die Schwere der mit der Nichteinhaltung von Auflagen verbundenen Rechtsfolgen entgegen. Eine Einkesselung ohne vorherige Auflösung ist rechtswidrig.[755] Mit einer Einschließung bzw. Einkesselung wird genau das Gegenteil bewirkt, was die Auflösung erreichen soll, nämlich nicht das Auseinanderströmen der Menschen, sondern ihre Konzentrierung auf engstem Raum.[756] Insoweit kann eine Einkesselung auch dann als inadäquat gesehen werden, wenn die Auflösung ausdrücklich und bestimmt kundgemacht wird und anschließend die Einkesselung auf polizeirechtlicher Grundlage erfolgt. Das KG Berlin hat eine durch eine Kette von Polizeibeamten erfolgte Einkesselung, die es als Ingewahrsamnahme nach § 18 Nr. 1 BerlASOG qualifiziert hat, für grundsätzlich zulässig gehalten, weil die Versammlung zuvor durch mehrfach wiederholte Lautsprecherdurchsagen der Polizei aufgelöst worden war. Dadurch sei die Versammlung zur Ansammlung geworden und nunmehr das Polizeirecht anwendbar, so daß die Rechtmäßigkeit der Ingewahrsamnahme allein von den tatbestandlichen Voraussetzungen des § 18 Nr. 1 BerlASOG abhing.[757] 539

Die Auflösungsverfügung ist keine Grundlage für die Anwendung polizeilicher Zwangsmittel. Wird etwa eine demonstrative **Sitzblockade** (o. Rdn. 184 ff.) aufgelöst, so ist für den Einsatz unmittelbaren Zwanges durch Wegtragen ein **Platzverweis** nach allge- 540

750 *BVerfGE* 87, 399 (408 f.), vgl. auch *Reinhart* StV 1995, 101.
751 *BVerfGE* 87, 399 (409); 69, 315 (353 f.).
752 *BVerfGE* 87, 399 (409).
753 So *v. Simson* ZRP 1968, 11; *VG Hamburg* NVwZ 1987, 833; *VG Berlin* NVWZ-RR 1990, 188.
754 *VG Hamburg* NVwZ 1987, 829 ff.; *Hofmann* NVwZ 1987, 771 ff.; *Alberts* NVwZ 1988, 224; a. A. *Götz* NVwZ 1990, 731.
755 *OVG Münster* DVBl. 2001, 839.
756 Vgl. auch *Breitbach/Deiseroth/Rühl* (o. Fußn. 14), § 15 Rdn. 307.
757 *KG Berlin* NVwZ 2000, 469 ff.

meinem Polizeirecht erforderlich; erst dieser und nicht schon die Auflösungsverfügung stellt die Grundverfügung dar, die mit Verwaltungszwang durchgesetzt werden kann. Die Befugnis zum Aussprechen des Platzverweises ist den Polizeigesetzen, nicht § 13 II VersG zu entnehmen, weil letzterer nicht die Qualität einer Eingriffsermächtigung hat.[758] Bestimmtheitsgebot und Erfordernis ausdrücklicher Kundgabe schließen es aus, die Auflösungsverfügung im ausgesprochenen Platzverweis (mit)enthalten zu sehen.[759]

541 Eine Teilauflösung als Maßnahme gegen einen Teil einer Versammlung ist nicht möglich, da die **Versammlung als Ganzes oder Geteiltes kein Adressat versammlungsbehördlicher Verfügungen** sein kann (o. Rdn. 423 ff.; zur Frage nach der Möglichkeit einer Versammlung in der Versammlung o. Rdn. 422). Möglich ist aber eine beschränkende Verfügung, die das Verhalten einer abgrenzbaren Personenmehrheit in der Versammlung zum Gegenstand hat.[760] Befindet sich etwa bei einer demonstrativen Sitzblockade nur ein Teil der Versammlungsteilnehmer auf der Fahrbahn, der andere Teil nicht behindernd auf dem Bürgersteig, so kann eine räumliche Beschränkung ergehen, die nur zu einer geringfügigen Ortsveränderung dergestalt auffordert, sich von der Fahrbahn auf den Bürgersteig zu begeben. Eine Auflösung kommt erst dann in Betracht, wenn die durch sie begründete Rechtsfolge, das Sichentfernen aller Teilnehmer, im konkreten Fall nicht am Übermaß leidet. Im Zweifelsfall wird daher nur eine die Versammlung räumlich beschränkende Verfügung in Betracht kommen.[761]

542 Bei demonstrativen Sitzblockaden hat die Auflösungsverfügung verfassungs- bzw. versammlungsgesetzliche und strafrechtliche Bedeutung. Sie beendet den Grundrechtsschutz aus Art. 8 I GG. Ohne Auflösungsverfügung der vor Ort als Versammlungsbehörde tätigen Polizei streitet für die Sitzdemonstranten (zunächst) der Rechtsschein aus Art. 8 I GG; denn ihre Aktion ist nicht unfriedlich. Kommt es bei Sitzdemonstrationen zu Grundrechtskollisionen (etwa mit der körperlichen Bewegungsfreiheit von Verkehrsteilnehmern), müssen Versammlungsbehörde und Polizei wegen der gegebenen Erlaubnisfreiheit und der aus ihr folgenden Zulassungsform des kontrollierten Geschehenlassens mittels einer Verfügung nach § 15 II VersG **initiativ** werden, um den Grundrechtsschutz durch Art. 8 I GG zu beenden. Das führte vor der zweiten Sitzblockadenentscheidung des BVerfG[762] dazu, daß die Verwerflichkeit der mit einer Sitzblockade gegebenen tatbestandlichen Nötigung erst mit der formalen Beendigung des Schutzes durch Art. 8 I GG bejaht werden konnte, sog. Verwaltungsaktsakzessorietät.[763] Auf diese Rechtsfigur kommt es nach der neuen Entscheidung des BVerfG im Hinblick auf die Bejahung verwerflicher Nötigung nicht mehr an, weil eine solche schon tatbestandlich wegen Verstoß gegen Art. 103 II GG ausscheidet.

543 Sitzdemonstrationen sollen Aufmerksamkeit für das verfolgte Protestziel bewirken; die kollektive Meinungskundgabe erfolgt unter Einsatz der Körper der Demonstranten, der als besondere Aktionsform unter den Schutz der durch Art. 8 I GG gewährleisteten Gestaltungsfreiheit fällt (vgl. o. Rdn. 38 u. 46). Teilnehmer von Sitzdemonstrationen können also ihre Meinung kollektiv durch physische Präsenz kundtun und ihre Überzeugungen auch mittels nonverbaler Ausdrucksformen sichtbar machen, etwa durch eine Sitzdemonstration als **lebendiges Stoppschild.** Der Einsatz des Körpers als kollektive kommunikative Protestaktion kann somit unter den Gewährleistungsbereich von Art. 8 I GG fallen, auch wenn es dadurch zu Beeinträchtigungen von Grundrechten Dritter kommt. Das Recht zur Benutzung der Straße folgt dabei unmittelbar aus Art. 8 I GG (vgl. o. Rdn. 49).

---

[758] A. A. *Dietel/Gintzel/Kniesel* (o. Fußn. 5), § 15 Rdn. 51.

[759] So aber wohl *BVerwG* NVwZ 1988, 251; auch *Götz* NVwZ 1990, 731; dagegen zutr. *OVG Bremen* NVwZ 1987, 236.

[760] Vgl. *VGH Mannheim* NVwZ 1989, 163.

[761] Ähnlich *Götz* NVwZ 1990, 731; *VGH Mannheim* NVwZ 1989, 163.

[762] *BVerfG* NJW 1995, 1141.

[763] Vgl. u. Fußn. 765.

Das BVerfG hält aber Behinderungen Dritter nur insoweit durch Art. 8 I GG gerechtfertigt, wie sie als sozialadäquate Nebenfolgen mit rechtmäßigen Demonstrationen verbunden sind; wird die Behinderung Dritter nicht lediglich als Nebenfolge in Kauf genommen, sondern vielmehr beabsichtigt, um die Aufmerksamkeit für das Demonstrationsanliegen zu steigern, ist die Polizei befugt, gegen die Demonstranten vorzugehen, um den Rechten der behinderten Dritten Geltung zu verschaffen, sofern deren Behinderung von einigem Gewicht ist.[764] 544

Die entscheidende Frage, ob und inwieweit auch die **beabsichtigte** länger andauernde Behinderung unter den Schutzbereich von Art. 8 I GG fallen kann, ist vom BVerfG nicht überzeugend beantwortet worden, wenn es nur die sozialadäquate Nebenfolge als gerechtfertigt ansieht. Geht es im Polizeirecht, wozu das Versammlungsgesetz zählt, um Auswirkungen eines Verhaltens auf Dritte, so kommt es auf die **objektive** Zurechnung an; insoweit ist irrelevant, ob die behindernde Wirkung für Dritte durch einen sich fortbewegenden Demonstrationsaufzug, eine stehende Demonstration als Kundgebung oder eine sitzende Aktion eintritt; die objektive Wirkung ist in allen drei Fällen die gleiche: Befinden sich die Demonstranten auf der Fahrbahn, so hat das Auswirkungen, tritt regelmäßig ein Verkehrsstau ein. Die **Sitz**demonstration wegen ihrer subjektiven Ausrichtung auf Aufmerksamkeitssteigerung besonders zu behandeln, erscheint inkonsistent, zumal das subjektive Element genauso bei einem Aufzug oder einer Kundgebung verfolgt werden kann. 545

Kann sich der Grundrechtsträger auf Art. 8 I GG berufen, weil sein Verhalten nicht unfriedlich ist, so bedeutet das noch nicht, daß er das Grundrecht auch ausüben, also an der demonstrativen Aktion teilnehmen kann. Denn Versammlungsbehörde bzw. Polizei können Maßnahmen nach § 15 VersG treffen, dem Grundrechtsträger entweder von vornherein (Verbot) oder im nachhinein (Auflösung) den Schutz von Art. 8 I GG wieder nehmen. Insoweit hat sich inzwischen die h. M. herausgebildet, daß Art. 8 I GG so lange für die Zulässigkeit einer Sitzdemonstration streitet, als diese durch vor Ort befindliche Polizei nicht nach § 15 II VersG aufgelöst worden ist.[765] Erst mit der Auflösungsverfügung werden die Sitzdemonstranten aus dem Schutzbereich „entfernt", in den sie gelangt waren, weil ihre Aktion nicht unfriedlich war. Die Auflösungsverfügung ist zur Beendigung des Grundrechtsschutzes auch deshalb geboten, weil Versammlungen bzw. Demonstrationen eben nicht genehmigt werden müssen, sondern in der Zulassungsform des kontrollierten Geschehenlassens stattfinden.[766] Überdies ist der aus Art. 8 I GG in § 15 VersG eingespeiste **verfahrensrechtliche Gehalt** zu beachten; dieser Grundrechtsschutz durch Verfahren (vgl. o. Rdn. 98) will eben garantieren, daß die Grundrechtsträger ausschließlich über § 15 II VersG aus dem Schutzbereich „entfernt" werden.[767] 546

Sollen an die Auflösungsverfügung über die Pflicht ihrer Befolgung hinaus Rechtsfolgen geknüpft werden (etwa in Form der Bejahung einer Ordnungswidrigkeit nach § 29 I Nr. 2 VersG bzw. § 113 OWiG), so ist die **Rechtmäßigkeit der Auflösungsverfügung** 547

---

[764] *BVerfGE* 73, 206 (250); krit. dazu *Bertuleit/Herkströter* (o. Fußn. 14), § 240 Rdn. 44 f.

[765] Vgl. dazu *BVerfGE* 73, 206 (250); *BVerfG* NJW 1991, 771; 1992, 2688; auch *BVerfGE* 87, 399 (407), wenn von der Verzahnung zwischen Verwaltungsrecht und Straf- sowie Ordnungswidrigkeitenrecht gesprochen wird; vgl. auch *BVerfGE* 92, 191 (201 f.); *BayObLG* NVwZ 1990, 196, wonach mit wirksamer Auflösung durch die Polizei Art. 8 I GG als Rechtfertigungsgrund für strafbares Verhalten entfällt; *OLG Zweibrücken* StV 1986, 103; *Brohm* JZ 1985, 211; *Kühl* StV 1987, 132; *v. Mutius,* Jura 1988, 89; *Pieroth/Schlink,* Grundrechte, 1989, Rdn. 787; *Weichert* StV 1989, 459 ff.; *Eser,* in: Festschrift für Jauch, 1990, S. 45; *Bertuleit/Herkstrater* (o. Fußn. 14), § 240, Rdn. 46; *Hofmann/Hoeppel* DÖV 1992, 873 ff.; *Kuemeyer/Deubert* NJW 1992, 3132 ff.; *Ebel* Kriminalistik 1993, 47 Fußn. 19; *Küpper-Bode* Jura 1993, 190; *Rinken* StV 1994, 104; *Bertuleit,* Sitzdemonstrationen, 1994, S. 82 ff. u. 110 ff.; *Ott/Wächtler* (o. Fußn. 68), § 15 Rdn. 40; *Höfling* (o. Fußn. 9), Art. 8 Rdn. 30; *Schulze-Fielitz* (o. Fußn. 9), Art. 8 Rdn. 24 u. 58. *BVerfGE* 82, 236 (264) steht der Auffassung von der Notwendigkeit einer Auflösungsverfügung nicht entgegen, da diese Entscheidung nicht in der Reihe der Sitzblockadenentscheidungen des *BVerfG* steht, ging es doch ausdrücklich nicht um Nötigung, sondern um Landfriedensbruch, vgl. dazu *Kniesel* NStZ 1998, 289; *Höfling* (o. Fußn. 9), Art. Rdn. 30; ausf. zur Verwaltungsakzessorietät *Werner* (o. Fußn. 312), S. 127 ff.; a. A. *Schwabe* NStZ 1998, 22 f.

[766] *Brohm* JZ 1985, 508.

[767] *Knemeyer/Deubert* NJW 1992, 3133.

zwingende Voraussetzung.[768] Das bedeutet, daß **alle** formellen und materiellen gesetzlichen Anforderungen an eine solche Maßnahme erfüllt sein müssen. Daraus folgt, daß nur eine rechtmäßige Auflösungsverfügung eine Ordnungswidrigkeit „produzieren“ kann.

548 Im einzelnen ist bei einer demonstrativen Blockadeaktion wie folgt zu verfahren. Solange diese keine Behinderung bewirkt (sie ist symbolisch angelegt, soll gar keine oder nur eine unwesentliche Behinderung bewirken; es sind keine Personen vor Ort, die behindert werden könnten), besteht keine Veranlassung für polizeiliches Einschreiten. Kommt es dagegen zu einer konkreten, nicht unwesentlichen Behinderung und damit zur unmittelbaren Gefährdung der öffentlichen Sicherheit, ist die Polizei zum Einschreiten nach § 15 II VersG berechtigt. Im Rahmen der danach zulässigen Maßnahmen (Auflagenerteilung durch beschränkende Verfügung und ggfs. Auflösung) sind die beteiligten Grundrechte (Versammlungs- und Demonstrationsfreiheit gegenüber der körperlichen Bewegungsfreiheit) so miteinander abzustimmen, daß jedem Wirksamkeit verbleibt und dadurch gleichzeitig die öffentliche Sicherheit gewahrt wird.

549 Bei dieser Abstimmung sind alle Umstände des Einzelfalles zu berücksichtigen (Vorliegen einer Anmeldung bzw. vorherige Bekanntgabe; Dauer der Aktion; Auswirkung auf den öffentlichen bzw. privaten Verkehrsablauf; Zugangsmöglichkeit zu den blockierten öffentlichen bzw. privaten Gebäuden oder Liegenschaften; Ausweichmöglichkeiten in Form zumutbarer Umgehung bzw. Schaffung anderer Zugangsmöglichkeiten; Umleitung des Verkehrs durch die Polizei; Kooperationsbereitschaft der Demonstrationsteilnehmer vor Ort; Verhalten der Demonstrationsteilnehmer in Form der Beschränkung auf passives Verhalten; Sachbezug zwischen Demonstrationsort und Demonstrationsanliegen).

550 Der **Grundrechtsausgleich** kann polizeilicherseits z. B. gelingen durch Umleitung des Verkehrs, durch Schaffen einer anderen Zugangsmöglichkeit, durch Zuweisung eines Teils der blockierten Fläche an die Demonstranten und Leiten des Verkehrs über den freigemachten Teil. Gelingt in diesen und vergleichbaren Fällen der Grundrechtsausgleich, so bedarf es keiner Auflösungsverfügung.

551 Gelingt der Grundrechtsausgleich nicht, kann nach Auffassung des BVerfG Art. 8 I GG nur kurzfristige Blockadeaktionen abdecken.[769] Darüber hinausgehende Aktionen berechtigen (bzw. verpflichten bei Ermessensreduzierung auf Null) zum Einschreiten nach § 15 II VersG. Die tatbestandliche Voraussetzung der unmittelbaren Gefahr für die öffentliche Sicherheit liegt in der (nach Zeitablauf) nunmehr gegebenen **Verletzung des Gemeingebrauches** nach dem jeweiligen Landesstraßengesetz und des dahinterstehenden Grundrechts der Verkehrsteilnehmer auf körperliche Bewegungsfreiheit aus Art. 2 II 2 GG. Ihre Rechtsposition hat nach Verstreichen der Zeit einer mehr als geringfügigen Behinderung Vorrang gegenüber Art. 8 I GG und ist bei Fortdauer der Blockadeaktion verletzt.

552 Ordnungswidrigkeitentatbestände (nach § 29 I Nr. 2 VersG, § 113 OWiG bzw. wegen unzulässiger, weil nicht erlaubter Sondernutzung nach den Landesstraßengesetzen) kommen als verletzte Bestandteile der öffentlichen Sicherheit erst dann in Betracht, wenn **vorher eine rechtmäßige Auflösungsverfügung ergangen ist;** erst diese konkretisiert die Entfernungspflicht, macht als rechtsgestaltender Verwaltungsakt die Versammlung zur Ansammlung und das aus Art. 8 I GG unmittelbar folgende Recht zur Benutzung der Straße zur erlaubnispflichtigen Sondernutzung. Die Verwaltungsakts- bzw. Verwaltungsrechtsakzessorietät (vgl. o. Rdn. 542) gewinnt in diesem Zusammenhang eine neue maßgebliche Bedeutung.

553 Die zwangsweise Durchsetzung der Auflösungsverfügung bedarf eigenständiger rechtlicher Prüfung, insbesondere am Maßstab des Übermaßverbots. Ist wegen der konkreten Umstände des Einzelfalles beim Einsatz unmittelbaren Zwanges durch die Polizei (Ab-

---

[768] *BVerfGE* 87, 399 (408 f.); vgl. auch *BVerfG* BayVBl. 1995, 495; vgl. dazu auch *Reinhart* StV 1995, 101 ff.

[769] *BVerfGE* 73, 206 (250).

drängen oder Wegtragen der Blockierer) eine unbeherrschbare Eskalation der Lage wahrscheinlich, steht das Verfassungsprinzip der Verhältnismäßigkeit entgegen und wirkt als Eingriffsverbot.[770] Ist eine solche Lageentwicklung absehbar und unterbleibt deshalb schon die Auflösungsverfügung, hat das zur Folge, daß die genannten Ordnungswidrigkeitentatbestände nicht verwirklicht werden können, weil sie die (rechtmäßige) **Auflösungsverfügung zur Entstehensvoraussetzung haben.**

§ 15 II VersG kennt vier Auflösungsgründe, die in drei mittelbare und einen unmittelbaren unterschieden werden können. Zunächst ist es nach dem Wortlaut die unterbliebene Anmeldung. Entgegen der eindeutigen Formulierung von Art. 8 I GG (ohne Anmeldung) führt § 14 VersG den Anmeldungszwang ein. Dieser läßt sich nur dann mit Art. 8 I GG vereinbaren, wenn er verfassungskonform dahin ausgelegt wird, daß (auch absichtlich) nicht angemeldete Versammlungen nur unter den tatbestandlichen Voraussetzungen des § 15 I VersG (unmittelbare Gefährdung der öffentlichen Sicherheit) aufgelöst werden können (o. Rdn. 277). Die Auflösung ist insoweit kein taugliches Mittel zur Durchsetzung der Anmeldepflicht. Allerdings kann die Gefährdung der öffentlichen Sicherheit gerade deshalb eintreten, weil die Anmeldung unterblieben ist und der Versammlungsbehörde deshalb keine Zeit zur Gefahrenabwehr blieb. Verspätung bei der Anmeldung ist schon nach dem Wortlaut kein Auflösungsgrund. Bei **Spontanversammlungen** (o. Rdn. 287 ff.) entfällt die Anmeldepflicht ohnehin (o. Rdn. 293). 554

Weicht der Veranstalter von den Angaben der Anmeldung ab, ist die Auflösung möglich, soweit gleichzeitig eine unmittelbare Gefährdung der öffentlichen Sicherheit vorliegt. Dem Veranstalter nicht zuzurechnende Abweichungen (Verkehrsstockungen bringen etwa den Zeitplan durcheinander) rechtfertigen eine Auflösung nicht. 555

Da die Beschränkungen nach § 15 I VersG ansonsten nicht zulässige Versammlungen ermöglichen sollen, führt ein Verstoß gegen die versammlungsbehördliche Verfügung zwangsläufig zur unmittelbaren Gefährdung der öffentlichen Sicherheit. 556

Hätte eine Versammlung verboten werden können, ist im nachhinein **erst recht** die Auflösung unter den Voraussetzungen des Verbots zulässig. Ist ein Verbot unterblieben (etwa weil übersehen wurde, daß dem Veranstalter kein Versammlungsrecht zusteht), so ist das Versäumnis durch Auflösung nachholbar. Der Veranstalter kann insoweit keinen Vertrauensschutz geltend machen, weil wegen der bestehenden Erlaubnisfreiheit keine behördliche Verfügung (Verwaltungsakt) ergangen ist, auf den er hätte vertrauen können. Die Duldung von Unrecht schafft allein kein Recht. 557

Auch nach Beginn einer Versammlung bzw. Demonstration kann an den Veranstalter (und über ihn an alle Teilnehmer) eine beschränkende Verfügung mit allgemeinem Inhalt (d. h. mit Auswirkungen für alle Teilnehmer, z. B. durch Änderung der Marschroute) ergehen. Das gilt auch für **Spontanversammlungen.** Zwar befugt § 15 II VersG nur zur Auflösung, doch ist die beschränkende Verfügung gegenüber der Auflösung der geringere Eingriff und deshalb von der Auflösungsermächtigung mit abgedeckt. 558

Offene oder geschlossene Begleitung eines Aufzuges durch Polizeikräfte kann bei entsprechender Gefahrenprognose als beschränkende Verfügung auf § 15 II VersG gestützt werden. Allerdings ist zu berücksichtigen, daß durch hautnahe Begleitung das Erscheinungsbild des Aufzugs nachhaltig verändert, das Recht der Teilnehmer auf Selbstdarstellung beeinträchtigt (o. Rdn. 46) und so eine erhebliche psychische Barriere für die Teilnahme und die Kommunikation zwischen Demonstranten und Öffentlichkeit errichtet werden kann[771] (o. Rdn. 44). 559

Möglich sind auf der Grundlage von § 15 II VersG auch **unmittelbar teilnehmerbezogene Anordnungen,** weil nach Beginn der Versammlung neben dem Veranstalter nunmehr auch Teilnehmer als Grundrechtsträger auftreten. Davon zu unterscheiden sind Maßnahmen im Vorfeld gegen anreisende (potentielle) Teilnehmer (Stillegung von Fahr- 560

---

[770] Vgl. *Kniesel* Die Polizei 1989, 183.
[771] *OVG Bremen* NVwZ 1990, 1191 f.

zeugen, Verbot der Weiterfahrt – sog. Verzögerungsgewahrsam –), die die (rechtzeitige) Teilnahme in Frage stellen oder unmöglich machen können (o. Rdn. 79).

561 Als unmittelbar teilnehmerbezogene Anordnungen sind sog. **Minus-Maßnahmen** nach § 15 II VersG zulässig. Gemeint sind damit versammlungsbehördliche Maßnahmen, die weniger einschneidend als die Auflösung sind. Mit der Formulierung, daß die zuständige Behörde die Versammlung von bestimmten Auflagen abhängig machen kann, verweist § 15 I VersG auf die **polizeigesetzlichen Befugnisse zur Gefahrenabwehr** und läßt diese als Mittel zur Abwehr unmittelbarer Gefahren i. S. von § 15 II VersG zu,[772] und zwar deshalb, weil so das Prinzip der Verhältnismäßigkeit gewahrt werden kann. Insoweit ist das VersG gegenüber den Polizeigesetzen nur hinsichtlich der tatbestandlichen Voraussetzungen, nicht aber bezüglich des Regelungsinhalts einer beschränkenden Verfügung abschließender Natur. Befugnisnorm ist dabei § 15 II VersG i.V. mit der zur Konkretisierung der Beschränkung herangezogenen Eingriffsermächtigung des Polizeirechts. Mit dieser Konstruktion als besonderer Art von Rechtsfolgenverweisung wird sowohl die Spezialität des Versammlungsgesetzes gewahrt als auch das Zitiergebot beachtet, denn da „eigentliche" Ermächtigungsgrundlage § 15 II VersG bleibt, ist Art. 19 I 2 GG durch § 20 VersG Rechnung getragen, ohne daß die Nichtzitierung von Art. 8 I GG in den Polizeigesetzen der Länder entgegenstehen könnte.[773]

562 Klassische Minus-Maßnahme ist die Sicherstellung (etwa von Spruchbändern mit beleidigendem Inhalt). Im Rahmen von § 15 II VersG können aber nur solche Standardmaßnahmen des Polizeirechts herangezogen werden, die die weitere Teilnahme zulassen. Unmittelbar teilnehmerbezogene Maßnahmen, die zum Ausschluß führen, sind in den §§ 17 a IV, 18 III und 19 IV VersG abschließend geregelt; insoweit wäre eine Ingewahrsamnahme als beschränkende Verfügung unzulässig. Ingewahrsamnahmen können aber nach dem Ausschluß von störenden Teilnehmern gegen diese erfolgen, wenn andauernde Störungen durch mildere Maßnahmen (z. B. Aussprechen eines Platzverweises) nicht zu beseitigen sind.

563 Entfernen sich die Teilnehmer nach erfolgter Auflösung zunächst, demonstrieren dann aber in der Nähe des alten Versammlungsortes weiter, so kann darin eine neue (Spontan-)Demonstration liegen, sofern sie mit dem erkennbaren Protest gegen die Auflösung einen neuen Demonstrationsgegenstand hat.[774] Diese kann aber bei weiterhin gegebenen tatbestandlichen Voraussetzungen von § 15 II VersG (endgültig) aufgelöst werden (vgl. o. Rdn. 22).

564 Besteht die Gefahr, daß im Anschluß an eine Versammlung bzw. Demonstration als Folgeaktionen Gewalttätigkeiten bzw. Ausschreitungen begangen werden, so stellt sich die Frage nach den zulässigen polizeilichen Abwehrmaßnahmen. Eine stationäre Einschließung der Versammlung durch Polizeikräfte (sog. Hamburger Kessel) kann nur kurzfristig und unter engen Voraussetzungen als letztes Mittel der Gefahrenabwehr (Verhinderung von Straftaten – Landfriedensbruch –) in Betracht kommen. In der stationären Einschließung kann zunächst keine konkludente Auflösung gesehen werden[775] (o. Rdn. 539). Aber auch die stationäre Einschließung nach Auflösungsverfügung durch Festhalten am Ort der beendeten Versammlung bzw. Demonstration ist unzulässig, da **mit der Auflösung die Möglichkeit zum Sichentfernen gegeben sein muß.** Zulässig ist allerdings die Kombination eines Verbots in der Ansammlungsphase mit anschließendem Festhalten von Störern, von denen gewalttätige Ausschreitungen zu erwarten sind.[776]

---

[772] *BVerwGE* 64, 55 (58); *BVerwG* NJW 1989, 2411; *OVG Bremen* NVwZ 1990, 1189; *VGH Kassel* DVBl. 1990, 1052 f.; vgl. dazu näher *Schnur* VR 2000, 114 ff.

[773] *Geis* Die Polizei 1993, 294; *Schnur* VR 2000, 114 ff.; krit. zum sog. Minus-Maßnahmen-Modell *Bertuleit/Herkströter* (o. Fußn. 14), § 1 Rdn. 39.

[774] Krit. *Zeitler* (o. Fußn. 17), Rdn. 587.

[775] *VG Hamburg* NVwZ 1987, 831 f.

[776] *Dietel/Gintzel/Kniesel* (o. Fußn. 5), § 15 Rdn. 45.

Insoweit kann sich eine andere Beurteilung ergeben, wenn sich die Betroffenen nach Auflösung trotz bestehender Möglichkeit nicht entfernt haben.[777] Sind hier aus der Menschenmenge Gewalttätigkeiten zu befürchten und kann diese mit anderen polizeilichen Mitteln nicht zerstreut werden, so kann es zulässig sein, die Personen kurzfristig festzunehmen, um den Zusammenhalt der Menschenmenge und damit die Begehung von Gewalttätigkeiten zu verhindern.[778] 565

Zur Verhinderung rechtswidriger Folgeaktionen kann auch der sog. **Verbringungsgewahrsam**[779] (Demonstrationsteilnehmer werden durch die Polizei an eine vom Versammlungsort entfernte Stelle gebracht) in Betracht kommen. Dieser setzt aber eine ordnungsgemäße Auflösung voraus und kann im übrigen nur unter den tatbestandlichen Voraussetzungen der Ingewahrsamnahme zulässig sein. 566

Im übrigen sind zur Verhinderung von Gewalttätigkeiten im Anschluß an beendete Versammlungen **individuelle** Ingewahrsamnahmen zulässig.[780] Dabei ist der richterlichen Kompetenz zur Freiheitsentziehung Rechnung zu tragen. Das bedeutet, daß bei Demonstrationen entsprechender Größenordnung Richter vor Ort sein sollten. 567

l) Obligatorische Auflösung

Nach § 15 III VersG *ist* eine verbotene Veranstaltung aufzulösen. Die Auflösung als versammlungsbehördliche Maßnahme ist damit zwingend vorgeschrieben. 568

Obligatorisch ist nur die Auflösung; der zu ihrer Durchsetzung erforderliche Verwaltungszwang, insbesondere die Anwendung unmittelbaren Zwanges durch körperliche Gewalt, muß verhältnismäßig (d. h. geeignet, erforderlich und angemessen) sein.[781] Das kann (vgl. die Brokdorf-Demonstration) zum **Eingriffsverbot**[782] führen, wenn, wie im Falle der Brokdorf-Demonstration die Durchsetzung faktisch unmöglich ist oder bei Durchsetzung der nach § 15 III VersG gebotenen Auflösung mittels Verwaltungszwang Eskalationen eintreten würden, die schwerer wiegen als die Tolerierung der verbotenen Demonstration (o. Rdn. 335 ff.). 569

m) Befugnis zur Durchsetzung der Verbote von Vermummung und Passivbewaffnung

§ 17 a IV VersG gibt die Eingriffsermächtigung zur Durchsetzung der in Abs. 1 und Abs. 2 enthaltenen Verbote (o. Rdn. 377 ff.). Die Befugnis steht bezüglich der Rechtsfolge der Ausschlußmöglichkeit in engem Zusammenhang mit den §§ 18 III, 19 IV VersG, die ebenfalls den Ausschluß (bei gröblicher Störung) regeln. Allerdings geht § 17 a IV VersG über diese hinaus, indem Maßnahmen gegen passivbewaffnete Personen schlechthin und gegen Vermummte auch dann zulässig sind, wenn durch sie die Versammlung nicht gröblich gestört wird. 570

Maßnahmen zur Durchsetzung der Verbote sind **präventiver** Natur. Es geht zunächst um die Verhütung von Straftaten, etwa durch Errichtung von Kontrollstellen,[783] an denen anreisende Teilnehmer zwecks Verhinderung von Straftaten nach § 27 VersG (Vermummung, Passivbewaffnung) durchsucht und verbotene Gegenstände sichergestellt werden können. 571

Mit der Mißachtung der Verbote in § 17 a I und II VersG sind gleichzeitig Straftatbestände des § 27 VersG verletzt, wodurch die Polizei nach dem Legalitätsprinzip zur Strafverfolgung verpflichtet ist (o. Rdn. 332 ff.). In dieser Gemengelage von Strafverfolgung und Gefahrenabwehr (o. Rdn. 333) kann es zur Kollision zwischen den beiden polizei- 572

---

777 So im Fall des *BayObLG* BayVBl. 1990, 347 ff.
778 *BayObLG* BayVBl. 1990, 349.
779 *VG Bremen* NVwZ 1986, 862 ff.; *OVG Bremen* NVwZ 1987, 235 ff.; *BayObLG* BayVBl. 1990, 196 ff.; *Maaß* NVwZ 1985, 151 ff; *Zeitler* (o. Fußn. 17), Rdn. 594 ff.
780 *BayVGH* BayVBl. 1990, 685 ff.
781 *KG Berlin* NVwZ 2000, 470.
782 Dazu näher *Kniesel* Die Polizei 1990, 183; krit. *Krüger* (o. Fußn. 17), S. 136.
783 Z. B. § 12 I Nr. 5 PolGNW.

lichen Aufträgen kommen, etwa wenn die Polizei gegen vermummte bzw. passivbewaffnete Teilnehmer in einer Versammlung einschreitet und dabei Gefahr läuft, daß es gerade durch das polizeiliche Handeln zur Strafverfolgung (Identitätsfeststellung oder Festnahme) zu Gewalttätigkeiten kommt. Da die Verhinderung derselben vorrangige polizeiliche Aufgabe ist, hat **in einem solchen Kollisionsfall die Gefahrenabwehr Priorität** (o. Rdn. 336 ff.).

573 Aus der polizeilichen Doppelzuständigkeit folgt die Unzulässigkeit von Anordnungen nach § 17a IV VersG, wenn diese Strafverfolgung ermöglichen oder erleichtern sollen. Tatverdächtige dürfen nicht durch präventivpolizeiliche Anordnungen zur Mitwirkung an gegen sie gerichtete Beweissicherungsmaßnahmen verpflichtet werden, etwa durch Aufforderung nach § 17a IV VersG, mitgeführte Schutzwaffen der Polizei zu übergeben.

574 Präventivpolizeiliche Sicherstellungen werden aber nicht dadurch in Frage gestellt, daß mit den sichergestellten Gegenständen zugleich auch Beweismittel gewonnen werden könnten. Sicherstellungen ohne Feststellung der Personalien unterbinden strafbare Handlungen, ohne die mit Personalienfeststellungen programmierten Eskalationen eintreten zu lassen.

n) Ausschließung von Teilnehmern

575 Die Polizei kann nach § 18 III VersG Teilnehmer, die die Ordnung gröblich stören, von der Versammlung ausschließen. Die Ausschließungsverfügung verbietet dem Adressaten die weitere Teilnahme, d. h. der rechtmäßige Ausschluß beendet das durch Art. 8 I GG verbürgte Teilnahmerecht. Die ausgelöste Pflicht zum Sichentfernen folgt aus § 18 I i.V. mit § 11 II VersG. Für Zwangsanwendung ist nach der Ausschlußverfügung ein Platzverweis nach Polizeirecht erforderlich.

576 Adressat von § 18 III VersG ist der Teilnehmer, der interne Störungen verursacht. Er ist abzugrenzen vom Nichtteilnehmer, der externe Störungen bewirkt (o. Rdn. 418).

577 Eine gröbliche Störung liegt vor, wenn Teilnehmer den geplanten ordnungsgemäßen Ablauf und damit die Versammlung als solche vereiteln wollen. Das ist bei einer Diskussionsveranstaltung der Fall, wenn etwa der Redner auf Dauer niedergeschrien wird (vgl. o. Rdn. 262). Hat der Veranstalter einer Demonstration in seiner Einladung ausdrücklich zu einem Schweigemarsch eingeladen, so vereiteln solche Teilnehmer, die Parolen skandieren wollen, den Versammlungszweck und können sich deshalb nicht für diese Versammlung auf ein Teilnahmerecht berufen. Fangen sie erst nach Beginn des Schweigemarsches mit dem Skandieren ihrer Parolen an, liegen die Voraussetzungen für den Ausschluß vor (vgl. o. Rdn. 256).

578 Zum Ausschluß ermächtigt ist bei Versammlungen unter freiem Himmel nur die Polizei, nicht der Leiter mit Ordnern.

579 Für Aufzüge übernimmt § 19 IV VersG die Regelung des § 18 III VersG. Allerdings enthält § 19 IV VersG keine ausdrückliche Regelung bezüglich der Entfernungspflicht und verweist auch nicht auf § 11 II VersG. Es handelt sich offensichtlich um ein Versehen des Gesetzgebers, denn es ist kein Grund ersichtlich, die vom Gesetzgeber auch für Versammlungen unter freiem Himmel vorgesehene Entfernungspflicht gerade bei Aufzügen auszusetzen, wo doch gleiche Gefahren abzuwehren sind.

VII. Sanktionstatbestände

1. Straftaten

580 **Strafrecht ist ultima ratio;** Strafgesetze sind die schärfsten Waffen im Arsenal des Gesetzgebers.[784] Jede Strafbestimmung unterliegt der verfassungsrechtlichen Kontrolle, ob die durch sie bewirkte Grundrechtseinschränkung zum Schutze des bedrohten Rechts-

[784] *BVerfGE* 39, 1 (46 f.).

gutes geeignet, erforderlich und zumutbar ist.[785] Das Strafrecht muß dem Schutz klar definierter erheblicher Rechtsgüter dienen,[786] wobei Ziel die Bekämpfung sozialschädlicher Handlungen ist. Weil das Verfassungsrecht vom Strafrecht eine gewichtige Begründung für die in die Freiheitssphäre des Bürgers eingreifende Sanktion verlangt, kann sich der Strafgesetzgeber nur über den Schutz eines bedeutsamen Rechtsguts legitimieren.

a) Unmöglichmachen von Versammlungen

Nach § 21 VersG wird mit Freiheitsstrafe bis zu drei Jahren oder mit Geldstrafe bestraft, **581** wer in der Absicht, nicht verbotene Versammlungen oder Aufzüge zu verhindern oder zu sprengen oder sonst ihre Durchführung zu vereiteln, Gewalttätigkeiten vornimmt oder androht oder grobe Störungen verursacht.

Die mit Strafe bedrohte Handlung kann in der Begehung bzw. der Androhung von **582** Gewalttätigkeiten oder in der Verursachung grober Störungen liegen. Gewalttätig ist ein Verhalten, das durch Kraftentfaltung die Unversehrtheit einer Person oder die Substanz einer Sache beeinträchtigt; es muß sich um Aktivitäten von erheblicher Gefährlichkeit handeln (o. Rdn. 136). Der weite Gewaltbegriff von § 240 StGB kann deshalb nicht zugrunde gelegt werden.

Der Begriff der groben Störung ist nicht identisch mit dem gröblichen Stören, das **583** nach den §§ 11 I, 18 III und 19 IV VersG zum Ausschluß führen kann. Als ultima ratio verstandenes Strafrecht (o. Rdn. 580) kann nicht mit einer Strafandrohung bis zu drei Jahren beim gleichen Verhalten anknüpfen wie die auf die Aufrechterhaltung der Ordnung der Versammlung gerichteten Ausschlußbefugnisse.

Es muß daher ein **Gefälle in der Qualität der groben Störung** bestehen. Indem § 21 **584** VersG Gewalttätigkeiten und grobe Störungen als Parallelbegriffe verwendet, macht er deutlich, daß die Gefährlichkeit der groben Störung der durch Begehung von Gewalttätigkeiten gleichkommen muß. § 21 VersG wird damit nicht zum Erfolgsdelikt in der Weise, daß die Versammlung infolge der groben Störung gescheitert sein muß. Aber die **prognostizierte Gefahr der Undurchführbarkeit** muß bei § 21 VersG eine ungleich höhere sein als beim gröblichen Stören, das zur Ausschließung führen kann.

b) Widerstand gegen oder Angriff auf Leiter und Ordner

Nach § 22 VersG wird mit Freiheitsstrafe bis zu einem Jahr oder mit Geldstrafe bestraft, **585** wer bei einer öffentlichen Versammlung oder einem Aufzug dem Leiter oder einem Ordner in der rechtmäßigen Ausübung seiner Ordnungsbefugnisse mit Gewalt oder Drohung mit Gewalt Widerstand leistet oder ihn während der rechtmäßigen Ausübung seiner Ordnungsbefugnisse tätlich angreift.

c) Aufruf zu einer verbotenen Versammlung

In § 23 VersG wird mit Freiheitsstrafe bis zu einem Jahr oder mit Geldstrafe bedroht, **586** wer öffentlich, in einer Versammlung oder durch Verbreiten von Schriften, Ton- oder Bildträgern, Abbildungen oder anderen Darstellungen zur Teilnahme an einer öffentlichen Versammlung oder einem Aufzug auffordert, nachdem die Durchführung durch ein vollziehbares Verbot untersagt oder die Auflösung angeordnet worden ist.

Die Strafbestimmung ist mit dem sog. Artikelgesetz[787] in das Versammlungsgesetz **587** eingefügt worden und stellt eine Regelung wieder her, die bis zum Dritten Gesetz zur Reform des Strafrechts[788] als § 23 VersG bestand und in diesem Reformgesetz zur Ordnungswidrigkeit (§ 116 OWiG i.V. mit § 29 I Nr. 1 und 2 VersG) herabgestuft wurde. Die

---

785 *BVerfGE* 39, 1 (46 f.); 45, 187 (260); 50, 125 (140).
786 *BVerfGE* 39, 1 (46); *Kühl* NJW 1986, 875.
787 V. 9.6.1989, BGBl. I S. 1059.
788 BGBl. I S. 505.

erneute Heraufstufung zum Straftatbestand wird mit der Notwendigkeit begründet, den zuständigen Behörden müsse ein wirksames Mittel zur Durchsetzung von Verbots- bzw. Auflösungsverfügungen eingeräumt werden; als solches Mittel sei § 116 OWiG nicht effektiv gewesen.[789]

588 Bezüglich der Wirksamkeit des neuen Mittels ergeben sich Zweifel. Gegen die eigentlichen Störer (die Teilnehmer an der verbotenen oder aufgelösten Versammlung) kann es nicht eingesetzt werden, weil die Strafandrohung sich nicht gegen diese richtet. Die Wirksamkeit könnte darin liegen, daß sich die Auffordernden durch das Bewußtsein, eine Straftat zu begehen, dazu bewegen lassen, die Aufforderung zu unterlassen, was beim in Frage kommenden Personenkreis kaum realistisch sein dürfte.[790] Die Wirksamkeit könnte auch damit begründet werden, die Polizei könne den Auffordernden, der nunmehr einer Straftat verdächtig ist, nach § 127 StPO festnehmen oder nach § 163b StPO zur **Identitätsfeststellung** festhalten. Dies ist fraglos ein präventiv wirkendes Vorgehen dann, wenn die Aufforderung noch nicht oder noch nicht voll durchgeschlagen hat. Ob aber dazu ein Strafgesetz erforderlich war, begegnet Bedenken, weil diese Präventionswirkung[791] auch durch Isolierung bzw. Abdrängen des Auffordernden auf der Grundlage des Polizeirechts i.V. mit § 116 OWiG machbar ist.[792]

d) Verwendung bewaffneter Ordner

589 Nach § 24 VersG wird mit Freiheitsstrafe bis zu einem Jahr oder mit Geldstrafe bestraft, wer als Leiter einer öffentlichen Versammlung oder eines Aufzuges Ordner verwendet, die Waffen oder sonstige Gegenstände mit sich führen, die ihrer Art nach zur Verletzung von Personen oder Beschädigung von Sachen geeignet und bestimmt sind.

e) Abweichen von der Anmeldung, Verstoß gegen Auflagen

590 In § 25 VersG wird mit Freiheitsstrafe bis zu 6 Monaten oder mit Geldstrafe bedroht, wer als Leiter einer öffentlichen Versammlung unter freiem Himmel oder eines Aufzuges die Versammlung oder den Aufzug wesentlich anders durchführt, als die Veranstalter bei der Anmeldung angegeben haben, oder Auflagen nach § 15 I VersG nicht nachkommt.

591 Eine wesentliche Abweichung von der Anmeldung liegt nur dann vor, wenn eine Situation eintritt, die es der Polizei nicht mehr erlaubt, die Versammlung zu schützen bzw. mit entgegenstehenden Rechtsgütern zu harmonisieren.

f) Durchführung einer verbotenen oder aufgelösten bzw. nicht angemeldeten Versammlung

592 Nach § 26 VersG wird mit Freiheitsstrafe bis zu einem Jahr oder mit Geldstrafe bestraft, wer als Veranstalter oder Leiter eine öffentliche Versammlung oder einen Aufzug trotz vollziehbaren Verbots durchführt oder trotz Auflösung oder Unterbrechung durch die Polizei fortsetzt (Nr. 1) oder eine öffentliche Versammlung unter freiem Himmel oder einen Aufzug ohne Anmeldung durchführt (Nr. 2).

593 Tatbestandsmäßig nach Nr. 1 handelt, wer eine öffentliche Versammlung in geschlossenen Räumen oder unter freiem Himmel bzw. einen Aufzug trotz vollziehbaren Verbots durchführt. Das Verbot kann sich aus dem Gesetz ergeben (§ 16 I VersG i.V. mit dem einschlägigen Bannmeilengesetz) oder aus einer Verbotsverfügung (§§ 5, 15 I VersG) der zuständigen Behörde. Die Begehungsweise der Fortsetzung einer aufgelösten oder unterbrochenen Veranstaltung setzt wirksame Verfügungen der zuständigen Behörde voraus.

594 Strafbar nach Nr. 2 soll nicht das **Unterlassen der Anmeldung** nach § 14 I VersG, sondern die **Durchführung trotz Nichtanmeldung** sein. Die Anmeldepflicht begegnet verfassungsrechtlichen Bedenken. Sie läßt sich nur unter Restriktionen verfassungskonform

---

[789] BT-Drucks. 238/88, S. 25 f.
[790] *Kunert* NStZ 1989, 455.
[791] Vgl. dazu *Kniesel* Die Polizei 1989, 238.
[792] *Kunert* NStZ 1989, 455.

auslegen (o. Rdn. 274 ff.); der Anmeldezwang gilt nicht für spontane oder andere veranstalterlose Versammlungen und die Nichtanmeldung (auch wenn sie böswillig unterblieben ist) rechtfertigt ein Verbot oder eine Auflösung nur bei Vorliegen der tatbestandlichen Voraussetzungen des § 15 I VersG.

Die **Umgehung** des in Art. 8 I GG enthaltenen Verbots einer Anmeldepflicht durch § 14 I VersG ist zudem nur dann hinnehmbar, wenn das Unterlassen der Anmeldung keine Strafbarkeit nach sich zieht. Das gilt zunächst für Spontanversammlungen (o. Rdn. 287 ff. und 293). Diese werden vom Gewährleistungsbereich des Art. 8 I GG erfaßt, denn die Spontaneität der Grundrechtsausübung ist Ausdruck der Selbstbestimmung. § 14 I VersG ist deshalb bei Spontanversammlungen nicht anwendbar (o. Rdn. 293). Besteht danach keine Anmeldepflicht, dann kann die Durchführung einer nicht angemeldeten Versammlung nicht strafbar sein. Wegen des eindeutigen Wortlauts von § 26 Nr. 2 VersG kommt eine restriktive Auslegung nicht in Betracht; die Bestimmung erscheint daher **verfassungswidrig.**[793] Das muß auch für Eilversammlungen gelten, wenn die 48-Stunden-Frist nicht eingehalten werden kann (dazu näher o. Rdn. 294); selbst bei bewußt nicht angemeldeten „normalen" Versammlungen bzw. Demonstrationen kann nichts anderes in Betracht kommen. 595

Darüber hinaus verstößt § 26 Nr. 2 VersG gegen das Bestimmtheitsgebot des Art. 104 I GG. Die Strafnorm legt den gesetzlichen Tatbestand nicht selber fest, sondern verweist pauschal auf § 14 VersG. Wenn es dort heißt „ohne Anmeldung" (§ 14), so ist nicht klar, ob nur die unterbliebene oder auch die verspätete oder unvollständige Anmeldung erfaßt sein soll. Das Verdikt der Verfassungswidrigkeit[794] wurde in der Vergangenheit im Schrifttum vermieden, in dem § 26 Nr. 2 VersG restriktiv dahin ausgelegt wurde, daß eine verspätete oder unvollständige Anmeldung der Nichtanmeldung nicht gleichgestellt werden kann. Hält das BVerfG mit Mehrheit § 26 Nr. 2 VersG bei verfassungskonformer Auslegung des § 14 I VersG für hinreichend bestimmt und damit verfassungsmäßig,[795] so kommt das abweichende Votum wegen Unbestimmtheit zur Verfassungswidrigkeit.[796] Mit *Geis* ist davon auszugehen, daß die Verfassungsmäßigkeit des § 26 Nr. 2 VersG steht und fällt mit der Möglichkeit verfassungskonformer Auslegung des § 14 I VersG.[797] Ist die aber nicht möglich (vgl. o. Rdn. 294), so kann die Strafvorschrift keine Anwendung finden.[798] 596

g) Vermummung und Passivbewaffnung

In § 27 II Nr. 1 und Nr. 2 VersG erfolgt als Kernstück der Novellierung des Versammlungsgesetzes die **poenale Neubewertung** der Vermummung und Passivbewaffnung durch Strafbewehrung der in § 17a I und II VersG verbotenen Handlungen (o. Rdn. 382 ff.). Als Straftaten sind nunmehr ausgestaltet und mit Freiheitsstrafe bis zu einem Jahr oder mit Geldstrafe bedroht das Mitführen von Schutzwaffen und ähnlichen Gegenständen (sowohl bei der Veranstaltung als auch auf dem Weg dorthin) und das Zurücklegen des Weges zu einer Versammlung bzw. die Teilnahme in identifikationsvereitelnder Aufmachung. 597

Gegen die Heraufstufung zum Straftatbestand bestehen (soweit das Gesetz über die Ausgestaltung als präventives Verbot hinausgeht, o. Rdn. 389 ff.) zusätzliche verfassungsrechtliche Bedenken. Ausgangspunkt ist, daß Art. 8 I GG Selbstbestimmung einräumt, in welcher Aufmachung an einer Versammlung teilgenommen wird (o. Rdn. 65 f.). Teilnahme mit Vermummung und Passivbewaffnung rechtfertigt nicht die pauschale Unterstellung der Unfriedlichkeit und liegt somit zunächst im Schutzbereich von Art. 8 I GG. Der 598

---

793 *Hölscheidt* DVBl. 1987, 671; *v. Mutius* Jura 1988, 83; *Hoffmann-Riem* (o. Fußn. 15), Art. 8 Rdn. 51; *Breitbach* NJW 1984, 845; *Ott/Wächtler* (o. Fußn. 68), § 26 Rdn. 4; *Geis* NVwZ 1992, 1031; dazu ausf. *Werner* (o. Fußn. 312), S. 101 ff.

794 *Hölscheidt* DVBl. 1987, 671; *v. Mutius* Jura 1988, 83.

795 *BVerfGE* 85, 69 (76).

796 *BVerfGE* 85, 69 (77 ff.).

797 *Geis* NVwZ 1992, 1029 f.

798 *Geis* NVwZ 1992, 1030.

Gesetzgeber kann aber über den Gesetzesvorbehalt des Art. 8 II GG auch in Form eines Strafgesetzes in den Schutzbereich eingreifen, sofern die verfassungsrechtlichen Rahmenbedingungen eingehalten werden.

599 Das aus Art. 103 II GG und § 1 StGB folgende Bestimmtheitsgebot verpflichtet den Gesetzgeber, die tatbestandlichen Voraussetzungen einer Strafnorm hinreichend präzise zu beschreiben. Dem Bürger darf das Risiko der Bestrafung erst dann drohen, wenn die Strafbarkeit nach dem für ihn verstehbaren Wortlaut zu erkennen war. Ob die Vergehenstatbestände der Vermummung und Passivbewaffnung dem genügen, wird bezweifelt.[799] In § 27 II VersG fehlen taugliche Kriterien für eine präzise Abgrenzung zwischen strafwürdiger und nicht strafwürdiger Vermummung bzw. Passivbewaffnung. Letztlich bleibt der Polizei vor Ort die Entscheidung überlassen, ob eine strafwürdige Vermummung oder Passivbewaffnung vorliegt.

600 **Strafrecht** hat fragmentarischen Charakter, weil der Erlaß von Strafgesetzen für den Gesetzgeber **ultima ratio** ist. Jedes neue Strafgesetz hat daher seine **Geeignetheit, Erforderlichkeit** und **Zumutbarkeit** nachzuweisen.[800] § 27 II Nr. 1 und 2 VersG soll Straftaten verhindern und geeignet sein, dem Ausbruch von Gewalttätigkeiten vorzubeugen. Zugleich sollen die Wirkungschancen rechtmäßiger hoheitlicher Vollstreckungsmaßnahmen gewährleistet bleiben, indem diese nicht durch passive Bewaffnung aufgehoben oder gemildert werden können.

601 Gesicherte empirische Belege für die präventive Wirkung liegen nicht vor. Gleichwohl ist die Annahme plausibel, daß, wenn auch nicht hartgesottene Gewalttäter, so doch zumindest ein Teil der Personen im sozialen Umfeld vermummter Gewalttäter durch die Strafbewehrung abgeschreckt werden könnte. Der sozialpsychologischen Attraktivität des schwarzen Blocks, der Gruppengefühle und Machtphantasien verstärken kann, könnte ein Gegengewicht persönlicher Risikokalkulation entgegengestellt werden. Die Gefahr, daß insbesondere Jugendliche und Heranwachsende in ein Lernmilieu hineingezogen werden, aus dessen Sog zur Gewalt sie sich nicht wieder zu lösen vermögen, könnte so verringert werden.

602 Bezüglich der Geeignetheit ergeben sich Bedenken, weil ein **Massendelikt** geschaffen wird, das in der Regel vor Ort wegen tatsächlicher Unmöglichkeit nicht durchsetzbar oder wegen mangelnder Beweismöglichkeit nicht praktikabel ist. Dabei bleibt ein Stück staatlicher Glaubwürdigkeit auf der Strecke. Nichts erschüttert das Rechtsgefühl und die Rechtstreue der Bevölkerung so sehr wie Straftaten, die, unter den Augen der Polizei begangen, nicht verfolgt werden; die Polizei würde das Legalitätsprinzip und sich selber in aller Öffentlichkeit desavouieren.[801]

603 Die Geeignetheit steht zudem in Frage, wenn es durch die Strafbewehrung zur **Verschlechterung der Eingriffssituation vor Ort** käme; der Polizei könnte flexibles Vorgehen erschwert oder gar unmöglich gemacht werden, weil nach Vorliegen von Straftatbeständen das Opportunitätsprinzip dem Legalitätsprinzip weichen muß. Zwar war der Polizei bei gegebenen Ordnungswidrigkeiten von Vermummung und Passivbewaffnung ein Vorgehen nicht freigestellt; sie hatte auch hier eine Rechtsgüterabwägung vorzunehmen, wenn sie nicht einschreiten wollte, um Eskalationen zu vermeiden. Andererseits ist es auch unter dem Legalitätsprinzip nicht unmöglich, vom Einschreiten abzusehen, wenn nur so Rechtsgutverletzungen, die schwerer wiegen als die Strafverfolgung, verhütet werden können (o. Rdn. 332 ff.). Gleichwohl darf nicht übersehen werden, daß mit der Strafbewehrung durch den Gesetzgeber Handlungsdruck auf den Polizeiführer auch unter dem Aspekt des einzugehenden Verletzungsrisikos für die eingesetzten Beamten ausgeübt wird. Flexibilität in der Lagebewältigung kann so insgesamt in Frage gestellt werden.

---

799 *Baumann* StV 1988, 39; *Jahn* JZ 1988, 547 f.; *Amelung* StV 1989, 74; *Maatz* MDR 1990, 582 f.
800 *BVerfGE* 39, 1 (46 f.); 45, 187 (260); 50, 125 (140).
801 *Amelung* StV 1989, 74.

604 Das vorrangige Ziel des Polizeieinsatzes, der Schutz der Versammlungs- und Demonstrationsfreiheit der friedlichen Teilnehmer, darf aber nicht dadurch unterlaufen werden, daß infolge erhöhten Handlungsdrucks zur Strafverfolgung strafprozessuale Maßnahmen getroffen werden, die die Gefahr beinhalten, daß aus der überwiegend friedlichen Versammlung eine unfriedliche wird (o. Rdn. 335 ff.). So kann die Strafbewehrung durch Verschlechterung der Eingriffssituation vor Ort genau das bewirken, was sie verhindern sollte.[802] Aus diesem Grunde wird in entsprechenden Einsatzlagen so verfahren, als wenn es die Heraufstufung zum Straftatbestand nie gegeben hätte. Die Strafrechtsverschärfung ist nichts anderes als symbolische Gesetzgebung.[803]

605 Erforderlich ist die Strafbewehrung nur dann, wenn andere weniger einschneidende Mittel zur Verhinderung von Gewalttätigkeiten versagen. Hier stellt sich die Frage, ob alle exekutiven Möglichkeiten zur Entwicklung neuer Strategien und Taktiken (im Vorfeld von Demonstrationen greifende Offensivkonzepte, Verbesserung von Beweissicherung und Zugriffstechniken) ausgeschöpft sind. Die Innovationskraft der Polizei in operativer Hinsicht sollte vom Gesetzgeber nicht unterschätzt werden.

606 Bejaht man die Handlungsmöglichkeit des Gesetzgebers schon dann, wenn dieser ein Gesetz zur Unterstützung der Exekutive für erforderlich hält und billigt ihm insoweit wegen seiner unmittelbaren demokratischen Legitimation einen erheblichen **Prognosebereich** zu,[804] so gebietet die Erforderlichkeit gleichwohl, daß ein Strafgesetz erst dann erlassen werden kann, wenn präventiv-polizeiliche Regelungen nicht den gleichen Sicherheitszugewinn bewirken können;[805] gerade hier sind Zweifel berechtigt.[806]

607 Die Strafbewehrung für Vermummung und Passivbewaffnung ist auch deshalb problematisch, weil mit einem abstrakten Gefährdungsdelikt eine **Vorbereitungshandlung** bei unterstellter Absicht der Begehung von Gewalttätigkeiten bestraft werden soll. Der Gesetzgeber wollte mit der Strafbewehrung verhindern, daß bei Demonstrationen zunehmend Leib und Leben auch von unbeteiligten Bürgern gefährdet werden. Angesichts dieser Entwicklung könne der Unrechtsgehalt wegen der spezifischen gewaltfördernden Wirkung nicht mehr als bloßes Ordnungsunrecht bewertet werden.[807]

608 Strafgesetze können sich nur über den beabsichtigten Schutz von **gewichtigen** Rechtsgütern legitimieren.[808] Leib und Leben sind höchste Rechtsgüter. Damit ist aber noch nicht entschieden, ob durch ein Strafgesetz das bedrohte Rechtsgut gegen alle denkbaren, also auch entfernter liegende Angriffe zu schützen ist.[809]

609 Das abstrakte Gefährdungsdelikt läßt die Herbeiführung einer Gefahrenlage für das bedrohte Rechtsgut zur Tatbestandserfüllung ausreichen. Es beruht auf der gesetzlichen Vermutung, daß eine bestimmte Verhaltensweise für das bedrohte Rechtsgut generell gefährlich ist. Die Gefährdung ist nicht Tatbestandsmerkmal, sondern Motiv des Gesetzgebers für die Schaffung des Tatbestandes.

610 Die Statuierung eines abstrakten Gefährdungsdelikts setzt aber wegen der Vorverlegung des Strafrechts eine **besonders gefährliche Vorbereitungshandlung** voraus, wie das etwa beim Mitführen von Sprengstoff als unbeherrschbares Tatmittel der Fall ist. Insoweit ergeben sich aber **Bedenken bezüglich des der Vermummung innewohnenden Gefährdungspotentials.**[810] Die besondere Gefährlichkeit kann der Vermummung und Passivbewaffnung jedenfalls nicht ohne weiteres zugesprochen werden, weil (wie § 17 a II VersG zeigt) eben **keine eindeutigen Anzeichen** für beabsichtigte Gewalttätigkeiten vorliegen. Die vorgesehene Strafe wäre eine wegen zukünftiger Taten, die derzeit nur mit der ange-

802 *Amelung* StV 1989, 73; *Krauß* StV 1989, 321.
803 Vgl. dazu *Kniesel* ZRP 1994, 352.
804 *Kunig* Jura 1990, 153.
805 *BVerfGE* 39, 1 (46 f.); 45, 187 (260); 50, 125 (140).
806 *Baumann* StV 1986, 495.
807 BT-Drucks. 11/4359, S. 27 f.
808 *BVerfGE* 39, 1 (46).
809 *Kühl* NJW 1986, 876.
810 *Wagner* Krim. Journal 1988, 5; *Kühl* NJW 1986, 880; *Starke/Stein* JR 1984, 98.

nommenen Gefährlichkeit des Täters und nicht schon mit seinem Verhalten zu begründen ist.[811] Die Strafbarkeit gründet sich auf eine lediglich **vermutete Tätergefährlichkeit,** indem bei jedem Vermummten und Passivbewaffneten von Gewaltbereitschaft ausgegangen wird. Eine allein an pauschal vermuteter Tätergefährlichkeit anknüpfende Strafnorm verläßt aber den Boden eines rechtsstaatlich gesicherten *Tat*strafrechts.[812]

611 Damit § 27 II Nr. 1 und Nr. 2 VersG nicht zum bloßen Verstoß gegen eine politisch vorgegebene Kleiderordnung gerät, läßt sich die Strafbewehrung verfassungsrechtlich nur halten, wenn in teleologischer Reduktion die **Eignung zur Friedensstörung** hinzukommt.[813] Dann gewinnt der Straftatbestand den Charakter eines **konkreten** Gefährdungsdelikts, dessen Anwendungsbereich gegenüber der weiten Fassung des § 27 II VersG eine erhebliche Einschränkung erfährt.

612 Verfassungsrechtlichen Bedenken unterliegt die Strafbewehrung der Vermummung auch insoweit, als die Strafdrohung Mittel zur vorbeugenden Identifizierung ist, indem sie jederzeitige Identifizierbarkeit garantiert und verhindert, daß sich Teilnehmer in die Anonymität flüchten können, was legitim sein kann (o. Rdn. 391). Die Ausübung eines Grundrechts darf aber nicht Anlaß für einen Ermittlungseingriff nach § 152 II StPO sein.

613 Es besteht **Gesetzeskonkurrenz** zwischen § 27 I VersG und § 53 III Nr. 5 WaffG, soweit Gegenstand beider Bestimmungen das Führen von Waffen bei öffentlichen Veranstaltungen ist. § 53 III Nr. 5 WaffG bedroht den mit Freiheitsstrafe bis zu drei Jahren oder mit Geldstrafe, der entgegen dem Verbot des § 39 I WaffG bei öffentlichen Veranstaltungen eine Schuß-, Hieb- oder Stoßwaffe führt. Die Strafandrohung des § 27 I VersG geht dagegen nur bis zu einem Jahr. Das ist nicht nachvollziehbar. Der Übergang von einer bloßen Menschenansammlung zu einer Versammlung kann rasch erfolgen, weshalb ja der Gesetzgeber das Verbot in § 39 I WaffG für notwendig erachtet hat. Insoweit macht die geringere Strafandrohung in § 27 I VersG keinen Sinn, wo doch bewaffnete Versammlungsteilnehmer zumindest eine ebenso große Gefahr für die öffentliche Sicherheit darstellen wie bewaffnete Besucher eines Volksfestes.[814]

h) Zusammenrottung

614 Mit § 27 II Nr. 3 VersG wird unter Aufhebung des 1985 eingeführten § 125 II StGB ein neuartiger, Elemente des Verstoßes gegen das Versammlungsrecht und des bis 1970 geltenden Landfriedensbruchstatbestands verbindender Straftatbestand eingeführt, der sich primär gegen sog. Schwarze Blöcke[815] oder Kleingruppen am Rande von Versammlungen richtet.[816]

615 Tatbestandliche Voraussetzung ist zunächst das Mitführen von Waffen oder sonstigen Gegenständen, die ihrer Art nach zur Verletzung von Personen oder Beschädigung von Sachen geeignet und bestimmt sind, das Mitführen von Schutzwaffen oder Gegenständen, die als Schutzwaffen geeignet und den Umständen nach dazu bestimmt sind, Vollstreckungsmaßnahmen eines Trägers von Hoheitsbefugnissen abzuwehren, oder das Auftreten in einer Aufmachung, die geeignet und den Umständen nach darauf gerichtet ist, die Feststellung der Identität zu verhindern. Zur Tatbestandserfüllung muß allerdings hinzukommen, daß der Täter sich im Anschluß an oder sonst im Zusammenhang mit derartigen Veranstaltungen mit anderen zusammenrottet. Eine **Zusammenrottung** liegt vor, wenn mehrere Personen mit erkennbar friedensstörendem Willen zu gemeinschaftlichem Handeln räumlich zusammentreten.[817]

---

[811] *Jakobs* ZStW 97 (1985), 721 f.; *Kühl* NJW 1986, 880; *Hamm* StV 1988, 40 f.; *Rudolphi* StV 1989, 75; *Dencker* StV 1988, 263; *Krauß* StV 1989, 321.

[812] *Rudolphi* StV 1989, 75.

[813] Vgl. *Maatz* MDR 1990, 585.

[814] *Dietel/Gintzel/Kniesel* (o. Fußn. 5), § 27 Rdn. 16.

[815] *Kunert* NStZ 1989, 453.

[816] *Niethammer* BayVBl. 1990, 517.

[817] *BGH* NJW 1954, 1694.

Die mit Strafe bedrohten Handlungen liegen weit im Vorfeld der in § 125 StGB umschriebenen Tathandlungen und können als Vorbereitungshandlung zu einem Beihilfeversuch qualifiziert werden.[818] Kritisch zu vermerken ist zudem, daß das Einschreiten der Polizei nicht von der Verwirklichung eines Straftatbestandes abhängt, sondern als Störung der öffentlichen Sicherheit die Begehung einer Ordnungswidrigkeit ausreicht. Da wegen Vorliegens einer Straftat das Legalitätsprinzip in Geltung ist, besteht mit § 27 III Nr. 3 VersG für die Polizei die Verpflichtung zur Strafverfolgung schon bevor es zu Gewalttätigkeiten oder anderen in § 125 StGB umschriebenen Handlungen gekommen ist. Damit ist die Gefahr programmiert, daß gerade durch ein Einschreiten zur Strafverfolgung Gewalttätigkeiten erst erzeugt werden und so aus der noch (überwiegend) friedlichen eine insgesamt unfriedliche Versammlung wird (o. Rdn. 335 ff.). **616**

i) Verstoß gegen das Uniformverbot

In § 28 VersG wird mit Freiheitsstrafe bis zu zwei Jahren oder mit Geldstrafe bedroht, wer dem in § 3 I VersG ausgesprochenen Uniformverbot zuwiderhandelt. **617**

2. Ordnungswidrigkeiten

§ 29 **618**

(1) Ordnungswidrig handelt, wer

1. an einer öffentlichen Versammlung oder einem Aufzug teilnimmt, deren Durchführung durch vollziehbares Verbot untersagt ist,

1. a) entgegen § 17a Abs. 2 Nr. 2 bei einer öffentlichen Versammlung unter freiem Himmel, einem Aufzug oder einer sonstigen öffentlichen Veranstaltung unter freiem Himmel oder auf dem Weg dorthin Gegenstände, die geeignet und den Umständen nach dazu bestimmt sind, die Feststellung der Identität zu verhindern, mit sich führt,

2. sich trotz Auflösung einer öffentlichen Versammlung unter freiem Himmel oder eines Aufzuges durch die zuständige Behörde nicht unverzüglich entfernt,
3. als Teilnehmer einer öffentlichen Versammlung unter freiem Himmel oder eines Aufzuges einer vollziehbaren Auflage nach § 15 Abs. 1 nicht nachkommt,
4. trotz wiederholter Zurechtweisung durch den Leiter oder einen Ordner fortfährt, den Ablauf einer öffentlichen Versammlung oder eines Aufzuges zu stören,
5. sich nicht unverzüglich nach seiner Ausschließung aus einer öffentlichen Versammlung oder einem Aufzug entfernt,
6. der Aufforderung der Polizei, die Zahl der von ihm bestellten Ordner mitzuteilen, nicht nachkommt oder eine unrichtige Zahl nennt (§ 9 Abs. 2),
7. als Leiter oder Veranstalter einer öffentlichen Versammlung oder eines Aufzuges eine größere Zahl von Ordnern verwendet, als die Polizei zugelassen oder genehmigt hat (§ 9 Abs. 2, § 18 Abs. 2), oder Ordner verwendt, die anders gekennzeichnet sind, als es nach § 9 Abs. 1 zulässig ist,
8. als Leiter den in eine öffentliche Versammlung entsandten Polizeibeamten die Anwesenheit verweigert oder ihnen keinen angemessenen Platz einräumt.

(2) Die Ordnungswidrigkeit kann in den Fällen des Absatzes 1 Nr. 1 bis 5 mit einer Geldbuße bis tausend Deutsche Mark und in den Fällen des Absatzes 1 Nr. 6 bis 9 mit einer Geldbuße bis zu fünftausend Deutsche Mark geahndet werden.

§ 29 a

(1) Ordnungswidrig handelt, wer entgegen § 16 Abs. 1 an einer öffentlichen Versammlung unter freiem Himmel oder an einem Aufzug teilnimmt oder zu einer öffentlichen Versammlung unter freiem Himmel oder zu einem Aufzug auffordert.

(2) Die Ordnungswidrigkeit kann mit einer Geldbuße bis zu dreißigtausend Deutsche Mark geahndet werden.

---

818 *Kunert* NStZ 1989, 453.

VIII. Rechtsschutz

1. Art. 8 I GG und Art. 19 IV GG

619 Das BVerfG hat die besondere Bedeutung des Eilverfahrens nach § 80 V VwGO herausgestellt und insoweit Art. 8 I GG in eine untrennbare Beziehung zu Art. 19 IV GG und dem aus diesem folgenden Gebot effektiven Rechtsschutzes gesetzt.[819] Hat eine Versammlung bzw. Demonstration einen kurzen zeitlichen Vorlauf oder entscheidet die Versammlungsbehörde über eine schon seit längerem angemeldete Veranstaltung erst kurzfristig vor deren Stattfinden, so kommt dem Eilverfahren nach § 80 V VwGO entscheidende Bedeutung für die tatsächliche Inanspruchnahme des Grundrechts aus Art. 8 I GG zu. So kann es sein, daß ein bestimmter Zeitpunkt, dessen Wahl ja gerade durch Art. 8 I GG garantiert wird,[820] oft untrennbar mit der Demonstrationsaussage verbunden ist. Gleiches gilt, wenn es sich um eine Demonstration aus aktuellem Anlaß handelt.

620 Hier nutzt die Rechtsprechung zu Bedeutung und Reichweite der Versammlungs- und Demonstrationsfreiheit wenig, wenn sie prozessual leerläuft, weil die geplante Veranstaltung sich durch Zeitablauf erledigt hat. Deshalb gebietet Art. 19 IV GG, daß die Versammlungsbehörden im Verfahren auf Wiederherstellung der aufschiebenden Wirkung keine irreparablen Maßnahmen durchführen, bevor die Gerichte deren Rechtmäßigkeit geprüft haben. Dabei ist der Rechtsanspruch des Bürgers um so stärker, je schwerer die ihm auferlegte Belastung wiegt und je mehr die Maßnahmen der Verwaltung Unabänderliches bewirken; deshalb müssen die Verwaltungsgerichte bei auf einen einmaligen Anlaß bezogenen Versammlungen bzw. Demonstrationen schon im Eilverfahren durch eine intensive Prüfung dem Umstand gerecht werden, daß der Sofortvollzug der umstrittenen Maßnahme in der Regel zur endgültigen Verhinderung der Veranstaltung führt.[821]

621 Im Hinblick auf die tatsächliche Inanspruchnahme der Versammlungs- und Demonstrationsfreiheit tritt damit das Eilverfahren nach § 80 V VwGO praktisch an die Stelle des Hauptverfahrens. Die Verwaltungsgerichte können sich nicht mehr unter Berufung auf das summarische Verfahren auf eine allgemein gehaltene Interessenabwägung zurückziehen; im Ergebnis ist die Rechtmäßigkeit der versammlungsbehördlichen Maßnahme (Verbot, beschränkende Verfügung) wie im Hauptsacheverfahren zu prüfen. Das gilt auch für das Verfahren der einstweiligen Anordnung nach § 123 VwGO. Hier ist vorläufiger vorbeugender Rechtsschutz davor gewährt worden, bei einer künftigen Versammlung nicht ohne Auflösungsverfügung eingekesselt zu werden.[822]

2. Unmittelbarer Rechtsschutz durch das BVerfG

622 Das BVerfG hat wegen der Behinderung einer Partei im Wahlkampf in Form eines mit Sofortvollzug versehenen Versammlungsverbots eine einstweilige Anordnung nach § 32 BVerfGG erlassen und so den untrennbaren Zusammenhang von Art. 8 I GG und Art. 19 IV GG selber zur Geltung gebracht, d. h. verhindert, daß durch die beteiligten Versammlungsbehörden und Verwaltungsgerichte bezüglich der tatsächlichen Inanspruchnahme von Art. 8 I GG für den Grundrechtsträger vollendete, nicht mehr reparable Tatsachen geschaffen wurden.[823]

3. Zulässigkeit der Fortsetzungsfeststellungsklage

623 BVerfG und BVerwG haben deutlich gemacht, daß auch nach Erledigung der Hauptsache Art. 19 IV GG effektiven Rechtsschutz gebietet. In analoger Anwendung von § 113 I 4

---

819 *BVerfG* NVwZ 1998, 835; *BVerfGE* 69, 315 (364); *Gusy* (o. Fußn. 17), Art. 8 Rdn. 49.
820 *BVerfGE* 69, 315 (349 ff.).
821 *BVerfG* NVwZ 1998, 835.
822 *OVG Münster* DVBl. 2001, 839.
823 *BVerfG* NVwZ 1998, 835; *BVerfG* DVBl. 2000, 1121 f.; *BVerfG* NJW 1998, 3631.

VwGO ist eine Fortsetzungsfeststellungsklage zulässig, wenn ein berechtigtes Interesse an der Feststellung der Rechtswidrigkeit des erledigten Verwaltungsaktes besteht. Der Betroffene muß Gelegenheit erhalten, in Fällen tiefgreifender, tatsächlich jedoch nicht mehr fortwirkender Grundrechtseingriffe auch dann die Rechtmäßigkeit des Eingriffs gerichtlich klären zu lassen, wenn die direkte Belastung durch den angegriffenen Hoheitsakt sich nach dem typischen Verfahrensablauf auf eine Zeitspanne beschränkt, in welcher der Betroffene die gerichtliche Entscheidung kaum erlangen kann.[824] Das „berechtigte Interesse" i. S. von § 113 I VwGO liegt also nicht nur bei sogenannter, aber in Wahrheit nie wirklicher Wiederholungsgefahr[825] vor. Es bedarf auch nicht der „Diskriminierung". Es geht um nichts anderes als die Einlösung der verletzten Grundrechtsgarantie durch effektiven Rechtsschutz gem. Art. 19 IV GG (vgl. dazu Kap. K Rdn. 4 ff und 24 ff.).

IX. Notwendigkeit und Inhalte einer Reform des VersG

Das VersG konkretisiert das Grundrecht aus Art. 8 I GG. Als demokratisches Bürgerrecht zur aktiven Teilnahme am politischen Prozeß und Ausdruck ursprünglich-ungebändigter unmittelbarer Demokratie[826] sowie als Bestimmungsgröße für verfahrensrechtliche Vorschriften[827] **(Grundrechtsschutz durch Verfahren)** hat die Versammlungs- und Demonstrationsfreiheit eine Dimension gewonnen, die im VersG umzusetzen ist.[828] 624

Eine Reform[829] muß auch der Demonstrationsrealität Rechnung tragen. Der Typus von Demonstrationen, wie er sich seit den 70er Jahren hinsichtlich Trägerschaft und Durchführung herausgebildet hat, entspricht nicht mehr dem Leitbild der straff organisierten und geleiteten Veranstaltung, die dem Gesetzgeber von 1953 vorschwebte. Auch das BVerfG sieht hier offensichtlich Bedarf für Aktivitäten des Gesetzgebers.[830] Das VersG geht in einer durch die tatsächliche Entwicklung überholten Sicht vom Typ der überschaubaren, durch einen Veranstalter organisierten und von einem Leiter beherrschten Einzelveranstaltung aus. Insoweit sind die versammlungsaufsichtlichen Maßnahmen vom Gesetzgeber als Gebote und Verbote gegen den Veranstalter als Adressaten konzipiert. Die Demonstrationsrealität, insbesondere bei Großdemonstrationen, ist hingegen komplexer als das Leitbild des VersG.[831] Die §§ 14 und 15 VersG sind zwar verfassungskonform auslegbar (o. Rdn. 293, 297 ff.), womit aber der Gesetzgeber nicht aus seiner Pflicht zur Nachbesserung[832] entlassen wird. 625

Im Rahmen einer Reform wird auch zu prüfen sein, ob die ausnahmslose Pflicht zur Leiterbestellung und Herstellung einer **hierarchischen Versammlungsorganisation,** aber auch die Beschränkung der Leiterbestellung auf den Veranstalter verfassungsmäßig sind, weil die durch Art. 8 I GG verbürgte Selbstbestimmung auch beinhalten kann, daß bei Veranstaltungen mit geringer Teilnehmerzahl die Teilnehmer selber für Ordnung sorgen können (o. Rdn. 64, 250). 626

Schwerpunkt einer Reform muß die **Erweiterung und Präzisierung der Eingriffsermächtigungen** sein. Hier ist ein **Katalog von Standardmaßnahmen** zu positivieren, die im Vergleich zu Verbot und Auflösung minderschwere Maßnahmen darstellen.[833] Im Hinblick auf die Gefährlichkeitseinschätzung nichtöffentlicher Versammlungen in ge- 627

[824] *BVerfG* NVwZ 1998, 835; *BVerfG* NVwZ 1999, 991; *KG Berlin* NVwZ 2000, 469; *VG München* NVwZ 2000, 461.

[825] Restriktiv *OVG Lüneburg* NVwZ-RR 1998, 236.

[826] *BVerfGE* 69, 315 (346 f.).

[827] *BVerfGE* 69, 315 (355).

[828] *Ridder* (o. Fußn. 14), Geschichtliche Einführung Rdn. 83, mahnt eine der demokratischen Nachgründung der Bundesrepublik dienende Totalrevision an.

[829] Dazu *Alberts* ZRP 1988, 285 ff.; *ders.* NVwZ 1992, 40.

[830] *BVerfGE* 69, 315 (358).

[831] *Hoffmann-Riem* (o. Fußn. 430), S. 385.

[832] *BVerfGE* 50, 290 (332); 56, 298 (316); 65, 1 (55); 72, 9 (22 f.).

[833] *Geis* Die Polizei 1993, 298.

schlossenen Räumen sollte der Gesetzgeber klarstellen, daß er diese nicht mehr vom VersG ausnimmt.

628 Eingriffsermächtigungen sind auch für sog. **Vorfeldmaßnahmen** vorzusehen, insbesondere für ein Einschreiten gegen potentielle Teilnehmer (vgl. o. Rdn. 437 ff.). Das gilt auch für angesichts des derzeitigen Demonstrationsgeschehens notwendige über § 12 a VersG hinausgehende informationelle Befugnisse.[834] **Übersichtsaufnahmen** sind einerseits für die Einsatzleitung notwendig, andererseits handelt es sich um einen Eingriff (o. Rdn. 482), der eine Ermächtigung benötigt. Bei dieser Ergänzung ist die in den §§ 12 a und 19 a VersG enthaltene Regelung systematisch richtig im Rahmen der Bestimmungen für Versammlungen unter freiem Himmel zu regeln (o. Rdn. 476 f.). Wegen der Gesetzgebungszuständigkeit der Länder (o. Rdn. 406) muß die Einbeziehung der sonstigen öffentlichen Veranstaltungen in § 17 a I und II VersG entfallen.

629 Für die **Kooperation** zwischen Veranstalter und zuständiger Behörde (o. Rdn. 303 ff.) ist eine **richtungsweisende Grundnorm** geboten. Die verfahrensrechtliche Konkretisierung des Kooperationsprinzips ist vor allem dann geboten, wenn der Gesetzgeber eine **Kooperationsobliegenheit**[835] einführen will (vgl. Fußn. 306).

630 Bezüglich Spontan- und Eilversammlungen ist § 14 I VersG in eine verfassungskonforme Fassung zu bringen.

631 Beschränkende Verfügungen sind auch während der Versammlung vor Ort nach § 15 II VersG möglich. § 29 I Nr. 3 VersG bedroht das Nichtbeachten von Auflagen aber nur dann mit einem Bußgeld, wenn es sich um solche nach § 15 I VersG handelt. Es ist nicht einsehbar, warum der Verstoß gegen eine nach § 15 II VersG ergangene Auflage sanktionsfrei sein soll, wo es doch bei einer beschränkenden Verfügung nach § 15 I VersG lediglich um die Verhinderung **prognostizierter,** bei § 15 II VersG aber um die Beseitigung **bereits realisierter** Gefahren geht.[836]

632 Ein demokratisches VersG braucht keine Straftatbestände, um die unverzichtbaren „Spielregeln" zwischen Versammlungsbehörden bzw. Polizei und Veranstalter durchzusetzen. Die Bezeichnung Demonstrationsstrafrecht stellt insoweit eine bezeichnende semantische Fehlleistung dar. Die Straftatbestände der §§ 25 und 26 Nr. 1 VersG sind in Ordnungswidrigkeiten umzuwandeln, die der §§ 21–24 und §§ 27 und 28 VersG in restriktiver Fassung ins Strafgesetzbuch zu überführen. Die Ordnungswidrigkeitentatbestände des § 29 VersG bedürfen der gründlichen Durchforstung.

---

834 Dazu näher *Höllein* NVwZ 1994, 641.

835 *BVerfGE* 69, 315 (357); *Hoffmann-Riem* (o. Fußn. 430), S. 383; *Buschmann* (o. Fußn. 177), S. 125 ff.; *Benda* (o. Fußn. 18), Art. 8 Rdn. 78.

836 *Gintzel* Die Polizei 1982, 302.

J. Informationsverarbeitung im Polizei- und Strafverfahrensrecht

Übersicht

Schrifttum: *Ahlf,* Polizeiliche Kriminalakten (KpS), 1988; *Ahlf/Daub/Lersch/Störzer,* Bundeskriminalamtsgesetz, Kommentar, 2000; *Alberts/Mertens,* Gesetz über die Datenverarbeitung der Polizei, Hamburg 1995; *Albrecht,* Prävention als problematische Zielbestimmung im Kriminaljustizsystem, KritV 1986, 55 ff.; *Amelung,* Die zweite Tagebuchentscheidung des BVerfG, NJW 1990, 1753; *ders.,* Informationsbeherrschungsrechte im Strafprozeß, 1990; *ders.,* Grundfragen der Verwertungsverbote bei beweissichernden Haussuchungen im Strafverfahren, NJW 1991, 2533; *André,* Sozialgesetzbuch – Schutz der Sozialdaten neu geregelt, RDV 1994, 234 ff.; *Auernhammer,* Bundesdatenschutzgesetz, Kommentar, 3. Aufl. 1993; *ders.,* Zum Anspruch auf Bekanntgabe des Namens eines Informanten der Polizei, DuD 1992, 6; *Aulehner,* Polizeiliche Gefahren- und Informationsvorsorge, 1998; *Bär,* Genetische „Fingerabdrücke", Kriminalistik 1989, 313; *Bäumler,* Datenverarbeitungstechnik und Datenschutzrecht, ÖVD/Online 1985, 120; *ders.,* Normenklarheit als Instrument der Transparenz, JR 1984, 361; *ders.,* Versammlungsfreiheit und Verfassungsschutz, JZ 1986, 469 ff.; *ders.,* ZEVIS, Nutzungsmöglichkeiten und Kontrollierbarkeit, CR 1989, 1008; *ders.* (Hrsg.), Polizei und Datenschutz, Neuwied 1999; *Benda,* Privatsphäre und „Persönlichkeitsprofil", in: FS Geiger, 1974; *Bender/Nack,* Unzulässige Beschränkung der Verteidigung durch Vorenthaltung der Spurenakten?, ZRP 1983; *Bernsmann/Jansen,* Heimliche Ermittlungsmethoden und ihre Kontrolle, StV 1998, 217; *Bieber,* Die Abkommen von Schengen über den Abbau der Grenzkontrollen, NJW 1994, 294; *BKA-Vortragsreihe,* Polizeiliche Datenverarbeitung, Hrsg. BKA Wiesbaden, 1983; *Bizer,* Die zweite Novelle zum Sächsischen Polizeigesetz, Leipzig 1999, 7; *BKA-Vortragsreihe,* Bd. 35, Technik im Dienste der Straftatenbekämpfung, Hrsg. BKA Wiesbaden, 1990; *BKA-Vortragsreihe,* Bd. 36, Organisierte Kriminalität in einem Europa durchlässiger Grenzen, Hrsg. BKA Wiesbaden, 1991; *Böttger/Pfeiffer,* Der Lauschangriff in den USA und in Deutschland, ZRP 1994, 7; *Borchert/Hase/Walz,* Gemeinschaftskommentar zum Sozialgesetzbuch – Schutz der Sozialdaten, 1989; *Braun,* Der sogenannte „Lauschangriff" im präventivpolizeilichen Bereich, NVwZ 2000, 375; *Brinckmann,* Das Verkehrsinformationssystem ZEVIS als Beispiel technischer Determinierung von Recht und Verwaltung, DÖV 1985, 889 ff.; *Brinkmann/Wiegand,* DNA-Analysen, Kriminalistik 1993, 191; *Bull,* Datenschutz oder die Angst vor dem Computer, 1984; *ders.,* Rechtsprobleme der polizeilichen Informationssammlung und -verarbeitung, DVR 1982, 1; *ders.,* Sicherheit durch Gesetze?, 1987; *ders.,* Datenschutz und Ämter für Verfassungsschutz, in Verfassungsschutz und Rechtsstaat, hrsg. vom BMI, 1981, 133; *Bundeskriminalamt,* Symposium: Perseveranz und kriminalpolizeilicher Meldedienst, Sonderband der BKA-Schriftenreihe, 1984; *Burghard,* Auf ein Wort, Herr Bundesjustizminister, Kriminalistik 1988, 59; *Dammann,* Das neue BDSG, NVwZ 1991, 640; *Denninger,* Das Recht auf informationelle Selbstbestimmung in Freiheitssicherung durch Datenschutz, hrsg. v. Hohmann, 1987, 127; *ders.,* Das Recht auf informationelle Selbstbestimmung und Innere Sicherheit, Rechtsgutachten im Auftrag des Hessischen Ministerpräsidenten, in Informationsgesellschaft oder Überwachungsstaat, 1984, 285, Zit.: Gutachten; *ders.,* Interview, Kriminalistik 1987, 505; *ders.,* Amtshilfe im Bereich der Verfassungsschutzbehörden, in Verfassungsschutz und Rechtsstaat, hrsg. vom BMI, 1981, 19; *ders.,* Verfassungsrechtliche Grenzen polizeilicher Datenverarbeitung insbesondere durch das Bundeskriminalamt, CR 1988, 51; *ders.,* Lauschangriff-Anmerkungen eines Verfassungsrechtlers, StV 1998, 401; *Denninger/Lüderssen,* Polizei und Strafprozeß im demokratischen Rechtsstaat, 1978; *Deutsch,* Die heimliche Erhebung von Informationen und deren Aufbewahrung durch die Polizei, Heidelberg 1992; *Dix,* Das genetische Personenkennzeichen, DuD 1989, 235; *Drews/Wacke/Vogel/Martens,* Gefahrenabwehr, 9. Aufl., 1986; *Dreier,* Erkennungsdienstliche Maßnahmen im Spannungsfeld von Gefahrenabwehr und Strafverfolgung, JZ 1987, 1009; *Ehmann,* Kriminalpolizeiliche Sammlungen und Auskunftsanspruch des Betroffenen (II), CR 1988, 575; *Eisenberg,* Persönliche Beweismittel in der StPO, München 1993; *ders.* Straf(verfahrens-)rechtliche Maßnahmen gegenüber „Organisiertem Verbrechen", NJW 1993, 1033; *Eisenberg/Conen,* § 152 II StPO: Legalitätsprinzip im gerichtsfreien Raum?, NJW 1998, 2241; *Erichsen* (Hrsg.),

Recht der Persönlichkeit, Berlin 1996; *Ermisch,* Dr. Horst Herold, Präsident des Bundeskriminalamtes vom 1. September 1971 bis 31. März 1981 – Versuch einer Beschreibung seines Schaffens, Die Polizei 1981, I; *Ernesti,* Informationsverbund Justiz – Polizei, DVR 1983, 1; *Eylert/Nowakowski/Schlechter,* Ausblick auf die weitere Entwicklung der Datenverarbeitung und ihre polizeiliche Anwendung, Schriftenreihe der PFA Münster, 1986, 73; *Findeisen,* Geldwäschebekämpfung im Zeitalter des Electronic Banking, Kriminalistik 1998, 107; *Fischer/Maul,* Tatprovozierendes Verhalten als polizeiliche Ermittlungsmaßnahme, NStZ 1992, 7; *Fuckner,* Das zentrale Verkehrsinformationssystem, CR 1988, 411 ff.; *Gerster,* Informationssystem der Polizei (INPOL), DVR 1983, 19; *ders.,* INPOL, Das Informationssystem der Polizei, Teil 1, 2. Aufl. 1982; *Globig,* Die Verwertung von Abhörerkenntnissen aus einer Telefonüberwachung gem. § 100 a StPO zu Zwecken der Gefahrenabwehr, ZRP 1991, 81; *Götz,* Die Entwicklung des allgemeinen Polizei- und Ordnungsrechts (1984–1986), NVwZ 1987, 858; *ders.,* Kriminalpolizeiliche Spurenakten, Kriminalistik 1988, 481; *ders.,* Polizeiliche Bildaufnahmen von öffentlichen Versammlungen, NVwZ 1990, 112; *ders.,* Die Entwicklung des allgemeinen Polizei- und Ordnungsrechts (1990–1993), NVwZ 1994, 652; *ders.,* Allgemeines Polizei- und Ordnungsrecht, 12. Aufl. 1995; *Gola/Schomerus,* Bundesdatenschutzgesetz, Kommentar, 6. Aufl. 1997; *Graulich,* Das neue Hessische Gesetz über die öffentliche Sicherheit und Ordnung, NVwZ 1991, 648; *Große,* Kollision zwischen Informationsrechten der Strafverfolgungsbehörden und behördlichen Geheimhaltungsvorschriften, Die Polizei 1988, 71; *Gusy,* Polizeiliche Befragung, NVwZ 1991, 614; *ders.,* Aufbewahrung erkenntnisdienstlicher Unterlagen, VArch. 1993, 441 ff.; *ders.,* Polizeirecht, 3. Aufl. 1996; *Häusler,* Und es gibt sie doch!, Kriminalistik 1989, 213; *Hamm,* Bürger im Fangnetz der Zentraldateien, NJW 1998, 2407; *Hassemer,* Stellungnahme zum Entwurf eines Gesetzes zur Bekämpfung des illegalen Rauschgifthandels und anderer Erscheinungsformen der organisierten Kriminalität (OrgKG), KJ 1992, 64; *ders.,* Telefonüberwachung und Gefahrenabwehr, ZRP 1991, 121 ff.; *Hauck/Haines,* Sozialgesetzbuch X/1, 2, Kommentar, Loseblattsammlung, Stand 1999; *Heckmann,* Zur Verfassungsmäßigkeit der Zweiten Novelle des Sächsischen Polizeigesetzes – Gewahrsamsdauer und polizeilicher Einsatz besonderer Mittel, SächsVBl. 1999, 221; *Hentschel,* Straßenverkehrsrecht, 35. Aufl. 1999; *Herold,* „Rasterfahndung" – eine computerunterstützte Fahndungsform der Polizei, RuP 1985, 84; *Herrnkind,* Personenkontrollen und Schleierfahndung, KJ 2000, 188; *Hetzer,* Der Geruch des Geldes – Ziel, Inhalt und Wirkung der Gesetze gegen Geldwäsche, NJW 1993, 3298; *Heußner,* Datenverarbeitung und Grundrechtsschutz nach der Rechtsprechung des Bundesverfassungsgerichts, RDV 1988, 7; *Hilger,* Neues Strafverfahrensrecht durch das OrgKG, NStZ 1992, 457 u. 523; *v. Hippel, Weiß,* Eingriffsqualität polizeilicher Observierungen, JR 1992, 316 ff.; *Höke,* Wenn HANNIBAL mit der BABSY POLKA tanzt, Deutsche Polizei 1993, 12 ff.; *Hohmann* (Hrsg.), Freiheitssicherung durch Datenschutz, 1987; *Hornmann,* Hessisches Gesetz über die öffentliche Sicherheit und Ordnung (HSOG), Kommentar, München 1997; *Hund,* Polizeiliches Effektivitätsdenken contra Rechtsstaat, ZRP 1991, 463; *Informationsgesellschaft oder Überwachungsstaat,* Symposium der Hessischen Landesregierung, Bd. I: Gutachten, Bd. II: Protokolle, 1984; *Isensee,* Das Grundrecht auf Sicherheit, 1983; *Janssen,* § 110 b Abs. 3 S. 2 StPO – ein Schlag gegen die „Waffengleichheit", StV 1995, 275 ff.; *Keller,* Die Genomanalyse im Strafverfahren, NJW 1989, 2289; *Kennhöfer,* Hat die Kripo resigniert?, Kriminalistik 1987, 182; *Kersten,* Das Labyrinth der elektronischen Karteien, Teil 1: Kriminalistik 1987, 325 ff., Teil 2: Kriminalistik 1987, 357 ff.; *Kleinknecht/Meyer-Goßner,* Strafprozeßordnung, 44. Aufl., München 1999; *Knemeyer,* Datenerhebung und Datenverarbeitung im Polizeirecht, NVwZ 1988, 193; *ders.,* Polizei- und Ordnungsrecht, 8. Aufl., München 2000; *Kniesel,* Neue Polizeigesetze contra StPO?, ZRP 1987, 377; *ders.,* Vorbeugende Bekämpfung von Straftaten im neuen Polizeirecht – Gefahrenabwehr oder Strafverfolgung?, ZRP 1989, 329; *ders.,* Zur Eingriffsqualität sicherheitsbehördlicher Datenerhebung, Die Polizei 1983, 374; *Kniesel/Tegtmeyer/Vahle,* Handbuch des Datenschutzes für Sicherheitsbehörden, 1986, Zit. Handbuch; *Kniesel/Vahle,* Polizeiliche Informationsverarbeitung und Datenschutz im künftigen Polizeirecht, 1990; *Koch,* Datenerhebung und -verarbeitung in den Polizeigesetzen der Länder, Baden-Baden 1999; *Körner/Dach,* Geldwäsche – ein Leitfaden zum geltenden Recht, München 1994; *Kowalczyk,* Datenschutz im Polizeirecht, 1989; *Kramer,* Videoaufnahmen und andere Eingriffe in das Allgemeine Persönlichkeitsrecht auf der Grundlage des § 163 StPO? NJW 1992, 2732; *Krause,* Das Recht auf informationelle Selbstbestimmung, JuS 1984, 268; *Krey/Haubrich,* Zeugenschutz, Rasterfahndung, Lauschangriff, Verdeckte Ermittler, JR 1992, 309; *Krüger,* Informationelle Selbstbestimmung und Kriminalaktenführung, DÖV 1990, 641; *ders.,* Das OrgKG – Ein Gesetz unter falscher Flagge, Kriminalistik 1992, 594; *ders.,* Das Geldwäschegesetz, Kriminalistik 1994, 37; *Kube/Leineweber,* Rechtsgrundlagen polizeilicher Datenverarbeitung, DVR 1983, 73; *Kubica/Leineweber,* Grundfragen zu den Zentralstellenaufgaben des Bundeskriminalamtes, NJW 1984, 2068; *Künzel,* Sprecherkennung, 1987; *ders.,* Die Erkennung von Personen anhand ihrer

Stimme in: *Kube/Störzer/Timm*, Kriminalistik Bd. 1, Stuttgart 1992, Nr. 19; *Kutscha,* Schleierfahndung und Aufenthaltsverbot, LKV 2000, 134; *ders.*, Innere Sicherheit und informationelle Selbstbestimmung, in: *Lange* (Hrsg.), Staat, Demokratie und Innere Sicherheit in Deutschland, Opladen 2000, 355; *Lee-Sammons/Stock,* Kriminalprävention, Kriminalistik 1993, 157; *Leuze,* Sperren und Löschen von Daten in der Personenauskunftsdatei des Landes Baden-Württemberg, Die Polizei 1982, 7; *Lisken,* Neue polizeiliche Ermittlungsmethoden im Rechtsstaat des Grundgesetzes, DRiZ 1987, 184; *ders.*, Polizeigesetz NW 1990, NWVBl 1990, 325; *ders.*, Über Aufgaben und Befugnisse der Polizei im Staat des Grundgesetzes, ZRP 1990, 15; *ders.*, Polizei zwischen Recht und Politik, KritV 1988, 314 ff.; *ders.*, Vorfeldeingriffe im Bereich der „Organisierten Kriminalität" – Gemeinsame Aufgabe von Verfassungsschutz und Polizei?, ZRP 1994, 264; *ders./Mokros,* Richter- und Behördenleitervorbehalte im neuen Polizeirecht, NVwZ 1991, 609; *Mandelartz,* Das neue saarländische Polizeigesetz, DVBl 1989, 704; *Maunz/Schmidt-Bleibtreu/Klein/Ulsamer,* u. a. Bundesverfassungsgerichtsgesetz, Kommentar, Loseblattsammlung, München 1999; *Merten,* Datenschutz und Datenverarbeitungsprobleme bei den Sicherheitsbehörden, 1985; *ders.*, Vorbeugende Verbrechensbekämpfung, ZRP 1991, 213; *Möhrenschlager,* Das OrgKG – eine Übersicht nach amtlichen Materialien, WiStra 1992, 281 u. 326; *Möllers,* Polizeikontrollen ohne Gefahrverdacht, NVwZ 2000, 385; *Momsen,* Der „Große Lauschangriff", ZRP 1998, 459; *Müller/Pfau,* Biometrische Verfahren zur Verifikation der Personenidentität, DuD 1992, 346; *Nelles,* Erkennungsdienstliche Maßnahmen in Elektronische Medien im Recht, hrsg. v. Großfeld/Salje, 211; *Nitz,* Einsatzbedingte Straftaten verdeckter Ermittler, Diss Hannover 1997; *Ostendorf,* Organisierte Kriminalität – eine Herausforderung für die Justiz, JZ 1991, 62 ff.; *Paeffgen/Schumer,* Das Sächsische Polizeigesetz vor dem Verfassungsgerichtshof des Freistaates Sachsen, Dresden 1997; *Peters,* Strafprozeßrecht, 4. Aufl. 1985; *Petri*, Europol, Baden-Baden 2001; *Pfeiffer* u. a., Karlsruher Kommentar zur Strafprozeßordnung, 3. Aufl. 1993; *ders.*, Grundzüge des Strafverfahrensrechts, 2. Aufl., München 1993; *Pitschas/Aulehner,* Informationelle Sicherheit oder „Sicherheitsstaat"?, NJW 1989, 2353 ff.; *Podlech,* Individualdatenschutz – Systemdatenschutz, in: FG Grüner, hrsg. v. Brückner und Dalichau, 1982, 451, Zit. FG Grüner; *Poppenhäger,* Die Übermittlung und Veröffentlichung statistischer Daten im Lichte des Rechts auf informationelle Selbstbestimmung, Berlin 1995; *Rachor,* Vorbeugende Straftatenbekämpfung und Kriminalakten, 1989; *Rademacher,* Zulässigkeit der Gen-Analyse?, NJW 1991, 735; *Ransiek,* Strafprozessuale Abhörmaßnahmen und verfassungsrechtlicher Schutz der Wohnung – ein rechtsvergleichender Blick, GA 1995, 23; *Rebmann,* Der Einsatz verdeckt ermittelnder Polizeibeamter im Bereich der Strafverfolgung, NJW 1985, 1; *Riegel,* Auswirkungen des Volkszählungsgesetz-Urteils des Bundesverfassungsgerichts auf die informationelle Tätigkeit der Sicherheitsbehörden und rechtliche Konsequenzen insbesondere für die Novellierung von BDSG und Personalausweisgesetz, RiA 1984, 121; *ders.*, Bundespolizeirecht, 1985; *ders.*, Datenschutz bei den Sicherheitsbehörden, 2. Aufl. 1992; *ders.*, Einführung der Schleppnetzfahndung – behutsame Fortentwicklung des Rechts?, CR 1986, 138; *ders.*, Kontrolle und Transparenz der Datenverarbeitungs-Institutionen, Grundlagen und Probleme, DuD 1988, 277; *ders.*, Internationale Bekämpfung von Straftaten und Datenschutz, JZ 1982, 312; *ders.*, Probleme des Datenschutzes bei internationaler Rechtshilfe und informationeller Zusammenarbeit der Polizeibehörden, BayVBl 1985, 135; *ders.*, Probleme der Polizeilichen Beobachtung und Observation, JZ 1980, 224 ff.; *ders.*, Rechtsprobleme der Rasterfahndung, ZRP 1980, 300; *ders.*, Stand und Entwicklungstendenzen bei den Befugnissen für informationelle Tätigkeit der Polizei, Die Polizei 1991, 1; *ders.*, Polizeiliche Informationsverarbeitung für Gefahrenabwehr und Strafverfolgung, RDV 1990, 232; *ders.*, Nochmals: Telefonüberwachung und Gefahrenabwehr, ZRP 1991, 286; *ders.*, Das neue Bundesgrenzschutzgesetz (BGSG): Tradition, Neuerungen und Probleme, DÖV 1995, 317; *Rieß,* Über Subsidiaritätsverhältnisse und Subsidiaritätsklauseln im Strafverfahren, Gedächtnisschrift für Karlheinz Meyer, hrsg. von Klaus *Geppert* und Diether *Dehnicke,* Berlin 1990, 367; *ders.*, Neue Gesetze zur Bekämpfung der Organisierten Kriminalität, NJ 1992, 491 ff.; *Ringwald,* Gegenpol zu Inpol?, ZRP 1988, 1788; *ders.*, INPOL und StA, 1984; *Riotte/Tegtmeyer,* Das neue Polizeigesetz des Landes Nordrhein-Westfalen, NWVBl 1990, 145; *Rittner/Schackner/Braun-Heimer/Pötsch-Schneider/Prager-Eberle/Ruß/Schneider,* Genforschung und Rechtsmedizin, Forschungsmagazin 1992, 97; *Rogall,* Frontalangriff auf die Bürgerrechte oder notwendige Strafverfolgungsmaßnahme? – Zur Regelung der sog. Schleppnetzfahndung in § 163 d StPO, NStZ 1986, 385; *ders.*, Strafprozessuale Grundlagen und legislative Probleme des Einsatzes verdeckter Ermittler im Strafverfahren, JZ 1987, 847; *ders.*, Anmerkung zum Urteil des BGH v. 14. 5. 1991, NStZ 1992, 45; *Roxin,* Strafverfahrensrecht, 23. Aufl., München 1993; *Rudolphi,* Systematischer Kommentar zur Strafprozeßordnung und zum Gerichtsverfassungsgesetz, Frankfurt, Stand 2000; *Schäfer,* Die Prädominanz der Prävention, GA 1986, 49; *Schipper/Bock/Kobza/Kripgans/Schneider,* Polizei- und Ordnungsrecht in Schleswig-Holstein, 2. Aufl., Stuttgart 1993; *Schlink,* Das Recht der informationellen Selbstbestimmung, Der Staat 2/1986, 233; *Schmitter/Herrmann/Pflug,* Untersuchung von Blut- und Sekretspuren mit Hilfe der DNA-Analyse, MDR 1989, 402 ff.; *Schneider,* Anmerkung zu BVerfGE 65, 1, DÖV 1984, 161; *Scholz/Pitschas,* Informationelle Selbstbestimmung und staatliche Informationsverantwortung, 1984, Zit.: Informationelle Selbstbestimmung; *Schoreit,* Datenschutz kontra Sicherheit, ZRP 1987, 153; *ders.,* Grundrechte und effektive Strafrechtspflege, Schutz der Allgemeinheit, Schutz des einzelnen; insbesondere unter Berücksichtigung neuer Fahndungstechniken, DRiZ 1987, 464; *ders.,* Polizeiliche Kriminalakten als Grundlagen der Informationsverarbeitung, KritV 1988, 157 ff.; *ders.,* Verwaltungsstreit um Kriminalakten, NJW 1985, 169; *Schrader/Werner,* Anm. z. E. des BayVerfGH v. 19. 10. 1994, JZ 1995, 105; *Schreiber,* DV-Technik – Gewinn oder Schaden? Ein Beitrag zur Bürgernähe?, Die Polizei 1985, 111; *Schreiber,* Aufgaben und Befugnisse des Bundesgrenzschutzes auf neuer gesetzlicher Grundlage, NJW 1995, 521; *Schuster,* Perseveranz und kriminalpolizeilicher Meldedienst in Taschenbuch für Kriminalisten, 1985, 131; *Schweckendieck,* Dateien zur „vorbeugenden Verbrechensbekämpfung" im Licht der Rechtsprechung zu § 81 b Art. 2 StPO, ZRP 1989, 125; *Siebrecht,* Rasterfahndung, Berlin 1997; *S. Simitis,* Datenschutz und Polizei in Polizeiliche Datenverarbeitung, BKA-Vortragsreihe, Bd. 28 (1983), 191, Zit.: BKA-Vortragsreihe; *ders.,* Die informationelle Selbstbestimmung – Grundbedingungen einer verfassungskonformen Informationsordnung; NJW 1984, 398; *ders.,* Von der Amtshilfe zur Informationshilfe, NJW 1986, 2795 ff.; *ders.,* Zur Datenschutzgesetzgebung: Vorgaben und Perspektiven, CR 1987, 602 ff.; *Simitis/Fuckner,* Informationelle Selbstbestimmung und „staatliches Geheimhaltungsinteresse", NJW 1990, 2713; *Simitis/Dammann/Geiger/Mallmann/Walz,* Kommentar zum Bundesdatenschutzgesetz, Stand 1998; *dies.,* BDSG-Dokumentation, Loseblattsammlung, Stand 1999; *Simon/Taeger,* Rasterfahndung, 1981; *Soiné,* Proaktive Strategien zur Bekämpfung krimineller Strukturen, Kriminalistik 1997, 252; *ders.,* Datenverarbeitung für Zwecke künftiger Strafverfahren, CR 1998, 257; *Soiné/Soukup,* „Identitätsänderung", Anfertigung und Verwendung von „Tarnpapieren", ZRP 1994, 466; *Stähler,* Datenschutzgesetz Nordrhein-Westfalen, 2. Aufl. 1988; *Steffen,* Sinn und Bedeutung des kriminalpolizeilichen Meldedienstes, Die Polizei 1985, 116; *Steinke,* Genetischer Fingerabdruck und § 81 a StPO, NJW 1987, 2914; *ders.,* Der Entwurf für ein neues BKA-Gesetz, ZRP 1995, 212; *Steinmüller* u. a., Grundfragen des Datenschutzes, Gutachten im Auftrag des Bundesministeriums des Innern, BT-Drucks. VI/3826; *Sternberg-Lieben,* „Genetischer Fingerabdruck" und § 81 a StPO, NJW 1987, 1242; *Tegtmeyer/Vahle,* Datenerhebung durch erkennungsdienstliche Behandlung – Voraussetzungen, Verfahren und Rechtsschutz, DSB 1989, 1; *Thiedig,* PERES, Kriminalistik 1986, 336 ff.; *Tröndle/Fischer,* Strafgesetze und Nebengesetze, 49. Aufl. 1999; *Uhlig,* Die Polizei – Herrin des Strafverfahrens?, DRiZ 1986, 247; *Vahle,* Datenerhebung und Datenverarbeitung nach dem Gesetz zur Bekämpfung der Organisierten Kriminalität, DuD 1993, 74; *Vogelgesang,* Grundrecht auf informationelle Selbstbestimmung?, 1987; *ders.,* Der Übergangsbonus, DVBl. 1989, 962; *Waechter,* Das Sicherheitsrecht in der Krise, Der Staat 1988, 393; *Wagner,* Kommentar zum Polizeigesetz von Nordrhein-Westfalen, 1987; *ders.,* Polizeirecht, 2. Aufl. 1985; *Walden,* Zweckbindung und -änderung präventiv und repressiv erhobener Daten im Bereich der Polizei, Berlin 1996; *Walliser,* Personenauskunftsdatei (PAD), Falldatei (MOD) und Perseveranztheorie; Kriminalistik 1984, 322 ff.; *Wasserburg,* Das Einsichtsrecht des Anwalts in die kriminalpolizeilichen Spurenakten, NJW 1980, 2440; *Wassermann* (Hrsg.), Alternativkommentar zum Grundgesetz für die Bundesrepublik Deutschland, 2. Aufl. 1989; *Wehner,* Nichts Genaues weiß man nicht, Kriminalistik 1987, 343; *Wellbrock,* Der Hessische Regelungsentwurf für die polizeiliche Datenverarbeitung, CR 1986, 149; *dies.,* Genomanalyse und das informationelle Selbstbestimmungsrecht, CR 1989, 204; *Weichert,* Das geplante Schengener Informationssystem, CR 1990, 62; *ders.,* Informationelle Selbstbestimmung und strafrechtliche Ermittlung, Pfaffenweiler 1990; *ders.,* Der elektronische Hausarrest aus Sicht des Datenschutzes, StV 2000, 335; *Weil,* Verdeckte Ermittlungen im Strafverfahren und die Unverletzlichkeit der Wohnung, ZRP 1992, 243; *Wenger,* Moderne Informations- und Kommunikationstechnik für die Polizei, dargestellt am Beispiel des Landes Bayern in Die Polizei 1985, Beil. 8, 8; *Weschke,* Modus operandi und Perseveranz, Kriminalistik 1984, 264; *Weßlau,* Vorfeldermittlungen, 1989; *Wiese,* Der Schutz der Sozialdaten, Deutsche Renten Versicherung (DRV), 1980, 353; *Wiesel,* Befriedigend, aber manches fehlt noch, Kriminalistik 1986, 587; *ders.,* INPOL – Das Informationssystem der deutschen Polizei, ÖVD/Online 1982, 71; *Wolter,* Heimliche und automatisierte Informationseingriffe wider Datengrundrechtsschutz, GA 1988, 49 u. 129; *ders.,* Verfassungsrecht im Strafprozeß- und Strafrechtssystem, NStZ 1993, 1; *ders.,* Datenschutz und Strafprozeß, ZStW 107 (1995), 793; *Zaczyk,* Prozeßsubjekte oder Störer? Die Strafprozeßordnung nach dem OrgKG – dargestellt an der Regelung des Verdeckten Ermittlers, StV 1993, 490.

I. Das Recht auf informationelle Selbstbestimmung

1. Bedeutung des Volkszählungsurteils des Bundesverfassungsgerichts

1 Im **Volkszählungsurteil**[1] ist erstmals das **Recht auf informationelle Selbstbestimmung** als Teil des allgemeinen Persönlichkeitsrechts mit der Autorität des Bundesverfassungsgerichts anerkannt worden. In der datenschutzrechtlichen Literatur waren entsprechende Auffassungen schon zuvor vertreten worden.[2] Auch das BVerfG selbst hatte mit früheren Entscheidungen zum **allgemeinen Persönlichkeitsrecht** den Boden für das Volkszählungsurteil argumentativ bereitet.[3] Das Recht auf informationelle Selbstbestimmung ist folglich mit diesem Urteil weder „neu" noch „überraschend" erfunden worden, sondern erstmals unter Hinweis auf die Risiken der modernen Datenverarbeitung und unter Verwendung der spezifischen datenschutzrechtlichen Terminologie näher begründet und in seinen Auswirkungen dargestellt worden.

2 Wesentliche Aussagen des Urteils sind durch das BVerfG zwischenzeitlich ausdrücklich bestätigt worden,[4] so daß von einer jederzeit zur Disposition stehenden Einzelentscheidung nicht die Rede sein kann. Entsprechend **weitreichend** sind die **Folgerungen,** die sich für **Gesetzgebung, Verwaltung** und **Bürger** ergeben. Das Urteil enthält allgemeine Aussagen zu Inhalt und Einschränkbarkeit des Rechts auf informationelle Selbstbestimmung, Hinweise zu den Anforderungen an Gesetze, die eine zwangsweise Datenerhebung vorsehen, sowie speziell auf die Statistik zugeschnittene Hinweise. Für die polizeiliche Datenverarbeitung sind die ersten beiden Komplexe von Bedeutung.

2. Inhalt des Rechts auf informationelle Selbstbestimmung

3 Das **allgemeine Persönlichkeitsrecht** schützt das Recht des einzelnen, in freier Selbstbestimmung als Glied einer freien Gesellschaft zu wirken.[5] Dazu gehört die Freiheit darüber zu entscheiden, wie er sich anderen gegenüber verhalten möchte. Dies wiederum setzt voraus, das Wissen der anderen über ihn einigermaßen sicher einschätzen zu können. Denn wer das Wissen möglicher Kommunikationspartner nicht entsprechend abschätzen kann, ist in seiner Freiheit beeinträchtigt, aus eigener Selbstbestimmung zu planen, zu entscheiden und sich entsprechend zu verhalten.[6]

4 Der Schutz des allgemeinen Persönlichkeitsrechts umfaßt folglich auch die **Befugnis** des **einzelnen, selbst zu entscheiden, wann und innerhalb welcher Grenzen persönliche Lebenssachverhalte offenbart werden.** Der Schutz des einzelnen gegen die unbegrenzte Erhebung, Speicherung, Verwendung und Weitergabe seiner persönlichen Daten wird deshalb unter den Bedingungen der modernen Datenverarbeitung von Art. 2 I i.V. m. Art. 1 I GG umfaßt.[7]

5 Zu diesen **„Bedingungen der modernen Datenverarbeitung"** ist im Urteil näher ausgeführt, daß sie dazu führen, daß bei Entscheidungsprozessen nicht mehr wie früher auf manuell zusammengetragene Karteien und Akten zurückgegriffen werden muß, sondern mit ihrer Hilfe personenbezogene Daten technisch gesehen unbegrenzt speicherbar und jederzeit ohne Rücksicht auf Entfernungen in Sekundenschnelle abrufbar sind. Darüber

---

1 *BVerfGE* 65, 1 ff.

2 *Steinmüller,* Grundfragen des Datenschutzes, Gutachten im Auftrag des Bundesministeriums des Innern, BT-Drucks. VI/3826, 88; *Denninger,* Gutachten, m. w. Nachw., S. 292.

3 Vgl. die im Volkszählungsurteil (o. Fußn. 1) S. 41 f. zitierten Entscheidungen.

4 *BVerfGE* 69, 315 ff.; *BVerfGE* 78, 77 ff.; 67, 100 (144); Beschl. v. 11. 6. 91, NJW 1991, 2411; B. v. 7. 3. 1995, *BVerfGE* 92, 191 ff.; U. v. 14. 7. 1999, DuD 1999, H. 11, S. 657 ff., H. 12, S. 721 ff. m. Anm. *Schrader,* DuD 1999, H. 11, S. 650 ff.

5 *BVerfGE* 65, 1 (41).

6 *BVerfGE* 65 1 (43); ähnlich vorher bereits *Podlech,* in: FG Grüner, 451 (455).

7 *BVerfGE* 65, 1 (42 f.) und 1. Leitsatz.

hinaus besteht die Möglichkeit des Entstehens teilweiser oder weitgehend vollständiger Persönlichkeitsbilder durch den Aufbau integrierter Informationssysteme, ohne daß der Betroffene deren Richtigkeit und Vollständigkeit überprüfen könnte.[8]

Das **Persönlichkeitsrecht bedarf** unter diesen Bedingungen **in besonderem Maße des Schutzes,** denn es erwächst die Gefahr einer Einsicht- und Einflußnahme, welche auf das Verhalten des einzelnen schon durch den psychischen Druck öffentlicher Anteilnahme einzuwirken vermag. Das Grundrecht aus Art. 2 I i.V. m. Art. 1 I GG gewährleistet folglich die Befugnis des einzelnen, grundsätzlich **selbst über** die **Preisgabe und Verwendung** seiner **persönlichen Daten** zu **bestimmen.**[9] 6

3. Schranken des Rechts auf informationelle Selbstbestimmung

Der **einzelne** existiert nicht isoliert, sondern als **Teil der Gesellschaft.** Das Grundgesetz geht vom Typus des gemeinschaftsbezogenen und -gebundenen Individuums aus. Nicht der sich abschottende Einzelgänger, sondern die sich in der Gesellschaft entfaltende, kommunikative Persönlichkeit ist das Leitbild des Grundgesetzes. Der einzelne hat also keine absolute, uneinschränkbare Herrschaft über „seine" Daten. Er muß, wie auch beim allgemeinen Persönlichkeitsrecht, **Einschränkungen** des Rechts auf informationelle Selbstbestimmung im **überwiegenden Allgemeininteresse** hinnehmen.[10] 7

Bei dieser Selbstverständlichkeit, die für manche ein zentraler Punkt des Urteils zu sein scheint, hält sich das Gericht aber nicht lange auf. Entscheidend ist nämlich, unter welchen **Voraussetzungen** in das Recht auf informationelle Selbstbestimmung eingegriffen werden darf und wie Vorschriften beschaffen sein müssen, auf deren Grundlage dies geschieht.[11] 8

Daß es sich dabei um ein **Gesetz** handeln muß, überrascht ebensowenig wie, daß das Gesetz im übrigen verfassungsgemäß sein muß, insbesondere dem Verhältnismäßigkeitsgrundsatz genügen muß und folglich den Betroffenen nicht mehr belasten darf als im überwiegenden Allgemeininteresse notwendig.[12] Auch mit dem Gesichtspunkt der **Normenklarheit** wird zunächst an bewährte Rechtsprechung zum Bestimmtheitsgrundsatz angeknüpft.[13] Freilich war bislang die Forderung nach der Bestimmtheit von Normen jeweils in spezieller Weise begründet worden: Es müsse bei Ermächtigungen zum Erlaß von Rechtsverordnungen klar sein, wie weit die Gestaltungsmacht der Exekutive gehe; wenn vom Bürger ein bestimmtes Tun verlangt werde, müsse er seine Pflichten aus dem Gesetz deutlich entnehmen können. 9

Der Ansatz des Volkszählungsurteils geht weiter. Nicht die klare Verteilung und Formulierung von Eingriffsbefugnissen allein ist entscheidend. Der gesamte **Prozeß** der **Verarbeitung** personenbezogener Daten soll für den Bürger **nachvollziehbar** sein, auch dann, wenn sich für ihn daraus unmittelbar keine Handlungs- und Mitwirkungspflichten ergeben. 10

Derart zum Selbstzweck erhoben, erweisen sich **Transparenz** der Datenverarbeitung und die ihr dienende **Normenklarheit** als ein über die bisherige Rechtsprechung zur Bestimmtheit von Normen bei weitem hinausreichender Ansatz. Aus dem gleichsam vorgegebenen Programmziel, der Bürger müsse wissen, wer was wann über ihn weiß, ergibt sich, daß die Anforderungen an Eingriffsnormen nicht schematisch und nach einfachen Strickmustern zu erfüllen sind. Soviel Transparenz und Normenklarheit wie möglich muß nicht immer bedeuten soviel detaillierte und komplizierte Normen wie möglich.[14] Wo komplexe und vielfältig verästelte Normen den Verarbeitungsprozeß adäquat be-

---

8 *BVerfGE* 65, 1 (42).
9 *BVerfGE* 65, 1, 1. Leitsatz.
10 *BVerfGE* 65, 1 (42 f.).
11 Zutr. *Simitis*, in: Simitis u. a., Kommentar zum BDSG, § 1, Rdn. 30.
12 AaO.
13 Vgl. Nachweise bei *Bäumler* JR 1984, 361 (362, Fußn. 13, 14, 16).
14 Vgl. *Bäumler*, Polizei und Datenschutz, S. 1 ff. sowie *Denninger/Petri*, aaO, S. 13 ff.

schreiben, muß im Interesse der Transparenz u. U. eine Stufe tiefer angesetzt werden: Die Datenverarbeitung selbst muß begrenzt und auf einen überschaubaren Ablauf reduziert werden.

11 Sollen die Daten **automatisiert** verarbeitet werden, so hat bereits der **Gesetzgeber organisatorische** und **verfahrensrechtliche Vorkehrungen** zu treffen, welche der Gefahr einer Verletzung des Persönlichkeitsrechts entgegenwirken. Diese Grundsätze sind bei jeglicher Einschränkung des Rechts auf informationelle Selbstbestimmung zu beachten.[15]

4. Besondere Voraussetzungen für die zwangsweise Datenerhebung

12 **Besondere Voraussetzungen** sind zu beachten, wenn Daten **zwangsweise** erhoben werden, etwa wenn der Staat die Angabe personenbezogener Daten vom Bürger verlangt. An unmittelbaren Zwang im Sinne der traditionellen polizeirechtlichen Eingriffsbefugnisse allein ist dabei freilich nicht gedacht. Der „Zwangsbegriff" ist in diesem Zusammenhang ein spezifisch datenschutzrechtlicher. Man begreift ihn wohl am ehesten von seinem Gegenteil her: Alles was vom Betroffenen an personenbezogenen Daten nicht freiwillig preisgegeben wird, wird in diesem Sinne zwangsweise erhoben. Dies wird schon deutlich, wenn man den im Volkszählungsurteil entschiedenen Fall vor Augen hat: Es handelte sich um zwangsweise Datenerhebung, weil die Nichtabgabe des Erhebungsbogens mit Bußgeld bedroht war.

13 Ein Zwang zur Angabe personenbezogener Daten setzt voraus, daß der Gesetzgeber den Verwendungszweck **bereichsspezifisch** und **präzise** bestimmt.[16] Die Daten müssen für diesen Zweck geeignet und erforderlich sein oder noch deutlicher ausgedrückt: Die Datenverarbeitung hat sich auf das zur Erreichung des angestrebten Zieles erforderliche Minimum zu beschränken. Ein überwiegendes Allgemeininteresse wird regelmäßig überhaupt nur an Daten mit Sozialbezug bestehen. Unzumutbare intime Angaben und Selbstbezichtigungen dürfen nicht verlangt werden. Bereichsspezifische und präzise Regelung des Verwendungszweckes schließt die Sammlung nicht anonymisierter, d. h. personenbezogener oder -beziehbarer Daten **auf Vorrat** zu unbestimmten oder noch nicht bestimmbaren Zwecken aus.[17] Die Daten dürfen nur für den in der jeweiligen Rechtsgrundlage bestimmten Zweck verwendet werden. „Schon angesichts der Gefahren der automatischen Datenverarbeitung" ist ein – amtshilfefester – Schutz gegen Zweckentfremdung durch „Weitergabe- und Verwertungsverbote" erforderlich.[18]

14 Hinzu kommen müssen als verfahrensrechtliche Schutzvorkehrungen **Aufklärungs-, Auskunfts-** und **Löschungspflichten.** Als ein weiteres Mittel der Transparenz der Datenverarbeitung und im Interesse eines vorgezogenen Rechtsschutzes ist die Beteiligung unabhängiger **Datenschutzbeauftragter** von erheblicher Bedeutung für einen effektiven Schutz des Rechts auf informationelle Selbstbestimmung.[19] In die verfassungsrechtlich gebotene Richtung weisen nach Auffassung des Bundesverfassungsgerichts die Datenschutzgesetze, §§ 35, 67 bis 86 SGB X, §§ 30, 31 AO.

5. Logische Stringenz des Volkszählungsurteils

15 Dort, wo davon die Rede ist, bei zwangsweise erhobenen Daten sei die Verwendung der Daten auf den gesetzlich bestimmten Zweck begrenzt, und es sei ein – amtshilfefester – Schutz gegen Zweckentfremdung durch Weitergabe- und Verwertungsverbote notwendig, wird im Urteil an sich Selbstverständliches postuliert: Die Weitergabe von Daten ist eine Form der Verwendung. Bei zwangsweise erhobenen Daten ist die Verwendung

15 *BVerfGE* 65, 2. Leitsatz.
16 *BVerfGE* 65, 1 (46).
17 AaO.
18 Ebenda.
19 *BVerfGE* 65, 1 (46).

gesetzlich zu regeln. Solange also die Datenweitergabe nicht ausdrücklich gesetzlich erlaubt ist, besteht ohnehin von Verfassungs wegen ein „Weitergabeverbot". Dieses ist auch „amtshilfefest", da das **Amtshilfeprinzip** nur Pflichten zwischen den Behörden regelt und keine neuen Eingriffsbefugnisse gegenüber dem Bürger schafft.[20] Zudem bedürfte die Weitergabe zwangsweise erhobener Daten im Wege der Amtshilfe als eine besondere Form der Verwendung einer bereichsspezifischen und präzisen Rechtsgrundlage, die sich nicht aus den allgemein geltenden Amtshilfevorschriften ergeben kann. **Zwangsweise erhobene Daten** sind also nach dem Volkszählungsurteil auch ohne ausdrückliche gesetzliche Absicherung stets **„amtshilfefest"**, solange nicht ihre Weitergabe gesetzlich ausdrücklich zugelassen ist.[21]

16 Es ist immer wieder erstaunlich, welche Schwierigkeiten, Mehrdeutigkeiten und Untiefen juristische Interpretationskunst im Volkszählungsurteil des Bundesverfassungsgerichts zu entdecken vermag. Wer das Urteil nicht gelesen hat, könnte den Eindruck gewinnen, es handele sich dabei um einen unausgegorenen, logischen Gedankengängen nicht sonderlich zugänglichen Text, dessen Bedeutung und Auswirkung sich dem Kundigen nur schwer erschließt.[22]

17 Geht man den vielfältigen Hinterfragungen, die das Urteil erfahren hat und heute gelegentlich noch erfährt, auf den Grund, so ist das Bemühen, seine Folgen für Verwaltung und Gesetzgebung in Grenzen zu halten, häufig unübersehbar. Da wird von manchen sorgfältig geprüft, ob wirklich jede Datenerhebung ein Eingriff ist, die Frage aufgeworfen, ob tatsächlich ein „Totalvorbehalt" beabsichtigt sei. Je knapper die Abhandlung zum Inhalt des Rechts auf informationelle Selbstbestimmung, desto detaillierter und tiefgründiger gelegentlich die Analyse der Eingriffsmöglichkeiten. Da werden nebulöse informationelle Vorsorgepflichten des Staates entdeckt, denen das gemeinschaftsbezogene Individuum seinen Datentribut auch ohne gesetzliche Grundlage, sozusagen in freier Abwägung, zu zollen habe.[23]

18 Die Rechtsprechung des Bundesverfassungsgerichts stellt klar, daß der **Ansatz** des Datenschutzrechts **über die bloße Mißbrauchsabwehr hinausgeht,** so wie es der Titel des BDSG von 1978 glauben machen konnte. Nicht nur der Schutz vor mißbräuchlicher, eben bewußt die Gesetze verletzender, unbefugter, überzogener oder unachtsamer Datenverarbeitung wird gewährleistet, sondern zentraler Gegenstand des Datenschutzrechts ist die Frage, wer unter welchen Voraussetzungen personenbezogene Daten verarbeiten darf.

19 Das Gericht spricht von der **„Verwendung"** personenbezogener Daten[24] und macht damit deutlich, daß jede Form der Datennutzung, angefangen bei der Erhebung bis zur Weitergabe, ein Eingriff in das informationelle Selbstbestimmungsrecht ist. Die bis dahin im BDSG geregelten Phasen der Datenverarbeitung, etwa Speichern, Übermitteln, Verändern und Löschen, sind zwar Formen der Verwendung, deren Inhalt reicht aber weiter. Die automatisierte Datenverarbeitung mit ihren gesteigerten Gefährdungen des Persönlichkeitsrechts ist zwar Anlaß und Ausgangspunkt, nicht aber Bedingung für die Anwendung des Rechts auf informationelle Selbstbestimmung. Die mitunter zu sachwidrigen Ergebnissen führende Unterscheidung zwischen Datenverarbeitung in oder unmittelbar aus Dateien und anderen Formen der Datenverarbeitung, etwa in Akten- oder Listenform, ist obsolet geworden. Der **technikneutrale Begriff der Verwendung** schließt manuelle Verarbeitung ebenso wie künftige Neuerungen der Datenverarbeitungstechnik mit ein.

---

[20] *Kniesel/Tegtmeyer/Vahle,* Handbuch, Rdn. 454; i. d. S. schon *Benda,* in: FS Geiger, 23 (38 f.).

[21] Vgl. *Simitis* NJW 1984, 398 (402), *Heußner* RDV 1988, 7 (9); a. A. *Vogelgesang,* Grundrecht auf informationelle Selbstbestimmung?, S. 232 ff.

[22] Nachweise bei *Simitis,* in: Simitis u. a., Kommentar zum BDSG, § 1 Rdn. 28 f.

[23] Vgl. *Pitschas/Aulehner* NJW 1989, 2353 (2355) sowie *Aulehner,* Polizeiliche Gefahren- und Informationsvorsorge, S. 446 ff.

[24] *BVerfGE* 65, 1, 1. Leitsatz u. passim.

20 Art und Umfang der vom Gesetzgeber zu treffenden Regelungen, ja die Frage, ob die in Rede stehende Datenerhebung überhaupt zugelassen werden kann, hängen nicht allein davon ab, ob sie intime Vorgänge betrifft. Entscheidend sind vielmehr der **Verwendungszweck** sowie die **Verknüpfungs-** und **Verwendungsmöglichkeiten.**[25] Jahrelange Diskussionen über Datenkategorien und besonders schützenswerte Sphären der Privatheit werden damit relativiert. Nicht die Art und der Inhalt der Daten, sondern die geplante oder mögliche Verwendung sind entscheidend. Das Recht auf informationelle Selbstbestimmung kennt **kein belangloses Datum,** das etwa von vornherein einem Schutz minderer Qualität zu unterstellen wäre.[26]

Damit erweist sich das Volkszählungsurteil insgesamt als bemerkenswert präzise und stringent. Die Folgerungen aus dem Recht auf informationelle Selbstbestimmung sind logisch in ihrer Abfolge und unmißverständlich. Die Interpretation des Urteils wird überdies durch geradezu programmatische Aussagen erleichtert, aus denen deutlich wird, in welcher Richtung die einzelnen Begründungen zu verstehen sind.

6. Geltung des Volkszählungsurteils für den Polizeibereich

21 Das Volkszählungsurteil klärt nicht alle Fragen im Zusammenhang mit dem Recht auf informationelle Selbstbestimmung. Dazu bestand kein Anlaß. Das, was geklärt ist, bedarf der Beachtung und Umsetzung.

22 Entscheidungen des Bundesverfassungsgerichts kommt nach § 31 I BVerfGG **bindende Wirkung** für die Verfassungsorgane des Bundes und der Länder sowie für alle Gerichte und Behörden zu. Die Bindungswirkung umfaßt den **Tenor** der Entscheidung und die **tragenden Gründe.** Tragende Gründe sind solche, die nicht hinweggedacht werden können, ohne daß der Sinnzusammenhang der Entscheidung verloren ginge.[27] Im Volkszählungsurteil sind dies im wesentlichen die unter C II näher ausgeführten und in den Leitsätzen zusammengefaßten – im Vorstehenden näher dargestellten – Gründe. Ohne sie wären die zum Volkszählungsgesetz 1983 getroffenen Entscheidungen nicht verständlich.

23 § 31 I BVerfGG kennt **keine Ausnahme für die Polizei.** Die nach dem Volkszählungsgesetz 1983 zu erhebenden Daten waren im Vergleich zur Datenverarbeitung bei der Polizei geradezu harmlos. Was für sie galt, muß erst recht für die bei der Polizei verwendeten Daten gelten. Dem Urteil ist nichts zu entnehmen, was darauf schließen ließe, es gelte nicht oder nur eingeschränkt für die Sicherheitsbehörden. Wie um etwaige Zweifel von vornherein nicht entstehen zu lassen, finden sich im Volkszählungsurteil die häufig zitierten Sätze, der Bürger müsse „wissen, wer was wann und bei welcher Gelegenheit über ihn weiß". Wer unsicher sei, „ob abweichende Verhaltensweisen jederzeit notiert und gespeichert, verwendet oder weitergegeben werden", werde versuchen, „sich konform zu verhalten". Dies verkürze nicht nur die Rechte des einzelnen, sondern stelle auch eine Gefahr für die freiheitliche demokratische Grundordnung dar, die auf Handlungs- und Mitwirkungsfähigkeit ihrer Bürger angewiesen sei.[28]

24 Dies ist auf die **Sicherheitsbehörden** gemünzt, die das Recht auf informationelle Selbstbestimmung in besonderem Maße zu beachten haben, da gerade von ihrer Datenverarbeitung der erwähnte **Einschüchterungseffekt** für die freie Entfaltung der Persönlichkeit und für die aktive Grundrechtswahrnehmung ausgehen kann. Im sog. **Brokdorf-Beschluß** des Bundesverfassungsgerichts wird unter Verweis auf das Volkszählungsurteil ergänzend ausgeführt, daß mit der Versammlungsfreiheit „exzessive Observationen und

---

[25] *BVerfGE* 65, 1 (45). Die Form der Datenverarbeitung ist nunmehr auch ausdrücklich Anknüpfungspunkt für Regelungen im BDSG, vgl. *Dammann* NVwZ 1991, 640 (643).

[26] *Simitis,* oben Fußn. 21, 402 f.; *Kniesel/Tegtmeyer/Vahle,* Handbuch, Rdn. 472; zur Kritik an der Sphärentheorie *Schlink,* Der Staat, 1986, S. 233, 241 ff.

[27] *Maunz/Schmidt-Bleibtreu/Ulsamer,* BVerfGG, § 31 Rdn. 16, vgl. dazu auch *Kniesel/Tegtmeyer/Vahle,* Handbuch, Rdn. 415 ff.

[28] *BVerfGE* 65, 1 (43).

Registrierungen" nicht vereinbar seien. Wer damit rechne, daß etwa die Teilnahme an einer Versammlung oder einer Bürgerinitiative behördlich registriert wird und daß ihm dadurch Risiken entstehen könnten, werde möglicherweise auf eine Ausübung der Grundrechte nach Art. 8, 9 Grundgesetz verzichten.[29] An anderer Stelle ist davon die Rede, schon die Befürchtung einer Überwachung und weiteren Verwendung der Daten durch andere Behörden könne schon im Vorfeld zu einer **Befangenheit in der Kommunikation,** zu Kommunikationsstörungen und zu Verhaltensanpassungen, insbesondere zur Vermeidung bestimmte Gesprächsinhalte oder Termini führen. Dies betreffe nicht nur die individuelle Kommunikation einzelner Grundrechtsträger, sondern die Kommunikation der Gesellschaft insgesamt.[30] Das Recht auf informationelle Selbstbestimmung **gilt** folglich **ohne Abstriche** auch **für den Polizeibereich.**[31]

Die Polizei erhebt Daten häufig **zwangsweise,** d. h. gegen den Willen oder ohne Wissen des Betroffenen. Deutlich wird dies bei der Anwendung klassischer Eingriffsbefugnisse der Strafprozeßordnung, wie etwa der Hausdurchsuchung, der Beschlagnahme, der erkennungsdienstlichen Behandlung oder der Durchsuchung, die allesamt primär die Informationsgewinnung – notfalls auch gegen den Willen des Betroffenen – zum Zweck haben. Die besonderen Voraussetzungen für die zwangsweise Datenerhebung sind auch zu beachten, wenn Daten **heimlich** wie etwa im Rahmen von Observationen, polizeilicher Beobachtung, Rasterfahndung, durch Einsatz verdeckter Ermittler oder im Einzelfall verdeckt ermittelnder Beamter oder bei Dritten ohne Wissen des Betroffenen erhoben werden. Gerade dann ist der Betroffene an der Ausübung seines informationellen Selbstbestimmungsrechts gehindert. Heimliche Datenerhebung ist also nicht nur „zwangsweise" Datenerhebung im Sinne des Volkszählungsurteils, sondern überdies problematischer als jene, da sie dem Anspruch des Betroffenen zu wissen, wer bei welcher Gelegenheit über ihn Daten erhebt, diametral entgegensteht.[32] 25

Das **Volkszählungsurteil** gilt also im vollen Umfang auch für die **polizeiliche Datenverarbeitung** und verlangt gerade im dort gängigen Bereich der zwangsweisen Datenerhebung **weitreichende Konsequenzen.**[33] 26

7. Folgerungen aus dem Volkszählungsurteil für die polizeiliche Datenverarbeitung

Daraus ergeben sich unterschiedliche **Folgerungen** für **Gesetzgeber** und **Polizeibehörden,** die beide das Recht auf informationelle Selbstbestimmung zu beachten haben. Da Einschränkungen dieses Rechts nur im überwiegenden Allgemeininteresse zulässig sind, die Datenverarbeitung überdies für den vorgesehenen Zweck geeignet und erforderlich sein muß, sind die vorhandenen und geplanten Verarbeitungsverfahren zuallererst auf ihre Effizienz und Notwendigkeit zu überprüfen. Maßstab der polizeilichen Ausrüstung mit Datenverarbeitungsbefugnissen und -technik kann nicht allein der – verständliche – Wunsch sein, jeweils das Weitestreichende zu dürfen und das technisch Neueste und von der Haushaltslage her Finanzierbare zu besitzen. Es gilt vielmehr der **strikte Erforderlichkeitsgrundsatz,** der der Ausstattung der polizeilichen Datenverarbeitung unter dem Blickwinkel der Bequemlichkeit und des Prestigedenkens entgegensteht, soweit es um die Verarbeitung personenbezogener Daten geht (vgl. dazu Kap. F Rdn. 147 ff.). Dies gilt sowohl für Art und Umfang der Daten, die die Polizei zur Aufgabenerfüllung benötigt, als auch für die eingesetzte Technik, weil sich nur unter deren Einbeziehung die Verwendungs- und Verknüpfungsmöglichkeiten beurteilen lassen. Erst wenn nach diesem 27

[29] *BVerfGE* 69, 315 ff.; dazu *Bäumler* JZ 1986, 469 ff. sowie Kap. H Rdn. 72 ff.

[30] *BVerfG,* U. v. 14. 7. 1999, DuD 1999, H. 2, S. 721 ff. (722).

[31] *Knemeyer* NVwZ 1988, 193 (196).

[32] *Denninger,* Gutachten, S. 298; *Rogall* JZ 1987, 847 (851); a. A. *Rebmann* NJW 1985, 1 (4), *Kniesel/Tegtmeyer/Vahle,* Handbuch, Rdn. 425. Zur zwangsweisen Datenerhebung im Rahmen der Strafverfolgung vgl. auch *Weichert,* Informationelle Selbstbestimmung und strafrechtliche Ermittlung, S. 110 ff.

[33] A. A. *Götz,* Allgemeines Polizei- und Ordnungsrecht, 11. Aufl. (1993), Rdn. 153.

Maßstab die Erforderlichkeit von Daten und Verarbeitungsverfahren feststeht, stellt sich die Frage nach gesetzlichen Grundlagen, die die dargelegte rechtsstaatliche Qualität haben müssen.

28 Dies schließt die unmittelbare Herleitung von Einschränkungen des Rechts auf informationelle Selbstbestimmung aus einem **„Grundrecht auf Sicherheit“**[34] oder aus einer staatlichen Aufgabe der **„Informationsvorsorge“**[35] aus. Einmal abgesehen davon, daß der praktische Wert solcher Konglomerate aus einzelnen Teilaspekten der Verfassung gering ist, da daraus keine neuen Eingriffsbefugnisse abgeleitet werden können,[36] würde sich überdies die Notwendigkeit ergeben, Datenschutz- und Sicherheitsaspekte in praktische Konkordanz zu bringen. Dies kann nicht in der Form geschehen, daß etwa aus der „rechtsstaatlich gebotenen Verfolgung von Straftaten“ eine „verfassungsrechtliche Legitimation zur Sammlung strafrechtsrelevanter Informationen“ durch die Strafverfolgungsbehörden abgeleitet wird, die zudem umfassend „der Verbrechensbekämpfung“ dienen soll, nicht nur der Verfolgung der einzelnen Straftat.[37] Bei solcher Argumentation könnte letztlich auch die Strafprozeßordnung insgesamt eingespart werden, da sich mit dieser Begründung jeder sachgemäße Grundrechtseingriff rechtfertigen ließe.

29 Der notwendige **Ausgleich** zwischen der **Freiheitsgarantie der Grundrechte** und den Belangen der **inneren Sicherheit** kann nicht in freier Abwägung oder in Form vereinfachender Antithesen, etwa „Datenschutz ist Tatenschutz“ oder „Sicherheit vor Datenschutz“, gefunden werden. Solche Reflektionen an der Oberfläche können je nach Standort auch einfach umgedreht werden.[38] Es ist Sache des **Gesetzgebers,** diesen Ausgleich vorzunehmen. Gerade weil die Transparenz der Datenverarbeitung ein essentieller Bestandteil des Rechts auf informationelle Selbstbestimmung ist, muß der Bürger dem Gesetz entnehmen können, mit welchen Einschränkungen seines Rechts auf informationelle Selbstbestimmung er rechnen muß.

30 Die notwendigen Datenverarbeitungsmaßnahmen hat der **Gesetzgeber** in all ihren Phasen **bereichsspezifisch** und **normenklar** zu regeln. Für den Polizeibereich bedeutet dies, daß für die Datenverarbeitung in den großen Bereichen der polizeilichen Aufgabenerfüllung, der **Gefahrenabwehr, Vorbeugung** und **Strafverfolgung, aufgabenspezifische** Datenverarbeitungsbefugnisse notwendig sind.[39] Die strikte Orientierung an der Erforderlichkeit wird bei so unterschiedlichen Aufgabenfeldern wie Prävention und Repression zwangsläufig zu divergierenden Datenverarbeitungsbefugnissen führen.

31 Gelegentlich behauptete **Abgrenzungsschwierigkeiten** zwischen den Aufgabenbereichen sind nicht grundsätzlicher Natur.[40] Die Prävention ist auf die Verhinderung von Störungen für die öffentliche Sicherheit gerichtet, die Strafverfolgung hat die Aufklärung und Ahndung bereits begangener Straftaten zum Ziel. Bei der Gefahrenabwehr handelt die Polizei autonom auf der Grundlage landesspezifischen Polizeirechts, die Strafverfolgung geschieht auf der Grundlage der Strafprozeßordnung und im Auftrag des Staatsanwaltes. Inwieweit die Vorbeugung genügend eigene Konturen hat, so daß von einer eigenständigen dritten Aufgabensäule gesprochen werden kann, wird noch zu untersuchen sein.[41] Die Sachaufgabe Vorbeugung verlangt jedenfalls eine präzise Regelung

---

[34] *Isensee,* Grundrecht auf Sicherheit, der allerdings betont, daß auch beim Schutz der Sicherheit die formellen Voraussetzungen rechtsstaatlichen Handelns, also der Gesetzesvorbehalt, gelten, aaO S. 42 f.

[35] *Scholz/Pitschas,* Informationelle Selbstbestimmung, S. 110 f. sowie *Pitschas/Aulehner* NJW 1989, 2353 (2355) und *Aulehner,* Polizeiliche Gefahren- und Informationsvorsorge, S. 446 ff.

[36] Zur Kritik hieran *Denninger,* in: Freiheitssicherung durch Datenschutz, 127 ff.

[37] So aber *BVerwG,* NJW 1990, 2765 (2766) mit geradezu grundrechtsverkehrender Argumentation.

[38] *Simitis,* BKA-Vortragsreihe, 191.

[39] A. A. *Götz* NVwZ 1987, 858 ff.

[40] Vgl. dazu *Bull* DVR 1982, 1 (3), *Schäfer* GA 1986, 49 ff., *Ringwald* ZRP 1988, 178 (181), *Schoreit,* 1985, 169 f.; vgl. auch die Kontroverse um die Verwendung von Erkenntnissen aus einer Telefonüberwachung gem. § 100 a StPO zu Zwecken der Gefahrenabwehr zwischen *Globig* ZRP 1991, 81 und *Riegel* ZRP 1991, 286 sowie *Hassemer* ZRP 1991, 121.

[41] Vgl. unten Rdn. 531 ff.

der insoweit notwendigen Datenverarbeitung, egal ob es sich dabei letztlich um einen Teilaspekt der Gefahrenabwehr oder der Strafverfolgung oder um eine eigenständige Materie handelt.

32 Ein- und derselbe Lebenssachverhalt mag von der Polizei parallel unter **Gefahrenabwehr-** und unter **Strafverfolgungsgesichtspunkten** bearbeitet werden, etwa weil nach begangener Straftat weitere Straftaten zu verhindern oder zusätzlicher Schadenseintritt zu vermeiden ist.[42] Die einzelne polizeiliche Maßnahme ist jedoch einem der beiden Aufgabenbereiche zuzuordnen und damit auch rechtlich eindeutig zu bestimmen.[43] Nichts anderes kann für Maßnahmen der Datenverarbeitung, von der Erhebung bis zur Löschung gelten. Im übrigen ergibt sich der Zwang zu aufgabenspezifischen Datenverarbeitungsnormen schon aus der unterschiedlichen Zuweisung der **Gesetzgebungszuständigkeit.**[44] Für das Strafverfahrensrecht ist der Bund, für das Recht der Gefahrenabwehr sind weitgehend die Länder zuständig. Auch bei der Vorbeugung ist eine eindeutige Zuordnung der Gesetzgebungskompetenz notwendig.

33 Eine andere Frage ist es, unter welchen Voraussetzungen die für eine Aufgabe erhobenen Daten auch für die anderen Aufgaben verwendet werden dürfen. Auch dies muß der Gesetzgeber ausdrücklich regeln. Pauschale Ansätze verbieten sich dabei angesichts der großen Unterschiedlichkeiten der betroffenen Daten und der angewandten Methoden der Datengewinnung.

34 Der Grundsatz der Normenklarheit verlangt, daß Eingriffsnormen so präzise wie möglich formuliert werden. Die Verwendung von Generalklauseln ist damit nicht gänzlich ausgeschlossen, aber nicht ins Belieben gestellt. Der Gesetzgeber muß sich um größtmögliche Präzision bemühen. Nur wo und soweit dies tatsächlich nicht möglich ist, kann auf **Generalklauseln** ausgewichen werden.[45] Dabei muß darauf geachtet werden, daß nicht durch perfektionistische Akribie das Ziel der Normenklarheit in sein Gegenteil verkehrt wird.[46] Ein negatives Beispiel hierfür sind die §§ 31 ff. des StVG. Die vielfältigen, kaum wirksam begrenzten Nutzungen des Zentralen Verkehrsinformationssystems ZEVIS durch Polizeibehörden werden durch ihre vermeintlich präzise und lückenlose gesetzliche Beschreibung für den Bürger verschleiert (zu den Einzelheiten unten Rdn. 219 ff.).

35 Generell ist zu beobachten, daß die im Gefolge des Volkszählungsurteils erlassenen Rechtsgrundlagen für die polizeiliche Datenverarbeitung das Ziel der **Normenklarheit** nicht immer erreicht haben. In dem Bemühen, die polizeiliche Datenverarbeitung möglichst detailgetreu in den Polizeigesetzen abzubilden, sind teilweise umfangreiche, für die Praxis kaum handhabbare Vorschriften entstanden, deren Detailversessenheit nicht selten mit öffnenden Generalklauseln kombiniert ist. So wird selbst durch die umständliche Präzision vieler Normen noch nicht einmal ein zählbarer rechtsstaatlicher Gewinn erzielt.[47]

36 Zu beachten ist auch das **Verbot der Sammlung** nicht anonymisierter Daten **auf Vorrat** zu unbestimmten oder noch nicht bestimmbaren Zwecken. Nicht die Sammlung von Daten auf Vorrat ist das Verwerfliche, da jeder Datenspeicherung das Vorrätighalten für künftige Verwendung geradezu begriffsnotwendig innewohnt,[48] sondern die fehlende

---

[42] *Ringwald* ZRP 1988, 178 (181).

[43] *Ringwald,* INPOL und StA, S. 129 ff., im Ergebnis auch *Kniesel/Tegtmeyer/Vahle,* Handbuch, Rdn. 51 ff.

[44] Vgl. dazu *Walden,* Zweckbindung und -änderung präventiv und repressiv erhobener Daten im Bereich der Polizei.

[45] *Bäumler* JR 1984, 361 (364), gegen Generalklauseln *Schoreit* DRiZ 1987, 464 (468).

[46] Dazu die amüsante Glosse von *Burghard,* Kriminalistik 1988, 59. Zu ZEVIS vgl. *Lisken* KritV 1988, 323.

[47] *Bäumler,* Polizei und Datenschutz, S. 1 ff. (6); *Denninger/Petri,* ebenda, S. 13 mit instruktiven Beispielen; zur Kritik an der Polizeirechtsgesetzgebung vgl. auch *Aulehner,* Polizeiliche Gefahren- und Informationsvorsorge, S. 372 ff.

[48] *Denninger* CuR 1988, 51 (59).

klare Zweckbestimmung. Der Gesetzgeber kann folglich Datenspeicherung zur Verfolgung künftiger Zwecke nur dann erlauben, wenn er diese Zwecke präzise bestimmt und die Verwendung der Daten hierauf beschränkt. Letztlich läuft auch dies auf die Unterstreichung des Erfordernisses der Normenklarheit hinaus.

37 Besonders sorgfältig hat der Gesetzgeber zu prüfen, ob und in welchem Umfang er **geheime Datenerhebung** zuläßt. Sie steht in direktem Widerspruch zum Recht auf informationelle Selbstbestimmung und kann nur dort und insoweit in Betracht kommen, als die Erfüllung wichtiger Gemeinschaftsaufgaben bei offener Datenerhebung unmöglich oder bis nahe an die Unmöglichkeit erschwert wäre. Bloße Bequemlichkeit, Gewohnheit oder auch nur Rationalisierungsgesichtspunkte reichen zur Begründung des überwiegenden Allgemeininteresses insoweit nicht aus (vgl. dazu unten Rdn. 364ff. sowie Kap. C, Rdn. 118f.).

38 Dem Recht des einzelnen auf Transparenz bei der Datenerhebung entspricht im demokratischen Rechtsstaat der grundsätzlich **offene Charakter polizeilicher Ermittlungen.** Dieser Grundsatz mag seine begründeten Ausnahmen vor allem im Bereich der Verfolgung schwerer, konspirativ agierender Kriminalität haben. Aber auch hier ist stets zu prüfen, wie im einzelnen gleichwohl die tragenden Grundsätze für ein faires Ermittlungsverfahren, so wie § 136a StPO sie beispielsweise für Vernehmungen präzisiert, gewährleistet werden können. Wo zunächst zu Recht heimlich ermittelt werden mußte, kann beispielsweise die **nachträgliche Unterrichtung** der Betroffenen wenigstens teilweise einen **Ausgleich** schaffen.[49]

39 Bei der Prüfung der Frage, ob, in welchen Bereichen und in welchem Umfang geheime Datenerhebung im überwiegenden Allgemeininteresse zugelassen werden soll, ist auch in Rechnung zu stellen, daß polizeiliche Fahndungserfolge in beträchtlichem Umfang auf Hinweisen aus der Bevölkerung beruhen. Dies setzt ein **offenes, kooperatives Verhältnis Bürger – Polizei** voraus. Etwaige Einbußen in diesem Verhältnis durch die Einführung neuer geheimer Ermittlungsmethoden müßten in Rechnung gestellt werden, wenn deren Erforderlichkeit, Effizienz und Verhältnismäßigkeit zu prüfen ist.

40 Der Gesetzgeber hat überdies das **Verbot** zu beachten, **unzumutbare intime Angaben** und **Selbstbezichtigungen** zu verlangen.[50] Letzteres hat im Bereich der Strafverfolgung seine Verwurzelung ebenfalls in §§ 136, 136a StPO, der es dem Betroffenen freistellt, ob er sich zur Sache äußert und sich ggf. selbst bezichtigt.[51] Der Gesetzgeber darf auch keine anderen Datenerhebungsformen zulassen, die der Selbstbezichtigung gleichkommen. Die Grenzen hierfür exakt abzustecken, ist nicht leicht, da es der Polizei natürlich erlaubt sein muß, im Rahmen der Strafermittlungen die vom Betroffenen selbst gelegten Spuren aufzunehmen und zur Tataufklärung zu verwenden.

41 Noch schwieriger ist die Frage zu beantworten, was „unzumutbare intime Angaben" sind. Hier klingt im Volkszählungsgesetzurteil noch einmal die im übrigen nicht mehr weiterverfolgte **„Sphärentheorie"** an. Gänzlich kann, etwa bei der Aufklärung von Sexualdelikten, auf die Erhebung von Daten auch aus diesem Bereich nicht verzichtet werden. Dies ist dem Betroffenen auch zuzumuten. Grenzen können sich aus den vor allem von der – unterlegenen – Hälfte des 2. Senats des BVerfG geltend gemachten Gründen in der sog. **Tagebuchentscheidung** ergeben.[52] Danach ist der Angeklagte von Verfassungs wegen davor geschützt, in einem Strafverfahren gegen seinen Willen mit einem seinen innersten Persönlichkeitsbereich betreffenden Lebenssachverhalt konfrontiert zu

---

[49] *BVerfGE* 65, 1 (46).

[50] Vgl. unten Rdn. 381ff., 448ff., 461. Zur Offenheit polizeilicher Ermittlungen grundsätzlich *Deutsch*, Die heimliche Erhebung von Informationen und deren Aufbewahrung durch die Polizei, S. 28ff. (35f.) u. passim.

[51] In Hessen ist § 136a StPO bei jeglicher Befragung ausdrücklich entsprechend zu beachten, § 12 IV HSOG; vgl. dazu *Denninger* Kriminalistik 1987, 505 (508).

[52] *BVerfG* NJW 1990, 563 (566); vgl. dazu die krit. Anm. von *Amelung* NJW 1990, 1753ff., vgl. auch Kap. K Rdn. [zum Thema „Tagebuch als Beweismittel".

werden, den er dem Tagebuch anvertraut hat. Dies gebietet die einem Menschen zukommende und seine Würde mit ausmachende Bestimmung über sein eigenes Ich.

Der Gesetzgeber darf vor allem, wenn eine Erhebung solcher Daten ausnahmsweise unumgänglich ist, nicht ihre Nutzung für beliebige **andere Zwecke** der Strafverfolgung zulassen. Er ist gehalten, ihre Verwendung nur in engen Grenzen für diejenigen Fälle zuzulassen, in denen auf sie nicht verzichtet werden kann, soll nicht die Aufklärung schlechterdings unmöglich werden. 42

Im Volkszählungsurteil wird in Anlehnung an frühere Entscheidungen auf die Gefahr von **automatisch erstellten Persönlichkeitsbildern** hingewiesen.[53] Damit wird dem Grundsatz der Menschenwürde nach Art. 1 I GG Rechnung getragen, der es verbietet, den Bürger mit den Mitteln der Datenspeicherung zum bloßen Objekt staatlicher Informationssammlungen werden zu lassen, ihn „gläsern" zu machen.[54] Die Schwierigkeit besteht in den Definitionsfragen. Die Polizei ist beispielsweise im Bereich der **Fahndung** an möglichst vielen und vollständigen Informationen über die Persönlichkeitsstruktur des Gesuchten interessiert. Zielfahndungsbeamte möchten umfassend über Gewohnheiten, Neigungen, Kontakte usw. informiert sein, um die Fahndung darauf abzustellen. Bei einer **Geiselnahme** kann es von entscheidender Bedeutung sein, möglichst „alles" über den Geiselnehmer zu wissen, um seine Aktionen und die notwendigen Reaktionen zutreffend einzuschätzen. 43

Die Betonung des Bundesverfassungsgerichts dürfte auf dem **automatisiert** hergestellten Persönlichkeitsprofil liegen, das aus einer Zusammenschaltung unterschiedlichster Datenbestände entsteht. Eine solche Vorgehensweise würde nicht nur grobe Fehlerquellen heraufbeschwören, sondern hierin läge auch die Gefahr der **Verkürzung, Verzerrung, Schematisierung** und **Katalogisierung,** die mit der im Grundgesetz garantierten Menschenwürde nicht in Einklang stünde. Der Gesetzgeber darf es also der Polizei nicht erlauben, Daten aus verschiedenen Lebensbereichen automatisiert zu kombinieren und am Bildschirm zu versuchen, sich ein umfassendes Bild über die Persönlichkeit des Betroffenen zu machen.[55] 44

Zugleich mit den Eingriffsbefugnissen hat der Gesetzgeber die notwendigen verfahrensrechtlichen Schutzvorkehrungen wie **Aufklärungs-, Auskunfts-** und **Löschungspflichten** zu treffen. 45

Daß – um mit dem Letzten zu beginnen – Daten auch wieder **gelöscht** werden müssen, ist eigentlich eine Selbstverständlichkeit, die schon im Interesse der Datenverarbeitung selbst liegt. Zu umfangreiche Datensammlungen werden unproduktiv, da ihre Aktualisierung und Pflege erheblichen Aufwand erfordert und im Falle der Abfrage und Recherche zu viele irrelevante Daten angeboten werden. Wenn im Volkszählungsurteil also Löschungspflichten als eine besondere Schutzvorkehrung angesprochen sind, die der Gesetzgeber zugunsten der Betroffenen zu beachten hat, so muß damit mehr als die schon im Interesse der speichernden Stelle liegende Löschung als solche gemeint sein. Es geht um den Ausgleich zwischen dem Interesse der speichernden Stelle an möglichst langen Speicherfristen und dem Interesse des Betroffenen an möglichst baldiger Löschung belastender Daten. Der Gesetzgeber selbst soll die Frage entscheiden, wie lange Daten gespeichert bleiben dürfen. Dies kann nicht pauschal für alle Verwendungszusammenhänge geschehen. Der Grundsatz der Erforderlichkeit kann je nach Verdachtsgrad, Erhebungsmethode und Sensibilität der gespeicherten Daten differenzierende Löschungsfristen verlangen, ohne daß nach **Fallgruppen generalisierende Vorgaben des Gesetzgebers** ausgeschlossen wären. 46

---

[53] *BVerfGE* 65, 1 (42).

[54] Vgl. dazu *Kniesel/Tegtmeyer/Vahle,* Handbuch, Rdn. 371.

[55] A. A. *Vogelgesang,* Grundrecht auf informationelle Selbstbestimmung?, S. 165 ff. (168), der den Begriff des Persönlichkeitsbildes als zu ungenau ansieht, als daß er als Schranke für Eingriffsmaßnahmen dienen könnte. Vgl. hierzu *Weichert,* Informationelle Selbstbestimmung und strafrechtliche Ermittlung, S. 20 f.

47 Das Bundes- und die Landesdatenschutzgesetze nahmen die Polizei in der Vergangenheit teilweise von der Verpflichtung zur **Auskunftserteilung** an den Betroffenen aus. Dessenungeachtet erteilte die Polizei in der Praxis auf der Grundlage ihrer Richtlinien über kriminalpolizeiliche personenbezogene Sammlungen häufig Auskunft. Das Volkszählungsurteil nennt Auskunftsregelungen eine „weitere verfahrensrechtliche Schutzvorkehrung".[56] Da auch die bisherige Praxis gezeigt hat, daß keine sachliche Notwendigkeit besteht, die Polizei generell von der Verpflichtung zur Auskunftserteilung auszunehmen, folgt aus dem Volkszählungsurteil die Notwendigkeit, grundsätzlich auch der Polizei gegenüber Auskunftsansprüche gesetzlich zu statuieren.[57] Dementsprechend nehmen die Polizeigesetze die Polizei nicht mehr von der Pflicht zur Auskunftserteilung aus.[58]

48 Als **Aufklärungspflicht** kommen Bestimmungen in Betracht, nach denen die Polizei den Betroffenen bei der **Datenerhebung** auf die **Rechtsgrundlage hinzuweisen** hat.[59] Auch die **nachträgliche Unterrichtung** über heimliche Datenerhebungsmaßnahmen kann geeignet sein, Eingriffe in das Recht auf informationelle Selbstbestimmung zu mildern.[60]

49 Die **rechtzeitige Beteiligung unabhängiger Datenschutzbeauftragter** ist in einigen neueren Polizeigesetzen bereits vorgesehen. Die Datenschutzgesetze des Bundes und der Länder verpflichten die Polizeibehörden zur Meldung ihrer automatisiert betriebenen Dateien. Auch die Richtlinien über krininalpolizeiliche personenbezogene Daten und die Dateienrichtlinien sehen frühzeitige Beteiligungen der Datenschutzbeauftragten vor. Weitergehende Beteiligungsmöglichkeiten kann der Gesetzgeber im Hinblick auf die **rechtzeitige Unterrichtung über** die Anschaffung **neuer Datenverarbeitungstechnik** vorsehen.

50 Die Polizeigesetze der Länder wurden in den vergangenen Jahren mit dem Ziel novelliert, sie an den Anforderungen des Bundesverfassungsgerichts zu orientieren.[61] Eine umfassende Überarbeitung der Strafprozeßordnung steht indes noch aus. Im einzelnen wird weiter unten dargestellt, welche Rechtsgrundlagen für die polizeiliche Datenverarbeitung bestehen und inwieweit sie den verfassungsrechtlichen Anforderungen nach dem Volkszählungsurteil genügen.

II. Allgemeines Datenschutzrecht und polizeiliche Datenverarbeitung

1. Allgemeines Datenschutzrecht als Eingriffsgrundlage?

51 Da bei den Polizeibehörden Daten zum erheblichen Teil zwangsweise oder heimlich erhoben werden, sind dafür **bereichsspezifische, präzise Rechtsgrundlagen erforderlich.** Es stellt sich die Frage nach der verbleibenden Bedeutung des allgemeinen Datenschutzrechts.

52 Die früher bisweilen vertretene Auffassung, aus den **Generalklauseln des allgemeinen Datenschutzrechts** zur Datenerhebung, Datenspeicherung und zur Datenübermittlung, etwa der §§ 14, 15 BDSG,[62] ergebe sich auch eine Eingriffsbefugnis gegenüber dem Bür-

---

[56] Dies übersieht *Ehmann* CR 1988, 575, der in der Auskunft eine „staatliche Leistung" ohne entsprechende verfassungsrechtliche Verpflichtung sieht und einen Anlaß für die Prüfung, ob die Polizei Auskunft gibt, nur in „einzelnen Extremfällen" bejaht. Wie hier *Knemeyer* NVwZ 1988, 193 (196), der ein aus dem allgemeinen Rechtsstaatsprinzip folgendes Auskunftsrecht bejaht, sobald die polizeiliche Aufgabenerfüllung nicht erschwert oder gefährdet wird.

[57] Vgl. dazu näher *Bäumler* NVwZ 1988, 199; a. A. *BVerwG* NJW 1990, 2765, 3. Leitsatz ohne überzeugende Begründung.

[58] Vgl. §§ 19 BDSG, 18 I, V HDSG, 18 III DSGNW, 40 SPolG, 29 HSOG.

[59] Dies sehen §§ 13 VIII HSOG, 24 V SPolG, 9 VI PolGNW, Art. 30 IV BayPAG bereits vor.

[60] Regelungen hierzu finden sich bereits in §§ 15 VII, 16 VI, 17 VII HSOG, 16 III, 17 V, 18 V, 19 III, 20 V, 21 IV PolGNW, 28 VI, 29 IV SPolG, Art. 34 V BayPAG.

[61] Vgl. dazu *Götz* NVwZ 1994, 652 ff.

[62] BDSG v. 18. 5. 2001, BGBl. I S. 904 ff.

ger,[63] ist nicht aufrechtzuerhalten.[64] Schon der Ausgangspunkt dieser Auffassung mutete merkwürdig an, da dergestalt aus einem Schutzgesetz zugunsten der datenschutzrechtlichen Belange der Bürger allseits verwendbare Eingriffsnormen hergeleitet würden. Da § 14 BDSG die Datenspeicherung nur „erlaubt", wenn es zur Erfüllung der in der Zuständigkeit der speichernden Stelle liegenden Aufgaben notwendig ist,[65] kommt es allemal darauf an, daß die Datenspeicherung im bereichsspezifischen Recht der speichernden Stelle zur Aufgabenerfüllung vorgesehen ist. Diese Interpretation ist durch das Volkszählungsurteil ausdrücklich bestätigt worden, so daß die Polizei unstreitig einer bereichsspezifischen, präzisen Rechtsgrundlage für die Speicherung und sonstige Verarbeitung personenbezogener Daten bedarf.[66]

Die verbleibende Bedeutung der Generalklauseln des Datenschutzrechts ist gering. Das dort enthaltene **Erforderlichkeitsprinzip** ist in den neueren Polizeigesetzen ebenfalls aufgenommen. Es wäre als Ausdruck des ohnehin geltenden, aus dem Rechtsstaatsprinzip fließenden und im Polizeirecht fest verwurzelten Verhältnismäßigkeitsgrundsatzes auch ohne einfach-gesetzliche Normierung zu beachten. Unabhängig von den Generalklauseln des allgemeinen Datenschutzrechts ist Datenverarbeitung stets nur zulässig, wenn und soweit sie zur rechtmäßigen Aufgabenerfüllung erforderlich ist, selbst wenn dies im bereichsspezifischen Recht nicht eigens erwähnt wird. Ein Rückgriff auf das allgemeine Datenschutzrecht als Rechtsgrundlage für Datenspeicherungen dort, wo das bereichsspezifische Recht sie nicht hergibt, scheidet jedenfalls aus. 53

2. Geltung des allgemeinen Datenschutzrechts im Polizeibereich

Die Geltung des allgemeinen Datenschutzrechts im Polizeibereich ist unterschiedlich geregelt. In einer Reihe von Polizeigesetzen finden sich keine Vorschriften zum Verhältnis zwischen Polizeirecht und dem jeweiligen Datenschutzgesetz.[67] In diesen Ländern gilt das Landesdatenschutzgesetz nach der allgemeinen **Konkurrenzregel** des Datenschutzrechts[68] subsidiär, soweit nicht im Polizeigesetz spezielle Regelungen bestehen. In manchen Polizeigesetzen ist eine inhaltsgleiche Konkurrenzregel enthalten.[69] In anderen Fällen ist ausdrücklich bestimmt, daß nur einige Vorschriften des Landesdatenschutzgesetzes gelten sollen.[70] Im Bund ist das Verhältnis des Bundesdatenschutzgesetzes zum Polizeirecht des Bundes wie folgt geregelt: Ausgangspunkt ist § 1 III BDSG, wonach andere Rechtsvorschriften vorgehen, „soweit sie auf personenbezogene Daten einschließlich deren Veröffentlichung anwendbar sind". § 37 BGSG und § 37 BKAG schränken die allgemeine subsidiäre Geltung des BDSG im Kernbereich der Aufgabenerfüllung des Bundesgrenzschutzes und des Bundeskriminalamts dahingehend ein, daß bestimmte Vorschriften des BDSG keine Anwendung finden. 54

Alles in allem laufen die Konkurrenzvorschriften trotz unterschiedlicher Regelungstechnik im wesentlichen darauf hinaus, daß aus dem allgemeinen Datenschutzrecht folgende Regelungsgegenstände für den Polizeibereich relevant sind:[71] 55
– Definitionen der Grundbegriffe des Datenschutzrechts

---

63 *Auernhammer,* BDSG-Kommentar, 2. Aufl. 1981, Einf. Rdn. 37, § 9 Rdn. 2; *Kniesel* Die Polizei 1983, 374 (385) m. w. Nachw. in Fußn. 165.

64 *Riegel,* Bundespolizeirecht, Anm. 2b aa zu § 2 BKAG; *Kube/Leineweber* DVR 1983, 73 ff. Vgl. auch *Deutsch* (o. Fußn. 43 a), S. 175 ff.

65 Durch die Weglassung des früher in § 9 BDSG enthaltenen Wörtchens „rechtmäßigen" in § 14 BDSG tritt insoweit keine Rechtsänderung ein, vgl. Amtl. Begründ. zu § 12, BT-Drucks. 11/4306.

66 *Simitis* NJW 1984, 398 (400); *ders.,* in: Simitis u. a., Kommentar zum BDSG, § 1 Rdn. 195 ff.

67 Vgl. z. B. Brandenburg, Bremen, Nordrhein-Westfalen, Rheinland-Pfalz, Sachsen-Anhalt, Schleswig-Holstein.

68 Vgl. z. B. § 3 III LDSG-SH.

69 Art. 49 BayPAG, § 48 PolGBaWü, § 1 II HmbDVPolG.

70 § 25 III PolG M-V, § 48 NdSGefAG, § 51 ASOG Bln.

71 Vgl. auch *Ahlf, Daub, Lersch, Störzer,* BKAG, § 37, Rdn. 6 sowie *Hornmann,* Kommentar zum HSOG, § 13, Rdn. 28 ff.

– Rechte der Betroffenen
– Kontrolle durch den Bundes- bzw. die Landesdatenschutzbeauftragten
– Dateienübersicht
– Schadensersatz
– Auftragsdatenverarbeitung
– Technische und organisatorische Maßnahmen
– Spezielle Zweckbindung von Daten, die nicht zur Verhaltens- und Leistungskontrolle verwendet werden dürfen.

Auch wenn sich Regelungen zu diesen Fragen in den Polizeigesetzen finden, so muß hierzu im großen und ganzen in allen Ländern und im Bund auf das allgemeine Datenschutzrecht zurückgegriffen werden. Die Darstellung folgt im wesentlichen der Rechtslage im Bund, die sich aber in den Ländern nur in Nuancen unterscheidet.

a) Definition der Grundbegriffe des allgemeinen Datenschutzrechts

56 Wo im bereichsspezifischen Recht keine ausdrücklichen Besonderheiten geregelt sind, bleibt es bei der **Verbindlichkeit der Begriffsdefinitionen** des allgemeinen Datenschutzrechts. Was etwa Erheben, Speichern, Übermitteln, Verändern, Löschen usw. ist, wer speichernde Stelle und wer Dritter ist, ist auch für die Polizei, sofern keine ausdrückliche abweichende Regelung besteht, im allgemeinen Datenschutzrecht verbindlich geregelt. Das gleiche gilt für den Begriff der Datei, der aber seine zentrale Bedeutung, die er früher als Anknüpfungspunkt des allgemeinen Datenschutzrechts hatte, weitgehend verloren hat. Im einzelnen ist auf folgende datenschutzrechtliche Begriffsbestimmungen, die auch für die polizeiliche Datenverarbeitung relevant sind, hinzuweisen:

57 **aa) Datenerhebung.** Erhebung ist nach § 3 III BDSG das „Beschaffen von Daten über den Betroffenen".[72] Die Fixierung der gewonnenen Information, in welcher Form auch immer, gehört nicht zur Phase der Erhebung, sondern zur anschließenden Erfassung. Die Polizeigesetze knüpfen am Erhebungsbegriff an und treffen Regelungen über die Voraussetzungen und Form der polizeilichen Datenerhebung.[73] Wann von Erhebung im begrifflichen Sinn gesprochen werden kann, richtet sich nach allgemeinem Datenschutzrecht.

58 Um zufällige Kenntnisnahmen u.ä. auszuschließen, kommt es entscheidend auf die Zielgerichtetheit der polizeilichen Kenntnisnahme an. Jede **bewußte Wahrnehmung** und **„Registrierung" personenbezogener Daten** in der **Absicht,** sie **weiterzuverwenden,** ist folglich eine „Erhebung" im Sinne des Datenschutzrechtes, die nur im Rahmen der Aufgabenerfüllung zulässig ist. Der Polizeibeamte, der „wachen Auges" durch die Straßen geht, „erhebt" nicht alle Informationen, deren er gewahr wird, sondern nur diejenigen, die er zum Zwecke der Weiterverwendung bewußt wahrnimmt. Letzteres ist nach den Polizeigesetzen nur bei Erforderlichkeit zur Aufgabenerfüllung zulässig. In der Mehrzahl der Fälle der täglichen Praxis lohnt sich längeres Räsonieren über die Frage, ob Datenerhebung vorliegt oder nicht, kaum: Ihre Überprüfbarkeit, aber auch die Gefährdung der schutzwürdigen Belange des Betroffenen beginnt zumeist erst mit dem Erfassen und Speichern der erhobenen Daten. Dies ändert freilich nichts daran, daß bereits die Erhebung ein datenschutzrelevanter Vorgang ist. Rechtsfehler bei der Erhebung können Auswirkungen auf die Rechtmäßigkeit der anschließenden Phasen der Datenverarbeitung haben.

59 **bb) Datenspeicherung.** Datenspeicherung ist nach § 3 IV Nr. 1 BDSG das **Erfassen, Aufnehmen** oder **Aufbewahren** von **Daten** auf einem **Datenträger** zum Zwecke ihrer weiteren Verwendung. Die Art des Datenträgers, ob Notizzettel, Akte, Diskette oder Magnetplatte, ist gleichgültig. Unerheblich ist auch, ob leichter oder erschwerter Zugang

---

[72] Zum Begriff der Erhebung vgl. *Geiger,* in: Simitis u. a., Kommentar zum BDSG, § 13, Rdn. 10.
[73] Dazu unten Rdn. 597 ff. und 697 ff.

zu den einmal gespeicherten Daten besteht.[74] Der Gesetzgeber muß deshalb regeln, unter welchen Voraussetzungen die Polizei personenbezogene Daten speichern darf. Dies betrifft grundsätzlich auch das **polizeiliche Notizbuch.**

Allerdings ist es sachgerecht, bei der **Regelungstiefe** und **-dichte** den jeweils unterschiedlichen Zugriffs-, Auswertungs- und Nutzungsmöglichkeiten Rechnung zu tragen. **60** Eine Spurendokumentationsdatei ist qualitativ etwas anderes als ein herkömmlicher Notizblock. Daraus folgt aber auch: Ob Daten konventionell oder automatisiert gespeichert werden, ist eine datenschutzrechtlich relevante Frage, deren Entscheidung nicht allein davon abhängig gemacht werden kann, ob der Verarbeiter genügend Haushaltsmittel zum Ankauf von Computern hat. Zumindest wenn die **Automatisierung** nicht nur eine Fortsetzung der bisherigen Verarbeitung mit „modernen" Mitteln ist, sondern – wie fast stets – neue spezifische Nutzungs- und Verwendungsmöglichkeiten der Daten und damit neue Gefährdungen für das informationelle Selbstbestimmungsrecht birgt, muß der Gesetzgeber Regelungen hierzu treffen. Der Einsatz der neuen Technik muß auch unter Berücksichtigung möglicher Schutzvorkehrungen zumindest angemessen sein, vgl. z. B. §§ 6 a, 10 BDSG.

Die fortschreitende Durchdringung aller polizeilichen Aufgabenbereiche mit elektro- **61** nischer Datenverarbeitung[75] liefert ein zusätzliches Argument für die Notwendigkeit, jede Form der Speicherung dem Datenschutzrecht zuzuordnen: Die **automatisierte Datenverarbeitung** ist fast immer bezogen auf die bestehende konventionelle und mit dieser auf das Engste verknüpft. Mit ihrer Hilfe wird gezielt auf Akteninhalte zugegriffen. Dadurch **ändert** sich auch die **Qualität** der **konventionellen Datenverarbeitung.** Auf dem Weg zum vollständig **elektronischen Büro,** der offenbar auch für die Polizei in einigen Bereichen absehbar ist, liegen viele Zwischenstationen, auf denen Inhalte konventioneller Datensammlungen in steigendem Umfang zusätzlich vollständig oder teilweise in elektronischer Form gespeichert werden. Der Weg führt von den für das Wiederauffinden der Akten notwendigen Daten über personengebundene und straftatenbezogene Hinweise zu freitextlichen Ergänzungen und wird letztlich, wenn der Trend anhält, in der **volltextlichen Aktenerfassung in elektronischer Form** enden. Da die Übergänge fließend sind, zumeist auch nach außen unmerklich und in kleinen Schritten vonstatten gehen, ist es sachgemäß, wenn das allgemeine Datenschutzrecht von vornherein unter Speichern jedwede Form der Fixierung personenbezogener Daten versteht.

cc) Datenübermittlung. Datenübermittlung ist nach § 3 IV Nr. 3 BDSG das **Bekannt-** **62** **geben** gespeicherter oder durch Datenverarbeitung unmittelbar gewonnener Daten **an Dritte** in der Weise, daß die Daten durch die speichernde Stelle **weitergegeben** oder zur Einsichtnahme **bereitgehalten und tatsächlich abgerufen** werden. Früher galt das bloße Bereithalten zum Abruf bereits als Übermittlung (§ 2 II 2 BDSG [alt]), nach neuem Datenschutzrecht liegt Übermittlung begrifflich erst beim tatsächlichen Abruf bereitgehaltener Daten vor. Die Form der Weitergabe von Daten ist nicht entscheidend. Die mündliche Bekanntgabe steht der schriftlichen Übermittlung oder dem elektronischen Abruf gleich. **Entscheidend** ist, daß die Daten in einen **neuen Kontext** gelangen, von einem im Verhältnis zur speichernden Stelle „Dritten" zur Kenntnis genommen werden.

Wer **Dritter** ist, bestimmt sich in Abgrenzung von der speichernden Stelle. Nach § 3 **63** VIII BDSG ist Dritter jede Person oder Stelle außerhalb der verantwortlichen Stelle. **Speichernde Stelle** ist ein spezifisch datenschutzrechtlicher Begriff, der mit der **Behördenorganisation nicht identisch** ist. Entscheidend kommt es vielmehr auf die jeweilige Fachaufgabe an. Eine Datenübermittlung kann auch dann vorliegen, wenn innerhalb einer Behörde Stellen mit unterschiedlichen Aufgaben Daten austauschen.[76] Ergän-

---

[74] *Dammann,* in: Simitis u. a., Kommentar zum BDSG, § 3 Rdn. 124 f.

[75] Dazu unten Rdn. 133 ff.

[76] *Dammann,* in: Simitis u. a., BDSG-Kommentar, § 3 Rdn. 227; so schon *Riegel,* Datenschutz bei den Sicherheitsbehörden, S. 24; *Simitis* NJW 1986, 2795 (2800); *Gallwas* u. a., Datenschutzrecht, § 10 Rdn. 10 ff.; a. A. *Ordemann/Schomerus* Anm. 2 zu § 2 BDSG.

zend greifen organisationsrechtliche Elemente: Datenweitergabe zwischen zwei selbständigen Behörden, die jeweils speichernde Stelle sind, ist Datenübermittlung im Sinne des Datenschutzrechts, auch wenn identische Aufgaben bestehen.[77]

64 Für die Polizei stellt sich die Frage, wann von identischen, wann von unterschiedlichen Aufgaben gesprochen werden kann. Letzteres ist der Fall im Verhältnis zwischen **Strafverfolgung,** in deren Rahmen die Polizei als Justizorgan handelt, und der originären polizeilichen Aufgabe der **Gefahrenabwehr.** Ob weitergehende Differenzierungen notwendig sind, hängt davon ab, ob Daten innerhalb des jeweiligen Aufgabensektors nach spezifischen, auf Teilbereiche zugeschnittenen Sondervorschriften verarbeitet werden. Sind beispielsweise zur Abwehr besonders schwerer Gefahren besondere Datenerhebungsmethoden zugelassen, so liegt möglicherweise neben der Zweckerweiterung eine Datenübermittlung vor, wenn die speichernde Stelle die so gewonenen Daten an eine andere Stelle – sei es auch derselben Behörde – für Zwecke der allgemeinen Gefahrenabwehr überläßt.

65 Sollen die Daten bei der speichernden Stelle selbst in entsprechender Weise allgemein verwendet werden, so liegt eine **Zweckänderung** vor, deren Zulässigkeit sich nach den hierfür maßgeblichen Vorschriften richtet. Das begriffliche Vorliegen von Datenübermittlung und Zweckänderung nach allgemeinem Datenschutzrecht besagt noch nichts über deren Zulässigkeit, sondern beschreibt nur die vom Gesetzgeber zu regelnden Sachverhalte. Da nunmehr in die allgemeinen Datenschutzgesetze und teilweise auch in die Polizeigesetze Bestimmungen zur Zweckbindung eingefügt worden sind, die auch innerhalb der datenverarbeitenden Stelle zu beachten sind, kommt der Frage, wann begrifflich eine Übermittlung vorliegt, nur noch eine untergeordnete Bedeutung zu.

66 Unter welchen **Voraussetzungen** Daten übermittelt werden dürfen und wie die Verantwortlichkeiten zwischen Übermittler und Empfänger verteilt sind, ist **bereichsspezifisch zu regeln.**[78] Die Generalklauseln der Datenschutzgesetze zur Zulässigkeit der Übermittlung sind keine ausreichende Rechtsgrundlage. Sofern hierzu keine ausdrückliche abweichende Sonderregelung getroffen ist, ist aber zu beachten: Daten, die einem **Berufs-** oder **besonderen Amtsgeheimnis** unterliegen und die der übermittelnden Stelle von der zur Verschwiegenheit verpflichteten Person in Ausübung ihrer Berufs- oder Amtspflicht übermittelt worden sind, dürfen im Prinzip nur weiterübermittelt werden, wenn der Empfänger die Daten zur Erfüllung desselben Zweckes benötigt, zu dem sie die übermittelnde Stelle erhalten hat, § 15 Abs. 3 BDSG.[79]

67 **Datenübermittlung und Amtshilfe** haben Berührungspunkte, sind aber **nicht identisch.** Liegt Amtshilfe im eigentlichen Sinne vor, d. h. die Vornahme einer Amtshandlung durch eine Behörde zugunsten einer anderen Behörde mit zumindest (teil-)identischer Aufgaben- und Befugniszuweisung (s. Kap. C oben Rdn. 112 ff.), und müssen in diesem Zusammenhang notwendigerweise auch Daten übermittelt werden, so liegt zugleich ein Fall der Datenübermittlung vor, deren Zulässigkeit sich nach den dafür geltenden Übermittlungsvorschriften des Datenschutzrechts richtet. Soll die „Amtshilfe" von vornherein nur aus der Übermittlung von Daten bestehen, so ist es besser, in diesem Zusammenhang den Begriff der **Informationshilfe** zu verwenden. Datenschutzrechtlich handelt es sich auch insoweit um Datenübermittlung, deren Zulässigkeit aus der Perspektive des betroffenen Bürgers sich auch dann ausschließlich nach Datenschutzrecht bemißt, wenn Behörden untereinander zur Leistung von Amts- und Informationshilfe verpflichtet sind.[80] Das allgemeine Amtshilfeprinzip schafft auch in der Ausformung als Informationshilfe nur Pflichten zwischen Behörden, keine eigenständige Eingriffsbefugnis gegenüber dem Bürger.[81]

---

[77] *Stähler,* Datenschutzgesetz Nordrhein-Westfalen, § 3 Rdn. 17.

[78] Dazu unten 755 ff.

[79] Vgl. dazu unten Rdn. 756.

[80] *Simitis* NJW 1986, 2795 (2797 f.).

[81] *Bull,* in: AK-GG, Art. 35 Rdn. 26; *Riegel,* Datenschutz bei den Sicherheitsbehörden, S. 147.

dd) Sperren. Sperren ist nach § 3 IV Nr. 4 BDSG[82] das Kennzeichnen gespeicherter personenbezogener Daten, um ihre weitere Verarbeitung oder Nutzung einzuschränken.[83] Personenbezogene Daten sind u. a. zu sperren, wenn ihre Richtigkeit vom Betroffenen bestritten wird und sich weder die Richtigkeit noch die Unrichtigkeit feststellen läßt, § 20 IV BDSG. 68

Die Polizeigesetze kennen als Tatbestand, der zur Sperrung führt, nur den Fall, daß die Löschung wegen schutzwürdiger Belange des Betroffenen, der Unerläßlichkeit der Daten zur Behebung einer bestehenden Beweisnot oder der Nutzung der Daten zu wissenschaftlichen Zwecken, unterbleibt.[84] 69

Es erscheint zweifelhaft, ob damit der nach allgemeinem Datenschutzrecht daneben bestehende Sperrungsgrund, nämlich wenn die Richtigkeit der Daten vom Betroffenen bestritten wird und sich weder die Richtigkeit noch die Unrichtigkeit feststellen läßt, für den Polizeibereich entfällt. Dagegen spricht, daß die Polizeigesetze die Sperrung nur in ihrer Variante als Ersatz für die Löschung behandeln, während der Non-liquet-Fall nicht geregelt, aber auch nicht ausgeschlossen ist. 70

Hieraus können sich schwierige Fragen im Rahmen der Datenspeicherung zur vorbeugenden Bekämpfung von Straftaten stellen, wenn der Verdächtige die Tat und damit die Richtigkeit der Verdachtsdaten bestreitet und nicht überführt werden kann. In der Regel wird er im Zuge laufender Ermittlungen ohnehin keine Auskunft erhalten und deshalb die Richtigkeit der gespeicherten Daten auch nicht bestreiten können. Ist dies einmal der Fall, so wird über einen etwaigen Sperrungsantrag sachgemäß erst nach Abschluß der Ermittlungen entschieden werden können. Ist es beim **Verdacht** geblieben und konnte dem Betroffenen die Tat nach Abschluß der Ermittlungen nicht nachgewiesen werden, dann besteht u. U. ein Anspruch auf **Sperrung.** Dies bedeutet u. a., daß die entsprechenden Daten nicht mehr weiter übermittelt werden dürfen. 71

Die **Sperrung** gespeicherter Daten in **Non-liquet-Fällen** bei der Polizei ist bislang nicht bekannt geworden. Sie könnte aber künftig an Bedeutung gewinnen, da die Polizei in zunehmendem Maße im Zusammenhang mit vorbeugender Straftatbekämpfung in ihrer **Kriminalaktenhaltung** Daten speichert, deren Richtigkeit mangels rechtskräftiger Verurteilung häufig nicht nachgewiesen werden kann. (§ 31 i II BW PolG versucht das Problem dadurch zu „lösen", daß im Falle des Bestreitens durch den Betroffenen kein Sperrungsgrund vorliegen soll.)[85] 72

Der zweite im BDSG und in Ländergesetzen enthaltene Anwendungsfall des Sperrens, nämlich wenn Daten zur Aufgabenerfüllung nicht mehr benötigt werden, wird überlagert von dem Grundsatz, daß die Polizei Daten ohnehin nur speichern darf – gesperrt oder nicht gesperrt –, die zur rechtmäßigen Aufgabenerfüllung erforderlich sind. Liegt nicht der Fall vor, daß die weitere Speicherung und Sperrung im Interesse des Betroffenen geschieht, so sind Daten zu löschen, wenn sie zur polizeilichen Aufgabenerfüllung nicht mehr erforderlich sind. So wird in der polizeilichen Praxis auch tatsächlich verfahren.[86] 73

ee) Verändern. Verändern wird im Datenschutzrecht als das **inhaltliche Umgestalten gespeicherter Daten** definiert (§ 3 IV Nr. 2 BDSG). Entscheidend ist die Veränderung des Informationsinhalts, nicht lediglich der Darstellungsweise.[87] Eine Veränderung kann nicht nur durch Umgestaltung der gespeicherten Daten, sondern auch durch Herstellung eines neuen Kontextes entstehen. Werden beispielsweise Daten für Verwaltungszwecke 74

---

[82] Vgl. zum Recht auf Sperrung nach Bremer Datenschutzrecht *VG Bremen, Simitis* u. a. Dokumentation, E 1 zu § 14.

[83] Einige Polizeigesetze sprechen folglich auch von der Pflicht, einen Sperrvermerk anzubringen und die Daten nur noch eingeschränkt zu nutzen, vgl. §§ 38 IV SPolG, 32 V PolG NW, 27 VI u. VII HSOG.

[84] §§ 38 IV SPolG, 32 V PolG NW, 27 VI HSOG.

[85] Vgl. zu diesem Problemkreis *Leuze* Die Polizei 1982, 7 (10 f.).

[86] So ausdrücklich §§ 38 II SPolG, 32 II PolG NW, 27 II HSOG, Art. 45 BayPAG.

[87] *Dammann*, in: Simitis u. a. § 2 Rdn. 135 ff. Zur Dateibezeichnung als personenbezogenes Datum *HessVGH*, RDV 1991, 187.

gespeichert und danach in eine Verdachtsdatei überführt, so liegt darin eine datenschutzrechtlich relevante Veränderung, auch ohne daß an dem einzelnen Datensatz etwas geändert wird. So gesehen kann schon die Änderung der Überschrift über einer Datensammlung ein insoweit relevantes Verändern bewirken.[88]

75 Nach allgemeinem Datenschutzrecht ist das Verändern nur zulässig, wenn das Datenschutzgesetz oder eine andere Rechtsvorschrift es erlaubt oder der Betroffene eingewilligt hat (§§ 4, 14 BDSG). Es kommt also im Ergebnis entscheidend darauf an, daß im Polizeirecht geregelt wird, unter welchen Voraussetzungen eine Änderung gespeicherter Daten zulässig ist.[89]

76 **ff) Löschen.** Löschen ist das **Unkenntlichmachen** gespeicherter Daten (§ 3 IV 5 BDSG). Dies kann durch Entfernung der Signale (Druckerschwärze, Magnetisierung) oder Vernichtung des Datenträgers, in Einzelfällen auch durch Löschung einer Verknüpfung geschehen, wenn die zu löschende Information gerade die Verknüpfung ist.[90] Entscheidend ist, daß die speichernde Stelle den **Informationsgehalt der Daten nicht** mehr **zur Kenntnis** nehmen kann. Es genügt nicht, lediglich den Zugriff auf die Daten so zu erschweren, daß er im „normalen Betrieb" nicht mehr erfolgen kann oder nur wenigen möglich ist. Eine erneute Kenntnisnahme muß gänzlich ausgeschlossen sein.[91]

77 Ergänzend bestimmen die **Dateienrichtlinien** (Ziff. 8.1), daß die zu den gelöschten Daten geführten **Unterlagen** zu **vernichten** sind. Dies bereitet in der Praxis dann Schwierigkeiten, wenn Akten betroffen sind, in denen Unterlagen zu mehreren Personen geführt werden, deren Daten nicht vollständig gelöscht werden. Um Risiken für das Persönlichkeitsrecht derer auszuschließen, deren Daten in den Dateien bereits gelöscht sind, ist sicherzustellen, daß die noch in Akten befindlichen Daten, sofern eine Trennung von anderen dort befindlichen Daten oder eine gesonderte Schwärzung oder anderweitige Unkenntlichmachung nicht möglich ist, gesperrt und besonders gekennzeichnet werden, damit das Verbot ihrer weiteren Verwendung beachtet werden kann.[92] Nach welchen Fristen Daten zu löschen sind, bestimmt sich nach bereichsspezifischem Recht.[93]

78 **gg) Nutzen.** Der Begriff der **Nutzung** ist neu in die Datenschutzgesetze aufgenommen worden (vgl. z. B. § 3 V BDSG). Damit wird dem Volkszählungsurteil Rechnung getragen, das jede Form der **Verwendung** von personenbezogenen Daten als datenschutzrechtlich relevant bezeichnet hat.[94]

79 Nutzen ist jede Verwendung personenbezogener Daten außerhalb der traditionellen Phasen der Datenverarbeitung[95] (Erheben, Speichern, Verändern usw.). Nach der Einbeziehung der Erhebung in das Datenschutzrecht bleibt für die Nutzung nur ein vergleichsweise schmaler Bereich. Hinzu kommt, daß die Polizeigesetze wichtige Formen der Datennutzung wie den Datenabgleich ausdrücklich regeln.[96] Auch das Nutzen ist nur zur rechtmäßigen Aufgabenerfüllung zulässig.

80 **hh) Datei.** Das allgemeine Datenschutzrecht gilt jetzt generell für die automatisierte Verarbeitung, ohne daß es auf die Verarbeitung in Dateiform ankäme, vgl. § 3 II BDSG. Soweit im Polizeirecht der Dateibegriff noch eine Rolle spielt, vgl. z. B. § 34 u. passim BKAG, gilt nach § 46 BDSG der bisherige Dateibegriff weiter. Demnach handelt es sich

---

88 *Dammann,* aaO, Rdn. 140 ff.

89 So geschehen, wenn auch nur generalklauselartig in §§ 30 I SPolG, 20 I HSOG, 24 I PolG NW, Art. 38 I BayPAG.

90 *Dammann,* in: Simitis u. a., § 2 Rdn. 180 ff.

91 Ebenda Rdn. 188.

92 So nunmehr ausdrücklich §§ 27 III HSOG, 32 II PolG NW.

93 Unten Rdn. 776 ff.

94 Vgl. oben Rdn. 19.

95 Vgl. z. B. § 3 VI BDSG; vgl. zum Begriff *Dammann,* in: Simitis u. a., Kommentar zum BDSG, § 3, Rdn. 194 ff.

96 Vgl. z. B. §§ 36 SPolG, 25 HSOG, 25 PolG NW; zum Begriff *Dammann,* aaO, Rdn. 74 ff.

dabei um eine Sammlung personenbezogener Daten, die durch automatisierte Verfahren nach bestimmten Merkmalen ausgewertet werden kann. Eine **manuelle Datei** ist nach § 46 Nr. 2 BDSG jede sonstige Sammlung personenbezogener Daten, die gleichartig aufgebaut ist und nach bestimmten Merkmalen geordnet, umgeordnet und ausgewertet werden kann. Der Begriff der manuellen Datei lehnt sich damit am alten, früher auch für automatisierte Dateien gültigen Begriff an.

Die Entwicklung der modernen Datenverarbeitung, insbesondere relationaler Datenbanken, ist über „gleichartig aufgebaute" Sammlungen hinweggegangen. Die Daten werden dort auf dem Datenträger gespeichert, wo es ökonomisch ist. Entscheidend ist, daß mit Hilfe automatisierter Verfahren wieder auf die Daten zugegriffen werden kann. 81

Die Rechtsprechung des Bundesverfassungsgerichts unterstellt jede Form der Verwendung von personenbezogenen Daten dem Recht auf informationelle Selbstbestimmung[97] und hat deshalb dazu geführt, daß der **Dateibegriff,** jedenfalls im Bereich der öffentlichen Verwaltung, seine **Bedeutung weitgehend verloren** hat. Dem trägt jetzt auch das BDSG Rechnung. 82

Eine gewisse Relevanz kommt dem Dateibegriff auch in den Polizeigesetzen insofern noch zu, als hinsichtlich der Berichtigung, Löschung und Sperrung für Datei und Akte unterschiedliche Regelungen getroffen werden.[98] Die Pflicht, **Errichtungsanordnungen** zu erlassen, gilt nur bei der Einrichtung neuer Dateien, nicht bei Aktensammlungen.[99] 83

b) Die Rechte von Betroffenen nach dem allgemeinen Datenschutzrecht

aa) Berichtigung, Sperrung und Löschung. Die Datenschutzgesetze wie auch die Polizeigesetze[100] geben dem Betroffenen ein **Recht auf Berichtigung,** wenn zu seiner Person unrichtige Daten gespeichert sind, auf Sperrung und Löschung, wenn dafür die oben (Rdn. 68 ff. u. 76 ff.) geschilderten Voraussetzungen vorliegen (§§ 6, 20 BDSG). Diese Rechte sind erforderlichenfalls einklagbar (vgl. Kap. K). Berichtigung und Sperrung spielen in der Datenverarbeitung der Polizei in der Praxis nur eine untergeordnete Rolle. Ein Berichtigungsanspruch, der sich etwa auf die zur Identifizierung notwendigen Personendaten bezieht, liegt schon im Interesse der speichernden Stelle selbst und muß nicht extra durchgesetzt werden. Sind belastende Sachinformationen betroffen, so sind sie auf Antrag zu löschen, wenn sie unrichtig sind. Nur in seltenen Fällen wird eine Berichtigung von Sachinformationen auf Antrag des Betroffenen in Betracht kommen. 84

Von praktischer Bedeutung könnte, wie dargelegt, der **Sperrungsanspruch** sein, wenn die Polizei im Rahmen vorbeugender Straftatenbekämpfung Daten über eingeleitete, von der Justiz nicht mit rechtskräftiger Verurteilung, sondern mit Freispruch oder Verfahrenseinstellung abgeschlossene Ermittlungsverfahren speichert. Die Daten sind in diesem Fall u. U. nicht erst auf ausdrücklichen **Antrag** des Betroffenen, sondern **von Amts wegen** zu sperren, etwa wenn der Betroffene im Laufe der gerichtlichen Untersuchung seine Täterschaft bestreitet (vgl. §§ 20 III BDSG, 19 II DSGNW). 85

Gleiches gilt für die **Löschung,** die vorzunehmen ist, wenn ihre Voraussetzungen vorliegen, ohne daß es eines eigenen Antrags des Betroffenen bedarf.[101] Wann Daten zur rechtmäßigen Aufgabenerfüllung nicht mehr erforderlich sind, kann nicht pauschal für alle Bereiche festgelegt werden, sondern es bedarf der bereichsspezifischen Festlegung und der Entscheidung im Einzelfall. 86

Von Bedeutung ist bei Daten aus dem Bereich der **Strafverfolgung** der Strafvorwurf, auf den sich die Daten beziehen, die Konkretheit der Verdachtsmomente, die Wiederholungsgefahr, die justitielle Behandlung des Falles, der betroffene Kriminalitätsbereich. Zu 87

---

97 S. oben Rdn. 19.
98 Vgl. z. B. §§ 38 SPolG, 32 PolG NW, 27 HSOG.
99 §§ 39 SPolG, 33 PolG NW, 28 HSOG, Art. 47 BayPAG stellt auf automatisierte Verfahren ab, mit denen personenbezogene Daten verarbeitet werden, geht also über den Dateibegriff hinaus.
100 §§ 38 SPolG, 32 PolG NW, 27 HSOG, Art. 45 BayPAG.
101 Anders § 19 IV HDSG, Art. 11 BayDSG.

beachten sind auch die aus anderen Gesetzen sich ergebenden Wertungen des Gesetzgebers. So bilden die Fristen des **Bundeszentralregistergesetzes** die äußerste zeitliche Grenze der Speicherung von Daten über Straftaten. Diese sind auch für die Polizei um so mehr von Relevanz, als im Bundeszentralregister rechtskräftige Verurteilungen gespeichert sind, während die Polizei zumeist nur Verdachtsdaten speichert, über deren weitere justitielle Beurteilung sie häufig nichts erfährt.[102]

88 **bb) Auskunftsanspruch.** Im Gegensatz zum früheren Bundesdatenschutzgesetz, vgl. § 13 II i.V. m. § 12 II Nr. 1, sind in neueren Polizei- und Datenschutzgesetzen[103] die Polizeibehörden **nicht** mehr **generell** von der Verpflichtung zur Auskunftserteilung **ausgenommen.** Lediglich wenn im **Einzelfall** ein **Versagungsgrund** vorliegt, darf die Auskunft verweigert werden. Damit ist auf Gesetzesebene nachvollzogen, was seit Erlaß der KpS- (Ziff. 4) und Dateienrichtlinien (Ziff. 6) bereits polizeiliche Praxis war.[104]

89 Der Auskunftsanspruch bezieht sich auf die zur Person des Auskunft Begehrenden gespeicherten Daten. Bei einem Antrag auf Auskunft aus Akten kann erforderlichenfalls verlangt werden, daß vom Betroffenen Angaben gemacht werden, die das Auffinden der Daten mit einem verhältnismäßigen Aufwand ermöglichen.[105] Inhaltlich umfaßt der Auskunftsanspruch nicht nur die Frage, ob Daten gespeichert sind, sondern vor allem auch, **welche Daten** in **welchem Sachzusammenhang** und zu welchem Zweck.[106] Außerdem ist Auskunft über die Herkunft der Daten und die Empfänger von Übermittlungen zu erteilen. Sollen Auskünfte nicht lückenhaft sein, so müssen auf Polizeiseite entsprechende **organisatorische Maßnahmen** getroffen werden. Es muß sichergestellt sein, daß alle in Betracht kommenden Informationssysteme abgefragt und bei der Auskunftserteilung berücksichtigt werden.

90 Einer besonderen **Begründung** bedarf der Auskunftsantrag nicht. Es wird aber auch über § 19 II BDSG hinaushäufig sachdienlich sein, wenn der Betroffene – ohne sich selbst zu belasten – ergänzende Informationen gibt, damit in den entsprechenden Datensammlungen gezielt gesucht werden kann.[107] Die von ihm gemachten Angaben dürfen ausschießlich zum Zwecke der Bearbeitung seines Auskunftsersuchens verwendet werden, da die Aussicht, im Hinblick auf die im Auskunftsanspruch geltend gemachten Gesichtspunkte, in polizeilichen Dateien gespeichert zu werden, von der Wahrnehmung des Auskunftsrechts abschrecken und damit kontraproduktiv wirken würde.[108] (Vgl. auch § 14 IV BDSG.)

91 Ein **Recht zur Auskunftsverweigerung** besteht zum einen, wenn dadurch die ordnungsgemäße Aufgabenerfüllung gefährdet würde. Bloßer Mengenanfall von Auskunftsbegehren kann nach den bisher gemachten Erfahrungen nicht zur Auskunftsverweigerung führen. Denkbar ist aber beispielsweise, daß durch die Auskunftserteilung etwa der Stand **laufender Ermittlungen** offenbart würde und dadurch **Verdunkelungsgefahr** entsteht.[109]

92 Die datenschutzrechtlichen Auskunftsansprüche bestehen neben dem **strafprozessualen Akteneinsichtsrecht** nach § 147 StPO. Sie können also auch ohne anwaltschaftliche Vertretung wahrgenommen werden. Materieller Maßstab für die Beurteilung der Frage, ob durch die Erteilung der Auskunft der Untersuchungszweck laufender Ermittlungen gefährdet würde, ist allerdings § 147 StPO.

---

102 Dazu unten Rdn. 214 ff.

103 Vgl. §§ 19 BDSG, 12 V BKAG, 18 I, V HDSG, 40 SPolG, 29 HSOG.

104 Insofern geht *BVerwG* NJW 1990, 2765 ff. an der Realität vorbei.

105 Vgl. §§ 19 II BDSG, 29 I HSOG.

106 §§ 40 I SPolG, 29 I HSOG, 18 I PolG NW.

107 Vgl. § 29 I HSOG.

108 Siehe *Hornmann*, Kommentar zum HSOG, § 29, Rdn. 16.

109 Nach der überzogenen Rechtsprechung des *BVerwG*, zitiert bei *Auernhammer* DuD 1994, 6 ff., soll es sogar zur ordnungsgemäßen Aufgabenerfüllung „der Sicherheitsbehörden" einschließlich des Bundesgrenzschutzes gehören, ihre Ermittlungen und ihre Informanten geheimzuhalten.

Der zweite Grund für eine Auskunftsverweigerung, nämlich wenn Gefahr für die öffentliche Sicherheit oder das Wohl des Bundes oder eines Landes entstünde, bedarf der **verfassungskonformen, restriktiven Interpretation.** Es müssen vor allem konkrete Tatsachen im Einzelfall vorliegen, aus denen sich diese Gefahr in nachvollziehbarer Weise ergibt.[110] 93

Mehr praktische Relevanz dürfte dem weiteren Auskunftsverweigerungsgrund zukommen, wenn die Daten nach einer Rechtsvorschrift oder ihrem Wesen nach, namentlich wegen der **berechtigten Interessen** einer **dritten Person, geheimgehalten** werden müssen.[111] Denkbar sind hier insbesondere die Rechte Dritter, z. B. wenn es um die Daten über Anzeigenerstatter, Hinweisgeber oder Zeugen geht, deren Rechte im Falle einer Datenauskunft gefährdet sein könnten.[112] Auch hier ist aber eine Abwägung mit den Interessen des Auskunftsbegehrenden notwendig.[113] 94

Die **Verweigerung** der **Auskunftserteilung** ist **zu begründen,** es sei denn, durch die Mitteilung der Gründe würde der Zweck der Auskunftsverweigerung gefährdet. In diesem Fall ist der Betroffene auf die Möglichkeit zu verweisen, sich an den Datenschutzbeauftragten zu wenden.[114] 95

cc) Petitionsrecht. Jedermann kann sich – unbeschadet der Rechtsschutzgarantie gem. Art. 19 GG (vgl. Kap. K) – an den Bundes- oder die Landesbeauftragten für den Datenschutz wenden, wenn er der Ansicht ist, bei der Verarbeitung seiner personenbezogenen Daten in seinen Rechten verletzt zu sein.[115] Er braucht dies **nicht** detailliert zu **begründen** oder **schlüssig darzulegen.** Er kann dies neben einem von ihm unmittelbar bei der Polizeibehörde gestellten Auskunftsantrag tun. Auch Polizeibeamte können sich an den Datenschutzbeauftragten wenden, wenn sie selbst von polizeilicher Datenverarbeitung betroffen sind. Zu beachten ist, daß die Petition an den Datenschutzbeauftragten keine Anfechtung eines bestehenden Bescheides bedeutet (vgl. Kap. K). 96

Der **Datenschutzbeauftragte** kann bei der Bearbeitung der Petition das volle **Instrumentarium** seiner **Kontrollbefugnisse** anwenden.[116] Er hat zu prüfen, ob Daten des Petenten in Datensammlungen der Polizei gespeichert sind und kann die dazugehörigen Akten und Unterlagen einsehen. Er hat bei Verbundsystemen insbesondere zu prüfen, ob bei anderen Polizeibehörden, die nicht seiner Kontrolle unterliegen, Speicherungen vorliegen, damit der zuständige Datenschutzbeauftragte eingeschaltet und dem Petenten ein umfassender Bescheid erteilt werden kann. Über seine Feststellungen und datenschutzrechtlichen Bewertungen erteilt er dem Betroffenen **Bescheid,** in dem üblicherweise eine datenschutzrechtliche Bewertung der festgestellten Tatsachen gegeben wird. Hat die Polizeibehörde ihr Auskunftsverweigerungsrecht geltend gemacht, so muß dies auch der Datenschutzbeauftragte in seinem Bescheid an den Petenten beachten.[117] Stellt der Datenschutzbeauftragte Verstöße gegen das Datenschutzrecht fest, so kann er in einigen Bundesländern nach eigenem Ermessen den Betroffenen hiervon in Kenntnis setzen (vgl. z. B. § 42 IV LDSG Schleswig-Holstein). 97

c) Die Kontrolle durch die Datenschutzbeauftragten

Die Datenschutzbeauftragten des Bundes und der Länder kontrollieren die **Einhaltung** der **Datenschutzgesetze** sowie **anderer Vorschriften** über den Datenschutz auch bei den Polizeibehörden.[118] Unter anderen Vorschriften über den Datenschutz sind in diesem Zu- 98

---

[110] Im Saarland ist die Entscheidung insoweit dem Innenminister vorbehalten, § 40 II Nr. 2 SPolG. Vgl. auch Kap. K Rdn. 5.

[111] So z. B. § 29 III HSOG.

[112] So z. B. §§ 19 IV BDSG, 40 II SPolG, 18 III DSG NW, Art. 48 II BayPAG.

[113] Vgl. dazu *BayVGH,* DuD 1988, 581 ff.

[114] Vgl. §§ 19 V BDSG, 18 V HDSG, 18 IV u. VI DSG NW.

[115] Vgl. z. B. § 21 BDSG.

[116] *Dammann,* in: Simitis u. a., BDSG-Kommentar, § 21, Rdn. 19.

[117] *Dammann,* in: Simitis u. a., BDSG-Kommentar, § 21, Rdn. 21.

[118] Grundlegend hierzu *Riegel* DuD 1988, 277 ff. u. *Simitis* CuR 1987, 602 (610 ff.).

sammenhang auch alle gesetzlichen oder untergesetzlichen Normen des Polizeirechts zu verstehen, die relevant für die Datenverarbeitung sind. Daraus ergibt sich ein – nach Wegfall der ursprünglichen Begrenzung auf Dateien – beachtliches Kontrollfeld.

99 Die Kontrolle durch die Datenschutzbeauftragten unterliegt wie jedes staatliche Handeln dem **Verhältnismäßigkeitsprinzip** und sonstigen allgemeinen Rechtsvorschriften. Im übrigen ist sie nicht näher reglementiert. Sie kann einzelne Petitionen, sachdienliche Hinweise, Berichte in der Öffentlichkeit oder anderes zum Ausgangspunkt nehmen. Sie kann aber auch ohne jeden konkreten Anlaß im Rahmen längerfristiger Kontrollstrategien oder spontan vorgenommen werden. Sie setzt nicht voraus, daß bestimmte Formen der Datenverarbeitung bereits stattgefunden haben. Kontrollen können auch vorbeugend – dann aber eher in Form von Beratung – vor geplanten Maßnahmen der Datenverarbeitung stattfinden.

100 Den Datenschutzbeauftragten ist bei ihrer Tätigkeit **Unterstützung zu gewähren.** Ihnen ist **Auskunft** auf ihre Fragen sowie **Einsicht** in **alle Unterlagen** und **Akten** zu geben, die **im Zusammenhang** mit der **Verarbeitung personenbezogener** Daten stehen, namentlich in die gespeicherten Daten und in die Datenverarbeitungsprogramme. Dies bedeutet ein **Einsichtsrecht** in **sämtliche Polizeiakten,** in denen personenbezogene Daten gespeichert sind, aber auch in Verfahrensakten, Aktenverzeichnisse, Registraturhilfsmittel, Listen usw., die Ansatz- und Ausgangspunkt für eine systematische Kontrolle sein können. Auch wenn in Unterlagen keine personenbezogenen Daten enthalten sind, sind sie vorzulegen, wenn sie für eine Kontrolle personenbezogener Sammlungen benötigt werden oder doch jedenfalls objektiv förderlich sind.

101 Den Datenschutzbeauftragten ist **jederzeit Zutritt** in **alle Diensträume** zu gewähren. Ein solches Zutrittsrecht ist vor allem von Bedeutung bei den der Datenverarbeitung unmittelbar dienenden Räumen wie dem Rechenzentrum, der Aktenhaltung usw. Da aber wohl im Zimmer nahezu eines jeden polizeilichen Sachbearbeiters Datenverarbeitung betrieben wird, ist auch insoweit Zutritt zu gewähren. Der Datenschutzbeauftragte muß den Wunsch nach Vorlage von Unterlagen oder zum Betreten von Räumen nicht begründen, er muß sich allerdings objektiv im Rahmen seines Kontrollauftrages bewegen.

102 Nur unter **engen Voraussetzungen** kann dem Datenschutzbeauftragten im Bund und in einigen Ländern der **Zugang** zu Unterlagen **verwehrt** werden.[119] Dies kann nur die jeweils zuständige oberste Bundes- oder Landesbehörde entscheiden. Voraussetzung ist, daß durch die Einsichtnahme die Sicherheit des Bundes oder eines Landes gefährdet wäre. Dies ist nur schwer praktisch vorstellbar. Soweit bekannt, ist bislang im Polizeibereich die Einsichtnahme in Unterlagen mit dieser Begründung noch nicht verweigert worden.

103 Die Befugnisse der Datenschutzbeauftragten klingen in der Theorie beeindruckender, als ihre realen Möglichkeiten zur Kontrolle sind. Die Datenschutzbeauftragten können schon aus Kapazitätsgründen die polizeiliche Datenverarbeitung nicht umfassend kontrollieren. Sie müssen sich auf kleine Stichproben beschränken. Die Personaldecke ist so dünn, daß Querschnittskontrollen nur in Teilbereichen und mit großen zeitlichen Abständen durchgeführt werden können. In **weiten Bereichen** ist deshalb die **polizeiliche Datenverarbeitung** von externen Datenschutzbeauftragten bislang noch **nicht kontrolliert** worden.

104 Stellen die Datenschutzbeauftragten Mängel fest, so haben sie die Möglichkeit zu **beanstanden.** Die Beanstandung entfaltet keine unmittelbare Rechtswirkung, außer daß die zuständige Behörde Stellung nehmen muß. Daneben haben die Datenschutzbeauftragten die Möglichkeit der **öffentlichen Darstellung** in ihren **Tätigkeitsberichten.** Aus

---

[119] Vgl. § 24 II, III BDSG. In Hessen kann unter denselben Voraussetzungen das Kontrollrecht auf den Datenschutzbeauftragten konzentriert werden. Bei Zusicherung besonderer Vertraulichkeit an den Betroffenen (etwa V-Leute) dürfen die entspr. Daten auch dem Datenschutzbeauftragten selbst nicht offenbart werden; vgl. § 29 II HDSG, ebenso §§ 16 II LDSG BaWü, 27 III BrDSG, 20 IV HambDSG, 18 III NdSDSG, 20 RPfDSG.

der Kombination von Beanstandung und Darstellung im Tätigkeitsbericht erwächst den Datenschutzbeauftragten die wichtigste Wirkungsmöglichkeit.

Möglich ist auch die Heranziehung der Datenschutzbeauftragten als Sachverständige im Verwaltungsverfahren (z. B. bei Anträgen auf Auskunft oder Löschung) oder in gerichtlichen Verfahren (vgl. Kap. K).

In vielen Polizeibehörden gibt es inzwischen auch **interne Datenschutzbeauftragte.** 105 Das BDSG schreibt dies in § 4f inzwischen ausdrücklich vor. Auch in neueren Datenschutzgesetzen einiger Länder wird die Bestellung von Datenschutzbeauftragten bei den datenverarbeitenden Stellen ausdrücklich verlangt.[120] Auch dort, wo dies nicht der Fall ist (vgl. z. B. § 10 LDSG-SH), sollten bei Polizeibehörden interne Beauftragte für den Datenschutz bestellt werden, da das Datenschutzrecht zwar von jedem Bediensteten zu beachten ist, die Überwachung seiner Einhaltung aber einer besonders **kompetenten Stelle** obliegen sollte.

d) Dateienregister und Dateienübersicht

Nach § 18 II BDSG führen die öffentlichen Stellen ein Verzeichnis der eingesetzten Da- 106 tenverarbeitungsanlagen. Ein **Verzeichnis der Datenverarbeitungsanlagen**, das zumeist aus haushaltsrechtlichen Gründen ohnehin als eine Art Inventarliste geführt werden muß, ist eine Grundvoraussetzung für eine sichere und ordnungsgemäße Datenverarbeitung. Denn ohne Kenntnis der vorhandenen technischen Ausstattung ist ein wirksames Datensicherheitskonzept kaum möglich. Außerdem sind für die automatisierten Verarbeitungen nähere Festlegungen zu treffen, die den in den Polizeigesetzen für Dateien vorgesehenen **Errichtungsanordnungen** in etwa entsprechen.

Die polizeirechtlichen **Errichtungsanordnungen** (vgl. z. B. § 34 BKAG) knüpfen also 107 nach wie vor am Dateibegriff und nicht an der automatisierten Verarbeitung an. Insoweit gilt der bisherige Dateibegriff weiter (vgl. oben Rdn. 80). Allerdings entwickelt sich die polizeiliche Datenverarbeitung im Rahmen von INPOL – neu in Zukunft weg von einzelnen, als Dateien zu bezeichnenden Datensammlungen hin zu einem umfassenden automatisierten Data-Warehouse (vgl. dazu unten Rdn. 221 ff.). Die polizeirechtlichen Bestimmungen über Errichtungsanordnungen (vgl. z. B. § 34 BKAG) sind inhaltlich weitgehend deckungsgleich mit den datenschutzrechtlichen Verarbeitungsverzeichnissen (vgl. §§ 18 II i. V. m. 4 e BDSG).

e) Schadensersatz

Die §§ 7 und 8 BDSG sowie die entsprechenden Bestimmungen in den Landesdaten- 108 schutzgesetzen regeln den Schadensersatz im Falle einer **unzulässigen** oder **unrichtigen** Erhebung, Verarbeitung oder Nutzung personenbezogener Daten. Diese Bestimmungen gelten nach § 37 BKAG auch für das Bundeskriminalamt sowie nach § 37 BGSG für den Bundesgrenzschutz. Auch in den Ländern gelten die entsprechenden Schadensersatzbestimmungen des Datenschutzrechts für den Polizeibereich.

Nach § 7 BDSG haftet jede verantwortliche Stelle für Schäden, die durch eine unzuläs- 109 sige oder unrichtige Verarbeitung personenbezogener Daten entstehen, dem Betroffenen gegenüber, sofern **schuldhaftes Verhalten** vorliegt. Die Ersatzpflicht entfällt, wenn die verantwortliche Stelle die nach den Umständen des Falles gebotene Sorgfalt beachtet hat. Für letzteres kann beispielsweise eine wichtige Rolle spielen, ob ein fachkundiger und zuverlässiger Datenschutzbeauftragter bestellt war und ob die Bestimmungen zur Ordnungsmäßigkeit und Sicherheit der Datenverarbeitung eingehalten waren.

Nach § 8 BDSG ist Schadensersatz **unabhängig** vom **Verschulden** zu leisten, wenn der 110 Schaden durch eine unzulässige oder unrichtige **automatisierte** Erhebung, Verarbeitung oder Nutzung der personenbezogenen Daten entstanden ist. Damit entfällt unter diesen Voraussetzungen für den Geschädigten der nur schwer zu führende Nachweis des Verschuldens im Bereich der verantwortlichen Stelle, die sich auch nicht wie im Falle der

[120] Vgl. z. B. § 5 HDSG, § 7 a BbgDSG.

konventionellen Datenverarbeitung auf die Beachtung der gebotenen Sorgfalt berufen kann.

111 Bei einer schweren Verletzung des Persönlichkeitsrechts ist auch ein **immaterieller Schaden** angemessen in Geld zu ersetzen. Der Schadensersatz ist allerdings insgesamt pro schädigendem Ereignis auf zweihundertfünfzigtausend Mark begrenzt. Sind durch ein Ereignis mehrere Personen geschädigt, so ist die Summe entsprechend aufzuteilen.

112 Von besonderer Bedeutung für die polizeiliche Datenverarbeitung dürfte § 8 IV BDSG sein. Demnach haftet jede einzelne speichernde Stelle voll, wenn bei einer automatisierten Verarbeitung **mehrere Stellen** speicherungsberechtigt sind. Der Betroffene muß also nicht mehrere Stellen nebeneinander in Anspruch nehmen und das Maß der Mitverursachung im einzelnen feststellen. Speicherungsberechtigt sind im polizeilichen Verbundsystem INPOL prinzipiell alle polizeilichen Dienststellen, wenngleich im Einzelfall Unterschiede betehen, ob Daten unmittelbar selbst eingegeben werden können oder ihre Eingabe durch Bedienung der polizeilichen Meldewege veranlaßt wird. „Speicherungsberechtigt" im Sinne von § 8 IV BDSG dürften nur solche polizeilichen Dienststellen sein, die im jeweiligen konkreten Einzelfall z. B. durch Mitbesitz an dem Datensatz die Eingabebefugnis haben oder die eine rechtliche Verpflichtung zur Dateneingabe (z. B. weil ihnen entlastende Informationen bekannt sind) trifft.

f) Auftragsdatenverarbeitung

113 § 11 BDSG und die entsprechenden Bestimmungen der Landesdatenschutzgesetze regeln die Voraussetzungen der Auftragsdatenverarbeitung. Sie gelten prinzipiell auch für die polizeiliche Datenverarbeitung. Allerdings sind hier einige **Besonderheiten** zu beachten. Die Datenerhebung ist im Polizeibereich häufig mit der Ausübung besonderer staatlicher Befugnisse verbunden, die die Polizei auch nicht im Wege der Auftragsdatenverarbeitung auf andere übertragen kann. Zum anderen gehen die Bestimmungen zur Auftragsdatenverarbeitung generell davon aus, daß der Auftraggeber das Heft in der Hand behält, dem Auftragnehmer entsprechende Weisungen erteilt und in der Lage ist, den Auftragnehmer zu kontrollieren (vgl. im einzelnen § 11 II u. III BDSG).

114 Dies muß bei der Verarbeitung der sensiblen polizeilichen Daten besonders konsequent beachtet werden. Die Polizei muß also auch nach Auftragvergabe die Sachkompetenz behalten, die notwendig ist, um diese Kontrollpflichten zu erfüllen. Dann stellt sich allerdings die Frage, unter welchen Voraussetzungen eine Auftragsdatenverarbeitung im Polizeibereich überhaupt wirtschaftlich sinnvoll ist.

115 Besondere Probleme tauchen auf, wenn **Polizeibehörden untereinander Auftragsdatenverarbeitung** betreiben wollen. Hier darf auch nicht der Anschein erzeugt werden, daß auf dem Weg über die Auftragsdatenverarbeitung Zuständigkeitsgrenzen überstiegen werden könnten. Beispielsweise ist eine Auftragsdatenverarbeitung ausgerechnet des Bundeskriminalamtes für die Polizeien der Länder kritisch zu beurteilen, wenn davon jene nicht bundesweit relevanten Daten betroffen sein sollen, die aus verfassungsrechtlichen Erwägungen nur auf Länderebene und nicht bundesweit verarbeitet werden dürfen. Hier besteht die latente Gefahr, daß vom Gesetzgeber getroffene Abschichtungsentscheidungen zwischen der Bund- und der Länderebene (vgl. z. B. §§ 1, 2 BKAG) im nachhinein im Zuge der Auftragsdatenverarbeitung konterkariert werden.

116 **§ 2 V BKAG** läßt folgerichtig auch nur eine „Unterstützung" der Länder auf Ersuchen „bei deren Datenverarbeitung" zu. An Auftragsdatenverarbeitung im eigentlichen Sinne dürfte dabei nicht gedacht sein, weil ansonsten die Verweisung in § 2 V S. 2 BKAG auf die Bestimmungen der Auftragsdatenverarbeitung nicht notwendig gewesen wäre. Vielmehr handelt es sich um Ausnahmefälle aufgrund besonderer Umstände.[121] Pläne, im Rahmen von INPOL-neu die Landesdaten auf Dauer beim Bundeskriminalamt „im Auftrag" verarbeiten zu lassen, verstoßen nicht nur gegen den Ausnahmecharakter von

---

[121] *Ahlf, Daub, Lersch, Störzer,* Kommentar zum BKAG, § 2, Rdn. 57, 58.

§ 2 V BKAG, sondern sind auch mit dem föderalen Polizeiaufbau in Deutschland kaum vereinbar.

g) Technische und organisatorische Maßnahmen

Wer für sich selbst oder für andere in deren Auftrag personenbezogene Daten verarbeitet, hat die **technischen** und **organisatorischen Maßnahmen** zu treffen, die erforderlich sind, um die Ausführung der Vorschriften des Datenschutzgesetzes, insbesondere die in der Anlage zu § 9 BDSG genannten Anforderungen zu gewährleisten.[122] Auch im Volkszählungsurteil werden organisatorische und verfahrensrechtliche Vorkehrungen für notwendig erachtet, um der Gefahr einer Verletzung des Rechts auf informationelle Selbstbestimmung entgegenzuwirken. In der Anlage zu § 9 BDSG wird verlangt, die innerbehördliche oder innerbetriebliche Organisation so zu gestalten, daß sie den besonderen Anforderungen des Datenschutzes gerecht wird. Damit ist die Gesamtheit der organisatorischen Maßnahmen angesprochen, die für einen sicheren und gesetzeskonformen Umgang mit personenbezogenen Daten notwendig sind. **117**

Insbesondere sind je nach Art der zu schützenden personenbezogenen Daten oder Datenkategorien Maßnahmen zu ergreifen, die geeignet sind, **118**

(1) Unbefugten den Zutritt zu Datenverarbeitungsanlagen, mit denen personenbezogene Daten verarbeitet oder genutzt werden, zu verwehren (**Zutrittskontrolle**),

(2) zu verhindern, daß Datenträger unbefugt gelesen, kopiert, verändert oder entfernt werden können (**Zugangskontrolle**),

(3) zu gewährleisten, daß die zur Benutzung eines Datenverarbeitungssystems Berechtigten ausschließlich auf die ihrer Zugriffsberechtigung unterliegenden personenbezogenen Daten zugreifen können und daß personenbezogene Daten bei der Verarbeitung, Nutzung und nach der Speicherung nicht unbefugt gelesen, kopiert, verändert oder entfernt werden können (**Zugriffskontrolle**),

(4) zu gewährleisten, daß personenbezogene Daten bei der elektronischen Übertragung oder während ihres Transports oder ihrer Speicherung auf Datenträger nicht unbefugt gelesen, kopiert, verändert oder entfernt werden können, und daß überprüft und festgestellt werden kann, an welche Stellen eine Übermittlung personenbezogener Daten durch Einrichtungen zur Datenübertragung vorgesehen ist (**Weitergabekontrolle**),

(5) zu gewährleisten, daß nachträglich überprüft und festgestellt werden kann, ob und von wem personenbezogene Daten in Datenverarbeitungssysteme eingegeben, verändert oder entfernt worden sind (**Eingabekontrolle**),

(6) zu gewährleisten, daß personenbezogene Daten, die im Auftrag verarbeitet werden, nur entsprechend den Weisungen des Auftraggebers verarbeitet werden können (**Auftragskontrolle**),

(7) zu gewährleisten, daß personenbezogene Daten gegen zufällige Zerstörung oder Verlust geschützt sind (**Verfügbarkeitskontrolle**),

(8) zu gewährleisten, daß zu unterschiedlichen Zwecken erhobene Daten getrennt verarbeitet werden können.

Die in der Anlage zu § 9 verlangten technischen und organisatorischen Maßnahmen dienen unterschiedlichen Zwecken, die unter der Bezeichnung „technische und organisatorische Maßnahmen" zusammengefaßt werden. Zu einem erheblichen Teil sollen sie die **Revisionsfähigkeit der Datenverarbeitung,** d. h. die Dokumentation ihrer einzelnen Schritte zum Zwecke der späteren Rekonstruierbarkeit und Kontrollierbarkeit gewährleisten. Dies gilt insbesondere für die Dokumentationspflicht nach den Nrn. 4 und 5. Andere zielen darauf ab zu garantieren, daß nur die dazu Berechtigten Zugang und Zugriff zu den gespeicherten Daten haben, z. B. Nrn. 1, 2, 3, 5. **119**

---

[122] Ähnlich auch Ziff. 8 der INPOL-Grundsätze von 1990.

120 Die **Einzelheiten** der polizeilichen Datensicherungsmaßnahmen können hier aus mehreren Gründen **nicht im Detail** dargestellt werden.[123] Erwähnenswert ist aber folgendes:[124] Die **polizeilichen Rechenzentren** sind baulich besonders geschützt, können nur mit besonderer Berechtigung und nach Personen- bisweilen auch Taschenkontrollen betreten werden. Herzstück der polizeilichen Datensicherungsmaßnahmen ist der Schutz gegen unberechtigten Zugriff auf die gespeicherten Daten. Er wird gewährleistet durch ein **Paßwortverfahren,** das es gestattet, die Abfragenberechtigung auf die jeweilige Dienststelle oder den jeweiligen Benutzer zuzuschneiden. Der Benutzer hat sich mit seiner **individuellen Kennung** anzumelden, aus der sich der Umfang seiner Abfrage- oder Änderungsberechtigung ergibt. Zusätzlich ist ein individuelles Paßwort einzugeben, das regelmäßig geändert werden muß.

121 Die vorgenommenen Transaktionen werden bei einer Reihe von INPOL-Bund-Anwendungen und in den meisten Ländern **protokolliert.**[125] Die Änderungsbefugnis besteht in der Regel nur an Datenbeständen, an denen Allein- oder zumindest Mitbesitz besteht. Beim PIOS-Verfahren hat allerdings jeder Mitbesitzer Änderungsbefugnis auch an solchen Datensatzbestandteilen, die von anderen eingegeben worden sind.

122 Die **Übertragung** polizeilicher Daten geschieht teils auf öffentlichen Leitungen, die von der Post auf Dauer gemietet sind, teils auf polizeieigenen Leitungen. Zunehmende Bedeutung hat die Datenübertragung mittels Funk. Wird – wie in der Regel – nicht verschlüsselt, so besteht die Gefahr der unbefugten Kenntnisnahme durch Dritte. Hier liegt eine Achillesferse der polizeilichen Datensicherung, deren Beseitigung nach der Aufhebung des Verbotes, spezielle Abhörgeräte zu kaufen und zu besitzen, dringend geboten ist.

123 Der größte Teil der Datensicherungsmaßnahmen dient zumindest auch der **Ordnungsmäßigkeit** der **Datenverarbeitung,** so wie sie jeder Anwender zu besorgen hat. Andere zielen darauf ab, Daten nicht in unbefugte Hände gelangen zu lassen. Dies liegt zumindest auch im Interesse der Polizei, der schon aus ermittlungstaktischen Gründen daran gelegen sein muß, daß ihre Daten nicht zur Kenntnis Außenstehender gelangen.

124 Aufs Ganze gesehen treffen sich bei den Datensicherungsmaßnahmen datenschutzrechtliche Interessen zugunsten der Betroffenen und ureigenste polizeiliche Belange. Fragen der Datensicherheit bei der Polizei haben folglich bislang auch in der datenschutzrechtlichen Diskussion eine untergeordnete Rolle gespielt.

125 Allerdings gibt es einige Gesichtspunkte, die nicht unproblematisch sind. § 31 VI BKAG sieht vor, daß nur durchschnittlich jeder zehnte Abruf aus dem INPOL-System protokolliert wird. Dies bedeutet im Umkehrschluß, daß in 90 % der Fälle nicht mehr rekonstruiert werden kann, wer welche Daten wann abgerufen hat. Dem grundliegenden Anliegen der Datensicherheit, die Verwendung von Daten auch im nachhinein kontrollieren zu können, wird diese Regelung nicht gerecht.

126 Die **Protokollierung** von Abfragen und Änderungen in polizeilichen Dateien schafft eine beträchtliche Menge an Protokolldaten. Dies ist nur zu vertreten, wenn sie tatsächlich zur Kontrolle der ordnungsgemäßen Datenverarbeitung verwendet werden. In der Praxis werden Protokolldaten aber in der Regel nur bei konkretem Mißbrauchsverdacht ausgewertet. Das Risiko, durch regelmäßige Protokolldatenauswertungen der unberechtigten Datenabfrage überführt zu werden, ist für Polizeibeamte deshalb gering. Hinzu kommt, daß nur die Abfrage und etwaige Änderungen protokolliert werden, nicht aber die Fertigung von Ausdrucken und deren weitere Verwendung.

127 Aus datenschutzrechtlicher Sicht problematisch ist auch die **Nutzung von Protokolldaten** für andere Zwecke. § 11 VI S. 2 BKAG erklärt dies dann für zulässig, wenn Anhaltspunkte dafür vorliegen, daß ohne Verwendung der Protokolldaten die Verhinderung

---

[123] Zu den Einzelheiten vgl. *Lenze,* Anhang in Kniesel/Tegtmeyer/Vahle, Handbuch, S. 278 ff. sowie *Kersten* in Bäumler (Hrsg.), Polizei und Datenschutz, 267 (273 ff.),

[124] Vgl. zum folgenden auch *Gerster,* INPOL, Teil I S. 33 ff. sowie ders. DVR 1983, 19 (35 ff.).

[125] INPOL-Grundsätze 1990, Ziff. 8 sowie § 11 VI BKAG.

oder Verfolgung einer schwerwiegenden Straftat gegen Leib, Leben oder Freiheit einer Person aussichtslos oder wesentlich erschwert wäre.

Protokolldaten könnten aber auch zur **Verhaltens- und Leistungskontrolle** der Polizeibeamten genutzt werden. Dem dürften § 14 IV BDSG und die entsprechenden Bestimmungen der Landesdatenschutzgesetze entgegenstehen, die eine absolute Zweckbindung von Protokolldaten vorsehen. In einigen Landesgesetzen (vgl. z. B. § 23 II LDSG-SH) ist ihre Nutzung zu Zwecken der Verhaltens- und Leistungskontrolle sogar ausdrücklich ausgeschlossen. 128

Spezielle Gefahren drohen der Datensicherheit bei der Polizei durch den zunehmenden Einsatz von Arbeitsplatzrechnern (APC). Binnen weniger Jahre ist ihre Zahl bei allen Polizeibehörden enorm angewachsen. APC werfen besondere Probleme auf, weil die Datensicherheitskonzeption des Datenschutzrechts auf große Datenverarbeitungsanlagen zugeschnitten ist. 129

Unabdingbare Voraussetzung für einen sicheren und ordnungsgemäßen Einsatz von APC ist, daß sämtliche eingesetzten **Geräte lückenlos erfaßt** und der Behördenleitung und – soweit vorhanden – dem Datenschutzbeauftragten bekannt werden. Die APC sind gegen unbefugte Benutzung durch Externe zu sichern. Ebenso wichtig ist es aber sicherzustellen, daß auch der befugte Benutzer den APC nur im Rahmen seiner Befugnis nutzt. 130

In der Regel wird dazu eine konsequente Beschränkung der Verarbeitung auf bestimmte Programme, die Verschlüsselung und Sicherung der auf externen Datenspeichern erfaßten Daten sowie die Protokollierung der Systemaktivitäten notwenig sein. Schon im Interesse der datenverarbeitenden Stelle, aber auch aus Gründen der Revision ist sicherzustellen, daß mehr als nur ein Bediensteter im Umgang mit dem APC geübt ist. Es empfiehlt sich, vor dem Einsatz von APC die Anlage zu § 9 BDSG durch geeignete interne Richtlinien speziell für deren Sicherheit zu ergänzen, damit ein gleichwertiger Datensicherheitsstandard gewährleistet ist. 131

III. Entwicklung, Stand und Perspektiven der polizeilichen Datenverarbeitung

1. Beginn der polizeilichen Datenverarbeitung

Solange es die Kriminalpolizei oder vergleichbare Einrichtungen gibt, werden dort personenbezogene Daten gesammelt. Von Herumtreiberlisten über „Beschreibung(en) derjenigen Jauner, Zigeuner, Mörder, Straßenräuber" über Diebeslisten und Register aller Art führt eine gerade Linie zu Kriminalakten und Aktennachweisen. Die dahinterstehende Überlegung ist immer dieselbe: Wer schon einmal straffällig geworden ist, könnte es wieder werden. Er steht, wenn keine anderweitigen Spuren vorhanden sind, als erster in Verdacht, wenn neue Straftaten begangen werden.[126] 133

Bevor die elektronische Datenverarbeitung eingeführt wurde, waren bei den kriminalpolizeilichen Dienststellen überall **Kriminalakten** vorhanden, über die in manuellen Karteien namensbezogen Nachweis geführt wurde. Daneben bestanden weitere Kartei- und Datensammlungen wie etwa die erkennungsdienstlichen Sammlungen, Fahndungslisten und -bücher. 134

Als am 13. 11. **1972** auf dem Flughafen Rhein/Main in Frankfurt die erste Ausbaustufe des polizeilichen Informationssystems INPOL in Betrieb genommen wurde, wurde zuerst das Naheliegendste automatisiert, die **Fahndungsdatei.** Auch in der Folge wurden die herkömmlichen Karteien nicht grundlegend verändert, sondern nur in elektronischer Form gewissermaßen abgebildet. Hauptziel war, die ohnehin vorhandenen Informationen schneller abrufen zu können. 135

---

[126] Vgl. zur Entstehung des polizeilichen Meldedienstes *Schuster,* in: Taschenbuch für Kriminalisten, 131 ff.

136 Allerdings würde es zu kurz greifen, wollte man in der Automatisierung von manuellen Datensammlungen lediglich einen Vorgang der Modernisierung sehen, der nur in quantitativer, nicht in qualitativer Hinsicht von Bedeutung ist. Bei der polizeilichen Datenverarbeitung ist dies besonders deutlich, weil die Automatisierung von vornherein als ein Verbundprojekt betrieben wurde. Neben den Aspekt des schnelleren Zugriffs auf die eigenen Daten und der einfacheren Bewältigung auch größerer Datenmengen trat von Anfang an der der Übermittlung und zentralen Zusammenführung bis dato nur dezentral gespeicherter Daten. Gewiß hat die Polizei auch früher bereits Daten ausgetauscht. Fernschreibgerät und Telefon waren aber hinsichtlich der Schnelligkeit, Bequemlichkeit und Präzision dem Datenaustausch im Verbundsystem bei weitem unterlegen.

137 Grundlage der Entwicklung waren zunächst nicht spezifische Gesetze, sondern extra legem Beschlüsse der Innenministerkonferenz, die **1975** zu einer **Gesamtkonzeption** zusammengefaßt wurden. Die INPOL-Gesamtkonzeption wurde 1990 durch „Grundsätze für die Zusammenarbeit von Bund und Ländern bei der polizeilichen Datenverarbeitung im Rahmen des Informationssystems der Polizei, INPOL-Grundsätze" ergänzt und überarbeitet.

138 Deutlich sichtbare **qualitative Veränderungen** wurden im Zusammenhang mit der **Terrorismusbekämpfung** eingeführt. Insbesondere mit der Inbetriebnahme des Verfahrens **PIOS** (P = Personen, I = Institutionen, O = Objekte, S = Sachen) wurde der Rahmen der traditionellen polizeilichen Informationsverarbeitung überschritten. Wichtig wurde nunmehr nicht allein das Führen von Kriminalakten über Straftäter und Verdächtige und der Einsatz der EDV zum Zwecke des schnellen und gebietsübergreifenden, landes- oder bundesweiten Wiederauffindens dieser Akten, sondern das **Speichern** von Daten einer ganzen **Szene** und ihrer vermuteten Hinterleute, um sie durch Auswertung der Daten auszuforschen. Gespeichert werden folglich nicht nur Daten über Verdächtige und Beschuldigte, sondern – zunächst ohne tragfähige Rechtsgrundlage – auch über **„andere Personen"**, wenn sie in Kontakt mit verdächtigen Personen oder Organisationen vermutlich oder wirklich standen oder stehen. Der **Zugriff** auf die gespeicherten Daten erfolgt in PIOS keineswegs nur über Namen und Aktenzeichen, sondern auch über Institutions-, Objekt- und Sachdaten, die alle untereinander zum Zwecke der Recherchierbarkeit verknüpfbar sind.

139 Die polizeiliche Datenverarbeitung erreichte mit der Einführung von **PIOS** eine **neue Dimension:**[127] Nicht nur der einzelne Straftäter, sondern das Ereignis, das Umfeld, die Szene, der gesellschaftliche Hintergrund werden nunmehr erfaßt, sofern diesen Informationen Relevanz für das globale Tätigkeitsfeld „Terrorismusbekämpfung" zugeschrieben wird, auch wenn sie nicht Gegenstand eines konkreten Ermittlungsverfahrens sind. Nicht der Verdacht, eine Straftat begangen zu haben, ist folglich häufigster Speichergrund, sondern die polizeiliche Mutmaßung, der Betreffende werde Straftaten begehen, Straftäter unterstützen oder er stehe zumindest in Verbindung mit Straftatverdächtigen. Der Zweck der PIOS-Dateien ist folglich nicht auf die Strafverfolgung beschränkt. Sie sollen auch dazu dienen, Straftaten zu verhüten.

140 Was als außergewöhnliches Mittel zur Bekämpfung einer außergewöhnlich gefährlichen Kriminalitätsform gedacht war, wurde zum Alltag. Die Datei **PIOS-Terrorismus** wurde als Baustein des INPOL-Systems zur **Dauereinrichtung** und 1986 unter der Bezeichnung Arbeitsdatei PIOS Innere Sicherheit (APIS) auf den gesamten Bereich des polizeilichen Staatsschutzes ausgedehnt. Auch in **anderen Kriminalitätsbereichen** wurden Dateien nach dem Verfahren PIOS eingeführt. Die Erfassung von „anderen Personen" neben Beschuldigten und Verdächtigen, die Verknüpfung und mehrdimensionale Auswertbarkeit der gespeicherten Daten sowie die zugleich repressive und präventive Zielsetzung der Sammlungen wurde so zu einer verbreiteten Form polizeilicher Dateien.

---

[127] *Boge*, in: Polizeiliche Datenverarbeitung, 19 (24); *Gerster* DVR 1983, 19 (57).

Neben den auf Dauer angelegten PIOS-Dateien wurde das Verfahren SPUDOK (Spurendokumentation) entwickelt, auf dessen Basis Dateien in der Regel kurzfristig und fallbezogen angelegt werden können. Kennzeichen einer SPUDOK-Datei ist, daß das **Spuren-** und **Hinweisaufkommen** eines Falles einschließlich aller darin enthaltenen Namen **vollständig gespeichert** und infolge der weitgehend **formatfreien Erfassung** mit beliebigen Abfragebegriffen ausgewertet werden kann. Auch hier war zunächst an außergewöhnliche Lagen wie z. B. bei der Schleyer-Entführung gedacht. Inzwischen werden SPUDOK-Verfahren bei fast allen größeren Ermittlungsfällen und in allen Kriminalitätsbereichen eingesetzt. Im Durchschnitt sind bei den Polizeibehörden des Bundes und der Länder insgesamt hunderte von SPUDOK-Verfahren oder ähnlicher Systeme mit gleicher Zielsetzung zugleich im Einsatz. Es werden stets neue Verfahren eingerichtet, andere gelöscht oder archiviert, wenn die Ermittlungen abgeschlossen sind. 141

Einen **neuen qualitativen Schritt** brachte die Einführung von **Arbeitsplatzrechnern** bei der Polizei.[128] Bislang war die polizeiliche Datenverarbeitung zentralistisch aufgebaut und in Gestalt des INPOL-Manuals 3/4 streng bis in die Details reglementiert. Die Einhaltung der INPOL-Konventionen garantierte einen weitgehend einheitlichen Qualitätsstandard der polizeilichen Datenverarbeitung. Vergleichbare Regelungen fehlen für Arbeitsplatzrechner weitgehend. Die polizeiliche **Datenverarbeitung** wird damit **undurchsichtiger** und noch **schwerer kontrollierbar.** Die Tendenz, nicht nur Daten von Beschuldigten und Verdächtigen zu speichern, sondern das Vor- und Umfeld, den gesellschaftlichen Hintergrund, kann sich in den Arbeitsplatzrechnern fortsetzen und beschleunigen. Da die polizeirechtlichen Vorschriften für die Datenverarbeitung vornehmlich am **„Dateibegriff"** orientiert sind, erfassen sie nicht die formatfreie Datenverarbeitung in Arbeitsplatzrechnern. Hinzu kommt, daß auch traditionelle Arbeitsabläufe wie z. B. das Verfassen von Texten und Schriftstücken in zunehmendem Maße mit Hilfe von Schreibautomaten abgewickelt werden. Dies ist mit der Erfassung und zumindest temporären Speicherung personenbezogener Daten außerhalb der rechtlich geregelten Dateisysteme verbunden. Für den Bürger geht der klare Maßstab verloren, unter welchen Voraussetzungen er mit der Speicherung seiner Daten bei der Polizei rechnen muß. Auch die neueren Polizeigesetze vermitteln hierfür keine verläßlichen Anhaltspunkte. 142

Rückblickend zeigt sich, daß die **qualitativen Veränderungen** der polizeilichen Datenverarbeitung primär eine **Reaktion** auf als besonders bedrohlich empfundene, **außergewöhnliche Verbrechensformen** waren, sich später aber von diesem Anlaß lösten und verselbständigten. Was in der Hochzeit der **Terroristenfahndung** entwickelt wurde, wurde als tauglich auch für den **polizeilichen Alltag** angesehen.[129] Inzwischen ist die elektronische Datenverarbeitung zu einem dominanten Faktor der polizeilichen Ermittlungsarbeit geworden. Sie ist über ihre unterstützende Funktion längst hinausgewachsen und hat sich zu einem eigenständigen Ermittlungsansatz entwickelt. Zwischen dem stetigen Ausbau der EDV und der Verlagerung polizeilicher Tätigkeit ins Vorfeld von Straftaten, so wie sie in der „vorbeugenden Straftatenbekämpfung" auf den Begriff gebracht ist, besteht ein direkter Zusammenhang (vgl. auch Kap. A Rdn. 90 ff. sowie Kap. E, Rdn. 181 ff.). 143

Ob die mit dem beständigen **Ausbau** der **Datenverarbeitung** verfolgten **Ziele** erreicht wurden, überhaupt erreichbar sind, ist zu bezweifeln. Das kontinuierliche **Anwachsen** der **Kriminalstatistik** zeigt sich von der EDV unbeeindruckt.[130] 1981 prophezeite der damalige Präsident des Bundeskriminalamtes, *Horst Herold,* der polizeilichen Informationsverarbeitung eine sprunghafte Entwicklung „zu völlig neuen Dimensionen der Effizienz". Es erscheine erstmals technisch machbar, das Verbrechen „auf jenen geringen Bodensatz zurückzuführen, der unausrottbar ist". Bei Einführung der automatisierten 144

---

[128] Vgl. 11. TB des BfD, BT-Drucks. 11/3932, S. 63.

[129] Zu dieser Tendenz *Waechter* Der Staat 1988, 393 (395) „Ähnlich ist es mit den ‚nachrichtendienstlichen Mitteln'", i. S. v. § 3 BVerfSchG. Was den Geheimdiensten – ausnahmsweise (vgl. *BVerfGE* 30, 1) – nützen darf, wird nunmehr „erst recht" für die Polizei gefordert.

[130] *Küster,* in: Technik im Dienste der Straftatenbekämpfung, 163 (177).

Sachfahndung sprach *Herold* von einem „geradezu tödlichen Schlag" gegen den gefährlichsten Teil der Kriminalität, das mobile Verbrechen.[131] Daß sich diese Hoffnungen nicht erfüllt haben, ist offenkundig. Auch mit perfekter Datenverarbeitung lassen sich die gesellschaftlichen Ursachen der Kriminalität nicht beseitigen. Ob die polizeiliche Straftatenbekämpfung ohne EDV wesentlich schlechter dastünde, ist eine müßige Spekulation. Auf absehbare Zeit wird es offenbar beides geben: Steigende Kriminalitätsraten und weiteren Ausbau der polizeilichen Datenverarbeitung.

2. Grundtypen der polizeilichen Datenverarbeitung

145 Die polizeiliche Datenverarbeitung kann in diesem Rahmen nicht vollständig dargestellt werden. Die Entwicklung ist auch nicht stets gleichmäßig verlaufen und überall gleich weit gediehen. Die INPOL-Konzeption legt vor allem die im Verbund zwischen Bund und den Ländern betriebenen Verfahren verbindlich fest.[132] Daneben bestehen länder- und bundeskriminalamtsspezifische Anwendungen. Die Einführung von Arbeitsplatzcomputern sprengt zudem vollständig das Gefüge der herkömmlichen typischen Verarbeitungsverfahren.

146 Will man gleichwohl im **Gewirr** der **polizeilichen Dateien** den Überblick behalten, so ist eine typisierende Darstellung vonnöten.[133]

147 Die Verfahren existieren bisweilen in der Praxis nur in abgewandelter Form. Die zeitliche Reihenfolge ihrer Einführung steht nicht immer im Einklang mit ihrer qualitativen Entwicklung. So wurde beispielsweise der qualitative Sprung zu den PIOS-Dateien vollzogen, bevor der im Vergleich dazu eher konventionelle bundesweite Kriminalaktennachweis aufgebaut war. Dieser wiederum war von Anfang an kein reines Aktennachweissystem, sondern wies Züge eines Informationssystems über Personen auf.

148 Ein mögliches **Unterscheidungskriterium** zwischen den unterschiedlichen Dateien könnte sein, inwiefern in ihnen **„harte"** und **„weiche"** Daten erfaßt sind. So könnte man etwa die in der Fahndungsdatei und im Aktennachweissystem gespeicherten Daten im Vergleich zu den Hinweis- und Kontaktdaten einer PIOS- oder SPUDOK-Anwendung als „hart" bezeichnen. Besonders deutlich wird dies, wenn man etwa die Speicherung eines Hinweises in einer SPUDOK-Datei der Speicherung der Daten des mit Haftbefehl Gesuchten in der Fahndungsdatei gegenüberstellt. Letztere basiert auf einwandfreien, schriftlich belegten Tatsachen.

149 Bei näherem Zusehen lösen sich die vermeintlich klaren Konturen aber weitgehend wieder auf. Daß jemand mit Haftbefehl wegen Einbruchs etc. gesucht wird, mag eine Tatsache sein; ob er den Einbruch begangen hat, ist noch nicht bewiesen. Beim Kriminalaktennachweis ist es ähnlich: Daß eine Kriminalakte zu einer Person existiert, mag unbestreitbar sein. Ob aber der Tatverdacht zutrifft, ist den Kriminalakten häufig nicht zu entnehmen,[134] ergibt sich jedenfalls nicht aus der Tatsache, daß eine Kriminalakte existiert. In der Fahndungsdatei und im Kriminalaktennachweis können personenbezogene Hinweise wie gewalttätig, bewaffnet usw. gespeichert sein. Diese mögen in vielen Fällen auch zutreffend sein. Gewiß ist es nicht. Umgekehrt ist der in einer PIOS- oder SPUDOK-Datei gespeicherte Kontakt mit einem Verdächtigen in der Regel Tatsache. Ob sich daraus der Verdacht einer strafrechtsrelevanten Unterstützung ableiten läßt, bedarf erst noch der Untersuchung.

150 Eine **eindeutige Klassifizierung** des Inhalts polizeilicher Dateien als „hart" oder „weich" läßt sich demnach **nicht** vornehmen. Allerdings sind die Erfassungsvorschriften

---

[131] Zit. bei *Ermisch* Die Polizei 1981, I (V).

[132] Vgl. Überblick bei *Werner,* in: *Bäumler/Breinlinger/Schrader,* Datenschutz von A–Z, I 500.

[133] Zur Komplexität der polizeilichen Datenverarbeitung vgl. auch *Kersten* Kriminalistik 1987, 325 ff. u. 357 ff.; vgl. den Überblick bei *Riegel,* Bundespolizeirecht, S. 28 ff. und *Kniesel/Tegtmeyer/Vahle,* Handbuch, S. 59 ff.

[134] Vgl. dazu unten Rdn. 214 ff.

für polizeiliche Dateien unterschiedlich präzise. Während die Erfassungsvoraussetzungen bei den „klassischen“ INPOL-Bund-Anwendungen wie der Fahndungsdatei, der Haftdatei, dem Kriminalaktennachweis oder der ed-Datei relativ präzise sind, gehen die klaren Kriterien bei PIOS- und SPUDOK-Dateien mehr und mehr verloren.[135] So gesehen mag man davon sprechen, daß in PIOS- und SPUDOK-Dateien in der Tendenz eher „weiche“ Daten gespeichert sind.

Im folgenden werden die wichtigsten polizeilichen Anwendungen mit ihren **spezifischen Charakteristika** geschildert. Hierbei wird zwischen Verbunddateien, Zentraldateien und Amtsdaten unterschieden.[136] Nach 2.1 der Dateienrichtlinien sind **Verbunddateien** vom BKA als Zentralstelle geführte Dateien, in die die Länder selbst auf Stromwegen unmittelbar einspeichern und aus denen sie Daten unmittelbar abrufen können. Bei **Zentraldateien** (2.2 der Dateienrichtlinien) werden die Daten, die entweder vom BKA selbst oder von den Ländern erhoben und an das BKA übermittelt wurden, vom BKA eingegeben. Die Länder können die Daten entweder unmittelbar abrufen oder sich konventionell übermitteln lassen. **Amtsdateien** führt das BKA gem. 2.3 der Dateienrichtlinien zur Erfüllung seiner eigenen Aufgaben.[137] 151

Ziel ist nicht die Vollständigkeit, sondern die Anschaulichkeit der Darstellung. Nur so erscheint die **Analyse** der **qualitativen Übergänge** und der ständigen Emanzipation der Informationsverarbeitung aus der Beschränkung auf den Kreis der Verdächtigen und Beschuldigten hin zum gesellschaftlichen Umfeld, der Lösung von der konkreten Straftat hin zur kriminellen Szene und der dateimäßigen Antizipation neuer, noch nicht begangener Straftaten unter dem Stichwort der Vorfeldbeobachtung im Rahmen der Vorbeugung, möglich. (Zu den rechtlichen Voraussetzungen derartiger Datenverarbeitung vgl. unten Rdn. 359 ff.) 152

Hinsichtlich der **Gewichtung** der Dateien ist zu berücksichtigen, daß die Fahndungsdatei und die Aktennachweissysteme in der praktischen Arbeit die größte Bedeutung haben. PIOS- und SPUDOK-Dateien mögen für die im jeweiligen Kriminalitätsbereich oder an der Aufklärung der betreffenden Straftat arbeitenden Dienststellen im Einzelfall bedeutsamer sein und häufiger genutzt werden. Der Zugriff auf diese Dateien ist aber begrenzt. Er steht insbesondere für Fahndungsüberprüfungen oder im Rahmen von Streifentätigkeit „vor Ort“ nicht zur Verfügung. Hierdurch verlieren die rechtlichen Bedenken zu diesen Dateien quantitativ etwas an Bedeutung, ohne daß sie allerdings beseitigt wären. 153

Im einzelnen sind folgende polizeiliche Dateien erwähnenswert:

a) Personenfahndungsdatei (Verbunddatei)[138]

Die **Personenfahndungsdatei,** jetzt geregelt in § 9 Abs. 1 BKAG, ist ein Grundpfeiler der polizeilichen Datenverarbeitung. Sie spielt in der täglichen Arbeit im Vergleich mit anderen Anwendungen eine **herausragende Rolle.** In der Personenfahndungsdatei sind Daten über die Personen gespeichert, die von der Polizei gesucht werden. Ziel der „Ausschreibung“ kann die **Festnahme** aufgrund eines Haftbefehls, die **Inverwahrungnahme,** die **Aufenthaltsermittlung** sowie bei Ausländern die **Ausweisung, Abschiebung** oder **Zurückverweisung** sein. In § 131 StPO ist geregelt, unter welchen Voraussetzungen Personen aufgrund eines Haftbefehls oder eines Unterbringungsbefehls zur Festnahme „ausgeschrieben“, d. h. in der Fahndungsdatei gespeichert werden dürfen. § 131 a StPO läßt unter bestimmten Voraussetzungen auch die Ausschreibung von Beschuldigten und Zeugen zur Aufenthaltsermittlung zu. Beschuldigte dürfen nach § 131 a Abs. 2 StPO auch zum Zweck der Sicherstellung eines Führerscheins, zur erkennungsdienstlichen Behandlung, zur Anfertigung einer DNA-Analyse oder zur Identitätsfeststellung ausgeschrieben 154

---

[135] Vgl. dazu unten Rdn. 174 ff.
[136] Vgl. dazu auch *Ahlf/Daub/Lersch/Störzer,* Kommentar zum BKAG, § 11, Rdn. 33 ff.
[137] Vgl. im einzelnen *Ahlf/Daub/Lersch/Störzer,* Kommentar zum BKAG, § 8 Rdn. 2 a.
[138] Zur Fahndung im Rahmen des Schengener Informationssystems, vgl. unten Kap. O, Rdn. 143 ff.

werden. Gespeichert sind die rechtmäßigen Personalien, Aliasnamen sowie die Fahndungsnotierungen. Mit dem Personendatensatz können auch **personengebundene Hinweise** wie z. B. „bewaffnet", „gewalttätig", „Prostitution", „BTM-Konsument", „geisteskrank" usw. verknüpft werden. Die Zahl der in der Fahndungsdatei gespeicherten Personen ist – trotz relativ kurzer Speicherfristen – von ca. 187 000 im Jahre 1978 kontinuierlich auf ca. 1 029 000 im Jahre 1999[139] angestiegen. In die Personenfahndungsdatei können die Daten dezentral von der sachbearbeitenden Polizeidienststelle eingespeichert werden.

155 Der Zugriff erfolgt nicht nur über fest installierte Terminals, sondern auch über **mobile Funkterminals.** Zugriff haben neben Polizeidienststellen der Länder das Zollkriminalinstitut, Dienststellen des BGS, die Bahnpolizei, die Hausinspektion des Deutschen Bundestages sowie der Generalbundesanwalt und die Staatsanwaltschaften München I und Frankfurt.

156 Soweit Fahndungsnotierungen nur für die Grenze relevant sind, etwa wenn es um die Zurückweisung von Ausländern geht, haben nur die mit Grenzkontrollen befaßten Dienststellen Zugriff. Dieser Datenbestand bildet zusammen mit den in „Amtshilfe" für die Geheimdienste vom Bundesgrenzschutz ausgeschriebenen Personen[140] den sog. **Grenzfahndungsbestand** (§ 30 BGSG).

b) Polizeiliche Beobachtung (Verbunddatei, Teil der Personenfahndung)[141]

157 In der **Personenfahndungsdatei** sind auch die Daten der Personen gespeichert, die zur **„polizeilichen Beobachtung"** ausgeschrieben sind. Im „Trefferfall" sollen der Name, die Begleiter, das benutzte Kfz, das Reiseziel und andere relevant erscheinende Informationen **unauffällig notiert** und konventionell an die ausschreibende Polizeibehörde **übermittelt** werden. Die gemeldeten Daten werden in der Regel in einer der **PIOS-Dateien** gespeichert. Im Bereich des Terrorismus erfolgt darüber hinaus die Weitergabe der Informationen an den Verfassungsschutz.

158 Die polizeiliche Beobachtung ist bundesgesetzlich geregelt in § 163 e StPO und in § 9 Abs. 1 BKAG. Es handelt sich um ein typisches **Vorfeldinstrument,** das sowohl im Bereich der Strafverfolgung als auch der Gefahrenabwehr eingesetzt wird. Da die ausgeschriebenen Personen nicht festgenommen werden sollen, geht es primär darum, ihre **Reisebewegungen** und ihre **Begleitung vorbeugend** zu **speichern,** damit später auf diese Informationen zurückgegriffen werden kann.

159 Als Instrument der **Gefahrenabwehr** ist die polizeiliche Beobachtung im Grunde begrifflich nicht denkbar: Ihr Informationsertrag beruht auf Zufall. Er hängt davon ab, ob die ausgeschriebene Person in eine Polizeikontrolle gerät oder einen Grenzübergang passiert, an dem sie kontrolliert wird. Auch im Falle der Kontrolle ist nichts weiter als eine Meldung veranlaßt. In Wirklichkeit geht es bei der polizeilichen Beobachtung i. d. R. nicht um die Verhinderung einer konkreten Straftat, sondern um die Sammlung von Daten im Vorfeld einer vermuteten Straftat, die für die spätere Strafverfolgung nützlich sein könnten.

160 Die Gesamtzahl der zur Beobachtung ausgeschriebenen Personen bewegt sich seit Jahren bei ca. 2000 Personen.[142] Die **Zahl** der von der polizeilichen Beobachtung **Betroffenen** liegt aber wesentlich **höher.** Dies liegt zum einen an den relativ kurzen Speicherfristen, die einen Wechsel der ausgeschriebenen Personen bedingen, zum anderen daran, daß im Falle des Antreffens auch die Daten der Begleitpersonen zu melden sind. Bei einer Kontrolle im vollbesetzten Auto sind die Daten der drei Mitinsassen zu melden. Je häufiger kontrolliert und gemeldet wird, desto mehr werden weitere Personen betroffen.

---

[139] Antwort der Bundesregierung auf eine Anfrage der Abs. Jelpke (PDS), BT-Drucks. 14/526.
[140] Rechtlich sehr umstritten; 9. TB des BfD, BT-Drs. 10/6816, S. 63.
[141] *Werner,* in: Bäumler/Breinlinger/Schrader, Datenschutz von A–Z, P 1100.
[142] BT-Drucks. 14/526.

c) Sachfahndungsdatei (Verbunddatei)

In der Sachfahndungsdatei werden **Gegenstände** ausgeschrieben, nach denen zum Zwecke der **Beweissicherung, Einziehung, Eigentumssicherung** gefahndet wird, ferner Kfz, deren Kennzeichen zu entstempeln sind. Ausgeschrieben werden können außerdem Kfz zum Zwecke der polizeilichen Beobachtung, abhandengekommene Ausweise und Ausweisformulare. Der **Zugriff** erfolgt bei Ausweisen und Ausweisformularen ausschließlich über die **numerische** oder **alphanumerische Kennzeichnung** der Sache. 161

Zugriff haben neben allen Terminals, die auch auf die Personenfahndungsdatei zugreifen können, auch eine Reihe von zentralen **Polizeibehörden** des **europäischen Auslands.**[143] Von besonderer Relevanz für die Betroffenen kann die Ausschreibung von Kraftfahrzeugen im Rahmen der polizeilichen Beobachtung sein. Bei Antreffen eines ausgeschriebenen Kfz im Rahmen einer Kontrolle treten die gleichen Folgen ein wie sonst bei der polizeilichen Beobachtung (siehe oben Rdn. 157 ff.), d. h. die Daten der Insassen sind unauffällig zu notieren und an die ausschreibende Stelle zu melden. 162

d) Aktennachweissysteme (Verbunddatei und Amtsdateien)

In allen Bundesländern gibt es unter den verschiedensten Bezeichnungen wie z. B. PIKAS, PED, PAD, HEPOLIS usw. **automatisierte Aktennachweissysteme. Bundesweit** wird ein Kriminalaktennachweis über **schwere** und **überregional bedeutsame** Straftaten als Verbunddatei betrieben, der **KAN.**[144] Schwere Straftaten in diesem Sinne sind Verbrechen und die in § 100 a StPO aufgeführten Vergehen. 163

Überregional bedeutsam ist eine Straftat, wenn der Verdacht besteht auf 164

- gewohnheits-, gewerbs- oder bandenmäßige Begehensweise,
- Triebtäterschaft,
- planmäßige überörtliche Begehung,
- Verfolgung extremistischer Ziele,
- Begehung unter Mitführung von Schußwaffen,
- internationale Betätigung und
- erneute Straffälligkeit des Beschuldigten oder Tatverdächtigen außerhalb seines Wohn- oder Aufenthaltsortes.

Die Einführung des KAN wurde – zunächst wiederum ohne spezifische Rechtsgrundlage – von der Innenministerkonferenz 1981 beschlossen, verbunden mit der Entscheidung, aus Gründen der Verhältnismäßigkeit von einem bundesweiten vollständigen Nachweis aller Kriminalakten Abstand zu nehmen. Derzeit sind die Daten von ca. 1500000 Personen im KAN gespeichert.[145] Gespeichert werden **Personalien** und **Aliaspersonalien** sowie die **Kriminalaktennummer,** die **Bezeichnung** der **Straftat** und in einer sog. **„Z-Gruppe"** ergänzende Informationen über Kenntnisse und Eigenschaften des Betroffenen. Außerdem werden **personengebundene Hinweise** gespeichert, die, so wie in der Fahndungsdatei, eine Einschätzung der gespeicherten Person möglich machen sollen. Damit verläßt der KAN ebenso wie die entsprechenden Ländersysteme den Bereich eines reinen Aktennachweises und trägt starke Züge eines **Personenindexes.** Die Gefahr, daß die Abfrage in den Aktennachweisdateien als ausreichend angesehen und auf die Einholung einer detaillierten Auskunft aus der Akte verzichtet wird, ist jedenfalls nicht von der Hand zu weisen. 165

Die **Aktennachweissysteme** bilden das **Herzstück** der polizeilichen Datenverarbeitung. Die weitaus größte Zahl von Personen, die bei der Polizei gespeichert sind, sind in Aktennachweissystemen erfaßt. Beim Bundeskriminalamt sind beispielsweise ca. 2500000 Personen im dortigen Aktennachweissystem (BKA/AN) gespeichert, viel mehr als in der gesamten bundesweiten Fahndungsdatei.[146] Nach der Errichtungsanordnung 166

[143] *Gerster* DVR 1983, 19 (64); *Wiesel* Kriminalistik 1986, 587 (591).
[144] Jetzt teilweise geregelt in §§ 7–9 BKAG.
[145] BT-Drucks. 14/526.
[146] AaO.

für den bundesweiten KAN werden die Daten von Beschuldigten der oben erwähnten Straftaten und von Verdächtigen, bei denen Anhaltspunkte dafür vorliegen, daß sie Täter oder Teilnehmer einer derartigen Straftat sind, erfaßt. Die Speicherung in einem der Aktennachweissysteme basiert in aller Regel auf der Anlegung einer Kriminalakte. Der gespeicherte Datensatz ist hieraus ein Extrakt.

167 Die Frage, von wem und zu welchen Zwecken die **Aktennachweissysteme genutzt** werden dürfen, ist gesetzlich präzise nicht geregelt.[147] Nach der **Errichtungsanordnung** (Ziff. 6 u. 7.1) des KAN haben die „sachbearbeitenden Polizeidienststellen", d. h. nach Ziff. 6 solche Polizeidienststellen Zugriff, die mit der **„Bearbeitung von Ermittlungsvorgängen"** befaßt sind. Dies trifft nicht nur auf die Kriminalpolizei zu, da die Aufklärung einfacherer Straftaten auch von der Schutzpolizei erledigt wird. Über den **Zweck** der **Abfrage** ist nichts näheres geregelt. Da auch der Zweck der Datei, außer daß sie „dem Nachweis von Kriminalakten . . ." dient (Ziff. 2.1 der Errichtungsanordnung), nicht näher bestimmt ist, fehlt es an einer wirksamen Eingrenzung.

168 In der Praxis werden Abfragen in den Aktennachweissystemen häufig z. B. vor Einsätzen, im Rahmen von Personenkontrollen und beim Streifendienst vorgenommen. Dies dürfte selbst im Hinblick auf den weiten Zweck dieser Dateien als Aktennachweissysteme nicht unbedenklich sein.[148] In der Konsequenz bedeutet es jedenfalls, daß die Anlage von Kriminalakten und die sich anschließende Speicherung in der Aktennachweisdatei ein wichtiger Vorgang ist, der im Einzelfall weitreichende Folgen für den Betroffenen nach sich ziehen kann. Deshalb sind gerade die überregionalen Aktennachweissysteme ein Beispiel dafür, wie sehr sich die Qualität einer Datensammlung durch Automatisierung der Verarbeitung verändern kann. Die automatisierten Aktennachweissysteme werden von der Polizei nicht nur, wie der Name vermuten lassen könnte, zum Auffinden von Akten benutzt, sondern dienen als überregionaler Index über Personen, gegen die einmal ein Ermittlungsverfahren eingeleitet worden ist. Der unscheinbare Vorgang der Automatisierung der Aktennachweiskarteien stellt bei Licht besehen wegen der damit regelmäßig verbundenen Ausweitung der Zugriffsmöglichkeiten einen qualitativen Sprung der polizeilichen Datenverarbeitung von beträchtlichem Ausmaß dar.

e) Haftdatei (Verbunddatei)

169 Gemäß § 9 Abs. 2 BKAG werden in der Haftdatei die Daten aller Personen erfaßt, die sich aufgrund richterlich angeordneter Freiheitsentziehung in Justizverwahrung befinden. Nach Haftentlassung bleiben die Daten noch 2 Jahre gespeichert. Die Haftdatei soll dem Zweck dienen, die Fahndung nach Personen zu vermeiden, die bereits in Haft sind, sowie Alibiüberprüfungen vornehmen zu können durch den Vergleich von Haft- mit Fahndungsdaten und Haft- und Tatzeiten.[149] Daneben dient die Haftdatei auch der Überwachung bevorstehender Haftentlassungen durch die Polizei. Gespeichert werden Personalien, Aliaspersonalien und die Daten zur Haft (Vollzugsanstalt, Aufnahmetag, Art der Freiheitsentziehung, voraussichtliches und tatsächliche Ende).

f) Erkennungsdienstdatei (Verbunddatei)

170 In der Erkennungsdienstdatei sind Daten über alle Personen gespeichert, die erkennungsdienstlich behandelt worden sind und deren erkennungsdienstliche Unterlagen aufbewahrt werden. Gespeichert werden Personalien, Angaben zur Personenfeststellung, verwaltungsmäßige Daten (Art und Grund der erkennungsdienstlichen Behandlung, Ort, Zeit usw.) sowie das Aktenzeichen, unter dem die Unterlagen beim Bundeskriminalamt sowie bei derjenigen Stelle, die die erkennungsdienstliche Behandlung durch-

---

[147] In den Polizeigesetzen finden sich Regelungen zum sog. „einfachen Datenabgleich", vgl. unten, Rdn. 735 f.

[148] *Rachor,* Vorbeugende Straftatenbekämpfung und Kriminalakten, S. 250 ff.; a. A. *BVerwG* NJW 1990, 2768 (2770), wonach das nordrhein-westfälische Aktennachweissystem ZAD auch zum Schutz von Polizeibeamten und Personen eine „Sofortauskunft" geben soll.

[149] *Ahlf/Daub/Lersch/Störzer,* Kommentar zum BKAG, § 9, Rdn. 9.

geführt hat, aufbewahrt werden. Die Datei umfaßt derzeit ca. 3800000 Datensätze.[150] Eine Rechtsgrundlage zur Führung der Datei findet sich jetzt in § 8 Abs. 6 BKAG.

g) Datei Daktyloskopie (Verbunddatei)

Basis dieser Datei sind die verformelten Fingerabdrücke der erkennungsdienstlich behandelten Personen. Der **Zugriff** auf die gespeicherten Informationen kann außer über den Namen auch über den **verformelten Fingerabdruck** erfolgen, der verglichen werden soll. Hierdurch wird ein völlig andersgearteter Zugriff auf erkennungsdienstliches Material möglich, als es herkömmlich und mit Hilfe des Namens und des anschließenden optischen Vergleichs mit dem menschlichen Auge geschah. Rechtsgrundlage der Datei ist § 8 Abs. 6 BKAG. **171**

h) Automatisiertes Fingerabdruck-System „AFIS" (Zentraldatei)

Mit der Inbetriebnahme von AFIS hat sich die Möglichkeit der Auswertung von erkennungsdienstlichen Unterlagen erneut drastisch verbessert. Eine Verformelung der Fingerabdruckblätter ist nicht mehr notwendig, da diese mit Hilfe von Kameraeinrichtungen eingelesen, digitalisiert und automatisch verformelt werden. Damit verbunden ist ein Abgleich mit dem vorhandenen Datenbestand, der unmittelbar am Bildschirm durchgeführt wird. Die Erfassungszeit pro Fall hat sich von 90 auf wenige Minuten reduziert. Die Trefferwahrscheinlichkeit hat sich zugleich nachhaltig verbessert und liegt beim Vergleich von Fingerabdruckblättern bei 99 %. Rechtsgrundlage für AFIS ist § 8 Abs. 6 BKAG.[151] **172**

i) VERMIUTOT (Verbunddatei)

Die Datei VERMIUTOT ist eine beim BKA geführte Verbunddatei, die der Ermittlung Vermißter sowie der Identifizierung unbekannter Toter und unbekannter hilfloser Personen dient. In VERMIUTOT werden Daten über Vermißte, unbekannte Tote und hilflose Personen gespeichert. Erfaßt werden nicht nur Daten zur Personenbeschreibung, sondern auch über Gründe des Verschwindens wie z. B. **173**

- „Unglück"
- „Familienzwistigkeiten"
- „Trunksucht"
- „Abenteurer"
- „Streuner"
- „Furcht vor Strafe" usw.

Rechtsgrundlage für die Datei ist § 9 Abs. 3 BKAG. Fraglich ist, ob die Daten auch noch nach dem Wiederauffinden vermißter Personen gespeichert bleiben dürfen, unabhängig davon, ob eine Straftat vorliegt oder noch Gefahr für eine Person besteht.

j) PIOS-Dateien

In PIOS-Dateien wird der **Inhalt** von **Ermittlungsakten** gespeichert, aufgeteilt in die Datengruppen Personen, Institutionen, Objekte, Sachen. Die erste PIOS-Datei wurde 1975 zur Vorbereitung auf den Stuttgarter Baader-Meinhof-Prozeß eingerichtet. Aus der situationsbedingten Sonderdatei wurde eine im Verbund zwischen Bund und Ländern betriebene Dauereinrichtung.[152] Insgesamt sind derzeit ca. 216000 Personen in PIOS-Dateien erfaßt.[153] **174**

Das Verfahren wurde Anfang der 80er Jahre **neu konzipiert** und vor allem durch Informationen über **Sachverhalte** ergänzt. Die Sachverhalte oder Ereignisse bilden den **Kern der Informationen,** um den Daten über Vorgänge mit Aktenzeichen und sachbearbei- **175**

---

150 BT-Drucks. 14/526.

151 Vgl. auch *Ahlf, Daub, Lersch, Störzer,* Kommentar zum BKAG, § 3, Rdn. 28 zur AFIS-Datei bei Interpol.

152 Vgl. den Überblick bei *Werner,* in: Bäumler/Breinlinger/Schrader, Datenschutz von A–Z, P 900.

153 BT-Drucks. 14/526.

tende Dienststellen sowie Einzelinformationen über Personen, Institutionen, Objekte und Sachen gruppiert sind. Der Sachverhalt ist häufig, wenn auch nicht notwendig, eine Straftat.

176 Inhaltlich wurden 1986 unter der Bezeichnung **APIS** die Daten aus der Terrorismusbekämpfung mit solchen aus dem Bereich der allgemeinen Staatsschutzkriminalität zusammengeführt. PIOS-Dateien mit dem Verfahren PIOS-Neu gibt es inzwischen u. a. im Rauschgiftbereich (APR/Verbunddatei), Waffen/Sprengstoff (APW/Zentraldatei), Landesverrat (APLV/Zentraldatei), Landfriedensbruch (APLF/Zentraldatei), organisierte Kriminalität (APOK/Verbunddatei), über osteuropäische Straftäter (APOE), Völkermord (APGENO). Die Datei APAG dient dem Personenschutz vor terroristischen Anschlägen. Zugriff haben die in den Landeskriminalämtern jeweils fachlich zuständigen Stellen.

177 Die **Datenerfassung** in PIOS erfolgt teils formatiert, teils freitextlich. Die **Informationen** sind **hierarchisch** nach den Ebenen Vorgang, Sachverhalt und Einzelinformation **aufgebaut** und untereinander verknüpft und recherchierbar. Gespeichert werden nicht nur die Daten von Beschuldigten und Verdächtigen und gefährdeten Personen, sondern insbesondere auch von sog. **„anderen Personen"**. Voraussetzung ist, daß sie in Verbindung mit Beschuldigten oder Verdächtigen oder einer Organisation stehen, bei denen der Verdacht besteht, daß sie sich an (bei APIS: terroristischen oder sonstwie staatsschutzrelevanten) Straftaten beteiligten und zureichende tatsächliche Anhaltspunkte die Annahme rechtfertigen, daß die Erfassung zur Aufklärung oder vorbeugenden Bekämpfung von Straftaten erforderlich ist. Welcher Art der Kontakt sein muß, ist nicht näher geregelt. Die Errichtungsanordnungen differenzieren auch nicht danach, ob die entsprechenden Daten im Rahmen der Gefahrenabwehr oder der Strafverfolgung gewonnen wurden.

178 In APIS werden auch die Daten aus den sog. **„besonderen Meldediensten"**, das sind formalisierte Meldewege etwa aus dem Bereich der polizeilichen Beobachtung oder der sog. Häftlingsüberwachung, verarbeitet. Auch insoweit gelangen in beachtlichem Umfang Daten über „andere Personen" in APIS. Diese Personen müssen nach Ziff. 4.5 der Dateienrichtlinien über die Speicherung **unterrichtet** werden, wenn sie länger als 1 Jahr dauert. Tatsächlich erfolgen aber gleichwohl kaum Unterrichtungen. Für APIS wurde die Frist auf 3 Jahre heraufgesetzt, nach deren Ablauf in der Praxis eher gelöscht als unterrichtet wird. Da nicht exakt definiert ist, was ein „Verdächtiger" im Sinne der Erfassungsvorschriften ist und die Definition der „anderen Personen" ebenfalls nicht trennscharf ist (vgl. z. B. § 8 Abs. 4 BKAG), bestehen bei der Zuordnung von Personen bei der Datenerfassung beträchtliche Spielräume. Wie sie ausgelegt und genutzt werden, entscheidet mit darüber, in welchem Umfang die Unterrichtungspflicht überhaupt einschlägig ist.[154]

179 Von seinem **Wesen** her ist das **PIOS-Verfahren** nicht unmittelbar auf die Aufklärung einzelner Straftaten zugeschnitten, sondern auf die andauernde Beobachtung eines **ganzen Kriminalitätsbereiches.** Präventive und repressive Zielsetzung fließen ineinander. Mit der Einführung von PIOS in einem Deliktsbereich ändert sich der daraus erfaßte Personenkreis grundlegend. Neben Beschuldigten und Verdächtigen werden auch „andere Personen" erfaßt. Dies geht weit über den Inhalt traditioneller Sammlungen wie der Aktennachweissysteme hinaus.

180 Eine besondere Rolle unter den PIOS-Dateien spielt die Arbeitsdatei PIOS-Landfriedensbruch **(APLF).** In ihr werden die Daten von Personen gespeichert, die verdächtig sind, bestimmte Straftaten begangen zu haben, die in einem örtlichen, zeitlichen und sachlichen Zusammenhang mit einer politisch motivierten **öffentlichen Versammlung** oder **Demonstration** stehen. Es handelt sich vor allem um Landfriedensbruch, schweren Hausfriedensbruch, Führung von Waffen und andere Straftaten unter aggressivem

---

154 9. TB des BfD, BT-Drs. 10/6816, S. 59. Hier zeigt sich symptomatisch der Mangel der Rechtsstaatlichkeit i. S. v. Art. 20 III GG, wenn eingriffsrelevante Verfahren ohne oder vor Schaffung der erforderlichen normativen Grundlagen installiert und betrieben werden. Zur begrifflichen Abgrenzung Beschuldigter/Verdächtiger/„andere Person" vgl. *Weichert,* Informationelle Selbstbestimmung und strafrechtliche Ermittlung, S. 94 ff.

Einsatz physischer Kraft gegen Personen oder fremde Sachen mit der Folge bedeutender Schäden.

Der Datenbestand der APLF kann im **Vorfeld** von **Demonstrationen** und Ereignissen bundesweit oder regional beschränkt in die **Fahndungsdatei** eingegeben werden. Bei Kontrollen soll dann auf die Personen, deren Daten in der Datei gespeichert sind, ein besonderes Augenmerk gerichtet werden. Es dürfen aber nur Maßnahmen ergriffen werden, die nach allgemeinem Polizeirecht zulässig sind. APLF ist bei dieser Form der Nutzung diejenige polizeiliche Datei, von der am ehesten gesagt werden kann, sie diene der vorbeugenden Bekämpfung von Straftaten. 181

k) SPUDOK-Dateien (Verbund-, Zentral- und Amtsdateien)

In SPUDOK-Dateien wird das Spuren- und Hinweisaufkommen des jeweiligen Ermittlungsfalles vollständig gespeichert.[155] Ebenfalls konzipiert für exzeptionelle Fahndungslagen bei der Terrorismusbekämpfung, werden sie heute in erheblichem Umfang in allen Bereichen der Kriminalität eingesetzt. Alle eingegebenen Begriffe und Namen sind recherchierbar, sofern dies nicht im Einzelfall ausgeschlossen wird. In SPUDOK werden folglich nicht nur Beschuldigte, Verdächtige und andere Personen gespeichert, sondern auch **Anzeigeerstatter, Zeugen** und **Hinweisgeber.** Bei terroristischen Anlässen wird das BKA-SPUDOK-Verfahren bundesweit genutzt. Das BKA betrachtet **SPUDOK** als ein den PIOS-Anwendungen vorgelagertes Verfahren, sozusagen als ein **Vorverfahren** zur **Vorfelddatei.**[156] 182

Wegen der universellen Verwendbarkeit des **SPUDOK-Verfahrens** sind auch bereits Dateien zu **Zwecken** der **Gefahrenabwehr** eingerichtet worden.[157] Im übrigen haben die Länder unter gleicher oder ähnlicher Bezeichnung (POLDOK, HIDOK usw.) vergleichbare Verfahren im Einsatz. **Zugriff** auf SPUDOK-Daten hat in der Regel nur die die **Ermittlungen führende Kriminaldienststelle.** Allerdings ist die Einrichtung des **ländergreifenden** oder **bundesweiten Zugriffs** auf SPUDOK-Dateien möglich und auch schon praktiziert worden. Dies sowie die umfangreichen Recherchemöglichkeiten machen SPUDOK zu mehr als nur einer elektronisch geführten Akte. SPUDOK ermöglicht eine Nutzung von Ermittlungsdaten, wie sie bei bloßer Aktenhaltung nicht möglich wäre. 183

Grundlegende rechtliche Bedenken bestehen nicht, solange die Daten tatsächlich nur für die Zwecke des jeweiligen strafrechtlichen Ermittlungsverfahrens genutzt werden, die Rechtsvorschriften für die Speicherung „anderer Personen" beachtet werden und der Grundsatz der Verhältnismäßigkeit gewahrt wird. Noch ungelöst sind allerdings die Fragen der **Datennutzung** durch die **Justiz** und durch die **Verteidigung.** SPUDOK-Daten sind im Bereich der Strafverfolgung Ermittlungsdaten, die die Polizei im Auftrag der Staatsanwaltschaft sammelt. Sie kann darüber nicht nach eigenem Gutdünken verfügen. Auch die Verteidigung hat ein legitimes Interesse daran, Gang und Objektivität der polizeilichen Ermittlungen nachvollziehen zu können.[158] Die Polizei kann deshalb nach Abschluß ihrer Ermittlungen SPUDOK-Daten nicht ohne weiteres nach eigenem Ermessen löschen.[159] Der Gesetzgeber muß Vorschriften zu diesem Fragenkreis erlassen, in denen für einen angemessenen, ausreichenden Schutz der Daten über Dritte, die in SPUDOK-Dateien gespeichert sind, gesorgt wird[160] (vgl. dazu unten Rdn. 248 ff.). 184

[155] Grundlegend zur Wirkungsweise des SPUDOK-Verfahrens 7. TB des BfD, BT-Drucks. 10/2777, S. 65 ff. und 9. TB des BfD, BT-Drucks. 10/6816, S. 59 f.

[156] *Gerster,* in: DVR 1983, 19 (59).

[157] *Bäumler,* in: Hohmann, Freiheitssicherung durch Datenschutz, 235 (241).

[158] I. d. Sinne *Herold,* in: Informationsgesellschaft oder Überwachungsstaat, Protokoll 207 (220); zur Einsichtnahme in Spurenakten vgl. *BVerfG* NJW 1983, 1043 ff.; *Wasserburg* NJW 1980, 2440 ff. i. *Bender/Nack* ZRP 1983, 1 ff.; *Götz* Kriminalistik 1988, 481 ff.

[159] Zur Aufbewahrungsfrist vgl. *Schnarr* ZRP 1996, 128 ff. sowie *Schild* ZRP 1997, 256.

[160] Vgl. dazu *Bender/Nack* ZRP 1983, 1 (4) sowie *Weichert,* Informationelle Selbstbestimmung und strafrechtliche Ermittlung, S. 132.

l) Falldateien

185 Falldateien sollen es vor allem ermöglichen, Straftaten durch Speicherung und Vergleich des **Modus operandi** unbekannten Tätern zuzuordnen. In den Dateien werden außerdem ergänzende Hinweise zum Straftäter und zu fallbezogenen Straftaten erfaßt. Es ist geplant, mit Hilfe der Falldateien die **konventionellen Meldedienste** auf den genannten Gebieten entfallen und an ihrer Stelle die unmittelbare dezentrale Einspeicherung in die Falldateien vornehmen zu lassen.[161]

186 Wichtigster Anwendungsbereich ist bislang die **Falldatei Rauschgift** (FDR/Verbunddatei).[162] In ihr wird jede bekanntgewordene Rauschgiftstraftat gespeichert. Erfaßt werden Daten des Täters einschließlich einer Personenbeschreibung, wenn bekannt, sowie die näheren Umstände der Tat wie Tatzeit, Tatmittel, Begehungsweise, Rauschgiftmenge usw. Die Datei wird im Verbund betrieben. Sowohl das BKA als auch die Landeskriminalämter können Daten eingeben und abrufen. Weitere Falldateien bestehen in den Bereichen Falschgeld, Geiselnahme, Waffen, Scheck, Tötungs- und Sexualdelikte, illegale Schleusertätigkeiten, Sprengstoff und Wirtschaft.

187 Wesentliche Vorfrage für die Beurteilung der **Wirksamkeit** von **Falldateien** ist, ob es hinsichtlich des Modus operandi in signifikantem Umfang **perseverantes,** d. h. wiederkehrendes **Täterverhalten** gibt. Die bislang dazu vorliegenden Untersuchungen belegen dies nicht eindeutig.[163] Inwiefern gleichwohl die Falldateien brauchbare Ermittlungsergebnisse liefern, die den Aufwand und den Umfang der gespeicherten personenbezogenen Daten rechtfertigen, ist noch nicht untersucht und auch innerhalb der Polizei nicht unumstritten.[164]

m) Weitere Dateien des Bundeskriminalamtes

188 Neben diesen gewissermaßen „Standarddateien" führt das Bundeskriminalamt eine Reihe weiterer Dateien, teils in Erfüllung seiner Zentralstellenfunktion nach § 2 I BKAG, teils zur eigenen Aufgabenerfüllung.[165] Sie werden in zunehmendem Maße automatisiert betrieben. Dabei kommen unterschiedliche Dateiverfahren und Datenbanksysteme zum Einsatz, vor allem in steigendem Maße Arbeitsplatzsysteme.

189 TESCH steht für „Dokumentationssystem für terroristische und extremistische Schriften" und beinhaltet Texte, Bekennerschreiben etc. aus der Terrorismusszene, aber auch Texte aus der allgemeinen Staatsschutzkriminalität. Beispielsweise sind in TESCH Texte aus Zeitungen und Zeitschriften abgedruckt, derentwegen die Verfasser wegen Beleidigung des Staatsoberhauptes etc. verurteilt worden sind. Gespeichert sind die inkriminierten Texte selbst sowie auch die **personenbezogenen Daten** der **verantwortlichen Verfasser, Redakteure, Herausgeber** etc.,[166] wenn sie als Beschuldigter oder Verdächtiger oder als „Rädelsführer" oder „Hintermann" einer Organisation angehören, bei der der Verdacht besteht, daß sie sich an in der Errichtungsanordnung näher beschriebenen Straftaten beteiligt haben.

190 Im Forensischen Informationssystem Handschriften (FISH) werden **Handschriftenproben** in **digitalisierter Form** gespeichert und miteinander verglichen.[167] Erfaßt wer-

---

161 Projekt INPOL-neu, Einführung in das Feinkonzept, Informationsbroschüre des BKA v. 20.8. 1999, Ziff. 1.1.

162 Im Unterschied zur Arbeitsdatei PIOS-Rauschgift (APR) werden in FDR nur die Daten von Beschuldigten, nicht auch von anderen Personen erfaßt. Die Umstände der jeweiligen Straftat werden in FDR gespeichert, während APR eher auf das Umfeld und die Hintermänner Verdächtiger zielt. Beide Dateien haben personelle und sachliche Überschneidungsbereiche, sind aber nicht deckungsgleich.

163 Vgl. aus der umfangreichen Literatur: *Steffen* Die Polizei 1985, 116 ff. m. w. Nachw.; *Wehner* Kriminalistik 1987, 343; *Walliser* Kriminalistik 1984, 322; *Weschke* Kriminalistik 1984, 264; *Schuster,* Taschenbuch für Kriminalisten, 131 ff.; *Häusler* Kriminalistik 1989, 213; BKA-Symposium, Perseveranz und kriminalpolizeilicher Meldedienst.

164 Vgl. dazu *Kersten* Kriminalistik 1987, 357 (358).

165 Vgl. die Übersicht bei *Ahlf/Daub/Lersch/Störzer,* Kommentar zum BKAG, § 34 Rdn. 7.

166 Dazu im einzelnen 7. TB des BfD, BT-Drs. 10/2777, S. 68 f.

167 Zu den Einzelheiten des Verfahrens *Kuckuck,* in: Technik im Dienste der Straftatenbekämpfung, S. 207 ff.

den Handschriften, die Tatmittel einer Straftat waren, wie z. B. die Unterschrift bei der Scheckfälschung, aber auch andere Handschriften. Beispielsweise kann die Unterschrift unter den Antrag zum Besuch eines Häftlings, der der sog. Häftlingsüberwachung unterliegt, zur Erfassung in FISH führen. Der Sache nach handelt es sich bei den in FISH gespeicherten Daten um **erkennungsdienstliche Unterlagen,** deren Aufbewahrung nur unter den entsprechenden gesetzlichen Voraussetzungen zulässig ist.[168]

n) Dateien des Bundesgrenzschutzes

Der BGS betreibt ein **eigenes Aktennachweissystem,** den Grenzaktennachweis **GAN.** 191
Im GAN sind die Daten aller Personen gespeichert, zu denen bei der Grenzschutzdirektion eine Kriminalakte existiert. Zugriff haben außer der Grenzschutzdirektion die Grenzschutzämter und die Geschäftszimmer der Grenzschutzstellen. § 34 BGSG läßt es zu, daß Tempo und Art der Grenzabfertigung vom Vorhandensein einer GAN-Speicherung über den Reisenden abhängig sind, ohne daß der Inhalt der im GAN registrierten Akten herangezogen wird.[169]

Neben der allgemeinen Fahndungsdatei betreibt der BGS eine spezielle **Grenzfahn-** 192
dungsdatei, auf die die mit der Wahrnehmung polizeilicher Kontrollen des grenzüberschreitenden Verkehrs beauftragten Behörden Zugriff haben. Dort dürfen auch Daten über Personen gespeichert werden, die vorbeugend in Gewahrsam zu nehmen sind, die grenzpolizeilich besonders zu kontrollieren sind oder die nach ausländerrechtlichen Bestimmungen zurückzuweisen oder an der Ausreise zu hindern sind. Hinzu kommen die Daten derer, die zur grenzpolizeilichen Beobachtung oder im Rahmen der Amtshilfe für die Geheimdienste ausgeschrieben sind (vgl. § 31 BGSG). Letzteres ist deshalb besonders bedenklich, weil dadurch den Geheimdiensten ein typisch polizeiliches Arbeitsinstrument wie die Fahndungsdatei geöffnet wird. Es stellt sich deshalb die Frage, ob das verfassungskräftige Trennungsgebot zwischen Polizei und Geheimdiensten dieser Form der Zusammenarbeit nicht von vornherein entgegensteht.[170] Nach § 8 III BVerfSchG stehen dem Verfassungsschutz polizeiliche Befugnisse oder Weisungsbefugnisse nicht zu. Er darf nach dem Gesetzeswortlaut die Polizei auch nicht im Wege der Amtshilfe um Maßnahmen ersuchen, zu denen er selbst nicht befugt ist. § 17 BVerfSchG eröffnet die Möglichkeit, den BGS um Übermittlung von Daten zu ersuchen, die vom BGS erst zu erheben sind. Da diese Daten vom BGS in aller Regel unter Inanspruchnahme seiner (polizeilichen) Anhalte- und Kontrollbefugnisse gewonnen werden, dürfte § 17 II BVerfSchG gegen das verfassungskräftige Trennungsgebot verstoßen.[171] Das Ende der Ost-West-Konfrontation sollte überdies ohnehin zur Überprüfung der Notwendigkeit dieses Instruments geheimdienstlicher Überwachung der Reisetätigkeit führen.

o) Weitere Dateien auf Länderebene

Auch die Polizeien der Länder verfügen über eine Fülle weiterer Dateien.[172] Das 193
INPOL-Fortentwicklungskonzept 81 weist den Ländern die Speicherung von Modus-operandi-Daten und Folgedaten zu Personen, die in INPOL-Bund erfaßt sind, sowie Folgedaten zu Fällen mit unbekanntem Täter zu. Im übrigen stellt es die Speicherung weiterer Daten im Rahmen der polizeilichen Verbrechensbekämpfung in deren Ermessen.

Die **INPOL-Grundsätze von 1990** nennen ausdrücklich Landes-Hinweis/Spuren- 194
dokumentation und „IT-gestützte Vorgangsbearbeitung". Das Bild der Dateien der Polizei in den Ländern ist buntscheckig. In einigen Bereichen sind die herkömmlichen polizeilichen Dokumentationsmittel wie Tagebücher etc. automatisiert. In beachtlichem

---

168 Vgl. 7. TB des BfD (o. Fußn. 176).

169 Dazu im einzelnen BfD, 9. TB, BT-Drs. 10/6816, S. 63 f.

170 Dazu oben Einl.; vgl. auch *Denninger,* Amtshilfe im Bereich der Verfassungsschutzbehörden, in: Verfassungsschutz und Rechtsstaat, hrsg. v. BMI (1981), 19 ff.; *Bull,* ebenda, S. 133 ff.; zum Trennungsgebot und Exekutivverbot für die Nachrichtendienste vgl. auch *Lisken* NJW 1982, 1481 und ZRP 1984, 144.

171 Vgl. dazu *Riegel* DÖV 1995, 317 (323 f.).

172 Vgl. dazu *Kniesel/Tegtmeyer/Vahle,* Handbuch, Rdn. 210 ff.

Umfang werden rechnergestützte Einsatzleitsysteme betrieben. Die EDV ist nicht nur in Form der Entstehung neuer und neuartiger Dateien im Vormarsch, sondern allenthalben auch bei der Durchdringung der traditionellen polizeilichen Bürotätigkeit.[173]

195 Derzeit vollzieht sich vor allem im Rahmen von INPOL-neu ein **Prozeß der Umstrukturierung** der Datenverarbeitung bei den Polizeien der Länder, der nachhaltige Folgen auf den unterschiedlichsten Ebenen haben wird. Neben einer Modernisierung der teilweise Jahrzehnte alten Landesinformationssysteme werden vor allem Verfahren zur Automatisierung des polizeilichen Büroalltags entwickelt, erprobt und zunehmend eingesetzt. Der **Entwicklungsprozeß** weist eine derartige **Dynamik** auf, daß eine detaillierte Beschreibung in Kürze veraltet wäre und deshalb hier wenig Sinn macht. Vorherrschend sind derzeit die Bestrebungen, die elektronische Datenverarbeitung weiter zu verbreiten und an möglichst viele Arbeitsplätze zu bringen, die Bürosachbearbeitung zu automatisieren und den Datentransfer zu erleichtern.

Die „Modernisierung" der polizeilichen Datenverarbeitung durch Automatisierung hat **weitreichende Folgen** für die **Grundrechte** der von der Datenverarbeitung betroffenen Bürger, die mit der Datenverarbeitung befaßten Polizeibeamten und für die Anforderungen an Ausbildung und Qualifizierung vor allem des polizeilichen Führungspersonals.

196 Die Rechtsfragen stellen sich in besonderem Maße, wenn **jeder Kontakt** mit einer Polizeibehörde, sei es als Verdächtiger, Zeuge, Hinweisgeber oder sonstige Auskunftsperson im Wege der automatisierten Tagebuchführung zu einer Speicherung in leicht abrufbarer Form führt. Hier stellen sich in besonderem Maße Fragen der internen Abschottung und Zweckbindung der Daten.[174] Bezüglich der Mitarbeiter der Polizei sind die Aspekte der Arbeitsplatzergonomie und des Umgangs mit den neu eröffneten Möglichkeiten der Kontrolle und der Überwachung des Arbeitsablaufs zu klären.

197 Bislang ist die Nutzung der EDV in erster Linie auf der sachbearbeitenden Ebene angesiedelt. Wenn nicht die Führungsebene der Polizei in besonderer Weise für den Umgang mit der EDV in den Polizeibehörden qualifiziert wird, stellen sich in Zukunft Fragen der internen Revision, Kontrolle und Dienstaufsicht in besondere Weise.

3. Rasterfahndung/Massendatenverarbeitung

198 Bei der Rasterfahndung[175] werden auf der Grundlage einer Fahndungshypothese aus Fremddatenbeständen Auswertungen vorgenommen und Vergleiche mit anderen Fremddaten oder bereits bei der Polizei vorhandenen Daten durchgeführt, mit dem Ziel, diejenigen Datensätze herauszufinden, auf die die in der Hypothese angenommenen Merkmale zutreffen. Ob man nun von negativer oder von positiver Rasterfahndung spricht, ändert am Kern der Sache nichts: Es geht um das **Herausfiltern** eines **Bestandes** von **Datensätzen,** auf die die angenommenen Voraussetzungen zutreffen – bei der negativen Rasterfahndung: nicht zutreffen – und bei denen **weitere konventionelle Ermittlungsmethoden** lohnend erscheinen.

199 Ob mit der Rasterfahndung bislang überhaupt nennenswerte Erfolge erzielt werden konnten, ist noch nicht systematisch untersucht. Ihre rechtsstaatliche Problematik liegt in der **Einbeziehung** einer Vielzahl von **Unverdächtigen** in die Fahndung. Da die Ausgangshypothese von Fall zu Fall neu gebildet wird, bezieht die Rasterfahndung potentiell alle bestehenden Datensammlungen ein. Dies läuft der Zweckbindung der dort gespeicherten Daten zuwider. Erfahrungsgemäß bleiben am Ende der Rasterung diejenigen Datensätze übrig, bei denen irgend etwas abweichend von der Masse der anderen ist. Dar-

---

173 Vgl. den Überblick über die unterschiedlichen Verfahren in den Ländern bei *Höfke,* Deutsche Polizei, H. 8/93, 12 ff. sowie *Werner,* in: Bäumler/Breinlinger/Schrader, Datenschutz von A–Z, R 100.

174 Vgl. dazu unten Rdn. 221 ff.

175 Zu den Rechtsgrundlagen unten Rdn. 256 ff. und 715 ff. Zum Begriff und zur Unterscheidung von anderen Fahndungsmethoden *Herold* RuP 1985, 84 ff.; *Bull,* Datenschutz oder die Angst vor dem Computer (1984), 239 ff.; zur Rasterfahndung insgesamt *Simon/Taeger,* Rasterfahndung.

aus könnte sich, wenn die Rasterfahndung in größerem Umfang angewandt würde, unbewußter **Konformitätsdruck** entwickeln, da diejenigen, die am Ende einer Rasterfahndung „übrigbleiben" mit unter Umständen unangenehmen Nachforschungen der Polizei zu rechnen haben.[176]

Die Rasterfahndung, die trotz ihrer geringen praktischen Bedeutung eine Art **Prestigeangelegenheit** geworden ist, markiert eine gegenüber der traditionellen Suche nach Verdächtigen umgedrehte Sichtweise: Verdächtig kann zunächst jeder sein, erst die Rasterfahndung beseitigt für die Mehrzahl der von ihr Betroffenen die – und sei es auch nur vagen – Verdachtsmomente.[177] Unter diesem Gesichtspunkt hat vor allem die Bezeichnung „negative Rasterfahndung" plastische Aussagekraft: Auf einem Fremddatenbestand werden nach und nach die Daten derer gelöscht, auf die die Ausgangshypothese nicht zutrifft.[178] 200

Verwandt mit der Rasterfahndung ist die sog. **„Massendatenverarbeitung"**, bei der die Polizei nicht auf Fremddaten zugreift, sondern Daten massenhaft selbst erhebt und in vielseitig verwendbaren Dateiverfahren wie SPUDOK speichert und weiterverarbeitet.[179] Bekannt ist das Beispiel der Aktion „Gitternetz", bei der Tausende von Autofahrern erfaßt und gespeichert wurden, weil Anschläge auf in der Nähe liegende US-Militäreinrichtungen befürchtet wurden.[180] Derartige Datenverarbeitungsmaßnahmen sind **abzulehnen,** weil sie noch nicht einmal voraussetzen, daß die gespeicherten Daten die Qualität einer „Spur" zur Aufklärung einer konkreten Straftat haben und damit letztlich die polizeiliche Datenverarbeitung von jeder rechtlichen Bindung zu lösen geeignet sind. Zu den Rechtsgrundlagen weiter unten.[181] 201

4. Fahndungsabgleich mit Verwaltungsdaten

Mit verschiedenen großen Verwaltungsdateien gleicht die Polizei regelmäßig ihre Fahndungsdatei ab. Nach § 35 IV StVG geschieht dies bei den im **zentralen Verkehrsinformationssystem** ZEVIS gespeicherten Daten in der Form, daß das Bundeskriminalamt dem Kraftfahrt-Bundesamt in regelmäßigen Abständen den gesamten Datenbestand der mit Haftbefehl gesuchten Personen auf einem Datenträger übergibt, der dann dort mit den im zentralen Fahrzeugregister gespeicherten Halterdaten verglichen wird. Die Trefferfälle werden an das BKA übermittelt. Ein ähnliches Verfahren ist für das Ausländerzentralregister vorgesehen, § 2 II Nr. 6 AZRG. 202

Nach § 18 MRRG i.V.m. Landesmelderecht können den Polizeibehörden die Änderungen im **Meldedatenbestand** regelmäßig übermittelt werden.[182] Diese Meldedaten werden mit dem Fahndungsdatenbestand verglichen, in einigen Ländern auch mit den Aktennachweisdateien. 203

Mit dem Datenvergleich in gewisser Weise vergleichbar ist die Möglichkeit, nach § 27 BZRG, zu Personen, nach denen gefahndet wird, einen **Suchvermerk** oder eine **Steckbriefnachricht** anzubringen. Änderungen im Datensatz des Gesuchten werden der ausschreibenden Polizeibehörde gemeldet. 204

5. Online-Zugriffe der Polizeibehörden

Online ist der **direkte Zugriff** auf **Datenbestände,** ohne daß es noch einer Entscheidung im Einzelfall bedarf, ob die Daten übermittelt werden sollen oder nicht. Derartige Zugriffe stehen der Polizei zu verschiedenen Verwaltungsdateien offen. 205

---

[176] Instruktiv dazu *Roßnagel*, in: Technik im Dienste der Straftatenbekämpfung, 135 (142 f.).
[177] *Ders.* a. a. O.
[178] *Herold* RuP 1984, 90.
[179] Dazu näher 7. TB des BfD, BT-Drucks. 10/2777, S. 67.
[180] BfD a. a. O. Die Rechtswidrigkeit ist offensichtlich.
[181] Vgl. dazu unten Rdn. 256 ff.
[182] Zu den Einzelheiten vgl. *Kniesel/Tegtmeyer/Vahle,* Handbuch, Rdn. 236 ff.; zum ZEVIS-Problem vgl. auch *Lisken* KritV 1988, 323.

206 Von wesentlicher Bedeutung ist der Zugriff von Polizeibehörden auf die im Zentralen Verkehrsinformationssystem **ZEVIS** beim Kraftfahrt-Bundesamt gespeicherten Daten. ZEVIS enthält das **Verkehrszentralregister,** in dem Verurteilungen durch Strafgerichte wegen Straftaten im Zusammenhang mit der Teilnahme am Straßenverkehr, Entscheidungen der Strafgerichte und Verwaltungsbehörden auf Entzug der Fahrerlaubnis, Fahrverbote, Versagungen und Verzichte auf Fahrer- und Fahrlehrererlaubnis, Geldbußen für Verkehrsordnungswidrigkeiten unter bestimmten Voraussetzungen gespeichert sind. Bestandteil von ZEVIS ist außerdem das **zentrale Fahrzeugregister,** in dem Halter- und Fahrzeugdaten erfaßt sind. Die Polizeibehörden haben Online-Zugriff auf die Halterdaten zum Zwecke der Strafverfolgung und der Abwehr von Gefahren für die öffentliche Sicherheit, außerdem zur Verfolgung von bestimmten Ordnungswidrigkeiten mit Verkehrsbezug.

207 **Zweck** der Fahrzeugregister ist unter anderem die Speicherung von Daten für die Erteilung von Auskünften, um Personen in ihrer Eigenschaft als Halter von Fahrzeugen, Fahrzeuge eines Halters oder Fahrzeugdaten festzustellen oder zu bestimmen, § 32 II StVG. Die Polizeibehörden dürfen aber auch außerhalb dieser Zweckbestimmung online abfragen, wenn es um die Verfolgung von Straftaten und die Abwehr von Gefahren für die öffentliche Sicherheit geht.

208 Auf die Daten des Verkehrszentralregisters haben Polizeibehörden der Länder sowie die mit der Kontrolle des grenzüberschreitenden Verkehrs betrauten Behörden des Bundes direkten Zugriff.

209 Durch diese Online-Zugriffe ist es der **Polizei jederzeit** im **fließenden** oder **ruhenden Verkehr** möglich, **Personen** mit relativ hoher Sicherheit zu **identifizieren** und ihre Reisetätigkeit oder den Aufenthalt festzustellen. Die Anfragen können mit Hilfe des Kennzeichens oder von Kennzeichenfragmenten durchgeführt werden. Wenn, wie ausdrücklich zugelassen, mit Hilfe der sog. P-Anfrage auch über die Personalien zugegriffen wird, kann ZEVIS wie ein **Ersatzbundesadreßregister** benutzt werden. Der verkehrsrechtliche Zweck der Speicherung tritt dabei in den Hintergrund. Neben der bloßen Anschriftenermittlung könnte Anlaß für eine Anfrage auch sein, ob eine Person sich ein neues Auto gekauft hat, welche Marken sie bevorzugt, etc., sofern dies für ermittlungsrelevant angesehen wird.

210 Die im Straßenverkehrsgesetz als Ausgleich dafür vorgesehene **Protokollierung** ist kaum geeignet, einer extensiven, mißbräuchlichen Nutzung von ZEVIS entgegenzuwirken.[183] Die sog. „Vollprotokollierung" jeder Online-Anfrage schafft zwar ihrerseits riesige neue Datenbestände, denen aber nur die abrufende Stelle, nicht der Abfragegrund entnommen werden kann. Der Abfragegrund und der konkret abfragende Beamte werden in 2 % der Fälle im Rahmen der sog. **„Zusatzprotokollierung"** aufgezeichnet. Den im Online-Anschluß der Polizei an ZEVIS liegenden Gefahren für das Recht auf informationelle Selbstbestimmung kann nur wirksam durch weitere, im Gesetz nicht ausdrücklich vorgeschriebene manuelle Protokollierung begegnet werden, so wie sie in einigen Ländern bereits vorgenommen wird. Mit Hilfe derartiger zusätzlicher Aufzeichnungen ist es möglich, den konkret anfragenden Beamten und den eigentlichen Anfrageanlaß im nachhinein zu rekonstruieren.

211 Neben dem Online-Anschluß an ZEVIS bestehen noch Online-Zugriffe der Länderpolizeibehörden auf **örtliche Fahrzeugregister.**

212 Eine Reihe von Polizeibehörden hat einen Online-Zugriff auf die im **Ausländerzentralregister** (AZR) gespeicherten Daten. Dieser erfolgt größtenteils über Datenterminals oder Fernschreibgeräte, die direkt auf die Daten des AZR zugreifen und das Abfrageergebnis selbsttätig übermitteln.

---

183 Dazu im einzelnen *Bäumler* CR 1989, 1008 ff.; vgl. auch Kap. G Rdn. 63 zur dysfunktionalen Nutzung von ZEVIS.

In den Ländern bestehen Online-Zugriffe der Polizei auf die **Meldedatenbestände** auf örtlicher Ebene. Nach § 18 IV MRRG können Online-Anschlüsse nach Landesrecht zugelassen werden. Dies ist in den meisten Bundesländern geschehen. 213

6. Aussagefähigkeit polizeilicher Akten

Die konventionelle Datenverarbeitung der Polizei kennt viele Formen. Es gibt Kriminalakten, Verfahrensakten, Organisationsakten, Spurenakten, Sachakten, Listen, Karteien etc. In vielen dieser Unterlagen befinden sich in der Regel auch **personenbezogene Daten.** Zum Teil wird der Zugriff auf diese Daten durch automatisierte Systeme erleichtert, teils werden in den Akten konventionelle Findexsysteme vorgehalten, zum Teil können die personenbezogenen Daten nur nach intensiver Suche oder zufällig herausgefunden werden. Die Tendenz geht zu einem immer größeren Anteil der automatisierten Datenspeicherung. Das Recht auf informationelle Selbstbestimmung schützt alle diese personenbezogenen Daten. Je leichter allerdings der Zugriff, desto höher sind die datenschutzrechtlichen Anforderungen. 214

Die Richtlinien für kriminalpolizeiliche personenbezogene Sammlungen (RKPS) gelten für alle Sammlungen mit Personenbezug, nicht nur für Kriminalakten. Klare **gesetzliche** Regelungen, unter welchen Voraussetzungen **welche Polizeibehörde** eine Akte unter dem Namen des Verdächtigen anlegen darf, existieren kaum. Insbesondere ist nicht geregelt, ob nur die die Ermittlungen führende Dienststelle eine Akte anlegen darf. Auch das BKAG stellt in § 8 nicht auf die ermittlungsführende Dienststelle ab. Aus § 20 BKAG, der die Speicherung von Daten aus eigenen Ermittlungsverfahren für Zwecke künftiger Strafverfahren regelt, könnte man schließen, daß § 8 Daten aus Ermittlungsverfahren der Landespolizeien betrifft. Inwieweit der Bund hierzu eine Regelungskompetenz hat, ist umstrittn (vgl. unten Rdn. 539 ff.). Im Ergebnis hat dies bisher häufig dazu geführt, daß z. B. Erkenntnisanfragen wegen des im Anfragegrund mitgeteilten Straftatverdachts bei der angefragten Polizeidienststelle zur Anlage einer neuen Kriminalakte führten oder daß auf der Basis sonstiger Informationen Akten angelegt wurden, auch wenn keine eigenen Ermittlungen angestellt wurden. 215

Besonders häufig ist dies beim Bundeskriminalamt der Fall. Dessen mit Abstand größte Daten- und Aktensammlung, die Kriminalaktensammlung mit der dazugehörigen Datei **BKA-AN** (s. oben Rdn. 166) besteht überwiegend aus Einzelinformationen aus bei den Ländern geführten Ermittlungsverfahren. Bisweilen bestehen derartige Akten aus einem einzigen Fernschreiben. In ihnen kann ein schwerwiegender Tatverdacht enthalten sein, der inzwischen bestätigt oder ausgeräumt sein kann, zumeist ohne daß das BKA davon erfährt. Da es keine klaren Regelungen hierfür gibt, kann die die Ermittlungen führende Dienststelle häufig nicht wissen, welche anderen Polizeibehörden zu diesen Ermittlungen Zweitakten führen und deshalb über den Ermittlungsfortgang zu informieren wären. Das Bundeskriminalamt erhält derartige Teilinformationen aus verschiedenen Ländern, so daß sich auf diesem Wege erhebliche Verdachtsmomente kumulieren können, die nicht verifiziert oder in der Zwischenzeit ausgeräumt sind. 216

Eng hiermit hängt das weitere Problem zusammen, daß auch die ermittelnde Dienststelle selbst häufig nicht erfährt, wie die Justiz den Fall letztlich rechtskräftig entschieden hat. Zwar schreibt § 20 des Justizmitteilungsgesetzes und jetzt auch § 482 StPO vor, daß der **Ausgang** des Verfahrens an die Polizei **zu melden** ist. In der Praxis bestehen hier aber immer noch Vollzugsdefizite, so daß die Polizeiakten häufig mit dem Abschluß der polizeilichen Ermittlungen enden und es offen bleibt, ob der Straftatverdacht zu Recht besteht oder nicht oder ob nur eine Straftat mit wesentlich geringerem Unrechtsgehalt vorliegt. 217

Derartige **Fehlerquellen** in den Kriminalakten setzen sich in den darauf aufbauenden **Dateien** fort. Werden Kriminalakten nicht vernichtet, obwohl der Verdacht zweifelsfrei ausgeräumt wurde, so bleibt auch die zugehörige Dateispeicherung bestehen. Etwaige im 218

Datensatz gespeicherte Straftaten werden nicht korrigiert, auch wenn wegen eines anderen, in der Regel geringeren Delikts verurteilt worden ist. In Falldateien wird ebenfalls nicht berücksichtigt, ob sich der dort in den Einzelheiten gespeicherte Tatverlauf bestätigt hat oder nicht.

219 Daß die vermutlich **überwiegende Zahl** der **Kriminalakten** in der geschilderten Form **unvollständig** ist, auf der anderen Seite aber erheblich belastenden Straftatverdacht enthält, ist rechtlich nicht hinnehmbar. Die Anlegung einer Kriminalakte, die damit verbundene Speicherung der Daten in der zugehörigen Nachweisdatei und die mit der Erfassung der Daten in einer Verbunddatei erfolgende Übermittlung ist ein erheblicher Eingriff in das Persönlichkeitsrecht, der in die **Verantwortung der speichernden Polizeidienststelle** fällt. Teil dieser Verantwortung ist, daß die Polizei selbst alles Zumutbare unternehmen muß, damit diese Akten nur richtige und möglichst vollständige Daten enthalten. Insofern ist § 8 Abs. 3 BKAG unzureichend, der lediglich die Folgen eines Freispruchs regelt, nicht aber die Pflicht der speichernden Stelle, sich nach dem Ausgang des Verfahrens zu erkundigen. Notwendig wäre auch eine Regelung, daß grundsätzlich nur die ermittelnde Dienststelle Kriminalakten anlegen darf. Werden im Einzelfall aus wichtigen Gründen zum selben Fall auch bei einer anderen Dienststelle Akten geführt, so ist dies bei der ermittelnden Polizeibehörde zu vermerken, damit der Verfahrensausgang nach dort nachberichtet werden kann.

220 Die ermittelnde Dienststelle muß sich **selbst** in angemessenen Abständen bei der Justiz nach dem **Ausgang des Verfahrens erkundigen,** wenn diese nicht von sich aus meldet. Von der Polizei ermittelte Verdachtsdaten sind offenkundig unvollständig und vorläufiger Natur, solange sie nicht von der Justiz bestätigt sind. Die jetzige Praxis der polizeilichen Datenverarbeitung verstößt in vielen Fällen gegen das Recht auf informationelle Selbstbestimmung, wenn sie ohne Notwendigkeit zur Aufrechterhaltung von Verdachtsspeicherungen führt, obwohl eine Nachfrage bei der Justiz klären könnte, ob der Verdacht dort zwischenzeitlich bestätigt, entkräftet oder ausgeräumt worden ist.[184]

7. INPOL-neu

221 Die Einführung von **INPOL-neu** verändert die polizeiliche Datenverarbeitung in Deutschland grundlegend. Das bisherige INPOL-System war Ende der 90er Jahre an die Grenzen seiner Leistungsfähigkeit gestoßen. 1992 hat eine gemeinsame Projektgruppe des Bundes und der Länder im Auftrag des AK II der Konferenz der Innenminister ein fachliches Grobkonzept zur Planung eines neuen polizeilichen Informationssystems mit der Bezeichnung INPOL-neu entwickelt. 1995 erfolgte die Vorlage des technischen Grobkonzeptes. Seitdem wurden beide Konzepte nach Billigung durch den AK II weiterentwickelt und zur Grundlage von INPOL-neu gemacht.[185]

222 INPOL-neu verfolgt die Zielsetzung, vor allem zur verbesserten Erfüllung der vollzugspolizeilichen Aufgaben beizutragen. Prinzipiell sollen nach dem sog. **„Sachbearbeiterprinzip"** dem jeweiligen polizeilichen Sachbearbeiter an seinem Arbeitsplatz möglichst alle relevanten Daten zur Verfügung stehen. Alle Daten in INPOL-neu sollen nur einmal erfaßt werden, redundanzfrei gespeichert und für mehrfache Nutzung zur Verfügung gestellt werden.[186] Auf diesem Wege soll ein **anwendungsunabhängiger Datenpool** geschaffen werden, dessen Daten ähnlich wie im PIOS-System miteinander ver-

---

184 Die von *Kubica/Leineweber* hiergegen angeführten „praktischen Schwierigkeiten" fallen nicht entscheidend ins Gewicht, NJW 1984, 2068 (2072), wie das BVerfG stets betont hat, vgl. *BVerfGE* 6, 66 (72); 51, 97 (107 ff.). § 189 II SH LVerwG verpflichtet die Polizei, sich spätestens nach 2 Jahren bei der Justiz nach dem Verfahrensausgang zu erkundigen. Vgl. auch *Weichert,* Informationelle Selbstbestimmung und strafrechtliche Ermittlung, S. 157 ff.

185 Informationsbroschüre INPOL-neu, Einführung in das Feinkonzept, hrsg. v. BKAG, Stand 20.8. 1995, 1.1.

186 BKA, aaO, Ziff. 1.3.3.

knüpft werden. Dadurch soll der Blickwinkel vom singulären Ereignis bzw. von der einzelnen Person hin zu einer „ganzheitlichen Kriminalitätsbetrachtung" erweitert werden. Das Konzept sieht deshalb vor, den kriminalpolizeilichen Sachbearbeitern die Grund- und Fallinformationen möglichst vollständig zur Verfügung zu stellen.

INPOL-neu sieht eine weitergehende Datenerfassung als das bisherige INPOL-System vor. So sollen Freitext-Retrieval, Bildabgleich, frei definierbare Recherchen nach Personen und Sachen möglich sein. Personenbeschreibungen und die Darstellung von Lichtbildern sind ebenso vorgesehen wie die Abbildung von Beziehungen zu anderen Personen oder Sachen.[187] Von zentraler Bedeutung sind die **Recherchemöglichkeiten** im Bereich der **Fallinformationen,** die prinzipiell zu allen INPOL-neu-relevanten Fällen erfaßt werden. Dokumentiert werden außerdem polizeiliche Maßnahmen wie Beschlagnahmen oder Durchsuchungen; hierbei ist auch die Erfassung von Informationen per Video oder Lichtbild vorgesehen. 223

Als zusätzliches Leistungsmerkmal stellt INPOL-neu sog. **Führungsinformationen** zur Verfügung. Sie bestehen aus einem polizeilichen Führungsinformationssystem, einer Lagebildstatistik und der polizeilichen Kriminalstatistik. Mit Hilfe des polizeilichen Führungsinformationssystems sollen sich ändernde Kriminalitätsphänomene, z. B. örtliche, zeitliche oder deliktische Brennpunkte, Erkennung von Straftätergruppierungen, Reisebewegungen und Transportrouten, Verdrängungseffekte aus den ohnehin erfaßten Daten zu Tatort, Delikt, Tatzeit, Tatmittel oder Beschreibung des Verdächtigen (ohne Namenserfassung) erkannt werden. Die Lagebildstatistik soll die Möglichkeit bieten, alle Kriminalitätsbereiche strategisch auszuwerten. So soll z. B. die Entwicklung von Massenkriminalität exakt analysiert werden können. In Kombination mit anderen Datenbeständen sollen Lagebilder erstellt werden, auf deren Grundlage Präventions- und Strafverfolgungskonzepte entstehen sollen.[188] 224

Quasi als „Nebenprodukt" soll aus den Führungsinformationen auch die polizeiliche **Kriminalstatistik** abgeleitet werden. Außer der Vermeidung von zusätzlichem Erfassungsaufwand und damit evtl. verbundenen Fehlerquellen soll die neue Kriminalstatistik vor allem aktueller, flexibler und besser auf die Justizstatistiken abgestimmt sein.[189] 225

Alles in allem soll INPOL-neu die polizeiliche Datenverarbeitung nach Art eines modernen **Data-warehouse** organisieren. Die Prinzipien der Einmalerfassung, der redundanzfreien Datenhaltung und der möglichen flexiblen Datennutzung stehen zu den rechtlichen Grundprinzipien wie Zweckbindung oder zu speziellen Verwendungsbestimmungen wie z. B. §§ 100 b Abs. 5 StPO oder §§ 108, 110 StPO in einem Spannungsverhältnis.[190] INPOL-neu möchte dieses Problem mit Hilfe von Berechtigungskonzepten, die den Zugriff auf die Daten steuern, lösen. 226

Die Organisation von INPOL-neu nach Art eines Date-warehouse bedeutet auch eine Abkehr vom bisherigen Prinzip der Datenhaltung in Form einzelner, zum Teil voneinander abgeschotteter Dateien. Das **BKAG** geht von der Existenz einzelner getrennter Datensammlungen aus und bildet mehr oder weniger die zum Zeitpunkt seiner Verabschiedung bestehende INPOL-Struktur ab. Für diese einzelnen Dateien sind nach § 34 BKAG Errichtungsanordnungen notwendig. INPOL-neu ist hingegen als ein einheitlicher physikalischer Datenpool ohne deliktische Unterteilung konzipiert. Um nicht in offenen Widerspruch zum BKAG zu geraten, sieht INPOL-neu die Beibehaltung einzelner Dateien als „logische Einheiten" vor, für die auch weiterhin Errichtungsanordnungen erarbeitet werden. 227

Außerdem ist die Bildung von **drei Schutzbereichen** geplant, auf deren Grundlage unterschiedliche Zugriffsprofile vergeben werden. Es handelt sich um die Schutzbereiche „Grundinformation, Fall" (in etwa der Informationsgehalt der bisherigen INPOL- 228

[187] BKA, aaO, Ziff. 1.4.
[188] BKA, aaO, Ziff. 1.5.
[189] BKA, aaO, Ziff. 1.5.
[190] Vgl. *Rublack* DuD 1999, S. 437 (438).

Manual $^{3}/_{4}$ Dateien,[191] Falldateien sowie Hinweise auf Informationen in Landessystemen), „OK, IS, Geldwäsche“ (mit Informationen aus den Dateien APOK[192] und APIS[193]) sowie „Sonderbereich“ (Informationen aus temporären SPUDOK-Anwendungen im Rahmen von Ermittlungsverfahren[194] und aus Analysen und temporären Meldediensten). Innerhalb der Schutzbereiche werden die Informationen als logische Dateien organisiert, so daß die Zugriffe detailliert gesteuert werden können.

229 Ein weiteres Problem ist, daß der Bundesgesetzgeber dem Bundeskriminalamt Zentralstellenaufgaben nur für die Verhütung und Verfolgung von **Straftaten** mit länderübergreifender, internationaler oder sonst **erheblicher Bedeutung** übertragen hat, § 2 Abs. 1 BKAG. Im Rahmen von INPOL-neu soll dieser Gesetzeslage dadurch Rechnung getragen werden, daß die für eine Erfassung in Betracht kommenden Fälle in drei Kategorien eingeteilt werden: in Muß-, Regel- und Kann-Fälle. Bei ersteren hat stets eine INPOL-neu-Erfassung zu erfolgen, bei den letzten beiden Fallgruppen muß der Sachbearbeiter entscheiden, ob eine Speicherung in INPOL-Bund oder in dem jeweiligen Landessystem in Betracht kommt. Die Projektgruppe INPOL-neu geht davon aus, daß maximal 20 % aller in Deutschland polizeilich registrierten Straftaten INPOL-neu-Relevanz erreichen.

230 Aufgrund der Struktur von INPOL-neu als Data-warehouse kommt es für die rechtliche Zulässigkeit letztlich entscheidend auf die **Ausgestaltung des Zugriffs** an. Dabei ist nach den unterschiedlichen Dateien anhand des Erforderlichkeitsprinzips zu differenzieren. Es würde wenig Sinn machen, den Datenpool im Rahmen von INPOL-neu in Dateien aufzuspalten und in den zugehörigen Errichtungsanordnungen differenzierte Regelungen zu treffen und hinterher einen weitgehend undifferenzierten Datenzugriff zu eröffnen.

231 Generell stellt sich die Frage, wie stark die technische Ausgestaltung die rechtlichen Vorgaben ignorieren darf. INPOL-neu ist unter dem Gesichtspunkt der möglichst optimalen und ökonomischen Informationsversorgung, auch unter Einbeziehung und Berücksichtigung **privatwirtschaftlicher Effizienzgesichtspunkte** entstanden. Das Datenverarbeitungs- und das Datenschutzrecht nehmen aber Effizienzverluste bewußt in Kauf, um den Prinzipien der Bindung der Datenverarbeitung an normenklare Befugnisnormen und die Grundsätze der Erforderlichkeit und der Zweckbindung Rechnung zu tragen. INPOL-neu wird diesen Grundsätzen nur noch an der logischen Oberfläche gerecht, während die Grundlage der Datenerfassung, -speicherung und -verarbeitung „rechtsfrei“ an der Effizienz organisiert ist. Schon werden Stimmen laut, nunmehr das BKAG an die neu geschaffene technische Infrastruktur anzupassen.[195]

232 Weitere Fragen ergeben sich aus dem förderativen Ausbau des deutschen Polizeisystems, der dem föderativen Staatsaufbau entspricht.[196] Eine zentral geführte bundeseinheitliche Polizei sollte nach 1945 aufgrund der Erfahrungen mit der Hitlerdiktatur unbedingt vermieden werden. Deshalb lag und liegt der **Schwerpunkt** polizeilicher Tätigkeit in der Bundesrepublik eindeutig **bei den Ländern.** Das Bundeskriminalamt spielte zunächst eine vergleichsweise untergeordnete Rolle. Das änderte sich im Zuge der Fahndung nach Terroristen und insbesondere mit dem Ausbau der elektronischen Datenverarbeitung. Die vermeintlich untergeordneten **Aufgaben** des Amtes als **Zentralstelle** zur Sammlung und Auswertung von Nachrichten und Unterlagen für die polizeiliche Verbrechensbekämpfung erweisen sich im Zeitalter der zunehmenden Automatisierung der Datenverarbeitung als **Schlüsselfunktionen.** Da die polizeiliche Datenverarbeitung im Rahmen von INPOL-neu bundeseinheitlich standardisiert und bis in die Einzelheiten reglementiert

[191] Vgl. oben Rdn. 154 ff.
[192] Vgl. oben Rdn. 176.
[193] Vgl. oben Rdn. 176 ff.
[194] Vgl. oben Rdn. 182 ff.
[195] Vgl. *Sehr* Kriminalistik 1999, 532 (536).
[196] Grundlegend dazu oben Kap. C, Rdn. 7.

wird, hat das Bundeskriminalamt als Zentralstelle für den elektronischen Datenverbund zwischen Bund und Ländern die Fäden in der Hand. Ob dies vom ursprünglichen Normzweck des Art. 73 Nr. 10 lit. a GG noch gedeckt wird, ist eine offene Frage.[197]

Die **arbeitsteilige Grundstruktur** von **INPOL-neu,** die die zu einer Person bei der Polizei bekannten Informationen als eine einheitliche Informationsmasse begreift, bringt es mit sich, daß die einzelnen INPOL-Teilnehmer sich wie unselbständige Teile eines Gesamtsystems oder wie Unterabteilungen einer einheitlichen bundesweiten Polizeibehörde verhalten. Es bleibt zu prüfen, inwieweit dies nicht schon einer Preisgabe des föderativen Polizeiaufbaus in der Bundesrepublik nahekommt.[198] 233

Erleichtert werden durch diese Struktur auch **„Bestandsauswertungen"**, die quer durch die logisch und rechtlich getrennten Dateien technisch einfach durchgeführt werden können und die der Sache nach ein interner „Datenabgleich" sind. Eine derartige Datenorganisation, mag sie noch so plausibel und praktisch sein, läuft dem Rechtsgebot der **Zweckbindung** zuwider. 234

IV. Rechtliche Grundlagen der polizeilichen Datenverarbeitung im Rahmen der Strafverfolgung

1. Allgemeines

Rechtliche Grundlagen der polizeilichen Datenverarbeitung finden sich auch in der Strafprozeßordnung. Zwar kommt nach § 160 die Aufgabe, Strafermittlungen durchzuführen, in erster Linie der Staatsanwaltschaft zu. Diese kann sich zur Durchführung der Ermittlungen der Behörden und Beamten des Polizeidienstes bedienen, § 161. § 163 StPO weist der Polizei die Aufgabe zu, Straftaten auch von sich aus zu erforschen und alle keinen Aufschub duldenden Anordnungen zu treffen. Damit hat die Polizei eine **eigenständige Ermittlungskompetenz.** Zwar bleibt sie auch insoweit der Sachleitungskompetenz der Staatsanwaltschaft unterworfen und hat diese „ohne Verzug" zu unterrichten. Aber de facto wird ein Großteil der strafrechtlichen Ermittlungen von der Polizei selbständig eingeleitet und bis zum Abschluß geführt. 235

§ 163 Abs. 1 Satz 2 StPO stellt klar, daß die Polizei hierbei auch die Befugnis hat, Behörden „um Auskunft" zu ersuchen, d. h. auch personenbezogene Daten zu erheben. Im Kern dient das gesamte Strafverfahren der **Erhebung personenbezogener Daten** zu dem Zweck, strafrechtliche Sachverhalte aufzuklären, den Täter zu ermitteln und ihn der Bestrafung zuzuführen.[199] Da die Polizei hierfür die in der Strafprozeßordnung vorgesehenen Datenverarbeitungsbefugnisse in weiten Bereichen auch eigenständig anwenden kann, ist es zutreffend, insoweit auch die Strafprozeßordnung als eine Rechtsgrundlage für die polizeiliche Datenverarbeitung zu betrachten.[200]

Durch das „Gesetz zur Bekämpfung des illegalen Rauschgifthandels und anderer Erscheinungsformen der Organisierten Kriminalität" **(OrgKG von 1992)**[201] wurden Bestimmungen zur Rasterfahndung (§§ 98 a, 98 b), zum Datenabgleich (§ 98 c), zur Herstellung technischer Bild- und Tonaufnahmen (§§ 100 c, 100 d), zum Einsatz verdeckter Ermittler (§§ 110 a, 110 b, 110 d, 110 e) sowie zur polizeilichen Beobachtung (§ 163 e) in der StPO eingefügt. Im Gesetz zur Änderung des Strafgesetzbuches, der Strafprozeßordnung und anderer Gesetze **(Verbrechensbekämpfungsgesetz von 1994)**[202] wurde die Befugnis zur Einrichtung eines bundesweiten staatsanwaltschaftlichen Verfahrensregisters für die 236

---

197 Zu den zusätzlichen Zentralisierungstendenzen, die von Europol ausgehen, *Weichert* DuD 1995, 450 (454 f.).

198 Krit. *Merten,* Datenschutz und Datenverarbeitungsprobleme bei den Sicherheitsbehörden, S. 57.

199 Vgl. *Hamm,* in: Hamm/Möller, Strafrecht und Datenschutz – ein Widerspruch in sich?, Baden-Baden 1997, S. 11 ff.

200 Vgl. den Überblick bei *Riegel,* Die Polizei, 1881, 1 ff. und RDV 1990, 232 ff.

201 V. 15. 7. 1992, BGBl. I S. 3186.

202 V. 28. 10. 1994, BGBl. I S. 3186.

Zwecke der Strafverfolgung geschaffen (§§ 474–477). Durch das Gesetz zur Änderung und Ergänzung des Strafverfahrensrechts – Strafverfahrensänderungsgesetz 1999 **(StVÄG 1999)**[203] wurden Bestimmungen zur Fahndung (§§ 131 bis 131 c), zur Akteneinsicht (§ 147), Verbesserungen der Ermittlungsgeneralklauseln (§§ 161, 163), Rechtsgrundlagen für die längerfristige Observation (§ 163 f), für die Erteilung von Auskünften und Akteneinsicht sowie zur sonstigen Verwendung von Informationen für verfahrensübergreifende Zwecke (§§ 474–482), für die Einrichtung von Dateien der Strafverfolgungsbehörden (§§ 483–491) eingefügt.

237 Im folgenden wird in erster Linie auf solche strafprozessualen Datenverarbeitungsbefugnisse eingegangen, die **typischerweise** von der **Polizei** und von der Staatsanwaltschaft eher selten eingesetzt werden.

2. Die Generalklauseln der §§ 160, 161, 163

238 Vor dem Inkrafttreten des StVÄG 1999 war umstritten, inwieweit aus §§ 160, 161 Datenerhebungsbefugnisse der Staatsanwaltschaft abgeleitet werden könnten, derer sich dann die Polizei über §§ 161, 163 StPO bedienen könnte.[204] Durch §§ 161, 163 StVÄG 1999 sind nun eindeutig Datenerhebungsbefugnisse in die StPO eingefügt werden. Danach kann die Staatsanwaltschaft von **„allen Behörden" Auskunft** verlangen und Ermittlungen jeder Art entweder selbst vornehmen oder durch die Behörden und Beamten des Polizeidienstes vornehmen lassen. Die Behörden und Beamten des Polizeidienstes sind verpflichtet, dem Ersuchen oder Auftrag der Staatsanwaltschaft zu genügen, und in diesem Falle auch befugt, von allen Behörden Auskunft zu verlangen. Ermittelt die Polizei ohne ausdrücklichen Auftrag der Staatsanwaltschaft, so ist sie nach § 163 Abs. 2 Satz 2 StPO befugt, alle Behörden um Auskunft zu ersuchen und, bei Gefahr im Verzug, auch Auskunft zu verlangen sowie Ermittlungen jeder Art vorzunehmen, soweit nicht andere gesetzliche Vorschriften hre Befugnisse besonders regeln.

239 Fraglich ist, ob diese Datenerhebungsbefugnisse der Staatsanwaltschaft und der Polizei dem Grundsatz der **Normenklarheit** entsprechen. Das Recht „Auskunft zu verlangen" und „Ermittlungen jeder Art" vorzunehmen, spricht eher dagegen. Andererseits ergibt sich eine Begrenzung aus der Zweckgebundenheit der Datenerhebung. Sie muß zur Erfüllung der Zwecke des § 160 StPO erfolgen und setzt folglich das Bestehen des Anfangsverdachts einer Straftat i. S. v. § 152 Abs. 2 StPO voraus.

240 Die Verwendung von Generalklauseln ist auch durch das Volkszählungsurteil nicht völlig ausgeschlossen. Einbußen an Präzision bei der Datenerhebungsbefugnis müssen dann aber durch Regelungen zur weiteren Verarbeitung und Zweckbindung der Daten, zu Auskunfts-, Benachrichtigungs- und Löschungsansprüchen der Betroffenen und durch die Möglichkeit einer unabhängigen Datenschutzkontrolle kompensiert werden. Die neu eingefügten Bestimmungen zur Datenverarbeitung in §§ 474–491 StPO werden diesen Anforderungen allerdings nicht in vollem Umfang gerecht. So läßt § 481 StPO die Verwendung der im Strafverfahren gewonnenen Daten durch Polizeibehörden **„nach Maßgabe der Polizeigesetze"** zu den dort genannten Zwecken zu. Da fast alle Polizeigesetze in den vergangenen Jahren um Bestimmungen zur Vorbeugung ergänzt wurden, fehlt damit schon wegen der Unbestimmtheit dieses Begriffs eine hinreichend präzise Bestimmung des Verarbeitungszweckes.

241 Die **Ermittlungsgeneralklauseln** der §§ 160, 161, 163 StPO unterliegen in drei wichtigen Bereichen Einschränkungen. Sie sind nur anwendbar, soweit die jeweilige Datenverarbeitung nicht speziell geregelt ist. Bestehen für Ermittlungshandlungen besondere Vorschriften, deren Voraussetzungen aber nicht erfüllt sind, dann kann nicht **subsidiär** auf die Ermittlungsgeneralklauseln zurückgegriffen werden.[205] Diese entfalten ihre Wirkung

---

[203] V. 2. 8. 2000, BGBl. I, 1253.
[204] Zum Streitstand vgl. Vorauflage, J, Rdn. 276 ff.
[205] Vgl. Gesetzesbegründung zu Nr. 8 des Gesetzentwurfs, BT-Drucksache 14/1484, S. 23.

ausschließlich in solchen Bereichen, für die keine speziellen Ermittlungsbefugnisse bestehen.

Eine weitere Einschränkung ergibt sich aus § 160 Abs. 4 StPO. Danach sind „Maßnahmen" unzulässig, soweit besondere bundesgesetzliche oder entsprechende landesgesetzliche **Verwendungsregelungen** entgegenstehen. Datenerhebungen auf der Grundlage der Ermittlungsgeneralklauseln scheiden folglich dann aus, wenn die Verwendung der betroffenen Daten bereichsspezifisch geregelt ist. Die bereichsspezifische Regelung genießt Vorrang vor den Ermittlungsgeneralklauseln der StPO.[206] Bereichsspezifische Regelungen in diesem Sinne sind nicht nur die besonderen Berufs- und Amtsgeheimnisse, sondern auch andere Vorschriften, die die Verwendung personenbezogener Daten abschließend regeln.[207] Lediglich dort, wo für die Zweckbindung der Daten die allgemeinen Datenschutzgesetze heranzuziehen sind, ist eine Verwendung der Daten für Zwecke der Strafverfolgung zulässig (vgl. z. B. § 14 Abs. 2 Nr. 7 BDSG). Folglich ist auch zukünftig bei Strafermittlungen in jedem Falle vor der Übermittlung personenbezogener Daten an die Polizei zu prüfen, ob besondere Verwendungsregeln der Nutzung der Daten für Strafverfolgungszwecke entgegenstehen. 242

Eine weitere Schranke für die Verwendung von Daten zu Zwecken der Strafverfolgung ergibt sich aus § 161 Abs. 2 StPO. Danach dürfen in oder aus einer **Wohnung** mit Hilfe technischer Mittel zur Eigensicherung im Zuge nicht offener Ermittlungen auf polizeirechtlicher Grundlage erlangte personenbezogene Informationen zu Beweiszwecken nur verwandt werden, wenn ein richterlicher Beschluß die Rechtmäßigkeit der Maßnahmen festgestellt hat. Die Regelung ist § 16 Abs. 3 Satz 2 BKAG nachempfunden[208] und soll sicherstellen, daß die Vorschriften über den **Großen Lauschangriff** nicht durch die Verwendung polizeirechtlich erlangter Abhörinformationen umgangen werden können. 243

Der Bundestag hatte zunächst zusätzlich vorgesehen, daß personenbezogene Daten, die durch eine **polizeirechtliche Maßnahme** erlangt wurden, die einer Maßnahme nach §§ 98 a, 100 c Abs. 1 Nr. 2 und 110 a entspricht, zu Beweiszwecken nur verwendet werden dürfen, wenn es um die Aufklärung einer in diesen Vorschriften aufgeführten Straftat geht.[209] Diese Bestimmung wurde im Vorermittlungsverfahren nach Einspruch des Bundesrates wieder gestrichen. 244

Bedeutung für die Datenverarbeitung hat § 163 II. Danach hat die Polizei ihre **„Verhandlungen"** ohne Verzug der **Staatsanwaltschaft** zu übersenden. „Verhandlungen" ist umfassend zu verstehen und beinhaltet alle im Zuge der Ermittlungen angefallenen Spuren.[210] Die Polizei muß der Staatsanwaltschaft also auch die personenbezogenen Daten nach ihrer Auffassung im Ergebnis Unverdächtiger übermitteln, wenn sie zunächst entsprechende Spuren verfolgt hat. Dadurch soll die Staatsanwaltschaft in die Lage versetzt werden, sich selbst ein Bild über die Objektivität der polizeilichen Ermittlungen zu machen.[211] 246

§ 163 II steht einer Einbehaltung von **Handakten und Doppelstücken** durch die Polizei nicht entgegen.[212] Eine Rechtsgrundlage hierfür findet sich jetzt in § 485 StPO. Sollen die zurückbehaltenen Informationen bei der Polizei nicht nur dem Zweck des jeweiligen Ermittlungsverfahrens, z. B. etwa weitergehenden Nachermittlungen oder der Vorbereitung auf die Hauptverhandlung, sondern für die Strafverfolgung oder für Zwekke künftiger Strafverfahren verwendet werden, so ist auch dies nach § 485 S. 3 StPO zulässig. 247

---

206 Gesetzesbegründung a. a. O. S. 22, 24.

207 Daten, die dem Statistikgeheimnis unterliegen, dürfen für Zwecke der Strafverfolgung generell nicht verwendet werden, vgl. *Poppenhäger,* Die Übermittlung und Veröffentlichung statistischer Daten im Lichte des Rechts auf informationelle Selbstbestimmung, S. 149 ff. m. w. M.

208 Vgl. Begründung a. a. O., Fn. 216, S. 23.

209 Vgl. BR-Drucks. 65/00, S. 2.

210 *Kleinknecht/Meyer-Goßner,* § 163, Rdn. 24.

211 *Wache,* in: KK, § 163, Rdn. 27.

212 A. A. *Schoreit* NJW 1985, 169 (170).

248 § 163 II ist auch anwendbar, wenn die „Verhandlungen" in elektronischer, namentlich in Dateiform gespeichert sind. Die Polizei hat der Staatsanwaltschaft also auch **Spurendokumentationssysteme** (SPUDOKS) zu „übersenden".[213] Sofern die Staatsanwaltschaft hierauf nicht verzichtet, sind ihr die entsprechenden Datenträger zu übergeben. Zumindest steht der Staatsanwaltschaft das Recht auf Einsichtnahme und Recherche in diesem Datenbestand zu. Eine Löschung von SPUDOK-Dateien ohne Zustimmung der Staatsanwaltschaft scheidet aus.

249 Nach § 199 II StPO hat die Staatsanwaltschaft „die Akten" dem Gericht vorzulegen. Spurenakten und ggf. -dateien sind dann vorzulegen, „wenn sie Anhaltspunkte zur Sachaufklärung bieten".[214] Allerdings gibt es gewichtige Gründe, von einer weitgehenden Vorlagepflicht auch hinsichtlich der Spurenakten und -dateien auszugehen, damit die Rechte der Verteidigung nicht beeinträchtigt werden.[215]

250 Die **Verteidigung** hat nach § 147 StPO im gesamten Verfahren ein Recht auf **Akteneinsicht,**[216] das nach § 147 II nur aus Gründen der Gefährdung des Untersuchungszwekkes, nicht im Hinblick auf das Recht auf informationelle Selbstbestimmung unbeteiligter Dritter beschränkt werden dürfen soll.[217] Auf diesem Wege können die in einer polizeilichen Spurendatei verzeichneten unbeteiligten Dritten einem zusätzlichen Personenkreis bekannt werden. Weitere Offenbarungstatbestände enthalten die §§ 474 ff. zugunsten von Gerichten, Staatsanwaltschaften und anderen Justizbehörden für Zwecke der Rechtspflege, für Privatpersonen und „sonstige Stellen" sowie für Zwecke der wissenschaftlichen Forschung.

251 Für die **Polizei** folgt aus diesen Abläufen, daß bei der **Anlegung** von **Spurendateien Zurückhaltung** geboten ist. Die hohe Verarbeitungskapazität und bequeme Handhabbarkeit von Spurendokumentationssystemen darf nicht dazu führen, daß alle im Rahmen eines Ermittlungsverfahrens bekanntgewordenen personenbezogenen Daten zunächst einmal gespeichert und danach je nach Relevanz in weiteren Ermittlungen abgeklärt werden. Im Hinblick auf die spätere Vorlage bei Staatsanwaltschaft/Gericht und die Einsicht des Verteidigers oder sogar Dritter dürfen nur solche Daten gespeichert werden, denen zumindest die Qualität einer „Spur" zukommt. Es muß sich also um Informationen handeln, deren weitere Klärung geboten erscheint. Der bloße Anspruch, das polizeiliche Ermittlungshandeln vollständig zu dokumentieren, darf nicht zur Erfassung der Daten von Personen führen, die von vornherein als Verdächtige ausscheiden.[218]

3. Datenerhebung durch Sicherstellung von Datenträgern nach §§ 94 ff. StPO

252 Nach § 94 können Gegenstände, die als **Beweismittel** für die Untersuchung von Bedeutung sein können, in Verwahrung genommen oder in anderer Weise sichergestellt werden. Wenn sie im Gewahrsam einer Person sind, die sie nicht freiwillig herausgibt, können sie beschlagnahmt werden. Beweismittel kann jeglicher körperlicher Gegenstand sein, insbesondere auch ein **Datenträger.**[219] Datenträger ist jeder Gegenstand, auf dem Daten, sei es unmittelbar mit den Augen oder Ohren oder unter Zuhilfenahme von technischen Geräten, namentlich der Datenverarbeitung, „lesbar" gespeichert sind.[220] Nach § 94 I genügt es, wenn der Datenträger als „Beweismittel" von Bedeutung sein „kann". Es ist ausreichend, wenn die Möglichkeit der Beweiseignung besteht. Allerdings darf es sich dabei nicht nur um eine entfernt bestehende Möglichkeit handeln. Die Beweiseignung muß nach den Umständen des Falles und dem Stand der Ermittlungen naheliegen.

---

213 Vgl. dazu oben Rdn. 182 ff.
214 *BGH* St 30, 131.
215 *Laufhütte,* in: KK, § 147, Rdn. 4.
216 Vgl. dazu *Wasserburg* NJW 1980, 2440 ff. u. *Bender/Nack* NJW 1983, 1 ff.
217 Vgl. *Bender/Nack,* aaO, S. 4 f.
218 S. oben Rdn. 184.
219 *Kleinknecht/Meyer-Goßner,* § 94, Rdn. 4.
220 *Dammann,* in: Simitis u. a., BDSG-Kommentar, § 3 Rdn. 124.

Besondere Sorgfalt ist geboten, wenn es sich um einen Datenträger handelt, der personenbezogene Daten über Dritte enthält. In diesem Fall ist der Grundsatz der **Verhältnismäßigkeit** nicht nur in bezug auf den Verdächtigen, sondern auch auf den Dritten zu beachten.[221] Stehen mildere, die Rechte des Dritten nicht oder in geringerem Umfang tangierende Aufklärungsmöglichkeiten zur Verfügung, so sind sie vorrangig zu nutzen.[222] § 94 gestattet in bezug auf den Dritten nur die für die Untersuchung notwendigen Rechtseingriffe. Wird bei der Auswertung des Datenträgers festgestellt, daß die Daten über Dritte nicht, nicht in diesem Umfang oder nicht mehr benötigt werden, so sind sie insoweit unverzüglich **zurückzugeben.** 253

Grenzen der Sicherstellung, insbesondere der Beschlagnahme, ergeben sich aus § 97 StPO z. B. bei Bestehen eines **Zeugnisverweigerungsrechts.** § 97 bedarf der verfassungskonformen Erweiterung für Datenträger, auf denen Daten gespeichert sind, deren Verwendung für Zwecke der Strafverfolgung spezialgesetzlich abschließend geregelt ist.[223] Dies gilt insbesondere für dem **Steuergeheimnis** und dem **Sozialgeheimnis** unterliegende Daten, sofern die Daten bei einer Stelle beschlagnahmt werden sollen, die an diese Geheimnisse gebunden ist. Nach § 39 BDSG dürfen personenbezogene Daten, die einem Berufs- oder besonderen Amtsgeheimnis unterliegen, von der speichernden Stelle nur für den Zweck verarbeitet werden, zu dem sie sie erhalten hat. Diese „verlängerte Zweckbindung“ kann nur auf der Grundlage eines besonderen Gesetzes, nicht aber der allgemeinen datenschutzrechtlichen Regelungen zur Zweckänderung, vgl. z. B. § 14 II Nr. 7 BDSG, überwunden werden. Datenträger mit Daten dieser Art dürfen über den Wortlaut von § 96 StPO hinaus nicht herausgegeben werden, wenn nicht die jeweiligen spezialgesetzlichen Voraussetzungen vorliegen.

Von besonderer Bedeutung ist § 110 StPO, der die **Durchsicht** im Rahmen einer Hausdurchsuchung beschlagnahmter **„Papiere“** regelt. Papier ist hier umfassend und nicht nur als der Werkstoff Papier zu verstehen. „Papier“ in diesem Sinne ist auch jeder Datenträger, sei er mit Augen oder Ohren, sei er nur mit Hilfe einer automatischen Datenverarbeitungsanlage „lesbar“. 254

Die Durchsicht von Datenträgern steht, sofern nicht der Inhaber einer Durchsicht durch andere zustimmt, nur dem **Staatsanwalt** zu. Er kann sich dazu der Hilfe Dritter, auch der **Polizei**, bedienen. Dazu bedarf es aber eines ausdrücklichen, auf den jeweiligen Fall bezogenen Auftrags, bei dessen Erledigung die Polizei stärker als im Rahmen der „normalen“ Sachleitungsbefugnis der Staatsanwaltschaft gebunden ist. Sie ist insoweit wie ein „Auftragnehmer“ der Staatsanwaltschaft im Rahmen der Datenverarbeitung zu sehen. Eine eigene Entscheidung über die Verwendung der Daten und die Verwertung etwaiger Zufallsfunde steht der Polizei nicht zu. Die Verwertung von **Zufallsfunden** richtet sich nach § 108 StPO. Sie ist nur zur Aufklärung einer anderen Straftat zulässig, bei der Durchsuchung von Gebäuden nach § 103 I 2 StPO dürfen auch derartige Zufallsfunde nicht verwertet werden (§ 108 S. 3 StPO).

Verwertung ist in diesem Sinne umfassend zu verstehen. Gemeint ist nicht nur die Verwendung des Datenträgers als Beweisgegenstand, sondern die Verwertung der auf ihm gespeicherten Daten. Anderenfalls würden die Verwertungsbeschränkungen bei Datenträgern regelmäßig leerlaufen, die natürlich nicht als Gegenstand, sondern nur im Hinblick auf den Inhalt der dort gespeicherten Daten von Interesse sind. 255

Eine weitergehende Verwertung als zur Aufklärung einer konkreten Straftat im Rahmen von § 108 I ist nicht zulässig. Damit scheidet eine Speicherung auf Dauer über den Zweck des Ermittlungsverfahrens hinaus, das Anlaß der Hausdurchsuchung war, aus. Insbesondere die Speicherung zur Aufklärung **zukünftiger Straftaten** ist nicht zulässig. Auch die Zulässigkeit der Weitergabe an **andere Sicherheitsbehörden,** etwa in Staats-

[221] Vgl. *Bär,* Der Zugriff auf Computerdaten im Strafverfahren, S. 276; zum Anspruch auf Achtung der Privatsphäre: *Schäfer,* in: L-R, § 96, Rdn. 21.

[222] Vgl. *Kleinknecht/Meyer-Goßner,* § 94, Rdn. 18 ff.

[223] *Bär,* ebenda, S. 278 ff.

schutzsachen an den Verfassungsschutz oder den MAD zu einem anderen Zweck als der Förderung der Ermittlungen des Ausgangsverfahrens ist nicht vorgesehen. Im Hinblick auf den besonderen Eingriffscharakter einer Hausdurchsuchung könnten die Verwertungsbestimmungen der §§ 110, 108 StPO nur durch eine ausdrückliche, den Grundsatz der Verhältnismäßigkeit wahrende gesetzliche Vorschrift erweitert werden. Ob die nunmehr in §§ 18 BVerfSchG, 10 MADG, 8 BNDG geschaffene allgemeine Befugnis zur Übermittlung von Daten durch die Staatsanwaltschaft an die genannten Nachrichtendienste die Verwertungsbestimmungen der §§ 108, 110 StPO zu derogieren vermag, ist deshalb fraglich.

4. Rasterfahndung nach §§ 98 a, 98 b StPO

a) Begriff

256 Die Rasterfahndung ist eine spezifische Fahndungsmethode, die aus den Möglichkeiten der elektronischen Datenverarbeitung entwickelt worden ist.[224] Ihr liegt die Annahme zugrunde, der Verdächtige habe in den automatisiert geführten Dateien einzelne Spuren hinterlassen, deren Zusammenführung zu seiner Entlarvung beitrage. Deshalb werden vor Beginn einer Rasterfahndung auf der Grundlage einer **Fahndungs- oder Ermittlungshypothese** Merkmale zusammengestellt, die beim Verdächtigen vorliegen könnten.[225] Diejenigen datenverarbeitenden Stellen, in deren Datensammlungen derartige Merkmale erfaßt sind, werden zur Selektion und Herausgabe der einschlägigen Datenbestände verpflichtet.

257 Sodann werden aus den **polizeifremden Datenbeständen** diejenigen Datensätze herausgefiltert, auf die eines oder mehrer Merkmale zutreffen. Die auf diesem Weg gewonnenen Datensätze werden gegeneinander oder mit polizeilichen Daten **abgeglichen,** so daß letztlich ein Bodensatz an Daten über **möglicherweise Verdächtige** übrigbleibt. Zu ihnen werden dann konventionelle Ermittlungen geführt, die den Verdacht ausräumen oder bestätigen sollen.

258 Die früher gelegentlich besonders betonte Unterscheidung zwischen **positiver** und **negativer Rasterfahndung**[226] ist in Wirklichkeit rechtlich ohne Bedeutung. Beide Begriffe umschreiben nur jeweils eine Seite eines einheitlichen Vorgangs: Aus einer Vielzahl möglicherweise relevanter Datensätze werden diejenigen herausgefiltert, unter denen sich möglicherweise der Verdächtige befindet (positive Rasterfahndung), zugleich werden aber diejenigen Datensätze gelöscht, auf die das Raster nicht zutrifft (negative Rasterfahndung). Im Kern geht es um die Ermittlung des Verdächtigen, der durch sukzessive Löschung der Nichtverdächtigen gleichsam automatisch am Ende des Prozesses stehen soll.

259 Soweit die Theorie. In der Praxis sind aber bislang **kaum nennenswerte Erfolge** der Rasterfahndung bekannt geworden, obwohl deren rechtliche Zulässigkeit schon vor Einführung der §§ 98 a, 98 b in die Strafprozeßordnung behauptet wurde.[227] Hätten sich erfolgversprechende Ansätze für Rasterfahndungen ergeben, so wären diese vermutlich, so wie andere besondere Ermittlungsmethoden auch, auf den sogenannten Übergangsbonus gestützt worden. Gleichwohl ist nicht auszuschließen, daß der Rasterfahndung in der **Zukunft** eine **steigende Bedeutung** zukommt. Denn mit zunehmender Verbreitung der automatisierten Datenverarbeitung entstehen an immer mehr Stellen in Staat und Gesellschaft umfangreiche elektronische Datenansammlungen. Daraus könnten vielfältige Ermittlungsansätze für Rasterfahndungen abgeleitet werden.

---

[224] Vgl. *Sokol,* in: Bäumler (Hrsg.), Polizei und Datenschutz, 188 ff.

[225] Zum Begriff der Rasterfahndung vgl. oben Rdn. 198 ff., zur Rasterfahndung für Zwecke der Gefahrenabwehr vgl. unten Rdn. 715 ff.

[226] Vgl. *Herold* RuP 1985, 84 ff.

[227] Nachweise zum Streitstand bei *Laufhütte,* in: KK, 2. Aufl., § 94, Rdn. 7.

Die **Bedenken** gegen die Rasterfahndung resultieren aus einer Reihe von Überlegungen. Da Ansätze zur Rasterfahndung in jeder möglichen Richtung gefunden werden können, ist auch der Zugriff theoretisch auf jeden Datenbestand denkbar.[228] Allgemeine **Zweckbindungsvorschriften** stehen unter dem Vorbehalt der jederzeitigen Durchbrechung im Rahmen einer Rasterfahndung, auch ohne daß ein Anfangsverdacht gegen diejenigen vorliegt, deren Daten einbezogen werden sollen.[229] So gesehen ist die Rasterfahndung ein Musterbeispiel für die den neuen elektronischen Fahndungsmitteln innewohnende Tendenz, eine Vielzahl von Personen einzubeziehen, die weder Verdächtige noch Zeugen sind.[230] 260

Die §§ 98 a, 98 b StPO regeln lediglich den **maschinellen Abgleich** von Daten. Der manuelle Vergleich von Datensätzen richtet sich nach den allgemeinen Ermittlungsbefugnissen. Die Herausgabe von konventionellen Datenbeständen zum Zwecke des manuellen Vergleichs kann folglich nach § 98 a StPO von den speichernden Stellen nicht verlangt werden.[231] 261

Die Voraussetzungen der Rasterfahndung gelten nach § 98 a II S. 1 „unbeschadet" von §§ 94, 110, 161 StPO. Von der **Sicherstellung von Beweismitteln** nach den genannten Vorschriften unterscheidet sich die Rasterfahndung schon begrifflich. Die Sicherstellung dient der Erlangung von Beweismitteln. Auch wenn der Begriff der **Beweisgeeignetheit** weit zu fassen ist, so geht es bei der Rasterfahndung nicht um die Gewinnung von Beweismitteln, sondern von Ermittlungsansätzen weit im Vorfeld eines Beweisansatzes.[232] 262

Liegen die Voraussetzungen für die **Sicherstellung von Datenträgern** als Beweismittel vor, so ergibt sich die Befugnis zu deren Durchsicht durch die Strafverfolgungsbehörden aus den allgemeinen Ermittlungsvorschriften. Sollen die auf potentiellen Beweismitteln gespeicherten Daten mit polizeilichen Dateien abgeglichen werden, so ist dies unter den Voraussetzungen von § 98 c StPO zulässig.[233] 263

b) Zuständigkeit

Die Zuständigkeit für Rasterfahndungen ist in den §§ 98 a, 98 b StPO nicht ausdrücklich geregelt. Lediglich die Anordnungskompetenz ist dem Richter, bzw. bei Gefahr im Verzug der Staatsanwaltschaft vorbehalten. Nach § 98 a II StPO hat die speichernde Stelle die für den Abgleich benötigten Daten an die **„Strafverfolgungsbehörden"** zu übermitteln. Die Durchführung der Rasterfahndungsmaßnahme dürfte derjenigen Strafverfolgungsbehörde obliegen, die dazu technisch am ehesten in der Lage ist. Dies dürfte beim derzeitigen Stand der Dinge in erster Linie die **Polizei** sein.[234] Forderungen, der Datenabgleich müsse unter der „Verantwortung" der Staatsanwaltschaft durchgeführt werden,[235] machen nur Sinn, wenn die Staatsanwaltschaft hinsichtlich ihrer technischen Ausstattung und Qualifizierung diese Verantwortung tatsächlich wahrnehmen kann. Im übrigen ist die Polizei an die gesetzlichen Bestimmungen der §§ 98 a, 98 b StPO zur Durchführung von Rasterfahndungsmaßnahmen in gleicher Weise gebunden wie die Staatsanwaltschaft.[236] 264

Polizei und Staatsanwaltschaft können von der **speichernden Stelle Unterstützung** bei der Durchführung des Datenabgleichs verlangen, § 98 a II StPO. Sie können sich unter 265

[228] Vgl. *Sokol,* in: Bäumler (Hrsg.), Polizei und Datenschutz, 188 (197).

[229] *Riegel,* Datenschutz bei den Sicherheitsbehörden, S. 131, spricht zutreffend von der Umkehrung des klassischen Ansatzes des Polizei- und Strafverfahrensrechts; Zur verfassungsrechtlichen Bedeutung der Schwelle des § 152 Abs. 2 StPO vgl. *Lisken* ZRP 1994, 264 (268); vgl. auch oben Kap. C Rdn. 28 ff.

[230] *Bernsmann/Jansen* StV 1998, 217 (219), vgl. auch *Welp,* in: Erichsen (Hrsg.), Recht der Persönlichkeit, 389 (390).

[231] Vgl. *Nack,* in: KK, § 98 a, Rdn. 4.

[232] *Simon/Taeger,* Rasterfahndung, S. 57 ff.

[233] Vgl. dazu unten Rdn. 298 ff.

[234] Vgl. dazu unten Rdn. 550 ff.

[235] So *Nack,* in: KK, § 98 a, Rdn. 23 m. w. N.

[236] Vgl. auch unten Rdn. 550 ff.

Einhaltung der besonderen Vorschriften über die **Auftragsdatenverarbeitung,** vgl. z. B. § 11 BDSG, auch der Hilfe anderer Behörden oder von privaten Rechenzentren bedienen. In diesem Falle muß sichergestellt sein, daß der Auftragnehmer keinerlei materielle Verfügungsgewalt über die Daten erhält, sondern die Verarbeitung strikt nach den Weisungen des Auftraggebers durchführt, § 11 III BDSG. Als Auftragnehmer kann nur eine Stelle in Betracht kommen, die technisch und organisatorisch so ausgestattet ist, daß die Einhaltung der besonderen Verarbeitungsvorschriften, insbesondere nach § 98 b III StPO, gewährleistet ist. Der Auftragnehmer ist schriftlich zu beauftragen, § 11 II S. 1 BDSG. Da der **Auftraggeber** nach § 11 I BDSG die **volle Verantwortlichkeit** für die Einhaltung der Datenverarbeitungsbestimmungen behält, kann eine Auftragsvergabe nur in Betracht kommen, wenn der Auftraggeber die Einhaltung der Verarbeitungsbestimmungen beim Auftragnehmer **tatsächlich kontrollieren** kann.

c) Voraussetzungen

266 Die Anordnung der Rasterfahndung kommt in Betracht, wenn **zureichende tatsächliche Anhaltspunkte** für die Begehung einer Straftat von erheblicher Bedeutung vorliegen. Damit muß zumindest der Anfangsverdacht einer Straftat i. S. von § 152 II StPO gegeben sein.[237] Der Einsatz der Rasterfahndung für Zwecke der Vorbereitung auf die künftige Strafverfolgung scheidet damit jedenfalls auf der Grundlage der §§ 98 a, 98 b StPO aus.

267 Die Beachtung des **Verhältnismäßigkeitsgrundsatzes** ist in § 98 a I letzter Satz StPO für die Mittelauswahl besonders betont. Der Verhältnismäßigkeitsgrundsatz ist aber in allen Phasen der Durchführung einer Rasterfahndung in besonderer Weise zu beachten, da von ihr in der Regel systemimmanent eine Vielzahl von Personen betroffen sind, die als Verdächtige nicht in Betracht kommen. Auch bei der Prüfung, ob tatsächliche Anhaltspunkte für eine erhebliche Straftat vorliegen, ist deshalb ein strengerer Maßstab anzulegen, wenn eine Rasterfahndung angeordnet werden soll, als wenn nur ein Ermittlungsverfahren eingeleitet wird.[238]

268 Es müssen zureichende tatsächliche Anhaltspunkte für die Begehung einer **Straftat von erheblicher Bedeutung,**

- auf dem Gebiet des unerlaubten Betäubungsmittel- oder Waffenverkehrs, der Geld- oder Wertzeichenfälschung,
- auf dem Gebiet des Staatsschutzes (§§ 74 a, 120 GVG),
- auf dem Gebiet der gemeingefährlichen Straftaten,
- gegen Leib oder Leben, die sexuelle Selbstbestimmung oder die persönliche Freiheit,
- gewerbs- oder gewohnheitsmäßig oder
- von einem Bandenmitglied oder in anderer Weise organisiert,

vorliegen, § 98 a I StPO. Der Katalog der Straftaten ist auf den ersten Blick enumerativ und abschließend, enthält aber eine Reihe unbestimmter Rechtsbegriffe, die vor allem in Kombination miteinander bei weiter Auslegung zu einem unangemessenen Einsatz der Rasterfahndung führen können. Dies gilt insbesondere für die Nummern 2, 4, 5 und 6 des Straftatenkatalogs.

269 Der **Begriff der Straftat von erheblicher Bedeutung** wird in § 98 a I, 100 c I Nr. 3, 110 a I StPO jeweils in Kombination mit einem unterschiedlichen Straftatenkatalog sowie in § 163 e StPO ohne weiteren Zusatz verwendet.[239] Im Hinblick auf die Schwere des Rechtseingriffs gegenüber Unbeteiligten im Rahmen der Rasterfahndung kann von einer Straftat von erheblicher Bedeutung nur bei Vorliegen besonders gefährlicher Kriminalität gesprochen werden.[240] Auch bei der Prüfung dieses Gesichtspunktes kann der

[237] *Nack,* § 98 a, Rdn. 9, 10.

[238] A. A. *Rudolphi,* Systematischer Kommentar, § 98 a, Rdn. 7, der das Erfordernis „zureichender tatsächlicher Anhaltspunkte“ sogar im Hinblick auf § 152 Abs. 2 StPO als überflüssig ansieht.

[239] Krit. hierzu: *Vahle* DUD 1993, 74 (76); *Lisken* ZRP 1994, 264 sowie *Kleinknecht/Meyer-Goßner,* StPO-Kommentar, § 100 c, Rdn. 11.

[240] Krit.: *Nack,* in: KK, § 100 b, Rdn. 11 ff.; *Rudolphi,* Systematischer Kommentar § 98 a, Rdn. 10.

Grundsatz der Verhältnismäßigkeit zum Tragen kommen. So kann in die Überlegung einbezogen werden, ob von der Rasterfahndung besonders sensible Datenbestände betroffen sein sollen und wie konkret die Anhaltspunkte für die Begehung der Straftat sind.

Besonders problematisch ist die Formulierung von § 98 a I Nr. 2 StPO. Der Katalog der Straftaten nach §§ 74 a, 120 GVG ist so umfangreich, daß keinesfalls aus dem Vorliegen einer der dort genannten Straftaten auf deren „Erheblichkeit" geschlossen werden kann. Hinzu kommt, daß gerade bei **politisch motivierten Straftaten** die Einbeziehung von Datenbeständen in Betracht gezogen werden könnte, die in besonderer Weise die **Ausübung demokratischer Grundrechte** dokumentieren, wie z. B. Mitgliederlisten von politischen Vereinigungen, Teilnehmerlisten von Veranstaltungen und Kundgebungen usw. Das Recht auf informationelle Selbstbestimmung garantiert die **angstfreie Wahrnehmung der Grundrechte** nicht nur um des individuellen Rechts der Betroffenen willen, sondern weil das demokratische Gemeinwesen auf die Handlungs- und Mitwirkungsfähigkeit seiner Bürger angewiesen ist.[241] Deshalb dürfte eine Rasterfahndungsmaßnahme im Bereich der Staatsschutzdelikte des § 74 a GVG von vornherein nur in Betracht kommen, wenn der Generalbundesanwalt nach § 74 a Abs. 2 GVG die Ermittlungen übernimmt. Auch bei den Straftaten nach § 120 GVG ist sorgsam zu prüfen, ob die Bedeutung der Sache eine Rasterfahndung tatsächlich rechtfertigt. 270

Bei den in § 98 a Nr. 4 StPO aufgeführten Straftaten nach den Abschnitten 13, 16, 17, 18 des Besonderen Teils des Strafgesetzbuches handelt es sich vielfach um solche, bei denen **besondere Umstände** hinzutreten müssen, wenn das Vorliegen einer Straftat von erheblicher Bedeutung i. S. von § 98 a Abs. 1 StPO bejaht werden soll. 271

In § 98 a Nrn. 5 und 6 StPO kumulieren **unbestimmte Rechtsbegriffe** in einer für die **Normenklarheit abträglichen** Weise. Während die Begriffe gewerbs- oder gewohnheits- oder bandenmäßig als strafverschärfende Elemente in einer Reihe von Straftatbeständen enthalten und durch die hierzu ergangene Rechtsprechung leidlich konkretisiert sind, fehlt dem zusätzlich in § 98 a I Nr. 6 StPO enthaltenen Merkmal **„oder in anderer Weise organisiert"** jede tatbestandliche Präzision. Denn in irgendeiner Weise organisiert ist jede Straftat, sofern sie nicht spontan und im Affekt begangen wird. 272

Gemeint sein kann also nur eine im Sinne der „Organisierten Kriminalität" – die zu definieren der Gesetzgeber im OrgKG leider versäumt hat – geplante Straftat. Gerade im Hinblick auf eine fehlende klare Definition der „organisierten Kriminalität"[242] bestehen unter dem Gesichtspunkt der Normenklarheit erhebliche **verfassungsrechtliche Bedenken** gegen § 98 a I Nr. 6 2. Alt. StPO.[243] Sofern eine Anwendung dieser Vorschrift in Betracht gezogen wird, ist bei der Prüfung des **Verhältnismäßigkeitsgrundsatzes** ein besonders strenger Maßstab anzulegen. Nur auf diesem Wege kann eine verfassungskonforme Auslegung und Anwendung erreicht werden, ohne daß dadurch die grundsätzlichen verfassungsrechtlichen Bedenken ausgeräumt wären.[244] Das gesetzgeberische Ziel, die Zulässigkeit staatlicher Rechtseingriffe für Bürger und Strafverfolgungsbehörden gleichermaßen klar zu regeln, ist insoweit bei § 98 a I StPO jedenfalls bei weitem verfehlt worden. Dies ist deshalb besonders bedenklich, weil die Rechtsfolgen für das Recht auf informationelle Selbstbestimmung erheblich sein können. 273

d) Besondere Prüfung der Verhältnismäßigkeit

Daher kann eine verfassungskonforme Anwendung der §§ 98 a, 98 b StPO nur erreicht werden, wenn bereits bei der Prüfung der einzelnen Anwendungsvoraussetzungen der **Grundsatz der Verhältnismäßigkeit** beachtet wird. In § 98 a I letzter Satz StPO ist zu- 274

---

241 BVerfGE 65, 1 (43).

242 Vgl. oben Kap. E Rdn. 161.

243 *Siebrecht,* Rasterfahndung, S. 114 ff.

244 Kritik auch bei *Kleinknecht/Meyer-Goßner,* § 98 a, Rdn. 5; *Rudolphi,* Systematischer Kommentar, § 98 a, Rdn. 5, spricht von einem Zwang zur „restriktiven Interpretation".

sätzlich vorgeschrieben, daß eine Rasterfahndungsmaßnahme nur angeordnet werden darf, wenn ohne sie die Erforschung des Sachverhalts oder die Ermittlung des Täters erheblich weniger erfolgversprechend oder wesentlich erschwert wäre. Damit wird die Rasterfahndung zwar nicht zur ultima ratio erklärt, denn sie darf auch eingesetzt werden, wenn noch andere Aufklärungsmittel zur Verfügung stehen, allerdings nur dann, wenn die anderen Mittel **„erheblich"** weniger erfolgversprechend wären oder der Ermittlungserfolg **„wesentlich"** erschwert wäre.[245]

275 Bloße Bequemlichkeit oder Arbeitserleichterung allein reichen demnach als Begründung für den Einsatz der Rasterfahndung nicht aus. Zunächst müssen andere, für die Rechte Dritter weniger belastende Ermittlungsmethoden angewandt oder doch zumindest versucht werden, sofern nicht schon von vornherein gesagt werden kann, daß sie nicht oder nur wesentlich schlechter zum Aufklärungserfolg führen. Insoweit besteht im Hinblick auf die Rasterfahndung **keine freie Wahl der Mittel,** sofern mehrere gleich erfolgversprechende Mittel zur Verfügung stehen.

e) Anordnung

276 Die Anordnung der Rasterfahndung ist nach § 98 b I und II StPO dem **Richter** vorbehalten. Sie ist **schriftlich** zu treffen und muß den Verpflichteten innerhalb der speichernden Stelle bezeichnen, der die benötigten Daten zu übermitteln hat. Da die Anordnung mit Ordnungs- und Zwangsmitteln bis hin zur Beugehaft durchgesetzt werden kann, §§ 98 a V, 95, II, 70 StPO, kann sie nur denjenigen verpflichten, der rechtlich und tatsächlich zur Selektion und Herausgabe der Daten in der Lage ist.

277 Die Anordnung muß ferner diejenigen Daten und Prüfungsmerkmale bezeichnen, die für die Rasterfahndung benötigt werden. Bei der Formulierung der betroffenen Daten verlangt § 98 b I S. 4 StPO **größtmögliche Präzision.** Dies liegt sowohl im Interesse der Ermittlungen, die nur dann sinnvolle Ergebnisse erbringen können, wenn die Ermittlungsansätze genau formuliert und datenverarbeitungstechnisch umgesetzt werden, als auch der möglichsten Schonung unbeteiligter Dritter.

278 Bei **Gefahr im Verzug** darf auch die **Staatsanwaltschaft** die Anordnung treffen, die aber außer Kraft tritt, wenn sie nicht binnen drei Tagen vom Richter bestätigt wird. Gefahr im Verzug liegt vor, wenn der Erfolg der Beschlagnahme durch die Verzögerung, die die Herbeiführung der richterlichen Anordnung mit sich bringen würde, gefährdet wäre. Dies dürfte nur in ganz **seltenen Ausnahmefällen** zu bejahen sein. Die Rasterfahndung setzt die Entwicklung einer Fahndungshypothese und des darauf aufbauenden Rasters voraus. Sodann ist zu klären, bei welchen Stellen die Daten vorhanden sind, die für die Rasterfahndung benötigt werden. Außerdem muß geprüft werden, mit Hilfe welcher Programme die Daten bei der datenverarbeitenden Stelle selektiert und für die Übermittlung vorbereitet werden. Bei der Behörde, die die Rasterfahndung durchführt, muß die dazu geeignete Hard- und Software vorhanden und vorbereitet sein.

279 Alle diese Schritte sind sowohl im Interesse des Erfolges als auch zur Gewährleistung der Beschränkung auf das Erforderliche und Verhältnismäßige notwendig. Denn die Ergebnisse der elektronischen Datenverarbeitung sind immer nur so gut wie die Gedankeninvestitionen, die vor ihrem Einsatz gemacht worden sind. Alles in allem ist die Rasterfahndung eine jener Ermittlungsmethoden, die schon begrifflich als überhastete Eilmaßnahme kaum in Betracht kommen. Ihre Vorbereitung dürfte in aller Regel so viel Zeit beanspruchen, daß auch die Einschaltung des Richters noch möglich ist.

280 Ist gleichwohl die Anordnung durch den Staatsanwalt getroffen worden, so ist **unverzüglich** die **richterliche Entscheidung** zu beantragen. Unverzüglich heißt, daß der Antrag zu stellen ist, sobald dies möglich ist, unabhängig davon, wie weit bis dahin die Durchführung der Rasterfahndung gediehen ist. Wird die Anordnung nicht binnen drei Tagen, d. h. bis zum Ende des dritten Tages seit der Eilanordnung, wobei der Anord-

[245] Krit. hierzu *Bernsmann/Jansen* StV 1998, 217 (221 ff.) sowie *Siebrecht,* aaO, 120 ff.

nungstag nach § 42 StPO nicht mitgerechnet wird, vom Richter bestätigt, so tritt sie **außer Kraft.**

Hinsichtlich der Verwertung der bis dahin gewonnenen Erkenntnisse ist zu unterscheiden: Ist die richterliche Anordnung unterblieben, weil ihre **Voraussetzungen** inzwischen **weggefallen** sind, etwa weil der Flüchtende gefaßt wurde, der Verdächtige gestanden hat oder weil inzwischen ein anderer Tatablauf ermittelt wurde, so dürfen die Informationen unter Beachtung von § 98 b III StPO verwendet werden. Lagen hingegen die Voraussetzungen für eine Anordnung nach Auffassung des Richters **von Anfang an nicht vor,** so dürfen auch die im Rahmen der Eilanordnung der Staatsanwaltschaft gewonnenen Daten nicht verwertet werden.[246] Die übermittelten Datenträger sind an die speichernde Stelle zurückzugeben und alle im Zusammenhang mit der Rasterfahndungsmaßnahme gespeicherten Daten zu löschen (§ 98 b III S. 1 StPO analog). 281

f) Durchführung der Rasterfahndung

Nach Anordnung der Maßnahme und demgemäß Bezeichnung der benötigten Daten und Prüfungsmerkmale hat die speichernde Stelle, präziser: derjenige innerhalb der speichernden Stelle, der in der Anordnung dazu verpflichtet wird, die – bei ihr vorhandenen[247] – **Daten auszusondern** (§ 98 a III StPO). Sie kann sich dabei der Hilfe anderer bedienen. Im Weigerungsfalle kann die Herausgabe mit den Zwangsmitteln des § 95 Abs. 2 StPO durchgesetzt werden (§ 98 a V StPO). 282

Es dürfen nur die Daten an die Strafverfolgungsbehörden übermittelt werden, die in der Anordnung bezeichnet werden. Lediglich wenn die Trennung von den anderen Daten nur mit unverhältnismäßigem Aufwand möglich wäre, ist die **Übermittlung weiterer Daten** zulässig. In diesem Falle muß aber die Anordnung – gegebenenfalls eine **ergänzende Anordnung**[248] – die anderen, mitzuübermittelnden Daten ausdrücklich bezeichnen. Die überschießenden Daten dürfen nicht genutzt werden, § 98 a III S. 1 StPO. Stellt sich heraus, daß auch sie für die Rasterfahndung benötigt werden, so ist eine ergänzende Anordnung notwendig. 283

Die Strafverfolgungsbehörde darf die übermittelten Daten mit anderen – in der Regel von anderen speichernden Stellen übermittelten – Daten **maschinell „abgleichen"**. Auch ein „Abgleich" mit polizeilichen Dateien ist zulässig, sofern nicht deren Zweckbindung entgegensteht, Gedanke des § 98 b I S. 1 StPO. Am Ende der beliebig oft – sofern in jedem Einzelfall die Voraussetzungen vorliegen – durchführbaren Rasterung stehen diejenigen Datensätze, auf die die Fahndungshypothese zutrifft. Sie sind dann im Rahmen der üblichen Ermittlungsbefugnisse der StPO weiter abzuklären, um den Verdacht zu erhärten oder auszuräumen. 284

g) Abschluß der Maßnahme

Nach Beendigung des „Abgleichs" sind die **Datenträger** an die übermittelnde Stelle **zurückzugeben,** § 98 b II S. 1 StPO. Dabei ist zu unterscheiden: Sind, was der Regelfall sein dürfte, die Daten von der übermittelnden Stelle aus ihrem Gesamtdatenbestand herauskopiert worden, so hat sie kein berechtigtes Interesse am Inhalt der selektierten Daten. Im Gegenteil würde sogar die Rückgabe der Datenträger, einschließlich der darauf gespeicherten, selektierten Daten Gefahren für das Recht auf informationelle Selbstbestimmung der Betroffenen heraufbeschwören. Denn die speichernde Stelle könnte sie im weitesten Sinne zum Kreis der Verdächtigen, „polizeirelevanten" Personen zählen und daraus unsachliche Schlüsse ziehen. Deshalb ist es im Regelfall geboten, die Daten auf 285

[246] A. A. *Nack,* in: KK, § 98 b, Rdn. 2; wie hier für die vergleichbare Situation bei § 163 d Abs. 2 StPO: *Schoreit,* in: KK, § 163 d, Rdn. 31; mißverständlich: *Kleinknecht/Meyer-Goßner,* wonach es u. a. darauf ankommen soll, ob die Erkenntnisse unter „völliger Umgehung" des § 98 a erlangt wurden, § 98 a, Rdn. 11.

[247] *Hilger* NStZ 1992, 457 (460).

[248] *Nack,* in: KK, § 98 a, Rdn. 20; *Hilger* NStZ 1992, 457 (460).

dem Datenträger **vor Rückgabe** zu **löschen.** Lediglich dann, wenn es sich ausnahmsweise um **Originaldatenbestände** der speichernden Stelle handelt, liegt auch ein berechtigtes Interesse an der Rückgabe der gespeicherten Daten vor.

286 Bei der Strafverfolgungsbehörde selbst sind alle personenbezogenen Daten, die auf andere – als den zurückzugebenden – Datenträger übertragen worden sind, zu löschen, sobald sie für das Strafverfahren nicht mehr benötigt werden. Dies bedeutet, daß **alle Daten,** die durch das Raster „gefallen" sind, **zu löschen** sind, nach konventioneller Abklärung auch alle Daten, die zunächst „hängengeblieben" sind, sich aber im Zuge der weiteren Ermittlungen als nicht relevant herausgestellt haben. **Löschung** bedeutet nach § 3 V Nr. 5 BDSG das physikalische Unkenntlichmachen der Daten auf dem Datenträger. Die bloße Erschwerung des „gezielten Zugriffs" genügt nicht.[249] Gelöscht werden müssen die Daten auch in Sicherungs- und Protokolldatenbeständen. Auch etwaige zwischenzeitlich erstellte **konventionelle Datenträger** wie Computerausdrucke, schriftliche Aufzeichnungen etc., sind zu bereinigen bzw. zu **vernichten.**

287 Die **strikte Löschpflicht** ist ein Ausgleich dafür, daß die Rasterfahndung in die Rechte völlig Unbeteiligter eingreift. Die Maßnahme, zu der sie keine vorwerfbare Ursache gesetzt haben, soll für sie keine weitergehenden Folgen haben. Die Löschung der Daten schmälert auch nicht die **Rechte der Verteidigung,** wenn die Rasterfahndungsmaßnahme im übrigen ordnungsgemäß dokumentiert ist. Das Gericht und die Verteidigung können der Dokumentation die einzelnen Arbeitsschritte im Rahmen der Rasterfahndung entnehmen, ohne daß dazu ein weiterer Eingriff in die Rechte Unbeteiligter notwendig wäre.[250] Um im Rahmen der **ordnungsgemäßen Dokumentation** die Unterrichtungspflicht gegenüber dem zuständigen Datenschutzbeauftragten gem. § 98 b IV S. 2 StPO sinnvoll erfüllen zu können, empfiehlt sich die Anfertigung einer Niederschrift über die durchgeführten Löschungen.[251]

h) Verwendung der gewonnenen Daten

288 Die gewonnenen Daten dürfen für „das Strafverfahren", in dessen Rahmen die Rasterfahndung durchgeführt wurde, verwendet werden. Zur Form der Verwendung ist im Gesetz nichts Näheres geregelt. In aller Regel werden aus den gewonnenen Daten **weitere Ermittlungsansätze** herzuleiten sein. Die Aufbewahrung der Daten richtet sich nach den allgemeinen Vorschriften über die Dokumentation von Strafermittlungsverfahren. Danach kann eine Speicherung der Daten selbst nach rechtskräftigem Abschluß des Verfahrens noch erforderlich sein.[252] Werden andererseits die zunächst als relevant herausgerasterten Daten nicht mehr benötigt, so sind auch sie unverzüglich zu löschen, § 98 b III S. 2 StPO.

i) Zufallsfunde

289 Zufallsfunde dürfen **zu Beweiszwecken** in anderen Strafverfahren verwendet werden, wenn es sich um eine Katalogstraftat im Sinne von § 98 a I handelt, § 98 b III S. 3 StPO. Eine Verwendungsregelung, die lediglich die Verwendung „zu Beweiszwecken" beinhaltet, greift zu kurz. Denn „zu Beweiszwecken" dürften die Ergebnisse von Rasterfahndungsmaßnahmen ohnehin nur in den seltensten Fällen verwendbar sein. In aller Regel dienen sie der Gewinnung von weiteren Ermittlungsansätzen. Die Einschränkung auf die Verwendung „zu Beweiszwecken" ist deshalb bei Licht gesehen keine wirkliche Einschränkung. Würde man ihr entnehmen können, daß Zufallsfunde im übrigen „frei" verwendbar wären, so wäre de facto die Verwendung von Zufallsfunden im Rahmen der Rasterfahndung unbegrenzt zur Verfolgung aller Straftaten möglich, solange dies nicht „zu Beweiszwecken" erfolgen würde. Die Strafverfolgungsbehörden könnten aus dem

---

[249] *Dammann,* in: *Simitis* u. a., BDSG, § 3, Rdn. 188.
[250] A. A. offenbar *Nack,* in: KK, § 98 b Rdn. 8.
[251] *Nack,* in: KK, § 98 b Rdn. 7.
[252] Vgl. *Kleinknecht/Meyer-Goßner,* StPO, § 100 b Rdn. 8.

Ergebnis von Rasterfahndungsmaßnahmen Ermittlungsansätze selbst zur Aufklärung von **Bagatelldelikten** gewinnen.[253]

Ein solches Ergebnis wäre mit dem Normenzweck und dem Verhältnismäßigkeitsgrundsatz nicht vereinbar. Deshalb dürfen Zufallsfunde über den Wortlaut von § 98 b III S. 3 StPO hinaus auch außerhalb der Verwendung „zu Beweiszwecken" nur unter Beachtung des **Verhältnismäßigkeitsprinzips** verwertet werden. Die somit bestehende Unsicherheit sollte der Gesetzgeber de lege ferenda durch eine präzise Verwendungsregelung unter Vermeidung der Beschränkung auf die Verwendung „zu Beweiszwecken" beseitigen. 290

Für eine Verwendung von Daten aus einer strafprozessualen Rasterfahndung für Zwecke der **Gefahrenabwehr** enthält nunmehr § 481 StPO eine gesetzliche Grundlage. Demnach sollen generell personenbezogene Informationen aus Strafverfahren „nach Maßgabe der Polizeigesetze" verwendet werden dürfen. Es erscheint zweifelhaft, ob der Bund die Regelung der Verwendung von Strafverfolgungsdaten einfach den Ländern überlassen darf. Zumindest müßte es sich bei der Gefahrenabwehr um die Abwehr von Rechtsverletzungen handeln, die mit dem Schutzgut der Straftaten im Katalog von § 98 a I kompatibel sind. 291

j) Von der Rasterfahndung ausgenommene Datenbestände

Bestimmte Datenbestände dürfen von vornherein nicht in die Rasterfahndung einbezogen werden, § 98 b I S. 5 und 6 StPO. Wenn es sich um Datenbestände handelt, bei deren Bekanntgabe nach der Erklärung der zuständigen obersten Dienstbehörde dem **Wohl des Bundes** oder eines deutschen **Landes Nachteile** entstehen würden, so braucht die zuständige Behörde sie auch auf richterliche Anordnung hin nicht vorzulegen. In gleicher Weise sind die Inhaber von Datenbeständen, die gem. § 97 StPO im Hinblick auf ein **Zeugnisverweigerungsrecht** nicht der Beschlagnahme unterliegen, auch nicht verpflichtet, einer Anordnung nach § 98 a II StPO Folge zu leisten. Herausgabepflichtig ist immer nur ein Zeuge, nicht der Beschuldigte selbst.[254] Das Zeugnisverweigerungsrecht bezweckt in erster Linie den Schutz des Betroffenen, deshalb kommt auch eine „freiwillige" Herausgabe nicht beschlagnahmepflichtiger Datenbestände nicht in Betracht. Da der speichernden Stelle im Gegenteil die Befugnis für eine Übermittlung derartiger Datenbestände fehlt, kann Strafbarkeit etwa nach § 203 StGB in Betracht kommen, wenn Daten aufgrund einer richterlichen Anordnung nach § 98 b I StPO herausgegeben werden, obwohl sie nach § 97 StPO nicht beschlagnahmt werden dürfen. 292

Nach § 98 b II S. 6 StPO sind auch alle anderen Daten von der Rasterfahndung auszunehmen, für die besondere bundes- oder landesgesetzliche Verwendungsregelungen bestehen. Dies sind neben allen Daten, die einem **besonderen Berufs- oder Amtsgeheimnis** unterliegen, wie z. B. Steuer-, Statistik-, Fernmelde- oder Sozialdaten, auch alle anderen Daten, deren besondere Verwendungsregelungen der Einbeziehung in die Rasterfahndung entgegenstehen.[255] 293

Derartige **besondere Verwendungsregelungen** können zum einen dann vorliegen, wenn der Verwendungszweck der Daten über das allgemeine Zweckbindungsprinzip in § 14 II BDSG hinaus präzise und abschließend geregelt ist. Dies ist beispielsweise bei Daten, die zum Zwecke der wissenschaftlichen Forschung gespeichert sind nach § 40 BDSG oder bei Daten, die ausschließlich zu Zwecken der Datenschutzkontrolle, der Datensicherung oder zur Sicherstellung des ordnungsgemäßen Betriebs einer Datenverarbeitungsanlage gem. § 14 IV BDSG gespeichert sind, der Fall. 294

Aber auch alle anderen Vorschriften, in denen die **Verwendung von Daten** für **Zwecke der Strafverfolgung** besonders geregelt ist, wie z. B. in den §§ 68 ff. von SGB X oder in § 19 II Landesverfassungsschutzgesetz Schleswig-Holstein, stehen einer Übermittlung 295

---

253 So *Nack,* in: KK, § 98 b Rdn. 11; krit. *Hassemer,* KJ 1992, 64 (71).
254 *Nack,* in: KK, § 98 a Rdn. 26.
255 *Rudolphi,* Systematischer Kommentar, § 98 a, Rdn. 15; vgl. auch *Große* Die Polizei 1988, 71 (75 f.).

von Daten über diesen gesetzlichen Rahmen hinaus für Zwecke der Rasterfahndung entgegen. In derartigen Fällen ist die speichernde Stelle zur Datenübermittlung nicht nur nicht verpflichtet, sondern im Verhältnis zu denen, die von der Datenherausgabe betroffen wären, auch **nicht berechtigt.**

k) Benachrichtigungspflichten

296 Werden gegen Personen, die im Raster „hängen"geblieben sind, weitere Ermittlungen geführt, so sind sie zu benachrichtigen, sofern nicht der Untersuchungszweck oder die öffentliche Sicherheit gefährdet werden. Der Umfang der Benachrichtigung richtet sich gem. § 98 b IV S. 1 nach § 163 d V StPO. Demgemäß ist über die in § 163 d I bezeichneten Maßnahmen zu unterrichten. Folglich sind die Betroffenen über die **Herkunft** der Daten, den **Abgleich** mit anderen Datenbeständen sowie darüber zu unterrichten, inwiefern sich daraus Anhaltspunkte für den **Verdacht** einer **strafbaren Handlung** ergeben haben.[256]

297 Nach Abschluß der Rasterfahndung (d. h. gegebenenfalls vor Abschluß der strafrechtlichen Ermittlungen) ist der **zuständige Datenschutzbeauftragte** zu unterrichten. Da die Unterrichtung dem Zweck dient, seine Kontrollaufgaben zu erleichtern, müssen **revisionsfähige Aufzeichnungen** über die Rasterfahndung gefertigt werden.

5. Datenabgleich nach § 98 c StPO

a) Begriff und Zweck der Maßnahme

298 Der Datenabgleich nach § 98 c StPO dient dem polizeiinternen Vergleich von Daten für Zwecke der Strafverfolgung.[257] Im Gegensatz zur Rasterfahndung werden keine Fremddaten in den Abgleich einbezogen, sondern nur solche, die die Polizei bereits für andere Zwecke erhoben hatte. Der in § 98 c StPO geregelte Datenabgleich dient der **Aufklärung einer Straftat** oder der **Aufenthaltsermittlung** für Zwecke des Strafverfahrens.[258] Eine irgendwie geartete Qualifizierung der Straftat ist ebensowenig Voraussetzung wie, daß es sich bei der gesuchten Person um einen Verdächtigen handeln müßte. Auch nach Zeugen kann auf diese Weise gesucht werden. Voraussetzung ist lediglich, daß der Datenabgleich als geeignet für die Zweckerreichung angesehen wird. Allerdings muß zumindest der Anfangsverdacht einer Straftat nach § 152 II StPO vorliegen.[259]

b) Betroffener Personenkreis

299 Vom Datenabgleich nach § 98 c StPO sind zunächst einmal **alle Personen** betroffen, die in den zum Abgleich herangezogenen Dateien gespeichert sind. Sodann diejenigen, deren Daten zum Abgleich verwendet werden. Dies können alle sein, die **„in einem Strafverfahren"** rechtmäßig bekannt geworden sind, egal auf welchem Wege. Folglich können auch die zum Zwecke der Rasterfahndung erlangten Daten in den Abgleich einbezogen werden. Das Gesetz verlangt nicht, daß die in den Abgleich einbezogenen Personen Beschuldigte oder Verdächtige sind. Demnach wäre voraussetzungslos der routinemäßige Abgleich aller im Rahmen eines Strafverfahrens bekanntgewordenen Daten, etwa auch des Verteidigers, der Richter und sonstiger Verfahrensbeteiligter mit sämtlichen Dateien der Polizei zulässig. Eine derart **unbegrenzte Datenverarbeitungsbefugnis** wäre ein **unverhältnismäßiger** Grundrechtseingriff ohne Legitimation.[260] Deshalb muß auch in bezug auf die in den Abgleich einzubeziehenden Personen zumindest die Geeig-

---

[256] *Sokol,* in: Bäumler (Hrsg.), Polizei und Datenschutz, 188 (195).

[257] Zum Begriff vgl. *Ahlf/Daub/Lersch/Störzer,* Kommentar zum BKAG, § 28, Rdn. 6.

[258] § 28 BKAG erlaubt dem BKA nunmehr den Datenabgleich „zur Erfüllung der ihm obliegenden Aufgaben". Soweit das BKA Aufgaben auf dem Gebiet der Strafverfolgung hat, besteht damit – einmal mehr – eine Überschneidung der Befugnisse.

[259] *Rudolphi,* Systematischer Kommentar, § 98 c, Rdn. 1.

[260] Zur Kritik an der Prüfung von „jedermann" ohne konkrete Anhaltspunkte grundlegend: *Riegel,* Datenschutz bei den Sicherheitsbehörden, S. 197 sowie speziell zum Datenabgleich: *Hassemer* KJ 1992, 64 (71).

netheit für die Aufklärung der Straftat oder die Ermittlung des Aufenthaltsortes gegeben sein.

c) Maschineller Abgleich

Als maschineller Abgleich ist zunächst ein Verarbeitungsvorgang anzusehen, bei dem beide abzugleichenden Datenbestände, nämlich die Daten aus dem Strafverfahren und die Daten in den Dateien zur Strafverfolgung, Strafvollstreckung oder Gefahrenabwehr, in automatisierter Form gespeichert sind und mit Computerhilfe abgeglichen werden. Der Begriff dürfte aber auch die sogenannte **Einzelabfrage** einschließen, bei der die Daten der abzugleichenden Person „per Hand" eingegeben werden und in den in Betracht kommenden Dateien abgefragt werden. Nicht geregelt ist in § 98 c StPO der manuelle Datenabgleich etwa im Wege der Durchsicht von Karteien und Akten. Unter den für den maschinellen Abgleich geregelten Voraussetzungen dürfte aber auch der konventionelle Datenabgleich als „minus" zulässig sein. **300**

d) Betroffene Dateien

Die Daten aus einem Strafverfahren dürfen mit anderen zur Strafverfolgung oder Strafvollstreckung oder zur Gefahrenabwehr gespeicherten Daten abgeglichen werden. Dateien, die zum Zweck der **„Vorbeugung"** betrieben werden und die den Hauptanteil der polizeilichen Dateien ausmachen, sind nicht ausdrücklich erwähnt. Sie sind aber der Strafverfolgung zuzurechnen, da sie bei Licht betrachtet der Vorbereitung künftiger Strafverfolgung dienen.[261] Damit dürfte der Datenabgleich mit den meisten polizeilichen Dateien zulässig sein. **301**

Zulässig dürfte der Abgleich auch mit Fremddatenbeständen sein, die die Polizei bereits zu Zwecken der Strafverfolgung erhoben hat.[262] Bedenken bestehen aber, wenn die Fremddaten nur zum Zweck des Abgleichs erhoben werden. In diesem Fall liegt begrifflich eine Rasterfahndung vor, die nur unter den Voraussetzungen der §§ 98 a, 98 b StPO zulässig ist.[263] **Unzulässig** ist der Datenabgleich von vornherein mit Datensammlungen, die lediglich für die Zwecke der **Vorgangsverwaltung**[264] betrieben werden. **302**

Da der Zweck des Datenabgleichs die Aufklärung einer Straftat oder die Ermittlung des Aufenthalts einer Person ist, dürfte der bloße maschinelle Datenabgleich zur Zweckerreichung nicht genügen. Denn die erzielten „Trefferfälle" verweisen auf **weitergehende Informationen** in den **zugehörigen Akten.** Das eigentliche Ziel des Datenabgleichs ist die konventionelle Auswertung der ermittelten Fundstellen. Obwohl der Gesetzeswortlaut hierzu schweigt, dürfte die konventionelle „Nacharbeit" zulässig sein, da auch im Interesse der Betroffenen auf die lediglich in automatisierter Form gespeicherten Daten in aller Regel keine Entscheidungen und Maßnahmen gestützt werden können. **303**

e) Entgegenstehende Verwendungsregelungen

Unterliegen die in den Abgleich einzubeziehenden Datensammlungen Verwendungsbeschränkungen, die enger als für Zwecke der „Strafverfolgung" sind, so dürfen sie nicht verwendet werden. Derartige Verwendungsbeschränkungen können sich aus dem **Polizeirecht** oder aus **anderen Gesetzen** ergeben. So ist die Verwendung von Daten, die die Polizei zur Vorbereitung auf die Gefahrenabwehr erhoben hat, strikt auf diesen Zweck begrenzt.[265] Inwieweit generell der Bundesgesetzgeber befugt ist, die Verwendung von **304**

---

261 Vgl. Rdn. 531 ff.

262 Vgl. zum Abgleich nach BKAG *Ahlf/Daub/Lersch/Störzer,* Kommentar zum BKAG, § 28, Rdn. 11.

263 Der in der Literatur unter Berufung auf *Hilger* NStZ 1992, 457 (461, Fußn. 75, wiederum unter Bezugnahme auf BT-Drs. 12/989, S. 38) vertretene Standpunkt, es handele sich einerseits um einen justizinternen Abgleich, andererseits dürften Meldedaten nach § 18 MRRG zum Zwecke dieses Abgleichs erhoben werden, ist widersprüchlich, vgl. *Möhrenschläger* wistra 1992, 326 (328); *Kleinknecht/Meyer-Goßner,* § 98 c, Rdn. 1; *Nack,* in: KK, § 98 c, Rdn. 1; *Rudolphi,* Systematischer Kommentar, § 98 c, Rdn. 1.

264 Zum Begriff vgl. unten Rdn. 736 ff.

265 Vgl. z. B. § 179 Abs. 4 LVwG SH, der eine Verwendung derartiger Daten zur Strafverfolgung nur dann zuläßt, wenn es sich um eine Straftat „im Zusammenhang mit dem Gefahrenfall" handelt.

Daten, die für Zwecke der Gefahrenabwehr auf der Grundlage landesgesetzlicher Vorschriften erhoben worden sind, für andere Zwecke zuzulassen, erscheint klärungsbedürftig. Allerdings erlauben die **Landespolizeigesetze** die Verwendung der für die Gefahrenabwehr erhobenen Daten auch für Zwecke der Strafverfolgung.[266]

305 Aus der **Strafprozeßordnung** können sich Einschränkungen z. B. aus den §§ 52, 96, 97, 136 a und 148 StPO ergeben.[267] Dateien, deren Verwendung nicht schlechterdings „zur Strafverfolgung" zulässig ist, dürfen auch nicht in den Abgleich einbezogen werden, es sei denn, es ist eine Straftat aufzuklären, für die auch nach dem **bereichsspezifischen Recht** die Daten verwendet werden dürfen. Dies bedeutet z. B., daß Dateien, in denen sich Steuerdaten befinden, nur in den Abgleich einbezogen werden dürfen, wenn die Voraussetzungen des § 30 IV oder V AO auch im Hinblick auf die aufzuklärende Straftat vorliegen.[268]

6. Einsatz technischer Mittel nach § 100 c Abs. I Nr. 1 u. 2 StPO

a) Allgemeines

306 **aa) Räumlicher Anwendungsbereich.** Obwohl der Wortlaut von § 100 c I Nr. 2 StPO insoweit nicht ganz eindeutig ist, ergibt sich schon aus der Entstehungsgeschichte, daß § 100 c I Nr. 2 StPO nur den Einsatz der dort genannten technischen Mittel **außerhalb von** nicht allgemein zugänglichen **Wohnungen** gestattet.[269] Auch die zunächst vorgesehene Befugnis, das nichtöffentlich gesprochene Wort in Wohnungen jedenfalls dann abzuhören und aufzuzeichnen, wenn es im Beisein eines nicht offen ermittelnden Beamten geäußert wird, wurde im Gesetzgebungsverfahren ausdrücklich fallengelassen.[270] § 100 c I Nr. 2 StPO gestattet also nur Maßnahmen außerhalb von nicht allgemein zugänglichen Wohnungen.[271] Selbstverständlich sind nach dieser Vorschrift auch keine Maßnahmen erlaubt, die von außerhalb die Kommunikation in Wohnungen überwachen.[272]

307 **bb) Abgrenzung zum Polizeirecht.** Die Maßnahmen sind zum Teil nur auf richterliche Anordnung (§ 100 c I Nr. 2 StPO), zum Teil ohne besondere Anordnungskompetenz zulässig. In beiden Fällen dürfte im Hinblick auf die erforderliche Geräteausstattung nur ein Einsatz technischer Mittel durch die Polizei, nicht durch die Staatsanwaltschaft in Betracht kommen. Damit stellt sich die Frage nach der Abgrenzung von den vergleichbaren polizeirechtlichen Befugnissen. Die Polizeigesetze lassen den Einsatz technischer Mittel zur vorbeugenden Bekämpfung von Straftaten[273] und zur Gewahrenabwehr[274] zu. Da die Anwendungsvoraussetzungen unterschiedlich sind, kann nach der hier vertretenen Auffassung eine Verwendung von Daten, die unter Inanspruchnahme präventiv-polizeilicher Befugnisse erhoben worden sind, für Zwecke der Strafverfolgung nur in Betracht

---

266 Vgl. z. B. §§ 37, 38 PolG BW, Art. 37, 38 Bay PAG, §§ 42, 43 ASOG Bln, § 41 VG PolG Bbg, § 20 HSOG, § 16 HmbDVPolG, § 38 NGefAG, §§ 24, 25 PolG NW, § 30 SPOlG, § 43 Sächs. PolG, §§ 22, 23 SOG LSA, §§ 188, 189 LVwGSH, §§ 39, 40 Thür PAG. Eine eingehendere Problematisierung solcher Zweckverschiebung fehlt, weil die „polizeiliche" Arbeit traditionell und unreflektiert als potentiell „doppelfunktional" gesehen wird.

267 *Hilger* NStZ 1992, 457, Fußn. 79.

268 *Rudolphi,* Systematischer Kommentar, § 98 c, Rdn. 4 mit weiteren Beispielen.

269 Vgl. dazu im einzelnen *Nack,* in: KK, § 100 c Rdn. 1 ff. sowie *Ransiek* GA 1995, 23 ff. und *Roxin,* Strafverfahrensrecht, § 10, Rdn. 24.

270 *Kinkel* ZRP 1991, 409 (413) und BT-Dr. 12/2720, S. 5.

271 Zum Begriff vgl. *Rachor,* F, Rdn. 381 ff. Nach dem Urteil des *BGH* v. 24. 7. 1998, JZ 1999, 259 ff. (m. Anm. v. *Duttge,* 261 ff.) ist der Besuchsraum einer Untersuchungshaftvollzugsanstalt keine Wohnung in diesem Sinn, ebensowenig ein KfZ, vgl. Beschl. des Ermittlungsrichters beim *BGH* v. 11. 4. 1997, NJW 1997, 2189, wohl aber gem. Beschl. des Ermittlungsrichters beim *BGH* v. 14. 3. 1997, NJW 1997, 2189 f., der Vorgarten eines Wohnhauses.

272 A. A. *Krey/Haubrich* JR 1992, 309 (314).

273 Dazu unten Rdn. 641 ff.

274 Vgl. unten Rdn. 707 ff.

kommen, wenn die Daten auch für diesen Zweck mit den gleichen Mitteln hätten erhoben werden dürfen.[275]

cc) Heimlichkeit der Maßnahmen. Schon die ersten vier Worte von § 100 c StPO unterstreichen die Heimlichkeit der Methoden, mit denen die Daten erhoben werden dürfen.[276] Die heimliche Erhebung von Daten steht in direktem **Gegensatz** zu den Prinzipien des **Rechts auf informationelle Selbstbestimmung.** Ein wesentliches Merkmal dieses Rechts ist die für den Betroffenen transparente Verarbeitung seiner Daten, die Voraussetzung für die Wahrnehmung des informationellen Selbstbestimmungsrechts ist (vg. oben Kap. G Rdn. 17 ff. u. 42 ff. und unten Kap. K Rdn. 5 u. 59). **308**

Zwar ist die Notwendigkeit von Ausnahmen vom Prinzip der transparenten Datenerhebung im Bereich der Strafverfolgung nicht von vornherein zu bestreiten. Gleichwohl bedarf die Einräumung von Befugnissen zur **heimlichen Datenerhebung** der besonderen Begründung. Die Befugnisnormen sind als Ausnahmen vom Prinzip offener staatlicher Datenerhebung, das sich im Rechtsstaatsgebot, im Täuschungsverbot des § 136 a StPO und im Fairneßgebot (Art. 102 I GG) konkretisiert, äußerst restriktiv – wenn überhaupt – zu nutzen.[277] **309**

b) Die einzelnen Eingriffsmittel

aa) Lichtbilder und Bildaufzeichnungen. Gestattet ist die Herstellung von Fotos, Film- oder Videoaufzeichnungen außerhalb von nicht allgemein zugänglichen Wohnungen. Aus der Formulierung von Abs. 1 Nr. 6 („sonstige besondere für **Observationszwecke** bestimmte technische Mittel") wird deutlich, daß auch Lichtbilder und Bildaufzeichnungen nach Abs. 1 Nr. a 1 a Nr. 2 nur für Observationszwecke hergestellt werden dürfen.[278] Eine flächendeckende **Videobeobachtung** von Straßen, Plätzen und ganzen Innenstadtbereichen scheidet aus, denn Voraussetzung ist stets der Anfangsverdacht einer konkreten, erheblichen Straftat. **310**

Voraussetzung ist weiterhin, daß die Erforschung des Sachverhalts oder die Ermittlung des Täters auf andere Weise weniger erfolgversprechend oder erschwert wäre. Eine besondere Qualifizierung der verfolgten Straftat ist nicht vorgesehen. Deshalb ist die **Prüfung der Subsidiarität** der Maßnahme keine bloße Formalie. Das heimliche Herstellen von Lichtbildern und Bildaufzeichnungen ist auch dann ein nachhaltiger Eingriff in das allgemeine Persönlichkeitsrecht, wenn es außerhalb von Wohnungen in der Öffentlichkeit geschieht.[279] Die Polizei kann die Mittel des § 100 c I Nr. 1 a StPO also nicht nach Belieben, sondern nur anwenden, wenn nicht mildere Mittel zum gleichen Erfolg führen. Dazu kann auch die offene, für den Betroffenen erkennbare Herstellung von Licht- und Bildaufzeichnungen, die offene Befragung o. ä. zählen. **311**

bb) Sonstige technische Mittel. Der **Begriff** der „sonstigen technischen Mittel" ist im Gesetz nicht näher umschrieben. Begrenzungen ergeben sich zunächst einmal aus den anderen in § 100 c StPO geregelten Mitteln: Es handelt sich jedenfalls nicht um Bildaufzeichnungen (§ 100 c I Nr. 1 a StPO) und nicht um Aufzeichnungen des gesprochenen Wortes (§ 100 c I Nr. 2 StPO). Im allgemeinen werden darunter Geräte verstanden, die durch Aussenden von Signalen eine Lokalisierung von Personen oder Sachen zulassen, wie **Alarmkoffer, Bewegungsmelder, Nachtsichtgeräte** und **Peilsender.**[280] Gleichwohl bleiben er- **312**

---

275 Vgl. unten Rdn. 749 ff.

276 Es versteht sich von selbst, daß die Mittel des § 100 c StPO, falls dies kriminalistisch Sinn machen kann und nicht darin eine Form der Diskriminierung liegt („offene Observation"), als geringerer Eingriff auch offen eingesetzt werden können, vgl. *Hilger* NStZ 1992, 457 (461, Fußn. 87).

277 Vgl. auch *Kempf,* in: Bäumler (Hrsg.), Polizei und Datenschutz, 59 ff.

278 So ausdrücklich auch: *Hilger* NStZ 1992, 457 (462).

279 Die Erwägung bei *Kleinknecht/Meyer-Goßner,* § 100 c, Rdn. 1, niemand sei in der Öffentlichkeit vor Beobachtungen anderer geschützt, berücksichtigt nicht den Schutzbereich des Rechts auf informationelle Selbstbestimmung. Es geht um die Freiheit vor staatlicher Beobachtung, nicht um den Schutz vor privater „Beschattung".

280 *Hilger* NStZ 1992, 457 (461, Fußn. 89).

hebliche Zweifel an der Normenklarheit von § 100 c I Nr. 1 b StPO. Insbesondere „technische Mittel" zur „Erforschung des Sachverhalts" sind so vage formuliert, daß nicht vorhersehbar ist, welche Rechtseingriffe darauf gestützt werden können.[281] Insofern ist die Norm offensichtlich verfassungsrechtlich bedenklich (BVerfGE 21, 73 [79]; E 65, 1 [54]; E 86, 288 [311]).

313 **cc) Straftat von erheblicher Bedeutung.** Der Einsatz der Mittel ist nur zulässig, wenn Gegenstand der Untersuchung eine **Straftat von erheblicher Bedeutung** ist und wenn die Erforschung des Sachverhalts oder die Ermittlung des Aufenthaltsorts des Täters auf andere Weise weniger erfolgversprechend oder erschwert wäre. Unter „Untersuchung" ist in diesem Zusammenhang ein Ermittlungsverfahren nach Bejahung eines Anfangsverdachts i. S. v. § 152 II StPO zu verstehen. Es muß sich um eine Straftat von „erheblicher Bedeutung" handeln. Im Gegensatz zu § 98 a I StPO ist kein Straftatenkatalog angefügt. Damit dürfte § 100 c I Nr. 1 b StPO auch insoweit nicht dem verfassungskräftigen Grundsatz der Normenbestimmtheit entsprechen.

314 § 100 c I Nr. 1 b StPO bedarf der verfassungskonformen Auslegung und Anwendung. Im Hinblick auf den erheblichen Eingriffscharakter, den die Beobachtung eines Menschen „auf Schritt und Tritt" bedeutet,[282] dürfte eine Orientierung zumindest am **Straftatenkatalog des § 100 c I Nr. 2 StPO** angemessen sein.

315 **dd) Abhören und Aufzeichnen des nichtöffentlich gesprochenen Wortes.** Nach § 100 c I Nr. 2 StPO darf das nichtöffentlich gesprochene Wort mit technischen Mitteln abgehört und aufgezeichnet werden. Nach dem oben Ausgeführten kommt eine derartige Maßnahme allenfalls **außerhalb** von nicht allgemein zugänglichen **Wohnungen** in Betracht.[283]

316 Tatbestandsmäßig – und damit an die Voraussetzungen des § 100 c I Nr. 2 StPO gebunden – ist sowohl das Abhören als auch das Aufzeichnen, sofern es jeweils unter **Zuhilfenahme technischer Mittel** geschieht.[284] Dabei kann es sich um elektronische Wanzen, Richtmikrofone, aber auch um einfache Geräte handeln, die das abgehörte Wort über seinen natürlichen Klangbereich hinaus verstärken, wie z. B. das Hörrohr an der Wand.[285] § 100 c I Nr. 2 StPO betrifft das **„nichtöffentlich"** gesprochene Wort, d. h. das nicht an die Allgemeinheit gerichtete und von der Allgemeinheit auch nicht ohne weiteres wahrnehmbare, gesprochene Wort. Ob das Wort von seinem Inhalt her aus der Sicht der Betroffenen besonders vertraulich ist, ist ohne Bedeutung. Entscheidend ist allein die Kontrollmöglichkeit des sich Äußernden über die Reichweite und den Adressatenkreis seiner Worte.

317 Das Abhören und die Aufzeichnung setzen voraus, daß bestimmte Tatsachen den Verdacht begründen, daß jemand eine Straftat nach dem Katalog des **§ 100 a StPO** begangen hat. Damit müssen **gravierendere und konkretere Tatsachen** vorliegen als für die Begründung eines Anfangsverdachts nach § 152 II StPO notwendig, denn sonst hätte eine Formulierung wie in § 100 c I Nr. 1 StPO ausgereicht. Vermutungen, selbst wenn durch einzelne Tatsachenelemente untermauert, reichen nicht aus. Notwendig ist das Feststehen von Tatsachen, die auf das Vorliegen einer Straftat mit mehr Wahrscheinlichkeit als im Rahmen von § 152 II StPO schließen lassen, vergleichbar einem „dringenden Tatverdacht".[286]

---

[281] Zur Kontroverse, inwieweit das Öffnen und gegebenenfalls Verbringen eines Pkws in eine Werkstatt zum Einbau eines Abhörgerätes auf § 100 c I Nr. 2 StPO gestützt werden kann, vgl. B. v. 11. 4. 1997 des Ermittlungsrichters beim *BGH* NJW 1997, 2189 sowie *Schairer/Krombacher,* Kriminalistik 1998, 119 ff., *Janker* NJW 1998, 269 ff.

[282] Abwegig *Hippel/Weiß* die in der Videoaufzeichnung des Betretens und Verlassens der Privatwohnung keinen Grundrechtseingriff sehen, JR 1992, 316 (321, 323).

[283] Vgl. oben Rdn. 306.

[284] Mißverständlich: *Rieß* NJ 1992, 491 (496), wonach generell das „bloße Mithören" des nichtöffentlich gesprochenen Wortes zulässig sei.

[285] Zum Begriff vgl. *Tröndle/Fischer,* StGB-Kommentar, § 201, Rdn. 3 ff.

Die Anbindung an den Straftatenkatalog des § 100 a ist sachgerecht, da das nichtöffentlich gesprochene Wort mindestens den gleichen Schutz verdient wie das per Telefon übermittelte.[287] Auch hier ist zusätzlich Voraussetzung, daß kein **milderes Mittel** existiert. Allerdings mit der Verschärfung gegenüber § 100 c I Nr. 1 b StPO (Einsatz technischer Mittel), daß anderenfalls die Sachaufklärung oder die Ermittlung des Aufenthaltsortes des Verdächtigen **„aussichtslos"** oder **„wesentlich erschwert"** wäre. Damit müssen insoweit die gleichen Voraussetzungen wie bei einer Telefonüberwachung nach § 100 a StPO vorliegen. Ein anderes, milderes Mittel darf also entweder überhaupt nicht zur Verfügung stehen oder die Aufklärung nur unter wesentlich erschwerten Bedingungen ermöglichen. Von einer „wesentlichen" Erschwerung kann nicht bereits dann gesprochen werden, wenn das andere Mittel unbequemer, zeitaufwendiger oder teurer wäre. Notwendig ist vielmehr, daß das andere Mittel bei vernünftiger Betrachtung zu einer auch unter Berücksichtigung der Schwere des Rechtseingriffs unvertretbaren Belastung führen würde. 318

c) Die betroffenen Personen

Alle Maßnahmen nach § 100 c I StPO dürfen sich im Prinzip nur gegen den **Beschuldigten** (in Abs. 1 ist mißverständlich vom „Täter" die Rede) richten. Das ist derjenige, gegen den ein Ermittlungsverfahren geführt wird.[288] Die Maßnahme richtet sich **„gegen"** denjenigen, dessen Bild oder gesprochenes Wort aufgezeichnet werden soll oder dessen Bewegungen mit technischen Mitteln überwacht werden sollen. Soweit bei dieser Gelegenheit notgedrungen Dritte betroffen sind, etwa weil sie „durchs Bild" laufen, gilt § 100 c III StPO.[289] 319

Davon zu unterscheiden ist der Fall, daß sich die Maßnahme von vornherein gegen eine andere Person als den Verdächtigen richtet. Dies ist nach § 100 c II S. 2 StPO zulässig, soweit es um das Herstellen von Lichtbildern und Bildaufzeichnungen geht, wenn die Erforschung des Sachverhalts oder die Ermittlung des Aufenthaltsorts des Verdächtigen auf andere Weise erheblich weniger erfolgversprechend wäre oder wesentlich erschwert wäre. Insoweit gilt das zu Abs. 1 Ausgeführte.[290] Allerdings ist bei der Prüfung von Alternativen besondere Sorgfalt angezeigt, weil es nicht nur um die Wahl des milderen Mittels gegen den ohnehin Verdächtigen, sondern um den **Grundrechtseingriff gegenüber** einem **Unverdächtigen** geht. Deshalb kann es notwendig sein, gegen den Verdächtigen aufwendigere und möglicherweise eingriffsintensivere Mittel zu ergreifen, bevor der Unverdächtige einbezogen wird. 320

Die Maßnahmen nach § 100 c I Nr. 1 b und Nr. 2 StPO dürfen gegen **andere Personen** unter folgenden Voraussetzungen durchgeführt werden, die kumulativ vorliegen müssen: 321

Aufgrund bestimmter Tatsachen ist anzunehmen, daß die andere Person mit dem Täter in **Verbindung** steht **oder** daß eine solche **Verbindung hergestellt** wird. Während sich die übrigen Maßnahmen nach § 100 c StPO sogar gegen völlig unbeteiligte Dritte richten dürfen, ist hier also eine bestehende oder mutmaßlich zustande kommende Verbindung notwendig. Von einer „Verbindung" kann nur dann gesprochen werden, wenn mehr als ein bloßer Kontakt besteht.[291] Es muß ein gewisses Maß an Einvernehmen, etwa im Sinne einer Zweckverbundenheit, vorliegen, das sich freilich nicht auf die zu untersuchende Straftat beziehen muß. 322

---

[286] *Kleinknecht/Meyer-Goßner,* § 112, Rdn. 22.
[287] *Kleinknecht/Meyer-Goßner,* § 100 c Rdn. 5.
[288] Vgl. *Kleinknecht/Meyer-Goßner,* StPO-Kommentar, Einl., Rdn. 76. Das Wort „Täter" unterstreicht aber, daß es schon einen individualisierten konkreten Beschuldigten geben muß.
[289] Dazu unten Rdn. 325 ff.
[290] Vgl. oben Rdn. 311.
[291] A. A. offenbar *Nack,* in: KK, § 100 c, Rdn. 42.

323 Zusätzlich muß aufgrund bestimmter Tatsachen anzunehmen sein, daß die Maßnahme zur **Erforschung des Sachverhalts** oder zur **Ermittlung des Aufenthaltsortes** des Verdächtigen führen wird.[292] Bloße Ermittlungen „ins Blaue", mit denen das „Umfeld" des Verdächtigen routinemäßig abgeklärt wird, sind mit den Mitteln des § 100 c I Nr. 1 b und Nr. 2 StPO also nicht zulässig. Es muß anzunehmen sein, daß der Verdächtige gerade im Hinblick auf die aufzuklärende Straftat Verbindung mit der anderen Person hält oder aufnehmen wird.

324 Außerdem ist die strenge Subsidiaritätsklausel zu beachten, wonach anderenfalls der **Ermittlungserfolg aussichtslos** oder doch **erschwert wäre.**[293] Dies muß nachprüfbar feststellbar sein. Kriminalistische Vermutungen allein genügen nicht.

Die genaue Prüfung dieser drei Voraussetzungen und ihre korrekte Einhaltung sind deshalb unabdingbar, weil es im Gegensatz zu der in § 100 c III StPO geregelten Variante, bei der Dritte unvermeidbar betroffen werden, darum geht, daß von vornherein ein Unverdächtiger zum Gegenstand der Ausforschung gemacht werden soll. Der Rechtseingriff ist auch deshalb so gravierend, weil er heimlich erfolgt und in besonderer Weise auf die Erforschung der Privatsphäre zielt. Aus diesem Grund ist es auch nicht unsachgemäß, bei Zweifelsfragen Anhaltspunkte in der Dogmatik der Inanspruchnahme des Nichtstörers unter den Voraussetzungen des polizeilichen Notstandes zu suchen.[294]

d) Unvermeidbare Rechtseingriffe gegenüber Dritten

325 Die Beobachtung eines Kommunikationsvorgangs führt zur Wahrnehmung zumindest zweier Kommunikationspartner. Werden Lichtbilder hergestellt oder Bildaufzeichnungen gefertigt, so kann es passieren, daß ein Dritter ins Bild gerät. Werden nichtöffentliche Unterhaltungen abgehört und aufgezeichnet, so sind zumindest zwei Gesprächspartner betroffen. Dadurch kann es zur Erhebung von **Daten über Dritte** kommen, bei denen noch nicht einmal die Voraussetzungen des § 100 c II S. 2 und 3 StPO vorliegen. Auch aus § 100 c III StPO folgt nicht im eigentlichen Sinne eine Befugnis, Daten über derartige Personen zu erheben im Sinne des datenschutzrechtlichen, zielgerichteten Erhebungsbegriffs.[295] § 100 c III StPO erlaubt lediglich die Datenerhebung bezüglich der Personen, gegen die sich die Maßnahme richtet, und zwar auch dann, wenn unvermeidbar Dritte betroffen sind.

326 Die **weitere Verwendung** der auf diesem Wege zur Kenntnis der Strafermittlungsbehörden gelangten Daten ist nicht ausdrücklich geregelt. § 100 d II StPO betrifft nur die Verwendung von Daten, die durch den Einsatz technischer Mittel erlangt worden sind und auch nur die Verwendung zu Beweiszwecken. Da es sich um Daten handelt, die nicht „erhoben" worden sind, sondern die unvermeidbar zur Kenntnis gelangt sind, unerwünscht gewissermaßen, weil unter keinem rechtlichen Gesichtspunkt erforderlich, sind sie auch hinsichtlich der weiteren Verwendung so zu betrachten, als existierten sie nicht.

327 Sie sind zum frühestmöglichen Zeitpunkt **zu löschen,** weil sie danach nicht mehr „unvermeidbar" von der Speicherung betroffen wären. Sie dürfen für keinen anderen Zweck verwendet werden als zur Aufrechterhaltung der Verwertungsmöglichkeit der Daten, deren Verwendung durch § 100 c I und II StPO erlaubt ist.[296] Ein Abgleich derartiger Bilder mit digitalisierten Bilddatenbanken oder von Sprechproben unbeteiligter Dritter mit gespeicherten Stimmenspektrogrammen wäre nicht zulässig.[297] Auch ein vorsorglicher „Fahndungsabgleich" – weil man die Daten der Person nun einmal „zufällig" hat – wäre unzulässig, auf diesem Wege gewonnene Erkenntnisse wären unverwertbar. Etwas

---

[292] *Hilger* NStZ 1992, 457 (463); *Nack,* in: KK, § 100 c, Rdn. 42; a. A. *Kleinknecht/Meyer-Goßner,* StPO § 100 c, Rdn. 13.

[293] Vgl. oben Rdn. 311.

[294] Dazu oben E, Rdn. 126 ff.

[295] Dazu oben Rdn. 319 ff.

[296] Mißverständlich: *Hilger* NStZ 1992 (45, 463), der eine Pflicht zur Vernichtung derartiger Daten erst dann sieht, wenn sie „zur Strafverfolgung" nicht mehr benötigt werden.

[297] Vgl. auch unten Rdn. 635.

anderes kann allenfalls gelten, wenn sich im Verlauf der Ermittlungen herausstellt, daß der Kontakt anderer Personen mit dem Verdächtigen keineswegs zufällig war, so daß sie als Teilnehmer der Tat in Betracht kommen, derentwegen die Maßnahme angeordnet worden ist.

e) Grenzen der Einbeziehung Dritter

Durch die neuen Befugnisnormen zur Datenerhebung mit besonderen Mitteln werden **328** andere Vorschriften über das Ermittlungsverfahren und den Strafprozeß nicht aufgehoben. Vielmehr sind die Vorschriften so auszulegen und anzuwenden, daß insbesondere die **Grundsätze des Strafverfahrensrechts** ihre Wirkung möglichst weitgehend entfalten können. So garantiert § 148 StPO dem Beschuldigten einen unbeobachteten Kontakt mit seinem Verteidiger. Daraus folgt, daß, solange keine Tatsachen bekannt sind, aus denen sich ergibt, daß der Verteidiger selbst an der Straftat beteiligt ist, sich die Maßnahmen nach § 100 c StPO nicht gegen den Verteidiger als „andere Person" richten dürfen.

Aber auch gegen den Verdächtigen gerichtete Erhebungsmaßnahmen, die den **Kontakt** **329** mit seinem **Verteidiger** zum Gegenstand haben, sind nicht zulässig. Zulässig sind allenfalls Maßnahmen, bei denen der Verteidiger unvermeidlich betroffen i. S. v. § 100 c III StPO ist, mit der Konsequenz, daß dann auch die Verwendung der so erlangten Daten entsprechend eingeschränkt ist.[298]

Dieselben Grundsätze sind bezüglich aller Personen zu beachten, denen nach § 53 **330** StPO ein **Zeugnisverweigerungsrecht** aus beruflichen Gründen zusteht, also z. B. Geistliche, Rechtsanwälte, Mitglieder oder Beauftragte einer anerkannten Beratungsstelle, Abgeordnete, Journalisten. Auch gegen sie dürfen sich keine Maßnahmen i. S. v. § 100 c II S. 2 und 3 StPO als „andere Personen" im Verhältnis zum Verdächtigen richten. Denn wenn das Vertrauensverhältnis zwischen dem Verdächtigen und einem Berufsgeheimnisträger sogar Vorrang vor der Wahrheitsermittlung in der Hauptverhandlung hat, dann muß dies im Rahmen der Strafermittlungen um so mehr gelten.[299] Sofern **zeugnisverweigerungsberechtigte Angehörige** betroffen sind, kann aus § 100 d III S. 3 StPO hergeleitet werden, daß dies nicht von vornherein unzulässig ist. Denn wenn die Verwertung der Aufzeichnung von Gesprächen mit Angehörigen in Wohnungen unter bestimmten Voraussetzungen zulässig ist, so soll die Herstellung der Aufzeichnung als solche jedenfalls zulässig sein. Was aber sogar innerhalb von Wohnungen zulässig ist, dürfte wohl außerhalb von Wohnungen nicht unzulässig sein.[300] Allerdings ist die Regelung, nach der Gespräche mit zeugnisverweigerungsberechtigten Verwandten in Wohnungen abgehört werden dürfen, zu kritisieren.[301]

Auch aus dem **Grundsatz des fairen Verfahrens** können sich Restriktionen für die An- **331** wendbarkeit der Mittel des § 100 c StPO ergeben. Zwar ist der Grundsatz auf einzelne Ermittlungshandlungen nur mit Einschränkungen anwendbar.[302] Die Unfairneß kann jedenfalls nicht schon aus der Heimlichkeit der Maßnahmne abgleitet werden. Sie kann sich aber z. B. aus der weiteren Verwendung der mit Mitteln des § 100 c StPO erhobenen Daten ergeben, ohne daß der Betroffene davon erfährt. In diesem Fall kann zusätzlich auch der Grundsatz des rechtlichen Gehörs verletzt sein. Insbesondere kann die heimliche Datenerhebung auch gegen § 136 a StPO verstoßen, wenn eine **vernehmungsähnliche Situation** geschaffen oder ausgenutzt wird. Ist dies der Fall, dann kann die Aufzeichnung des nichtöffentlich gesprochenen Wortes eine Umgehung des Verbots sein, Vernehmungen heimlich aufzunehmen.[303]

---

298 Vgl. oben Rdn. 325 ff.

299 *Rudolphi*, Systematischer Kommentar, § 100 c, Rdn. 14; ähnl.: *Nack*, in: KK, § 100 a Rdn. 12, allerdings nur, wenn davon auszugehen ist, daß die betroffenen Mitteilungen dem Schutz des § 53 unterliegen. Dies dürfte aber im vorhinein nur selten feststellbar sein.

300 So *BGHSt*, U. v. 24. 7. 1998, JZ 1999, 259 (261).

301 *Denninger* StV 1998, 401 (405); *Momsen* ZRP 1998, 459 (461); *Duttge* JZ 1999, 261 (263); *Bäumler* DuD 1998, 282 (283).

302 *Pfeiffer*, Grundsätze, Rdn. 28.

332 Wird durch das Abhören und Aufzeichnen des nichtöffentlich gesprochenen Wortes in den unantastbaren **Kernbereich privater Lebensgestaltung** eingegriffen (Beispiel: Aufzeichnung eines „Schäferstündchens"), so besteht ein Verwertungsverbot hinsichtlich der so erlangten Daten. Sie sind sofort zu löschen.[304]

333 Durch den Einsatz der heimlichen Erhebungsmethoden des § 100 c StPO dürfen schließlich auch nicht **besondere Verwendungsbestimmungen** von Daten für Zwecke des Strafverfahrens umgangen werden. So darf eine Maßnahme nicht angeordnet werden, wenn sie der Beschaffung von Sozialdaten ohne Einhaltung der §§ 67 c, 68, 73 SGB X dient.

f) Das Anordnungsverfahren

334 Für die Herstellung von **Lichtbildern und Bildaufzeichnungen** sowie für den Einsatz **technischer Mittel** für Observationszwecke gibt es keine besonderen Anordnungs- und Verfahrensvorschriften. Die **Polizei** kann – unter Beachtung der generellen Sachleitungsbefugnis der Staatsanwaltschaft – **selbst** über den Einsatz dieser Mittel **entscheiden.**[305]

335 § 100 c I Nr. 1 b StPO gestattet nur die Verwendung der technischen Mittel. Dies schließt die notwendigen **Maßnahmen zur Installation** der Mittel ein. Sind mit dem Anbringen der technischen Mittel **eigenständige Rechtseingriffe** verbunden, die nach der StPO nur aufgrund einer speziellen Rechtsgrundlage zulässig sind, so müssen auch deren Voraussetzungen eingehalten werden. Wenn beispielsweise ein Peilsender nur innerhalb eines Fahrzeugs angebracht werden kann und wenn dazu die vom Besitzer unbemerkte Öffnung des Fahrzeugs notwendig ist, so ist dies nur unter den Voraussetzungen von § 102 StPO, sofern es um das Fahrzeug eines Verdächtigen bzw. § 103 StPO, sofern es um eine andere Person geht, zulässig. Für Maßnahmen dieser Art ist jedenfalls im Hinblick auf die „Durchsuchung" des Kfz nach § 105 StPO der **Richtervorbehalt** zu beachten, sofern nicht eine Eilentscheidung der Staatsanwaltschaft oder ihrer Hilfsbeamten in Betracht kommt.[306]

336 Die Anordnung des **Abhörens** und **Aufzeichnens** des **nichtöffentlich gesprochenen Wortes** obliegt dem **Richter,** bei Gefahr im Verzug dem Staatsanwalt und seinen Hilfsbeamten, § 100 d I StPO.[307] Da sich die Maßnahme auch gegen andere Personen richten oder jedenfalls Dritte unvermeidbar betreffen darf, kommt der präzisen Fassung der Anordnung im Hinblick auf die betroffenen Personen, die Art der Maßnahme und die Dauer ihrer Anwendung im Hinblick auf den Verhältnismäßigkeitsgrundsatz besondere Bedeutung zu.[308]

g) Verwertung der gewonnenen Daten

337 Zur Verwertung von Informationen, die aufgrund einer vom Richter nicht bestätigten Eilanordnung gewonnen worden sind, gilt das oben Ausgeführte.[309] Im übrigen ist die Verwendungsregelung des § 100 d V StPO unter den gleichen Gesichtspunkten zu kritisieren wie die nach § 98 b III StPO.[310] Eine Vorschrift, die nur die Verwendung **„zu Beweiszwecken"** einschränkt, verkennt die Notwendigkeit einer auf die Eigenheiten der Datenverarbeitung zugeschnittenen Verwendungsregelung. Es kommt nicht darauf an, lediglich einen möglichen Verwendungszweck zu regeln, sondern die Verwertung der Daten generell.

---

303 Dazu *Boujong,* in: KK, § 136 a, Rdn. 25; vgl. auch Kap. C, Rdn. 62 ff.

304 *Krey/Haubrich* JR 1992, 309 (313).

305 *Hilger* NStZ 1992, 457 (463, Fußn. 117).

306 Ähnlich, aber mit anderer Begründung *LG Freiburg,* B. v. 20.6. 1996, Datenschutzberater 1996, H. 11, S. 18 f. sowie Ermittlungsrichter beim *BGH,* B. v. 11.4. 1997, NJW 1997, 2189.

307 Dazu oben Rdn. 276 ff. sowie zu den Folgen einer fehlerhaften Anordnung: Rdn. 281.

308 Vgl. *Hilger* NStZ 1992, 457 (463).

309 Vgl. Rdn. 281.

310 Vgl. Rdn. 289 ff.

Die Formulierung in § 100 d V StPO ließe es bei wörtlicher Auslegung zu, daß die gewonnenen Daten, auch wenn es um unverdächtige Dritte geht, für beliebige andere Strafverfahren verwendet werden dürften, solange dies nicht zu Beweiszwecken geschieht. Informationen aus abgehörten Privatgesprächen dürften demnach als Ermittlungsansätze zur **Verfolgung von Bagatelldelikten** verwendet werden. Eine derartige Regelung ist **unangemessen** weit und verletzt den Grundsatz der Verhältnismäßigkeit im Hinblick auf den schweren Rechtseingriff, der bei der Datenerhebung vorgenommen wird. Bei verfassungskonformer Auslegung dürfen demnach die durch Einsatz der Mittel nach § 100 c I Nr. 2 StPO gewonnenen Daten generell, nicht nur zu Beweiszwecken, nur für Verfahren zur Aufklärung einer in § 100 a StPO bezeichneten Tat verwendet werden.[311] 338

Eine generelle Verwendung der Daten für **präventiv-polizeiliche Zwecke,** wie sie aus § 481 StPO abgeleitet werden könnte, ist problematisch. Denkbar wäre allenfalls die Verwendung zur Verhinderung einer konkret drohenden Straftat nach § 100 a StPO oder zum Schutz derselben Rechtsgüter zuläßt.[312] 339

Die Verwendung der nach § 100 c I Nr. 1 StPO gewonnenen Daten ist nicht besonders geregelt. Sie richtet sich also nach den allgemeinen Vorschriften über die Verarbeitung von Daten, die im Rahmen eines Strafverfahrens erhoben worden sind. Soweit den Fotos und Filmaufnahmen nach § 100 c I Nr. 1 a StPO die Qualität von **erkennungsdienstlichen Fotos** zukommt, ist ihre weitere Aufbewahrung nur unter den Voraussetzungen von § 81 b StPO zulässig, d. h. bei Erforderlichkeit für Zwecke des Erkennungsdienstes. Dies kann nur bejaht werden, wenn eine Prognose ergibt, der Betreffende werde auch künftig Straftaten begehen. 340

h) Benachrichtigung der Betroffenen

Nach § 101 I StPO sind die Beteiligten u. a. über den Einsatz technischer Mittel und über das Abhören und Aufzeichnen des nichtöffentlich gesprochenen Wortes so schnell wie möglich zu benachrichtigen. Sie sollen dadurch Gelegenheit erhalten, zumindest im nachhinein **Rechtsschutz** zu erlangen, wobei – wie die Existenz der Vorschrift zeigt – die „zeitliche Erledigung" des Eingriffs nicht als „prozessuale Erledigung" qualifiziert werden darf, um das Rechtsschutzbedürfnis zu verneinen. Der Normzweck ist auf Klärung der Frage der Rechtmäßigkeit des Eingriffs gegenüber einem Beteiligten gerichtet. Beteiligte sind zunächst diejenigen, gegen die sich die Maßnahme gerichtet hat. Es gehören aber auch all diejenigen dazu, deren Kontakte mit dem Verdächtigen oder der betroffenen anderen Person beobachtet, abgehört oder aufgezeichnet wurden. Die Grenze ist dort zu ziehen, wo unvermeidbar Betroffene nach § 100 c III StPO lediglich wahrgenommen, ihre Daten aber in keiner Form verwertet wurden. Die Benachrichtigung hat so schnell wie möglich zu erfolgen, sobald dies ohne Gefährdung des Untersuchungszwecks, der öffentlichen Sicherheit, von Leib oder Leben einer Person sowie der Möglichkeit der weiteren Verwendung eines eingesetzten nicht offen ermittelnden Beamten geschehen kann. 341

Ab wann der **Untersuchungszweck** durch eine Mitteilung nicht mehr gefährdet ist, muß in jedem Einzelfall geprüft werden. Häufig dürften Untersuchungszweck und Aufklärung der Straftat zusammenfallen. Handelt es sich um einen abtrennbaren Teilaspekt eines Strafverfahrens, so ist die mögliche Gefährdung des Untersuchungszweckes im Hinblick auf diesen Aspekt zu prüfen. Der Zweck ist gefährdet, wenn durch die Mitteilung an Betroffene die Erschwerung oder Verhinderung der Erlangung von Beweismitteln zu besorgen ist. Die **Gefährdung der öffentlichen Sicherheit** kann nur dann der Mitteilung entgegenstehen, wenn sie gerade durch diese hervorgerufen würde. Gefahren für Leib oder Leben einer Person sind auch Gefahren für die öffentliche Sicherheit, so daß nicht ersichtlich ist, weshalb beide Hinderungsgründe nebeneinander bestehen sollen. 342

---

[311] Vgl. auch unten Rdn. 749 ff.
[312] Widersprüchlich: *Nack,* in: KK, § 100 d, Rdn. 6.

Die Prüfung der Gefährdung der weiteren Verwendung eines eingesetzten und nicht offen ermittelnden Beamten dürfte in der Regel nur dann relevant sein, wenn ein verdeckter Ermittler im Sinne von § 110 a StPO tätig ist. (Zur Durchbrechung der Rechtsschutzgarantie gem. Art. 19 IV GG vgl. unten Kap. K Rdn. 6 und 59.)

343 Über die **Durchführung der Benachrichtigung** ist gesetzlich nichts geregelt. Sie ist jedenfalls in einer Weise vorzunehmen, die es dem Empfänger ermöglicht nachzuvollziehen, warum und in welchem Umfang in seine Rechte eingegriffen worden ist. Sie obliegt derjenigen Stelle, die die Maßnahme durchgeführt hat und damit auch über die Kenntnis verfügt, in wessen Rechte eingegriffen wurde. Dies dürfte häufig die ermittelnde Polizeibehörde sein. Nimmt die Staatsanwaltschaft die Benachrichtigung vor, so hat sie eventuell entgegenstehende Gesichtspunkte mit der Polizei zu erörtern.

i) Dokumentation der Maßnahme

344 Nach § 101 IV StPO werden „Entscheidungen und sonstige Unterlagen" über den Einsatz technischer Mittel und das Abhören und Aufzeichnen des nichtöffentlich gesprochenen Wortes **bei der Staatsanwaltschaft** verwahrt. Dies bedeutet die Speicherung in besonderen Vorgängen. „Zu den Akten" des Ermittlungsverfahrens sind sie erst zu nehmen, wenn die Voraussetzungen für die Benachrichtigung der Betroffenen nach § 101 I StPO vorliegen. Ob diese Gleichsetzung von Benachrichtigung und Übernahme der Unterlagen in die Akten sachgerecht ist, kann bezweifelt werden. Denn das eine betrifft die Unterrichtung von Personen, die selbst nicht Beschuldigte sind. Das andere dient dem Zweck, dem Beschuldigten und seinem Verteidiger die Akteneinsicht insoweit zumindest zeitweise vorzuenthalten. Die Vorenthaltung der Akteneinsicht dürfte zumindest dann unakzeptabel sein, wenn sie bis zum Ende des Verfahrens andauern soll. Ob aus § 101 IV StPO der Schluß gezogen werden kann, daß die Entscheidungen und Unterlagen nur bei der Staatsanwaltschaft verwahrt werden dürfen, erscheint zweifelhaft. Die mit der Maßnahme betraute **Polizeibehörde** benötigt zumindest bis zum Abschluß der Maßnahme auch eigene Unterlagen. Danach allerdings sind sie an die Staatsanwaltschaft abzugeben.

7. Der Große Lauschangriff, § 100 c Abs. 1 Nr. 2 StPO

a) Allgemeines

345 Die Einführung des Großen Lauschangriffs wurde 1998 nach einer langanhaltenden Auseinandersetzung und nach Durchführung eines Vermittlungsverfahrens beschlossen. Die Bezeichnung **„Großer Lauschangriff"** wird teilweise als polemische Zuspitzung verstanden. Das Gesetz spricht von dem Abhören und Aufzeichnen des in einer Wohnung nichtöffentlich gesprochenen Wortes. Gelegentlich ist auch von „akustischer Wohnraumüberwachung" die Rede.[313] Im allgemeinen Sprachgebrauch hat sich jedoch die Bezeichnung „Großer Lauschangriff" durchgesetzt. Der Große Lauschangriff betrifft das Abhören und Aufzeichnen des in Wohnungen gesprochenen nichtöffentlichen Wortes (dazu oben Rdn. 315 ff.).

346 Grundlage des Großen Lauschangriffs ist die Änderung von **Art. 13 GG.**[314] Nach Art. 13 Abs. 3 dürfen „technische Mittel zur akustischen Überwachung von Wohnungen" unter folgenden Voraussetzungen eingesetzt werden:

- Bestimmte Tatsachen müssen den Verdacht der Begehung einer Straftat begründen.
- Es muß sich um eine durch Gesetz einzeln bestimmte besonders schwere Straftat handeln.
- Es muß sich um eine Wohnung handeln, in der sich der Beschuldigte vermutlich aufhält.
- Die Erforschung des Sachverhalts muß auf andere Weise unverhältnismäßig erschwert oder aussichtslos sein.
- Die Maßnahme ist zu befristen.
- Die Maßnahme ist nur auf richterliche Anordnung zulässig.

---

[313] Vgl. z. B. *Meyer/Hetzer* NJW 1998, 1017 ff.
[314] Gesetz vom 26. 3. 1998, BGBl. I, S. 610.

– Es entscheidet ein mit drei Richtern besetzter Spruchkörper, bei Gefahr im Verzug ein einzelner Richter.

Art. 13 Absätze 4 und 5 GG regeln den Lauschangriff zur **Gefahrenabwehr** und zur **Eigensicherung** von in Wohnungen ermittelnden Polizeibeamten. Absatz 6 statuiert eine Berichtspflicht der Bundesregierung gegenüber dem Bundestag sowie die parlamentarische Kontrolle im Bund und in den Ländern. 347

Auf der Grundlage von Art. 13 Abs. 3 wurden die einfachgesetzlichen Vorschriften zur Durchführung des Großen Lauschangriffs in die Strafprozeßordnung eingefügt.[315] Zu den Bestimmungen der Landespolizeigesetze über den Großen Lauschangriff zu Zwekken der Gefahrenabwehr vgl. unten Rdn. 707 ff.

Der Große Lauschangriff bleibt auch nach Verabschiedung der Gesetze umstritten.[316] 348 Letztlich muß das **Bundesverfassungsgericht** entscheiden, ob eine derart intensive Ausforschung der Privatsphäre mit dem Wesensgehalt von Art. 13 und mit der Menschenwürde gem. Art. 1 Abs. 1 vereinbar ist. Selbst wenn man dies bejaht, wird zu prüfen sein, ob die jetzige Regelung in der Strafprozeßordnung mit den Vorgaben von Art. 13 GG in Einklang steht.[317]

b) Der Vorgang

§ 100 c Abs. 1 Nr. 3 StPO gestattet sowohl das Abhören als auch das Aufzeichnen des in 349 einer Wohnung nichtöffentlich gesprochenen Wortes. Bei innerhalb einer Wohnung gesprochenen Worten ist im Regelfall davon auszugehen, daß sie nichtöffentlich, d. h. nur für die jeweiligen Gesprächspartner bestimmt sind. Das Belauschen kann sowohl durch in der Wohnung angebrachte technische Abhöreinrichtungen („Wanzen") als auch von außerhalb, z. B. mittels Richtmikrofon oder ähnlichen technischen Vorrichtungen erfolgen. Die **Verletzung der Intimität** ist in beiden Fällen gegeben. Die Anbringung von technischen Mitteln in der Wohnung setzt aber in aller Regel voraus, daß in die Wohnung ohne Einwilligung der Berechtigten eingedrungen wird, um die Abhöreinrichtung zu installieren und später wieder zu entfernen. Ähnlich wie bei dem Anbringen von Abhöreinrichtungen in Autos[318] wird man davon auszugehen haben, daß der dazu notwendige Hausfriedensbruch i. S. v. § 123 StGB nicht rechtswidrig ist, soweit er ausschließlich für die Anbringung der Abhöranlage genutzt wird. Nicht gestattet ist die optische Überwachung von Wohnungen.[319]

c) Voraussetzungen

Voraussetzung für die Zulässigkeit eines Großen Lauschangriffs ist, daß bestimmte Tat- 350 sachen den Verdacht begründen, daß jemand eine Straftat aus dem Katalog von § 100 c Abs. 1 Nr. 3 a–f StPO begangen hat. Der **Deliktskatalog** unterscheidet sich von den Katalogen in §§ 98 a, 100 a und 110 a StPO.[320] Seine Struktur ist uneinheitlich und läßt eine eindeutige Bezugnahme auf die Organisierte Kriminalität, deren verbesserter Bekämpfung das Gesetz dienen soll,[321] nicht erkennen.[322] Er enthält sogar Vergehen (§ 244 Abs. 1 Nr. 2 StGB)[323] und Staatsschutzdelikte[324] (Straftaten nach § 100 c Abs. 1 Nr. 3 Buchst. d–e). Zulässig ist der Große Lauschangriff nur, wenn die Erforschung des Sachverhalts oder die

---

[315] Gesetz zur Verbesserung der Bekämpfung der Organisierten Kriminalität v. 4.5. 1998, BGBl. I, S. 845.

[316] *Zuck* NJW 1998, 1919 f.; *Bäumler* DuD 1998, 228 f.

[317] Vgl. dazu *Dittrich* NStZ 1998, 336 ff.

[318] Vgl. oben Fußn. 292.

[319] *Nack,* in: KK, § 100 c, Rdn. 36.

[320] Kritisch *Kleinknecht/Meyer-Goßner,* Kommentar zur StPO, § 100 c, Rdn. 11.

[321] Die Bezeichnung des Gesetzes lautet: „Gesetz zur Verbesserung der Bekämpfung der Organisierten Kriminalität".

[322] *Vahle,* Kriminalistik H. 6/98, S. 378 („nicht nur lupenreine OK-Delikte"); kritisch auch *Nack,* in: KK, § 100 c, Rdn. 44; *Denninger* StV 1998, 401 sowie *Momsen* ZRP 1998, 459 (460).

[323] *Dittrich* NStZ 1998, 236 (237).

[324] Kritisch *Dittrich,* aaO S. 337 f.

Ermittlung des Aufenthaltsortes des Täters auf andere Weise „unverhältnismäßig erschwert oder aussichtslos wäre".

351 Damit enthält § 100 c insgesamt **drei** unterschiedliche **Subsidiaritätsklauseln**. Gegenüber dem Abhören des nichtöffentlich gesprochenen Wortes außerhalb von Wohnungen („wenn die Ermittlung des Aufenthaltsortes des Täters auf andere Weise weniger erfolgversprechend oder erschwert wäre") muß hinzukommen, daß die Ermittlung „... unverhältnismäßig" erschwert wäre. Es ist kaum nachvollziehbar, daß darin eine spürbar höhere Einsatzschwelle liegen soll.[325] Von einer echten „ultima ratio"-Bestimmung kann man deswegen nicht sprechen, weil es stets eine Frage des Standpunktes ist, ob andere Ermittlungsmethoden unverhältnismäßig schwieriger oder gar aussichtsloser wären.

d) Betroffene

352 Vom Großen Lauschangriff können sowohl **Beschuldigte** und deren **Begleit-** und **Kontaktpersonen** als auch unbeteiligte Dritte betroffen sein. Allerdings sind das Ausmaß der Betroffenheit sowie die Voraussetzungen dazu unterschiedlich.

353 Nach § 100 c Abs. 2 S. 4 StPO dürfen Abhörmaßnahmen prinzipiell nur in[326] Wohnungen des Beschuldigten durchgeführt werden. In **Wohnungen anderer Personen** sind Abhörmaßnahmen nach § 100 c Abs. 2 S. 5 StPO zulässig, wenn aufgrund bestimmter Tatsachen anzunehmen ist, daß der Beschuldigte sich in diesen aufhält, die Maßnahme in Wohnungen des Beschuldigten allein nicht zur Erforschung des Sachverhalts oder zur Ermittlung des Aufenthaltsortes des Täters führen wird und wenn zusätzlich die Erforschung des Sachverhalts oder die Ermittlung des Aufenthaltsortes des Täters auf andere Weise aussichtslos oder unverhältnismäßig erschwert wäre. Hier ist zunächst verwunderlich, daß das Abhören der Wohnung anderer Personen als des Beschuldigten davon abhängig sein soll, daß Tatsachen dafür sprechen, daß sich der Beschuldigte in einer solchen Wohnung aufhält und seine Ergreifung auf andere Weise unverhältnismäßig erschwert oder aussichtslos wäre. Wenn ein Gesuchter sich in einer Wohnung aufhält, möchte man meinen, daß die Verhaftung das zielführendere Mittel als das Abhören der Wohnung ist. Gemeint kann also nur sein, daß bestimmte Tatsachen die Annahme rechtfertigen, der Beschuldigte werde sich in einer bestimmten Wohnung aufhalten. Auch in diesem Fall könnte sich die Frage stellen, ob nicht die Observation der Wohnung und die Verhaftung des Beschuldigten, sobald er die Wohnung betreten will, das einfachere Mittel als das Abhören der Wohnung ist. Daraus ergibt sich, daß die **Subsidiaritätsklausel** des § 100 c Abs. 2 S. 4 StPO besonders sorgfältig zu prüfen ist. In der Regel dürfte ein Großer Lauschangriff in Wohnungen von Personen, die selbst nicht Beschuldigte sind, nur dann in Betracht kommen, wenn zumindest der Anfangsverdacht einer strafrechtlich relevanten Beteiligung vorliegt.

354 Nach § 100 c Abs. 3 dürfen die Maßnahmen, auch der Große Lauschangriff, auch durchgeführt werden, wenn **„Dritte"** unvermeidbar betroffen werden. Zu den rechtlichen Grenzen und zur Verwendung der insoweit gewonnenen Daten vgl. oben Rdn. 325 ff. Aus § 100 c Abs. 2 S. 4 und 5 StPO ergibt sich aber zweifelsfrei, daß die Wohnungen Dritter nicht nach § 100 c Abs. 3 abgehört werden dürfen. Gemeint ist lediglich der Fall, daß Dritte sich in Wohnungen i. S. v. § 100 c Abs. 2 S. 4 und 5 StPO aufhalten und dabei ihr nichtöffentlich gesprochenes Wort mit abgehört wird.

e) Schutz besonderer Vertrauensverhältnisse

355 Nach § 100 d Abs. 3 S. 1 StPO ist eine Maßnahme nach § 100 c Abs. 1 Nr. 3 unzulässig „in den Fällen" des § 53 StPO. Damit ist klargestellt, daß die Träger von **besonderen Berufsgeheimnissen** nicht das Ziel von Abhörmaßnahmen sein dürfen. Da § 100 d StPO die Anordnung des Großen Lauschangriffs regelt, folgt daraus, daß sich die Anordnung

---

325 *Vahle,* Kriminalistik H. 6/98, S. 378 (381) meint zutreffend, da müsse die „juristische Goldwaage" her.

326 Der Wortlaut spricht von Maßnahmen „in" Wohnungen, gemeint sind aber auch von außen wirkende Abhörmaßnahmen, vgl. *Dittrich* NStZ 1998, 336 (338).

nicht gegen Räume richten darf, in denen die in § 53 StPO aufgeführten Berufsgruppen ihren Beruf ausüben.[327] Dies bedeutet insbesondere, daß kirchliche Räume, Anwaltskanzleien, Arztpraxen, Beratungsstellen, Büros von Abgeordneten und Pressebüros nicht Gegenstand einer Abhöranordnung sein dürfen. Aus § 100 d Abs. 3 S. 2 StPO ergibt sich überdies, daß auch andere Wohnungen nicht abgehört werden dürfen, wenn zu erwarten ist, daß sämtliche aus der Abhörmaßnahme zu gewinnenden Erkenntnisse einem Verwertungsverbot unterliegen. Eine derartige Prognose dürfte schwer zu geben sein. Es ist nicht von der Hand zu weisen, daß sie nicht für „sämtliche" Gespräche gegeben werden kann und folglich „im Zweifel" die Abhörmaßnahme angeordnet wird.

Bei den nach §§ 52, 53 a StPO **zeugnisverweigerungsberechtigten Angehörigen** und 356
Berufshelfern dürfen nach § 100 d Abs. 3 S. 2 StPO Abhörmaßnahmen durchgeführt werden. Die daraus gewonnenen Erkenntnisse dürfen aber nur nach einer besonderen Verhältnismäßigkeitsprüfung verwendet werden.[328] Dabei sind das Vertrauensverhältnis und der Ermittlungserfolg gegeneinander abzuwägen. Es ist unklar, nach welchen Maßstäben hier entschieden werden soll, wenn schon der Gesetzgeber nicht in der Lage war, sich eindeutig festzulegen.[329] Die Einschränkungen der Abhörbefugnis gegenüber zeugnisverweigerungsberechtigten Personen bestehen nicht, wenn diese einer Beteiligung an der Straftat oder einer Begünstigung, Strafvereitelung oder Hehlerei verdächtig sind.[330] Dieser Umstand ist auch bei der Abwägung des Vertrauensverhältnisses gegen den Ermittlungserfolg nach § 100 d Abs. 3 S. 3 StPO zu berücksichtigen.

f) Verfahren

Der Große Lauschangriff darf gem. § 100 d Abs. 2 S. 1 i.V. m. § 74 a SVG nur von der 357
Staatsschutz-Strafkammer des zuständigen Landgerichts angeordnet werden. Bei Gefahr im Verzug kann der Vorsitzende die Anordnung treffen. Sie tritt außer Kraft, wenn sie nicht binnen drei Tagen von der Kammer bestätigt wird (§ 100 d Abs. 2 S. 2 und 3 StPO). Für Polizei und Staatsanwaltschaft besteht keine Notkompetenz. Die Anordnung ergeht gem. § 100 d Abs. 2 S. 4 i.V. m. § 100 b Abs. 2 StPO schriftlich. Dabei muß der Name desjenigen, gegen den sich die Maßnahme richtet, sowie die betroffene Wohnung angegeben werden. Zudem sind „Art, Umfang und Dauer" der Maßnahme zu bestimmen. Es ist also festzulegen, ob nur abgehört oder auch aufgezeichnet werden soll. Aus Gründen der Verhältnismäßigkeit und insbesondere des Schutzes der Intimsphäre können zeitliche und räumliche Begrenzungen notwendig sein.[331] Das Abhören des Schlafzimmers bedarf der besonderen Begründung.

Die Anordnung ist auf höchstens **vier Wochen** zu befristen, § 100 d Abs. 4 StPO. Eine 358
Verlängerung ist um jeweils vier Wochen zulässig, „solange die Voraussetzungen für die Maßnahme fortbestehen". Die Verlängerungsentscheidung bedarf ihrerseits der schriftlichen Begründung. Eine bloße Fortschreibung der ursprünglichen Anordnung kommt nicht in Betracht. Bei jeder Verlängerung stellt sich in besonderem Maße die Frage, ob der Gesichtspunkt der Erforderlichkeit und der Subsidiarität tatsächlich noch zutreffend ist.

g) Verwendung der gewonnenen Informationen

Nach Wegfall der Voraussetzungen für den Großen Lauschangriff sind gem. § 100 d 359
Abs. 4 S. 3 StPO die sich daraus „ergebenden Maßnahmen" unverzüglich zu beenden. Dies bedeutet in erster Linie, daß die Gespräche nicht mehr abgehört und nicht mehr auf-

---

327 Einzelheiten bei *Dittrich* NStZ 1998, 336.

328 Nach *Dittrich* NStZ 1998, 336 (338) ist diese Regelung zumindest in bezug auf die Verteidiger verfassungswidrig.

329 Kritisch auch *Momsen* ZRP 1998, 459 (461). Zum „Erfolg" als Abwägungsfaktor vgl. auch Kap. G Rdn. 17 ff. u. 44 ff. sowie Kap. K Rdn. 69 ff.

330 *Momsen* aaO.

331 *Sächs. StGH,* U. v. 12. 10. 1995, abgedr. bei *Paeffgen/Schumer,* Das Sächsische Polizeigesetz vor dem Verfassungsgerichtshof des Freistaates Sachsen, Dresden 1997, 409 (484 f.); vgl. auch *Nack,* in: KK, § 100 c, Rdn. 25.

gezeichnet werden dürfen. Darüber hinaus sind die Abhöranlagen zum frühest möglichen Zeitpunkt zu entfernen. Für die Befugnis zum Eindringen in die Wohnung gilt das oben (Rdn. 349) Ausgeführte. Die Beendigung der Maßnahme, d. h. der vollständige Abbau der Abhöreinrichtung, ist dem Richter mitzuteilen, § 100 d Abs. 4 S. 3 i.V. m. § 100 b Abs. 4 S. 2 StPO.

360 Personalbezogene Informationen, die durch Anwendung des Großen Lauschangriffs gewonnen wurden, dürfen **„zu Beweiszwecken“**[332] nur verwendet werden, soweit sie zur Aufklärung einer anderen Straftat aus dem Katalog des § 100 c Abs. 1 Nr. 3 a–f benötigt werden, § 100 d Abs. 5 letzter Satz. Es muß folglich bereits der **Anfangsverdacht** der anderen Straftat vorliegen. Nicht notwendig muß der Beschuldigte, gegen den die Maßnahme gerichtet war, auch der Beschuldigte der anderen Straftat sein. Die Verwendung der Informationen für Zwecke der künftigen Strafverfolgung im Sinne der Vorbeugung[333] ist nicht zulässig. Eine Verwendung für Zwecke der Gefahrenabwehr kommt nach § 100 f Abs. 1 StPO nur in Betracht, wenn es zur Abwehr einer im Einzelfall, d. h. konkret bestehenden Gefahr für Leben, Leib oder Freiheit einer Person oder erhebliche Sach- oder Vermögenswerte notwendig ist. Werden die Informationen „zur Strafverfolgung“, d. h. zur Verfolgung der Ausgangsstraftat oder einer anderen anhängigen Katalogstraftat nicht mehr benötigt, so sind sie **unverzüglich zu vernichten,** gegebenenfalls ist eine Teilvernichtung vorzunehmen, § 100 d Abs. 4 letzter Satz i.V. m. § 100 b Abs. 6 StPO. Die Vernichtung muß „unverzüglich“ erfolgen. Eine Verzögerung im Hinblick auf vermutete künftige Straftaten des Verdächtigen ist nicht zulässig.

h) Benachrichtigung der Betroffenen

361 Nach § 101 StPO sind die „Beteiligten“ zu benachrichtigen, sobald dies ohne Gefährdung des Untersuchungszwecks, der öffentlichen Sicherheit, von Leib und Leben einer Person sowie der Möglichkeit der weiteren Verwendung eines nicht offenen ermittelnden Beamten geschehen kann. **„Beteiligte“** sind zumindest alle, in deren Wohnungsgrundrecht eingegriffen worden ist. Dies ist nicht nur der Wohnungsinhaber selbst, sondern auch alle anderen Personen, die in der Wohnung mitwohnen. Zufallsbesucher, die als unvermeidbar betroffene Dritte i. S. v. § 100 c Abs. 3 StPO anzusehen sind, dürften wohl nicht darunter fallen.[334] Wenn die Benachrichtigung nicht binnen sechs Monaten nach Beendigung erfolgt, bedarf die weitere Zurückstellung der richterlichen Zustimmung, § 101 Abs. 1 S. 2 StPO. Die Benachrichtigung hat auch deswegen besondere Bedeutung, weil die Betroffenen die Anordnung und Durchführung des Großen Lauschangriffs auch unabhängig vom Gang des Hauptverfahrens gerichtlich überprüfen lassen können, § 100 d Abs. 6 StPO (zur Rechtsschutzgarantie vgl. Kap. K Rdn. 5 u. 59).

i) Parlamentarische Kontrolle des Großen Lauschangriffs

362 Neben den grundsätzlichen Bedenken gegen den tiefen Eingriff in das Wohnungsgrundrecht war einer der Haupteinwände gegen den Großen Lauschangriff, daß in den vergangenen Jahren zur Bekämpfung der Organisierten Kriminalität eine Vielzahl von neuen Befugnissen geschaffen worden sind, ohne daß ihre Wirksamkeit evaluiert worden ist.[335] Deshalb schreibt Art. 13 Abs. 6 GG die parlamentarische Kontrolle von Abhörmaßnahmen in Wohnungen vor. Der Vorbereitung hierfür dienen die **Berichtspflichten der Staatsanwaltschaft** nach § 100 e StPO.[336] Die Justizverwaltungen im Bund und in den

---

332 Zur Kritik hieran vgl. oben Rdn. 289.

333 Zum Begriff vgl. Rdn. 531 ff.

334 *Kleinknecht/Meyer-Goßner,* Kommentar zur StPO, § 101, Rdn. 2 unter Berufung auf *Hilger* NSt 92, 463 (Fußn. 124). Wohl auch *Nack,* in: KK, § 101, Rdn. 3.

335 Vgl. *Bäumler* DuD 1998, H. 6, S. 314 ff., grundsätzlich zur Evaluierung von Polizeibefugnissen *Bizer,* Die zweite Novelle zum Sächsischen Polizeigesetz, Leipzig 1999, 30 f. Vgl. auch die Übersichten bei *Koch,* Datenerhebung und -verarbeitung in den Polizeigesetzen der Länder, Baden-Baden 1999, S. 42 ff.

336 Vgl. den ersten Bericht der Bundesregierung gemäß Artikel 13 Abs. 6 Satz 1 GG v. 27.12. 1999, BT-Drucks. 14/2452. Zu den Berichtspflichten in den USA ausführlich *Böttger/Pfeiffer* ZRP 1994, S. 7 ff.

Ländern haben ihrerseits ein parlamentarisches Kontrollgremium zu unterrichten. Die Einzelheiten des Kontrollverfahrens in den Parlamenten werden in Landesgesetzen geregelt.[337] Notwendig ist nicht nur eine Unterrichtung der Landesparlamente. Besondere Bedeutung hat eine öffentliche Debatte über die Praxis des Großen Lauschangriffs, damit gegebenenfalls Korrekturen vorgenommen werden können.

k) Geheimdienste

Die gesetzliche Regelung des Großen Lauschangriffs hat klargestellt, daß die Geheimdienste **keine Befugnis** zum Abhören des in einer Wohnung nichtöffentlich gesprochenen Wortes haben. Sie sind weder für die Strafverfolgung noch für die Gefahrenabwehr zuständig. Überlegungen, auch für die Geheimdienste Abhörbefugnisse zu schaffen, wurden im Laufe des Gesetzgebungsverfahrens wieder fallen gelassen. 363

8. Datenerhebung durch „Verdeckte Ermittler", §§ 110 a–110 c StPO

a) Grundsätzliches[338]

Durch das OrgKG wurde erstmals eine Befugnis zur Erhebung personenbezogener Daten im Rahmen des **Einsatzes eines Verdeckten Ermittlers (VE)** zu Zwecken der Strafverfolgung in die Strafprozeßordnung eingefügt. Zwar wurden auch schon vor Inkrafttreten der §§ 110 a–110 c StPO Verdeckte Ermittler auf der Grundlage **Gemeinsamer Richtlinien** der Justizminister und der Innenminister aus dem Jahre 1986[339] eingesetzt. Die §§ 110 a ff. StPO erweitern aber das gesetzliche Arsenal der **geheimen Ermittlungsmethoden** um ein besonders empfindliches Mittel. 364

Zu den grundlegenden verfassungsrechtlichen Bedenken gegen Ermittlungsmethoden, die auf Täuschung und Betrug aufgebaut sind, vgl. D, Rdn. 16 ff. **Bedenken** begegnen Methoden der Datenerhebung, die dem Betroffenen verborgen bleiben, insbesondere auch im Hinblick auf das **Recht auf informationelle Selbstbestimmung,** das prinzipiell auf die Transparenz der Datenverarbeitung angelegt ist.[340] Heimliche Methoden der Datenerhebung sind nur bei Erforderlichkeit für gewichtige überwiegende Interessen der Allgemeinheit zulässig. Die Vorschriften für ihre Anwendung sind wegen ihres Ausnahmecharakters im Hinblick auf die Transparenz der Datenverarbeitung im Zweifel eng auszulegen. 365

Auch die **Strafprozeßordnung** selbst geht in ihrer **Grundkonzeption** von der **offenen, fairen Ermittlungstätigkeit** der Strafverfolgungsbehörden aus. Dies folgt nicht nur, wie der Bundesgerichtshof jüngst mißverständlich ausgeführt hat,[341] aus der „ausufernden Anwendung" von Verfassungsgrundsätzen „außerhalb des geschriebenen Rechts", sondern unmittelbar aus einzelnen Vorschriften der Strafprozeßordnung. So bedarf es noch der weiteren Klärung, unter welchen Voraussetzungen Gespräche des Verdeckten Ermittlers mit dem Verdächtigen verwertet werden können, wenn dieser weder über sein **Aussageverweigerungsrecht** aufgeklärt wurde, § 163 a IV StPO, noch außer Zweifel steht, daß der Verdeckte Ermittler eine nach § 136 a StPO **unzulässige Täuschung** verübt hat. Insoweit geht es nicht um allgemeine Verfahrensprinzipien hinter der StPO, sondern um geschriebenes Recht.[342] 366

---

337 Vgl. z. Z. das Gesetz zur Anpassung des schleswig-holsteinischen Landesrechtes an Artikel 13 des Grundgesetzes vom 1. 12. 1999, GBOBl. 1999, S. 468.

338 Vgl. *Wollweber,* in: Bäumler/Breinlinger/Schrader, Datenschutz von A–Z, V 100.

339 Abgedruckt bei *Kleinknecht/Meyer-Goßner,* 39. Aufl., Anl. D II zu RistBV; *Krüger* Kriminalistik 1992, 594 (597), meint, aus polizeilicher Sicht bringe das OrgKG deshalb sogar eine Verschlechterung.

340 Vgl. oben Rdn. 37 ff.

341 U. v. 21. 7. 1994, NJW 1994, 2904; dagegen B. v. 22. 3. 1995, CR 1996, 38 ff.

342 Vgl. hierzu *Weßlau,* Vorfeldermittlungen, S. 211 ff.; *Eisenberg* NJW 1993, 1033 (1036) sowie *ders.,* Persönliche Beweismittel in der StPO, Rdn. 137 ff.; *Hassemer,* Stellungnahme zum E OrgKG, KJ 1992, 64 (66); *Deutsch* (o. Fußn. 50), S. 240 ff.; *Weichert,* Informationelle Selbstbestimmung und strafrechtliche Ermittlung, S. 128; *Janssen* StV 1995, 275 ff. Grundlegend zur unterlassenen Beschuldigtenbelehrung *BGHSt,* Beschl. v. 27. 2. 1992, NJW 1992, 1463 ff. sowie zu Täuschungshandlungen von V-Leuten, die die Freiheit der Willens-

367 Man kann die Strafprozeßordnung auch als das Regelwerk begreifen, das die in den Grundrechten garantierten Freiheiten mit den Notwendigkeiten einer effektiven Strafverfolgung ausbalanciert. Der Schutz der **Grundrechte** ist auf den **offen handelnden Staat** ausgerichtet.[343] Stünde es dem Staat frei, statt des offen erkennbaren Verwaltungshandelns die Täuschung zu wählen, so liefe der Grundrechtsschutz in weiten Bereichen leer.[344] Das sich aus Art. 1 GG ergebende **Redlichkeitsprinzip** unserer gesamten Rechtsordnung wäre pervertiert und das „Sittengesetz" in Art. 2 I GG als Grenze der Handlungs- und Regelungsfreiheit obsolet. Deshalb kann dem Verdeckten Ermittler über das Betreten von **Privatwohnungen** mit Einverständnis des Berechtigten hinaus auch nicht die **heimliche Durchsuchung** gestattet sein. Vielmehr richten sich seine Befugnisse „nach diesem Gesetz", § 110 c S. 3 StPO, d. h. nach den Vorschriften der Strafprozeßordnung.

368 Die meisten **Polizeigesetze**[345] sehen den Einsatz Verdeckter Ermittler für Zwecke der **Gefahrenabwehr** oder **Vorbeugung** vor.[346] Zwar ist der Einsatz eines Verdeckten Ermittlers zur Abwehr einer unmittelbaren Gefahr wegen der auf Dauer angelegten, nur mit entsprechendem Aufwand herstellbaren Legende schon begrifflich kaum denkbar. Die in einzelnen Polizeigesetzen daneben enthaltene Befugnis zum Einsatz Verdeckter Ermittler im Rahmen der Vorbeugung kann aber zu **Überschneidungen** mit dem Einsatz im Rahmen der Strafverfolgung führen. Daraus können sich Probleme bei der Bestimmung des anzuwendenden Rechts ergeben. Weder für die handelnden Beamten noch für die von den Erhebungsmaßnahmen betroffenen Bürger dürfte es in solchen Fällen ohne weiteres möglich sein, eindeutig zu bestimmen, welches Recht anwendbar ist. Die so entstandene **Normenvielfalt** ist aber nicht Folge der vom Bundesverfassungsgericht verlangten Normenklarheit, sondern vielmehr der zu kritisierenden Absicht des Bundes- und der Landesgesetzgeber, die Polizei möglichst umfassend mit Befugnisnormen auszustatten. Deswegen, und weil der Bund durch sein langes Hinauszögern der Revision der Strafprozeßordnung im Hinblick auf das Volkszählungsgesetzurteil einen veritablen **Vorwand** lieferte, haben die Länder ihre Polizeien mit Vorfeldbefugnissen zur Vorbeugung parallel zu den zu erwartenden strafprozessualen Befugnissen ausgestattet.[347]

369 Die in den §§ 110 a ff. StPO immerhin noch enthaltenen **tatbestandlichen Konturen** (Vorliegen eines Anfangsverdachts, Deliktskatalog, Aufklärung konkreter Straftaten usw.) könnten vollends entwertet sein, wenn die Polizei beliebig zwischen Strafverfolgung und Vorbeugung und den entsprechenden Befugnisnormen hin- und herwechseln könnte. Deshalb ist es notwendig, daß der Charakter der **Maßnahme** (Strafverfolgung oder Vorbeugung) **eindeutig bestimmt** wird und dann die entsprechenden Befugnisnormen eingehalten werden. Stellt sich also etwa im Laufe des Einsatzes eines Verdeckten Ermittlers heraus, daß der Anfangsverdacht einer Straftat gar nicht vorliegt oder nur der einer Straftat, die nicht die Voraussetzungen des § 110 a I StPO erfüllt, so ist der Einsatz zu beenden und nicht im Rahmen der Vorbeugung nach Landespolizeirecht fortzuführen.

---

entschließung des Verdächtigen beeinträchtigen BGH, B. v. 22. 3. 1995, CR 1996, 38 ff. Ausführlich zur Verwertung verdeckt erlangter Kenntnisse im Rechtsstaat *Nehm,* in: Bäumler (Hrsg.), Polizei und Datenschutz, S. 43 ff.

[343] *Weil* ZRP 1992, 243 (245).

[344] *Weil* aaO, S. 245. Vgl. oben Kap. C, Rdn. 62 ff.

[345] Mit Ausnahme des schleswig-holsteinischen Landesverwaltungsgesetzes, vgl. *Bäumler* NVwZ 1992, 638 (640). Bis auf Bayern, Sachsen und Baden-Württemberg darf der VE aber nur bei Gefahren für Leib, Leben, Freiheit und ähnliche Rechtsgüter eingesetzt werden.

[346] Vgl. unten Rdn. 647 ff. u. 707 ff.

[347] *Strate,* Stellungnahme des Strafrechtsausschusses des Deutschen Anwaltsvereins zum OrgKG, StrV 1992, 29 (35). Vgl. auch *Bernsmann/Jansen* StV 1998, 217 ff. mit einer instruktiven Übersicht über die unterschiedlichen Rechtsgrundlagen für heimliche Datenerhebungen, ihre Voraussetzungen und die verfahrensbegleitenden Maßnahmen.

b) Begriff des Verdeckten Ermittlers

Verdeckte Ermittler sind nach der **Legaldefinition** des § 110 a II StPO Beamte des Polizeidienstes, die unter einer ihnen verliehenen, **auf Dauer angelegten Legende** ermitteln.[348] Der Verdeckte Ermittler bedarf der Abgrenzung zum verdeckt ermittelnden Polizeibeamten und zum V-Mann. Beider Einsatz ist vom Gesetzgeber bewußt nicht in der Strafprozeßordnung geregelt worden, weil er angeblich bereits durch §§ 161, 163 StPO gedeckt ist.[349] Da begründete Zweifel an der Tauglichkeit von §§ 161, 163 StPO als normenklare Befugnisgrundlage schon bei offener Datenerhebung bestehen,[350] gilt dies um so mehr bei Heimlichkeit der Maßnahme, die dem Einsatz von verdeckt ermittelnden Polizeibeamten und von V-Leuten begrifflich innewohnt.[351] Da der voraussetzungslose Einsatz dieser Maßnahmen aber in der Praxis offenbar gängige Praxis ist,[352] bedarf es der Abgrenzung zu dem nur unter bestimmten Bedingungen zulässigen Einsatz des Verdeckten Ermittlers in besonderem Maße. 370

Der **verdeckt ermittelnde Beamte** tritt nur gelegentlich nicht offen auf, während der Verdeckte Ermittler auf Dauer seine Identität verbirgt.[353] Da beide über ihre Identität und damit über die Tatsache täuschen, daß es um eine staatliche Datenerhebung zum Zwecke der Strafverfolgung geht, unterscheiden sie sich hinsichtlich der Dauer und der Intensität der Täuschung. Nur der Verdeckte Ermittler darf eine auf Dauer angelegte Legende verwenden und zu diesem Zweck entsprechende Urkunden herstellen und gebrauchen, § 110 a III StPO. Die Befugnisse des § 100 c stehen dem verdeckt ermittelnden Polizeibeamten nicht zu.[354] Der verdeckt ermittelnde Beamte muß es bei der mündlichen oder konkludenten Täuschung belassen. Seine Identitätstäuschung ist auf den Einzelfall, den einzelnen Datenerhebungsvorgang gerichtet, selbst wenn er dazu mehrere „Anläufe" benötigt (z. B. Scheinaufkäufer führt zunächst ein Vorgespräch vor dem eigentlichen Kauf). Sobald die Täuschung auf die dauerhafte verdeckte Datenerhebung angelegt ist, liegt begrifflich der Einsatz eines Verdeckten Ermittlers vor, der nur unter den Voraussetzungen der §§ 110 a ff. StPO zulässig ist.[355] 371

Der Einsatz von **V-Leuten** ist dann gegeben, wenn die Polizei mit Personen verdeckt zusammenarbeitet, die nicht Beamte des Polizeidienstes sind. Dabei ist eine große Bandbreite von der gelegentlichen Entgegennahme von Tips bis hin zum systematischen Führen des V-Mannes in Organisationen oder generell der „Szene" denkbar. Wenn es in der Begründung zum OrgKG etwas naiv heißt, V-Leute seien strafprozessual Zeugen, so daß die notwendige gesetzliche Grundlage für ihre „Heranziehung" im Ermittlungs- und Strafverfahren gegeben sei,[356] so wird der entscheidende Aspekt ausgeblendet. V-Leute sind im wesentlichen ein **Instrument zur Täuschung** des Beschuldigten, dessen Vertrauen zum V-Mann sich die Strafverfolgungsbehörden zunutze machen. 372

---

348 Ähnl., wenngleich nicht vollständig deckungsgleich: II.2 der Gemeinsamen Richtlinien der Innen- und Justizminister von 1986, abgedr. bei *Kleinknecht/Meyer,* 39. Aufl., Anl. D zu RiStBV. Warum diese brisante Tätigkeit nie Staatsanwälten anvertraut worden ist, ist nie thematisiert worden. § 110 a StPO bricht mit der Prämisse von § 163 StPO und der unbedingten Sachherrschaft der StA im Ermittlungsverfahren.

349 BT-Drucks. 12/989 S. 41 f.

350 Vgl. oben Rdn. 238 ff.

351 *Bernsmann/Jansen* StV 1998, 230; *Duttge* JZ 1996, 556 ff.; keine Zweifel an der Zulässigkeit verdeckter Ermittlungen durch Polizeibeamte auf der Grundlage von §§ 161, 163 StPO hat *J. Meyer,* Verdeckte Ermittlungen, Kriminalistik, H. 1, 1999, S. 49 ff.

352 Vgl. auch § 101 Abs. 1 StPO.

353 Vgl. *BGHSt* 41, 64 (65), nach *BGH* NStZ 1997, 448, führt auch die Anmietung einer Wohnung unter falscher Identität nicht dazu, daß begrifflich ein Verdeckter Ermittler vorliegt. Vgl. zur Abgrenzung auch *Schmidt,* Kriminalistik 2000, S. 162 ff.

354 *Roxin* StV 1998, 44.

355 Dem verdeckt ermittelnden Polizeibeamten kann auch nicht mit richterlicher Zustimmung das Betreten einer Wohnung in Anlehnung an §§ 110 b II S. 1 Nr. 2, 110 c StPO erlaubt werden, vgl. *Frister* JZ 1997, 1132; *Roxin* StV 1998, 44; offengelassen in *BGH* NStZ 1997, 448.

356 BT-Drucks. 12/989, 41.

373 Ihre Verwendung zur Aufklärung schwerer Straftaten mag nützlich sein, voraussetzungslos ist sie aber nicht zulässig. Denn wenn zur Begründung dafür, daß Verdeckte Ermittler nur Polizeibeamte sein können, angeführt wird, nur sie könnten als Beamte „straff geführt" werden,[357] so liegt im Einsatz nicht so straff führbarer V-Leute kein geringeres Risiko. Daraus ergibt sich für den Einsatz von V-Leuten zumindest folgendes: Ihr Einsatz darf nicht zur **bewußten Umgehung** der §§ 110 a ff. StPO angeordnet werden.[358] Es sind sinngemäß die **gleichen Grundsätze** wie beim Einsatz Verdeckter Ermittler zu beachten, sofern ihr Einsatz nicht nur gelegentlich, sondern auf Dauer erfolgt.[359] Folglich kommt ihr Einsatz nur bei Vorliegen des Anfangsverdachts einer schweren Straftat in Frage.[360] Die Führung von V-Leuten ist nicht in das Belieben der Strafverfolgungsbehörden gestellt, sondern darf nur erfolgen, wenn die Aufklärung der Straftat oder die Ergreifung des Straftäters sonst aussichtslos oder wesentlich erschwert wäre. Auch beim Einsatz von V-Leuten ist der Grundsatz des rechtsstaatlichen fairen Verfahrens zu beachten.[361]

374 Die Anordnung ihres Einsatzes ist der leitenden Ebene vorzubehalten. Im Hinblick auf die den V-Leuten zugesicherte Vertraulichkeit, die weitreichende Folgen für das nachfolgende Hauptverfahren haben kann, ist so früh wie möglich die Zustimmung der Staatsanwaltschaft herbeizuführen.[362] Auch V-Leute dürfen in Ausführung ihres „Auftrages" keine Straftaten begehen.

c) Voraussetzungen für einen Einsatz Verdeckter Ermittler

375 Nach § 110 a I StPO dürfen Verdeckte Ermittler zur Aufklärung der dort genannten Straftaten eingesetzt werden. Der **Katalog der Straftaten** ist mit dem Katalog nach § 98 a StPO (Rasterfahndung) bis auf wenige Punkte deckungsgleich. Das oben Ausgeführte[363] gilt folglich auch hier. Die Bedenken gegen die pauschale Aufnahme der Delikte auf dem **Gebiet des Staatsschutzes**[364] gelten auch beim Einsatz Verdeckter Ermittler in besonderem Maße. Denn es kann davon ausgegangen werden, daß in diesem Bereich auch die Nachrichtendienste ermitteln. Die Einhaltung des **Trennungsgebotes**[365] dürfte besonders problematisch sein, wenn im gleichen Sachzusammenhang Verdeckte Ermittler der Polizei und der Nachrichtendienste parallel tätig sind, oder, um dies zu vermeiden, sich absprechen und gegenseitig umfassend informieren (wollen).

376 Unterschiede zum Katalog des § 98 a StPO ergeben sich unter folgenden Gesichtspunkten: Der Verdacht von Straftaten gegen Leib oder Leben, die sexuelle Selbstbestimmung oder die persönliche Freiheit rechtfertigt nicht den Einsatz Verdeckter Ermittler. Andererseits ist er zulässig zur Aufklärung **jedes Verbrechens,** wenn aufgrund bestimmter Tatsachen die **Gefahr der Wiederholung** besteht oder wenn die **besondere Bedeutung** der Tat den Einsatz gebietet und andere Maßnahmen aussichtslos wären.

377 Die **Wiederholungsgefahr** darf nicht nach allgemeiner Lebenserfahrung, sondern nur aufgrund bestimmter Tatsachen bejaht werden. Mit diesem Tatbestandsmerkmal kommt ein Element der Gefahrenabwehr zum Tragen, das den VE (da es sich um einen Polizeibeamten handelt) polizeirechtlich zum Gefahren abwehrenden Eingriff, also zur Verhinderung der drohenden strafbaren Handlung verpflichtet. Im wesentlichen dürften die gleichen Maßstäbe wie bei der Wiederholungsgefahr als Haftgrund nach § 112 a StPO an-

---

357 Ebenda, S. 42.

358 *Nack,* in: KK, § 110 a, Rdn. 9.

359 Die Gemeinsamen Richtlinien der Innen- und Justizminister bringen den Unterschied mit den Worten „Informant" und „Einsatz von V-Personen" auf den Begriff, vgl. I.2, aaO, Fußn. 359.

360 So im Prinzip auch die o. a. Richtlinien, I.3, Fußn. 359; wie hier vgl. auch *Zaczyk* StrV 1993, 1 (4).

361 Richtlinien, aaO (Fußn. 359), 3.1; bedenkl. hierzu: *BGH,* NJW 1994, 2904.

362 Richtlinien, aaO (Fußn. 359), I.5.

363 Vgl. oben Rdn. 268 ff.

364 Vgl. oben Rdn. 270.

365 Vgl. oben Rdn. 192.

zulegen sein.[366] Der Einsatz des VE ist hier also nur zulässig, wenn das Erkennen des Ansatzes zur Tatwiederholung wahrscheinlich zur Aufklärung der Vortat beiträgt.

Der Einsatz Verdeckter Ermittler, wenn die **besondere Bedeutung** der Tat ihn **„gebietet“**, kann nur in Ausnahmefällen in Betracht kommen, etwa im Hinblick auf das Ausmaß der Rechtsverletzung oder die Auswirkungen der Straftat auf die Allgemeinheit.[367] Wenn nicht einmal der Verdacht eines Mordes oder einer Freiheitsberaubung zum Einsatz eines Verdeckten Ermittlers befugen, sollte die Schwere einer anderen Rechtsverletzung, die es zu klären gilt, „erheblich“ mehr Gewicht haben. Ob der Einsatz des Verdeckten Ermittlers geboten ist, muß auch im Zusammenhang mit der weiteren Subsidiaritätsregelung in § 110 a I letzter Satz StPO gesehen werden, wonach andere Maßnahmen „aussichtslos“ sein müssen. Zur Aufklärung von Verbrechen mit besonderer Bedeutung kann folglich der Einsatz Verdeckter Ermittler nur in Betracht kommen, wenn tatsächlich kein anderer Weg mehr übrigbleibt und alle anderen Maßnahmen versagt haben oder mit an Sicherheit grenzender Wahrscheinlichkeit versagen würden.[368] 378

Es müssen **tatsächliche Anhaltspunkte** für das Vorliegen einer der genannten Straftaten bestehen. Insoweit gelten die Maßstäbe des § 152 II StPO, d. h. es muß die Möglichkeit bestehen, daß nach kriminalistischer Erfahrung eine verfolgbare Straftat vorliegt.[369] Der Einsatz eines Verdeckten Ermittlers auf der Grundlage der Strafprozeßordnung ist also immer auf die Aufklärung einer **konkreten Straftat** gerichtet. Er hat weder die Aufgabe, eine „Szene“ oder Organisation als solche zu durchleuchten, noch ist er in anderer Weise ein „Operativinstrument“ zur Vorbeugung, „Verbrechensbekämpfung“ o. ä.[370] Dies schließt nicht aus, daß der Verdeckte Ermittler auch Informationen sammelt, die sich nicht ausschließlich auf die Straftat beziehen, zu deren Aufklärung er eingesetzt worden ist, sofern der Zusammenhang zu seiner eigentlichen Aufgabe gewahrt bleibt. 379

Bei der Prüfung, ob der Anfangsverdacht einer Straftat vorliegt, besteht für die Strafverfolgungsbehörden ein gewisser Beurteilungsspielraum.[371] Bei dessen Inanspruchnahme ist der **Grundsatz der Verhältnismäßigkeit** zu beachten. Es müssen sowohl im Hinblick auf die Schwere des heimlichen Rechtseingriffs gegenüber den Betroffenen als auch wegen des enormen Aufwandes, den die Plazierung eines Verdeckten Ermittlers in aller Regel bedeuten dürfte, Verdachtsmomente vorliegen, die das Vorliegen einer strafbaren Handlung nicht nur als „möglich“, sondern als „wahrscheinlich“ erscheinen lassen. Nicht jeder Anfangsverdacht, der die Einleitung eines Ermittlungsverfahrens zur Folge haben kann, rechtfertigt auch den Einsatz eines Verdeckten Ermittlers. 380

Neben der schon erwähnten **Subsidiaritätsklausel** des § 110 a I letzter Satz StPO in Fällen von Straftaten mit „besonderer Bedeutung“ ist nach § 110 a I S. 2 StPO der Einsatz verdeckter Ermittler generell nur zulässig, soweit die Aufklärung auf andere Weise aussichtslos oder wesentlich erschwert wäre. Die gleiche Subsidiaritätsklausel ist in § 100 c I Nr. 2 für die Aufzeichnung des nichtöffentlich gesprochenen Wortes enthalten, so daß auf das oben Ausgeführte verwiesen werden kann.[372] 381

d) Entscheidung über den Einsatz Verdeckter Ermittler

Als Verdeckte Ermittler kommen nach § 110 a II StPO nur Polizeibeamte in Betracht. 382
Soweit die Einbindung des Staatsanwaltes oder des Richters in die Entscheidung über den Einsatz vorgesehen ist, verwendet das Gesetz statt des Begriffs der Anordnung wie etwa in den §§ 98 b, 100 b StPO das Wort **Zustimmung.** Wegen der besonderen Schwierigkeit des Einsatzes des Verdeckten Ermittlers und insbesondere der damit verbundenen

366 Zu den Einzelheiten: *Kleinknecht/Meyer-Goßner,* § 112 a, Rdn. 11 ff.

367 *Kissel,* in: KK, Rdn. 6 zu § 24 GVG, der den Begriff „besondere Bedeutung des Falles“ enthält.

368 Vgl. dazu: *Rieß,* Gedächtnisschrift für K. H. Meyer, 367 (368).

369 *Schoreit,* in: KK, § 152, Rdn. 28 m. w. N.

370 Grundsätzlich dazu: *Zaczyk* StrV 1993, 490 f.

371 *Kleinknecht/Meyer-Goßner,* § 152, Rdn. 4.

372 Vgl. oben Rdn. 318; zum Verhältnis der beiden Subsidiaritätsklauseln in § 110 a Abs. 1 vgl. *Rieß,* Gedächtnisschrift für K. H. Meyer, 367 (383 ff.).

Gefährdungen erschien die Statuierung einer Anordnungsbefugnis unangebracht. Das Initiativrecht liegt allein bei der Polizei(-leitung).[373]

383 Grundsätzlich ist der Einsatz eines Verdeckten Ermittlers erst nach **Zustimmung der Staatsanwaltschaft** zulässig. Die Gemeinsamen Richtlinien der Innen- und Justizminister sehen auch im übrigen für die Durchführung des Einsatzes eine enge Zusammenarbeit zwischen Polizei und Staatsanwaltschaft vor.[374] Bei Gefahr im Verzug und wenn die Entscheidung der Staatsanwaltschaft nicht rechtzeitig eingeholt werden kann, kann die Polizei selbst über den Einsatz entscheiden. Sie hat dann aber die Zustimmung der Staatsanwaltschaft unverzüglich herbeizuführen und die Maßnahme zu beenden, wenn diese nicht binnen drei Tagen zustimmt, § 110 b I StPO.

384 Ein derartiger Fall dürfte in der Praxis kaum je denkbar sein. Denn der Aufbau einer auf Dauer angelegten Legende und die Einschleusung des Verdeckten Ermittlers in die kriminelle Szene erfordern in der Regel erheblichen Aufwand und damit auch den entsprechenden zeitlichen Verlauf. Ob **„Gefahr im Verzug“** ist, ist im Hinblick auf den Zweck der Maßnahme, nämlich die Aufklärung einer Katalogtat nach § 110 a I StPO zu prüfen. Es muß zu besorgen sein, daß die Beweislage sich anderenfalls kurzfristig nachhaltig verschlechtert. **Nicht gemeint sein kann eine bevorstehende Gefahr für sonstige Rechtsgüter, deren Abwehr sich nach Polizeirecht gestalten müßte.**

385 Einsätze, die sich gegen einen bestimmten Beschuldigten richten oder bei denen der Verdeckte Ermittler eine Wohnung betritt, die nicht allgemein zugänglich ist, bedürfen der **Zustimmung des Richters,** § 110 b II StPO.

386 Gegen einen **bestimmten Beschuldigten** richten sich die Ermittlungen dann, wenn der Anfangsverdacht auf eine bestimmte Person fällt, auch wenn deren Name noch nicht bekannt ist. Da der Verdeckte Ermittler **nicht als erste Ermittlungsmaßnahme** in Betracht kommt, sondern als **ultima ratio** wenn andere Mittel nicht ausreichen, dürfte sich sein Einsatz häufig von Anfang an gegen eine bestimmte Person richten, der die Tat aber noch nachgewiesen werden kann. Dient der Einsatz von vornherein der Ergreifung des Verdächtigen, so richtet er sich selbstredend gegen eine bestimmte Person. Konkretisiert sich der Verdacht erst im Laufe der Ermittlungen auf einen Verdächtigen hin, so ist zu diesem Zeitpunkt die Zustimmung des Richters einzuholen.[375]

387 Das gleiche gilt, wenn der Verdeckte Ermittler im Rahmen seines Einsatzes eine **Wohnung** betritt, die **nicht allgemein zugänglich** ist, die der Inhaber also nicht dem Zutritt für jedermann geöffnet hat. Gemeint ist nicht nur die Privatwohnung des Verdächtigen, sondern prinzipiell **jede Privatwohnung,** etwa auch von Zeugen und Hinweisgebern. Bei **Geschäfts- und Betriebsräumen** ist gewöhnlich der Zutritt für die Allgemeinheit gestattet.[376] Da der Verdeckte Ermittler es darauf anlegt, das Vertrauen des Verdächtigen zu gewinnen, dürfte sich früher oder später häufig die Gelegenheit zum Betreten einer Privatwohnung ergeben.

388 Man wird aber hinsichtlich des Schutzzweckes von § 110 b II StPO **differenzieren** können. Entscheidend dürfte es darauf ankommen, ob das Einverständnis des Berechtigten gerade im Hinblick auf die Legende erteilt worden ist. War es dem Berechtigten egal, unter welchem Namen und in welcher Funktion der Beamte die Wohnung betreten hat, dürfte kein Fall des Richtervorbehalts nach § 110 b II StPO vorliegen.

389 Bei **Gefahr im Verzug** genügt die Zustimung der **Staatsanwaltschaft,** § 110 b II Satz 2 StPO. Kann auch diese nicht rechtzeitig eingeholt werden, so folgt aus der ratio von § 110 b II S. 2 StPO, wonach die Zustimmung der Staatsanwaltschaft in diesem Falle „unverzüglich“ herbeizuführen ist, daß die **Polizei** gleichwohl mit dem **Einsatz** beginnen darf.[377] In

---

[373] Vgl. BGH, StV 1995, 225 f. Vgl. dazu auch oben Kap. G Rdn. 71 ff.
[374] AaO Fußn. 359, II 4.
[375] *Nack,* in: KK, § 110 b, Rdn. 8.
[376] Zum Begriff und den näheren Einzelheiten vgl. oben F, Rdn. 383 ff.
[377] *Hilger* NStZ 1992, 523 (524).

jedem Fall ist außerdem weiter um die Zustimmung des Richters zu ersuchen und die Maßnahme zu beenden, wenn diese nicht binnen **drei Tagen** erlangt werden kann.

Es stellt sich die Frage, was inhaltlich mit der Zustimmung zum **„Einsatz"** gemeint ist. **390**
Während im Falle des § 110 b II Nr. 1 StPO klar ist, daß damit der gesamte Einsatz des Verdeckten Ermittlers gegen einen bestimmten Beschuldigten genehmigt ist, könnte im Falle des § 110 b II Nr. 2 StPO die Auffassung vertreten werden, es handle sich um den einzelnen Einsatz in einer konkreten Privatwohnung.[378] Allerdings wäre dann kaum nachvollziehbar, wieso der Einsatz bis zum Ablauf von drei Tagen fortgeführt werden darf, wenn die Zustimmung des Richters nicht erteilt wird. Daß ein Verdeckter Ermittler sich drei Tage lang in einer Privatwohnung aufhält, dürfte eher die Ausnahme sein. Außerdem hat der Gesetzgeber das Betreten von Privatwohnungen durch den Verdeckten Ermittler unter den Voraussetzungen des § 110 c StPO im Prinzip ohnehin gestattet. Deshalb dürfte es übertrieben sein, davon auszugehen, daß für jedes einzelne Betreten von Privatwohnungen eine richterliche Zustimmung notwendig ist. Ist die Zustimmung einmal erteilt, so deckt sie in dem zeitlichen und sachlichen Umfang, den sie umfaßt, auch das Betreten von mehreren Privatwohnungen ab.[379] Auch ein Wechsel zwischen den Fällen des § 110 b II Nr. 1 und 2 StPO dürfte unbedenklich sein. Hat der Richter dem Einsatz im Hinblick darauf zugestimmt, daß er sich gegen einen bestimmten Beschuldigten richtet, so ist damit auch die Zustimmung zum Betreten von Privatwohnungen erteilt und umgekehrt.[380] Die Zustimmung deckt den Einsatz als solchen ab.

Daraus ergeben sich Folgen für die Notwendigkeit, **rechtzeitig** die **Zustimmung des** **391**
Richters zum Einsatz eines Verdeckten Ermittlers einzuholen. Da sich die Ermittlungen, wenn sie Erfolg haben, über kurz oder lang gegen einen bestimmten Beschuldigten richten werden[381] oder ohnehin absehbar ist, daß im Rahmen des Einsatzes auch das Betreten von Privatwohnungen notwendig werden kann, ist es angezeigt, die Zustimmung des Richters tunlichst vor jedem Einsatz eines Verdeckten Ermittlers einzuholen. Die Notkompetenz des Staatsanwalts oder der Polizei bei Gefahr im Verzug nach § 110 b II S. 2 StPO ist ohnehin kein Ersatz für die Zustimmung des Richters, die binnen drei Tagen vorliegen muß. Soll der Richter nicht vor vollendete Tatsachen gestellt werden, muß seine Zustimmung rechtzeitig eingeholt und zugleich vermieden werden, eine Eilsituation fahrlässig entstehen zu lassen. Im Ergebnis sollte demnach die **Zustimmung** des Richters vor **jedem Einsatz** eines Verdeckten Ermittlers eingeholt werden, bei dem nicht mit hoher Wahrscheinlichkeit ausgeschlossen werden kann, daß einer der Fälle von § 110 b II Nr. 1 und 2 StPO eintreten wird.[382]

Die Zustimmung des Staatsanwalts und des Richters ist nach § 110 b I S. 3 und 4 und II **392**
S. 4 schriftlich zu erteilen und zu befristen. In der **schriftlichen Zustimmung** ist der Einsatz so präzise zu umschreiben, daß das Vorliegen der Voraussetzungen nach § 110 a I StPO nachvollziehbar ist. Es müssen also die konkrete Katalogtat, deretwegen ermittelt werden soll, oder die besonderen Gründe, weswegen bei Vorliegen eines sonstigen Verbrechens der Verdeckte Ermittler zum Einsatz kommen soll, benannt werden. Ist der Beschuldigte bereits bekannt, so ist festzulegen, gegen wen sich die Maßnahme richtet.[383] Hingegen ist es nach der hier vertretenen Auffasung nicht notwendig, die Wohnung(en) konkret zu bezeichnen, die der Verdeckte Ermittler betreten darf.[384]

Der Einsatz ist zu **befristen,** ohne daß dem Gesetz eine konkrete Frist zu entnehmen **393**
wäre. Vielmehr ist nach § 110 b I letzter Satz StPO sogar eine unbegrenzte Verlängerung

---

378 So offenbar: *Nack,* in: KK, § 110 b, Rdn. 7.

379 Wie hier: *Zaczyk* StrV 1993, 490 (495); a. A. *Nack,* in: KK, § 110 b, Rdn. 7.

380 A. A. *Nack,* in: aaO und *Kleinknecht/Meyer-Goßner,* § 110 b, Rdn. 3.

381 Hier besteht aber de facto ein „Spielraum" des verdeckten Ermittlers, der die eigentliche Zielperson seiner Ermittlungen gewiß eine Zeitlang hinter einem anderen „Verdächtigen" verbergen kann. Auch dies spricht für eine frühzeitige Einschaltung des Richters.

382 Im Ergebnis wie hier: *Zaczyk* StrV 1993, 490.

383 Im wesentlichen kann auf die Anordnungsvorschriften nach § 100 b Abs. 2 StPO verwiesen werden.

384 A. A. *Nack,* in: KK, § 110 b, Rdn. 3.

möglich, solange die Voraussetzungen vorliegen. Die Maßstäbe für die Frist müssen also aus anderen Bestimmungen gewonnen werden. Denkbar ist eine Anlehnung an die **Dreimonatsfrist** von § 100 b II StPO. In diesem Fall würde es sich auch empfehlen, die Verlängerung jeweils auf drei Monate zu befristen. Der Einsatz ist vor Ablauf der Frist zu beenden, wenn der Erfolg durch Ergreifung des Verdächtigen oder Aufklärung der Straftat eingetreten ist oder absehbar ist, daß er nicht mehr eintreten wird, etwa weil sich der Anfangsverdacht nicht oder nicht bezüglich einer Straftat nach § 110 a I StPO bestätigt hat.

e) Die Sicherung der Legende

394 § 110 a II u. III StPO enthalten Bestimmungen zur Sicherung der Legende des Verdeckten Ermittlers. Die **Legende** ist die auf längere Dauer angelegte veränderte Identität. Soweit es zum Aufbau oder für die Aufrechterhaltung der Legende „unerläßlich" ist, dürfen „entsprechende" **Urkunden** hergestellt, verändert und gebraucht werden.[385] Folglich ist die Herstellung insbesondere, aber nicht nur, von Papieren für Zwecke der Identifizierung zulässig, also von Ausweisen, Führerscheinen etc. In Betracht kommt auch die Veränderung bestehender Urkunden. Damit sollen etwaige Urkundsdelikte zumindest nicht rechtswidrig im strafrechtlichen Sinne sein.[386] Die Frage, was **Unrecht im Sinne des überpositiven Rechts** ist, bleibt dennoch. Weitergehende Straftaten, etwa Betrug mit Hilfe der falschen Papiere, sind dem Verdeckten Ermittler auch dann nicht gestattet, wenn sie milieugerecht sind.[387]

395 Der Verdeckte Ermittler darf unter der Legende **„am Rechtsverkehr"** teilnehmen. Was dies im einzelnen bedeuten soll, bedarf noch der Klärung. Dazu gehören soll die Vornahme von Rechtshandlungen und Rechtsgeschäften bis hin zur Eintragung der falschen Personalien in öffentlichen Registern.[388] Die Bestimmung der zweckmäßigen Maßnahmen im einzelnen obliegt der Polizei, die ihren Beamten vor Enttarnung schützen muß. Allerdings sind nur solche Teilnahmehandlungen am Rechtsverkehr zulässig, die zum Aufbau und zur Aufrechterhaltung der Legende erforderlich sind.

396 Kommen Dritte durch Rechtsgeschäfte mit dem Verdeckten Ermittler zu **Schaden,** so haben sie einen **Ersatzanspruch.**[389] Damit sie diesen geltend machen können, sind sie nötigenfalls zu unterrichten, was zu Spannungen mit der Notwendigkeit der weiteren Geheimhaltung nach § 110 d I StPO führen kann. Hier im Einzelfall zu rechtlich einwandfreien Ergebnissen zu kommen, dürfte nicht einfach sein.

f) Die Befugnisse Verdeckter Ermittler

397 Der Verdeckte Ermittler hat die **Befugnisse,** die jeder Polizeibeamte nach der **Strafprozeßordnung** hat, wenn deren Voraussetzungen im Einzelfall vorliegen, § 110 c III StPO. Er ist aber auch an alle Vorschriften der StPO gebunden, sofern nicht die §§ 110 a–110 e StPO Ausnahmen enthalten. Die §§ 110 a–110 e StPO sind als Rechtsvorschriften i. S. v. § 13 II Nr. 1 BDSG bzw. der entsprechenden Bestimmungen in den Landesdatenschutzgesetzen anzusehen, die ausnahmsweise die Erhebung personenbezogener Daten „ohne Mitwirkung des Betroffenen", d. h. die **heimliche Datenerhebung** gestatten.

398 Die Erhebung von Daten durch den Verdeckten Ermittler unterliegt dem **Erforderlichkeitsprinzip.** Welche Daten zur Erfüllung seiner Aufgabe erforderlich sind, ergibt sich aus der schriftlichen Zustimmung zu seinem Einsatz. Da der Einsatz Verdeckter Er-

---

385 *Soiné/Soukup* ZRP 1994, 466.

386 *Nack,* in: KK, § 110 a, Rdn. 10.

387 Dazu unten Rdn. 407 f.

388 Einzelheiten bei *Nack,* in: KK, § 110 a, Rdn. 11. Der Gebrauch falscher Urkunden i. S. v. § 267 StGB liegt ebenso nahe wie der Betrug i. S. v. § 263 StGB. Der Bruch mit der verfaßten Legalstruktur ist unübersehbar. Das gilt erst recht für die Idee, den VE unter seinem falschen Namen als Zeugen vor Gericht auftreten zu lassen.

389 BT-Drucks. 12/989, S. 42.

mittler **nur zur Aufklärung von Straftaten** gemäß § 110 a I StPO zulässig ist, scheiden allgemeine Szeneermittlungen ohne Bezug zu einer konkreten Straftat aus.[390]

Erforderlich ist die Erhebung solcher Daten, die zur Ergreifung des Verdächtigen und/oder zu seiner Überführung in der Hauptverhandlung benötigt werden. Dies schließt nicht aus, daß der verdeckte Ermittler bei Gelegenheit der Erfüllung seines Auftrages auch Kenntnis von weiteren Straftaten erhält und die entsprechenden Informationen speichert. Er ist so wie jeder Polizeibeamte an das **Legalitätsprinzip** gebunden, hat aber einen Ermessensspielraum, wann er den Anfangsverdacht anderer Straftaten weiterverfolgt. Sofern dadurch keine Beweismittel verlorengehen, kann damit auch bis zum Abschluß seines Einsatzes gewartet werden. Hinsichtlich der Verwertbarkeit von Zufallsfunden nach § 110 e StPO vgl. unten.[391] 399

Nach § 110 c S. 3 StPO richten sich die Befugnisse des verdeckten Ermittlers nach der StPO und **„anderen Rechtsvorschriften"**. Dies bedeutet zunächst einmal, daß der Verdeckte Ermittler auch außerhalb der StPO geregelte Befugnisse zur Erhebung und Nutzung von Daten für Zwecke der Strafverfolgung in Anspruch nehmen darf,[392] aber auch einhalten muß. Er darf also z. B. auch unter seiner Legende keine Daten erheben, die einer absoluten Zweckverbindung unterliegen, wie z. B. nach § 14 IV BDSG und den entsprechenden landesgesetzlichen Bestimmungen.[393] Sozialdaten darf er nur nach den einschlägigen Bestimmungen des Sozialgesetzbuches X[394] erheben, was wegen des Richtervorbehalts schwierig sein dürfte. Jedenfalls deckt die Zustimmung des Richters nach § 110 b II StPO keineswegs die richterliche Anordnung nach § 73 III SGB X ab. 400

Der Verdeckte Ermittler darf als Polizeibeamter auch **Maßnahmen zur Gefahrenabwehr** ergreifen, wenn sich die Notwendigkeit dazu ergibt. Rechtsgrundlage seines Handelns ist dann das jeweils anwendbare Polizeirecht. Dieses wird aber durch § 110 c S. 3 StPO nicht gleich in das Strafermittlungsverfahren inkorporiert, sondern bleibt völlig selbständig neben der StPO anwendbar.[395] Für Zwecke der Strafverfolgung darf nur auf der Grundlage der StPO gehandelt werden. 401

In welchem Umfang der Verdeckte Ermittler in der Datenerhebung durch **weitere Bestimmungen der StPO** beschränkt ist, ist umstritten. Vernimmt er einen Verdächtigen, so darf er ihn weder täuschen noch ein anderes in § 136 a StPO aufgeführtes verbotenes Mittel anwenden, noch die Belehrung nach § 163 a IV StPO unterlassen. Eine förmliche Vernehmung durch den Verdeckten Ermittler dürfte aber die ganz seltene Ausnahme sein, da er schon seine Eigenschaft als Polizeibeamter nicht offenbaren wird. 402

Zu denken wäre an eine entsprechende Anwendung der §§ 136 a, 163 a II StPO bei **„vernehmungsähnlichen Gesprächen"**.[396] Die Schwierigkeit dürfte aber darin liegen, die Grenze zu bestimmen, ab der von einem vernehmungsähnlichen Gespräch ausgegangen werden kann. Der Große Senat des BGH[397] hat gemeint, daß ein von einer Privatperson auf Veranlassung der Ermittlungsbehörden geführtes Gespräch, das auf Erlangung von Angaben zum Untersuchungsgegenstand gerichtet war, ohne daß dies dem Verdächtigen offenbart wurde, jedenfalls dann verwertet werden kann, wenn es um die Aufklä- 403

---

390 Vgl. auch: BT-Drucks. 12/989, S. 42.

391 Vgl. auch II.4.4 der Gemeinsamen Richtlinien der Innen- und Justizminister, aaO Fußn. 359; und unten Rdn. 431.

392 Vgl. dazu Rdn. 409 ff.

393 Es handelt sich dabei um Daten, die ausschließlich zu Zwecken der Datenschutzkontrolle, der Datensicherung oder zur Sicherstellung eines ordnungsgemäßen Betriebes einer Datenverarbeitungsanlage gespeichert werden.

394 Vgl. dazu Rdn. 489 ff.

395 *Zaczyk* StrV 1993, 490 (495).

396 So vor allem: *Nack,* in: KK, § 110 c, Rdn. 15 ff.; ausdrücklich abgelehnt von *BGHSt,* NJW 1994, 2904 (2905) und *Nehm,* in: Bäumler (Hrsg.), Polizei und Datenschutz, 43 (49 ff.); *Kleinknecht/Meyer-Goßner,* § 110 d Rdn. 2 bejahen die Pflichten aus § 136 a StPO, lehnen aber eine Belehrungspflicht ab; ähnlich: *Hilger* NStZ 1992, 523 (525, Fußn. 162); *Lagodny* StV 1996, 172 sowie *BGH,* CR 1996, 38 ff.

397 *BGH,* B. v. 13. 5. 1996 des Großen Senats, NJW 1996, 2940 ff.; vgl. hierzu *König* Kriminalistik 1997, 179 ff.; rechtssystem. Kritik oben Kap. G Rdn. 44 ff.

rung einer Straftat von erheblicher Bedeutung geht und andere Ermittlungsmöglichkeiten erheblich weniger erfolgversprechend wären oder die Ermittlungen wesentlich erschwert wären. Die Entscheidung ist aber auf Verdeckte Ermittler, d. h. auf Polizeibeamte, nicht ohne weiteres übertragbar. Was exakt zu den Straftaten von erheblicher Bedeutung gehört, ist unklar.[398] Das bislang noch nicht befriedigend gelöste Problem zeigt, wie sehr die neuen geheimen Ermittlungsmethoden, insbesondere auch unter einer Legende ermittelnde Polizeibeamte, den grundlegenden Verfahrensvorschriften der StPO, die Fairneß und Rechtsstaatlichkeit garantieren sollen, entgegenstehen. Unbestritten dürfte nur die abstrakte Verpflichtung für Verdeckte Ermittler sein, auch während ihres Einsatzes stets fair und als rechtsstaatlicher Beamter zu handeln. Aber was bleibt davon, wenn er täuschen soll?

404 Verdeckte Ermittler dürfen auch **andere verdeckte Methoden** zur Datenerhebung anwenden, wie man aus § 101 I StPO schließen kann. In Betracht kommt die Anwendung technischer Mittel zur Aufzeichnung des nichtöffentlich gesprochenen Wortes nach § 100 c I Nr. 2 StPO. In diesem Fall ist allerdings das Anordnungsverfahren nach § 100 d StPO einzuhalten, da die Zustimmung des Richters nach § 110 b Abs. 2 nicht die Anordnung nach § 100 d StPO ersetzt.[399]

405 Verdeckte Ermittler dürfen nach § 110 c StPO eine **Wohnung** mit dem Einverständnis des Berechtigten unter Verwendung ihrer Legende **betreten.** Das Einverständnis darf nur durch die Verwendung der Legende, nicht durch ein darüber hinausgehendes Vortäuschen eines Zutrittsrechts herbeigeführt werden. Der verdeckte Ermittler darf sich also nicht als Stromableser, Gasmann, etc. gerieren. § 110 c StPO gestattet das Betreten der Wohnung und den Aufenthalt dort, solange der Berechtigte einverstanden ist. In der Wohnung darf der Verdeckte Ermittler Informationen durch Gespräche, Beobachtung und Augenschein erheben. Alle Maßnahmen sind aber nur insoweit zulässig und erfüllen nicht den Tatbestand des Hausfriedensbruchs, als sie erforderlich zur Aufklärung der in Rede stehenden Straftat(en) sind.[400] Der Verdeckte Ermittler darf die Wohnung **nicht durchsuchen,** d. h. nicht gezielt nach Dingen forschen, die der Wohnungsinhaber nicht von sich aus offenlegt oder herausgeben will.[401] Insoweit wäre ein richterlicher Durchsuchungsbefehl nach § 105 StPO notwendig, sofern nicht die Voraussetzungen für eine Eilmaßnahme vorliegen.

406 Generell bleiben rechtsstaatliche Bedenken gegen das Betreten von Privatwohnungen durch Verdeckte Ermittler. Sie sind die zwangsläufige Folge der Schaffung dieses Ermittlungsinstruments, denn der Verdeckte Ermittler würde vermutlich nicht weit kommen, wenn er vor Wohnungstüren haltmachen müßte. Der Grundrechtsschutz basiert aber wesentlich auf der Offenheit staatlicher Maßnahmen. Ob der durch Täuschung herbeigeführte Zutritt des Staates zu Privatwohnungen durch Benachrichtigung und nachträglichen Rechtsschutz hinreichend ausgeglichen ist, mag man bezweifeln. Dies allein schon deshalb, weil die Gründe für ein Hinauszögern oder Unterlassen der Benachrichtigung des Betroffenen vielfältig sind.[402]

407 Der Verdeckte Ermittler darf **keine Straftaten** außer den im Zusammenhang mit der Herstellung seiner Legenden notwendigen Urkundenmanipulationen sowie des im Rahmen von § 110 c StPO wegen der Täuschung des Wohnungsinhabers regelmäßig vorliegenden Hausfriedensbruchs begehen.[403] Auch sogenannte **„milieugerechte Straftaten"** zur Absicherung der Legende sind nicht zulässig. Dies folgt aus den ausdrücklich auf Urkundsdelikte und Hausfriedensbruch beschränkten Befugnissen gem. §§ 110 a III, 110 c

[398] Laut *BGH* aaO vermitteln die Kataloge in §§ 18 a, 100 a, 110 a StPO „Hinweise".
[399] Wie hier: *Zaczyk* StrV 1993, 490 (495).
[400] *Hilger* NStZ 1992, 523 (525, Fußn. 161).
[401] Zum Begriff näher: *Weil* ZRP 1992, 243 (245); vgl. auch *Ransiek* GA 1995, 23 (30).
[402] Vgl. Rdn. 428 ff. Im Grunde wird Art. 13 GG unterlaufen.
[403] *Nitz,* Einsatzbedingte Straftaten verdeckter Ermittler; zum tatprovozierenden Verhalten vgl. *Fischer/Maul* NStZ 1992, 7 ff.

StPO.[404] Dies mag als bedauerlich empfunden werden und gelegentlich die Effektivität des Einsatzes Verdeckter Ermittler begrenzen,[405] ist aus rechtsstaatlichen Gründen aber unabdingbar.[406] Die Überführung eines Beschuldigten im Strafverfahren rechtfertigt nicht außerverfassungsrechtliche Methoden. Der Staat würde sich vollends auf die Ebene der Straftäter begeben, wenn er um der Effektivität willen selbst Straftaten begehen würde.

Der **Preis** für diese **„Effektivität"** könnte von der anderen Seite nach Belieben nach oben getrieben werden. Wenn den Verdeckten Ermittlern bestimmte Straftaten gestattet würden, könnte als sogenannte „Keuschheitsprobe" just eine Straftat verlangt werden, die gesetzlich (noch) nicht zugelassen ist usw.[407] Ein Ende der Spirale wäre nicht abzusehen. Das gleiche würde gelten, wenn Straftaten nicht enumerativ, sondern abstrakt zugelassen würden, wenn sie „milieugerecht" sind. Das „Milieu" hätte es dann in der Hand festzulegen, wie weit ein Verdeckter Ermittler gehen muß. **408**

g) Verwertung der Informationen, die der Verdeckte Ermittler erhoben hat

Die Informationen, die der Verdeckte Ermittler erhoben hat, können in der Angelegenheit, in der er eingesetzt worden ist, für **die weiteren Strafermittlungen verwendet** werden. Sie können zur Ergreifung des Verdächtigen oder zur Ermittlung weiterer Beweismittel führen. Kommt es auf die eigenen Wahrnehmungen des Verdeckten Ermittlers an, so kann er – vorbehaltlich der besonderen Regelungen in § 110 b III StPO – als Zeuge vernommen werden. **409**

Eine Verwendung von **Zufallsfunden** für die Verfolgung anderer Straftaten ist nach § 110 e StPO zulässig, wenn auch die andere Straftat die Voraussetzungen von § 110 a I StPO erfüllt. Nach dem Wortlaut von § 110 e bleibt darüber hinaus 110 d II StPO – gemeint ist offenbar § 110 d V – „unberührt". Dies kann bei aller Mißverständlichkeit dieser Verweisung[408] eigentlich nur bedeuten, daß, falls es im Rahmen des Einsatzes des Verdeckten Ermittlers zu einer rechtlich einwandfreien Maßnahme nach § 100 c I Nr. 2 StPO kommt, was nach der hier vertretenen Auffassung[409] bedeutet, daß eine sich darauf beziehende eigenständige richterliche Anordnung vorliegen muß, sich auch die Verwendung der speziell hieraus gewonnenen Daten nach § 100 d II StPO richtet. Dazu hätte es allerdings des ausdrücklichen Hinweises in § 100 e StPO letzter Halbsatz nicht bedurft. **410**

§ 110 e StPO beinhaltet ebenso wie § 100 d StPO den Begriff der Verwendung zu **Beweiszwecken.** Dies ist nach dem oben Ausgeführten[410] keine ausreichende Regelung der Zweckbindung der erhobenen Daten. Kommt es zu einem **rechtswidrigen Einsatz** eines verdeckten Ermittlers, so stellt sich die Frage der **Verwertung** der durch ihn erhobenen Informationen. Dabei ist zunächst zu unterscheiden zwischen einer von Anfang an unzulässigen Maßnahme und einer solchen, die zunächst von der Polizei und der Staatsanwaltschaft unter Inanspruchnahme der Eilkompetenz begonnen wurde, der der Richter dann aber die Zustimmung verweigert hat. **411**

Hilger geht davon aus, daß in letzterem Fall bis zu Verweigerung der Zustimmung durch den Richter eine rechtmäßige Maßnahme vorgelegen hat, denn bis dahin seien Polizei und Staatsanwaltschaft „zuständig" gewesen.[411] Dem kann in dieser Allgemeinheit nicht gefolgt werden, da zumindest dann, wenn der Richter die Zustimmung verwei- **412**

---

[404] Ausdrücklich auch II, 3.2 der Gemeinsamen Richtlinien der Innen- und Justizminister; wie hier: *Nack,* in: KK, 110 c, Rdn. 4; *Kleinknecht/Meyer-Goßner,* § 110 d, Rdn. 2; *Hilger* NStZ 1992, 523 (525, Fußn. 161); *Möhrenschläger* wistra 1992, 326 (321); a. A. *Krey/Haubrich* JR 1992, 309 (315).

[405] Die Meinungen darüber sind durchaus geteilt, vgl. *Koriath* Kriminalistik 1992, 370 ff. und *Körner* Kriminalistik 1992, 601 ff.

[406] *Eisenberg* NJW 1993, 1033 (1039).

[407] *Ostendorf* JZ 1991, 62 (69).

[408] *Nack,* in: KK, § 110 e, Rdn. 4, geht von einem Redaktionsversehen aus.

[409] Vgl. oben Rdn. 404.

[410] Vgl. oben Rdn. 337 ff.

[411] *Hilger* NStZ 1992, 457 (460, Fußn. 66).

gert, weil von Anfang an nicht die Voraussetzungen für den Verdeckten Ermittler vorlagen (z. B. keine Katalogtat, Möglichkeit, mildere Mittel einzusetzen), sich nicht nur die Frage der Zuständigkeit stellt. Allenfalls wenn der Richter nur wegen zwischenzeitlichen Wegfalls der gesetzlichen Einsatzvoraussetzungen (Ergreifung des Verdächtigen, Klärung des Sachverhalts) die Zustimmung verweigert, können die bis dahin erlangten Informationen als rechtmäßig erhoben angesehen werden.

413 Liegt ein von Anfang an rechtswidriger Einsatz eines Verdeckten Ermittlers vor, so stellt sich die Frage der Verwertung der erlangten Informationen. Der im allgemeinen Datenschutzrecht gültige Satz, daß rechtswidrig erhobene Daten auch nicht mehr rechtmäßig weiterverarbeitet werden können,[412] erfährt im Strafprozeßrecht eine bedenkliche Modifizierung unter dem Gesichtspunkt der **Fernwirkung.** Die von der Literatur und der Rechtsprechung vor allem im Zusammenhang mit Telefonabhörmaßnahmen herausgearbeiteten Grundsätze zur Frage der Fernwirkung[413] lassen sich dahingehend zusammenfassen, daß es letztlich auf eine **Abwägung** zwischen der Schwere der Tat, der Schwere des Verfahrensverstoßes und seiner Bedeutung für die rechtlich geschützte Sphäre des Betroffenen ankommt.

414 Ein Verwertungsverbot liegt nach der Rechtsprechung des BGH jedenfalls dann nahe, wenn die verletzte Verfahrensvorschrift dazu bestimmt ist, die Grundlagen der verfahrensrechtlichen Stellung des Beschuldigten im Strafverfahren zu sichern.[414] Wenn aber der **Richtervorbehalt** beim Einsatz Verdeckter Ermittler gerade ein **Ausgleich** für die **Heimlichkeit** und den Täuschungscharakter der Maßnahme ist, so spricht vieles dafür, von einem Verwertungsverbot auszugehen, wenn der Richter einer Maßnahme seine Zustimmung verweigert oder die Zustimmung von Anfang an nicht eingeholt wird.[415] Dies dürfte zumindest dann gelten, wenn die Informationserhebung gerade und nur unter Ausnutzung der Möglichkeiten eines Verdeckten Ermittlers erfolgt ist. Etwas anderes mag gelten, wenn die Information nur gelegentlich des Einsatzes erhoben worden ist, ohne daß die Täuschung über die Identität des Verdeckten Ermittlers ursächlich war.[416] In diesem Fall wäre aber konsequenterweise die Verwendung der Information nicht an die Geheimhaltungsklauseln beim Verdeckten Ermittler gebunden.[417]

415 Allerdings besteht für den betroffenen Verdächtigen und seinen Verteidiger das weitere Problem, Verfahrensverstöße und daraus folgende etwaige Beweisverwertungsverbote nur schwer erkennen zu können, wenn die zugrundeliegenden **Akten geheimgehalten** werden.

416 Problematisch ist auch die Verwertung von Erkenntnissen des Verdeckten Ermittlers für Zwecke der **Gefahrenabwehr.** Deren Zulässigkeit kann nicht schon allein daraus gefolgert werden, daß es sich beim Verdeckten Ermittler um einen Polizeibeamten handelt.[418] Sie ist vielmehr nur auf der Grundlage einer Rechtsvorschrift zulässig. § 110 e StPO regelt aber die Verwendung der Informationen, ohne daß die Gefahrenabwehr einbezogen wäre. Solange die Verwendung von Daten, die für strafprozessuale Zwecke durch den Einsatz Verdeckter Ermittler erhoben worden sind, für die Gefahrabwehr nicht ausdrücklich zugelassen ist, kommt sie nur in den engen Grenzen von § 34 StGB in Betracht.[419]

---

[412] Vgl. *Geiger,* in: *Simitis* u. a., BDSG-Kommentar, § 13, Rdn. 28.
[413] Vgl. den Überblick bei *Nack,* in: KK, § 100 a, Rdn. 50 ff. m. w. N.
[414] *BGH,* JZ 1993, 425.
[415] *Roxin* StV 1998, 45; *Wollweber* StV 1997, 510.
[416] I. d. S. wohl auch: *Zaczyk* StrV 1993, S. 490 (498).
[417] *Zaczyk* aaO S. 498.
[418] So aber *Nack,* in: § 110 e, Rdn. 6.
[419] Vgl. zur Kontroverse über die Verwendung von Erkenntnissen aus der Telefonüberwachung für Zwecke der Gefahrenabwehr: *Hassemer* ZRP 1991, 121; *Riegel* ZRP 1991, 286; *Globig* ZRP 1991, 81, 289 sowie oben Rdn. 291.

h) Der Schutz der Geheimhaltung Verdeckter Ermittler

Nach § 110 b III StPO kann die **Identität** des Verdeckten Ermittlers auch **nach Beendigung des Einsatzes geheimgehalten** werden. Allerdings nicht gegenüber dem Staatsanwalt und dem Richter, die seinem Einsatz zugestimmt haben. Sie können verlangen, daß ihnen gegenüber die Identität offenbart wird, § 110 b III S. 2 StPO.[420] 417

Auch im **Strafverfahren** ist die Geheimhaltung unter bestimmten Voraussetzungen zulässig. In Betracht kommt zunächst eine Geheimhaltung aus den Gründen des § 96 StPO, nämlich bei drohenden Nachteilen für das Wohl des Bundes oder eines deutschen Landes.[421] Diese noch relativ abstrakten, wenngleich durch Rechtsprechung und Literatur[422] in weiten Bereichen konkretisierten Rechtsgüter werden im Hinblick auf den Schutz der Identität von Verdeckten Ermittlern in § 110 b III S. 3 StPO weiter präzisiert.[423] Demnach ist die Geheimhaltung insbesondere zulässig, wenn Anlaß zu der Besorgnis besteht, daß die Offenbarung Leben, Leib oder Freiheit des Verdeckten Ermittlers oder einer anderen Person oder die Möglichkeit der weiteren Verwendung des Verdeckten Ermittlers gefährden würde. Ob der Schutz der Methode diese Beweismittelverkürzung rechtfertigt, bleibt indes fraglich.[424] 418

Damit stellt sich die Frage, ob und in welchem Umfang der Verdeckte Ermittler als **Zeuge** vernommen werden kann. Denn im Hinblick auf die Unmittelbarkeit der Beweisaufnahme nach § 250 StPO sind zunächst alle Möglichkeiten auszuschöpfen, den Zeugen selbst zu hören und sich nicht mit Vernehmungsprotokollen und -beamten zu begnügen. 419

Die Besonderheit beginnt bereits bei der Abfassung der **Anklageschrift,** denn nach § 200 IV StPO ist auch anzugeben, ob ein Zeuge benannt wird, dessen Identität ganz oder teilweise nicht offenbart werden soll. Dies hat auch dann zu geschehen, wenn von vornherein geplant ist, den Verdeckten Ermittler nicht selbst als Zeugen, sondern nur die Vernehmungsprotokolle einzuführen oder die Vernehmungsbeamten zu hören.[425] Dadurch soll es dem Angeklagten und seinem Verteidiger möglich sein, sich auf die Besonderheit einzustellen, daß die Identität eines Zeugen geheimgehalten wird. 420

Für die Hauptverhandlung selbst ist zu versuchen, soweit wie möglich auf den Verdeckten Ermittler als unmittelbaren Zeugen zurückzugreifen.[426] Daraus ergibt sich, daß zunächst zu prüfen ist, ob die verbesserten **Zeugenschutzmaßnahmen** nach § 68 StPO ausreichend sind, um die in § 110 b III S. 3 StPO genannten Gefährdungen zu vermeiden. Ist dies nicht der Fall, so ist zu prüfen, ob eine **Vernehmung** unter Verwendung der **Legende** in Betracht kommt,[427] wenngleich ein anonymer Zeuge kein Zeuge sein kann. Ohne Offenbarung seiner wahren Identität ist er ein Niemand, also „unerreichbar". Nur wenn auch dies nicht ausreichend ist, kommt eine **Sperrung** des Verdeckten Ermittlers als Zeuge durch die Oberste Dienstbehörde in Betracht.[428] Sie muß die Sperrung gegenüber dem Gericht so weit begründen, wie es ohne Gefährdung der Rechtsgüter des § 110 b III S. 3 StPO möglich ist. Zumindest ist dem Gericht die Nachprüfung auf offenkundigen Fehlgebrauch der Sperrerklärung zu ermöglichen.[429] Dabei ist dann insbesondere darzu- 421

---

420 *Gössel* NStZ 1996, 288.

421 Vgl. dazu allgemein: *Lisken* NJW 1991, 1658 sowie *Hornmann,* Kommentar zum HSOG, § 16, Rdn. 41 ff.

422 Vgl. die Nachweise bei *Nack,* in: KK, § 96, Rdn. 18 ff.

423 *BGH* NStZ 96, 608.

424 Vgl. dazu unten Kap. K Rdn. 163.

425 *Zaczyk* StrV 1993, 490 (496) unter Bezugnahme auf die Gesetzesbegründung, BT-Drucks. 12/989, S. 44.

426 Vgl. auch U. des *Europ. Gerichtshofs für Menschenrechte* vom 25. 6. 1992, NJW 1992, 3088.

427 *Hilger* NStZ 1992, 523 (524). Kategorisch ablehnend schon Ad. *Arndt,* Ger. jur. Schriften, 1976, S. 168 f; vgl. auch *Lesch* StV 1995, 544.

428 In diesem Fall können gegebenenfalls andere Polizeibeamte als Zeugen vom Hörensagen vernommen werden, *BVerfG* NJW 1992, 168; ausführlich zu den Voraussetzungen *Nack* Kriminalistik 1999, 171 ff.

429 *Hilger* aaO., Fn. 439; *Möhrenschläger* wistra 1992, 326 (331).

legen, weshalb ein milderes Mittel als die völlige Sperrung (z. B. Zeugenschutzmaßnahmen nach § 68 StPO) nicht ausreicht.[430]

422 Unter den Gründen, die eine Sperrung des Verdeckten Ermittlers nach § 110 b III S. 3 StPO zulassen, ist besonders problematisch die **Gefährdung** der **Möglichkeit** der **weiteren Verwendung** des Verdeckten Ermittlers. Bei weiter Auslegung dieses Tatbestandsmerkmals hätte es die Polizei weitgehend in der Hand, dem Gericht entscheidende Zeugen vorzuenthalten und damit steuernd in das Strafverfahren einzugreifen. Bei dem hohen Rang, der dem Grundsatz der Unmittelbarkeit der Beweiserhebung zukommt, kann die Sperrung eines Verdeckten Ermittlers allenfalls in engen Grenzen in Betracht kommen, also zu seinem Schutz, nicht zum Methodenschutz.[431]

Die bloße Möglichkeit oder Absicht, ihn auch künftig einsetzen zu wollen, genügt nicht. Sofern man nicht grundsätzliche verfassungsrechtliche Bedenken gegen das Tatbestandsmerkmal der künftigen Verwendung hat, kann es nur in Betracht kommen, wenn der Verdeckte Ermittler bereits einen neuen Einsatz als Verdeckter Ermittler begonnen hat und dort schlechterdings unentbehrlich ist.

i) Die Dokumentation des Einsatzes Verdeckter Ermittler

423 Der Einsatz des Verdeckten Ermittlers ist zu dokumentieren wie sonstige behördliche Maßnahmen auch. Wegen der Besonderheiten des Einsatzes, der Möglichkeit der Schädigung Dritter und weil eine besonders straffe Führung des Verdeckten Ermittlers intendiert ist,[432] empfiehlt sich eine **sorgfältige Dokumentation.**

424 Die **Aufzeichnungen** werden bei der Staatsanwaltschaft verwahrt. Sie sind dort **gesondert aufzubewahren** und „zu den Unterlagen" erst dann zu nehmen, wenn keine Gefährdung des Verdeckten Ermittlers oder anderer Personen oder seines weiteren Einsatzes mehr besteht, § 110 d II S. 2 StPO. Die gesonderten Unterlagen gehören also nicht zu den „Verhandlungen", die der Staatsanwalt dem Gericht zu übergeben hat.[433]

425 Allerdings entsteht ein Spannungsverhältnis zwischen § 110 d II und § 244 II StPO, wenn das Gericht der Auffassung ist, die Unterlagen zur Wahrheitsermittlung zu benötigen.[434] Der Klärung bedarf auch, ob die Unterlagen über den Einsatz des Verdeckten Ermittlers auch dann noch aufbewahrt werden dürfen (müssen), wenn die Strafermittlungsakte bereits vernichtet ist. Zumindest dürfte ihr Inhalt dann nicht mehr zum Nachteil der (seinerzeit) Beschuldigten verwertbar sein.

426 Die Dokumentation bei der **Staatsanwaltschaft** ist verpflichtend, dürfte aber der parallelen Aufbewahrung von Unterlagen bei der **Polizei** nicht entgegenstehen. Zur Speicherfrist und Verwendung der Informationen gilt das eben Ausgeführte.

427 Die gesonderte Dokumentation des Einsatzes des Verdeckten Ermittlers und deren Geheimhaltung ist eine logische Folge der Einführung dieser Ermittlungsmethode. Dadurch werden aber der Grundsatz der **Aktenvollständigkeit** und des Rechts des Beschuldigten auf **Akteneinsicht,** sogar in Spurenakten,[435] verkürzt, so daß die „Waffengleichheit" im Prozeß gefährdet ist (vgl. BVerfGE 52, 131, 144 ff.).

k) Die Benachrichtigung von Betroffenen

428 Nach § 110 d I StPO sind **Personen,** deren nicht allgemein zugängliche Wohnung der Verdeckte Ermittler betreten hat, zu **benachrichtigen,** sobald es ohne Gefährdung des Untersuchungszwecks, der öffentlichen Sicherheit, von Leib oder Leben einer Person sowie der Möglichkeit der weiteren Verwendung des Verdeckten Ermittlers geschehen kann.

---

430 *Zaczyk* StrV 1993, 490 (496).
431 *Zaczyk* ebenda, S. 497; vgl. auch *Janssen* StV 1995, 275 ff.; *Lisken* NJW 1991, 1658.
432 *Hilger* NStZ 1992, 523 (Fußn. 139).
433 Vgl. dazu oben Rdn. 249.
434 Vgl. *Zaczyk* StrV 1993, 490 (497).
435 Vgl. dazu oben Rdn. 250.

Die **Benachrichtigung** dient dem **Zweck,** den Betroffenen zumindest im nachhinein die Erlangung von Rechtsschutz zu ermöglichen, wobei der Rechtsschutz wiederum nicht am Gesichtspunkt der „Erledigung" scheitern dürfte, weil er der gebotenen Rehabilitierung nach einem besonders gravierenden Grundrechtseingriff ohne sonstige Verteidigungsmöglichkeit gilt. Sie ist deshalb so vorzunehmen, daß die Betroffenen prüfen können, ob ihre Rechte verletzt worden sind. Weshalb lediglich die Benachrichtigung des Wohnungsinhabers, nicht aber des ursprünglich Verdächtigen vorgesehen ist, dürfte darauf zurückzuführen sein, daß der Gesetzgeber nur den Erfolg der Maßnahme im Auge hatte. Wird aber der Verdächtige nicht überführt und stellt sich seine Unschuld heraus, so gibt es keinen vernünftigen Grund, ihn nicht ebenso zu benachrichtigen wie den Wohnungsinhaber.[436] 429

Allerdings sind die Gründe, aus denen eine Benachrichtigung unterbleiben kann, derart weit gefaßt, daß die Benachrichtigung in der Praxis die seltene Ausnahme bleiben dürfte. Dies gilt insbesondere im Hinblick auf den Gesichtspunkt der Gefährdung der öffentlichen Sicherheit. Hinzu kommt, daß die Entscheidung, (noch) nicht zu benachrichtigen, wegen der Geheimhaltung praktisch nicht überprüfbar ist.[437] Deshalb ist die Benachrichtigung der Betroffenen nur in engen Grenzen geeignet, die schweren rechtsstaatlichen Bedenken gegen den Einsatz Verdeckter Ermittler zu relativieren. 430

9. Schleppnetzfahndung nach § 163 d StPO[438]

a) Bedeutung von § 163 d im Normgefüge der StPO

§ 163 d wurde anläßlich des Erlasses des Paß- und des Personalausweisgesetzes in die StPO eingefügt, um für den Bereich der Strafverfolgung eine Ausnahme von dem in jenen Gesetzen vorgesehenen grundsätzlichen Verbot der Speicherung von Daten, die anläßlich des automatischen Lesevorgangs maschinenlesbarer Ausweise anfallen, zu schaffen.[439] Die praktische Bedeutung von § 163 d ist bis heute gering geblieben, da im Hinblick auf den komplizierten und teilweise unsystematischen Aufbau der Vorschrift die Hemmschwelle zu ihrer Anwendung relativ hoch sein dürfte. 431

b) Der in § 163 d geregelte Vorgang

Begründen bestimmte Tatsachen den Verdacht, daß eine Straftat nach § 111 StPO begangen worden ist, so dürfen die anläßlich einer **Personenkontrolle** nach § 111 anfallenden **Daten** über die **Identität** der Person sowie die **Umstände,** die für die Aufklärung der Straftat oder für die Ergreifung des Täters von Bedeutung sein können, in einer **Datei** gespeichert werden. Die anläßlich einer **grenzpolizeilichen Kontrolle** erhobenen Daten dürfen unter denselben Voraussetzungen gespeichert werden, zusätzlich wenn der Verdacht einer Straftat nach § 100 a 1 Nrn. 3 u. 4 StPO besteht. 432

Erforderlich ist in beiden Fällen außerdem, daß die Auswertung der Daten zur Ergreifung des Täters oder zur Aufklärung der Straftat führen kann und die Maßnahme nicht außer Verhältnis zur Bedeutung der Sache steht. Wer die **Datei** betreiben darf, ist nicht ausdrücklich geregelt, ergibt sich aber aus der Natur der Sache: die für die Aufklärung der betreffenden Straftat oder die Fahndung nach dem gesuchten Täter zuständige Stelle. Dies kann eine Staatsanwaltschaft oder in ihrem Auftrag eine Polizeibehörde sein.[440] Eine Speicherung in Verbundsystemen scheidet wegen der engen Zweckbindung der Da- 433

---

436 *Nack,* in: KK, § 110 e, Rdn. 3.

437 Vgl. auch oben Rdn. 341 ff.

438 *Rieß,* in: L-R, § 163 d, Rdn. 3 verwendet den Begriff Kontrollfahndung; *Kleinknecht/Meyer-Goßner,* § 163 d, Rdn. 2 spricht von Netzfahndung. Da jedermann ohne Vorliegen irgendwelcher Verdachtsmomente in seiner Person betroffen sein kann, bringt der Begriff Schleppnetzfahndung den Vorgang plastisch zum Ausdruck; vgl. die Darstellung bei *Werner,* in: Bäumler/Breinlinger/Schrader, Datenschutz von A–Z, S 300.

439 Zur Vorgeschichte *Riegel* CR 1986, 138 ff. und *Schoreit,* in: KK, § 163 d, Rdn. 1 u. 2.

440 *Rogall* NStZ 1986,385 (390); ausführlich zu dieser Frage: *Schoreit,* in: KK, § 163 d, Rdn. 14 ff.

ten aus. Jedenfalls müßte der Zugriff auf die Daten auf die oben genannten Stellen beschränkt werden.

434 Zwar erlaubt § 163 d I seinem Wortlaut nach nur die Speicherung in einer Datei. Da die Speicherung aber nur zulässig ist, wenn Tatsachen die Annahme rechtfertigen, daß die **Auswertung** der Daten zur Ergreifung des Täters oder zur Aufklärung der Straftat führen kann, ist jedenfalls auch die Auswertung zulässig.[441] Die bloße Speicherung in einer Datei dürfte nicht zum gewünschten Erfolg führen. Die Auswertung ist nicht näher definiert und umschließt alle erforderlichen Datenverarbeitungsmaßnahmen wie Einzel- und Querschnittsabfragen. Der Abgleich mit anderen Datenbeständen ist im Rahmen der Voraussetzungen des § 98 c StPO zulässig, wenn sichergestellt ist, daß der Vergleich nicht zu einer Verwendung der Daten für andere Zwecke führt oder auch nur führen soll. Das Gesetz gestattet die Verwendung der Daten für andere Zwecke als den, zu dem die Schleppnetzfahndung angeordnet wurde, nur, wenn sich **„bei Gelegenheit"** der Auswertung durch die speichernde Stelle Hinweise für die Eignung für die Verfolgung anderer Straftaten oder die Ergreifung eines Täters ergeben.[442] Gespeichert und ausgewertet werden dürfen Identitätsdaten sowie **Umstände, die für die Aufklärung der Straftat von Bedeutung sein können.** Der Natur der Sache nach kann es sich dabei nur um Umstände handeln, die anläßlich der Kontrolle festgestellt worden sind.

c) Anordnungskompetenz

435 Die Schleppnetzfahndung darf nur durch den **Richter,** bei Gefahr im Verzug auch durch Staatsanwaltschaft und Polizei angeordnet werden. In diesem Fall muß die Anordnung binnen drei Tagen vom Richter bestätigt werden, andernfalls tritt sie außer Kraft. Die Eilkompetenz der Staatsanwaltschaft und der Polizei dürfte in erster Linie bei der Einrichtung von Kontrollstellen (Ringalarmfahndung) unmittelbar nach Begehung einer in § 111 StPO aufgeführten Straftat greifen. Erfolgt die richterliche **Bestätigung** nicht, so ist § 163 d IV analog anzuwenden. Dabei ist zu unterscheiden, ob die Maßnahmen von Anfang an nicht zulässig waren oder ob die Voraussetzungen inzwischen weggefallen sind (z. B. bei Ergreifung des Täters oder Aufklärung der Tat). In letzterem Fall können die gewonnenen Daten so lange verwendet werden, wie sie „für das Strafverfahren" benötigt werden.[443] Lagen die Voraussetzungen von Anfang an nicht vor, so sind die Daten unverzüglich zu **vernichten.**

436 Die **Anordnung** muß, auch im Eilfall, **schriftlich** ergehen. Die Personen, deren Daten erfaßt werden sollen, sind nach bestimmten Merkmalen oder Eigenschaften so genau wie möglich zu beschreiben.[444] Die Maßnahme muß nach Art und räumlicher Auswirkung begrenzt sein und ist zeitlich auf höchstens drei Monate zu befristen. Eine einmalige Verlängerung um 3 Monate ist bei Fortdauer der Anordnungsvoraussetzungen zulässig.

d) Verwertung der Daten

437 Nach Zweckerreichung oder wenn die Voraussetzungen für die Anordnung nicht mehr vorliegen, sind „die Maßnahmen", d. h. die Erfassung und Speicherung der Daten in der Datei zu beenden (§ 163 d IV S. 1). Die **Löschung** muß erfolgen, **sobald** die Daten für das Strafverfahren nicht mehr benötigt werden. „Sobald" heißt in diesem Zusammenhang auch **„soweit"**, d. h. die Daten erkennbar Unschuldiger müssen gelöscht werden, sobald dies erkannt wird, auch wenn die Daten weiterhin Verdächtiger noch gespeichert bleiben dürfen.[445] Spätestens drei Monate nach Beendigung der Maßnahme sind alle Daten in der Datei zu löschen. Liegen die Voraussetzungen für die weitere Nutzung von einzelnen

---

441 Vgl. auch *Wittig* JuS 1997, 961 ff.

442 *Rieß,* in: L-R, § 163 d Rdn. 69, 70.

443 *Rieß,* a. a. O., Rdn. 49 f.

444 *Schoreit,* in: KK, § 163 d, Rdn. 33; zu ggf. erforderlichen nachträglichen Konkretisierungen vgl. *Rogall* NStZ 1986, 385 (391).

445 I. d. S. wohl auch *Rieß,* in: L-R, § 163 d, Rdn. 57 ff.

Daten nach § 163 d IV S. 4 u. 5 vor, so können diese in anderer Form (in Akten oder anderen Datensammlungen) gespeichert bleiben.

Die Daten dürfen nur für „das Strafverfahren", d. h. dasjenige, das Anlaß der Maßnahme war oder zur Aufklärung einer **anderen Straftat** oder zur Ergreifung von Personen verwendet werden, die in der Fahndungsdatei aus Gründen der Strafverfolgung oder Strafvollstreckung gespeichert sind. Es darf aber **nicht systematisch** nach „Zufallserkenntnissen" **gesucht** werden. Es dürfen auch nur Zufallserkenntnisse verwendet werden, die bei der speichernden Stelle anfallen. Fragt die speichernde Stelle im Rahmen ihrer Ermittlungen bei Dritten nach, so darf diese die ggf. übermittelten Anfragedaten nicht verwerten.[446] 438

Daß **Zufallserkenntnisse** für die Aufklärung **jeder** anderen Straftat verwendet werden dürfen, ist systematisch verfehlt.[447] Bei der Ähnlichkeit von § 163 d mit § 100 a StPO hätte es nahegelegen, so wie dort die Verwertung von Zufallsdaten nur für die Aufklärung einer Katalogstraftat vorzusehen. Die in § 163 d IV S. 5 gefundene umfassende Verwertungsregel steht auch in einem gewissen Widerspruch zu den in § 163 d im übrigen verwendeten, teilweise sehr engen Verarbeitungsbestimmungen. 439

Eine Verwertung für andere sicherheitsehördliche Zwecke scheidet aus. Weder zur Gefahrenabwehr noch zur Aufgabenerfüllung der **Geheimdienste** dürfen die Daten verwertet werden. An letztere dürfen sie nicht einmal übermittelt werden, da sie keine „Strafverfolgungsbehörden" i. S. v. § 163 d I S. 3 sind. 440

e) Unterrichtung der Betroffenen

Nach § 163 d V sind die Personen, gegen die weitere Ermittlungen geführt worden sind, von den Maßnahmen nach Abs. 1, d. h. im wesentlichen von der Speicherung ihrer anläßlich einer Kontrolle angefallenen Daten in einer Datei, zu unterrichten, sofern nicht eine Gefährdung des Untersuchungszweckes oder der öffentlichen Sicherheit zu besorgen ist. Die Benachrichtigungspflicht bezieht sich auf Personen, bei denen die Auswertung der in der Datei gespeicherten Daten tatsächlich einen Anfangsverdacht ergeben hat, der dann aber nicht erhärtet werden konnte.[448] Wäre letzteres der Fall, so würde der Betroffene ohnehin im Rahmen der verantwortlichen Vernehmung von der Datenspeicherung erfahren.[449] 441

10. Polizeiliche Beobachtung, § 163 e StPO

a) Zwecke der polizeilichen Beobachtung

Die **Funktionsweise** der polizeilichen Beobachtung ist, unabhängig davon, ob sie zu Zwecken der Gefahrenabwehr, der Vorbeugung oder der Strafverfolgung erfolgt, oben beschrieben.[450] Sie ist – anders als die sogenannte Observation – ein Instrument, das zur Bekämpfung des Terrorismus entwickelt wurde und auf diese besondere Kriminalitätsform zugeschnitten ist. Sie sollte der Erkennung von Organisationszusammenhängen, Reisetätigkeiten, Kurierdiensten etc. einer sich professionell abschirmenden terroristischen Szene dienen, deren Mitglieder teils in der Illegalität lebten, teils ein normales bürgerliches Leben führten. Eine systematische Untersuchung über Effektivität und Erfolge des bisherigen Einsatzes der polizeilichen Beobachtung wurde soweit bekannt noch nicht angestellt. 442

Die polizeiliche Beobachtung funktioniert nach dem **Zufallsprinzip**[451]: Die zur Beobachtung ausgeschriebenen Personen sollen in keiner Weise – wie es der Name der Maßnahme nahelegen könnte – besonders beobachtet werden. Lediglich wenn sie zufällig aus 443

---

446 *Schoreit,* in: KK, § 163 d, Rdn. 42.
447 *Rieß,* in: L-R, § 163 d, Rdn. 72 m. w. Nachw. kritischer Stimmen.
448 *Rieß,* aaO, Rdn. 79.
449 *Schoreit,* in: KK, § 163 d, Rdn. 44.
450 Vgl. oben Rdn. 157 ff.
451 *Ahlf/Daub/Lersch/Störzer,* Kommentar zum BKAG, § 9, Rdn. 3.

anderen Gründen, etwa beim Grenzübertritt oder bei einer Straßenverkehrskontrolle, überprüft werden, erfolgt die Meldung ihrer Daten an die ausschreibende Stelle. So kann es sein, daß ein Verdächtiger monatelang reist, ohne auch nur ein einziges Mal kontrolliert worden zu sein. Die polizeiliche Beobachtung eignet sich wegen ihres Zufallscharakters und, weil beim Antreffen im Rahmen einer Kontrolle nichts außer dem Abfassen einer Meldung zu veranlassen ist, nicht zur Abwehr einer konkreten Gefahr.[452]

444 Auch eine **Eignung** für Zwecke eines konkreten strafrechtlichen Ermittlungsverfahrens ist **kaum vorstellbar.**[453] Der Verdächtige darf allein aufgrund der Ausschreibung weder festgenommen noch verhört werden noch dürfen sonstige Ermittlungshandlungen vorgenommen werden. Denn die Tatsache der Ausschreibung ist nach der entsprechenden Polizeidienstvorschrift[454] vor dem Betroffenen geheimzuhalten. Lediglich Beobachtungen, die der Betroffene nicht bemerken kann, dürfen gemacht und aufgezeichnet werden.

445 Im Prinzip geht es bei der polizeilichen Beobachtung um die Sammlung von **Vorfeldinformationen** über **Verdächtige** und ihr **Umfeld.** Wegen ihres unsystematischen Charakters ist auch kaum konkret vorherzusagen, wofür die erhobenen Daten verwendet werden können. Die Abwehr einer konkreten Gefahr wäre reiner Zufall. Am ehesten denkbar ist, daß die gesammelten Daten für die künftige Strafverfolgung von Nutzen sein könnten. Aber auch insoweit dürfte der Zufall eine große Rolle spielen.

446 Geht es also im Kern um die **vorsorgliche Sammlung** von Informationen für die **künftige Strafverfolgung,** so ist darauf hinzuweisen, daß § 163 e StPO gerade diesen Aspekt der polizeilichen Beobachtung nicht regelt. § 163 e StPO enthält nur Bestimmungen zu den Voraussetzungen der Ausschreibung und zu den im Falle des Antreffens zu erstattenden Meldungen. Die **Verarbeitung der Meldungen,** insbesondere die dauerhafte Speicherung von Daten über Begleitpersonen ist **nicht geregelt.** Eine Verarbeitungsbefugnis auf der Grundlage der Landespolizeigesetze kommt kaum in Betracht,[455] da nunmehr der Bund seine Regelungskompetenz in Gestalt von § 163 e StPO zumindest teilweise in Anspruch genommen hat.[456] Somit fehlt es an einer Befugnis zur Verarbeitung der Informationen, die aufgrund einer Ausschreibung zur polizeilichen Beobachtung gewonnen wurden, bei der ausschreibenden Stelle,[457] sofern nicht ausnahmsweise die Verwendung in einem konkreten strafrechtlichen Ermittlungsverfahren in Betracht kommt.

447 Alles in allem handelt es sich bei der Regelung zur polizeilichen Beobachtung in § 163 e StPO um einen **gesetzgeberischen Torso** ohne rechtssystematische Grundlage. Allerdings können die Folgen für die Betroffenen, insbesondere für unbescholtene Begleitpersonen, beträchtlich sein. Es erscheint deshalb fragwürdig, ob auf der Grundlage von § 163 e StPO überhaupt Ausschreibungen zur Beobachtung vorgenommen werden dürfen, da die maßgebliche Verarbeitungsbefugnis hinsichtlich der gewonnenen Daten nicht ersichtlich ist. Außerdem ist die Zweckeignung fraglich, so daß sich – mangels Verhältnismäßigkeit – die Frage nach der Verfassungsmäßigkeit stellt.

Nunmehr regelt das BKAG in § 9 I S. 1 die Befugnis des Bundeskriminalamtes, personenbezogene Daten für Zwecke der polizeilichen Beobachtung in Dateien zu speichern. Damit kann nur die **Dateiführungskompetenz** als **Zentralstelle** gemeint sein, da sich die materielle Befugnis zur Ausschreibung von Personen zur Beobachtung aus § 163 e StPO bzw. den Landespolizeigesetzen ergibt. Die Verarbeitung der im Rahmen der polizeilichen Beobachtung gewonnenen Daten regelt das BKAG nicht ausdrücklich.

---

452 Vgl. dazu unten Rdn. 714.

453 Im Ergebnis wie hier: *Krüger* Kriminalistik 1992, 594 (597).

454 Nr. 2.4.4 der Polizeidienstvorschrift (PDV) 384.2.

455 Vgl. dazu unter Rdn. 657 ff.

456 *Schoreit,* in: KK § 163 e, Rdn. 8.

457 Dabei ist es unerheblich, ob die Daten manuell oder automatisiert verarbeitet werden, da das Recht auf informationelle Selbstbestimmung ungeachtet der angewandten Verarbeitungsmethode zu beachten ist. Mißverständlich deshalb *Schoreit,* in: KK, § 163 e, Rdn. 8.

b) Voraussetzungen der Ausschreibung

aa) Tatsächliche Anhaltspunkte für eine erhebliche Straftat. Es müssen tatsächliche Anhaltspunkte für die Begehung einer Straftat von erheblicher Bedeutung vorliegen. Bloße Vermutungen reichen nicht, es muß zumindest ein **Anfangsverdacht** im Sinne von § 152 II StPO zu bejahen sein.[458] Demgemäß kann die Ausschreibung nur im Rahmen eines **konkreten** Ermittlungsverfahrens in Betracht kommen. Dies wiederum führt zu der schwer vorstellbaren Überlegung, daß über einen Zeitraum von bis zu einem Jahr neben – oder gar an die Stelle – von **konkreten Ermittlungsmaßnahmen** die heimliche, auf Zufall angelegte „Beobachtung" nach § 163e StPO treten soll. Da andererseits nur die Ausschreibung bei Vorliegen von Anhaltspunkten für eine Straftat von erheblicher Bedeutung in Betracht kommt, ist kaum erkennbar, in welchem Verhältnis die Ausschreibung zum Fortgang der sonstigen Ermittlungen stehen soll. 448

Es muß sich um eine **Straftat von erheblicher Bedeutung** handeln. Im Gegensatz zu §§ 98a und 110a enthält § 163e StPO keinen Straftatenkatalog, an dem sich die Auslegung des Begriffs „erhebliche Bedeutung" orientieren könnte. Im Hinblick auf die Folgen der Ausschreibung insbesondere für das informationelle Selbstbestimmungsrecht von unbescholtenen Begleitpersonen ist ein strenger Maßstab anzulegen.[459] Eine Orientierungshilfe kann die PDV 384.2 geben, wonach polizeiliche Beobachtung in Betracht kommt, wenn Straftaten auf den Gebieten „Rauschgift", „Waffen", „Falschgeld", „Vermögen/Wirtschaft", „Eigentum", „Kriminelle Vereinigung", „Terrorist", „Einschleuser" sowie „international" begangen worden sind. Allerdings bedürfen auch diese Begriffe noch der einschränkenden Interpretation. So kann es beispielsweise nicht angängig sein, in jedem Rauschgift- oder Eigentumsdelikt eine Straftat von erheblicher Bedeutung zu sehen. 449

bb) Anordnung gegen Beschuldigte und andere Personen. Die Anordnung der Ausschreibung darf sich nur gegen den **Beschuldigten** richten. Das heißt, daß nur seine Daten in der Fahndungsdatei gespeichert werden dürfen. Unter den Voraussetzungen von § 163e I S. 3 StPO dürfen auch die Daten **anderer Personen** ausgeschrieben werden. Dies erweitert den Kreis der Betroffenen, weil folglich dann im Falle einer Kontrolle auch die Kontaktpersonen dieser anderen Personen zu melden sind. Dadurch entfernt sich der von den Datenverarbeitungsmaßnahmen betroffene Personenkreis immer mehr vom Verdächtigen selbst. Deshalb ist bei der Prüfung der Voraussetzungen für die Ausschreibung anderer Personen ein **besonders strenger Maßstab** anzulegen. 450

Nach dem Wortlaut von § 163e I S. 3 StPO kommt eine Ausschreibung anderer Personen nur in Betracht, wenn aufgrund bestimmter Tatsachen anzunehmen ist, daß sie mit dem Täter (gemeint ist wohl der Verdächtige) **in Verbindung stehen** oder eine solche Verbindung hergestellt wird. Im Hinblick auf den schweren Eingriff in das Recht auf informationelle Selbstbestimmung kann nur ein **„strafrechtsrelevanter Kontakt"** in Betracht kommen. Denn da beim Antreffen von zur Beobachtung ausgeschriebenen anderen Personen nicht weiter differenziert wird, würde eine uneingeschränkte Ausschreibung von Kontakpersonen ihrerseits weitere Unbeteiligte mit Datenspeicherungen überziehen. 451

Deshalb können unter Verhältnismäßigkeitsgesichtspunkten und im Hinblick darauf, daß nach § 163e I S. 3 StPO als zusätzliche Voraussetzung anzunehmen sein muß, daß die Maßnahme zur Erforschung des Sachverhalts oder zur Ermittlung des Aufenthaltsortes des Täters führen wird, nur **qualifizierte Kontakte** zur Speicherung anderer Personen führen. 452

Weitere Voraussetzung der Anordnung ist, sowohl wenn sie sich gegen den Verdächtigen richtet, als auch wenn andere Personen ausgeschrieben werden sollen, daß der Ermitt- 453

---

458 *Kleinknecht/Meyer-Goßner,* § 163e, Rdn. 6; *Möhrenschläger* wistra 1992, 326 (328); *Krahl* NStZ 1998, 340.

459 *Schoreit,* in: KK, § 163e, Rdn. 11ff. Zur Ungeeignetheit und verfassungsrechtlichen Bedenklichkeit des Begriffs „Straftaten von erheblicher Bedeutung" siehe oben Rdn. 269ff.

lungserfolg auf andere Weise **erheblich weniger erfolgversprechend** oder **wesentlich erschwert** wäre. **Bei korrekter Einhaltung dieser Voraussetzung dürfte § 163 e StPO praktisch nie zur Anwendung kommen.** Denn da der Erfolg der polizeilichen Beobachtung auf dem Zufall beruht, also nicht vorhergesagt werden kann, fehlt jeglicher Maßstab, um die höhere Erfolgsaussicht gegenüber anderen herkömmlichen Ermittlungsmethoden zu begründen. Die die Ausschreibung beantragende Polizeibehörde und der die Anordnung treffende Richter oder Staatsanwalt stehen insoweit vor einer unlösbaren Aufgabe.

454 **cc) Ausschreibung von Kfz-Kennzeichen.** Die Ausschreibung eines Kfz-Kennzeichens neben dem oder statt des Namens ist zulässig, wenn das Fahrzeug für eine nach § 163 e I StPO ausgeschriebene Person zugelassen ist oder von ihr oder einer bisher namentlich nicht bekannten Person benutzt wird, die einer Straftat mit erheblicher Bedeutung verdächtig ist.

In Betracht kommt demnach die Ausschreibung des Kfz-Kennzeichens

- eines Beschuldigten,
- einer anderen Person
- oder einer dritten Person, deren Kfz vom Beschuldigten oder der ausgeschriebenen anderen Person benutzt wird
- oder eines sonstigen Kfz, das von einem namentlich noch nicht bekannten Verdächtigen benutzt wird.

455 Auch beim Kfz-Kennzeichen handelt es sich um ein **personenbeziehbares** Datum, das folglich zu behandeln ist wie ein personenbezogenes Datum, § 3 I BDSG. Es erscheint deshalb bedenklich, daß durch § 163 e II StPO der Kreis der einzubeziehenden Personen noch einmal gegenüber der ohnehin weiten Fassung von § 163 I StPO um die Halter von Kfz erweitert wird, deren Fahrzeuge von Beschuldigten oder „anderen Personen" „benutzt" wird. Da sich die Voraussetzungen der Ausschreibung im übrigen aus § 163 e I StPO ergeben, insbesondere also auch die dortige Subsidiaritätsklausel zu beachten ist, dürften die Voraussetzungen für die Ausschreibung der Kfz-Kennzeichen unbeteiligter Dritter nur in **extremen Ausnahmefällen** vorliegen.

c) Anhaltemeldungen

456 Aus § 163 e III StPO wird die Funktionsweise der polizeilichen Beobachtung ersichtlich. Im Falle eines „Antreffens" können „auch" personenbezogene Informationen eines Begleiters oder des Führers eines ausgeschriebenen Kfz gemeldet werden. Daraus wird deutlich, daß selbstverständlich „auch" über die ausgeschriebene Person selbst Meldung zu machen ist.[460]

457 Fraglich ist, wie **„polizeiliche Kontrollen"** und **„Antreffen"** zu interpretieren sind. Darunter sind zunächst alle Gelegenheiten zu verstehen, bei denen die Polizei zulässigerweise eine Person kontrolliert und dabei die Fahndungsdatei abfragt (nur in dieser Datei sind die Daten aus der polizeilichen Ausschreibung gespeichert). Denkbar sind aber auch **Fahndungsabfragen** bei **anderer Gelegenheit.** Die Polizeigesetze[461] und § 98 c StPO[462] gestatten die Fahndungsüberprüfung von jedermann praktisch voraussetzungslos.[463] Bei jeder derartigen Fahndungsabfrage kann ein „Trefferfall" im Datenbereich der polizeilichen Beobachtung entstehen.

458 § 163 e StPO enthält keine näheren Festlegungen zum Umfang der zu erhebenden und zu meldenden Daten. Die Beobachtung und Notierung soll unauffällig erfolgen, so daß ein längeres Festhalten und Ausfragen des Betroffenen in aller Regel ausscheiden dürfte.

---

[460] BT-Drucks. 12/989, S. 44.

[461] Vgl. unten Rdn. 735.

[462] Vgl. oben Rdn. 298 ff.

[463] Zur Kritik hieran: *Riegel,* Datenschutz bei den Sicherheitsbehörden, S. 197 und *Hilger* NStZ 1992, 523 (525, Fußn. 173). Insbesondere die voraussetzungslose Anhalte- und Kontrollbefugnis gem. § 36 Abs. 5 StVO n. F. läßt sich hier unauffällig mißbrauchen.

Insoweit unterliegt der Umfang der zu erhebenden Daten bereits faktischen Beschränkungen.

Unter rechtlichen Gesichtspunkten ist die Datenerhebung und Übermittlung aber auf das Maß des **Erforderlichen** begrenzt. Zwar wird dies für den kontrollierenden Beamten vor Ort häufig nicht sicher einzuschätzen sein. Da aber der **Ausschreibungsanlaß** in der Fahndungsdatei gespeichert ist, dürften sich zumindest daraus Grenzen für die Datenerhebung ergeben.[464] 459

Die **weitere Verarbeitung** der gemeldeten Daten durch die ausschreibende Stelle ist nicht geregelt. **Für eine Verarbeitung außerhalb des konkreten Ermittlungsverfahrens fehlt es demnach an einer Befugnis.** Werden die Daten für das Ermittlungsverfahren nicht benötigt, so sind sie folglich zu löschen. 460

d) Anordnungskompetenz

Die Anordnung obliegt dem **Richter,** § 163 e IV S. 1 StPO. Bei **Gefahr im Verzug** kann die Anordnung auch durch die **Staatsanwaltschaft** getroffen werden. Bei der beschriebenen Wirkungsweise der polizeilichen Beobachtung, nämlich Kontrolle nach dem Zufallsprinzip und unauffällige Datenerhebung über die Umstände des Antreffens der ausgeschriebenen Person, **kann „Gefahr im Verzug" als Begründung der Eilkompetenz logisch nicht vorliegen.** Insoweit dürfte die Eilkompetenz der Staatsanwaltschaft nach § 163 e IV S. 2 StPO leerlaufen. Zu den weiteren Folgen einer eventuell gleichwohl getroffenen Eilanordnung vgl. oben zum insoweit gleichlautenden § 98 b I StPO.[465] 461

e) Dauer der Maßnahme

Die Dauer der Maßnahme ist auf ein Jahr begrenzt. Eine Verlängerungsmöglichkeit besteht danach um „jeweils nicht mehr als drei weitere Monate". Demgemäß könnte auch eine mehrmalige Verlängerung in Betracht kommen. Eine Grenze dürfte bei **höchstens** insgesamt **einem Jahr Verlängerung** zu sehen sein, da sonst die Verlängerung länger dauern würde als die vom Gesetzgeber für den Regelfall als angemessen angesehene Frist von einem Jahr. 462

11. Längerfristige Observation, § 163 f

a) Allgemeines, Begriff

Durch § 163 f StPO wurde erstmals eine Bestimmung zur **Observation** für Zwecke der **Strafverfolgung** in die Strafprozeßordnung eingefügt. Die Polizeigesetze enthalten bereits entsprechende Bestimmungen für die Observation im Rahmen der Vorbeugung[466] und zum Zwecke der Gefahrenabwehr.[467] § 163 f Abs. 1 grenzt die Observation von der im Rahmen von §§ 161, 163 StPO zulässigen heimlichen Beobachtung wie folgt ab: Es muß sich um eine Beobachtung handeln, die entweder durchgehend länger als 24 Stunden dauert oder die an mehr als zwei Tagen stattfindet. Daraus folgt im Umkehrschluß, daß eine durchgehende heimliche Beobachtung von bis zu 24 Stunden zusammenhängender Dauer an bis zu zwei Tagen im Rahmen der Verhältnismäßigkeit auf §§ 161, 163 StPO gestützt werden kann. 463

Die Observation ist von der **polizeilichen Beobachtung**[468] zu unterscheiden. Letztere bedeutet keineswegs die tatsächliche Beobachtung der betroffenen Person, sondern ihre Ausschreibung in der Fahndungsdatei, damit bei ihrem – zufälligen – Antreffen eine Anhaltemeldung gefertigt wird. Mit einer Observation wiederum ist eine dateimäßige Datenspeicherung nicht zwangsläufig verbunden. Statt dessen wird der Betroffene tatsächlich möglichst unauffällig beobachtet. 464

---

464 Vgl. dazu *Krahl* NStZ 1998, 341.
465 Vgl. oben Rdn. 281.
466 Vgl. unten Rdn. 625 ff.
467 Vgl. unten Rdn. 707 ff.
468 Vgl. dazu oben Rdn. 157 ff.

465 Bei Vorliegen der Voraussetzungen von Art. 40 des Schengener Durchführungsübereinkommens[469] kann auch eine **grenzüberschreitende Observation** in Betracht kommen. Wegen ihres erheblichen Eingriffscharakters in die Privatsphäre war eine Regelung der Observation für Zwecke der Strafverfolgung in der Strafprozeßordnung dringend erforderlich.[470]

b) Voraussetzungen

466 Es müssen **zureichende tatsächliche Anhaltspunkte** für die Begehung einer Straftat von erheblicher Bedeutung vorliegen. Damit knüpft § 163 f an § 152 Abs. 2 StPO an und verlangt das Vorliegen eines Anfangsverdachts. Der Begriff der Straftat von erheblicher Bedeutung ist gesetzlich nicht definiert.[471] Weitere Voraussetzung ist, daß die Erforschung des Sachverhalts oder die Ermittlung des Aufenthaltsortes des Täters auf andere Weise erheblich weniger erfolgversprechend oder wesentlich erschwert wäre. Da die Voraussetzungen für die längerfristige Observation wegen der Verwendung des Begriffs „Straftat von erheblicher Bedeutung" relativ weit gefaßt sind und ohnedies die heimliche Beobachtung bis zu 24 Stunden bzw. an bis zu zwei Tagen ohne weiteres zulässig sein soll, kommt der Beachtung der **Subsidiaritätsklausel** erhebliche Bedeutung zu.[472] Schon der für eine längerdauernde Observation notwendige Personalaufwand dürfte aber dazu beitragen, daß die Subsidiaritätsklausel tatsächlich in der Praxis ihre Wirksamkeit entfaltet.

c) Verfahren

467 Die Maßnahme bedarf nach § 163 f Abs. 3 der Anordnung durch die Staatsanwaltschaft, bei Gefahr im Verzug ist auch die Anordnung durch die Polizei selbst zulässig. In diesem Fall ist die staatsanwaltschaftliche Bestätigung der Anordnung unverzüglich zu beantragen. Die Einräumung einer **Eilkompetenz** ist kaum nachvollziehbar, weil ohnehin auf der Grundlage von §§ 161, 163 StPO eine kurzfristige Observation begonnen werden kann, bis zu deren Ausschöpfung eine staatsanwaltschaftliche Anordnung erwirkt werden kann. Die polizeiliche Anordnung tritt außer Kraft, wenn sie nicht binnen drei Tagen von der Staatsanwaltschaft bestätigt wird.

d) Betroffene

468 Die Maßnahme darf sich zunächst gegen den **Beschuldigten** richten. Gegen **andere Personen** ist die Anordnung der längerfristigen Observation nach § 163 f Abs. 1 Satz 3 StPO nur unter drei zusätzlichen Voraussetzungen zulässig, die **kumulativ** vorliegen müssen:

- Es muß aufgrund bestimmter Tatsachen anzunehmen sein, daß die andere Person mit dem Täter (gemeint ist der Beschuldigte) in **Verbindung** steht oder daß eine solche Verbindung hergestellt wird. Geht es um eine Observation zur Ergreifung des Beschuldigten, so wird es auf die Art der Verbindung nicht ankommen.
- Es muß eine **Prognose** vorliegen, daß die Observierung der Kontaktperson zur Sachverhaltsaufklärung oder zur Ermittlung des Aufenthaltsortes des Beschuldigten führt.
- Die Erreichung dieses Ziels ist auf andere Weise erheblich weniger erfolgversprechend oder wesentlich erschwert. In bezug auf Kontaktpersonen ist also der **Verhältnismäßigkeitsgrundsatz** doppelt zu prüfen.

469 Nach § 163 f StPO darf die Maßnahme auch durchgeführt werden, wenn **Dritte** unvermeidbar betroffen werden. Hierdurch wird der Kreis der Betroffenen noch weiter gezogen. Naturgemäß werden bei einer „Rundum-Observation" möglichst alle Kontakte

---

469 Vgl. dazu unten Kap. N.

470 A. A. noch *BGH,* U. v. 29.1. 1998, NJW 1998, 1237 mit zust. Anmerkung von *Gehrlein/Schübel* NJW 1999, 104 f.

471 Vgl. dazu oben Rdn. 313 f.

472 Vgl. oben Rdn. 311.

desjenigen, gegen den sich die Anordnung richtet, beobachtet. Dadurch geraten auch Zufallskontakte und unbeteiligte Personen ins Visier der Beobachtung, insbesondere dann, wenn sich schon die Anordnung der Observation von vornherein gegen Kontaktpersonen richtet. In diesen Fällen kommt der Einhaltung des Erforderlichkeitsgrundsatzes und der strikten Beachtung der Zweckbindung bei der weiteren Datenverarbeitung besondere Bedeutung zu. Etwaige **Zufallserkenntnisse,** die mit der Aufklärung der jeweiligen Straftat nichts zu tun haben, sind zum frühestmöglichen Zeitpunkt zu löschen, sofern ihre Dokumentation zunächst überhaupt erforderlich war. Ihre Verwendung für andere Zwecke scheidet aus.[473]

e) Befristung/Dokumentation

Die Anordnung einer längerfristigen Observation ist auf höchstens einen Monat zu **470** befristen. Verlängerungen sind nach dem Wortlaut des § 163 f Abs. 4 StPO allerdings ohne Begrenzung möglich. Aus Gründen der Verhältnismäßigkeit und schon wegen des erheblichen Aufwandes dürfte aber eine länger als drei Monate dauernde Observation nur in den seltensten Fällen in Betracht kommen. Ergänzend kommt hinzu, daß die Verlängerung der Observation über einen Monat hinaus ausnahmslos der **richterlichen Anordnung** bedarf. Die Anordnung und die maßgeblichen Gründe hierfür sind aktenkundig zu machen. Dadurch soll es für die Betroffenen möglich sein, im nachhinein die Rechtmäßigkeit der heimlichen Maßnahme überprüfen zu lassen. Problematisch ist allerdings, daß der Gesetzgeber eine Unterrichtung der Betroffenen im nachhinein nicht ausdrücklich vorgesehen hat (zur unbedingten Geltung der Rechtsschutzgarantie gem. Art. 19 IV GG vgl. unten Kap. K Rdn. 1 ff.).

12. DNA-Analyse

a) Genetischer Fingerabdruck

Die DNA-Analyse, d. h. die molekulargenetische Untersuchung der Desoxysibonukle- **471** insäure (DNA) ist binnen weniger Jahre zu einer erfolgreichen **Standard-Untersuchungsmethode** bei Strafermittlungen geworden. Sie wurde vornehmlich in Großbritannien und den USA entwickelt und beruht auf der Erkenntnis, daß die genetischen Informationen eines Menschen in der DNA gespeichert sind. Die entsprechenden Abschnitte der DNS, denen bestimmte Merkmale des betreffenden Menschen zugeordnet sind, werden als Gene, die Summe der in einer Zelle vorhandenen Erbinformationen als Genom bezeichnet.[474]

Die DNA-Analyse eröffnet die Möglichkeit, individual-charakteristische Muster aus **472** den Körperzellen eines Individuums zu erstellen und mit anderen Mustern zu vergleichen. Bei Übereinstimmung können Personen mit einer den bisherigen Methoden überlegenen Sicherheit identifiziert werden.[475] Man spricht deshalb auch vom **„genetischen Fingerabdruck“:** Durch Verfeinerung der Analyseinstrumente, insbesondere durch den Einsatz der Polymerase Chain Reaction (PCR-Technik) ist es möglich geworden, selbst auf der Grundlage von geringsten Spuren („Speichel unter der Briefmarke oder an Zigarettenkippen“) Identitätsfeststellungen durchzuführen.[476] Auch wenn der DNA-Analyse kein hundertprozentiger Beweiswert zukommt, so hat sie doch die Bedeutung des Sachbeweises, vor allem in Kombination mit anderen Indizien, beträchtlich gesteigert.[477]

---

473 Vgl. dazu näher oben Rdn. 337 ff.

474 Einzelheiten bei *Sternberg-Lieben* NJW 1987, 1342.

475 *Rath/Brinkmann* NJW 1999, 2697 (2698).

476 Vgl. *Wiegand/Kleiber/Brinkmann* Kriminalistik 1996, 720 ff.

477 Beispiele bei *Schmitter,* in: Festschrift für Horst Herold zum 75. Geburtstag, *Bundeskriminalamt* (Hrsg.), Wiesbaden 1998, S. 397 ff. sowie *Kube/Schmitter* Kriminalistik 1998, S. 415 ff.

b) Problematik der codierenden Teile

473 Der bloße Einsatz der DNA-Analyse zum Zwecke der Identifizierung von Personen ist vefassungsrechtlich nicht problematisch, soweit er lediglich den „nicht-codierenden Teil" betrifft. Ca. 5–10 % der DNA gelten allerdings als „codierender Teil", der Informationen über **Erbanlagen** enthält.[478] Dabei geht es u. a. um ererbte persönliche Eigenschaften und Krankheitsdispositionen, also um personenbezogene Informationen von hoher Sensibilität. Ihre Gewinnung ohne Einwilligung oder sogar gegen den Willen des Betroffenen tangiert das Recht auf informationelle Selbstbestimmung in nachhaltiger Weise. Die Debatte über die DNA-Analyse kreiste von Anfang an um die Frage, wie zu verhindern sei, daß Analysen des codierenden Teils der DNA ohne Einwilligung oder hinter dem Rükken des Betroffenen durchgeführt werden können. Wegen des beeindruckenden Tempos, in dem die Methoden der DNA-Analyse fortlaufend verbessert und verfeinert wurden, stand die Beschränkung der DNA-Analyse auf den nicht-codierenden Teil im Mittelpunkt der Überlegungen.[479]

c) Die Rechtslage bis 1997

474 Zunächst war umstritten, ob die Rechtsgrundlagen für die Durchführung von DNA-Analysen ausreichten. Ein großer Teil der Literatur[480] und die Rechtsprechung[481] sahen die Durchführung von DNA-Analysen als von § 81 a StPO gedeckt an. Das **Bundesverfassungsgericht** hat die Durchführung von DNA-Analysen im nicht-codierenden Teil dann für zulässig erklärt, wenn sie auf der Grundlage von nach § 81 a StPO oder auf freiwilliger Grundlage erlangten Blutproben durchgeführt werden. Es hat dabei besonders darauf abgestellt, daß nach derzeitigem Wissensstand durch Untersuchungen im Rahmen des „genetischen Fingerabdrucks" keine Persönlichkeitsmerkmale offenbart werden könnten.[482] Selbst wenn die Ermittlungen auf einen verhältnismäßig großen Kreis potenziell Tatverdächtiger erstreckt würden, führe das nicht zur „Verfassungsunbilligkeit" der Durchführung von DNA-Analysen.[483] Die Gegenmeinung[484] stellte darauf ab, daß das Risikopotential der Genomanalyse für das Persönlichkeitsrecht der Betroffenen nicht in der Blutentnahme, sondern in der Methode der Untersuchung liege. Diese stelle einen eigenständigen Rechtseingriff dar.[485] Hier bedürfe es geeigneter Sicherungen durch den Gesetzgeber gegen DNA-Analysen im codierenden Bereich.

d) Das DNA-Identitätsfeststellungsgesetz

475 Der Gesetzgeber entschied sich für eine gesetzliche Regelung der Anwendung der DNA-Analyse im Strafverfahren. Das Strafverfahrensänderungsgesetz – DNA-Analyse[486] – fügte in die Strafprozeßordnung Rechtsgrundlagen für molekulargenetische Untersuchungen sowohl beim Verdächtigen als auch bei anderen Personen ein und regelte das dabei einzuhaltende Verfahren. § 131 a Abs. 2 StPO läßt die Ausschreibung von Beschuldigten zur Fahndung zum Zwecke der Anfertigung einer DNA-Analyse zu.

e) DNA-Analyse bei Beschuldigten

476 Nach § 81 e Abs. 1 S. 1 StPO dürfen an dem durch Maßnahmen nach § 81 a Abs. 1 erlangten Material auch molekulargenetische Untersuchungen durchgeführt werden. Allerdings darf dies nur zur Feststellung der Abstammung oder der Tatsache, ob aufgefundenes

---

[478] *Dembowski,* Stichwort „Genomanalysen", in: Bäumler/Breinlinger/Schrader, Datenschutz von A–Z, Neuwied 1999.

[479] Vgl. *Wellbrock* CR 1989, 204 ff.; *Dix* DuD 1989, 235 (237).

[480] Vgl. *Kleinknecht/Meyer-Goßner* Kommentar zur StPO, § 81 e, Anm. 1 m. w. N.

[481] *BGH,* U. v. 21. 8. 1990, NJW 1990, 2944.

[482] *BVerfG,* B. v. 18. 9. 1995, NJW 1996, 771 ff.

[483] *BVerfG,* B. v. 2. 8. 1996, NJW 1996, 3071 ff.

[484] Z. B. Vorauflage, J Rdn. 262 ff. m. w. N.

[485] *Weichert* DANA 1996, H. 3, S. 5 ff.

[486] V. 17. 3. 1997, BGBl. I, 534.

Spurenmaterial von dem Beschuldigten oder dem Verletzten stammt, erfolgen. Der Gesetzgeber hat es nicht ausdrücklich ausgeschlossen, daß Untersuchungen mit dieser engen Zielsetzung auch im codierenden Bereich durchgeführt werden. Allerdings verbietet § 81e Abs. 1 S. 3 StPO sowohl Untersuchungen, die darauf gerichtet sind, Informationen aus dem **codierenden Teil** zu entschlüsseln als auch die Feststellung von Tatsachen aus diesem Bereich. Damit sind dem Erkenntnisinteresse der untersuchenden Stellen enge und klar definierte Grenzen gesetzt. Gleichwohl – unbeabsichtigt – anfallende Informationen aus dem codierenden Bereich, die über § 81e Abs. 1 S. 1 StPO hinausgehen, dürfen angesichts des klaren Wortlauts von § 81e Abs. 1 StPO und der unmißverständlichen Regelungsziele des Gesetzgebers nicht verwendet werden.[487] Die Voraussetzungen der Entnahme von Blutproben sowie anderer körperlicher Substanzen, die für die Durchführung einer DNA-Analyse verwendet werden, wurden in § 81a Abs. 1 StPO nicht geändert, lediglich die Zweckbindung der entnommenen Materialien wurde in § 81a Abs. 3 StPO neu eingefügt. Eine besondere Verdachtsschwelle ist für die Durchführung einer DNA-Analyse nicht notwendig. Es genügt das Bestehen des Anfangsverdachts irgendeiner Straftat.[488]

f) DNA-Analyse bei anderen Personen

Nach § 81e Abs. 1 S. 2 StPO sind DNA-Analysen auch an Materialien zulässig, die nach 477
§ 81c StPO erlangt worden sind. Nach § 81c StPO können auch bei anderen Personen als Beschuldigten Untersuchungen zur Abstammung vorgenommen und Blutproben auch ohne Einwilligung des Betroffenen genommen werden. Voraussetzung ist, daß dies unerläßlich zur Erforschung der Wahrheit ist und kein gesundheitlicher Nachteil für den Betroffenen zu befürchten ist. Als zusätzliche Voraussetzung verlangt § 81c Abs. 4 StPO, daß die Maßnahme dem Betroffenen bei Würdigung aller Umstände **zugemutet** werden kann. Darüber hinaus sind nach § 81c Abs. 3 StPO Zeugnisverweigerungsrechte zu beachten. Soweit dies erforderlich ist, können nach § 81c erlangte Materialien nach § 81e Abs. 1 S. 2 StPO einer DNA-Analyse unterzogen werden, die aber nach § 81e Abs. 1 S. 3 StPO nur auf die Feststellung der Abstammung oder der Tatsache, ob aufgefundenes Spurenmaterial von dem Beschuldigten oder dem Verletzten stammt, gerichtet sein darf.[489]

g) DNA-Analyse an Spurenmaterial

Nach § 81e Abs. 2 StPO dürfen DNA-Analysen zum Zwecke der Feststellung der Ab- 478
stammung oder der Tatsache, ob Spurenmaterial von dem Beschuldigten oder dem Verletzten stammt, auch an aufgefundenem, sichergestelltem oder beschlagnahmtem Spurenmaterial durchgeführt werden. Auch insoweit gilt ausdrücklich § 81e Abs. 1 S. 3 StPO, wonach darüber hinausgehende Untersuchungen oder Feststellungen nicht zulässig sind. Damit verbietet sich die Erstellung eines – zunächst anonymen – Täterprofils anhand des aufgefundenen Spurenmaterials mit Hilfe der DNA-Analyse.[490] Andere Methoden zur Erstellung von Täterprofilen anhand des festgestellten Spurenbildes sind davon nicht tangiert.

h) Verfahren

DNA-Analysen sowohl bei Material des Beschuldigten als auch bei Material von ande- 479
ren Personen und bei Spurenmaterial dürfen nur aufgrund **richterlicher Anordnung** durchgeführt werden,[491] § 81f Abs. 1 StPO. Eine Eilzuständigkeit der Staatsanwaltschaft oder der Polizei besteht nicht. Die Anordnung ergeht schriftlich. Zuständig ist der Ermittlungsrichter, nach Anklageerhebung das mit der Sache befaßte Gericht.[492] In der An-

---

487 A. A. *Senge* NJW 1997, 2409 (2411); andererseits *ders.*, in: KK, § 81e, Rdn. 4.
488 Krit. *Weichert* DANA 1996, 5 (7).
489 Vgl. dazu *Senge*, in: KK, § 81e, Rdn. 5.
490 *Kleinknecht/Meyer-Goßner* § 81e, Rdn. 4.
491 Krit. *Senge*, in: KK, § 81f, Rdn. 1.
492 *Kleinknecht/Meyer-Goßner*, § 81, Rdn. 1, § 81a, Rdn. 25. Vgl. auch *BGH* NJW 2000, 1204.

ordnung ist der mit der Untersuchung zu beauftragende Sachverständige zu bestimmen. Dies können sowohl private Sachverständige, die öffentlich bestellt oder nach dem Verpflichtungsgesetz verpflichtet sind, als auch Amtsträger sein. Gehören sie der ermittlungsführenden Dienststelle an, so müssen sie einer Organisationseinheit zugeordnet sein, die von der ermittlungsführenden organisatorisch und sachlich getrennt ist. Damit soll die Objektivität der Untersuchung gewährleistet werden.

480 Dem **Sachverständigen** ist das Untersuchungsmaterial ohne Mitteilung des Namens, der Anschrift und des Geburtstages und -monats zu übergeben. Besondere Bedeutung hat § 81 f Abs. 2 S. 2 StPO, wonach der Sachverständige durch technische und organisatorische Maßnahmen zu Gewähr leisten hat, daß unzulässige molekulargenetische Untersuchungen und unbefugte Kenntnisnahme Dritter ausgeschlossen sind. Letzteres ist eine datenschutzrechtliche Standardmaßnahme, die sowohl das Untersuchungsmaterial als auch das Untersuchungsergebnis, unabhängig davon, auf welchem Datenträger es festgehalten ist, vor der Kenntnisnahme Unbefugter schützen soll. Dies ist nicht nur im Interesse der Betroffenen, sondern u. U. auch aus ermittlungstaktischen Gesichtspunkten geboten. Die Pflicht, unzulässige molekulargenetische Untersuchungen durch technische und organisatorische Maßnahmen zu unterbinden, steht in unmittelbarem Zusammenhang mit § 81 e Abs. 1 S. 3 StPO. Der Gesetzgeber hat nicht nur eigene Untersuchungen des Sachverständigen über die Zwecke des § 81 e Abs. 1 S. 1 hinaus verboten, sondern dem Sachverständigen auch die Verantwortung dafür auferlegt, daß auch nicht Dritte derartige unzulässigen Untersuchungen anstellen können.

481 Nach § 81 f Abs. 2 letzter Satz StPO unterliegen Sachverständige, die nichtöffentliche Stellen im Sinne des Datenschutzrechts sind, der Datenschutzaufsicht der örtlich zuständigen **Aufsichtsbehörde.** Die Aufsicht kann anlaßfrei, d. h. ohne Anhaltspunkte für die Verletzung von Datenschutzvorschriften, durchgeführt werden. Es kommt auch nicht darauf an, ob die Informationen in Dateiform verarbeitet werden oder nicht. Selbst wenn die Informationen – wie im Regelfall, vgl. § 81 f Abs. 2 S. 3 StPO – weder personenbezogen noch -beziehbar sind, könnte sich die Aufsichtsbehörde durch geeignete Kontrollen von der Wirksamkeit der technischen und organisatorischen Maßnahmen i. S. v. § 81 f Abs. 2 S. 2 StPO überzeugen. Allerdings verspricht § 81 f Abs. 2 letzter Satz StPO mehr, als von ihm in der Praxis zu erwarten ist. Die Datenschutz-Aufsichtsbehörden sind derzeit weder personell noch sachlich in der Lage, eine nennenswerte Kontrolltätigkeit bei DNA-Sachverständigen durchzuführen.

482 Insgesamt sind die Verfahrensvorschriften des § 81 f Abs. 2 StPO angemessen. Auch wenn die DNA-Analyse nicht zu hundertprozentig sicheren Ergebnissen führt, ist nicht zu verkennen, daß sie binnen kürzester Frist eine erhebliche Bedeutung in der forensischen Praxis erlangt hat. Nicht selten entscheiden ihre Resultate mehr oder weniger die Frage „schuldig“ und „nicht schuldig“. Deshalb ist es zu begrüßen, daß der Gesetzgeber die Durchführung der Analyse an strenge Voraussetzungen geknüpft hat, da nur bei deren Garantie das hohe Vertrauen in die DNA-Analyse gerechtfertigt ist.[493]

i) Zweckbindung

483 Anläßlich der Regelung der DNA-Analyse wurde in § 81 a Abs. 3 StPO eine Zweckbindungsregelung eingefügt, die mit der DNA-Analyse nicht zwangsläufig verbunden ist. Demnach dürfen dem Beschuldigten – gleiches gilt gem. § 81 c Abs. 5 S. 2 StPO für andere Personen – entnommene Blutproben oder sonstige Körperzellen nur für die Zwecke des der Entnahme zugrundeliegenden oder eines anderen **anhängigen Verfahrens** verwendet werden. Sie sind unverzüglich zu vernichten, sobald sie hierfür nicht mehr erforderlich sind. Damit scheidet eine DNA-Analyse des Materials für Zwecke der Gefahrenabwehr oder der Vorbeugung aus. Lediglich für ein zum Zeitpunkt der Entnah-

---

[493] Krit. allerdings *Rath/Brinkmann* NJW 1999, 2697 (2699) sowie *Senge* NJW 1997, 2409 (2412). Zu den verfassungsrechtlichen Dimensionen vgl. auch unten Kap. K Rdn. 86 ff.

me anhängiges anderes Ermittlungsverfahren dürfen die Materialien verwendet werden.[494] Notwendig ist aber auch hierfür die Anordnung des Richters nach § 81f StPO, lediglich die nochmalige Entnahme der Körperzellen entfällt.

Nach § 81a Abs. 3 letzter Halbsatz sind die Materialien unverzüglich zu vernichten, so- 484
bald sie für das Ausgangs- oder ein anderes anhängiges Verfahren nicht mehr benötigt werden.[495] Dies ist zum Zeitpunkt des rechtskräftigen Abschlusses des Verfahrens der Fall, es sei denn, es ist mit hoher Wahrscheinlichkeit mit einem Wiederaufnahmeverfahren zu rechnen.[496] Zu vernichten sind nur die entnommenen Körperzellen, nicht aber die Aufzeichnungen über die gewonnenen Ergebnisse. Diese werden Teil der Ermittlungsakte und können solange aufbewahrt werden wie diese selbst. Aus Gründen der Rechtssicherheit empfehlt es sich, die **Vernichtung** schriftlich zu dokumentieren.[497] Die Vernichtungspflicht besteht nicht bei aufgefundenem, sichergestelltem oder beschlagnahmtem Spurenmaterial, das solange aufbewahrt werden darf, wie es als Beweismittel in einem Strafverfahren in Betracht kommen kann, d. h. bis zum Eintritt der Verjährung.

In den Themenkreis der Zweckbindung gehört auch die Regelung des § 81e Abs. 1 485
letzter Satz StPO, wonach Feststellungen, die über die Feststellung der Abstammung oder der Tatsache, ob aufgefundenes Spurenmaterial von dem Beschuldigten oder dem Verletzten stammt, hinausgehen, sowie hierauf gerichtete Untersuchungen „unzulässig sind". Damit ist der DNA-Analyse eine **Zweckrichtung zwingend vorgeschrieben,** die nicht in den persönlichkeitsrechtlich besonders problematischen codierenden Teil führt. Zwar hat der Gesetzgeber Untersuchungen in diesem Teil der DNA nicht von vornherein ausgeschlossen, in § 81e Abs. 1 letzter Satz StPO aber eine unmißverständliche Zweckbegrenzung vorgenommen. Demnach dürfen Krankheiten, Krankheitsanlagen, Erbanlagen, Charaktereigenschaften und andere persönliche Eigenschaften nicht erforscht werden, auch wenn sie für die Durchführung des Strafverfahrens nützlich oder sogar erforderlich wären. Zwar werden im Strafverfahren derartige Feststellungen bei Bedarf auf der Grundlage anderer Erkenntnisquellen getroffen. Der Gesetzgeber wollte aber zu Recht der Gefahr entgegenwirken, daß der Betroffene zum bloßen Objekt der naturwissenschaftlichen Ausforschung seiner Genominformationen wird.[498] Er hat deshalb in § 81e Abs. 1 letzter Satz konsequenterweise schon Untersuchungen in diese Richtung für unzulässig erklärt.

k) Unterrichtung der Betroffenen

Nach § 101 Abs. 1 StPO sind die Beteiligten von einer Maßnahme nach § 81e zu be- 486
nachrichtigen, sobald dies ohne Gefährdung der dort genannten Zwecke möglich ist. Da den Betroffenen die Tatsache der Entnahme von Blutproben und anderen Körpermaterialien bekannt sein dürfte, bezieht sich die Unterrichtungspflicht auf das Ergebnis der DNA-Analyse.

l) Freiwillige DNA-Analysen

§ 81c StPO regelt die Entnahme von Blutproben und Körperzellen ohne Einwilligung 487
des Betroffenen. In den vergangenen Jahren ist die Polizei immer wieder dazu übergegangen, sich von Personen, die aufgrund eines weiten Rasters als Verdächtige in Betracht kommen könnten, freiwillig Speichelproben zum Zwecke der DNA-Analyse zur Verfügung stellen zu lassen. Die Strafprozeßordnung schließt dies nicht ausdrücklich aus. Zwar ist nichts dagegen einzuwenden, wenn etwa mit dem nach § 81c StPO in Betracht kom-

---

[494] A. A. *Senge,* der auf die Anhängigkeit zum Zeitpunkt der Verwendung abstellen will, NJW 1997, 2409 (2410).

[495] Krit. *Rath/Brinkmann* NJW 1999, 2697 (2699).

[496] *Kleinknecht/Meyer-Goßner,* Kommentar zur StPO, § 81a, Rdn. 39.

[497] *Senge,* in: KK, § 81a, Rdn. 9c.

[498] Dies verkennen *Rath/Brinkmann* NJW 1999, 2617 (2700), die eine Genomanalyse im codierenden Bereich für den geringeren Eingriff in das Persönlichkeitsrecht als sonstige Untersuchungsmethoden der StPO halten.

menden Personenkreis ein freiwilliges Arrangement getroffen wird, sofern damit Zwangsausübung vermieden werden kann. Es wäre aber nicht akzeptabel, wenn auf diesem Wege die vom Gesetzgeber gezogenen Grenzen im nachhinein erweitert würden.[499] Zu bedenken ist auch, daß von **echter Freiwilligkeit** aufgrund des bestehenden Gruppenzwangs, wenn etwa alle Personen einer Altersgruppe in einem Dorf untersucht werden sollen, nur selten die Rede sein kann. Wer bei solchen Massentests nicht mitmacht, macht sich verdächtig und sieht sich unter Umständen weiteren unangenehmen Nachforschungen ausgesetzt. Damit besteht die Gefahr, daß die grundgesetzliche Unschuldsvermutung allmählich ausgehöhlt wird und beliebig Betroffenen die Last des Beweises ihrer Unschuld aufgebürdet wird.[500] Deshalb muß sich die Polizei immer zunächst bemühen, Untersuchungen nur bei solchen Personen vorzunehmen, bei denen zumindest der Anfangsverdacht einer Straftatbeteiligung vorliegt oder die als Zeugen i. S. v. § 81 c StPO in Betracht kommen. Zu prüfen ist, ob in verbleibenden Zweifelsfällen nicht eine richterliche Anordnung nach § 81 f StPO eingeholt werden kann.[501] In jedem Fall müssen die Verfahrensvorschriften der §§ 81 e und 81 f Abs. 2 StPO eingehalten werden. Das heißt, daß sich die Untersuchungen von vornherein nur auf die **Prüfung der Abstammung** bzw. der **Zuordnung von Spurenmaterial** richten dürfen. Die Analysen sind unter Beachtung von § 81 f StPO abzuwickeln. Dies ist bei Massengentests auf freiwilliger Basis der Zeitpunkt der Feststellung, daß der Betroffene als Verdächtiger ausscheidet.

Zur Aufbewahrung von Ergebnissen aus molekulargenetischen Untersuchungen für Zwecke der künftigen Strafverfolgung vgl. unten Rdn. 562 ff.

13. Rechtsgrundlagen in anderen Gesetzen

488 In einer Reihe von Gesetzen ist die Nutzung von Daten für die Zwecke der Strafverfolgung besonders geregelt. Es handelt sich um Vorschriften, in denen die Übermittlung von Daten an die Strafverfolgungsbehörden ausdrücklich vorgesehen oder zumindest ihre Verwendung für die Strafverfolgung erlaubt ist. In diesen Fällen ergibt sich die Verpflichtung zur Übermittlung gegenüber Polizei und Staatsanwaltschaft aus §§ 161, 163 StPO, die Befugnis gegenüber dem Bürger aus der jeweiligen Vorschrift. Die Datenschutzgesetze enthalten allgemeine Bestimmungen zur Zweckbindung, die dann wirksam werden, wenn die Zweckbindung nicht bereichsspezifisch geregelt ist. Sie sehen alle Ausnahmen von der Zweckbindung vor, wenn dies für die Strafverfolgung erforderlich ist.[502] **Allerdings ergibt sich aus der Zulässigkeit der Zweckänderung allein noch keine Befugnis zur Datenübermittlung** an die Strafverfolgungsbehörden. Hierfür ist eine eigenständige Befugnisnorm in der StPO oder im bereichsspezifischen Recht notwendig.

Wichtige Beispiele für bereichsspezifische Verarbeitungsvorschriften sind:

a) Sozialgesetzbuch, Abschnitt X (SGB X[503]

489 Die Nutzung von Sozialdaten für ein Strafverfahren ist in §§ 68, 73 SGB X geregelt. **Sozialdaten** sind alle personenbezogenen Daten, über die die Träger von Sozialleistungen einschließlich der Verbände und Arbeitsgemeinschaften der Leistungsträger, die im SGB genannten öffentlich-rechtlichen Vereinigungen, die Künstlersozialkasse, die Deutsche

---

[499] Abzulehnen *Hilger* NStZ 97, 372, wonach auf freiwilliger Grundlage sogar Untersuchungen des codierenden Teils zulässig sein sollen.

[500] Zutr. *Gössner* in Blätter für Deutsche und Internationale Politik 1998, S. 1105 ff.

[501] A. A. *Sprenger/Fischer* NJW 1999, 1830 (1833 mit der merkwürdigen Begründung in Fußn. 46, es sei nicht Aufgabe des Staates, seine Bürger durch formelle Eingriffe vor „informellen Behelligungen zu bewahren und zur Zivilcourage zu erziehen").

[502] Vgl. z. B. § 14 Abs. 2 Nr. 7 BDSG.

[503] In der Fassung des 2. SGB-Änderungsgesetzes vom 13. 6. 1994, BGBl. I, 1229 ff.; zuletzt geändert durch das 3. Gesetz zur Änderung des Agrarstatistikgesetzes und andere Gesetze v. 25. 6. 1998, BGBl. I, 1626.

Bundespost, soweit sie mit der Berechnung und Auszahlung von Sozialleistungen betraut ist, unter bestimmten Voraussetzungen auch die Hauptzollämter, sowie die aufsichts-, rechnungsprüfungs- oder weisungsberechtigten Behörden verfügen. Es kommt nicht darauf an, daß der Betroffene ein schützenswertes Interesse hat oder daß die Daten Dritten nicht bekannt sind.[504] Der Gesetzgeber hat vielmehr den Schutz der Sozialdaten **bewußt weitreichend ausgestaltet,** damit die Empfänger von Sozialleistungen wegen der damit verbundenen Datenverarbeitung nicht schlechter stehen als andere, die darauf nicht angewiesen sind. Den personenbezogenen Sozialdaten gleichgestellt sind gemäß § 35 IV SGB I i.V. m. § 67 SGB X die betriebs- und geschäftsbezogenen Daten. Die Träger der Sozialleistungen sind in § 1ff. SGB I definiert.

Es kommt **ausschließlich** eine Verarbeitung im Rahmen der §§ 67 bis 77 SGB X in Betracht. Nach anderen Vorschriften bestehende Auskunftspflichten, Zeugnispflichten und sonstige Pflichten zur Vorlegung oder Auslieferung von Schriftstücken, Akten, Dateien und sonstigen Datenträgern bestehen in bezug auf Sozialdaten nicht, sofern nicht die Voraussetzungen der §§ 67–77 SGB X vorliegen (§ 35 III SGB I). 490

Nach § 73 SGB X ist die Übermittlung von Sozialdaten zur Strafverfolgung nur auf **richterliche Anordnung** zulässig. Handelt es sich um die Aufklärung eines **Verbrechens** oder einer sonstigen „Straftat von erheblicher Bedeutung",[505] so ist im Grundsatz die Übermittlung aller beim jeweiligen Leistungsträger gespeicherten Sozialdaten zulässig. Allerdings ist auch insoweit das **Verhältnismäßigkeitsprinzip** zu beachten. Bereits bei der Stellung des Antrages auf richterliche Entscheidung dürfen nur solche Daten verlangt werden, deren Erforderlichkeit für die strafrechtlichen Ermittlungen zu diesem Zeitpunkt zu bejahen ist.[506] Dabei ist stets auch die Frage zu prüfen, ob der Ermittlungserfolg nicht auch auf einem anderen, den Betroffenen weniger stark belastenden Weg gewonnen werden kann. Ergeht die richterliche Anordnung, so ist der Sozialleistungsträger insoweit zur Übermittlung befugt. 491

Die **Übermittlung** kann in der Form der Einzelauskunft, der zeugenschaftlichen Vernehmung von Mitarbeitern des auskunftspflichtigen Sozialleistungsträgers oder auch durch Einsichtgewährung in Akten und andere Datenträger geschehen. Die jeweiligen Unterlagen dürfen aber nur die Daten enthalten, auf die sich die richterliche Anordnung bezieht. 492

Handelt es sich um die Aufklärung eines **Vergehens,** dem keine „erhebliche Bedeutung" zukommt, so dürfen auch auf **richterliche Anordnung** nur die in § 72 I 2 SGB X aufgeführten Daten, d. h. der Vor- und Familienname, das Geburtsdatum, der Geburtsort, die derzeitige und frühere Anschriften des Betroffenen sowie Namen und Anschriften seines derzeitigen und früherer Arbeitgeber offenbart werden, außerdem Angaben über erbrachte und demnächst zu erbringende Geldleistungen. 493

Daneben besteht für die Polizei die Möglichkeit, unmittelbar ein **Auskunftsersuchen** nach § 68 SGB X an den Sozialleistungsträger zu stellen.[507] Es durfte sich bislang nur auf Vor- und Familiennamen, Geburtsdatum, Geburtsort, derzeitige Anschrift des Betroffenen sowie Namen und Anschrift seines derzeitigen Arbeitgebers beziehen. Durch das 1. Medizinproduktegesetz[508] wurde eine Erweiterung dahingehend vorgenommen, daß nunmehr auch der **derzeitige** oder **zukünftige Aufenthaltsort** übermittelt werden darf. Allerdings wurde bei dieser Gelegenheit das zusätzliche Erfordernis in § 68 SGB X eingefügt, daß die Datenübermittlung nur **im Einzelfall** und auf **Ersuchen** zulässig ist. Damit sind Rasterfahndungen nach allg. Kriterien und eigenmächtige Initiativübermitt- 494

---

504 *Wiese* DRV 1980, 353 (354); *Borchert*, in: Borchert/Hase/Waltz, Schutz der Sozialdaten, § 35, Rdn. 12, 13.

505 Vgl. zur Kritik an diesem Begriff oben Rdn. 269 sowie *André* RDV 1994, 234/238.

506 Vgl. *Hauck/Haines* zu § 73, Rdn. 14, 15.

507 A. A. *Wiese* (o. Fußn. 450), S. 368, der in § 73 eine abschließende Regelung staatlicher Aufklärungsbedürfnisse bei Straftaten u. Ordnungswidrigkeiten sieht, die § 68 vorgeht.

508 BGBl. 1998 I, 2005.

lungen durch Mitarbeiter bei Sozialleistungsträgern ausgeschlossen. Zulässig dürfte es hingegen sein, auch mehrere Übermittlungsersuchen zu stellen, die dann nach dem Gesetzeswortlaut bis zu 6 Monate bei der ersuchten Stelle aufzubewahren sind. Problematisch ist, daß die Datenübermittlung auch zur Verfolgung von Ordnungswidrigkeiten oder zur Durchsetzung von öffentlich-rechtlichen Ansprüchen in Höhe von mindestens eintausend DM verlangt werden kann.[509] Die speichernde Stelle darf dem Ersuchen allerdings nur nachkommen, wenn **schutzwürdige Belange des Betroffenen** nicht beeinträchtigt werden und wenn die ersuchende Polizeibehörde sich die Angaben **nicht auf andere Weise** beschaffen kann. Damit soll vor allem vermieden werden,[510] daß die Sozialleistungsträger wie Ersatzmeldebehörden genutzt werden. Die Entscheidung über das Ersuchen obliegt dem Leiter der ersuchten Stelle, seinem Vertreter oder einem besonders bevollmächtigten Bediensteten (§ 68 II SGB X).[511]

495 Eine weitere Einschränkung der Offenbarung von Sozialdaten gegenüber der Polizei ergibt sich aus § 76 SGB X, wenn es sich um Daten handelt, die die ersuchte Stelle von einem Arzt oder einer anderen in § 203 I u. III StGB genannten Person erhalten hat. In diesem Fall ist die Weitergabe an die Polizei nur zulässig, wenn der Arzt pp. selbst dazu befugt wäre. Die **ärztliche Schweigepflicht** sowie die anderen in § 203 strafrechtlich geschützten besonderen Geheimnisse gelten auch gegenüber der Polizei. Sie korrespondieren überdies weitgehend mit dem Zeugnisverweigerungsrecht nach § 53 StPO. Die in § 76 I SGB X aufgeführten Daten können deshalb von Sozialleistungsträgern an die Polizei nur offenbart werden, wenn ausnahmsweise auch die in § 203 I u. III StGB genannten Personen zur Aussage gegenüber der Polizei befugt wären.[512]

496 Besondere Bestimmungen für die Nutzung von Sozialdaten für Zwecke der Strafverfolgung ergeben sich aus dem VIII. Sozialgesetzbuch. Nach § 65 SGB VIII dürfen Sozialdaten, die dem Mitarbeiter eines Trägers der öffentlichen Jugendhilfe zum **Zwecke persönlicher** und **erzieherischer Hilfe anvertraut** worden sind, nur mit Einwilligung oder unter den Voraussetzungen übermittelt werden, unter denen eine der in § 203 I o. III StGB genannten Personen dazu befugt wäre.

497 Aus § 78 SGB X ergibt sich die **strenge Zweckbindung** der Sozialdaten beim Empfänger. Allerdings dürfen Polizeibehörden übermittelte Sozialdaten unabhängig vom Zweck der Übermittlung sowohl für Zwecke der Gefahrenabwehr als auch für Zwecke der Strafverfolgung verarbeiten und nutzen. Eine Verwendung für Zwecke der Vorbeugung scheidet damit aus. Bei Daten, die § 65 SGB VIII unterfallen, verbleibt es bei der strengen Bindung an den Zweck, zu dem die Daten übermittelt worden sind, § 65 I S. 2 SGB VIII. Diese Daten müssen nach Zweckerfüllung, sonstige Sozialdaten dann beim Empfänger gelöscht werden, wenn sie weder für die Strafverfolgung noch für die Gefahrenabwehr noch benötigt werden.

498 Sie dürfen nicht mit anderen Datenbeständen vermengt werden, die auch der vorbeugenden Bekämpfung von Straftaten dienen. Ihre Einspeicherung in **Verbunddateien** oder andere Dateien ist nur zulässig, wenn die jeweilige Datei ausschließlich der Strafverfolgung oder Gefahrenabwehr dient.

b) Straßenverkehrsgesetz

499 Die **Online-Zugriffsmöglichkeit** der Polizei auf das Verkehrszentralregister und auf ZEVIS wurde bereits dargestellt (Rdn. 206 ff.). Daneben besteht für Polizeibehörden, die über keinen Online-Anschluß verfügen, die Befugnis, **Einzelauskünfte** aus dem **VZR** nach § 30 I Ziff. 1 StVG für Zwecke der Strafverfolgung zu erhalten. Die Daten dürfen nur für diesen Zweck verwendet werden.[513] Im Rahmen der Zweckbestimmung von

---

509 Vgl. Datenschutzberater 1998, H. 19, 14 ff.

510 *Walz*, in: Borchert/Hase/Walz, Schutz der Sozialdaten, § 68, Rdn. 79.

511 Zum Zweck dieser Zuständigkeitsregelung vgl. *Walz* (o. Fußn. 281), Rdn. 95 ff.

512 Hierzu *Borchert*, in: Borchert/Hase/Walz (Fußn. 276), § 76, Rdn. 47 ff.

513 *Hentschel*, Straßenverkehrsrecht, Rdn. 3 zu § 30.

Fahrzeugregistern können die dort gespeicherten Daten für Zwecke der Strafverfolgung übermittelt werden (§ 35 I Ziff. 1 StVG). Der Katalog der gespeicherten Daten ist in § 33 StVG abschließend geregelt. Der **Zweck** der Fahrzeugregister besteht in der Speicherung von Daten für die **Erteilung von Auskünften,** um Personen in ihrer Eigenschaft als Halter von Fahrzeugen, Fahrzeuge eines Halters oder Fahrzeugdaten festzustellen oder zu bestimmen (§ 32 I). Dies ist eine sehr weite Zweckbestimmung, die den polizeilichen Informationsbedarf weitgehend abdecken dürfte.[514]

Auch **außerhalb** dieses **Speicherzweckes** dürfen Daten an die Polizei übermittelt werden, wenn es zur Verfolgung von Straftaten unerläßlich ist, § 35 III Ziff. 1 a StVG. Bei der ohnehin weiten Zweckbestimmung ist für weitergehende Nutzungszwecke ein **strenger Maßstab** anzulegen. Unerläßlichkeit ist nur gegeben, wenn die Strafverfolgung anderweitig nicht möglich wäre. Außerdem ist der Grundsatz der Verhältnismäßigkeit zu beachten, so daß die zu übermittelnden Daten im Hinblick auf die schutzwürdigen Belange des Betroffenen nicht außer Verhältnis zu der aufzuklärenden Straftat stehen dürfen. **500**

Die ersuchende Polizeidienststelle hat über das Ersuchen **Aufzeichnungen** mit einem Hinweis auf dessen Anlaß zu führen, die am Ende des nächsten Jahres zu vernichten sind.[515] Die Aufzeichnungen dürfen nur zu Kontrollzwecken oder zur Aufklärung einer schwerwiegenden Straftat gegen Leib, Leben oder Freiheit verwendet werden, § 35 III 2 StVG. Eine Verwendung der Protokolldaten zur Aufklärung einer leichten oder fahrlässigen Körperverletzung scheidet demnach aus. Sie kommt außerdem nur in Betracht, wenn die Aufklärung der Straftat ansonsten aussichtslos oder wesentlich erschwert wäre. **501**

c) Datenübermittlung nach Melderecht

Nach § 18 I Melderechtsrahmengesetz (MRRG) können Polizeibehörden Vor- und Familiennamen, frühere Namen, akademische Grade, Ordensnamen/Künstlernamen, Tag des Ein- und Auszuges, Tag und Ort der Geburt, Geschlecht, gesetzlichen Vertreter, Staatsangehörigkeit, Familienstand, Übermittlungssperren sowie Sterbetag und -ort von der Meldebehörde übermittelt bekommen, wenn dies zur rechtmäßigen Aufgabenerfüllung, mithin auch zur **Strafverfolgung,** erforderlich ist. Weitergehende Daten dürfen nach § 18 II MRRG dann an die Polizei übermittelt werden, wenn anders die Strafverfolgung nicht möglich wäre und die Daten beim betroffenen Einwohner nur mit unverhältnismäßig hohem Aufwand erhoben werden könnten oder von einer Datenerhebung nach der Art der Aufgabe, zu der die Daten erforderlich sind, abgesehen werden muß. In diesem Fall hat die Meldebehörde weder das Vorliegen entgegenstehender schutzwürdiger Belange des Betroffenen noch die besonderen Übermittlungsvoraussetzungen, sondern lediglich die Legitimation des Anfragenden und die Plausibilität seines Ersuchens zu prüfen.[516] **502**

Statt dessen hat die ersuchende Polizeibehörde Namen und Anschrift des Betroffenen sowie den Anlaß der Übermittlung **aufzuzeichnen.** Hierunter soll lediglich das Aktenzeichen zu verstehen sein.[517] Dies bedeutet, daß dann in der betreffenden Akte aufgezeichnet sein muß, inwiefern die besonderen Voraussetzungen des § 18 II MRRG vorgelegen haben, wenn die Dokumentationspflicht für die spätere Kontrolle nützlich sein soll. **503**

§ 18 V MRRG schreibt die Zweckbindung der übermittelten Daten an die jeweilige konkrete Aufgabe vor. Soll die Vorschrift nicht leerlaufen, muß die Polizei im Falle von § 18 I festlegen, für welchen Zweck sie die Daten erfragt. Im Falle von Abs. II ergibt sich der Zweck der Übermittlung aus den ohnehin notwendigen Aufzeichnungen über die Voraussetzungen dieser besonderen Anfrage. Hinsichtlich der Sicherstellung der Zweckbindung vgl. Rdn. 497. **504**

Zu den Online-Verbindungen der Polizei mit den Melderegistern vgl. oben Rdn. 213.

---

514 *Fuckner* CR 1988, 411 (413); vgl. auch *Brinckmann* DÖV 1985, 889 (893).
515 Zum eingeschränkten Nutzen dieser Aufzeichnungen *Bäumler* CR 1989, 1008 (1011 f.).
516 *Medert/Süßmuth,* Melderecht, § 18 Rdn. 50.
517 *Medert/Süßmuth,* Melderecht, § 18 MRRG, Rdn. 47.

d) Datenübermittlung nach dem Paß- und dem Personalausweisgesetz

505 In § 2 b PersAuswG und § 22 PaßG sind die Voraussetzungen für eine Übermittlung von Daten aus dem **Personalausweis-** und dem **Paßregister** im wesentlichen gleich geregelt. Der Inhalt beider Register ergibt sich aus den §§ 2 a PersAuswG und 21 PaßG. Von besonderer Bedeutung ist, daß auch ein **Lichtbild** sowie die **Unterschrift** des Betroffenen dazugehören. Nicht nur das Bild, auch die Unterschrift kann, wie oben gezeigt (vgl. Rdn. 205), wie erkennungsdienstliches Material verwendet werden. Paß- und Personalausweisregister dürfen aber nicht zur Umgehung der Vorschriften über die Anfertigung erkennungsdienstlicher Unterlagen benutzt werden.[518] Voraussetzung für die Übermittlung von Daten aus beiden Registern ist, daß die untersuchende Behörde aufgrund von Gesetzen oder Rechtsvorschriften berechtigt ist, solche Daten zu erhalten. Die Strafverfolgung ist eine der Polizei gesetzlich übertragene Aufgabe, in deren Rahmen auch die Anfertigung von Fotos und die Erhebung von Unterschriftsproben, insbesondere wenn wie z. B. bei Scheckfälschungen die Unterschrift Tathandlung ist, zulässig sein kann.

506 Weiter ist Voraussetzung, daß die ersuchende Behörde ohne die Daten zur Aufgabenerfüllung nicht in der Lage wäre (§ 22 II Nr. 2 PaßG, § 2 b II Nr. 2 PersauswG). Außerdem ist die Übermittlung nur zulässig, wenn die Daten beim Betroffenen nicht oder nur mit unverhältnismäßig hohem Aufwand erhoben werden können oder nach der Art der Aufgaben, zu deren Erfüllung die Daten erforderlich sind, von einer solchen Datenerhebung abgesehen werden muß. Folglich kann nur die **faktische Unmöglichkeit,** die Daten beim Betroffenen zu erheben, eine Übermittlung von Daten aus dem Paß- und dem Ausweisregister rechtfertigen. Ist dies aus Rechtsgründen nicht möglich, so ist auch die Übermittlung aus diesen Registern nicht zulässig.

507 Ersuchen auf Auskunft aus beiden Registern dürfen nur von einem vom Behördenleiter besonders ermächtigten Mitarbeiter gestellt werden. Das Ersuchen muß bei der Polizei **aktenkundig** gemacht werden, wobei der Anlaß des Ersuchens und die Herkunft der übermittelten Daten und Unterlagen aufzuzeichnen sind. Über den Ort der Aufzeichnung ist nichts bestimmt. Es dürfte regelmäßig die Akte zum betreffenden Fall in Betracht kommen.

508 Bei Anfragen durch das Bundeskriminalamt sind **gesonderte Aufzeichnungen** zu führen, die am Ende des nächsten Kalenderjahres zu vernichten sind (§ 22 III PaßG, § 2 b Nr. 3 PersauswG).

e) Datenverarbeitung über Ausländer zum Zwecke der Strafverfolgung

509 Für die Verarbeitung von Daten über Ausländer zum Zwecke der Strafverfolgung bestehen einige besondere gesetzliche Vorschriften. Nach dem **Ausländergesetz** haben alle Behörden die Ausländerbehörden über bestimmte strafbare Verstöße von Ausländern gegen das Ausländergesetz von sich aus zu unterrichten. Sie können dieser Pflicht auch durch Unterrichtung der zuständigen Polizeibehörde genügen, § 76 II AuslG.

510 **Erkennungsdienstliche Unterlagen** über Ausländer, die nach § 41 II u. III AuslG erhoben worden sind, werden vom Bundeskriminalamt in Amtshilfe für die Ausländerbehörden ausgewertet. Sie können auch zur Feststellung der Identität oder der Zuordnung von Beweismitteln im Rahmen der Strafverfolgung und der polizeilichen Gefahrenabwehr verwendet werden. Sie dürfen zu diesem Zweck den dafür zuständigen Polizeibehörden überlassen werden, § 78 I–III AuslG.[519] Ergeben sich im Einzelfall konkrete Anhaltspunkte für die illegale Beschäftigung von Ausländern und andere damit im Zusammenhang stehende Verstöße, so unterrichten die Ausländerbehörden von sich aus die mit der Strafverfolgung betrauten Behörden.

---

518 *Tegtmeyer/Vahle* DSB 1989, 1 (4); vgl. dazu auch *Bäumler* CR 1986, 284 ff.

519 Vgl. dazu *Bäumler,* Gemeinschaftskommentar zum AuslG, § 78 Rdn. 16 ff.

Nach § 16 I AsylVfG werden alle **Asylbewerber** über 14 Jahre erkennungsdienstlich behandelt. Das Bundeskriminalamt leistet Amtshilfe bei der Auswertung der erkennungsdienstlichen Unterlagen. Sie dürfen auch zur **Identitätsfeststellung** oder zur **Zuordnung von Beweismitteln** verwendet werden, wenn bestimmte Tatsachen die Annahme begründen, daß dies zur Aufklärung einer Straftat führen wird, § 16 V AsylVfG. Damit scheidet eine routinemäßige Auswertung der erkennungsdienstlichen Unterlagen für Zwecke der Strafverfolgung aus.[520] 511

Nach § 8 III AsylVfG soll die Verwendung aller nach dem AsylVfG erhobenen Daten für Zwecke der **Strafverfolgung** zulässig sein. Die Daten können ohne Ersuchen an die Strafverfolgungsbehörden übermittelt werden. Dies ist dann problematisch, wenn der Betroffene selbst die Angaben im Rahmen seines Asylantrages gemacht hat. Waren sie zur Begründung seines Asylantrages notwendig, so würden Asylbewerber im Hinblick auf § 8 III AsylVfG gezwungen sein, Angaben zu machen, mit denen sie die Strafverfolgung gegen sich selbst erst ermöglichen würden. **Niemand** darf aber nach dem Grundgesetz **gezwungen** werden, sich **selbst** einer strafbaren Handlung zu **bezichtigen.** Hinzu kommt, daß das Grundrecht auf Asyl nach Art. 16 a I GG auch eine faire und sachgemäße Verfahrensgestaltung gebietet. Davon könnte nicht gesprochen werden, wenn die Betroffenen im Anschluß an das Asylverfahren mit einem Strafverfahren wegen der geltend gemachten Asylgründe rechnen müßten. Deshalb kann eine Übermittlung und Verwertung von Informationen, die im Rahmen der Begründung eines Asylantrages vom Betroffenen selbst vorgetragen worden sind, nur in Betracht kommen, wenn höherwertige Rechtsgüter auf dem Spiel stehen.[521] 512

Nach dem Ausländerzentralregistergesetz (AZRG)[522] können die im **Ausländerzentralregister** (AZR) gespeicherten Daten über Ausländer auch für Zwecke der Strafverfolgung verwendet werden. Ein Ausländer, nach dem im Rahmen der Strafverfolgung gefahndet wird, kann im AZR gespeichert werden, § 2 VI AZRG. Sind Daten über einen Ausländer im AZR gespeichert, dann können Polizeibehörden nach § 5 I AZRG einen Suchvermerk zum Zweck der Strafverfolgung speichern lassen, wenn sich der Betreffende im Ausland aufhält oder sein Aufenthalt unbekannt ist. 513

Nach § 12 i.V. m. §§ 15, 16 AZRG kann Polizeibehörden auf Ersuchen aus dem AZR eine **„Gruppenauskunft"** gegeben werden. In dem Ersuchen sind die Merkmale anzugeben, nach denen die Daten ausgewählt werden sollen. Der Sache nach geht es bei der Gruppenauskunft um eine Maßnahme der **Rasterfahndung.** Die Voraussetzungen unterscheiden sich aber von denen der §§ 98 a, 98 b StPO beträchtlich. Ein Richtervorbehalt ist nicht vorgesehen, vielmehr genügt die Zustimmung des Leiters der Polizeibehörde. Die Gruppenauskunft soll zulässig sein zur Verfolgung eines Verbrechens oder einer anderen „erheblichen Straftat", von der aufgrund tatsächlicher Anhaltspunkte anzunehmen ist, daß sie gewerbs- oder gewohnheitsmäßig, von einem Bandenmitglied oder in anderer Weise organisiert begangen ist. Dies sind deutlich weitere Voraussetzungen, als sie für eine Rasterfahndung im übrigen vorliegen müssen.[523] 514

Die **Daten** sind bei der ersuchenden Behörde zu **vernichten,** wenn sie nicht oder nicht mehr „zur Aufgabenerfüllung" benötigt werden, § 12 II S. 3 AZRG. Angesichts der Schwere des Rechtseingriffs und der Vielzahl der regelmäßig von der Gruppenauskunft Betroffenen kann in diesem Zusammenhang unter „Aufgabenerfüllung" nur die jeweils konkrete Aufgabe gemeint sein, um derentwegen die Gruppenauskunft durchgeführt wurde, nicht die Aufgabenerfüllung schlechthin. 515

§ 16 AZRG regelt die **Übermittlung** von Daten aus dem AZR an **Polizeibehörden** zur **Strafverfolgung** oder **Strafvollstreckung.** Demnach ist zunächst auf Ersuchen der Datenkatalog nach § 16 I AZRG zu übermitteln. Reichen die Daten nicht aus, so können 516

---

520 BT-Drs. 12/2062 (S. 30).
521 Dazu näher: *Bäumler,* Gemeinschaftskommentar zum Asylverfahrensgesetz 1992, § 8, Rdn. 29 ff.
522 V 2. 9. 1994, BGBl. I, 2265 ff.
523 Vgl. oben Rdn. 256 ff.

nach § 16 II AZRG weitere enumerativ aufgeführte Daten nachgefordert werden. Reichen auch diese nicht aus, so können nach § 16 Abs. 3 AZRG „weitere Daten", d. h. letztlich alle vorhandenen auf erneutes Ersuchen übermittelt werden.

517 Nach § 22 I Nr. 4 AZRG können die Polizeibehörden des Bundes und der Länder zum **Online-Abruf** von Daten aus dem AZR zugelassen werden,[524] wenn es wegen der Vielzahl der Übermittlungsersuchen oder wegen der besonderen Eilbedürftigkeit unter Berücksichtigung der schutzwürdigen Interessen der Betroffenen angemessen ist, § 22 II AZRG.

518 Nach §§ 28 ff. AZRG wird eine **Visadatei** betrieben, in der Daten über Ausländer gespeichert sind, die ein Visum beantragt haben. Auf Ersuchen werden die Daten aus der Visadatei auch an die Grenzkontrollbehörden sowie die Bundes- und die Landeskriminalämter zur Erfüllung ihrer Aufgaben, d. h. auch zur Strafverfolgung übermittelt, § 32 I Nrn. 1, 3 und 4 AZRG. Nach § 33 AZRG kann dies auch im Online-Verfahren geschehen.

f) Verarbeitung von Daten nach dem Geldwäschegesetz

519 Das Gesetz über das Aufspüren von Gewinnen aus schweren Straftaten (GWG)[525] verpflichtet die Kredit- und Finanzinstitute,[526] seit der Neufassung des Gesetzes 1998 auch Versicherungsunternehmen, zur Mitwirkung bei der Strafverfolgung. Sie haben bei der Annahme oder Abgabe von Bargeld oder anderen Wertgegenständen im Wert von 30 000,– DM[527] denjenigen zu **identifizieren,** der ihnen gegenüber auftritt.[528] Nach § 9 GWG haben sie über die zur Identifizierung getroffenen Feststellungen Aufzeichnungen zu führen. Dies soll in der Regel durch Kopie der vorgelegten Identitätspapiere geschehen. Die Informationen sind sechs Jahre lang **aufzubewahren,** § 9 III GWG.[529] Sie dürfen nach § 10 GWG nur zur Verfolgung einer Straftat nach § 261 sowie der in § 261 I Nr. 1 bis 5 StGB genannten Straftaten verwendet werden.[530] Sie dürfen außerdem bei Einleitung eines Ermittlungsverfahrens an die Finanzbehörde mitgeteilt werden. Dort dürfen sie für Besteuerungsverfahren und für die Verfolgung von Steuerstraftaten verwendet werden. Diese **Zweckbestimmung** ist abschließend und geht den allgemeinen Regelungen der Datenschutzgesetze[531] oder der StPO vor.

520 Zusätzlich haben die Institute und Spielbanken bei der Feststellung von Tatsachen, die darauf schließen lassen, daß eine Finanztransaktion der Geldwäsche im Sinne des Strafgesetzbuches dienen soll, die **Strafverfolgungsbehörden** zu **informieren,** § 11 GWG. Für die Feststellung von relevanten Tatsachen soll es nicht auf den Kenntnisstand des Instituts, sondern des jeweiligen Mitarbeiters ankommen.[532] Notwendig ist das Vorliegen von Tatsachen, bloße Gerüchte, Vermutungen und Vorahnungen reichen nicht aus.

521 Der Mitarbeiter muß den **Verdacht** schöpfen, die Finanztransaktion diene der **Geldwäsche,** und zwar von Geld, das aus einer in § 261 I StGB genannten „geldwäscherelevanten" Vortat stammt.[533] Hierzu hat der zentrale Kreditausschuß in Zusammenarbeit mit dem Bundeskriminalamt eine Liste mit Anhaltspunkten für das Vorliegen eines Geldwäschevorganges erarbeitet.[534]

522 Liegen derartige Anhaltspunkte vor, so sind die „zuständigen Strafverfolgungsbehörden" zu unterrichten. Dementsprechend kann auch eine **Unterrichtung** der zuständigen

---

524 Vgl. oben Rdn. 212.
525 Vom 25. 10. 1993, BGBl. I S. 1770, geändert durch Gesetz v. 4. 5. 1998, BGBl. I S. 845 ff.
526 Zum Begriff vgl. § 1 Abs. 1 und 2 GWG.
527 Durch das o. a. Gesetz vom 4. 5. 1998 wurde die Grenze von zunächst 20 000,– DM auf 30 000,– DM angehoben.
528 §§ 2, 3, 4, 6, 7, GWG mit weiteren Fallvarianten.
529 Zu den Einzelheiten der Aufbewahrung vgl. *Körner/Dach,* Geldwäsche, Rdn. 124 ff.
530 Zur Kritik an dieser Beschränkung: *Hetzer* NJW 1993, 3298 (3299).
531 Vgl. dazu unten Rdn. 749 ff.
532 *Körner/Dach,* aaO, Rdn. 129 f.; vgl. auch *Eisenberg* NJW 1993, 1033 (1036 f.).
533 Zu den Einzelheiten: *Körner/Dach,* aaO, Rdn. 131.
534 Abgedruckt bei *Körner/Dach,* Anhang 5.

Polizeibehörde in Betracht kommen. Allerdings dürfte die Anzeige bei der Staatsanwaltschaft die Regel sein, weil von deren Zustimmung bzw. Nichtintervention binnen zweier Werktage die Zulässigkeit der Durchführung der Geldtransaktion abhängt.

In der Praxis unterrichten sich Staatsanwaltschaft und Polizei schnellstmöglich gegenseitig. Die auf diesem Wege an die Polizei gelangten personenbezogenen Informationen dürfen dort nach den allgemeinen Vorschriften gespeichert werden. Eine **Speicherung** für Zwecke der **Strafverfolgung** oder der **Vorbereitung** für **künftige Strafverfolgung** kommt demnach nur in Betracht, wenn Anhaltspunkte für eine Straftat nach § 10 Abs. 1 u. 2 S. 3 sowie generell einer Straftat, die im Höchstmaß mit einer Freiheitsstrafe von mehr als drei Jahren bedroht ist, bejaht werden können. Eine Sammlung von Daten über im Ergebnis unverdächtige Transaktionen liefe auf eine **Vorratsdatensammlung** hinaus, die unzulässig ist. 523

Durch das Geldwäschegesetz ist ein Ermittlungsinstrumentarium entstanden, das der Polizei, bei aller Kritik an Detailpunkten des Gesetzes,[535] in Gestalt der Mitarbeiter der Institute ein weitgefächertes **Netz von Informanten** zur Verfügung stellt.[536] Eine derartige Anzeigepflicht drohender Straftaten ist bislang nur im Zusammenhang mit § 138 StGB bekannt gewesen. Dort wird die Nichterfüllung einer grundlegenden allgemeinen Sozial- oder Hilfspflicht mit Strafe bedroht. Ob eine Gleichsetzung des Geldwäschestraftatbestands mit den in § 138 aufgeführten schweren Straftaten angemessen ist, erscheint diskussionsbedürftig, auch wenn in Rechnung gestellt wird, daß die Pflichten nach § 138 StGB jedermann treffen kann, die nach dem GWG nur die Mitarbeiter der Institute. Es handelt sich um die an sich **unzulässige Indienstnahme Privater** für die Zwecke der Strafverfolgung, ohne daß die (private) Verdachtsschöpfung an spezifische Tatbestände gebunden ist. Die verfassungsrechtliche und rechtsdogmatische Tragfähigkeit dieser Kompromißlösung (zur Vermeidung einer Meldepflicht aller Geldtransaktionen an die Steuerbehörden) ist eine zumindest noch offene Frage. Hierbei wird unter dem Gesichtspunkt des Verhältnismäßigkeitsprinzips auch zu prüfen sein, ob die Instrumente als Geldwäschegesetz geeignet sind, die Geldwäsche wirksam zu bekämpfen.[537] 524

Ebenfalls der Bekämpfung der Geldwäsche dient die im Rahmen des Gesetzes zur Verbesserung der Bekämpfung der Organisierten Kriminalität[538] eingeführte Befugnis der Zollbehörden zur Überwachung des **grenzüberschreitenden Bargeldverkehrs.** Bargeld oder gleichgestellte Zahlungsmittel im Wert von mehr als 30 000,– DM sind beim Grenzübertritt anzuzeigen, § 12 a I FVG. Auf Verlangen sind nähere Angaben zu Herkunft und Verwendungszweck sowie zum wirtschaftlich Berechtigten zu machen, § 12 a II FVG. Die für die Erfüllung der genannten Aufgaben erforderlichen Daten dürfen erhoben werden, § 12 a IV FVG. 525

g) Verarbeitung von Daten aus Sicherheitsüberprüfungen

Das Gesetz über die Voraussetzungen und das Verfahren von **Sicherheitsüberprüfungen** des Bundes[539] (SÜG) regelt die Durchführung der Sicherheitsüberprüfung bei den Behörden des Bundes. Aus den §§ 12 und 13 SÜG ergibt sich der Umfang der zu erhebenden Daten. Er reicht von geheimdienstlichen Erkenntnissen über Daten des Lebenslaufs bis hin zu den gezielten **Nachforschungen** über die **Privatsphäre.** Die Informationen werden in Sicherheitsüberprüfungsakten und in Dateien auf Dauer gespeichert und in der Regel fünf Jahre nach dem Ausscheiden aus sicherheitsempfindlicher Tätigkeit gelöscht. 526

---

535 Vgl. dazu *Hetzer* NJW 1993, 3298, 3300 f.; *Scherp,* Kriminalistik 1998, 458 ff. sowie *Findeisen,* Kriminalistik 1998, 107 ff., insbesondere unter dem Gesichtspunkt des zunehmenden „Electronic Banking".

536 *Krüger,* Kriminalistik 1994, 37 (40) spricht von „sekundärpräventiven Elementen".

537 Nachweise zur Untersuchung der Effizienz bei *Scherp,* aaO, Fußn. 9, 10, 13, 14, 19.

538 V. 4. 5. 1998, BGBl. I S. 845.

539 Vom 20. 4. 1994, BGBl. I, 867 ff.; vgl. *Wollweber,* in: Bäumler/Breinlinger/Schrader, Datenschutz von A–Z, S 1100.

527 Die Daten dürfen unter anderem auch zur Verfolgung von **„Straftaten von erheblicher Bedeutung"** verwendet werden, § 21 I Nr. 2 SÜG. Werden Strafverfolgungsbehörden entsprechende Daten übermittelt, so dürfen sie diese für Zwecke eines Strafverfahrens nur verwenden, wenn die Strafverfolgung auf andere Weise erheblich weniger erfolgversprechend oder wesentlich erschwert wäre. Die übermittelnde Stelle und die Strafverfolgungsbehörde, die die Daten erhalten hat, haben also zu prüfen, ob eine „Straftat von erheblicher Bedeutung" vorliegt. Dabei ist auch hier ein strenger Maßstab anzulegen, da die im Rahmen einer Sicherheitsüberprüfung gesammelten Daten im Hinblick auf ihre Bandbreite und die gezielte Einbeziehung der Privatsphäre von **besonderer Sensibilität** sind.[540] Hinzu kommt, daß gerade den Referenz- und Auskunftspersonen, die über die privaten Verhältnisse befragt werden, besondere Vertraulichkeit zugesichert wird.

Zusätzlich hat die Strafverfolgungsbehörde zu prüfen, ob die Strafverfolgung erheblich weniger erfolgversprechend oder wesentlich erschwert wäre, wenn sie die Daten nicht verwenden würde. Dies dürfte in der Praxis Schwierigkeiten machen, denn der Begriff der Verwendung ist umfassend. Auch wenn die Informationen „nur" zum Anlaß für eigene Ermittlungen genommen werden, liegt bereits eine Verwendung vor. Deshalb wird dann, wenn die Voraussetzungen für das Vorliegen einer Straftat von erheblicher Bedeutung bejaht werden, für zusätzliche Subsidiaritätsüberlegungen kein Raum sein. Die bedenkliche Durchbrechung des verfassungskräftigen Zweckbindungsgebots wird hier besonders deutlich. Die Datenbestände sind gegebenenfalls noch „empfindlicher" i. S. d. Grundrechtsrelevanz als die „normalen" Daten in behördlichen Personalakten; und diese sind keineswegs ohne weiteres über § 161 StPO für jedwedes Ermittlungsverfahren verfügbar.

h) Datenerhebung und Verarbeitung von Daten des BND gem. § 3 G-10-Gesetz

528 Nach der Neufassung von § 3 des sogenannten G-10-Gesetzes durch das „Verbrechensbekämpfungsgesetz" vom 28.10.1994 können die mit der nachrichtendienstlichen Methode der elektronischen Überwachung des internationalen Fernmeldeverkehrs („elektronischer Staubsauger") erlangten Daten, die auf ein strafrechtlich relevantes Tun hindeuten, vom Bundesnachrichtendienst an die deutschen Strafverfolgungsbehörden übermittelt werden, wobei zwischen „Zufallsfunden" und Suchfunden (mittels Suchwortvorgaben) zu unterscheiden ist. Der BND darf bei der Überwachung des nicht leitungsgebundenen Fernmeldeverkehrs **Suchbegriffe** verwenden, die u. a. zur Aufklärung von Sachverhalten im Zusammenhang mit dem Kriegswaffenhandel, dem Rauschgiftschmuggel und im Ausland begangenen Geldfälschungen sowie von Geldwäsche im Zusammenhang mit diesen Straftaten „über den in der Anordnung bezeichneten Gefahrenbereich bestimmt und geeignet sind", § 3 II S. 10. Damit eröffnet sich dem BND ein neues Spektrum von Suchbegriffen, das deutlich weiter ist als das bisherige, als er im wesentlichen Aufklärung zur Abwehr eines bewaffneten Angriffs auf die Bundesrepublik Deutschland zu betreiben hatte. Die so gewonnenen personenbezogenen Informationen dürfen zur Verhinderung, Aufklärung oder Verfolgung der einschlägigen Straftaten verwendet werden, § 3 III S. 10. Obwohl es um die Verhinderung und Aufklärung von Straftaten geht, soll nach § 3 V S. 10 neben den Strafverfolgungsbehörden auch eine Unterrichtung der anderen Geheimdienste zulässig sein.

529 Das **Bundesverfassungsgericht** hat in seinem Urteil vom 14. Juli 1999[541] im wesentlichen die Zulässigkeit der Maßnahmen bestätigt. Ausgehend von seinem Beschluß vom 5. 7. 1995[542] im einstweiligen Verfahren hat es dabei den hohen Rang des Schutzes des Fernmeldegeheimnisses betont. Dieser umfasse nicht nur den eigentlichen Telekommunikationsvorgang, sondern auch den sich anschließenden Informations- und Datenverar-

---

540 Vgl. zu den Einzelheiten: *Bäumler* NVwZ 1989, 505 (507).

541 DuD 1999, H. 11, S. 657 ff. u. H. 12, S. 721 ff. = BVerfGE 100, 313.

542 NJW 1996, 114 mit Anm. v. *Gröpl,* ebenda, S. 100 ff.

beitungsprozeß, der mit der Verwendung der erlangten Daten verbunden sei. Art. 73 Nr. 1 GG, auf den sich § 3 G-10 im wesentlichen stützt, berechtige den Bundesgesetzgeber nicht, dem BND Befugnisse einzuräumen, die auf die Verhinderung oder Verfolgung von Straftaten „als solche" gerichtet sind. Bei § 3 G-10 stehe allerdings die Aufklärung auswärtiger Gefahren als Primärzweck im Vordergrund.[543] Die Weitergabe der erlangten Daten an die Strafverfolgungsbehörden sei, weil die Telekommunikationsüberwachung verdachtslos und ohne Veranlassung durch ein bestimmtes Verhalten der Betroffenen durchgeführt werde, an enge Grenzen gebunden.[544] Die Daten müssen demnach gekennzeichnet werden, damit Verwendungsregelungen überhaupt greifen können. Die Weitergabe zum Zwecke der Strafverfolgung ist nur zulässig, wenn mindestens die Voraussetzungen des § 100 a StPO im Hinblick auf die Straftaten vorliegen, zu deren Aufklärung die Datenübermittlung gem. § 3 Abs. 3 G-10 überhaupt in Betracht kommt. Dies bedeutet, daß „bestimmte Tatsachen" den Verdacht begründen müssen, jemand plane, begehe oder habe eine derartige Straftat begangen. Diese Voraussetzungen dürften auf Seiten des BND nur in Ausnahmefällen dann zu bejahen sein,[545] wenn sich aus dem Wortlaut der abgehörten Telekommunikation selbst die „bestimmten Tatsachen" ergeben. Die Entscheidung des Bundesverfassungsgerichts bedingt eine Nachbesserung des G-10. Grundlegende Zweifel, ob im Kern nicht doch der BND gezielt für Zwecke der Strafverfolgung eingesetzt wird, was nach Leitsatz 3, S. 2 des Urteils des Bundesverfassungsgerichts nicht zulässig wäre, vermag das Urteil nicht auszuräumen (zu den verfassungsrechtlichen Problemen vgl. oben Kap. C Rdn. 109 ff.).

i) Verarbeitung von Daten nach dem Strafvollzugsgesetz

Nach § 180 II Nr. 4 des Strafvollzugsgesetzes[546] dürfen personenbezogene Daten, die 530
die **Strafvollzugsbehörden** erhoben haben, auch für Zwecke der Verbindung oder Verfolgung von Straftaten verwendet werden. Nach § 180 VI dürfen zu diesem Zweck auch die bei der Vollzugsbehörde geführten Akten – in Betracht kommt in erster Linie die **Gefangenenpersonalakte** – den Strafverfolgungsbehörden „überlassen" werden. Erkenntnisse aus der Überwachung der Besuche oder des Schriftwechsels, z. B. im Rahmen der sog. **Häftlingsüberwachung,**[547] dürfen ebenfalls zum Zwecke der Verbindung oder Verfolgung von Straftaten verwendet werden, § 180 VIII StrafvollzugsG. Nach § 180 IX StrafvollzugsG dürfen Daten über Personen, die nicht Gefangene sind und die ohne ihre Mitwirkung bei **Dritten** nach § 179 III StrafvollzugsG zur Verbindung oder Verfolgung von Straftaten von „erheblicher Bedeutung" verarbeitet oder genutzt werden. Personenbezogene Daten, die in Akten verarbeitet werden, werden zwei Jahre nach Haftentlassung gesperrt. Sie dürfen nach § 184 II StrafvollzugsG gleichwohl zur Verfolgung von Straftaten übermittelt oder genutzt werden, soweit dies „unerläßlich" ist.

V. Rechtliche Grundlagen der polizeilichen Datenverarbeitung im Rahmen der vorbeugenden Bekämpfung von Straftaten

1. Wesen der vorbeugenden Bekämpfung von Straftaten und Gesetzgebungskompetenz (vgl. dazu oben Kap. E Rdn. 180 ff.)

Es ist kein Zufall, daß die Diskussion über die **vorbeugende Bekämpfung** von zu- 531
nächst Verbrechen und später allgemein von Straftaten[548] zeitlich mit dem Beginn und der Weiterentwicklung der **elektronischen Datenverarbeitung** bei der Polizei zusam-

---

543 *BVerfG* aaO, DuD 1999, H. 11, S. 663.
544 Vgl. im einzelnen dazu *Schrader* DuD 1999, H. 11, S. 650 ff.
545 Vgl. *Schrader* aaO, S. 653.
546 In der Fassung des 4. StrafvollzugsÄndG v. 26. 8. 1998, BGBl. I S. 2461.
547 Vgl. oben Rdn. 178.
548 Hierzu *Rachor,* Vorbeugende Straftatenbekämpfung und Kriminalakten, S. 10 ff.

menfällt.[549] Erst deren Möglichkeiten haben dem Wunsch, bereits im Vorfeld konkreter Straftaten ein polizeiliches Operationsfeld zu schaffen, eine reale Basis gegeben. Betrachtet man die in der jüngeren Polizeirechtsgesetzgebung enthaltenen neuen Befugnisse näher, so laufen sie letztlich im wesentlichen auf die Gewinnung, Verarbeitung und Nutzung von Daten hinaus.

532 Sieht man einmal von polizeilicher Aufklärungsarbeit, Verkehrskindergarten u. ä. ab, so beschränken sich die realen Möglichkeiten der polizeilichen Vorbeugungsarbeit – aller anspruchsvollen Rhetorik zum Trotz[550] – letztlich auf die **Datenverarbeitung**. Die durch die elektronische Datenverarbeitung geschaffene Möglichkeit, Informationen in großen Mengen zu erheben, zu speichern, auszuwerten und in vielfältiger Weise zu nutzen, eröffnet ein breites Feld für die massenhafte Speicherung von Daten. Die Einbeziehung der Daten von **Nichtstörern, Kontaktpersonen** zu Verdächtigen, **Zeugen, Hinweisgebern** usw. ist technisch kein Problem mehr.[551]

533 Damit wird aber auch der Rahmen der herkömmlichen polizeilichen Aufgaben, nämlich Gefahrenabwehr und Strafverfolgung, verlassen. Der Begriff der vorbeugenden Straftatenbekämpfung macht deutlich, daß hier eine neue Aufgabe für die Polizei gesehen wird. Mehr oder weniger wird damit auch stets die Vorstellung verbunden, der Polizei müßten dafür auch **weitergehende Befugnisse** zustehen, die das Vorliegen einer konkreten Gefahr nicht voraussetzen und deren Wirkung nicht nur den Störer betrifft. Ebensowenig müsse auf der anderen Seite bereits ein konkreter Tatverdacht einer Straftat vorliegen, noch müßten sich Eingriffsmaßnahmen auf den Kreis der Verdächtigen beschränken.

534 Für die Frage der Zuordnung der Vorbeugung kommt es auf den Zweck an, der mit den einzelnen Maßnahmen verfolgt wird.[552] Geht man der Sache auf den Grund, so zerfällt die vorbeugende Straftatenbekämpfung in ein Gefahren abwehrendes Element und in die informationelle Vorsorge für die spätere Aufklärung noch nicht begangener Straftaten. Das Gefahren abwehrende Element, das die **Verhütung** von sozialschädlichen Rechtsstörungen, die mit Strafe bedroht sind, zum Ziel hat, kann auf breite gesellschaftliche Zustimmung hoffen. Es entspricht auch dem staatlichen Sicherungsauftrag, es möglichst gar nicht zur Verletzung von Rechtsgütern kommen zu lassen. Kurzum: „Vorbeugen ist besser als strafen" dürfte ungeteilten Beifall finden.

535 Allerdings sind die **effektiven Möglichkeiten** der Polizei zur Verhütung von Straftaten **gering.**[553] Läßt man einmal den wohl eher seltenen Fall außer Betracht, daß sich ein potentieller Straftäter durch das Wissen von der Existenz erkennungsdienstlicher Unterlagen[554] über ihn von der Begehung von Straftaten abhalten läßt,[555] so dürfte die präventive Wirkung der Sammlung und Aufbewahrung von Informationen im Rahmen der vorbeugenden Straftatenbekämpfung nicht weiter gehen als die der Strafverfolgung überhaupt. Daß die möglicherweise vorhandene generalpräventive Wirkung der Strafverfolgung diese geradewegs zu einer Angelegenheit der Gefahrenabwehr macht, ist, soweit ersichtlich, noch nicht gefolgert worden.[556]

---

549 Zur Vorgeschichte *Weßlau*, Vorfeldermittlungen, 16 ff.; vgl. auch *Albrecht* KritV 1986, 55 ff.

550 *Schäfer* GA 1986, 49 (52) spricht z. B. davon, die Polizei habe „die Gefahrenabwehr (d. h. die Kriminalitätsbekämpfung) nicht nur taktisch, sondern auch strategisch zu organisieren und operativ zu bewältigen".

551 Krit. zu dieser Entwicklung *Lisken*, in: Bäumler (Hrsg.), Polizei und Datenschutz, S. 32 ff.

552 *Weßlau*, aaO, S. 116 ff.

553 Vgl. *Denninger* CR 1988, 51 (53); nach *Boge* Die Polizei 1982, 161 (162) ist die polizeiliche Prävention über die verbale Bekundung des guten Willens und einige Aktivitäten im Bereich des kriminalpolizeilichen Vorbeugungsprogramms und der Beratung nicht hinausgekommen. Vgl. zum neuen Konzept des „Comunity Policing", d. h. der Prävention durch stärkere Einbindung der Polizei „vor Ort" *Lee-Sammons* und *J. Stock* Kriminalistik 1993, 157 ff. A. A. *BayVerfGH*, B. v. 19.10. 1994, NVwZ 1996, 166 (168), der offenbar keine Zweifel an der Eignung von Kriminalakten für Zwecke der Gefahrenabwehr hat.

554 *Riegel*, Bundespolizeirecht, Anm. 1c zu § 5 BKAG. Denkbar ist allerdings auch, daß der Täter die Straftat gleichwohl begeht, aber vorsichtshalber Handschuhe benutzt.

555 *Ringwald* ZRP 1988, 178 (180).

556 Mißverständlich allerdings *Schäfer* GA 1986, 49 (64), mit der Formulierung „... dient der Inhalt der Personenakten (mit allem was sich daraus ergibt) allein der künftigen Gefahrenabwehr, d. h. der Prävention

Soweit polizeiliches Handeln zur „Vorbeugung" tatsächlich die Verhinderung einer Straftat bewirkt oder jedenfalls als Hauptziel anstrebt, ist es dem Feld der Gefahrenabwehr zuzuordnen. Im **Kern** geht es bei der vorbeugenden Straftatenbekämpfung aber weniger um ein Vorbeugen im Sinne des Verhinderns von Straftaten, sondern um ein **Vorsorgen** für die notwendige Aufklärung nach begangener künftiger Straftat.[557] Insoweit gehört sie zum Bereich der Strafverfolgung,[558] unabhängig von der Frage, welche Befugnisse die StPO hierzu enthält. Es sind zwei hauptsächliche Felder der Informationsvorsorge zu unterscheiden: **536**

Das **Vorhalten von Informationen,** die bereits vorhanden sind, für Zwecke der künftigen Strafverfolgung.[559] Die wichtigsten und umfänglichsten Datenbestände, die hierfür vorgehalten werden, sind die erkennungsdienstlichen und die Kriminalaktensammlungen mit den zugehörigen Dateien.[560] **537**

Aber auch die **aktive Beschaffung** von Daten zum Zwecke der Vorbeugung, häufig als operatives Vorgehen bezeichnet,[561] dient zunächst nicht primär dem Verhindern von Straftaten. Vor allem im Bereich der organisierten Kriminalität, deren Bekämpfung in diesem Zusammenhang am häufigsten erwähnt wird, geht es um das Sammeln von Beweisen gegen die Hintermänner und Drahtzieher einzelner Straftaten, deren Verhinderung dagegen eher in den Hintergrund tritt.[562] **538**

Ist der Schwerpunkt der vorbeugenden Straftatenbekämpfung in dieser Weise bestimmt, so ergeben sich daraus auch die notwendigen Folgerungen für die **Gesetzgebungszuständigkeit.** Sie liegt insoweit beim **Bund,** weil es um die Regelung des gerichtlichen Verfahrens auf dem Gebiet des Strafrechts geht. Art. 74 Nr. 1 GG gibt dem Bund die konkurrierende Gesetzgebungskompetenz für das gerichtliche Verfahren, das auch das strafprozessuale Ermittlungsverfahren umfaßt. Auch die informationelle Vorsorge für das strafprozessuale Ermittlungsverfahren gehört zu diesem Sachkomplex. Regelungen hierzu zu treffen, ist also Sache des Bundesgesetzgebers.[563] **539**

Für den **Landesgesetzgeber** bleibt nur Gestaltungsraum, **solange** und soweit der Bund von seiner Kompetenz noch nicht Gebrauch gemacht hatte. Nach Inkrafttreten bundesrechtlicher Regelungen müßten die entsprechenden Landesgesetze obsolet werden, soweit sie die Vorsorge für die künftige Strafverfolgung zum Gegenstand haben. Hinsicht- **540**

– und dies selbst dann, wenn bei einer späteren Straftat die Akten als Erstinformation für die Gefahrenabwehr in der speziellen Form der strafprozessualen Regeln benutzt werden". Vgl. auch die Nachweise bei *Weßlau* (Fußn. 549), S. 62 ff. sowie *Weichert,* Informationelle Selbstbestimmung und strafrechtliche Ermittlung, S. 75 ff.

557 Dazu näher *Rachor* (o. Fußn. 560) 38 ff.; *Denninger* CR 1988, 53, (54); *Wolter* GA 1988, 49 (53); *Dreier* JZ 1987, 1009 ff.; *Schoreit* KritV 1988, 159, (168) m. w. Nachw. *Weichert,* Informationelle Selbstbestimmung und Strafermittlung, S. 63; *Siebrecht* JZ 1996, 711 ff.; a. A. *Kniesel* ZRP 1989, 328 ff. Sein Hinweis darauf, daß Kriminalakten keineswegs nur „schlummern" bis zum Zeitpunkt der Aufklärung einer neuen, bereits begangenen Straftat, mag für Einzelfälle zutreffen. Seine aaO S. 332 gegebenen Beispiele betreffen teils aber doch die Vorsorge für die spätere Strafaufklärung, nicht die Verhinderung der Begehung von Straftaten. Teils fehlt eine nachvollziehbare Auskunft über die Häufigkeit mit der – verglichen mit ihrer Gesamtzahl – mit Hilfe von Kriminalakten Straftaten verhindert werden. Wo dies der Fall ist, stellt sich die Frage der Verwendung von Daten, die für die Vorsorge gespeichert wurden, für Zwecke der Gefahrenabwehr. Dies muß der Gesetzgeber regeln; vgl. auch *Kniesel* ZRP 1987, 377 ff. und *Schäfer* GA 1986, 49 ff.

558 *Weßlau* (o. Fußn. 549), S. 45; *Soiné* CR 1998, 251 ff.

559 Das BKAG spricht im § 2c von Zwecken „künftiger Strafverfahren", was mit künftiger Strafverfolgung gleichgesetzt werden kann, vgl. *Ahlf/Daub/Lersch/Störzer,* Kommentar zum BKAG, § 20, Rdn. 2.

560 Vgl. dazu oben Rdn. 176 ff. und Rdn. 183, 184. Die Bedeutung der Dateien verkennt *Schoreit* KritV 1988, 159 (169).

561 Dazu im einzelnen *Weßlau* (o. Fußn. 549), S. 25 ff.

562 *Rachor* (o. Fußn. 548), S. 31 ff.

563 *Hund* ZRP 1991, 463 (466 m. w. N.); *Alberts/Merten,* Gesetz über die Datenverarbeitung der Polizei, § 1 Rdn. 8 m. w. N. Wie hier *Soiné,* Kriminalistik 1997, 252 (255); a. A. *BayVerfGH* NvwZ 1996, 166 (167) sowie *SächsStGH,* U. v. 14. 5. 1996, abgedr. bei *Paeffgen/Schumer,* Das Sächsische Polizeigesetz vor dem Verfassungsgerichtshof des Freistaates Sachsen, Dresden 1997, 409 ff. (433) mit Anm. von *Albertz* CR 1997, 102 ff.; *Bäumler* NVwZ 1996, 765 ff.; *Götz* JZ 1996, 969; *Knemeyer/Keller* SächsVBl. 1996, 197 ff.; *Schenke* DVBl. 1996, 1393 ff.

lich der Vorbeugung i. S. d. tatsächlichen Verhinderung von Straftaten, d. h. letztlich der Gefahrenabwehr, bleibt es bei der Zuständigkeit der Länder.

541 Die Rechtslage ist allerdings seit Inkrafttreten der Novellierung des BGSG,[564] des BKAG[565] und des Strafverfahrensänderungsgesetzes 1999[566] noch komplizierter geworden. Diese Gesetze enthalten Befugnisnormen für die Datenverarbeitung zum Zwecke künftiger Strafverfolgung. Während die Vorschriften des BGSG nur für die Verarbeitung und Nutzung von Daten im Rahmen der Erfüllung der BGS-spezifischen Aufgaben gelten, befassen sich die §§ 7 ff BKAG mit der Verarbeitung von Daten, die von den Polizeien der Länder erhoben worden sind. § 8 BKAG betrifft auch die Verarbeitung von personenbezogenen Daten für Zwecke der **künftigen Strafverfolgung.** Ganz offensichtlich sind Daten im Verantwortungsbereich der Länder gemeint, da in § 20 BKAG eine spezielle Rechtsgrundlage für die Nutzung von Daten „für Zwecke künftiger Strafverfahren" enthalten ist, die das BKA bei Wahrnehmung seiner eigenen Aufgaben auf dem Gebiet der Strafverfolgung (§ 4 BKAG) erlangt hat. Zwar verweist auch § 20 BKAG auf § 8 BKAG, offensichtlich wird letzterer aber für sich gesehen nicht als ausreichende, abschließende Rechtsgrundlage zur Datenverarbeitung für die künftige Strafverfolgung angesehen, sonst hätte es daneben der Einfügung von § 20 BKAG nicht bedurft.[567] In § 484 StVÄG 1999 hat der Bund nunmehr eine weitere Rechtsgrundlage für die Datenverarbeitung zum Zwecke künftiger Strafverfahren geschaffen. Sie ermächtigt Strafverfolgungsbehörden, also auch die Polizei, Dateien für die künftige Strafverfolgung anzulegen. Statt nun aber die Gelegenheit zu einer verbindlichen bundeseinheitlichen Vorschrift zu nutzen, überläßt § 484 Abs. 4 StVÄG 1999 es weiterhin den Ländern, in deren Polizeigesetzen unterschiedliche Regelungen zu treffen.

542 Hier zeigen sich nun in aller Deutlichkeit die Folgen der Polizeirechtsgesetzgebung der vergangenen Jahre: Die Ausstattung der Polizei mit Befugnisnormen nach dem Motto „nur ja nichts vergessen" hat zu sich überlagernden Befugnisnormen geführt. Obwohl von der **verfassungsrechtlichen Kompetenzverteilung** her eigentlich kaum Zweifelsfragen denkbar sind, besteht in der Praxis für den zu beurteilenden Sachverhalt künftig ein Überangebot an Befugnisnormen, zwischen denen der handelnde Polizeibeamte die Auswahl hat. Dies führt zum einen zu dem Vorwurf, das Datenverarbeitungsrecht sei kompliziert und unübersichtlich. Andererseits fehlt es an der aus Bürgersicht unerläßlichen Normenklarheit, die staatliches Handeln vor allem auf dem sensiblen Feld der „inneren Sicherheit" vorhersehbar macht. Nach der hier vertretenen Auffassung müßten eigentlich die landespolizeilichen Regelungen zur künftigen Strafverfolgung seit dem In-Kraft-Treten von § 8 BKAG, spätestens sei § 484 StVÄG 1999, überflüssig geworden sein. § 20 BKAG zeigt aber, daß § 8 BKAG nach Auffassung des Gesetzgebers offenbar doch keine umfassende Rechtsgrundlage zur Verarbeitung personenbezogener Daten für die Zwecke künftiger Strafverfahren ist. Die Rechtsunsicherheit bleibt also bestehen.[568] Denn nach § 2 BKAG hat das Bundeskriminalamt wichtige Aufgaben im Rahmen der „Verhütung" von Straftaten. Damit ist offenbar die „vorbeugende Verbrechensbekämpfung" gemeint.[569] § 1 Abs. 3 BKAG geht davon aus, daß „die Verhütung von Straftaten und die Aufgaben der sonstigen Gefahrenabwehr" Sache der Länder bleiben, soweit gesetzlich nichts anderes bestimmt ist. Dies ist eine merkwürdige Formulierung, denn wenn die „Verhütung von Straftaten" tatsächlich Teil der Gefahrenabwehr wäre, dann könnte der Bund hierüber auch gesetzlich „nichts anderes" bestimmen. Entweder hat der Bund die Kompetenz zur Regelung der Vorbereitung auf künftige Strafverfolgung – so die hier

---

564 Dazu unten Rdn. 588 ff.

565 Dazu unten Rdn. 577 ff.

566 BGBl. v. 11. 8. 2000, S. 1253.

567 A. A. *Soiné* unter Berufung auf die Gesetzesbegründung, CR 1998, 257 (261), insbesondere Fußn. 66.

568 Zutr. *Riegel* NJW 1998, 3408 (3409).

569 *Ahlf/Daub/Lersch/Störzer,* BKAG, Rdn. 14 zu § 1.

vertretene Auffassung[570] – dann sind entsprechende Regelungen des Landesrechts obsolet, sobald der Bund von seiner Gesetzgebungskompetenz Gebrauch macht, etwa in Form von § 8 BKAG oder § 484 StVÄG 1999. Oder es handelt sich um einen Bereich der Gefahrenabwehr, in dem der Bund keine Kompetenz hat. Dann wäre eine Regelung wie § 8 BKAG oder § 484 StVÄG ohnehin nicht vorrangig bzw. hätte für die Länder keinerlei Wirkung. In § 484 Abs. 4 StVÄG 1999 hat der Bundesgesetzgeber vor den **vollendeten Tatsachen der Polizeigesetze** kapituliert und es damit in Kauf genommen, daß in den einzelnen Ländern in Teilen deutlich unterschiedliche Bestimmungen auf dem äußerst sensiblen Feld der Datenverarbeitung für Zwecke der künftigen Strafverfolgung bestehen.

2. Verfassungsrechtliche Grenzen der Datenverarbeitung für künftige Strafverfolgung

Von besonderer Bedeutung ist die Frage, welche **Rechtseingriffe** zum Zwecke der Informationsvorsorge mit den Grundrechten vereinbar sind. Die Art. 1 und 2 GG gewähren ganz allgemein das Recht, von Eingriffsmaßnahmen im Rahmen der Strafverfolgung verschont zu bleiben, solange nicht der Anfangsverdacht einer Straftat vorliegt und soweit nicht im eigenen Verhalten eine Ursache für polizeiliche Ermittlungen gesetzt wurde. **543**

Die Strafprozeßordnung kennt die Inanspruchnahme **Unbeteiligter** in im einzelnen geregelten Fällen, in denen aber stets der Anfangsverdacht einer Straftat vorliegen muß.[571] Inwieweit überhaupt ein Bedürfnis und ein überwiegendes Interesse der Allgemeinheit vorliegen, Ermittlungen und insbesondere Eingriffe in das Recht auf informationelle Selbstbestimmung ohne das Vorliegen eines Anfangsverdachts i. S. v. § 152 StPO zuzulassen, bedarf der kritischen Prüfung. **544**

Denn insbesondere im Rahmen der Datenerhebung zur vorbeugenden Bekämpfung der sog. **organisierten Kriminalität** dürfte in der Regel der **Anfangsverdacht einer Straftat** vorliegen, hinter der dann eine verbrecherische Organisation vermutet wird. **Vermutungen** können aber im Rahmen von § 152 StPO zur Begründung eines **Anfangsverdachts** ausreichend sein, wenn sie über den Bereich der bloß theoretischen, allgemein bestehenden Möglichkeit hinausgehen.[572] Ist bereits eine Straftat begangen, so kann sich daraus bei Hinzutreten entsprechender Indizien aus kriminalistischer Erfahrung der Anfangsverdacht einer weitergehenden, bandenmäßig organisierten Straftat ergeben. Der Fall, daß keinerlei Anfangsverdacht irgendeiner Straftat vorliegt, gleichwohl aber Tatsachen gegeben sind, die auf organisiertes oder andere schwere Verbrechen schließen lassen, dürfte die Ausnahme sein.[573] **545**

Zulässig ist allenfalls die Speicherung von Daten über Beschuldigte, vgl. jetzt § 484 StVÄG 1999. Es erscheint zweifelhaft, ob jede begangene Straftat, unabhängig von der Schwere, zur Speicherung für Zwecke künftiger Strafverfolgung führen darf, ohne daß zumindest bei den **Speicherfristen** differenziert wird (so aber §§ 484, 489 IV StVÄG). **546**

Von Bedeutung ist auch die **Unschuldsvermutung,** die es verbietet, jemanden als Straftäter zu behandeln, solange seine Schuld nicht rechtskräftig festgestellt ist. Zwar ist es überwiegende Auffassung, daß die Unschuldsvermutung einer Aufbewahrung von Kriminalakten bei der Polizei und der damit einhergehenden Speicherung von Daten in polizeilichen Dateien nicht von vornherein entgegensteht.[574] Gleichwohl hat sie erheblichen Einfluß auf Umfang und Grenzen der polizeilichen Datenverarbeitung. Da jeg- **547**

---

570 Vgl. oben Rdn. 539 ff.

571 Zur Unterscheidung tatbezogener/täterbezogener Verdacht vgl. *Weßlau,* aaO, S. 263.

572 *Rieß,* in: L-R, § 152, Rdn. 23; *Hund* ZRP 1991, 463 (464) sowie ausführlich *Eisenberg/Conen* NJW 1998, 2241 ff.; abzulehnen sind deshalb Forderungen der Polizei, „Initiativermittlungen" im Vorfeld des Anfangsverdachts einer Straftat zu gestatteten, vgl. z. B. *Schreiber* NJW 1997, 2137 (2142).

573 Vgl. oben D, S. 10, Rdn. 10 sowie *Lisken* ZRP 1994, 264 (267 f.).

574 *Rachor* (o. Fußn. 548), S. 90 ff.; *Riegel,* Datenschutz bei den Sicherheitsbehörden, S. 71 f.

liche Datenspeicherung zur Vorsorge für künftige Straftataufklärung nur im Rahmen der **Erforderlichkeit** zulässig ist, ist im Falle eines **Freispruches** oder einer **Verfahrenseinstellung** mangels Beweises oder auch wegen geringer Schuld besonders sorgfältig zu prüfen, ob überhaupt **„Wiederholungsgefahr"** und **Erforderlichkeit** der Datenspeicherung vorliegen. Problematisch ist deshalb § 489 IV Nr. 3 StVÄG 1999, der selbst bei Freispruch eine 3-jährige Speicherung zuläßt.[575]

548 Aus dem Charakter der Datenspeicherung als Grundrechtseingriff ergeben sich für die Polizei als speichernde Stelle auch besondere Sorgfaltspflichten, wenn sie Daten über den Verdacht einer Straftat speichert. Sofern sie nicht ohnehin von der Justiz nach § 482 StVÄG 1999 unterrichtet wird, muß sie von sich aus in kurzen Zeitabständen **Erkundigungen** über den Ausgang des gerichtlichen Verfahrens beiziehen, bevor über eine dauerhafte Datenspeicherung entschieden wird.[576] Der Ausgang des gerichtlichen Verfahrens ist in den Unterlagen zu vermerken und bei der Speicherfrist zu berücksichtigen. Bei der **Datenübermittlung** ist auch der Ausgang des gerichtlichen Verfahrens mitzuteilen, damit kein unrichtiges Datenbild entsteht.

549 Schließlich hat auch die Polizei den im **Bundeszentralregistergesetz** (BZRG) näher konkretisierten **Resozialisierungsgedanken** zu beachten. Dieser steht einer Aufbewahrung von Strafverfolgungsdaten über die Fristen des BZRG hinaus und über Personen, die nicht verurteilt wurden, also im BZRG nicht gespeichert sind, zwar nicht von vornherein entgegen. Die Polizei darf das BZRG aber nicht durch den Aufbau eigener „Ersatzregister" unterlaufen. Sie darf deshalb keine Auskunft an Dritte geben, d. h. an Behörden, die nicht für die Strafverfolgung zuständig sind, wenn die entsprechende Information aus dem Bundeszentralregister nicht oder nicht mehr zu erhalten wäre.[577] Das ist z. B. bei der Datenübermittlung an Geheimdienste zu beachten.

3. Staatsanwaltschaft und Polizei

550 Die Frage der Zuordnung der vorbeugenden Straftatbekämpfung zur Strafverfolgung oder Gefahrenabwehr ist primär eine nach der Gesetzgebungskompetenz und den grundrechtlichen Grenzen. Ob **Polizei** oder **Staatsanwaltschaft** zuständig sind, ist demgegenüber **sekundär.** Die Diskussion hierüber ist eher vordergründig, bisweilen auch von den subjektiven Interessen der Diskutanten beeinflußt.[578] Welche Rolle Staatsanwaltschaft und Polizei ganz allgemein bei der Strafverfolgung jeweils spielen, ist auch ausschlaggebend für die Zuordnung der Informationsvorsorge für künftige Strafverfolgung.

551 Eine Reihe von Ursachen, unter denen die Entwicklung der modernen Datenverarbeitung einen wichtigen Platz einnimmt, haben zu einer deutlichen **Gewichtsverlagerung** hin zur Polizei geführt. Sie ist der Staatsanwaltschaft in Fragen der Aufklärungsstrategie, der fallübergreifenden kriminalistischen Analyse, der Vorhaltung von Daten und anderen Instrumenten und Techniken der Straftatenaufklärung häufig weit überlegen. Wenn der Satz „Wissen ist Macht" seine Berechtigung hat, so spricht allein das in polizeilichen Datensammlungen angehäufte Informationspotential eine deutliche Sprache. Daß die Staatsanwaltschaft die Herrin des Verfahrens ist, muß nicht bedeuten, daß die Polizei bei der Aufklärung von Straftaten nicht eine wichtige, eigenständige Rolle spielt. Insbesondere die Vorsorge für die künftige Strafverfolgung kann als

---

[575] § 8 III BKAG stellt für Vorsorgedateien des BKAG als Zentralstelle darauf ab, daß sich aus den Gründen der Entscheidung ergibt, daß der Betroffene die Tat nicht oder nicht rechtswidrig begangen hat. Dies ist für den non-liquid-Fall eine etwas zu enge Sichtweise.

[576] *Riegel,* aaO, vgl. § 189 II SHLVwG.

[577] *Rachor* (o. Fußn. 548), S. 158; vgl. auch § 21 IV HSOG.

[578] Vgl. dazu insbesondere die Auseinandersetzung zwischen *Schoreit* KritV 1988, 157 ff. (insbes. 173 ff.); *ders.* NJW 1985, 169 ff.; *Uhlig* DRiZ 1986, 247 ff.; *Ernesti* DVR 1983, 1 ff.; einerseits und insbes. *Kniesel* ZRP 1989 329 ff. u. passim andererseits. Ferner *Denninger* CR 1988, 51 ff., *Weichert,* Informationelle Selbstbestimmung und strafrechtliche Ermittlung, S. 86, sowie *VG Frankfurt* NJW 1991, 120 (123).

eigenständige Aufgabe der Polizei ausgebildet werden, ohne daß Verfassungsrecht verletzt wäre.[579]

Eine an der Verfassung orientierte Diskussion der Informationsverarbeitung und -vorsorge im Rahmen der Strafverfolgung wird Fragen nach der Prädominanz von Polizei- oder staatsanwaltschaftlichen Behörden als wenig ergiebig empfinden.[580] Wichtiger sind die Beachtung der **grundgesetzlichen Schranken** der Informationsvorsorge und ihre Zuordnung unter das Regime des bundesgesetzlich geregelten Strafverfahrensrechts. 552

Adressat der Strafprozeßordnung ist seit jeher ohnehin auch die Polizei im Rahmen ihrer strafverfolgenden Tätigkeit. § 81 b 2. Alt. ebenso wie § 819 StPO sowie die Bestimmungen des DNA-Feststellungsgesetzes[581] zeigt bei aller Kritik an seiner fehlenden Normenklarheit, daß auch die **Informationsvorsorge** der Polizei für künftige Strafverfolgung in der **Strafprozeßordnung** jedenfalls insoweit geregelt ist.[582] Die Zuordnung der polizeilichen Informationsvorsorge für künftige Strafverfolgung zum Strafprozeßrecht macht es leichter, für das Strafverfahren maßgebliche, in der Verfassung verankerte Rechtsgrundsätze auch für die Datenverarbeitung zu diesem Zweck fruchtbar zu machen, ohne daß die Zuordnung dieser Aufgabe zur Polizei ausgeschlossen wäre. Es steht dem Bundesgesetzgeber also frei, die Vorsorge für künftige Strafverfolgung der Polizei zu übertragen. Problematisch ist aber, daß in § 484 IV StVÄG 1999 auch der materielle Rechtsmaßstab den einzelnen Polizeigesetzen der Länder überlassen wird. 553

4. Befugnisse zur Verarbeitung von Daten zur „vorbeugenden Bekämpfung" von Straftaten

a) Erkennungsdienstliche Maßnahmen nach Strafprozeßrecht

Das Strafprozeßrecht weist mit § 81 b 2. Alt. StPO eine Vorschrift zur Datenverarbeitung zum Zwecke der Vorbeugung auf. Danach dürfen vom Beschuldigten Lichtbilder und Fingerabdrücke auch gegen seinen Willen aufgenommen und Messungen und ähnliche Maßnahmen[583] an ihm vorgenommen werden, wenn es für **Zwecke des Erkennungsdienstes notwendig** ist. Zu den Voraussetzungen und der Durchführung der erkennungsdienstlichen Maßnahmen finden sich Ausführungen an anderer Stelle.[584] 554

„Zwecke des Erkennungsdienstes" verweist auf einen Zweck, der über die Durchführung des jeweiligen konkreten Strafverfahrens hinausgeht. Es geht um die **Aufbewahrung** und **Speicherung** erkennungsdienstlicher Unterlagen zur besseren Erkennung des Verdächtigen im Falle erneuter Straffälligkeit. Die Verhinderung der Begehung einer neuen Straftat ist eher der – glückliche – Zufall. Erst wenn die Tat begangen ist und der Täter am Tatort seine „Handschrift" hinterlassen hat, beginnt die eigentliche Funktion erkennungsdienstlicher Sammlungen.[585] Der Regelungsstandort von § 81 b in der Strafprozeßordnung erweist sich demnach trotz vielfältiger Kritik und der in der Literatur häufig verwendeten Bezeichnung als „Polizeirecht"[586] als sachlich vertretbar. 555

---

579 Dafür, daß einer Komptenzverlagerung für die Vorsorge von der StA auf die Polizei „schwerste verfassungsrechtliche Bedenken" entgegenstehen, bleibt *Schoreit* KritV 1988, 159 (172) stichhaltige Nachweise schuldig. Hingegen wirkt es nicht sehr überzeugend, wenn er die Staatsanwaltschaft von datenschutzrechtlicher Kontrolle möglichst ausgenommen sehen will, ZRP 1987, 153 ff.

580 Zutreffend *Mandelartz* DVBl. 1989, 704 (707). Vgl. hierzu auch oben Kap. C, Rdn. 93 ff.

581 V. 7. 9. 1998, BGBl. I S. 2646 i. d. F. v. 2. 6. 1999, BGBl. I S. 1242.

582 *Dahs*, in: L-R, § 81 b, Rdn. 3.

583 Zum Umfang der zulässigen Maßnahmen zutreffend *Nelles,* Elektronische Medien im Recht, 211 (217 f.).

584 Vgl. oben (Kap. F).

585 Dazu näher *Dreier* JZ 1987, 1009 (1013 f.), *Ringwald,* INPOL und StA, S. 182 ff. sowie *Gusy* VArch 1993, 441 (447 ff.).

586 Nachweise bei *Weßlau,* Vorfeldermittlungen, S. 122 f. sowie *Alberts/Merten,* Gesetz über die Datenverarbeitung der Polizei, § 7 Rdn. 3.

556 Die polizeilichen erkennungsdienstlichen Sammlungen wurden oben dargestellt.[587] § 81 b 2. Alt. erlaubt die Speicherung der nach dieser Vorschrift hergestellten Unterlagen in diesen Sammlungen. In der Praxis geschieht die **„Aufbewahrung"** in der Weise, daß die Fingerabdrücke und Fotos nicht nur bei der aufnehmenden Dienststelle und beim übergeordneten Landeskriminalamt, sondern auch beim Bundeskriminalamt vorgehalten werden. Die gespeicherten Daten unterliegen regelmäßig **bundesweit** dem **Zugriff** aller Polizeidienststellen, die an die einschlägigen Dateien angeschlossen sind. Ergänzend regelt § 8 VI BKAG die Kompetenz des BKA, erkennungsdienstliche Dateien als Zentralstelle zu führen.[588]

557 Die Folgen, die sich aus der Aufbewahrung erkennungsdienstlicher Unterlagen für den Betroffenen ergeben, haben sich seit Einfügung des § 81 b in die StPO 1933[589] grundlegend verändert, zuletzt durch die Inbetriebnahme von AFIS (vgl. oben Rdn. 172). Das **Bundesverwaltungsgericht**[590] hat die Vorschrift in mehreren Entscheidungen präzisiert und unter Verhältnismäßigkeitsgesichtspunkten einschränkend interpretiert. Danach ist das öffentliche Interesse an der Aufbewahrung der erkennungsdienstlichen Unterlagen **abzuwägen** gegen die Beeinträchtigung des Betroffenen. Wenn der **Tatverdacht** gegen ihn **ausgeräumt** ist, kommt eine weitere Aufbewahrung der Unterlagen nicht in Betracht. Es ist darüber hinaus eine **Prognose** abzugeben, ob der Verdächtige noch einmal straffällig wird und ob die erkennungsdienstlichen Unterlagen für die Aufklärung der neuen Straftat erforderlich sein könnten.[591]

558 Eine **schematische Verfahrensweise** bei der Entscheidung über die Aufbewahrung und Speicherung erkennungsdienstlicher Unterlagen **scheidet** damit **aus.** Da die Polizei als speichernde Stelle die Verantwortung für die Richtigkeit der gespeicherten Daten trägt, muß sie selbst aktiv Erkundigungen einziehen, wie das gerichtliche Verfahren geendet hat. Sie muß dafür sorgen, daß in ihren Sammlungen keine Unterlagen über Personen aufbewahrt werden, gegen die der Verdacht inzwischen ausgeräumt ist. Bei der Speicherfrist ist nach der Schwere der Tat bzw. des Tatverdachts zu differenzieren.[592]

559 Auch wenn § 81 b 2. Alt. StPO durch umfangreiche Kasuistik konkretisiert und damit in seinen Auswirkungen für die Betroffenen ein Stück transparenter ist als der reine Gesetzestext, bestehen erhebliche **Zweifel,** ob die Vorschrift den Anforderungen des **Volkszählungsurteils** entspricht. Die Vorschrift enthält Datenerhebungsbefugnisse auch gegen den ausdrücklichen Willen des Betroffenen, erlaubt also **zwangsweise Datenerhebung.** Sie muß nach den Vorgaben des Bundesverfassungsgerichts nicht nur hinsichtlich der Erhebung, sondern auch bezüglich der weiteren Verarbeitung der erhobenen Daten so präzise sein, daß der Betroffene schon aus dem Gesetz das Wesentliche entnehmen kann. Dies ist bei der gegenwärtigen Fassung, die, was die Aufbewahrung betrifft, im wesentlichen aus den Worten „Zwecke des Erkennungsdienstes" besteht, nicht der Fall.

560 § 81 b 2. Alt. StPO bedarf folglich der Präzisierung unter Berücksichtigung der modernen Datenverarbeitungstechnik im Bereich des Erkennungsdienstes.[593] Dabei muß der Gesetzgeber das Gebot des geringstmöglichen Eingriffs beachten. Möglicherweise können die neuartigen Möglichkeiten der Speicherung erkennungsdienstlicher Unterlagen auch zugunsten der Betroffenen genutzt werden. Mit Hilfe dieser Verfahren ist es möglich, erkennungsdienstliches Material digitalisiert abzuspeichern und automatisiert zu

---

587 Vgl. oben Rdn. 183, 184.

588 *Ahlf/Daub/Lersch/Störzer,* Kommentar zum BKAG, § 8, Rdn. 14, nennen § 8 VI BKAG eine „Datenverwendungsnorm".

589 Zur Vorgeschichte *Dreier* JZ 1987, 1009 (1010).

590 Insbes. *BVerwGE* 26, 169; einen Überblick über die Entwicklung der Rechtsprechung des BVerwG gibt *Schweckendieck* ZRP 1989, 125 (126).

591 Zu den Einzelheiten *Dahs,* in: L-R, § 81 b, Rdn. 8; zur notwendigen Abwägung vgl. auch *Gusy* VArch 1993, 441 (462 ff.).

592 Vgl. *Dahs* (a. a. O.), Rdn. 19.

593 Zu den Einzelheiten vgl. oben Rdn. 172; vgl. hierzu auch *Nelles* (o. Fußn. 583), S. 224 ff.

vergleichen.[594] Der Zugriff kann auch mit erkennungsdienstlichem Vergleichsmaterial, also z. B. mit am Tatort gefundenen und digitalisiert aufbereiteten Fingerabdrücken erfolgen. Die Eingabe des Namens ist hierzu nicht mehr erforderlich. Zumindest muß er nicht in abrufbarer Form gespeichert werden.

Die Nutzung der gespeicherten erkennungsdienstlichen Unterlagen könnte auf exakt den Zweck beschränkt werden, der ihre Aufbewahrung rechtfertigt: Die Begehung einer neuen Straftat und die Zuordnung der dort gefundenen erkennungsdienstlichen Spuren zu bereits erkennungsdienstlich behandelten Personen. Aus dem verfassungsrechtlichen, in § 81 2. Alt. StPO auch ausdrücklich erwähnten Erforderlichkeitsprinzip könnte sich die Verpflichtung ergeben, erkennungsdienstliche Unterlagen zumindest in Dateien mit überörtlichem Zugriff „anonym“ zu speichern und auf die Erfassung von Namen, jedenfalls auf die Speicherung in abrufbarer Form, zu verzichten. Eine Deanonymisierung dürfte dann nur anhand des Spurenmaterials einer neuen Straftat vorgenommen werden. Der Gesetzgeber wird zu prüfen haben, ob und für welchen Personenkreis diese Form der Beschränkung des Eingriffs in das Recht auf informationelle Selbstbestimmung geboten ist. 561

b) DNA-Analysen für künftige Strafverfolgung

aa) Gesetzliche Grundlagen. Weitere strafprozessuale Rechtsgrundlagen für die „Vorbeugung“ im Sinne der Vorbereitung auf künftige Strafverfolgung enthält das Gesetz zur Änderung der Strafprozeßordnung (DNA-Identitätsfeststellungsgesetz[595]) in der Fassung des Änderungsgesetzes vom 2. Juni 1999.[596] Es regelt die Entnahme von Körperzellen zum Zwecke der Führung künftiger Strafverfahren sowie die dauerhafte Speicherung der dabei gewonnenen DNA-Identifizierungsmuster. Diese Vorschriften, die über das DNA-Identitätsfeststellungsgesetz von 1997[597] hinausgehen, waren notwendig, weil die §§ 81 a Abs. 3, 81 c Abs. 5 S. 2 und 81 e StPO die Verwendung der aus der dort geregelten DNA-Analyse gewonnenen Ergebnisse strikt auf das zugrundeliegende oder ein anderes bereits anhängiges Strafverfahren begrenzen. Die Aufbewahrung der DNA-Identifizierungsmuster richtet sich nach den Notwendigkeiten und Fristen der Dokumentation des jeweiligen Strafverfahrens. Da der Gesetzgeber eine davon losgelöste Nutzung auf für **künftige Ermittlungen** noch gar nicht begangenen Straftaten ermöglichen wollte und da außerdem DNA-Feststellungen ausschließlich für Zwecke der künftigen Strafverfolgung ermöglicht werden sollten, war eine eigenständige Rechtsgrundlage erforderlich. Der Bund hat nach der hier vertretenen Auffassung hierfür die Gesetzgebungskompetenz, weil Fragen der Vorbereitung auf die künftige Strafverfolgung zum Strafverfahrensrecht gehören. Die Anbindung der Regelungen zur Identitätsfeststellungsdatei an die Strafprozeßordnung zeigt diesen Sachzusammenhang.[598] Daß zum gesamten Fragenkomplex der Nutzung von DNA-Analysen im Strafverfahren binnen zwei Jahren drei Gesetze notwendig wurden, unterstreicht, daß, obwohl die Möglichkeiten der DNA-Analyse schon seit Jahren genutzt wurden, eine ausgereifte und gründlich diskutierte Gesamtkonzeption fehlten. Die gesetzlichen Regelungen weisen eine Reihe von Unklarheiten auf und genügen dem Grundsatz der Normenklarheit nur in sehr bescheidenem Maße.[599] 562

bb) DNA-Analysen bei Beschuldigten. DNA-Analysen bei Beschuldigten dürfen nach §§ 81 e Abs. 1 S. 1 StPO i.V. . § 81 a Abs. 1 StPO nur durchgeführt werden, wenn sie zur **Feststellung der Abstammung** oder der Tatsache, ob aufgefundenes **Spurenmaterial** von dem Beschuldigten oder dem Verletzten stammt, im jeweiligen Ermittlungsverfah- 563

---

594 Dazu oben Rdn. 171 ff.
595 V. 7. 9. 1998, BGBl. I S. 2646.
596 BGBl. I S. 1242.
597 BGBl. I S. 534.
598 *Volk* NStZ 1999, S. 165 ff.
599 *Schneider,* in: Bäumler (Hrsg.), Polizei und Datenschutz, Neuwied 1999, 215 ff. (129 ff.); *Volk* NStZ 1999, S. 165 (170).

ren erforderlich sind. Gem. § 81 a Abs. 3 StPO ist die Verwendung auf das Ermittlungsverfahren bzw. eines anderen anhängigen Strafverfahrens beschränkt. Eine Nutzung der Materialien für künftige Ermittlungsverfahren oder gar die Durchführung einer DNA-Analyse für diesen Zweck ist nach diesen Vorschriften nicht erlaubt.

564 Deshalb hat der Gesetzgeber in § 81 g StPO[600] eine eigene Rechtsgrundlage für die Entnahme von Körperzellen und deren molekulargenetischer Untersuchung zum Zwekke der Identitätsfeststellung in künftigen Strafverfahren geschaffen. Demnach dürfen dem Beschuldigten, der eine **Straftat „von erheblicher Bedeutung"**, insbesondere eines Verbrechens, eines Vergehens gegen die sexuelle Selbstbestimmung, einer gefährlichen Körperverletzung, eines Diebstahls in besonders schwerem Fall oder einer Erpressung verdächtig ist, Körperzellen entnommen und molekulargenetisch untersucht werden. Ergänzend hat der Gesetzgeber durch Gesetz vom 2. Juni 1999[601] in Art. 1 Ziff. 4 einen Katalog von 41 einschlägigen Straftaten und der ihnen nach dem Strafgesetzbuch der ehemaligen DDR entsprechenden Straftaten festgelegt. Der Katalog bezieht sich zwar unmittelbar auf die Vorverurteilungen, die nach § 2 des DNA-Identitätsfeststellungsgesetzes von 1998[602] zur nachträglichen molekulargenetischen Untersuchung führen können. Da aber § 2 DNA-Identitätsfeststellungsgesetz 1998 ausdrücklich auf § 81 g StPO Bezug nimmt, kann davon ausgegangen werden, daß die Anlage zu § 2 c DNA-Identitätsfeststellungsgesetz 1999 den Kreis der Straftaten i. S. v. § 81 g StPO abschließend beschreibt. Die Vorschrift hat demnach im nachhinein die notwendige Präzisierung erfahren.

565 Ist jemand einer der dort aufgeführten Straftaten beschuldigt, so kann prinzipiell eine molekulargenetische Untersuchung auch dann durchgeführt werden, wenn sie für das laufende Ermittlungsverfahren nicht erforderlich ist. Voraussetzung ist zusätzlich, daß wegen der Art oder Ausführung der Tat, der Persönlichkeit des Beschuldigten oder sonstiger Erkenntnisse Grund zu der Annahme besteht, daß gegen ihn künftig erneut Strafverfahren wegen einer der vorgenannten (durch Anl. zu § 2 c DNA-Identitätsfeststellungsgesetz 1999 präzisierten) Straftaten zu führen sind. Damit werden gesetzliche Regelungen zur Speicherung personenbezogener Daten für **Zwecke künftiger Strafverfolgung** aufgegriffen (vgl. z. B. § 8 Abs. 6 BKAG), die ihrerseits auf die Rechtsprechung zur Aufbewahrung erkennungsdienstlicher Unterlagen zurückgehen.[603] Da der Betroffene erst Beschuldigter und noch nicht Verurteilter ist, muß sowohl die Wahrscheinlichkeit einer Verurteilung im laufenden Verfahren als auch die Gefahr einer Rückfälligkeit beurteilt werden.

566 Dabei kommt es darauf an, daß die Gefahr einer erneuten Straffälligkeit im Hinblick auf Straftaten aus dem Katalog gem. Anl. zu § 2 c DNA-Identitätsfeststellungsgesetz 1999 besteht. Die dort aufgeführten Straftaten entsprechen den in § 81 g Abs. 1 genannten Kriterien, außerdem kann bei ihrer Begehung nicht ausgeschlossen werden, daß molekulargenetisch auswertbare Spuren entstehen. Für die **Prognose** kommt es sowohl auf die Tatbegehung (z. B. einmaliges „Ausrasten" oder „geplante Straftat") als auch auf die Täterpersönlichkeit an. Eine schematische Vorgehensweise verbietet sich, andererseits dürfen die Anforderungen an die Prognoseentscheidung nicht überspannt werden.[604] Bei Tätern, die bereits zweimal einschlägig rückfällig geworden sind, spricht vieles dafür, daß eine negative Prognose nicht sachwidrig ist.

567 Hinsichtlich der engen Zweckgebundenheit des molekulargenetischen Untersuchungsverfahrens, insbesondere des Verbots, Untersuchungen zu dem Zweck durchzuführen, Erkenntnisse aus dem **codierenden Teil** zu gewinnen, gilt das oben zur DNA-Analyse in laufenden Ermittlungsverfahren Aufgeführte.[605]

---

[600] Eingefügt durch § 1 des DNA-Identitätsfeststellungsgesetzes vom 7. 9. 1998, BGBl. I S. 2646.
[601] BGBl. I S. 1242.
[602] BGBl. I S. 2446.
[603] Vgl. oben Rdn. 557.
[604] Vgl. Beschluß v. 14. 7. 1999 des *LG Göttingen* NdsRpfl. 1999, 293 f.
[605] Vgl. oben Rdn. 483 ff.

Die **Anordnung** der Entnahme der für die Untersuchung notwendigen Körperzellen sowie deren molekulargenetische Analyse ist dem **Richter** vorbehalten, § 81 g Abs. 3 StPO. Wegen der Verweisung auf § 81 a Abs. 2 kommt für die Entnahme der Körperzellen theoretisch auch eine Eilkompetenz der Staatsanwaltschaft bzw. der Polizei in Betracht. Da Voraussetzung hierfür die Gefährdung des Untersuchungserfolges ist, dürften die Voraussetzungen bei der DNA-Analyse für künftige Strafverfolgung – anders als im laufenden Ermittlungsverfahren kaum je vorliegen. Die Befugnis, die molekulargenetische Untersuchung anzuordnen und damit die nach § 81 g Abs. 1 StPO notwendige Prognoseentscheidung obliegt auf jeden Fall dem Richter. **568**

Durch § 3 Abs. 1 des DNA-Identitätsfeststellungsgesetzes 1999 wurde § 3 des DNA-Identitätsfeststellungsgesetzes 1998 ergänzt. Demnach dürfen auch die über Beschuldigte im Rahmen und zum Zwecke laufender Ermittlungen gewonnenen DNA-Identifizierungsmuster für Zwecke der künftigen Strafverfolgung, d. h. losgelöst vom Zweck des zugrundeliegenden Verfahrens auf Dauer gespeichert werden. Dies erscheint folgerichtig, wenn sogar die DNA-Analyse bei Beschuldigten nur für diesen Zweck zulässig ist. Notwendig ist allerdings auch hier die **Prognoseentscheidung** i. S. v. § 81 g Abs. 1 StPO. Diese obliegt dem Richter, denn der Gesetzgeber wollte die Prognoseentscheidung in diesem Bereich bewußt dem Richter vorbehalten.[606] **569**

Gem. Art. 1 Nr. 3 DNA-Identitätsfeststellungsgesetz 1999 können auch aus **Spurenmaterial** gewonnene molekulargenetische Untersuchungsergebnisse für Zwecke der künftigen Strafverfolgung gespeichert werden. Es genügt der Verdacht einer Straftat gem. § 81 g Abs. 1 StPO, d. h. einer Straftat aus dem Katalog gem. Art. 1, § 2 c DNA-Identitätsfeststellungsgesetz 1999. Eine Prognose anhand der Täterpersönlichkeit scheidet naturgemäß aus. **570**

cc) DNA-Analysen bei Verurteilten. Gem. § 2 DNA-Identitätsfeststellungsgesetz dürfen molekulargenetische Untersuchungen auch bei solchen Personen durchgeführt werden, die wegen einer der in § 81 g Abs. 1 StPO geregelten, in Art. 1 Nr. 4 DNA-Identitätsfeststellungsgesetz 1999 präzisierten Straftaten rechtskräftig verurteilt oder nur wegen erwiesener oder nicht auszuschließender Schuldunfähigkeit, auf Geisteskrankheit beruhender Verhandlungsunfähigkeit oder fehlender Verantwortlichkeit (§ 3 des Jugendgerichtsgesetzes) nicht verurteilt worden sind. Die DNA-Analyse wird bei diesem Personenkreis völlig unabhängig von laufenden Ermittlungsverfahren, aber auch unabhängig vom Vorliegen des Anfangsverdachts einer (neuen) Straftat durchgeführt. Voraussetzung ist, daß die entsprechende Eintragung der abgeurteilten Tat im Bundeszentralregister oder im Erziehungsregister noch nicht getilgt ist. **571**

Das DNA-Identitätsfeststellungsgesetz 1999 schafft in §§ 2 a–2 e die Voraussetzungen für die einmalige, rückwirkende Erfassung bereits verurteilter Personen. Zu diesem Zweck dürfen nach § 2 a Abs. 1 die Staatsanwaltschaften (befristet bis 30. 6. 2001) listenmäßig Eintragungen aus dem **Bundeszentralregister** und dem Erziehungsregister abfragen. Die gleiche Befugnis hat das Bundeskriminalamt nach § 2 a Abs. 2 zum Zwecke des Abgleichs mit der Haftdatei. Die Registerbehörde darf solche Eintragungen übermitteln, die sich auf den Straftatenkatalog gem. Anlage zu § 2 c beziehen. **572**

Das Bundeskriminalamt darf die übermittelten Daten gem. § 2 c zum Abgleich mit der **Haftdatei** verwenden, damit festgestellt werden kann, wer von den Verurteilten sich in Haft befindet. Der Zugriff auf diesen Personenkreis ist leichter, als wenn sich die Betroffenen auf freiem Fuß befinden. Sowohl die an die Staatsanwaltschaften direkt als auch die an das Bundeskriminalamt übermittelten Registerauskünfte sowie die Daten, die sich aus dem Abgleich mit der Haftdatei ergeben haben, dürfen nur für den Zweck der Durchführung einer DNA-Analyse verwendet werden. Anschließend sind die Unterlagen zu vernichten (§§ 2 d, 2 e Abs. 2 und 3 DNA-Identitätsfeststellungsgesetz). **573**

---

606 Vgl. *Volk* NStZ 1999, 165 (167); *OLG Zweibrücken,* B. v. 6. 11. 1998, NStZ 1999, 209.

574 Voraussetzung für die Durchführung der DNA-Analyse ist auch bei Verurteilten die **Rückfallprognose.** Außerdem ist das Verfahren wie bei laufenden Ermittlungsverfahren einzuhalten, da § 2 DNA-Identitätsfeststellungsgesetz 1998 auf § 81 g StPO verweist, der seinerseits in Abs. 3 auf § 81 a Abs. 2 und § 81 f StPO Bezug nimmt. Die Anordnung der Entnahme von Körperzellen sowie deren anschließende molekulargenetische Untersuchung sowie die zugrundeliegende Prognose unterliegen also dem **Richter.** Überlegungen, Verurteilte, insbesondere Gefangene, könnten auch freiwillig in die DNA-Analyse einwilligen, gehen fehl. Zum einen wäre zu prüfen, ob bei Gefangenen tatsächlich von Freiwilligkeit gesprochen werden könnte. Denn sie würden sich womöglich von der Hoffnung auf „Gegenleistungen", etwa in Form von Hafterleichterungen oder vorzeitiger Haftentlassung leiten lassen. Die Einwilligung kann überdies nicht die Rückfallprognose und damit ein unverzichtbares rechtsstaatliches Element der auf Dauer angelegten Speicherung in der DNA-Analysedatei ersetzen.[607]

575 **dd) Verwendung der DNA-Identifizierungsmuster.** Die Zulässigkeit der dauerhaften Speicherung von DNA-Identifizierungsmustern war lange Zeit umstritten.[608] Während ein Gesetzentwurf aus dem Bundesjustizministerium[609] detaillierte Regelungen vorsah, die sowohl den betroffenen Personenkreis betrafen als auch die Führung der Datensammlung unter der Obhut der Justiz, war man im Innenministerium der Auffassung, eine Sammlung der DNA-Identifizierungsmuster sei bereits auf der Grundlage des BKA-Gesetzes[610] zulässig. Demgemäß erging am 16. 4. 1998 eine Errichtungsanordnung des Präsidenten des BKA, die die Einrichtung einer **DNA-Datei** beim Bundeskriminalamt vorsah, in der Daten über Beschuldigte und nicht zugeordnete Spuren erfaßt wurden.[611] Im DNA-Identitätsfeststellungsgesetz 1998 wurde dann in § 3 eine Rechtsgrundlage für die DNA-Datei geschaffen, die in Art. 1 Nr. 3 des DNA-Identitätsfeststellungsgesetzes 1999 noch ergänzt wurde. Demnach dürfen die DNA-Identifizierungsmuster Verurteilter und Beschuldigter sowie unbekannter Verdächtiger beim Bundeskriminalamt gespeichert werden. Die gespeicherten Daten können „nach dem Bundeskriminalamtsgesetz" verarbeitet und genutzt werden. Dies bedeutet, daß das Bundeskriminalamtsgesetz ergänzend anzuwenden ist, soweit nicht die StPO und die DNA-Identitätsfeststellungsgesetze von 1998 und von 1999 spezielle Regelungen treffen.

576 Materielle Rechtsgrundlage der DNA-Analyse-Datei im Verhältnis zu den Betroffenen ist § 3 DNA-Identitätsfeststellungsgesetz 1998 i. V. m. Art. 1 Nr. 3 DNA-Identitätsfeststellungsgesetz 1999. Die Zuständigkeit des BKA ergibt sich aus § 2 Abs. 1 und 2, soweit man DNA-Analysen als „erkennungsdienstliche Maßnahme" ansieht, aus § 2 Abs. 4 BKAG.[612] Aus den §§ 7, 8, 32 BKAG folgen weitere Präzisierungen der Datenverarbeitungsbefugnis.[613] Demnach können mangels spezieller Regelungen in den DNA-Identitätsfeststellungsgesetzen bei gespeicherten Erwachsenen Prüffristen von 10 Jahren, bei Jugendlichen von fünf Jahren festgelegt werden, § 32 Abs. 3 BKAG. Die Pflicht, im Zuge der Einzelfallbearbeitung gegebenenfalls eine vorzeitige Löschung vorzunehmen (§ 32 Abs. 3 S. 1 BKAG) bleibt daneben bestehen. Insbesondere im Falle eines rechtskräftigen **Freispruchs** ist eine vorzeitige Löschung zwingend, wenn sich aus den Gründen der Entscheidung ergibt, daß der Betroffene die Tat nicht oder nicht rechtswidrig begangen hat (§ 8 Abs. 3

---

[607] Wie hier *Graalmann/Scheerer* JR 1999, 453 f.; *Volk* NStZ 1999, 165 (169) m. w. N.; *OLG Zweibrücken,* B. v. 6. 11. 1998, NStZ 1999, 209, vgl. auch *LG Kiel,* B. v. 3. 2. 1999, Schl.HA III, 1999, 20 ff.; A. A. *Sprenger/Fischer* NJW 1999, 1830 ff.; wohl auch *Senge,* in: KK, § 81 g, Rdn. 9; *Ahlf/Daub/Lersch/Störzer,* Kommentar zum BKA-Gesetz, Stuttgart 2000, § 8, Rdn. 16.

[608] Vgl. *Hamm* NJW 1998, 2470 f. sowie *LG Mainz,* B. v. 29. 5. 1998, NStZ 1998, 636.

[609] Vgl. dazu *Schneider,* in: Bäumler (Hrsg.), Polizei und Datenschutz, 1999, 215 (217).

[610] Gesetz über das Bundeskriminalamt und die Zusammenarbeit des Bundes und der Länder in kriminalpolizeilichen Angelegenheiten v. 7. 7. 1977, BGBl. I S. 160. Dazu ausführlich *Kube/Schmitter,* Kriminalistik H. 6, 1998, 415 ff.

[611] Einzelheiten dazu im Bundeskriminalblatt Nr. 161 v. 24. 8. 1998.

[612] Dagegen mit beachtl. Argumenten *Volk* NStZ 1999, 165 (168 f.).

[613] Vgl. *Kleinknecht/Meyer-Goßner,* Kommentar zur StPO, § 81 g, Rdn. 10.

BKAG). Da es sich bei der DNA-Analyse-Datei um eine Verbunddatei handelt, bleiben die Länder für die Anlieferung und Pflege der im eigenen Zuständigkeitsbereich angefallenen Daten verantwortlich.[614] Die Verwendung der Daten ist gem. § 3 DNA-Identitätsfeststellungsgesetz auf Zwecke eines Strafverfahrens, der Gefahrenabwehr und der internationalen Rechtshilfe begrenzt.[615] Darüber hinaus kommt eine Nutzung für Zwecke der „Vorbeugung", ohne daß der Anfangsverdacht einer Straftat oder eine konkrete polizeiliche Gefahr vorliegt, nicht in Betracht.

c) Rechtsgrundlagen im Bundespolizeirecht

aa) Das Bundeskriminalgesetz (BKAG). Nach § 2 BKAG hat das BKA verschiedene 577
Aufgaben auf dem Gebiet der „Verhütung" von Straftaten.[616] Bei Abs. 1 und Abs. 2 handelt es sich um **allgemeine Unterstützungsaufgaben.** Abs. 3 konkretisiert diese Unterstützungsaufgaben im Hinblick auf das polizeiliche Informationssystem INPOL, für das das BKA die Zentralstelle ist. Abs. 4 greift einen Bereich der polizeilichen Informationsverarbeitung besonders heraus, nämlich die zentralen erkennungsdienstlichen Einrichtungen und Sammlungen sowie zentrale Einrichtungen für die Personen- und Sachfahndung. Abs. 5 enthält eine Unterstützungspflicht gegenüber den Ländern bei deren Datenverarbeitung. Abs. 6 betrifft weitere Unterstützungspflichten vor allem auf den Gebieten der Kriminaltechnik, der kriminalpolizeilichen Analysen und Statistiken, der Methodenverbesserung sowie der Aus- und Fortbildung.[617]

§ 20 BKAG gibt dem BKA die Befugnis, „unter den Voraussetzungen des § 8" perso- 578
nenbezogene Daten, die es bei der Wahrnehmung seiner Aufgaben auf dem Gebiet der Strafverfolgung erlangt hat, für **Zwecke künftiger** Strafverfahren in Dateien zu speichern, verändern und nutzen. § 20 BKAG ist die eigentliche Befugnisnorm zur Verarbeitung personenbezogener Daten für Zwecke künftiger Strafverfahren, während sich aus § 8 BKAG die näheren Einzelheiten der dateimäßigen Speicherung ergeben. Wäre § 8 BKAG seinerseits die Befugnisnorm, so hätte es § 20 BKAG nicht bedurft.[618]

Das Zusammenspiel von § 20 und § 8 BKAG gibt Aufschluß über den Regelungsge- 579
halt von § 8 BKAG. Die Vorschrift setzt voraus, daß sich die eigentliche Verarbeitungsbefugnis aus dem jeweiligen Polizeirecht ergibt. Damit ist der Bund mit dem BKAG nach der hier vertretenen Rechtsauffassung[619] hinter seiner Regelungskompetenz zurückgeblieben. Daraus folgt, daß für die eigentliche Kompetenz zur Speicherung personenbezogener Daten für Zwecke der künftigen Strafverfolgung auch weiterhin die **Landespolizeigesetze** maßgeblich sind. § 8 BKAG gibt den Rahmen an, innerhalb dessen sich Datenspeicherungen zum Zweck der künftigen Strafverfolgung halten müssen, wenn sie im gemeinsamen Verbundsystem erfolgen sollen. Soweit das Landespolizeirecht gegenüber § 8 BKAG eingeschränkte Befugnisse vorsieht,[620] geht es dem BKAG insoweit vor.[621] Dies wird auch deutlich aus den §§ 11 und 12 BKAG. Danach verbleibt die datenschutzrechtliche Verantwortung, insbesondere für die Rechtmäßigkeit der Erhebung, der Speicherung und der Pflege der Daten bei der Polizeibehörde, die sie eingegeben hat. § 11 Abs. 3 BKAG bestimmt, daß nur diejenige Behörde, die die Daten erfaßt hat, befugt ist, sie zu ändern, zu berichtigen oder zu löschen. Die Rechtmäßigkeit der Datenverarbeitung folgt für die Polizeien der Länder aus dem für sie maßgeblichen Polizei-

---

[614] Zu den Einzelheiten der in der DNA-Analyse-Datei gespeicherten Daten vgl. *Schneider,* in: Bäumler (Hrsg.), Polizei und Datenschutz, Neuwied 1999, S. 215 (220 f.) sowie krit. im Hinblick auf die fehlende Aufbewahrung der untersuchten Körperzellen *Rath/Brinkmann* NJW 1999, 2697 (2699).

[615] A. A. offenbar *Senge,* der die Verwendung der nach §§ 81 e, 81 f StPO gewonnenen DNA-Identifizierungsmuster „nach den allgemeinen Bestimmungen" für zulässig hält.

[616] Zur rechtssystematischen Kritik vgl. oben Rdn. 541 f.

[617] Vgl. im einzelnen zu § 2 *Ahlf/Daub/Lersch/Störzer,* Kommentar zum BKAG, Rdn. 22 zu § 2.

[618] S. oben Rdn. 541.

[619] Vgl. oben Rdn. 539.

[620] Vgl. z. B. § 189 SHLVwG.

[621] Vgl. 21. TB des LfD-SH, LD-Drucks. 14/2080, S. 30 f.

recht, nicht unmittelbar aus § 8 BKAG. Im einzelnen ergibt sich aus § 8 BKAG, daß in den „Dateien der Zentralstelle", d. h. im polizeilichen Verbundsystem, Personengrunddaten, Daten zur Kriminalakte und zur kriminalaktenführenden Dienststelle, Tatzeiten, Tatorte und Tatvorwürfe gespeichert werden dürfen (vgl. § 8 Abs. 1 BKAG). Zusätzliche Daten über Beschuldigte und Verdächtige dürfen gespeichert werden, wenn es erforderlich ist, weil wegen der Art oder Ausführung der Tat, der Persönlichkeit des Betroffenen oder sonstiger Erkenntnisse Grund zu der Annahme besteht, daß er erneut rückfällig wird.

580 Wird der Beschuldigte rechtskräftig **freigesprochen,** die Eröffnung des Hauptverfahrens gegen ihn unanfechtbar abgelehnt oder das Verfahren nicht nur vorläufig eingestellt, so kommt es nach § 8 Abs. 3 BKAG darauf an, ob sich aus den Gründen der Entscheidung ergibt, daß der Betroffene die Tat nicht oder nicht rechtswidrig begangen hat. Problematisch dürfte in der Praxis sein, wie eindeutig sich aus den Gründen ergeben muß, daß der Betroffene die Tat nicht begangen hat. Vor allem in Fällen, in denen es nicht zur Hauptverhandlung gekommen ist, dürften die Fakten nicht immer mit der gewünschten Eindeutigkeit feststehen. In den Fällen, in denen noch eine Art **„Restverdacht"** verblieben ist, darf nicht schematisch eine Aufrechterhaltung der Speicherung vorgenommen werden.[622] Es ist vielmehr im Einzelfall zu prüfen, wie begründet der Rechtsverdacht geblieben ist.

581 § 8 Abs. 4 BKAG gibt den Rahmen für die besonders problematische Speicherung von Daten über Personen, die bei künftiger Strafverfolgung als Zeugen in Betracht kommen oder Opfer einer künftigen Straftat werden könnten sowie von Kontakt- und Begleitpersonen und sonstigen Hinweisgebern und Auskunftspersonen vor. Demnach kommt es darauf an, daß es um die Verhütung oder Vorsorge für die künftige Verfolgung einer **„Straftat mit erheblicher Bedeutung"** geht. Was eine derartige Straftat ist, hat der Gesetzgeber im BKAG nicht definiert.[623] Definitionen und Straftatenkataloge an anderer Stelle weichen voneinander ab.[624] Damit ist das BKAG gerade an einer Stelle unpräzise, bei der es um den besonders sensiblen Vorgang der Speicherung von Daten über Opfer, Zeugen, Hinweisgeber oder „andere Personen" noch gar nicht begangener Straftaten geht.

582 § 8 Abs. 4 BKAG schränkt den Katalog der zu speichernden Daten auf die Personengrunddaten, die Kriminalaktennummer und die aktenführende Dienststelle sowie auf die Angabe, in welcher Eigenschaft der Person die Speicherung erfolgt. Dies ist wichtig, damit die Zeugen, „anderen Personen" p. p. nicht mit Beschuldigten und Verdächtigen gleichgesetzt werden. Bei **Zeugen,** möglichen **Opfern, Hinweisgebern** und sonstigen **Auskunftspersonen** ist die Einwilligung erforderlich, es sei denn, das Bekanntwerden der Speicherung würde den mit der Speicherung verfolgten Zweck gefährden. Daraus können sich im Einzelfall weitgehende Relativierungen des Einwilligungserfordernisses ergeben. Da allerdings die Verhinderung von Straftaten Vorrang vor ihrer bestmöglichen Aufklärung haben sollte, ist kritisch zu hinterfragen, ob die Gefahr, der Tatverdächtige könnte durch einen Hinweisgeber über den Kenntnisstand der Polizei gewarnt werden und sein Vorhaben aufgeben, tatsächlich der Einholung der Einwilligung des Hinweisgebers mit der Speicherung seiner Daten entgegenstehen würde.

583 § 8 Abs. 5 BKAG erweitert den Kreis der zu erfassenden Personen auf diejenigen, von denen aufgrund bestimmter Tatsachen anzunehmen ist, daß sie „Straftaten von erheblicher Bedeutung" begehen werden. Es handelt sich also um Personen, die weder Beschuldigte noch Verdächtige i. S. v. § 8 Abs. 2 BKAG sind. Zu Recht verlangt § 8 Abs. 5 BKAG, daß **„bestimmte Tatsachen"** die Annahme der künftigen Straffälligkeit begründen müssen. Kritisch ist allerdings auch hier anzumerken, daß die Verhinderung der drohenden Straftat im Zweifel wichtiger ist, als die Vorsorge für ihre spätere Aufklärung.

---

[622] Mißverständlich *Ahlf/Daub/Lersch/Störzer,* Kommentar zum BKAG, § 8 Rdn. 6.

[623] Zuletzt Anlage zu § 2c des Gesetzes zur Änderung des DNA-Identitätsfeststellungsgesetzes v. 2. 6. 1999, BGBl. I, S. 1242; *Ahlf/Daub/Lersch/Störzer,* Kommentar zum BKAG, § 8, Rdn. 9, § 2, Rdn. 30; kritisch *Kleinknecht/Meyer-Goßner,* Kommentar zur StPO, § 98, Rdn. 5; sowie allgemein zu den unterschiedlichen Definitionen *Koch,* Datenerhebung und -verarbeitung in den Polizeigesetzen der Länder, 1999, S. 59 ff.

[624] Vgl. z. B. §§ 100 c Abs. 1 Nr. 1 b, 98 a Abs. 1, 110 a Abs. 1 und 163 e StPO.

§ 8 Abs. 6 BKAG betrifft die Speicherung **erkennungsdienstlicher Unterlagen.** Die Vorschrift verweist hinsichtlich der Erhebung und Speicherung vorrangig auf andere Rechtsvorschriften (z. B. § 81 b StPO) und läßt im übrigen die Speicherung erkennungsdienstlicher Unterlagen zu, wenn die Gefahr einer erneuten Straffälligkeit zu besorgen ist oder wenn dies zur Abwehr „erheblicher Gefahren" erforderlich ist. Da der Bund für das Recht der allgemeinen Gefahrenabwehr keine Gesetzgebungskompetenz besitzt, ergibt sich hieraus erneut, daß § 8 BKAG lediglich einen Rahmen für die Datenspeicherung im polizeilichen Verbundsystem gibt, während sich die relevanten Befugnisnormen im Verhältnis zu den Betroffenen aus anderen Rechtsvorschriften ergeben. § 8 Abs. 6 BKAG bietet nach der hier vertretenen Rechtsauffassung keine Rechtsgrundlage für die bundesweite DNA-Analysedatei.[625] Dies hat der Gesetzgeber durch Erlaß von § 3 DNA-Identitätsfeststellungsgesetz bestätigt.[626] 584

Weitere wichtige Vorschriften für die Speicherung von Daten zum Zwecke der künftigen Strafverfolgng enthalten § 7 Abs. 2 und 4 BKAG. Nach Abs. 2 kann das BKA zur Erfüllung seiner Zentralstellenaufgaben Daten zur Ergänzung vorhandener Sachverhalte oder sonst zu „Zwecken der Auswertung" durch Ersuchen um Auskünfte bei Polizeien des Bundes und der Länder erheben. Verfügen diese nicht über die betreffenden Informationen, so können sie bei anderen öffentlichen und nichtöffentlichen Stellen sowie bei zuständigen Stellen im internationalen Bereich erhoben werden. § 7 Abs. 2 BKAG schafft keine eigenständigen Kompetenzen des BKA auf den Gebieten der Strafverfolgung oder der Gefahrenabwehr. Die Vorschrift knüpft ausschließlich an die **Zentralstellenfunktion** des Amtes an, die eher einer Servicefunktion ähnlich ist. Demgemäß haben die in § 7 Abs. 2 BKAG enthaltenen Datenerhebungsbefugnisse untergeordneten Charakter. Sie sind auf die Ergänzung und Abrundung bereits vorhandener Erkenntnisse gerichtet. Folgerichtig sind zuerst die eigentlich zuständigen Polizeien des Bundes und der Länder um Auskunft zu ersuchen. Lediglich wenn Anhaltspunkte bestehen, daß von dort keine Erkenntnisse zu erwarten sind, kann bei dritten Stellen nachgefragt werden. Da nach § 11 Abs. 3 BKAG eine Änderung vorhandener Datensätze, d. h. gegebenenfalls auch eine Ergänzung gemäß dem Besitzerprinzip des polizeilichen Informationsverbundes nur durch die Behörde erfolgen darf, die die Daten eingegeben hat, ist eine Unterrichtung der eigentlich zuständigen Polizeibehörde zwingend notwendig. 585

Auch § 7 Abs. 4 BKAG ist Ausfluß des **Besitzerprinzips.** Die Vorschrift verlangt, daß bei der Speicherung von Bewertungen feststellbar sein muß, bei welcher Stelle die Unterlagen geführt werden, die der Bewertung zugrunde liegen. Die Vorschrift geht auf Kritik der Datenschutzbeauftragten zurück, die bei Kontrollen des polizeilichen Informationssystems INPOL feststellt hatten, daß problematische personengebundene Hinweise wie „gewalttätig", „bewaffnet", „geistesverwirrt" o. ä. gespeichert waren, ohne daß feststellbar war, welcher Verbundteilnehmer dies veranlaßt hatte und wo sich die Belege für diese Einschätzungen befanden.[627] 586

Weitere **wichtige Regelungen** für die Datenverarbeitung des Bundeskriminalamtes zur vorbeugenden Bekämpfung von Straftaten finden sch im BKAG in § 27 (Übermittlungsverbote in besonderen Fällen), § 28 (Datenabgleich), § 31 (Benachrichtigungsverfahren bei der Speicherung personenbezogener Daten über Kinder), § 33 (Berichtigung, Sperrung und Vernichtung personenbezogener Daten in Akten), § 34 (Pflicht zur Erstellung von Errichtungsanordnungen). 587

bb) Bundesgrenzschutzgesetz (BGSG).[628] Nach § 21 II Nr. 1 BGSG kann der Bundesgrenzschutz „zur Verhütung von Straftaten" personenbezogene Daten erheben, soweit 588

---

625 A. A. *Ahlf/Daub/Lersch/Störzer,* Kommentar zum BKAG, § 8, Rdn. 15, m. w. N. zum Streitstand.

626 Gesetz zur Änderung der Strafprozeßordnung v. 7. 9. 1998, BGBl. I S. 2646.

627 Vgl. unten Rdn. 752 ff.

628 Gesetz zur Neuregelung der Vorschriften über den Bundesgrenzschutz v. 19. 10. 1994, BGBl. I, 297 f. in der Fassung vom 25. 8. 1998, BGBl. I S. 2486. Vgl. dazu *Schreiber* NJW 1995, 521 ff. Vgl. auch Kap. C Rdn. 30 ff.

Tatsachen die Annahme rechtfertigen, daß die betreffende Person Straftaten mit erheblicher Bedeutung i. S. von § 12 I BGSG begehen will und die Daten zur Verhütung solcher Straftaten erforderlich sind. Es handelt sich dabei in erster Linie um **„grenzbezogene" Straftaten** wie unerlaubter Grenzübertritt und Straftaten nach dem Paß-, Ausländer- oder Asylverfahrensgesetz. Erfaßt sind auch Straftaten auf dem **Gebiet der Eisenbahnanlagen,** soweit sie Bezug zur Bahn oder ihrer Benutzer haben. Während nach § 21 II Nr. 1 BGSG nur Daten über den mutmaßlichen Täter erhoben und verarbeitet werden dürfen, können nach § 21 II Nr. 2 BGSG unter bestimmten Voraussetzungen auch Daten über „Verbindungspersonen" erfaßt werden.

589 Da die Datenverarbeitung in beiden Fällen erforderlich sein muß, um eine Straftat zu **„verhüten";** im Falle der Speicherung von Daten über Verbindungspersonen sogar die Verhütung der Straftat ohne Datenspeicherung aussichtslos oder wesentlich erschwert sein muß, kann eine Verarbeitung auf der Grundlage von § 21 BGSG **nur in wenigen Fällen** in Betracht kommen. Auch wenn die Datenerhebung nicht das alleinige Mittel zur Verhütung von Straftaten sein muß, ist doch kaum vorstellbar, in welchen Fällen sie zu einer Verhütung im eigentlichen Sinne beitragen soll. Denkbar sind nur Fälle, in denen der Geschehensablauf schon begonnen hat und der BGS noch aktiv handelnd einschreiten kann. Eine **bloße Vorratsdatenverarbeitung** kann auf § 21 II BGSG nicht gestützt werden.

590 Unter besonderen Voraussetzungen, nämlich wenn Tatsachen die Annahme rechtfertigen, daß eine der genannten Straftaten gewerbs-, gewohnheits-, bandenmäßig oder von einer kriminellen Vereinigung begangen werden sollen, kann der BGS die **Daten mit „besonderen Mitteln" erheben,** § 28 I BGSG. Dazu zählen die längerfristige Observation, der Einsatz technischer Mittel sowie von V-Leuten, § 28 II BGSG. Die Anordnung obliegt, außer bei Gefahr im Verzug, dem Leiter des Grenzschutzpräsidiums. Soll die Maßnahme länger als einen Monat durchgeführt werden, so ist die Verlängerung hinsichtlich der Observation und des Abhörens und Aufzeichnens des nichtöffentlich gesprochenen Wortes dem Richter vorbehalten.

591 Ebenfalls für Zwecke der „Vorbeugung" kann der Bundesgrenzschutz Personen zur **„grenzpolizeilichen Beobachtung"** in der Grenzfahndungsdatei ausschreiben, § 31 BGSG.[629] Voraussetzung ist, daß die Gesamtwürdigung der Person und ihre bisher begangenen Straftaten i. S. v. § 12 BGSG erwarten lassen, daß sie auch künftig derartige Straftaten begehen wird oder wenn Tatsachen die Annahme rechtfertigen, daß eine Person derartige Straftaten begehen wird und die grenzpolizeiliche Beobachtung zur Verhütung dieser Straftaten erforderlich ist, § 31 II BGSG. Im Falle des Antreffens einer zur grenzpolizeilichen Beobachtung ausgeschriebenen Person sind Erkenntnisse über Ort und Zeit des Antreffens, etwaige Begleiter, das Kfz und dessen Führer, über Reiseweg und Reiseziel, mitgeführte Sachen und Umstände des Antreffens an die ausschreibende Dienststelle zu melden, § 31 I BGSG. Eine Erhöhung der **Kontrolldichte,** wie sie mit dem 1. Gesetz zur Änderung des Bundesgrenzschutzgesetzes,[630] das dem BGS die Befugnis verliehen hat, unter bestimmten Voraussetzungen in Bahnanlagen jedermann ohne konkreten Anlaß zu kontrollieren, erhöht auch das Datenaufkommen der grenzpolizeilichen Beobachtung und damit die Menge der gespeicherten Vorfelddaten. Auch aus diesem Grund ist die **Jedermannkontrolle** auf Bahnanlagen bedenklich.[631]

592 Die Speicherung von Daten **„für Zwecke künftiger Strafverfahren"** wegen der in § 12 I genannten Straftaten ist in § 29 II BGSG zugelassen. Im wesentlichen dürfen Identifizierungsdaten, Kriminalaktendaten sowie Daten zu Tatzeit, Tatort und Tatvorwurf ge-

[629] Vgl. unten Rdn. 657 ff.

[630] BGBl. I S. 2488.

[631] Schon die Übertragung von Aufgaben der Bundesbahnpolizei auf den BGS hat das Bundesverfassungsgericht nur unter bestimmten Voraussetzungen für vereinbar mit der Verfassung angesehen, vgl. *BVerfG*, B. v. 28. 1. 1998, NVwZ 1998, 495 ff. mit Anm. *Hecker* NVwZ 1998, 701 ff. Zur Verfassungswidrigkeit von Jedermannkontrollen vgl. oben Kap. C, Rdn. 23 ff. m. umfangr. Nachw.

speichert werden. Darüber hinausgehende Daten dürfen zum Zweck der Eigensicherung von Beamten oder zum Schutz der Betroffenen oder dann gespeichert werden, wenn wegen der Art der Ausführung der Tat, der Persönlichkeit des Betroffenen oder sonstiger Erkenntnisse Grund zu der Annahme besteht, daß gegen ihn weitere Strafverfahren wegen Straftaten im Sinne von § 12 I zu führen sind, § 29 II BGSG. Die Datenverarbeitung soll dann nicht zulässig sein, wenn sich aus der abschließenden justitiellen Entscheidung ergibt, daß der Betroffene die Tat nicht oder nicht rechtswidrig begangen hat, § 29 II S. 1 BGSG.

§ 29 III BGSG regelt die Speicherung von Daten über **Zeugen, Hinweisgeber, sonstige Auskunftspersonen** sowie **Verbindungspersonen** zum Verdächtigen. Eine normenklare Begrenzung des Personenkreises, der zum Zwecke der Vorbeugung erfaßt werden darf, ist diesen Vorschriften nicht zu entnehmen. Dies ist deshalb problematisch, weil § 32 BGSG die **Weiterübermittlung** dieser Daten an andere Behörden zuläßt. Aus § 33 III S. 2 BGSG ergibt sich sogar, daß auch an eine Übermittlung der Daten an eine ausländische Behörde gedacht ist. Aus § 34 BGSG läßt sich die Befugnis ableiten, daß die zum Zwecke der „Vorbeugung" gespeicherten Daten auch im Rahmen der **Grenzkontrolle** abgerufen werden dürfen. Daraus kann sich die Gefahr ergeben, da der Abruf kein Selbstzweck ist, daß ein Bewegungsprofil über Personen entsteht, deren Daten zum Zwecke der „Verhütung" gespeichert sind. 593

d) Polizeiliche Generalklausel

In welchem Umfang und unter welchen Voraussetzungen Eingriffe in das Recht auf informationelle Selbstbestimmung auf die polizeiliche Generalklausel gestützt werden können, wird weiter unten näher dargelegt.[632] Voraussetzung jedes Rechtseingriffs, der auf die Generalklausel gestützt werden soll, ist das Vorliegen einer **konkreten Gefahr** für die öffentliche Sicherheit. Spezifikum der vorbeugenden Bekämpfung von Straftaten – jedenfalls ihres Gefahren abwehrenden Elements[633] – ist, daß es gar nicht zur Entstehung einer echten Gefahr kommen soll. 594

Vorbeugung und **Gefahrenabwehr** dienen zwar beide dem Ziel, Gefahren für Rechtsgüter nicht entstehen zu lassen bzw. eingetretene Beeinträchtigungen wieder zu beseitigen. Es handelt sich aber gewissermaßen um zwei hintereinander angeordnete Phasen, die sich nicht überlappen: Wenn bereits eine konkrete Gefahr vorliegt, war die Vorbeugung nicht erfolgreich. An ihre Stelle tritt die Gefahrenabwehr. Folglich können Rechtseingriffe zum Zwecke der Vorbeugung nicht auf die Generalklausel gestützt werden, deren Voraussetzungen begrifflich erst vorliegen können, wenn für Vorsorge kein Raum mehr ist.[634] 595

e) Polizeirecht der Länder

Die Polizeigesetze enthalten dem Vorbild des Vorentwurfs zum Musterentwurf für ein einheitliches Polizeigesetz des Bundes und der Länder (VE ME)[635] folgend, umfangreiche Vorschriften zur Datenverarbeitung für Zwecke der vorbeugenden Bekämpfung von Straftaten. Sie werden im folgenden dargestellt, wobei im großen und ganzen der Ablauf der Phasen der Datenverarbeitung zugrunde gelegt wird. 596

aa) Allgemeine Datenerhebung. Der Begriff der **allgemeinen** Datenerhebung dient der Abgrenzung von der Datenerhebung unter Einsatz **besonderer Mittel.**[636] (Zur Datenerhebung in Form der Befragung vgl. Kap. F.) 597

---

632 Vgl. unten Rdn. 691 ff.

633 Vgl. oben Rdn. 534 ff.

634 A. A. *BVerwG* NJW 1990, 2768 (2769) m. w. Nachw. Wie hier *Rachor,* Vorbeugende Straftatenbekämpfung und Kriminalakten, S. 8 f. m. w. Nachw. aus der Rechtsprechung.

635 Text und Erläuterungen bei *Kniesel/Vahle,* Polizeiliche Informationsverarbeitung und Datenschutz.

636 Dazu unten Rdn. 623 ff.

598 (1) Der VE ME (§ 8 II) bietet zwei Alternativen an, nämlich die Datenerhebung für die nicht **näher begrenzte vorbeugende Bekämpfung „von Straftaten"** sowie einen umfangreichen Straftatenkatalog. Beide Alternativen sind problematisch, da sie zu einer nahezu uferlosen Datenerhebungsbefugnis der Polizei führen. Die damit verbundenen Eingriffe in die Grundrechte der betroffenen Personen stehen in keinem Verhältnis zu den **realen Möglichkeiten** der Polizei, die Begehung der jeweiligen Straftat zu **verhindern.** Straftaten drohen stets und fast überall. Soll die Befugnis zur Erhebung von Daten zum Zwecke ihrer vorbeugenden Bekämpfung nicht **grenzenlos** sein, sind wirksame Beschränkungen notwendig. Zu weitgehend ist deshalb Art. 31 I Ziff. 1 BayPAG,[637] der in Anlehnung an VE ME die Datenerhebung zur vorbeugenden Bekämpfung „von Straftaten" zuläßt.[638]

599 Nach § 26 II SPolG[639] ist Voraussetzung, daß es sich um die Bekämpfung von Straftaten **„von erheblicher Bedeutung"** handelt. Eine Definition der Straftaten von erheblicher Bedeutung enthalten z. B. die Polizeigesetze von Nordrhein-Westfalen (PolG NW)[640] und Hessen (HSOG).[641] Hessen wählt den Weg einer abstrakten Umschreibung, nach der es sich um eine Straftat handeln muß, die aufgrund ihrer Begehungsweise oder ihrer Dauer eine Gefahr für die Allgemeinheit darstellt und geeignet ist, die Rechtssicherheit der Bevölkerung zu beeinträchtigen. Dies gilt insbesondere für Straftaten, die banden-, gewerbs-, gewohnheits- oder serienmäßig begangen werden (§ 13 III). Danach kann keine Straftat von vornherein ausgeschlossen werden. Die Polizei muß nicht nur die Begehung der Straftat, sondern auch ihre Wirkung auf die „Rechtssicherheit der Bevölkerung" prognostizieren.

600 Vorzuziehen ist deshalb ein **Straftatenkatalog,**[642] so wie ihn z. B. § 8 III NWPolG enthält. Straftaten von erheblicher Bedeutung sind demnach **„insbesondere"** die in § 138 StGB genannten Straftaten sowie Straftaten nach §§ 243, 244, 260, 263 bis 264 a, 265 b, 266, 283, 283 a, 302 a, 324 bis 330 a StGB, § 53 I S. 1 Nrn. 1 oder 2 WaffG, § 29 III S. 2 Nrn. 1 oder 4 BtMG sowie § 47 a AuslG, sofern sie **gewerbs-** oder **bandenmäßig** begangen werden. In Betracht käme auch eine Anlehnung an den Straftatenkatalog gem. Anlage zu § 2 c DNA-Identitätsfeststellungsgesetz.[643]

601 **Gewerbsmäßige Begehungsweise** liegt dann vor, wenn der Täter sich aus wiederholter Tatbegehung eine dauerhafte Einnahmequelle von einigem Umfang schaffen möchte.[644] Die Polizei muß also **Anhaltspunkte** dafür haben, daß der künftige Straftäter sich aus den beabsichtigten Straftaten eine dauerhafte (Neben-)Einnahmequelle verschaffen möchte, die von **einigem Gewicht** ist, ohne daß es allerdings seine Haupt- oder ausschließliche Einnahmequelle sein müßte.

602 **Bandenmäßige Begehungsweise** liegt vor, wenn mehrere Personen sich zur Begehung von Straftaten zusammentun.[645] Es muß sich nicht um eine kriminelle Vereinigung im Sinne von § 129 StGB handeln, bei der ein gewisser Grad an fester Organisation vorausgesetzt wird. Es genügt aber auch nicht, daß lediglich Mittäterschaft vorliegt. Zumindest die **Absicht** der **gemeinsamen Begehung** künftiger Straftaten muß vorliegen, auch wenn die Straftaten im einzelnen noch nicht fest abgesprochen sind.

---

637 Vom 18. 7. 1990, LT-Drs. 11/17666 in der Fassung v. 10. 7. 1998, GVBl. S. 383.

638 Ebenso § 25 a I RPfPVG, § 33 a Abs. 1 VGPolG Bbg, § 32 Abs. 1 Nr. 1 ThürPAG, § 31 Abs. 2 NGefAG, § 1 Abs. 1 Nr. 2 i.V. m. § 37 Abs. 1 SächsPolG.

639 In der Fassung v. 10. 5. 1996, Abl. S. 685 müssen nicht mehr „tatsächliche Anhaltspunkte" für Straftaten von erheblicher Bedeutung vorliegen, sondern es genügt, wenn die Datenspeicherung „erfahrungsgemäß" dafür erforderlich ist; vgl. auch § 15 Abs. 2 Nr. 1 SOG LSA.

640 Vom 24. 2. 1990, GV NW S. 70, ebenso § 1 IV HmbDVPolG.

641 Vom 18. 12. 1989, GVBl. I S. 469.

642 Wie hier *Wellbrock* CR 1986, 149 (155); zu umfassend § 28 I BremPolG v. 21. 3. 1987, GBl. S. 141, der § 100 a StPO und weitere Straftaten umfaßt. Krit. zum Begriff der „erheblichen Straftat" auch *Gusy,* Polizeirecht, S. 100 f.

643 V. 2. 6. 1999, BGBl. I S. 1242, vgl. dazu oben Rdn. 570.

644 *Tröndle/Fischer,* StGB-Kommentar, vor § 52, Rdn. 43.

645 *Tröndle/Fischer,* § 244, Rdn. 9 verlangt „mehr als 2" Mitglieder, BGHSt 23, 239 läßt 2 genügen.

603 Der nordrhein-westfälische Straftatenkatalog konzentriert sich vor allem auf Vermögensdelikte, die sog. „Wirtschaftskriminalität", auf Umweltdelikte und auf Waffen- und Rauschgifthandel. Dies ist ein unter Verhältnismäßigkeitsgesichtspunkten akzeptabler Kreis von Straftaten. Allerdings ist der Katalog durch Einfügung des Wörtchens **„insbesondere"** in § 8 III nicht abschließend. Er darf von der polizeilichen Praxis jedoch allenfalls um solche Straftaten erweitert werden, die in ihrer Gewichtigkeit den ausdrücklich genannten gleichstehen.[646] Praktische Erweiterungsfälle und -bedürfnisse sind allerdings kaum vorstellbar, da die Bildung krimineller Vereinigungen nach § 129 StGB ohnehin erfaßt ist, so daß bei tatsächlichen Anhaltspunkten für deren Vorliegen Daten auch bezüglich anderer, nicht im Katalog genannter Straftaten erhoben werden können. Insbesondere kommt eine Datenerhebung zur vorbeugenden Bekämpfung sonstiger Straftaten, die tatbestandsmäßig gewerbsmäßig betrieben werden müssen wie etwa §§ 180 a I, II Nr. 1, III, 181 a II, 292 III, 293 III nicht in Betracht, da der nordrhein-westfälische Gesetzgeber nur die in § 8 III ausdrücklich aufgeführten Straftaten bei gewerbsmäßiger Begehung einbezogen wissen will.

604 Verfassungsrechtliche wie Gründe der Praktikabilität und Gesichtspunkte der Normenklarheit sprechen also für einen Straftatenkatalog wie in § 8 III NWPolG. Auch die praktische Anwendung in den Ländern, die vom Wortlaut her keine Einschränkung vorsehen oder zumindest auf Straftaten mit erheblicher Bedeutung abstellen, sollte sich an diesem Katalog orientieren.

605 (2) Weit gefaßt ist im VE ME sowie in den neueren Polizeigesetzen der **Personenkreis,** über den im Rahmen der vorbeugenden Bekämpfung von Straftaten Daten erhoben werden dürfen. Einheitlich ist dies für diejenigen Personen vorgesehen, die als **Täter** der **vermuteten künftigen Straftat** angesehen werden können.[647] Nach § 8 a II Nr. 2 VE ME dürfen allerdings auch Daten über **Kontakt-** und **Begleitpersonen** der vermuteten Täter künftiger Straftaten erhoben werden.[648] Dies ist in dieser Allgemeinheit abzulehnen, da praktisch jedermann betroffen sein könnte, auch wenn er nur zufällig Kontakt zu Verdächtigen hat.[649] Einen Versuch zur näheren Qualifizierung des Kontakts unternehmen das saarländische[650] und das hessische[651] PolG. Nach ersterem muß es sich um eine Verbindung **„bezüglich** künftiger Straftaten" handeln, nach § 13 II Nr. 2 HSOG müssen tatsächliche Anhaltspunkte die Annahme rechtfertigen, daß die **Verbindung „in einer Weise"** besteht, die die Erhebung der Daten zur Verhütung von Straftaten mit erheblicher Bedeutung erfordert.[652]

606 Beide Eingrenzungsversuche bringen im Grunde eine Selbstverständlichkeit zum Ausdruck, nämlich daß die Daten über die Kontaktperson zumindest erforderlich für die Vorbeugung sein müssen. Dem Problem gänzlich „aus dem Weg" gehen Art. 31 I BayPAG,[653] wo die Erhebung von Daten über Störer, Nichtstörer und „andere Personen" zugelassen wird und das PolG NW, das die betroffenen Personen nicht näher definiert und lediglich in § 9 V die Erhebung personenbezogener Daten zu „unbestimmten oder noch nicht bestimmbaren Zwecken" für unzulässig erklärt.[654]

---

646 *Lisken* NWVBl. 1990, 325 (329).

647 Vgl. z. B. §§ 8 II Nr. 1 VE ME PolG, 13 II Nr. 1 HSOG, 26 II SPolG, Art. 31 I BayPAG; § 15 II, Nr. 1 SOG LSA.

648 Vgl. auch §§ 13 II Nrn. 2 u. 3 HSOG.

649 Wie hier *Kniesel/Vahle,* Polizeiliche Informationsverarbeitung und Datenschutz, Rdn. 47.

650 § 26 II Nr. 2 SPolG.

651 § 13 II Nr. 2 HSOG, ähnlich § 6 VII HmbDVPolG.

652 Ähnl. § 39 I Nr. 3 SächsPolG in der Fassung v. 21. 6. 1999, GVBl. Nr. 12, der einige zusätzliche Eingrenzungskriterien enthält; vgl. hierzu *Bizer,* Die zweite Novelle zum Sächsischen Polizeigesetz.

653 *Schmidbauer/Steiner/Roese,* Kommentar zum PAG, Art. 31, Rdn. 3 meinen, eine „ausgewogene Handhabung" und die Bindung der Polizei an das Verhältnismäßigkeitsprinzip stellten ein hinreichendes Korrektiv dar.

654 Auch § 37 I SächsPolG, § 18 I ASOG Bln, § 32 I ThürPAG, § 30 BbgPolG sehen die Datenerhebung über nicht näher spezifizierte „andere Personen" vor. Völlig überzogen ist die Regelung in § 31 NGefAG, wo in Abs. 1 zunächst die Datenerhebung über „jede Person" im Rahmen der Erforderlichkeit zur Aufga-

607 Gegen die Erhebung von Daten über Kontakt- und Begleitpersonen von vermuteten Tätern künftiger Straftaten bestehen **verfassungsrechtliche Bedenken.** Die Voraussetzungen sind entweder von vornherein (BayPAG, PolG NW, VE ME) nicht näher eingegrenzt oder trotz Eingrenzungsversuchs (SPolG, HSOG, HmbDVPolG) nicht normenklar bestimmt.[655] Der Bürger kann das Risiko nicht vorhersehen, wann er als Begleit- oder Kontaktperson eines künftigen Straftäters angesehen und von der Datenerhebung erfaßt wird. Damit würde die Datenverarbeitung insoweit für den Bürger undurchschaubar sein. Hinnehmbar wäre allenfalls eine Erfassung solcher Personen, die in **strafrechtsrelevantem Kontakt** zum vermuteten Täter stehen, also etwa Anstifter und Teilnehmer.[656] In jedem Falle aber ist eine strikte Zweckbindung der über Kontakt- und Begleitpersonen gespeicherten Daten zu verlangen.

608 Als weiteren Personenkreis nennen VE ME (§ 8 a II Nr. 3) und § 26 II N. 3 SPolG die möglichen **Opfer** künftiger Straftaten. VE ME verlangt hierfür Anhaltspunkte, SPolG **tatsächliche** Anhaltspunkte. Der praktische Unterschied dürfte gering sein. Bayern läßt ohnehin die Datenerhebung über „andere Personen" zu, und auch das PolGNW schließt die Erhebung von Daten über Opfer von künftigen Straftaten nicht aus.

609 Gegen die **Erhebung** von Daten über künftige Opfer von Straftaten dürften keine grundlegenden Bedenken bestehen. Die Kenntnis dieser Daten ist Voraussetzung dafür, daß die Polizei die betreffende Person warnen oder schützen kann. Problematisch ist allerdings die weitere Verwendung und insbesondere dauerhafte Speicherung derartiger Daten (dazu unten Rdn. 647 ff.).

610 VE ME (§ 8 a II Nr. 4) und § 26 II Nr. 4 SPolG sehen darüber hinaus die Erhebung von Daten über **Zeugen, Hinweisgeber** oder **sonstige Auskunftspersonen** künftiger Straftaten vor. Auch hier kommt es entscheidend auf den Zweck der Erhebung und die Verarbeitung der Daten an. Eine Datenerhebung zum Zwecke der Befragung, um die Straftat effektiv zu verhindern, dürfte kaum zu kritisieren sein. Eine Erhebung zum Zweck der dauerhaften Speicherung der Daten kann allerdings nur mit Einwilligung des Betreffenden in Betracht kommen. Die Polizei ist im Rahmen von Zeugenvernehmungen ohnehin auf die Kooperation der Betroffenen angewiesen. Eine Speicherung von Daten über mögliche Zeugen etc. möglicher künftiger Straftaten ohne deren Kenntnis oder gegen deren Willen dürfte in der Regel auf eine Vorratsdatenspeicherung mit nicht hinreichend bestimmtem Zweck hinauslaufen.

611 (3) Nur sporadisch geregelt ist das zulässige **Datenprofil.** Es macht aber einen wesentlichen Unterschied, ob nur die üblichen **Personenidentifizierungsdaten** wie Name, Geburtsdatum und Adresse oder weitergehende, etwa das Privatleben betreffende **Daten** erhoben werden. Es gilt der Erforderlichkeitsgrundsatz. Lediglich § 9 I S. 2 PolG NW und § 13 V S. 2 HSOG greifen diese Problematik speziell auf. Demnach ist die Erhebung nicht gefahren- oder tatbezogener **persönlicher Merkmale** wie (NRW: sowie) über Erkrankungen oder besondere Verhaltensweisen nur insoweit zulässig, als sie für Identifizierungszwecke oder zum Schutz der Person oder der Bediensteten der Gefahrenabwehr- und der Polizeibehörden erforderlich ist. In Hessen (nicht NRW) dürfen derartige Daten für andere Zwecke nur mit Zustimmung des Betroffenen verwendet werden.

---

benerfüllung erlaubt ist und in Abs. 2 „über Abs. 1 hinaus" die Datenerhebung über Verdächtige, Kontaktpersonen p.p. für zulässig erklärt wird. Sollte damit gemeint sein, daß das Erforderlichkeitsprinzip in Abs. 2 nicht gelten soll, so wäre Abs. 2 insoweit verfassungswidrig.

[655] Zutreffend spricht *Wagner,* PolG NRW, vor § 8, Rdn. 126 ff. von Scheintatbestandlichkeit, die keine wirksame Eingrenzung bedeutet. Vgl. auch *Alberts/Mertens,* Gesetz über die Datenverarbeitung der Polizei, § 1 Rdn. 25.

[656] Ähnlich *Kniesel/Vahle,* (o. Fußn. 341), Rdn. 48. Das SH LVerwG erlaubt außer im Rahmen der polizeilichen Beobachtung die Speicherung von Daten über Kontaktpersonen nicht. Der *SächsStGH* (vgl. oben Fußn. 496, S. 410, 460) hat die Erhebung von Daten über Kontakt- und Begleitperson nach § 39 I Nr. 3 SächsPolG nur insoweit für zulässig erklärt, als Kontaktpersonen erfaßt werden, die Verbindungen über einen längeren Zeitraum unterhalten oder unter kompirativen Umständen hergestellt oder gepflegt haben und soweit die Verbindung im Hinblick auf die vermuteten Straftaten erfaßt wird.

Es können zumindest folgende drei Datenkategorien unterschieden werden: 612

- Identifizierungsdaten wie Name, Geburtsdatum und Adresse,
- gefahren- oder tatbezogene Merkmale,
- weitere persönliche Merkmale.

Die **Identifizierungsdaten** sind erforderlich, um die in Betracht kommende Person bestimmen zu können. **Gefahren- oder tatbezogene** Informationen sind solche, die sich unmittelbar auf die Begehungsweise der vermuteten Straftat beziehen. 613

Daten zum **Schutz** der **Person** oder von **Polizeibeamten** müssen sich innerhalb des Zweckes der Datenerhebung halten. Handelt es sich um Daten über den vermuteten Täter künftiger Straftaten, so ist eine unmittelbare konfliktbeladene Konfrontation mit der Polizei möglicherweise nicht auszuschließen. Etwas anderes gilt bei **Zeugen** und **Hinweisgebern** sowie bei Kontakt- und Begleitpersonen. Der Zweck der Erhebung ist auf die Befragung dieses Personenkreises gerichtet. Die Erhebung von Daten über Erkrankungen und andere besondere Verhaltensweisen kann nur in extremen Fällen in Betracht kommen. Eine Erhebung von Daten über eine HIV-Infektion kommt beispielsweise nicht in Betracht, da mit einem Kontakt, der zur Übertragung des Erregers führt, nicht zu rechnen ist. 614

bb) Datenerhebung bei öffentlichen Veranstaltungen und Ansammlungen. Die Datenerhebung bei öffentlichen Versammlungen, die dem Versammlungsgesetz unterliegen, ist dort geregelt[657] (vgl. auch Kap. H). Die Polizeigesetze sehen darüber hinaus für **öffentliche Veranstaltungen** und **Ansammlungen** die Datenerhebung zum Zwecke der vorbeugenden Bekämpfung von Straftaten vor.[658] Die Erhebungsvoraussetzungen sind teilweise erheblich weiter gefaßt als bei der allgemeinen Datenerhebung zur vorbeugenden Straftatenbekämpfung.[659] So ist zumeist von drohenden Straftaten oder „nicht geringfügigen Ordnungswidrigkeiten",[660] „erheblichen Ordnungswidrigkeiten"[661] oder ganz allgemein von Ordnungswidrigkeiten[662] die Rede. Das SPolG und das ThürPAG sprechen lediglich von Gefahren für die öffentliche Sicherheit, was drohende Ordnungswidrigkeiten einschließt.[663] 615

Als besondere Erhebungsmethode ist die Anfertigung von **Bild-** und **Tonaufzeichnungen** von Teilnehmern ausdrücklich zugelassen.[664] Damit sind insbesondere Video- und Filmaufnahmen erlaubt, die einzelne Personen erkenn- und identifizierbar („personenbezogen") machen. Eine Beschränkung auf Störer oder vermutete Straftäter besteht nicht. 616

Das BayPAG läßt zwar nur die Aufzeichnung von Störern zu, aber auch dann, wenn Dritte unvermeidbar betroffen werden (Art. 32 I).[665] 617

Derartige Datenerhebungsbefugnisse bedürfen der Eingrenzung, auch wenn es nicht um öffentliche Versammlungen geht und damit Art. 8 GG nicht betroffen ist. Im Hinblick auf die Gegebenheiten bei Veranstaltungen und Ansammlungen dürfte eine Konzentration auf Störer kaum je möglich sein. Um der Gefahr entgegenzuwirken, daß die Polizei bei dieser Gelegenheit **„jedermann"** filmt, müssen tatsächliche Anhaltspunkte die 618

---

657 Gesetz v. 9. 6. 1989, BGBl. I, 1059; dazu *Götz* NVwZ 1990, 112.

658 §§ 27 SPolG, 14 HSOG, 8 HmbDVPolG, 15 PolG NLW Art. 32 BayPAG, § 38 SächsPolG, § 31 BbgPolG; vgl. auch § 8 b VE ME PolG.

659 Vgl. die instruktive vergleichende Darstellung bei *Koch,* Datenerhebung und -verarbeitung in den Polizeigesetzen der Länder, S. 118 ff.

660 § 14 I HSOG; § 32 I NGefAG.

661 § 31 BbgPolG.

662 §§ 15 PolG NW; 8 I HmbDVPolG und § 24 I ASOG Bln, § 16 I SOGLSA lassen die Datenerhebung nur bei drohenden Straftaten zu.

663 § 27 SPolG, § 33 ThürPAG; § 26 I BGSG läßt die Datenerhebung nur bei „erheblichen" Gefahren für die öffentliche Sicherheit an der Grenze oder den dem Schutz des BGS unterliegenden Objekten zu, was Ordnungswidrigkeiten nicht einschließt.

664 Vgl. z. B. § 15 PolG NW.

665 Ebenso § 32 I NGefAG.

Begehung von Straftaten und besonders sozialschädlichen Ordnungswidrigkeiten bei oder in unmittelbarem Zusammenhang mit der Veranstaltung oder Ansammlung bestehen.[666] Die bloße Vermutung, die Teilnehmer würden bei der Anfahrt – so wie andere Verkehrsteilnehmer auch – erhebliche Verkehrsordnungswidrigkeiten begehen, genügt z. B. nicht. Entweder muß der Zweck der Veranstaltung auf die Begehung von Straftaten gerichtet sein oder die Täter müssen gerade die **besonderen Gegebenheiten** der Ansammlung (Anonymität, schnelles Untertauchen in der Menge) nutzen wollen. Nur zum Ausgleich von „veranstaltungsspezifischen" Umständen ist eine vorsorgliche Datenerhebung dieser Art gerechtfertigt.

619 Von besonderer Bedeutung und unter rechtsstaatlichen Gesichtspunkten unverzichtbar ist darüber hinaus eine enge Regelung der Verwendung und Aufbewahrung der hergestellten Unterlagen. In der Regel ist eine bis zu zweimonatige **Aufbewahrungsfrist** vorgesehen,[667] in Nordrhein-Westfalen, Sachsen-Anhalt und Hamburg lediglich 1 Monat.[668] Nach § 26 III BGSG sind die gefertigten Unterlagen „unverzüglich nach Beendigung der Veranstaltung" zu vernichten, sofern sie nicht zur Verfolgung von Ordnungswidrigkeiten von erheblicher Bedeutung oder zur Strafverfolgung benötigt werden.[669] Die Unterlagen dürfen zur Verfolgung „von Straftaten und Ordnungswidrigkeiten" verwendet werden. Eine Beschränkung auf die Verfolgung derjenigen Straftaten und Ordnungswidrigkeiten, um deren vermuteter Begehung willen die Unterlagen angefertigt wurden, besteht nicht ausdrücklich, ergibt sich aber aus dem Normzweck. Anderenfalls wäre die Ansammlung nichts anderes als der Anlaß zur Identifizierung von jedermann, ohne daß ihn ein Störungsverdacht trifft.[670]

620 Da eine Vielzahl Unbeteiligter von der Datenerhebung betroffen sein kann, dürfen die Unterlagen nur **insoweit** länger als 2 Monate aufbewahrt werden, als sie für die Strafverfolgung benötigt werden. Gegebenenfalls müssen Film- und Videoaufnahmen geteilt und unterschiedlich behandelt werden.

621 Nach dem nordrhein-westfälischen und dem saarländischen PolG dürfen die Daten weitergehend zum Zwecke der **vorbeugenden Straftatbekämpfung** aufbewahrt werden.[671] Eine derart weitgehende Nutzungsbefugnis ist abzulehnen. Der Kreis der Personen, deren Daten zum Zwecke der vorbeugenden Straftatenbekämpfung gespeichert werden dürfen, würde zusätzlich erweitert. Deshalb ist der bayerischen und hessischen Variante der Vorzug zu geben, die beide eine Verwendung der Daten zur Vorbeugung über die Veranstaltung/Ansammlung hinaus nicht vorsehen. Die **Verwendungsbestimmungen** beziehen sich nicht nur auf die unmittelbar bei der Veranstaltung etc. hergestellten Bild- und Tonaufzeichnungen, sondern auch auf andere **Datenspeicherungen**, die mit ihrer Hilfe vorgenommen worden sind.[672] Werden beispielsweise die auf dem Videofilm gespeicherten Personen identifiziert und ihre Daten daraufhin in Akten oder Dateien gespeichert, so sind auch diese nach Fristablauf zu löschen.

622 Die vorgesehenen Verwendungen sind abschließend. Eine Weitergabe der Daten an **Verfassungsschutzbehörden** scheidet aus. Werden Daten an diese Behörden ausnahmsweise im Zusammenhang mit Übermittlungersuchen der Polizei zwangsläufig übermittelt, so stehen die polizeirechtlichen spezialgesetzlichen Verwendungsbestimmungen einer Speicherung in den Datensammlungen der Verfassungsschutzbehörden entgegen.

---

[666] *Riotte/Tegtmeyer* NWVBl. 1990, 145 (148); *Kay/Böcking,* Polizeirecht Nordrhein-Westfalen, Rdn. 149; so ausdrücklich § 14 HSOG; zu unbestimmt § 27 SPolG.

[667] §§ 27 SPolG, 14 HSOG, Art. 32 III BayPAG, § 32 IV NGefAG, § 33 I ThürPAG, § 21 III PolG BW, § 24 II ASOG Bln, § 31 BbgPolG, § 38 SächsPolG.

[668] §§ 15 PolG NW, 8 I HmbDVPolG, § 16 IV SOG LSA.

[669] Ähnl. § 31 BbgPolG.

[670] So ausdrücklich § 27 1. S. SPolG.

[671] §§ 27 SPolG, 15 I PolG NW, 8 I HmbDVPolG; auch § 16 IV SOG LSA läßt die weitere Aufbewahrung zur vorbeugenden Bekämpfung von Straftaten von erheblicher Bedeutung zu, ähnlich im Ergebnis § 32 IV NGefAG.

[672] So ausdrücklich § 15 I PolG NW; vgl. auch § 8 I HmbDVPolG.

cc) Besondere Mittel der Datenerhebung. 623

§§ 22–25 PolG BW; Art. 33–36 BayPAG; §§ 25–27 ASOG Bln; §§ 32–36 BbgPolG; §§ 9–13 HmbDVPolG; § 15–17 HSOG; § 33–34 SOG M-V; §§ 33–37 NGefAG; §§ 16–21 PolG NW; § 25 b POG RP; §§ 28–29 SPolG; §§ 39–42 SächsPolG; §§ 17–19 SOG LSA; §§ 185–187 LVwG SH; § 34–37 ThürPAG, § 28 BGSG.

Besondere Mittel der Datenerhebung sind nach dem VE ME[673] und den neueren Landespolizeigesetzen[674] die längerfristige Observation, der verdeckte Einsatz technischer Mittel, insbesondere zur Anfertigung von Bildaufnahmen oder -aufzeichnungen sowie zum Abhören oder Aufzeichnen des gesprochenen Wortes auf Tonträger, der Einsatz von Vertrauenspersonen und Informanten sowie der Einsatz von Polizeivollzugsbeamten unter einer Legende, d. h. als verdeckte Ermittler.

Mit ihrer ausdrücklichen Zulassung haben Ermittlungsmethoden, wie sie im Geheimdienstbereich üblich sind, Einzug ins Polizeirecht gehalten. Ihre Erforderlichkeit wird mit besonders gefährlichen Verbrechensformen, insbesondere mit organisierter Kriminalität begründet.[675] Hieraus ergeben sich auch die Beurteilungsmaßstäbe und Begrenzungen der einschlägigen Ermächtigungsnormen. Heimliche Datenerhebung kann als besonders intensiver Eingriff in das Recht auf informationelle Selbstbestimmung nur zum Schutz besonders wichtiger Rechtsgüter in Betracht kommen. Die Befugnisnormen in den neueren Polizeigesetzen halten sich nicht durchgängig an diesen Rahmen. Dem Glauben an die Erforderlichkeit und Effektivität wird das für alle Gewalten in einer Republik (res **publica**) geltende Öffentlichkeitsprinzip geopfert (vgl. *BVerfGE* 30, 1). 624

(1) **Die längerfristige Observation.** Die längerfristige Observation ist nach § 15 HSOG die planmäßig angelegte Beobachtung einer Person länger als 24 Stunden innerhalb einer Woche oder über den Zeitraum einer Woche hinaus. Der Zeitraum von einer Woche, innerhalb dessen eine Person danach beobachtet werden darf, ohne daß begrifflich von einer Observation gesprochen werden kann, sofern nicht insgesamt länger als 24 Stunden beobachtet wird, erscheint zu lang. Er ließe es zu, daß eine Person eine Woche lang täglich über drei Stunden lang beobachtet werden könnte, ohne daß die Voraussetzungen für eine Observation vorliegen müßten. Damit könnte beispielsweise systematisch das Freizeitverhalten des Betroffenen ausgeforscht und zur Vermeidung der Überschreitung des Zeitlimits die Arbeitszeit, während der der Betroffene in der Regel ohnehin am Arbeitsplatz verbleibt, ausgespart werden. 625

Wegen des mit einer Observation für den Beobachteten, aber auch für seinen Freundes- und Bekanntenkreis[676] verbundenen erheblichen Eingriffs in das informationelle Selbstbestimmungsrecht ist demnach die Bestimmung des nordrhein-westfälischen und des bayerischen Polizeigesetzes vorzuziehen, wonach eine Observation begrifflich bereits bei Beobachtung an mehr als **zwei Tagen** vorliegt.[677] Es ist nicht notwendig, daß an beiden Tagen ununterbrochen observiert wird. Es genügt, wenn die Polizei das Verhalten des Betroffenen an mehr als zwei Tagen heimlich ausforschen will. Auch wenn begrifflich keine Observation vorliegt, weil die Beobachtung nur kurzfristig durchgeführt wird, handelt es sich i. d. R. um eine heimliche Datenerhebung, die nur unter den hierfür maßgeblichen Voraussetzungen zulässig ist.[678] 626

---

[673] § 8 c II VE ME PolG.

[674] Vgl. z. B. §§ 28 II SPolG, 16–20 PolG NW, 15, 16 HSOG, Art. 33 BayPAG. Vergleichende Untersuchung bei *Koch*, Datenerhebung und -verarbeitung in den Polizeigesetzen der Länder, S. 126 ff.

[675] Vgl. z. B. *Kniesel/Vahle*, Polizeiliche Informationsverarbeitung und Datenschutz, Rdn. 77 und *Kay/Böcking*, Polizeirecht Nordrhein-Westfalen, Rdn. 152. Zu den verfassungsrechtlichen Grenzen vgl. *Lisken* DRiZ 1987, 189; KritV 1988, 328, ZRP 1990, 15, NWBl. 1990, 330 m. w. Nachw. Nach Auffassung des *SächsStGH* (oben Fußn. 563) reicht es aus, daß durch den Einsatz besonderer Mittel der Datenerhebung die „Gefahrenabwehr" insbesondere in bezug auf die Organisierte Kriminalität „gefördert" wird. Krit. hierzu *Bäumler* NVwZ 1996, S. 765 ff.

[676] *Würtenberger/Heckmann/Riggert*, Polizeirecht in Baden-Württemberg, Rdn. 402.

[677] §§ 16 I PolG NW, Art. 33 I BayPAG.

[678] Vgl. dazu unten Rdn. 745 ff.

627 Voraussetzung für die Zulässigkeit einer Observation ist, daß sie erforderlich ist zur **vorbeugenden Bekämpfung** von **Verbrechen** und **anderen Straftaten**, die gewerbsmäßig, gewohnheitsmäßig, von Banden oder von Organisationen begangen werden sollen.[679] Hinzukommen muß, daß kein anderes, milderes Mittel zur Verfügung steht. Diese, schon aus dem allgemeinen Verhältnismäßigkeitsprinzip folgende Voraussetzung ist im saarländischen und hessischen PolG noch einmal besonders hervorgehoben.[680] Eine so einschneidende Maßnahme wie die systematische Ausforschung der Lebensführung des Betroffenen, die häufig nicht nur sein „strafrechtsrelevantes", „verdachterregendes", sondern sein Verhalten schlechthin erfaßt, kann nur als äußerstes Mittel in Betracht kommen, wenn andere Maßnahmen nicht zum Erfolg führen. Bedenklich ist deshalb Art. 33 Abs. 2 BayPAG, der die Observation schon dann für zulässig erklärt, wenn die Erfüllung **„einer"** polizeilichen Aufgabe auf andere Weise „gefährdet oder erheblich erschwert würde". Demnach könnte die Polizei zur Erfüllung jeder Aufgabe und immer dann, wenn andere Maßnahmen erheblich aufwendiger wären, observieren. Eingriffe in das informationelle Selbstbestimmungsrecht, die bei heimlicher Beobachtung besonders intensiv sein können, dürfen nach dem Volkszählungsurteil aber nur im **überwiegenden** Allgemeininteresse zugelassen werden. Dies dürfte nicht bei jeder polizeilichen Aufgabe zu bejahen sein.[681]

628 Die **sachliche Voraussetzung** für eine Observation ist in den Polizeigesetzen unterschiedlich geregelt. § 16 I PolG NW verlangt entweder eine gegenwärtige Gefahr für Leib, Leben oder Freiheit einer Person – bei deren Vorliegen die Observation kaum das geeignete Mittel sein dürfte – oder das Vorliegen von Tatsachen, die die Annahme rechtfertigen, daß Straftaten von erheblicher Bedeutung begangen werden sollen.[682] Auch in Hessen ist die Observation zulässig, wenn tatsächliche Anhaltspunkte die Annahme rechtfertigen, daß eine Straftat von erheblicher Bedeutung begangen werden soll.[683] Im Saarland wird auf die vorbeugende Bekämpfung von Verbrechen oder von Vergehen, die gewerbsmäßig, gewohnheitsmäßig, von Banden oder von Organisationen begangen werden sollen, abgestellt. In Bayern ist lediglich Voraussetzung, daß die Erfüllung einer polizeilichen Aufgabe auf andere Weise „gefährdet oder erheblich gefährdet" wäre (Art. 33 II BayPAG).

629 Von einer **Begrenzung** auf **schwere Kriminalität** kann allenfalls in Nordrhein-Westfalen gesprochen werden. Im Saarland und in Hessen ist eine restriktive Auslegung der dortigen generalklauselartigen Voraussetzungen geboten, damit nicht die Observation zu einem allzeit gebräuchlichen Mittel der verdeckten Datenerhebung im Vorfeld noch nicht begangener Straftaten wird. Erhebliche **Bedenken** bestehen gegen die **bayerische Regelung,** die im Grunde keinen Unterschied zu den generellen Voraussetzungen, unter denen Daten verdeckt erhoben werden dürfen (Art. 30 III BayPAG), erkennen läßt. Zwischen einer (vereinzelten) nicht offenen Datenerhebung und einer systematischen Observation dürften aber in der Regel gravierende Unterschiede bestehen. Damit entspricht das BayPAG insoweit nicht dem verfassungsrechtlichen Gebot, heimliche Datenerhebungsmethoden nur differenziert und nur bei einem unabweisbaren, höherwertigen Be-

---

[679] §§ 28 I SPolG; in Hessen: Straftaten von erheblicher Bedeutung §§ 15 III, 13 III HSOG; ebenso §§ 16 I PolG NW, 9 I HmbDVPolG, § 25 I ASOG Bln, § 17 II SOG LSA, § 34 I NGefAG. In Schleswig-Holstein müssen Tatsachen dafür sprechen, daß ein Schaden für Leib, Leben oder Freiheit oder ein gleichgewichtiger Schaden für Sach- oder Vermögenswerte oder für die Umwelt zu erwarten ist, § 185 II SH LVerwG. Nach Auffassung des *SächsStGH* (oben Fußn. 563, S. 456) ist der Einsatz besonderer Mittel der Datenerhebung im Vorfeld konkreter Gefahren für fremde Sach- und Vermögenswerte nur zulässig, wenn entsprechende Straftaten gewerbs-, gewohnheits-, serien-, bandenmäßig oder sonst organisiert begangen werden sollen.

[680] §§ 28 I S. 2 u. 3 SPolG, 15 II S. 2 HSOG; vgl. dazu auch *Würtenberger/Heckmann/Riggert,* Polizeirecht in Baden-Württemberg, Rdn. 402.

[681] Vgl. *Kowalczyk,* Datenschutz im Polizeirecht, S. 153; wie Bayern auch: § 34 I ThürPAG.

[682] Gleiche Regelung in § 9 I HmbDVPol.

[683] Ähnl. § 39 I SächsPolG, § 34 I NGefAG. Krit. zu § 15 II S. 2 HSOG, wonach die Observation zulässig ist, wenn die polizeiliche Aufgabenerfüllung mit Hilfe anderer Maßnahmen wesentlich erschwert würde, *Hornmann,* Kommentar zum HSOG, § 15, Rdn. 16.

dürfnis zuzulassen. Es erlaubt – angesichts der Erweiterung polizeilicher Aufgaben – die heimliche Beschattung von jedermann und ist verfassungswidrig.[684]

Die Observation ist nur zulässig, wenn sie **erforderlich,** also auch **geeignet** ist. Hierzu bedarf es konkreter Hinweise. Das Ausforschen der Lebensführung eines Verdächtigen unter der allgemeinen kriminalistischen Annahme, er werde Straftaten begehen, reicht nicht aus. Die Polizei muß nach ihren Erkenntnissen davon ausgehen können, der Observierte werde innerhalb des Observationszeitraumes die betreffende Straftat begehen oder vorbereiten. Dann besteht die Möglichkeit des vorzeitigen Zugriffs und der Verhinderung der Straftat. Ohne derartige konkrete Anhaltspunkte liefe die Observation auf die vorsorgliche Sammlung von Informationen in der Annahme hinaus, der Betroffene werde irgendwann einmal die Straftat begehen und die bis dahin gesammelten Informationen könnten zu deren Aufklärung nützlich sein.[685] 630

Von entscheidender Bedeutung ist auch, **gegen wen** sich die Observation richten darf. 631
Ausdrücklich geregelt ist dies in den Polizeigesetzen von Nordrhein-Westfalen und Hessen, mittelbar im saarländischen und offengelassen im bayerischen Polizeiaufgabengesetz. Nach § 16 I Ziff. 2 PolG NW darf sich die Observation gegen Personen richten, von denen anzunehmen ist, daß sie Straftaten von erheblicher Bedeutung begehen wollen.[686] Darüber hinaus soll sie aber auch gegen **Kontakt-** und **Begleitpersonen** zulässig sein.[687] Zudem sollen auch Daten über **unbeteiligte Dritte** erhoben werden dürfen, wenn sie unvermeidbar betroffen sind.[688]

Zu allen drei Fallgruppen sind **Einschränkungen** zu beachten. Auch über verdächtige 632
Personen dürfen nur Daten erhoben werden, die zur Verhütung der Straftat erforderlich sein können. Die Vollständigkeit eines Observationsberichts darf kein Selbstzweck sein. Zwar kann nicht immer gleich an Ort und Stelle sicher entschieden werden, ob eine Beobachtung relevant ist oder werden könnte. Wenn dies aber schon im Zeitpunkt der Beobachtung ausgeschlossen werden kann, so dürfen die entsprechenden Informationen nicht erhoben und gespeichert werden.

Die Observation befugt nur zur systematischen, heimlichen Beobachtung des Betrof- 633
fenen. Durch die Observation dürfen spezielle Vorschriften über die Datenerhebung nicht unterlaufen werden. Beispielsweise dürfen nicht im Wege der Observation Sozialdaten „beschafft“ werden, ohne daß die Voraussetzungen von SGB X eingehalten werden. In § 28 I S. 1 SPolG ist deklaratorisch darauf verwiesen, daß das Brief-, Post- und Fernmeldegeheimnis unberührt bleibt. Daß die Observation vor dem Beichtstuhl haltmachen muß, versteht sich von selbst und ergibt sich darüber hinaus aus Art. 4 GG.

Eine Observation, die sich auch gegen **Kontakt- und Begleitpersonen** richten darf, ist 634
allenfalls hinnehmbar, wenn letztere einschränkend definiert werden.[689] Zusätzlich bedarf die Datenerhebung der Eingrenzung auf das unbedingt erforderliche Maß. Schon bei der Datenerhebung ist zu beachten, daß die Kontakt- und Begleitperson nur hinsichtlich ihres **Kontakts** „interessieren“ darf. Ein „lückenloser“ Observationsbericht über Kontakt- und Begleitpersonen scheidet deshalb in aller Regel von vornherein aus. In Betracht kommt nur die Erhebung solcher Daten, die von Relevanz für die Beurteilung des „Kontakts“ und demnach für die Verhütung der betreffenden Straftat sind.[690] Dies kommt in

[684] Ebenso § 34 II ThürPag. A. A. der BayVerfGH, der in seiner E. v. 19.10. 1994, JZ 1995, 299 zu dem Ergebnis kommt, daß die maßgeblichen Datenverarbeitungsvorschriften des BayPAG nicht gegen die Bayerische Verfassung verstoßen. Krit. Anm. hierzu von *Schrader/Werner,* JZ 1995, S. 305 f.

[685] *Kay/Böcking,* Polizeirecht Nordrhein-Westfalen, Rdn. 156; a. A. *Alberts/Merten,* Gesetz über die Datenverarbeitung der Polizei, § 9, Rdn. 5, die der Auffassung sind, die Observation könne zulässigerweise auch zur „Scene-Aufklärung“ eingesetzt werden.

[686] Ähnl. § 15 III Nr. 1 HSOG.

[687] §§ 16 I Nr. 1 PolG NW, 15 III Nr. 2 HSOG, 9 I HmbDVPolG.

[688] §§ 15 III 1. S. HSOG, 16 I 1. S. PolG NW; vgl. dazu *Lisken* NWBl. 1990, 329 und § 9 I HmbDVPol, § 32 BbgPolG, § 25 II ASOG Bln, § 22 IV PolG BW, § 17 III SOG LSA, § 39 II SächsPolG, § 34 I NGefAG, § 34 IV ThürPAG.

[689] Vgl. oben Rdn. 605 ff.

[690] So ausdrücklich auch der *SächsStGH* (oben Fußn. 563, S. 462).

§ 15 III Ziff. 2 2. HS PolG NW auch zum Ausdruck. Über Kontakt- und Begleitpersonen dürfen also erheblich weniger Daten erhoben werden als über den, gegen den sich die Observation richtet. Der Gesetzgeber muß außerdem ausdrücklich regeln, ob und in welchem Umfang in diesem Zusammenhang in durch Amts- und Berufsgeheimnisse besonders geschützte Vertrauensverhältnisse eingegriffen werden darf. Der bloße Verweis auf das Verhältnismäßigkeitsprinzip reicht nicht aus.[691]

635 Noch weniger Daten dürfen über **unbeteiligte Dritte** erhoben werden. Sie laufen sozusagen während der „Filmaufnahme" „ins Bild". Nur das zufällige Erfassen im Rahmen der Observation ist z. B. durch §§ 15 III S. 1 HSOG, 16 I S. 1 PolG NW, Art. 32 IV BayPAG erlaubt. Nicht zulässig ist es, um im Bild zu bleiben, die Kamera zu schwenken und sie auf die unbeteiligten Dritten zu richten. Besondere Bestimmungen müssen auch für die Speicherung und Verwertung von Daten über Dritte gelten.[692]

636 Die **Anordnungskompetenz** ist unterschiedlich geregelt. In Niedersachsen ist die Anordnung dem Richter vorbehalten, bei Gefahr im Verzug der Behördenleitung.[693] In Nordrhein-Westfalen darf die Observation nur vom Behördenleiter angeordnet werden.[694] In Bayern ist der Leiter eines Landespolizeipräsidiums, des Grenzpolizeipräsidiums oder des Landeskriminalamtes, der diese Befugnis auf die ihm nachgeordneten Abteilungsleiter übertragen kann, zuständig. In Bayern ist darüber hinaus die Schriftform der Anordnung und die Befristung der Maßnahme vorgeschrieben.[695] Auch in Hessen ist – außer Gefahr im Verzug – der Behördenleiter zuständig, bei Observationen über mehr als drei Monate ist die Zustimmung des Ministeriums des Innern oder einer von ihm benannten Stelle erforderlich.[696] In Berlin darf die Maßnahme nur durch einen Beamten des höheren Dienstes angeordnet werden.[697] Es handelt sich in allen Fällen um eine Kompetenzverlagerung, so daß deren Nichtbeachtung zur Rechtswidrigkeit der Datenerhebung mit der Folge der Unverwertbarkeit und Löschung der Daten führt.[698]

637 Wegen des besonderen Eingriffscharakters einer längerfristigen Observation muß die Verwendung der insoweit erhobenen Daten restriktiv geregelt und gehandhabt werden. Außerdem sind besondere Schutz- und Verfahrensvorkehrungen notwendig. Schon § 8 c VE ME sieht eine **Unterrichtung** des **Betroffenen** nach Abschluß der Maßnahme vor, sobald dies ohne Gefährdung des Zweckes der Maßnahme geschehen kann.[699] Die Unterrichtung jedes Betroffenen ist zwingend geboten, um der Rechtsschutzgarantie des Art. 19 IV GG zu genügen (vgl. Kap. K).[700]

638 Einschränkend sieht § 15 VII HSOG die Unterrichtung nur derjenigen **Person** vor, **gegen die die Maßnahme angeordnet war.**[701] Dies erscheint angesichts der vielfältigen Fallgestaltungen, bei denen im Rahmen einer Observation Daten über Dritte erhoben werden, zu eng. Zutreffender ist deshalb § 16 III S. 1 PoLG NW, wonach Personen, gegen die sich Datenerhebungen richteten, zu unterrichten sind.[702] Dies sind nicht nur diejenigen, gegen die die längerfristige Observation angeordnet worden ist.

639 Die Unterrichtung hat zu erfolgen, wenn dadurch der Zweck der Maßnahme nicht mehr gefährdet wird. Dies ist dann der Fall, wenn die Observation nicht mehr geheim-

---

691 *SächsStGH* aaO, S. 464 ff.

692 Dazu unten Rdn. 680 ff.

693 § 34 II, III NGefAG, ebenso § 17 V SOG LSA.

694 § 16 II PolG NW; ähnl. § 32 BbgPolG. Zur Kompetenzverlagerung auf den Behördenleiter vgl. *Lisken* NWBl. 1990, 330.

695 Art. 32 V BayPAG; vgl. auch § 40 III SächsPolG, § 22 VI PolG BW; in Hamburg ist die Anordnung dem Polizeipräsidenten vorbehalten, § 9 II HmbDVPolG.

696 § 15 II HSOG. In Schleswig-Holstein ist der Richter zur Anordnung zuständig, vgl. § 186 I SH LVerwG.

697 § 25 III ASOG Bln.

698 Wie hier *Hornmann,* Kommentar zum HSOG, § 15, Rdn. 21.

699 Gleichlautend § 28 VI S. 1 SPolG.

700 So ausdrücklich der *SächsStGH* (oben Fußn. 563, S. 470 ff.).

701 Ebenso § 17 VII SOG LSA.

702 Ebenso § 32 BbgPolG, ähnl. § 26 VII ASOG Bln, § 23 VIII PolG BW, § 34 VII ThürPAG.

gehalten werden muß. Die bloße Tatsache, daß noch strafrechtliche Ermittlungen laufen, steht der Unterrichtung nicht entgegen, zuständig für die Entscheidung über den Zeitpunkt der Unterrichtung ist dann allerdings der Staatsanwalt.[703]

Eine weitere Einschränkung der Unterrichtung sieht § 15 VII HSOG für den Fall vor, daß **keine Aufzeichnungen** mit personenbezogenen Daten erstellt oder sie und **Unterlagen** über hieraus gewonnene Erkenntnisse **unverzüglich** nach Beendigung der Maßnahme **vernichtet** worden sind,[704] sofern nicht Daten aus Wohnungen etc. erhoben wurden oder die Observation länger als drei Monate dauerte. Soll aus dieser Einschränkung kein unangemessener Nachteil für den Betroffenen entstehen, so ist ergänzend zu verlangen, daß die Daten auch nicht an eine andere Stelle weitergeleitet und dort gespeichert sein dürfen.[705] 640

(2) **Der Einsatz technischer Mittel.**

§ 16 BKAG; §§ 22, 23 PolG BW; Art. 33 BayPAG; § 25 ASOG Bln; § 33 BbgPolG; § 10 HmbDVPolG; § 15 HSOG; § 33 SOG MV; § 35 NGefAG; § 17, 18 PolG NW; § 25 b POG RP; § 28 SPolG; §§ 36, 39, 40 SächsPolG; § 17 SOG LSA; § 185 LVwG SH; §§ 34, 35 ThürPAG. Vgl. auch § 28 II, 2 BGSG. 641

Weder der VE ME noch die neueren Polizeigesetze enthalten eine nähere **Definition** der **„technischen Mittel"**.[706] Lediglich die Anfertigung von Bildaufnahmen oder -aufzeichnungen sowie das Abhören oder Aufzeichnen des gesprochenen Wortes auf Tonträger ist als Beispiel genannt.[707] Ob die Befugnis zum Einsatz dieser Mittel in dieser Form **normenklar** ist, ist zu bezweifeln. Fraglich kann schon sein, ob damit die Aufnahme des nichtöffentlich gesprochenen Wortes auf Tonträger „befugt" im Sinne von § 201 StGB erfolgt, da ausdrücklich lediglich die Aufnahme des „gesprochenen Wortes" zugelassen wird.[708] Jedenfalls dürfen die Vorschriften über die Überwachung des Post- und Fernmeldeverkehrs nicht umgangen werden.

Der rechtliche Rahmen für das Abhören und die Aufzeichnung des in Wohnungen gesprochenen nichtöffentlichen Wortes für Zwecke der Gefahrenabwehr ist nunmehr in Art. 13 IV GG vorgegeben. Demnach kommt der **Große Lauschangriff** nur bei dringenden Gefahren für die öffentliche Sicherheit, insbesondere bei einer gemeinen Gefahr oder einer Lebensgefahr in Betracht. Damit scheidet der Große Lauschangriff für Zwecke der Vorbeugung aus. Das LVerfG M-V hat im Urteil vom 18. 5. 2000, LKV 2000, 345 = VwRR MO Nr. 7/8/2000, den präventiven „Großen Lauschangriff" auf die „Abwehr einer gegenwärtigen Gefahr für Leib, Leben oder Freiheit einer Person" beschränkt und in Art. 13 Abs. 4 GG „keine Grundlage für die Überwachung von Wohnungen mit technischen Mitteln zur vorbeugenden Bekämpfung von Straftaten im Sinne der polizeilichen Aufgabenzuweisung nach § 7 Abs. 1 Nr. 4 SOG M-V" gesehen.[709] 642

---

703 § 15 VII 1. S. HSOG. Mißverständlich § 16 III 1. S. PolGNW, wonach eine Unterrichtung **durch die Polizei** unterbleibt, wenn wegen desselben Sachverhaltes ein strafrechtliches Ermittlungsverfahren gegen den Betroffenen eingeleitet worden ist. Bedenklich auch BayPAG, das überhaupt keine Unterrichtung vorsieht sowie § 28 VI SPolG und § 9 III HmbDVPolG, wonach eine Unterrichtung gänzlich ausgeschlossen ist, wenn sich ein strafrechtliches Ermittlungsverfahren anschließt.

704 Ähnl. §§ 8 c VE ME PolG, 28 VI SPolG.

705 *Hornmann,* Kommentar zum HSOG, § 15, Rdn. 32.

706 Zum Begriff vgl. *Kay/Böcking,* Polizeirecht Nordrhein-Westfalen, Rdn. 161 ff.

707 Übereinstimmend §§ 8 c II Nr. 2 VE ME PolG, 28 II Nr. 2 SPolG, 10 I HmbDVPolG, Art. 33 I Nr. 2 BayPAG. Lediglich in Schleswig-Holstein sind die technischen Mittel präzise geregelt, § 185 I SH LVerwG.

708 In Hessen ist die Aufnahme des nichtöffentlich gesprochenen Wortes außer bei Gefahr im Verzug nur nach richterlicher Anordnung zulässig. § 15 V HSOG.

709 Bedenklich deshalb z. B. Art. 34 I Nr. 3 BayPAG, wonach der Große Lauschangriff auch gegen Personen zulässig sein soll, soweit Tatsachen die Annahme rechtfertigen, daß diese Personen ein Verbrechen oder gewerbs-, gewohnheits- oder bandenmäßig ein in Art. 30 Abs. 5 genanntes Vergehen begehen wollen. Dem Wortlaut nach setzt die Bestimmung weder eine „dringende" Gefahr voraus, noch ist sie auf den Schutz der Rechtsgüter nach Art. 13 IV GG beschränkt; vgl. *Kutscha* StV 1998, 564 ff.; *Koch,* Datenerhebung und -ver-

(3) **Einsatz von V-Leuten.**

643 § 22 PolG BW; § 26 ASOG Bln; § 34 BbgPolG; § 11 HmbDVPolG; § 16 HSOG; § 33 SOG MV; § 36 NGefAG; § 19 PolG NW; § 25 a POG RP; § 28 SPolG; §§ 36, 39 SächsPolG; § 18 SOG LSA; § 185 LVwG SH; § 34 V ThürPAG.

Die Polizeigesetze sehen den Einsatz von „Personen, deren Zusammenarbeit mit der Polizei Dritten nicht bekannt ist", vor.[710] Begrifflich ist der **Einsatz** derartiger **V-Leute,** Informanten oder etwas despektierlich: „Polizeispitzel", von der geheimen Datenerhebung und der Datenerhebung bei Dritten zu unterscheiden. Obgleich beim Einsatz von V-Leuten heimliche und Datenerhebung bei Dritten in der Regel vorliegen, muß noch die **Zusammenarbeit auf Dauer** hinzukommen. Nicht notwendig ist ein Führen oder Steuern des V-Mannes. Es genügt, ist aber auch notwendig, daß ein Auftrag zur Beschaffung von Informationen besteht, da nur dann von einem „Einsatz" die Rede sein kann.[711] Es darf sich nur um eine Zusammenarbeit mit Personen handeln, die nicht Polizeivollzugsbeamte sind, da der Einsatz letzterer unter der Bezeichnung „verdeckte Ermittler" gesondert geregelt ist.[712]

644 Im Rahmen der vorbeugenden Verbrechensbekämpfung dürfen V-Leute im wesentlichen unter den gleichen Voraussetzungen wie längerfristige Observationen eingesetzt werden (oben Rdn. 625 ff.).[713]

645 Auch hinsichtlich der **Anordnungskompetenz** (regelmäßig der Behördenleiter), des **Umfangs** der **Datenerhebung** und der **nachträglichen Unterrichtung** der Betroffenen gelten dieselben Grundsätze wie bei der längerfristigen Observation (oben Rdn. 625 ff.). Die Unterrichtung kann insbesondere bei Gefahr für Leib oder Leben des V-Mannes zurückgestellt werden. Allerdings können die Belange des Betroffenen stärker sein, wenn eine bewußte Diffamierung seitens des V-Mannes vorliegt.[714]

646 **Besondere Sorgfalt** ist bei der weiteren **Verwendung** der von V-Leuten mitgeteilten **Daten** geboten, da sich deren Entgelt dem Vernehmen nach auch nach der Menge der gelieferten Informationen richtet. Die Gefahr überzogener, unzutreffender Datenerhebung besteht hier in besonderem Maße. Nach § 36 II des niedersächsischen Gefahrenabwehrgesetzes dürfen mit Hilfe der durch V-Leute erhobenen Daten nicht Zeugnis- und Aussageverweigerungsrecht umgangen werden. Dies dürfte auch in den anderen Ländern zu beachten sein.

(4) **Einsatz verdeckter Ermittler.**

647 §§ 22, 24 PolG BW; Art. 33, 35 BayPAG; § 26 ASOG Bln; § 35 BbgPolG; § 12 HmbDVPolG; § 16 HSOG; § 33 SOG MV; § 20 PolG NW; § 28 SPolG; § 41 SächsPolG; § 18 SOG LSA; § 36 ThürPAG.

Ein **verdeckter Ermittler** ist ein Polizeivollzugsbeamter, der unter einer ihm verliehenen **auf Dauer angelegten Legende** eingesetzt wird.[715] Die neueren Polizeigesetze sehen vor,

---

arbeitung in den Polizeigesetzen der Länder, S. 142 sowie *Braun* NVwZ 2000, S. 375 ff. Zum Großen Lauschangriff für Zwecke der Gefahrenabwehr vgl. unten Rdn. 711 ff.

[710] In Bayern fehlt eine ausdrückliche Regelung hierzu. Die Führung von V-Leuten unter den Voraussetzungen der geheimen u. der Datenerhebung bei Dritten wäre bedenklich, da die Zusammenarbeit mit V-Leuten mit diesen Formen der Datenerhebung nicht gleichzusetzen ist.

[711] Vgl. Begründung zum Gesetz zur Fortentwicklung des Datenschutzes im Bereich der Polizei und der Ordnungbehörden (GFDPol) NRW v. 24. 1. 1989, LT-Drucks. 10/3997, S. 38. Eine Besonderheit gilt in Schleswig-Holstein, wo gem. § 185 LVwG lediglich die „Aufnahme von Hinweisen" zulässig ist, nicht die „Führung" von V-Leuten; vgl. dazu *Kobza/Kripgans,* in: Schipper u. a., Polizei- und Ordnungsrecht in Schleswig-Holstein, Rdn. 240.

[712] *Kniesel/Vahle,* Polizeiliche Informationsverarbeitung und Datenschutz, Rdn. 81; vgl. dazu auch unten Rdn. 647 ff.

[713] §§ 28 SPolG, 16 I HSOG, 19 PolG NW, 11 HmbDVPolG, § 34, 35 NGefAG.

[714] Vgl. dazu *BayVGH* DuD 1988, 581 ff., vgl. auch *Kay/Böcking,* Polizeirecht in Nordrhein-Westfalen, Rdn. 171.

[715] So §§ 20 I PolG NW, 16 III HSOG, 12 I HmbDVPolG; zum Begriff *Kay/Böcking,* Polizeirecht in Nordrhein-Westfalen, Rdn. 173.

daß, soweit es für den Aufbau und zur Aufrechterhaltung der Legende erforderlich ist, „entsprechende Urkunden" hergestellt, verändert oder gebraucht werden dürfen und daß der verdeckte Ermittler zur Erfüllung seines Auftrages unter der Legende „am Rechtsverkehr" teilnehmen also täuschen darf.[716] Zu den allgemeinen rechtsstaatlichen Bedenken gegen den Einsatz verdeckter Ermittler vgl. oben (Rdn. 344 ff.).

Im Hinblick auf ihren Einsatz zur vorbeugenden Bekämpfung von Straftaten, den der VE ME[717] und die neueren Polizeigesetze[718] vorsehen, ist aber besonders nach der **Geeignetheit** der Maßnahme zu fragen. Der verdeckte Ermittler wird in der Regel die Begehung von Straftaten abwarten und beobachten, um so Beweise für die Strafverfolgung zu sammeln. Die unmittelbare Verhütung von Straftaten dürfte allenfalls bei besonders schweren Delikten der Fall sein. Es bestehen deshalb erhebliche Zweifel an der Geeignetheit des Einsatzes verdeckter Ermittler zur **Verhinderung** der gewerbs- und bandenmäßig begangenen Vermögensdelikte, die den Großteil der Vergehen ausmachen, zu deren Verhütung verdeckte Ermittler allein eingesetzt werden dürfen. 648

Hinsichtlich der **sachlichen Voraussetzungen** gilt das zur längerfristigen Observation Ausgeführte (oben Rdn. 625 ff.). Im Hinblick auf die besondere Intensität des Eingriffs in das Recht auf informationelle Selbstbestimmung, den die Datenerhebung durch verdeckte Ermittler darstellt und auch wegen der für den betreffenden Beamten mit seinem Einsatz verbundenen Gefährdungen ist die Frage der Erforderlichkeit im Sinne der Ultima ratio zu prüfen. Dies gilt auch deswegen, weil das bei der längerfristigen Observation zumindest im nachhinein wirkende Korrektiv der **Unterrichtung des Betroffenen** mit Rücksicht auf die Gefahren für Leib und Leben des verdeckten Ermittlers und weil dadurch ihr weiterer Einsatz gefährdet wäre,[719] **in der Praxis** eher die **Ausnahme** sein dürfte.[720] 649

Die **Anordnungskompetenz** für den Einsatz verdeckter Ermittler liegt im Saarland beim Richter, im Eilfall – der angesichts des Zeitbedarfs für den Aufbau einer Legende und die Herstellung der entsprechenden Papiere kaum vorstellbar ist – beim Behördenleiter.[721] Letzterer ist in Nordrhein-Westfalen[722] und in Hessen[723] von vornherein zuständig. Bei einem für alle Beteiligten derart riskanten Unternehmen ist die ausschließliche Anordnungskompetenz des Richters vorzuziehen, da er als „Polizeiexterner" eher unbefangen erscheint, die auf allen Seiten zu berücksichtigenden Rechtsgüter in die Abwägung einzubringen, wenngleich seine Erkenntnisgrundlagen mangels Anhörung der vom Einsatz Betroffenen i. S. v. Art. 103 I GG nicht besser sein können als die der Polizei. 650

Verdeckte Ermittler dürfen – außer daß sie ihre Identität nicht preisgeben müssen und insoweit Daten „verdeckt" erheben können – nur **im Rahmen der Gesetze** handeln.[724] Sie dürfen insbesondere Wohnungen nur mit Einwilligung der berechtigten Person betreten. Außer über die Identität darf diese nicht getäuscht werden, insbesondere nicht durch Vorspiegelung eines Zutrittrechts.[725] Die Vorschriften über **Hausdurchsuchungen** 651

---

716 Art. 35 BayPAG, §§ 20 II PolG NW, 16 III HSOG, 12 II HmbDVPolG, § 41 SächsPolG, § 18 III SOG LSA, § 24 PolG BW, § 26 II, III ASOG Bln, § 35 BbgPolG, § 36 ThürPAGH; zur Kritik hieran *Lisken* NWVBl. 1990, 325 (330) und *Graulich* NVwZ 1991, 648 (651). In Schleswig-Holstein und Niedersachsen ist der Einsatz verdeckter Ermittler nach dem LVerwG bzw. dem NGefAG nicht erlaubt.

717 § 8 c II Nr. 3 VE ME PolG.

718 §§ 28 SPolG, 16 II HSOG, 20 I Nr. 2 PolG NW, 12 I HmbDVPolG, Art. 35 I BayPAG.

719 Zur Kritik hieran vgl. oben Rdn. 428 ff. Siehe §§ 16 VI HSOG, 16 VI PolG NW, 12 IV HmbDVPolG.

720 Insoweit wesentlich optimistischer offenbar *Würtenberger/Heckmann/Riggert,* Polizeirecht in Baden-Württemberg, Rdn. 434.

721 § 28 III S. 1 SPolG.

722 § 28 IV PolG NW.

723 § 16 V HSOG (Delegation der Entscheidungsbefugnis möglich, Unterrichtung der StA stets erforderlich).

724 Ausdrückl. §§ 20 III S. 3 PolG NW, 16 IV S. 4 HSOG, 12 III HmbDVPolG, Art. 35 II S. 2 BayPAG.

725 §§ 16 IV S. 1–3 HSOG, 20 III S. 1 u. 2 PolG NW. Zu § 20 PolG NW vgl. *Lisken* NWBl. 1990, 330 f., insbes. zur bedenklichen Wohnungsausforschung.

dürfen nicht umgangen werden. Da der verdeckte Ermittler seine Identität nicht preisgeben, also nicht wie ein Polizeibeamter auftreten möchte, käme insbesondere eine heimliche Wohnungsdurchsuchung in Betracht. Dies schließt § 16 IV S. 3 HSOG ausdrücklich aus. Aber auch in den anderen Ländern dürfen verdeckte Ermittler nur im Rahmen der Gesetze tätig werden.[726] Eine Befugnis zur heimlichen Wohnungsdurchsuchung kennt weder das Polizeirecht noch die Strafprozeßordnung. Art. 13 GG ist zu beachten.

652 Ein verdeckter Ermittler darf nicht **Sozialdaten** unter Verstoß gegen SGB X erheben.[727] Er hat auch im übrigen besondere Verwendungsbestimmungen zu beachten, wenn diese eine Verwertung personenbezogener Daten für Zwecke der Vorbeugung nicht zulassen.

653 Hinsichtlich des **betroffenen Personenkreises** und des **Umfangs** der vom verdeckten Ermittler zu erhebenden **Daten** gilt das oben Ausgeführte.[728] Da der verdeckte Ermittler, wenn er erfolgreich ist, mehr oder weniger tief in die Struktur der jeweiligen Organisation, Bande etc. eindringt, ist es besonders wichtig, daß aus der Vielzahl der wahrgenommenen Informationen nur die jeweils erforderlichen und im Hinblick auf Verdächtigen-/Nichtverdächtigeneigenschaft des Betroffenen vertretbaren Informationen erhoben und gespeichert werden.

654 (5) **Videoüberwachung.** Die Beobachtung und Aufzeichnung von Menschen per Videotechnik auf öffentlichen Plätzen (**Videoüberwachung**[729]) hat in den vergangenen Jahren deutlich zugenommen.[730] Datenschutzrechtlich handelt es sich hierbei um die Erhebung und Speicherung personenbezogener Daten. Die Entwicklung der Videotechnik ermöglicht inzwischen die Beobachtung einzelner Menschen, die durch Heranzoomen und „markieren" auch in einer größeren Menschenansammlung gezielt verfolgt werden können. **Intelligente Kamerasysteme** können am Verhalten von Personen erkennen, ob sie sich „normgerecht" bewegen oder sich z. B. auf öffentlichen Parkplätzen geparkten Autos „verdächtig" nähern. Durch Kombination der Videotechnik mit modernen Biometrieverfahren ist es möglich, Videobilder automatisiert mit Fahndungsfotos zu vergleichen.

655 In einigen Polizeigesetzen finden sich Rechtsgrundlagen zur Videobeobachtung auch für **Zwecke der Vorbeugung.**[731] Soweit dabei auf die Erforderlichkeit zur Aufgabenerfüllung abgestellt wird, kommt es für die Bestimmung der Reichweite der Ermächtigung entscheidend darauf an, ob de Vorbeugung in die allgemeine Aufgabennorm aufgenommen worden ist.[732] Ist dies, wie z. B. in Schleswig-Holstein, nicht der Fall,[733] dann ist die Videobeobachtung nur zur Abwehr einer konkreten Gefahr, nicht aber allgemein zur Vorbeugung zulässig.[734] Videobeobachtung zur Vorbeugung ist problematisch, weil nicht nur die Eingriffsvoraussetzungen relativ unbestimmt sind, sondern weil auch der betroffene Personenkreis aus der Natur der verwendeten Technik heraus nicht sachlich eingegrenzt werden kann.

656 Inwieweit die Videobeobachtung mit höherrangigem Recht vereinbar ist, ist noch nicht abschließend geklärt. Das Bundesverfassungsgericht hat im Volkszählungsurteil

---

[726] Gem. Art. 35 I BayPAG darf der Verdeckte Ermittler eine Wohnung nur mit Einverständnis des Betroffenen betreten.

[727] Vgl. dazu oben Rdn. 400.

[728] Vgl. oben Rdn. 397 ff.

[729] Zur Videobeobachtung zur Strafverfolgung vgl. oben Rdn. 310 ff.

[730] Vgl. *Sack/Nogala,* Überwachungstechnik im Dienst der Polizei in Bäumler (Hrsg.), Polizei- und Datenschutz, S. 199 ff. sowie *Sack/Nogala/Lindenberg,* Social Control Technologies, Technik und soziale Kontrolle, Hamburg, S. 325.

[731] Vgl. z. B. § 32 III SOG MV, § 32 V NgefAG, § 14 HSOG.

[732] Vgl. dazu *Brenneisen/Staack/Wilksen/Kunz,* Die Videoüberwachung allgemein zugänglicher Flächen, hrsg. von der Polizeidirektion AFB Schleswig-Holstein 1999, S. 10 ff. sowie *Brenneisen/Staack* DuD 1999, 447 ff.

[733] Vgl. § 162 LVwG; a. A. *Brenneisen/Staack* aaO.

[734] Vgl. dazu auch *Garstka* DuD 2000, 123, zur Frage inwieweit Befugnisse zur Videobeobachtung aus anderen Vorschriften abgeleitet werden können, vgl. *Brenneisen/Staack/Wilksen/Kunz* aaO, S. 2 ff.

ausgeführt, daß eine Gesellschaftsordnung und eine dies ermöglichende Rechtsordnung, bei der die Bürger nicht mehr wissen, wer was wann und bei welcher Gelegenheit über sie weiß, nicht nur mit dem **Recht auf informationelle Selbstbestimmung**, sondern auch mit den elementaren Funktionsbedingungen eines auf Handlungs- und Mitwirkungsfähigkeit seiner Bürger begründeten freiheitlichen demokratischen Gemeinwesen ist.[735] Damit stellt sich bei der Videobeobachtung und mehr noch bei der Videoaufzeichnung auf öffentlichen Plätzen für Zwecke der Vorbeugung weniger die Frage der Schaffung von Rechtsgrundlagen, sondern der prinzipiellen verfassungsrechtlichen Zulässigkeit.[736] Ausschlaggebend ist dabei nach der Rechtsprechung des Bundesverfassungsgerichts nicht nur die einzelne Videokamera, für deren Einsatz es Gründe geben mag, sondern das Entstehen einer allgemeinen Überwachungsstruktur, die der freien Entfaltung der Persönlichkeit unangemessene Schranken setzt.

dd) Polizeiliche Beobachtung. 657

§ 25 PolG BW; Art. 36 BayPAG; § 27 ASOG Bln; § 36 BbgPolG; § 13 HmbDVPolG; § 17 HSOG; § 35 SOG M-V; § 37 NGefAG; § 21 PolG NW; § 29 SPolG; § 42 SächsPolG; § 19 SOG LSA; § 187 LVwG SH; § 37 ThürPAG; vgl. auch § 31 BGSG.

Die Funktionsweise der polizeilichen Beobachtung[737] wurde oben (Rdn. 170 ff.) beschrieben. Die Polizeigesetze sehen den Einsatz der polizeilichen Beobachtung auch für Zwecke der vorbeugenden Straftatenbekämpfung vor.[738] Die **sachlichen** und **persönlichen Voraussetzungen** für die Ausschreibung zur polizeilichen Beobachtung, d. h. für die Speicherung personenbezogener Daten in der Fahndungsdatei, sind beispielhaft im PolG NW[739] beschrieben: Es müssen **Tatsachen** die Annahme rechtfertigen, daß die Person Straftaten von erheblicher Bedeutung begehen wird. Oder es muß bei einer Gesamtwürdigung der Person und der von ihr bisher begangenen Straftaten zu erwarten sein, daß sie auch künftig Straftaten von erheblicher Bedeutung begehen wird.[740]

Die in **Hessen** und im **Saarland** zusätzlich gegebenen Verweise auf die betroffenen Per- 658
sonenkreise sind verwirrend und könnten zu einer unangemessenen Erweiterung der polizeilichen Beobachtung führen. In § 17 II Nr. 7 HSOG wird als Ausschreibungsvoraussetzung zusätzlich auf § 15 III verwiesen, wo diejenigen Personen aufgeführt sind, gegen die sich eine Observation richten darf, nämlich Verdächtige, Kontakt- und Begleitpersonen sowie jede andere Person, wenn dies zur Abwehr einer Gefahr für Leib, Leben oder Freiheit einer Person unerläßlich ist. Im Saarland können nach § 29 I die Personalien einer der in § 26 II Nr. 1 genannten Personen ausgeschrieben werden, demnach von Störern und von Nichtstörern. Im Ergebnis könnten dann in beiden Ländern auch Personen ausgeschrieben werden, bei denen selbst nicht die Vermutung besteht, sie würden Straftaten von erheblicher Bedeutung begehen.

Eine derartige Ausweitung der polizeilichen Beobachtung macht weder Sinn noch ist 659
sie verfassungsrechtlich haltbar: Da im Falle des Antreffens einer zur polizeilichen Beobachtung ausgeschriebenen Person auch die Namen der Begleitpersonen zu melden sind,[741] würde der unverdächtige Dritte der Polizei dann bekannt, wenn er tatsächlich

---

[735] BVerfGE Bd. 65, 1 (45 f.); vgl. dazu auch *Geiger*, Verfassungsfragen zur polizeilichen Anwendung der Videoüberwachungstechnologie bei der Straftatbekämpfung.

[736] Vgl. auch *Weichert* DANA 1999, S. 4 ff.

[737] Die Maßnahme wurde früher „beobachtende Fahndung" genannt. § 29 SPolG verwendet nunmehr den Begriff „Kontrollmeldungen". Der häufige Wechsel der Bezeichnungen ist ein Indiz für die Ambivalenz der polizeilichen Beobachtung.

[738] Vergleichende Darstellung bei *Koch*, Datenerhebung und -verarbeitung in den Polizeigesetzen der Länder, S. 149 ff.

[739] § 21 PolG NW; gleichlautend oder ähnlich: Art. 36 I BayPAG, § 37 I ThürPAG, § 13 HmbDVPolG, § 36 BbgPolG, § 27 ASOG Bln, § 25 PolG BW (dort unter der Bezeichnung „Mitteilung über das Antreffen von Personen"), § 19 SOG LSA („Kontrollspeicherung und -meldung"), § 37 NGefAG („Kontrollmeldung"), § 187 LVwG SH.

[740] Vgl. auch *Kay/Böcking*, Polizeirecht Nordrhein-Westfalen, Rdn. 178.

[741] § 21 II PolG NW.

mit dem Verdächtigen „auf Reisen" wäre. Es wäre also unverhältnismäßig, den Nichtverdächtigen selbst zur Beobachtung auszuschreiben. Dies hätte zur Folge, daß nunmehr auch seine Reisebewegungen und Begleitpersonen registriert und gemeldet würden. Da in Hessen ausdrücklich bestimmt ist, daß die polizeiliche Beobachtung nur im Rahmen der Verhältnismäßigkeit zulässig ist[742] und das **Verhältnismäßigkeitsprinzip** für jegliche Form der Verarbeitung personenbezogener Daten gilt,[743] sind in Hessen und im Saarland die Erfassungsvorschriften so zu verstehen, daß, ebenso wie in Bayern und Nordrhein-Westfalen, nur Verdächtige selbst zur Beobachtung ausgeschrieben werden dürfen.[744]

660 Die Ausschreibung kommt nur bei **begründetem Verdacht,** der Betreffende werde Straftaten von erheblicher Bedeutung begehen, in Betracht. Bloße Vermutung oder allgemeine kriminalistische Erfahrung reicht nicht, sondern es ist eine begründete Einzelfallprognose erforderlich. Da die Anordnung **schriftlich** ergeht,[745] sind auch die Gründe schriftlich niederzulegen.[746]

661 Fragwürdig ist die **Eignung** der polizeilichen Beobachtung zur Erreichung des intendierten Zwecks, die nach dem allgemeinen Verhältnismäßigkeitsprinzip vorliegen muß und im saarländischen und im hessischen Polizeigesetz ausdrücklich dahingehend umschrieben wird, es müßten tatsächliche Anhaltspunkte dafür vorliegen, daß die aufgrund der Ausschreibung gemeldeten Erkenntnisse für die vorbeugende Bekämpfung (Hessen: Verhütung) von Straftaten mit erheblicher Bedeutung erforderlich sind. Mit anderen Worten: Gerade der **spezifische Informationsertrag** der polizeilichen Beobachtung muß erforderlich sein, die Straftat zu verhüten.

662 Dies ist in der Praxis nur schwer vorstellbar.[747] Der Informationsertrag der polizeilichen Beobachtung beruht auf **Zufall.** Er hängt davon ab, ob die ausgeschriebene Person eine Grenze passiert, an der noch Kontrollen durchgeführt werden und dort zu den kontrollierten Reisenden gehört oder ob sie im Inland (statistisch noch unwahrscheinlicher) in eine Polizeikontrolle gerät.

663 Aber auch wenn dies der Fall ist: Die Tatsache der Ausschreibung darf dem Betroffenen nicht bekannt werden.[748] Reiseweg, Reiseziel und Begleiter sind **unauffällig** zu notieren. Besondere Beobachtungen, ob etwa eine Straftat unmittelbar bevorsteht, sind unter diesen Voraussetzungen nur schwer möglich. Wenn ein Verdacht auf Begehung einer Straftat entstehen würde, wären verhütende Maßnahmen nur im Rahmen des allgemeinen Gefahrenabwehrrechts zulässig.[749]

664 Ob unter diesen Voraussetzungen die Eignung der polizeilichen Beobachtung zur Verhütung von Straftaten bejaht werden kann, ist – jedenfalls für den Regelfall – zu bezweifeln.[750] Im Kern geht es wohl auch hier um das Sammeln von Verdachtsdaten im **Vorfeld** von **Straftaten,** um bei der späteren Strafverfolgung besser gerüstet zu sein. Die Zuordnung zum Strafverfahrensrecht drängt sich bei der polizeilichen Beobachtung besonders auf.[751]

---

742 §§ 17 II Nr. 2 i.V.m. 15 II S. 2 HSOG.

743 Vgl. dazu unten näher Rdn. 740 ff.

744 Erhebliche Bedenken bestehen deshalb gegen § 39 SächsPolG, wonach eine Anordnung auch gegen Kontakt- und Begleitpersonen zulässig sein soll.

745 So ausdrücklich § 17 IV S. 2 HSOG. Schriftlichkeit versteht sich auch ohnedies von selbst, da eine Reihe von notwendigen Maßnahmen wie die Speicherung der Daten in der Fahndungsdatei ohnehin die Erstellung eines Erfassungsbelegs bedingen.

746 Vgl. *Schoreit* DRiZ 1987, 466.

747 *Gusy,* Polizeirecht, S. 105.

748 Nr. 2.4.4 der Polizeidienstvorschrift (PDV) 384.2.

749 Vgl. Nr. 1.4 der PDV 384.2; § 17 III HSOG.

750 Zu den Zielen der polizeilichen Beobachtung *Kniesel/Vahle* DÖV 1989, 566 (571). Es gibt m.W. bislang noch keine unabhängige Untersuchung der Effizienz der seit über 10 Jahren praktizierten polizeilichen Beobachtung.

751 Dazu allg. oben Rdn. 442 ff.

Die **Anordnungskompetenz** ist unterschiedlich geregelt. In Nordrhein-Westfalen ist sie dem **Richter** vorbehalten,[752] in den übrigen Ländern entscheiden die **Behördenleiter.**[753] Die Anordnung ist auf ein Jahr begrenzt,[754] nach drei[755] bzw. sechs[756] Monaten ist die weitere Erforderlichkeit der Maßnahme zu prüfen. 665

Aus der Sicht der Betroffenen ist entscheidend, was mit den im Rahmen der polizeilichen Beobachtung erhobenen und an die ausschreibende Stelle gemeldeten, von dieser an andere Dienststellen weitergeleiteten **Daten**[757] geschehen darf. Die Polizeigesetze enthalten nur für die Ausschreibungsdaten selbst die Regelung, daß sie nach Ablauf der Frist in der Fahndungsdatei zu löschen sind.[758] Die Frage richtet sich also nach den allgemeinen Speichervorschriften.[759] 666

Die Polizeigesetze von Nordrhein-Westfalen, Hessen und des Saarlandes sehen die **Unterrichtung** des Betroffenen vor.[760] Die üblichen Ausnahmen von der Unterrichtungspflicht wie Gefährdung Dritter etc. dürften bei der polizeilichen Beobachtung in der Regel nicht vorliegen. Hinsichtlich des Umfanges der Unterrichtung empfiehlt sich zur Vermeidung besonderer Auskunftsersuchen der Betroffenen die gleichzeitige Mitteilung, ob und welche Daten, die im Rahmen der polizeilichen Beobachtung erhoben wurden, noch in polizeilichen Datensammlungen gespeichert sind. 667

ee) Datenspeicherung. 668

§§ 37, 38 PolG BW; Art. 37, 38 BayPAG; §§ 42, 43 ASOG Bln; § 39 BbgPolG; § 16 HmbDVPolG; § 20 HSOG; § 37 SOG MV; §§ 38, 39 NGefAG; § 24 PolG NW; § 25 a POG RP; § 30 SPolG; § 43 SächsPolG; §§ 22, 23 SOG LSA; §§ 188, 189 LVwG SH; §§ 38–40 ThürPAG; § 29 BGSG.

Aus der Sicht der Betroffenen ist die Speicherung der Daten häufig gravierender als die Erhebung. Sie stellt einen im Vergleich zu letzterer auf Dauer angelegten, gesondert zu betrachtenden Rechtseingriff dar. Die Struktur der polizeilichen Datenverarbeitung mit ihren vielfältigen, auf dem Verbund polizeilicher Datensammlung aufbauenden Übermittlungsmechanismen unterstreicht dies in besonderem Maße. Um so bedenklicher ist es, daß die Vorschriften zur Datenspeicherung im Vergleich zur Erhebung in den Polizeigesetzen eher mager sind. Wichtige Fragen der Informationsverteilung und der Art der zu speichernden Daten sind nicht oder unzureichend geregelt.

(1) Ebenso wie § 10 a III VE ME sehen alle novellierten Polizeigesetze[761] die Befugnis vor, **personenbezogene Daten, die im Rahmen der Strafverfolgung ermittelt wurden, in Dateien zu speichern** und zur vorbeugenden Bekämpfung von Straftaten zu nutzen. Dabei handelt es sich um eine zentrale Befugnisnorm mit weitreichenden Konsequenzen. Auf ihrer Grundlage dürften zahlenmäßig die mit Abstand meisten Datenspeicherungen bei der Polizei vorgenommen werden.[762] 669

Die allgemeinen **Bedenken** hinsichtlich der **Gesetzgebungskompetenz** der Länder in Fragen der vorbeugenden Straftatenbekämpfung[763] gelten in besonderem Maße für diese 670

---

752 § 21 III S. 1 PolG NW, ebenso § 36 BbgPolG, § 37 III NGefAG, § 187 II LVwG SH.

753 §§ 17 IV S. 1 HSOG, 29 II S. 2 SPolG; Art. 36 III BayPAG, § 27 III ASOG Bln, § 19 IV SOG LSA.

754 §§ 29 III SPolG, 21 III S. 4 PolG NW, 17 IV S. 2 HSOG, Art. 36 III S. 2 BayPAG, § 27 III ASOG Bln; in Sachsen-Anhalt auf 9 Monate, § 19 IV SOG LSA, § 37 III NGefAG.

755 § 17 IV S. 4 HSOG.

756 §§ 21 III S. 5 PolG NW, 29 III S. 2 SPolG, 13 III HmbDVPolG, § 27 III ASOG Bln.

757 Geregelt in Nr. 2.4.8 ff. in PDV 384.2.

758 §§ 29 IV S. 1 SPolG, 17 VI HSOG, 21 IV PolG NW, 13 IV HmbDVPolG, Art. 36 IV BayPAG, § 27 IV ASOG Bln, § 25 III PolG BW, § 19 VI SOG LSA, § 42 III SächsPolG.

759 Dazu unten Rdn. 635 ff.

760 §§ 29 IV S. 2 u. 3 SPolG, 21 IV PolG NW, 17 VII HSOG, ebenso § 36 BbgPolG, § 27 V i.V.m. § 25 VII und VIII ASOG Bln, § 25 IV PolG BW; in Sachsen-Anhalt sind auch sog. Begleitpersonen zu unterrichten, § 19 VII SOG LSA.

761 §§ 24 II PolG NW, 30 II SPolG, 20 IV HSOG, 16 II Hbg GDVP, § 39 III NGefAG, § 43 SächsPolG, § 38 PolG BW, Art. 38 II BayPAG.

762 Dazu oben Rdn. 166.

763 Vgl. oben Rdn. 539 ff.; § 23 I SOG LSA enthält immerhin die Einschränkung „soweit Bestimmungen

Befugnis zur Datenspeicherung. Sie betrifft Daten, die auf der Grundlage der Strafprozeßordnung erhoben wurden und in der Praxis in der Regel erst wieder benötigt werden, wenn ein neuer Strafverdacht wiederum auf der Grundlage der Strafprozeßordnung aufgeklärt werden muß. Zwischenzeitlich findet mit Hilfe der in Kriminalakten gespeicherten Daten Vorbeugung im Sinne einer Verhinderung von Straftaten nur in Ausnahmefällen statt.[764] Die Bestimmungen der Landespolizeigesetze können deshalb nur solange und soweit Geltung beanspruchen, bis der Bund die Speicherung personenbezogener Daten für Zwecke der künftigen Strafverfolgung einheitlich regelt. Diese Gelegenheit wurde weder bei der Novellierung des BKAG noch bei Erlaß des StVÄG 1999 genutzt.[765]

671 Voraussetzung der Speicherung ist, daß die betreffende Person **verdächtig** ist, eine Straftat begangen zu haben.[766] Darüber hinaus ist eine **Prognose** anzustellen, ob die Gefahr des Rückfalls besteht, wobei Art, Ausführung und Schwere der Tat und die Persönlichkeit des Betroffenen zu berücksichtigen sind.[767] Auch wo eine derartige Prognoseentscheidung im Gesetz nicht ausdrücklich verlangt wird, wie in Nordrhein-Westfalen und Bayern, darf die Polizei strafrechtliche Ermittlungen nicht schematisch zum Anlaß für die Datenspeicherung zum Zwecke der Vorbeugung nehmen.[768] Art und Bedeutung des Anlasses der Speicherung sind ohnehin zu prüfen. Die Erforderlichkeit einer Speicherung für Zwecke der Vorbeugung kann nur bestehen, wenn **Wiederholungsgefahr** besteht. Wo sie nach Lage des Einzelfalles nicht bejaht werden kann, entfällt die Befugnis zur Datenspeicherung im Rahmen der Vorbeugung.

672 Im Saarland ist darüber hinaus die Schwere der Tat zu berücksichtigen.[769] **Bagatell-** und **Fahrlässigkeitsdelikte** dürfen aber auch in anderen Bundesländern nicht zur Speicherung führen. Dabei ist zu berücksichtigen, daß die entsprechenden Dateien im Rahmen der Vorbeugung i. d. R. **landesweit** in Form von Kriminalaktennachweisen betrieben werden. Eine überörtliche Verfügbarkeit von Daten über Bagatellkriminalität würde gegen das Verhältnismäßigkeitsprinzip verstoßen.[770]

673 Da Speichervoraussetzung der Straftatverdacht ist, entfällt der Grund der Speicherung, wenn der Verdacht **weggefallen** ist.[771] Dies zu beachten, bereitet keine Schwierigkeiten in den relativ seltenen Fällen, in denen der Verdacht im Laufe der Ermittlungen ausgeräumt wird. Problematisch sind die Fälle, in denen es zu einem gerichtlichen **Freispruch** kommt, gleichwohl aber Verdachtsmomente bleiben, die u. U. sogar in den Urteilsgründen zum Ausdruck gebracht sind. Noch weitaus zahlreicher sind die Fälle der vorzeitigen

---

der Strafprozeßordnung nicht entgegenstehen", ebenso § 42 III ASOG Bln und § 20 IV HSOG, vgl. dazu *Hornmann,* Kommentar zum HSOG, § 20, Rdn. 25 ff.

[764] Dazu eingehend *Rachor,* Vorbeugende Straftatenbekämpfung und Kriminalakten, S. 172 ff.

[765] Vgl. oben Rdn. 541 f.

[766] §§ 30 II SPolG, 20 IV Nr. 2 HSOG, § 38 I PolG BW, § 39 BbgPolG, 24 II S. 2 PolG NW, beschränkt auf die „suchfähige Speicherung" von Daten. Mißverständlich Art. 38 II BayPAG, und § 43 II SächsPolG, § 23 SOG LSA, wo von der Speicherung von Daten, die im Rahmen strafrechtlicher Ermittlungen gewonnen wurden, die Rede ist und **daneben** von der Speicherung von Daten über Personen, die verdächtig sind, eine Straftat begangen zu haben. Sollte die erste Alternative als Erweiterung des zu erfassenden Personenkreises über die Verdächtigen hinaus zu verstehen sein, so könnten Daten über **jedermann,** wenn sie im Rahmen strafrechtlicher Ermittlungen erhoben wurden, gespeichert werden. Dies wäre eine unverhältnismäßig weite Regelung.

[767] § 39 III NGefAG erlaubt in Dateien lediglich die Speicherung von Daten über Personen, gegen die ein Ermittlungsverfahren eingeleitet wurde, ebenso § 40 II ThürPAG, § 30 II SPolG, § 38 I PolG BW, in abgeschwächter Form auch § 20 IV Nr. 2 HSOG, 16 II HbG GDV PolG.

[768] *Kniesel/Vahle,* Polizeiliche Informationsverarbeitung und Datenschutz, Rdn. 107.

[769] § 30 II SPolG.

[770] Beispiele hierfür finden sich im 12. TB des SH Datenschutzbeauftragten, LT-Drucks. 12/823, S. 18 ff. In Schleswig-Holstein dürfen nach § 153 StPO eingestellte Verfahren nicht zur Vorbeugung gespeichert werden, § 189 II SH LVerwG, wie hier *Hornmann,* Kommentar zum HSOG, § 20, Rdn. 36.

[771] So ausdrücklich §§ 24 II 1. S. PolG NW, 16 II HmbDVPolG, Art. 38 II S. 2 BayPAG, § 39 III NGefAG, § 40 II ThürPAG. Da Speicherungsgrund der **Verdacht** ist, ist bei dessen Wegfall auch in den anderen Ländern zu löschen.

Verfahrenseinstellung durch die Staatsanwaltschaft, in denen weder Schuld noch Unschuld bewiesen sind. Die Polizeigesetze enthalten gerade zu dieser am häufigsten anzutreffenden Fallgruppe keine ausdrückliche Regelung.

Die allgemeinen polizeirechtlichen Vorschriften zur Datenspeicherung enthalten aber den Grundsatz, daß bei der Speicherfrist **Art und Bedeutung des Anlasses der Speicherung** zu berücksichtigen sind.[772] Ein Straftatverdacht, der mit der Einstellung des Verfahrens durch die Staatsanwaltschaft endet, ist ein Speicherungsanlaß anderer Art als die rechtskräftige Verurteilung durch ein Gericht. Bei Bekanntwerden der justitiellen Entscheidung[773] ist also in jedem Einzelfall zu prüfen, ob noch Verdachtsmomente bestehen, die die weitere Aufrechterhaltung der Speicherung rechtfertigen. Gegebenenfalls ist die **Speicherfrist** entsprechend zu verkürzen. **674**

Aus § 8 BKAG ergibt sich, ob und in welchem Umfang Daten für Zwecke künftiger Strafverfolgung in Dateien des **Bundeskriminalamtes** als **Zentralstelle** gespeichert werden dürfen. Voraussetzung ist zunächst, daß die Daten nach Landesrecht überhaupt für den Zweck erhoben und auf Dauer gespeichert werden dürfen, § 12 II BKAG. Aus § 8 BKAG ergibt sich dann der zulässige rechtliche Rahmen für die Speicherung der Daten im bundesweiten Verbundsystem der Polizei. **675**

Ungeregelt ist die Frage, **welche Daten** suchfähig gespeichert werden dürfen. PolG NW spricht von der Speicherung **der** im Rahmen der Verfolgung von Straftaten gewonnenen Daten.[774] Daraus folgt nicht, daß **alle** Daten suchfähig gespeichert werden dürfen. Wäre dies der Fall, so könnten in Einzelfällen automatisierte Persönlichkeitsprofile entstehen, die verfassungsrechtlich nicht zulässig sind. Das Verhältnismäßigkeitsprinzip gebietet auch hier die Beschränkung auf das Erforderliche unter Berücksichtigung der schutzwürdigen Belange des Betroffenen. In Betracht kommen demnach primär die zur Identifizierung der Person und zum Wiederauffinden der zugehörigen Akten notwendigen Daten, erkennungsdienstliche Daten und Daten über die Begehungsweise der früheren Straftat (Modus-operandi-Daten). Weitergehende Informationen über Eigenschaften, Eigenarten und private Lebensführung des Betroffenen scheiden aus.[775] **676**

(2) Nach § 24 I PolG NW kann die Polizei rechtmäßig erlangte personenbezogene Daten in Akten und Dateien speichern, verändern und nutzen, soweit dies zur Erfüllung ihrer Aufgaben erforderlich ist. Da die Verhütung von Straftaten als neue Aufgabe in § 1 I PolG NW aufgenommen worden ist, ergibt sich insoweit eine über § 24 II hinausgehende Speicherungsbefugnis.[776] Sie betrifft **Daten**, die nicht im Rahmen von Strafermittlungen, sondern **zum Zwecke der Gefahrenabwehr** oder zum Zwecke der vorbeugenden Bekämpfung von Straftaten erhoben worden sind. Da mit der Speicherung von Daten, die unmittelbar zur Gefahrenabwehr erhoben wurden, zu Zwecken der Vorbeugung einer Zweckänderung verbunden ist, ist sie gem. § 23 I S. 2 PolG NW nur zulässig, wenn die Daten auch zur Vorbeugung hätten erhoben werden dürfen. **677**

Im Saarland können Daten nach § 30 III SPolG gespeichert werden zum Zwecke der vorbeugenden Bekämpfung von Verbrechen und anderer Straftaten, die gewerbsmäßig, gewohnheitsmäßig, von Banden oder Organisationen aufgrund tatsächlicher Anhaltspunkte begangen werden sollen.[777] **678**

Ob die Speicherung von Daten **geeignet** und damit erforderlich ist zur Verhütung von Straftaten, mag man bezweifeln. Die **bloße Speicherung** alleine verhütet jedenfalls noch keine Straftat. Die realen Möglichkeiten der Polizei, mit Hilfe der gespeicherten Daten **679**

---

772 Vgl. z. B. §§ 22 I S. 4 PolG NW, Art. 37 III S. 4 BayPAG; sinngemäß auch § 30 II SPolG.

773 Nach § 20 Justizmitteilungsgesetz und nach § 482 StPO hat die Justiz die Polizei über den Ausgang des Verfahrens zu unterrichten.

774 § 24 II S. 1 PolG NW; ähnlich auch §§ 20 IV HSOG; 30 II SPolG, § 38 NGefAG.

775 *Hornmann,* Kommentar zum HSOG, § 20, Rdn. 40.

776 Ähnlich Art. 38 I BayPAG sowie Hessen, wo auf Straftaten mit erheblicher Bedeutung abgestellt wird, § 20 V HSOG, § 38 I NGefG, § 22 I SOG LSA, § 42 ASOG Bln, § 39 BbgPolG, § 16 I, II, HmbDVPolG, § 40 ThürPAG.

777 Vgl. *Mandelartz* DVBl. 1989, 704 (705).

die Begehung von Straftaten zu verhüten, dürften aber eher gering einzuschätzen sein. Häufiger dürften die Daten zur **späteren Aufklärung** bereits begangener Straftaten verwendet werden.

680 (3) Die Polizeigesetze lassen nicht nur die **Speicherung von Daten** über Verdächtige, sondern auch **von Kontakt- und Begleitpersonen** sowie von Auskunftspersonen und Zeugen zum Zwecke der vorbeugenden Bekämpfung von Straftaten mit erheblicher Bedeutung zu.[778] Hiergegen bestehen gravierende Bedenken. Ob eine im Vorfeld einer Straftat liegende Speicherung von Daten über Kontakt- und Begleitpersonen des potentiell Verdächtigen noch verhältnismäßig ist, ist zu bezweifeln. Daß die Polizeigesetze hierzu eine Befugnis enthalten, gibt den **besonderen Datenerhebungsformen** wie Observation, Einsatz technischer Mittel, polizeiliche Beobachtung besonderes Gewicht, weil diese zwangsläufig auch zur Erhebung von Daten über **andere Personen** als den Verdächtigen führen. Die anschließende auf Dauer angelegte Speicherung vertieft und verlängert den Eingriff in das informationelle Selbstbestimmungsrecht der betroffenen Nichtverdächtigen.[779] Der in den letzten Jahren erfolgte Ausbau der elektronischen Datenverarbeitung mit der Tendenz der immer weiter gehenden Erfassung „anderer Personen" wird durch die entsprechenden Befugnisnormen der neueren Polizeigesetze gesetzgeberisch nachvollzogen.[780] Nicht die Störer- oder Verdächtigengemeinschaft, sondern die vermutetete Nützlichkeit von jedermanns Daten bestimmt ihre Speicherung. Das steht mit der Verfassung nicht im Einklang.

681 Bedenken bestehen auch, weil mit Ausnahme von § 37 I PolG BW nicht einmal vorgeschrieben ist, die Daten über Opfer, Hinweisgeber, Begleitpersonen in den Dateien besonders zu **kennzeichnen.**[781] Es ist aber nicht akzeptabel, diesen Personenkreis unterschiedslos neben Daten über Verdächtige zu speichern, so daß nicht auszuschließen ist, daß sie wie Verdächtige betrachtet werden.[782] Für die Speicherung in Verbundsystemen schreibt nunmehr § 8 IV BKAG eine entsprechende Kennzeichnung vor.

682 Die Polizeigesetze enthalten auch keine Bestimmung darüber, **welche** Daten über Kontakt- und Begleitpersonen etc. gespeichert werden dürfen.[783] Es dürfte aber kaum vorstellbar sein, daß die Speicherung erkennungsdienstlicher Daten oder von Daten über die private Lebensführung dieses Personenkreises zur Aufgabenerfüllung erforderlich ist. Es kommt deshalb allenfalls die Speicherung der Identifizierungsdaten und der Aktenfundstelle sowie allenfalls von Daten über die Art des Kontaktes zum Verdächtigen in Betracht. Erforderlich ist darüber hinaus eine enge Zweckbindung dieser Daten, die derzeit aber nicht gewährleistet ist.[784] Die **Speicherfrist** für diesen Personenkreis beträgt höchstens drei Jahre, die Erforderlichkeit der Speicherung ist jährlich zu überprüfen.[785]

683 (4) Die **Speicherfrist** beträgt nach allen neueren Polizeigesetzen für in Dateien gespeicherte Daten generell, also auch im Rahmen der vorbeugenden Straftatenbekämpfung, im **Regelfall** 10 Jahre.[786] Für Jugendliche und Kinder ist sie kürzer. Allerdings handelt es sich dabei um **Höchsttermine** für die Überprüfung der Erforderlichkeit der weiteren Speicherung. Prüffrist heißt nicht, daß die Polizei nach Belieben entscheiden kann, ob sie

---

[778] §§ 24 IV PolG NW, 20 V HSOG, 30 III SPolG, 16 III HmbDVPolG, § 38 IV NGefAG, § 22 IV SOG LSA, § 38 IV PolG BW; mittelbar ergibt sich dies auch aus Art. 38 II S. 1 BayPAG, wobei keine Beschränkung auf Straftaten von erheblicher Bedeutung vorgesehen ist.

[779] Vgl. *Lisken* NWBl. 1990, 325 (329).

[780] Vgl. oben Rdn. 138 ff.

[781] § 38 II NGefAG sieht immerhin die Kennzeichnung der mit besonderen Mitteln erhobenen Daten vor.

[782] Vgl. dazu auch *Kniesel/Vahle,* Polizeiliche Informationsverarbeitung und Datenschutz, Rdn. 107 sowie *dies.* DÖV 1989, 566 (572).

[783] § 8 IV BKAG regelt den Datenkranz jedenfalls für die im Verbundsystem zu erfassenden Daten.

[784] Dazu unten Rdn. 690.

[785] §§ 32 I S. 1 SPolG, 23 I S. 1 PolG NW, 20 III S. 1 HSOG, 16 III HmbDVPolG, § 38 IV NGefAG.

[786] §§ 27 IV HSOG, 38 II SPolG, 24 II PolG NW, Art. 38 II BayPAG. In Schleswig-Holstein gilt eine Fünfjahresfrist, vgl. § 196 III LVwG.

weiter speichern möchte oder nicht. Sind 10 Jahre lang keine weiteren belastenden Informationen angefallen, so sind die Daten zu löschen.

Die 10-Jahres-Frist ist lediglich die **äußerste Frist.** Im Einzelfall sind nach Art und Zweck der Speicherung und nach Art und Bedeutung des Anlasses **differenzierte Speicherfristen** zu vergeben. Anlaß zu Differenzierungen besteht insbesondere bei Delikten von geringerem Gewicht,[787] wenn sie überhaupt die Speicherung rechtfertigen und in Fällen, in denen es nicht zu einer rechtskräftigen Verurteilung gekommen ist.[788] Die **Frist errechnet** sich nicht nach dem Tag der Speicherung, sondern nach dem **Ereignis,** das der Speicherung zugrunde liegt,[789] wobei etwaige Haftzeiten nicht mitgerechnet werden. 684

Handelt es sich um Daten, die von vornherein zur Vorbeugung erhoben worden sind, ohne daß bereits ein Straftatverdacht vorlag, so muß dem durch **kurze Speicherfristen** Rechnung getragen werden. Hierbei ist zu berücksichtigen, daß die Datenspeicherung ausschließlich auf einer – wenn auch gegebenenfalls auf Tatsachen aufbauenden – in die Zukunft gerichteten Prognose der Polizei beruht, ohne daß bereits der Verdacht einer begangenen Straftat vorliegt. 685

Eine besondere Variante enthält das hessische Polizeirecht, wonach die betroffene Person zu **unterrichten** ist, wenn die Speicherung in automatisierten Dateien länger als drei Jahre dauert.[790] Die Unterrichtung darf nur unterbleiben, wenn durch sie die Aufgabenerfüllung gefährdet würde oder die Anschrift des Betroffenen nur mit erheblichem Aufwand ermittelt werden kann. Letzteres dürfte angesichts der melderechtlichen Bestimmungen nur in seltenen Ausnahmen der Fall sein. Eine Aufgabengefährdung dürfte in den Fällen anzunehmen sein, in denen auch die Auskunft nach § 29 III HSOG verweigert werden kann. Eine Pflicht zur Unterrichtung besteht nicht, wenn die Daten nach Ablauf von drei Jahren gelöscht werden. 686

ff) Nutzung der Daten. 687

§§ 37, 38 PolG BW; Art. 37, 38 BayPAG; §§ 42, 43 ASOG Bln; § 29 BbgPolG; § 16 HmbDVPolG; § 20 HSOG; § 36 SOG MV; § 38 NGefAG; §§ 24, 25 PolG NW; § 30 SPolG; § 43 SächsPolG; §§ 22, 23 SOG LSA; §§ 188, 189 LVwG SH; §§ 39, 40 ThürPAG.

Daten, die im Rahmen der vorbeugenden Bekämpfung von Straftaten erhoben und gespeichert worden sind, dürfen grundsätzlich auch nur für diesen **Zweck genutzt** werden.[791] Häufigster praktischer Anwendungsfall dürfte das Auftauchen neuer Verdachtsmomente gegen den Betroffenen oder ganz allgemein die Suche im Datenbestand nach Verdächtigen sein, wenn eine neue Straftat begangen worden ist.

Die Polizeigesetze lassen die Nutzung der Daten aber auch für andere Zwecke zu, wenn die Daten auch für diese Zwecke hätten erhoben werden dürfen.[792] Da die Erhebungsvorschriften weit gefaßt sind, sind ohne nähere Eingrenzung viele Fälle denkbar, in denen im Rahmen der vorbeugenden Straftatenbekämpfung gespeicherte Daten auch für andere Zwecke verwendet würden. Wirksamkeit könnte die **Zweckbindung** nur entfalten, wenn die Verwendung der Daten für einen anderen Zweck nur dann zulässig wäre, wenn sie auch für den neuen Zweck mit **denselben Methoden** erhoben werden dürften[793] (so ausdrücklich § 16 II HmbDVPolG, § 43 SächsPolG; § 188 I SH LVerwG stellt 688

787 Die ergänzenden internen Regelungen des BKA zu Ziff. 5.2.2. der Richtlinien über kriminalpolizeiliche personenbezogene Sammlungen sehen für Fälle von „geringer Bedeutung" eine Frist von 3 Jahren vor; vgl. auch § 32 IV BKAG.

788 Dazu oben Rdn. 214 ff.

789 Vgl. z. B. § 24 II PolG NW.

790 § 20 IX HSOG, ebenso § 24 SOG LSA; in Berlin gilt die Unterrichtungspflicht nach 5 Jahren, § 43 III ASOG Bln.

791 §§ 32 I S. 1 SPolG, 23 I S. 1 PolG NW, 20 III S. 1 HSOG.

792 §§ 23 I S. 2 PolG NW, 30 I S. 2 SPolG, 20 III S. 2 HSOG. Dazu *Kay/Böcking,* Polizeirecht Nordrhein-Westfalen, Rdn. 185 f.

793 Wie hier *Hornmann,* Kommentar zum HSOG, § 20, Rdn. 22; a. A. *Würtenberger/Heckmann/Riggert,* Polizeirecht in Baden Württemberg, Rdn. 418 d.

auf „vergleichbare" Methoden ab). Anderenfalls liefe die Differenzierung der Erhebungsbefugnisse zwischen Gefahrenabwehr und vorbeugender Straftatenbekämpfung weitgehend leer. Das gleiche gilt hinsichtlich der **Weiterübermittlung** der Daten, die schon dann zulässig sein soll, wenn der Empfänger sie zur Abwehr einer Gefahr benötigt.[794] Es bestehen Bedenken, ob die **Zweckdurchbrechungsvorschriften** der neueren Polizeigesetze insoweit einer verfassungsrechtlichen Überprüfung standhalten. Dies gilt besonders im Hinblick darauf, daß auch für die Kontakt- und Begleitpersonen etc. keine speziellen Zweckbindungsvorschriften vorgesehen sind.

689 Eine besondere Form der Nutzung der Daten ist der **Datenabgleich**, d. h. die Abfrage in Datenbeständen, ob bestimmte Daten dort gespeichert sind.[795] Die Polizeigesetze bestimmen lediglich den Kreis der Personen, mit deren Daten abgefragt werden darf, nicht aber zu welchem Zweck.[796] Aus der in den meisten Gesetzen enthaltenen Bestimmung, daß Daten von Kontaktpersonen etc. nur zur Erfüllung einer „bestimmten polizeilichen Aufgabe" abgeglichen werden dürfen,[797] könnte sogar der Schluß zu ziehen sein, als sei im übrigen der „Datenabgleich" nach Belieben möglich. Demnach könnte von einer Zweckbindung der im Rahmen der vorbeugenden Straftatenbekämpfung gespeicherten Daten nicht gesprochen werden.[798] Vielmehr müßte der Bürger bei jedem Kontakt mit der Polizei damit rechnen, daß die Polizei seine Daten mit den Datenbeständen der vorbeugenden Straftatenbekämpfung vergleicht.

690 Es bestehen deshalb auch insoweit erhebliche Bedenken, ob die Vorschriften über den Datenabgleich mit dem Zweckbindungsgebot in Einklang stehen. Auch hier fällt erschwerend ins Gewicht, daß für „andere Personen" etc. keine Besonderheiten gelten sollen.[799]

VI. Rechtliche Grundlagen der polizeilichen Datenverarbeitung im Rahmen der Gefahrenabwehr

1. Datenerhebung

a) Generalklausel und Standardbefugnisse

691 Die in den Polizeigesetzen enthaltenen „Standardbefugnisse" zielen zum großen Teil auf die Erhebung personenbezogener Daten ab.[800] Inwieweit daneben die **Erhebung von Daten** auf die **Generalklausel** gestützt werden kann, ist fraglich. Einigkeit besteht, daß jedenfalls die in den Standardbefugnissen geregelten Vorgänge nur auf deren Grundlage, nicht daneben auf der Grundlage der Generalklausel abgewickelt werden können. Erkennungsdienstliche Behandlung und Identitätsprüfung beispielsweise dürfen ausschließlich auf die jeweiligen einschlägigen Spezialbefugnisse, nicht auf die Generalklausel gestützt werden.[801]

692 Die polizeiliche Generalklausel gibt die Befugnis zu Rechtseingriffen gegen den Störer – in Ausnahmefällen auch gegen den Nichtstörer – zur Abwehr einer bestehenden konkreten Gefahr. Dies schließt Maßnahmen ein, die u. U. einschneidender als die Erhebung

---

794 §§ 32 I S. 2 SPolG, 26 I Nr. 2 PolG NW; anders § 21 HSOG, der die Übermittlung nur im Rahmen der Zweckbindung zuläßt. Vgl. auch *Gusy,* Polizeirecht, S. 133 f.

795 So die amtliche Begründung zu § 10 e VE ME PolG.

796 §§ 36 SPolG, 25 I PolG NW, 25 I HSOG, 22 I HmbDVPolG, § 46 SächsPolG, § 29 SOG LSA, § 39 PolG BW, § 40 BbgPolG, § 43 ThürPAG, Art. 43 BayPAG.

797 §§ 25 I S. 2 HSOG, 25 I S. 2 PolG NW, 36 I S. 2 SPolG.

798 *Riegel* verweist zu Recht darauf, daß der Abgleich auch heimlich möglich ist, DVBl. 1987, 325 (330).

799 Krit. auch *Kowalczyk,* Datenschutz im Polizeirecht, S. 211 f. und *Rachor,* Vorbeugende Straftatenbekämpfung und Kriminalakten, S. 249 ff. sowie *Lisken* NWBl. 1990, 332. In Schleswig-Holstein ist der Datenabgleich nur im Rahmen der Zweckbindung der Dateien zulässig, § 195 SH LVerwG.

800 Dazu oben Kap. F.

801 Ebenda.

von Daten sind. Die Datenerhebung liegt von der Eingriffstiefe her also im Spektrum der Maßnahmen, die aufgrund der Generalklausel getroffen werden können.[802] Eingriffe in das Recht auf informationelle Selbstbestimmung bedürfen aber einer **normenklaren Rechtsgrundlage.**[803] Dies schließt die Verwendung einer Generalklausel nicht von vornherein aus. Die polizeiliche Generalklausel ist durch jahrzehntelange Rechtsprechung und Rechtspraxis konkretisiert und auch im Rechtsbewußtsein der Bürger verankert. Man weiß im wesentlichen, was die Polizei insoweit darf oder nicht darf. Daraus lassen sich auch die Grenzen von Eingriffen in das Recht auf informationelle Selbstbestimmung ableiten.

Bedenken bestehen aber, soweit die Polizeigesetze der Polizei noch die Aufrechterhaltung der **öffentlichen Ordnung** zur Aufgabe machen (vgl. dazu oben Kap. E Rdn. 25 ff.). **693** Was öffentliche Ordnung ist, unterliegt sich wandelnden Anschauungen. Der Bürger kann nicht mit der notwendigen Sicherheit vorhersehen, unter welchen Voraussetzungen die Polizei Daten zur Aufrechterhaltung der öffentlichen Ordnung erheben darf. Insoweit genügt die Generalklausel nicht den Anforderungen an eine normenklare Eingriffsgrundlage.[804] Sie könnte bis zur Schaffung entsprechender Vorschriften nur übergangsweise als Rechtsgrundlage dienen, wenn anderenfalls ein noch verfassungsfernerer Zustand eintreten würde. Davon kann aber angesichts der Tatsache, daß einige Länder inzwischen die Aufrechterhaltung der öffentlichen Ordnung als polizeiliche Aufgabe gänzlich abgeschafft haben, schwerlich die Rede sein. Die Erhebung personenbezogener Daten zum Zwecke der Aufrechterhaltung der öffentlichen Ordnung kann also nicht – auch nicht übergangsweise – auf die Generalklausel gestützt werden.

Datenerhebung auf der Grundlage der Generalklausel ist in den **Grenzen** zulässig, die **694** im übrigen für Eingriffe auf dieser Basis gelten. (Dazu oben Kap. E Rdn. 25 ff.) Voraussetzung ist das Vorliegen einer **konkreten, unmittelbaren Gefahr** für die öffentliche Sicherheit. Ist dies der Fall, so dürfen die für die Abwehr der Gefahr erforderlichen personenbezogenen Daten über den **Störer** erhoben werden. Über den **Nichtstörer** dürfen Daten unter den engen Voraussetzungen erhoben werden, die auch im übrigen für seine Inanspruchnahme bestehen (vgl. oben Kap. E Rdn. 55 ff.).[805]

Eine Erhebung von **Daten über Dritte,** etwa die in § 8 a I Ziff. 2–4 VE ME genannten **695** geschädigten, hilflosen oder vermißten Personen und deren Angehörige, gesetzliche Vertreter oder Vertrauenspersonen, gefährdete Personen oder Zeugen, Hinweisgeber oder sonstige Auskunftspersonen scheidet folglich aus, wenn nicht die Voraussetzungen für Eingriffsmaßnahmen gegenüber Nichtstörern vorliegen. In gleicher Weise kommt die Erhebung von Daten über den in § 8 a III VE ME genannten Personenkreis mit besonderen Kenntnissen und Fähigkeiten zur Gefahrenabwehr, von Verantwortlichen für Anlagen und Einrichtungen, von denen eine erhebliche Gefahr ausgehen kann, und von Verantwortlichen für gefährdete Anlagen oder Einrichtungen auf der Grundlage der Generalklausel nicht in Betracht.

Da auf der Grundlage der Generalklausel nur Rechtseingriffe zur Beseitigung einer **696** konkreten Gefahr zulässig sind, kommt eine Datenerhebung zum Zwecke der Vorbeugung von vornherein nicht in Betracht.

---

[802] Zur Datenerhebung bei Anscheinsgefahr und Gefahrenverdacht vgl. *Deutsch* (o. Fußn. 50) S. 210 f.

[803] Vgl. oben Rdn. 7 ff.

[804] *Knemeyer* NVwZ 1988, 193 (195); *Kowalczyk,* Datenschutz im Polizeirecht, S. 77; *Denninger,* in: Denninger/Lüderssen, Polizei und Strafprozeß im demokratischen Rechtsstaat (1978), 110 ff. m. w. N.; *Lisken* ZRP 1990, 17; *Waechter* NVwZ 1997, 729 ff.; a. A. *Drews/Wacke/Volgel/Martens,* Gefahrenabwehr, 9. Aufl. 1986, 245 ff.

[805] *Knemeyer* NVwZ 1988, 193 (195); *Kniesel* DÖV 1997, 905 ff.; abzulehnen *Krüger* DÖV 1990, 641 (645), der im Fehlen einer konkreten Gefahr keinen „entscheidenden Mangel" sieht und die Aufbewahrung von Kriminalakten auf die Generalklausel stützen will. Vgl. auch *Deutsch* (o. Fußn. 50) S. 211 f. Vgl. oben Kap. E.

b) Ausdrückliche Datenerhebungsbefugnisse im Rahmen der Gefahrenabwehr

697 **aa) Allgemeine Erhebungsbefugnis.** VE ME und die neueren Polizeigesetze geben die Befugnis, Daten über Störer, Nichtstörer, geschädigte, hilflose oder vermißte Personen sowie deren Angehörige, gesetzliche Vertreter oder Vertrauenspersonen, gefährdete Personen, Zeugen, Hinweisgeber oder sonstige Aufkunftspersonen zu erheben, soweit das zur Abwehr einer Gefahr erforderlich ist.[806] Noch umfassender formulieren das hessische und das bayerische Polizeigesetz, daß die Polizei Daten über Störer, Nichtstörer und „andere Personen“ erheben darf.[807] Dies klingt wie **„über jedermann“**.[808]

698 Allerdings ergibt sich weder aus dieser weiten Formulierung noch aus der Aneinanderreihung möglicher Betroffener im VE ME und im SPolG, daß es ins Belieben der Polizei gestellt ist, über wen sie Daten erheben möchte. Die Grundregel des Gefahrenabwehrrechts, nach der der Verursacher der Gefahr primär für deren Beseitigung einzustehen hat, gilt auch für den besonderen Bereich der Datenverarbeitung. Die Polizei hat sich also bei der **Datenerhebung** im Rahmen der **Gefahrenabwehr** zunächst an den **Störer** zu halten. Zu allererst sind Daten über ihn bei ihm selbst zu erheben. Ist dies nicht möglich, so können Daten bei Dritten **über ihn** erhoben werden. Erst danach kommt die Datenerhebung über Dritte und wiederum danach die Datenerhebung bei Dritten über Dritte in Betracht.[809]

699 Nur bei Einhaltung dieses Rangschemas ordnen sich die allgemeinen Datenerhebungsvorschriften des neueren Polizeirechts in die herkömmliche polizeirechtliche Systematik ein. Anderenfalls hätte die Novellierung des Polizeirechts im Hinblick auf die Anforderungen des Volkszählungsurteils ihr genaues Gegenteil bewirkt: Wenn die Polizei beliebig über jedermann Daten zur Beseitigung einer Gefahr erheben könnte, wüßte kein Bürger mehr, unter welchen Voraussetzungen in sein Recht auf informationelle Selbstbestimmung eingegriffen werden darf.

700 Vorliegen muß „eine Gefahr“. Dabei kann es sich selbstverständlich nur um eine Gefahr im Sinne des Polizeirechts handeln, in Nordrhein-Westfalen[810] und im Saarland[811] also um eine Gefahr für die **öffentliche Sicherheit**, in Hessen[812] und anderen Bundesländern darüber hinaus auch für die **öffentliche Ordnung.**[813]

701 Da es um Einzeleingriffe in grundrechtlich geschützte Positionen geht, kommt nur eine **konkrete Gefahr** in Betracht. Es dürfen nur Daten erhoben werden, **soweit** dies zur Abwehr einer Gefahr **erforderlich ist**. Dies bezieht sich auf den Umfang der zu erhebenden Daten. In erster Linie geht es dabei um die Daten, die den Störer einwandfrei identifizieren und die auf die Gefahr bezogen sind.[814]

---

[806] Vgl. z. B. § 26 I SPolG.

[807] § 13 I Nr. 3 HSOG, § 30 BbgPolG, § 32 ThürPAG, § 18 ASOG Bln, § 20 II PolG BW, § 15 SOG LSA, § 31 NGefAG, Art. 31 I BayPAG; ähnlich § 25 a RPfPVG; § 28 BremPolG trifft keine Regelung, über welche Personen Daten zum Zwecke der Gefahrenabwehr erhoben werden dürfen; *Schmidbauer/Steiner/Roese,* Kommentar zum BayPAG halten die Regelung in Art. 31 BayPAG allerdings wegen der „ausgewogenen Handhabung der Norm durch die Polizei, insbesondere im Hinblick auf die Grundsätze der Notwendigkeit und Verhältnismäßigkeit“ für verfassungskonform. Damit sei „sichergestellt“, daß nur solche Daten erhoben werden, die zur polizeilichen Aufgabenerfüllung notwendig und verhältnismäßig sind, Art. 31, Rdn. 3.

[808] Dies klingt auch im PolG NW an, das eine besondere Technik der Formulierung der Erhebungsnormen aufweist. In der Form der Statuierung eines allgemeinen Befragungsrechts ist geregelt, daß die Polizei „jede Person“ befragen darf, die sachdienliche Angaben für die polizeiliche Aufgabenerfüllung, also auch für die Gefahrenabwehr, machen kann (§ 9 I PolG NW). Über **wen** Daten erhoben werden dürfen, ergibt sich daraus nicht. § 9 III kann man allerdings entnehmen, daß es Daten über den Befragten selbst sind. Zutreffend die Kritik bei *Wagner,* PolG NW, vor § 8 Rdn. 122. Vgl. die übersichtliche Darstellung der unterschiedlichen Regelungen in den Ländern bei *Koch,* Datenerhebung und -verarbeitung in den Polizeigesetzen der Länder, S. 86 ff.

[809] Zu den allg. Grundsätzen der Datenerhebung vgl. unten Rdn. 745 ff.

[810] § 1 I PolG NW.

[811] § 1 II SPolG.

[812] § 1 I HSOG.

[813] Vgl. z. B. § 1 PolG BW.

[814] Vgl. § 9 V PolG NW.

In Nordrhein-Westfalen sind darüber hinaus noch ausdrücklich Daten über **Erkrankungen** und **besondere Verhaltensweisen** genannt, soweit deren Kenntnis zum Schutz des Betroffenen, von Polizeivollzugsbeamten oder Dritten erforderlich ist.[815] Im Regelfall wird es weder erforderlich noch auch nur möglich sein, Daten über Erkrankungen zum Schutz der eingesetzten Polizeibeamten oder Dritter zu erlangen. Dies scheidet schon dann von vornherein aus, wenn die Gefahr in einer Weise beseitigt werden kann, bei der eine Übertragung der Krankheit nicht möglich ist. Ist mit dieser Möglichkeit zu rechnen, so wird bei unmittelbar drohenden Gefahren häufig die Zeit und die Möglichkeit fehlen, **zuverlässige Informationen** zu erheben. Eine Erhebung beim behandelnden Arzt scheidet aus, da dieser von seiner ärztlichen Schweigepflicht nur aufgrund einer dies ausdrücklich regelnden Norm entbunden werden kann. Datenerhebungen über Krankheiten bei Dritten sind mit dem Risiko der Ungenauigkeit behaftet. In vielen Fällen kann dem einschreitenden Beamten, Dritten oder dem Betroffenen selbst aus einer ungenauen Information „vom Hörensagen" eine höhere Gefährdung erwachsen. Wirkungsvoller dürfte ein Schutz sein, der übertragbare Krankheiten von vornherein einkalkuliert und sich nicht auf unsichere Informationen verläßt. Bei der Erhebung – und insbesondere Speicherung – von Informationen über Erkrankungen ist also Zurückhaltung geboten. 702

Im übrigen kann die Polizei diejenigen Daten erheben, die bei **verständiger Prognose** für die Beseitigung der Gefahr benötigt werden. Spezialgesetzliche Bestimmungen zur Nutzung von Daten wie SGB X sind selbstverständlich zu beachten.[816] 703

bb) Datenerhebung bei öffentlichen Veranstaltungen und Ansammlungen. 704

§ 21 PolG BW; Art. 32 BayPAG; § 24 ASOG Bln; § 31 BbgPolG; § 30 BremPolG; § 8 HmbDVPolG; § 14 HSOG; § 32 SOG MV; § 32 NGefAG; § 15 PolG NW; § 27 SPolG; § 38 SächsPolG; § 16 SOG LSA; § 184 LVwG SH; § 33 ThürPAG; § 26 BGSG.

Die Datenerhebung bei oder im Zusammenhang mit öffentlichen Veranstaltungen und Ansammlungen zum Zwecke der vorbeugenden Bekämpfung von Straftaten wurde oben dargestellt.[817] Die entsprechenden Vorschriften haben auch Bedeutung für die Gefahrenabwehr im eigentlichen Sinn. Sie erweitern insoweit die Erhebungsbefugnis und schränken sie andererseits ein. Sie **erweitern** sie, indem die Datenerhebung bei öffentlichen Veranstaltungen und Ansammlungen entweder von vornherein nicht auf Störer begrenzt wird,[818] oder die Datenerhebung ausdrücklich auch insoweit erlaubt wird, als **Dritte** unvermeidlich betroffen sind,[819] oder die Erhebung von Daten über Dritte ausdrücklich erlaubt wird.[820]

Die **Begrenzung** liegt darin, daß nur bei drohenden **Straftaten**[821] oder **Ordnungswidrigkeiten,**[822] nicht bei sonstigen Gefahren für die öffentliche Sicherheit Daten erhoben werden dürfen.[823] Damit soll der besonderen Schutzbedürftigkeit derartiger Veranstaltungen und Ansammlungen Rechnung getragen werden.[824] 705

---

815 § 9 V S. 2 PolG NW, ähnlich § 13 V S. 2 HSOG mit zusätzl. strikter Zweckbindung dieser Daten in § 13 V S. 3. Zum Begriff der besonders sensiblen Daten i. d. S. *Kay/Böcking,* Polizeirecht Nordrhein-Westfalen, Rdn. 113.

816 Vgl. insbes. §§ 68, 71 SGB X.

817 Vgl. oben Rdn. 615 ff.

818 § 27 SPolG.

819 §§ 15 I S. 2 PolG NW, 8 I HmbDVPolG, Art. 32 I BayPAG.

820 § 14 I HSOG.

821 § 31 BbgPolG, § 24 ASOG Bln, § 16 SOG LSA.

822 In Hessen: „nicht geringfügige", § 14 I HSOG, ebenso § 32 NGefAG; in Bayern: „von erheblicher Bedeutung", Art. 32 I BayPAG, ähnl. § 21 PolG BW, § 33 ThürPAG.

823 In Sachsen ist die Datenerhebung auch bei „sonstigen erheblichen Gefahren für die öffentliche Sicherheit" zulässig, in Thüringen sogar generell bei Gefahren für die öffentliche Sicherheit oder Ordnung, § 33 ThürPAG.

824 Bedenkl. deshalb § 27 SPolG, der die Datenerhebung allgemein zur Abwehr von Gefahren für die öffentliche Sicherheit zuläßt, sogar für Gefahren, die erst „entstehen".

706 Eine weitere Schranke der Datenverarbeitung liegt darin, daß die erhobenen Daten nur zum Zwecke der Strafverfolgung oder der Verfolgung von Ordnungswidrigkeiten bei oder anläßlich der beobachteten Veranstaltung **verwendet** werden dürfen,[825] also nicht allgemein zur Gefahrenabwehr, und daß sie nach kurzer Frist zu löschen sind. Die Datenerhebung und -verarbeitung der Polizei zum Zwecke der Gefahrenabwehr im Zusammenhang mit öffentlichen Veranstaltungen und Ansammlungen unterliegt insoweit speziellen Bestimmungen.

707 **cc) Besondere Mittel der Datenerhebung**. Die besonderen Mittel der Datenerhebung[826] sind nach den Polizeigesetzen anwendbar, auch wenn noch keine unmittelbare Gefahr für die öffentliche Sicherheit besteht. Zumeist ist ausreichend, daß aufgrund tatsächlicher Anhaltspunkte die Begehung von Straftaten vermutet werden kann. Sie muß nicht unmittelbar bevorstehen. Daraus läßt sich der allgemeine Schluß ziehen, daß die besonderen Mittel der Datenerhebung erst recht angewandt werden dürfen, wenn die Gefahr unmittelbar bevorsteht.

708 Damit ist die Anwendbarkeit der besonderen Mittel der Datenerhebung zur Abwehr einer Gefahr aber nicht allgemein erlaubt. Es muß stets die konkrete Gefahr der Begehung der in den einzelnen Befugnisnormen aufgeführten Straftaten drohen. Zur Abwehr sonstiger Gefahren oder Straftaten unterhalb dieser Schwelle stehen diese Befugnisse nicht zur Verfügung.

709 Bei näherem Zusehen ergeben sich weitere **Differenzierungen**. **Observation**, **verdeckte Ermittler** und die **Rasterfahndung** dürften als **Mittel der Gefahrenabwehr** praktisch nicht in Betracht kommen. Sie sind auf lange Frist angelegt und zur unmittelbaren Gefahrenabwehr **kaum geeignet**.[827] Es lohnt aber nicht, den Gedanken weiter zu vertiefen. Da diese Mittel teilweise auch schon angewandt werden dürfen, wenn die Gefahr noch nicht unmittelbar bevorsteht, wird ihr Einsatz natürlich nicht unzulässig, wenn es im weiteren Verlauf dann tatsächlich zur unmittelbaren Gefahr kommt.[828] In diesen Fällen erweist sich sogar, daß die Polizei die richtige Prognose gestellt hat. Gleichwohl dürfte es in der Praxis mangels Eignung die Ausnahme bleiben, daß bei unmittelbar drohenden Gefahren zu diesen besonderen Mitteln der Datenerhebung gegriffen wird.

710 In einer Reihe von Gesetzen wird der Einsatz der besonderen Mittel der Datenerhebung für Zwecke der Gefahrenabwehr ausdrücklich geregelt. So ist in **Nordrhein-Westfalen** die Datenerhebung über Störer und Nichtstörer erlaubt durch Observation,[829] durch den verdeckten Einsatz technischer Mittel zur Anfertigung von Bildaufnahmen und Bildaufzeichnungen,[830] durch den verdeckten Einsatz technischer Mittel zum Abhören und Aufzeichnen des gesprochenen Wortes,[831] durch den Einsatz von Personen, deren Zusammenarbeit mit der Polizei Dritten nicht bekannt ist,[832] sowie durch den Einsatz verdeckter Ermittler,[833] wenn dies zur Abwehr einer **gegenwärtigen Gefahr** für **Leib**,

---

825 Weiter auch hier: § 27 SPolG: Verwendung auch zur vorbeugenden Bekämpfung von Straftaten von erheblicher Bedeutung. Vgl. auch § 15 I PolG NW, § 24 II ASOG Bln, § 16 IV SOG LSA; inakzeptabel § 38 III SächsPolG, wonach die Daten auch zur Geltendmachung von öffentlichen und privaten Ansprüchen verwendbar sein sollen, sowie § 33 IV NGefAG, wonach nicht zu löschen ist, wenn zu erwarten ist, daß die Aufzeichnung Gegenstand „eines Rechtsstreits" wird.

826 Vgl. dazu oben Rdn. 623 ff.

827 Wie hier *Hornmann,* Kommentar zum HSOG, § 15, Rdn. 1; in dem von *Kay/Böcking,* Polizeirecht Nordrhein-Westfalen, Rdn. 155 genannten Beispielsfall der Geiselnahme liegt bereits eine Straftat vor, die mit den Mitteln der StPO aufgeklärt werden kann. Vgl. auch *Alberts/Merten,* Gesetz über die Datenverarbeitung der Polizei, § 18, Rdn. 3.

828 Dies wird auch deutlich, wenn in den Polizeigesetzen bei Gefahr im Verzug eine Eilkompetenz zur Anordnung der besonderen Mittel der Datenerhebung vorgesehen ist, vgl. z. B. §§ 17 III S. 3, 18 III S. 3 PolG NW.

829 § 16 I Nr. 1 PolG NW, ähnl. § 9 I, 1 HmbDVPolG.

830 § 17 I Nr. 1 PolG NW, ähnl. § 10 I HmbDVPolG.

831 § 18 I Nr. 1 PolG NW, ähnl. § 10 I HmbDVPolG.

832 § 19 I Nr. 1 PolG NW, ähnl. § 11 I HmbDVPolG.

833 § 20 I Nr. 1 PolG NW, § 12 I, 1 HmbDVPolG.

Leben oder **Freiheit** einer Person erforderlich ist. Die insoweit geschützten Rechtsgüter gehen über den Katalog der Straftaten von erheblicher Bedeutung, zu deren vorbeugender Bekämpfung die besonderen Mittel der Datenerhebung zugelassen sind, hinaus. Unter diesem Gesichtspunkt liegt eine Erweiterung der Möglichkeit des Einsatzes dieser Mittel im Rahmen der Gefahrenabwehr vor, im Hinblick auf die geforderte Unmittelbarkeit der Gefahr eine Einengung.

In anderen Gesetzen ist der Einsatz der besonderen Mittel der Datenerhebung in bestimmten Fällen von vornherein nur für die Abwehr unmittelbarer Gefahren für Leib, Leben oder Gesundheit einer Person zugelassen, nicht allgemein für die vorbeugende Bekämpfung von Straftaten. Dies gilt insbesondere dann, wenn die **Datenerhebung aus Wohnungen** betroffen ist. Im **Saarland** ist der Einsatz der besonderen Mittel der Datenerhebung in oder aus Wohnungen, Arbeits-, Betriebs- und Geschäftsräumen sowie anderem befriedeten Besitztum nur bei gegenwärtiger Gefahr für Leib oder Leben zulässig und wenn der Einsatz dieser Mittel „unerläßlich" ist.[834] In **Hessen** ist ganz allgemein und weitergehend die Datenerhebung in oder aus den genannten Bereichen **ohne Kenntnis** der betroffenen Person nur unter diesen Voraussetzungen zulässig.[835] Ausnahmen hiervon gelten wiederum speziell für das Abhören, wenn dies zur Abwehr einer Gefahr für Leib oder Leben einer zur Verhütung einer Straftat mit erheblicher Bedeutung eingesetzten Person geschieht.[836] 711

Zu weit ist die **bayerische Regelung**, die die Datenerhebung durch den verdeckten Einsatz technischer Mittel in oder aus Wohnungen auch dann zuläßt, wenn es erforderlich ist zur Abwehr einer unmittelbar **bevorstehenden** Gefahr **für den Bestand oder die Sicherheit des Bundes oder eines Landes** oder für Leben, Gesundheit oder Freiheit einer Person oder für **Sachen, deren Erhaltung im öffentlichen Interesse geboten erscheint** oder wenn Tatsachen die Annahme rechtfertigen, daß die betreffenden Personen ein Verbrechen oder gewerbs-, gewohnheits- oder bandenmäßig ein Vergehen von besonderer Bedeutung begehen wollen.[837] Die Regelung dürfte gegen Art. 13 IV GG verstoßen.[838] 712

Der SächsStGH hat zu Recht betont, daß es einen absolut geschützten Bereich privater Lebensgestaltung gibt, der der Einwirkung öffentlicher Gewalt entzogen ist. Selbst überwiegende Interessen der Allgemeinheit können einen Eingriff in diesen **absolut geschützten Bereich privater Lebensgestaltung**, nämlich in die Intimsphäre, nicht rechtfertigen. Eine Abwägung nach dem Verhältnismäßigkeitsgrundsatz finde insoweit nicht statt. Allerdings könne nicht der Gesetzgeber diesen absolut geschützten Kernbereich abstrakt regeln. Vielmehr müsse im konkreten Einzelfall dem Polizeivollzugsdienst, dem anordnenden Richter oder bei Gefahr im Verzug dem amtierenden Dienststellenleiter die schwierige Entscheidung überlassen werden, ob es sich bei der anhand von Tatsachen zu erwartenden Nutzung bestimmter Räume um den absolut geschützten Bereich privater Lebensgestaltung handelt oder nicht.[839] Demnach scheidet beispielsweise das Abhören sexueller Handlungen von vornherein aus. Stellt sich erst im nachhinein heraus, daß der Intimbereich betroffen war, so sind die Aufzeichnungen sofort zu löschen.[840] Das LVerfG M-V hat das Belauschen in Wohnungen vergleichsweise weniger auslegungsbedürftig auf die „Abwehr einer gegenwärtigen Gefahr für Leib, Leben oder Freiheit einer Person" beschränkt und damit für eine in der Praxis wünschenswerte Klarheit gesorgt.[841] 713

---

834 § 28 IV S. 1 SPolG.

835 § 15 IV HSOG.

836 § 15 VI HSOG.

837 Art. 34 BayPAG. Keine Bedenken im Hinblick auf die Bayerische Verfassung sieht der BayVerfGH in seiner E. v. 19. 10. 1994, JZ 1995, 299 mit krit. Anm. v. *Schrader/Werner*, JZ 1995, S. 305 f; vgl. auch *Kutscha* StV 1998, S. 564 ff.

838 Vgl. oben Rdn. 642 sowie *Kutscha* StV 1998, S. 564 ff.

839 *SächsStGH* (oben Fußn. 563), S. 485.

840 *SächsStGH* ebenda; vgl. dazu auch *Bäumler* NVwZ 1996, 765 (766).

841 *LVerfG M-V* LKV 2000, 345 = Polizei-heute Nr. 5/2000.

714 Die **polizeiliche Beobachtung** dürfte wegen ihres auf Langfristigkeit und Zufall angelegten Charakters für die Bekämpfung unmittelbarer, konkreter Gefahren von vornherein als ungeeignet ausscheiden.[842] Zur Videobeobachtung vgl. oben Rdn. 654ff.

715 **dd) Datenerhebung zur Rasterfahndung im Rahmen der Gefahrenabwehr.** In Übereinstimmung mit § 10f VE ME sehen auch die novellierten Polizeigesetze die Rasterfahndung[843] zum Zwecke der Gefahrenabwehr vor.[844] Sie soll nur zulässig sein zur Abwehr einer gegenwärtigen Gefahr für den Bestand oder die Sicherheit des Bundes oder eines Landes oder für Leib, Leben oder Freiheit einer Person. **„Gegenwärtige Gefahr"** bedeutet, daß die Gefährdung der betreffenden Rechtsgüter schon eingetreten sein muß, nicht erst drohen darf (vgl. oben Kap. E Rdn. 42ff.). Nach Auffassung des SächsStGH[845] soll die Rasterfahndung sogar über die Gefahrenabwehr hinaus zur „vorbeugenden Verbrechensbekämpfung" zulässig sein. Es müßten aber „tatsächliche Anhaltspunkte" vorliegen. Dann stellt sich allerdings die Frage, ob nicht auch bereits eine polizeirechtliche Gefahr oder der Anfangsverdacht einer Straftat vorliegt.

716 Es muß sich um eine erhebliche Gefahr für **Leib** handeln, eine drohende leichte Körperverletzung reicht nicht aus.[846] Eine Gefahr für den **Bestand** der Bundesrepublik oder eines ihrer Länder besteht dann, wenn die Aufhebung der Freiheit von fremder Botmäßigkeit, die Beseitigung der staatlichen Einheit oder die Abtrennung eines zur Bundesrepublik gehörenden Gebietes droht.[847] Gefahr für die **Sicherheit** der Bundesrepublik oder eines Landes besteht dann, wenn die innere oder äußere Sicherheit bedroht ist. Eine Gefahr für die öffentliche Sicherheit im Sinne des Polizeirechts gefährdet nicht zwangsläufig die innere Sicherheit der Bundesrepublik. Dies ist nur dann der Fall, wenn die **Fähigkeit** des Staates bedroht ist, sich gegen Störungen zur Wehr zu setzen.[848] (Dazu oben Kap. E Rdn. 6ff.)

717 Die Rasterfahndung kommt als Maßnahme der Gefahrenabwehr nur in Betracht, wenn sie das **geeignete** Mittel ist. Dies dürfte bei einer gegenwärtigen Gefahr nur in besonderen Ausnahmefällen gegeben sein.[849] Gegenwärtige Gefahren erfordern entschlossenes Handeln statt Recherchieren in Datenbeständen. Das Beschaffen der Daten und ihre Auswertung benötigen auch beim Einsatz modernster elektronischer Datenverarbeitung Zeit. Nur in seltenen Ausnahmefällen dürfte eine Rasterfahndung ein einwandfreies, nicht weiter zu interpretierendes Ergebnis, etwa die Daten des Störers, liefern. In der Regel bleibt ein Bodensatz von Datensätzen, die dann durch weitere Ermittlungen „ausermittelt" werden müssen. Praktische Fälle, in denen die Rasterfahndung das geeignete Mittel zur Abwehr einer gegenwärtigen Gefahr für eines der o. a. Rechtsgüter ist, dürften also, wenn überhaupt, nur selten auftreten.[850] Zu denken ist an Fälle, in denen die Gefahr länger andauert, etwa bei Entführung und Geiselnahme. In diesen Fällen hat aber bereits die Strafverfolgung begonnen.

---

842 Wie hier *Hornmann,* Kommentar zum HSOG, § 17, Rdn. 10ff.; zweifelnd *Schmidbauer/Steiner/Roese,* Kommentar zum BayPAG, Art. 36, Rdn. 1. Konsequenterweise verzichtet § 21 PolG NW auch auf eine Anwendbarkeit der polizeilichen Beobachtung bei gegenwärtiger Gefahr für Leib, Leben und Freiheit. Generelle Zweifel an der Effektivität der polizeilichen Beobachtung bei *Bull,* Datenschutz oder die Angst vor dem Computer, S. 222 m. w. N.

843 Zur Rasterfahndung allg. oben Rdn. 198ff. u. Rdn. 256ff.

844 §§ 31 PolG NW, 26 HSOG, 37 SPolG, § 44 ThürPAG, § 47 SächsPolG, § 40 PolG BW, unter der Bezeichnung „besondere Formen des Informationsabgleichs", § 23 HmbDVPolG, § 31 SOG LSA, § 47 ASOG Bln, § 46 BbgPolG. Das SH LVwG und NGefAG lassen keine Rasterfahndung zu. Übersichtlicher Vergleich bei *Koch,* Datenerhebung und -verarbeitung in den Polizeigesetzen der Länder, S. 187ff.

845 *SächsStGH* (Fußn. 563), S. 490.

846 Vgl. oben auch Rdn. 710f.

847 § 92 I StGB.

848 *Dreher/Tröndle,* 44. Aufl. 1988, § 92 StGB, Rdn. 13.

849 Nach Auffassung des *SächsStGH* (Fußn. 575), S. 490, genügt es, daß die Bejahung der Geeignetheit der Rasterfahndung für die Gefahrenabwehr durch den Gesetzgeber „vertretbar" ist; der erstrebte Gemeinwohlzweck könne zumindest „gefördert" werden; krit. hierzu *Bäumler* NVwZ 1996, 765 (766).

850 Vgl. auch *Wolter* GA 1988, 49 (77) u. *Schoreit* DRiZ 1987, 82 (83). Es fehlen bisher taugliche Beispielsfälle.

Liegen die Voraussetzungen vor, kann die Vollzugspolizei von öffentlichen oder nicht-öffentlichen Stellen, d. h. von **allen speichernden Stellen** die Übermittlung von personenbezogenen Informationen bestimmter Personengruppen aus Dateien zum Zweck des Abgleichs mit anderen Informationsbeständen verlangen. Es handelt sich dabei um eine besondere Form eines Übermittlungsersuchens. Es darf sich nicht auf Dateien oder ganze Datenbestände beziehen, sondern nur auf bestimmte Personengruppen, etwa: Die Datensätze über alle Personen, die bestimmte Merkmale erfüllen. Diese Merkmale sind im Übermittlungsersuchen zu benennen.[851] 718

Danach hat die ersuchte Stelle den zu übermittelnden Bestand auszuwählen. Hierzu muß sie, wenn notwendig, eigene Auswertungen erstellen, damit nicht mehr Daten übermittelt werden, als die Polizei für ihre Rasterfahndung benötigt. Nur wo dies wegen technischer Schwierigkeiten **ausnahmsweise** mit angemessenem Zeit- oder Kostenaufwand nicht möglich ist, dürfen mehr als die angeforderten Daten übermittelt werden. Angesichts der Komfortabilität der elektronischen Datenverarbeitung dürften der speichernden Stelle in der Regel Programme für die Auswahl der von der Polizei benötigten Daten zur Verfügung stehen. 719

Die übermittelten Daten dürfen zum **Vergleich „mit anderen Informationsbeständen“** verwendet werden. Dabei kann es sich um polizeiliche oder andere im Rahmen der Rasterfahndung beigezogene Informationsbestände handeln. Der sog. Abgleich muß nicht notwendigerweise automatisiert durchgeführt werden, wenn der Vergleichsdatenbestand beispielsweise in manueller Form geführt wird. 720

Zweck der Maßnahme ist die Abwehr der Gefahr, um derentwillen die Daten angefordert wurden. Ist der Zweck erreicht oder wird klar, daß er nicht erreicht werden kann, so sind die übermittelten und die im Rahmen der Rasterfahndung bis dahin ermittelten Daten zu **löschen**. Etwas mißverständlich heißt es darüber hinaus in den Polizeigesetzen, daß auch die **Unterlagen**, soweit sie nicht für ein mit dem Sachverhalt zusammenhängendes Verfahren erforderlich sind, zurückzugeben oder zu vernichten sind.[852] „Unterlage“ in diesem Zusammenhang kann in der Regel nur ein Datenträger sein. Die Löschungspflicht bezieht sich also zunächst auf den Datenträger, auf dem die ursprünglich übermittelten – mittlerweile möglicherweise veränderten – Daten gespeichert sind. „Unterlagen“ sind auch alle weiteren im Rahmen der Rasterfahndung angefallenen Datenträger, die ebenfalls zurückzugeben oder zu vernichten sind. Eine Rückgabe von Datenträgern, auf denen im Rahmen der Rasterfahndung entstandene Datenbestände verzeichnet sind, kommt nur nach vollständiger Löschung der Daten in Betracht, da ansonsten eine unzulässige Datenübermittlung an die speichernde Stelle vorläge. 721

Die Vernichtung der „Unterlagen“ kann insoweit unterbleiben, als sie für ein mit dem Sachverhalt zusammenhängendes Verfahren erforderlich sind. Es muß sich um einen **inhaltlichen Zusammenhang** mit dem Ausgangssachverhalt handeln, da bei nur äußerem – zufälligem – Zusammenhang die Verwertung der Daten für andere Verfahren praktisch schrankenlos wäre. Der häufigste Fall dürfte ein Strafverfahren[853] aufgrund des Sachverhalts sein, der zur Anwendung der Rasterfahndung geführt hat. Es muß allerdings nicht notwendig ein Strafverfahren mit Straftatbeständen im Zusammenhang mit den in den Vorschriften zur Rasterfahndung genannten Rechtsgütern sein. 722

Nicht mehr in einem inhaltlichen Zusammenhang stehen Zufallsfunde über Straftaten, die mit dem Ausgangssachverhalt nichts zu tun haben. Andere **„Verfahren“**, zu deren Durchführung die Verwendung personenbezogener Daten, die im Rahmen der Rasterfahndung gewonnen wurden, erforderlich sein könnten, sind nicht ersichtlich. Etwaige Entschädigungsansprüche der in Anspruch genommenen speichernden Stelle sowie et-

---

[851] §§ 37 II SPolG, 26 II HSOG, 23 II HmbDVPolG, Art. 28p I BayPAG („fahndungsspezifische Suchkriterien“).

[852] Vgl. z. B. § 26 III HSOG.

[853] So ausdrücklich Art. 44 BayPAG; dort ist allerdings die Verwendung der Daten für jedes Strafverfahren erlaubt.

waige Rückgriffsansprüche der Polizei gegen den Störer dürften ohne personenbezogene Daten geltend zu machen sein. Zumindest scheidet eine Aufbewahrung und Nutzung von Daten über andere Personen als den oder die Störer zu diesem Zweck aus.

723 Die Vernichtungs- und Löschungsmaßnahmen sind zu **dokumentieren** und bis zum Ende des Jahres nach der Rasterfahndung aufzubewahren.[854]

724 Die **Anordnungskompetenz** für die Rasterfahndung liegt in **Hessen,**[855] **NRW**[856] außer bei Gefahr im Verzug beim Richter, im **Saarland**[857] und in **Bayern**[858] beim **Behördenleiter** bzw. beim Dienststellenleiter mit Zustimmung des Innenministers. In beiden Ländern wie auch in Hessen ist der **Datenschutzbeauftragte** zu unterrichten.

725 Erörterungsbedürftig ist das Verhältnis der Rasterfahndung zu allgemeinen und besonderen Übermittlungsbestimmungen. Hinsichtlich der Daten, die einem **Berufs-** oder **besonderen Amtsgeheimnis** unterliegen, bleibt es ausdrücklich bei den für sie geltenden Übermittlungsvorschriften,[859] teilweise ist ihre Einbeziehung in die Rasterfahndung ausdrücklich ausgeschlossen.[860] Daten, die einem **besonderen Amtsgeheimnis** unterliegen, sind beispielsweise Statistikdaten, Steuerdaten, die in § 9 Kreditwesengesetz aufgeführten Daten, Daten, die dem Postgeheimnis unterliegen, Daten, die dem Fernmeldegeheimnis unterliegen, Sozialdaten.[861] **Berufsgeheimnisse** sind beispielsweise das Arztgeheimnis und die anderen in § 203 StGB unter besonderen strafrechtlichen Schutz gestellten Privatgeheimnisse.[862]

726 Aber auch im übrigen gehen **spezialgesetzliche Übermittlungsvorschriften** den Bestimmungen über die Rasterfahndung dann vor, wenn sie eine Datenübermittlung für Zwecke der Gefahrenabwehr nicht vorsehen. Die Bestimmungen über die Rasterfahndung erlauben der Polizei den Zugriff auf Datenbestände auch dann, wenn der Störer nicht bekannt ist und seine Daten sich möglicherweise nicht in dem angeforderten Datenbestand befinden. Die besonderen Verarbeitungs- und Verwertungsbestimmungen sollen die hiermit verbundenen Risiken für Nichtstörer minimieren.

727 **ee) Datenerhebung zur Vorbereitung auf die Gefahrenabwehr.**

§ 20 PolG BW; Art. 31 BayPAG; § 19 ASOG Bln; § 30 BbgPolG; § 5 HmbDVPolG; § 27 SOG MV; § 31 NGefAG; § 11 PolG NW; § 26 SPolG; § 179 LVwG SH; § 32 ThürPAG.

Einige Polizeigesetze enthalten Bestimmungen über die Erhebung von Daten zur Vorbereitung auf Gefahrenabwehrfälle. In diesen Fällen ist das Vorliegen einer konkreten Gefahr im Zeitpunkt der Datenerhebung nicht erforderlich.[863] Aus den Bestimmungen ergibt sich im Umkehrschluß, daß außerhalb ihres Anwendungsbereiches keine weitergehende Datenerhebung ohne Vorliegen einer konkreten Gefahr zulässig ist.

728 Es dürfen Daten über Personen, deren **besondere Kenntnisse oder Fähigkeiten** zur Gefahrenabwehr benötigt werden, erfaßt werden.[864] Dabei kann es sich nur um Kenntnisse oder Fähigkeiten handeln, die die Polizei nicht selbst besitzt oder anhand ihrer Ausbildung und Ausrüstung besitzen muß. Außerdem muß es sich um solche Kenntnisse oder Fähigkeiten handeln, die bei verständiger Würdigung und verantwortungsvoller Prognose

---

854 §§ 37 Nr. 3 SPolG, 31 III PolG NW, 26 III HSOG, in Hamburg fehlt eine Befristung der Aufbewahrung, § 23 III HmbDVPolG.

855 § 26 IV HSOG.

856 § 31 IV PolG NW, ebenso § 47 IV ASOG Bln, § 31 SOG LSA, § 46 IV BbgPolG.

857 § 37 IV SPolG.

858 Art. 44 II BayPAG, ähnl. § 40 III PolG BW, § 47 III SächsPolG, § 44 IV ThürPAG.

859 §§ 37 I 1. S. SPolG, 26 I HSOG, Art. 44 I 1. S. BayPAG.

860 §§ 31 II S. 1 PolG NW, 23 II HmbDVPolG.

861 Vgl. § 45 Nr. 1 BDSG (alt).

862 Vgl. oben Rdn. 293 ff.

863 Kritisch dazu *Lisken* ZRP 1990, 15 (17).

864 Mißverständlich *Kay/Böcking,* Polizeirecht Nordrhein-Westfalen, Rdn. 126, die von einem „Fachmann für die Gefahrenabwehr" sprechen. Gemeint dürfte der Fachmann für die konkrete Maßnahme sein.

als **erforderlich** für **polizeiliches Handeln** zur Gefahrenabwehr angesehen werden können. Beispielsweise braucht die Polizei nicht die Daten von Chirurgen und anderen Spezialisten, weil es Sache der Krankenhäuser ist, die jeweils sachkundigen Ärzte beizuziehen.

Weiterhin können die Daten von **Verantwortlichen für Anlagen** oder **Einrichtungen,** 729
von denen eine **erhebliche Gefahr** ausgehen kann, sowie von Verantwortlichen für gefährdete Anlagen oder Einrichtungen erhoben werden. In Betracht kommen wohl nur die Daten der unmittelbar Verantwortlichen, da es in Gefahrenfällen auf ihre Kooperation ankommt.[865] Erfaßt werden können auch die **Verantwortlichen** für Veranstaltungen in der Öffentlichkeit, also z. B. von Anmeldern von Demonstrationen.[866] Die Daten über diesen Personenkreis sind spätestens einen Monat nach Beendigung des Anlasses zu löschen. Bei diesen Daten handelt es sich um besonders sensible Informationen, da die Grundrechte auf freie Meinungsäußerung und auf öffentliche Versammlung betroffen sind.[867] Ihre Weiterübermittlung an **Verfassungsschutzbehörden** oder andere Geheimdienste scheidet aus.[868]

Zulässig ist die Erhebung von Daten zur Identifizierung wie Name, Anschrift etc. 730
und anderer Informationen zur Erreichbarkeit sowie „näherer Angaben über die Zugehörigkeit zu einer der genannten Personengruppen".[869] Bei letzteren wird es sich regelmäßig um den eigentlichen Grund der Datenerhebung handeln, d. h. die Eigenschaft als Verantwortlicher, besonders Befähigter etc. Die Daten dürfen nur aus allgemein zugänglichen Quellen, bei Behörden oder aufgrund freiwilliger Angaben, sei es des Betroffenen oder Dritter, erhoben werden. Eine verdeckte Datenerhebung oder eine Datenerhebung unter Einsatz besonderer Mittel scheidet aus.[870] Zweck der Erhebung ist die Vorbereitung auf die Gefahrenabwehr. Hierauf ist die Verwendung der Daten zu begrenzen.

2. Datenspeicherung

a) Die Generalklausel

Nach dem oben Ausgeführten kann die Generalklausel als Rechtsgrundlage für die 731
Speicherung personenbezogener Daten im Rahmen der Gefahrenabwehr **hilfsweise** in Betracht kommen.[871] Betroffen können hiervon nur der Störer und der Nichtstörer unter den engen Voraussetzungen sein, unter denen er im übrigen nach allgemeinem Polizeirecht in Anspruch genommen werden kann.[872] Voraussetzung ist weiterhin das Bestehen einer konkreten Gefahr für die öffentliche Sicherheit. Ist die Gefahr beseitigt, so können auf die Generalklausel keine weiteren Befugnisse, auch nicht zur Datenspeicherung, gestützt werden. Die Generalklausel kann folglich allenfalls für die **temporäre Speicherung** von Daten, solange die Gefahr besteht, eine Rechtsgrundlage sein.

b) Spezielle Rechtsgrundlagen

§ 37 PolG BW; Art. 38 BayPAG; § 42 ASOG Bln; § 39 BbgPolG; § 27 BremPolG; §§ 14, 15 732
HmbDVPolG; § 20 HSOG; § 36 SOG MV; § 38 NGefAG; § 24 PolG NW; § 25 a POG RP; § 30 SPolG; § 43 SächsPolG; § 22 SOG LSA; § 188 LVwG SH; § 40 ThürPAG; § 29 BGSG.

---

865 Vgl. § 26 III SPolG.

866 A. A. in bezug auf das HmbDVPolG *Alberts/Merten,* Gesetz über die Datenverarbeitung der Polizei, § 5, Rdn. 5.

867 *Bäumler* JZ 1986, 469 ff.

868 Im Saarland ergibt sich dies im Umkehrschluß aus der Verwertungsbestimmung des § 26 III 1. S. SPolG. Die polizeiliche Praxis dürfte bislang allerdings damit noch nicht in Einklang stehen.

869 §§ 26 III SPolG, 11 PolG NW, 5 II HmbDVPolG, Art. 31 II BayPAG.

870 So ausdrücklich § 31 III NGefAG.

871 Oben Rdn. 691 ff.

872 Vgl. oben Rdn. 694 ff.

Die neuen Polizeigesetze geben der Polizei generalklauselartig die Befugnis, personenbezogene Informationen in Akten oder Dateien zu speichern, verändern sowie nutzen, soweit dies zur **Aufgabenerfüllung erforderlich** ist.[873] Für den Bereich der Gefahrenabwehr ergibt sich daraus keine weiterreichende Befugnis als aus der allgemeinen Generalklausel. Sobald die **Gefahr beseitigt** und eine **neue konkrete Gefahr noch nicht entstanden** ist, entfällt die **Erforderlichkeit** der Speicherung zum Zwecke der Gefahrenabwehr. Insoweit besteht keine Befugnis zur weiteren Aufrechterhaltung der Speicherung. Die in den Polizeigesetzen enthaltenen Prüffristen (i. d. R.: 10 Jahre) markieren lediglich äußerste Zeitgrenzen, nach deren Erreichen die Datenspeicherung zu überprüfen ist. Sie enthalten nicht eine gesetzgeberische Definition der Erforderlichkeit. Diese muß stets gegeben sein, so daß Daten auch vor Ablauf der Prüffristen zu löschen sind, wenn sie nicht mehr erforderlich sind.[874]

733 Etwas anderes gilt auch nicht, wenn die **Vorbereitung auf die Gefahrenabwehr** gesetzlich ausdrücklich als polizeiliche Aufgabe normiert ist.[875] In Form der Bestimmungen über die Datenspeicherung zur Vorbereitung auf Gefahrenabwehrfälle enthalten die Gesetze abschließende Spezialregelungen, unter welchen Voraussetzungen welche Form der Datenverarbeitung zur Erfüllung dieser Aufgabe zulässig ist. Daneben besteht kein Raum zu weiteren Datenverarbeitungsmaßnahmen mit Personenbezug.[876]

Davon zu unterscheiden ist die Datenverarbeitung im Rahmen der **Dokumentation** und der **Vorgangsverwaltung**, s. u. Rdn. 736 ff.

3. Datennutzung, Zweckbindung

734 Wie bereits dargestellt, enthalten die Polizeigesetze zwar **Zweckbindungsvorschriften**, die aber durch weitgehende **Ausnahmen im wesentlichen ihrer Wirkung beraubt** sind.[877] Dies hat zur Konsequenz, daß danach auch die im Rahmen der Gefahrenabwehr erhobenen Daten für andere polizeiliche Aufgaben verwendet werden dürfen, sofern sie auch für die andere Aufgabe hätten erhoben werden dürfen. In Betracht kommt in erster Linie die Verwendung zur Strafverfolgung und zur vorbeugenden Bekämpfung von Straftaten, wenn jeweils die besonderen Voraussetzungen vorliegen.

4. „Datenabgleich"

735 Der in allen Polizeigesetzen vorgesehene Datenabgleich enthält keine besonderen Regelungen zum Zweck, zu dessen Erfüllung er zugelassen ist. Es bleibt demnach bei den allgemeinen Zweckbindungsvorschriften. Daten, die im Rahmen der Gefahrenabwehr erhoben und gespeichert wurden, dürfen folglich nur zu diesem Zweck in einen Datenabgleich einbezogen werden. Ein Datenabgleich zur Strafverfolgung ist nach Maßgabe der Strafprozeßordnung zulässig. Aus § 161 II StPO folgt im Umkehrschluß, daß Daten, die im Rahmen der Gefahrenabwehr erhoben worden sind, außer in dem in § 161 II StPO geregelten Fall auch für Zwecke der Strafverfolgung verwendet werden dürfen.

VII. Rechtsgrundlagen für die Datenverarbeitung im Rahmen der Vorgangsverwaltung und Dokumentation

736 § 37 IV PolG BW; Art. 38 BayPAG; § 32 ASOG Bln; § 39 BbgPolG; § 16 HmbDVPolG; § 20 VIII HSOG; § 38 SOG MV; § 39 II NGefAG; § 24 I PolG NW; § 31 SPolG; § 43 I SächsPolG; § 22 V SOG LSA; § 190 LVwG SH; § 40 I ThürPAG; vgl auch § 29 V BGSG.

---

873 §§ 30 I SPolG, 24 I, II S. 1 PolG NW, 20 I HSOG, 16 I HmbDVPolG, Art. 38 I BayPAG.
874 Vgl. z. B. §§ 38 II Nr. 2 SPolG, 27 II Nr. 2 HSOG.
875 Vgl. z. B. § 1 I PolG NW.
876 So ausdrücklich § 1 V PolG NW.
877 Dazu oben Rdn. 687 ff.

Auch zum Zwecke der **Vorgangsverwaltung** oder zur **befristeten Dokumentation** polizeilichen Handelns kann die Polizei personenbezogene Daten speichern. Vorgangsverwaltung ist eine Hilfsfunktion, die der Vorhaltung von „Vorgängen" dient. Soweit es sich dabei um Vorgänge handelt, die im Rahmen der Gefahrenabwehr, der Strafverfolgung oder der vorbeugenden Straftatenbekämpfung entstanden sind, ist die Frage der zulässigen Aufbewahrung und Speicherung dieser Unterlagen in anderen Vorschriften abschließend geregelt.

Einer eigenen Vorschrift zur Vorgangsverwaltung bedarf es nur, wenn damit Vorgänge gemeint sind, die nicht zur Aufgabenerfüllung in den genannten Bereichen aufbewahrt werden dürfen.[878] Könnten die im Rahmen der Vorgangsverwaltung gespeicherten Daten zur allgemeinen polizeilichen Aufgabenerfüllung verwendet werden, so könnten über eine extensive Auslegung und Anwendung des Leerbegriffs „Vorgangsverwaltung" die detaillierten Befugnisnormen ausgehöhlt werden. Dies läßt sich nur vermeiden, wenn die Daten ausschließlich für **Zwecke** der **Vorgangsverwaltung** verwendet werden, um z. B. bestimmte Akten zu finden oder ihren Verbleib i. S. d. Aktenordnungen zu registrieren. Einige Gesetze sehen dies ausdrücklich vor.[879] Mangels genauerer Definition des Begriffs „Vorgangsverwaltung" ist sie **negativ abzugrenzen**: Jedenfalls ist sie nicht Strafverfolgung, vorbeugende Straftatenbekämpfung und Gefahrenabwehr. Die Beschränkung der Daten der Vorgangsverwaltung auf diesen Zweck muß auch in einer entsprechenden internen **Datenorganisation** sichergestellt werden. Zugriff dürfen nur die Stellen und Mitarbeiter haben, deren Aufgabe die Vorgangsverwaltung ist, nicht diejenigen, die für Gefahrenabwehr und Strafverfolgung zuständig sind. 737

Das gleiche muß im Prinzip für die **befristete Dokumentation** polizeilichen Handelns gelten. Erfolgt sie ausschließlich im Interesse der Polizei, ohne daß die Voraussetzungen für eine Speicherung von Daten über die betroffenen Personen nach den einschlägigen Befugnisnormen vorliegen, so dürfen die Daten auch ausschließlich zu Dokumentationszwecken, jedenfalls nicht zur Strafverfolgung, vorbeugenden Straftatenbekämpfung oder zur Gefahrenabwehr verwendet werden.[880] 738

VIII. Allgemeine Rechtsvorschriften für die polizeiliche Datenverarbeitung

Aus dem Volkszählungsurteil ergeben sich Konsequenzen für die polizeiliche Datenverarbeitung, die zu beachten sind, unabhängig vom Zweck der jeweiligen Speicherung. Auch das Polizeirecht enthält allgemeine Vorschriften zur Datenverarbeitung, die im Rahmen der Gefahrenabwehr, Strafverfolgung oder vorbeugenden Bekämpfung von Straftaten gleichermaßen zu beachten sind: 739

1. Grundsatz der Verhältnismäßigkeit

Die novellierten Polizeigesetze betonen, ebenso wie das bisherige Polizeirecht, den Grundsatz der Verhältnismäßigkeit in seinen verschiedenen Aspekten.[881] Es geht – was oft vermengt wird – einmal um das Meßgebot („nicht mit Kanonen auf Spatzen schießen") und zum anderen um eine Abwägung von Vor- und Nachteilen eines Eingriffs; die 740

---

[878] Vgl. §§ 31 S. 2 SPolG, 20 VIII 1. S. HSOG.

[879] §§ 31 SPolG, 20 VIII HSOG; vgl. dazu auch *Kobza/Kripgans*, in: Schipper u. a., Polizei- und Ordnungrecht in Schleswig-Holstein, Rdn. 264 ff.

[880] So ausdrücklich § 20 VIII HSOG, § 22 V SOG LSA, § 190 LVwG SH; auch § 39 BbgPolG und § 31 S. 2 SPolG dürften so zu verstehen sein. Etwas unklar *Kniesel/Vahle,* Polizeiliche Informationsverarbeitung und Datenschutz, Rdn. 110, die davon sprechen, die Daten dürften nur für das „jeweilige Vorhaben" verwendet werden. Nach § 39 II NGefAG dürfen die Vorgangsdaten nur zur Abwehr einer gegenwärtigen Gefahr für Leib oder Leben oder zur Aufklärung einer der in § 100 a StPO genannten Straftaten verwendet werden.

[881] §§ 2 SPolG, 2 PolG NW, 4 HSOG, 3 BremPolG sowie § 27 I BKAG.

letzten Dinge sollen nicht ärger sein als die ersten. Der Preis der Rechtsverschaffung soll nicht im umgekehrten Verhältnis zum Wert des gefährdeten Rechtsgutes stehen (vgl. z. B. §§ 226, 459 I, S. 2, 537, I, S. 2, 663 II, S. 2 BGB usw.). Die allgemeine Bedeutung des **Verhältnismäßigkeitsprinzips** für das Polizeirecht ist an anderer Stelle beschrieben.[882] Es hat seine Auswirkung insbesondere auch auf die **Datenverarbeitung** und kann gerade dort als notwendiges Korrektiv im Einzelfall wirken, wenn die Verarbeitungsvorschriften zu allgemein gehalten sind. Zwar ist das Verhältnismäßigkeitsprinzip in den Vorschriften zur Datenverarbeitung vielfach konkretisiert, es behält aber seine Bedeutung für deren Auslegung und konkrete Anwendung (vgl. auch Kap. F Rdn. 134 ff.).[883]

741 Besondere, ergänzende Bedeutung hat das Verhältnismäßigkeitsprinzip dort, wo die Vorschriften zur Datenverarbeitung lückenhaft sind. Wo es beispielsweise an einer Regelung darüber fehlt, **welche Daten** erhoben werden dürfen, folgt aus dem Verhältnismäßigkeitsprinzip, daß belastende oder Daten aus der Sphäre der persönlichen Lebensführung nicht nach Belieben, weil eben „Daten" erhoben werden dürfen, sondern nur nach Prüfung der Erforderlichkeit im Einzelfall zu erheben sind.

742 Aus dem Grundsatz, daß eine Maßnahme nicht zu einem Nachteil führen darf, der zu dem erstrebten Erfolg erkennbar außer Verhältnis steht, ergibt sich, daß bei geringfügigem Anlaß zur Speicherung oder bei der Speicherung von Daten über Personen, die weder Störer noch Verdächtige, sondern sog. **„andere Personen"** sind, in aller Regel keine die Persönlichkeit beschreibenden oder der privaten Lebensführung zuzurechnenden Daten gespeichert werden dürfen.

743 Da die Auswertbarkeit und damit das Gefährdungspotential bei **automatisiert** gespeicherten Daten ungleich höher ist als bei manuell oder in Aktenform gespeicherten, ist es nicht ins Belieben der speichernden Börse gestellt, ob sie die eine oder die andere Form wählt, bzw. wie viele und welche Daten sie aus den Akten in die automatisierten Dateien übernimmt. Die Automatisierung der Datenverarbeitung kommt nur in Betracht, wenn sie im Hinblick auf die zu erfüllende Aufgabe und unter Berücksichtigung der schutzwürdigen Belange der Betroffenen angemessen ist, d. h., wenn insbesondere der Mißbrauch der Daten durch wirksame Datensicherheitsmaßnahmen ausgeschlossen ist.[884]

744 Aus dem Grundsatz, daß eine Maßnahme nur **so lange** zulässig ist, bis ihr Zweck erreicht ist, oder sich zeigt, daß er nicht erreicht werden kann, folgt, daß bei der Festsetzung von Überprüfungs- und Speicherfristen zwar ein einheitlicher Maßstab verwendet werden darf, gleichwohl aber immer eine auf den **Einzelfall** („Maßnahme") zugeschnittene **Entscheidung** getroffen werden muß.[885] Gerade im Zeitalter der automatisierten Datenverarbeitung mit ihren sich stets wandelnden Erscheinungsformen und Fragestellungen erweist sich das allgemeine Verhältnismäßigkeitsprinzip auch bei fortgeschrittener Verrechtlichung der Datenverarbeitung als unentbehrliches Hilfsmittel zur verfassungskonformen Entscheidung im Einzelfall.

2. Allgemeine Grundsätze der Datenerhebung

745 § 19 PolG BW; Art. 30 BayPAG; § 18 ASOG Bln; § 29 BbgPolG; § 28 BremPolG; § 2 HmbDVPolG; § 13 HSOG; § 26 SOG MV; § 30 NGefAG; § 9 PolG NW; § 25 a POG RP; § 25 SPolG; § 37 SächsPolG; § 15 SOG LSA; § 178 LVwG SH; § 31 ThürPAG; vgl. auch § 21 BGSG.

---

882 Vgl. oben Kap. D; sehr instruktiv zu den Möglichkeiten und Grenzen, den Verhältnismäßigkeitsgrundsatz operational zu machen *Wagner,* PolG NRW vor § 2, Rdn. 109 ff.; vgl. auch *Knemeyer,* Polizei- und Ordnungsrecht, Rdn. 259 ff.

883 Zutr. *Würtenberger/Heckmann/Riggert,* Polizeirecht in Baden-Württemberg, Rdn. 357.

884 Vgl. *Wellbrock* CR 1986, 149 (157); i. d. Sinne auch § 27 I HmbDVPolG.

885 Zutr. *BayVGH,* U. v. 4. 3. 1996, BayVBl. 1996, 468 (470).

Personenbezogene Daten sind grundsätzlich **beim Betroffenen**[886] zu erheben. Eine Erhebung bei anderen Behörden, öffentlichen Stellen oder bei Dritten ist nur zulässig, wenn sonst die Erfüllung polizeilicher Aufgaben **erheblich erschwert** oder **gefährdet** würde.[887] Das Recht auf informationelle Selbstbestimmung gibt jedem das Recht, selbst über die Preisgabe seiner Daten zu bestimmen. Datenerhebung bei Dritten kann nur aus besonders wichtigen Gründen in Betracht kommen. Bequemlichkeit oder Verwaltungsvereinfachung können Grundrechtseingriffe nicht rechtfertigen.[888] Im Einzelfall ist auch hier ergänzend das allgemeine Verhältnismäßigkeitsprinzip heranzuziehen. Handelt es sich um vergleichsweise „harmlose“ Daten wie etwa die, die im Rahmen der Vorbereitung auf Gefahrenfälle erhoben werden dürfen,[889] so kommt eine Erhebung bei Dritten eher in Betracht als bei besonders sensiblen Daten wie solchen über Erkrankungen, „besondere Verhaltensweisen“[890] oder ganz allgemein über das Privatleben.

Eng hiermit hängt der Grundsatz der **offenen Datenerhebung** zusammen,[891] der Bedeutung nicht nur für das Recht auf informationelle Selbstbestimmung des einzelnen hat. Heimliche Datenerhebung steht dem Recht auf informationelle Selbstbestimmung diametral entgegen. Folgerichtig reicht die bloße Erschwerung polizeilicher Aufgaben als Begründung nicht aus.[892] Statt dessen muß die Erfüllung polizeilicher Aufgaben gefährdet werden oder anzunehmen sein, daß die nicht offene Datenerhebung dem ausnahmsweise überwiegenden Interesse des Betroffenen[893] entspricht. **746**

Auch hier ist im Einzelfall die Bedeutung der jeweiligen Aufgabe, die bei offener Datenerhebung erheblich gefährdet wäre, gegen die Belange des Betroffenen abzuwägen. Es spielt auch eine wichtige Rolle, um welche Art von Daten es sich handelt. In die Abwägung ist schließlich auch die Frage einzubeziehen, welche Folgen für das Verhältnis Bürger–Polizei eine verdeckte Datenerhebung langfristig haben kann.[894] Vertrauen zur Polizei setzt deren prinzipielle Offenheit voraus. Diese Publizität ist konstitutives Kennzeichen eines republikanischen und demokratischen Staates. **747**

Ein wichtiges Korrektiv, das den Eingriff in das informationelle Selbstbestimmungsrecht mildert und die Rechtsschutzgarantie wirksam macht, ist die im hessischen Polizeirecht vorgeschriebene **Benachrichtigung** des Betroffenen, sobald die Speicherung länger als drei Jahre dauert.[895] Auch in anderen Fällen ist zu prüfen, ob das Verhältnismäßigkeitsprinzip eine nachträgliche Unterrichtung des Betroffenen gebietet, sobald der Grund für die verdeckte Erhebung weggefallen ist. Erfolgt die verdeckte Erhebung im Interesse des Betroffenen, so dürfte seiner Unterrichtung in aller Regel nichts im Wege stehen. **748**

---

886 D.h. bei demjenigen, um dessen Daten es geht, *Würtenberger/Heckmann/Riggert,* Polizeirecht Baden-Württemberg, Rdn. 364 sowie ausführlich *Koch,* Datenerhebung und -verarbeitung in den Polizeigesetzen der Länder, S. 69 ff.

887 §§ 25 II SPolG, 13 VI HSOG, 9 III PolG NW, 2 II HmbDVPolG, § 29 BbgPolG, § 18 IV ASOG Bln, § 19 I PolG BW, § 15 V SOG LSA, § 37 II SächsPolG, § 31 II ThürPAG, § 30 II NGefAG. Zur Erhebung in Form der Befragung vgl. *Gusy* NVwZ 1991, 614 ff.

888 Bedenklich deshalb Art. 30 II BayPAG: „unverhältnismäßiger Aufwand“; vgl. dazu *BVerfGE* 51, 97 (107 ff.).

889 Vgl. z. B. § 26 III S. 1 SPolG.

890 Vgl. § 13 V S. 2 HSOG.

891 §§ 25 III SPolG, 13 VII HSOG, 9 IV PolG NW, 2 III HmbDVPolG, § 29 BbgPolG, § 18 II ASOG Bln, § 19 II PolG BW, § 15 VI SOG LSA, § 37 V SächsPolG, § 31 III ThürPAG, § 30 III NGefAG, Art. 30 III BayPAG; *Koch,* Datenerhebung und -verarbeitung in den Polizeigesetzen der Länder, S. 73 ff.

892 In Bayern schon, vgl. Art. 30 III S. 2 BayPAG, dessen Verfassungsgemäßheit der *BayVerfGH,* E Bd. 51, 97 (107 ff.) allerdings bestätigt hat; wie hier *Hornmann,* Kommentar zum HSOG, § 13, Rdn. 53; vgl. auch *Kay/Böcking,* Polizeirecht Nordrhein-Westfalen, Rdn. 111.

893 So §§ 25 III SPolG und 13 VII HSOG. In NRW fehlt eine solche generalklauselartige Befugnis zur heimlichen Datenerhebung gänzlich, vgl. § 9 IV PolG NW; vgl. *Gusy,* Polizeirecht, S. 133 f.

894 *Lisken* AE PolG NW, in: Bull: Sicherheit durch Gesetze? (1987), S. 191 (219).

895 § 20 IX HSOG, § 30 V NGefAG. In Schleswig-Holstein sind die Betroffenen von der Speicherung zu unterrichten, falls die Daten nicht offen erhoben worden sind, § 178 II SH LVerwG.

3. Grundsätze der Speicherung und Zweckbindung

749 Die Speicherung und sonstige Nutzung personenbezogener Daten darf nur zu dem Zweck erfolgen, zu dem sie erhoben worden sind.[896] Hierbei ist nach dem **Zweck im Einzelfall** zu fragen. Die großen polizeilichen Aufgabengebiete Gefahrenabwehr, Strafverfolgung und Vorbeugung sind weiter zu spezifizieren. Wenn beispielsweise die Daten einer Person als **Zeuge** im Rahmen der Gefahrenabwehr erhoben worden sind, so dürfen sie nicht ohne weiteres wie die Daten über einen **Störer** gespeichert werden, auch wenn dies im Rahmen der Aufgabe „Gefahrenabwehr" geschieht. In gleicher Weise können aus den Daten über Kontakt- und Begleitpersonen nicht ohne Begründung Daten über Verdächtige gemacht werden, auch wenn beides sich im Rahmen der Strafverfolgung bewegt. Grundvoraussetzung für eine sachgerechte Verwendung unterschiedlicher Datenkategorien ist ihre Kennzeichnung.[897]

750 Die Speicherung zu einem anderen Zweck ist aber nach allen neueren Polizeigesetzen zulässig, wenn die Daten auch zu diesem Zweck **hätten** erhoben **werden dürfen**.[898] In anderen Gesetzen ist darauf abgestellt, ob die Daten zu dem anderen Zweck erhoben werden **dürften**.[899] Die erstgenannte Lösung hat den Vorteil, daß auf den erstmaligen Erhebungszeitpunkt abgestellt wird. Dies ist näher am Kern des Problems, nämlich bei der Frage, ob die Daten auch mit **derselben** Erhebungsmethode hätten erhoben werden dürfen oder erhoben werden dürften.[900] Nur bei Einbeziehung der Erhebungsmethode kommt man bei der **Zweckbindung** zu befriedigenden Ergebnissen. Dies mag folgendes Beispiel verdeutlichen: In oder aus Wohnungen dürfen Daten mit verdeckten Mitteln nur unter besonderen Bedingungen erhoben werden.[901] Es muß eine gegenwärtige Gefahr für Leib oder Leben einer Person bestehen. Werden bei dieser Gelegenheit Informationen über einen Ladendiebstahl gewonnenen, so könnten sie ohne weiteres zur Strafverfolgung verwendet werden, wenn es nur auf die Erhebung als solche ankäme: Daten über Straftaten darf die Polizei erheben. Anders ist das Ergebnis, wenn die Frage der Erhebungsmethode einbezogen wird: Zur Aufklärung eines Ladendiebstahls dürfen keine Daten mit verdeckten Mitteln in oder aus Wohnungen erhoben werden.

751 Die derzeitigen Zweckbindungs- und Zweckänderungsbestimmungen in den Polizeigesetzen äußern sich mit Ausnahme von § 16 II HmbDVPolG zur Frage der Erhebungsmethode nicht ausdrücklich und stellen deshalb keine zufriedenstellende Problemlösung dar.[902] **Spezielle** anderweitige **Zweckbindungsregeln** gehen den allgemeinen Vorschriften zur Zweckbindung in den Polizeigesetzen in jedem Fall vor.[903]

4. Speicherung wertender Merkmale

752 Werden Bewertungen in Dateien gespeichert, muß feststellbar sein, bei welcher Stelle die Unterlagen geführt werden, die der Bewertung zugrunde liegen.[904] Ausdrückliche

---

896 §§ 30 I S. 2 SPolG, 20 III S. 1 HSOG, 23 I S. 1 PolGNW; *Koch,* Datenerhebung und -verarbeitung in den Polizeigesetzen der Länder, S. 154 ff.

897 So ausdrückl. § 37 I PolG BW.

898 § 20 III S. 2 HSOG, § 22 I SOG LSA, § 37 II PolG BW, § 42 II ASOG Bln, § 38 I BbgPolG; § 39 NGefAG läßt eine zweckändernde Nutzung von Daten immer dann zu, wenn sie für die Gefahrenabwehr verwendet werden sollen und auch dafür hätten erhoben werden dürfen.

899 §§ 23 I S. 2 PolGNW, 30 I S. 2 SPolG, Art. 37 II S. 2 BayPAG, § 39 ThürPAG.

900 So z. B. § 43 I SächsPolG.

901 Vgl. dazu oben Rdn. 642.

902 Vgl. *Alberts/Mertens,* Gesetz über die Datenverarbeitung der Polizei, § 14 Rdn. 3. A. A. *Schmidbauer/Steiner/Roese,* Kommentar zum BayPAG, Art. 35, Rdn. 15, mit der Begründung, Polizei und Justiz bedürften einer Möglichkeit, auf „alle Daten innerhalb ihrer Systeme" zurückgreifen zu können, „egal zu welchen Zwecken sie rechtmäßig erhoben worden sind".

903 Vgl. §§ 20 II, VIII, 15 VIII HSOG, 17 IV S. 2, 18 IV S. 2 PolGNW.

904 §§ 30 IV SPolG, 23 II S. 1 PolGNW, 20 VI HSOG, § 43 II ASOG Bln, § 22 VI SOG LSA, § 38 III NGefAG, § 7 IV BKAG.

Regelungen dieser Frage überraschen auf den ersten Blick, da die Datensicherungsvorschriften, die in der Anlage zu § 9 BDSG genannt sind, auch von der Polizei zu beachten sind.[905] Nach Ziffer 7 der Anlage muß gewährleistet sein, daß nachträglich überprüft und festgestellt werden kann, welche personenbezogenen Daten zu welcher Zeit von wem in Datenverarbeitungssysteme eingegeben worden sind. Entscheidend ist insoweit, daß im nachhinein der für das jeweilige Datum inhaltlich Verantwortliche festgestellt werden kann.[906] Dies gilt unabhängig davon, ob es sich um Bewertungen handelt oder um „harte Daten".[907]

Die eingangs zitierten Vorschriften gehen zurück auf den Alternativentwurf einheitlicher Polizeigesetze des Bundes und der Länder des „Arbeitskreises Polizeirecht" (AE PolG), § 37 II. Sie haben aufgrund der praktischen Erfahrung in der polizeilichen Datenverarbeitung, insbesondere im Hinblick auf den **Verbundcharakter** vieler Dateien auch ihren Sinn. Bei den personengebundenen Hinweisen war es nämlich in der Vergangenheit nicht immer möglich festzustellen, wer die jeweilige Bewertung abgegeben hatte. Nunmehr ist festgelegt, daß entweder aus der Datei oder aus der zugehörigen Akte – auf die dann in der Datei verwiesen werden muß – feststellbar sein muß, wo die Unterlagen geführt werden, die der Bewertung zugrunde liegen. Daraus ergibt sich zugleich, daß die Grundlagen von bewertenden Datenspeicherungen **dokumentiert** werden müssen.[908] 753

Von einer **Bewertung** kann immer dann gesprochen werden, wenn nicht lediglich feststehende Fakten in der Datei abgebildet werden. Die Bewertung kann sich auf die Person und ihre Eigenschaften ebenso wie auf ihre Handlungen beziehen (z. B. Einstufung einer bestimmten Handlungsweise als Straftat, bevor darüber rechtskräftig entschieden ist). 754

5. Grundsätze der Datenübermittlung

§ 41 PolG BW; Art. 39 BayPAG; § 44 ASOG Bln; § 41 BbgPolG; § 33 BremPolG; § 18 HmbDVPolG; § 21 HSOG; § 39 SOG MV; § 40 NGefAG; § 26 PolG NW; § 25 c POG RP; § 32 SPolG; § 26 SOG LSA; § 191 LVwG SH; § 41 ThürPAG. 755

Der Zweckbindungsgrundsatz ist auch (und gerade) bei Datenübermittlungen zu beachten.[909] Allerdings soll eine Ausnahme schon dann gelten, wenn es zur Abwehr „einer Gefahr" unerläßlich ist, und der Empfänger die Informationen auf andere Weise nicht oder nicht rechtzeitig oder nur mit unverhältnismäßig hohem Aufwand erlangen kann.[910] Der allgemeine **Verhältnismäßigkeitsgrundsatz** verlangt aber auch insoweit eine Abwägung zwischen der abzuwehrenden Gefahr und der Sensibilität der zu übermittelnden Daten.[911] Orientierungshilfe kann die Frage liefern, ob der Empfänger die Informationen mit denselben Mitteln erheben dürfte, mit denen sie der Übermittelnde erhoben hat.[912]

Unterliegen die Informationen einem **Berufs-** oder **besonderen Amtsgeheimnis** und sind sie der Polizei von der zur Verschwiegenheit verpflichteten Person in Ausübung ihrer Berufs- oder Amtspflicht übermittelt worden, so ist auch die Weiterübermittlung durch die Polizei nur zum selben Zweck zulässig, zu dem die Polizei die Informationen erlangt hat.[913] 756

---

905 Vgl. oben Rdn. 111 ff. sowie ausdrücklich § 37 BKAG.

906 *Dammann*, in: Simitis u. a., BDSG-Kommentar, § 6, Rdn. 138.

907 Konsequenterweise verlangt § 37 I PolG BW, daß generell feststellbar sein muß, bei welcher Stelle die der Speicherung zugrundeliegenden Unterlagen geführt werden.

908 Vgl. § 38 III NGefAG.

909 §§ 32 I S. 1 SPolG, 18 I HmbDVPolG; zum Begriff *Kobza/Kripgans*, in: Schipper u. a., Polizei- und Ordnungsrecht in Schleswig-Holstein, Rdn. 270; allg. zur Datenübermittlung *Koch*, Datenerhebung und -verarbeitung in den Polizeigesetzen der Länder, S. 166 ff.

910 §§ 32 I S. 2 SPolG, 26 I Nr. 2 PolG NW.

911 Nach § 41 ThürPAG ist eine Datenübermittlung zwischen Polizeibehörden grundsätzlich nur „in Übereinstimmung mit datenschutzrechtlichen Regelungen" zulässig; vgl. auch § 27 Nr. 1 BKAG.

912 Wie hier *Hornmann*, Kommentar zum HSOG, § 21, Rdn. 2.

913 § 27 Nr. 2 BKAG, §§ 26 II PolG NW, 32 III SPolG, 18 III HmbDVPolG, § 41 II BbgPolG, § 26 II SOG LSA, § 41 VI ThürPAG, § 21 II HSOG: Bei Übermittlungen an Stellen außerhalb des öffentlichen Bereiches muß zusätzlich die zur Verschwiegenheit verpflichtete Person od. Stelle einwilligen.

757 Die Daten über **Kontaktpersonen** künftiger Straftäter, **Opfer, Zeugen** etc. künftiger Straftaten dürfen nur an Behörden der Vollzugspolizei übermittelt werden.[914] Die grundsätzlichen Bedenken gegen die vorbeugende Speicherung dieser Daten werden dadurch etwas gemildert. Die Übermittlung von Daten über diesen Personenkreis an die Verfassungsschutzbehörden scheidet damit aus.[915]

758 Die **Verantwortung** für die Rechtmäßigkeit der Übermittlung trägt die **abgebende Stelle.** Sie hat bei Übermittlungsersuchen die Angaben der ersuchenden Stelle zu überprüfen und ggf. weitergehende Begründungen zu erfragen, damit sie über die Berechtigung des Auskunftsersuchens entscheiden kann. Da die Datenübermittlung ein eigenständiger Rechtseingriff ist, kommt es auf das Vorliegen der **Voraussetzungen im Einzelfall** an. Der pauschale Verweis auf die Aufgaben genügt nicht.

759 Dies ergibt auch ein Vergleich mit den Besonderheiten bei der Datenübermittlung an Polizei- und andere Behörden: In diesem Fall genügt die Prüfung, ob das Ersuchen im Rahmen der Aufgaben des Empfängers liegt. Bestehen Bedenken, so ist die Rechtmäßigkeit des Ersuchens auch in diesem Fall vollständig nachzuprüfen.[916]

760 Gerade wenn Daten an andere Polizei- und sonstige Behörden übermittelt werden und lediglich geprüft wird, ob sich die Anfrage im Rahmen der Aufgaben bewegt, kommt es allerdings in besonderem Maße auf die **Dokumentation** der Übermittlung an, damit der Weg der Daten vom Übermittelnden zum Empfänger nachgeprüft werden kann. Wo es an einer ausdrücklichen Regelung[917] fehlt, ergibt sich die Pflicht hierzu aus den nach dem Volkszählungsurteil notwendigen Schutzvorkehrungen bei der Datenverarbeitung.

761 Auch aus der in den Gesetzen enthaltenen Vorschrift, daß **nachberichtet** werden muß, wenn festgestellt wird, daß unrichtige oder zu löschende Daten übermittelt worden sind,[918] ergibt sich die Verpflichtung, Übermittlungen zu **dokumentieren**. Ein so wichtiges Instrument wie der Nachbericht kann nicht davon abhängig sein, ob die Polizei („zufällig“) feststellt, daß sie unrichtige oder unvollständige Daten übermittelt hat.

762 Zu beachten ist die Bestimmung, daß der Empfänger die Daten nur zu dem Zweck verwenden darf, zu dem er sie erhalten hat.[919]

763 Das **hessische Polizeigesetz** enthält weitergehende allgemeine Grundsätze bei der Datenübermittlung. Demnach darf die Übermittlung nicht zu einer Erweiterung des Kreises der Stellen nach § 41 BZRG führen, die von Eintragungen, die in ein **Führungszeugnis** nicht aufgenommen werden, Kenntnis erhalten.[920] Für unmittelbar aus dem BZR erhaltene Daten gilt dies nach § 41 IV BZRG ohnehin. Erhebliche Bedeutung hat diese Regelung für die Vielzahl von bei der Polizei gespeicherten Daten, die nicht im BZR registriert sind. Es handelt sich um **Verdachtsdaten**, die nicht zu einer rechtskräftigen Verurteilung geführt haben. Sie sind insofern weit sensibler als die Daten, die im BZR gespeichert, aber nicht in ein Führungszeugnis aufzunehmen sind. Die hessische Regelung ist deshalb zu begrüßen. Sie bedeutet, daß an andere als die in § 41 BZRG aufgeführten Stellen und Behörden keine Informationen über den Verdacht einer Straftat

---

[914] §§ 32 II SPolG, 26 I 1. S. PolGNW, 18 II HmbDVPolG, § 40 II NGefAG; in Berlin nach § 44 IV auch an andere Ordnungsbehörden; in Hessen ergibt sich dies mittelbar aus § 21 HSOG, da für die vorbeugende Bekämpfung von Straftaten ausschließlich Polizeibehörden zuständig sind.

[915] Insoweit geht Polizeirecht den Übermittlungsbestimmungen der Verfassungsschutzgesetze vor; anders Bayern: Art. 39 IV BayPAG.

[916] §§ 32 IV S. 2 SPolG, 26 III S. 3 PolGNW; anders Hessen, wo generell nur zu prüfen ist, ob die Anfrage im Rahmen der Aufgaben des Empfängers liegt: § 21 V HSOG.

[917] Vgl. § 21 I S. 2 HSOG, § 26 I SOG LSA; § 40 I NGefAG verlangt die Dokumentation nur bei zweckändernder Übermittlung; vgl. die Übersicht bei *Koch,* Datenerhebung und -verarbeitung in den Polizeigesetzen der Länder, S. 173 f.

[918] §§ 38 III SPolG, 32 IV PolGNW, 27 V HSOG, Art. 45 I BayPAG. Zur Abgrenzung von nicht nachberichtspflichtigen Änderungen *Kay/Böcking,* Polizeirecht Nordrhein-Westfalen, Rdn. 227.

[919] §§ 32 V SPolG, 26 IV PolGNW, 21 VI HSOG, 18 V HmbDVPolG, § 47 IV BbgPolG, § 44 VI ASOG Bln, § 41 II PolG BW, § 26 VI SOG LSA, Art. 39 II BayPAG.

[920] § 21 IV 1. HS HSOG, ebenso § 26 IV SOGLSA.

übermittelt werden dürfen, die bei einer – gedachten – Verurteilung voraussichtlich nicht in ein Führungszeugnis aufzunehmen wären.[921]

Weiter bestimmt § 21 IV 2. HS HSOG, daß das in §§ 51 und 52 BZRG enthaltene **Verwertungsverbot** zu „berücksichtigen" ist. „Berücksichtigen" bedeutet, daß die Information nur dann weiter übermittelt werden darf, wenn der Empfänger sie zu einem in § 52 BZRG aufgeführten Zweck benötigt. Das Verwertungsverbot der §§ 51, 52 ist ohnehin von jeder Behörde zu beachten. Wichtiger ist die Frage, ob §§ 51, 52 auch zu beachten sind, wenn es lediglich um Verdachtsdaten geht, die nicht zur rechtskräftigen Verurteilung geführt haben. Dies ist nach dem oben Ausgeführten anzunehmen. 764

6. Allgemeine Grundsätze der Datenübermittlung zwischen Polizeibehörden

Zwischen Polizeibehörden dürfen Daten übermittelt werden, soweit das zur Aufgabenerfüllung erforderlich ist.[922] Die vorstehend geschilderten allgemeinen Grundsätze der Datenübermittlung sind zu beachten, sofern sie nicht für Datenübermittlungen zwischen Polizeibehörden ausdrückliche Ausnahmen enthalten. Da die Einspeicherung von Daten in ein **Verbundsystem** nach neuerem Datenschutzrecht zwar begrifflich noch keine Übermittlung ist,[923] im Zeitpunkt des tatsächlichen Abrufs der Daten durch die übermittelnde Stelle dazu keine Möglichkeit mehr besteht, sind bereits bei der Einspeicherung von Daten in ein Verbundsystem alle Fragen zu prüfen, die bei einer konventionellen Übermittlung zu prüfen wären. 765

7. Übermittlung von Daten an andere Behörden

Wichtigster Grund der Übermittlung von Daten an andere Behörden oder öffentliche Stellen ist die Erforderlichkeit zur eigenen, **polizeilichen Aufgabenerfüllung**.[924] Daneben kommt eine Übermittlung vor allem zur Erfüllung von **Aufgaben** auf dem Gebiet der **Gefahrenabwehr** durch den Empfänger in Betracht.[925] 766

8. Datenübermittlung an Private

§ 44 PolG BW; Art. 41 BayPAG; § 45 ASOG Bln; § 44 BbgPolG; § 33 BremPolG; § 21 HmbDVPolG; § 23 HSOG; § 41 SOG MV; § 44 NGefAG; § 29 PolG NW; § 25 c POG RP; § 34 SPolG; § 46 SächsPolG; § 28 SOG LSA; § 193 LVwG SH; § 41 ThürPAG; vgl. auch § 32 BGSG. 767

Nach den Polizeigesetzen kann die Polizei Daten an private Dritte im wesentlichen dann übermitteln, wenn es zur Erfüllung ihrer Aufgaben oder zur Abwehr erheblicher Nachteile für das Gemeinwohl oder zur Abwehr einer schwerwiegenden Beeinträchtigung der Rechte einer Person erforderlich ist.[926] In diesen Fällen handelt die Polizei von sich aus. Auf Antrag kann sie Daten übermitteln, wenn der Empfänger ein rechtliches Interesse an der Datenübermittlung geltend macht und kein Grund zu der Annahme besteht, daß das Geheimhaltungsinteresse des Betroffenen überwiegt oder wenn die Übermittlung im Interesse des Betroffenen liegt und er in Kenntnis der Sachlage seine Einwilligung hierzu erteilen würde.[927] Schwierige Auslegungsfragen lassen sich in diesem Zusammenhang am besten dadurch vermeiden, daß die Einwilligung des Betroffenen eingeholt wird, so-

---

921 Vgl. *Hornmann,* Kommentar zum HSOG, § 21, Rdn. 23.
922 §§ 33 SPolG, 27 I PolG NW, 22 I HSOG.
923 Vgl. oben Rdn. 62.
924 Vgl. §§ 22 III Nrn. 4 u. 5 HSOG, 34 I S. 2 SPolG, Art. 40 I BayPAG.
925 §§ 22 II Nr. 2 u. 3 HSOG, 28 II PolG NW; bedenklich weit §§ 34 I S. 1 SPolG, 20 II HmbDVPolG, § 44 III ASOG Bln, § 43 III PolG BW, § 27 III SOG LSA u. Art. 40 III BayPAG, wo die Datenübermittlung für zulässig erklärt wird, wenn sie zur Aufgabenerfüllung des Empfängers erforderlich **erscheint**.
926 Ähnlich § 23 HSOG u. Art. 41 I BayPAG.
927 §§ 29 II PolG NW, Art. 41 II BayPAG, § 44 II PolG BW; zu den Voraussetzungen im einzelnen *Kay/Böcking,* Polizeirecht Nordrhein-Westfalen, Rdn. 214.

fern dies möglich ist. In **Hessen** ist die Datenübermittlung besonders zu **dokumentieren** und der Betroffene im nachhinein zu **unterrichten**, falls er nicht in die Übermittlung eingewilligt hat.[928]

9. Datenübermittlung an die Polizei

768 In einigen Ländern ist generalklauselartig die Befugnis der öffentlichen Stellen geregelt, der Polizei von sich aus oder auf Anfrage Daten zu übermitteln.[929] Dies kann nicht auf dem Gebiet der Strafverfolgung in Betracht kommen, weil die Regelungskompetenz hierfür beim Bund liegt. Aber auch im Bereich der Gefahrenabwehr geht **bereichsspezifisches Übermittlungsrecht** vor. Ob eine daneben bestehende generalklauselartige Übermittlungsbefugnis mit dem Gebot bereichsspezifischer, präziser Regelung von Datenübermittlungen in Einklang steht, ist zu bezweifeln.

10. Online-Verbindungen und polizeilicher Informationsverbund

769 § 17 PolG BW; Art. 46 BayPAG; § 46 ASOG Bln; § 49 BbgPolG; § 27 HmbDVPolG; § 24 HSOG; § 42 SOG MV; § 42 NGefAG; § 35 SPolG; § 48 SächsPolG; § 29 SOG LSA; § 194 LVwG SH; § 42 ThürPAG.

Wie gezeigt, bestehen zwischen den Polizeibehörden der Bundesrepublik vertikal und horizontal eine Vielzahl von Online-Verbindungen, ein großer Teil davon in der besonderen Form von **Verbundsystemen**.[930] Die neuen Polizeigesetze enthalten zum Teil generalklauselartige, pauschale Bestimmungen zur Einrichtung automatisierter Abrufverfahren. Aus der Formulierung des **saarländischen**[931] und des **hessischen**[932] Gesetzes ergibt sich zumindest, daß eine Online-Übermittlung von polizeilichen Daten gemeint ist. Noch unbestimmter ist die **bayerische** Regelung, wonach „ein automatisiertes Verfahren" eingerichtet werden darf, wenn es unter Berücksichtigung der schutzwürdigen Interessen der Betroffenen und der Erfüllung polizeilicher Aufgaben angemessen ist.[933] Die Einrichtung von Online-Abrufmöglichkeiten für Daten, die bei anderen Behörden gespeichert sind, durch die Polizei ist nur auf der Grundlage einer **bereichsspezifischen Rechtsgrundlage** zulässig, da anderenfalls der Bürger nicht mehr nachvollziehen könnte, wohin seine Daten fließen können.

770 Für das polizeiliche Informationssystem INPOL enthalten nunmehr die §§ 7–12 BKAG nähere Bestimmungen. Da es um die Ausgestaltung der **Zentralstellenfunktion des Bundeskriminalamtes** geht, regeln die Vorschriften in erster Linie Rechte und Pflichten bei Aufbau und Betrieb des polizeilichen Informationssystems. Demnach ist das Bundeskriminalamt, wie bereits bislang, die Zentralstelle für den elektronischen Datenverbund. Teilnehmer am Informationssystem sind neben dem BKA die Landeskriminalämter und sonstigen Polizeibehörden der Länder. Außerdem können sich der BGS, die mit der grenzpolizeilichen Kontrolle betrauten Zollbehörden und das Zollkriminalinstitut beteiligen.

771 In das polizeiliche Informationssystem können personenbezogene Daten nur nach Maßgabe der §§ 7–9 BKAG eingegeben werden. Diese Vorschriften bilden gewissermaßen den **maximalen Rahmen**, innerhalb dessen sich Speicherungen im bundesweiten

---

928 Vgl. §§ 23 IV, II, 22 II S. 2 HSOG.

929 § 30 PolG NW, § 27 V SOG LSA, § 41 VII ThürPAG, § 45 BbgPolG, § 44 VII ASOG Bln, Art. 42 BayPAG; vgl. dazu auch *Lisken* NWBl. 1990, 332 f.

930 Vgl. oben Einzelheiten bei Rdn. 145 ff. sowie *Koch,* Datenerhebung und -verarbeitung in den Polizeigesetzen der Länder, S. 179 ff.

931 § 35 SPolG.

932 § 24 HSOG.

933 Art. 46 BayPAG; *Schmidbauer/Steiner/Roese,* Kommentar zum BayPAG, Art. 46, Rdn. 3, sehen die Einrichtung von Online-Verfahren dann als angemessen an, wenn sie erforderlich, tauglich und verhältnismäßig erscheinen.

Informationssystem halten müssen.[934] Weitergehende landesrechtliche oder spezialgesetzliche Befugnisse beziehen sich auf die Speicherung in den jeweiligen eigenen Dateien, nicht aber im bundesweiten Informationssystem.

Andererseits sind die Landesbehörden nicht „verpflichtet", Daten im Umfang der §§ 7–9 BKAG im Verbundsystem zu speichern. Sie bleiben vielmehr an gegebenenfalls **abweichendes Landesrecht** gebunden, z. B. wenn dieses die Speicherung von Daten nicht zuläßt, die nach §§ 7–9 BKAG im Bundessystem erfaßt werden dürften. Dies ergibt sich zunächst aus § 12 Abs. 2 BKAG, wonach die Verantwortung für die im polizeilichen Informationssystem gespeicherten Daten, namentlich für die Rechtmäßigkeit der Erhebung, die Zulässigkeit der Eingabe sowie die Richtigkeit oder Aktualität der Daten bei den eingebenden Landespolizeibehörden verbleibt. 772

Der schlichte Verweis, Bundesrecht bricht Landesrecht, der gelegentlich für die Stützung der These vorgebracht wird, die Vorschriften des BKAG seien allein maßgeblich, für die zusätzliche Anwendung vom Landesrecht sei kein Raum,[935] verkennt, daß Bundesrecht nur dann Landesrecht bricht, wenn derselbe **Regelungsgegenstand** vorliegt. Die §§ 7–9 BKAG regeln aber nicht, obwohl der Bund nach der hier vertretenen Auffassung dazu die Gesetzgebungskompetenz hätte,[936] abschließend die Verarbeitung personenbezogener Daten zum Zwecke der Vorbeugung durch die Polizei, sondern lediglich die Befugnis zur Einspeicherung der Daten speziell in das bundesweite Informationssystem. Sonst hätte es daneben der Bestimmung des § 20 BKAG über die Datenspeicherung im BKA für Zwecke künftiger Strafverfahren nicht bedurft. Daten, die nach Landesrecht überhaupt nicht erhoben oder jedenfalls nicht gespeichert werden dürfen, dürfen erst recht nicht unter Berufung auf die §§ 7–9 BKAG im bundesweiten Informationssystem der Polizei gespeichert werden.[937] Die in § 13 Abs. 1 BKAG geregelte Pflicht der Länder, dem BKA die Daten anzuliefern, die es zur Erfüllung seiner **Zentralstellenfunktion** braucht, begründet eine Verpflichtung zwischen Behörden. Eine Befugnis gegenüber den betroffenen Bürgern kann daraus nur für die Datenübermittlung abgeleitet werden. Nach § 13 Abs. 6 BKAG trägt die übermittelnde Stelle die Verantwortung für die Zulässigkeit der Übermittlung. Daten, die die übermittelnde Stelle nach dem für sie verbindlichen Recht weder erheben noch in ihrem Bereich speichern dürfte, darf sie auch nicht zum Zwecke der Speicherung an das BKA übermitteln. 773

§ 11 Abs. 3 BKAG stellt klar, daß nur die Stelle, die Daten zu einer Person eingegeben hat, befugt ist, diese zu ändern, zu berichtigen oder zu löschen. Damit wird das schon bislang im Rahmen des INPOL-Systems geltende **Besitzerprinzip** festgeschrieben. Daraus ergibt sich, daß die in den polizeilichen Informationssystemen eingespeicherten Daten nicht in die Verfügungsbefugnis der anderen Verbundteilnehmer, auch nicht das BKA, übergehen. Das BKA hat nach § 12 Abs. 1 BKAG die Einhaltung der Regelungen zur Zusammenarbeit und zur Führung des polizeilichen Informationssystems zu überwachen; stellt es dabei fehlerhafte Daten fest, so macht es der eingebenden Behörde Mitteilung, damit diese die Korrektur vornimmt, § 11 Abs. 3 S. 2 BKAG. 774

§ 12 Abs. 3–5 BKAG regeln die Datenschutzkontrolle im Verbundsystem, Schadensersatzansprüche bei fehlerhafter Datenverarbeitung sowie die Auskunftsverpflichtung gegenüber den Betroffenen. Die Einzelheiten der Speicherung personenbezogener Daten im polizeilichen Informationssystem werden gem. § 11 Abs. 2 BKAG in **Errichtungsanordnungen**[938] festgelegt, die gemäß § 34 Abs. 2 BKAG der Zustimmung der Länder 775

[934] *Ahlf/Daub/Lersch/Störzer,* BKAG-Kommentar, § 11, Rdn. 7.

[935] *Ahlf/Daub/Lersch/Störzer,* BKAG-Kommentar, § 11, Rdn. 5 ff.

[936] Vgl. oben, Rdn. 539 ff.

[937] Vgl. 21. Tätigkeitsbericht des schleswig-holsteinischen Datenschutzbeauftragten, LT-Drucks. 14/2080, S. 30 f.; zweifelnd *Ahlf/Daub/Lersch/Störzer,* Kommentar zum BKAG, § 11, Rdn. 7, allerdings mit der merkwürdigen Feststellung, es sei zweifelhaft, ob die Länder ihre Rechtsvorschriften ergänzend „als politischen Maßstab" heranziehen dürften, um gegebenenfalls bestimmte Daten nicht im INPOL-Bund zu erfassen.

[938] Vgl. oben Rdn. 227 sowie unten Rdn. 780 ff.

bedürfen. § 11 Abs. 2 BKAG sieht vor, daß für jede einzelne Datei eine Errichtungsanordnung erlassen wird. Die Veränderungen der Datenverarbeitungstechnik und im Datenschutzrecht haben dazu geführt, daß im polizeilichen Informationssystem physikalisch abgeschottete Dateien nicht mehr betrieben werden. Dies gilt insbesondere nach der Einführung von INPOL-Neu.[939] Der Dateibegriff des BKAG bezieht sich auf eine aufgabenbezogene, logische Zuordnung der Daten und dient der präziseren Abgrenzung der rechtlichen Befugnisse zur Datenspeicherung und -verwendung. Deshalb ist beabsichtigt, auch im Rahmen von INPOL-Neu und trotz der dort geplanten einheitlichen, bereichsübergreifenden Informationsbasis, für die Benutzeroberfläche an der logischen Gliederung der Daten in Dateien festzuhalten.[940]

11. Berichtigung, Sperrung, Löschung

776 § 46 PolG BW; Art. 45 BayPAG; § 48 ASOG Bln; § 37 BbgPolG; § 35 BremPolG; § 24 HmbDVPolG; § 27 HSOG; § 45 SOG MV; § 47 NGefAG; § 32 PolG NW; § 25 e POG RP; § 38 SPolG; § 49 SächsPolG; § 32 SOG LSA; § 196 LVwG SH; § 45 ThürPAG; vgl. auch § 35 BGSG; §§ 32, 33 BKAG.

Die Polizeigesetze enthalten bereichsspezifische Vorschriften zur Berichtigung, Sperrung und Löschung personenbezogener Daten. Sie gehen dem allgemeinen Datenschutzrecht vor, soweit sie Regelungen zu gleichen Fragen treffen. Die Unterschiede sind allerdings in ihrer praktischen Auswirkung gering, so daß im wesentlichen auf das oben Ausgeführte verwiesen werden kann.[941]

777 Die Gesetze sehen für den Polizeibereich vor, daß Daten zu **löschen** sind, wenn sie zur rechtmäßigen Aufgabenerfüllung nicht mehr benötigt werden. Die für diesen Fall für andere Verwaltungsbereiche vorgesehene Möglichkeit der Sperrung statt Löschung entfällt für den Polizeibereich. Lediglich zu wissenschaftlichen Zwecken oder wenn es im Interesse des Betroffenen liegt oder wenn die Daten zur Behebung „einer Beweisnot" unerläßlich sind, kann an die Stelle der Löschung die Sperrung treten. **„Beweisnot"**[942] kann in diesem Zusammenhang nicht Beweis des Tatvorwurfs bedeuten, dessentwegen die Speicherung vorgenommen wurde. In diesem Fall läge gegebenenfalls Erforderlichkeit der Speicherung zur rechtmäßigen Aufgabenerfüllung vor. Gemeint dürften Fälle sein, in denen Zweifelsfragen zu klären sind, die mit der Speicherung zusammenhängen. Denkbar wäre zum Beispiel eine drohende oder schon anhängige gerichtliche Auseinandersetzung mit dem Betroffenen über die Frage, ob die Daten rechtmäßig gespeichert oder an Dritte übermittelt worden sind. Die Daten dürfen aber nur für diesen Zweck verwendet werden.[943]

778 Im übrigen fehlt eine Regelung zur Sperrung in Non-liquet-Fällen im Polizeibereich.[944] Insoweit kommt die Anwendung der allgemeinen datenschutzrechtlichen Vorschriften in Betracht.[945] Im **nordrhein-westfälischen** Polizeigesetz ist auffällig die Betonung, daß sich Löschungs- und Vernichtungsanspruch in erster Linie auf **„suchfähig gespeicherte Daten"** beziehen. Damit wird zu Recht dem Umstand Rechnung getragen, daß die Suchfähigkeit gespeicherter Daten häufig die für den Betroffenen entscheidende Belastung darstellt. Werden Daten, die nicht suchfähig gespeichert sind, gleichwohl im Rahmen der Sachbearbeitung festgestellt, so sind sie in gleicher Weise wie suchfähig ge-

---

[939] Vgl. oben Rdn. 221 ff.

[940] *Ahlf/Daub/Lersch/Störzer,* BKAG-Kommentar, § 34, Rdn. 3.

[941] Ausführlich zu den unterschiedlichen Regelungen in den Polizeigesetzen *Koch,* Datenerhebung und -verarbeitung in den Polizeigesetzen der Länder, S. 218 ff.

[942] Der *SächsStGH* (oben Fußn. 563), S. 495, verlangt zusätzlich eine „dringende Beweisnot".

[943] §§ 38 IV 1. S. SPolG, 32 V PolG NW, 27 VII HSOG, § 32 VIII SOG LSA; wie hier *Schmidbauer/Steiner/Roese,* Kommentar zum BayPAG, Art. 38, Rdn. 3.

[944] § 45 I ThürPAG verlangt, daß Daten in Non-liquet-Fällen entsprechend zu kennzeichnen sind.

[945] Dazu oben Rdn. 68 ff. In Baden-Württemberg wird dies in § 46 II PolG BW ausdrücklich ausgeschlossen. Non-liquet-Fälle sollen dort offenbar prinzipiell zu Lasten der Betroffenen „gelöst" werden.

speicherte zu löschen. Die praktischen Auswirkungen dieser Variante dürften sich in Grenzen halten, da angesichts der heutigen Möglichkeiten der Datenverarbeitung die Suchfähigkeit zumindest von in automatisierten Dateien gespeicherten Daten zumeist gegeben sein dürfte.

Anstelle der Löschung oder Vernichtung sind Datenträger oder Akten an die **Archive** 779
abzugeben, soweit Archivrecht dies vorsieht.[946] Die im Archivrecht übliche „Anbietungspflicht", bei der das Archiv eine gewisse Zeit zur Entscheidung darüber hat, ob die Unterlagen übernommen werden oder nicht,[947] darf nicht zu einer stillschweigenden Verlängerung der Speicherfristen führen. Mit der Anbietung haben deshalb die Informationen als gelöscht zu gelten, so daß sie bei der anbietenden Stelle nicht mehr verwendet werden dürfen.

12. Errichtungsanordnungen für Dateien

§ 47 PolG BW; Art. 47 BayPAG; § 49 ASOG Bln; § 48 BbgPolG; § 36 BremPolG; § 26 780
HmbDVPolG; § 28 HSOG; § 47 SOG MV; § 46 NGefAG; § 33 PolG NW; § 25 g POG RP; § 39 SPolG; § 50 SächsPolG; § 33 SOG LSA; § 197 LVwG SH; § 46 ThürPAG.

Die aufgrund der Dateienrichtlinien beim Bundeskriminalamt[948] und in einigen Ländern seit langem übliche Praxis, für neue Dateien Errichtungsanordnungen zu erlassen, wird in den Polizeigesetzen gesetzlich festgeschrieben.[949] Errichtungsanordnungen sind **interne Verwaltungsvorschriften**, die dem Anwender die Entscheidung über vorzunehmende oder zu unterlassende Datenverarbeitungsmaßnahmen im Einzelfall erleichtern sollen. Sie haben insofern mittelbar Außenwirkung, als in ihnen generalklauselartige Vorschriften zur Speicherung, Löschung etc. verbindlich konkretisiert werden. Die Speicherung von Daten in einer Datei unter Verstoß gegen die entsprechende Errichtungsanordnung ist **nicht erforderlich** zur **rechtmäßigen** Aufgabenerfüllung.

Die Errichtungsanordnung legt die **Bezeichnung** und damit die **Identität** der betref- 781
fenden Datei, ihren Zweck unter Hinweis auf die entsprechende Rechtsgrundlage, den Personenkreis, über den Daten in der Datei erfaßt werden dürfen, die Arten der zu speichernden Daten, die Arten der Daten, die der Erschließung der Datei dienen, die Anlieferung oder Eingabe der zu speichernden personenbezogenen Daten, die Voraussetzungen der Datenübermittlung, die Speicherfristen und die notwendigen technischen und organisatorischen Maßnahmen fest.[950]

In **Bayern** bedarf die Errichtungsanordnung der ausdrücklichen **Genehmigung** durch 782
den Innenminister.[951] In den anderen Ländern läuft die Bestimmung, daß der Innenminister die Errichtungsanordnung an den Datenschutzbeauftragten übersendet,[952] auf eine **faktische Genehmigung** der Errichtungsanordnung durch den Innenminister hinaus.

Eine Errichtungsanordnung ist auch zu erstellen, wenn die beabsichtigte Datei Teil des 783
Verbundsystems der Polizei werden soll.[953] Auch wenn die Datei mit anderen Dateien anderer Polizeien zusammengeführt wird, bleibt sie eine Datei der speichernden Stelle und unterliegt deren voller Verantwortung (vgl. § 12 II BKAG). Jedes Land muß deshalb, sofern es in seinem Polizeirecht für den Polizeibereich Errichtungsanordnungen vorsieht, auch für den eigenen Anteil an Verbunddateien eine Errichtungsanordnung erlassen.[954]

---

[946] Vgl. z. B. § 32 VI PolG NW, Art. 45 IV BayPAG.
[947] Vgl. § 2 des Bundesarchivgesetzes v. 6. 1. 1988, BGBl. I, 62.
[948] Nrn. 10 u. 11.
[949] §§ 39 SPolG, 28 HSOG, 33 PolG NW, 26 HmbDVPolG, Art. 47 BayPAG. Ausführlich zu den unterschiedlichen Regelungen im einzelnen *Koch,* Datenerhebung und -verarbeitung in den Polizeigesetzen der Länder, S. 215 ff.
[950] Vgl. z. B. § 28 HSOG. Vgl. auch *Ahlf/Daub/Lersch/Störzer,* Kommentar zum BKAG, § 34, Rdn. 11 ff.
[951] Art. 47 II BayPAG.
[952] §§ 28 II S. 2 HSOG; 39 III S. 2 SPolG.
[953] *Hornmann,* Kommentar zum HSOG, § 28, Rdn. 3.
[954] Vgl. auch *Ahlf/Daub/Lersch/Störzer,* Kommentar zum BKAG, § 34, Rdn. 11 ff.

Diese wird sich zweckmäßigerweise an den von den anderen Teilnehmern bereits erlassenen oder an gemeinsam erarbeiteten Errichtungsanordnungen orientieren. Abweichungen, die sich aus dem Landesrecht ergeben, sind aber nicht ausgeschlossen. Sie stehen einem Betrieb von Dateien im Verbund nicht entgegen. Schon gegenwärtig ist das reale Speicherverhalten der Teilnehmer an den verschiedenen bestehenden Verbunddaten in Teilbereichen durchaus unterschiedlich.

784 Für die Datenschutzbeauftragten sind Errichtungsanordnungen ein wichtiges Hilfsmittel zur Einordnung der verschiedenen polizeilichen Dateien. Es dürfte sich empfehlen, die Datenschutzbeauftragten schon bei der Erstellung von Errichtungsanordnungen – zumindest bei der Errichtung neuartiger Dateien – frühzeitig zu beteiligen, damit von vornherein Friktionen mit dem Datenschutzrecht vermieden werden.

13. Auskunftsanspruch der Betroffenen

785 § 45 PolG BW; Art. 48 BayPAG; § 50 ASOG Bln; § 34 BremPolG; § 25 HmbDVPolG; § 29 HSOG; § 48 SOG MV; § 25 f. POG RP; § 40 SPolG; § 51 SächsPolG; § 34 SOG LSA; § 198 LVwG SH; § 47 ThürPAG; § 12 V BKAG.

Die in den Polizeigesetzen enthaltenen Bestimmungen zum **Auskunftsanspruch** der Betroffenen sind im wesentlichen deckungsgleich mit dem in diesen Ländern geltenden allgemeinen Datenschutzrecht.[955] Das nordrhein-westfälische und das niedersächsische Polizeigesetz verzichten konsequenterweise gänzlich auf eine eigene Auskunftsregel. Der Auskunftsanspruch bezieht sich auf in Dateien gespeicherte Daten und auf Einsicht in Akten, in denen Daten zur Person des Betroffenen gespeichert sind.[956]

786 Die Auskunft kann **verweigert** werden, wenn das öffentliche Interesse an der Geheimhaltung oder ein Geheimhaltungsinteresse Dritter überwiegt.[957] Die Gründe, aus denen im einzelnen die Auskunft verweigert werden kann, sind oben bereits dargelegt.[958] Häufig wird die Entscheidung über den Auskunftsantrag kein starres Entweder-Oder sein. Die Auskunft kann nur verweigert werden, **soweit** öffentliche Gründe der Geheimhaltung überwiegen. Die Entscheidung über Auskunftserteilung oder Auskunftsverweigerung kann und muß ggf. also zu den einzelnen gespeicherten Informationsinhalten unterschiedlich ausfallen.

787 Die Auskunftsverweigerung ist zu begründen, damit der Betroffene seine Rechtsschutzmöglichkeiten prüfen kann.[959] Eine Begründung muß nur **insoweit** nicht gegeben werden, als durch die Mitteilung der Zweck der Auskunftsverweigerung gefährdet würde.[960] In diesem Fall ist der Betroffene an den Datenschutzbeauftragten zu verweisen,[961] der an seiner Stelle die Rechtmäßigkeit der Speicherung überprüfen kann.[962] Der Datenschutzbeauftragte muß in seinem Bescheid an den Betroffenen die Auskunftsverweigerung respektieren.

---

[955] Vgl. §§ 29 HSOG, 18 HDSG, Art. 48 BayPAG. § 25 HmbDVPolG verweist lediglich auf den allg. Auskunftsanspruch nach § 18 Hbg DSG. Insofern ist das Fehlen spezieller Auskunftsregelungen in einigen Polizeigesetzen ohne durchgreifende praktische Folgen; vgl. *Knemeyer,* Polizei- und Ordnungsrecht, S. 102, sowie ausführlich *Koch,* Datenerhebung und -verarbeitung in den Polizeigesetzen der Länder, S. 233 ff.

[956] Vgl. § 40 I SPolG.

[957] § 29 III HSOG; ähnl. im Ergebnis § 40 II SPolG.

[958] Vgl. oben Rdn. 92 ff.

[959] Mit Art. 19 IV GG kaum vereinbar: Art. 48 III S. 1 BayPAG, der die Polizei generell von der Begründungspflicht freistellt. Zur Pflicht aller öffentlichen Gewalten, ihr Tun dem Betroffenen zu begründen, vgl. *BVerfGE* 6, 32 (44).

[960] §§ 29 IV HSOG, 40 III S. 1 SPolG.

[961] §§ 29 V HSOG, 40 III 1. S. SPolG, Art. 48 II S. 2 BayPAG.

[962] In Bayern kann auch dem Landesbeauftragten für den Datenschutz die Auskunft verweigert werden, wenn das Innenministerium im Einzelfall feststellt, daß dadurch das Wohl des Bundes oder eines Landes gefährdet würde. Unter welchen Voraussetzungen dies der Fall sein soll, ist kaum vorstellbar.

14. Speicherung von Daten über Kinder

Einige Polizeigesetze treffen Sonderregelungen über die Speicherung von Daten über Kinder. Die Speicherfrist darf i.d.R. zwei Jahre nicht überschreiten.[963] Die **Sorgeberechtigten** sind zu **unterrichten**, sobald die Aufgabenerfüllung dadurch nicht mehr erheblich gefährdet wird und sofern nicht zu besorgen ist, daß die Unterrichtung zu erheblichen Nachteilen für das Kind führt.[964] **788**

Aus diesen Bestimmungen könnte der Eindruck gewonnen werden, als könne die Polizei unter Einhaltung dieser Kautelen Daten ohne weiteres auch über Kinder speichern. Die Voraussetzungen hierfür dürften aber nur in seltenen Fällen vorliegen. Zwar kann auch ein Kind Störer im Sinne des Polizeirechts sein. Die Speicherung seiner Daten dürfte aber zur **Gefahrenabwehr** in der Regel nicht erforderlich sein. Kommt sie ausnahmsweise in Betracht, so ist der Verhältnismäßigkeitsgrundsatz besonders sorgfältig zu prüfen. **789**

Im Rahmen der **Strafverfolgung** dürfen Daten über Kinder zur Klärung des Sachverhaltes erhoben und an die Staatsanwaltschaft zur Entscheidung übermittelt werden. Eine Erhebung und Speicherung der Daten von Kindern im Rahmen der vorbeugenden Bekämpfung von Straftaten kommt nur in engen Grenzen in Betracht. Da sie strafunmündig sind, können sie schwerlich als „Täter" künftiger Straftaten von erheblicher Bedeutung in Betracht kommen. Denkbar wäre allenfalls die Speicherung von Daten über sie im Rahmen der Vorbeugung als „andere Personen" unter den engen hierfür und für die Verwendung dieser Daten geltenden Voraussetzungen. Das Verhältnismäßigkeitsprinzip dürfte aber auch insoweit die Speicherung der Daten über Kinder zu einer **Ultima ratio** werden lassen, etwa wenn keinerlei andere Möglichkeit besteht, an den „Täter" einer künftigen schwerwiegenden Straftat heranzukommen. **790**

---

963 §§ 38 II Nr. 2c SPolG, 22 S. 5 PolG NW, 27 IVc HSOG, Art. 38 II S. 3 BayPAG. Vgl. auch *Kay/Böcking*, Polizeirecht Nordrhein-Westfalen, Rdn. 192.

964 §§ 20 X HSOG, 30 V SPolG, 24 III PolG NW, § 38 BKAG.

K. Rechtsschutz

Übersicht

Schrifttum: *(neben der allgemeinen Literaturübersicht): Achterberg,* Allg. Verwaltungsrecht, 2. Aufl. 1986; *Ahl/Daub/Lersch/Störzes* Bundeskriminalamtsgesetz, 2000; *Alberts/Merten,* Gesetz über die Datenverarbeitung der Polizei, 1995; *Albrecht,* Europäische Informalisierung des Strafrechts, StV 2001, 69; *Amelung,* Rechtsschutz gegen strafprozessuale Grundrechtseingriffe, 1976; *Arndt,* Gesammelte juristische Schriften, hrsg. v. Böckenförde/Lewald, 1976; *Bachmann,* Einheitlicher Rechtsschutz im Ermittlungsverfahren, NJW 1999, 2414; *Bader,* Zulassungsberufung und Zulassungsbeschwerde nach der 6. VwGO-Novelle, NJW 1998, 409; *Baldus/Soiné* (Hrsg.), Rechtsprobleme der internationalen polizeilichen Zusammenarbeit, 1999; *Baumbach/Lauterbach/Albers/Hartmann,* Zivilprozeßordnung, 58. Aufl. 2000; *Beer,* Flucht in die Öffentlichkeit als Rechtsbehelf, in: FS Richard Schmid, 1985, S. 327 ff.; *Benda/Maihofer/Vogel* (Hrsg.), Handbuch des Verfassungsrechts, 1. Aufl. 1984 und 2. Aufl. 1994; *Bernsmann/Jansen,* Heimliche Ermittlungsmethoden und ihre Kontrolle – Ein systematischer Überblick, StV 1998, 217; *Blankenburg/Treiber,* Die Einführung der Staatsanwaltschaft in Deutschland, in: Leviathan 1978, 159; *Böckenförde,* Das Grundrecht der Gewissensfreiheit, VVDStRL 28, 33; *Böse,* Die Immunität von Europol – ein unterschätztes Verfolgungshindernis?, NJW 1999, 2416; *Boldt,* Die Europäische Union, Geschichte, Struktur und Politik, 1995; *Bull,* Das europäische Polizeiamt – undemokratisch und rechtsstaatswidrig?, DRiZ 1998, 32; *ders.,* Europol, der Datenschutz und die Informationskultur, in: Lamneke/Tinnefeld (Hrsg.), Globalisierung und informationelle Rechtskultur in Europa, 1998, 217; *Denninger,* Staatliche Hilfen zur Grundrechtsausübung durch Verfahren, Organisation und Finanzierung, in: Isensee/Kirchhof (Hrsg.), Handbuch des Staatsrechts Bd. V, 1992, 291 ff.; *ders.*, Menschenrechte und Staatsaufgaben – ein „europäisches" Thema, JZ 1996, 585; *ders./Lüderssen*, Polizei und Strafprozeß im demokratischen Rechtsstaat, 1978; *ders./Hohn*, Arbeitsverweigerung aus Gewissensgründen, AG 1989, 145 ff.; *Diercks*, Die Zulässigkeit des Einsatzes von V-Leuten, undercover-agents und Lockspitzeln im Vorverfahren, AnwBl 1987, 154; *Dietlein*, Die Lehre von den grundrechtlichen Schutzpflichten, 1992; *Eisenberg*, Beweisrecht der StPO, 3. Aufl. 1999; *Eyermann/Fröhler*, Verwaltungsgerichtsordnung, 10. Aufl. 1998; *Felix*, Das Remonstrationsrecht und seine Bedeutung für den Rechtsschutz des Beamten, 1993; *Filmer*, Das Gewissen als Argument im Recht, 2000; *Fischer/Hitz/Laskowski/Walter*, Bundesgrenzschutzgesetz, 2. Aufl. 1996; *Fisahn*, Europol – Probleme der Kontrolle, KritJ 1998, 358; *Geiger*, Gewissen Ideologie Widerstand Nonkonformismus, Grundlagen des Rechts, 1963; *Gleß/Lüke*, Rechtsschutz gegen grenzüberschreitende Strafverfolgung in Europa, JURA 2000, 400; *Göhring*, Polizeiliche Kontrollstellen und Datenverarbeitung, 1992; *Gusy*, Freiheitsentziehung und Grundgesetz, NJW 1992, 457; *ders.*, Verfassungsfragen vorbeugenden Rechtsschutzes, JZ 1998, 167; *ders.*, Polizeirecht, 4. Aufl. 2000; *Hailbronner*, Die Immunität von Europol-Bediensteten, JZ 1998, 283; *Hamann/Lenz*, Grundgesetz, 3. Aufl. 1970; *Hamm*, Der Einsatz heimlicher Ermittlungsmethoden und der Anspruch auf ein faires Verfahren, StV 2001, 81; *ders.*, Vom Grundrecht der Medien auf das Fischen im Trüben, NJW 2001, 269; *Hansen-Dix*, Die Gefahr im Polizeirecht, 1982; *Hassemer*, Unverfügbares im Strafprozeß, in: FS Maihofer, 1988 S. 183; *ders.*, „Corpus Juris": Auf dem Weg zu einem europäischen Strafrecht?, KritV 1999, 133; *ders.*, Legalität und Opportunität im Strafverfahren, in: Ostendorf (Hrsg.), Strafverfolgung und Strafverzicht 1992, S. 529; *Hausen*, Verfassungs- und völkerrechtliche Probleme der Rechtsgrundlagen von Europol, 2000; *Hefendehl*, Observationen im Spannungsfeld von Prävention und Repression, StV 2000, 270; *Hesse*, Ausgewählte Schriften, hrsg. v. Häberle/Hollerbach, 1984; *Heussner*, Datenverarbeitung und Grundrechtsschutz, in: Hohmann (Hrsg.), Freiheitssicherung durch Datenschutz, 1987, S. 110; *Hinckeldey* (Hrsg.), Justiz in alter Zeit, 1984; *Hirsch, B.*, Immunität für Europol – eine Polizei über dem Gesetz?, ZRP 1998, 10; *Hirsch, E. E.*, Zur juristischen Dimension des Gewissens und der Unverletzlichkeit der Gewissensfreiheit des Richters, 1979; *Hirsch, G.*, Der EuGH im Spannungsverhältnis zwischen Gemeinschaftsrecht und nationalem Recht, NJW 2000, 1817; *Hirsch, H. J.*, Strafrechtliche Probleme, Schriften aus drei Jahrzehnten, hrsg. v. Kohlmann 1999; *Hirsch, M.* Zum Problem der „Grenzüberschreitungen" des Bundesverfassungsgerichts, DRiZ 1977, 225; *ders./Majer/Meinck*, Recht, Verwaltung und Justiz im Nationalsozialismus, 1984; *Hoffmann*, Die Verwaltung und das verfassungswidrige Gesetz, JZ 1961, 193; *Hölscheidt/Schotten*, Immunität für Europol-Bedienstete – Normalfall oder Sündenfall?, NJW 1998, 2851; *Hufen*, Verwaltungsprozeßrecht, 4. Aufl. 2000; *Jauerning/Schlechtriem/Stürner/Teichmann/Vollkommer*, BGB, 7. Aufl. 1994; *Jellinek*, Verwaltungsrecht, 1966; *Kahlo*, Soll es dem Staat im Strafprozeß rechtlich erlaubt sein, Verdachtsklärung durch Täuschungshandlungen zu unternehmen?, in: FS E. A. Wolff, 1998, S. 153; *Kalk*, Europol, aktueller Stand und Ausblick, DuD 23 (1999)8, 442; Karlsruher Kommentar zur StPO, GVG mit EinfG, hrsg. v. Pfeiffer, 4. Aufl. 1998; *Kaufmann*, Das Widerstandsrecht in Geschichte und Grundgesetz, in: Rill/Scholz (Hrsg.), Der Rechtsstaat und seine Feinde, 1986, S. 57 ff.; *ders.*, Rechtsphilosophie, 2. Aufl. 1997; *ders.* (Hrsg.), Widerstandsrecht, 1972; *Kempf*, Moderne Datenverarbeitung und strafprozessuale Rechte von Beschuldigten, in: Bäumler (Hrsg.), Polizei und Datenschutz 1999, S. 59 ff.; *Klein*, Ziviler Ungehorsam im demokratischen Rechtsstaat?, in: Rüthers/Stern (Hrsg.), Freiheit und Verantwortung im Verfassungsstaat, 1984, S. 177 ff.; *Kopp*, Verwaltungsverfahrensgesetz, 6. Aufl. 1995; *ders./Schenke*, Verwaltungsgerichtsordnung, 11. Aufl. 1998; *Kreuzer/Scheuing/Sieber* (Hrsg.), Europäischer Grundrechtsschutz, 1998; *Kruis/Wehowski*, Verfassungsgerichtliche Leitlinien zur Wohnungsdurchsuchung, NJW 1999, 682; *Kühne*, Die Definition des Verdachts als Voraussetzung strafprozessualer Zwangsmaßnahmen„ NJW 1979, 317; *ders.*, Die Rechtsprechung des EGMR als Motor für eine Verbesserung des Schutzes von Beschuldigtenrechten in den nationalen Strafverfahrensrechten der Mitgliedstaaten, StV 2001, 73; *Limbach*, Die Funktionstüchtigkeit der Strafrechtspflege im Rechtsstaat, Vortrag vom 22. 3. 1996, FR v. 23. 3. 1996; *Lindemann*, Die Straftat von erheblicher Bedeutung, Von der Karriere eines unbestimmten Rechtsbegriffs, KritJ 2000, 86; *Lisken*, Gefährdungen der Gewissensfreiheit, in: FS Martin Hirsch, hrsg. v. Vogel/Simon/Podlech, 1981, S. 529 ff.; *ders.*, Rechtsstaat – was sonst?, Ausgewählte Schriften, hrsg. v. Denninger/Mokros, 1996; *ders.*, Zur Gewissensfreiheit des Schöffen, NJW 1997, 34; *ders.*, EUROPOL – ein Symptom des Verfassungswandels, DRiZ 1998, 75; *Löwe/Rosenberg*, StPO und GVG, 25. Aufl. 1997; *Lorenz*, Der Rechtsschutz des Bürgers und die Rechtsschutzgarantie, 1973; *Middelberg*, Rechtsschutz gegen erledigte strafprozessuale Untersuchungshandlungen, 1979; *Mieth*, Was darf die Genforschung? Über die ethischen Grenzen ihrer Anwendung, in: Forschung & Lehre, 11/1989 S. 566; *Morré/Bruns*, Einfluß verdeckter Ermittlungen auf die Struktur des strafrechtlichen Ermittlungsverfahrens, in: 50 Jahre Bundesgerichtshof FS, hrsg. v. Geiß/Nehm/Brandner/Hagen, 2000; *Naucke*, Konturen eines nachpräventiven Strafrechts, KritV 1999, 336; *Nehm,* Die Verwertung verdeckt erlangter Erkenntnisse im Rechtsstaat, in: Bäumler (Hrsg.), Polizei und Datenschuitz, 1999, 43; *Oppermann,* Europarecht, 2. Aufl. 1999; *Ostendorf,* Europol – ohne Rechtskontrolle?, NJW 1997, 3418; *Paeffgen,* Strafprozeß im Umbruch oder: Vom unmöglichen Zustand des Strafprozeßrechts, StV 1999, 625; *Peters,* Die ethischen Grundlagen des Strafprozesses, in: FS Würtenberger 1977, S. 77 ff.; *Petri,* Die Verwirklichung des Rechtsstaatsprinzips bei Europol, KritV 1998, 441; *ders.,* Grundrechtsbindung von Europol, DuD 1988, 324 ff.; *Pfeiffer,* StPO und GVG, 2. Aufl. 1999; *Plog/Wiedow/Beck/Lemhöfer,* Bundesbeamtengesetz, 1994; *Preuß,* Für einen europäischen Grundrechtskatalog, KritJ 1998, 1; *Rachor,* Vorbeugende Straftatenbekämpfung und Kriminalakten, 1989; *Riegel,* Polizei- und Ordnungsrecht in der Bundesrepublik Deutschland, 1981; *ders.,* Datenschutz bei Sicherheitsbehörden, 2. Aufl. 1992; *ders.,* Bundesgrenzschutzneuregelungsgesetz, 1996; *Rieß,* Die Rechtsstellung des Verletzten im Strafverfahren, Gutachten zum 55. Dt. Juristentag 1984; *ders.,* Zeugenschutz bei Vernehmungen im Strafverfahren, NJW 1998, 3240; *ders./Thym,* Rechtsschutz gegen strafprozessuale Zwangsmaßnahmen, GA f. Strafrecht 1981, 189 ff.; *Roggan,* Über das Verschwimmen von Grenzen zwischen Polizei- und Strafverfahrensrecht, KritV 1998, 336; *Rohmeyer,* Die Geschichte und Rechtsnatur der einstweiligen Anordnung im Verwaltungsprozeß, 1967; *Rommelfanger/Rimmele,* Polizeigesetz des Freistaates Sachsen, 2000; *Roxin,* Die Gewissensfreiheit als Strafbefreiungsgrund, in: FS Maihofer, 1988, S. 389; *Rudolphi,* Die Bedeutung des Gewissensentscheids im Strafrecht, in: FS Welzel, 1974, S. 805; *Rühl,* Die Funktion der Verfassungsbeschwerde für die Verwirklichung der Grundrechte, KritV 2/1998, 156 ff.; *Rzepka,* Das Strafverfahren in den Händen der Polizei: Ist-Zustand und kriminalpolitische Visionen, KritV 1999, 312; *Schachtschneider,* Eine Charta der Grundrechte für die Europäische Union, in: Beilage z. Das Parlament v. 22. 12. 2000, S. 13; *Schilling,* Bestand und allgemeine Lehren der bürgerschützenden allgemeinen Rechtsgrundsätze des Gemeinschaftsrechts, EuGRZ 2000, 3; *Schlaich/Korioth,* Das Bundesverfassungsgericht, 5. Aufl. 2001; *Schönke/Schröder,* StGB, 25. Aufl. 1997; *Schomburg,* Justitielle Zusammenarbeit im Bereich des Strafrechts in Europa: Euro-Just neben Europol!, ZRP 1999, 237; *Schomburg/Lagoday,* Internationale Rechtshilfe in Strafsachen, 3. Aufl. 1998; *Schorn,* Der Schutz der Menschenwürde im Strafverfahren, 1963; *Schroth,* Beweisverwertungsverbote im Strafverfahren – Überblick, Strukturen und Thesen zu einem umstrittenen Thema, JuS 1998, 869; *Schütz,* Beamtenrecht (Stand 1996); *Schwarze,* Die Entstehung einer europäischen Verfassungsordnung, Das Ineinandergreifen von nationalem und europäischem Verfassungsrecht, 2000; *Seibert, G.,* Die Verfassungsbeschwerde in der Spruchpraxis des Bundesverfassungsgerichts, in: FS Martin Hirsch, 1981, S. 491; *Seifert,* Entscheidet der BND über das Fernmeldegeheimnis?, in: Müller-Heidelberg (Hrsg.), „Innere Sicherheit" Ja – aber wie?, 1994, S. 73; *ders.,* Verfassungswidrigkeit des Einsatzes des Verfassungsschutzes zur Bekämpfung der sog. Organisierten Kriminalität, wie vor S. 103; *Sieber,* Memorandum für ein europäisches Modellstrafgesetzbuch, JZ 1997, 369; *ders.,* Berufsbeamtentum gestern, heute, morgen, in: FS Ule, 1977, S. 193; *Sule,* Europol und europäischer Datenschutz, 1998; *Thieme,* Empfiehlt es sich, das Beamtenrecht unter Berücksichtigung der Wandlungen von Staat und Gesellschaft neu zu ordnen?, Gutachten z. 48. DJT, 1970; *de Tocqueville,* Über die Demokratie in Amerika, 1835, hrsg. v. Mayer, 1959; *Tröndle/Fischer,* StGB 49. Aufl. 1999; *Umbach/Clemens* (Hrsg.), Bundesverfassungsgerichtsgesetz 1992; *Waechter,* Demokratische Steuerung und Kontrolle einer europäischen Polizei, ZRP 1996, 167; *Wagner, J.,* Strafprozeßführung über Medien, 1987; *Wehner,* Dem Täter auf der Spur, Die Geschichte der deutschen Kriminalpolizei, 1983; *Weichert,* Europolizei – Die Entfesselung der Exekutive vom Recht, Strafverteidigertag Frankfurt 1990, Materialheft S. 53 ff.; *Weigend,* Spricht Europa mit zwei Zungen?, StV 2001, 63; *Wenzel,* Widerstand und Recht, Gewissen und Unrecht, DRiZ 1995, 7; *Weyreuther,* Empfiehlt es sich, die Folgen rechtswidrigen hoheitlichen Verwaltungshandelns gesetzlich zu regeln?, Gutachten zum 47. DJT, 1968; *Wolf/Stephan,* Polizeigesetz für Baden-Württemberg, 5. Aufl. 1999; *Wolter,* Menschenwürde und Freiheit im Strafprozeß, in GS Meyer, 1990, S.493; *Ziercke,* Nachrichtendienste und Strafverfolgung, in: Bäumler (Hrsg.), Polizei und Datenschutz, 1999, S. 66; *Zieschang,* Der Austausch personenbezogener Daten mittels Europol, ZRP 1996, 427.

I. Ziel des Rechtsschutzes

1. Vorbemerkung

Wer als Polizist einen anderen Menschen anhält oder strafrechtlich „verfolgt", muß sein Vorgehen jederzeit **juristisch begründen** (Art. 20 III GG) und dem Betroffenen jederzeit eine **verbindliche Rechtsbehelfsbelehrung** erteilen können (Art. 19 IV GG). Andernfalls hat er jeden Grundrechtseingriff zu unterlassen (BVerfGE 6, 32; 65, 1). Denn jede öffent- 1 liche Gewalt darf nur nach Recht und Gesetz verfahren. Und jeder, der von einem solchen Verfahren betroffen ist, hat **Anspruch auf gerichtlichen Rechtsschutz.** Das Prozeßrechtsverhältnis beginnt mit dem ersten inneren (Verdachtsbegründung, Gefahrenerkenntnis) oder äußeren (Anhalten, Beobachten, Befragen) Eingriff in die psychische oder physische Integrität eines Menschen und begründet ein **Fürsorgeverhältnis** zwischen Zugriffsmacht und Betroffenem, damit das Verfahrensziel nur mit verfahrensrechtlich zulässigen Methoden erreicht wird. **Das unterscheidet den Rechtsstaat wesentlich vom Unrechtsstaat:** Der Rechtsstaat bedient sich nur verfassungs- und verfahrensrechtlich zulässiger Eingriffsmethoden. Foltern kann jeder, der stärker ist. Der Rechtsstaat aber foltert nicht,[1] sondern sucht das Recht ohne Folter und Vernachlässigung der Grundrechtsgaran-

---

[1] Zum „Prügelerlaß" der Geheimen Staatspolizei von 1937 und seiner Neufassung von 1942, um bei „verschärften Vernehmungen" von „Häftlingen über wichtige staats- oder reichsfeindliche Sachverhalte, Verbindungen oder Planungen Auskunft" zu erlangen, nicht aber, um „Geständnisse über eigene Straftaten" zu erzwingen, vgl. *B. Wehner,* Dem Täter auf der Spur, Die Geschichte der deutschen Kriminalpolizei, 1983, S. 196f., mit einigen als „geheime Reichssache" deklarierten Foltermethoden. Bemerkenswert sind auch die von *Wehner* aufgezeigten geistigen Ursprünge im Kreis der „alten Profis der Kriminalpolizei", die das Verbrechen „planvoll bekämpfen" wollten, möglichst durch „Vorbeugung", wie es Heydrich später formulierte. Zur Folter „in alter Zeit" vgl. *Merzbacher,* in: Hinckeldey (Hrsg.), Justiz in alter Zeit, 1984, S. 241ff. Zur Folter in heutiger Zeit vgl. die Berichte von amnesty international. Selbst deutsche Beamte können sich gesprächsweise vorstellen, z.B. einen Kindesentführer außerhalb des Gesetzes „zum Sprechen zu bringen". Die Rückfrage ergab regelmäßig, daß sie wirksamere Methoden des Zugangs zum Inneren eines Menschen im Unrecht nicht kannten. Es fehlte auch jede Selbsterfahrung als Folterer. Rein theoretisch argumentieren auch einzelne Staatsrechtslehrer, wenn sie die „präventiv-polizeiliche Folter" als ultima ratio zum Schutz von Menschenleben für legitim, im „Ausnahmefall" sogar für geboten halten; vgl. *Brugger* JZ 2000, 165, der zwischen Folterverbot und Schutzgebot bei einer Bombendrohung, die nur der gefaßte Erpresser beseitigen könnte, einen „Wertungswiderspruch" sieht, der zugunsten der Gefährdeten überwunden werden müsse; ähnlich *Starck,* in: v. Mangoldt/Klein/Starck, Bonner GG, 4. Aufl. 1999, Art. 1 I Rdn. 71: „Diese Konstellation" (der Bombendrohung) „läßt sich gesetzlich nicht regeln. Im konkreten Fall ist zu prüfen, ob Notwehr die Rechtswidrigkeit ausschließt". Es darf vermutet werden, daß *Starck* unter „Notwehr" – wenn es um hoheitliches Foltern geht – die exekutivische Nothilfe im Sinne von Art. 2 II GG meint. Noch weiter gehend als *Starck* hatte *Klein,* daselbst in der 2. Aufl. von 1957 – im Widerspruch zur Anm. V bei Art. 2 – bei Art. 1 Anm. III Nr. 5a, „mit Nachdruck" gefragt, „ob nicht zumindest gegenüber besonders ‚ausgekochten' vorbestraften Beschuldigten zur Wahrung der Würde etwa einer vergewaltigten Frau oder einer durch Verkehrsmord unter Alkoholeinfluß ums Leben gekommenen Person doch die Anwendung der durch §136a StPO verbotenen psychologischen Beweismittel und sonstigen Vernehmungstechniken zulässig ist, ja sogar von Abs. 1" (Art. 1 GG) „geradezu gefordert wird". Denn: „Das Problem der Grenze menschlichen Strafens kann nicht damit aus der Welt geschafft werden, daß man praktisch gegenüber solchen ‚ausgekochten' (insbesondere nicht geständigen, weil nach früheren ‚Erfahrungen' unmöglich gerichtlich überführbaren) Rechtsbrechern auf Mittel der Wahrheitsfindung verzichtet, mit denen man der Sühne, der Wiedergutmachung und eben der Wahrheit dienen kann." Die Folter soll also nicht nur dem unmittelbaren Lebensschutz, sondern auch mittelbar als Überführungsmittel der strafrechtlichen „Sühne" und der „Wahrung der Würde" Verletzter dienen. Die Wahrung der Würde des Folterers wird nicht erwähnt. Seine Entwürdigung ist anscheinend leichter zu ertragen als ein Strafverzicht. Auf die Inadäquanz der von *Klein* genannten Voraussetzungen und Folgerungen hat schon *Dürig,* in: Maunz/Dürig, GG Art. 2 I Rdn. 37 hingewiesen. Krit. zu jeder Relativierung des absoluten Folterverbots auch *Schorn,* Der Schutz der Menschenwürde im Strafverfahren, 1963, S. 109; strikt ablehnend *Nipperdey,* in: Neumann/Nipperdey/Scheuner (Hrsg.), Die Grundrechte, Bd. 2 1954, S. 30 und 34; ganz unstr. auch im Parl. Rat, vgl. *Otto,* Das Staatsverständnis des Parl. Rates, 1971, S. 74, und JöR NF Bd. 1, hrsg. v. *Leibholz* und v. *Mangoldt* 1951, S. 60; ebenso *Podlech,* in: AK-GG, 2. Aufl. 1989, Art. 2 II Rdn. 30ff.; *Azzola,* daselbst Art. 104 Rdn. 40ff.; vorbehaltlos auch *Kleinknecht/Meyer-Goßner*, StPO, 44. Aufl. 1999 zu Art. 3 EMRK m.w.H. auf intern. Abk. Zur „zeitgemäßen" Wiedergeburt der vorkonstitutionellen Idee einer Folterbefugnis mit Hilfe des Topos eines „Wertungswiderspruchs" in der „Werteordung" des GG und mit einem anscheinend ungebrochenen Glauben an die Objektivität und das Maßhalten der Gesetzesanwender vgl. die Kritik von *Kutscha,* in: Blätter f. deutsche und intern. Politik 2/2001, S. 214; *Kramer,* KritJ 2000, 624. Grundl. Krit. an jenem wiederkehrenden Erfolgsdenken bei *Peters* über „ Die ethischen Grundlagen des Strafprozesses, in: FS f. Thomas Würtenberger, 1977, S. 77ff.; insbes. auch *Hassemer,* in: FS f. Werner Maihofer, 1988, S. 183ff., über „unverfügbare" und nicht „abwägbare" Prinzipien im Strafprozeß. Zur Theorie und Praxis mit allen Versuchen einer normativen Bindung und Bändigung der Folterrichter und Folterknechte vgl. u.a. *Friedrich v. Spee,* Cautio Criminals von 1632, 2. Aufl. der deutschen Übersetzung, dtv 1983, S. 290: *Christian Thomasius,* Diss. De tortura ex foris Christianorum proscribenda v. 22. 6. 1705, Fundstellen bei *Erik Wolf,* Große Rechtsdenker, 3. Aufl. 1951, S. 417ff.; *Böckle/Pohier,* Folter und Todesstrafe, in: CONCILIUM, Intern. Zeitschr. f. Theologie 1978, S. 637; *Radtke,* Die Folter als illegales Mittel der Macht, daselbst S. 638; *Comagnoni,* Folter und Todesstrafe in der

tien mit Hilfe einer normativen und praktischen Konkordanz zwischen den Grundrechtsbelangen des Gefährdeten oder Verletzten und denen des Störers oder Verletzers. Das kann nach aller (Unrechts-)Erfahrung nur gelingen, wenn im Streitfall eine „Dritte Gewalt" nach Anhörung aller Beteiligten (Art. 103 I GG) entscheidet, was rechtens ist.

2. Das Grundrecht auf Rechtsschutz

Als der Souverän noch „unverletzlich" war, seinem Wort noch Gesetzeskraft (und streitentscheidende Funktion) zukam, so daß mit Hilfe des ihm zukommenden „ius belli" sogar das staatliche Töten rechtmäßig war,[2] hatte alles staatliche Tun die (unwiderlegliche) **Vermutung der Rechtmäßigkeit** für sich. Die Legitimationsversuche und die Formulierungen des § 113 StGB von 1871 bis zur heutigen Fassung mit seinen Auslegungsproblemen zeigen den Wandel des Staatsverständnisses. Noch heute wird vereinzelt die Auffassung vertreten, daß „in der Regel jeder staatliche Akt die Vermutung der Rechtsmäßigkeit für sich hat".[3] 2

Wie die Straflosstellung in § 113 III StGB n. F. zeigt, nach der rechtmäßiger Widerstand gegen einen rechtswidrigen Vollzugsakt zulässig ist, gibt es jene überlieferte **„Prämie der Rechtmäßigkeit"** auf hoheitlichen Machtbesitz nicht mehr. Der Amtswalter trägt das Risiko der Rechtmäßigkeit seines Tuns. Das folgt aus Art. 20 III GG und Art. 1 III GG. Es gibt **keine vorgreifliche Vermutung der Rechtmäßigkeit oder Rechtsgebrochenheit** für ein Handeln der öffentlichen Gewalten. Jedes Gesetz muß öffentlich beraten und bekanntgemacht werden (Art. 76 ff. und Art. 82 GG). Jedes Eingriffshandeln der anderen Staatsgewalten bedarf des gesetzmäßigen Verfahrens einschließlich der **Anhörung** des Betroffenen und der vollständigen Rechtsbegründung nebst einer Rechtsbehelfsbelehrung.[4] Dabei **genügt für die Begründung nicht die** – oft anzutreffende – **Wiederholung von Sachverhalt und Gesetzeswortlaut.** Der Betroffene muß vielmehr erkennen können, warum die Umstände seines Falles die relevanten normativen Tatbestandsmerkmale erfüllen und warum die Folgen so und nicht anders sein können. Insbesondere ist auf seine Argumente einzugehen. Nur bei einem **Rechtsmittelverzicht** oder bei letztinstanzlichen Entscheidungen, die sich auf die angegriffene Begründung stützen und keine neuen Argumente enthalten, bedarf es keiner nochmaligen Begründung. Im übrigen ist jeder **Mangel an Begründung ein Rechtsmangel.** 3

Überlieferung der römisch-katolischen Kirche, daselbst S. 657; *Thoma*, Todesstrafe und Folter in der jüdischen Tradition, daselbst S. 672; *Arkoun*, Todesstrafe und Folter im islamischen Denken, daselbst S. 678; *Basso*, Das Problem der Gewalt im Rechtsstaat, daselbst S. 696; *Erich Fromm*, Anatomie der menschlichen Destruktivität, rororo 1977. Zur prozessualen Ungeeignetheit der Folter vgl. auch *Roxin*, Strafverfahrensrecht, 25. Aufl. 1998, § 69; *Hassemer*, Einführung in die Grundlagen des Strafrechts, 2. Aufl. 1990, § 17 Nr. 3 im Kontext der Beweis- und Erkenntnisprobleme.

[2] Vgl. Art. XLII, LV Wiener Schlußakte v. 15. 5. 1820; §§ 10, 73 Reichsverf. v. 28. 3. 1849; Art. 43 ff. Pr. Verf. v. 31. 1. 1850; Art. 11 ff. Reichsverf. v. 16. 4. 1871.

[3] *Dreher/Tröndle* StGB 46. Aufl. 1993, § 113 Rdn. 23 a. E. Das *Bundesverwaltungsgericht* formuliert vorsichtiger und meint, daß „die von den staatlichen Organen erlassenen Akte die Vermutung der Gültigkeit in sich tragen"; vgl. *BVerwG* 1, 67 = NJW 1954, 735 in der für die damaligen Richter noch unproblematisierten Tradition des Absolutismus gem. der apodiktischen Regelung in § 166 Th. II Tit. 20 PrALR („Wer sich seiner Obrigkeit in ihrer Ausführung, oder deren Abgeordneten in Vollziehung ihrer Befehle thätlich widersetzt, der soll, nach Beschaffenheit des Widerstandes, und der dabei gebrauchten Gewalt, mit Gefängniß-, Zuchthaus- oder Festungsstrafe auf Zwey Monate bis Zwey Jahre belegt werden"); besonders aufschlußreich und in sich widersprüchlich *BGHSt* 21, 74 = NJW 1966, 1668, der meint, daß die „Vermutung der Gültigkeit" sich auch auf solche Verwaltungsakte erstrecke, die erkennbar rechtswidrig und deswegen erfolgreich anfechtbar seien; grundlegend anders und erheblich differenzierter *Zielinski,* in: AK-StGB, 1986, § 113 Rdn. 2 ff. mit umfangr. weit. Nachw. auch zur Rechtsgeschichte, mit dem Ergebnis, daß nicht (mehr) Amts-, sondern **Rechtsgehorsam** geschuldet werde (Rdn. 22 ff.); ebenso *Ostendorf* JZ 1981, 165 ff.; ähnl. schon *Jellinek* VerwR 1966, 292 ff. Weit. Hinw. s. Fn. 71. Fazit: Es gibt keine auf Erfahrung oder Rechtssatz gestützte Vermutung für die Rechtmäßigkeit oder Rechtsgebrochenheit des Verwaltungshandelns. Das hat nichts mit dem Vertrauen in die Redlichkeit des Amtswalter zu tun, weil die Redlichkeit nicht die Richtigkeit „garantieren" kann. Vgl. auch Kap. C Rdn. 194. Zum Rechtsschutz vgl. unten Rdn. 27 ff., 84 ff.

[4] Art. 20 III, Art. 19 IV GG; § 59 VwGO; Arg. aus § 58 VwGO; § 35 a StPO; zur Begründungspflicht in einer auf Kommunikation und Rechtsgespräch angelegten Rechtsordnung vgl. *BVerfGE* 6, 32 (44).

4 Unbeschadet der staatlichen Haftungsübernahme gem. Art. 34 GG trägt jeder Amtswalter persönlich das Risiko rechtmäßigen Handelns. Dies ergibt sich aus § 839 BGB in Verbindung mit den Beamtengesetzen; es sei denn, der Beamte hat trotz Remonstration weisungsgemäß gehandelt.[5]

5 Aber so wie der Beamte keinen „blinden Gehorsam", sondern gemäß seinem Diensteid „nur" Rechtsgehorsam schuldet, so schuldet auch der – durch ein Prozeßrechtsverhältnis gebundene – Betroffene nur Rechtsgehorsam. Ob er zur Notwehr befugt ist, hängt von der Rechtswidrigkeit des Angriffs und von der Erreichbarkeit der Rechtsschutzes ab. Es besteht jedenfalls keine ausnahmslose Duldungspflicht mit dem Ausweg späterer Schadensersatzmöglichkeit, weil die „Staatsautorität" keineswegs a priori bis zum Beweis des Gegenteils den Anspruch rechtmäßigen Handels erheben kann. Daß sie mit Zwang in der Regel erst handeln kann, wenn ihre Anordnung im Einzelfall rechtsbeständig, also nicht mehr anfechtbar ist, belegt anschaulich, daß die früher vermutete „Rechtsgültigkeit" in Wahrheit aufschiebend bedingt ist.

6 Für den Betroffenen streitet nämlich im Zweifel die Vermutung der Freiheit; zugleich ist er kraft der Grundrechtsgewährleistungen Begünstigter des staatlichen Schutzauftrages, der sich in **Justizgewährung** und **Polizeischutz** konkretisiert. Speziell gegenüber „Rechtsverletzungen der öffentlichen Gewalt" garantiert ihm Art. 19 IV GG Rechtsschutz durch Justizgewährung. Dieses **„formelle Hauptgrundrecht"**[6] korrespondiert mit den materiellen Grundrechten im Verfassungsgefüge. Im Zweifel hat jede Freiheitsposition als verfassungskräftiger Normalzustand[7] die Vermutung der **„Polizeifestigkeit"** für sich. Daraus folgt: Wo es nicht gelingt, den Betroffenen von der Rechtmäßigkeit eines polizeilichen Zugriffs zu überzeugen, muß dieser effektive gerichtliche Klärung herbeiführen können.[8]

3. Kostenlast

7 Daß der Betroffene – wenn die Verwaltung ihr Vorgehen verständlich begründet hat – ein erfolgsabhängiges **Kostenrisiko** zu tragen hat, widerspricht nicht dem Rechtfertigungsgebot für die öffentliche Gewalt. Das Gericht hat nicht die Rechtfertigung zu liefern, sondern wird nur fakultativ auf Anruf tätig. Die dadurch verursachten Kosten können nur dann der „angegriffenen" öffentlichen Gewalt angelastet werden, wenn die Rechtswidrigkeit des angegriffenen Aktes festgestellt wird. Denn erst die definitive Feststellung der Rechtswidrigkeit einer Amtshandlung begründet einen „Anspruch auf Beseitigung der rechtswidrigen Folgen einer Amtshandlung"[9] (gemeint sind ersichtlich die Folgen einer rechtswidrigen Amtshandlung). Art. 19 IV GG gewährt also keinen von vornherein kostenlosen Rechtsschutz.[10]

8 Etwas anderes hat dort zu gelten, wo es nicht um fakultativen Rechtsschutz geht, sondern die **richterliche Mitwirkung Bestandteil des Verwaltungsverfahrens** ist. So kann die zum Zweck der personalen **Mediatisierung der Eingriffsmacht** dem „Richter" zugewiesene Kompetenz für Hausdurchsuchungen gemäß Art. 13 II GG und für Freiheitsentziehungen gemäß Art. 104 II GG nicht mit einer „erfolgsabhängigen" Kostenlast

[5] Vgl. § 38 BRRG und unten Rdn. 185 ff.

[6] Vgl. *BVerfGE* 10, 264, st. Rspr.; *Hamann/Lenz,* GG, 3. Aufl., Art. 19, Anm. 12; *Schmidt-Aßmann,* in: Maunz/Dürig/Herzog/Scholz, GG, Art. 19 IV, Rdn. 7 ff. Zum Anspruch auf Justizgewährung vgl. auch *Baumbach/Lauterbach/Albers/Hartmann,* ZPO, 53. Aufl. 1995, vor § 253 Rdn. 2 ff. m. w. Nachw. Zur „Durchsetzbarkeit" der Grundrechte mittels Verfahrens vgl. auch *Denninger,* in: Hdb. d. StaatsR, hrsg. v. *Isensee/Kirchhof* Bd. V, 1992 § 113 Rdn. 2 ff.

[7] Vgl. *BVerfGE* 27, 1; 74, 358 (370 f.) Unschuldsvermutung; a. A. *Dürig* AöR 79, 57.

[8] Vgl. *BVerfGE* 8, 274 (326); 40, 272 (275); 61, 82 (109 ff.).

[9] Vgl. *BVerwG* NJW 1985, 817 zur Ableitung und zum Inhalt des sog. Folgenbeseitigungsanspruchs; vgl. auch Kap. L.

[10] Vgl. *BVerfGE* 10, 264 (268 f.). Davon zu unterscheiden ist der fürsorgliche Rechtsschutz des Dienstherrn, wenn es um die Verteidigung eines Beamten geht, der wegen einer dienstbezogenen Handlung in Anspruch genommen wird.

verbunden sein, da der Richter nicht gemäß Art. 19 IV GG angerufen wird, sondern als Mitwirkender bei einer Verwaltungsentscheidung.[11]

Auch im **Strafverfahren** und **Ordnungswidrigkeitenverfahren** kommt eine Kostenlast für den Betroffenen nur in Betracht, wenn die **Unschuldsvermutung** widerlegt und die Rechtswidrigkeit des Verhaltens des Betroffenen festgestellt ist.[12] Zweifel gehen nicht zu Lasten des Betroffenen, sondern zu Lasten der öffentlichen Gewalt, auch wenn richterliche Mitwirkung geboten ist, da – vom Ordnungswidrigkeitenprozeß abgesehen – der Richter insoweit von Amts wegen eingreifend und rechtsschützend zugleich tätig wird (Art. 104 II und III GG). Nur bei einer Verurteilung treffen den Betroffenen die Kosten, die aus Anlaß des gerichtlichen Verfahrens entstehen (vgl. §§ 464, 464 a StPO).

Zu den **„Kosten des Verfahrens"** zählen auch die von Polizei, Staatsanwaltschaft oder 9
Verwaltungsbehörde zur Vorbereitung ihrer Entscheidungen veranlaßten Kosten, also etwa die Fahndungs- oder Sachverständigenkosten im Ermittlungsverfahren (§ 464 a StPO) sowie die im gerichtlichen Verfahren entstehenden Kosten, wie die Gerichtsgebühren, die Kosten der Zeugen und Sachverständigen und die Anwaltskosten. Über die Kostenlast hat das Gericht in der Sachentscheidung zu befinden. Wurde sie vergessen, ist sie nachzuholen.

Die **Höhe der Gebühren** bestimmen das GKG, die BRAGO, das ZuSEntschG. Das gilt 10
auch für den Anwalt, der einem beratungsbedürftigen Zeugen gem. § 68 b StPO (gilt seit dem 1. 12. 1998) beigeordnet worden ist. Analoges gilt für den Beistand eines Nebenklägers gem. § 397a i.V. m. § 472 StPO.

Rechtsschutzversicherungen und **Rechtsschutzzusagen der Dienstherren** richten 11
sich in der Regel ebenfalls nach dem gesetzlichen Gebührenrahmen. Für den Beamten ergibt sich die Rechtsschutzhilfe bei nicht vorsätzlichem rechtswidrigem Tun aus der beamtenrechtlichen Fürsorgepflicht des Dienstherrn. Details sind in den Ländern durch Erlaß geregelt.

4. Rechtsschutzinhalt

Fakultativer Rechtsschutz gemäß Art. 19 IV GG bedeutet die **Garantie,** daß der Be- 12
troffene gegen jeden Eingriff öffentlicher Gewalten – zu denen die Judikative selbst nicht zählt, soweit sie als „Rechtsprechung" im Sinne von Art. 20 III, 92 ff. GG streitentscheidend tätig ist[13] – den nach Maßgabe der Prozeßgesetze zuständigen Richter[14] anrufen kann. Der Rechtssuchende muß selbst rechtlich betroffen sein[15] und dies darlegen.[16]

Die Bindung an die Verfahrensgesetze bedeutet nicht, daß es bei verfahrensrechtlichen **Regelungslücken** keinen Rechtsschutz gibt. Wo – wie in der veralteten Strafprozeßordnung – Rechtslücken auftauchen, ist Art. 19 IV 2 GG zu beachten. Auch „planmäßige" Regelungslücken wären unbeachtlich. Die Verfassungsgarantie ist stärker.

Das bedeutet für den, der eine Rechtsbehelfsbelehrung erteilen muß oder der nach 13
dem (ungeschriebenen) Rechtsweg sucht, daß die sachnächste Prozeßordnung heranzuziehen und **das sachnächste prozessuale Hilfsmittel** rechtsähnlich anzuwenden ist. Wer also z. B. bei strafprozessualen Ermittlungseingriffen in der insoweit unvollständigen StPO vergeblich nach einem Rechtsbehelf sucht, muß – wie z. B. bei der Durchsuchung – auf § 98 II StPO zurückgreifen und den Ermittlungsrichter zu Hilfe rufen, bzw. ihn als Rechtsschutzinstanz benennen.[17]

---

[11] Vgl. *Maunz/Dürig/Herzog/Scholz,* GG, Art. 104 II, Rdn. 23, 25. Anders gem. Art. 18 II BayPAG bei nachträglicher Richteranrufung seitens des Betroffenen. *Würtenberger/Heckmann/Riggert,* Polizeirecht in Baden-Württemberg, 2. Aufl. 1994 Rdn. 377 sprechen von einer richterlichen „Unbedenklichkeitsbescheinigung", die „**ohne** die Gewährung rechtlichen Gehörs" nicht die „Qualität eines Erkenntnisaktes im ordentlichen gerichtlichen Verfahren" habe. Ebenso *Lisken,* in: Polizei – heute 1995, 126 m. w. N.

[12] *BVerfGE* 9, 167 (170); 74, 358 (369 ff.).

[13] *BVerfGE* 15, 275 (280); 65, 76 (90); 76, 93 (98) st. Rspr.

[14] *BVerfGE* 4, 74 (94); 11, 232 (233); 31, 364 (368); 57, 9 (20); 60, 253 (268 f.).

[15] *BVerfGE* 13, 132 (151); 31, 33 (39 f.). Anders im Verfahren der sog. Popularklage vor dem *VGH Bayern.*

[16] Vgl. §§ 138, 253, 282 ZPO; § 42 II VwGO.

[17] Vgl. *BVerfGE* 10, 264 (267 f.); 57, 9 (21 f.); 60, 253 (294 ff.); a. A. noch *OLG Karlsruhe* NJW 1976, 1417,

14 Nichts anderes wird zu gelten haben, wenn es zu „europäischen" Eingriffsakten kommt, indem z. B. EUROPOL (s. Kap. O) personenbezogene Daten annimmt, verarbeitet, austauscht und nationalen Behörden weitergibt, die ihrerseits aufgrund dieser Information eingreifend tätig werden. Schon das Anhalten, Durchsuchen, Festhalten und Identifizieren an einer Grenze oder das Ermitteln im eigenen Land könnte die Frage nach dem Umfang des Rechtsschutzes bei „europäischen" Akten und nach der örtlichen und sachlichen Zuständigkeit des anzurufenden Richters aufwerfen, solange es keine „europäische" Rechtsschutzinstanz für „europäische" Exekutivakte und keine innerdeutschen Verfahrensregeln gibt. Soweit die deutsche Rechtsschutzgarantie gem. Art. 19 IV GG greift, wird – bei Ermittlungsakten – der lokal (§§ 7 ff. StPO) und sachlich nächste Ermittlungsrichter gem. der deutschen StPO, also ggf. auch in Analogie zu § 98 II StPO, der ganzen Beschwer auf den Grund gehen müssen (vgl. dazu unten Rdn. 239 ff.). Das ist das fragwürdige Ergebnis (planvoller) deutscher Verhandlungskunst und einer Gesetzgebung durch Ratifizierung gem. Art. 59 II GG.[18]

15 Der durch Art. 19 IV GG garantierte Rechtsschutz kann auch nicht durch **Verwaltungsverfahren** oder **Güteverhandlungen** ersetzt werden. Selbst eine obligatorische Güteverhandlung vor dem Richter zwingt nicht zum Verzicht auf eine streitige Entscheidung. Andererseits gehören gerichtliche Güteverhandlungen mit dem Ziel eines Vergleichs ebenso zu den herkömmlichen Streitschlichtungsmöglichkeiten wie die – gegebenenfalls durch Antrag des Betroffenen veranlaßten – **Selbstkontrollen** der öffentlichen Gewalt hinsichtlich der Rechts- und Zweckmäßigkeit ihrer angegriffenen Verwaltungshandlungen.

16 Die umfassend gedachte Rechtsschutzgarantie des Art. 19 IV GG wird jedoch – seit der als Ausnahme gedachten Einschränkung in den Art. 10 II 2 und 19 IV 3 GG durch die GG-Novelle von 1968 – zunehmend lückenhafter, wenn Eingriffe dem Betroffenen nicht mehr zur Kenntnis kommen (sollen), so daß er dieses **Hauptgrundrecht** gar nicht mehr in Anspruch nehmen kann. So bestimmt § 101 StPO (in der seit 1998 geltenden Fassung), daß von **heimlichen molekulargenetischen Untersuchungen** gem. § 81 e, von **Postbeschlagnahmungen** gem. § 99, von **Telekommunikationsüberwachungen** (Abhören) gem. § 100 a, von **Lauscheingriffen in Wohnungen von Beschuldigten und Nichtbeschuldigten** gem. § 100 c StPO den Beteiligten keine Mitteilung gemacht werden muß, solange dies den Untersuchungszweck, die öffentliche Sicherheit, Leib und Leben einer Person oder die Möglichkeit der weiteren Verwendung eines nicht offen ermittelnden Beamten gefährden würde. Nur beim Lauscheingriff besteht für die Zeit nach 6 Monaten ein **Richtervorbehalt,** der aber **mangels Anhörung** des Betroffenen gem. Art. 103 I GG **keinen Rechtsschutz,** sondern nur eine **Kompetenzverschiebung** darstellt. Hier wird also zugunsten der Abwehr jeder denkbaren Rechtsgutgefahr („öffentliche Sicherheit") und sogar zum Schutz einer Ermittlungsmethode („Nichtverbrennen" des „Schattenmanns") ein **den Rechtsstaat konstituierendes Grundrecht** einfachgesetzlich, also ohne jede (vorherige) Grundgesetzänderung, suspendiert. Diese Verschweigebefugnis ist – bis auf den Fall akuter Lebensgefährdung – so **offensichtlich verfassungswidrig,**[19] daß sie von keinem auf die Verfassung vereidigten Amtswalter praktiziert werden dürfte (zum **Beamtengehorsam** vgl. unten Rdn. 185 ff.). Der Wortlaut des GG ist eindeutig. Darauf geht der BayVerfGH (NVwZ 1996, 166 [170] = BayVBl. 1995, 143 [148]) – auffälligerweise – nicht

mit Kritik von *Schenke* NJW 1976, 1816, und *Drews/Wacke/Vogel/Martens,* Gefahrenabwehr, 9. Aufl., S. 573. Vgl. auch *Rieß/Thym* Goltd A 1981, 189 (195 ff.). Wie hier jetzt auch eindeutig und danach einhellige Praxis *BVerfGE* 96, 44 = NJW 1997, 2165; *BVerfG* NJW 1999, 273; *BGHSt* 44, 265 = NJW 1999, 730 und *BGH* NJW 1999, 3499 mit Rspr. Übersicht. Vgl. auch *Bachmann* NJW 1999, 2414.

[18] Vgl. *Lisken* DRiZ 1998, 76 (77 f.). Vgl. auch Kap. O zur „Rechtsaufsicht".

[19] Vgl. u. a. *Denninger* StV 1998, 401 (402, 405); ebenso *Alberts/Merten,* Ges. üb. d. Datenverarb. d. Polizei, 1995, S. 167 und 174 m. w. N. *Staff* ZRP 1992, 384. Zur verfassungskräftigen Unterrichtungspflicht vgl. auch *LVerfG M-V,* Urt. v. 18. 5. 2000, LKV 2000, 345 (355 ff.) = Polizei heute 2000, 163 (166 f.); ebenso eindeutig *BVerfGE* 100, 313 = NJW 2000, 55; *BVerfG.,* Beschl. v. 25. 4. 2001 – 1 BvR 1104/92 – lt. Pressemitt. des *BVerfG.* Nr. 49/2001, Wortlaut in BRKA-Mitt. 3/2001, S. 135.

ein, wenn er zum Ausschluß der Unterrichtungspflicht „im Bereich der verdeckten Datenerhebung“ nach dem BayPAG sagt: „Datenschutz darf nicht zum Täterschutz werden. Daß der Rechtsschutz gegen Maßnahmen der verdeckten Datenerhebung praktisch nicht durchgängig verwirklicht werden kann, weil der Betroffene mangels Unterrichtung von den gegen ihn gerichteten Maßnahmen nichts erfährt, ist in der Pflicht des Staates zum möglichst effektiven Schutz seiner Bürger und der daraus folgenden Notwendigkeit begründet, in strafrechtlich relevanten Bereichen verdeckt zu handeln“. Der Methodenschutz soll dem verfassungskräftig verbürgten Grundrechtsschutz vorgehen dürfen. Das ist legislativer und judikativer Verfassungsbruch (vgl. Art. 19 I, II, IV und Art. 79 GG).

Ähnlich bedenklich sind die mehr oder weniger heimlichen **Vergleiche („Abgleiche“) von polizeilich erlangten Personendaten mit dem sog. „Fahndungsbestand“**, wie ihn etliche Polizeigesetze ohne Nennung von Tatbestandsvoraussetzungen ermöglichen (vgl. Kap. C Rdn. 34). Es handelt sich – bei einer nicht präventiv orientierten Praxis – um eine **„verschleierte Schleierfahndung“**: Der Betroffene, ob Anzeigenerstatter oder Unfallbeteiligter, merkt in der Regel nichts von diesem Eingriff und bleibt auch in der Praxis ohne Hinweis und Rechtsbehelfsbelehrung. Das evidente Untermaß dieser Regelung berührt nicht weniger die Rechtsschutzgarantie gem. Art. 19 IV GG als die positive Ermächtigung zum Verschweigen eines Eingriffs.

5. Verfassungsbeschwerde

Wer dergestalt in seinen Grundrechten und grundrechtsgleichen Rechten verletzt wird, daß er sie gar nicht (mehr) wahrnehmen kann, sie also auch nicht – wie beim verheimlichten Lauschen – mit gerichtlicher Hilfe erlangen kann, ist letztlich auf die unmittelbare Hilfe des Bundesverfassungsgerichts angewiesen. Er kann gem. Art. 93 Nr. 4 a GG i.V. m. §§ 90 ff. BVerfGG **Verfassungsbeschwerde** (Vb) beim Bundesverfassungsgericht erheben. 17

Wer also unbemerkt und ohne jede berechenbare Informationschance ausgeforscht oder ohne jede Sozialpflicht und Vorhersehbarkeit kontrolliert werden kann (Stichworte: „Lauschangriff“; „Jedermannkontrolle“ – s. Kap. C Rdn. 30 ff.), ist potentiell permanent betroffen. Deswegen wird die verfassungsgerichtliche Prozeßvoraussetzung der **„unmittelbaren Betroffenheit“** als gegeben angesehen.[20] Im übrigen ist – anders als bei der **Popularklage in Bayern** (Art. 98 Satz 4 BayVerf i.V. m Art. 53 BayVerfGHG) – die **persönliche unmittelbare Rechtsbetroffenheit** Voraussetzung für die Zulässigkeit der Vb. Insoweit muß dann auch der zulässige **Rechtsweg zu den Fachgerichten ausgeschöpft** sein (§ 90 II BVerfGG), so daß sich die Vb in aller Regel gegen eine letztinstanzliche Gerichtsentscheidung richtet. Dabei kann die (behauptete) **Beschwer** in der **Sachentscheidung** liegen. Sie kann aber auch durch eine **verfassungswidrige Prozeßrechtsgestaltung** bewirkt sein. 18

Wird z. B. gerichtliche Hilfe von vornherein von einem Gericht als unzulässig versagt, wie es häufig bei zeitlich erledigten Ermittlungshandlungen geschehen ist, bis das BVerfG dem ein Ende gesetzt hat (BVerfGE 96, 27 = NJW 1997, 2163), so kann die Beschwer nur in einer Verletzung der Rechtsschutzgarantie gem. Art. 19 IV GG liegen. Insoweit kann also auch das (verfassungswidrige) Verschweigen heimlicher, aber zeitlich erledigter Ermittlungshandlungen gegen dieses Grundrecht verstoßen, weil die Rechtsschutzmöglichkeit faktisch entzogen oder vorenthalten wird. 19

Beim Angriff gegen ein Judikat muß die Vb **spätestens einen Monat** nach Zustellung der letztinstanzlichen Entscheidung erhoben sein (§ 93 BVerfGG). Bei unverschuldetem Fristverlust kann die **Wiedereinsetzung in den vorigen Stand** gem. § 93 II BVerfGG hel- 20

[20] Vgl. *BVerfGE* 30, 1 (II); 39, 156 (161 ff.); 65, 1 (36 ff.); 70, 35 (50 ff.); 72, 39 (44); 89, 155 (171 ff.); 93, 181 (187); 97, 157 (165 f.); *BVerfGE* 100, 313 = EuGRZ 1999, 389 = NJW 2000, 55; *LVerfG M-V,* Urteil vom 6. 5. 1999 – LVerfG 2/98 – mit w. Nachw. NVwZ-RR 1999, 617 = SächsVBl. 1999, 248 = NJ 1999, 474.

fen. Die Frist für eine Erhebung einer **Vb gegen ein Gesetz** beträgt ein Jahr seit dem Inkrafttreten des Gesetzes (§ 93 III BVerfGG i.V.m. Art. 82 II GG).

21 Die Vb ist gem. § 93 I Satz 1 und § 92 BVerfGG **innerhalb der Erhebungsfrist** auch zu **begründen.** Der angegriffene Akt muß vollständig mitgeteilt werden. Der Tag der nach § 93 I BVerfGG maßgeblichen Bekanntgabe des Aktes muß belegt werden. Schließlich muß das Recht, das verletzt sein soll, gem. § 92 BVerfGG „bezeichnet", also konkret benannt werden. Hier ist keine rechtswissenschaftliche Darlegung gefordert, sondern – da **jedermann,** also auch ein juristischer Laie, die Vb erheben kann – eine schlichte Benennung der Tatsachen, aus denen sich ergibt, wie man sich beschwert fühlt. Es genügt also ggf. nur zu sagen: „Ich bin ungleich behandelt worden, weil ich andersgläubig bin." Oder: „Das angegriffene Urteil wäre anders, nicht zu meinen Lasten, gefällt worden, wenn das Instanzgericht meinen Beweisantrag, den Zeugen X zu vernehmen, nicht unbeachtet gelassen hätte." Im ersten Fall wird also die Verletzung von Art. 3 GG gerügt, im zweiten Fall die Verletzung von Art. 103 I GG.

22 Das BVerfG prüft danach ohnehin **alle denkbaren Verfassungsverstöße,** die der Fall aufgibt. Aber der Beschwerdeführer (Bf) muß zumindest eine grundrechtliche Betroffenheit dartun. Die Vb ist nämlich jedermann nur **zum Schutz der „Grundrechte" oder der „in Art. 20 IV, 33, 38, 101, 103 und 104 enthaltenen Rechte"** gegeben (Art. 93 Nr. 4a GG und § 90 I BVerfGG).

23 So ist z.B. die Vb eines Abgeordneten gegen die Ratifizierung des sog. **Maastricht-Vertrages** nicht nur unter dem Aspekt der gerügten Verletzung von Art. 38 GG, sondern umfassend geprüft worden.[21] Bei der **Rüge der Verletzung rechtlichen Gehörs** gem. Art. 103 I GG (Beispiel: übergangener Beweisantrag) kann demgegenüber keine weitere Prüfung stattfinden, weil eine weitere Grundrechtsverletzung (noch) nicht vorliegen kann.

24 Die meisten erfolgreichen Verfassungsbeschwerden betreffen **Anhörungsrügen** gem. Art. 103 I GG, weil es außerhalb der StPO (vgl. §§ 33a und 311a StPO) keine vergleichbare Prozeßregel zur nachträglichen Anhörung gibt. Gesetzgeber und Gerichte haben sich bisher gegen die angeblich drohende Mehrarbeit gewehrt.

25 Wer sich dennoch mit dem **Ziel des Abbaus mehrerer Gerichtsinstanzen** darauf beruft, daß Art. 19 IV GG **nur eine Instanz** garantiere,[22] müßte daher zumindest zugleich für die Möglichkeit einer nachträglichen Anhörung in allen Verfahren plädieren; denn eine verfassungskräftige **Anhörungspflicht,** die sich in erster Linie an die Gerichte wendet, bleibt **ohne eine gerichtliche Kontrollinstanz** letztlich genauso beschränkt wirksam wie eine sonstige Grundrechtsgarantie ohne Rechtsschutzmöglichkeit. Das oft zitierte Wort von der „Instanzenseligkeit" in Deutschland verkennt die Notwendigkeit **„effektiven Rechtsschutzes".**[23] Die fast 50 Jahre währende Versagung jeglichen Rechtsschutzes gegen zeitlich „erledigte" Ermittlungseingriffe[24] zeigt unseren Umgang mit Verfassungsgarantien ohne effektive Kontrolle durch eine weitere Instanz, die sich wahrhaft als **„Dritte Gewalt"** erweist. Die Exekutive hat ebenfalls bisher wenig zur Rechtsschutzsicherung beigetragen. Es beginnt mit der täglich praktizierten Mißachtung ihrer Unzuständigkeit bei **Richtervorbehalten,** z. B. bei vorübergehenden Freiheitsentziehungen, Blutentnahmen, Durchsuchungen, Beschlagnahmen, und endet bei dem Unterlassen jeder Rechtsbehelfsbelehrung. Der bei der Polizei übliche Hinweis: „Sie können sich beim

---

[21] *BVerfGE* 89, 155 (172ff.). Zur „laienhaften" Angabe der Betroffenheit als ausreichende Begründung einer Verfassungsbeschwerde vgl. *Umbach/Clemens*, BVerfGG 1992, § 92 Rdn. 10 m.Verw. auf *BVerfGE* 81, 208 (214) = NJW 1990, 2189; *BVerfGE* 84, 366 (369) = NJW 1992, 105. Anders – vermutlich zur Vermeidung von Senatsentscheidungen – eine Kammer des Zweiten Senats des *BVerfG* NJW 2000, 3556 und 3557 m.krit. Anm. v. *Lamprecht* NJW 2000, 3543. Zu den Begründungsanforderungen bei Strafsachen vgl. *Eschenbach/Gieg/Schulz*, NStZ 2000, 565. Krit. z. neueren BVerfG-Praxis *Kreuder* NJW 2001, 1243.

[22] *BVerfGE* 11, 232f.

[23] *BVerfGE* 8, 274 (326); 40, 272 (275); 85, 337 (345); 96, 27 (29); *BVerfG* NJW 2000, 1175: Auch der Geheimnisschutzvorbehalt gem. § 99 I 2 VwGO ist insoweit mit Art. 19 IV GG unvereinbar.

[24] Vgl. *BVerfGE* 96, 27 = NJW 1997, 2163.

Polizeipräsidenten beschweren" ist keine Rechtsbehelfsbelehrung im Sinne von § 59 VwGO. Rechtsschutz ist lästig, aber zur Sicherung der Freiheitsordnung unerläßlich. Deswegen ist Art. 19 IV GG ebenso nötig wie die Möglichkeit der Verfassungsbeschwerde, auch wenn sie – vordergründung betrachtet – nur selten erfolgreich ist.

Nur etwa 2 % aller Verfassungsbeschwerden sind erfolgreich. Die Zahl täuscht, weil viele Beschwerden von „Jedermann" unsinnig oder substanzlos sind. Die Erfolgsquote wird im übrigen auf über 25 % geschätzt. Dennoch: Die meisten Verfassungsbeschwerden werden als aussichtslos im Vorprüfungsverfahren beim BVerfG – von einer der mit drei Richtern besetzten Kammern – nicht zur Entscheidung angenommen. Die Kammer kann andererseits auch offensichtlich begründeten Verfassungsbeschwerden sofort abhelfen. Diese Neuregelung (seit 1986) sollte bewirken, daß aussichtsreiche Verfassungsbeschwerden nicht länger deswegen „nicht angenommen werden", weil die aufgeworfene Verfassungsfrage schon entschieden ist und dem Beschwerdeführer durch die Nichtannahme kein schwerer Nachteil droht (§ 93 c BVerfGG a. F.) – eine dem Zweck von Art. 93 Nr. 4 a GG zuwiderlaufende frühere Praxis. Zwischenzeitlich ist diese „Erfolgsgarantie" durch die (von der Arbeitslast des Gerichts diktierte) Novellierung der §§ 93 a ff. BVerfGG wieder relativiert worden. Auch die Annahme einer begründet erscheinenden Verfassungsbeschwerde setzt nunmehr voraus, daß die Annahme zur „Durchsetzung" der von der Verfassung geschützten Rechte „angezeigt" ist – eine weithin tatbestandslose „Selektionsmöglichkeit", die der Garantie von Art. 93 Nr. 4 a GG ebenfalls kaum gerecht wird.[25] 26

II. Verfahrensrechte bei polizeirechtlichem Verwaltungshandeln

1. Formlose Rechtsbehelfe

Aus Art. 17 GG ergibt sich, daß jedermann befugt ist, sich mit **„Gegenvorstellungen"** formlos an die Behörde zu wenden, durch deren Handeln er sich betroffen fühlt. Die Behörde schuldet ihm – wenn dieses **Petitionsrecht** einen Sinn haben soll – auch eine Prüfung in der Sache und eine Antwort.[26] Das kann nur bei Wiederholung inhaltsgleicher oder unsinniger Eingaben nicht gelten.[27] Für den Inhalt der Antwort kann angesichts des Begründungszwanges für alle behördlichen Entscheidungen mit Außenwirkungen[28] nichts anderes gelten als für Erstbescheide: Die wesentlichen Gesichtspunkte sind unter Würdigung des Vorbringens des Betroffenen[29] zu erörtern. Neues Vorbringen ist also als relevant oder nicht relevant zu würdigen; nur hinsichtlich früher schon ausgetauschter Argumente muß Bezugnahme genügen, um unnötige Wiederholungen zu vermeiden. Eine solche Behandlung der Gegenvorstellung ist schon deswegen angezeigt, weil sie prinzipiell zur streitvermeidenden Änderung des Verwaltungshandelns oder Befriedigung des Petenten führen soll.[30] 27

---

25 Anwälte pflegen zu kolportieren, eine Verfassungsbeschwerde sei um so aussichtsloser, je begründeter sie sei. Zur früheren Verfassungsbeschwerdepraxis vgl. G. *Seibert*, in: FS Martin Hirsch, 1981, S. 491, und auch *Lisken* DRiZ 1981, 139. Näheres im übrigen bei *Umbach/Clemens* (Hrsg.), BVerfGG, 1992, §§ 90 ff. Zur Gesetzeslage seit 1993 vgl. *Schlaich/Korioth*, Das Bundesverfassungsgericht, 5. Aufl. 2001, Rdn. 251 ff. Zur weiteren „Entlastung des *BVerfG*" vgl. *Bausback* ZRP 1999, 6 und *Kau* ZRP 1999, 319 mit jeweils w. Nachw. Zum notwendigen Minderheitenschutz durch Grundrechte und *BVerfG* vgl. *Kutscha*, JuS 1998, 673.

26 *BVerfGE* 2, 225 (229 f.). Für eine zumindest „Kursorisch formulierte Begründung" *BVerwG* NJW 1991, 936.

27 *BVerfGE* 2, 225 (229 ff.).

28 *BVerfGE* 6, 32 (44 f.).

29 Das Rechtsstaatsprinzip des GG verlangt – wie Art. 103 I GG beispielhaft zeigt – den Dialog mit dem Betroffenen, damit er nicht zum „Objekt" der öffentlichen Gewalt wird. Zum „Gespräch" zwischen Verwaltung und Bürger vgl. *BVerfGE* 45, 297 (335). Eingehend zum Problem, jetzt *U. F. H. Rühl*, Der Umfang der Begründungspflichten von Petitionsbescheiden, DVBl 1993, 14 ff. mit Rsprgsnachw.

30 Wie hier *Stein*, in: AK-GG (1984) Art. 17 Rdn. 29. Für *Dürig*, in: Maunz/Dürig/Herzog/Scholz, GG, Art. 17 Rdn. 8, geht es einerseits „um ein grundlegendes Verständigungs- und Integrationsproblem

Sicher ist, daß die ablehnende Antwort nicht als Verwaltungsakt in der streitigen Sache angesehen werden kann, also kein neues Rechtsschutzverfahren ermöglicht. Sie ist etwas anderes als ein förmlicher Rechtsbehelf mit **Suspensiv-** oder **Devolutiveffekt,** so daß sich auch Rechtsmittelbelehrungen erübrigen, weil sie keine neue selbständige Einzelfallregelung darstellt, sondern die frühere Sachentscheidung deklaratorisch wiederholt.[31]

28 Gleiches gilt für die sogenannte **(Dienst-)Aufsichtsbeschwerde,** mit der eine formlose Prüfung der Aufsichtsbehörde in der Sache (einfache Aufsichtsbeschwerde) oder (auch) der Art und Weise des amtlichen Vorgehens (Dienstaufsichtsbeschwerde) erbeten wird. Sie ist nicht „formlos, fristlos und fruchtlos", wenn man den Anspruch des Betroffenen auf ein faires Verfahren[32] und eine sachgerechte Berücksichtigung seiner grundrechtlich geschützten Belange[33] beachtet und im Verzicht auf Anrufung des Gerichtes nicht von vornherein Resignation oder Einsicht sieht. Weder die häufige Zwecklosigkeit, noch eine höhere Erfolgsquote können als Indiz des Maßes an Rechtsstaatlichkeit gewertet werden. **Verwaltung als Verfassungsvollzug**[34] verpflichtet jeden Amtswalter zur Verfassungstreue, also zur gesetzes- und gewissensgebundenen Verwaltungsarbeit.[35] Das bedeutet insbesondere für den Bereich der Eingriffsverwaltung eine am Gesetzmäßigkeits- und Maßgebot orientierte Verfahrensweise mit dem Ziel, Grundrechts- und Gemeinwohlinteressen zu einer „praktischen Konkordanz" zu bringen.[36] Die Petition mit ihren Varianten ist wie der förmliche Rechtsbehelf ein verfassungskräftiges Hilfsmittel zur Erreichung dieses Zweckes.

2. Verfahrensgebundene Rechtsbehelfe

a) Vorbemerkung

29 Zu den **förmlichen,** also durch Verfahrensregeln konkretisierten **Rechtsbehelfen** zählen im Bereich der Polizeiverwaltung:

- der Widerspruch gemäß §§ 68 ff. VwGO,
- der Antrag auf Erlaß einer Einstweiligen Anordnung gemäß § 123 VwGO,
- Anfechtungs-, Verpflichtungs-, Leistungs- und Feststellungsklage gemäß §§ 42, 43, 113 VwGO.

Daneben gelten für den Bereich der polizeilichen Verfolgung von Ordnungswidrigkeiten und strafbaren Handlungen die speziellen Rechtsschutzregelungen im OWiG, in der StPO und im EGGVG.

30 Allen förmlichen Rechtsschutzmöglichkeiten – mit Ausnahmen bei Feststellungs- und Leistungsbegehren (vgl. Rdn. 75, 77, 81) – gemeinsam ist ihre **Fristgebundenheit.** Der Betroffene soll einerseits die Chance haben, sich beraten und bedenken zu können, ob er Rechtsschutz in Anspruch nimmt; andererseits soll nach zumutbarer Frist im Interesse der Rechtssicherheit Rechtsbeständigkeit eintreten. Diese tritt bei angreifbaren Entscheidungen in der Regel nicht vor Eintritt der **Bestandskraft** ein (§ 43 VwVfG behandelt nur die Wirkungen der erforderlichen Bekanntgabe!); es sei denn, daß im anzuwendenden Verfahrensgesetz selbst der **sofortige Vollzug** – unbeschadet der Angreifbarkeit des Verwaltungshandelns – vorgesehen ist.[37] Bei sofortigem Vollzug kann das Gericht

---

zwischen Mensch und Staat", andererseits verneint er eine „Begründungspflicht". Ebenso unentschieden *Drews/Wacke/Vogel/Martens,* Gefahrenabwehr, 9. Aufl., S. 574.

[31] So auch *BGHZ* 42, 390 = NJW 1965, 1017.

[32] Vgl. *BVerfGE* 20, 162 (223 ff.); 51, 150 (156); 52, 131 (144 ff.).

[33] Vgl. *BVerfGE* 16, 194 (201 f.); 17, 306 (313 f.); 27, 1 (8); 67, 157 (173 ff.); 76, 1 (51).

[34] Vgl. *Achterberg,* Allg. Verwaltungsrecht, 2. Aufl. 1986, S. 91 ff.; *Werner* DVBl 1959, 727.

[35] *BVerfGE* 39, 334; vgl. auch *Lisken* DRiZ 1989, 403 f. und Polizei – heute 1995, 58 zur Gewissensbindung und zum Rechtsgehorsam des Polizeiamtswalters.

[36] *Hesse,* Grundzüge des Verfassungsrechts der BR Deutschland, 20. Aufl., Rdn. 317 ff. *BVerfGE* 69, 315 (355 f.).

[37] Vgl. § 28 MEPolG, entspr. alle PolG; § 80 II VwGO usw. Hierbei ist zu unterscheiden zwischen sofort vollziehbaren Anordnungen von Polizeivollzugsbeamten gem. § 80 II Nr. 2 VwGO und den übrigen Verwaltungsakten der (Verwaltungs-)Polizei, die nur gem. § 80 II Nr. 4 VwGO für sofort vollziehbar erklärt werden können, z. B. beim Versammlungsverbot; anders bei Versammlungsauflösung (§ 15 VersG). Zu beachten bleibt, daß **nicht alle Polizeivollzugsanordnungen automatisch sofort vollziehbar** sind,

gemäß § 80 V VwGO die aufschiebende Wirkung **(Suspensiveffekt)** entweder anordnen oder wiederherstellen. Zu beachten ist, daß diese Regelung nicht gilt, wo die Polizei in Verfolgung strafprozessualer Zwecke handelt. Insoweit gilt ausschließlich das Recht der StPO. So gelten für Beschlagnahme, Durchsuchung, Verhaftung etc. ausschließlich die §§ 94 ff. StPO mit den spezifischen Rechtsbehelfen (siehe unten).

Wo aber das Verwaltungsgericht gem. § 80 V VwGO die aufschiebende Wirkung an- 31
ordnen und wiederherstellen kann, bedarf es nicht vorab der Erhebung einer Klage in der Hauptsache, sondern der Einlegung des zulässigen Rechtsbehelfs als Voraussetzung für einen Suspensiveffekt. Fehlt es an einem zulässigen Rechtsbehelf, ist die Stornierung des Vollzuges sinnlos. Der Antrag nach § 80 V VwGO kann sich bei drohendem Vollzug auch dann anbieten, wenn der Betroffene nicht sicher erkennen kann, ob er durch eine unaufschiebbare Anordnung eines Polizeivollzugsbeamten gem. § 80 II Nr. 2 VwGO oder „nur" durch eine nicht für sofort vollziehbar erklärte Polizeientscheidung belastet ist. Solche Fallgestaltung kann sich z. B. bei einer akuten **Versammlungsauflösung** durch die Polizei gem. § 15 VersG ergeben (vgl. Kap. H „Auflösung"). Hier können versammlungsrechtliche Auflösungsverfügungen und polizeirechtlicher **Platzverweis** faktisch zusammenfallen, zumal wenn sie von demselben Vollzugsbeamten erteilt werden. Ähnliche Probleme der Zuordnung können sich bei der akuten Anordnung einer **„erkennungsdienstlichen Behandlung"** nach Polizeirecht oder nach § 81 b StPO ergeben. Dementsprechend kann der Versuch, zu einem Suspensiveffekt zu gelangen, einen Antrag gem. § 80 V VwGO „sicherer" erscheinen lassen als der Weg über die Einlegung eines Rechtsbehelfs in Verbindung mit einem Antrag auf vorläufigen Rechtsschutz gem. § 123 VwGO. Im Zweifel wird das Gericht gem. § 86 VwGO auf einen sachdienlichen Antrag

---

sondern nur solche, deren Befolgung objektiv unaufschiebbar ist, also zur Abwehr einer akuten Gefahr sofort vollzogen werden müssen oder das laufende Verkehrsgeschehen steuern (vgl. *Kopp/Schenke,* VwGO, 11. Aufl. 1998, § 80 Rdn. 64; *Hufen,* Verwaltungsprozeßrecht, 3. Aufl., § 32 Rdn. 12). Bei einer Polizeikontrolle ohne jede latente oder akute Gefahr, wie bei der anlaßlosen „Jedermannkontrolle" im Gegensatz zur Verkehrskontrolle gem. § 36 V StVO, fehlt diese gefahrenabwehrende sofortige Vollzugsbedürftigkeit, so daß Zeit für eine Eingriffsbegründung, Rechtsbehelfsbelehrung und Herbeiführung der **Bestandskraft** – durch Rechtsmittelverzicht oder Rechtswegerschöpfung oder durch Zustimmung des Betroffenen (der praktisch häufigste Fall) bleibt (vgl. *Lisken,* Polizei – heute 1998, 41 ff.). Die Nichtbeachtung der prinzipiellen Aufschiebbarkeit beim Fehlen jeglicher Gefahr kann gem. § 229 BGB zum befugten und deswegen gem. § 113 III StGB straflosen **Widerstand** führen. An solche Konsequenz mag der Gesetzgeber von § 80 II Nr. 2 VwGO nicht gedacht haben, weil er sich – damals – sofort vollziehbare Anordnungen ohne konkreten gefahrenabwehrenden Anlaß rechtssystematisch nicht vorstellen konnte. Die verfassungsrechtlich umstrittene Vorverlagerung der Polizeiarbeit mittels Grundrechtseingriffs in das undefinierbare „Vorfeld" einer Gefahr (vgl. dazu Kap. E) muß systematisch zu solchen rechtspraktischen Unzuträglichkeiten führen. Der Gesetzgeber schafft sie, wie z. B. auch die Unvereinbarkeit von § 110 a StPO mit § 136 StPO, weil das **rechtspolitische Wollen** – auch in der Polizei – den **Willen zum Recht** nach Maßgabe der Verfassung überlagert. Dabei ist das Polizeirecht mit seinen laufenden, in sich widersprüchlichen und sprachlich ungenauen Änderungen in den letzten Jahren nur ein Beispiel für den Verlust an Homogenität auf allen Rechtsgebieten. Gefördert wird diese Entwicklung durch **sprachliche Neuerungen.** Seit kurzem gibt es z. B. in den §§ 98 a, 100 e, 100 d, 111, 163 d oder 163 e StPO den **„Täter"**, der zuvor noch in den §§ 163 a und 163 b StPO als **„Beschuldigter"** oder **„Verdächtiger"** bezeichnet worden war. Es dürfte immer nur der **Beschuldigte** gemeint sein, weil seine Täterschaft kraft der Unschuldsvermutung erst mit der Rechtskraft seiner Verurteilung feststehen kann. Aber es fragt sich, ob mit dem **Zweck des Strafverfahrens** noch allein die Aufklärung eines Verdachts oder primär die „Kriminalitätsbekämpfung" oder „Verbrechensbekämpfung" gemeint ist, wie sie in Gesetzesüberschriften sogar Platz gefunden hat. Den Anfang dieser (absichtsvollen) Umwidmung findet man in § 5 BKAG a. F., wo undefiniert von der „vorbeugenden Verbrechensbekämpfung" neben der „Strafverfolgung" durch die Länderbehörden die Rede war. *Riegel* (Bundespolizeirecht 1985, S. 45) hat diese mehrdeutige Wortwahl als „zumindest unglücklich" bezeichnet. Wer aber mit dem Strafrecht Verbrechen „bekämpfen" will, sieht die StPO als Teil des „Eingriffsrechts", wie es in der polizeilichen Ausbildung inzwischen genannt wird. Diese Sprachverwilderung mag Ursache oder Folge einer Begriffsverwirrung sein; sie führt jedenfalls zu einer auffälligen faktischen **Normzweckverschiebung der Verfahrensregeln,** die wiederum mit einer problematischen Ausweitung des Strafrechts korrespondiert (vgl. *Paeffgen* StV 1999, 625, und *Bussmann* StV 1999, 613 mit jeweils beachtl. weit. Nachw.). Nur zu einer einfachen und umfassenden **Rechtsschutzregelung** für den Bereich des Ermittlungsverfahrens konnte sich der Gesetzgeber nie entschließen (vgl. *Rieß/Thym* GA 1981, 189; *Rieß* ZRP 1981, 101 zu einem Referentenentwurf des BMdJ; dazu Anm. v. *Lisken* ZRP 1981, 235 und DRiZ 1981, 388).

hinwirken. Ist im Hauptsacheverfahren eine Anfechtungsklage geboten, so kann vorläufiger Rechtsschutz insoweit nur über § 80 V VwGO erlangt werden, s. § 123 V VwGO.

32 Schwieriger ist die Antwort auf die Frage nach den **Maßstäben für eine Wiederherstellung des Suspensiveffektes**. Sicher darf der Rechtsbehelf in der Hauptsache weder unzulässig noch aussichtslos sein, weil die vorläufige Schutzgewährung sonst zweckwidrig wäre. Ebenso sinnlos wäre eine Vollzugsaussetzung, wo der Vollzug bereits stattgefunden hat und nicht rückgängig zu machen ist, also die Hauptsache insoweit „erledigt" ist und nur noch eine Folgenregelung in Betracht kommen kann. Aber zwischen Aussichtslosigkeit und Zweifeln an der Rechtmäßigkeit des angefochtenen Eingriffsaktes liegt ein Ermessensraum, der nur nach Billigkeitsgesichtspunkten genutzt werden kann. Der Betroffene sollte daher seine „Rechtsnot" möglichst umfassend dem Gericht darlegen.

33 Die **Rechtsbehelfsfrist** beträgt im Verwaltungsstreitverfahren seit der notwendigen Bekanntgabe an den Betroffenen einen Monat, falls er über seine Rechtsbehelfsmöglichkeiten belehrt worden ist (§§ 58, 70, 74 VwGO), andernfalls ein Jahr. Der Rechtsbehelf ist in der Frist **schriftlich oder zur Niederschrift** bei der zuständigen Behörde (§ 70 VwGO) bzw. beim zuständigen Gericht (§ 81 VwGO) zu erheben. Behörde und Gericht sind nicht befugt, den erschienenen Petenten auf den Schriftweg zu verweisen; sie müssen vielmehr – gegebenenfalls unter sachkundiger Beratung – den Willen des Petenten formulieren und festhalten. Insoweit kann – wenn seine Identität feststeht – auch keine **Unterschrift** verlangt werden. Bei Schriftform muß hingegen zur etwaigen Verifizierung eine Unterschrift gefordert werden.

34 Eine **Begründung** des Widerspruchs ist – anders bei der Klage – vom Gesetz nicht gefordert, weil der Widerspruch zu einem **Selbstprüfungsverfahren** der Behörde führen soll, das sich auf Recht- und Zweckmäßigkeit der angegriffenen Handlung erstreckt. Andererseits eröffnet das Widerspruchsverfahren dem Petenten die Möglichkeit, vom **Recht auf Anhörung** Gebrauch zu machen, so daß es naheliegt, neue Sach- und Rechtsargumente vorzubringen. Die Behörde kann ihn auch befragen, muß dies aber nur dann, wenn sie ihrerseits neue Tatsachen und Beweismittel zur Aufrechterhaltung ihrer angegriffenen Entscheidung verwerten will.[38]

35 Eine Begründung kann sich insbesondere dann empfehlen, wenn ein anderer als der Adressat des angegriffenen Verwaltungshandelns als sogenannter **Drittbetroffener** von dieser Rechtsbehelfsmöglichkeit Gebrauch machen will. Drittbetroffener ist der, dessen Rechte im Sinne von Art. 19 IV GG ebenfalls unmittelbar „beeinträchtigt" sind. So kann eine polizeiliche Straßensperre, zum Beispiel an einer Kontrollstelle, nicht nur die Passanten betreffen, sondern – je nach Fallgestaltung – auch Wohnungs- und Geschäftsinhaber, soweit ihre eigene Freiheit eingeschränkt wird. Die Festnahme eines Kraftfahrzeugführers kann für einen Mitfahrer über etwaige wirtschaftliche Nachteile hinaus von rechtlicher Bedeutung sein. Ähnliche Fallgestaltungen ließen sich für Flugzeugkontrollen nach dem LuftVG denken. Nach anfänglicher Zurückhaltung hat die neuere Rechtsprechung im Hinblick auf die Grundrechts- und Schutzgarantien der Verfassung nach Maßgabe der rechtlichen Betroffenheit auch dem Mitbetroffenen den Zugang zum Rechtsschutz eröffnet.[39] Der Gesetzgeber hat diese Entwicklung indirekt legalisiert, indem er in § 80a VwGO analog § 80 VwGO den vorläufigen Rechtsschutz (sofortige Vollziehbarkeit und etwaige Aussetzung sofortiger Vollziehbarkeit nebst einstweiligen Regelungen im Sinne von § 123 VwGO) bei Betroffenheit eines Dritten geregelt hat.[40]

---

[38] Zum rechtlichen Gehör als Verfahrensgrundsatz vgl. *BVerfGE* 6, 12 (14); 9, 89 (95); 19, 49 (51); 70, 180 (189); 77, 65 (76); nachdrücklich auch *BVerfG,* StV 1994, 465. Zum rechtlichen Gehör im Verwaltungsverfahren s. auch §§ 28, 66 VwVfG; dazu *Bull,* Allg. Verwaltungsrecht, 4. Aufl. 1993, Rdn. 517.

[39] Vgl. *BGHZ* 23, 157 = NJW 1957, 630 (Anliegerbeeinträchtigung); *BVerwGE* 11, 95 = NJW 1961, 793 (Anspruch auf baupolizeil. Einschreiten zum Nachbarschutz); *BVerwGE* 22, 129 (Zulässigkeit einer Genehmigungsgegenklage des mitbetroffenen Nachbarn). Vgl. auch *BVerfG* NJW 1997, 1596 = NVwZ 1997, 161 m. Anm. v. *Kutscheidt* (zur Klagebefugnis Drittbetr. bei atomrechtl. Genehmigung).

[40] Weitere Einzelheiten bei *Kopp/Schenke,* VwGO, 11. Aufl. 1998, § 80a mit Beispielen. Zu den gesetzessystematischen Ungereimtheiten bei § 80a VwGO vgl. auch *Hufen,* Verwaltungsprozeßrecht, 4. Aufl. 2000, § 32.

Mit der formellen Eröffnung einer umfassenden, also auch vorläufigen Rechtsschutzmöglichkeit für einen Dritten, der sich durch einen an einen anderen gerichteten Verwaltungsakt negativ betroffen fühlt, ist die Feststellung seiner wirklichen Betroffenheit und damit die Zulässigkeit seiner prozessualen Beteiligung nicht erübrigt, sondern nach wie vor erforderlich. Der Drittbetroffene muß wie jeder Petent und Kläger seine Betroffenheit und sein konkretes Begehren schlüssig darlegen, um seine sachlich-rechtliche Beziehung zu dem angeblich belastenden Akt erkennen zu können. Er ist nämlich nicht der namentlich benannte Adressat, sondern – aus seiner Sicht – ein „Zufallsadressat". Deswegen ist eine (vorgezogene) materielle Prüfung des streitigen Verwaltungsaktes (Eingriffsaktes) unvermeidbar. **36**

Schwierig bleibt die **Feststellung der rechtlich relevanten Betroffenheit** im Sinne von Art. 19 IV GG und § 42 II VwGO. Sicher kann nicht jedes Interesse, etwa eine Erwerbserwartung, als rechtliche Betroffenheit qualifiziert werden. Wo aber in rechtlich geschützte Positionen eingegriffen wird, so daß ein unmittelbarer Nachteil entsteht und Schutznormen tangiert sind, muß das beeinträchtigende Verwaltungshandeln auf die Belange jedes Betroffenen Rücksicht nehmen und insoweit gerichtlich nachprüfbar sein.[41] Bei signifikanten Eingriffen in das **Eigentum** oder in den ausgeübten **Gewerbebetrieb** fällt die Feststellung der Betroffenheit weniger schwer als bei Eingriffen in die **allgemeine Freiheitssphäre,** ohne daß eine spezielle Schutznorm tangiert ist. Da indes das Grundgesetz die Freiheit (von Zugriffen seitens der öffentlichen Gewalten) als Normalzustand voraussetzt und jeglicher Zugriff der Rechtfertigung bedarf, ist es konsequent, die Grundrechte selbst zum Maßstab etwaiger Betroffenheit „durchgreifend" heranzuziehen. Hier ist im vollzugspolizeilichen Bereich besonders an die Beeinträchtigung des Rechts auf **informationelle Selbstbestimmung**[42] zu denken, wenn es zum Beispiel um die Bekanntgabe von Anzeigenden, Auskunftspersonen oder sonstigen personenbezogenen Daten an den Adressaten einer polizeilichen Verfügung geht. Solange die Polizeigesetze noch keine speziellen Regelungen für solchen Datenschutz enthielten, konnte dem Drittbetroffenen der Rückgriff auf das Grundgesetz selbst nicht versagt werden. Soweit es um Freiheitsbeeinträchtigungen oder Gefahren für die Gesundheit geht, erübrigen zunehmend spezialgesetzliche Schutzvorschriften[43] den Rückgriff auf die Grundrechte. Dennoch kann es weiterhin Eingriffe mit grundrechtsrelevanter Drittbetroffenheit geben: Die Freiheitsentziehung kann Angehörige nach Art. 6 GG tangieren.[44] Das Anhalten eines öffentlichen Verkehrsmittels kann die Benutzer in ihrer Freiheit gemäß Art. 2 GG beeinträchtigen. Die Genehmigung einer Veranstaltung kann andere in ihrer Religionsausübungsfreiheit gemäß Art. 4 II GG berühren.[45] Angesichts der möglichen Rechtsbetroffenheit muß der Weg zur Klage und damit zum Vorverfahren eröffnet sein. **37**

b) Widerspruch

Der **Widerspruch** jedes potentiell Betroffenen führt zu einer Rechts- und Zweckmäßigkeitskontrolle der Behörde, deren Verwaltungshandeln angegriffen wird. Hierbei hat die Behörde – mangels einer Begründungspflicht für den Widerspruch – von Amts wegen zu prüfen, ob und in welcher rechtlichen Beziehung der Widersprechende „betroffen" ist. Notfalls ist Anhörung geboten,[46] um nötige Entscheidungsgrundlagen zu bekommen. Wenn die Behörde am angegriffenen Entscheid festhalten will, muß sie den Widerspruch der (nächsthöheren) **Widerspruchsbehörde** zur Entscheidung vorlegen (§ 73 VwGO). Auch der Widerspruchsbescheid ist zu begründen und mit einer **38**

---

[41] Vgl. auch *Steinberg* NJW 1984, 457 m. w. N.; *Schenke* NVwZ 1990, 1009.
[42] Art. 2 I i. V. m. Art. 1 I GG gem. *BVerfGE* 65, 1.
[43] Vgl. z. B. BImSchG, AtomG usw.
[44] *BVerwGE* 42, 141 = NJW 1973, 2077.
[45] *BVerwGE* 10, 91 = NJW 1960, 1361.
[46] Vgl. § 71 VwGO, § 28 VwVfG.

Rechtsmittelbelehrung zu versehen. Zugleich hat er über die bisherige Kostenlast zu entscheiden.

39 Für die **Kostentragungspflicht** ist § 73 III 2 VwGO i. V. m. § 80 VwVfG maßgebend. Dies sollte auch bei der Bescheidung eines Drittwiderspruchs (analog) gelten, da § 80 VwVfG ebenso wie § 154 VwGO und § 91 ZPO lediglich eine Konkretisierung des für alle Verfahrensgesetze maßgebenden Erfolgsprinzips im Kostenrecht ist. Dies wiederum beruht auf dem Gedanken der Restitutionspflicht bei Unrechtsfolgen. Die Bedenken gegen jegliche Analogie[47] können im Hinblick auf die Rechtsschutzgarantie des Art. 19 IV GG nicht überzeugen, soweit der Gesetzgeber dem Zugang zum Gericht ein obligatorisches kostenpflichtiges Widerspruchsverfahren vorgeschaltet hat. Daher wird auch analog zum Prozeßkostenrecht zu entscheiden sein, wenn das Widerspruchsverfahren durch Vergleich oder übereinstimmende Erledigungserklärung sein Ende findet, oder wenn eine Kostenentscheidung fehlt. Es wäre kostentreibende Förmelei, wegen des Fehlens einer Kostenentscheidung Anfechtungs- oder Leistungsklage erheben zu müssen, wenn nur die Ergänzung des gemäß § 73 VwGO unvollständigen Bescheides in Betracht kommt.[48]

40 Das **Erfolgsprinzip** beantwortet auch die Frage der Kostenverteilung, wenn die Behörde an ihrer Entscheidung mit anderer Begründung festhält oder den angegriffenen Akt durch einen zweckmäßigeren ohne Veränderung der materiellen Betroffenheit ersetzt. Nur soweit sich der **Streitgegenstand** ändert, kann der Widerspruch als insoweit erfolgreich angesehen werden.

41 Ein besonderes Problem, nicht nur in kostenrechtlicher Hinsicht, stellt die **Verschlechterung**, die sogenannte **reformatio in peius** im Widerspruchsverfahren dar. Aus dem Wortlaut der Vorschriften über die Aufhebung „unanfechtbarer" Verwaltungsakte (§§ 48 ff. VwVfG) läßt sich folgern, daß bis zur Unanfechtbarkeit jeder begünstigende Verwaltungsakt – auch im Widerspruchsverfahren – zum Nachteil des Betroffenen geändert werden kann. Auch § 79 II VwGO läßt sich so deuten. Das in diesem Sinne zitierte BVerwG[49] hat indes lediglich festgestellt, daß die VwGO keine „verbindliche" Entscheidung über ein **„Verbot der ‚reformatio in peius'"** enthalte. Bundesrechtlich seien vielmehr die „Grundsätze des Vertrauensschutzes und von Treu und Glauben" zu beachten. Es widerspräche in der Tat „Treu und Glauben", dem Widerspruchsführer entgegenzuhalten, er habe selbst mit seinem Widerspruch die „Unbeständigkeit" des Aktes mit einer relativen Begünstigung zu vertreten.[50] Anders als bei der Gegenvorstellung kann der Betroffene Rechtsschutz nur über das Widerspruchsverfahren erreichen. Sein Ziel ist Rechtsschutz im Wege der Selbstkorrektur der Verwaltung. Folglich muß sich die Verwaltung so verhalten, wie sie bei „Unanfechtbarkeit" oder ohne Widerspruchsverfahren stünde. Das widerspricht nicht den §§ 48 ff. VwVfG; denn deren Zweck liegt allein darin, die Grenzen der Aufhebung bestandskräftiger Verwaltungsakte für den Betroffenen zu bestimmen. Sie konkretisieren das Rechtsstaatsprinzip, in dem der Vertrauensschutz „verankert" ist.[51] Dieser **Vertrauensschutz** „hängt eng mit dem Grundsatz des effektiven Rechtsschutzes zusammen"; der Grundsatz des Vertrauensschutzes „ergänzt die verfahrensrechtliche Sicherung ...".[52] Deswegen braucht der Widerspruchsführer zum Beispiel nicht damit zu rechnen, daß „die Widerspruchsbehörde ihn über die Bestätigung oder nachteilige Abänderung der angefochtenen Entscheidung hinaus mit einem weiteren, selbständigen Ein-

---

47 Vgl. *BVerwGE* 22, 281 = NJW 1966, 563.

48 Bedenklich *VG Bremen* NJW 1966, 564. Wie hier auch *Kopp/Schenke,* VwGO, 11. Aufl. 1998, § 73 Rdn. 19, die § 120 VwGO (Urteilsergänzung) analog angewendet wissen wollen. Zu den Formen und Fristen vgl. daselbst.

49 *BVerfGE* 51, 310 = NJW 1977, 1894; vgl. *Eyermann/Fröhler,* VwGO, 10. Aufl. 1998, § 73 Rdn. 7.

50 So hart *Eyermann/Fröhler,* VwGO, 10. Aufl. 1998, § 73 Rdn. 7 unter Bezug auf *BVerfGE* 14, 175. Hiergegen differenzierend *OVG Berlin* NJW 1977, 1166. Unentschieden bei *Kopp/Schenke,* VwGO, 11. Aufl. 1998, § 68 Rdn. 10 ff.

51 *BVerfGE* 30, 392 (403); so auch *Kopp,* VwVfG, 6. Aufl. 1995, § 48 Rdn. 1 a.

52 *BVerfGE* 53, 115 (128).

griffsakt belastet".[53] Er sollte auch nicht damit rechnen müssen, daß der angegriffene Eingriffsakt auf den Widerspruch hin intensiviert wird. Denn wenn dieses Risiko nicht mehr „überschaubar" ist, wird der Rechtsbehelf zum Danaergeschenk, zu einer reinen **Verfahrensvoraussetzung**.

Es handelt sich beim Widerspruch jedoch gemäß §§ 68, 69 VwGO um eine **zielgerichtete Verfahrenserklärung**, die ausschließlich zur „Nachprüfung" der „Rechtmäßigkeit und Zweckmäßigkeit des (angegriffenen) Verwaltungsaktes" bestimmt ist, also dessen Existenz und Fortdauer für den Fall der Rechtmäßigkeit und Zweckmäßigkeit voraussetzt. Damit verbietet sich eine Verschlechterung über die Grenzen hinaus, die auch für bestandskräftige Akte durch die §§ 48, 49 VwVfG und analoge Spezialnormen gesetzt sind. Diese Ausgangslage erklärt auch die Befugnis zur **Rücknahme** des Widerspruchs bis zum Erlaß des Widerspruchsbescheides.[54] Dem Widerspruchsführer kommt also eine gewisse **Dispositionsbefugnis** hinsichtlich der Streitsache zu, nicht aber der Behörde, die mit ihrer angegriffenen Regelung eine aufschiebend bedingte Rechtswirkung geschaffen hat. Wer also auf dem gesetzlich einzig möglichen Wege den ihm zukommenden Rechtsschutz sucht, darf im Widerspruchsverfahren nicht über die Grenzen der §§ 48 ff. VwVfG hinaus mit einer Verschlechterung seiner Rechtspositionen rechnen müssen.[55] 42

Das **Gebot fairer Handhabung der Verfahrensregeln,** das auf dem Gedanken der Billigkeit und Chancengleichheit beruht,[56] löst auch das Problem der Anfechtung **„nichtiger" Verwaltungsakte.** Wo eine Behörde die **Feststellung der Nichtigkeit** des von ihr selbst zu verantwortenden Aktes versagt, wäre es unbillig, den Betroffenen auf die Möglichkeit der unmittelbar zulässigen Feststellungsklage gemäß § 43 VwGO zu verweisen, wenn er Widerspruch einlegt. Eine positive Bescheidung auf Widerspruch hätte dieselbe bindende Feststellungswirkung wie die Feststellung gemäß § 44 V VwVfG seitens der Behörde, die den nichtigen Akt erlassen hat. Daß der Widerspruch Prozeßvoraussetzung für die Zulässigkeit einer Anfechtungs- und Verpflichtungsklage ist, schließt eine **Nutzbarmachung des Widerspruchsverfahrens zur Prozeßvermeidung** im übrigen nicht aus, da dies das Ziel des Vorverfahrens ist.[57] Voraussetzung ist lediglich, daß der Betroffene auch ein **„berechtigtes Interesse"** an der Feststellung hat. Dafür kann Unklarheit genügen; denn anders als ein „rechtliches Interesse", bei dem Auswirkungen auf eine Rechtsposition zu prüfen sind, umfaßt das „berechtigte Interesse" jede vernünftige Sorge rechtlicher, wirtschaftlicher und ideeller Art.[58] Allein das Versagen einer nach Treu und Glauben gebotenen Bestätigung der Nichtigkeit seitens des für die Nichtigkeit Verantwortlichen kann – wie bei der Anfechtung nichtiger Rechtsgeschäfte[59] – den Widerspruch (an Stelle der sofortigen Klage) rechtfertigen. 43

Die Frage der Zulässigkeit des Widerspruchs stellt sich ähnlich auch bei sogenannten **erledigten Verwaltungsakten** (§ 43 II VwVfG). Die Mehrzahl der präventivpolizeilichen Anordnungen und Handlungen mit Eingriffscharakter im Sinne von Art. 19 IV GG erledigt sich praktisch mit ihrem Vollzug (kurzzeitiges Festhalten, Ausweiskontrolle, Platzverweis, Durchsuchung, Verkehrslenkung, Befragung usw.). Anders als strafprozessuale Eingriffe von kurzer Dauer haben solche präventivpolizeilichen Regelungen selten weitere Folgen für den Betroffenen. Dennoch kann die „Erledigung" vor Anfechtung nicht die Rechtsschutzgarantie des Art. 19 IV GG eliminieren. Deswegen läßt § 113 I 4 VwGO auch ein „berechtigtes Interesse" des Betroffenen an der Feststellung der Rechtswidrigkeit 44

---

53 *OVG Berlin* NJW 1977, 1166.

54 *Eyermann/Fröhler,* VwGO, 9. Aufl. § 69 Rdn. 3.

55 Ebenso – ohne nähere Begr. – *Wolff/Bachof,* VerwR III, 4. Aufl. 1978, S. 401. Ähnl. mit eingeh. Begr. *Hufen,* Verwaltungsprozeßrecht, 4. Aufl. 2000, § 9 Rdn. 15 ff.

56 Vgl. *BVerfGE* 51, 150 (156); 52, 131 (144 ff.); 69, 248 (254); *BGH* NJW 1978, 1681 und NJW 1978, 1683.

57 So auch *Kopp,* VwVfG, 6. Aufl. 1995, § 44 Rdn. 67.

58 Vgl. *Kopp,* VwVfG, 6. Aufl. 1995, § 9 Rdn. 12. Ebenso *BayObLG* NJW 1990, 396 (zum „berechtigten Interesse" gem. Art. 18 II BayPAG). Vgl. auch *OVG Münster* NJW 1995, 1979 (zur Rehabil. nach unerl. Datenüberm. d. VerfSch).

59 Nachw. bei *Palandt,* BGB, 54 Aufl., Rdn. 27 ff. vor § 104.

des „erledigten Verwaltungsaktes" genügen, um im Wege der sogenannten **Fortsetzungsfeststellungsklage** zu einem entsprechenden Urteil zu kommen. Wo aber der Klageweg eröffnet sein muß, kann ein **klagevermeidendes Vorverfahren** nicht von vornherein ausgeschlossen sein, wenn es zu eben solcher Befriedigung des Betroffenen führen kann.[60] Gäbe es nicht diesen Weg zur Selbstkorrektur, könnte auch keine Rücknahme in Analogie zu § 48 VwVfG durch eine **Entschuldigungserklärung** mit der Feststellung der Rechtswidrigkeit des (erledigten) Vorgehens in Betracht kommen. Es bliebe nur der **Weg zum Gericht, der indes der Streitschlichtung und nicht der Beglaubigung exekutiver Prozeßerklärungen dienen soll.**[61]

45 Mit Recht sagt *Götz,* daß die **Fortsetzungsfeststellungsklage** (dazu Rdn. 73ff. unten) zu einem „wichtigen Mittel der Gerichtskontrolle polizeilichen Handelns" geworden sei.[62] Das Gebot effektiven Rechtsschutzes, insbesondere bei Grundrechtseingriffen,[63] kann also nicht durch die Tatsache einer Erledigung des für rechtswidrig gehaltenen Verwaltungshandelns unterlaufen werden; es sei denn, daß die Behörde selbst ihren Akt als rechtswidrig aufgehoben hat,[64] der Betroffene also rehabilitiert ist. Wo aber die **Rehabilitierung** nicht stattgefunden hat, kann es für das „berechtigte Interesse" an einer Rechtswidrigkeitsfeststellung nicht auf zusätzliche Nachteilsgefahren ankommen. Die „Wertordnung" des Grundgesetzes[65] will nicht nur materielle Werte schützen, sondern vor allem die Würde und die Persönlichkeit des Menschen. Dazu gehört das Recht, „vom Staat in Ruhe gelassen zu werden"[66] und notfalls Rechtsschutz zu erlangen.[67] Dieses **„berechtigte Interesse"** darf nicht nur für den Fall einer **Wiederholungsgefahr** oder eines **Schadensersatzverlangens** (wegen eines Vermögensschadens) angenommen werden.

46 Das bisher weithin übliche Abstellen auf eine Wiederholungsgefahr bedeutete in Wahrheit eine Arbeit sparende Rechtsschutzverweigerung, weil mit einer „Wiederholung" am selben Ort durch dieselbe Polizei wegen desselben Grundes kaum zu rechnen war. Andernorts hätte eine fallbezogene gerichtliche Feststellung der Rechtswidrigkeit keine

---

[60] A. A. noch *BVerwGE* 26, 161. Nach *BVerwGE* 56, 24 = NJW 1978, 1935, „bedarf es des in §§ 68ff. VwGO vorgesehenen Vorverfahrens nicht", wenn innerhalb der Widerspruchsfrist Klage gem. § 113 I 4 VwGO **erhoben ist.** Bei *BVerwGE* 49, 36 = NJW 1975, 2158 folgte Klage auf erfolglosen Widerspruch gem. § 113 I 4 VwGO. Für Unzulässigkeit des Vorverfahrens *Götz,* Allg. Polizei- und Ordnungsrecht, 11. Aufl. 1993, Rdn. 419. Für notwendiges Vorverfahren, da Fortsetzungsfeststellungsklage „im Kern" eine Anfechtungsklage sei, *Eyermann/Fröhler,* VwGO, 10. Aufl. 1998, § 113 Rdn. 51 mit Hinweisen auf die Rspr. der OVGe und weit. Literatur. Für *Drews/Wacke/Vogel/Martens,* Gefahrenabwehr, 9. Aufl. 1986, S. 606, ist Vorverfahren „nicht erforderlich". *Kopp/Schenke,* VwGO, 11. Aufl. 1995 vor § 68 Rdn. 2 halten einen **„Fortsetzungsfeststellungswiderspruch"** hingegen dann für „unverzichtbar", wenn auf diesem Wege ein gerichtlicher Streit vermieden werden kann; denn durch die Feststellung der Rechtswidrigkeit des inzwischen erledigten Eingriffsaktes durch die Verwaltung werde für den Betroffenen „dieselbe" rehabilitierende „Funktion erfüllt" wie durch ein Urteil. Dagegen *Hufen,* Verwaltungsprozeßrecht 4. Aufl. 2000, § 8 Rdn. 33: Nur ein Urteil könne zur „Rehabilitierung" und zur „Vermeidung ähnlicher Fälle für die Zukunft" führen. Er übersieht die Sachentscheidungsvoraussetzung eines Rechtsschutzbedarfs und die Grenzen der Rechtskraftswirkung. Ein Gericht kann sachlich nur entscheiden, wenn ein nicht anders beigelegter Streit besteht. Es kann auch nur einen konkreten Fall beurteilen. Die Verwaltung kann also wie bei ihrer „Rehabilitierung" durch eigene Erklärung gegenüber dem Betroffenen in „ähnlichen Fällen" sehr wohl „ähnlich" verfahren. Fazit für die Praxis: Es kommt im Einzelfall darauf an, ob das vorgenannte Funktionsziel erreicht werden kann. Im Zweifel sollte aber das Unterlassen eines solchen „Fortsetzungsfeststellungswiderspruchs" nicht formalistisch als Fehlen einer Prozeßvoraussetzung gewertet und der Rechtsschutz damit nicht abgeschnitten sein. Ebenso sollte – umgekehrt – das Erheben eines unnötigen Widerspruchs nicht zu Lasten der sonst maßgebenden Klagefrist gewertet werden. **Das Regelungsdefizit im Gesetz darf nicht zur Verkürzung der Rechtsschutzgarantie gem. Art. 19 IV GG führen.** So auch *Schenke*, NVwZ 2000, 1255.

[61] Vgl. *BVerfGE* 4, 331 (364); 4, 74 (92f.); 22, 49 (76ff.); 60, 253 (266ff.); 61, 82 (110); 69, 1 (49). *Wassermann,* AK-GG, 1984, Art. 92, Rdn. 30 m. w. Nachw.

[62] *Götz,* Allg. Polizei- und Ordnungsrecht, 12. Aufl. 1995, Rdn. 557.

[63] *BVerfGE* 35, 263 (274); 40, 272 (275); 61, 82 (109ff.); 69, 1 (49).

[64] *BVerwG* NVwZ 1985, 266.

[65] Vgl. *BVerfGE* 7, 198 (204f.).

[66] *BVerfGE* 27, 1.

[67] *BVerfGE* 8, 274 (326).

weitere rechtlich bindende Bedeutung. Auch der Schutz vor Wiederholung durch dieselbe (Polizei-)Behörde kann nicht das gesamte „berechtigte Interesse" im Sinne von § 113 I 4 VwGO bedeuten. Wer den **Verlust an unwiederbringlicher Freiheit** erlitten hat, kann nur eine **Wiedergutmachung** (Restitution) durch das Anerkennen des Unrechts oder durch eine entsprechende gerichtliche Feststellung erfahren. Dieser **Restitutionsanspruch** folgt aus dem **Rechtsgeltungsanspruch** seiner **Rechtsinhaberschaft.** Darin liegt die **Garantiefunktion der Grundrechte.**[68] Diese Funktionsbestimmung folgt dem jeweiligen Normzweck, jedermann vor Kränkungen, also vor ungesetzlichen Eingriffen in seine **physische und psychische Integrität,** möglichst effektiv zu schützen.[69] Die Grundrechtsverbürgungen sind nämlich „nicht Ausdruck und Ergebnis abstrakt-rationaler Systembildungen, sondern historisch-konkrete normative Antworten auf jeweils **als unerträglich empfundene Freiheitsgefährdungen und -beschneidungen**".[70] Diese Antworten sind nicht überholt, solange es Macht, also eine Herrschaft über Menschen gibt.

Wer sich auch nur kurze Zeit in Polizeigewahrsam befunden hat, mag weniger an Schadensersatz als an seiner Rehabilitierung interessiert sein, und sei es auch nur, um Dritten seinen Verbleib ohne Ansehensverlust zu erklären. Ein solches **„ideelles" Interesse** genügt (BVerwG NJW 1982, 2205; ebenso BVerwG NJW 1991, 581 bei „erledigten" Abhöreingriffen; OVG Münster NJW 1995, 1979 bei „erledigten" Verfassungsschutzeingriffen). Reine Besserwisserei mag nicht genügen; aber nicht jeder, der rehabilitiert werden möchte und keine entsprechende Ehrenerklärung der Behörde (analog § 170 II StPO) erhält, ist ein Querulant, der seine Befugnisse mißbraucht. Ebensowenig mißbräuchlich wäre ein Verlangen nach einer „billigen Entschädigung in Geld" (§ 847 BGB) bei einem kurzen Freiheitsentzug (a. A. ohne näh. Begr. OLG Koblenz NJW 2000, 963). Was für das Interesse im Sinne von § 113 I 4 VwGO gilt, muß also auch für das zulässige oder gebotene Widerspruchsverfahren gelten. Damit ist ein (zusätzliches) Rechtsschutzinteresse wegen **Wiederholungsgefahr** keineswegs ausgeschlossen oder irrelevant, wenn z. B. bei einer längerfristig eingerichteten „Kontrollstelle" das Ob und Wie einer Kontrolle streitig ist (vgl. die Fallgestaltungen bei BGHSt 35, 363 = NJW 1989, 114; BGHSt 36, 30 = NJW 1989, 1170; BGHSt 36, 242 = NJW 1990, 333), oder wenn jederzeit „anlaßunabhängige" Jedermannkontrollen (i. S. v. Art. 13 I Nr. 5 BayPAG) stattfinden können (vgl. hierzu Kap. C Rdn. 30 ff.). Hier kann ggf. nur über Art. 19 IV GG und notfalls über Art. 93 Nr. 4 a GG eine grundrechtskonforme Praxis erreicht werden. Ohne solche „obrigkeitliche Hilfe" (§ 229 BGB) bliebe nur das rechtsschutzlose Ertragen oder der nicht ungefährliche „Widerstand für das Recht" (A. Kaufmann), der zwar gem. Art. 20 IV GG und § 227 BGB i. V. m. § 113 III StGB gerechtfertigt sein könnte, aber die kontrollierenden Polizisten weitgehend schutzlos ließe.[71] Bei solcher „Interessen"-Lage muß der Zugang zum Gericht eröffnet sein. 47

[68] Zu diesem originären **„Folgenbeseitigungsanspruch"** vgl. *BVerfGE* 39, 276 (294 ff.); 54, 148 (153); 96, 56 (64); 97, 125 (146); 99, 185 (199); *Papier,* in: Maunz/Dürig/Herzog/Scholz, GG, Art. 34 Rdn. 62; *Jarass/Pieroth,* GG, 5. Aufl. 2000 vor Art. 1 Rdn. 5 a unter Bezug auf *BVerwG* (NJW 1985, 1481), das ebenfalls „aus" dem verletzten Recht, hier „aus Eigentum", „ungeachtet des Fehlens einer Schutznorm des einfachen Rechts ... Abwehr- und (Folgen-)Beseitigungsansprüche" herleitet. Zum **Rechtsgeltungsanspruch,** der aus der Rechtsinhaberschaft folgt, vgl. auch Kap. C Rdn. 162 mit Fn. 253, 254.

[69] *BVerfGE* 6, 55 (72); 32, 54 (72).

[70] *Denninger,* AK-GG, vor Art. 1 Rdn. 1.

[71] Schutzgut des § 113 StGB ist nicht (mehr) die personifizierte Staatsmacht an sich (wie noch in § 166 Th. II Tit. 20 PrALR von 1794, vgl. Fn. 3 oben), sondern die **rechtmäßige Amtsausübung** (vgl. *Zielinski,* in: AK-StGB 1986, § 113 Rdn. 2 ff. und 18 ff.: „Der Bürger schuldet nur dem Gesetz Gehorsam, nicht der Gutgläubigkeit von Amtsträgern ... Der Grundsatz der Gesetzmäßigkeit der Verwaltung ist deshalb präjudiziell für das Strafrecht." Ebenso *Ostendorf* JZ 1981, 165 ff. So auch schon *Welzel,* Das Deutsche Strafrecht, 4. Aufl. 1954, S. 367 f.: „Rechtswidrig ist die Widerstandsleistung, wenn das Vorgehen des Beamten als Amtshandlung gerechtfertigt (rechtmäßig) ist. Ist letzteres nicht der Fall, so kann der Betroffene Notwehr üben!" Und: „Irrt der Beamte ... über die rechtliche Zulässigkeit seines Einschreitens, so ist seine Handlung rechtswidrig (RG 30, 350)." Zu der (wechselvollen) Rspr. vgl. *Zielinski* a. a. O. und auch *Eser,* in: Schönke/Schröder, StGB, 25. Aufl. 1997, § 113 Rdn. 18 ff., insbes. Rdn. 33 ff. zu „polizeilichen Vollstrekkungsmaßnahmen"). Zu dem tradierten „strafrechtlichen Rechtmäßigkeitsbegriff", der nicht auf die mate-

48 Das „berechtigte Interesse" an einer Rechtmäßigkeitskontrolle kann auch bei „erledigten" Polizeiakten bestehen, die unter sogenanntem **Richtervorbehalt**[72] oder **Behördenleitervorbehalt**[73] stehen. In beiden Fällen handelt es sich um Verwaltungsakte, selbst wenn ein Richter den Eingriff zuvor gestattet hat, weil seine Mitwirkung zwar **rechtssichernde Funktion** hat, aber mangels Anhörung des Betroffenen gemäß Art. 103 I GG **keine Rechtsschutzfunktion** im Sinne von Art. 19 IV GG haben kann. Streitentscheidende Rechtsprechung setzt das Rechtsgespräch im Sinne eines Argumentationsaustausches, zumindest mit der Chance, zu allen erheblichen Umständen Stellung zu nehmen, voraus.[74] Deswegen kann eine nachträgliche Entscheidung des Richters nach Anhörung des Betroffenen – wie bei Art. 18 II BayPAG – sowohl der Legalisierung des vorgreiflichen Exekutivhandelns und zugleich der Rechtsschutzgewährung gemäß Art. 19 IV GG auf Antrag des Betroffenen (und auf dessen Kostenrisiko) dienen. Fehlt es an der vorgängigen oder – bei Eilfällen – an der nachträglichen Richterentscheidung, ist der Eingriff schon deswegen rechtsfehlerhaft, weil er ohne Kompetenz vorgenommen worden ist. Sowohl die verfassungskräftigen Richtervorbehalte als auch die neueren „einfachgesetzlichen" Richtermitwirkungsgebote dienen ebenso wie die Behördenleitervorbehalte (deren Erfindung auf ein obiter dictum des

---

rielle Rechtmäßigkeit des konkreten Eingriffs, sondern lediglich auf die formale Kompetenz des Amtswalters abstellt (wie z. B. *KG* NJW 1975, 887 m. w. N.), hat eine Kammer des *BVerfG* (NJW 2000, 943 f.) – mit Blick auf die innere Homogenität der Rechtsordnung – die das Problem treffende Grundsatzfrage gestellt, „ob die Beurteilung der Rechtmäßigkeit der Diensthandlung im bürgerlichen Recht bei der Anwendung des § 227 II BGB überhaupt anders ausfallen kann als im Strafrecht bei der Anwendung des § 113 StGB". Die dem „strafrechtlichen Rechtmäßigkeitsbegriff" zugrundeliegende Vorstellung, daß Notwehr gem. § 227 BGB gegen Verwaltungsunrecht – trotz des klaren Wortlauts von § 113 III StGB – gem. § 113 I StGB strafbar sein könne, setzt rechtslogisch voraus, daß sich die strafbewehrte Privilegierung hoheitlicher Gewalt um ihrer selbst willen mit der demokratisch-republikanischen Rechtsstaatsidee gem. Art. 20 GG vereinbaren lasse. Eine entsprechende Motivlage des Gesetzgebers, auf den sich einige Gerichte und Kommentatoren berufen (Nachw. an den o. g. Orten), um den Strafrechtsschutz auch für fehlerhaftes Verwaltungshandeln zu sichern, wäre für sich allein keine verbindliche Antwort. Eine zulässige Strafbewehrung setzt vielmehr ein Rechtsgut voraus, das für ein menschliches Überleben im Recht notwendig und deswegen schützenswert ist (*BVerfGE* 39, 1 [36 ff.]; 56, 54 [73]; *Adolf Arndt,* Ges. jur. Schr. 1976, S. 143, 207, insbes. 216 ff.; *Hassemer,* Einf. in die Grundl. des StrafR, 2. Aufl. 1990, S. 22 ff.; *Thomas v. A.,* Summe der Theologie, hrsg. v. Bernhart, Bd. 2, 1935, 95. Unters., 2. Art., S. 483 f.). Die Frage, ob der absolute Vorrang der Hoheitsmacht, also auch im Unrecht, zum Überleben im Recht geboten sein soll, muß durch die in der Verfassung konkretisierte Rechtsidee beantwortet werden. Das GG von 1949 wollte aus Erfahrung die Emanzipation des Menschen von jedem (einst vorgegebenem) Primat der Mächtigen. Auch die staatliche „Wiedervereinigung" von 1990 beruhte nach allgemeiner Überzeugung auf der Idee der Volkssouveränität, wie sie in Art. 20 GG zum Ausdruck kommt. Danach dient die öffentliche Macht allein der Sicherung der Rechtsgeltung (vgl. zum sog. Gewaltmonopol, spez. im Verhältnis von Polizei und privaten Sicherheitsdiensten, Kap. C Rdn. 161 ff.). Das hoheitliche Gewaltmonopol ist also kein den privaten Rechten absolut vorgehendes (patriarchalisches) Rechtsgut, sondern ein prozeßstandschaftliches Mittel zur Verschaffung begründeter Rechtsgeltungsansprüche. Deren Gefährdung kann strafbewehrt sein. Insoweit ist auch der Schutz des Prozeßstandschafters, der die begründete Rechtsgeltung verfolgt, erfaßt, nicht aber sein Amt an sich. Es kommt also allein auf die Rechtmäßigkeit des konkreten Verhaltens an, so daß es auch keine verantwortungs- und rechtsschutzfreien „Handlungsspielräume" für Amtswalter (und Betroffene) geben kann. Recht und Unrecht müssen im Streitfall gem. Art. 19 IV GG umfassend und in sich widerspruchsfrei festgestellt werden (können) (vgl. *BVerfGE* 15, 282; 78, 226; 91, 129). Nur unter diesen Bedingungen können die dem Recht immanenten Risiken nach dem Maß des Zumutbaren zugewiesen werden. Krit. z. sog. strafrechtlichen Rechtmäßigkeitsbegriff auch *Reinhart* StV 1995, 101 und NJW 1997, 911. Grundl. krit. auch *H. J. Hirsch,* Strafrechtl. Probleme, Schr. aus drei Jahrzehnten, hrsg. v. Kohlmann, 1999, S. 772 ff. Zu den beamtenrechtl. Schutzmöglichkeiten vgl. unten Rdn. 174 ff.

[72] Art. 13 II und Art. 104 II GG; §§ 14, 20 MEPolG; Vorentwurf des AK II der Innenministerkonferenz von 1986 zur Fortschreibung des MEPolG 1977 in § 8 c (heimliche Wohnungsausforschung) und § 8 d (Polizeiliche Beobachtung zur Erstellung von Bewegungsbildern); §§ 14, 20, 28 SPolG; §§ 17, 18, 21, 31 (Rasterfahndung), 36, 42 PolGNW usw.

[73] Vgl. z. B. § 16 (Observation), § 17 (heimliches Fotografieren), § 18 (heimliches Hören und Aufzeichnen des Wortes), § 19 (V-Mann-Einsatz), § 31 (Rasterfahndung „nur auf Antrag des Behördenleiters durch den Richter angeordnet . . .") PolGNW; §§ 25 ff. ASOG Bln; §§ 9 ff. PolDVG Hbg; §§ 28, 31 BGSG; § 34 SOG M-V; ähnlich aber im einzelnen unterschiedlich in allen Bundesländern.

[74] *BVerfGE* 9, 89 (95, 100); 55, 1 (6) std. Rspr. Zur Bedeutung von Art. 103 I GG im Strafverfahren vgl. insbes. *BVerfG* StV 1994, 465. Vgl. auch *Arndt,* Ges. jur. Schr. 1976, S. 359.

BVerfG[75] zurückgeht) einer personalen Mediatisierung der Eingriffsmacht. Dieser Normzweck soll durch eine **Kompetenzverschiebung** erreicht werden.[76] Auch insoweit gilt wie bei § 24 PolGNW, daß nur „rechtmäßig" erlangte personenbezogene Daten verwertet werden dürfen. Nicht rechtmäßig erhobene sind gemäß § 32 zu löschen und nicht verwertbar. Dazu gehören – nach dem erklärten Willen des Gesetzgebers – auch die, bei deren Erhebung der Behördenleiter- oder Richtervorbehalt nicht beachtet sein sollte, weil sanktionslose Kompetenzverstöße keine rechtssichernde Wirkung hätten. **Rechtssicherung durch Kompetenzverschiebung ist also noch kein Rechtsschutz**, kann aber Rechtsschutz erübrigen, wenn ein Richterentscheid herbeigeführt ist und keine neuen Gesichtspunkte für eine Rechtswidrigkeit des Eingriffs erkennbar sind.

Der seit dem Inkrafttreten des GG fast 50 Jahre währende Versuch der Instanzgerichte, 49
gegen „erledigte" oder richterlich angeordnete (in Wahrheit: „gestattete") Eingriffsakte keinen Rechtsschutz zu gewähren, weil er in einem Fall zu spät komme und weil es im anderen Fall „keinen Rechtsschutz gegen eine Richterentscheidung" gem. Art. 19 IV GG gebe (unter unkritischem Bezug auf BVerfGE 49, 329), war und ist pervers. Ein besonders bedenkliches, lehrreiches Beispiel hat das OVG Hamburg (NJW 1995, 610) geboten, als es unter lapidarem Bezug auf BVerfGE 49, 329 (= NJW 1979, 154), aber ohne den einschlägigen Bezug auf BVerfGE 51, 97 (105 ff.) gemeint hatte, es könne bei vollzogener Zwangsvollstreckung gem. § 758 ZPO, die auf einem richterlichen Durchsuchungsbefehl ohne vorherige Anhörung des Schuldners beruht habe, auf Rechtsschutz mangels Rechtsschutzinteresses verzichtet werden; denn das unterlassene rechtliche Gehör gem. Art. 103 I GG könne nachträglich „im Verfassungsbeschwerdeverfahren beim BVerfG gewährt" werden. Diese „Argumentation" ist rechtslogisch nicht schlüssig. Denn das BVerfG hätte bei einer erfolgreichen Rüge wegen Verletzung von Art. 103 I GG und wegen Rechtsschutzversagung gem. Art. 19 IV GG das angegriffene Judikat auch nur gem. § 95 BVerfGG aufheben und die Sache an das OVG zwecks Anhörung zurückverweisen können. Ebensowenig könnten Rechtfertigungsverfahren mit Anhörungen nach dem Vollzug von Verhaftungen, Vorführungen, Festnahmen, Einstweiligen Verfügungen oder Vorläufigen Anordnungen gem. § 115 StPO oder § 925 ZPO mit der Begründung entfallen, es könne oder müsse gerichtlichen Rechtsschutz **„nicht gegen den Richter"** geben. Mit dieser Kurzformel wird die Rechtsschutzgarantie des Art. 19 IV GG unzulässig verkürzt. Das BVerfG hat sie zwar geprägt, aber im selben Satz ausdrücklich hinzugefügt, daß nur „Akte der Rechtsprechung nicht zur ‚öffentlichen Gewalt' im Sinne des Art. 19 IV GG gehören".[77] Damit war das „Richten" gemeint, das Streitentscheiden, nicht aber die Übernahme der Verantwortung für einen Akt aus dem Bereich der Exekutive.

---

[75] Vgl. *BVerfGE* 57, 250 = NJW 1981, 1719 (1725).

[76] Vgl. *BVerfGE* 10, 302; 22, 311; 51, 97; 65, 317; 83, 24 = NJW 1991, 1283; *BVerfG* NJW 2001, 1121 = StV 2001, 207 (m Anm. v. *Amelung* NStZ 2001, 337) mit Betonung der grunds. vorrangigen Richterzuständigkeit rund um die Uhr. Vgl. auch *BVerwG* NJW 1957, 602 und 922. *OVG Münster* DVBl. 1979, 733. *Lisken* NJW 1982, 1268 m. w. Nachw. Ebenso *Götz*, Allg. Polizei- u. Ordnungsrecht, 12. Aufl., Rdn. 559 („... nicht eigentlich ein Rechtsschutzverfahren"). *Hantel*, Der Begriff der Freiheitsentziehung in Art. 104 II GG, Berliner Diss. 1988, S. 30 ff. meint, daß der Eingriffsrichter immer auch Rechtsschutz gewähre, aber zugleich die Kompetenz der Exekutive begrenze. Auf das für den „Rechtsschutz" i. S. v. Art. 19 IV GG konstitutive Anhörungsgebot (*BVerfGE* 9, 89) geht *Hantel* nicht ein, betont aber die „objektive Gewaltenteilung" durch Art. 104 II GG, indem „von Amts wegen ohne Antrag des Betroffenen für die Herbeiführung der richterlichen Entscheidung zu sorgen" sei. Richtig ist: Weil es sich um eine Verlagerung der Verwaltungskompetenz und nicht um eine Streitentscheidung handelt, steht der Polizei bei einer Negativentscheidung auch kein Rechtsbehelf zur Verfügung. Sie hat nur die Entscheidung des allein zuständigen anderen Amtswalters herbeizuführen und ist durch dessen Entscheidung selbst sachlich-rechtlich nicht betroffen. Vgl. auch *Lisken/Mokros* NVwZ 1991, 609. Vgl. auch Kap. C Rdn. 93. Grundl. Erörterung bei *Schieder*, Die richterliche Bestätigung polizeilicher Ingewahrsamnahmen/Festnahmen, Seminararbeit bei der PFA 1999, mit weit. Nachw. Zum zweifelhaften Nutzen neuer Richtervorbehalte vgl. *Meyer-Goßner* ZRP 2000, 345.

[77] *BVerfGE* 15, 275 (280), seither st. Rspr.

50 Richterentscheidungen außerhalb der „Rechtsprechung" sind kein „Richten", sondern funktionell Verwaltungsakte, deren Erlaß kompetenzrechtlich der Exekutive entzogen und **zur vorsorglichen Rechtssicherung** einer unabhängigen Instanz zugewiesen ist. Die Verfassung hat diese Kompetenzverschiebung partiell selber in den Art. 13 und 104 GG vorgesehen. Dieses Beispiel hat zwischenzeitlich bei der Schaffung neuer Polizeibefugnisse in allen Polizeigesetzen Schule gemacht, vor allem dort, wo die Eingriffsvoraussetzungen mangelhaft oder ungenau formuliert sind, aber der **„Schein rechtsstaatlicher Bemühungen"** gewahrt werden soll.[78] Wenn aber jede derartige (einfach-gesetzliche) **Kompetenzverlagerung** bei Eingriffsbefugnissen **von der Exekutive auf die „Dritte Gewalt"** zum Ausschluß des Rechtsweges im Sinne von Art. 19 IV GG führen könnte, läge es **im Belieben der Legislative, einen ggf. „verwaltungshinderlichen" Rechtsschutz zu eliminieren.** Deswegen war und ist auch die Nichtinbezugnahme von §§ 925 und 927 ZPO in § 123 VwGO (= Ausschluß von Widerspruch und Aufhebungsantrag nach Erlaß einstweiliger Anordnungen ohne Anhörung der Gegenseite) verfassungsrechtlich bedenklich. Man könnte zwar argumentieren, daß ein Verfahren, das dem Schutz des Bürgers vor der öffentlichen Gewalt dient, einer rechtsschützenden Anhörung derselben nicht bedarf; aber so wie ihr der Instanzenzug in der Regel (noch) nicht versagt ist, muß auch über eine einstweilige Anordnung streitig befunden werden können. Der **Ausweg über die Zulassungsbeschwerde gem. § 146 IV VwGO** liegt, wenn man den Beschwerdezweck bedenkt, ferner als eine **analoge Anwendung von § 80 VII VwGO**[79] oder – mit Blick auf Art. 19 IV GG – von §§ 925, 927 ZPO. Das ist die Konsequenz, wenn man auch Personen des öffentlichen Rechts den Anspruch aus Art. 103 I GG zuerkennt.[80]

51 Der Streit dürfte ein vorläufiges Ende finden, wenn die Gerichte systematisch der neuen Rechtsprechung des BVerfG[81] folgen, nach der auch „erledigte" richterliche Ermittlungsanordnungen einem wirksamen Rechtsschutz zugänglich sein müssen. Folglich kann das im Sinne von § 113 I 4 VwGO erforderliche **„berechtigte Fortsetzungsfeststellungsinteresse"** nicht deswegen verneint werden, weil der „erledigte" Verwaltungsakt von einem (Polizei-)**Richter** (an Stelle der Verwaltung) oder vom **Minister** oder **Behördenleiter** erlassen worden sei.

52 Mit der grundsätzlichen Anerkennung eines möglichen Rechtsschutzinteresses bei Eingriffsakten durch den „Polizeirichter" ist aber nicht unbedingt der Rechtsschutzweg nach der VwGO – Widerspruchsverfahren und (Fortsetzungs-)Feststellungsklage – eröffnet. Die Polizeigesetze verweisen durchgängig auf den örtlich zuständigen Richter am Amtsgericht, der seinerseits nach den Regeln des FreiheitsentzG bzw. des FGG-Verfahrens zu entscheiden hat. Nach Art. 18 BayPAG bleibt dieser Richter auch für die nachträgliche Entscheidung (auf Antrag des Betroffenen) zuständig.[82] Wo die maßgebenden Verfahrensgesetze kein Vorverfahren vorsehen, kann es also auch bei „erledigten" Polizei-

---

[78] *Wagner,* AK-GG NRW, Einl. A Rdn. 34; *Denninger* Kap. E, hier Rdn. 194 und 195.

[79] So *Kopp/Schenke,* VwGO, 11. Aufl. 1998, § 123 Rdn. 35 m. abw. Rspr. Zu den Zulassungsvoraussetzungen bei § 124 VwGO n. F. vgl. *Uechtritz,* NVwZ 2000, 1217. Krit. *Redeker* NVwZ 2001, 411.

[80] *BVerfGE* 3, 359 (363); 17, 356 (361); 13, 132 (140); 61, 82 (104).

[81] *BVerfGE* 96, 27 = NJW 1997, 2163; 96, 44 = NJW 1997, 2165; *BVerfG* NJW 1999, 3773 (betr. „erledigte" Freiheitsentziehung); ebenso jetzt *BGHSt* 44, 265 = NJW 1999, 730; *BGH* NJW 1999, 3499; *OLG Schleswig* NJW 1999, 222; krit. Stimmen, wie sie der *BGH* z. T. aufzählt, fanden bis dahin wenig Gehör.

[82] Vgl. *BayObLG* NJW 1990, 396. Ähnlich *OVG Münster* NJW 1990, 3224, soweit der Amtsrichter vorher von Amts wegen gem. Art. 104 II GG „angegangen" war. Fehlt es – wie so oft – an jedem Versuch, eine amtsrichterliche Entscheidung „herbeizuführen", bleibt dem rechtsschutzsuchenden Betroffenen – außer in Bayern – nur der Weg zum Verwaltungsgericht. So auch *Gusy,* Polizeirecht, 4. Aufl. 2000, Rdn. 384. Dazu auch *BVerfGE* 83, 24 ff. (31). Vgl. auch *Knemeyer* NVwZ 1990, 138 (140), der den Richtervorbehalt in Art. 104 II GG „ausschließlich im Bereich der Strafverfolgung, nicht jedoch für präventive Maßnahmen nach dem Polizeiaufgabengesetz" für gültig hält. Erst bei einer „Gewahrsamsnahme über 48 Stunden hinaus" liege die Entscheidung „außerhalb der polizeilichen Machtvollkommenheit". Diese nicht näher begründete Auffassung übersieht den Normzweck von Art. 104 II GG, bestätigt aber, daß Freiheitsentziehung immer die Rechtsschutzgarantie nach Art. 19 IV GG tangiert.

eingriffen – außer bei der **rehabilitierenden Selbstkorrektur der Polizeibehörde** (ein Fall für den Behördenleiter) – kein Verwaltungsverfahren geben, sondern nur den unmittelbaren Weg zum Richter, wobei ein „berechtigtes Interesse" genügt.[83] Insoweit dürfen an die Zulässigkeit des Rechtsmittels keine anderen Anforderungen als nach der VwGO gestellt werden. Deren Rechtsbehelfsmöglichkeiten bleiben ohnehin erhalten, soweit trotz Richtervorbehaltes keine spezielle Rechtswegbestimmung vorgegeben ist. Das kann der Fall sein, wenn im Polizeigesetz ausdrücklich auf die nachträgliche Einholung der Richterentscheidung – verfassungswidrig – verzichtet wird.[84] Hier muß erfahrungsgemäß mit einer Rechtsschutzverweigerung seitens der sonst zuständigen Amtsrichter gerechnet werden, weil sie auf das „einfache" Recht verweisen und für die „Feststellung der Unzulässigkeit der (inzwischen erledigten) Verwahrung" der Verwaltungsrechtsweg (auch) zugelassen wird.[85] Es ist also vorsorglich auf die Regelung im jeweils maßgebenden Polizeigesetz zu achten. Notfalls ist gemäß § 17 a GVG von Amts wegen an das „zuständige" Gericht zu verweisen.

Für den Fall der Außerachtlassung der Kompetenzverschiebung auf den Behördenleiter 53
bleibt es wie bei anderen Rechtsanwendungsmängeln bei den Rechtsbehelfsmöglichkeiten nach der VwGO. Dabei bleibt zu beachten, daß die **Behördenleitervorbehalte** überwiegend unbedingt gelten, eine nachträgliche Genehmigung des Behördenleiters den Eingriff also nicht „heilen" kann. Das gilt auch für einige (neue) einfachgesetzlich geregelte Richtervorbehalte. Hier kann die ideelle Rehabilitierung signifikant mit der Vernichtung personenbezogener Aufzeichnungen verbunden werden, die wegen des Verstoßes gegen jene Kompetenzregelungen unrechtmäßig erlangt sind.

Rechtswegeprobleme kann es danach noch geben, wenn streitig ist, ob für den anzu- 54
greifenden Polizeiakt Richtermitwirkung geboten war, etwa bei längerem **Festhalten** zum Zweck der Identifizierung an einer Kontrollstelle oder bei einer **Zwangsvorführung** zur erkennungsdienstlichen Behandlung oder im Wege der Vollzugshilfe. Es handelt sich zwar um **Freiheitsentziehungen**, weil die Bewegungsfreiheit im Sinne der Freiheitsberaubung[86] aufgehoben wird; aber solange die höchstrichterliche Rechtsprechung an der „arbeitssparenden" Auffassung[87] festhält, es handele sich nicht um Freiheitsentziehungen, weil diese Eingriffe in die Freiheit nicht ins „Gewicht" fielen,[88] wird es sich empfehlen, den etwaigen Rechtsschutz nicht beim Polizeirichter, der nach Art. 104 II GG i. V. m. den Rechtswegverweisungen im Polizeigesetz zuständig wäre, zu suchen, sondern – unter Inanspruchnahme von § 17 a GVG – beim Verwaltungsgericht.

---

83 So *BayObLG* NJW 1990, 396.

84 § 14 I 2 MEPolG 1977 und nachfolg. Polizeigesetze; partiell revidiert durch Art. 18 II BayPAG. Zur Verfassungslage vgl. *BVerfGE* 10, 302; 51, 97. *Franz* NJW 1966, 240. *Maunz/Dürig/Scholz,* GG, Art. 104 Rdn. 25. *Wagner,* AK-PolG NRW, 1987, vor § 8 Rdn. 46 ff. mit Problemdarstellung und weit. Nachw. *Lisken* DRiZ 1979, 277; *ders.* NJW 1979, 882; ZRP 1980, 145; *ders.* Die Polizei 1984, 381; ZRP 1990, 15; *ders.* Polizei – heute 1995, 126; *ders./Mokros* NVwZ 1991, 609. Vgl. auch Kap. F zur „nachträgl. richterl. Entscheidung" bei vorübergeh. pol. Gewahrsam.

85 *Götz,* Allg. Polizei- und Ordnungsrecht, 12. Aufl. 1995 Rdn. 559. Für verwaltungsger. Rechtsschutz insoweit auch *Gusy,* Polizeirecht, 2., 3. und 4. Aufl. 2000, Rdn. 384. Vgl. auch *Wagner,* AK-PolGNRW 1987, § 14 Rdn. 26 ff.

86 Vgl. § 239 StGB; *BGHSt* 14, 314 = NJW 1960, 1629 (Geliebte ohne deren Wissen 30 Minuten eingesperrt!); *OLG Köln* NJW 1986, 333 (Türblockade für mehrere Stunden). Für vergleichbares staatliches Eingreifen in die potentielle Bewegungsfreiheit kann rechtslogisch nichts anderes gelten; es bedarf der Legitimation durch Gesetz und Richterwort, um nicht strafbar zu sein.

87 *Geiger,* in: FS 45. DJT.

88 *BGH* NJW 1982, 753, mit Anm. *Lisken* NJW 1982, 1268; *BVerwG* NVwZ 1990, 69, das sich ohne eigene Begründung dem BGH anschließt. **Es wäre hilfreich, die „Gewichte" zu kennen, die lt. BGH die Freiheitsbeschränkung zur Freiheitsentziehung machen.** Beim **„Hamburger Kessel"** weigerte sich der angerufene Polizeirichter, „vor Ort" zu entscheiden; er verlangte Einzelvorführung, die unmöglich war. Das VG Hamburg hielt später – wie das LG – die Freiheitsentziehungen für rechtswidrig, „obwohl" sie nur Stunden dauerten (*VG Hamburg* NVwZ 1987, 829; *LG Hamburg* NVwZ 1987, 833; ebenso *LG Hamburg* Urt. v. 23. 10. 1991 – (23) 4/88 KLs –).

55 **Fazit für den Rechtsschutzsuchenden wie für den Vollzugsbeamten,** der eine Rechtsbehelfsbelehrung erteilen soll: Bei **strafprozessualen** Eingriffsakten ist der **Ermittlungsrichter** gem. oder analog § 98 II StPO zuständig, soweit keine spezielle Zuständigkeit wie z. B. bei §§ 112 ff. StPO normiert ist. Wenn also einer vorläufigen Festnahme gem. § 127 StPO keine Vorführung gem. § 128 StPO gefolgt ist, soll ebenfalls der Ermittlungsrichter analog § 98 II StPO für den begehrten Rechtsschutz zuständig sein (BGH StV 1998, 579).

56 Bei **polizeirechtlichen** Eingriffsakten ist die **Widerspruchsmöglichkeit** gem. §§ 68 ff. VwGO gegeben, soweit nicht wegen sofortigen Vollzuges der **Antrag auf Wiederherstellung der aufschiebenden Wirkung** oder der **„Aufhebung der Vollziehung"** gem. § 80 V VwGO in Betracht kommt. Bei polizeirechtlichen **Freiheitsentziehungen** ist ohnehin von Amts wegen gem. Art. 104 II GG eine Entscheidung des **Polizeirichters** beim Amtsgericht – auch nachträglich – „herbeizuführen". Das Ersuchen um Entscheidung begründet seine konkrete **Zuständigkeit, auch für den Rechtsschutz.**[89] Insoweit ist die **Anhörung des Betroffenen zwingend** erforderlich.

57 Weigert sich der Amtsrichter zu entscheiden (was vorgekommen ist), so ist der Versuch, ihn – wie z. B. beim **„Hamburger Kessel"** – zu erreichen, zu dokumentieren, weil damit das **Ende der polizeilichen Kompetenz** für eine (vorläufige) Freiheitsentziehung markiert und dem Betroffenen der **Zugang zur nächsten Instanz** (Landgericht) eröffnet wird. Unterbleibt hingegen (fehlerhaft) jeder Versuch, die Entscheidung des Amtsrichters – auch nachträglich – herbeizuführen, so bleibt – soweit nicht die ausschließliche Zuständigkeit des Amtsrichters bestimmt ist (so in Art. 18 BayPAG) – nur der **Verwaltungsrechtsweg** gem. §§ 40 ff. VwGO. Womöglich kann hier schon ein Widerspruch gegen die zeitweilige Freiheitsentziehung und gegen die Nichtanrufung des zuständigen Amtsrichters Erfolg haben, zumal allein schon die Nichtbeachtung des **Richtervorbehaltes** die Freiheitsentziehung grundlegend angreifbar macht (vgl. Kap. F zur „konstitutiven" Bedeutung der Richterentscheidung bei Freiheitsentziehungen; ebenso *BVerfG*, Urt. v. 20. 2. 2001 – 2 BvR 1444/00 – NJW 2001, 1121).

58 Der Behörde wird man ein **Rechtsmittelbedürfnis** nur für den Fall zubilligen können, daß sie **im Interesse der akut gefährdeten Rechtsgüter** über kein anderes adäquates Schutzmittel als die Ingewahrsamnahme des Störers verfügt und den zuständigen Amtsrichter vergeblich um eine Entscheidung über die geplante oder vollzogene Freiheitsentziehung ersucht hat. Sie kann also nur die **Verweigerung** einer Entscheidung, nicht aber eine (für falsch gehaltene) Sachentscheidung rügen, da sie nicht beschwert ist, wenn der für die Freiheitsentziehung allein zuständige und verantwortliche Amtswalter seine Kompetenz ausübt. Er befindet damit nicht über ein Recht der Polizei.[90]

59 Unbeschadet der Frage nach dem richtigen Rechtsweg gilt für die **Zulässigkeit** jedes Rechtsmittels: **Grundvoraussetzung** ist immer eine **mögliche Grundrechtsbetroffenheit** im Sinne von Art. 19 IV GG, ein **fortbestehendes „berechtigtes" Interesse** und ein weiteres **Rechtsschutzbedürfnis.** Denn wo die Behörde ihr **Unrecht anerkannt** hat und **Restitution gewährt** hat (Entschuldigung, Schadensersatz), fehlt es am Streit, der richterlich geschlichtet werden müßte.

60 Schwieriger bleibt die **Rechtswegbestimmung** und damit die Frage nach der Möglichkeit eines vorgängigen Widerspruchsverfahrens, wenn es um (erkennbar gewordene) Eingriffe zur **„vorbeugenden Bekämpfung von Straftaten"** geht (Einzelheiten bei Rdn. 141 ff.).

Mit der förmlichen Erweiterung der Polizeikompetenz auf den Bereich der **„vorbeugenden Bekämpfung von Straftaten"**[91] kann sich ähnlich wie bei der sogenannten erkennungsdienstlichen Behandlung gemäß § 81 b 2. Alt. StPO die Frage nach dem zustän-

---

[89] *BVerfG* NJW 1991, 1283; *BVerfG* NJW 1999, 3773; *OVG Münster* NJW 1990, 3224.

[90] Vgl. *Lisken/Mokros* NVwZ 1991, 609.

[91] Gemeint ist die Verhinderung von besonders sozialschädlichen und deswegen strafbaren Handlungen; vgl. z. B. § 1 PolGNW, § 1 HSOG.

digen Rechtsschutzgericht stellen, weil auch die Auffassung vertreten wird, daß es sich um einen Annex der Strafverfolgung handele.[92] Hier ist zu unterscheiden zwischen der präventivpolizeilichen Aufgabe der Verhinderung rechtswidriger und deswegen strafbarer Handlungen und der weiteren Kompetenzzuweisung zur „Vorsorge" für die „Verfolgung künftiger Straftaten". Diese Vorsorgetätigkeit dürfte zur Regelungskompetenz des Bundes im Bereich des Verfahrensrechts gemäß Art. 74 Nr. 1 GG gehören,[93] so daß „Vorsorge"-Eingriffe – selbst wenn sie gegebenenfalls verfassungswidrig im Polizeigesetz geregelt sein sollten – strafprozessualen Rechtsschutzregeln unterliegen müßten. Notfalls hilft wiederum § 17 a GVG, wenn der Betroffene das sich für unzuständig haltende Gericht angerufen haben sollte, weil die Gesetzgeber selber zur Unklarheit der Kompetenzen beitragen und zugleich die Schaffung klarer Rechtsschutzregelungen versäumen.

Die konkrete **Verhinderung von strafbaren Handlungen** als Störungen der Rechts- 61
ordnung[94] unterliegt allein dem Verwaltungsrechtsschutz, soweit es zu Eingriffen kommt[95] (Beobachtung, Identifizierung, Platzverweis, Festnahme, Datenspeicherung usw.). Wo es ohne konkrete Gefahr zu „vorbeugenden" Eingriffen im „Vorfeld" einer Gefahr kommt, ist der Eingriff von vornherein verfassungsrechtlich bedenklich, weil der Nichtstörer und Nichthandlungspflichtige auch von der Polizei „in Ruhe zu lassen ist",[96] so daß Rechtsschutz gemäß §§ 40 ff. VwGO immer in Betracht kommt.

c) Einstweilige Anordnung

In Fällen, bei denen durch polizeiliches Tun oder Unterlassen (nach vergeblicher Auf- 62
forderung) eine konkrete Rechtsgefahr für den Betroffenen droht und eine aufschiebende Wirkung gemäß § 80 VwGO nicht in Betracht kommt, kann der Betroffene gemäß § 123 VwGO einen Antrag auf Erlaß einer **Einstweiligen Anordnung** stellen. Dabei geht es – wie bei der Einstweiligen Verfügung im Privatrechtsschutz – um eine rechtssichernde Verwaltungsanordnung durch den Richter. Es handelt sich nicht um Streitentscheidung, sondern – falls die Gegenseite nicht gehört wird – um eine richterliche Fürsorgeentscheidung, die erst im Rechtfertigungsverfahren nach Anhörung gemäß Art. 103 GG zur „Rechtsprechung" wird.

Anders als im Zivilprozeß, wo bei einer einstweiligen Verfügung gem. §§ 925, 927 63
ZPO **Widerspruch** und **Abänderungsantrag** zu einer streitigen Verhandlung und Rechtsschutzgewährung führen, sieht § 123 VwGO eine solche Anhörungs- und Korrekturmöglichkeit nicht vor (vgl. oben Rdn. 50). Der Betroffene, der sich – mit „einstweiligem" Erfolg – gegen einen Behördenakt wehrt, wird diesen Mangel erträglicher finden als die Behörde, die ggf. vor einer Kette von aufzuschiebenden Folgeentscheidungen steht. Die Zwangsstornierungen von weiteren Beförderungen durch ein einzelnes vorläufiges Ernennungsverbot sind dafür ein bekanntes Beispiel. Wird hingegen ein vorläufiges Rechtsschutzbegehren abgelehnt, bleibt dem davon Betroffenen immerhin, gem. § 146 V VwGO die **Zulassung einer Beschwerde** zu beantragen.[97] Für eine daneben in Be-

---

[92] *Schoreit* NJW 1985, 169 und andernorts.

[93] Vgl. *Rachor,* Vorbeugende Straftatenbekämpfung und Kriminalakten, 1989, S. 161 ff. m. w. Nachw.; für polizeirechtl. zulässige Regelung *Kniesel* ZRP 1989, 329. Für eine die StPO ergänzende Regelung im Landespolizeirecht *Würtenberger/Heckmann/Riggert,* Polizeirecht in B-W, 2. Aufl. 1994, Rdn. 122 b: Dies folge aus der Tatsache, daß „Verhinderungsvorsorge in aller Regel auch Verfolgungsvorsorge" bewirke – ein fragwürdiger Schluß. Krit. *Roggan* KritV 1998, 336. Zum Streitstand und zur Unmöglichkeit einer klaren gesetzessystematischen Zuordnung, weil es sich um eine Mischkompetenz ohne wahre Eingriffsbegrenzungen durch normative Tatbestandsmerkmale handelt, vgl. *Denninger,* Kap. E; *Rachor,* Kap. F und *Bäumler,* Kap. J, jeweils zum Thema „vorbeugende Bekämpfung von Straftaten" mit weit. Nachw. Kein Problem hingegen für *BayVerfGH,* BayVBl. 1995, 143 (145) = „Teil der Gefahrenabwehr". Grundl. m. umf. Nachw. *Alberts/Merten,* Ges. über d. Datenverarb. d. Polizei, 1995, S. 38 ff.

[94] *BVerfGE* 39, 1 (44 ff.).

[95] *BVerfGE* 26, 169 = NJW 1967, 1192; *BVerwG* NJW 1983, 772.

[96] Vgl. *BVerfGE* 27, 1; *Lisken* ZRP 1990, 15; s. auch Kap. C Rdn. 30 ff., Kap. E Rdn. 180 ff. Zum Thema „Lauschangriffe zur vorbeugenden Straftatenbekämpfung?" vgl. *Kutscher/Möritz* StV 1998, 564.

[97] Für *Hufen,* Verwaltungsprozeßrecht, 4. Aufl. 2000, § 33 Rdn. 23 m. w. Hinw. gibt es nur diesen Rechtszug. Anders *Kopp/Schenke,* VwGO, 11. Aufl. 1998, § 123 Rdn. 35. Sie sehen eine **Abänderungsmög-**

tracht zu ziehende **Abänderungsmöglichkeit** durch das Verwaltungsgericht selber **in Analogie zu §§ 925, 927 ZPO oder zu § 80 V VwGO** spricht nicht nur eine schnellere Möglichkeit der **Selbstkorrektur** der ersten Instanz, sondern auch der **Erhalt einer Rechtsmittelinstanz,** zumal die Zulassung einer Beschwerde von den Grenzen des § 124 II VwGO bestimmt wird.

64 Polizeiliche Eingriffe sind meistens gemäß § 80 II Nr. 2 VwGO sofort vollziehbar, so daß nur die Vollzugshemmung nach § 80 V VwGO möglich und zulässig ist. Wo die „Unaufschiebbarkeit" der Anordnung nicht geboten ist, helfen Widerspruch und Anfechtungsklage zur Erreichung des Suspensiveffektes. Ist aber zum Beispiel die **Löschung personenbezogener Daten in den sogenannten Kriminalakten** (Akten zur Gefahrenvorsorge bzw. zur Vorbereitung auf die Strafverfolgung) versagt worden, so führen Rechtsmittel noch nicht zur sofortigen Unverwertbarkeit der Eintragungen. Hier kann ein konkreter Rechtsnachteil drohen, so daß vorläufige Sperrung der Akten mittels Einstweiliger Anordnung geboten sein kann. Ähnliche Rechtsnot kann drohen, wenn die Polizei personenbezogene Daten an andere Stellen weitergeben kann, die nicht in gleicher Weise zur Gefahrenabwehr berufen sind, der Eintrag in der polizeilichen Datensammlung also korrekt ist und nur die konkrete **Weitergabe der Daten** Bedenken begegnen sollte. Auch **Realakte** der Polizei, wie zum Beispiel Straßensperrungen, können zu drohenden Rechtsnachteilen führen (Eingriff in Demonstrationsrecht, Eingriff in Gewerbeausübung usw.) und Sicherungsbegehren rechtfertigen.

65 Da es bei der Einstweiligen Anordnung um Rechtssicherung geht, bedarf es für die Zulässigkeit der **Darlegung eines drohenden Rechtsnachteils,** also eines echten Rechtsschutzbedürfnisses (= „Anordnungsgrund"). Wer „nur" seine Rehabilitierung anstrebt, wird auf die Entscheidung im Hauptsacheverfahren warten können. Dies kann bei „erledigten" Streitgegenständen der Fall sein, falls keine weiteren Nachteile über den Eingriff hinaus zu besorgen sind.[98]

d) Anfechtungs- und Verpflichtungsklage

66 Wo Gegenvorstellungen oder ein zulässiger Widerspruch erfolglos bleiben, kommen **Anfechtungs-** oder **Verpflichtungsklage** gem. § 42 VwGO in Betracht. Die Wahl der Klageart kann im Einzelfall schwierig sein; aber ggf. hilft das Gericht gem. § 86 VwGO, den richtigen Antrag zu formulieren, wenn nur das Begehren des Klägers sachlich genau erkennbar ist. Wer nur die **Aufhebung** eines belastenden Verwaltungsaktes begehrt, wird sich mit der gestaltenden „Anfechtung" begnügen können und müssen. Wer aber z. B. die **Löschung** seiner Daten in einer Akte oder Aktensammlung, Datei etc. begehrt, muß nicht zugleich die Versagung der Löschung anfechten und die Löschungsverpflichtung einklagen. Es genügt die Erhebung der Verpflichtungsklage, sofern die Löschung Verwaltungsaktcharakter hat, weil über diese Klage nur positiv entschieden werden kann, wenn „inzident" die Versagung der Löschung als rechtswidrig erkannt wird. Der Anlieger, der ein ihn betreffendes **Verkehrszeichen** (Allgemeinverfügung) durch ein anderes ersetzt wissen will (z. B. ein „Halteverbot" durch ein „eingeschränktes Halteverbot"), kann ebenfalls unmittelbar auf eine Verpflichtung zum Wechsel klagen. Bei Betroffenheiten anderer Art (z. B. Absperrungen, Smogalarm) kann fraglich sein, ob eine Betroffenheit durch einen Verwaltungsakt vorliegt und ob Abhilfe durch eine Neubescheidung hilft. Im Zweifel kann die **Leistungsklage** (vgl. Rdn. 77 ff.) das Mittel der Wahl sein. Es sind Fallgestaltungen denkbar, bei denen hoheitliches Handeln zu Rechtsnachteilen führt, ohne daß eine dahin-

---

lichkeit „richtigerweise" in alleiniger Analogie zu § 80 VII VwGO". Vgl. auch die dort genannten Judikate. Zu den Anforderungen an einen Zulassungsantrag im Hinblick auf § 124 II VwGO vgl. *Bader* NJW 1998, 409. Zur verfassungsrechtl. Zulässigkeit der Zulassungsgründe in § 124 II Nrn. 1 bis 4 VwGO vgl. *BVerfG* (2. Kammer des Ersten Senats), NVwZ 2000, 1163 = NJW 2000, 3776 (nur Leitsätze). Krit. z. Neuregelung *Redeker* NVwZ 2001, 411.

[98] Vgl. die Fallgestaltungen bei *Eyermann/Fröhler,* VwGO, 10. Aufl., 1998, § 123 Rdn. 6 ff. Vgl. auch *Schenke* NVwZ 1990, 1009 m. w. Nachw. Zu Grundfragen des vorl. Rechtsschutzes vgl. *Schoch*, VerwArch 1991, 145.

gehende Einzelfallregelung getroffen ist. **Die Legaldefinition des § 35 VwVfG will ersichtlich nicht den Rechtsschutz gemäß § 42 VwGO reduzieren, sondern operationalisieren, so daß es weniger darauf ankommt, ob ein Verwaltungsakt im klassischen Sinne ergangen ist, sondern darauf, ob durch das gerügte polizeiliche Verhalten eine Rechtsbetroffenheit im Sinne von Art. 19 IV GG** – nach der Darstellung des Klägers – **rechtslogisch möglich ist**, um die Klage für rechtlich zulässig zu halten. Es soll nicht „ins Blaue" und auch nicht im Sinne einer bayerischen Popularklage prozessiert werden können, sondern nur bei unmittelbarer Selbstbetroffenheit.[99]

Der unmittelbar Betroffene muß – auch hier – nicht unbedingt mit dem identisch sein, 67
an den sich der „Verwaltungsakt" gerichtet hat. Auch ein **Drittbetroffener** kann gegebenenfalls klagen, wenn er substantiiert darlegen, also „geltend machen" kann, „in seinen Rechten verletzt zu sein". So kann die polizeiliche Sperrung einer Straße zugunsten eines bestimmten Anliegervorhabens einen anderen Anlieger unmittelbar beeinträchtigen.[100]

In der Regel werden polizeiliche Handlungen mit Eingriffsfolgen nicht lediglich „ein- 68
fachrechtlich" geregelte Rechtspositionen betreffen, sondern grundrechtlich geschützte Positionen. Die **Verkehrsregelung** kann die Bewegungsfreiheit beschränken, die **Versagung** von **Polizeischutz** kann den grundrechtlichen Schutzanspruch des Betroffenen berühren, ebenso die Versagung einer **waffenrechtlichen Erlaubnis.** Die **versammlungsrechtliche Auflage kann Art. 8 GG verletzen**, das **Festhalten an einer Kontrollstelle** oder bei einer anderen Kontrolle ohne Anlaß (§ 36 V StVO, Art. 13 I Nr. 5 BayPAG) kann Art. 2 I i.V. m. Art. 1 I, III und Art. 104 II GG verletzen (vgl. Kap. C Rdn. 30). Das polizeiliche Beobachten und Observieren (**„Beschatten"**) kann die Entschließungsfreiheit beeinträchtigen und im Extremfall auch die Würde angreifen. Das heimliche **Belauschen** kann den Intimbereich, aber auch das Recht auf **Freiheit von Furcht**[101] betreffen. Dieser sogenannte „Durchgriff" auf die Verfassung ist nicht nur in „Extremsituationen" statthaft, sondern gemäß Art. 19 IV GG immer, auch wenn der geschützte Besitzstand einfachgesetzlich konkretisiert sein sollte, wie zum Beispiel das **Eigentum** im Sinne von Art. 14 GG oder das **Recht am eigenen Bild** im Sinne von Art. 2 I GG. Der Persönlichkeitsschutz war und ist nach dem sogenannten Herrenreiterurteil[102] kein Extremfall, sondern auch ohne nähere gesetzliche Regelung zu einem Hauptanwendungsgebiet geworden.

Die Datenschutzgesetze regeln nur Teilaspekte. Die denkbare Besorgnis der Uferlosig- 69
keit ist unbegründet. Es ist jeweils eine problemorientierte Analyse des grundrechtlich garantierten Schutzbereichs erforderlich, wobei etwaige Wertungen zur Beantwortung wertausfüllungsbedürftiger Normen aus der geschriebenen Grundrechtsordnung selbst abgeleitet werden müssen.[103] Das ist im Streitfall Aufgabe der „Rechtsprechung".[104] Dabei ist jener Auslegung der Vorzug zu geben, die den Grundrechtsschutz optimiert.[105] Gründe der **„Staatsraison"** haben keinen grundrechtsgleichen Verfassungsrang, so daß sich eine **„Abwägung"** mit Sicherheitsbelangen oder der „Funktionstüchtigkeit" des Staatsapparates verbietet.[106] Die **„Funktionstüchtigkeit"** staatlicher Stellen ist **Mittel**

---

[99] Im Erg. so auch *Eyermann/Fröhler,* VwGO, 10. Aufl., 1998, § 42 Rdn. 19 f. Ebenso *Kopp/Schenke,* VwGO, 11. Aufl. 1998, § 42 Rdn. 58 und Anhang mit Beispielen. Im Hinblick auf die **zwingende Rechtsschutzgarantie** gem. Art. 19 IV GG mit ihrem Schutzversprechen bei „Rechtsverletzungen" wird man den Begriff **„Verwaltungsakt"** über die Legaldefinition in § 35 VwVfG hinaus – zumindest im Polizeibereich – als **„Eingriffsakt"** verstehen müssen. Zum „schlichten Verwaltungshandeln" vgl. *Robbers* DÖV 7/1987, 272.

[100] Vgl. auch die Fallgestaltungen bei *Eyermann/Fröhler,* VwGO, 10. Aufl. 1998, § 42 Rdn. 122.

[101] Zu den durch Verwaltungshandeln betroffenen Rechtspositionen, die Art. 1 GG schützt, vgl. *Benda,* in: Handb. d. Verfassungsrechts, hrsg. von Benda/Maihofer/Vogel, 2. Aufl. 1994 § 6. Vgl. auch *BVerfGE* 27, 1 (Mikrozensus); 65, 1 (Volkszählung); 69, 315 (Brokdorf).

[102] *BGHZ* 13, 334 = NJW 1954, 1404 (Veröffentlichungsschutz für Briefe); *BGHZ* 26, 349 = NJW 1958, 827 (Herrenreiterfoto); *BVerfGE* 34, 269 = NJW 1973, 1221 (Sorayafall).

[103] Vgl. *BVerfGE* 7, 198; 27, 344; 32, 373; 34, 238; 35, 202; 47, 46; 49, 286; 54, 148; 65, 1.

[104] Vgl. *BVerfGE* 13, 153 (164); 34, 269 (287); 69, 315 (371 f.); 74, 129 (152).

[105] *BVerfGE* 6, 55 (72).

[106] *Arndt,* Ges. jur. Schriften, 1976, S. 162: „Ein Verfassungsstaat hat keine andere ‚Raison' als seine Verfas-

zum Rechtsgüterschutz und kein Zweck. Abzuwägen sind gegebenenfalls grundrechtliche Belange von Verletztem und Verletzer, wenn es zum Beispiel um die Verwertbarkeit seiner Tagebücher geht. Deswegen überzeugt auch die Bestätigung der einschlägigen Entscheidung des BGH durch das BVerfG nicht:

Das „Interesse der Allgemeinheit" an „den Erfordernissen einer an rechtsstaatlichen Garantien ausgerichteten Rechtspflege im Hinblick auf die Idee der Gerechtigkeit", ... die „unabweisbaren Bedürfnisse der Strafverfolgung und Verbrechensbekämpfung" ... und die „wirksame Aufklärung gerade schwerer Straftaten" ... müßten in einen „gerechten Ausgleich" mit dem „Grundrecht auf freie Entfaltung der Persönlichkeit" gebracht werden.[107]

70 Dieser undogmatische **Versuch, die Methoden strafprozessualer Wahrheitssuche mit unterschiedlichen Suchzielen, letztlich mit der „Idee der Gerechtigkeit" selbst gleichzusetzen**, soll dazu dienen, den Vorrang der Grundrechte zugunsten der Effektivität staatlicher Handlungen zu relativieren. Am Ende steht – wie in den neueren Polizeigesetzen normiert und für die StPO geplant – die Befugnis zum Zugriff auf **jedermann,** wenn es opportun erscheint. Die Grundrechtsgarantien sollen – umgedeutet – als **„Recht auf Sicherheit"** die Legitimation bieten, den staatlichen Schutzmethoden je nach Bedarf „verfassungsrechtlich bedeutsames Gewicht" beizumessen. **So wird der Zweck der Grundrechte verändert. Der unaufgebbare Sinn der Grundrechte, von Staats wegen weder für eine Methode noch für eine Idee Menschenrechte zu opfern, läßt eine Gleichsetzung von Schutzgütern und Schutzmitteln nicht zu**. Das Strafrecht dient gemäß § 2 StrVollzG der Resozialisierung und ähnlich wie das Polizeirecht dem Rechtsgüterschutz. **Allein die Rechte der hierbei Betroffenen sind in einen „gerechten Ausgleich" zu bringen**. Folge: Nicht die Polizeibelange, sondern die Belange dessen, den die Polizei schützen will, sind mit den Belangen des Betroffenen in Konkordanz zu bringen. Kann dies nur durch Grundrechtseingriff gelingen, stellt sich die Frage, ob das **Maßgebot** beachtet ist.

71 Bei einer **Ermessensreduzierung auf Null** kann letztlich nur **ein** Polizeihandeln in Betracht kommen. Es fragt sich aber jeweils, ob auch dann ein subjektiv-öffentliches Recht auf entsprechendes Verwaltungshandeln besteht. Soweit Spezialgesetze Ansprüche begründen, wie zum Beispiel im Waffenrecht, ergeben sich die Probleme eher im Erkenntnisbereich. Wo es hingegen um allgemeine Gefahrenabwehr geht, etwa bei Feuer, Unfall, Unwetter, Großveranstaltungen mit (drohenden) Ausschreitungen, kann der

---

sung." Vgl. auch *BVerfGE* 28, 243 = NJW 1970, 1729 (1. Senat). Das erklärt die verfassungsfernen Versuche, **Machtinteressen abwägbaren Verfassungsrang** beizumessen. Vgl. *BVerwGE* 56, 227; *BVerwG* NJW 1990, 2761 ff. mit grundlegender Kritik von *Simitis* und *Fuckner* NJW 1990, 2713; ebenso *Bäumler* DVBl. 1990, 865; *Paeffgen* JZ 1991, 437. *BGHSt* 19, 325 = NJW 1964, 1139 („Funktionstüchtigkeit der Strafrechtspflege"); ebenso *BGH* NJW 1988, 1037; kritisch dazu *Amelung* NJW 1988, 1002, der mit Recht davor warnt, die Rechtspflege als Eigenwert zur „Abwägung" mit Grundrechten ins Spiel zu bringen. Vgl. insoweit auch *BVerfGE* 33, 23 = NJW 1972, 1183 (1184). Krit. zu dem i. d. Wissenschaft so genannten **„gegenreformatorischen Topos"** von der notwendigen **„Funktionstüchtigkeit der Rechtspflege"** in etlichen Entscheidungsbegründungen *Limbach* b. Strafverteidigertag am 22. 3. 1996, in: FR v. 23. 3. 1996. In Wahrheit wird jeweils die konkrete **„Überführungstüchtigkeit"** (*Hamm*) **mit der Funktionstüchtigkeit** schlechthin gleichgesetzt (vgl. auch Kap. C Rdn. 67, 85). Das gesamte Strafverfahrensrecht ist – seit der Peinlichen Gerichtsordnung Karls V. von 1532 – auf eine Begrenzung der Beweismethoden gerichtet, um eine menschengerechte „Funktion" des Strafrechts zu sichern. Es führt also in die Irre, jede nützliche Ermittlungsmethode zur conditio sine qua non für die Anwendung des StGB zu erklären. Es geht nicht um die „Pflege" des Strafrechts, sondern um seine gerechte Handhabung im Einzelfall. Eine korrekte Begriffsverwendung findet sich beim *BVerfG* (2. Kammer des I. Senats) NJW 2000, 797, wo eine „angemessene Personalausstattung der Gerichte" als Voraussetzung für eine „funktionsfähige Rechtspflege" (zur Vermeidung rechtsstaatswidriger Verfahrenslängen) genannt wird. Ebenso *BVerfG*, Urt. v. 20. 2. 2001 – 2 BvR 1444/00 – NJW 2001, 1121 zur unbedingten Sicherung des Richtervorbehaltes.

[107] *BVerfGE* 80, 367 = NJW 1990, 563 (2. Senat, mit vier abweich. Meinungen) zu *BGH* NJW 1988, 1037; krit. auch *Amelung* NJW 1990, 1753. Zu den Gründen für diese „Abwägungsdogmatik" mit dem Ziel der Relativierung der Menschenrechte *Hassemer* KritVjSchr 1988, 336 (342 f.) m. w. Nachw. S. auch o. Kap. K Rdn. 64. Krit. jetzt auch *BVerfG* StV 2000, 466 m. Anm. v. *Weßlau* zum Paradoxon (in *BGHSt* 40, 211), Verfahrensverstöße mit dem Verfahrensziel „abzuwägen".

grundgesetzliche **Schutzanspruch** des einzelnen sich schwerlich auf bestimmte polizeiliche Hilfsweisen erstrecken.[108] Hier bleibt der Betroffene auf den Folgenbeseitigungsanspruch und den Ausgleichsanspruch nach Art. 34 GG verwiesen, soweit das konkrete Verhalten der Polizei im Hinblick auf die Wahrung seiner Belange rechtswidrig war (vgl. Kap. L). Die Rechtswidrigkeit kann sich auch aus **Ermessensfehlern** ergeben, indem zum Beispiel gar nicht oder übermäßig oder ganz unzweckmäßig eingegriffen wird. Dies setzt eine Darlegung und Erforschung der Entscheidungsgrundlagen in rechtlicher und tatsächlicher Hinsicht voraus. Eine Befugnis zur Aufbewahrung erkennungsdienstlicher Unterlagen muß nicht genutzt werden, aber deren Vernichtung kann gesetzlich geboten sein, wenn sie beispielsweise nicht mehr „erforderlich" sind (vgl. z. B. §§ 24, 32 PolGNW).

Nicht die Art des Eingriffs, sondern die **Qualität der rechtlichen Betroffenheit** bestimmt die Wahl zwischen Anfechtungs- und Verpflichtungsklage. Damit bietet sich auch folgerichtig die **Fortsetzungsfeststellungsklage** als „Ersatz" für die Anfechtungsklage an, wenn der anzufechtende Akt seine Erledigung anderweitig gefunden hat (vgl. Rdn. 44 ff.). 72

e) Fortsetzungsfeststellungsklage

Sie ist in § 113 VwGO geregelt, weil sie vom Gesetzgeber als **Fortsetzung einer anhängigen Anfechtungsklage** konzipiert worden ist. Die Vorschrift regelt insoweit eine notwendige **Klageänderung**, wenn der Kläger an der Feststellung der Rechtswidrigkeit des erledigten VA ein Interesse hat. Weil es im Verhältnis zwischen einer öffentlichen Gewalt und dem Bürger solche schützenswerten Interessen geben kann, bedurfte es einer vom Zivilprozeß abweichenden Regelung. Wer von Staats wegen rechtswidrig **eingesperrt** war oder **belauscht** oder **observiert** worden ist, hat ein sich aus den betroffenen Grundrechten ergebendes Rehabilitierungsinteresse (vgl. oben Rdn. 45 ff.), ohne daß es zusätzlich einer **„Diskriminierung"** oder **„Wiederholungsgefahr"** bedarf. Wo solche Besorgnis zusätzlich gegeben ist (wie ggf. bei Art. 13 I Nr. 5 BayPAG; vgl. o. Kap. C Rdn. 30 ff.), liegt erst recht ein Interesse i. S. v. § 113 I S. 4 VwGO vor. Ein Urteil „Das Einsperren war rechtswidrig" hat solche Rehabilitierungsfunktion; es sei denn, daß die (Polizei-)Verwaltung ihrerseits den Kläger schon vor Klageerhebung durch entsprechende **Rehabilitierungserklärung** und **Wiedergutmachung** klaglos gestellt hat. In solchem Fall fehlt es von vornherein an einem Streitstoff, der noch der rechtsschützenden Entscheidung bedarf. 73

Hat sich aber der Streitgrund **vor der Klageerhebung erledigt**, ohne daß dem Kläger in dieser Weise recht gegeben worden ist, kann es ebenso wie bei einer Erledigung nach Klageerhebung ein berechtigtes Interesse an der Feststellung der Rechtswidrigkeit (des polizeilichen Eingriffs) geben. Angesichts der gleichen Interessenlage ist eine durch ständige Rechtsprechung gefestigte **Übung** entstanden, die Regelungslücke durch **analoge Anwendung** von § 113 I S. 4 VwGO auszugleichen. Inhaltlich geht es um „Feststellung", formell um „nachträgliche Anfechtung", so daß auch der **Widerspruch** als Weg zu einem klagevermeidenden Vorverfahren zulässig sein muß; denn wenn die Behörde bei der so veranlaßten Selbstprüfung dem Betroffenen recht gibt, bedarf es keiner streitigen Entscheidung (vgl. Rdn. 44). Die **Zulässigkeit** des (rechtzeitigen) Widerspruchs bedeutet aber nicht dessen **Erforderlichkeit** als Sachentscheidungsvoraussetzung, weil es sich bei der analogen Anwendung von § 113 I S. 4 VwGO eben nicht um eine echte Verfahrensfortsetzung handelt, sondern um eine eigenständige Feststellungsklage, die – ebenso wie die Klage nach § 43 VwGO – kein Vorverfahren „erfordert". 74

Die Nähe zum Anfechtungsverfahren läßt es indes sinnvoll erscheinen, die **Klagefristen** wie im Anfechtungsprozeß zu bestimmen. Sollte also der Widerspruch erfolglos 75

---

[108] Vgl. oben Kap. F zum „Auswahlermessen"; zum Auswahlermessen der Schutzinstanzen bei Lebensgefahren vgl. *BVerfGE* 39, 1; 46, 160 (164).

bleiben, müßte der Betroffene binnen eines Monats Fortsetzungsfeststellungsklage erheben. Diese Klage kurzerhand als unzulässig abzuweisen, weil sie nicht innerhalb der Widerspruchsfrist direkt erhoben worden sei und weil ein Widerspruch unzulässig sei, wäre arglistige Rechtsschutzverweigerung, weil der Kläger alles Sinnvolle zur Klagevermeidung getan hätte. Das Gericht hätte **Wiedereinsetzung** in den vorigen Stand zu gewähren. Andernfalls wäre eine Verfassungsbeschwerde (nach Erschöpfung des Rechtsweges) wegen Verstoßes gegen Art. 19 IV GG indiziert. Wer angesichts solcher Risiken, die sich aus dem Mangel einer positiven Regelung ergeben, sofort und ohne vorherigen Widerspruch Fortsetzungsfeststellungsklage erhebt, sollte zugleich seine Bereitschaft erklären, eine außergerichtliche Regelung in seinem Sinne zu akzeptieren. So könnte die Verweisung auf das Widerspruchsverfahren vermieden werden. Im Zweifel hilft ein **Anwalt**, der die Spruchpraxis des zuständigen Gerichtes kennt oder erfragt.

76 Die (akademische) Streitfrage, ob eine solche „erweiterte" Fortsetzungsfeststellungsklage (in Analogie zu § 113 I S. 4 VwGO) auch gegen **erledigte Realakte** oder nur gegen **erledigte Verwaltungsakte** zulässig sei, ist gegenstandslos, wenn man gem. Art. 19 IV GG darauf abstellt, ob der Kläger **in seinen Grundrechten betroffen** sein kann oder betroffen sein konnte. Das Abstellen auf die Frage der **Eingriffsmodalität** verkennt, daß es mit dem Inkrafttreten des GG nicht mehr allein auf das Prozeßrecht ankommt, wenn es um Rechtsschutz geht, sondern auf die Betroffenheit, also auf die **Eingriffsqualität**. Es zählt also nicht, ob die **Filmbeschlagnahme,** die **Datenerhebung,** die **Versammlungsauflösung,** die **Verkehrslenkung,** das **Festhalten** oder **Schlagen eines Menschen** Verwaltungsakte sind oder waren, sondern ob sie Rechtsbetroffenheit bewirkt haben. Bei solcher verfassungskonformen Normanwendung ist das Wort „Verwaltungsakt" in § 42 oder § 113 VwGO als „Eingriffsakt" zu buchstabieren.[109]

f) Leistungs- und Unterlassungsklage

77 Soweit die „engere" Verpflichtungsklage zur begehrten Restitution nicht ausreicht, empfiehlt sich die sogenannte **Leistungsklage** mit dem Antrag, den Gegner zu einem Tun oder Unterlassen zu verurteilen. Das ist dann geboten, wenn es um einen Realakt geht, der nicht unbedingt – wie die Erfüllung einer Zahlungs- oder Datenlöschungspflicht – einen besonderen Verwaltungsakt voraussetzt, oder wenn die Verpflichtung zum Erlaß eines Verwaltungsaktes noch nicht dessen Vollzug bedeutet. So kann eine Verurteilung zur Neubescheidung für den Kläger „Steine statt Brot" bedeuten, so zum Beispiel, wenn die Herausgabe einer sichergestellten Sache im Streit ist.

78 Die **Subsidiarität** der Leistungsklage kann aber nicht dazu führen, sie für unzulässig zu halten, wenn auch eine Verpflichtungsklage zulässig wäre; denn einmal handelt es sich bei der Verpflichtungsklage nur um einen Unterfall der Leistungsklage,[110] und zum andern kann die Leistungsklage zu umfassenderem Erfolg führen. Mit ihr kann nur nicht die durch Fristablauf unzulässig gewordene Anfechtungs- oder Verpflichtungsklage substituiert werden.[111] Diese müssen also, soweit inzident ein Verwaltungsakt anzufechten oder zu begehren ist, innerhalb der Rechtsmittelfrist erhoben werden und eine Darlegung der rechtlichen Betroffenheit im Sinne von § 42 II VwGO enthalten. Wird mit der Leistungsklage ein **Unterlassen** verfolgt, so ist sie – unbeschadet einer vorgängigen Anfrage bei der Behörde – nicht an eine bestimmte Rechtsmittelfrist gebunden.

---

[109] Zum Komplex Fortsetzungsfeststellungsklage vgl. die Übersicht bei *Wagner,* PolG NRW 1987 Einl. B Rdn. 131 ff. mit weit. Nachw. Zur Praxis der Gerichte vgl. auch die Problemübersicht bei *Gusy,* Polizeirecht, 4. Aufl. 2000, Rdn. 392 ff. Zum „Realakt" vgl. insbes. Kap. F; außerdem *Maurer,* Allg. Verwaltungsrecht, 9. Aufl. 1994, S. 168 ff. m. w. N.

[110] *BVerwGE* 24, 253; *BVerwGE* 31, 301 = NJW 1969, 1131 (Verpflichtungsklage = besondere Leistungsklage). *Eyermann/Fröhler,* VwGO, 9. Aufl. 1998, § 42, Rdn. 4 ff. unter Aufgabe früherer Meinung m. w. Nachw. Ebenso *Kopp/Schenke,* VwGO, 11. Aufl., § 42 Rdn. 6 ff., auch zur Verbindung von „Bescheidungsklage" mit einer „Leistungsklage".

[111] *Eyermann/Fröhler,* VwGO, 9. Aufl. 1998, § 42 Rdn. 8; ebenso *Kopp/Schenke,* VwGO, 11. Aufl. 1998, § 42 Rdn. 13.

Sie ist auch nicht deswegen unzulässig, weil der potentiell Betroffene gegebenenfalls nachträglich Rechtsschutz durch Anfechtung etc. erlangen könnte. Es wird darauf ankommen, ob ein Nachteil droht, der nicht hinzunehmen wäre. Insoweit ähnelt das Rechtsschutzinteresse dem bei einer „negativen" Feststellungsklage. Den vorbeugenden Rechtsschutz wegen der Möglichkeit eines nachträglichen Rechtsschutzes zu versagen, wäre unzumutbar.[112]

Die **vorbeugende Unterlassungsklage** kann an Bedeutung gewinnen, wenn die poli- 79
zeiliche Praxis im Zuge der **„vorbeugenden Gefahrenabwehr"** verstärkt von Kontrollbefugnissen gegenüber **jedermann** Gebrauch macht. Unter der Geltung des „alten" Polizeirechts (bis 1989) galt seit dem Inkrafttreten des PrALR im Jahre 1794, faktisch seit dem Kreuzbergurteil des PrOVG[113] im Jahre 1882, das Prinzip, daß die Polizei nur zur Abwehr drohender Gefahren und nur gegenüber dem Störer, dem Zustandsverantwortlichen und Nothelfer zu Abwehr„maßnahmen" berufen sei. Mit der Befugnis zum Zugriff auf Nichtstörer an sogenannten **Kontrollstellen** (§ 9 ME PolG 1977) zur „Erleichterung der Polizeiarbeit"[114] begann der Abbau der Eingriffsschwelle. Nunmehr ist der Zugriff auf jeden, der aus irgendeinem Grunde mit der Polizei in Berührung kommt,[115] oder auf jeden, der sich „im räumlichen Umfeld einer gefährdeten Person" aufhält,[116] oder auf Reisende in einigen Bundesländern[117] zur Norm geworden. Wer Dauergast in einem „Prominentenhotel" ist, wo „gefährdete Personen" gern absteigen, oder in der Nähe eines Amtes wohnt, in dem „gefährdete Personen" arbeiten, oder in der Nähe eines Kernkraftwerkes, das als Anschlagsobjekt dienen könnte,[118] soll nach dem Ermessen der Polizei identifiziert und kontrolliert werden dürfen. Das kann sich zur täglichen Lästigkeit auswachsen und zur Aufzeichnung von Bewegungsbildern führen, auch wenn keine erkennbare Gefahr von dem Betroffenen ausgeht. Das verfassungskräftige **Freiheitsprinzip,** das die Freiheit als Normalzustand ansieht und gebietet, jedermann von Staats wegen „in Ruhe zu lassen",[119] soweit er nicht durch sein Verhalten die Rechte anderer zu gefährden droht, wird mißachtet, so daß die Anwendung dieser Vorschriften gegenüber Nichtverantwortlichen und gegen potentiell Verantwortliche ohne konkrete Gefahr verfassungswidrig ist.[120] Polizeiarbeit hat dem konkreten Rechtsgüterschutz zu dienen, wie er sich aus den Grundrechtsverbürgungen ergibt.[121] Es gibt **kein abstraktes Grundrecht auf „Sicherheit",** das vorbeugende Sicherheitseingriffe bei **jedermann** legitimieren könnte.[122] Die **Verfassungsgrenzen** für staatliche Zugriffsbefugnisse sollen speziell der Sicherheit vor der Staatsmacht dienen, weil sie sich in der Rechtsgeschichte stets als größere Gefahr erwiesen hat.[123]

---

[112] *BVerfGE* 26, 23 = NJW 1967, 996; *BVerwGE* 34, 69 = NJW 1970, 292 (Leits.).

[113] *OVGE* 9, 353. Vgl. auch Kap. A Rdn. 49.

[114] *Riegel* DVBl. 1979, 711.

[115] Z. B. § 25 PolGNW.

[116] Z. B. §§ 16 und 13 II HSOG. § 9 SPolG, § 12 PolGNW, § 20 BWPolG, § 12 NGefAG, § 10 POG RP.

[117] Vgl. Art. 13 I Nr. 5 BayPAG; vgl. dazu Kap. C Rdn. 30ff. mit Länderübersicht.

[118] Vgl. *Majer/Plander/Weise,* Rechtsgutachten für den Betriebsrat der KFA Jülich betr. Sicherheitsüberprüfungen, 1988.

[119] So *BVerfGE* 27, 1 (6); 35, 202.

[120] Vgl. Kap. C Rdn. 30ff. m. weit. Nachw. von Lit. u. Rspr. zur **Unzulässigkeit, den Nichtverantwortlichen außerhalb eines Notstandes polizeilich in Anspruch zu nehmen.** Zum versuchten Zugriff auf den Nichtstörer in den neueren Polizeigesetzen vgl. auch Kap. E, F und J.

[121] Vgl. *BVerfGE* 17, 108; 39, 1; 45, 187; 46, 160; 51, 324; 53, 30; 56, 54; 57, 70; 70, 297. Vgl. auch *Denninger* KritJ 1988, 1.

[122] So auch *Denninger* KritJ 1985, 215, und *Backes* KritVjschr 1986, 327, gegen *Scholz* Der Kriminalist 1988, 53.

[123] Vgl. *BVerfGE* 1, 14 (36); 6, 55 (83); 7, 198 (204); 21, 362 (369); 39, 1 (41); 50, 290 (327ff.). *Hesse,* in: Benda/Maihofer/Vogel, Handb. d. Verfassungsrechts, 2. Aufl. 1994, § 1 Rdn. 27 und § 5 Rdn. 15. *Denninger,* in: AK-GG, 1989, Vorbem. Art. 1 Rdn. 1ff. m. w. Nachw. *Blasius,* Geschichte der polit. Kriminalität in Deutschland 1800 bis 1980, 1983, S. 140. *Arthur Kaufmann,* in: Der Rechtsstaat und seine Feinde, hrsg. von Rill/Scholz, 1986, S. 65.

80 Für eine danach zulässige Unterlassungsklage käme es darauf an, eine möglichst „hohe Wahrscheinlichkeit"[124] einer drohenden Grundrechtsverletzung darzutun, also eine konkrete Gefahr für den Betroffenen. Für die Wahrscheinlichkeitsprognose kann rechtslogisch **kein anderer Maßstab** gelten, als er für die Polizei zur Rechtfertigung ihrer Eingriffe gilt: Es bedarf tatsächlicher Anhaltspunkte, die objektiv und erfahrungsgemäß geeignet sind, eine Rechtsgutverletzung herbeizuführen, wobei die Wahrscheinlichkeit eines „Schadens" um so geringer sein darf, je gravierender die Folgen wären.[125] Ein unzulässiger Grundrechtseingriff aufgrund einer verfassungsrechtlich höchst bedenklichen Befugnisnorm ist nach unserer „Wertordnung"[126] per se gravierend. Dennoch kann eine abstrakte Gefahr nicht genügen, weil ein Begehren, das auf eine Verschonung vor nur denkbaren Eingriffen bestimmter Art gerichtet wäre, auf eine **„verdeckte" Normenkontrollklage** hinausliefe, für die § 47 VwGO besondere Zulassungsvoraussetzungen bestimmt. Es bedarf also der Darlegung der drohenden konkreten Betroffenheit. Die Verweisung auf eine **nachträgliche Kontrolle,** da keine schwerwiegenden Dauerfolgen zu besorgen seien, wäre **mißbräuchlich.** Denn wenn ein verfassungswidriger Rechtseingriff zu den schwerstwiegenden Betroffenheiten gehört, auch wenn es nicht um Geld geht, muß ihre Verhinderung Vorrang vor einer Rehabilitierung haben.

g) Feststellungsklage und Normenkontrolle

81 Eine **Feststellungsklage** kann eine vorbeugende Unterlassungsklage nicht erübrigen. Einmal ist eine Feststellungsklage nur zulässig, wenn eine Leistungsklage ausscheidet (§ 43 II VwGO). Zum andern setzt sie Streit über das Bestehen oder Nichtbestehen eines Rechtsverhältnisses voraus (§ 43 I VwGO). Ohne den Beginn einer Amtshandlung fehlt es an solchen „rechtlichen Beziehungen", wie sie verlangt werden. Wer aber eine rechtlich relevante **Auskunft** bekommen hat, die er für rechtswidrig hält, muß auf Feststellung dieser Rechtswidrigkeit klagen können, falls weitere konkrete Entschließungen des Betroffenen von der Klärung dieses „Rechtsverhältnisses" abhängen.[127] Wer zum Beispiel eine **Waffe** erwerben will, hat ein Interesse an der vorherigen Feststellung seines rechtlich geforderten Bedürfnisses, bevor er Ausbildungs- und Erwerbskosten investiert. Auch die **„Dienstpostenbewertung"** kann für einen Beamten von konkretem Interesse für die Zukunft sein.[128] Ähnliches kann für **Beihilfefragen,** auch für die Feststellung eines **„Dienstunfalls"** gelten. Es bedarf stets eines konkreten Bezuges. Die Klärung **abstrakter Rechtsfragen** liefe auf eine Normenkontrolle hinaus.

82 Das schließt die Feststellungsklage mit dem Ziel der **Feststellung der Ungültigkeit einer Norm** nicht aus,[129] sofern es für ein konkretes Rechtsverhältnis auf die Gültigkeit eben dieser Norm ankommt.[130] Daß im Vordergrund für die Rechtsfindung die Frage der

---

[124] So *Drews/Wacke/Vogel/Martens,* Gefahrenabwehr, 9. Aufl. 1986, S. 612.

[125] Vgl. *Hansen-Dix,* Die Gefahr im Polizeirecht, Hamburger Diss., 1982, S. 35 ff. *Götz,* Allg. Polizei- und Ordnungsrecht, 12. Aufl. 1995, Rdn. 142 ff. Ebenso Kap. E Rdn. 29 ff. *BVerwGE* 28, 310 = NJW 1968, 764 (768): „hinreichende Wahrscheinlichkeit". Bei jederzeitiger, anlaßunabhängiger Anhalte- und Kontrollmöglichkeit (**„Schleierfahndung"** gem. Art. 13 I Nr. 5 BayPAG und ähnlichen Befugnissen in anderen Polizeigesetzen – Näheres in Kap. C Rdn. 30 ff.) kann sich die **„hinreichende Wahrscheinlichkeit"** im Zweifel, z. B. beim Fehlen oder Scheitern einer Normenkontrollmöglichkeit, schon aus der **tatbestandlichen Voraussetzungslosigkeit** der Eingriffsnormen und dem **Mangel an Vorhersehbarkeit** eines entsprechenden Eingriffs im Sinne von *BVerfGE* 8, 274 (325); 21, 73 (79); 65, 1 (38 ff.) ergeben. Vgl. dazu speziell *LVerfG M-V,* Urteil v. 6. 5. 1999 – LVerfG 2/98 – m. w. N. NVwZ-RR 1999, 617.

[126] *BVerfGE* 7, 198.

[127] *BVerwGE* 33, 42; 38, 336.

[128] *BVerwGE* 36, 218.

[129] Vgl. *BVerwGE* 14, 202; 26, 251.

[130] *BVerwG* NJW 1976, 1224 (Gültigkeit eines gerichtlichen Geschäftsverteilungplanes mit normativem Charakter). *BVerwG* NJW 1983, 2208 (streitige Mitgliedschaft war abhängig von Gültigkeit einer Neugliederungsverordnung). Ebenso *Schenke* NJW 1986, 1451 (1456 ff.) im Hinblick auf die Rechtspr. des BVerfG zur Subsidiarität der Verfassungsbeschwerde bei Normenkontrollen (vgl. dazu *BVerfG* NJW 1986, 1483, und *BVerfGE* 68, 319; 70, 35). Zu denken ist auch an Betroffenheiten durch Änderungen von Besoldungsordnungen, Zulagenregelungen, Laufbahnverordnungen, Aufstiegsregelungen, Prüfungsordnungen, Gleichstel-

Normgültigkeit steht, ändert nichts am **Streitgegenstand,** der allein die Frage der Zulässigkeit der Feststellungsklage beantwortet. Der Normbetroffene muß die Frage seiner Betroffenheit zum Inhalt seines Feststellungsbegehrens machen. Auf diese Weise wird vermieden, daß die Frage der **konkreten Gültigkeit einer Norm** zur abstrakten Normenkontrolle wird, selbst wenn die Antwort verallgemeinerungsfähig sein sollte. Bedenken, daß dies zu unzulässigen und „überflüssigen" Feststellungsklagen führen könnte, überzeugen nicht, wenn man die Verfahrensregeln als Mittel zur Operationalisierung der Rechtsschutzgarantie gemäß Art. 19 IV GG betrachtet und handhabt. Der Ausschluß der „Gültigkeits"-Feststellungsklage würde viele Rechtsbetroffene rechtsschutzlos stellen, nachdem § 47 VwGO nur begrenzt[131] anwendbar ist und der Weg zur **Verfassungsbeschwerde mit dem Ziel der Normenkontrolle** durch die Rechtsprechung des BVerfG zur **Subsidiarität** (§ 90 II BVerfGG) verengt worden ist. Die Verweisung des BVerfG auf die Hilfe der sachnäheren Fachgerichte legt die Verfahrensnormauslegung nahe, die den gebotenen Rechtsschutz effektuiert. Dazu gehört nunmehr unabdingbar die Möglichkeit, die Gültigkeit einer Norm mittels der Feststellung eines konkreten Rechtsverhältnisses zur Entscheidung zu stellen.

Den Betroffenen auf Anfechtung und Restitution zu verweisen, wäre reine Förmelei, **83** wenn seine künftige Inanspruchnahme aufgrund der umstrittenen Norm feststeht. Auch bei einem Interesse an der Feststellung der Nichtigkeit eines Verwaltungsaktes (s. oben) muß der Betroffene nicht warten, ob und wann er trotz der Nichtigkeit belastet wird. Ebensowenig braucht derjenige, der unmittelbar durch eine nach seiner Meinung nichtige Norm betroffen ist, den Zugriff aufgrund der Norm abzuwarten.[132] Es muß nur stets ein konkretes Interesse an alsbaldiger Feststellung bestehen.[133]

III. Verfahrensrechte bei strafprozessualen Eingriffen

Das „weite Feld" **strafprozessualer** Eingriffsmöglichkeiten wartet noch auf eine lük- **84** kenlose und sachlogisch strukturierte Rechtsschutzregelung in der StPO. Auch die „Fortschreibungs"-Versuche zur Änderung der StPO seit 1986 sparen diesen Bereich weiterhin aus.[134]

Vorerst muß bei jedem Eingriff zunächst nach einem **speziellen Rechtsbehelf** in der **85** StPO gesucht werden. Wo er fehlt, bietet sich im Hinblick auf Art. 19 IV 2 GG die analoge **Anwendung des sachnächsten Verfahrens** an. Wo sie versagt, bleibt die Möglichkeit,

---

lungsregelungen, „Sicherheits"-Regelungen gem. Sicherheitsüberprüfungsgesetz – SÜG (vom 20. 4. 1994, BGBl. I S. 867), „Extremisten"-Regelungen, Inkompatibilitätsregelungen (für Beamte, die z. B. ein politisches Mandat erstreben), Nebentätigkeitsregelungen usw. Nur muß die Normgültigkeit streitentscheidend sein.

131 Zum Ursprung und zu den im Hinblick auf Art. 19 IV GG bedenklichen Begrenzungen der konkreten „Normenkontrollklage" vgl. *Hufen,* Verwaltungsprozeßrecht, 4. Aufl. 2000, § 19. Zu § 47 VwGO nach der 6. VwGO-Novelle v. 1. 11. 1996 (BGBl. I S. 1629) vgl. *Schmitz/Rode* NJW 1998, 415. Zur Kasuistik vgl. auch *Kopp/Schenke,* VwGO, 11. Aufl. 1998, § 47. Als „untergesetzliche", also prüfbare Normen könnten z. B. **Polizeiverordnungen** und **Beihilfeverordnungen** in Betracht kommen, sofern die Normenkontrolle nicht inzident im Prozeß über den belastenden Vollzugsakt stattfinden muß. Zum **„Anspruch" auf Erlaß einer fehlenden Norm** vgl. unten Fn. 298 und auch *Sodan* NVwZ 2000, 601 m. w. Nachw.

132 *BVerwGE* 28, 153; 40, 323.

133 *VGH Kassel* NJW 1979, 997.

134 *Riess* ZRP 1981, 101; *Rieß/Thym,* Goltd A 1981, 189 (190); *Lisken* ZRP 1981, 235; *ders.* DRiZ 1981, 388 und DRiZ 1983, 234. Zum Stand 1990 vgl. *Strate* ZRP 1990, 143. Zur weit. Entwicklung vgl. *Meertens* ZRP 1992, 205; *Hamm* NJW 1993, 289; *Eisenberg* NJW 1993, 1033; *Lisken* DRiZ 1992, 250; *ders.* ZRP 1994, 264; *Albrecht* StV 1994, 265; *Köhler* StV 1994, 386. Weitere Nachw. bei *Roxin,* Strafverfahrensrecht, 25. Aufl. 1998, S. 539 ff. Auch das jahrelang beratene Gesetz zur Änderung des Strafverfahrens (StVÄG 1999, vom 2. 8. 2000 BGBl I S. 1253) regelt wiederum nur Eingriffsbefugnisse und **keine einzige Neuerung auf dem notleidenden Gebiet des Rechtsschutzes.** Krit. auch *Kruis/Wehowsky* NJW 1999, 682; *Bachmann* NJW 1999, 2414; zur Auslegung der Novelle vgl. auch *F. Herzog* StV 2000, 444; *Brodersen* NJW 2000, 1999; dazu krit. *Wollweber* NJW 2000, 3623; außerdem *Hilger* NStZ 2000, 561 und NStZ 2001, 15.

den Eingriffsakt funktional als „Justizverwaltungsakt" im Sinne von § 23 EGGVG zu werten.

1. Rechte Nichtverfolgter

a) Zeugen

86 So können **Zeugen** ihre Rechte gemäß §§ 51, 69, 70 StPO wahrnehmen und gegebenenfalls auch Beschwerden einlegen (§ 304 StPO). Zu beachten bleibt, daß die Zeugenpflicht nicht durch die StPO als „Last" begründet ist, sondern eine durch die StPO konkretisierte **Sozialpflicht** darstellt, die – ähnlich wie die **Richterpflicht des Schöffen** – zum konstitutiven Bestandteil des auf gewaltfreie Rechtsverschaffung angelegten Rechtsstaates gehört. Denkbare Konkordanzprobleme zwischen diesem verfassungskräftigen Hilfsgebot (zur Wahrheitsermittlung und Restitution beizutragen) und dem **Grundrecht zu schweigen,** wo reden zu unzumutbaren inneren Belastungen führen könnte, sind weithin gesetzlich geregelt (§§ 52 ff. StPO). Notfalls schützt das Gebot des Art. 1 GG, den Menschen nicht zum Objekt oder Mittel staatlicher Ausforschung zu machen.[135] Deswegen stand und steht auch jede **Zwangsaussage** unter zumindest fakultativem **Richtervorbehalt.**[136] Der Zeuge im Strafverfahren muß also gegebenenfalls die vorgenannten Möglichkeiten ausschöpfen, bevor er gemäß Art. 93 Nr. 4 a GG **Verfassungsbeschwerde** erheben kann.

87 Das gilt auch, soweit ein Zeuge deswegen „diszipliniert" wird, weil er sich unter Bezug auf seine Grundrechte weigert auszusagen, ohne daß ihm ein gesetzlich anerkannter Grund zur Seite steht. So kann sich der **Lebensgefährte** nicht auf das Institut der Ehe berufen, um im Prozeß gegen seinen Partner nicht aussagen zu müssen, der **Freund** nicht auf die Freundesliebe, der **Sozialarbeiter**[137] nicht auf sein Wort, das er – wie ein Priester oder Anwalt oder Abgeordneter – dem Beschuldigten gegeben hat. Auch der **Journalist** kann sich nicht ohne weiteres auf Art. 5 GG berufen.[138] Es steht auch nicht im Belieben des Gesetzgebers, Aussageverweigerungsrechte zu normieren, weil er aufgrund seiner staatlichen Schutzpflicht für das „Opfer" oder den Verletzten gehalten ist, die Erkenntnismöglichkeiten zur Wahrheitsfindung und damit zur Schaffung der Gerechtigkeit optimal zu operationalisieren. Etwas anderes könnte dann allenfalls gelten, wenn man im Strafprozeß lediglich eine Methode staatlicher Übelzufügung sähe und deswegen der „Überführungstüchtigkeit", die oft irreführend mit der „Funktionstüchtigkeit der Strafrechtspflege" gleichgesetzt wird,[139] einen relativen Wert zuschriebe.

88 Wo das Strafverfahren hingegen der Wiederherstellung des Rechts dient, muß der Gesetzgeber zwischen den Belangen der Beteiligten abwägen. Dazu gehören auch alle, die angesichts ihrer Hilfsmöglichkeiten und -pflichten zur richtigen Rechtsfindung beitra-

---

[135] *BVerfGE* 20, 162 (189); 27, 1; 27, 344; 32, 373; 33, 23 (33 ff.); 33, 367; 56, 37; 64, 108 (115 ff.).

[136] Vgl. § 161 a StPO.

[137] *BVerfGE* 44, 353 = NJW 1988, 2945 = eine am Einzelfall orientierte Abwägung geboten. Vgl. auch *Schliewienski* NJW 1988, 1507 zum Zeugnisverweigerungsrecht des Berufshelfers. Für „anerkannte" Schwangeren- und Suchtberater gilt § 53 I Nr. 3 a und 3 b StPO. Zur vorsorglichen Zeugnisverweigerung in anderen Verfahren, z. B. vor Zivilgerichten, vgl. *Ranft* StV 2000, 520. Vgl. auch *Skwirblies,* Nichtehel. Lebensgemeinschaft ... im Straf- und Strafprozeßrecht ... 1990, mit krit. Anm. v. *Oswald* StV 1994, 50. Zur „Ungeeignetheit" eines Zeugen als Beweismittel, der unter keinen Umständen bereit ist, als Zeuge auszusagen, vgl. *BGH* NStZ 1999, 46 (keine Zwangsmaßnahmen!).

[138] *BVerfGE* 77, 65 = NJW 1988, 329 = EuGRZ 1987, 483; *Lisken* ZRP 1988, 193. Für Ausdehnung *Hoffmann-Riem,* AK-GG, 1984, Art. 5. Ebenso *Löffler/Ricker,* Handb. d. Presserechts, 3. Aufl. 1994, 30. Kap. (S. 168 ff.) mit eingehender Begründung. Gegen ein solches „Monopol auf Wissensinhalte" ohne jeden Verantwortungsbezug *Hamm,* NJW 2001, 269.

[139] So – ohne Auseinandersetzung mit den Folgen – *BGHSt* 19, 331 = NJW 1964, 1139. Vgl. auch *BGH* NJW 1988, 1037, mit krit. Anm. von *Amelung* NJW 1988, 1002, **zur verfehlten „Abwägung" zwischen Strafverfolgung und Grundrechtspositionen.** Ähnlich verkürzt formuliert in *BVerfGE* 29, 183 (194); 44, 353 (374); 46, 214 (222 ff.). Differenzierender *BVerfGE* 80, 367 = NJW 1990, 563 = EuGRZ 1989, 455. Weitere krit. Hinweise oben Fn. 106, 107 und Kap. C Rdn. 64, 85. Aber exakte **Abwägung zwischen Grundrechtsbelangen** bei *BGH* StV 1994, 28.

gen können. Unter diesem Aspekt kann niemand nur an seine Belange denken. Der Sozialarbeiter ist auch dieser Hilfe für etwaige Verletzte verpflichtet. Wenn er dennoch sein Wort zu schweigen gegeben hat, geht er das Risiko einer inneren Zerreißprobe ein. Nicht anders geht es dem Lebenspartner, der das Risiko des Nichtheiratens auf sich genommen hat. Deswegen kann nicht jeder Partner ohne weiteres den Schutz der „Ehe" gemäß Art. 6 GG in Anspruch nehmen. Auch der Gesetzgeber hat die **Ehe** nicht als zwingenden Grund zu jeder Freistellung von den Zeugenpflichten gesehen, sondern die Eheschließung als Indiz einer intakten Beziehung gewertet, der unzumutbare Zerreißproben nur nach dem freien Willen des Zeugen erspart bleiben sollen. Auch die **Verlobung** ist hinreichend verifizierbar. Für eine lebenslang angelegte **nichteheliche Beziehung** lassen sich nicht so leicht ähnliche „Beweistatsachen" finden, so daß es für eine berechtigte Aussageverweigerung nachhaltiger Belege für eine grundrechtlich relevante Art und Tiefe der Beziehung bedürfte. Ähnlich wird derjenige, der sich auf sein **Gewissen** berufen sollte, um nicht aussagen zu müssen, seine Gewissensnot erklären müssen, da jede Inanspruchnahme eines Grundrechts nicht dazu berechtigt, die Kommunikation zu verweigern. Wer sich eines Rechtes berühmt, muß sich erklären. Dabei wird man keine „Beweise" im prozeßrechtlichen Sinne verlangen dürfen, wenn es um innere Beweistatsachen geht, die nur durch solche Leistungen belegt werden könnten, die speziell durch die Garantie des Grundrechts erspart werden sollen[140] und daher auch nicht gefordert werden dürfen.

Aber abgesehen von der unbedingt garantierten Gewissensfreiheit und Menschenwürde muß normativ und praktisch eine **Konkordanz** zwischen den Forderungen der Rechtsuchenden nach konkreter Gerechtigkeit und den Grundrechten der Zeugen gesucht werden. Diese Suche im Einzelfall bedarf der Mitwirkung aller Beteiligten, soweit das Gesetz die Entscheidung nicht bereits getroffen hat. Eine gesetzliche Nichtregelung darf also nicht im Umkehrschluß als Ausschluß des Grundrechtsschutzes betrachtet werden. 89

Umgekehrt kann ein **Journalist** nicht unter Berufung auf Art. 5 GG jede prozessuale Mitwirkung verweigern. Denn die **Pressefreiheit** an sich ist nicht in Gefahr, wenn ein Journalist als Zeuge redet, zumal wenn er nur selbst erlebte oder selbst recherchierte Fakten bekunden soll. Seine Funktion als öffentlicher Wächter[141] ist erst dann gefährdet, wenn er Informanten, die auf seine Diskretion vertraut haben, preisgeben müßte. Dem Journalisten wie dem Ehegatten umfassende Aussageverweigerungsrechte einzuräumen, liefe darauf hinaus, daß er **vom Beweismittel zum Prozeßführer** würde.[142] 90

Für die **Polizeiarbeit** bedeutet das: Wenn sich ein Zeuge auf ein Aussageverweigerungsrecht beruft, verbietet sich eine polizeiliche Entscheidung, zumal niemand vor der Polizei aussagen muß. Der Vorgang ist der Staatsanwaltschaft zuzuleiten, die ihrerseits für Vernehmung, Richtereinschaltung und Zeugenverfahren zuständig ist. 91

Von dem Aussageverweigerungsrecht zu unterscheiden ist das **Aussageverbot.** So darf ein **Richter** nichts aussagen über das, was unter sein richterliches Beratungsgeheimnis fällt (§ 43 DRiG). Davon kann ihn auch kein Dienstherr entbinden, da das Beratungsgeheimnis primär dem Beteiligtenschutz dient und nicht dem Schutz des sogenannten Gemeinwohles. Deswegen bedarf der **Beamte,** also auch der Polizeibeamte, der ausdrücklichen **Aussagegenehmigung** seines Dienstvorgesetzten (§ 61 BBG), wenn er als Zeuge vernommen werden soll. Diese Genehmigung muß erteilt werden, wenn keine Gemeinwohlbelange verletzt werden (§ 62 BBG). Ohne die erforderliche Genehmigung besteht gemäß § 54 StPO ein **Beweiserhebungsverbot** (ähnlich wie bei der berechtigten Aussageverweigerung), so daß Aussagen ohne Genehmigung unverwertbar[143] sind. Der kraft 92

140 Vgl. *BVerfGE* 12, 45; *Lisken*, FS Martin Hirsch, 1981, S. 529 m. w. Nachw. Vgl. auch *Luhmann* AöR 90, 1965, S. 284 ff. Zur Zeugenstellung b. nicht eheähnl. Partnerschaft vgl. *BVerfG* (Kammer) NJW 1999, 1622.

141 Vgl. *BVerfGE* 10, 118 (121); 50, 234 (240); *Kaiser* NJW 1968, 1260, *de Tocqueville,* Über die Demokratie in Amerika, 1835, hrsg. v. Mayer, 1959 II S. 353.

142 *J. Wagner,* Strafprozeßführung über Medien, 1987. *Lisken* ZRP 1988, 193. Auch die Erweiterung des Zeugnisverweigerungsrechtes kann das Problem nicht lösen.

143 Vgl. die Nachweise bei *Kleinknecht/Meyer-Goßner,* StPO, 42. Aufl., § 54 Rdn. 2. Zu Aussagesperren

positiven Rechts zum Schweigen verpflichtete Zeuge fällt als Beweismittel im Prozeß aus. Der Beamte kann sich also auch nicht seinerseits über die Versagung oder Begrenzung seiner Aussagegenehmigung hinwegsetzen; es sei denn, er handelt in Wahrnehmung seiner gesetzlichen Strafverfolgungspflichten (§ 163 StPO) oder der für jeden Bürger geltenden Anzeigepflicht, deren Verletzung durch § 138 StGB unter Strafe gestellt ist. Eine vorrangige Zeugenpflicht wird man gemäß § 61 IV BBG auch dann erkennen müssen, wenn der Beamte infolge seiner **Gewissensbindung,** die er durch den Diensteid bekräftigt hat, sich dem inneren Zwang ausgesetzt sieht, **Widerstand für das Recht des Grundgesetzes**[144] zu leisten, indem er sein Wissen den zuständigen Stellen offenbart. Der Beamtengehorsam hat – entgegen der Meinung der BVerwG[145] – keinen Vorrang vor der Gewissensfreiheit.[146] Andernfalls wäre die Gewissensbindung des Amtswalters im Diensteid[147] ein institutioneller Widerspruch in sich und Art. 4 GG insoweit obsolet. Es gilt das Gegenteil: **Der gesetzliche Gehorsam begrenzt nicht die Gewissensfreiheit, sondern setzt sie voraus!** Hier bleibt angesichts der unterschiedlichen höchstrichterlichen Rechtsprechung[148] ein „Restrisiko" für den Zeugen, der Beamter oder Angehöriger des öffentlichen Dienstes im Sinne von § 54 StPO ist, das wegen der nur begrenzt denkbaren Fallgestaltungen auch nicht kalkulierbar ist. Wo zum Beispiel verfassungswidrigem Unrecht mit erheblichen Gefahren oder Nachteilen nur durch eine Aussage als Zeuge trotz insoweit fehlender Aussagegenehmigung entgegengetreten werden kann, legt die gebotene Rechtsgüterabwägung nahe, der gewissensgebundenen Treuepflicht des Amtswalters Vorrang vor seiner Gehorsamspflicht und dem Genehmigungsvorbehalt seines Dienstherrn einzuräumen. Das Beamtenrecht hätte „zurückzuweichen".[149] Die Aussage wäre zu verwerten.

93 Gegen **unzulässige Fragen** an den Zeugen bei der Polizei kann sich der Zeuge durch Schweigen wehren, weil er vor den Beamten des Polizeidienstes gar nicht aussagen muß. Auch eine Pflicht zu erscheinen besteht nur gegenüber dem Gericht und der Staatsanwaltschaft (§ 161 a StPO).

94 Zur Wahrung seiner Rechte kann sich ein Zeuge eines **Rechtsbeistandes** bedienen.[150] Ein **Akteneinsichtsrecht** wie der Verteidiger des Beschuldigten hat dieser Beistand nicht,

---

gem. § 96 StPO und § 39 III BRRG vgl. *Lisken,* NJW 1991, 1658. Zur **Aussagegenehmigung** und zur **Aussagepflicht** des Dienstvorgesetzten selbst vgl. Rdn. 114.

144 Vgl. *BVerfGE* 39, 334 zur Beamtentreue; zum Widerstand für das Recht vgl. *Arthur Kaufmann,* in: Der Rechtsstaat und seine Feinde, hrsg. v. Rill/Scholz, 1986, S. 57; ebenso *Wenzel* DRiZ 1995, 7.

145 *BVerwGE* 56, 227 (228) mit Anm. v. *Lisken* DRiZ 1979, 213. Vgl. dazu *Freisler,* in: Nationalsozialistisches Recht und Rechtsdenken, 1938 S. 53 ff., sinngemäß zitiert bei *Weinkauff/Wagner,* Die deutsche Justiz und der Nationalsozialismus Bd. 1, 1968, S. 75: „Wenn im Einzelfalle ein Richter glauben sollte, sein Gewissen schreibe ihm etwas anderes vor, als was die Staatsführung befiehlt, so darf er dieser vermeintlichen Gewissensstimme nicht folgen." Grundl. Kritik bei *Ernst E. Hirsch,* Zur juristischen Dimension des Gewissens und der Unverletzlichkeit der Gewissensfreiheit des Richters, 1979. Zum Remonstrationsrecht und zur Disziplinierung des Beamten in Gewissensnot s. auch unten Rdn. 185 ff. m. w. Nachw.

146 Dazu *Lisken,* FS Martin Hirsch, 1981, S. 544. *Ders.,* in: Polizei – heute 2/1995, 58. Zur **Gewissensfreiheit des Schöffen** (Art. 4 I GG und § 45 DRiG) vgl. *Lisken* NJW 1997, 34.

147 Vgl. § 38 DRiG; § 58 BBG; Art. 38, 56, 64 GG.

148 Vgl. *BVerwGE* 56, 227 (228) = RiA 1979, 78 (Beamtengehorsam hat Vorrang vor Gewissensfreiheit); *BVerfGE* 44, 353 (Einzelfallabwägung); *BVerfGE* 80, 367 = NJW 1990, 563 = EuGRZ 1989, 455 (Abwägung zwischen „Strafrechtsbelangen" und Menschenwürde); anders *BVerfGE* 32, 98 (Strafrecht muß vor Gewissensfreiheit „zurückweichen"); *BVerfGE* 33, 23 (33 ff.) (Gewissensfreiheit geht der Eidespflicht des Zeugen vor); *BVerfGE* 33, 367 (kein Aussageverweigerungsrecht für Sozialarbeiter, aber Schutz der privaten Intimsphäre).

149 Zum Grundrechts- und Verfassungsvorrang gegenüber dem „einfachen Recht" vgl. *BVerfGE* 28, 243 (259 ff.); E 32, 98. Zum Verfassungsrang der Treuepflicht vgl. *BVerfGE* 3, 58 (157); E 39, 334 (346 ff.) = Treue zur Verfassung.

150 *BVerfGE* 38, 105 = NJW 1975, 103. Seit dem 1. 12. 1998 ist gem. § 68 b StPO die **gerichtliche Beiordnung eines Rechtsanwaltes** für die Dauer der Vernehmung möglich, wenn seine „schutzwürdigen Interessen" nicht anders gewahrt werden können. Zu den Einzelheiten einschl. der Kostentragung vgl. Zeugenschutzgesetz vom 30. 4. 1998 (BGBl. I S. 820). Näheres auch bei *Rieß* NJW 1998, 3240. Ohne gesetzliche Grundlage kann der dem Zeugen beigeordnete Anwalt nicht vom Verfahren ausgeschlossen werden, *BVerfG* NJW 2000, 2660.

auch wenn er Anwalt ist, weil er nur zur Wahrung der Zeugenbelange bestimmt ist. Diese prozessualen Belange sind nur im Rahmen der Heranziehung des Zeugen als Beweismittel berührt. Deswegen kann der Zeuge die Kosten seines Beistandes auch nicht anderen Prozeßbeteiligten aufbürden. Etwas anderes kann nur insoweit gelten, als der Zeuge Verletzter ist und diese Kosten als Verletzungsfolgen dem gegebenenfalls zu ersetzenden Schaden zurechnen kann. Im übrigen bemessen sich die Ersatzansprüche des Zeugen allein nach dem Gesetz über die Entschädigung von Zeugen und Sachverständigen. Eine weiter gehende **Kostentragungspflicht** der Staatskasse kann sich – da der Zeuge prinzipiell einer staatsbürgerlichen Grundpflicht folgt – allenfalls aus dem überlieferten Institut der Entschädigung für ein **Sonderopfer** im Sinne von §§ 75, 76 PrALR ergeben. Dies würde eine „Aufopferung besonderer Rechte und Vorteile" im Interesse der konkreten Rechtssuche (bei der Strafrechtspflege) voraussetzen. Dies mag auf ausländische Zeugen zutreffen, die nicht erscheinen müssen und besondere rechtliche Beratung erwarten dürfen.[151] Auch wer sich als Zeuge in einer schwierigen Pflichtenkollision befindet, etwa in einer Gewissensnot, oder in einer persönlichen Gefahrenlage, wenn es um die restlose Offenbarung seiner Identität oder seine Beteiligung (§ 55 StPO) geht, sollte, soweit § 11 ZSEG nicht unmittelbar hilft, nicht mit Beratungskosten belastet bleiben, die ein Zeuge im Regelfall nicht zu tragen hat. Das staatliche Schutzgebot, das auch zum **Zeugenschutz** verpflichtet, kann nicht nur Polizeischutz und „Identitätswechsel" mittels Namensänderung bedeuten, sondern auch Rechtsberatung. Dies muß erst recht gelten, wenn staatliche Stellen bestimmte Personen (Private wie Beamte) zur Beobachtung oder Aufklärung in eine Lage gebracht haben, die sie zu Zeugen machte (vgl. §§ 110 a, 110 b StPO).[152]

Die prozessuale **Fürsorgepflicht** gegenüber Zeugen gebietet auch den Schutz vor un- 95
zulässigen Fragen. Unzulässig sind alle Fragen ohne vorherige **Belehrung** (§§ 48 ff. StPO). Fragen zur Person gemäß § 68 StPO sind grundsätzlich immer und so zu beantworten, daß die Identität des Zeugen nachprüfbar für jeden Beteiligten feststeht. Der Zeuge ist **Wahrheitshelfer** und muß deswegen selbst persönlich und sachlich für „wahr" befunden werden können. Diese Transparenz des Beweisverfahrens ist konstitutiver Bestandteil des auf Öffentlichkeit und Klarheit angelegten Strafverfahrens im Rechtsstaat des Grundgesetzes.[153]

Der sogenannte **Kronzeuge,**[154] der entweder gar nicht oder geheim vernommen wird, 96
ist in Wahrheit kein Zeuge im Sinne des deutschen Prozeßrechts. Er ähnelt dem sogenannten V-Mann, dessen Existenz prozessual gar nicht in Erscheinung tritt, weil die gegebenenfalls mit seiner Hilfe erbrachten anderen (Sach-)Beweise zur Wahrheitsfindung ausreichen.[155]

---

151 *BVerfG* NJW 1984, 428; auch für mittellose Zeugen in „ungewöhnlichen Konfliktlagen zwischen Aussagepflicht und Aussageverweigerungsrecht", *OLG Düsseldorf* StV 1993, 142.

152 Zum gebotenen Zeugenschutz vgl. *BVerfGE* 57, 250 (257) = NJW 1981, 1719 (1724). Zum Teil geregelt durch Zeugenschutzgesetz – Fn. 150 –. Zur Beiordnung eines Zeugenbeistandes, wenn der Zeuge wegen seiner Gefährdung bei weiteren Aussagen Beratung und Prozeßkostenhilfe braucht, vgl. *KG* StV 1996, 473.

153 Vgl. *BVerfGE* 63, 45 (72 f.); E 66, 313 (318); *BVerfGE* 77, 65 (76). *BGHSt* (GSSt) 32, 115.

154 Vgl. Ges. v. 9. 6. 1989 (BGBl. I, 1061). Zum Kronzeugenproblem vgl. auch *Hannover* KritJ 1989, 394. Zu den „ethischen Grundlagen des Strafprozesses" vgl. *Peters*, FS f. Würtenberger, 1977, S. 77 ff.

155 Vgl. *Lisken* DRiZ 1987, 184 m. w. Nachw. Grundl. Kritik auch bei *Pfeiffer,* Grundzüge des Strafverfahrensrechts, 2. Aufl. 1993 Rdn. 32 b. Wie sich mit Hilfe eines „gekauften" Kronzeugen Strafverfahren beeinflussen lassen, hat der vom SPIEGEL (Nr. 20/1979, S. 97 ff.) beschriebene Fall des einstigen RAF-Mitgliedes Gerhard Müller offenbart. Erst das sog. Kronzeugengesetz vom 9. 6. 1989 (BGBl. I S. 1094), das gegen den Rat der angehörten Sachverständigen (vgl. Prot. Nr. 101 nebst Anl. zur BT-Drucks. 1062/86) beschlossen worden war, legalisierte den „deal" mit Mitwissern und Mittätern. Es ist durch Zeitablauf mit dem Ende des Jahres 1999 außer Kraft getreten, so daß gleichartige Praktiken wieder illegal wären, falls sie nicht ohnehin stets verfassungswidrig waren (so auch *Kleinknecht/Meyer-Goßner,* StPO, 43. Aufl. 1997, S. 1566 = Rdn. 5 ff. zu KronzG mit weit. Nachw.). Die demgegenüber immer wieder ins Feld geführte Forderung nach „Waffengleichheit" mit dem Verbrecher verkennt das rechtsstaatliche Prinzip, daß es keine „Waffengleichheit im Unrecht" geben kann, der Staat also nicht zum „besseren Verbrecher" werden darf; so auch *Diercks* Anw.Bl. 4/1987, 154 (162 ff.). Vgl. auch d. Forschungsbilanz v. *Mühlhoff/Pfeiffer* ZRP 2000, 121:

97 Aber auch der vor Gericht auftretende **„Staatszeuge"** (*Meyer-Goßner*), bei dem ein „Absehen von der Strafverfolgung" oder „Milderung der Strafe" in Aussicht gestellt worden ist, kann wegen seiner Mitwisserschaft und Tatnähe schwerlich als klassischer „Zeuge" in Betracht kommen. Die Vergünstigung setzt jedenfalls eine partielle Mittäterschaft und entsprechende Beschuldigung voraus. Mit dem Außerkrafttreten des sog. Kronzeugengesetzes am 31. 12. 1999 sollte das ganze Problem gegenstandslos sein.

98 Wenn das BVerfG vor der Novellierung von § 68 StPO im Jahre 1992 gemeint hat,[156] notfalls könne wegen des Lebensschutzes eines Zeugen nicht nur gemäß § 68 StPO auf die Angabe des **Wohnortes** verzichtet werden, sondern extra legem auch auf die Offenbarung seines Namens, so wird dem Erfolgsprinzip ein verfassungskräftiges Verfahrensprinzip geopfert. Dies kann auch nicht durch die Legalisierung in der StPO gerechtfertigt werden.[157] Ein „namenloser" Zeuge ist kein Zeuge.

99 Verschweigen kann der Zeuge gemäß § 68 StPO seinen Wohnort, wenn von der Angabe eine Gefahr für ihn oder Angehörige ausgehen kann. Der Zeuge muß die konkrete Besorgnis äußern, wenn sie nicht bekannt ist. Im Prozeß kann er die sachleitende **Entscheidung** des Gerichtsvorsitzenden beantragen, notfalls die Entscheidung des Gerichts gemäß § 238 II StPO. Im Vorverfahren ohne richterliche Mitwirkung obliegt dem vernehmenden Staatsanwalt gemäß § 161a im Sinne von §§ 48ff. StPO die Fürsorgepflicht für den Zeugen und die Entscheidungskompetenz gemäß § 70 I StPO, falls der Zeuge die erforderlichen Angaben verweigert. Gegen die Entscheidung ist gemäß § 304 II StPO Beschwerde möglich. Das gleiche gilt, falls der Zeuge gemäß § 68 III StPO weitere **Angaben zur Person** verschweigen will. Selbstbetroffenheit in der **Sache** gemäß § 55 StPO berechtigt nur zur Aussageverweigerung in der Sache, nicht zur Person. Geht es hingegen um den leiblichen Selbstschutz, so ist, soweit der Schutz mittels § 171b GVG nicht reicht, das Maß der Gefährdung zu ermitteln. Nicht jede Unbill und Belästigung kann von der Zeugenpflicht befreien. Die „Rache" des Nachbarn gehört zum allgemeinen Lebensrisiko, dem mit polizeilichen Mitteln zu begegnen ist. Wo aber **konkrete Gefahr für Leib, Leben und Freiheit** zu besorgen ist, kann die Opfergrenze für den Zeugen überschritten sein, da seine Grundrechtssicherung keinen geringeren Verfassungsrang hat als die konkrete Wahrheitssuche zugunsten anderer Rechtsgüter. Wer deswegen den Schutz gem. § 68 III oder gem. § 110b III StPO braucht, ist als Zeuge **„unerreichbar"** für die Wahrheitsfindung im Verfahren; es sei denn, er findet sich freiwillig zu anderen Schutzvorkehrungen, wie Namensänderung mittels des Namensänderungsverfahrens usw., bereit. Namensänderung und neue Lebensführung sind aber keine Mittel, die zwangsweise angewendet werden können, um den Zeugen außer Gefahr zu bringen und ihn damit aussagepflichtig zu machen, da ein Identitätswechsel allein in der Verfügungsgewalt des Grundrechtsinhabers liegt (Art. 2 I i. V. m.

„Geringe Praxisbewährung ... alternative Handlungsmöglichkeiten ... Unvereinbarkeit m. d. deutschen Rechtssystem ..." Aber wenn ..., dann anders! Zur **„Pentiti"-Regelung** in Italien und zu einem Vorschlag (bei der Sachverständigenanhörung im BT-Rechtsausschuß – Prot. Nr. 101 mit Anl. z. BT-Drucks. 1062/86 –), für reuige Mittäter eine Strafmilderungsmöglichkeit analog § 24 StGB zu schaffen, vgl. Kap. C Rdn. 73 mit Fn. 138.

[156] Vgl. *BVerfGE* 57, 250 = NJW 1981, 1719 (1724).

[157] Anders *Miebach* ZRP 1984, 81, mit Erwiderung v. *Lisken* ZRP 1984, 192. Wie hier auch *BGHSt* 29, 109 = NJW 1980, 464 (Identitätsschutz für den neuen Namen infolge Namensänderung, nicht für den früheren). Im Ergebnis hielt auch *BGH* NJW 1981, 770, den „namenlosen" Zeugen für kein zulässiges Beweismittel, wollte aber durch **Vernehmung einer Verhörsperson** helfen, um zu einer **„zuverlässigeren Beweisgrundlage"** zu kommen. Der Zirkelschluß ist erkennbar: Was gegen ein Verfahrensprinzip verstößt, kann das Verfahren nicht „zuverlässiger" machen. **Deswegen sagt *BGHSt* (GSSt) 32, 115 = NJW 1984, 247, mit Recht, daß die Personalien eines Zeugen, dessen Aussage verwertet werden soll, „vor dem Angeklagten und seinem Verteidiger nicht geheimgehalten werden dürfen"; andernfalls sei der Zeuge „unerreichbar" i. S. v. § 244 III StPO.** Zur Unerreichbarkeit **„gesperrter" Zeugen** *Lisken* NJW 1991, 1658. Zum Zeugenschutz auf Kosten des Beschuldigten oder Angeklagten gem. § 68 III StPO vgl. *Eisenberg* NJW 1993, 1033 (1036). Für ein „Absehen" von der Vernehmung eines Zeugen bei „Gefahr für Leib und Leben" auch *BGH* NJW 1993, 1214. Zur Beweiswürdigung bei „gesperrten" V-Leuten vgl. *BGH* StV 1994, 637. Zur Kompetenz für die **Sperrerklärung** analog § 96 StPO vgl. *BGH* StV 1995, 225. Grundl. Kritik an der Sperrmöglichkeit gem. § 110b III S. 2 StPO bei *Janssen* StV 1995, 275.

Art. 1 I GG). Keinen echten Identitätswechsel, sondern eine zur Täuschung bestimmte **„Identitätsveränderung“** vermittelt die „Legende“ für den **„verdeckten Ermittler“** gem. § 110a II StPO. Das Auftreten als **Zeuge unter falschem Namen** wäre wahrheitswidrig und unzulässig, selbst wenn der „Einsatz“ eines „verdeckten Ermittlers“ im übrigen zulässig sein sollte. Zum Zeugen als Beweismittel gehört die Möglichkeit, seine Identität und seine wahre Herkunft prüfen zu können. Kann ein VE wegen Lebensgefahr nicht als Zeuge dienen, so ist er von der Zeugenpflicht befreit und damit „unerreichbar“. Wo es aber nicht um sein Leben geht, sondern um den Schutz seiner „Legende“, fehlt es an jener „Konkurrenz“ entgegenstehender Grundrechtsinteressen; hier geht es in Wahrheit um einen **„Methodenschutz“**. Die Aufklärungsmethode ist aber kein Schutzgut, das mit den Grundrechtsbelangen des Angeklagten „abgewogen“ werden könnte. Der VE muß seine wahre Identität lüften, falls er zur Sache aussagen soll.

Bei **Fragen zur Sache** kann der Zeuge gemäß § 70 StPO die Entscheidung des verneh- 100
menden Richters, notfalls des Gerichts (§ 238 II StPO), oder des Staatsanwaltes, der gemäß § 161b StPO ermittelt, und der Beschwerdeinstanz gemäß § 304 StPO beantragen. Diese Rechtsschutzregel gilt nicht nur bei Aussageverweigerungen oder für Eidesverweigerungen vor dem Richter, sondern auch bei **taktlosen und ehrenrührigen Fragemethoden.** Fragen zum Ehren- und Intimbereich dürfen gemäß § 68a StPO nur insoweit gestellt werden, wie dies „unerläßlich“ ist. Fragen nach Vorstrafen dürfen nur ausnahmsweise gemäß § 68a II gestellt werden. Da derartige Fragen relativ häufig gestellt werden, um die Wahrhaftigkeit des Zeugen in Zweifel zu ziehen, muß der Zeuge (auch der Polizeibeamte) einerseits ein gewisses Maß an Verständnis für das Interesse der Prozeßbeteiligten an überzeugenden Beweisen haben, andererseits auch des Schutzes seiner Persönlichkeit sicher sein. Da er nicht Beweisführer ist, sondern Beweismittel, müssen die, die ihn nutzen, **seine Grundrechte achten,** damit er nicht zum „Objekt“ wird.[158] Wo der Zeuge eine Frage als unpassend empfindet, kann er – auf dem vorgenannten Wege – remonstrieren und Rechtsschutz verlangen. Insbesondere in der Hauptverhandlung kann der Richter dazu neigen, zunächst abzuwarten, ob und wie der Zeuge auf unangenehme Fragen reagiert, da Empfindlichkeiten verschiedene Ursachen haben können. **Es liegt am Zeugen, von sich aus den Richter nach der Zulässigkeit einer bestimmten Frage zu fragen,** bevor er antwortet, und notfalls einen **Beschluß des Gerichts** zu beantragen. Ebenso kann der Zeuge gemäß § 273 III StPO eine **Protokollierung** des Vorgangs beantragen. Dies empfiehlt sich insbesondere für den Fall, daß die Frage zugelassen werden sollte oder der Zeuge außerhalb des Verfahrens Rechtsnachteile zu besorgen haben könnte und solchen entgegentreten will. Der statt dessen häufig gewählte Weg zum Gerichtsvorstand (Präsident des AG oder LG) liegt jenseits der Grenzen der Dienstaufsicht über Richter (§ 26 DRiG).

Der Zeuge in Not sollte statt dessen die **Unterbrechung seiner Vernehmung zum** 101
Zweck der Beiziehung eines Anwaltes beantragen. Wird dem nicht stattgegeben, hat er die Möglichkeit der **Beschwerde** und **Aussageverweigerung** bis zur Klärung (§§ 304, 305 StPO). Auf Rechtsbeistand hat ein Zeuge – soweit es um seine Rechte und Pflichten im Verfahren geht – Anspruch (s. o. Rdn. 94).

b) Sachverständige

Für den **Sachverständigen** gilt gemäß § 72 StPO sinngemäß das gleiche wie für Zeu- 102
gen. Seine Fachkunde macht ihn zum unentbehrlichen Gehilfen des Gerichts, so daß er auch nur in den gesetzlich genannten Fällen zur Weigerung befugt ist. Unzulängliche **Honorierung** ist daher ebensowenig ein Grund wie „Arbeitsüberlastung“; es sei denn, die Grenze des Zumutbaren ist schlechthin überschritten.[159] Dies ist gegebenenfalls zu belegen und positiv festzustellen, da der Gutachter einer Staatsbürgerpflicht nachkommt und

---

[158] *BVerfGE* 27, 1 (6).

[159] Wie hier *Kleinknecht/Meyer-Goßner,* StPO, 43. Aufl., § 75 Rdn. 1.

nicht etwa ein Sonderopfer zu erbringen hat. Die allgemeine Hilfspflicht gegenüber dem Nächsten in Rechtsnot kann als Maßstab dienen. Demgemäß kann auch der **polizeiliche Sachverständige** nicht verlangen, nur innerhalb seiner regulären Dienstzeit in Anspruch genommen zu werden. Es bedarf beamtenrechtlich nur der Mitwirkungsgenehmigung, um dienstliche Belange zu wahren (vgl. § 62 BBG). Nur wenn er dienstlich bereits restlos überlastet ist, kann für ihn wie für den Sachverständigen die Opfergrenze erreicht werden. Der zeitweilige Verlust an Freizeit gibt weder ihm noch seinem Dienstherrn das Recht zur Verweigerung.

c) Verletzte

103 Die Wahrung der **Rechte des Verletzten** ist abschließend in den §§ 374 ff. StPO durch **Privatklage, Nebenklage** und **Entschädigungsverfahren** geregelt. Die Streitfrage, ob die Staatsanwaltschaft gegebenenfalls das **öffentliche Interesse** für eine eigene Strafverfolgung annehmen muß, ist vom Bundesverfassungsgericht dahin beschieden worden, daß es sich um einen Akt handele, der keines Rechtsschutzes bedürfe.[160] Das Recht des Verletzten, **Privatklage** zu erheben, bleibt nämlich unberührt. Allerdings scheiden ohne Beteiligung der Staatsanwaltschaft auch deren Ermittlungsmöglichkeiten einschließlich der **Ermittlungshilfe** ihrer Hilfsbeamten (Polizei) aus, so daß – übliche – Vernehmungsersuchen des Richters an die Polizei keinen Rechtsgrund haben (and. Ansicht BayVerfGH, NJW 1962, 531; ihm folgend, aber auch ohne nähere Begründung *Kleinknecht/Meyer-Goßner*, StPO, 43. Aufl., § 383 Rdn. 4). **Ohne** die tatbestandlichen Voraussetzungen für eine **eigene strafprozessuale Vernehmungskompetenz** (mit entsprechenden Befugnissen und Pflichten) kann die Polizei **keine „Amtshilfe"** leisten (§§ 163 ff. StPO; zur Amtshilfe vgl. Kap. C Rdn. 112, 130 ff. und Kap. E Rdn. 198).

104 Für das **Klageerzwingungsverfahren** des Verletzten gilt § 172 StPO. Er kann unbeschadet der formlosen Gegenvorstellung (s. oben) binnen zwei Wochen seit Bekanntgabe der Negativentscheidung der Staatsanwaltschaft „Beschwerde" beim zuständigen Generalstaatsanwalt einlegen und notfalls mit Anwaltshilfe **gerichtliche Entscheidung** beim zuständigen Oberlandesgericht beantragen. So wie die Staatsanwaltschaft ihre ablehnende Entscheidung anzuklagen gemäß § 171 StPO mit Gründen versehen muß, so muß auch der Betroffene seinen Antrag an das Oberlandesgericht – unter **Anwaltszwang** – durch Angabe von „Tatsachen, welche die Erhebung der öffentlichen Klage begründen sollen", begründen.

105 Die Praxis der Oberlandesgerichte geht so weit, daß eine Bezugnahme auf die Ermittlungsakten, die der Staatsanwaltschaft und dem Gericht vorliegen, nicht genügt. Vielmehr muß der gesamte Sachverhalt einschl. des bisherigen Verfahrensablaufs vollständig und präzise vorgetragen werden. Auch die Beziehungen des Verletzten zur Tat, seine vermeintliche Antragsbefugnis, die Wahrung der Antragsfrist, die Nichtverjährung der Strafverfolgung sowie alle Beweismittel mit den bisherigen Beweisergebnissen und den zu erwartenden Ergebnissen müssen für eine Schlüssigkeitsprüfung geordnet vorgebracht werden. Die Inhalte von Schriftstücken müssen wörtlich wiedergegeben werden. Ihre Beifügung oder Einfügung in den Antragstext mittels Kopierens soll nicht genügen.[161] Das Erfinden solcher „arbeitssparenden" Verfahrenshindernisse widerspricht eklatant der **Justizgewährungsgarantie** des Grundgesetzes und verkennt, daß auch das Strafverfahren nicht staatlicher „Rache", sondern nicht zuletzt dem Täter-Opfer-Ausgleich dient. Dem steht auch der Beschluß des BVerfG vom 26. 10. 1978[162] nicht entgegen; denn das BVerfG meint nur, es sei verfassungsrechtlich zumutbar, daß der Anwalt sich „mit den Argumen-

---

[160] *BVerfGE* 51, 176 (183 ff.) in bezug auf § 232 II StGB.

[161] *KG* NJW 1969, 108 (Schilderung aus der Sicht des Antragstellers soll nicht genügen); *OLG Düsseldorf* NJW 1981, 934 (Darlegung, aus welchem Grunde Verstoß gegen Legalitätsprinzip vorliegen soll) mit vielen weit. Nachw. Weit. Nachw. auch bei *Kleinknecht/Meyer-Goßner,* StPO, 43. Aufl., § 172 Rdn. 27 ff. und bei *Löwe/Rosenberg,* StPO, 24. Aufl., § 172 Rdn. 87 ff.

[162] NJW 1979, 364. Zu den Anforderungen an einen Klageerzwingungsantrag vgl. *BVerfG* NJW 1993, 382. *BVerfG* NJW 2000, 1027: Nur Stell. z. bek. Tats. geboten!

ten der Staatsanwaltschaft eingehend auseinandersetzt". Daß der Verletzte zur Substantiierung mehr vortragen müßte, als der Staatsanwalt seinerseits dem Verletzten gemäß § 171 StPO an Begründung für die Ablehnung der Anklage schuldet, kann wegen des verfassungskräftigen Verfahrensprinzips der „Waffengleichheit"[163] nicht überzeugen.[164] Außerdem handelt es sich nicht um einen **Parteiprozeß** nach den Regeln der Dispositionsfreiheit, sondern um die Prüfung eines Amtsermittlungsverfahrens,[165] bei dem von Amts wegen die Interessen des Verletzten zu beachten sind. **Es geht auf seine Kosten um seine Rechte, nicht um das Legalitätsprinzip,** das als solches nicht „einklagbar" ist. Das zeigt der Ausschluß des Prüfungsverfahrens für opportune Verfahrenseinstellungen gemäß §§ 153 ff. StPO. Auch die neue Praxis der Verfahrensbegrenzung durch einen „deal" mit dem Täter bestätigt das autonome Anklagemonopol der Staatsanwaltschaft. Zur gerichtlichen Prüfung kommt es nur, soweit ein Verletzter betroffen ist und deswegen Rechtsschutz (keine Aufsichtsprüfung) beantragt.[166] Folglich muß für die Zulässigkeit seines Rechtsschutzantrages nach § 172 III StPO ein schlüssiger Vortrag unter Darlegung des Rechtsschutzinteresses – analog dem Verwaltungsgerichtsprozeß – genügen. Mehr ist auch nach dem Wortlaut der StPO nicht verlangt. Wo über den Normzweck hinaus unzumutbar mehr verlangt wird,[167] bleibt nur die Verfassungsbeschwerde wegen Verletzung der Rechtsschutzgarantie.

2. Rechte Verfolgter

a) Voraussetzungen und Rechtswegprobleme

Wird die Polizei aus eigener Kompetenz (§ 163 StPO) oder im Auftrag der Staats- **106**
anwaltschaft (§ 161 StPO, § 152 GVG) zum Zwecke der Strafverfolgung tätig, so handelt sie auf dem Gebiet des Justizverwaltungsrechts, nicht auf dem Gebiet des Polizeiverwaltungsrechts. Deswegen darf sie auch keine **Polizeiverwaltungsbefugnisse zur Erreichung strafprozessualer Ziele** nutzen.[168] Demgemäß gelten für ihre Eingriffe in die Rechte des Betroffenen ausschließlich die Rechtsbehelfe des Strafverfahrens- und Justizverwaltungsrechts.

Betroffener ist – neben den anderen Verfahrensbeteiligten wie Zeugen und Sachverstän- **107**
digen – der Verfolgte, gegen den sich der **Verdacht strafbaren Verhaltens** richtet. Dazu bedarf es gemäß § 152 II StPO tatsächlicher Anhaltspunkte, also **konkreter Tatsachen,** die nach kriminalistischer Erfahrung auf einen Menschen als Urheber einer strafbaren Rechtsgutverletzung hinweisen.[169] Strafvorschriften, die nicht dem Schutz bestimmter Rechtsgüter dienen, sind verfassungswidrig.[170] Sie können daher eine strafverfolgende Tätigkeit nicht legitimieren. Ebensowenig sind **Verdachtsgewinnungseingriffe** gestattet, die erst die

---

163 Vgl. *BVerfGE* 49, 148 (164); 51, 150 (156); 52, 131 (156 f.).

164 Ebenso mit weit. Argumenten *Schulz-Arenstorff* NJW 1978, 1302. So auch *BVerfG* NJW 1993, 382. Ebenso *BVerfG* NJW 2000, 1027.

165 *BVerfGE* 63, 45 (63).

166 A. A. ohne nähere Begr. *Löwe/Rosenberg,* StPO, 24. Aufl., § 172 Rdn. 1. Wie hier jedoch – unter ausdr. Hinw. auf Art. 19 IV GG – die 3. Kammer d. 2. Senats d. *BVerfG* NJW 2000, 1027, m. w. verfassungsgerichtl. Nachw.

167 *BVerfGE* 49, 148 (164). Die restriktive Judikatur zeigt einmal mehr, daß der Rechtsschutz durch Normen wenig nützt, wenn der Interpretationsmächtige es nicht will (*Arndt,* Ges. jur. Schriften, 1976, S. 49 ff.).

168 Keine Verkehrskontrolle gem. § 36 V StVO zu Zwecken der Strafverfolgung! Auch keine „verdeckte Ermittlung" nach Polizeirecht zwecks Strafverfolgung! *BGH* NJW 1991, 2651 (2652) will aber – ohne nähere Begründung – polizeirechtlich „erlangte Erkenntnisse" strafprozeßrechtlich nutzen. Krit. dazu *Merten* NJW 1992, 354. Für die strafprozessuale Nutzung präventiver Lauschergebnisse wiederum *BGH* NJW 1996, 405 mit krit. Anm. v. *Staeckel* in ZRP 1996, 430. Weit. Nachw. Kap. C Rdn. 114 ff. mit Fn. 202. Im Besteuerungsverfahren nach der AO will der *BFH* hingegen eine Nutzung von Aufzeichnungen aus strafprozessualen Telefonüberwachungen **nicht** zulassen (Beschl. v. 26. 2. 2001, NJW 2001, 2118).

169 *BGH* NJW 1970, 1543; grundl. *Kühne* NJW 1979, 617; außerdem *Eisenberg/Conen* NJW 1998, 2241.

170 Vgl. *BVerfGE* 39, 1 (44 ff.); 88, 203 (258) zum Strafrecht als Mittel des Rechtsgüterschutzes; weniger klar *BVerfG* (2. Senat) NJW 1994, 1577 (Cannabisfall) mit abw. M. (*Sommer*) dortselbst und krit. Anm. v. *Böllinger* KritJ 1994, 405.

„tatsächlichen Anhaltspunkte" im Sinne von § 152 II StPO liefern sollen. Der Einsatz von sogenannten **Perspektivagenten** wäre also nicht statthaft, weil unsere Verfassungswertordnung von der Redlichkeit und Unbescholtenheit des Menschen ausgeht.[171] Ein Eingriff ohne konkreten Tatverdacht, also ohne jeden auf Tatsachen gestützten Anfangsverdacht, berührt das Grundrecht auf Privatheit, auf Freiheit von Furcht und von Zweifeln an der Unschuldsvermutung (Art. 6 II MRK, Art. 1 I GG). Er ist verfassungswidrig.[172]

Welche Eingriffsmethoden auch immer die StPO gestattet – ihre Anwendung setzt die **innere Entscheidung** des „Strafverfolgers" voraus, daß verifizierbare Tatsachen für ein strafbares Verhalten sprechen. Da die Entscheidung nicht ohne praktisches Erfahrungswissen[173] getroffen werden kann, liegt ihr notwendig eine subjektive Beurteilung der Hinweistatsachen zugrunde. Dieser fälschlich so genannte „Beurteilungsspielraum" bedeutet aber keine Ermessensfreiheit, sondern Gebundenheit an die Tatsachen und die eigene Erfahrung.[174] Das mag zu gewissen unterschiedlichen Folgerungen führen können, die indes unvermeidbar sind und durch die Bindung des jeweiligen Amtswalters an das **Legalitätsprinzip** und sein **Gewissen** (durch den Amtseid) sowie durch die fachaufsichtliche und gerichtliche Kontrolle relativiert werden. Dazu kommt die personelle Mediatisierung gravierender Ermittlungsakte durch **Richtervorbehalte.**

108 Mutmaßungen im kriminogenen „Milieu" genügen nicht zur Annahme eines personenbezogenen Verdachts.[175] Sie können nur zu polizeilichen Beobachtungen im Rahmen der Gefahrenabwehr berechtigen.

109 Eingriffe durch „personenbezogene" Observationen, Ausschreibungen, längerfristige Beobachtungen, Befragungen etc. sind nur nach Maßgabe der spezialgesetzlichen Befugnisregelungen gestattet. Soweit es um Gefahrenabwehr geht, sind ausschließlich Polizeigesetze maßgebend. Soweit es um die Ermittlung der Wahrheit zum Zweck der Strafverfolgung geht, findet allein die StPO Anwendung, wobei das Recht zur „freien Ermittlung" aufgrund einer reinen Aufgabenzuweisung (§§ 160 ff. StPO) verfassungsrechtlich nicht mehr vertreten werden kann.[176]

110 Wie für Freiheitsentziehung, erkennungsdienstliche Behandlung, Vernehmung und Telefonüberwachung bedarf es auch für andere Methoden der Wahrheitsermittlung je nach Art und Intensität des Grundrechtseingriffs spezialgesetzlicher Vorgaben. Wie zum Beispiel in der Abgabenordnung für Zwecke der Steuererhebung die Befugnisse der Finanzbehörden geregelt sind, müssen auch im Bereich der Strafverfolgung die Befugnisse der Strafverfolgungsbehörden genau und für jeden Betroffenen berechenbar und kontrollierbar geregelt sein. Das Ziel liegt in der Beachtung der Strafrechtsnormen.

---

[171] Vgl. *BVerfGE* 7, 198; 27, 1; 82, 106 (114 ff.) zur Unschuldsvermutung und dem Erfordernis eines „rechtsstaatlichen, **prozeßordnungsgemäßen** Verfahrens zur Schuldfeststellung und Strafzumessung": Erst die „Feststellung eines Tatverdachts" ist Voraussetzung für ... „Maßnahmen und Entscheidungen ... im Strafprozeß". Vgl. auch *Hassemer,* Unverfügbares im Strafprozeß, in: FS f. Maihofer, 1988, S. 183; *Frister,* Schuldprinzip, Verbot der Verdachtsstrafe und Unschuldsvermutung als materielle Grundprinzipien des Strafrechts 1988; *Weßlau,* Vorfeldermittlungen, 1989, S. 337 (zum Ausforschungsverbot und zur Vermutung der Rechtstreue); *Strate* ZRP 1990, 143; aus der Rechtsgeschichte: *de Tocqueville,* Über die Demokratie in Amerika II, 1835, S. 346 ff.

[172] Vgl. *BVerfGE* 19, 342; 27, 1; 34, 238; 65, 1; *Marcic* in FS Voegelin, 1962, S. 389. *Benda,* Gefährdungen der Menschenwürde, 1975, S. 20; *ders.* in: Benda/Maihofer/Vogel, Handb. d. Verfassungsrechts, 2. Aufl. 1994, § 6 Rdn. 14 ff. *Denninger,* in: Denninger/Lüderssen, Polizei und Strafprozeß im demokratischen Rechtsstaat, 1978, S. 309. *Backes* KritVjSchr 1986, 315 ff. *Arndt,* Ges. jur. Schriften, 1976, S. 207 ff.

[173] *BGH* NJW 1970, 1543.

[174] *BVerfG* NJW 1984, 1451.

[175] *OLG Hamburg* NJW 1984, 1635, meint dasselbe, wenn es „bloße Vermutungen" für nicht ausreichend hält, jemandem eine Tat zur Last zu legen. Semantisch wird nicht zwischen grundlosen Mutmaßungen und auf Tatsachen gestützten und daher widerlegbaren Vermutungen unterschieden. I. E. auch *Würtenberger/Heckmann/Riggert,* Polizeirecht in Baden-Württemberg, 2. Aufl. 1994 Rdn. 123. Die Unterscheidung ist wichtig, da **strafprozessuale Ermittlungen**, also das Sammeln von Beweisen, **nur zur Klärung eines konkreten Verdachts** und auch nicht „nebenbei" einer unbestimmten Verdachtssuche dienen dürfen.

[176] *BVerfGE* 65, 1; a. A. noch *Rebmann* NJW 1985, 1; zum sog. „Übergangsbonus" bis zur möglichen gesetzlichen Regelung vgl. *BVerfGE* 33, 1. Die Neufassung von § 161 StPO durch das StVÄG v. 2. 8. 2000 (vgl. Fn. 134 oben) soll das Defizit beheben; vgl. dazu *Hilger* NStZ 2000, 561 und NStZ 2001, 15.

Diese Zweckgebundenheit verbietet, fehlende Befugnisse (strafprozessualer Art) durch (neue) Polizeibefugnisse zu ersetzen oder zu ergänzen. Die Versuchung, es dennoch zu tun, folgt aus der oft **doppelfunktionalen** Tätigkeit der Polizei. Sie folgt aus der doppelten Aufgabenstellung, sowohl „ordnungsbehördlich" Gefahren abzuwehren als auch „strafverfolgend" für die Staatsanwaltschaft die Wahrheit zu ermitteln. Wäre die Polizei nur für einen Bereich zuständig, stellte sich die Frage der **„Befugnisleihe"** nicht. Da aber eine Rechtsgutverletzung häufig auch strafbar ist, kommt es oft zu **doppelfunktionalen Eingriffen.** Die Befreiung einer Geisel oder die Suche nach einer gestohlenen Sache liefert zugleich die strafprozessuale Aufklärung, so daß sich für den dabei Betroffenen die Frage nach dem richtigen **Rechtsschutzweg** stellt. Der Geiselnehmer, der den polizeilichen Schußwaffengebrauch für unnötig, unmäßig und rechtswidrig halten sollte, wird nur verwaltungsgerichtliche Hilfe fordern können, weil es insoweit nur um Gefahrenabwehr geht und der wahrscheinlich tödliche Schußwaffengebrauch allein zum Zweck der Strafverfolgung zweckwidrig und auch im Hinblick auf Art. 102 GG nicht gestattet ist.[177] Wo Schußwaffengebrauch gegen Straftäter polizeirechtlich gestattet ist, geht es um Abwehr weiterer Gefahren durch den „Straftäter", nicht um Strafverfolgung. Dennoch dient seine Festnahme zugleich der Strafzuführung, muß also insoweit nach der StPO zum Richter führen.

111 Man wird daher bei **doppelfunktionalen Eingriffen** den zulässigen Rechtsbehelf danach bestimmen müssen, **welcher Hauptzweck sachlogisch oder notfalls nach dem erklärten oder erkennbaren Willen des eingreifenden Sachwalters verfolgt worden ist.**[178] Im Zweifel liegt es auch hier nahe, sich Rechtsschutz über § 17 a GVG zu sichern, da die Erklärung des Amtswalters – auch wenn sie objektiv falsch sein sollte – nicht zu Lasten des Betroffenen gehen darf, falls dieser den benannten Richter anruft. Etwaige **Verfahrensmehrkosten** hätte die Anstellungsbehörde des Belehrenden zu tragen.[179] Gleiches müßte gelten, falls der Amtswalter den Betroffenen dahin belehrt, daß es mangels Regelung in der StPO gar keinen Rechtsbehelf gebe.[180] **Vom eingreifenden Amtswalter muß erwartet werden, daß er die einschlägigen Rechtsbehelfe gegen sein Verhalten kennt** (s. Rdn. 1 oben).

112 Wer zum Beispiel aus erklärten verkehrsrechtlichen Gründen angehalten und kontrolliert wird, kann und muß Rechtsschutz gemäß VwGO erlangen, soweit er dieses Anhalten für rechtswidrig hält. Macht die Polizei von neuen, verfassungsrechtlich bedenklichen Befugnissen – z. B. gem. Art. 43 BayPAG, § 25 PolG NW oder § 43 SOG-MV usw. – Gebrauch, die personenbezogenen Daten eines Betroffenen mit den „Fahndungslisten" zu vergleichen („abzugleichen"), um ihn gegebenenfalls strafprozessual zu verfolgen, so liegt der Zweck – unbeschadet der Methodenfrage – im Bereich der „Strafverfolgung", so daß insoweit der Rechtsweg zu den ordentlichen Gerichten eröffnet sein muß.[181]

113 Mit der Entschließung zur „Strafverfolgung", also zur Aufklärung eines konkreten Verdachts, beginnt die Suche nach dem **Verdächtigen** (§ 163 b StPO), nach dem Menschen, der vermutlich an der Rechtsgutverletzung ursächlich beteiligt ist. Mit seiner Erfassung

---

177 Vgl. *Lisken* DRiZ 1989, 401.

178 So auch *Götz,* Allg. Polizei- und Ordnungsrecht, 12. Aufl., Rdn. 565 und 546 ff.

179 Aus dem Gesichtspunkt des Folgenbeseitigungsanspruchs, vgl. *Eyermann/Fröhler,* VwGO, 9. Aufl. 1988, § 58 Rdn. 17 und § 41 Rdn. 19. § 17 b II S. 2 GVG kann den Fall der Falschbelehrung nicht umfassen.

180 Wie z. B. *OLG Karlsruhe* NJW 1976, 1417, unter Verstoß gegen Art. 19 IV GG gemeint hat. Dagegen grundlegend *Schenke* NJW 1976, 1816. Zur neuen Rspr. s. Fn. 81 oben.

181 Grundlegend *Schenke* NJW 1976, 1816; *Amelung,* Rechtsschutz gegen strafprozessuale Grundrechtseingriffe, 1976; *ders.* NJW 1978, 1013, im Anschl. an *BGH* NJW 1978, 1013. Für den *BayVerfGH* JZ 1995, 299 wird durch solchen „Datenabgleich" ohne Folgeeingriffe „das Gewicht des Eingriffs in die informationelle Selbstbestimmung nicht in unzumutbarer Weise erhöht". Die dysfunktionale Nutzung anderweitig erhobener Daten durch solchen Vergleich sei „ohne rechtliche Bedeutung". Zur Frage, ob ein hoheitlicher Vergleich personenbezogener Daten, die zu unterschiedlichen Zwecken (mit verschiedenen Methoden) erhoben worden sind, ein relevanter Eingriff ist, vgl. *BVerfGE* 65, 1 (46). Grundl. Kritik bei *Roggan* KritV 1998, 336.

wird er zum **Beschuldigten** (§ 163 a StPO). Schon die **Identifizierung** setzt als Eingriff voraus (§ 163 b StPO), daß ihm eine Beteiligung „zur Last gelegt" werden kann. Das ist der Beginn des sogenannten **Prozeßrechtsverhältnisses.**[182] Der Betroffene ist auch ohne Vorhalt dessen, was ihm zur Last gelegt wird, „beschuldigt", also „bescholten", wenn nur der Verdacht auf ihn gefallen ist und seine Person identifizierbar erkannt ist, so daß er unter gezielter Verfolgung steht. Daran ändert sich nichts, wenn zunächst weitere Wahrheitsermittlungen stattfinden, um schnell und umfassend gemäß Art. 6 EMRK und § 160 II StPO zur Klärung beizutragen.[183]

114 Eine **„informatorische" Befragung** mehrerer Verdächtiger (etwa nach einer Ringfahndung oder in Tatortnähe) **außerhalb der StPO** gibt es rechtlich nicht. Die geltende StPO kennt nur **Beschuldigte** oder **Zeugen,** die Auskünfte geben können.[184] Sie müssen vor ihrer Befragung jeweils über ihre Rechte belehrt werden, weil andernfalls ihr Grundrechtsschutz (durch Vernehmung ihrer Befrager oder spätere Vorhaltungen ihrer früheren Erklärungen) unterlaufen würde. Das bedeutet nicht, bei Brand oder Wirtshausschlägerei jeden „vor Ort" als Beschuldigten zu betrachten, solange nicht bestimmte Tatsachen auf ihn als Täter hinweisen.[185] Die erste Umfrage unter Anwesenden, mögen sie auch „verdächtig" sein, ist rechtlich Zeugenbefragung, die demgemäß unter Belehrungsvorbehalt steht, soweit nicht **spontan** und **freiwillig** Auskünfte geliefert werden.[186] Bei freiwilliger Mithilfe fehlt es am Eingriff seitens des Fragers in Grundrechte des Helfers. Soweit er Schweigepflichten oder -rechte übersieht, beruht dies nicht auf einem Eingriff des Fragers, sondern auf der Selbstvergessenheit des Zeugen. Aus der prozessualen **Schutzpflicht** des Fragers folgt jedoch, daß er den Redefluß des Zeugen durch eine Belehrung unterbrechen muß, falls erkennbar wird, daß er Schweigepflichten und Schweigerechte übersehen könnte. Zum fairen Prozeß gehört, keinen Beteiligten „ins offene Messer laufen zu lassen". Bei gezielter Befragung nach den Tatumständen und der eigenen Rolle – und sei es auch nur als Beobachter – ist daher über die prozessuale Stellung des Befragten zu befinden und demgemäß zu belehren. Jeder Befragte kann vor einer Antwort eine entsprechende **Belehrung** fordern und bis dahin schweigen. Redet er **ohne** (konkrete und verständige) **Belehrung**, sind die **Angaben nicht verwertbar.**[187] Wenn also ein Dienstvorgesetzter einen beteiligten Beamten ohne entsprechende Belehrung über einen (strafrechtlich oder disziplinarrechtlich fragwürdigen) Geschehensablauf **im Rahmen des beamtenrechtlichen Unterrichtungsverhältnisses** befragt und der Beamte – pflichtgemäß – antwortet, so kann die Antwort weder strafprozessual noch disziplinär gegen ihn verwertet werden. Dasselbe gilt, wenn der Beamte sich **im Rahmen des Fürsorgeverhältnisses** vertrauensvoll um Rat an den Dienstvorgesetzten wendet (z. B. bei einem Fehlverhalten oder bei einem sog. post-shooting-Trauma o. ä.). Die Fürsorgepflicht des

---

[182] Vgl. *Köhler*, Prozeßrechtsverhältnis und Ermittlungseingriffe, in: ZStW 107 (1995) Heft 1 S. 10 m. w. N. *Kahlo*, Der Begriff der Prozeßsubjektivität und seine Bedeutung im reformierten Strafverfahren, bes. f. d. Rechtsstell. d. Beschuldigten, KritV 1997, 797 ff.

[183] Zum verfassungskräftigen Anspruch des Verfolgten auf Klärung in „angemessener Frist" vgl. Art. 5 u. 6 EMRK; *BVerfGE* 20, 45 = NJW 1966, 1259; 36, 264 (272) = NJW 1974, 304; 70, 297 (309) = NJW 1986, 767; *BGHSt* 21, 81 (84) = NJW 1966, 2023; 26, 1 (4) = NJW 1975, 63 (64) zur „tunlichsten Beschleunigung des Verfahrens".

[184] So auch *Kleinknecht/Meyer-Goßner,* StPO, 43. Aufl., Einl. 79. Zur Praxis der gesetzlosen „informatorischen Befragung" krit. *Rzepka* KritV 1999, 312 (317).

[185] So auch *Kohlhaas* NJW 1965, 1254.

[186] So auch *BGH* NJW 1980, 1533, mit krit. Anm. von *Gundlach* NJW 1980, 2142, der ein vorprozessuales Fragen für möglich hält, ohne die Rechtsgrundlage zu nennen.

[187] Vgl. auch *BVerfGE* 38, 105 (113); 56, 37 (43 ff.) zum Zeugenschutz durch faires Verfahren. Aussagen ohne Belehrung sind unverwertbar, so *BGHSt* 38, 215, mit Anm. *Roxin* JZ 1992, 923; ebenso bei Nichtbelehrung über Zeugnisverweigerungsrecht, *BGHSt* 14, 159 (169); ebenso bei unverstandener Belehrung, *BGH* NJW 1994, 333, mit Anm. *Kiel* NJW 1994, 1267. Zur angeblichen „Verwertbarkeit von ohne Belehrung nach § 136 StPO erlangten Angaben eines Angeklagten zum Nachteil des Mitangeklagten" vgl. *BGH* StV 1995, 231 m. krit. Anm. v. *Dencker,* StV 1995, 232 ff. Unverwertbar sind auch Unterlagen zur Verteidigung, *BGH* StV 1998, 246. Zur Bedeutung der Belehrung für die Wahrheitsfindung vgl. *Nack* StV 1994, 555.

Dienstherrn kann nur wirksam sein, wenn der Beamte auch in inneren Notlagen vom Dienstherrn Rat und Hilfe erwarten kann. Die dienstliche Gewährung von Rechtsschutz ist ein Beispiel für solche Fürsorge. Deswegen kann auch aus einem **Gesuch um Rechtsschutz** nichts Belastendes abgeleitet werden. Die Möglichkeit der spezifischen Rechtsschutzgewährung (z. B. Verteidigerfinanzierung) ist kein Ersatz für jene Fürsorge, sondern Ergänzung.

Soweit der Dienstherr den Beamten fürsorglich betreut hat, kann das so erlangte **Wissen des Dienstherrn** auch nicht zeugenschaftlich verwertet werden, weil andernfalls der Schutz des Beamten (vor sich selbst) durch sein **Schweigerecht** (vgl. Rdn. 117 ff.) unterlaufen würde; es sei denn, der Beamte verzichtet auf sein Recht zu schweigen und entbindet auch seinen Vorgesetzten vom Gebot der Vertraulichkeit. Andernfalls gilt die **Schweigepflicht des Vorgesetzten**, die sich aus der Fürsorgepflicht ergibt und nach dem Maß des Erforderlichen bestimmt. Dies muß der Dienstvorgesetzte nach **„bestem Gewissen"** selbst entscheiden (§ 36 BRRG). Die Bestätigung findet sich in § 39 III BRRG (analog in den Landesbeamtengesetzen), nach dem ohnehin eine **Aussagegenehmigung** erforderlich ist, aber eben dann nicht erteilt werden darf, wenn die „Erfüllung öffentlicher Aufgaben ernstlich gefährdet" wäre. Dazu gehört auch die Erfüllung der Vorgesetztenpflichten gegenüber den Nachgesetzten. Sollte die vorgesetzte Dienststelle dennoch die Aussagegenehmigung erteilen, auch nach Remonstration, müßte der als Zeuge benannte und geforderte Vorgesetzte nach seinem **Gewissen**, also gem. Art. 4 I GG selbst die Letztentscheidung fällen, ob er aussagt. Im Zweifel entbindet ihn Art. 4 I i.V. m. Art. 1 III GG von seiner Aussagepflicht (anderer Ansicht zwar BVerwGE 56, 227; wie hier aber BVerfGE 32, 98: Strafrecht muß vor Gewissensfreiheit „zurückweichen"; ebenso BVerfGE 33, 23: Gewissensfreiheit geht der Eidespflicht des Zeugen vor). Für den **Vorrang des Schweigerechts** des ins Vertrauen gezogenen „Chefs" spricht auch der **rechtsethische** Grundsatz, daß – vertraglich oder gesetzlich gebotenes – Vertrauen nicht mißbraucht werden darf. Die **Legalisierung des Vertrauensmißbrauchs** beim „Einsatz" sogenannter **Verdeckter Ermittler** gem. § 110 a StPO ist als Ausnahmeregel nicht verallgemeinerungsfähig und ohnehin nicht rechtsbedenkenfrei (Kap. C Rdn. 62 ff. und 196). Aber wenn sogar der **rechtsethisch verwerflich** handelnde VE auf den „Schutz" seiner Vorgesetzten bis zur Leugnung seiner wahren Identität im Prozeß vertrauen darf, dann muß der „redliche" Beamte, der mangels Belehrung über eine anderweitige Verwertung seiner für einen bestimmten Zweck erteilten Information auf die Redlichkeit seines Vorgesetzten vertraut hat, erst recht seines Schutzes sicher sein dürfen. 115

Dieser Schutz bedeutet allerdings nicht, daß der Beamte – nach Belehrung – nicht mehr selbst vernommen werden kann. Er kann als Beschuldigter jede Aussage verweigern (vgl. Rdn. 117) und als Zeuge auch, soweit er Gefahr liefe, sich selbst zu belasten (§ 55 StPO). **Schweigen** ist ein **Verteidigungsrecht** und kein Negativindiz, aber es kann oft klüger sein zu reden; denn die Tatsache, daß ein Staatsanwalt ein Ermittlungsverfahren eröffnet hat und jemanden beschuldigt, ist noch kein zwingendes Indiz für ein Fehlverhalten. Es kann angesichts der **Pflicht zur allseitigen Aufklärung** gem. § 160 StPO das Mittel der Wahl sein, um Zweifeln und Anwürfen entgegentreten zu können. Auch insoweit kann die vertrauliche Beratung mit dem Vorgesetzten und/oder mit dem Verteidiger naheliegen. 116

b) Verteidigung

Das **Recht zu schweigen** ist das Hauptverfahrensrecht des Beschuldigten.[188] Die erzwungene Selbstbezichtigung würde die Menschenwürde verletzen. Schon die Duldung von Eingriffen gemäß § 81 a StPO und die Strafbewehrung der Anhaltepflicht nach einem Verkehrsunfall (§ 142 StGB) begegnet insoweit Bedenken. Das BVerfG hat zutref- 117

[188] *BVerfGE* 56, 37 = NJW 1981, 1431. *BGH* StV 1994, 283. *Hassemer*, FS Maihofer, 1988, S. 183 (203) m. w. N.

fend auf den internationalen Pakt über bürgerliche und politische Rechte vom 19. 12. 1966 (BGBl. II 1973 S. 1533) hingewiesen und die Aussagefreiheit ausdrücklich als Schweigerecht gekennzeichnet.[189] Damit verbietet sich auch, das Schweigen selbst als Ausdruck des Verbergenwollens zu qualifizieren. Es gibt auch keine Vermutung dahin, daß der Unschuldige „nichts zu verbergen" habe. Wer aus Nächstenliebe oder Gewissensgründen gehandelt hat,[190] kann anerkennenswerte Gründe haben zu schweigen. Auch wer sich auf das Bank- oder Beichtgeheimnis beruft, muß nicht verdächtig sein.[191] Ebenso kann der Beschuldigte partiell schweigen, ohne daß dies ein Indiz gegen ihn hinsichtlich der Umstände sein darf, über die er schweigt. Erst die widersprüchliche oder wechselhafte Einlassung kann wie die Einlassung im übrigen gewertet werden. Das bedeutet, daß dem Beschuldigten auch das Recht zusteht, genau und vollständig zu erfahren, was ihm vorgeworfen wird und welche Umstände „gegen" ihn sprechen, um sich möglichst effektiv **verteidigen** zu können.

118 Wer sich durch aktive Mithilfe verteidigen will, darf hieran nicht durch Täuschung oder Vorenthaltung von erheblichem Tatsachenwissen gehindert werden. Schweigen und Reden sind zwei gleichwertige Verteidigungsrechte. Der grundrechtsgleiche Anspruch auf **rechtliches Gehör** gemäß Art. 103 I GG gebietet eine umfassende **Eröffnung** über das, was dem Beschuldigten persönlich „zur Last gelegt" wird (§ 136 StPO), um die Möglichkeit zu haben, „auf das Verfahren einzuwirken, sich persönlich zu den gegen ihn erhobenen Vorwürfen zu äußern, entlastende Umstände vorzutragen, deren umfassende und erschöpfende Nachprüfung und gegebenenfalls auch Berücksichtigung zu erreichen".[192]

119 Zu diesem Zweck schreibt § 136 StPO ausdrücklich vor, daß jeder Beschuldigte – nach Darlegung der konkreten Beschuldigung – über sein **Recht zu schweigen** zu belehren ist. **Ohne solche Belehrung sind seine Angaben „unverwertbar".** Alle Versuche, vom Beschuldigten außerhalb einer „Vernehmung" Informationen zu erlangen, sind, wenn sie von Staats wegen betrieben werden, von zweifelhaftem Wert, weil sie gegen das **Fairneß-Gebot** im Sinne von Art. 6 EMRK verstoßen. Der ursprüngliche Normzweck von § 136 StPO bestand gerade darin, den **Beschuldigten** nicht außerhalb einer offenen Vernehmung zum **„Zeugen gegen sich selbst"** zu machen. Es sollten nur die Beweismittel der StPO zulässig sein. Dennoch hat der Überführungswille bis heute zu Umgehungen verführt. So hat das OLG Oldenburg (nachzulesen im StV 1999, 416) einmal gemeint, daß die Angaben bei einer Zollkontrolle (ohne Belehrung) selbstverständlich später strafprozessual verwertbar seien, weil die Befragung beim Zoll keine „Vernehmung" gewesen sei. Dem ist *Bernsmann* (daselbst in einer Anmerkung) mit eingehender Begründung entgegengetreten. Genauso prozeßordnungswidrig ist die Fallenstellerei, wie z. B. die **„Hörfalle"**, die auf Veranlassung der „Strafverfolger" privat installiert wird (vgl. Rdn. 126 mit Fn. 195).

120 Wenn in diesem Zusammenhang immer beteuert wird, es dürfe **keine Überführung „um jeden Preis"** geben, dann hilft das in der Alltagspraxis wenig. Hilfreicher wäre, wenn statt dessen konkrete Kriterien „unbezahlbarer Preise" genannt würden. Das ständige Abstellen auf die „Umstände des Einzelfalles" und die Flucht in ein vermeintliches **„Abwägen"** von Überführungsbedürfnissen bei „schwerwiegenden" Delikten mit gegenläufigen Grundrechtsbelangen des Beschuldigten (BGH NJW 1996, 2940) läuft auf eine **außernormative Dezision** hinaus, die nicht nur Prinzipien zu Programmsätzen reduziert, sondern auch fehlerhaft fundiert ist. Abwägungsfähig sind nur grundrechtliche oder grundrechtsgleiche Belange. Eine Beweismöglichkeit ist aber kein Rechtsgut, son-

---

[189] *BVerfGE* 56, 37 = NJW 1981, 1431; a. A. *Kleinknecht/Meyer-Goßner,* StPO, 43. Aufl., § 136 Rdn. 7 (statt „Schweigerecht" besser „Aussagefreiheit").

[190] Vgl. *BVerfGE* 32, 98. Vgl. auch Rdn. 86 ff. zuvor.

[191] Vgl. dazu *Heussner*, in: Freiheitssicherung durch Datenschutz, hrsg. v. Hohmann, 1987, 110 (117).

[192] *BVerfGE* 63, 332 (337 f.). **Unvollständige Haftbefehle sind daher unzulässig.** So jetzt auch *BVerfG* StV 1994, 465, und *BGH* StV 1994, 318.

dern allenfalls ein Mittel, das dem Schutz eines Rechtsgutes dienen kann. Die formelhafte Gleichsetzung einer konkreten Überführungstüchtigkeit mit der „Funktionstüchtigkeit der Strafrechtspflege" schlechthin ist eher rechtspolitisch als rechtslogisch zu verstehen (vgl. o. Rdn. 69 m. Fn. 106 u. Kap. C Rdn. 64 ff. und 85 f.).

Ein immer noch virulentes Beispiel bietet die Rechtsprechung zur Frage, ob **Tagebuchaufzeichnungen,** die der Beschuldigte unter Verschluß gehalten hat, strafprozessual verwertet werden dürfen. Das BVerfG hatte bei einer Verfassungsbeschwerde gegen die Billigung der Auswertung durch den BGH mit 4:4 Stimmen die angegriffene Entscheidung für **nicht verfassungswidrig** befunden (BVerfGE 80, 367 = NJW 1990, 563 mit krit. Anm. v. *Amelung* NJW 1990, 1753), da es um die Aufklärung einer „außerordentlich schwerwiegenden strafbaren Handlung", nämlich Mord, gegangen sei. Im äußeren Anschluß an diese floskelhafte „Abwägung" von den Belangen einer angeblich auf dem Spiel stehenden „funktionsfähigen Strafrechtspflege" mit den Persönlichkeitsgrundrechten des Angeklagten aus Art. 1 I, 2 I und 4 I GG hat der BGH die Beschlagnahme und Auswertung von Tagebüchern eines Spions für **unzulässig** erklärt, weil ihm „ein deutlich weniger gewichtiges Vergehen vorgeworfen" werde. Deswegen dürfe „die Menschenwürde des Angeschuldigten, sein Recht auf Privatheit, sein Anspruch, in Ruhe sich selbst zu finden und von den Anforderungen der Außenwelt frei zu sein", nicht beeinträchtigt werden (BGH NJW 1994, 1970 = NStZ 1994, 350 = JR 1994, 430 mit krit. Anm. v. *Lorenz*, dorts.). Der BGH begründet seine Entscheidung der Beschlagnahmefreiheit also letztlich mit der absoluten Unantastbarkeit des höchstpersönlichen Lebensbereichs. Dieser kann aber ohnehin nur mit gleichrangigen höchstpersönlichen Grundrechtsgütern in Konkordanz zu bringen sein. Das Überführungsinteresse zum Zweck staatlicher Übelzufügung durch Strafen kann damit schwerlich gleichgesetzt werden. Daran hat sich **die an die Verfassung gebundene Ermittlungspraxis** strikt zu halten. Im Zweifel sind also Tagebücher oder tagebuchähnliche Aufzeichnungen dem **Ermittlungsrichter** vorzulegen, damit er über die Beschlagnahme entscheidet. Er ist auch der Richter, der dem Beschuldigten **Rechtsschutz** zu gewähren hat und ihn deswegen anhören muß (Art. 103 I GG). **121**

Einen weiteren Schritt zu mehr Logik und Fairneß im Sinne von Art. 6 I EMRK hat der EGMR (StV 1999, 127 mit Anm. v. *Kempf*) getan, indem er die Bestrafung wegen einer **staatlich provozierten Tat** aufgehoben hat. BGH und BayObLG haben sich damit schon auseinandersetzen müssen (StV 1999, 631 mit Anm. v. *Taschke;* außerdem erneut BGH StV 2000, 57, Urt. v. 18. 11. 99 – 1 StR 221/99 –: „Sanktion im Bereich der Mindeststrafe" mit Anm. v. *Sinner/Kreuzer* StV 2000, 111 ff.; krit. auch *Rzepka* KritV 1999, 312 [320]). Die **Fallenstellerei** durch den sog. **agent provocateur** wird danach der Vergangenheit angehören (müssen). **122**

Zur fairen Verfahrensführung gehört auch das Unterlassen von **Täuschungen,** Demütigungen und Mißhandlungen aller Art. Dieses in Art. 3 und 6 EMRK verankerte Menschenrecht will die Menschenwürde gemäß Art. 1 I GG schützen. § 136 a StPO konkretisiert den Schutzanspruch, bei dessen Verletzung die **Aussage unverwertbar** ist. Der Beschuldigte kann die etwaige Verletzung in jeder Verfahrenslage **rügen.** Für die Klärung gilt das Amtsermittlungsprinzip. Das rechtliche Interesse an der Feststellung einer **unzulässigen Vernehmungsmethode** entsteht für den Beschuldigten spätestens nach Erhebung der Anklage, soweit diese sich auf das so gewonnene Vernehmungsergebnis stützt. Der gebotene Rechtsschutz ist daher spätestens in der Hauptverhandlung zu gewähren. Daher handelt es sich um einen **Revisionsgrund,** falls eine Verurteilung dennoch auf einer unzulässigen Vernehmungsmethode beruhen kann.[193] **123**

Wesentlich ist die Frage, ob die Äußerung des Beschuldigten auf einer **unlauteren Willensbeeinflussung** beruht. Die Ermahnung zur Wahrheit ist zulässig, auch wenn den Be- **124**

---

[193] Vgl. die Nachw. bei *Kleinknecht/Meyer-Goßner,* StPO, 43. Aufl., § 136 a Rdn. 28 f. Beispiel bei *BGH* NJW 1990, 2633: Absichtliche Täuschung über den Stand der Ermittlungen als unzulässige Vernehmungsmethode.

schuldigten keine Wahrheitspflicht wie den Zeugen trifft. Es ist auch nicht unlauter, ihm die denkbaren Folgen von widersprüchlichen Angaben oder erwiesenen Lügen vorzuhalten, falls er überhaupt aussagebereit ist. Auch die Strafmilderungsmöglichkeiten für den Fall von Geständnissen können im Rahmen der Verfahrensfürsorge erörtert werden (§ 136 a I 3 StPO). Insoweit empfiehlt es sich, zuvor dem Wunsch des Beschuldigten nach präsenter **anwaltlicher Beratung** zu entsprechen. Ebenso sollte ein **Arzt** zugezogen werden, wenn der Beschuldigte **drogenabhängig** ist. Vorherige Aussagen sind von zweifelhaftem Wert. Das gleiche gilt für Raucher, denen Tabak fehlt. So wie keine Narkotika an Gesunde verabreicht werden dürfen, darf auch umgekehrt Hilfe für Abhängige nicht vorenthalten werden. Ob „harte" Drogen ggf. substituierbar sind, muß ärztlich beurteilt werden. Ggf. ist der Betroffene vernehmungsunfähig. **Beschimpfungen** und **Tätlichkeiten** sind ebenfalls nicht gestattet. Das „harte" Anfassen eines beschuldigten Kindesentführers, damit er das Versteck des Kindes verrate, gehört nicht zur strafprozessualen Vernehmung. Hier handelt es sich um eine Frage polizeirechtlicher Auskunftspflicht, die ihrerseits von der materiell-rechtlichen Pflicht zur Störungsbeseitigung abhängt. Insoweit kommt Rechtsschutz im Strafverfahren nicht in Betracht. Ob die polizeirechtlich erlangte Auskunft auch strafprozessual verwertbar ist, hängt unbeschadet der §§ 94 ff. StPO von der „rechtmäßigen polizeilichen Erhebung" ab, da unrechtmäßig erlangte „Daten" als unverwertbar zu löschen sind (vgl. z. B. §§ 24, 32 PolGNW).

125 Zur verbotenen **Täuschung** gehört begrifflich alles, was wahrheitswidrig in der Vorstellungswelt des Beschuldigten aktiv aufgebaut wird, um ihn zum Reden zu bringen, und ohne dies nicht zum Reden führen würde. Das Einschleusen eines **Lockspitzels** in die Untersuchungshaft ist eine aktive Täuschung mit dem Ziel, eine Äußerung zur Sache herbeizuführen.[194] Ebenso ist das heimliche **Belauschen** außerhalb der zulässigen Regelung gemäß § 100 a StPO verboten. Die heimliche Tonbandaufnahme ist nicht deswegen „befugt" im Sinne von § 201 StGB, weil sie ein Amtswalter betätigt.

126 Von solchen verbotenen „Vernehmungsmethoden" zu unterscheiden ist das heimliche **„Beschatten"** des Beschuldigten in der Öffentlichkeit. Wer sich in der Öffentlichkeit gesprächsweise mit einem Fremden einläßt oder einen Fremden zuhören läßt, wird nicht getäuscht, sondern täuscht sich selbst oder handelt auf eigenes Risiko. Etwas anderes gilt bei **aktiver Täuschung** durch den „Strafverfolger", der sich gegebenenfalls mittels falscher Papiere und Legende den Zutritt zum Privatbereich oder Zugang zum Vertrauen des Beschuldigten erschleicht. Auch eine spezielle Befugnisnorm in der StPO (wie § 110 a) kann dieses **Staatsunrecht** nicht legitimieren, weil es den Beschuldigten zum Objekt des Staates macht[195] und ihm rechtsschutzlos Nachteile prozessualer Art zufügt. Alle Staatseingriffe, auch notwendig heimliche, sind – vom Bereich des Art. 10 II GG abgesehen – offenbarungspflichtig und dem Rechtsschutz zugänglich. Deswegen ist das **Ausnutzen** einer vom Beschuldigten selbst geschaffenen Situation zulässig (Täter rühmt sich ungefragt seiner Tat(en), läßt Beweismittel am Tatort oder Tatobjekt (Spuren) zurück, verwahrt Tatwerkzeuge, vertraut Mittätern oder Gehilfen oder untauglichen technischen Hilfen usw.), nicht aber das aktive Unterlaufen des verfassungskräftigen Verteidigungsrechts des Beschuldigten.

---

[194] So *BGHSt* 34, 362; 44, 129; Näheres bei *Schneider* NStZ 2001, 8 m. weit. Nachw.

[195] *BVerfGE* 27, 1 (zur menschenwürdigen Behandlung); zum „Schattenmann" im Polizeirecht vgl. *Lisken* ZRP 1990, 15 und NWVBl 1990, 325; zum verschwiegenen Telefonmithören vgl. *BGHGSSt* 42, 139 = NJW 1996, 2940 m. w. Nachw. und *BVerfG* StV 2000, 467 m. Anm. v. *Weßlau*. Krit. dazu Kap. C Rdn. 62 ff. und 71 ff. Zum „kleinen" und „großen" „Lauschangriff" vgl. auch *Eisenberg* NJW 1993, 1033 (1037 ff.). Über „Heimlichkeit, Offenheit und Täuschung bei der Beweisgewinnung im Strafverfahren" vgl. auch *Dencker* StV 1994, 667. Zum Beweisverwertungsverbot nach Täuschung durch einen VE gem. §§ 110 a, 110 c StPO vgl. auch *Nack*, in: KK, 3. Aufl., § 110 c Rdn. 8; vgl. auch Anfragebeschl. *BGH* NStZ 1995, 410 mit grundl. Anm. v. *Roxin* NStZ 1995, 465; *ders.* StV 1998, 43 „Zum Einschleichen polizeilicher Scheinaufkäufer in Privatwohnungen" (wie bei *BGH* StV 1997, 233). Zum Ausfragen von Angehörigen durch V-Mann vgl. *BGHSt* 40, 211 mit krit. Anm. v. *Gusy* StV 1995, 449 und *Weßlau* StV 2000, 468. Grundl. Kritik an heimlichen Ermittlungsmethoden und ihrer Kontrolle in einem systematischen Überblick *Bernsmann/Jansen* StV 1998, 217. Zu den „Grenzen der Beweiserhebung" (im Rechtsvergleich) vgl. auch *Kerckhoff*, Beweisverbote im französ. Strafprozeß, Trierer Diss. 1992.

Deswegen kann zwar der **Zugang zu einer Wohnung** mittels Täuschung, um eine Geisel zu befreien, polizeirechtlich zulässig sein, um schwererwiegende Methoden zu vermeiden, nicht aber strafprozessual, um einen Durchsuchungsbefehl zu erübrigen (*BVerfG* StV 2000, 465). Dem Strafinteresse kommt kein Verfassungswert zu, der mit dem Leben der Geisel vergleichbar wäre. 127

Das **Täuschungsverbot** gem. § 136 a StPO ausschließlich **auf Vernehmungen** im rechtstechnischen Sinne **zu beschränken**, deckt sich weder mit dem Wortlaut von § 136 a StPO noch mit dem Fairneßgebot, das sich aus den Art. 1 I GG und 103 I GG und den Artikeln 3 und 6 MRK ergibt. § 136 a StPO ist eine Konkretisierung des Gebots, den Beschuldigten als **Prozeßsubjekt** in einem Verfahren zu behandeln, bei dem es um seine strafrechtliche **Schuld** und nicht um die „Sicherheit" vor ihm geht (vgl. *Wolter*, GS. f. Meyer, 1990 S. 493 ff.). Deswegen ist der Beschuldigte in keinem Stadium des Verfahrens hinters Licht zu führen. Würde man ihn von Staats wegen außerhalb einer Vernehmungssituation zum Zweck der Selbstüberführung täuschen dürfen, wären die §§ 136 und 136 a StPO faktisch obsolet. Alle bemühten Versuche in Literatur und Rechtsprechung, zwischen **erlaubter List** und **verbotener Täuschung** innerhalb und außerhalb von Vernehmungen zu unterscheiden, haben bisher nur zu einer unsystematischen Kasuistik geführt, weil immer auf den Einzelfall und das Ergebnis abgestellt worden ist. Und je mehr das Strafverfahren zum **Präventionsmittel** umgestaltet wird, desto weniger Gewicht erhalten die Verfahrensgarantien, die dem Grundrechtsschutz des Beschuldigten dienen sollen. Die Umdeutung des Strafverfahrens in ein Mittel zur **„Gewährleistung"** der **„inneren Sicherheit"** begünstigt diese Entwicklung (vgl. Kap. C Rdn. 72 ff.). Demgegenüber kann nur eine strikt verfassungskonforme Anwendung der alten und neuen Ermittlungsbefugnisse eine rechtsstaatlich einwandfreie Verteidigungsmöglichkeit sichern. 128

Notwendig zur Sicherung der Verteidigungsrechte ist auch die **Verständigungsmöglichkeit,** also die Hinzuziehung erforderlicher Übersetzungshelfer.[196] Dazu gehören **Dolmetscher** ebenso wie **Taubstummenübersetzer.** Das Fehlen ist ein Revisionsgrund, also in jeder Lage des Verfahrens zu rügen. 129

Zur Wahrung seiner Rechte kann sich der Beschuldigte **von Anfang an** eines **Verteidigers** bedienen (§ 137 StPO).[197] Das bedeutet nicht sofortige **Akteneinsichtsbefugnis** (§ 147 StPO), aber vollständige Einsicht, nicht nur in die Akten, die die Staatsanwaltschaft dem Gericht zuleitet, sondern in alle „verfahrensbezogenen Vorgänge", spätestens sobald die Ermittlungen „förmlich abgeschlossen sind (§ 169 a StPO)", im übrigen aber „so früh wie möglich".[198] Das Recht auf rechtskundige Verteidigung beinhaltet **präsente Beratung** (§ 148 StPO), auch bei polizeilichen Vernehmungen (arg. aus §§ 163, 163 a StPO). 130

---

196 Vgl. *BVerfGE* 64, 135 (145).

197 *BVerfGE* 39, 156 (162 ff.). *BGHSt* 38, 372 = NJW 1993, 338. Grundl. auch *Kempf* NJW 1997, 1729; zum „Recht des Beschuldigten, vor der polizeilichen Vernehmung einen Verteidiger zu befragen", vgl. *Hermann* NStZ 1997, 209.

198 *BVerfGE* 62, 338 (343 f.); *BVerfGE* 63, 45 (62); *BVerfG* StV 1994, 465; *BGH* StV 1994, 318. *Hamm* NJW 1993, 289 mit weit. Nachw. Vgl. auch die Theorien- und Literaturübersicht bei *Roxin*, Strafverfahrensrecht, 25. Aufl., § 19; *Laufhütte*, in: KK, StPO, 3. Aufl. 1993, vor § 137. Zur gedachten Entwicklung der StPO vgl. *Hilger* NStZ 1992, 457 und 523; ihm folgend *Lorenz* JZ 1992, 1000; krit. u. a. *Hassemer* KritJ 1992, 67; *ders.* StV 1993, 664. Zum Umfang des rechtl. Gehörs vgl. *BVerfG* 84, 188 (190).
Zur verfassungsrechtlichen Stellung des Anwaltes mit Blick auf Art. 103 I GG vgl. auch *Krämer* NJW 1995, 2313. *OLG Karlsruhe* (NJW 1997, 267) verneint sogar Rechtsschutz gegen die **Verweigerung von Akteneinsicht** für den Verteidiger nach dreijährigen Ermittlungen, um eine „funktionstüchtige Strafrechtspflege" zu gewährleisten. Wieso Akteneinsicht im Einzelfall „die Strafrechtspflege" außer Funktion setzen könnte und wieso diese ein den Belangen des Beschuldigten entgegenstehendes Rechtsgut sein könnte, wird nicht gesagt. Die Wiederholung einer solchen unsubstantiierten Sentenz in einer *BVerfG*-Kammerentscheidung (NJW 1994, 3219) ist kein Begründungsersatz, zumal das *BVerfG* über Art. 103 I GG die Offenbarung entscheidungserheblicher Tatsachen auch im Ermittlungsverfahren zur Pflicht gemacht hat. Semantisch und sachlich richtig wird der Funktionsbegriff in einer neueren Entscheidung einer Kammer des *BVerfG* (NJW 2000, 797) verwendet, wenn dort „eine **angemessene Personalausstattung** der Gerichte" zu den rechtsstaatlich gebotenen Bedingungen einer „funktionstüchtigen Rechtspflege" gezählt wird. Zum Mißbrauch des Begriffs „Funktionstüchtigkeit", wenn in Wahrheit der Einzelerfolg gemeint

131 In Fällen **„notwendiger Verteidigung"** (§ 140 StPO) ist von Amts wegen ein Rechtsanwalt (§ 142 StPO) als Verteidiger zu bestellen. Das kann **schon während des Ermittlungsverfahrens** geschehen, wenn die Staatsanwaltschaft dies beim Vorsitzenden des in der (künftigen) Hauptsache zuständigen Gerichts beantragt. Der Beschuldigte selbst kann dies zunächst nur bei der Staatsanwaltschaft anregen. Sollte sie der Anregung nicht folgen, müßte der Beschuldigte selber antragsbefugt sein, weil das (negative) Verhalten der Staatsanwaltschaft ebenso in die **Verteidigungsrechte des Beschuldigten** eingreift (Art. 6 III EMRK) wie eine gerichtliche Ablehnung eines Antrages der Staatsanwaltschaft. Die für die Zulässigkeit einer Beschwerdebefugnis des Beschuldigten sprechende Betroffenheit (OLG München NJW 1981, 2208) spricht genauso für ein eigenes Antragsrecht, zumal ohnehin in erster Linie **der vom Beschuldigten benannte Verteidiger zum Pflichtverteidiger zu bestellen** ist (*BGH* NJW 2001, 237 unter Bezug auf Art. 6 EMRK). Dies folgt auch aus § 136 I S. 2 StPO. Den Beschuldigten auf die Konsultation mit einem Wahlverteidiger zu verweisen, wäre – soweit eine notwendige Verteidigung nicht von vornherein ausgeschlossen ist – normzweckwidrig.

132 Zum **Wahlverteidiger** kann nicht nur ein Rechtsanwalt berufen werden, sondern auch jeder **„Rechtslehrer"** an einer deutschen Hochschule. Die sachkundigen „Rechtslehrer" an Fachhochschulen auszunehmen (BVerwG NJW 1970, 2314; BVerwG NJW 1975, 1899; BVerfG NJW 1975, 2340), überzeugt nicht, da auch **„andere Personen"** mit gerichtlicher Genehmigung gem. § 138 II StPO als Verteidiger zugelassen werden können, also die Sachkunde und nicht der Status für die Zweckerreichung maßgebend sein soll. Auch **ausländische Anwälte** können über § 138 II StPO zugelassen werden. Die Nichtzulassung ist beschwerdefähig (§ 304 StPO).

133 Die **Rechtsstellung des Verteidigers** ist in der StPO nur stückweise geregelt, vor allem nicht rechtsgrundsätzlich. Die Formulierung in § 1 BRAO („Der Rechtsanwalt ist ein unabhängiges Organ der Rechtspflege") ist eine klassische Leerformel, die je nach Betonung und Zweck nutzbar gemacht werden kann. Trotz des Auftrages, der einen **Geschäftsbesorgungsvertrag** begründet (§ 675 BGB), kann der Verteidiger selbständig Verfahrensrechte geltend machen, also z. B. **Beweisanträge** gem. § 244 StPO stellen. Er allein kann **Akteneinsicht** verlangen (§ 147 StPO). Er kann – auch außerhalb der Hauptverhandlung – aus eigenem Recht **Zeugen befragen** und Sachverständige konsultieren. Andererseits kann er nicht ohne Zustimmung des Beschuldigten/Angeklagten **Erklärungen zur Sache** abgeben, wenn dieser schweigen will. Der Verteidiger ist nicht wie der Staatsanwalt zur Wahrheitserforschung verpflichtet, sondern zum **juristischen Beistand** des Beschuldigten/Angeklagten, weil dieser seit der Einführung des reformierten Strafverfahrens im vorigen Jahrhundert **nicht mehr Objekt des Verfahrens**, sondern **Subjekt** ist und als Grundrechtsbetroffener gem. Art. 103 I GG an der Suche nach „seinem" Recht beteiligt ist. Dabei soll der Verteidiger die unvermeidlichen „Autonomiedefizite" ausgleichen. Der Verteidiger hat also nicht der **„Funktionstüchtigkeit der Strafrechtspflege"** im Sinne einer **„Überführungstüchtigkeit"** (*Hamm*) zu dienen, sondern dem Betroffenen zu helfen, der sich (in der Regel) wider seinen Willen mit **staatlichen Zweifeln an seiner Unschuldsvermutung** konfrontiert sieht. **Diese Hilfe wird um so nötiger, je mehr sich die StPO von einem „Ausführungsgesetz" zum Vollzug der Verfassung und zum Schutz des Beschuldigten zu einem präventiven „Operativ-Gesetz der Strafverfolgungsbehörden"** (*Hilger*) **wandelt.**

134 Deswegen sind auch die Vorschriften über den **Ausschluß eines Verteidigers** stets mit Blick auf die verfassungskräftige Verfahrensstellung des Beschuldigten zu handhaben. Der häufig beklagte Mißbrauch von Verteidigungsrechten (z. B. durch Serien von Ablehnungsanträgen oder Beweisanträgen) ist vorrangig durch eine entsprechende Beschei-

ist, um Grundrechte zu relativieren, vgl. Kap. C Rdn. 79 und 85 m. w. Nachw. und oben Rdn. 69 mit Fn. 106. Zum Rechtsschutz gem. § 147 StPO i. d. F. d. StVÄ 1999 (vom 2. 8. 2001) vgl. *Schlothauer* StV 2001, 192. Zum Recht auf Akteneinsicht gem. GG und EMRK vgl. auch *Walischewski* StV 2001, 243 und EGMR, Urteile v. 13. 2. 2001, StV 2001, 201 ff.

dung der einzelnen Anträge zu steuern. Der Ausschluß einer Person, die **zum Statusbereich des Beschuldigten im Prozeß** gehört, greift in eben jenen Mitwirkungsbereich ein, setzt also im Grunde einen Mißbrauch voraus, wie er ähnlich auch zum Ausschluß des Beschuldigten/Angeklagten selber berechtigen würde (§§ 231 a und 231 b StPO; zur „Struktur des Ausschließungsverfahrens gem. §§ 138 a ff. StPO" vgl. *Fezer,* in: GS f. Meyer, 1990, S. 81). Dem entspricht die Regelung in § 138 a StPO, nicht aber ohne weiteres in § 138 b StPO, wo der Wahrung der undefinierten „Sicherheit der Bundesrepublik Deutschland" der **Vorrang vor den Verfahrensrechten** eingeräumt wird. Da aber über die Ausschließung nur in einem besonderen Verfahren vor einem anderen Gericht verhandelt und entschieden werden kann (§§ 138 c und 138 d StPO), ist die Versuchung einer **„Verteidigerdisziplinierung"** durch das mit der Hauptsache befaßte Gericht weithin gebannt. Außerdem kann der Beschuldigte, der von dem Verhandlungstermin zu benachrichtigen ist, sein Interesse an der Entscheidungsfindung – sowohl selbst als auch durch den betroffenen Verteidiger – vorbringen und ggf. sofortige Beschwerde einlegen.

Hier wie sonst kann der Beschuldigte auch jederzeit seinem Verteidiger „kündigen" 135
und das **Mandat entziehen**. Auch der Verteidiger kann das **Mandat niederlegen**, aber er darf den Mandanten nicht „zur Unzeit", also z. B. nicht unvorhergesehen vor einem Termin „im Stich lassen".

Bei Pflichtverletzungen oder **Bruch des Vertrauensverhältnisses** zum Beschuldigten 136
kann gem. § 143 StPO auch die Bestellung eines **Pflichtverteidigers** (durch das Gericht) widerrufen werden. Der Beschuldigte hat hier wie bei der Bestellung eigene Rechtsbehelfsmöglichkeiten, damit stets eine sinnvolle notwendige Verteidigung gesichert ist. Ohne Verteidigung durch einen Verteidiger braucht kein Beschuldigter – auch nicht vor der Polizei bei oder nach dem ersten Zugriff – irgendeine Erkläung abzugeben. Auch auf **„informelle" Befragungen** und Gespräche außerhalb einer förmlichen Vernehmung braucht sich kein Beschuldigter einzulassen. Tut er es dennoch ohne Belehrung gem. § 136 StPO, sind seine Worte **„unverwertbar"**. Erst die **Präsenz** eines Verteidigers, mit dem sich der Beschuldigte frei beraten kann, könnte den Belehrungsvorbehalt überflüssig machen (BGHSt 38, 214 = NJW 1992, 1463; BGH StV 1993, 1; BGHSt 38, 372 = NJW 1993, 338; BGH StV 1994, 4), weil dadurch die in § 136 StPO vermutete Rechtsunsicherheit des Beschuldigten (in eigener Sache) ausgeglichen sein könnte.

Eine Sonderform des Verteidigerausschlusses bewirkt die „Feststellung" einer zeitwei- 137
ligen **„Kontaktsperre"** seitens der Exekutive gemäß § 31 EGGVG. Es handelt sich um einen verfassungsrechtlich höchst bedenklichen Ausschluß des Rechts auf jederzeitige Anwaltshilfe. Die Auffassung des Zweiten Senats des BVerfG,[199] daß jene Feststellung „keine unmittelbaren Rechtswirkungen" für die Gefangenen zeitige, verkennt die Wirklichkeit und ist nur zeitgeschichtlich zu erklären. Die Exekutive hatte die Notwendigkeit einer solchen Besuchs- und Beratungssperre trotz entgegenstehender Besuchserlaubnisse der zuständigen Oberlandesgerichte behauptet, ohne sie genauer zu belegen. Der BGH hatte in inadäquater Analogie zur Strafbefreiungsnorm des § 34 StGB einen überverfassungsgesetzlichen Notstand angenommen und Notbefugnisse der Exekutive extra legem (in innerer Anknüpfung an vorkonstitutionelle Ideen) eingeräumt.[200]

Eine partielle Korrektur des insoweit besonders umstrittenen Kontaktsperregesetzes 138
vom 30. 9. 1977 (BGBl. I S. 1877), das die §§ 31 bis 38 EGGVG eingeführt hatte, brachte die Novelle von 1985 mit der Einfügung von § 34 a EGGVG, nach der für die Dauer der Sperre ein **Anwalt als „Kontaktperson"** beizuordnen ist. Die sachlich unpassende Wort-

---

[199] *BVerfGE* 49, 24 (49 ff.).

[200] *BGHSt* 27, 260. Vgl. dazu *Böckenförde* NJW 1978, 1881; *ders.*, FS Martin Hirsch, 1981, S. 259 ff. Ebenso *Hesse,* Ausgew. Schriften, 1984, S. 210 ff. und 222 ff.; *Arndt,* Ges. jur. Schriften, 1976, S. 163: „Der angeblich überverfassungsgesetzliche Staatsnotstand als Schein der Rechtfertigung ist nur ein Tarnwort für Verfassungsbruch." Der Berliner Justizsenator Baumann hatte sich deswegen nicht an den „Sperren" beteiligt, anders die JM in NW und BW (ab 7. 9. 1977 auf „Bitten" d. BMdJ; zum Ablauf vgl. d. Dokumentation zum Entführungsfall **Schleyer**, hrsg. v. Presse- und Informationsamt der BReg., 2. Aufl. v. 7. 11. 1977, S. 21 ff. nebst Anl. 6 und Prot. d. gem. Sitzung von Innen- und Rechtsausschuß des BT v. 26. 10. 1977).

wahl „Kontakt" aus dem medizinisch-physiologischen Bereich trifft nicht den Rechtssinn. Sie kennzeichnet allenfalls den Geist der Erfinder, meint aber den Verteidigerbesuch, der geregelt werden soll. Der Umgang mit Justizangehörigen ist nicht erfaßt. Die „Kontaktperson" soll die Verbindung zur Außenwelt wegen des anwaltlichen Besuchsverbots herstellen. Es handelt sich also nicht um einen Verteidiger im prozeßrechtlichen Sinne, sondern um einen Rechtsbetreuer, der nach Art eines Pflegers oder Betreuers die nötigsten Prozeßhandlungen und Beratungen tätigen darf, soweit der Gefangene dies will. Rechtsschutz gegen einzelne „Unterbrechungsmaßnahmen" regelt § 37 EGGVG. Eine Verfassungsbeschwerde wegen des Ausschlusses von Rechtsschutz gegen die „Kontaktsperre" an sich hat das Bundesverfassungsgericht für nicht statthaft erachtet.[201]

139 **Ein milderes Mittel** als die „Kontaktsperre" gem. §§ 31 ff. EGGVG ist die **Überwachung des mündlichen und schriftlichen Verkehrs** zwischen Verteidiger und Mandant gem. § 148 II StPO. Während der Verkehr normalerweise frei ist (§ 148 I StPO), steht er ausnahmsweise dann unter Kontrollvorbehalt, wenn der Mandant sich nicht auf freiem Fuß befindet und wegen einer strafbaren Handlung gem. § 129 a StGB beschuldigt ist. Eine **Trennscheibe** soll die unkontrollierte Übergabe von Schriften und anderen Sachen verhindern. Schriftstücke werden nur dann vermittelt, wenn der Absender sich zu einer **Vorlage an den Richter** (der nicht mit dem Verfahren selbst befaßt ist, § 148 a StPO) bereit erklärt. **Andere Kontrollen** wie Durchsuchungen und technische Aufzeichnungen von Worten und Gebärden sind daneben **nicht zulässig**. Das ergibt sich aus dem unzweideutigen Wortlaut von § 148 II StPO. Das Problem der Vorschrift liegt weniger in der Folgenregelung als vielmehr in der **Bestimmung der Voraussetzungen**. Die Voraussetzungen für eine Beschuldigung nach § 129 a StGB sind alles andere als rechtsstaatlich klar, weil der Tatbestand des § 129 a StGB unscharf gefaßt ist und für Überdehnungen Raum gibt. Das gilt insbesondere für die Tatbestände des Unterstützens und Werbens gem. § 129 a III StGB. In der Praxis wurde schon das Zeigen eines Emblems einer Terrorbande als „Werbung" gewertet, auch wenn es nur als Zeichen der Sympathie gedacht war. Die Definitionsmacht liegt hier zunächst bei den Ermittlungsbehörden, während „für die Durchführung von Überwachungsmaßnahmen nach § 148 II StPO der Richter bei dem Amtsgericht zuständig ist...". Das Lesen der Post und das „Vorsehen" von Trenneinrichtungen obliegt also einem Richter, nicht aber die Feststellung der Berechtigung des Schuldvorwurfs. Damit soll über die §§ 120, 142 a GVG faktisch allein der **Generalbundesanwalt** bestimmen, ob es zu einer Überwachung des Verkehrs zwischen Verteidiger und Mandant kommt, ein Ergebnis, das der Ermittlungsrichter des BGH durch seine Praxis dahin korrigiert hat, daß der jeweils zuständige Ermittlungsrichter kraft der „Entscheidungskompetenz gem. § 119 VI StPO" die Überwachung anzuordnen habe, sofern nicht bereits ein richterlicher Haftbefehl wegen des Verdachts nach § 129 a StGB bestehe (BGH NJW 1989, 2002 und BGHSt 36, 205 = NJW 1989, 2827).

140 Zur Vermeidung von Umgehungen müßte auch schon jedes **Anbahnungsgespräch** mit einem potentiellen Verteidiger unter solcher Kontrolle stattfinden. Dies erschwert erheb-

[201] *BVerfGE* 49, 24 = NJW 1978, 2235. Die Entscheidung knüpft in ihrer Reduzierung der Rechtsschutzgarantie des Art. 19 IV GG innerlich an *BVerfGE* 30, 1 (zu Art. 10 II 2 GG) an. Bemerkenswert ist in beiden Fällen, daß der jeweils zuständige 2. Senat des BVerfG die Gefahren, die er für den „Bestand der Bundesrepublik Deutschland" vorausgesetzt hat, nicht ermittelt und dargelegt hat. Die Verfassungsbeschwerden gegen die **gesetzlosen** „Kontaktsperren" hatte der Senatsausschuß früher schon als unzulässig verworfen, weil die Gefangenen nicht dargelegt hätten, was sie zu beraten gehabt hätten. Zuvor hatte er die Anträge auf Erlaß Einstweiliger Anordnungen zur Sicherung der gerichtlich gestatteten Verteidigerbesuche zurückgewiesen (*BVerfGE* 46, 1). Der **Verfassungsbruch blieb also rechtsschutzlos** und die **Anordnung einer „legalen" „Kontaktsperre" ungeprüft.** Vgl. die Dokumentation in KritJ 1977, 395 und bei *Böckenförde* NJW 1978, 1881. Zum Problem **verfassungsgerichtl. „Grenzüberschreitungen"** vgl. *Martin Hirsch* DRiZ 1977, 225; *Geiger* DRiZ 1991, 357. Zum **Ertragen ungerechter Entscheidungen als Dauerproblem menschlicher Existenz** vgl. *Platon*, in: Kriton und Gorgias; *Kant*, in: Über den Gemeinspruch ... im Staatsrecht, Werkausg. Bd. XI, hrsg. v. Weischedel, 1977, S. 143 ff.; *Erik Wolf*, Rechtsphilos. Studien, hrsg. v. Hollerbach, 1972, S. 109 ff.; *Ad. Arndt*, in: Ges. jur. Schriften, 1976, S. 59 ff.; *Denninger*, Staatsrecht 2, 1979, S. 195 ff.; *Rüthers*, Entartetes Recht, 2. Aufl. 1989, mit Bespr. v. *Luig* NJW 1992, 2536.

lich die besonders eilige und dringende erste Verbindungsaufnahme zu einem Anwalt nach der Inhaftierung, obwohl das Recht auf anwaltlichen Beistand mit der Beschuldigung, also mit dem **Beginn des Prozeßrechtsverhältnisses** beginnt (Art. 6 EMRK; § 136 StPO: „... jederzeit ... einen Verteidiger zu befragen ...“; § 137 StPO: „... in jeder Lage des Verfahrens ...“). Mithin hat auch **polizeilicherseits** jede Befragung zu unterbleiben, wenn der Beschuldigte nach gebotener Belehrung erst einen Anwalt konsultieren will (BGH NJW 1996, 1547). Gleiches sollte für eine sog. ed-Behandlung und andere Ermittlungseingriffe gelten, die abwehrfähig sind. Andernfalls sind die Angaben des Beschuldigten „unverwertbar“ (BGHSt 38, 372 = NJW 1993, 338).

c) Rechtsmittel im Ermittlungsverfahren

Während Tatortaufnahmen, Spurensicherung, Aufspüren, Identifizieren und erstes Befragen in der Regel zu den Aufgaben und Tätigkeiten der Exekutive zählen, gehören Eingriffe in Freiheit, Hausrecht, Leib und Eigentum zu den Befugnissen der StPO, die kompetenzrechtlich **primär dem Richter zugewiesen** sind. Die Exekutive darf nur bei Gefahr im Verzuge vorgreiflich handeln, muß aber die Entscheidung des zuständigen („Eingriffs“-)Richters herbeiführen. Dies gilt schon von Verfassungs wegen für Hausdurchsuchungen und Freiheitsentziehungen (Art. 13 II und Art. 104 II GG; vgl. zu diesen Richtervorbehalten auch Kap. C und F). **141**

Die StPO hat über die verfassungskräftigen Kompetenzzuweisungen hinaus für körperliche Eingriffe und Beschlagnahmen weitere Zuständigkeiten des Richters begründet (§§ 81 a, 81 e, 81 g, 87, 98, 100, 100 b, 100 d, 105, 110 b, 111, 111 a, 111 e, 111 n, 112 ff. usw.). Diese zum Teil einfachgesetzlich verordneten **Richtervorbehalte** gründen sich rechtshistorisch auf die umfassende Ermittlungskompetenz des früher allein zuständigen Ermittlungsrichters. Erst mit der Einführung der Staatsanwaltschaft nach französischem Vorbild in der Mitte des 19. Jahrhunderts und der Schaffung des Anklagemonopols bei ihr begann die Verlagerung der Ermittlungskompetenz auf die Exekutive. Deren Notkompetenz bei Gefahr im Verzuge, also bei Unerreichbarkeit des an sich zuständigen Richters, erweiterte faktisch die Exekutivzuständigkeit auf alle Eingriffe. **142**

Für die **Rechtsschutzgewährung** gemäß Art. 19 IV GG macht es grundsätzlich keinen Unterschied, ob ein Eingriff seitens der Exekutive oder seitens des Eingriffsrichters vorliegt, da auch der Eingriffsrichter, **der ohne Anhörung des Betroffenen den Eingriff gestattet,** insoweit keine „Rechtsprechung“ tätigt, sondern verwaltend tätig wird.[202] Nur wenn die richterliche Entscheidung mit der **Gewähr rechtlichen Gehörs** gemäß Art. 103 I GG verbunden ist, kann sie – wie in der Hauptverhandlung – eingreifenden und zugleich rechtsschützenden Charakter haben. Daraus folgt: Fehlt bei vorgreiflichem Exekutivhandeln die Entscheidung des zuständigen Richters, so hat der Betroffene, hier also der Beschuldigte, das Recht, die Entscheidung des Richters zu verlangen und zugleich seine Belange vorzutragen. Der ohnehin noch mit der Sache zu befassende Richter (§§ 100, 100 b, 100 d, 110 b, 111 e, 115 StPO) kann und muß zugleich verwaltend und rechtsprechend über die Rechtmäßigkeit des Eingriffs befinden. Der weitere Rechtsschutzweg wird von §§ 304 ff. StPO bestimmt. **143**

Problematischer erscheint dieser Weg, wo die Eilkompetenz der Exekutive nicht auflösend bedingt von der Entscheidung des an sich primär zuständigen Richters abhängig ist oder wo der zuständige Eingriffsrichter bereits ohne Anhörung des Betroffenen entschieden hat. In beiden Fällen ist die weitere Mitwirkung des Richters von Amts wegen nicht vorgesehen (zum Beispiel bei **körperlichen Durchsuchungen** gemäß §§ 81 a, 81 c, 81 g, bei **Leichenöffnungen** gemäß § 87, bei **Beschlagnahmen** gemäß § 98, bei **Durchsuchungen** gemäß § 105, bei **Führerscheinbeschlagnahme** gemäß § 111 a, bei der Errich- **144**

---

202 Vgl. Rdn. 48 ff. Im Erg. auch *Rieß/Thym* Goltd A 1981, 189 (196 ff.), die aber den Weg über eine nachträgl. Anhörung analog § 33 a StPO gehen wollen, weil sie – kurzerhand – den Eingriffsentscheid des Richters stets als Rechtsprechungsakt ansehen. Wie hier jetzt auch grundl. *BVerfG*, Urt. v. 20. 2. 2001 – 2 BvR 1444/00 – NJW 2001, 1121 m. zust. Anm. v. *Amelung* NStZ 2001, 337.

tung von **Kontrollstellen** gemäß § 111). Da aber jeder Eingriff rechtslogisch zwingend zu einer Betroffenheit im Sinne von Art. 19 IV GG führt, bedarf es einer effektiven Rechtsschutzgewährung, und zwar nicht erst mittels der gegebenenfalls später folgenden Hauptverhandlung, sondern sofort mit Eingriffsbeginn.

145 Ein besonders anschaulicher Fall hat (lt. SZ v. 20. 5. 1998 S. 16) das BVerfG (Az.: 2 BvR 1314/97) beschäftigt: Auf Anordnung eines Polizisten sollte einem verdächtigen Kleindealer mit Hilfe der **Unter**suchungsbefugnis nach § 81a StPO der Magen **durch**sucht werden. Es kam zu einer Magenspiegelung und mit Zustimmung des Polizisten zu einer Magensektion! Die Rechtsschutzsuche führte schließlich zum späteren Klageerzwingungsverfahren, obwohl sofortige Hilfe geboten war. Sie kann und darf gem. Art. 19 IV Satz 2 GG nicht am Fehlen einer speziellen Verfahrensnorm scheitern.

146 Die Verweisung auf den ordentlichen Richter durch Art. 19 IV 2 legt es nahe, den **sachnächsten Ermittlungsrichter** nach der StPO auch insoweit für zuständig zu halten, selbst wenn er schon vorgreiflich an der Eingriffsanordnung (verwaltend) beteiligt war. Insoweit hat der BGH eine **analoge Anwendung der Anrufungsmöglichkeit gemäß § 98 II StPO** für richtig erachtet.[203]

Diese **Zuständigkeit** des Ermittlungsrichters **kraft Sachzusammenhangs** soll nicht nur für die Dauer des Eingriffs gelten, sondern – um dem Rechtsschutzgebot gerecht zu werden – auch für die etwaige nachträgliche Feststellung der Rechtmäßigkeit oder Rechtswidrigkeit des vom Betroffenen angefochtenen Eingriffs.[204] Dieser rechtslogisch naheliegenden Konsequenz widersprach die frühere Auffassung des BGH, daß bei Rügen der **Art und Weise des Eingriffs** der Ermittlungsrichter nur während der Dauer des Eingriffs, nicht aber für die Gewährung nachträglichen Rechtsschutzes insoweit zuständig sein soll.[205] Bei einer am Grundrechtsschutz orientierten Novellierung der StPO würde der gesamte Rechtsschutzbedarf in der StPO geregelt und den Eingriffen in bezug auf Form, Inhalt und Vollzug zugeordnet. Dieser innere Zusammenhang legt es nahe, auch Rechtsschutzbegehren, die sich nicht selten auf die Eingriffsweise beziehen („alles kurz und klein geschlagen", „alles in Unordnung gebracht und beschädigt"), demselben Richter zuzuweisen, der auch für die Anordnung und Ausführung des Eingriffs an sich primär zuständig ist.

147 Seit der Entscheidung des BVerfG über die Notwendigkeit umfassenden, also auch nachträglichen Rechtsschutzes bei „erledigten" Eingriffsakten und der neueren Rechtsprechung des BGH über die analoge Anwendung von § 98 II StPO bei der Kontrolle sowohl des Grundes als auch der „Art und Weise" eines Eingriffs[206] dürfte der Weg zum Ermittlungsrichter beim Amtsgericht zur Regel werden. Allerdings sollte dieser Richter, der für die Eingriffskompetenz bei Richtervorbehalten und auch für den Rechtsschutz zuständig ist, ebenso wie Polizei, Feuerwehr und Notarzt, **„rund um die Uhr"** erreichbar sein, um in akuter Rechtsnot sofort helfen zu können. Die Verfassungsgarantien stehen nicht unter dem Vorbehalt richterlicher Erreichbarkeit.[207]

---

[203] NJW 1999, 3499 und NJW 1998, 3653 = StV 1998, 579, speziell auch bei „erledigten" vorl. Festnahmen gem. § 127 II StPO.

[204] NJW 1998, 3653; NJW 1999, 730.

[205] *BGH* NJW 1979, 882; dagegen *Lisken* NJW 1979, 1992; ebenso schon *Amelung* NJW 1978, 1013. Vgl. auch *Middelberg*, Rechtsschutz gegen erledigte strafprozessuale Untersuchungshandlungen, 1979; *Bachmann* NJW 1999, 2414 mit einer Rechtsprechungsübersicht.

[206] *BVerfGE* 96, 27 = NJW 1997, 2163; *BVerfG* (Kammerentsch.) NJW 1999, 3773; *BGH* NJW 1999, 730; *BGH* NJW 1999, 3499.

[207] Die Berufung auf *BVerwGE* 45, 51 = NJW 1974, 807 (keine Richterpräsenz rund um die Uhr geboten) geht fehl, weil der Schutz, den Art. 13 II, 104 II und auch 19 IV GG garantieren, nicht unter dem Vorbehalt richterlicher Erreichbarkeit steht. Die damals auf Himmler (als Innenminister) zurückgehende Befreiung der Richter von der Einhaltung bestimmter Dienstzeiten ist eben kein Privileg, sondern Äquivalent und sachnotwendige Voraussetzung jederzeitiger Erreichbarkeit. Vgl. dazu *BGH* NJW 1978, 899: **„Der Richter hat stets, auch außerhalb von Dienststunden tätig zu werden, wenn sein Amt es von ihm fordert."** Ebenso für Eilsachen *LG Frankfurt* (Richterdienstgericht) DRiZ 1980, 311, insoweit bestätigt vom *OLG Frankfurt* DRiZ 1980, 430. Vgl. *BVerwG* NJW 1983, 62 („Die Arbeitszeitvorschriften ... gelten nicht für

148 Vergleichsweise weniger Rechtsschutzprobleme wirft die **Freiheitsentziehung** im Ermittlungsverfahren auf, weil jede Freiheitsentziehung – mit und ohne Haftbefehl – gemäß Art. 104 II GG, §§ 115, 125, 128 StPO zur Rechtmäßigkeitskontrolle und gleichzeitigen Rechtsschutzgewährung führt. Gleiches gilt für das Anhalten und Festhalten gemäß § 163 c StPO.

149 Nur bei Freilassung des Beschuldigten vor Beteiligung des Haftrichters stellt sich wiederum die Frage der Zuständigkeit. In der Praxis wird von den Staatsanwaltschaften eine nachträgliche richterliche Entscheidung nicht herbeigeführt, obwohl sie von Verfassungs wegen geboten ist.[208] Die Betroffenen wehren sich – wenn überhaupt – mit Strafanzeigen wegen Freiheitsberaubung im Amt oder mit Aufsichtsbeschwerden. Der Hinweis auf die Richterzuständigkeit bleibt unbeantwortet.[209] Dies kann – auch infolge des StrEG – gegen ein nachhaltiges Rechtsschutzbedürfnis sprechen, macht aber die Frage nach dem zulässigen Rechtsmittel nicht gegenstandslos. Auch hier bietet sich aus den vorgenannten Rechtsgründen der Weg zum Ermittlungsrichter als Rechtsschutzrichter in Analogie zu § 98 II StPO an.[210] Der zu kontrollierende Grundrechtseingriff (Art. 2 GG) ist dem einer Wohnungsdurchsuchung (Abs. 13 GG) vergleichbar und deswegen grundsätzlich dem Rechtsschutz in Analogie zu § 98 II StPO zugänglich.[211]

150 Nachdem die höchstrichterliche Rechtsprechung nunmehr einheitlich der Literatur gefolgt ist und angesichts der unvollständigen Rechtsschutzregelung in der StPO den Rechtsweg zum Ermittlungsrichter in Analogie zu § 98 II StPO bei allen Ermittlungseingriffen gewiesen hat, bleiben dennoch Probleme bei den Eingriffsbefugnissen, die teils repressiven, teils präventiven Zwecken dienen. So hat der Ermittlungsrichter bei der **„erkennungsdienstlichen Behandlung“** gem. § 81 b StPO Rechtsschutz zu gewähren, wenn diese strafprozessualen Ermittlungen dient. Dient sie aber der Prävention, ist – nach der ständigen Rechtsprechung[212] – der Verwaltungsgerichtsweg einschlägig. Das ist die bekannte Folge einer standortfremden Präventionsregelung in der StPO. Ein ähnliches, aber in der Praxis (noch) kaum auftretendes Dilemma besteht bei der **Präventionshaft gem. § 112 a StPO,** die fiktiv wie eine echte Untersuchungshaft behandelt wird. Bei ihr wird trotz des reinen Präventionszwecks Rechtsschutz über § 117 StPO gewährt. Die Parallelregelungen in den Polizeigesetzen enthalten niedrigere Eingriffsschwellen und werden daher – ohne Rücksicht auf die Frage ihrer Zulässigkeit neben der Bundesregelung – eher genutzt.

151 Während der Rechtsschutz gegen **molekulargenetische Untersuchungen** gem. § 81 e StPO wie bei den **körperlichen Untersuchungen** gem. § 81 a StPO ausschließlich nach der StPO (Beschwerde gem. § 304 I StPO gegen noch nicht vollzogene richterliche Eingriffsanordnung, Anrufung des Ermittlungsrichters analog § 98 II StPO bei richterlosen Eilanordnungen) zu gewähren ist, gibt es beim Rechtsschutz gegen eine **DNA-Analyse gem. § 81 g StPO** wieder Zweifel, weil sie nur der „Identitätsfeststellung in **künftigen** Strafverfahren“ dienen soll. Es handelt sich also um eine **vorsorgliche Beweiserhebung ohne konkreten Verdacht** i. S. v. § 152 II StPO. Es genügt die latente Tatwiederholungsgefahr. Hier haben sich die unteren Instanzen wegen der **Anordnungszuständigkeit** gestritten. Die OLG Zweibrücken und Köln[213] haben sowohl für akute als auch für alte

---

Richter ... Die vom einzelnen Richter anzuwendende Arbeitszeit ist von den Umständen ... abhängig.“). Zu diesen „Umständen“ sollten nicht zuletzt die grundgesetzlichen Vorgaben gehören. Ebenso unzweideutig *BVerfG*, Urt. v. 20. 2. 2001 – 2 BvR 1444/00 – StV 2001, 207 = NJW 2001, 1121.

[208] *BVerfGE* 10, 302; 22, 311; *BVerwG* NJW 1957, 602 und 922. Weit. Nachw. bei *Lisken* NJW 1982, 1268, und *Wagner,* AK-PolGNRW, 1987, vor § 8 Rdn. 46 ff. mit Problemdarstellung und weit. Nachw.; wie hier jetzt auch *BGH* StV 1998, 579 = NJW 1998, 3653.

[209] So die Erfahrung des Verfassers.

[210] So auch *Götz,* Allg. Polizei- und Ordnungsrecht, 12. Aufl., Rdn. 562; ebenso jetzt *BGH* Fn. 208.

[211] *BGH* NJW 1978, 1013; so jetzt auch für „erledigte vorläufige Festnahmen nach § 127 II StPO“ *BGH* StV 1998, 579 = NJW 1998, 3653.

[212] *BVerwGE* 66, 192 = NJW 1983, 772; *BVerwGE* 66, 202 = NJW 1983, 1338; st Rspr. seit *BVerwGE* 11, 181 = NJW 1961, 571.

[213] NJW 1999, 300 und NJW 1999, 1878.

Fälle außerhalb eines anhängigen Hauptverfahrens den Ermittlungsrichter für zuständig erklärt, weil der Gesetzgeber die Befugnis in der StPO geregelt habe. Ebenso hat das LG Karlsruhe[214] geurteilt, das die **Anordnungskompetenz** systematisch korrekt von der **Rechtsschutzzuständigkeit** bei Präventiveingriffen wie bei § 81b StPO unterschieden hat. Das AG Kreuznach[215] hat auch den Ermittlungsrichter für kompetent gehalten, während das AG Landau und das LG Berlin[216] eine strafrichterliche Kompetenz außerhalb eines Strafverfahrens verneint haben. *Senge*[217] meint dazu: Für die Anordnungen sei immer der Ermittlungsrichter zuständig und niemals das Gericht, das ggf. über eine einschlägige Tat verhandele, weil die Untersuchung nicht im anhängigen, sondern nur in einem künftigen Verfahren verwendbar sein solle. Es handele sich also immer um **richterliche Untersuchungshandlungen** im Sinne von § 162 StPO. Sie diene als **„Maßnahme der vorbeugenden Verbrechensbekämpfung"** auf der Grundlage einer **„strafrechtlichen Gefahrenprognose"** der **„Beweissicherung in einem künftigen Strafverfahren"**. Es handele sich also „um Strafverfolgungsmaßnahmen, die an den Verdacht einer Straftat von erheblicher Bedeutung anknüpfen". Deswegen komme eine verwaltungsgerichtliche Zuständigkeit für die Anordnung nicht in Betracht. Der BGH sieht die Anordnungskompetenz unproblematisch beim Ermittlungsrichter des AG (NJW 2000, 1204).

152 Das Problem der formellen und materiellen Richterzuständigkeit läßt sich auch nicht dadurch umgehen, daß man – wie in einigen Ländern – vom Betroffenen eine **Einwilligung** in den Eingriff einholt. Diese rechtstechnisch scheinbar naheliegende Problemlösung ist unzulässig, weil sie dem Normzweck des Richtervorbehaltes gem. § 81g III i. V. m. § 81f I StPO widerspricht. Eine Einwilligung mag dann als Rechtfertigung für einen Eingriff genügen, wenn es z. B. um das einfache Anhalten oder Befragen oder Durchsuchen geht, der Betroffene also unschwer die Folgen seiner Zustimmung übersehen kann. Bei der DNA-Analyse sind die möglichen Folgen für einen Laien – selbst bei umfassender Belehrung – gar nicht überschaubar. Nicht einmal die Eingriffsvoraussetzungen gem. § 81g I StPO kann der Betroffene ohne sachkundigen Beistand beurteilen. Es kommt hinzu, daß die Bedingungen, unter denen gefragt werden könnte, höchst selten den Voraussetzungen entsprechen, die für die Annahme einer freiwilligen Entscheidung erforderlich sind.

153 Wegen der Komplexität dieses schwerstwiegenden Eingriffs, den die StPO kennt, ist die Mitwirkung eines Richters, die nicht nur auf dem Papier steht, sondern eine gründliche Prüfung der Voraussetzungen und Folgen des Eingriffs verlangt, unerläßlich. Sie dient der unbedingten **Rechtssicherung** und – wenn der Betroffene mit anwaltlichem Beistand gehört worden ist – zugleich dem **Rechtsschutz.** Nur eine solche Verfahrensweise wird dem Zweck gem. § 81g StPO gerecht.[218] Der menschenrechtlich ohnehin bedenkliche **Vorsorgeeingriff** läßt sich nicht wie eine Standardbefugnis zur Gefahrenabwehr oder Verdachtsklärung handhaben. Ministererlasse, die nicht dieser Rechtslage entsprächen, wären unverbindlich. Eine ohne Beachtung der Richterkompetenz erhobene

---

214 NJW 1999, 301.

215 NJW 1999, 303.

216 NJW 1999, 302; NJW 1999, 303.

217 MJW 1999, 253.

218 So auch der Landesbeauftragte f. d. Datenschutz von S-H in seinem 22. Tätigkeitsber. f. 1999, S. 33 ff.; ebenso der Bayer. Datenschutzb. im 19. Tätigkeitsber. v. 14. 12. 2000, S. 23 und S. 177, mit dem beachtl. Hinweis auf eine „**Anweisung** an die Vollzugsbediensteten, daß den Betroffenen eine freiwillige Abgabe nahe zu legen sei und daß im Falle einer Verweigerung des Einverständnisses insbesondere die Frage der Gewährung von Vollzugslockerungen oder Urlaub aus der Haft besonders sorgfältig zu prüfen sei". Zur Vermeidung des Versuchs solcher (normzweckwidrigen) Beeinflussungen und wegen der ratio legis hält das *LG Wuppertal* NJW 2000, 2687 am unbedingten Richtervorbehalt fest; anders, aber ganz arglos und ohne Prüfung der Frage, wie der Betr. die übrigen Eingriffsvoraussetzungen beurteilen könnte, *LG Hamburg* StV 2000, 660 mit krit. Anm. von *Busch.* Für eine konkret substantielle Prüfung der einzelnen Tatbestandsvoraussetzungen durch den Richter *BVerfG* (Kammerentscheidungen) v. 14. 12. 2000, NJW 2001, 879 und v. 15. 3. 2001, NJW Nr. 18/2001, S. XIV. Ebenso unzweideutig zur Unbedingtheit des Richtervorbehaltes *BVerfG*, Urt. v. 20. 2. 2001, NJW 2001, 1121. Zu den Gefahren auf dem Weg zu einer **„genetischen Datenbank"** vgl. *Schmidtke/Krawczak*, DNA-Fingerprinting, 2000; *dies.*, dazu in: SZ v. 23. 3. 2001, S. 46.

DNA-Analyse wäre **unverwertbar,** weil sie auf einem Justizverwaltungsakt beruhte, der von einem unzuständigen Amtswalter erlassen und deswegen **„unheilbar" rechtswidrig** wäre (arg. aus §§ 81g III und 81f I StPO).

Der Normzweck zielt auf eine Beweiserleichterung bei künftigen Verdachtsklärungen. 154
Es handelt sich also um ein **Datensammeln „auf Vorrat"**, ein Fall der **„Prozeßvorsorge"**. Damit ähnelt die Methode der „erkennungsdienstlichen Behandlung" gem. § 81b 2. Alternative StPO. Sie knüpft zwar an eine konkrete Beschuldigung an, dient aber nicht der Aufklärung des bestehenden Verdachtes, sondern der Prävention und nur in zweiter Linie der möglichen Verwertung in künftigen Verfahren. Sie begründet daher kein **Strafprozeßrechtsverhältnis,** sondern ein **Polizeirechtsverhältnis.** Deswegen hat die ständige Rechtsprechung – trotz der Regelung in der StPO – die **Rechtsschutzzuständigkeit der Verwaltungsgerichte** gem. § 40 VwGO angenommen.[219] Auch wenn die so erhobenen Daten später ggf. in einem Strafverfahren verwendet werden können, bleibt es im **Zeitpunkt der Datenerhebung** ein präventiv-polizeilicher Eingriff, weil er nicht einer aktuellen Verdachtsklärung dient.[220]

Ähnlich stellt sich rechtssystematisch die DNA-Analyse gem. § 81g StPO dar. Auch 155
bei ihr geht es nicht um eine akute Verdachtsklärung, sondern um ein Datensammeln „auf Vorrat". Der Unterschied zur polizeilichen „ed-Behandlung" gem. § 81b StPO liegt jedoch darin, daß die DNA-Analyse ausdrücklich **nur für „Identitätsfeststellungen in künftigen Strafverfahren"** genutzt werden darf. Insoweit ist eine **„doppelfunktionale" Nutzung** textlich ausgeschlossen. Es ist also die Begründung eines „Polizeirechtsverhältnisses" von vornherein nicht intendiert, so daß verwaltungsgerichtlicher Rechtsschutz gem. § 13 GVG ausgeschlossen erscheint. Zwar finden sich inzwischen in allen Polizeigesetzen Überleitungsvorschriften, die der Polizei die **präventive Nutzung rechtmäßig erhobener Strafverfahrensdaten** erlauben. Das setzt aber wiederum eine Befugnis zur Datenherausgabe in der StPO voraus. Daran fehlt es; denn – neben der absoluten Verwendungsbeschränkung der sog. Gen-Daten gem. § 81g StPO – gestattet § 481 StPO auch nur die Übermittlung von Daten „aus Strafverfahren", also nicht aus „Vorsorgeermittlungen"; es sei denn, man sieht – wie *Paeffgen* (StV 1999, 625–625) besorgt bemerkt, in § 3 DNA-Identitätsfeststellungsgesetz eine außerstrafprozessuale „listige" Überleitungsgrundlage zur präventiven Nutzung. Solche Praxis widerspräche jedoch dem klaren Wortlaut von § 81g StPO. Es kann mit der Datenerhebung zur DNA-Analyse also nur ein Strafprozeßrechtsverhältnis (zur speziellen Identifizierungsvorsorge) begründet werden, so daß auch **nur im Rahmen der StPO Rechtsschutz** gewährt werden kann. Dies liegt wegen des ohnehin bestehenden Richtervorbehaltes gem. § 81 III i.V.m. § 81f I StPO hinsichtlich der Anordnungskompetenz auch sachlich nahe. Ergeht die Anordnung nach Anhörung des Betroffenen, ist damit zugleich Rechtsschutz gewährt, so daß die Beschwerde gem. § 304 StPO als weiteres Rechtsschutzmittel in Betracht kommt. Fehlt es an der vorherigen Anhörung gem. Art. 103 I GG, bleibt auch nur der strafprozessuale Rechtsschutz, wie er nach allen Eingriffen ohne vorherige richterliche Anhörung gem. Art. 19 IV GG gegeben sein muß.[221] **Rechtsschutz durch „Rechtsprechung" im Sinne von Art. 20 III und Art. 92 GG setzt nämlich „Anhörung" des Betroffenen gem. Art. 103 I GG voraus.**

Es bleibt abzuwarten, ob sich das Rechtswegproblem bei Rechtsschutzbegehren gegen 156
die Erhebung einer DNA-Analyse gem. § 81g StPO dadurch erledigen wird, daß die Vorschrift (auf dem Weg einer Richtervorlage gem. Art. 100 GG) für **verfassungswidrig** erkannt wird. Die Verfassungswidrigkeit könnte darin liegen, daß die Genanalyse gem. § 81g StPO ein strafprozessualer Eingriff ist, der nicht der Verdachtsklärung dient, weil es noch keinen Verdacht gibt, der Betroffene also noch kein Beschuldigter sein kann, der sich unbeschadet der **Unschuldsvermutung** einen so gravierenden Aufklärungseingriff

---

[219] *BGHSt* 28, 206; *BVerwGE* 66, 192 = NJW 1983, 772.

[220] *BVerwG* 66, 202 = NJW 1983, 1338.

[221] Vgl. *BVerfGE* 96, 27 = NJW 1997, 2163; *BVerfGE* 96, 44 = NJW 1997, 2165; *BVerfG* (Kammerentsch.) NJW 1999, 3773; *BGHSt* 44, 265 = NJW 1999, 730; *BGH* NJW 1999, 3499; *BGH* StV 1998, 579.

gefallen lassen muß.[222] § 152 II StPO ist bisher immer als „Eingriffsschwelle" angesehen worden, also als **Verbot von verdachtslosen Eingriffen.** Deswegen kam es zum Versuch, „anlaß- und ereignisunabhängige Kontrollen" über das Polizeirecht zu ermöglichen, um auf diesem Wege effektiver fahnden zu können (Stichwort: **„Schleierfahndung"**; vgl. Kap. C Rdn. 30 ff.). Solche Kontrollen sind aber wegen des Fehlens jedes Zurechnungszusammenhangs mit einer Gefahr oder einem Verdacht – mit engen Ausnahmen – für verfassungswidrig erkannt worden.[223]

157 Mit § 81 g StPO ist wiederum der Versuch unternommen worden, eine Datenerhebung zu ermöglichen, für die es auch noch keinen Zurechnungszusammenhang mit einem konkreten aufklärungsbedürftigen Sachverhalt gibt. Der Betroffene muß zwar Grund für eine Straffälligkeitsprognose liefern, aber diese Prognose braucht sich keineswegs – wie bei der Verhängung von **Sicherungsmaßregeln** nach §§ 61 ff. StGB – auf eine rechtskräftige Täterfeststellung zu stützen. Für die Erhebung der DNA-Analyse „auf Vorrat" soll eine **„Gefahrenprognose" ohne jeden Tat- oder Schuldnachweis** genügen. Ginge es um Prävention wie bei der „ed-Behandlung" gem. § 81 b 2. Alternative StPO oder um Vorbeugehaft gem. § 112 a StPO, könnte der Eingriff als anlaßbezogene Sicherungsmethode qualifiziert werden. Ohne diese Zweckbestimmung wird die Methode aber nur zum Mittel der **Arbeitserleichterung für künftige Aufklärungsbedürfnisse.** Unter diesem Aspekt ließen sich viele vorsorgliche Datenerhebungen vorstellen, von der Lichtbildanfertigung bis zur Aufzeichnung unverwechselbarer biologischer Merkmale von jedermann. Es bleibt aber zu fragen, ob und ab wann ein Mensch **im Interesse staatlicher Arbeitserleichterung** die Offenbarung persönlicher Daten schuldet. Liefert der **Verdacht** einer Untat im Sinne von § 81 g StPO bereits die Grundlage für eine so weitgehende **Sozialpflicht,** wie sie in § 81 g StPO vorausgesetzt wird? Ein Verfahrensgesetz kann solche Pflichten nicht begründen, sondern nur operationalisieren. Das gilt für die **Beschuldigtenpflichten** ebenso wie für die allgemeinen Hilfspflichten, zu denen auch die **Zeugen-** oder **Schöffenpflichten** gehören. Die Verfahrensregeln setzen sie voraus, schaffen sie also nicht. Das gilt auch für die **„Polizeipflichten"**, die in den Polizeigesetzen geregelt sind. Aber nicht alles, was sich polizeirechtlich regeln läßt, kann gleichermaßen auch strafprozessual angeordnet werden. Wer Anlaß zur Annahme seiner Gefährlichkeit bietet, mag polizeilich „beschattet" oder strafrechtlich in Obhut genommen werden, aber er braucht nicht „vorsorglich" schon an seiner künftigen Überführung mitzuwirken. Die **Unschuldsvermutung,** die „schon aus dem Rechtsstaatsprinzip folgt"[224] und auch einfachgesetzlich gem. Art. 6 II MRK zu beachten ist, **verbietet, einen Unverdächtigen wie einen Beschuldigten zu behandeln.** Nur bei einem Verdacht darf jemand beschuldigt und damit zwangsweise Beteiligter eines Strafprozeßverhältnisses werden; und nur „je nach Verdachtslage" darf er zwangsweise behandelt werden.[225]

158 Auch die mitmenschlichen, die **sozialen Grundpflichten** des einzelnen in der Gemeinschaft erlauben den öffentlichen Gewalten nicht, in den höchstpersönlichen Lebensbereich, zu dem niemand „Zutritt hat, in dem man in Ruhe gelassen wird" und in dem man „sich selbst besitzt", einzudringen, um ihn „zu registrieren und zu katalogisieren". Selbst eine nur statistische Befragung dürfte nicht zu einer „verwaltungstechnischen ‚Entpersönlichung'" führen.[226] Erst recht muß dies also gelten, wenn es um die Aufhe-

[222] Zu den Nutzungsmöglichkeiten genetischer Daten vgl. *Schneider,* in: Bäumler (Hrsg.), Polizei und Datenschutz, 1999, S. 315 ff. m. w. Nachw. Vgl. auch die Gesetzesforderung d. B-Rates v. 10. 11. 2000 BR-Drucks. 530/00 gegen die Nutzung von Gen-Daten im Privatversicherungsbereich. Krit. z. einem Ermittlungseingriff solcher Art ohne konkreten Verdacht *Rzepka* KritV 1999, 312. Keine (vertieften) Bedenken der 3. Kammer des 2. Senats des *BVerfG* (s. Fn. 218), soweit es „ausschließlich" um „die Feststellung des DNA-Identifizierungsmusters zum Zweck der Identitätsfeststellung in künftigen Strafverfahren" geht.

[223] *LVerfG Mecklenburg-Vorpommern* LKV 2000, 149 = Polizei – heute 2000, 69 = NJ 1999, 645 (Leits.), Näheres in Kap. C Rdn. 30 ff.

[224] *Kleinknecht/Meyer-Goßner,* StPO, 43. Aufl. 1997, Art. 6 EMRK Rdn. 12.

[225] *BVerfGE* 82, 106.

[226] *BVerfGE* 27, 1 (5 ff.); 45, 187 (228).

bung jeder Anonymität geht. Die Erhebung und Sammlung höchstpersönlicher genetischer Daten ist nämlich ein Eindringen in den letzten, innersten biologischen Lebensbereich eines Menschen und daher – zumindest außerhalb eines konkret bestehenden Verantwortungsbezugs zu anderen – eine „Entpersönlichung", die, wenn sie nicht ohnehin die durch Art. 1 I GG geschützte menschliche Autonomie verletzt, sich durch nichts rechtfertigen läßt, jedenfalls nicht zur Arbeitserleichterung der öffentlichen Gewalten, die lediglich der Repression und damit nicht einmal dem unmittelbaren Schutz konkret bedrohter höchster Rechtsgüter wie Leben und Freiheit dienen.

Ein so weit gehender Eingriff in die physische und psychische Integrität eines Men- 159
schen könnte – **wie bei der Sicherungsverwahrung gem. § 66 StGB** – allenfalls dann vertretbar erscheinen, wenn eine durch Urteil festgestellte Gefährlichkeitsprognose eine solche Sicherheitsmaßnahme erzwänge, die durch keine humanere Methode ersetzbar wäre. Sie ließe sich vielleicht ebenso wie die Sicherungsverwahrung als **„letzte Notmaßnahme der Kriminalpolitik"** rechtfertigen.[227] Als Sicherungsmittel gehört sie aber entweder ins Polizeirecht, das allerdings als „öffentliches Nothilferecht" solche Dauerüberwachung (seit dem 8. Mai 1945 mit dem Ende des seit dem 28. 2. 1933 bestehenden Ausnahmezustandes im „SS-Staat") nicht mehr kennt, oder ins Strafrecht. **Die StPO als Operationsmittel zur Anwendung des Strafrechts ist jedenfalls nicht der rechtssystematisch korrekte Standort. Sie soll die Grundrechte im Verfahren schützen und nicht der Prävention dienen.** Die Anwendung von § 81 g StPO begegnet also erheblichen Rechtsbedenken, so daß die Rechtsschutzfrage vorläufig von besonderer Bedeutung ist, auch wenn sie (wiederum) nicht ausdrücklich geregelt ist. Zunächst werden also auch hier die Ermittlungsrichter das Wort haben.

Mit der Rechtswegbestimmung ist noch nicht die gebotene **Effektivität des Rechts-** 160
schutzes[228] gesichert. Sowohl die früher nach §§ 23 ff. EGGVG angerufenen Oberlandesgerichte als auch der BGH (soweit er angerufen worden ist) haben für „erledigte" Eingriffe strafprozessualer Art jeweils ein besonderes **Rechtsschutzinteresse** gefordert und meistens verneint, wenn „nur" die Rechtswidrigkeit des Eingriffs selbst festgestellt werden sollte.[229] Das Fehlen eines Rechtsschutzinteresses wird man dann anerkennen müssen, wenn im Wege der „prozessualen Überholung" eine Erledigung eingetreten ist, also in einem weiteren Prozeßstadium eine richterliche Rechtsschutzkontrolle hinsichtlich des bisherigen Verfahrens stattgefunden hat. Der Erlaß einer Durchsuchungs-, Haft- oder Beschlagnahmeentscheidung durch einen Richter vor Anhörung des Betroffenen kann nicht zur Rechtsschutzerledigung wegen „prozessualer Überholung" führen, wie das BVerfG

---

227 *BGHSt* 30, 222 = NJW 1982, 114 unter Bezug auf die BT-Drucks. V/4094 S. 19 (Bericht des Sonderausschusses für die Strafrechtsreform); inzident gebilligt auch in *BVerfGE* 2, 118 = NJW 1953, 577; für genaue Verhältnismäßigkeitsprüfung *Frommel* NJW 1981, 1083. Zur Einführung der „Sicherungsverwahrung" durch die StGB-Novelle vom 24. 11. 1933 für „gefährliche Gewohnheitsverbrecher" und der polizeilichen „Vorbeugehaft" nebst anderen „Auflagen" (Hausarrest, nächtliche Ausgehverbote, polizeiliche Hausbesuche) durch die preuß. Erlasse vom 13. 11. 1933, 10. 2. 1934 und 16. 10. 1935 auf der (hierfür nicht bestimmten) Grundlage der AusnahmeVO des Reichspräsidenten vom 28. 2. 1933 („zur Abwehr kommunistischer Gewaltakte"), um die „Lücke" bei den „Gewohnheitsverbrechern" zu schließen, „denen zur Zeit eine Straftat nicht nachzuweisen" sei, vgl. *B. Wehner,* Dem Täter auf der Spur, Die Geschichte der deutschen Kriminalpolizei, 1983, S. 198 ff. Zur heutigen Anwendung der Sicherungsverwahrung „als ihrem Wesen nach totalitäres Instrument des Polizeirechts" vgl. *Eisenberg/Schlüter* NJW 2001, 188. Zu den ähnlichen menschenrechtlichen Problemen bei der „elektronischen Fessel" vgl. *Weichert* StV 2000, 335. Zur Wiedergeburt d. Idee einer „nachträglichen Sicherungsverwahrung" (ggf. b. d. Polizei) vgl. *Peglau* ZRP 2000, 147, m. Bezug auf BR-Drs. 699/97 + 144/00. Nach dem Scheitern einer Bundesregelung, wie sie Bayern und B.-Wttbg. gem. Art. 74 Nr. 1 GG wollten, hat B.-Wttbg. durch Ges. v. 20. 2. 2001 eine **nachträgliche „Straftäter-Unterbringung"** (im Justizvollzug) eingeführt. Krit. dazu *Ullenbruch* NStZ 2001, 292 und *Kinzig* NJW 2001, 1455.

228 *BVerfGE* 40, 272 (275) st. Rspr.

229 Vgl. *BGHSt* 28, 57 = NJW 1978, 1815; *BGHSt* 28, 160 = NJW 1979, 881; *BGHSt* 28, 206 = NJW 1979, 882; *BGHSt* 36, 30 = NJW 1989, 1169; *BGH* NJW 1978, 1013; *BGH* Ermittlungsrichter, NJW 1990, 333; *OLG Karlsruhe* NJW 1976, 1417; *OLG Stuttgart* NJW 1977, 2276, jeweils m. w. Nachw. Die Frage, wie denn der Betroffene zu „seinem Recht", das ihm genommen war, kommen konnte und ob er – mangels effektiver Rechtsschutzmöglichkeit – straffrei Widerstand i. S. v. § 113 StGB hätte leisten dürfen, wurde nie gestellt. Vgl. dazu auch o. Rdn. 47 mit Fn. 71.

einmal irrtümlich gemeint hat.[230] Die Gleichsetzung der rein zeitlichen „Überholung“ führt zum Ausschluß jeder Gerichtskontrolle bei vorübergegangenen Eingriffen, widerspricht also der Rechtsschutzgarantie des Grundgesetzes. Man kann auch nicht den richterlichen Eingriffsbefehl, der ohne vorherige Anhörung des Betroffenen erlassen und vollstreckt wird, als Akt der „Rechtsprechung“ im Sinne von Art. 20 II und 92 GG qualifizieren, um das so betroffene Rechtsgut dem Schutzbereich des Art. 19 IV GG zu entziehen. Denn die ohne Anhörung des Betroffenen gefällte Eingriffsentscheidung ist kein Akt der Rechtsprechung, sondern der Verwaltung zuzurechnen, ähnlich der fürsorgerischen Tätigkeit des Richters im Bereich des FGG.[231] Deswegen hat der Erste Senat des BVerfG für den vergleichbaren Bereich des Art. 13 II GG die danach erforderliche richterliche Entscheidung ausdrücklich nicht der „Rechtsprechung“ zugerechnet und sie selbst nach voraufgegangenem vollstreckbarem Urteil für erforderlich gehalten.[232]

161 Für das Rechtsschutzinteresse kommt es also nur darauf an, ob es an Rechtsschutz im Sinne von Art. 19 IV GG fehlt und ob sachlich ein **Wiedergutmachungsbedürfnis** besteht. Die Oberlandesgerichte haben im Verfahren nach §§ 23ff. EGGVG regelmäßig **„Wiederholungsgefahr“**, **„Diskriminierung“** oder weiter gehende materielle Interessen gefordert. In keiner dieser Entscheidungen ist je dargelegt worden, was eine Diskriminierung wäre oder wie eine Wiederholungsgefahr im selben Falle prognostiziert werden könnte, etwa bei unberechtigten Untersuchungen, Festnahmen, Beschlagnahmungen etc. Auch bei weiter gehenden materiellen Interessen hätte das Leistungsbegehren immer Vorrang vor dem Feststellungsinteresse, so daß für die rehabilitierende Feststellung des rechtsgrundlosen Zugriffs faktisch kein Raum wäre. Die Rechtsschutzgarantie ginge ins Leere, obwohl sie ausdrücklich als Hilfe zum Ausgleich für Grundrechtseingriffe geschaffen ist. Das Handeln der Strafverfolgungsorgane vollzog sich insoweit in einem **rechtsschutzfreien Raum,** obwohl Art. 19 IV GG umfassenden Rechtsschutz gegen alle Akte der Exekutive sichern will.[233] Solcher Schutz ist „zumal dann von besonderer Bedeutung, wenn es um die Abwehr von Grundrechtsverletzungen zugunsten des privaten einzelnen gegenüber der öffentlichen Gewalt geht“.[234] **Es kann also nicht darauf ankommen, wie diskriminierend ein Eingriff gewirkt hat, sondern ob er rechtswidrig stattgefunden hat.** Der Eingriff selbst begründet das Wiedergutmachungsinteresse, weil es nach der „Wertordnung“ des Grundgesetzes[235] keinen gravierenderen Eingriff und keine „diskriminierenderen“ Folgen geben kann, wenn mit dem „härtesten“ Mittel der Staatsmacht, nämlich dem der Strafverfolgung,[236] vorgegangen wird. Der verfassungskräftige Richtervorbehalt unterstreicht dies noch. Seine Außerachtlassung schafft für sich schon einen hinreichenden Schutzgrund. Etwas anderes könnte nur dann gelten, wenn die handelnde Exekutive ihrerseits eine **rehabilitierende Erklärung** abgeben sollte, wie es beispielhaft in § 170 II StPO für den Fall der Einstellung des Ermittlungsverfahrens vorgesehen ist. Mit einer ähnlichen **Ehrenerklärung** in allen anderen Fällen erledigter Eingriffe könnte sich Rechtsschutz erübrigen, weil nur so die „Kränkung des Lebensgefühls“ als Verstoß gegen Art. 1 GG[237] ausgeglichen werden kann.[238] Solche immateriellen Rechts-

---

[230] *BVerfGE* 49, 329 = NJW 1979, 154 = EuGRZ 1979, 53 mit krit. Anm. v. *H. Seibert.* Anders jetzt *BVerfG* NJW 1991, 1283: Nur bei Anhörung gem. Art. 103 I GG ist Rechtsschutz gegeben! Wie hier jetzt *BVerfGE* 96, 27 = NJW 1997, 2163 unter ausdrückl. Aufgabe der früheren Ansicht. Dem folgend jetzt die gesamte höchstrichterliche Rspr. Vgl. Fn. 221.

[231] *Arndt,* Ges. jur. Schriften, 1976, S. 359, zur konstitutiven Bedeutung der Anhörung gem. Art. 103 GG für die Rechtsprechung. Zur Verwaltungsfunktion des Eingriffsrichters gem. Art. 104 II GG vgl. auch *Maunz/Dürig/Herzog/Scholz,* GG, Art. 104 II, Rdn. 25 („Richterakt ohne Streitentscheidung“).

[232] *BVerfGE* 51, 97 = NJW 1979, 1539.

[233] Vgl. *BVerfGE* 10, 264 (267f.); 60, 253 (294ff.). Zur sog. Wiederholungsgefahr vgl. auch oben Rdn. 45ff.

[234] So *BVerfGE* 60, 253 (266); ebenso *BVerwG* NJW 1991, 581.

[235] Vgl. *BVerfGE* 7, 198.

[236] *BVerfGE* 39, 1.

[237] *Benda,* FS Geiger, 1974, S. 27.

[238] Im übrigen könnte der Betroffene auch wegen seiner Stellung in Familie und Beruf ein handfestes Interesse an einem solchen Papier haben!

güter sind nicht weniger schutzwürdig als geldwerte. Der „Wert- und Achtungsanspruch" hat Vorrang vor jedem rein materiellen Interesse.[239] Eine „üble" Verhaftung oder Durchsuchung kann ebenso kränkend sein wie die üble Nachrede.[240] Auf den guten oder bösen Willen des Handelnden kommt es dabei nicht an, auch nicht auf die Frage, ob der Eingriff öffentlich bekannt geworden ist. Es geht um den möglichen Ausgleich für den Eingriff an sich.

Der Rechtsschutz ist also nach der Verfassungslage gegeben. Vor Anrufung des Richters 162 sollte der Versuch gemacht werden, eine Ehrenerklärung der Strafverfolgungsbehörde zu erhalten.

d) Mitwirkungsrechte in der Hauptverhandlung

Nicht zu den Rechtsbehelfen zählen die **prozessualen Mitwirkungsrechte** nach Eröff- 163 nung des Hauptverfahrens gemäß §§ 199 ff. StPO. Diese **Prozeßrechte** im Rahmen eines dem Rechtsschutz dienenden Verfahrens eröffnen nicht den Zugang **zum** Gericht, sie dienen der Rechtsfindung **im** Gericht. Deswegen hat der Angeklagte ein **Anwesenheitsrecht,** ein Recht, sich **zur Anklage zu erklären, Beweisanträge** zu stellen, sich zu allen Beweiserhebungen zu äußern und **Fragen** an Zeugen und Sachverständige zu stellen. Außerdem hat der Angeklagte **das letzte Wort.** Erforderlichenfalls ist ihm ein **Dolmetscher** beizugeben. Das Ziel ist eine erschöpfende Mitwirkung an der konkreten Rechtsfindung gemäß Art. 103 I GG. Bei einer Zurückweisung einzelner Fragen als nicht zur Sache gehörig, kann auch der Angeklagte **Protokollierung** und **Entscheidung des Gerichts** verlangen. Das kann für den Erfolg eines Rechtsmittels wichtig sein. Das gilt insbesondere für die **Bescheidung von Beweisanträgen** gem. § 244 StPO. Dieses **Beweisantragsrecht** hat verfassungskräftige Bedeutung, weil letztlich nur mit seiner Hilfe die Anhörung gem. Art. 103 I GG gesichert werden kann. Dieses ist wiederum deswegen unabdingbar nötig, weil nur so der **„Inbegriff der Verhandlung"** erreicht oder erzwungen werden kann, aus dem das Gericht gem. § 261 StPO seine Überzeugung vom richtigen „Wahrspruch" (*Ad. Arndt*) schöpfen kann. Das Gericht ist zwar in der **Überzeugungsbildung** „frei", aber zur **Überzeugungsfindung** auf den Inhalt der Verhandlung angewiesen. Und den kann der Angeklagte maßgeblich über das Beweisantragsrecht gem. § 244 StPO bestimmen (*Fezer*, StV 1995, 95 ff.: „§ 244 II StPO begrenzt § 261 StPO …"; ähnlich *Herdegen,* in: GS f. Meyer, 1990, S. 187). Damit erledigen sich schon von Verfassungs wegen alle (wiederkehrenden) Versuche einer Beschneidung dieses Rechts. Bei **Mißbrauch** dieses Rechts ist nicht das Recht, sondern seine mißbräuchliche Ausübung zu beschneiden.

e) Andere Abwehrmethoden

Als Abwehrmittel besonderer Art wird die **Gegenanzeige** genutzt. Vor allem gegen 164 Polizeibeamte wird von dieser Möglichkeit zunehmend Gebrauch gemacht, wenn die Strafverfolgung mit einer Auseinandersetzung oder einem tätlichen Zugriff begonnen hat. Das Ziel ist nicht selten, die Zeugenstellung des Beamten zu schwächen oder den Weg zu einer Verfahrenseinstellung gemäß §§ 153 ff. StPO zu bereiten. In der Praxis kann dem mit einer beschleunigten Aufklärung des gegen die Beamten gerichteten Vorwurfs begegnet werden. Sollte sich eine falsche Anschuldigung im Sinne von § 164 StGB ergeben, wäre sie nicht durch die „Wahrnehmung berechtigter Interessen" im Sinne von § 193 StGB gerechtfertigt!

Von der Gegenanzeige zu unterscheiden ist die öffentliche Einflußnahme im Schutz 165 der Pressefreiheit. Solche **Prozeßführung durch Medien**[241] kann den Verlauf und Ausgang eines Prozesses bestimmen, wenn die anderen Prozeßbeteiligten sich nicht äußerste Zurückhaltung auferlegen und auf Provokationen reagieren. Die öffentliche Äußerung

---

239 *BVerfGE* 27, 1 (6); 28, 389 (391); 45, 187 (228).

240 So auch *OVG Münster* NVwZ 1982, 46.

241 *J. Wagner,* Prozeßführung durch Medien, 1987. Grdl. Kritik auch bei *Hamm*, NJW 2001, 269.

eines Sachverständigen vor seiner Einvernahme im Prozeß kann ihn „befangen" machen. Ähnliches kann den Richtern widerfahren. Auch die provozierte „Vorverurteilung" in den Medien kann genutzt werden, um eine Verfahrenseinstellung gemäß §§ 206 a, 260 III StPO wegen Verletzung des rechtsstaatlichen Fairneßgebotes zu beantragen.[242]

f) Rechtsbehelfe im Bußgeldverfahren

166 Für das **Ordnungswidrigkeitenverfahren** gilt gemäß § 46 OWiG das Verfahren nach der StPO entsprechend. Unzulässig sind Anstaltsunterbringung, Verhaftung, vorläufige Festnahme, Telefon- und Postkontrolle. Die **Entnahme von Blutproben** ist hingegen zulässig (wegen § 24 a StVG). In diesem Rahmen hat die Polizei gemäß § 53 OWiG die Aufgabe und die Befugnis zur Wahrheitsermittlung. Sie kann also auch identifizieren, beschlagnahmen und durchsuchen und Blutentnahmen erzwingen. Sie kann auch **Zeugen** vernehmen, aber deren Erscheinen nicht erzwingen (§ 46 V OWiG). Ihre Ermittlungsergebnisse hat die Polizei der zuständigen Verwaltungsbehörde (analog § 163 II StPO) zuzuleiten.

167 Zur Wahrung des Gebots des rechtlichen Gehörs gemäß Art. 103 GG muß dem Betroffenen gemäß § 55 auf jeden Fall **Gelegenheit zur Äußerung** gegeben werden. Die Wahrnehmung dieser Chance kann sich empfehlen, wenn andernfalls eine falsche Entscheidung droht oder eine **Einstellung** aus Gründen der Opportunität gemäß § 47 OWiG angestrebt wird. Die Einstellung gegen Zahlung einer Buße ist gemäß § 47 III OWiG nicht zulässig, aber der Nachweis der Einsicht in das Unrecht und der Wiedergutmachung etwaigen Schadens ist nicht verwehrt.

168 Nach denselben Gesichtspunkten, die auch im Ermittlungsverfahren nach der StPO maßgebend sind, kann gegen jeden Eingriff der Verwaltungsbehörde oder Polizei, der nicht nur der Vorbereitung der Entscheidung dient, gemäß § 62 OWiG die **Entscheidung** des örtlich zuständigen **Amtsgerichts** beantragt werden. Die Gefahr eines **negativen Kompetenzkonfliktes,** wie er im Ermittlungsverfahren nach der StPO zwischen Ermittlungsrichter (§ 98 II StPO) und OLG (§§ 23 ff. EGGVG) bestanden hat, droht hier nicht, weil § 62 OWiG nicht zwischen Anordnungs- und Rechtsschutzkompetenz unterscheidet, so daß Anordnung und Vollzug sowohl vor als auch nach „Erledigung" vom selben Richter hinsichtlich ihrer Rechtmäßigkeit zu prüfen sind. Das **Rechtsschutzinteresse** ist nicht anders als im Strafermittlungsverfahren zu beurteilen.

169 Nach Erlaß des Bußgeldbescheides ist derselbe Richter zuständig, wenn der Betroffene **Einspruch** (§ 67 OWiG) einlegt. Das weitere Verfahren richtet sich nach §§ 69 ff. OWiG. Ob es zur mündlichen Verhandlung kommt, hängt vom Willen des Betroffenen ab (§ 72 OWiG). Wegen der „verkürzten" Beweisaufnahme (§ 77 OWiG) kann es sich empfehlen, alle Gesichtspunkte und Beweismittel in der Einspruchsschrift anzuführen. Hinhaltetaktik zahlt sich nicht aus, zumal das weitere Rechtsmittel der **Rechtsbeschwerde** (§ 79 f. OWiG) nur begrenzt zulässig ist.[243]

170 Der Antrag auf Zulassung wegen „Verletzung des rechtlichen Gehörs" im Sinne von Art. 103 GG (§ 80 OWiG) hat mit Sicherheit keinen Erfolg, wenn in erster Instanz die Gelegenheit zum Vortrag nicht genutzt worden ist. Problematischer ist die Frage der Zulassung **„zur Fortbildung des Rechts"** oder **„zur Sicherung einer einheitlichen Recht-**

---

[242] Vgl. *Kleinknecht/Meyer-Goßner,* StPO, 43. Aufl., Einl. Rdn. 148. Weitere Beispiele bei *J. Wagner,* Prozeßführung durch Medien, 1987, und *Lisken* ZRP 1988, 193. Vgl. auch *Roxin,* Strafverfahrensrecht, 25. Aufl. 1998, S. 43. Zum Rechtsschutz bei einem Streit mittels der Medien zwischen Polizei und Beschuldigtem vgl. *OLG Karlsruhe* NJW 1995, 899. Zum Schutz vor und durch Medienmacht in Deutschland und Europa vgl. *Prinz* ZRP 2000, 138.

[243] Zum Umfang der Beweisaufnahme und der „gerichtlichen Aufklärungspflicht", die kein „freies Ermessen" zur Beschränkung des Beweisantragsrechts zuläßt, vgl. *Göhler,* OWiG § 77 Rdn. 3 ff. mit einschl. weit. Nachw. Daran hat auch die Erweiterung der Beschränkungsmöglichkeit gem. § 77 II Nr. 2 OWiG auf alle Verfahren (bei verspätetem Vorbringen) nichts geändert. Für die spätere Benennung eines Zeugen wird der Betroffene ggf. verständige Gründe angeben müssen, z. B. das Abrücken eines Zeugen von seiner früheren Aussage (so auch *Katholnigg* NJW 1998, 568 [571]).

sprechung". Die Regelung ähnelt der „Zulassungsrevision" in § 132 VwGO und in § 546 ZPO.

Im Ergebnis läuft sie darauf hinaus, daß der Fall des Betroffenen auf sein Kostenrisiko zur judikativen **Normnachbesserung** genutzt wird. Die Suche nach dem richtigeren Recht in **seinem** Falle, weil **sein** Fall die „Fortbildung des Rechts" erfordert, ist anscheinend nicht das erste Ziel, wie die „Sicherung einer einheitlichen Rechtsprechung" als weiterer Zulassungsgrund zeigt. Der Betroffene muß sich fragen, ob sein Schicksal, seine Rechtssuche der Rechtsprechung dient, oder ob diese für ihn geschaffen ist. **Rechtsprechung im Sinne von Art. 20 II und 92 GG hat primär der konkreten Streitentscheidung zu dienen.**[244] Richterliche Rechtsfortbildung ist ein Nebenprodukt, wie sich im Extremfall beim Streikrecht zeigt. Auch das BVerfG hat bei der Frage, ob eine Revisionszulassung von der grundsätzlichen Bedeutung der Sache abhängig sein dürfe, daran festgehalten, daß es neben dem Interesse an einer justitiellen Gleichbehandlung auch auf die Grundsätzlichkeit der konkreten Rechtsfindung ankomme.[245] Das folgt aus der Aufgabenverteilung in Art. 20 II und III GG, so daß § 80 I Nr. 1 OWiG entsprechend auszulegen wäre. Die überlastete Judikative denkt eher restriktiv, weshalb der Betroffene gegebenenfalls die erstinstanzlichen Möglichkeiten nutzen sollte. 171

Eine besondere Art der Erledigung eines Ordnungswidrigkeitenverfahrens ist die **Verwarnung** gemäß §§ 56ff. OWiG. Verwaltung und Polizei können mit und ohne Erhebung eines Verwarngeldes eine Verwarnung erteilen, also eine Ermahnung unter **Hinweis auf die Sach- und Rechtslage,** mit der Folge, daß diese Tat nicht mehr als Ordnungswidrigkeit verfolgt werden kann. Zur Erreichung dieses Verfahrenshindernisses ist es für den Betroffenen von Interesse, auf eine umfassende Belehrung wert zu legen und sich diese gemäß § 56 III OWiG bestätigen zu lassen. 172

Voraussetzung für diese Art der Verfahrenserledigung ist die wirksame **Zustimmung** des Betroffenen selbst. Fehlt es hieran, sei es von Anfang an, sei es infolge einer „Anfechtung" der Zustimmungserklärung, weil sie durch Täuschung oder Drohung erlangt ist, müßte das Verfahren fortgesetzt werden. Bedenken hinsichtlich der „Anfechtbarkeit" einer solchen „Prozeßerklärung" können dann nicht durchgreifen, wenn die Belehrung über die Ordnungswidrigkeit der Tat objektiv falsch war und damit zu einem Rechts- und Motivirrtum beim Betroffenen geführt hat. Die Verwertung einer so zustande gekommenen Zustimmungserklärung wäre rechtsmißbräuchlich.[246] Sollte die Berufung auf die Unwirksamkeit der Zustimmung bei Polizei und Verwaltungsbehörde erfolglos bleiben, kommt ebenfalls gemäß § 62 OWiG die Anrufung des Richters in Betracht. 173

IV. Verfahrensrechte im innerdienstlichen Bereich

Polizeiarbeit beruht auf der Mitarbeit und Zusammenarbeit verschiedener Funktionsträger, die ihrerseits Angehörige einer hierarchisch strukturierten Polizeiorganisation sind, um den einheitlichen Vollzug der für alle maßgebenden gesetzlichen Aufträge zu sichern. Da vom jeweiligen Amtswalter jedoch nicht „blinder" Gehorsam verlangt wird, sondern verantwortlicher Gesetzesgehorsam, sind innerdienstliche Konflikte unvermeidbar, zumal jede Norm der Auslegung bedarf. Von unmittelbarer Relevanz für die polizeiliche Aufgaben- 174

---

[244] *BVerfGE* 2, 336 (340f.); 2, 380 (406); 3, 225 (242). Vgl. auch *Wassermann,* in: AK-GG, 1984, Art. 92 Rdn. 19. Im Ergebnis wie hier auch *Achterberg,* Allg. Verwaltungsrecht, 2. Aufl. 1986, S. 144ff. mit umfass. Nachweisen.

[245] *BVerfGE* 49, 148 (155f.)! So auch eingehend *Arndt,* Ges. jur. Schriften, 1976, S. 241ff. und S. 387ff.; *ders.,* in: NJW 1959, 605. In der Lit. umstritten. Vgl. auch *Göhler,* OWiG, 14. Aufl. 2000, § 80 Rdn. 2ff., der zutreffend belegt, daß „deshalb für den Beschwerdeführer die Erfolgsaussichten schwer einschätzbar" seien.

[246] So *BGHSt* 17, 14 = NJW 1962, 598; *OLG Hamm* NJW 1976, 1952; *Göhler,* OWiG, 14. Aufl. 2000, § 56 Rdn. 33.

erfüllung ist die Bewältigung von Konflikten im **Weisungsverhältnis.** Davon zu unterscheiden sind die Fragen, die den **Status,** die Rechtsstellung des Bediensteten selbst betreffen.

1. Möglichkeiten des Anweisenden

a) Anrufung des Vorgesetzten

175 Wird eine rechtmäßige Weisung nicht erfüllt, kann und muß der Anweisende die Hilfe des nächsten Dienstvorgesetzten suchen. Dieser kann die Weisung wiederholen, so daß sie der angewiesene Beamte befolgen muß; es sei denn, die Weisung verlangt erkennbar ein strafbares, ordnungswidriges oder menschenunwürdiges Verhalten.[247]

176 Mit der Entpflichtung vom Gehorsam bei erkennbarer Gefahr für die Menschenwürde wird die **Verfassungsgebundenheit** des Amtswalters unterstrichen, so daß sich die Frage stellt, ob nur solche Verfassungsverstöße vom Gehorsam befreien, die strafbar oder ordnungswidrig sind, oder aber die Menschenwürde des Beamten oder die anderer Betroffener berühren, oder ob jedes **erkennbar verfassungswidrige** Vollzugshandeln verweigert werden kann. Der Wortlaut der Regelungen in den Beamtengesetzen, den angewiesenen Beamten vom Gehorsam bei befohlenen Verstößen gegen Art. 1 GG und gegen Straf- oder Ordnungsvorschriften zu befreien, spricht zwar für eine Gehorsamspflicht im übrigen, selbst bei Verfassungsverstößen, sofern sie nicht unter Art. 1 GG oder unter straf- und bußgeldbewehrte Ordnungsvorschriften zu subsumieren sind.[248] Die durch den Beamteneid bekräftigte Pflicht zur **Verfassungstreue** aller Amtswalter[249] spricht hingegen für den Vorrang des Verfassungsgehorsams vor der Weisungsgebundenheit.[250] Deswegen sind auch alle Weisungen eines Vorgesetzten, der sich auf einen angeblichen **„überverfassungsgesetzlichen Notstand"** berufen sollte (vgl. Kap. C Rdn. 90 u. oben Rdn. 137 mit Fn. 200), unverbindlich. Zumindest bei Weisungen, deren Befolgung zu einem Grundrechtsverstoß führen würde, muß gemäß Art. 1 III GG die Weisungsgebundenheit entfallen. Das Beamtenrecht kann nicht vom Verfassungsgehorsam entbinden.[251]

177 Mit dem Vorrang des Verfassungsgehorsams korrespondiert rechtslogisch zwingend auch der Wegfall des strafrechtlichen Schutzes des rechtswidrig handelnden Beamten gem. § 113 III StGB, selbst wenn er „auf Befehl" gehandelt haben sollte.[252] Dennoch hat

---

[247] Vgl. z. B. § 38 BRRG.

[248] So *Schütz,* Beamtenrecht, 5. Aufl. 1989, § 59 LBG NW, Rdn. 12: „Ein Verstoß gegen eine Vorschrift des GG reicht nicht aus." Eine Begründung gibt Schütz nicht. Auch was unter Verletzung der Menschenwürde zu verstehen sei, bedürfe noch „der abschließenden Klärung und systematischen Erfassung". Solches Unvermögen zur Auslegung einer Norm zwingt rechtslogisch zu ihrer Nichtanwendung gegen den Betroffenen!

[249] *BVerfGE* 39, 334.

[250] *Köhler,* in: Der Personalrat 1/1994, S. 12 mit w. Bel. Ebenso *Wolff,* Verwaltungsrecht II, 1962, S. 365, bei „rechtsstaatswidrigen" und „verfassungswidrigen" Weisungen; anders *Wolff/Bachof,* Verwaltungsrecht II, 5. Aufl. 1987, S. 577, nur bei Verletzung der „Menschenwürde", bei „erkennbar strafbarem" und „ordnungswidrigem" Verhalten und bei „Beseitigung der freiheitlich demokratischen Grundordnung". Eine Erläuterung fehlt. Zum ganz alltäglichen „Widerstand für das Recht" vgl. *Arthur Kaufmann,* Grundprobleme der Rechtsphilosophie, 1994, S. 186 ff.; *ders.,* in: Der Rechtsstaat und seine Feinde, hrsg. v. Rill/Scholz, 1986, S. 57: „Die Grenzen zwischen Rechtsstaat und Unrechtsstaat sind fließend. Es gibt keinen Staat, der der Gefahr einer Perversion zum Unrechtsstaat entrückt wäre. Die Verkehrung von Rechtsordnungen ist ein Dauerproblem irdischer Existenz. Die Perversion beginnt bereits da, wo man Recht und Rechtsstaat als etwas Gegebenes ansieht..." Ein signifikantes Beispiel bietet die Unrechtsgeschichte im Berliner Schmückerverfahren von 1974 bis 1990, vgl. *BVerwGE* 75, 1 = NJW 1987, 202 und *LG Berlin* StV 1991, 371.

[251] So auch *Hesse,* Grundzüge des Verfassungsrechts der BR Deutschland, 20. Aufl. 1995, Rdn. 540. Bemerkenswert aus der Beamtenrechtsgeschichte ist auch die Regelung in § 25 des Militärregierungsges. Nr. 15, in Kraft getreten am 15. 3. 1949, zit. in: Die Zeit v. 2. 3. 1990, in der es hieß: „... Bei erkennbarer Strafbarkeit oder Sittenwidrigkeit der Anordnung wird der Beamte niemals von seiner Verantwortung befreit; in solchen Fällen hat er seine Mitwirkung zu verweigern." Und in § 27 hieß es weiter: „Der Beamte ist verpflichtet, innerhalb und außerhalb des Dienstes für die demokratische Ordnung zu wirken..." Die Rückkehr zu vordemokratischen Regelungen wäre schwerlich verfassungskonform.

[252] Vgl. *Felix,* Remonstrationsrecht... 1993, S. 114 ff.; zur Normenkontrolle der Verwaltung vgl. auch *Bachof* AöR 87, 1 ff.; ebenso *Dietel/Gintzel,* Allg. Verwaltungs- und Polizeirecht in NW, 10. Aufl. 1982, S. 13. Zum Verfassungsvorrang s. auch oben Fn. 71.

die 1. Kammer des Zweiten Senats des BVerfG gemeint (NVwZ 1995, 680): „Die **Gehorsamspflicht des Beamten** (§ 55 S. 2 BBG), die zu den hergebrachten Grundsätzen des Berufsbeamtentums gehört, besteht grundsätzlich auch bei rechtswidrigen (einschließlich verfassungswidrigen) Weisungen. Die Auffassung, daß außer bei Erfüllung der in § 56 II 3 BBG genannten Ausnahmetatbestände Weisungen nur dann unverbindlich sind, wenn sich diese als offenkundig rechtswidrig (verfassungswidrig) darstellen, ist verfassungsrechtlich nicht zu beanstanden. Diese Beschränkung rechtfertigt sich aus dem die Gehorsamspflicht tragenden Grund der zu mehrenden Funktionstüchtigkeit der öffentlichen Verwaltung und der deshalb gebotenen Effektivität des Entscheidungsprozesses und Handlungsvollzuges." Die Gehorsamspflicht könne – so die weitere Begründung – nur entfallen, „wenn ein evidenter, besonders schwerer Verfassungsverstoß" vorliege. Was „evident" und „besonders schwer" sein kann und wer die Maßstäbe bestimmt, sagt die Kammer nicht. Es ist daher zu fragen: Genügen Zweifel, wie sie für eine Vorlage gem. Art. 100 GG erforderlich sind, um dem Risiko der Disziplinierung zu entgehen? Ist verfassungswidriger Vollzug ggf. wichtiger als rechtmäßiger? Ist wirklich die „Funktionstüchtigkeit" der Verwaltung insgesamt in Gefahr, wenn ein auf die Verfassung und sein Gewissen vereidigter Beamter im Einzelfall eine für ihn erkennbar verfassungswidrige Weisung nicht ausführt? Darf also – gegen Art. 4 GG – auch nicht der gewissensbedingte Ungehorsam im Einzelfall toleriert werden? Die Antwort ergibt sich aus Art. 1 III und Art. 20 III GG: **Das Verwaltungshandeln des Beamten im Staat des GG hat allein dem Recht zu dienen, vornehmlich dem Verfassungsvollzug, und nicht einer „zu mehrenden Funktionstüchtigkeit" eines ggf. rechtswidrigen Verwaltungsvollzuges!** Skrupel von Beamten haben noch nie dem Recht geschadet, eher ein Mangel an Skrupeln. Mit der modischen **Zauberformel von der Funktionstüchtigkeit** wird verdeckt, daß letztlich – wie früher – Macht vor Recht gehen soll.

178 Der summarischen Begründung der zitierten Kammerentscheidung muß niemand folgen, da es sich lediglich um eine Nichtannahmeentscheidung gem. § 93 a BVerfGG handelt, die keine Sachentscheidung enthält, sie vielmehr verweigert und lediglich – wie ein obiter dictum – die eilfertige Meinung von drei Verfassungsrichtern wiedergibt.[253] Die unverbindlichen Thesen der Kammer stehen zudem keineswegs in der Kontinuität der bisherigen Rechtsprechung in BVerfGE 6, 132 = NJW 1957, 579 und in BVerfGE 39, 334 = NJW 1975, 1641 zum unbedingten **Vorrang der Verfassungstreue.** Da aber die Kammerthesen veröffentlicht worden sind und ggf. als „verwaltungsfreundlich" verstanden werden könnten, ist **Widerspruch** geboten. Ebensowenig zwingen die mit der (nicht angenommenen) Verfassungsbeschwerde angegriffenen Disziplinarentscheidungen zu einer „Rechts"-Gefolgschaft, da auch sie nur die streitgegenständlichen Einzelfälle regeln konnten.[254]

179 Das Problem in der Praxis kann danach nur in der Prüfung der sich konkret stellenden Verfassungsfrage bestehen. Wer keine Bedenken hat, kann sie nicht vorbringen. Wer Bedenken hat, muß sie zur Diskussion stellen. Das ergibt sich unmittelbar aus den §§ 36, 38 BRRG. Ist er dennoch von der Verfassungswidrigkeit des verlangten Tuns überzeugt, sollte er wie ein Richter bei einer Vorlage gem. Art. 100 GG seine Bedenken fixieren und **unter Bezug auf seine Pflicht zum Rechtsgehorsam und auf seine Gewissensbindung** gem. §§ 36, 40 BRRG seine „Gehorsamsverweigerung" dem Vorgesetzten kundtun.

180 Die Freistellungsregelung in § 38 BRRG kann bei **verfassungskonformer Auslegung** nur so verstanden werden, daß der angewiesene Beamte, der erfolglos remonstriert und dann weisungsgemäß handelt, weder dienst- noch haftungsrechtlich in Anspruch genommen werden kann, falls sein Handeln nicht erkennbar gegen die Menschenwürde oder sanktionsbewehrte Vorschriften verstößt. Solche fürsorgliche Freistellung begründet

[253] Vgl. *Schlaich/Korioth,* Das BVerfG, 5. Aufl. 2001 zur „Beurteilung des Nichtannahmeverfahrens"; ebenso *Umbach/Clemens,* BVerfGG, 1992, § 93 b a. F. Rdn. 39.

[254] Zur Nichtanwendung verfassungswidriger Normen vgl. auch *Hoffmann* JZ 1961, 193 m. weit. Nachw. Außerdem *Engel* NVwZ 2000, 1258; zur „Normenkontrolle der Verwaltung" vgl. auch *Bachof* AöR 87, 1.

aber keine Pflicht zu rechtswidrigem Tun! Eine **Handlungspflicht** contra constitutionem, deren Verletzung zu disziplinieren wäre, würde die Legalstruktur des Grundgesetzes in Frage stellen. **Der Staat des Grundgesetzes hat neben seiner Verfassung keine andere „Staatsraison", die seine Amtswalter binden könnte.**[255]

181 Es wäre auch eine nach der Verfassungswertordnung unvertretbare normative **Ungleichbehandlung,** bei einer bloßen Ordnungswidrigkeit die Weisungsgebundenheit fallenzulassen, nicht aber bei einer schwerwiegenden Verfassungswidrigkeit. Richtig ist, daß die Verfassungswidrigkeit zweifelhaft sein kann. Dieses Risiko ist unvermeidlich und gehört für den Amtswalter im Eingriffsbereich zum je eigenen „Gefahrenbereich", dem bereits die Haftungsvorschriften (vgl. Art. 34 GG) Rechnung tragen. Auch § 38 BRRG und die analogen Ländervorschriften reduzieren nur das Risiko, da die Frage der Strafbarkeit ebenfalls umstritten sein kann. Wer sich zum Beispiel als „verdeckter Ermittler" mittels falscher Papiere in das Vertrauen und in die Wohnung eines anderen einschleicht, um ihm Rechtsnachteile zuzufügen,[256] verletzt gegebenenfalls das Hausrecht und die Gebote der Redlichkeit im Rechtsverkehr. Vor einer Bestrafung könnte zwar eine entsprechende Befugnis im Polizeirecht oder in der StPO bewahren. Da eine solche Befugnis aber offensichtlich erheblichen verfassungsrechtlichen Bedenken begegnet,[257] könnte ihr die rechtfertigende Wirkung fehlen, so daß die Strafbarkeit allenfalls wegen Verbotsirrtums entfiele. Es fragt sich, ob solche Straflosigkeit genügen kann, um vom angewiesenen Beamten Gehorsam zu verlangen. Auch die Straflosigkeit polizeilichen Fotografierens kann schwerlich eine unbedingte Gehorsamspflicht zum **Fotografieren** von Menschen zu strafprozessualen Zwecken rechtfertigen, wenn jeder personenbezogene Verdacht fehlt.[258] Das für die Aufklärung eines strafbaren Tatbestandes ungeeignete und deswegen unzulässige Fotografieren eines Menschen verstößt erkennbar gegen Art. 2 I GG (Recht am eigenen Bild).[259] Es fehlt die Straflosigkeit, aber der Verfassungsverstoß ist dennoch gegeben, so daß auch die Handlungsanweisung objektiv rechtswidrig ist und Widerstand gemäß § 113 III S. 1 StGB rechtmäßig wäre. Die rechtslogische Konsequenz kann nur die **Entpflichtung** des rechtswidrig angewiesenen Beamten von seiner Gehorsamspflicht sein. Straflos könnte auch die Beteiligung an einer **Auslieferung** in ein Land sein, in dem Tod und Folter drohen. Die **Zurückweisung von Flüchtlingen** kann gegen Art. 16 a GG ebenso wie gegen Art. 1 GG verstoßen.[260] Die **Weitergabe von personenbezogenen Daten** an in- und ausländische Sicherheitsbehörden muß – bei hinreichender gesetzlicher Regelung – nicht mehr gegen das aus Art. 2 I i. V. m. Art. 1 I GG folgende Recht auf informationelle Selbstbestimmung verstoßen, kann aber höchst gefährliche Folgen für den Betroffenen haben.[261] Die Weisung zu solchem Handeln muß nicht, kann

---

[255] *Arndt,* Ges. jur. Schriften, 1976, S. 145 f. und 162. Ebenso *BVerfGE* 39, 334. Sehr bedenklich *BGHSt* 27, 260 mit der Wiedergeburt der vorkonstitutionellen Idee des überverfassungsgesetzlichen Staatsinteresses. *Tröndle,* in: Dreher/Tröndle, StGB, 47. Aufl., § 34 Rdn. 24, irrt, wenn er sich für „außerordentliche Befugnisse" auf *BVerfGE* 46, 160 = NJW 1977, 2255 (Schleyerfall), beruft. Das BVerfG hat die „zuständigen staatlichen Organe" für verpflichtet erklärt, „je nach ihren besonderen Aufgaben" für den Rechtsgüterschutz zu sorgen. Von einer Legitimierung der Anwendung außerordentlicher oder außergesetzlicher Mittel ist keine Rede.

[256] Vgl. z. B. § 20 PolGNW, aber auch § 110 a i. V. m. § 136 a StPO.

[257] Vgl. Kap. C Rdn. 62, 71, 196 u. Kap. J Rdn. 364 ff. *Lisken* ZRP 1990, 15; *ders.* NWVBl 1990, 325; *ders.* DRiZ 1992, 250 (254); *ders.* ZRP 1994, 264 (268), jeweils m. w. Bel.

[258] Vgl. *BGH* NJW 1975, 2075 (§ 163 StPO soll die Polizei ohne personenbezogenen Verdacht zum Fotografieren befugen!). Anders *OLG Düsseldorf* NJW 1994, 1971: Berechtigte Selbsthilfe bei unerlaubtem Fotografieren!

[259] *BVerfGE* 34, 238 (246) zum Recht am eigenen Bild und Wort.

[260] Zum „Recht" der Grenzbehörden zur Abschiebung tschechischer und anderer Ausländer (Asylsuchender) an der bayerischen Grenze in den Jahren 1975 bis 1979 vgl. Drucks. 9/3005, 3419, 5465, 5001, 10601 und Plenarprotokoll 9/117 vom 4. 3. 1982 des Bayer. Landtages; Der Spiegel Nr. 47/1979 S. 19, Nr. 48/1979 S. 17, Nr. 8/1981 S. 92. Es fragt sich, ob eine etwaige „Befehlsverweigerung" bei einer Abschiebung zur Disziplinierung hätte führen dürfen, falls die Flüchtlinge deutsches Gebiet erreicht und Asylanträge gestellt hätten und keine existentielle Gefahr für Deutschland darstellten (*BVerwGE* 49, 202; 69, 323 zu Art. 16 II GG a. F. und Art. 105 BayVerf vom 2. 12. 1946).

[261] Seit dem 30. 12. 1990 gelten neben den einschlägigen PolG die §§ 18 ff. BVerfSchG, 10 ff. MADG

aber im Einzelfall die durch § 38 BRRG konkretisierte **Grenze der Zumutbarkeit** überschreiten. Die Frage der Zumutbarkeit kann sich genauso stellen, wenn **Ausgewiesene** zwangsweise abgeschoben werden sollen oder wenn aus falsch verstandenem Verbunddenken unter „Sicherheitsbehörden" **unzulässige „Amtshilfe"** betrieben werden soll oder **Präventionseingriffe ohne Gefahrenindiz** verlangt werden usw.[262]

Etwas anderes mag dort gelten, wo es um die **Auslegung** unzulänglicher Eingriffsnormen geht,[263] etwa bei Generalklauseln mit Hilfe „gesetzesvertretender" Erlasse (Beispiel: KpS-Richtlinien). Hier hat die verfassungsgerichtliche „Erfindung" des **„Übergangsbonus"** bis zur notwendigen Vergesetzlichung des Notwendigen[264] eine verfassungsrechtliche **Grauzone**[265] geschaffen, so daß ein eindeutiger Rechtsverstoß nicht ohne weiteres erkennbar ist, solange gesetzgeberische Initiativen betrieben werden, wie zum Beispiel bei der verfassungsrechtlich nötigen Ergänzung der StPO. Die Weisung, im strafprozessualen Bereich die „freie Ermittlungstätigkeit"[266] im notwendigen Umfang fortzusetzen, war also nicht unbedingt rechtswidrig. 182

Zulässig dürfte auch die Weisung sein, bei **Arbeitsüberlastung** Vorgänge besonderer Dringlichkeit und Schwere, etwa bei der **Kriminalitätsaufklärung,** vorzugsweise zu bearbeiten, auch wenn dadurch in anderen Fällen Verfolgungsverjährung droht. **Die Grenzen der Arbeitsfähigkeit bestimmen die Grenzen der Polizeimacht,** so daß die persönliche Verantwortung der Vollzugsbeteiligten entfällt.[267] Gleiches muß im präventiven Polizeibereich gelten, wenn der **Abwehr schwerwiegender Gefahren** der Vorzug vor der Abwehr weniger schwerwiegender Gefahren gegeben werden muß, auch wenn der verfassungskräftige Schutzanspruch jedes Betroffenen Hilfe gebietet und im Falle polizeilichen Unvermögens mit befugter Selbsthilfe zu rechnen ist (§ 229 BGB). Die erforderliche Weisung, in bestimmten Fällen vorerst nicht zu helfen, ist nicht offensichtlich verfassungswidrig und daher zu beachten. Die Verantwortung trifft den Polizeiausstatter (Steuer- und Haushaltsgesetzgeber, Organisationswalter). 183

b) Disziplinierung

Bleibt der **zulässig** Angewiesene bei seiner Weigerung, ist der Dienst- und Disziplinarvorgesetzte verpflichtet, bei Beamten **Vorermittlungen** nach der Disziplinarordnung einzuleiten und bei Angestellten und Arbeitern, jeweils nach Anhörung des Betroffenen und des Personalrates, **„Abmahnung"** und gegebenenfalls **„Kündigung"** nach Maßgabe des Arbeitsrechts auszusprechen. Gehorsam kann nur mit Rechtszwang, nicht mit Gewalt erreicht werden. Zur Anwendung dieses Rechtszwanges ist der Vorgesetzte kraft Amtes verpflichtet. Er ist für den gesetzmäßigen Arbeitsablauf seiner Organisationseinheit verantwortlich. 184

und 8 ff. BNDG, vgl. G v. 20. 12. 1990, BGBl. I S. 2955, 2970 ff. Zu den verfassungsrechtlichen Problemen des Datenverbundes vgl. *Simitis* KritJ 1989, 335; *Bäumler* NVwZ 1991, 643. Zum „rechtsfreien Raum" in Österreich vgl. SZ v. 27. 2. 1990, S. 6.

262 Zur Verfassungswidrigkeit von **Personenkontrollen ohne Gefahr und Verdacht** nach Polizeirecht vgl. Kap. C Rdn. 30 ff. mit weit. Hinweisen auf die verfassungsgerichtliche Rechtsprechung. Zur Mitwirkung bei der **Zwangseinführung von Emetica zum Zweck der Magendurchsuchung** mit Hilfe einer „Untersuchung" gem. § 81 a StPO vgl. *OLG Frankfurt* Polizei – heute 1997, 9 ff. mit Anm. *Lisken,* und Nichtannahmebeschluß der 2. Kammer des 2. Senats des *BVerfG* StV 2000, 1 mit Anm. *Naucke.* Bei einer solchen für rechtswidrig gehaltenen Methode empfiehlt sich die Anrufung des Richters gem. § 81 a II StPO.

263 So auch *Wagner,* AK-PolGNRW, 1987, § 37 Rdn. 17.

264 Vgl. *BVerfGE* 33, 1.

265 Vgl. *Simitis* NJW 1989, 21. Zur Fristfrage vgl. *OLG Frankfurt* NJW 1989, 47 mit eingehender Begründung.

266 Gem. §§ 161, 163 StPO in der Auslegung von *Rebmann* NJW 1985, 1. Vgl. dazu § 161 i. d. F. vom 2. 8. 2000 gem. StVÄG 1999 mit Begr.

267 Zur Haftung für gesetzgeberisches Unterlassen vgl. *BVerfGE* 6, 257 (264); 8, 210 (216); 25, 167 (179 ff.); 26, 116; 33, 1 (12 ff.); 33, 171 (189 f.); 45, 187 (252); 51, 268 (287 ff.). Zu den Grenzen der Polizeimacht vgl. auch Kap. C Rdn. 74 ff. Unzulässig wäre eine willkürliche Arbeitssteuerung.

2. Rechte des Angewiesenen

a) Remonstrationsrecht

185 Gemäß § 38 BRRG hat der Beamte das **Recht** und die Pflicht, unverzüglich rechtliche Bedenken gegen dienstliche Anordnungen vorzubringen. Diese Regelung gehört zum **Kernbereich** des auf gegenseitige Achtung und Treue gegründeten Beamtenverhältnisses und wird daher auch von der Institutsgarantie des Art. 33 V GG umfaßt.[268] Der Beamtenstatus hat nicht zuletzt den Zweck, den Beamten rechtlich und wirtschaftlich in die Lage zu versetzen, **gemäß seinem Diensteid vorrangig dem Recht, insbesondere dem Verfassungsrecht, zu gehorchen.** Das ist die innere Legitimation seiner „arbeitsrechtlichen" Sonderstellung. Deswegen können polizeiliche Sonderregeln dieses **Remonstrationsrecht** nicht ausschließen. Sie können aus der Natur der Sache nur die Modalitäten anders regeln. Wo zum Beispiel sofort unmittelbarer Zwang gefordert ist, kann nicht stets die Entscheidung des nächsthöheren Vorgesetzten eingeholt werden, so daß es genügen muß, dem Weisungsgeber seine Bedenken vorzutragen, sofern dies möglich ist. Die Weisung entbindet den Angewiesenen in diesem Falle von der persönlichen Verantwortung, auch wenn er keine Gelegenheit hatte, seine Bedenken vorher zu äußern. Der Vollzugsbeamte kann insoweit nicht schlechter gestellt sein als andere Beamte, weil es im Kern keine unterschiedlichen Beamtenverhältnisse geben kann und die situationsbedingte Unmöglichkeit ausdrücklicher Remonstration nicht dem Beamten angelastet werden kann.

186 Das Remonstrieren allein entbindet in keinem Fall von der Gehorsamspflicht, soweit nicht von vornherein der Weisung die **Bindungswirkung** fehlt (vgl. Rdn. 176 ff.). Rechtswidrige Weisungen, insbesondere zu strafbarem oder menschenunwürdigem Tun sind nicht verpflichtend. Wegen der gegenseitigen Treuepflicht wird man vom betroffenen Beamten jedoch verlangen können, daß er seine Rechtmäßigkeitsbedenken äußert, um zur **Selbstkontrolle** der Verwaltung beizutragen. Schwierig kann im Einzelfall bleiben zu bestimmen, was **rechtswidrig, strafbar** und **menschenunwürdig** ist (vgl. auch Rdn. 181). Was menschenunwürdig ist, kann nur im Einzelfall entschieden werden, weil es eine absolut gültige Definition der Menschenwürde nicht gibt.[269] So wird das Gebrauchen von Waffen im Notfall von der Mehrzahl aller Polizisten nicht als Verstoß gegen die Menschenwürde angesehen werden. Es kann aber im Einzelfall als Verstoß gegen die innerlich bindende **Stimme des Gewissens** empfunden werden, so daß die Weisung zum Schießen gegen die Würde des so betroffenen Beamten verstieße. Wo der Ungehorsam einer Gewissensnot entspringt, müssen Straf- und Beamtenrecht gem. Art. 4 I GG ohnehin „zurückweichen".[270] So kann beispielsweise die Weigerung, aus Gewissensnot sich nicht an einer **Abschiebung** zu beteiligen, oder – als Ultima ratio – die Freilassung eines Ausgewiesenen (durch den Polizeibeamten Roland Schlosser im Sommer 1993, „verwarnt" vom LG Landau, Urt. v. 30. 1. 1995) aus einer „menschenunwürdigen" Haftzelle (zugunsten einer privaten Unterbringung als einziger Alternative) keineswegs von vornherein dem Bereich der verfassungsrechtlichen Rechtfertigung oder Tolerierung dadurch entzogen werden, daß man den Beamtengehorsam als „vorrangig"[271] qualifiziert.

---

[268] Vgl. *BVerfGE* 6, 132 (153); 44, 249 (264). Zum Remonstrationsrecht vgl. auch *Czisnik* ZBR 12/2000, 397 m. w. Nachw.

[269] Vgl. *BVerfGE* 45, 187 (229).

[270] BVerfGE 32, 98. Zur Gewissensbindung des Beamten vgl. auch *Filmer*, Das Gewissen als Argument im Recht, 2000.

[271] Vgl. *BVerwGE* 56, 227, mit Anm. v. *Lisken* DRiZ 1979, 213; *ders.*, Rechtsstaat – was sonst?, 1996, S. 56 ff. Weit. Hinw. oben Fn. 144. Zum Widerstand aus Beruf und Gewissen vgl. auch *Welzel* DRiZ 1995, 11. Im zitierten Fall des Polizisten Schlosser hat die Strafkammer das Verhältnis von Gehorsamspflicht und Gewissensnot nicht näher erörtert, sondern auf die Möglichkeiten anderer „Hafterleichterungen" privater Art durch den Angeklagten in der Polizeizelle abgestellt, aber angesichts der wissentlichen Untätigkeit der zuständigen Instanzen ausdrücklich die lauteren Motive des Angeklagten anerkannt. Zum Ungehorsam „um des Rechts willen" und zum „Widerstand aus Gewissensnot" vgl. *A. Kaufmann*, Rechtsphilosophie, 2. Aufl. 1997, S. 200 ff.; *ders.* (Hrsg.), Widerstandsrecht, 1972, mit grundl. Beiträgen u. a. von *Radbruch,*

Der Gehorsam dient nicht dem in Art. 33 V GG verbürgten Institut des Beamtentums, sondern der konkreten Gesetzeserfüllung. Diese steht gem. Art. 1 III GG unter dem Vorbehalt der Grundrechtsverträglichkeit. Gehört aber die Gewissensfreiheit zum Schutzbereich der Menschenwürde i. S. v. Art. 1 GG,[272] dann kann sie nicht mit anderen staatlichen Zwecken „abgewogen" und relativiert werden. Nur wo andere höchste Grundrechtsgüter wie Leben und Freiheit auf dem Spiele stehen, kann die Gewissensbetätigungsfreiheit Grenzen finden. **Das Beamtentum ist kein Grundrechtsgut** und keine „heilige Staatskuh", die Schaden litte, wenn wenige Beamte – es waren und sind immer nur wenige – vom Gewissen getrieben „den Befehl verweigern". Es kommt vielmehr auf die genau zu ermittelnden konkreten Umstände des Einzelfalles an, um zu erkennen, ob und was zur Sicherung der **existentiellen Selbstachtung des Beamten** (und des ihm anvertrauten Schutzgutes) unbedingt erforderlich war. Dazu kann das Unterlassen einer befohlenen Handlung, aber auch das aktive Tun zur Rettung vor Tod oder grausamer Behandlung gehören. Dem hl. Crispinus ist beispielhaft der Notdiebstahl zugunsten Armer zugeschrieben worden (von Erik Wolf). Erst recht können einen auf Verfassung und Gewissen vereidigten Beamten bei der Ausführung verfassungswidriger Gesetze oder Weisungen Skrupel überfallen, die ihn eher zum Amtsverzicht als zum Gehorsam bringen. Genau solche Konsequenz will Art. 4 GG vermeiden, weil sie unzumutbar wäre. 187

b) Weigerungsrecht

Zum Disziplinarverfahren wird die **Weigerung** des Beamten führen, eine nach Meinung des Vorgesetzten bindende Weisung zu befolgen. Diese Weigerung kann nicht von vornherein als an sich pflichtwidrig und ahndungsbedürftig bewertet werden, wenn sie zum Beispiel bei **gewissensbedingtem Ungehorsam** die nach Art. 4 GG zu vermeidende, aber im Falle fehlender Toleranz unvermeidliche Probe auf die „Ernsthaftigkeit" der Gewissensentscheidung ist. Eine Gewissensnot kann rechtslogisch nur durch eine Gewissensleistung „bewiesen" werden. Das ist zwar bei der Ausübung von Grundrechten nicht zu fordern,[273] kann aber, wenn es dazu kommt, nicht als rechtswidriges Tun qualifiziert werden, weil die Ursache nicht vom Grundrechtsinhaber zu vertreten ist. Vom Betroffenen kann nur verlangt werden, daß er seine Gewissensnot möglichst nicht „in letzter Sekunde" offenbart, sondern so früh wie möglich. **Die Kommunikationspflicht umfaßt auch einen Versuch zur Erklärung und Aussprache.** Auf die Plausibilität der Gewissensentscheidung für andere kann und darf es letztlich dennoch nicht ankommen.[274] Eine Gewissensentscheidung ist nämlich oft dadurch gekennzeichnet, daß sie anderen nicht einsichtig ist, weil solche **Plausibilität nichts anderes als die Summe je eigener Erkenntnisse und Erfahrungen,** also höchst subjektiv ist. Die **Gewissensfreiheit** kann zudem – in einer Demokratie – ohnehin nur einer Minderheit dienen, da die Gesetze der Mehrheit kaum zu einem Gewissensaufstand vieler führen werden. 188

Schneider, Weinkauff, von Hippel, von Schlabrendorff, Bauer, Arndt. Zum Ungehorsam bei Abschiebungen und „Kirchenasyl" vgl. *Lisken*, Polizei – heute 1995, 268; *ders.* Zur Gewissensfreiheit des Schöffen, NJW 1997, 34 im Anschluß an *OLG Karlsruhe* NJW 1996, 606. Über das frühere Preußen sagt *Jellinek*, Verwaltungsrecht, 1966, S. 294: „In Preußen gilt denn unbestritten der Satz, daß der Beamte einen Befehl, der ihm nach seiner Ansicht nicht zugemutet werden kann, unausgeführt lassen darf, allerdings auf seine eigene Gefahr." Zur „Bedeutung des Gewissensentscheids im Strafrecht" vgl. auch *Rudolphi*, in: FS f. Welzel 1974, S. 605.

272 *BVerfGE* 12, 45 (53 ff.); 23, 127 (134 ff.); 33, 23 (28 ff.).

273 Vgl. *BVerfGE* 12, 45; *BAG* NJW 1990, 203.

274 A. A.: *OLG Köln* NJW 1966, 1326 (Bestrafung eines Ersatzdienstverweigerers und Zeugen Jehovas, weil er „an die Stelle der Wertordnung der Gesellschaft bewußt seine eigene gesetzt und sich hierbei bewußt über die Gewissensentscheidung der weitaus überwiegenden Mehrheit der Staatsbürger hinweggesetzt" habe). Das Gericht hat die Garantiefunktion von Art. 4 GG offensichtlich verkannt. Mißverständlich auch *Thewes*, Rettungs- oder Todesschuß?, Saarbr. Diss., 1988, S. 92: „Maßstab für die Beurteilung, ob das Grundrecht der Polizeibeamten auf Freiheit des Gewissens tangiert ist, muß die innere Einstellung und die Erkenntnis der meisten Polizeibeamten sein." Genauer und differenzierter *Böckenförde* VVDStRL 28, 33; ebenso *Geiger*, Gewissen Ideologie Widerstand Nonkonformismus, Grundfragen des Rechts, 1963 (S. 67 ff.).

„Gewissen als Schutzgut ist gerade nicht identisch mit den Wertvorstellungen der Allgemeinheit... Leichter hätte Karl V. im Kloster seine Uhren auf den gleichen Pendelschlag bringen können, als daß es einem Gesetzgeber gelänge, durch seine Ordnung niemanden in Gewissensnot zu bringen."[275]

189 Deswegen bedarf der Außenseiter eines Schutzes, der eben nicht zur Disposition der Mehrheit steht, falls er nicht auswandern soll. Diesem Schutz dient Art. 4 GG, so daß die **Legitimität des von der Mehrheit gestellten Gesetzgebers** im **Staat des Grundgesetzes** nicht zuletzt darauf beruht, daß er **gewissenbedingte Entpflichtungen vom Gesetzesgehorsam** in Kauf nimmt.[276] Das ist weder die „Auflösung jeder Ordnung", noch ist die „Funktionsfähigkeit" dieses so strukturierten Staates „ernstlich bedroht" (wie das BVerwG[277] apodiktisch und ohne jeden Beweis behauptet hat); denn gewissensbedingten Ungehorsam leisten nach aller Erfahrung nur wenige Beamte. Sollte die Zahl je an Bedeutung gewinnen, wäre zunächst die Verfassungsmäßigkeit der einschlägigen Gesetze genauer zu prüfen.

190 Auch die möglicherweise gewissensbedingten **Ministerentscheidungen** bei Besuchsverboten für Verteidiger (im Jahr 1977) und bei **„Lauschangriffen" extra legem**[278] haben nicht die „Funktionstüchtigkeit" des Regierungssystems beeinträchtigt. Es besteht also auch keine Staatsnotwendigkeit, Beamte, die sich im Einzelfall auf ihre Gewissensbindung berufen, wenn sie den Gehorsam verweigern, zu maßregeln. Es kann sich nur – je nach Alter und **Zumutbarkeit** – die Frage der Entlassung oder anderweitigen Verwendung wegen eines spezifischen Eignungsmangels stellen, wobei aber die rein situationsbedingte Gewissensnot eben nicht von vornherein als Eignungsmangel qualifiziert werden darf. Die Schutzgarantie von Art. 4 GG darf nicht unterlaufen werden.[279]

191 Die **Gehorsamsverweigerung bei anderen Anordnungen,** die der Beamte für rechts- und insbesondere für verfassungswidrig hält, können nicht ohne weiteres als Eignungsdefizit gewertet werden, weil der Beamte nicht einem „Herrn" zu dienen hat, sondern einer gesetzlichen Aufgabe,[280] die primär von der Verfassung selbst bestimmt wird. Deswegen garantiert ihm das Grundgesetz über Art. 33 V auch Schutz vor Nachteilen, soweit er dem

---

[275] *Arndt* NJW 1966, 2204 ff.

[276] So auch *Martin Hirsch, BVerfGE* 48, 185 ff.

[277] *BVerwGE* 56, 227. Zum argumentativen Mißbrauch des Begriffs der **„Funktionstüchtigkeit"** zur Relativierung von erfolgsabträglichen Grundrechtsgarantien vgl. die Nachw. in Kap. C Rdn. 85 mit Fn. 149 und oben Rdn. 69 mit Fn. 106. Für das *BVerwG* (NJW 2001, 1365) ist das nie definierte „Schutzgut der Volksgesundheit" ähnlich wie die staatliche „Funktionstüchtigkeit" insgesamt bedroht, wenn der religiös bedingte Cannabiskonsum eines einzelnen erlaubt würde.

[278] Vgl. *Böckenförde* NJW 1978, 1881; Dokumentation in: KritJ 1977, 105 ff. und 395 ff. Weitere Belege oben Fn. 201. Weitere Beispiele anerkannter Gewissensfreiheit: Der König von Belgien weigert sich, ein Gesetz zu unterschreiben (SZ vom 5. 4. 1990, S. 8); ein Mann respektiert den Todeswillen seiner Frau (*BVerfGE* 32, 98); ein Zeuge verweigert den Eid (*BVerfGE* 33, 23); ein Richter kann ein Urteil nicht mitunterschreiben (*E. Hirsch,* Zur jur. Dimension des Gewissens und der Unverletzlichkeit der Gewissensfreiheit des Richters, 1979, S. 117); Richter von der Schulenburg im Prozeß gegen Friedrich und Katte 1730 (*Merten* FAZ v. 10. 1. 1981), Weigerung zum Verkauf empfängnisverhütender Mittel (*Bosch/Habscheid* JZ 1954, 213); Arztgewissen (*BGH* NJW 1968, 2288), Diebstahl zugunsten Armer (*Erik Wolf,* in: Recht und Staat, 1927, S. 13). S. auch *Denninger/Hohm,* Arbeitsverweigerung aus Gewissensgründen, AG 1989, 145 ff. Aus Literatur und Geschichte: Antigone, Tell, Stauffenberg u. a. Für *Schulte/Träger,* FS 25 Jahre BGH, 1975, S. 251 ist der „Überzeugungstäter" lediglich ein „rein kriminologisches Phänomen"! Die Geschwister Scholl und Stauffenberg, Bonhoeffer und Delp hätten – wenn das richtig wäre – ebenso wie Wirmer und seine Freunde nur vor dem falschen Gericht gestanden. Kritisch demgegenüber *Rudolphi,* FS Welzel, 1974, S. 605, und *Welzel,* Das deutsche Strafrecht, 1954, S. 109 (S. 121 f.). Etwas lebensfremd meinen demgegenüber *Plog/Wiedow/Beck/Lemhöfer,* BBG, § 56 Rdn. 15, ein Fall, in dem der Beamte zum Widerstand legitimiert sei, erscheine kaum denkbar.

[279] Zur Frage der Zumutbarkeit *Lisken,* FS Martin Hirsch, 1981, S. 540 ff.; *Filmer,* oben Fn. 270. Zur Problemlösung bei Befehlsverweigerungen vgl. § 60 IV mit Begr. im AEPolG des AK-Polizeirecht, *Denninger* u. a., 1979, S. 155, und Jahresber. d. Wehrbeauftr. 1978, BT-Drucks. 8/2625, S. 6 ff.

[280] Vgl. *Hesse,* Grundz. d. Verfassungsrechts der BR Deutschland, 20. Aufl. 1995, Rdn. 540. Ebenso die frühere Regelung in § 25 Mil.Reg.Ges. von 1949 für das vereinigte Wirtschaftsgebiet: „... Bei ... erkennbarer Strafbarkeit oder Sittenwidrigkeit der Anordnung wird der Beamte niemals von seiner eigenen Verantwortung befreit; in solchen Fällen hat er seine Mitwirkung zu verweigern." Ähnl. im polnischen Polizeigesetz von 1990; vgl. Kap. B zu Polen.

Gesetz mehr gehorcht als dem Wort des Vorgesetzten (**Unabsetzbarkeit, lebenslange Alimentation** etc.). **Die Gehorsamsverweigerung kann also nicht als solche eine Disziplinierung rechtfertigen, solange nicht die Gesetzmäßigkeit der umstrittenen Weisung feststeht.** Das muß gegebenenfalls im Disziplinarverfahren vorab geklärt werden.

c) Anträge und Beschwerden

Jeder Beamte darf **Anträge und Beschwerden** auf dem Dienstweg – gegebenenfalls unter Ausschluß des Vorgesetzten, über den er sich beschwert – bis zur obersten Dienstbehörde (bei der Polizei Innenminister) vorbringen (§ 60 BRRG). Ebenso kann sich der Beamte im Rahmen der Personalvertretungsvorschriften an den **Personalrat** seiner Behörde wenden. **192**

In keinem Fall darf der Beamte wegen der Tatsache der Beschwerde diszipliniert werden. Vielmehr hat er einen Anspruch auf eine Prüfung seines Vorbringens und auf eine sachbezogene Antwort in angemessener Zeit.[281] Da die **Beschwerde** ein Petitionsmittel ist, muß sie auch wie ein solches behandelt werden. Voraussetzung ist, daß eine „Beschwer" erkennbar ist. Diese muß nicht rechtlicher Natur sein, aber einen aus der Sicht des Beamten verbesserungswürdigen Tatbestand zum Gegenstand haben. Dauereingaben desselben Inhalts brauchen nach erschöpfender Beantwortung nicht erneut beschieden zu werden. Bei unsachlichen Formulierungen ist auf den Rechtfertigungsgrund der „Wahrnehmung berechtigter Interessen" zu achten. Eine gewisse Großzügigkeit gegenüber Invektiven, die sich oft aus dem Gefühl der Ohnmacht erklären, ist vor allem dann angezeigt, wenn politische Schmähungen im Regierungsbereich stilistisch übernommen werden. **193**

Anträge von mitdenkenden Mitarbeitern sind keine Belästigung, sondern im Zeichen der Mitverantwortung **konstitutiver Innenbestandteil** verwaltender Tätigkeit in einer **demokratisch** verfaßten Gesellschaft, in der die öffentlichen Gewalten ihr Tun rechtfertigen müssen.[282] Sie können zugleich „Rechtsbehelf" sein, wenn sie (auch) auf eine Besserung der Lage des Antragstellers zielen. Sie sind ebenso wie die Beschwerden zu bescheiden. **194**

Soweit es sich bei Anträgen und Beschwerden um statusrechtliche Fragen des Beamten[283] handelt, ist auf eine Rechtsmittelbelehrung zu achten (§ 126 BRRG).

d) Petition

Das **Petitionsrecht** nach Art. 17 GG ist vorbehaltlos gewährleistet. Art. 17 a GG gestattet lediglich gesetzliche Verbote für Soldaten und Ersatzdienstleistende, sich an Sammelbeschwerden vieler zu beteiligen. Die Einzelpetition an sachlich zuständige Stellen und Parlamente ist immer statthaft. Nur soweit die eigene (höchste) Stelle als Adressat gemeint ist, muß der **Dienstweg** eingehalten werden. Briefe können an Parlamente unmittelbar gerichtet werden. Das Petitionsrecht gestattet nicht Beleidigungen oder Verleumdungen. Dagegen ist die **fehlerhafte Darstellung** eines Sachverhaltes in einer Petition kein Disziplinierungsgrund für den Dienstherrn, da auch der Beamte insoweit nur den allgemeinen Gesetzen, die für alle gelten, unterworfen ist. Diese gestatten **Kritik** an anderen, auch unsachliche, soweit der Schutz des § 193 StGB reicht.[284] Wegen des unbedingt und ohne Gesetzesvorbehalt garantierten Petitionsrechts muß es dem Petenten auch gestattet sein, **dienstliche Angelegenheiten** zum Petitionsinhalt zu machen, wenn eigene oder Gemeinwohlinteressen dies erfordern. Das Petitionsrecht ist nicht auf das Vorbringen eigener Angelegenheiten begrenzt, sondern kann auch als Mittel der Nächstenhilfe genutzt werden.[285] **195**

---

281 *Achterberg,* Allg. Verwaltungsrecht, 2. Aufl. 1986, S. 262.

282 *BVerfGE* 6, 32 (44).

283 Vgl. *VGH Kassel* NJW 1957, 116, zur Frage, wann Weisungen anfechtbar sind. Vgl. auch die Aufzählung bei *Eyermann/Fröhler,* VwGO, 10. Aufl. 1998, § 42 Rdn. 88.

284 Vgl. *BVerfGE* 2, 225 (229 f.). *OLG Düsseldorf* NJW 1972, 650.

285 *OLG Düsseldorf* NJW 1972, 650 (651).

196 So kann z. B. ein Beamter – wie geschehen – mit einer Petition nicht nur an „seinen Minister“, sondern auch an den zuständigen **Gesetzgeber** gesetzliche Unzuträglichkeiten, Defizite und Verfassungswidrigkeiten aufzeigen oder ungerechte Behandlungen, etwa wegen berechtigter „Gehorsamsverweigerung“, rügen, selbst wenn es ihn nicht selber, sondern Kollegen betrifft. Wer sich an „seinen“ **Abgeordneten** wendet, um ihn „ins Vertrauen zu ziehen“ und ihn um Hilfe in Rechtsnot zu bitten, handelt nicht beamtenrechtswidrig, sondern macht von seinem Grundrecht gem. Art. 17 GG Gebrauch.

197 Der Weg zu den **„Medien“** fällt allerdings nicht unter das Petitionsrecht. Wegen der in der Petitionsmöglichkeit liegenden „Purgationsfunktion des ‚Herzausschüttens‘“[286] läßt es sich rechtfertigen, Angehörigen des öffentlichen Dienstes nur begrenzt „die **Flucht in die Öffentlichkeit**“ zu gestatten (Mäßigungsgebot und Verschwiegenheitspflicht).[287] Umgekehrt bietet Art. 17 GG den Weg, legal und im Schutz des GG der Instanz „sein Leid zu klagen“, der auch alle anderen öffentlichen Stellen, speziell die Verwaltung, Auskunft und Rechenschaft schulden. Deswegen kann es gegenüber Parlamenten und parlamentarischen Untersuchungsausschüssen auch **kein Dienstgeheimnis** geben.[288] Vom beamteten Petenten wird man andererseits erwarten dürfen, daß er „geheimes Material“ als solches kennzeichnet, um die gegebenenfalls vertrauliche parlamentarische Behandlung zu ermöglichen. Die Verschwiegenheitspflicht und das Zeugnisverweigerungsrecht des **Abgeordneten** (§§ 203, 353 b II StGB, § 53 StPO) dienen der Sicherung der notwendigen vertraulichen Information seitens des Petenten.[289] Das Petitionsrecht – auch für Beamte – will gewährleisten, daß es im Staat des Grundgesetzes kein rechtsschutzloses Arkanum im Innenbereich der Macht gibt. Dem entspricht die Pflicht der angesprochenen Instanzen, die Eingaben umfassend sachlich zu prüfen und zu bescheiden (vgl. Rdn. 27 oben).

198 Mit dem **Wächteramt** des Abgeordneten ist auch die Funktion der **Datenschutzbeauftragten** zu vergleichen. Sie sind ausdrücklich von den Parlamenten bestellt, um die Einhaltung der Grundrechte durch die öffentlichen Gewalten zu sichern. Wer sich an sie wendet, macht ebenfalls von seinem Petitionsrecht Gebrauch. Art. 17 GG begrenzt nicht die für Petitionen „zuständigen Stellen“ auf bestimmte Stellen. Die Datenschutzbeauftragten sind vielmehr insbesondere „zuständig“, wenn es um Grundrechtsverletzungen geht. Insoweit kommt ihnen auch ein besonderes **Informationsrecht** gegenüber allen öffentlichen Gewalten – bis in Geheimbereiche, soweit es diese in einer „res publica“ geben darf – zu.[290]

e) Disziplinarantrag zur Rehabilitierung

199 Soweit nicht Statusfragen, also rechtliche Betroffenheiten des Anstellungsverhältnisses, sondern **innerdienstliche Meinungsverschiedenheiten** über die Art und Weise der Dienstausübung, insbesondere über die Rechtmäßigkeit einer Amtshandlung, der Klärung bedürfen, bietet sich als Rechtsbehelf für den Betroffenen – wenn nicht der Dienstvorgesetzte seinerseits nach der Disziplinarordnung vorgeht – der **Disziplinarantrag gegen sich selbst** gemäß § 34 BDO (entsprechend in den Ländergesetzen) an. Es geht dabei nicht um das „Rechtbehalten“, sondern um die eigene **Rehabilitierung** vom „Verdacht des Dienstvergehens“, zum Beispiel nach der Weigerung, eine für rechtswidrig gehaltene Weisung nicht auszuführen.

200 Für die Zulässigkeit des Antrages bedarf es demgemäß einer eigenen Betroffenheit. Eine Art „vorbeugende“ Disziplinarentscheidung, ob eine künftig denkbare Weisung

---

[286] *Maunz/Dürig/Herzog/Scholz,* GG, Art. 17 Rdn. 1.

[287] Vgl. *Beer,* Flucht in die Öffentlichkeit als Rechtsbehelf, FS Richard Schmid, 1985, S. 327 ff.

[288] *BVerfGE* 49, 70 (85); 67, 100 (127 ff.). Dasselbe gilt auch bei **Anrufung eines Datenschutzbeauftragten**, einer speziellen Petitionsform; vgl. dazu *Gola* NJW 1994, 3138 mit Hinweis auf *OVG Münster* RDV 1994, 30.

[289] *Kleinknecht/Meyer-Goßner,* StPO, 43. Aufl. 1997, § 53 Rdn. 1.

[290] Vgl. *OLG Bautzen* NJW 1999, 2832; *Gola* NJW 1998, 3750 (3756 f.).

rechtmäßig und zu befolgen sei, kann es mangels des für das Verfahren „erforderlichen" Verdachts nicht geben. Das Verfahren kann auch nicht als Gegenverfahren in Gang gesetzt werden, wenn ein Verfahren mit demselben Prüfungsinhalt bereits läuft oder abgeschlossen ist. Auf die Schwere des potentiellen Dienstvergehens kommt es hingegen für die Zulässigkeit des Selbstantrages nicht an, sondern nur, ob überhaupt Anlaß zur Annahme eines Vorwurfs besteht, der die Integrität des Beamten berührt.[291] Die Tatsache, daß es sich gegebenenfalls um ein **Bagatelldelikt** handeln könnte, das vom Dienstherrn deswegen nicht verfolgt wird,[292] kann das Selbstreinigungsverfahren nicht gegenstandslos machen, wenn es – normzweckgemäß – der Wahrung der Integrität des Betroffenen dienen soll. Es kommt also auf das **Ansehen** an, auf das der Betroffene in seiner Umgebung Anspruch hat und dessen Beeinträchtigung eine Kränkung des Selbstwertgefühls darstellen würde. Insoweit bleibt ein Rest an Subjektivität bei der Beurteilung im Einzelfall. Da es aber auf die Würde des Betroffenen ankommt, also ein ihm zustehendes Rechtswertgefühl, sollte im Zweifel seinem Begehren stattgegeben werden. Denn wenn ein Verdacht besteht, ist sein Gefühl bestätigt, fehlt ein Verdacht, ist sein Ansehen „gerettet". Daraus folgt andererseits, daß **eingebildete Integritätsverluste,** etwa nach einer „streitigen" Auseinandersetzung mit einem Vorgesetzten über eine dienstliche Frage, ein Verfahren nach § 34 BDO nicht rechtfertigen können. Auch eine Auseinandersetzung unter vier Augen ohne konkreten Vorwurf rechtswidrigen Handelns ist kein Verdachtsfall. Dasselbe gilt für den Fall, daß ein Weisungsgeber trotz Remonstration bei seiner Weisung geblieben ist, aber die **Weigerung** des Angewiesenen rügelos hingenommen hat, etwa weil der Angewiesene die Weisung für rechtswidrig oder aus Gewissensgründen für unverbindlich gehalten hatte. Die konkludente Entpflichtung des Angewiesenen bedeutet keine Diskriminierung, auch wenn der Weisungsgeber seine Rechtsauffassung nicht geändert hat. **Toleranz** kann nicht die Integrität tangieren.

Die Einleitungsbehörde hat also zu entscheiden, ob sie einen Verdacht für gegeben hält. 201
Bestätigt sie, daß kein Verdacht besteht, ist der Beamte rehabilitiert. Gibt sie dem Antrag statt, kommt es zum Klärungsverfahren. Bestätigt sie aber den Verdacht ohne weitere Disziplinierung oder läßt sie die Verdachtsfrage offen, kann der Betroffene das **Disziplinargericht** anrufen. Das Gericht muß dann zur Sache entscheiden. Ein Offenlassen der Streitfrage mittels Verfahrenseinstellung ohne Zustimmung des Betroffenen ist nicht gestattet.[293]

f) Widerspruch und Klage

Für alle Rechtsstreitigkeiten aus dem **Beamtenverhältnis** ist – abgesehen von den Dis- 202
ziplinarstreitigkeiten – der **Verwaltungsrechtsweg** eröffnet (§ 126 BRRG). Für Streitigkeiten der **Arbeiter** und **Angestellten** des öffentlichen Dienstes mit ihrem Arbeitgeber sind allein die **Arbeitsgerichte** zuständig.[294]

Eine Klage vor den Verwaltungsgerichten ist nur statthaft, wenn zuvor ein Vorverfah- 203
ren stattgefunden hat aufgrund eines **Widerspruchs** im Sinne von § 68 VwGO. Das ist selbst dann erforderlich, wenn eine oberste Dienstbehörde den angegriffenen Verwaltungsakt erlassen hat (§ 126 BRRG). Wegen der Widerspruchsmodalitäten vgl. oben Rdn. 38 ff.

Voraussetzung für einen zulässigen Widerspruch wie für eine Klage nach erfolglosem 204
Widerspruch ist immer, daß der Beamte durch ein Verhalten seines Dienstherrn, also eines Dienstvorgesetzten mit dienstaufsichtlichen Befugnissen, in seiner **beamtenrechtlichen Stellung** betroffen ist. Das ist – wie erörtert (vgl. Rdn. 175 ff.) – bei innerdienstlichen Arbeitsanweisungen nicht der Fall. Es kommt vielmehr darauf an, daß die persön-

---

291 *Behnke,* BDO, 2. Aufl., § 34 Rdn. 2 ff.
292 Vgl. *Köhler/Ratz,* BDO, 1989, § 26 Rdn. 3.
293 Vgl. § 34 mit Verweisung auf § 31 Abs. 4 Satz 1 bis 3 und 6 BDO, also nicht auf S. 4 und 5; analog in den LänderDO.
294 *BAG* NJW 1955, 359 und NJW 1955, 1696.

liche Rechtsstellung berührt ist.[295] Die betriebsbedingte **Umsetzung** auf einen anderen Arbeitsplatz (Dienstposten), der besoldungsrechtlich gleichbewertet ist, betrifft nur die Amtsausübung, nicht die Amtsstellung.[296] Nur eine disziplinierende „Umsetzung" wird man als persönlichen Eingriff ansehen müssen, wobei aber nicht jedes Auseinander-Setzen unverträglicher Kollegen als Disziplinierung gewertet werden kann. Es kommt auf das Ziel an. Umsetzungen zur Sicherung des Betriebsfriedens sind kein Eingriff. Die persönliche Rechtsstellung ist betroffen bei **Abordnung, Versetzung, Probezeitverlängerung, Beförderung, Entlassung, Gehaltsfestsetzung, Nebenbeschäftigungsfragen, Beihilfenfragen, Regressen, Aufstiegsprüfungen** und **Auswahlverfahren mit besoldungsrechtlicher Relevanz, Reisekostenfragen, Dienstunfallentscheidungen, Ablehnung von Urlaubsgesuchen, Schadensersatzforderungen, Entziehung eines Sicherheitsbescheides** aus persönlichen Gründen.[297]

205 Die Tatsache der persönlichen Betroffenheit und Klagebefugnis im Streitfall bedeutet allerdings nicht durchgängig auch effektive **Justizgewährung.** Stützt sich der angefochtene Verwaltungasakt z. B. auf eine Befugnis ohne nähere tatbestandliche Vorgaben, so kann es – für das Gericht – an normativen Kriterien fehlen, die für die Prüfung der Richtigkeit und Rechtmäßigkeit des Entscheidungsinhaltes nötig wären. **Laufbahnverordnungen,** die nur den Ablauf des „Marsches durch die Institutionen" beschreiben, aber nicht festlegen, welche Kriterien an eine erforderliche Laufbahnprüfung zu stellen sind, leiden an einem **„gesetzlichen Untermaß",** das den Anforderungen an das Gesetzlichkeitsgebot von Art. 20 III GG nicht gerecht wird. Hier könnte das Gericht die Entscheidung womöglich nur aufheben und den zuständigen Normgeber zur Nachbesserung „verpflichten".[298]

206 Ähnlich problematisch sind **„Übernormierungen",** etwa im neueren **Nebentätigkeitsrecht,** wenn arbeitsmarktpolitische Belange zu inadäquaten Eingriffen in die wirtschaftliche Betätigungsfreiheit von Angehörigen des öffentlichen Dienstes führen. Beamtenrechtlich zulässig sind Regeln, die dem Dienstherren die „volle Arbeitskraft" des Dienstpflichtigen sichern sollen. Wird aber die Arbeitszeit so verkürzt, daß Freizeit entsteht, die auch körperlich genutzt werden kann, wie Gartenbestellung, Sporttreiben, Verreisen, dann darf es kein Selektieren dahin geben, daß selbst weniger anstrengende Tätigkeiten, sofern sie zu Nebeneinnahmen führen, aus beamtenrechtsfremden Gründen verboten werden. Die Scheu der Gerichte, solche Normierungen für nichtig zu erklären, und die Befugnis der passiv legitimierten Behörden, ihrerseits höhere Instanzen anzurufen, führen leicht zu Zeitverlusten, die ein einschlägiges **Begehren durch Zeitablauf erledigen.** Der Verlust an Rechtsautorität durch solchen Mißbrauch der Gesetzgebungsmacht wird entweder nicht bedacht oder in Kauf genommen.

---

[295] *Wolff/Bachof,* Verwaltungsrecht II, 5. Aufl., S. 619. *VGH Kassel* NJW 1957, 116.

[296] Vgl. *BVerfGE* 8, 332 = NJW 1959, 189 (**kein „Recht am Amt",** nur materielle Besitzstandswahrung geboten). *BVerwGE* 60, 144 = NJW 1981, 67 (**Umsetzung** in der Behörde auf anderen Dienstposten läßt das „statusrechtliche" und „funktionelle" Amt unberührt, anders bei einer **Versetzung** etc.). Zur **Dienstpostenbewertung** vgl. *BVerwGE* 36, 218.

[297] Vgl. die Rechtsprechungsübersicht bei *Eyermann/Fröhler,* VwGO, 9. Aufl. 1988, § 42 Rdn. 88. Ebenfalls bei *Achterberg,* Allg. Verwaltungsrecht, 2. Aufl. 1986, S. 423 ff. Zur **Konkurrentenklage** einschl. des vorl. Rechtsschutzes vgl. *Wittkowski* NJW 1993, 817 mit umfangr. Bel. Vgl. auch die Übersichten von *Battis* NJW 1993, 1040 und NJW 1994, 1039.

[298] Ob für diese Klage das Verwaltungsgericht gem. §§ 40, 42 VwGO oder das OVG in analoger Anwendung von § 47 VwGO oder das Verfassungsgericht in Analogie zur Verfassungsbeschwerdemöglichkeit gegen eine Norm gem. § 93 III BVerfGG zuständig ist, bedarf noch abschließender Klärung. Gegen jede Einklagbarkeit noch *OVG Koblenz* NJW 1988, 1684; für eine Verpflichtungsklage **auf Erlaß einer Norm** *BVerwGE* 80, 365 ff.; ebenso mit klarer rechtsdogmatischer Differenzierung *Hufen,* Verwaltungsprozeßrecht, 4. Aufl. 2000, § 20; für Verfassungsgerichtsbarkeit bei Klagen gegen Parlamente *Dietlein,* Die Lehre von den grundrechtlichen Schutzpflichten, 1992, S. 173 ff. unter Bezug auf *Badura,* in FS f. Eichenberger, S. 481 ff.; ähnlich *Kopp/Schenke,* VwGO, 11. Aufl. 1998, § 47, auch für untergesetzliche Rechtsvorschriften, mit weit. Übersicht über den Meinungsstand. Weit. Nachw. b. *Sodan* NVwZ 2000, 601.

Die kühl kalkulierten Zeit- und Zögerlichkeitsaspekte lassen sich jedoch weitgehend durch eine Anrufung des zuständigen Datenschutzbeauftragten ausräumen (vgl. Rdn. 198 oben und Kap. C Rdn. 19 zum Datenschutzbeauftragten als „Ombudsmann"). Die Betroffenheiten der Rechtsuchenden berühren weithin die Schutzbereiche der Art. 2 I, 12 und 33 V GG, ggf. sogar Art. 4 I GG, wenn es um „Widerstand für das Recht" gehen sollte. Hier kann der Datenschutzbeauftragte mit seinem unmittelbaren Zugangsrecht zum „Machthaber" schnell und „parteilos" intervenieren. 207

Nicht betroffen ist der Beamtenstatus bei einer **Arbeitskritik** anläßlich eines Einzelfalles, bei einem „subdisziplinären" **Vorhalt** (§ 6 II BDO) ohne Verwertung in den Personalakten, auch nicht bei einem Unterlassen einer **Belobigung,** anders bei **Beurteilungen,** soweit sie für den weiteren „Aufstieg" des Beamten von Relevanz sein können oder eine abwertende Kritik ohne (zumindest summarische) Substantiierung enthalten.[299] Auch die Entfernung von Verwaltungsvorgängen anläßlich der Prüfung der „Verfassungstreue" aus den Personalakten kann verlangt werden.[300] Dasselbe gilt für **mißbilligende Äußerungen** von Vorgesetzten (Vorhaltungen), die nicht als „Disziplinarmaßnahme" angreifbar, oder falsch sind und zu den Personalakten genommen worden sind und deswegen den Betroffenen rechtlich belasten.[301] 208

Für die **Zulässigkeit** von Widerspruch und Klage kommt es letztlich nicht darauf an, ob der Beamte durch einen „Verwaltungsakt" im Sinne von § 35 VwVfG betroffen ist, sondern ob er faktisch – wie auch immer – in seinem Rechtsstatus als Beamter betroffen ist. Diese Voraussetzung ist immer gegeben, wenn dem Beamten grundrechtsrelevante (auch Ansehen und Ehre betreffende) oder beamtenrechtliche Nachteile zugefügt worden sein können. Die Rechtsschutzgarantie geht der Definitionsfrage, was ein Verwaltungsakt sein könnte, vor.[302] Deswegen können auch **aktenkundige** Rügen verwaltungsgerichtlich geprüft werden, wenn der Beamte sich zu Unrecht kritisiert und diskreditiert fühlt und deswegen ihre Entfernung begehrt. Hinsichtlich der weiteren Verfahrensfragen (Klagearten, Rechtsschutzinteresse, Drittbetroffenheit, Kostenlast, Eingriffserledigung, einstweiliger und vorbeugender Rechtsschutz etc.) wird auf Rdn. 29 ff. verwiesen. 209

V. Verfahrensrechte bei Organstreitigkeiten

Neben den Rechtsverhältnissen zwischen öffentlicher Gewalt und Betroffenen sowie zwischen dem Inhaber der öffentlichen Gewalt und seinen Amtswaltern gibt es vielfältige rechtliche Beziehungen zwischen verschiedenen Inhabern öffentlicher Gewalt. Die verschiedenen Verfassungsorgane (Legislative, Exekutive, Judikative) sind je eigene Inhaber (derselben) öffentlichen Gewalt. Ihre Rechtsbeziehungen sind in den Verfassungsvorschriften geregelt. Die Beziehungen zwischen Staatsgewalt und Selbstverwaltungsgewalten (Kommunen, öffentlich-rechtliche Kammern, öffentlich-rechtlicher Rundfunk, öffentlich-rechtlich verfaßte Universitäten usw.) sind in den jeweiligen Gesetzen geregelt, die ihre Selbstverwaltung konstituieren (z. B. Kommunal-„Verfassungs"-Gesetze). Davon zu unterscheiden sind die Beziehungen von Inhabern verschiedener öffentlicher Staatsgewalten (Bund-Länder-Verhältnis, Länder-Länder-Verhältnis), deren Beziehungen durch GG und Verträge geregelt sind. 210

Neben diesen Rechtsverhältnissen verschiedener Organe gibt es rechtserhebliche Beziehungen innerhalb der Organisationen in den einzelnen Organen, also zwischen Res- 211

---

[299] Vgl. *OVG Lüneburg* NJW 1964, 1588, betr. unsachliches Zeugnis. *VG Darmstadt* NJW 1981, 69, betr. Entfernung von unrichtiger, die Persönlichkeit verzeichnender Beurteilung mittels Leistungsklage. *BVerwGE* 49, 351 = NJW 1976, 1281, Beurteilung kein Verwaltungsakt, aber nachprüfbar auf Widerspruch mittels Klage.

[300] Vgl. *VG Köln* NJW 1978, 1649; im Ergebnis ähnlich *OVG Berlin* NJW 1978, 1644. Vgl. auch *H. P. Schneider* NJW 1978, 1601 (1603).

[301] Vgl. *OVG Münster* NJW 1954, 1015.

[302] So auch *OVG Münster* NJW 1954, 1015. Vgl. auch Rdn. 66 oben.

sorts einer Regierung und zwischen Behörden desselben Ressorts. Für die Polizeiarbeit relevant sind die **Polizeibeziehungen** zwischen den Ländern und zwischen Bund und Ländern, zwischen dem für die Polizei jeweils zuständigen Innenressort und den anderen Ressorts und zwischen den Polizeibehörden im eigenen Ressort. Wegen der Organisationsfragen wird auf Kap. B verwiesen.

1. Bund-Länder- und Länder-Länder-Streitigkeiten

212 Gemäß Art. 30 i. V. m. Art. 70 ff. GG ist die Polizei – wie in der Reichsverfassung von 1871 und in der WRV von 1919 – grundsätzlich Ländersache. Deswegen bestimmen Art. 35 II und 91 GG eine **Hilfspflicht** der Länder untereinander, wenn ein Land die „Polizeikräfte" anderer Länder braucht. Einbezogen in diese Hilfspflicht ist der **Bundesgrenzschutz** als Bundespolizei gemäß Art. 73 Nr. 5 GG zur Grenzsicherung, nicht das Bundeskriminalamt gemäß Art. 73 Nr. 10 GG. Spätestens bei häufigen und umfangreichen „Anforderungen" stellt sich die Streitfrage, ob und inwieweit den Anforderungen entsprochen werden muß und wie Meinungsverschiedenheiten entschieden werden können. Das **Abkommen der Länder** über die Erweiterung der Zuständigkeit der Länderpolizeien zur Strafverfolgung in den anderen Bundesländern vom 8. 11. 1991 regelt nur die strafprozessualen Befugnisse außerhalb des eigenen Kompetenzbereichs. Auch die Zusammenarbeitspflicht gemäß dem BKA-Gesetz beantwortet nicht die Frage der Hilfspflicht bei der Gefahrenabwehr, sondern nur bei der Strafverfolgung mit ihren Annexgebieten. Hingegen enthält § 11 IV BGSG ebenso wie § 8 II POG NW eine Unterstützungspflicht unter dem Vorbehalt des Eigenbedarfs. § 89 SPolG macht ebenfalls die Erfüllung einer „Anforderung" gemäß Art. 35 und 91 GG vom Eigenbedarf abhängig, konkretisiert aber nicht ausdrücklich die Hilfspflicht, während z. B. § 82 BremPolG ebenso wie § 7 ASOG Bln das Gebot zur Hilfe unter dem Vorbehalt eigenen Könnens enthält. Für Hessen gilt § 103 II HSOG. Andere Polizeigesetze regeln nur die Befugnisse „fremder" Polizeien im eigenen Lande oder „eigener" Polizei im anderen Land.

213 Wenn die Art. 35 und 91 GG den Sinn haben sollen, das Gebot der **Bundestreue** – zum Zweck der Bestandssicherung und der Sicherung der Rechtsordnung – zu konkretisieren, dann kann die Unterstützung nicht im Belieben der Mitglieder des Bundes liegen. Es handelt sich wie bei der durch Art. 35 I GG konstatierten Amtshilfe um eine **verfassungskräftige Unterstützungspflicht.**[303] Andernfalls hätte eine Befugnisregelung zum Einsatz landesfremder Hilfsmittel genügt. Daraus folgt, daß die Anforderungsvoraussetzungen der Beurteilung des anfordernden Landes unterliegen (müssen), während das geforderte Land die Grenzen seines Könnens zu bestimmen hat.[304] Praktisch läuft diese Verantwortungsverteilung auf ein „Einvernehmen" hinaus, ohne daß ein Einvernehmen im Sinne konstitutiver Mitverwaltung[305] erforderlich ist, da hiervon nicht die Zulässigkeit etwaiger Amtshandlungen im Verhältnis zu Außenstehenden berührt wird. Der zu Hilfe gerufene Partner wirkt nur – wie auch die spezifischen Kompetenzregelungen zeigen – im „Innenverhältnis" mit. Es handelt sich für den Helfenden nicht um die Wahrnehmung eigener Kompetenzen. Deswegen ist bei einem Streitfall wegen der Eingriffsfolgen – wie in § 102 II 2 HSOG normiert – der rufende Teil passivlegitimiert. Ist hingegen die **Frage des Helfens** selbst **Streitgegenstand,** ist an eine Streitentscheidung durch das BVerfG gemäß Art. 93 Nr. 3 oder 4 GG und durch das BVerwG gemäß § 50 I Nr. 1 VwGO zu denken.

214 Eine **verfassungsrechtliche Streitigkeit** läge vor, wenn die Frage der Pflichtgebundenheit aus Art. 35 II und 91 GG selbst Streitgegenstand wäre.[306] Als verfassungsrechtliche

---

303 So i. E. auch *Maunz/Dürig/Herzog/Scholz,* GG, Art. 35 Rdn. 17; und Art. 91 Rdn. 19. Offengelassen von *Hase*, in: AK-GG, 1984, Art. 35 II, III Rdn. 42. Für eine „grundsätzliche" Hilfspflicht *Jarass/Pieroth,* GG, 3. Aufl. 1995, Art. 35 Rdn. 5 unter Bezug auf *BVerwG* DÖV 1973, 491. Vgl. auch Kap. C Rdn. 112, 137 ff.

304 So auch *Maunz/Dürig/Herzog/Scholz,* GG, Art. 35 Rdn. 18, und Art. 91 Rdn. 20 ff.

305 Vgl. *Achterberg,* Allg. Verwaltungsrecht, 2. Aufl. 1986, S. 239.

306 *Lechner,* BVerfGG, 3. Aufl. 1973, § 13 Nr. 7, Anm. 2. Ebenso *BVerfGE* 3, 267 (277) für Länderstreitigkeiten, „die ihre Wurzeln im Bundesverfassungsrecht haben"; anders aber *BVerfGE* 12, 308 (310): „Es wider-

Streitfrage wird sich am ehesten die Auslegung der eine Hilfspflicht auslösenden Tatbestandsmerkmale wie „schwerer Unglücksfall" gemäß Art. 35 II GG und „Gefahr für den Bestand" oder „die freiheitliche demokratische Grundordnung des Bundes oder eines Landes" gemäß Art. 91 I GG erweisen, wenn einmal die Hilfe versagt werden sollte oder ein Eingreifen der Bundesregierung gemäß Art. 35 III oder Art. 91 II GG in Betracht kommen sollte. Die Hilfe bei Naturkatastrophen war bisher nie umstritten. Auch die Hilfe bei Großeinsätzen anläßlich großer Demonstrationen mit drohenden Ausschreitungen hat nie zu offenen Auseinandersetzungen oder zu Eingriffen der Bundesregierung geführt. Selbst bei einer kriminellen Einzeltat – wie beim Gladbecker Geiselfall 1988 – wird eine Hilfe des Bundesgrenzschutzes und der Polizeien anderer Länder als selbstverständlich in der öffentlichen und parlamentarischen Diskussion vorausgesetzt, so als ob Art. 35 I GG für die polizeiliche Amtshilfe maßgebend wäre (vgl. Kap. C Rdn. 146). Anscheinend wird unter Staatsgefahr oder Verfassungsgefahr im Sinne von Art. 91 GG nicht nur der bewaffnete Aufstand, sondern jeder Fall verstanden, bei dem die eigenen Polizeikräfte wahrscheinlich nicht ausreichen, sofort und umfassend eine konkrete polizeiliche Gefahr im Sinne der örtlich maßgebenden Polizeigesetze abzuwehren. Wenn man demgegenüber die Bedeutung derselben Tatbestandsmerkmale in anderem Kontext, etwa in Art. 21 II und Art. 87 a IV GG, zur Auslegung heranzieht, wird erkennbar, daß **die nahezu voraussetzungslose Heranziehung „fremder" Polizeikräfte** zur Bewältigung schlichter polizeilicher Gefahren ohne Staatsgefahr eine bedenkliche Überdehnung der in Art. 35 II und Art. 91 I GG statuierten Hilfsgrenzen darstellt; es sei denn, daß man **Grenzen polizeilichen Könnens** stets als Staatsgefahr definiert. Die Außerachtlassung des Normzwecks, nämlich die polizeiliche Amtshilfe auf wenige existenzgefährdende Fälle zu begrenzen, wird auf Dauer das Rechtsbewußtsein prägen und erfahrungsgemäß auch die Auslegung seitens der Judikative beeinflussen.[307] Über den Notstand wird am Ende nicht rechtlich, sondern politisch entschieden.[308]

Eine **verwaltungsrechtliche Streitigkeit** läge vor, wenn es um **Art und Ausmaß der Hilfe** ginge. Für diesen Fall wäre gemäß § 50 I Nr. 1 VwGO das BVerwG in erster und letzter Instanz zuständig. Insoweit wäre die Frage der Pflichtgebundenheit aus Art. 35 II GG als Vorfrage von diesem Gericht zu beantworten. Die angebliche Beschränkung der 215

spricht dem Sinn des Bund/Länder-Streites, wenn sich auf beiden Seiten Länder als Prozeßparteien gegenüberstehen…" Der Satz ist semantisch dunkel und auf dem Hintergrund des Normzwecks von Art. 93 I Nr. 3 GG auch schwer verständlich. Denn danach wären zwar Bund/Länder-Streitigkeiten aus Art. 35 GG verfassungsrechtlich justitiabel, nicht aber Land/Land-Streitigkeiten, obwohl es in allen Fällen um die Frage nach den Pflichten geht, die sich aus dem Gebot der Bundestreue ergeben. Offengelassen bei *Rinken*, in: AK-GG, 1984, Art. 93 Rdn. 35. Wie *BVerfGE* 12, 308, *Maunz*, in: Maunz/Dürig/Herzog/Scholz, GG, Art. 93 Rdn. 52, aber ohne weitere Begr. Für Anwendung von Art. 93 I Nr. 4 GG *Jarass/Pieroth*, GG, 3. Aufl. 1995, Art. 93 Rdn. 32.

307 Möglicherweise wird sie die gebotene Hilfe versagen und die Streitfrage wegen des angeblich „weiten Ermessensspielraums" der Exekutive bei „Regierungsakten" für nicht justitiabel und sich selbst in der Tradition des Staatsgerichtshofes für das Deutsche Reich (RGZ 137, Anh.) für inkompetent halten. Für solchen Vorrang der Exekutive – wie Bismarck im Etatstreit von 1863 – auch *Eyermann/Fröhler*, VwGO, 9. Aufl. 1988, § 42 Rdn. 71. Das GG will jedoch, wie Art. 93 zeigt, jede Exemtion der Exekutive von der Gerichtsbarkeit nach dem Vorbild vorkonstitutioneller Privilegien ausschließen. Diesem Verfassungszweck widerspräche die Annahme einer justizfesten Definitionsmacht (vgl. *BVerfGE* 8, 274 [325]; 11, 168 [192]; 13, 153 [161 ff.]; 50, 256 [263]). Zur richterlichen Selbstbeschränkung und zu den „funktionellen Grenzen" der (Verfassungs-)Gerichtsbarkeit vgl. auch *Hesse*, Ausgew. Schriften, hrsg. v. Häberle und Hollerbach, 1984, S. 311 ff.; *M. Hirsch* DRiZ 1977, 225 ff. Zu justizlosen „Hoheitsakten" sagt *Arndt*, Ges. jur. Schriften, 1976, S. 162: „Mit der letzten Gewißheit, daß es keinen Primat der Politik vor dem Recht geben kann, steht und fällt der Rechtsstaat… Mit Noskes bösem Wort…, Da gelten Paragraphen nichts, sondern… lediglich der Erfolg…' ließe sich alles verteidigen. Wie wäre es, wenn Hitler… Erfolg gehabt hätte? Ist Erfolg etwas, was in sich selbst einen Wert trägt oder gar das summum bonum? … Das Ziel einer Politik und ihre Mittel bedingen sich unlösbar gegenseitig."

308 So auch *Hase*, in: AK-GG, Bd. 2 1984, Kap. G, Rdn. 14 ff., m. w. Nachw. Zum „Anschein rechtsstaatlicher Bestimmtheit" vgl. *Hesse*, Grundzüge d. Verfassungsrechts der BR Deutschland, 20. Aufl. 1995, Rdn. 763 ff. Zum polizeispezifischen „Schutz der Verfassung" im Hinblick auf Art. 91 GG eingehend *Denninger*, in: Hdb. d. Verfassungsrechts, hrsg. v. Benda/Maihofer/Vogel, 2. Aufl. 1994, § 16.

Gerichtskompetenz auf „Hoheitsfragen"[309] entspricht eher dem Willen der Richter als dem des Gesetzgebers. Dies ergibt sich zwingend aus Art. 93 I Nr. 4 GG. Spezielle Streitfälle, wie es sie in der polizeilichen Vergangenheit, zum Beispiel bei den Großdemonstrationen seit 1976, gegeben hat, bedürfen gegebenenfalls einer schnellen und endgültigen Entscheidung durch ein länderübergreifendes Gericht. Da das BVerfG – bislang – seine Kompetenz für Länder/Länder-Streitigkeiten gemäß Art. 93 I Nr. 3 GG verneint hat und seine Kompetenz gemäß Art. 93 I Nr. 4 GG subsidiär ist, wird sich im Streitfalle die Anrufung des BVerwG gemäß § 50 I Nr. 1 VwGO nicht vermeiden lassen, zumal die Grundsatzfrage, ob überhaupt eine Hilfspflicht besteht, kaum je im Vordergrund stehen wird. Eher wird es um die Frage gehen, ob unter den obwaltenden tatsächlichen und polizeirechtlichen Umständen Hilfe geleistet werden muß. Das kann den Umfang der Hilfe betreffen, aber auch die Frage, ob das beabsichtigte Einschreiten überhaupt oder so, wie geplant, rechtens ist. Würde das BVerwG seine Kompetenz verneinen (weil es die Sache für „landläufig"[310] oder für „verfassungsrechtlich"[311] hielte), so müßte es den Rechtsstreit[312] an das „richtige" Gericht verweisen oder von Amts wegen dem BVerfG vorlegen. Das BVerfG könnte wegen seiner Kompetenzkompetenz die Sache dem BVerwG zurückgeben. § 50 III VwGO weist die Entscheidung, ob eine verfassungsrechtliche Streitigkeit vorliegt, letztlich dem BVerfG zu.

216 In Eilfällen – es können nur Notlagen des anfordernden Partners in Betracht kommen – bietet sich der Antrag auf Erlaß einer **Einstweiligen Anordnung** gemäß § 123 VwGO oder gemäß § 32 BVerfGG als Rechtsbehelf an.

Kein Rechtsbehelf wäre die Anrufung der Bundesregierung gemäß Art. 91 II GG. Ihr Eingreifen wäre auch nur bei einer existenzbedrohenden Gefahr gemäß Art. 91 I GG zulässig, nicht bei einem „landläufigen" Amtshilfestreit wegen Arbeitsüberlastung.

2. Andere Organstreitigkeiten

217 Sonstige Organstreitigkeiten können sich aus **Zusammenarbeits- und Mitverwaltungsverhältnissen** gleichberechtigter Organe ergeben. Zusammenarbeit bedeutet Unterstützung von der Organleihe über das gesetzliche Mandat bis zur Amtshilfe. Mitverwaltung bedeutet rechtsnotwendige Mitwirkung an einem Rechtsakt mit Außenwirkung.[313]

218 Mitverwaltung liegt nicht vor bei **Kompetenzverschiebungen** im Rahmen einer gemeinsamen Aufgabenzuweisung. So ist die auflösend bedingte **Eilkompetenz** der Polizei neben der originären Kompetenz der sachlich zuständigen Ordnungsbehörde bei Gefahrenfällen keine Mitverwaltung, sondern Zusammenarbeit. Gleiches gilt für das Verhältnis von Polizei und Staatsanwaltschaft gemäß § 163 StPO. Auch der **Ermittlungsrichter,** der gemäß § 162 StPO bestimmte Ermittlungshandlungen kompetenzgemäß, aber auf Verlangen der Staatsanwaltschaft vornehmen muß, handelt „nicht als Organ der Rechtsprechung", sondern zur Unterstützung der Staatsanwaltschaft als „vollziehende Gewalt".[314] Eine fallbezogene Kompetenzverschiebung, die der Zusammenarbeit bedarf, enthalten die Art. 13 II und 104 II GG und auch neue Polizeigesetze für bestimmte Eingriffsmethoden. Auch in diesen Fällen wird der Richter – solange er den Betroffenen nicht gemäß Art. 103 GG anhört – nicht als Organ der Rechtsprechung tätig, sondern verwaltend.[315] Es handelt sich um Zusammenarbeit, nicht um Mitverwaltung, weil der Richter insoweit allein zuständig ist und den Eingriff allein zu verantworten hat. Auch im Falle vor-

---

309 *BVerwG* NJW 1977, 163; dagegen auch *Eyermann/Fröhler,* VwGO, 9. Aufl., § 50 Rdn. 3.
310 Wie in NJW 1977, 163.
311 § 50 III VwGO.
312 Vgl. §§ 17 ff. GVG i. V. m. §§ 53, 83 VwGO.
313 Vgl. *Achterberg,* Allg. Verwaltungsrecht, 2. Aufl. 1986, S. 239. *Wolff/Bachof,* Verwaltungsrecht II, 4. Aufl., S. 118 ff.
314 *BVerfGE* 31, 43 = NJW 1971, 1308.
315 *Maunz/Dürig/Herzog/Scholz,* GG, Art. 104 Rdn. 25. Vgl. auch Kap. C Rdn. 93 und oben Rdn. 160.

greiflichen Verwaltungshandelns der Exekutive kraft ihrer Eilkompetenz bei Gefahr im Verzuge hat der Richter nachträglich die Verantwortung für den Eingriff zu übernehmen. Praktisch läuft diese Verflechtung je eigener Kompetenzen bei der Verwaltungsregelung von Einzelfällen auf eine **faktische Mitverwaltung** hinaus. Dies gilt erst recht, wenn die Richter nicht rund um die Uhr erreichbar sind[316] und in Kenntnis vorgreiflichen Verwaltungshandelns keine Einzelfallentscheidung treffen und damit das Handeln der Exekutive konkludent billigen.[317] Wird die Mitwirkung verweigert, fehlt dem Eingriff die Kompetenzgrundlage. Er ist rechtswidrig, so daß ein Rechtsschutzbegehren des Betroffenen Erfolg haben müßte. Die Polizei selbst hat mangels eigener Rechtsbetroffenheit keinen Rechtsbehelf. Hier kann nur die Dienstaufsicht helfen.

Echte Mitverwaltung im Sinne des **Einvernehmens** stellt zum Beispiel das notwendige Zusammenwirken von Innenminister und Parlamentspräsident nach dem jeweiligen **Bannmeilengesetz** dar (Entsprechendes gilt für die verfassungsgerichtliche Bannmeile), da sie nur gemeinsam das Demonstrationsverbot innerhalb der Bannmeile aufheben können. Können sich die Beteiligten nicht einigen, bleibt es beim gesetzlichen Verbot, so daß sich die Polizei vor etwaigem Einschreiten Gewißheit verschaffen sollte.[318] **219**

Auch im Bereich der **Personalvertretung** bedürfen etliche Entscheidungen des Dienstvorgesetzten der „Mitwirkung“ oder „Zustimmung“ des Personalrates.[319] Kommt es zu keinem Einvernehmen, muß das Vorhaben unterbleiben oder die Konfliktlösung im Wege des sogenannten Stufenverfahrens gesucht werden. Bedeutet das Unterlassen des Vorhabens einen rechtlichen Nachteil für den Betroffenen, kann dies ein Rechtsschutzinteresse begründen, das den Rechtsweg eröffnet. Die Zuständigkeit des Gerichts bestimmt sich nach den allgemeinen Regeln. **220**

Konfliktträchtiger ist der Bereich der **Zusammenarbeit.** Sie vollzieht sich in der Regel in der Form der **Organleihe,** des **gesetzlichen Mandats** oder der **Amtshilfe.** **221**

Bei der **Organleihe** und beim **gesetzlichen Mandat** (Landrat, Oberkreisdirektor, Bürgermeister als Leiter der staatlichen Polizeibehörde, Polizei als Hilfsorgan der Staatsanwaltschaft usw.) kommt es wegen der fachaufsichtlichen Weisungsgebundenheit schwerlich zu einem Rechtsschutzbedürfnis; es sei denn, eine Weisung oder Unterlassung betrifft Delegat oder Mandatar in seiner eigenen Rechtsstellung, beispielsweise bei einer exzessiven Ausübung der Weisungsbefugnis mit Haftungsfolgen für den Angewiesenen.[320]

---

316 Lt. *BVerwGE* 45, 51 = NJW 1974, 807 (811), brauchen Richter nicht rund um die Uhr, sondern – trotz fehlender Bindung an Dienststunden – nur während „üblicher“ Geschäftszeiten erreichbar zu sein. Diese, nur aus dem konkreten Entscheidungsfall verständliche Entscheidung ist sehr bedenklich, weil der Mediatisierungszweck der Kompetenzbestimmung des GG unterlaufen wird. Vgl. auch Rdn. 48 ff. oben und Kap. C Rdn. 93.

317 Das setzt eine Notkompetenz der Exekutive voraus! Insoweit ist die Praxis unterschiedlich. Mancherorts sind Richter Tag und Nacht erreichbar, andernorts wurden oder werden die **Gewahrsamsanzeigen** den Richtern vorgelegt. In Düsseldorf lehnte eine „neue Richtergeneration“ die Annahme solcher Anzeigen als unzuständig ab. Das Verfahren vorübergehender **Freiheitsentziehungen** nach der StPO steht auf einem anderen, meist vorkonstitutionellen Blatt der StPO, wird aber wegen der Entschädigungsmöglichkeit nach dem StrEG für das etwaige „Sonderopfer“ (*BGHZ* 72, 302 = NJW 1979, 425 [426]) nicht problematisiert. Für Rechtsschutz auch bei „erledigten“ vorl. Festnahmen gem. § 127 II StPO *BGH* StV 1998, 579! Fehlt es an der Notzuständigkeit der Exekutive, wie z. B. bei der **„Polizeilichen Beobachtung“** gem. § 21 PolGNW oder bei der **„Rasterfahndung“** gem. § 31 PolGNW, dann muß bei Unerreichbarkeit des Richters der geplante Eingriff unterbleiben. Auch eine nachträgliche Zustimmung kann mangels eigener Notkompetenz der Polizei den Rechtsmangel nicht heilen. Mangels eigener rechtlicher Betroffenheit der Polizei kann auch kein Rechtsbehelf in Betracht kommen. Vgl. *Lisken/Mokros* NVwZ 1991, 609. Es sind ggf. andere zulässige Methoden zu wählen.

318 Zur Wirkung fehlender Zustimmung von einer Seite vgl. *BVerwGE* 22, 342 = NJW 1966, 515. In der Praxis hat sich Anfrage bei Parlamentspräsident, Innenminister und Staatsanwaltschaft bewährt.

319 Vgl. § 69 BPersVG und die analogen Länderregelungen.

320 Vgl. die Übersicht bei *Eyermann/Fröhler,* VwGO, 9. Aufl. 1988, § 42 Rdn. 89 ff. Vgl. auch *Oebbecke,* Weisungs- und unterrichtungsfreie Räume in der Verwaltung (1986). Hierher gehört ggf. auch das **Problem der (unerlaubten) fachaufsichtlichen Weisung bei sachlich-rechtlicher Gebundenheit des Angewiesenen** (z. B.: **Versammlungsverbot, waffenrechtliche** oder **verkehrsrechtliche Erlaubnisse,** Asylgewährung, Einbürgerung, Namensänderung, **Beamtenbeurteilung** und **-beförderung** usw.).

222 Bei der **Amtshilfe** können Konflikte zwischen den Behörden nur dann durch die Aufsichtsbehörde geregelt werden, wenn die beteiligten Behörden demselben Organ angehören, also zum Beispiel derselben Exekutive. Verlangt etwa die **Luftsicherungsbehörde** von der Polizei die Durchsuchung der Passagiere gemäß § 29 c LuftVG, so handelt es sich – wie § 29 c VI LuftVG zeigt – um ein Amtshilfeersuchen im Sinne von § 4 VwVfG. Streitigkeiten über Umfang und Dauer dieser Hilfe, etwa weil die Hilfsmöglichkeiten erschöpft sind oder weil die auf Einzelhilfe angelegte Amtshilfe zur Dauerhilfe geworden ist, sind gemäß § 5 V VwVfG hierarchisch zu schlichten. Letztlich hat das Regierungskollegium nach Maßgabe der Verfassung und der Geschäftsordnung der Regierung zu entscheiden. Es fehlt für ein Rechtsschutzbedürfnis an der Betroffenheit eines anderen Rechtssubjektes. Betroffen sein kann nur ein Außenstehender, wenn ihm mangels Amtshilfe Nachteile entstehen. Sein „Gegner“ wäre die zuständige Sicherungsbehörde.[321]

223 Gleichgelagert ist die polizeiliche Amtshilfe im Bereich der Justizverwaltung, etwa bei der **Prozeßsicherung.** Auch hier müssen die beteiligten Ressorts, wenn die Amtshilfe verweigert wird oder nicht genügt oder zur faktischen Organleihe wird, eine Beilegung auf Regierungsebene erreichen. Die jeweils drohenden Folgen werden die Beilegung fördern. Ein Rechtsstreit wäre ein „Insichprozeß“ ohne rechtliche Selbstbetroffenheit. Ebenso zu regeln sind Konflikte bei der **Informationshilfe** der Polizei für die **Verfassungsschutzbehörde** im selben Ressort.

224 Bei Amtshilfekonflikten zwischen Behörden verschiedener juristischer Personen, etwa zwischen kommunalen Ordnungsämtern und der Polizei oder zwischen Länderpolizeien und **Nachrichtendiensten** des Bundes, setzt die außergerichtliche Schlichtung ein Einvernehmen der obersten Dienstaufsichtsbehörden voraus. Kommt dieses Einvernehmen nicht zustande, liegt eine „andere Streitigkeit des öffentlichen Rechts“ gemäß § 40 VwGO vor, so daß Leistungsklage in Betracht kommt. Die sachliche Zuständigkeit richtet sich nach §§ 45 ff. VwGO, wobei auf die restriktive Auslegung von § 50 I Nr. 1 VwGO durch das BVerwG[322] zu achten ist.

225 Im Verhältnis der Polizeien zu den **Nachrichtendiensten,** das inzwischen gesetzlich geregelt ist (BVerfSchG, MAD, BNDG), kann es bei beiderseits interessierenden Sachverhalten immer wieder zu Amtshilfekonflikten kommen, weil die spezifischen Kompetenzen und Befugnisse der Beteiligten unterschiedlichen Zwecken dienen.[323] Reinen **Ermittlungsersuchen** kann schon deswegen nicht stattgegeben werden, weil es diesen Diensten an polizeilichen Befugnissen fehlt und das Gebot zur Amtshilfe (Art. 35 GG) nicht zur Befugnisleihe ermächtigt.[324] Die Polizeibefugnisse dienen anderen Zwecken als etwaige Befugnisse der Geheimdienste. Selbst wenn das gesetzliche **Exekutivverbot** für die Geheimdienste in der Bundesrepublik Deutschland[325] keinen Verfassungsrang mehr haben sollte,[326] bleibt es angesichts der Verschiedenheit der normativ bestimmten Aufgaben und Befugnisse dabei, daß die Polizei Daten, die sie für ihre eigenen Zwecke erhalten hat, nur weitergeben darf, sofern der Empfänger diese selbst für seine gesetzlich definierten Zwecke mittels gesetzlich zugewiesener Befugnisse erheben dürfte.[327] So fehlt es für

---

321 *Kopp,* VwVfG, 6. Aufl. 1995, § 5 Rdn. 39. Eingehend auch *Schnapp/Friehe* NJW 1982, 1422.

322 NJW 1977, 163. *Wolff/Bachof,* Verwaltungsrecht II, 4. Aufl., S. 127.

323 Vgl. Art. 73 Nr. 10 und Art. 87 GG. Grundl. *Seifert,* in: Müller-Heidelberg (Hrsg.), „Innere Sicherheit“ Ja – aber wie?, 1994, S. 73 ff. und 103 ff. Zur G-10-Novelle von 2001 (mit einer dysfunktionalen Nutzungsbefugnis geheimdienstlich erlangter Daten) vgl. die Kritik v. *Wollweber* ZRP 2001, 213.

324 *Denninger,* Amtshilfe im Bereich der Verfassungsschutzbehörden, in Verfassungsschutz und Rechtsstaat, hrsg. v. BMdI, 1981, S. 19 ff. Dortselbst auch *Bull,* Datenschutz- und Ämter für Verfassungsschutz, S. 133 (137 ff.). *Lisken* NJW 1982, 1481. Vgl. auch Kap. C Rdn. 117.

325 S. oben Kap. C Rdn. 109 ff.

326 So *Roewer,* Nachrichtendienstrecht der BR Deutschland, 1987, S. 134 ff.; ebenso *Borgs-Maciejewski/Ebert,* Das Recht der Geheimdienste, 1986, S. 103. A. A. *Schwagerl,* Verfassungsschutz in der BR Deutschland, 1985, S. 146 ff. *Denninger* ZRP 1981, 231; *ders.* KritV 1994, 232 ff., 241. *Lisken* NJW 1982, 1481; *ders.* ZRP 1984, 144; *ders.* ZRP 1994, 264 (267).

327 *Denninger* ZRP 1981, 231. *Riegel,* Polizei- und Ordnungsrecht in der BR Deutschland, 1981, S. 92 ff. Vgl. auch Kap. E Rdn. 206.

die „Dienste“ an jeder Zwangsbefugnis, wie zum Beispiel an dem Recht der Vorladung oder Identitätsfeststellung.[328] Schon in der Dienstanweisung des Bundeskanzlers vom 4. 12. 1968[329] für den auf der Grundlage eines Kabinettsbeschlusses vom 11. 7. 1955 errichteten BND (Nachfolger der „Organisation Gehlen“) hieß es neben der Aufgabenbeschreibung („nachrichtendienstliche Auslandsaufklärung“, „Gegenspionage“, „Erledigung sonstiger nachrichtendienstlicher Aufträge des Bundeskanzlers und der Bundesregierung im Ausland“), daß der BND nur „Exekutivbefugnisse“ besitze, „soweit sie ihm für besondere Aufgaben durch Bundesgesetz übertragen werden“.

Außerdem war und ist dem BND eine innerstaatliche Tätigkeit weithin versagt. Damit kann auch nur eine entsprechend begrenzte **Informationshilfe** der Polizei stattfinden. Darüber hinaus können personenbezogene Daten, die der Polizei aus eigenem Recht bekannt sind, nur nach Maßgabe der speziellen Weitergaberegeln im jeweiligen Polizeigesetz einerseits und in den Geheimdienstgesetzen andererseits übermittelt werden.[330] Dabei ist der jeweilige Zweck ebenso beachtlich wie die Frage, ob der Datenempfänger die Daten auch mittels eigener Befugnisse hätte erheben können.[331] Die Befugnisse sind weithin nicht gleichartig.[332] Die polizeirechtlichen Datenübermittlungsbefugnisse (in neueren Polizeigesetzen) befugen nämlich weder BND noch MAD zu Amtshilfeersuchen, die sich auf personenbezogene Daten richten, sondern nur die Polizei zur Datenübermittlung, soweit deren Erhebung und Verwendung durch den Empfänger gesetzlich geregelt ist.[333] Informationshilfe setzt also auch bei unterschiedlichen gesetzlichen Verwendungszwecken stets gleiche Erhebungsbefugnisse voraus.[334] **226**

Deswegen begegnet es auch Bedenken, falls jene „Dienste“ ihre mit ihren spezifischen Methoden gewonnenen „Erkenntnisse“ der Polizei übermitteln (sollen), zumal der Polizei für ihre Zwecke nur ihre eigenen, gesetzlich zugewiesenen Befugnisse zur Verfügung stehen.[335] Gleiches gilt für die Staatsanwaltschaften und andere Behörden mit speziellen Aufgaben- und Befugniszuweisungen. Die für alle „Dienste“ geltenden Übermittlungsgrenzen der §§ 19 ff. BVerfSchG beantworten nämlich nicht die Frage, ob und inwieweit Staatsanwaltschaften und Polizeien Erkenntnisse, die mit spezifischen Befugnissen gewonnen worden sind, strafprozessual und polizeirechtlich nutzen dürfen. Speziell für das Strafverfahren gelten strikte Beweisregeln, um die „Waffengleichheit“ zu sichern. Für anderweitig erreichbare oder erlangte Beweismittel bestehen Erhebungs- und Verwertungsverbote.[336] Die Rechtslage widerstreitet also einem mehr oder weniger weitgehenden Informationsverbund. Folglich kommt es zu einer Fülle von Einzelanfragen, deren Zulässigkeit nicht im- **227**

---

328 *Denninger* AöR 1987, (112), 694.

329 Vgl. BT-Drucks. 7/3246; abgedruckt bei *Roewer,* Nachrichtendienstrecht der BR Deutschland, 1987, S. 182, als Teil des „Dienstrechtes“.

330 Vgl. Kap. C Rdn. 113 mit den Gesetzesangaben.

331 Vgl. Kap. C Rdn. 114 ff.

332 Wegen der nichtpolizeilichen Befugnisse vgl. §§ 4 ff. MADG.

333 *BVerfGE* 65, 1.

334 *Riegel,* Polizei und Ordnungsrecht in der BR Deutschland, 1981, S. 93 f. Zum neuen Geheimdienstrecht vgl. *Bäumler* NVwZ 1991, 643. Zur Datenweitergabe aus Strafakten gem. §§ 474 ff. StPO vgl. *Hilger* NStZ 2001, 15.

335 Zur Zweck-Mittel-Bindung vgl. *BVerfGE* 30, 1 und 65, 1 sowie 100, 313 m. krit. Anm. v. *Staff* KritJ 1999, 586. Anders Art. 14 BayVerfSchG: Datenübermittlung an „öffentliche Stellen“ ohne Rücksicht auf die Frage, wie die Daten und für welche Zwecke sie erlangt sind. Differenzierter hingegen §§ 18 ff. BVerfSchG vom 20. 12. 1990. Zum Verhältnis „Polizei und Geheimdienste“ vgl. Kap. C Rdn. 109 ff.

336 Vgl. *Simitis* KritJ 1989, 335 (337). Weitere Belege bei *Kleinknecht/Meyer-Goßner,* StPO, 43. Aufl. 1997, Einl. Rdn. 55 f. für heimlich erhobene Beweise, die nicht der strafprozessualen Überführung dienen (*BGH* NJW 1960, 1580; NJW 1964, 165; *BGHSt* 31, 296 = NJW 1983, 1569 mit eingehender Begründung; ebenso *BGHSt* 31, 304 = NJW 1983, 1570). Zum Gebot der „Waffengleichheit“ i. S. eines fairen Verfahrens vgl. *BVerfGE* 6, 12 (14); 38, 105 (111); 63, 45 (72 f.); 63, 332 (337 f.); 77, 65 (76). Bedenklich daher Art. 1, 3, 6 BayVerfSchG i. d. F. v. 1994 bzgl. der Zusammenarbeit von VerfSch und „anderen Sicherheitsbehörden und den Strafverfolgungsbehörden“ zum „Schutz vor Organisierter Kriminalität“ (amtl. Begr. LT-Drs. 12/15217). Krit. *Gusy* StV 1995, 320. Zur strafprozessualen Nutzung geheimdienstlich (mittels elektronischen „Staubsaugens“) erlangter Informationen des BND gem. „Verbrechensbekämpfungsgesetz“ vom 28. 10. 1994 (BGBl. I S. 3186) vgl. Kap. C Rdn. 118 ff.

mer unstreitig sein kann. Für eine gerichtliche Streitschlichtung käme es darauf an, das behördliche Rechtsschutzinteresse zu begründen. In der Praxis spielen solche Erwägungen aber schon deswegen keine Rolle, weil jeder „Rechtsschutz" zu spät käme. Außerdem verzichten die Beteiligten bei einem Einigungsmangel lieber auf eine Streitvertiefung. Im übrigen liegt es nahe anzunehmen, daß eine tradierte „kollegiale Sympathie" in und zwischen den absichtsvoll so genannten „Sicherheitsbehörden" ggf. (noch) fehlende Rechtsgrundlagen für eine technische und/oder informationelle Zusammenarbeit faktisch ersetzt. Die bekannten Fälle Traube, Celler Loch, Plutoniumschmuggel und Schmücker-Prozeß erscheinen angesichts der Reaktionen der Beteiligten exemplarisch.[337]

3. Intraorganstreitigkeiten

228 **Intraorganstreitigkeiten** sind Meinungsverschiedenheiten zwischen Teilen desselben Organs über die im Einzelfall richtige Amtswaltung. Dazu kann der Streit über Art und Umfang der Unterstützung bei der Bewältigung einer konkreten Aufgabe gehören, etwa bei Großeinsätzen. Auch die organisatorische Frage der Übernahme bestimmter Sachaufgaben durch Amtswalter eines anderen **Dienstzweiges** (Unterstützung von Kripo durch Schutzpolizei) kann zu einem Intraorganstreit werden. Hier ist die Streitschlichtung Aufgabe der Dienst- und Fachaufsicht. Für eine judikative Streitschlichtung stellt sich die Frage der rechtlichen Betroffenheit der intern „unterlegenen" Stelle. Wer für die **Parteifähigkeit** im Sinne von § 61 VwGO die Qualität eines Rechtssubjektes verlangt, wird einen „Insichprozeß" als unstatthaft ablehnen.[338] Für die **prozessuale Parteifähigkeit** kann es aber nicht allein auf die Frage ankommen, ob der „Partei" der Status einer juristischen Person zukommt, weil auch ein und derselben Person heterogene Aufgaben zugewiesen sein können, deren Erfüllung nicht von derselben Fachaufsicht überwacht wird. Hier liegt in Wirklichkeit kein Intra-, sondern ein **Interorganstreit** vor. Solche Fallgestaltung gibt es im Bereich der Selbstverwaltung, wenn divergierende Aufgaben im Wege der Organleihe vom selben Selbstverwaltungsorgan zu erfüllen sind.[339] Im Polizeibereich können präventive und repressive Aufgaben konkurrieren, aber nicht kollidieren. Im Streitfall obliegt daher die Schlichtung der gemeinsamen Dienstaufsicht, wobei der unmittelbare Rechtsgüterschutz in der Regel Vorrang vor dem mittelbaren strafrechtlichen Schutz hat. Das folgt aus der grundrechtlichen Schutzgarantie. Für einen „Konkurrenzprozeß" zwischen Polizei und Staatsanwaltschaft – als Schutzbeauftragten – ist daher mangels eigener Rechtsbetroffenheit formell und materiell kein Raum. Betroffenheiten einzelner Amtswalter im Gefolge solcher Schlichtung können mit den Rechtsbehelfsmöglichkeiten dienstrechtlicher Art gelöst werden.

VI. Verfahrensrechte bei EUROPOL-Eingriffen

1. Strukturprobleme

229 Wer im vergangenen Jahrhundert in Europa von der Polizei „beschattet", kontrolliert oder festgenommen wurde, konnte davon ausgehen, daß dem Zugriff ein lokaler Bezug zugrunde lag oder daß ein „internationaler Haftbefehl" vorlag. Der Rechtsschutz richtete

337 Vgl. zur Rechtfertigung des „Celler Lochs" den Versuch von *Evers* NJW 1987, 153; krit. hingegen *Heyn,* in: Deutsche Polizei 3/1987 S. 10; *Schueller,* DIE ZEIT v. 2. 5. 1986 S. 3. Zu den Kompetenzfragen *Lisken,* in: Deutsche Polizei 10/1986 S. 30. Zum Schmücker-Verfahren vgl. *BVerwGE* 75, 1 und *LG Berlin* StV 1991, 371; *Pätzold,* Konkrete Erfahrungen mit rechtsstaatswidrigen Entartungen ..., in: Friedr. Ebert Stiftung (Hrsg.), Nachrichtendienste, Polizei und Verbrechensbekämpfung im demokratischen Rechtsstaat, 1994, S. 131 ff.

338 So *Eyermann/Fröhler,* VwGO, 9. Aufl. 1988, § 61 Rdn. 9 b. *Wolff/Bachof,* Verwaltungsrecht II, 4. Aufl., S. 112, jeweils ohne nähere Begr. Ebenso *Achterberg,* Allg. Verwaltungsrecht, 2. Aufl. 1986, S. 390, weil immer eine übergeordnete Stelle den Konflikt beilegen könne. Ebenso *Kopp/Schenke,* VwGO, 11. Aufl. 1998, § 63 Rdn. 7 m. w. Nachw.

339 Vgl. *BVerwG* 45, 207 = NJW 1974, 1836. Zu denken ist z. B. auch an den Oberkreisdirektor (Landrat) als kommunale Instanz und als Leiter der staatlichen Polizeibehörde.

sich nach Landesrecht; und gegen den ausländischen Veranlasser konnte man die Verfahrensrechte seines Landes in Anspruch nehmen. Ob man wieder ausreisen durfte, abgeschoben oder ausgeliefert wurde, richtete sich nach zwischenstaatlichem Recht.

An dieser Grundkonstellation hat sich durch die Schaffung eines europäischen Polizei- 230
amtes – kurz EUROPOL genannt – nichts geändert (vgl. dazu Kap. O). Neu ist nur, daß **EUROPOL als selbständige und staatlich unabhängige „Macht"** die Initiative zu nationalstaatlichen Eingriffen ergreifen kann, weil diese europäische Polizeibehörde in der Lage ist, aus den dort eingehenden personenbezogenen Daten eine Verbindung herzustellen, die zu Indizien für eine Gefahr oder einen Verdacht führen. Die Weitergabe dieser „Erkenntnisse" kann also zu weiteren Eingriffen führen. Der etwaige Rechtsbehelf gegen den jeweils letzten Eingriff kann aber nur dann überhaupt erfolgreich sein, wenn die angerufene Rechtsbehelfsinstanz die Möglichkeit hat, der EUROPOL-Information auf den Grund zu gehen und sie ggf. zu löschen oder zu ändern.

Diese Durchgriffsbefugnis besteht für die nationalen Rechtsschutzinstanzen (bisher) 231
nicht. Ihre Macht endet an der eigenen Staatsgrenze. Es gibt auch noch **keine europäische Gerichtsinstanz,** die auf Antrag des Betroffenen in dieser Weise helfen könnte. Gäbe es sie, müßte sie ihrerseits **gesetzliche Kriterien** haben, die als Maßstab für die Rechtmäßigkeit von EUROPOL-Eingriffen dienen könnten. Auch daran fehlt es. Die nationalen **Datenschutznormen** sind weder identisch noch überall so weit angenähert, daß sie als gemeinsames Maß dienen könnten.[340] Auch die Eingriffsbewertung ist – in der jeweils eigenen Rechtskultur – unterschiedlich. Grundrechtlich orientierte Verfahrensgarantien enthält die EMRK. Sie wird daher auch vom EuGH als Ersatz für eine (noch fehlende) **Grundrechtscharta für ganz Europa** genommen. Die EMRK ist in den europäischen Staaten, die sie ratifiziert haben, geltendes Recht. Ob eine **„Grundrechtscharta der Europäischen Union"** ebenfalls in allen Staaten der EU verbindliches Recht werden wird und ob sie ggf. – analog dem Verfassungsrecht – dem innerstaatlichen Recht, im Zweifel sogar dem nationalen Verfassungsrecht vorgehen wird, hängt letztlich vom politischen Bindungswillen der Vertragsstaaten ab; denn ein übernationaler Grundrechtskatalog könnte der Anfang eines europäischen **Bundesstaates** sein, der sich im Zuge des Legitimationsprozesses von dem derzeitigen **„Staatenverbund"**,[341] in dem weitgehend die Mitgliedsregierungen Recht setzen, grundlegend unterscheiden würde. Die Folge wäre eine europäische Gerichtsbarkeit und eine Erweiterung der nationalen Gerichtszuständigkeiten, soweit es um die europarechtliche Kontrolle europäischer Instanzen ginge. Die Bürger Europas hätten eine Rechtsschutzgarantie, wie sie innerdeutschem Standard gem. Art. 19 IV GG entspräche. Solange aber die „Grundrechtscharta der EU", die von 61 Gesandten des Europaparlamentes, der Regierungen und der nationalen Parla-

[340] Vgl. den Staatenüberblick bei *Sule,* EUROPOL und europäischer Datenschutz, 1999, S. 46 ff.; zur Schaffung von „Gemeinschaftsgrundrechten" vgl. *G. Hirsch,* in: Kreuzer/Scheuing/Sieber (Hrsg.), Europ. Grundrechtsschutz, 1998, S. 9 ff.; grundl. auch *Preuß* KritJ 1998, 1; *Denninger* JZ 1996, 585; vgl. *Boldt,* Die Europäische Union, Geschichte, Struktur und Politik, 1995; *Aulehner,* in: Baldus/Soiné (Hrsg.), Rechtsprobleme der internationalen polizeilichen Zusammenarbeit, 1999, S. 99 (102 ff.). Zu den begrenzten Rechtsschutzmöglichkeiten nach EU-Recht vgl. die Übersicht von *Oppermann,* Europarecht, 2. Aufl. 1999, S. 267 ff. = Rdn. 709 ff. Vgl. auch *Glas/Lüke* JURA 2000, 400. Zur begrenzten Schutzwirkung der vereinbarten europ. Grundrechtscharta vgl. *Kenntner* ZRP 2000, 423 und *Knöll* NVwZ 2001, 392.

[341] *BVerfGE* 89, 155 (172 ff.); krit. zur „Ersetzung des demokratisch-parlamentarischen Prinzips durch die Gubernative" in der EU *Rupp* NJW-Echo 1997, Heft 29 S. XXVIII. Über „Wege zu einer europäischen Verfassung/Grundrechtscharta" *Weber* NJW 2000, 537, mit einem Überblick über die Quellen und Normierungsmöglichkeiten. Über „eine im Grundgesetz (trotz Art. 79 Abs. 1) gar nicht vermerkte **Erosion staatlicher Gewalt** zu Gunsten der Europäischen Gemeinschaften" vgl. *Boldt,* 50 Jahre GG. Bewährung einer Verfassung, Pforzheimer Hefte 1999, S. 24. Zu den Struktur- und Legitimationsproblemen der EU vgl. auch *Lhotta/Oebbecke/Reh* (Hrsg.), Deutsche und europäische Verfassungsgeschichte: Sozial- und rechtswissenschaftliche Zugänge, Symposium für Hans Boldt, 1997. Grundl. krit. auch *Hassemer* KritV 1999, 133 ff. Zur „Grundrechtscharta ante portas" in der EU vgl. auch *Baer* ZRP 2000, 361. Zu den Folgen des Demokratiedefizits vgl. *Helmut Schmidt,* Die Selbstbehauptung Europas, 2000. Vgl. außerdem *Schachtschneider,* Aus Politik u. Zeitgeschichte, Beil. z. Das Parlament v. 22. 12. 2000, S. 13; *Schwarze,* Die Entstehung einer europ. Verfassungsordnung, Das Ineinandergreifen von nationalem u. europ. Verfassungsrecht, 2000.

mente unter Vorsitz von Roman Herzog im Jahre 2000 erdacht und von den Regierungen in der EU angenommen worden ist (Text m. Erläut. in Beilage z. NJW Nr. 49/2000), nicht allseitig als vorrangiges und überstaatliches Recht verabschiedet ist, bleibt sie ohne unmittelbare rechtsschützende Wirkung. EUROPOL kann zwar die eigene Praxis daran orientieren, so wie die Mitgliedstaaten auch heute schon nur nach Maßgabe der eigenen Datenschutzbestimmungen Daten liefern dürfen. Aber der Nutzungsvorgang bei EUROPOL, die unterschiedslose Verknüpfung der Daten, ihre Analyse und weitere Verwendung vollziehen sich weiterhin „weisungsfrei" und kontrollfrei, also autonom und exemt. Daran würde allein eine Grundrechtscharta der EU nichts ändern.

232 Es gibt auch noch **keine europäische Anklagebehörde,** bei der das Anklagemonopol analog zu den staatlichen Staatsanwaltschaften läge und die einerseits EUROPOL (in Strafsachen) leiten und andererseits selber einer gerichtlichen Kontrolle unterliegen würde. EUROPOL kann zwar nicht selber anklagen, aber es kann – unkontrolliert – bestimmen, ob und wann ein innerstaatliches Verfahren beginnt. Diese Steuerungsmöglichkeit ähnelt dem problematischen Fall der **„Prozeßführung durch Dritte"**, wie sie *J. Wagner* für die Presse beschrieben hat, die mit ihren Beweismitteln zurückhaltend, aber auch gezielt umgehen kann.[342]

233 Eine Sonderstellung ergibt sich auch daraus, daß EUROPOL nicht nur die nach der StPO und den Polizeigesetzen verwertbaren **Beweisergebnisse** zur Verfügung stehen, sondern auch die Daten, die von den Geheimdiensten der verschiedenen Länder angeliefert oder erfragt werden können. Nach deutschem Recht dürfen nur solche Geheimdienstinformationen weitergegeben und genutzt werden, die zum Schutz höchster Rechtsgüter nicht zurückgehalten werden dürfen.[343] Die EUROPOL-Konvention differenziert nicht und läßt unausgesprochen zu, daß – je nach nationalem Recht – alle sicherheitsrelevanten Informationen geliefert und genutzt werden können.[344] Es wäre also für die **verfahrensgerechte Rechtsfindung** in einem deutschen Strafprozeß erforderlich, die Herkunft der Beweise zu erfahren, um ihre Verwertungsfähigkeit beurteilen zu können. So hat das BVerfG[345] zur Weitergabe geheimdienstlicher Erkenntnisse verlangt, daß ihre Herkunft erkennbar bleiben muß. EUROPOL müßte also einer entsprechenden gerichtlichen Kontrolle zugänglich sein. Das gilt ebenso für die Datenverarbeitung dort. Denn jeder Umgang mit den personenbezogenen Daten (Annahme, Vergleiche, Verknüpfungen, Analysen und Weitergaben) stellt einen mehr oder weniger gravierenden, ggf. mehrstufigen **Eingriff in die psychische Integrität des Betroffenen** dar.[346]

234 Insoweit reicht zur **Realisierung des Rechtsschutzes,** wie ihn Art. 19 IV GG garantiert, nicht die Angreifbarkeit nationaler Eingriffe aus, die ggf. am Ende der eingreifenden Tätigkeit von EUROPOL stehen. Vielmehr müßten die nationalen Gerichte eine

---

342 Prozeßführung über Medien 1987; *Lisken* ZRP 1988, 193, im Anschl. an *BVerfGE* 77, 65 = NJW 1988, 329 = EuGRZ 1987, 438 (zur Beschlagnahmezulässigkeit selbstrecherchierten Pressematerials); krit. zum „Lenkungseffekt" von EUROPOL auch *Weichert,* in: Baldus/Soiné (Hrsg.) – Fn. 340 oben – S. 72 (81); krit. zum Fehlen einer „Sachherrschaft der Justiz" *Schomburg,* in: Baldus/Soiné (Hrsg.) – Fn. 340 oben – S. 186 (192 ff.). Ebenso *Nehm* DRiZ 2000, 355. Krit. zu dieser „Verpolizeilichung des Strafverfahrens" *Albrecht* StV 2001, 69.

343 Vgl. *BVerfGE* 30, 1 und *BVerfGE* 100, 313 = *BVerfG* NJW 2000, 55; dazu auch Kap. C Rdn. 111 ff.

344 *Zieschang* ZRP 1996, 427. Zu EUROPOL als „Datenwaschanlage" vgl. die Details bei *Weichert,* in: Baldus/Soiné (Hrsg.) – Fn. 340 oben – S. 72 (79 f.).

345 *BVerfGE* 100, 313 = NJW 2000, 55.

346 *BVerfGE* 65, 1; über die Praxis vgl. Kap. O; außerdem *Frisahn* KritJ 1998, 358 (362 f.); *Sule* – Fn. 340 oben – S. 38 ff.; *Petri* DuD 1998, 324 (325 f.); stark relativierend nunmehr *Bull,* in: Baldus/Soiné (Hrsg.) – Fn. 340 oben – S. 9 (15 ff.), wenn „kompatible" Daten verknüpft werden: Es komme darauf an, ob der neue Verwendungszweck mit dem ursprünglichen Erhebungszweck „vereinbar" sei. Dies sei z. B. bei repressiv und präventiv erhobenen Daten zum Schutz derselben Rechtsgüter der Fall, nicht aber gleichermaßen bei geheimdienstlich erlangten Daten. Insoweit stellt *Bull* doch wieder auf die unterschiedlichen Zweck-Mittel-Relationen ab. Zur Zweckbindung erhobener Personaldaten vgl. ebenfalls *Bull,* in: BMdI (Hrsg.), Verfassungsschutz und Rechtsstaat, 1981, S. 133 (139 ff.). In der Regel reagiert die Polizei auch sehr zweckbindungsbewußt, wenn andere Behörden Personaldaten der Polizei auswerten wollen, z. B. bei Ermittlungsverfahren gegen Polizeibeamte.

Durchgriffsmöglichkeit auf EUROPOL haben. Außerdem müßten die Betroffenen, falls es nicht zu einem nationalen Eingriff kommt, auch selber unmittelbar gegen Eingriffe von EUROPOL gerichtlich vorgehen können. Aber welche Rechtsverletzung könnten sie rügen, wenn sich die Eingriffsbefugnisse nicht nach deutschem Recht richten (müssen)? In der Ratifizierungsdebatte über die EUROPOL-Konvention 1997 ließ die Regierung zur Frage des Rechtsschutzes verlauten, die Regelung habe noch Zeit, solange EUROPOL nicht **„operativ"** tätig werde.[347] Das war eine Irreführung, weil der unjuristische Begriff der „Operation" nichts über die Rechtsqualität des Tuns aussagt. Wenn damit gemeint war, daß es vorläufig keine EUROPOL-Beamte als Ermittler vor Ort gebe, besagt das nichts über die Eingriffsqualität des Datensammelns und -nutzens im Haag. Die „operative" Arbeit vor Ort werden angesichts der Zahl der nationalen Polizisten immer nur relativ wenige „EUROPOL-Mitarbeiter" tun. Wichtiger und gravierender sind die heute schon möglichen Eingriffe in das **Persönlichkeitsrecht** der Betroffenen, speziell in ihr **Recht auf „informationelle Selbstbestimmung"** im Sinne von BVerfGE 65, 1.

Unter diesem Aspekt machte auch das Drängen der an EUROPOL beteiligten Regierungen nach „Immunisierung" der Mitarbeiter von EUROPOL Sinn. Mit dem geläufigen Wort „Immunität" war und ist aber nicht die „diplomatische Immunität" in dem Staat, in den man entsandt ist, gemeint, sondern die umfassendere Exemtion, also die Freistellung von jeglicher Gerichtsbarkeit. Denn nur wenn den Mitarbeitern von EUROPOL diese so genannte Immunität für ihre Arbeit bei EUROPOL zukommt, können sie angeblich unbehelligt ihre Aufgaben wahrnehmen.[348] Folglich mußte und muß ihre Arbeit auch ohne „operativen" Einsatz rechtserheblich, also mit Grundrechtseingriffen verbunden sein. **235**

Solche Eingriffe müßten nach Zweck und Mittel **demokratisch normiert,** im Vollzug **rechtsaufsichtlich begleitet** und letztlich **gerichtlich prüfbar** sein. Schon die jetzt bestehenden Rechtsermächtigungen sind nach deutschem Verfassungsrecht fragwürdig fundiert. EUROPOL beruht auf einem völkerrechtlichen Vertrag, der von den Mitglieds- **236**

---

[347] BT-Protokoll v. 24. 4. 1997 S. 15480 ff. Auf der Sondersitzung des Europ. Rates in Tampere am 15. u. 16. 10. 1999 wurde bereits beschlossen, „zur Bekämpfung des Drogen- und Menschenhandels sowie des Terrorismus **gemeinsame Ermittlungsteams** unverzüglich" einzurichten. Weiter heißt es (veröffentlicht in NJW 2000, 339 f.): „In der nahen Zukunft sollte die Rolle von EUROPOL dadurch weiter verstärkt werden, daß es **operative Daten** von den Mitgliedstaaten erhält und ermächtig wird, die Mitgliedstaaten um die Einleitung, Durchführung oder Koordinierung von Ermittlungen oder um die Einsetzung **gemeinsamer Ermittlungsteams** in bestimmten Deliktsbereichen zu ersuchen, wobei die Systeme der gerichtlichen Kontrolle in den Mitgliedstaaten zu beachten sind... Zur Verstärkung der Bekämpfung der schweren organisierten Kriminalität hat der Europäische Rat vereinbart, daß eine Stelle (EUROJUST) eingerichtet werden soll, in der von den einzelnen Mitgliedstaaten nach Maßgabe ihrer Rechtsordnung entsandte Staatsanwälte, Richter oder Polizeibeamte mit gleichwertigen Befugnissen zusammengeschlossen sind. EUROJUST soll die Aufgabe haben, eine sachgerechte **Koordinierung der nationalen Staatsanwaltschaften** zu erleichtern und die **strafrechtlichen Ermittlungen** in Fällen mit organisiertem Kriminalitätsbezug" (so auch wörtlich) „– insbesondere auf der Grundlage von **EUROPOL-Analysen** – zu unterstützen. ... Der Europäische Rat ersucht den Rat, das notwendige Rechtsinstrument bis zum Ende des Jahres 2001 zu verabschieden." Lt. Pressemitt. d. BMdJ v. 20. 11. 2000 Nr. 76/00 will die BReg. die Kompetenzausweitung von EUROPOL mit einer „rechtsstaatlichen Kontrolleinbindung" verbinden.

[348] So *Storbeck,* der Leiter von EUROPOL, in: Baldus/Soiné (Hrsg.) – Fn. 340 oben – S. 21 (37 ff.): Es soll „verhindert werden, daß EUROPOL-Bedienstete und möglicherweise ganze Organisationseinheiten von EUROPOL durch unsubstantiierte Strafanzeigen und daraufhin eröffnete Ermittlungsverfahren über Wochen oder Monate von ihrer Arbeit abgehalten, ja funktionsuntüchtig werden". Außerdem könne bei der Arbeit „im Rahmen von zumindest 15 unterschiedlichen, teilweise widersprüchlichen Rechtssystemen ... der Konflikt mit dem Gesetz eines anderen Staates nicht ausgeschlossen werden". Aber: „Falls EUROPOL und seinen Bediensteten künftig exekutive Befugnise übertragen werden, würde nach Art. 17 Absatz 7 die Immunität nicht gelten. Die Immunität gilt also bei einer Erweiterung der EUROPOL-Befugnisse nicht automatisch weiter, sondern muß neu verhandelt werden, wobei ... Deutschland insofern eine Vetoposition" zustehe. Zur Frage, ob jene Immunität auch schützen würde, falls EUROPOL-Mitarbeiter sich „operativ" an **„milieubedingten" strafbaren Handlungen** beteiligen würden, nimmt *Storbeck* nicht Stellung. Zur Immunität und ihren Folgen vgl. *Prantl* DRiZ 1997, 234; *Ostendorf* NJW 1997, 3418; *Hirsch* ZRP 1998, 10; *Bull* DRiZ 1998, 32; *Lisken* DRiZ 1998, 75; *Hailbronner* JZ 1998, 283; *Hölscheidt/Schotten* NJW 1999, 2851.

ländern jeweils als Ganzes ratifiziert worden ist. Auch in Deutschland vollzog sich die Verabschiedung nach Art. 59 II GG und nicht nach den Beratungsregeln, wie sie für die Verabschiedung deutscher Verfahrensgesetze mit Eingriffsbefugnissen vorgesehen sind. Die nationalen Regierungen hatten es – wie bei der Schaffung des gesamten europäischen „Staatenverbundes" – allein in der Hand, sich ein exekutivfreundliches Polizeikleid zu schneidern und die Parlamente zu zwingen, zu allem nur ja oder nein zu sagen.[349] So ist mit der EUROPOL-Konvention ein Eingriffskatalog sui generis außerhalb der deutschen Verfahrensordnungen entstanden, der an einem „gesetzlichen Untermaß" leidet; denn die Volksvertretungen haben nicht etwa selbst bestimmt, zu welchem Zweck und mittels welcher Methoden von EUROPOL „ermittelt" werden darf. Die Exekutive kann vielmehr – je nach Bedarf – die Aufgabenfelder bestimmen und erweitern. Außerdem wird nicht mehr prinzipiell zwischen Prävention und Repression unterschieden, obwohl die Verfolgung der unterschiedlichen Aufgaben jeweils unterschiedliche Verfahrensregeln erfordert, die ihrerseits unterschiedlichen Gesetzgebungskompetenzen unterliegen. So gehört die Regelung der Prävention durch die Polizeimacht zum Kompetenzbereich der Bundesländer. Die umfassende Ermächtigung für EUROPOL in einem vom Bundestag ratifizierten völkerrechtlichen Vertrag wirft also mehrschichtige Verfassungsfragen auf. Die Methodenwahl folgt ebenfalls dem vordemokratischen Prinzip nach § 89 Einl. PrALR von 1794, nach dem jedem Amt selbstverständlich die für die Aufgabenerfüllung notwendigen Befugnisse zur Verfügung stehen.[350]

237 Eine aus dem Gesetz für jedermann klar ablesbare Aufgaben- und Befugniszuweisung, wie sie gem. Art. 20 III GG erforderlich wäre (vgl. Kap. C Rdn. 3, 23), gibt es nicht. Da aber deutsches „Eingriffsrecht" nicht maßgebend ist, bleibt auch der Rechtsschutz rudimentär.

238 Eine EUROPOL bindende und wirksame **Gerichtskontrolle** würde also eine umfassende **Datenschutzkonvention auf der Grundlage einer übereinstimmenden Grundrechtsvorstellung** und eine entsprechende **Gerichtsbarkeit** voraussetzen. Daran fehlt es ebenso wie an einer Volksvertretung, die solche Normierungen zur Bindung der Exekutive(n) verfassen könnte. Eine normsetzende Exekutive, wie sie dem EU-System entspricht, schafft sich stets zunächst die ihr erforderlich erscheinenden Handlungsmöglichkeiten. Die vertragliche Selbstbindung ist dabei ohne rechtssichernden Wert, weil der Vertrag sachlich-rechtlich zu einer Generalermächtigung führt, die dann durch Zeitablauf, Gewöhnung und etwaige „Erfolge" – was immer das sei – eine faktische Legimation erfährt. Und so wie im innerdeutschen Rechtsbereich **noch keine der zahlreichen Novellierungen der StPO zu einer kompletten Rechtsschutzregelung geführt** hat, wird auch das EUROPOL-Verfahren so schnell keine staatliche oder überstaatliche Rechtsschutzregelung erfahren. Deswegen kommt es vorrangig auf eine **„Normenkontrolle der Verwaltung"** an (vgl. Rdn. 178 oben und Kap. C Rdn. 36). Nicht „willige Vollstrecker",[351] sondern rechtskundige und rechtswillige EUROPOL-Mitarbeiter können die Defizite an Rechtsbegründung und Rechtskontrolle weitgehend ausgleichen. Außerdem können die Gerichte – in der Tradition des EuGH und des EGMR – unter Heranziehung tradierter Demokratieprinzipien nach Art eines case-law Grenzen errichten, damit die Bürgerfreiheiten nicht aus **„Angst vor der Freiheit"** (*Erich Fromm, Karl Jaspers* – vgl. Kap. C Rdn. 207) in einem Sicherheitsnetz erdrückt werden. Die Freiheit

[349] *Lisken* DRiZ 1998, 75. Krit. z. exzess. Nutzung von Art. 59 II GG auch *Hitzel-Cassagnes* KritJ 2000, 63 (74 ff.) m. w. Nachw. Krit. z. einer „exekutiven Gesetzgebung" auch *Kirchhof* NJW 2001, 1332.

[350] Zu den Aufgaben vgl. Art. 3 der Konvention, zu den Methoden Art. 7 ff. der Konvention. Näheres in Kap. O. Zum Mangel an gesetzlicher Bestimmtheit vgl. *Petri* KritV 1998, 441 (446 ff.). Krit. zur Gesetzgebungskompetenz des Bundes auf dem Gebiet der Präventionsbefugnis für EUROPOL *Weichert,* in: Baldus/Soiné (Hrsg.) – Fn. 340 – S. 72 (75 ff.).

[351] Über die Bereitschaft zum rechtsunkritischen Beamtengehorsam vgl. *Schädlich,* Tallhover, 1992; Fortsetzung bei *Grass,* Ein weites Feld, 1998; vgl. auch *Frei,* Vergangenheitsbewältigung, 2. Aufl. 1997; *Stolleis,* Recht im Unrecht, 1994; eine krit. Analyse der Erosion des Rechtsdenkens im Polizeialltag bietet *Alberts* in SZ v. 29. 1. 2000 S. 11.

ist – wie die Lebenszeit – nicht unerschöpflich. Wer aus dem vermeintlichen **„Grundrecht auf Sicherheit"** über die staatliche Gefahrenabwehr hinaus eine **„umfassende polizeiliche Risikosteuerung"** mit Hilfe von **„Aufklärungseingriffen im Wege der Gefahrenvorsorge"** verlangt,[352] nimmt Zugriffsmöglichkeiten auf jedermann in Kauf. Da diese Konzeption eines **„Schutzstaates"** (*H. A. Hesse*) nicht der Freiheitsordnung entspricht, durch die sich der Staat des GG konstituiert (*Konrad Hesse*), ist die Wahrung der Bürgerrechte durch jedermann – auch mit Hilfe umfassender **Justizgewährung** – Bürgerpflicht und Staatsaufgabe.[353]

2. Auskunfts- und Kontrollanspruch

Art. 19 und Art. 24 der Konvention sichern dem Betroffenen einen Auskunftsanspruch 239
gegenüber EUROPOL wegen der ihn betreffenden Eintragungen und einen Korrektur- oder Löschungsanspruch bei der **„Gemeinsamen Kontrollinstanz"** zu. Mit diesen Verfahrensrechten aus der Konvention wird zwar kein Rechtsschutz im Sinne von Art. 19 IV GG gewährt. Aber die Wahrnehmung dieser Verfahrensrechte, die zu einer **„Selbstprüfung"** von EUROPOL führen, können wie der Widerspruch gem. §§ 68 ff. VwGO Rechtsschutz im Einzelfall erübrigen. Sie werden vor allem für jene hilfreich sein, die wissen, daß sie strafrechtlich nicht beschuldigt waren oder sind und auch nicht als erhebliche „Störer" in die Polizeiannalen eingegangen sind. Diese Umstände bewahren sie nämlich – entgegen einer verbreiteten Volksmeinung – nicht vor einer Speicherung ihrer **persönlichen Daten, Lebensgewohnheiten, Neigungen** und **sozialen Beziehungen,** wenn sie als **Zeugen** oder auch nur als **„Kontaktpersonen"** von Auffälligen in Betracht kommen. Es genügt – je nach angenommener Relevanz – die zufällige Begleitung eines Verdächtigen. Man kann sich also „den Staat selbst dann nicht mehr auf Distanz halten, wenn man sich legal, unauffällig und ohne Kontakt zu einem staatlichen Verfahren verhält".[354]

Hier stellt sich im Grunde ein ähnliches Problem wie bei den (verfassungswidrigen) 240
Jedermannkontrollen,[355] also bei der Befugnis, jedermann auf Reisen ohne jede Zurechenbarkeit zu einer Rechtsstörung kontrollieren zu dürfen. Der Zeuge einer Störung oder Untat wird zur Wahrheitsfindung gebraucht. Insoweit obliegt ihm eine **Sozialpflicht zur Hilfe in Rechtsnot.** Eine darüber hinausgehende Sozialpflicht zur Nächstenhilfe gibt es jedoch nicht und kann auch nicht polizeigesetzlich geschaffen werden. Polizeigesetze sind wie andere Prozeßordnungen lediglich **Verfahrensgesetze,** die bestehende Sozialpflichten operationalisieren, aber nicht begründen können. Wo sich aber Gesetzgeber und Exekutiven über diese verfassungsrechtlichen Grenzen hinwegsetzen, bedarf es einer wirksamen Dritten Gewalt. Das gilt auch für EUROPOL, wenn dem Auskunfts- oder Korrekturverlangen nicht entsprochen wird.

Die begehrte **Auskunft kann nämlich verweigert werden,** wenn die Auskunft nach 241
Ansicht von EUROPOL die Aufgabenerfüllung stört oder die öffentliche Sicherheit und Ordnung der Mitgliedstaaten oder die Rechte und Freiheiten Dritter gefährdet. Das ist – ähnlich wie bei der Befugnis, Eingriffe zu verschweigen, gem. § 101 StPO[356] – eine so dehnbare Interpretationsmöglichkeit, daß die Befugnis zur Versagung einer Auskunft einer **Blankovollmacht** gleichkommt und den Auskunftsanspruch praktisch „aushöhlt".[357]

---

352 *Aulehner,* in: Baldus/Soiné (Hrsg.) – Fn. 340 – S. 99 (106 ff.). Krit. z. schleichenden Umwandl. d. StrafR zun Präventions- u. SicherheitsstrafR u. z. Verpolizeilichung d. Strafverf. u. a. *Lindemann* KritJ 2000, 86 m. w. N. und *Rzepka* KritV 1999, 312 ff. und *Naucke* KritV 1999, 336 m. w. N.

353 *H. A. Hesse,* Der Schutzstaat, 1994 m. umfangr. Bel. Zur „Selbstgewährleistung" der Grundrechtsordnung vgl. *Konrad Hesse,* in: Benda/Maihofer/Vogel (Hrsg.), Handb. d. VerfR, 1984, S. 3 (15 ff.). Zum Grundrechtsschutz in der EU vgl. auch *Ritgen* ZRP 2000, 371. Zur europ. Grundrechtsbeschwerde vgl. *Reich* ZRP 2000, 375.

354 *Zieschang* ZRP 1996, 427 (429) unter Bezug auf *Wolter* ZStW 1995, 793 (815); grundl. Kritik auch bei *Petri* KritV 1998, 441 (447 ff.).

355 Vgl. Kap. C Rdn. 30 ff. Weitere Nachw. auch bei *Seebode,* in: FS f. Mangakis, 1999, S. 693 ff.

356 Vgl. oben Rdn. 16.

357 *Sule,* EUROPOL und europäischer Rechtsschutz, 1999, S. 88.

242 Der Betroffene kann sich bei einer Auskunftsversagung oder bei einer Auskunft, die eine Datenänderung wünschenswert erscheinen läßt, an die **„Gemeinsame Kontrollinstanz“** mittels einer „Beschwerde“ wenden. Diese Instanz, auch „Gemeinsame Kontrollkommission“ genannt, setzt sich aus entsandten Vertretern der Mitgliedstaaten zusammen, die wiederum weisungsfrei entscheiden. Von den zwei deutschen Entsandten wird einer vom Bundesbeauftragten für den Datenschutz benannt, der andere vom Bundesrat. Die Kommission hat faktisch die **Stellung eines Datenschutzbeauftragten** bei EUROPOL; sie hat ein umfassendes Informations- und Zugangsrecht zu allen Datenbeständen. Sie kann EUROPOL allerdings nur mit $^2/_3$-Mehrheit korrigieren. Nach Art. 24 der Konvention sind die Rechtmäßigkeitsfeststellungen der „Gemeinsamen Kommission“ selbst für Gerichte, die um Rechtsschutz angegangen werden, **bindend.** Der Rechtsschutz durch Gerichte endet also dort, wo der Kompetenzbereich der Gemeinsamen Kontrollkommission beginnt.

243 Ob die Gemeinsame Kommission, deren Verfahren nicht näher geregelt ist und deren Mitglieder nicht zum Richteramt befähigt sein müssen, wegen ihrer sachlichen Unabhängigkeit als **Gericht** im Sinne des deutschen „Rechtsprechungsbegriffs“[358] angesehen werden kann, ist zweifelhaft. Die Gemeinsame Kommission ist nämlich auch Berater von EUROPOL.

244 Ähnlich zweifelhaft ist die Gerichtseigenschaft des **Beschwerdeausschusses,** den die Gemeinsame Kommission eingesetzt hat und der auf der Grundlage einer veröffentlichten Geschäftsordnung arbeitet. Diese GO wurde von der Gemeinsamen Kommission und vom Rat gebilligt, beruht also auf reinem Exekutivrecht. Da zudem – entgegen den deutschen Vorschlägen – **weder** die **Öffentlichkeit** des Verfahrens **noch** die **Akteneinsicht** durchgängig gesichert sind, also die Einhaltung wesentlicher Verfahrensgrundrechte von der Zustimmung aller beteiligten Staaten abhängig ist, läßt sich der Instanzenzug bei EUROPOL eher mit einem förmlichen Verwaltungsverfahren – analog dem früheren reichs- und landesrechtlichen „Rekurs“-Verfahren oder „Beschwerdeverfahren“[359] – als mit einem Gerichtsverfahren vergleichen.[360]

3. Gerichtlicher Rechtsschutz

245 Eine klare Rechtswegzuweisung mit der Eröffnung eines gerichtlichen Rechtsschutzes enthält Art. 38 der Konvention. Danach kann ein Betroffener bei einem durch EUROPOL angerichteten Schaden **vor einem nationalen Gericht gegen die national beteiligte Behörde Schadensersatz einklagen.**[361] In diesem Zusammenhang kann das Gericht **inzident** über die Rechtmäßigkeit des schädigenden Vorgehens von EUROPOL befinden. Da dieses nationale Gericht jedoch – anders als die „Gemeinsame Kommission“ – keine Zugangs- und Informationsrechte gegenüber EUROPOL hat, enden seine Prüfungsmöglichkeiten dort, wo sie auch für den Betroffenen enden, der selber EUROPOL angerufen hat oder anrufen kann: Die Gemeinsame Kommission gibt eine „verbindliche“ Rechtmäßigkeitsauskunft.

246 Es fragt sich im Hinblick auf § 90 BVerfGG,[362] ob dieser „Hürdenlauf“ unabdingbar in Kauf genommen werden muß, um mittels einer **Verfassungsbeschwerde** gem. Art. 93 Nr. 4a GG die Verletzung der Rechtsschutzgarantie gem. Art. 19 IV GG rügen zu können. Man wird die gesetzlich geforderte **„Erschöpfung des Rechtsweges“** als Zulässig-

---

[358] *BVerfGE* 4, 331 (344ff.); vgl. dazu auch *Petri* KritV 1998, 441 (457ff.).

[359] Vgl. *Jellinek,* Verwaltungsrecht, 1966, S. 294ff.

[360] Skeptisch daher auch *Kalk* DuD 1999, 442ff.; ebenso *Fisahn* KritJ 1998, 358 (366f.); eingehend *Sule,* EUROPOL und europäischer Datenschutz, 1999, S. 96ff. Krit. zum Mangel an Rechtsschutz auch *Bull,* in: Baldus/Soiné (Hrsg.) – Fn. 340 – S. 9 (18).

[361] Sachlich dürfte gem. § 71 GVG das Landgericht zuständig sein, örtlich das Landgericht, in dessen Bezirk die Behörde ihren Sitz hat, die zum Schaden durch EUROPOL ursächlich beigetragen hat (§§ 17, 18, 32 ZPO).

[362] Vgl. oben Rdn. 17ff.

keitsvoraussetzung für eine Verfassungsbeschwerde dann als gegeben ansehen dürfen, wenn der Betroffene sein Auskunfts- und Korrekturverlangen erfolglos geltend gemacht hat und abzusehen ist, daß ein Gericht – für den Fall, daß ein Vermögensschaden, der einklagbar wäre, überhaupt vorliegt – dieselbe „verbindliche" Auskunft erhielte.

Dieselbe Überlegung stellt sich bei der Frage, ob ein Betroffener den **Europäischen Gerichtshof für Menschenrechte** (in Straßburg) gem. Art. 34 ff. EMRK anrufen soll. Auch hier ist die „Erschöpfung des innerstaatlichen Rechtsweges" Zulässigkeitsvoraussetzung.[363] Zum innerstaatlichen Rechtsweg zählt der EGMR nach wie vor auch die (erfolglose) Anrufung des deutschen Bundesverfassungsgerichts.[364] 247

Für den in Deutschland Betroffenen bleibt es also, wenn es nicht um Schadensersatz geht, den er gem. § 71 GVG beim Landgericht einklagen müßte, je nach Zielrichtung des anzugreifenden Eingriffs bei den innerdeutschen Rechtswegen. Präventionseingriffe wären beim Verwaltungsgericht, strafprozessuale Eingriffe beim Strafrichter (Ermittlungsrichter) anzufechten.[365] Örtlich zuständig wäre das Gericht des Ortes, in dem die Behörde ihren Sitz hat, die unmittelbar zugegriffen hat.[366] Fehlt ein solcher lokaler Bezugspunkt, wäre mit Hilfe eines Auskunftsersuchens bei EUROPOL oder beim BKA (in Wiesbaden) die Behörde zu ermitteln, auf deren Informationsursprung die (Fehl-)Information an EUROPOL zurückzuführen ist. Ist eine solche „verbindliche" Information nicht zu erlangen, wäre das BKA als einzig zuständige Behörde für die Weiterleitung deutscher Informationen an EUROPOL passiv legitimiert und Wiesbaden der zuständige Gerichtsort. 248

Bei Betroffenheit im Ausland wäre Rechtsschutz nach dortigem Verfahrensrecht zu suchen. Sollte sich aber herausstellen, daß deutsche Informationen an EUROPOL dem Zugriff zugrunde liegen, wäre neben der Anrufung von EUROPOL und der Gemeinsamen Kommission bei EUROPOL (in Den Haag) der Rechtsweg zu den deutschen Gerichten eine weitere Hilfsmöglichkeit, um den deutschen Fehler zu korrigieren. 249

Bei strafprozessualen Eingriffen wäre angesichts der rudimentären Rechtsschutzregelung in der StPO der **Ermittlungsrichter** gem. § 98 II StPO analog der zuständige Richter. Eine Verweisung über § 17a GVG an ein OLG gem. §§ 23 ff. EGGVG sollte – nach der nun maßgebenden Rechtsprechung des BGH[367] – nicht mehr zu besorgen sein. Der Ermittlungsrichter wäre auch die berufene Instanz, um bei EUROPOL bzw. bei der Gemeinsamen Kommission eine „verbindliche Auskunft" einzuholen oder den EuGH um eine „Vorabentscheidung" gem. Art. 177 EG-Vertrag zu ersuchen oder bei Zweifeln an der Verfassungsmäßigkeit entscheidungserheblicher Konventionsregeln gem. Art. 100 GG das BVerfG anzurufen. Analoges hätte bei einem **Rechtsschutzverfahren im Präventionsbereich nach der VwGO** zu gelten.[368] 250

Mangels einer deutschen Zugangs- und Kontrollmöglichkeit bei EUROPOL muß sich der effektive Rechtsschutz auf die Mitwirkungsbereiche der beteiligten deutschen Stellen beschränken. Wäre im Einzelfall ein Rechtsverstoß im Bereich von EUROPOL nicht auszuschließen, könnte das deutsche Gericht die Kontrollbeschränkung nach der Konvention als **Verstoß gegen die deutsche Rechtsschutzgarantie** werten und dem BVerfG gem. Art. 100 GG die Frage vorlegen, ob der partielle Ausschluß des Rechtsschutzes gegenüber EUROPOL-Eingriffen in deutsche Grundrechte verfassungsgemäß ist. Dieselbe Frage würde sich dem BVerfG auch dann stellen, wenn ein Betroffener ge- 251

---

[363] Art. 34 ff. EMRK; zu der seit November 1998 geltenden Verfahrensordnung vgl. auch *Meyer-Ladewig/Petzold* NJW 1999, 1165.

[364] *EKMR* (Entsch. der früher zuständigen Europäischen Kommission für Menschenrechte) NJW 1988, 1441. Zur Frage der Erschöpfung des nationalen Rechtsweges bei gleichzeitiger Berufung auf die durch die EMRK garantierten Rechte vgl. auch *EGMR* NJW 1984, 544 ff. Weit. Nachw. bei *Kleinknecht/Meyer-Goßner,* StPO, 43. Aufl. 1997, Art. 26 EMRK a. F. Rdn. 1.

[365] Vgl. oben Rdn. 66 ff., 106 ff., 141 ff.

[366] Vgl. §§ 7 ff. StPO und § 52 VwGO.

[367] Vgl. Rdn. 141 ff. oben.

[368] Amtsermittlungsprinzip und Auskunftseinholung gem. §§ 86, 87 VwGO.

gen eine den Rechtsschutz ganz oder teilweise versagende letztinstanzliche Entscheidung Verfassungsbeschwerde erheben würde.

252 Bei einer weiter gehenden Rüge, etwa wegen Verletzung des gem. Art. 2 I i. V. m. Art. 1 I GG geschützten **Privatbereichs** (durch unberechtigte Datensammlung und -verwertung), könnte auch die Frage relevant werden, ob die Schaffung von gravierenden Eingriffsnormen außerhalb der spezifischen Verfahrensgesetze durch ein Ratifikationsgesetz ohne Beratung und ohne Abänderungsmöglichkeiten im Detail verfassungsrechtlich zulässig ist. Sollte nur eine Vertragsänderung das etwaige Dilemma lösen können, läge darin jedenfalls ein rechtsstaatlicher Gewinn.

253 Nicht abzusehen wäre auch die Lösung für den Fall, daß der EuGH – auf Vorlagefrage gem. Art. 177 EG-Vertrag – eine **„Vorabentscheidung"** getroffen haben würde, die eine bestrittene Verträglichkeit der Konvention mit Gemeinschaftsrecht feststellte.[369]

Die verfassungsgerichtliche Prüfung der EUROPOL-Konvention könnte daher in absehbarer Zeit der Anlaß sein, einmal **konkret** – also über die auslegungsfähigen Grundsatzbetrachtungen im Maastricht-Urteil hinaus[370] – die **Grenzen des Verfassungswandels** durch eine fortgesetzte Verlagerung von Hoheits- und Gesetzgebungskompetenzen auf einen gubernativ strukturierten Staatenverbund ohne Parlament und stringente Justizkontrolle aufzuzeigen. Ursprünglich war die **Polizeimacht** ein wesentliches Kennzeichen der **Souveränität** und speziell in Deutschland ein „Hausgut" (*Denninger*) der Bundesländer. Die „Entfesselung" dieser Polizeimacht gibt Veranlassung, auch auf europäischer Ebene über eine normative Einbindung in eine **Verfahrensordnung** nachzudenken, die **Aufgaben und Befugnisse in Konkordanz zu den Grundrechtsbelangen und unter Gewährleistung eines umfassenden und effektiven Rechtsschutzes für jedermann und überall in Europa** regelt.

254 Da der EuGH gem. Art. 173 EG-Vertrag **nicht von jedermann angerufen** werden kann, der von EUROPOL Betroffene also dort auch nicht unmittelbar Rechtsschutz erhalten kann, hängt die Entscheidung im Einzelfall ebenso wie die dadurch mitbestimmte Rechtsentwicklung maßgeblich von den etwaigen „Vorabentscheidungen" des EuGH und von den Antworten des BVerfG ab. Im **„Solange I"-Beschluß**[371] hatte sich das BVerfG noch die Letztentscheidungskompetenz vorbehalten, solange der Integrationsprozeß der Gemeinschaft nicht so weit fortgeschritten sei, daß das Gemeinschaftsrecht auch einen von einem Parlament beschlossenen und in Geltung stehenden Katalog von Grundrechten enthalte, der dem Grundrechtskatalog des GG adäquat sei. Im **„Solange II"-Beschluß** von 1986[372] hat dasselbe BVerfG seine Zuständigkeit zurückgenommen, also eine Kontrolle über die Vereinbarkeit von Gemeinschaftsrecht mit deutschem Recht zurückgestellt, solange die Rechtsprechung des Gerichtshofs der Gemeinschaft einen wirksamen Schutz der Grundrechte gegenüber der Hoheitsgewalt der Gemeinschaften generell gewährleiste. Nach der **„Maastricht-Entscheidung"**[373] will das BVerfG seine Zuständigkeit jedoch dann noch für gegeben ansehen, wenn es um den Erhalt eines „unabdingbaren Grundrechtsstandards" geht.

255 Die Definitionsmacht dessen, was als „unabdingbarer Grundrechtsstandard" anzusehen ist, also die Kompetenz-Kompetenz hinsichtlich des „letzten Wortes" in Europa, nimmt daher nach wie vor das BVerfG für sich in Anspruch. Sollte das BVerfG danach aus sachlich-rechtlichen Gründen einer Verfassungsbeschwerde den Erfolg versagen, bliebe dem Betroffenen – nach der Erschöpfung des Rechtsweges gem. Art. 34 ff. EMRK – noch der Weg zum **Europäischen Gerichtshof für Menschenrechte.**

---

[369] Zum Konfliktpotential zwischen *EuGH* und *BVerfG* vgl. *Sule,* EUROPOL und europäischer Datenschutz, 1999, S. 97 ff. Zur Frage der Kompetenzabgrenzung vgl. auch *Hirsch* NJW 2000, 1817. Krit. z. Rspr. d. *BVerfG Nicolaysen/Nowak* NJW 2001, 1223.

[370] *BVerfGE* 89, 174 ff.

[371] *BVerfGE* 37, 271. Ganz ähnl. das dänische *Hoejesteret* (Oberster Gerichtshof) EuGRZ 2001, 233 mit Komm. v. *Mors* daselbst S. 201.

[372] *BVerfGE* 73, 339.

[373] *BVerfGE* 89, 174 ff.

Die **Beschwerde** an den EGMR muß **binnen 6 Monaten** seit der letzten Sachentscheidung erhoben werden. Sie muß – ähnlich wie die deutsche Verfassungsbeschwerde – **begründet** werden. Die formalen Bedingungen ergeben sich aus den Art. 34 ff. EMRK und aus der zugehörigen Verfahrensordnung (VerfO). Die Beschwerde selber und alle eigenen Schriftsätze können in der **Sprache** jedes Mitgliedslandes verfaßt und vorgelegt werden (jedoch in 40 Exemplaren), obwohl die Gerichtssprachen Englisch und Französisch sind. Das Verfahren ist – wie beim BVerfG – **kostenfrei.** Es kann sogar **Prozeßkostenhilfe** gewährt werden (§§ 91 ff. VerfO). Weitere Hilfen bietet das einschlägige **Merkblatt** des EGMR, das der Gerichtshof versendet, das aber auch veröffentlicht ist.[374] 256

Zu beachten bleibt dabei, daß dieser Europäische Gerichtshof für Menschenrechte nur über die **Vereinbarkeit** des angegriffenen Eingriffs **mit der EMRK** befinden kann. Sie schützt **Verfahrensgrundrechte** (Art. 3, 5, 6, 7), also z. B. das Recht, **als Unschuldiger nicht wie ein Schuldiger behandelt zu werden, nicht wie ein Verurteilter oder konkret Beschuldigter mit seinen Personaldaten erfaßt zu werden** (Unschuldsvermutung gem. Art. 6 II EMRK), **nicht willkürlich und ohne Richter eingesperrt zu werden** (Art. 5 EMRK), **zügig** und **fair** gerichtlichen Rechtsschutz zu erhalten, also unverzüglich die konkrete **Beschuldigung zu erfahren,** sich selbst oder mittels Verteidigers **aktiv verteidigen** zu dürfen, **Zeugen** zu befragen und selber Zeugen laden und vernehmen zu lassen, einen **Dolmetscher** zu verlangen. Einen **Schutz materieller Grundrechte** bieten Art. 2 EMRK **(Recht auf Leben),** Art. 4 **(Verbot von Zwangsarbeit),** Art. 8 **(Achtung des Privatlebens),** Art. 9 **(Gewissens- und Religionsfreiheit),** Art. 10 **(Recht auf freie Meinungsäußerung),** Art. 11 **(Versammlungs- und Vereinigungsfreiheit),** Art. 12 **(Recht auf Ehe und Familie),** Art. 14 **(Gleichbehandlungsrecht).** Für EUROPOL-Eingriffe wird nach dem bisherigen Kompetenzstandard vor allem das **Recht auf Privatheit** (Art. 8) als Rechtmäßigkeitskriterium in Betracht kommen können. Hier hängt alles von der gerichtlichen Auslegung ab. Rechtsstaatliche Ermittlungseingriffe werden gem. Art. 8 II EMRK zwar zugelassen, aber der EGMR hat beachtliche Auslegungsschranken errichtet. So hat er z. B. die **„Wohnung" und die Geschäftsräume eines Anwaltes** dem **„Privatleben"** zugeordnet und deren Durchsuchung (wegen einer Richterbeleidigung) als ganz und gar „unverhältnismäßig" im Hinblick auf den Schutzzweck der Konventionsnorm bewertet.[375] In einem anderen Fall[376] ist die **Nichtvernehmung eines V-Mannes** als Verstoß gegen das **Gebot vollständiger Beweiserhebung** gem. Art. 6 III EMRK gerügt worden. Ebenso kritisch ist die Verwertung der **Aussage eines anonymen Zeugen** (verdeckter Beamter) beurteilt worden.[377] Der Einsatz eines **agent provocateur** ist vom EGMR sogar für ganz unzulässig gehalten worden.[378] 257

Es bestehen also sachlich-rechtliche Chancen, wenn EUROPOL und deutsche Gerichte nicht helfen (können), bei Eingriffen in das **„Privatleben"**, zu dem auch das **Recht auf informationelle Selbstbestimmung** im Sinne von Art. 2 I i. V. m. Art. 1 I GG ge- 258

---

374 NJW 1999, 1166 f. Zur Funktion und zum Verfahren des „neuen", seit Nov. 1998 amtierenden EGMR vgl. *Meyer-Ladewig/Petzold* NJW 1999, 1165, und *Oppermann,* Europarecht, 2. Aufl. 1999, S. 46 ff. = Rdn. 91 ff. Zur Individualbeschwerde vgl. auch *Wittinger* NJW 2001, 1238.

375 NJW 1993, 718; krit. auch zur Telefonüberwachung von Anwälten, StV 1998, 683 m. Anm. v. *Kühne.* Zur Rechtspr. des *EGMR* bzgl. der Beschuldigtenrechte im Strafverfahren vgl. *Kühne* StV 2001, 73. Vgl. auch die Nachw. bei *Hamm* StV 2001, 81 zur Rechtspr. des *EGMR* bei Verstößen gegen das Fairneßprinzip.

376 *EGMR* NJW 1992, 3088. Das *BVerfG* (3. Kammer d. 2. Senats) hat Einsatz und Vernehmung von V-Leuten gegenüber einer Verlobten des Besch. als „Verstoß gegen das Prinzip eines fairen Verfahrens" gewertet, Beschl. v. 1. 3. 2000 – 2 BvR 2017 + 2039/94 – (StV 2000, 466 m. Anm. v. *Weßlau*).

377 StV 1997, 619 m. Anm. v. *Wattenberg/Violet.*

378 *EGMR* StV 1999, 127 m. Anm. v. *Kempf.* Zur ausweichenden Reaktion von *BGH* und *BayObLG* StV 1999, 631 vgl. Anm. v. *Taschke* StV 1999, 632. Unter ausdrücklicher Berücksichtigung der Rechtsprechung des EGMR als Auslegungshilfe bei der Anwendung der völkerrechtlich verbindlichen EMRK hat der *BGH* im Urteil vom 18 11. 1999 – 1 StR 221/99 – (StV 2000, 57 ff. = NJW 2000, 2123) anerkannt, daß die Verleitung zu einer Straftat durch einen staatlich geführen V-Mann bei einer „unverdächtigen und zunächst nicht tatgeneigten Person" gegen den Grundsatz des fairen Verfahrens gem. Art. 6 I S. 1 EMRK verstoße und bei der Festsetzung der Rechtsfolgen zu kompensieren sei. Vgl. dzau *Kreuzer* StV 2000, 114.

hört,[379] **beim EGMR den letztlich durchgreifenden Rechtsschutz** zu erhalten, weil dieser Gerichtshof erfahrungsgemäß keine Informationssperren dulden wird. Seine Kompetenz beruht nicht auf EG-Recht.

259 Deswegen wird auch derjenige, dem nichts vorzuwerfen ist und der deswegen vom Staat „in Ruhe zu lassen ist",[380] soweit er nicht als Helfer in Rechtsnot sozialpflichtig ist, unter Berufung auf die **„Unschuldsvermutung"** gem. Art. 6 II EMRK und auf sein **Recht auf Privatheit** gem. Art. 8 EMRK seine Registrierung bei EUROPOL mit einer gewissen Erfolgsaussicht angreifen können. Es fragt sich zwar, ob er die erforderlichen Auskünfte von EUROPOL erhält. Aber die **Versagung einer Auskunft** könnte als latenter Grundrechtseingriff qualifiziert und damit Prozeßgegenstand werden.[381]

260 Im europäischen **„Staatenverbund"** – wie ihn das BVerfG genannt hat – mit der Vorherrschaft der Regierungen der Mitglieder gelingt die „Fortschreibung" eines gemeinsamen „Eingriffsrechts" schneller als die Annäherung der Rechtskulturen und der sie prägenden Legalstrukturen mit ihren Rechtsschutzmöglichkeiten. Ohne eine Reduzierung der Straftatbestände auf schwerwiegende und rechtsethisch verwerfliche Rechtsgutverletzungen,[382] ihre Angleichung auf einen europaweiten Standard und ihre Operationalisierung durch eine **gemeinsame Verfahrensordnung,** die allein der Wahrheitssuche unter Wahrung der menschenrechtlichen Belange der Beteiligten dient, wird es kaum gelingen, ein einheitliches Rechtsschutzsystem zu schaffen. Das gleiche gilt für ein einheitliches Präventionsverfahren zum polizeilichen Schutz der national definierten Rechtsgüter. **Ohne effektiven Rechtsschutz bleiben die Grundrechte gefährdet.**[383] Aber auch Rechtsschutz ist nur effektiv, wenn er vom **Willen zum Recht** getragen wird.[384]

---

[379] *Kleinknecht/Meyer-Goßner,* StPO, Rdn. 1 zu Art. 8 EMRK. Zu den Grenzen polizeilicher Freiheitsentziehung vgl. auch *EGMR* NJW 1999, 775 m. Anm. v. *Eiffler* S. 762.

[380] Vgl. Rdn. 157f. oben m. weit. Hinw.

[381] Zum Auskunftsrecht, beispielhaft normiert in Art. 11 und 21 BrandbVerf. vgl. *Partsch* NJW 1998, 2559, mit weit. in- u. ausl. Nachw. Zum Auskunftsanspruch gegenüber der Polizei in Deutschland vgl. auch Kap. J. Zum „Bürger im Fangnetz der Zentraldateien" vgl. *Hamm* NJW 1998, 2407. Zum Verhältnis des materiell-rechtl. Auskunftsanspruchs aus dem Recht auf informationelle Selbstbestimmung mit dem Auskunftsanspruch zur „verfassungsrechtlichen Absicherung ... der Rechtsschutzgarantie des Art. 19 IV GG" vgl. *BVerfG* NJW 2000, 1175. Dem Beispiel Brandenburgs folgend haben Berlin und Schleswig-Holstein seit 1999 ebenfalls „Informationsfreiheitsgesetze", die jedem Bürger das Recht auf Einsichtnahme in Akten, Unterlagen und Datenbestände von Behörden geben, soweit er betroffen sein kann und Rechte Dritter nicht entgegenstehen. Es bleibt ohnehin zu prüfen, ob nicht eine Mitteilung der Polizei an jeden Betroffenen, was sie über ihn notiert hat, der **Grundrechtssicherheit** und der **Prävention** insgesamt dienen würde. Dies wäre eine adäquate Antwort auf das Verlangen nach Datenherrschaft und Sicherheit. Zum Informationsfreiheitsgesetz in S-H v. 9. 2. 2000 (GVBl. 166) vgl. *Bäumler* NJW 2000, 1982.

[382] Vgl. dazu *Adolf Arndt,* Strafrecht in einer offenen Gesellschaft, in: ders., Ges. jur. Schriften, 1976, S. 207ff.; grundl. auch *Hassemer,* Einführung in die Grundlagen des Strafrechts, 2. Aufl., mit weiterf. Nachw. Krit. z. den nationalen Ausweitungen des Strafrechts *Weigend,* StV 2001, 63. Vgl. auch *Klip* NStZ 2000, 626.

[383] Art. 19 IV GG, Art. 13 EMRK. Zum Zweck der **Rechtsschutzgarantie als „formelles Hauptgrundrecht",** das „im Kerngehalt verfassungsänderungsfest" ist, vgl. *Jarass/Pieroth,* GG, 3. Aufl. 1995, Art. 19 Rdn. 19; *Wassermann,* AK-GG, 1. Aufl. 1984, Art. 19 IV Rdn. 5ff. *Krüger,* in: *Sachs,* GG, 2. Aufl. 1998, Art. 19 Rdn. 104, sieht in der absoluten Rechtsschutzgarantie ein „tragendes Element der rechtsstaatlichen Ordnung". Zu den Gefahren einer Ausdehnung der EG und einer organisatorischen Vereinheitlichung ohne inne Angleichung vgl. auch *von Simson,* in: Benda/Maihofer/Vogel (Hrsg.), Handb. des Verfassungsrechts, Bd. 1 (1984), S. 59ff. Zum vorrangig gebotenen interkulturellen Dialog, der voraussetzt, daß „wir zuhören und verstehen lernen, was andere glauben, was sie verehren, was sie für wichtig halten, wie sie menschliches Zusammenleben gestalten wollen ...", vgl. *Johannes Rau* im Grußwort an Hans-Georg Gadamer zu dessen 100. Geburtstag am 11. 2. 2000, in: Bulletin vom 7. 3. 2000 S. 85f. Über den bruchstückhaften Versuch, für Teilbereiche ein **„Corpus juris der strafrechtlichen Regelungen zum Schutz der finanziellen Interessen der Europäischen Union"** zu schaffen und hierfür auch eine europäische Staatsanwaltschaft mit eigenen Ermittlungsbefugnissen einzurichten, vgl. den krit. Bericht von *Wattenberg* StV 2000, 95ff. Grundl. krit. auch *Hassemer* KritV 1999, 133; *Manoledakis* KritV 1999, 181; *Margaritis* KritV 1999, 191. Vgl. auch *Nehm* DRiZ 2000, 355; *Hausen,* Verfassungs- und völkerrechtliche Probleme der Rechtsgrundlagen von EUROPOL, Düsseld. Diss. 2000. Über eine gebotene künftige **„Justitielle Einbindung und Kontrolle von Europol"** und die derzeitige Rechtslage vgl. das Gutachten des Max-Planck-Instituts für internationales Strafrecht und des Max-Planck-Instituts für ausländisches öffentliches Recht und Völkerrecht unter Mitwirkung von *Eser, Frowein, Wolfrum, Heine, Gleß, Grote,* in: Internet-Homepage des BMdJ www.bmj.bund.de/ggv_/ggvi.htm.

[384] Vgl. *Richard Schmid,* Das Unbehagen an der Justiz, 1975; *Rüthers,* Entartetes Recht, 2. Aufl. 1989. *Alberts,* Unser aller Grundgesetz? Streifzüge durch die Verfassungswirklichkeit, 1999, S. 197ff.

L. Ausgleichs- und Ersatzansprüche des Bürgers

Übersicht

Schrifttum: *Baldus,* Die Höhe der Entschädigung des Vermieters für durch Obdachloseneinweisung entgangenen Mietzins, ZMR 1995, 211; *Burmeister,* Die Ersatzvornahme im Polizei- und Verwaltungsvollstreckungsrecht, JuS 1989, 256; *Cremer,* Ansprüche des Wohnungseigentümers gegen den Polizeiträger auf Ausgleich von Schäden infolge einer Obdachloseneinweisung, VBlBW 1996, 241; *Eberle/Gersdorf,* Die „Barrikaden-Nacht“ in der Hamburger Hafenstraße, Jura 1990, 317; *Fink,* Die Anwendbarkeit von § 39 I lit. b NRWOBG bei Maßnahmen der Bauaufsichtsbehörde im Bauplanungsrecht, NVwZ 1992, 1045; *Honnacker,* Polizeiliche Maßnahmen als Amtspflichtverletzungen?, MDR 1987, 974; *Kasten,* Die Haftung der Ordnungsbehörden, JuS 1986, 450; *Kellner,* Schadensersatzansprüche polizeigeschädigter Demonstranten gegen den Staat, MDR 1987, 617; *Kunig,* Aufopferung, Jura 1992, 554; *Ossenbühl,* Staatshaftungsrecht, 5. Aufl. 1998; *Papier,* Die Entschädigung für Amtshandlungen der Polizei, DVBl. 1975, 567; *Rumpf,* Neuauflage einer generellen Staatshaftung in Hessen durch das novellierte Hessische Gesetz über die öffentliche Sicherheit und Ordnung?, NVwZ 1992, 250; *W. Schmidt,* Die Aufopferung vermögenswerter Rechte, NJW 1999, 2847; *Schmitt-Kammler,* Der Aufopferungsgedanke, JuS 1995, 473; *Schoch,* Entschädigung bei Inanspruchnahme wegen Verdachts- oder Anscheinsgefahr – BGHZ 117, 303, JuS 1993, 724; *Scholler/Broß,* Entschädigungsleistungen an den Störer?, DÖV 1976, 472; *Seibert, M.-J.,* Zum Zusammenhang von Ordnungs- und Kostentragungspflicht, DVBl. 1985, 328; *Steinberg/Lubberger/Meidrodt,* Aufopferung-Enteignung und Staatshaftung, 1991; *Treffer,* Staatshaftung im Polizeirecht, 1993; *ders.,* Der Ausschluß der Staatshaftung bei polizeilichen Schutzmaßnahmen, SächsVBl 1995, 225; *ders.,* Zur Gefährdungshaftung der Sicherheitsbehörden, BayVBl. 1996, 200; *Windthorst,* Staatshaftungsrecht, JuS 1995, 791.

I. Vorbemerkung

1. Rechtliche Grundlagen

1 Alle Polizeigesetze enthalten ausdrückliche Bestimmungen über Ansprüche des Bürgers gegen den Staat auf Ausgleich von Schäden, die durch polizeiliches[1] Einschreiten[2] verursacht wurden. Die Regelungen in den einzelnen Ländern entsprechen zumeist dem Musterentwurf, in vielen Fällen sind sie sogar wortgleich. Die noch bestehenden textlichen Unterschiede fallen nicht sonderlich ins Gewicht. Denn in ihrem Kern sind die polizeirechtlichen Bestimmungen spezifische Ausprägungen des **allgemeinen Aufopferungsgedankens,** der schon Eingang in §§ 74, 75 der Einleitung des Preußischen Allgemeinen Landrechts von 1794 gefunden hatte.[3] Der Aufopferungsgedanke besitzt selbst Verfassungsrang[4] und gewährt in seiner rechtsdogmatischen Ausprägung als **Entschädigungsanspruch** einen Ausgleich für Eingriffe in vermögenswerte Rechte und in seiner Ausprägung als **Aufopferungsanspruch** einen Ausgleich für Eingriffe in nichtvermögenswerte Rechte. Normative Defizite einzelner Polizeigesetze können durch Rückgriff auf diesen Rechtsgedanken ausgeglichen werden.[5] Dies betrifft beispielsweise solche Gesetze, die, wie das baden-württembergische, das bayerische, das hamburgische, das mecklenburg-vorpommersche und das sächsische Polizeigesetz sowie das schleswig-holsteinische Landesverwaltungsgesetz, keine Regelungen über die polizeiliche Unrechtshaftung getroffen haben (Rdn. 69). Neben den polizeirechtlichen Anspruchsgrundlagen und den gegebenenfalls subsidiär eingreifenden Aufopferungsgrundsätzen sind vor allem Ansprüche aus **Amtspflichtverletzung** (§ 839 BGB i.V. m. Art. 34 GG) praktisch bedeutsam, die im Unterschied zu den Aufopferungsansprüchen allerdings schuldhaftes Verhalten des Schädigers voraussetzen. Hinzu kommen die **Ansprüche des freiwilligen Polizeihelfers** (vgl. Rdn. 62 ff.). Haftungstatbestand ist hier nicht ein von der Polizei hervorgerufener, sondern ein durch freiwilliges Tätigwerden erlittener Schaden. Er hat seinen Grund nicht im Aufopferungs-, sondern im Sozialstaatsgedanken. Spezialgesetzliche Ausgleichsansprüche außerhalb des Polizeirechts (vgl. Rdn. 126 ff.) runden das Bild der staatlichen Kompensations- und Restitutionsleistungen bei polizeilichen Eingriffen ab.

2 Die möglichen Fallgestaltungen haftungsbegründender und -ausfüllender Tatbestände sind vielfältig. Grundlegend ist die Unterscheidung zwischen der Haftung bei einerseits **rechtmäßigen** (unten II.) und andererseits **rechtswidrigen** (unten III.) polizeilichen Maßnahmen. Bei rechtswidrigen Maßnahmen ist im Hinblick auf die in Betracht kommenden Anspruchsgrundlagen noch einmal zwischen **schuldhaftem** und **schuldlosem** Verhalten zu differenzieren. Von diesen Unterscheidungen kann insbesondere der Umfang der Schadenskompensation abhängen (unten IV.). Denn in aller Regel kann nur bei schuldhaft verursachten Schäden ein Amtshaftungsanspruch geltend gemacht und damit „voller" **Schadensersatz** erlangt werden. Bei schuldlosem Verhalten wird überwiegend nur ein **Schadensausgleich** gewährt (vgl. Rdn. 101). Das Ob und Wie der Schadenskompensation richtet sich auch danach, ob verletztes Rechtsgut und/oder entstandener Schaden **materieller oder immaterieller Natur** sind. Nach den Polizeigesetzen begründet nicht jede Verletzung eines immateriellen Rechts einen Haftungstatbestand. Und auch nicht jeglicher immaterielle Schaden soll ausgeglichen werden (vgl. Rdn. 95 ff.). Von Be-

---

[1] Zum Geltungsbereich dieser Regelungen siehe unten Rdn. 3 ff.

[2] Zum anspruchsauslösenden Verhalten siehe unten Rdn. 12 ff.

[3] Zur Entwicklungsgeschichte des Aufopferungsgedankens vgl. *Ossenbühl,* S. 124 ff.; *Schmitt-Kammler* JuS 1995, 473.

[4] *BGHZ* 72, 273 (277) – zum enteignungsgleichen Eingriff –; *Wolff/Bachof,* Verwaltungsrecht I, § 61 I b; *Ossenbühl,* S. 130 f.; *Maurer,* § 27 Rdn. 1.

[5] Vgl. zur lückenschließenden Funktion des allgemeinen Aufopferungsanspruchs *Ossenbühl,* S. 142; *Götz,* Rdn. 444.

deutung ist schließlich die Beziehung des Geschädigten zum jeweiligen Sachverhalt, also insbesondere die Frage, ob er **Notstandspflichtiger, Unbeteiligter, Störer** oder **Anscheinsstörer** ist. Diese Frage kann sowohl bei der Begründung der Ausgleichspflicht (vgl. Rdn. 32ff.) als auch bei der Bemessung der geschuldeten Leistung (vgl. Rdn. 109f.) eine Rolle spielen.

2. Geltungsbereich der polizeigesetzlichen Haftungstatbestände

Feststellungen zum Geltungsbereich der polizeigesetzlichen Haftungstatbestände geben eine Antwort auf die Frage, **welche Behörden** in welchen Tätigkeitsfeldern durch ihr Verhalten einen entsprechenden Ausgleichsanspruch des Bürgers auslösen können. Von einigem praktischen Interesse ist diese Frage in denjenigen Ländern, deren Polizeigesetze in Umsetzung des Musterentwurfs nicht nur die Ansprüche des Notstandspflichtigen (sogleich Rdn. 32ff.), sondern auch die Unrechtshaftung ausdrücklich regeln (dazu unten Rdn. 67ff.). Danach ist demjenigen ein angemessener Ausgleich zu gewähren, der durch eine rechtswidrige Maßnahme einen Schaden erleidet. In unterschiedlicher Weise und teilweise auch mit unterschiedlichem Inhalt sprechen die Polizeigesetze hier von Maßnahmen der **Polizei** (§ 56 I 2 BremPolG; § 68 I 2 SPolG; § 68 I 2 ThürPAG), Maßnahmen der **Gefahrenabwehr- oder der Polizeibehörden** (§ 64 I 2 HSOG), Maßnahmen der **Verwaltungsbehörde(n) oder der Polizei** (§ 80 I 2 NGefAG; § 69 I 2 SOG LSA) und **Maßnahmen der (allgemeinen) Ordnungsbehörde(n) oder der Polizei** (§ 59 II i.V. m. I Nr. 2 ASOG Bln; § 68 I 2 PolG RP). 3

Der Umstand, daß mit den Begriffen Gefahrenabwehrbehörden, Verwaltungsbehörden und Ordnungsbehörden sowie teilweise auch mit dem Begriff Polizei (vgl. § 2 Nr. 1 BremPolG) jeweils diejenigen Behörden gemeint sind, die gleichzeitig Teile der **allgemeinen Staatsverwaltung** sind – namentlich die Gemeinden und Kreise als deren untere Stufe –, wird teilweise zum Anlaß für die Schlußfolgerung genommen, die betreffenden Polizeigesetze seien der Sitz eines weitreichenden verschuldensunabhängigen Staatshaftungsrechts, welches praktisch sämtliche gefahrenabwehrenden Maßnahmen in sein Haftungsregime mit einbeziehe.[6] Eine derartige Folgerung ist jedoch nicht schlüssig. Es gibt – von der sogleich zu erörternden Rechtslage in Brandenburg und Nordrhein-Westfalen abgesehen (Rdn. 10f.) – keinen überzeugenden Grund für die Annahme, daß Maßnahmen wie die negative Bescheidung einer Bauvoranfrage durch die Bauaufsichtsbehörden, die Ausweisung eines Ausländers durch die Ausländerbehörden, das Aufstellen eines Halteverbotsschilds durch die Straßenverkehrsbehörden, die Schließung einer Gaststätte bzw. eines sonstigen Gewerbebetriebs durch die hierfür „zuständigen Behörden" (vgl. § 30 GaststättenG; § 155 II GewO) oder eine Beseitigungsanordnung durch die Naturschutzbehörden im Falle ihrer Rechtswidrigkeit vom Geltungsbereich der polizeigesetzlichen Unrechtshaftung erfaßt würden. 4

Beim Erlaß der bezeichneten Maßnahmen werden die jeweils zuständigen Behörden auf der Grundlage **besonderer Rechtsvorschriften** tätig, also etwa des Bauordnungsrechts, des Ausländerrechts, der Straßenverkehrsordnung, des Gaststätten- und Gewerberechts und des Naturschutzrechts. Diese und andere Rechtsmaterien enthalten im allgemeinen keine Verweisung auf die polizeigesetzlichen Haftungsregelungen. Unter diesem Blickwinkel fehlt es somit an einem Anknüpfungspunkt, welcher die Anwendung der polizeigesetzlichen Haftungsregelungen bei rechtswidrigen Maßnahmen rechtfertigte, die in Erfüllung der dort bezeichneten Aufgaben erlassen wurden. 5

Ein solcher Anknüpfungspunkt ist auch nicht in dem Umstand zu sehen, daß es sich hierbei um solche Rechtsmaterien handelt, auf welche die meisten Polizeigesetze Bezug nehmen, indem sie im Anschluß an die allgemeine Aufgabenbestimmung feststellen, daß 6

[6] *Rumpf* NVwZ 1992, 250 (mit Fn.9). Danach sollen im wesentlichen nur die Leistungsverwaltung und die rechtsetzende Tätigkeit vom Anwendungsbereich der polizeigesetzlichen Unrechtshaftung ausgeschlossen sein. Zur rechtssetzenden Tätigkeit vgl. unten Rdn. 31.

die Gefahrenabwehrbehörden (bzw. Verwaltungsbehörden bzw. Ordnungsbehörden) ferner diejenigen Aufgaben zu erfüllen haben, die ihnen durch „andere Rechtsvorschriften" übertragen (bzw. zugewiesen) sind.[7] Diese Feststellung hat in erster Linie eine nur **deskriptive Funktion**. Denn die Pflicht zur Aufgabenerfüllung ergibt sich aus den nämlichen Rechtsvorschriften selbst. In einigen Ländern umschreibt sie immerhin auch den **normativen Bezugsrahmen** für Befugnisse, welche diesen Behörden speziell durch die Polizeigesetze eingeräumt werden. Zum Beispiel können nach §§ 21 I ASOG Bln, 18 I HSOG, 20 I SOG LSA allgemeine Verwaltungsbehörden (bzw. allgemeine Ordnungsbehörden) die Identität einer Person feststellen, wenn dies zur Erfüllung der ihnen durch diese anderen Rechtsvorschriften zugewiesenen Aufgaben erforderlich ist. Solche und ähnliche, nämlich allgemein auf die Erfüllung von „anderen" Aufgaben der Verwaltungsbehörden rekurrierende polizeigesetzliche Befugnisnormen – weitere Beispiele sind die Bestimmungen über die Datenerhebung (§ 18 I 2 ASOG Bln; § 13 I HSOG; § 15 I SOG LSA) und über die Vorladung (§ 20 ASOG Bln; § 30 HSOG; § 35 SOG LSA) – unterscheiden sich in dem hier interessierenden Zusammenhang von denjenigen Regelungen, die den allgemeinen Verwaltungsbehörden unter den gleichen Voraussetzungen Befugnisse einräumen wie der Vollzugspolizei, in der Regel also bei Vorliegen einer konkreten Gefahr. Beispiele sind die Platzverweisung (§ 29 ASOG Bln; § 31 HSOG; § 17 NGeFAG; § 13 PolG RP; § 36 SOG LSA), die Durchsuchung von Personen und Sachen (§§ 34, 35 ASOG Bln; §§ 36, 37 HSOG; §§ 41, 42 SOG LSA) und die Sicherstellung (§ 38 ASOG Bln; § 40 HSOG; § 22 PolG RP; § 45 SOG LSA). Weil also die Polizeigesetze, wenn überhaupt, (nur) punktuelle Öffnungsklauseln haben, welche jeweils die Einbeziehung „anderer" Rechtsvorschriften ermöglichen, ist davon auszugehen, daß deren Einbeziehung nicht erfolgen darf, wenn dies nicht ausdrücklich angeordnet ist.[8] Auf die vorliegende Fragestellung angewendet bedeutet dies, daß mangels ausdrücklicher Erwähnung der den allgemeinen Verwaltungsbehörden übertragenen anderen Aufgaben (Bauüberwachung etc.) eine rechtswidrige Maßnahme, die in Ausführung anderer Rechtsvorschriften ergangen ist (Versagung einer Baugenehmigung etc.), vom Geltungsbereich der polizeigesetzlichen Haftungstatbestände **nicht erfaßt** wird.

7 Dieses Ergebnis wird bestätigt durch die Rechtsprechung des Bundesgerichtshofs. In zwei Entscheidungen läßt das Gericht – eher beiläufig – erkennen, daß es bei der Frage nach dem Geltungsbereich der polizeigesetzlichen Haftungstatbestände maßgeblich darauf ankommt, ob die schadensverursachenden **Maßnahmen auf der Grundlage der Polizeigesetze** erfolgt sind. So stellt das Gericht im Fall eines von der Berliner Senatverwaltung angeordneten Rückrufs eines Arzneimittels („diclo 75") fest, daß die Senatsverwaltung für Gesundheit „Ordnungsbehörde" im Sinne des § 2 II ASOG Bln sei und fügt im Anschluß an, daß das Berufungsgericht, an das Sache zurückverwiesen wurde, außerdem noch prüfen müsse, „ob dieses Handeln der Senatsverwaltung in den Anwendungsbereich des BerlASOG fiel".[9] Im Fall der rechtswidrigen Ablehnung einer Bauvoranfrage durch eine rheinland-pfälzische Bauaufsichtsbehörde führt das Gericht in einem obiter dictum aus, daß es an der Anwendbarkeit des – später novellierten, nunmehr auch die allgemei-

---

[7] Vgl. dazu Kap. E Rdn. 218 ff. sowie die (für Hessen) erschöpfende Darstellung bei *Hornmann*, § 1 Rdn. 21 ff.

[8] Für Hessen folgt dieses Ergebnis zudem aus der speziellen Rechtsanwendungsregel des § 3 I HSOG. Nach dessen Satz 1 finden die Vorschriften dieses Gesetzes, also des HSOG, Anwendung bei der Erfüllung von Aufgaben der Gefahrenabwehr und weiterer Aufgaben nach § 1. Jedoch gehen gemäß Satz 2 die Vorschriften des Bundes- oder des Landesrechts, in denen die Gefahrenabwehr und die weiteren Aufgaben besonders geregelt sind, dem HSOG vor. Nur soweit die besonderen Rechtsvorschriften keine abschließenden Regelungen enthalten, ist gemäß Satz 3 das HSOG ergänzend anzuwenden. Weil das Fehlen von ausdrücklichen Ausgleichs- und Entschädigungsregelungen in der Hessischen Bauordnung etc. nicht bedeutet, die betreffenden Rechtsmaterien enthielten insoweit keine abschließenden Regelungen, unterfällt das behördliches Handeln auf der Grundlage besonderer Regelungen nicht dem polizeigesetzlichen Haftungsregime.

[9] *BGH* NJW 1996, 3151.

nen Ordnungsbehörden einbeziehenden – rheinland-pfälzischen Polizeirechts zweifle, weil „die Rechtsgrundlagen für das Tätigwerden der Bauaufsichtsbehörden nicht auf der im Polizei- und Ordnungsbehördengesetz geregelten allgemeinen Gefahrenabwehr, sondern auf dem Normengefüge der Landesbauordnung beruhen".[10]

Auf dieser Grundlage kann die Frage nach dem Geltungsbereich der polizeigesetz- 8
lichen Haftungstatbestände im jedem Einzelfall eindeutig beantwortet werden.[11] Regelmäßig nicht weiterführend sind abstrakte Erörterungen darüber, ob die Behörde, die im konkreten Fall gehandelt hat, eine Gefahrenabwehrbehörde (bzw. Verwaltungsbehörde bzw. Ordnungsbehörde) im Sinne des jeweiligen polizeigesetzlichen Haftungstatbestands ist.[12] Denn jedenfalls dann, wenn der jeweilige Behördenbegriff, wie es in den oben angesprochenen Bundesländern der Fall ist, auch die allgemeine Staatsverwaltung mit umfaßt – also insbesondere die Gemeinden und Kreise auf der Unterstufe –, ist eine Abgrenzung nicht möglich. Bei einer solchen **organisationsrechtlichen Betrachtungsweise** müßte das Tatbestandsmerkmal „Maßnahme einer Gefahrenabwehrbehörde" (bzw. Verwaltungsbehörde bzw. Ordnungsbehörde) immer bejaht werden, wenn beispielsweise eine Gemeinde (= Behörde) durch ihre „Bauaufsicht" (= Amt) einen Bescheid erläßt. Ungenau ist auch eine an der jeweiligen **„Funktion" der Behörde** orientierte Betrachtungsweise,[13] auch wenn sie scheinbar in die richtige Richtung weist. Denn bei der Frage, ob eine Behörde im konkreten Fall „als" Ordnungsbehörde gehandelt hat, bleibt offen, weshalb beispielsweise eine auf der Grundlage der Polizeigesetze erfolgte Aufforderung der Bauaufsichtsbehörde an einen Bauantragsteller (oder dessen Vertreter), sich im Rahmen eines Akteneinsichtsgesuchs auszuweisen (oder sich zu legitimieren), funktionell verschieden zu ihren sonstigen Tätigkeiten – z. B. die Entgegennahme der Bauvorlagen zum Zwecke ihrer Prüfung – sein soll. Entscheidungserheblich ist deshalb nur, ob die Maßnahme – dies muß als ungeschriebenes Tatbestandsmerkmal in die polizeigesetzlichen Haftungstatbestände hineingelesen werden – **in Anwendung der jeweiligen Polizeigesetze**, oder aber in Ausführung anderer Rechtsvorschriften erfolgt ist. Dies bedeutet auch, daß die polizeigesetzlichen Haftungstatbestände selbst dann anwendbar sind, wenn der handelnden Behörde nach dem jeweiligen Landesrecht überhaupt keine polizeirechtlichen Befugnisse eingeräumt werden, ihr Handeln also „eigentlich" nicht in den Anwendungsbereich der Polizeigesetze fällt. Beispiel: Bei einer Obdachloseneinweisung wird der Magistrat einer Stadt tätig, obwohl das Polizeigesetz durchgängig nur die Vollzugspolizei und den Oberbürgermeister zum Handeln ermächtigt (sogleich Rdn. 9). Eine solche **Befugnisanmaßung** ist nicht anders als der „Normalfall" der fehlenden Zuständigkeit zu behandeln, etwa wenn die Vollzugspolizei anstelle des vorrangig zuständigen Oberbürgermeisters als Ordnungsbehörde tätig wird (vgl. Kap. E Rdn. 218 ff.).

Das Vorgesagte gilt entprechend für die gesetzlich geregelten **Ausgleichsansprüche** 9
des Nichtstörers (Rdn. 32 ff.). Die einschlägigen gesetzlichen Bestimmungen sind nur – dann aber immer – anwendbar, wenn dessen Inanspruchnahme auf der Grundlage der Polizeigesetze erfolgt ist (vgl. im einzelnen Rdn. 32 ff.). Weil die Inanspruchnahme des Nichtstörers eine originär polizeirechtliche Kategorie ist, dürfte sich die Frage, ob beispielsweise Bauaufsichtsbehörden, Ausländerbehörden, Straßenverkehrsbehörden oder Naturschutzbehörden im Rahmen ihres Aufgabenbereichs diesen Haftungstatbestand auslösen können, in der Praxis eher selten stellen. Praktisch relevant hingegen ist die Frage der Entschädigung des Inhabers einer Wohnung im Fall der **Obdachloseneinweisung** durch das Ordnungsamt einer Gemeinde. Weil eine solche Maßnahme auf der Grundlage des Polizeirechts zu erfolgen hat (Kap F Rdn. 735), ist der entsprechende polizeigesetzliche Haftungstatbestand auch die Anspruchsgrundlage für Entschädigungsansprüche.

---

10 *BGHZ* 125, 258 (263).

11 Die kritische Bemerkung *Ossenbühls* (Staatshaftungsrecht, S. 408), wonach die vom BGH verfolgte Richtung im Kern zirkulär sei, kann hier nicht geteilt werden.

12 So aber *OLG Köln* NVwZ-RR 1991, 360; *Ossenbühl*, S. 407.

13 *OLG Köln* (vorige Fn.).

Für den (unwahrscheinlichen) Fall, daß hier eine Behörde gehandelt hat, der von vornherein keine Befugnisse nach den Polizeigesetzen (oder Ordnungsbehördengesetzen) zustehen – so ist beispielsweise im Saarland nur der Bürgermeister bzw. der Oberbürgermeister oder der Landrat, nicht aber die Gemeindeverwaltung (z. B. Ordnungsamt) befugt, Maßnahmen auf der Grundlage des Polizeigesetzes zu erlassen (vgl. 76 SPolG) –, sind gleichwohl die polizeigesetzlichen Haftungstatbestände anzuwenden. Es hat zwar – um im saarländischen Recht zu bleiben – keine Polizeizeiverwaltungsbehörde gehandelt, für welche das saarländische Polizeigesetz, neben der Vollzugspolizei, nur gilt (§ 1 I SPolG). Es hat sich eine andere Behörde solche Befugnisse aber angemaßt mit der Folge, daß sich auch die Geltendmachung von Ausgleichsansprüche nach dem jeweiligen Gesetz richten muß. Entsprechendes gilt für die Inanspruchnahme eines Nichtstörers zum Beispiel bei **Unglücksfällen**. Hingegen sind die Ersatzansprüche von Leistungspflichtigen im **Katastrophenfall** gesetzlich gesondert geregelt (vgl. § 16 HessKatSchG), so daß sich die Frage des Geltungsbereichs der polizeigesetzlichen Haftungstatbestände wegen des Vorrangs dieser Regelungen von vornherein nicht stellt (vgl. unten Rdn. 131 ff.).

10 Eine Ausnahme von dem Vorgesagten stellt die rechtliche Situation in **Nordrhein-Westfalen** und in **Brandenburg** dar. So gibt es zur polizeigesetzlichen – genauer: ordnungsbehördengesetzlichen – Unrechtshaftung in Nordrhein-Westfalen eine Reihe höchstrichterlicher Entscheidungen, welche die Haftung insbesondere von **Bauaufsichtsbehörden** wegen rechtswidriger Versagung von Baugenehmigungen oder positiver Bauvorbescheide gegenüber dem Bauherrn[14] und rechtswidriger Erteilung von Baugenehmigungen gegenüber dem Nachbarn,[15] allgemein gesprochen also das Tätigwerden von Behörden auf der Grundlage „anderer Rechtsvorschriften" als des allgemeinen Polizeirechts, zum Gegenstand haben. Diese besondere rechtliche Situation beruht auf der spezifischen Regelung des dortigen Ordnungsbehördenrechts. § 1 OBG NW sowie – gleichlautend – § 1 BbgOBG bestimmen:

> (1) Die Ordnungsbehörden haben die Aufgabe, Gefahren für die öffentliche Sicherheit und Ordnung abzuwehren (Gefahrenabwehr).
> (2) Die Ordnungsbehörden führen diese Aufgaben nach den hierfür erlassenen besonderen Gesetzen und Verordnungen durch. Soweit gesetzliche Vorschriften fehlen oder eine abschließende Regelung nicht enthalten, treffen die Ordnungsbehörden die notwendigen Maßnahmen der Gefahrenabwehr nach diesem Gesetz.
> (3) ...

11 Die Art, wie die Aufgabenstellung in dieser Generalklausel formuliert ist, bringt hinreichend deutlich zum Ausruck, daß die Ordnungsbehördengesetze dieser beiden Länder als **Querschnittsmaterie** für das gesamte behördliche Handeln im Bereich des allgemeinen und besonderen Gefahrenabwehrrechts zu verstehen sind. Während nämlich die anderen Polizeigesetze gegenständlich zwischen den allgemeinen Aufgaben der Gefahrenabwehr und den Aufgaben aufgrund „anderer Rechtsvorschriften" unterscheiden und letztere gegebenenfalls nur punktuell in ihren Anwendungsbereich einbeziehen, verwenden das brandenburgische und das nordrhein-westfälische Recht einen umfassenderen Begriff der „Gefahrenabwehr". Indem dort gesagt wird, daß „diese Aufgaben" vorrangig nach „besonderen" Rechtsvorschriften und nachrangig nach allgemeinem Polizeirecht (nämlich „nach diesem Gesetz") durchgeführt werden, muß als zur **Gefahrenabwehr im Sinne dieser Gesetze** gehörig (vorrangig) auch das Baurecht, das Ausländerrecht, das Straßenverkehrsrecht,[16] das Gaststätten- und Gewerberecht[17] oder das Naturschutzrecht angesehen werden. Die Verwendung dieses umfassenderen Gefahrenabwehrbegriffs hat

---

[14] *BGHZ* 72, 272 (275); *BGHZ* 82, 361 (362); *BGHZ* 84, 292 (294); *BGHZ* 123, 191; *BGH* NJW 1990, 1038; *BGH* NJW 1994, 2087.
[15] *BGH* NJW 1979, 34.
[16] *BGHZ* 99, 249 (fehlgeschaltete Ampelanlage – „feindliches Grün" – als Maßnahme gemäß § 37 StVO).
[17] *BGH* NJW 1986, 182 (Entziehung der Erlaubnis zum Betrieb einer Gaststätte gemäß § 15 II GastG).

notwendig zur Folge, daß unter „Maßnahmen der Ordnungsbehörden" im Sinne der Haftungstatbetände der §§ 38 BbgOBG, 39 OBG NW auch solche zu verstehen sind, die in Anwendung anderer, „besonderer" Rechtsvorschriften ergangen sind. Auf die anderen Bundesländer ist diese rechtliche Situation nicht übertragbar.

3. Anspruchsauslösendes Verhalten

Nicht jedes Verhalten eines Amtsträgers, das zu einem Schaden führt, löst bei dem hiervon betroffenen Bürger einen Anspruch aus. Im Fall des Vorgehens unter den Voraussetzungen des polizeilichen Notstands ist dies nach den Bestimmungen der Polizeigesetze nur derjenige, der „infolge einer **(rechtmäßigen) Inanspruchnahme**" einen Schaden erleidet, 12

§ 59 I Nr. 1 ASOG Bln; §§ 70 BbgPolG i.V.m. 38 I Buchst. a BbgOBG; § 56 I 1 BremPolG, § 64 I 1 HSOG; § 80 I 1 NGefAG; §§ 67 PolG NW i.V.m. 39 I Buchst. a OBG NW; § 68 I 1 PolG RP; § 68 I 1 SPolG; § 69 I 1 SOG LSA; § 221 I LVwG SH; § 68 I 1 ThürPolG; ähnlich: § 72 I SOG MW,

bzw. derjenige, „gegenüber dem die Polizei eine **Maßnahme** getroffen hat" (§ 55 I PolG BW; § 52 I 1 SächsPolG) bzw. „gegen den Maßnahmen ... getroffen worden sind" (Art. 70 I BayPAG).

Im Fall des rechtswidrigen Vorgehens ist dies – soweit geregelt – der Fall, wenn jemand „durch eine **rechtswidrige Maßnahme**" bzw. „durch rechtswidrige Maßnahmen" einen Schaden erleidet, 13

§ 59 ASOG Bln; § 70 BbgPolG i.V.m. § 38 I Buchst. b BbgOBG; § 56 I 2 BremPolG; § 64 I 2 HSOG; § 80 I 2 NGefAG; §§ 67 PolG NW i.V.m. § 39 I Buchst. b OBG NW; § 68 PolG RP; § 69 I 2 SOG LSA § 68 I 2 SPolG; § 68 I 2 ThürPAG.

Die Anknüpfung an die Begriffe „Maßnahme" und „Inanspruchnahme" bedeutet, daß ein etwaiges rechtswidriges **Unterlassen** – die Polizei verhindert den Schaden nicht, obwohl eine Pflicht zu Einschreiten bestand (vgl. Kap. F Rdn. 130 ff.) – keine Ausgleichsansprüche auf der Grundlage der polizeigesetzlichen Haftungstatbestände auslöst.[18] Insoweit gilt das gleiche wie beim allgemeinen Aufopferungs- bzw. Entschädigungsanspruch, dessen Entstehen einen unmittelbaren Eingriff voraussetzt. Ein reines Unterlassen und Untätigbleiben hat nach ständiger Rechtsprechung des BGH grundsätzlich keine Eingriffsqualität, selbst wenn eine Rechtspflicht zum Handeln besteht.[19] Grundlegende Anspruchsvoraussetzung ist vielmehr ein **Handeln** der Behörde. 14

Etwas anderes gilt nach der Rechtsprechung des BGH zum enteignungsgleichen Eingriff für ein **qualifiziertes Unterlassen**. Es liegt dann vor, „wenn sich das Unterlassen ausnahmsweise als ein in den Rechtskreis des Betroffenen eingreifendes Handeln qualifizieren läßt".[20] Gedacht ist dabei vor allem an den Fall, daß dem Betroffenen entgegen seinem subjektiven Rechtsanspruch eine behördliche **Erlaubnis förmlich versagt**,[21] also beispielsweise sein Antrag auf Erteilung eines positiven Bauvorbescheids negativ beschieden wurde.[22] Dem Fall der förmlichen Versagung einer Erlaubnis soll die Situation entsprechen, daß dem Betroffenen seine zu Recht beanspruchte Erlaubnis „**faktisch vorenthalten wurde**",[23] die zuständige Behörde seinen Antrag also überhaupt nicht beschieden hat. 15

Während man bei der förmlichen Ablehnung eines Antrags ohne weiteres auch von einer „Maßnahme" im Sinne der **polizeigesetzlichen Haftungstatbestände** sprechen kann, bereitet eine solche Einordnung bei einem behördlichen Untätigbleiben Schwierigkeiten. Untätigbleiben heißt nämlich gerade, daß eine Maßnahme nicht ergriffen wird. Ist möglicher Anküpfungspunkt für einen Entschädigungsanspruch also nur die Tatsache der Nichtbescheidung, kann keine „Maßnahme" vorliegen. Anders könnte die 16

---

18 *Ossenbühl*, S. 409; a. A.: *Papier* DVBl. 1975, 573; *Würtenberger/Heckmann/Riggert*, Rdn. 536.
19 *BGH* NJW 1985, 1287; *BGHZ* 12, 53 (56); 32, 208 (211); 56, 40 (42); 102, 350 (364).
20 *BGHZ* 102, 350 (364); vgl. auch BGHZ 32, 208 (211); 56, 40 (42).
21 *BGHZ* 102, 350 (364).
22 *BGHZ* 125, 258 (261 f.; 264).
23 *BGHZ* 102, 350 (364).

Sache zu beurteilen sein, wenn das faktische Vorenthalten einer Erlaubnis die Konsequenz bestimmter behördlicher Maßnahmen ist. Für den Bereich des Baurechts wiederum könnte man an den Fall denken, daß die Behörde vom Bauantragsteller zu Unrecht und so lange die Vervollständigung seiner Bauunterlagen verlangt (vgl. § 66 I 3 HBO), bis das Vorhaben wegen zwischenzeitlicher Rechtsänderung (z. B. Inkrafttreten einer Veränderungssperre, § 14 BauGB) nicht mehr realisiert werden darf.

17 Durch die Anknüpfung an ein bestimmtes qualifiziertes Verhalten, nämlich im Regelfall ein Handeln, unterscheidet sich die verschuldensunabhängige, im allgemeinen Aufopferungsgedanken wurzelnde Haftung vom allgemeinen Amtshaftungsanspruch. Dieser setzt nur eine **Amtspflichtverletzung** voraus (§ 839 I BGB). Eine Amtspflichtverletzung kann aber auch in einem **pflichtwidrigen Unterlassen** zu sehen sein. Beispiele sind die Vorenthaltung polizeilichen Schutzes für einen vom Täter bedrohten Anzeigeerstatter,[24] die unterbliebene Sicherstellung eines aufgebrochenen Kraftfahrzeugs[25] oder die Weigerung der Polizei, die Personalien der Beteiligten eines Verkehrsunfalls aufzunehmen.[26] Eine Amtspflichtverletzung der Straßenverkehrsbehörde liegt beispielsweise vor, wenn sie es unterläßt, Warnschilder aufzustellen, obwohl ihr verläßliche Hinweise dafür vorliegen, daß vom Zustand der Fahrbahn eine Gefährdung ausgeht.[27]

18 Im übrigen ist, wie der BGH in ständiger Rechtsprechung betont, von einem **weit gefaßten Begriff der Maßnahme** im Sinne der polizeigesetzlichen Haftungstatbestände auszugehen.[28] Hierunter fallen ohne Frage **belastende Verwaltungsakte** in Form von Geboten (Anhalten einer Person, Sanierung eines Grundstücks, Abriß eines Bauwerks) und Verboten (Aufenthaltsverbot, Gewerbeuntersagung, Baustopp) sowie **Realakte mit Eingriffscharakter** (Durchsuchung und Ingewahrsamnahme einer Person, Vernichtung einer sichergestellten Sache), insbesondere auch solche im **Verwaltungszwangsverfahren** (Fesselung, Schußwaffengebrauch, Versiegelung einer Baustelle). Auch die **Verbreitung von Warnhinweisen** über (vermeintliche) Gefahrentatbestände wie das Inverkehrbringen verunreinigter Lebensmittel – z. B. Wein[29] oder Nudeln[30] – bestimmter Hersteller oder Aktivitäten sogenannter Jugendsekten[31] rechnen zu solchen eingreifenden Realakten.

19 Während bei der ersten Kategorie, den sogenannten **imperativen Eingriffen**, der Maßnahmecharakter auf der Hand liegt, können bei der zweiten Kategorie, den **faktischen Eingriffen**, Zweifelsfragen auftreten, nämlich bisweilen dann, wenn der eingetretene Erfolg nicht beabsichtigt war, es also an der **Finalität** des polizeilichen Handelns fehlt.

Beispiele für fehlende Finalität: 1) Bei einem Schußwechsel wird ein Passant von einer Polizeikugel getroffen. 2) Bei der Verfolgung eines Geiselnehmers provoziert die Polizei einen Stau auf der Autobahn, in dessen Folge es zu Auffahrunfällen kommt. 3) Ein spektakulärer Polizeieinsatz löst bei einem Verkehrsteilnehmer einen Schreck aus, der ebenfalls einen Verkehrsunfall zur Folge hat. 4) Ebenfalls vor Schreck läßt ein Wohnungsinhaber eine teure Vase fallen, als Polizeibeamte vernehmlich an seine Tür klopfen und um Einlaß bitten.

In derartigen Fällen kann man auf die vom BGH zum enteignungsgleichen Eingriff[32] entwickelte Rechtsfigur der **Unmittelbarkeit**[33] anknüpfen.[34] Zu fragen ist, ob ein

---

[24] *OLG Bremen* NVwZ-RR 1990, 450.

[25] *OLG Hamm* NJW-RR 1999, 755 (vgl. hierzu auch Kap. F Rdn. 675).

[26] *OLG Hamm* NZV 2000, 414 (Amtspflichtverletzung im konkreten Fall verneint).

[27] *OLGR Nürnberg* 2001, 5.

[28] *BGH* NJW 1978, 1522; *BGHZ* 99, 249 (251); *BGHZ* 138, 15 (19 f.).

[29] *BVerwGE* 87, 37 ff. („Glycol").

[30] *LG Stuttgart* NJW 1989, 860 („Birkel").

[31] *BVerwGE* 82, 76 ff. („Transzendentale Meditation"); *BVerwG* NVwZ 1994, 162 („Osho-Rajneesh").

[32] Vgl. zur Gleichsetzung von „Eingriff" und „Maßnahme" die – allerdings etwas selbstbezügliche – Umschreibung in *BGHZ* 56, 40 (42): „Von einem enteignenden oder enteignungsgleichen Eingriff kann nur dort gesprochen werden, wo durch eine konkrete hoheitliche Maßnahme ... unmittelbar in eine fremde, den Eigentumsschutz genießende Rechtsposition eingegriffen wird, wo mithin die hoheitliche Maßnahme unmittelbar eine Beeinträchtigung des Eigentums des Betroffenen bewirkt ...".

[33] *BGHZ* 37, 44 (47) – Waldbrand nach Artillerie-Schießübung; *BGH* NJW 1964, 104 – Schützenpanzer beschädigt Gebäude.

[34] Zur Rezeption und Operationalität dieses Begriffs vgl. *Ossenbühl*, S. 247 ff.

Schaden sich als „unmittelbare Auswirkung" des polizeilichen Handeln darstellt. Ohne diesen Begriff weiter aufschlüsseln zu müssen, läßt sich das Beispiel der fehlgehenden Kugel aus der Waffe des Polizeibeamten zweifellos hierunter subsumieren (Beispiel 1). „Unmittelbarer" kann eine Wirkung nicht sein, gleichgültig welches Verständnis man von diesem Begriff hat. Nicht ganz so einfach ist dies im zweiten Beispielsfall, der Provokation eines Staus auf der Autobahn. Denn ein Unfall etwa in der dritten oder achten Reihe, also nicht „unmittelbar" hinter den bremsenden Polizeifahrzeugen, hat eine kompliziertere Ursache. Hier helfen Topoi, die der BGH in anderem Zusammenhang zur Rationalasierung des Begriffs der Unmittelbarkeit herangezogen hat. Danach ist weiter zu fragen, ob der Schaden **typisch** ist und aus der **Eigenart der hoheitlichen Maßnahme** folgt.[35] Letztlich kommen damit, rechtsdogmatisch in den Begriffen „Maßnahme" bzw. „Inanspruchnahme" verortet,[36] **wertende Kriterien** zur Anwendung, welche die Zurechnung von Schadensfolgen durch Abgrenzung von Risikosphären und Verantwortungsbereichen ermöglichen sollen.[37] Als Wertungsproblem ist eine solche Zurechnung – die Feststellung des BGH in einer jüngeren Entscheidung dürfte sich verallgemeinern lassen – immer eine „**Frage des Einzelfalls**".[38]

Legt man diese Kriterien zugrunde, sind Auffahrunfälle infolge eines provozierten Staus der Polizei im Regelfall zuzurechnen (Beispiel 2). Hier realisiert sich eine **typische Gefahr**, welche die Polizei, um die Geisel zu retten, zu Lasten Unbeteiligter in Kauf nimmt. Nur untypische Geschehensabläufe im Sinne der Adäquanztheorie – ein Schaden entsteht ausschließlich deshalb, weil der in den Stau geratene Autofahrer auf der Autobahn verbotswidrig aussteigt und über die Fahrbahn läuft – können ausgeklammert werden. Dagegen sind Schäden, die beim Anblick eines Polizeieinsatzes und infolge fehlender Konzentration oder Erschreckens des Geschädigten – zum Beispiel auch durch ein Martinshorn – entstehen, der Polizei regelmäßig nicht zuzurechnen (Beispiel 3). Es gehört zum **allgemeinen Lebensrisiko**, daß man mit solchen Situationen konfrontiert wird, und die Rechtsordnung erwartet, daß man damit auch zurechtkommt. Zu solchen, keinen Anspruch auslösenden Maßnahmen gehört auch, wenn die Polizei bei jemandem an die Tür klopft und sich durch Rufen („Aufmachen! Polizei!") verständlich macht (Beispiel 4). Anders ist dies ausnahmsweise dann, wenn ein Polizeieinsatz bei dem Betroffenen einen sogenannten **Schockschaden** auslöst, wie es bei der Tötung einer diesem nahestehenden Person der Fall sein kann.[39] 20

Zum Maßnahmebegriff rechnet nach der Rechtsprechung des BGH auch ein rechtswidriger **begünstigender Verwaltungsakt** wie etwa eine Baugenehmigung oder ein Bauvorbescheid, wenn der Betroffene im Vertrauen auf die Rechtmäßigkeit der Genehmigung vergebliche Aufwendungen macht.[40] Für die Tätigkeit der Vollzugspolizei ist diese Fallvariante nur von geringer praktischer Bedeutung, weil vollzugspolizeiliche Tätigkeit klassische Eingriffsverwaltung ist. Entsprechendes gilt im allgemeinen für die Tätigkeit der allgemeinen Gefahrenabwehrbehörden auf der Grundlage der Polizei- und Ordnungsbehördengesetze. Allenfalls dann, wenn aufgrund von Gefahrenabwehrverordnungen spezielle **ordnungsbehördliche Erlaubnisse** wie etwa der sogenannte Hundeführerschein als Steuerungsinstrumente vorgesehen sind (Kap. F Rdn. 96), kann diese Fallvariante vereinzelt eine Rolle spielen. Abgesehen davon wird sie nur in Brandenburg und 21

---

35 *BGHZ* 92, 34 (41); 102, 350 (358); 131, 163 (166).

36 Eine Verortung an dieser Stelle ist jedoch nicht zwingend. Die Tatsache, daß man bereits in diesem Kontext nicht umhin kommt, mit Begriffen wie „Unmittelbarkeit" und „Risikosphäre" zu operieren, zeigt, daß zumindest einige Aspekte der Frage, welches behördliche Verhalten anspruchsauslösend ist, auch als Kausalitätsproblem (vgl. Rdn. 93) oder als Problem des Schutzzwecks erörtern werden können.

37 *BGHZ* 131, 163 (166 f.); *Ossenbühl*, S. 250.

38 *BGHZ* 138, 15 (21) – Behördliche „Bitte" als Maßnahme (dazu sogleich Rdn. 26).

39 Vgl. zum Schmerzensgeld wegen eines Schockschadens *BVerfG* NJW 2000, 2187; *BGHZ* 56, 163; *OLG Nürnberg* NJW 1998, 2293 (Traumatisierung von Kindern, die Zeugen der Tötung ihrer Mutter waren).

40 *BGHZ* 109, 380 (393); 123, 191 (196 f.).

Nordrhein-Westfalen relevant, weil nur dort die Tätigkeit der Bauaufsichtsbehörden etc. vom Geltungsbereich der polizeigesetzlichen Haftungstatbestände mit umfaßt wird (Rdn. 10 ff.).

22 Auch eine **Auskunft** gegenüber einem Bürger, der sich rat- oder hilfesuchend an die Polizei wendet – also ein Realakt ohne Eingriffscharakter –, ist nach der Rechtsprechung des Bundesgerichtshofs als Maßnahme im Sinne dieser Bestimmungen anzusehen, „wenn und solange der auskunftssuchende Bürger **auf die Richtigkeit vertrauen** darf".[41] Diese ursprünglich auf das Baurecht gemünzte und bis heute rezipierte[42] Formel ist auch für die Vollzugspolizei relevant. Weil Behörden aufgrund ihrer Gesetzesbindung verpflichtet sind, richtige Auskünfte zu erteilen, hat der Bürger in der Regel keinen Anlaß, an der Richtigkeit der Auskunft eines Polizeibeamten zu zweifeln. Wenn ein Beamter also auf entsprechende Frage eine **eindeutige Antwort** gibt –

Beispiel 1: „Der Flughafen ist für mindestens zwei Stunden geschlossen."
Beispiel 2: „Das nächste Krankenhaus finden Sie stadtauswärts." –,

so ist auch dies eine Maßnahme, die prinzipiell einen Ausgleichsanspruch auslösen kann.

23 Einschränkend gilt hier, daß das Vertrauen des Bürger auf die Richtigkeit der Auskunft sich nur auf diejenige Erkenntnisgrundlage erstreckt, die dem Polizeibeamten im Einzelfall zu Gebote gestanden haben kann. Ebenso wie auch die Baugenehmigung als Feststellung darüber, daß dem Vorhaben keine rechtlichen Hindernisse entgegenstehen, unter dem allgemeinen Gesichtspunkt des Schutzzwecks der präventiver Erlaubnisse keine absolute **„Verläßlichkeitsgrundlage"** für jegliche Dispositionen des Bauherrn bildet,[43] muß auch die Polizei nicht jedes Risiko einer Nichtübereinstimmung der Auskunft mit der Wirklichkeit tragen. Das bedeutet, daß der Bürger für seine weiteren Entscheidungen in Betracht ziehen muß, was der Beamte in der konkreten Situation wissen können kann. Hierzu zählt, daß dieser auf die Informationen der Einsatzleitung oder anderer Stellen angewiesen und möglicherweise augenblicklich nicht über neueste Entwicklungen informiert ist (Beispiel 1: Die Betriebsstörung konnte unerwartet schnell behoben werden. Beispiel 2: Das betreffende Krankenhaus ist wegen Sanierungsarbeiten seit kurzem nur auf einigen Stationen in Betrieb). Der **Schutzzweck der Auskunftserteilung** durch die Polizei, soweit sie im Rahmen ihrer allgemeinen Aufgabenstellung, also in ihrer Funktion als „Freund und Helfer" tätig wird, vermittelt deshalb letztlich nur einen Vertrauenstatbestand dahingehend, daß der Beamte im Einzelfall nach bestem Wissen und Gewissen Auskunft erteilt, also nicht bewußt die Unwahrheit sagt und im übrigen die im Verkehr erforderliche Sorgfalt (§ 276 I 2 BGB) walten läßt. Strengere Maßstäbe sind in diesem Kontext auch nicht wünschenswert, weil andernfalls ein vernünftiger Umgang zwischen Bürger und Polizei nicht möglich wäre.

24 Bei **gesetzlich ausgeformten Auskunftspflichten** etwa im Bereich der Datenverarbeitung (Kap J Rdn. 92 ff.) darf sich der Bürger hingegen uneingeschränkt darauf verlassen, daß die beantragte Auskunft, wenn sie denn erteilt wird,[44] richtig und vollständig ist. Ein so wenig komplexer Vorgang gibt keine Veranlassung, Abstriche von der Richtigkeitsgewähr der Auskunft zu machen. Sowohl die Erteilung einer Auskunft über gespeicherte personenbezogenen Daten als auch deren Verweigerung sind Maßnahmen im Sinne der polizeigesetzlichen Haftungstatbestände. Anders als bei unrichtigen Auskünften aus dem Bundeszentralregister (**„Führungszeugnis"**), die im Rechtsverkehr Verwendung finden, läßt sich hier allerdings kein praktisch relevanter Sachverhalt denken, bei welchem dem Betroffenen aufgrund einer falschen Auskunftserteilung an ihn ein Schaden entstehen könnte.

---

41 *BGH* NJW 1978, 1522.
42 *BGHZ* 138, 15 (20).
43 *BGHZ* 123, 191 (198 f.); *BGH* NVwZ-RR 1997, 675.
44 Vgl. allgemein zum Auskunftsanspruch *BVerfG* DVBl. 2001, 275.

Ein Schaden kann durch eine solche Maßnahme aber dann entstehen, wenn die **Auskunft gegenüber einem Dritten** erteilt wird. Eine einem Dritten unberechtigterweise erteilte Auskunft beispielsweise über die Tatsache der Speicherung im elektronischen Kriminalaktennachweis (Kap. J Rdn. 163 ff.) kann nicht nur eine Persönlichkeitsrechtsverletzung zur Folge haben, sondern auch zu einem beträchtlichen Vermögensschaden führen, nämlich dann, wenn der Dritte ein potentieller Arbeitgeber des Betroffenen ist und in Anbetracht der von der Polizei erhaltenen Informationen von dem Abschluß eines Arbeitsvertrags mit dem Betroffenen Abstand nimmt. Es werden immer wieder Fälle bekannt, in denen ein einzelner Beamter aus Gefälligkeit und ungeachtet der Strafbarkeit seines Verhaltens (u. U. Verletzung von **Dienstgeheimnissen** gem. § 353 b StGB, jedenfalls aber Verletzung von **Privatgeheimnissen** gem. § 203 II StGB) solche Auskünfte erteilt.[45] Auch **Falschauskünfte aus dem Melderegister** sind Maßnahmen, die Schäden verursachen können.[46] 25

Eine behördliche **Bitte**, etwas zu tun oder zu unterlassen, kann im Einzelfall ebenfalls als Maßnahme im Sinne der polizeigesetzlichen Haftungstatbestände zu qualifizieren sein. Nachdem es in einer Entscheidung des BGH vom 11. 7. 1996 zunächst so anklang, als sollten die Unterschiede zwischen einer Bitte und einem Verbot insoweit allenfalls gradueller Natur sein,[47] hat das Gericht in einem Grundsatzurteil vom 22. 1. 1998 den prinzipiellen Unterschied zwischen beiden Handlungsweisen stärker betont.[48] Dem Urteil lag folgender Fall aus Sachsen-Anhalt zugrunde: 26

Der Kläger betreibt landwirtschaftlichen Gemüseanbau. Beim Brand einer in der Nähe der Anbauflächen befindlichen Lagerhalle entzündeten sich 500 Tonnen Kunststoff. Die Ordnungsbehörde befürchtete, daß durch den Brand – was sich im nachhinein allerdings nicht bestätigte – zu schädlichen Bodenkontaminationen gekommen sei. Am Tag nach dem Brand teilte sie dem Kläger mit, daß derzeit Bodenuntersuchungen durchgeführt würden, und bat ihn außerdem, von einer Verwertung der Produkte abzusehen. Der Kläger verlangt Ersatz des erlittenen Ernteausfallschadens.

Der BGH kommt in seiner Entscheidung zu dem Ergebnis, daß die Äußerung der Ordnungsbehörde lediglich als **Appell an die Eigenverantwortlichkeit** des Landwirts, nicht aber als Maßnahme im Sinne des § 69 I SOG LSA verstanden werden könne. Die Behörde habe angesichts der zum damaligen Zeitpunkt völlig ungeklärten Sachlage und zur Vermeidung unübersehbarer Haftungsrisiken bewußt von einer verbindlichen Anordnung absehen wollen. Angesichts einer solche Sachlage habe jedem Erzeuger landwirtschaftlicher Produkte das Risiko deutlich vor Augen stehen müssen, die Kosten einer Aberntung des Gemüses möglicherweise umsonst aufzuwenden.

Die Entscheidung bestätigt zum einen, daß der Begriff der behördlichen „Maßnahme" im Sinne der polizeigesetzlichen Haftungstatbestände, nicht anders als der Begriff der „Eingriffs" im Sinne des allgemeinen Aufopferungsgedankens, durch eine **wertende Betrachtung der Risikoverteilung** zwischen Bürger und Behörde adäquat erschlossen werden kann (oben Rdn. 19). Je zurückhaltender sich die Behörde in solchen und ähnlichen Fällen verhält, desto weniger besteht Anlaß, ihr Haftungsrisiken aufzubürden. Und je stärker gleichzeitig die **Verantwortungsbeziehung des Geschädigten zur präsumtiven Gefahrenquelle** ist, desto eher muß er sich die Folgen seines Handelns zurechnen lassen. Für den Ausgang des vom BGH entschiedenen Verfahrens dürfte es deshalb auch nicht unerheblich gewesen sein, daß der Kläger als Landwirt bereits von Gesetzes wegen darauf zu achten hatte, keine gesundheitsgefährdenden Stoffe als Lebensmittel in den Verkehr zu bringen (vgl. § 8 Nr. 2 des Lebensmittel- und Bedarfsgegenständegesetzes). 27

---

[45] *AG Böblingen* CR 1986, 283; *OLG Köln* NJW 1988, 2489; *LG Ulm* NJW 2000, 822.

[46] *OLG Köln* MDR 2000, 766.

[47] *BGH* NJW 1997, 3151 (bewußte, zielgerichtete und erfolgreiche Einwirkung auf den Betroffenen).

[48] *BGHZ* 138, 15 (20 ff.).

28 Allerdings kann sich auch in einer solchen Situation der Staat nicht seiner eigenen **Verantwortung für den Bestand der öffentlichen Sicherheit** entziehen, indem er – fiskalisch motiviert und gleichzeitig aktuellen Tendenzen[49] gehorchend – ins Unverbindlich-Indifferente flüchtet und Gefahrenabwehr nur noch durch das Erteilen freundlicher Hinweise zu betreiben versucht. Wenn es im Einzelfall keine sachlichen Gründe dafür gibt, daß anstelle eines zur Gefahrenabwehr an sich geeigneten Verbots eine hierfür prinzipiell ungeeignete Bitte[50] ausgeprochen wurde, verbleibt das Haftungsrisiko auf seiten der Behörde.

29 Zum anderen akzentuiert das Gericht, indem es den Unterschied zwischen formalem und informalem Verwaltungshandeln hervorhebt, die Stellung des Bürgers gegenüber dem Staat in etwas anderer Weise, als dies in der zweiten Impfschaden-Entscheidung[51] fast vierzig Jahr früher geschehen ist. In jener Entscheidung wurde das **Anraten**, an einer – in der Regel ungefährlichen, im konkreten Fall aber zu einer Lähmung führenden – Schutzimpfung teilzunehmen, als anspruchsauslösendes Verhalten des Staates angesehen. Aus der Sicht der Bürger habe ein solcher Rat den Tatbestand des psychologischen **„Abforderns“** erfüllt. Denn gegenüber dem modernen Staat mit seinen überlegenen Erkenntnissen sei jedenfalls „im Bereich des Fürsorgerischen nicht Skepsis und Ressentiment am Platze, sondern Vertrauen und Bereitschaft zur freiwilligen und verantwortungsvollen Einordnung“.[52] Wenn es das Gericht in seinem Urteil vom 22. 1. 1998 dem Bürger nunmehr zum Nachteil gereichen läßt, daß er einer staatlicherseits geäußerten Bitte „kritiklos nachkommt“,[53] spiegelt sich hierin auch der Wandel des Staatsverständnisses. Weder läßt sich sagen, daß der heutige Staat eine Art Wissensmonopol hat oder ein solches auch nur beansprucht, noch läßt sich das Verhältnis zwischen Bürger und Staat mit den vom BGH damals verwendeten Begriffen heute auch nur halbwegs adäquat umschreiben. Tendenziell dürften die Haftungsrisiken des Staates gegenüber dem „mündigen Bürger“ bei informalem Handeln wie Bitte, Rat, Empfehlung oder Warnung geringer geworden sein. Ob eine Bitte aber wegen ihrer **Nachdrücklichkeit**, ein Rat wegen seiner **Ernsthaftigkeit** oder eine Empfehlung bzw. Warnung wegen ihrer **Dringlichkeit** mit der imperativen Wirkung eines Befehls vergleichbar sind, bleibt nach wie vor eine Frage des Einzelfalls. Zumindest dann, wenn der Staat dem Bürger eine eigene Entscheidung „nur noch der Form nach zugesteht“,[54] ist auch bei informalem Verwaltungshandeln nach wie vor von einer Maßnahme im Sinne der polizeigesetzlichen Haftungstatbestände auszugehen.

30 Fragen einer Risikoverteilung zu Lasten des Bürgers stellen sich von vornherein dort nicht, wo Beamte aus Gründen der gebotenen **Höflichkeit** im Umgang mit dem Bürger ihre Anordnungen als Bitte formulieren – „Geben Sie mir bitte Ihren Fahrzeugschlüssel!“ – und für niemanden Anlaß besteht, an deren Verbindlichkeit zu zweifeln. In **schriftlich erlassenen Verwaltungsakten** ist es trotz zunehmender Tendenzen, behördliche Schreiben in freundlichem Ton zu verfassen, allerdings bislang nicht üblich, den Tenor in Form einer Bitte zu erlassen – „Sie werden gebeten, die Bauarbeiten einzustellen“, anstelle von: „Sie werden aufgefordert, ...“ –, und es sollte aus Gründen der Eindeutigkeit an dieser Praxis auch nichts geändert werden.

---

[49] Das Stichwort heißt „Informales Verwaltungshandeln“. Es hat vor allem im Umweltrecht Konjunktur, vgl. *BVerfGE* 98, 83 (98 ff.) – „kooperatives Handeln" –. Vgl. aus der umfangreichen Literatur nur *Hoffmann-Riem/Schmidt-Aßmann*, Konfliktbewältigung durch Verhandlung, 2 Bände, 1990; *Schröder* NVwZ 1998, 1011.

[50] *BGHZ* 138, 15 (21): „Die Äußerung einer Bitte ist ein zur Gefahrenabwehr wenig taugliches Instrument, weil sie nicht mit den Mitteln des Verwaltungszwangs durchsetzbar ist und es letztlich im Belieben des Adressaten steht, ob er der Bitte nachkommen will oder nicht.“

[51] *BGHZ* 31, 187.

[52] *BGHZ* 31, 187 (189 ff.).

[53] *BGHZ* 138, 15 (21).

[54] *BGHZ* 24, 45 (Teilnahme an Schutzimpfung unter „Gewissenszwang“). Vgl. zur heutigen Gesetzeslage § 51 Bundesseuchengesetz. Danach hat der Geschädigte einen Versorgungsanspruch, wenn die Impfung von einer Behörde „öffentlich empfohlen“ wurde.

Zu den Maßnahmen im Sinne der polizeigesetzlichen Haftungstatbestände zählen schließlich auch gefahrenabwehrbehördliche **Rechtsverordnungen.**[55] In der Legaldefinition des § 2 Nr. 3 NGefAG werden Rechtsverordnungen ausdrücklich als Maßnahme bezeichnet, und es ist, zumal sich das niedersächsische Recht mit seinen Begriffsbestimmungen in § 2 NGefAG von dem Polizeirecht anderer Länder nicht unterscheidet, auch kein Grund dafür ersichtlich, dies im Anwendungsbereich der sonstigen Polizeigesetze anders zu sehen.[56] Ebenso wie der Erlaß eines (rechtswidrigen) Bebauungsplan einen Amtshaftungsanspruch gegen die Gemeinde auslösen kann,[57] kann auch der Erlaß einer Rechtsverordnung einen Ausgleichsanspruch des Bürgers zur Folge haben.[58] Zu denken ist hier an das Verbot des Badens in Seen (vgl. Kap. F Rdn. 59), von dem der Betreiber eines Strandbads betroffen sein kann, oder an das Verbot der Zucht bestimmter Hunderassen (vgl. zu den sogenannten Hundeverordnungen Kap. F. Rdn. 72 ff.). 31

II. Haftungsbegründende Tatbestände bei rechtmäßigen Maßnahmen

1. Ansprüche des Nichtverantwortlichen

Nach den Vorschriften aller Polizeigesetze ist demjenigen ein angemessener Ausgleich zu gewähren, der infolge einer Inanspruchnahme als **Nichtverantwortlicher** einen Schaden erleidet. 32

§ 55 I 1 PolG BW; Art. 70 I BayPAG; § 59 I Nr. 1 ASOG Bln; § 70 BbgPolG i.V. m. § 38 BbgOBG; § 56 I 1 BremPolG; § 10 III HmbSOG; § 64 I Nr. 1 HSOG; § 72 I SOG MV; § 80 I 1 NGefAG; § 67 PolG NW i. V. m. § 39 I a OBG NW; § 68 I 1 POG RP; § 68 I 1 SPolG; § 52 I 1 SächsPolG; § 69 I 1 SOG LSA; § 221 I LVwG SH; § 68 I 1 ThürPAG.

Bei der Inanspruchnahme eines Nichtverantwortlichen handelt es sich um einen **zielgerichteten,** mittels rechtlichen Befehls oder tatsächlichen Zwangs durchgeführten hoheitlichen Grundrechtseingriff, der dem Betroffenen, weil er für das Bestehen der Gefahrenlage keine Verantwortung trägt, ein **Sonderopfer** auferlegt. Die Konstellation beschreibt den klassischen und rechtlich auch nicht problematischen Fall einer Ausgleichsverpflichtung auf der Grundlage des Aufopferungsgedankens. Soweit Eingriffe in das **Eigentum** des Nichtverantwortlichen in Frage stehen, entsprechen die polizeirechtlichen Vorschriften überdies dem Gebot des Art. 14 III GG. Danach ist eine Enteignung nur rechtmäßig, wenn das zur Enteignung ermächtigende Gesetz gleichzeitig eine Regelung über Art und Ausmaß der Entschädigung enthält **(Junktimklausel).** Ein praktisch relevantes Beispiel für die Ausgleichsverpflichtung des Staates gegenüber einem Nichtverantwortlichen ist die **Wohnungsbeschlagnahme** durch die Ordnungsbehörde zum Zwecke der Obdachloseneinweisung (vgl. Kap. F Rdn. 735 ff.). Der Eigentümer der Wohnung hat hier in jedem Fall einen Anspruch auf Erstattung des entgangenen Mietzinses (unten Rdn. 103 und 108). Ein anderes Beispiel ist der Anspruch des Eigentümers auf Ersatz der Reparaturkosten für eine Wohnungstür, die bei einem Polizeieinsatz gegen dessen Mieter beschädigt wurde.[59] 33

Der Anwendungsbereich der polizeigesetzlichen Bestimmungen über die Entschädigung im polizeilichen Notstand ist auf den Fall der **rechtmäßigen** Inanspruchnahme des Nichtstörers begrenzt. Die Mehrzahl der Polizeigesetze bestimmen dies ausdrücklich. Bei rechtswidrigen Maßnahmen sind die Regeln über die polizeiliche Unrechtshaftung anwendbar.[60] 34

---

55 *Schenke* Rdn. 343.

56 So aber *Rumpf* NVwZ 1992, 250.

57 *BGHZ* 78, 41 (43); 92, 34 (36); 106, 323 (325).

58 Vgl. *BGHZ* 56, 40 (42). Danach kann auch ein „Gesetz" eine konkrete hoheitliche Maßnahme – und damit ein enteignungsgleicher Eingriff – sein.

59 *LG Köln* NZM 1999, 1166.

60 Vgl. zum Anwendungsbereich der Regeln über die polizeiliche Unrechtshaftung unten Rdn. 71 und zum Merkmal der Rechtswidrigkeit unten Rdn. 72 ff.

2. Ansprüche des Unbeteiligten

35 Nur einige Polizeigesetze gewähren ausdrücklich auch dem **Unbeteiligten** einen Ausgleichsanspruch, wenn er aufgrund einer rechtmäßigen polizeilichen Maßnahme einen Schaden erleidet,

Art. 70 II BayPAG; § 59 I Nr. 2 ASOG Bln; § 73 SOG MV; § 222 LVwG SH.

36 Unbeteiligt im Sinne dieser Vorschriften ist eine Person, die weder verhaltens- noch zustandsverantwortlich ist und die auch nicht auf der Grundlage der Vorschriften über den polizeilichen Notstand herangezogen wurde. Im Unterschied zu den Vorschriften über den Ausgleichsanspruch des Notstandspflichtigen handelt es sich bei dem verursachten Schaden hier um eine **unbeabsichtigte Nebenfolge** des polizeilichen Handelns. Beispielsfälle sind die verirrte Kugel, die einen Passanten verletzt[61] oder ein Schaufenster zerschlägt und der Verkehrsunfall, den die Polizei bei der Verfolgung eines Geiselnehmers verursacht.[62]

37 Ein Anspruch des Unbeteiligten auf Ausgleich des erlittenen Schadens bei rechtmäßigem Polizeihandeln besteht auch in denjenigen Ländern, die diese Konstellation nicht ausdrücklich erfassen. Umstritten ist allerdings, welches die hierfür einschlägige **Rechtsgrundlage** ist. In Betracht kommen die gesetzlichen Bestimmungen über die polizeiliche Unrechtshaftung (Rdn. 38), die Bestimmungen über die Inanspruchnahme des Nichtverantwortlichen (Rdn. 39) und die allgemeinen Aufopferungsgrundsätze (Rdn. 40).

38 Entgegen einer teilweise vertretenen Auffassung[63] läßt sich der Ausgleichsanspruch des Unbeteiligten **nicht als Ausprägung der polizeilichen Unrechtshaftung** verstehen.[64] Wenn bei einem ansonsten rechtmäßigen Polizeieinsatz trotz Beachtung aller Sorgfaltsanforderungen ein Unbeteiligter zu Schaden kommt, so handelt die Polizei nicht rechtswidrig. Eine Anwendung der polizeirechtlichen Entschädigungsbestimmungen bei rechtswidrigem Verhalten käme deshalb nur dann in Betracht, wenn der anspruchsauslösende Tatbestand im **Erfolgsunrecht** zu sehen wäre. Die Unterscheidung zwischen Erfolgsunrecht einerseits und Handlungsunrecht andererseits ist Gegenstand einer Kontroverse, die sich um das Rechtswidrigkeitsurteil des § 823 BGB dreht.[65] Diese Kontroverse läßt sich aber nicht auf das Recht der staatlichen Ersatzleistungen übertragen. Der Lehre vom Erfolgsunrecht liegt die Überlegung zugrunde, daß die Beeinträchtigung eines Rechtsguts die Rechtswidrigkeit der Schadensverursachung indiziere. Eine solche Regelvermutung mag das Verhältnis zwischen Privaten zutreffend beschreiben. Sie gilt jedoch nicht im Verhältnis zwischen Staat und Bürger. Weil der Staat in bestimmten Grenzen befugt ist, in rechtliche geschützter Güter des Bürgers einzugreifen, kann man hier nicht von einer die Rechtswidrigkeit indizierenden Rechtsgutsbeeinträchtigung sprechen. Deshalb lassen sich der durch Ingewahrsamnahme verursachte Eingriff in die persönliche Freiheit oder der durch Vernichtung einer sichergestellten Sache erfolgte Eingriff in das Eigentum mit der Etikettierung „Erfolgsunrecht" nicht in angemessener Weise normativ erschließen. Maßgeblich für die Beurteilung der Rechtmäßigkeit einer polizeilichen Maßnahme ist allein, ob die einfachgesetzlichen und verfassungsrechtlichen Handlungsvoraussetzungen zum Zeitpunkt des Einschreitens vorlagen. Kann dies bejaht werden, dann ist auch bei unvorhergesehenen und unvorhersehbaren Schädigungen eines Unbeteiligten kein Raum für die Anwendung der Vorschriften über die polizeiliche Unrechtshaftung.

---

[61] Vgl. *BGHZ* 7, 81; 20, 81 (82); *Wagner,* PolG NW, § 45, Rdn. 21 zu § 39 NW OBG; *Heesen/Hönle,* BGSG, § 34 (a. F.) Rdn. 33.

[62] Vgl. Rdn. 19.

[63] *Götz*, Rdn. 442.

[64] *Papier* DVBl. 1975, 572.

[65] Vgl. zum Meinungsstand: Palandt/*Thomas,* BGB, 59. Aufl., 2000, Rdn. 33.

Mit beachtlichen Gründen wird die Auffassung vertreten, bei Ansprüchen des Unbeteiligten seien – unmittelbar oder entsprechend – die **Bestimmungen über die Inanspruchnahme des Nichtverantwortlichen** anzuwenden.[66] Die Situation, in der sich der betroffene Unbeteiligte befinde, unterscheide sich nicht maßgeblich von derjenigen des Notstandspflichtigen. Seine Gefährdung sei bewußt oder unbewußt in Kauf genommen worden, um eine Gefahr abzuwehren, an deren Entstehen er in keiner Weise mitgewirkt habe.[67] Eine solche Gleichsetzung von Unbeteiligtem und Nichtstörer dürfte in vielen Schadensfällen der tatsächlichen Opfersituation entsprechen. Es spricht aber vieles dafür, daß dieses Ergebnis weniger einer vergleichbaren Rechtsstellung von Unbeteiligtem und Nichtstörer geschuldet ist als vielmehr dem Zufall. Denn die Situation des Unbeteiligten kann sich durchaus grundlegend von der des in Anspruch genommenen Nichtstörers unterscheiden. Den Unbeteiligten schützen, weil er das Opfer ungewollter oder unvorhergesehener Geschehensabläufe ist, weder sein vorrangiges Eigeninteresse noch der Verhältnismäßigkeitsgrundsatz vor substantiellen, unwiederbringlichen Einbußen an seinen rechtlich geschützten Gütern. Man denke an schwere Verletzungen im Rahmen eines (rechtmäßigen) Polizeieinsatzes, die der Betroffene, wäre er Nichtstörer, nicht hätte hinnehmen müssen. 39

Beispiel: Starke Polizeikräfte stürmen ohne Vorwarnung und unter massivem Einsatz von Schall- und Blendgranaten sowie hochwirksamen Reizgases ein verlassenes Haus, in dem sie richtigerweise die bewaffneten Täter eines schweren Raubüberfalls vermuten, ohne allerdings ahnen zu können, daß dieses Haus augenblicklich auch zwei kleinen Jungen als „Versteck" oder einem Landstreicher als Unterschlupf dient.

In einem solchen Fall ist es keineswegs naheliegend, den durch den Polizeieinsatz geschädigten Unbeteiligten wie jemanden anzusehen, der zur Hinnahme des schädigenden Eingriffs verpflichtet war.

Weil die Stellung des Unbeteiligten von derjenigen des Nichtverantwortlichen letztlich mehr verschieden ist, als daß sie ihr gleicht, sprechen – unter Wertungsgesichtspunkten – die besseren Gründe für eine **Anwendung der allgemeinen Aufopferungsgrundsätze**.[68] Weil diese Grundsätze unproblematisch handhabbar sind, fehlt es – unter rechtssystematischen Gesichtspunkten – ohnehin bereits an einer Regelungslücke, die einen Rückgriff auf andere Bestimmungen erforderlich machten bzw. erlaubten. Nach der hier vertretenen Auffassung kann der Geschädigte unter Umständen davon profitieren, daß der ausdrücklich geregelte Ausgleichsanspruch des Nichtsstörers einer wesentlich kürzeren – nämlich meistens dreijährigen – Verjährung unterliegt als der erst nach dreißig Jahren verjährende allgemeine Aufopferungsanspruch (dazu unten Rdn. 125). Die Frage, welche Rechtsgrundlage der Ausgleichsanspruch des Unbeteiligten hat, ist deshalb nicht bloß akademischer Natur.[69] 40

3. Ansprüche des Störers

Es gilt der Grundsatz, daß der polizeirechtlich Verantwortliche (Störer) keinen Ausgleichsanspruch hat, wenn er durch rechtmäßige Inanspruchnahme einen Schaden erleidet.[70] Denn polizeiliche Maßnahmen gegen den Verantwortlichen konkretisieren lediglich die **Grenzen seiner Handlungsfreiheit** und die **Bindungen seines Eigentums.** Der Störer erbringt deshalb kein Sonderopfer. Ihm wird nichts abverlangt, was als rechtliche Pflicht nicht auch der Allgemeinheit obliegt. Die Polizeigesetze normieren folglich auch keine Ausgleichsansprüche des Störers bei rechtmäßigem Polizeihandeln. 41

---

[66] *Drews/Wacke/Vogel/Martens*, S. 666 f.; *Würtenberger/Heckmann/Riggert*, Rdn. 544.

[67] *Würtenberger/Heckmann/Riggert* (vorige Fn.).

[68] *Schenke* Rdn. 350

[69] In diese Richtung aber *Schenke*, Rdn. 350 mit Fn. 849 („Scheinalternative").

[70] *BGHZ* 5, 144 (151); *Ossenbühl*, S. 305; *Drews/Wacke/Vogel/Martens*, S. 668; *Götz*, Rdn. 428; *Schenke*, Rdn. 339; *Würtenberger/Heckmann/Riggert*, Rdn. 537 ff.; *Wagner*, PolG NW, § 45, Rdn. 2 zu § 39 NW OBG; *Schmidbauer* in: Schmidbauer/Steiner/Roese, Art. 70 Rdn. 13; *Steinberg/Lubberger/Meidrodt* S. 171.

4. Ansprüche des Anscheinsstörers

42 Der Grundsatz, daß der Störer nicht zu entschädigen sei, gilt jedoch nicht ausnahmslos. Eine Ausnahme kann im Fall der Inanspruchnahme eines **Anscheinsstörers** vorliegen. Anscheinsstörer ist, wer ex post betrachtet nicht wirklich eine Gefahr verursacht, aber ex ante betrachtet bei einem fähigen, besonnenen und sachkundigen Polizeibeamten den Eindruck der Gefahrenverursachung erweckt. Zwar ist auch der Anscheinsstörer ein Störer im Sinne des Polizeirechts. Maßnahmen gegen den Anscheinsstörer sind deshalb rechtmäßig.[71] Dies bedeutet aber nicht notwendig, daß der Anscheinsstörer auch rückblickend, wenn es nurmehr um die Kompensation der von der Polizei verursachten Schäden geht, noch als Störer behandelt werden muß. Polizeirechtliche Prinzipien sind hier von entschädigungsrechtlichen Grundsätzen zu unterscheiden.

43 Wo es erst um die Verhinderung bevorstehender Schäden oder um die rasche Beseitigung einer bestehenden Störung geht, wird die Frage der Verifizierung der „wirklichen", objektiven Störereigenschaft einer polizeilich in Anspruch zu nehmenden Person zugunsten eines wirksamen Rechtsgüterschutzes vernachlässigt und dem subjektiven Blickwinkel des verständigen Amtswalters angepaßt. Für die rechtliche Beurteilung des polizeilichen Handelns ist allein die polizeiliche Ex-ante-Betrachtungsweise unter den jeweils gegebenen unter Umständen schwierigen Erkenntnisbedingungen maßgeblich. Die Situation ist eine andere, wenn rückblickend über einen abgeschlossenen Sachverhalt befunden wird. Schon bei der polizeirechtlich zu bestimmenden Verteilung der angefallenen Kosten zwischen mehreren Störern kann der nun verbesserte Kenntnisstand zu einer Verschiebung der Gewichte führen (dazu Kap. E Rdn. 120 und Kap. M Rdn. 48 ff.). Dies gilt erst recht, wenn es um die nach Aufopferungsgrundsätzen zu bestimmende Schadenskompensation geht. Das polizeiliche Handeln ist zwar auch nach Widerlegung des Störungsanscheins weiterhin als rechtmäßig anzusehen. Der Anscheinsstörer muß Eingriffe in seine Rechte aber nicht notwendig entschädigungslos hinnehmen.

44 Der **BGH** hat diese Rechtslage in seinem grundlegenden **Urteil vom 12. 3. 1992**[72] bündig wie folgt umschrieben: Der Entschädigungsanspruch hänge davon ab, ob der Betroffene Störer oder Nichtstörer gewesen sei. Eine Betrachtung aus der Sicht im Zeitpunkt des Eingriffs sei hier nicht angebracht. Sie sei um der wirkungsvollen Gefahrenabwehr willen, die das Polizeirecht anstrebe, zwar geboten, soweit es um die Voraussetzungen und die Art und Weise des Einschreitens gehe. Die Frage der Entschädigung könne jedoch nach den tatsächlichen Umständen entschieden werden, wie sie wirklich vorgelegen hätten. Denn es gehe dabei nicht um die Möglichkeit des raschen Eingriffs zur Verhütung von Gefahren, sondern um den gerechten Ausgleich der erbrachten Opfer. Dafür sei auf die wirkliche Sachlage abzustellen, wie sie sich bei späterer rückschauender Betrachtung objektiv darstelle.

45 Der Ausgleichs- bzw. Entschädigungsanspruch des Anscheinsstörers steht allerdings unter dem Vorbehalt, daß der Geschädigte die den Verdacht oder Anschein begründenden Umstände **nicht zu verantworten** hat.[73] Das bedeutet, daß die bloße **Verursachung** des Gefahrenanscheins noch nicht zur Haftungsfreistellung des Staates führt.[74] Sie muß vielmehr auch **vorwerfbar** sein. Insoweit unterscheidet sich die am Gedanken des gerechten Lastenausgleichs orientierte Aufopferungsentschädigung von der am wirksamen Rechtsgüterschutz orientierten Gefahrenabwehr, bei der die Frage der Schuldhaftigkeit der Gefahrenverursachung keine Rolle spielt.

---

[71] Herrschende Meinung. Vgl. hierzu Kap. E Rdn. 40 sowie *Drews/Wacke/Vogel/Martens*, S. 226; *Würtenberger/Heckmann/Riggert*, Rdn. 289; *Knemeyer*, Rdn. 95 ff.; *Schmidbauer* in: Schmidbauer/Steiner/Roese, Art. 11 Rdn. 41; a. A. *Papier* DVBl. 1975, 573; *Schenke*, Rdn. 165 ff.

[72] *BGHZ* 117, 303 (307); bestätigt und fortgeführt durch Urteil vom 23. 6. 1994, BGHZ 126, 279 (283 ff.).

[73] *BGHZ* 117, 303 (308); 126, 279 (285).

[74] A. A. *Drews/Wacke/Vogel/Martens,* S. 668; *Breuer,* GS *Martens,* 1987, S. 337; *Meixner,* HSOG, § 64 Rdn. 6.

Der hierbei anzuwendende **Sorgfaltsmaßstab** kann dem Gesetz über die Entschädigung für Strafverfolgungsmaßnahmen (StrEG), das ebenfalls eine Ausprägung des Aufopferungsgedankens ist,[75] entnommen werden. Danach ist eine Entschädigung unter anderem dann ausgeschlossen, wenn und soweit der Beschuldigte die Strafverfolgungsmaßnahme **vorsätzlich oder grob fahrlässig** verursacht hat (§ 5 II StrEG). 46

Ein Fall der vorsätzlichen Verursachung ist die **Anscheinsprovokation**. Wer bei einer Verkehrskontrolle einen Betrunkenen mimt,[76] muß die Nachteile entschädigungslos hinnehmen, die ihm daraus erwachsen, daß die Polizei zur Beseitigung der vorgespiegelten Gefahrenlage einschreitet (Mitnahme zur Wache, Blutentnahme). Nicht selten wird die Anscheinsprovokation gleichzeitig den Tatbestand des Vortäuschens einer Straftat gemäß § 145 d StGB oder jedenfalls das Vorspiegeln der Notwendigkeit fremder Hilfe gemäß § 145 I Nr. 2 StGB erfüllen. 47

Eine grob fahrlässige Verursachung liegt vor, wenn der Anscheinsstörer **in ungewöhnlichem Maß die Sorgfalt außer acht** läßt, die ein verständiger Mensch in gleicher Lage anwenden würde, um sich vor Schäden durch rechtmäßiges polizeiliches Einschreiten zu schützen.[77] Als Schulfall sind hier die Dreharbeiten zu einem Film an sogenannten Originalschauplätzen zu nennen. Käme eine Filmcrew auf die Idee, außerhalb der mit den zuständigen Behörden vereinbarten Orte oder Zeiten spontan eine Szene drehen zu wollen, in der etwas dargestellt wird, das einer Gefahrenlage im polizeirechtlichen Sinn entspricht – Mann attackiert Frau; Jugendliche malträtieren einen Stadtstreicher –, so könnte, falls die gesamte Szenerie lebensecht genug ist, um bei einem nicht informierten Betrachter den Anschein einer Gefahr zu wecken, von dessen grob fahrlässiger Verursachung gesprochen werden. 48

Wer diese Sorgfaltsmaßstäbe beachtet und damit „schuldloser Anscheinsverursacher" ist, hat einen Ausgleichsanspruch gegen den Staat. Die Vorschriften über die **Entschädigung des Nichtstörers** im polizeilichen Notstand sind hier entsprechend anzuwenden.[78] 49

Darüber hinaus wird die Auffassung vertreten, daß auch demjenigen Anscheinsstörer ein Ausgleichsanspruch zustehe, der den Gefahrenanschein nicht selbst verursacht bzw. dessen Sache den Gefahrenanschein nicht erweckt habe.[79] Dieser auch als **„anscheinsbetroffener Nichtstörer"** bezeichnete Anscheinsstörer sei das „Opfer eines drittseitig zu verantwortenden Verhaltens" und erbringe im Fall der polizeilichen Inanspruchnahme ein Sonderopfer für die Allgemeinheit. Seine entschädigungsrechtliche Stellung sei die eines Nichtstörers im polizeilichen Notstand.[80] Mit dieser Konstruktion sollen alle diejenigen Fälle erfaßt werden, bei denen Anzeigen Dritter und Hinweise aus der Bevölkerung den falschen Eindruck erwecken, ein anderer oder dessen Sache bedrohten polizeilich geschützte Rechtsgüter. 50

Bei genauerer Betrachtung erweist sich allerdings die Figur des „anscheinsbetroffenen Nichtstörers" als vorschnelle Abkehr von bewährten polizeirechtlichen Prinzipien. Wer weder eine Gefahr noch deren Anschein verursacht, ist für eine Gefahrenlage nicht verantwortlich und darf, außer in den Fällen des polizeilichen Notstands, nicht in Anspruch genommen werden. Die **Nichtverursachung des Gefahrenanscheins** schließt mit anderen Worten eine Qualifikation des Betroffenen als Anscheinsstörer begrifflich aus. Damit erübrigt sich auch der Versuch einer Unterscheidung zwischen „echtem Anscheinsstörer"[81] und „unechtem". Die als Beleg für die Notwendigkeit des Zwitterwesens „anscheinsbetroffener Nichtstörer" angeführten Fallkonstellationen, bei denen Hinweise aus der Bevölkerung polizeiliches Einschreiten auslösen, lassen sich mit Hilfe herkömmlicher 51

[75] *BGHZ* 72, 302 (305).
[76] Beispiel nach *Heesen/Hönle*, BGSG, § 34 (a. F.) Rdn. 30.
[77] Vgl. *Kleinknecht/Meyer-Goßner*, StPO, Rdn. 9 zu § 5 StrEG (m. w. Nachw.).
[78] *BGHZ* 117, 303 (307 f.); *Ossenbühl*, S. 404.
[79] *Breuer* (Fn. 74), S. 335 ff., ihm folgend: *VGH Mannheim* DÖV 1991, 165.
[80] *Breuer* (Fn.. 74), S. 336 f.
[81] *Breuer* (Fn. 74), S. 337.

polizeirechtlicher Kategorien lösen: Die Polizei wird auch bei Hinweisen von dritter Seite nicht von ihrer Pflicht entbunden, sich über das Vorliegen der behaupteten Gefahrenlage durch eigene Wahrnehmungen so weit als möglich Klarheit zu verschaffen. Die auf Grundlage der Sachverhaltserforschung getroffene **eigenverantwortliche Entscheidung der Polizei** über das Einschreiten steht einer Qualifikation der Schadensfolge, welche besagt, der Geschädigte sei das „Opfer eines drittseitig zu verantwortenden Verhaltens",[82] aber immer entgegen: Muß sich die Polizei mangelnde Sorgfalt bei der Beurteilung eines Sachverhalts vorwerfen lassen, so spricht man nicht von Anscheinsgefahr, sondern von Scheingefahr. Eine Scheingefahr ist aber keine Gefahr im polizeirechtlichen Sinn (Kap. E Rdn. 39). Mangels Gefahrenlage kann der Geschädigte also kein Störer sein. Rechtsgrundlage für Ausgleichs- bzw. Entschädigungsansprüche sind in diesem Fall die Regeln über die polizeiliche Unrechtshaftung. Kommt die Polizei dagegen bei Beachtung der nach den jeweiligen Umständen gebotenen Sorgfalt zu dem Schluß, es liege eine Gefahr vor, so darf sie nur gegen denjenigen vorgehen, den sie für den Verursacher der (vermeintlichen) Gefahr hält. Er ist – auch als Anscheinsstörer – nicht das „Opfer" des Verhaltens eines Dritten, sondern seines eigenen. Eine unverträgliche Lastenverteilung zum Nachteil des geschädigten Anscheinsstörers wird dadurch vermieden, daß dieser sich sein Verhalten vorwerfen lassen muß (Rdn. 45).

52 Unter dem Stichwort „Ansprüche des Störers bei rechtmäßigem Polizeihandeln" kann schließlich noch auf die Fallgestaltung hingewiesen werden, bei der ein Störer **aus Anlaß** eines gegen ihn gerichteten rechtmäßigen Polizeieinsatzes einen Schaden erleidet, der vom Zweck des Einschreitens nicht erfaßt ist. Als praktisch relevantes Beispiel ist der Karosserieschaden zu nennen, der beim Abschleppen von Fahrzeugen entstehen kann. Das schädigende Verhalten, also die Unachtsamkeit beim Transport, ist hier aber isoliert zu betrachten und von der ansonsten rechtmäßigen Abschleppmaßnahme zu unterscheiden. Es ist für sich betrachtet ein rechtswidriges Verhalten und verpflichtet den Staat nach den Grundsätzen über die polizeiliche Unrechtshaftung zur Leistung von Schadensersatz[83] (Rdn. 103).

5. Ansprüche des „Jedermann"

53 Die Anknüpfung der Ausgleichstatbestände an die Eigenschaft des Betroffenen als Störer oder Nichtstörer versagt, wo die Polizeigesetze eine solche Unterscheidung nicht treffen. So ermächtigen die Vorschriften über Personenkontrollen an sogenannten gefährlichen Orten (Kap. F Rdn. 325) oder gefährdeten Objekten (Kap. F Rdn. 337), an Kontrollstellen (Kap. F Rdn. 343) sowie in einigen Ländern neuerdings im gesamten öffentlichen Verkehrsraum (Kap. F Rdn. 352) die Polizei zu Rechtseingriffen auch dann, wenn der Betroffene selbst überhaupt keinen Anlaß zum Einschreiten gibt. Er ist aus diesem Grund **kein Störer**, insbesondere auch kein Anscheinsstörer. Er ist, da solche Personenkontrollen nicht das Bestehen einer konkreten Gefahr voraussetzen, auch **kein Nichtstörer** im polizeilichen Notstand. Schließlich ist er auch **kein Unbeteiligter.** Denn Unbeteiligter im Sinne der Entschädigungsgrundsätze ist nur der, bei dem die Rechtsgutverletzung die unbeabsichtigte Nebenfolge einer gegen einen anderen gerichteten Maßnahme ist. In der Literatur wird, wer von solchen Kontrollbefugnissen im Vorfeld von Gefahr und Verdacht betroffen ist, als **„Jedermann"** bezeichnet.[84]

54 Die Polizeigesetze normieren durchweg keine Ausgleichsansprüche des „Jedermann". In der Literatur wird die Auffassung vertreten, daß dem „Jedermann", der sich auch im nachhinein als Nichtstörer erweise und der infolge der Polizeikontrolle einen Schaden erleide, Ausgleich **wie ein Nichtstörer** im polizeilichen Notstand zu gewähren sei.[85]

---

[82] *Breuer* (Fn. 74), S. 336 f.

[83] *Würtenberger/Heckmann/Riggert,* Rdn. 539 f.

[84] Z. B. *Lisken* ZRP 1990, 19; *Riegel* DÖV 1990, 656; *Wagner,* PolG NW, § 45, Rdn. 37 zu § 39 NW OBG.

[85] *Riegel,* Rdn. 202; *ders.,* Polizeiliche Personenkontrolle, S. 94; *Lisken,* Polizei heute 1995, 128; *Waechter* DÖV 1999, 147; *Schenke,* Rdn. 81 und 351; *Möllers* NVwZ 2000, 386.

Das Bestehen eines solchen Ausgleichsanspruchs ist vielleicht wünschenswert. Verfassungsrechtlich geboten ist dies aber nicht. Inbesondere verbietet sich mangels Vergleichbarkeit des geschädigten „Jedermann" mit dem Nichtstörer auch eine analoge Anwendung der Regeln über die Entschädigung im polizeilichen Notstand. Denn zulässige Maßnahmen gegen „Jedermann" legen diesem typischerweise **kein Sonderopfer** auf.[86] Zwar kann der Betroffene infolge der – meist nur kurzfristigen – Freiheitsbeschränkung, welche die polizeiliche Personenkontrolle gegenüber dem „Jedermann" mit sich bringt, einen Schaden erleiden. Er verpaßt vielleicht sein letztes Flugzeug und muß Übernachtungskosten bezahlen. Er kann den Leihwagen nur verspätet zurückbringen und ist deshalb zur Zahlung einer Vertragsstrafe verpflichtet. Oder er erreicht die Opernaufführung nicht pünktlich und versäumt den ersten Akt des Stückes. Diese und ähnliche Fallgestaltungen lassen sich jedoch nicht mit der Inanspruchnahme des Nichtstörers im polizeilichen Notstand vergleichen. Während die Inanspruchnahme des Nichtstörers eine tatbestandlich scharf konturierte, rechtlich sehr anspruchsvolle Ausnahmesituation voraussetzt, werden an die Inanspruchnahme des „Jedermann" so niedrige Anforderungen gestellt, daß sie, wie etwa eine Verkehrskontrolle nach § 36 V StVO, als schon alltäglicher Vorgang zu begreifen ist. Die **Allgemeinheit des Betroffenseins** schließt aber eine Ungleichbehandlung, wie sie bei einer Sonderopferlage definitionsgemäß vorausgesetzt wird,[87] von vornherein aus. 55

Da bei Maßnahmen gegen „Jedermann" wegen der Allgemeinheit des Betroffenseins nicht bereits der Eingriff selbst die Sonderopferlage konstituiert, ist das Augenmerk auf die Folgen des Eingriffs zu richten. Nur wenn der einzelne infolge des Eingriffs **außergewöhnliche Nachteile** hinnehmen muß, erbringt er ein Sonderopfer. Ein Aufopferungsanspruch des Betroffenen besteht mit anderen Worten nur dann, wenn die Eingriffsfolgen aus der „Zwangstypik"[88] der Eingriffsmaßnahmen herausfallen, wenn sie die vom Gesetzgeber vorgestellte „Normalsituation"[89] übersteigen. Die Suche nach Kriterien, mit deren Hilfe diese Opfergrenze bestimmt werden kann, führt, wie gesagt wurde, in den „Nebel der judikativen Tatbestandsausformung".[90] Die Rechtsprechung stellt bei der Bestimmung der Opfergrenze entweder auf den „Willen des Gesetzgebers", die „Natur der Sache" oder das „vernünftige Urteil des billig und gerecht Denkenden" ab.[91] Neben diese wenig konturierten Kriterien tritt der nicht weniger unscharfe und in der Literatur[92] kritisierte Topos des „allgemeinen Lebensrisikos".[93] 56

Die Suche nach angemessenen Lösungen auf der Basis so vager Begrifflichkeiten bestätigt einmal mehr, daß trotz aller Bemühungen um rationale Durchdringung und Systematisierung der Kasuistik zum Aufopferungsanspruch die Festlegung der **Opfergrenze ein offenes Wertungsproblem** ist, dessen Lösung letztlich allein der Rechtsanwendung im Einzelfall überlassen bleibt (Rdn. 27). Die folgenden Gesichtspunkte können bei der Frage einer gerechten Lastenverteilung bei Schäden, die infolge polizeilicher Personenkontrollen im Vorfeld von Gefahr und Verdacht eintreten, in die Wertung einfließen: 57

Im Regelfall werden die Belastungen aufgrund **rechtmäßiger** Maßnahmen gegenüber „Jedermann" zwar entschädigungslos hinzunehmen sein. Die Verzögerung einer Bahn- oder Flugreise wegen Personenüberprüfungen an gefährdeten Orten aufgrund kurzfristiger Kontrollmaßnahmen muß der Reisende ebenso einkalkulieren wie der Geschäftsreisende damit rechnen muß, wegen einer polizeilichen Kontrollstelle einen wichtigen Termin zu versäumen. Gleiches gilt, wenn die Polizei nach einer schweren Straftat alle wich- 58

---

[86] *Würtenberger/Heckmann/Riggert,* Rdn. 545; *Würtenberger,* Rdn. 302; *Ossenbühl,* S. 400.
[87] *BGHZ* 6, 270 (280); 60, 145 (147).
[88] *Ossenbühl* JuS 1970, 277; *ders.,* Staatshaftungsrecht, S. 137
[89] *Steffen* JZ 1967, 111.
[90] *Ossenbühl* JuS 1970, 280.
[91] *BGHZ* 17, 172 (175); *OLG Frankfurt* NJW 1967, 633; *Ossenbühl* JuS 1970, 277.
[92] *Mohnhaupt/Reich* NJW 1967, 758; *Kötz* JZ 1968, 285; *Franz* JZ 1967, 571; *Ossenbühl* JuS 1970, 276 ff.
[93] *BGHZ* 46, 327; vgl. auch *OLG Hamm* NJW 1988, 1096.

tigen Ausfallstraßen sperrt und die Insassen der vorbeikommenden Fahrzeuge kontrolliert. Solche unliebsamen Vorkommnisse gehören – in der Sprache des Bundesgerichtshofs – zum **allgemeinen Lebensrisiko** eines jeden.

59 Anders stellt sich die Rechtslage dar, wenn gegenüber dem Betroffenen die **Kontrollmaßnahmen intensiviert** werden, ohne daß er in den Augen der Polizei bereits Störer ist. Die Polizeigesetze lassen es nämlich zu, daß auch unverdächtige Bürger im Rahmen von Personenüberprüfungen an gefährlichen und gefährdeten Orten, an Kontrollstellen oder im öffentlichen Verkehrsraum festgehalten, zur **Dienststelle** gebracht und dort sogar einer **erkennungsdienstlichen Behandlung** unterzogen werden, sofern sich die Identität des Betroffenen nicht anderweitig feststellen läßt (Kap. F Rdn. 313) Weil aber für niemanden die Verpflichtung besteht, einen Personalausweis bei sich zu führen,[94] um sich gegebenenfalls vor der Polizei ausweisen zu können, ist der Schaden, der dem Nichtstörer durch die Mitnahme zur Wache entsteht, nicht die Realisierung eines allgemeinen, sondern eines besonderen, aus der polizeilichen Einschätzung einer potentiellen Gefahrenlage resultierenden Risikos. Derart verursachte Schäden fallen aus der Zwangstypik der Kontrollmaßnahmen gegenüber „Jedermann" heraus.

60 Im vorstehenden Beispielsfall stellt sich außerdem die Frage, ob nicht die Mitnahme zur Wache zum Zweck der erkennungsdienstlichen Behandlung, weil sie mit der Kontrollmaßnahme nicht mehr im Zusammenhang steht, schon **rechtswidrig** ist (vgl. auch Kap. F Rdn. 407). Wenn die Befragung und gegebenenfalls die Durchsuchung einer Person nichts zutage gefördert haben, was auf die Eigenschaft des Betroffenen als (potentieller) Straftäter hinweist, wird einer Sistierung häufig das Übermaßverbot entgegenstehen. Ist die Maßnahme im Einzelfall aber rechtswidrig, liegt bereits deshalb eine Sonderopferlage vor (Rdn. 70). Auf der anderen Seite können beispielsweise die vom Betroffenen mitgeführten Gegenstände den Verdacht einer Gefahr begründen, so daß weitere Maßnahmen nicht mehr auf der Grundlage der Befugnisse gegenüber „Jedermann", sondern, als Gefahrerforschungsmaßnahmen, auf der Grundlage der Befugnisse gegenüber einem Störer anzusehen sind. Zwischen diesen beiden Konstellationen sind die Ansprüche bei durch rechtmäßige Kontrollmaßnahmen gegenüber „Jedermann" verursachten Schäden anzusiedeln. Ihr Anwendungsbereich dürfte in der Praxis gering sein.

61 Die rechtliche Brisanz von Vorfeldkontrollen, insbesondere auch der sogenannten Schleierfahndung, läßt sich damit nicht auf der **Ebene der Schadensliquidation** abfedern. Wenn man es für mit dem Rechtsstaatsprinzip vereinbar hält, daß „Jedermann" mehr oder weniger voraussetzungslos von der Polizei kontrolliert werden darf, fehlt es an einem plausiblen Grund, einen hierdurch entstandenen Schaden als ein besonderes Opfer anzusehen. Die typischen Folgen eines regulären – sprich: alltäglichen – Vorgangs als irregulär anzusehen,[95] ist hingegen inkonsequent. Diese Inkonsequenz kann man als Ausdruck eines Unbehagens begreifen, welches bei dem Versuch entsteht, nahzu schrankenlose polizeiliche Eingriffsbefugnisse unter das Rechtsstaatsprinzip zu subsumieren. Geht man dagegen davon aus, daß dies nicht gelingen kann (Kap. F Rdn. 387), gründet die Sonderopferlage bei Schäden, die in Anwendung solcher Befugnisse entstanden sind, in deren **Verfassungswidrigkeit**. Die Tatsache, daß bei Jedermannkontrollen ein Kompensationsanspruch für notwendig erachtet wird (Nachweise bei Rdn. 54), ist genaugenommen hierfür nur ein Beleg.

6. Ansprüche des Polizeihelfers

62 In Anlehnung an den Musterentwurf (§ 45 II) enthalten viele Polizeigesetze eine Regelung, nach der ein Schadensausgleich auch Personen zu gewähren ist, die mit Zustim-

---

[94] Vgl. § 1 des Gesetzes über Personalausweise, wonach nur eine Pflicht besteht, „einen Personalausweis zu besitzen". Vgl. dagegen § 1 PaßG, wonach bei der Ausreise grundsätzlich die Verpflichtung besteht, „einen gültigen Paß mitzuführen".

[95] *Waechter* DÖV 1999, 147; *Möllers* NVwZ 2000, 386.

mung der Polizei bei der Erfüllung polizeilicher Aufgaben freiwillig mitgewirkt oder Sachen zur Verfügung gestellt haben und dadurch einen Schaden erlitten haben.

§ 59 III ASOG Bln; § 56 II BremPolG; § 10 V HmbSOG; § 64 III HSOG; § 80 II NGefAG; § 68 II POG RP; § 68 II SPolG; § 69 III SOG LSA; § 68 II ThürPAG.

Diese Ausgleichsregelungen haben wegen des Merkmals der **Freiwilligkeit** der Hilfe ihre Grundlage nicht im Aufopferungsgedanken.[96] Denn der Aufopferungsanspruch setzt gerade voraus, daß der Betroffene einen Schaden infolge hoheitlichen **Befehls oder Zwangs** erleidet.[97] Die Pflicht zur Entschädigung des freiwilligen Polizeihelfers ist vielmehr **Ausdruck des Sozialstaatsprinzips.** Es soll demjenigen ein Ausgleich gewährt werden, der zum Wohl der Allgemeinheit von sich aus Nachteile in Kauf nimmt. Gleichzeitig reflektiert und aktualisiert diese Ausgleichsverpflichtung die staatliche Pflicht zum Schutz von Leben und Gesundheit seiner Bürger. Unabhängig von der Strafbewehrung einer **unterlassenen Hilfeleistung** (§ 323 c StGB), auf die § 59 I Nr. 3 ASOG Bln rekurriert, soll niemand allein wegen der Befürchtung, sein Eingreifen sei ausschließlich mit finanziellen Belastungen verbunden, von der Hilfeleistung absehen dürfen. Deutlicher noch als in den Bestimmungen der Polizeigesetze kommt dies in den Regelungen der gesetzlichen Unfallversicherung zum Ausdruck (vgl. Rdn. 65 f.).

Die Grenze zwischen Freiwilligkeit und Gezwungensein ist fließend. Ihre Definition 63 ist eine Frage des Einzelfalls (vgl. oben Rdn. 26 ff.). Maßgeblich ist, ob und mit welcher Intensität die Polizei auf den **Willensentschluß des Betroffenen eingewirkt** hat.[98] Die Freiwilligkeit muß zum Beispiel verneint werden, wenn die Polizei zwar keinen rechtlichen Befehl erteilt, aber doch einen **Gewissenszwang** ausübt.[99] Selbst ein Rat kann wegen der ihn tragenden staatlichen Autorität eine Zwangswirkung im Sinne des Aufopferungsgedankens entfalten.[100] Ist die Grenze zum Zwang im Einzelfall überschritten, muß Aufopferungsentschädigung nach den einschlägigen Regeln entweder – bei rechtmäßigem Handeln – über die Notstandsentschädigung oder – bei rechtswidrigem Handeln – über Unrechtshaftung geleistet werden.

Der Begriff der **Zustimmung** der Polizeibehörde zur Hilfeleistung des Polizeihelfers 64 als gesetzliches Merkmal des Ausgleichstatbestands ist weit auszulegen.[101] Es bedarf insbesondere keiner förmlichen Erklärung oder einer (nachträglichen) Genehmigung mit konstitutiver Wirkung. Das Einverstandensein mit der Hilfeleistung kommt bereits dann zum Ausdruck, wenn die Polizei das Verhalten des Helfers duldet, ihn also zum Beispiel nicht zum Weggehen auffordert. Soweit die Polizei die Hilfeleistung als solche nicht erkennt und sie also auch nicht dulden kann, ist, entsprechend den Grundsätzen über die Geschäftsführung ohne Auftrag, hinsichtlich des Ob und Wie der Hilfeleistung ihr mutmaßlicher Wille ausschlaggebend (vgl. § 677 BGB). Der Hilfeleistende kann in diesen Fällen Ersatz für ihm entstandene Nachteile also nur insoweit verlangen, als seine Hilfeleistung einer **sachangemessenen Gefahrenabwehr** entsprochen hat.

Der Schaden des freiwilligen Polizeihelfers bleibt auch in den Ländern nicht entschädi- 65 gungslos, deren Polizeigesetze insoweit keine Ansprüche normieren. Dem freiwilligen Polizeihelfer stehen in allen Ländern bundesrechtlich geregelte **Ansprüche nach dem Unfallversicherungsrecht** zu. Gemäß § 2 I Nr. 13 SGB VII (früher: § 539 I Nr. 9 lit. b RVO) sind Personen in der gesetzlichen Unfallversicherung versichert, die einem öffentlichen Bediensteten, der sie zur Unterstützung bei einer Diensthandlung heranzieht, Hil-

---

[96] *Schenke*, Rdn. 353.
[97] Dogmatisch ist das Merkmal „hoheitlicher Zwang" die erste Voraussetzung für das Vorliegen eines Aufopferungsanspruchs. Das Vorliegen der beiden anderen Kriterien, „Wohl der Allgemeinheit" und „Sonderopfer", sind, in dieser Reihenfolge, danach zu prüfen. Vgl. ausführlich *Ossenbühl* JuS 1970, 276 ff., 281.
[98] *Steffen* DRiZ 1967, 111.
[99] Vgl. *BGHZ* 24, 45 (46).
[100] Vgl. *BGHZ* 31, 187 (190 f.).
[101] *Ossenbühl,* S. 397.

fe leisten. Der Begriff der **Heranziehung** ist weit zu verstehen. Es erschöpft sich nicht in der verbindlichen Aufforderung zur Hilfe. Auch das stillschweigende Einverständnis des Bediensteten, dem auf seiten des Hilfeleistenden die Freiwilligkeit des Handelns entspricht, erfüllt die Voraussetzungen dieses Tatbestandsmerkmals.[102] Insoweit unterscheidet sich die sozialversicherungsrechtliche Ausgleichsnorm nicht von der polizeirechtlichen, wo es auf den – ebenfalls weit auszulegenden – Begriff der „Zustimmung" der Polizeibehörde (vgl. Rdn. 64) ankommt.[103] Der Umfang des Ausgleichs ist heute nicht mehr auf die Folgen von Körperschäden begrenzt. Seit 1976 werden auf der Grundlage des damals neu eingeführten § 756 a RVO den Hilfeleistenden auch Sachschäden, die sie bei der Hilfeleistung erleiden, sowie die Aufwendungen, die sie nach den Umständen für erforderlich halten dürfen, ersetzt (vgl. heute §§ 26 ff. SGB VII).

66 Auch dann, wenn die Polizei (noch) nicht am Ort des Geschehens ist, wenn es also (noch) nicht um die Hilfeleistung „bei der Erfüllung polizeilicher Aufgaben" (vgl. § 45 II ME) geht, können dem Hilfeleistenden Ansprüche aus dem Recht der Unfallversicherung zustehen. Gemäß § 2 I Nr. 13 lit. a SGB VII (früher: § 539 I Nr. 9 lit. a RVO) sind auch Personen versichert, die bei **Unglücksfällen** oder gemeiner Gefahr oder Not Hilfe leisten oder einen anderen aus gegenwärtiger **Lebensgefahr** oder erheblicher gegenwärtiger Gefahr für Körper oder Gesundheit zu retten unternehmen. Die Vorschrift kann beispielsweise Anwendung finden, wenn der Helfer beim Einfangen durchgegangener Pferde einen Schaden erleidet.[104] Gleiches gilt gemäß § 2 I Nr. 13 lit. c SGB VII (früher: § 539 I Nr. 9 lit. c RVO) für Personen, die sich bei Verfolgung oder **Festnahme einer Person, die einer Straftat verdächtig ist**, oder zum **Schutz eines widerrechtlich Angegriffenen** persönlich einsetzen.

III. Haftungsbegründende Tatbestände bei rechtswidrigen Maßnahmen

67 Rechtswidrige Maßnahmen des Staates können Ausgleichsansprüche nach den speziellen Bestimmungen der Polizeigesetze über die **Unrechtshaftung** bzw. nach allgemeinen Aufopferungsgrundsätzen zur Folge haben (Rdn. 68 ff.) oder Ersatzansprüche nach den Regeln über die **Amtshaftung** auslösen (Rdn. 78 ff.).

1. Polizeigesetzliche Unrechtshaftung

a) Rechtsgrundlagen

68 Nach den Vorschriften der meisten Polizeigesetze ist demjenigen ein angemessener Ausgleich zu gewähren, der durch eine **rechtswidrige Maßnahme** der Polizei einen Schaden erleidet.

§ 59 II ASOG Bln; § 70 Bbg PolG i.V. m. § 38 I lit. b Bbg OBG; § 56 I 2 BremPolG; § 64 I 2 HSOG; § 80 I 2 NGefAG; § 67 PolG NW i. V. m. § 39 I lit. b OBG NW; § 68 I 2 POG RP; § 68 I 2 SPolG; § 69 I 2 SOG LSA; § 68 I 2 ThürPAG.

69 Auch die – verschuldensunabhängige – **Unrechtshaftung** ist eine Ausprägung des allgemeinen Aufopferungsgedankens. Es gibt sie deshalb auch in den Ländern, die keine ausdrücklichen Bestimmungen über Ansprüche des Geschädigten infolge rechtswidriger Maßnahmen erlassen haben,

BayPAG; PolG BW; HmbSOG; SOG MV; SächsPolG, LVwG SH.

Rechtsgrundlage für Ausgleichs- und Entschädigungsansprüche sind in diesen Ländern die **allgemeinen richterrechtlichen Aufopferungsgrundsätze**. Eine analoge An-

---

[102] *Bereiter-Hahn/Schieke/Mehrtens,* Gesetzliche Unfallversicherung, § 539 RVO Rdn. 17.
[103] *Ossenbühl,* S. 397
[104] *OLG Hamm* MDR 1994, 256.

wendung der – auch in diesen Ländern existierenden – Bestimmungen über die (rechtmäßige) Inanspruchnahme des Nichtstörers ist schon mangels Rechtsähnlichkeit ausgeschlossen.[105]

Werden vermögenswerte Rechtspositionen durch rechtswidrige Maßnahmen beeinträchtigt, spricht man von **enteignungsgleichen Eingriffen,** die rechtswidrige Beeinträchtigung nicht vermögenswerter Rechtsgüter heißt **aufopferungsgleicher Eingriff**.[106] Eine die **Sonderopferlage** konstituierende Ungleichbehandlung des Betroffenen folgt schon allein aus der Rechtswidrigkeit des hoheitlichen Handelns.[107] 70

b) Anwendungsbereich

Liegt eine rechtswidrige Maßnahme vor, sind die – ausdrücklichen oder richterrechtlichen – Regeln über die Unrechtshaftung **immer und ausschließlich** die einschlägige Rechtsgrundlage für die Geltendmachung von Ausgleichsansprüchen. Nicht maßgeblich ist, ob der Betroffene als Störer, Nichtstörer, Unbeteiligter oder „Jedermann" in Anspruch genommen wurde. Insbesondere sind im Fall des **rechtswidrigen Vorgehens gegen einen Nichtstörer** entgegen einer verbreiteten Auffassung die Entschädigungsvorschriften für Maßnahmen im polizeilichen Notstand weder vorrangig[108] noch gleichzeitig[109] anwendbar.[110] Dies ergibt sich schon aus der Formulierung in den meisten Polizeigesetzen, wonach jene Vorschriften nur bei einer „rechtmäßigen" Inanspruchnahme des Nichtstörers gelten, 71

§ 59 I Nr.1 ASOG Bln; § 56 I 1 BremPolG; § 64 I 1 HSOG; § 80 I 1 NGefAG; § 68 I 1 PolG RP; § 68 I 1 SPolG; § 69 I 1 SOG LSA; § 68 I 1 ThürPolG; vgl. auch § 72 III i.V. m. I SOG MV.

Die Rechtslage in den übrigen Ländern ist nicht anders. Mit der ausdrücklichen Einbeziehung der Bestimmungen über die Inanspruchnahme des Nichtstörers wollten auch deren Polizeigesetzgeber nur eine Anspruchsgrundlage für die besondere Sachlage schaffen, daß ein Bürger zugunsten überwiegender anderer Interessen ein Opfer erbrachte. Wenn er dieses Opfer wegen der Rechtswidrigkeit des behördlichen Vorgehens aber überhaupt nicht erbringen mußte, liegt keine solche besondere Sachlage vor. Eine Hervorhebung dieses Sachverhalts gegenüber den sonstigen Fällen polizeigesetzlicher Unrechtshaftung wäre nicht plausibel.

c) „Rechtswidrigkeit"

Probleme kann die Frage aufwerfen, welche Sichtweise bei der Beurteilung der **Rechtswidrigkeit der Maßnahme** zugrunde zu legen ist. Der BGH führt hierzu in gefestigter Rechtsprechung[111] aus: 72

„Ob ein Verwaltungsakt rechtmäßig ist oder rechtswidrig ist, bestimmt sich allein danach, ob die durch ihn getroffene Regelung sachlich richtig ist und mit der objektiven Rechtslage übereinstimmt oder ob sie sachlich falsch ist und gegen die Rechtslage verstößt. Der Verwaltungsakt ist selbständig, so wie er sich im Ergebnis präsentiert, zu beurteilen."

Mit dieser Formel hebt das Gericht auf den Unterschied zwischen **formeller und materieller Rechtswidrigkeit** einer Maßnahme ab.[112] Tatsächlich ist es für die Frage des Bestehens einer Sonderopferlage in der Regel unerheblich, ob der Verwaltungsakt beispielsweise eine ausreichende Begründung enthielt (§ 39 VwVfG) oder ob die örtlich unzuständige Behörde gehandelt hat, es sei denn, hierin liegt im Einzelfall ein besonders schwerer, die Nichtigkeit des Verwaltungsakts begründender Fehler (vgl. § 44 II Nr. 3 VwVfG).

---

105 *Ossenbühl*, S. 405.

106 Vgl. zu Entwicklung, Inhalt und dogmatischer Struktur dieser Rechtsinstitute etwa *Bender*, Staatshaftungsrecht, 3. Aufl. 1982, Rdn. 55 ff.; *Papier*, in: Maunz/Dürig, GG, Art. 14 Rdn. 587 ff. und 597 ff.

107 *BGHZ* 32, 208 (211 f.).

108 So aber *Drews/Wacke/Vogel/Martens*, S. 665; *Papier* DVBl. 1975, 572; *OLGR Stuttgart* 1999, 205.

109 So aber *Götz*, Rdn. 442; *Ossenbühl*, S. 409.

110 *Würtenberger/Heckmann/Riggert*, Rdn. 535; *Schenke*, Rdn. 349.

111 *BGHZ* 99, 249 (253 f.); *BGHZ* 123, 191 (197).

112 Ebenso *Ossenbühl*, S. 409 f.

Jedenfalls soweit es sich um Maßnahmen der sogenannten **gebundenen Verwaltung** handelt, wie etwa eine Baugenehmigung, eine Gewerbeuntersagung (§§ 15 II, 35 I GewO) oder eine Abschiebung (§ 49 AuslG), können die hierdurch ausgelöste Schadensfälle mit der Formel des BGH adäquat gelöst werden. Dieses Ergebnis korreliert mit den im Amtshaftungsrecht entwickelten Überlegungen zum Einwand **rechtmäßigen Alternativverhaltens.** Danach muß es der Geschädigte unter dem Gesichtspunkt des Schutzzwecks der verletzten Norm gegen sich gelten lassen, daß die Behörde bei ordnungsgemäßem Verfahren zu der gleichen Entscheidung hätte kommen müssen.[113]

73 Auf die **Ermessensverwaltung**, also auf praktisch das gesamte allgemeine Polizei- und Ordnungsrecht (Kap. F Rdn. 112), lassen sich diese Grundsätze nicht ohne weiteres übertragen. Wie der in § 46 VwVfG und den entsprechenden Bestimmungen der Verwaltungsverfahrensgesetze der Länder enthaltene Rechtsgedanke zeigt, sind Vorschriften über Verfahren, Form und örtliche Zuständigkeit mit dem materiellen Gehalt eines Verwaltungsakts stärker verwoben, wenn der Behörde im Einzelfall ein Ermessen eröffnet ist. Dahinter steht die Überlegung, daß bei der Ermessensverwaltung die Entscheidung über die Setzung einer Rechtfolge – das „Ob" und „Wie" des Einschreitens – nicht allein durch die Tatbetandsmäßigkeit eines Sachverhalts indiziert ist, sondern darüber hinaus von anderen Faktoren beinflußt werden kann. Ebenso wie der Einwand eines rechtmäßigen Alternativverhaltens im Amtshaftungsrecht nur dann beachtlich ist, wenn die Behörde zu einer anderen Entscheidung hätte kommen **müssen**, bleibt eine Verletzung von Formvorschriften nur dann außer Betracht, wenn – um den Wortlaut des § 46 VwVfG aufzugreifen – „offensichtlich ist, daß die Verletzung die Entscheidung in der Sache nicht beeinflußt hat". Weil nach der hier vertretenen Auffassung das polizeiliche Ermessen im Regelfall keine großen Handlungsspielräume eröffnet, vielmehr meistens eine Pflicht zu Einschreiten besteht (Kap. F Rdn. 134), ist diese Rückausnahme allerdings nicht von großer praktischer Bedeutung.

74 Hingegen ist eine Maßnahme, die von einer **sachlich unzuständigen Behörde** getroffen wurde, in aller Regel auch als rechtswidrig im Sinne der polizeigesetzlichen Haftungstatbestände anzusehen, und zwar ungeachtet der Frage, ob es sich um gebundene Verwaltung handelt oder um Ermessensverwaltung. Insoweit besteht kein Unterschied zu den Grundsätzen des Amtshaftungsrechts. Unter dem Gesichtspunkt der Drittgerichtetheit der **Amtspflicht zur Einhaltung von Zuständigkeitsgrenzen** beantwortet der BGH[114] die Frage nach den Folgen einer Zuständigkeitsüberschreitung wie folgt (Hervorhebung nur hier):

> „In der Rechtsprechung ist anerkannt, daß sich die allen Behörden obliegende Pflicht zur gesetzmäßigen Verwaltung auch in der Pflicht des Amtsträgers konkretisiert, die Grenzen seiner Zuständigkeit einzuhalten (...). Darin liegt nicht ‚nur' ein formales Element, wie das Berufungsgericht möglicherweise angenommen hat. Die bestehenden Zuständigkeitsregelungen sind vielmehr gerade auch deshalb geschaffen worden, damit der jeweilige Entscheidungsträger die erforderliche **Fachkompetenz** aufweist. Sinn der Zuständigkeitsbestimmungen ist auch die Gewährleistung einer sachlich richtigen Entscheidung, was regelmäßig auch dem Schutz des Betroffenen dient."

Insoweit ist der Bürger also davor geschützt, daß etwa das Finanzamt eine Gewerbeuntersagung ausspricht, das Katasteramt eine Befreiung von einer baurechtlichen Abstandsvorschrift erteilt oder die Strafvollzugsbehörde eine Ausweisungsverfügung erläßt. Solche drastischen Fälle von Kompetenzübergriffen werden in der Praxis allerdings kaum vorkommen. Von einiger praktischer Bedeutung ist aber die Abgrenzung zwischen allgemeinen Verwaltungsbehörden und allgemeinen Ordnungsbehörden bzw. Vollzugspolizeibehörden. Wenn nämlich die Ordnungsbehörde bzw. die Vollzugspolizei handelt, darf sie dies nur bei Vorliegen ihrer sogenannten **Eilzuständigkeit** (dazu Kap. E Rdn. 218 ff.). Es war gerade der Fall einer unzulässigen Zuständigkeitsverschiebung zwischen der an sich

---

[113] *BGHZ* 63, 319 (325 f.); 143, 363 (365 f.).

[114] *BGHZ* 117, 240 (244).

zuständigen Wasserbehörde und der nur in Eilfällen zuständigen allgemeinen Ordnungsbehörde, den der BGH als Verletzung einer drittbezogenen Amtspflicht angesehen hat.[115]

Hier schließt sich die Frage an, ob jede Nichtbeachtung des polizeirechtlichen Subsidiaritätsgrundsatzes drittschützende Wirkung entfaltet und damit auch eine Sonderopferlage konstituiert. Ein Bedürfnis hierfür besteht jedenfalls dann nicht, wenn in allen Fällen die **gleiche Organisationseinheit** tätig würde. Dies ist beispielsweise dann der Fall, wenn nach der internenen Zuständigkeitsverteilung sowohl für den Oberbürgermeister (= Ordnungsbehörde) als auch für den Magistrat der Gemeinde (= allgemeine Verwaltungsbehörde) das Ordnungsamt nach außen in Erscheinung tritt. 75

Beispiel: Die gegen dessen Willen verfügte Einweisung eines Obdachlosen in eine Gemeinschaftsunterkunft durch die allgemeine Ordnungsbehörde hätte von der allgemeinen Verwaltungsbehörde ausgesprochen werden müssen. Der Eingewiesene verlangt Schmerzensgeld wegen unrechtmäßiger Freiheitsentziehung.

Ist die Einweisung „an sich“ rechtmäßig, kann der Betroffene in entschädigungsrechtlicher Hinsicht keine für ihn günstigen Rechtsfolgen daraus ableiten, daß die unzuständige Behörde gehandelt hat. Denn es geht hier bildlich gesprochen nur darum, daß der falsche Briefkopf – „Der Oberbürgermeister der Stadt A.“ anstelle von „Der Magistrat der Stadt A.“ – verwendet wurde. An der Fachkompetenz des in Erscheinung getretenen Ordnungsamts ändert sich durch diesen Fehler nichts.

Anders ist es, wenn die Maßnahme in den Zuständigkeitsbereich eines **Fachressorts** fällt. 76

Beispiel: Die Vollzugspolizei ordnet unter Nichtbeachtung ihrer nur subsidiären Zuständigkeit die vollständige Beseitigung einer Werbetafel an, die vom Grundstück des Betroffenen auf den Gehweg zu fallen droht.

Weil nur die für solche Beseitigungsverfügungen zuständige Gemeinde als untere Bauaufsichtsbehörde in Gestalt ihres Bauamts über fachlich geeignetes Personal verfügt,[116] kommt der Zuständigkeitsmangel hier auch in haftungsrechtlicher Hinsicht zum Tragen. Der mit der Zuständigkeitsverteilung verfolgte Zweck, die Gewährleistung einer sachlich richtigen Entscheidung, ist als der vorrangige Gesichtspunkt gegenüber dem Umstand anzusehen, daß die unzuständige Behörde im Einzelfall möglicherweise eine materiellrechtlich fehlerfreie Entscheidung getroffen hat.

Gleiches gilt bei Verstößen gegen Vorschriften über die **funktionelle Zuständigkeit**, wie sie im Polizeirecht bei als schwerwiegend angesehenen Grundrechtseingriffen zu finden sind. So dürfen beispielsweise die Observation einer Person und die – damit typischerweise einhergehende – Anfertigung von Bildaufnahmen mittels Videokameras außerhalb von Wohnungen grundsätzlich nur durch die **Behördenleitung** angeordnet werden (vgl. § 15 III HSOG). Die gesetzlich angeordnete Verortung von Verantwortlichkeiten an zentraler, kompetenter Stelle soll in besonderem Maß die Eignung der Maßnahme, ihre Angemessenheit und die Beachtung der Rechte des Betroffenen sichern. Eine unter Nichtbeachtung der funktionellen Zuständigkeit ergangene Maßnahme ist deshalb immer auch rechtswidrig im Sinne der Bestimmungen über die polizeigesetzliche Unrechtshaftung. Hier gilt im Ergebnis nichts anderes als bei der Nichtbeachtung der **richterlichen Anordnungsbefugnis** im Fall von Eingriffen in die Wohnung (Art. 13 II 1 GG) oder Freiheitsentziehungen (Art. 104 II 1 GG). Ein Fehler in diesem Verfahrensstadium – beispielsweise ein falsches Verständnis von den Voraussetzung für eine behördliche Eilzuständigkeit („Gefahr im Verzug“)[117] – schlägt unmittelbar auf der materiellrechtlichen Ebene zu Buche. 77

---

[115] *BGHZ* 117, 240 (243 f.).

[116] Vgl. z. B. § 60 IV HBO, wonach die Bauaufsichtsbehörden mit geeigneten Fachkräften, insbesondere mit Angehörigen des höheren technischen Verwaltungsdienstes der Fachrichtungen Architektur und Bauingenieurwesen zu besetzen sind.

[117] *BVerfG* NJW 2001, 1121 (Wohnungsdurchsuchung auf strafprozessualer Grundlage).

2. Amtshaftung

78 Die Polizeigesetze bestimmen in Anlehnung an § 45 III ME teilweise ausdrücklich, daß **Ersatzansprüche aus Amtspflichtverletzung** „unberührt" bleiben.

§ 59 IV ASOG Bln; § 70 BbgPolG i.V.m. § 39 V Bbg OBG; § 56 III BremPolG; § 64 IV HSOG; § 80 III NGefAG; § 67 PolG NW i.V.m. § 40 V OBG NW; § 68 III POG RP; § 69 IV SOG LSA; § 68 III ThürPAG.

Diese Bestimmungen haben keine konstitutive Wirkung, sondern sollen nur der „Klarstellung" dienen.[118] Ansprüche, die ihre Grundlage im Aufopferungsgedanken haben, und solche aus Amtshaftung können gegebenenfalls immer nebeneinander geltend gemacht werden (vgl. Rdn. 135).

79 Gemäß **Art. 34 GG, § 839 BGB** haftet der Staat, wenn jemand in Ausübung eines ihm anvertrauten öffentlichen Amtes die ihm einem Dritten gegenüber obliegende Amtspflicht schuldhaft verletzt und dadurch einen Schaden verursacht. Der Anspruch aus Amtshaftung zielt auf Restitution und beinhaltet deshalb vom Ansatz her weiter gehende Ansprüche als der Aufopferungsanspruch, der nur eine Kompensationsleistung zum Gegenstand hat. Die Voraussetzungen des Amtshaftungsanspruchs sind aber strenger als die des Aufopferungsanspruchs.

a) In Ausübung eines öffentlichen Amtes

80 Der Schädiger muß in Ausübung eines ihm anvertrauten öffentlichen Amtes gehandelt oder etwas unterlassen haben. Das Merkmal des **öffentlichen Amtes** wirft bei schädigenden Handlungen durch Angehörige des öffentlichen Dienstes sowie durch Beliehene[119] und auch Verwaltungshelfer[120] in aller Regel keine Probleme auf.[121] Insbesondere die Polizeigewalt zählt zum Kernbereich hoheitlicher Verwaltung und darf deshalb nur von Beamten im staatsrechtlichen Sinn wahrgenommen werden (Art. 33 IV GG). Als Beamte im staatsrechtlichen Sinn sind Polizisten immer auch Beamte im haftungsrechtlichen Sinn.

81 Nur dann, wenn die Polizeibeamten nicht **„in Ausübung"** ihres Amtes handeln, entfällt die Einstandspflicht des Staates. Als nicht in Ausübung eines öffentlichen Amtes entstanden ist ein Schaden anzusehen, wenn der Zusammenhang mit der durch die Aufgabenstellung vorgezeichneten Amtsausübung fehlt. Dies ist beispielsweise der Fall, wenn ein Polizist während eines Streifengangs aus persönlichen Motiven auf einen verfeindeten Nachbarn schießt.[122] Der Beamte handelt hier nicht „in" Ausübung seines Amtes, sondern nur „bei Gelegenheit" der Amtsausübung. An dem Merkmal der Amtsausübung fehlt es auch dann, wenn ein Polizeibeamter einen Dienstwagen zu privaten Zwecken benutzt und hierbei einen Schaden verursacht.[123] Hingegen handelt ein Beamter, der mit Billigung seines Dienstherrn nach Dienstschluß seine Waffe mit nach Hause nimmt, insoweit regelmäßig in Ausübung eines öffentlichen Amts. Für Schäden aus der unsorgfältigen Aufbewahrung dieser Waffe haftet nicht der Beamte persönlich, sondern sein Dienstherr.[124]

82 Das Merkmal der Amtsausübung wirft vor allem dort Fragen auf, wo nicht der Polizeibeamte selbst, sondern eine von ihm beauftragte **Privatperson** einen Schaden verursacht. Für den geschädigten Bürger geht es darum, wer – der Private oder der Staat? – Schuldner eines Schadensersatzanspruches ist und also im Falle eines Schadensersatzprozesses verklagt werden muß. Sein Interesse besteht darin, nicht das Insolvenzrisiko einer

---

118 Begründung zu § 45 ME.
119 *BGHZ* 122, 85 (87 ff.).
120 *BGH* VersR 1958, 705.
121 Vgl. zu den einzelnen Beamtenbegriffen eingehend *Ossenbühl,* S. 12 ff.
122 *RGZ* 104, 286 (288); *BGHZ* 11, 181 (185 ff.).
123 *Maurer,* § 25 Rdn. 15.
124 *BGH* NVwZ 2000, 467.

Privatperson tragen zu müssen, sondern einen verläßlichen Schuldner zu haben, nämlich die öffentliche Hand. Es stellt sich deshalb die Frage, unter welchen Voraussetzungen sich der Staat das Verhalten einer Privatperson zurechnen lassen muß. Praktisch besonders bedeutsam sind vor allem die Fälle des polizeilich angeordneten **Abschleppens von Fahrzeugen** durch private Unternehmer, mit denen die Polizeibehörden in vertraglicher Beziehung stehen.

Die intensiv geführte Diskussion um die rechtliche Einordnung solcher Fälle[125] dürfte sich mit dem **Grundsatzurteil des BGH vom 21. 1. 1993**[126] weitgehend erledigt haben. Die Entscheidung ist zu Recht auf Zustimmung gestoßen.[127] Die wesentlichen Ausführungen dieser Entscheidung, in der maßgeblich auch Überlegungen insbesondere von *Ossenbühl,*[128] *Papier*[129] und *Würtenberger*[130] nachgezeichnet werden, lassen sich wie folgt zusammenfassen (Hervorhebungen nur hier): 83

Die auf privatrechtlicher Grundlage beruhende Heranziehung privater Unternehmer zur Erfüllung hoheitlicher Aufgaben umfaßt Fallgestaltungen, die sich sowohl durch den Charakter der jeweils wahrgenommenen **Aufgabe** als auch durch die unterschiedliche **Sachnähe** der übertragenen Tätigkeit zu dieser Aufgabe sowie durch den Grad der **Einbindung** des Unternehmers in den behördlichen Pflichtenkreis unterscheiden. Je stärker der hoheitliche Charakter der Aufgabe in den Vordergrund tritt, je enger die Verbindung zwischen der übertragenen Tätigkeit und der von der Behörde zu erfüllenden hoheitlichen Aufgabe und je begrenzter der **Entscheidungsspielraum** des Unternehmers ist, desto näher liegt es, ihn als Beamten im haftungsrechtlichen Sinn zu sehen. Danach kann sich die öffentliche Hand jedenfalls im Bereich der **Eingriffsverwaltung** der Amtshaftung für fehlerhaftes Verhalten ihrer Bediensteten grundsätzlich nicht dadurch entziehen, daß sie die Durchführung einer von ihr angeordneten Maßnahme durch privatrechtlichen Vertrag auf einen privaten Unternehmer überträgt.[131] Für die Einordnung der getroffenen Maßnahme als Akt der öffentlichen Gewalt ist es unerheblich, ob die **Voraussetzungen des polizeilichen Einschreitens** vorgelegen haben und die bei solchen Maßnahmen zu beachtenden rechtlichen Grenzen gewahrt worden sind.[132] Ohne Bedeutung ist es auch, auf welche Weise sich der Staat die Dienste des privaten Unternehmers verschafft. Insbesondere steht der Beurteilung, daß der private Unternehmer als Beamter im haftungsrechtlichen Sinn gehandelt hat, nicht seine **Beauftragung auf privatrechtlicher Grundlage** entgegen.[133] 84

Für die **Tätigkeit der Polizei- und Ordnungsbehörden** ist vor allem die Aussage wichtig, daß im Bereich der Eingriffsverwaltung eine Haftungsfreistellung der öffentlichen Hand praktisch ausgeschlossen ist. Denn ihre Tätigkeit ist klassische Eingriffsverwaltung. Im übrigen ist es eine Frage des Einzelfalls, ob die Einbindung des Privaten in das hoheitliche Tätigwerden im Vordergrund steht oder dessen Selbständigkeit. Die Vorschrift des § 831 I 1 BGB über die **Haftung für den Verrichtungsgehilfen** bietet hierfür eine brauchbare Entscheidungshilfe.[134] Sie steht der Problematik sachlich näher als die Bestimmung des § 278 BGB über die Zurechenbarkeit des **Verschuldens des Erfüllungsgehilfen**, auch wenn der BGH nicht den ersteren, sondern nur den letzteren Begriff in den Entscheidungsgründen rezipiert.[135] Auch ermöglicht sie einen differenzierteren Blick 85

---

125 Vgl. noch Vorauflage, Kap. L Rdn. 23.
126 *BGHZ* 121, 161.
127 *W. Schmidt* LM Art. 34 GG Nr. 179; *Würtenberger* JZ 1993, 1003 ff.; *Kreissl.* NVwZ 1994; *Ossenbühl,* S. 22 f.
128 JuS 1993, 421 ff.
129 In: MünchKomm, 2. Aufl. § 839 Rdn. 118.
130 DAR 1983, 155 ff.
131 *BGHZ* 121, 161 (165 f.).
132 *BGHZ* 121, 161 (166).
133 *BGHZ* 121, 161 (167).
134 *Kreissl* NVwZ 1994, 351.
135 *BGHZ* 121, 161 (167).

auf das Verhältnis zwischen Staat und privatem Unternehmer als die auf eine frühere Entscheidung[136] zurückgehende sogenannte **„Werkzeugtheorie“**.[137]

86 Damit sind alle Fälle, in denen die Polizei- oder Ordnungsbehörden bei der Erfüllung ihrer Aufgaben private Dritte einschalten, von der Amtshaftung des Staates prinzipiell erfaßt. Dies gilt an vorderster Stelle, wenn im **Verwaltungsvollsteckungsverfahren** eine Ersatzvornahme durch eine beauftragte dritte Person ausgeführt wird, also eine sogenannte **Fremdvornahme** vorliegt (Kap. F Rdn. 776). Außer dem bereits mehrfach erwähnten und alltäglichen Fall des Abschleppens von Kraftfahrzeugen, das auch den Vorgang des Transports zum Aufbewahrungsort[138] und die Aufbewahrung einschließt, sind beispielsweise folgende Fälle praktisch relevant: Die Einschaltung eines Schlossers bei der Öffnung einer verriegelten Tür, die Verpflichtung eines Bauunternehmers für den Abbruch einer illegal errichteten baulichen Anlage und die Beauftragung eines Ingenieurbüros für die Durchführung von Gefahrenerforschungsmaßnahmen bei altlastenverdächtigen Flächen. Praktisch relevant ist schließlich auch der Einsatz von **V-Personen** durch die Polizei zum Zwecke der Informationsgewinnung (Kap. J Rdn. 372 ff.). Verursacht eine V-Person bei ihrem Einsatz einen Schaden, so muß sich der Staat dies zurechnen lassen.[139]

87 Neben der Fremdvornahme im Verwaltungsvollstreckungsverfahren ist als gesetzlich ausdrücklich vorgesehene Standardmaßnahme die **Verwahrung sichergestellter Sachen durch einen Dritten** zu nennen (vgl. Kap. F Rdn. 690). Beispiele hierfür sind die Unterbringung eines gefährlichen Hundes in einem Tierheim, das Unterstellen eines entflohenen Pferdes in einem Reitstall und die Lagerung verderblicher Lebensmittel in einem Kühlhaus.

b) Verletzung einer einem Dritten gegenüber obliegenden Amtspflicht

88 Der Amtshaftungsanspruch aus Art. 34 GG, § 839 BGB setzt weiterhin voraus, daß der Amtswalter eine **Amtspflicht** verletzt hat, die **einem Dritten gegenüber** bestand.

89 Zu den Amtspflichten des Amtswalters gehört es, bei der Wahrnehmung seiner Aufgaben die den Staat bindenden **Rechtspflichten** zu beachten.[140] Zwei Konstellationen lassen sich voneinander unterscheiden. Wird der Beamte aus eigenem Entschluß tätig, so begeht er im Fall der Rechtswidrigkeit seines Tätigwerdens die Amtspflichtverletzung selbst. Handelt der Beamte dagegen im Rahmen einer rechtswidrigen, gleichwohl aber bindenden Weisung eines Vorgesetzten (vgl. § 56 BBG),

Beispiel: Einsatzbefehl zur Durchsetzung einer Platzverweisung gegenüber Demonstranten unter Anwendung unmittelbaren Zwangs, ohne daß die Versammlung vorher aufgelöst wurde,

so ist sein nach außen rechtswidriges Verhalten im staatlichen Innenverhältnis zwar amtspflichtgemäß. Die den Schaden verursachende Amtspflichtverletzung ist in diesen Fällen aber in der rechtswidrigen Weisung des Vorgesetzten zu sehen.[141] Dem **nach außen rechtswidrigen Verhalten** eines Beamten liegt deshalb immer auch eine Amtspflichtverletzung im Sinne von Art. 34 GG, § 839 BGB zugrunde. Das anspruchsbegründende Verhalten kann aber nicht nur in einem rechtswidrigen **Handeln**, sondern auch in einem rechtswidrigen **Unterlassen** liegen.[142] Ein praktisches Beispiel für eine ungeschriebene

---

[136] *BGHZ* 48, 98 (103).

[137] Vgl. zur Werkzeugtheorie kritisch *Notthoff* NVwZ 1994, 772 f.

[138] Der Staat muß es sich auch zurechnen lassen, wenn der Abschleppunternehmer einen Verkehrsunfall verschuldet und das abgeschleppte Fahrzeug dabei beschädigt wird. Wenn sich die Behörde – wie es aus praktischen Gründen fast ausschließlich geschieht – dafür entscheidet, das Fahrzeug nicht lediglich zu versetzen (Laternengarage), sondern auf dem Abstellplatz des Unternehmers aufbewahren zu lassen, ist der gesamte Vorgang, also auch der Transport, von ihr zu verantworten. Insoweit offengelassen von *Osterloh* JuS 1994, 175.

[139] *Waechter* NdsVBl. 1996, 56.

[140] *Ossenbühl*, S. 41 ff.; *Maurer*, § 25 Rdn. 16.

[141] Zum Verhältnis zwischen innengerichteten und außengerichteten Amts- bzw. Rechtspflichten vgl. *Ossenbühl*, S. 55 ff.; *Maurer*, § 25 Rdn. 16 f.; MünchKomm/*Papier*, § 839 BGB Rdn. 8 ff.

[142] Vgl. dazu den von *Eberle/Gersdorf* Jura 1990, 320 ff. geschilderten Fall des behördlichen Untätigbleibens gegenüber Randalierern sowie oben Rdn. 17.

Amtspflicht speziell der Vollzugspolizei ist die Einhaltung eines Mindestabstandes zwischen einem Wasserwerfer und den Personen, gegen die der Wasserwerfereinsatz gerichtet ist, damit Verletzungen vermieden werden können.[143] Ein anderes Beispiel ist die – selbstredende – Pflicht eines Hundeführers, sicherzustellen, „daß er, der Beamte, die Situation beherrscht und nicht der Hund".[144]

Die **Drittgerichtetheit** der Amtspflicht liegt dann vor, wenn der verletzte Rechtssatz 90
auch die Interessen des Geschädigten schützen soll.[145] Dies ist bei den Vorschriften der Polizeigesetze durchweg der Fall. Sie dienen nicht nur dem öffentlichen Interesse an der Verhinderung von Schäden an Rechtsgütern. Als Ausprägung des Grundsatzes des Vorbehalts des Gesetzes dienen sie gleichzeitig den Interessen der Bürger insoweit, als sie Umfang und Grenzen der Rechtsunterworfenheit verbindlich festlegen und damit dessen Freiheitssphäre vor staatlichem Zugriff in Schutz nehmen. Im übrigen gilt der Satz, daß gegenüber jedermann die allgemeine Amtspflicht des Staates besteht, **unerlaubte Handlungen** im Sinne des § 823 I BGB zu unterlassen.[146] Greift die Polizei also unter Nichtbeachtung der für das jeweilige Handeln einschlägigen Normen und Rechtssätze in eines der durch § 823 BGB geschützten Rechte eines Bürgers ein, so liegt eine unerlaubte Handlung im Sinne des Deliktsrechts vor, die einen Amtshaftungsanspruch auslösen kann. Im polizeilichen Bereich relevant sind Freiheitsbeschränkungen durch Festhalten oder Ingewahrsamnahme, Sachbeschädigungen und Körperverletzungen durch Maßnahmen des unmittelbaren Zwangs und Beeinträchtigungen des Persönlichkeitsrechts durch Preisgabe sensibler Informationen. Die Pflicht zur ordnungsgemäßen Ermessensausübung dient wegen ihrer Ausrichtung am Zweck der Ermächtigung (vgl. § 40 VwVfG) ebenfalls den Interessen des von einer Maßnahme Betroffenen und ist deshalb eine Amtspflicht, die dem Amtswalter einem Dritten gegenüber obliegt. Schließlich ist auch die Pflicht zur Beachtung des Übermaßverbots fraglos drittgerichtet, weil das Übermaßverbot seine Wurzeln (auch) in den Grundrechten des einzelnen hat (vgl. Kap. F Rdn. 157). Unter dem Blickwinkel des Verwaltungsprozeßrechts ist die Drittbezogenheit einer Amtspflicht immer dann zu bejahen, wenn der Geschädigte im Hinblick auf das schädigende Verhalten klagebefugt ist.[147]

c) Verschulden

Der Anspruch aus Amtspflichtverletzung setzt voraus, daß die Polizei ihre Rechts- 91
pflichten vorsätzlich oder fahrlässig verletzt (§ 839 I BGB). **Vorsatz** ist das Wissen und Wollen des rechtswidrigen Erfolgs. Vorsatz liegt auch dann vor, wenn der Amtswalter mindestens mit der Möglichkeit des Verstoßes gegen eine Amtspflicht rechnet und gleichwohl handelt. **Fahrlässig** handelt derjenige Beamte, der bei Beachtung der im Verkehr erforderlichen Sorgfalt (vgl. § 276 I 2 BGB) die Amtspflichtverletzung hätte voraussehen müssen.[148] Der Verschuldensmaßstab des § 276 I 2 BGB ist ein objektiver. Es ist nicht auf den konkret handelnden Amtswalter, sondern auf den „pflichtgetreuen Durchschnittsbeamten" abzustellen.[149] Der Umstand, daß der handelnde Beamte die einschlägigen Vorschriften nicht kennt, führt nicht zum Haftungsausschluß. Die Beachtung der Gesetze und sonstiger Rechtsvorschriften bei der Erfüllung ihrer öffentlichen Aufgaben ist Grundvoraussetzung für die Tätigkeit aller Amtsträger. Die Nichtkenntnis der für ein Tätigwerden einchlägigen Bestimmungen ist deshalb in aller Regel vorwerfbar. Es kommt auch nicht darauf an, ob sich die Nichtkenntnis auf elementare Normen, oder

---

143 *LG Verden* Urt. v. 26. 6. 1991, Az. 8 O 186/87. Danach muß bei einem Strahldruck von 12 bar ein Mindestabstand von 13 m zwischen Rohrmündung und Mensch eingehalten werden.

144 *OLG Hamm* NVwZ-RR 1997, 460.

145 Vgl. im einzelnen *Ossenbühl*, S. 57 ff.

146 *Ossenbühl*, S. 62; *Papier*, in: Maunz/Dürig, GG, Art. 34 Rdn. 150; *Maurer*, § 25 Rdn. 21; *Steinberg/Lubberger/Meidrodt*, S. 283.

147 *Papier*, in: Maunz/Dürig, GG Art. 34 Rdn. 176; BK-*Dagtoglou*, Art. 34 Rdn. 156.

148 Palandt/*Thomas*, BGB, § 839 Anm. 6.

149 *Maurer*, § 25 Rdn. 24; *LG Göttingen* NJW 1991, 237.

aber auf „abgelegene Rechtsvorschriften" oder solche „von sekundärer Bedeutung" bezieht.[150] Andernfalls würde derjenige Verwaltungsträger privilegiert, in dessen Dienst vorwiegend ignorante Amtswalter stehen. Nur in Fällen zweifelhafter Rechtslage ist eine Exculpation des Amtswalters in Betracht zu ziehen.[151] Weil der Verschuldensmaßstab objektiver Natur ist, führt auch die **Überforderung oder Überlastung des einzelnen Polizeibeamten,** die ihren Grund etwa in vielen Überstunden haben kann, nicht zur Entlastung des Staates. Eine zur Regel gewordene und deshalb nicht mehr individuell vorwerfbare Überlastung ganzer Abteilungen oder Zweige der Vollzugspolizei ließe sich unter dem Gesichtspunkt des **Organisationsverschuldens**[152] der Polizeiverwaltung als solcher zurechnen.

d) Kausalität

92 Die Schadensfolgen sind der Anstellungskörperschaft nur dann zuzurechnen, wenn sie durch das Verhalten eines Amtswalters verursacht wurden. Die Zurechnung bemißt sich nicht nach der Äquivalenztheorie, sondern nach der **Adäquanztheorie.** Ein Amtspflichtverstoß ist also nicht schon dann ursächlich für einen Schaden, wenn er eine notwendige Bedingung (Conditio sine qua non) für den Schadenseintritt stellt. Die Zurechnung erfolgt vielmehr nur dann, wenn die vom Handelnden gesetzte Bedingung im allgemeinen und nicht nur unter ganz besonders eigenartigen, ganz unwahrscheinlichen und nach dem regelmäßigen Verlauf der Dinge außer Betracht zu lassenden Umständen zur Herbeiführung eines Erfolges geeignet war.[153]

93 Die haftungsbegründende Kausalitätsbeziehung unterliegt hier in etwa den gleichen Voraussetzungen wie bei Ansprüchen aus Aufopferung. Im Sinne des Aufopferungsgedankens ist ein Verhalten für einen Schaden nach einer oft zitierten **Formel des BGH** dann kausal, „wenn sich eine besondere Gefahr verwirklicht, die bereits in der hoheitlichen Maßnahme selbst angelegt ist, so daß sich der im konkreten Fall eintretende Nachteil aus der Eigenart der Maßnahme ergibt".[154] In den praktisch bedeutsamen Fällen, in denen der eingewiesene Obdachlose dem Wohnungseigentümer einen Schaden zufügt, indem er die Wohnung beschädigt oder das Mobiliar entfernt, sind diese Voraussetzungen häufig erfüllt.[155] Auch im Hinblick auf die dem Wohnungseigentümer entstehenden Räumungskosten nach Ablauf der Einweisungsfrist im Fall eines Untätigbleibens der einweisenden Behörde ist unter Zugrundlegung dieser Maßgaben der schadensersatzrechtliche wie aufopferungsrechtliche Kausalzusammenhang zu bejahen.[156]

e) Verweisungsprivileg

94 Gemäß § 839 I 2 BGB kann der Amtswalter, sofern er den Schaden fahrlässig verursacht hat, nur dann in Anspruch genommen werden, wenn der Verletzte nicht auf andere Weise Ersatz zu erlangen vermag. Die Existenzberechtigung dieses sogenannten **Verweisungsprivilegs,** das ursprünglich dem Schutz des einzelnen Beamten diente, ist wegen der durch Art. 34 GG eingeführten Haftungsübernahme durch den Staat zu bezwei-

---

150 So aber offenbar *LG Göttingen* NJW 1991, 237.

151 Vgl. im einzelnen *Ossenbühl,* S. 74 ff.; *Papier,* in: Maunz/Dürig, GG, Art. 34 Rdn. 204 ff.; *Steinberg/Lubberger/Meidrodt,* S. 308 f.

152 Dazu *Papier,* in Maunz/Dürig, GG, Art. 34 Rdn. 198 f.; Soergel-*Glaser,* BGB, 11. Aufl. 1985, § 839 Rdn. 195.

153 *RGZ* 133, 126 (127); *BGHZ* 3, 261 (267) st. Rspr.; vgl. zur Adäquanztheorie *Larenz,* Schuldrecht Bd. I, 13. Aufl. 1982, 404 ff.; MünchKomm/*Grunsky,* BGB, vor § 249 Rdn. 40 ff.; *Ossenbühl,* S. 70 ff.

154 *BGH* NJW 1987, 2574; *BGHZ* 92, 34 (41); 102, 350 (358); 131, 163 (166 f). Vgl. näher oben Rdn. 19.

155 *BGHZ* 131, 163 (167 f.); *OLG Oldenburg* NJW 1993, 1722; *LG Kiel* NVwZ-RR 1993, 227.

156 *BGH* NJW 1995, 2918. Das Gericht spricht – insoweit nicht abgedruckt in der amtlichen Sammlung, vgl. *BGHZ* 130, 332 – auch im Zusammenhang mit dem polizeirechtlichen bzw. ordnungsbehördlichen Aufopferungsanspruch von einem „adäquat kausale(n) Ursachenzusammenhang", so daß, verglichen mit dem Amtshaftungsanspruch, insoweit kein Unterschied besteht. Zutreffend bereits *Würtenberger/Heckmann/Riggert,* Rdn. 316 f. und Rdn. 524 mit Fn. 24. In *BGHZ* 131, 163 (167) werden die Akzente allerdings wieder anders gesetzt. Danach kann ein unmittelbarer Eingriff zu bejahen sein, obwohl die adäquat kausale Schadensverursachung zu verneinen ist.

feln.[157] Der Anwendungsbereich der Subsidiaritätsklausel des § 839 I 2 BGB wird deshalb von der Rechtsprechung mehr und mehr eingeschränkt. Danach gilt das Verweisungsprivileg nicht mehr, wenn sich der anderweitige Anspruch wiederum gegen einen **Verwaltungsträger** richtet, wenn **Versorgungsansprüche** gegenüber gesetzlichen oder privaten Krankenversicherungen bestehen, wenn der Schaden bei einer normalen **Dienstfahrt,** also nicht einer Sonderfahrt gemäß § 35 StVO entstanden ist und wenn – für die Vollzugspolizei allerdings weniger relevant – dem Staat als hoheitliche Aufgabe übertragene **Verkehrssicherungspflichten** verletzt wurden.[158] Auch bei Schäden, die ein von der Polizei zur Durchführung polizeilicher Maßnahmen beauftragter Unternehmer verursacht, muß sich der Geschädigte nicht auf die Ansprüche gegen den Unternehmer verweisen lassen. Denn der Unternehmer haftet gegenüber dem Bürger nämlich nicht neben dem Staat, sondern überhaupt nicht (dazu oben Rdn. 82 ff.).

IV. Inhalt, Art und Umfang des Schadensausgleichs und des Schadensersatzes

Während einige der polizeigesetzlichen Anspruchsgrundlagen – ausdrücklich oder sinngemäß – nur **Vermögensschäden** erfassen, 95

vgl. § 55 PolG BW; § 70 BbgPolG i.V. m. § 39 I 1 Bbg OBG; § 10 III HmbSOG; § 67 PolG NW i.V. m. § 40 I 1 OBG NW; § 223 I 1 LVwG SH,

ist der Amtshaftungsanspruch auch auf den Ersatz immaterieller Schäden, also auf Zahlung von **Schmerzensgeld** gerichtet. Dieser Anspruch kann bei rechtswidrigen Freiheitsentziehungen[159] mit (gleichzeitigen) rechtswidrigen körperlichen Durchsuchungen und erkennungsdienstlichen Maßnahmen,[160] bei Körperverletzungen[161] oder bei Persönlichkeitsrechtsverletzungen relevant werden.

Eine Reihe von Polizeigesetzen gewähren zugunsten des Geschädigten und über die verfassungsrechtlichen Vorgaben des allgemeinen Aufopferungsanspruchs hinaus ebenfalls Schmerzensgeld. Allerdings sind die haftungsbegründenden Tatbestände dort enger gefaßt als die des Amtshaftungsanspruchs. Unter Amtshaftungsgesichtspunkten kann die Verletzung jedes der durch § 823 BGB geschützten Rechtsgüter einen Schmerzensgeldanspruch auslösen. Die Polizeigesetze beschränken den Ausgleich immaterieller Schäden auf **Gesundheitsbeeinträchtigungen, Körperverletzungen** und **Freiheitsentziehungen**, 96

§ 60 II ASOG Bln; § 65 II HSOG; § 81 II NGefAG; § 69 II POG RP; § 69 II SPolG; § 53 II SächsPolG; § 70 II SOG LSA; § 69 II ThürPAG,

oder ganz auf Freiheitsentziehungen,

Art. 70 VII BayPAG; § 57 I 2 BremPolG.

Lediglich das Bundesgrenzschutzgesetz in seiner alten Fassung enthielt in § 34 I eine Regelung, wonach auch eine **Ehrverletzung** einen Schmerzensgeldanspruch auslösen kann. Ansprüche wegen Ehrverletzung kommen zum Beispiel dann in Betracht, wenn die Polizei unter Verstoß gegen Rechtsvorschriften personenbezogene Informationen aus ihren Datenbeständen Dritten zugänglich macht. Denn das Bekanntwerden von Informationen aus Kriminalakten oder erkennungdienstlichen Unterlagen kann, wie das Bundesverwaltungsgericht ausgeführt hat, „dem guten Ruf und der Unbescholtenheit der 97

---

157 *BGHZ* 42, 176 (181); *Lörler* JuS 1990, 544; *Papier*, in: Maunz/Dürig, GG, Art. 34 Rdn. 225 ff.; *Ossenbühl*, S. 79 f.; *Steinberg/Lubberger/Meidrodt*, S. 312.

158 Vgl. die umfangreichen Nachweise bei MünchKomm/*Papier*, § 839 BGB Rdn. 262 ff.

159 *LG Hamburg* NVwZ 1987, 833 („Hamburger Kessel"); *OLG München* NJW-RR 1997, 279 („Münchener Kessel"). Vgl. auch *OLG Koblenz* NJW 2000, 963 (1½stündiger Aufenthalt auf einer Polizeiwache kann Bagatell-Beeinträchtigung sein, die nicht zu einem Schmerzensgeldanspruch führt).

160 *LG Göttingen* NJW 1991, 236 ; *OLG Karlsruhe* VBlBW 2000, 329.

161 *VG Verden* Urt. v. 26. 6. 1991 – 8 O 186/87 – (Rippenbruch bei einem Demonstranten durch Wasserwerfereinsatz); *OLGR Frankfurt* 1997, 226 (Mißhandlung auf dem Polizeipräsidium).

betreffenden Person abträglich sein".[162] Auch ehrverletzende Äußerungen von Polizeibeamten, etwa gegenüber der Presse,[163] können einen Schmerzensgeldanspruch des Geschädigten auslösen. Mangels spezialgesetzlicher Anspruchsgrundlagen in den Polizeigesetzen muß der Geschädigte in solchen Fällen das Vorliegen der strengeren Voraussetzungen des Amtshaftungsanspruchs dartun und gegebenenfalls beweisen.[164]

98 In diesem Rahmen setzen die polizeigesetzlich normierten Ansprüche, ebenso wie auch der Amtshaftungsanspruch, nicht voraus, daß **absolute Rechtsgüter** verletzt wurden. Auch **relative Rechte,** also solche, die nicht gegenüber jedermann gelten, sind ausgleichs- bzw. ersatzfähig. Der Gaststätteninhaber beispielsweise, der wegen der polizeilichen Räumung seines Lokals seine Forderungen aus dem Bewirtungsvertrag nicht mehr geltend machen kann, hat gegenüber dem Staat einen Anspruch auf Ersatz des ihm entstandenen Schadens.[165]

99 Ausgleichs- und Ersatzansprüche des Bürgers gegen den Staat sind ausschließlich auf **Geldleistung** gerichtet, nicht auf Naturalrestitution durch Vornahme einer Handlung. Der Amtshaftungsanspruch aus Art. 34 GG, § 839 BGB weicht insoweit von der gesetzlichen Normallage des § 249 BGB ab.[166] Für die im Aufopferungsgedanken wurzelnden Ansprüche stellen die meisten Polizeigesetze die nur auf Zahlung von Geld gerichtete Art der Leistung ausdrücklich fest.

Art. 70 VII 4 BayPAG; § 60 III 1 ASOG Bln; § 70 BbgPolG i.V.m. § 39 II 1 BbgOBG; § 57 II BremPolG; § 65 III 1 HSOG; § 74 II 1 SOG MV; § 81 III 1 NGefAG; § 67 PolG NW i.V.m. § 40 II 1 OBG NW; § 69 III 1 POG RP; § 69 III 1 SPolG; § 53 III 1 SächsPolG; § 70 III 1 SOG LSA; § 223 II 1 LVwG SH; § 69 III 1 ThürPAG.

100 Polizeigesetzliche Ansprüche und solche aus Amtshaftung beinhalten gleichermaßen die Verpflichtung des Staates zur Entrichtung einer **Geldrente** oder zur **Abfindung in Kapital,** wenn die zum Ausgleich verpflichtende Maßnahme die Aufhebung oder Minderung der Erwerbsfähigkeit oder einer Vermehrung der Bedürfnisse oder den Verlust oder die Beeinträchtigung eines Rechts auf Unterhalt zur Folge hat. Der Anspruch wird nicht dadurch ausgeschlossen, daß ein anderer dem Geschädigten Unterhalt zu leisten hat (vgl. § 46 ME, §§ 843, 844 BGB).

101 Was den Umfang der Geldleistung betrifft, so ist es üblich, zwischen **Schadensausgleich** (Entschädigung) und **Schadensersatz** zu unterscheiden.[167] Als Ausprägung des Aufopferungsgedankens gewähren die Polizeigesetze „angemessenen" Schadensausgleich, während die Amtspflichtverletzung zum „vollen" Schadensersatz verpflichtet. Der (polizeigesetzliche) Ausgleichsanspruch ist hinsichtlich seiner Rechtsfolgen weniger scharf konturiert als der (allgemeine) Amtshaftungsanspruch und damit ein flexibleres und auch leichter handhabbares Instrument der Wiedergutmachung. Er eröffnet sowohl die Möglichkeit der Typisierung und Pauschalierung als auch der Berücksichtigung sämtlicher Umstände des Einzelfalls. Der Amtshaftungsanspruch ist insoweit starrer, als er einerseits eine vollständige Aufklärung des konkret anspruchsausfüllenden Sachverhalts (Schadenshöhe) erfordert und andererseits über die Berücksichtigung des Mitverschuldens und des möglicherweise erlangten Vorteils hinaus es nicht zuläßt, weitere wertende Elemente in die Bemessung der Höhe des zu zahlenden Betrags einfließen zu lassen. Diese Unterschiede werden zwar in der **Prozeßsituation** wegen § 287 ZPO nicht merklich zum Tragen kommen, so daß auch im Fall von Beweisschwierigkeiten ein Unterschied zum Auf-

---

[162] *BVerwGE* 26, 169, 171. Vgl. zur Weitergabe von Informationen aus Kriminalaktensammlungen unter strafrechtlichen Gesichtspunkten (§§ 203 II, 353b I Nr. 1 StGB) auch *OLG Köln* NJW 1988, 2489 sowie Rdn. 25.

[163] *BGH* NJW 1986, 1924.

[164] Vgl. zur Beweislast bei Polizeieinsätzen *OLG Düsseldorf* NJW-RR 1996, 22; *OLG Hamm*, Urt. v. 29. 9. 1995 – 11 U 118/94 –, juris; *OLG Hamm* NVwZ-RR 1997, 460.

[165] *OLG Stuttgart* NJW 1992, 1396.

[166] Vgl. dazu im einzelnen *Papier*, in: Maunz/Dürig, Art. 34 Rdn. 210; *Maurer*, § 25 Rdn. 44.

[167] Zur Unterscheidung vgl. *BGHZ* 45, 58 (68 f.); *Papier*, in: Maunz/Dürig, GG Art. 34, Rdn. 44.

opferungsanspruch nicht besteht. Weil die weicheren Konturen des Ausgleichsanspruchs einen geringeren Begründungsaufwand auf seiten des Geschädigten und einen geringeren Rechtfertigungsaufwand der Behörden gegenüber den öffentlichen Kassen erfordern, läßt sich aber ein solcher Anspruch **vorprozessual** leichter durchsetzen.

Auf der anderen Seite kann es beim polizeigesetzlichen Aufopferungsanspruch vor- 102
kommen, daß der Geschädigte sich Umstände zurechnen lassen muß, die bei der Bemessung des amtshaftungsrechtlichen Schadensersatzanspruchs nicht zum Tragen kommen. Dies ist etwa dann der Fall, wenn der Geschädigte bei der Entstehung des Schadens **mitgewirkt** hat, ohne daß ihm dies im Sinne des § 254 I BGB **vorgeworfen** werden könnte.

Beispiel: Der für einige Zeit abwesende Wohnungsinhaber hat eine Zeitschaltuhr installiert. Die Nachbarn vermuten einen Unfall, nachdem er sich auf das Klingeln nicht meldet. Der einzige Nachbar, der vom Wohnungsinhaber über den Sachverhalt informiert worden war, ist ebenfalls und unvorhergesehen verreist. Die herbeigerufene Polizei beschädigt beim Eindringen die Wohnungstür.[168]

Hier wird man nicht sagen können, der Wohnungsinhaber habe einen Gefahrenanschein provoziert – was zu einem Haftungsausschluß führen würde (dazu unten Rdn. 110) – oder vorwerfbar gegen Gebote des Eigenschutzes verstoßen – genau darum ging es ja. Es wäre aber nicht unangemessen – wenngleich andererseits auch nicht zwingend –, bei der Bemessung der Höhe des Schadensausgleichs diesen Gesichtspunkt zu berücksichtigen. In gewissem Umfang, so könnte man sagen, gehöre es in die Risikosphäre des verreisten Wohnungseigentümers, daß aus dem von ihm erzeugten Irrtum (auch) unerwartete Schlüsse gezogen werden.

Läßt sich der Schaden genau beziffern (Reparaturkosten, Wiederbeschaffungskosten, 103
Mietausfall), ist der errechnete Betrag nicht nur – was selbstverständlich ist – für die Höhe des Schadensersatzes als maßgeblich heranzuziehen, sondern er ist regelmäßig auch bei der Berechnung der **Höhe des Schadensausgleichs** zugrunde zu legen.[169] Unangemessen hoch kann eine auf Ersatz des vollen Schadens gerichtete Ausgleichsforderung nur dann sein, wenn weitere Umstände hinzutreten und der Geschädigte sich diese zurechnen lassen muß. Ein genereller „Abschlag" gegenüber der tatsächlichen Schadenshöhe ist aber unzulässig. Es entspräche nicht einer **gerechten Lastenverteilung** und wäre deshalb auch nicht „angemessen" im Sinne der polizeigesetzlichen Aufopferungsansprüche, wenn der Geschädigte von vornherein einen Teil des erlittenen Schadens selbst tragen müßte.

Dies gilt insbesondere dann, wenn der polizeigesetzliche Ausgleichanspruch auf 104
(schuldlos) **rechtswidrigem Verhalten der Behörde** beruht. Gerade bei rechtlich mißbilligten Maßnahmen gibt es keinen Grund, dem Betroffenen den **Ausgleich des vollen Schadens** zu verwehren.[170] Denn es hätte ihm die Maßnahme, anders als dem Pflichtigen im polizeilichen Notstand, von vornherein schon nicht auferlegt werden dürfen.

Hierzu zählen auch die Fälle, in denen **aus Anlaß einer rechtmäßigen Inanspruch-** 105
nahme des Nichtstörers dessen Rechtsgüter in rechtswidriger Weise geschädigt werden.

Beispiel: Der rechtmäßig eingewiesene Obdachlose beschädigt oder entwendet das Eigentum des Vermieters.

Unter der Voraussetzung, daß solches Verhalten der Behörde zugerechnet werden kann (Kausalzusammenhang, Rdn. 92 f.), wäre es unbillig, den Betroffenen zu belasten und die Allgemeinheit zu entlasten.[171]

---

168 Fallbeispiel entsprechend *VG Berlin* NJW 1991, 2854.
169 *OLG Oldenburg* NJW 1993, 1722; *Würtenberger/Heckmann/Riggert*, Rdn. 525.
170 *BGHZ* 136, 172 (179).
171 Unzutreffend deshalb *LG Kiel* NVwZ-RR 1993, 227; vgl. zur Frage der Angemessenheit des zu zahlenden Betrags allgemein *Leisner*, in: Isensee/Kirchhof, Handbuch des Staatsrechts, Bd. VI, 1989, § 149 Rdn. 182; *Maurer*, § 26 Rdn. 66 ff.

106 Aber auch dann, wenn der Betroffene, etwa weil er **Notstandspflichtiger** ist, die Maßnahme hinzunehmen hatte, muß er nicht prinzipiell einen Teil des ihm entstandenenen Schaden selbst tragen. Denn hinzunehmen hatte er die Maßnahme nur um der effektiven Gefahrenabwehr willen. Ebenso wie es nach Beendigung der Gefahrenabwehrmaßnahme keinen Grund mehr gibt, die Belastung des Betroffenen aufrechtzuerhalten, fehlt es auch an einer Rechtfertigung dafür, den ihm hierbei entstandenen Schaden grundsätzlich nicht vollständig auszugleichen. Es gibt kein legitimes Interesse der Allgemeinheit daran, daß Personen, die als Nichtverantwortliche in Anspruch genommen werden, die ihnen hierbei entstehenden Lasten (teilweise) selbst tragen.

Beispiel: Die in einer Bankfiliale festgehaltenen Geiseln können am besten dadurch geschützt und gerettet werden, daß die Beamten des Sondereinsatzkommandos aus einer angrenzenden oder benachbarten Wohnung heraus operieren.

Der Wohnungsinhaber muß diesen Einsatz zwar geschehen lassen. Er muß aber nicht auch einen Teil der Schäden tragen, die ihm hierbei möglicherweise entstehen (aufgebrochene Wohnungstür im Fall seiner Abwesenheit; verschmutzte Läufer im Schlafzimmer; aufgeschnittene Fensterscheibe, falls ein Öffnen des Fensters aus taktischen Gründen nicht in Betracht kam). Tritt der Fall ein, daß die Geiselnehmer die Wohnung beschießen, so liegt eine rechtswidrige Folge rechtmäßigen Handelns vor, die der Polizei, weil sie nicht völlig unerwartet ist, zugerechnet werden kann. Sie ist schon deshalb in vollem Umfang zu entschädigen, weil sie rechtswidrig ist.

107 Dieses Ergebnis ist auch vom Wortlaut der Polizeigesetze gedeckt, soweit diese bei **mittelbaren Folgen** polizeilicher Maßnahmen einen Ausgleich nur gewähren, „wenn und soweit dies zur Abwendung unbilliger Härten geboten erscheint".

§ 60 I 2 ASOG Bln; § 70 BbgPolG i.V.m. § 39 I 2 BbgOBG; § 57 I 1 BremPolG; § 65 I 2 HSOG; § 74 I 2 SOG MV; § 81 I 2 NGefAG; § 67 PolG NW i.V.m. § 40 I 2 OBG NW; § 69 I 2 PolG RP; § 69 I 2 SPolG; § 53 I 2 SächsPolG; § 70 I 2 SOG LSA; § 223 I 2 LVwG SH; § 69 I 2 ThürPAG.

Denn unbillig ist eine Schadenstragungspflicht immer schon dann, wenn die schädigende Handlung für sich betrachtet rechtswidrig ist, mag auch die sie (mittelbar) verursachende Polizeimaßnahme rechtmäßig gewesen sein. Im übrigen dürfte nach der neueren Rechtsprechung des BGH[172] die Unterscheidung zwischen unmittelbarer und mittelbarer Verursachung im Bereich des (polizeigesetzlichen) Aufopferungsanspruchs keine große Bedeutung mehr haben, so daß auch mittelbar verursachte Schäden, die nicht das Signum der Rechtswidrigkeit tragen, in vollem Umfang ersatzpflichtig sind.

Beispiel: Weil das Sondereinsatzkommando im oben genannten Beispiel die Wohnung vollständig in Beschlag genommen hat, müssen gerade begonnene Klempnerarbeiten sofort unterbrochen werden. Es entstehen erhebliche Durchfeuchtungsschäden.

Hier muß der Staat die Sanierungskosten tragen, soweit die Schäden die Folge des durch den Polizeieinsatz bedingten Abbruchs der Reparaturarbeiten sind.

108 Was die Höhe des Schadensausgleichs bei **entgangenem Gewinn** anbelangt, sehen die meisten Polizeigesetze – vgl. die Nachweise bei Rdn. 99 – vor, daß regelmäßig nur der **gewöhnliche Verdienst** oder Nutzungsausfall ersetzt wird. Darüber hinausgehende Schäden sollen auch hier nur berücksichtigt werden, wenn sich der Sachverhalt andernfalls als eine unbillige Härte darstellt. Diese polizeigesetzliche Konkretisierung des allgemeinen Aufopferungsgedankens ist nicht zu beanstanden. Wie auch § 252 BGB und die bereits erwähnte Vorschrift des § 287 ZPO zeigen, liegen tatsächliche Unschärfen bei der Bemessung des entgangenen Gewinns in der Natur der Sache. Der Prognoseentscheidung entspricht ein **Bewertungsspielraum**. Er erweitert sich, je ungewöhnlicher der prognosti-

[172] NJW 1995, 2918; vgl. oben Rdn. 93.

zierte Verlauf ist. In der Praxis kann er verhindern, daß der in Anspruch Genommene aus seinem Schadensfall ein „Geschäft" macht.

Beispiel: Der Eigentümer, in dessen Wohnung der gekündigte Mieter eingewiesen worden war, besitzt einen Vorvertrag, der ihm die Möglichkeit gibt, einem anderen die Räumlichkeiten zum Doppelten des bisherigen Mietzinses zu überlassen.

Wenn ein solches Mietzinsversprechen im konkreten Fall ungewöhnlich ist, besteht schon materiell-rechtlich kein hierauf gerichteter polizeigesetzlicher Ausgleichsanspruch. Die Behörde ist in einem solchen Fall nicht gezwungen, den Beweis darüber zu führen, daß es sich um einen Scheinvertrag handelt. Eine unbillige Härte kann die Versagung des Ausgleichs aber dann sein, wenn der Vermieter in Erwartung des Gewinns **vermögensrechtliche Dispositionen** getroffen hat (Sanierung, Beleihung). Im übrigen deckt sich in solchen Fällen die Höhe des Schadensausgleichs mit der jeweiligen **ortsüblichen Vergleichsmiete**. Nur wenn der Eigentümer belegen kann, daß er einen höheren Mietzins erzielt hätte, ist dieser zu erstatten. Die Grenze wird im Bereich des Wohnraummietrechts durch § 5 II 1 Wirtschaftsstrafgesetz gezogen. Soweit die ohne den polizeilichen Eingriff erzielte Einnahme die ortsübliche Vergleichsmiete um mehr als 20 % übersteigt, ist der Ausfall unter keinen Umständen auszugleichen. Dies gilt selbst dann, wenn der Eingewiesene über die festgesetzte Einweisungsfrist hinaus und damit rechtswidrig in der Wohnung verbleibt.

V. Haftungsbeschränkung, Haftungsausschluß, Vorteilsausgleichung

Sowohl beim Amtshaftungsanspruch als auch beim beim polizeigesetzlichen Aufopferungsanspruch ist in direkter bzw. entsprechender Anwendung des § 254 BGB das **Mitverschulden** des Geschädigten zu berücksichtigen. Fast alle Polizeigesetze stellen dies in Anlehnung an § 46 V 2 ME ausdrücklich oder sinngemäß klar. 109

Art. 70 VII 3 BayPAG; § 60 V 2 ASOG Bln; § 70 BbgPolG i.V.m. § 39 IV BbgOBG; § 57 IV 2 BremPolG; § 65 V 3 HSOG; § 74 IV SOG MV; § 81 V 2 NGefAG; § 67 PolG NW i.V.m. § 40 IV OBG NW; § 69 V 2 PolG RP; § 69 V 2 SPolG; § 53 V 2 SächsPolG; § 70 V 2 SOG LSA; § 223 IV LVwG SH; § 69 V 2 ThürPAG.

Der Grad des haftungsrechtlichen Mitverschuldens wird regelmäßig, muß aber nicht notwendig mit der **Art der Gefahrenverursachung**, also der Anwort auf die Frage, ob jemand Störer, Anscheinsverursacher, Nichtstörer oder Unbeteiligter ist, identisch sein. Unter Umständen kann dem sich leichtfertig in Gefahr begebenden Gaffer als polizeirechtlich Unbeteiligtem in größerem Maß ein Mitverschulden angelastet werden als dem leicht fahrlässig handelnden Anscheinsstörer. Denn das „Mitverschulden" im Sinne des § 254 BGB bedeutet nicht eine vorwerfbare und rechtswidrige Verletzung einer gegenüber einem anderen oder der Allgemeinheit bestehenden Pflicht, sondern ist der vorwerfbare **Verstoß gegen Gebote des eigenen Interesses**. § 254 BGB beruht auf dem Rechtsgedanken, daß derjenige, der die Sorgfalt außer acht läßt, die nach Lage der Sache erforderlich erscheint, um sich selbst vor Schaden zu bewahren, den Verlust oder die Kürzung seines Anspruches hinnehmen muß.[173]

Eindeutig im Sinne des vollständigen Haftungsausschlusses ist der Fall, daß jemand eine Gefahrensituation simuliert und hierdurch **polizeiliches Einschreiten provoziert**. 110

Beispiel: Hilferufe des vermeintlich Ertrinkenden, der von seinem polizeilichen „Retter" aufgrund seines vorgetäuschten Widerstands kurzerhand bewußtlos geschlagen wird.

---

[173] Vgl. zum Aufopferungsanspruch *BGHZ* 45, 290 (294 ff.).

111 Kein vollständiger Haftungsausschluß zugunsten des Staates tritt dagegen ein, in denen der Geschädigte die Umstände, die die Polizei zum Einschreiten veranlaßten, **weder kannte noch kennen mußte**.

Beispiel: 1) Der Wohnungseigentümer ist abwesend. Ein Nachbar nimmt fälschlicherweise an, in dessen Wohnung befänden sich Einbrecher, und benachrichtigt die Polizei. Diese nimmt aufgrund der überzeugend klingenden Angaben des Nachbarn eine Gefahrensituation an und beschädigt beim gewaltsamen Eindringen die Wohnungstür. 2) Die Polizei geht – irrigerweise, jedoch nicht vorwerfbar – davon aus, ein im Haus bemerkbarer Gasgeruch habe seine Ursache innerhalb der Wohnung des Abwesenden.

112 Zwischen diesen beiden Polen lassen sich eine Reihe von Fallgestaltungen mit jeweils unterschiedlichem **Grad der Zurechenbarkeit** denken, je nachdem, ob der Betreffende die anscheinsbegründenden Umstände kannte oder hätte kennen müssen, ob er ihre Bedeutung aus dem Blickwinkel der Polizei richtig einschätzte und ob ihm gar die Möglichkeit offenstand, die Polizei über ihren Irrtum aufzuklären und so ein Einschreiten noch zu verhindern.

113 Als Ausprägung des § 254 BGB kann man auch die Verpflichtung des Bürgers begreifen, den Schaden durch Einlegung von Rechtsmitteln zu verhindern oder zu verringern. Der **Vorrang des Primärrechtsschutzes** ist im Bereich des Amtshaftungsrechts ausdrücklich in § 839 III BGB geregelt und für die Enteignungsentschädigung durch die sogenannte *Naßauskiesungs*-Entscheidung des Bundesverfassungsgerichts[174] bekräftigt worden. Für die Vollzugspolizei ist dieser Grundsatz von geringer praktischer Bedeutung, weil deren Maßnahmen meist sofort vollzogen werden und ihre schädigenden Folgen durch die Einlegung von Rechtsbehelfen deshalb nicht vermieden werden können. Hingegen ist der Bürger bei (rechtswidrigen) Verfügungen etwa der Bauaufsicht, der für die Gewerbeuntersagung zuständigen Behörden oder Ausländerbehörden ausnahmslos gehalten, zuvor die im Einzelfall zur Verfügung stehenden Rechtsschutzmöglichkeiten wahrzunehmen. Hat er dies vorwerfbar[175] unterlassen, stehen ihm auch keine Ausgleichs- oder Ersatzansprüche zu.

114 Ein polizeigesetzlicher Ausgleichsanspruch besteht nach den einschlägigen Bestimmungen einiger Polizeigesetze auch insoweit nicht, als die schadensauslösende Maßnahme **zum Schutz der Person** oder des Vermögens des Geschädigten ergriffen worden ist.

§ 55 I 2 PolG BW; Art. 70 IV BayPAG; § 70 BbgPolG i.V.m. § 38 II lit. b BbgOBG; § 64 II HSOG; § 72 II Nr. 2 SOG MV; § 67 PolG NW i.V.m. § 39 II lit. b OBG NW; § 52 I 2 SächsPolG; § 69 II SOG LSA.

Diese Bestimmungen normieren einen ausdrücklichen **Haftungsausschluß**. Anders als die Regelungen über die Vorteilsausgleichung (dazu sogleich Rdn. 116 f.) setzen sie nicht voraus, daß der Geschädigte tatsächlich einen Vorteil erlangt hat. Es genügt, daß der Schutz des Betroffenen beabsichtigt war und in dessen Interesse lag. Der Anwendungsbereich dieser Vorschriften betrifft vor allem die Fälle, in denen die Polizei den Nichtstörer vor dem Störer beschützen will.

Beispiele: 1) Der Personenschützer stößt seinen Schützling zu Boden. Der Angriff geht dadurch ins Leere. Der Schützling verletzt sich dabei aber erheblich. 2) Die Polizei will verhindern, daß Eindringlinge auf ein Grundstück gelangen. Dabei werden die Anpflanzungen zertreten. 3) Das Sondereinsatzkommando befreit eine Geisel aus den Händen seiner Entführer unter anderem durch Einsatz von Tränengas und Blendgranaten. Die Geisel trägt gesundheitliche Beeinträchtigungen davon.

Weil die Polizei den Betroffenen vor Schlimmerem bewahren wollte, ist der in solchen Fällen erlittene Schaden **kein Sonderopfer** und deshalb auch nicht auszugleichen. Nur

---

174 *BVerfGE* 58, 300 (322 ff.).
175 Vgl. *BGHZ* 130, 332 (339 f.).

wenn die Polizei beispielsweise bei der Wahl ihrer Mittel den Verhältnismäßigkeitsgrundsatz nicht beachtet, tritt der Haftungsausschluß nicht ein. „Insoweit" liegt keine Maßnahme zum Schutz des Geschädigten (mehr) vor. Eine Feinsteuerung kann dann auf der Ebene der Bemessung der Höhe des Schadensausgleichs erfolgen. Im Fall des übermäßig hart zupackenden oder ungeschickt agierenden Personenschützers wäre gegebenenfalls zu berücksichtigen, daß der Schützling sich besonders leichtsinnig oder absprachewidrig verhalten hat.

Wird die Maßnahme nicht in erster Linie oder nicht ausschließlich zum Schutz des Ge- 115
schädigten ergriffen, so greift der **Haftungsausschluß nur in entsprechendem Umfang** ein.

Beispiel:[176] Aufgrund einer Bombendrohung räumt die Polizei ein Lokal. Die Gäste bezahlen ihre Rechnungen nicht.

Hier ist ein Haftungsausschluß in Höhe von 10% des Schadens nicht unangemessen, weil die Maßnahme auch die Rechtsgüter des Geschäftsinhabers schützen sollte. Stellt sich nachher heraus, daß tatsächlich keine Gefahr bestand, durfte die Polizei aber aufgrund sorgfältiger Lagebeurteilung einschreiten (Anscheinsgefahr, Kap. E Rdn. 37), so ist ein Haftungsausschluß nur dann und nur insoweit gerechtfertigt, als die tatsächlichen Umstände, auf denen die polizeiliche Prognose beruhte, dem Geschädigten, zu dessen Schutz eingeschritten werden sollte, zugerechnet werden können. Generelle Vorgaben lassen sich hier nur schwer aufstellen.

Der polizeigesetzliche Ausgleichs- und der allgemeine Amtshaftungsanspruch min- 116
dern sich nach den zivilrechtlichen Grundsätzen über die **Vorteilsausgleichung,** wenn das schädigende Ereignis dem Betroffenen gleichzeitig einen Vorteil gebracht hat, also insbesondere dann, wenn die Rechtsgüter des Betroffenen durch die polizeiliche Maßnahme tatsächlich geschützt wurden.

§ 60 V 1 ASOG Bln; § 70 V 1 VGPolG Bbg; § 47 IV 1 BremPolG; § 65 V 1 HSOG; § 81 V 1 NGefAG; § 69 V 1 POG RP; § 69 V 1 SPolG; § 53 V 1 SächsPolG; § 70 V SOG LSA; § 69 V 1 ThürPAG.

Praktisch relevant sind beispielsweise Schäden, die anläßlich der polizeilichen Sicherstellung von entwendeten Kraftfahrzeugen entstehen.[177] Der erlangte Vorteil kann hier den erlittenen Schaden sogar übersteigen mit der Folge, daß Ansprüche gänzlich ausgeschlossen sind.

Nicht anwendbar sind die Grundsätze über die Vorteilsausgleichung dagegen im fol- 117
genden, vom BGH mit Grundsatzurteil vom 13. 7. 1995[178] entschiedenen Standardfall zur **Obdachloseneinweisung**:

Der Eigentümer einer Wohnung erwirkt gegen seinen Mieter ein Räumungsurteil. Dieser kommt seiner Räumungspflicht nicht nach. Unmittelbar bevor es tatsächlich zur Durchführung der Räumung durch den Gerichtsvollzieher kommt, weist die zuständige Behörde den Mieter zur Vermeidung von Obdachlosigkeit in dieselbe Wohnung ein. Nach Ablauf der viermonatigen Beschlagnahmefrist zieht der Mieter nicht aus und auch die Behörde bleibt untätig. Der Eigentümer macht nun von seinem Vollstreckungstitel Gebrauch und läßt die Wohnung durch den Gerichtsvollzieher räumen. Er verlangt Ersatz der Räumungskosten.

Dem Eigentümer kann hier nicht, wie es die beklagte Gemeinde getan hat, vorgehalten werden, er habe durch die Einweisungsverfügung die Kosten für die ursprünglich vorgesehene Räumung erspart. Der BGH hat – mit deutlichen Worten – zutreffend darauf hingewiesen, daß die Behörde den mit Ablauf der Beschlagnahmefrist rechtswidrigen Zustand durch Rückgabe der Wohnung hätte beheben müssen. Daß der Eigentümer ge-

---

[176] *OLG Stuttgart* NJW 1992, 1396.
[177] Dazu MünchKomm/*Grunsky,* vor § 249 BGB §§ 93 ff.; Palandt/*Heinrichs,* vor § 249 Anm. 7.
[178] *BGHZ* 130, 332.

gen den Eingewiesenen im Wege der Zwangsvollstreckung habe vorgehen können, sei insoweit „unbeachtlich". Das durch die Einweisung zwischen dem Wohnungseigentümer und der Behörde entstandene öffentlich-rechtliche Rechtsverhältnis folge „seinen eigenen Gesetzen". Es könne für die Frage der Räumungspflicht keinen Unterschied machen, ob der Obdachlose in eine Wohnung eingewiesen werde, die er bisher nicht bewohnt habe, oder ob sich die Einweisungsverfügung auf eine von ihm bereits genutzte Wohnung beziehe. So gesehen gehe auch die Tatsache, daß der betroffene Eigentümer einen Räumungstitel in den Händen habe und schon vor der Einweisung Schritte eingeleitet gehabt habe, um aufgrund dieses Titels die Räumung zu betreiben, die Behörde nichts an. Für den Gedanken einer Vorteilsausgleichung sei mit Blick auf diese angebliche Ersparnis des Eigentümers kein Raum.[179]

VI. Rechtsweg, Anspruchsgegner, Verjährung

118 Gemäß § 40 II 1 VwGO ist für vermögensrechtliche Ansprüche aus Aufopferung und für Schadensersatzansprüche aus Amtspflichtverletzung der **ordentliche Rechtsweg** gegeben. Auch die polizeigesetzlich geregelten Ansprüche des Polizeihelfers (vgl. Rdn. 62 ff.) müssen, obwohl sie ihren Rechtsgrund nicht im Aufopferungsgedanken haben, vor den ordentlichen Gerichten geltend gemacht werden. Die jeweiligen Landesgesetzgeber haben von der Ermächtigung des § 40 I 2 VwGO Gebrauch gemacht und für sämtliche polizeigesetzlich geregelten Ausgleichsansprüche, also auch den des Polizeihelfers, den ordentlichen Rechtsweg eröffnet.

§ 58 PolG BW; Art. 73 BayPAG; § 65 ASOG Bln; § 75 VGPolG Bbg; § 62 BremPolG; § 70 HSOG; § 77 SOG MV; § 86 NGefAG; § 67 PolG NW i.V.m. § 43 OBG NW; § 74 POG RP; § 74 SPolG; § 58 SächsPolG; § 75 SOG LSA; § 226 LVwG SH; § 74 ThürPAG.

119 Die Polizeigesetze regeln, wer im Fall der Schadensverursachung ausgleichspflichtig ist, gegen wen mit anderen Worten der Geschädigte, der sich auf den **polizeigesetzlichen Ausgleichsanspruch** beruft, im Streitfall Klage erheben muß. Danach ist diejenige Körperschaft ausgleichspflichtig, in deren Dienst der Polizeibeamte steht, der die Maßnahme getroffen hat.

§ 56 I 1 PolG BW; Art. 70 VI BayPAG; § 63 I ASOG Bln; § 60 I BremPolG; § 68 I HSOG; § 75 I SOG MV; § 84 I NGefAG; § 67 PolG NW i.V.m. §§ 42 I 1, 45 OBG NW; § 72 I POG RP; § 72 I SPolG; § 56 S. 1 SächsPolG; § 73 I SOG LSA; § 224 I LVwG SH; § 72 I ThürPAG.

Klagegegner ist also, ebenso wie bei verwaltungsgerichtlichen Klagen (§ 78 VwGO), grundsätzlich die **Anstellungskörperschaft.** Anstellungskörperschaft von Landespolizeibeamten ist das jeweilige Land (z.B. §§ 187 ff. Hessisches Beamtengesetz), Anstellungskörperschaft von Bundespolizeibeamten ist die Bundesrepublik Deutschland. Bei Tätigwerden der allgemeinen Gefahrenabwehrbehörden (Verwaltungsbehörden, Ordnungsbehörden) ist Anstellungskörperschaft im Regelfall die Gemeinde oder der Kreis.

120 Der Grundsatz, wonach die Anstellungskörperschaft ausgleichspflichtig ist, erfährt gewisse Ausnahmen. Dies gilt zum einen im Fall der **gegenseitigen polizeilichen Unterstützung über die Ländergrenzen hinaus,** wie sie beispielsweise bei Großdemonstrationen häufig in Anspruch genommen wird. Wenn Polizeivollzugsbeamte eines Landes unter Beachtung der Voraussetzungen der länderübergreifenden Tätigkeit (vgl. § 52 I ME) in einem anderen Land tätig werden, so gelten ihre Maßnahmen als Maßnahmen derjenigen Polizeibehörde, in deren örtlichen oder sachlichen Zuständigkeitsbereich sie tätig geworden sind.

---

[179] *BGHZ* 130, 332 (340 f.).

§ 78 II 2 PolG BW; Art. 11 IV 2 BayPOG; § 8 II 2 ASOG Bln; § 7 II 2 POG Bbg; § 81 II 2 BremPolG; § 30 a II 2 HmbSOG; § 102 II 2 HSOG; § 9 II 2 SOG MV; § 103 II 2 NGefAG; § 86 II 2 POG RP; § 88 II 2 SPolG; § 77 II 2 SächsPolG; § 91 II SOG LSA; § 11 IV 2 ThürPAG.

Der Geschädigte kann und muß sich hier also an dasjenige Bundesland wenden, in dem das schädigende Ereignis stattgefunden hat.

Zum anderen ist in der Mehrzahl der Länder die Anstellungskörperschaft dann nicht ausgleichspflichtig, wenn der Polizeibeamte **für die Behörde einer anderen Körperschaft** gehandelt hat. 121

§ 63 II ASOG Bln; § 60 II BremPolG; § 68 II HSOG; § 84 II NGefAG; § 67 PolG NW i.V. m. § 42 I 2 OBG NW; § 72 II POG RP; § 72 II SPolG; § 73 II SOG LSA; § 72 II ThürPAG.

Dies ist bei Anforderungen von Polizeibeamten nach Art. 35 II, III und 91 GG sowie in den Fällen der Amts- und Vollzugshilfe etwa gegenüber Gemeinden oder Universitäten zu bejahen. § 56 S. 2 PolG BW und § 56 S. 2 SächsPolG sind insoweit einschränkender gefaßt, als ein Wechsel des Haftungssubjekts nur dann eintritt, wenn der Polizeibeamte „auf Weisung einer **Polizeibehörde**" gehandelt hat, also etwa einer Gemeinde als Ortspolizeibehörde (vgl. § 62 IV PolG BW; § 64 I Nr. 4 SächsPolG). Zu den gleichen Ergebnissen wird man bei Anwendung der – etwas anders formulierten – Norm des Art. 70 VI BayPAG kommen, wonach entschädigungspflichtig der Träger der Polizei ist, welche die schädigende Handlung „getroffen hat". Die Anstellungskörperschaft ist der ausgleichspflichtigen Körperschaft aber **im Innenverhältnis zur Rückerstattung verpflichtet,** wenn nicht die Anordnung der Maßnahme als solche, sondern nur die Art und Weise ihrer Ausführung zur Ersatzpflicht geführt hat. Dies gilt nur dann nicht, wenn die gegenüber dem Geschädigten ausgleichspflichtige Körperschaft selbst die Verantwortung für die Art und Weise der Durchführung trägt.

Die dem Musterentwurf (vgl. § 49 ME) entsprechenden polizeigesetzlichen Bestimmungen des Haftungssubjekts sind klarer und für den Bürger günstiger als die **allgemeinen Amtshilfevorschriften**, die nach der Spezialitätsregel hinter das Polizeirecht zurücktreten. Bei Anwendung des § 7 II VwVfG und der entsprechenden landesrechtlichen Regelungen müßte der Geschädigte fragen, ob das schadensauslösende Verhalten in die Verantwortung der ersuchenden oder der ersuchten Behörde fällt.[180] Bei polizeilichem Einschreiten stellt sich diese Frage in den meisten Ländern nicht. Der Bürger muß sich nur an diejenige Körperschaft wenden, welche die Maßnahme angeordnet hat. Zwischenbehördliche Verschiebungen der Verantwortlichkeiten brauchen ihn nicht zu kümmern. Eindeutig – allerdings mit anderem Ergebnis – sind die Regelungen auch in Mecklenburg-Vorpommern und Schleswig-Holstein. Mangels anderweitiger Bestimmung bleibt es hier bei dem Grundsatz, wonach Haftungssubjekt die Anstellungskörperschaft ist. 122

Bei **Amtshaftungsansprüchen** gem. Art. 34 GG, § 839 BGB ist nach der ständigen Rechtsprechung des BGH[181] grundsätzlich ebenfalls die **Anstellungskörperschaft** passivlegitimiert. Von diesem Grundsatz muß aber abgewichen werden, wenn ein **Polizeibeamter aus einem anderen Bundesland** eine Zuständigkeit entsprechend den zitierten Bestimmungen (oben Rdn. 120) wahrnimmt und hierbei einen Schaden verursacht. Weil seine Maßnahmen aufgrund ausdrücklich gesetzlicher Regelungen derjenigen Polizeibehörde zugerechnet werden, in deren **Zuständigkeitsbereich** er tätig geworden ist, bestimmt sich hiernach auch das Haftungssubjekt. 123

Die gegenteilige, auf die Rechtsprechung des BGH Bezug nehmende Auffassung des OLG Frankfurt am Main[182] engt den Spielraum, den Art. 34 GG eröffnet, ohne zwin- 124

---

[180] *Meyer/Borgs,* VwVfG, § 7 Rdn. 10; *Kopp/Ramsauer,* VwVfG, § 7 Rdn. 5 f.; *Stelkens/Bonk/Sachs,* VwVfG, § 7 Rdn. 10.

[181] *BGH* NJW 1984, 228; *BGH* NJW 1987, 2738; *BGH* VersR 1991, 1136; *BGHZ* 53, 217 (219).

[182] NVwZ-RR 1995, 553.

genden Grund ein. Der Rechtsprechung des BGH kann nicht entnommen werden, daß es bei den Ausnahmen vom Prinzip der Haftung der Anstellungskörperschaft einen Numerus clausus von Fallkonstellationen gebe, und daß die Amtspflichtverletzung durch Polizeibeamte in Wahrnehmung länderübergreifender Zuständigkeiten hiervon nicht erfaßt sei. Wenn die Länder von ihrer Kompetenz zur Regelung der Staatshaftung in der Weise Gebrauch gemacht haben, daß sie die haftungsrechtlichen Risiken übernehmen wollen, die sich aus einer Öffnung ihres räumlichen Aufgabenbereichs gegenüber auswärtigen Polizeibeamten ergeben, liegt der Schluß, es sollten Amtspflichtverletzungen nicht ausgeklammert werden, jedenfalls näher als der umgekehrte. Art. 34 GG ist offen für Abweichungen vom Anstellungsprinzip und steht einer solchen Rechtsfolge nicht entgegen. Eine solche Rechtsfolge ist auch sachgerecht. Die Länder haben den auswärtigen Polizeibeamten zwar nicht angestellt und ihm damit überhaupt die Möglichkeit zur Amtsausübung eröffnet, was an sich die Rechtfertigung für die Haftungspflicht der Anstellungskörperschaft ist. Sie haben ihm aber durch entsprechende Regelungen die Möglichkeit zur **Amtsausübung auf ihrem Staatsgebiet** eröffnet und damit dasjenige Schadensrisiko erst geschaffen, das sich im Fall der Amtspflichtverletzung verwirklicht. Weil die auswärtigen Polizeibeamten bezüglich der von ihnen zu treffenden Maßnahmen ausdrücklich dem Weisungsrecht der zuständigen Behörde des (aus der Sicht des Geschädigten) heimischen Bundeslandes unterliegen, ist das auswärtige Bundesland insoweit auch nicht mehr in der Lage, seine Dienstherrenfunktion wahrzunehmen. Diese wird – insoweit – von den Behörden des heimischen Bundeslandes wahrgenommen. In einer solchen Lage, die dienstrechtlich von zwei Seiten geprägt und kompetenzrechtlich von der Nicht-Anstellungskörperschaft gewollt ist, dürfte auch nach der Rechtsprechung des BGH nichts dagegen sprechen, vom Anstellungsprinzip abzuweichen. Dafür spricht, daß man den Geschädigten andernfalls in die mißliche Situation brächte, den polizeirechtlichen Aufopferungsanspruch gegen das eine und den Amtshaftungsanspruch gegen das andere Land geltend machen zu müssen.

125 Für Ansprüche aus Amtspflichtverletzung gilt eine **Verjährungsfrist von drei Jahren**, beginnend mit dem Zeitpunkt, zu dem der Geschädigte Kenntnis von dem Schaden und der Person des Schädigers bzw. der haftenden Körperschaft erlangt.[183] Die meisten Polizeigesetze haben die für Amtshaftungsansprüche geltende Verjährungsfrist des § 852 BGB übernommen.

§ 62 BlnASOG; § 70 BbgPolG i.V.m. § 40 BbgOBG; § 59 BremPolG; § 67 HSOG; § 73 NGefAG; § 67 PolG NW i.V.m. § 41 OBG NW; § 71 PolG RP; § 71 SPolG; § 38 SächsPolG; § 72 SOG LSA; § 71 ThürPolG.

Diese Verkürzung der ansonsten dreißigjährigen Verjährungsfrist (§ 195 BGB) bei allgemeinen Aufopferungsansprüchen ist unter verfassungsrechtlichen Gesichtspunkten nicht zu beanstanden.[184] Bedenklich ist dagegen die **einjährige Verjährungsfrist** in § 50 V 1 SOG MV und § 190 V LVG SH. Zumindest bei der polizeigesetzlichen Unrechtshaftung entspricht diese kurze Frist nicht der Billigkeit. Soweit einzelne Polizeigesetze keine ausdrückliche abweichende Regelung enthalten,

BW PolG, BayPAG, HmbSOG,

verbleibt es bei der regelmäßigen **Verjährungsfrist von dreißig Jahren**.

---

[183] Vgl. *OLGR Frankfurt* 1997, 226.
[184] *BGHZ* 45, 58 (75 f.); *BGHZ* 72, 273 (276 f.).

VII. Sonderregelungen, Konkurrenzen

Im näheren und weiteren Umkreis vollzugspolizeilich relevanter Gefahrenlagen gibt es eine Reihe spezialgesetzlich normierter Ausgleichs- und Entschädigungsregelungen, die auf jeweils spezifische Haftungssituationen zugeschnitten sind. 126

So hat jeder, der in rechtswidriger Weise von Festnahme oder Haft betroffen ist, Anspruch auf vollen Schadensersatz gemäß **Art. 5 V der Europäischen Menschenrechtskonvention.** Die Rechtswidrigkeit kann sowohl an innerstaatlichen Gesetzen als auch an den Bestimmungen der Menschenrechtskonvention gemessen werden.[185] Es handelt sich bei Art. 5 V EMRK um einen Fall der Gefährdungshaftung,[186] der an rechtswidriges Verhalten anknüpft, aber vom Verschulden unabhängig ist.[187] Die deliktische Verjährungsvorschrift des §852 BGB ist entsprechend anzuwenden.[188] Ausgleichspflichtig ist diejenige Körperschaft, in deren Bereich die Verhaftung eingetreten ist.[189] 127

Das **Gesetz über die Entschädigung für Strafverfolgungsmaßnahmen** regelt nicht nur die Entschädigung für Urteilsfolgen (§ 1 StrEG), sondern auch die Entschädigung für andere Strafverfolgungsmaßnahmen (§ 2 StrEG). Zu den anderen Strafverfolgungsmaßnahmen zählen neben der vorläufigen Festnahme nach § 127 StPO auch die von Polizeibeamten vorgenommenen strafprozessualen Maßnahmen der Sicherstellung, der Beschlagnahme und der Durchsuchung (§ 2 II Nr. 2 und Nr. 4 StrEG). Wer durch eine der genannten Maßnahmen einen Schaden erlitten hat, wird aus der Staatskasse entschädigt, soweit er freigesprochen oder das Verfahren gegen ihn eingestellt wird oder soweit das Gericht die Eröffnung des Hauptverfahrens gegen ihn ablehnt. Voraussetzung ist immer, daß der Geschädigte die Stellung eines **Beschuldigten im Strafverfahren** hatte. Die Entschädigung Dritter ist, außer im Fall des kraft Gesetzes Unterhaltsberechtigten (§ 11 StrEG), ausgeschlossen.[190] **Unverdächtige,** die anläßlich einer Identitätsüberprüfung an Kontrollstellen gemäß § 111 StPO einen Schaden erleiden, haben deshalb keinen Entschädigungsanspruch auf der Grundlage dieses Gesetzes[191] (vgl. auch oben Rdn. 53f.). Die Entscheidung über das Bestehen einer Entschädigungspflicht ist in dem Urteil oder Beschluß, der das Verfahren abschließt, von Amts wegen zu treffen (§ 8 StrEG). Hat die Staatsanwaltschaft das Verfahren eingestellt, entscheidet regelmäßig das Amtsgericht auf Antrag des Betroffenen (vgl. im einzelnen § 9 StrEG). Auf diese Entscheidung, die nur eine Entscheidung „dem Grunde nach" ist, muß innerhalb von sechs Monaten der Anspruch auf Entschädigung geltend gemacht werden (§ 10 StrEG). Gegen die Entscheidung über den Entschädigungsanspruch ist der Zivilrechtsweg gegeben (§ 13 StrEG). 128

Nach § 1 des **Gesetzes über die Entschädigung für Opfer von Gewalttaten** (OEG) erhält derjenige, der infolge eines vorsätzlichen, rechtswidrigen tätlichen Angriffs gegen seine oder eine andere Person oder durch dessen rechtmäßige Abwehr eine gesundheitliche Schädigung erlitten hat, wegen der gesundheitlichen und wirtschaftlichen Folgen auf Antrag Versorgung in entsprechender Anwendung der Vorschriften des Bundesversorgungsgesetzes. Das OEG beruht auf der Überlegung, daß der Staat ein Monopol für die Verbrechensbekämpfung hat und deswegen für den Schutz seiner Bürger vor Schädigung durch kriminelle Handlungen verantwortlich ist.[192] Der Versorgungsanspruch ist ein öffentlich-rechtlicher Entschädigungsanspruch eigener Art, der dem Ausgleich für das be- 129

---

[185] *BGHZ* 45, 58 (65); 57, 33 (41 f.).
[186] *BGHZ* 45, 58 (66 ff.).
[187] *BGHZ* 45, 58 (Leitsatz).
[188] *BGH* a. a. O. (vorige Fn.).
[189] *Kleinknecht/Meyer-Goßner,* StPO, Rdn. 14 zu Art. 5 MRK.
[190] *Schätzler,* StrEG, 2. Aufl. 1982, Einl. Rdn. 27; *Meyer,* Strafrechtsentschädigung und Auslagenerstattung, 4. Aufl. 1997, Einl. Rdn. 56.
[191] *Schätzler* (vorige Fn.) § 2 Rdn. 8.
[192] *Kunz/Zellner,* OEG, 4. Aufl. 1999, S. 11.

sondere Opfer dient, das der Geschädigte durch die Beeinträchtigung seiner Gesundheit oder die Hingabe seines Lebens der Allgemeinheit erbracht hat.[193] Zur Gewährung von Versorgung ist das Bundesland verpflichtet, in dessen Hoheitsbereich die Schädigung eingetreten ist.[194] Ein Anspruch nach § 1 OEG kommt etwa dann in Betracht, wenn eine Geisel aufgrund einer rechtmäßig erfolgten Tötung des Geiselnehmers durch die Polizei einen Schock erleidet. Da gezielt tödlich wirkende Schüsse auf den Täter nur zur Rettung des Lebens und der körperlichen Unversehrtheit der Geisel abgegeben werden dürfen (Kap. F Rdn. 876 ff.), liegt bei der Geisel keine Aufopferungslage vor. Denn eine Aufopferungslage setzt die Hingabe eines Rechtsguts zum Wohl der Allgemeinheit voraus. Ausgleichsansprüche auf der Grundlage der Polizeigesetze entfallen (Art. 70 IV BayPAG) oder reduzieren sich jedenfalls ihrem Umfang nach (vgl. § 46 V 1 ME). Bei rechtmäßigem Handeln der Polizei kommen hier deshalb nur Ansprüche nach dem Gesetz über die Entschädigung für Opfer von Gewalttaten in Betracht. Die tatbestandlichen Voraussetzungen eines Versorgungsanspruchs liegen vor. Der durch die Wirkungen eines erlaubten „Rettungsschusses" ausgelöste Schock ist zwar nicht die Folge eines tätlichen Angriffs[195] von seiten des Geiselnehmers im Sinne des § 1 1. Var. OEG. Er ist aber die Folge der rechtmäßigen Abwehr eines tätlichen Angriffs im Sinne des § 1 2. Var. OEG.

130 Beispielhaft aufzuführen sind außerdem die – landesrechtlichen – Entschädigungsregelungen für die Heranziehung zu Hilfeleistungen bei der Bekämpfung von Bränden (z. B. § 39 Hessisches **Brandschutzhilfeleistungsgesetz**) und (sonstigen) Katastrophen (z. B. § 16 Hessisches **Katastrophenschutzgesetz**) sowie die – bundesrechtlich geregelten – Entschädigungstatbestände bei Ertragsminderung wegen vorübergehender Sperrung einer Örtlichkeit aus Gründen der militärischen Sicherheit nach **§ 20 des Gesetzes über die Anwendung unmittelbaren Zwangs und die Ausübung besonderer Befugnisse durch Soldaten der Bundeswehr**, bei sogenannten Tierverlusten nach **§ 66 Tierseuchengesetz** und wegen der Vernichtung von Pflanzen, die weder von Schadorganismen befallen noch befallsverdächtig sind (**§ 32 Pflanzenschutzgesetz**) sowie bei Impfschäden nach **§§ 51 ff. Bundesseuchengesetz** und bei Verdienstausfall infolge von Beschränkungen der Erwerbstätigkeit nach **§§ 49 ff. Bundesseuchengesetz**.

131 Die Frage nach der **Anspruchskonkurrenz** der bezeichneten Regelungen beantwortet sich wie folgt:

132 Der **polizeigesetzliche Ausgleichs- bzw. Entschädigungsanspruch** geht dem **allgemeinen Aufopferungsanspruch** vor. Von einem Vorrang kann allerdings nur dann gesprochen werden, wenn die Polizeigesetze in ihrem Regelungsumfang nicht hinter dem allgemeinen Aufopferungsanspruch zurückbleiben. Deshalb kann sich der infolge rechtswidriger Maßnahmen Geschädigte in den Ländern, deren Polizeigesetze nur den Anspruch des Notstandspflichtigen regeln, jedoch keine Bestimmungen über die polizeiliche Unrechtshaftung getroffen haben (Rdn. 69), auf den allgemeinen Aufopferungsanspruch stützen. Soweit die Polizeigesetze Sachverhalte regeln, die nicht verfassungsrechtlich verbürgter Gegenstand des allgemeinen Aufopferungsanspruchs sind – im wesentlichen also die **Modalitäten der Geltendmachung** des Anspruchs wie Verjährungsfragen oder die Bestimmung des Anspruchsgegners –, sind sie gegenüber allgemeinen Grundsätzen immer vorrangig. Im Streitfall muß sich der Bürger beispielsweise auf die für ihn ungünstigen Verjährungsvorschriften der polizeigesetzlichen Haftungstatbestände verweisen lassen (Rdn. 125).

133 Dem polizeigesetzlichen Entschädigungsanspruch gehen seinerseits wieder solche Regelungen vor, die in spezielleren Rechtsmaterien getroffen werden. Damit ist das Verhältnis zwischen dem in den Polizeigesetzen geregelten **allgemeinen Gefahrenabwehrrecht** und dem in „anderen Rechtsvorschriften",

---

[193] *Schulz-Lüke/Wolf*, Gewalttaten und Opferentschädigung, 1977, Anm. 1 zu § 1 OEG.
[194] *Schulz-Lüke/Wolf* (vorige Fn.), Anm. 3 zu § 4 OEG.
[195] Vgl. zur Definition *Kunz/Zellner* (Fn. 192), § 1 Rdn. 10.

vgl. § 1 II ASOG Bln; § 1 IV BbgPolG; § 1 IV BremPolG; § 1 V NGefAG; § 1 IV PolG NW; § 1 II PolG RP; § 1 II SächsPolG; § 1 III SOG LSA; § 2 IV ThürPAG,

bzw. „besonderen Rechtsvorschriften" (vgl. § 2 II SOG MV) geregelten **besonderen Gefahrenabwehrrecht** angesprochen. Enthält das besondere Gefahrenabwehrrecht eine Entschädigungsregelung, so ist diese lex specialis gegenüber dem entsprechenden polizeigesetzlichen Haftungstatbestand. Art. 70 V BayPAG und § 52 II SächsPolG regeln sogar ausdrücklich den Anwendungsvorrang der „besonderen gesetzlichen Vorschriften" im Bereich des Entschädigungsrechts. Ähnliche Regelungen enthalten § 72 III SOG MV und – gleichlautend – § 70 BbgPolG i.V. m. § 38 III BbgOBG und § 67 PolG NW i.V. m. § 39 III OBG NW, indem sie vorrangig auf „in anderen gesetzlichen Vorschriften" geregelte Ansprüche verweisen.

Voraussetzung einer vorrangigen Anwendung ist aber wiederum, daß das entsprechende Sondergesetz für den in Frage stehenden Sachverhalt eine **abschließende Regelung** enthält.[196] Daß dem Geschädigten bei Anwendung der Sonderregelung eine geringere Entschädigung zusteht als bei Anwendung des polizeigesetzlichen Haftungstatbestands, ist für sich betrachtet allerdings kein Umstand, der gegen den Willen des Gesetzgebers spricht, die Entschädigung für bestimmte Fallgestaltungen abschließend zu regeln.[197] Entscheidend ist in diesem Zusammenhang nur, ob die geringere Entschädigung den Sachgesetzlichkeiten der jeweiligen Rechtsmaterie entspricht und deshalb noch in Einklang mit den Grundsätzen des allgemeinen Aufopferungsanspruchs steht. Enthält das spezielle Gesetz keine abschließende Regelung für die zugrundeliegende Fallgestaltung – es gibt beispielsweise keinen eigenen Haftungstatbestand für **rechtswidrige Maßnahmen**[198] – so steht der Weg für eine Anwendung des allgemeinen Polizeirechts prinzipiell offen. Es muß dann aber zuerst die Frage beantwortet werden, ob sich der **Geltungsbereich** des jeweiligen Polizeigesetzes auch auf das Handeln der Behörde im konkreten Fall erstreckt (oben Rdn. 3 ff.). Verneint man dies, bleibt immer noch der Rückgriff auf den allgemeinen Aufopferungsanspruch. 134

Der **Amtshaftungsanspruch** besitzt demgegenüber völlige Eigenständigkeit. Er kann, wie es in vielen Polizeigesetzen auch ausdrücklich festgestellt wird, 135

§ 59 IV BlnASOG; § 70 BbgPolG i.V. m. § 39 V BbgOBG; § 56 III BremPolG; § 64 IV HSOG; § 80 III NGefAG; § 67 PolG NW i.V. m. § 40 V OBG NW; § 68 III PolG RP; § 69 IV SOG LSA; § 68 III ThürPAG,

immer gleichzeitig neben dem jeweils einschlägigen allgemeinen oder spezialgesetzlichen Entschädigungs- bzw. Ausgleichsanspruch oder Versorgungsanspruch geltend gemacht werden.[199]

---

196 *BGHZ* 136, 172 (174); *OLG Rostock* NVwZ 2000, 474.
197 *BGHZ* 136, 172 (177 f.).
198 *BGHZ* 136, 172 (179).
199 *BGH* NJW 1996, 3151.

M. Haftung für Polizeikosten

Übersicht

Schrifttum: *Albrecht,* Probleme der Kostenerhebung für polizeiliche Maßnahmen, FS Samper (1982), 165; *Breuer,* Rechtsprobleme der Altlasten, NVwZ 1987, 751; *ders.*, „Altlasten" als Bewährungsprobe der polizeilichen Gefahrenabwehr und des Umweltschutzes, JuS 1986, 359; *Broß,* Zur Erstattung der Kosten von Polizeieinsätzen, DVBl. 1983, 377; *ders.*, Zur Erstattung der Kosten von Einsätzen der Polizei, VerwArch 74 (1983), 388; *v. Brünneck,* Die Kostenerhebung der Polizei bei Demonstrationen, NVwZ 1984, 273; *di Fabio,* Privatisierung und Staatsvorbehalt, JZ 1999, 585; *Dill,* Amtsermittlung und Gefahrerforschungseingriffe (1997); *Finkenauer,* Noch einmal: Der gesamtschuldnerische Ausgleich zwischen polizeilich Verantwortlichen, NJW 1995, 432; *Garbe,* Die Störerauswahl und das Gebot der gerechten Lastenverteilung, DÖV 1998, 632; *Gaul,* Die Rechtsgrundlage für das Abschleppen von Kraftfahrzeugen, VBlBW 1996, 1; *Geiger,* Die Haftung des Kfz-Halters für polizeiliche Abschleppkosten, BayVBl. 1983, 10; *Gersdorf,* Die Subsidiaritätsklausel des Instituts der unmittelbaren Ausführung – dargelegt am Beispiel des Abschleppens eines Pkw, NVwZ 1995, 1086; *Götz,* Kostenrecht der Polizei und Ordnungsverwaltung, DVBl. 1984, 14; *Griesbeck,* Die materielle Polizeipflicht des Zustandsstörers und die Kostentragungspflicht nach unmittelbarer Ausführung und Ersatzvornahme (1991), Schr. z. Öff. R., Bd. 602; *Gusy,* Polizeikostenüberwälzung auf Dritte, DVBl. 1996, 722; *Hendler,* Gebührenstaat statt Steuerstaat, DÖV 1999, 745; *Hoeft,* Die Entschädigungsansprüche des Störers im allgemeinen Polizei- und Ordnungsrecht (1995); *Isensee,* Steuerstaat als Staatsform, FS Ipsen (1977), 409; *Kloepfer/Thull,* Der Lastenausgleich unter mehreren polizei- und ordnungsrechtlich Verantwortlichen, DVBl. 1989, 1121; *Kniesel,* Verantwortlichkeit für Altlasten und ihre Grenzen, BB 1997, 2009; *Kormann,* Lastenverteilung bei Mehrheit von Umweltstörern, UPR 1983, 281; *Kothe,* Die Verantwortlichkeit bei der Altlastensanierung, VerwArch 88 (1997), 456; *ders.*, Altlasten und schädliche Bodenveränderungen, 2. Aufl. (2000); *Kottmann,* Das Abschleppen von Fahrzeugen,

DÖV 1983, 493; *Krekel,* Die Kostenpflichtigkeit vollzugspolizeilicher Maßnahmen (1986); *Kühling,* Kosten für den Einsatz der Polizei, DVBl. 1981, 315; *Lege,* Polizeieinsätze bei Fußball-Bundesligaspielen, VerwArch 89 (1998), 71; *Majer,* Die Kostenerstattungspflicht für Polizeieinsätze aus Anlaß von privaten Veranstaltungen, VerwArch 73 (1982), 167; *Mampel,* Verwaltungsgebühren für Bauordnungsverfügungen, NWVBl. 1999, 380; *Müggenborg,* Zur Begrenzung der Zustandshaftung bei Altlasten, NVwZ 2001, 39; *Nirschl,* Kosten der Polizei- und Sicherheitsbehörden in der Systematik des deutschen Abgabenrechts (1993); *Nolte,* Aufgaben und Befugnisse der Polizeibehörden bei Sportgroßveranstaltungen, NVwZ 2001, 147; *Papier,* Altlasten und polizeiliche Störerhaftung, DVBl. 1985, 873; *ders.,* Die Verantwortlichkeit für Altlasten im öffentlichen Recht, NVwZ 1985, 256; *ders.,* Zur rückwirkenden Haftung des Rechtsnachfolgers für Altlasten, DVBl. 1996, 125; *Petri,* Der Gefahrerforschungseingriff, DÖV 1996, 443; *Pietzcker,* Polizeirechtliche Störerbestimmung nach Pflichtwidrigkeit und Risikosphäre, DVBl. 1984, 457; *ders.,* Die Altlast, JuS 1986, 719; *Poscher,* Der Gefahrverdacht, NVwZ 2001, 141; *Ronellenfitsch,* Die Luftsicherheitsgebühr, VerwArch 86 (1995), 307; *Sacksofsky/Wieland,* Vom Steuerstaat zum Gebührenstaat, Interdisz. Studien zu Recht und Staat, Bd. 14 (2000); *Schenke,* Erstattung der Kosten von Polizeieinsätzen, NJW 1983, 68; *Schenke/Ruthig,* Rechtsscheinhaftung im Polizei- und Ordnungsrecht?, VerwArch 87 (1996), 329; *Schieferdecker,* Die Entfernung von Kraftfahrzeugen als Maßnahme der staatlichen Gefahrenabwehr, Schr. z. Öff. R., Bd. 746 (1987); *Schild,* Rechtliche Aspekte von Sportgroßveranstaltungen (1994); *Schlink,* Die polizeiliche Räumung besetzter Häuser, NVwZ 1982, 529; *Schwabe,* Lastenverteilung bei einer Mehrheit von Umweltstörern, UPR 1984, 7; *ders.,* Zur Anscheinsgefahr, JuS 1996, 988; *Schwachheim,* Zum Gesamtschuldnerausgleich unter mehreren Störern, NVwZ 1988, 225; *Seibert,* Gesamtschuld und Gesamtschuldnerausgleich im Polizei- und Ordnungsrecht, DÖV 1983, 964; *ders.,* Altlasten in der verwaltungsgerichtlichen Rechtsprechung, DVBl. 1992, 664; *Spannowsky,* Das Prinzip gerechter Lastenverteilung und die Kostentragungspflicht des Zustandsstörers, DVBl. 1994, 560; *Vogel,* Vorteil und Verantwortlichkeit, FS Geiger (1989), 518; *Weiß,* Der Gefahrerforschungseingriff bei Altlasten – Versuch einer Neubestimmung, NVwZ 1997, 737; *Wilke,* Gebührenrecht und Grundgesetz (1973); *Würtenberger,* Erstattung von Polizeikosten, NVwZ 1983, 192.

I. Allgemeine Grundsätze

1. Einführung in die Problematik

1 Leere Kassen wecken Begehrlichkeiten, Begehrlichkeit macht erfinderisch. Zur Finanzierung seiner Aufgaben braucht der Staat Geld; auf welche Weise er sich die notwendigen Finanzmittel verschaffen darf, ist zunehmend in die öffentliche Diskussion geraten.[1] Abgesehen von dem Trend zur **Privatisierung öffentlicher Aufgaben**[2] – dabei ist zwischen materieller (Aufgaben-)Privatisierung und formeller (Organisations-)Privatisierung zu unterscheiden – wirft das vor allem die Frage nach der Erschließung zusätzlicher Geldquellen durch **neue Gebührentatbestände** auf.

2 In jüngerer Zeit beschäftigten mehrere Fallgestaltungen aus dem Bereich **„Haftung für Polizeikosten"** nicht nur die Fachleute des Polizeirechts,[3] sondern darüber hinaus eine breite Öffentlichkeit einschließlich der Politik. Es handelte sich zum einen um die Frage, ob und gegebenenfalls unter welchen Voraussetzungen und mit welcher Begründung die Veranstalter von **Großveranstaltungen** wie zum Beispiel Bundesliga-Fußballspielen und Open-Air-Konzerten, deren Durchführung ein Großaufgebot an Polizei erfordert und dementsprechend hohe Polizeikosten verursacht, zumindest anteilig zu diesen Kosten herangezogen werden können. Es geht zum anderen darum, ob beispielsweise die Teilnehmer von **Demonstrationen** mit den Kosten eines Polizeieinsatzes belastet werden können, wenn die Demonstrationen von vornherein verboten war oder in

---

[1] Vgl. *Sacksofsky* in Sacksofsky/Wieland, Vom Steuerstaat zum Gebührenstaat (2000), 188 ff.

[2] Vgl. *Stober* DÖV 2000, 261 ff. (– Polizeibereich –); *Wagner* ZRP 2000, 169 ff. (– Strafvollzug –), dazu krit. *Kruis* ZRP 2000, 1 ff.; *di Fabio* JZ 1999, 585 ff.; *Ronellenfitsch* DÖV 1999, 705 ff.; *Bauer* VerwArch 1999, 561 ff. (– Abfall- und Abwasserentsorgung –); *Wiesemann* NWVBl. 1998, 257 ff.; *Peine* DÖV 1997, 353 ff.; *Stegemann* NJW 1997, 2157 ff.; *Bull* VerwArch 86 (1995), 621 ff.; *Schoch* DVBl. 1994, 962 ff. (– u. a. Abfallentsorgung –); *Wahl* DVBl. 1993, 517 ff. (– Straßenbau –).

[3] Vgl. *Albrecht,* FS Samper, S. 165; *Broß* VerwArch 74 (1983), 388 und DVBl. 1983, 377; *Götz* DVBl. 1984, 14; *Kühling* DVBl. 1981, 315; *Majer* VerwArch 73 (1982), 167; *Lege* VerwArch 89 (1998), 71; *Nirschl,* Kosten der Polizei- und Sicherheitsbehörden . . ., S. 71 ff., 94 ff.; *Würtenberger* NVwZ 1983, 192.

ihrem Verlauf verboten und aufgelöst worden ist und die Polizei daraufhin gegen einzelne Demonstranten **unmittelbaren Zwang** angewandt hat. Daran schließt sich die weitere Frage an, in welcher **Höhe** ggf. die Einzelnen herangezogen werden können – nur zu einem Bruchteil oder **gesamtschuldnerisch** für die gesamten Kosten des Einsatzes?[4] Andere streitige Probleme betreffen die Heranziehung zur Erstattung der Polizeikosten, die durch einen **Fehlalarm**[5] (z. B. einer Alarmanlage) oder durch das **Abschleppen**[6] oder Umsetzen verbotswidrig geparkter Kraftfahrzeuge entstanden sind. Ferner hat jüngst die **Altlastenproblematik**[7] – insbesondere im Hinblick auf die neuen Bundesländer – eine Renaissance erlebt. Die Diskussionen um die Rechtmäßigkeit der **Luftsicherheitsgebühr**[8] schließlich berührt Grundfragen der „Kommerzialisierung" des Kernbereichs hoheitlicher Gefahrenabwehr.

Diesen Fragestellungen ist gemeinsam, daß zunehmend Kosten, die der öffentlichen 3
Hand bei der Wahrnehmung ihrer **hoheitlichen Aufgaben** entstehen – z. B. bei der **Überwachung** von Anlagen[9] oder der **Kontrolle** gefährlicher oder gefährdeter Bereiche[10] – über **gebührenrechtliche Regelungen** auf den „Begünstigten" abgewälzt werden. So sind in **Niedersachsen** bestimmte schriftliche **Auskünfte** gebührenpflichtig, wenn die Bearbeitung länger als 30 Minuten gedauert hat.[11] Schließlich gibt es Tendenzen, auch außerhalb des eigentlichen Polizeirechts dem „Störer" die Kosten gebotener Ordnungsverfügungen – und zwar unter Einschluß des Personalaufwands bei der Bearbeitung – durch **neue Verwaltungsgebührentatbestände** aufzuerlegen.[12] Insbesondere die beiden letztgenannten neuen Phänomene sind heftig umstritten und werden mit Sicherheit auch künftig die Gerichte beschäftigen, weil die Betroffenen die Gebührenbelastung im Hinblick auf die Finanzierung der hoheitlichen Staatstätigkeit durch **Steuern** als **doppelten Zugriff** auf ihren Geldbeutel empfinden. Dies alles verdeutlicht – in unterschiedlichem Maße – den **Trend,** staatliche Leistungen ztu kommerzialisieren, also bis in den Sicherheitsbereich der Gefahrenabwehr hinein dem **„do-ut-des-Prinzip"** zu unterwerfen. Der Grund für die zunehmende Neigung zur Schaffung neuer Gebühren als scheinbar prädestiniertes Ventil bei Finanzierungsnöten[13] liegt in der vordergründigen Plausibilität der „Gegenleistungs-Rechtfertigung" und dem damit zusammenhängenden Umstand, daß die Gebührenbelastung – anders als die Steuerlast – jeweils nur eine bestimmte Gruppe trifft. Daraus resultiert – in gewissem Umfang – ihre größere **Akzeptanz** gegenüber der Steuerfinanzierung.[14] Ob und wieweit ein **gebührenfinanzierter Dienstleistungsstaat**[15] den Kernbereich hoheitlicher Tätigkeit erfassen darf sowie ob und wann ihm das **Steuerstaatsprinzip**[16] Grenzen setzt, ist im einzelnen noch nicht geklärt.[17]

---

[4] Vgl. *v. Brünneck* NVwZ 1984, 273; *Finkenauer* NJW 1995, 432; *Giesberts,* Die gerechte Lastenverteilung unter mehreren Störern (1990); *Kloepfer/Thull* DVBl. 1989, 1121; *Kohler/Gehrig* NVwZ 1992, 1049; *Kormann* UPR 1983, 281; *Petersen,* Der gesamtschuldnerische Ausgleich bei einer Mehrheit polizeirechtlich verantwortlicher Personen (1991); *Schwabe* UPR 1984, 7; *Schwachheim* NVwZ 1988, 225; *Schwerdtner* NVwZ 1992, 141; *Seibert* DÖV 1983, 964; *Spannowsky* DVBl. 1994, 560; siehe i. ü. unten zu I.3 und II.2 und 3.

[5] Siehe unten zu II.6.

[6] Siehe unten zu II.5.

[7] Siehe unten zu I.3.

[8] Siehe unten zu II.7.

[9] Vgl. § 64 AMG (dazu *BVerwG* NVwZ 1999, 191) und §§ 27, 52 BImSchG (dazu *BVerwGE* 109, 272).

[10] Vgl. unten II.7.

[11] Vgl. Kostentarif Nr. 10 und 15 zur Allg. GebOrdnung v. 5. 6. 1997 (NdsGVBl. S. 171): 35,– DM je begonnene halbe Stunde bei Beamten des mittleren Dienstes bis 70,– DM bei Beamten des höheren Dienstes.

[12] *Mampel* NWVBl. 1999, 380 – zu u. a. baurechtlichen Beseitigungsanordnungen in Nordrh.-Westf.; vgl. Tarifst. 2.8.2.1–2.8.2.3 zur AVwGebO NW i. d. F. v. 5. 12. 1995 (GVBl. NW S. 1208).

[13] *Weyreuther* UPR 1997, 261 (264).

[14] *Sacksofsky* in Sacksofsky/Wieland, Vom Steuerstaat zum Gebührenstaat (2000), 188 (191).

[15] *Gramm,* Der Staat 36 (1997), 267 (278 f.); *Zugmaier* DVBl. 1998, 1221 (1222); *BVerwGE* 109, 272 (277).

[16] *Isensee,* FS H. P. Ipsen (1977), 409 ff.; *Sacksofsky,* aaO, S. 196 m. w. N.; siehe unten zu Rdn. 16.

[17] *BVerwGE* 109, 272 (277).

2. Inhaltliche Schranken der Abgeltung staatlicher Leistungen durch Sonderlasten

4 Die Frage, ob einfachgesetzliche Kostenüberwälzungen zulässig sind, lenkt den Blick zunächst auf den einfachgesetzlichen Tatbestand – der im vorliegenden Zusammenhang nicht interessiert – und sodann auf etwaige, dem Gebührenbegriff oder der Verfassung immanente Begrenzungen.

a) Der Gebührenbegriff als inhaltliche Schranke

5 Das Entgelt für behördliche Handlungen ist regelmäßig die Gebühr. Deren „nebulöser Begriff“[18] setzt allerdings in der weiten Auslegung, die die höchstrichterliche Rechtsprechung ihm gegeben hat, einfachgesetzlichen Abgabentatbeständen **keine nennenswerten Grenzen.** Bundesverfassungsgericht[19] und Bundesverwaltungsgericht[20] haben mangels engerer begrifflicher Vorgaben des Bundesrechts[21] einen weitgehend **formellen Gebührenbegriff**[22] entwickelt, der die Gebührenerhebung nicht mehr zwingend von einem echten wirtschaftlichen Vorteil des Gebührenschuldners oder einer privatnützigen Gegenleistung der öffentlichen Hand abhängig macht, sondern jede **individuell zurechenbare Leistung** zur Gebührenrechtfertigung ausreichen läßt und dabei dem einfachen Gesetzgeber einen weiten Spielraum gewährt. Damit tritt die ursprünglich typische Verbindung zwischen staatlicher Leistung und der Gebühr als Entgelt für einen dadurch vermittelten Vorteil zurück; als Rechtfertigungsgrund genügt bereits die durch die bloße zurechenbare **Veranlassung** bewirkte **Kostenverantwortung** bzw. **Kostenprovokation.**[23] Denn einen bundeseinheitlichen, d. h. vom Bundes(verfassungs)recht vorgegebenen Gebührenbegriff gibt es – von noch zu erörternden Begrenzungen durch das Äquivalenz- und das Steuerstaatsprinzip abgesehen – nicht;[24] das Grundgesetz erwähnt zwar beiläufig die Gebühr als eine zulässige Abgabenart (vgl. Art. 74 Nr. 22 und Art. 80 Abs. 2 GG), ohne jedoch begriffliche Festlegungen zu treffen.

6 Die Gebühr gehört damit als Instrument „zum ungeschriebenen Finanzrecht des Grundgesetzes“;[25] gleichwohl ist ihr Begriff verfassungsrechtlich nur negativ – in **Abgrenzung zur Steuer** – umrissen. Bundesverfassungsrecht verlangt nämlich nur aus kompetenziellen Gründen eine klare Abschichtung dieser beiden Abgabenarten.[26] Die Gebühr ist danach verfassungsrechtlich nur dadurch gekennzeichnet, daß sie aus Anlaß individuell zurechenbarer öffentlicher Leistungen dem Gebührenschuldner durch eine öffentlich-rechtliche Norm oder eine sonstige hoheitliche Maßnahme auferlegt wird und dazu bestimmt ist, in Anknüpfung an diese Leistung der Verwaltung deren Kosten ganz oder teilweise zu decken.[27] Voraussetzung einer Gebühr ist damit aus der Sicht des Grundgesetzes zunächst allein, daß zwischen der kostenverursachenden Verwaltungsleistung und dem Gebührenschuldner eine **besondere Beziehung** besteht, die es gestattet, diesem die Amtshandlung zuzurechnen. In dieser **individuellen Zurechenbarkeit** liegt die Rechtfertigung dafür, daß die Amtshandlung nicht aus Steuermitteln, sondern ganz oder teilweise über Sonderlasten durch den Gebührenschuldner finanziert wird. Allein insoweit kommt – abgesehen vom Äquivalenzprinzip – der Gebühr von Verfassungs wegen **Gegenleistungscharakter** zu. Das Kriterium der individuellen Zurechenbarkeit

---

[18] *Mampel* NWVBl. 1999, 380 (381).
[19] Vgl. DVBl. 1998, 1220 f.
[20] *BVerwGE* 109, 272 (275 ff.); ebenso *Wilke,* Gebührenrecht und Grundgesetz (1973), S. 89, 105.
[21] *BVerwGE* 26, 305 (309); 109, 272 (275); *BVerfGE* 50, 217 (225 f.).
[22] Vgl. *Weyreuther* UPR 1997, 261 (262).
[23] Vgl. *Vogel,* FS Geiger (1989), S. 518 (524, 532); *Wendt,* Die Gebühr als Lenkungsmittel (1975), S. 54; *BVerwGE* 109, 272 (276).
[24] *BVerfGE* 50, 217 (226); 91, 207 (223); DVBl. 1998, 1220; *BVerwGE* 95, 188 (200); 109, 272 (275).
[25] *Vogel,* FS Geiger (1989), S. 519 (520).
[26] *BVerwGE* 109, 272 (276); *BVerfGE* 93, 319 (347) – Wasserpfennig; 50, 217 (226).
[27] *BVerfG* DVBl. 1998, 1220 f.; *BVerwGE* 109, 272 (276).

ersetzt und umfaßt nach der Rechtsprechung somit die sonstigen, gelegentlich herangezogenen Gebührenerhebungsgrundsätze, wie das Veranlassungs-, das Vorteils- oder Begünstigungsprinzip sowie das Interessen- und das Verschuldensprinzip.[28] Dabei hat der Gesetzgeber weitgehende Dispositionsfreiheit über die individuelle Zurechenbarkeit: Nicht zurechenbar sind – überspitzt formuliert – diejenigen Leistungen, die der Gesetzgeber dem Betroffenen nicht zurechnet.[29]

Bundesrecht läßt deshalb die Gebührenerhebung aufgrund Landesrechts selbst dann unbeanstandet, wenn die individuell zurechenbare gebührenpflichtige Tätigkeit der Verwaltung **überwiegend**[30] **im öffentlichen Interesse** erfolgt; ob das auch bei **ausschließlich im öffentlichen Interesse** liegenden Amtshandlungen noch anzunehmen wäre, hat das Bundesverwaltungsgericht offengelassen.[31] Als effektives Mittel zur Begrenzung neuer Gebührentatbestände läuft das Vorteilskriterium damit weitgehend leer.[32] Daraus folgt, daß etwa im Bereich des Polizeirechts dem Landesgesetzgeber bei der Schaffung von Gebührentatbeständen durch den Gebührenbegriff keine Fesseln angelegt werden, solange die Entgeltpflicht nur an einen dem Gebührenschuldner „individuell zurechenbaren" Sachverhalt anknüpft. Das kann beispielsweise dann der Fall sein, wenn eine Störung oder Gefahr kostenpflichtig beseitigt worden ist, die von dem Gebührenschuldner oder von Sachen, für die er verantwortlich ist, ausgegangen ist; eine Pflichtverletzung durch den Gebührenschuldner ist hierfür nicht erforderlich. Der Gedanke der Kostenverantwortung rechtfertigt deshalb unter Außerachtlassung jeglicher wirtschaftlicher Vorteilsgesichtspunkte die Kostenbelastung etwa des polizeirechtlichen **Störers** ebenso wie einfachgesetzliche Gebührentatbestände für die **Ablehnung von Anträgen** oder für den Erlaß **belastender Verwaltungsakte.**[33] Zugleich muß aber betont werden, daß der einfache Landes- oder Bundesgesetzgeber zu einer derartigen Lockerung der Verbindung zwischen Leistung und Gegenleistung bzw. zur Kostenbelastung der bloßen Veranlassung staatlicher Tätigkeiten **nicht** etwa **verpflichtet** ist, also durchaus die Vorteilsausgleichsfunktion stärker berücksichtigen darf oder staatliche Leistungen dann gebührenfrei lassen kann, je mehr sie sich dem Kernbereich hoheitlicher Aufgabenwahrnehmung nähern.[34] Der Gebührenbegriff als solcher dürfte den Gesetzgeber nach alledem auf der Grundlage der Rechtsprechung an der Schaffung von Gebührentatbeständen selbst für Amtshandlungen im Kernbereich hoheitlicher Staatstätigkeit nicht hindern. 7

b) Das öffentliche Interesse an der Gefahrenabwehr als inhaltliche Schranke

Die gegenüber allen sonstigen Aufgaben der Exekutive herausgehobene Aufgabe der Polizei ist es, „von dem Einzelnen und dem Gemeinwesen Gefahren abzuwehren, durch die die öffentliche Sicherheit oder Ordnung bedroht wird, und Störungen der öffentlichen Sicherheit oder Ordnung zu beseitigen, soweit es **im öffentlichen Interesse** geboten ist" (sog. **„polizeiliche Generalklausel"**; vgl. § 1 I 1 PolG BW). Die Polizei wird also im Unterschied zu anderen Teilen der Exekutive nicht nur und nicht in erster Linie[35] auf Antrag und im privaten Interesse einzelner Bürger, sondern im öffentlichen Interesse tätig. Die Polizei darf deshalb – wenn die gesetzlichen Voraussetzungen für ihr Einschreiten vorliegen – ihr Tätigwerden nicht von einem Antrag oder einer Kostenerstattung abhän- 8

[28] *Wilke,* aaO, S. 84 f.; *BVerwGE* 95, 188 (201); vgl. a. *OVG Münster* KStZ 2000, 131 (132).

[29] *Wilke,* aaO, S. 88; *Weyreuther* UPR 1997, 261 (262).

[30] *BVerwGE* 95, 188 (201); 109, 272 (276 f.); *BVerfG* DVBl. 1998, 1220 f.

[31] *BVerwGE* 109, 272 (277); verneinend: *Zugmaier* DVBl. 1998, 1221 (1222), *Ronellenfitsch* VerwArch Bd. 86 (1995), S. 307 (324).

[32] *Gramm,* in: Sacksofsky/Wieland, Vom Steuerstaat zum Gebührenstaat (2000), 179 (181).

[33] *BVerwGE* 109, 272 (275); 34, 249 (251) – Entziehung der Fahrerlaubnis –; *Wilke,* aaO, S. 74 f.; *Vogel,* FS Geiger (1989), S. 518 (524, 532 f.).

[34] *Mampel* NWVBl. 1999, 380 (381 f.).

[35] Vgl. zum ausnahmsweisen Schutz privater Rechte z. B. § 2 II PolG BW: „... nur dann, wenn gerichtlicher Schutz nicht rechtzeitig zu erlangen ist und wenn ohne polizeiliche Hilfe die Gefahr besteht, daß die Verwirklichung des Rechts vereitelt oder wesentlich erschwert wird".

gig machen. Für **gebührenrechtliche Regelungen** polizeilicher Leistungen gilt im Grundsatz nichts anderes (s. o. zu I.2.a): Zwar ist der Gesetzgeber durch keinen dem „Wesen“ der Gebühr immanenten Grundsatz daran gehindert, auch für Amtshandlungen im (überwiegenden) öffentlichen Interesse Gebühren zu erheben,[36] wenngleich dies bisher weder typisch noch – zumindest bei überwiegendem öffentlichem Interesse – sachgerecht ist. Unabdingbar für die Begründung einer Gebührenpflicht ist nur, daß die staatliche Leistung in Gestalt der polizeilichen Tätigkeit dem Gebührenschuldner **individuell zurechenbar** ist. Diese – regelmäßig durch ein entsprechendes tatsächliches Verhalten des Gebührenschuldners ausgelöste – individuelle Zurechenbarkeit liegt bei überwiegendem Privatinteresse auf der Hand; bei überwiegendem öffentlichen Interesse an der Vornahme der Amtshandlung wird es hieran trotz deren gleichzeitiger Privatnützigkeit unter Wertungsgesichtspunkten – in die die unten zu I.2.f und g dargelegten inhaltlichen Schranken einfließen – häufig fehlen. Eine darüber hinausgehende eigenständige Bedeutung kommt dem öffentlichen Interesse bei der Begrenzung der Kostenhaftung bzw. -überwälzung nicht zu; es ist das – vielfach einfachgesetzlich geregelte – „Einfallstor“ für die Berücksichtigung vorrangiger, der Kostenbelastung entgegenstehender Grundsätze. Dementsprechend sieht das Landesrecht häufig die Gebührenbefreiung für Amtshandlungen vor, die im überwiegenden öffentlichen Interesse liegen (vgl. z. B. § 2 II 1 GebG Bln). Das „öffentliche Interesse“ an der polizeilichen Maßnahme kann deshalb für sich allein die Kostenüberwälzung nicht verhindern, wenn der einfache Gesetzgeber dies nicht im Interesse der Bürger vorgesehen hat.

9 Wo allerdings der einzelne Bürger von einer Tätigkeit der Polizei unmittelbar und individuell **wirtschaftlich profitiert,** indem er beispielsweise durch die polizeilichen Maßnahmen eigene Aufwendungen – etwa für die Sicherheit seiner Veranstaltung – erspart, steht ein gleichzeitiges gewichtiges öffentliches Interesse hieran der Kostenüberwälzung durch Gebühren nicht entgegen. Denn bei einer ausschließlichen Finanzierung über Steuern würde insofern eine **ungleiche Lastenverteilung** eintreten; es wäre nicht gerechtfertigt, demjenigen, der den für seine kommerzielle Veranstaltung gebotenen Sicherheitsaufwand anders als etwaige Konkurrenten nicht selbst erbringt, auch noch die statt dessen in Anspruch genommenen polizeilichen Leistungen kostenlos zukommen zu lassen. Die Gebührenerhebung ist dann nach dem **Vorteils- oder Interessenprinzip,** das die Konnexität zwischen der Leistung und dem individuellen Erfolg neben dem Veranlassungsprinzip begründen kann,[37] gerechtfertigt. Erforderlich ist jedoch stets eine genaue Bezeichnung der gebührenpflichtigen Handlung im Gebührentatbestand; eine **Generalklausel** zur Gebührenerhebung etwa für „polizeiliche Maßnahmen der Gefahrenabwehr“ wäre unzulässig.[38] Jegliche sonstige Verknüpfung der polizeilichen Tätigkeit mit Gesichtspunkten der Kostenerstattung wäre mit dem Auftrag der Polizei unvereinbar. Das gilt insbesondere auch für alle Überlegungen, mit Hilfe einer Ausweitung der Kostenerstattungspflicht einen **„Abschreckungseffekt“** zu erzielen.[39]

10 Der Begriff des „öffentlichen Interesses“ als Voraussetzung und Maßstab polizeilichen Handelns liegt in seinen Grundlagen bereits von **Verfassungs wegen** fest. Danach ist oberste Verpflichtung aller staatlichen Gewalt und damit auch der Polizei, die Würde des Menschen zu achten und zu schützen (Art. 1 I GG); dem entspricht die **Bindung an die Grundrechte** sowie insgesamt an die freiheitlich-rechtsstaatliche, demokratische und soziale Verfassungsordnung des Grundgesetzes (Art. 1 II und III, Art. 20 GG). Da die öffentlichkeitsgerichtete Ausübung der Grundrechte des Einzelnen einen Teil des „öffentlichen Interesses“ ausmacht, gehört es mit zur Aufgabe der Polizei, die **„ungehinderte Aus-**

---

[36] *Wilke,* aaO, S. 76 f.; *BVerwGE* 95, 188 (201); *BVerwG* NJW 1992, 2243 f.; *BVerfG* DVBl. 1998, 1220 (1221); vgl. i. e. oben zu I.2.a., sowie – einschränkend – *BVerwG* DVBl. 2001, 920 (924, 927).

[37] *Wilke,* aaO, S. 84; *BVerwGE* 95, 188 (201); *BVerfG* DVBl. 1998, 1220 (1221).

[38] *OVG Lüneburg* DVBl. 1984, 57; *Nirschl,* Kosten der Polizei- und Sicherheitsbehörden . . ., S. 68 f.

[39] Vgl. *v. Brünneck* NVwZ 1984, 273 (277 f.).

übung der staatsbürgerlichen Rechte" zu gewährleisten (vgl. § 1 I PolG BW, § 1 I 2 Nr. 1 SächsPolG). Deshalb ist es ausgeschlossen, allein in der Wahrnehmung des Rechts auf freie Meinungsäußerung (Art. 5 I GG) oder des Versammlungsrechts (Art. 8 I GG) durch Teilnahme an einer **Demonstration** eine Störung der öffentlichen Sicherheit oder Ordnung zu sehen und Gebührenfolgen allein an diesen Umstand anzuknüpfen. Alle Einschränkungen dieser und anderer Grundrechte – und damit auch alle Kostenhaftungstatbestände – sind im Lichte der Verfassung zu beurteilen.[40] Eine solche Einschränkung kann auch in der Erhöhung von Barrieren für die Wahrnehmung des Grundrechts durch Kostenbelastungen liegen; dabei ist insbesondere die Unkalkulierbarkeit des **Kostenrisikos** zu beachten.[41] Deshalb werden die Religions- und die Versammlungsfreiheit (Art. 4, 8 GG) bei **religiösen und politischen Veranstaltungen** in aller Regel eine Kostenerstattung verbieten; Kostenersatz kommt regelmäßig allenfalls bei **kommerziellen Veranstaltungen** in Betracht.[42] Daneben gilt auch für Art und Ausmaß einer möglichen Kostenerstattungspflicht der **Grundsatz der Verhältnismäßigkeit,** der einer Einschränkung des Grundrechts durch die Kostenfolge Grenzen setzt. So hat das Bundesverfassungsgericht[43] beispielsweise ein Kostenrisiko, das außer Verhältnis zum Interesse des Rechtssuchenden an dem Verfahren steht und die Anrufung des Gerichts bei vernünftiger Abwägung nicht mehr sinnvoll erscheinen läßt, mit der aus dem Rechtsstaatsprinzip folgenden Justizgewährungspflicht als unvereinbar angesehen. Nichts anderes kann entsprechend für die staatliche Pflicht zur Gewährleistung der öffentlichen Sicherheit gelten.

c) Das Äquivalenzprinzip als inhaltliche Schranke

Begrenzt denn wenigstens Verfassungsrecht – zumindest im hoheitlichen Kernbereich 11
– die Tendenz zur Erfindung immer neuer Gebührentatbestände für staatliches Handeln? Nimmt man den in diesem Zusammenhang scheinbar am nächsten liegenden **Grundsatz der Äquivalenz** in den Blick, so ist die Antwort aus der Sicht des betroffenen Bürgers eher ernüchternd: die traditionell erhobenen **Gerichtsgebühren** zeigen, daß auch staatliche Kernaufgaben von jeher nicht generell kostenlos in Anspruch genommen werden konnten. Auch **Luftsicherheitsgebühren,** die im überwiegenden öffentlichen Interesse erhoben werden, sind verfassungsrechtlich nicht beanstandet worden, weil sie dem Gebührenschuldner noch hinreichend individuell zurechenbar waren.[44] Das Äquivalenzprinzip steht also derartigen Gebührentatbeständen **nicht dem Grunde nach** entgegen, sondern kann allenfalls die **Höhe der Gebühr** begrenzen.[45]

Dieser nach der Rechtsprechung des Bundesverwaltungsgerichts aus dem **Verhältnis-** 12
mäßigkeits- und damit aus dem **Rechtsstaatsprinzip** abgeleitete Grundsatz[46] besagt nämlich lediglich, daß die Leistung des Bürgers in Gestalt der Gebühr und die konkrete Leistung der Verwaltung nicht in einem **groblichen Mißverhältnis,** also der **Wert** der einen und der anderen Leistung nicht außer Verhältnis zueinander stehen dürfen. Überdies versagt das Äquivalenzprinzip begrifflich von vornherein, soweit es nicht um Gebühren als echtes Entgelt für zugewandte Vorteile, sondern um Gebühren für vom Schuldner veranlaßte Amtshandlungen ohne eigentlichen Vorteilscharakter (s. o. zu I.2.a) geht, weil dabei der meßbare wirtschaftliche Nutzen für den Veranlasser staatlicher Tätigkeiten unerheblich ist.[47]

---

[40] Vgl. *Gusy* DVBl. 1996, 722 (725 f.).

[41] *Schenke* NJW 1983, 1883 f.; *Gusy,* aaO.

[42] Vgl. *Lege* VerwArch 89 (1998), 71 (89) m. w. N.; zum fehlenden Versammlungscharakter kommerzieller Veranstaltungen vgl. *OVG Berlin* NJW 2001, 1740.

[43] *BVerfG* NJW 1992, 1673; ebenso *BVerwG* DVBl. 2001, 920 (924, 927), das die Kostenbelastung für unzulässig hält, *soweit* die Maßnahme dem Interesse der Allgemeinheit dient.

[44] *BVerfG* DVBl. 1998, 1220 f.; *BVerwGE* 95, 188 ff.; vgl. unten zu II.7.

[45] *Gramm,* aaO, S. 181.

[46] *BVerwGE* 109, 272 (274); 26, 305 (308 f.); offengelassen in *BVerfGE* 50, 217 (233).

[47] *Vogel,* FS Geiger (1989), S. 534 f.; *BVerwGE* 109, 272 (275).

13 Das Äquivalenzprinzip schließt deshalb Gebühren nur insoweit aus, als sie den Wert der staatlichen Leistung als solche – nicht etwa für den Schuldner – übersteigen. Andernfalls würde die Abgabe insoweit – wie eine Steuer – „voraussetzungslos“ erhoben und nicht mehr in dem der Rechtsprechung genügenden, gelockerten Gegenleistungsverhältnis stehen; sie wäre hinsichtlich ihres überschießenden Teils keine Vorzugslast mehr, sondern griffe zugleich auf die allgemeine Leistungsfähigkeit des Abgabenschuldners zur Finanzierung von Gemeinlasten zu.[48] Die Bedeutung des Äquivalenzprinzips liegt danach in dem hier erörterten Zusammenhang ebenfalls in der von ihm gewährleisteten **Abgrenzung zur Steuer.**

d) Das Kostendeckungsprinzip als inhaltliche Schranke

14 Das Kostendeckungsprinzip – in seiner Form als bürgerschützendes **Verbot der Überschreitung der Verwaltungskosten** durch die Gebühren (vgl. § 6 Abs. 1 S. 3 1. Alt. KAG NW) ebenso wie als haushaltsschützendes **Kostendeckungsgebot** (vgl. § 6 Abs. 1 S. 3 2. Alt. KAG NW) – gehört nach h. M. weder zum Wesen der Gebühr, noch ist es durch die Verfassung vorgegeben.[49] Es begrenzt also nur dann die Gebührenerhebung, wenn der einfache Gesetzgeber dies ausdrücklich geregelt hat.

e) Der Gleichheitssatz als inhaltliche Schranke

15 Art. 3 Abs. 1 GG wird angesichts des dem Gebührengesetzgeber eingeräumten weiten **Gestaltungsspielraums**[50] bei der Erschließung von Finanzierungsquellen der Schaffung neuer Gebührentatbestände nur in seltenen Fällen entgegenstehen. Diese gesetzgeberische Freiheit erstreckt sich gerade auch auf die Frage, welche individuell zurechenbaren Leistungen der Gebührenpflicht unterworfen werden sollen und welche nicht.

f) Das Steuerstaatsprinzip als inhaltliche Schranke

16 Eine verfassungsrechtliche Begrenzung kann sich insoweit jedoch aus dem **Steuerstaatsprinzip**[51] in seiner heute gebräulichen Bedeutung[52] ergeben. Dieses nahezu unbestrittene Prinzip hat durch die Regelung der **Finanzverfassung** in Art. 105 ff. GG **verfassungsrechtlichen Rang.** Es bedeutet u. a., daß der Steuerstaat seinen Finanzbedarf im wesentlichen durch Steuern deckt und daß demzufolge die **Erhebung nichtsteuerlicher Abgaben** zur Gewährleistung der verfassungsrechtlichen Steuerkompetenzen nur unter **drei Voraussetzungen**[53] zulässig ist: Erstens ist eine zusätzliche Rechtfertigung, die über die Einnahmeerzielung hinausgeht, erforderlich. Zweitens muß sie der Belastungsgleichheit der Abgabepflichtigen, die zugleich Steuerpflichtige sind, Rechnung tragen und deshalb auch mit Blick darauf aus Sachgründen gerechtfertigt sein. Drittens muß sie – was insbesondere die sog. Sonderabgaben berührt – den Grundsatz der Vollständigkeit des Haushaltsplans beachten. Der Finanzordnung des Grundgesetzes liegt danach die Vorstellung zugrunde, daß die Finanzierung der staatlichen Aufgaben in erster Linie aus dem Ertrag der in Art. 105 ff. GG geregelten und kompetenziell unterschiedlich ausgestalteten Einnahmequellen erfolgt.[54]

17 Der Staat des Grundgesetzes ist in diesem Sinne – bisher – auch tatsächlich **Steuerstaat:** der Bundeshaushalt (1995) finanziert sich ohne Einbeziehung der Sozialversicherungsbeiträge zu ca. 90 %, die Länderhaushalte zu ca. 70 % aus Steuern; der Anteil von nichtsteuerlichen Abgaben liegt unter 10 %.[55]

---

48 *BVerfGE* 93, 319 (347) – Wasserpfennig –.

49 *BVerfGE* 50, 217 (226); *BVerwG* NVwZ-RR 1993, 662 (663); *BVerwGE* 12, 162 (169); *Weyreuther* UPR 1997, 261; z. T. a. A. *Vogel,* FS Geiger (1989), S. 534 f.

50 *BVerfG* DVBl. 1998, 1220 (1221); *BVerfGE* 50, 217 (226 f.); *BVerwGE* 109, 272 (276); *Wilke,* aaO, S. 88.

51 Vgl. *Isensee,* FS H. P. Ipsen (1977), 409 ff.; *Hendler* DÖV 1999, 749 ff.; *Sacksofsky* in Sacksofsky/Wieland, Vom Steuerstaat zum Gebührenstaat (2000), 188 (196); *BVerfGE* 93, 319 (342); *BVerwGE* 95, 188 (193).

52 Vgl. zur ursprünglichen historischen Bedeutung des Begriffs: *Sacksofsky,* aaO, S. 197.

53 *BVerfGE* 93, 319 (342).

54 *BVerfGE* 78, 249 (266 f.); 82, 159 (178); 93, 319 (342); *BVerwGE* 95, 188 (193).

55 Nachweise bei *Sacksofsky,* aaO, S. 196 und 198; *Isensee,* aaO, S. 420.

Wie die Finanzverfassung des Grundgesetzes vor einer Aushöhlung durch Sonderabgaben geschützt werden muß,[56] so muß auch deren Aushöhlung durch Gebühren in gleicher Weise verhindert und an dem Steuerstaatsprinzip gemessen werden.[57] Zwar hat das Bundesverfassungsgericht die Erhebung von Vorzugslasten wegen ihrer Ausgleichsfunktion insoweit für grundsätzlich bedenkenfrei gehalten;[58] das stellt jedoch keinen Freibrief dar und entbindet neugeschaffene Gebührentatbestände nicht von dem oben dargelegten Kriterium der Belastungsgleichheit unter dem Gesichtspunkt der gleichzeitigen Steuerpflicht. Nach dem Steuerstaatsprinzip ist die **Gebührenfinanzierung** staatlicher Leistungen somit die rechtfertigungsbedürftige **Ausnahme.**[59] 18

Allerdings ist einzuräumen, daß dieser Grundsatz gegenüber dem einzelnen neu geschaffenen Gebührentatbestand kaum wirksame Barrieren zu errichten vermag, sondern an sich erst der Umstellung auf eine überwiegende Gebührenfinanzierung staatlicher Leistungen insgesamt entgegensteht.[60] Gleichwohl läßt sich aus dem Steuerstaatsprinzip – jedenfalls nach seinem heutigen Begriffsverständnis – zumindest in Verbindung mit dem nachfolgend erörterten **Rechtsstaatsprinzip** und den verfassungsrechtlichen **staatlichen Schutzpflichten** das Verfassungsgebot ableiten, polizeiliche Leistungen im Bereich der inneren Sicherheit im Regelfall aus allgemeinen Steuermitteln und nicht über Gebührentatbestände zu finanzieren. 19

g) Das Rechtsstaatsprinzip und die verfassungsrechtlichen Schutzpflichten des Staates als inhaltliche Schranke

Die aus den Grundrechten des Einzelnen folgende Verpflichtung des Staates zum Schutz der Freiheitsrechte[61] manifestiert sich in dessen Verpflichtung zur **Gewährleistung öffentlicher Sicherheit;** als Grundvoraussetzung jedes Rechtsstaates ist diese Verpflichtung zugleich Teil der Gewährleistung durch Art. 20 Abs. 3 GG. Sie ist überdies eine **Entstehungsbedingung des modernen Staates** und letztlich darin begründet, daß dieses umfassende Sicherheitsversprechen – für alle Bürger und in gleichem Umfang – nur vom Staat erbracht werden kann.[62] Die innere Sicherheit ist kein marktfähiges Gut. Die Gebührenfinanzierung polizeilicher Leistungen berührt aber massiv den Anspruch der Bürger auf **prinzipiell gleichen Zugang** zum Rechtsgut der inneren Sicherheit.[63] Denn die Abhängigkeit polizeilichen Handelns von der Zahlung eines Entgelts kann – auch bei einer erst nachträglich entstehenden Gebührenpflicht – dazu führen, daß staatlich gewährte Sicherheitsleistungen im Einzelfall – etwa bei Zahlungsunfähigkeit – nicht in Anspruch genommen werden (können); in „sozial schwachen" Gebieten könnte dies – zugespitzt – eine immer geringere Inanspruchnahme der Polizei auch im Kernbereich der Gefahrenabwehr zur Folge haben, wenn auch in diesem Bereich polizeiliches Handeln ohne Schranken „kommerzialisiert" werden dürfte.[64] Wer Sicherheit benötigt, könnte sie u. U. nicht finanzieren; wer sie finanzieren könnte, benötigt sie nicht[65] – ein verfassungsrechtlich nicht hinnehmbares, dem Grundsatz sozialer Gerechtigkeit widersprechendes Ergebnis. Die Erfüllung der öffentlichen Aufgabe der Gefahrenabwehr muß auch dort gewährleistet sein, wo ihr eine private Nachfrage ohne Zahlungskraft gegenübersteht. So hat das Bundesverfassungsgericht[66] beispielsweise ein Kostenrisiko, das 20

[56] Vgl. *BVerfGE* 67, 256 (278); 93, 319 (342 ff.).

[57] *Vogel,* FS Geiger (1989), 518 (529).

[58] *BVerfGE* 93, 319 (343 f.).

[59] *Birk/Eckhoff* in Sacksofsky/Wieland, aaO, S. 54 (58 f.); *Gramm* in Sacksofsky/Wieland, aaO, S. 179 (185); *Isensee,* aaO, S. 430; a. A. *Sacksofsky,* aaO, S. 199 ff.

[60] *Gramm,* aaO, S. 181.

[61] Vgl. *Scholz,* FS Friauf (1996), 439 (444); *Waechter,* Polizeigebühren und Staatszwecke (1988), S. 111 ff.; *BVerfGE* 46, 160 (164); 77, 170 (214); 88, 203 (251 ff.); *BVerwGE* 95, 188 (196).

[62] *Gramm,* aaO, S. 184.

[63] Vgl. hierzu *Gusy* DVBl. 1996, 722.

[64] Vgl. *Gramm,* aaO, S. 183.

[65] *Birk/Eckhoff* in Sacksofsky/Wieland, aaO, S. 65.

[66] *BVerfG* NJW 1992, 1673.

außer Verhältnis zum Interesse des Rechtsuchenden an dem Verfahren steht und die Anrufung des Gerichts bei vernünftiger Abwägung nicht mehr sinnvoll erscheinen läßt, mit der aus dem Rechtsstaatsprinzip folgenden Justizgewährungspflicht als unvereinbar angesehen. Nichts anderes kann entsprechend für die staatliche Pflicht zur Gewährleistung der öffentlichen Sicherheit und ihre tatsächliche Inanspruchnahme durch die Bürger gelten.

21 Demgegenüber hat das Bundesverfassungsgericht jedoch in einer Kammerentscheidung[67] zur **Luftsicherheitsgebühr** (s. u. zu II.7) ohne weiteres erklärt, die Schutzpflicht des Staates für das Leben und die körperliche Unversehrtheit seiner Bürger schränke den Gestaltungsspielraum des Gesetzgebers bei der Schaffung von Gebührentatbeständen auch im Bereich der Gefahrenabwehr nicht ein, weil diese Schutzpflicht „primär nur Handlungspflichten ..., nicht aber die Frage der Refinanzierung des damit verbundenen Verwaltungsaufwandes" berühre. Dem kann aus den genannten Gründen nicht zugestimmt werden.[68]

22 Die schrankenlose Gebührenfinanzierung polizeilicher Leistungen könnte ferner – den dann näherliegenden Marktgesetzen folgend – die im Polizeirecht schon im Ansatz verfehlte Berücksichtigung **wirtschaftlicher Aspekte,** etwa bei der Frage des Einschreitens fördern. Jedenfalls im Kernbereich polizeilicher Hoheitsaufgaben trifft die umfassende Gebührenfinanzierung polizeilicher Leistungen den Nerv der **Legitimation des Staates.**[69] Maßnahmen, die Ausfluß des staatlichen **Gewaltmonopols** sind – d. h. vor allem Polizei in ihrem Kernbereich, Justiz, aber auch die klassische hoheitliche Eingriffsverwaltung – sind einer materiellen Privatisierung nicht zugänglich;[70] unter diesen Umständen erweist sich dann auch die Gebührenfinanzierung als bedenklich. Da es hier um die Frage verfassungsrechtlicher Schranken geht, läßt sich diesem Befund nicht mit Erfolg entgegenhalten, daß tatsächlich derzeit eine so weitgehende Gebührenfinanzierung nicht durchgeführt oder beabsichtigt sei. Es muß deshalb der den Polizeigesetzen aller Bundesländer bisher gemeinsame – geschriebene oder ungeschriebene – Grundsatz weitergelten, daß die Kosten der Polizei das jeweilige Land trägt.[71]

h) Ergebnis

23 Aus dem Steuerstaatsprinzip in Verbindung mit dem Rechtsstaatsprinzip und den staatlichen Schutzpflichten ergibt sich zwar nicht die generelle Unzulässigkeit von Gebühren für polizeiliche Leistungen, wohl aber ein – ausnahmefähiger – **Grundsatz der Gebührenfreiheit.**[72] Gebühren für die Wahrnehmung polizeilicher Aufgaben bedürfen deshalb der Rechtfertigung mit Blick darauf, daß jedermann für die Gewährleistung der staatlichen „Grundversorgung" bereits Steuern gezahlt hat. Ein **Vorrang der Steuerfinanzierung** gegenüber der Gebührenfinanzierung besteht jedenfalls im **Kernbereich polizeilicher Gefahrenabwehr;** außerhalb dieses Bereichs sind Gebühren von Verfassungs wegen nach Maßgabe der gesetzlichen Tatbestände zulässig, soweit der Gesetzgeber sie für individuell zurechenbare Leistungen erhebt. Die **Abgrenzung** ist zugegebenermaßen schwierig; die Übergänge sind fließend. Für die Einordnung als – gebührenfrei zu haltende – „Grundversorgungsmaßnahme" spricht es, wenn es sich um eine **exklusive polizeiliche Leistung** handelt, die Privaten prinzipiell nicht übertragen werden dürfte.[73] Eine außerhalb der Grundversorgung anzusiedelnde „Serviceleistung" der Polizei wird hingegen dadurch indiziert, daß sie dem Begünstigten einen **unmittelbaren finanziellen Vorteil** vermittelt. Rechtstechnisch ist die verfassungsrechtlich begründete Einschränkung durch eine einengende Auslegung des Gebührenmerkmals der individuellen Zu-

---

[67] DVBl. 1998, 1220 (1221) m. Anm. *Zugmaier.*

[68] Krit. insoweit ebenfalls *Zugmaier,* aaO, S. 1222; vgl. a. *Gramm,* aaO.

[69] Zutreffend *Gramm,* aaO; *Waechter,* Polizei- und Ordnungsrecht, Rn. 795.

[70] *Peine* DÖV 1997, 353 (356); *Schulte* DVBl. 1995, 130; *Winkler* NWVBl. 2000, 287 (288 f.); differenzierend *Stober* DÖV 2000, 261 (263 f.).

[71] *Gusy* DVBl. 1996, 772.

[72] *Gusy,* aaO, S. 723.

[73] *Gramm,* aaO, S. 185; *Waechter,* Polizei- und Ordnungsrecht, Rn. 795.

rechenbarkeit oder durch eine entsprechende Interpretation von einfachgesetzlichen Vorschriften umzusetzen, die Gebührenfreiheit für polizeiliche Maßnahmen im (überwiegenden) öffentlichen Interesse vorsehen.

3. Ausmaß der Haftung für Polizeikosten bei Störermehrheit und bei Zustandsverantwortlichkeit

Auch dort, wo die Polizeipflichtigkeit und somit eine prinzipielle Pflicht zur Erstat- 24
tung der entstandenen Polizeikosten zweifelsfrei feststehen, sowie auch dort, wo eine Mehrzahl von Pflichtigen in Betracht kommt, stellen sich Probleme, die den Rückgriff auf allgemeine Grundsätze des Polizeirechts gebieten.[74]

a) Störermehrheit

Zunächst muß unterschieden werden zwischen der **„Primärebene" des polizeilichen** 25
Eingriffs einerseits und der **„Sekundärebene" der Kostenhaftung** andererseits.[75] Auf der **Primärebene** steht das öffentliche Interesse an einer schnellen und effektiven Gefahrenabwehr bzw. Störungsbeseitigung absolut im Vordergrund;[76] dies gilt dementsprechend auch für die „pflichtgemäße Ermessensausübung" bei der Auswahl desjenigen Störers (von mehreren in Betracht kommenden), der konkret zur Beseitigung der Gefahr oder Störung in Anspruch genommen wird. Dafür muß – je dringlicher die Beseitigungsmaßnahme ist – die Leistungsfähigkeit der vorrangige Maßstab sein, neben den die Kriterien der zeitlichen und örtlichen Nähe zum Schaden, die Schadensverursachung durch eigenes Verhalten, ein etwaiges Verschulden und die Belastung durch die Beseitigungspflicht treten können.[77] Die Heranziehung zur Gefahrenbeseitigung präjudiziert jedoch nicht notwendigerweise die Entscheidung darüber, wer auf der **Sekundärebene** als (Verhaltens- oder Zustands-)Störer zur Erstattung der der Polizei entstandenen Kosten herangezogen wird und in welchem Ausmaß und zu welchem Anteil dies geschieht.[78] In diesem Zusammenhang sind verschiedene Gesichtspunkte zu berücksichtigen:

Einerseits muß die Polizei stets den Grundsatz der **Verhältnismäßigkeit** beachten und 26
darf deshalb keine Maßnahme treffen, die einen Einzelnen, auch wenn dieser als Störer im polizeirechtlichen Sinne verantwortlich ist, gemessen an seiner **individuellen Verantwortung** und an seinen individuellen Möglichkeiten unverhältnismäßig belastet; sie darf deshalb das Gebot einer gerechten **Lastenverteilung** nicht völlig aus den Augen verlieren. Andererseits kann und darf dieser Umstand die Polizei nicht daran hindern, das zu veranlassen, was sie aufgrund der ihr obliegenden Beurteilung im öffentlichen Interesse zur Gefahrenabwehr für erforderlich hält. Dabei kann es ausnahmsweise geboten sein, daß die Allgemeinheit einen Teil der Polizeikosten übernimmt, soweit die Kostenbelastung des Störers sich als unverhältnismäßig erweisen sollte.[79] So kann beispielsweise die Überwälzung der gesamten Sanierungskosten auf den Zustandsstörer **unzumutbar** sein, wenn sie den Verkehrswert des Grundstücks übersteigen, der Zustand von dem Störer nicht verursacht wurde und er das Risiko auch nicht bewußt in Kauf genommen hat.[80]

Für den **Lastenausgleich unter mehreren Störern** auf der Sekundärebene der Ko- 27
stenhaftung[81] kann hieraus folgen, daß zunächst einmal diejenigen Kosten auszuschei-

---

[74] Vgl. dazu *Denninger,* Kap. E Rdn. 92, 115 ff.

[75] Vgl. *Broß* DVBl. 1983, 377 (388); *Garbe* DÖV 1998, 632 (634).

[76] *Garbe,* aaO, S. 632 f.

[77] Vgl. Nachweise bei *Garbe,* aaO, S. 633.

[78] Vgl. dazu *Kloepfer/Thull* DVBl. 1989, 1121; *Schoch* JuS 1994, 667 (668); *Garbe* DÖV 1998, 632 (634 f.); *BGH* DVBl. 1992, 1158 (1159) m. zust. Anm. *Götz* und *BGH* NJW 1994, 2355.

[79] Vgl. *Schwachheim* NVwZ 1988, 225; *Spannowsky* DVBl. 1994, 560 (562).

[80] *BVerfG* NJW 2000, 1460 f. m. Anm. v. *Knopp* BB 2000, 1373; *Schwartmann* DStR 2000, 1364; *Müggenborg* NVwZ 2001, 39; *Scherer-Leydecker* EWiR 2000, 655; vgl. a. *BVerwG* Buchholz 402.41 Allg. Polizeirecht Nr. 59.

[81] Vgl. zur speziellen Problematik der Altlastenhaftung: *Baumann,* Der Störer im Umweltbereich, Diss. Marburg (1991); *Brandner,* Schriften zum Umweltrecht, Bd. 15; *Breuer* JuS 1986, 359 und NVwZ 1987, 751;

den sind und beim Träger der Polizei verbleiben, die in diesem Sinne unverhältnismäßig und daher den Störern nicht zuzuordnen sind. Bei der Aufteilung der zurechenbaren Kosten auf die einzelnen Störer muß sodann ein Weg gefunden werden, der einerseits sicherstellt, daß die Allgemeinheit nicht über Gebühr belastet wird, andererseits aber auch bei der Störermehrheit einen angemessenen internen Ausgleich eröffnet. Hierfür bieten sich – trotz mancher Bedenken[82] – zugunsten des Trägers der Polizeikosten die Vorschriften über die **gesamtschuldnerische Haftung** (§§ 421 ff. BGB, § 4 III 4 BBodSchG) und für den Störerausgleich die Vorschrift über die **Ausgleichspflicht unter den Gesamtschuldnern** (§ 426 BGB, § 24 II 1 BBodSchG), angereichert durch Gesichtspunkte und Maßstäbe der **Mitverschuldensanrechnung** (§ 254 BGB) an.[83] Gefahrenabwehr-Verantwortung und Kosten-Verantwortung müssen nicht notwendig zusammenfallen; der zur Gefahrenbeseitigung herangezogene Störer (einer Störermehrheit) muß nicht zwangsläufig derjenige sein, an den der Leistungsbescheid wegen der Kostenerstattung zu richten ist. Ein Störer, der der Effektivität willen unabhängig von dem Grad seiner Verantwortlichkeit für die konkrete Gefahr zu deren Beseitigung verpflichtet worden ist, darf nicht letztlich auf den gesamten Kosten sitzen bleiben;[84] nötigenfalls sind sämtliche Störer zur Gefahrenbeseitigung aufzufordern, damit allen gegenüber die Polizeipflicht zur Störungsbeseitigung begründet wird.[85]

28 In Teilbereichen ist der Lastenausgleich auf der Kostenebene durch den Bundes- oder Landesgesetzgeber ausdrücklich geregelt. So ist entsprechend der im Musterentwurf eines einheitlichen Polizeigesetzes vorgesehenen Regelung praktisch überall in den Fällen der **Sicherstellung** und **Verwahrung** von Sachen (§ 24 III 1 und 2 ME) sowie des **Rückgriffs gegen den Verantwortlichen** nach Gewährung eines Schadensausgleichs an den in Anspruch genommenen Nichtstörer (§ 50 I, II i. V. m. §§ 45 ff. ME) vorgesehen, daß mehrere nebeneinander verantwortliche Personen, also **mehrere Störer,** als **Gesamtschuldner** haften.[86] In einigen Bundesländern ist dies ausdrücklich auch für die Erstattung derjenigen Kosten vorgesehen, die der Polizei bei **unmittelbarer Ausführung** einer Maßnahme entstehen.[87] In diesen Fällen **ausdrücklicher Verweisung** auf die Vorschriften der Gesamtschuld – insbesondere auf §§ 421, 426 BGB – ist somit jeder Störer ohne weiteres gegenüber dem Träger der Polizeikosten zur Bewirkung der ganzen Leistung bis zu deren kompletter Erfüllung verpflichtet (§ 421 BGB); die Polizei kann sie selbstverständlich im ganzen nur einmal, allerdings unter Umständen auch in Teilbeträgen von den verschiedenen Schuldnern verlangen. Im **internen Ausgleich** sind die Störer untereinander zu gleichen Anteilen verpflichtet, soweit nichts anderes bestimmt ist; kann der auf ihn entfallende Beitrag von einem Störer nicht erbracht werden, so ist der Ausfall von den übrigen anteilig zu tragen. Hat ein Störer den Träger der Polizeikosten befriedigt und kann er von den anderen Störern Ausgleichung verlangen, so geht die Forderung der Polizei auf ihn über (§ 426 BGB). Im Rahmen dieser internen Ausgleichung unter den Stö-

---

Buck NVwZ 2001, 51; *Griesbeck*, Schr. z. Öff. Recht, Bd. 602; *Kniesel* BB 1997, 2009; *Kohl* JuS 1992, 864; *Kormann* UPR 1983, 281; *Kothe* VerwArch 88 (1997), 456; *Paetow* NVwZ 1990, 510; *Paßlick* DVBl. 1992, 674; *Pape* NJW 1992, 2661; *Papier* DVBl. 1985, 873 und NVwZ 1986, 256; *Pietzcker* DVBl. 1984, 457 und JuS 1986, 719; *Schwabe* UPR 1984, 7; *Seibert* DVBl. 1992, 664.

[82] Vgl. Nachweise bei *Garbe* DÖV 1998, 632 (633 f.).

[83] Vgl. *Denninger,* Kap. E., Rdn. 122 ff.

[84] Vgl. aber *BGH* NJW 1981, 2457 (2458); krit. zu Recht *Garbe,* aaO, S. 635.

[85] *Garbe,* aaO.

[86] Vgl. zur Sicherstellung u. a.: § 34 IV PolG BW i. V. m. § 31 I, VI LVwG und § 4 II LGebG, Art. 28 III BayPAG i. V. m. Art. 2 IV BayKG, § 41 III 2 ASOG Bln, § 28 III 3 BbgPolG, § 14 III 3 HbgSOG, § 43 III 2 HSOG, § 29 III 2 NGefAG, § 46 III PolG NW, § 25 III 2 POG R-P, § 24 III 2 SPolG, § 48 III 2 SOG LSA, § 30 III 3 ThürPAG; vgl. zum Rückgriff: § 64 II ASOG Bln, § 61 II BremPolG, § 69 II HSOG, § 85 II NGefAG, § 73 II POG R-P, § 73 II SPolG, § 74 II SOG LSA, § 57 II SächsPolG, § 73 II ThürPAG; auf die Regelungen der GoA verweisen § 57 PolG BW, § 70 BbgPolG i. V. m. § 41 II BbgOBG, § 67 PolG NW i. V. m. § 42 OBG NW, § 75 SOG M-V, § 224 II LVwG S-H.

[87] Vgl. § 8 II PolG BW i. V. m. § 31 I, VI LVwG und § 4 II LGebG; Art. 9 II BayPAG i. V. m. Art. 2 IV BayKG; § 15 II 2 ASOG Bln; § 8 II 2 HSOG; § 6 II 2 POG R-P; § 9 II 2 SOG LSA; § 9 II 2 ThürPAG.

rern ist dem Ausmaß der **individuellen Zurechenbarkeit** der Störung mit Hilfe der in § 254 BGB enthaltenen Maßstäbe der Anrechnung des jeweiligen **Mitverschuldens** Rechnung zu tragen.[88]

Fehlt eine positivrechtliche **Verweisung** auf die Rechtsfolgen der Gesamtschuld, so stellt sich die Frage, ob eine analoge Anwendung der §§ 421 ff. BGB in Betracht kommt.[89] Dafür sprechen gute Gründe.[90] Dies gilt auch dann, wenn die Polizei auf der Primärebene nur einen Störer zur Leistung herangezogen hat. Denn die Polizei hat bei der primären Gefahrenbeseitigungsverfügung ihr Auswahlermessen in erster Linie an der Gefahrenlage und insoweit an Effizienzaspekten auszurichten und andere Gesichtspunkte nur einzubeziehen, soweit sie diese Hauptaufgabe nicht beeinträchtigen. Dies berührt jedoch die Störereigenschaft der übrigen Verantwortlichen nicht; der zur Beseitigung herangezogene Störer kann deshalb von den übrigen (abstrakten) Störern intern Ausgleichung verlangen. Im Zeitpunkt des polizeilichen Einschreitens auf der Primärebene ist die objetive Lage so konkret bestimmbar, daß die **Störereigenschaft** nicht nur des konkret Herangezogenen, sondern auch aller weiteren Zustands- oder Verhaltensverantwortlichen ohne weiteres **„dem Grunde nach"**[91] feststellbar ist. Das Auswahlermessen, mit dem die Gegenauffassung der Zivilgerichte begründet wird, bezieht sich gerade nicht auf die primäre polizeiliche Verantwortlichkeit „dem Grunde nach". Schließlich kann es für den nachträglichen internen Ausgleich auch nicht entscheidend darauf ankommen, ob die Polizei auf der Primärebene im Wege der **unmittelbaren Ausführung** vorgegangen ist, bei der es zwangsläufig keine vorherige konkrete Störerbestimmung durch eine Beseitigungsverfügung und damit zweifelsfrei auch keine Präjudizierung der Kostenfrage gegeben hat. Dementsprechend ist die Polizei – wenn nicht im Einzelfall besondere Umstände den Zugriff auf einen der Gesamtschuldner von vornherein gänzlich ausschließen – nicht von sich aus zu einer verhältnismäßigen, d. h. den individuellen Verantwortungsanteilen entsprechenden Lastenverteilung unter den gesamtschuldnerischen Störern verpflichtet;[92] eine derartige Anforderung würde – insbesondere wenn sie bereits auf der Primärebene regelmäßig zu beachten wäre – die polizeiliche Aufgabenerfüllung unangemessen erschweren und fehleranfällig machen. Die Herstellung der internen **Kosten- und Lastengerechtigkeit** innerhalb der Störergruppe kann dem auf dem Zivilrechtsweg zu verfolgenden Ausgleich, sei es gem. § 426 BGB, sei es nach den Grundsätzen der Geschäftsführung ohne Auftrag überlassen bleiben.[93] 29

Die Rechtsprechung der **Zivilgerichte**[94] lehnt die analoge Anwendung des § 426 BGB in den genannten Fällen gleichwohl mit der Begründung ab, daß kein vergleichbarer Sachverhalt bestehe, weil die Behörde den ausgewählten Störer nach vorgegebenen Ermessensregeln herangezogen habe, während die Auswahl beim Gesamtschuldverhältnis 30

---

[88] Vgl. *Denninger,* Kap. E., Rdn. 123.

[89] Vgl. Nachw. zu Fußn. 4 und 78; *Garbe* DÖV 1998, 632 (634); *Kloepfer/Thull* DVBl. 1989, 1121 (1125); *Kohler-Gehrig* NVwZ 1992, 1049 (1051 f.).

[90] *Kloepfer/Thull,* aaO; *Garbe,* aaO; *Kormann* UPR 1983, 281; *Seibert* DÖV 1983, 964.

[91] Vgl. *Denninger,* Kap. E sowie z. B. *OVG Münster* NVWBl. 1998, 64 f., das die Zahlungsklage eines Unternehmens aus GoA auf Erstattung von Kampfmittelräumungskosten unter Hinweis auf die abstrakte, weil nicht durch eine Ordnungsverfügung umgesetzte Zustandsstörerhaftung abgewiesen hat; *VGH Mannheim* NVwZ 2000, 1199 zur Frage der Gesamtrechtsnachfolge in abstrakte Polizeipflichten mit Anm. *Nolte* NVwZ 2000, 1135.

[92] Vgl. *BVerwG* NJW 1993, 1667 (1669) – zur Fehlbelegungsabgabe –; *Spannowsky* DVBl. 1994, 560 (562, 564); *Götz,* Allg. Polizei- und Ordnungsrecht, 12. Aufl., Rdn. 259; *Garbe* DÖV 1998, 632 (635).

[93] Vgl. zum Streitstand *Kloepfer/Thull* DVBl. 1989, 1121 (1125); *BGH* NJW 1987, 187 (189); zur Berücksichtigung des § 254 BGB im internen Ausgleich *Finkenauer* NJW 1995, 432 (434).

[94] Vgl. *BGH* NJW 1981, 2457 (2458); *OLG Düsseldorf* NVwZ 1989, 993 (997); vgl. a. *BGH* NJW 1987, 187 (189): GoA-Ausgleichsanspruch nur, wenn Gefahrenbeseitigungsverfügungen gegen alle Störer ergangen sind; zustimmend *Palandt-Heinrichs,* § 426 BGB, Rdn. 3 a; *Erman-Westermann,* § 426 BGB, Rdn. 2; *Papier* NVwZ 1986, 256 (263); *Schwachheim* NVwZ 1988, 225 (226); Übersicht bei *Wagner* BB 2000, 417 (419 ff.); a. A. Lit.-Nachw. zu Fußn. 90.

völlig frei sei. Diese – wie dargelegt nicht überzeugende – Auffassung bedeutet, daß der auf der Primärebene allein in Anspruch genommene Störer von den anderen Verantwortlichen zivilrechtlich keinen Ausgleich erhält. Dieser Sachlage dürfte sich das Verwaltungsrecht nicht verschließen. Es müßte daher mit Rücksicht auf die Rechtsprechung des BGH bereits auf der Primärebene – also bei der Entscheidung, gegen welchen der Störer vorgegangen werden soll – zumindest auch die spätere Kostenhaftung mitbedacht werden;[95] jedenfalls darf die behördliche Entscheidung auf der Primärebene die Voraussetzung für eine gerechte Lastenverteilung im Innenverhältnis nicht verbauen. Denn es kann wegen Art. 3 I GG (Prinzip der gerechten Lastenverteilung) nicht angehen, daß der z. B. allein wegen seiner größeren Leistungsfähigkeit zur Gefahrenabwehr herangezogene Störer auch alle Kosten allein trägt und keinerlei Erstattungsansprüche gegen die übrigen Störer hat. Die umfassende Mitberücksichtigung der Kostenfolgen bereits bei der Entscheidung über das polizeiliche Einschreiten widerspricht jedoch den Erfordernissen der polizeilichen Praxis, die nach einer raschen und möglichst effizienten Zugriffsmöglichkeit verlangt.

31 Als sachgerechte, die verfehlte zivilrechtliche Rechtsprechung einbeziehende **Lösung** erweist sich danach die **Heranziehung aller Störer auf der Primärebene,**[96] was weder bedeuten muß, daß diese auch die Gefahr gemeinschaftlich beseitigen, noch daß die Polizei bei der ggf. erforderlichen zwangsweisen Durchsetzung unangemessenen Erschwernissen ausgesetzt ist. Auf der Grundlage solcher Grundverfügungen gegen alle Störer ist ein interner zivilrechtlicher Ausgleichsanspruch nach der Rechtsprechung des Bundesgerichtshofs möglich.[97] Auch die Polizei ist in derartigen Fällen der **Ersatzvornahme** bei der späteren Kostenerhebung innerhalb der Grenzen des Willkürverbots ebenso frei wie bei der unmittelbaren Ausführung oder dem Sofortvollzug ohne Grundverfügung. Sie kann – muß aber nicht – die Kosten nach erkennbaren Verantwortungsanteilen oder ähnlichen Kriterien unter den Störern, die durch die Grundverfügungen sämtlich zu „Pflichtigen" i. S. d. Polizei- oder Verwaltungsvollstreckungsgesetze geworden sind, aufteilen oder dies – da sie die Voraussetzungen hierfür nicht verbaut hat – dem internen Ausgleich durch die Störer selbst überlassen, also den aus ihrer Sicht Naheliegendsten zunächst mit den Gesamtkosten belasten.

32 Auch wenn die wünschenswerte Heranziehung aller Störer durch die geschilderten **Grundverfügungen unterblieben** ist, kommt – wie dargelegt – auf der Kostenebene die Inanspruchnahme solcher Störer in Betracht, die zur Gefahrenbeseitigung nicht aufgefordert worden sind. Die erforderliche Rechtsgrundlage findet sich in den im wesentlichen überall gleichlautenden Vorschriften über die Ersatzvornahme. Danach fallen deren Kosten dem „Pflichtigen", dem „Betroffenen" oder dem „Vollstreckungsschuldner" zur Last. Aus dem vollstreckungsrechtlichen Zusammenhang, in dem diese Begriffe stehen, wird zwar zunächst zu Recht gefolgert,[98] daß darunter der **Adressat der Grundverfügung** zu verstehen ist; ganz offenkundig wird dieser Bezug bei dem in § 24 I SächsVwVG gewählten Begriff des „Vollstreckungsschuldners". Gleichwohl schließt diese Zielrichtung nicht aus, die genannten polizei- oder verwaltungsvollstreckungsgesetzlichen Vorschriften auch als Ermächtigungsgrundlage für Kostenbescheide gegen solche Störer heranzuziehen, gegen die auf der Primärebene keine Ordnungsverfügungen ergangen sind. Die Überlegungen, die die Annahme eines Gesamtschuldverhältnisses zwischen mehreren Störern rechtfertigen, lassen sich auf die Fälle der Kostenhaftung bei **abstrakter Polizeipflichtigkeit** übertragen[99]: Auch die nicht zur Beseitigung herangezogenen Störer sind

---

[95] *VGH München* NVwZ 1986, 942; *Garbe* DÖV 1998, 632 (635); vgl. auch *BVerwG* NVwZ 1990, 474 (475); a. A. *VGH Mannheim* VBlBW 1993, 298 (301 f.); *Schoch* JuS 1994, 1026 (1028).

[96] Zutreffend *Garbe,* aaO; vgl. a. *Dienelt* NVwZ 1994, 355.

[97] *BGH* NJW 1987, 187 (189): Aufwendungsersatzanspruch des allein herangezogenen Störers gegen die anderen gem. § 683 BGB.

[98] *Dienelt* NVwZ 1994, 355 m. w. N.; im Erg. ebenso *Kloepfer/Thull* DVBl. 1989, 1121 (1123).

[99] Vgl. *Schink* GewArch 1996, 50 (60 f.); *Brandt,* Altlastenrecht, S. 148 f. m. w. N.; *Papier* DVBl. 1996,

„dem Grunde nach“ wegen ihrer materiellen Beteiligung an der Gefahrenverursachung polizeipflichtig und damit „Pflichtige“ i. S. d. Vollstreckungsrechts. Da hinsichtlich der Kostenerstattung die Sachverhalte und die Interessenlage vergleichbar sind und nichts dafür spricht, daß der Gesetzgeber solche „materiellen Störer“ bewußt von der Kostenerstattungspflicht hätte freistellen wollen, erscheint zumindest eine **analoge Anwendung** der genannten Kostentragungsvorschriften möglich und sachgerecht. Sie verdient jedenfalls den Vorzug gegenüber dem Versuch, die Kostentragungspflicht im Wege der Analogie zu den gesetzlichen Rückgriffs- und Ausgleichsregelungen bei Inanspruchnahme von Nichtstörern zu begründen.[100]

b) Zustandsverantwortlichkeit

Insbesondere im Kontekt mit der **Altlastenproblematik,** die seit der Wiedervereinigung eine Renaissance erlebt hat,[101] ist das Prinzip gerechter Lastenverteilung mit Blick darauf erörtert worden, ob und wie der **Umfang der Haftung** Schranken unterworfen ist. Neben der Begrenzung der **Verhaltensverantwortlichkeit für Altlasten**[102] wird vor allem die Frage nach einer **Opfergrenze** des Grundstückseigentümers bei **Zustandsverantwortlichkeit** aufgeworfen.[103] Die Heranziehung dem Grunde nach wird dadurch allerdings in der Regel nicht in Zweifel gezogen; vielmehr betrifft die Frage nach der Opfergrenze nur den Umfang der Haftung. Sie spitzt sich darauf zu, ob das finanzielle Risiko der Gefahrenbeseitigung vom Eigentümer der störenden Sache – teilweise – auf die Allgemeinheit und damit auf den Steuerzahler zu verlagern ist. In den neuen Bundesländern ist dieser Weg über gesetzliche **Altlastenfreistellungsklauseln** ausdrücklich eröffnet worden.[104] Die Polizeigesetze sehen in einem Sonderfall ebenfalls die Freistellung des Eigentümers der störenden Sache vor, wenn nämlich der Inhaber der tatsächlichen Gewalt diese ohne den Willen des Eigentümers ausübt (vgl. § 14 III 2 ASOG Bln). Nunmehr sind für bestimmte umweltrechtliche Altlasten die Sonderregelungen des **Bundes-Bodenschutzgesetzes** vom 17. 3. 1998 (BGBl. I S. 502) sowie ggf. **landesrechtlicher Altlastengesetze**[105] zu beachten. 33

Ohne eine solche einfachgesetzliche Risikozuordnung zu Lasten der Allgemeinheit hatten die **Verwaltungsgerichte**[106] zunächst eine Einschränkung der polizeirechtlichen Zustandsverantwortlichkeit des Grundstückseigentümers abgelehnt, wenn dieser bei Begründung des Eigentums vom ordnungswidrigen Zustand der Sache wußte oder doch zumindest Tatsachen kannte, aus denen auf einen solchen Zustand zu schließen war, und 34

---

125 ff.; *OVG Lüneburg* NJW 1998, 97; *VGH München* ZfW 1989, 147; *OVG Münster* NWVBl. 1998, 64 f. und – zur Rechtsnachfolgeproblematik bei abstrakten Polizeipflichten – DVBl. 1997, 570 ff.; zu letzterem auch *VGH Mannheim* VBlBW 2000, 154 und NVwZ 2000, 1199 m. Anm. *Nolte* S. 1135; *v. Mutius/Nolte* DÖV 2000, 1 (4).

[100] Vgl. *Finkenauer* NJW 1995, 432 (433); *Giesberts,* Die gerechte Lastenverteilung unter mehreren Störern (1990), 261 ff.; *Griesbeck,* Schr. zum Öff. Recht, Bd. 602; ablehnend *Kloepfer/Thull* DVBl. 1989, 1121 (1122).

[101] Vgl. zur Rechtslage in den neuen Ländern *Kothe* VerwArch 88 (1997), 456 ff.

[102] *Götz* NVwZ 1998, 679 (687); *OVG Münster* DVBl. 1998, 570 ff.

[103] *Götz,* aaO; *Papier* DVBl. 1985, 873 (878) und NVwZ 1986, 256 (257); *Breuer* JuS 1986, 359 (361); *Kloepfer* NuR 1987, 7 (8); *Diederichsen* BB 1988, 917; *Sparwasser/Geißler* DVBl. 1995, 1317; *Seibert* DVBl. 1992, 664 (672); *BVerwG* UPR 1991, 192 und NVwZ 1997, 577; *OVG Münster* NWVBl. 1998, 64 (65); *BVerfG* NJW 2000, 2573 ff. m. div. Anm. (vgl. Fn. 80).

[104] Vgl. Art. 1 § 4 III URG-DDR i. V. m. Art. 9 EinigVertr und Anl. II Kap. XII Abschn. III Nr. 1 lit. b sowie Ges. zur Beseitigung von Hemmnissen bei der Privatisierung von Unternehmen und zur Förderung von Investitionen (BGBl. I 1991, S. 766); zur rechtlichen Bewertung: *Spannowsky* DVBl. 1994, 560 (566); *Rose* BB 1991, 2100.

[105] Z. B. Hess. Altlastengesetz v. 20. 12. 1994 (GVBl. S. 764); Thür. Abfallwirtsch.- und Altlastengesetz v. 31. 7. 1991 (GVBl. S. 273); Überblick bei *Kügel* NJW 1996, 2477; zum BBodSchG vgl. *Denninger* Kap. E, Rdn. 108 sowie *Buck* NVwZ 2001, 51 m. w. N.

[106] Vgl. *BVerwG* UPR 1991, 192; *OVG Münster* NWVBl. 1998, 64 (65); *VGH München* DVBl. 1986, 1283 (1284 f.); *VGH Mannheim* NVwZ 1986, 325 (326); *Seibert* DVBl. 1992, 664 (672); vgl. a. *BGH* NJW 1989, 2541 f.; NJW 1995, 2633 f. und NJW-RR 1996, 659 f.: grundsätzlich uneingeschränkte Haftung, außer bei nicht zurechenbaren Störungen durch Naturereignisse.

Ausnahmen allenfalls dann zugelassen, wenn sich die Kostenbelastung als **ruinöse Inanspruchnahme** erwiesen hätte. Das **Bundesverwaltungsgericht**[107] hatte zwar erwogen, ob aus **verfassungsrechtlichen Gründen** – nämlich dem Prinzip der gerechten Lastenverteilung, das sich auf Art. 3 I GG, Art. 14 I GG und das Rechtsstaatsprinzip gründet[108] – eine Haftungseingrenzung in Betracht kommt, wenn die Kostenbelastung den **privatnützigen Gebrauch** des Eigentums ausschalten würde; es hat diese Überlegung aber dann nicht durchgreifen lassen, wenn der Eigentümer bei Begründung des Eigentums die maßgeblichen Umstände kannte.

35 Das **Bundesverfassungsgericht**[109] hat die Rechtsauffassung des Bundesverwaltungsgerichts korrigiert. Es hält zwar die polizeirechtlichen Regelungen über die Zustandshaftung als **Inhaltsbestimmungen des Eigentums** i. S. v. Art. 14 I 2 GG für verfassungsgemäß; ferner ist es von Verfassungs wegen grundsätzlich nicht zu beanstanden, daß die Zustandsverantwortlichkeit nicht davon abhängig gemacht wird, ob der Eigentümer die Gefahr verursacht oder verschuldet hat. Der Zustandsstörer haftet auch nicht stets nachrangig gegenüber dem Verhaltensstörer. Die **Kostenbelastung des Eigentümers** darf jedoch nicht **unzumutbar** sein. Im Rahmen der gebotenen **Verhältnismäßigkeitsprüfung** ist u. a. zu berücksichtigen, ob der finanzielle Aufwand den **Verkehrswert** des Grundstücks nach Durchführung der Sanierung übersteigt; ist dies der Fall, so kann die Kostenlast insbesondere dann unzumutbar sein, wenn die zu beseitigende Gefahr aus Naturereignissen, aus der Allgemeinheit zuzurechnenden Ursachen oder von nicht nutzungsberechtigten Dritten herrührt. Eine den Verkehrswert übersteigende Kostenlast kann gleichwohl zumutbar sein, wenn der Eigentümer das **Gefahrenrisiko bewußt oder fahrlässig in Kauf genommen** hat, weil das freiwillig übernommene Risiko seine Schutzwürdigkeit mindert; allerdings muß der Grad der Fahrlässigkeit berücksichtigt werden. Die von den Verwaltungsgerichten vorgenommene „unterschiedlose Gleichsetzung" des Handelns in positiver Kenntnis und in vorwerfbarer Unkenntnis des Risikos hat das Bundesverfassungsgericht als verfassungswidrig beanstandet. Ferner hat es grundsätzlich eine **Haftungsbeschränkung** auf den Wert des Grundstücks gefordert und den Zugriff auf das sonstige Vermögen verboten. Das Bundesverfassungsgericht hat den Ordnungsbehörden wegen der mit der Beseitigungsanordnung aus der Sicht des Adressaten zwangsläufig verbundenen Kostenfolge aufgegeben, bereits in der „Grundverfügung" über die Höhe der zumutbaren Kosten zu befinden bzw. – wenn deren Umfang noch nicht absehbar ist – die Sanierungsverfügung mit dem **Vorbehalt einer gesonderten Kostentragungsentscheidung** zu verbinden.

36 Ob der Zustandsstörer durch Aufgabe seines Eigentums **(Dereliktion)** der Kostentragungspflicht entgehen kann,[110] hängt zunächst davon ab, ob dies die Störereigenschaft entfallen läßt mit der Folge, daß ihm gegenüber keine polizeiliche Beseitigungsverfügung mehr ergehen könnte. Das wird jedenfalls dann zu verneinen sein, wenn die Dereliktion als rechtsmißbräuchliche Handlung mit dem einzigen Ziel, sich der materiellen Polizeipflicht und ihrer Folgen zu Lasten der Allgemeinheit zu entziehen, in eklatantem Widerspruch zur Rechtsordnung steht und damit als **sittenwidrig** und nichtig erscheint (§ 138 BGB).[111] Vor diesem Hintergrund hat der Gesetzgeber in neueren Polizeigesetzen generell vorgesehen, bei den von **herrenlosen Sachen** ausgehenden Gefahren Abwehrmaßnahmen gegen denjenigen zuzulassen, der das Eigentum an der Sache aufgegeben hat (vgl. § 14 IV ASOG Bln; § 7 III HSOG u. a.).

---

[107] *BVerwG* NVwZ 1997, 577 und DÖV 1991, 428.
[108] *Spannowsky* DVBl. 1994, 560 (566).
[109] *BVerfG* NJW 2000, 2573 ff. m. Anm. *Knopp* BB 2000, 1373; *Schwartmann* DStR 2000, 1364; *Scherer-Leydecker* EWiR 2000, 655; *Müggenborg* NVwZ 2001, 39.
[110] *VGH Mannheim* NVwZ-RR 1991, 27.
[111] *Spannowsky* DVBl. 1994, 560 (564) m. w. N.

4. Geltendmachung des polizeilichen Kostenerstattungsanspruchs

Da eine ausdrückliche Regelung nur selten[112] vorhanden ist, stellt sich die Frage, ob die Durchsetzung des staatlichen Anspruchs im Wege des **Leistungsbescheids** – wie es in der Praxis allgemein üblich ist – zulässig oder ob der Staat auf den Klageweg verwiesen ist. 37

Die Rechtsprechung[113] verneint die damit angesprochene Geltung des **Gesetzesvorbehalts** für die Handlungsform dann, wenn und soweit zwischen den Beteiligten des streitigen Anspruchs bereits vor Erlaß des streitigen Leistungsbescheids ein diesen tragendes materielles öffentlich-rechtliches Rechtsverhältnis bestand. Ob dies so generell noch haltbar ist, kann hier dahinstehen. Da praktisch alle Polizei- und Verwaltungsvollstreckungsgesetze für den polizeilichen Kostenerstattungsanspruch die Beitreibung im Verwaltungszwangsverfahren vorsehen, ergibt sich aus dieser gesetzlichen Entscheidung im Wege der Auslegung die Zulässigkeit der Handlungsform des Verwaltungsakts. Soweit danach der Verwaltungsakt auch ohne ausdrückliche Ermächtigung zulässig ist, ist gegen ihn **Widerspruch** (§§ 68 ff. VwGO) und **Anfechtungsklage** (§ 42 I VwGO) möglich.

Beiden Rechtsbehelfen kommt – wenn nicht die sofortige Vollziehung gemäß § 80 II 1 Nr. 4 VwGO angeordnet worden ist – **aufschiebende Wirkung** (§ 80 I VwGO) zu, weil die Anordnung der Erstattung von Polizeikosten weder eine „Anforderung von öffentlichen Abgaben und Kosten“ i. S. v. § 80 II 1 Nr. 1 VwGO noch eine „Maßnahme **in** der Verwaltungsvollstreckung“ i. S. v. § 80 II 2 VwGO (früher: § 187 III VwGO), sondern vielmehr einen nicht abgabeähnlichen fiskalischen Ersatzanspruch für verauslagte Aufwendungen darstellt und regelmäßig nicht mehr der Beugung des Willens des Störers dient.[114] 38

§ 80 II 1 Nr. 1 VwGO findet hingegen Anwendung, wenn der Kostenerstattungsanspruch landesrechtlich als **Gebühr** ausgestaltet ist; Rechtsbehelfe dagegen haben dann kraft Gesetzes keine aufschiebende Wirkung.

II. Einzelfälle kostenpflichtiger polizeilicher Leistungen

1. Kostenhaftung des Störers, des Anscheinsstörers und bei Gefahrenverdacht

a) Störerhaftung

Die Polizei erfüllt ihre Aufgabe – nämlich im öffentlichen Interesse von dem Einzelnen und der Allgemeinheit Gefahren für die öffentliche Sicherheit und Ordnung abzuwehren – herkömmlich in der Weise, daß sie die erforderlichen Maßnahmen grundsätzlich gegenüber dem **Verhaltens- und/oder Zustandsstörer** und nur ausnahmsweise gegenüber dem **Nichtstörer** anordnet oder mit eigenen Mitteln vornimmt. Dabei ist nach dem **Grundsatz der Verhältnismäßigkeit** diejenige Maßnahme zu wählen, die den Einzelnen voraussichtlich am wenigsten beeinträchtigt. Das polizeiliche Handeln ist also im Regelfall darauf gerichtet, daß der Störer die Gefahr **selbst beseitigt.**[115] Dies tut er dann mit eigenen Mitteln, so daß der Polizei insoweit keine Kosten entstehen. Daher ist es nur konsequent, daß das Polizeirecht dann, wenn der Störer seiner Beseitigungspflicht nicht nachkommt, ersatzweise dessen Pflicht zur **Übernahme derjenigen Kosten** vorsieht, die der Polizei dadurch entstanden sind, daß sie die Gefahr selbst oder mit Hilfe eines Dritten 39

---

[112] Vgl. z. B. § 75 III SOG M–V; in §§ 9 III 3, 53 II 2 ThürPAG sowie in § 9 II 4 SOG LSA wird die Handlungsform des Verwaltungsakts durch den Verweis auf die Beitreibung im Verwaltungszwangsverfahren legitimiert.

[113] *BVerwGE* 59, 13 (19 f.) sowie Nachw. bei *Osterloh* JuS 1983, 280 ff.

[114] *VGH Mannheim* DVBl. 1987, 150 und NVwZ-RR 1991, 512; *Götz* DVBl. 1984, 14; *VGH München* DÖV 1994, 1013.

[115] Vgl. in diesem Zusammenhang z. B. § 5 II HSOG: „Kommen zur Abwehr einer Gefahr mehrere Mittel in Betracht, so genügt es, wenn eines davon bestimmt wird. Der betroffenen Person ist auf Antrag zu gestatten, ein anderes, ebenso wirksames Mittel anzuwenden, sofern die Allgemeinheit dadurch nicht stärker beeinträchtigt wird.“

abgewehrt hat. Diese Kostenbelastung ist unter dem Gesichtspunkt der **„Kostenprovokation"** und nach dem **Veranlasserprinzip** durch den insoweit – nämlich hinsichtlich der ihm obliegenden Beseitigung – untätig gebliebenen Verursacher der Gefahr oder Störung ebenso gerechtfertigt wie etwa diejenige des Verurteilten im Strafprozeß[116] (§§ 465, 464a StPO). Sie beruht daneben auf dem Gedanken des **Vorteilsausgleichs.**[117] Die Kostenbelastung des Störers und des Verurteilten widerlegen deshalb nicht den Grundsatz der Kosten- und Gebührenfreiheit für hoheitliche Staatstätigkeit im Kernbereich (s. o. zu I.2.h), sondern bestätigen ihn als plausibel gerechtfertigte Ausnahme eher noch.[118] Die Kostenfreiheit würde dessen finanziellen Vorteil gegenüber einem gesetzestreuen Verhalten ohne sachlichen Grund perpetuieren.

40 Ist somit die Kostenbelastung des Störers bei abstrakter Betrachtung ohne weiteres einsichtig und gerechtfertigt, so kann im konkreten Fall die **Abgrenzung zwischen Störer und Gestörtem**[119] – insbesondere im Bereich der Zustandshaftung (vgl. das Problem der **Eigensicherung** [unten zu II.7]) – erhebliche Schwierigkeiten bereiten; für die Rechtmäßigkeit der Kostenüberwälzung kann sie entscheidungserheblich sein. Der vor Störungen Geschützte oder zu Schützende kann nur dann mit den entstandenen Polizeikosten belastet werden, wenn er entweder zugleich als Störer – etwa über die Figur der Zweckveranlassung – oder als Gebührenschuldner unter den oben zu I.2 beschriebenen Einschränkungen zu Recht herangezogen werden darf; der als Nichtstörer in Anspruch Genommene ist nach Polizeirecht nicht zahlungspflichtig, sondern im Regelfall sogar entschädigungsberechtigt. Liegen die besonderen Voraussetzungen für die **Inanspruchnahme eines Nichtstörers** vor, so kann die Polizei vielmehr die ihr unmittelbar entstandenen Kosten[120] sowie die von ihr an den Nichtstörer zu zahlende Entschädigung im Wege des **Aufwendungsersatzes** vom Störer zurückverlangen.[121]

41 Wird zur Abwendung einer Gefahr die **Sicherstellung einer Sache** notwendig, so muß der als Störer dafür Verantwortliche die Kosten der Sicherstellung, Verwahrung und ggf. die Verwertung tragen,[122] soweit das einschlägige Polizei- oder Gebührengesetz eine entsprechende Kostenregelung enthält. Diese Kostenfolge ist nach den dargelegten allgemeinen Grundsätzen (s. o. zu I.2) unter dem Gesichtspunkt der Störerverantwortlichkeit nach dem Veranlassungsprinzip ebenso gerechtfertigt wie die – häufig in Kostentarifen oder Gebührenvorschriften vorgesehene[123] – Kostenbelastung des Störers oder Nutznie-

---

[116] Vgl. Nr. 6110ff., 9014 i. V. m. 9012, 9000 KostVerzGKG; zur Verfassungsmäßigkeit der Kostenpflicht vgl. *BVerfGE* 18, 302 (304).

[117] *Gusy* DVBl. 1996, 272 (273).

[118] *Gusy* DVBl. 1996, 722 (723).

[119] Vgl. hierzu *Gusy* DVBl. 1996, 722 (727).

[120] Bei unmittelbarer Ausführung gem. – z. B. – § 15 II ASOG Bln; sonst bei Anwendbarkeit des Verwaltungsvollstreckungsgesetzes gem. § 10 VwVG, wobei „auf Kosten des Pflichtigen" den materiell polizeipflichtigen Störer meint; sieht man das anders, so würde zunächst die Ersatzvornahme „auf Kosten" des Nichtstörers ausgeführt und dessen Kosten als ausgleichspflichtiger „Schaden" i. S. v. § 59 I ASOG Bln (und der vergleichbaren Vorschriften) angesehen werden müssen, der dann der ausgleichspflichtigen Behörde wiederum vom Störer gem. § 64 ASOG Bln (und den vergleichbaren Vorschriften) zu erstatten ist.

[121] Vgl. z. B. § 57 i. V. m. §§ 9, 55f. PolG BW; Art. 72 i. V. m. Art. 10, 70 BayPAG; § 64 i. V. m. §§ 59 I, 16 ASOG Bln; § 70 BbgPolG i. V. m. §§ 38ff. BbgOBG; § 61 i. V. m. §§ 7, 56ff. BremPolG; § 10 IV i. V. m. § 10 I bis III HbgSOG; § 69 i. V. m. §§ 9, 64 HSOG; § 75 II SOG MV; § 85 i. V. m. §§ 8, 80ff. NGefAG; § 67 PolG NW i. V. m. §§ 42 II, 19, 39ff. OBG NW; § 73 I i. V. m. §§ 7, 68ff. POG RP; § 73 I i. V. m. §§ 6, 68ff. SPolG; § 57 i. V. m. §§ 52, 7 SächsPolG; § 74 I i. V. m. §§ 69 I, 10 SOG LSA; § 224 II i. V. m. §§ 221, 220 LVwG SH; § 73 I i. V. m. §§ 68, 10 ThürPAG; § 50 I i. V. m. §§ 6, 45ff. ME.

[122] Vgl. z. B. § 41 III 1 ASOG Bln. Gem. § 41 III 6 ASOG Bln bleibt die Kostenerhebung durch Gebühren unberührt (vgl. TarSt. Nr. 5 des GebVerz. zur PolBenGebO Bln); u. a. in Thüringen werden gem. § 30 III 2 ThürPAG ebenfalls für die Verwahrung Benutzungsgebühren erhoben. Vgl. zur Kostentragung i. ü.: § 34 IV PolG BW; § 28 III BbgPolG; § 14 V HbgSOG; § 43 III i. V. m. §§ 40ff. HSOG; § 29 III i. V. m. §§ 26ff. NGefAG; § 46 III i. V. m. §§ 43ff. PolG NW; § 25 III i. V. m. §§ 22ff. POG RP; § 24 III SPolG; § 29 I 3 SächsPolG; § 48 III SOG LSA; § 30 III ThürPAG; § 24 III ME.

[123] Vgl. z. B. Vollstreckungskostenordnung (BW) v. 2. 7. 1974 (GBl. S. 229) i. d. F. v. 18. 12. 1995 (GBl. 1996, S. 29); § 1 PolKV (Bay) v. 2. 3. 1994 (GVBl. S. 177); Gebührenverz. zu § 1 PolBenGebO (Bln) v. 7. 1.

ßers für die **Unterbringung in Polizeigewahrsam,** die **Beförderung von in Gewahrsam genommenen oder hilflosen Personen,** die **Beförderung von Personen, Sachen oder Tieren,** die **Reinigung eines Dienstraums oder Dienstfahrzeugs wegen Verschmutzung** und die **Begleitung eines Schwertransports o. ä.** Wegen der regelmäßig ebenfalls festgelegten Belastung mit den Kosten eines **Fehlalarms** ergeben sich allerdings zusätzliche Fragen, die einer gesonderten Behandlung bedürfen (s. u. zu II.6). Das Recht der einzelnen Bundesländer unterscheidet sich dabei nicht nur in Detailformulierungen, sondern schon bei der Benennung der kostenpflichtigen Tatbestände.[124]

Diese **Haftung des Störers** spielt im ganzen angesichts der nach dem Verhältnismäßigkeitsgrundsatz vorrangigen eigenständigen Beseitigungspflicht nur eine untergeordnete Rolle; sie realisiert sich demnach nur bei notwendiger **unmittelbarer Ausführung einer Maßnahme** sowie bei der Anwendung von **Zwangsmitteln (Ersatzvornahme, Zwangsgeld, unmittelbarer Zwang)** und auch nur dann, wenn und soweit die Kostentragung in den entsprechenden Polizei- bzw. Verwaltungsvollstreckungsgesetzen vorgesehen ist. Fehlt es an einer solchen gesetzlichen Regelung, dürfte der Rückgriff auf das allgemeine Verwaltungskostenrecht nicht zulässig sein;[125] das Verwaltungskostengesetz setzt fachgesetzliche Gebührentatbestände voraus und kann diese weder ersetzen noch erweitern.[126] Die Haftung des Störers ist prinzipiell auf die Kosten der Maßnahme als solcher beschränkt, schließt also die Personalkosten der tätig gewordenen Polizeikräfte typischerweise nicht ein, es sei denn, der Landesgesetzgeber hätte dies unter Berücksichtigung des Verhältnismäßigkeitsgebots ausdrücklich anders geregelt. 42

Kann die Polizei den Störer nicht oder nicht rechtzeitig erreichen und ist deshalb die **unmittelbare Ausführung**[127] der Maßnahme durch die Polizei selbst erforderlich, so ist der Störer nach allen Polizeigesetzen[128] zum Ersatz derjenigen Kosten verpflichtet, die der Polizei durch die unmittelbare Ausführung entstanden sind, sofern deren rechtliche Voraussetzungen vorlagen.[129] Nach der verdeutlichenden Bestimmung in § 15 III 2 ASOG Bln sind nur die unmittelbar durch die Maßnahme entstehenden **zusätzlichen personellen und sächlichen Aufwendungen** zu ersetzen. 43

In diesem Zusammenhang ist eine **Besonderheit des bayerischen Polizeirechts** erwähnenswert: Für u. a. die unmittelbare Ausführung (Art. 9 II BayPAG) sowie die Durchführung einer Ersatzvornahme (Art. 55 I BayPAG) ist die Erhebung von „Kosten 44

1980 (GVBl. S. 379) i. d. F. v. 22. 12. 1998 (GVBl. S. 448); Allg. Gebührentarif (TarSt. 18) zu § 1 AVwGebO NW i. d. F. v. 5. 8. 1980 (GVBl. S. 2011); Kostentarif Nr. 67 zur Allg. Gebührenordnung (Nds.) v. 5. 6. 1997 (Nds.GVBl. S. 171), zuletzt geändert durch VO v. 24. 9. 1999 (Nds.GVBl. S. 347); § 1 PolKostVO (Saarl.) v. 12. 4. 1990 (Amtsbl. S. 482), zuletzt geändert durch VO v. 12. 5. 1998 (Amtsbl. S. 506); TarSt. 75 zu § 1 2. SächsKVZ v. 4. 3. 1997 (GVBl. S. 133) und VO über Benutzungsgebühren und Auslagen für wirtschaftliche Leistungen der Polizei des Freistaates Sachsen v. 8. 4. 1997 (GVBl. S. 388); Kostentarf Nr. 118 zur AllGO LSA v. 17. 2. 1994 (GVBl. LSA S. 208); TarSt. 18 des Allg. Gebührentarifs (SH) v. 12. 1. 1996 (GVOBl. S. 96), zuletzt geändert durch VO v. 17. 11. 1999 (GVOBl. S. 408); § 1 ThürPolKostV v. 8. 7. 1993 (GVBl. S. 424).

[124] Vgl. die relativ knappe „Kostenliste" in § 2 PolKostVO (Saarl.) mit 6 Positionen einerseits und das 2. SächsKVZ mit 13 Positionen unter lfd. Nr. 75 sowie zusätzlichen Benutzungsgebühren in der Anl. zu § 3 PolBGVO v. 8. 4. 1997 andererseits.

[125] *OVG Lüneburg* NVwZ 1984, 323; *Schenke* NJW 1983, 1882 (1888); *Würtenberger* NVwZ 1983, 192 (193).

[126] *BVerwGE* 108, 364 (366); 84, 178 (182); 40, 313 (315).

[127] Zu deren str. Rechtsnatur als Verwaltungsakt (wegen einer konkludenten Duldungsverfügung) oder als Realakt vgl. *Pietzner* VerwArch 1993, 261 (264) m. w. N.; *OVG Münster* NWVBl. 2000, 216 (217 – Realakt –).

[128] Vgl. § 8 II PolG BW; Art. 9 II BayPAG (nebst Gebühr gem. § 1 PolKV i. H. v. 40–2500,– DM); § 15 II, III ASOG Bln; § 7 III HbgSOG; § 8 II HSOG; § 81 III SOG MV; § 64 II i. V. m. § 66 I NGefAG (Sofortvollzug); § 6 II POG RP; § 6 II SächsPolG; § 9 II SOG LSA; §§ 230, 238 LVwG SH (Sofortvollzug); § 9 II ThürPAG (nebst Gebühr gem. § 1 PolKostV i. H. v. 30–2000,– DM); § 5 a II ME – 1977 –. Gem. § 15 II 4 ASOG Bln bleibt die „Erhebung von Kosten nach dem Gesetz über Gebühren und Beiträge unberührt", so daß der Berliner Gesetzgeber bewußt neben der konkreten Kostenüberwälzung eine gebührenrechtliche Lösung ermöglicht (vgl. z. B. die PolBenGebO i. d. F. v. 7. 1. 1980 ‹GVBl. S. 379› mit mehrfachen Änderungen). Existieren gebührenrechtliche Regelungen, so sind diese im Zweifel vorrangig und abschließend.

[129] *VGH Mannheim* VBlBW 1993, 298 f.

(Gebühren und Auslagen)" vorgesehen; gem. § 2 der Polizeikostenverordnung vom 2. 3. 1994[130] sind mit den Gebühren von 40,– DM bis 2500,– DM (unmittelbare Ausführung) bzw. 50,– DM bis 2500,– DM (Ersatzvornahme) die „Auslagen im Sinne des Art. 13 Abs. 1 Nrn. 2, 3 und 4 des Kostengesetzes abgegolten" (– jetzt: Art. 10 I Nrn. 2, 3 und 4 des Kostengesetzes v. 20. 2. 1998 –). Von der Abgeltung ausgenommen sind dadurch „die anderen Behörden und anderen Personen für ihre Tätigkeit zustehenden Beträge". Das bedeutet, daß die eigenen Aufwendungen der Polizei – sei es bei der Durchführung der unmittelbaren Ausführung, sei es bei der von ihr selbst durchgeführten Ersatzvornahme – nur erstattungsfähig sind, soweit der Gebührenrahmen ausreicht; hingegen sind die Kosten eingeschalteter Dritter bei der Ersatzvornahme als Auslagen neben der Gebühr voll zu ersetzen. Diese Differenzierung ist im Hinblick auf Art. 3 I GG hinzunehmen, soweit es um den nicht umlagefähigen Personalaufwand der Polizei als solchen, also um die „Benachteiligung" der Polizei geht; diese Haftungsbegrenzung darf der Gesetzgeber vornehmen. Bedenklich ist allerdings, daß derjenige Störer, der eine „teure" Ersatzvornahme durch die Polizei selbst mit der Folge einer „Kostendeckelung" durch den Gebührenrahmen provoziert, besser dasteht als derjenige, der die Anordnung der Polizei befolgt und die Gefahr auf eigene, den Gebührenrahmen übersteigende Kosten selbst beseitigt; er ist ferner gegenüber demjenigen begünstigt, bei dem sich die Polizei nicht zur Selbstvornahme, sondern zur Beauftragung eines Dritten entschließt.

45 Im **Saarland** ist die Rechtslage insoweit ähnlich: Gem. § 3 PolKostVO v. 12. 4. 1990[131] sind mit der Gebühr für die nach saarländischem Polizeirecht nur – ggf. im Wege des Sofortvollzugs (§ 44 II SPolG) – vorgesehene Ersatzvornahme (§ 46 I SPolG) in Höhe von 30,– DM bis 2000,– DM (§ 1 Nr. 4 PolKostVO) die der Polizei erwachsenen Auslagen „mit Ausnahme der besonderen Auslagen" abgegolten; besondere Auslagen – die also neben der Gebühr erhoben werden können – sind aber gem. § 3 S. 2 PolKostVO lediglich die Beträge, die anderen Behörden oder Personen zu zahlen sind, sowie die Aufwendungen für Verpflegung und Fahrzeugkosten. Die Personalkosten sind bei Selbstvornahme durch die Polizei demnach – wie in Bayern – nur bis zur Obergrenze des Gebührenrahmens erstattungsfähig.

46 Kommt der Störer seiner Pflicht zur Abwendung der Gefahr oder Beseitigung der Störung nicht oder nicht rechtzeitig nach, wird die **Anwendung von Zwangsmitteln** durch die Polizei erforderlich. Dabei ist zunächst danach zu unterscheiden, ob die gebotene Handlung auch durch einen anderen vorgenommen werden kann. Bei in diesem Sinne **vertretbaren Handlungen** kommt – nach vorheriger Androhung – das Zwangsmittel der **Ersatzvornahme** in Betracht, nämlich durch die Polizei selbst[132] oder einen von ihr Beauftragten. Die Ersatzvornahme erfolgt nach allen Polizeigesetzen „auf Kosten des Pflichtigen";[133] daraus ergibt sich seine Erstattungspflicht. Nach allen Polizeige-

---

[130] GVBl. S. 177.

[131] Amtsbl. S. 482, zuletzt geändert durch VO v. 12. 5. 1998 (Amtsbl. S. 506).

[132] Nach §§ 10, 12 VwVG (Bund) und – kraft dynamischer Verweisung hierauf – gem. § 5 II 1 VwVfG Bln ist die Selbstvornahme als Form des unmittelbaren Zwangs ausgestaltet. Die Kostentragungspflicht des Störers ergibt sich dann aus § 19 I VwVG i. V. m. § 341 I Nr. 8 AO; danach sind auch „sonstige durch Ausführung des unmittelbaren Zwangs" (d. h. hier durch die Selbstvornahme durch die Polizei) entstandenen Kosten erstattungspflichtig. In Berlin dürfte hierbei die Kostenbemessungsregelung des § 15 III 2 ASOG entsprechend gelten (nur die unmittelbaren zusätzlichen Aufwendungen).

[133] Vgl. § 49 I PolG BW i. V. m. § 25 LVwVG BW (Gebühr für die Androhung und Festsetzung gem. § 31 I, III LVwVG, §§ 5, 6 LVwVGKO (z. Zt. bei Selbstvornahme 62,– DM/Std. je Bediensteten; bei Drittvornahme 10 % des Rechnungsbetrags, max. 300,– DM); Art. 55 I BayPAG i. V. m. § 1 PolKV (Gebühr i. H. v. 50–2500,– DM, mit der bestimmte Auslagen abgegolten sind); § 5 II 1 BlnVwVfG i. V. m. § 10 VwVG (Bund); § 55 BbgPolG; § 40 I BremPolG i. V. m. §§ 13 ff. BremVwVG; § 19 HbgVwVG; § 49 HSOG; § 89 SOG MV; § 66 I NGefAG (Gebühr gem. Nr. 26.1 Kostentarif zur AllGO: 60–2400,– DM); § 52 I PolG NW; § 57 I POG RP i. V. m. § 63 I LVwVG RP; § 46 I SPolG i. V. m. § 1 PolKostVO (Gebühr i. H. v. 30–2000,– DM); § 30 SächsPolG i. V. m. §§ 19 ff. LVwVG; § 55 I SOG LSA; § 238 I LVwG SH; § 53 I ThürPAG.

setzen kann die Polizei die voraussichtlich anfallenden Kosten schon im voraus erheben.[134] Die Ersatzvornahme kann im Wege des **Sofortvollzuges** ohne vorausgehenden Verwaltungsakt durchgeführt werden, wenn die dafür von Gesetzes wegen aufgestellten besonderen Dringlichkeitsvoraussetzungen vorliegen (vgl. statt aller § 6 II VwVG-Bund); wegen der **Abgrenzungsprobleme** zum gelegentlich parallel vorgesehenen[135] Institut der unmittelbaren Ausführung wird auf Kap. E, Rdn. 141, und Kap. F, verwiesen. An der Kostentragungspflicht des Störers und den Gründen für ihre Rechtfertigung ändert sich dadurch selbstverständlich nichts.

Schuldet der Störer ein Handeln, Dulden oder Unterlassen, das durch einen anderen nicht geleistet werden kann, und erfüllt er diese **unvertretbare Pflicht** nicht, so kommen – jeweils nach vorheriger Androhung – die Verhängung von **Zwangsgeld,** ersatzweise von **Zwangshaft** sowie als letztes Mittel die Anwendung **unmittelbaren Zwangs** in Betracht. Der durch das Zwangsgeldverfahren verursachte Behördenaufwand wird zunehmend über **Gebühren**[136] auf den Störer abgewälzt. Das ist auch unter Berücksichtigung der oben zu I.2 dargelegten allgemeinen Grundsätze nicht zu beanstanden. Das gleiche gilt für die Kosten des unmittelbaren Zwangs,[137] zumal ein qualitativer Unterschied zur kostenpflichtigen unmittelbaren Ausführung oder der vollstreckten Ersatzvornahme nicht besteht.[138] 47

b) Anscheinsstörerhaftung

In jüngster Zeit ist die Diskussion um die **Kostenpflicht des Anscheinsstörers** sowie in Fällen des **Gefahrenverdachts** neu aufgeflammt.[139] Beide Begriffe stellen polizeirechtliche Reaktionen auf ungewisse Sachverhalte dar;[140] sie sollen der Notwendigkeit raschen polizeilichen Handelns einerseits und der gerechten Kostenverteilung andererseits Rechnung tragen. 48

Zur Lösung beider Problemkreise ist eine Orientierung an den unterschiedlichen Zielrichtungen der polizeilichen Maßnahmen auf der Primärebene und der Kostenlastverteilung auf der Sekundärebene geboten. Das Interesse effektiver Gefahrenabwehr rechtfertigt es, zur Einschätzung der Gefahrenlage auf die Sicht der Polizei (ex ante) abzustellen und eine Situation, die sich im nachhinein als „ungefährlich" erweist, gleichwohl als objektive **Anscheinsgefahr** anzuerkennen, wenn sie bei verständiger Würdigung der objektiven Anhaltspunkte als Gefahrenlage gewertet werden durfte. Das dargelegte Zugriffsinteresse auf der Primärebene trägt aber die endgültige Kostenbelastung des „Anscheinsstörers" dann nicht mehr, wenn sich später herausstellt, daß er – mangels Gefahrenlage oder mangels ihm zuzurechnender Verursachung – tatsächlich nicht Störer war. Seine Situation ist mit derjenigen des (von vornherein bewußt in Anspruch genommenen) **Nichtstörers** vergleichbar; 49

---

[134] Vgl. die Nachweise bei Fußn. 133.

[135] Vgl. z. B. § 15 II ASOG Bln und §§ 6 II, 10 VwVG, die in Berlin für Polizeiverfügungen ebenfalls gelten; ebenso: Art. 9 und 53 II BayPAG, §§ 8, 53 II BbgPolG, §§ 8, 47 II HSOG, §§ 6, 50 II POG RP, §§ 9, 53 II SOG LSA, §§ 9, 51 II ThürPAG. **Nur** die **unmittelbare Ausführung** sehen vor: § 8 PolG BW, § 7 HbgSOG, § 6 SächsPolG. **Nur** den **Sofortvollzug** kennen: § 11 II BremVwVG, § 81 SOG MV, § 64 II NGefAG, § 50 II PolG NW, § 44 II SPolG, § 230 LVwG SH. Zur Abgrenzungsproblematik vgl. a. *Kugelmann* DÖV 1997, 153 ff.

[136] Vgl. z. B. Art. 56 BayPAG i. V. m. § 1 Nr. 5 PolKV (15–150,– DM); § 67 NGefAG i. V. m. § 70 NVwVG und Nr. 26.2 der Anl. zur AllGO (60–600,– DM); § 47 III SPolG i. V. m. § 1 PolKostVO (10–100,– DM); Allg. Gebührenordnung – LSA –, Kostentarif, lfd. Nr. 118, Tarifst. 3.2 (20–2000,– DM); § 1 ThürPolKostV (20–100,– DM).

[137] Vgl. die Nachw. bei Fußn. 136, wobei die Tarife abweichend geregelt sind und z. B. in Niedersachsen auf den Zeitaufwand abstellen, sowie zusätzlich § 52 IV PolG BW i. V. m. § 7 LVwVGKO (62,– DM/Std. je Bediensteten).

[138] *Schenke* NJW 1983, 1882 (1888 f.).

[139] Vgl. *Nirschl,* Kosten der Polizei- und Sicherheitsbehörden ..., S. 157 ff.; *Breuer* NVwZ 1987, 751 (754); *Kokott* DVBl. 1992, 749 ff.; *de Wall* JuS 1993, 939 ff.; *Losch* DVBl. 1994, 781 ff.; *Schoch* JuS 1994, 667 (669); *Erichsen/Wernsmann* Jura 1995, 219 (220 f.); *Martensen* DVBl. 1996, 286 ff.; *Schenke/Ruthig* VerwArch 87 (1996), 329 ff.; *Schwabe* JuS 1996, 988 ff.; *Hendricks/Merz* NWVBl. 1999, 236 (238 f.); *BGH* DVBl. 1992, 1158 m. Anm. *Götz* und NJW 1994, 2355; *OVG Schleswig* NVwZ 2000, 1196; *OVG Münster* DVBl. 1996, 1444; *VGH München* ZfW 1995, 98; *OVG Koblenz* DÖV 1992, 270.

[140] Vgl. *Schenke/Ruthig,* aaO, S. 330.

auch er trägt im Verhältnis zur Allgemeinheit ein **Sonderopfer.** Die danach entsprechend dem Prinzip der gerechten Lastenverteilung gebotene **Kostenfreistellung**[141] läßt sich damit begründen, daß die polizeirechtliche Inanspruchnahme nicht nur eine (Anscheins-)Gefahr, sondern auch zusätzlich die Störereigenschaft des Herangezogenen voraussetzt. Bei Anscheinsgefahrlagen wird es aber häufig an der erforderlichen unmittelbaren und zurechenbaren Verursachung durch den scheinbar Verantwortlichen fehlen.[142]

50 Die Kostenpflicht setzt aber zumindest eine **„Anscheinsstörereigenschaft"** voraus. Wenngleich es auch insoweit wegen des Primats der effektiven Gefahrenabwehr maßgeblich auf die ex-ante-Sicht der handelnden Polizeibeamten ankommt, wird man mindestens verlangen müssen, daß der Inanspruchgenommene durch sein Verhalten oder sein Eigentum zurechenbar die Voraussetzungen der Anscheinsgefahr unmittelbar verursacht hat.[143] Ist dies nicht der Fall, wird der Herangezogene in Wahrheit als **Nichtstörer** in Anspruch genommen. Eine Kostenbelastung scheidet dann – wie dargelegt – nach den Polizeigesetzen aller Länder aus. „Scheinstörer" in diesem Sinne, deren Nichtstörereigenschaft sich nachträglich herausstellt, haben darüber hinaus – zumindest entsprechend – den für Nichtstörer vorgesehenen **Anspruch auf Schadensausgleich.**[144]

51 Hat der Herangezogene jedoch die die Anscheinsgefahr begründenden Umstände **zurechenbar verursacht,** so ist seine Gleichsetzung mit einem Nichtstörer auch unter Kostengesichtspunkten nicht gerechtfertigt.[145] Zwar kommt es im Polizeirecht regelmäßig auf verschuldensähnliche Faktoren nicht an; die bloße Berücksichtigung zurechenbaren Verhaltens im Rahmen der Bemessung der Entschädigungsleistung als anspruchsminderndes Mitverschulden gem. § 254 BGB[146] trägt jedoch den Besonderheiten der Anscheinsgefahr und dem Gebot der gerechten Lastenverteilung nicht hinreichend Rechnung, auch wenn beide Lösungsansätze meist im Ergebnis – hinsichtlich der Kosten- und Entschädigungsfrage – übereinstimmen werden. Erheblich ist der unterschiedliche Lösungsweg nämlich, wenn aufgrund eines „zurechenbaren Anscheins" nicht der Anscheinsstörer, sondern – wegen dessen Abwesenheit – rechtmäßig ein Dritter als echter Nichtstörer in Anspruch genommen wird[147] und die Polizei diesem gegenüber unzweifelhaft zum Schadensausgleich verpflichtet ist. Für ihren Rückgriffsanspruch gegen den Anscheinsstörer kann es dann aber nicht unerheblich sein, ob dieser die schadensverursachenden Umstände zu vertreten hat. Ist dies der Fall, besteht kein Anlaß, ihn im Rahmen des Rückgriffsanspruchs wie einen Nichtstörer zu behandeln. Das spricht dafür, mit der überwiegenden Meinung diesen Gesichtspunkt allgemein schon für die Beurteilung der Anscheinsstörerschaft heranzuziehen.

c) Kostenhaftung bei Gefahrenverdacht

52 Die gleichen Grundsätze sind auch auf die Kostentragung bei **Gefahrverdachtssachverhalten** anzuwenden.[148] Bloßer Gefahrenverdacht liegt vor, wenn die Polizei den Eintritt eines Schadens nicht für hinreichend wahrscheinlich, sondern ex ante nur einfach für möglich halten durfte.[149] Es handelt sich dabei also um Situationen, die ersichtlich weitere Ermittlungen zur Feststellung der konkreten Gefahrenlage erfordern; in der Regel recht-

---

141 Vgl. für den Nichtstörer statt aller §§ 16, 59 ff., 64 ASOG Bln.

142 Vgl. für den Fall des Einbruchsverdachts durch eine Zeitschaltuhr bei Urlaubsabwesenheit: *Hendricks/Merz* NWVBl. 1999, 236 (238 f.).

143 *Schenke/Ruthig* VerwArch 87 (1996), 329 (371); *OLG Köln* NJW-RR 1996, 860 f.; vgl. zum Streitstand: *Kokott* DVBl. 1992, 749 (751); *BGH* DVBl. 1992, 1158 m. zust. Anm. *Götz* und NJW 1994, 2355 f.; *OVG Münster* NWVBl. 1993, 351 (352).

144 Vgl. *Martensen* DVBl. 1996, 286 (291) m. w. N.; *VGH* DVBl. 1992, 1159 und NJW 1994, 2355.

145 Vgl. *Rachor,* Kap. L Rdn. 42 ff., 46 ff.; *Martensen,* aaO, m. w. N.; *BGH* NJW 1994, 2355 f.

146 Vgl. *Schoch* JuS 1993, 724 (727).

147 Vgl. den Sachverhalt bei *VG Berlin* NJW 1991, 2854.

148 Zutreffend *Martensen* DVBl. 1996, 286 (291) unter Hinweis auf die „ohnehin kaum trennscharf vorzunehmende Abgrenzung zwischen Gefahrenverdacht und Anscheinsgefahr".

149 *Schoch* JuS 1994, 667 (669); vgl. allgemein *Poscher* NVwZ 2001, 141.

fertigen sie deshalb nach dem Verhältnismäßigkeitsgrundsatz nur **Gefahrerforschungseingriffe**[150] oder **„Störererforschungseingriffe"**[151] bzw. **Ursachenerforschungseingriffe.**[152] Nur um deren Kosten geht es im vorliegenden Zusammenhang. Der regelmäßig wegen der Amtspflicht zur Sachverhaltsaufklärung (§ 24 VwVfG) nur duldungspflichtige, allenfalls in Ausnahmefällen vornahmepflichtige Betroffene hat die **Kosten** jedenfalls dann endgültig zu tragen, wenn er als Verantwortlicher und damit als Störer feststeht, der Verdacht sich also ihm gegenüber bestätigt hat.[153] Diese Folge ist dann ohne weiteres einsichtig und gerechtfertigt, wenn dem Betroffenen selbst nach materiellem Polizeirecht Handlungspflichten auferlegt worden sind oder solche im Wege unmittelbarer Ausführung durch die Polizei wegen Dringlichkeit vollzogen worden sind; denn dann geht es um die Kosten für dem Betroffenen obliegende Tätigkeiten.[154]

Die Kostenbelastung ist aber auch bei bloßen Duldungspflichten gerechtfertigt, wenn **53** sich der Verdacht im nachhinein bestätigt hat; denn auch dann geht es um die mit einer materiellen Polizeipflicht – auf Duldung oder Unterlassen – verbundenen Kosten. Besonders deutlich wird die Unbilligkeit der Differenzierung, wenn es nur um die Duldung von Maßnahmen zur näheren Bestimmung des Umfangs der Gefahr – also bei feststehender Verantwortlichkeit dem Grunde nach – geht.[155] Die Differenzierung würde schließlich der Abgrenzung zwischen bloßer Duldungspflicht und der Berechtigung zur Anordnung von Handlungspflichten angesichts des oft fließenden Übergangs mit Blick auf die Kosten eine ungerechtfertigte Bedeutung zukommen lassen.

Hat der Betroffene durch eigenes Verhalten den – im Ergebnis unzutreffenden, weil **54** nicht bestätigten – Gefahrenverdacht **zurechenbar (mit)verursacht,** so haftet er nach den oben zur Anscheinsgefahr dargelegten Grundsätzen ebenfalls für die Kosten.[156]

Im übrigen bleibt es dabei, daß die Sachverhaltsermittlung Sache der Behörden ist und **55** damit auf deren Kosten geht.[157] Die vorgeschlagene differenzierte Kostenhaftung berücksichtigt Kriterien der **gerechten Lastenverteilung** auf der ohne Zeitdruck nach der wirklichen Lage zu beurteilenden Sekundärebene, ohne die **effektive Gefahrenabwehr** auf der Primärebene, die in stärkerem Maße auf Wahrscheinlichkeitsprognosen zugeschnitten sein muß, zu beeinträchtigen.[158]

2. Kostenhaftung bei privaten Großveranstaltungen

a) Spezielle gesetzliche Regelungen

Bis zum Jahr 1991 enthielt das Polizeigesetz des Landes **Baden-Württemberg** vom **56** 16. 1. 1968[159] in § 81 II folgende Regelung:

---

150 Vgl. hierzu *Kickartz,* Ermittlungsmaßnahmen zur Gefahrenerforschung (1984); *Losch* DVBl. 1994, 781 ff.; *Petri* DÖV 1996, 443 ff.; *Martensen* DVBl. 1996, 286 (289 f.); *Schenke/Ruthig* VerwArch 87 (1996), 329 ff.; *Weiß* NVwZ 1997, 737 ff.; *Götz* NVwZ 1998, 679 (686); *OVG Münster* DVBl. 1996, 1444; *OVG Schleswig* NVwZ 2000, 1196.

151 Begriff bei *Nierhaus* UTR 1994, 371 (375); vgl. a. *Weiß* NVwZ 1997, 737; *OVG Koblenz* NVwZ-RR 1992, 238; *VGH Mannheim* NVwZ 1986, 325.

152 Zur Gleichbehandlung dieser Fallgruppen vgl. *Seibert* DVBl. 1992, 668 und *VGH Mannheim* DÖV 1991, 165.

153 *Denninger,* Kap. E Rdn. 41; *Götz* DVBl. 1992, 1160 und NVwZ 1998, 679 (687); *Breuer* NVwZ 1987, 751 (755); *Nierhaus* UTR 1994, 371 (386); *Martensen* DVBl. 1996, 286 (291); *VGH München* BayVBl. 1995, 310; *OVG Schleswig* NVwZ-RR 1995, 568; *OVG Münster* DVBl. 1996, 1444 f. und NWVBl. 1998, 64 f.; weitergehend *Classen* JA 1995, 608 (612), der den Verdachtsbetroffenen stets als Störer – und damit Kostenpflichtigen – ansieht.

154 Vgl. *Weiß* NVwZ 1997, 737 (741) m. w. N.

155 Das räumt auch *Weiß,* aaO, ein.

156 Vgl. *BGH* DVBl. 1992, 1159 m. Anm. *Götz; Breuer* NVwZ 1987, 751 (755); *OVG Münster* NWVBl. 1993, 352 und DVBl. 1996, 1444; a. A.: *Papier* DVBl. 1985, 873 (875) und NVwZ 1986, 256 (257); *Knopp* BB 1988, 923 (925); *OVG Koblenz* NVwZ 1987, 241 (nur die Kosten der nachfolgenden Gefahrenbeseitigung).

157 *de Wall* JuS 1993, 939 (941); *VGH Kassel* NVwZ 1991, 498.

158 *Weiß,* aaO, S. 742 m. w. N.; *Götz* NVwZ 1998, 679 (687).

159 GBl. BW S. 61; aufgehoben durch Ges. v. 2. 10. 1991 (GBl. S. 625). Vgl. zur alten Fassung *VGH Mannheim* DVBl. 1981, 778 m. Anm. *Röper* und DÖV 1981, 804 sowie *Majer* VerwArch 73 (1982), 167.

„Für die Kosten polizeilicher Maßnahmen bei **privaten Veranstaltungen** kann von dem **Veranstalter** Ersatz verlangt werden, soweit sie dadurch entstehen, daß weitere als die im üblichen örtlichen Dienst eingesetzten Polizeibeamten herangezogen werden müssen."

Diese – in ihrer Art in der Bundesrepublik Deutschland seinerzeit einmalige, inzwischen aufgehobene[160] – Regelung wirft eine Reihe von nach wie vor aktuellen Fragen auf.[161] Sie hat überdies in **Sachsen**[162] insoweit eine im Ergebnis, wenn auch nicht in der rechtlichen Konstruktion vergleichbare Nachfolgebestimmung gefunden, als im Zweiten Sächsischen Kostenverzeichnis vom 4. 3. 1997 „Absperr- und Sicherungsmaßnahmen für private Zwecke" – mit Ausnahme von Amateursportveranstaltungen auf öffentlichem Verkehrsgrund und von ortsüblichen Umzügen – **gebührenpflichtig** sind. Ein ähnlicher Gebührentatbestand findet sich auch in der Allgemeinen Gebührenordnung des Landes **Sachsen-Anhalt.**[163]

b) Kostenhaftung des Veranstalters nach Polizeirecht?

57 Ein „Bedarf" an entsprechenden Kostenabwälzungsmöglichkeiten auf den privaten Nutznießer läßt sich insbesondere bei kommerziellen Veranstaltungen nicht ohne weiteres von der Hand weisen. So sind bei attraktiven **Bundesliga-Fußballspielen** in Großstädten 100 bis 200 Polizeibeamte bis zu 10 Stunden im Einsatz, wobei sich dieser auf die Regelung des Straßenverkehrs, die Beobachtung und Begleitung der Fans, die Videoüberwachung innerhalb und außerhalb des Stadions, Maßnahmen gegen Randalierer, Sicherung des „Abmarsches" nach Spielende usw. erstreckt.[164] Das alles ergibt allein Personalkosten von 50 000,– DM bis 100 000,– DM je Spiel.[165]

58 Ähnliche Zahlenwerte sind bei bestimmten **Pop-Konzerten** zu verzeichnen.[166] Bei **politischen Großveranstaltungen** können die Einsatzkosten der Polizei ebenfalls Millionenbeträge erreichen.[167] Aber auch die Polizeikosten zur **Sicherung des Transports** von radioaktivem Material („Castor") in das Zwischenlager Gorleben – allein für das Land Niedersachsen 28 Mio. DM – haben die Debatte um die Kostenpflicht und die Kostenschuldnerschaft in derartigen Fällen neu entfacht. Die Konferenz der Innenminister hat über einen an der früheren Gesetzeslage in Baden-Württemberg orientierten, die Kostenpflicht auf kommerzielle Veranstaltungen unter Ausschluß religiöser, wissenschaftlicher und politischer Treffen beschränkenden Vorschlag beraten,[168] ohne jedoch konkrete Ergebnisse erzielt zu haben.

59 Zunächst ist zu prüfen, ob die Kosten des Polizeieinsatzes zur Sicherung einer privaten Großveranstaltung dem Veranstalter ohne weiteres schon deshalb auferlegt werden können, weil er **Störer** im polizeirechtlichen Sinne und als solcher kostenpflichtig ist. Wäre das der Fall, bedürfte es keiner gesonderten gesetzlichen Kosten- oder Gebührenregelung mehr. Unstreitig führt der Veranstalter in der Regel die den Polizeieinsatz erfordernden Komplikationen innerhalb und außerhalb des eigentlichen Veranstaltungsplatzes nicht selbst unmittelbar herbei; er selbst verwirklicht keinen Gefahrentatbestand,

---

[160] *Jelden/Fischer* BWVP 1992, 103 (107) halten unter Rückgriff auf das allgemeine Gebührenrecht zu Unrecht die Kostenerhebung nach wie vor für zulässig.

[161] Vgl. *Lege* VerwArch 89 (1998), 71 ff.

[162] Vgl. § 1 I 2. SächsKVZ (GVBl. 1997, 133) i. V. m. Anl. zu § 1 lfd. Nr. 75 TarSt. 11.1 bis 11.3: 50,– DM/Std. je Bediensteten, 150,– DM je Polizei-Kfz.

[163] Vgl. § 1 I AllGO LSA v. 17. 2. 1994 (GVBl. S. 208) i. V. m. Kostentarif lfd. Nr. 118, TarSt. 4 – Sonstige Inanspruchnahme ... der Polizei –: gestaffelte Stundensätze.

[164] Vgl. *Lege,* aaO, S. 74 sowie *Schild u. a.,* Rechtliche Aspekte von Sportgroßveranstaltungen (1994).

[165] *Lege,* aaO, S. 72; vgl. a. die Zahlenangaben zu Beispielen aus der Praxis bei *Nirschl,* Kosten der Polizei- und Sicherheitsbehörden ..., S. 72 Fußn. 6 sowie aus polizeitaktischer Sicht *Markert/Schmidbauer* BayVBl. 1993, 517 ff.

[166] *Lege,* aaO, S. 76 Fußn. 27: Dreitägiges Rockfestival verursachte über 2 Mio. DM Polizeikosten.

[167] Vgl. Stuttgarter Zeitung v. 20. 12. 1994: Bei einem Bundesparteitag der „Republikaner" waren 3000 Beamte eingesetzt, deren Anreise-, Verpflegungs- und Treibstoffkosten – also ohne Lohnkosten – auf ca. 150,– DM je Tag und Person taxiert wurden.

[168] FAZ v. 29. 4. 1995, S. 12; *P. Kirchhof* FAZ v. 11. 5. 1995, S. 12.

geschweige denn eine Störung der öffentlichen Sicherheit. Allerdings ist die Versammlung einer Menschenmenge zur Durchführung seiner Veranstaltung von ihm **bezweckt;** deshalb wird im Hinblick auf die ihrer Natur nach nur eingeschränkte Beherrschbarkeit von Massen die Auffassung vertreten, bereits in der gewollten Zusammenführung einer Menschenmenge könne die unmittelbare Verursachung einer polizeilichen Gefahr liegen.[169]

Selbst wenn man diesem Ansatz in seiner Allgemeinheit nicht folgt, könnte sich aus ihm doch mit Hilfe der Figur des **Zweckveranlassers**[170] eine Zurechnung des polizeiwidrigen Verhaltens einzelner Besucher begründen lassen, auch wenn der Veranstalter dieses Verhalten „an sich" sicherlich nicht will. Angesichts des bekannten und gelegentlich fast schon ritualisierten Fanverhaltens[171] bei derartigen Veranstaltungen wird ein Veranstalter in der Regel aber mit dem „üblichen Ablauf" rechnen müssen und ihn in diesem Sinne wegen des gewünschten kommerziellen Erfolgs als nahezu zwangsläufige Folge „in Kauf nehmen".[172] Dabei sind allerdings qualifizierende Umstände der konkreten Veranstaltung erforderlich, die den gebotenen engen Wirkungs- und Verantwortungszusammenhang begründen; die Erfahrungen mit Fußballspielen – bei denen solche qualifizierenden Umstände aufgrund langjähriger Praxis eher anzunehmen sind – sind nicht ohne weiteres auf andere Großveranstaltungen übertragbar[173] und rechtfertigen deshalb keinesfalls eine generelle Einstufung des Veranstalters als Zweckveranlasser. Es darf nicht aus dem Blick geraten, daß der Veranstalter eigentlich der – ohne die polizeiliche Tätigkeit – **potentiell Gestörte** ist, der in der Wahrnehmung seiner grundrechtlichen Freiheiten durch das Polizeihandeln geschützt und begünstigt wird;[174] ob der Veranstalter wegen möglicher Ausschreitungen sog. „Fans" Störer oder Gestörter ist, läßt sich oft nicht trennscharf beantworten.[175] Deshalb liegt es ohnehin näher, die entstandenen Polizeikosten – wenn überhaupt – gebührenrechtlich zu erfassen; das setzt aber spezielle gesetzliche Gebührentatbestände voraus (s. u. zu II.2.c). 60

Gleichwohl ist selbst dann, wenn der Veranstalter aufgrund der konkreten Umstände des Falles als Zweckveranlasser, damit als Störer und grundsätzlich tauglicher Adressat polizeilicher Maßnahmen einzuordnen wäre, die Frage seiner Haftung für die Kosten des Polizeieinsatzes noch nicht automatisch zu seinen Lasten beantwortet. Auch bei dieser Problematik ist zwischen der Primärebene des polizeilichen Eingriffs und der Sekundärebene der Kostenpflicht zu unterscheiden. Lege[176] hat zutreffend darauf hingewiesen, daß die Kostenlast eine rechtmäßige Heranziehung des Veranstalters – seine Störereigenschaft unterstellt – zu den konkreten kostenträchtigen Maßnahmen voraussetzt. Er darf also nur dann nach allgemeinem Polizeirecht mit Kosten belastet werden, wenn ihm gegenüber eine entsprechende polizeiliche Aufforderung rechtmäßig hätte ergehen können, die z. B. im Wege des Sofortvollzugs oder der unmittelbaren Ausführung (s. o. zu II.1) an seiner Stelle durch die Polizei vollzogen wird. 61

Als **Kosten der Ersatzvornahme im Sofortvollzug** sind die Personal- und Sachaufwendungen der Polizei aber deshalb nicht auf den Veranstalter abwälzbar, weil die erforderlichen Verkehrsregelungen sowie die Beobachtung und Begleitung des Besucher- 62

---

[169] Vgl. *Lege,* aaO, S. 75 f.

[170] Vgl. PrOVGE 40, 216; 80, 176 – Borkumlied –; 85, 270 – Schaufensterfall –; *VGH Mannheim* DÖV 1996, 83 f.; *OLG Köln* DÖV 1996, 86 – Zeitschaltuhr –; *BVerfG* NVwZ 2000, 1406; *Denninger,* Kap. E Rdn. 68 ff.; vgl. a. *Götz* DVBl. 1984, 14 (17) und NVwZ 1998, 679 (687); *Nirschl,* Kosten der Polizei- und Sicherheitsbehörden ..., S. 78 f.; *Schenke* NJW 1983, 1882 (1883); *Pietzcker* DVBl. 1984, 457 (461); *Zeitler* DÖV 1997, 371 (373); *Nolte* NVwZ 2001, 147 (148); krit. *Muckel* DÖV 1998, 18 ff.

[171] Vgl. hierzu *Markert/Schmidbauer* BayVBl. 1993, 517 (518).

[172] *Lege,* aaO, S. 82 mit Nachw. des Streitst.; vgl. a. *VGH Mannheim* DÖV 1996, 83.

[173] Vgl. das Beispiel der 70 000 Taize'-Pilger, bei deren Veranstaltung im Januar 1997 in Stuttgart nur ein Dutzend Sicherheitskräfte eingesetzt waren: *Lege* VerwArch 89 (1998), 71 (76).

[174] *Gusy* DVBl. 1996, 722 (725).

[175] *Gusy* DVBl. 1996, 722 (725).

[176] AaO, S. 85 ff.

stroms außerhalb des Stadions – also im öffentlichen Verkehrsraum – nicht dem Veranstalter obliegen, er hierzu auch rechtlich **nicht befugt** wäre.[177]

63 Als **Kosten der unmittelbaren Ausführung** – soweit die Polizeigesetze dieses Institut allein oder neben dem Sofortvollzug kennen – kann der Aufwand des Polizeieinsatzes ebenfalls nicht dem Veranstalter überbürdet werden. Zwar läßt sich der polizeiliche Zweck mangels Befugnis des Veranstalters zu derartigem Handeln nicht durch dessen Inanspruchnahme erreichen; die unmittelbare Ausführung setzt aber als polizeiliche „Ersatzhandlung" an Stelle des Störers voraus, daß diesem ein entsprechendes Vorgehen rechtlich und tatsächlich möglich gewesen wäre. In diesem Sinne rechtlich nicht geschuldete Handlungen können als unmittelbare Ausführung jedenfalls nicht zu Lasten und auf Kosten des Veranstalters durchgeführt werden.[178]

64 Die Belastung des Veranstalters mit den **Kosten des unmittelbaren Zwangs** gegen Randalierer scheidet mangels entsprechender Pflichtigkeit deshalb ebenfalls aus. Mithin entfällt die Kostenhaftung des Veranstalters für die Einsatzkosten der Polizei nach allgemeinem Polizeirecht unabhängig von seiner Störereigenschaft auf jeden Fall.

c) Kostenhaftung des Veranstalters nach Gebührenrecht?

65 Die Beteiligung des Veranstalters an den aus Anlaß der Veranstaltung angefallenen Kosten der Polizei kann deshalb nur über Gebühren erfolgen. Sie ist aber auch auf diesem Wege nicht „schrankenlos" möglich:

Jede gebührenrechtliche Kostenüberwälzung auf den Veranstalter verlangt zunächst einen entsprechenden **gesetzlichen Gebührentatbestand,** der Voraussetzungen und Umfang der Kostenhaftung unter Beachtung des **Bestimmtheitsgrundsatzes** (vgl. Art. 80 I 2 GG) deutlich umschreibt. Im Hinblick auf die durch die Kostenerhebung berührten Grundrechte des Veranstalters (s. o. zu I.2.b) und zur Wahrung der Rechtssicherheit ist die Bestimmung und **Begrenzung des Umfangs der Kostenerstattung** geboten. Denn für den privaten Veranstalter ist vor Durchführung der Veranstaltung regelmäßig nicht voraussehbar, in welcher Höhe Polizeikosten auf ihn zukommen werden. Diese werden nämlich maßgeblich von der **prognostischen Einschätzung** des Konfliktpotentials und dem davon abhängenden Personalaufwand bestimmt. Darüber entscheidet aber allein die Polizei entsprechend ihrem gesetzlichen Auftrag zur effektiven Gefahrenabwehr.[179] Die **Vorausberechenbarkeit** der Abgabenlast ist aber als Ausdruck des Rechtsstaatsprinzips für den Bereich des Abgabenwesens insgesamt zu beachten.[180] Auch wenn damit in erster Linie die Forderung nach hinreichender Bestimmtheit der die Steuer oder sonstige Abgabe begründenden Tatbestände angesprochen wird, erscheint die Erstreckung dieses Erfordernisses auf gebührenähnliche oder ausdrücklich als Gebühr ausgestaltete Kostentatbestände wegen der Anknüpfung an das Rechtsstaatsprinzip gerechtfertigt, zumal nicht übersehen werden darf, daß die mangelnde Abschätzbarkeit der anfallenden Kosten von der Wahrnehmung der grundrechtlich gewährleisteten Betätigungsfreiheit abhalten kann.[181] Es wird deshalb geboten sein, entweder gesetzliche Obergrenzen festzulegen oder – zumindest – die Verpflichtung zur Abgabe eines verbindlichen „Kostenvoranschlags" der Polizei vor Durchführung der Veranstaltung vorzusehen.[182]

---

177 *Schenke* NJW 1983, 1882 (1883); *Götz* DVBl. 1984, 14 (17); *Lege,* aaO, S. 87 f.

178 *Lege,* aaO, S. 88.

179 Vgl. *Schenke* NJW 1983, 1882 (1885); *Nirschl,* Kosten der Polizei- und Sicherheitsbehörden ..., S. 91 ff.

180 *BVerfGE* 19, 253 (267); 49, 343 (362).

181 Zum Erfordernis der Voraussehbarkeit der Kostenhöhe ebenso: *Götz* DVBl. 1984, 14 (15, 18); *Gusy* DVBl. 1996, 722 (726 f.); *Nirschl,* aaO, S. 92; *Lege* VerwArch 89 (1998), 71 (89); vgl. auch *BVerfG* NJW 1992, 1673 zur unzulässigen Einschränkung der im Rechtsstaatsprinzip verankerten Justizgewährungspflicht durch das Kostenrisiko unangemessener Gerichts- und Anwaltsgebühren (s. o. zu I.2.b).

182 Vgl. *Schenke* NJW 1983, 1882 (1885); ähnlich *Nirschl,* aaO, S. 92; *Lege,* aaO, S. 89 hält „nur eine pauschal festzusetzende, an die Veranstaltung als solche anknüpfende, mäßige Gebühr" für unbedenklich.

Von Verfassungs wegen ausgeschlossen sind gebührenrechtliche Kostenüberwälzungen für **politische, gewerkschaftliche und religiöse Veranstaltungen,** soweit sie – wie in der Regel – nichtkommerzieller Natur sind.[183] Die Organisatoren solcher Veranstaltungen können die Kostenlast – anders als bei kommerziellen Anlässen – nicht über Eintrittspreise o. ä. abwälzen; Gebühren würden deshalb die Ausübung staatsbürgerlicher Rechte, zu deren Schutz die Polizei gerade aufgerufen ist (vgl. § 1 I 2 PolG BW), erheblich behindern und sogar „grundrechtsstrangulierende Wirkung" annehmen.[184] Erweist sich die Abgrenzung zwischen nichtkommerziellen und wirtschaftlichen Veranstaltungen im Einzelfall als schwierig, so sollte im Zweifel die „grundrechtsfreundliche" Betrachtung der Kostenfrage obsiegen. 66

Gebührenschuldner ist – bei im einzelnen variierenden gesetzlichen Formulierungen – in der Regel der **„Veranlasser"** oder der **„Nutznießer"** der polizeilichen Amtshandlung; mit beiden Begriffen wird das einzige von Verfassungs wegen – nämlich zur Abgrenzung von der Steuer – vorgegebene Gebührenmerkmal der **individuellen Zurechenbarkeit** umschrieben[185] (s. o. zu I.2.a). In dieser individuellen Zurechenbarkeit liegt die Rechtfertigung dafür, daß die Amtshandlung nicht aus Steuermitteln, sondern ganz oder teilweise über Sonderlasten durch den Gebührenschuldner finanziert wird. Die besondere individuelle Beziehung wird – soweit der Veranlasser als Gebührenschuldner ausgewiesen wird – bewirkt durch das **Veranlassungsprinzip** und – soweit auf den Nutznießer abgestellt wird – durch das **Vorteils- oder Begünstigungsprinzip.** Trotz eines zugleich bestehenden öffentlichen Interesses am Einschreiten der Polizei rechtfertigen diese Grundsätze die gebührenrechtliche Zurechnung der polizeilichen Tätigkeit zu Lasten des Veranstalters **kommerzieller Veranstaltungen.** Denn dieser profitiert unmittelbar und in beträchtlichem Maße von den polizeilichen Sicherungsmaßnahmen, die ihm selbst einen entsprechenden Kostenaufwand ersparen und dadurch seinen **wirtschaftlichen Gewinn** erhöhen.[186] Die Gebührenerhebung gleicht damit den wirtschaftlichen Vorteil teilweise wieder aus. In der Regel wird der Polizeischutz derartiger kommerzieller Veranstaltungen wegen der Bedeutung des privaten Gewinnaspekts auch nicht im **überwiegenden öffentlichen Interesse** liegen und deshalb entsprechende sachliche **Gebührenbefreiungstatbestände** (vgl. § 2 II 1 GebG Bln) nicht erfüllen. 67

Das **Steuerstaatsprinzip**[187] und das **Rechtsstaatsprinzip**[188] stehen der Gebührenbelastung des Veranstalters kommerzieller Vorhaben wegen der Rechtfertigung durch das Vorteilsausgleichsprinzip nicht entgegen, zumal es hierbei nicht um den Kernbereich hoheitlicher Aufgabenwahrnehmung geht. Das bei der Ausgestaltung des gesetzlichen Gebührentatbestandes – insbesondere bei der Gebührenhöhe – zu beachtende **Äquivalenzprinzip**[189] ist nicht verletzt, wenn die Gebühr nicht in einem groben Mißverhältnis zum Wert der polizeilichen Leistung steht. Das scheidet dann aus, wenn etwa der wirtschaftliche Gewinn als Obergrenze festgelegt oder – was im Interesse einer einfachen Verwaltungshandhabung empfehlenswert ist – eine mäßige, am Charakter und vermutlichen kommerziellen Wert der Veranstaltungsart orientierte pauschale Gebühr vorgesehen ist.[190] Hingegen dürfte ein vollständiger Aufwendungsersatz, der die gesamten Auslagen der Polizei einbezieht, unter diesem Gesichtspunkt auf Bedenken stoßen; überdies dürfte es schon praktisch unmöglich sein, genau nachzuweisen, in welchem Umfang der Polizeieinsatz ausschließlich zum Schutz der konkreten Veranstaltung erforderlich war.[191] 68

---

183 *Schenke,* aaO, S. 1884; *Nirschl,* aaO, S. 90; *Lege* VerwArch 89 (1998), 71 (89); zum fehlenden Versammlungscharakter von kommerziellen Veranstaltungen vgl. *OVG Berlin* NJW 2001, 1740.
184 *Gusy* DVBl. 1996, 722 (726).
185 *BVerwGE* 109, 272 (276); *BVerfGE* 50, 217 (226); vgl. i. e. Nachw. zu I.2.a.
186 S. o. zu I.2.b.
187 S. o. zu I.2.f mit weit. Nachw.
188 S. o. zu I.2.g mit weit. Nachw.
189 S. o. zu I.2.c mit weit. Nachw.
190 *Lege,* aaO, S. 89 f.
191 Zutreffend *Lege,* aaO, S. 90.

69 Die eingangs[192] erwähnten gebührenrechtlichen Regelungen in **Sachsen** (vgl. § 1 I 2. SächsKVZ i. V. m. Anl. lfd. Nr. 75 TarSt. 11) und **Sachsen-Anhalt** (vgl. § 1 I AllGO LSA i. V. m. Kostentarif Nr. 118 TarSt. 4) sind danach unbedenklich, soweit die Behörde den ihr obliegenden Nachweis führen kann, daß die „abgerechneten" Polizeibeamten gerade für die private Veranstaltung erforderlich und tatsächlich dafür auch eingesetzt waren. Allerdings erscheint es – wie dargelegt[193] – geboten, den Veranstalter vorher über den Umfang des voraussichtlichen Personaleinsatzes zu informieren.

3. Kostenhaftung bei verbotenen oder aufgelösten Demonstrationen

70 In einer **freiheitlich-rechtsstaatlichen Demokratie** (Art. 20 II GG) kommt dem **Demonstrationsrecht** eine besondere Bedeutung zu. In ihm verbinden sich die Grundrechte der **Meinungsfreiheit** (Art. 5 GG) und der **Versammlungsfreiheit** (Art. 8 GG). Nach der Rechtsprechung des Bundesverfassungsgerichts[194] zählen beide „zu den unentbehrlichen und grundlegenden Funktionselementen eines demokratischen Gemeinwesens". Während die Meinungsfreiheit „die ständige geistige Auseinandersetzung und den Kampf der Meinungen als Lebenselement dieser Staatsform (ermöglicht)",[195] tritt bei Demonstrationen – als Freiheit zur kollektiven Meinungskundgabe verstanden – zwar das argumentative Element zurück; ungeachtet dessen sind sie „die gemeinsame körperliche Sichtbarmachung von Überzeugungen, wobei die Teilnehmer einerseits in der Gemeinschaft mit anderen eine Vergewisserung dieser Überzeugungen erfahren und andererseits nach außen ... im eigentlichen Sinne des Wortes Stellung nehmen und ihren Standpunkt bezeugen".[196] In einer Gesellschaft, „in welcher der direkte Zugang zu den Medien und die Chance, sich durch sie zu äußern, auf wenige beschränkt ist, verbleibt dem Einzelnen neben seiner organisierten Mitwirkung in Parteien und Verbänden im allgemeinen nur eine kollektive Einflußnahme durch Inanspruchnahme der Versammlungsfreiheit für Demonstrationen".[197]

71 In diesem Zusammenhang sind insbesondere die sog. **Spontandemonstrationen** zu nennen, die, obwohl nach dem Versammlungsgesetz mangels Anmeldung eigentlich unzulässig, in einem demokratisch verfaßten Staat dennoch als Reaktion auf Ereignisse möglich sein müssen und insoweit staatlichen Schutz beanspruchen können.[198] Die zwischen den „normalen" Versammlungen und den Spontandemonstrationen stehenden sog. **„Eilversammlungen"**[199] – bei denen nicht die vorherige Anmeldung als solche, sondern nur die Fristwahrung unmöglich ist – fallen insgesamt unter das Versammlungsgesetz und den Schutz des Art. 8 I GG mit der einzigen Maßgabe, daß sie – sofern die 48stündige Anmeldefrist nicht mehr einzuhalten ist – jedenfalls unverzüglich anzuzeigen sind.

72 Diesen grundrechtlichen Zusammenhang gilt es – wie bereits erwähnt (s. o. zu I.2.b) – auch bei der **Haftung für Polizeikosten** aus Anlaß von Demonstrationen zu bedenken; Art. 5 und 8 GG strahlen auf das einfache Gesetzesrecht aus und entfalten Nachwirkung u. a. für das Kostenrecht.[200] Kostenrechtliche Regelungen dürfen nicht dazu führen, daß die Grundrechte nicht mehr wahrgenommen werden können oder ein entsprechender **Abschreckungseffekt** entsteht. Polizeikosten im Zusammenhang mit Demonstrationen

---

[192] S. o. zu II.2.a.

[193] S. o. zu Fußn. 182.

[194] Vgl. *BVerfGE* 69, 315 (Ls. und 344 ff.) – Brokdorf –.

[195] *BVerfGE* 7, 198 (208); 12, 113 (125); 20, 56 (97); 42, 163 (169).

[196] *BVerfGE* 69, 315 (345).

[197] *BVerfGE* 69, 315 (346).

[198] *BVerfGE* 69, 315 (350 ff.); vgl. zum Problem eingehend *Kniesel,* Kap. H, Rdn. 287 ff.

[199] Vgl. *BVerfG* NJW 1992, 890 f.; *Schnupp* DÖD 1992, 245 ff.; *Kniesel* NJW 1992, 857 (863) und Kap. H, Rdn. 294.

[200] *v. Brünneck* NVwZ 1984, 273; *Kniesel* NJW 1992, 857 (861); *Pietzcker* DVBl. 1984, 457 (461); *Schenke* NJW 1983, 1882 (1883); vgl. für das Rechtsstaatsprinzip und die Justizgewährungspflicht *BVerfG* NJW 1992, 1673 f.

sollten wegen deren verfassungsrechtlicher Bedeutung grundsätzlich als „Kosten der Demokratie" aus den allgemeinen Deckungsmitteln, also den Steuern, beglichen werden.

Daraus folgt zunächst, daß bei der Anwendung der Vorschriften über die **Störerhaftung** (s. o. zu II.1.a) Vorsicht geboten ist. Das gilt in erster Linie für den **Anmelder** oder **Veranstalter** der Demonstration. Solange diese nicht verboten oder aufgelöst ist, kann er für Polizeieinsätze, die gleichwohl wegen einzelner Übergriffe oder wegen notwendiger Verkehrsregelungen erforderlich sein sollten, weder unmittelbar noch über die Figur der **Zweckveranlassung** als Störer für die Kosten haftbar gemacht werden. Zum einen handelt er in Ausübung eines Grundrechts und daher nicht polizeiwidrig,[201] zum anderen ist er zu den Maßnahmen, für die der Polizei Kosten entstanden sind (Absperrungen, Zugriffe auf Randalierer etc.), als Privatperson gar nicht befugt; ebenso wie der Veranstalter von privaten Großveranstaltungen muß aber auch der Veranstalter einer Demonstration – seine grundsätzliche Haftung einmal unterstellt – als Störer allenfalls für Maßnahmen „bezahlen", die die Polizei ihm rechtmäßig hätte aufgeben können und die er nicht vollzogen hat.[202] 73

Die Inanspruchnahme des einzelnen **Teilnehmers** der Demonstration kommt in Betracht, wenn und soweit er als polizeirechtlicher **Störer** auftritt und den Einsatz der Polizei verursacht. Grundsätzlich rechtfertigt der Gedanke der Störerverantwortlichkeit nach dem Veranlassungsprinzip dann nach Maßgabe der jeweiligen landesrechtlichen Bestimmungen (– Gebühr und/oder Auslagen –) auch dessen Belastung mit den jeweils gesetzlich vorgesehenen Kosten (s. o. zu II.1.a). In der Praxis wird die Grenze zwischen rechtmäßiger und rechtswidriger Teilnahme an der Demonstration (Stichwort: Demonstration in der Demonstration mit kritischer Zielrichtung gegen die „Hauptdemonstration") und damit der Übergang zur Störereigenschaft[203] von vielfältigen Unwägbarkeiten – wie etwa dem Auftreten unfriedlicher Teilnehmer, von Gegendemonstranten oder dem Meinungsumschwung eines Teils der Demonstranten – beeinflußt; der einzelne Teilnehmer hat dies häufig nicht mehr in der Hand. Die Bedeutung der Grundrechte gebietet es, im **Zweifel** von der zulässigen Teilnahme an der geschützten Versammlung auszugehen und dies auch bei der Kostenhaftung zu berücksichtigen. Nach rechtmäßiger **Auflösung** einer Versammlung verhalten sich Teilnehmer, die sich nicht entfernen, obwohl sie es könnten, ordnungswidrig und sind deshalb Störer im polizeirechtlichen Sinne;[204] gegen sie kann mit den entsprechenden Kostenfolgen eingeschritten und z. B. **unmittelbarer Zwang** ausgeübt werden. Die Polizeipflicht, sich von einer mit sofortiger Vollziehbarkeit aufgelösten Versammlung zu entfernen, ist – anders als die Frage der Strafbarkeit – von der Rechtmäßigkeit der Auflösung nicht abhängig.[205] Gleiches gilt für Aktionen bewußten zivilen Ungehorsams wie etwa **Sitzblockaden;**[206] auch diese genießen zunächst den Schutz der Versammlungsfreiheit und erfüllen nicht schon per se den Tatbestand der Unfriedlichkeit.[207] Sie sind – als Versammlungsbestandteile – nicht von vornherein strafbare Nötigung mittels Gewalt gem. § 240 StGB, nach rechtmäßiger bzw. vollziehbarer Auflösung der Versammlung sind solche Aktionen jedoch ordnungswidrig und die Beteiligten Störer im Sinne des Polizeirechts.[208] 74

Bei dem **Umfang der Kostenhaftung** sind das Übermaßverbot und die bereits dargelegte Ausstrahlungswirkung der Grundrechte in besonderem Maße zu berücksichtigen. 75

---

[201] *Gusy* DVBl. 1996, 722 (724); zur Polizeipflichtigkeit des Busunternehmers, der Demonstranten zu einer verbotenen Versammlung transportiert, vgl. *Zeitler* DÖV 1997, 371 ff.

[202] Vgl. *Lege* VerwArch 89 (1998), 71 (87 f.) sowie oben zu II.2.

[203] Vgl. *BVerfGE* 69, 315 (352 ff.); *OVG Lüneburg* NVwZ 1984, 323 (325); *VGH München* BayVBl. 1983, 434 m. Anm. *Köhler.*

[204] *BVerfGE* 73, 231 ff.; 87, 399 (409); vgl. zur Schadensersatz- und Erstattungspflicht bei rechtswidrigen Aktionen militanter Demonstranten: *Wassermann* DWW 1995, 197 ff.

[205] *BVerfG* NJW 1993, 581 (582).

[206] Vgl. *BVerfGE* 73, 206 (LS und 222 ff., 229 ff.).

[207] *BVerfG* NJW 1993, 581; *Kniesel* NJW 1992, 857 (861).

[208] *BVerfGE* 73, 206 (231); 87, 399 (409); vgl. auch *Kniesel,* Kap. H Rdn. 537 f., 540.

Dem einzelnen Teilnehmer, der als Störer dem Grunde nach kostenpflichtig geworden ist, kann nur der ihm gegenüber notwendige Aufwand und damit nur die **Kosten der auf ihn bezogenen Zwangsanwendung** in Rechnung gestellt werden. Die Kosten der Verwaltungsvollstreckung gegenüber anderen Personen dürfen nicht einbezogen werden, da es polizei- und vollstreckungsrechtlich nur um die Beugung seines Willens geht und die Bereitschaft jedes Einzelnen, sich zu entfernen, seine Störereigenschaft und Kostenhaftung beseitigt.[209]

76 Es fehlt nämlich schon auf der Primärebene bei derartigen Veranstaltungen an einer gesamtschuldnerischen Verbindung der einzelnen Teilnehmer. Das gilt um so mehr, als der Gedanke der **Gesamtschuld** davon ausgeht, daß jeder Verantwortliche prinzipiell in der Lage ist, das Gefahrenpotential zu erhöhen, aber auch es zu steuern, zu mindern und ggf. zu beenden. Daran fehlt es aber typischerweise bei der Massenhaftigkeit und Anonymität des Versammlungsgeschehens – und zwar um so mehr, je größer die Teilnehmerzahl ist.[210] Die Annahme der gesamtschuldnerischen Verantwortlichkeit würde überdies dem einzelnen Teilnehmer ein unbeherrschbares und für ihn unvorhersehbares **Kostenrisiko** aufbürden, das die Grundrechtswahrnehmung in Frage stellen könnte und schon deshalb unzulässig wäre.[211]

77 Diese Beschränkung der Kostenüberwälzung ist in Ländern, die eine **Gebührenerhebung** für die Anwendung unmittelbaren Zwangs zur Abdeckung aller Auslagen vorsehen,[212] bei der Festsetzung der Gebühr innerhalb des **Gebührenrahmens** zu beachten; auch dort darf nicht verdeckt eine gesamtschuldnerische Haftung eingeführt werden.

4. Kostenhaftung bei der Auflösung von Hausbesetzungen

78 Ebenso wie auf der **Primärebene des polizeilichen Eingriffs** wirft die Hausbesetzung auch auf der **Sekundärebene der Kostenhaftung** für polizeiliches Einschreiten verschiedene Probleme auf.[213] Zunächst einmal muß danach differenziert werden, ob die Polizei im öffentlichen Interesse zur Abwehr einer dem einzelnen oder dem Gemeinwesen drohenden Gefahr oder aber zum Schutz **privater Rechte** einschreitet.

79 Letzteres obliegt ihr nur **auf Antrag** und nur **subsidiär,** wenn nämlich der betroffene Private gerichtlichen Rechtsschutz nicht rechtzeitig erlangen kann und ohne polizeiliche Hilfe die Gefahr besteht, daß die Verwirklichung des Rechts vereitelt oder wesentlich erschwert wird;[214] schon Probleme bei der **Feststellung der Identität** der Hausbesetzer, die der Hauseigentümer für die an sich vorrangige Inanspruchnahme gerichtlichen Rechtsschutzes – je nach Fallgestaltung (vgl. Kap. F) – benötigt und die er nur mit Hilfe der Polizei erreichen kann, können deshalb ein Einschreiten der Polizei rechtfertigen.[215] Beim Einschreiten zum Schutz privater Rechte kann hinsichtlich der Kosten des Polizeieinsatzes auch der **Private erstattungs- bzw. gebühren- und auslagenpflichtig** sein, auf dessen Veranlassung und in dessen Interesse die Polizei gehandelt hat – vorausgesetzt, daß eine entsprechende gesetzliche Kostenpflicht landesrechtlich vorgesehen ist.[216] Die Abwälzung solcher Kosten auf die Räumungsschuldner richtet sich nach §§ 91 ff. ZPO.

---

209 *Schenke* NJW 1983, 1882 (1889 f.); *Nirschl,* Kosten der Polizei- und Sicherheitsbehörden ..., S. 112; *Gusy* DVBl. 1996, 722 (724).

210 Zutreffend *Gusy* DVBl. 1996, 722 (724).

211 Vgl. *OVG Lüneburg* DVBl. 1984, 57; *Schlink* NVwZ 1982, 529; *Gusy,* aaO, S. 724 sowie Nachw. zu I.2.b.

212 Vgl. z. B. § 1 Nr. 6 PolKV (Bay.); Nr. 26.3 KostTar zur AllGO (Nds.); § 1 Nr. 6 PolKostVO (Saarl.); KostTar 75 Nr. 13 2. SächsKVZ; KostTar 118 Nr. 3 zur AllGO LSA; § 1 Nr. 6, 7 ThürPolKostV.

213 Vgl. hierzu *Schlink* NVwZ 1982, 529.

214 Vgl. z. B. § 2 II PolG BW, § 1 IV ASOG Bln.

215 *VG Berlin* NJW 1981, 1748, bestätigt durch Beschl. des *OVG Berlin* vom 29. 4. 1981 – 1 S 19/81 – (nicht veröff.); zum Titel gegen „unbekannt" vgl. *Lisken* NJW 1982, 1136 und *Raeschke-Kessler* NJW 1981, 663.

216 Vgl. *OVG Lüneburg* NVwZ 1984, 323; *Schenke* NJW 1983, 1882 (1890); anders noch *OVG Lüneburg* NJW 1978, 721 m. Anm. *Broß* DVBl. 1983, 383.

Schreitet die Polizei gegen die Hausbesetzung jedoch im **öffentlichen Interesse** zum Zwecke der Gefahrenabwehr ein – etwa wegen der mit ihr verbundenen, den einzelnen oder die Allgemeinheit gefährdenden konkreten Umstände oder nach Abschluß der Besetzung wegen eines gefährlichen Zustandes des Hauses –, so sind die **Hausbesetzer** als **Störer** hinsichtlich der Polizeikosten zahlungspflichtig.[217] Typischerweise wird es sich dabei – da es zumeist um unvertretbare Handlungen geht – um das Zwangsmittel des **unmittelbaren Zwangs,** i. ü. um Maßnahmen der **Ersatzvornahme** handeln. 80

Nimmt die Polizei die Hausbesetzer danach als Störer in Anspruch, so ist unter dem Gesichtspunkt des **Lastenausgleichs bei Störermehrheit** zu prüfen, ob eine **gesamtschuldnerische Haftung** in Betracht kommt. Eine solche Annahme liegt bei einem Personenkreis nahe, der sich mit gemeinsamer Zielsetzung zusammengefunden und dementsprechend agiert hat. Gerade bei Hausbesetzungen ist aber häufig ein Nebeneinander mehrerer Gruppen mit durchaus unterschiedlichen Zielsetzungen, Vorgehensweisen und Vorstellungen – z. B. zur Gewaltanwendung – zu beobachten. Bei der Heranziehung zur Kostenerstattung bzw. zur Gebührenzahlung ist dies im Rahmen des Ermessens und unter dem Gesichtspunkt der **individuellen Zurechenbarkeit** des Polizeieinsatzes durch die Zumessung nur eines entsprechenden Kostenanteils zu berücksichtigen.[218] 81

Von dem Einschreiten der Polizei kraft originärer Zuständigkeit zur Gefahrenabwehr (Prävention) sind zum einen ihre Zuständigkeiten im Rahmen der **Strafverfolgung** (Repression)[219] und zum anderen ihre Heranziehung zur **Vollzugshilfe**[220] für andere Behörden, zum Beispiel auch für den Gerichtsvollzieher nach Erlangung eines zivilrechtlichen Räumungstitels, zu unterscheiden. Soweit die Polizei im Rahmen dieser Zuständigkeiten gegen Hausbesetzer vorgeht, sind die Hausbesetzer jedenfalls nicht der Polizei gegenüber kostenpflichtig. 82

5. Kostenhaftung beim Abschleppen von Kraftfahrzeugen

Auch bei der Erörterung der Haftung für Polizeikosten beim **Abschleppen** oder **Umsetzen** verkehrsordnungswidrig abgestellter Fahrzeuge[221] muß zunächst danach unterschieden werden, ob die Polizei zum Zweck der Gefahrenabwehr (Prävention) oder im Rahmen der Verfolgung von Verkehrsordnungswidrigkeiten und Straftaten (Repression) tätig geworden ist.[222] Nur im ersten Fall kommt es zu einer Kostenhaftung gegenüber der Polizei. Allerdings genügt es bei den regelmäßig vorliegenden **Gemengelagen,** wenn die Polizei **überwiegend präventiv** vorgegangen ist. Fahrzeuge, die im öffentlichen Verkehrsraum entgegen den Verkehrsvorschriften – z. B. in einer unübersichtlichen Kurve (§ 1 StVO) – oder entgegen behördlichen Anordnungen in Form von Verkehrszeichen[223] abgestellt sind, stören schon durch den Verstoß gegen das geschriebene Recht die öffentliche Sicherheit. Ausnahmsweise kann auch das Abschleppen eines auf einem **privaten Grundstück** rechtswidrig abgestellten Fahrzeugs zulässig oder sogar geboten sein.[224] 83

---

217 S. o. zu II.1.a und II.3.

218 S. o. zu I.3 und II.3.

219 Vgl. *Denninger,* Kap. E Rdn. 154 ff.

220 Vgl. *Denninger,* Kap. E Rdn. 198 ff.

221 Vgl. hierzu allgemein: *Kottmann* DÖV 1983, 493; *Geiger* BayVBl. 1983, 10; *Klenke* NWVBl. 1994, 288; *Kierse* DAR 1995, 400; *Gersdorf* NVwZ 1995, 1086; *Martensen* VBlBW 1996, 81; *Gaul* VBlBW 1996, 1; *Bodanowitz* JuS 1996, 911; *Koch/Niebaum* JuS 1997, 312; *Schieferdecker* Schr. z. Öff. Recht, Bd. 746 (1997); *Wagner/Ruder,* Polizeirecht (1999), Rdn. 658 ff.; *Schlette* NdsVBl. 1999, 96; *Remmert* NVwZ 2000, 642; zu Haftungsfragen: *Kreissl* NVwZ 1994, 349; s. außerdem *Hilse,* Kap. G Rdn. 120 ff. und *Denninger,* Kap. E Rdn. 146.

222 Vgl. *Denninger,* Kap. E Rdn. 157 f.; *Hilse,* Kap. G, Rdn. 120.

223 Zu den unterschiedlichen Rechtsgrundlagen und Zuständigkeiten in den verschiedenen Bundesländern vgl. *Kottmann* DÖV 1983, 493; zu dem von § 41 VwVfG abweichenden besonderen Bekanntgabebegriff bei Verkehrszeichen vgl. *OVG Münster* OVGE 42, 109 und *BVerwG* NJW 1997, 1021 m. Anm. *Hansen/Meyer* NJW 1998, 284 und *Mehde* NJW 1999, 767.

224 Vgl. *VG Freiburg* BWVPr 1979, 255; *OVG Saarlouis* NJW 1994, 878 m. Anm. *Gornig* JuS 1995, 208; *OVG Münster* NJW 2000, 602 (Kundenparkplatz).

84 Als polizeiliche Maßnahmen, die eine Kostenhaftung des Halters und/oder Eigentümers als **Zustandsstörer** oder des Fahrers als **Verhaltensstörer** auslösen können, kommen – je nach Ausgestaltung des Landesrechts – bei Unerreichbarkeit des Störers eine **unmittelbare Ausführung**[225] oder eine **Ersatzvornahme**[226] (in der Regel im Sofortvollzug ohne vorangehende Grundverfügung) auf der Grundlage der Generalklausel in Betracht; ggf. schließt sich eine **Sicherstellung** an, wenn das abgeschleppte Fahrzeug auf polizeiliches Gelände verbracht und dort verwahrt werden soll.[227] Diese Maßnahmen begründen – je nach Bundesland[228] – eine Pflicht zur **Erstattung der Kosten,** die der Polizei konkret entstanden sind, oder eine Kostenpflicht in Form einer **Gebühren- und Auslagenpflicht.** Als Folge der Störerverantwortlichkeit oder über das Veranlassungs- bzw. Vorteilausgleichsprinzip ist diese Kostenbelastung in beiden Formen nach den dargelegten allgemeinen Grundsätzen (s. o. zu I.2.a und b) nicht zu beanstanden.

85 So löst z. B. in **Berlin**[229] das „Umsetzen" von verkehrswidrig abgestellten Fahrzeugen nach Fahrzeugart, Wochentag und Tageszeit gestaffelte Gebühren zwischen derzeit 255,– DM und 487,– DM aus, wobei „Rabatte" für „Leerfahrten" des Abschleppunternehmers und begonnene, aber wegen zwischenzeitlichen Eintreffens des Fahrers nicht zu Ende gebrachte Umsetzungen vorgesehen sind. Mit dieser kompletten – die Auslagen für das Abschleppunternehmen einschließenden – gebührenrechtlichen Lösung ist es entsprechend der Vorrangsregelung in § 15 II und IV ASOG Bln[230] ausgeschlossen, die tatsächlichen Kosten geltend zu machen und insoweit den Einwand der Unangemessenheit zu erheben. Gebührenschuldner können z. B. grundsätzlich nicht rügen, ihr Fahrzeug sei im konkreten Fall nur wenige Meter umgesetzt worden, der geforderte Betrag deshalb unverhältnismäßig. Denn bei der in Berlin gewählten rechtlichen Konstruktion beruhen die „Kosten" auf Durchschnittssätzen, die das Land Berlin in regelmäßigen zeitlichen Abständen mit den von ihm beauftragten Abschleppunternehmen vereinbart, sowie auf anteiligen Personalkosten.[231] Gebührenschuldner in Berlin könnten daher faktisch nur einwenden, die Vereinbarung sei auch hinsichtlich der Durchschnittssätze zu ihren Lasten überhöht oder das Land mache über seinen Verwaltungsaufwand hinaus einen Gewinn – beides ist in tatsächlicher Hinsicht kaum nachweisbar. Im übrigen ist die Gebührenerhebung nicht schon deshalb wegen „überwiegenden öffentlichen Interesses" (vgl. § 2 PolBenGebO Bln) ausgeschlossen, weil verkehrswidrig abgestellte Fahrzeuge – im öffentlichen Interesse zu verfolgende – Ordnungswidrigkeitentatbestände erfüllten; daß der Verordnungsgeber diesen Regelfall gerade zum Gebührentatbestand ausgestaltet hat, zeigt an, daß das öffentliche Interesse jedenfalls nicht überwiegt.

86 Auch **Sachsen** erhebt – ebenso wie mit unterschiedlichen Detailregelungen u. a. auch **Nordrhein-Westfalen**[232] – für den „Abtransport von Fahrzeugen" Gebühren in Höhe von zur Zeit 150,– DM bei Abtransport durch polizeieigene Fahrzeuge (bei Eintreffen

---

[225] Vgl. z. B. *OVG Berlin* OVGE 16, 70 (71); *OVG Hamburg* NJW 1992, 1909; *Götz* NVwZ 1998, 679 (688); *Martensen* VBlBW 1996, 81 ff.

[226] Vgl. *Götz* NVwZ 1998, 679 (688); *Jochum/Rühle,* Polizei- und Ordnungsrecht, 2. Aufl. (2000), S. 385 ff., Rdn. 54 f.; zur Abgrenzung zur unmittelbaren Ausführung vgl. *Denninger,* Kap. E Rdn. 141 ff. und *VGH Kassel* NJW 1995, 2123 f.; a. A. *Klenke* NWVBl. 1994, 288 (289), der den Abschleppvorgang dem unmittelbaren Zwang zuordnet, ebenso *Remmert* NVwZ 2000, 642 (643).

[227] Vgl. *Hilse,* Kap. G Rdn. 121; zum Meinungsstreit *Nirschl,* Kosten der Polizei- und Sicherheitsbehörden ..., S. 122.

[228] S. o. zu II.1.a und II.3.

[229] Vgl. TarSt. 4 des Gebührenverz. zu § 1 PolBenGebO v. 10. 12. 1965 (GVBl. S. 1956) i. d. F. v. 22. 12. 1998 (GVBl. S. 448).

[230] Vgl. oben zu II.1.a sowie *OVG Berlin* OVGE 16, 70 (72) und Urt. v. 4. 11. 1987 – 1 B 86/87 – (n. v.).

[231] Der Anteil der an die Unternehmen abzuführenden Auslagen soll ca. 70 % der Gebührensätze betragen, vgl. Berliner Zeitung v. 21. 12. 1994, S. 17.

[232] Vgl. § 7 a KostO NW v. 12. 8. 1997 (GVBl. S. 258): 50–300,– DM; ebenso in allen Ländern, in denen die Ersatzvornahme oder die unmittelbare Ausführung gebührenpflichtig sind (s. o. zu II.1.a); unklar insoweit der allgemeine Gebührentatbestand in KostTar. 118 Ziff. 4 der AllGO LSA v. 17. 2. 1994 (GVBl. S. 208).

des Störers vor Abtransport die Hälfte); wird „durch Dritte“ abgeschleppt, werden von dem Pflichtigen neben einer Gebühr in Höhe von 40,– DM Auslagen in Höhe der tatsächlichen Kosten des Unternehmens erhoben. In diesem Sinne sehen die Länder überwiegend vor, daß die Aufwendungen für die beauftragten privaten Abschleppunternehmen in der konkreten Höhe als **Auslagen** zu erstatten sind.[233]

Die Kostenhaftung des Störers setzt voraus, daß das polizeiliche Einschreiten rechtmäßig war, also durch das abgeschleppte Fahrzeug ein **Gefahrentatbestand** erfüllt und die Entscheidung nach **pflichtgemäßem Ermessen** ergangen war, etwa weil eine entsprechende Maßnahme der Ordnungsbehörde zu spät käme.[234] Dabei muß die Polizei insbesondere im Hinblick auf die durch die konkrete Maßnahme verursachte Kostenhaftung des Störers den **Grundsatz der Verhältnismäßigkeit**[235] beachten und sorgfältig prüfen, ob und mit welchen Mitteln sie vorgeht. Im Einzelfall kann dies dazu führen, daß die Polizei zwar das Kraftfahrzeug zur Abwehr einer Gefahr abschleppt, daß sie aber aus Gründen der Verhältnismäßigkeit auf die Kostenerhebung verzichtet, etwa weil weder den Fahrer noch den Halter ein Verschulden trifft und die bloße kausale Verursachung – mag sie auch im polizeirechtlichen Sinne adäquat sein – mit Blick auf die Kosten unangemessen wäre.[236] Andererseits ist zu berücksichtigen, daß die Umsetzung verkehrswidrig geparkter Fahrzege in Großstädten inzwischen zu einem „Massengeschäft“ geworden ist: während im Jahre 1986 im Westteil Berlins 40 000 Fahrzeuge umzusetzen waren, war die Zahl für Berlin insgesamt im Jahr 1994 schon auf 100 000 angestiegen.[237] Es kommt hinzu, daß sofort vollziehbare Verwaltungsakte – wie z. B. Verkehrszeichen (§ 80 II 1 Nr. 2 VwGO analog) – in der Regel ohne weiteres vollstreckt werden dürfen, wenn sie nicht befolgt werden. Das kann zwar die Beachtung des verfassungsrechtlichen Übermaßverbots nicht suspendieren, wohl aber die meisten in diesem Zusammenhang in der Praxis erhobenen Einwände entkräften,[238] zumal in Großstädten angesichts der Parkraumknappheit praktisch jedem regelwidrigen Parken „negative Vorbildwirkung“ zukommt. 87

Zu diesen Fragen gibt es inzwischen eine reichhaltige Rechtsprechung, auf die nur exemplarisch hingewiesen werden kann.[239] Allgemein anerkannt ist, daß ein in einer Fußgängerzone, in einer absoluten Halteverbotzone, auf einem Behindertenparkplatz, in einer Feuerwehreinfahrt, in einer Sicherheitszone, an einer abgelaufenen Parkuhr, in einer Grünanlage, auf Radwegen oder auch auf einem Anwohnerparkplatz für nicht nur kurze Zeit abgestelltes Fahrzeug – auch wenn es andere Verkehrsteilnehmer nicht zusätzlich konkret behindert – schon im Hinblick auf eine **negative Vorbildwirkung** für andere Kraftfahrer (also aus generalpräventiven Gründen) ein polizeiliches Einschreiten rechtfertigt.[240] Die Polizei muß vor der Beauftragung des Abschleppunternehmens oder dem 88

---

233 Vgl. § 1 HbgGEbO v. 7. 12. 1993 (GVBl. S. 365) i. V. m. Nr. 20.4.1.2 des GebVerz.; i. ü. ohne weiteres als „Kosten der Ersatzvornahme“.

234 *Hilse,* Kap. G Rdn. 121; *VGH Mannheim* NJW 1991, 1698; *VG Saarlouis* ZfSch 2000, 88; *OVG Saarlouis* v. 16. 6. 1999 – 9 Q 166/98 – (juris) zur Ermessensfehlerhaftigkeit der Kostenbelastung bei einem nicht der Risikosphäre des Halters zuzuordnenden Abschleppgrund.

235 Vgl. hierzu beim Abschleppen eines ungesicherten oder beschädigten Fahrzeugs zur Sicherung des Eigentums: *VGH Kassel* DÖV 1999, 916 und NJW 1999, 3650.

236 Vgl. *VGH Mannheim* DÖV 1991, 163; *OVG Hamburg* DÖV 1995, 783; *VGH Kassel* NJW 1997, 1023; zur – nach 2 Tagen einsetzenden (!) – Kostenhaftung bei nachträglich aufgestellten Verkehrsschildern vgl. *OVG Münster* NVwZ-RR 1996, 59 und *BVerwG* NJW 1997, 1021 sowie *Hansen/Meyer* NJW 1998, 284; *Mehde* NJW 1999, 767; *Koch/Niebaum* JuS 1997, 312.

237 Angaben bei *OVG Berlin,* Urt. v. 4. 11. 1987 –1 B 86.87 – (n. v.) sowie Berliner Zeitung v. 21. 12. 1994, S. 17.

238 Ähnlich *Klenke* NWVBl. 1994, 288 (291) und *BVerwG* NJW 1990, 931; mit stärkerer Betonung zusätzlicher Erfordernisse neben dem Gesetzesverstoß *BVerwGE* 90, 189 (193); vgl. zur Vollstreckung auf der Grundlage von Verkehrszeichen allgemein: *Remmert* NVwZ 2000, 642.

239 Rspr.-Nachw. bis 1983 bei *Kottmann* DÖV 1983, 493, für die Zeit danach bei *Jahn* JuS 1989, 969, *Klenke* NWVBl. 1994, 288 und *Götz* NVwZ 1998, 679 (687 f.).

240 Vgl. hierzu *BVerwG* NZV 1988, 39 (Parkuhr); *BVerwGE* 90, 189 (Sicherheitszone); *BVerwG* NJW 1990, 931, *VGH Mannheim* NJW 1990, 2270 und VBlBW 1992, 348, *VGH München* NJW 1989, 245 und

eigenen Einschreiten nur dann **Nachforschungen** nach dem Fahrer oder Halter anstellen, wenn solche Ermittlungen aufgrund konkreter Umstände (z. B. sichtbarer Zettel mit Angaben zum – nahe gelegenen – Aufenthaltsort des Fahrers im Fahrzeug) schnellen Erfolg versprechen.[241] Grundsätzlich darf die Polizei die abgeschleppten Fahrzeuge auf einem besondere Sicherstellungsgelände in Verwahrung nehmen, also **sicherstellen,** wenn ein sonstiger öffentlicher, hierzu geeigneter Parkplatz nicht vorhanden ist; in der Regel wird dies aber nicht nötig sein, wenn es sich nicht um ungesicherte Fahrzeuge handelt.[242]

89 Hingegen rechtfertigt der bloße vorschriftswidrige Zustand eines (ansonsten ordnungsgemäß geparkten) Fahrzeugs dessen Umsetzung für sich allein unter Ermessensgesichtspunkten nicht ohne weiteres;[243] der Verstoß etwa gegen die StVZO muß nach pflichtgemäßem Ermessen gerade das Abschleppen als geeignete und verhältnismäßige Maßnahme rechtfertigen. Kostenschuldner ist aber stets nur der Störer. Hat der Verkäufer eines Kfz unter **Verstoß gegen § 27 III StVZO** die Anschrift des Erwerbers nicht (richtig) gemeldet, so können die Abschleppkosten des danach schrottreif abgestellten Fahrzeugs mangels polizeirechtlicher Kausalität zwischen dem Pflichtverstoß und der konkreten Störung nicht von dem Verkäufer erhoben werden.[244]

90 Kostenfrei bleibt auch der Fahrer/Halter eines ansonsten ordnungsgemäß geparkten Fahrzeugs, das die Durchfahrt anderer Fahrzeuge deshalb blockiert, weil auf der gegenüberliegenden Straßenseite später ein weiterer Pkw abgestellt worden ist. In solchen Fällen **gemeinsamer Blockade** durch „kumulativ" bewirkte Störung ist nur der zuletzt parkende und damit den Engpaß verursachende Verkehrsteilnehmer Störer;[245] bei Unerweislichkeit kann die Behörde von keinem der beiden Fahrer – auch nicht zur Hälfte – Kostenersatz verlangen.

91 Besondere Probleme der Haftung werfen Fälle auf, in denen – insbesondere im Zusammenhang mit **mobilen Verkehrsschildern** – unwiderlegbar geltend gemacht wird, im Zeitpunkt des Parkens seien die Schilder noch nicht aufgestellt gewesen; das Parkverbot gelte deshalb gegenüber dem Fahrer nicht. Die Annahme des OVG Münster – der sich das Bundesverwaltungsgericht angeschlossen hat[246] –, auch bei objektiv ausgeschlossener Kenntnisnahmemöglichkeit (etwa bei einem Krankenhausaufenthalt zur Zeit der Schilderaufstellung) sei wegen der besonderen **Bekanntgaberegelungen der StVO** ein solches mobiles Verkehrszeichen gegenüber dem (abwesenden) Verkehrsteilnehmer nach Ablauf einer gewissen Zeit (48 Stunden) wirksam geworden,[247] verläßt ohne zwingenden Grund die für die Bekanntgabe von Verwaltungsakten allgemein geltenden und aus Gründen des Rechtsschutzes auch gebotenen Regeln. Wo es zu einer konkreten Störung des Verkehrs kommt, ist das Abschleppen im Wege der unmittelbaren Ausführung oder des Sofortvollzugs ohne weiteres rechtmäßig; die regelmäßige Kostenhaftung des Störers

---

NVwZ 1990, 180 sowie NJW 1996, 1979, *OVG Münster* NJW 1990, 2835, *VGH Kassel* NVwZ 1987, 910, *OVG Koblenz* NVwZ-RR 1989, 299 (sämtlich zu Behindertenparkplätzen); *VGH Mannheim* NJW 1995, 304 und NVwZ-RR 1996, 149, *OVG Saarlouis* NJW 1994, 878 (jeweils Anwohnerparkplatz); *OVG Münster* DÖV 1999, 305 (Busparkplatz); *OVG Koblenz* NVwZ 1988, 658 (Fußgängerzone); *OVG Münster* DÖV 1997, 886 (verkehrsberuhigter Bereich); *VG Frankfurt/M.* NVwZ-RR 1993, 28 (Grünanlage); *VG Leipzig* LKV 1995, 165 (Gehweg); *OVG Hamburg* NJW 2001, 168 (Radweg); *VGH München* NJW 1999, 1130, *OVG Münster* DÖV 1999, 306 und *VGH Kassel* NVwZ-RR 1999, 23 (jeweils abgelaufener Parkschein) m. Anm. *Remmert* NVwZ 2000, 642; *OVG Münster* NJW 2001, 172 (Kreuzungsbereich).

[241] *VGH München* NVwZ 1990, 180.

[242] Vgl. hierzu *VGH München* BayVBl. 1984, 559 m. Anm. *Köhler* BayVBl. 1984, 630.

[243] *VGH Mannheim* DÖV 1994, 82; anders aber z. B., wenn der Zustand selbst schon eine Gefahr darstellt (auslaufendes Öl oder Benzin etc.), oder bei „schrottreifen", ausgeschlachteten Fahrzeugen, vgl. *VGH Kassel* DÖV 1999, 918.

[244] *VGH Kassel* DÖV 1999, 918; *OVG Hamburg* NJW 2000, 2600; *OVG Bautzen* NJW 1997, 2253; a. A.: *VGH Mannheim* DVBl. 1996, 1055; vgl. zur Problematik: *Stollenwerk* Polizei 1998, 183.

[245] *VG Freiburg* VBlBW 1994, 212; *OVG Münster* NJW 1993, 2698; zur Störerauswahl vgl. *VG Göttingen* v. 18. 2. 1999 – 1 A 1220/97 – (juris).

[246] *BVerwG* NJW 1997, 1021; vgl. a. Nachw. bei Fußn. 221, 236, 238.

[247] Vgl. Nachw. bei Fußn. 221, 236, 238 und 246 sowie bei *Klenke* NWVBl. 1994, 288 (289).

ist jedoch dann ausgeschlossen, wenn die konkreten Fallumstände die Kostenbelastung unter Ermessensgesichtspunkten – insbesondere mangels **Vorhersehbarkeit** der Verkehrsregelung für den Fahrer oder Halter – nicht rechtfertigen.[248] Die bloße scheinbare „Verbotswidrigkeit" ohne zusätzliche konkrete Störung scheidet als kostenbegründender Gefahrentatbestand entgegen der Auffassung des Bundesverwaltungsgerichts aus. Zwar kann – wenn man der höchstrichterlichen Rechtsprechung nicht folgt – aus der Sicht der Behörde der Tatbestand einer **Anscheinsgefahr** gegeben sein; sie könnte dies allerdings durch eine ordnungsgemäße Protokollierung der Situation bei Aufstellung der Schilder selbst leicht ausräumen. Unabhängig von dem letztgenannten Einwand erweist sich die Annahme aber **ex post** unter den dargestellten Umständen mangels Kenntniserlangung und damit mangels Wirksamkeit des Parkverbots als falsch. Kostenmäßig ist ein solcher „Störer" deshalb wie ein Nichtstörer zu behandeln.[249]

Der Fahrer eines verkehrswidrig abgestellten Fahrzeugs haftet grundsätzlich allein 92
oder jedenfalls vorrangig vor dem Halter, und zwar nicht nur im zivilrechtlichen Innenverhältnis, sondern auch gegenüber der Polizei.[250]

Bei ihrer Überwachungstätigkeit darf sich die Polizei auch nichtpolizeilicher **Hilfs-** 93
kräfte bedienen, wenn gewährleistet ist, daß die eigentliche Entscheidung über „Ob" und „Wie" des Abschleppens einschließlich der Frage der Kostenhaftung von der Polizei selbst getroffen wird, und zwar auf der Grundlage eines umfassend aufgeklärten und ihr zuverlässig übermittelten Sachverhalts. Unter dieser Voraussetzung darf sie die Beauftragung eines Abschleppunternehmens in Vollzug ihrer Entscheidung beispielsweise Angehörigen einer kommunalen Verkehrsüberwachung überlassen.[251] An der Kostenhaftung des Halters oder – vorrangig – des Fahrers als Störer ändert sich durch den Abschluß von **Parkraumbewirtschaftungsverträgen**[252] zwischen dem Träger der Polizei und privaten Unternehmen unter den genannten Voraussetzungen nichts.

6. Kostenhaftung bei Fehlalarm

Anders als bei den Abschleppfällen sieht sich die Kostenüberwälzung bei **Fehlalarmen** 94
und **Falschalarmen** schon im Grundsatz stärkeren Bedenken ausgesetzt. Dabei stehen im wesentlichen drei Rechtsprobleme im Vordergrund:[253]

Erstens geht es hier um Polizeikosten, die bei Tätigkeiten entstanden sind, die dem Be- 95
reich der **„polizeilichen Grundversorgung"** zuzuordnen sind oder ihm zumindest nahekommen;[254] nach dem **Steuerstaats- und Rechtsstaatsprinzip,** das die Gewährleistung der staatlichen Grundpflichten aus allgemeinen Steuermitteln sichert (s. o. zu I.2.f und g), ist die Kostenüberwälzung durch Sonderlasten deshalb als Ausnahme in besonderem Maße rechtfertigungsbedürftig. Dementsprechend sehen die Verwaltungskosten- oder Gebührengesetze der Länder regelmäßig ausdrücklich vor, daß Amtshandlungen, die „überwiegend im öffentlichen Interesse vorgenommen werden", gebührenfrei sind; allerdings gilt dies oft nur „unbeschadet abweichender gesetzlicher Vorschriften" (vgl. § 2 II 1 GebBeitrG Bln). Das die Kostenfreiheit begründende **überwiegende öffentliche Interesse** am Polizeieinsatz wird bei Fehlalarmen – d. h. bei technischen Alarmierungen der Polizei, die ohne Grund ausgelöst worden sind[255] oder deren berechtigter Anlaß nicht

[248] *VGH Mannheim* DVBl. 1991, 1370; vgl. zum Meinungsstreit Nachw. bei Fußn. 221, 236, 238 und 246.

[249] *OVG Münster* NJW 1993 , 2698; s. o. zu II.1.b m. w. Nachw.

[250] *VGH München* BayVBl. 1984, 16; vgl. aber auch *VGH München* NVwZ 1987, 912 und *VGH Mannheim* NVwZ 1990, 1096.

[251] *VGH München* BayVBl. 1990, 434 und 1991, 433.

[252] Zur Frage der Rechtmäßigkeit einer Parkraumbewirtschaftung: *OVG Koblenz* NVwZ-RR 1995, 357; zur Verkehrsüberwachung durch Private: *Scholz* NJW 1997, 14; *Stegemann* NJW 1997, 2157; *AG Tiergarten* NStZ-RR 1996, 277; *KG* NJW 1997, 2894; zu privaten Wachdiensten: *Winkler* NWVBl. 2000, 287.

[253] *Götz,* Allgemeines Polizei- und Ordnungsrecht, 12. Aufl. (1995), Rdn. 466.

[254] *Gramm* in Sacksofsky/Wieland, Vom Steuerstaat zum Gebührenstaat (2000), S. 179 (185).

[255] Vgl. Nr. 75 TarSt. 9 der Anl. 1 zu § 1 2. SächsKVZ v. 4. 3. 1997 (GVBl. S. 133): „... wird nicht erho-

(vom Anlagenbetreiber) nachgewiesen worden ist[256] – von der Rechtsprechung im Hinblick auf die Installation solcher Alarmanlagen zum Schutz des Privateigentums als Alternative zu anderen aufwendigeren Sicherungsmaßnahmen verneint.[257]

96 Ein weiterer Einwand zielt auf die **Gesetzgebungskompetenz der Länder** für die Kostenregelung in derartigen Fällen. Handelte es sich bei der kostenträchtigen polizeilichen Tätigkeit um Strafverfolgung, so wären die Länder gem. Art. 74 I Nr. 1, Art. 70 I GG für Kostenregelungen – in welcher Form auch immer – nicht zuständig. Nur für Maßnahmen der präventiven Gefahrenabwehr dürfen die Länder im Rahmen der materiellen verfassungsrechtlichen Schranken (s. o. zu I.2) auch die Kostenhaftung regeln. Ebenso wie bei den Abschleppfällen ist auch bei Fehlalarmen repressives und präventives Vorgehen der Polizei miteinander verquickt. In derartigen **Gemengelagen** ist entscheidend, wo der **Schwerpunkt** aus objektiver **Sicht ex post** liegt. Hat sich ein Polizeieinsatz aufgrund der Auslösung einer Alarmanlage rückblickend als Fehlalarm herausgestellt, so ist die Polizei nach der verwaltungsgerichtlichen Rechtsprechung[258] gerade nicht als Hilfsorgan der Staatsanwaltschaft strafverfolgend tätig geworden, sondern präventivpolizeilich zum Schutz des privaten Eigentums als eines Teils der öffentlichen Sicherheit. Danach können die Länder für solche Sachverhalte aus kompetenzieller Sicht eine Gebührenpflicht vorsehen.

97 Drittens ist streitig, wann ein „Fehlalarm" vorliegt. Abstrakt läßt sich der **Tatbestand** mit dem **Fehlen einer polizeilichen Gefahrenlage** umschreiben, wobei – wie in Sachsen ausdrücklich hervorgehoben wird[259] – der durch die Alarmgebung als solche hervorgerufene Anschein einer Gefahr nicht zu berücksichtigen ist. Die Alarmanlage ersetzt mit allen Vorzügen, aber auch Mängeln eines nicht hinterfragbaren, lediglich auf äußere Reize ansprechenden technischen Geräts lediglich den Beobachter vor Ort. Sind Spuren eines Einbruchsversuchs feststellbar, so ist die Alarmierung in der Sprache der Landesgesetzgeber zweifelsfrei „gerechtfertigt" gewesen. Problematisch ist die Lage aber immer dann, wenn mangels objektiver Anhaltspunkte – keine Spuren am „Tatort", keine Zeugenaussagen über den Hergang der Alarmierung – nicht feststeht, was den Alarm verursacht hat. Die Gebührengesetzgeber und die Rechtsprechung neigen dazu, dem Alarmanlagenbetreiber die Beweislast zuzuweisen, so daß die Unerweislichkeit des Grundes der Alarmauslösung zu dessen Lasten geht.[260]

98 **Unproblematisch** ist die Kostenbelastung des Anlagenbetreibers nach den dargelegten allgemeinen Grundsätzen (s. o. zu I.2.a und b), wenn aufgrund objektiver Anhaltspunkte feststeht, daß eine polizeiliche Gefahr und damit ein berechtigender Grund zur Alarmierung der Polizei nicht bestanden hat. Das ist etwa der Fall, wenn durch Zeugenaussagen **erwiesen** ist,[261] daß die Anlage aus nichtpolizeilichen Gründen – etwa durch unachtsame Passanten oder einen Betrunkenen oder wegen technischer Mängel (falsche

---

ben, wenn, abgesehen von der Alarmgebung der Anlage, Anhaltspunkte für eine Straftat vorliegen"; die Beweislast ist danach zumindest nicht zwingend auf den Betreiber verlagert. Ähnliches gilt für Berlin (TarSt. 3 des GebVerz. zu § 1 PolBenGebO i. d. F. v. 22. 12. 1998 ‹GVBl. S. 448›) und das Saarland (§ 2 Nr. 2 PolKostVO v. 12. 4. 1990 ‹Amtsbl. S. 482› i. d. F. v. 12. 5. 1998 ‹Amtsbl. S. 506›), wo jeweils ohne weitere Erläuterung auf das „ungerechtfertigte Alarmieren" der Polizei abgestellt wird.

256 Vgl. z. B. Kostentarif Nr. 67.5.2 mit Anm. b) zu § 1 AllGO Nds v. 5. 6. 1997 (GVBl. S. 171) i. d. F. v. 24. 9. 1999 (GVBl. S. 347); Kostentarif Nr. 118 TarSt. 4.5 zu § 1 AllGO LSA v. 17. 2. 1994 (GVBl. S. 208); TarStelle 18.6 des allgemeinen Gebührentarifs (S.-H.) v. 12. 1. 1996 (GVOBl. S. 96) i. d. F. v. 17. 11. 1999 (GVOBl. S. 408); Art. 3 I Nr. 10 S. 2 lit. b BayKostG i. d. F. v. 26. 7. 1995 (GVBl. S. 353); § 2 II 2 GebOSiO (Hbg.) v. 7. 12. 1993 (GVBl. S. 365) i. d. F. v. 6. 12. 1994 (GVBl. S. 373).

257 Vgl. *VGH München* BayVBl. 1999, 277 (278); *OVG Hamburg* DVBl. 1998, 841 (844); *OVG Münster* DVBl. 2000, 1635 und KStZ 2000, 235.

258 Vgl. *VGH München* BayVBl. 1999, 277; *OVG Hamburg* DVBl. 1998, 841 (844); *VGH Mannheim* NVwZ 1988, 271; *OVG Lüneburg* NJW 1986, 2007; vgl. a. *OVG Münster* DVBl. 2000, 1635 und KStZ 2000, 235.

259 Vgl. Nachw. bei Fußn. 255.

260 Vgl. die Nachw. bei Fußn. 255 bis 257 sowie *OVG Bremen* DVBl. 1983, 462 und NJW 1994, 1170; *OVG Lüneburg* NJW 1986, 2007; *VGH Mannheim* NVwZ 1988, 271.

261 Vgl. *VGH Kassel* NJW 1984, 73 (75); *OVG Münster* (Fußn. 257).

Einstellung etc.) – ausgelöst worden ist. Die Gebührenbelastung des Betreibers ist dann deshalb gerechtfertigt, weil die polizeilichen Maßnahmen durch ihn veranlaßt worden sind **(Veranlassungsprinzip),** ihm zugute kommen **(Begünstigungsprinzip)** und zugleich den Vorteil ausgleichen, der darin besteht, daß er durch die Alarmanlage andere aufwendigere Sicherungsmaßnahmen zum Schutz seines Eigentums erspart **(Vorteilsausgleichsprinzip).** Der Verzicht auf eine Gebührenerhebung würde das bei allen technischen Anlagen vorhandene **Fehlfunktionsrisiko** ohne sachlichen Grund auf die Allgemeinheit verlagern. Die genannten gebührenrechtlichen Prinzipien bewirken die gebotene **individuelle Zurechenbarkeit** der kostenpflichtigen Behördenleistung.[262] Steht fest, daß keine polizeiliche Gefahr bestanden hat, ist die Gebührenbelastung des Anlagenbetreibers trotz der regelmäßigen Gewährleistung der **polizeilichen Grundversorgung** aus allgemeinen Steuermitteln (s. o. zu I.2.f und g) ausnahmsweise gerechtfertigt.

Bei **Unerweislichkeit des Grundes der Alarmierung** greift diese Argumentation jedoch nicht ohne weiteres durch. Da die **Störereigenschaft** des Anlagenbetreibers nicht feststeht und es sich um polizeiliche Tätigkeiten aus dem Bereich der „Grundversorgung" handelt, bedarf die Kostenbelastung auch hier einer besonderen Rechtfertigung. Dabei sind die vergleichbaren Fälle der **Falschinformation durch natürliche Personen** in die Überlegungen einzubeziehen; für eine eventuelle unterschiedliche Behandlung von Fehlalarmen durch technische Anlagen müssen tragfähige Gründe sprechen.[263] **99**

Die Verwendung von **Alarmanlagen** auf Haus- und Betriebsgrundstücken sowie in Kraftfahrzeugen dient dem Zweck, Einbruchs- oder Diebstahlsversuche rechtzeitig anzuzeigen, dadurch möglichst ihre Vollendung zu verhindern und – mittelbar – potentielle Täter von vornherein abzuhalten. Funktionell ist ihre Verwendung daher dem Aufgabenbereich der Polizei im weiteren Sinne zuzuordnen; die Polizei empfiehlt dies sogar selbst. Andererseits sind ihre Herstellung und Funktionsweise, ihre Installation, Überwachung und ihr Betrieb dem Einfluß der Polizei entzogen, so daß **Mängel der Alarmanlage** oder ihrer Installation – die in hohem Maße für die große Zahl der Fehlalarme[264] verantwortlich gemacht werden – nicht der Polizei, sondern dem Betreiber zuzurechnen sind. Dabei kann es auf ein Verschulden grundsätzlich nicht ankommen, zumal die Alarmanlage als technische Apparatur ohne Unterscheidungsfähigkeit auf alle äußeren Einwirkungen einer bestimmten Stärke reagiert und der Betreiber sich gerade diese Eigenschaft – und zwar häufig durch eine besonders „sensible" Einstellung – zunutze macht. **100**

Sind Mängel der Anlage nicht nachweisbar und fehlen äußere Spuren eines Einbruchsversuchs, so legt der Umstand, daß mit Hilfe einer Alarmanlage funktionell Aufgaben der Polizei wahrgenommen werden, zunächst nahe, einen **nicht aufklärbaren Fehlalarm** dem Verantwortungsbereich der Polizei mit der entsprechenden Kostenfolge zuzurechnen. Eine solche Konsequenz ist insbesondere dann gerechtfertigt, wenn das einfache Gebührenrecht die Beweislast nicht ausdrücklich dem Anlagenbetreiber zugewiesen hat. In solchen Fällen haben die Oberverwaltungsgerichte[265] zunächst überwiegend diese betreiberfreundliche Auffassung vertreten und sowohl eine Störerhaftung des Betreibers als auch mangels Zurechenbarkeit eine gebührenrechtliche Belastung verneint. Andererseits hat die Rechtsprechung auch landesrechtlichen Regelungen, die ohne weitere Einschränkung die Gebührenerhebung an die „ungerechtfertigte Alarmie- **101**

[262] *OVG Münster* (Fußn. 257).

[263] Vgl. zur Differenzierung zwischen Fehlalarmen durch Personen und durch Alarmanlagen z. B. TarSt. 18.6 Anm. 1 des allgemeinen Gebührentarifs (S.-H.) v. 12. 1. 1996 (GVOBl. S. 96) i. d. F. v. 17. 11. 1999 (GVOBl. S. 408); Kostentarif Nr. 67.5 Anm. a) und b) zu § 1 AllGO (Nds.) v. 5. 6. 1997 (GVBl. S. 171) i. d. F. v. 24. 9. 1999 (GVBl. S. 347); Kostentarif 118 Nr. 4.4.2 und 4.5 zu § 1 AllGO LSA v. 17. 2. 1994 (GVBl. S. 208).

[264] Laut Tagesspiegel v. 24. 12. 1994, S. 8, im Jahr 1994 in Berlin über 12 000.

[265] *VGH Kassel* DVBl. 1976, 717 und NJW 1984, 73; *VGH München* BayVBl. 1981, 625; *OVG Hamburg* DVBl. 1985, 97.

rung" anknüpfen,[266] eine **Beweislastumkehr** unterlegt, die zur Folge hat, daß bei Unerweislichkeit des Grundes der Alarmauslösung von der Erfüllung des Gebührentatbestandes auszugehen ist.[267] Der Betreiber kann diese Folge auch durch den Nachweis ordnungsgemäßer Wartung seiner Anlage nicht verhindern.[268] Die hierfür angeführten **Billigkeitserwägungen** sind aber – wenn der Gesetz- oder Verordnungsgeber nicht selbst eine solche Beweislastregelung ausdrücklich vorgesehen hat – nicht zwingend, weil der Einsatz von Alarmanlagen heutzutage auch im allgemeinen Interesse liegt, der Betreiber faktisch keine Möglichkeit der Spurensicherung vor Ort hat und die Polizei es mit Recht ablehnen wird, lediglich wegen der Klärung der Kostenhaftung intensive Ermittlungsmaßnahmen vorzunehmen, wenn die mögliche „Tat" allenfalls das Versuchsstadium erreicht hat.[269]

102 Das **Bundesverwaltungsgericht**[270] hat die Gebührenschuldnerschaft des Anlagenbetreibers nicht nur bei Fehlalarm aufgrund technichen Versagens oder falscher Einstellung, sondern auch bei letztlich ungeklärter Ursache aus bundesrechtlicher Sicht gebilligt. Es hat die Erstreckung der Gebührenpflicht auf Fälle des nur **möglichen Fehlalarms** mit zwei Einsichten für gerechtfertigt gehalten: das besondere Fehlerpotential solcher Anlagen sei der Sphäre des Betreibers zuzuordnen und der Halter der Anlage sei ein (latenter) „potentieller Zustandsstörer", auch wenn sich der kostenpflichtige Einsatz nicht gegen ihn, sondern gegen den vermeintlichen Täter richte. Das zweite Argument kann die Gebührenpflicht jedoch nur dann tragen, wenn es der Polizei nach längerem Andauern des Alarmtons zumindest auch um die Beseitigung der daraus herrührenden Störung geht; die Haftung für die durch den ursprünglichen Polizeieinsatz zur Gefahrenabwehr verursachten Kosten wird dadurch nicht berührt. Die „betreiberunfreundliche" Rechtsprechung der Verwaltungsgerichte läßt sich aber mit dem ersten Argument auch unter Berücksichtigung der die Gebührenerhebung begrenzenden allgemeinen Grundsätze (s. o. zu I.2) tragfähig begründen:

103 Es ist nämlich nicht zu verkennen, daß die **Entwicklung der tatsächlichen Verhältnisse** zugunsten dieser Rechtsprechung spricht. So waren beispielsweise allein in Berlin im Jahre 1994 12000 „ungerechtfertigte" – d. h. als Fehlalarme nachgewiesene oder ungeklärte – Einsätze zu verzeichnen;[271] der Anteil derartiger Sachverhalte an der Gesamtzahl der Alarmierungen durch technische Anlagen soll bei über 90 % – und damit wesentlich höher als bei Meldungen durch Personen – liegen.[272] Stellt man dieses Faktum in Rechnung und berücksichtigt man die **spezifischen Funktionsrisiken** solcher Anlagen sowie ihre Verwendung als gleichsam **vorverlagerter,** andere zweifelsfrei private Sicherungsmaßnahmen ersetzender **Eigentumsschutz,** so hält sich jedenfalls die gesetzlich geregelte Kostenhaftung des Anlagenbetreibers auch bei ungeklärten, also nur möglichen Fehlalarmen im Rahmen der allgemeinen, für Gebührenvorschriften geltenden und die Gestaltungsfreiheit des Gesetzgebers begrenzenden Grundsätze (s. o. zu I.2), zumal der Aufwand an Zeit und Kosten für die sonst von Amts wegen gebotene Aufklärung der Alarmursache in keinem Verhältnis zu der relativ geringen Gebührenhöhe steht.[273] Die Gebührenerhebung kann vielmehr – und soll dies wohl auch – ein **Anreiz** sein, Wartung und Einstellung der Anlagen zu **optimieren.**[274]

---

[266] Vgl. z. B. in Berlin, Brandenburg, Mecklenburg-Vorpommern, Saarland und Sachsen (Fundstellennachw. bei Fußn. 255, 256).

[267] Vgl. *OVG Berlin* OVGE 15, 171; *OVG Bremen* DVBl. 1983, 462 und NJW 1994, 1170; *OVG Lüneburg* NJW 1986, 2007; *VGH Mannheim* NVwZ 1988, 271 sowie Nachw. bei Fußn. 256, 260.

[268] Vgl. *VGH München* BayVBl. 1999, 277 (278 a. E.).

[269] Vgl. *OVG Lüneburg* DVBl. 1983, 464 (466).

[270] NJW 1992, 2243; weitere unveröffentlichte Entscheidungen vgl. bei Fußn. 279.

[271] Tagesspiegel v. 24. 12. 1994, S. 8.

[272] Vgl. die Angaben bei *OVG Lüneburg* DVBl. 1983, 464 (465) und NJW 1986, 2007; *OVG Bremen* DVBl. 1983, 462 (463).

[273] Vgl. *VGH München* BayVBl. 1999, 277 (278); *OVG Hamburg* DVBl. 1998, 841 (844); *OVG Münster* (Fußn. 257); a. A. *Nirschl,* Kosten der Polizei- und Sicherheitsbehörden . . ., S. 154 f.: Fehlalarmgebühr generell unzulässig.

[274] *VGH München* BayVBl. 1999, 277 (278).

104 In der Kostenbelastung des Anlagenbetreibers bei ungeklärten Fehlalarmen liegt auch keine ungerechtfertigte **Ungleichbehandlung** mit Personen, gegen die ein **Strafverfahren** eingeleitet und dann ohne kostenrechtliche Folgen **eingestellt** worden ist.[275]

105 Die Kostenbelastung des Anlagenbetreibers bei ungeklärten Fehlalarmen ist auch im **Vergleich** zur Haftung des **Falschinformanten** mit Blick auf Art. 3 I GG nicht zu beanstanden. Soweit das Landesrecht hierzu ausdrückliche Regelungen enthält,[276] werden dem Beobachter einer vermeintlichen Straftat, dessen Information sich als falsch herausstellt, Kosten nur dann auferlegt, wenn er die Lage **schuldhaft verkannt** hat. Als Störer kommt der Falschinformant nur bei bewußter, d. h. vorsätzlicher Fehlinformation unter dem Gesichtspunkt einer möglichen Straftat oder der Beeinträchtigung der Funktionsfähigkeit der Polizei als staatlicher Einrichtung in Betracht. Soweit die Gebührenhaftung ohne nähere Differenzierung auf das Verschulden abstellt, sollte **Vorsatz oder grobe Fahrlässigkeit** gefordert werden.[277] Das scharfe Schwert der Kostenhaftung darf auch im Interesse der rechtzeitigen Benachrichtigung der Polizei durch die Bevölkerung nicht schon bei leichter Fahrlässigkeit über jedem Informanten schweben.

106 Immerhin handelt er auch im **Interesse der Allgemeinheit** und nimmt in gewisser Weise Aufgaben der Polizei selbst wahr. Für die Haftungsbeschränkung spricht deshalb derselbe Gedanke, der auch der beschränkten Haftung der Beamten zugrunde liegt (vgl. § 79 I 2 und II BBG, § 46 I 2 und II BRRG). Eine schärfere Kostenhaftung würde die für eine schnelle und effektive Gefahrenabwehr erforderliche beherzte Mithilfe der Bevölkerung erschweren.[278] Diese bessere Stellung des (Falsch-)Informanten gegenüber dem Betreiber einer (Fehl-)Alarmanlage ist überdies deshalb gerechtfertigt, weil die Polizei bei Anrufen von Personen durch Rückfragen in der Lage ist, sich ein zuverlässigeres Bild von der Gefahrenlage und der Ernsthaftigkeit des Alarms zu verschaffen und daher Fehleinsätze durch eigenes Verhalten vermeiden oder verringern kann.

107 Die „betreiberunfreundliche" Rechtsprechung ist zwar – weil sie irrevisibles Recht betrifft – bundesrechtlich nicht zu beanstanden;[279] sie wird aber andererseits durch höherrangiges Recht auch nicht zwingend in diesem Sinne vorgegeben, so daß der Landesgesetzgeber – bei entsprechendem politischem Willen – Gestaltungsspielraum und die Landesverwaltungsgerichte Auslegungsspielraum hätten. Sieht das Landesrecht keine speziellen Gebührentatbestände für Fehlalarme vor, so kommt eine Kostenhaftung nicht, und zwar auch nicht nach den Grundsätzen der **Geschäftsführung ohne Auftrag** in Betracht.

---

[275] *VGH München,* aaO. (Fußn. 274).

[276] Ausdrücklich differenzieren zwischen Alarmierungen durch Anlagen und Personen u. a.: § 2 II GebOSiO (Hbg.) v. 7. 12. 1993 (GVBl. S. 365) i. d. F. v. 14. 12. 1999 (GVBl. S. 303, 311); TarSt. 8.4 des Allg. Kostentarifs zu § 1 KostVO IM M–V v. 9. 7. 1997 (GVOBl. S. 318); Kostentarif Nr. 67.5 zu § 1 AllGO (Nds.) v. 5. 6. 1997 (GVBl. S. 171) i. d. F. v. 24. 9. 1999 (GVBl. S. 347); Kostentarif Nr. 118 TarSt. 4.1 bis 4.5 zu § 1 AllGO LSA v. 17. 2. 1994 (GVBl. S. 208); TarSt. 18.6 des allgemeinen Gebührentarifs (S.-H.) v. 12. 1. 1996 (GVOBl. S. 96) i. d. F. v. 17. 11. 1999 (GVOBl. S. 408). Ausdrücklich nur Alarmanlagen erfassen u. a.: Art. 3 I Nr. 10 S. 2 BayKostG i. d. F. v. 26. 7. 1995 (GVBl. S. 353); TarSt. 18.4 AGT zu § 1 AVwGebO (N.-W.) i. d. F. v. 10. 9. 1996; Nr. 75 TarSt. 9 der Anl. zu § 1 2. SächsKVZ v. 4. 3. 1997 (GVBl. S. 133). Ohne ausdrückliche Differenzierung erfassen „ungerechtfertigte Alarmierungen" u. a.: TarSt. 3 des GebVerz. zu § 1 PolBenGebO (Bln.) i. d. F. v. 22. 12. 1998 (GVBl. S. 448); TarSt. 9.5 des GebTar. zu § 1 GebVO InnMin (Bbg.) v. 14. 12. 1992 (GVBl. II S. 768); § 2 Nr. 2 PolKostVO (Saarl.) v. 12. 4. 1990 (Amtsbl. S. 482) i. d. F. v. 12. 5. 1998 (Amtsbl. S. 506); vgl. a. *Rachor,* Kap. L, Rdn. 46ff.

[277] So ausdrücklich § 2 II Nr. 1 GebOSiO (Hbg.) v. 7. 12. 1993 (GVBl. S. 365) i. d. F. v. 14. 12. 1999 (GVBl. S. 303, 311); die Vorschrift differenziert insoweit zwischen Personen und technischen Alarmen.

[278] Vgl. *VG Bremen* DVBl. 1981, 782.

[279] Vgl. *BVerwG* NJW 1992, 2243; Beschl. v. 24. 11. 1986 – *BVerwG* 8 B 69.86 – (zur Berliner Rechtslage), v. 27. 8. 1993 – *BVerwG* 8 B 148.93 – (zur bremischen Rechtslage) und v. 31. 8. 1998 – *BVerwG* 8 B 139.98 – (zur hamburgischen Rechtslage), sämtlich unveröffentlicht.

7. Luftsicherheitsgebühr und Eigensicherungskosten

108 Seit 1. Juli 1990 erheben die Luftfahrtbehörden für jeden Fluggast von den Luftfahrtunternehmen vor Antritt der Flugreise eine **Luftsicherheitsgebühr**[280] zur Abgeltung des Aufwands für deren Durchsuchung und Überprüfung. Diese Gebühr ist von den sog. **Flugsicherungsgebühren**[281] zu unterscheiden, die für die Streckennavigation und die Inanspruchnahme der Flugsicherung bei An- und Abflug bis zu deren Organisationsprivatisierung erhoben wurden. Die Luftsicherheitsgebühr betrifft den **Luftfahrtbehörden** obliegende Aufgaben der Gefahrenabwehr, also materielle polizeiliche Aufgaben; in mehreren Bundesländern ist die Polizei überdies an der konkreten Abwicklung unmittelbar beteiligt.[282] Die Bund und Ländern durch die Kontrollmaßnahmen entstehenden Personal- und Sachkosten sind beträchtlich: bereits 1988 beliefen sie sich allein für den Flughafen Frankfurt/Main auf 34 Mio. DM;[283] im Jahr 2000 sollen die gesamten Personalkosten für die insgesamt 1500 an den Flughäfen der Bundesrepublik eingesetzten Bundesgrenzschutzbeamten – also ohne die Sachkosten – 140 Mio. DM betragen haben.[284] Die Gebührenhöhe liegt derzeit zwischen 5,– DM und 14,70 DM je Fluggast, soll aber noch im Jahr 2000 durchschnittlich um zwei DM erhöht werden; der gesetzliche Rahmen läßt derzeit bis zu 20,– DM zu.[285]

109 Die Gebührenerhebung beruht auf folgender **Rechtsgrundlage:**

Gem. Art. 73 Nr. 6 GG hat der Bund die ausschließliche **Gesetzgebungskompetenz** für den Luftverkehr. Auf dieser Grundlage hat er das **Luftverkehrsgesetz**[286] erlassen. Gem. § 31 I LuftVG werden die Aufgaben des Bundes insoweit grundsätzlich von dem Bundesminister für Verkehr wahrgenommen; einzelne ausdrücklich genannte Aufgaben werden jedoch im **Auftrag des Bundes** von den Ländern ausgeführt (vgl. dazu Art. 85 GG). Dazu gehört gem. § 31 II Nr. 19 LuftVG „der Schutz vor Angriffen auf die Sicherheit des Luftverkehrs (§ 29 c, § 29 d)". § 29 c I LuftVG erklärt den Schutz vor solchen Angriffen – „insbesondere vor Flugzeugentführungen und Sabotageakten" – zur Aufgabe der Luftfahrtbehörden, die sich bei der erforderlichen „Durchsuchung von Personen", der „Durchsuchung, Durchleuchtung oder sonstigen Überprüfung von Gegenständen ... geeigneter Personen als Hilfsorgane" bedienen können.[287] Gem. § 32 I Nr. 13 hat der Bundesminister für Verkehr die Befugnis zum Erlaß einer Rechtsverordnung „über die **Kosten** (Gebühren und Auslagen) für Amtshandlungen, insbesondere Prüfungen und Untersuchungen nach diesem Gesetz"; sie bestimmt u. a. „die gebührenpflichtigen Tatbestände und kann dafür feste Sätze oder Rahmensätze vorsehen". Auf dieser Ermächtigung beruht die **Kostenverordnung der Luftfahrtverwaltung** – LuftKostV –.[288] Deren Gebührenverzeichnis sieht in Abschn. VII Nr. 23 („Sonstige Amtshandlungen der Luftfahrtverwaltungen") den Gebührentatbestand der **„Durchsuchung von Fluggästen"** und mitgeführten Gegenständen oder deren Überprüfung in sonstiger Weise (§ 29 c Abs. 2

---

[280] Vgl. zur Problematik allg.: *Nirschl,* Kosten der Polizei- und Sicherheitsbehörden ..., S. 173 ff.; *P. Schneider,* Die Abwehr äußerer Gefahren im Luftverkehr ..., Jur.Diss. Frankf./M. (1993); *Giemulla/Schmid* NZV 1989, 415; *Ronellenfitsch* VerwArch 86 (1995), 307 ff.

[281] Vgl. FlusAAGV v. 28. 9. 1989 (BGBl. I S. 1809); *Schwenk,* Hdb. des Luftverkehrsrechts, 2. Aufl. (1996), S. 151, 154; *BVerwG* NVwZ-RR 1997, 648.

[282] Z. B. in Nordrh.-Westf. als die von der Luftfahrtbehörde bestimmte Stelle, die ihrerseits i. S. v. § 29 c I 3 LuftVG die Aufsicht über die Personen ausübt, die die Durchsuchung vornehmen; seit dem Jahr 2000 hat der BGS die Flughafensicherung und die Fluggastkontrolle übernommen.

[283] Angaben bei *Nirschl,* aaO, S. 174.

[284] Tagesspiegel v. 20. 8. 2000.

[285] Tagesspiegel v. 20. 8. 2000; Abschn. VII Nr. 23 des GebVerz. zur LuftKostV i. d. F. v. 4. 2. 1999 (BGBl. I S. 66): 4–20,– DM.

[286] LuftVG i. d. F. v. 14. 1. 1981 (BGBl. I S. 61), zuletzt geändert durch Ges. v. 11. 11. 1997 (BGBl. I S. 2694).

[287] Vgl. hierzu Fußn. 282.

[288] LuftKostV v. 14. 2. 1984 (BGBl. I S. 346) i. d. F. v. 4. 2. 1999 (BGBl. I S. 66).

LuftVG) vor. Darin ist ferner ergänzend eine Auskunftspflicht der Luftfahrtunternehmen über die Anzahl der durchsuchten Fluggäste geregelt.

Als **Gebührenschuldner** kommt bei Durchsuchungen auf der Grundlage des § 29c LuftVG – ebenso wie bei § 20a I Nr. 1 LuftVG – allein das **Luftfahrtunternehmen** in Betracht. Der einzelne Fluggast ist – mangels polizeirechtlicher Verursachung einer Gefahr – weder als Störer noch nach der speziellen gebührenrechtlichen Regelung kostenpflichtig. § 32 I Nr. 13 S. 6 LuftVG (vgl. hierzu BT-Drs. 12/1801, S. 21) weist eindeutig die Luftfahrtunternehmen als Gebührenschuldner aus.[289] **110**

Auch die Kostenbelastung der Luftfahrtunternehmen ist jedoch nicht unproblematisch. **111** Es geht bei der Luftsicherheitsgebühr – wie deren rechtliche Grundlagen unmißverständlich belegen – um materielle Polizeiaufgaben nahe dem **Kernbereich polizeilicher „Grundversorgung“**.[290] Dementsprechend hat auch das Bundesverwaltungsgericht[291] eingeräumt, daß die mit der Luftsicherheitsgebühr abgegoltenen Maßnahmen die **grundrechtliche Schutzpflicht des Staates** verwirklichen, im Rahmen seiner Möglichkeiten das Leben der Bürger vor Einwirkungen Dritter zu schützen. Nach den das polizeiliche Kostenrecht beherrschenden allgemeinen Grundsätzen (s. o. zu I.2.f und g) ist der dabei anfallende Aufwand grundsätzlich aus allgemeinen Steuermitteln zu bestreiten; die Gebührenfinanzierung ist hier nur ausnahmsweise zulässig und besonders rechtfertigungsbedürftig, insbesondere wenn die Kostenlast nicht den Störer, sondern den Gestörten bzw. den zu Schützenden trifft.[292] Die ausnahmsweise **Rechtfertigung** der Gebührenerhebung kann allenfalls darin gesehen werden, daß den Luftfahrtunternehmen durch die polizeiliche Tätigkeit ein unmittelbarer **wirtschaftlicher Vorteil** zugewandt wird, der sie von gleichartigen eigenen Maßnahmen entlastet, die sie zur Aufrechterhaltung ihres Betriebs und zur – auch wirtschaftlich relevanten – Vermittlung des erforderlichen Sicherheitsgefühls bei den Fluggästen sonst selbst hätten vornehmen müssen. Sie sind deshalb unmittelbare **Nutznießer** der kostenträchtigen polizeilichen Tätigkeit. Da sie insoweit als ein besonders profitierender, abgrenzbarer Teil der Allgemeinheit erscheinen und den durch die Amtshandlung vermittelten Begünstigungen wegen deren unmittelbarer Auswirkung auf den eigenen wirtschaftlichen Erfolg näherstehen als andere, bewirkt das **Vorteilsprinzip** die gebührenrechtlich gebotene **individuelle Zurechenbarkeit** der durch die Gebühr abgegoltenen Durchsuchungsmaßnahmen zu Lasten der Unternehmen.[293] Allerdings handelt es sich um einen äußersten **Grenzfall,** der nicht unbesehen auf andere Gebühren- oder Kostenregelungen – insbesondere wenn das jeweilige Fachrecht die Gebührenbefreiung für Amtshandlungen im überwiegenden öffentlichen Interesse vorsieht – übertragen werden kann.

Bundesverwaltungsgericht[294] und **Bundesverfassungsgericht**[295] – in einer Kammer- **112** entscheidung, mit der die Annahme der Verfassungsbeschwerde abgelehnt wurde – haben die Streitfrage zu Lasten der Luftfahrtunternehmen entschieden und – wie bereits die Vorinstanzen[296] – die Gebührenpflicht der Luftfahrtunternehmen gebilligt. Zu Recht ist die Gesetzgebungskompetenz des Bundes für die Gebührenregelung als Annex zur Sachregelungsbefugnis bejaht worden. Das Bundesverwaltungsgericht hat aus den genannten

---

289 *Hofmann/Grabherr,* LuftVG, § 32 Rdn. 15; a. A. *BVerwGE* 95, 188 (199); *Ronellenfitsch* VerwArch 86 (1995), 307 (323): daneben auch der Fluggast.

290 *Gramm* in Sacksofsky/Wieland, S. 179 (185); vgl. a. *Nirschl,* Kosten der Polizei- und Sicherheitsbehörden …, S. 171 ff.

291 *BVerwGE* 95, 188 (196).

292 Vgl. a. *Kirchhof* FAZ v. 11. 5. 1995, S. 12; *Nirschl,* aaO, S. 192.

293 *BVerfG* DVBl. 1998, 1220 (1221) m. Anm. *Zugmaier;* a. A. *Nirschl,* aaO, S. 192, 203 f.; *Gramm,* aaO, S. 186.

294 *BVerwGE* 95, 188 m. zust. Anm. *Ronellenfitsch* VerwArch 86 (1995), 307 ff.; *BVerwG* NVwZ 2000, 1039.

295 DVBl. 1998, 1220 m. Anm. *Zugmaier,* S. 1221.

296 *VG München,* Urt. v. 23. 10. 1991 – M 17 K 91.3419 und 91.3610 –; vgl. a. *OVG Saarlouis* NVwZ 1992, 699 sowie *Ronellenfitsch,* aaO, S. 313; zur Vereinbarkeit mit Europarecht vgl. *VGH München* NVwZ 2001, 346.

Gründen auch die individuelle Zurechenbarkeit – noch – vertretbar angenommen. Soweit die Gerichte die Gebührenerhebung trotz des **überwiegenden öffentlichen Interesses** für Rechtens halten,[297] ist dem für die Luftsicherheitsgebühr deshalb zuzustimmen, weil weder im Luftverkehrsgesetz noch im Verwaltungskostengesetz des Bundes (vgl. § 7 VwKostG) ein solcher Gebührenbefreiungstatbestand normiert ist und sich ein derartiger Grundsatz auch nicht aus dem Wesen der Gebühr von Verfassungs wegen ergibt (s. o. zu I.2.a und b). **Kritisch** zu beurteilen ist jedoch die Aussage des Bundesverfassungsgerichts,[298] der weite gesetzgeberische Gestaltungsspielraum bei der Entscheidung über die Begründung von Gebührenpflichten sei durch staatliche Schutzpflichten nicht eingeschränkt, weil solche Schutzpflichten primär nur Handlungspflichten im Bereich der Gefahrenabwehr begründeten, nicht aber die Frage der Refinanzierung des Verwaltungsaufwands berührten. Zu Recht wird hiergegen eingewandt,[299] das Bundesverfassungsgericht habe mit dem Verzicht auf jegliche weitere Zulässigkeitsvoraussetzungen für Gebühren im Bereich staatlicher Kernaufgaben „dem Gebührengesetzgeber Tür und Tor geöffnet". Es hätte angesichts der weitreichenden Bedeutung dieser Aussage – unabhängig von dem Ergebnis – wohl angestanden, die Verfassungsbeschwerde anzunehmen und durch den Senat entscheiden zu lassen.

113 Mit der soeben erörterten Problematik steht die Frage der **Kostenhaftung für Maßnahmen der Eigensicherung** in engem Zusammenhang.[300] Unproblematisch ist ihre Beantwortung, wenn spezialgesetzliche Vorschriften sie ausdrücklich regeln. Dies ist beispielsweise im Luftverkehrsgesetz geschehen: §§ 19 b, 20 a LuftVG weisen den Luftfahrtunternehmen bestimmte Sicherungspflichten zu und entscheiden – mangels abweichender Kostentragungsvorschriften – zugleich darüber, daß dies auf deren **eigene Kosten** zu geschehen hat.[301] Fehlen solche spezialgesetzlichen Regelungen, ist auf die allgemeinen polizeirechtlichen Grundlagen zurückzugreifen. **Voraussetzung** der Kostentragungspflicht ist danach auf jeden Fall, daß auf der Primärebene die Verpflichtung des Flughafenunternehmers oder des Luftfahrtunternehmens zur Vornahme der streitigen Eigensicherungsmaßnahmen besteht. Der herangezogene Unternehmer muß also **Zustandsstörer** (– Flughafen als latent gefährliche Sache –) oder **Handlungsstörer** (– Eröffnung eines latent gefährlichen Verkehrs –) sein. Das ist jedoch für als solche gefahrlose, lediglich durch den rechtswidrigen Zugriff Dritter selbst gefährdete Sachen und Betriebseröffnungen mit Recht abgelehnt worden,[302] weil es – ohne besondere gesetzliche Regelung (vgl. z. B. § 14 I StVO, § 6 II Nr. 4 AtG, § 42 I WaffG, § 24 II SprengG, § 19 b LuftVG) – **keine Verpflichtung** gibt, andere vor Schädigungen durch Dritte (anders als vor Schädigungen durch den konkreten Flughafenbetrieb selbst) zu bewahren. Die Kostenpflicht der Unternehmen läßt sich insoweit auch nicht über die Rechtsfigur des **Zweckveranlassers** begründen.[303] Daraus folgt, daß Sicherungsmaßnahmen zum Schutz der Benutzer vor **Betriebsgefahren** nach den allgemeinen polizeirechtlichen Grundsätzen auf Kosten des insoweit „störenden" Unternehmers vorzunehmen, Sicherungsmaßnahmen zur **Abwehr von außen kommender Gefahren** hingegen mangels Störereigenschaft nicht von diesem, sondern von der Polizei – d. h. von der Allgemeinheit – zu tragen sind, soweit nicht spezielle gesetzliche Vorschriften etwas anderes bestimmen.[304]

---

297 *BVerwGE* 95, 188 (200 f.).

298 DVBl. 1998, 1220 (1221) m. – insoweit krit. – Anm. *Zugmaier,* S. 1221.

299 *Zugmaier,* aaO.

300 Vgl. hierzu: *Ronellenfitsch* VerwArch 77 (1986), 435 ff. und VerwArch 86 (1995), 307 (309 f.); *Czaja,* Eigensicherungspflichten von Verkehrsflughäfen (1994); *Kokott* DVBl. 1992, 749 (755); *Schneider* NVwZ 1988, 605 ff.; *Giemulla/Schmid* NZV 1989, 415 ff.; *Ossenbühl,* Eigensicherung und hoheitliche Gefahrenabwehr (1981); *Denninger,* Kap. E, Rdn. 97.

301 *Hofmann/Grabherr,* LuftVG, § 19 b Rdn. 11.

302 *BVerwG* DVBl. 1986, 360 (361) m. Anm. *Schenke,* S. 362 gegen *VGH Mannheim* DVBl. 1983, 41 m. zust. Anm. *Karpen* JZ 1983, 105.

303 Vgl. *Schenke* DVBl. 1986, 362 (363) sowie oben zu II.1.a und 2.b; a. A. *Götz* NVwZ 1984, 211 (214).

304 Ebenso *Schenke,* aaO; a. A. *Karpen* JZ 1983, 105 (106).

N. Polizeiorganisation in Europa

Übersicht

Schrifttum: *Blanchard,* Perspectives dans la domaine de la sécurité routière en France, 1988; *Boye,* Die Polizei in Dänemark, 4/1987; *Fehervary, Janos/Schulte, Rainer,* Mitteleuropäische Polizeiakademie – Ein Modell praktischer Zusammenarbeit bei der Aus- und Fortbildung polizeilicher Führungskräfte –, in: Kriminalistik, 49. Jg., 1995, Heft 4, S. 283–288; *Finszter, Geza/Korinek, Laszlo,* Kriminalität und ihre Bekämpfung in Ungarn, in: Der Kriminalist, 27. Jg. 1995, Heft 11, S. 498–505; *Fogel,* Policing in Central and Eastern Europe, Report on a Study Tour, Helsinki, 1994; *Gatterer,* Verkehrsunfallbekämpfung in der Republik Österreich, 1990; *Giampieretti,* La Polizia Italiana – POLIZIA MODERNA – Periodico mensile ufficiale della Polizia di Stato, 1990; *Häseker,* Die Situation der Polizei in Osteuropa – Unterstützung der Problemlösungen durch den Westen, in: Polizeispiegel (Berliner Ausgabe), 29. Jg., 1994, Nr. 2, S. 46 ff. und Nr. 3, S. 65 ff.; *Heuss,* Die Polizei in der Schweizerischen Eidgenossenschaft, 1990; *Hitzler,* Europa-Handbuch; 1989; *Höger,* Offene Grenzen – engere Zusammenarbeit, DPolBl. 2/1994; *Kniesel/Kube/Murck,* Handbuch für Führungskräfte der Polizei – Wissenschaft und Praxis –, 1996; *Läufer,* Europäische Gemeinschaft/Europäische Union – Die Vertragstexte von Maastricht –, 1992; *Over,* Road safety and the reduction of accidents by the Police in Great Britain, 1988; *Pitschas,* Politik und Recht der inneren Sicherheit in Mittel- und Osteuropa, Bd. 3, 1996; *Polizei-Führungsakademie,* Polizeigeschichtliche Sammlung, 1998; *Salgo, Laszlo,* Veränderungen in der Polizeiorganisation und -arbeit in Ungarn, in: Bürgerrechte & Polizei, 55, 3/1996; *Schulte,* Polizeiliche Zusammenarbeit in Europa, DPolBl. 2/1994; *Semerak,* Die Polizeien in Westeuropa, 1989.

I. Staaten der Europäischen Union

1. Belgien

a) Polizei im Staat

Das Königreich Belgien als parlamentarisch-demokratische Erbmonarchie wird in neun Provinzen von Gouverneuren mit gewählten Provinzialräten verwaltet. Nach den unterschiedlichen Aufgabenstellungen tragen für die Gemeindepolizei der Innenminister, für die Kriminalpolizei der Justizminister und für die Gendarmerie der Verteidigungsminister und/oder der Justizminister die Verantwortung gegenüber dem Parlament. 1

Ansprechpartner für alle polizeirelevanten Anfragen ist das Ministerie van Binnenlands Zaken, Algemene Directie van de Rijkspolitie, T. a. v. De Heer F. De Mot, Königsstraat 64–66, B–1000 Brussel, Tel. 00 32-2-5 04 85 11.

b) Organe

Gemeindepolizei (fläm.: „Gemeentepolitie"; wall.: „Police Communal"), **Kriminalpolizei** (fläm.: „Gerechtelijke Politie"; wall.: „Police Judiciaire") und **Gendarmerie** (fläm.: „Rijkswacht"; wall.: „Gendarmerie"). 2

c) Aufgaben

Die **Gemeindepolizei** erfüllt ihre Aufgaben beim Vollzug der Gesetze und Verordnungen zur Aufrechterhaltung der öffentlichen Sicherheit und Ordnung ausschließlich im Bereich der jeweiligen Gemeinde, auch zum Schutz des Straßenverkehrs überwiegend präventiv. Beim Verdacht auf Straftaten nimmt sie die Ermittlungen auf und unterrichtet die Staatsanwaltschaft; diese entscheidet – oft unter Einschaltung eines Untersuchungsrichters – über die weitere Behandlung durch die Gemeindepolizei oder durch die Kriminal- („Gerichtliche")polizei. Die **Kriminalpolizei** sammelt und verarbeitet alle Informationen zur Kriminalitätsaufklärung, führt den gerichtlichen Erkennungsdienst durch und ist zentrale Dokumentationsstelle. Sie ist im INTERPOL-Verbund und hält Verbindung zu den Kriminalpolizeien anderer Staaten. Die **Gendarmerie** hat als Hauptaufgaben den Schutz gefährdeter Personen und Objekte, die Verkehrsüberwachung im überörtlichen Straßennetz, die Verkehrserziehung und den Verkehrswarndienst. Sie unterstützt die Gemeindepolizei auf Anforderung, überwacht die Grenzen und nimmt militärpolizeiliche Aufgaben wahr. Organisation, Aufgaben und Befugnisse der **Gendarmerie** sind im Gesetz vom 2. 12. 1957 geregelt. Für die **Gemeindepolizei** gilt das Gesetz vom 11. 2. 1986, das wiederum inhaltlich in das neue Gemeindegesetz entsprechend dem Königl. Beschl. vom 24. 6. 1988 übernommen und durch Gesetz vom 26. 5. 1989 ratifiziert wurde. Die **Gerichtspolizei** wurde durch Gesetz vom 7. 4. 1919 geschaffen und durch Königl. Beschl. vom 7. 6. 1921 organisiert. Ergänzend anwendbar und beachtlich sind das Gesetz vom 5. 8. 1992 über das Polizeiamt betr. Aufsicht, Verwaltung, Aufgaben und Haftung der Polizei, und das belgische StGB vom 8. 6. 1867 nebst dem Kriminalunterrichtsbuch („Code d'instruction criminelle"), Strafrecht und Strafverfahren betreffend. 3

d) Organisation

In allen Gemeinden Belgiens gibt es Gemeindepolizei; es bestehen 327 städtische und 262 ländliche Gemeindepolizei-Korps. Die ländlichen Gemeindepolizei-Korps eines oder mehrerer Verwaltungsbezirke bilden eine Brigade; der Chef der ländlichen Gemeindepolizeien des Verwaltungsbezirks untersteht als „Brigadekommissar" dem Provinzgouverneur. Der Chef eines Gemeindepolizei-Korps untersteht beim **Vollzug** der allgemeinpolizeilichen Aufgaben dem Bürgermeister, bei der reinen **Strafverfolgung** der Staatsanwaltschaft. Der Bürgermeister ist der Repräsentant des Staates in der Gemeinde und der „polizeiliche" Chef der Gemeindepolizei. Er untersteht dem Provinzgouverneur und mit 4 diesem dem Innenminister. In den Gemeindepolizei-Korps der städtischen Bereiche ist der tägliche Polizeidienst über Reviere, Wachen und Posten organisiert. Die Organisation der Kriminalpolizei ist – unabhängig von der Verwaltungs- und Polizeiorganisation – an die Gerichtsbezirke gebunden. Die Kriminalpolizei untersteht unter dem Justizminister fünf Generalstaatsanwälten und den Staatsanwälten in 26 Bezirken und arbeitet nach deren Weisungen zur Verfolgung von Straftaten. Für die im ganzen Land zuständige Kriminalpolizei gibt es als Zentrale das „Commissariat Generaal" mit Sitz in Brüssel. Die Gendarmerie gehört zum Verteidigungsministerium. Es bestimmt Organisation, Aufgaben, Einstellung und Aus- und Fortbildung des Personals sowie Dienstrechte und -pflichten, Ausrüstung und Dienstgestaltung. Mit der Führung der Gendarmerie ist der Generalinspekteur beauftragt. Er hat einen Generalstab mit acht Hauptdirektionen und eine Gruppe „Allgemeine Dienste". Belgien ist in fünf Regionalkommandos der Gendarmerie eingeteilt. Zu jedem Regionalkommando gehören eine mobile Einsatzreserve, eine „Provinziale Verkehrseinheit" zur Erfüllung polizeilicher Verkehrsaufgaben und eine territoriale Gruppe für jede Provinz. Lokale Einheit der Gendarmerie ist die Brigade.

e) Personal

5 Die Gesamtstärke der Gemeindepolizei liegt bei 18 000, die der Kriminalpolizei bei 1400 Beamten und 500 Angestellten. Die Stärke der Gendarmerie beträgt etwa 17 000, dazu 1000 Angestellte.

aa) Auswahl und Einstellung. In die Gemeindepolizei werden Männer und Frauen mit belgischer Staatsangehörigkeit zwischen 18 und 35 Jahren nur mit Gymnasialabschluß und nach Absolvierung des Militärdienstes (der Männer) ausgewählt und eingestellt. Für die Kriminalpolizei beträgt das Mindestalter 21 Jahre; das Diplom eines Gymnasiums, die Fahrerlaubnis B sowie das Bestehen einer Einstellungsprüfung sind erforderlich. In die Gendarmerie werden belgische Staatsangehörige im Alter von 17 bis 30 Jahren mit mittlerem Bildungsabschluß eingestellt.

bb) Aus- und Fortbildung. Die Ausbildung der Gemeindepolizei erfolgt in vier Provinzial-Ausbildungs- und -Trainingsstätten und in fünf (groß-)städtischen Einrichtungen. An eine zehnmonatige Grundausbildung schließt sich eine viermonatige Probezeit im täglichen Polizeidienst an. Erst dann erfolgt die Ernennung zum „Politie-Agent" („Agent de Police"). Der Aufstieg in den **gehobenen Dienst** ist nach Kursen und Prüfungen möglich; das Diplom („Brevet") für den höheren Dienst kann nach zweijährigem Studium an einer Offiziersschule und einer Prüfung durch den Innenminister erlangt werden. Die Übernahme von Offizieren der Kriminalpolizei und der Gendarmerie in die Gemeindepolizei ist ohne Prüfung möglich. Für die Fortbildung des gehobenen und höheren Dienstes der Gemeindepolizei bietet das Institut „Supérieur de Police" in Brüssel Seminare an. Ausbildung und Probezeit der Kriminalpolizei dauern ein Jahr. Die Lehrgänge für die „Inspecteur"-Anwärter (acht Monate) und für die Offiziersanwärter (acht Monate) werden an der „École de Criminologie et de Police Scientifique" durchgeführt. Die Grundausbildung der Gendarmerie dauert ein Jahr. Danach erfolgt eine einjährige Verwendung bei einer Einsatzabteilung. Nach einer weiteren dreimonatigen Ausbildung mit abschließender Prüfung erfolgt die Versetzung in den Einzeldienst. Unteroffiziere können über eine zweijährige Aufstiegsausbildung, in der ein neunmonatiges Studium an der **Offiziersschule** enthalten ist, in die Laufbahn der Offiziere aufsteigen. Auch der unmittelbare Einstieg in die Offizierslaufbahn ist für Bewerber möglich, die Gymnasialabschluß oder drei Jahre Kadettenschule aufweisen sowie zwei Jahre Militärakademie, zwei Jahre Fachstudium an einer Universität und ein Jahr Offiziersschule absolviert haben.

f) Führungs- und Einsatzmittel

Die Gemeindepolizei ist mit den üblichen Kommunikationsmitteln, Fahrzeugen und Waffen (Pistole, Revolver, Schlagstock und Maschinengewehr) ausgerüstet. Die Kriminalpolizei besitzt zudem etwa 400 – überwiegend handelsübliche – Kraftfahrzeuge. Die Gendarmerie verfügt über etwa 4000 Kraftfahrzeuge und acht Hubschrauber. Sie ist mit Pistolen GP (Kal. 9 mm), FN (Kal. 7,65 mm), MP Uzi, Riot Shot Gun, Gewehren und Mörsern bewaffnet. 6

2. Dänemark

a) Polizei im Staat

In der konstitutionellen Monarchie Dänemark ist für die Polizei der Justizminister zuständig und verantwortlich. Ein Polizeigesetz im eigentlichen Sinne gibt es nicht; polizeiliche Befugnisnormen sind in einem Gesetz über die Rechtspflege und in anderen gesetzlichen Bestimmungen enthalten. Weitere Auskünfte aller Art erhält man beim Polizeichef: RIGSPOLITICHEFEN, Afdeling E – Informationstjenesten, Informationssamlingen, Anker Heegaardsgade 3, DK-1780 København V, Tel. (00 45) 33 14 88 88, Fax (00 45) 33 32 28 51, Herr Bo Wøldike, Vicepolitikommissær, Leiter der Informationsstelle; weiterer Ansprechpartner: Karsten PETERSEN, Chef der dänischen Polizeischule (spricht deutsch), Artillerivej 55, DK-2300 KØBENHAVN S, Tel. (00 45) 32 57 38 40, Fax (00 45) 33 43 00 49. 7

Eine Sammlung aller einschlägigen Gesetze liefert der folgende Verlag, allerdings nur in dänischer Sprache: KARNOVS LOVSAMLING, Karnovs Forlag A/S, Nygade 19, Postboks 97, DK-1004 København K, Tel. (00 45) 33 12 16 33.

b) Organe

Die Aufgaben der Polizei in Dänemark, auf Grönland und auf den Faröer-Inseln werden von einem **staatlichen Polizeikorps** wahrgenommen. 8

c) Aufgaben

Zu den Hauptaufgaben der dänischen Polizei gehören Aufrechterhaltung der öffentlichen Sicherheit und Ordnung, Verhütung und Verfolgung von mit Strafe bedrohten Handlungen und die Erteilung von Unterricht zur Verkehrssicherheits- und Kriminalprävention an den Schulen. Als Verwaltungsaufgaben sind der Polizei die Zulassung von Personen (Fahrerlaubniserteilung) und die Zulassung von Kraftfahrzeugen zum Straßenverkehr und die Ausstellung von Pässen und Waffenerlaubnissen übertragen. Im Rahmen der Verteidigung des Landes übernimmt die Polizei Aufgaben zur Warnung und Evakuierung der Bevölkerung. Die Polizei wirkt in örtlichen Kontaktausschüssen zur Kriminalprävention mit, über die die Bevölkerung aufgeklärt und beraten wird. Darüber hinaus gibt es in zahlreichen Gesetzen Regelungen über die Pflichten der Polizei z. B. auf dem Gebiet des Familienunterhalts (Alimentation), bei sozialen Hilfsveranstaltungen, beim Arbeiterschutz, beim Denkmalschutz und bei der Eisenbahnordnung. Die grundlegenden Regelungen über die Organisation und die Zuständigkeit der dänischen Polizei finden sich in den §§ 108 bis 118 im Kapitel 5 der allgemeinen Prozeßordnung („Retsplejeloven"). 9

d) Organisation

Das Justizministerium besitzt eine Polizeiabteilung, die Organisation und Verwendung des staatlichen Polizeikorps bestimmt. Ein **Reichspolizei-Chef** („Rigspolitichefen") mit Sitz in Kopenhagen leitet die Verwaltung von Personal und Haushaltsmitteln, entscheidet über Einstellungen, Beförderungen und Entlassungen und unterhält Sonderdienste. Zu diesen Sonderdiensten zählen eine Verkehrspolizei zur überörtlichen Überwachung des Straßenverkehrs, Einsatzkommandos zur Unterstützung der Polizeibezirke und zur Er- 10 füllung von Aufgaben der Verteidigung und mobile Einheiten zur Bekämpfung der schweren Kriminalität in den Polizeibezirken außerhalb Kopenhagens. Darüber hinaus werden für die Untersuchung von Tatorten technische Abteilungen vorgehalten; es gibt eine Rauschgift-Zentrale, eine zentrale Abteilung für Ausländerangelegenheiten, eine EDV-Abteilung und den Nachrichtendienst. Die Polizeikräfte der Sonderdienste werden auf Anforderung den örtlichen Polizeipräsidenten unterstellt. Der Reichspolizei-Chef ist für die Aus- und Fortbildung der gesamten Polizei verantwortlich; ihm untersteht die zentrale Polizeischule. Dänemark besitzt 54 Polizeibezirke, die von Polizeipräsidenten („Politimesteren"/„Politidirektoren") geleitet werden. Die Polizeibezirke sind in sieben Regionen zusammengefaßt, um abgestimmte Planung und Durchführung von größeren Polizeieinsätzen möglich zu machen. Aus dem Kreis der Polizeipräsidenten der Region ist zu diesem Zweck ein Regionsleiter bestimmt. In den Polizeibezirken erfüllt der Polizeipräsident die Aufgaben mit den Abteilungen Ordnungspolizei (das ist die uniformierte Polizei), Kriminalpolizei und Verwaltung. Für Strafsachen, für die nicht die Staatsanwälte zuständig sind, sind die Polizeipräsidenten Ankläger. Diese Strafsachen werden normalerweise „Polizeisachen" genannt. Dänemarks staatliches Polizeikorps ist ständig in der Fläche präsent; Polizeihauptdienststellen, in denen Ordnungspolizei, Kriminalpolizei und Verwaltung gleichzeitig Dienst versehen, sind durchgehend besetzt. Unterhalb dieser Hauptdienststellen ist der Polizeidienst über Reviere, Stationen und Posten organisiert. 1984 sind zur Verbesserung des Kontakts der Polizei zu den Bürgern „Nahpolizeidienststellen" eingerichtet worden. Begleitend zur Organisation der Polizei besteht in jedem Polizeibezirk ein **„Lokalausschuß"**, der sich aus dem Bürgermeister, dem Polizeipräsidenten, den Leitern sowie je einem Angehörigen der Schutz- und Kriminalpolizei und einem oder mehreren Mitgliedern des Gemeinderats zusammensetzt. Dieser Ausschuß hat die Aufgabe, Bürger und Polizei interessierende Fragen zu erörtern, Vorschläge für polizeiliche Aktivitäten zu machen und die Bevölkerung über die Wahrnehmung polizeilicher Aufgaben zu informieren. Klagen über Polizeieinsätze und das mögliche Fehlverhalten von Polizeibeamten werden im Auftrag von gewählten Amtspolitikern unter Beratung privater Anwälte durch Staatsadvokaturen untersucht und behandelt; notfalls ziehen sie Konsequenzen.

e) Personal

11 Die Gesamtstärke des staatlichen Polizeikorps beträgt etwa 13 350 Männer und Frauen. Der Anteil der Ordnungspolizei liegt bei 8280, der der Kriminalpolizei bei 2075; in der Verwaltung (mit Büropersonal und Angestellten) sind 2380 Bedienstete beschäftigt.

aa) Auswahl und Einstellung. Dänische Staatsangehörige im Alter von 21 bis 28 Jahren mit guter Schulbildung und Führerschein für Personenkraftwagen müssen für den Polizeidienst als Männer mindestens 1,77 m und als Frauen mindestens 1,65 m groß sein.

bb) Aus- und Fortbildung. Theoretische Grundausbildung, Beförderungslehrgänge und Speziallehrgänge werden an der Polizeischule in Kopenhagen durchgeführt. Die Grundausbildung besteht aus einer dreijährigen Probezeit mit einem Lehrgang an der Polizeischule (acht Monate), praktischem Polizeidienst (elf Monate), erneutem Lehrgang an der Polizeischule mit Prüfung (acht Monate), wieder praktischem Polizeidienst (sechs Monate) und anschließendem Polizeidienst in einer Verkehrsdienststelle und in einer Bereitschaftseinheit. Zur Ergänzung der Aus- und Fortbildung werden an verschiedenen Instituten Seminare angeboten.

f) Führungs- und Einsatzmittel

12 Das Polizeikorps ist mit Sprechfunk-, Fernsprech- und Fernschreibverbindungen sowie mit EDV ausgestattet. Die Mobilität ist über Funkstreifenkraftwagen, Funkkräder und Spezialfahrzeuge hergestellt. Die Polizei ist mit der Pistole Heckler & Koch (Kal.

9 mm), für Sonderaufgaben mit der Maschinenpistole MP-5, Heckler & Koch (Kal. 9 mm) und dem Schlagstock bewaffnet; Spezialeinheiten verfügen ebenfalls über die Maschinenpistole MP-5.

3. Finnland

a) Polizei im Staat

In der parlamentarisch-demokratischen Republik Finnland ist der Innenminister für die Polizei zuständig. Ansprechpartner: Valtter PETTERSON, Ministry of the Interior, Police Department, Kirkkokatu 12, FIN-00170 HELSINKI, Tel. (0 03 58) 0-1 60 29 95, Fax (0 03 58) 0-1 60 29 24; Urpo SARALA, Rector of Police College, Miestentie 2, P.O.Box 13, FIN-02151 ESPOO, Tel. (0 03 58) 0-83 88 34 80, Fax (0 03 58) 0-83 88 35 00. 13

b) Organe

Der Polizeiabteilung im Innenministerium unterstehen **Sicherheitspolizei, Zentrale Kriminalabteilung, Motorisierte Polizei, Provinzialbehörden** und **Lokale Polizeien**. Die Polizei verfügt über ein zentrales Polizei-Institut, eine Polizeischule und eine Diensthundführer-Schule. 14

c) Aufgaben

Die Sicherheitspolizei erfüllt Aufgaben zum Schutz des Staates und der staatlichen Ordnung; sie stellt fest und verfolgt Straftaten, die sich gegen den Staat und seine Einrichtungen richten. Die **Zentrale Kriminalabteilung** bearbeitet ausgewählte Deliktsgruppen der Kriminalität in der gesamten Republik, führt auf Antrag der Lokalen Polizeien kriminaltechnische Untersuchungen durch und erstellt Gutachten für die Gerichte. Sie unterhält ein Zentralregister für Straftäter und Straftaten und ist Nationalbüro für die internationalen kriminalpolizeilichen Verbindungen. Die **Motorisierte Polizei** ist zuständig für alle polizeilichen Verkehrsaufgaben, zu denen neben der Verkehrsüberwachung als Hauptaufgabe auch Verkehrsaufklärung, Verkehrserziehung und Verkehrsforschung gehören. Sie wird eingesetzt zur Bekämpfung der unerlaubten Herstellung, des verbotenen Handels und des illegalen Transports von Alkohol, zur Bekämpfung von Jagd-, Fischerei-, Naturschutz- und Umweltschutzdelikten und zur Unterstützung der Kriminalpolizei und der Lokalen Polizeien bei größeren Einsätzen wie Fahndungen, Erpressungen und Geiselnahmen. Als Sonderaufgaben kommen der Schutz des Staatspräsidenten und die Aufgaben zur Abwehr äußerer Gefahren für die Sicherheit im Luftverkehr hinzu. Die Motorisierte Polizei ist auch zuständig für die Überwachung des Verkehrs auf dem Wasser. 15

d) Organisation

Die Organisation der Polizei orientiert sich am Aufbau der allgemeinen inneren Verwaltung. Die Republik Finnland hat zwölf Provinzen, so daß zwölf Provinzialverwaltungen bestehen, unter denen es 253 Polizeibezirke gibt, 27 städtische und 226 ländliche. Die 253 Lokalen Polizeien sind staatlich. Den Leitern der lokalen Polizeibezirke, die eine unmittelbare Verantwortung gegenüber der Provinzregierung haben, unterstehen sowohl die Motorisierte Polizei als auch die Kriminalpolizei. Auf allen Ebenen der Polizei bestehen „Polizeibeiräte“: Beim Innenminister und bei den Provinzregierungen üben „Beratungsausschüsse für die Polizei“ bestimmte Aufgaben zur Einrichtung und Erhaltung der Beziehungen zwischen den Bürgern und der Polizei aus; bei den Lokalen Polizeien üben diese Aufgaben „Polizeibeiräte“ aus. 16

e) Personal

Die Gesamtstärke der Polizei der Republik Finnland beträgt etwa 12 000 Männer und Frauen. 17

aa) Auswahl und Einstellung. Männer und Frauen mit finnischer Staatsangehörigkeit im Alter von 18 bis 30 Jahren können mit mittlerem Bildungsabschluß und Fahrerlaubnis in die Polizei eintreten; Männer müssen vor Eintritt in die Polizei ihren Wehrdienst abgeleistet und den Dienstgrad eines Unteroffiziers erreicht haben.

bb) Aus- und Fortbildung. Die Grundausbildung erfolgt an der Zentralen Polizeischule (in Tampere) und dauert sechs Monate. Nach der Grundausbildung werden die Anwärter ein Jahr im praktischen Polizeidienst eingesetzt, um danach eine weitere sechsmonatige Ausbildung an der Polizeischule zu erfahren. Der gehobene und der höhere Dienst der Polizei werden am Polizeiinstitut (in Otaniemi/Helsinki) ausgebildet. Der Aufstieg in den gehobenen Dienst ist bewährten Polizeibeamten des mittleren Dienstes möglich, wenn sie nach eineinhalbjähriger Ausbildung ihre Prüfung am Polizeiinstitut bestehen. Für den höheren Dienst können Voraussetzung sein: Bewährung im gehobenen Dienst und Bestehen eines viermonatigen Lehrgangs oder abgeschlossenes Jurastudium. Die Fortbildung erfolgt für den höheren und gehobenen Dienst am Polizeiinstitut, für den mittleren Dienst in den Provinzen.

f) Führungs- und Einsatzmittel

18 Die Kommunikation der Polizeien ist über Sprechfunk-, Fernsprech- und Fernschreibverbindungen hergestellt. Die Einsatzleitstellen arbeiten rechnergestützt. Die Mobilität ist über Funkstreifenkraftwagen, Funkkräder und Spezialfahrzeuge (wie Schneekettenfahrzeuge und Schneemobile) sichergestellt. Die Polizei der Republik Finnland ist mit Pistolen, Kal. 7,65 mm, Revolvern, Kal. 38, Maschinenpistolen und Lederpeitschen bewaffnet; für Sondereinsätze stehen Gewehre zur Verfügung.

4. Frankreich

a) Polizei im Staat

19 In der parlamentarisch-demokratischen Republik Frankreich ist für die Police Nationale der Innenminister, für die Gendarmerie Nationale der Verteidigungsminister verantwortlich. Städte mit über 10 000 Einwohnern dürfen eine Police Urbaine, eine Stadtpolizei, die dem Bürgermeister untersteht, unterhalten (nicht zu verwechseln mit der Police Municipale für gemeindliche Vollzugsaufgaben). Eine Nationale Zentrale für Verkehrsinformation („Centre National d'Information Routière/C.N.I.R.") wird als ministerienübergreifende Einrichtung vom Verkehrsminister, dem Innenminister und dem Verteidigungsminister geführt. Diese Zentrale sammelt Informationen aus dem Bereich des Straßenverkehrs, bereitet sie auf und leitet sie an Rundfunk-, Fernseh- und Zeitungsredaktionen weiter; jeder Verkehrsteilnehmer kann diese Verkehrsinformationen abfragen. Für Frankreich stehen zur Verfügung als Ansprechpartner: Michel RICHARDOT, Directeur de l'Ecole Nationale Superieure de la Police, 9, Rue Carnot, F-69450 SAINT-CYR-AU-MONT-D'OR, Tel. (0033) 4-72 53 18 50, Fax (00 33) 4-72 53 19 00; Guy VINET, Centre d'Enseignement Superieur de la Gendarmerie, Fort du Charenton, F-94250 MAISONS-ALFORT, Tel. (00 33) 1-49 77 21 88, Fax (00 33) 1-49 77 21 87.

b) Organe

20 **Nationalpolizei** („Police Nationale"), **Gendarmerie** („Gendarmerie Nationale"), **Stadtpolizei** („Police Urbaine") und **Nationale Zentrale für Verkehrsinformation** („Centre National d'Information Routière/C.N.I.R.").

c) Aufgaben

21 Die **Nationalpolizei** hält in Städten mit mehr als 10 000 Einwohnern die öffentliche Sicherheit und Ordnung aufrecht. Die polizeiliche Aufgabenwahrnehmung erfolgt mit Schutzpolizei („Sécurité Publique"), Kriminalpolizei („Police Judiciaire"), Bereitschaftspolizei („Compagnies Républicaines des Sécurité/C.R.S."), Nachrichtendienst („Ren-

seignements Généraux/R.G."), Spionageabwehr („Surveillance du Territoire/D.S.T.") und Luft- und Grenzpolizei („Police de l'Air et des Frontières/P.A.F."). Dabei ist die **Schutzpolizei** für die Aufrechterhaltung der öffentlichen Sicherheit und Ordnung, für die Verkehrsregelung und -lenkung und für die Bearbeitung der kleinen und mittleren Kriminalität zuständig. Die **Kriminalpolizei** ist in regionale Dienste der Provinzen, die einer Zentraldirektion („Direction Centrale") mit Sitz in Paris unterstehen, gegliedert. Ihre Aufgabe besteht in der Aufklärung der (schweren) Kriminalität innerhalb des ganzen Landes. Hierbei gibt es eine enge Zusammenarbeit mit den Untersuchungsrichtern („Juges d'Instruction"), die in Frankreich über weitreichende strafprozessuale Befugnisse verfügen, und mit den Staatsanwälten („Procureurs de la République").[1] Die **Bereitschaftspolizei** leistet ihre Einsätze überwiegend bei Großveranstaltungen, Demonstrationen, größeren Schadensereignissen und Katastrophen. Zu ihren Aufgaben zählen auch Personen- und Objektschutz, Überwachung des Straßenverkehrs, Unterstützung der Luft- und Grenzpolizei sowie Rettungseinsätze bei Bergunfällen.

Der **Nachrichtendienst** liefert der Zentralregierung Informationen über politische, wirtschaftliche und soziale Probleme, die die öffentliche Sicherheit und den Bestand des Staates berühren können. Diese Informationen gibt der Nachrichtendienst auch an andere Polizeibehörden und -dienststellen. So informiert der Nachrichtendienst andere Polizeien über beabsichtigte Demonstrationen, deren voraussichtliche Stärke und Zusammensetzung. Dem Nachrichtendienst ist ein „Büro für Beziehungen mit dem Ausland" als polizeiliche Nachrichtenzentrale für die Staaten der Europäischen Union angegliedert. Der Nachrichtendienst beschafft und sammelt auch Informationen über radikale Gruppierungen und terroristische Vereinigungen bzw. deren Umfeld. Über die Informationsbeschaffung hinaus führt der Nachrichtendienst eigene Fahndungsmaßnahmen durch. Zur Überwachung von Spielbanken und -kasinos sowie Wettbüros ist eine eigene Abteilung „Spiele" eingerichtet, die eng mit Schutzpolizei, Kriminalpolizei sowie Luft- und Grenzpolizei zusammenarbeitet.

Die **Spionageabwehr** arbeitet zur Überwachung des Hoheitsgebietes auf nachrichtendienstlichem Wege ermittelnd und auch exekutiv. Zur Aufgabenabgrenzung hat der Generaldirektor der Nationalpolizei festgelegt, daß die Kriminalpolizei Zentralstelle für die Bekämpfung des Terrorismus ist, der Nachrichtendienst die Zuständigkeit für die Überwachung extremistischer Gruppierungen, ausländischer Terroristen und subversiver Bestrebungen hat und die Spionageabwehr die Aktivitäten ausländischer Organisationen verfolgt.

Luft- und Grenzpolizei kommen vorzugsweise bei der Sicherheit im Luftverkehr zur Abwehr äußerer Gefahren auf den Verkehrsflughäfen zum Einsatz. Eine Abteilung der Luft- und Grenzpolizei ist in Paris für die Sicherheit im Schienenverkehr zuständig. Die Luft- und Grenzpolizei ist bei der Wahrnehmung ihrer Aufgaben auf die Unterstützung durch die Bereitschaftspolizei angewiesen.

Die **Stadtpolizeien** stehen unter dem Kommando des Generalinspekteurs der Polizei („Inspecteur de la Police") und nehmen in Städten mit mehr als 10 000 Einwohnern für insgesamt etwa 30 Millionen Bürger Frankreichs die polizeilichen Aufgaben wahr. In jedem Département gibt es einen Leiter der Stadtpolizei („Directeur Départemental de la Police"), der zugleich Berater für Sicherheitsfragen beim Präsidenten des Departements ist. Die **Gendarmerie** nimmt ihre Aufgaben zur Aufrechterhaltung der öffentlichen Sicherheit und Ordnung, zum Schutz von Personen und Sachen und zur Verfolgung von Straftaten grundsätzlich in Gemeinden mit weniger als 10 000 Einwohnern und auf ausgewählten Teilstrecken der Autobahnen wahr, ist aber in ganz Frankreich zuständig. In jedem Departement besteht ein Kommando mit einem Einsatzstab, zu dem alle Einheiten, Spezialeinheiten, Autobahn- und Sonderdienste, Bergrettung und Hubschrauberstaffel

---

[1] Einen guten Überblick über das Strafverfahren – mit Rechtsvergleich – bietet *Kerckhoff,* Beweisverbote im französischen Strafverfahren, Trierer Diss. 1992, mit weiteren Nachw.

gehören. In allen Kreisstädten sind Kompanien mit fünf bis zwanzig Brigaden stationiert. In Gebieten mit hoher Kriminalität liegen zusätzlich Einsatzzüge, die einer Kompanie angegliedert sind. Ihr Auftrag besteht darin, die Brigaden auf Antrag bei schweren Straftaten und bei schweren Verkehrsunfällen zu unterstützen. Die Mobile Gendarmerie („Gendarmerie Mobile") ist eine Einheit, die bei besonderen Anlässen wie Demonstrationen zur Aufrechterhaltung der öffentlichen Sicherheit eingesetzt wird.

Die **Republikanische Garde** („Garde Républicaine") versieht Sicherungs- und Ehrendienst zum Schutz der Verfassungsorgane und bei Staatsbesuchen.

Die **Gendarmerie auf dem Wasser** gewährleistet Sicherheit und Ordnung in Häfen der Verteidigungsstreitkräfte; sie nimmt dort auch Aufgaben der Kriminalpolizei wahr. Eine **Luft-Gendarmerie** sichert Stützpunkte und Einrichtungen der Luftwaffe; auch sie ist für die Aufklärung und Verfolgung von Straftaten zuständig. Die **Lufttransport-Gendarmerie** unterstützt das Verkehrsministerium auf Verkehrsflughäfen durch Wahrnehmung polizeilicher Aufgaben. Besondere **Waffendienste der Gendarmerie** sind für den Schutz von Waffen- und Munitionslagern zuständig.

d) Organisation

22 Die **Generaldirektion** der Nationalpolizei („Direction Générale de la Police Nationale") untersteht dem Innenminister unmittelbar. Der Generaldirektion sind zentrale Direktionen und Dienste (mit Sitz in Paris) nachgeordnet: Die **zentralen Verwaltungsdirektionen** („Directions d'Administration Centrale") mit der Direktion für Personal, Aus- und Fortbildung („Direction du Personnel et de la Formation de la Police") und der Direktion für Fernmeldeangelegenheiten, Fahrzeuge, Waffen, Ausrüstung und EDV („Direction de la Logistique de la Police") und die Direktionen und Dienststellen des Polizeidienstes („Directions et Services Actifs de la Police") mit der Generalinspektion der Nationalpolizei („Inspection Générale de la Police Nationale"), der Zentraldirektion der Kriminalpolizei („Direction de la Police Judiciaire"), der Zentraldirektion der Stadtpolizeien („Direction Centrale des Polices Urbaines"), der Zentralstelle der Bereitschaftspolizei („Service Central des Compagnies Républicaines de Sécurité/C.R.S.") mit zehn Abteilungskommandos und 63 C.R.S.-Kompanien, der Zentraldirektion der Nachrichtendienste („Direction des Renseignéments Généraux") mit 22 nachgeordneten Dienststellen, der Direktion für die Spionageabwehr/Überwachung des Staatsgebiets („Direction de la Surveillance du Territoire"), der Zentralstelle der Luft- und Grenzpolizei („Service Central de la Police de l'Air et de Frontières/P.A.F.") mit P.A.F.-Stationen in sieben Verteidigungsbezirken, der Abteilung für internationale technische Zusammenarbeit („Service de Coopération Technique International de Police") und der Abteilung für Staatsbesuche und die Sicherheit hochgestellter Persönlichkeiten („Service des Voyages Officiels et de la Sécurité des Hautes Personnalités").

Die **Gendarmerie,** die dem Verteidigungsminister untersteht, hat als oberste Führungsorgane den Generalinspekteur der Gendarmerie und den Direktor der Gendarmerie. Hauptaufgaben des Generalinspekteurs sind Inspektion der Gendarmerie, Erlaß und Kontrolle der Dienstvorschriften und Forschung für die Gendarmerie. Dem Direktor der Gendarmerie untersteht die gesamte Gendarmerie; er ist Zivilbeamter (Jurist) und Vorgesetzter aller Offiziere, Unteroffiziere und Mannschaften. Der Direktion der Gendarmerie unterstehen territoriale Führungsorgane mit sechs regionalen Kommandanturen (mit Sitz in Paris, Bordeaux, Lille, Lyon, Metz und Rennes), den Gendarmerien in den Departements, der Mobilen Gendarmerie, der Republikanischen Garde, den Technischen Diensten, der Gendarmerie auf dem Wasser, der Luft-Gendarmerie, der Lufttransport-Gendarmerie und den Waffendiensten. Zur Direktion der Gendarmerie gehören die Technische Inspektion der Gendarmerie, die Führung der Gendarmerie-Schulen und die Sicherheits- und Spezialeinsatzgruppe der Gendarmerie (G.S.I.G.N.). Obwohl grundsätzlich die Gendarmerie in Städten mit weniger als 10 000 Einwohnern die polizeilichen Aufgaben wahrnimmt, sind die Kommunen berechtigt, eine Stadtpolizei („Police Urbaine") einzurichten und zu unterhalten. **Stadtpolizeien** bestehen allerdings nicht (mehr) in allen Städten und Gemeinden.

Die **Nationale Zentrale für Verkehrsinformation** (C.N.I.R.) hat als übergreifende Einrichtung von Verkehrsministerium, Innenministerium und Verteidigungsministerium ihren Sitz in Rosny-Sous-Bois bei Paris.

e) Personal

Die Nationalpolizei hat eine Gesamtstärke von etwa 180 000. Die Zahl der uniformier- 23
ten Beamten der Schutzpolizei beträgt dabei etwa 86 000, die der Kriminalpolizei und Verwaltungsbediensteten 7000. Die Stadtpolizeien verfügen über 62 000 Beamte (60 % Männer; 40 % Frauen). Die Kriminalpolizei hat eine Personalstärke von etwa 6000 Beamten. Die Bereitschaftspolizei verfügt über etwa 15 000 Beamte. Die Zahl der Angehörigen des Nachrichtendienstes ist nicht bekannt. Die Spionageabwehr hat etwa 1200 Beamte. Die Personalstärke der Luft- und Grenzpolizei beträgt etwa 2500. Die Gesamtstärke der Gendarmerie liegt bei etwa 90 000.

aa) Auswahl und Einstellung. Für eine Einstellung in die Nationalpolizei, in die Stadtpolizeien, in die Bereitschaftspolizei und in die Gendarmerie sind die französische Staatsangehörigkeit und ein mittlerer Bildungsabschluß erforderlich. In die Gendarmerie werden nur Wehrpflichtige oder Zeitsoldaten eingestellt.

bb) Aus- und Fortbildung. Die Ausbildung des mittleren Polizeivollzugsdienstes („Gardiens de la Paix") der Nationalpolizei erfolgt an sechs nationalen Polizeischulen in neunmonatigen Lehrgängen (fünf Monate Theorie; vier Monate Praxis). Die Ausbildung des gehobenen Polizeivollzugsdienstes der Schutzpolizei („Officier de Paix") wird an der „École Supérieur des Officiers de Paix" in Nizza durchgeführt und dauert 18 Monate, einschließlich der Vorbereitung auf die Erstverwendung. Die Ausbildung des gehobenen Dienstes der Kriminalpolizei („Inspecteur de Police") erfolgt an der „École Supérieur des Inspecteurs de la Police" in Cannes; sie dauert mit Theorie und Praxis 16 Monate. Die Anwärter des höheren Polizeivollzugsdienstes („Commissaire de Police") studieren zwei Jahre an der „École Nationale Supérieure de Police" in Saint-Cyr bei Lyon, wobei theoretisches Studium und praktische Ausbildung abwechseln. Stationen bei Privatunternehmen und Einrichtungen öffentlicher Verwaltung mit Organisationslehre, Informatik und Management sind integrale Bestandteile des Studiums. Für die Nationalpolizei bestehen umfangreiche Fortbildungsangebote, die eine Teilnahme von 35 000–40 000 Beamten pro Jahr ermöglichen. Anwärtern des gehobenen und höheren Polizeivollzugsdienstes wird Fernunterricht angeboten. Am Nationalen Polizei-Institut in Clermont-Ferrand werden vor allem Sprachen gelehrt. Die Grundausbildung für den mittleren Dienst der Gendarmerie dauert zwölf Monate und wird in zwölf Ausbildungszentren durchgeführt. Zur Ernennung zum Unteroffizier („Sergent") ist das Bestehen eines Beförderungslehrgangs erforderlich. Die Ausbildung der Offiziere erfolgt an der Offiziersschule der Gendarmerie in Melun. Als Bewerber für die Laufbahn der Offiziere kommen Absolventen der „großen" Militärschulen, aktive Unteroffiziere, Unteroffiziere der Reserve der Streitkräfte und Unteroffiziere der Gendarmerie nach Bestehen einer Auswahlprüfung in Betracht. Die Ausbildung zum Offizier dauert für Absolventen der „großen" Militärschulen ein Jahr, für Unteroffiziere zwei Jahre. Die Angehörigen der Gendarmerie werden nach genauen Planungen der Führung fortgebildet.

f) Führungs- und Einsatzmittel

Die **Nationalpolizei** weist einen hohen Motorisierungsgrad auf und ist mit Pistolen, 24
Revolvern, Schlagstöcken, Maschinenpistolen und Tränengasgranaten bewaffnet. Die **Gendarmerie** verfügt über Sprechfunk-, Fernsprech- und Fernschreibverbindungen sowie EDV-Ausstattung. 25 000 Kraftfahrzeuge, 150 gepanzerte Fahrzeuge, sechs Flächen-Flugzeuge, 50 Hubschrauber und 130 Rettungsboote stellen die Mobilität der Gen-

darmerie sicher. Die Gendarmerie ist mit Pistolen, Revolvern, Schlagstöcken, Maschinenpistolen und Maschinengewehren bewaffnet.

5. Griechenland

a) Polizei im Staat

25 In der parlamentarischen Demokratie der Republik Griechenland ist der Minister für öffentliche Ordnung für die Polizei zuständig und politisch verantwortlich. Die Zuständigkeitsverteilung von Kommunalpolizei und Gendarmerie ist im Jahre 1984 mit der Schaffung einer **einheitlichen staatlichen Polizei** Griechenlands beendet worden. Ansprechpartner: Konstantinos ZIANIKAS, Police Brigadier General, Director of the Police Academy, Ministry of Public Order/Police Academy, 96 Mesogion Av, GR-11527 ATHENS, Tel. (00 30) 1-7 77 91 03, Fax (00 30) 1-7 77 90 96.

b) Organe

26 Neben der einheitlichen staatlichen Polizei Griechenlands, die dem Minister für öffentliche Ordnung untersteht und im ganzen Land sowie in den Hoheitsgewässern Griechenlands zuständig ist, besteht eine Hafenpolizei, die dem Minister für Handelsmarine untersteht. Ihre Zuständigkeit bezieht sich ebenfalls auf die Hoheitsgewässer, liegt aber schwerpunktmäßig in den Seehäfen.

c) Aufgaben

27 Unter dem politisch verantwortlichen Minister für öffentliche Ordnung führt ein Chef der Polizei („Antistratigos Astynomikos") die griechische Polizei. Eine Abteilung für die öffentliche Sicherheit und Ordnung, in der die Verantwortung für die allgemeinpolizeilichen Aufgaben, die Angelegenheiten des Straßenverkehrs, den Staatsschutz und die internationalen Beziehungen liegt, und eine Abteilung Verwaltung, die für Personal, Ausbildung, Forschung, Technik und Wirtschaftsangelegenheiten zuständig ist, unterstehen dem Chef der Polizei unmittelbar. Die staatliche Polizei Griechenlands nimmt über Polizeidirektionen und Polizeistationen die Aufgaben zur Aufrechterhaltung der öffentlichen Sicherheit und Ordnung, zur Sicherung und Ordnung des Straßenverkehrs und zur Vorbereitung auf den zivilen Notstand wahr. Zur Bekämpfung des Terrorismus verfügt die griechische Polizei über eine Antiterroreinheit.

d) Organisation

28 In Athen und Saloniki sind **Generaldirektionen** mit Abteilungen für öffentliche Sicherheit und Ordnung, Angelegenheiten des Straßenverkehrs, Preisüberwachung und Verwaltung eingerichtet, die die Fach- und Dienstaufsicht über die nachgeordneten Polizeidirektionen ausüben. In 55 Verwaltungsbezirken Griechenlands bestehen **Polizeidirektionen,** die über Abteilungen verfügen, wie sie in den Generaldirektionen vorhanden sind. In jeder Bezirkshauptstadt sind **Ausschüsse** eingerichtet, in denen der Direktor der Bezirksregierung, ein Repräsentant nachgeordneter Städte oder Gemeinden, der Polizeidirektor und ein Richter über Gefahren für die öffentliche Sicherheit und Ordnung und über Einsätze bei Demonstrationen und bei größeren Schadensereignissen und bei Katastrophen beraten und entscheiden. Der Ausschuß sieht seine Aufgabe auch in der Erarbeitung von Vorschlägen zur Verbesserung von Organisation und Aufgabenerfüllung der Polizei. Für Fragen der Fach- und Dienstaufsicht hat der Chef der Polizei regionale Inspekteure eingesetzt, die ihre Aufgaben in den Polizeidirektionen und Polizeistationen wahrnehmen. Auswahl, Ernennung und Abberufung aller Polizeibehördenleiter liegen in der freien Entscheidung der Regierung. Der Minister für öffentliche Ordnung ist auch Ansprechpartner für alle ausländischen Anfragen und Ersuchen polizeilicher Art.

e) Personal

Die staatliche Polizei Griechenlands besteht aus etwa 40 000 Bediensteten. 29

aa) Auswahl und Einstellung. Voraussetzung für die Einstellung ist die griechische Staatsangehörigkeit, der erfolgreiche Abschluß einer Oberschule, die Wehrtauglichkeit (für Männer), eine Mindestgröße von 1,70 m (Männer) bzw. 1,65 m (Frauen) und ein Alter von 18 bis 26 Jahren.

bb) Aus- und Fortbildung. Für die gesamte Aus- und Fortbildung der staatlichen Polizei Griechenlands ist die Polizeiakademie in Athen zuständig. Sie umfaßt eine Polizeischule für die Grundausbildung, eine Offiziersschule für die Ausbildung zum gehobenen Dienst, eine Schule für höhere Offiziere zur Ausbildung des höheren Dienstes, eine Schule für Fremdsprachen und eine Schule für Ausbilder. Die Grundausbildung dauert zehn Monate; nach erfolgreicher Abschlußprüfung erfolgt die Ernennung zum Polizei(vollzugs-)beamten („Astyphylakos"). Für jeden Polizeibeamten besteht eine Verpflichtungszeit von mindestens acht Jahren. Die Ausbildung zum Unteroffizier dauert ebenfalls zehn Monate; eine Zulassung zur Ausbildung kann nach zwei Jahren Polizeidienst erfolgen, wenn Leistungen und Führung von den Vorgesetzten herausgestellt werden und eine Zulassungsprüfung bestanden wird. Das Höchstalter für eine Zulassung ist 35 Jahre; für Seiteneinsteiger mit Universitätsstudium sind Ausnahmen möglich. Zum Studium an der **Offiziersschule** werden Unteroffiziere bis zu 35 Jahren nach einer Aufnahmeprüfung zugelassen, wenn die Vorgesetzten Leistungen und Führung förderungswürdig finden. Seiteneinsteiger mit entsprechendem Universitätsstudium im Alter bis zu 28 Jahren können zugelassen werden. Das Studium dauert drei Jahre, in denen Theorie (in jedem Jahr zehn Monate) und Praxis einander abwechseln. Für jeden Absolventen der Offiziersschule besteht eine Verpflichtungszeit von mindestens zehn Jahren. Die Ausbildung zum **„Höheren Offizier"** („Astymanikos Ypsodiefthyntis") an der Schule für höhere Offiziere dauert fünf Monate. Die Schule für Fremdsprachen bietet als Kurse Deutsch, Englisch und Italienisch an. Polizeibeamte, die Lehraufträge an den Schulen übernehmen sollen, werden an der Schule für Ausbilder in neunmonatigen Kursen vorbereitet. Die Polizeiakademie bietet Fortbildungs- und Speziallehrgänge an.

f) Führungs- und Einsatzmittel

Die staatliche griechische Polizei verfügt über Sprechfunk-, Fernsprech- und Fern- 30
schreibverbindungen und über ein rechnergestütztes Informationssystem. Die Mobilität wird über Funkstreifenkraftwagen, Funkkräder und Spezialfahrzeuge (z. B. für die Antiterroreinheit) hergestellt. Hubschrauber können auf Anforderung von der Armee gestellt werden. Die griechische Polizei ist mit Pistolen und Schlagstöcken bewaffnet; geschlossene Einsatzeinheiten sind mit Einsatzanzug, Schutzhelm, Schutzschild und langem Schlagstock ausgestattet.

6. Irland

a) Polizei im Staat

In der parlamentarisch-demokratischen Republik Irland ist der Justizminister für die 31
Polizei verantwortlich. Ansprechpartner: Peter FITZGERALD, Assistant Commissioner, Director of Training and Research, Garda Siochana College, TEMPLEMORE, Co. TIPPERARY, Tel. (0 03 53) 5 04-3 11 05, Fax (0 03 53) 5 05-3 19 13.

b) Organe

Die Bürger der Republik Irland werden seit 1922 von einer grundsätzlich unbewaffne- 32
ten staatlichen Polizei, der **„Garda Siochama"** (das heißt: „Hüter des Friedens"), geschützt.

c) Aufgaben

33 Die „Garda Siochama“ hat die Aufgabe, Gefahren für die öffentliche Sicherheit und Ordnung abzuwehren, Leben, Gesundheit und Eigentum der Bürger zu schützen, den „öffentlichen Frieden“ zu garantieren und strafbedrohte Handlungen zu verhüten und zu verfolgen. Die überörtliche Überwachung des Straßenverkehrs wird von einer zentralen Verkehrspolizei-Abteilung wahrgenommen, die die Programme zur Bekämpfung der Verkehrsunfälle entwickelt und die Verkehrssicherheitsarbeit – einschließlich der Aktivitäten zur Verkehrsaufklärung und -erziehung – leistet. Starke – allerdings bewaffnete – Kräfte der staatlichen Polizei Irlands sind zum Schutz der Grenze zu Nordirland eingesetzt.

d) Organisation

34 Die staatliche Polizei Irlands wird von einem Polizeichef („Commissioner“) geleitet. Sie hat landesweit 23 Hauptbezirke („Divisions“), die in Distrikte und Unterbezirke gegliedert sind. Die „Divisions“ decken ein oder zwei Grafschaften („Counties“) ab. Jede „Division“ wird von einem „Chief Superintendent“ geleitet. Eine „Division“ ist in vier oder fünf Distrikte gegliedert; es gibt in Irland 110 Distrikte, die von „Superintendents“ geführt werden. Jeder Distrikt umfaßt sechs oder sieben Unterbezirke; die Leitung eines Unterbezirks hat ein „Sergeant“.

e) Personal

35 Die Stärke der staatlichen Polizei Irlands liegt bei 13 000 Bediensteten.

aa) Auswahl und Einstellung. Das Personal der Polizei rekrutiert sich aus irischen Staatsangehörigen mit mittlerem Bildungsabschluß. Das Einstellungsalter liegt zwischen 18 und 24 Jahren.

bb) Aus- und Fortbildung. Die Aus- und Fortbildung aller Laufbahngruppen der staatlichen Polizei Irlands erfolgt am „Garda College“ (in Templemore). Der Direktor des „Garda College“, ein leitender Polizeidirektor („Assistant Commissioner“), ist für das gesamte Aus- und Fortbildungswesen verantwortlich; er entwickelt die Programme und führt sie durch. Das „Garda College“ hat sechs Abteilungen: Aus- und Fortbildung der Polizeianwärter, der Sergeants und der Inspectors, der Superintendents und der Chief Superintendents, der Spezialisten, der (geschlossenen) Einheiten und der Angehörigen der Verwaltung. Die Grundausbildung dauert zwei Jahre; Theorie und Praxis wechseln dabei ab. Enthalten sind in der Ausbildung harte Trainingsstationen und Projektstudien. Nach Abschluß der Grundausbildung werden die Anwärter zum „Gardai“ (= „Hüter“) ernannt. Eine mehrjährige Bewährung bietet die Möglichkeit zum Aufstieg zum Sergeanten. Die Ernennung zum Inspector ist nach Teilnahme an einem einjährigen Lehrgang möglich. Zur Beförderung zum Superintendent sind innerhalb von neun Monaten vier dreiwöchige Ausbildungskurse zu absolvieren. Für die Spitzenämter (Chief Superintendents) sind Studien für Personalwesen, Management und Haushaltsrecht obligatorisch. Außergewöhnlich ist die Vorbereitung aller Polizeibeamten der Republik Irland auf den Ruhestand, der nach 30 Dienstjahren erfolgen kann oder nach dem 63. Lebensjahr erfolgen muß: Es werden hervorragende Kurse „für die Zeit danach“ angeboten. Die Akzeptanz dieses Angebots ist sehr hoch.

f) Führungs- und Einsatzmittel

36 Die staatliche irische Polizei verfügt über Funkstreifenkraftwagen, Funkkräder und Spezialfahrzeuge und ist – abgesehen vom Einsatz zum Schutz der Grenzen zu Nordirland – grundsätzlich unbewaffnet; die Ausrüstung besteht aus Schlagstock und Schließgerät. Zusammengezogene (geschlossene) Einheiten werden vor besonders gefährlichen Einsätzen mit Pistolen bewaffnet.

7. Italien

a) Polizei im Staat

In der parlamentarischen Republik Italien ist für die Staatspolizei der Innenminister, 37
für die Karabinieri der Verteidigungsminister und für die Finanzpolizei der Finanzminister verantwortlich. Alle Italien betreffenden Fragen beantworten als Ansprechpartner: Emilio DEL MESE, S.E. il Prefetto, Ministero dell'Interno, Dipartimento della Publica Sicurezza, Direzione Centrale per gli Istituti di Istruzione, I-00100 ROMA und Prof. Dott. Maurizioi LUDOVICI, Polizia di Stato, Dirigente Sup. Della Scuola di Perfezionamento per le Forze di Polizia, 6, Piazza di Priscilla, I-00199 ROMA, Tel. (00 39) 6-86 20 62 58, Fax (00 39) 6-8 60 75 25.

b) Organe

Staatspolizei („Polizia di Stato"), **Karabinieri** („Arma dei Carabinieri") und **Finanz-** 38
polizei („Guardia di Finanza") sowie **Orts-** (bzw. **Gemeinde-)polizeien** („Polizia Municipale"). Zur Staatspolizei gehören Verkehrspolizei („Polizia Stradale"), Grenzpolizei („Polizia di Frontiera"), Luftpolizei („Servizio Aereo"), Bahnpolizei („Polizia Ferroviaria") und Postpolizei („Polizia Postale").

c) Aufgaben

Die **Staatspolizei,** die über Schutzpolizei und über Kriminalpolizei verfügt, hat als 39
Hauptaufgabe die Aufrechterhaltung von öffentlicher Sicherheit und Ordnung. Die **Karabinieri** nehmen über ganz Italien verteilt Polizeiaufgaben nach der Art der Gendarmen wahr, verfügen jedoch über eine Vielzahl von Spezialeinheiten, so zum Beispiel über Einheiten zum Kampf gegen das organisierte Verbrechen und gegen die Mafia sowie Sondereinheiten zur Drogenbekämpfung, zum Schutz der öffentlichen Gesundheit, für den Umweltschutz und zum Schutz der italienischen Kulturgüter und Kunstschätze und der Notenbank. Daneben nehmen die Karabinieri Aufgaben der Militärpolizei wahr. Die **Finanzpolizei** hat als Hauptaufgaben die Feststellung, Ermittlung und Verfolgung von Finanz- und Steuerdelikten, die Kontrolle der Grenzen und die Bekämpfung von Wirtschaftsstraftaten. Die **Orts-** (bzw. Gemeinde-)**polizeien** sind als kommunalabhängige Polizeien vor allem für Aufgaben des Straßenverkehrs (Verkehrsregelung, -lenkung, -überwachung und Verkehrsunfallaufnahme) sowie für markt-, gewerbe-, bau- und gesundheitspolizeiliche Aufgaben zuständig. Ihre Aufgabenwahrnehmung beschränkt sich auf das Gebiet der Kommune.

d) Organisation

In einem nationalen Koordinierungsausschuß, dem der Innenminister vorsteht und 40
dem ein Staatssekretär aus dem Innenministerium, der Chef der Staatspolizei und die Generalkommandanten der Karabinieri und der Finanzpolizei angehören, werden alle Aufgaben zur Gewährleistung der öffentlichen Sicherheit und Ordnung abgestimmt. Die Abteilung „Öffentliche Sicherheit" des Innenministeriums besteht aus einem Amt für Planung und Koordination, einem zentralen Inspektionsamt, einer zentralen technisch-logistischen Abteilung mit Liegenschafts- und Finanzverwaltung und Zentraldirektionen für die Kriminalpolizei, für die „präventive" Polizei, für die Verkehrspolizei, die Grenzpolizei, die Bahnpolizei und die Postpolizei, für allgemeine Angelegenheiten und für die Ausbildungsinstitute. In jeder der 65 italienischen Provinzen gibt es eine **Präfektur** und einen **Provinzausschuß** für öffentliche Sicherheit und Ordnung. Dieser Ausschuß besteht aus dem Präfekten, dem „Quästor" (= „Amtsleiter") und den Provinzkommandanten der Karabinieri sowie den Kommandanten der Finanzpolizei. Während der mit hoheitlichen Befugnissen und Polizeigewalt in der ganzen Provinz ausgestattete Präfekt ein staatlicher Beamter ist, der nicht der Polizei angehört, ist der Quästor Leiter der Polizeikräfte der Provinz. Beide zusammen sind „Provinzialbehörde" für die öffentliche Sicherheit. Die 95

Quästuren sind in Kommissariate, Inspektorate, Posten und weitere Außendienststellen gegliedert. Die Provinzen verfügen über Mobile Einheiten, Ausbildungseinrichtungen und kriminaltechnische Untersuchungsstellen. Die Karabinieri werden von einem **Generalkommando** geführt, das über einen Generalstab, eine technisch-wissenschaftliche Abteilung und über verschiedene Verbindungsorgane verfügt. Die territoriale Organisation umfaßt drei Divisionen mit neun Brigaden, 24 Legionen, 100 Gruppen, 500 Kompanien und Bezirke und 4600 Reviere bzw. Posten. Die Kriminalpolizei ist integraler Bestandteil dieser Organisation. Zu den Sondereinheiten der Karabinieri zählen eine Flugabteilung mit einem Hubschrauberzentrum, eine Marineabteilung, ein Tauchzentrum, ein Diensthundeführerzentrum und das Karabinieri-Kommando für die Wachen des Staatspräsidenten. Für die Militärpolizeiaufgaben existiert ein Zentralbüro mit einer Abteilung zum Schutz des Generalstabs, einem Marinekommando und einem Luftwaffenkommando. Die Finanzpolizei ist militärisch gegliedert und verfügt über eine streng hierarchische Kommandostruktur; sie wird von einem „Hauptquartier" aus befehligt. Orts- (bzw. Gemeinde-)polizeien sind in größeren Städten und Gemeinden die Regel. Sie sind in Einsatzzentralen mit der Quästur der Staatspolizei verbunden und arbeiten eng mit dieser und den Karabinieri zusammen.

e) Personal

41 Die Gesamtstärke der Staatspolizei beträgt 80 000, die der Karabinieri etwa 85 000; die Stärke der Finanzpolizei liegt bei über 40 000, und die Orts- (Gemeinde-)polizeien verfügen zusammen über etwa 50 000 Sicherheitskräfte.

aa) Auswahl und Einstellung. Für den Eintritt der Agentenanwärter in die Staatspolizei ist die (italienische) mittlere Reife erforderlich. Um an einem Wettbewerb zur Zulassung als Inspektorenanwärter teilnehmen zu können, wird die (italienische) „Obere" Reife benötigt. Voraussetzung für den höheren Dienst der Staatspolizei ist das Studium der Rechtswissenschaften. Bewerber für Karabinieri und Finanzpolizei werden mit (italienischer) mittlerer Reife eingestellt. Für die Unteroffiziere ist die mittlere Reife Voraussetzung für eine zweijährige Ausbildung. Offiziere der Karabinieri und der Finanzpolizei studieren zwei Jahre an der Militär- bzw. Finanzakademie. Zugang zu den Stadtpolizeien besteht für Bewerber mit (italienischer) mittlerer Reife über öffentliche Wettbewerbe in den Städten und Gemeinden. Kommandanten von Stadtpolizeien in Städten und Gemeinden mit mehr als 30 000 Einwohnern sind in der Regel Akademiker.

bb) Aus- und Fortbildung. Die Angehörigen der Staatspolizei werden an Schulen für den mittleren Dienst („Agenti", „Assistenti", „Sovrintendenti") ausgebildet. Der gehobene Dienst („Ispettori") erfährt seine Ausbildung an einem eigenen Institut, wie auch der höhere Dienst („Commissari", „Dirigenti") sein Studium an einer speziellen Ausbildungseinrichtung absolviert. Etwa 3000 Beamte der Staatspolizei befinden sich pro Jahr in einer Fortbildung. Die Ausbildung der Karabinieri ist dreistufig. An der Karabinieri-Schule werden die Berufskarabinieri ausgebildet; die Hilfskarabinieri erfahren ihre Ausbildung an zwei nachgeordneten Schulen. Reiter, Diensthundeführer, Taucher, Scharfschützen, Gebirgsjäger und Fernmeldetechniker werden in besonderen Schulungszentren ausgebildet. Unteroffiziere erfahren ihre Ausbildung in einer einer Brigade angegliederten Abteilung für Schulen und Spezialeinheiten an einer Unteroffiziersschule. Die Offiziersanwärter studieren an der Offiziersschule der Karabinieri (in Rom). Die Ausbildung der Angehörigen der Finanzpolizei erfolgt an eigenen Schulen; „Guardie di Finanza" durchlaufen eine einjährige, Unteroffiziere eine zweijährige Ausbildung. Die Offiziere der Finanzpolizei studieren an der Finanzakademie (in Bergamo). Für die Ausbildung von Angehörigen der Stadtpolizeien gibt es ein „Rahmengesetz" („Rahmengesetz der Ordnung der Stadtpolizei"/„Legge-quadro sull'ordinamento della Polizia Municipale" vom 7. 3. 1986, Nr. 65), das eine zentrale Koordination der Ausbildung auf regionaler

Ebene ermöglicht. Eigene Bildungsstätten, die auch die Ausbildung anderer Stadtpolizeien übernehmen, gibt es nur in ganz großen Städten (wie Rom und Mailand).

f) Führungs- und Einsatzmittel

Die Kommunikation der Staatspolizei, der Karabinieri, der Finanzpolizei und der Stadtpolizei ist innerhalb ihrer Organisationen und untereinander über Sprechfunk-, Fernsprech- und Fernschreibverbindungen hergestellt. Staatspolizei, Karabinieri, Finanzpolizei und Stadtpolizeien stellen ihre Mobilität überwiegend über handelsübliche Fahrzeuge italienischer Produktion sicher. Die Staatspolizei ist mit Pistolen Kal. 7,65 mm bewaffnet; bei den Karabinieri gehören neben einer Pistole Kal. 7,65 mm Maschinenpistole, Kal. 9 mm, oder Gewehr zur Standardausrüstung. 42

8. Luxemburg

a) Polizei im Staat

In der konstitutionellen Erbmonarchie des Großherzogtums Luxemburg sind für die Polizei verschiedene Ministerien zuständig. Die Verantwortung für die Verwaltungspolizei liegt beim Minister des Inneren, für die gerichtliche Polizei beim Minister der Justiz. Der Minister für öffentliche Macht trägt (Mit-)Verantwortung für Fragen der Organisation, Verwaltung sowie Aus- und Fortbildung. 43

b) Organe

Die Polizeiaufgaben zum Schutz der Bürger des Großherzogtums Luxemburg werden von der **Polizei** und von der **Großherzoglichen Gendarmerie** wahrgenommen. 44

c) Aufgaben

Für die Aufrechterhaltung der öffentlichen Sicherheit und Ordnung ist die **Verwaltungspolizei** verantwortlich; für die Feststellung und Verfolgung von Handlungen, die mit Strafe bedroht sind, und für die Erledigung von Ersuchen der Untersuchungsrichter nach Einleitung gerichtlicher Verfahren ist die **Gerichtliche Polizei** zuständig. Die **Großherzogliche Gendarmerie** („Gendarmerie Grand Ducale") hat die Aufgabe, als Polizei Kriminalprävention zu betreiben und als Gerichtliche Polizei mit Strafe bedrohte Handlungen festzustellen und zu verfolgen, zu fahnden und Ersuchen von Staatsanwälten und Untersuchungsrichtern zu erledigen. Als Militärpolizei übernimmt sie die üblichen Aufgaben zur Unterstützung der Armee. Im Verteidigungsfall werden ihr Aufgaben zur Aufrechterhaltung der öffentlichen Sicherheit und Ordnung sowie Unterstützungsaufgaben für die Armee übertragen. Dazu gehören Alarmierung, Nachrichtenbeschaffung, -sammlung und -auswertung sowie die verkehrliche Abwicklung von Truppenbewegungen. 45

d) Organisation

Die Leitung der Polizei hat ein **Oberst** (Direktor). Das Großherzogtum Luxemburg ist in drei Distrikte eingeteilt; die Distrikte „Zentrum" und „Süd" verfügen über Kriminalpolizei-Dienststellen. Die Distrikte werden von einem **Bezirksoffizier** mit einem Aufsichtsbeamten („Kommissar-Kontrolleur") für die nachgeordneten Kommissariate geleitet. In den Distrikten bestehen 19 **Kommissariate,** die den Namen der zu schützenden Stadt- oder Landgemeinde tragen. Zur Bekämpfung von Verkehrsunfällen mit Verkehrsaufklärung und -erziehung (auch in den Schulen) und Verkehrsüberwachung sowie Überwachung des ruhenden Verkehrs besteht eine Verkehrsabteilung. Zu einem Zentralkommissariat Luxemburg gehören ein Bereitschaftsdienst und Kräfte zum Schutz des Palastes und der Residenz des Großherzogs, der Botschaften, der Ministerien und anderer gefährdeter Objekte. Die Großherzogliche Gendarmerie wird als Gendarmeriekommando von einem Kommandanten (im Range eines Obersten) geleitet. Das Großherzogtum Luxemburg ist in drei Gendarmeriebezirke eingeteilt; in jedem Bezirk bestehen mehrere Gendarmeriebrigaden. Innerhalb der Gendarmerie tätige Angehörige einer Kriminalpoli- 46 zei-Abteilung sind Beamte der Gerichtlichen Polizei mit nationaler Zuständigkeit. An Spezialeinheiten verfügt die Gendarmerie über eine Verkehrsbrigade und über eine mobile Gruppe mit Observations- und Eingreifkräften sowie Diensthundeführern mit Diensthunden. Die Technischen Dienste der Gendarmerie umfassen den Fernmeldedienst, die Waffenwerkstatt und den zentralen Kraftfahrzeugdienst.

e) Personal

47 Die Stärke der Polizei des Großherzogtums Luxemburg beträgt etwa 400 Offiziere, Unteroffiziere und Agenten (auch Frauen); die Gendarmerie hat ebenfalls etwa 400 Offiziere, Unteroffiziere und Anwärter (auch Frauen).

aa) Auswahl und Einstellung. Für die Einstellung in die Polizei und in die Großherzogliche Gendarmerie ist ein mittlerer Bildungsabschluß und ein Freiwilligendienst in den Streitkräften erforderlich.

bb) Aus- und Fortbildung. Polizei und Gendarmerie werden an der zentralen Gendarmerie- und Polizeischule in Diekirch gemeinsam aus- und fortgebildet. Die Ausbildung zum Polizeiagenten und zum Gendarmen umfaßt nach zwei Jahren Mittelschule oder vergleichbarer Bildung dreißig Monate Dienst in der Armee und sechs Monate Ausbildung an der Polizeischule. Nach fünf Dienstjahren kann das Examen zur Beförderung zum Chefagenten oder zum Chefgendarmen abgelegt werden. Die Ausbildung zum Unteroffizier der Polizei oder der Gendarmerie setzt drei Jahre Mittelschule oder vergleichbare Bildung voraus. Nach dreißig Monaten Armeedienst erfolgt eine einjährige Ausbildung an der Polizeischule. Nach zehn Dienstjahren kann das Examen zum Inspektor oder zum Oberwachtmeister abgelegt werden. Die Ausbildung der Offiziere setzt Abitur, ein zweijähriges Studium an der Offiziersschule (in Brüssel/Belgien), ein zweijähriges Kriminologiestudium (in Lüttich/Belgien) und eine einjährige Ausbildung an der Gendarmerie-Offiziersschule (in Melun/Frankreich) voraus. Die Stabsausbildung für die Offiziere erfolgt in Maisons-Alfort/Frankreich.

f) Führungs- und Einsatzmittel

48 Die Polizei und die Großherzogliche Gendarmerie verfügen über eine gemeinsame (Einsatz-)Leitzentrale, in die auch Zivilschutz und Zoll integriert sind. Für eine Unterstützung durch Hubschraubereinsatz sind Abkommen mit Belgien, Frankreich und der Bundesrepublik Deutschland abgeschlossen. Die Bewaffnung besteht aus Revolver Smith & Wesson 357 Magnum, Maschinenpistole Heckler & Koch und Uzi, Kal. 9 mm, dem NATO-Gewehr FAL 7,62 und Spezialwaffen.

9. Niederlande

a) Polizei im Staat

49 In der konstitutionellen Monarchie der Niederlande ist der Innenminister für die Gemeindepolizeien, der Justizminister für die Reichspolizei und der Verteidigungsminister für die „Marechaussee" politisch verantwortlich. Im Bereich der Kriminalitätsbekämpfung hat der Justizminister Zuständigkeiten auch für die Gemeindepolizeien und die „Marechaussee". Ansprechpartner: Ton RUTTING, Direktor der Rechercheschool (spricht deutsch), Voorsterallee 25, Postbus 90 16, NL-7200 ZUTPHEN, Tel. (00 31) 57 50-9 02 00, Fax (00 31) 57 50-9 02 35; Jan DIKKERS, Direktor des Politie Studie Centrum Huis't Velde, Rijksstraatweg 127, NL-7231 AD WARNSVELD, Tel. (00 31) 5 75-52 31 55, Fax (00 31) 5 75-52 34 07.

b) Organe

50 Das Königreich der Niederlande verfügte in der Vergangenheit zum Schutz seiner Bürger über **Gemeindepolizei** („Gemeentepolitie"), **Reichspolizei** („Korps Rijkspolitie") als staatliche Polizei und **Königliche Marechaussee** („Koninklijke Marechaussee") als

Polizeiorgan mit militärischem Status (Militärpolizei). Seit dem Zusammenschluß von Gemeinde- und Reichspolizei im April 1994 existiert formell nur noch eine Polizei, wobei die Aufgabenkompetenz der Bürgermeister geblieben ist.

c) Aufgaben

Hauptaufgabe der Polizei ist gem. Art. 2 des Polizeigesetzes von 1993 (Staatsblatt 145 vom 2. März 1994) die Aufrechterhaltung von öffentlicher Sicherheit und Ordnung, Aufklärung von Straftaten sowie die Überwachung des Straßenverkehrs. Die Ermittlungsbefugnis nach strafbaren Handlungen beruht auf den Artikeln 141 und 154 der Strafprozeßordnung (Staatsblatt 1921 Nr. 14). Zu den Aufgaben der Königlichen Marechaussee gehören insbesondere der Schutz der Königin und des Königshauses, die Unterstützung von Gemeinde- und Reichspolizei, die Wahrnehmung von Polizeiaufgaben in den Streitkräften der Niederlande und der Verbündeten und die Überwachung der Grenzen. Sondereinheiten der Marechaussee übernehmen den Schutz gefährdeter Persönlichkeiten, die Festnahme gefährlicher Rechtsbrecher und die Einsätze bei Geiselnahmen und Hausbesetzungen. 51

d) Organisation

Dem Innenminister unterstehen die von der Königin auf seinen Vorschlag (nach Beratung mit dem Justizminister) ernannten 25 regionalen Polizeichefs. Sie arbeiten eigenverantwortlich. Sie führen insoweit auch die Dienstaufsicht über die Bürgermeister, die in ihren Gemeinden für die Polizeiaufgaben zuständig sind. In den Regionen bestimmen sog. **„Regionale Räte"** über die Schwerpunkte polizeilicher Arbeit. In den Räten sind die Bürgermeister der Region vertreten. In den Gemeinden beraten traditionell Bürgermeister, Polizei und Staatsanwaltschaft über die lokalen Sicherheitsfragen. Die Polizeikorps verfügen – je nach Größe – über einen Allgemeinen Dienst mit Streifen-, Verkehrs- und Spezialdiensten, Kriminalpolizeilichem Dienst, Verwaltungsdienst und Ausländerdienst. Öffentlichkeitsarbeit hat selbst in kleinen Korps eine große Bedeutung. Der tägliche Dienst wird von Polizeirevieren, -stationen, -wachen und -posten durchgeführt. Alle Korps sind verpflichtet, 20 % ihrer Beamten für Einsätze in „Mobilen Einheiten" vorzuhalten; Ausrüstung sowie Aus- und Fortbildung haben dieser Forderung zu entsprechen. Die normal täglichen Dienst versehenden Beamten werden im Einsatzfall zu Gruppen (elf Beamte), Sektionen (22) und Zügen (48) zusammengezogen. Züge können zu Kompanien zusammengefaßt und unter Leitung eines Polizeiführers mit Führungsstab eingesetzt werden. Unter der Verantwortung des Justizministers ist eine Generaldirektion „Polizei und Ausländerfragen" mit einer „Direktion Polizei" teilweise zuständig. Dem Justizminister unmittelbar unterstehen das „Zentrale Kriminalpolizeiliche Informationsamt" (mit dem Bundeskriminalamt der Bundesrepublik Deutschland vergleichbar), die Nachrichtenzentrale der Polizei, ein Polizei-Verbindungs-Dienst für die interne Kommunikation und naturwissenschaftliche (Gerichts-)Labors. Der **Allgemeine Verkehrsdienst** überwacht den Straßenverkehr auf dem Autobahnnetz der Niederlande, unterhält für die gesamte Polizei eine Verkehrsnachrichten-Zentrale mit Verbindungen zu den (Verkehrs-)Redaktionen der Rundfunkanstalten und hält Führungs- und Einsatzmittel für die Sonderdienste bereit. Die **Wasserschutzpolizei** versieht ihren Dienst auf allen Wasserstraßen und an den Küsten; ausgenommen ist Rotterdam, wo eine eigene Fluß-(Hafen-) polizei existiert. Zum Luftsicherheitsdienst der Polizei, der zum Schutz des Luftverkehrs auf Flughäfen eingesetzt ist, gehört der Flugdienst der Polizei, der mit Hubschraubern und Flächenflugzeugen für alle Polizeiaufgaben zur Verfügung steht. Für den Fall, daß in außergewöhnlichen Lagen die Kräfte der Polizei nicht ausreichen, besteht in den Niederlanden die Möglichkeit, Freiwillige als Polizeireserve mit bestimmten Aufgaben zu betrauen. Die **Königliche Marechaussee,** die zur Wahrnehmung ihrer Aufgaben im Bereich der Streitkräfte dem Verteidigungsminister untersteht, erfüllt ihre polizeilichen Aufgaben unter der Verantwortung des Innenministers und des Justizministers. Kommandant der Marechaussee ist ein „Ge- 52 neraal-Major"; er ist zugleich Gouverneur von Den Haag, der Stadt mit dem Sitz des Königshauses und der Regierung. Die Marechaussee hat drei Divisionen, die in neun Distrikte und siebzig Brigaden gegliedert sind. An Sondereinheiten bzw. -einrichtungen bestehen eine Brigade für besondere Sicherungsaufträge, ein zentraler Fahndungs- und Informationsdienst, eine Zentralstelle für Verkehrsaufgaben im Zusammenhang mit Bewegungen der Streitkräfte, ein Ausbildungszentrum und ein Marechaussee-Museum.

e) Personal

53 Die Gesamtstärke der Polizei beträgt etwa 40 000 Männer und Frauen. Die Stärke der Reichspolizei liegt bei 15 000; der Anteil der Frauen beträgt 25 %. Die Königliche Marechaussee hat eine Stärke von etwa 4500 Männern und Frauen; der Frauenanteil ist allerdings gering.

aa) Auswahl und Einstellung. Voraussetzungen für eine Einstellung in die (Gemeinde-)Polizei sind die niederländische Staatsangehörigkeit, Mittelschulabschluß, ein Mindestalter von 18 Jahren und eine Mindestgröße von 1,72 m für Männer und von 1,62 m für Frauen. Die Einstellungsvoraussetzungen für die Marechaussee orientieren sich an den Bedingungen für den Militärdienst.

bb) Aus- und Fortbildung. Aus- und Fortbildung erfolgen an einem Nationalen Institut für Aus- und Fortbildung der Polizei, in das alle Polizeischulen der Niederlande integriert sind. Die Grundausbildung an fünf Polizeischulen dauert zwei Jahre und enthält ein fünfmonatiges Praktikum in einer großen Polizeibehörde. In der Polizeischule für Zuid-Nederland in Heerlen werden die Polizeibeamten z. B. auch mit den rechtlichen und praktischen Grundlagen der grenzüberschreitenden Zusammenarbeit vertraut gemacht. Der Unterricht ist in sogenannte „Module" gegliedert, die in Zusammenarbeit mit deutschen und belgischen Polizeibeamten entwickelt wurden. Im Teil 1 werden die Staatsorganisation und die Grundrechte in der Verfassung des jeweiligen Nachbarlandes vorgestellt. Im Mittelpunkt des 2. Moduls steht das Rechtssystem, also der Gerichtsaufbau und die Rolle der Prozeßbeteiligten. Im 3. und 4. Teil werden Kenntnisse über die Organisation, die Aufgaben und Befugnisse der Polizei im Nachbarland vermittelt. Im 5. Modul werden wichtige Abkommen und die daraus resultierenden Absprachen über die grenznachbarliche Zusammenarbeit behandelt. Von großem praktischem Nutzen sind die Kenntnisse der „polizeilichen Fachsprache" und die Informationen über die kulturellen Unterschiede in der Polizeiarbeit der einzelnen Staaten, welche im 6. und 7. Teil der Unterrichtseinheiten vermittelt werden. Dieses niederländische Projekt ist ein gutes Beispiel für die zukunftsorientierte Ausbildung der Polizei in einem vereinigten Europa. Nach der Grundausbildung erhalten alle Beamtinnen und Beamten eine Spezialausbildung für Mobile Einheiten, in der Schußwaffen- und Sprengstoffkurse enthalten sind. Aus- und Fortbildung für den kriminalpolizeilichen Dienst erfolgen an einer Kriminalpolizeischule („Rechercheschool") in Zutphen. An der Niederländischen Polizeiakademie („Nederlandse-Politie-Academie") in Apeldoorn studieren Beamtinnen und Beamte vier Jahre, um in den höheren Polizeivollzugsdienst zu gelangen. Ein „Polizeiliches Studienzentrum" in Warnsveld bietet Verwaltungsseminare und Management-Trainings für den höheren Dienst der Polizei an. Für die Beamtinnen und Beamten der Polizei besteht eine eigene Verkehrsschule (in Apeldoorn), an der u. a. eine Ausbildung zur Bekämpfung von Verkehrsunfällen auf Autobahnen und Schnellstraßen erfolgt. Aus- und Fortbildung der Marechaussee werden im Ausbildungszentrum der Königlichen Marechaussee (in Apeldoorn) durchgeführt. Die Grundausbildung der Berufs-Marechaussee dauert ein Jahr und umfaßt Theorie und Praxis. Die Grundausbildung für Wehrpflichtige in der Marechaussee dauert vier Monate, für Unteroffiziere ein Jahr. Allen Beförderungen, für die Mindestdienstzeiten vorgeschrieben sind, gehen Lehrgänge voraus. Zugang zum Offizier haben als „Fachoffizier" besonders herausragende (Haupt-)Feldwebel, als „Offiziere der Sonderlaufbahnen" hervorragende Unteroffiziere, die das Polizei-Abitur gemacht, eine achtjährige Ausbildung durchlaufen und den Offizierslehrgang bestanden haben, als „akademisch ausgebildete Offiziere" Männer und Frauen, die nach vollständiger militärischer Ausbildung in der Marechaussee ein zweijähriges Jurastudium an der Universität (in Amsterdam) abgeleistet haben.

f) Führungs- und Einsatzmittel

Die Polizei ist mit Sprechfunk-, Fernsprech- und Fernschreibverbindungen sowie mit EDV ausgestattet. Die Marechaussee verfügt zusätzlich über Autotelefon und tragbare Telefonverbindungen. Zur Mobilität gehören handelsübliche Funkstreifenkraftfahrzeuge, aber auch Spezialfahrzeuge. Die Marechaussee ist mit Funkstreifenkraftwagen und -krädern, aber auch mit geländegängigen Pkw und Lkw ausgestattet. Die Polizei ist mit der Pistole Walther, P 5, Kal. 9 mm, und mit dem Schlagstock bewaffnet. Während die Mobilen Einheiten der früheren Gemeindepolizei nur über halbautomatische Maschinenpistolen (nur Einzelfeuer) verfügen, ist die frühere Reichspolizei mit der Maschinenpistole MP 5a Heckler & Koch bewaffnet. Reizstoffe werden bereitgehalten; FN-Gewehre stehen für Spezialeinsatzkräfte zur Verfügung. Diensthunde sind Waffen. Die Marechaussee ist mit Pistolen Heckler & Koch und FN, Kal. 9 mm, mit Revolvern Smith & Wesson und mit der Maschinenpistole Uzi bewaffnet. 54

10. Österreich

a) Polizei im Staat

In der bundesstaatlichen, parlamentarischen Demokratie der Republik Österreich ist der Bundesminister für Inneres für die Bundespolizei und für die Bundesgendarmerie zuständig. Gesetzgebung und Vollzug zur Gewährleistung der inneren Sicherheit liegen nicht in den neun Ländern, sondern beim Bund (vgl. Bundesgesetz über die Organisation der Sicherheitsverwaltung und die Ausübung der Sicherheitspolizei [Sicherheitspolizeigesetz – SPG], ausgegeben am 31. Oktober 1991 im Gesetzblatt Nr. 566 S. 2433 ff., in Kraft seit dem 1. Mai 1993). Für Österreich steht zur Verfügung als Ansprechpartner: Dr. Janos FEHERVARY, Ministerialrat, Bundesministerium des Innern, Herrengasse 7, Postfach 1 00, A-1014 WIEN, Tel. (00 43) 1-5 31 26-47 60 oder 47 61, Fax (00 43) 1-5 31 26-47 32. 55

b) Organe

Öffentliche Sicherheit und Ordnung werden in der Republik Österreich von einer **Bundespolizei** und von einer **Bundesgendarmerie** aufrechterhalten. 56

c) Aufgaben

Bundespolizei und Bundesgendarmerie haben die Aufgabe, öffentliche Sicherheit, Ordnung und „Ruhe" zu gewährleisten, Staatsanwaltschaften und Gerichte zu unterstützen und die Grenzen zu überwachen. 57

d) Organisation

Oberste Sicherheitsbehörde ist eine „Generaldirektion für öffentliche Sicherheit" im Bundesministerium für Inneres. In dieser **Generaldirektion** sind Bundespolizei, Bundesgendarmerie-Zentralkommando und „Staatspolizeilicher Dienst" vereinigt. In jedem der neun Bundesländer besteht als Sicherheitsbehörde eine **„Sicherheitsdirektion"**, der nicht nur die Bundespolizei, sondern zur Wahrnehmung (sicherheits-)polizeilicher Aufgaben auch die Landesgendarmerie-Kommandanturen unterstehen. Unterhalb der Sicherheitsdirektionen bestehen 14 Bundespolizeibehörden und 85 „Bezirkshauptmannschaften" sowie zwei „Magistrate" (Wien und Graz) mit eigenem Status. Die **Bundespolizeibehörden** verfügen zur Wahrnehmung polizeilicher Aufgaben über ein „Generalinspektorat der Sicherheitswache" mit Sicherheitswach-Sonderabteilungen und Sicherheitswach-Abteilungen (bei den Bezirkspolizeikommissariaten) und ein „Kriminalbeamteninspektorat" 58 mit Kriminal-(Beamten-)abteilungen und Kriminal-(Beamten-)gruppen bei Zentralstellen sowie Kriminal-(Beamten-)abteilungen (bei den Bezirks-Polizeikommissariaten). Den **Bezirksverwaltungsbehörden** stehen zum Vollzug polizeilicher Aufgaben die Kräfte der Bundesgendarmerie zur Verfügung.

e) Personal

59 Die Gesamtstärke der Bundespolizei beträgt 15 600, die der Bundesgendarmerie 12 600.

aa) Auswahl und Einstellung. In die Bundespolizei können Bewerber mit österreichischer Staatsangehörigkeit und einer Mindestgröße von 1,66 m im Alter von 15 Jahren nach Abschluß der Schulpflicht als Polizeipraktikanten eingestellt werden. Auswahl und Einstellung für die Bundesgendarmerie erfolgen nach Ableistung des Wehr-(Ersatz-)dienstes.

bb) Aus- und Fortbildung. Die Ausbildung der Polizeipraktikanten für die Bundespolizei orientiert sich am Berufsbild eines „Sicherheitswachbeamten" und dauert drei Jahre. Nach sechs Dienstjahren kann ein Beamter aus der Gruppe der „Sicherheitswachbeamten" in die Gruppe der „Dienstführenden Beamten" aufsteigen, wenn er die Grundausbildung eines Wachbeamten („Wachhabender") erfolgreich absolviert hat. In die Kriminalpolizei können Sicherheitswachbeamte nach fünfjähriger Dienstzeit und entsprechender Grundausbildung überwechseln. Für die Laufbahn der „Leitenden Sicherheitswachbeamten" und der „Leitenden Kriminalbeamten" sind Reifeprüfungen („Matura") oder eine Beamtenaufstiegsprüfung und eine vierjährige Dienstzeit in der Gruppe der Sicherheitswachbeamten oder der Kriminalbeamten oder in der Gruppe der Dienstführenden Beamten mit erfolgreichem Abschluß der Wachbeamtenausbildung erforderlich. Das Höchstalter für die Zulassung in diese Laufbahn liegt für die uniformierte Polizei bei 34, für die Kriminalpolizei bei 42 Jahren. Die Ausbildung der Bundesgendarmerie unterscheidet sich von der der Sicherheitswachbeamten in der ersten und zweiten Verwendungsgruppe lediglich in den Bereichen „Geschlossene Einheiten" und „Spezialeinheiten". Die Grundausbildung nach abgeschlossenem Wehr-(Ersatz-)dienst erfolgt bei der Schulabteilung eines Landesgendarmeriekommandos und dauert eineinhalb Jahre. Über einen Aufstiegslehrgang an der Gendarmerie-Zentralschule (in Mödling) kann ein Gendarm nach einem Jahr Revierinspektor bzw. Postenkommandant werden. In den „Leitenden Dienst" kommen Beamte mit Reifeprüfung („Maturanten") und entsprechender dienstlicher Bewährung im „Dienstführenden Dienst" nach einem zweijährigen (akademischen) Studium an der Gendarmerie-Zentralschule.

f) Führungs- und Einsatzmittel

60 Die Kommunikation der Sicherheitsbehörden mit Bundespolizei und Bundesgendarmerie ist über Sprechfunk-, Fernsprech- und Fernschreibverbindungen sichergestellt. Die Mobilität von Bundespolizei und Bundesgendarmerie besteht mit Funkstreifenkraftwagen, Funkkrädern, Mannschafts-(Transport-)wagen und Spezialfahrzeugen; Motorboote und Hubschrauber stehen zur Verfügung. Beamte der Sicherheitswache der Bundespolizei und Beamte der Bundesgendarmerie sind mit der Pistole Walther PPK, Kal. 7,65 mm, und dem Schlagstock bewaffnet; auch die Kriminalbeamten sind mit der Pistole Walther PPK, Kal. 7,65 mm, ausgestattet

11. Portugal

a) Polizei im Staat

61 In der parlamentarischen Republik Portugal ist für die Schutzpolizei der Innenminister, für die Kriminalpolizei der Justizminister, für die Nationalgarde der Verteidigungsminister und für die Finanzpolizei der Finanzminister verantwortlich. Ansprechpartner: Manuel Antonio FERREIRA ANTUNES, Director del Instituto Nacional de Policia e

Ciencias Criminais, Quinta do Bom Sucesso – Barro, P-2670 LOURES, Tel. (0 03 51) 9 83 40 59, Fax (0 03 51) 9 83 54 95; Fernando Manuel ALFONSO DE ALMEIDA, Senor Comandante, Escola Superior de Policia, Rua 10 de Maio, 3, P-1300 LISBOA, Tel. (0 03 51) 1-3 64 09 26 (33), Fax (0 03 51) 1-3 63 31 33.

b) Organe

Schutzpolizei („Polícia de Segurança Pública"), **Kriminalpolizei** („Polícia Judiciária"), 62
Nationalgarde („Guarda Nacional Republicana") und **Finanzpolizei** („Guarda Fiscal").

c) Aufgaben

Die **Schutzpolizei** hat die Aufgabe, die öffentliche Sicherheit und Ordnung aufrechtzuerhalten, den Straßenverkehr zu überwachen und Straftaten zu bekämpfen. Sie ist mit der Kontrolle des Waffen- und Sprengstofferwerbs und -besitzes sowie mit dem Schutz von Personen und Objekten beauftragt. Die **Kriminalpolizei** hat die Aufgabe, vorbeugende Verbrechensbekämpfung zu betreiben, Straftaten aufzuklären und Täter zu ermitteln sowie Staatsanwälte, Untersuchungsrichter und Richter zu unterstützen. Die **Nationalgarde,** die in der Armee entstanden ist, ist eine (militärische) Gendarmerie. Ihre Aufgabe besteht in der Aufrechterhaltung von öffentlicher Sicherheit und Ordnung, in der Überwachung des Straßenverkehrs auf Autobahnen, Nationalstraßen und (ausgewählten) Landstraßen, in der Ermittlung und Bearbeitung „kleiner und mittlerer" Kriminalität, im Schutz von Personen und Objekten und in der Durchführung von Repräsentations- und Ehrendiensten. Die **Finanzpolizei** soll Zolldelikte verhindern, feststellen und aufklären, Grenzkontrollen durchführen, Schutz- und Kriminalpolizei unterstützen sowie im Zivilschutz und bei der Landesverteidigung mitwirken. 63

d) Organisation

Unter einem Generalkommando der Schutzpolizei („Comando-Geral da Policia de Segurança Pública") bestehen 18 Distriktkommandos („Comandos Distritais") und zwei Regionalkommandos für die autonomen Regionen Azoren und Madeira. Die Distriktkommandos sind in Abteilungen, Sektionen, Schwadronen, Wachen und Posten gegliedert. Dem Generalkommando unmittelbar unterstehen die Verkehrsabteilungen („Divisao de Transito") zur Überwachung des Straßenverkehrs (in Lissabon und Porto), die Sicherheitsabteilung („Divisao de Seguranca") zum Schutz von Personen und Objekten der Regierung und auswärtiger Vertretungen, die Bereitschaftspolizei („Corpo de Intervençao") zur Unterstützung der Distriktkommandos bei Großlagen, Gewalttaten und „Organisiertem Verbrechen", eine Spezialeinheit („Grupo de Operaçoes Especiais") für Sondereinsatzfälle, die Sonderdienststellen an Flughäfen und die Polizeischule („Escola Prática de PolÍcia"). Die Kriminalpolizei wird von einem Generaldirektor (mit Sitz im Justizministerium) geführt. Die Generaldirektion verfügt über Abteilungen für Verbrechensbekämpfung, Informatik, Telekommunikation und Verwaltung sowie über ein Zentrallabor, ein Zentralarchiv und das nationale INTERPOL-Büro. Die Generaldirektion ist in drei (regionale) Direktionen aufgeteilt, die in Inspektionen und Unterinspektionen gegliedert sind. Oberstes Führungsorgan der Nationalgarde ist ein Generalkommando („Comando-Geral"); der Generalkommandant und sein Vertreter sind Armeeoffiziere, die vom Verteidigungsminister in Übereinstimmung mit dem Innenminister ernannt werden. Das Generalkommando verfügt über eine Stabsabteilung, ein Musikkorps, eine Bibliothek und ein Museum. Dem Generalkommando sind nachgeordnet die Territorialeinheiten mit je einem Bataillon zur Aufrechterhaltung der öffentlichen Sicherheit und Ordnung in vier Bereichen, die Spezialeinheit „Verkehr und Transporte" als Bataillon für die Überwachung des Straßenverkehrs auf Autobahnen, Nationalstraßen und (ausgewählten) Landstraßen mit je einer Verkehrsgruppe in jedem der vier Bereiche der Territorialeinheiten, die Reserveeinheiten für besondere Aufgaben des Personen- und Objektschutzes sowie der Repräsentation und des Ehrendienstes und die Ausbildungseinheit mit dem Ausbildungszentrum und einem Institut für „Höhere Ausbildung". Die Finanzpolizei wird ebenfalls von einem Generalkommando geführt. Ihm 64 unterstehen vier (regionale) Hauptabteilungen und eine Vielzahl von Außenstellen einschließlich der Außenabteilungen auf den Azoren und Madeira.

e) Personal

65 Die Gesamtstärke der Schutzpolizei liegt bei etwa 18 000, die der Kriminalpolizei bei 1500 und die der Nationalgarde bei etwa 20 000. Die Finanzpolizei hat etwa 8000 Angehörige.

aa) Auswahl und Einstellung. In die Schutzpolizei werden Männer (Mindestgröße 1,65 m) und Frauen (Mindestgröße 1,60 m) im Alter von 21 bis 28 Jahren mit portugiesischer Staatsangehörigkeit und dem Schulabschluß der neunten Klasse eingestellt. Für eine Einstellung in die Kriminalpolizei sind für Männer (Mindestgröße 1,65 m) und Frauen (Mindestgröße 1,55 m) im Alter von 21 bis 30 Jahren die portugiesische Staatsangehörigkeit und mittlerer Schulabschluß für den mittleren Dienst („Agenten") und Jura-Staatsexamen für den gehobenen Dienst („Inspektoren") Voraussetzung. In die Nationalgarde werden portugiesische Staatsangehörige nach Ableistung des Militärdienstes bis zum Alter von 26 Jahren, bei Offiziersanwärtern bis zum Alter von 27 Jahren, eingestellt. Voraussetzung ist der Abschluß des 6. Schuljahres, bei Offiziersanwärtern der Abschluß des 12. Schuljahres. Die Mindestgröße ist für Männer 1,62 m; Frauen werden nur als Krankenschwestern und für den Schreib- und Kommunikationsdienst eingestellt. Für eine Einstellung in die Finanzpolizei gelten dieselben Voraussetzungen wie für die Einstellung in die Nationalgarde.

bb) Aus- und Fortbildung. Die Grundausbildung für die Schutzpolizei erfolgt an der Polizeischule (in Torres Novas), dauert ein Jahr und umfaßt Theorie und Praxis. Der Aufstieg ist vom Bestehen von Beförderungslehrgängen und praktischer Bewährung über längere Zeiträume abhängig. Die Ausbildung der Führungskräfte erfolgt an der Höheren Polizeischule („Escola Superior da Polícia"), in die die „Polizeiakademie Portugals" integriert ist. An dieser Polizeiakademie studieren Männer und Frauen mit Hochschulreife mit dem Mindestalter von 21 Jahren vier Jahre, um in den höheren Dienst der Schutzpolizei zu gelangen. Die Ausbildung der Kriminalpolizei erfolgt an der **Kriminalpolizeischule** („Escola de Polícia Judiciária"). Die Grundausbildung umfaßt für den mittleren und für den Führungsdienst sechs Monate Theorie und ein Jahr Praxis. Die Grundausbildung für die Nationalgarde ist (militärisch) streng, beinhaltet überwiegend praktischen Dienst und dauert zwei Jahre. Es gibt Laufbahnen für Mannschaften, Unteroffiziere und Offiziere, für die entsprechende (Aufstiegs-)Lehrgänge qualifizieren. Die Anwärter der Finanzpolizei absolvieren ihre Grundausbildung in einem Ausbildungszentrum; anschließende Aufbau- oder Beförderungslehrgänge dauern je nach Verwendungszweck bis zu zwei Jahren. Die Ausbildung zum Offizier besteht aus einem Jahr Studium an der **Militärhochschule** und einem Jahr Unterricht und Training im Ausbildungszentrum der Finanzpolizei.

f) Führungs- und Einsatzmittel

66 Die Kommunikation der Schutzpolizei, der Kriminalpolizei, der Nationalgarde und der Finanzpolizei ist über Sprechfunk-, Fernsprech- und Fernschreibverbindungen hergestellt und wird in Zentralstellen rechnergestützt gehalten. Die Mobilität der Schutzpolizei besteht über (blauweiße) Funkstreifenkraftwagen, die der Kriminalpolizei über zivile (handelsübliche) Kraftfahrzeuge. Die Nationalgarde verfügt über (Funkstreifen-)Personen- und Gruppenkraftfahrzeuge, (Funk-)Kräder, Spezialfahrzeuge und Hubschrauber. Die Finanzpolizei ist mit Personenkraftwagen, Gelände- und Lastkraftfahrzeugen sowie Booten ausgestattet. Die Schutzpolizei ist mit der Pistole Walther, Kal. 7,65 mm, der Maschinenpistole Beretta, 7,65 mm, und dem Gewehr G 3, Kal. 7,62 mm, sowie dem Schlagstock bewaffnet. Die Kriminalpolizei verfügt über Pistolen Walther, Kal. 7,65 mm und 9 mm, den Revolver, Kal. 38, die Maschinenpistole Beretta, Kal. 9 mm, und Shotgun für

Sondereinsätze. Die Bewaffnung der Nationalgarde besteht aus Pistole Walther, Kal. 9 mm, Pistole FN Browning, Kal. 9 mm. Gewehr Mauser, Kal. 9 mm, und Gewehr G 3 sowie dem Schlagstock (Reiter: Schwert). Die Ehreneinheiten der Nationalgarde sind mit Schwert und Gewehr Mauser, Kal. 7,65 mm, ausgestattet. Die Finanzpolizei ist mit Pistolen Walther, Kal. 7,65 und 9 mm, und mit dem Gewehr G 3 (für Sonderaufgaben) bewaffnet

12. Schweden

a) Polizei im Staat

In der konstitutionellen Monarchie des Königreichs Schweden ist ein „Zivilminister", der dem Innenminister anderer Demokratien entspricht, für die Polizei verantwortlich. Für alle Anfragen zur schwedischen Polizei gibt es einen Ansprechpartner: Ulf GÖRANSSON, Director, Polishogskolan, Sörentorp, S-17192 SOLNA, Tel. (00 46) 8-4 01 90 00, Fax (00 46) 8-85 41 63. 67

b) Organe

Für das gesamte Königreich Schweden gibt es eine einheitliche **(Reichs-)Polizei**. 68

c) Aufgaben

Die Reichspolizei gewährleistet die öffentliche Sicherheit und Ordnung, nimmt polizeiliche Verkehrsaufgaben wahr, betreibt Verbrechensprävention und Strafverfolgung und erledigt Paß- und Grenzsicherungsaufgaben. 69

d) Organisation

Ein **Reichspolizeiamt** ist Leitungsorgan, Aufsichtsbehörde und zentrale Verwaltungsinstanz für Personal, Auswahl, Ausbildung, Ausstattung, Ausrüstung und alle übrigen Haushalts- und Wirtschaftsangelegenheiten der staatlichen Polizei des Königreichs Schweden. Das Reichspolizeiamt wird von einer Direktion, der der **Reichspolizei-Chef** („Rikspolischefs") als Leiter, sein Vertreter, sechs von der Regierung ernannte Mitglieder und zwei Personalvertreter als Berater angehören, geführt. Der Direktion des Reichspolizeiamts unterstehen die Hauptabteilungen Polizei, Staatsschutz und Verwaltung. In der Hauptabteilung Polizei sind Schutzpolizei und Kriminalpolizei vereinigt. Eine Reichskriminalsektion mit sieben (Fach-)Dezernaten verfügt über etwa 200 Beamte, die zur Bekämpfung landesweiter und internationaler (organisierter) Kriminalität eingesetzt werden, aber auch auf Anforderung der Polizeibehörden bei schweren Straftaten Unterstützung leisten. Die 24 Provinzen Schwedens geben die Organisation der Polizeibehörden der oberen Integrationsebene vor. Die „Provinzial-Regierungen" sind für Planung und Gewährleistung der inneren Sicherheit zuständig; sie bedienen sich zur Leitung der Polizei der Provinz eines **Provinzpolizei-Chefs** („Länspolischef"). In den nachgeordneten 120 Polizeidistrikten bestehen Polizeidirektionen, die mindestens über eine (Schutz-)Polizei- (oder Ordnungs-)abteilung und eine Kriminalabteilung verfügen. Die polizeilichen Verkehrsaufgaben werden von Verkehrsabteilungen der Provinz oder von nachgeordneten Verkehrseinheiten wahrgenommen. Die Polizeidistrikte sind in Hauptdienstbereiche und Dienstbereiche gegliedert, die Hauptdienstbereiche wiederum in Reviere. In den Dienstbereichen sind Teams von je zwei Polizeibeamten und Polizei-(Einzel-)posten eingesetzt. Kleinstädte und Gemeinden ohne eigene Polizeidienststellen werden wöchentlich ein- oder zweimal von Polizeibeamten besucht, die (in der Regel im Rathaus) „Sprechstunden" abhalten. Über das ganze Land verteilt gibt es zusätzlich etwa 200 „Anlaufstellen", in denen Polizeibeamte zu festgesetzten Zeiten zur Verfügung stehen. 70

e) Personal

Die Gesamtstärke der Polizei des Königreichs Schweden beträgt 25 000, davon etwa ein Drittel Frauen. 71

aa) Auswahl und Einstellung. In die staatliche Polizei Schwedens können Männer und Frauen mit schwedischer Staatsangehörigkeit im Alter von 19 Jahren eintreten; Voraussetzungen sind Gymnasialabschluß, geprüfte Schwimmbefähigung und der Besitz der Fahrerlaubnis.

bb) Aus- und Fortbildung. In der Polizei des Königreichs Schweden gibt es eine dreigeteilte Laufbahn. Die Grundausbildung für den „mittleren" Dienst dauert drei Jahre und umfaßt Theorie und praktischen Polizeidienst. Der Aufstieg in den „gehobenen" Dienst ist nach entsprechender Bewährung nach einem viermonatigen Kommissar-Lehrgang möglich. Der „höhere" Dienst setzt abgeschlossenes Jurastudium voraus, und die Ausbildung zum Polizeichef umfaßt fünf Jahre Theorie und Praxis, in die allein zwei Jahre Praktikantenzeit und ein abschließender dreimonatiger „Chef-Kurs" eingeschlossen sind. Zentrale Aus- und Fortbildungsstätte der schwedischen Polizei ist die Polizeihochschule (in Solna/Stockholm). Ihr ist ein international anerkanntes Forschungsinstitut (für Polizeiwesen) angegliedert.

f) Führungs- und Einsatzmittel

72 Die Mobilität besteht in einer gemessen an der Landesgröße hohen Zahl von Funkstreifenkraftwagen (etwa 3000), Funkkrädern (etwa 500) und Spezialfahrzeugen. Dazu kommen Boote und Hubschrauber. Die schwedische Polizei ist mit Pistolen, Kal. 9 mm, und Schlagstock bewaffnet. Für besondere Einsätze ist eine Spezialbewaffnung (unter anderem mit Maschinenpistolen, Kal. 9 mm) vorgesehen.

13. Spanien

a) Polizei im Staat

73 In der konstitutionellen Monarchie Spaniens ist für die Nationalpolizei („Cuerpo Nacional de Policia") der Innenminister politisch verantwortlich. Für die Gendarmerie („Cuerpo de la Guardia Civil") sind vier Minister verantwortlich: Bei der Wahrnehmung von Polizeiaufgaben der Innenminister, bei der Verfolgung von Straftaten der Justizminister, bei der Erfüllung von Aufgaben der staatlichen Finanzen der Finanzminister und bei der Erledigung von Militäraufgaben der Verteidigungsminister. Polizeien in Gebieten mit (Teil-)Autonomie („Policias de las Communidades Autónomas") unterstehen als (teil-) selbständige Polizeikorps den Regionalregierungen bzw. -parlamenten. Für Kommunalpolizeien („Policias Locales"), die in Städten und Gemeinden unter 20 000 Einwohnern bestehen können, tragen die Bürgermeister bzw. die Kommunalvertretungen die politische Verantwortung. Fragen zur Polizei in Spanien beantworten folgende Ansprechpartner: Miguel MARTIN PEDRAZ, Director de la Escuola Superior de Policia, Carretera de Ville Castin s/n, E-05004 AVILA, Tel. (00 34) 20-22 87 00, Fax (00 34) 20-25 43 89; Juan Bautista ZUERA MOLTO, Jefe de la Division de Formacion y Perfeccionamiento, Direccion General de la Policia, Avenida Pio XII, No 50, E-28016 MADRID, Tel. (00 34) 91-7 67 02 19, Fax (00 34) 91-7 67 08 46; Francesc FALBUERAS I RUSCELLEDA, Escola de Policia Catalunya, Cra. Nacional 152, Apartat de Correus 158, E-08100 MOLLET DEL VALLES (EL VALLES ORIENTAL), Tel. (00 34) 3-5 76 04 00, Fax (00 34) 3-5 76 04 30.

b) Organe

74 In Städten mit mehr als 20 000 Einwohnern und in allen Provinzhauptstädten ist die **Nationalpolizei** zuständig. Im gesamten Staatsgebiet außerhalb der Städte mit mehr als 20 000 Einwohnern und den Provinzhauptstädten ist die **Gendarmerie** zuständig. Zu ihrer Zuständigkeit gehören auch alle See- und Küstengebiete. In 17 (teil-)autonomen Gebieten Spaniens haben Regionalregierungen bzw. -parlamente das Recht, (teil-)selbständige Polizeikorps einzurichten und zu unterhalten. **Kommunalpolizeien** können in Städten und Gemeinden unter 20 000 Einwohnern eingerichtet werden; in Provinzhauptstädten ist die Einrichtung einer Kommunalpolizei nicht möglich.

c) Aufgaben

Die Nationalpolizei hat als Hauptaufgaben die Aufrechterhaltung der öffentlichen Sicherheit und Ordnung, die Verhütung und Verfolgung von Straftaten und den Schutz von Personen und Objekten. Zu den besonderen Aufgaben der Nationalpolizei gehören die Ausstellung von Personalpapieren und Reisepässen, die Kontrolle von Personen an den Grenzen, die Überwachung von Ausländern und die Bekämpfung der Drogenkriminalität. Die Gendarmerie nimmt in ihren Zuständigkeitsbereichen dieselben Hauptaufgaben wahr wie die Nationalpolizei. Zu den besonderen Aufgaben der Gendarmerie gehören die Überwachung des Straßenverkehrs, die Überwachung des Waffen- und Sprengstoffbesitzes, der Schutz der Grenzen, Flughäfen, Häfen und Küsten sowie die Bekämpfung von Schmuggel. Die Aufgaben der Polizeien in autonomen Gebieten wie die der Kommunalpolizeien orientieren sich an den Hauptaufgaben für Nationalpolizei und Gendarmerie. 75

d) Organisation

Die Nationalpolizei, die unter dem Innenminister in einer Direktion für die staatliche Sicherheit „verbunden“ ist, wird von einer Generaldirektion geleitet. In 50 **Provinzial-Polizeibehörden** gibt es örtliche Polizeikommissariate und Grenzpolizeiposten. Die **Nationalpolizei** ist in Schutzpolizei, Verkehrspolizei, Kriminalpolizei, Wasserschutzpolizei und mobile Einheiten gegliedert. Diese Organisation besteht bis in die örtlichen Dienststellen. Für die **Provinzial-Polizeibehörden** werden an zentralen Stellen Schutz- und Eskortendienste, Flugbereitschaften mit Hubschraubern und Antiterroreinheiten bereitgehalten. Unter Vorsitz des Innenministers arbeitet ein aus Mitgliedern der Verwaltung und der Nationalpolizei gleich zusammengesetzter Polizeibeirat, der bei Dienstregelungen von grundsätzlicher Bedeutung mitwirkt, bei Konflikten vermittelt und bei der Behandlung gravierender Dienstpflichtverletzungen beteiligt wird. Die **Gendarmerie** wird ebenfalls unter der dem Innenminister unterstehenden Direktion für staatliche Sicherheit von einer Generaldirektion geleitet. Die Gendarmerie ist organisiert in sechs Zonen Spaniens mit 20 Regimentern („Tercios“), 56 Kommandanturen („Commandancias“), Kompanien („Companias“), Zügen („Lineas“) und Posten („Puestos“). Darüber hinaus verfügt die Gendarmerie über vier mobile Kommandanturen, eine bis in die Regionen gegliederte Verkehrspolizei, Umweltschutzeinheiten, eine Flugbereitschaft mit Hubschraubern, Antiterroreinheiten, Unterwasser-Spezialeinheiten und einen Bergrettungsdienst. 76

e) Personal

Die Stärke der Nationalpolizei beträgt 52 500 Männer und 500 Frauen. Die Stärke der Gendarmerie liegt bei 70 000. 77

aa) Auswahl und Einstellung. Für Nationalpolizei und Gendarmerie gelten als Voraussetzungen die spanische Staatsangehörigkeit, mittlerer Schulabschluß und eine Mindestgröße von 1,70 m für Männer und 1,65 m für Frauen.

bb) Aus- und Fortbildung. Die Ausbildung der Nationalpolizei wird an der zentralen Polizeischule (in Avila) durchgeführt und dauert ein Jahr. Die theoretische Ausbildung wird durch eine Ausbildung im praktischen Polizeidienst begleitet. Die Lehrgänge für den Führungsdienst der Nationalpolizei werden ebenfalls an der Polizeischule (in Avila) abgehalten. Die Gendarmerie wird an der zentralen Gendarmerie-Schule (in Ubeda) ausgebildet. Die Ausbildungsdauer orientiert sich an der künftigen Verwendung als Berufsgendarm oder Hilfsgendarm. Voraussetzungen für Beförderungen und Aufstieg der Berufsgendarmen sind neunmonatige Lehrgänge an einer Gendarmerie-Schule (in Guadarrama) oder im Gendarmerie-Ausbildungszentrum (in Madrid).

f) Führungs- und Einsatzmittel

78 Die Mobilität von Nationalpolizei und Gendarmerie ist über Funkstreifenkraftwagen und -kräder sichergestellt. Hubschrauber stehen zur Unterstützung zur Verfügung. Die Gendarmerie verfügt zusätzlich über Spezialfahrzeuge, Panzer und Boote. Nationalpolizei und Gendarmerie sind mit Pistolen Star PK-30, Kal. 9 mm, Maschinenpistolen Star Z 70, Kal. 9 mm, und Gewehren, Kal. 9 mm, bewaffnet. Spezialeinheiten verfügen über eine Vielzahl von Spezialwaffen und Sprengstoffen.

14. Vereinigtes Königreich Großbritannien und Nordirland

a) Polizei im Staat

79 In der parlamentarisch-demokratischen Monarchie des „United Kingdom of Great Britain and Northern Ireland" ist für die Polizei der Innenminister zuständig. Unmittelbare Weisungsbefugnis gegenüber den Polizeibehörden besitzt der Innenminister nicht; er übt seinen Einfluß über **„Inspekteure"**, über die Vergabe von Haushaltsmitteln und über sein Vorschlagsrecht für die Ernennung der (mächtigen) **„Chief Constables"** aus. Ansprechpartner: Peter HERMITAGE, The National Director of Police Training, Police Staff College Bramshill, Bramshill House near Basingstoke, GB-HAMPSHIRE RG 27 OJW, Tel. (00 44) 12 52-84 29 31, Fax (00 44) 12 52-84 32 04; Ian McDONALD, Assistant Chief Constable, Acting Director of NPT (Designate), Police Staff College Bramshill, Bramshill House near Basingstoke, GB-HAMPSHIRE RG 27 OJW, Tel. (00 44) 1256-60 22 11, Fax (00 44) 12 56-60 23 99.

b) Organe

80 Die klassischen Organe zur Wahrnehmung der Polizeiaufgaben sind in Großbritannien und Wales die Polizeibehörden in den **„Counties"** (Grafschaften). In Nordirland gibt es die **„Royal Ulster Constabulary"**. Mit der **„Ministry of Defence Police"** unterhält der Verteidigungsminister zum Schutz der Streitkräfte und der militärischen Anlagen ein eigenes, relativ starkes Polizeikorps, das sich von einer „Militärpolizei" dadurch unterscheidet, daß es im Bedarfsfalle auch allgemeinpolizeiliche Befugnisse hat.

c) Aufgaben

81 Der Polizeidienst in Großbritannien ist geprägt von umfassenden Vollmachten des einzelnen Polizeibeamten (**„Constable"**), der aus der Geschichte eine unmittelbare Autorität bezieht, der grundsätzlich keine Aufträge von einer Behörde erhält und der seinen Eid vor einem Friedensrichter ablegt. Zwar hat das Prinzip der **absoluten Überparteilichkeit** in jüngster Zeit einige Risse bekommen, nach wie vor steht jedoch außer Zweifel, daß ein „Constable" weder einer Gewerkschaft angehören noch aktiv am politischen Leben teilnehmen sollte. Reine Berufs-(Interessen-)verbände üben nicht selten auch heute noch (Standes-)Zwang auf Gruppen unterschiedlicher Dienstgrade aus, um Mitglieder für eine entsprechende „Federation" oder „Association" zu gewinnen. Die Polizei in Großbritannien hat die Aufgabe, Gefahren für die öffentliche Sicherheit und Ordnung abzuwehren, Leben, Gesundheit und Eigentum der Bürger zu schützen, den „öffentlichen Frieden" zu garantieren und strafbedrohte Handlungen zu verhüten oder zu verfolgen.

d) Organisation

82 Der Polizeiorganisation in Großbritannien und Nordirland liegt die Gliederung der Verwaltung des Königreichs zugrunde. Es bestehen in Großbritannien sieben Großstadtbezirke (**„Metropolitan Counties"**) und 39 Grafschaften (**„Counties"**), in Wales acht Grafschaften, in Nordirland 26 Distrikte und in Schottland zwölf Regionen. Polizeibehörden werden von einem „Chief Constable" geführt, dem eine allgemeine Polizeiverwaltung („Police Authority") untersteht. Oberstes Aufsichtsgremium einer Polizeibehör-

de ist ein **„Police Committee"**, das aus 18 Mitgliedern besteht, von denen zwölf Friedensrichter sein müssen. Dieses Gremium wirkt bei der Auswahl und Ernennung des Chief Constable und seines Vertreters mit, legt die Personalstärken fest, entscheidet über Bauten und Anschaffungen und kontrolliert die Verwendung der Haushaltsmittel. In einer Polizeibehörde bestehen unterhalb des Vertreters des Chief Constable in der Regel drei Aufgaben- bzw. Zuständigkeitsbereiche: „Einsatz", „Management" und „Unterstützungsdienste". Zum „Einsatz" zählen neben dem Polizeidienst die Angehörigen der Kriminalpolizei, ein von der allgemeinen Kriminalpolizei getrennter „Polizeilicher Staatsschutz", Verbindungsbeamte zu den Gerichten und eine „Verkehrspolizei". Im „Management"-Bereich sind Personalangelegenheiten, Planung und Ausgabe von Haushaltsmitteln sowie Verwaltung von Liegenschaften und Geräten angesiedelt. Zu den „Unterstützungsdiensten" zählen die technischen Einrichtungen zur Information und Kommunikation, Spezialeinheiten, kriminalpolizeiliche Untersuchungs- und Beratungsstellen sowie eine Pressestelle. Koordination und Abstimmung über den Zuständigkeitsbereich der sehr selbständigen Polizeibehörden hinaus erfolgen in häufigen Regionalkonferenzen der Chief Constables, in regelmäßigen Konferenzen aller Chief Constables, in Sitzungen der regionalen Kriminalpolizeikommissionen und in Besprechungen der Kriminalpolizeikommissionen auf nationaler Ebene. In Nordirland besteht seit 1922 die „Royal Ulster Constabulary". Neben der Wahrnehmung der allgemeinen polizeilichen Aufgaben, die sich von den Aufgaben anderer Polizeien nicht unterscheiden, ist die „Royal Ulster Constabulary" für den Schutz des Staates und seiner Einrichtungen gegen bewaffnete Angriffe im Innern und von außen verantwortlich. An der Spitze dieser Polizei steht ein Chief Constable, der mit einem Vertreter und drei Direktoren aus dem Führungsbereich alle Polizeiaktivitäten koordiniert. Das Polizeikorps des Verteidigungsministers hat die Aufgabe, alle militärischen Einrichtungen zu überwachen und die Aufrechterhaltung der öffentlichen Sicherheit und Ordnung jederzeit zu garantieren. Innerhalb der Anlagen zur Landesverteidigung, auf den Territorien des Staates und bis zu 25 km im Umkreis außerhalb der Anlagen haben die Angehörigen der „Ministry of Defence Police" dieselben Befugnisse wie die „Constables" der örtlichen oder regionalen Polizeibehörden.

Ansprechpartner bei allen Organisations- und Zuständigkeitsfragen sind in **London** *Criminal Injuries Compensation Board,* 19 Alfred Place, London WCIE 7 EA; *Crown Prosecution Service,* 4–12 Queen Anne's Gate, London SW 1 H 9AZ; *Home Office,* 50 Queen Anne's Gate, London SW 1 H 9AT; *Metropolitan Police Service,* New Scotland Yard, Broadway, London SW 1 P 3AE; in **Edinburgh** *Crown Office,* Regent Road, Edinburgh EH 7 5BC; *Scottish Legal Aid Board,* 44 Drumsheug Gardens, Edinburgh EH 3 7 SW; in **Belfast** *Northern Ireland Information Service,* Stormont Castle, Belfast BT 4 3ST.

e) Personal

Die Stärke der Polizei beträgt etwa 110 000, davon 10 000 Frauen. Die „Royal Ulster 83
Constabulary" verfügt über etwa 10 000 Angehörige, zu denen noch etwa 5000 Bürger als „Polizeireserve" kommen. Die Stärke der „Ministry of Defence Police" liegt bei 5000.

aa) Auswahl und Einstellung. Auswahl und Einstellung erfolgen mit entsprechenden (gehobenen) Bildungsabschlüssen bei den Polizeibehörden für eine Einheitslaufbahn. Die Einstellungsbedingungen sind regional und örtlich sehr unterschiedlich.

bb) Aus- und Fortbildung. Jeder Anwärter besucht einen dreimonatigen Grundlehrgang an einem der sieben regionalen Ausbildungszentren und geht danach in ein zweijähriges Praktikum. Ausbildungsprinzip ist die Einweisung aller Anwärter in die Aufgaben der Praxis durch lebens- und diensterfahrene Constables. Nach sechs bis acht Jahren kann sich ein Polizeibeamter freiwillig in einem vier Monate dauernden Lehrgang auf die Sergeant-Prüfung vorbereiten. Die Ausbildung besonders befähigter Beamter erfolgt am

„Police Staff College" (Bramshill). Angeboten werden ein spezieller Kurs („Special Course") für ausgewählte Sergeants, die nach zweijähriger Ausbildung ihre Prüfung zum „Inspector" ablegen. Bemerkenswert ist, daß der erfolgreiche Abschluß dieses Kurses zu einem Studium an jeder englischen Universität berechtigt. Ein „mittlerer" Kurs („Intermediate Command Course") gestattet ausgewählten Superintendents, nach dreimonatiger Ausbildung das Examen zum Chief Superintendent abzulegen. Ein „oberer" Kurs („Senior Command Course") bietet für wenige auserwählte Chief Superintendents nach sechsmonatigem Studium das Examen für die Zulassung für Spitzenämter bis hin zum Chief Constable. Aus der Reihe der Absolventen wählen die „Police Committees" der Polizeibehörden ihre Führungskräfte aus. Die Ausbildung der Kriminalbeamten setzt zwei Jahre Polizeidienst voraus. Die dreimonatigen Lehrgänge werden in den sieben regionalen Ausbildungszentren abgehalten.

f) Führungs- und Einsatzmittel

84 Die Kommunikation innerhalb der Polizeibehörden und der Polizeibehörden untereinander ist über Sprechfunk-, Fernsprech- und Fernschreib-Verbindungen gewährleistet; dasselbe gilt für die „Royal Ulster Constabulary" und für die „Ministry of Defence Police". Zur Mobilität verfügen die Polizeibehörden über Funkstreifen-Kraftwagen, Funkstreifenkräder und Spezialfahrzeuge. Einzige Waffe des Polizei-(Streifen-)Beamten ist grundsätzlich nur der Schlagstock. Alle Polizeibehörden besitzen jedoch Pistolen, Maschinenpistolen und Gewehre für ihre Beamten, um sie bei gefährlichen Einsätzen entsprechend bewaffnen zu können. Die „Royal Ulster Constabulary" ist mit Pistolen, Maschinenpistolen und Gewehren ausgerüstet. Die „Ministry of Defence Police" ist mit Pistolen, Maschinenpistolen, Gewehren und Sonderwaffen ausgestattet.

II. Westeuropäische Staaten außerhalb der Europäischen Union

1. Island

a) Polizei im Staat

85 In der parlamentarisch-demokratischen Republik Island ist für die Polizei der Minister für Justiz und kirchliche Angelegenheiten verantwortlich. Eine Sonderpolizei für den Flughafen und US-Luftwaffenstützpunkt Keflavik untersteht dem Außenminister.

b) Organe

86 Die Republik Island verfügt zur Gewährleistung der öffentlichen Sicherheit und Ordnung über eine **staatliche Polizei**. Die mit speziellen Schutzaufgaben betraute Sonderpolizei auf dem Flughafen Keflavik ist ebenfalls staatlich; sie besitzt allerdings einen besonderen Status.

c) Aufgaben

87 Die Schutzpolizei gewährleistet die öffentliche Sicherheit und Ordnung und den Schutz der Bürger durch Wahrnehmung der polizeilichen Verkehrsaufgaben, Funkstreifentätigkeit und Feststellung und Verfolgung von Straftaten. Die Kriminalpolizei verhütet Verbrechen, verfolgt Straftaten, bearbeitet Verkehrsunfälle und ist für alle technischen Aufgaben zuständig. Die Sonderpolizei auf dem Flughafen und US-Luftwaffenstützpunkt Keflavik nimmt ihre Aufgaben zur Abwehr äußerer Gefahren für die Sicherheit des Luftverkehrs und zum Schutz der militärischen Einrichtungen unter einem von der Regierung eingesetzten Polizeichef wahr.

d) Organisation

88 Die Republik Island hat 26 **Polizeidistrikte** mit insgesamt 35 Polizei-Stationen. Die Polizeidistrikte werden von Polizeichefs („Chief of Police") geführt, die als Juristen eine relativ

unabhängige Stellung haben und denen die Verantwortung für die öffentliche Sicherheit und Ordnung in ihrem Distrikt unmittelbar zugerechnet wird. Eine Übertragung zusätzlicher staatlicher Aufgaben (Tätigkeit als Richter in Straf-, Zivil- oder Verwaltungssachen; Leitung der Steuerfestsetzungsbehörde u. ä.) auf die Polizeichefs ist möglich und wird praktiziert. Die Polizeidistrikte verfügen in der Regel über eine Einsatzzentrale, eine zentrale Polizeistation, lokale Polizeistationen und Verkehrsabteilungen. Die Polizeidistrikte werden zur Kriminalitäts-Bekämpfung von der (zentralen) Kriminalpolizei unterstützt.

e) Personal

Die Polizei der Republik Island verfügt über etwa 600 Polizeibeamte; bisher gibt es 89
nur sehr wenig Frauen.

aa) Auswahl und Einstellung. Männer und Frauen mit isländischer Staatsangehörigkeit ab 18 Jahren können in den Polizeidienst eingestellt werden; Voraussetzung ist ein mittlerer Bildungsabschluß.

bb) Aus- und Fortbildung. Der mittlere und der gehobene Dienst werden an der (zentralen) Polizeischule (in Reykjavik) ausgebildet. Der Zugang zum höheren Dienst ist nur Juristen eröffnet. Die Fortbildung der Polizeibeamten des mittleren und des gehobenen Dienstes erfolgt ebenfalls an der (zentralen) Polizeischule (in Reykjavik).

f) Führungs- und Einsatzmittel

Die Mobilität der Polizei ist über Funkstreifenkraftwagen, Funkkräder, Jeeps und 90
Hubschrauber sichergestellt. Die an Schußwaffen ausgebildeten Polizeibeamten der Republik Island versehen ihren Dienst grundsätzlich ohne Waffen; die Schutzpolizei ist lediglich mit dem Schlagstock ausgestattet. Für besondere Einsätze können alle Beamten (mit Pistolen und Maschinenpistolen) bewaffnet werden.

2. Norwegen

a) Polizei im Staat

In der konstitutionellen Monarchie des Königreichs Norwegen trägt ein Minister für 91
Polizei und Justiz die Verantwortung für die Polizei. Für alle die Polizei betreffenden Fragen gibt es folgende Ansprechpartner: Sverre LAGERLOV, Ausbildungsleiter, Overvakingssentralen, POB 29 70 Toyen, N-OSLO 6, Tel. (00 47) 2-66 82 13; Frau Kari Larsen KVAKKESTAD, Director, Politihogskolen, Slemdalsveien 5, P.O.Box 50 27, N-0369 OSLO, Tel. (00 47) 22-46 18 60, Fax (00 47) 22-69 46 65.

b) Organe

Die **Nationalpolizei** des Königreichs Norwegen ist staatlich; Schutzpolizei, Kriminal- 92
polizei und Zentrale Sonderdienste sowie Nationaler Rettungsdienst werden für die öffentliche Sicherheit und Ordnung vorgehalten.

c) Aufgaben

Die **Nationalpolizei** gewährleistet die öffentliche Sicherheit und Ordnung, nimmt die 93
polizeilichen Verkehrsaufgaben wahr und verhütet und verfolgt Straftaten. Zu den Polizeiaufgaben des täglichen Dienstes gehören auch Rauschgiftbekämpfung und Staatsschutzangelegenheiten. Die **Kriminalpolizei-Zentrale** (in Oslo) unterstützt auf Antrag alle Polizeidienststellen bei der Verfolgung von Straftaten und leitet kriminaltechnische Untersuchungen; sie ist das nationale Zentralbüro der Internationalen Kriminal-Polizeilichen Organisation (IKPO-INTERPOL) für Norwegen. Die **Mobile Verkehrspolizei** (mit Sitz in Oslo) nimmt unter einem Polizeichef polizeiliche Verkehrsaufgaben im ganzen Königreich Norwegen wahr und stellt für überörtliche Einsätze eine Landesreserve. Eine **Antiterroreinheit** (mit Sitz in Oslo) steht zur Terrorismusbekämpfung und für polizeiliche Sonderlagen im ganzen Land zur Verfügung. Ein **Polizei-Sicherheitsdienst**

nimmt Aufgaben der Spionageabwehr wahr, übernimmt Staatsschutzaufgaben, schützt staatliche Einrichtungen und Staatsgäste und wird zur Terrorismusbekämpfung herangezogen. In einem **„Nationalen Rettungsdienst"** arbeiten Polizei, Rettungsdienste, Katastrophenschutz, Militär und freie Träger unter der Verantwortung des Ministers für Polizei und Justiz bei schweren Unglücksfällen, größeren Schadensereignissen und Naturkatastrophen zusammen.

d) Organisation

94 Im Königreich Norwegen bestehen 54 Polizeibezirke sehr unterschiedlicher Größe, die alle von **Polizeichefs („Politimester")** geleitet werden. Sie – und ihre Vertreter – sind Juristen mit Polizeiausbildung. Die Zahl der Polizeibeamten in den Bezirken liegt zwischen 1500 und 20. Zur Wahrnehmung hoheitlicher Aufgaben gibt es im Königreich Norwegen **„Lensmänner"**, die innerhalb der Polizeibezirke Aufgaben eines Gerichtsvollziehers und Polizeiaufgaben erfüllen. In 375 „Lensmann"-Distrikten sind insgesamt über 1000 „Lensmänner" (mit zusätzlichen Gehilfen) tätig. Die Aufgaben eines Gerichtsvollziehers nimmt der „Lensmann" in bürgerlicher Kleidung wahr, die Aufgabe eines Polizeibeamten in Uniform. Während bei der Erfüllung von Aufgaben der Rechtspflege der „Lensmann" als „Eingesetzter des Königs" frei ist, untersteht er bei der Wahrnehmung von Polizeiaufgaben dem Polizeichef des Polizeibezirks. Zur Koordination größerer Polizeieinsätze und zur Zusammenfassung von Polizeikräften bei Sonderlagen ist das Königreich Norwegen in fünf Regionen aufgeteilt, an deren Spitze „Regional-Polizeichefs" stehen, die sich aus dem Kreis der Polizeichefs rekrutieren.

e) Personal

95 Die Gesamtstärke der Polizei des Königreichs Norwegen liegt bei 8500; etwa 10 % sind Frauen. In der Gesamtstärke sind 1000 „Lensmänner" enthalten.

aa) Auswahl und Einstellung. Männer und Frauen mit norwegischer Staatsangehörigkeit können im Alter von 21 bis 30 Jahren mit Abitur oder mittlerem Bildungsabschluß in die Polizei eintreten, wenn sie die Fahrerlaubnis besitzen und Schwimmer sind. Männer müssen vor ihrem Eintritt in die Polizei den Wehrdienst abgeleistet haben.

bb) Aus- und Fortbildung. Die Grundausbildung findet an der Nationalen Polizeiakademie (in Oslo) statt und dauert zwei Jahre. Nach einer dreimonatigen Einweisung versehen die Anwärter ein Jahr praktischen Polizeidienst in einem Polizeibezirk, um danach in einem neunmonatigen Lehrgang ihre Ausbildung zu vervollständigen. Dem gehobenen Dienst vergleichbare Führungsfunktionen werden von Aufstiegsbeamten aus dem mittleren Dienst übernommen, wenn diese sich in zweimonatigen Lehrgängen und entsprechenden Führungsseminaren qualifiziert haben. Die etwa 300 Polizeichefs, Vertreter von Polizeichefs und Polizeijuristen (zugleich öffentliche Ankläger) haben allesamt ein Hochschulstudium absolviert. Die Fortbildung der Polizeibeamtinnen und -beamten erfolgt entweder an der Nationalen Polizeiakademie oder in den Polizeibezirken. Nach acht Dienstjahren muß jeder Polizeibeamte – und auch jeder „Lensmann" – an einer dreimonatigen Fortbildung an der Nationalen Polizeiakademie teilnehmen.

f) Führungs- und Einsatzmittel

96 Funkstreifenkraftwagen, Kräder und Spezialfahrzeuge bilden die Basis der Mobilität. Boote, Hubschrauber und Flächenflugzeuge stehen bei den Streitkräften bereit und können jederzeit angefordert werden. Die an Schußwaffen ausgebildeten Beamten der Polizei des Königsreichs Norwegen führen ihre Waffen nur aus besonderem (Einsatz-) Anlaß mit. Lediglich die Polizeibeamten des Polizeibezirks Oslo führen ihre Waffen ständig mit, und zwar in Schutzkästen in den Funkstreifenwagen. Beamte der uniformierten Polizei führen stets den Schlagstock mit; ihre Bewaffnung ist jederzeit möglich.

3. Schweiz

a) Polizei im Staat

In der Schweizerischen Eidgenossenschaft („Confoederatio Helvetica") liegt die **Polizeihoheit bei den Kantonen**. Nach dem streng föderalistischen Aufbau des demokratischen Bundesstaates Schweiz nimmt jeder Kanton sämtliche Polizeiaufgaben wahr und erfüllt auch (gesamt-)staatliche Erfordernisse wie Grenzpolizei- und Staatsschutzaufgaben. Nach der Bundesverfassung hat der Bundesrat für die innere Sicherheit der Eidgenossenschaft und für die „Handhabung von Ruhe und Ordnung" zu sorgen, was nichts an der Festlegung ändert, daß Polizeiaufgaben Sache der Kantone sind. Ausnahmen bilden die Bereiche Staatsschutz, Bekämpfung der Falschgeld- und Drogendelikte, des Organisierten Verbrechens und des illegalen Waffen- und Sprengstoffhandels. Der Bund besorgt auch den Verkehr mit ausländischen Polizeibehörden. Die Adresse lautet: Eidgenössisches Justiz- und Polizeidepartement, Bundesamt für Polizeiwesen, Bundesrain 20, CH-3003 **Bern**, Tel. 00 41-31-3 22 45 29. Dazu kommen weitere Ansprechpartner: H.-P. STEFFEN, Direktor, Schweizerisches Polizeiinstitut, Case Postale 6 73, CH-2001 NEUCHATEL, Tel. (00 41) 38-24 79 55, Fax (00 41) 38-25 65 56; Fritz LEHMANN, Deputy Director of the Swiss Police Institut, Case Postale 6 73, CH-2001 NEUCHATEL. 97

b) Organe

Auf Bundesebene werden die Polizeiaufgaben durch die **Bundesanwaltschaft** (Rechtsdienst, Bundespolizei, Zentralpolizeibüro) sowie das **Bundesamt für Polizeiwesen**, die zum Eidgenössischen Justiz- und Polizeidepartement gehören, wahrgenommen. Der Bund verfügt nicht über uniformierte Polizeibeamte. Die sicherheits- und kriminalpolizeilichen Aufgaben liegen ausschließlich bei den 26 Kantons- sowie ca. 100 **Stadt- und Gemeindepolizeien**. Ein **„Grenzwacht-Korps"** des Bundes erfüllt an den Landesgrenzen überwiegend Zollaufgaben und steht im Verteidigungsfall als Militärpolizei zur Verfügung. 98

c) Aufgaben

Der Bund kann nur diejenigen Aufgaben wahrnehmen, die ihm durch die Verfassung zugewiesen sind. Das ist die Gesetzgebung auf dem Gebiet des materiellen Strafrechts und des Straßenverkehrsrechts; das Strafverfahrensrecht und der Vollzug sind Sache der Kantone. Jeder Kanton verfügt über ein **eigenes Strafprozeßrecht;** in den meisten Kantonen sind eigene Polizeigesetze vorhanden. Trotz strikter Wahrung der kantonalen Souveränität besteht Übereinstimmung in allen Kantonen der Schweiz darüber, daß die Polizei die Aufgabe hat, die öffentliche Sicherheit und Ordnung zu gewährleisten, wobei der Verzicht auf eine „nationale" Polizei oberstes Gebot ist. Besondere Rechte der Nacheile aus dem Strafgesetzbuch der Schweiz (Art. 356) stellen sicher, daß die Angehörigen eines Kantons „in ganz dringenden Fällen" einen Straftäter auch auf dem Gebiet eines anderen Kantons verfolgen und festnehmen dürfen. Fälle regelmäßigen Überschreitens der Kantonsgrenzen und Tätigwerden in anderen Kantonen – so bei der Wahrnehmung von polizeilichen Verkehrsaufgaben auf den Autobahnen – sind durch besondere Verträge geregelt. 99

d) Organisation

Je nach Sprachraum sind die Polizeien der Kantone unterschiedlich organisiert. In der „deutschsprachigen" Schweiz verfügen die Kantonspolizeien überwiegend über Sicherheitspolizei, Verkehrspolizei, Kriminalpolizei und Verwaltungspolizei. In der „französischsprachigen" Schweiz wird eine Gliederung in Sicherheitspolizei (als „Gendarmerie") und Kriminalpolizei (als „Sûreté") bevorzugt. Im „italienischsprechenden" Kanton Tessin wird eine geographische „Sektions"-Einteilung praktiziert. Im Kanton Basel-Stadt ist die Kriminalpolizei der Staatsanwaltschaft organisatorisch und fachlich unterstellt; die Kriminalbeamten bleiben aber Angehörige der Kantonspolizei. Die strenge Beachtung **fö-** 100

deralistischer Strukturen hat zur Folge, daß überregionale Aufgaben aus Kräften der Kantone wahrgenommen werden müssen, was zu erheblichen Koordinationsproblemen führt. Das Fehlen einer (zentralen) Koordinierungsstelle, der Verzicht auf eine überregional einsetzbare (Bereitschafts-)Polizei und die Unterschiedlichkeit in der Art und Weise der Aufgabenwahrnehmung durch die Kantonspolizeien erschweren die Gewährleistung der inneren Sicherheit bei Großlagen, insbesondere bei gewalttätigen demonstrativen Aktionen, bei landesweiten Fahndungen und bei der Bekämpfung der Organisierten Kriminalität. Diese Defizite sollen durch die Konferenz der Kantonalen Polizeikommandanten der Schweiz sowie die Schweizerische Vereinigung städtischer Polizeichefs, die als Ausführungsorgane paritätische Kommissionen eingesetzt haben, ausgeglichen werden. Die Hinwendung zum Bürger und die Orientierung an dessen individuellen Schutzbedürfnissen ist dagegen ein Markenzeichen der Kantonspolizeien in der Schweiz.

e) Personal

101 Die Gesamtstärke der Polizeien des republikanischen Bundesstaates Schweiz liegt bei 17 000 Beamten in 26 Kantons- und 100 Gemeindepolizeien.

aa) Auswahl und Einstellung. Voraussetzung für eine „Anstellung" ist in allen Kantonen das Schweizer Bürgerrecht. Gefordert werden abgeschlossene Berufsausbildung und Ausbildung an der schweizerischen Militärrekrutenschule (für Männer). Die Mindestgröße ist 1,65 m; das Einstellungsalter liegt zwischen 20 und 29 Jahren; der bisher noch relativ geringe Frauenanteil steigt.

bb) Aus- und Fortbildung. Die Ausbildung der Bewerber für den Polizeidienst erfolgt grundsätzlich in den Kantonen; lediglich kleinere Kantone lassen ihre Bediensteten bei großen Kantonspolizeien (wie Zürich) oder beim Schweizerischen Polizeiinstitut in Neuchatel ausbilden. Die Ausbildungsdauer liegt zwischen neun Monaten und eineinhalb Jahren und umfaßt in der Regel neben Theorie auch praktischen Polizeidienst. Aufstieg in den Leitungsdienst und Auswahl und Anstellung der Polizeikommandanten der Kantone sind derart unterschiedlich, daß von einer Beschreibung abgesehen wird. Das Schweizerische Polizeiinstitut (SPiN), das als Stiftung geführt wird, organisiert neben der viermonatigen Grundausbildung auch jährlich über 50 Fortbildungskurse und Spezialausbildungen (Antiterrortaktiken usw.).

f) Führungs- und Einsatzmittel

102 Die Mobilität der Kantonspolizeien besteht über Funkstreifenkraftwagen, Funkkräder und Spezialfahrzeuge. Die Angehörigen der Kantonspolizeien sind mit Pistolen bewaffnet; für bestimmte Einsatzfälle werden Maschinenpistolen mitgeführt. Für den Einsatz bei unfriedlichen Demonstrationen und anderen Anlässen stehen Reizstoffe sowie Gummischrot zur Verfügung. Spezialeinsatzkräfte sind zur Bewältigung von Sonderlagen mit Präzisionsgewehren ausgerüstet.

III. Osteuropäische Staaten außerhalb der Europäischen Union

1. Polen

a) Polizei im Staat

103 In der Republik Polen ist das Innenministerium mit dem Sitz in Warschau für die Gewährleistung der inneren Sicherheit und damit für die Polizei zentral verantwortlich; gleichwohl haben – in Anlehnung an die bestehende kommunale Gliederung – die **„Wojewodschaften"** („Provinzialverwaltungen") vergleichsweise starke Kompetenzen. Ansprechpartner: Edward PIETKIEWICZ, Kommandant, Wyzsza Szkola Policji, ul. Swieczewskiego 111, PL-12 101 SZCZYTNO, Tel. (00 48) 8 96-24 32 21, Fax (00 48) 8 96-24 26 10; Dr. Antoni OSIERDA, Biuro Kadr i Szkolenia, Komendy Glownej Policji, ul. Pulaska 148/150, PL-02-624 WARSZAWA, Tel. (00 48) 22-6 01 41 63, Fax (00 48) 22-6 01 26 93.

b) Organe

Unterhalb der Ministerialebene ist – vergleichbar mit den Inspekteuren der Polizei 104
und den Landeskriminaldirektoren in den Ländern der Bundesrepublik Deutschland – ein **„Generalkommandant der Polizei"** eingesetzt, der für die gesamte Polizei zuständig ist; Polen kennt eine (Sparten-)Trennung von Schutz- und Kriminalpolizei nicht.

Der „Generalkommandant" ist Vorgesetzter aller Beamten der Polizei; er wird nach Einholung der Meinung eines „Politischen Beratungskomitees beim Innenministerium" auf Antrag des Innenministers durch den Ministerpräsidenten ernannt; das gleiche Verfahren ist auch für seine Abberufung vorgesehen. Zu den Aufgaben des Generalkommandanten der Polizei gehört die Festlegung der Organisation der Kommandanturen und der Kommissariate, in bezug auf die Kreiskommandanturen auch deren räumliche Zuständigkeit; er bestimmt die Voraussetzungen für die Einstellung von Verwaltungspersonal und legt fest, ob und inwiefern Sonderkommissariate (wie „Wasserschutz"-, „Bahnschutz"- oder „Spezial"-Kommissariate) Wojewodschafts- oder Kreiskommandanten unterstellt werden.

Der „Generalkommandant der Polizei" erfüllt seine Aufgaben über eine **„Generalkommandantur"**, die mit einem „Vollzugsamt" verglichen werden kann, das auch über Unterstützungseinheiten verfügt und die Aus- und Fortbildung koordiniert. Die „Generalkommandantur" ist zuständig für die (zentrale) Bekämpfung der internationalen Kriminalität, für den Staatsschutz und für die Dienstaufsicht über die Polizeien in den Wojewodschaften.

Die „Generalkommandantur" setzt sich aus folgenden Organisationseinheiten zusammen: Büro für „Ermittlungen und Untersuchungen", Büro für „Verdeckte Erkennungsmaßnahmen", Büro für „Wirtschaftskriminalität", nationales (Zentral-)Büro für „INTERPOL", Büro für „Überwachungstechnik", Zentrallabor für „Kriminalistik", Büro für „Straßenverkehr", Büro für „Prävention", Büro für „Personal und Ausbildung", Präsidialbüro, Büro für „Informatik", Büro für „Fernmeldewesen", Büro für „Finanzen", Büro für „Technik und Versorgung", Redaktion für „Polizeiliche Zeitschriften", Abteilung für „Verwaltung und Wirtschaft" und – seit 1992 – das Büro für „Inspektionen des Generalkommandanten der Polizei" und das Büro für die „Bekämpfung der Organisierten Kriminalität".

In den 49 Wojewodschaften der Republik Polen existieren **„Kommandanturen"**, die nach **„Stadtpolizei-Kommandanturen"** (größere Städte) und **„Kreispolizei-Kommandanturen"** (Landkreise) unterschieden werden; sie werden von **„Wojewodschaftskommandanten"** geleitet.

c) Aufgaben

Die Veränderungen in der Gesellschaft der Jahre 1989 und 1990 haben mit dem „Gesetz 105
über die Polizei, das Staatsschutzamt sowie über das Amt des Innenministers", das das Parlament („Sejm") am 6. April 1990 verabschiedet hat, als wesentlichen Schritt zur Demokratisierung die Trennung von „Polizei" und „Staatsschutz" gebracht.

Einen guten Überblick über „Einige neue Regelungen des polnischen Polizei- und Staatsschutzrechts nach der Reform vom April 1990" von Organisationsfragen bis zum Gebot der „Befehlsverweigerung" bietet *Lammich*, in: Osteuropa-Recht 38, 1992, S. 217 ff.

Die Anfänge einer polizeilichen Zusammenarbeit zwischen Polen und Deutschland sind in den Abkommen vom 6. 11. 1991 betr. „die Zusammenarbeit bei der Bekämpfung der Organisierten Kriminalität" und vom 5. 4. 1995 betr. die „Grenzpolizeiliche Zusammenarbeit" – unbeschadet der Rechtshilfevorschriften und anderer Übereinkommen – geregelt. Die Vertragstexte sind – soweit sie im BGBl. III nicht greifbar sind – beim LKA Brandenburg erhältlich.

Die Aufgaben zur Aufrechterhaltung der inneren Sicherheit und Ordnung werden in der Republik Polen nunmehr unter dem politisch verantwortlichen Innenminister von dem „Generalkommandanten" über die 49 „Wojewodschaftskommandanten" wahrgenommen; in den Gemeinden sollen zum Schutz der Bevölkerung und zur Erhöhung der Sicherheit allgemein „Lokal"-Polizeien entstehen.

d) Organisation

106 Innerhalb einer jeden Wojewodschaftskommandantur bestehen „Örtliche Kommissariate", die – je nach Stadt- oder Kreis-Polizeikommandantur – unterschiedlich aufgebaut und besetzt sind. Neben dieser für die Republik Polen charakteristischen Polizeiorganisation werden von den Gemeinden – „je nach Notwendigkeit und finanziellen Möglichkeiten" – sogenannte „Lokal"-Polizeien eingerichtet. Da in Polen die Gemeinden über ihr Etatrecht eine relativ selbständige Position haben, schaffen immer mehr Kommunen diese „eigenen" Polizeien, die hinsichtlich der Dienstaufsicht ihrem Gemeinde- oder Stadtrat unmittelbar unterstehen; die Fachaufsicht für diese Lokalpolizeien wird von den Stadt- oder Kreiskommandanturen wahrgenommen.

e) Personal

107 Die staatliche Polizei der Republik Polen verfügt über etwa 90 000 Bedienstete.

aa) Auswahl und Einstellung. Voraussetzungen für die Einstellung sind die polnische Staatsangehörigkeit, der erfolgreiche Abschluß einer Oberschule, die Wehrtauglichkeit (für Männer), eine Mindestgröße von 1,70 m (Männer) und 1,65 m (Frauen) und ein Alter von 18–26 Jahren.

bb) Aus- und Fortbildung. Bewerber für den Polizeidienst beginnen zunächst eine etwa einjährige Grundausbildung, und zwar dezentral in 16 (ausgewählten) Wojewodschaften; hier sollen „die Kenntnis elementarer Begriffe" vermittelt und „das Ausüben einfacher Tätigkeiten" erlernt werden.

Nach dieser Grundausbildung findet der Bewerber im Rahmen eines mehrjährigen Praktikums (ein bis fünf Jahre) Verwendung als Streifenbeamter in einer „All-Terrain-Einheit".

Im Anschluß daran beginnt eine einjährige Ausbildung zum Unteroffizier; hierbei erfolgen erstmals Spezialisierungen: Verkehrsausbildung, Ausbildung in kriminalistischer Technik oder Ausbildung als Diensthundführer. Trotz derartiger Spezialisierungen haben alle Unteroffiziersbewerber zunächst das komplette Ausbildungsprogramm zu absolvieren; die eigentliche Spezialisierung erfolgt erst nach der Diplomierung. Die Ausbildung endet mit der Ernennung zum Unteroffizier.

Die Aufnahme in eine sogenannte „Aufstiegsausbildung" ist nur für Bewerber möglich, die einen klar definierten Leistungsstand in der Grundausbildung, in den Praktika und in der Ausbildung zum Unteroffizier erreicht haben; sie müssen von ihren Vorgesetzten ausgewählt worden sein. Von diesem Prinzip sind seit 1992 Abweichungen in der Form möglich, daß Bewerbern mit Hochschulreife und Akademikern ein Seiteneinstieg eröffnet wird.

Die Aufstiegsausbildung dauert für Aufstiegsbewerber drei Jahre, für Bewerber mit Hochschulreife vier Jahre; sie umfaßt „die Vermittlung von Grundlagen" und „Spezialisierungen mit entsprechenden Praxisanteilen" (halbjähriges Praktikum). Akademiker erhalten bis zum Erwerb des Diploms eine einjährige „Spezialisten"-Ausbildung, Juristen jedoch nur sechs Monate. Die Aufstiegsausbildung endet mit der Ernennung zum Unterkommissar.

Fortbildungskurse sind ergänzender Bestandteil der Aufstiegsausbildung; sie werden funktionsbezogen mit einer Dauer von drei Monaten angeboten und dezentral durchgeführt. Im Rahmen von Reformen in der Polizei Polens hat die Polizeihochschule (mit dem Sitz in Szczytno) eine Neuorganisation erfahren; sie hat dabei ihren Charakter von einem eher militärischen Aufbau in Richtung einer Hochschule verändert. Die Polizeihochschule untersteht dem Innenministerium und auch der Generalkommandantur, was sich in der Praxis als außerordentlich problematisch auswirkt, weil höchst unterschiedliche Auffassungen über die Rolle der Polizei in der Gesellschaft Polens bestehen.

Bei allen Bemühungen dieser einzigen Polizei-„Schule" Polens, für die Ausbildung der Führungskräfte echte Studienbedingungen einzurichten, macht die Polizeihochschule vom äußeren Erscheinungsbild und von den streng reglementierten Abläufen her im Grunde immer noch eher den Eindruck einer „militärischen" Einrichtung; gleichwohl sind Orientierungen „weg vom Militär" und „hin zur Bürgerfreundlichkeit" erkennbar und werden durch Lehraufträge an Professoren von Hochschulen und Fachhochschulen dokumentiert.

Die Polizeihochschule hat die Aufgabe, die Studierenden auf den Dienst in allen Offiziersstellen bei der Polizei sowie beim Grenzschutz vorzubereiten. Die Absolventen erhalten das Diplom einer „Beendigung des Fachstudiums ersten Grades"; den Magistertitel können sie erreichen, wenn sie ihr Studium an den Fakultäten für Rechtswissenschaften und Verwaltung an anderen Universitäten fortsetzen.

Die Polizeihochschule verfügt über Institute für Sozialwissenschaften, für Rechtswissenschaften, für Kriminalistik (mit Spurenkunde, Daktyloskopie, Bearbeitung von Falschgelddelikten und Todesermittlungen) und für Polizeidienstkunde, über eine selbständige Anstalt für Informatik und Statistik (mit den EDV-Systemen für Personen- und Sachfahndung) und über Abteilungen für Fremdsprachenstudium (Russisch, Französisch und Deutsch), für Körpererziehung, für Militärstudium und für Didaktik. Bemerkenswert ist neben einer umfangreichen Hauptbibliothek die Existenz einer selbständigen Verlagsanstalt, an der sämtliche eigenen Druckerzeugnisse hergestellt, aber auch Fremdaufträge erledigt werden; die Herstellung (fach-)wissenschaftlicher Unterlagen für den Vorlesungs- und Ausbildungsbetrieb kann hier rasch, relativ kostengünstig und unabhängig erfolgen.

f) Führungs- und Einsatzmittel

Aufgrund der tiefgreifenden Reformen in der polnischen Polizei und der damit verbundenen Umrüstungen sind zu den Führungs- und Einsatzmitteln derzeit keine verbindlichen Angaben zu machen. 108

2. Tschechische Republik

a) Polizei im Staat

In der demokratisch-parlamentarischen Tschechischen Republik trägt der Innenminister die Verantwortung für die Polizei; er übt die Dienst- und Fachaufsicht aus. 109

In der Zeit vom November 1989 bis zum Zerfall der CSFR am 31. 12. 1992 war es vorrangige Aufgabe, die straf- und strafprozeßrechtlichen Normen der Tschechischen Republik mit der „Charta der Grundrechte und Freiheiten" in Einklang zu bringen. In den Strafgesetznovellen (Gesetze Nr. 175/1990; 457/1990; 545/1990, 490/1991; 557/1991) und den Strafprozeßnovellen (Gesetze Nr. 178/1990; 303/1990; 558/1991) ging es vor allem darum, Entscheidungen über „Beschränkungen der Grundrechte und Freiheiten den Gerichten zu übertragen". Des weiteren sollten „Autorität und Vertrauenswürdigkeit der bewaffneten Sicherheitskorps" gefestigt werden. In sogenannten „Lustrations"-Gesetzen (Nr. 451/1991 und 297/1992) wurden Voraussetzungen für die Übernahme bestimmter Funktionen festgelegt, um die Staatsverwaltung – und damit auch die Polizei – „von kompromittierten Exponenten des totalitären Regimes zu säubern"; heute beträgt der Anteil der Polizeibeamtinnen und Polizeibeamten, die nach dem 1. 1. 1990 eingestellt worden sind, bereits über 40 %. Ansprechpartner für die Tschechische Republik: Frau Dr.-Ing. Hana BARTOSOVA, Director, Policejni Akademie, Lhotecka 100, CZ-14300 PRAHA 4, Tel. (0 04 20) 2-4 71 93 17, Fax (0 04 20) 2-4 71 41 31; JUDr. Josef SILPOCH,

Stredni Policejni Skola, Zlinska 991, CZ-769 12 HOLESOV, Tel. (0 04 20) 63 52 27 41-6, Fax (0 04 20) 63 52 15 63.

b) Organe

110 In der Tschechischen Republik existiert ein Zweistufensystem von Staatsverwaltung und Selbstverwaltung; im Rahmen der Staatsverwaltung gibt es 87 Kreisämter, im Rahmen der Selbstverwaltung 6231 Gemeinde- und Stadtverwaltungen. Das „Bewaffnete (Sicherheits-)Korps“ sorgt in den Polizeibezirksbehörden für öffentliche Sicherheit und Ordnung. In 415 Gemeinden oder Städten wurde eine „Gemeindepolizei“ errichtet. In diesen Gemeinden erfüllen 5500 Gemeindepolizistinnen und -polizisten „Aufgaben der Sicherung der öffentlichen Ordnung auf lokaler Ebene“; ihre Befugnisse sind insofern eingeschränkt, als sie Personen zur Identitätsfeststellung nur „auffordern“, diese aber nicht durchsetzen und Zwangsmittel nur zur Selbstverteidigung einsetzen dürfen. An der Spitze der Polizeiorganisation steht der Polizeipräsident von Prag; ihm unterstehen acht Polizeibezirksbehörden als „Mittelinstanz“, von denen eine allein das Stadtgebiet von Prag umfaßt. Dort gibt es auch eine Zentralstelle der Kriminalpolizei, die für das ganze Staatsgebiet zuständig ist; daneben existieren (noch) „Ermittler“, die dem Innenministerium direkt unterstellt sind.

c) Aufgaben

111 Zur Gewährleistung der öffentlichen Sicherheit und Ordnung wurde gemäß Gesetz Nr. 283/1991 ein „Bewaffnetes Korps“ mit der Bezeichnung „POLICIE CR“ („Polizei der Tschechischen Republik“) errichtet, wobei die Hauptaufgabe darin bestehen sollte, „Straftaten aufzudecken und Täter zu ermitteln“. Entscheidende Festlegung für die Gefahrenabwehrarbeit der Polizei der Tschechischen Republik ist, daß „öffentliche Sicherheit und Ordnung subsidiär gewährleistet werden“ und „der Bürger das Recht hat, sich gegen Angriffe auf seine gesetzlich geschützten Interessen zu wehren“. Zu einer international anerkannten und europaweit vergleichbaren Konzeption „Öffentliche Sicherheit und Ordnung“ war es erst nach dem 1. 1. 1993 nach Entstehung der selbständigen Tschechischen Republik gekommen; in ihrer ersten „Programmerklärung“ setzte sich die neue tschechische Regierung zum Ziel, „den Anstieg von Straftaten wesentlich zu beschränken, die Autorität der Polizei zu stärken und genügende legislative und materiell-technische Voraussetzungen zum Kampf gegen die Straftaten gegen das Eigentum, die Gewaltkriminalität und vor allem gegen die organisierte Kriminalität zu schaffen“.

Im wesentlichen hat also die Polizei die Aufgabe, die Sicherheit der Menschen zu gewährleisten und ihren Besitz zu schützen; sie hat für die „öffentliche Ordnung“ zu sorgen und strafbedrohte Handlungen aufzuklären, die Staatsgrenzen zu sichern, die Verfassungsorgane zu schützen und sich um die Verkehrssicherheit zu kümmern. Sie ist auch als „Fremdenpolizei“ tätig.

d) Organisation

112 Die Polizeidienste umfassen: Ordnungspolizeidienst (= Schutzpolizei), Kriminalpolizeidienst, Verkehrspolizeidienst (einschließlich Kfz-Zulassung), Schutzdienst, Polizeidienst zum Entdecken von Korruption und schwerwiegender Wirtschaftsstraftätigkeit, Ausländer- und Grenzpolizeidienst, Dienst des schnelles Einsatzes (= SEK), Eisenbahnpolizeidienst und Flugdienst.

e) Personal

113 Die Polizei der Tschechischen Republik verfügt insgesamt über ca. 52 000 Polizeibedienstete.

Von besonderem Interesse ist die Existenz von etwa 2500 Firmen mit ca. 50 000 Mitarbeitern im Bereich der „Privaten Sicherheitsdienste“, deren Hauptaufgaben „Personen- und Eigentumsschutz“ sind. Die tschechische Regierung verfolgt die Absicht, diese Unternehmenstätigkeit aus dem Wirkungsbereich der Gewerbegesetze herauszunehmen und in die Zuständigkeit des Innenministeriums zu verlagern. Angestrebt wird dabei, Anforderungen der Europäischen Union zu entsprechen.

aa) Auswahl und Einstellung. Die Tschechische Republik ist im Zuge der Demokratisierung verstärkt bemüht, junge Menschen für die Polizei auszuwählen, die die Gewähr für eine jederzeitige Achtung der Menschenrechte und Grundfreiheiten der Bürger bieten.

In die Polizei werden Frauen und Männer ab 18 Jahren mit mittlerem Bildungsabschluß eingestellt, wobei die Männer die militärische Ausbildung (vergleichbar mit dem Grundwehrdienst anderer Staaten der Europäischen Union) durchlaufen haben müssen.

bb) Aus- und Fortbildung. In der Tschechischen Republik gibt es eine Polizei-Hochschule (in Prag) und mehrere Polizei-(Mittel-)Schulen für die Grundausbildung, für laufende Fortbildung und für verschiedene Spezialausbildungen. Die (Grund-)Ausbildung für den Polizeidienst dauert in der Regel zwei Jahre; Spezialausbildungen von unterschiedlicher Dauer schließen sich an. Oberstes Ziel der Fortbildungsbemühungen ist es, den aus der Zeit des totalitären Regimes übernommenen Polizeibediensteten die erforderlichen verfassungsrechtlichen Grundlagen zu vermitteln und über Verhaltens-Trainings den Übergang in demokratische Verhältnisse sicherzustellen.

f) Führungs- und Einsatzmittel

Die Polizei der Tschechischen Republik trägt dunkelblaue Uniformen mit Staats- **114**
wappen und der Umschrift „POLICIE“ und ist mit Pistolen – und im Bedarfs- bzw. Einsatzfall mit Maschinenpistolen – (Kal. 9 mm) ausgestattet; ihre Mobilität ist über (Funk-)Streifenkraftfahrzeuge und Mannschaftswagen sichergestellt. Die noch im Aufbau befindliche, rechnergestützte Kommunikation weist westliche Standards auf und ist international kompatibel.

3. Ungarn

a) Polizei im Staat

Ungarn ist ein Einheitsstaat mit einer zentralisierten staatlichen Polizei. In dem Mehr- **115**
parteiensystem der Republik Ungarn ist nach der Verfassungsänderung vom Oktober 1989 für die Arbeit der Polizei der Innenminister dem Parlament gegenüber verantwortlich; die Hauptaufgabe der Polizei im heutigen Ungarn besteht im Schutz der öffentlichen Sicherheit und Ordnung.

Von 1948 bis 1989 waren in dem kommunistischen Einparteienstaat Ungarn die Funktionen der Polizei nahezu identisch mit denen aller übrigen totalitären Staaten des „Ostblocks“. In dieser Periode bestand die Hauptaufgabe der Polizei darin, das ganze Land polizeilich zu kontrollieren und als Teil des Unterdrückungssystems zu funktionieren; in dieser Zeit war der Chef der Polizei Ungarns zugleich auch einer der „Stellvertretenden Innenminister“, während der zweite „Stellvertretende Innenminister“ Chef von „Staatssicherheit“ und „Spionageabwehr“ war. Ausgelöst durch demokratische Bestrebungen und Bewegungen in allen Staaten Osteuropas sowie durch interne Wirtschaftskrisen war es im Oktober 1989 auch in Ungarn zum politischen Wechsel mit der Entwicklung eines parlamentarischen Mehrparteienstaates gekommen, was zu grundlegenden Veränderungen in der ungarischen Gesellschaft und zwangsläufig auch in der Polizei geführt hat. Ansprechpartner: Dr. Valer DANOS, Generaldirektor (spricht deutsch), Ungarische Polizeihochschule, Rendörtiszti Föiskola, Farkasvölgyi ut 12, H-1121 BUDAPEST, Tel. (00 36) 1-2 02 75 20; Dr. Joszef MAGYAR, Schulleiter (spricht deutsch), Közep-Europai Rendorakademia, XII. Böszörmenyi u. 21, H-1121 BUDAPEST, Tel. (00 36) 1-2 12-57 57, Fax (00 36) 1-2 12-57 57; Dr. Bela BLASKO, Rektor der ungarischen Hochschule, Rendörtiszti Föiskola, Farkasvölgyi ut 12, H-1121 BUDAPEST, Tel. (00 36) 1-2 01 08 95, Fax (00 36) 1-2 01 08 95.

b) Organage

116 Strukturell ist die ungarische Polizei vor allem durch Zentralisation gekennzeichnet, verbunden mit einer immer noch nicht überwundenen, relativ starken militärischen Ausprägung.

Ungarn ist in 19 Komitate und die Hauptstadt Budapest eingeteilt; diese Einteilung soll auch Grundlage der Gliederung der Polizei zur Aufgabenwahrnehmung sein. Die ungarische Polizei ist jedoch völlig unabhängig von allen anderen Organen des Staates und denen der lokalen Selbstverwaltungen aufgebaut, und – obwohl Gemeinde- und Komitatsvertretungen Koordinationsbefugnisse wahrnehmen sollen – bestehen substantielle Möglichkeiten der Beeinflussung oder Änderung polizeilicher Entscheidungen nicht.

Die lokalen Polizei-Direktionen unterstehen den Komitats-Präsidien, die wiederum dem Staatspolizei-Präsidium, das von einem Staatspolizei-Präsidenten geleitet wird, unterstellt sind. Die Regierung kann der Polizei Weisungen unmittelbar oder über das die allgemeine Verantwortung für die Ordnungsverwaltung tragende Innenministerium erteilen. Mit der Verabschiedung des Polizeigesetzes vom 29. 3. 1994[2] erhielt die ungarische Polizei zum ersten Mal die Kompetenz, als Strafverfolgungs-Behörde zu arbeiten, statt politischen Forderungen und Weisungen zu folgen.

Für die Arbeit der Polizei existieren ein „Nationales Hauptquartier der Ungarischen Polizei", 20 (Landes-)Polizeien in den Komitaten bzw. in Budapest und ein „Direktorat für Zentrale Ermittlungen (KBI)", das auf die deutlich gewachsenen kriminellen Herausforderungen wie Organisiertes Verbrechen, Wirtschaftskriminalität, Geldwäsche, Drogenhandel und Autoschiebereien reagieren soll.

c) Aufgaben

117 Die umfangreichen Aufgaben der Polizei in Ungarn umfassen die Verhütung der Kriminalität, die Strafverfolgung und Tätigkeiten im Bereich der Staats- und Ordnungsverwaltung.

Das Gesetz charakterisiert die ungarische Polizei als „staatliches, bewaffnetes Ordnungsschutzorgan", wobei die besondere Problematik im Fehlen klarer Abgrenzungen bei der Aufgabenwahrnehmung besteht. Obwohl als Grundlage der Strafverfolgung eine Strafprozeßordnung vorhanden ist, enthält das Polizeigesetz Vorschriften mit konkreten Befugnissen für Ermittlungen in Strafsachen, was zu einer Desorientierung der Polizeiarbeit in Ungarn im Vergleich zu Staaten der Europäischen Union geführt hat. Unter „Ordnungsverwaltung" versteht der Gesetzgeber immer noch unter anderem die Anwendung unmittelbaren Zwanges ohne jede Zuordnung zu einem bestimmten Rechts- oder Aufgabenbereich, was im Grunde der Polizei grenzenlose und kaum kontrollierbare Möglichkeiten eröffnet; so existieren beispielsweise für die Vorbeugung und für die Verfolgung identische Eingriffsmöglichkeiten.

Mit Hilfe von Beratung und Unterstützung aus einigen westlichen Demokratien entwickelt sich jedoch bei Führung und Einsatz der Polizei allmählich die klassische Aufgabenteilung von „Gefahrenabwehr" und „Strafverfolgung". Obwohl Ängste aus der totalitären Vergangenheit noch nicht abgebaut sein können, wächst das Vertrauen in eine Polizei, die vom Demokratisierungsprozeß erfaßt ist, sich zunehmend an (Menschen-)Recht und Gesetz orientiert und an einer demokratischen Verfassungs- und Rechtsentwicklung mitwirkt.

d) Organisation

118 Trotz strengen Festhaltens an einer „ungeteilten und zentralistischen Organisation" scheint es gleichwohl zu gelingen, nach westlichem Vorbild eine dezentrale Struktur zu entwickeln; über Beteiligung, Delegation und öffentliche Kontrolle greifen Mechanismen, die den Schutz des Bürgers in den Mittelpunkt der Polizeiarbeit stellen.

---

[2] Gesetz über die Polizei Nr. XXXIV, 1994.

e) Personal

Die ungarische Polizei hat heute etwa 40 000 Angehörige; vor der „Wende" waren es knapp über 24 000. 30 000 sind (Berufs-)Polizisten, die keine Beamten sind, sondern über einen am Militär orientierten Sonderstatus verfügen; 10 000 sind öffentliche (Zivil-) Angestellte. 119

aa) Auswahl und Einstellung. Die ungarische Polizei ist bemüht, Auswahl- und Einstellungskriterien zu entwickeln, die eine Abkehr von der Übernahme von Personen aus dem Militär ermöglichen; zukünftig sollen sich Auswahl und Einstellung an den von westlichen Beratern empfohlenen Kriterien (Alter: 18–35; Männer und Frauen; Mindestgröße: 1,70 bzw. 1,60; mittlerer Bildungsabschluß; allgemeine (Fachhochschul-)Studierfähigkeit) orientieren und für die Polizei Menschen aus allen Schichten der Bevölkerung zulassen.

bb) Aus- und Fortbildung. Das größte Problem für die Ausbildung künftiger Polizisten ist der Mangel an Wissen und Erfahrung über die Abwehr von Gefahren, die dem einzelnen oder der Allgemeinheit drohen („klassische Gefahrenabwehr"); in der Zeit des Kommunismus war das Studium von „Polizei" untersagt, so daß die Polizei in Ungarn heute auf Lehr- und Lernhilfen westlicher Demokratien angewiesen ist.

Die Polizei in Ungarn verfügt über eine „Hochschule für Polizeioffiziere", die einen integralen Bestandteil des allgemeinen Hochschulwesens Ungarns darstellt und auf der Grundlage eines Gesetzes über die Universitäten und Hochschulen existiert. An dieser Hochschule studieren nicht nur Polizeioffiziere, sondern auch die Offiziere für den Grenzschutz (der nicht zur Polizei gehört), die Zollbehörde und den Strafvollzugsdienst. Die Hochschule arbeitet – auch über die Praktika hinaus – eng mit den „Ordnungsschutzorganen" zusammen und berücksichtigt deren praktische Bedürfnisse bei der Gestaltung des Lehrangebots. Seit 1994 ist der Hochschule ein Forschungsinstitut angegliedert, das sich mit der Aus- und Fortbildung von Führungskräften der Polizei und anderer Ordnungschutzorgane beschäftigt; Schwerpunkt zweiwöchiger Seminare ist das Tätigkeitsfeld „Gefahrenabwehr".

f) Führungs- und Einsatzmittel

Die ungarische Polizei ist zur Zeit mit westlicher Unterstützung bemüht, eine elektronische Datenverarbeitung und neue Bürokommunikationstechniken einzurichten sowie den Einsatz der forensischen Wissenschaft in der Polizeiarbeit voranzubringen. Ausrüstung und Bewaffnung (Schlagstock; Pistolen und Maschinenpistolen, Kal. 9 mm; Präzisionswaffen für Spezial- und Sondereinheiten) sowie Ausstattung mit (Funkstreifen- und Mannschafts-)Fahrzeugen entsprechen zu großen Teilen westlichen Standards. 120

O. Polizeiliche Zusammenarbeit in Europa

Übersicht

Schrifttum: *Aden,* Polizeipolitik in Europa, 1998; *Akmann,* Die Zusammenarbeit in den Bereichen Justiz und Inneres als „3. Säule" des Maastrichter Unionsvertrages, JA 1994, 49; *Aebi,* Zusammenarbeit von Polizei und Justiz aus der Sicht der Schweizer Justiz, in: Nachbaur (Hrsg.), Die grenzüberschreitende Zusammenarbeit von Polizei und Justiz in den Schengen-Staaten, Texte der FH Polizei Villingen-Schwenningen, Heft 15, 1998, S. 23; *Andres,* Die Balkanroute, Kriminalistik 1998, 326; *Baer,* Grundrechtscharta ante portas, ZRP 2000, 361; *Bäumler,* Schengener Abkommen und Wirtschaftskriminalität. Informationelle Zusammenarbeit der Sicherheitsbehörden, CR 1994, 487; *ders.*, Polizeiliche Zusammenarbeit und informationelle Selbstbestimmung – Aspekte zur Entwicklung eines EU-Datenschutzrechtes, in: Theobald (Hrsg.), Von der Europäischen Union zur „Europäischen Sicherheitsunion"? 1997; *Baldus*, Europol und das Demokratieprinzip, ZRP 1997, 286; *Baldus* (Hrsg.), Polizeirecht des Bundes mit zwischen- und überstaatlichen Rechtsquellen, 2. Aufl. 2000; *Baldus/Soiné* (Hrsg.), Rechtsprobleme der internationalen polizeilichen Zusammenarbeit, 1999; *Bizer*, Die zweite Novelle zum sächsischen Polizeigesetz. Leipziger juristische Vorträge, 1999; *Bönninghaus*, Zusammenarbeit in Deutschland zwischen den Bundesländern bei der Bekämpfung der Kriminalität, der Einfluß der Behörde und der NEBEDEAG-Pol, in: TRANSPOL (Hrsg.), Internationalisering door Grenzeloze Samenwerking, 1994, S. 132; *Böse*, Die Immunitität von Europol – ein unterschätztes Verfolgungshindernis?, NJW 1999, 241; *Bohnert*, Die grenzüberschreitende Zusammenarbeit von Polizei und Justiz in den Schengen-Staaten – Die Erfahrungen der französischen Justiz, in: Nachbaur (Hrsg.), Die grenzüberschreitende Zusammenarbeit von Polizei und Justiz in den Schengen-Staaten, Texte der FH Polizei Villingen-Schwenningen, Heft 15, 1998, S. 85; *Bornmann*, Rechtsfragen polizeilicher Zusammenarbeit zwischen Sachsen und Polen sowie der Tschechischen Republik, in: Baldus/Soiné (Hrsg.), Rechtsprobleme der internationalen polizeilichen Zusammenarbeit, 1999, S. 157; *Brammertz*, Rechtsprobleme der grenzüberschreitenden polizeilichen Zusammenarbeit zwischen den Schengener Staaten, Schriftenreihe der Polizeiführungsakademie, Heft 1/1997, S. 109; *ders.*, Grenzüberschreitende polizeiliche Zusammenarbeit am Beispiel der Euregio-Maas-Rhein, 1999; *ders./Colling*, Erfahrungen und aktuelle Probleme mit den Bestimmungen des SDÜ aus der Sicht der Benelux-Staaten, in: Nachbaur (Hrsg.), Die grenzüberschreitende Zusammenarbeit von Polizei und Justiz in den Schengen-Staaten, Texte der FH Polizei Villingen-Schwenningen, Heft 15, 1998, S. 73; *Brendel*, Polizeihoheit der Länder – Spannungsverhältnis zwischen Anspruch und Realität bei der internationalen Zusammenarbeit, in: Polizeiführungsakademie (Hrsg.), Internationale Zusammenarbeit in der Kriminalitätskontrolle. Internationales Seminar v. 5.–8. Mai 1992; *Brenner*, Gen-Material aus aller Welt, Öffentliche Sicherheit 4/2000 (online-Ausgabe ‹www.bmi.gv.at›); *Brugger*, Interpol im Zwielicht. Datenschutzkontrolle kontrovers, Deutsche Polizei 7/1983, S. 7; *von Bubnoff*, Die Funktionsfähigkeit der vertraglichen Nacheileregelungen über die Grenzen und Ansätze für deren Verbesserung, ZRP 2000, 60; *Bull*, Datenschutz oder Die Angst vor dem Computer, 1984; *ders.*, Visionen und Wirklichkeit einer Kriminalpolitik für Europa, KritV 1995, 313; *ders.*, Das Europäische Polizeiamt – undemokratisch und rechtsstaatswidrig?, DRiZ 1998, 32; *Busch*, Europa – Ein „Mekka der Kriminalität"? EG-Grenzöffnung und internationale Polizeikooperation, KJ 1990, 1; *ders.*, Operative Zusammenarbeit über Grenzen. Verdeckte Aktionen und kontrollierte Lieferungen, Bürgerrechte u. Polizei/CILIP 49 (3/94), S. 55; *ders.*, Grenzenlose Polizei? Neue Grenzen und polizeiliche Zusammenarbeit in Europa, 1995; *ders.* Technische Modernisierung bei Interpol – Nachrichtenverkehr und Datensammlung, Bürgerrechte u. Polizei/CILIP 53 (1/96), S. 37; *ders.*, Neue Wachstumsringe im SIS. Ausbauplanung und Datenstatistik, Bürgerrechte u. Polizei/CILIP 63 (2/99), S. 80; *Bux*, Die offene und die grüne Grenze. Verbrechensbekämpfung in Baden-Württemberg mit Frankreich und der Schweiz, Kriminalistik 1987, 489; *Chourry*, Zwei Aspekte der französischen Polizei in Morié/Murck/Schulte (Hrsg.), Auf dem Weg zu einer europäischen Polizei, 1992, S. 192; *Cremer*, Der grenzüberschreitende Einsatz von Polizeibeamten nach dem deutsch-schweizerischen Polizeivertrag: ein Vorbild für die Kooperation der Mitgliedstaaten der Europäischen Union auf dem Gebiet der Verbrechensbekämpfung?, ZaöRV 60/1 (2000), S. 103; *Daum*, INTERPOL – öffentliche Gewalt ohne Kontrolle, JZ 1980, 798; *Denninger*, Staatsrecht, Einführung in die Grundprobleme des Verfassungsrechts der Bundesrepublik Deutschland, Band 1, 1973; *ders.*, Das Recht auf informationelle Selbstbestimmung. Folgerungen aus dem Volkszählungsurteil des Bundesverfassungsgerichts, in: *Hohmann*, Freiheitssicherung durch Datenschutz, 1987; *ders.*, Vielfalt, Sicherheit und Solidarität: Ein neues Paradigma für Verfassungsgebung und Menschenrechtsentwicklung?, in: *Denninger*, Menschenrechte und Grundgesetz. Zwei Essays, 1994; *ders.*, Anmerkungen zur Diskussion um Europäische Grundrechte, KritV 2/2000; *Di Fabio*, Die „Dritte Säule" der Union, DÖV 1997, 89; *Diederichs*, TREVI – ein standardbildendes Pilotprojekt?, Bürgerrechte und Polizei/CILIP 40 (3/91), S. 35; *Dörr*, Das Schengener Durchführungsübereinkommen – ein Fall des Art. 24 Abs. 1 GG, DÖV 1993, 696; *Eick/Trittel*, Verfassungsrechtliche Bedenken gegen deutsche Mitarbeit bei Interpol, EuGRZ 1985, 81; *Eisel*, Der deutsch-schweizerische Polizeivertrag, Kriminalistik 2000, 706; *Endres*, Internationale Verbrechensbekämpfung, 1991 (Diss. Frankfurt); *Eser*, Wege und Hürden transnationaler Strafrechtspflege in Europa, in Bundeskriminalamt (Hrsg.), Verbrechensbekämpfung in europäischer Dimension, BKA-Vortragsreihe, Bd. 37, 1992; *Finger*, Stand der Vereinbarung zur Rechtshilfe in Strafsachen mit den Staaten Ost- und Mitteleuropas, in: Polizeiführungsakademie (Hrsg.), Die Zusammenarbeit mit Ost- und Mitteleuropa in der Kriminalitätskontrolle. Internationales Seminar v. 4.–6. Juli 1994; *Fisahn*, Europol – Probleme der Kontrolle, KJ 1998, 358 ff.; *Geiger*, EUV/EGV. Vertrag über die Europäische Union und Vertrag zur Gründung der Europäischen Gemeinschaft. Kommentar, 3. Aufl. 2000; *Gersonde*, „Rundherum hervorragend". Die Zusammenarbeit zwischen schleswig-holsteinischen und dänischen Polizeibehörden, Kriminalistik 1987, 479; *Gimbal,* Die Innen- und Justizpolitik der EU nach Amsterdam, in: Weidenfeld (Hrsg.), Amsterdam in der Analyse, 2. Aufl. 1999; *Gleß,* Zur Verwertung von Erkenntnissen aus verdeckten Ermittlungen im Ausland im inländischen Strafverfahren, NStZ 2000, 57; *dies.*; „... das überall dem Gesetz ein Genüge geschehe" – Justizielle Einbindung und Kontrolle des strafrechtlichen Ermittlungsverfahrens, DRiZ 2000, 365; dies./*Lüke,* Rechtsschutz gegen grenzüberschreitende Strafverfolgung in Europa, JURA 2000, 400; *Grotz,* Internationale Rechtshilfe zwischen den Schengener Staaten, in: Polizeiführungsakademie (Hrsg.), Rechtsprobleme der internationalen Zusammenarbeit. Internationales Seminar v. 12.–14. 9. 1995; *Grützner/Pötz,* Internationaler Rechtshilfeverkehr in Strafsachen, 2. Aufl., Stand: Sept. 1994; *Heinrich,* Die Nacheile im Rahmen von Strafverfolgungsmaßnahmen, NStZ 1996, 362; *Hemesath,* Das Schengener Informationssystem – SIS –. Ausschreibungskategorien und Ausschreibungsmodalitäten, Kriminalistik 1995, 169; *Hetger,* Die rechtliche Problematik gemischt-nationaler Polizeieinheiten („Gemeinsame Zentren") im deutsch-französischen Grenzgebiet, in: Baldus/Soiné (Hrsg.), Rechtsprobleme der internationalen polizeilichen Zusammenarbeit, 1999, S. 145; *de Heus,* Interregionale samenwerking en de rol van de I.C.C.'s (Informatieen Coördinatie Centrale) daarbij, in: TRANSPOL (Hrsg.), Internationalisering door Grenzeloze Samenwerking, 1994, S. 111; *Ipsen,* Völkerrecht, 4. Aufl. 1999; *Jacob,* Europäische Zusammenarbeit – nicht nur in der ersten Säule, DuD 1999, 4; *Jeschke/Graf,* Wenn eine Ladung Haschisch aus dem Orient kommt..., Kriminalistik 1987, 437; *Kapteyn,* Kulturgerecht verhandeln. Über nationale Zivilisationen und die europäische Integration, Kriminalistik 1991, 88; *Kattau,* Strafverfolgung nach Wegfall der europäischen Grenzkontrollen. Eine Untersuchung der Schengener Abkommen, 1992 (Diss. Bremen); *Kersten,* Die Rolle des Bundeskriminalamtes als Zentralstelle bei der internationalen Zusammenarbeit, Die Polizei 1997, 337; *ders.,* Das BKA auf dem Weg ins einundzwanzigste Jahrhundert, Kriminalistik 2000, 7; *Klein,* Zusammenarbeit in Gremien der Europäischen Union, Polizei-Kurier, 11/1994, S. 9; *Kraehn,* Polizeiliche und justizielle Rechtshilfe nach den Bestimmungen des S.D.Ü. aus der Sicht Frankreichs – die Erfahrungen der französischen Polizei, in: Nachbaur (Hrsg.), Die grenzüberschreitende Zusammenarbeit von Polizei und Justiz in den Schengen-Staaten, Texte der FH Polizei Villingen-Schwenningen, Heft 15, 1998, S. 95; *Krüger,* Innere Sicherheit für Europa. Schengen und Maastricht – Stationen der Polizei auf dem Weg nach Europa, Kriminalistik 1994, 773; *Lehnert,* Gute Kontakte nach Frankreich. Internationale Kooperation der Polizeibehörden an der Saar, Kriminalistik 1987, 486; *Leimer,* Aktuelle Probleme des Schengener Durchführungsabkommens aus der Sicht Österreichs, Schriftenreihe der Polizeiführungsakademie, Heft 1/1997, S. 123; *Lisken,* Polizei- und Verfassungsschutz. Aspekte der gesetzlichen Zusammenarbeit, NJW 1982, 1481; *ders.,* „Gute Polizey" im vereinten Europa?, in: Lotta/Oebbecke/Reh (Hrsg.), Deutsche und europäische Verfassungsgeschichte. Sozial- und rechtswissenschaftliche Zugänge. Symposium zum 65. Geburtstag von Hans Boldt, 1997, S. 249; *ders.,* EUROPOL – ein Symptom des Verfassungswandels, DRiZ 1998, 75; *Lisken/Mokros,* Europol – eine „entfesselte" Polizeimacht, in: Müller-Heidelberg/Finckh/Narr/Pelzer (Hrsg.), Grundrechtereport 1998, S. 200; *Lüdders,* Zusammenarbeit mit osteuropäischen Staaten aus der Sicht des Landeskriminalamtes Brandenburg, Die Polizei 1998, 315; *Maaß,* Internationale Kriminalpolizeiliche Zusammenarbeit im Rahmen der IKPO-Interpol, in: Teufel (Hrsg.), Taschenbuch für Kriminalisten, Bd. 41, 1991; *Maier,* Die Polizei in Frankreich, Deutsches Polizeiblatt (DPolBl), Heft 2/1994, S. 4; *Martinez Soria,* Die polizeiliche Zusammenarbeit in Europa und der Rechtsschutz des Bürgers, VerwArch (89) 1998, 400; *MEPA-Handbuch,* herausgegeben vom „Zentralen Koordinationsbüro der Mitteleuropäischen Polizeiakademie Wien"; *Ministerie van Justitie (NL),* Der ausländische Ermittlungsbeamte in den Niederlanden, 2000; *Möbius,* Entwicklung und Stand von Europol, Der Kriminalist 1993, 328; *Monar,* Ein Raum der Freiheit, der Sicherheit und des Rechts: Innen- und Justizpolitk nach Amsterdam, in: Jopp/Maurer/Schmuck (Hrsg.): Die Europäische Union nach Amsterdam, 1998, S. 127–154; *ders.,* Der „Raum der Freiheit, der Sicherheit und des Rechts" nach Amsterdam und Tampere, integration, Heft 1/2000, S. 18; *Nachbaur,* Europol-Beamte und Immunität – ein Sündenfall des Rechtsstaats, KJ 1998, 231; *ders.* (Hrsg.), Die grenzüberschreitende Zusammenarbeit von Polizei und Justiz in den Schengen-Staaten, FH Polizei Villingen-Schwenningen, Texte Nr. 15, 1998; *Nehm,* Zusammenarbeit der Strafverfolgungsorgane in Europa – Eine Zwischenbilanz –, DRiZ 2000, 355; *Nelles,* Europäisierung des Strafverfahrens – Strafprozeßrecht für Europa?, ZStW 109 (1997), Heft 4, S. 727; *Nicolaus,* Schengen und Europol – ein europäisches Laboratorium? Europäische Polizeikooperation in deutsch-französischer Sicht, NVwZ 1996, 40; *Nisch,* Die „Einstandskosten" möglichst gering halten. Die polizeiliche Zusammenarbeit in Europa '93, Die Streife 11/1992, S. 6; *Pechstein,* Amsterdamer Vertrag und Grundgesetz, DÖV 1998, 569; *Pechstein/Koenig,* Die Europäische Union, 3. Aufl. 2000; *Perron,* Auf dem Weg zu einem europäischen Ermittlungsverfahren?, ZStW 112 (2000), Heft 1, S. 202, *Petri,* Die Verwirklichung des *„Rechtsstaats"*prinzips bei Europol, KritV 1998, 441; *ders.,* Europol – Grenzüberschreitende polizeiliche Tätigkeit in Europa, (Diss. Frankfurt/M.) 2001; *Pitschas,* Europäisches Polizeirecht als Informationsrecht, ZRP 1993, 174; *ders.,* Integrationsprobleme des Polizeirechts in Europa, NVwZ 1994, 625; *Richtsteig,* Wiener Übereinkommen über diplomatische und konsularische Beziehungen. Entstehungsgeschichte, Kommentierung, Praxis, 1994; *Riegel,* Internationale Bekämpfung von Straftaten und Datenschutz (unter besonderer Berücksichtigung von Interpol), JZ 1982, 312; *ders.,* Grundfragen und Neuerungen der informationellen Zusammenarbeit des Bundeskriminalamts mit Interpol, DVBl. 1984, 986; *Ritgen,* Grundrechtsschutz in der Europäischen Union, ZRP 2000, 371; *Rüsch,* Die grenzübergreifende polizeiliche Zusammenarbeit aus schweizerischer Sicht, in: Nachbaur (Hrsg.), Die grenzüberschreitende Zusammenarbeit von Polizei und Justiz in den Schengen-Staaten, Texte der FH Polizei Villingen-Schwenningen, Heft 15, 1998, S. 16; *Rüter,* Abstimmen, harmonisieren oder gleichschalten? Gedanken zur Erhaltung eines funktionsfähigen Strafrechts im grenzenlosen Europa. Vortrag, gehalten am 27. 11. 1991 im Rahmen des Triberger Symposiums 1991: Rechtshilfe in einem Europa ohne Grenzen; *Rupprecht/Hellenthal,* Programm für eine Europäische Gemeinschaft der Inneren Sicherheit, in: Innere Sicherheit im Europäischen Binnenmarkt. Eine Veröffentlichung der Bertelsmann Stiftung, 1992; *Rupprecht,* Das Schengener Sicherheitssystem, DNP 1991, 555; *ders.,* Polizeilexikon, 2. Aufl. 1995; *Schattenberg,* Das Schengener Informationssystem – technische und rechtliche Fragen bei der Verwirklichung, Schriftenreihe der Polizeiführungsakademie 3–4/1989, S. 20; *Scheller,* Das Schengener Informationssystem – Rechtshilfeersuchen „per Computer", JZ 1992, 904; *dies.,* Ermächtigungsgrundlagen für die internationale Rechts- und Amtshilfe zur Verbrechensbekämpfung, 1997; *Schmidt-Nothen,* Internationale polizeiliche Zusammenarbeit, in: Kube/Störzer/Timm (Hrsg.), Kriminalistik. Handbuch für Praxis und Wissenschaft, Bd. 2, 1994; *Schomburg,* Strafrecht und Rechtshilfe im Geltungsbereich von Schengen II, NJW 1995, 1931; *ders.,* Die Rolle des Individuums in der Internationalen Kooperation in Strafsachen, StV 1998, 153; *ders.,* Strafsachen in der Europäischen Union, NJW 1999, 540; *ders.,* Internationale polizeiliche Zusammenarbeit aus Sicht der Justiz, in: Baldus/Soiné (Hrsg.), Rechtsprobleme der internationalen polizeilichen Zusammenarbeit, 1999; *ders.,* Justitielle Zusammenarbeit im Bereich des Strafrechts in Europa: EURO-JUST neben Europol!, ZRP 1999, 237; *ders.,* EUROJUST neben EUROPOL. Kooperation bei der Kooperation in Europa, Kriminalistik 2000, 13; *ders.,* Ein neuer Start! Internationale vertragliche Rechtshilfe in Strafsachen – Kurzübersicht zur aktuellen Rechtsentwicklung, NJW 2001, 801; *Schomburg/Lagodny,* Neuere Entwicklungen der internationalen Rechtshilfe in Strafsachen, NStZ 1992, 353; *dies.,* Gesetz über die internationale Rechtshilfe in Strafsachen (IRG), 3. Aufl. 1998; *Schreckenberger,* Von den Schengener Abkommen zu einer gemeinsamen Innen- und Justizpolitik (Die Dritte Säule), VerwArch 1997, 389; *Schreiber,* Polizeiliche Zusammenarbeit in einem Europa ohne Grenzen. Realität und Perspektiven, Kriminalistik 1991, 369; *Schriever-Steinberg,* Das Schengener Informationssystem, DuD 2000, 209; *Schultz,* Aktuelle Probleme des Schengener Durchführungsübereinkommens aus der Sicht Frankreichs, Schriftenreihe der Polizeiführungsakademie, Heft 1/1997, S. 89; *ders.,* Operative Möglichkeiten und Grenzen in der Umsetzung des Schengener Durchführungsübereinkommens (SDÜ), in: Polizeiführungsakademie (Hrsg.), Strategie und Taktik zur Bewältigung von Großlagen. Internationales Seminar v. 8.–11. 6. 1999, S. 197; *Schürmann,* Verdeckte Ermittler und V-Personen. Möglichkeiten und Grenzen des internationalen Einsatzes von Verdeckten Ermittlern und von V-Personen, DNP 1995, 348 u. 383; *Schuster,* Europäisierung der Polizeiarbeit, Kriminalistik 2000, 74; *Schütz,* Europaweite Freizügigkeit ohne demokratische Kontrolle? – Überwachung der Anwendung der Schengen II-Konvention durch die nationalen Parlamente, AöR 120 (1995), Heft 4, S. 509; *Schweitzer,* Staatsrecht III. Staatsrecht, Völkerrecht, Europarecht, 2. Aufl. 1990; *Seidl-Hohenveldern,* Völkerrecht, 8. Aufl. 1994; *Semerak,* Die Polizei in den Niederlanden, Deutsches Polizeiblatt (DPolBl), Heft 2/1994, S. 13; *ders.,* Die Polizei in Dänemark, Deutsches Polizeiblatt (DPolBl), Heft 2/1994, S. 15; *ders.,* Die Polizei in der Schweiz, Deutsches Polizeiblatt (DPolBl), Heft 2/1994, S. 22; *Sieber,* Memorandum für ein Europäisches Modellstrafgesetzbuch, JZ 1997, 369; *Spörl,* Zur Einführung einer verdachts- und ereignisunabhängigen Personenkontrolle („Schleierfahndung") in Bayern, Die Polizei 1997, 217; *Storbeck,* Verwirrend – von Gesetzes wegen. Wenn im Ausland ermittelt werden muß, können in der Bundesrepublik viele Behörden zuständig sein, Kriminalistik 1987, 472; *ders.,* Die polizeiliche Zusammenarbeit in Europa und die Rolle des Bundeskriminalamtes als kriminalpolizeiliche Zentralstelle Deutschlands in der europäischen Kooperation, in: Zachert (Hrsg.): 40 Jahre Bundeskriminalamt, 1991; *ders.,* EUROPOL – Sachstand und Ausblick, Die Polizei 1993, 229; *ders.,* EUROPOL – Symbol ihrer Zeit. Ein Bericht über Aufbau und Aufgaben, Kriminalistik 1994, 201; *ders.,* EUROPOL Probleme und Lösungen. Eine europäische Institution auf dem Wege vom Traumbild zum handfesten Rüstzeug, Kriminalistik 1996, 17; *ders.,* Notwendigkeit und Grenzen internationaler polizeilicher Zusammenarbeit – Rechtprobleme beim Aufbau von Europol, in: Baldus/Soiné, Rechtsprobleme der internationalen polizeilichen Zusammenarbeit, 1999; *Sule,* Europol und europäischer Datenschutz, 1999; *Tetzlaff,* Internationale Kontakte der Landeskriminalämter nach dem neuen BKA-Gesetz, ZFIS 1999, 241; *Tolmein,* Europol, StV 1999, 108; *Tuffner,* Das Schengener Informationssystem, Kriminalistik 2000, 39; *Vogler,* Das neue Gesetz über die internationale Rechtshilfe in Strafsachen, NJW 1983, 2114; *Wachholz,* EUROPOL im Spannungsfeld zwischen Politik und Verbrechenswirklichkeit, DNP 1995, 513; *ders.,* EUROPOL aus Sicht der Bundesländer. Besondere Probleme im Rahmen der internationalen Zusammenarbeit, Kriminalistik 1995, 715; *Waechter,* Demokratische Steuerung und Kontrolle einer europäischen Polizei, ZRP 1996, 167; *Weber,* Vorbildliche Zusammenarbeit. Rheinland-Pfalz: Keine Probleme mit den Sicherheitsorganen des Großherzogtums Luxemburg, Kriminalistik 1987, 487; *Wehner,* Europäische Zusammenarbeit bei der polizeilichen Terrorismusbekämpofung aus rechtlicher Sicht. Aufgezeigt am Beispiel der Bundesrepublik Deutschland, 1993 (Diss. Hannover); *dies.,* Die polizeiliche Zusammenarbeit zwischen den Schengen-Staaten unter besonderer Berücksichtigung des SIS, in: Achermann/Bieber/Epiney/Wehner (Hrsg.), Schengen und die Folgen, 1995; *Weichert,* Das geplante Schengen-Informationssystem, CR 1990, 62; *ders.,* Interpol – Europol, DuD 1995, 485; *Wenzel,* Innere Sicherheit in Europa. Zur Notwendigkeit eines neuen Sicherheitsdenkens in Europa, Die Polizei 1993, 5; *Wilkesmann,* Plädoyer für das Schengener Informationssystem (SIS), NStZ 1999, 68; *Willkommen,* Es beginnt bei der Unfallflucht. Internationale Rechtshilfe in Strafsachen: Gesetze, Verträge, Geschäftswege – ein Überblick, Kriminalistik 1987, 466; *Wingenter,* Das Fernverkehrsnetz der Kriminalpolizei. Zentralstelle der IKPO-Interpol/Strukturveränderungen im Generalsekretariat, Kriminalistik 1987, 415; *Wieske/Nickel,* Aufgaben und Möglichkeiten der IKPO-Interpol, Deutsches Polizeiblatt (DPolBl) 5/1998, S. 21; *Wittkämper/Krevert/Kohl,* Europa und die innere Sicherheit. BKA-Forschungsreihe Bd. 35, 1996; *Wolters,* „Ausgleichsmaßnahmen" nach dem Schengener Durchführungsübereinkommen. Die Regelungen über die polizeiliche Zusammenarbeit und über die Rechtshilfe in Strafsachen, Kriminalistik 1995, 172; *ders.,* Grenzüberschreitende Zusammenarbeit nach den Bestimmungen des SDÜ – Anspruch und Wirklichkeit aus der Sicht des Bundeskriminalamtes, in: Nachbaur (Hrsg.), Die grenzüberschreitende Zusammenarbeit von Polizei und Justiz in den Schengen-Staaten, Texte der FH Polizei Villingen-Schwenningen, Heft 15, 1998, S. 36; *Würz,* Das Schengener Durchführungsübereinkommen, 1997; *Zeiger,* Das EUROPOL-Computersystem, Kriminalistik 1998, 313; *Zieschang,* Der Austausch personenbezogener Daten mittels Europol, ZRP 1996, 427; *Zott,* Erfahrungen mit Schengen, HPR 12/1995, S. 20; *Zuleeg,* Die föderativen Grundsätze der Europäischen Union, NJW 2000, 2846.

I. Einführung

1 Bei dem Versuch, ein System der polizeilichen Zusammenarbeit zu beschreiben, bietet sich aus rechtlicher Sicht eine **Unterteilung nach dem Zweck der Kooperation** an. Wie im innerstaatlichen Bereich kann dieser Zweck sowohl die Aufklärung von Straftaten als auch die Gefahrenabwehr sein. Die Zusammenarbeit mit ausländischen Behörden zur Aufklärung einer Straftat wird wegen der Zusatzfunktion **„internationale Rechtshilfe"** in Strafsachen genannt, obwohl man in Deutschland nur die gerichtliche Hilfe als „Rechtshilfe" bezeichnet (vgl. dazu Rdn. 4). Von dieser Hilfe in Strafsachen wird nicht die Verhütung von strafbaren Handlungen oder die „Vorsorge für die künftige Strafverfolgung" erfaßt. Nach den innerstaatlichen Aufgabenzuweisungen handelt es sich bei dieser sogenannten „Prävention" um reine Verwaltungstätigkeit, so daß die für einen ausländischen Staat in Betracht kommende Verwaltungshilfe **„internationale Amtshilfe"** genannt wird (vgl. dazu Rdn. 42). Weil Amtshilfe aber nur die Hilfe im Einzelfall und nicht die Zusammenarbeit außerhalb von Einzelfällen ohne Ersuchen erfaßt, erfordern weitergehende Kooperationen besondere Regelungen, die, wie z. B. die grenznachbarliche Zusammenarbeit (vgl. dazu Rdn. 48), gesondert betrachtet werden müssen.

2 Die Verpflichtung zur Leistung „internationaler Rechts- und Amtshilfe" und die Vereinbarungen über andere Kooperationsformen setzen entsprechende **völkerrechtliche Verträge** voraus. Das gilt auch für die polizeiliche Zusammenarbeit innerhalb der Europäischen Union, weil diese Kooperation bisher nur zwischenstaatlich geregelt ist und nicht zum supranationalen Recht der EG gehört. Von den **bilateralen Verträgen** werden die „OK-Abkommen" mit einigen osteuropäischen Staaten (vgl. dazu Rdn. 74) und der

„deutsch-schweizerische Polizeivertrag" (vgl. dazu Rdn. 79) erläutert. Das **„Schengener Durchführungsübereinkommen"** (SDÜ) wird als **multilateraler Vertrag** behandelt (vgl. dazu Rdn. 102). Das Abkommen wurde außerhalb der Europäischen Gemeinschaft zwischen einigen Mitgliedstaaten der EG geschlossen. Nach dem Inkrafttreten des Vertrages von Amsterdam über die Änderung des EU-Vertrages von Maastricht, gehört das SDÜ zum **„Besitzstand der EU"** (vgl. dazu Rdn. 108).

Die „Internationale Kriminalpolizeiliche Organisation" **(Interpol)** ist, trotz der Kritik an ihrer schwerfälligen Arbeitsweise, für die polizeiliche Zusammenarbeit mit den osteuropäischen Staaten von Bedeutung. Auf die Beschreibung von „Interpol" konnte daher nicht verzichtet werden (vgl. dazu Rdn. 168). Im Gegensatz zu „Interpol" und „Europol" ist die **„Europäische Union"** keine internationale Organisation. Gleichwohl wird sie wegen ihrer Bedeutung für die polizeiliche Zusammenarbeit in Europa in einem eigenen Abschnitt behandelt (vgl. dazu Rdn. 185), wobei sich die Darstellung auf die „dritte Säule" („polizeiliche und justitielle Zusammenarbeit") beschränkt. **Europol** arbeitet „unter dem Dach" der EU, ist aber eine internationale Organisation mit eigener Rechtspersönlichkeit und wird daher gesondert dargestellt (vgl. dazu Rdn. 200). 3

II. „Internationale Rechtshilfe" als Teil der polizeilichen Zusammenarbeit

1. Begriff und Formen der internationalen Rechtshilfe

In einem strafrechtlichen Ermittlungsverfahren ist die Staatsanwaltschaft verpflichtet, alle be- und entlastenden Beweise zu sichern (§ 160 StPO). Dazu kann sie die erforderlichen Ermittlungen entweder selbst vornehmen oder durch die Behörden und Beamten des Polizeidienstes vornehmen lassen (§ 161 StPO). In der Hauptverhandlung müssen diese Beweise dem Richter zur Verfügung stehen, denn dieser hat „zur Erforschung der Wahrheit die Beweisaufnahme von Amts wegen auf alle Tatsachen und Beweismittel zu erstrecken, die für die Entscheidung von Bedeutung sind" (§ 244 II StPO). Diese Verpflichtungen von Staatsanwaltschaft und Gericht gelten unabhängig davon, ob sich das Beweismittel im In- oder im Ausland befindet.[1] Die **Befugnisse nationaler Strafverfolgungsorgane** enden aber an der Grenze zu einem anderen Staat. Das völkerrechtliche Gebot der **Achtung fremder Gebietshoheit** verbietet die Vornahme und die Durchsetzung staatlicher Hoheitsakte auf fremdem Staatsgebiet **ohne besondere Erlaubnis** des ausländischen Staates.[2] Dies gilt sowohl für das **Tätigwerden auf fremdem Staatsgebiet** als auch für das **Einwirken von außen,** z. B. durch die telefonische Befragung eines Zeugen oder die Zustellung einer Vorladung mit der Post. Die Völkerrechtswidrigkeit solcher Handlungen liegt in der Anmaßung, auf dem Gebiet eines anderen Staates die eigene Staatsgewalt ohne dessen Zustimmung auszuüben.[3] Auf die Anwendung körperlicher Gewalt kommt es dabei nicht an. Die Souveränitätsgrenzen fremder Staaten bestimmen die Reichweite nationaler Eingriffsbefugnisse. 4

Um eine Verletzung seiner Gebietshoheit auszuschließen, ohne daß gleichzeitig der Strafanspruch des fremden Staates untergeht, kann der ausländische Staat die erforderlichen Untersuchungshandlungen für den anderen Staat erledigen oder den fremden Hoheitsträgern ausnahmsweise das Tätigwerden in seinem Hoheitsgebiet erlauben. Das Erlaubnisverfahren ist **Gegenstand der „Internationalen Rechtshilfe".** Ziel dieses Rechtsinstituts ist es, dafür zu sorgen, daß Beschuldigte, Opfer und Drittbeteiligte in einem **international arbeitsteiligen System der Strafrechtspflege** durch Souveränitätsgrenzen weder besser- noch schlechtergestellt werden, als dies in einem allein innerstaatlich ge- 5

---

[1] *Nagel,* Beweisaufnahme im Ausland, 1998, S. 1.
[2] *Geiger,* Grundgesetz und Völkerrecht, 2. Aufl. 1994, S. 346 f.
[3] *Seidl-Hohenveldern,* Völkerrecht, 8. Aufl. 1994, Rdn. 1505 ff.

führten Verfahren der Fall wäre.[4] Im **innerstaatlichen Bereich** liegt Rechtshilfe immer dann vor, wenn sich Gerichte untereinander Hilfe leisten, so daß **Rechtshilfe immer Gerichtshilfe** bedeutet.[5] Die unterstützende Tätigkeit besteht dann immer in einer richterlichen Handlung. Im Verhältnis zum Ausland wurde dieser Rechtshilfebegriff jedoch erweitert. Nach der Legaldefinition in § 59 II IRG[6] ist **jede Unterstützung,** die in einer **strafrechtlichen Angelegenheit** gewährt wird, ein Fall der „Internationalen Rechtshilfe". Das gilt unabhängig davon, ob das Rechtshilfeersuchen von einem Gericht, der Staatsanwaltschaft oder einer Polizeibehörde ausgeht und wer die erbetene Leistung im Ausland vornimmt.[7] Maßgeblich für diesen „erweiteren Rechtshilfebegriff" ist, daß es um die im Prinzip justizielle **Aufklärung einer bereits begangenen strafbaren Handlung** geht, wegen der eine strafrechtliche Sanktion durch ein Gericht verhängt werden kann. Als strafrechtliche Angelegenheiten gelten aber auch Verfahren wegen einer Tat, die nach deutschem Recht als Ordnungswidrigkeit mit einer Geldbuße oder die nach ausländischem Recht mit einer vergleichbaren Sanktion geahndet werden kann, sofern über deren Festsetzung ein auch für Strafsachen zuständiges Gericht entscheiden kann.[8] Die Art der zu verhängenden Sanktion und die Regelung hinsichtlich der Zuständigkeit für ihre Verhängung muß dem deutschen Ordnungswidrigkeitenrecht vergleichbar sein.[9] Das ist nicht in allen europäischen Staaten der Fall. So werden in den **Niederlanden** Parkverstöße als fiskalische Angelegenheit (Hinterziehung von Parksteuern) betrachtet. In **Österreich** entscheidet in Bußgeldsachen nicht ein für Strafsachen zuständiges Gericht, sondern das Verwaltungsgericht. Deshalb wurde am 31. Mai 1998 ein Vertrag zwischen der Bundesrepublik Deutschland und der Republik Österreich über die „Amts- und Rechtshilfe in Verwaltungssachen" geschlossen.[10] Danach leisten sich Verwaltungsbehörden und Gerichte gegenseitige Amts- und Rechtshilfe sowohl im **deutschen Bußgeldverfahren** als auch im **österreichischen Verwaltungsstrafverfahren.**

6 Bittet ein ausländischer Staat die Bundesrepublik Deutschland um Rechtshilfe, so wird von einem **eingehenden Ersuchen** gesprochen. Soll dagegen eine ausländische Behörde oder ein ausländisches Gericht Hilfe für ein deutsches Strafverfahren leisten, handelt es sich um ein **ausgehendes Ersuchen.** „Rechtshilfe" wird als Oberbegriff für die Auslieferung, die Vollstreckungshilfe und die „Sonstige Rechtshilfe" (auch „kleine Rechtshilfe" genannt) verstanden. Die Rechtsgrundlagen für die **Auslieferung** sind für die Polizei bei ihrem Tätigwerden im Rahmen der „internationalen Fahndung" nach Straftätern von Bedeutung (vgl. Rdn. 25). Die Auslieferung an einen ausländischen Staat soll die Verfolgung einer Tat, die dort mit Strafe bedroht ist oder die Vollstreckung einer wegen einer solchen Tat verhängten Strafe oder sonstigen Sanktion ermöglichen.[11] Wegen des Verbots der Auslieferung deutscher Staatsbürger in Art. 16 II GG dürfen nur Ausländer an einen ausländischen Staat ausgeliefert werden. „Durch Gesetz kann eine abweichende Regelung für Auslieferungen an einen Mitgliedstaat der Europäischen Union oder an einen internationalen Gerichtshof getroffen werden, soweit rechtsstaatliche Grundsätze gewahrt sind." (Art. 16 II 2 GG) Bei der **Vollstreckungshilfe** wird eine im Ausland rechtskräftig verhängte Strafe oder sonstige Sanktion in der Bundesrepublik Deutschland vollstreckt. Alle anderen Hilfeleistungen für ein ausländisches Strafverfahren werden als **„Sonstige Rechtshilfe"** bezeichnet. Das IRG enthält in § 59 II eine Generalklausel, nach der zur „Sonstigen Rechtshilfe" **jede Unterstützung** zählt, die für ein ausländisches Verfahren in einer **strafrechtlichen Angelegenheit** gewährt

---

4 *Schomburg/Lagodny* NStZ 1992, 353.

5 Vgl. § 156 GVG.

6 Gesetz über die internationale Rechtshilfe in Strafsachen i. d. F. der Bekanntmachung vom 27. 6. 1994 (BGBl. I, S. 1537), zuletzt geändert durch Gesetz vom 7. 7. 1997 (BGBl. I, S. 1650).

7 Vgl. *BGHSt* 27, 383 (386) zu § 41 DAG (heute § 59 IRG).

8 Vgl. § 1 II IRG.

9 Gesetzentwurf der Bundesregierung zum IRG, BT-Drs. 9/1338, S. 34 (l. Sp.).

10 Zustimmungsgesetz v. 26. 4. 1990, BGBl. II, S. 357.

11 Vgl. § 2 I IRG.

wird.[12] Auf die Aufzählung der möglichen Rechtshilfehandlungen wurde im IRG verzichtet, „weil sie die Gefahr der Unvollständigkeit und einer Behinderung der Entwicklung neuer Formen zwischenstaatlicher Rechtshilfe in sich trüge".[13]

2. Rechtsquellen

a) Völkerrechtliche Verträge

Nach Art. 35 GG leisten sich die Behörden[14] des Bundes und der Länder im Rahmen ihrer spezifischen Zuständigkeiten gegenseitig Amts- und Rechtshilfe. Diese „gegenseitige" Hilfe gilt also nur für den innerstaatlichen Bereich und auch nur insoweit, wie sich die „gegenseitigen" Aufgabenzuweisungen decken (vgl. Kap. C und E zur „Amtshilfe"). Eine Verpflichtung zur Gewährung **von Rechtshilfe** im zwischenstaatlichen Bereich besteht nur dann, wenn zwischen den beteiligten Staaten ein **völkerrechtlicher Vertrag** darüber abgeschlossen wurde.[15] Diese Verträge verpflichten die Vertragsparteien unter bestimmten festgelegten Voraussetzungen zur Leistung der erbetenen Hilfe, legen das zwischenstaatlich anzuwendende Verfahren fest und bestimmen den „Geschäftsweg", über den Ersuchen und Ergebnis ausgetauscht werden. Für die Bundesrepublick Deutschland werden die Verträge im Verfahren gemäß Art. 59 II 1 GG durch ein Zustimmungsgesetz des Bundestages in innerstaatliches Recht transformiert[16] und stehen im Range eines Bundesgesetzes. Sie gelten damit gegebenenfalls sogar als Ermächtigungsgrundlage für etwaige Grundrechtseingriffe im Rahmen der Rechtshilfe. 7

Die Zusammenarbeit in strafrechtlichen Angelegenheiten im Verhältnis zu den meisten europäischen Staaten richtet sich nach dem **„Europäischen Übereinkommen über die Rechtshilfe in Strafsachen"** (EuRhÜbk) vom 20. April 1959[17] und dem **„Europäischen Auslieferungsübereinkommen"** (EuAlÜbk) vom 13. Dezember 1957.[18] Beide Übereinkommen wurden vom **Europarat** initiiert, der bisher 20 Vertragstexte zu dieser Regelungsmaterie entwickelt hat, die jedoch noch nicht alle von der Bundesrepublik Deutschland ratifiziert worden sind. Alle Mitgliedstaaten des Europarats können diesen Übereinkommen beitreten. Deshalb sind die Formulierungen in den Vertragstexten von Kompromissen geprägt. Zusätzlich können alle Vertragsstaaten bei der Unterzeichnung Vorbehalte und Erklärungen abgeben. Die genannten Verträge sind für die Bundesrepublik Deutschland am 1. Januar 1977 in Kraft getreten[19] und ersetzen zahlreiche vorhergehende bilaterale Vereinbarungen. Solche **bilateralen Verträge** über die Rechtshilfe in Strafsachen wurden mit folgenden europäischen Staaten abgeschlossen: **Marokko,**[20] **Monaco,**[21] **Portugal**[22] und **Tunesien.**[23] 8

Sowohl das EuRhÜbk als auch das EuAlÜbk wurden durch Zusatzabkommen bzw. bilaterale Abkommen ergänzt, welche nationale Vorbehalte im Verhältnis zu einigen Staaten wieder relativieren oder die praktische Anwendung der Abkommen erleichtern sollen. Für die Internationale Rechtshilfe sei hier auf das **„Zusatzprotokoll zum EuRhÜbk"** vom 17. März 1978[24] hingewiesen, das in der Bundesrepublik Deutschland am 6. Juni 9

[12] In Art. 1 EuRhÜbk verpflichten sich die Vertragsparteien „einander soweit wie möglich Rechtshilfe zu leisten".

[13] Gesetzentwurf der Bundesregierung zum IRG, BT-Drs. 9/1338, S. 79 (r. Sp.).

[14] Entgegen der sonstigen Terminologie des GG werden auch die Gerichte von dem Behördenbegriff des Art. 35 GG erfaßt. Vgl. *Bull,* in AK-GG, 2. Aufl. 1989, Art. 35 Rdn. 27.

[15] *Schomburg/Lagodny,* Internationale Rechtshilfe in Strafsachen, 3. Aufl. 1998, Einl. Rdn. 85.

[16] Vgl. zu den Einzelheiten *Denninger,* Staatsrecht 1, 1973, S. 172. Zum Verfassungsproblem wirksamer Eingriffsermächtigungen über Art. 59 II GG vgl. auch Kap. K zu Europol m. w. Nachw.

[17] BGBl. 1964 II, S. 1386.

[18] BGBl. 1964 II, S. 1369.

[19] BGBl. 1976 II, S. 1778 (EuAlÜbk), 1799 (EuRHÜbk).

[20] BGBl. 1959 II, S. 118.

[21] BGBl. 1964 II, S. 1297; 1965, S. 405.

[22] BGBl. 1967 II, S. 2345; 1968, S. 169.

[23] BGBl. 1969 II, S. 1157; 1970, S. 127.

[24] BGBl. 1990 II, S. 124.

1991 in Kraft trat.[25] Eine Erleichterung der Anwendung des EuRhÜbk sollte auch mit den Vereinbarungen in den Art. 48–69 des **„Schengener Durchführungsübereinkommens"**[26] (vgl. Rdn. 102) erreicht werden.[27] Bemerkenswert ist der **Ergänzungsvertrag zum EuRhÜbk** zwischen der Bundesrepublik Deutschland und der **Tschechischen Republik,** in dem auch grenzüberschreitende Ermittlungsmethoden, wie der Einsatz „Verdeckter Ermittler", die „grenzüberschreitende Observation", die „kontrollierte Lieferung" und auch die „Nacheile" vereinbart wurden.[28]

10 Von zunehmender Bedeutung für die Rechtshilfe in Europa sind die von der **Europäischen Union** initiierten Abkommen. Gemäß Art. 34 II d) des EU-Vertrages kann der Rat „Übereinkommen erstellen, die er den Mitgliedstaaten zur Annahme gemäß ihrer verfassungsrechtlichen Vorschriften empfiehlt. Die Mitgliedstaaten leiten die entsprechenden Verfahren innerhalb einer vom Rat gesetzten Frist ein." Für die Bundesrepublik Deutschland bedeutet dies, daß solche Verträge im Verfahren gemäß Art. 59 GG ratifiziert werden müssen. „Sofern in den Übereinkommen nichts anderes vorgesehen ist, treten sie, sobald sie von mindestens der Hälfte der Mitgliedstaaten angenommen wurden, für diese Mitgliedstaaten in Kraft" (Art. 34 II 2 EU-Vertrag). Bereits vor diesem Inkrafttreten besteht jedoch die Möglichkeit, daß die entsprechende Konvention zwischen den Staaten vorzeitig und vorläufig angewendet werden, sofern dies im Vertrag vorgesehen ist und die Staaten eine derartige Erklärung abgegeben haben.[29] So wurde das **„Übereinkommen über die Auslieferung zwischen den Mitgliedstaaten der EU"** (EU-AuslÜbk)[30] für die Bundesrepublik Deutschland mit Wirkung vom 11. März 1999 im Verhältnis zu Spanien, Dänemark und Portugal und mit Wirkung vom 6. Juli 1999 im Verhältnis zu Finnland für „vorläufig anwendbar" erklärt.[31]

11 Für den Bereich der „sonstigen Rechtshilfe" enthält das **„Übereinkommen über die Rechtshilfe in Strafsachen zwischen den Mitgliedstaaten der EU"** (EU-RhÜbk) wichtige Neuerungen.[32] Die Arbeiten am Vertragsentwurf haben mehr als drei Jahre gedauert. Der Rat hat den Entwurf des Abkommens am 14. Juli 1999 vorgelegt und am 2. Dezember 1999 im Anschluß an die Tagung des Rates Justiz und Inneres geändert. Am 17. Februar 2000 hat das Europäische Parlament den Vorschlag des Rates mit Änderungen gebilligt. Vergeblich hatte das Parlament die Streichung der Bestimmung gefordert, die eine Überwachung des Telekommunikationsverkehrs von Personen im Hoheitsgebiet anderer Mitgliedstaaten ohne deren technische Hilfe erlaubt. Im Deutschen Bundestag befaßte sich der Rechtsausschuß in seiner Sitzung am 22. März 2000 mit dem Vertragsentwurf.[33] Der Vertreter der Bundesregierung erklärte in der Sitzung, daß die deutsche Seite nach langwierigen Beratungen die Aufnahme einer Datenschutzklausel in die Vorlage erreichen konnte, die im wesentlichen den deutschen Anforderungen, auch mit Blick auf die Rechtsprechung des Bundesverfassungsgerichtes, genügen würde. Der Rechtsausschuß erklärte seine Zustimmung dazu, die Verhandlungen auf EU-Ratsebene abzuschließen. Das Abkommen wurde am 29. Mai 2000 im Rat für Justiz und Inneres in der Fassung vom 15. Mai 2000[34] unterzeichnet und kann nun in den einzelnen Mitgliedstaaten ratifiziert werden. **Norwegen** und **Island** teilten dem Rat bereits am Tag der Unter-

---

[25] BGBl. 1991 II, S. 909.

[26] BGBl. 1993 II, S. 1902.

[27] Vgl. dazu *Schomburg* NJW 1995, 1931.

[28] Der Vertrag wurde am 2. 2. 2000 in Prag unterzeichnet. Vgl. den Entwurf des Zustimmungsgesetzes, BT-Drs. 14/5011.

[29] Vgl. dazu *Schomburg* NJW 1999, 540.

[30] BGBl. 1998 II, S. 2253.

[31] BGBl. 1999 II, S. 707.

[32] Einen Überblick über die Entstehungsgeschichte und Hinweise zu den einzelnen Artikeln des Übereinkommens gibt der „Erläuternde Bericht" in der vom Rat am 30. 11. 2000 gebilligten Fassung. ABl. C 379 v. 29. 12. 2000. Siehe auch *Schomburg* NJW 1999, 541 und *ders.* NJW 2001, 802.

[33] Vgl. dazu: Blickpunkt Bundestag, Heft 3/2000, S. 36.

[34] ABl. C 197/2000 v. 12. 7. 2000, abgedruckt bei *Baldus* (Hrsg.), Polizeirecht des Bundes mit zwischen- und überstaatlichen Rechtsquelle.

zeichnung mit, daß sie mit dem Inhalt der auf sie anwendbaren Bestimmungen des Übereinkommens einverstanden sind und das EU-RhÜbk ebenfalls anwenden werden.

Das Übereinkommen soll die auf europäischer Ebene bestehenden **Vereinbarungen** über die **Rechtshilfe** im EuRhÜbk (vgl. Rdn. 8) mit seinem Zusatzprotokoll (vgl. Rdn. 9) sowie im SDÜ (vgl. Rdn. 102) **ergänzen** und deren **Anwendung** zwischen den Mitgliedstaaten der EU **erleichtern** (Art. 1 EU-RhÜbk). Als ergänzende Regelung kann das EU-RhÜbk für sich genommen also **nicht als einzige Grundlage** für ein Rechtshilfeersuchen **herangezogen werden.**[35] Außerdem läßt das EU-RhÜbk Rechtshilferegelungen in bi- und multinationalen Vereinbarungen unberührt, die für die Mitgliedstaaten in der Anwendung günstiger sind (Art. 1 II EU-RhÜbk). Eine wesentliche Ergänzung bestehender Abkommen sind die in Titel III EU-RhÜbk vereinbarten Rechtshilfehandlungen, wie der Einsatz **„Verdeckter Ermittler"** (vgl. Rdn. 35), **„Kontrollierte Lieferungen"** (vgl. Rdn. 38) sowie die **Telekommunikationsüberwachung**. Ebenso ist die Vereinbarung zwischen zwei oder mehr Mitgliedstaaten über den Einsatz **„Gemeinsamer Ermittlungsgruppen"** (vgl. Rdn. 33) vorgesehen. Auch die Vernehmung von Zeugen und Sachverständigen per **Video- oder Telefonkonferenz** wird im EU-RhÜbk geregelt, wenn sich diese in einem anderen Mitgliedstaat aufhalten. 12

b) Vertragloser Rechtshilfeverkehr

Ohne eine Verpflichtung in einem völkerrechtlichen Vertrag kann freiwillig Rechtshilfe geleistet werden. Für diesen **„vertraglosen Rechtshilfeverkehr"** gilt dann das **„Gesetz über die internationale Rechtshilfe in Strafsachen"** (IRG) vom 1. Juli 1983,[36] welches das „Deutsche Auslieferungsgesetz" (DAG)[37] ersetzt hat. Im vertraglosen Rechtshilfeverkehr darf Rechtshilfe nur geleistet werden, wenn die Voraussetzungen vorliegen, unter denen deutsche Gerichte oder Behörden einander in entsprechenden Fällen Rechtshilfe leisten könnten (§ 59 III IRG). Besteht eine völkerrechtliche Vereinbarung, so geht diese den Regelungen im IRG vor (§ 1 III IRG). Die Vorschriften des Gesetzes bleiben aber anwendbar, soweit völkerrechtliche Verträge einen bestimmten Sachverhalt nicht erfassen. Das gilt insbesondere für innerstaatlich zu beachtende Verfahrensvorschriften, die in Verträgen selten enthalten sind. Es soll auch zulässig sein, Rechtshilfe nach den Vorschriften des IRG zu gewähren, wenn diese weitergehen als die vertraglichen Vereinbarungen.[38] 13

3. Verfahren

a) Verfahrensvorschriften

Die Einzelheiten des innerstaatlichen Verfahrens in Rechtshilfeangelegenheiten sind in den **„Richtlinien für den Verkehr mit dem Ausland in strafrechtlichen Angelegenheiten"** (RiVASt)[39] geregelt. Dabei handelt es sich um Vereinbarungen der Bundesregierung mit den Regierungen der Länder. Die darin enthaltenen **Verfahrensvorschriften** sind für die Behörden und Gerichte in den Bundesländern als verwaltungsinterne Regelungen verbindlich, weil sie von den einzelnen Landesregierungen jeweils gesondert in Kraft gesetzt worden sind. 14

Für das **Polizeihandeln** im Rahmen der Internationalen Rechtshilfe gilt im **innerstaatlichen Bereich** der „Vorbehalt des Gesetzes", so daß die Vornahmebehörde für ihr Eingriffshandeln neben ihrer sachlichen Zuständigkeit eine Befugnis braucht. Das IRG 15

---

[35] Vgl. zu dieser Problematik den „Erläuternden Bericht", ABl. C 379 v. 29. 12. 2000, S. 9.

[36] In der Fassung der Bekanntmachung vom 27. Juni 1994 (BGBl. I, 1537), zuletzt geändert durch Gesetz vom 7. 7. 1997 (BGBl. I, 1650).

[37] Gesetz vom 23. Dezember 1923 (RGBl. I S. 239), zuletzt geändert durch Art. 104 des Einführungsgesetzes zum Strafgesetzbuch vom 2. März 1974 (BGBl. I, S. 469).

[38] *Vogler* NJW 1983, 2115.

[39] Bekanntmachung vom 18. 9. 1984, Bundesanzeiger 176a/18. 9. 1984 und Bekanntmachung über die Änderung v. 15. 2. 1993, Bundesanzeiger 40a/27. 2. 1993.

enthält nur wenige Befugnisnormen für das Eingriffshandeln im Rahmen der Rechtshilfe (vgl. z. B. §§ 66, 67 zur Herausgabe von Gegenständen an das Ausland und die damit verbundene Beschlagnahme, Sicherstellung und Durchsuchung). Deshalb werden gemäß § 77 IRG diejenigen Befugnisnormen sinngemäß angewandt, die den Eingriff nach innerstaatlichem Recht erlauben. So ist z. B. die Überwachung des Fernmeldeverkehrs im Rahmen der „Rechtshilfe" aufgrund des § 59 IRG i.V. m. §§ 100 a, 100 b StPO zulässig. Dem **Zitiergebot** des Art. 19 I 2 GG hat der Gesetzgeber in § 84 IRG entsprochen, nach dem die Grundrechte aus Art. 2 II 1 GG (Körperliche Unversehrtheit), Art. 2 II 2 (Freiheit der Person), Art. 10 GG (Brief-, Post- und Fernmeldegeheimnis) und Art. 13 GG (Unverletzlichkeit der Wohnung) aufgrund des Gesetzes eingeschränkt werden können. Entsprechende Regelungen sind in den Zustimmungsgesetzen nach Art. 59 II 1 GG zu den völkerrechtlichen Verträgen (vgl. Rdn. 7) enthalten.

b) Bewilligungskompetenz für die Rechtshilfe

16 Aus- und eingehende Ersuchen um Rechtshilfe dürfen nur gestellt bzw. erledigt werden, wenn sie zuvor von der zuständigen inländischen Stelle in der Bundesrepublik Deutschland „bewilligt" (= gebilligt) worden sind. Bei eingehenden Ersuchen prüft die **Bewilligungsbehörde,** ob eine völkerrechtliche **Leistungspflicht** besteht und ob die erbetene Leistung aufgrund innerstaatlicher **Leistungsermächtigung** für einen anderen Staat erbracht werden darf.[40] Grundsätzlich ist der **Bundesminister der Justiz** für alle Angelegenheiten der „Internationalen Rechtshilfe" zuständig, weil es sich funktionell um Justizangelegenheiten handelt. Diesem Ministerium obliegt sowohl die Bewilligung eingehender ausländischer Rechtshilfeersuchen als auch die Stellung solcher Ersuchen an ausländische Staaten (vgl. § 74 I IRG). Die **Zuständigkeit des Bundes** ist gegeben, weil es sich bei der grenzüberschreitenden Rechtshilfe um ein Teilgebiet der **„auswärtigen Beziehungen"** handelt, für die gemäß Art. 32 I GG grundsätzlich der Bund zuständig ist.[41] Die Bundesregierung kann die **Ausübung** dieser Befugnis zur Bewilligung der Rechtshilfe im Wege einer Vereinbarung auf die **Landesregierungen** übertragen (§ 74 II IRG). Die jüngste Vereinbarung trat am 1. Juli 1993 in Kraft[42] und berücksichtigt auch die neuen Bundesländer. Für die polizeiliche Zusammenarbeit ist von Bedeutung, daß den Landesregierungen u. a. die Zuständigkeit für die Entscheidung über **eingehende Rechtshilfeersuchen** in Angelegenheiten des Fünften Teils des IRG **(„Sonstige Rechtshilfe")** übertragen wurde, es sei denn, daß die Durchbeförderung von Zeugen (§ 64 IRG) oder die Durchbeförderung zur Vollstreckung (§ 65 IRG) begehrt wird. Die Bundesregierung hat außerdem die Ausübung ihrer Befugnis zur Stellung von Rechtshilfeersuchen an andere Staaten **(ausgehende Ersuchen)** in Fällen der „Sonstigen Rechtshilfe" auf die Landesregierungen übertragen. Ist ein ausländisches Ersuchen auf **grenzüberschreitende Observation** gerichtet, überträgt die Bundesregierung ihre Befugnisse für das gesamte Gebiet der Bundesrepublik Deutschland auf diejenige Landesregierung, in deren Gebiet die Grenze überschritten werden soll. Rechtssystematisch üben die Länder insoweit Bundeskompetenz aus (vgl. zum Problem der Kompetenzübertragung Kap. C).

17 Den Landesregierungen wurde das Recht der **weiteren Übertragung** eingeräumt. Die Landesregierung in Nordrhein-Westfalen hat durch Erlaß[43] davon Gebrauch gemacht. In anderen Bundesländern gibt es vergleichbare Regelungen. Die **Ausübung der Befugnis** hinsichtlich der Ersuchen um **Rechtshilfe im Ermittlungsverfahren** wird darin grundsätz-

[40] Die Bewilligungsbehörde ist zumeist auch „Prüfungsbehörde" und kontrolliert, ob ausländische Ersuchen ordnungsgemäß erledigt worden sind, bzw. ob ausgehende Ersuchen gestellt werden dürfen und ordnungsgemäß abgefaßt sind (vgl. zu den Begriffen Nr. 7 RiVASt).

[41] Diese Auffassung der Bundesregierung wird auch in der Begründung des Gesetzentwurfs zu § 73 IRG (BT-Drs. 9/1338, S. 94) deutlich.

[42] Bundesanzeiger 129/1. 7. 1993, S. 6383.

[43] Gem. RdErl. d. Justizministers u. d. Innenministers v. 10. 3. 1999, MBl. NW 1999 S. 510. Es fragt sich allerdings, ob der Erlaßweg gemäß § 74 IRG genügt.

lich auf die **Justizbehörden** (Generalstaatsanwaltschaft, Staatsanwaltschaft) übertragen. Sofern die Ersuchen von ausländischen Polizeibehörden gestellt wurden oder an solche gerichtet sind, ist das **Landeskriminalamt** (Abteilung 6, Dezernat „Rechtshilfe-Interpolangelegenheiten, grenzüberschreitende Zusammenarbeit“)[44] Bewilligungsbehörde, „wenn nordrhein-westfälische Polizeibehörden im Rahmen ihrer Zuständigkeit nach innerstaatlichem Recht Ersuchen erledigen oder stellen dürfen und eine völkerrechtliche Übereinkunft den polizeilichen Geschäftsweg vorsieht“. In diesem Fall wird vom **„Polizeilichen Rechtshilfeverkehr“** (vgl. Rdn. 20) gesprochen.

c) Vornahmebehörde

Die Bewilligungsbehörde entscheidet über die Leistung der Rechtshilfe nach außen, 18
die **Vornahmebehörde** bzw. das **Vornahmegericht** erledigt diejenigen Rechtshandlungen, um die im ausländischen Ersuchen gebeten wurde. Wer für die Vornahme zuständig ist, hängt davon ab, auf was das ausländische Ersuchen gerichtet ist. Das ist grundsätzlich die Stelle, welche den entsprechenden Rechtseingriff auch in einem rein **innerstaatlichen Verfahren** vornehmen würde.[45] Während die Polizei nur in wenigen Fällen Bewilligungsbehörde ist, erledigt sie eine Vielzahl von Rechtshilfeersuchen ausländischer Behörden und Gerichte. Zumeist geht es dabei um Fälle der „Sonstigen Rechtshilfe“ oder um die Verhaftung aufgrund eines Auslieferungshaftbefehls (§ 15 IRG) und der vorläufigen Festnahme zur Sicherung der Auslieferungshaft (§ 19 IRG). Die bei der Rechtshilfe entstandenen **Kosten** trägt grundsätzlich der **ersuchte Staat** (vgl. Art. 20 EuRhÜbk).

d) Geschäftswege

Mit „Geschäftsweg“ wird die Art der **Übermittlung des Rechtshilfeersuchen** bezeich- 19
net. In Nr. 5 RiVASt sind folgende Geschäftswege (abschließend) genannt:
- der **diplomatische** Geschäftsweg,
- der **ministerielle** Geschäftsweg,
- der **konsularische** Geschäftsweg,
- der **unmittelbare** Geschäftsweg.

Eine wesentliche Erleichterung des Rechtshilfeverkehrs bedeutet die Zulassung des unmittelbaren Geschäftsweges. Die ersuchende und die ersuchte Behörde treten dabei **unmittelbar** miteinander in Verbindung, „unbeschadet der Einschaltung einer Prüfungs- oder Bewilligungsbehörde sowie der Übermittlung über das Bundeskriminalamt oder eine andere Übermittlungsstelle“ (Nr. 5 RiVASt). Sofern der „Polizeiliche Rechtshilfeverkehr“ zulässig ist (vgl. Rdn. 20), dürfen die Ersuchen und ihre Antworten unmittelbar zwischen den beteiligten Polizeidienststellen ausgetauscht werden. Allerdings obliegt gemäß § 3 II BKAG der Dienstverkehr deutscher Polizeibehörden mit ausländischen Polizei- und Justizbehörden ausschließlich dem **Bundeskriminalamt.** Der Informationsaustausch wird über das jeweilige Landeskriminalamt abgewickelt (Nr. 6 RiVASt). Eine Ausnahme gilt lediglich für den Dienstverkehr der Polizeien der Länder mit den zuständigen Behörden der Nachbarstaaten und der Mitgliedstaaten der Europäischen Union, soweit sich der Dienstverkehr auf **Kriminalität von regionaler Bedeutung** bezieht (vgl. dazu Rdn. 49) oder soweit **Gefahr im Verzug** ist (§ 3 III BKAG). In diesen Fällen ist das Bundeskriminalamt über das Landeskriminalamt nachträglich zu unterrichten.

---

[44] RdErl. d. IM NW vom 6. 8. 1993 (MBl. NW S. 1432, berichtigt S. 1679).
[45] *Schomburg/Lagodny,* Internationale Rechtshilfe in Strafsachen, 3. Aufl. 1998, Vor § 59 Rdn. 14.

4. Polizeilicher Rechtshilfeverkehr

a) Begriff und Zulässigkeit

20 Vom „Polizeilichen Rechtshilfeverkehr" wird gesprochen, wenn einer **Polizeibehörde** die **Kompetenz zur Bewilligung** der Rechtshilfe übertragen wurde. Maßgeblich sind hierfür die Regelungen im Abschnitt „Rechtshilfeverkehr der Polizei- und Finanzbehörden" der RiVASt. Dort ist in Nr. 123 **(Tätigkeit des Bundeskriminalamtes)** und Nr. 124 **(Tätigkeit anderer Polizeibehörden)** verwaltungsintern festgelegt, welche Rechtshilfehandlungen die Polizeibehörden eigenverantwortlich erledigen dürfen. Mit „Erledigung" ist hier nicht die „Vornahme" (vgl. Rdn. 18), sondern die Bewilligung der Rechtshilfehandlung gemeint. Der „Polizeiliche Rechtshilfeverkehr" ist grundsätzlich nur zulässig, wenn in einer **völkerrechtlichen Übereinkunft** eine gegenseitige Verpflichtung zur **Erledigung polizeilicher Ersuchen** enthalten ist (vgl. Nr. 123 und Nr. 124 RiVASt).

b) Bundeskriminalamt als Bewilligungsbehörde

21 Im Hinblick auf die Bewilligungskompetenz des Bundeskriminalamtes bei **eingehenden Rechtshilfeersuchen** werden in Nr. 123 I RiVASt folgende Fallkonstellationen unterschieden: Das Bundeskriminalamt darf eingehende **polizeiliche Ersuchen** erledigen, sofern in einer völkerrechtlichen Übereinkunft eine Pflicht zur Erledigung enthalten ist. Auch ohne diese Regelung in einem völkerrechtlichen Vertrag, darf das Bundeskriminalamt aufgrund des Ersuchens einer ausländischen Behörde einen Verfolgten zur Festnahme oder Aufenthaltsermittlung ausschreiben, Fahndung betreiben, Identitätsfeststellungen treffen, im Rahmen des innerstaatlichen Rechts Auskünfte aus kriminalpolizeilichen Unterlagen erteilen und kriminaltechnische Gutachten erstatten. Andere Ersuchen darf das Bundeskriminalamt im Rahmen seiner Zuständigkeit erledigen oder von einer anderen Polizeibehörde erledigen lassen, sofern die Bundesregierung hierzu allgemein oder für den Einzelfall die Genehmigung erteilt hat.

22 Gemäß Nr. 123 III RiVASt darf das Bundeskriminalamt **Rechtshilfeersuchen stellen,** wenn in einer völkerrechtlichen Übereinkunft eine Pflicht zur Erledigung polizeilicher Ersuchen enthalten ist. Auch ohne eine solche vertragliche Regelung darf das BKA Ersuchen stellen, wenn die ausländische Stelle um die **Fahndung nach einer Person** oder **Identitätsfeststellung** ersucht werden soll oder bestimmte **Auskünfte** erlangt werden sollen oder zur **Vorbereitung auf ein Ersuchen** von der ausländischen Behörde Feststellungen getroffen werden sollen (z. B. hinsichtlich der Aussagebereitschaft eines Zeugen). Andere Ersuchen dürfen gestellt werden, sofern die Bundesregierung hierzu allgemein oder für den Einzelfall die Genehmigung erteilt hat.

23 Hinsichtlich der notwendigen **Befugnisse für die genannten Rechtshilfehandlungen** stellt § 74 III IRG fest: „Die Befugnisse des Bundeskriminalamtes zur Datenübermittlung, Ausschreibung und Identitätsfeststellung auf ausländisches Ersuchen richten sich nach § 14 Abs. 1 Satz 1 Nr. 2 und § 15 Abs. 1 bis 3 des Bundeskriminalamtgesetzes." Das Gesetz räumt dem Bundeskriminalamt die **Befugnis für die Datenübermittlung** an ausländische Stellen und an INTERPOL (vgl. dazu Rdn. 172) ein. Eine Datenschutzklausel enthält § 14 VII BKAG, nach der die Übermittlung zu unterbleiben hat, wenn schutzwürdige Interessen des Betroffenen beeinträchtigt würden, insbesondere, wenn im Empfängerland ein angemessener Datenschutzstandard nicht gewährleistet wäre. Kritisch betrachtet werden muß die **Übermittlung polizeilicher Erkenntnisse** an Staaten, bei denen die Besorgnis begründet ist, daß die übermittelten Daten nicht in rechtsstaatlicher Weise, also z. B. nicht streng zweckgebunden genutzt werden. Gegenstand der parlamentarischen Diskussion war in der Vergangenheit die Weitergabe personenbezogener Daten durch das BKA an das türkische Nationalbüro von INTERPOL. Die Bundesregierung äußerte in diesem Zusammenhang seinerzeit die Auffassung, daß die Bestimmungen in Nr. 123 ff. RiVASt den datenschutzrechtlichen Anforderungen genügen. Die Übermittlung an ein ausländisches INTERPOL-Büro sollte allerdings restriktiv gehandhabt wer-

den und nur nach „Abwägung" der schutzwürdigen Belange der Betroffenen gegenüber den öffentlichen Interessen zulässig sein.[46]

c) Polizeibehörden der Länder als Bewilligungsbehörden

Die **Kompetenzen der Länderpolizeien** im Hinblick auf die Bewilligung von Rechtshilfe werden in Nr. 124 RiVASt festgelegt. Daran sind auch die Landesregierungen gebunden, wenn sie die Ausübung ihrer Kompetenzen weiter delegieren. 24

Hinsichtlich **eingehener Ersuchen** bestimmt Nr. 124 II RiVASt, daß andere Polizeibehörden als das Bundeskriminalamt Rechtshilfe bewilligen dürfen, sofern das Ersuchen von einer **ausländischen Polizeibehörde** gestellt wird und in einer völkerrechtlichen Übereinkunft eine Pflicht zur Erledigung polizeilicher Ersuchen enthalten ist. Ferner dürfen sie auf Ersuchen einer ausländischen Justiz- oder Polizeibehörde Fahndungen betreiben, Identitätsfeststellungen treffen, im Rahmen innerstaatlichen Rechts Auskünfte aus Registern, Dateien und sonstigen Sammlungen sowie aus kriminalpolizeilichen Unterlagen erteilen und kriminaltechnische Gutachten erstatten.

Die genannten Polizeibehörden dürfen gemäß Nr. 124 III RiVASt **Ersuchen stellen,** in den Fällen des § 163 Abs. 1 StPO, sofern in einer völkerrechtlichen Übereinkunft eine Pflicht zur Erledigung **polizeilicher Ersuchen** enthalten ist oder sofern es sich um Ersuchen um Fahndungen, um Identitätsfeststellungen, um Erteilung von Auskünften (aus behördlichen Dateien, Sammlungen, Akten sowie über tatsächliche Verhältnisse oder Vorkommnisse im Ausland oder das Ergebnis von ausländischen Ermittlungen) sowie zur Vorbereitung eines ausgehenden Ersuchens (z. B. Feststellung der Aussagebereitschaft eines Zeugen) handelt und bei der Erledigung strafprozessuale Zwangsmaßnahmen ausgeschlossen sind.

5. Einzelaspekte der „Internationalen Rechtshilfe in Strafsachen"

a) Internationale Fahndung

In den **„Richtlinien über die internationale Fahndung nach Personen,** einschließlich der Fahndung nach Personen im Schengener Informationssystem" wird das Verfahren der „Internationalen Fahndung" beschrieben. Die Richtlinien wurden jeweils durch Erlaß der einzelnen Justizminister der Länder in Kraft gesetzt und sind als **Anlage F der „Richtlinien für das Straf- und Bußgeldverfahren"** (RiStBV) veröffentlicht. Die „Internationale Fahndung" wird demnach veranlaßt, wenn eine deutsche Behörde die Strafverfolgung oder die Vollstreckung einer Freiheitsstrafe oder einer freiheitsentziehenden Maßregel der Besserung und Sicherung gegen eine Person betreibt, die sich vermutlich im Ausland aufhält. Die Fahndung kann mit Hilfe von **Interpol** (vgl. Rdn. 173), im **Schengener Informationssystem** (vgl. Rdn. 150) oder durch gezielte **Mitfahndungsersuchen** an andere Staaten veranlaßt werden. 25

Liegt gegen die gesuchte Person ein **Haftbefehl** oder eine **vollstreckbares Straferkenntnis** vor und hat die zuständige Behörde konkrete Anhaltspunkte über den Aufenthaltsort des Gesuchten im Ausland, ist die zuständige ausländische Behörde um Verhängung oder Aufrechterhaltung der vorläufigen Auslieferungshaft zu ersuchen (Nr. 86 RiVASt). Rechtsgrundlage für ein solches Ersuchen um vorläufige Verhaftung des Verfolgten ist im Rechtshilfeverkehr mit den meisten europäischen Staaten **Art. 16 des Europäischen Auslieferungsübereinkommens** (vgl. Rdn. 7). Über dieses Ersuchen entscheiden die zuständigen Behörden des ersuchten Staates nach dessem Recht (Art. 16 I EuAlÜbk). Gemäß **Art. 64 Schengener Durchführungsübereinkommen** ist ist die **Ausschreibung im Schengener Informationssystem** nach **Art. 95 SDÜ** (vgl. Rdn. 150) einem Ersuchen um vorläufige Festnahme im Sinne des Art. 16 EuAlÜbk gleichgestellt. 26

[46] Antwort der Bundesregierung auf die Kleine Anfrage der Fraktion BÜNDNIS 90/DIE GRÜNEN, BT-Drs. 13/2188 v. 24. 8. 1995. Abwägungskriterien sind aber nie normativ definiert oder beispielhaft aufgelistet worden!

27 Im Verlauf der Fahndung nach einer strafbaren Handlung kann die Situation eintreten, daß die gesuchte Person im Ausland ergriffen wird, obwohl weder ein Auslieferungshaftbefehl noch ein Ersuchen um Verhängung der vorläufigen Auslieferungshaft vorliegt. Regelmäßig ist dies der Fall, wenn im Verlauf einer **Nacheile gemäß Art. 41 SDÜ** (vgl. Rdn. 142) die verfolgte Person gestellt wird. Das EuAlÜbk enthält keine Befugnis für die dann notwendig werdende **vorläufige Festnahme.** Nach deutschem Recht sind gemäß **§19 S.1 IRG** die **Staatsanwaltschaft** und die **Beamten des Polizeidienstes** zur vorläufigen Festnahme befugt. Der Text der Befugnis zur vorläufigen Festnahme wurde in Anlehnung an § 127 II StPO formuliert.[47] Die Festnahme ohne vorherige richterliche Anordnung ist nur zulässig, wenn die vorherige Erwirkung eines Auslieferungshaftbefehls wegen des damit verbundenen Zeitverlustes die Ergreifung des Beschuldigten vereiteln würde.[48] Zum Zeitpunkt der Festnahme müssen die **Voraussetzungen eines Auslieferungshaftbefehls** gemäß § 17 I IRG vorliegen.[49] Dies ist der Fall, wenn im Ausland für die festzunehmende Person bereits ein Haftbefehl besteht und deshalb ein Auslieferungsersuchen gestellt werden wird oder wenn der Verdacht besteht, daß sie im Ausland eine Straftat begangen hat und ein **Haftgrund** besteht. Dieser kann darin begründet sein, daß ohne die sofortige Festnahme die Gefahr besteht, daß sich die Person dem Auslieferungsverfahren entziehen wird **(Fluchtgefahr)** oder darin, daß aufgrund bestimmter Tatsachen der dringende Verdacht begründet ist, daß sie die Ermittlung der Wahrheit in dem ausländischen Verfahren oder im Auslieferungsverfahren erschweren werde **(Verdunkelungsgefahr).** Im Gesetz wird nicht geregelt, welche Stelle ein Ersuchen um vorläufige Festnahme gem. § 19 IRG stellen darf. Während die Ausschreibung zur Fahndung im SIS den Justizbehörden vorbehalten ist (vgl. Rdn. 150), darf ein **Ersuchen um Festnahme** im Verlauf einer Sofort-Fahndung auch **von einer ausländischen Polizeidienststelle** gestellt werden. Von dort müssen dann die Informationen über die Tat und die verfolgte Person gegeben werden.

28 Nach der Festnahme ist der Festgenommene gemäß § 22 IRG unverzüglich **dem Richter des nächsten Amtsgerichts vorzuführen.** Dieser vernimmt den Festgenommenen und belehrt ihn über seine Rechte. Der Betroffene kann Einwendungen gegen die vorläufige Festnahme und gegen seine Auslieferung geltend machen. Der Richter ordnet nach der Anhörung und Prüfung entweder die sofortige Freilassung oder das **Festhalten bis zur Entscheidung des Oberlandesgerichtes** über die Auslieferungshaft an.

b) Anwesenheit bei der Beweisaufnahme im Ausland

29 Im Einzelfall kann es für die Ermittlungen förderlich sein, wenn Ermittler aus dem ersuchenden Staat bei der Beweisaufnahme im Ausland anwesend sind. Die **Anwesenheit** ist aus praktischen Gründen insbesondere bei Ermittlungen in komplexen Verfahren sinnvoll. Die ermittelnden Beamten sind mit der Materie bereits vertraut und können am besten beurteilen, auf was es bei der Beweisaufnahme ankommt. Die Anwesenheit ausländischer Beamter tangiert die **Gebietshoheit des fremden Staates** und ist deshalb grundsätzlich nur nach vorheriger Zustimmung zulässig (vgl. Nr. 142 RiVASt). Dies gilt für alle Fälle, in denen sie in **amtlicher Eigenschaft** tätig werden. Selbst die Überprüfung von Anschriften durch einen Polizeibeamten während dessen **privater Auslandsreise** kann eine Beeinträchtigung fremder staatlicher Souveränität bedeuten.[50] Wegen der prozessualen Folgen muß auch dringend davor gewarnt werden, Auslandsaufenthalte zum Zweck des „allgemeinen Erfahrungsaustauschs" für Ermittlungshandlungen zu nutzen. „Allerdings steht es jedem Staat frei, seine Souveränität insoweit einzuschränken und

---

[47] Gesetzentwurf der Bundesregierung zum IRG, Begründung zu § 18, BT-Drs. 9/1338, S. 50.

[48] *Schomburg/Lagodny,* Internationale Rechtshilfe in Strafsachen, 3. Aufl. 1998, § 19 IRG Rdn. 4.

[49] Es müssen also sämtliche Voraussetzungen positiver oder negativer Art des §§ 15 oder 16 IRG erfüllt sein (*Schomburg/Lagodny,* Internationale Rechtshilfe in Strafsachen, 3. Aufl. 1998, § 19 IRG Rdn. 8).

[50] *Storbeck* Kriminalistik 1987, 473.

auf seinem Boden die hoheitliche Tätigkeit ausländischer Amtsträger generell oder im Einzelfall zu dulden.“[51] Dies muß aber unzweideutig erkennbar und belegbar sein!

Die Rechte dieser Beamten aus dem ersuchenden Staat können im Rechtshilfeverfahren unterschiedlich weit gehen. „Die erste Stufe ist die bloße Anwesenheit, bei der die ausländischen Amtsträger rein passiv zuhören und zuschauen, ohne selbst Einfluß auf Ablauf und Inhalt der Beweisaufnahme zu nehmen.“[52] Weitergehender ist die **Möglichkeit, an der Beweisaufnahme aktiv teilzunehmen.** Dies ist der Fall, wenn z. B. ausländische Polizeibeamte vor oder während einer **Vernehmung** die Möglichkeit erhalten, bei den zuständigen Ermittlern Fragen anzuregen oder vernehmungstaktische Hinweise zu geben. Eine andere Möglichkeit der Beteiligung ist bei **Durchsuchungen** sinnvoll, wenn den ausländischen Amtsträgern Gelegenheit gegeben wird, zur Beweisdeutung einzelner aufgefundener Gegenstände Stellung zu nehmen. Dies kann im Einzelfall unnötige Beschlagnahmen vermeiden und schützt auch davor, daß Gegenstände nicht als verfahrensrelevant erkannt werden. Bei den genannten Formen der Zusammenarbeit werden die Ermittlungshandlungen von den Amtsträgern des Staates erledigt, der um Rechtshilfe ersucht wurde. Die ausländischen Ermittler sind nur bei der Beweisaufnahme beteiligt. Weitergehend und rechtlich problematischer ist es, wenn den Amtsträgern des ersuchenden Staates eine **Mitentscheidung über Art und Weise der Beweisaufnahme** eingeräumt wird oder sogar die **„Selbstvornahme“** der Ermittlungshandlungen ermöglicht wird. 30

Hinsichtlich der **Anwesenheit bei der Beweisaufnahme** bestimmt Art. 4 EuRhÜbk (vgl. Rdn. 7): „Auf ausdrückliches Verlangen des ersuchenden Staates unterrichtet ihn der ersuchte Staat von Zeit und Ort der Erledigung des Rechtshilfeersuchens. Die beteiligten Behörden und Personen können bei der Erledigung vertreten sein, wenn der ersuchte Staat zustimmt.“ Aus dieser Bestimmung ergibt sich keine völkerrechtliche Verpflichtung, die Zustimmung zu erteilen. Die Erteilung der Genehmigung bleibt dem politischen Ermessen des ersuchten Staates überlassen.[53] In den Ergänzungsabkommen zum EuRhÜbk (vgl. Rdn. 7) wurden zwischen der Bundesrepublik Deutschland und einigen europäischen Staaten Vereinbarungen getroffen, in denen eine **generelle Genehmigung** oder zumindest die **Verpflichtung zur Erteilung der Genehmigung** im Einzelfall gesehen werden kann. So wird in Art. V des **deutsch-niederländischen** Vertrages über die Ergänzung des EuRhÜbk[54] vereinbart, daß die „Anwesenheit von Prozeßbeteiligten“ bei der Vornahme von Rechtshilfeersuchen im ersuchten Staat gestattet wird. Im **deutsch-französischen** Vertrag[55] wird in Art. IV der Personenkreis präziser bestimmt. Die Vereinbarung lautet: „... gestattet der ersuchte Staat auf Ersuchen des ersuchenden Staates, daß die betroffenen Behörden und die Prozeßbeteiligten bei der Vornahme von Rechtshilfehandlungen in seinem Hoheitsgebiet anwesend sind, wenn seine Rechtsvorschriften dem nicht entgegenstehen.“ Detaillierter ist die Regelung in Art. IV des **deutsch-italienischen** Ergänzungsvertrages zum EuRhÜbk. Danach wird die „Anwesenheit von Vertretern beteiligter Behörden und von beteiligten Personen bei der Vornahme von Rechtshilfehandlungen“ gestattet, „sofern dies in den Vorschriften des ersuchenden Staates vorgesehen ist“. Der Artikel enthält auch eine Vereinbarung über die Befugnisse der ausländischen Beamten. Diese „können Fragen anregen oder Maßnahmen erbitten, die sich auf die Rechtshilfehandlungen beziehen“. Auch in Art. VI des **deutsch-österreichischen** Vertrages wird den „Vertretern der am Strafverfahren beteiligten Behörden“ die „Anwesenheit bei der Vornahme von Rechtshilfehandlungen im ersuchten Staat gestattet“, wobei sie „ergänzende Fragen oder Maßnahmen anregen können“. Im **deutsch-schweizerischen** Ergänzungsvertrag wird die Anwesenheit 31

---

[51] *Nagel,* Beweisaufnahme im Ausland, 1988, S. 181.
[52] *Nagel,* Beweisaufnahme im Ausland, 1988, S. 180.
[53] *Nagel,* Beweisaufnahme im Ausland, 1988, S. 185.
[54] Zustimmungsgesetz v. 21. 12. 1981 (BGBl. 1981 II, S. 1158), in Kraft getreten am 30. 1. 1983 (BGBl. 1983 II, S. 32).
[55] Zustimmungsgesetz v. 28.3. 1978 (BGBl. 1978 II, S. 328), in Kraft getreten am 1. 1. 1981 (BGBl. 1980 II, S. 1435).

von Prozeßbeteiligten auch dann gestattet, wenn dies zwar nicht nach dem Recht des ersuchenden Staates, wohl aber nach dem des ersuchten Staates zulässig ist.

32 In der **Bundesrepublik Deutschland** gibt es **keine gesetzlichen Regelungen** für die Teilnahme ausländischer Amtsträger bei Rechtshilfehandlungen. Allerdings wird das Verfahren in den RiVASt (vgl. Rdn. 14) geregelt. „Ein ausländischer Richter oder Beamter darf in der Bundesrepublik Deutschland an Amtshandlungen nur teilnehmen, wenn dies von der zuständigen Behörde zuvor genehmigt oder die Genehmigung im Verhältnis zu bestimmten Staaten allgemein erteilt worden ist" (Nr. 138 I RiVASt). Die Richtlinien bestimmen ferner, daß der deutsche Richter oder Beamte die Amtshandlung selbst ausführt und darüber „wacht", daß der ausländische Amtsträger „nur in dem durch die Sachlage gebotenen Umfang in den Gang der Ermittlungen eingreift" (Nr. 138 II RiVASt). Ein **deutscher Polizeibeamter,** der an einer **Rechtshilfehandlung im Ausland** teilnehmen will, muß die Genehmigung der obersten Dienstbehörde, also des Innenministeriums, einholen (vgl. Nr. 140 RiVASt).

33 Von der Teilnahme an der Beweisaufnahme im Ausland ist die Tätigkeit von **„Gemeinsamen Ermittlungsgruppen"** zu unterscheiden. Artikel 13 EU-RhÜbk (vgl. Rdn. 11) eröffnet den Mitgliedstaaten der EU, den Einsatz einer solchen Gruppe in einem **strafrechtlichen Ermittlungsverfahren** zu vereinbaren. „Gemeinsame Ermittlungsgruppen" können bei schwierigen und aufwendigen Ermittlungen mit Bezug zu anderen Mitgliedstaaten gebildet werden, oder wenn ein koordiniertes und abgestimmtes Vorgehen bei den Ermittlungen erforderlich ist. Geleitet wird die Gruppe von einem Vertreter einer Polizeibehörde des Mitgliedstaates, in dem die Gruppe eingesetzt wird. Dabei handelt der Gruppenleiter „im Rahmen der ihm nach innerstaatlichem Recht zustehenden Befugnisse". Bei den Ermittlungen sind die eingesetzen Beamten an das Recht des Staates gebunden, in dem sie tätig sind. Falls die Beamten im fremden Hoheitsgebiet Straftaten begehen oder wenn sie Opfer einer gegen sie gerichteten Straftat werden, sind sie einem Beamten des „Einsatz-Mitgliedstaates" gleichgestellt. Für einen beim Einsatz entstandenen Fremdschaden haftet der Mitgliedstaat, der den Beamten entsandt hat.

34 Die in der Ermittlungsgruppe entsandten Mitglieder haben ein **Anwesenheitsrecht bei „Ermittlungsmaßnahmen im Einsatzmitgliedstaat"** (Art. 13 V EU-RhÜbk). Sie können nach Maßgabe der Rechtsvorschriften des Mitgliedstaats, in dem der Einsatz der Gruppe erfolgt, von dem Gruppenleiter mit der **Durchführung bestimmter Ermittlungsmaßnahmen** betraut werden" (Art. 13 VI EU-RhÜbk). Dazu muß sowohl der Mitgliedstaat, in dem ermittelt wird, als auch der Entsendestaat des Beamten die Zustimmung geben. Im EU-RhÜbk werden keine Angaben zur Rolle der Justiz beim Einsatz einer „Gemeinsamen Ermittlungsgruppe" gemacht. In Deutschland gilt jedenfalls die **Sachleitungsbefugnis der Justiz** aus § 161 StPO. Hilfreich wäre eine auf europäischer Ebene tätige Justizbehörde. Auf dem EU-Sondergipfel in Tampere haben die Regierungschefs vereinbart, daß eine Stelle **(„EUROJUST")** eingerichtet werden soll, in der von den einzelnen Mitgliedstaaten nach Maßgabe ihrer Rechtsordnung entsandte Staatsanwälte, Richter oder Polizeibeamte mit gleichwertigen Befugnissen zusammenarbeiten. EUROJUST könnte grenzüberschreitende Ermittlungen koordinieren, dokumentieren und bilaterale Streitigkeiten über die Anwendung und Auslegung von Rechtshilfeübereinkommen beilegen.[56]

c) Tätigwerden „Verdeckter Ermittler" im Ausland

35 Rechtlich problematischer als die Teilnahme ausländischer Polizeibeamter bei der Erledigung des Rechtshilfeersuchens im ersuchten Staat ist das **heimliche Tätigwerden im ausländischen Staat.** Das gilt besonders für den Einsatz „Verdeckter Ermittler" und die Tätigkeiten sogenannter „V-Personen" im Auftrag einer deutschen Strafverfolgungsbehör-

[56] Vgl. zu den Möglichkeiten von EUROJUST *Schomburg* Kriminalistik 2000, 17 und *ders.*, ZRP 1999, 237.

de im Ausland.[57] Völkerrechtswidriges Handeln liegt vor, wenn ein **„Verdeckter Ermittler“** oder eine **„V-Person“** im Ausland in dieser Eigenschaft tätig wird, ohne daß der fremde Staat dem zugestimmt hat. Wird z. B. ein Rauschgiftdealer durch Anwendung von List einer V-Person veranlaßt, fremdes Hoheitsgebiet zu verlassen, so daß er in Deutschland verhaftet werden kann, so verhindert diese Verletzung der Gebietshoheit des fremden Staates zwar nicht ein Strafverfahren in dieser Sache, begründet jedoch einen **Restitutionsanspruch** des fremden Staates, so daß einem **Rückführungsverlangen** entsprochen werden muß.[58] Es ist also zu beachten, daß deutsche „Verdeckte Ermittler“ wie auch von deutschen Dienststellen geführte V-Personen im Ausland **keine Befugnisse** haben, sondern nur die auswärtigen Polizeidienststellen in deren Zuständigkeit und in deren Ermittlungsverfahren als „Werkzeuge“ **unterstützen** können, sofern dies von den auswärtigen Behörden erbeten wurde und der Aufenthalt im fremden Hoheitsgebiet gestattet ist.[59]

Das „Übereinkommen über die **Rechtshilfe in Strafsachen zwischen den Mitgliedstaaten der EU**“ (vgl. Rdn. 11) ermöglicht in Art. 14 I eine weitergehende Vereinbarung über den Einsatz „verdeckt oder unter falscher Identität handelnder Bediensteter“ zwischen ersuchendem und ersuchtem Staat.[60] „Die Entscheidung über das Ersuchen wird in jedem Einzelfall von den zuständigen Behörden des ersuchten Mitgliedstaats unter Beachtung der innerstaatlichen Rechtsvorschriften und Verfahren dieses Mitgliedstaats getroffen“ (Art. 14 II EU-RhÜbk). „Die verdeckten Ermittlungen werden nach den innerstaatlichen Rechtsvorschriften und Verfahren des Mitgliedstaats abgewickelt, in dessen Hoheitsgebiet sie stattfinden“ (Art. 14 III EU-RhÜbk). „Die Dauer der verdeckten Ermittlungen, die genauen Voraussetzungen, die Rechtsstellung der betreffenden Bediensteten und Bestimmungen über die Haftung für bei verdeckten Ermittlungen gegebenenfalls begangene Verstöße oder verursachte Schäden werden zwischen den Mitgliedstaaten unter Beachtung ihrer innerstaatlichen Rechtsvorschriften und Verfahren vereinbart“ (Art. 14 II 2 EU-RhÜbk). 36

Das Abkommen enthält keine Vorgabe hinsichtlich der **Verwertung von Erkenntnissen,** die vom „Verdeckten Ermittler“ im Ausland erlangt wurden und im Strafverfahren als Beweismittel eingebracht werden sollen. Denkbar wäre, in der Zustimmung des ausländischen Staates zum Einsatz des VE auch das Einverständnis zur Beweisverwertung im Strafverfahren des ersuchenden Staates zu sehen. Dieser Sichtweise widersprechen aber die in den grundlegenden Zusammenarbeitsverträgen enthaltenen Vorbehaltsklauseln, nach denen Informationen, die im Ausland für ein innerstaatliches Strafverfahren erlangt wurden, stets nur mit Zustimmung der Justizbehörden des betroffenen ausländischen Staates verwertet werden dürfen (vgl. z. B. Art. 39 II SDÜ). Bei der Vereinbarung hinsichtlich des Verfahrens über den Einsatz des VE gemäß Artikel 14 II 1 EU-RhÜbk, kann der ersuchte Staat einen solchen Zustimmungsvorbehalt auch ausdrücklich erklären. Es fragt sich, ob dieser Erklärungsvorbehalt andere Zustimmungsvorbehalte „überspielen“ soll und kann. Das Abkommen über die Rechtshilfe innerhalb der EU ist insoweit jedenfalls ein weiteres Beispiel dafür, daß bei der Vereinbarung solcher Verträge über die grenzüberschreitende Zusammenarbeit zur Strafverfolgung primär an ein „effizientes“ Verfahren der Beweiserhebung, weniger aber an ein rechtssystematisch und rechtsstaatlich einwandfreies Verfahren der Beweisverwertung gedacht wird. Diese Vorgehensweise dient – unbeschadet ihrer Ursachen – nicht der Rechtssicherheit der transnationalen Strafverfolgung.[61] Sie 37

[57] Vgl. zu dieser Problematik *Schürmann* DNP 1995, 348 u. 383.

[58] So im Fall eines in den Niederlanden wohnhaften Türken, mit dem ein V-Mann des Hessischen LKA in Belgien und den Niederlanden ein „Scheingeschäft“ über die Lieferung von Heroin tätigte. Der Dealer konnte beim Transport des Rauschgifts auf dem Gelände einer Autobahnraststätte in Deutschland verhaftet werden; *BVerfG* NStZ 1995, 95.

[59] *Körner,* Betäubungsmittelgesetz, 4. Aufl. 1994, § 29 Rdn. 473.

[60] Der Einsatz von „Verdeckten Ermittlern“ ist ebenfalls im bilateralen Vertrag mit der Schweiz (vgl. Rdn. 96) und im Ergänzungsvertrag zum EuRhÜbk mit der Tschechischen Republik (vgl. Rdn. 9) vorgesehen.

[61] *Gleß* NStZ 2000, 62.

gefährdet den Prozeßzweck. Es bleibt abzuwarten, welche Mitgliedstaaten diese Bestimmung des EU-RhÜbk angesichts solcher Regelungsdefizite überhaupt oder mit entsprechenden Vorbehalten übernehmen. In Art. 14 IV wird vorsorglich jedem Mitgliedstaat die Möglichkeit eingeräumt, zu erklären, daß er „durch den vorliegenden Artikel nicht gebunden ist". Die Praxis wird hierauf – im Interesse aller Beteiligten – genau zu achten haben.

d) „Kontrollierte Lieferungen"

38 Mit „Kontrollierten Lieferungen" ist der von den Strafverfolgungsbehörden **überwachte Transport** von Betäubungsmitteln, Waffen, Diebesgut, Hehlerware u. ä. aus dem Ausland oder in das Ausland zum Zweck der strafprozessualen Überführung gemeint. Hauptanwendungsfall ist der **kontrollierte Transport von Rauschgift.** Ziel ist es dabei, diejenigen ausländischen Straftäter zu ermitteln, welche den Drogenschmuggel organisieren und den größten Profit aus dem illegalen Drogenhandel haben. Eine Festnahme des transportierenden Kuriers und die sofortige Beschlagnahme des Rauschgiftes würde die Ermittlungen insoweit kaum fördern und den illegalen Drogenhandel nur unwesentlich stören. Der Kurier ist aus Sicht der Organisatoren des Rauschgifthandels leicht zu ersetzen, und der Verlust der „Ware" durch eine Beschlagnahme ist von den Tätern einkalkuliert.[62] Das Geschehenlassen eines an sich strafbaren Vorgangs wird als „erforderliche" List zur Ermittlung i. S. der StPO gerechtfertigt (vgl. zur „Täuschung im Strafverfahren" Kap. C und K).

39 Innerstaatlich ist das Verfahren bei einem „Kontrollierten Transport" – ohne rechtliche Begründung – in den **„Richtlinien für das Straf- und Bußgeldverfahren"** (RiStBV) geregelt. In Ziffer 29 a) RiStBV wird für die „Transportüberwachung" zwischen der **Einfuhr** aus dem Ausland, der **Durchlieferung** aus dem Ausland durch das Inland in ein Drittland und der **Ausfuhr** vom Inland in das Ausland unterschieden. Die Zuständigkeit in Deutschland liegt bei der Staatsanwaltschaft, wobei die praktische Durchführung den Polizeibehörden überlassen wird. Gemäß Ziffer 29 b) RiStBV ist für die Genehmigung der kontrollierten Einfuhr oder einer Durchfuhr, sofern wegen der Tat noch kein Ermittlungsverfahren bei einer deutschen Staatsanwaltschaft anhängig ist, **diejenige Staatsanwaltschaft zuständig,** in deren Bezirk der Transport die Grenze passiert. Für die Genehmigung der kontrollierten **Ausfuhr** ist die **Staatsanwaltschaft zuständig, in deren Bezirk der Transport beginnt.** Dies setzt aber in jedem Fall das Vorliegen oder Eröffnen eines Ermittlungsverfahrens nach der StPO voraus. Darauf stützt sich die Mitarbeit der Polizei.

40 Bei der „Kontrollierten Lieferung" über die Staatsgrenzen hinaus handelt es sich um eine Form der **„Internationalen Rechtshilfe"**, weil die beteiligten Staaten zumindest partiell zugunsten eines anderen Staates die **Ausübung ihrer eigenen Strafgewalt zurückstellen.** Gleichzeitig müssen sie sich verpflichten, den illegalen Transport durch eigene Hoheitsträger observieren zu lassen und alle beteiligten Strafverfolgungsbehörden fortlaufend über den jeweiligen Verfahrensstand zu unterrichten. Schließlich ist von deutscher Seite als Voraussetzung der Mitwirkung eine **Zusicherung des ausländischen Staates** zu verlangen, gegen Kuriere, Hintermänner und Abnehmer zu ermitteln, die illegalen Güter sicherzustellen und die Verurteilung der Täter sowie die Strafvollstreckung anzustreben. Diese Voraussetzungen werden in Ziffer 29 b) RiStBV genannt und **binden die deutsche Staatsanwaltschaft.** Die Justizbehörden des Auslandes können dem entsprechen. Sie sind aber nur nach Maßgabe ihrer Rechtsregeln gebunden. Die deutsche RiStBV sind als innerdeutsche Verwaltungsregeln für sie nicht maßgebend. Verweigern sie also gegebenenfalls die erbetenen Zusagen, bleibt der deutschen Seite nur die Nichtmitwirkung. Ob die RiStBV, die nur dienstrechtlich die deutschen Strafverfolgungsorgane binden, als „Verfahrensrechtspraxis" zu bewerten sind, so daß eine

---

[62] *Jeschke/Graf* Kriminalistik 1987, 438.

Außerachtlassung etwa bei der „Kontrollierten Lieferung" oder bei einer polizeilichen Mitwirkung im Ausland, zu einem Verwertungsverbot für die so erlangten Beweise führen müßte, ist indes fraglich. Die RiStBV gehören nicht zum maßgeblichen, gesetzlich fixierten Verfahrensrecht, sondern zum Dienstrecht. Gleichwohl könnte der Verstoß (z. B. Verzicht auf Mitwirkungszustimmung des ausländischen Verfahrensorgans) als praktische Ungleichbehandlung vergleichbarer Fallgestaltungen gem. Artikel 3 I GG und damit als verfahrensrelevanter Verstoß gegen das Fairneßgebot gewertet werden.[63]

In Art. 11 des „Übereinkommens der Vereinten Nationen gegen den unerlaubten Verkehr mit Suchtstoffen und psychotropen Stoffen" vom 20. Dezember 1988[64] verpflichten sich die Vertragsstaaten zwar „zur angemessenen Anwendung der kontrollierten Lieferung auf internationaler Ebene", sofern ihre innerstaatliche Rechtsordnung dies zuläßt. Eine Verpflichtung zur Leistung dieser Rechtshilfe besteht aber nur, wenn dies zwischen den beteiligten Staaten vertraglich vereinbart ist. Eine solche Verpflichtung ergibt sich z. B. aus Art. 12 I des **„Übereinkommens über die Rechtshilfe in Strafsachen zwischen den Mitgliedstaaten der Europäischen Union"** (vgl. Rdn. 11).[65] Danach verpflichtet sich jeder Mitgliedstaat der EU, „auf Ersuchen eines anderen Mitgliedstaats kontrollierte Lieferungen im Rahmen strafrechtlicher Ermittlungen, die auslieferungsfähige Straftaten betreffen, in seinem Hoheitsgebiet zu ermöglichen". **Das Verfahren richtet sich jedoch allein nach dem Recht des ersuchten Staates.** Gemäß Art. 12 II des Übereinkommens liegt die Befugnis zum Einschreiten und die Leitung der Maßnahme bei den zuständigen Behörden dieses Staates. Wenn aber dessen Recht nicht den deutschen Mitwirkungsvoraussetzungen entspricht, kommt eine konkrete „Internationale Rechtshilfe" nicht in Betracht. Es bleibt verfassungsrechtlich bei dem, was innerstaatlich möglich und geboten ist, weil das ausländische Recht nicht das deutsche Recht in Deutschland überlagern kann. 41

III. „Internationale Amtshilfe" als Teil der polizeilichen Zusammenarbeit

1. Begriff und Formen der Zusammenarbeit

Die „Internationale Rechtshilfe in Strafsachen" ist auf die Hilfe in einem konkreten Ermittlungsverfahren begrenzt und umfaßt nicht die Zusammenarbeit zur Verhütung von Straftaten und zur sonstigen Gefahrenabwehr. Letztere ist eine Angelegenheit der „Internationalen Amtshilfe", wobei diese Bezeichnung im öffentlichen Recht bislang noch „kein gängiger Begriff" ist.[66] Es fehlt an einer Legaldefinition. Sicher ist nach deutschem Verfassungsrecht lediglich, daß sich gemäß Artikel 35 GG – zum Ausgleich der föderativen Gewaltenteilung – Verwaltungsbehörden mit zumindest teilidentischen Aufgabenzuweisungen wechselseitig helfen sollen. Behörden mit heterogenen Aufgaben können sich also nicht „amtlich helfen". Im deutschen Rechtssinne kann daher von „Internationaler Amtshilfe" auch nur dann gesprochen werden, wenn die Hilfe zwischen in- und ausländischen **Behörden mit gleicher Aufgabenstellung** geleistet wird. Nachfolgend ist also immer dann **„Internationale Amtshilfe"** im Rahmen der polizeilichen Zusammenarbeit gemeint, wenn eine Polizeibehörde einer ausländischen Stelle mit gleicher Kompetenz 42

[63] Zur Bewertung des Fairneßgebotes im Strafprozeß durch *BVerfG, EuGH* und *BGH* vgl. Kap. C und K.

[64] Am 28. 2. 1994 für die Bundesrepublik in Kraft getreten (BGBl. 1993 II, S. 1137; 1994 II, S. 496), abgedruckt bei *Schomburg/Lagodny,* Internationale Rechtshilfe in Strafsachen, 3. Aufl. 1998, Anh. V D 2.

[65] Die „Kontrollierte Lieferung" ist ebenfalls im bilateralen Vertrag mit der Schweiz (vgl. Rdn. 98) und im Ergänzungsvertrag zum EuRHÜbk mit der Tschechischen Republik (vlg. Rdn. 9) vorgesehen.

[66] *Scheller,* Ermächtigungsgrundlagen für die internationale Rechts- und Amtshilfe zur Verbrechensbekämpfung, 1997, S. 10.

außerhalb des „Rechtshilfeverkehrs" in Strafsachen, in einem **Einzelfall** oder in mehreren Einzelfällen **ergänzende (Präventions-)Hilfe** leistet. Wenn aber bewußte Amtshilfe nur auf **Ersuchen** geleistet werden kann, werden mit ihr nicht alle Formen der polizeilichen Zusammenarbeit außerhalb der „Rechtshilfe" erfaßt. So ist die Informationsübermittlung ohne Ersuchen (Spontaninformation) zum Zweck der „Verhütung von Straftaten" oder die regelmäßige Übermittlung von „Lagebildern" keine Angelegenheit der „Internationalen Amtshilfe". „Auch die ständige Kooperation von Behörden läßt sich nicht als Amtshilfe qualifizieren; denn deren ungeschriebenes Tatbestandsmerkmal ist die **ad-hoc-Inanspruchnahme** im Einzelfall."[67]

43 Ebenso wie bei der innerstaatlichen Amtshilfe, besteht ein großer Teil der einander ergänzenden Zusammenarbeit in der Übermittlung von Informationen **(Amtshilfe durch Informationshilfe).** Erwähnt seien hier **Auskünfte** aus Akten und die Mitteilung von Erkenntnissen, welche im Ausland in einem Verwaltungsverfahren (z. B. zur Erteilung einer Konzession) oder bei der **Vorbereitung auf Polizeieinsätze** (z. B. anläßlich von Veranstaltungen) benötigt werden. Amtshilfe ist auch die Mitwirkung bei der **Suche nach Vermißten** oder bei der **Identifizierung** unbekannter hilfloser Personen oder Toter außerhalb eines strafrechtlichen Ermittlungsverfahrens. Im weiteren Sinne des Begriffs zählt man zur Amtshilfe auch die **Überlassung von technischem Material** (z. B. von Einsatzmitteln für Spezialeinheiten im Falle einer Geiselnahme oder von Bergungs- und Transportmitteln) und die **Entsendung von Personal** zur Unterstützung bei der Gefahrenabwehr im Ausland.

2. Kompetenzfragen

44 Nach Art. 35 GG leisten die jeweils sachlich zuständigen Behörden des **Bundes** und der **Länder** einander Amtshilfe. Diese Vorschrift kann daher die Hilfe für Behörden außerhalb des Geltungsbereiches des Grundgesetzes nicht legitimieren, selbst wenn die sachliche Zuständigkeit identisch erscheint. Die Beteiligung an einer „Internationalen Amtshilfe" kann allenfalls als **„Pflege der auswärtigen Beziehungen"** qualifiziert werden, so daß sie gemäß Artikel 32 I GG Sache des Bundes ist. Dieser hat auch grundsätzlich die alleinige Kompetenz zum Abschluß **völkerrechtlicher Verträge.** Die Länder können allenfalls in den Bereichen, für die sie die ausschließliche Gesetzgebungszuständigkeit haben, Verträge abschließen (Art. 32 III GG). Dies ist z. B. der Fall, wenn gegenseitige polizeiliche **Hilfe in Gefahrenlagen** vereinbart wird. Die Bundesregierung muß zu solchen Verträgen – weil sie stets die „auswärtigen Beziehungen" berühren – auch ihre Zustimmung erklären. Sie ist im übrigen nicht gehindert, ihrerseits ebenfalls in diesem Bereich Verträge abzuschließen.[68] Voraussetzung für eine innerstaatliche Wirkung wird wegen der grundgesetzlichen Kompetenzverteilung ein Einvernehmen mit den Ländern sein. Die ausschließliche Kompetenz des Bundes für die Bewilligung „internationaler Amtshilfe" gilt für den gesamten Präventionsbereich, also auch für die Zusammenarbeit zur **Verhütung von Straftaten.** Dies könnte sich zusätzlich auch aus der Formulierung „internationale Verbrechensbekämpfung" in Art. 73 Nr.10 GG ergeben, wenn man – entgegen der Systematik und den Absichten des Verfassungsgebers – unter den unjuristischen Kampfbegriff auch das Verhindern strafbarer Handlungen faßt.[69] Das Grundgesetz sieht hier die Gesetzgebungskompetenz des Bundes vor, obwohl die Verhütung von Straftaten als Teilbereich der Gefahrenabwehr grundsätzlich zum Kompetenzbereich der Länder gehört. Der mißverständliche Artikel 73 Nr. 10 ist später in das Grundgesetz eingefügt worden. Der systematische Fehlgriff ist ebenso unverkennbar

[67] *Bull,* in AK-GG, 2. Aufl. 1989, Art. 35 Rdn. 13; vgl. auch Kap. C und E zur „Amtshilfe" m. w. Nachweisen.

[68] *Zuleeg,* in AK-GG, 2. Aufl. 1989, Art. 32 Rdn. 20.

[69] Vgl. *Riegel,* Bundespolizeirecht, 1985, S. 45.

wie die semantische Fehlleistung, so daß eine an der Verfassungsstruktur orientierte Auslegung geboten ist.[70]

3. Rechtsquellen

Ebenso wie bei der „Internationalen Rechtshilfe" kann und darf für einen ausländischen Staat grundsätzlich nur dann Amtshilfe geleistet werden, wenn dies in einem **völkerrechtlichen Vertrag** vorgesehen ist. Im Völkerrecht ist es allerdings gängige Praxis, daß sich Staaten in Gefahrensituationen auch **ohne vertragliche Vereinbarung** gegenseitig helfen. Während für vertragslose Rechtshilfe das IRG die Rechtsgrundlage ist (vgl. Rdn. 13), gibt es kein entsprechendes „internationaler Amtshilfegesetz in Verwaltungssachen".[71] Anders ist die Rechtslage in **Österreich.** Hier gilt das „Bundesgesetz über die internationale polizeiliche Kooperation" (PolKG) aus dem Jahre 1997.[72] Artikel 2 I PolKG definiert die internationale polizeiliche Amtshilfe als „die wechselseitige Hilfeleistung bei der Aufgabenerfüllung und die Zusammenarbeit zu gemeinsamer Aufgabenerfüllung". 45

Von den völkerrechtlichen Vereinbarungen über die „internationale Amtshilfe" ist, neben einzelnen Vereinbarungen über die Zusammenarbeit im Grenzgebiet, vor allem das **„Schengener Durchführungsübereinkommen"** (SDÜ) von Bedeutung. Dessen Artikel 39 regelt sowohl die Zusammenarbeit in strafrechtlichen Ermittlungsverfahren („polizeiliche Rechtshilfe") als auch bei der „vorbeugenden Verbrechensbekämpfung" (vgl. Rdn. 121). Auch der **„Polizeivertrag" zwischen Deutschland und der Schweiz** (vgl. Rdn. 79) enthält Vereinbarungen über die „internationale Amtshilfe". Im institutionellen Rahmen der **Europäischen Union** sind ebenfalls Vereinbarungen über die gegenseitige Amtshilfe der Mitgliedstaaten getroffen worden. Als Beispiel sei die „Gemeinsame Maßnahme[73] betreffend die Zusammenarbeit im Bereich der öffentlichen Ordnung und Sicherheit" vom 26. Mai 1997 genannt.[74] Darin wird eine Zusammenarbeit der Mitgliedstaaten für den Fall vereinbart, daß in einem anderen Mitgliedstaat eine **internationale Großveranstaltung** stattfinden soll, bei der **Störungen durch Personen aus den anderen Mitgliedstaaten** zu erwarten sind. Gemeint sind Sportveranstaltungen, Rockkonzerte, aber auch Demonstrationen und demonstrative Aktionen (z. B. Blockaden). Vereinbart wurde die **Weitergabe von Informationen** über die Anreise „größerer Gruppen", die eine „Gefahr für die öffentliche Ordnung und Sicherheit darstellen können". Außerdem können im Bedarfsfall **Verbindungsbeamte** zu den Polizeibehörden des Veranstaltungslandes entsandt werden, welche nur beratende und unterstützende Funktion haben und z. B. den Informationsaustausch mit ihren Heimatstaaten abwickeln können. Die Beamten haben keinerlei Hoheitsbefugnisse im Gastland und müssen unbewaffnet sein. So waren anläßlich der Fußballeuropameisterschaft 2000 Verbindungsbeamte der „Zentralen Informationsstelle Sporteinsätze" (ZIS) beim Landeskriminalamt NRW in Belgien und den Niederlanden tätig. Ob ihre etwaige „hilfreiche" Weitergabe eigener Kenntnisse über „gefährliche" Personen als „nichthoheitliche" Eingriffsmitwirkung qualifiziert werden kann, muß allerdings bezweifelt werden. Spätestens in einem Rechtsschutzverfahren könnte die Frage erheblich werden. 46

---

[70] Vgl. zur „Verhütungs"-Zuständigkeit auch Kap. E zum Thema „vorbeugende Bekämpfung von Straftaten".

[71] *Scheller,* Ermächtigungsgrundlagen für die internationale Rechts- und Amtshilfe zur Verbrechensbekämpfung, 1997, S. 110.

[72] BGBl. (AU) I Nr. 104/1997.

[73] Im Vertrag von Amsterdam wurde die „Gemeinsame Maßnahme" ersetzt durch den Beschluß gemäß Art. 34 II c) EUV-A (vgl. dazu Rdn. 189).

[74] ABl. L 147 v. 5. 6. 1997.

4. Befugnisse für das inländische Polizeihandeln zugunsten anderer Staaten

47 Falls ein völkerrechtlicher Vertrag im Verfahren gemäß Artikel 59 II 1 GG in nationales Recht transformiert ist, der spezielle **Eingriffsbefugnisse für deutsche Polizeibehörden** enthält, könnte er die formale Grundlage für inländische Grundrechtseingriffe zugunsten eines ausländischen Staates bieten.[75] In den bereits erwähnten Verträgen wird bisher nur auf das „nationale Recht“ als Eingriffsinstrumentarium verwiesen (vgl. insbesondere Art. 39 SDÜ). Während § 77 IRG hinsichtlich der Vornahme von „Rechtshilfehandlungen“ die Strafprozeßordnung für anwendbar erklärt, fehlt eine solche analoge ausdrückliche Regelung für das präventive Polizeihandeln im Rahmen der „Internationalen Amtshilfe“. In den Polizeigesetzen der Länder und im BKAG sind zwar Befugnisnormen für die „Übermittlung von Daten an ausländische Stellen“ enthalten, nicht jedoch für die Datenerhebung oder andere Eingriffshandlungen zum Zweck der „Internationalen Amtshilfe“. Sie muß also strenggenommen, soweit es um Grundrechtseingriffe im Fremdinteresse geht, unterbleiben; es sei denn, es geht zugleich auch um eine Gefahrenabwehr im deutschen Souveränitäts- und Kompetenzbereich. Die Annahme, daß auch jede Gefahr im Ausland zu hilfreichen inländischen Polizeieingriffen befuge,[76] verkennt die Reichweite polizeilicher Befugnisse. Um z. B. deutsche Auslandsreisende an potentiellen Störungen im Ausland zu hindern, genügt nicht der Rückgriff auf die Generalklausel in den Polizeigesetzen der Länder (vgl. aber die Spezialregelungen im Ausreiserecht, z. B. im Paßgesetz). Inländische Polizeieingriffe setzen eine Gefahr, also einen drohenden Schaden, und die Möglichkeit einer Ursachenbeseitigung, etwa durch Heranziehung des Störers, im deutschen Zugriffsbereich voraus. Ersuchen um „Internationale Amtshilfe“ können daher rechtlich nur als Informationsquellen genutzt werden und zu eigenständigen innerstaatlichen Aktivitäten führen. Die erbetene Hilfe wäre Nebenfolge, allerdings faktisch gegeben.

IV. Kooperation in den Grenzgebieten als besondere Form der polizeilichen Zusammenarbeit

1. Innerstaatliche Kompetenzen

48 Die polizeiliche Zusammenarbeit mit dem Ausland ist eine „auswärtige Angelegenheit“ im Sinne des Artikels 32 GG, für die ausschließlich der Bund zuständig ist. Die Bundesregierung schließt deshalb auch die völkerrechtlichen Verträge mit ausländischen Staaten über die polizeiliche Zusammenarbeit ab. Vor Abschluß eines völkerrechtlichen Vertrages, der „die besonderen Verhältnisse eines Landes berührt, ist das Land rechtzeitig zu hören“ (Art. 32 II GG). Nur in Bereichen, in denen die Länder für die Gesetzgebung zuständig sind, können sie mit Zustimmung der Bundesregierung mit auswärtigen Staaten Verträge schließen (Art. 32 III GG). Allerdings liegt gemäß Artikel 73 Nr. 10 GG die ausschließliche Gesetzgebungskompetenz für die „internationale Verbrechensbekämpfung“ beim Bund. Diesen unjuristischen Begriff, mit dem ursprünglich nur die grenzüberschreitende Strafverfolgung gemeint war, hat der Gesetzgeber später – im Zuge der Novellierungen des „Gesetzes über das Bundeskriminalamt und die Zusammenarbeit des Bundes und der Länder in kriminalpolizeilichen Angelegenheiten – Bundeskriminalamtgesetz“ (BKAG) – sowohl als Zusammenarbeit zur Aufklärung einer Straftat als auch zur Verhütung strafbarer Handlungen interpretiert. Dies kommt nunmehr unverhüllt in § 3 II 1 BKAg zum Ausdruck. Da Bund und Länder dem Gesetz zugestimmt haben und danach arbeiten, stellt sich – in der polizeilichen Praxis – die verfassungsrechtliche Frage nach der Polizeihoheit der Länder insoweit nicht mehr. Somit gilt das Bundeskriminal-

---

[75] Zu dem Verfassungsproblem einer Eingriffsermächtigung durch ein Ratifikationsgesetz gem. Art. 59 II GG vgl. Rdn. 7 oben mit den dortigen Verweisungen. Krit. auch *Lisken* DRiZ 1998, 75 m. w. N.

[76] So aber *Scheller,* Ermächtigungsgrundlagen für die Internationale Rechts- und Amtshilfe zur Verbrechensbekämpfung, 1997, S. 112.

amt für den „Dienstverkehr" aller Polizeibehörden des Bundes und der Länder mit ausländischen Polizei- und Justizbehörden als zuständig, sofern es um die „Verhütung oder Verfolgung von Straftaten" geht.

Von dieser alleinigen Zuständigkeit des Bundeskriminalamts werden in § 3 II 2 BKAG folgende Ausnahmen gemacht: 49

- Besondere bundesgesetzliche Regelungen – das Gesetz nennt als Beispiel die Vorschriften über die „Internationale Rechtshilfe" – sehen für die Länder Zuständigkeiten vor;
- das Bundesinnenministerium hat mit den zuständigen obersten Landesbehörden (z. B. mit einem Landesinnenministerium) eine andere Regelung vereinbart;
- im Rahmen der vom Bund abgeschlossenen Abkommen über die internationale Zusammenarbeit (wie z. B. das „Schengener Durchführungsübereinkommen") sind diese obersten Landesbehörden ermächtigt, mit den zuständigen ausländischen Stellen ergänzende Regelungen zu vereinbaren.

Generell ist gemäß § 3 III 1 BKAG der unmittelbare Dienstverkehr der Länderpolizeien mit den ausländischen Behörden der **Nachbarstaaten** bzw. anderer Staaten, sofern diese **Mitgliedstaat der EU** sind, zugelassen,

- wenn sich der Dienstverkehr auf **Kriminalität von regionaler Bedeutung** im **Grenzgebiet** bezieht

oder

- **Gefahr im Verzug** ist.

Mit der **„Kriminalität von regionaler Bedeutung"** sind nicht nur Delikte gemeint, die im grenznahen Bereich begangen werden. Der Begriff „Region" ist weitergehend und auch an geographischen sowie wirtschaftlichen Strukturen orientiert.[77] Gemeint ist ein regional begrenzter Aktionsraum von Tätern oder Tätergruppen. „So kann man sich ohne Mühe vorstellen, daß Täter aus Polen sich nicht ausschließlich im brandenburgischen Raum aufhalten, sondern bevorzugt auch Berlin aufsuchen. Angesichts der Wirtschaftsstruktur ist Berlin ein wichtiger Aktionsraum für diese Straftäter und in den Terminus ‚Kriminalität von regionaler Bedeutung' mit einzubeziehen."[78]

Gemäß § 3 III 2 BKAG unterrichten die Länderpolizeien das Bundeskriminalamt unverzüglich – gegebenenfalls nachträglich – über die direkte Zusammenarbeit mit ausländischen Behörden. Fraglich ist, ob das BKA in jedem Fall ausnahmslos informiert werden muß. Der Präsident des BKA vertritt die Auffassung, „daß man hier differenzieren kann und muß, weil naturgemäß in der grenzüberschreitenden Zusammenarbeit auch Fallkonstellationen auftreten, die für die polizeiliche Zentralstelle des Bundes ohne Relevanz sind".[79]

Eine **direkte Zusammenarbeit** von Polizeibehörden der Länder mit den zuständigen ausländischen Behörden ist gemäß § 3 III 3 BKAG auch bei „abgrenzbaren Fallgestaltungen im Rahmen **regionaler Schwerpunktmaßnahmen**" zulässig. Eine Beschränkung auf Nachbarstaaten oder Mitgliedstaaten der EU sieht das Gesetz nicht vor. Der Begriff „Schwerpunktmaßnahme" bedeutet erstens, daß die strafbare Handlung als einzelnes Delikt oder im Zusammenhang mit anderen Taten eine Schwerpunktbildung rechtfertigt, und zweitens, daß eine mehr als punktuelle Zusammenarbeit (wie z. B. die Rechtshilfe in einem einzelnen Fall) erforderlich sein muß.[80] Die direkte Zusammenarbeit ist nur im **„Einvernehmen mit dem Bundeskriminalamt"** zulässig. Damit dieses Einvernehmen hergestellt werden kann, ist das BKA zunächst über die geplanten Aktivitäten und die Gesamtkonzeption der „regionalen Schwerpunktmaßnahme" zu informieren. Das BKA prüft, ob die gesetzlichen Voraussetzungen für eine solche Zusammenarbeit erüllt sind. Dazu gehören insbesondere die im BKAG genannten Grundsätze hinsichtlich der Zusammenarbeit mit den ausländischen Polizeibehörden und der Zentralstellenfunk- 50

[77] *Tetzlaff* ZFIS 1999, 27.
[78] *Tetzlaff* ZFIS 1999, 27.
[79] *Kersten* Kriminalistik 2000, 12.
[80] *Tetzlaff* ZFIS 1999, 27.

tion des Bundeskriminalamtes (§§ 1 und 2 BKAG).[81] Eine Verweigerung der Zustimmung zu der beabsichtigten Kooperation aus vermeintlich übergeordneten kriminaltaktischen Motiven (z. B. Gefährdung von Ermittlungen, die das BKA selbst tätigt) ist unzulässig.[82] Das Bundeskriminalamt als „Zentralstelle“ übt keinerlei Dienst- und Fachaufsicht über die Länderpolizeien aus und ist deshalb auch nicht weisungsbefugt.

51 Innerhalb dieser gesetzlichen Vorgaben bleiben genügend Möglichkeiten für eine intensive grenznachbarliche Zusammenarbeit. Dabei müssen allerdings die berechtigten **Interessen des Bundeskriminalamtes** als Zentralstelle berücksichtigt werden. Diesem geht es nicht um eine „Überwachung“ der Zusammenarbeit von Länderpolizeien mit dem Ausland, „sondern vielmehr darum, die grenzüberschreitenden Zusammenhänge zu Auswertungszwecken zu nutzen, parallele Vorgänge zusammenzuführen, Erkenntnisse aus eigenen Beständen hinzuzufügen, erkannte Zusammenhänge auch dritten Polizeidienststellen zugänglich zu machen, auf die richtige und vollständige Einhaltung der Rechtshilfevorschriften hinzuwirken, Übersetzungserfordernisse abzudecken und den Unterrichtungsverpflichtungen gegenüber der Bundesregierung (. . .) nachzukommen“.[83]

2. Zusammenarbeit mit westeuropäischen Nachbarstaaten

a) Der „kleine Grenzverkehr“

52 Die Zusammenarbeit der Polizeien im Grenzgebiet zu den westlichen Nachbarstaaten begann bereits lange vor den Vereinbarungen über die „Ausgleichsmaßnahmen“ im Zusammenhang mit dem Abbau der Grenzkontrollen (vgl. dazu Rdn. 111). Die Kooperationsformen waren unterschiedlich und den lokalen Bedürfnissen angepaßt. So wurde im Jahre 1969 ein Zusammenschluß der Polizeibehördenleiter Lüttich, Maastricht und Aachen gebildet. Diese Arbeitsgemeinschaft war bis zum Jahr 2000 als privatrechtlicher Verein **NEBEDEAG-Pol** in das Vereinsregister eingetragen. Die Behördenleiter vereinbarten im Rahmen der Arbeitsgemeinschaft Konzepte, die dadurch wirksam geworden sind, daß sie von den Mitgliedern des Vereins in ihren Behörden unter Wahrung des nationalen Rechts tatsächlich umgesetzt wurden und zum Teil noch heute praktiziert werden. „Die Arbeitsgemeinschaft hat sich als Initiator und Triebfeder verstanden.“[84] Vereinbarungen über die Fahndung im Grenzbereich, die Zusammenarbeit durch den Austausch von Verbindungsbeamten bei grenzüberschreitenden Großlagen, direkte Funkverbindungen und gemeinsame Fortbildungsveranstaltungen sind inzwischen in das „Schengener Durchführungsübereinkommen“ und in bilaterale Vereinbarungen eingeflossen.

53 Einzelne vertragliche Regelungen des Bundes gingen weitgehend an den **Bedürfnissen der Länder** im Hinblick auf eine Zusammenarbeit mit den europäischen Nachbarstaaten vorbei. So wurde insbesondere die Beschränkung des Informationsaustausches auf einzelne Polizeibehörden im grenznahen Bereich als nicht mehr zeitgemäß empfunden. Das führte zwangsläufig zu eigenen Aktivitäten der Bundesländer, die jedoch leicht zur Kollision mit den Zuständigkeiten des Bundes führen konnten. Um dies zu vermeiden, wurde empfohlen,[85] eine Vereinbarungsform zu wählen, die im Sinne eines bloßen Verhandlungsprotokolls keinerlei völkerrechtlichen Charakter hatte. Aufgrund solcher „politischer Vereinbarungen“ gab es viele Kontakte zwischen den Polizeibehörden einzelner Bundesländer und den Behörden der europäischen Nachbarstaaten. Dieser sogenannte

---

[81] *Tetzlaff* ZFIS 1999, 29.

[82] *Tetzlaff* ZFIS 1999, 29.

[83] *Wolters,* Grenzüberschreitende Zusammenarbeit nach den Bestimmungen des SDÜ – Anspruch und Wirklichkeit aus der Sicht des Bundeskriminalamtes, in: Nachbaur (Hrsg.), Die grenzüberschreitende Zusammenarbeit von Polizei und Justiz in den Schengen-Staaten, 1998, S. 39.

[84] *Bönninghaus,* Zusammenarbeit in Deutschland zwischen den Bundesländern bei der Bekämpfung von Kriminalität, der Einfluß der Behörde und der NEBEDEAG-Pol, in: TRANSPOL (Hrsg.), Internationalisering door Grenzeloze Samenwerking, 1994, S. 132.

[85] *Brendel,* in: Polizeiführungsakademie (Hrsg.), Internationale Zusammenarbeit in der Kriminalitätskontrolle, 1992, S. 137.

„kleine polizeiliche Grenzverkehr" – in einer rechtlichen „Grauzone" – funktionierte nach Berichten aus der Praxis „hervorragend".[86] Inzwischen sind diese Vereinbarungen jedoch durch das „Schengener Durchführungsübereinkommen" und die Ergänzungsverträge dazu (vgl. Rdn. 102) überholt.

b) Polizeiliche Zusammenarbeit mit Belgien

Erste Ansätze einer vertraglichen Vereinbarung über die Zusammenarbeit im Grenzgebiet enthielt das Abkommen mit Belgien „über die dienstlichen Beziehungen zwischen **deutschen und belgischen Polizeibehörden** im Grenzgebiet" vom 13./26. Januar 1960,[87] das neben der „Bekämpfung des Verbrechertums" auch die gegenseitige „Hilfe bei Notständen" als Vertragszweck nennt. Vereinbart wurde in diesem Abkommen die 54

- Einrichtung eines Verbindungsdienstes zur gegenseitigen Unterrichtung über strafbare Handlungen im Grenzgebiet und sonstigen Ereignissen, die dringend Maßnahmen erfordern (Art. 1);
- Weitergabe von Informationen über verdächtige oder straffällige Personen, die im Grenzgebiet ihren Wohnsitz oder Aufenthalt haben (Art. 2);
- Umsetzung der eingegangenen Nachrichten durch geeignete Maßnahmen im Rahmen der jeweiligen Rechts- und Verwaltungsvorschriften (Art. 3);
- Erlaubnis, die Grenze in Dienstkleidung und ohne Waffen zu überschreiten, wobei auf dem Gebiet des anderen Staates jedoch keine Hoheitsakte vollzogen werden dürfen (Art. 4).

Als **Ergänzungsabkommen zum SDÜ** (vgl. Rdn. 113) wurde am 27. März 2000 in Brüssel das „Abkommen zwischen der Regierung der Bundesrepublik Deutschland und der Regierung des Königsreichs Belgien über die **Zusammenarbeit der Polizeibehörden und Zollverwaltungen in den Grenzgebieten**" unterzeichnet.[88] Gemäß Artikel 2 II des Abkommens erstreckt sich die Zusammenarbeit vornehmlich auf den 55

- Informationsaustausch, einschließlich personenbezogener Daten,
- die Koordination polizeilicher Einsätze in den Grenzgebieten,
- die Kooperation im Bereich Aus- und Fortbildung.

In Artikel 3 des Abkommens werden Verbindungsstellen benannt, denen der **Informationsaustausch** im Hinblick auf die Verhütung und Verfolgung von Straftaten und die allgemeine Gefahrenabwehr **im Grenzgebiet** obliegt. Deutsche Verbindungsstellen sind

- das Polizeipräsidium Trier (Rheinland-Pfalz),
- das Polizeipräsidium Aachen (Nordrhein-Westfalen),
- das Bundesgrenzschutzamt Kleve,
- das Bundesgrenzschutzamt Köln,
- das Bundesgrenzschutzamt Saarbrücken.

Der Gendarmeriedistrikt Eupen ist die Verbindungsstelle für das Königreich Belgien. Nach Abschluß der **Polizeireform** in Belgien wird es auf lokaler Ebene in Zukunft nur noch eine einzige Polizei, die **„Lokale Polizei"**, und auf nationaler Ebene die **„Föderale Polizei"** geben. Beide Ebenen sind auf der Grundlage funktioneller und struktureller Regeln miteinander verbunden. Gendamerie und Gerichtspolizei werden in der „Föderalen Polizei" integriert. Diese ist Ansprechpartner und Verbindungsstelle im Sinne des Abkommens über die Zusammenarbeit der Polizei- und Zollbehörden im Grenzgebiet.

In Artikel 8 des Abkommens wird geregelt, welche Informationen die Verbindungsstellen im unmittelbaren Verkehr, also ohne vorherige Beteiligung der Zentralstellen, im Rahmen des Artikels 39 SDÜ (vgl. Rdn. 114) austauschen können. Diese Bestimmung ist speziell für den **„Polizeilichen Rechtshilfeverkehr"** in Strafverfolgungsangelegenheiten 56

[86] Vgl. dazu: *Gersonde* Kriminalistik 1987, 479 (Schleswig-Holstein/Dänemark); *Lehnert* Kriminalistik 1987, 486 (Saarland/Frankreich); *Weber* Kriminalistik 1987, 487 (Rheinland-Pfalz/Luxemburg); *Bux* Kriminalistik 1987, 489 (Baden-Württemberg/Frankreich und Schweiz).

[87] MBl. Rheinland-Pfalz Nr. 36, vom 3. 8. 1960, S. 796; hier zitiert aus *Grützner/Pötz*, Internationaler Rechtshilfeverkehr in Strafsachen, 2. Aufl. II B 10, S. 58.

[88] Bis zum 1. 3. 2001 war das Abkommen noch nicht in Kraft getreten.

(vgl. Rdn. 20) von Bedeutung. Es dürfen insbesondere folgende Informationen übermittelt werden:
- Halter- und Fahrerfeststellungen,
- Führerscheinanfragen,
- Aufenthalts- und Wohnsitzfeststellungen,
- Feststellung von Telekommunikationsanschlußinhabern, soweit es sich dabei um veröffentlichte Einträge handelt,
- Informationen, die der Polizei vom Betroffenen freiwillig gegeben wurden,
- Identitätsprüfungen,
- Informationen über die Herkunft von Sachen, insbesondere betreffend Waffen und Kraftfahrzeuge (Verkaufsweganfragen),
- Spurenfeststellungen,
- Erkenntnisse aus polizeilichen Akten und Informationssystemen.

Außer zu diesem Informationsaustausch im konkreten Einzelfall, sind insbesondere die Polizeieinsatzleiter zum **Informationsaustausch über Strategie und Taktik** aufgefordert (Art. 7 II).

57 Neben dem Austausch von **Verbindungsbeamten** bei besonderen Einsätzen mit grenzüberschreitendem Bezug (Art. 5) ist bei besonderen Anlässen auch die befristete **Einrichtung gemeinsamer Polizeiposten** möglich (Art. 4 IV). Eine ständige „gemeinsame Dienststelle" von belgischer und deutscher Polizei ist im Abkommen nicht vorgesehen. Bei Bedarf können die Vertragsparteien für grenzpolizeiliche Angelegenheiten eine gemischt besetzte deutsch-belgische Kontaktstelle betreiben (Art. 4 I). In den übrigen Artikeln des deutsch-belgischen Abkommens werden Einzelheiten zur Observation und Nacheile geregelt.

c) Polizeiliche Zusammenarbeit mit Dänemark

58 Bisher gibt es mit Dänemark noch kein Ergänzungsabkommen zum Schengener Durchführungsübereinkommen (vgl. Rdn. 113) über die polizeiliche Zusammenarbeit im Grenzgebiet. Die Zusammenarbeit im Rahmen des „kleinen Grenzverkehrs" (vgl. zu diesem Begriff Rdn. 52) mit der Polizei in Dänemark[89] funktioniert nach Aussagen von Praktikern „hervorragend".[90] In erster Linie betrifft dies die örtlich zuständige Polizeidirektion Schleswig-Holstein Nord mit Sitz in Flensburg, die enge Kontakte zu den dänischen Grenzpolizeikreisen in Tondern, Sonderborg und Gravenstein/Apenrade pflegt. Auf der Grundlage des Schengener Durchführungsübereinkommens wird derzeit ein Abkommen zwischen der Bundesrepublik Deutschland und dem Königreich Dänemark über die **Zusammenarbeit der Polizei- und Zollbehörden in den Grenzgebieten** erarbeitet. Gegenstand des Abkommens ist u. a.
- die Intensivierung des Informationsaustausches,
- die Intensivierung der Kooperation bei Einsätzen und Ermittlungen zur Verhütung und Verfolgung von Straftaten und zur Gefahrenabwehr,
- die Einrichtung gemischt besetzter Ermittlungsgruppen bei Bedarf,
- der Ausbau der behördlichen Kontakte und der Aktivitäten auf dem Gebiet der dezentralen Aus- und Fortbildung (z. B. hinsichtlich gemeinsamer grenzüberschreitender Übungen).

d) Polizeiliche Zusammenarbeit mit Frankreich

59 Die Zusammenarbeit deutscher Polizeibehörden mit französischen Dienststellen wird durch die erheblichen Unterschiede im Rechts- und Polizeisystem erschwert.[91] Dennoch

---

[89] Vgl. zu deren Organisation und Aufgaben *Semerak* DPolBl 2/1994, S. 15 sowie Kap. N in diesem Buch. Informativ ist auch die deutschsprachige Homepage der dänischen Polizei ›http://www.politi.dk/index.htm‹.

[90] *Gersonde* Kriminalistik 1987, 479.

[91] Vgl. zum Aufbau und den Zuständigkeiten der französischen Polizei *Maier* DPolBl Heft 2/1994, S. 4 sowie Kap. N in diesem Buch. Über kulturelle Unterschiede im Polizeiwesen berichten *Aden,* Polizeipolitik

gab es bereits lange vor dem Abbau der Grenzkontrollen zwischen den beiden Staaten Kooperationsvereinbarungen. So wurde am 28. November 1978 das Abkommen über die Zusammenarbeit der Polizeibehörden im deutsch-französischen Grenzgebiet unterzeichnet.[92] Vereinbart wurde hauptsächlich ein gegenseitiger Informationsaustausch. Als Vertragszweck wird die Verbesserung der Zusammenarbeit der Polizeibehörden im Grenzgebiet zur „Bekämpfung des internationalen Verbrechertums" genannt. Es wird also nicht die gesamte Gefahrenabwehr, sondern nur die Zusammenarbeit zum Zwecke der **„Verhütung von Straftaten"** angesprochen.

Am 9. Oktober 1997 wurde in Mondorf (Luxemburg) das „Abkommen zwischen der Bundesrepublik Deutschland und der Regierung der **Französischen Republik** über die Zusammenarbeit der Polizei- und Zollbehörden in den Grenzgebieten" geschlossen. Dieses Abkommen wurde im Verfahren gemäß Art. 59 II 1 GG ratifiziert[93] und trat am 1. April 2000 in Kraft.[94] Neben der Zusammenarbeit „im Rahmen der bestehenden Strukturen und Zuständigkeiten", sieht Artikel 3 des Abkommens auch die Zusammenarbeit in **„Zentren der Polizei- und Zollzusammenarbeit"** vor. Die Aufgaben dieser Dienststellen werden in Art. 4 II des Abkommens wie folgt beschrieben: „In den gemeinsamen Zentren arbeiten Angehörige aller Polizeidienste und der Zollverwaltungen im Rahmen ihrer Zuständigkeiten räumlich unmittelbar zusammen um in Angelegenheiten, die die Grenzgebiete betreffen, unbeschadet des Datenverkehrs und des Informationsaustausches über die nationalen Zentralstellen, Informationen auszutauschen, zu analysieren und weiterzusteuern, sowie in Fällen, in denen die Aufgabenbereiche von mehrenen Behörden verschiedener Dienstzweige berührt sind, bei der Koordinierung von Einsatzmaßnahmen mitzuwirken. Den gemeinsamen Zentren obliegt nicht die selbständige Durchführung operativer Einsätze." **60**

Im Jahre 1999 wurde in **Offenburg** ein **„gemeinsames Zentrum"** eingerichtet, das organisationsrechtlich zum Landeskriminalamt Baden-Württemberg gehört. Dort arbeiten Beamtinnen und Beamte der Landespolizei, des Bundesgrenzschutzes und des Zolls gemeinsam mit Angehörigen der Police Nationale, der Gendamerie Nationale sowie des französischen Zolls und Grenzschutzes.[95] Der Dienststelle obliegt der **Informationsaustausch** zur Gefahrenabwehr und Strafverfolgung sowie die Koordinierung grenzüberschreitender Einsätze. Zum regelmäßigen Informationsaustausch gehört gemäß Artikel 5 des Abkommens die Erstellung und Übermittlung von Lagebilden. Die **Koordinierungsfunktion** umfaßt gemäß Artikel 6 des Abkommens insbesondere **61**

- die Abstimmung von „Aufklärungs- und Überwachungsmaßnahmen" in den Grenzgebieten,
- die „Abstimmung von Einsätzen sowie von grenzüberschreitenden Fahndungsmaßnahmen, zum Beispiel Ringalarmfahndungen nach Maßgabe im voraus festgelegter Pläne",
- „unterstützende Aktivitäten bei der technischen Durchführung grenzüberschreitender Observations- und Nacheilehandlungen" nach Artikel 40 und 41 SDÜ.

Neben dieser Zusammenarbeit in den „gemeinsamen Zentren" sieht das Abkommen in Artikel 10 eine **direkte Kooperation** der Polizeibehörden beider Vertragsstaaten vor. Sie besteht außer in regelmäßigen Kontakten vor allem im Austausch von Verbindungsbeamten. Artikel 10 II des Abkommens bestimmt: „Vollzugsbeamte der französischen Polizeidienste können in der Bundesrepublik Deutschland im Einvernehmen mit den zuständi- **62**

---

in Europa, 1999 und *Chourry,* Zwei Aspekte der französischen Polizei in Morié/Murck/Schulte (Hrsg.), Auf dem Weg zu einer europäischen Polizei, 1992, S. 192.

[92] BGBl. 1978 II, S. 1402.

[93] Zustimmungsgesetz vom 14. 9. 1998, BGBl. 1998 II, S. 2479.

[94] Bekanntmachung v. 15. 5. 2000, BGBl. 2000 II, S. 842.

[95] Vgl. *Hetger,* Die rechtliche Problematik gemischt-nationaler Polizeieinheiten („Gemeinsame Zentren") im deutsch-französischen Grenzgebiet, in: Baldus/Soiné (Hrsg.), Rechtsprobleme der internationalen polizeilichen Zusammenarbeit, 1999, S. 145.

gen französischen Stellen mit Aufgaben des polizeilichen Vollzugsdienstes nach Maßgabe der hierfür geltenden Vorschriften beider Vertragsparteien betraut werden." Im Ergebnis läßt der Wortlaut die rechtliche Auslegung zu, daß die Kompetenzen und Befugnisse der Vollzugsbeamten der Vertragsstaaten je nach Bedarf verbunden und wechselseitig nutzbar sein sollen. Insoweit kann der konkret Betroffene im Grenzgebiet gegebenenfalls nicht ohne weiteres erkennen, wer ihm nach welchem Recht gegenübertritt. Diese verfahrensrechtliche Unsicherheit wird auch noch dadurch verstärkt, daß an keiner Stelle eine Pflicht zur Belehrung über das im Einzelfall angewendete Verfahrensrecht und etwaige Rechtsbehelfe konstituiert ist. Danach bleibt für den deutschen Eingriffsbereich nur die Erwartung, daß die aus Artikel 19 IV GG folgende **Belehrungspflicht** gemäß StPO oder VwGO beachtet wird.

63 In Artikel 14 des Abkommens wird beschrieben, welche **Unterstützung** im Rahmen der „Polizeilichen Rechtshilfe" und zur „Vorbeugenden Verbrechensbekämpfung" gemäß Artikel 39 SDÜ (vgl. dazu Rdn. 114) von bestimmten **Polizeibehörden im Grenzbereich** zu Frankreich geleistet werden darf. Dazu zählen auf der Grundlage des eigenen Rechts:

- Halterfeststellungen und Fahrerermittlungen,
- Führerscheinanfragen,
- Aufenthalts- und Wohnsitzfeststellungen,
- Feststellung von Telefonanschlußinhabern,
- Identitätsfeststellungen,
- Polizeiliche Erkenntnisse aus Datensystemen und polizeilichen Unterlagen,
- Polizeiliche Erkenntnisse über Rauschgiftfälle,
- Verkaufsweganfragen insbesondere betreffend Waffen und Kraftfahrzeuge,
- Spurenaufklärungen.

Die im Abkommen genannten Polizeibehörden dürfen zur Erledigung der Ersuchen unmittelbar miteinander in Verbindung treten. Die „beauftragte zentrale Stelle" braucht nicht beteiligt werden.

e) Polizeiliche Zusammenarbeit mit Luxemburg

64 Das Verwaltungsabkommen über die polizeiliche Zusammenarbeit im Grenzgebiet zwischen der Bundesrepublik Deutschland und Luxemburg trat am 1. Juni 1996 in Kraft.[96] In Artikel 2 werden für die Bundesrepublik Deutschland folgende **Kontaktstellen** benannt:

- Das Polizeipräsidium Trier (Rheinland-Pfalz),
- die Polizeidirektion West in Saarlouis (Saarland),
- das Grenzschutz- und Bahnpolizeiamt Saarbrücken.[97]

Der in Artikel 3 des Abkommens erwähnte **Informationsaustausch** ist im Hinblick auf den direkten Verkehr der Kontaktstellen mit der Luxemburger Polizei[98] auf den Zweck der **Gefahrenabwehr** beschränkt. Der Informationsaustausch in Strafsachen, die für das Grenzgebiet von Bedeutung sind, obliegt auf deutscher Seite dem Landeskriminalamt.

f) Polizeiliche Zusammenarbeit mit den Niederlanden

65 Die Vereinbarung über die polizeiliche Zusammenarbeit im Grenzgebiet zwischen der Bundesrepublik Deutschland und den Niederlanden trat am 1. Februar 1997 in Kraft.[99] In Artikel 2 wurden folgende **Verbindungsstellen** benannt:

- Die Polizeiinspektion Emsland in Lingen (Niedersachsen),
- die Polizeipräsidien Aachen, Krefeld, Mönchengladbach und Münster (Nordrhein-Westfalen).

---

96 Bekanntmachung im BGBl. 1996 II, S. 1203.
97 Nunmehr „Bundesgrenzschutzamt".
98 Zu den Aufgaben und zur Organisation der Polizei in Luxemburg vgl. Kap. N in diesem Buch.
99 Bekanntmachung im BGBl. 1997 II, S. 702.

Das Abkommen berücksichtigt damit die **bereits vorhandenen Strukturen** der polizeilichen Zusammenarbeit im Grenzgebiet zu den Niederlanden. Durch Erlaß des Innenministeriums vom 8. Juli 1993[100] wurde in Nordrhein-Westfalen beim Landeskriminalamt eine **„Zentrale Verbindungsstelle"** eingerichtet, die folgende Aufgaben hat:

- Weiterleiten von Warnungen über bevorstehende schwerwiegende Straftaten,
- Mitwirken bei besonderen Fahndungsmaßnahmen,
- Steuern von Informationen zur Feststellung der Identität von überprüften Personen in schwerwiegenden Fällen und wenn Eile geboten ist,
- Koordination von grenzüberschreitenden Observationen in Abstimmung mit den zuständigen Stellen,
- Mitwirken bei der Entsendung von Verbindungsbeamten zu operativen Führungsstäben in den Niederlanden,
- Mitwirken bei der Vorbereitung von gemeinsamen grenzüberschreitenden Übungen.

Die grenznahen Polizeipräsidien Aachen, Krefeld, Mönchengladbach und Münster sind als **„Regionale Verbindungsstellen"** für die übrigen Polizeibehörden des Landes Ansprechpartner in allen Fragen der unmittelbaren praktischen Zusammenarbeit. Ihre Aufgaben sind insbesondere:

- die Aufnahme, Bewertung und Steuerung von Informationen in Fällen ohne Rechtshilfecharakter, also nur im Bereich der Prävention,
- das Vermitteln von Kontakten zwischen Dienststellen beider Länder,
- das Erstellen von regionalen Kriminalitätslagebildern im Grenzbereich,
- die Unterstützung von (Alarm-)Fahndungen sowie von Observations- und Nacheilemaßnahmen diesseits und jenseits der Grenze.

Beim Landeskriminalamt des Landes **Niedersachsen** wurde ebenfalls eine „Zentrale Verbindungsstelle" eingerichtet. Die Polizeiinspektion Emsland in Lingen ist die „Regionale Verbindungsstelle" des Landes. Die Aufgabenverteilung entspricht der in Nordrhein-Westfalen.[101] In den grenznahen **Politie-Regios**[102] der Niederlande wurden ebenfalls Verbindungsstellen[103] eingerichtet.

g) Polizeiliche Zusammenarbeit mit Österreich

Am 16. Dezember 1997 wurde in Wien ein Abkommen zwischen der **Österreichischen Bundesregierung** und der Regierung der Bundesrepublik Deutschland über die Zusammenarbeit der Polizei- und Zollbehörden[104] in den Grenzgebieten geschlossen.[105] In diesem Übereinkommen wird sehr präzise der **Austausch von Informationen** geregelt, die **für das Grenzgebiet von Bedeutung** sind. Gemäß Artikel 4 des Übereinkommens intensivieren die Behörden im Grenzgebiet insbesondere die Zusammenarbeit im Rahmen des Titels III SDÜ, „indem sie (nach je eigenem Recht R.M) 66

- einander Informationen über Sachverhalte, Täterverbindungen und typisches Täterverhalten ohne Angaben personenbezogener Daten mitteilen,
- zur Aufklärung von Straftaten in Einzelfällen auf Ersuchen die Personalien von Beteiligten an strafbaren Handlungen übermitteln,
- zum Zwecke der Abwehr von Gefahren für die öffentliche Sicherheit und Ordnung einander direkt über bevorstehende, polizeilich relevante Ereignisse und Aktionen sowie im Einzelfall über Personalien und Erkenntnisse über Personen möglichst so

---

100 Der Erlaß hat das Aktenzeichen – IV D2 – 6439/1.5 und wurde nicht veröffentlicht.

101 Vgl. den RdErl. des Innenministeriums v. 13. 2. 1995, Nds.MBl. 11/1995, S. 323.

102 Vgl. zur Organisation der Polizei in den Niederlanden *Semarek* DPolBl 2/1994, S. 13 und Kap. N in diesem Buch.

103 Vgl. dazu *de Heus,* Interregionale samenwerking en de rol van de I.C.C.'s (Informatieen Coördinatie Centrale) daarbij, in: TRANSPOL (Hrsg.), Internationalisering door Grenzeloze Samenwerking, 1994, S. 111.

104 Vgl. zur Organisation und den Aufgaben der Polizeibehörden in Österreich *Semarek* DPolBl 2/1994, S. 20 und Kap. N in diesem Buch.

105 BGBl. (Österreich) 2000 III, S. 59.

rechtzeitig unterrichten, daß die erforderlichen Maßnahmen zeitgerecht getroffen werden können, (. . .)."

67 Daneben wurde eine **Intensivierung der Kooperation bei Einsätzen und Ermittlungen** zur Strafverfolgung und Gefahrenabwehr verabredet. So sollen die Polizeikräfte in den gegenüberliegenden Grenzgebieten möglichst nach abgestimmter Planung eingesetzt werden und bei Bedarf **gemeinsame Einsatzleitungen und Befehlsstellen** installiert werden. Auf Ersuchen können Angehörige von Polizei- und Zollbehörden der einen Vertragspartei im Rahmen ihrer jeweiligen nationalen Zuständigkeit auf dem Hoheitsgebiet der anderen Vertragspartei zur **„Unterstützung von Kontroll-, Observations- und Ermittlungsmaßnahmen"** tätig werden. Ihnen stehen dabei keine hoheitlichen Befugnisse zu, sondern sie haben eine Informations- und Beratungsfunktion und können also niemanden anhalten, kontrollieren, durchsuchen usw. Ihnen ist gemäß Art. 6 II des Übereinkommens erlaubt, Dienstwaffen sowie andere Zwangsmittel und Ausrüstungsgegenstände mitzuführen, und sie dürfen ihre nationale Dienstkleidung tragen. „Die Dienstwaffen dürfen nur im Falle der Notwehr gebraucht werden."

68 In Art. 8 des Übereinkommens werden diejenigen Informationen beschrieben, die von den Behörden im Grenzgebiet auf Ersuchen nach Maßgabe des Artikels 39 SDÜ (vgl. Rdn. 114) übermittelt werden dürfen. Dies darf sowohl zur „Vorbeugenden Bekämpfung" als auch zur Aufklärung von Straftaten geschehen. Insbesondere dürfen sie Ersuchen um Hilfe in den folgenden Bereichen „übermitteln und beantworten:

- Halterfeststellungen und Fahrerermittlungen,
- Anfragen nach Führerscheinen und sonstigen Berechtigungen,
- Aufenthalts- und Wohnsitzfeststellungen,
- Feststellung von Telefonanschlußinhabern,
- Identitätsfeststellungen,
- Ermittlungen zur Herkunft von Sachen, beispielsweise Waffen und Kraftfahrzeugen,
- Polizeiliche Erkenntnisse aus Datensystemen und polizeilichen Unterlagen,
- Rauschgiftsofortmeldungen,
- Informationen zur praktischen Durchführung grenzüberschreitender Observationen,
- Informationen bei grenzüberschreitender Nacheile,
- Feststellung der Aussagebereitschaft einer Auskunftsperson,
- polizeiliche Befragungen,
- Spurenaufklärungen und
- Abstimmung von und Einleitung erster Fahndungsmaßnahmen."

Sofern die Daten zum Zwecke der Aufklärung einer bestimmten Straftat übermittelt werden, müssen die innerstaatlichen Regelungen für die **„Internationale Rechtshilfe"** (vgl. Rdn. 14) beachtet werden. Die Rechtsgrundlage für die Übermittlung personenbezogener Daten zum Zweck der Gefahrenabwehr ergibt sich aus dem jeweiligen Polizeirecht des Landes Bayern bzw. Baden-Württemberg.

h) Polizeiliche Zusammenarbeit mit der Schweiz

69 Die Polizeibehörden der Schweiz[106] und des Landes Baden-Württemberg arbeiteten bereits vor Unterzeichnung des deutsch-schweizerischen Polizeivertrages (vgl. dazu Rdn. 79) eng zusammen. Grundlage der Kooperation war die „Erklärung des Bundesministers des Innern und des Vorstehers des Eidgenössischen Polizei- und Justizdepartements" vom 27. November 1995.[107] Inzwischen ermöglicht der Polizeivertrag zwischen der Schweiz und der Bundesrepublik Deutschland eine Kooperation, die sogar erheblich über die Möglichkeiten des Schengener Durchführungsübereinkommens hinausgeht (vgl. Rdn. 79).

---

[106] Vgl. zur Organisation und den Aufgaben der Polizeibehörden in der Schweiz *Maier* DPolBl 2/1994, S. 22 und Kap. N in diesem Buch.

[107] *Kolwe* DPolBl 5/1998, S. 13.

3. Zusammenarbeit mit osteuropäischen Nachbarstaaten

a) Polizeiliche Zusammenarbeit mit Polen

Die Staatsgrenze zwischen der Republik Polen und der Bundesrepublik Deutschland hat eine Länge von ca. 460 km und ist eine EU-Außengrenze. Das „Wohlstandsgefälle" zwischen beiden Staaten hat nach der Grenzöffnung zu einem Anstieg der Kriminalität in den grenznahmen deutschen Polizeibezirken beigetragen.[108] 70

Am 5. April 1995 wurde das „Regierungsabkommen über die Zusammenarbeit der Polizei- und Grenzschutzbehörden in den Grenzgebieten" unterzeichnet. In Artikel 1 wird die Verbesserung der Zusammenarbeit bei der „Bekämpfung, Verhütung und Verfolgung von Straftaten sowie bei der Abwehr von Gefahren für die öffentliche Sicherheit und Ordnung" als Zweck des Abkommens genannt. Die Vertragsparteien arbeiten auf der Grundlage ihres Rechts zusammen. Als Verwaltungsabkommen i. S. des Artikels 59 II 2 GG gibt der Vertrag den Polizeibehörden keine zusätzlichen Eingriffsbefugnisse. Gemäß Artikel 2 I des Abkommens arbeiten in Deutschland folgende Polizeibehörden mit polnischen Polizeibehörden im Grenzgebiet zusammen: 71

- in Brandenburg die Polizeipräsidien Eberswalde, Frankfurt/Oder, Cottbus und die Wasserschutzpolizei;
- in Sachsen die Landespolizeidirektion Dresden und die Polizeidirektion Görlitz;
- in Mecklenburg-Vorpommern die Polizeidirektion Anklam und die Wasserschutzpolizeidirektion Mecklenburg-Vorpommern;
- in Berlin der Polizeipräsident in Berlin.

In Polen sind die **Wojewodschaftskommandanten der Polizei**[109] in Stettin (Sczecin), Landsberg/Warthe (Gorzów Wielkopolsi), Grünberg (Zielona Góra) und Hirschberg (Jelenia Góra) zuständig. In „Angelegenheiten der Kriminalitätsbekämpfung" in den Grenzgebieten müssen sich die genannten Behörden jedoch an die Landeskriminalämter Brandenburg, bzw. Sachsen oder Mecklenburg-Vorpommern wenden. Mit dieser Regelung in Artikel 2 III des Vertrages ist der direkte Dienstverkehr zwischen den Polizeipräsidien und den Wojewodschaften in Angelegenheiten der **polizeilichen Rechtshilfe** (vgl. Rdn. 20) **ausgeschlossen.**

In Artikel 3 des Abkommens werden die Formen der Zusammenarbeit (nicht abschließend) aufgezählt. Dazu gehört der **Austausch von Personalien** von Tatverdächtigen, „Hinterleuten" und „Drahtziehern" sowie der **Austausch von Informationen** über verübte Delikte im Grenzbereich, Begehungsweise, typisches Täterverhalten und Täterverbindungen. Die Daten werden – auf der Grundlage des jeweiligen nationalen Rechts – sowohl im Einzelfall als auch zu festen Meldeterminen für die Erarbeitung gemeinsamer „Lageanalysen" für das Grenzgebiet übermittelt. Außerdem wurde die **Einrichtung von „Koordinierungsstellen"** (Verbindungsstellen) in den Grenzgebieten, die **Benennung von Kontaktbeamten** mit Kenntnissen der Sprache der anderen Vertragspartei und die kurzzeitige **Entsendung von Beratern,** vor allem zur „Unterstützung in besonderen Lagen", vereinbart. Aus der Sicht der Polizei des Landes Sachsen[110] haben sich folgende Formen der Zusammenarbeit in der Praxis bewährt: 72

- Die Einrichtung einer „Kontaktstelle" im Polizeipräsidium Dresden zur Koordinierung der Zusammenarbeit mit den Polizeibehörden in den Grenzgebieten Polens und Tschechiens,
- die Einrichtung einer „Ansprechstelle" bei der Polizeidirektion in Görlitz, als Verbindungsstelle zu Polen,

---

[108] Vgl. zur Entwicklung in Brandenburg: *Lüdders* Die Polizei 1998, 315.

[109] Vgl. zur Organisation und den Aufgaben der Polizeibehörden in Polen den Abschnitt 6 III D im MEPA-Handbuch, herausgegeben vom „Zentralen Koordinationsbüro der Mitteleuropäischen Polizeiakademie Wien" und Kap. N in diesem Buch.

[110] Vgl. *Bornmann,* Rechtsfragen polizeilicher Zusammenarbeit zwischen Sachsen und Polen sowie der Tschechischen Republik, in: Baldus/Soiné (Hrsg.), Rechtsprobleme der internationalen polizeilichen Zusammenarbeit, 1999, S. 164.

– die Erprobung eines Pilotprojektes „Gemeinsame Dienststelle" des Zolls, des BGS und der Länderpolizei im „Dreiländereck" Deutschland, Polen, Tschechien bei Görlitz.

b) Polizeiliche Zusammenarbeit mit der Tschechischen Republik

73 Bereits am 26. Februar 1991 wurde zwischen dem Innenministerium der Tschechischen Republik und dem Bayerischen Staatsministerium des Innern eine Verwaltungsvereinbarung über polizeiliche Zusammenarbeit getroffen. Darin wird die gegenseitige Unterrichtung über rechtliche Grundlagen der Polizeiarbeit, der Austausch von Informationen und Dokumentationen aus dem wissenschaftlich technischen Bereich und die Zusammenarbeit bei der fachlichen Ausbildung von Spezialisten vereinbart. Außerdem wurden bei den jeweiligen Zentralstellen[111] Verbindungsbeamte benannt. Für die tägliche Polizeiarbeit im Grenzbereich enthält die Vereinbarung keine Regelungen. Auf der Grundlage dieser Verwaltungsvereinbarung wurde am 16. Mai 1991 ein „Durchführungsprotokoll" unterzeichnet. Darin wird der Austausch von Informationen über grenznahe und grenzüberschreitende Einsätze der Polizei sowie der Erfahrungsaustausch im Rahmen gegenseitiger Informationsbesuche vereinbart. Als Kontaktstelle wurde auf deutscher Seite das Landeskriminalamt in München und als Ansprechpartner in eiligen Fällen der Lagedienst des Polizeipräsidiums Niederbayern/Oberpfalz benannt.

V. Bilaterale Verträge als Rechtsgrundlage für die polizeiliche Zusammenarbeit

1. „OK-Abkommen" mit mittel- und osteuropäischen Staaten

74 Die politische Entwicklung in **Osteuropa** ermöglichte bereits Anfang der 90er Jahre Kontakte außerhalb der IKPO-INTERPOL (vgl. Rdn. 168), um dem internationalen Drogenhandel und anderen Formen der „Organisierten Kriminalität" besser begegnen zu können. Ziel der Kooperation mit mittel- und osteurpäischen Staaten (MOE-Staaten) war es insbesondere, die **Einfuhr von Drogen nach Westeuropa** über die sogenannte **„Balkanroute"** zu verhindern. Dieser Transportweg für Heroin aus den Ländern des **„Goldenen Halbmondes"** verlief bis 1989 nahezu ausschließlich über die Länder Türkei, Bulgarien, Jugoslawien und Österreich nach Deutschland bzw. Westeuropa und führt wegen der Situation im ehemaligen Jugoslawien nunmehr auch über die Staaten Bulgarien, Rumänien, Ungarn und die Tschechische Republik.[112] Außerdem sollte durch die Zusammenarbeit zwischen den Polizeien die Aufklärung und Verhinderung solcher Fälle verbessert werden, in denen Osteuropa den Absatzmarkt für die gestohlenen Güter bietet (wie z.B. bei der „Autoverschiebung"). Die Bundesregierung war daher bestrebt, mit möglichst vielen MOE-Staaten sogenannte **„OK-Abkommen"** abzuschließen. Je nach geographischer Lage wurde dabei eine **Einordnung in drei Ringe** vorgenommen.[113] Zum **ersten Ring** gehören die Staaten Bulgarien, Polen, Ungarn sowie die Tschechische und Slowakische Republik. Die baltischen Staaten Estland, Lettland sowie Litauen werden neben Weißrußland, Rußland und der Ukraine zum **zweiten Ring** gezählt. Zm weitergehenden **dritten Ring** zählten dann auch die asiatischen Staaten der ehemaligen Sowjetunion, wie z.B. Kasachstan, Kirgisistan und Usbekistan. Grundlage für die Vertragsverhandlungen war ein „Muster-Entwurf für Regierungsabkommen über die Zusammenarbeit bei der Bekämpfung der Organisierten Kriminalität sowie des Terrorismus und anderer schwerer Straftaten". Dieser Entwurf wurde auch dem Bundesbeauftragten

[111] Vgl. zur Organisation und den Aufgaben der Polizeibehörden in der Tschechischen Republik Abschnitt 36 D im MEPA-Handbuch, herausgegeben vom „Zentralen Koordinationsbüro der Mitteleuropäischen Polizeiakademie Wien" und Kap. N in diesem Buch.

[112] *Andres* Kriminalistik 1998, 327.

[113] Vgl. Bulletin 27/1995, S. 232.

für den Datenschutz übermittelt, der keine datenschutzrechtlichen Bedenken geltend gemacht hat.[114]

Staaten, mit denen die Bundesrepublik Deutschland „Abkommen über die Zusammenarbeit bei der Bekämpfung der organisierten Kriminalität" abgeschlossen hat: 75

Vertragsstaat	Unterzeichnung	Inkrafttreten	Bekanntmachung
Republik Ungarn	22. 3. 1991	7. 1. 1993	BGBl. 1993 II, S. 743
Tschechische Republik	13. 9. 1991	29. 9. 1992	BGBl. 1993 II, S. 37
Slowakische Republik	13. 9. 1991	29. 9. 1992	BGBl. 1993 II, S. 37
Republik Polen	6. 11. 1991	14. 8. 1992	BGBl. 1992 II, S. 950
Republik Bulgarien	14. 9. 1992	11. 4. 1994	BGBl. 1994 II, S. 1025
Ukraine	6. 2. 1995		
Republik Lettland	30. 3. 1995		
Republik Belarus	4. 4. 1995		
Republik Usbekistan	16. 11. 1995	3. 11. 1997	BGBl. 1998 II, S. 75

Die Abkommen sind weitgehend inhaltsgleich. In Artikel 2 werden die **Deliktsbereiche** genannt, auf deren Verhütung und Verfolgung sich das Abkommen erstreckt. In den Artikeln 3–6 werden dann für die einzelnen Kriminalitätsfelder die vereinbarten Maßnahmen beschrieben. Dabei handelt es sich hauptsächlich um den Austausch personenbezogener Daten von Tatbeteiligten und die **Übermittlung von Informationen** über Täterverbindungen, Strukturen von Tätergruppen und kriminellen Organisationen. Der Informationsaustausch erstreckt sich auch auf die Beschreibung von Verhalten und Arbeitsweisen von Straftätern sowie auf Verstecke, Transportmittel und -wege. 76

Außer der Vereinbarung über diese Datenübermittlungen enthält das Abkommen in Artikel 7 umfangreiche **Datenschutzbestimmungen.** Neben den Regelungen über die Zweckbindung und die Berichtigung bzw. Löschung von Daten wird dem Betroffenen ein Auskunftsrecht über „die zu seiner Person vorhandenen Informationen sowie über den vorgesehenen Verwendungszweck" eingeräumt. 77

Die konkrete Umsetzung des Abkommens obliegt den „Zentralstellen im Rahmen ihrer Zuständigkeiten". Von deutscher Seite wurde das **Bundeskriminalamt** als zuständige Stelle benannt. Weil die „OK-Abkommen" als **Verwaltungsabkommen** nicht gemäß Artikel 59 II 1 GG ratifiziert wurden, stehen sie nicht im Range eines Bundesgesetzes und können daher keine Eingriffsbefugnisse begründen. Das Tätigwerden des Bundeskriminalamtes richtet sich deshalb ausschließlich nach nationalem Recht. Die **Befugnis für die Datenübermittlung** an ausländische Polizeien ergibt sich aus § 14 I BKAG. 78

2. „Polizeivertrag" mit der Schweiz

a) Entstehung und Inhalt des Vertrages

Die Schweiz ist wegen ihrer „Insellage" innerhalb der Europäischen Union in einer besonderen Situation. Während sie an der informellen TREVI-Kooperation (vgl. dazu Rdn. 183) noch teilhaben konnte, ist sie, wegen der fehlenden Mitgliedschaft in der EU, von der Kooperation im Bereich Justiz und Inneres im Rahmen des Titels VI EUV ausgeschlossen. Im Bewußtsein der „Gefahr einer Marginalisierung" der Schweiz hat der schweizerische Bundesrat bereits 1995 beschlossen, Lösungen mit den Nachbarstaaten zu 79

[114] 14. Tätigkeitsbericht des BfD, Ziffer 24.2.3.

suchen, um „drohende Sicherheitsdefizite zu vermindern".[115] Im Frühjahr 1999 wurden entsprechende Verträge mit Frankreich und Italien abgeschlossen, am 29. April 1999 wurde ein Vertrag über die Polizeikooperation zwischen der Schweiz und der Republik Österreich sowie dem Fürstentum Liechtenstein unterzeichnet.

80 Am 27. April 1999 wurde zwischen der Schweizerischen Eidgenossenschaft und der Bundesrepublik Deutschland der **„Vertrag über die grenzüberschreitende polizeiliche und justitielle Zusammenarbeit"** geschlossen. Als Richtschnur für die Verhandlungen diente das Schengener Durchführungsübereinkommen (vgl. Rdn. 102), wobei es im Verhandlungsergebnis erhebliche Unterschiede in den Kooperationsverträgen gibt. Im Gegensatz zu Frankreich und Italien erklärten sich Deutschland sowie Österreich und Liechtenstein bereit, besondere Formen der Zusammenarbeit zu vereinbaren, auch wenn diese nicht im SDÜ enthalten sind.[116] Nach Auffassung der deutschen Bundesregierung soll der Polizeivertrag ein Orientierungsrahmen für den künftigen Abschluß oder die Nachbesserung bestehender Abkommen mit den „Schengen-Nachbarn" sein.[117] Der „deutsch-schweizerische Polizeivertrag"[118] ist in folgende sieben Kapitel gegliedert:

81 In **Kapitel I** wird unter dem Titel **„Abstimmung in grundsätzlichen Sicherheitsfragen"** ein über den Einzelfall hinausgehender Informationsaustausch und eine gemeinsame Kriminalitätsanalyse vereinbart. Gemäß Artikel 1 **(„Gemeinsame Sicherheitsinteressen")** unterrichten die Vertragsparteien einander über die „Schwerpunkte ihrer Kriminalitätsbekämpfung" sowie über „bedeutsame Vorhaben auf polizeilichem Gebiet mit Auswirkungen auf die Belange des anderen Vertragsstaates". Bei der Erarbeitung polizeilicher Konzepte ist den gemeinsamen Sicherheitsinteressen angemessen Rechnung zu tragen. Jeder Vertragsstaat kann dem anderen außerdem einen Vorschlag unterbreiten, wenn er der Ansicht ist, daß dieser besondere Schritte zur Gewährleistung der gemeinsamen Sicherheit ergreifen sollte. „Dies muß nicht auf dem diplomatischen Weg erfolgen. Auch die Zentralstellen haben die Möglichkeit, entsprechende Vorschläge zu unterbreiten."[119] Gemäß Artikel 2 **(„Gemeinsame Sicherheitsanalyse")** streben die Vertragsstaaten einen möglichst einheitlichen Informationsstand über die polizeiliche Sicherheitslage an. Zu diesem Zweck werden periodisch und anlaßbezogen nach festgelegten Kriterien erstellte Lagebilder ausgetauscht und mindestens einmal jährlich gemeinsam die Schwerpunkte der Sicherheitslage analysiert. Von der Nutzung personenbezogener Daten ist insoweit keine Rede. Das ist rechtlich beachtlich.

82 **Kapitel II** regelt die **„allgemeine Zusammenarbeit der Polizeibehörden"** unter Einschluß des Austausches von Daten und sonstigen Informationen (Art. 3–11), der Zustellung von gerichtlichen und anderen behördlichen Schriftstücken (Art. 12) sowie der Aus- und Fortbildung (Art. 13). In Artikel 3 wird zunächst klargestellt, daß sich die Zusammenarbeit sowohl auf die **Gefahrenabwehr** als auch auf die Aufklärung von bereits geschehenen Straftaten erstreckt. Die Verhütung von Straftaten wird, anders als im Vertrag zwischen der Schweiz und Österreich sowie Liechtenstein, als Unterfall der Gefahrenabwehr behandelt. Die mißverständlich als „Kriminalitätsbekämpfung" bezeichnete Zusammenarbeit bei der **Strafverfolgung** ist „Internationale Rechtshilfe" (vgl. dazu Rdn. 4 ff.). Der Vertrag will die Regeln über die Zusammenarbeit der nationalen Zentralstellen, insbesondere im Rahmen von IKPO-Interpol (vgl. dazu Rdn. 172), ergänzen. Es geht also weder um „Kampf" noch um Prävention. Das festzuhalten, ist wegen der Gefahr der Bewußtseinsveränderung durch Neologismen wichtig.

---

[115] Botschaft des schweizerischen Bundesrates über verschiedene Vereinbarungen mit Deutschland sowie mit Österreich und dem Fürstentum Liechtenstein über polizeiliche und justitielle Zusammenarbeit v. 24. 11. 1999, Bundesblatt (CH), Nr. 8 v. 29. 2. 2000, S. 864.

[116] Botschaft des schweizerischen Bundesrates v. 24. 11. 1999, Bundesblatt (CH), Nr. 8 v. 29. 2. 2000, S. 865.

[117] Woche im Bundestag, Heft 4/2000, S. 22.

[118] Der Vertragstext war zunächst nur im schweizerischen Bundesblatt Nr. 8 v. 29. 2. 2000, S. 917 verfügbar und wird deshalb daraus zitiert. Die Ausgabe des Bundesblattes ist im Internet über ‹http://www.admin.ch› abrufbar.

[119] Botschaft des schweizerischen Bundesrates v. 24. 11. 1999, Bundesblatt (CH), Nr. 8 v. 29. 2. 2000, S. 871.

Die **„besonderen Formen der Zusammenarbeit"** werden in **Kapitel III** eingehend normiert. Die bisherige grenzüberschreitende polizeiliche Zusammenarbeit zwischen den Vertragsstaaten umfaßte im Rahmen von Interpol nur den Austausch kriminalpolizeilicher Nachrichten. Mit dem Polizeivertrag werden nun auch operative Kooperationsformen zugelassen.[120] Dazu gehören die grenzüberschreitende Observation (Rdn. 90), die Nachteile (Rdn. 94), der Einsatz „verdeckter Ermittler" (Rdn. 96) sowie die „kontrollierte Lieferung" (Rdn. 98). **83**

b) Informationsaustausch

Einzelheiten des **Informationsaustausches auf Ersuchen** werden in Artikel 4 geregelt. **84**
Diese Bestimmung ist sehr stark an Artikel 39 SDÜ (vgl. Rdn. 114, 121) orientiert und erfaßt ebenfalls sowohl die Zusammenarbeit zur Gefahrenabwehr (internationale Amtshilfe) als auch die Unterstützung in einem strafrechtlichen Ermittlungsverfahren (polizeiliche Rechtshilfe). Die unmittelbare Zusammenarbeit der Polizeibehörden, wie sie in den bilateralen Abkommen der Schweiz mit Frankreich und Italien vereinbart wurde, ist im Verhältnis zur Bundesrepublik Deutschland grundsätzlich ausgeschlossen. Mit Rücksicht auf die innerdeutsche Rechtslage sieht der Vertrag in Artikel 4 II das **Zentralstellenprinzip mit Ausnahmevorbehalt** vor. Jede schweizerische Polizeibehörde kann jedoch direkt mit dem Bundeskriminalamt als der deutschen Zentralstelle verkehren.[121] Daneben wird für beide Vertragsparteien auch ein direkter Verkehr zwischen den Polizeibehörden zugelassen, wenn es sich um eine Straftat mit Schwerpunkt im Grenzgebiet handelt, bei zeitlicher Dringlichkeit sowie (wenn das Einverständnis der Zentralstellen vorliegt) bei tat- oder täterbezogenen Zusammenhängen im Rahmen abgrenzbarer Fallgestaltungen (Art. 4 II 3). Bei der Erledigung von Ersuchen um Hilfe zur Abwehr von Gefahren können die zuständigen Polizeibehörden gemäß Artikel 4 III stets unmittelbar miteinander verkehren. Eine Ausnahme besteht allerdings bei der Zusammenarbeit zur **Verhütung von Straftaten,** für die hinsichtlich des Behördenverkehrs das **Zentralstellenprinzip** gilt.

Für die **Informationsübermittlung ohne Ersuchen** wurde in Artikel 11 des Polizeiver- **85**
trages eine Regelung getroffen, die weitgehend Artikel 46 SDÜ (vgl. dazu Rdn. 123) entspricht. Neben Informationen, die vom anderen Vertragsstaat zur Abwehr konkreter Gefahren benötigt werden könnten, dürfen auch Informationen zur Aufklärung einer Straftat übermittelt werden. Da kein Ersuchen vorliegt, wird in Ergänzung der Datenschutzregelung von Artikel 27 Nr. 2 des Vertrages verlangt, daß nicht nur der Übermittler, sondern auch der Empfänger die Erforderlichkeit der erhaltenen Informationen im Hinblick auf die Gefahrenabwehr oder die Strafverfolgung überprüft.

c) „Polizeilicher Rechtshilfeverkehr"

In Artikel 10 ist eine besondere Regelung für den **„polizeilichen Rechtshilfeverkehr"** **86**
(vgl. dazu Rdn. 20) vorgesehen. Danach kann eine Polizeibehörde in den Fällen, in denen ein justitielles Rechtshilfeersuchen nicht rechtzeitig gestellt werden kann, an Stelle der Justizbehörde ein solches Ersuchen stellen. Damit soll sichergestellt werden, daß die ersuchte Polizeibehörde sofort handeln kann, um bei **„Gefahr im Verzug"** Beweismittel für das ausländische Strafverfahren sichern zu können. In Artikel 10 I werden Ersuchen zur „Spuren- und Beweissicherung einschließlich der Durchführung von körperlichen Untersuchungen sowie Durchsuchungen von Personen, Hausdurchsuchungen sowie Beschlagnahme von Beweisunterlagen" als **mögliche Polizeieingriffe** genannt. Mit dieser Regelung bekommt die Polizei keine neuen Befugnisse. Es gilt das nationale Recht, in Deutschland also die StPO. Die dort vorgesehenen Richtervorbehalte sind strikt zu be-

---

120 Botschaft des schweizerischen Bundesrates v. 24. 11. 1999, Bundesblatt (CH), Nr. 8 v. 29. 2. 2000, S. 881.

121 Botschaft des schweizerischen Bundesrates v. 24. 11. 1999, Bundesblatt (CH), Nr. 8 v. 29. 2. 2000, S. 873.

achten. Anders als im SDÜ sind aber **„strafprozessuale Zwangsmaßnahmen"** in diesen Rechtshilfefällen nicht von vornherein für die Polizei ausgeschlossen. Gemäß Artikel 10 II des Polizeivertrages sind die zuständigen Justizbehörden im ersuchenden und im ersuchten Staat unverzüglich unter Angabe der Gründe für die Eilbedürftigkeit zu unterrichten. In Deutschland ist die örtlich zuständige Staatsanwaltschaft die zuständige Justizbehörde i. S. des Vertrages. Grundsätzlich darf das **Ergebnis der Rechtshilfevornahme** erst nach Eingang eines förmlichen Rechtshilfeersuchens an den ersuchenden Vertragsstaat übermittelt werden (Art. 10 III). Bei besonderer zeitlicher Dringlichkeit kann die Polizeibehörde die Ergebnisse nach Einwilligung der örtlich zuständigen Justizbehörde unmittelbar an die Polizeibehörde im ersuchenden Vertragsstaat übermitteln. Auch in diesen Fällen gilt das **Zentralstellenprinzip** mit den in Artikel 4 II des Abkommens genannten Ausnahmen.

d) Personen- und Sachfahndung

87 Wenngleich die Polizeibehörden der Schweiz auch in Zukunft keinen direkten oder indirekten Zugriff auf das Schengener Informationssystem (vgl. dazu Rdn. 143) haben werden, wurden in Artikel 5 bis 8 des Polizeivertrages Regelungen über den Austausch von Fahndungsdaten getroffen, die sich eng an die Regelungen im SDÜ anlehnen. Wesentlicher Unterschied ist jedoch, daß kein gemeinsames Computersystem betrieben wird, sondern lediglich eine **Übernahme der Daten in das jeweilige nationale System** beabsichtigt ist. Die Daten werden über ein geschütztes elektronisches Nachrichtenübermittlungssystem an die jeweilige nationale Zentralstelle gegeben. In der Schweiz wird zunächst jedes eingegangene Ersuchen auf Zulässigkeit geprüft und erst danach in den nationalen Fahndungsbestand gegeben. Deutschland bevorzugt dieselbe Handhabung wie beim SIS und stellt die Daten sofort ein.

88 Artikel 5 des Abkommens betrifft die Ausschreibung einer Person zur **Festnahme mit dem Ziel der Auslieferung.** Die auf Antrag der Justizbehörde übermittelten Daten sind gemäß Artikel 5 I „Ersuchen um vorläufige Festnahme" im Sinne von Artikel 16 des Europäischen Auslieferungsübereinkommens (vgl. dazu Rdn. 8). Artikel 6 des Polizeivertrages regelt die Übermittlung von Personendaten zum Zwecke der Ausschreibung zur Aufenthaltsermittlung und **Ingewahrsamnahme von Vermißten** (Abs. 3), zur **Aufenthaltsermittlung** für Zwecke der Strafverfolgung und Strafvollstreckung (Abs. 4) und zur „verdeckten Registrierung" (Abs. 5). Ausschreibungen zur **„verdeckten Registrierung"**[122] sind zur Strafverfolgung und zum Zweck der Gefahrenabwehr[123] zulässig, sofern konkrete Anhaltspunkte dafür bestehen, daß der Betroffene außergewöhnlich schwere Straftaten plant oder begeht oder die Gesamtbeurteilung der betroffenen Person, insbesondere aufgrund der bisher von ihr begangenen Straftaten, erwarten läßt, daß sie auch künftig solche Straftaten begehen wird. Die „außergewöhnlich schwere Straftat" ist im Vertrag nicht definiert. Das ist ein gravierendes verfahrensrechtliches Defizit. Der Artikel 6 wird – deswegen? – auch noch nicht mit Inkrafttreten des Abkommens wirksam, sondern soll separat mit einem Notenwechsel in Kraft gesetzt werden (Art. 50 I).

89 Neben der Personenfahndung wurde im Vertrag auch eine **gemeinsame Sachfahndung** vereinbart. Zwar haben die Polizeibehörden der Schweiz bereits heute Zugriff auf den Sachfahndungsbestand im deutschen INPOL-System, die deutschen Behörden können allerdings nur – über Interpol – im schweizerischen Datensystem RIPOL den Fahrzeugbestand abfragen. Neu ist also lediglich, daß gemäß Artikel 8 I des Vertrages auch das deutsche Bundeskriminalamt online den gesamten schweizerischen Sachfahndungsbestand abfragen kann.[124] Zunächst ist die Abfrage nur den Zentralstellen möglich. Diese sind aber berechtigt, den übrigen nationalen Polizeibehörden den Zugriff auf die erlangten Daten zu ermöglichen. Zu einem späteren Zeitpunkt können die Sachfahndungs-

---

[122] Diese entspricht in Deutschland der „polizeilichen Beobachtung".
[123] In Deutschland zur „Vorsorge für die künftige Strafverfolgung".
[124] Botschaft des schweizerischen Bundesrates v. 24. 11. 1999, Bundesblatt (CH), Nr. 8 v. 29. 2. 2000, S. 878.

daten eines Vertragsstaates insgesamt übermittelt und in das nationale System des anderen Vertragsstaates eingestellt werden. Diese in Artikel 8 II vorgesehene grundrechtsrelevante Verfahrensweise soll separat mit einem Notenwechsel in Kraft gesetz werden (Art. 50 I).

e) Grenzüberschreitende Observation

Artikel 14 des Polizeivertrages erlaubt die **Fortsetzung einer Observation** in einem Er- 90
mittlungsverfahren auf dem Hoheitsgebiet des anderen Vertragsstaates. Das **Ermittlungsverfahren** muß eine Straftat betreffen, wegen der im ersuchten Staat das Auslieferungsverfahren betrieben würde. Der Begriff der **„Auslieferungsfähigkeit"** deckt sich in den beiden Staaten weitgehend, da beide Länder das Europäische Auslieferungsübereinkommen (vgl. Rdn. 8) unterzeichnet haben. Eine **Ausnahme** gilt für das zweite Zusatzprotokoll zu diesem Abkommen, das eine Auslieferung auch bei der Begehung von **Fiskaldelikten** vorsieht. Die Schweiz hat dazu – entsprechend ihrer Auffassung vom Steuer- und Bankgeheimnis – einen Vorbehalt angebracht, durch den eine Anwendung der entsprechenden Bestimmungen ausgeschlossen wurde. Bei diesen Delikten wird daher eine grenzüberschreitende Observation von seiten der Schweiz nicht zugestimmt.[125] Als **„Observation"** bezeichnen die Vertragsparteien „eine länger andauernde heimliche Beobachtung von Personen durch Polizeibehörden, wobei ein Kontakt zwischen der observierten Person und den observierenden Beamten grundsätzlich nicht beabsichtigt ist".[126] Eine in anderen Staaten praktizierte Observation von oder in Bankhäusern ist also in der Schweiz in jeder Form unstatthaft.

Die grenzüberschreitende Observation nach Artikel 14 ist im übrigen grundsätzlich 91
nur nach vorheriger **Zustimmung** des anderen Staates zulässig. Diese gilt für das gesamte Hoheitsgebiet und wird in Deutschland von derjenigen Staatsanwaltschaft erteilt, in deren Zuständigkeitsbereich die Grenze voraussichtlich überquert wird (Art. 14 IV). In der Schweiz ist das Ersuchen an die Strafverfolgungsbehörden des Bundes oder desjenigen Kantons zu richten, auf dessen Gebiet der Grenzübertritt voraussichtlich erfolgen soll (Art. 14 IV). Ein Dokument, aus dem sich die Zustimmung ergibt, ist während der Observation mitzuführen. Falls eine vorherige Zustimmung wegen besonderer **Dringlichkeit** nicht beantragt werden kann, darf die Observation nach Artikel 14 II des Polizeivertrages über die Grenze hinweg fortgesetzt werden. Der Grenzübertritt ist noch während der Observation unverzüglich der zuständigen Behörde des Vertragsstaates, auf dessen Hoheitsgebiet die Observation fortgesetzt werden soll, mitzuteilen. In Deutschland ist entweder das LKA Baden-Württemberg oder das LKA Bayern zuständig und in der Schweiz das Polizeikommando Basel-Stadt oder Schaffhausen. Ein begründetes Ersuchen ist unverzüglich nachzureichen. Stimmt der ersuchte Staat nicht zu oder unterläßt er es, eine Zustimmung innerhalb von fünf Stunden nach Grenzübertritt zu erteilen, ist die Observation abzubrechen. Über die Verwertung der bis dahin gewonnenen Erkenntnisse ist nichts gesagt.

Die **Modalitäten der grenzüberschreitenden Observation** entsprechen im übrigen 92
denen nach Artikel 40 SDÜ (vgl. dazu Rdn. 126). Die Befugnis zur grenzüberschreitenden Observation im deutsch-schweizerischen Polizeivertrag ist in Teilbereichen jedoch erheblich weiter gehend als diejenige in Artikel 40 SDÜ. So ist gemäß Artikel 14 III Nr. 8 Polizeivertrag der **Einsatz technischer Mittel** zur Unterstützung der Observation (z. B. ein Peilsender) erlaubt, sofern dies nach dem Recht des Vertragsstaates zulässig ist, auf dessen Hoheitsgebiet die Observation fortgesetzt wird. Artikel 14 III Nr. 9 Polizeivertrag gewährt den observierenden Beamten, die unter Leitung des um Mitwirkung ersuchten Vertragsstaates tätig sind, ein **Festhalterecht.** Voraussetzung dafür ist, daß die observierte Person auf frischer Tat bei der Begehung von oder der Teilnahme an einer Straftat betrof-

[125] Botschaft des schweizerischen Bundesrates v. 24. 11. 1999, Bundesblatt (CH), Nr. 8 v. 29. 2. 2000, S. 882.

[126] Botschaft des schweizerischen Bundesrates v. 24. 11. 1999, Bundesblatt (CH), Nr. 8 v. 29. 2. 2000, S. 880.

fen oder verfolgt wird. Bei der Straftat muß es sich um eine solche handeln, wegen der auch das Auslieferungsverfahren betrieben würde. Das weitere Verfahren ist wie bei der Nacheile gemäß Artikel 16 IV Nr. 3 des Polizeivertrages (vgl. Rdn. 94) geregelt. Zudem dürfen gemäß Artikel 25 des Polizeivertrages auch **Luft- und Wasserfahrzeuge im Observationseinsatz** benutzt werden.

93 Die grenzüberschreitende Observation ist nicht nur zum Zweck der Strafverfolgung zulässig, sondern ist unter den Voraussetzungen des Artikel 14 Polizeivertrag auch erlaubt, wenn eine Person zur **Sicherstellung der Strafvollstreckung** beobachtet wird. So darf eine „Kontaktperson" observiert werden, von der die Polizei weiß, daß sie sich in den anderen Vertragsstaat begibt, um dort eine zur Strafvollstreckung gesuchte Person zu treffen. Diese Möglichkeit besteht nach dem SDÜ nicht. Eine weitergehende Observationsbefugnis enthält auch Artikel 15 des Polizeivertrages. Diese Bestimmung erlaubt nämlich auch eine **Observation zur Verhinderung einer Straftat von erheblicher Bedeutung.** Der Begriff der „erheblichen Straftat" wird im Vertrag nicht definiert. „Zu denken ist z. B. an Fälle von Terrorismus, organisiertem Verbrechen, Entführungen und anderen schwerwiegenden Delikten."[127] Die Voraussetzungen entsprechen denjenigen der grenzüberschreitenden Observation zur Strafverfolgung oder Strafvollstreckung. Allerdings beschränkt Artikel 15 V des Polizeivertrages die Fortsetzung der Observation auf die in Artikel 4 VII des Vertrages bezeichneten **Grenzgebiete.** Das sind in **Deutschland** die Regierungsbezirke Freiburg, Tübingen und Stuttgart in Baden-Württemberg sowie die Regierungsbezirke Schwaben, Oberbayern und Mittelfranken in Bayern. In der **Schweiz** umfaßt das Grenzgebiet die Kantone Basel-Stadt, Basel-Land, Aargau, Schaffhausen, Zürich, Thurgau und St. Gallen. Sofern der ersuchte Vertragsstaat jedoch die Leitung des Observationseinsatzes übernimmt, darf die Beobachtung auch außerhalb dieser Grenzgebiete fortgesetzt werden.

f) Grenzüberschreitende Nacheile

94 Die **grenzüberschreitende Nacheile** ist gemäß Artikel 16 I des Polizeivertrages zugelassen, wenn eine Person bei der Begehung von oder der Teilnahme an einer **„auslieferungsfähigen Straftat"** auf frischer Tat betroffen oder verfolgt wurde. Gleiches gilt, wenn eine Person verfolgt wird, die aus der **Haft** (Untersuchungs- oder Strafhaft), einem **psychiatrischen Krankenhaus,** in dem sie zwangsweise untergebracht ist, der **Sicherheitsverwahrung** oder sonstigem **amtlichen Gewahrsam** geflohen ist. Amtlicher Gewahrsam wird auch begründet, wenn Polizeibeamte eine Person vorläufig festgenommen oder aus Gründen der Gefahrenabwehr in Gewahrsam genommen haben. Die Unterbringung in amtlichen Gewahrsamsräumen ist dafür nicht erforderlich. Auch wenn die Person z. B. aus einem Polizeifahrzeug flüchtet, kann daher die Nacheile aufgenommen werden. Die Vorschriften über die Nacheile gelten gemäß Artikel 16 VII „sinngemäß für Fälle, in denen Beamte der Polizeibehörden eines Vertragsstaates eine Person verfolgen, die sich einer **Grenzkontrolle** oder innerhalb eines Gebietes von dreißig Kilometern entlang der Grenze einer **polizeilichen Kontrolle** zum Zwecke der Bekämpfung der grenzüberschreitenden Kriminalität oder der Fahndung nach Straftätern entzieht". Eine „allgemeine Verkehrskontrolle" als Anlaß für die beabsichtigte Kontrolle der betroffenen Person genügt nicht. „Es wird hier eine aus konkretem Anlaß eingeleitete Fahndungs- oder Kontrollaktion vorausgesetzt, in deren Verlauf sich eine Person durch ihr Verhalten verdächtig macht."[128] Artikel 16 des deutsch-schweizerischen Polizeivertrags ist hinsichtlich der Voraussetzungen für eine Nacheile erheblich weiter gefaßt als Artikel 41 SDÜ (vgl. dazu Rdn. 133).

---

[127] Botschaft des schweizerischen Bundesrates v. 24. 11. 1999, Bundesblatt (CH), Nr. 8 v. 29. 2. 2000, S. 883.

[128] Botschaft des schweizerischen Bundesrates v. 24. 11. 1999, Bundesblatt (CH), Nr. 8 v. 29. 2. 2000, S. 885. Damit scheiden also „verdachtsunabhängige" Kriterien aus. Sie sind ohnehin problematisch (vgl. Kap. C Rdn. 20 ff.).

Die **Modalitäten der Nacheile** entsprechen den Regelungen in Artikel 41 SDÜ. Allerdings gelten für die Nacheile nach dem deutsch-schweizerischen Polizeivertrag **keine räumlichen oder zeitlichen Beschränkungen** (Art. 16 III) und es dürfen auch **Wasser- oder Luftfahrzeuge** benutzt werden (Art. 25 I). Gemäß Artikel 16 II Polizeivertrag haben die nacheilenden Beamten ein **Festhalterecht,** sofern die örtlich zuständigen Polizeibeamten nicht rechtzeitig herangezogen werden können. Das in Artikel 16 V Polizeivertrag geregelte **Verfahren nach der Festnahme** entspricht den Verfahrensvorschriften in Artikel 41 VI SDÜ (vgl. dazu Rdn. 142). 95

g) Einsatz „Verdeckter Ermittler"

Artikel 17 Polizeivertrag erlaubt das **Tätigwerden „Verdeckter Ermittler"** auf fremdem Hoheitsgebiet zur **Aufklärung von Straftaten.** Voraussetzung ist, daß „zureichende tatsächliche Anhaltspunkte" dafür bestehen, daß es sich um eine Straftat handelt, zu deren Aufklärung der fremde Staat auch Rechtshilfe leisten kann. Auf Wunsch der Schweiz wurde ein strikter Vorbehalt des nationalen Rechts aufgenommen.[129] Der Einsatz eines ausländischen „Verdeckten Ermittlers" ist danach nur zulässig, wenn zur Aufklärung der Straftat auch nach innerstaatlichem Recht ein solcher Beamter eingesetzt werden dürfte. Zudem muß die Aufklärung des Sachverhalts ohne die geplanten Ermittlungshandlungen aussichtslos sein oder wesentlich erschwert werden. Der „Verdeckte Ermittler" darf nur im Einzelfall und nur zeitlich begrenzt eingesetzt werden. Er untersteht der Leitung eines Beamten des ersuchten Staates und seine Tätigkeit kann vom ersuchten Staat jederzeit beendet werden (Art. 17 II Polizeivertrag). Grundsätzlich ist der Einsatz des „Verdeckten Ermittlers" nur nach vorheriger **Zustimmung** des Staates zulässig, auf dessen Hoheitsgebiet der Beamte tätig werden soll. Bei besonderer Dringlichkeit braucht ausnahmsweise keine vorherige Zustimmung eingeholt werden, wenn die übrigen Voraussetzungen des Artikels 17 erfüllt sind und ohne das sofortige Tätigwerden die Gefahr droht, daß die veränderte Identität („Legende") des „Verdeckten Ermittlers" aufgedeckt wird (Art. 17 V). Das Tätigwerden ist räumlich auf das Grenzgebiet und inhaltlich auf das „unumgänglich notwendige Maß" beschränkt. 96

Gemäß Artikel 18 Polizeivertrag ist der Einsatz eines „Verdeckten Ermittlers" auch zur **Verhinderung von Straftaten von erheblicher Bedeutung** zulässig. Dies gilt jedoch nur, wenn das nationale Recht des Staates, auf dessen Hoheitsgebiet der Einsatz stattfindet, die Tätigkeit eines „Verdeckten Ermittlers" zum Zwecke der Prävention erlaubt. Im Unterschied zu Artikel 17 ist im präventiven Bereich aber nur eine Fortsetzung des Einsatzes auf dem Hoheitsgebiet des anderen Vertragsstaates zulässig. Die übrigen Voraussetzungen sind in beiden Fällen gleich. Zu den Regelungen über den Einsatz „Verdeckter Ermittler" im Polizeivertrag gehört auch die Vereinbarung, daß die **Vertragsstaaten einander „Verdeckte Ermittler" zur Verfügung stellen können,** die im Auftrag und unter Leitung der zuständigen Behörde des jeweils anderen Vertragsstaates tätig werden (Art. 17 VIII). Ein gemeinsames Aufklärungsinteresse ist nicht ausdrücklich vorgesehen, sollte aber nach dem Vertragszweck vorauszusetzen sein. Andernfalls würde es sich um einen privaten Polizeihelfer handeln (vgl. dazu Kap. C). 97

h) „Kontrollierte Lieferung"

Artikel 19 Polizeivertrag regelt die **„kontrollierte Lieferung"** (vgl. dazu Rdn. 38), das ist die kontrollierte Einfuhr, Durchlieferung oder Ausfuhr verbotener Sachen. Dazu zählen insbesondere Waffen, Sprengstoff, Falschgeld, Diebesgut und Rauschgift. Artikel 19 I Polizeivertrag verlangt zwingend die Zustimmung des ersuchten Staates zu einer kontrollierten Lieferung. Diese wird nur dann gestattet, wenn nach Ansicht des ersuchenden Staates die **Ermittlung von Hinterleuten und anderen Tatbeteiligten** oder die **Aufdeckung von Verteilerwegen** sonst aussichtlos ist oder wesentlich erschwert würde. Der er- 98

[129] Botschaft des schweizerischen Bundesrates v. 24. 11. 1999, Bundesblatt (CH), Nr. 8 v. 29. 2. 2000, S. 885.

suchte Staat kann die Zustimmung ablehnen. Wenn von den Gegenständen ein nicht vertretbares Risiko für die am Transport beteiligten Personen oder für die Allgemeinheit ausgeht, wird die Zustimmung beschränkt oder abgelehnt. Artikel 19 II Polizeivertrag normiert die **Kontrollaufgaben des ersuchten Staates** eingehend. Er muß sicherstellen, daß keine Unterbrechung der Lieferung entsteht und daß jederzeit die Möglichkeit des Zugriffs auf den Täter oder die Ware gegeben ist. Beamte des ersuchenden Staates können auch im ersuchten Staat an der Begleitung der kontrollierten Lieferung beteiligt werden. In diesem Fall sind sie an das innerstaatliche Recht des ersuchten Staates und an die Weisungen der zuständigen Behörden gebunden.

i) Einsätze auf fremdem Staatsgebiet

99 Als besondere Form der Zusammenarbeit regelt der deutsch-schweizerische Polizeivertrag in Artikel 20 **gemeinsame Einsatzformen** wie gemischte Streifen, gemischt besetzte Kontroll-, Observations- und Ermittlungsgruppen, gemeinsame Analyse- und sonstige Arbeitsgruppen. Auf fremdem Staatsgebiet dürfen die Bediensteten eines Vertragsstaates jedoch keine hoheitlichen Befugnisse ausüben. Gleiches gilt für den Austausch von **Verbindungsbeamten** bei Polizeibehörden in den Grenzgebieten (Art. 21 Polizeivertrag).

100 In Ausnahmesituationen, wenn nicht rechtzeitig eigene Polizeikräfte aufgeboten werden können, dürfen Beamte des anderen Vertragsstaates gemäß Artikel 21 Polizeivertrag zur **Unterstützung** herbeigerufen und eingesetzt werden. Unter Leitung der einsatzführenden Stelle und in der Regel bei Anwesenheit von Beamten des Gebietsstaates dürfen diese Beamten dann auch hoheitlich tätig werden (Art. 22 IV). Das Handeln der ausländischen Beamten ist dem einsatzführenden Staat zuzurechnen. Der Einsatz der fremden Beamten ist in Nothilfesituationen denkbar und sowohl zum Zweck der Gefahrenabwehr als auch zur Aufklärung von Straftaten erlaubt. Es muß allerdings ein dringendes Bedürfnis für den Einsatz bestehen. Dies ist der Fall, wenn ohne die Hinzuziehung eine Gefahr für die öffentliche Sicherheit oder Ordnung nicht oder nicht rechtzeitig abgewehrt werden könnte oder die Ermittlungen in einer Strafsache aussichtslos oder wesentlich erschwert wären (Art. 22 III Polizeivertrag).

j) Rechtshilfe bei Verkehrsregelverletzungen

101 In Kapitel VI des Polizeivertrages wird die **Rechtshilfe bei Zuwiderhandlungen gegen Vorschriften des Straßenverkehrs** vereinbart. In Artikel 34 wird der Begriff dieser Zuwiderhandlungen definiert. Das deutsche und das schweizerische Recht unterscheiden sich bezüglich der **Qualifizierung von Verkehrsregelverletzungen.** In Deutschland werden Verstöße in Straftaten und Ordnungswidrigkeiten klassifiziert. Im schweizerischen Recht hingegen sind Verstöße gegen die Straßenverkehrsvorschriften stets Straftaten im Sinne von Artikel 1 des Schweizerischen Strafgesetzbuches, auch wenn sie mit Geldbußen geahndet werden.[130] Gemäß Artikel 37 Polizeivertrag leisten die Vertragsstaaten einander **Vollstreckungshilfe** bei Entscheidungen, mit denen das zuständige Gericht oder die zuständige Verwaltungsbehörde des anderen Vertragsstaates eine Zuwiderhandlung gegen Vorschriften des Straßenverkehrs festgestellt und deswegen eine Sanktion verhängt hat. Diese **Sanktion muß mindestens 40 EURO oder 70 Schweizer Franken** betragen. Die Geldbuße und die berechneten Kosten fließen in den Haushalt des ersuchten Staates (Art. 39, 40 Polizeivertrag). Das vereinbarte Vollstreckungshilfeverfahren wird nicht angewendet, wenn die verhängte Geldbuße entweder mit einer Freiheitsstrafe kombiniert ist oder der zugrundeliegende Verkehrsverstoß mit einer Straftat außerhalb des Straßenverkehrs zusammentrifft (Art. 37 IV Polizeivertrag). **Einzelheiten des Verfahrens** sind in folgenden Bestimmungen geregelt: Artikel 35 (Mitteilungen aus dem Fahrzeugregister und Nachermittlungen), Artikel 36 (Inhalt der zugestellten Schriftstücke), Artikel 38

---

[130] Botschaft des schweizerischen Bundesrates v. 24. 11. 1999, Bundesblatt (CH), Nr. 8 v. 29. 2. 2000, S. 893.

(Ablehnungsgründe, Mitteilungspflichten, Umfang und Beendigung der Vollstreckung), Artikel 39 (Unmittelbarkeit der Vollstreckung, Umrechnung, Zwangsmittel), Artikel 40 (Kosten) sowie Artikel 41 (zuständige Behörden).

VI. Schengener Durchführungsübereinkommen als Rechtsgrundlage für die polizeiliche Zusammenarbeit

1. Entstehung und Inhalt des Vertrages

Im Juni 1985 beschlossen die Regierungschefs von Frankreich, den Benelux-Staaten und der Bundesrepublik Deutschland in Schengen/Luxemburg ein Abkommen über den schrittweisen Abbau ihrer Binnengrenzen,[131] nach dem Ort der Vertragsunterzeichnung **„Schengener Übereinkommen"** (SchÜk) genannt. In erster Linie sollte durch den **Wegfall der Grenzkontrollen** eine schnellere und damit effektivere Warenbewegung innerhalb der Vertragsstaaten ermöglicht werden.[132] Im Übereinkommen wurde die Absicht bekundet, die Zusammenarbeit zwischen den Zoll- und Polizeibehörden „insbesondere im Kampf gegen die Kriminalität" zu verstärken (Art. 9 SchÜk). Konkrete Regelungen wurden aber nicht vereinbart. Statt dessen wurden „Langfristig durchzuführende Maßnahmen" (Titel II SchÜk) beschlossen. Dazu gehört auch die Ausarbeitung von Vereinbarungen über die polizeiliche Zusammenarbeit, einschließlich der Einführung eines „Rechts der polizeilichen Nacheile" (Art. 18 SchÜk). Diese sogenannten **„Ausgleichsmaßnahmen"** sollten die Bedingungen für den Wegfall der Grenzkontrollen sein. Als Termin dafür war in Art. 30 SchÜk der 1. Januar 1990 vorgesehen. Die Verhandlungen der Bundesregierung mit den übrigen Vertragsstaaten wurden auf der Grundlage eines Beschlusses des Bundestages vom 12. Dezember 1985 und einer von der „Ständigen Konferenz der Innenminister/-senatoren der Länder" (IMK) am 18. April 1986 gebilligten Konzeption geführt.[133] Als der Entwurf des Zusatzabkommens im Dezember 1989 schließlich nahezu unterschriftsreif war, sah sich die Bundesrepublik Deutschland gezwungen, wegen der neuen Grenzfrage nach Öffnung der Berliner Mauer um eine Verschiebung des vorgesehenen Unterzeichnungstermins zu bitten.[134] So vergingen fünf Jahre, bis am 19. Juni 1990 zwischen den Schengener Vertragspartnern das **„Übereinkommen zur Durchführung des Übereinkommens von Schengen"** (SDÜ) geschlossen wurde. 102

Das „Schengener Durchführungsabkommen" (SDÜ) ist in **acht Abschnitte (Titel I–VIII)** gegliedert. Die vereinbarte **Abschaffung der Kontrollen an den Binnengrenzen** und ihre **Intensivierung an den Außengrenzen** (Art. 3–8 SDÜ) und die damit zusammenhängenden Fragen des **Aufenthaltsrechts** (Art. 9–27 SDÜ) sowie die Zuständigkeitsvereinbarungen über die **Behandlung von Asylbegehren** (Art. 28–38 SDÜ) sind im zweiten Abschnitt (Titel II) des Übereinkommens geregelt. Vereinbarungen, die für die Arbeit der Polizei von Bedeutung sind, finden sich hauptsächlich in Titel III („Polizei und Sicherheit"). Dieser Abschnitt enthält Regelungen über die **polizeiliche Zusammenarbeit** (Art. 39–47 SDÜ), die **Rechtshilfe in Strafsachen** (Art. 48–69 SDÜ) und die **Harmonisierung des Betäubungsmittels- und Waffenrechts** (Art. 70–91 SDÜ). Dem Datenverbund der „Schengen-Staaten" ist ein eigener Abschnitt gewidmet, in dem Aufbau und Funktion des **„Schengener-Informationssystems"** beschrieben werden (Art. 92–119 SDÜ). Der Titel V steht wieder im direkten Zusammenhang mit dem Abbau der Grenzkontrollen und behandelt die **zollrechtlichen Fragen** (Art. 120–125 SDÜ). Insbe- 103

---

131 Übereinkommen vom 14. Juni 1985, GMBl. 1986, 79.

132 Zu diesem Hintergrund *Kattau*, Strafverfolgung nach Wegfall der europäischen Grenzkontrollen, 1992, S. 2.

133 Antwort der Bundesregierung auf die Kleine Anfrage der SPD-Fraktion im Bundestag vom 30. 11. 1988, BT-Drs. 11/3594, S. 2.

134 *Schreiber* Kriminalistik 1991, 370.

sondere für den Betrieb des „Schengener-Informationssystems" sind die **datenschutzrechtlichen Vorschriften** (Art. 126–130 SDÜ) in Titel VI von Bedeutung. Die Tätigkeit des **„Exekutivausschusses"**, welcher die Umsetzung des Übereinkommens überwachen, koordinieren und fördern soll, wird in Titel VII (Art. 131–133 SDÜ) beschrieben. Während Titel I die einführenden Begriffsbestimmungen enthält, finden sich die übrigen allgemeinen Bestimmungen (Kollisionsregeln, Inkrafttreten, Erweiterung der Vertragsstaaten usw.) in Titel VIII (Art. 134–142 SDÜ).

2. Mitgliedstaaten und Inkrafttreten

104 Jeder **Mitgliedstaat der „Europäischen Gemeinschaft"** konnte dem SDÜ beitreten. Der Beitritt wurde in einem Übereinkommen zwischen diesem Staat und den Vertragsparteien geregelt (Art. 140 SDÜ). In der Bundesrepublik Deutschland wird ein solches Abkommen über den Beitritt gemäß Art. 59 II 1 GG als Gesetzentwurf in den Bundestag eingebracht. Dieser entscheidet über die Ratifizierung. Bereits am 27. November 1990 war mit **Italien** ein Vertrag über den Beitritt abgeschlossen worden.[135] Es folgten am 25. Juni 1991 **Spanien** sowie die **Portugiesische Republik**[136] und am 6. November 1992 **Griechenland.**[137] Der Republik **Österreich** wurde nach dem erfolgreichen Abschluß des Referendums zum EU-Beitritt zunächst ein Beobachter-Status eingeräumt. Am 28. April 1995 wurde das Übereinkommen von der österreichischen Regierung unterzeichnet.[138] Am 19. Dezember 1996 wurde der Kreis der Schengener Mitgliedstaaten um die Länder der **„Nordischen Paßunion"** erweitert.[139] Die EU-Mitgliedstaaten **Dänemark, Finnland** und **Schweden** hatten bereits seit Mai 1996 Beobachter-Status. Problematisch war die Einbeziehung von **Norwegen** und **Island,** weil die beiden Staaten zwar der **„Nordischen Paßunion"** angehören, aber keine Mitglieder der EU sind. Die Norweger haben 1994 in einem Referendum ausdrücklich gegen einen EU-Beitritt votiert. Norwegen und Island erhielten daher mit Unterzeichnung eines **Kooperationsübereinkommens** am 19. Dezember 1996 den Status eines **assoziierten Mitgliedes** und verpflichteten sich, die Regelungen des SDÜ umzusetzen. Beide Staaten hatten kein Stimmrecht im Exekutivausschuß, konnten jedoch Stellungnahmen abgeben und Vorschläge unterbreiten. Nach der Einbeziehung des „Schengen-Besitzstandes" in den Rahmen der Europäischen Union (vgl. Rdn. 108) wurde zwischen Island und Norwegen einerseits und der Europäischen Union andererseits am 18. Mai 1999 ein Übereinkommen[140] über die **Verlängerung der Assoziierung** geschlossen.

105 Das Schengener Durchführungsabkommen sollte gemäß Art. 139 II SDÜ am „ersten Tag des zweiten Monats nach Hinterlegung der letzten Ratifikations-, Annahme- oder Genehmigungsurkunde" in Kraft treten. Auch nachdem die erforderlichen Verfahren in allen Vertragsstaaten abgeschlossen waren, konnte das Zusatzabkommen jedoch nicht wirksam werden. Das hat seinen Grund in einer Bestimmung der „Gemeinsamen Erklärung zu Art. 139" in der Schlußakte des Vertrages, nach der dieser erst wirksam wird, „wenn die **Voraussetzungen der Anwendung des Übereinkommens** bei den Unterzeichnerstaaten gegeben sind und die Kontrollen in den Außengrenzen tatsächlich durchgeführt werden". Das Vorliegen dieser Voraussetzungen ist durch den Beschluß des „Schengener Exekutivausschusses" (vgl. dazu Art. 131 ff. SDÜ) vom 22. Dezember 1994[141] für die Erstunterzeichnerstaaten **Belgien, Deutschland, Frankreich, Luxemburg** und die **Niederlande** sowie für die Beitrittsstaaten **Spanien** und **Portugal** festgestellt worden und das Übereinkommen für diese Staaten in allen seinen Teilen zum **26. März**

---

[135] Zustimmungsgesetz v. 6. 10. 1993, BGBl. II, S. 1902.
[136] Zustimmungsgesetz v. 6. 10. 1993, BGBl. II, S. 1902.
[137] Zustimmungsgesetz v. 21. 10. 1996, BGBl. II, S. 2542.
[138] Zustimmungsgesetz v. 13. 5. 1997, BGBl. II, S. 996.
[139] Zustimmungsgesetz v. 1. 9. 2000, BGBl. II, S. 1106.
[140] ABl. L 176 v. 10. 7. 1999.
[141] Abschlußkommuniqué in: Bulletin 3/13. 1. 1995, S. 16.

1995 in Kraft gesetzt worden.[142] Laut Beschluß des Exekutivausschusses vom 7. Oktober 1997 gilt dies ab dem 26. Oktober 1997 auch für **Italien** und ab dem 1. Dezember 1997 auch für **Österreich.**[143] Die Kontrollen an den Binnengrenzen wurden in diesen beiden Staaten sukzessive bis zum 31. März 1998 abgebaut. Auch für **Griechenland** wurde das SDÜ zum 1. Dezember 1997 in Kraft gesetzt.[144] Durch Beschluß vom 13. Dezember 1999 des **Rates für Justiz und Inneres der EU**[145] wurden die Personenkontrollen an den Binnengrenzen zwischen Griechenland und den Mitgliedstaaten, die das SDÜ vollständig anwenden, sowie die Kontrollen des Personenschiffs- und Flugverkehrs zwischen diesen „Schengener-Staaten" zum 26. März 2000 aufgehoben. Am 1. Dezember 2000 beschloß der Rat die **Inkraftsetzung des Schengen-Besitzstandes** (vgl. Rdn. 108) für **Dänemark, Finnland** und **Schweden** sowie **Island** und **Norwegen.**[146] Die nordischen Staaten sind danach bereits seit dem 1. Januar 2001 am Schengener Informationssystem (vgl. Rdn. 143) beteiligt und heben ab 25. März 2001 die Grenzkontrollen auf. Ab diesem Zeitpunkt wird auch die grenzüberschreitende Observation (vgl. Rdn. 126) und die grenzüberschreitende Nacheile (vgl. Rdn. 133) über die deutsch-dänische Grenze möglich sein.

3. Rechtliche Einordnung

Beim **„Schengener Übereinkommen"** (SchÜk) aus dem Jahre 1985 handelt es sich um 106
ein **Verwaltungsabkommen,** das nicht gemäß Art. 59 II 1 GG ratifiziert werden mußte. Als Verwaltungsabkommen werden alle völkerrechtlichen Verträge bezeichnet, die von der Exekutive **ohne Beteiligung des Gesetzgebers** umgesetzt werden können, für deren Erfüllung die Verwaltung also die notwendigen Kompetenzen und Mittel besitzt.[147] Diese Voraussetzungen waren beim SchÜk erfüllt, weil es keine verbindlichen Regelungen für den Abbau der Grenzkontrollen und die damit einhergehenden „Ausgleichsmaßnahmen" vorsah.[148] Anders verhält es sich beim **„Übereinkommen zur Durchführung des Übereinkommens von Schengen"** (SDÜ). Der Vertrag betrifft die politischen Beziehungen des Bundes[149] und bezieht sich primär auf Gegenstände der Bundesgesetzgebung.[150] Es handelt sich deshalb um einen **völkerrechtlichen Vertrag,** dem der Bundestag gemäß Art. 59 II 1 GG zustimmen mußte. Am 30. April 1992 wurde der Vertragstext als Gesetzentwurf der Bundesregierung[151] in den Deutschen Bundestag eingebracht. Dieser stimmte am 16. Juni 1993 aufgrund der Beschlußempfehlung des Innenausschusses[152] dem Vertrag zu,[153] so daß er ratifiziert und im Bundesgesetzblatt veröffentlicht werden konnte.[154] Ein solches Zustimmungsgesetz bewirkt zugleich die **„Transformation"** des völkerrechtlichen Vertrages in das **innerstaatliche Recht.**[155] Das SDÜ steht im Range eines Bundesgesetzes und geht damit untergesetzlichem Recht und allen Landesgesetzen (Art. 31 GG) vor.

---

142 BGBl. 1996 II, S. 242.

143 BGBl. 1998 II, S. 1969.

144 BGBl. 1998 II, S. 2951.

145 ABl. L 327 v. 21. 12. 1999. Der Rat ist nach Einbeziehung des „Schengener-Besitzstandes" in die EU (vgl. Rdn. 108) an die Stelle des Exekutivausschusses getreten.

146 ABl. L 309 v. 9. 12. 2000.

147 *Schweitzer,* Staatsrecht III, 2. Aufl., 1990, Rdn. 136.

148 *Wehner,* Europäische Zusammenarbeit bei der polizeilichen Terrorismusbekämpfung aus rechtlicher Sicht, 1993, S. 201.

149 Zu diesem Begriff: *BVerfGE* 1, 372 (380). Es geht beim SDÜ um die „politischen Beziehungen des Bundes", weil z. B. fremden Hoheitsträgern ein Tätigwerden auf dem Gebiet der Bundesrepublik erlaubt wird.

150 So z. B. Art. 73 Nr. 3 GG: Freizügigkeit, Paßwesen, Ein- und Auswanderung, Auslieferung, sowie Art. 73 Nr. 10 GG: Zusammenarbeit des Bundes und der Länder in der Kriminalpolizei und bezüglich der internationalen Zusammenarbeit.

151 Gesetzentwurf der Bundesregierung vom 23. 4. 1992, BT-Drs. 12/2453.

152 Beschlußempfehlung und Bericht des Innenausschusses vom 16. 6. 1993, BT-Drs. 12/5141.

153 Zustimmungsgesetz vom 15. 7. 1993, BGBl. II, S. 1010.

154 Veröffentlicht im BGBl. 1993 II, S. 1013 = Sartorius II 280.

155 *Denninger,* Staatsrecht 1, 1973, S. 172.

107 Das Zustimmungsgesetz soll zugleich die erforderliche **gesetzliche Grundlage** für die mit der Anwendung des Übereinkommens verbundenen **Grundrechtseingriffe** sein. Fraglich ist jedoch, ob ein solches Gesetz den Anforderungen des Bundesverfassungsgerichts genügt, nach denen der Gesetzgeber in grundlegenden normativen Bereichen, insbesondere im Bereich der Grundrechtsausübung, alle wesentlichen Entscheidungen *selbst* zu treffen hat.[156] Bei Vertragsgesetzen kann der Gesetzgeber dem eingebrachten Gesetzentwurf mit dem Vertragstext nämlich entweder zustimmen oder ihn insgesamt ablehnen. Auf die Bestimmungen des Vertrages selbst hat das Parlament keinen Einfluß. Dadurch ist ihm die Abwägung nicht möglich, die der Gesetzgeber aber nach der Wesentlichkeitstheorie bei der Normierung von Grundrechtseingriffen vorzunehmen hat.[157] Gemildert wird dieser **Mangel an demokratischer Legitimation** allerdings durch den **„Vorbehalt des nationalen Rechts"** in einigen Vertragsbestimmungen. Solche Verweise sind jedoch bedenklich, wenn sie Eingriffshandlungen betreffen, von denen bekannt ist, daß sie nach dem nationalen Recht nicht erlaubt oder sogar ausdrücklich untersagt sind.[158] Das gilt z. B. für die im SDÜ vorgesehene Ausschreibung zur „Verdeckten Registrierung" für Zwecke der Geheimdienste (vgl. Rdn. 161).

4. „Schengen-Besitzstand" und Europäische Union

108 Das zum **Vertrag von Amsterdam** (vgl. Rdn. 187) gehörende Protokoll Nr. 2[159] zur **„Einbeziehung des Schengen-Besitzstandes in den Rahmen der Europäischen Union"** ermächtigt die Vertragsparteien der beiden Schengener Abkommen, untereinander eine verstärkte Zusammenarbeit innerhalb der Europäischen Union zu begründen. Dies geschieht innerhalb des institutionellen und rechtlichen Rahmens der EU auf der Grundlage der Bestimmungen zur Innen- und Justizpolitik im EU- und EG-Vertrag.[160] Im Anhang zum Protokoll wird festgestellt, daß der Schengen-Besitzstand aus den beiden **Schengener Übereinkommen,** den dazugehörigen **Beitrittsprotokollen** einschließlich der Schlußakten und Erklärungen sowie aller **Erklärungen des Exekutivausschusses** und anderer Organe, denen der Exekutivausschuß Entscheidungsbefugnisse übertragen hat, besteht. Die Bestandteile des „Schengen-Besitzstandes" wurden im Amtsblatt der EU veröffentlicht.[161] Für die einzelnen Bestimmungen wurden die entsprechenden Rechtsgrundlagen im EG-Vertrag (Titel IV)[162] oder EU-Vertrag (Titel VI)[163] festgelegt. Danach gehören die Regelungen des SDÜ mit Bezug zu den Außengrenzkontrollen, zur Visumspolitik, zum Asylrecht sowie zur Flüchtlings- und Einwanderungspolitik zum sogenannten „ersten Pfeiler" der Union (vgl. Rdn. 187), für den eine Gemeinschaftskompetenz besteht. Die **Zusammenarbeit von Polizei- und Justizbehörden** in Strafsachen bleibt dagegen eine Angelegenheit der Mitgliedstaaten und ist als intergouvernementale Angelegenheit dem **„dritten Pfeiler"** (vgl. Rdn. 186) zugeordnet. Keine Einigung konnte zunächst darüber erzielt werden, ob das „Schengener Informationssystem" (SIS) der ersten oder dritten Säule zugeordnet werden sollte. Entsprechend den Festlegungen im Schengen-Protokoll sind diese Bestimmungen vorläufig der „dritten Säule" zugeordnet worden. An die Stelle des **„Exekutivausschusses"** (Art. 131–133 SDÜ) tritt der Rat für Justiz und Inneres der Europäischen Union.

---

156 *BVerfGE* 49, 89 (126) mit Hinweisen auf die ständige Rechtsprechung des Gerichts.

157 *Scheller* JZ 1992, 907 (dort Fn. 37). Die Autorin weist als Alternative auf die Möglichkeit eines „Begleitgesetzes mit den erforderlichen Eingriffsgrundlagen" hin. Ein solches Gesetz war jedoch niemals geplant.

158 „Hier gaukelt die vertragliche Regelung eine scheinbare Einigung vor." So: *Rupprecht/Hellenthal,* in: Innere Sicherheit im Europäischen Binnenmarkt, 1992, S. 178.

159 Sartorius II 151, S. 2.

160 *Gimbal,* Die Innen- und Justizpolitik der EU nach Amsterdam; in: Weidenfeld (Hrsg.), Amsterdam in der Analyse, 2. Aufl., 1999, S. 146 f.

161 ABl. L 176 v. 10. 7. 1999; berichtigt in ABl.L 9 v. 13. 1. 2000.

162 „Visa, Asyl, Einwanderung und andere Politiken betreffend den freien Personenverkehr".

163 „Bestimmungen über die polizeiliche und justitielle Zusammenarbeit in Strafsachen".

Zu den sogenannten **„Schengen-Staaten"** zählen derzeit alle Mitgliedstaaten der EU mit Ausnahme des Vereinigten Königreichs und Irlands. Am 18. Mai 1999 wurde mit den beiden Nicht-EU-Mitgliedstaaten **Island** und **Norwegen** ein Abkommen über die Assoziierung dieser Länder an der Umsetzung und Fortentwicklung des Schengen-Besitzstandes unterzeichnet (vgl. Rdn. 104). Es wurde ein **„Gemischter Ausschuß"** aus Vertretern der Regierungen Islands und Norwegens, Mitgliedern des Rates der Europäischen Union und der Kommission eingesetzt[164] und für die Notifizierung und Annahme künftiger Rechtsakte das Verfahren festgelegt. In einem vom Rat am 28. Juni 1999 genehmigten Übereinkommen[165] werden in den für Island und Norwegen geltenden Bereichen des „Schengen-Besitzstandes" die Beziehungen zwischen diesen beiden Ländern einerseits und dem **Vereinigten Königreich** sowie **Irland** andererseits geregelt. 109

Aufgrund des „Schengen-Protokolls" sind weder Irland und Nordirland noch Großbritannien an den „Schengen-Besitzstand" gebunden. Gemäß Art. 4 des Protokolls können diese Staaten aber jederzeit beantragen, daß „einzelne oder alle Bestimmungen dieses Besitzstandes auch auf sie Anwendung finden sollen". Am 20. Mai 1999 beantragte das **Vereinigte Königreich von Großbritannien** die Teilnahme an denjenigen Teilen des „Schengen-Besitzstandes", die sich auf die Strafverfolgung und die justitielle Zusammenarbeit in Strafsachen beziehen, sowie die Teilnahme am „Schengener Informationssystem".[166] „Die Kommission hat zu diesem Antrag am 21. Juli 1999 eine befürwortende Stellungnahme abgegeben. Der Rat hat darüber zu entscheiden. Das besondere Problem Gibraltars, das nach wie vor Anlaß zu Streitigkeiten zwischen Spanien und dem Vereinigten Königreich gibt, könnte diesen Prozeß allerdings verzögern."[167] 110

5. Abbau der Grenzkontrollen

Seit dem 26. März 1995 können die Binnengrenzen derjenigen Schengen-Staaten, die das SDÜ anwenden, an jeder Stelle **ohne Personenkontrollen** überschritten werden (Art. 2 I SDÜ). **Binnengrenzen** sind die **gemeinsamen Landesgrenzen** der Vertragsparteien sowie ihre **Flughäfen** für die Binnenflüge und ihre **Seehäfen** für die regelmäßigen Fährverbindungen ausschließlich von und nach den Gebieten der Vertragsparteien ohne Fahrtunterbrechung in außerhalb gelegene Häfen (Art. 1 SDÜ). In Artikel 2 II SDÜ wird den Mitgliedstaaten die Möglichkeit eingeräumt, für einen **„begrenzten Zeitraum" „nationale Grenzkontrollen"** einzurichten. Voraussetzung ist, daß die **„öffentliche Ordnung** oder die **nationale Sicherheit"** dies erfordern. Kontrolliert werden darf demnach nur der Einreiseverkehr in den betroffenen Staat. In der Praxis kommt es vor, daß der deutsche Bundesgrenzschutz den Ausreiseverkehr in einen benachbarten Vertragsstaat des SDÜ überprüft. Diese Grenzkontrollen wurden z. B. anläßlich der Fußball-Europameisterschaft 2000 in Belgien und den Niederlanden als „wirksames Abschreckungsmittel" zur Ausreiseverhinderung gewaltbereiter Hooligans genutzt. Mit dem Schengener Durchführungsübereinkommen sind solche Grenzkontrollen nicht in Einklang zu bringen. Dies gilt auch für „gemeinsame Kontrollstellen" mit ausländischen Grenzpolizisten, da Artikel 2 II SDÜ ausdrücklich von **„nationalen Kontrollen"** spricht. Ebenso bedenklich ist – aus verfassungsrechtlicher Sicht – die in einigen Polizeigesetzen der Länder und im Bundesgrenzschutzgesetz vorgesehene **„verdachtslose Kontrolle"** im Grenzgebiet (vgl. dazu Kap. C Rdn. 64 ff.). Von Polizeipraktikern werden diese Kontrollen als „Ausgleichsmaßnahme" bezeichnet, mit deren Hilfe es gelingen soll, „Defizite des Grenzkontrollenabbaus (. . .) zu einem großen Teil auszugleichen".[168] Derartige Kontrollen sollen keine „zweite Grenzlinie" bedeuten und deshalb auch mit Artikel 2 II SDÜ vereinbar 111

---

164 Die Geschäftsordnung des Gremiums wurde im ABl. C 211 v. 20. 1. 2000 veröffentlicht.

165 ABl. L 15 v. 20. 1. 2000.

166 Pressemeldung anl. der 2184. Tagung des Rates für Justiz und Inneres am 27./28. 5. 1999 in Brüssel.

167 Information aus der Datenbank scad+ ‹http://www.europa.eu.int/scadplus/leg/de/lvb/133020.htm›.

168 *Spörl* Die Polizei 1997, 219.

sein.[169] Der Unterschied zu den ehemaligen „Sichtkontrollen" an den Grenzübergängen besteht jedoch u. a. schon darin, daß der Personenkreis größer ist, der von einer solchen Überprüfung erfaßt wird. Deshalb stehen solche Kontrollen sehr wohl im **Widerspruch zum Zweck der Schengener Verträge.**

112 Mit dem Wegfall der Kontrollen an den Binnengrenzen gewinnen die **Außengrenzen** der Schengener Mitgliedstaaten eine größere Bedeutung. Hier besteht nunmehr die einzige legale Möglichkeit der **systematischen Kontrolle** des Personenverkehrs in oder aus einem der Mitgliedstaaten. Sie werden deshalb auch als **gemeinsame Außengrenze** der Schengen-Staaten betrachtet[170] und nach **einheitlichen Grundsätzen kontrolliert** (Art. 6 SDÜ). Hierin liegt der legitime „Ausgleich" für den Verzicht auf Grenzkontrollen zwischen den Mitgliedstaaten, nachdem sie untereinander grenzpolizeiliches „Binnenland" geworden sind.

6. Ergänzungsabkommen zum SDÜ

113 Im Vertrag wurden keine besonderen Regelungen für die **Zusammenarbeit in den Grenzgebieten** aufgenommen. Dies kann aber in Vereinbarungen der zuständigen Minister der Vertragsparteien geschehen (Art. 39 IV SDÜ). Für die Bundesrepublik müßte der Bundesinnenminister mit den Vertretern der angrenzenden Staaten entsprechend verhandeln. Aus praktischen Gründen hat dieser jedoch das Recht auf die sachlich beteiligten Länder Baden-Württemberg, Rheinland-Pfalz und Nordrhein-Westfalen übertragen. Diese Bundesländer führen nunmehr im Einvernehmen mit dem Bund und den übrigen Ländern die sogenannten **„Delegationsgespräche"** mit den direkten Nachbarstaaten,[171] deren Ergebnis in den von der Bundesregierung unterzeichneten Ergänzungsverträgen zum SDÜ festgeschrieben wurden. Während die mit **Frankreich** (vgl. Rdn. 59) und **Österreich** (vgl. Rdn. 66) abgeschlossenen Verträge im Verfahren nach Artikel 59 II 1 GG ratifiziert wurden, sind die Vereinbarungen über die Zusammenarbeit im Grenzgebiet zwischen der Bundesrepublik Deutschland und **Belgien** (vgl. Rdn. 54) nebst **Luxemburg** (vgl. Rdn. 64) sowie den **Niederlanden** (vgl. Rdn. 65) lediglich als Verwaltungsabkommen zwischen dem Bundesministerium des Innern und den jeweiligen Ministerien der Nachbarländer getroffen worden.

7. Zusammenarbeit bei der Aufklärung und Verhütung von strafbaren Handlungen

a) Polizeiliche Rechtshilfe (Art. 39 SDÜ)

114 Erstmals in einer multilateralen Vereinbarung wird in Art. 39 SDÜ für die Polizeibehörden der Vertragsparteien eine Verpflichtung zur gegenseitigen Hilfe bei der **„vorbeugenden Bekämpfung"** und der **Aufklärung von strafbaren Handlungen** vereinbart. Die Zusammenarbeit erstreckt sich demnach sowohl auf die Verhütung von Straftaten als auch auf die Hilfe in einem anhängigen Strafermittlungsverfahren, also auf Rechtshilfeangelegenheiten. In Art. 39 SDÜ wird deshalb auch eine **Rechtshilfeverpflichtung zwischen Polizeibehörden** gesehen.[172] Die jetzige Fassung des Art. 39 SDÜ ist ein Kompromiß, der dem Umstand Rechnung trägt, daß die Polizeien anderer Vertragsstaaten im strafrechtlichen Ermittlungsverfahren deutlich weniger Kompetenzen haben, als dies in Deutschland der Fall ist, und zum Teil jede Ermittlungshandlung der Anordnung einer

---

[169] *Spörl* Die Polizei 1997, 218; mit der unzutreffenden Aussage, daß gemäß Art. 2 II SDÜ „die Ausübung von Polizeibefugnissen nach Maßgabe nationalen Rechts unberührt bleibt".

[170] *Rupprecht* DNP 1991, 555.

[171] *Brendel,* in: Polizeiführungsakademie (Hrsg.): Internationale Zusammenarbeit in der Kriminalitätskontrolle, 1992, S. 146.

[172] *Scheller* JZ 1992, 904 (dort Fn. 5); *Kattau,* Strafverfolgung nach Wegfall der europäischen Grenzkontrollen, 1992, S. 71; *Storbeck,* in: Polizeiführungsakademie (Hrsg.): Internationale Zusammenarbeit in der Kriminalitätskontrolle, 1992, S. 45.

Justizbehörde bedarf. „Die Positionen waren unüberbrückbar, und so konnte die Vorschrift nur durch die Vorbehaltsklauseln der Wahrung des nationalen Rechts und der Zuständigkeit der Justiz ‚gerettet' werden."[173]

Eine direkte Zusammenarbeit der Polizeibehörden ist demnach ausgeschlossen, wenn ein Ersuchen nach nationalem Recht nur von Justizbehörden gestellt oder erledigt werden darf. Das ist in der Bundesrepublik Deutschland für die Zusammenarbeit in Rechtshilfeangelegenheiten mit den übrigen Schengener Vertragsparteien der Regelfall (vgl. Rdn. 16).

Der Hinweis in Art. 39 I SDÜ, nach dem Ersuchen unzulässig sind, zu deren Erledigung **Zwangsmaßnahmen** getroffen werden müssen, ist deklaratorisch. Strafprozessuale Grundrechtseingriffe, die nur von einem Richter angeordnet werden dürfen, können in Rechtshilfeverfahren von der Polizei zwar **vorgenommen** werden, müssen jedoch zuvor durch die Justizbehörde **bewilligt** worden sein. Eingriffe wie Festnahme, Durchsuchung, Beschlagnahme, aber auch die Telefonüberwachung und die Observation mit technischen Mitteln, sind im Rahmen einer Hilfeleistung nach Art. 39 SDÜ ausgeschlossen. 115

Es sind daher nur folgende Befugnisnormen der StPO für die Rechtshilfe zugunsten eines anderen Schengen-Staates anwendbar: 116

- § 81 b StPO Erkennungsdienstliche Behandlung
- § 98 c StPO Datenabgleich (semantisch richtiger „Datenvergleich")
- § 163 b StPO Identitätsfeststellung.

Andere Ermittlungen, für die keine besondere Anordnungskompetenz gilt, wie **kurzfristige Observationen, Klärung der Aussagebereitschaft von Zeugen** und **Auskünfte** aus öffentlich zugänglichen Unterlagen sind ebenfalls zulässig. Auch **Halterfeststellungen** sowie Ersuchen um Auskünfte aus dem **Melderegister** können von der Polizei im innerstaatlichen Verfahren bei den zuständigen Behörden vorgenommen werden und sind daher auch im „Polizeilichen Rechtshilfeverkehr" für einen anderen Vertragsstaat möglich. Die **Vernehmung** von Zeugen und Beschuldigten durch Polizeibeamte ist in innerstaatlichen Verfahren erlaubt (vgl. § 163 a IV u. V StPO), wenngleich weder Zeugen noch Beschuldigte bei der Polizei erscheinen bzw. aussagen müssen. Eine Befragung dieser Personen ist auch im Rahmen des „Polizeilichen Rechtshilfeverkehrs" möglich.

„Nach Sinn und Zweck des Artikels 39 SDÜ kommt der polizeiliche Rechtshilfeverkehr nur insoweit in Betracht, als die Polizei noch **im Rahmen des ersten Zugriffs nach § 163 Absatz 1 StPO** tätig ist."[174] Nach Abschluß der unaufschiebbaren Beweissicherung und der nachfolgenden Vorlage des Ermittlungsvorganges an die Staatsanwaltschaft gemäß § 163 II StPO ist der „Polizeiliche Rechtshilfeverkehr" ausgeschlossen. 117

Will die ersuchende Vertragspartei **schriftliche Informationen,** die ihr von der Polizei aufgrund des Art. 39 I SDÜ übermittelt wurden, **als Beweismittel** in ein Strafverfahren einbringen, so müssen die **Justizbehörden** der ersuchten Vertragspartei **zustimmen** (Art. 39 II SDÜ). Ohne diese Zustimmung dürfen z. B. Vernehmungsprotokolle, die einer deutschen Polizeibehörde von der Behörde eines anderen Vertragsstaates zu Informationszwecken übergeben wurden, weder in der Hauptverhandlung verlesen werden noch durch Vernehmung eines Polizeibeamten, der die Protokolle gelesen hat, in einem Strafverfahren als Beweismittel verwertet werden.[175] 118

Grundsätzlich wird der „Polizeiliche Rechtshilfeverkehr" über die **„beauftragte zentrale Stelle"** abgewickelt, in der Bundesrepublik also über das Bundeskriminalamt.[176] 119

---

[173] *Wolters,* Grenzüberschreitende Zusammenarbeit nach den Bestimmungen des SDÜ – Anspruch und Wirklichkeit aus der Sicht des Bundeskriminalamtes, in: Nachbaur (Hrsg.): Die grenzüberschreitende Zusammenarbeit von Polizei und Justiz in den Schengen-Staaten, 1998, S. 38. Richtig ist, daß auch in Deutschland die strafprozessuale Arbeit der Polizei gem. §§ 161 ff. StPO unter der Leitungsbefugnis der Justiz steht.

[174] Schreiben des BMJ, AZ: II 8 Sb – 9435/1-8-3-1-410761/95 v. 20. 6. 1995 an das BMI.

[175] Vgl. *BGHSt* 34, 334 (342 ff.), wo es um Polizeiprotokolle ging, die außerhalb eines Rechtshilfeverfahrens erlangt und ohne Zustimmung des ersuchten Staates in das Verfahren eingebracht wurden.

[176] Art. 6 des Gesetzes zu dem Schengener Übereinkommen BGBl. 1993 II, S. 1010, der allerdings nur Art. 46 II erwähnt.

Nur in **Eilfällen** ist der unmittelbare Kontakt zwischen den beteiligten Polizeibehörden zulässig. Die *ersuchende* Stelle unterrichtet dann nachträglich die „beauftragte zentrale Stelle" der *ersuchten* Vertragspartei (Art. 39 III SDÜ). So darf z. B. eine Eilanfrage der Politie Amsterdam hinsichtlich der kriminalpolizeilichen Erkenntnisse über eine Person aus München von der dortigen Polizeibehörde beantwortet werden. Der Politie Amsterdam obliegt es dann, das Bundeskriminalamt als „beauftragte zentrale Stelle" der ersuchten Vertragspartei zu unterrichten.

120 Gemäß Artikel 39 V SDÜ können bilaterale Abkommen zwischen Vertragsparteien, die eine gemeinsame Grenze haben, **weitergehende Vereinbarungen** über die „polizeiliche Rechtshilfe" enthalten. Zu diesen Abkommen gehören auch die Ergänzungsabkommen über die Zusammenarbeit in den Grenzgebieten. In den Verträgen mit **Belgien** (vgl. dazu Rdn. 54), **Frankreich** (vgl. Rdn. 59) und **Österreich** (vgl. dazu Rdn. 66) werden die zulässigen Rechtshilfehandlungen beschrieben und der unmittelbare Geschäftsweg zwischen bestimmten Polizeibehörden zugelassen.

b) Zusammenarbeit im präventiven Bereich (Art. 39 SDÜ)

121 Neben der Hilfeleistung bei der Aufklärung von Straftaten verpflichtet Art. 39 I SDÜ die Vertragsparteien auch zur polizeilichen Zusammenarbeit bei der **„vorbeugenden Bekämpfung von Straftaten"**. In den deutschen Polizeigesetzen wird darunter sowohl die Verhütung von Straftaten als auch die „Vorsorge für die künftige Strafverfolgung" verstanden. Weil es sich um eine Aufgabe der Gefahrenabwehr handelt, ist nach nationalem Recht in der Bundesrepublik Deutschland **ausschließlich die Polizei** und nicht die Justiz für die Bewilligung dieser besonderen Amtshilfe zuständig. Das **Ersuchen** kann von jeder Polizeibehörde gestellt werden und wird – ausgenommen in Eilfällen – über die „beauftragten zentralen Stellen" abgewickelt (Art. 39 III SDÜ). Auch die übrigen **Verfahrensvorschriften** entsprechen denen für die „polizeiliche Rechtshilfe" nach Artikel 39 SDÜ (siehe dazu oben Rdn. 114).

122 Fraglich ist, welche Eingriffshandlungen die Amtswalter deutscher Polizeibehörden zur Verhütung einer Straftat im Ausland treffen dürfen. Die Formulierung in Artikel 39 I SDÜ, nach der **„Zwangsmaßnahmen"** sowohl bei der Erledigung von Ersuchen zur „vorbeugenden Bekämpfung" als auch bei solchen zur Aufklärung von Strafsachen ausgeschlossen sind, ist mißverständlich. Im deutschen Strafprozeßrecht werden mit diesem Begriff Eingriffe bezeichnet, die – abgesehen von Eilfällen – nur durch den Richter angeordnet werden dürfen. Im Polizeirecht wird die Anwendung von Zwangsmitteln (Unmittelbarer Zwang, Ersatzvornahme, Zwangsgeld) als „Zwangsmaßnahme" behandelt. Die Verfahrensvorschriften in Artikel 39 SDÜ lassen den Schluß zu, daß die Vertragsparteien die **Übermittlung von Informationen** auf Ersuchen vertraglich regeln wollten. Dies wird besonders deutlich in Artikel 39 III SDÜ, nach dem die Ersuchen um Hilfe und die *Antworten* über die beauftragten zentralen Stellen *übermittelt* werden müssen. Deshalb dürfen – auf der Grundlage des deutschen Rechts – die Personalien von sogenannten Hooligans, die am Rande eines Fußballspiels im Ausland Körperverletzungen begehen wollen, der zuständigen ausländischen Polizeibehörde mitgeteilt werden, ihre Ingewahrsamnahme zur Verhinderung von Straftaten auf Ersuchen der ausländischen Behörde wäre aber unzulässig (vgl. dazu auch Rdn. 47). In den bilateralen Ergänzungsverträgen mit **Belgien** (vgl. dazu Rdn. 54), **Frankreich** (vgl. dazu Rdn. 59) und **Österreich** (vgl. dazu Rdn. 66) wird in Ergänzung des Artikels 39 SDÜ bestimmt, welche Informationen zur „Vorbeugenden Bekämpfung" von Straftaten an den jeweiligen ausländischen Staat übermittelt werden dürfen. Die Frage, aufgrund welcher Befugnis die deutsche Polizeibehörde **Daten** für die ausländische Stelle **erheben** darf, beantwortet Artikel 39 SDÜ dahingehend, daß die Polizeidienste die Hilfe „nach Maßgabe des nationalen Rechts und ihrer jeweiligen Zuständigkeit" leisten. Als Eingriffsermächtigung für deutsche Polizeibehörden gilt deshalb Artikel 39 I SDÜ in Verbindung mit der **Befugnisnorm des jewei-**

ligen Polizeigesetzes.[177] Es müssen also dessen Tatbestandsvoraussetzungen vorliegen (vgl. Rdn. 47).

c) Informationsübermittlung ohne Ersuchen (Art. 46 SDÜ)

Während Art. 39 SDÜ die polizeiliche Zusammenarbeit aufgrund eines (Amtshilfe-)Ersuchens regelt, ermöglicht Art. 46 I SDÜ die **Informationshilfe** im Einzelfall, ohne daß ein Ersuchen einer Vertragspartei vorliegt. Auch der Zweck der Informationsübermittlung ist weiter gefaßt. Erlaubt ist die Datenübermittlung zur „Unterstützung bei der Bekämpfung zukünftiger Straftaten, zur Verhütung einer Straftat oder zur Abwehr von Gefahren für die öffentliche Sicherheit und Ordnung". Im Unterschied zum Wortlaut des Artikels 39 SDÜ ist nicht jede Hilfe erlaubt, sondern nur die **Mitteilung von Informationen.** Die Daten müssen also bereits vorher zu einem anderen Zweck erhoben worden sein. So kann der Polizeibehörde eines benachbarten Vertragsstaates auch ohne Ersuchen die Mitteilung über einen im Grenzgebiet agierenden Straftäter gemacht werden. Auch die Warnung vor anreisenden gewaltbereiten Fußballanhängern zu einem Fußballspiel in einem anderen Vertragsstaat ist zulässig. 123

Die Hilfe besteht also ausschließlich in der **Übermittlung von Daten zum Zweck der Gefahrenabwehr.** Der Informationsaustausch wird ebenso wie im Falle des Artikels 39 SDÜ über die **„beauftragte zentrale Stelle"** abgewickelt. Weil nur eine Datenübermittlung **„im Einzelfall"** erlaubt ist, kann der regelmäßige Austausch von **„Lagebildern"**, die personenbezogene Daten enthalten, nicht auf Art. 46 I SDÜ gestützt werden. Hierfür gelten dann die besonderen Regelungen in den bilateralen Ergänzungsverträgen zum SDÜ (vgl. dazu Rdn. 113). 124

Auch Artikel 46 I SDÜ erlaubt die polizeiliche Zusammenarbeit nach „Maßgabe des nationalen Rechts und innerhalb der jeweiligen Zuständigkeit". Der Vertrag selber gibt der Polizei also keine zusätzlichen Befugnisse, sondern erlaubt die Anwendung von Befugnissen des jeweiligen Polizeigesetzes. Weil es um Informationsweitergabe geht, finden die Regelungen über die **Datenübermittlung an eine ausländische Stelle** Anwendung. 125

Vgl. Art. 39 II BayPAG; § 44 III ASOG Bln; § 43 III PolGBW; § 43 IV VG PolG Brbg; § 20 III Hbg PolIDVg; § 22 III HSOG; § 41 II, III SOG M-V; § 43 NGefAG; §§ 27 II, 28 PolG NW; § 34 SPolG; § 44 SächsPolG; § 27 SOG LSA; § 175 e LVwG SH; Art. 41 ThürPAG; §§ 32 III, 33 BGSG.

8. Grenzüberschreitende Observation (Art. 40 SDÜ)

a) Begriff und Voraussetzungen

Observation ist die gezielte **Erhebung personenbezogener Daten durch Beobachtung.** Im Regelfall wird die sogenannte „Zielperson" verdeckt, d. h. heimlich oder getarnt beobachtet. Im Falle einer grenzüberschreitenden Observation wird die Gebietshoheit des fremden Staates tangiert, weil sich ausländische Hoheitsträger auf seinem Territorium bewegen. Im Jahre 1999 haben deutsche Behörden in 95 Fällen von der Möglichkeit einer grenzüberschreitenden Fortsetzung der Observation gemäß Artikel 40 SDÜ Gebrauch gemacht (1998: 89, 1997: 48). In 78 % der Fälle wurde die Observation auf niederländischem Gebiet fortgesetzt (Frankreich: 11 %, Belgien: 8 %, Österreich: 3 %, Luxemburg: 3 %). In der Mehrzahl aller Fälle wurde die Zielperson wegen eines Verstoßes gegen das Betäubungsmittelgesetz observiert.[178] Auch vor dem Inkrafttreten des Schengener Durchführungsübereinkommens war die „grenzüberschreitende Observation" zulässig. Diese mußte mittels Rechtshilfeersuchen beantragt und bewilligt werden. Die Beobachtung wurde im Ausland von den zuständigen Polizeibeamten übernommen. Eine Fortsetzung der Observation durch die ausländischen Beamten war auf fremdem Hoheitsgebiet nicht möglich.[179] 126

[177] *Würz*, Das Schengener Durchführungsübereinkommen, 1997, Rdn. 69.

[178] Die Angaben wurden dem „Schengen Erfahrungsbericht 1999" des Bundesinnenministeriums entnommen. Der Bericht wurde bisher nicht veröffentlicht.

[179] *Wolter* Kriminalistik 1995, 173.

127 In Artikel 40 I SDÜ wird den Polizeibeamten einer Vertragspartei erlaubt, eine Person, die in einem **Ermittlungsverfahren** observiert wird und in einen anderen Vertragsstaat einreist, auch nach dem Grenzübertritt weiter zu beobachten. Es wird also die **Fortsetzung einer Observation** erlaubt. Dem Ermittlungsverfahren gegen die observierte Person muß eine Straftat zugrunde liegen, wegen der auch die **Auslieferung** des Beschuldigten beantragt werden könnte (Art. 40 I SDÜ). Die Person muß im Verdacht stehen, **an einer Straftat beteiligt zu sein,** so daß zwar die grenzüberschreitende Observation des **Beschuldigten** und evtl. **Mittäter** zulässig ist, nicht dagegen die Beobachtung von Kontaktpersonen des Beschuldigten. Auch darf die Observation auf ausländischem Hoheitsgebiet nicht auf andere Personen ausgedehnt werden. Wird der Eingriff im Rahmen der „vorbeugenden Bekämpfung von Straftaten" auf eine Datenerhebungsnorm des Polizeirechts gestützt, so ist die grenzüberschreitende Fortsetzung der Observation nach dem SDÜ nicht zulässig. Die Zielperson müßte in einem solchen Fall nach dem Grenzübertritt von den im jeweiligen Land zuständigen Polizeibeamten weiter beobachtet werden.

128 Der Vertrag verwendet den – semantisch verfehlten – Begriff **„auslieferungsfähige Straftat"**, ohne ihn zu definieren. Da für das Auslieferungsverfahren zwischen den Vertragsparteien das **Europäische Auslieferungsübereinkommen** (EuAlÜbk) vom 13. September 1957[180] Anwendung findet (vgl. Art. 63 i.V. m. Art. 59 I SDÜ), sind mit dieser Formulierung Verdächtigte bestimmter strafbarer Handlungen im Sinne des Art. 2 EuAlÜbk gemeint. Ausgeliefert wird danach „wegen Handlungen, die sowohl nach dem Recht des ersuchenden als auch nach dem des ersuchten Staates mit einer Freiheitsstrafe oder die Freiheit beschränkenden Maßregel der Sicherung und Besserung im Höchstmaß von mindestens einem Jahr oder mit einer schweren Strafe bedroht ist". Es kommt nur auf den im EuAlÜbk genannten Strafrahmen an, nicht darauf, daß die Person tatsächlich ausgeliefert werden würde. Da die Strafandrohung im **Höchstmaß** (nicht Mindestmaß!) **mindestens ein Jahr** betragen muß, werden nach deutschem Strafrecht nahezu alle Vergehen und alle Verbrechen erfaßt. Nur sehr wenige Straftaten im StGB sind mit einer Freiheitsstrafe bis zu sechs Monaten bedroht. Wegen solcher Delikte wird dann auch keine grenzüberschreitende Observation geplant werden.

b) Verfahren bei geplanten Observationen

129 Bevor die Grenze eines Vertragsstaates überschritten wird, muß dieser aufgrund eines zuvor gestellten **Rechtshilfeersuchens** der grenzüberschreitenden Observation zugestimmt haben. Wird im Verlauf eines Observationseinsatzes das Hoheitsgebiet eines anderen Vertragsstaates durchfahren (z. B. von Deutschland über Belgien in die Niederlande), so ist auch dafür die **Zustimmung** einzuholen. Das Rechtshilfeersuchen muß jeweils an die in Art. 40 V SDÜ genannten Behörden gerichtet werden. Für die Bundesrepublik Deutschland wurde das Bundeskriminalamt in Wiesbaden als zuständige Behörde benannt. Die in Art. 40 V SDÜ benannten Behörden sind entweder befugt, die Zustimmung zu erteilen (so z. B. in den Niederlanden) oder übermitteln das Ersuchen an die zuständige Behörde (Art. 40 I 2 SDÜ). Weil die Gestattung der Anwesenheit ausländischer Hoheitsträger eine Form der internationalen Rechtshilfe ist, gelten für die Bewilligung der Rechtshilfe die genannten Grundsätze (vgl. Rdn. 29). Die Bundesregierung hat die Ausübung ihrer Befugnisse im Rahmen der internationalen Rechtshilfe auf die Landesregierungen delegiert[181] und festgelegt, daß die von der Staatsanwaltschaft erteilte Zustimmung für das **Gebiet** der **gesamten Bundesrepublik** gilt. Das Bundeskriminalamt wird ein Ersuchen um Zustimmung zu einer grenzüberschreitenden Observation also an das Landeskriminalamt des Landes weiterleiten, in dessen Zuständigkeitsbereich voraussichtlich der Grenzübertritt erfolgen wird. Von dort wird die zuständige Staatsanwaltschaft informiert. Die Zuständigkeit ergibt sich aus dem jeweiligen „Delegationserlaß"

[180] BGBl. 1976 II, S. 1778.
[181] Bundesanzeiger 129/1. 7. 1993, S. 6383.

(vgl. Rdn. 17) des Landes und wird auch in den Ergänzungsverträgen zum SDÜ (vgl. Rdn. 113) erwähnt. Für die Genehmigung der Fortsetzung einer **Observation auf deutschem Hoheitsgebiet** sind folgende Justizbehörden zuständig:

Observation aus ...	Grenzübertritt in ...	Bewilligungsbehörde ...
Belgien	Nordrhein-Westfalen	StA Aachen
Belgien	Rheinland-Pfalz	StA Trier
Frankreich	Baden-Württemberg	StA, in deren Zuständigkeitsbereich die Grenze überschritten wird. Wenn unbekannt, Generalstaatsanwaltschaft Karlsruhe.
Frankreich	Rheinland-Pfalz	StA Zweibrücken oder Landau
Frankreich	Saarland	StA Saarbrücken
Luxemburg	Rheinland-Pfalz	StA Trier
Luxemburg	Saarland	StA Saarbrücken
Niederlande	Nordrhein-Westfalen	Generalstaatsanwaltschaft Düsseldorf
Niederlande	Niedersachsen	StA Aurich oder Osnabrück. Bei schwerwiegenden Wirtschafts- und Steuerdelikten StA Oldenburg. Bei schwerwiegenden Betäubungsmittelstraftaten StA Osnabrück.
Österreich	Baden-Württemberg	StA, in deren Zuständigkeitsbereich die Grenze überschritten wird.
Österreich	Bayern	StA, in deren Zuständigkeitsbereich die Grenze überschritten wird.

Die Staatsanwaltschaft bestimmt eine „Vornahmebehörde" (vgl. dazu Rdn. 18). Dieser Polizeibehörde obliegt die Organisation und Führung der deutschen Observationskräfte bzw. die Zusammenarbeit mit den ausländischen Polizeibeamten.

c) Verfahren in Eilfällen

Wird die Grenze in **dringenden Fällen ohne vorherige Zustimmung** übertreten, so 130
muß der Observation ein Ermittlungsverfahren wegen einer der nachfolgend genannten **Katalogstraftaten** aus Art. 40 VII SDÜ zugrunde liegen:

- Mord,
- Totschlag,
- Vergewaltigung,
- vorsätzliche Brandstiftung,
- Falschmünzerei,
- schwerer Diebstahl, Hehlerei und Raub,
- Erpressung,
- Entführung und Geiselnahme,
- Menschenhandel,
- unerlaubter Verkehr mit Betäubungsmitteln,
- Verstoß gegen die gesetzlichen Vorschriften über Waffen und Sprengstoffe,
- Vernichtung durch Sprengstoffe,
- unerlaubter Verkehr mit giftigen und schädlichen Abfällen.

Ein **Rechtshilfeersuchen** muß unverzüglich **nachgereicht** werden. In dem Ersuchen müssen die Gründe genannt werden, die zu einem Überschreiten der Grenze ohne Zustimmung führten. Der Grenzübertritt ist noch während des Einsatzes der Zustimmungsbehörde (vgl. Rdn. 129) mitzuteilen. Verlangt diese den Abbruch des Einsatzes, so muß dem entsprochen werden. In jedem Fall muß die Observation beendet werden, wenn die Zustimmung nicht innerhalb von fünf Stunden nach Grenzübertritt erteilt wurde.

d) Modalitäten der Observation

131 Die Observation darf gemäß Art. 40 SDÜ nur „fortgesetzt" werden, also nicht erst im Ausland beginnen. Auf Verlangen ist die Observation an die zuständigen Beamten der Vertragspartei, auf deren Hoheitsgebiet die Observation stattfindet, zu übergeben (Art. 40 I SDÜ). Auch wenn dies nicht gefordert wird, werden die im Rahmen der grenzüberschreitenden Observation tätigen Beamten an einer frühzeitigen Übernahme des Einsatzes interessiert sein. Dafür sprechen bereits rein praktische Erwägungen. So wird die Zielperson sicherlich bemerken, wenn ihr im Ausland über längere Strecken Fahrzeuge mit deutschem Kennzeichen folgen.[182] Außer einer **Fortsetzung der Observation** auf fremdem Hoheitsgebiet sind aufgrund des Art. 40 SDÜ **keine weiteren Eingriffshandlungen** gestattet. Insbesondere das Betreten von Wohnungen und öffentlich nicht zugänglichen Grundstücken ist nicht zulässig (Art. 40 III lit. e SDÜ). Die observierenden Beamten sind auch nicht befugt, die Zielperson anzuhalten oder festzunehmen (Art. 40 III lit. f SDÜ). Dienstliche **Einsatzmittel und Fahrzeuge** dürfen **mitgeführt werden.** Das gilt auch für die **Dienstwaffen** der Beamten, sofern die ersuchte Vertragspartei in ihrer Zustimmung zur Observation dem nicht ausdrücklich widersprochen hat. Der **Gebrauch der Waffe** ist aber nur in Notwehrsituationen zulässig (Art. 40 III lit. d SDÜ). Beamte anderer Vertragsparteien, die auf dem Hoheitsgebiet der Bundesrepublik Deutschland dienstlich tätig werden, sind gemäß § 6 II b Waffengesetz[183] von der Erlaubnispflicht für das Führen von Schußwaffen befreit. Werden Beamte einer anderen Vertragspartei im Verlauf der grenzüberschreitenden Observation auf dem Gebiet der Bundesrepublik Deutschland tätig, so dürfen sie gemäß § 35 I a StVO **Sonderrechte** in Anspruch nehmen und sind unter den Voraussetzungen des § 35 I StVO von den Vorschriften der Straßenverkehrsordnung befreit.

132 Das Dokument, aus welchem sich ergibt, daß die Zustimmung zur grenzüberschreitenden Observation erteilt wurde, ist von den Beamten (ausgenommen in den genannten Eilfällen) während des Einsatzes mitzuführen (Art. 40 III lit. b SDÜ). Die observierenden Beamten müssen außerdem in der Lage sein, jederzeit ihre amtliche Funktion nachzuweisen. Dazu wird das Mitführen eines Dienstausweises genügen. Im Anschluß an den Einsatz muß der Zustimmungsbehörde der Vertragspartei, auf deren Hoheitsgebiet die grenzüberschreitende Observation stattgefunden hat, Bericht erstattet werden. Dabei kann auch das persönliche Erscheinen der eingesetzten Beamten gefordert werden (Art. 40 III lit. g SDÜ).

9. Grenzüberschreitende Nacheile (Art. 41 SDÜ)

a) Begriff und Voraussetzungen

133 Mit dem Begriff „Nacheile" ist die **Verfolgung einer flüchtigen Person** gemeint, die sich der Festnahme entziehen will. Für den innerstaatlichen Bereich gibt § 167 GVG die Befugnis zur Fortsetzung der Verfolgung eines Flüchtigen auf dem Gebiet eines anderen **Bundeslandes.**[184] Bei der Flucht in Richtung Bundesgrenze benachrichtigte die Polizei

---

[182] *Busch* Bürgerrechte u. Polizei/CILIP 49 (3/94), S. 59. Der beliebte Kennzeichenwechsel setzt eine entsprechende Ermächtigung des „fremden" Staates voraus.

[183] In der Fassung der Bekanntmachung vom 8. 3. 1976 (BGBl. I, S. 432), zuletzt geändert durch Gesetz vom 28. 10. 1994 (BGBl. I, S. 3186).

[184] Vgl. *Heinrich* NStZ 1996, 361.

in der Vergangenheit sofort die entsprechende Grenzübergangsstelle, damit die verfolgte Person dort aufgehalten werden konnte. Die in Art. 41 SDÜ geregelte **grenzüberschreitende Nacheile** ist also ein Ausgleich für die nunmehr weggefallenen Grenzkontrollen. Die **Anzahl der „Nacheilen“** gemäß Artikel 41 SDÜ ist gering. So wurde von deutschen Beamten im Jahre 1999 die Grenze in 16 Fällen im Verlauf einer Nacheile überschritten (1997: 20, 1998: 22 Fälle). In 12 Fällen wurde die Verfolgung auf niederländischem Hoheitsgebiet fortgesetzt (nach Frankreich gab es drei Fälle, nach Österreich einen Fall der Nacheile).[185]

Voraussetzung für die Nacheile im Sinne des Art. 41 SDÜ ist zunächst, daß die Person bei der **Begehung** von oder bei der **Teilnahme** an einer **Straftat** betroffen wurde. Es ist allerdings nicht erforderlich, daß die nacheilenden Beamten selbst die Person bei der Begehung der Tat beobachtet haben. Auch wenn die flüchtige Person unmittelbar nach der Tat, z. B. im Verlauf einer Fahndung, von Polizeibeamten entdeckt und verfolgt wird, ist die grenzüberschreitende Nacheile zulässig. Zum Zeitpunkt des Grenzübertritts muß jedoch **Sichtkontakt zum Flüchtenden** bestehen. Vom Wortlaut und der Intention der Bestimmung werden andere taktische Möglichkeiten (Nahbereichsfahndung auf ausländischem Hoheitsgebiet, „Entgegenfahren“ nach Überqueren der Grenze an anderer Stelle usw.) nicht erfaßt. Die **Anzahl der nacheilenden Polizeifahrzeuge oder Polizeibeamten** ist im Vertrag **nicht festgelegt.** Die Achtung fremder Gebietshoheit gebietet hier jedoch eine Beschränkung auf das unabdingbar notwendige Maß. Die Nacheile ist immer nur in ein unmittelbar benachbartes Vertragsland zulässig. Die **vorherige Durcheile** über das Hoheitsgebiet eines anderen angrenzenden Staates (z. B. von Deutschland durch Belgien in die Niederlande) ist nach dem Wortlaut des Art. 41 X SDÜ[186] **keine zulässige Nacheile.**[187] 134

Den Vertragsstaaten wurde die Möglichkeit eingeräumt, in gesonderen Erklärungen festzulegen, bei welchen Straftaten die grenzüberschreitende Nacheile zulässig sein soll (Art. 41 IV i. V. m. Art. 41 IX SDÜ).[188] Für die Fortsetzung der Verfolgung von deutschem Hoheitsgebiet nach **Dänemark, Frankreich** und **Luxemburg** gilt der **Straftatenkatalog** in Art. 41 IV a) SDÜ, der folgende Delikte[189] enthält: 135

- Mord,
- Totschlag,
- Vergewaltigung,
- vorsätzliche Brandstiftung,
- Falschmünzerei,
- schwerer Diebstahl, Hehlerei und Raub,
- Erpressung,
- Entführung und Geiselnahme,
- Menschenhandel,
- unerlaubter Verkehr mit Betäubungsmitteln,
- Verstoß gegen die gesetzlichen Vorschriften über Waffen und Sprengstoffe,
- Vernichtung durch Sprengstoffe,
- unerlaubter Verkehr mit giftigen und schädlichen Abfällen,

---

185 Die Angaben wurden dem „Schengen Erfahrungsbericht 1999“ des Bundesinnenministeriums entnommen. Der Bericht wurde bisher nicht veröffentlicht.

186 Erklärung hinsichtlich der Modalitäten der Nacheile in bezug auf jede Vertragspartei, mit der eine „gemeinsame Grenze“ besteht.

187 *Von Bubnoff* ZRP 2000, 61. Anderer Ansicht: *Schomburg/Lagodny,* Internationale Rechtshilfe in Strafsachen, 3. Aufl., 1998 zu Art. 41 SDÜ, Rdn. 17. *Schomburg* argumentiert mit der Formulierung in Art. 41 I 1 SDÜ, nach der die Verfolgung auf dem „Hoheitsgebiet einer *anderen* Vertragspartei“ fortgesetzt werden darf.

188 Die Erklärung der Bundesrepublik Deutschland ist im BGBl. 1999 II, S. 1093 abgedruckt, die der übrigen Staaten in der Beilage zum Bundesanzeiger Nr. 217/1990.

189 Die entsprechenden deutschen Strafbestimmungen wurden der Übersicht von *Würz,* Das Schengener Durchführungsübereinkommen, 1997, Rdn. 100 entnommen.

– unerlaubtes Entfernen nach einem Unfall mit schwerer Körperverletzung oder Todesfolge.

In **Belgien,** den **Niederlanden** und **Österreich** ist die Fortsetzung der Verfolgung nach dem Betreffen auf frischer Tat bei jeder **Straftat, derentwegen ausgeliefert werden kann,** zulässig. **Deutschland** hat in der Erklärung gemäß Art. 41 IX SDÜ allen Vertragsparteien, mit denen es eine gemeinsame Grenze hat, die Nacheile im selben Umfang gestattet. In allen Staaten ist die grenzüberschreitende Nacheile auch zulässig, wenn die verfolgte Person aus der **Untersuchungshaft oder Strafhaft entflohen** ist und verfolgt wird.

136 Die Vertragsparteien haben die Möglichkeit, in gesonderten Erklärungen die Zulässigkeit der Nacheile auf ein bestimmtes Gebiet oder auf eine bestimmte Zeit zu beschränken (Art. 41 III i. V. m. Art. 41 IX SDÜ).[190] Für die Nacheile aus der Bundesrepublik Deutschland haben **Belgien, Frankreich** und **Österreich** keine räumliche oder zeitliche Begrenzung festgelegt. In den **Niederlanden** und **Luxemburg** ist die Nacheile auf ein Gebiet von 10 km entlang der Grenze beschränkt. Für **Dänemark** gilt, daß deutsche Behörden berechtigt sind, „die laufende Verfolgung auf dänischem Hoheitsgebiet bis zu 25 km von der Grenze fortzusetzen". Für die Nacheile aus den genannten Staaten gelten innerhalb der **Bundesrepublik Deutschland** keine räumlichen oder zeitlichen Beschränkungen.

b) Verfahrensvorschriften für die Nacheile

137 Grundsätzlich sind die verfolgenden Polizeibeamten verpflichtet, alles zu tun, damit die Verfolgung und das Anhalten der flüchtigen Person unmittelbar nach Grenzübertritt von den dort zuständigen Polizeibehörden übernommen werden kann. Deshalb wird unverzüglich die zuständige **Verbindungsstelle im Grenzgebiet** (vgl. Art. 44 I SDÜ) unterrichtet. Ist die Benachrichtigung in dringenden Fällen nicht rechtzeitig möglich oder gelingt es der zuständigen Polizei nicht, beim Grenzübertritt zur Stelle zu sein, um die Verfolgung zu übernehmen, so darf die Grenze **ohne vorherige Zustimmung** überschritten werden. Spätestens beim Grenzübertritt muß aber die zuständige Behörde des Gebietsstaates verständigt werden. Wenn diese es verlangt, so ist die Verfolgung einzustellen. Anders als für die grenzüberschreitende Observation ist im Vertrag nicht bestimmt, welche Behörde zuständig ist. Da der Art. 41 SDÜ grundsätzlich davon ausgeht, daß der Verfolgte möglichst bald von der örtlich zuständigen Polizeibehörde „übernommen" wird, kann auch nur diese mit dem Begriff der „zuständigen Behörde" gemeint sein.

138 Die eingesetzten Beamten sind befugt, die Verfolgung der Person auf dem Hoheitsgebiet einer anderen Vertragspartei fortzusetzen. Im Verlauf der Nacheile dürfen keine Wohnungen oder öffentlich nicht zugänglichen Grundstücke betreten werden (Art. 41 V lit. c SDÜ). Vorgärten, Höfe, Garagen, Ladenlokale sind „nicht öffentlich zugänglich", sondern nur zweckbezogen, also privat. Der **Grenzübertritt** darf nur auf dem **Landweg** erfolgen (Art. 41 V lit. b SDÜ), die grenzüberschreitende Nacheile mit einem Luft- oder Wasserfahrzeug ist also ausgeschlossen. Die nacheilenden Beamten müssen **als Polizeibeamte erkennbar** sein (Art. 41 V lit. d SDÜ). Dies kann gewährleistet sein durch

– das Tragen der Dienstkleidung oder einer Armbinde mit der Aufschrift „Polizei" bei ziviler Kleidung,
– Benutzung eines Polizeifahrzeugs, das als solches erkennbar ist,
– Verwendung von Zusatzeinrichtungen (Magnettafel mit der Aufschrift „Polizei", Blaulicht) an einem Zivilfahrzeug.

Im übrigen müssen die eingesetzten Beamten jederzeit in der Lage sein, ihre amtliche Funktion nachzuweisen. Das Mitführen eines Dienstausweises wird dazu ausreichen.

---

[190] Die Erklärung der Bundesrepublik Deutschland ist im BGBl. 1999 II, S. 1093 abgedruckt, die der übrigen Staaten in der Beilage zum Bundesanzeiger Nr. 217/1990.

Die **Mitnahme der Dienstwaffe** ist erlaubt, ihr Gebrauch ist allerdings auf den Fall der Notwehr begrenzt (Art. 41 V lit. e SDÜ). Im Gegensatz zur niederländischen Fassung wird im deutschen Vertragstext nicht der Plural gewählt. Daraus könnte geschlossen werden, daß der Beamte nur die ihm zugeteilte Schußwaffe mitführen darf. Gleichwohl erlaubt die Vorschrift aber das Mitführen aller Dienstwaffen und Hilfsmittel des unmittelbaren Zwangs (Schlagstock, Reizstoffsprühgerät). Werden Polizeibeamte einer anderen Vertragspartei im Verlauf der Nacheile auf dem Gebiet der Bundesrepublik Deutschland tätig, so dürfen sie gemäß § 35 I a StVO **Sonderrechte** in Anspruch nehmen und sind insoweit von den Vorschriften der Straßenverkehrsordnung befreit. 139

c) Festhalterecht der nacheilenden Beamten

Auf Ersuchen der nacheilenden Beamten wird die flüchtige Person von Beamten der örtlich zuständigen Behörde angehalten, um die Personalien festzustellen oder die Festnahme vorzunehmen. Die Vertragsstaaten können außerdem den verfolgenden Beamten ein **Festhalterecht** einräumen und dies von besonderen Voraussetzungen abhängig machen (Art. 41 II i. V. m. 41 IX SDÜ). In **Dänemark** und **Frankreich** haben die nacheilenden Beamten kein Festhalterecht. In **Belgien** ist dagegen ein Festhalten zulässig. Dieses Recht erlischt aber nach Ablauf von 30 Minuten vom Grenzübertritt aus gerechnet. Sind innerhalb dieses Zeitraums die örtlich zuständigen Polizeibeamten noch nicht eingetroffen, so darf die flüchtige Person zwar weiter verfolgt, nicht jedoch festgehalten werden. In **Luxemburg** und den **Niederlanden** ist ein Festhalten zeitlich unbeschränkt erlaubt, wobei für die Nacheile generell die Beschränkung auf ein Gebiet von 10 km entlang der Grenze gilt. In der Erklärung der Niederlande wird ausdrücklich erwähnt, daß ein Festhalten durch die nacheilenden Beamten nur zulässig ist, wenn die flüchtige Person auf einer öffentlichen Straße oder einem sonstigen, der Öffentlichkeit zugänglichen Grundstück ergriffen wird. Das gilt auch ohne ausdrückliche Erklärung in allen anderen Staaten, weil gemäß Art. 41 V SDÜ das **Betreten von Wohnungen** und **öffentlich nicht zugänglichen Grundstücken** im Verlauf der Nacheile **nicht zulässig** ist. In der **Bundesrepublik Deutschland** und in **Österreich** wird den nacheilenden Beamten ein Festhalterecht ohne zeitliche oder räumliche Beschränkung eingeräumt. Ist das Festhalten erlaubt, gilt das Recht selbstverständlich nur dann, wenn von der zuständigen Behörde kein **Einstellungsverlangen** im Hinblick auf die Nacheile ergangen ist und die örtlich zuständigen Beamten noch nicht eingetroffen sind (Art. 42 II lit. b SDÜ). 140

Die festgehaltene Person darf von den nacheilenden Beamten nicht sofort zurück auf das Hoheitsgebiet ihres Staates gebracht werden, sondern muß der örtlich zuständigen Behörde vorgeführt werden. Sie darf zuvor aus Gründen der Eigensicherung **durchsucht** werden. Von ihr mitgeführte Gegenstände können zur Verhinderung von Selbst- oder Fremdgefährdung und auch zum Zweck der Beweissicherung **sichergestellt** werden. Für die Dauer des Transportes zur zuständigen Dienststelle dürfen ihr Handschellen angelegt werden (Art. 41 V lit. f SDÜ). Die sonstige **Anwendung von „Unmittelbarem Zwang"** im Rahmen der Nacheile ist nicht erlaubt. So darf das Fahrzeug der flüchtigen Person nicht durch das nachfolgende Dienstfahrzeug „abgedrängt" und zwangsweise gestoppt werden. Auch darf nicht mit körperlicher Gewalt gegen eine im Verlauf der Nacheile gestellte Person vorgegangen werden, um sie an einer weiteren Flucht zu hindern. 141

d) Verfahren nach dem Ergreifen der flüchtigen Person

Die flüchtige Person wird auf Ersuchen der verfolgenden Beamten **von den örtlich zuständigen Polizeibeamten** angehalten. Diese stellen entweder die Identität des Betroffenen fest oder nehmen ihn fest (Art. 41 I 5 SDÜ). Eine Rückführung durch die Polizeibeamten des fremden Staates ist nicht zulässig. Wird der Betroffene in Ausübung des Festhalterechts von den nacheilenden Beamten ergriffen, so muß er der örtlich zuständigen Behörde vorgeführt werden, wenn deren Amtswalter nicht an den Ort des Zugriffs 142 kommen können (Argument aus Art. 41 V lit. f SDÜ). Die gemäß Art. 41 II SDÜ festgenommene Person kann ungeachtet ihrer Staatsangehörigkeit zum Zwecke der **Vernehmung** festgehalten werden (Art. 41 VI 1 SDÜ). Sowohl der Bezug auf Art. 41 II als auch die Wahl des Begriffs „Vernehmung" in dieser Vorschrift ist jedoch mißverständlich. Der Betroffe darf nämlich auch dann festgehalten werden, wenn er keine Angaben zur Person oder Sache machen will und seine Identität festgestellt werden muß oder die **Anordnung der Untersuchungshaft** bzw. **Auslieferungshaft** beantragt werden soll. Die örtlich zuständigen Beamten müssen bei den erforderlichen Eingriffen (Festnahme, Vernehmung, Identitätsfeststellung, erkennungsdienstliche Behandlung) ihr nationales Tätigkeitsrecht „sinngemäß" anwenden (Art. 41 VI 2 SDÜ). In der Bundesrepublik Deutschland müssen die Beamten daher für das weitere Festhalten unverzüglich eine **richterliche Anordnung** herbeiführen. Ist die festgehaltene Person **Ausländer,** so muß sie spätestens sechs Stunden nach ihrer Ergreifung freigelassen werden. Die Stunden zwischen Mitternacht und neun Uhr zählen bei diesem Zeitraum nicht mit. Etwas anderes gilt, wenn vor Ablauf dieser Frist von der Behörde des Staates, von dessen Hoheitsgebiet die Nacheile ausgegangen ist, ein Ersuchen um **vorläufige Festnahme zum Zwecke der Auslieferungshaft** gestellt wird (Art. 41 VI 3 SDÜ). Für dieses Ersuchen gelten die Vorschriften für die „Internationale Rechtshilfe".

10. Schengener Informationssystem

a) Organisation des Datenverbundes

143 Das Schengener Informationssystem (SIS) ist ein **Fahndungssystem,** auf das alle „Schengen-Staaten" Zugriff haben sollen. Technisch besteht das SIS aus parallel in den Vertragsstaaten geführten Datenbeständen. Die **Eingabe und Bestandspflege** obliegt jeweils der ausschreibenden Stelle (Datenbesitzer). Die Änderungen werden in einem Computer gespeichert, der online mit einem **zentralen Rechner (C.SIS)** in Straßburg verbunden ist, welcher die weitere Verteilung an die nationalen Bestände übernimmt (Art. 92 III SDÜ). Nur die ausschreibende Stelle kann jedoch einen Datensatz verändern oder löschen. Jede Änderung wird in „Echtzeit" durch den zentralen Rechner umgesetzt. Es ist so sichergestellt, daß sofort in jedem Vertragsstaat der vollständige und aktuelle Datenbestand des SIS für Abfragen zur Verfügung steht. Ausschreibungen von anderen Vertragsparteien dürfen nicht aus diesem Bestand in andere nationale Datenbestände (z. B. in das „INPOL-System") übernommen werden (Art. 102 II 2 SDÜ). Jede Vertragspartei ist verpflichtet, eine Stelle als Zentrale zu bestimmen, die für den **nationalen Teil des SIS** (N.SIS) zuständig ist (Art. 108 I). Für die Bundesrepublik Deutschland wurde dem Bundeskriminalamt diese Aufgabe übertragen.[191] Diese „Zentrale Stelle" trägt den Namen **„SIRENE"** (Supplementary Information Request at the National Entrees) und ist Ansprechpartner für die „SIRENEN" anderer Vertragsparteien sowie Bindeglied zu inländischen Dienststellen. Zum Aufgabenbereich der „SIRENE" gehört auch der Informationsaustausch mittels eines eigenen Kommunikationsnetzes. Die Mitgliedstaaten haben beschlossen, den Vertrag für dieses „SIRENE-Netz" nicht zu verlängern, so daß dessen Laufzeit am 23. August 2001 endet. Bis dahin soll eine neue Kommunikationsinfrastruktur für die „Schengen-Staaten" mit der Bezeichnung **„SISNET"** bereitstehen. Der stellvertretende Generalsekretär des Rates der EU wurde beauftragt, die notwendigen Vorbereitungen dafür zu treffen.[192]

144 Im Juli 1999 waren bereits ca. **9,3 Mio. Datensätze** im SIS gespeichert. Insgesamt 9815 davon betreffen international gesuchte Straftäter.[193] Damit ist die Kapazitätsgrenze fast erreicht. Eine Erneuerung der technischen Infrastruktur des SIS ist in zwei Schritten

---

191 Art. 6 des Gesetzes zum Schengener Übereinkommen, BGBl. 1993 II, S. 1011.

192 ABl. L 337 v. 30. 12. 1999.

193 *Tuffner* Kriminalistik 2000, 40 f. Gemeint sind mit „Straftäter" sowohl Beschuldigte als auch Verurteilte.

geplant. Zunächst wird das System ausgebaut, damit neben den Beitrittstaaten Österreich, Italien und Griechenland auch die fünf nordischen Staaten den Wirkbetrieb des SIS aufnehmen können. Das geschieht im Rahmen des Projektes **„SIS I plus"**. Wesentliche Änderungen sind mit dem Abschluß des Projektes **„SIS-II"** geplant. Die Einführung einer neuen Generation der Informationsverarbeitung ermöglicht die Nutzung des SIS durch einen nochmals stark erweiterten Teilnehmerkreis.

Zugriff auf die im SIS gespeicherten Daten haben gemäß Art. 101 SDÜ grundsätzlich nur solche Stellen, die für die **Grenzkontrollen** oder die **polizeiliche** oder **zollrechtliche Überwachung im Inland** zuständig sind. Die Polizeibeamten in der Bundesrepublik Deutschland können über die bei den Datenstationen und den Leitstellen vorhandenen Datensichtgeräte im Rahmen der INPOL-Abfrage auch Auskünfte über im SIS gespeicherte Daten erhalten. Auch die Fahndungseingabe in das SIS wird über das INPOL-System gesteuert. Der INPOL-Rechner und der Rechner für das N.SIS sind aber dv-technisch getrennte Systeme. In Deutschland werden **monatlich** über **fünf Millionen Datenabfragen** im N.SIS an den mehr als **14 000 polizeilichen Datenstationen** getätigt.[194] Außerdem stehen die zur Einreiseverweigerung gespeicherten Daten auch den für die Sichtvermerkserteilung zuständigen Stellen sowie den Ausländerbehörden zur Verfügung.[195] 145

b) Ausschreibungskategorien

Weil das Schengener Informationssystem ein **polizeiliches Fahndungssystem** ist, dürfen an sich nur Daten von strafrechtlich **gesuchten Personen oder Sachen** gespeichert werden. Über diesen Zweck gehen die folgenden, in Art. 95–100 SDÜ genannten Ausschreibungskategorien, die abschließend im Vertrag festgelegt wurden (Art. 94 II SDÜ), jedoch weit hinaus. Zulässig ist nämlich die **Ausschreibung von Personen,** 146

- die festgenommen und ausgeliefert werden sollen (Art. 95 I SDÜ),
- welchen als „Drittausländern" eine Einreise verweigert werden soll (Art. 96 I SDÜ),
- die vermißt werden und zur Gefahrenabwehr in Gewahrsam genommen werden sollen (Art. 97 SDÜ),
- deren Aufenthalt ermittelt werden soll, damit ihnen als Zeuge oder Beschuldigter eine gerichtliche Ladung zugestellt werden kann (Art. 98 I SDÜ),
- die verurteilt sind und denen ein Strafurteil oder eine Ladung zum Haftantritt zugestellt werden muß (Art. 98 I SDÜ),
- die verdeckt registriert oder gezielt kontrolliert werden sollen (Art. 99 I SDÜ).

Zu den Datenkategorien gehören neben den ausgeschriebenen Personen auch die zur Sicherstellung oder Beweissicherung im Strafverfahren **gesuchten Sachen.**

Jeder Vertragspartner darf **nur eine Fahndung zu einer bestimmten Person oder Sache** im SIS speichern. Dies bedeutet, daß bei mehreren Fahndungsnotierungen zu einer Person nur die schengenrelevante Fahndung mit der höchsten Priorität gespeichert wird. Dabei gilt folgende Reihenfolge: 147

1. Priorität: Artikel 95 (Festnahme),
2. Priorität: Artikel 96 (Einreiseverweigerung für Drittausländer),
3. Priorität: Artikel 97 (Ingewahrsamnahme),
4. Priorität: Artikel 98 (Zeugen-/Aufenthaltsermittlung) und Artikel 99 (verdeckte Registrierung) stehen gleichberechtigt nebeneinander.

Zum Jahreswechsel 1998/99 waren im SIS über **8,6 Mio Datensätze** gespeichert.[196] Der größte Anteil entfällt davon auf die Sachfahndung. Von den ingesamt gespeicherten **7,5 Mio. Sachen** sind ca. 5,2 Mio Identitätspapiere, die entwendet wurden. Im SIS waren 148

---

194 *Tuffner* Kriminalistik 2000, 40.

195 Innenpolitik Heft 1/1996, S. 9. Das rechtlich relevante Eingriffsvolumen ist inzwischen unüberschaubar geworden.

196 Diese und die nachfolgenden Angaben finden sich bei *Busch* Bürgerrechte & Polizei/CILIP 63 (2/1999), S. 80.

zu diesem Zeitpunkt **1,2 Mio. Personendatensätze** gespeichert.[197] Die nachfolgende Tabelle[198] gibt einen Überblick über die gespeicherten Datensätze in den verschiedenen Ausschreibungskategorien:

Fahndungsart	Gesamtvolumen	davon Deutschland
Festnahme zur Auslieferung Artikel 95	8602 Personen	2355 Personen
Einreiseverweigerung/Abschiebung Artikel 96	703 688 Personen	344 598 Personen
Ingewahrsamnahme Artikel 97	24 773 Personen	1472 Personen
Aufenthaltsermittlung Artikel 98	39 372 Personen	998 Personen
Polizeiliche Beobachtung Artikel 99	18 609 Personen	593 Personen

Ein Vergleich der einzelnen Ausschreibungskategorien zeigt, daß nur etwa 1 % der Daten die Fahndung nach Personen zum Zweck der Auslieferung betreffen. Rund 88 % der Personendaten betreffen Ausländer, denen die Einreise verweigert werden soll. Insofern wird das SIS auch als **„Instrument einer repressiven Migrations- und Asylpolitik"**[199] bezeichnet. Es geht praktisch nur zum geringen Teil um strafprozessuale „Fahndung". Die übrige Datenverarbeitung im SIS muß auf anderen Zugriffsermächtigungen beruhen. SIS befreit nämlich nicht von der Beachtung des **Zweckbindungsgebotes** bei der Datennutzung (vgl. dazu Kap. C).

c) Datenprofil

149 Der **Umfang der im SIS gespeicherten Daten** („Datenprofil") ist im Hinblick auf die ausgeschriebenen Personen abschließend festgelegt (Art. 94 II SDÜ). Von ihnen dürfen gemäß Art. 94 III SDÜ „höchstens die folgenden Angaben mitgeteilt" (also auch gespeichert) werden:

- Name, Vorname, erster Buchstabe des zweiten Vornamens, ggf. der „Aliasname" (für den ein neuer Datensatz angelegt werden muß)
- Geschlecht
- Geburtsort und -datum
- Staatsangehörigkeit
- besondere unveränderliche physische Merkmale
- die personengebundenen Hinweise „bewaffnet" und „gewalttätig"
- den Ausschreibungsgrund und die zu ergreifenden Maßnahmen.

Dieses Datenprofil ist grundsätzlich für alle auszuschreibenden Personen abschließend beschrieben. Ergänzende Angaben dürfen nur übermittelt werden, wenn dies im Vertrag ausdrücklich erlaubt ist. Eine solche ergänzende Datenübermittlung ist in bezug auf Personen vorgesehen, um deren Festnahme mit dem Ziel der Auslieferung ersucht wird (Art. 95 SDÜ). Gleichzeitig mit der Ausschreibung im SIS müssen in diesem Fall „auf möglichst schnellem Wege" die in Art. 95 II SDÜ genannten Informationen zum Sach-

[197] Wegen des hohen Anteils sogenannter „Aliasgruppen" sollen dahinter allerdings lediglich 795 000 Personen stehen. So *Busch* Bürgerrechte & Polizei/CILIP 63 (2/1999), S. 81.

[198] Quelle: *Schultz,* Operative Möglichkeiten und Grenzen in der Umsetzung des Schengener Durchführungsübereinkommens (SDÜ), in: Polizeiführungsakademie (Hrsg.), Strategie und Taktik zur Bewältigung von Großlagen. Internationales Seminar v. 8.–11. 6. 1999, S. 206.

[199] *Busch* Bürgerrechte & Polizei/CILIP (1/1999), S. 81.

verhalt (z. B. Angaben zum Haftbefehl oder Strafurteil) an die Zentralstellen der ersuchten Vertragsparteien übermittelt werden.

d) Ausschreibungskategorie „Festnahme zwecks Auslieferung"

Die Ausschreibung gemäß Art. 95 I SDÜ soll gewährleisten, daß eine Person vorläufig 150
festgenommen wird, damit wegen einer Straftat im ausschreibenden Vertragsstaat ein Auslieferungsverfahren betrieben werden kann. Die Daten des Betroffenen werden auf **Antrag der Justizbehörde** im SIS gespeichert (Art. 95 I SDÜ). In Deutschland ist die Staatsanwaltschaft zuständig. Das Verfahren ist in Nr. 43 RiStBV und der Anlage F RiStBV geregelt. Danach ist grundsätzlich neben der Ausschreibung zur Festnahme im INPOL-System immer auch eine Speicherung im SIS vorzunehmen. Eine Ausnahme gilt nur dann, wenn Anhaltspunkte dafür vorliegen, daß sich die gesuchte Person *nur* im Inland aufhält. Von Praktikern der Polizei[200] wird eine geringe Bereitschaft der Staatsanwaltschaft beklagt, die obligatorische Ausschreibung im SIS auch tatsächlich zu veranlassen. Vor einer Ausschreibung im SIS muß der Staatsanwalt gemäß Art. 95 II 1 SDÜ prüfen, ob die mit der Festnahme bezweckte Auslieferung der gesuchten Person nach dem Recht aller am SIS beteiligten Staaten zulässig ist. Dies ist der Fall, wenn bei einer Ausschreibung zur Festnahme zwecks Strafverfolgung die Strafandrohung mindestens ein Jahr Freiheitsstrafe im Höchstmaß[201] beträgt und bei einer Auslieferung zur Strafvollstreckung mindestens noch vier Monate Freiheitsstrafe zu verbüßen sind (Art. 2 I EuAlÜbk).

Im Interesse einer „wirksamen Ausgleichsmaßnahme" waren die Vertragsparteien – mit 151
Ausnahme Frankreichs – der Meinung, daß die Ausschreibungen **„unmittelbar fahndungsrelevant"** – also sofort – eingegeben werden sollen.[202] Der Vorteil der elektronischen Datenverarbeitung, die eine sofortige Abfrage nach der Speicherung zuläßt, sollte auf diese Weise effektiv genutzt werden. So wird die staatliche Gewalt eines anderen Staates in Anspruch genommen, ohne daß dieser die Möglichkeit der eigenen vorherigen Prüfung hat. Die Ausschreibung im SIS entwickelt so eine nicht mehr überprüfbare Tatbestandswirkung für Zwangsmaßnahmen auf fremdem Hoheitsgebiet.[203] Das Fehlen einer vorherigen Prüfung und Zustimmung soll dadurch kompensiert werden, daß der ausschreibenden Vertragspartei die **„Kennzeichnung"** der Ausschreibung möglich ist, was zu einer kurzen Aussetzung der Vollstreckung führt (Art. 95 III SDÜ). Der Datensatz enthält dann eine Information **(„Flag"),** die besagt, daß die Behörden des Staates, der die Kennzeichnung veranlaßt hat, den entsprechenden Auftrag, also die Festnahme, nicht ausführen. Es bleibt dann eine Zeit von 24 Stunden, die Rechtmäßigkeit der Ausschreibung zu prüfen. Wird wegen der „Komplexität des Sachverhalts" mehr Zeit benötigt, so kann diese Frist in „besonderen Ausnahmefällen" auf eine Woche verlängert werden. Die Prüfung wird dadurch erschwert, daß bei der Ausschreibung im SIS gemäß Art. 94 III SDÜ nur die Personalien des Betroffenen gespeichert werden. Die Angaben zum Sachverhalt, auf welchem das Ersuchen um Festnahme zum Zweck der Auslieferung beruht, können dem Datensatz nicht entnommen werden. Gleichzeitig mit der Ausschreibung sollen daher „auf möglichst schnellem Wege" die in Art. 95 II 2 a)–e) SDÜ genannten Informationen zum Sachverhalt (z. B. Angaben zum Haftbefehl oder Strafurteil) an die ersuchten Vertragsparteien übermittelt werden (Art. 95 II 2 SDÜ). Diese Informationen sind in einem sogenannten **„Begleitpapier"** enthalten, welches von der Staatsanwaltschaft ausgefüllt werden muß und über das LKA an die SIRENE gesandt wird. Erst dann wird der Datensatz zur Weiterleitung an den Zentralrechner in Straßburg freigegeben. Das Verfahren ist umständlich und wird daher in der Praxis unbeliebt bleiben.

---

200 *Wilkesmann* NStZ 1999, 70, Der Autor weist darauf hin, daß zum 31. 12. 1997 nur ca. 1 % der im INPOL-System zur Festnahme ausgeschriebenen Personen gleichzeitig im SIS gespeichert war.

201 In Frankreich *zwei* Jahre (vgl. Art. 61 SDÜ).

202 So *Schattenberg* Schriftenreihe der Polizeiführungsakademie, Heft 3–4/1989, S. 27.

203 *Weichert* CR 1990, 64.

152 Die Ausschreibung ist ein Ersuchen um vorläufige Festnahme zur Sicherung der späteren Auslieferung. Es kann also trefflich von einem „Rechtshilfeersuchen per Computer" gesprochen werden.[204] Nur wenn die ersuchte Vertragspartei eine „Kennzeichnung" des Datensatzes veranlaßt hat, unterbleibt zunächst die Festnahme aufgrund der Ausschreibung. Bei einem Antreffen des Betroffenen wird die Speicherung im SIS jedoch wie eine **„Ausschreibung zur Aufenthaltsermittlung"** behandelt (Art. 95 V SDÜ). In den übrigen Fällen werden aufgrund der Ausschreibung „die erbetenen Maßnahmen" auf der „Grundlage der geltenden Auslieferungsübereinkommen" und nach „Maßgabe des nationalen Rechts" getroffen (Art. 95 VI SDÜ). Das Auslieferungsverfahren richtet sich nach dem **„Europäischen Auslieferungsabkommen"** (EuAlÜbk)[205] vom 13. 12. 1957. Das gilt auch für die Vertragsparteien, welche das EuAlÜbk nicht unterzeichnet haben (Art. 60 SDÜ). Für die Polizeibeamten, die in der Bundesrepublik Deutschland eine Person aufgrund der Ausschreibung verhaften, enthält das EuAlÜbk jedoch keine Befugnis, die den Anforderungen des Art. 104 GG entspricht. Deshalb verweisen auch Art. 95 VI SDÜ und Art. 22 EuAlÜbk auf das „nationale Recht" des ersuchten Staates. Für die Bundesrepublik Deutschland bedeutet dies, daß die Bestimmungen im 23. Teil des IRG anzuwenden sind. Die Staatsanwaltschaft und die Beamten des Polizeidienstes[206] sind gemäß § 19 IRG zur **„Vorläufigen Festnahme"** befugt, wenn die **„Voraussetzungen eines Auslieferungshaftbefehls"** vorliegen. Ob dies der Fall ist, kann der festnehmende Beamte vor Ort jedoch kaum feststellen. Der Ausschreibung im SIS können nämlich nur wenige Informationen entnommen werden. Dem festnehmenden Beamten fehlen die in Art. 95 II 2 a)–e) SDÜ genannten Angaben zum Sachverhalt. Die Vertragspartner haben deshalb in Art. 64 SDÜ bestimmt, daß die Ausschreibung im SIS einem **„Ersuchen um vorläufige Verhaftung des Verfolgten"** im Sinne des **Art. 16 EuAlÜbk „gleichgestellt"** ist. Der Datensatz im SIS mit seinen Informationen soll somit den in Art. 16 II EuAlÜbk geforderten Angaben entsprechen. Danach muß jedoch auch die strafbare Handlung, derentwegen um Auslieferung ersucht werden wird, mit Zeit und Ort ihrer Begehung im Ersuchen genannt werden. Diese Angaben können dem Datensatz im SIS jedoch nicht entnommen werden. Sie werden aber von den festnehmenden Polizeibeamten benötigt, weil diese dem Betroffenen den **Grund der Festnahme** mitteilen müssen (§ 20 I IRG). Der Hinweis auf die Ausschreibung im SIS allein genügt jedenfalls nicht den Anforderungen von Art. 5 II EuMRK, nach denen der Festgenommene über die Gründe der Festnahme und die gegen ihn erhobenen Beschuldigungen unterrichtet werden muß. Erst nach der Festnahme wird nämlich per Telefax oder Fernschreiben die SIRENE informiert, welche dann das übersetzte **Begleitpapier** an die Dienststelle schickt, wo sich die festgenommene Person inzwischen befindet. Unverzüglich nach seiner Festnahme durch die Polizei, spätestens jedoch am Tag nach der Festnahme, ist der Verfolgte gemäß § 22 I IRG dem **Richter des nächsten Amtsgerichts vorzuführen.** Dieser entscheidet gemäß § 23 III IRG über die **Fortdauer** der „Vorläufigen Auslieferungshaft" bis zur Entscheidung des zuständigen Oberlandesgerichtes. Nach dem Wortlaut des § 22 III 1 IRG ist die Freilassung des Betroffenen nur vorgesehen, wenn der Richter feststellt, daß die festgenommene Person nicht diejenige ist, um deren Auslieferung ersucht wurde. Eine solche Beschränkung der richterlichen Entscheidungskompetenz ist nicht mit Art. 104 GG vereinbart. Der Festgenommene hat vielmehr einen verfassungsrechtlichen Anspruch auf einen Richter, der zur **Prüfung sämtlicher Voraussetzungen der Freiheitsentziehung** berechtigt und verpflichtet ist.[207] Spätestens bis zur Vorführung muß die Polizei die ergänzenden Informa-

[204] *Scheller* JZ 1992, 904.

[205] BGBl. 1964 II, S. 1369.

[206] Es muß sich dabei nicht um „Hilfsbeamte der Staatsanwaltschaft" i. S. des § 152 GVG handeln.

[207] Ausführlich zu dieser umfassenden Prüfungskompetenz: *Schomburg/Lagodny,* Internationale Rechtshilfe in Strafsachen, 3. Aufl. 1998, Vor §§ 21, 22 IRG Rdn. 22 ff. Vgl. auch *Degenhardt,* in: Sachs (Hrsg.), GG 1996, Art. 104 Rdn. 19, 20; *Azzola,* AK-GG Art. 104 Rdn. 31; *Jarass/Pieroth,* GG Art. 104 Rdn. 10; *BVerfGE* 21, 311; 83, 24.

tionen des ersuchenden Staates zum Sachverhalt erhalten haben, damit dem Richter für seine Anordnung gemäß § 22 IRG die entscheidungserheblichen Tatsachen bekannt sind. Reichen die Informationen aus dem vorgelegten „Begleitpapier" nicht aus, muß über die SIRENE beim BKA Kontakt mit dem ausschreibenden Vertragsstaat aufgenommen werden, damit fehlende Unterlagen nachgereicht werden können. Die zu erwartenden Verzögerungen rechtfertigen jedoch keine Verlängerung der Freiheitsentziehung; denn deren Voraussetzungen müssen schon bei der Festnahme vorliegen.

e) Ausschreibungskategorie „Ingewahrsamnahme/Aufenthaltsermittlung zur Gefahrenabwehr"

Gemäß Art. 97 SDÜ können Personen im SIS gespeichert werden, **153**
- die in einem Vertragsstaat als vermißt gemeldet wurden,
- denen eine Gefahr droht,
- von denen eine Gefahr ausgeht.

Die Ausschreibung dient dem Zweck der Gefahrenabwehr. Das gilt insbesondere im Hinblick auf **vermißte Minderjährige** über die Eltern oder Vormund als Ausfluß aus dem Sorgerecht auch das Aufenthaltsbestimmungsrecht haben. Wird eine **erwachsene Person** bei der Polizei **als „vermißt" gemeldet,** so wird sie im Inland nur dann zur „Fahndung" ausgeschrieben, wenn zusätzliche Fakten vorliegen (z. B. Abschiedsbrief mit Hinweis auf beabsichtigten Suizid), welche eine Gefahr begründen. Entsprechendes gilt auch für die Speicherung im SIS. Die örtliche Polizeidienststelle speichert die Daten der vermißten Person im INPOL-System. Bestehen Anhaltspunkte für den Aufenthalt der gesuchten Person in einem Schengener Vertragsstaat, so beantragt diese Polizeibehörde die Ausschreibung im SIS. Das LKA veranlaßt diese nach Prüfung durch Setzen des „Schengenmerkers". Wird der Betroffene dann einem Vertragsstaat angetroffen, so sollen die zuständigen Behörden prüfen, ob Hilfe notwendig ist. Die Ausschreibung dient also dem Schutz des Betroffenen. Neben den genannten Personengruppen dürfen auch die Daten von solchen Personen gespeichert werden, **von denen eine Gefahr ausgeht.** Das ist z. B. der Fall, wenn jemand auf Anordnung des Gerichts gemäß §§ 63, 64 StGB in einem psychiatrischen Krankenhaus oder in einer Entziehungsanstalt untergebracht ist und von dort flüchten konnte, also nicht, wenn nur Fluchtgefahr besteht.

Wird eine gemäß Art. 97 SDÜ ausgeschriebene Person angetroffen, so soll sie von den **154**
zuständigen Behörden **festgehalten** werden, damit ihr derzeitiger Aufenthalt festgestellt und der ausschreibenden Behörde mitgeteilt werden kann. Die Befugnis für dieses kurzzeitige Festhalten der Person ergibt sich unmittelbart aus Art. 97 SDÜ. Bei volljährigen Vermißten bedarf die Mitteilung jedoch der Einwilligung des Betroffenen. Ist eine **Ingewahrsamnahme** zur Verhinderung der Weiterreise des Betroffenen erforderlich, so kann die Person festgehalten werden, **soweit das nationale Recht die Freiheitsentziehung erlaubt.** Für die Bundesrepublik Deutschland sind in den Polizeigesetzen und Unterbringungsgesetzen der Länder entsprechende Befugnisnormen vorhanden. Wie der Betroffene allerdings in den ausschreibenden Vertragsstaat gebracht werden soll, ist im SDÜ nicht geregelt. Deshalb muß in solchen Fällen die „SIRENE" (vgl. Rdn. 143) verständigt werden, damit von dort mit dem ausschreibenden Vertragsstaat die Rückführungsmodalitäten geklärt werden können.

f) Ausschreibungskategorie „Verdeckte Registrierung"

Im Schengener Informationssystem dürfen gemäß Art. 99 SDÜ die Daten von Perso- **155**
nen und die Kennzeichen von Fahrzeugen zur „verdeckten Registrierung" gespeichert werden. Gemeint ist damit die Ausschreibung zur **„Polizeilichen Beobachtung".** Bei dieser Methode der polizeilichen Fahndung werden, im Verlauf einer aus anderem Anlaß vorgenommenen Kontrolle, heimlich Informationen erhoben und an die ausschreibende Stelle übermittelt. Nach Art. 99 II SDÜ kann sowohl die **Strafverfolgung** als auch die **Abwehr von Gefahren** für die öffentliche Sicherheit Ziel der „Verdeckten Registrierung"

sein. Zweifelhaft ist, welche beweiserheblichen Erkenntnisse zur **Aufklärung einer konkreten Straftat** durch diese Form der Informationserhebung gewonnen werden können. In der Praxis wird es vielmehr um die Sammlung von Informationen gehen, die in einem späteren Ermittlungsverfahren nützlich sein könnten. Liegen genügend Einzelinformationen über eine Person vor, so läßt sich ein **Bewegungsbild** erstellen. Die Ermittler wollen so Verbindungen zu anderen Tatbeteiligten aufdecken und Herkunftsorte und Transportwege von Drogen oder gestohlenen Gegenständen usw. lokalisieren. Die Informationen werden also „vorsorglich" erhoben und bei der ausschreibenden Stelle gesammelt. Diese **„Vorsorge für die künftige Strafverfolgung"** ist gemeint, wenn die „Verdeckte Registrierung" zur Gefahrenabwehr erlaubt wird. Auf diesen Zweck beziehen sich daher auch die folgenden Einschränkungen in Art. 99 II SDÜ, nach denen die Ausschreibung nur zulässig ist, wenn

a) konkrete Anhaltspunkte dafür vorliegen, daß der Betroffene in erheblichem Umfang außergewöhnlich schwere Straftaten plant oder begeht, oder
b) die Gesamtbeurteilung des Betroffenen, insbesondere aufgrund der bisher von ihm begangenen Straftaten, erwarten läßt, daß er auch künftig außergewöhnlich schwere Straftaten begehen wird.

156 Weil es sich um einen schweren Eingriff in das „Recht auf informationelle Selbstbestimmung des Betroffenen" handelt, müssen strenge Maßstäbe an die tatbestandlichen Voraussetzungen für eine Ausschreibung zur „Polizeilichen Beobachtung" angelegt werden.[208] Dies legt nahe, die Delikte, welche zur Ausschreibung führen dürfen, abschließend im Vertrag zu bezeichnen. Das ist z. B. bei der grenzüberschreitenden Observation in Art. 40 VII SDÜ auch so geschehen. Die „Polizeiliche Beobachtung" ist dagegen nicht nur bei bestimmten „Katalogstraftaten" erlaubt, sondern bei allen **„außergewöhnlich schweren Straftaten"**.

157 Die Ausfüllung dieses unbestimmten Begriffes soll offensichtlich den Rechtsanwendern in den einzelnen Vertragsstaaten überlassen bleiben. Im Vertrag findet sich jedenfalls keine Definition des Begriffs. Ebenso unklar sind die Kriterien, auf welche die Prognose gestützt werden soll, daß der Betroffene „auch künftig" Straftaten begehen wird. Schließlich muss nicht begründet werden, warum die „Polizeiliche Beobachtung" grenzüberschreitend in allen Vertragsstaaten vorgenommen wird. Dies ist nämlich nur dann erforderlich – und also auch nur dann verhältnismäßig – wenn Gründe für die Annahme vorliegen, daß der Betroffene nicht nur im Inland, sondern auch in den anderen Vertragsstaaten Straftaten begehen wird. Eine im Hinblick auf das Bestimmtheitsgebot verfasungskonforme Auslegung des Art. 99 SDÜ läßt also nur die Ausschreibung solcher Personen zu, von denen aufgrund tatsächlicher Anhaltspunkte zu erwarten ist, daß sie als **grenzüberschreitend agierende Serientäter** Straftaten begehen. Dabei muß es sich um **schwere Vergehen** oder um **Verbrechen** handeln.

158 Art und Umfang der zu speichernden Daten werden für die „Polizeiliche Beobachtung" innerhalb der „Schengen-Staaten" abschließend im Durchführungsabkommen geregelt. Gespeichert werden dürfen die in Art. 94 III SDÜ aufgeführten **personenbezogenen Daten des Betroffenen** und das **Kennzeichen des von ihm benutzten Fahrzeuges** (Art. 94 II lit. a und Art. 94 II lit. b i.V. m. Art. 99 I SDÜ). Ergibt eine Überprüfung im SIS einen Hinweis auf die Ausschreibung zur „Verdeckten Registrierung", so sollen die örtlich zuständigen Beamten, ohne daß der Betroffene es merkt („verdeckt"), ganz oder teilweise folgende **Informationen erheben** und an **die ausschreibende Stelle melden** (Art. 99 IV SDÜ):

a) Antreffen der ausgeschriebenen Person oder des ausgeschriebenen Fahrzeugs,
b) Ort, Zeit oder Anlaß der Überprüfung,
c) Reiseweg und Reiseziel,
d) Begleitpersonen und Insassen,

[208] *Denninger,* in: Hohmann, Freiheitssicherung durch Datenschutz, 1987, S. 156 f.

e) benutztes Fahrzeug,
f) mitgeführte Sachen,
g) Umstände des Antreffens der Person oder des Fahrzeugs.

Die erhobenen Daten werden auf konventionellem Wege an die Zentralstelle der ersuchten Vertragsparteien übermittelt. Die Weiterleitung an die ausschreibende Dienststelle wird von den dortigen Verbindungsbüros (den „SIRENEN“) übernommen. In Deutschland geschieht dies durch das Bundeskriminalamt.

Im SDÜ werden sehr detaillierte Regelungen über Art und Umfang der Daten, sowie 159
über das Ziel der Ausschreibung getroffen. Andererseits dürfen gemäß Art. 99 I SDÜ die Daten nur nach **Maßgabe des nationalen Rechts** im SIS gespeichert werden. Ergänzend bestimmt daher Art. 104 I SDÜ: „Das nationale Recht der ausschreibenden Vertragspartei findet auf die Ausschreibung Anwendung, es sei denn, dieses Übereinkommen enthält engere Voraussetzungen für die Ausschreibung.“ Vor einer Ausschreibung zur „Verdeckten Registrierung“ müssen daher die Voraussetzungen für die „Polizeiliche Beobachtung“ in § 163e StPO mit den Regelungen des Übereinkommens verglichen werden, sofern die Ausschreibung dem Ziel „Strafverfolgung“ dienen soll. Entsprechendes gilt für die Ausschreibung zum Zweck der „Gefahrenabwehr“. Die ausschreibende Stelle muß in diesem Fall die Befugnis aus dem für sie maßgeblichen Polizeigesetz zum Vergleich heranziehen. Sind die Voraussetzungen danach enger, muß die Befugnis aus dem Polizeigesetz beachtet werden. Verglichen werden müssen nicht nur die Tatbestandsvoraussetzungen der Befugnis, sondern auch die übrigen Verfahrensvorschriften. Liegt die **Anordnungskompetenz** für die „Polizeiliche Beobachtung“ beim **Richter,**[209] beim **Behördenleiter**[210] oder bei einem besonderen **Dienststellenleiter,**[211] so müssen diese Vorbehalte auch für die Ausschreibung zur grenzüberschreitenden „Verdeckten Registrierung“ beachtet werden.[212] Die unterschiedliche Ausgestaltung dieser grundrechtssichernden Verfahrensvorschriften ist nicht nur bei einer Ausschreibung im innerstaatlichen Bereich, sondern im Hinblick auf die Intensität des Grundrechtseingriffs auch bei der grenzüberschreitenden Informationsweitergabe zu beachten.

Das **Verfahren für den Fall des Antreffens** einer ausgeschriebenen Person ist in Art. 99 160
IV SDÜ geregelt. Aus dieser Bestimmung soll sich für die deutsche Polizei auch die Rechtsgrundlage für die Datenübermittlung an die ausschreibende ausländische Stelle ergeben, wenn in der Bundesrepublik eine Person im Interesse eines anderen Staates „verdeckt registriert“ wird. Ein Rückgriff auf die Bestimmungen des nationalen Rechts zur „Durchführung der mit der Ausschreibung erbetenen Maßnahme“ (vgl. Art. 104 III SDÜ) ist nicht vorgesehen, aber nach dem Schutzzweck des durch die Staatsangehörigkeit maßgeblichen Grundgesetzes dann erforderlich, wenn es sich bei dem zu registrierenden Betroffenen um einen Inländer handeln sollte. Die Ausschreibung allein darf kein Grund sein, den Betroffenen oder das ausgeschriebene Fahrzeug zur Überprüfung anzuhalten. Die genannten Informationen sollen vielmehr **bei Gelegenheit** anderer **polizeilicher** oder **zollrechtlicher Kontrollen** an der Grenze oder im Binnenland erhoben werden. In der Praxis wird der Betroffene vermutlich häufig nach Überprüfung des Fahrzeugkennzeichens angehalten und im Rahmen einer vermeintlichen „allgemeinen Verkehrskontrolle“ kontrolliert werden. Ebenso könnte die Befugnis zur „anlaßunabhängigen Kontrolle“ (sogenannte Schleierfahndung), soweit es sie noch gibt (vgl. Kap. C Rdn. 60ff.) zweckwidrig genutzt werden. Dieser Mißbrauch ist für den Betroffenen nicht feststellbar, da er den wahren Anlaß für seine Überprüfung nicht erfährt, und selbst bei einer entsprechenden Vermutung – jedenfalls an Ort und Stelle – **keine Auskunft**

---

209 § 163e IV StPO (bei Gefahr im Verzug auch die StA, mit anschl. richterlicher Bestätigung); § 21 III PolG NW; § 174k II LVwG SH.

210 § 27 III ASOG Bln; § 17 IV HSOG.

211 Art. 36 III BayPAG; § 25 II PolG BW (Leiter des Landeskriminalamtes).

212 Vgl. zu den unterschiedlichen Richter- und Behördenleitervorbehalten im Polizeirecht: *Lisken/Mokros* NVwZ 1991, 609.

über die Tatsache der Ausschreibung zur „Verdeckten Registrierung" erhalten wird. Die Methode ist unzulässig. Auch im übrigen setzen Beobachtung und Datenweitergabe – wegen der Heimlichkeit – strenge rechtsstaatliche Disziplin voraus.

161 Gemäß Art. 99 III SDÜ ist die Ausschreibung zur „Verdeckten Registrierung" auch auf Veranlassung der **Geheimdienste** möglich. Die Ausschreibung ist nur zulässig, soweit sie den Geheimdiensten auch nach dem **nationalen Recht erlaubt** ist. Es muß also geprüft werden, ob die Polizei im Inland aufgrund einer Ausschreibung in ihrem Fahndungssystem heimlich Informationen im Auftrag und für Zwecke der Nachrichtendienste und Verfassungsschutzbehörden erheben darf. Eine solche Informationserhebung mit Mitteln polizeilicher Eingriffsbefugnisse für Zwecke des Verfassungsschutzs ist in der Bundesrepublik unzulässig (vgl. dazu auch Kap. C). Möglich wäre allenfalls die Übermittlung von Daten, die **bei Gelegenheit** polizeilicher Überprüfung oder bei der Grenzkontrolle[213] **wirklich zufällig** bekannt werden. Die genannten Kontrollmöglichkeiten dürfen aber nicht benutzt werden, um gezielt im Rahmen einer Grenzkontrolle verfassungsschutzrechtlich relevantes Verhalten von Personen zu erfassen.[214] Genau dies geschieht aber bei der „Verdeckten Registrierung" aufgrund einer Ausschreibung der Geheimdienste. Nicht nur die nationalen Zoll- und Polizeibehörden, sondern auch ausländische Polizeien werden in die geheimdienstliche Tätigkeit eingebunden. Auf diese Weise werden polizeiliche Fahndungsmittel Teil der operativen Tätigkeit der Geheimdienste.[215] Dies verstößt gegen das **Gebot der Trennung von Geheimdiensten und Polizei** im Kompetenz- und Befugnisbereich. Sowohl die Ausschreibung auf Veranlassung deutscher Geheimdienststellen als auch die Erhebung und Mitteilung von Erkenntnissen an ausländische Geheimdienste aufgrund der Ausschreibung eines anderen Vertragsstaates, sind in der Bundesrepublik Deutschland unzulässig.[216]

g) Ausschreibungskategorie „Gezielte Kontrolle"

162 Die Ausschreibung zur „Gezielten Kontrolle" verfolgt dieselben Ziele wie die zur „Verdeckten Registrierung". Allerdings sollen die relevanten Informationen nicht unauffällig und heimlich durch Beobachtung und Befragung erhoben werden, sondern gemäß Art. 99 V SDÜ durch eine **Durchsuchung** der Person, des Fahrzeugs und der mitgeführten Gegenstände des Betroffenen erlangt werden. Die Ausschreibung zur „Gezielten Kontrolle" gemäß Art. 99 I SDÜ berechtigt nicht zur Durchsuchung zum Zweck der Informationsgewinnung. Die Zulässigkeit dieser Eingriffshandlungen beurteilt sich vielmehr nach dem **„nationalen Recht"** der jeweiligen Vertragspartei. In der Bundesrepublik werden Ausschreibungen zur „Gezielten Kontrolle" derzeit noch automatisch in eine „verdeckte Registrierung" umgewandelt.

h) Ausschreibungskategorie „Sachfahndung"

163 Gemäß Art. 100 III SDÜ dürfen folgende gestohlene, unterschlagene oder sonst abhandengekommene Gegenstände ausgeschrieben werden:
a) Kraftfahrzeuge mit einem Hubraum von mehr als 50 ccm,
b) Anhänger und Wohnwagen mit einem Leergewicht von mehr als 750 kg,
c) Schußwaffen,
d) Blankodokumente,
e) ausgestellte Identitätspapiere (Pässe, Identitätskarten, Führerscheine),
f) registrierte Banknoten.

---

[213] Die Dienstanweisung, welche der Bundesminister des Innern gemäß § 17 II BVerfSchG erlassen darf, kann nur diese Art der Informationsübermittlung gestatten. Die Zulässigkeit der „Verdeckten Registrierung" anläßlich einer Grenzkontrolle kann daraus nicht gefolgert werden. So aber ausdrücklich: *Scheller* JZ 1992, 908 (dort Fn. 44).

[214] *Lisken* NJW 1982, 1486 f. Anders jetzt § 31 VII BGSG, der grenzpolizeiliche Ausschreibungen für Geheimdienste gestattet, obwohl § 17 II BVerfSchG nur die Übermittlung solcher Daten erlaubt, die „bei der Wahrnehmung grenzpolizeilicher Aufgaben bekannt werden", also zufällig und nicht gezielt.

[215] *Kattau,* Strafverfolgung nach Wegfall der europäischen Grenzkontrollen, 1992, S. 92 f.

[216] *Bäumler* CR 1994, 491. Zum Trennungsgebot vgl. auch Kap. C und J in diesem Buch.

Im Zusammenhang mit dieser „Sachfahndungsnotierung" dürfen auch diejenigen personenbezogenen Daten gespeichert werden, welche die Aushändigung der Sache an den rechtmäßigen Eigentümer (z. B. Name und Anschrift des Fahrzeughalters) oder die Zuordnung der Sache zu einer bestimmten Straftat (z. B. registrierte Banknoten zu einem Ermittlungsverfahren wegen einer Erpressung) ermöglichen (Art. 100 II SDÜ). **INPOL-Sachfahndungen** werden grundsätzlich **automatisch** in die **SIS-Fahndung** überführt, es sei denn, der Sachbearbeiter wünscht ausdrücklich nur eine nationale Fahndung und streicht dementsprechend „SIS" auf dem Ausschreibungsformular.

11. Datenschutz und Datensicherheit

Die Art. 102–118 SDÜ enthalten umfassende und detaillierte Regelungen über den Datenschutz und die Datensicherung bei der Datenverarbeitung im „Schengener Informationssystem". In den Artikeln 126–130 SDÜ sind die datenschutzrechtlichen Voraussetzungen für die informationelle Zusammenarbeit außerhalb des SIS festgelegt. Für den Betroffenen sind besonders die **datenschutzrechtlichen Ansprüche** auf **Auskunft** (Art. 109 SDÜ), **Berichtigung** falscher und **Löschung** unrechtmäßig gespeicherter Daten (Art. 110 SDÜ) und **Schadenersatz** (Art. 111 SDÜ) von Bedeutung. Der Betroffene kann seinen Anspruch vor dem **zuständigen Gericht in jedem Vertragsstaat** durchsetzen, unabhängig davon, wo die Speicherung der Daten vorgenommen wurde. Damit kann er indirekt auch bestimmen, auf welcher Anspruchsgrundlage er seine Klage stützt, weil insofern das jeweilige nationale Recht der beklagten Vertragspartei gilt.[217] Die praktische Relevanz dieser Vorschrift dürfte jedoch gering sein, da mit einer Prozeßführung in einem fremden Staat einige tatsächliche Schwierigkeiten (Sprachprobleme, anwaltschaftliche Beratung etc.) verbunden sind.[218] Die Möglichkeit der **Auskunftserteilung** über die im SIS gespeicherten Daten wird jedoch in Art. 109 SDÜ erheblich eingeschränkt. Ähnlich wie die Regelung in § 19 IV BDSG, sieht Art. 109 II 1 SDÜ vor, daß die Auskunft nicht erteilt wird, „wenn dies zur Durchführung einer rechtmäßigen Aufgabe im Zusammenhang mit der Ausschreibung oder zum Schutz der Rechte und Freiheiten Dritter unerläßlich ist". Für die Daten im Zusammenhang mit der Ausschreibung zur **„Verdeckten Registrierung"** sieht Art. 109 II 2 SDÜ sogar eine absolute Auskunftssperre vor. Für die Bundesrepublik Deutschland wurde diese restriktive Regelung jedoch modifiziert. Gemäß Art. 5 I des Zustimmungsgesetzes zum SDÜ[219] besteht sogar eine **Benachrichtigungspflicht** im Hinblick auf Ausschreibungen deutscher Behörden. Der Betroffene muß durch das Bundeskriminalamt nach „Beendigung der Ausschreibung" über die Speicherung im SIS informiert werden. Die ausschreibende Stelle ist verpflichtet, das BKA über die Löschung zu informieren und gleichzeitig mitzuteilen, ob der Betroffene informiert werden kann. Die Benachrichtigung unterbleibt allerdings, „wenn dadurch die Durchführung einer rechtmäßigen Aufgabe im Zusammenhang mit der Ausschreibung gefährdet würde". Für Ausschreibungen durch ausländische Stellen sieht Art. 5 II die **Nachholung der Auskunftserteilung** vor. Wurde eine Auskunft mit Hinweis auf Art. 109 II SDÜ verweigert, so darf das BKA den Betroffenen informieren, wenn „die der Auskunftserteilung entgegenstehenden Umstände entfallen sind". Ob dies der Fall ist, hat das BKA im Zusammenwirken mit der ausländischen Stelle – ohne besonderen Antrag des Betroffenen – spätestens zum vorgesehenen Zeitpunkt der Löschung zu prüfen. Die Rechtsschutzgarantie des Art. 19 IV GG für den Betroffenen steht also letztlich unter einem Prüfungsvorbehalt der „öffentlichen Gewalt". 164

Jede Vertragspartei muß eine **unabhängige Kontrollinstanz** benennen, welche die Rechtmäßigkeit der Datenverarbeitung im Bereich des nationalen Teils des Schengener Informationssystems (SIS) überwacht (Art. 114 I SDÜ). Für die Bundesrepublik ist das der **Bundesbeauftragte für den Datenschutz.** Die Tätigkeit der Kontrollinstanzen richtet 165

---

[217] *Scheller* JZ 1992, 910.
[218] *Weichert* CR 1990, 651 *Bäumler* CR 1994, 491.
[219] BGBl. 1993 II, S. 1011.

sich nach dem jeweiligen nationalen Recht, in der Bundesrepublik also nach dem BDSG. Art. 128 SDÜ schreibt vor, daß die nationale Kontrollinstanz auch die **Rechtmäßigkeit der Datenübermittlung außerhalb des SIS** überwachen soll. Die Übermittlung dieser personenbezogenen Daten darf erst beginnen, wenn die an der Übermittlung beteiligten Vertragsparteien einer nationalen Kontrollinstanz diese Aufgabe übertragen haben (Art. 128 I SDÜ). Zur **Überwachung des zentralen Datenbestandes** (C.SIS) in Straßburg und zur Behandlung übergreifender datenschutzrechtlicher Fragen wurde gemäß Art. 115 SDÜ eine **gemeinsame Kontrollinstanz** gebildet, der jeweils zwei Vertreter jedes Vertragsstaates angehören. Für die Bundesrepublik Deutschland nehmen der **Bundesbeauftragte für den Datenschutz** und der **Hessische Datenschutzbeauftragte** als Vertreter der Landesdatenschutzbeauftragten an den Sitzungen der gemeinsamen Kontrollinstanz teil.[220] Die **Unabhängigkeit der gemeinsamen Kontrollinstanz** wird in Artikel 115 SDÜ nicht ausdrücklich garantiert. In der Empfehlung des Ministerrats des Europarats über die Nutzung personenbezogener Daten im Polizeibereich (R [87]) wird die Unabhängigkeit solcher Kontrollinstanzen jedoch gefordert. Allerdings sind die Mitglieder der gemeinsamen Kontrollinstanz Vertreter der nationalen Kontrollinstanzen, die in jedem Mitgliedstaat eine unabhängige Kontrolle des N.SIS vornehmen, so daß sie insofern auch bei der Kontrolle des N.SIS nicht weisungsgebunden sind.

166 Von besonderer Bedeutung ist Art. 117 SDÜ, der den Vertragsparteien die Pflicht auferlegt, **nationale Datenschutzbestimmungen** zu erlassen, die einen Standard gewährleisten, der mindestens der Konvention des Europarates über den Schutz des Menschen bei der automatischen Verarbeitung personenbezogener Daten vom 28. Januar 1981[221] entspricht, und die Empfehlung des Ministerrats des Europarats über die Nutzung personenbezogener Daten im Polizeibereich (R [87]) beachtet. Art. 126 SDÜ verlangt entsprechende nationale Datenschutzvorschriften auch in bezug auf alle anderen im Zusatzabkommen vorgesehenen Datenübermittlungen. Dies mußte spätestens bis zum Inkrafttreten des Übereinkommens geschehen. Die im Rahmen des SIS vorgesehenen Datenübermittlungen durften nicht eher beginnen. In **Italien** waren diese Voraussetzungen erst mit dem Inkrafttreten des Gesetzes Nr. 675 über den „Schutz natürlicher und juristischer Personen in bezug auf die Verarbeitung personenbezogener Daten“ am 31. Dezember 1996 und der Einrichtung der nationalen Kontrollinstanz am 5. März 1997 erfüllt. Auch in **Griechenland** war ein entsprechendes Gesetz beim Inkrafttreten des SDÜ noch nicht verabschiedet. Dies war erst am 20. März 1997 der Fall.

167 Die datenschutzrechtlichen Bestimmungen des Übereinkommens, die durch die Vorschriften über die **Datensicherung** (Art. 118 SDÜ) ergänzt werden, sind insgesamt eine **akzeptable Regelung** der polizeilichen und datenschutzrechtlichen Belange im Zusammenhang mit den „Ausgleichsmaßnahmen“ für den Abbau der Grenzkontrollen. Für den Grundrechtsschutz bei der grenzüberschreitenden Datenverarbeitung im Polizeibereich, haben die Regelungen im SDÜ sicherlich Vorbildcharakter.[222] Dennoch bleibt die Frage nach der Effektivität der verfassungskräftigen Rechtsschutzgarantie ohne unbedingte Informations- und Rechtsbehelfsbelehrungspflicht.

VII. Internationale Kriminalpolizeiliche Organisation – „Interpol“

1. Entstehungsgeschichte von Interpol

168 Im Jahre 1923 wurde auf einem internationalen Kongreß in Wien die „Internationale Kriminalpolizeiliche Kommission“ (IKPK) gegründet. Im Jahre **1938** vereinigte sie die Polizeien aus **34 Ländern.** Sitz der Organisation war Wien und ihre Tätigkeit beschränkte

[220] Vgl. den 23. Tätigkeitsbericht des Hessischen Datenschutzbeauftragten, Ziffer 2.1.2.
[221] BGBl. 1985 II, S. 538.
[222] *Scheller* JZ 1992, 910 spricht sogar von einem „Meilenstein in der Entwicklung des internationalen Datenschutzrechtes“; insgesamt kritisch *Weichert* CR 1999, 66.

sich auch weitestgehend auf Europa. Nach dem Verlust der österreichischen Unabhängigkeit und der Umstrukturierung der Polizei durch die Nationalsozialisten (vgl. Kap. A) und der Verlegung des Organisationssitzes im Jahre 1942 nach Berlin, kam die Arbeit der IKPK faktisch zum Erliegen. Der **Wiederaufbau der Organisation begann 1946** mit einer internationalen Konferenz in Brüssel, an der siebzehn Länder teilnahmen. Die Bundesrepublik Deutschland gehört seit 1952 zu den inzwischen **178 Mitgliedstaaten.**[223] Der Sitz der Organisation war zunächst St. Cloud bei Paris und wurde im Jahre 1989 nach Lyon verlegt. Die offizielle Bezeichnung lautet seit 1956 „Internationale Kriminalpolizeiliche Organisation" (IKPO), weltweit bekannt wurde sie aber unter der 1946 für telegrafische und postalische Zwecke gewählten Bezeichnung **„Interpol"**.

Der Nachrichtenaustausch mit den Polizei- und Justizbehörden anderer Staaten im Rahmen von Interpol war lange Zeit vor Inkrafttreten einzelner bilateraler und internationaler Abkommen für die Polizei der Bundesrepublik Deutschland die einzige Möglichkeit der Zusammenarbeit mit dem Ausland. Da auch die meisten ehemaligen Ostblockstaaten Mitglied der Organisation sind, integriert Interpol die **Polizeien Osteuropas** in ein fast lückenloses System der polizeilichen Zusammenarbeit.[224]

2. Ziele der Organisation

Gemäß Art. 2 der **Interpol-Statuten**[225] verfolgt die Organisation die Ziele: 169

- eine möglichst umfassende gegenseitige Unterstützung aller Kriminalpolizeibehörden im Rahmen der in den einzelnen Ländern geltenden Gesetze und im Geiste der Erklärung der Menschenrechte sicherzustellen und weiterzuentwickeln;
- alle Einrichtungen, die zur Verhütung und Bekämpfung der gemeinen Straftaten wirksam beitragen können, zu schaffen und auszubauen.

Die Beschränkung auf die Verhütung und Verfolgung von **„gemeinen Straftaten"** soll ein Tätigwerden der Organisation bei Straftaten aus politischen, militärischen, religiösen oder rassischen Motiven ausschließen. Darauf weist Art. 3 der Interpol-Statuten ausdrücklich hin. Diese Einschränkung soll Konflikte wegen der Einmischung in die tatsächlichen oder vermeintlichen **„inneren Angelegenheiten"** eines Mitgliedslandes verhindern, eine Absicht, die im Hinblick auf die Verfolgung von Kriegsverbrechen und terroristischen Straftaten zu Auslegungs- und Anwendungsschwierigkeiten führte.[226] Deshalb wurden im Jahre 1984 besondere Verfahrensgrundsätze beschlossen. Nicht unter das Verbot des Art. 3 Interpol-Statuten fallen danach solche Straftaten, denen zwar eine politische Motivation zugrunde liegt, die jedoch außerhalb der „Zone des Konflikts" begangen wurden oder deren Opfer Personen sind, die außerhalb der streitigen Interessen stehen.[227]

3. Rechtsstatus von Interpol

Der Rechtsstatus von Interpol ist unbestimmt. Die Organisation wurde weder durch 170
Regierungsabkommen noch durch einen förmlichen völkerrechtlichen Vertrag gegründet, sondern sie ist ein **Zusammenschluß nationaler Polizeiorganisationen,** denen jede Rechtsfähigkeit und daher auch die Völkerrechtsfähigkeit fehlt. Die Statuten und andere Richtlinien der Organisation haben daher auch keinen völkerrechtlichen Charakter und konnten deshalb für die Bundesrepublik Deutschland auch nicht gemäß Art. 59 II GG als Gesetz umgesetzt werden. Gleichwohl geht die allseits genutzte Tätgkeit von Interpol über das hinaus, was rein private grenzüberschreitende Organisationen wie etwa das „Rote Kreuz" tun.[228] Im Generalsekretariat werden „Kriminalpolizeiliche Sammlungen"

---

[223] Eine namentliche Aufstellung aller Mitgliedstaaten ist auf der Homepage der Organisation ‹www.interpol.int› zu finden.
[224] *Storbeck,* in Zachert, 40 Jahre Bundeskriminalamt, 1991, S. 180.
[225] Abgedruckt bei *Baldus,* Polizeirecht des Bundes, 2. Aufl. 2000, Nr. 40.
[226] *Maaß,* in Teufel, Taschenbuch für Kriminalisten, 1991, S. 119.
[227] *Wingenter* Kriminalistik 1987, 419.
[228] *Daum* JZ 1980, 798.

geführt, die laufend mit Informationen der „Nationalen Zentralbüros" aktualisiert werden. Erkenntnisse aus diesen Sammlungen werden vom Generalsekretariat weitergegeben. Neben der Speicherung findet also auch eine Auswertung und Übermittlung von zumeist personenbezogenen Daten zum Zwecke der Verhütung und Aufklärung von Straftaten statt. Hinzu kommt, daß die Mitgliedstaaten beim Handeln der Organisation mitwirken, indem sie nationale Dienststellen als „Nationale Zentralbüros" eingesetzt haben und Beamte für die Arbeit im Generalsekretariat der Organisation abstellen. Schließlich bringen die Mitgliedstaaten auch die erforderlichen Haushaltsmittel für Interpol auf. Diese Formen staatlicher Billigung, wie auch die Erwähnung des Interpol-Geschäftsweges in verschiedenen internationalen Abkommen über die Rechtshilfe, lassen den Schluß zu, daß die beteiligten Staaten den Interpol-Statuten stillschweigend zugestimmt haben. Wenn Interpol ursprünglich auch nicht von Völkerrechtssubjekten gegründet wurde, so ist die Organisation heute kraft der normativen Kraft des Faktischen als eine mit Völkerrechtssubjektivität versehene **„Intergovernemental Organization"** anerkannt.[229]

4. Organisation von Interpol

171 Die Organisation umfaßt die Generalversammlung, das Exekutivkomitee und das Generalsekretariat.[230] Die **Geneneralversammlung** tagt einmal jährlich. An ihr nehmen Delegierte aus allen Mitgliedstaaten teil. Diese treffen die wichtigen Grundsatzentscheidungen für die Organisation, legen das Arbeitsprogramm für das nächste Jahr fest und beschließen den Haushalt. Das **Exekutivkomitee** tagt dreimal jährlich und besteht aus dem Präsidenten der IKPO-Interpol, den drei Vizepräsidenten sowie neun weiteren Delegierten. Es hat die Aufsicht über die Geschäftsführung des Generalsekretariats und überwacht die Umsetzung der Beschlüsse der Generalversammlung. Das **Generalsekretariat** am Sitz der Organisation in Lyon ist in vier Abteilungen gegliedert. Die **Abteilung 1** („General Administration") bereitet die Generalversammlung und Konferenzen vor und regelt den inneren Dienst (Personal, Finanzen usw.) des Generalsekretariats. Die zentralen Aufgaben von Interpol, nämlich der internationale Nachrichtenaustausch und die internationale Fahndung (vgl. Rdn. 173), werden in der **Abteilung 2** („Criminal Intelligence") koordiniert. Dort werden auch die Interpol-Computersysteme (vgl. Rdn. 175) betrieben. Die Abteilung 2 ist nach den für Interpol bedeutsamen Kriminalitätsfeldern in die drei Unterabteilungen
– Gewaltkriminalität, Organisierte Kriminalität, Internationaler Terrorismus,
– Wirtschafts- und Finanzkriminalität,
– Drogenkriminalität

gegliedert. Die vierte Unterabteilung ist die eigentliche Analyseabteilung. Die **Abteilung 3** („Legal Affairs") ist mit Forschung, Dokumentation, Fortbildung und Rechtsangelegenheiten befaßt. Die **Abteilung 4** („Information Systems") ist für die Informations- und Kommunikationstechnik der Organisation verantwortlich. Im Jahre 1999 wurde die **Abteilung 5** („Regional Coordination and Development") gebildet. Hier ist auch das **„Europäische Regionalsekretariat"** eingerichtet, welches sich den spezifischen Problembereichen der europäischen Zusammenarbeit widmen sollte. Sein Nachfolger ist seit dem 1. Mai 1993 das „Europäische Verbindungsbüro".[231] Die dort tätigen Vertreter aus verschiedenen europäischen Ländern sind Ansprechpartner ihrer „Nationalen Zentralbüros" und erleichtern die Informationsbeschaffung durch Kontakte zu anderen Ländervertretern im Verbindungsbüro.

---

[229] Vgl. dazu die Begründung von *Eick/Trittel* EuGRZ 1985, 81.

[230] Eine Beschreibung der Organisation, aus der nachfolgend zitiert wird, findet sich bei *Wieske/Nickel* DPolBl 5/1998, S. 22; bei *Aden,* Polizeipolitik in Europa, 1998, S. 73; *Rupprecht,* Polizeilexikon, 2. Aufl. 1995, S. 281 sowie im MEPA-Handbuch, Kap. 1 A I. Die dortigen Angaben wurden vom Verfasser aufgrund von Informationen auf der Homepage von Interpol ‹www.interpol.int› aktualisiert.

[231] *Wieske/Nickel* DPolBl 5/1998, S. 23.

Neben dem Generalsekretariat als Verwaltungs- und Informationszentrale verfügt die Organisation über **„Nationale Zentralbüros“** (NZB) in den einzelnen Mitgliedsländern. Jedes Mitgliedsland der IKPO bestimmt eine Polizeidienststelle, welche die Aufgabe des „Nationalen Zentralbüros“ übernimmt. Für die Bundesrepublik Deutschland ist gemäß § 3 I BKAG das **Bundeskriminalamt als NZB** für die IKPO tätig. Die **Aufgaben eines „Nationalen Zentralbüros“** werden in Art. 32 der Interpol-Statuten beschrieben. Diese Dienststellen sollen danach für die Verbindung 172
- zu den verschiedenen Behörden des Landes;
- zu den als Nationale Zentralbüros tätigen Dienststellen anderer Länder;
- zum Generalsekretariat der Organisation

sorgen.

5. Internationale Fahndung als Aufgabe von Interpol

Zu den wichtigsten Aufgaben von Interpol gehört die „Internationale Fahndung“. Die Organisation schafft mit ihren Kommunikationsmitteln allerdings nur die äußeren Bedingungen für die Tätigkeit der jeweiligen nationalen Polizeien. Für die Ausschreibung werden einheitliche Vordrucke benutzt, die durch bestimmte Farben gekennzeichnet sind. Diese werden im Rahmen der **„personenbezogenen Internationalen Fahndung“** für folgende Fälle benutzt:[232] 173
- Ausschreibung zur Festnahme mit dem Ziel der späteren Auslieferung (Formular mit rot markierter Ecke),
- Ausschreibung zur Aufenthaltsermittlung, Ersuchen um Identifizierung, Nachfrage nach polizeilichen Erkenntnissen (Formular mit blau markierter Ecke),
- Präventivausschreibung („Warnung“) als Mitteilung über international agierende Verdächtige (Formular mit grün markierter Ecke),
- Ausschreibung zur Vermißtenfahndung oder zur Identifizierung unbekannter hilfloser Personen (Formular mit gelb markierter Ecke),
- Ausschreibung zum Zweck der Identifizierung unbekannter Toter (Formular mit schwarz markierter Ecke).

Daneben ist auch die **internationale Sachfahndung** (z. B. im Hinblick auf entwendete Kunstgegenstände von besonderer Bedeutung) möglich.

Für die genannten Fahndungszwecke wird vom Generalsekretariat auf der Grundlage eines vom NZB mit Vordruck gestellten Antrags ein **„Zirkular“** in den vier Arbeitssprachen der Organisation erstellt und an alle „Nationalen Zentralbüros“ übermittelt. Das bekannteste Zirkular ist die Fahndungsnotiz. Dieses Formular enthält neben den Daten zur Person und zur Anlaßtat auch Bilder und Fingerabdrücke der gesuchten Person.[233] Es werden alle Länder aufgeführt, die um eine Festnahme zum Zwecke der Auslieferung ersucht werden. Die übrigen Mitgliedstaaten wirken im Rahmen einer **„Aufenthaltsermittlung“** mit.[234] Dem jeweiligen „Nationalen Zentralbüro“ obliegt es, das Fahndungsersuchen in eine **nationale Fahndung** umzusetzen oder an die zuständigen Dienststellen der Polizei oder Justiz im Inland weiterzuleiten, sofern ein konkreter Fahndungsansatz besteht. Ein Fahndungsersuchen deutscher Justizbehörden wird dem Bundeskriminalamt als NZB übermittelt und von dort an die „Nationalen Zentralbüros“ derjenigen Staaten weitergeleitet, in denen nach dem Gesuchten gefahndet werden soll. In Eilfällen werden Fahndungsersuchen auch vorab über das organisationseigene Fernmeldenetz verbreitet. Während die Zirkulare zur Personen- oder Sachfahndung nur auf der Grundlage des Antrags eines „Nationalen Zentralbüros“ in Umlauf gebracht werden, gibt das Generalsekretariat die sogenannte **„Warnmeldung“** von sich aus heraus, wenn 174

232 *Wingenter* Kriminalistik 1987, 423.
233 Abbildung bei *Wingenter* Kriminalistik 1987, 422.
234 *Maaß,* in: Teufel, Taschenbuch für Kriminalisten, 1991, S. 132.

dort festgestellt wird, daß eine Person wiederholt international als Straftäter aufgetreten ist.[235]

6. Datenverarbeitung bei Interpol

175 Die von den NZBs angelieferten Daten werden im Generalsekretariat ausgewertet und gesteuert. Dabei wird zugleich geprüft, ob ein neuer Datensatz im **„Criminal Information System“** (CIS) angelegt werden muß.[236] Auf diese Dateien haben nur Mitarbeiter des Generalsekretariates Zugriff. Im CIS werden Informationen zu Personen, Straftaten, gestohlenen Gegenständen und Falschgeld gespeichert, die dem Generalsekretariat bekannt geworden sind.[237] Das Generalsekretariat erteilt den NZBs zur Unterstützung von Ermittlungen Auskünfte aus dieser Datei, die Angaben zu bedeutsamen internationalen Straftaten und -tätern enthält.

176 Bei Interpol wird seit 1992 ein **computergestütztes Fahndungssystem** mit der Bezeichnung **„Automated Search Facility“** (ASF) betrieben, das einen Teil der im CIS gespeicherten Daten enthält. Die darin gespeicherten Daten stammen also von den „Nationalen Zentralbüros“ und können auch von diesen abgefragt werden. „Die NZBs bestimmen, welche Daten sie generell oder nur für einzelne andere NZBs zum Direktabruf freigeben.“[238] In den „Vorschriften zu einer Datenbank mit ausgewählten Daten und direktem Zugriff der NZBs beim IKPO-Interpol-Generalsekretariat“,[239] die am 1. Februar 1992 in Kraft getreten sind, werden in einem Anhang die zulässigen Datenkategorien für die Speicherung in dieser Datei festgelegt. Danach dürfen Daten von Personen gespeichert werden, die

- mit internationaler Fahndungsausschreibung zwecks Festnahme gesucht werden,
- als Verdächtige zwecks Aufenthaltsermittlung oder Auskunftserteilung ausgeschrieben sind,
- Gegenstand einer präventiven Ausschreibung („Warnmeldung“) sind,
- als Vermißte zur Aufenthaltsermittlung oder Auskunftserteilung ausgeschrieben sind.

Die Datei **„ASF-Personen“** wurde im Juli 1992 in Betrieb genommen. In diesem System sind die Fahndungszirkulare (vgl. Rdn. 174), weltweite und zonale Personenfahndungen sowie Straftäter von internationaler Relevanz gespeichert.[240] Im ASF dürfen auch **nicht-personenbezogene Daten** zu gestohlenen Gegenständen, gefälschten Dokumenten und Zahlungsmitteln sowie zur Begehungsweise von Straftaten (modi operandi) gespeichert werden. Im April 1996 wurde der Wirkbetrieb des **„ASF-Gestohlene-Kfz“** aufgenommen. Die Fahndungsdaten gestohlener Fahrzeuge werden von den jeweiligen nationalen Fahndungssystemen dem Generalsekretariat übermittelt und in der Datenbank zusammengeführt.[241]

177 Die bisher bei Interpol manuell geführte Kartei mit Fingerabdrücken wurde durch das elektronische **„Automated Fingerprint Identification System“** (AFIS) ersetzt. Als nächstes soll bei Interpol eine **weltweite DNA-Datenbank** betrieben werden. Seit Februar 2000 erarbeitet eine international zusammengesetzte Expertengruppe („DNA-Monitoring Export Group“) Richtlinien, die gewährleisten sollen, daß die DNA-Daten der einzelnen Länder untereinander vergleichbar werden. Die Expertengruppe setzt sich aus DNA-Wissenschaftlern und Tatortspezialisten zusammen, weil zusätzlich Qualitätsstandards für DNA-Labors und für die Spurensicherung an Tatorten entwickelt werden sollen. In der **Interpol-DNA-Datenbank** sollen vorerst nur Spurendaten und keine Personendaten gespeichert werden. Die internationale DNA-Datenbank soll Teil des compu-

---

235 *Maaß,* in: Teufel, Taschenbuch für Kriminalisten, 1991, S. 132.
236 *Busch* Bürgerrechte & Polizei/CILIP, 53 (1/96), S. 40.
237 *Wieske/Nickel* DPolBl Heft 5/1998, S. 23.
238 *Busch* Bürgerrechte & Polizei/CILIP, 53 (1/96), S. 41.
239 Abgedruckt in: Bürgerrechte & Polizei/CILIP, 53 (1/96), S. 43.
240 *Wieske/Nickel* DPolBl Heft 5/1998, S. 23.
241 *Wieske/Nickel* DPolBl Heft 5/1998, S. 23.

tergestützten Fahndungssystems „Automated Search Facility" (ASF) werden. Bei der Eingabe neuer DNA-Spuren ermittelt der ASF-Computer, ob die Spuren mit Spuren anderer Straftaten übereinstimmen, was auf dieselben Täter hinweisen würde. Serienverbrechen werden rascher erkennbar sein als bisher. Für die Interpol-Mitgliedstaaten wird es möglich sein, den Interpol-DNA-Spurenbestand mit den Personendaten der eigenen DNA-Datenbank zu vergleichen. Auf diese Weise läßt sich herausfinden, ob jemand aus der nationalen DNA-Datenbank an einer Tat in einem anderen Land beteiligt war. Im Fall eines Treffers tauschen diese Länder die nötigen Personendaten untereinander aus – wie das bei Fingerabdrücken und anderen Spuren bereits der Fall ist.[242]

Ob die weltweite DNA-Datenbank auf Dauer frei von personenbezogenen Daten bleiben wird, hängt letztlich vom „Rechtswert des Menschen" in den Köpfen der Amtswalter ab (Art. 1 GG). (Zur DNA-Analyse gem. § 81 g StPO vgl. Kap. K in diesem Buch).

7. Datenschutz und Kontrolle

Die für IKPO-Interpol geltenden Datenschutzregeln stehen im engen Zusammenhang mit der Vereinbarung des **Sitzstaatsabkommens** mit Frankreich, welches am 14. Februar 1984 in Kraft getreten ist.[243] Der IKPO-Interpol werden nach dem Abkommen dieselben Vorrechte und Immunitäten eingeräumt, wie den „Internationalen Organisationen". Es wird also auch die Unverletzlichkeit des Interpol-Sitzes – mit allen dort oder an anderen Orten befindlichen Archiven – garantiert. Allerdings werden die Datensammlungen von Interpol damit auch vollkommen der Kontrolle durch die französische Datenschutzkommission entzogen.[244] In Artikel 8 der Vereinbarung verpflichtet sich IKPO-Interpol zu einer internen Kontrolle, die „gemäß den in dem Briefwechsel mit der französischen Regierung festgelegten Regeln ausgeübt wird".[245] Im Jahre 1986 nahm eine interne **„Datenschutzkommission"** die Arbeit auf, die sich wie folgt zusammensetzt:[246] 178

- drei aufgrund ihrer Unabhängigkeit und Kompetenz im Bereich des Datenschutzes oder aufgrund ihrer derzeitigen oder früheren hohen Position im Justizbereich ausgewählten Personen, wovon eine von Interpol und eine von der französischen Regierung als Vertreter des Sitzstaates benannt wird. Die dritte Person steht dem Kontrollausschuß vor und wird in Übereinkunft der beiden erstgenannten bestimmt;
- aus einem Mitglied des Exekutivkomitees von Interpol;
- aus einem Sachverständigen für Datenverarbeitung, der vom Vorsitzenden der Kommission aus einer von Interpol vorgelegten Aufstellung von fünf Kandidaten ausgewählt wird.

Mit der Tätigkeitsaufnahme der Kontrollkommission traten die „Richtlinien für die internationale Zusammenarbeit und die interne Kontrolle der Interpol-Dateien" in Kraft, welche insbesondere die **Datenberichtigung,** die **Verpflichtung zum Nachbericht** und **zeitliche** und **sachliche Verwertungsverbote** regeln.[247] Im Jahre 1987 wurden die datenschutzrechtlichen Vorschriften durch **„Aussonderungsrichtlinien"** für die Dateien des Generalsekretariates ergänzt.[248]

Die internen Datenschutzregelungen von Interpol werden jedoch nicht als ausreichend angesehen, weil sie weder eine externe (und damit unabhängige) Überprüfung durch Datenschutzbeauftragte noch eine gerichtliche Kontrolle vorsehen. Es kommt also entscheidend darauf an, daß diejenigen Stellen, welche die Datensammlungen des Generalsekretariates mit Informationen speisen, nämlich die „Nationalen Zentralbüros", entsprechend sorgfältig vorgehen. So muß strikt darauf geachtet werden, daß dem Betroffenen 179

---

242 *Brenner* Öffentliche Sicherheit, Nr. 4/2000 (online-Ausgabe ‹www.bmi.gv.at›).
243 Abgedruckt bei *Baldus,* Polizeirecht des Bundes, 2. Aufl. 2000, Nr. 41.
244 *Riegel* DVBl. 1984, 989.
245 Der Briefwechsel ist bei *Baldus,* Polizeirecht des Bundes, 2. Aufl. 2000, Nr. 42, wiedergegeben.
246 Zitiert nach *Brugger* Deutsche Polizei 7/1983, S. 7.
247 *Riegel* DVBl. 1984, 990.
248 *Wingenter* Kriminalistik 1987, 419.

nicht durch die Übermittlung der Daten und deren Nutzung durch ausländische Polizeibehörden Schaden entsteht. Dies gilt insbesondere im Hinblick darauf, daß die Mitgliedschaft in der IKPO-Interpol nicht unbedingt eine Garantie für ein rechtsstaatliches Polizeiwesen im Land ist.[249] Defizite bei der Kontrolle der Datenverarbeitung in der Interpol-Zentrale können für das BKA als NZB durch **innerstaatliche Regelungen** ausgeglichen werden. So sind bei der Übermittlung der Daten durch das BKA die in § 17 i. V. m. § 16 I u. III BDSG genannten **datenschutzrechtlichen Mindeststandards** zu beachten (vgl. dazu Kap. J). Es darf nicht dazu kommen, daß – wie der Bundesbeauftragte für den Datenschutz bei vergangenen Kontrollen feststellen mußte[250] – Erkenntnisse

- unter Verstoß gegen die eigenen Löschungsfristen;
- ohne nähere Überprüfung der aktuellen Relevanz;
- trotz fehlender Erforderlichkeit oder unter Verstoß gegen den Grundsatz der Verhältnismäßigkeit

vom BKA als NZB an das Generalsekretariat oder an andere „Nationale Zentralbüros" übermittelt werden.

8. Rechtsgrundlagen für den Informationsaustausch

180 Auf die Frage nach den Rechtsgrundlagen für das Tätigwerden von Interpol wird nicht selten der Hinweis auf **Art. 2 der Statuten**[251] gegeben, nach denen die Zusammenarbeit „im Rahmen der in den einzelnen Ländern geltenden Gesetze" erfolgt. Tatsächlich können diese **nationalen Gesetze** aber nur das Polizeihandeln im Inland regeln und dabei auch den Informationsaustausch zwischen deutschen und ausländischen Dienststellen sowie die informationellen Beziehungen des NZBs mit dem Generalsekretariat von Interpol erfassen. Das Bundeskriminalamt ist gemäß 14 V BKAG befugt, Daten an das Generalsekretariat von Interpol zu übermitteln, soweit dies zur weiteren Übermittlung der Daten an andere „Nationale Zentralbüros" oder zu Zwecken der Informationssammlung und Auswertung durch das Generalsekretariat erforderlich ist. Es muß eine der in § 14 I BKAG genannten Voraussetzungen vorliegen. Danach dürfen Daten übermittelt werden, soweit dies erforderlich ist

1. zur Erfüllung einer dem BKA obliegenden Aufgabe,
2. zur Verfolgung von Straftaten und zur Strafvollstreckung nach Maßgabe der Vorschriften über die internationale Rechtshilfe in strafrechtlichen Angelegenheiten oder
3. zur Abwehr einer im Einzelfall bestehenden erheblichen Gefahr für die öffentliche Sicherheit.

Gleiches gilt, wenn Anhaltspunkte dafür vorliegen, daß Straftaten von erheblicher Bedeutung begangen werden sollen (zu Definitionsproblemen vgl. Kap. C).

181 Problematischer als die Vermittlertätigkeiten des BKA als NZB sind die **informationellen Tätigkeiten des Generalsekretariates** zu sehen. Im Generalsekretariat werden „Kriminalpolizeiliche Sammlungen" geführt, die laufend mit Informationen der NZBs aktualisiert werden. Erkenntnisse aus diesen Sammlungen werden vom Generalsekretariat weitergegeben. Neben der Speicherung findet also auch eine Auswertung und Übermittlung von zumeist personenbezogenen Daten zum Zwecke der Verhütung und Aufklärung von Straftaten statt. Die Statuten der Organisation sind keine tragfähige Rechtsgrundlage für diese Eingriffe in das Recht auf informationelle Selbstbestimmung der Betroffenen, weil sie keine Regelungen für die informationelle Tätigkeit von Interpol enthalten. Ohnehin sind die Interpol-Statuten weder völkerrechtlich noch innerstaatlich verbindlich, da sie weder gemäß Artikel 59 II 1 GG in nationales Recht umgesetzt wurden noch überhaupt durch zuständige Organe, die für die Bundesrepublik Deutschland völkerrechtlich verbindlich handeln können, erlassen wurden. Entsprechende Reform-

---

[249] *Bull,* Datenschutz oder Die Angst vor dem Computer, 1984, S. 246 f.

[250] Ziffer 18.1.1 des 6. Tätigkeitsberichtes (vorgelegt zum 1. 1. 1984), BT-Drs. 10/877.

[251] Abgedruckt bei *Baldus,* Polizeirecht des Bundes, 2. Aufl. 2000, Nr. 40.

vorschläge liegen seit langem vor.[252] Eine Neugründung oder Umwandlung von Interpol auf der Grundlage eines ratifizierungsbedürftigen völkerrechtlichen Vertrages läßt sich aber wegen der inzwischen erreichten Größe der Organisation kaum noch realisieren. Die „Recht“losigkeit wird eher als Vorteil bewertet.

9. Abgrenzung zu anderen Zusammenarbeitsformen

Mit der Inbetriebnahme des Schengener Informationssystems (vgl. Rdn. 143) und der Tätigkeitsaufnahme von Europol (vgl. Rdn. 200) hat IKPO-Interpol seine Bedeutung für die Zusammenarbeit **westeuropäischer Polizeibehörden** verloren. Während allerdings bei Europol nur die 15 Mitgliedstaaten der EU mitarbeiten können, gehören die Polizeien aus 45 europäischen Staaten zu den Mitgliedern von Interpol.[253] Im Hinblick auf die Kooperation mit **osteuropäischen Staaten** ist die Organisation deshalb weiterhin nützlich. Mit einer Erweiterung der Europäischen Union und der Ausdehnung der Aktivitäten von Europol auf die Zusammenarbeit mit Drittstaaten, stellt sich jedoch dringender als bisher die Frage nach der **Abgrenzung der Tätigkeitsfelder von Interpol** einerseits und Europol sowie der Schengen-Kooperation andererseits. Für die Ausschreibung zur Fahndung im Schengener-Informationssystem (SIS) gilt bereits heute, daß damit die gleichzeitige Interpol-Fahndung ausgeschlossen ist. Schwieriger ist die Abgrenzung im Bereich der Informationssteuerung und der Kriminalitätsanalyse. Hier empfiehlt sich eine Konzentration auf die ursprünglichen und primären Aufgabenfelder der jeweiligen Organisation.[254] Für Interpol ist das die Vermittlung von Fahndungs- und Rechtshilfeersuchen an Mitgliedstaaten außerhalb der Europäischen Union und die weltweite Steuerung von Informationen über Kriminalitätsformen und Tätergruppen. 182

VIII. Polizeiliche Zusammenarbeit innerhalb der Europäischen Union

1. „TREVI-Gruppe“ als Beginn polizeilicher Kooperation

Ein wesentliches Motiv für die polizeiliche Zusammenarbeit in (West-)Europa war in den 70er Jahren die Bedrohung durch terroristische Gewalttaten. Anläßlich der Tagung des Europäischen Rates im Dezember 1975 in Rom schlug der britische Premierminister die Bildung eines regelmäßig tagenden Gremiums der Innen- und Justizminister der Gemeinschaft zur Erörterung von Fragen der inneren Sicherheit und öffentlichen Ordnung vor. Dieser Vorschlag wurde von den Staats- und Regierungschefs vor dem Hintergrund der damaligen terroristischen Aktivitäten bereitwillig aufgegriffen.[255] Das Gremium wurde als **TREVI-Gruppe**[256] bezeichnet. Seit der ersten Sitzung, am 29. Juni 1976, trafen sich die Minister halbjährlich. Der Tagungsort befand sich jeweils in dem Land, das gerade den EG-Vorsitz hatte. Dieser Staat übernahm zugleich die **Präsidentschaft** in der TREVI-Kooperation. Die Organisation war in **drei Ebenen** gegliedert.[257] Nach den bereits erwähnten **Ministern** (je nach innerstaatlicher Zuständigkeit handelte es sich um Justiz- oder Innenminister) folgte die Ebene der sogenannten **Hohen Beamten.** Das waren die Leiter der Polizeiabteilungen in den genannten Ministerien. Sie bereiteten die Sitzungen der TREVI-Minister vor und sorgten dafür, daß deren politische Vorgaben praktisch umgesetzt wurden. Dies geschah auf Expertenebene in den **Arbeitsgruppen I–III** (Terroris- 183

---

[252] *Daum,* JZ 1980, 801.
[253] *Busch* Bürgerrechte & Polizei/CILIP, 53 (1/96), S. 41.
[254] Dafür tritt auch der Präsident des BKA ein. Vgl. *Kersten* Die Polizei 1997, 339.
[255] *Diederichs* Bürgerrechte & Polizei/CILIP 40 (3/91), S. 35.
[256] Diese Bezeichnung könnte sowohl wegen der in der Nähe des damaligen Tagungsortes gelegenen „Fontana di Trevi“ als auch als Abkürzung für „*T*errorisme, *R*adicalisme, *E*xtremisme, *V*iolence, *i*nternational“ gewählt worden sein.
[257] Einzelheiten bei: *Wenzel* Die Polizei 1993, 6; *Akmann* JA 1994, 51; *Rupprecht/Hellenthal,* in: Innere Sicherheit im Europäischen Binnenmarkt, 1992, S. 151 ff.

muslage, allgemeine Polizeiangelegenheiten, Bekämpfung der internationalen organisierten Kriminalität) und in den aus aktuellem Anlaß gebildeten **Ad-hoc-Arbeitsgruppen.** Dazu gehörte z. B. die AG **TREVI 92,** die im April 1989 eingerichtet wurde, um die „notwendigen **Ausgleichsmaßnahmen"** im Zusammenhang mit dem Abbau von Grenzkontrollen bei der Vollendung des EG-Binnenmarktes vorzubereiten. Die 1990 gegründete AG **EDU** wurde als Untergruppe von TREVI III eingesetzt und 1991 in AG **EUROPOL** umbenannt. Sie bereitete den Aufbau einer **„supranationalen kriminalpolizeilichen Zentralstelle"** (Europol) vor.

184 Die Minister konnten innerhalb der TREVI-Kooperation keine Beschlüsse fassen, die für alle EG-Mitgliedstaaten verbindlich waren. Wegen des Fehlens einer gemeinschaftsrechtlichen Kompetenz galt für alle Beschlüsse des Gremiums der Vorbehalt, daß sie nur aufgrund des jeweiligen nationalen Rechts oder mittels völkerrechtlicher Verträge umgesetzt werden konnten. Die TREVI-Kooperation kann deshalb als **Planungs- und Koordinationsinstanz** mit der ständigen Konferenz der Innenminister des Bundes und der Länder verglichen werden.[258] Wenngleich TREVI keine Rechtsinstitution und keine polizeiliche Organisation wie etwa Interpol war, gingen von ihr bedeutsame Impulse für die Zusammenarbeit der Polizeien in Europa aus. So wurden Absprachen über die grenzüberschreitende polizeiliche Fahndung und die „Polizeiliche Beobachtung" getroffen, Erleichterungen der polizeilichen Amtshilfe vereinbart und die Harmonisierung der Forschung auf dem Gebiet der Polizeitechnik initiiert. Die Haupttätigkeit bestand jedoch im **gegenseitigen Informationsaustausch** und in der Erstellung von Lagebildern.

2. Vertrag von Maastricht über die Europäische Union

185 Im **Vertrag über die Europäische Union,**[259] der am 7. Februar 1992 in **Maastricht** unterzeichnet wurde und am 1. November 1993 in Kraft trat, ist in Titel VI, Art. K 1 Nr. 9 die „polizeiliche Zusammenarbeit zur Verhütung und Bekämpfung des Terrorismus, des illegalen Drogenhandels und sonstiger schwerwiegender Formen der internationalen Kriminalität (. . .)" vereinbart worden. Die polizeiliche Zusammenarbeit zwischen den Mitgliedstaaten wurde mit dem Maastrichter Vertrag „institutioneller Teil der Europäischen Union und damit über die Stufe der bi- und multilateralen Zusammenarbeit gehoben und verstetigt".[260] Entgegen den deutschen Vorschlägen wurde die polizeiliche Zusammenarbeit jedoch nicht Gegenstand der Rechtsetzungstätigkeit der Gemeinschaft. Es wurde lediglich eine **intergouvernementale Kooperation**[261] vereinbart. Diese Zusammenarbeitsform steht als **„dritte Säule"** neben den Verträgen über die Europäische Wirtschaftsgemeinschaft als erste und der gemeinsamen Außen- und Sicherheitspolitik als zweite Säule unter dem gemeinsamen „Dach der Europäischen Union".[262]

186 In der Mehrzahl der EU-Mitgliedstaaten wurde Kritik wegen der Schwerfälligkeit und entscheidungshemmenden Wirkung der institutionellen Strukturen, der Verfahren und der Instrumente der „dritten Säule" geübt.[263] Der Grund für diese Zurückhaltung etlicher EU-Mitglieder liegt in der Sorge um die eigene Souveränität in Justiz- und Polizeiangelegenheiten. Hinzu kommt das Fehlen eines gemeinsamen Rechtsstandards infolge unterschiedlicher Rechtskulturen.

---

[258] *Busch* KJ 1990, 6. Die sogenannten Beschlüsse solcher Ministerkonferenzen hatten mangels einer normativen Kompetenzzuweisung allenfalls eine interne Selbstbindungswirkung.

[259] BGBl. 1992 II, S. 1253.

[260] *Di Fabio* DÖV 1997, 90.

[261] *Akmann* JA 1994, 53; *Wenzel* Die Polizei 1993, 8.

[262] *Di Fabio* DÖV 1997, 90.

[263] *Monar,* Ein Raum der Freiheit, der Sicherheit und des Rechts: Innen- und Justizpolitik nach Amsterdam, in: *Jopp/Maurer/Schmuck* (Hrsg.), Die Europäische Union nach Amsterdam, 1998, S. 128.

3. Vertrag von Amsterdam über die Europäische Union

a) Neugestaltung der „dritten Säule"

Der als „Vertrag von Maastricht" bekannte Vertrag über die Europäische Union wurde durch den **„Amsterdamer Vertrag"** vom 2. Oktober 1997 geändert.[264] Dieser Vertrag trat am 1. Mai 1999 in Kraft[265] und brachte in den Bereichen Justiz und Inneres tiefgreifende Änderungen. Alle Bestimmungen über den **„freien Personenverkehr"** (Zollangelegenheiten, Außengrenzen, Visum-, Asyl- und Einwanderungspolitik) wurden in den **Gemeinschaftsbereich** („erste Säule") überführt. Im Bereich der „dritten Säule" verblieben allerdings die Regelungen über die – zwischenstaatliche – justitielle Zusammenarbeit in Strafsachen und die Zusammenarbeit in Polizeiangelegenheiten, einschließlich der Bestimmungen hinsichtlich Europol. Aufgrund von Artikel 12 des Amsterdamer Vertrages wurden die Artikel des EU-Vertrages neu numeriert. Die **„Bestimmungen über die polizeiliche und justitielle Zusammenarbeit in Strafsachen"** sind in Titel VI, Artikel 29 bis 42 EUV-A enthalten. 187

In Artikel 29 EUV-A wird der polizeilichen und justitiellen Arbeit in der EU das **Ziel** vorgegeben „. . . den Bürgern in einem Raum der Freiheit, der Sicherheit und des Rechts ein hohes Maß an Sicherheit zu bieten (. . .). Dieses Ziel wird erreicht durch die Verhütung und Bekämpfung der – organisierten oder nichtorganisierten – Kriminalität, insbesondere des Terrorismus, des Menschenhandels und der Straftaten gegenüber Kindern, des illegalen Drogen- und Waffenhandels, der Bestechung und Bestechlichkeit sowie des Betruges . . ." In Artikel 30 EUV-A werden die **Bereiche der polizeilichen Zusammenarbeit** benannt, wobei in Absatz 2 detailliert die Aufgaben von Europol beschrieben werden (vgl. dazu Rdn. 210). Gemäß Artikel 30 I EUV-A erstreckt sich das „gemeinsame Vorgehen" auf: 188

- die **operative Zusammenarbeit** der Polizei, des Zolls und anderer spezialisierter Strafverfolgungsbehörden bei der **Verhütung von Straftaten** sowie ihrer Aufdeckung und **Ermittlung;**
- den **Informationsaustausch** und die **Datensammlung** über **„verdächtige finanzielle Transaktionen"**, insbesondere unter Einschaltung von Europol;
- die Zusammenarbeit sowie **gemeinsame Initiativen** in den Bereichen Aus- und Weiterbildung, Austausch von Verbindungsbeamten, Kriminaltechnik und Ausrüstung;
- die gemeinsame **Bewertung einzelner Ermittlungstechniken** in bezug auf die Aufdeckung schwerwiegender Formen der organisierten Kriminalität.

b) Instrumentarium der Zusammenarbeit

Durch den Vertrag von Amsterdam wurde das in Artikel K. 3 II des Maastrichter Vertrages beschriebene **Instrumentarium der Zusammenarbeit** in den Bereichen Justiz und Inneres reformiert. Das Instrument der **„gemeinsamen Standpunkte"** ist in Artikel 34 II a) EUV-A beibehalten worden. Ergänzt wurde die Bestimmung durch die Formulierung „in einer gegebenen Frage", was eine Beschränkung auf Einzelfragen bedeutet. Neu sind die durch Artikel 34 II b) EUV-A eingeführten **„Rahmenbeschlüsse"**, welche der Angleichung der Rechts- und Verwaltungsvorschriften in den Mitgliedstaaten dienen sollen. Diese Beschlüsse sind für die Mitgliedstaaten hinsichtlich des zu erreichenden Ziels verbindlich, überlassen diesen jedoch die Wahl der Form und der Mittel. An die Stelle der „gemeinsamen Maßnahmen" sind in Artikel 34 II c) EUV-A die **„Beschlüsse"** getreten. Diese können sich auf jeden Zweck des Titels VI – mit Ausnahme der Angleichung von Rechts- und Verwaltungsvorschriften – beziehen. Gemäß Artikel 34 II b) bzw. c) EUV-A sind Rahmenbeschlüsse und Beschlüsse für alle Mitgliedstaaten verbindlich.[266] **Im** 189

---

264 BGBl. 1998 II, S. 387, ber. BGBl. 1999 II, S. 416 = Sartorius II 145.

265 Bekanntmachung v. 6. 4. 1999, BGBl. II, S. 296.

266 Die einstimmig verabschiedeten Rahmenbeschlüsse und Beschlüsse könnten völkerrechtliche Verträge der Mitgliedstaaten untereinander sein. Da solche Verträge nicht an eine bestimmte Form gebunden

Bereich der „dritten Säule" gibt es keine Kompetenz zur Setzung supranationaler Rechtsakte, welche in den Mitgliedstaaten unmittelbar gelten. Die Formulierung in Artikel 34 II b) und c) EUV-A, wonach Rahmenbeschlüsse und Beschlüsse nicht unmittelbar wirksam sind, hat daher deklaratorischen Charakter.

190 Gemäß Artikel 34 I d) EUV-A besteht – wie auch nach dem Vertrag von Maastricht – die Möglichkeit, **Übereinkommen** zu erstellen, die den Mitgliedstaaten zur Annahme gemäß ihrer verfassungsrechtlichen Vorschriften empfohlen werden. Neu ist, daß die Übereinkommen innerhalb einer vom Rat gesetzten Frist ratifiziert werden müssen. Sobald ein Vertrag von mindestens der Hälfte der Mitgliedstaaten angenommen wurde, tritt er für diese Staaten in Kraft. Im Hinblick auf die **Kooperation mit Drittstaaten** besteht aufgrund von Artikel 24 S. 2 EUV-A die Möglichkeit, daß im Rahmen der „dritten Säule" der Rat auf Vorschlag der Präsidentschaft (nicht der Kommission) Abkommen mit Drittstaaten abschließt, die dann die Mitgliedstaaten binden. In diesem Verfahren werden auf seiten der Europäischen Union nur die Mitgliedstaaten im Rahmen der Union und für diese tätig. Weil der EU auch durch den Vertrag von Amsterdam keine Rechtspersönlichkeit übertragen wurde, kann diese nicht selbst als Vertragspartner agieren.[267]

c) Beteiligung des Europäischen Parlaments

191 Die genannten Aktivitäten im Bereich der „dritten Säule" können sowohl von einem Mitgliedstaat der EU als auch von der Kommission initiiert werden. Das **Europäische Parlament** hat jedoch **kein Initiativrecht** (Art. 34 II EUV-A). Allerdings wird die Regelung im Maastrichter Vertrag, nach der eine Anhörung des Europäischen Parlaments nur in „nach Ansicht des Rates wichtigen Aspekten" vorgesehen war, durch ein **Anhörungsrecht** ersetzt, das sich auf Rahmenbeschlüsse, andere Beschlüsse und Übereinkommen bezieht (Art. 39 I EUV-A). Vorsitz und Kommission sind verpflichtet, das Europäische Parlament „regelmäßig" über die in den Bereichen Justiz und Inneres „durchgeführten Arbeiten" zu unterrichten" (Art. 39 II EUV-A). Das Europäische Parlament kann gemäß Art. 39 III 1 EUV-A „**Anfragen** oder **Empfehlungen** an den Rat richten". Die Beteiligung des Europäischen Parlaments an den Beschlüssen im Bereich der „dritten Säule" ist mangels jeder Rechtssetzungsbefugnis ohne jede Legitimationswirkung und für die Schaffung eines demokratisch begründeten Gemeinschaftsrechts unzureichend. Bei von der EU initiierten Abkommen, wie z. B. dem „Übereinkommen über die Rechtshilfe in Strafsachen" (vgl. dazu Rdn. 11 ff.), hat das Parlament nur ein Anhörungsrecht. Im Ratifikationsverfahren können die nationalen Parlamente über solche völkerrechtlichen Verträge auch nur mit „Ja" oder „Nein" entscheiden, so daß eine Beeinflussung durch die Volksvertretung weder in den Mitgliedstaaten noch auf Ebene der EU möglich ist.[268]

d) Zuständigkeiten des Gerichtshofs der Europäischen Gemeinschaften

192 Die Kompetenzen des **Gerichtshofs der Europäischen Gemeinschaften** (EuGH) im Hinblick auf die justitielle Kontrolle[269] der Beschlüsse im Rahmen der „dritten Säule" werden in Artikel 35 EUV-A beschrieben. Auf diese Bestimmung wird im enumerativen Katalog der Zuständigkeiten des EuGH in Artikel 46 EUV-A verwiesen. Gemäß Artikel 35 I EUV-A entscheidet der EuGH im Wege der **„Vorabentscheidung"** über die Gültig-

---

sind, könnte sich daraus der Verpflichtungsgrund des intergouvernemental gesetzten sekundären Unionsrechts für die Vertragsstaaten ergeben. So: *Pechtein/Koenig,* Die Europäische Union, 3. Aufl. 2000, Rdn. 217.

[267] *Monar,* Ein Raum der Freiheit, der Sicherheit und des Rechts: Innen- und Justizpolitik nach Amsterdam, in: *Jopp/Maurer/Schmuck* (Hrsg.), Die Europäische Union nach Amsterdam, 1998, S. 139.

[268] *Gimbal,* Die Innen- und Justizpolitik der EU nach Amsterdam, in: Weidenfeld (Hrsg.), Amsterdam in der Analyse, 1999, S. 157.

[269] Ausführlich zur „Justitiabilität des Unionrechts": *Pechtein/Koenig,* Die Europäische Union, 3. Aufl. 2000, Rdn. 503 ff.

keit und die Auslegung der **Rahmenbeschlüsse** und **Beschlüsse** und der dazugehörigen **Durchführungsmaßnahmen** sowie über die Auslegung der **Übereinkommen** sowie über die Gültigkeit und die Auslegung der dazugehörigen Durchführungsmaßnahmen. Allerdings ist diese Zuständigkeit des EuGH davon abhängig, daß die **Mitgliedstaaten** eine entsprechende **Erklärung** abgeben, zu der sie jedoch nicht verpflichtet sind (Art. 39 II EUV-A). Deutschland hat bei der Unterzeichnung des Vertrages eine entsprechende Erklärung abgegeben und gesetzlich[270] bestimmt, daß jedem deutschen Gericht das **Vorlagerecht** eingeräumt wird, wobei die letztinstanzlichen Gerichte sogar eine **Vorlagepflicht** haben.

Obligatorisch ist die Zuständigkeit des EuGH für die Überprüfung der **Rechtmäßigkeit** von **Rahmenbeschlüssen** und **Beschlüssen.** Klageberechtigt ist jeder Mitgliedstaat und die Kommission. Diese können gemäß Art. 35 VI EUV-A innerhalb von zwei Monaten nach „Veröffentlichung der Maßnahme" Klage wegen „Unzuständigkeit, Verletzung wesentlicher Formvorschriften, Verletzung dieses Vertrages oder einer bei seiner Durchführung anzuwendenden Rechtsnorm oder wegen Ermessensmißbrauchs" erheben. Ebenso zuständig ist der EuGH für Entscheidungen über Streitigkeiten der Mitgliedstaaten untereinander oder zwischen einem Mitgliedstaat und der Kommission hinsichtlich der **Auslegung oder der Anwendung von Übereinkommen,** die von der EU gemäß Artikel 34 II EUV-A initiiert wurden (Art. 35 VI EUV-A). 193

Gemäß Artikel 2 I des Protokolls zur Einbeziehung des Schengen-Besitzstands in den Rahmen der EU (vgl. dazu Rdn. 108) nimmt der EuGH „die Zuständigkeit wahr, die ihm nach den einschlägigen geltenden Bestimmungen der Verträge zukommt". Die in Artikel 35 EUV-A festgelegten Kompetenzen des EuGH gelten daher auch für das **Schengener Vertragswerk,** einschließlich der dazu ergangenen Beschlüsse des Exekutivausschusses sowie für künftige Beschlüsse des Rates, sofern es sich um den Bereich der polizeilichen oder justitiellen Zusammenarbeit handelt.[271] 194

Die Zuständigkeit des EuGH gemäß Artikel 35 EUV-A dient allenfalls mittelbar dem Individualrechtsschutz . Der Grund dafür liegt im Fehlen einer „Durchgriffswirkung", also einer unmittelbaren Gültigkeit der innerhalb der „dritten Säule" allein möglichen intergouvernementalen Rechtsakte.[272] Demgemäß bestimmt Artikel 35 V EUV-A: „Der Gerichtshof ist nicht zuständig für die Überprüfung der Gültigkeit oder Verhältnismäßigkeit von Maßnahmen der Polizei oder anderer Strafverfolgungsbehörden eines Mitgliedstaats oder der Wahrnehmung der Zuständigkeiten der Mitgliedstaaten für die Aufrechterhaltung der öffentlichen Ordnung und der Schutz der inneren Sicherheit." Die im Hinblick auf einen wirksamen Rechtshilfe der Unionsbürger notwendige Erweiterung der Zuständigkeiten des EuGH und die Einführung neuer Klagemöglichkeiten, etwa entsprechend der deutschen Verwaltungsgerichtsordnung, wird in einigen Mitgliedstaaten, insbesondere von Großbritannien, abgelehnt.[273] (Zu den Anrufungsmöglichkeiten des EuGH und des EuMRG insgesamt vgl. Kap. K zu „Europol"). 195

4. Zusammenarbeit mit den Beitrittsstaaten der EU

Die geplante Vergrößerung des europäischen „Staatenverbundes" (BVerfGE 89, 155), 196 insbesondere um mittel- und osteuropäische Länder (MOEL), enthält die Chance einer nützlichen Erweiterung und Erleichterung der polizeilichen Zusammenarbeit in Europa. Jeder europäische Staat kann beantragen, in die Europäische Union aufgenommen zu werden (Art. 49 EUV-A). Derzeit bestehen Beitrittsanträge von folgenden Staaten:

---

270 Gesetz betreffend die Anrufung des Gerichtshofes der Europäischen Gemeinschaften im Wege des Vorabentscheidungsverfahrens auf dem Gebiet der polizeilichen Zusammenarbeit und der justitiellen Zusammenarbeit in Strafsachen (EuGHG) v. 6. 8. 1998 (BGBl. 1998 I, S. 2035).

271 *Pechtein/Koenig,* Die Europäische Union, 3. Aufl. 2000, Rdn. 507.

272 *Pechtein/Koenig,* Die Europäische Union, 3. Aufl. 2000, Rdn. 533.

273 *Gimbal,* Die Innen- und Justizpolitik der EU nach Amsterdam, in: Weidenfeld (Hrsg.), Amsterdam in der Analyse, 1999, S. 159.

Land	Datum des Beitrittsantrags
Bulgarien	14. Dezember 1995
Estland	24. November 1995
Lettland	13. Oktober 1995
Litauen	8. Dezember 1995
Malta	3. Juli 1999
Polen	5. April 1994
Rumänien	22. Juni 1995
Slowakei	27. Juni 1995
Slowenien	10. Juni 1996
Tschechische Republik	17. Januar 1996
Türkei	14. April 1987
Ungarn	31. März 1994
Zypern	3. Juli 1990

Quelle: Internet Homepage der Europäischen Union, Datenbank scad+[274]

197 Die Aufnahme in die EU bedeutet dabei nicht nur einen Beitritt zu den eigenständigen supranationalen Europäischen Gemeinschaften (EG, EAG, EGKS), sondern auch die Beteiligung an den Bereichen der intergouvernementalen Zusammenarbeit („zweite" und „dritte" Säule der EU).[275] Für die polizeiliche Zusammenarbeit bedeutet dies, daß jedes neue EU-Mitglied auch alle Beschlüsse und Vereinbarungen im Bereich der „dritten Säule" übernehmen muß. Zu diesem „gemeinschaftlichen Besitzstand" der EU gehören die „gemeinsamen Maßnahmen, gemeinsamen Standpunkte sowie die Übereinkommen, die im Rahmen der Zusammenarbeit im Bereich Justiz und Inneres zustande gekommen sind".[276] Auch die künftig gemäß Artikel 34 EUV-A verabschiedeten Rahmenbeschlüsse und Beschlüsse sowie zur Ratifikation in den Mitgliedstaaten vorgelegte Übereinkommen müssen von den Beitrittsländern übernommen werden. Nach der Überführung des Schengener Vertragswerkes in den Besitzstand der EU (vgl. dazu Rdn. 108), müssen nun auch die Bestimmungen des SDÜ in jedem Beitrittsstaat angewandt werden. Bei gleichzeitigem Abbau der Kontrollen an den Grenzen zu den EU-Nachbarstaaten müssen die Kontrollen an den neuen Außengrenzen der EU intensiviert und nach einheitlichen Kriterien vorgenommen werden. Dies bedingt zum einen ein funktionierendes Schengener Informationssystem (vgl. dazu Rdn. 143), weshalb derzeit ein technischer Ausbau des Systems oberste Priorität hat, zum anderen eine Angleichung der organisatorischen und konzeptionellen Polizeistrukturen in den Beitrittsstaaten an den „europäischen" Standard.

---

[274] ‹http.//www.europa.eu.int/Scadplus/leg/lvb/e40001.htm›.

[275] *Pechtein/Koenig,* Die Europäische Union, 3. Aufl. 2000, Rdn. 412, die auch ausführlich das Aufnahmeverfahren beschreiben.

[276] Task-Force „Erweiterung" des Europäischen Parlaments: Zusammenarbeit im Bereich Justiz und Inneres im Erweiterungsprozeß, 30. 3. 1999 (PE 167.690/rev.1). Weitere Informationen stehen auf der Homepage der Task-Force ‹www.europarl.eu.int/enlargement/de/default.htm› zur Verfügung.

Problematisch ist, daß der Besitzstand der EU im Bereich der polizeilichen und justitiellen Zusammenarbeit zugleich ständig weiterentwickelt wird. Ein Verzeichnis, das den Beitrittsländern zu Beginn des Beitrittsverfahrens vorgelegt wurde, wird daher regelmäßig auf den neuesten Stand gebracht. Der Unionsrat hat als „Gemeinsame Maßnahme“ gemäß Artikel 3 EUV-M eine **Sachverständigengruppe** eingesetzt, welche die Aufgabe hat, „gemeinsame Bewertungen der Lage in den Beitrittsländern hinsichtlich der Übernahme, Anwendung und effizienten Umsetzung des Besitzstands der Union in den Bereichen Justiz und Inneres auszuarbeiten und auf dem neusten Stand zu halten“.[277] 198

Am 28. Mai 1998 genehmigte der Rat der Innen- und Justizminister der EU ein Abkommen zwischen den Mitgliedstaaten der Union und den beitrittswilligen Ländern Mittel- und Osteuropass (MOEL) und Zypern über die „Bekämpfung der organisierten Kriminalität“.[278] Dieses Abkommen wird im Titel als **„*Vor*beitrittsvereinbarung“** bezeichnet. Die Beitragskandidaten verpflichten sich darin, wesentliche Teile des vom Rat am 28. April 1997 angenommenen **„Aktionsplans zur Bekämpfung der organisierten Kriminalität“**[279] in ihren Staaten umzusetzen. Dazu gehört die Empfehlung des Aktionsplanes hinsichtlich des Beitritts zu acht internationalen Abkommen[280] sowie die Empfehlungen hinsichtlich der Einrichtung einer nationalen zentralen Stelle für die Koordinierung der Maßnahmen und einer zentralen Kontaktstelle für den Informationsaustausch.[281] Außerdem wird der Einsatz „nationaler multidisziplinärer Teams“ zur „Bekämpfung der organisierten Kriminalität auf nationaler Ebene“ empfohlen.[282] Mehrfach wird im Abkommen die Bedeutung von **Europol** und die Notwendigkeit einer Einbeziehung dieser Organisation in nationale Konzepte betont. Bemerkenswert ist, daß der Aktionsplan auch eine Empfehlung an den Rat und die Kommission enthält, welche die **Strategie der EU im Umgang mit den beitrittswilligen Staaten** verdeutlicht. Die Empfehlung[283] lautet: „Der Europäische Rat fordert den Rat und die Kommission auf, mit den beitrittswilligen Ländern Mittel- und Osteuropas einschließlich der baltischen Staaten ‚*Vor*beitrittsvereinbarungen‘ über die Zusammenarbeit bei der Bekämpfung der Kriminalität auszuhandeln, die unter anderem Bestimmungen über eine enge Zusammenarbeit zwischen diesen Ländern und Europol sowie eine Verpflichtung zur raschen Ratifizierung und uneingeschränkten Umsetzung der für die Bekämpfung der organisierten Kriminalität unabdingbaren Übereinkünfte des Europarates vorsehen könnten (. . .). Bei den Beratungen mit den beitrittswilligen Ländern sollte unterstrichen werden, daß sie ein Niveau erreichen müssen, das dem der Mitgliedstaaten der Union vergleichbar ist . . .“. Bei solcher Vorgabe wird eine Erweiterung der EU nur nach Maßgabe der jeweiligen innerstaatlichen Entwicklungen möglich sein. So wenig eine gemeinsame Währung eine gemeinsame Wirtschaft konstituiert, so wenig kann eine gemeinsame Polizeistruktur eine gemeinsame Ordnung schaffen. Es kommt auf die Definition und Wertschätzung der Rechtsgüter an, zu deren Schutz Justiz und Polizei eingesetzt werden sollen. Insofern ist die Schaffung der europäischen Grundrechtscharta im Jahre 2000 – neben der Akzeptanz der Europäischen Menschenrechtskonvention (vgl. dazu Kap. K unter „Europol“) – eine grundlegende Hilfe. 199

---

[277] ABl. L 91 v. 7. 7. 1998.
[278] ABl. C 220 v. 15. 7. 1998.
[279] ABl. C 251 v. 15. 8. 1997.
[280] Aktionsplan Teil III, Kapitel III, Empfehlung Nr. 13.
[281] Aktionsplan Teil III, Kapitel I, Empfehlung Nr. 1 sowie Kapitel IV, Empfehlung Nr. 19.
[282] Aktionsplan Teil III, Kapitel IV, Empfehlung Nr. 3.
[283] Aktionsplan Teil III, Kapitel IV, Empfehlung Nr. 20.

IX. „Europol“

1. Europol-Drogenstelle als Vorläuferorganisation

200 Auf ihrer Tagung am 28./29. Juli 1991 in Luxemburg billigten die Staats- und Regierungschefs der Europäischen Gemeinschaft (EG) einen Vorschlag der Bundesrepublik Deutschland für das „weitere gemeinsame Vorgehen in der Innen- und Justizpolitik“[284]. Zur „Bekämpfung des internationalen Drogenhandels und des organisierten Verbrechens“ sollte danach bis spätestens 31. Dezember 1993 die Einrichtung einer **„Europäischen kriminalpolizeilichen Zentralstelle“** (Europol) vertraglich vereinbart werden. Die Aufgaben von Europol sollten stufenweise ausgebaut werden. In der ersten Ausbaustufe, bis zum 31. Dezember 1992, war lediglich an eine „Relaisstation für den Informations- und Erfahrungsaustausch“ gedacht. Später sollten auch Eingriffsbefugnisse im Hoheitsbereich aller Mitgliedstaaten auf Europol übertragen werden. Bei der Änderung des EWG-Vertrages in Maastricht konnte sich die Bundesregierung mit ihrem Vorschlag jedoch nicht durchsetzen. Im Vertrag über die Europäische Union (EUV),[285] der am 7. Februar 1992 in Maastricht unterzeichnet wurde, wurde in Titel VI, Art. K 1 Nr. 9 zwar die „polizeiliche Zusammenarbeit zur Verhütung und Bekämpfung des Terrorismus, des illegalen Drogenhandels und sonstiger schwerwiegender Formen der internationalen Kriminalität (. . .) in Verbindung mit dem Aufbau eines unionsweiten Systems zum Austausch von Informationen im Rahmen eines Europäischen Polizeiamts (Europol)“ vereinbart; entgegen den deutschen Vorschlägen wurde die polizeiliche Zusammenarbeit jedoch nicht Gegenstand der Rechtsetzungstätigkeit der Gemeinschaft, sondern Angelegenheit einer **intergouvernementalen Kooperation.**[286]

201 Um einen zügigen Aufbau von Europol zu ermöglichen, vereinbarten die TREVI-Minister (vgl. Rdn. 183) während ihrer Tagung am 11./12. Juni 1992 die Einrichtung eines internationalen Aufbaustabes unter deutscher Leitung, der am 1. September 1992 in Straßburg seine Arbeit aufnahm. Parallel begannen die Arbeiten an einer Konvention als Rechtsgrundlage für die Tätigkeit von Europol. Ein erster Entwurf sollte im Juni 1993 vorliegen. Um gleichwohl einen raschen Tätigkeitsbeginn einer Vorläuferorganisation von Europol zu ermöglichen, machten die Vertreter der Bundesrepublik Deutschland den Vorschlag, den Informationsaustausch zunächst auf der Grundlage der nationalen Rechtssysteme zu organisieren. Die Informationen sollten über **Verbindungsbeamte** aus den Mitgliedstaaten ausgetauscht werden, die jeweils direkten **Zugang zu ihren nationalen Informationssystemen** haben sollten. Zentrale Informationsdateien von Europol und die Informationsverarbeitung außerhalb der „Bekämpfung der Rauschgiftkriminalität“ waren allerdings nicht vorgesehen. Diese vorläufige Verfahrensweise wurde in der „Ministervereinbarung über die **Einrichtung der Europol-Drogeneinheit**“ vom 2. Juni 1993[287] festgelegt, die am 30. Oktober 1993 für Deutschland sowie Belgien, Dänemark, Frankreich, Griechenland, Italien, Luxemburg, die Niederlande, Portugal, Spanien und Großbritannien in Kraft trat. Zum Aufgabenbereich von Europol heißt es darin: „Die Einheit arbeitet als nicht einsatzbezogener Stab für den Austausch und die Analyse von Informationen über den illegalen Drogenhandel, die darin verwickelten kriminellen Vereinigungen und damit verbundene Geldwäschehandlungen, die zwei oder mehr Mitgliedstaaten betreffen.“ Am 3. Januar 1994 konnte die Europol Drogeneinheit (EDU – Europol Drugs Unit) in Den Haag die Arbeit aufnehmen.[288]

---

[284] Bulletin 78/9. 7. 1991, S. 630.

[285] BGBl. 1992 II, S. 1253.

[286] *Akmann* JA 1994, 53; *Wenzel* Die Polizei 1993, 8.

[287] Vgl. die Bekanntmachung des Bundesinnenministeriums vom 29. 12. 1994 im BGBl. 1995 II, S. 154.

[288] *Storbeck* Kriminalistik 1994, 201.

Schon bald wurde über eine **Ausdehnung des Aufgabenbereichs der EDU** gesprochen. Auf seiner Tagung am 24./25. Juni 1994 auf Korfu beschloß der Europäische Rat, nach dem Abschluß der Arbeit an der Konvention, als „nächste Priorität“ die Erweiterung der Tätigkeitsfelder von Europol anzustreben.[289] Allerdings wurde die Fertigstellung der Europol-Konvention nicht abgewartet. Auf seiner Sitzung am 26. Januar 1995 vereinbarte der Rat für Justiz und Inneres, das Mandat dieser Institution auf den Kampf gegen den **Handel mit radioaktiven und nuklearen Materialien, Schleuserkriminalität, Autoschiebereien** sowie auf mit diesen Kriminalitätsformen zusammenhängende Geldwäsche auszudehen.[290] Die neue Aufgabenzuweisung wurde am 10. März 1995 gemäß Art. K II b EUV-M als vom Rat der Europäischen Union beschlossene „Gemeinsame Maßnahme“ verabschiedet. Die Vereinbarung trat am Tag der Veröffentlichung im Amtsblatt[291] in Kraft und ersetzte die Ministervereinbarung vom 2. Juni 1993. Die Arbeitsweise der Europol-Drogenstelle blieb unverändert. 202

2. Entwürfe einer Europol-Konvention

Bereits im Juni 1993 begannen auf der Grundlage eines von der TREVI-Arbeitsgruppe Europol (vgl. Rdn. 183) unter britischer Präsidentschaft vorgelegten Textentwurfs die Beratungen über die Ausgestaltung eines „Übereinkommens zur Errichtung eines Europäischen Polizeiamtes“ (Europol-Konvention).[292] Nach dem Willen des Europäischen Rates sollten die Arbeiten an dem Übereinkommen im Oktober 1994, also zum Ende der deutschen Präsidentschaft in der EU, abgeschlossen sein.[293] Vor der Tagung des Europäischen Rates am 9./10. Dezember 1994 in Essen wurde auch ein unter deutschem Vorsitz erarbeiteter Entwurf der Europol-Konvention fertiggestellt.[294] Während der Tagung nahm der Europäische Rat den Entwurf lediglich zur Kenntnis und beauftragte den Rat für Justiz unmd Inneres, in „Fortführung der bereits erzielten Ergebnisse und auf der Grundlage des bestehenden Entwurfs eine ausgewogene Lösung für den Aufbau des Systems und die Rolle der Verbindungsbeamten, die Einbeziehung des Terrorismus in den Aufgabenbereich von Europol sowie für die institutionellen Aspekte zu erreichen“.[295] 203

Die Arbeiten am Übereinkommen sollten unter französischer Präsidentschaft im Jahre 1995 beendet werden. Unter den EU-Mitgliedstaaten bestand jedoch Uneinigkeit über einige grundsätzliche Fragen. So konnte zunächst keine Einigung darüber erzielt werden, ob sich Europol auch mit der Bekämpfung des Terrorismus befassen soll. Dies wurde insbesondere von Spanien und Griechenland befürwortet, von Großbritannien jedoch abgelehnt. Problematisch war auch die Einigung über die Kompetenzen des Europäischen Gerichtshofes und des Rechnungshofes im Hinblick auf die Kontrolle der Organisation. Vor allem zu den Modalitäten der Datenverarbeitung im Europol-Informationssystem gab es unter den Mitgliedstaaten unterschiedliche Auffassung. Auch auf der Tagung der Staats- und Regierungschefs der Europäischen Union am 26. und 27. Juni 1995 in Cannes wurde die Europol-Konvention nicht unterzeichnet. Es konnte keine Einigung darüber erzielt werden, welche Rolle der Europäische Gerichtshof (EuGH) künftig bei der Auslegung der Konvention haben soll. Der Entwurf sah vor, daß bei Streitigkeiten zwischen den Mitgliedstaaten über die Auslegung oder Anwendung des Übereinkommens der EuGH entscheiden sollte, wenn im Europäischen Rat eine Erörterung im Verfahren gemäß Titel VI EUV-M zu keiner Einigung geführt hat. Großbritannien lehnte eine Zuständigkeit des Gerichtshofes ab. Die anderen 14 EU-Partner sahen jedoch in dieser Einbeziehung des EuGH eine entscheidende Voraussetzung für die Unterzeichnung der Konvention. Auf 204

[289] Bulletin 73/4. 8. 1994, S. 693.
[290] Woche im Bundestag 3/15. 2. 1995, S. 53.
[291] ABl. L 62 v. 20. 3., 1995.
[292] Vgl. die Antwort der Bundesregierung auf eine Kleine Anfrage der Abgeordneten Köppe, hier zitiert aus RDV 1994, 265.
[293] Woche im Bundestag, 12/22. 6. 1994, S. 101.
[294] Rats-Dok. 8074/1/94, veröffentlicht als BR-Drs. 909/94.
[295] Bulletin 118/19. 12. 1994, S. 1075.

der Sitzung am 21./22. Juni 1996 in Florenz einigte sich der Europäische Rat hinsichtlich der Zuständigkeit des Europäischen Gerichtshofes (EuGH) bei Streitigkeiten über die Auslegung der Konvention. Der Kompromiß sieht vor, daß den Mitgliedstaaten die Möglichkeit eingeräumt wird, den EuGH durch das jeweilige letztinstanzliche oder jedes andere nationale Gericht anrufen zu lassen. Großbritannien hat dieser Einigung zugestimmt und gleichzeitig erklärt, davon keinen Gebrauch machen zu wollen.[296] Die Konvention in der Fassung, wie sie am 26. Juli 1995 von den EU-Botschaftern in Brüssel unterzeichnet wurde,[297] mußte nun in den einzelnen Mitgliedstaaten ratifiziert werden.

3. Ratifizierung der Europol-Konvention

205 Am 24. April 1997 wurde der **Entwurf eines Zustimmungsgesetzes** zum Vertrag über die Errichtung eines Europäischen Polizeiamts[298] vom Deutschen Bundestag in Erster Lesung beraten. Die Artikel 1 und 3 des Gesetzes beinhalten die Zustimmung zur Europol-Konvention und deren Inkrafttreten. Der Artikel 2 enthält sogenannte Durchführungsbestimmungen, die Verwaltungszuständigkeiten begründen und das Verwaltungsverfahren regeln. Hier geht es insbesondere um die **Mitwirkung der Landeskriminalämter** bei der Verarbeitung personenbezogener Daten. Nur dieser Teil des Gesetzentwurfes konnte in den parlamentarischen Beratungen geändert werden. Den Vertragstext konnte der Bundestag entweder voll inhaltlich billigen oder insgesamt ablehnen. Die Debatte[299] zeigte, daß erhebliche verfassungsrechtliche Bedenken gegen einzelne Bestimmungen der Konvention bestehen. Im Mittelpunkt der Diskussion um die Ratifizierung der Europol-Konvention standen drei Themenbereiche:

- die demokratische und rechtliche Kontrolle von Europol,
- Status der bei der Organisation tätigen Polizeibeamten und
- das Verhältnis zu den Polizeibehörden der Bundesländer und der Staatsanwaltschaft, insbesondere im Hinblick auf die Datenübermittlung an die Verbindungsbeamten.

Keinen Einfluß hatte das Parlament auch auf die sogenannten **Ausführungsbestimmungen,** deren Inkrafttreten Voraussetzung dafür war, daß Europol die Tätigkeit aufnehmen durfte. Zu diesen Ausführungsbestimmungen zählt Art. 45 IV des Übereinkommens folgende Rechtsakte:

- Statut über Rechte und Pflichten der Verbindungsbeamten (Art. 5 VII),
- Durchführungsbestimmungen zu den Analysedaten (Art. 10 I),
- Geschäftsordnung für die gemeinsame Kontrollinstanz (Art. 24 VII),
- Personalstatut (Art. 30 III),
- Geheimschutzregelung (Art. 31 I),
- Finanzordnung (Art. 35 IX),
- Sitzabkommen (Art. 37),
- Immunitätsprotokoll (Art. 41 I),
- Immunitätsvereinbarungen für die Verbindungsbeamten (Art. 41 II).

Vorrechte und Immunität der bei Europol in Den Haag eingesetzten Verbindungsbeamten (vgl. Rdn. 236) mußten jeweils bilateral zwischen dem Sitzstaat Niederlande und den einzelnen Mitgliedstaaten vereinbart werden. Für die übrigen Rechtsakte war ein Ratsbeschluß erforderlich. Für das Status über Rechte und Pflichten der Verbindungsbeamten (vgl. Rdn. 220) genügte sogar ein Beschluß des Europol-Verwaltungsrates.

206 Nach dem Beschluß des Bundestages vom 10. Oktober 1997[300] und der Zustimmung des Bundesrates am 7. November 1997[301] sind für die Bundesrepublik Deutschland folgende Gesetze maßgeblich:

---

[296] Woche im Bundestag, 13/3. 7. 1996, S. 53.
[297] ABl. C 316 v. 27. 11. 1995.
[298] BT-Drs. 13/7391.
[299] Plenarprotokoll 13/172, ab S. 15479.
[300] Plenarprotokoll 13/198, S. 17888.
[301] BR-Drs. 777/97.

„Gesetz zu dem Übereinkommen vom 26. Juli 1995 aufgrund von Artikel K. 3 des Vertrags über die Europäische Union über die Errichtung eines Europäischen Polizeiamts **(Europol-Gesetz)**“ vom 16. 12. 1997.[302] Artikel 1 des Gesetzes betrifft die **Ratifizierung der Europol-Konvention** und trat am 20. 12. 1997 in Kraft. Artikel 2 betrifft die innerstaatlichen Zuständigkeiten für die Datenverarbeitung und bestimmt das BKA zur zuständigen **„nationalen Stelle“** gemäß Artikel 4 der Konvention. In § 2 II Europol-Gesetz wird bestimmt: „Polizei- und Zollbehörden sind nach Maßgabe des entsprechend anzuwendenden § 13 Abs. 1 Satz 1 und 2, Abs. 2 und 3 des Bundeskriminalamtgesetzes verpflichtet, Informationen an das Bundeskriminalamt zu übermitteln, soweit dies zur Erfüllung seiner Aufgaben als nationale Stelle erforderlich ist.“ Diese Bestimmungen wurden mit der Tätigkeitsaufnahme von Europol wirksam.

Die **Gerichtszuständigkeit bei Streitverfahren über die Auslegung der Konvention** 207
bestimmt das „Gesetz zu dem Protokoll vom 24. Juli 1996 aufgrund von Artikel K. 3 des Vertrags über die Europäische Union betreffend die Auslegung des Übereinkommens über die Errichtung eines Europäischen Polizeiamts durch den Gerichtshof der Europäischen Gemeinschaften im Wege der Vorabentscheidung **(Europol-Auslegungsprotokollgesetz)**“ vom 17. 12. 1997.[303] Artikel 2 I des Gesetzes bestimmt: „Jedes Gericht kann dem Gerichtshof der Europäischen Gemeinschaften eine Frage, die sich bei ihm in einem schwebenden Verfahren stellt und die sich auf die Auslegung des Übereinkommens aufgrund von Artikel K. 3 des Vertrages über die Europäische Union über die Errichtung eines Europäischen Polizeiamts (Europol-Übereinkommen) bezieht, zur Vorabentscheidung vorlegen, wenn es eine Entscheidung darüber zum Erlaß eines Urteils für erforderlich hält.“

Getrennt von den genannten Gesetzesentwürfen wurde das „Gesetz zu dem Protokoll 208
vom 19. Juni 1997 aufgrund von Artikel K. 3 des Vertrages über die Europäische Union und von Artikel 41 Absatz 3 des Europol-Übereinkommens über die Vorrechte und Immunitäten für Europol, die Mitglieder der Organe, die stellvertretenden Direktoren und die Bediensteten von Europol **(Europol-Immunitätenprotokollgesetz)**“ vom 19. 5. 1998[304] verabschiedet.

Am 12. Juni 1998 waren die Ratifizierungsverfahren der Europol-Konvention in allen 209
EU-Mitgliedstaaten abgeschlossen. Gemäß Art. 45 III tritt die Europol-Konvention am ersten Tag des Montas in Kraft, der auf einen Zeitraum von drei Monaten nach der Hinterlegung der letzten Ratifizierungsurkunde folgt. Am **1. Oktober 1998** konnte Österreichs Innenminister Karl Schlögl als Vorsitzender des EU-Rates der Innen- und Justizminister das Europäische Polizeiamt offiziell eröffnen. An diesem Tag trat die Europol-Konvention in Kraft.[305] Mit der Tätigkeitsaufnahme von Europol wurde die bisherige Europol-Drogenstelle (EDU) aufgelöst. Europol übernahm gemäß Artikel 45 V Europol-Konvention sämtliche Ausstattungsgegenstände und alle Archive sowie die bisher von der EDU eigenständig verwalteten Datenbestände.

4. Ziele und Aufgaben von Europol

Europol hat gemäß Artikel 2 I der Konvention das **Ziel,** im Rahmen der Zusammen- 210
arbeit der Mitgliedstaaten zur „Verhütung und Bekämpfung der Kriminalität“ gemäß Artikel 29 EUV die **Leistungsfähigkeit der zuständigen Behörden** der Mitgliedstaaten und ihre **Zusammenarbeit** zu **verbessern.** Diese Formulierung macht deutlich, daß die Zusammenarbeit innerhalb der „3. Säule“ (vgl. Rdn. 185) eine Angelegenheit der Mitgliedstaaten ist. **Europol unterstützt** diese, sofern es um die „Verhütung und Bekämpfung des Terrorismus, des illegalen Drogenhandels und sonstiger schwerwiegender For-

---

[302] BGBl. 1997 II, S. 2150.
[303] BGBl. 1997 II, S. 2170.
[304] BGBl. 1998 II, S. 974.
[305] Vgl. die Bekanntmachung in BGBl. 1998 II, S. 2930.

men der internationalen Kriminalität" geht. Voraussetzung ist, daß **„tatsächliche Anhaltspunkte** für eine kriminelle Organisationsstruktur vorliegen und von den genannten Kriminalitätsformen zwei oder mehr Mitgliedstaaten in einer Weise betroffen sind, die aufgrund des Umfangs, der Bedeutung und der Folgen der strafbaren Handlungen ein gemeinsames Vorgehen der Mitgliedstaaten erfordert". In Artikel 2 II der Europol-Konvention wird die sachliche Zuständigkeit eingegrenzt. Um die „genannten Ziele schrittweise zu erreichen, wird Europol zunächst bei der Verhütung und der Bekämpfung des illegalen Drogenhandels, des illegalen Handels mit nuklearen und radioaktiven Substanzen, der Schleuserkriminalität, des Menschenhandels und der Kraftfahrzeugkriminalität tätig". Gemäß Artikel 2 III der Europol-Konvention umfaßt die Zuständigkeit von Europol für bestimmte Delikte auch die damit **zusammenhängenden strafbaren Handlungen** (um Mittel zur Tatbegehung zu beschaffen, die Durchführung der Tat zu erleichtern oder die Bestrafung der Täter zu verhindern) sowie **„Geldwäschehandlungen"**.

211 Im Hinblick auf strafbare Handlungen im Rahmen von **terroristischen Handlungen,** die gegen Leben, körperliche Unversehrtheit und Freiheit sowie gegen Sachen begangen wurden oder begangen werden sollen, sollte Europol gemäß Artikel 2 II 2 der Konvention spätestens zwei Jahre nach deren Inkrafttreten zuständig werden. Der Rat hat mit Beschluß vom 3. Dezember 1998[306] erklärt, daß Europol bereits ab dem Zeitpunkt seiner Tätigkeitsaufnahme ermächtigt wird, sich mit den o. a. strafbaren Handlungen zu befassen. Schließlich kann der Rat Europol beauftragen, sich mit den im Anhang zur Europol-Konvention genannten strafbaren Handlungen zu befassen. Mit Beschluß vom 29. April 1999[307] wurde die Zuständigkeit von Europol, gestützt auf diese Bestimmung, auf die „Bekämpfung der **Geldfälschung** und der **Fälschung von Zahlungsmitteln**" ausgedehnt.

212 Eine annähernd zuverlässige Bestimmung des Zuständigkeitsbereiches von Europol ist aufgrund der Formulierungen in Artikel 2 der Europol-Konvention kaum möglich. Es ist aber zu erwarten, daß sich Europol zu einer zentralen Stelle für den Informationsaustausch über die gesamte Kriminalität – mit Ausnahme von wenigen Delikten – innerhalb der EU-Mitgliedstaaten entwickeln wird.[308] Eine Unterscheidung zwischen der Verhütung und der Aufklärung von Straftaten wird in der Konvention nicht vorgenommen.

213 Die sachliche Zuständigkeit von Europol wird in Artikel 2 der Konvention beschrieben, der in der deutschen Fassung die Überschrift „Ziele" trägt. In Artikel 3 werden die **Aufgaben von Europol** beschrieben. Danach soll die Organisation

- den Informationsaustausch zwischen den Mitgliedstaaten erleichtern,
- Informationen und Erkenntnisse sammeln, zusammenstellen und analysieren, also Daten nutzen,
- über die nationalen Stellen die zuständigen Behörden der Mitgliedstaaten über die sie betreffenden Informationen und die in Erfahrung gebrachten Zusammenhänge von „Straftaten" unverzüglich unterrichten, also Daten weitergeben,
- Ermittlungen in den Mitgliedstaaten durch die Übermittlung aller sachdienlichen Informationen an die nationalen Stellen unterstützen, also Ermittlungshilfe leisten,
- automatisierte Informationssammlungen unterhalten, die nationale und neue Daten enthalten, also Datenherrschaft ausüben.

Rechtlich kann es sich also um erhebliche Grundrechtseingriffe handeln (vgl. BVerfGE 65, 1).

214 **Zunächst** soll die Organisation **keine eigenen Ermittlungskompetenzen** in Fällen internationaler Kriminalität haben, also keine Ermittlungsinitiative betreiben. Allerdings

---

[306] ABl. C 26 v. 30. 1. 1999.
[307] ABl. C 149 v. 28. 5. 1999.
[308] *Zischang* ZRP 1996, 428.

kann Europol den zuständigen Behörden der Mitgliedsaaten **„Beratung bei den Ermittlungen"** anbieten (Art. 3 II Nr. 1 Europol-Konvention). So wirkt Europol bereits heute regelmäßig bei der Abwicklung von sogenannten „kontrollierten Drogenlieferungen" (vgl. Rdn. 38) mit. In Artikel 30 II EUV wurde der Grundstein für die **Kompetenzerweiterung** von Europol gelegt. Danach fördert der Rat die Zusammenarbeit „und geht innerhalb von fünf Jahren nach Inkrafttreten des Vertrags von Amsterdam insbesondere wie folgt vor:

a) Er ermöglicht es Europol, die Vorbereitung spezifischer Ermittlungsmaßnahmen der zuständigen Behörden der Mitgliedstaaten, einschließlich operativer Aktionen gemeinsamer Teams mit Vertretern von Europol in unterstützender Funktion, zu erleichtern und zu unterstützen und die Koordinierung und Durchführung solcher Ermittlungsmaßnahmen zu fördern;

b) er legt Maßnahmen fest, die es zum einen Europol ermöglichen, sich an die zuständigen Behörden der Mitgliedstaaten mit dem Ersuchen zu wenden, Ermittlungen in speziellen Fällen vorzunehmen und zu koordinieren, (. . .)."

Eine „unmittelbare" Ermittlungs-(=Eingriffs-)tätigkeit steht also bevor.

Am 15. und 16. Oktober 1999 veranstaltete der Europäische Rat in Tampere (Finnland) 215
einen Sondergipfel zum Thema „Justiz und innere Angelegenheiten". In den „Schlußfolgerungen des Vorsitzes"[309] bekräftigt der Europäische Rat seine Entschlossenheit, „die Union zu einem Raum der Freiheit, der Sicherheit und des Rechts auszubauen und dabei die im Vertrag von Amsterdam vorgesehenen Möglichkeiten umfassend zu nutzen". Zur Fortentwicklung von Europol heißt es in Ziffer 43 der Schlußfolgerungen: „Die Zusammenarbeit zwischen den Behörden der Mitgliedstaaten sollte bei der Ermittlungsarbeit in bezug auf grenzüberschreitende Kriminalität in den Mitgliedstaaten bestmöglich genutzt werden. Der Europäische Rat ruft dazu auf, daß als erster Schritt zur Bekämpfung des Drogen- und Menschenhandels sowie des Terrorismus gemeinsame Ermittlungsteams – wie im Vertrag vorgesehen – unverzüglich eingerichtet werden. Die hierfür einzuführenden Bestimmungen sollten es Vertretern von Europol ermöglichen, sich gegebenenfalls an solchen Teams in unterstützender Funktion zu beteiligen." In Nr. 45 wird die Möglichkeit angesprochen, daß Europol **ermittlungsinitiierend** tätig wird: „In naher Zukunft sollte die Rolle von Europol dadurch weiter verstärkt werden, daß es operative Daten von den Mitgliedstaaten erhält und ermächtigt wird, die Mitgliedstaaten um die Einleitung, Durchführung oder Koordinierung von Ermittlungen oder um die Einsetzung gemeinsamer Ermittlungsteams in bestimmten Deliktsbereichen zu ersuchen, wobei die Systeme der gerichtlichen Kontrolle in den Mitgliedstaaten zu beachten sind." Ein solches „Ersuchen" von Europol soll angeblich nicht mit der **Sachleitungsbefugnis der deutschen Staatsanwaltschaft** aus § 161 StPO kollidieren, da Europol keine Polizeibehörde mit Vollzugsaufgaben im Sinne der StPO sei und auch keine selbständigen Ermittlungen mit strafprozessualen Eingriffshandlungen vornehmen dürfe.[310] Europol hätte demnach „operative", aber **keine exekutiven Befugnisse,** obwohl es solche bei der Datenverarbeitung längst ausübt. Es fehlt nur an exekutiven Zwangsbefugnissen für die Ausübung justitieller Funktionen.

5. Rechtsnatur, Organisation und Personal von Europol

In Artikel 26 der Europol-Konvention werden Aussagen zur Rechtspersönlichkeit ge- 216
macht. Aus den dort verwandten Formulierungen läßt sich schließen, daß Europol eine **internationale Organisation** im Sinne des Völkerrechtes ist, mit der Besonderheit, daß es fest in das strukturelle und organisatorische System der EU integriert ist.[311] Die EU ist also „Geschäftsgrundlage" für die Existenz von Europol als juristische Person.

---

309 Bulletin EU 10/1999.

310 So ausdrücklich *Storbeck,* Notwendigkeit und Grenzen internationaler polizeilicher Zusammenarbeit – Rechtsprobleme beim Aufbau von Europol, in: *Baldus/Soiné,* Rechtsprobleme der internationalen polizeilichen Zusammenarbeit, 1999, S. 29.

311 *Martinez Soria* VerwArch 1998, 418.

a) Organe von Europol

217 Europol wird von einem **Direktor** geleitet, der die Organisation rechtlich vertritt. Ernennung, Stellung und Aufgaben werden in Artikel 29 der Europol-Kovention geregelt. Der Direktor wird vom Rat im Verfahren nach Titel VI EUV einstimmig für einen Zeitraum von vier Jahren ernannt, wobei eine einmalige Wiederernennung zulässig ist. Neben dem Direktor sind noch der Verwaltungsrat, der Finanzkontrolleur und der Haushaltsausschuß **Organe von Europol** (Artikel 27 Europol-Konvention). Der **Verwaltungsrat** wird auch als „Aufsichtsrat" von Europol bezeichnet, weil er im Hinblick auf die Kontrolle der Organisation eine besondere Stellung hat. Zusammensetzung, Kompetenzen und Arbeitsweise des Gremiums werden in Artikel 28 der Europol-Konvention geregelt. Ergänzend dazu hat sich der Verwaltungsrat mit Beschluß vom 1. Oktober 1998[312] eine Geschäftsordnung gegeben. Der Verwaltungsrat setzt sich aus je einem Vertreter der Mitgliedstaaten der EU zusammen. Jedes Mitglied verfügt über eine Stimme. Diese Regelung in Artikel 28 II der Europol-Konvention bestimmt jedoch nicht, welchen Status (Minister, Parlamentarier etc.) dieser Vertreter haben muß. Auch das deutsche Europol-Gesetz macht dazu keine Angaben. Es handelt sich ersichtlich um eine geplante Regelungslücke. Angesichts der übrigen Bestimmungen des Gesetzes liegt es nahe, die Entsendekompetenz dem Ministerium des Innern zuzuordnen.[313] Die Personalhoheit bleibt damit faktisch auch auf dieser Aufsichtsebene bei den Spitzen der einzelstaatlichen Exekutiven.

218 In § 7 Europol-Gesetz wird für die Bundesrepublik Deutschland die Vertretung der Länder im Verwaltungsrat von Europol ebenso „exekutivfreundlich" geregelt. Danach nimmt ein auf Vorschlag des Bundesrates durch das Bundesministerium des Innern benannter **Vertreter der Länder** als **„Sachverständiger"** im Sinne von Artikel 28 V Europol-Konvention an den Sitzungen des Verwaltungsrates teil. Dieser Ländervertreter hat aber **kein Stimmrecht.** Eine Außenvertretung der Bundesrepublik Deutschland durch den Ländervertreter ist ausgeschlossen.[314] Soweit im Zusammenhang mit der Aufgabenwahrnehmung des Verwaltungsrates Interessen der Bundesländer berührt sind, „berücksichtigt der Vertreter des Bundes im Verwaltungsrat die Stellungnahme des Vertreters der Länder" (§ 7 II Europol-Gesetz). Durch Beschluß des Bundesrates vom 25. September 1998[315] werden die deutschen Bundesländer durch einen Vertreter des Landes Sachsen-Anhalt repräsentiert. Die Bundesländer haben – obwohl die Polizeihoheit zum „Hausgut" ihrer Staatlichkeit gehört (*Denninger*) – also letztlich keinen bestimmenden Einfluß auf Europol.

b) Personal

219 Der Personalbestand von Europol[316] umfaßte im Janaur 2000 bereis mehr als 200 Mitarbeiterinnen und Mitarbeiter aus allen Mitgliedstaaten. Davon sind 44 Verbindungsbeamte, welche die jeweiligen Strafverfolgungsbehörden der Mitgliedstaaten (Polizei, Zoll, Gendamerie usw.) vertreten. Es wird erwartet, daß der Personalbestand von Europol bis zum Jahr 2003 auf ca. 350 Personen anwachsen wird. Neben dem Direktor sind auf der Leitungsebene **fünf stellvertretende Direktoren** tätig. In Artikel 30 II der Europol-Konvention wird die Vorgesetzteneigenschaft des Direktors von Europol geregelt. Er stellt die **„Bediensteten"** an und kann sie auch entlassen. Dieses Personal setzt sich aus „Strafverfolgungsbeamten, technischem Personal und Verwaltungspersonal"[317] zusammen.

---

312 ABl. C 26 v. 30. 1. 1999.

313 *Petri* KritV 1998, 452.

314 Begründung im Gesetzentwurf der Bundesregierung zu § 7 I Europol-Gesetz, BT-Drs. 13/7391, S. 10.

315 BR-Drs. 670/98.

316 Die Angaben zum Personal stammen aus einem „Merkblatt" von Europol, das auf der Homepage der Organisation ‹http://www.europol.eu.int› veröffentlicht ist.

317 *Storbeck*, Aufgaben und Perspektiven von Europol, in: Theobald (Hrsg.): Von der Europäischen Union

Die Konvention enthält dazu aber keine Angaben. „Einzelheiten“ über Rechte und Pflichten der Bediensteten sind in einem **Personalstatut** geregelt, welches gemäß Artikel 30 III Europol-Konvention am 3. Dezember 1998 als exekutiver Rechtsakt des Rates erlassen wurde.[318]

Die **Verbindungsbeamten** sind dienstrechtlich keine Bedienstete von Europol, sondern werden von den jeweiligen „nationalen Stellen“ nach Den Haag entsandt (Art. 5 I 1 Europol-Konvention). In Deutschland ist das Bundeskriminalamt die national zuständige Behörde für die Entsendung. Die Verbindungsbeamten bleiben Beamte des Entsendestaates und werden weiterhin von diesem besoldet. Die Kosten dafür werden den Mitgliedstaaten aus dem Haushalt von Europol erstattet, wobei es zwischen den einzelnen Ländern erhebliche Unterschiede in der Höhe der Bezahlung gibt. Der Direktor von Europol ist weder Vorgesetzter der Verbindungsbeamten, noch hat er Einfluß auf ihre Entsendung oder Abberufung. Die Verbindungsbeamten sollen die Interessen der nationalen Stellen ihres Entsendestaates bei Europol vertreten und sind dabei an ihr jeweiliges nationales Recht und die für Europol geltenden Bestimmungen gebunden (Art. 5 II Europol-Konvention). In einem **Beschluß des Verwaltungsrates** vom 15. Oktober 1998[319] werden die **„Rechte und Pflichten der Verbindungsbeamten“** geregelt. Die Bindung an das nationale Recht des Mitgliedstaates steht unter dem Vorbehalt der „besonderen Bestimmungen“ des Europol-Übereinkommens (Art. 5 I S. 2 Europol-Konvention). Eine solche besondere Bestimmung enthält Art. 32 III der Konvention im Hinblick auf die Aussagen von Europol-Angehörigen (einschließlich der Verbindungsbeamten) vor Gericht. 220

Die **Aufgaben der Verbindungsbeamten** werden in Artikel 5 III und IV der Europol-Konvention beschrieben. Danach obliegt ihnen die 221
- „Übermittlung von Informationen der entsendenden nationalen Stelle an Europol,
- Weiterleitung der Informationen von Europol an die entsendende nationale Stelle,
- Zusammenarbeit mit den Bediensteten von Europol durch Übermittlung von Informationen und Beratung bei der Analyse der den Entsendestaat betreffenden Informationen.“

Außerdem unterstützen die Verbindungsbeamten den Austausch von Informationen der nationalen Stellen untereinander und die „Koordinierung der Maßnahmen, die sich daraus ergeben“. Dies bezieht sich auf die Mitwirkung von Europol bei sogenannten „kontrollierten Lieferungen“ (vgl. Rdn. 38).

6. Datenverarbeitung bei Europol

Zur Erfüllung seiner Aufgaben errichtet und unterhält Europol **automatisierte Informationssammlungen** (Art. 6 Europol-Konvention). Diese sind in einem Computersystem mit der Bezeichnung **„The Europol Computer System“** (TECS) zusammengefaßt,[320] das aus den folgenden Datensammlungen besteht: 222
- Informationssystem (Artikel 7 Europol-Konvention),
- Analysesystem (Artikel 10 Europol-Konvention),
- Indexsystem (Artikel 11 Europol-Konvention).

a) Informationssystem

Das **TECS-Informationssystem** wird durch Europol zentral eingerichtet und betrieben. Dabei handelt es sich nicht um ein Fahndungssystem, wie dies beim Schengener-Informationssystem (vgl. Rdn. 143) der Fall ist, sondern um ein **aktives Recherchesystem,** das Erkenntnisse über Straftaten und die daran beteiligten Personen enthält, sofern das entsprechende Delikt bei Europol bearbeitet werden kann. Im TECS-Informations- 223

zur „Europäischen Sicherheitsunion“?, 1997, S. 114. Unklar ist, was mit dem Begriff „Strafverfolgungsbeamte“ gemeint ist.

318 ABl. C 26 v. 30. 1. 1999.

319 ABl. C 26 v. 30. 1. 1999.

320 *Zeiger* Kriminalistik 1998, 313.

system sehen Polizeipraktiker eine Ergänzung der Fahndung im SIS durch die „polizeiliche Erkenntisvermittlung".[321] Die Mitgliedstaaten, vertreten durch ihre **nationalen Stellen** und die **Verbindungsbeamten** können **unmittelbar Daten in das System eingeben** (Art. 7 I 2 Europol-Konvention). Die Rechtsgrundlagen für diese Speicherung, die tatsächlich eine Datenübermittlung ist, soll sich aus dem jeweiligen nationalen Recht ergeben. Für die Bundesrepublik Deutschland wurden Einzelheiten in Artikel 2 des Europol-Gesetzes[322] geregelt. Danach sind neben dem **Bundeskriminalamt** als „nationale Stelle" auch die **Landeskriminalämter** „innerstaatlich befugt, in einem automatisierten Verfahren über das Bundeskriminalamt Daten in das Informationssystem einzugeben und abzurufen". Gemäß Artikel 7 I 2 Europol-Konvention dürfen Mitarbeiter von **Europol** selber solche Daten eingeben, die von Drittstaaten oder Drittstellen übermittelt wurden oder aus der Analysetätigkeit hervorgegangen sind. Im Informationssystem werden **Daten von Personen** gespeichert, die einer strafbaren Handlung **verdächtig** sind oder bereits **verurteilt** wurden. Daneben werden auch Personen erfaßt, bei denen **„bestimmte schwerwiegende Tatsachen"** die Annahme rechtfertigen, daß sie **Straftaten begehen werden** (Art. 8 I Europol-Konvention). In beiden Fällen muß es sich um solche Straftaten handeln, für deren Verhütung und Aufklärung Europol gemäß Artikel 2 der Konvention zuständig ist. Das TECS-Informationssystem soll in Zukunft die „Kerndaten der nationalen Ermittlungen aller EU-Mitgliedstaaten zu international organisierter Kriminalität enthalten".[323] In Artikel 8 II u. III Europol-Konvention ist festgelegt, welche Daten im Informationssystem gespeichert werden dürfen **(Datenprofil).** Neben den reinen Personaldaten werden auch Angaben zu den Straftaten bzw. Verurteilungen gespeichert. Das Informationssystem enthält also sogenannte „harte" Daten, deren Richtigkeit durch Kontrollinstanzen (vgl. Rdn. 227) geprüft werden kann. Die **Nutzung der Daten** ist sowohl den nationalen Stellen als auch den Verbindungsbeamten und den übrigen dazu ermächtigten Europol-Bediensteten möglich (Art. 9 I Europol-Konvention). Nach innerstaatlichem Recht dürfen in Deutschland auch die Landeskriminalämter Daten abfragen. Polizeidienststellen „vor Ort" gehören jedoch nicht zum Kreis der Zugriffsberechtigten. Dennoch ist in Deutschland geplant, daß bei jeder INPOL-Überprüfung automatisch eine Recherche im TECS-Informationssystem stattfinden soll.[324] Unklar ist noch, wie im „Trefferfall" zu verfahren ist. Möglich wäre eine Information der abfragenden Stelle durch das BKA oder das zuständige LKA.

b) Analysesystem und Index

224 Als „Herzstück" von TECS wird das **Analysesystem** (Art. 10 Europol-Konvention) bezeichnet, weil damit erstmals die grenzüberschreitende analytische polizeiliche Arbeit möglich wird.[325] Die Daten im Analysesystem können aus dem Informationssystem stammen, werden aber auch auf Ersuchen von Europol oder aus eigener Initiative von den Mitgliedstaaten über ihre Verbindungsbeamten übermittelt (Art. 10 II Europol-Konvention). Solche Informationen stammen sowohl aus „offenen Quellen" (Mitteilungen aus Handelsregistern, Daten aus dem INTERNET, Presseartikel usw.) als auch aus „nicht-offenen Quellen". Europol wertet – was über eine polizeiliche Aufgabenstellung hinausgeht – auch **Informationen der Nachrichtendienste** aus, sofern dies nach dem Recht der beteiligten Staaten zulässig ist.[326] Aus Sicht des Datenschutzes (vgl. Rdn. 227)

---

[321] *Zeiger* Kriminalistik 1998, 315.

[322] BGBl. 1997 II, S. 2150.

[323] *Storbeck,* Notwendigkeit und Grenzen internationaler polizeilicher Zusammenarbeit – Rechtsprobleme beim Aufbau von Europol, in: *Baldus/Soiné,* Rechtsprobleme der internationalen polizeilichen Zusammenarbeit, 1999, S. 41.

[324] *Zeiger* Kriminalistik 1998, 314.

[325] *Zeiger* Kriminalistik 1998, 313 u. 315.

[326] *Storbeck,* Notwendigkeit und Grenzen internationaler polizeilicher Zusammenarbeit – Rechtsprobleme beim Aufbau von Europol, in: *Baldus/Soiné,* Rechtsprobleme der internationalen polizeilichen Zusammenarbeit, 1999, S. 42. Zum Problem der möglichen Verwendung von Europol – Daten, die von

sind die Arbeitsdateien zu Analysezwecken wegen des zugelassenen **Datenprofils** (Art. 10 I Europol-Konvention) problematisch. In diesen Dateien dürfen nämlich neben **Verdächtigen** und **Verurteilten** auch solche Personen gespeichert werden, die
- **Kontakt- oder Begleitpersonen** von Verdächtigen sind,
- bei künftiger Strafverfolgung als **Zeugen** in Betracht kommen oder sonst **Informationen geben können,**
- **Opfer** solcher Straftaten geworden sind oder in Zukunft werden könnten.

Das TECS-Analysesystem wird also erheblich sensiblere Daten als das Informationssystem enthalten. Dazu gehören sowohl „harte" als auch „weiche" personenbezogene Daten. Zu letzteren gehören auch Einschätzungen über das künftige (Kriminalitäts-)Verhalten von Personen. In einem Rechtsakt des Rates vom 3. November 1998 wurden „**Durchführungsbestimmungen** für die von Europol geführten Arbeitsdateien zu Analysezwecken" erlassen.[327] Darin sind neben Vorschriften zum **Datenschutz** (Art. 1 bis 9) und Bestimmungen zur **Bewertung** der Daten (Art. 10 und 11) auch Regelungen über die **Verwendung** der Arbeitsdateien und der Analysedaten (Art. 12 bis 17) enthalten.

Jede ermittlungsführende Polizeidienststelle soll sich in Zukunft an Europol wenden können, damit dort die übermittelten Daten analytisch aufbereitet werden, um anschließend **ermittlungsbegleitend** oder **ermittlungsinitiierend** genutzt werden zu können.[328] Für deutsche Polizeidienststellen bleibt zu beachten, daß die **Ermittlungsbefugnis primär bei der zuständigen Staatsanwaltschaft** liegt, so daß sich eigenmächtige Anfragen verbieten. Die Auswertung der Daten wird von den einzelnen **Analysegruppen** vorgenommen, die zur Aufklärung besonderer Kriminalitätsformen (z. B. organisierter Drogenschmuggel) oder zur Beobachtung bestimmter Tätergruppen gebildet werden. Hinsichtlich der Verwendung der Analyseerkenntnissen unterscheidet Artikel 10 VI der Europol-Konvention zwei Verfahrensweisen: Allgemeine und **strategische Analysen** werden in Form von Berichten an alle Mitgliedstaaten gegeben. Die Ergebnisse von **Einzelfallanalysen** werden nur den davon betroffenen Mitgliedstaaten zur Verfügung gestellt. Verbindungsbeamte und besondere Sachverständige der Mitgliedstaaten, von denen die Informationen stammen oder die von der Analyse betroffen sind, können an einer solchen Einzelfallanalyse mitarbeiten. Sie müssen jedoch ihren Informationsbedarf und damit ihr Teilnahmerecht in einem besonderen Verfahren (vgl. Art. 10 VII Europol-Konvention) geltend machen.[329] Nur die sogenannten Analytiker sind befugt, Daten in die jeweilige Datei einzugeben und aus dieser abzurufen (Art. 10 II Nr. 1 Europol-Konvention). Ein **Direktzugriff** von außen – auch durch die nationalen Stellen – auf die Dateien des Analysesystems ist ausgeschlossen. 225

Die Arbeitsdateien zu Analysezwecken werden durch ein **Indexsystem** erschlossen (Art. 11 Europol-Konvention). Die Europol-Bediensteten und die Verbindungsbeamten können damit feststellen, ob zu bestimmten Personen Informationen in den Analysedateien vorhanden sind. Die Abfragemöglichkeit für Verbindungsbeamte soll allerdings so ausgestaltet sein, daß Verknüpfungen und Rückschlüsse im Hinblick auf den Inhalt der Dateien nicht möglich sind. Ihnen soll grundsätzlich nur die Feststellung ermöglicht werden, ob ihr Entsendestaat von einem konkreten Analyseprojekt betroffen ist.[330] 226

6. Datenschutz und Kontrolle

In Titel IV (Art. 13–25) der Europol-Konvention werden Regelungen zum Datenschutz und zur Datensicherheit getroffen. Ergänzend müssen die Ausführungsbestim- 227

---

geheim operierenden Nachrichtendiensten stammen, in den deutschen Gerichtsverfahren vgl. Kap. C zum Thema „Zusammenarbeit mit Nachrichtendiensten" und Kap. K zu „Europol".

327 ABl. C 26 v. 30. 1. 1999.

328 *Zeiger* Kriminalistik 1998, 315.

329 Vgl. zur Arbeit der Analysegruppen auch *Wachholz* DNP 1995, 515.

330 So die Begründung zu Art. 11 im Entwurf des Zustimmungsgesetzes, BT-Drs. 13/7391, S. 48.

mungen zu den Analysedateien (vgl. Rdn. 224) hinzugezogen werden. Nur so kann geprüft werden, ob die Bestimmungen im „Übereinkommen des Europarates zum Schutz des Menschen bei der automatischen Verarbeitung personenbezogener Daten" vom 28. Januar 1981 und in der „Empfehlung Nr. R (87) 15 des Ministerkomitees des Europarates an die Mitgliedstaaten über die Nutzung personenbezogener Daten im Polizeibereich" vom 17. September 1987 beachtet werden. Dazu ist Europol gemäß Artikel 14 III Europol-Konvention bei der Erhebung, Verarbeitung und Nutzung personenbezogener Daten verpflichtet. Die **datenschutzrechtliche Verantwortung** für die bei Europol aufbewahrten Daten obliegt grundsätzlich dem Mitgliedstaat, der die Daten eingegeben oder übermittel hat (Art. 15 I Nr. 1 Europol-Konvention). Gemeint ist die jeweilige nationale Stelle, von der Daten im Informationssystem gespeichert werden können. In Deutschland ist diese Stelle das Bundeskriminalamt. Allerdings sind auch die Landeskriminalämter (über das BKA) befugt, Daten in das Informationssystem einzugeben. Weil nur die eingebende Stelle zur Änderung, Berichtigung oder Löschung befugt ist (Art. 9 II Europol-Konvention, § 3 I S. 2 Europol-Gesetz), hat das Bundeskriminalamt als nationale Stelle die Pflicht, von den Landeskriminalämtern eingegebene Daten zu prüfen und die eingebende Stelle gegebenenfalls zu veranlassen, eine Korrektur vorzunehmen oder falsche Daten zu löschen. Innerstaatlich trägt jedoch die Stelle die Verantwortung, welche die Daten eingibt, übermittelt oder abruft (§ 2 II Europol-Gesetz). Die datenschutzrechtliche Verantwortung von Europol erstreckt sich auf alle Daten, die durch Dritte übermittelt wurden oder das Ergebnis der Analysetätigkeit von Europol sind (Art. 15 I Nr. 2 Europol-Konvention).

228 Aus Artikel 19 Europol-Konvention ergibt sich ein Anspruch des Betroffenen auf **Auskunft** über die bei Europol gespeicherten Daten. Sind die Daten unrichtig oder wurden sie rechtswidrig verarbeitet, so hat der Betroffene gemäß Artikel 20 Europol-Konvention einen Anspruch auf **Berichtigung** bzw. **Löschung** dieser Daten. Ist dem Betroffenen durch die Speicherung falscher Angaben oder die unzulässige Datenverarbeitung bereits ein Schaden entstanden, so besteht gemäß Artikel 38 Europol-Konvention ein Anspruch auf **Schadenersatz.** Das praktische Problem liegt für den Betroffenen allerdings darin, daß er nicht unaufgefordert über den Datenbestand unterrichtet wird, sondern allenfalls gelegentlich einer nationalen Inanspruchnahme (aus den Akten, soweit zugänglich) die Beteiligung von Europol erfahren kann (vgl. Kap. K zu „Europol").

229 Artikel 23 Europol-Konvention verpflichtet jeden Mitgliedstaat, eine **„nationale Kontrollinstanz"** zu benennen. Diese hat die Aufgabe, nach Maßgabe des jeweiligen nationalen Rechts, die Datenverarbeitung bei den nationalen Stellen, den jeweiligen Verbindungsbeamten bei Europol sowie den Datenaustausch zwischen den nationalen Stellen und Europol zu überwachen und zu prüfen, ob dabei die Rechte von Betroffenen verletzt werden. In Deutschland bestimmt § 6 I Europol-Gesetz, daß der **Bundebeauftragte für den Datenschutz** die Aufgaben der nationalen Kontrollinstanz wahrnimmt. Die Rechtmäßigkeit der Datenverarbeitung bei Europol und die Datenübermittlung durch Europol an andere Stellen wird von einer **„gemeinsamen Kontrollinstanz"** geprüft. Zusammensetzung und Aufgaben ergeben sich aus Artikel 24 Europol-Konvention und aus der **Geschäftsordnung,**[331] die sich die gemeinsame Kontrollinstanz mit Beschluß vom 22. April 1999 aufgrund von Artikel 24 VII S. 1 Europol-Konvention gegeben hat. Die gemeinsame Kontrollinstanz setzt sich aus „höchstens zwei Mitgliedern oder Vertretern jeder nationalen Kontrollinstanz" zusammen, die von jedem Mitgliedstaat für fünf Jahre ernannt werden und „jede Gewähr für Unabhängigkeit" bieten sowie die „nötige Befähigung" besitzen sollen (Art. 24 I Europol-Konvention). „Bei der Wahrnehmung ihrer Aufgaben nehmen die Mitglieder der gemeinsamen Kontrollinstanz von keiner Behörde Weisungen entgegen" (Art. 24 I Europol-Konvention).

---

[331] ABl. C 149 v. 28. 5. 1999.

In § 6 II Europol-Gesetz (vgl. Rdn. 206) wird für die Bundesrepublik Deutschland bestimmt, daß die Vertreter in der gemeinsamen Kontrollinstanz vom Bundesinnenministerium ernannt werden. Dem Bundesbeauftragten für den Datenschutz und dem Bundesrat steht dabei jeweils für einen Vertreter ein Vorschlagsrecht zu. Neben dem Bundesbeauftragten für den Datenschutz gehört als deutscher Vertreter der Landesbeauftragte für den Datenschutz in Sachsen-Anhalt dem Gremium an.[332] Jede Delegation, deren Vertreter gegebenenfalls von Stellvertretern unterstützt werden, hat bei Abstimmungen nur eine Stimme (Art. 24 I Europol-Konvention). Für die deutsche Delegation übt der Vertreter des Bundesbeauftragten für den Datenschutz dieses Stimmrecht aus (§ 6 II Europol-Gesetz). 230

Die gemeinsame Kontrollinstanz setzt einen **Ausschuß** ein, der Beschwerden gegen Entscheidungen auf Auskunftsverlangen (Art. 19 VI–VIII Europol-Konvention) sowie Anträgen auf Korrektur oder Löschung von Daten (Art. 20 IV Europol-Konvention) oder Aktenberichtigung bzw. -vernichtung (Art. 22 III Europol-Konvention) prüft. In diesen Angelegenheiten fällt der Beschwerdeausschuß laut Artikel 11 II der Geschäftsordnung der „Gemeinsamen Kontrollinstanz“ (vgl. Rdn. 229) **„rechtskräftige Entscheidungen“**. Damit soll „Rechtsschutz an Stelle nationaler bzw. internationaler Gerichte“ gewährt werden.[333] Der Ausschuß setzt sich aus jeweils einem Mitglied jeder Delegation zusammen. Seine Mitglieder müssen die „nötige Befähigung“ zur Prüfung der Beschwerden und zur Entscheidung darüber besitzen, wozu unter anderem juristische Fachkompetenz sowie Erfahrung bei der Lösung von Konflikten und in Datenschutzfragen zählen (Art. 12 II Geschäftsordnung der Kontrollinstanz). Dem trägt § 6 III Europol-Gesetz Rechnung, indem es den auf Vorschlag des Bundesbeauftragten für den Datenschutz ernannten Vertreter für diese Aufgabe vorsieht und verlangt, daß er die Befähigung zum Richteramt (§ 5 des Deutschen Richtergesetzes) haben muß. Für den Vertreter im Beschwerdeausschuß betont § 6 III Europol-Gesetz besonders dessen sachliche und persönliche Unabhängigkeit. Dies macht den Ausschuß allerdings nicht zu einem Gericht i. S. von Artikel 92 GG.[334] 231

7. Vorrechte und Immunitäten von Europol

In Art. 41 der Konvention ist vorgesehen, daß „Europol, die Mitglieder der Organe, die stellvertretenden Direktoren und die Bediensteten von Europol“ in allen Mitgliedstaaten die zur Erfüllung ihrer Aufgaben erforderlichen **Vorrechte und Immunitäten** genießen. Dies gilt nach Maßgabe eines entsprechenden Protokolls, das vom Rat im Verfahren nach Titel VI des Vertrages über die Europäische Union (EUV) beschlossen und von den Mitgliedstaaten gemäß ihren verfassungsrechtlichen Vorschriften angenommen werden mußte. Das genannte **Immunitäts-Protokoll** ist am 19. Juni 1997 von den Mitgliedstaaten der EU unterzeichnet worden.[335] Es räumt sowohl der Organisation als auch den Bediensteten von Europol Rechte ein. Das Protokoll entspricht insofern den sonst üblichen **„Amtssitzabkommen“**, wie sie zwischen Internationalen Organisationen und dem Staat, in dem diese ihren Sitz haben, abgeschlossen werden. Mit solchen völkerrechtlichen Verträgen soll gewährleistet werden, daß weder die Organisation durch den Sitzstaat noch deren Mitarbeiter durch staatliche Organe ihres Heimatstaates oder des Sitzstaates in ihrer Amtsausführung beeinflußt werden.[336] Sie sollen ihre **übernationalen Aufgaben** unabhängig wahrnehmen können. Um diese **Unabhängigkeit** gerade auch gegenüber seinem Herkunftsland sicherzustellen, genießt der Bedienstete einer Internatio- 232

---

332 Bayerischer Landesbeauftragter für den Datenschutz, 18. Tätigkeitsbericht (1998), Ziffer 5.9.2.

333 So der Bundesbeauftragte für den Datenschutz, *Jacob* DuD 1999, 4. Dem steht die unveränderte und unveränderbare Rechtsschutzgarantie gem. Art. 19 IV GG entgegen.

334 Die Rechtsschutzmöglichkeiten bei Grundrechtseingriffen, die von Europol (mit) zu verantworten sind, werden im Kapitel K oben näher behandelt.

335 ABl. C 222 v. 19. 7. 1997.

336 *Ipsen*, Völkerrecht, 4. Aufl. 1999, § 31 Rdn. 31.

nalen Organisation auch dort Immunität.[337] Aus der Denkschrift zum Protokoll[338] ergibt sich, daß sich der Inhalt an anderen Immunitätenprotokollen orientiert. Erwähnt wird das „Protokoll über die Vorrechte und Befreiungen der Europäischen Gemeinschaften" vom 8. April 1965.[339] Fraglich ist, ob die Gewährung solcher Privilegien für Organe der Europäischen Gemeinschaft und Einrichtungen der EU beim gegenwärtigen Stand der Integration noch zeitgemäß ist. Der Hinweis auf die für Internationale Organisationen „übliche Verfahrensweise" und die Ausbildung einer „allgemeinen Regel des Völkerrechts" im Sinne von Artikel 25 GG ist nicht überzeugend. **Europol ist keine Internationale Organisation im üblichen Sinne,** sondern eine Polizeibehörde, deren Mitarbeiter in grundrechtsrelevanten Bereichen in einer für die Ausübung staatlicher Hoheitsrechte charakteristischen Weise tätig werden.[340]

233 Verfassungsrechtlich bedenklich ist, daß insbesondere Artikel 8 des Immunitätenprotokolls weit über das hinausgeht, was völkerrechtlich oder nach Artikel 41 I der Europol-Konvention notwendig ist.[341] Europol, die Mitglieder der Organe (vgl. Rdn. 217), die stellvertretenden Direktoren und die Bediensteten von Europol sollen gemäß Artikel 41 I Europol-Konvention nur „die zur Erfüllung ihrer Aufgaben erforderlichen Vorrechte und Immunitäten" genießen. In Artikel 8 des Immunitätenprotokolls wird dem genannten Personenkreis jedoch **Immunität von jeglicher Gerichtsbarkeit** hinsichtlich der von ihnen in Ausübung ihres Amtes vorgenommenen mündlichen und schriftlichen Äußerungen und Handlungen gewährt. Die Immunität **gilt auch nach der Beendigung der Tätigkeit** als Mitglied eines Organs oder des Personals von Europol. Bei den in Artikel 3 der Europol-Konvention für Europol vorgesehenen Aufgaben (vgl. Rdn. 210) ist eine solche Immunität überhaupt nicht erforderlich.[342] Die Befürchtung, Bedienstete von Europol könnten durch „unsubstantiierte Strafanzeigen und daraufhin eröffnete Ermittlungsverfahren über Wochen oder Monate von ihrer Arbeit abgehalten, ja funktionsunfähig werden..."[343] ist jedenfalls keine Begründung für die Erforderlichkeit der Immunitätenregelung. Das Problem der vorweggenommenen Straffreistellung bei dienstlichen Handlungen wird damit eher verhüllt als gelöst.

234 **Ausnahmen von der Immunität** werden in Artikel 9 des Immunitätenprotokolls genannt. Danach gilt die Immunität „nicht im Fall eines von Dritten angestrengten Zivilverfahrens wegen erlittener Schäden, einschließlich Körperverletzung oder Tod infolge eines Verkehrsunfalls". Die Verfolgbarkeit von Straftaten wegen der Verletzung von Verschwiegenheits- und Geheimhaltungspflichten soll trotz der Immunität gegeben sein. Begründet[344] wird dies alles lediglich mit der Formulierung in Artikel 8 I a) des Immunitätenprotokolls, nach der Immunität „unbeschadet des Artikels 32" Europol-Konvention gewährt wird. Hinsichtlich der Strafbarkeit ist Artikel 32 IV Europol-Konvention maßgeblich. Danach werden die Verstöße gegen die genannten Pflichten nach innerstaatlichen Rechtsvorschriften der Mitgliedstaaten geahndet. Gegebenenfalls mußten solche Vorschriften bzw. ihre Anwendbarkeit für Europol-Bedienstete sowie die Verbindungsbeamten spätestens bis zum Inkrafttreten der Konvention geschaffen werden. Auf-

---

[337] *Seidl-Hohenveldern,* Völkerrecht, 8. Aufl. 1994, Rdn. 1045. „Der *geographische* Bereich dieser Immunität ist also weiter, dafür ist der *sachliche* Bereich dieser Immunität enger als der der Diplomaten. Das Personal *Internationaler Organisationen* genießt nämlich generell nur für seine *dienstlichen* Handlungen Immunität," (*Seidl-Hohenveldern,* aaO).

[338] BT-Drs. 13/9084, S. 10.

[339] BGBl. 1965 II, S. 1482, in der Fassung des Amsterdamer Vertrages vom 2. 10. 1997, BGBl. 1998 II, S. 387 = Sartorius II 212.

[340] *Nachbauer* KJ 1998, 237. Vgl. auch *Lisken* DRiZ 1998, 75.

[341] So auch die Fraktion der SPD in ihrem Entschließungsantrag BT-Drs. 13/10203, der jedoch von der Mehrheit im Deutschen Bundestag abgelehnt wurde.

[342] In diesem Sinne auch der Entschließungsantrag der SPD, BT-Drs. 13/1023.

[343] So *Storbeck,* Notwendigkeit und Grenzen internationaler polizeilicher Zusammenarbeit – Rechtsprobleme beim Aufbau von Europol, in: *Baldus/Soiné,* Rechtsprobleme der internationalen polizeilichen Zusammenarbeit, 1999, S. 39. Vgl. dazu Kap. K bei „Europol" mit weiteren kritischen Nachweisen.

[344] Vgl. die Denkschrift zum Immunitätsprotokoll, BT-Drs. 13/9084, S. 11.

grund § 8 Europol-Gesetz ist der genannte Personenkreis nach deutschem Strafrecht lediglich bei Verstößen gegen die §§ 203 bis 205 sowie gegen § 353 b StGB den „für den öffentlichen Dienst besonders Verpflichteten“ gleichgestellt. Daraus folgt aber auch nicht zwingend, daß in diesen Fällen keine Immunität besteht. Es ist „auch eine Auslegung denkbar, derzufolge an der Verpflichtung der Mitgliedstaaten, Geheimnisverletzungen von Europol-Bediensteten unter Strafe zu stellen, ungeachtet der Immunitätenregelung festgehalten werden sollte – damit gegebenenfalls nach Aufhebung der Immunität ein Strafverfahren durchgeführt werden kann“.[345] Die Begründung zu § 8 Europol-Gesetz gibt keinen Aufschluß.[346] Zu fragen ist, warum neben der zivil- nicht auch die beabsichtigte strafrechtliche Ausnahme in Artikel 9 des Immunitätenprotokolls geregelt wurde.[347]

Die Bundesregierung setzte sich für die Ratifizierung des Immunitätenprotokolls ein, 235
weil sie angeblich keine Chance für förmliche Nachverhandlungen mit den anderen Mitgliedstaaten sah und das Inkrafttreten der Europol-Konvention und damit den Arbeitsbeginn der Organisation nicht verzögern wollte.[348] Dem schloß sich die Mehrheit des Deutschen Bundestages an, wobei folgender Entschließung zugestimmt wurde: „Mitentscheidend für die Zustimmung ist, daß es der deutschen Seite gelungen ist, in der abschließenden Sitzung der Justiz- und Innenminister vom 26. Mai 1997 eine Revisionsklausel hineinzuverhandeln, wodurch die persönliche Amtsimmunität von Europol-Bediensteten ausdrücklich auf den Bereich der Zuständigkeiten nach dem Übereinkommen von 1995 beschränkt wird. Wird ein Europol-Bediensteter aufgrund neuer Aufgaben und Befugnisse tätig, könnte er sich im Hinblick auf seine straf- und zivilrechtliche Verantwortung nicht auf das Immunitätenprotokoll berufen; hierzu bedürfte es erst einer Änderung des Immunitätenprotokolls, was ohne Zustimmung Deutschlands nicht möglich wäre.“[349] Dies entspricht jedoch nicht der Formulierung in Artikel 17 des Immunitätenprotokolls. In Absatz 1 dieser Bestimmung wird festgelegt: „Dieses Protokoll wird innerhalb von zwei Jahren nach Inkrafttreten unter der Aufsicht des Verwaltungsrates evaluiert.“ Gemäß Absatz 2 findet eine solche **Überprüfung** vor „jeder Änderung oder Ergänzung der Aufgaben“ nach Artikel 3 der Europol-Konvention statt. Eine solche Überprüfung – für die es derzeit keine Verfahrensvorschrift gibt – bewirkt aber für sich allein noch keine Änderung des Geltungsbereiches der Immunitätsregelung. **Änderungen im Immunitätenprotokoll** müssen gemäß Artikel 18 des Immunitätenprotokolls „vom Rat einstimmig festgelegt und den Mitgliedstaaten zur Annahme gemäß ihrer verfassungsrechtlichen Bestimmungen empfohlen“ werden. Über eine Problematisierung dieser Kautelen im Ratifizierungsverfahren ist nichts bekannt geworden.

Aufgrund von Artikel 41 II Europol-Konvention war das Königreich der Niederlande 236
verpflichtet, mit allen Mitgliedstaaten der EU gleichlautende Vereinbarungen über die **Vorrechte und Immunitäten der Verbindungsbeamten** bei Europol zu treffen. Gemäß der deutsch-niederländischen „Vereinbarung über den vorläufigen Status des zu Europol in Den Haag abgeordneten deutschen Personals“ vom 3. Februar 1995,[350] die aufgrund der Vereinbarung vom 11. April 1996[351] nunmehr unbeschränkt weiter gilt, genießen deutsche **Verbindungsbeamte und deren Familienangehörigen** in und gegenüber dem Königreich der Niederlande die gleichen Vorrechte und Immunitäten, die Mitgliedern des **Verwaltungs- und technischen Personals der diplomatischen Missionen** nach dem Wiener Übereinkommen über diplomatische und konsularische Beziehungen (WÜD)

---

345 *Böse* NJW 1999, 2416.
346 BT-Drs. 13/7391, S. 11.
347 *Nachbaur* KJ 1998, 234.
348 So der Bundesinnenminister in einem Schreiben an einen Abgeordneten des Bundestages, abgedruckt in der Beschlußempfehlung des Innenausschusses, BT-Drs. 13/10201, S. 6.
349 Beschlußempfehlung des Innenausschusses, BT-Drs. 13/10201, S. 3.
350 BGBl. 1995 II, S. 215.
351 BGBl. 1996 II, S. 750.

vom 18. April 1961[352] zustehen. Gemäß Art. 37 II WÜD hat dieser Personenkreis die gleichen Vorrechte wie ein Diplomat, der aufgrund Art. 31 WÜD **Immunität von der Strafgerichtsbarkeit des Empfangsstaates** genießt. Damit soll verhindert werden, daß über einen Zugriff auf das Personal des Botschafters dessen Tätigkeit **im Empfangsstaat** erschwert oder sogar verhindert wird. Da in der deutsch-niederländischen Vereinbarung ausdrücklich festgestellt wird, daß sich die **Immunität von der Strafgerichtsbarkeit** nicht auf die *außerhalb* der dienstlichen Tätigkeit vorgenommenen Handlungen erstreckt, kann kein Zweifel daran bestehen, daß auch die bei Europol tätigen Verbindungsbeamten für **Straftaten im Rahmen ihrer Amtsausübung** in den Niederlanden nicht zur Rechenschaft gezogen werden können. Der Verweis auf das Wiener Übereinkommen bedeutet auch, daß Verbindungsbeamte von Europol nicht verpflichtet sind, in einem niederländischen Gerichtsververfahren als Zeuge auszusagen (Art. 37 II i. V. m. Art. 31 II WÜD).

8. Dienst- und Fachaufsicht über Europol

237 Im Rahmen der Dienst- und Fachaufsicht werden Polizeibehörden in Deutschland sowohl bei konkreten Beschwerden als auch im Rahmen allgemeiner Überprüfungen (Inspektionen) hinsichtlich der Rechtmäßigkeit und der Zweckmäßigkeit ihres Handelns überprüft. Der Innenminister als oberster Dienstherr ist dem Parlament verantwortlich. Neben der einzelfallbezogenen richterlichen gibt es also auch eine indirekte parlamentarische Kontrolle der Polizei. Polizeibehörden sind im Rahmen des Rechts weisungsgebunden. Neben der Sachleitungsbefugnis der Staatsanwaltschaft im Ermittlungsverfahren besteht auch – sachlich mediatisiert durch das Recht (Art. 20 III GG) – ein Weisungsrecht vorgesetzter Behörden, bis hin zum Minister (vgl. dazu Kap. C). Dies alles ist bei Europol anders. So sieht Artikel 30 I der Europol-Konvention vor, daß weder der Direktor noch seine Stellvertreter oder die anderen Bediensteten von Europol von einer nationalen Regierung, Behörde, Organisation oder nicht Europol angehörigen Personen irgendwelche Weisungen entgegennehmen oder anfördern dürfen. Sie sollen sich bei ihrer Tätigkeit ausschließlich und „unbeaufsichtigt" von den Zielen und Aufgaben von Europol leiten lassen. Im Unterschied zu den nationalen Polizeien, die dem jeweils zuständigen parlamentarisch verantwortlichen Minister unterstellt und weisungsgebunden sind, wird mit **Europol eine politisch weitgehend unabhängige Polizei** geschaffen. Damit soll anscheinend verhindert werden, daß die Organisation bei ihrer Arbeit von den partikularen Interessen der Mitgliedstaaten geleitet wird.[353]

238 Das **Europäische Parlament** ist gemäß Artikel 34 Europol-Konvention jährlich in einem **„Sonderbericht über die von Europol durchgeführten Arbeiten"** zu unterrichten. Begrenzt wird die Berichtspflicht des Ratsvorsitzes durch die Verschwiegenheits- und Geheimhaltungspflicht, welche er gemäß Artikel 34 II Europol-Konvention beachten muß. Die **Erörterung konkreter Fälle** mit der Preisgabe personenbezogener Daten ist also **nicht zulässig.**[354] Eine Analyse, Bewertung und Kontrolle ist insoweit nicht möglich. Dem Europäischen Parlament kann zwar nicht verwehrt werden, zum Europol-Bericht Stellung zu nehmen, eine Pflicht des Ratsvorsitzes zur Berücksichtigung der Auffassung des Parlaments besteht jedoch nicht.[355] Das Europäische Parlament hat insgesamt also keinen rechtlichen Einfluß auf die Tätigkeit von Europol.

239 Möglichkeiten der Einflußnahme auf die Tätigkeit von Europol hat jedoch der **Verwaltungsrat,** der aus jeweils einem Vertreter der EU-Mitgliedstaaten besteht (vgl. Rdn. 217). Eine Analyse der in Art. 28 Europol-Konvention genannten Aufgaben zeigt

---

352 BGBl. 1964 II, S. 959 = Sartorius II 325. Abgedruckt und kommentiert bei *Reichtsteig,* Wiener Übereinkommen über diplomatische und konsularische Beziehungen, 1994.

353 *Waechter* ZRP 1996, 167. Zum Einfluß des exekutivisch bestimmten Verwaltungsrates vgl. oben Rdn. 217.

354 *Petri* KritV 1998, 451.

355 *Petri* KritV 1998, 451 f.

jedoch, daß die Tätigkeit des Verwaltungsrates auf die Festlegung genereller Vorgaben (z. B. zu den Rechten und Pflichten der Verbindungsbeamten) und die Mitwirkung am Erlaß grundsätzlicher Regelungen (z. B. am Erlaß des Personalstatuts) beschränkt ist. Zwar überwacht der Verwaltungsrat die ordnungsgemäße **Amtsführung des Direktors** (Art. 28 I Nr. 12) und der Direktor ist dem Verwaltungsrat über seine Amtsführung **rechenschaftspflichtig** (Art. 29 IV), die Kontrollmöglichkeiten sind jedoch sehr begrenzt. **Einzelweisungen** zur Abänderung von getroffenen Entscheidungen des Direktors aus Rechtsmäßigkeits- oder Zweckmäßigkeitserwägungen **können nicht erteilt werden.**[356] Bedenklich ist auch, daß die Mitglieder des Verwaltungsrates, da sie von den jeweiligen nationalen Ministerien bestellt sind, dem Europäischen Parlament gegenüber nicht verantwortlich sind. Es bleibt nur eine undefinierte Verantwortlichkeit gegenüber dem jeweiligen (Innen-)Minister. Es fehlt also nicht nur an einer **hinreichenden parlamentarischen Fundierung,** insbesondere an einer gesetzlichen Aufgaben- und Befugniszuweisung, wie sie nach deutschem Gesetzgebungsrecht für Verfahrensgesetze mit Eingriffsermächtigungen notwendig wäre, sondern auch an einer **parlamentarisch verantwortlichen Rechtsaufsicht** und letztlich an einer **europäischen Rechtsschutzmöglichkeit** (vgl. dazu Kap. K zum Rechtsschutz betr. Europol).

9. Europol – eine „entfesselte“ Polizeimacht[357]

Die rechtsstaatlichen Defizite bei der Tätigkeit von Europol schmälern die Legitima- 240
tion der polizeilichen Arbeit in der EU. Sie sind im Hinblick auf das deutsche Rechtsstaatsgebot,[358] mit seiner für den deutschen Staat konstituierenden Bedeutung, äußerst fragwürdig. Sie erleichtern den Inhabern der Regierungsmacht den Weg, die Funktion der Polizei – wie die Installierung von Europol zeigt – mehr und mehr vom **Schutzdienst** zur Hilfe in akuten Rechtsgefahren in einen **Überwachungs- und Überführungsdienst** zur „Kriminalitätsbekämpfung“ zu wandeln, wobei die Definition dieses unjuristischen Kampfbegriffs vorsorglich offen bleibt. Je nach politischer Zielvorstellung läßt sich das Verfahrensrecht danach „lageangepaßt“ vom Instrument einer grundrechtsorientierten Rechtsfindung zu einem mehr erfolgsorientierten „Eingriffskatalog“[359] „fortschreiben“ oder umdeuten. Gründe, die bisherige Zusammenarbeit noch weiter auszudehnen, gibt es scheinbar genug. So heißt es, daß die „staatliche Pflicht zur Gewährleistung innerer Sicherheit gegenüber dem Bürger“ mit den Mitteln der bisherigen Kooperation nicht mehr hinreichend „garantiert“ werden könne. Die „empfindlichen Sicherheisverluste, die beim Zusammenwachsen von West- und Osteuropa“ zu befürchten seien, sollen eine „effiziente Rechts- und Vollzugsintegration im gesamteuropäischen Bereich“ bedingen. Am Ende dieser „Integration“ solle die **„Europäische Union der inneren Sicherheit“** stehen.[360] Den Protagonisten des „europäischen Präventionsstaates“ bedeutet also Sicherheit nicht mehr primär die „Gewißheit der dem Individuum verbürgten Freiheit, sondern die Zusage einer prinzipiell unbegrenzten, nie endenden staatlichen Aktivität zum Schutze des Bürgers vor kriminellen Risiken und Gefahren“.[361] Der Gedanke von der „Europäischen Union der Inneren Sicherheit“ erweist sich dann, ebenso wie ein

---

356 *Waechter* ZRP 1996, 168.

357 Vgl. *Lisken/Mokros,* Europol – eine „entfesselte“ Polizeimacht, in Müller-Heidelberg/Finckh/Narr/Pelzer (Hrsg.), Grundrechtereport 1998, S. 200. Kritisch auch *Petri,* Europol – Grenzüberschreitende polizeiliche Tätigkeit in Europa (Diss. Frankfurt/M.) 2001.

358 Vgl. *BVerfGE* 7, 89 (92 f.); 38, 105 (111); 46, 17 (28 f.); 52, 131 (144 f.); 55, 72 (93 f.).

359 *Hilger* NStZ 1992, 457 und 523; krit. *Hassemer* KJ 1992, 67.

360 So jedenfalls *Pitschas* NVwZ 1994, 626, der auch darauf hinweist, daß es nur so gelingen werde, „der europaweiten und namentlich über die mittel- und osteuropäischen Länder einstrahlenden Kriminalitätsbedrohungen Herr zu werden“.

361 *Denninger,* in: Menschenrechte und Grundgesetz, 1994, S. 48, er untersucht diese Vorstellung von „Sicherheit“ als neuem Paradigma für die Verfassungsgebung in den neuen Bundesländern. Gleiches läßt sich sicherlich im Hinblick auf die Verfaßtheit der „Europäischen Union“ feststellen.

„Grundrecht auf Sicherheit“[362] im innerstaatlichen Bereich, als „Blankovollmacht zu allen möglichen Freiheitseingriffen“.[363]

241 Die Funktionstüchtigkeit von Europol kann daher nicht das Endziel der Arbeit demokratischer Polizeien in Europa sein. Das wandelbare Strafrecht mit seinen unterschiedlichen Anwendungsmethoden kann allein – trotz Europol – keine Gerechtigkeit schaffen. Es bedarf einer verfaßten und gelebten **Menschenrechtsordnung,** die sich auf Demokratie und Freiheit stützt.[364] Erst **auf der Grundlage demokratisch legitimierter Gesetze, die dem Ziel dienen, jene freiheitliche Menschenrechtsordnung zu ermöglichen und zu sichern, kann europäische Polizeiarbeit zu einem integrierenden Bestandteil eines Rechtsschutzsystems werden, das europaweit zur effektiven Rechtsgeltung beiträgt.** Dieser Weg zu einer „guten Polizei“ in Europa[365] führt über eine Pflege der unterschiedlichen Rechtskulturen, über gegenseitiges Verstehen, pragmatische Angleichungen, wo der Rechtsverkehr es erfordert. Das Gelingen der Bemühungen um eine Verbesserung der polizeilichen Zusammenarbeit hängt aber insbesondere davon ab, daß die Verhandlungen „kulturgerecht“,[366] d. h. mit Rücksicht auf die Wertsysteme und die Rechtskulturen der Nachbarstaaten, mit dem Ziel eines gemeinsamen Rechtsgeltungssystems geführt werden. Bis dahin gleicht Europol einem **technischen Hilfsmittel mit völkerrechtlichem Status in einem „Staatenverbund“**[367] **ohne Eigenstaatlichkeit**[368] **mit überstaatlichen Polizeikompetenzen.** Dies kann nur ein Anfang sein. Das Ende ist offen. Es wird von dem bestimmt, der „die Macht in den Händen hält“.[369]

---

362 *Isensee,* Das Grundrecht auf Sicherheit, 1983.

363 *Denninger,* in: Menschenrechte und Grundgesetz, 1994, S. 49.

364 Vgl. zur Europäischen Grundrechtscharta und zum zugehörigen Grundrechtsschutz in der EU u. a. *Baer* ZRP 2000, 361; *Ritgen* ZRP 2000, 371; *Reich* ZRP 2000, 375, jeweils m. w. Nachw.

365 *Lisken,* „Gute Polizey“ im vereinten Europa?, in Lotta/Oebbecke/Reh (Hrsg.), Deutsche und europäische Verfassungsgeschichte. Sozial- und rechtswissenschaftliche Zugänge. Symposium zum 65. Geburtstag von Hans Boldt, 1997, S. 251.

366 Zu diesem Begriff: *Kapteyn* Kriminalistik 1991, 88.

367 *BVerfGE* 89, 155 (172 ff.).

368 *Zuleeg* NJW 2000, 2946 m. w. N.

369 *Bismarck* im pr. Etatkonflikt von 1863; zuvor schon eingehender *Lasalle* im Berliner Vortrag v. 16. 4. 1862 „Über Verfassungswesen“.

Sachverzeichnis